New Essential Bible Concordance

新エッセンシャル聖書コンコーダンス

いのちのことば社

本書について

- 本書は『エッセンシャル聖書コンコーダンス』(2001年) の増補改訂版で，主に聖句の検索を目的とした，聖書語句の索引です．
- 制作に際しては，当社刊行の『新聖書語句辞典』(1988年) を参考にしました．
- 聖書本文は，日本聖書刊行会発行の「新改訳聖書」第3版を使用しています．
- 収録項目数は8,310項目です．

聖書のみことばをより深く味わうための参考書として，本書をご活用いただければ幸いです．

2006年1月

いのちのことば社出版部

略　語

聖書各巻の略語は以下の通りです.

（旧約聖書）創世＝創世記　出エ＝出エジプト記　レビ＝レビ記　民数＝民数記　申命＝申命記　ヨシ＝ヨシュア記　士師＝士師記　ルツ＝ルツ記　Ｉサム＝サムエル記第一　IIサム＝サムエル記第二　Ｉ列＝列王記第一　II列＝列王記第二　Ｉ歴＝歴代誌第一　II歴＝歴代誌第二　エズ＝エズラ記　ネヘ＝ネヘミヤ記　エス＝エステル記　ヨブ＝ヨブ記　詩，詩篇＝詩篇　箴言＝箴言　伝道＝伝道者の書　雅歌＝雅歌　イザ＝イザヤ書　エレ＝エレミヤ書　哀歌＝哀歌　エゼ＝エゼキエル書　ダニ＝ダニエル書　ホセ＝ホセア書　ヨエ＝ヨエル書　アモ＝アモス書　オバ＝オバデヤ書　ヨナ＝ヨナ書　ミカ＝ミカ書　ナホ＝ナホム書　ハバ＝ハバクク書　ゼパ＝ゼパニヤ書　ハガ＝ハガイ書　ゼカ＝ゼカリヤ書　マラ＝マラキ書

（新約聖書）マタ＝マタイの福音書　マコ＝マルコの福音書　ルカ＝ルカの福音書　ヨハ＝ヨハネの福音書　使徒＝使徒の働き　ロマ＝ローマ人への手紙　Ｉコリ＝コリント人への手紙第一　IIコリ＝コリント人への手紙第二　ガラ＝ガラテヤ人への手紙　エペ＝エペソ人への手紙　ピリ＝ピリピ人への手紙　コロ＝コロサイ人への手紙　Ｉテサ＝テサロニケ人への手紙第一　IIテサ＝テサロニケ人への手紙第二　Ｉテモ＝テモテへの手紙第一　IIテモ＝テモテへの手紙第二　テト＝テトスへの手紙　ピレ＝ピレモンへの手紙　ヘブ＝ヘブル人への手紙　ヤコ＝ヤコブの手紙　Ｉペテ＝ペテロの手紙第一　IIペテ＝ペテロの手紙第二　Ｉヨハ＝ヨハネの手紙第一　IIヨハ＝ヨハネの手紙第二　IIIヨハ＝ヨハネの手紙第三　ユダ＝ユダの手紙　黙示＝ヨハネの黙示録

▼ アイ〔地名〕
(1)ベテルの東の町．創世12:8，13:3，ヨシ7:2，8:1，9:3，10:1，エズ2:28，ネヘ7:32．
(2)モアブにあるアモン人の町．エレ49:3．

▼ あい（愛）
創世 20:13 あなたの<愛>を私のために尽くして
47:29 私に<愛>と真実を尽くしてくれ．ど
IIサム 1:26 私への<愛>は，女の<愛>にもまさっ
I列 8:23 しもべたちに対し，契約と<愛>とを守られる方です．II歴6:14．
ネヘ 13:14 私の<愛>のわざを，ぬぐい去らない
詩篇 5:12 大盾で囲むように<愛>で彼を囲まれ
45題目 指揮者のために…<愛>の歌
109: 4 私の<愛>への報いとして私をなじり
5 私の<愛>にかえて憎しみを…報いま
16 <愛>のわざを行うことに心を留めず，
箴言 5:19 いつも彼女の<愛>に夢中になれ．
7:18 <愛>に酔いつぶれ，愛撫し合って楽
10:12 <愛>はすべてのそむきの罪をおおう
17: 9 そむきの罪をおおう者は，<愛>を追
19:22 人の望むものは，人の変わらぬ<愛>
伝道 9: 1 <愛>であるか，憎しみであるか，人
6 <愛>も憎しみも…すでに消えうせ，
雅歌 1: 2 あなたの<愛>はぶどう酒よりも快く
4 あなたの<愛>を…ほめたたえ，真心
2: 4 あの方の旗じるしは<愛>でした．
5 私は<愛>に病んでいるのです．
7 <愛>が目ざめたいと思うときまでは．3:5，8:4．
4:10 あなたの<愛>は，なんと麗しいことよ．あなたの<愛>は，ぶどう酒より
5: 8 私が<愛>に病んでいる，と言ってく
7: 6 ああ，慰めに満ちた<愛>よ．あなた
9 私の<愛>に対して，なめらかに流れ
12 私の<愛>をあなたにささげましょう
8: 6 <愛>は死のように強く，ねたみはよ
7 大水もその<愛>を消すことができません…人が<愛>を得ようとして，自
イザ 5: 1 ぶどう畑についてのわが<愛>の歌を
54: 8 永遠に変わらぬ<愛>をもって，あな
10 わたしの変わらぬ<愛>はあなたから
55: 3 ダビデへの変わらない<愛>の契約を
63: 9 その<愛>とあわれみによって主は彼
エレ 2: 2 婚約時代の<愛>…わたしへの従順を
33 あなたが<愛>を求める方法は，なん
31: 3 永遠の<愛>をもって，わたしはあな
ホセ 8: 9 エフライムは<愛>の贈り物をした．
11: 4 <愛>のきずなで彼らを引いた．わた
ゼパ 3:17 その<愛>によって安らぎを与える．
マタ 24:12 多くの人たちの<愛>は冷たくなりま
ルカ 11:42 公義と神への<愛>はなおざりにして
ヨハ 5:42 あなたがたのうちには，神の<愛>が
13: 1 <愛>を残るところなく示された．
35 もし互いの間に<愛>があるなら，そ
15: 9 わたしの<愛>の中にとどまりなさい
10 あなたがたはわたしの<愛>にとどまるのです…わたしが…父の<愛>の中
13 これよりも大きな<愛>はだれも持っ
17:26 その<愛>が彼らの中にあり，またわ
ロマ 5: 5 神の<愛>が私たちの心に注がれてい
8 ご自身の<愛>を明らかにしておられ
8:35 私たちをキリストの<愛>から引き離
39 神の<愛>から，私たちを引き離すこ
12: 9 <愛>には偽りがあってはなりません
13:10 <愛>は隣人に対して害を与えません．それゆえ，<愛>は律法を全うします．
14:15 あなたはもはや<愛>によって行動し
15:30 御霊の<愛>によって切にお願いしま
Iコリ 4:21 <愛>と優しい心で行きましょうか．
8: 1 <愛>は人の徳を建てます．
13: 1 <愛>がないなら，やかましいどらや
2 <愛>がないなら，何の値うちもあり
3 <愛>がなければ，何の役にも立ちま
4 <愛>は寛容であり，<愛>は親切です…<愛>は自慢せず，高慢になりませ
8 <愛>は決して絶えることがありませ
13 信仰と希望と<愛>です．その中で一番すぐれているのは<愛>です．
14: 1 <愛>を追い求めなさい…特に預言す
16:14 いっさいのことを<愛>をもって行い
24 私の<愛>は…すべての者とともにあ

IIコリ 2: 4 あふれるばかりの<愛>を知っていた
8 その人に対する<愛>を確認すること
5:14 キリストの<愛>が私たちを取り囲ん
6: 6 親切と，聖霊と偽りのない<愛>と，
8: 7 <愛>にも富んでいるように…恵みの
8 <愛>の真実を確かめたいのです．
24 あなたがたの<愛>と，私たちがあな
13:11 <愛>と平和の神はあなたがたととも
13 キリストの恵み，神の<愛>，聖霊の
ガラ 5: 6 <愛>によって働く信仰だけが大事な
13 <愛>をもって互いに仕えなさい．
22 御霊の実は，<愛>，喜び，平安，寛
エペ 1: 5 <愛>をもってあらかじめ定めておら
15 すべての聖徒に対する<愛>とを聞い
2: 4 神は…その大きな<愛>のゆえに，
3:17 <愛>に根ざし，<愛>に基礎を置いて
19 キリストの<愛>を知ることができま
4: 2 <愛>をもって互いに忍び合い，
15 <愛>をもって真理を語り，あらゆる
16 からだ全体は…<愛>のうちに建てら
5: 2 <愛>のうちに歩みなさい．キリスト
6:23 平安と信仰に伴う<愛>とが兄弟たち
24 朽ちぬ<愛>をもって愛するすべての
ピリ 1: 8 イエスの<愛>の心をもって，どんな
9 あなたがたの<愛>が真の知識とあら
16 <愛>をもってキリストを伝え，私が
2: 1 <愛>の慰めがあり，御霊の交わりが
2 同じ<愛>の心を持ち，心を合わせ，
コロ 1: 4 あなたがたが抱いている<愛>のこと
8 御霊によるあなたがたの<愛>を知ら
2: 2 <愛>によって結び合わされ，理解を
3:14 <愛>を着けなさい．<愛>は結びの帯
Iテサ 1: 3 信仰の働き，<愛>の労苦，主イエス
3: 6 あなたがたの信仰と<愛>について良
12 あなたがたの互いの間の<愛>を，ま
たすべての人に対する<愛>を増させ
5: 8 信仰と<愛>を胸当てとして着け，救
13 <愛>をもって深い尊敬を払いなさい．
IIテサ 1: 3 ひとりひとりに相互の<愛>が増し加
2:10 真理への<愛>を受け入れなかったか
3: 5 神の<愛>とキリストの忍耐とを持た
Iテモ 1: 5 信仰とから出て来る<愛>を，目標と
14 イエスにある信仰と<愛>とともに，
2:15 信仰と<愛>と聖さとを保つなら，子
4:12 <愛>にも，信仰にも…信者の模範に
6:11 信仰，<愛>，忍耐，柔和を熱心に求
IIテモ 1: 7 力と<愛>と慎みとの霊です．
13 イエスにある信仰と<愛>をもって，
2:22 義と信仰と<愛>と平和を追い求めな
3:10 私の教え，行動…<愛>，忍耐に，
テト 2: 2 信仰と<愛>と忍耐とにおいて健全で
ピレ 5 聖徒に対するあなたの<愛>とについ
7 私はあなたの<愛>から多くの喜びと
9 むしろ<愛>によって…お願いしたい
ヘブ 6:10 御名のために示したあの<愛>をお忘
10:24 <愛>と善行を促すように注意し合お
Iペテ 4: 8 <愛>は多くの罪をおおうからです．
5:14 <愛>の口づけをもって互いにあいさ
IIペテ 1: 7 兄弟愛には<愛>を加えなさい．
Iヨハ 2: 5 確かに神の<愛>が全うされているの
15 御父を愛する<愛>はありません．
3: 1 御父はどんなにすばらしい<愛>を与
16 それによって私たちに<愛>がわかっ
17 どうして神の<愛>がとどまっている
4: 7 <愛>は神から出ているのです．<愛>
のある者はみな神から生まれ，神を
8 <愛>のない者に，神はわかりません．
なぜなら神は<愛>だからです．
9 ここに，神の<愛>が私たちに示され
10 ここに<愛>があるのです．
12 神の<愛>が私たちのうちに全うされ
16 <愛>を知り…神は<愛>です．<愛>の
17 <愛>が私たちにおいても完全なもの
18 <愛>には恐れが…全き<愛>は恐れを
締め出し…恐れる者の<愛>は，全き
IIヨハ 3 真理と<愛>のうちに…恵みとあわれ
6 <愛>とは…命令に従って歩むこと…
命令とは…<愛>のうちを歩むことで
IIIヨハ 6 あなたの<愛>についてあかししまし
ユダ 2 あわれみと平安と<愛>が，あなたが
21 神の<愛>のうちに自分自身を保ち，
黙示 2: 4 初めの<愛>から離れてしまった．
19 あなたの<愛>と信仰と奉仕と忍耐を

▼ あいか （哀歌）

IIサム 1:17 ヨナタンのために…<哀歌>を作り，
II歴 35:25 エレミヤはヨシヤのために<哀歌>を
作った…これらは<哀歌>にまさしく
エレ 7:29 裸の丘の上で<哀歌>を唱えよ．主は，
9:10 荒野の牧草地のために<哀歌>を唱え
エゼ 19: 1 君主たちのために<哀歌>を唱えて，

26:17 おまえについて，<哀歌>を唱えて言
27: 2 ツロについて，<哀歌>を唱えよ．
32 泣き声をあげて<哀歌>を唱え，おま
32: 2 パロについて<哀歌>を唱えて彼に言
16 人々が悲しんで歌う<哀歌>である…彼女らはこの<哀歌>を悲しんで歌う．
アモ 5: 1 私があなたがたについて<哀歌>を唱
8:10 すべての歌を<哀歌>に変え，すべて

▼あいさつ，ごあいさつ

創世 47: 7 ヤコブはパロに<あいさつ>した．
Ｉサム 13:10 サウルは…迎えに出て<あいさつ>し
25:14 主人に<あいさつ>をするために，荒
Ⅱ列 4:29 <あいさつ>してはならない…たといだれが<あいさつ>しても，答えては
10:15 エフーは彼に<あいさつ>して言った．
マタ 5:47 兄弟にだけ<あいさつ>したからとい
10:12 平安を祈る<あいさつ>をしなさい．
23: 7 広場で<あいさつ>されたり，人から
マコ 9:15 走り寄って来て，<あいさつ>をした．
15:18 …と叫んで<あいさつ>をし始めた．
ルカ 1:29 これはいったい何の<あいさつ>かと
40 エリサベツに<あいさつ>した．
41 マリヤの<あいさつ>を聞いたとき，
10: 4 道で<あいさつ>してはいけません．
11:43 市場で<あいさつ>されることが好き
20:46 広場で<あいさつ>されたりすること
使徒 15:23 兄弟たちに，<あいさつ>をいたしま
18:22 教会に<あいさつ>してからアンテオ
23:26 ペリクス閣下に<ごあいさつ>申し上
ロマ 16:16 互いの<あいさつ>をかわしなさい．Ｉコリ16:20，Ⅱコリ13:12，Ｉペテ5:14．
Ｉコリ 16:21 自分の手で<あいさつ>を書きます．
コロ 4:18 パウロが自筆で<あいさつ>を送りま
ヤコ 1: 1 12の部族へ<あいさつ>を送ります．
Ⅱヨハ 10 <あいさつ>のことばをかけてもいけ
11 そういう人に<あいさつ>すれば，そ

▼あいさん（愛餐）

ユダ 12 あなたがたの<愛餐>のしみです．

▼あいじょう（愛情）

詩 141: 5 正しい者が<愛情>をもって私を打ち，
ピリ 2: 1 <愛情>とあわれみがあるなら，

▼あいじん（愛人）

雅歌 5: 9 ほかの<愛人>より何がすぐれているのですか…ほかの<愛人>より何がす
エゼ 16:33 持参金をすべての<愛人>たちに与え
36 <愛人>たちや…偶像と姦淫をしてい
37 あなたが戯れたすべての<愛人>たち
ゼカ 13: 6 私の<愛人>の家で打たれた傷です．

▼あいず（合図）

箴言 6:13 目くばせをし，足で<合図>し，指で
ゼカ 10: 8 わたしは彼らに<合図>して，彼らを
マタ 26:48 裏切る者は，彼らと<合図>を決めて，
マコ 14:44 前もって次のような<合図>を決めて
ルカ 1:22 彼らに<合図>を続けるだけで，口が
62 身振りで父親に<合図>して，幼子に
5: 7 仲間の者たちに<合図>をして，助け
ヨハ 13:24 ペテロが彼に<合図>をして言った．
使徒 24:10 話すようにと<合図>したので，パウ

▼あいする（愛する），愛す

創世 22: 2 あなたの<愛し>ている…イサクを連
24:67 彼は彼女を<愛し>た．イサクは，母
25:28 イサクはエサウを<愛し>ていた…リベカはヤコブを<愛し>ていた．
29:18 ヤコブはラケルを<愛し>ていた．そ
20 ヤコブは彼女を<愛し>ていたので，
30 レアよりも…ラケルを<愛し>ていた．
32 今こそ夫は私を<愛する>であろう．
34: 3 ヤコブの娘ディナ…を<愛し>．19．
37: 3 だれよりもヨセフを<愛し>ていた．
4 父が…彼を<愛し>ているのを見て，
39: 4 ヨセフは主人にことのほか<愛さ>れ，
44:20 末の弟…父は彼を<愛し>ています．
出エ 20: 6 わたしを<愛し>，わたしの命令を守る者には，恵みを千．申命5:10．
21: 5 私の子どもたちを<愛し>ています．
レビ 19:18 あなたの隣人をあなた自身のように<愛し>なさい．34．
申命 4:37 主は，あなたの先祖たちを<愛し>て
6: 5 あなたの神，主を<愛し>なさい．
7: 8 主があなたがたを<愛さ>れたから，
9 主を<愛し>，主の命令を守る者には
13 あなたを<愛し>，あなたを祝福し，
10:12 主を<愛し>，心を尽くし，精神を尽
15 主は…恋い慕って，彼らを<愛さ>れ
18 在留異国人を<愛し>てこれに食物と
19 在留異国人を<愛し>なさい．あなた
11: 1 あなたはあなたの神，主を<愛し>，
13 主を<愛し>…精神を尽くして仕える
22 主を<愛し>て，主のすべての道に歩

13: 3 主を<愛する>かどうかを知るために
15:16 あなたとあなたの家族を<愛し>，あ
19: 9 主を<愛し>，いつまでもその道を歩
21:15 ひとりは<愛さ>れ，ひとりはきらわ
れており，<愛さ>れている者も，き
16 <愛さ>れている者の子を長子として
23: 5 主は，あなたを<愛し>ておられるか
30: 6 主を<愛し>，それであなたが生きる
16 主を<愛し>，主の道に歩み，主の命
20 主を<愛し>，御声に聞き従い，主に
33: 3 まことに国々の民を<愛する>方，あ
12 主に<愛さ>れている者．彼は安らか
24 兄弟たちに<愛さ>れ，その足を，油
ヨシ 22: 5 主を<愛し>，そのすべての道に歩み
23:11 気をつけて…主を<愛し>なさい．
士師 5:31 主を<愛する>者は，力強く日がさし
14:16 私を<愛し>てくださいません．あな
16: 4 サムソンは…ひとりの女を<愛し>た．
15 あなたは『おまえを<愛する>』と言
ルツ 4:15 その子は…あなたを<愛し>，7人の
Ⅰサム 1: 5 彼がハンナを<愛し>ていたからであ
2:26 主にも，人にも<愛さ>れた．
16:21 サウルは彼を非常に<愛し>，ダビデ
18: 1 ヨナタンは，自分と同じほどにダビ
デを<愛し>た．3.
16 人々はみな，ダビデを<愛し>た．
20 ミカルはダビデを<愛し>てい．28.
22 家来たちもみな，あなたを<愛し>て
20:17 ヨナタンは自分を<愛する>ほどに，
ダビデを<愛し>ていたからである．
Ⅱサム 1:23 サウルも…<愛さ>れる，りっぱな人
12:24 主はその子を<愛さ>れたので，
13: 4 私は…妹タマルを<愛し>ている．」
19: 6 あなたは，あなたを憎む者を<愛し>，
あなたを<愛する>者を憎まれるから
Ⅰ列 3: 3 ソロモンは主を<愛し>，父ダビデの
10: 9 イスラエルをとこしえに<愛し>てお
11: 1 ソロモン王は…外国の女…を<愛し>
2 ソロモンは彼女たちを<愛し>て，離
Ⅱ歴 2:11 主はご自身の民を<愛し>ておられる
9: 8 あなたの神はイスラエルを<愛し>て
11:21 レハブアムは…マアカを<愛し>た．
19: 2 主を憎む者たちを<愛し>てよいので
21:20 人々に<愛さ>れることなく世を去っ
ネヘ 1: 5 主を<愛し>，主の命令を守る者に対
13:26 彼は神に<愛さ>れ，神は彼をイスラ
エス 2:17 王は…エステルを<愛し>た．このた
ヨブ 19:19 私の<愛し>た人々も私にそむいた．
詩篇 4: 2 いつまで…むなしいものを<愛し>，
5:11 御名を<愛する>者たちがあなたを誇
11: 7 主は正しく，正義を<愛さ>れる．
26: 8 あなたの栄光の住まう所を<愛し>ま
31:23 聖徒たちよ．主を<愛し>まつれ．
33: 5 主は正義と公正を<愛さ>れる．地は
34:12 日数の多いのを<愛する>人は，だれ
37:28 主は公義を<愛し>，ご自身の聖徒を
38:11 私の<愛する>者や私の友も，私のえ
40:16 あなたの救いを<愛する>人たちが，
44: 3 あなたが彼らを<愛さ>れたからです．
45: 7 あなたは義を<愛し>，悪を憎んだ．
9 王たちの娘が…<愛する>女たちの中
47: 4 主の<愛する>ヤコブの誉れを．セラ
52: 3 義を語るよりも偽りを<愛し>ている．
4 ごまかしのことばを<愛し>ている．
60: 5 あなたの<愛する>者が助け出される
69:36 御名を<愛する>者たちはそこに住み
70: 4 あなたの救いを<愛する>人たちが，
77: 7 主は…もう決して<愛し>てくださら
78:68 主が<愛さ>れたシオンの山を，選ば
87: 2 シオンのもろもろの門を<愛さ>れる．
88:18 あなたは私から<愛する>者や友を遠
91:14 彼がわたしを<愛し>ているから，わ
97:10 主を<愛する>者たちよ．悪を憎め．
99: 4 王の力は，さばきを<愛する>．あな
102:14 しもべはシオンの石を<愛し>，シオ
109:17 彼は…のろうことを<愛し>たので，
116: 1 私は主を<愛する>．主は私の声，私
119:47 それは私の<愛する>ものです．
48 私は私の<愛する>あなたの仰せに手
97 私は，あなたのみおしえを<愛し>て
113 私は…あなたのみおしえを<愛し>ま
す．163.
119 私は，あなたのさとしを<愛し>ます．
127 金よりも…あなたの仰せを<愛し>ま
132 御名を<愛する>者たちのためにあな
140 しもべは，それを<愛し>ています．
159 どんなに私があなたの戒めを<愛し>
165 みおしえを<愛する>者には豊かな平
167 限りなくそれを<愛し>ています．
122: 6 おまえを<愛する>人々が栄えるよう

127: 2 主はその<愛する>者には，眠ってい
145:20 主を<愛する>者は主が守られる．
146: 8 主は正しい者を<愛し>，
149: 4 主は，ご自分の民を<愛し>，救いを
箴言 3:12 主は<愛する>者をしかる．
4: 6 知恵を捨てるな…これを<愛せ>．
8:17 わたしを<愛する>者を，わたしは
<愛する>．わたしを熱心に捜す者は，
21 わたしを<愛する>者には財産を受け
36 わたしを憎む者は…死を<愛する>．
9: 8 彼はあなたを<愛する>だろう．
12: 1 訓戒を<愛する>人は知識を<愛する>．
13:24 子を<愛する>者は…これを懲らしめ
14:20 富む者を<愛する>人は多い．
15: 9 主は…義を…求める者を<愛する>．
12 しかってくれる者を<愛さ>ない．
17 野菜を食べて<愛し>合うのは，肥え
16:13 まっすぐに語る者は<愛さ>れる．
17:17 友はどんなときにも<愛する>ものだ．
19 そむきの罪を<愛する>者はけんかを
<愛する>．自分の門を高くする者は
18:21 どちらかを<愛し>て，人はその実を
19: 8 思慮を得る者は自分自身を<愛する>
20:13 眠りを<愛し>てはいけない．さもな
21:17 快楽を<愛する>者は貧しい人となり
…油を<愛する>者は富むことがない．
22:11 心のきよさを<愛し>，優しく話をす
27: 5 ひそかに<愛する>のにまさる．
6 <愛する>者が傷つけるほうが真実で
29: 3 知恵を<愛する>人は，その父を喜ば
伝道 3: 8 <愛する>のに時があり，憎むのに時
5:10 金銭を<愛する>者は金銭に満足…富
を<愛する>者は収益に満足しない．
9: 9 <愛する>妻と生活を楽しむがよい．
雅歌 1: 3 おとめらはあなたを<愛し>ています．
4 真心からあなたを<愛し>ています．
7 私の<愛し>ている人．どうか教えて
9 わが<愛する>者よ．15，2:10，4:1．
13 私の<愛する>方．14，16，2:3，9，
10，16，17，5:4，5，6，8，10，16，
6:2，3，7:10，11，13，8:14．
2: 8 <愛する>方の声．5:2．
3: 1 私の<愛し>ている人．2，3，4．
4:16 私の<愛する>方が庭に入り，その最
5: 1 <愛する>人たちよ．大いに飲め．
9 あなたの<愛する>方は，ほかの愛人
より…あなたの<愛する>方は，ほか
6: 1 あなたの<愛する>方は，どこへ行か
れたのでしょう…<愛する>方は，ど
8: 5 自分の<愛する>者に寄りかかって，
イザ 1:23 わいろを<愛し>，報酬を追い求める．
5: 1 わが<愛する>者のためにわたしは歌
おう…わが<愛する>者は，よく肥え
43: 4 わたしはあなたを<愛し>ている．
48:14 主に<愛さ>れる者が，主の喜ばれる
56: 6 主の名を<愛し>て…しもべとなった
57: 8 あなたは…彼らの寝床を<愛し>，そ
61: 8 わたしは公義を<愛する>主だ．わた
66:10 すべてこれを<愛する>者よ．これと
エレ 5:31 わたしの民はそれを<愛し>ている．
8: 2 それらを，彼らが<愛し>，仕え，従
11:15 わたしの<愛する>者は，わたしの家
12: 7 私の心の<愛する>ものを，敵の手中
14:10 彼らはさすらうことを<愛し>，その
20: 4 あなたの<愛する>すべての者への恐
6 あなたの<愛する>すべての人も．
31: 3 わたしはあなたを<愛し>た．それゆ
哀歌 1: 2 彼女の<愛する>者は，だれも慰めて
19 私は<愛する>者たちを呼んだのに，
エゼ 24:16 あなたの<愛する>者を取り去る．嘆
ダニ 1: 9 ダニエルを<愛し>いつくしむ心を与
9: 4 あなたを<愛し>，あなたの命令を守
23 あなたは，神に<愛さ>れている人だ
10:11 神に<愛さ>れている人ダニエルよ．
ホセ 1: 6 イスラエルの家を<愛する>ことはな
7 わたしはユダの家を<愛し>，彼らの
2: 1 姉妹には，「<愛さ>れる者」と言え．
4 わたしは彼女の子らを<愛さ>ない．
23 『<愛さ>れない者』を<愛し>，『わ
3: 1 夫に<愛さ>れていながら姦通してい
る女を<愛せよ>…干しぶどうの菓子
を<愛し>ているイスラエルの人々を
主が<愛し>ておられるように．』
4:18 みだらなふるまいで恥を<愛し>た．
9: 1 姦淫の報酬を<愛し>たからだ．
15 追い出し，重ねて彼らを<愛さ>ない．
11: 1 わたしは彼を<愛し>，わたしの子を
14: 3 みなしごが<愛さ>れるのはあなたに
4 わたしは…喜んでこれを<愛する>．
アモ 5:15 悪を憎み，善を<愛し>，門で正しい

ミカ 3: 2 善を憎み，悪を<愛し>，人々の皮を
6: 8 公義を行い，誠実を<愛し>，へりく
ゼカ 8:17 偽りの誓いを<愛する>な．これらは
19 だから，真実と平和を<愛せよ>．」
マラ 1: 2 「わたしはあなたがたを<愛し>ている」…「どのように…私たちを<愛さ>れたのですか」…わたしはヤコブを<愛し>た．
2:11 主の<愛さ>れた主の聖所を汚し，外
マタ 3:17 「これは，わたしの<愛する>子，17:5，マコ9:7，ルカ9:35．
5:43 自分の隣人を<愛し>，自分の敵を憎
44 自分の敵を<愛し>，迫害する者のた
46 自分を<愛し>てくれる者を<愛し>た
6:24 一方を憎んで他方を<愛し>たり．ルカ16:13．
10:37 わたしよりも父や母を<愛する>者…わたしよりも息子や娘を<愛する>者
12:18 「これぞ…わたしの<愛する>者．
19:19 あなたの隣人をあなた自身のように<愛せ>よ．22:39，マコ12:31，ルカ10:27．
22:37 あなたの神である主を<愛せ>よ．』マコ12:30，ルカ10:27．
マコ 1:11 「あなたは，わたしの<愛する>子．ルカ3:22．
12: 6 それは<愛する>息子であった．彼は
33 力を尽くして主を<愛し>，また隣人をあなた自身のように<愛する>』こ
ルカ 2:52 イエスは…神と人とに<愛さ>れた．
6:27 敵を<愛し>なさい．35．
32 自分を<愛する>者を<愛し>たから…罪人たちでさえ，自分を<愛する>者を<愛し>ています．
7: 5 この人は，私たちの国民を<愛し>，
42 よけいに金貸しを<愛する>ようにな
47 彼女がよけい<愛し>た…少ししか赦されない者は，少ししか<愛し>ませ
20:13 <愛する>息子を送ろう…たぶん敬っ
ヨハ 3:16 神は，実に，そのひとり子をお与えになったほどに，世を<愛さ>れた．
19 人々は光よりもやみを<愛し>た．
35 父は御子を<愛し>ておられ，万物を
5:20 父が子を<愛し>て，ご自分のなさる
8:42 わたしを<愛する>はずです．なぜな
10:17 父はわたしを<愛し>てくださいます．
11: 3 あなたが<愛し>ておられる者が病気
5 姉妹とラザロとを<愛し>ておられた．
36 主はどんなに彼を<愛し>ておられた
12:25 自分のいのちを<愛する>者はそれを
43 人の栄誉を<愛し>たからである．
13: 1 世にいる自分のものを<愛さ>れたイ
23 イエスが<愛し>ておられた者が，イ
34 互いに<愛し>合いなさい．わたしがあなたがたを<愛し>たように…互いに<愛し>合いなさい．
14:15 わたしを<愛する>なら…戒めを守る
21 戒めを…守る人は，わたしを<愛する>人です．わたしを<愛する>人はわたしの父に<愛さ>れ，わたしもその人を<愛し>，わたし自身を彼に現
23 わたしを<愛する>人は，わたしのことばを守ります…わたしの父はその人を<愛し>，わたしたちはその人の
24 わたしを<愛さ>ない人は，わたしの
28 もしわたしを<愛し>ているなら，わ
31 わたしが父を<愛し>ており，父の命
15: 9 父がわたしを<愛さ>れたように，わたしもあなたがたを<愛し>ました．
12 わたしがあなたがたを<愛し>たように，あなたがたも互いに<愛し>合うこと，これが…戒めです．17．
19 世は自分のものを<愛し>たでしょう．
16:27 あなたがたがわたしを<愛し>…父ご自身があなたがたを<愛し>ておられ
17:23 あなたがわたしを<愛さ>れたように彼らをも<愛さ>れたこととを，この
24 世の始まる前から<愛し>ておられた
26 わたしを<愛し>てくださったその愛
19:26 母と…<愛する>弟子とを見て，母に
20: 2 イエスが<愛さ>れた，もうひとりの弟子．21:7，20．
21:15 「…あなたは，この人たち以上に，わたしを<愛し>ますか．」…主よ．私があなたを<愛する>ことは，あなたがご存じです．16，17．
使徒 15:25 私たちの<愛する>バルナバおよびパ
ロマ 1: 7 神に<愛さ>れている人々，召された
8:28 神を<愛する>人々，すなわち，神の
37 私たちを<愛し>てくださった方によ

9:13 わたしはヤコブを<愛し>，エサウを
25 <愛さ>なかった者を<愛する>者と呼
11:28 彼らは…選びによれば，父祖たちの
ゆえに，<愛さ>れている者なのです．
12:19 <愛する>人たち．自分で復讐しては
13: 8 互いに<愛し>合うことについては別
です．他の人を<愛する>者は，律法
9 隣人をあなた自身のように<愛せよ>
16: 5 <愛する>エパネトによろしく．8，9，
12.
Ⅰコリ 2: 9 神を<愛する>者のために，神の備え
4:14 <愛する>私の子どもとして，さとす
17 テモテは…私の<愛する>，忠実な子
8: 3 人が神を<愛する>なら，その人は神
10:14 私の<愛する>者たちよ．偶像礼拝を
15:58 私の<愛する>兄弟たちよ．堅く立っ
16:22 主を<愛さ>ない者は…のろわれよ．
Ⅱコリ 7: 1 <愛する>者たち．私たちはこのよう
9: 7 神は喜んで与える人を<愛し>てくだ
11:11 あなたがたを<愛し>ていないからで
12:15 私が…<愛すれ>ば<愛する>ほど，私
はいよいよ<愛さ>れなくなるので
19 <愛する>人たち．すべては，あなた
ガラ 2:20 私を<愛し>私のためにご自身をお捨
5:14 隣人をあなた自身のように<愛せ>よ
エペ 1: 6 神がその<愛する>方によって私たち
2: 4 私たちを<愛し>てくださったその大
5: 1 <愛さ>れている子どもらしく，神に
2 キリストもあなたがたを<愛し>て，
25 キリストが教会を<愛し>…あなたが
たも，自分の妻を<愛し>なさい．
28 夫も自分の妻を…<愛さ>なければな
りません．自分の妻を<愛する>者は
自分を<愛し>ているのです．
33 妻を自分と同様に<愛し>なさい．
6:21 主にあって<愛する>兄弟…忠実な奉
仕者であるテキコ．コロ4:7.
24 朽ちぬ愛をもって<愛する>すべての
ピリ 2:12 <愛する>人たち．ヘブ6:9.
4: 1 私の<愛し>慕う兄弟たち…しっかり
と立ってください…<愛する>人たち．
8 すべての<愛す>べきこと…評判の良
コロ 1: 7 <愛する>エパフラスから学んだとお
13 <愛する>御子のご支配の中に移して
3:12 聖なる，<愛さ>れている者として，
19 夫たちよ．妻を<愛し>なさい．つら
4: 9 忠実な<愛する>兄弟オネシモといっ
14 <愛する>医者ルカ，それにデマスが，
Ⅰテサ 1: 4 神に<愛さ>れている兄弟たち．あな
2: 8 あなたがたは私たちの<愛する>者と
4: 9 互いに<愛し>合うことを神から教え
Ⅱテサ 2:13 主に<愛さ>れている兄弟たち．神は
16 私たちを<愛し>，恵みによって永遠
Ⅰテモ 6: 2 信者であり，<愛さ>れている人だか
Ⅱテモ 1: 2 <愛する>子テモテへ．父なる神およ
3: 2 自分を<愛する>者，金を<愛する>者，
4 神よりも快楽を<愛する>者になり，
4:10 デマスは今の世を<愛し>，私を捨て
テト 2: 4 夫を<愛し>，子どもを<愛し>，
ピレ 1 私たちの<愛する>同労者ピレモンへ．
16 すなわち，<愛する>兄弟としてです．
ヘブ 1: 9 あなたは義を<愛し>，不正を憎まれ
12: 6 主はその<愛する>者を懲らしめ，受
ヤコ 1:12 神を<愛する>者に約束され．2:5.
16 <愛する>兄弟たち．19，2:5.
2: 8 隣人をあなた自身のように<愛せよ>
Ⅰペテ 1: 8 見たことはないけれども<愛し>てお
22 互いに心から熱く<愛し>合いなさい．
4:8.
2:11 <愛する>者たちよ．4:12，Ⅰヨハ2:
7，3:2，21，4:1，7，11.
17 兄弟たちを<愛し>，神を恐れ，王を
3:10 いのちを<愛し>，幸いな日々を過ご
Ⅱペテ 1:17 これはわたしの<愛する>子，わたし
2:15 不義の報酬を<愛し>たベオルの子バ
3: 1 <愛する>人たち．8，14，17.
15 私たちの<愛する>兄弟パウロも，そ
Ⅰヨハ 2:10 兄弟を<愛する>者は，光の中にとど
15 世にあるものをも，<愛し>てはなり
ません…世を<愛し>ているなら…御
父を<愛する>愛はありません．
3:10 兄弟を<愛さ>ない者もそうです．
11 互いに<愛し>合うべきであるという
14 それは，兄弟を<愛し>ているからで
す．<愛さ>ない者は，死のうちにと
18 口先だけで<愛する>ことをせず…真
実をもって<愛そ>うではありません
23 私たちが互いに<愛し>合うことです．
4: 7 互いに<愛し>合いましょう．愛は神
10 私たちが神を<愛し>たのではなく，

神が私たちを<愛し>，私たちの罪の
11 神がこれほどまでに私たちを<愛し>
てくださったのなら，私たちもまた
互いに<愛し>合うべきです．
12 私たちが互いに<愛し>合うなら，神
19 私たちは<愛し>ています．神がまず
私たちを<愛し>てくださったからで
20 神を<愛する>と言いながら…兄弟を
<愛し>ていない者に，目に見えない
神を<愛する>ことはできません．
21 神を<愛する>者は，兄弟をも<愛す>
5: 1 生んでくださった方を<愛する>者は
だれでも，その方によって生まれた
者をも<愛し>ます．
2 神を<愛し>てその命令を守るなら，
…神の子どもたちを<愛し>ているこ
3 神を<愛する>とは，神の命令を守る
IIヨハ 1 あなたがたをほんとうに<愛し>てい
5 私たちが互いに<愛し>合うというこ
IIIヨハ 1 <愛する>ガイオへ．私はあなたをほ
んとうに<愛し>ています．
2 <愛する>者よ．5，11．
ユダ 1 父なる神にあって<愛され>，イエス
3 <愛する>人々．17，20．
黙示 1: 5 キリストは私たちを<愛し>て，その
3: 9 わたしがあなたを<愛し>ていること
19 <愛する>者をしかったり，懲らしめ
20: 9 陣営と<愛さ>れた都とを取り囲んだ．

▼ アイネヤ〔人名〕

ルダの人．使徒9:33，34．

▼ アイノン〔地名〕

ヨハネがバプテスマを授けた場所．ヨハ3:23．

▼ あいらしい（愛らしい）

箴言 5:19 <愛らしい>雌鹿，いとしいかもしか
雅歌 2:14 あなたの声は<愛らし>く，あなたの
4: 3 あなたの口は<愛らしい>．あなたの

▼ アイン〔地名〕

(1)カナン北西の町．民数34:11．
(2)ユダの最南端の町の一つ．ヨシ15:32，19:7，
21:16，I歴4:32．

▼ あう（会う）

創世 24:17 しもべは彼女に<会>いに走って行き，
32:17 エサウがあなたに<会>い…尋ねたら，
45:28 死なないうちに彼に<会>いに行こう．
46:29 父に<会う>なり，父の首に抱きつき，
出エ 4:14 今，彼はあなたに<会>いに出て来て
いる．あなたに<会>えば，心から喜
24 主はモーセに<会>われ，彼を殺そう
27 「荒野に行って，モーセに<会>え．」
…神の山でモーセに<会>い，口づけ
5: 3 ヘブル人の神が私たちにお<会>いく
29:43 わたしはイスラエル人に<会う>．そ
30: 6 わたしがあなたとそこで<会う>あか
しの箱の上の．36，民数17:4．
民数 11:15 私を苦しみに<会>わせないでくださ
16:29 すべての人の<会う>運命に…<会>え
23: 3 主は私に現れて<会>ってくださるで
4 神がバラムに<会>われたので，バラ
16 主はバラムに<会>われ，その口にこ
申命 4:29 主を慕い求め，主に<会う>．あなた
ヨシ 9:11 持って，彼らに<会>いに出かけよ．
Iサム 9:13 すぐ，あの方にお<会>いできるでし
10: 2 ふたりの人に<会>いましょう．その
15:12 サムエルがサウルに<会>いに行こう
25:34 急いで私に<会>いに来なかったなら，
I列 11:29 アヒヤが道で彼に<会>った．アヒヤ
13:24 獅子が道でその人に<会>い…殺した．
18: 7 エリヤが彼に<会>いに来た．彼には
20:37 彼はもうひとりの人に<会>ったので，
II列 1: 3 王の使者たちに<会>い，彼らに言え．
6 ひとりの人が私たちに<会>いに上っ
3:14 あなたに<会う>こともしなかったで
4:31 引き返して，エリシャに<会>い，
II歴 20:16 谷のはずれで，彼らに<会う>．
ヨブ 5:14 彼らは昼間にやみに<会>い，真昼に，
23: 3 どこで神に<会>えるかを知り，その
9 右に…私は<会う>ことができない．
詩篇 71:20 悩みとに，<会>わせなさいましたが，
90:15 わざわいに<会>った年々に応じて，
箴言 7:15 私はあなたに<会>いに出て来たので
17:12 愚かな者に<会う>よりは，子を奪わ
19:23 満ち足りて…わざわいに<会>わない．
イザ 1:12 わたしに<会>いに出て来るが，だれ
7: 3 上の池の水道の端でアハズに<会>い，
55: 6 主を求めよ．お<会>いできる間に．
アモ 4:12 あなたの神に<会う>備えをせよ．
マタ 6:13 私たちを試みに<会>わせないで，悪
8:34 町中の者がイエスに<会>いに出て来
た．そして，イエスに<会う>と，ど
28: 7 そこで，お<会>いできるということ

10　そこでわたしに<会>えるのです.」
マコ 14:13　水がめを運んでいる男に<会う>から,
ルカ 8:20　兄弟たちが, あなたに<会>おうとし
23: 8　イエスに<会>いたいと思っていたし,
ヨハ 1:41　「私たちはメシヤ…に<会>った」と
45　預言者たちも書いている方に<会>い
16:22　もう一度あなたがたに<会>います.
ロマ 1:11　あなたがたに<会>いたいと切に望む
15:24　途中あなたがたに<会>い…心を満た
Ⅰコリ 10:13　あなたがたの<会>った試練はみな…
神は…耐えられないほどの試練に
<会>わせることはなさいません. む
Ⅱコリ 2:13　テトスに<会>えなかったので, 心に
10:10　実際に<会>ったばあいの彼は弱々し
ピリ 1:27　あなたがたに<会う>にしても, また
2:28　彼に再び<会>って喜び, 私も心配が
Ⅰテサ 3: 6　私たちがあなたがたに<会>いたい…
あなたがたも…私たちに<会>いたが
4:17　引き上げられ, 空中で主と<会う>の
Ⅱテモ 1: 4　あなたに<会>って, 喜びに満たされ
ヘブ 13:23　あなたがたに<会>えるでしょう.
ヤコ 1: 2　さまざまな試練に<会う>ときは, そ
Ⅲヨハ 14　間もなくあなたに<会>いたいと思い

▼あう（合う), 合わせる【別項】心を合わせる

ルカ 5:36　継ぎ切れも, 古い物には<合>わない
ロマ 15: 6　心を一つにし, 声を<合わせ>て, 私

▼アウグスト〔人名〕

ローマ皇帝. ルカ2:1.

▼あえぐ, あえぎ求める

ヨブ 7: 2　日陰を<あえぎ求める>奴隷のように,
11:20　彼らの望みは, <あえぐ>息に等しい.
36:20　取り去られる夜を<あえぎ求め>ては
詩 119:131　口を大きくあけて, <あえ>ぎました.
イザ 56:10　<あえ>いで, 横になり, 眠りをむさ
ヨエ 1:20　野の獣も, あなたに<あえぎ求め>て

▼あお（青), 青々, 青い, 青色

出エ 25: 4　<青色>, 紫色. 26:1, 31, 27:16,
28:5, 15, 33, 35:6, 23, 36:8, 35,
38:18, 39:1, 29, Ⅱ歴3:14.
26: 4　幕の縁に<青い>ひもの輪を. 36:11.
民数 4: 7　机の上に<青色>の布を延べ, その上
Ⅱ歴 2: 7　紅, <青>などの製造に熟練した人で,
エス 1: 6　そこには白綿布や<青色>の布が, 白
8:15　<青色>と白色の王服を着, 大きな金
ヨブ 8:16　彼が日に当たって<青々>と茂り, そ
雅歌 1:16　長いいすは<青々>としています.
エレ 30: 6　なぜ, みなの顔が<青>く変わってい
エゼ 23: 6　<青色>の衣を着た総督や長官で, す
27: 7　島々からの<青色>と紫色の布が, お
24　<青色>の着物, あや織り物, 多彩な
黙示 6:13　<青い>実を振り落とすようであった.

▼あおぐ（仰ぐ), 仰ぎ見る

出エ 3: 6　モーセは神を<仰ぎ見る>ことを恐れ
24:10　彼らはイスラエルの神を<仰ぎ見>た.
民数 12: 8　彼はまた, 主の姿を<仰ぎ見>ている.
21: 9　青銅の蛇を<仰ぎ見る>と, 生きた.
ヨシ 9:14　主の指示を<あお>がなかった.
ヨブ 35: 5　天を<仰ぎ見>よ. あなたより, はる
詩篇 11: 7　直ぐな人は, 御顔を<仰ぎ見る>.
17:15　正しい訴えで, 御顔を<仰ぎ見>, 目
25: 1　たましいは, あなたを<仰>いでいま
27: 4　主の麗しさを<仰ぎ見>, その宮で,
34: 5　彼らが主を<仰ぎ見る>と, 彼らは輝
63: 2　聖所で, あなたを<仰ぎ見>ています.
86: 4　あなたを<仰>いでいますから.
イザ 30: 2　わたしの指示を<あお>ごうとしない.
45:22　わたしを<仰ぎ見>て救われよ. わた
エゼ 33:25　偶像を<仰ぎ見>, 血を流しているの
ヨナ 2: 4　あなたの聖なる宮を<仰ぎ見>たいの
ミカ 7: 7　私は主を<仰ぎ見>, 私の救いの神を
黙示 22: 4　神の御顔を<仰ぎ見る>…彼らの額に

▼あおくさ（青草)

民数 22: 4　牛が野の<青草>をなめ尽くすように,
申命 32: 2　<青草>の上の夕立のように.
詩篇 37: 2　しおれ, <青草>のように枯れるのだ.
20　主の敵は牧場の<青草>のようだ. 彼
イザ 42:15　そのすべての<青草>を枯らし, 川を
エレ 14: 6　衰え果てる. <青草>がないためだ.
アモ 7: 2　いなごが地の<青草>を食い尽くそう
ミカ 5: 7　<青草>に降り注ぐ夕立のようだ. 彼
マコ 6:39　組にして<青草>の上にすわらせるよ
黙示 8: 7　<青草>が全部焼けてしまった.
9: 4　<青草>や…木には害を加えないで,

▼あおざめたうま（青ざめた馬)

黙示 6: 8　見よ. <青ざめた馬>であった. これ

▼あおふく（青服)

出エ 28:31　エポデの下に着る<青服>を. 39:22.

▼あか（赤), 赤い

創世 25:25　最初に出て来た子は, <赤>くて, 全

30 そこの‹赤い›物を私に食べさせてく
民数 19: 2 ‹赤い›雌牛をあなたのところに引い
ヨシ 2:18 この‹赤い›ひもを結びつけておかな
Ⅱ列 3:22 水が血のように‹赤い›のを見て，
ヨブ 16:16 私の顔は泣いて‹赤›くなり，私のま
箴言 23:31 ぶどう酒が‹赤›く，杯の中で輝き，
雅歌 5:10 私の愛する方は，輝いて，‹赤›く，
イザ 1:18 罪が緋のように‹赤›くても，雪のよ
63: 2 なぜ，あなたの着物は‹赤›く，あな
哀歌 4: 7 そのからだは，紅真珠より‹赤›く，
ナホ 2: 3 その勇士の盾は‹赤›く，兵士は緋色
ヘブ 9:19 水と‹赤い›色の羊の毛とヒソプとの
黙示 12: 3 見よ．大きな‹赤い›竜である．七つ

▼ あかいうま（赤い馬）

ゼカ 1: 8 ひとりの人が‹赤い馬›に乗っていた．
6: 2 第１の戦車は‹赤い馬›が，第２の戦
黙示 6: 4 火のように‹赤い馬›が出て来た．こ

▼ アカイコ〔人名〕

コリントのキリスト者．Ⅰコリ16:17．

▼ アガグ

1. 人名．
(1)バラムが比較に用いた王の名．民数24:7．
(2)アマレクの王．Ⅰサム15:8，9，20，32，33．
2. アガグ人．ハマンの出身氏族．エス3:1，8:3．

▼ あかし 【別項】あかしの板，あかしの天幕，あかしの箱，あかしの幕屋

申命 31:19 わたしの‹あかし›とするためである．
21 この歌が彼らに対して‹あかし›をす
26 あなたに対する‹あかし›としなさい．
Ⅱ列 23: 3 主の命令と，‹あかし›と，おきてを
ヨブ 29:11 私を見た目は，それを‹あかし›した．
詩篇 19: 7 主の‹あかし›は確かで，わきまえの
81: 5 それを‹あかし›として授けられた．
93: 5 あなたの‹あかし›は，まことに確か
119:152 あなたの‹あかし›で知っています．
122: 4 イスラエルの‹あかし›として，主の
イザ 8:16 この‹あかし›をたばねよ．このおし
20 ‹あかし›に尋ねなければならない．
19:20 主のしるしとなり，‹あかし›となる．
エレ 42:19 私があなたがたに‹あかし›したこと
44:23 定めと‹あかし›に歩まなかったため
マタ 8: 4 人々への‹あかし›のために，行って，
10:18 異邦人たちに‹あかし›をするためで
24:14 すべての国民に‹あかし›され，それ
マコ 1:44 人々への‹あかし›のために，モーセ
13: 9 彼らに対して‹あかし›をするためで
ルカ 5:14 人々への‹あかし›のため，モーセが
21:13 ‹あかし›をする機会となります．
ヨハ 1: 7 この人は‹あかし›のために来た．光
について‹あかし›するためであり，
3:11 見たことを‹あかし›しているのに，
32 聞いたことを‹あかし›されるが，だ
れもその‹あかし›を受け入れない．
33 その‹あかし›を受け入れた者は，神
7: 7 行いが悪いことを‹あかし›するから
12:17 人々は，そのことの‹あかし›をした．
13:21 激動を感じ，‹あかし›して言われた．
15:26 御霊がわたしについて‹あかし›しま
27 あなたがたも‹あかし›するのです．
18:37 真理の‹あかし›をするために生まれ，
19:35 目撃した者が‹あかし›をしているの
である．その‹あかし›は真実である．
21:24 これらのことについて‹あかし›した
者…彼の‹あかし›が真実であること
使徒 2:22 この方の‹あかし›をされたのです．
4:33 復活を非常に力強く‹あかし›し，大
8:25 使徒たちはおごそかに‹あかし›をし，
10:42 その‹あかし›をするように，言われ
43 赦しが受けられる，と‹あかし›して
13:22 このダビデについて‹あかし›して，
14:17 ご自身のことを‹あかし›しないでお
15: 8 神は…彼らのために‹あかし›をし，
20:24 福音を‹あかし›する任務を果たし終
23:11 エルサレムでわたしのことを‹あか
し›した…ローマでも‹あかし›をし
26:22 大きい者にも‹あかし›をしているの
28:23 神の国のことを‹あかし›し…モーセ
ロマ 1: 9 神が‹あかし›してくださることです
2:15 良心もいっしょになって‹あかし›し，
3:21 律法と預言者によって‹あかし›され
8:16 霊とともに，‹あかし›してください
9: 1 良心も，聖霊によって‹あかし›して
10: 2 熱心であることを‹あかし›します．
Ⅰコリ 1: 6 キリストについての‹あかし›が，あ
2: 1 神の‹あかし›を宣べ伝えることはし
Ⅱコリ 1:12 良心の‹あかし›するところであって，
8: 3 私は‹あかし›します．彼らは自ら進
ピリ 1: 8 その‹あかし›をしてくださるのは神
Ⅰテサ 2:10 あなたがたが‹あかし›し，神も‹あ

かし>してくださることです．
Iテモ 2: 6 これが時至ってなされた<あかし>な
IIテモ 1: 8 主を<あかし>することや，私が主の
ヘブ 2: 4 賜物によって<あかし>されました．
6 ある人がこう<あかし>しています．
7: 8 生きていると<あかし>されている者
10:15 聖霊も…<あかし>されます．
11: 5 喜ばれていることが，<あかし>され
39 信仰によって<あかし>されましたが，
Iペテ 1:11 栄光を前もって<あかし>されたとき，
5:12 恵みであることを<あかし>しました．
Iヨハ 1: 2 それを見たので，その<あかし>をし，
4:14 見て，今その<あかし>をしています．
5: 6 <あかし>をする方は御霊です．御霊
7 <あかし>するものが三つあります．
9 人間の<あかし>を受け入れるなら，
神の<あかし>はそれにまさる…御子
について<あかし>されたことが神の
<あかし>だからです．
10 この<あかし>を自分の心の中に持っ
11 その<あかし>とは，神が私たちに永
IIIヨハ 6 あなたの愛について<あかし>しまし
黙示 1: 9 神のことばとイエスの<あかし>との
6: 9 <あかし>とのために殺された人々の
11: 7 彼らが<あかし>を終えると，底知れ
12:11 <あかし>のことばのゆえに彼に打ち
17 イエスの<あかし>を保っている者た
19:10 イエスの<あかし>は預言の霊です．」
22:16 あなたがたに<あかし>した．わたし
20 これらのことを<あかし>する方がこ

▼ あかしのいた（～板）
出エ 31:18 <あかしの板>2枚，すなわち，神の
32:15 2枚の<あかしの板>を手にして山か

▼ あかしのてんまく（～天幕）
民数 17: 7 モーセは…杖を，<あかしの天幕>の
8 モーセは<あかしの天幕>に入って行
18: 2 <あかしの天幕>の前で…仕えるため
II歴 24: 6 <あかしの天幕>のための税金を，ユ

▼ あかしのはこ（～箱）
出エ 16:34 <あかしの箱>．25:22，26:33，27:21，
30:6，26，31:7，39:35，40:3，5，
21，レビ16:13，24:3，民数7:89，17
:4．
民数 17:10 アロンの杖を<あかしの箱>の前に戻
ヨシ 4:16 <あかしの箱>をかつぐ祭司たちに命

▼ あかしのまくや（～幕屋）
出エ 38:21 <あかしの幕屋>の記録は，次のとお
民数 1:50 <あかしの幕屋>とそのすべての用具，
10:11 雲が<あかしの幕屋>の上から離れて
使徒 7:44 荒野に<あかしの幕屋>がありました．
黙示 15: 5 <あかしの幕屋>の聖所が開いた．

▼ あかしまめのう（赤縞めのう）
黙示 21:20 第5は<赤縞めのう>，第6は赤めの

▼ アカシヤ〔植物〕
出エ 25: 5 <アカシヤ>材．26:15，27:1，30:1，
35:7，36:20，37:1，申命10:3．
イザ 41:19 荒野の中に杉や，<アカシヤ>，ミル

▼ あかす（明かす）
創世 45: 1 自分のことを<明か>したとき，彼の
士師 14:16 <明か>さなければならないのか．」
Iサム 9:19 心にあることを全部，<明か>しまし
エス 2:10 <明か>してはならないと彼女に命じ

▼ あかつき（暁）【別項】暁の子
ヨブ 3: 9 <暁>のまぶたのあくのを見ることが
7: 4 私は<暁>まで寝返りをうち続ける．
41:18 その目は<暁>のまぶたのようだ．
詩 22題目 「<暁>の雌鹿」の調べに合わせて．
57: 8 私は<暁>を呼びさましたい．108:2．
139: 9 <暁>の翼をかって，海の果てに住ん
雅歌 6:10 <暁>の光のように見おろしている，
イザ 58: 8 <暁>のようにあなたの光がさしいで，
ホセ 6: 3 主は<暁>の光のように，確かに現れ
アモ 4:13 <暁>と暗やみを造り，地の高い所を

▼ あかつきのこ（暁の子）
イザ 14:12 <暁の子>，明けの明星よ．どうして

▼ アカデ〔地名〕
バビロニヤ北部の町．創世10:10．

▼ あがない（贖い）【別項】贖い金・贖いの銀・贖いの代価・贖いの代金，贖いの日，贖いのふた
出エ 29:33 聖別するための<贖い>に用いられた
36 祭壇のための<贖い>をするときには，
30:10 その角の上で<贖い>をする…年に1
度このために，<贖い>をしなければ
レビ 4:20 祭司は彼らのために<贖い>をしなさ
い．26，31，35，5:6，10，18，6:7．
6:30 聖所での<贖い>をするためにその血
8:15 血を祭壇の土台に注いで…<贖い>を
9: 7 またこの民のために<贖い>をしなさ
12: 7 彼女のために<贖い>をしなさい．彼

14:18 主の前で彼のために<贖い>をする．
29，15:15，19:22，民数15:28．
31 きよめられる者のために<贖い>をす
53 その家のために<贖い>をする．その
16: 6 家族のために<贖い>をする．11．
16 罪のために，聖所の<贖い>をする．
17 全集会のために<贖い>をする．
20 会見の天幕と祭壇との<贖い>をし終
24 自分のため，民のために<贖い>をす
32 任命された祭司が，<贖い>をする．
33 彼は至聖所の<贖い>をする…集会の
すべての人々の<贖い>をしなければ
17:11 いのちとして<贖い>をするのは血で
23:28 あなたがたの<贖い>がなされるから
民数 5: 8 罪の<贖い>をするための<贖い>の雄
8:19 イスラエル人のために<贖い>をする
21 アロンは彼らの<贖い>をし，彼らを
15:25 全会衆の<贖い>をするなら，彼らは
16:46 急いで…彼らの<贖い>をしなさい．
47 香をたいて，民の<贖い>をした．
25:13 イスラエル人の<贖い>をしたからで
28:22 <贖い>のためには．30，29:5．
31:50 私たち自身の<贖い>としたいのです．
申命 32:43 ご自分の民の地の<贖い>をされるか
Ⅱ歴 29:24 全イスラエルのために<贖い>をした．
30:18 主よ．このことの<贖い>をしてくだ
ネヘ 10:33 イスラエルの<贖い>をなす罪のため
詩 111: 9 主は，御民に<贖い>を送り，ご自分
130: 7 主には恵みが…豊かな<贖い>がある．
イザ 63: 4 わたしの<贖い>の年が来たからだ．
エゼ 43:26 7日間にわたって祭壇の<贖い>をし，
45:15 ささげ，彼らのための<贖い>とせよ．
17 イスラエルの家の<贖い>のため，罪
20 宮のために<贖い>をしなければなら
ルカ 1:68 主はその民を顧みて，<贖い>をなし，
2:38 エルサレムの<贖い>を待ち望んでい
21:28 <贖い>が近づいたのです．」
ロマ 3:24 イエスによる<贖い>のゆえに，価な
Ⅰコリ 1:30 義と聖めと，<贖い>とになられまし
エペ 1: 7 その血による<贖い>，すなわち罪
14 これは神の民の<贖い>のためであり，
コロ 1:14 <贖い>，すなわち罪の赦しを得てい
ヘブ 9:12 永遠の<贖い>を成し遂げられたので

▼ あがないきん（贖い金），贖いしろ，贖いの銀，贖いの代価，贖いの代金
出エ 21:30 彼に<贖い金>が課せられたなら，自
30:12 自分自身の<贖い金>を主に納めなけ
16 <贖いの銀>を受け取ったなら，それ
民数 3:46 初子の<贖いの代金>として．18:16．
35:31 <贖い金>を受け取ってはならない．
詩篇 49: 8 たましいの<贖いしろ>は，高価であ
マタ 20:28 多くの人のための，<贖いの代価>と
して，自分のいのちを．マコ10:45．
Ⅰテモ 2: 6 すべての人の<贖いの代価>として，

▼ あがないぬし（贖い主）
詩篇 19:14 わが岩，わが<贖い主>，主よ．
箴言 23:11 彼らの<贖い主>は力強く，あなたに
イザ 49:26 あなたの<贖い主>，ヤコブの力強き
54: 5 あなたの<贖い主>は…全地の神と呼
59:20 シオンには<贖い主>として来る．
63:16 とこしえから私たちの<贖い主>です．

▼ あがないのひ（贖いの日）
エペ 4:30 <贖いの日>のために…証印を押され

▼ あがないのふた（贖いのふた）
出エ 25:17 純金の『<贖いのふた>』を作る．18，
19，20，21，22，26:34，30:6，31:7，
35:12，37:6，39:35，40:20．
レビ 16: 2 『<贖いのふた>』の前に行ってはな
らない．13，14，15．
民数 7:89 「<贖いのふた>」の二つのケルビム

▼ あがなう（贖う）
創世 48:16 わざわいから私を<贖わ>れた御使い．
出エ 6: 6 …とによってあなたがたを<贖う>．
13:13 ろばの初子はみな，羊で<贖わ>なけ
ればならない．もし<贖わ>ないなら，
その首を…男の初子はみな，<贖わ>
なければならない．34:20．
15 初子をみな，私は<贖う>のだ．』
15:13 あなたが<贖わ>れたこの民を，あな
21: 8 彼女が<贖い>出されるようにしなけ
30:15 あなたがた自身を<贖う>ために，主
32:30 罪のために<贖う>ことができるでし
レビ 1: 4 それが彼を<贖う>ため，彼の代わり
16:34 すべての罪から彼らを<贖う>ためで
17:11 いのちを祭壇の上で<贖う>ために，
19:20 女奴隷で…全然<贖わ>れておらず，
27:27 人はそれを<贖う>とき…5分の1
29 聖絶されるべきものは，<贖わ>れる

民数 8:12 レビ人の罪を<贖う>ために，１頭を
18:15 人の初子は，必ず<贖わ>なければならない…獣の初子も<贖わ>なければ
16 銀５シェケルで<贖わ>なければなら
17 やぎの初子は<贖っ>てはならない．
35:33 土地を<贖う>には，その土地に血を
申命 7: 8 パロの手からあなたを<贖い>出され
9:26 偉大な力をもって<贖い>出し，力強
13: 5 奴隷の家から<贖い>出された，あな
15:15 主が<贖い>出されたことを覚えてい
21: 8 あなたが<贖い>出された御民イスラ
24:18 そこからあなたを<贖い>出されたこ
Ⅱサム 7:23 神ご自身が来られて，この民を<贖い>…神々から<贖っ>てくださいました．Ⅰ歴17:21.
Ⅰ歴 17:21 エジプトから<贖い>出してくださっ
ネヘ 1:10 あなたが<贖わ>れたあなたのしもべ
ヨブ 6:23 横暴な者の手から私を<贖え>」と．
19:25 私を<贖う>方は生きておられ，後の
33:28 神は私のたましいを<贖っ>てよみの
詩篇 25:22 すべての苦しみから<贖い>出してく
26:11 どうか私を<贖い>出し，私をあわれ
31: 5 私を<贖い>出してくださいました．
34:22 しもべのたましいを<贖い>出される．
44:26 私たちを<贖い>出してください．
55:18 平和のうちに<贖い>出してくださる．
69:18 <贖っ>てください…私を<贖っ>てく
71:23 <贖い>出された私のたましいも．
72:14 彼らのいのちを<贖い>出し，彼らの
74: 2 ご自分の…部族として<贖わ>れた民
77:15 ヤコブとヨセフの子らを<贖わ>れま
78:35 神が自分たちを<贖う>方であること
42 敵から<贖い>出してくださった日を
103: 4 あなたのいのちを穴から<贖い>，あ
106:10 主は…敵の手から彼らを<贖わ>れた．
107: 2 主に<贖わ>れた者はこのように言え．主は彼らを敵の手から<贖い>，
119:134 私を人のしいたげから<贖い>出し，
154 私を<贖っ>てください．みことばに
130: 8 主は…イスラエルを<贖い>出される．
箴言 16: 6 まことによって，咎は<贖わ>れる．
イザ 1:27 シオンは公正によって<贖わ>れ…正義によって<贖わ>れる．
6: 7 「見よ…あなたの罪も<贖わ>れた．」
29:22 アブラハムを<贖わ>れた主は，ヤコ
35: 9 <贖わ>れた者たちがそこを歩む．
10 主に<贖わ>れた者たちは帰って来る．51:11.
41:14 あなたを<贖う>者はイスラエルの聖
43: 1 わたしがあなたを<贖っ>たのだ．わ
14 あなたがたを<贖わ>れた…聖なる方，
44: 6 これを<贖う>方，万軍の主はこう仰
22 わたしは，あなたを<贖っ>たからだ，
23 主がヤコブを<贖い>，48:20，エレ31:11.
24 あなたを<贖い>，あなたを母の胎内
47: 4 私たちを<贖う>方，その名は万軍の
48:17 あなたを<贖う>主，イスラエルの聖
49: 7 イスラエルを<贖う>，その聖なる方
50: 2 わたしの手が短くて<贖う>ことがで
51:10 <贖わ>れた人々を通らせたのは，あ
52: 9 主が…エルサレムを<贖わ>れたから
54: 8 あなたを<贖う>主は仰せられる．
60:16 あなたを<贖う>ヤコブの全能者であ
62:12 主に<贖わ>れた者と呼ばれ，あなた
63: 9 主は彼らを<贖い>，昔からずっと，
エレ 50:34 彼らを<贖う>方は強く，その名は万
哀歌 3:58 私のいのちを<贖っ>てくださいまし
ダニ 9:24 咎を<贖い>，永遠の義をもたらし，
ホセ 7:13 わたしは彼らを<贖お>うとするが彼
13:14 わたしは…彼らを死から<贖お>う．
ミカ 4:10 あなたを敵の手から<贖わ>れる．
ゼカ 10: 8 わたしが彼らを<贖っ>たからだ．彼
ルカ 24:21 この方こそイスラエルを<贖っ>てく
ロマ 8:23 からだの<贖>われることを待ち望ん
ガラ 3:13 律法ののろいから<贖い>出してくだ
4: 5 律法の下にある者を<贖い>出すため
テト 2:14 すべての不法から<贖い>出し，良い
ヘブ 9:15 違反を<贖う>ための死が実現したの
Ⅰペテ 1:18 むなしい生き方から<贖い>出された
黙示 5: 9 神のために人々を<贖い>，
14: 3 地上から<贖わ>れた14万４千人のほ
4 人々の中から<贖わ>れたのである．

▼アガボ〔人名〕
エルサレムの預言者．使徒11:28，21:10.

▼あかむらさき（赤紫）
士師 8:26 王たちの着ていた<赤紫>の衣，また

▼あかめのう（赤めのう）
出エ28:17，39:10，エゼ28:13，黙示4:3，21:20.

▼ **あがめる，あがむ**

出エ 15: 2 父の神．この方を私は<あがめる>．
民数 24: 7 その王国は<あがめ>られる．
士師 9: 9 神と人とを<あがめる>ためにに使われ
Ⅱサム 7:26 御名がとこしえまでも<あがめ>られ，
22:47 <あがむ>べきかな．わが救いの岩な
Ⅰ歴 17:24 あなたの御名が…<あがめ>られ，
29:11 かしらとして<あがむ>べき方です．
詩篇 12: 8 卑しいことが<あがめ>られていると
18:46 <あがむ>べきかな．わが救いの神．
22:23 すべてのすえよ．主を<あがめ>よ．
30: 1 主よ．私はあなたを<あがめ>ます．
34: 3 共に，御名を<あがめ>よう．
40:16 「主を<あがめ>よう」と，いつも言
46:10 わたしは国々の間で<あがめ>られ，
地の上で<あがめ>られる．」
47:10 神は大いに<あがめ>られる方．
50:15 あなたはわたしを<あがめ>よう．」
23 ささげる人…わたしを<あがめ>よう．
57: 5 全世界で<あがめ>られますように．
66:17 神に呼ばわり，この舌で<あがめ>た．
70: 4 「神を<あがめ>よう」と，いつも言
86: 9 あなたの御名を<あがめ>ましょう．
99: 5 われらの神，主を<あがめ>よ．その
107:32 主を民の集会で<あがめ>，長老たち
108: 5 神よ．あなたが天で<あがめ>られ…
全世界で<あがめ>られますように．
118:28 私の神，私はあなたを<あがめ>ます．
145: 1 王よ．私はあなたを<あがめ>ます．
148:13 主の御名だけが<あがめ>られ，その
箴言 3: 9 収穫の初物で，主を<あがめ>よ．
イザ 12: 4 御名が<あがめ>られていることを語
24:15 東の国々で主を<あがめ>，西の島々
で…主の御名を<あがめ>よ．
29:13 くちびるでわたしを<あがめる>が，
43:20 だちょうも，わたしを<あがめる>．
23 わたしを<あがめ>ようともしなかっ
ダニ 11:38 彼はとりでの神を<あがめ>…先祖た
ちの知らなかった神を<あがめる>．
ホセ 13: 1 主はイスラエルの中で<あがめ>られ
マラ 1:11 諸国の民の間で<あがめ>られ，すべ
マタ 5:16 あなたがたの父を<あがめる>ように
6: 9 御名が<あがめ>られますように．
9: 8 人にお与えになった神を<あがめ>た．
15:31 彼らはイスラエルの神を<あがめ>た．
マコ 2:12 …と言って神を<あがめ>た．
ルカ 1:46 わがたましいは主を<あがめ>，
2:20 神を<あがめ>，賛美しながら帰って
4:15 教え，みなの人に<あがめ>られた．
5:25 神を<あがめ>ながら自分の家に帰っ
26 ひどく驚き，神を<あがめ>，恐れに
11: 2 父よ．御名が<あがめ>られますよう
13:13 女は…腰が伸びて，神を<あがめ>た．
16:15 人間の間で<あがめ>られるものは，
17:18 神を<あがめる>ために戻って来た者
18:43 神を<あがめ>ながらイエスについて
使徒 4:21 この出来事のゆえに神を<あがめ>て
19:17 御名を<あがめる>ようになった．
ロマ 1:21 神を神として<あがめ>ず，感謝もせ
15: 9 神を<あがめる>ようになるためです．
Ⅱコリ 9:13 知って，神を<あがめる>ことでしょ
ガラ 1:24 私のことで神を<あがめ>ていました．
ピリ 1:20 キリストが<あがめ>られることです．
Ⅱテサ 1:12 あなたがたの間で<あがめ>られ，あ
3: 1 広まり，また<あがめ>られますよう
Ⅰペテ 3:15 キリストを主として<あがめ>なさい．
4:11 神が<あがめ>られるためです．栄光
16 この名のゆえに神を<あがめ>なさい．
黙示 11:13 恐怖に満たされ…神を<あがめ>た．
14: 7 神を恐れ，神を<あがめ>よ．神のさ

▼ **アカヤ〔地名〕**

ローマ統治下のアカヤ州．使徒18:12，19:21，ロマ15:26，Ⅰコリ16:15，Ⅱコリ1:1，Ⅰテサ1:7．

▼ **あかり**

イザ 50:11 自分たちの火の<あかり>を持ち，火
マタ 5:15 <あかり>をつけて，それを枡の下に
6:22 からだの<あかり>は目です．それで，
マコ 4:21 <あかり>を持って来るのは，枡の下
ルカ 8:16 <あかり>をつけてから，それを器で
11:33 <あかり>をつけてから，それを穴倉
34 からだの<あかり>は，あなたの目で
36 全身はちょうど<あかり>が輝いて，
12:35 帯を締め，<あかり>をともしていな
15: 8 <あかり>をつけ，家を掃いて，見つ
黙示 21:23 小羊が都の<あかり>だからである．

▼ **アカル〔人名〕**

カルミ(2)の子．アカン(2)と同人．Ⅰ歴2:7．

▼ **あかるい（明るい）**

Ⅰサム 29:10 <明る>くなったら出かけなさい．」

エズ 9: 8 神が私たちの目を<明る>くし，奴隷
ヨブ 9:27 <明る>くなりたい」と私が言いまし
詩篇 19: 8 主の仰せは…人の目を<明る>くする．
マタ 6:22 あなたの全身が<明るい>が，
使徒 26:13 それは太陽よりも<明る>く輝いて，
黙示 18: 1 地はその栄光のために<明る>くなっ

▼あかるみ（明るみ）

マタ 10:27 話すことを<明るみ>で言いなさい．
ルカ 12: 3 暗やみで言ったことが，<明るみ>で
ヨハ 3:20 行いが<明るみ>に出されることを恐
Ⅰコリ 4: 5 隠れた事も<明るみ>に出し，心の中
エペ 5:11 むしろ，それを<明るみ>に出しなさ
13 <明るみ>に引き出されるものは，み

▼アカン〔人名〕

(1)ホリ人セイルの子孫．創世36:27．
(2)ユダ族カルミの子．ヨシ7:1，18，22:20．

▼アキシュ〔人名〕

ガテの王．Ⅰサム21:10，27:2，29:2，Ⅰ列2:39．

▼あきたりる（飽き足りる），飽き足る，飽き足らせる

ヨブ 27:14 子孫はパンに<飽き足る>ことはない．
31:31 だれか，彼の肉に<飽き足り>なかっ
箴言 12:11 畑を耕す者は食糧に<飽き足り>，むなしいものを追い求める者．28:19．
20:13 そうすればパンに<飽き足りる>．
27: 7 <飽き足り>ている者は蜂の巣の蜜も
伝道 4: 8 富を求めて<飽き足りる>ことがない．
イザ 66:11 乳房から乳を飲んで<飽き足り>，そ
エレ 44:17 私たちはその時，パンに<飽き足り>，
エゼ 7:19 飢えを<飽き足らせる>ことも，彼ら
16:28 姦通しても，まだ…<飽き足>らず，
ハガ 1: 6 食べたが<飽き足>らず，飲んだが酔

▼あきない（商い），商う

ヨブ 20:18 <商い>で得た富によっても楽しめな
詩 107:23 大海で<あきない>する者，
エゼ 27: 9 水夫たち…おまえの商品を<商>った．
12 おまえと<商い>をし，銀，鉄．21．
27 おまえの商品を<商う>者，おまえの
28:16 あなたの<商い>が繁盛すると，あな

▼あきのあめ（秋の雨）

ヤコ 5: 7 <秋の雨>や春の雨が降るまで，耐え

▼アキム〔人名〕

主イエスの先祖の一人．マタ1:14．

▼あきらか（明らか）

レビ 4:14 その罪が<明らか>になったときに，
民数 12: 8 <明らか>に語って，なぞで話すこと
エレ 51:10 正義の主張を<明らか>にされた．来
マコ 4:22 隠されているのは，<明らか>にされ
ヨハ 1:31 イスラエルに<明らか>にされるため
3:21 神にあってなされたことが<明らか>
17: 6 あなたの御名を<明らか>にしました．
使徒 7:13 家族のことがパロに<明らか>になり
ロマ 1:19 彼らに<明らか>です．それは神が<明らか>にされたのです．
3: 5 不義が神の義を<明らか>にするとし
7 真理がますます<明らか>にされて神
5: 8 愛を<明らか>にしておられます．
7:13 罪は…罪として<明らか>にされ，戒
Ⅰコリ 3:13 その日がそれを<明らか>にするので
11:19 ほんとうの信者が<明らか>にされる
15:27 含められていないことは<明らか>で
Ⅱコリ 4: 2 真理を<明らか>にし，神の御前で自
5:11 神の御前に<明らか>です…あなたがたの良心にも<明らか>になることが，
7:12 神の御前に<明らか>にされるためで
13: 7 適格であることが<明らか>になると
ガラ 3:11 だれもいないということは<明らか>
エペ 3: 9 何であるかを，<明らか>にするため
5:13 光によって<明らか>にされます．
14 <明らか>にされたものはみな，光だ
ピリ 1:13 ほかのすべての人にも<明らか>にな
3:15 神はそのことも…<明らか>にしてく
Ⅰテモ 4: 1 御霊が<明らか>に言われるように，
5:24 罪は，あとで<明らか>になります．
25 だれの目にも<明らか>ですが，そう
Ⅱテモ 1:10 イエスの現れによって<明らか>にされたのです…不滅を<明らか>に示
テト 1: 3 宣教によって<明らか>にされました．
ヘブ 7:14 ユダ族から出られたことは<明らか>
15 以上のことは，いよいよ<明らか>に
9: 8 道は，まだ<明らか>にされていない
Ⅰヨハ 2:19 仲間でなかったことが<明らか>にさ
3: 2 後の状態はまだ<明らか>にされてい
黙示 15: 4 正しいさばきが，<明らか>にされた

▼あきる（飽きる），飽く

詩篇 78:25 神は<飽きる>ほど食物を送られた．
箴言 1:31 自分のたくらみに<飽きる>であろう．
25:17 彼があなたに<飽き>て，あなたを憎

27:20 よみと滅びの淵は<飽く>ことがなく，
人の目も<飽く>ことがない．
30:15 <飽く>ことを知らないものが，三つ
16 水に<飽く>ことを知らない地と，
22 奴隷が王…しれ者がパンに<飽き>，
伝道 1: 8 目は見て<飽きる>こともなく，耳は
イザ 1:11 肥えた家畜の脂肪に<飽き>た．雄牛，
エレ 15: 6 わたしはあわれむのに<飽>いた．
エゼ 16:49 高慢で，食物に<飽き>，安逸をむさ
39:19 脂肪を<飽きる>ほど食べ，その血を
ヨエ 2:26 <飽きる>ほど食べて満足し，あなた
ガラ 6: 9 善を行うのに<飽>いてはいけません．
ピリ 4:12 <飽く>ことにも飢えることにも，富
Ⅱペテ 2:14 罪に関しては<飽く>ことを知らず，
黙示 19:21 彼らの肉を<飽きる>ほどに食べた．

▼ あく，あける

創世 24:20 水がめの水を水ぶねに<あけ>，水を
レビ 14:36 その家を<あける>よう命じる．これ
Ⅰサム 20:18 あなたの席が<あく>ので，あなたの
27 ダビデの席が<あ>いていたので，サ
Ⅱ列 12: 9 そのふたに穴を<あけ>，それを祭壇
Ⅱ歴 34:17 主の宮にあった金を箱から<あけ>て，
エレ 48:12 その器を<あけ>，そのつぼを砕く．
マタ 12:44 帰って見ると，家は<あ>いていて，

▼ あく，あける

創世 42:27 袋を<あける>と，自分の銀を見つけ
出エ 2: 6 それを<あける>と，子どもがいた．
21:33 井戸のふたを<あけ>ていたり，ある
申命 11: 6 地はその口を<あけ>…のみこんだ．
Ⅰサム 3:15 主の宮のとびらを<あけ>た．サムエ
Ⅱ列 9: 3 戸を<あけ>て，ぐずぐずしていない
13:17 東側の窓を<あけ>なさい」と言った
ので，彼がそれを<あけ>ると，エリ
ネヘ 7: 3 エルサレムの門を<あけ>てはならな
ヨブ 12:14 閉じ込めると，それは<あけ>られな
41:14 だれがその顔の戸を<あける>ことが
詩篇 81:10 あなたの口を大きく<あけ>よ．わた
雅歌 5: 2 戸を<あけ>ておくれ．私の鳩よ．汚
6 愛する方のために戸を<あける>と，
イザ 5:14 よみは…口を限りなく<あける>．そ
26: 2 城門を<あけ>て，誠実を守る正しい
35: 5 耳の聞こえない者の耳は<あく>．
エゼ 3: 2 私が口を<あける>と，その方は私に
44: 2 この門は…<あけ>てはならない．だ
46: 1 祭りの日には<あけ>なければならな
12 門を<あけ>なければならない．彼は
ダニ 6:10 エルサレムに向かって<あ>いていた．
ゼカ 11: 1 レバノンよ．おまえの門を<あけ>よ．
マタ 2:11 宝の箱を<あけ>て，黄金，乳香，没
9:30 すると，彼らの目が<あ>いた．イエ
17:27 その口を<あける>とスタテル１枚が
20:33 この目を<あけ>ていただきたいので
25:11 ご主人さま．<あけ>てください』と
ルカ 12:36 すぐに戸を<あけ>ようと，その帰り
ヨハ 9:10 あなたの目はどのようにして<あ>い
14 彼の目を<あけ>られたのは，安息日
17 あの人が目を<あけ>てくれたことで，
32 目を<あけ>た者があるなどとは，昔
10:21 盲人の目を<あける>ことができよう
使徒 5:23 <あけ>てみると，中にはだれもおり
9:40 彼女は目を<あけ>，ペテロを見て起
12:14 門を<あけ>もしないで，奥へ駆け込
16:26 たちまちとびらが全部<あ>いて，み
黙示 3:20 声を聞いて戸を<あける>なら，わた

▼ あく（灰汁）

ヨブ 9:30 <灰汁>で私の手をきよめても，
イザ 1:25 かなかすを<灰汁>のように溶かし，
エレ 2:22 たくさんの<灰汁>を使っても，あな
マラ 3: 2 布をさらす者の<灰汁>のようだ．

▼ あく（悪）

創世 6: 5 地上に人の<悪>が増大し，その心に
44: 4 なぜ…<悪>をもって善に報いるのか．
50:15 <悪>の仕返しをするかもしれない」
出エ 23: 2 <悪>を行う権力者の側に立ってはな
民数 24:13 善でも<悪>でも，私の心のままにす
申命 4:25 主の目の前に<悪>を行い．31:29．
9:27 民の強情と，その<悪>と，その罪と
13: 5 あなたがたのうちからこの<悪>を除
き去りなさい．17:7，12，19:19，21
:21，22:21，22，24，24:7．
28:20 あなたが<悪>を行ったからである．
士師 2:11 主の目の前に<悪>を行い．3:7，12，
4:1，6:1，10:6，13:1．
9:56 父に行った<悪>を，彼に報いられた．
Ⅰサム 12:19 王を求めるという<悪>を加えたから
25 あなたがたが<悪>を重ねるなら，あ
15:19 なぜ…主の目の前に<悪>を行ったの
24:13 『<悪>は悪者から出る』と言ってい
25:21 あの男は善に代えて<悪>を返した．
39 <悪>を行うのを引き止めてくださっ

た主が…主はナバルの<悪>を，その
Ⅱサム 3:39 <悪>を行う者には，その<悪>にした
14:17 善と<悪>とを聞き分けられるからで
Ⅰ列 1:52 彼のうちに<悪>があれば，彼は死な
2:44 主はあなたの<悪>をあなたの頭に返
8:47 <悪>を行って，咎ある者となりまし
11: 6 主の目の前に<悪>を行い．14:22，
15:26，34，16:7，19，25，30，21:
20，25，22:52，Ⅱ列3:2，8:18，27，
13:2，11，14:24，15:9，18，24，28，
17:2，17，21:2，6，16，20，23:32，
37，24:9，19，Ⅱ歴21:6，22:4，29:
6，33:2，6，22，36:5，9．
Ⅰ歴21:17 <悪>を行ったのは，この私です．
Ⅱ歴 6:37 <悪>を行って，咎ある者となりま
ネヘ 9:33 私たちは<悪>を行ったのです．
ヨブ 1: 1 神を恐れ，<悪>から遠ざかっていた．
8:20 <悪>を行う者の手を取らない．
11:14 あなたの手に<悪>があれば，それを
22: 5 それはあなたの<悪>が大きくて，あ
28:28 <悪>から離れることは悟りである．」
34:10 神が<悪>を行うなど，全能者が不正
12 神は決して<悪>を行わない．全能者
35: 8 あなたの<悪>は，ただ，あなたのよ
詩篇 5: 4 あなたは<悪>を喜ぶ神ではなく，わ
7: 9 悪者の<悪>があとを絶ち，あなたが
10:15 <悪>を捜し求めて一つも残らぬよう
15: 3 友人に<悪>を行わず，隣人への非難
18:21 神に対して<悪>を行わなかった．
26: 5 <悪>を行う者の集まりを憎み，悪者
34:14 <悪>を離れ，善を行え．平和を求め
16 御顔は<悪>をなす者からそむけられ，
21 <悪>は悪者を殺し，正しい者を憎む
35:12 彼らは善にかえて<悪>を報い，私の
36: 4 彼は…<悪>を捨てようとしない．
37: 1 <悪>を行う者に対して腹を立てるな
8 腹を立てるな．それは…<悪>への道
9 <悪>を行う者は断ち切られる．しか
27 <悪>を離れて善を行い，いつまでも
45: 7 あなたは義を愛し，<悪>を憎んだ．
50:19 おまえの口は<悪>を放ち，おまえの
64: 2 <悪>を行う者どものはかりごとから
84:10 <悪>の天幕に住むよりはむしろ神の
94:16 だれが，私のために，<悪>を行う者
20 <悪>をたくらむ破滅の法廷が，あな
23 彼らの<悪>のゆえに，彼らを滅ぼさ
97:10 主を愛する者たちよ．<悪>を憎め．
119:115 <悪>を行う者どもよ．私から離れて
150 <悪>を追い求める者が近づきました．
125: 3 <悪>の杖が正しい者の地所の上にと
140: 2 彼らは心の中で<悪>をたくらみ，日
箴言 1:16 彼らの足は<悪>に走り，血を流そう
2:12 <悪>の道からあなたを救い出し，ね
14 <悪>を行うことを喜び，悪いねじれ
3: 7 主を恐れて，<悪>から離れよ．
29 その人に，<悪>をたくらんではなら
4:16 <悪>を行わなければ，眠ることがで
6:14 ねじれた心は，いつも<悪>を計り，
18 細工する心，<悪>へ走るに速い足，
8: 7 わたしのくちびるは<悪>を忌みきら
13 主を恐れることは<悪>を憎むこと…
<悪>の道と，ねじれたことばを憎む．
11:19 <悪>を追い求める者は死に至る．
27 <悪>を求める者には<悪>が来る．
12: 3 <悪>をもって身を堅く立てることは
20 <悪>をたくらむ者の心には欺きがあ
13: 6 正義は…<悪>は罪人を滅ぼす．
14:32 悪者は自分の<悪>によって打ち倒さ
15:28 悪者の口は<悪>を吐き出す．
16: 6 主を恐れること…人は<悪>を離れる．
12 <悪>を行うことは王たちの忌みきら
17 直ぐな者の大路は<悪>から離れてい
27 よこしまな者は<悪>をたくらむ．そ
30 くちびるをすぼめている者は<悪>を
17: 4 <悪>を行う者は邪悪なくちびるに聞
13 善に代えて<悪>を返すなら，その家
から<悪>が離れない．
20: 8 目ですべての<悪>をふるい分ける．
22 「<悪>に報いてやろう」と言っては
24:19 <悪>を行う者に対して腹を立てるな．
26:26 その<悪>は集会の中に現れる．
伝道 5: 1 <悪>を行っていることを知らないか
6: 1 もう一つの<悪>があるのを見た．そ
8: 8 <悪>は<悪>の所有者を救いえない．
11 心は<悪>を行う思いで満ちている．
9: 3 人の子らの心は<悪>に満ち，生きて
イザ 1: 4 <悪>を行う者どもの子孫，堕落した
3: 9 彼らは<悪>の報いを受けるからだ．
5:20 <悪>を善，善を<悪>と言っている者
7:15 この子は，<悪>を退け，善を選ぶこ

9:18 <悪>は火のように燃えさかり，いば
13:11 わたしは，その<悪>のために世を罰
14:20 <悪>を行う者どもの子孫については
29:20 <悪>をしようとうかがう者はみな，
31: 2 主は，<悪>を行う者の家と，不法を
47:10 あなたは自分の<悪>に拠り頼み，
58: 6 <悪>のきずなを解き，くびきのなわ
59:15 <悪>から離れる者も，そのとりこに
エレ 1:16 彼らのすべての<悪>にさばきを下す．
2:13 わたしの民は二つの<悪>を行った．
19 あなたの<悪>が，あなたを懲らし，
4:14 心を洗って<悪>を除け．いつまで，
6: 7 エルサレムは自分の<悪>をわき出さ
7:12 イスラエルの<悪>のために，そこで
30 わたしの目の前に<悪>を行ったか
9: 3 彼らは，<悪>から<悪>へ進み，わた
13:23 <悪>に慣れたあなたがたでも，善を
14:20 自分たちの<悪>と，先祖の咎とを知
18:10 わたしの目の前に<悪>を行うなら，
11 おのおの<悪>の道から立ち返り，あ
20 善に<悪>を報いてよいでしょうか．
20:13 <悪>を行う者どもの手から救い出さ
23:11 わたしは彼らの<悪>を見いだした．
14 <悪>を行う者どもの手を強くして，
その<悪>からだれをも戻らせない．
33: 5 彼らのすべての<悪>のために，わた
44: 3 彼らが<悪>を行ってわたしの怒りを
9 先祖の<悪>，ユダの王たちの<悪>，
王妃たちの<悪>，あなたがたの<悪>，
妻たちの<悪>を忘れたのか．
51:24 シオンで行ったすべての<悪>のため
哀歌 1:22 すべての<悪>を，御前に出させ，あ
エゼ 3:18 <悪>の道から離れて生きのびるよう
19 彼がその<悪>を悔い改めず，その
<悪>の道から立ち返らないなら，彼
7:11 暴虐はつのって<悪>の杖となり，彼
13:22 彼が<悪>の道から立ち返って生きる
16:57 あなたの<悪>があばかれる前のこと
18:20 悪者の<悪>はその者に帰する．
20:43 すべての<悪>のために，自分自身を
21:25 <悪>に汚れたイスラエルの君主よ．
33:11 <悪>の道から立ち返れ．イスラエル
12 悪者の<悪>も，彼がその<悪>から立
ち返るとき，その<悪>は彼を倒すこ
19 悪者でも，自分の<悪>から遠ざかり，
ダニ 9: 5 不義をなし，<悪>を行い，あなたに
16 私たちの先祖たちの<悪>のために，
ホセ 7: 1 サマリヤの<悪>とは，あらわにされ
2 彼らのすべての<悪>を覚えているこ
3 彼らは<悪>を行って王を喜ばせ，偽
9:15 すべての<悪>はギルガルにある．わ
10:13 あなたがたは<悪>を耕し，不正を刈
15 <悪>があまりにもひどいので，わた
ヨエ 3:13 彼らの<悪>がひどいからだ．
アモ 5:14 善を求めよ．<悪>を求めるな．そう
ヨナ 1: 2 彼らの<悪>がわたしの前に上って来
ミカ 2: 1 計り，寝床の上で<悪>を行う者．朝
ハバ 1:13 目はあまりきよくて，<悪>を見ず，
ゼカ 7:10 互いに心の中で<悪>をたくらむな．」
マラ 1: 4 彼らは，<悪>の国と言われ，主のと
2:17 <悪>を行う者もみな主の心にかなっ
3:15 <悪>を行っても栄え，神を試みても
4: 1 <悪>を行う者は，わらとなる．来よ
マタ 6:13 <悪>からお救いください…国と力と
マコ 3: 4 善を行うことなのか，それとも<悪>
を行うことなのか．ルカ6:9.
7:23 これらの<悪>はみな，内側から出て，
ヨハ 5:29 <悪>を行った者は，よみがえってさ
ロマ 1:29 不義と<悪>とむさぼりと悪意とに満
2: 9 <悪>を行うすべての者の上に下り，
3: 8 善を現すために，<悪>をしようでは
7:19 したくない<悪>を行っています．
21 私に<悪>が宿っているという原理を
9:11 善も<悪>も行わないうちに，神の選
12:17 <悪>に<悪>を報いることをせず，す
21 <悪>に負けてはいけません…善をも
って<悪>に打ち勝ちなさい．
13: 3 <悪>を行うときです．権威を恐れた
4 あなたが<悪>を行うなら，恐れなけ
ればなりません…<悪>を行う人には
16:19 善にはさとく，<悪>にはうとくあっ
Ⅰコリ 10: 6 <悪>をむさぼることのないためです．
13: 5 怒らず，人のした<悪>を思わず，
Ⅱコリ 5:10 善であれ<悪>であれ，各自その肉体
13: 7 どんな<悪>をも行わないように神に
ガラ 1: 4 今の<悪>の世界から私たちを救い出
Ⅰテサ 5:15 <悪>をもって<悪>に報いないように
22 <悪>はどんな<悪>でも避けなさい．
Ⅱテサ 2:10 あらゆる<悪>の欺きが行われます．
12 <悪>を喜んでいたすべての者が，さ

Ⅰテモ 6:10 あらゆる<悪>の根だからです．ある
Ⅱテモ 3:13 ますます<悪>に落ちて行くのです．
4:18 すべての<悪>のわざから助け出し，
ヘブ 7:26 <悪>も汚れもなく，罪人から離れ，
ヤコ 1:21 汚れやあふれる<悪>を捨て去り，心
Ⅰペテ 2:14 <悪>を行う者を罰し，善を行う者を
16 自由を，<悪>の口実に用いないで，
3: 9 <悪>をもって<悪>に報いず，侮辱を
10 舌を押さえて<悪>を言わず，くちび
11 <悪>から遠ざかって善を行い，平和
12 主の顔は，<悪>を行う者に立ち向か
17 <悪>を行って苦しみを受けるよりよ
4:15 人殺し，盗人，<悪>を行う者，みだ
Ⅰヨハ 1: 9 すべての<悪>から私たちをきよめて
Ⅲヨハ 11 <悪>を見ならわないで，善を…<悪>

▼ あくい（悪意）

出エ 23: 1 <悪意>ある証人．申命19:16．
32:12 <悪意>をもって彼らを連れ出したの
民数 35:20 <悪意>をもって人に物を投げつけて
ヨブ 11:11 神はその<悪意>を見て，これに気が
15:35 彼らは害毒をはらみ，<悪意>を生み，
詩篇 7:14 彼は<悪意>を宿し，害毒をはらみ，
37: 7 <悪意>を遂げようとする人に対して，
41: 6 心のうちでは，<悪意>をたくわえ，
49: 5 取り囲んで中傷する者の<悪意>を．
箴言 21:27 <悪意>をもってささげるときは，な
イザ 59: 4 害毒をはらみ，<悪意>を産む．
マタ 22:18 イエスは彼らの<悪意>を知って言わ
使徒 14: 2 兄弟たちに対し<悪意>を抱かせた．
ロマ 1:29 悪とむさぼりと<悪意>とに満ちた者，
Ⅰコリ 5: 8 <悪意>と不正のパン種を用いたりし
エペ 4:31 いっさいの<悪意>とともに，みな捨
コロ 3: 8 怒り，憤り，<悪意>，そしり，あな
テト 3: 3 <悪意>とねたみの中に生活し，憎ま
Ⅰペテ 2: 1 すべての<悪意>，すべてのごまかし，

▼ あくえき（悪疫）

申命 7:15 エジプトの<悪疫>は，これを一つも
32:24 激しい<悪疫>，野獣のきば，これら

▼ アクサ〔人名〕

(1)エフネの子カレブの娘．ヨシ15:16，士師1:12．

(2)ヘツロンの子カレブの娘．Ⅰ歴2:49．

▼ あくじ（悪事）

Ⅱ列 17:11 <悪事>を行って主の怒りを引き起こ
ネヘ 9:28 あなたの前に<悪事>を行いました．
詩篇 64: 5 彼らは<悪事>に凝っています．語り
箴言 10:23 愚かな者には<悪事>が楽しみ．英知
11: 5 悪者は，その<悪事>によって倒れる．
21:10 悪者のたましいは<悪事>にあこがれ，
24: 8 <悪事>を働こうとたくらむ者は，陰
イザ 56: 2 どんな<悪事>にもその手を出さない，
エレ 4:22 彼らは<悪事>を働くのに賢くて，善
5:28 彼らは…<悪事>に進み，さばきにつ
9: 5 <悪事>を働き，依然として悔い改め
エゼ 5: 6 諸国の民よりも<悪事>を働いて，わ
18:27 自分がしている<悪事>をやめ，公義
ホセ 7:15 彼らはわたしに対して<悪事>をたく
ルカ 3:19 自分の行った<悪事>のすべてを，ヨ
20 <悪事>にもう一つこの<悪事>を加え
使徒 8:22 この<悪事>を悔い改めて，主に祈り
ロマ 1:30 <悪事>をたくらむ者，親に逆らう者，
Ⅰコリ 14:20 <悪事>においては幼子でありなさい．

▼ アクジブ〔地名〕

(1)アコ北方の町．ヨシ19:29，士師1:31．

(2)ユダの最南端の町の一つ．ヨシ15:44，ミカ1:14．

▼ アクシャフ〔地名〕

アコ平原の町．ヨシ11:1，12:20，19:25．

▼ あくしゅう（悪臭）

出エ 16:20 それに虫がわき，<悪臭>を放った．
詩篇 38: 5 私の傷は，<悪臭>を放ち，ただれま
箴言 13: 5 悪者は<悪臭>を放ちながら恥ずべき
イザ 34: 3 その死体は<悪臭>を放ち，山々は，
ヨエ 2:20 <悪臭>が立ち上り，その腐ったにお
アモ 4:10 あなたがたの陣営に<悪臭>を上らせ，

▼ あくせいねつびょう（悪性熱病）

申命 28:22 高熱病と<悪性熱病>と，水枯れと，

▼ あくた

Ⅰサム 2: 8 主は，弱い者…貧しい人を，<あくた>から引き上げ．詩篇113:7．
イザ 5:25 ちまたで，<あくた>のようになった．
哀歌 3:45 私たちを…<あくた>とし，いとわれ

▼ あくにん（悪人）【別項】悪人呼ばわり

ヨブ 21:30 <悪人>はわざわいの日を免れ，激し
22:15 <悪人>が歩いたあの昔からの道を守
34: 8 交わり，<悪人>たちとともに歩んだ．
35:12 <悪人>がおごり高ぶっているからだ．
箴言 4:14 <悪人>たちの道を歩むな．
11:21 確かに<悪人>は罰を免れない．しか
12:13 <悪人>はくちびるでそむきの罪を犯

14:19 <悪人>はよい人の前で，悪者は正し
15: 3 <悪人>と善人とを見張っている．
26 <悪人>の計画は主に忌みきらわれる．
17:11 逆らうことだけを求める<悪人>には，
28: 5 <悪人>は公義を悟らない．主を尋ね
29: 6 <悪人>はそむきの罪を犯して自分の
エレ 15:21 あなたを<悪人>どもの手から救い出
エゼ 30:12 その国を<悪人>どもの手に売り，他
ルカ 6:35 恩知らずの<悪人>にも，あわれみ深
Ⅱテサ 3: 2 ひねくれた<悪人>どもの手から救い
Ⅱテモ 3:13 <悪人>や詐欺師たちは，だましたり

▼ あくにんよばわり（悪人呼ばわり）

Ⅰペテ 2:12 <悪人呼ばわり>していても，あなた

▼ あくひょう（悪評）

Ⅱコリ 6: 8 <悪評>を受けたり，好評を博したり

▼ アクブ

1. 人名．
(1)ダビデの子孫．Ⅰ歴3:24．
(2)レビ人．門衛．Ⅰ歴9:17，ネヘ11:19，12:25．
(3)律法を解き明かしたレビ人．ネヘ8:7．
2. アクブ族．エズ2:42，45，ネヘ7:45．

▼ アクボル〔人名〕

(1)エドムの王の父．創世36:38，Ⅰ歴1:49．
(2)ミカヤ(1)の子．Ⅱ列22:12，エレ26:22，36:12．

▼ あくま（悪魔）

マタ 4: 1 イエスは，<悪魔>の試みを受けるため．5，8，11，ルカ4:2，5，9，13．
13:39 毒麦を蒔いた敵は<悪魔>であり，収
25:41 <悪魔>とその使いたちのために用意
ルカ 8:12 あとから<悪魔>が来て…みことばを
ヨハ 6:70 そのうちのひとりは<悪魔>です．」
8:44 あなたがたは…<悪魔>から出た者で…<悪魔>は初めから人殺しであり，
13: 2 <悪魔>はすでに…ユダの心に，イエ
使徒 10:38 <悪魔>に制せられているすべての者
13:10 <悪魔>の子，すべての正義の敵．お
エペ 4:27 <悪魔>に機会を与えないようにしな
6:11 <悪魔>の策略に対して立ち向かうこ
Ⅰテモ 3: 6 <悪魔>と同じさばきを受けることに
7 <悪魔>のわなに陥らないためです．
Ⅱテモ 2:26 <悪魔>に捕らえられて思うままにさ
ヘブ 2:14 <悪魔>という，死の力を持つ者を滅
ヤコ 4: 7 <悪魔>はあなたがたから逃げ去りま
Ⅰペテ 5: 8 <悪魔>が，ほえたけるししのように，
Ⅰヨハ 3: 8 罪を犯している者は，<悪魔>から出た者です．<悪魔>は初めから罪を…<悪魔>のしわざを打ちこわすためで
10 神の子どもと<悪魔>の子どもとの区
ユダ 9 <悪魔>と論じ，言い争ったとき，あ
黙示 2:10 <悪魔>はあなたがたをためすために，
12: 9 <悪魔>とか，サタンとか呼ばれて，
12 <悪魔>が自分の時の短いことを知り，
20: 2 <悪魔>でありサタンである竜，あの
10 <悪魔>は火と硫黄との池に投げ込ま

▼ アクラ〔人名〕

妻プリスキラと共にパウロに協力した人．使徒18:2，18，26，ロマ16:3，Ⅰコリ16:19，Ⅱテモ4:19．

▼ アクラビムのさか（〜坂）

ユダ南境の峠．民数34:4，ヨシ15:3．

▼ アグリッパ〔人名〕

ヘロデ大王の曾孫．使徒25:13，26:1，19，27．

▼ アグル〔人名〕

箴言30章の作者または編者．箴言30:1．

▼ あくれい（悪霊）

申命 32:17 神ではない<悪霊>どもに…いけにえ
詩 106:37 娘を<悪霊>のいけにえとしてささげ，
マタ 4:24 病人，<悪霊>につかれた人，てんか
7:22 あなたの名によって<悪霊>を追い出
8:28 <悪霊>につかれた人がふたり墓から
9:32 <悪霊>につかれて口のきけない人が，
34 <悪霊>どものかしらを使って，<悪霊>どもを追い出している．マコ3:22．
10: 8 <悪霊>を追い出しなさい…ただで受
11:18 あれは<悪霊>につかれているのだ』
12:22 <悪霊>につかれた，目も見えず，口
15:22 娘が，ひどく<悪霊>に取りつかれて
17:18 <悪霊>は彼から出て行き，その子は
19 なぜ，私たちには<悪霊>を追い出せ
マコ 1:34 多くの<悪霊>を追い出された…<悪霊>どもがものを言うのをお許しに
3:15 <悪霊>を追い出す権威を持たせるた
6:13 <悪霊>を多く追い出し，大ぜいの病
7:26 娘から<悪霊>を追い出してくださるよう…願い続けた．29，30．
9:38 先生の名を唱えて<悪霊>を追い出し
16:17 <悪霊>を追い出し，新しいことばを
ルカ 4:33 汚れた<悪霊>につかれた人がいて，
35 <悪霊>は人々の真ん中で，その人を

41 <悪霊>どもも,「あなたこそ神の子です」と大声で…イエスは,<悪霊>
7:21 病気と苦しみと<悪霊>からいやし,
8: 2 <悪霊>や病気を直していただいた女たち…七つの<悪霊>を追い出してい
27 <悪霊>につかれている男がイエスに出会った. 30, 31, 35, マコ5:15.
33 <悪霊>どもは…豚に入った. すると
38 <悪霊>を追い出された人が, お供を
9:42 <悪霊>は彼を打ち倒して, 激しくひ
10:17 御名を使うと,<悪霊>どもでさえ,
11:14 イエスは<悪霊>, それも口をきけなくする<悪霊>を追い出し…<悪霊>が
20 神の指によって<悪霊>どもを追い出
13:32 きょうと, あすとは,<悪霊>どもを
ヨハ 7:20 あなたは<悪霊>につかれています.
10:21 これは<悪霊>につかれた人のことばではない. <悪霊>がどうして盲人の
使徒 19:12 病気は去り,<悪霊>は出て行った.
13 <悪霊>につかれている者に向かって
Iコリ 10:20 <悪霊>にささげられている, と言っている…あなたがたに<悪霊>と交わ
21 <悪霊>の杯を飲むこと…<悪霊>の食
エペ 6:12 天にいるもろもろの<悪霊>に対する
Iテモ 4: 1 惑わす霊と<悪霊>の教えとに心を奪
ヤコ 2:19 <悪霊>どももそう信じて, 身震いし
黙示 9:20 <悪霊>どもや…偶像を拝み続け,
16:14 しるしを行う<悪霊>どもの霊である.
18: 2 <悪霊>の住まい…汚れた霊どもの巣

▼ アゲ〔人名〕

ダビデの勇士シャマの父. IIサム23:11.

▼ あけがた(明け方)

創世 44: 3 <明け方>, 人々はろばといっしょに
Iサム 25:34 <明け方>までにナバルには小わっぱ
マタ 28: 1 週の初めの日の<明け方>. ルカ24:1.
マコ 13:35 夜中か…<明け方>か, わからないか
使徒 20:11 <明け方>まで長く話し合って, それ

▼ あけのほしぼし(明けの星々)

ヨブ 38: 7 そのとき,<明けの星々>が共に喜び

▼ あけのみょうじょう(明けの明星)

イザ 14:12 暁の子,<明けの明星>よ. どうして
IIペテ 1:19 <明けの明星>があなたがたの心の中
黙示 2:28 彼に<明けの明星>を与えよう.
22:16 また子孫, 輝く<明けの明星>である.

▼ アケラオ〔人名〕

ヘロデ大王とマルタケの子. マタ2:22.

▼ あける(明ける)

創世 50: 4 喪の期間が<明け>たとき, ヨセフは
IIサム 11:27 喪が<明ける>と, ダビデは人をやり

▼ あげる(上げる)【別項】目を上げる

創世 41:44 手足を<上げる>こともできない.」
出エ 7:20 杖を<上げ>, ナイルの水を打った.
17:11 モーセが手を<上げ>ているときは,
レビ 9:22 アロンは民に向かって両手を<上げ>,
民数 20:11 モーセは手を<上げ>…杖で岩を2度
士師 8:28 二度とその頭を<上げ>なかった. こ
Iサム 2: 6 主は…よみに下し, また<上げる>.
IIサム 23: 1 高く<あげ>られた者, ヤコブの神に
I列 14: 7 民の中からあなたを高く<あげ>, わ
エズ 9: 6 顔を<上げる>のも恥ずかしく思いま
ネヘ 8: 6 民はみな, 手を<上げ>ながら,「ア
ヨブ 11:15 あなたの顔を<上げる>ことができ,
38:34 あなたの声を雲にまで<あげ>, みな
詩篇 3: 3 私のかしらを高く<上げ>てくださる
10:12 神よ. 御手を<上げ>てください. ど
20: 1 あなたを高く<上げ>ますように.
24: 7 門よ…かしらを<上げ>よ. 永遠の戸
27: 5 岩の上に私を<上げ>てくださるから
6 私を…敵の上に高く<上げ>られる.
28: 2 手を…聖所の奥に向けて<上げる>と
37:34 主はあなたを高く<上げ>て, 地を受
41: 9 私にそむいて, かかとを<上げ>た.
59: 1 わが神…私を高く<上げ>てください.
63: 4 私は…両手を<上げ>て祈ります.
75: 5 おまえたちの角を, 高く<上げる>な.
6 高く<上げる>ことは, 東からでもな
7 かれを高く<上げ>られるからだ.
10 正しい者の角は, 高く<上げ>られる.
89:13 あなたの右の手は高く<上げ>られて
16 義によって, 高く<上げ>られます.
17 私たちの角が高く<上げ>られている
19 選ばれた者を高く<上げ>た.
42 彼の仇の右の手を高く<上げ>, 彼の
91:14 わたしは彼を高く<上げ>よう.
93: 3 主よ. 川は, 声を<あげ>ました. 川は, 叫び声を<あげ>ました. 川は, とどろく声を<あげ>ています.
107:41 貧しい者を悩みから高く<上げ>, そ
110: 7 主は…その頭を高く<上げ>られる.

134: 2 あなたがたの手を<上げ>，主をほめ
138: 2 みことばを高く<上げ>られたからで
141: 2 私が手を<上げる>ことが，夕べのさ
148:14 主は，その民の角を<上げ>られた．
箴言 11:11 祝福によって，町は高く<あげ>られ，
イザ 2: 4 国は国に向かって剣を<上げ>ず，二
40:26 目を高く<上げ>て，だれがこれらを
42: 2 彼は叫ばず，声を<あげ>ず，ちまた
49:22 わたしは国々に向かって手を<上げ>，
52:13 彼は高められ，<上げ>られ，非常に
58: 1 角笛のように，声を<あげ>よ．わた
哀歌 3:41 天におられる神に向けて<上げ>よう．
ダニ 12: 7 右手と左手を天に向けて<上げ>，永
ハバ 3:10 深い淵は…その手を高く<上げ>ます．
マタ 11:23 どうしておまえが天に<上げ>られる
マコ 16:19 天に<上げ>られて神の右の座に着か
ルカ 9:51 天に<上げ>られる日が近づいて来た
21:28 頭を上に<上げ>なさい．贖いが近づ
ヨハ 3:14 荒野で蛇を<上げ>たように，人の子
もまた<上げ>られなければなりませ
8:28 人の子を<上げ>てしまうと，その時，
12:32 わたしが地上から<上げ>られるなら，
34 人の子は<上げ>られなければならな
13:18 わたしに向かってかかとを<上げ>た．
使徒 1: 2 天に<上げ>られた日のことにまで及
9 イエスは…見ている間に<上げ>られ，
2:33 神の右に<上げ>られたイエスが，御
5:31 ご自分の右に<上げ>られました．
ピリ 2: 9 神は，この方を高く<上げ>て，す
Ⅰテモ 2: 8 きよい手を<上げ>て祈るようにしな
3:16 栄光のうちに<上げ>られた．」
黙示 10: 5 御使いは，右手を天に<上げ>て，

▼アケルダマ〔地名〕

イエスを売った報酬で購入した地．使徒1:19．

▼アコ〔地名〕

フェニキヤの港町．ヨシ19:30，士師1:31．

▼あご

ヨブ 29:17 不正をする者の<あご>を砕き，その
41: 2 鉤をその<あご>に突き通すことがで
イザ 30:28 手綱を，国々の民の<あご>にかける．
エゼ 29: 4 わたしはあなたの<あご>に鉤をかけ，
ホセ 11: 4 <あご>のくつこをはずす者のように

▼あこがれる

箴言 21:10 悪者のたましいは悪事に<あこがれ>，
伝道 6: 9 心が<あこがれる>ことにまさる．こ
エゼ 23:20 そばめになりたいと<あこがれ>た．
ヘブ 11:16 天の故郷に<あこがれ>ていたのです．

▼あごぼね（～骨）

士師 15:15 生新しいろばの<あご骨>を見つけ，
16 ろばの<あご骨>で，千人を打ち殺し

▼アコルのたに（～谷）

聖絶のものを取ったアカンが石で打ち殺された谷．ヨシ7:24，15:7，イザ65:10，ホセ2:15．

▼アサ〔人名〕

(1)ユダの王．Ⅰ列15:8，11，16，23，16:8，22:41，Ⅰ歴3:10，Ⅱ歴14:1，11，15:2，16:1，12，20:32，21:12，エレ41:9，マタ1:7．

(2)エルカナ(5)の子．レビ人．Ⅰ歴9:16．

▼あさ（麻），麻くず

士師 16: 9 <麻くず>の糸が火に触れて切れるよ
イザ 1:31 つわものは<麻くず>に，そのわざは
エゼ 40: 3 手に<麻>のひもと測りざおとを持っ
ホセ 2: 5 パンと水，羊毛と<麻>，油と飲み物
9 わたしの羊毛と<麻>とをはぎ取ろう．

▼あさ（朝），朝明け，朝ごと【別項】朝早く

創世 1: 5 夕があり，<朝>があった．第１日．
29:25 <朝>になって，見ると，それはレア
41: 8 <朝>になって，パロは心が騒ぐので，
49:27 <朝>には獲物を食らい，夕には略奪
出エ 12:10 それを<朝>まで残してはならない．
22 <朝>まで，だれも家の戸口から外に
14:24 <朝>の見張りのころ，主は火と雲の
16: 7 <朝>には，主の栄光を見る．主に対
12 <朝>にはパンで満ち足りるであろう．
13 <朝>になると，宿営の回りに露が一
21 <朝ごと>に，各自が食べる分だけ，
24 それを<朝>まで取っておいたが，そ
18:13 民は<朝>から夕方まで，モーセのと
19:16 ３日目の<朝>になると，山の上に雷
27:21 夕方から<朝>まで，主の前にそのと
もしびを整え．レビ24:3．
29:34 <朝>まで残ったなら，その残りは火
30: 7 <朝ごと>にともしびを整えると
34: 2 <朝>までに準備をし，<朝>シナイ山
36: 3 <朝ごと>に，進んでささげるささげ
レビ 6:12 祭司は<朝ごと>に…たきぎをくべ，
20 半分は<朝>，他の半分は夕方の分で
民数 9:12 少しでも<朝>まで残してはならない．
21 雲が夕方から<朝>までとどまるよう

なときがあっても，<朝>になって雲
28: 4　1頭の子羊を<朝>ささげ，他の1頭
申命 16: 7　<朝>，自分の天幕に戻って行きなさ
28:67　<朝>には…と言い，夕方には，「あ
あ<朝>であればよいのに」と言う．
士師 19:25　夜通し，<朝>まで暴行を加え，夜が
ルツ 3:14　彼女は<朝>まで彼の足のところに寝
Iサム 3:15　サムエルは<朝>まで眠り，それから
19:11　<朝>になって彼を殺そうとした．ダ
IIサム 13: 4　なぜ，<朝ごと>にやつれていくのか，
24:11　<朝>ダビデが起きると…主のことば
I列 17: 6　<朝>になると…パンと肉とを運んで
I歴 9:27　彼らは<朝ごと>にかぎをあけた．
23:30　立って<朝ごと>に主をほめたたえ，
II歴 13:11　<朝ごと>に夕ごとに全焼のいけにえ
ヨブ 7:18　<朝ごと>にこれを訪れ，そのつどこ
詩篇 5: 3　主よ．<朝明け>に，私の声を聞いて
ください．<朝明け>に…備えをし，
30: 5　<朝明け>には喜びの叫びがある．
55:17　夕，<朝>，真昼，私は嘆き，うめく．
59:16　<朝明け>には，あなたの恵みを喜び
73:14　私は…<朝ごと>に責められた．
90: 5　<朝>，彼らは移ろう草のようです．
6　<朝>は，花を咲かせているが，また
14　<朝>には，あなたの恵みで私たちを
101: 8　<朝ごと>に，私は国の中の悪者をこ
143: 8　<朝>にあなたの恵みを聞かせてくだ
箴言 7:18　私たちは<朝>になるまで，愛に酔い
伝道 10:16　首長たちが<朝>から食事をする国は．
11: 6　<朝>のうちにあなたの種を蒔け．夕
イザ 17:11　<朝>，あなたの種を花咲かせても，
21:12　<朝>が来，また夜も来る．尋ねたけ
28:19　それは<朝ごと>に押し寄せる．昼も
33: 2　<朝ごと>に，私たちの腕となり，苦
50: 4　<朝ごと>に，私を呼びさまし，私の
エレ 20:16　<朝>には彼に叫びを聞かせ，真昼に
21:12　<朝ごと>に，正しいさばきを行い，
哀歌 3:23　それは<朝ごと>に新しい．「あなた
エゼ 24:18　その<朝>，私は民に語ったが，夕方，
ダニ 8:14　2300の夕と<朝>が過ぎるまで．その
ホセ 7: 6　<朝>になると，燃える火のように燃
アモ 4: 4　<朝ごと>にいけにえをささげ，3日
5: 8　暗黒を<朝>に変え，昼を暗い夜にし，
ミカ 2: 1　<朝>の光とともに…これを実行する．
ゼパ 3: 3　<朝>まで骨をかじってはいない．
5　<朝ごと>に，ご自分の公義を残らず
ルカ 4:42　<朝>になって，イエスは寂しい所に
使徒 2:15　今は<朝>の9時ですから，あなたが
28:23　彼は<朝>から晩まで語り続けた．神

▼アサエル〔人名〕

(1)ダビデの勇士．IIサム2:18，23:24，I歴2:16．
(2)ユダで律法を教えたレビ人．II歴17:8．
(3)ヒゼキヤ治世下の神殿管理者．II歴31:13．
(4)エズラに反対したヨナタンの父．エズ10:15．

▼あざけり

ヨブ 30: 9　私は彼らの<あざけり>の歌となり，
34: 7　彼は<あざけり>を水のようにのみ，
詩篇 44:13　回りの者の<あざけり>とし，笑いぐ
79: 4　回りの者の<あざけり>となり，笑い
123: 4　安逸をむさぼる者たちの<あざけり>
イザ 14: 4　このような<あざけり>の歌を歌って
エレ 19: 8　恐怖とし，<あざけり>とする．25:9．
エゼ 23:32　物笑いとなり，<あざけり>となる．
ホセ 7:16　エジプトの国で<あざけり>となる．
ミカ 2: 4　<あざけり>の声があがり，嘆きの歌
6:16　住民を<あざけり>とするためだ．あ
ハバ 2: 6　彼について<あざけり>の声をあげ，

▼あざける

I列 18:27　エリヤは彼らを<あざけ>って言った．
II列 19:21　さげすみ，あなたを<あざける>．エ
II歴 30:10　彼らを物笑いにし，<あざけ>った．
ネへ 2:19　私たちを<あざけ>り…さげすんで言
4: 1　ユダヤ人たちを<あざけ>った．
ヨブ 9:23　神は…受ける試練を<あざける>．
11: 3　あなたは<あざける>が，だれもあな
16:20　私の友は私を<あざけ>ります．しか
17: 2　<あざける>者らが，私とともにおり，
21: 3　私が語って後…<あざけ>ってもよい．
詩篇 1: 1　<あざける>者の座に着かなかった，
2: 4　主はその者どもを<あざけ>られる．
22: 7　私を見る者はみな…<あざけ>ります．
35:16　<あざけ>り，ののしる者どもは私に
59: 8　すべての国々を，<あざけ>られます．
73: 8　彼らは<あざけ>り，悪意をもって語
80: 6　敵は敵で，私たちを<あざけ>ってい
102: 8　私を<あざける>者は私を名ざして毒
119:51　ひどく私を<あざけ>りました．しか
箴言 1:22　<あざける>者は，いつまで，あざけ
26　恐怖が襲うとき，<あざけ>ろう．
3:34　<あざける>者を主は<あざけ>り，へ

9: 7 <あざける>者を戒める者は，自分が
8 <あざける>者を責めるな．おそらく
12 あなたがこれを<あざける>なら，あ
13: 1 <あざける>者は叱責を聞かない．
14: 6 <あざける>者は知恵を捜しても得ら
9 いけにえは愚か者を<あざけ>り，正
15:12 <あざける>者はしかってくれる者を
17: 5 貧しい者を<あざける>者は自分の造
19:25 <あざける>者を打て．そうすれば，
29 さばきは<あざける>者のために準備
20: 1 ぶどう酒は，<あざける>者．強い酒
21:11 <あざける>者が罰を受けるとき，わ
24 その名は「<あざける>者」，彼はい
22:10 <あざける>者を追い出せ．そうすれ
24: 9 <あざける>者は人に忌みきらわれる．
29: 8 <あざける>者たちは町を騒がし，知
30:17 自分の父を<あざけ>り，母への従順
イザ 28:22 あなたがたは<あざけ>り続けるな．
29:20 <あざける>者は滅びてしまい，悪を
37:22 シオンの娘は…あなたを<あざける>．
エレ 19: 8 すべての打ち傷を見て<あざける>．
20: 7 一日中…みなが私を<あざけ>ります．
哀歌 2:15 エルサレムの娘を<あざけ>って頭を
エゼ 16:31 報酬を<あざけ>ったので，遊女のよ
25: 6 あなたは…心の底から<あざけ>って
27:36 民の商人たちはおまえを<あざけ>り，
36: 4 <あざけ>られて見捨てられた町々に，
ホセ 7: 5 王は<あざける>者たちと手を握る．
ハバ 1:10 彼らは王たちを<あざけ>り，君主た
ゼパ 2:15 みな，<あざけ>って，手を振ろう．
マタ 20:19 <あざけ>り，むち打ち，十字架につ
27:41 イエスを<あざけ>って言った．
マコ 10:34 <あざけ>り，つばきをかけ，むち打
15:31 イエスを<あざけ>って言った．「他
ルカ 18:32 <あざけ>られ，はずかしめられ，つ
23:36 兵士たちもイエスを<あざけ>り，そ
使徒 13:41 見よ．<あざける>者たち．驚け．そ
ヘブ 11:36 <あざけ>られ，むちで打たれ，さら
IIペテ 3: 3 <あざける>者どもがやって来て<あ
ざけ>り，自分たちの欲望に従って
ユダ 18 <あざける>者どもが現れる．」

▼ **アザズ〔人名〕**
ルベン族出身．ベラの父．I歴5:8.

▼ **アザズヤ〔人名〕**
(1)レビ人．ダビデに仕えた楽人．I歴15:21.
(2)エフライム族の長ホセアの父．I歴27:20.
(3)ヒゼキヤ治世下の神殿管理者．II歴31:13.

▼ **あさせ（浅瀬）**
使徒 27:17 <浅瀬>に乗り上げるのを恐れて，船

▼ **アザゼル**
罪を負わせたやぎを荒野に追放すること．レビ16:8, 10, 26.

▼ **あさぬの（麻布）**
黙示 18:12 商品とは，金，銀…<麻布>，紫布，
16 <麻布>，紫布，緋布を着て，金，宝
19: 8 きよい<麻布>の衣を着ることを許さ
14 きよい<麻布>を着て，白い馬に乗っ

▼ **アザヌヤ〔人名〕**
レビ人ヨシュアの父．ネヘ10:9.

▼ **あさはやく（朝早く），翌朝早く**
創世 19: 2 <朝早く>旅を続けてください．」す
27 <翌朝早く>，アブラハムは．21:14.
20: 8 <翌朝早く>，アビメレクは彼のしも
26:31 <翌朝早く>，彼らは互いに契約を結
28:18 <翌朝早く>，ヤコブは自分が枕にし
31:55 <翌朝早く>，ラバンは子どもたちと
出エ 8:20 あしたの<朝早く>，パロの前に出よ．
24: 4 <翌朝早く>，山のふもとに祭壇を築
32: 6 <朝早く>彼らは全焼のいけにえをさ
34: 4 <翌朝早く>，主が命じられたとおり
民数 14:40 <翌朝早く>，彼らは山地の峰のほう
ヨシ 3: 1 ヨシュアは<翌朝早く>．7:16, 8:10.
6:15 7日目になると，<朝早く>夜が明け
8:14 <朝早く>…戦うために，出て来た．
士師 6:28 町の人々が<翌朝早く>起きて見ると，
II列3:22, 19:35, イザ37:36.
38 ギデオンが…<朝早く>，その羊の毛
7: 1 <朝早く>ハロデの泉のそばに陣を敷
9:33 <朝早く>…町に突入しなさい．する
19: 5 4日目になって<朝早く>，彼は出か
9 あすの<朝早く>旅立って，家に帰れ
21: 4 民は<朝早く>，そこに一つの祭壇を
Iサム 1:19 <翌朝早く>，彼らは主の前で礼拝を
5: 3 <朝早く>起きて見ると，ダゴンは主
15:12 <翌朝早く>，サムエルがサウルに会
17:20 ダビデは<翌朝早く>，羊を番人に預
29:10 <朝早く>起きて，明るくなったら出
11 ダビデとその部下は，<翌朝早く>，
IIサム 15: 2 <朝早く>，門に通じる道のそばに立
II歴 20:20 <翌朝早く>，テコアの荒野へ出陣し

29:20　ヒゼキヤ王は<朝早く>…主の宮に上
ヨブ 1: 5　<翌朝早く>…ひとりひとりのために,
箴言 27:14　<朝早く>から，大声で友人を祝福す
雅歌 7:12　私たちは<朝早く>からぶどう畑に行
イザ 5:11　<朝早く>から強い酒を追い求め，夜
ホセ 6: 4　<朝早く>消え去る露のようだ．13:3.
マタ 20: 1　雇いに<朝早く>出かけた主人のよう
マコ 1:35　<朝早く>まだ暗いうちに起きて，寂
16: 9　<朝早く>によみがえったイエスは,
ルカ 21:38　民衆はみな<朝早く>起きて，教えを
24:22　女たちは<朝早く>墓に行ってみまし
ヨハ 8: 2　<朝早く>，イエスはもう一度宮に入
20: 1　マリヤは，<朝早く>まだ暗いうちに

▼ あさひ（朝日）

イザ 62: 1　その義が<朝日>のように光を放ち,

▼ アサフ

1. 人名.
(1)ヒゼキヤの参議ヨアフの父．Ⅱ列18:18, 37, イザ36:3, 22.
(2)ダビデの歌うたい．Ⅰ歴6:39, 15:19, 16:5, 25:1, Ⅱ歴5:12, 29:30, 35:15, エズ2:41, 3:10, ネヘ7:44, 詩篇50, 73, 77, 79, 83題目.
(3)ペルシヤ王の御園の番人．ネヘ2:8.
2. アサフ族．Ⅰ歴26:1.

▼ あざみ

創世 3:18　いばらと<あざみ>を生えさえ，あな
Ⅱ列 14: 9　レバノンの<あざみ>が…その<あざみ>を踏みにじった．Ⅱ歴25:18.
イザ 34:13　いらくさや<あざみ>が生え，ジャッ
エゼ 2: 6　<あざみ>といばらがあなたといっし
ホセ 10: 8　いばらと<あざみ>が…祭壇の上にお
マタ 7:16　<あざみ>から取れるわけがないでし
ヘブ 6: 8　いばらや<あざみ>などを生えさせる

▼ あざむき（欺き）

ヨブ 15:35　その腹は<欺き>の備えをしている.
27: 4　私の舌は決して<欺き>を告げない.
31: 5　この足が<欺き>に急いだのなら,
詩篇 10: 7　のろいと<欺き>としいたげに満ち,
17: 1　<欺き>のくちびるからでない私の祈
32: 2　その霊に<欺き>のないその人は.
34:13　くちびるに<欺き>を語らせるな.
36: 3　彼の口のことばは，不法と<欺き>だ.
38:12　一日中，<欺き>を語っています.
50:19　おまえの舌は<欺き>を仕組んでいる.
52: 4　<欺き>の舌よ．おまえはあらゆるご
109: 2　<欺き>の口を，私に向けて開き，偽
119:118　彼らの<欺き>は，偽りごとだからで
120: 2　<欺き>の舌から，救い出してくださ
3　<欺き>の舌よ．おまえに何が与えら
箴言 11: 1　<欺き>のはかりは主に忌みきらわれ
12: 5　悪者の指導には<欺き>がある.
20　悪をたくらむ者の心には<欺き>があ
イザ 53: 9　その口に<欺き>はなかったが.
エレ 5:27　彼らの家は<欺き>でいっぱいだ．だ
9: 6　彼らは…<欺き>に<欺き>を重ねて,
ダニ 2: 9　<欺き>のことばを私の前に述べよう
ホセ 11:12　イスラエルの家の<欺き>で，取り囲
12: 7　商人は手に<欺き>のはかりを持ち,
ミカ 6:11　<欺き>の重り石の袋を使っている者
ゼパ 1: 9　主人の家を暴虐と<欺き>で満たす者
3:13　彼らの口の中には<欺き>の舌はない.
マコ 7:22　よこしま，<欺き>，好色，ねたみ,
ロマ 1:29　争いと<欺き>と悪だくみとでいっぱ
Ⅱテサ 2:10　あらゆる悪の<欺き>が行われます.

▼ あざむく（欺く）

創世 31: 7　あなたがたの父は，私を<欺>き，私
出エ 8:29　パロは，重ねて<欺>かないようにし
レビ 6: 2　隣人を<欺>いたり，隣人をゆすった
19:11　盗んではならない．<欺>いてはなら
ヨシ 9:22　なぜ…私たちを<欺>いたのか.
Ⅰサム 19:17　なぜ，このようにして私を<欺>き,
28:12　なぜ，私を<欺>いたのですか．あな
Ⅱサム 19:26　私の家来が，私を<欺>いたのです.
Ⅰ歴 12:17　私を<欺>いて，私の敵に渡すためな
ヨブ 13: 9　人が人を<欺く>ように，神を<欺>こ
詩篇 5: 6　主は血を流す者と<欺く>者とを忌み
24: 4　手がきよく…<欺>き誓わなかった人.
52: 2　<欺く>者よ．おまえの舌は破滅を図
55:23　血を流す者と<欺く>者どもは，おの
101: 7　<欺く>者は，私の家の中には住みえ
箴言 14: 8　自分の愚かさで自分を<欺く>.
25　<欺く>者はまやかしを吹聴する.
26:19　隣人を<欺>きながら…と言う者も,
イザ 44:20　灰にあこがれる者の心は<欺>かれ,
エレ 4:10　エルサレムを全く<欺>かれました.
15:18　あなたは，私にとって，<欺く>者,
37: 9　…と言って，みずから<欺く>な．彼
哀歌 1:19　呼んだのに，彼らは私を<欺>いた.
ホセ 9: 2　養わない．新しいぶどう酒も<欺く>.
アモ 8: 5　重くし，欺きのはかりで<欺>こう.

オバ　3　心の高慢は自分自身を<欺>いた．あ
ミカ　1:14　王たちにとって，<欺く>者となる．
6:12　彼らの口の中の舌は<欺く>．
ハバ　2: 5　実にぶどう酒は<欺く>ものだ．高ぶ
ゼカ 13: 4　人を<欺く>ための毛衣を着なくなる．
マコ 10:19　<欺>き取ってはならない．父と母を
使徒　5: 3　聖霊を<欺>いて，地所の代金の一部
4　人を<欺>いたのではなく，神を<欺>
ロマ　3:13　墓であり，彼らはその舌で<欺く>．」
7:11　罪が私を<欺>き，戒めによって私を
Ⅰコリ　3:18　だれも自分を<欺>いてはいけません．
Ⅱコリ　2:11　私たちがサタンに<欺>かれないため
11:13　人を<欺く>働き人であって，キリス
12:17　私があなたがたを<欺く>ようなこと
ガラ　6: 3　思うなら，自分を<欺>いているので
エペ　4:14　人を<欺く>悪賢い策略により，教え
ヤコ　1:22　自分を<欺>いて，ただ聞くだけの者
26　自分の心を<欺>いているなら，その
Ⅰヨハ　1: 8　私たちは自分を<欺>いており，真理

▼ あさもや（朝もや）
ホセ　6: 4　あなたがたの誠実は<朝もや>のよう

▼ アサヤ〔人名〕
(1)ヨシヤ王の官吏．Ⅱ列22:12，14，Ⅱ歴34:20．
(2)ヒゼキヤ時代のシメオン族の長．Ⅰ歴4:36．
(3)メラリ族のつかさ．Ⅰ歴6:30，15:6，11．
(4)ユダ族出身．帰還後エルサレム在住．Ⅰ歴9:5．

▼ あさやけ（朝焼け）
マタ 16: 3　<朝焼け>でどんよりしているから，

▼ アサリオン〔貨幣〕
ローマの小銅貨．マタ10:29，ルカ12:6．

▼ アサルエラ〔人名〕
ダビデの楽人．アサフ1.(2)の子．Ⅰ歴25:2．

▼ アサルエル〔人名〕
ユダの子孫．エハレルエル(1)の子．Ⅰ歴4:16．

▼ アザルエル〔人名〕
(1)ダビデの勇士．Ⅰ歴12:6．
(2)聖歌隊の指揮者．Ⅰ歴25:18．
(3)ダン族のつかさ．エロハム(6)の子．Ⅰ歴27:22．
(4)異邦人の女をめとった者の一人．エズ10:41．
(5)イメルの子孫．アマシュサイの父．ネへ11:13．
(6)エルサレム城壁奉献式の聖歌隊員．ネへ12:36．

▼ アザルヤ〔人名〕
(1)ソロモン王の高官．ツァドクの子．Ⅰ列4:2．
(2)ソロモン王の政務長官．ナタンの子．Ⅰ列4:5．
(3)ウジヤ王の別名．Ⅱ列14:21，15:1，Ⅰ歴3:12．
(4)ユダの系図に出てくるエタンの子．Ⅰ歴2:8．
(5)ユダの系図に出てくるエフーの子．Ⅰ歴2:38．
(6)レビ人．アヒマアツの子．Ⅰ歴6:9．
(7)祭司．ヨハナンの子．Ⅰ歴6:10．
(8)祭司．ヒルキヤの子．Ⅰ歴6:13，9:11，エズ7:1．
(9)ケハテ族ゼパニヤの子．Ⅰ歴6:36．
(10)預言者．オデデの子．Ⅱ歴15:1．
(11)ヨシャパテ王の子．Ⅱ歴21:2．
(12)ヨシャパテ王のもう一人の子．Ⅱ歴21:2．
(13)百人隊の長．エロハムの子．Ⅱ歴23:1．
(14)百人隊の長．オベデの子．Ⅱ歴23:1．
(15)ウジヤを叱責した祭司．Ⅱ歴26:17，20．
(16)エフライム族．ヨハナンの子．Ⅱ歴28:12．
(17)レビ人．ヨエルの父．Ⅱ歴29:12．
(18)レビ人．宮きよめに関与した．Ⅱ歴29:12．
(19)ヒゼキヤ治世下の大祭司．Ⅱ歴31:10，13．
(20)エルサレム城壁を修理した人．ネへ3:23，24．
(21)ゼルバベルと共に帰還した者の一人．ネへ7:7．
(22)律法を説き明かしたレビ人．ネへ8:7．
(23)ネヘミヤと共に盟約に調印した祭司．ネへ10:2．
(24)ホシャヤの子．エレミヤに反抗した．エレ43:2．
(25)アベデ・ネゴのヘブル名．ダニ1:6，2:17．

▼ あざわらう（～笑う）
ヨブ 30: 1　若い者たちが，私を<あざ笑う>．彼
39:22　恐れを<あざ笑>って，ひるまず，剣
41:29　投げ槍のうなる音を<あざ笑う>．
哀歌　1: 7　仇はその破滅を見て<あざ笑う>．
エゼ 22: 5　かき乱されたおまえを<あざ笑う>．
ハバ　1:10　あざけり，君主たちを<あざ笑う>．
マタ　9:24　イエスを<あざ笑>った．マコ5:40，ルカ8:53，16:14．
ルカ 23:35　指導者たちも<あざ笑>って言った．
使徒 17:32　ある者たちは<あざ笑>い，ほかの者

▼ アザン〔人名〕
イッサカル族の長パルティエルの父．民数34:26．

▼あし（足），足の裏【別項】足の下，御足

創世 18: 4　<足>を洗い，この木の下でお休みく
19: 2　<足>を洗って，お泊まりください．
24:32　彼の<足>と，その従者たちの<足>を
49: 6　ほしいままに牛の<足>の筋を切った
10　杖はその<足>の間を離れることはな
出エ 3: 5　あなたの<足>のくつを脱げ．あなた
21:24　目には目…手には手．<足>には<足>．
30:19　アロンとその子らは…手と<足>を洗
レビ 13:12　ツァラアトが…頭から<足>までをお
21:19　あるいは<足>や手の折れた者，
22:23　牛や羊で，<足>が伸びすぎているか，
民数 22:25　バラムの<足>を石垣に押しつけたの
申命 2: 5　<足の裏>で踏むほども…与えない．
8: 4　着物はすり切れず，あなたの<足>は，はれなかった．ネヘ9:21．
11:24　あなたがたが<足の裏>で踏む所は…あなたがたのものとなる．ヨシ1:3．
28:35　腫物で…<足の裏>から頭の頂まで．
56　<足の裏>を地面につけようともしな
32:35　彼らの<足>がよろめくときのため．
33:24　その<足>を，油の中に浸すようにな
ヨシ 3:13　祭司たちの<足の裏>が，ヨルダン川
15　祭司たちの<足>が水ぎわに浸ったと
5:15　あなたの<足>のはきものを脱げ．あ
10:24　王たちの首に<足>をかけた．
11: 6　馬の<足>の筋を切り．IIサム8:4．
14: 9　あなたの<足>が踏み行く地は，必ず
士師 19:21　彼らは<足>を洗って，食べたり飲ん
ルツ 3: 4　その<足>のところをまくって，そこ
Iサム 2: 9　主は聖徒たちの<足>を守られます．
17: 6　<足>には青銅のすね当て，背中には
25:41　しもべたちの<足>を洗う女奴隷とな
IIサム 3:34　あなたの<足>は足かせにつながれも
4: 4　ヨナタンに，<足>の不自由な子がひ
11: 8　帰って，あなたの<足>を洗いなさい．
14:25　<足の裏>から頭の頂まで…非の打ち
19:24　自分の<足>の手入れもせず，ひげも
21:20　手の指，<足>の指が６本ずつで，合
22:34　彼は私の<足>を雌鹿のようにし，私
I列 5: 3　主が彼らを私の<足の裏>の下に置か
14:12　あなたの<足>が町に入るとき，あの
15:23　彼は…<足>の病気にかかった．
II列 19:24　<足の裏>でエジプトのすべての川を
21: 8　イスラエルの<足>を迷い出させない．
ヨブ 2: 7　ヨブの<足の裏>から頭の頂まで，悪
13:27　私の<足>にかせをはめ．33:11．
18: 8　彼は自分の<足>で網にかかる．落と
23:11　私の<足>は神の歩みにつき従い，神
29:15　私は…足のなえた者<足>となった．
31: 5　この<足>が欺きに急いだのなら，
詩篇 9:15　隠した網に，わが<足>をとられる．
25:15　主が私の<足>を網から引き出してく
26:12　私の<足>は平らな所に立っています．
36:11　高ぶりの<足>が私に追いつかず，悪
38:16　私の<足>がよろけるとき，彼らが私
40: 2　私の<足>を巌の上に置き，私の歩み
56:13　まことに私の<足>を，つまずきから，
57: 6　彼らは私の<足>をねらって網を仕掛
58:10　その<足>を，悪者の血で洗おう．
66: 9　私たちの<足>をよろけさせない．
68:23　<足>を血に染めて，彼らを打ち砕く
74: 3　廃墟に，あなたの<足>を向けてくだ
91:12　あなたの<足>が石に打ち当たること
94:18　「私の<足>はよろけています」と言
105:18　足かせで，ヨセフの<足>を悩まし，
115: 7　さわれず，<足>があっても歩けない．
116: 8　私の<足>をつまずきから，救い出さ
119:59　あなたのさとしのほうへ私の<足>を
101　悪の道から私の<足>を引き止めまし
105　みことばは，私の<足>のともしび，
121: 3　主はあなたの<足>をよろけさせず，
122: 2　私たちの<足>は，おまえの門のうち
140: 4　私の<足>を押し倒そうとたくらんで
箴言 1:15　あなたの<足>を彼らの通り道に踏み
16　彼らの<足>は悪に走り，血を流そう
3:23　歩み，あなたの<足>はつまずかない．
26　あなたの<足>がわなにかからないよ
4:26　あなたの<足>の道筋に心を配り，あ
27　あなたの<足>を悪から遠ざけよ．
5: 5　その<足>は死に下り，その歩みはよ
6:18　細工する心，悪へ走るに速い<足>，
28　その<足>が焼けないだろうか．
7:11　その<足>は自分の家にとどまらず，
25:19　よろける<足>を頼みとするようなも
26: 7　足のなえた者の垂れ下がった<足>の
伝道 5: 1　宮へ行くとき…自分の<足>に気をつ
雅歌 5:15　その<足>は，純金の台座に据えられ
7: 1　あなたの<足>はなんと美しいことよ．

イザ 1: 6 <足の裏>から頭まで，健全なところ
26: 6 貧しい者の<足>，弱い者の歩みが，
49:23 拝み，あなたの<足>のちりをなめる．
52: 7 良い知らせを伝える者の<足>は山々
59: 7 彼らの<足>は悪に走り，罪のない者
エレ 13:16 あなたがたの<足>が，暗い山でつま
14:10 その<足>を制することもしない．そ
38:22 あなたの<足>を泥の中に沈ませ，背
46: 6 <足>の速い者も逃げることができな
エゼ 1: 7 その<足>はまっすぐで，<足の裏>は
子牛の<足の裏>のようであり，みが
6:11 手をたたき，<足>を踏み鳴らして，
29:11 人の<足>もそこを通らず，獣の<足>
32:13 人の<足>は二度とこれを濁さず，家
34:18 牧場の残った分を<足>で踏みにじり
…その残りを<足>で濁すとは．
37:10 生き返り，自分の<足>で立ち上がっ
ダニ 2:33 <足>は一部が鉄，一部が粘土でした．
7: 4 ２本の<足>で立たされて，人間の心
10: 6 その腕と<足>は，みがきあげた青銅
ミカ 4: 6 わたしは<足>のなえた者を集め，追
ナホ 1:15 平和を告げ知らせる者の<足>が山々
ハバ 3:19 私の<足>を雌鹿のようにし，私に高
ゼカ 14: 4 その日，主の<足>は，エルサレムの
マタ 4: 6 あなたの<足>が石に打ち当たること
のないようにされる．ルカ4:11．
10:14 <足>のちりを払い落とし．ルカ9:5．
マコ 6:11 <足の裏>のちりを払い落としなさい．
9:45 <足>があなたのつまずきとなるなら，
ルカ 1:79 われらの<足>を平和の道に導く．」
24:39 わたしの手や…<足>を見なさい．ま
ヨハ 12: 3 イエスの<足>に塗り…髪の毛でイエ
スの<足>をぬぐった．家は香油のか
13: 5 弟子たちの<足>を洗って，腰にまと
20:12 ひとりは<足>のところに，白い衣を
使徒 3: 2 生まれつき<足>のなえた人が運ばれ
8: 7 <足>のなえた者は直ったからであ
13:51 <足>のちりを払い落として，イコニ
14: 8 ある<足>のきかない人がすわってい
10 自分の<足>で，まっすぐに立ちなさ
16:24 牢に入れ，<足>に足かせを掛けた．
26:16 起き上がって，自分の<足>で立ちな
ロマ 3:15 「彼らの<足>は血を流すのに速く，
10:15 人々の<足>は，なんとりっぱでしょ
16:20 あなたがたの<足>でサタンを踏み砕
Ⅰコリ 12:15 たとい，<足>が，「私は手ではない
21 頭が<足>に向かって，「私はあなた
エペ 6:15 <足>には平和の福音の備えをはきな
Ⅰテモ 5:10 聖徒の<足>を洗い，困っている人を
ヘブ 12:13 あなたがたの<足>のためには，まっ
黙示 1:15 その<足>は，炉で精錬されて光り輝
2:18 その<足>は光り輝くしんちゅうのよ
10: 1 その<足>は火の柱のようであった．
13: 2 <足>は熊の<足>のようで，口は獅子

▼あし（葦），葦の杖，葦の舟【別項】葦の海・葦の海の道

Ⅱ列 18:21 おまえは，あのいたんだ<葦の杖>，
エジプトに拠り頼んで．イザ36:6．
ヨブ 8:11 <葦>は水がなくても伸びるだろうか．
9:26 それは<葦の舟>のように通り過ぎ，
イザ 42: 3 彼はいたんだ<葦>を折ることもなく，
マタ 11: 7 風に揺れる<葦>ですか．ルカ7:24．
12:20 彼はいたんだ<葦>を折ることもなく，

▼あじ（味）

レビ 2:13 塩で<味>をつけなければならない．
ヨブ 6: 6 <味>のない物は塩がなくて食べられ
ようか．卵のしろみに<味>があろう
12:11 口が食物の<味>を知るように，耳は
イザ 30:24 ろばは…<味>の良いまぐさを食べる．
エレ 48:11 その<味>はそのまま残り，かおりも
ルカ 14:34 何によってそれに<味>をつけるので
ヘブ 6: 4 天からの賜物の<味>を知り，聖霊に

▼あしあと（足跡）

ヨブ 13:27 私の<足跡>にしるしをつけられます．
29: 6 私の<足跡>は乳で洗われ，岩は私に
詩篇 77:19 あなたの<足跡>を見た者はありませ
85:13 義は…主の<足跡>を道とします．
89:51 油そそがれた者の<足跡>をそしりま
雅歌 1: 8 羊の群れの<足跡>について行き，羊
ロマ 4:12 信仰の<足跡>に従って歩む者の父と
Ⅰペテ 2:21 その<足跡>に従うようにと…模範を

▼アシェラ，アシェラ像〔偶像〕

カナン宗教の肥沃祭儀で礼拝された女神．バアルと対の女神，士師3:7，Ⅰ列18:19；アサの王母が礼拝する，Ⅰ列15:13；女たちが織物をつくる，Ⅱ列23:7；ヨシヤ王が器物を焼く，Ⅱ列23:4；マナセが宮に安置する，Ⅱ列21:7；アハブがサマリヤに祭壇を築く，Ⅰ列16:32-33；象徴的に「石の柱，木」とも訳される，出エ34:13，申命12:3，16:21-22．

▼アシエル〔人名〕
シメオン族の長エフーの曾祖父．Ⅰ歴4:35.

▼アシェル
1.地名.
(1)アシェルの相続地．Ⅰ列4:16.
(2)シェケムの東の町．ヨシ17:7.
2.人名．ヤコブとジルパの子．創世30:13, 35:26, 46:17, 出エ1:4, 民数26:46, Ⅰ歴2:2.
3.アシェル（族）．創世49:20, 民数1:13, 26:44, 34:27, 申命27:13, 33:24, ヨシ17:10, 19:24, 21:6, 士師1:31, 5:17, 6:35, Ⅰ列4:16, Ⅰ歴6:62, 74, 12:36, Ⅱ歴30:11, エゼ48:2.

▼アジエル〔人名〕
10弦の琴で奉仕したレビ人．Ⅰ歴15:20.

▼あしおと（足音）
Ⅰ列 14: 6 アヒヤは…彼女の<足音>を聞いて言
Ⅱ列 6:32 主君の<足音>がするではありません

▼あしかせ（足かせ）
士師 16:21 青銅の<足かせ>をかけて，彼をつな
Ⅱ列 25: 7 青銅の<足かせ>につないで，バビロンへ．Ⅱ歴33:11, 36:6, エレ39:7.
エレ 20: 2 エレミヤを…<足かせ>につないだ.
29:26 <足かせ>や，首かせをはめるためで
哀歌 3: 7 主は…私の青銅の<足かせ>を重くし
マコ 5: 4 <足かせ>や鎖でつながれたが…<足かせ>も砕いてしまった．ルカ8:29.

▼アジザ〔人名〕
異邦人の女をめとった者の一人．エズ10:27.

▼あした
民数 16: 5 <あした>の朝，主は，だれがご自分
ヨシ 7:14 <あした>の朝…部族ごとに進み出な
Ⅰサム 9:19 <あした>の朝，私があなたをお送り
19: 2 <あした>の朝は，注意して，隠れ場

▼あしだい（足台）
Ⅰ歴 28: 2 神の<足台>のために，安息の家を建
Ⅱ歴 6:13 青銅の<足台>を…庭の中央に据えて
9:18 王座には金の<足台>が取りつけられ
詩篇 99: 5 その<足台>のもとにひれ伏せ．主は
110: 1 わたしがあなたの敵をあなたの<足台>とするまでは．ルカ20:43.
132: 7 主の<足台>のもとにひれ伏そう.
イザ 60:13 わたしの<足台>を尊くする.
66: 1 地はわたしの<足台>．使徒7:49.
哀歌 2: 1 ご自分の<足台>を思い出されなかっ
マタ 5:35 そこは神の<足台>だからです．エル
使徒 2:35 敵をあなたの<足台>とするまではわ
ヘブ 10:13 敵がご自分の<足台>となるのを待っ

▼あしのうみ（葦の海），葦の海の道
出エ 10:19 吹き上げ，<葦の海>に追いやった.
13:18 <葦の海>に沿う荒野の道に回らせた.
15: 4 <葦の海>におぼれて死んだ.
22 イスラエルを<葦の海>から旅立たせ
民数 14:25 向きを変えて<葦の海の道>を通り，
21: 4 迂回して，<葦の海の道>に旅立った.
ヨシ 4:23 主が<葦の海>になさったのと同じで
詩 106: 9 主が<葦の海>を叱ると，海は干上が

▼あしのした（足の下）
詩篇 18: 9 主は…暗やみをその<足の下>にして.
マタ 22:44 敵をあなたの<足の下>に従わせるまでは．マコ12:36.
Ⅰコリ 15:25 すべての敵をその<足の下>に置くま
27 彼は万物をその<足の下>に従わせた
エペ 1:22 キリストの<足の下>に従わせ，いっ
ヘブ 2: 8 万物をその<足の下>に従わせられま

▼アシマ〔偶像〕
ハマテ人の偶像神の名．Ⅱ列17:30.

▼あじみ（味見）
Ⅰサム 14:24 民はだれも食物を<味見>もしなかっ
29 この蜜を少し<味見>しただけで.
43 蜜を，確かに<味見>しましたが．あ
箴言 23:30 混ぜ合わせた酒の<味見>をしに行く

▼あしもと（足もと）
申命 33: 3 彼らはあなたの<足もと>に集められ，
士師 5:27 ヤエルの<足もと>に…ひざをつき，
Ⅰサム 25:24 彼女はダビデの<足もと>にひれ伏し
Ⅱサム 22:39 彼らは立てず，私の<足もと>に倒れました．詩篇18:38.
詩篇 47: 3 国民を私たちの<足もと>に従わせる.
イザ 60:14 みな，あなたの<足もと>にひれ伏し，
エレ 18:22 私の<足もと>に，わなを隠したから
哀歌 1:13 私の<足もと>に網を張り，私をうし
マタ 15:30 彼らをイエスの<足もと>に置いたの
マコ 5:22 イエスを見て，その<足もと>にひれ
7:25 やって来て，その<足もと>にひれ伏
ルカ 5: 8 ペテロは，イエスの<足もと>にひれ
8:35 イエスの<足もと>に，悪霊の去った
41 イエスの<足もと>にひれ伏して自分
10:39 主の<足もと>にすわって，みことば

17:16 イエスの<足もと>にひれ伏して感謝
ヨハ 11:32 マリヤは…その<足もと>にひれ伏し
使徒 4:37 代金を…使徒たちの<足もと>に置い
5:10 たちまちペテロの<足もと>に倒れ,
7:58 サウロという青年の<足もと>に置い
10:25 彼の<足もと>にひれ伏して拝んだ.
ヤコ 2: 3 私の<足もと>にすわりなさい」と言
黙示 1:17 その<足もと>に倒れて死者のように
3: 9 あなたの<足もと>に来てひれ伏させ,
19:10 拝もうとして，その<足もと>にひれ
22: 8 御使いの<足もと>に，ひれ伏して拝

▼アジヤ

1. 地名．ローマの属州．小アジヤの一部．使徒2:9，6:9，16:6，19:10，22，27，20:16，18，21:27，24:18，27:2，ロマ16:5，Ⅱコリ1:8，Ⅱテモ1:15，Ⅰペテ1:1，黙示1:4.
2. アジヤ人．1.の住民．使徒20:4.

▼アジヤしゅうのこうかん（～州の高官）

使徒 19:31 <アジヤ州の高官>で，パウロの友人

▼アシャン〔地名〕

ユダの低地の町．ヨシ15:42，19:7，Ⅰ歴6:59.

▼アシュケナズ

1. 2.の子孫が定住した国．エレ51:27.
2. 人名．ゴメル(1)の子．創世10:3，Ⅰ歴1:6.

▼アシュケロン

1. 地名．ペリシテ五大都市の一つ．士師1:18，14:19，Ⅰサム6:17，Ⅱサム1:20，エレ25:20，47:5，7，アモ1:8，ゼパ2:4，7，ゼカ9:5.
2. アシュケロン人．1.の住民．ヨシ13:3.

▼アシュタロテ

1. 地名．バシャンの町．申命1:4，ヨシ9:10，12:4，13:12，31，Ⅰ歴6:71.
2. アシュタロテ人．1.の住民．Ⅰ歴11:44.
3. 偶像．ツロやシドンの民が礼拝した肥沃の女神．士師2:13，10:6，Ⅰサム7:3，12:10，31:10，Ⅰ列11:5，33，Ⅱ列23:13.

▼アシュテロテ・カルナイム〔地名〕

ガリラヤ湖東のレファイム人の町．創世14:5.

▼アシュドデ

1. 地名．ペリシテ五大都市の一つ．ヨシ11:22，15:46，Ⅰサム5:1，6:17，Ⅱ歴26:6，イザ20:1，エレ25:20，アモ1:8，ゼパ2:4，ゼカ9:6.

ネヘ 13:24 <アシュドデ>のことばを話し，ある

2. アシュドデ人．ヨシ13:3，ネヘ4:7，13:23.

▼アシュナ〔地名〕

(1)ユダの低地の町の一つ．ヨシ15:33.
(2)ユダの低地の町の一つ．ヨシ15:43.

▼アシュフル〔人名〕

ユダの子孫．テコアの父．Ⅰ歴2:24，4:5.

▼アシュベアけ（～家）

シェラの子孫．白亜麻布業の一族．Ⅰ歴4:21.

▼アシュペナズ〔人名〕

ネブカデネザル王の宦官の長．ダニ1:3.

▼アシュベル

1. 人名．ベニヤミンの子．創世46:21，Ⅰ歴8:1.
2. アシュベル族．1.の子孫．民数26:38.

▼アシュル

1. 地名．後のアッシリヤに相当する地方．創世2:14，10:11，民数24:22，24.
2. 人名．セムの子孫．創世10:22，Ⅰ歴1:17.
3. アシュル人．アシェル族かゲシュル人を指す．Ⅱサム2:9.

▼アシュワテ〔人名〕

アシェル族．ヤフレテの子．Ⅰ歴7:33.

▼アシル〔人名〕

(1)レビ人．コラの子．出エ6:24，Ⅰ歴6:22.
(2)(1)の子孫．エブヤサフの子．Ⅰ歴6:23，37.

▼あじわう（味わう）

Ⅱサム 3:35 ほかの何物でも<味わ>ったなら，神
19:35 飲む物も<味わう>ことができません.
ヨブ 21:25 何の幸いも<味わう>ことがない.
詩篇 34: 8 主のすばらしさを<味わ>い，これを
ヨナ 3: 7 羊もみな，何も<味わ>ってはならな
マタ 16:28 決して死を<味わ>わない人々がいます.」マコ9:1，ルカ9:27.
ルカ 14:24 私の食事を<味わう>者は，ひとりも
ヨハ 2: 9 世話役は…その水を<味わ>ってみた.
8:52 決して死を<味わう>ことがない』と
コロ 2:21 「すがるな．<味わう>な．さわるな.」
ヘブ 2: 9 すべての人のために<味わ>われたも
6: 5 世の力とを<味わ>ったうえで,
Ⅰペテ 2: 3 主が…方であることを<味わ>ってい

▼あす

出エ 8:10 パロが「<あす>」と言ったので，モ
23 <あす>，このしるしが起こる.』」
9: 5 <あす>，主はこの国でこのことを行
16:23 <あす>は全き休みの日，主の聖なる

17:9 <あす>私は神の杖を手に持って，丘
19:10 きょうと<あす>，彼らを聖別し，自
32:5 「<あす>は主への祭りである.」
民数 11:18 <あす>のために身をきよめなさい.
16:7 <あす>，主の前でその中に火を入れ，
ヨシ 3:5 <あす>，主が…不思議を行われるか
22:18 <あす>，主はイスラエルの全会衆に
士師 19:9 <あす>の朝早く旅立って，家に帰れ
20:28 <あす>，彼らをあなたがたの手に渡
Ⅰサム 9:16 <あす>の今ごろ，わたしはひとりの
11:9 <あす>の真昼ごろ…救いがある.」
10 <あす>，あなたがたに降伏します.
19:11 <あす>は，あなたは殺されてしまい
28:19 <あす>，あなたも，あなたの息子た
Ⅱサム 11:12 <あす>になったらあなたを送り出そ
Ⅰ列 19:2 <あす>の今ごろまでに，あなたのい
20:6 <あす>の今ごろ，私の家来たちを遣
Ⅱ列 6:28 <あす>は私の子どもを食べましょう.
7:1 <あす>の今ごろ，サマリヤの門で，
Ⅱ歴 20:16 <あす>，彼らのところに攻め下れ.
エス 5:8 <あす>，私は王さまのおっしゃった
箴言 3:28 また来なさい.<あす>，あげよう.」
27:1 <あす>のことを誇るな．1日のうち
イザ 56:12 <あす>もきょうと同じだろう．もっ
マタ 6:30 きょうあっても，<あす>は炉に投げ込まれる野の草さえ．ルカ12:28.
34 <あす>のための心配は無用です．<あす>のことは<あす>が心配します.
ルカ 13:32 きょうと，<あす>とは，悪霊どもを
33 きょうも<あす>も次の日も進んで行
使徒 23:20 <あす>，議会にパウロを連れて来て
Ⅰコリ 15:32 <あす>は死ぬのだ．さあ，飲み食い
ヤコ 4:13 きょうか，<あす>，これこれの町に
14 <あす>のことはわからないのです.

▼ アズガデ

1. 人名．盟約に調印した人．ネヘ10:15.
2. アズガデ族．エズ2:12，8:12，ネヘ7:17.

▼ あずかる

ヨブ 15:8 あなたは神の会議に<あずか>り，あ
箴言 14:10 喜びにもほかの者は<あずか>らない.
使徒 8:21 それに<あずかる>こともできません.
Ⅰコリ 9:12 権利に<あずか>っているのなら，私
10:16 杯は，キリストの血に<あずかる>こと…パンは…からだに<あずかる>こ
18 祭壇に<あずかる>ではありませんか.
21 主の食卓に<あずか>ったうえ…悪霊の食卓に<あずかる>ことはできない
Ⅱコリ 8:4 交わりの恵みに<あずか>りたいと，
エペ 3:6 ともに約束に<あずかる>者となると
ピリ 1:5 福音を広めることに<あずか>って来
7 ともに恵みに<あずか>った人々であ
3:10 キリストの苦しみに<あずかる>こと
コロ 1:12 聖徒の相続分に<あずかる>資格を私
ヘブ 3:1 天の召しに<あずか>っている聖なる
14 キリストに<あずかる>者となるので
6:4 聖霊に<あずかる>者となり，
7 神の祝福に<あずか>ります.
12:10 ご自分の聖さに<あずか>らせようと
Ⅰペテ 4:13 キリストの苦しみに<あずか>れるの
5:1 栄光に<あずかる>者として，お勧め
Ⅱペテ 1:4 神のご性質に<あずかる>者となるた
黙示 1:9 御国と忍耐とに<あずか>っている者
18:4 その罪に<あずか>らないため，また，
20:6 第1の復活に<あずかる>者は幸いな

▼ あずける（預ける），預かる

マタ 25:14 自分の財産を<預け>，旅に出て行く
16 5タラント<預か>った者は…それで商売をして．17，18，20，24.
27 私の金を，銀行に<預け>ておくべき
ルカ 19:21 あなたはお<預け>にならなかったも
23 なぜ私の金を銀行に<預け>ておかな

▼ アスナぞく（～族）

宮に仕えるしもべたちに属する一族．エズ2:50.

▼ アズノテ・タボル〔地名〕

タボル山地帯にあった町．ヨシ19:34.

▼ アズバ〔人名〕

(1)ヘツロンの子カレブの妻．Ⅰ歴2:18，19.
(2)ヨシャパテ王の母．Ⅰ列22:42，Ⅱ歴20:31.

▼ アスパタ〔人名〕

ハマンの第3子．エス9:7.

▼ アズブク〔人名〕

半区の長ネヘミヤの父．ネヘ3:16.

▼ アズマベテ

1. 地名．エルサレム北北東の町．ネヘ12:29.
2. 人名.

(1)ダビデの勇士．Ⅱサム23:31，Ⅰ歴11:33.
(2)ヨナタンの子孫．Ⅰ歴8:36，9:42.
(3)ダビデの勇士の父．Ⅰ歴12:3.
(4)ダビデの宝物倉をつかさどった人．Ⅰ歴27:

25.

▼ アスリエル

1. 人名．マナセの子．民数26:31，Ⅰ歴7:14.

2. アスリエル族．民数26:31，ヨシ17:2.

▼ アズリエル〔人名〕

⑴マナセ半部族のかしらで勇士．Ⅰ歴5:24.

⑵ナフタリ族の長エリモテの父．Ⅰ歴27:19.

⑶セラヤの父．エレ36:26.

▼ アズリカム〔人名〕

⑴ゼルバベルの子孫．ネアルヤの子．Ⅰ歴3:23.

⑵ベニヤミン族．アツェルの子．Ⅰ歴8:38，9:44.

⑶レビ人ハシャブヤの子．Ⅰ歴9:14，ネヘ11:15.

⑷アハズ王のつかさ．Ⅱ歴28:7.

▼ アズル〔人名〕

⑴ユダの指導者ヤアザヌヤの父．エゼ11:1.

⑵捕囚帰還後の指導者．ネヘ10:17.

⑶偽預言者ハナヌヤの父．エレ28:1.

▼ アスンクリト〔人名〕

ローマのキリスト者．ロマ16:14.

▼ あせ（汗）

創世 3:19　あなたは，顔に<汗>を流して糧を得，
エゼ 44:18　<汗>の出るような物を身に着けては
ルカ 22:44　<汗>が血のしずくのように地に落ち

▼ アゼカ〔地名〕

ユダの低地の町の一つ．ヨシ10:10，11，15:35，Ⅰサム17:1，Ⅱ歴11:9，ネヘ11:30，エレ34:7.

▼ アセナテ〔人名〕

ヨセフの妻．創世41:45，50，46:20.

▼ アセル

アシェル族と同一．ルカ2:36，黙示7:6.

▼ あせる

箴言 28:22　貪欲な人は財産を得ようと<あせ>り，
伝道 5:2　心<あせ>ってことばを出すな．神は

▼ アソス〔地名〕

小アジヤのムシヤにある港町．使徒20:13，14.

▼ アゾト〔地名〕

アシュドデのギリシヤ名．使徒8:40.

▼ あそぶ（遊ぶ）

ゼカ 8:5　広場で<遊ぶ>男の子や女の子でいっ
ルカ 16:19　毎日ぜいたくに<遊>び暮らしていた．
Ⅰテモ 5:13　家々を<遊>び歩くことを覚え，ただ

▼ アゾル〔人名〕

主イエスの先祖の一人．マタ1:13，14.

▼ アダ〔人名〕

⑴カインの子孫レメクの妻．創世4:19，20，23.

⑵エサウの妻．創世36:2，4，10，12，16.

▼ あだ（仇）

出エ 23:22　わたしは…あなたの<仇>には<仇>と
民数 31:2　イスラエル人の<仇>を報いよ．その
申命 32:41　わたしは<仇>に復讐をし，わたしを
Ⅱサム 24:13　<仇>の前を逃げ，<仇>があなたを追
Ⅰ歴 21:12　3か月間，あなたが<仇>の前で取り
詩篇 13:4　私の<仇>が喜ばないように．
27:2　私の<仇>，私の敵，彼らはつまずき，
12　私の<仇>の意のままに，させないで
イザ 1:24　わたしの<仇>に思いを晴らし，わた
9:11　レツィンに<仇>する者たちをのし上
34:8　シオンの訴えのために<仇>を返す年
59:18　その<仇>には憤りを報い，その敵に
エレ 46:10　その日は…<仇>に復讐する復讐の日．
哀歌 1:5　幼子たちも，<仇>によってとりこと
7　その民が<仇>の手によって倒れ，だ
10　<仇>が彼女の宝としているものすべ
17　主は<仇>に命じて，四方からヤコブ
2:4　<仇>のように，いとしい者たちのす
4:12　<仇>や敵がエルサレムの門に，入っ
ミカ 5:9　あなたの手を<仇>に向けて上げると，
ナホ 1:2　主はその<仇>に復讐する方．敵に怒
9　<仇>は二度と立ち上がれない．

▼ アタイ〔人名〕

⑴ヤルハの子．ナタンの父．Ⅰ歴2:35，36.

⑵ガド族の軍のかしらの一人．Ⅰ歴12:11.

⑶レハブアム王とマアカの子．Ⅱ歴11:20.

▼ あたい（価），値する

ゼカ 11:13　尊い<価>を，陶器師に投げ与えよ.」
使徒 5:41　はずかしめられるに<値する>者とさ
ロマ 3:24　<価>なしに義と認められるのです．
Ⅰテモ 1:15　そのまま受け入れるに<値する>もの
ヘブ 10:29　どんなに重い処罰に<値する>か，考
黙示 21:6　いのちの水の泉から，<価>なしに飲

▼ あたえる（与える）

創世 1:29　すべての木をあなたがたに<与え>る．
3:6　夫にも<与え>たので，夫も食べた．
9:3　すべてのものをあなたがたに<与え>
12:7　子孫に，わたしはこの地を<与える>
13:15　この地全部を…子孫とに<与え>よう．

14:20 アブラムは…10分の１を彼に<与え>
17:16 あなたにひとりの男の子を<与え>よ
24:32 らくだにはわらと飼料が<与え>られ，
35 らくだやろばをお<与え>になりまし
53 衣装を取り出してリベカに<与え>た．
27:28 新しいぶどう酒をお<与え>になるよ
45:18 エジプトの最良の地を<与え>，地の
出エ 5: 7 わらを…この民に<与え>てはならな
16 しもべどもには，わらが<与え>られ
6: 4 在住の地を彼らに<与える>という契
16: 8 主があなたがたに食べる肉を<与え>，
15 食物として<与え>てくださったパン
18:20 彼らにおきてとおしえとを<与え>て，
20:12 主が<与え>ようとしておられる地で，
レビ 10:14 受け取る分け前として<与え>られて
19:20 自由を<与え>られていない場合は考
20: 2 自分の子どもをモレクに<与える>者
26: 4 雨を<与え>，地は産物を出し，畑の
6 わたしは…その地に平和を<与える>．
民数 6:26 あなたに平安を<与え>られますよう
11:13 肉を得て，この民全体に<与え>なけ
21 彼らに肉を<与え>，一月の間食べさ
25 霊を取って…70人の長老にも<与え>
21:16 わたしが彼らに水を<与える>」と言
34 あなたの手のうちに<与え>た．あな
26:54 その相続地は<与え>られなければな
62 相続地が<与え>られていなかったか
31:42 モーセが…折半して<与え>た残り，
申命 1:35 先祖たちに<与える>と誓ったあの良
3:20 同族に安住の地を<与え>，彼らもま
15:10 必ず彼に<与え>なさい…<与える>と
20:14 <与え>られた敵からの略奪物を，あ
ヨシ 15:16 私の娘アクサを妻として<与え>よう．
19 上の泉と下の泉とを彼女に<与え>た．
23:13 主が…<与え>たこの良い地から，滅
24:33 ピネハスに<与え>られていたエフラ
士師 15:18 この大きな救いを<与え>られました．
Ｉサム 8: 6 私たちをさばく王を<与え>てくださ
15:28 あなたよりすぐれた…友に<与え>ら
18:19 メラブをダビデに<与える>，という
21: 6 彼に聖別されたパンを<与え>た．そ
22:13 彼にパンと剣を<与え>，彼がきょう
25:27 この贈り物を…若者たちにお<与え>
IIサム 12: 8 あなたの主人の家を<与え>，あなた
11 あなたの妻たちを…友に<与え>よう．
I列 2:21 アドニヤに妻として<与え>てやって
3: 5 「あなたに何を<与え>ようか．願え．」
12 知恵の心と判断する心とを<与える>．
13 富と誉れとをあなたに<与える>．あ
25 半分をそちらに<与え>なさい．」27．
4:29 ソロモンに…広い心とを<与え>られ
8:56 安住の地をお<与え>になった主はほ
11:36 彼の子には一つの部族を<与える>．
15: 4 彼に一つのともしびを<与え>，彼の
II列 13: 5 ひとりの救い手を<与え>られたとき，
17:15 彼らに<与え>られた主の警告とをさ
I歴 5: 1 長子の権利は…ヨセフの子に<与え>
22: 9 イスラエルに平和と平穏を<与え>よ
II歴 9:12 彼女が求めた物は何でも…<与え>た．
13: 5 王国をとこしえにダビデに<与え>ら
エズ 9: 8 聖なる所の中に一つの釘を<与え>て
ネヘ 9: 7 アブラハムという名を<与え>られま
20 渇いたときには…水を<与え>られま
27 彼らに救う者たちを<与え>，彼らを
34 彼らに<与え>た警告を心に留めませ
35 彼らに<与え>たその大きな恵みのう
エス 2:13 おとめの願うものはみな<与え>られ，
7: 3 私の民族にもいのちを<与え>てくだ
ヨブ 1:21 主は<与え>，主は取られる．主の御
3:20 なぜ，苦しむ者に光が<与え>られ，
6:22 私に<与え>よ」とか，「あなたがた
35:10 夜には，ほめ歌を<与え>，
38:36 だれが心の奥に悟りを<与え>たか．
42:11 金の輪一つずつを彼に<与え>た．
詩篇 2: 8 国々を…ゆずりとして<与え>，地を
78:24 天の穀物を彼らに<与え>られた．
104:27 食物をお<与え>になることを．
28 あなたがお<与え>になると，彼らは
115:16 地は，人の子らに<与え>られた．
119:34 私に悟りを<与え>てください．私は
136:25 肉なる者に食物を<与え>られる．そ
144:10 神は王たちに救いを<与え>，神のし
箴言 2: 6 知識と英知を<与え>られるからだ．
4: 9 あなたの頭に麗しい花輪を<与え>，
6:31 財産をことごとく<与え>なければな
21:26 正しい人は人に<与え>て惜しまない．
22: 9 パンを寄るべのない者に<与える>か
29:15 むちと叱責とは知恵を<与える>．わ
伝道 12:11 ひとりの羊飼いによって<与え>られ
雅歌 8: 7 自分の財産をことごとく<与え>ても，

イザ 7:14 一つのしるしを<与え>られる．見よ．
9: 6 ひとりの男の子が，私たちに<与え>
33:16 彼のパンは<与え>られ，その水は確
40:29 疲れた者には力を<与え>，精力のな
41:27 良い知らせを伝える者を<与え>よう．
42: 5 その上の民に息を<与え>，この上を
8 栄誉を刻んだ像どもに<与え>はしな
45: 3 隠された宝をあなたに<与える>．そ
50: 4 私に弟子の舌を<与え>，疲れた者を
56: 5 分け前と名を<与え>，絶えることの
ない永遠の名を<与える>．
エレ 3:15 心にかなった牧者たちを<与える>．
5:24 先の雨と後の雨を…<与え>，刈り入
6:21 この民につまずきを<与える>．父も
16:15 先祖に<与え>た彼らの土地に彼らを
24: 7 主であることを知る心を<与える>．
27: 5 目にかなった者に…地を<与える>の
29:11 平安を<与える>計画であり，あなた
がたに将来と希望を<与える>ための
31:35 主は太陽を<与え>て昼間の光とし，
32:39 一つの心と一つの道を<与え>，
45: 5 分捕り物としてあなたに<与える>．
エゼ 11:15 私たちの所有として<与え>られてい
17 イスラエルの地を…<与える>.』
19 わたしは彼らに一つの心を<与える>
…彼らに肉の心を<与える>．
20:12 彼らにわたしの安息日を<与え>てわ
36:26 あなたがたに新しい心を<与え>…あ
なたがたに肉の心を<与える>．
28 あなたがたの先祖に<与え>た地に住
44:30 麦粉の初物も祭司に<与え>なければ
ダニ 1:17 文学を悟る力と知恵を<与え>られた．
2:16 しばらくの時を<与え>てくれるよう
38 あなたの手に<与え>られました．あ
4:16 獣の心をそれに<与え>，七つの時を
17 これをみこころにかなう者に<与え>，
5:17 報酬は他の人にお<与え>ください．
7: 4 獅子のようで…人間の心が<与え>ら
6 そしてそれに主権が<与え>られた．
11:17 娘のひとりを<与え>て，その国を滅
ホセ 2: 8 新しいぶどう酒と油とを<与え>た者，
13:11 怒ってあなたに王を<与え>たが，憤
ヨエ 3: 3 子どもを遊女のために<与え>，酒の
アモ 9:15 わたしが彼らに<与え>たその土地か
ハガ 2: 9 わたしは…この所に平和を<与える>．

マラ 2: 5 わたしは，それらを彼に<与え>た．
マタ 5:31 妻に離婚状を<与え>よ』と言われて
42 求める者には<与え>，借りようとす
6:11 日ごとの糧をきょうもお<与え>くだ
7: 6 聖なるものを犬に<与え>てはいけま
7 求めなさい．そうすれば<与え>られ
9 だれが石を<与える>でしょう．
10: 8 ただで受けた…ただで<与え>なさい．
13:12 持っている者はさらに<与え>られて
14:19 パンを裂いて…弟子たちに<与え>ら
19:21 貧しい人たちに<与え>なさい．そう
20:28 自分のいのちを<与える>ためである
21:22 祈り求めるものなら，何でも<与え>
28:18 いっさいの権威が<与え>られていま
マコ 4:25 持っている人は，さらに<与え>られ，
15:45 イエスのからだをヨセフに<与え>た．
ルカ 6:30 すべて求める者には<与え>なさい．
38 <与え>なさい．そうすれば，自分も
8:18 持っている人は，さらに<与え>られ，
11:11 魚の代わりに蛇を<与える>ような父
12:48 多く<与え>られた者は多く求められ，
19:13 しもべを呼んで，10ミナを<与え>，
21:15 ことばと知恵を…<与え>ます．
22:19 あなたがたのために<与える>，わた
29 父がわたしに王権を<与え>てくださ
ヨハ 3:27 人は，天から<与え>られるのでなけ
5:36 お<与え>になったわざ，すなわちわ
6:27 人の子があなたがたに<与える>もの
34 そのパンを私たちにお<与え>くださ
37 父がわたしにお<与え>になる者はみ
39 わたしに<与え>てくださったすべて
10:28 彼らに永遠のいのちを<与え>ます．
13:32 人の子に栄光をお<与え>になります．
14:16 もうひとりの助け主を…お<与え>に
27 あなたがたにわたしの平安を<与え>
ます…世が<与える>のとは違います．
15:16 父があなたがたにお<与え>になるた
17: 2 支配する権威を子にお<与え>になっ
8 みことばを…彼らに<与え>たからで
14 彼らにあなたのみことばを<与え>ま
22 栄光を，彼らに<与え>ました．それ
19:11 もしそれが上から<与え>られている
使徒 17:31 確証をすべての人にお<与え>になっ
20:35 受けるよりも<与える>ほうが幸いで
27:24 同船している人々を…お<与え>にな

ロマ11:35 だれが，まず主に<与え>て報いを受
13:10 愛は隣人に対して害を<与え>ません．
Ⅱコリ 5:12 誇る機会をあなたがたに<与え>て，
9: 7 神は喜んで<与える>人を愛してくだ
11 惜しみなく<与える>ようになり，そ
13 すべての人々に惜しみなく<与え>て
エペ 1: 6 私たちに<与え>てくださった恵みの
ピリ 2: 9 すべての名にまさる名をお<与え>に
Ⅰテサ 2: 8 喜んであなたがたに<与え>たいと思
Ⅰテモ 6:17 すべての物を豊かに<与え>て楽しま
ヘブ 5: 9 とこしえの救いを<与える>者となり，
11:17 彼は約束を<与え>られていましたが，
26 彼は報いとして<与え>られるものか
ヤコ 1: 5 とがめることなくお<与え>になる神
に願いなさい…きっと<与え>られま
2:16 からだに必要な物を<与え>ないなら，
Ⅱペテ 1: 3 すべてのことを私たちに<与える>か
Ⅰヨハ 3:24 神が私たちに<与え>てくださった御

▼アタク〔地名〕

ユダの低地南部にある町．Ⅰサム30:30.

▼あたたかい（暖かい）

ヨシ 9:12 まだ<あたたか>なのを，食料として
Ⅰサム21: 6 <あたたかい>パンと置きかえられて，
Ⅱ列 4:34 子どものからだが<暖か>くなってき
伝道 4:11 ふたりがいっしょに寝ると<暖かい>
が，ひとりでは，どうして<暖か>く
ヤコ 2:16 <暖か>になり，十分に食べなさい」

▼あたたまる（暖まる），暖める

Ⅰ列 1: 1 夜着をいくら着せても<暖ま>らなか
2 王さまを<暖める>ようにいたしまし
ヨブ31:20 私の子羊の毛でそれが<暖め>られな
39:14 だちょうは卵を…砂で<暖め>させ，
イザ44:15 人はそのいくらかを取って<暖ま>り，
16 ああ，<暖ま>った．熱くなった』と
47:14 これは身を<暖める>炭火でもなく，
ハガ 1: 6 着物を着たが<暖ま>らない．かせぐ
ヨハ18:18 役人たちは…立って<暖ま>っていた．
ペテロも…いっしょに…<暖ま>って
25 シモン・ペテロは…<暖ま>っていた．

▼あたま（頭），頭飾り

創世 3:15 彼は，おまえの<頭>を踏み砕き，お
40:16 私の<頭>の上に枝編みのかごが．17.
48:14 右手を…エフライムの<頭>の上に置
き，左手をマナセの<頭>．17，18.
出エ12: 9 <頭>も足も内臓も火で焼かなければ
28:32 その真ん中に<頭>を通す口を作る．
29: 6 彼の<頭>にかぶり物をかぶらせ，そ
レビ 1: 4 全焼のいけにえの<頭>の上に手を置
3: 2 その人はささげ物の<頭>の上に手を
5: 8 <頭>の首のところをひねり裂きなさ
8:12 そそぎの油をアロンの<頭>にそそぎ，
13:29 <頭>か，ひげに疾患があるときは，
21:10 <頭>にそそぎの油がそそがれ，聖別
民数 6: 5 <頭>にかみそりを当ててはならない．
7 その<頭>には神の聖別があるからで
9 その聖別された<頭>を汚した場合，
18 聖別した<頭>をそり…<頭>の髪の毛
申命19: 5 斧を手にして…<頭>が柄から抜け，
28:23 あなたの<頭>の上の天は青銅となり，
32:42 髪を乱している敵の<頭>を食わせよ
33:16 これらがヨセフの<頭>の上にあり，
20 ガドは…腕や<頭>の頂をかき裂く．
士師 5:26 シセラを打って，その<頭>に打ち込
9:53 ひとりの女がアビメレクの<頭>にひ
13: 5 その子の<頭>にかみそりを当てては
16:17 私の<頭>には，かみそりが当てられ
Ⅰサム 1:11 その子の<頭>に，かみそりを当てま
4:12 その着物は裂け，<頭>には土をかぶ
5: 4 ダゴンの<頭>と両腕は切り離されて
10: 1 油のつぼを取ってサウルの<頭>にそ
17: 5 <頭>には青銅のかぶとをかぶり，身
Ⅱサム 1:10 私はその<頭>にあった王冠と，腕に
2:16 彼らは互いに相手の<頭>をつかみ，
3:29 ヨアブの<頭>と彼の父の全家にふり
12:30 その冠はダビデの<頭>に置かれた．
13:19 タマルは<頭>に灰をかぶり，着てい
14:26 彼が<頭>を刈るとき…髪の毛を量る
15:30 その<頭>をおおい，はだしで登った．
32 <頭>に土をかぶってダビデに会いに
18: 9 アブシャロムの<頭>が樫の木に引っ
Ⅰ列 2:32 彼が流した血を彼の<頭>に注ぎ返さ
44 主はあなたの悪を…<頭>に返される
10:19 王座の背には子牛の<頭>があり，座
19: 6 彼の<頭>のところに，焼け石で焼い
Ⅱ列 4:19 父親に，「私の<頭>が，<頭>が」と
6:25 ろばの<頭>一つが銀80シェケルで売
9: 3 彼の<頭>の上に油をそそいで言いな
19:21 エルサレムの娘は…<頭>を振る．
エズ 9: 6 咎は私たちの<頭>より高く増し加わ
エス 2:17 王はついに王冠を彼女の<頭>に置き，

6: 8 その<頭>に王冠をつけて引いて来さ
12 ハマンは嘆いて，<頭>をおおい，急
ヨブ 1:20 <頭>をそり，地にひれ伏して礼拝し，
2:12 ちりを…自分の<頭>の上にまき散ら
20: 6 たとい…その<頭>が雲まで及んでも，
29: 3 神のともしびが私の<頭>を照らし，
41: 7 やすでその<頭>を十分に突くことが
詩篇 22: 7 彼らは口をとがらせ，<頭>を振りま
23: 5 私の<頭>に油をそそいでくださいま
38: 4 私の咎が，私の<頭>を越え，重荷の
64: 8 彼らを見る者はみな，<頭>を振って
68:21 神は必ず敵の<頭>を打ち砕かれる．
74:13 海の巨獣の<頭>を砕かれました．14.
109:25 彼らは私を見て，その<頭>を振りま
140: 7 あなたは…私の<頭>をおおわれまし
141: 5 それは<頭>にそそがれる油です．私
箴言 1: 9 あなたの<頭>の麗しい花輪，あなた
4: 9 <頭>に麗しい花輪を与え，光栄の冠
10: 6 正しい者の<頭>には祝福があり，悪
11:26 それを売る者の<頭>には祝福がある．
25:22 彼の<頭>に燃える炭火を積むことに
伝道 2:14 知恵ある者は，その<頭>に目がある
9: 8 <頭>には油を絶やしてはならない．
雅歌 2: 6 あの方の左の腕が私の<頭>の下にあ
5: 2 私の<頭>は露にぬれ，髪の毛も夜の
11 その<頭>は純金です．髪の毛はなつ
7: 5 あなたの<頭>はカルメル山のように
イザ 1: 5 <頭>は残すところなく病にかかり，
6 足の裏から<頭>まで，健全なところ
3:17 娘たちの<頭>の頂をかさぶただらけ
20 <頭飾り>，くるぶしの鎖，飾り帯，
7:20 <頭>と足の毛をそり，ひげまでもそ
15: 2 <頭>をみなそり落とし，ひげもみな
19:15 <頭>も尾も，なつめやしの葉も葦も，
29:10 あなたがたの<頭>，先見者たちをお
35:10 その<頭>にはとこしえの喜びをいた
37:22 エルサレムの娘は…<頭>を振る．
58: 5 葦のように<頭>を垂れ，荒布と灰を
59:17 主は…救いのかぶとを<頭>にかぶり，
エレ 9: 1 私の<頭>が水であったなら，私の目
13:18 <頭>から…輝かしい冠が落ちたから．
48:45 騒がしい子らの<頭>の頂を焼いた．
哀歌 2:10 おとめたちは，その<頭>を地に垂れ
3:54 水は私の<頭>の上にあふれ，私は
エゼ 1:22 生きものの<頭>の上には，澄んだ水
27:30 <頭>にちりを振りかけ，灰の中をこ
ダニ 2:28 あなたの<頭>に浮かんだ幻はこれで
32 <頭>は純金，胸と両腕とは銀，腹と
3:27 その<頭>の毛も焦げず，上着も以前
7: 6 その獣には四つの<頭>があった．そ
9 <頭>の毛は混じりけのない羊の毛の
アモ 2: 7 弱い者の<頭>を地のちりに踏みつけ，
ヨナ 2: 5 海草は私の<頭>にからみつきました．
4: 6 とうごまを備え…彼の<頭>の上の陰
ミカ 1:16 子らのために，あなたの<頭>をそれ．
ハバ 3:13 悪者の家の<頭>を粉々に砕き，足も
14 戦士たちの<頭>に矢を刺し通されま
ゼカ 1:21 だれにも<頭>をもたげさせなかった
3: 5 彼の<頭>にきよいターバンをかぶら
6:11 大祭司ヨシュアの<頭>にかぶらせ，
マタ 5:36 あなたの<頭>をさして誓ってもいけ
6:17 断食するときには…<頭>に油を塗り，
10:30 <頭>の毛さえも，みな数えられてい
26: 7 イエスの<頭>に香油を注いだ．
27:29 いばらで冠を編み，<頭>にかぶらせ，
右手に葦を持たせた．30，37，39.
マコ 12: 4 彼らは，<頭>をなぐり，はずかしめ
ルカ 7:46 わたしの<頭>に油を塗ってくれなか
ヨハ 13: 9 足だけでなく，手も<頭>も洗ってく
19:30 <頭>をたれて，霊をお渡しになった．
20: 7 イエスの<頭>に巻かれていた布切れ
12 ふたりの御使いが…ひとりは<頭>の
使徒 21:24 彼らが<頭>をそる費用を出してやり
27:34 <頭>から髪一筋も失われることはあ
ロマ 12:20 彼の<頭>に燃える炭火を積むことに
Ⅰコリ 11: 4 <頭>にかぶり物を着けていたら，自
10 女は<頭>に権威のしるしをかぶるべ
12:21 <頭>が足に向かって，「私はあなた
黙示 1:14 <頭>と髪の毛は，白い羊毛のように，
4: 4 金の冠を<頭>にかぶった24人の長老
9:17 馬の<頭>は，獅子の<頭>のようで，
19 <頭>があって，その<頭>で害を加え
12: 1 <頭>には12の星の冠をかぶっていた．
3 七つの<頭>…には七つの冠をかぶっ
13: 1 その<頭>には神をけがす名があった．
3 その<頭>のうちの一つは打ち殺され
14:14 <頭>には金の冠をかぶり，手には鋭
17: 7 七つの<頭>と10本の角とを持つ獣の
9 七つの<頭>とは…７人の王たちのこ
18:19 <頭>にちりをかぶって，泣き悲しみ，

19:12　その<頭>には多くの王冠があって，

▼アダマ〔地名〕

ナフタリの町．ヨシ19:36.

▼アダミ・ハネケブ〔地名〕

ナフタリの所領の境界にある町．ヨシ19:33.

▼アダム

1.地名．ヨルダン東岸の町．ヨシ3:16.

2.人名．人類の始祖．創世3:17，21，4:25，5:1，Ⅰ歴1:1，ホセ6:7，ルカ3:38，ロマ5:14，Ⅰコリ15:22，45，Ⅰテモ2:13，ユダ14.

▼アタヤ〔人名〕

ユダ族出身．帰還後エルサレム在住．ネヘ11:4.

▼アダヤ〔人名〕

(1)ヨシヤ王の母エディダの父．Ⅱ列22:1.
(2)レビ人．アサフの先祖．Ⅰ歴6:41.
(3)ベニヤミン族シムイの子．Ⅰ歴8:21.
(4)異邦人の女をめとった者の一人．エズ10:29.
(5)異邦人の女をめとった者の一人．エズ10:39.
(6)ユダ族出身．帰還後エルサレム在住．ネヘ11:5.
(7)エロハムの子．祭司．Ⅰ歴9:12，ネヘ11:12.
(8)百人隊の長マアセヤの父．Ⅱ歴23:1.

▼アタラ〔人名〕

エラフメエルの妻．オナムの母．Ⅰ歴2:26.

▼**あたらしい（新しい）【別項】新しくする・新しくなる，生新しい，ぶどう酒・新しいぶどう酒，真新しい**

出エ　1: 8　ヨセフのことを知らない<新しい>王
レビ 26:10　<新しい>ものを前にして，古いもの
民数 28:26　<新しい>穀物のささげ物を主にささ
申命 20: 5　<新しい>家を建てて，まだそれを奉
32:17　近ごろ出てきた<新しい>神々，先祖
ヨシ　9:13　これらの皮袋も，<新し>かったので
士師　5: 8　<新しい>神々が選ばれたとき，城門
15:13　彼らは2本の<新しい>綱で彼を縛り，
16: 7　7本の<新しい>弓の弦で私を縛るな
11　仕事に使ったことのない<新しい>綱
Ⅰサム　6: 7　1台の<新しい>車を仕立て，くびき
10: 6　あなたは<新しい>人に変えられます．
Ⅱサム　6: 3　神の箱を，<新しい>車に載せて，丘
21:16　そして彼は<新しい>剣を帯びていた．
Ⅰ列 11:29　アヒヤは<新しい>外套を着ていた．
Ⅱ列　2:20　<新しい>皿に塩を盛って，私のとこ
Ⅱ歴 20: 5　主の宮にある<新しい>庭の前で，ユ
詩篇 33: 3　<新しい>歌を主に向かって歌え．喜
40: 3　主は，私の口に，<新しい>歌，われ
92:10　私に<新しい>油をそそがれました．
96: 1　<新しい>歌を主に歌え．全地よ．主
144: 9　私は<新しい>歌を歌い，10弦の琴を
149: 1　主に<新しい>歌を歌え．聖徒の集ま
伝道　1: 9　日の下には<新しい>ものは一つもな
10　これを見よ．これは<新しい>」と言
雅歌　7:13　<新しい>のも，古いのも，すべて，
イザ 41: 1　<新しい>力を得よ．近寄って，今，
15　鋭い，<新しい>もろ刃の打穀機とす
42: 9　<新しい>事を，わたしは告げよう．
10　主に向かって<新しい>歌を歌え，そ
43:19　見よ．わたしは<新しい>事をする．
48: 6　<新しい>事…をあなたに聞かせよう．
62: 2　あなたは…<新しい>名で呼ばれよう．
65:17　<新しい>天と<新しい>地を創造する．
66:22　<新しい>天と<新しい>地が，わたし
エレ 26:10　主の宮の<新しい>門の入口にすわっ
31:22　主は…一つの<新しい>事を創造され
31　わたしは…<新しい>契約を結ぶ．
36:10　主の宮の<新しい>門の入口にある上
哀歌　3:23　それは朝ごとに<新しい>．「あなた
エゼ 11:19　あなたがたのうちに<新しい>霊を与
18:31　<新しい>心と<新しい>霊を得よ．イ
36:26　<新しい>心を与え…<新しい>霊を授
マタ　9:17　新しいぶどう酒を<新しい>皮袋に入れれば，両方．マコ2:22，ルカ5:38.
13:52　自分の倉から<新しい>物でも古い物
26:29　<新し>く飲むその日までは…ぶどう
27:60　岩を掘って造った…<新しい>墓に納
マコ　1:27　権威のある，<新しい>教えではない
2:21　<新しい>継ぎ切れは古い着物を引き
16:17　悪霊を追い出し，<新しい>ことばを
ルカ　5:36　<新しい>着物から布切れを引き裂い
22:20　わたしの血による<新しい>契約です．
ヨハ　3: 3　人は，<新し>く生まれなければ，神
13:34　あなたがたに<新しい>戒めを与えま
19:41　葬られたことのない<新しい>墓があ
使徒 17:19　<新しい>教えがどんなものであるか，
ロマ　6: 4　いのちにあって<新しい>歩みをする
7: 6　古い文字にはよらず，<新しい>御霊
Ⅰコリ　5: 7　<新しい>粉のかたまりのままでいる
11:25　わたしの血による<新しい>契約です．

IIコリ 3: 6 <新しい>契約に仕える者となる資格
5:17 その人は<新し>く造られた者です.
ガラ 6:15 大事なのは<新しい>創造です.
エペ 2:15 <新しい>ひとりの人に造り上げて,
4:24 <新しい>人を身に着るべきことでし
コロ 3:10 <新しい>人を着たのです. <新しい>
ヘブ 8: 8 ユダの家と<新しい>契約を結ぶ日が.
13 神が<新しい>契約と言われたときに
9:15 キリストは<新しい>契約の仲介者で
10:20 <新しい>生ける道を設けてくださっ
12:24 <新しい>契約の仲介者イエス, それ
IIペテ 3:13 <新しい>天と<新しい>地を待ち望ん
Iヨハ 2: 7 <新しい>命令を書いているのではあ
8 私は<新しい>命令として…書き送り
IIヨハ 5 私が<新しい>命令を書くのではなく,
黙示 2:17 その石には…<新しい>名が書かれて
3:12 <新しい>エルサレムの名と, わたしの<新しい>名とを書きしるす.
5: 9 彼らは, <新しい>歌を歌って言った.
14: 3 長老たちの前とで, <新しい>歌を歌
21: 1 私は, <新しい>天と<新しい>地とを
2 聖なる都, <新しい>エルサレムが,

▼ あたらしくする（新しくする), 新しくなる

Iサム 10: 9 サウルの心を変えて<新しくさ>れた.
II歴 15: 8 主の祭壇を<新しくし>た.
24: 4 ヨアシュは主の宮を<新しくする>こ
12 主の宮を<新しくする>ために石切り
ヨブ 29:20 私の栄光は私とともに<新しくな>り,
詩篇 51:10 霊を私のうちに<新しくし>てくださ
103: 5 鷲のように, <新しくなる>.
哀歌 5:21 昔のように<新しくし>てください.
IIコリ 5:17 見よ, すべてが<新しくな>りました.
コロ 3:10 ますます<新しくさ>れ, 真の知識に
黙示 21: 5 わたしは, すべてを<新しくする>.」

▼ あたり

出エ 28:16 長さは一<あたり>, 幅は一<あたり>
39: 9 長さ一<あたり>, 幅一<あたり>で,
エゼ 43:13 みぞは一<あたり>である. 祭壇の高

▼ アタリム〔地名〕

南部パレスチナの地名. 民数21:1.

▼ アタリヤ〔地名〕

小アジヤのパンフリヤにある港町. 使徒14:25.

▼ あたる（当たる)

レビ 16: 9 主のくじに<当た>ったやぎをささげ
民数 33:54 くじが<当た>ったその場所が, その
申命 21:22 人が死刑に<当たる>罪を犯して殺さ
IIサム 18: 3 あなたは私たちの1万人に<当た>り
マタ 26:66 「彼は死刑に<当たる>」と言った.
マコ 14:54 ペテロは…火に<あた>っていた.
ルカ 7:43 「あなたの判断は<当た>っています」
23:15 この人は, 死罪に<当たる>ことは,
ヨハ 19: 7 律法によれば, 死に<当た>ります.」
使徒 23:29 死刑や投獄に<当たる>罪はないこと
25:11 死罪に<当たる>ことをしたのでした
25 彼は死に<当たる>ことは何一つして
ロマ 1:32 死罪に<当たる>という神の定めを知
ガラ 4:25 今のエルサレムに<当た>ります. な

▼ アダル

1. 地名. ユダの町. ヨシ15:3.
2. 人名. ベニヤミンの孫. I歴8:3.
3. ユダヤの宗教暦の12番目の月. エズ6:15, エス3:7, 13, 8:12, 9:1, 15, 17, 19.

▼ アタルヤ〔人名〕

(1)アハブ王の娘. ヨラムの妻. II列8:26, 11:1, 13, 20, II歴22:2, 10, 23:12, 21, 24:7.
(2)ベニヤミン族. エロハムの子. I歴8:26.
(3)エズラと共に帰還したエシャヤの父. エズ8:7.

▼ アダルヤ〔人名〕

ハマンの第5子. エス9:8.

▼ アタロテ〔地名〕

(1)ヨルダン東岸のモアブの町. 民数32:3, 34.
(2)エフライムの所領の東境の町. ヨシ16:7.
(3)エフライムとベニヤミンの境の町. ヨシ16:2.

▼ アダン〔地名〕

バビロニヤの町. エズ2:59.

▼ アツァル〔地名〕

エルサレム付近の小さな村. ゼカ14:5.

▼ アツァルヤ〔人名〕

書記シャファンの父. II列22:3, II歴34:8.

▼ あつい（暑い, 熱い), 暑さ

創世 8:22 寒さと<暑さ>, 夏と冬, 昼と夜とは,
18: 1 彼は日の<暑い>ころ, 天幕の入口に
31:40 昼は<暑さ>に, 夜は寒さに悩まされ
出エ 16:21 日が<熱>くなると, それは溶けた.
ネヘ 7: 3 太陽が高く上って<暑>くなる前に,
ヨブ 6:17 <暑>くなると, その所から消える.

24:19 ひでりと<暑さ>は雪の水を奪い，よ
37:17 あなたの着物がいかに<熱>くなるか
詩篇 39: 3 私の心は私のうちで<熱>くなり，私
イザ 4: 6 昼は<暑さ>を避ける陰となり，あら
25: 4 <暑さ>を避ける陰となられたからで
5 <暑さ>のように，横暴な者たちの歌
44:16 ああ，暖まった．<熱>くなった』と
エレ 17: 8 <暑さ>が来ても<暑さ>を知らず，葉
36:30 昼は<暑さ>に，夜は寒さにさらされ
哀歌 5:10 かまどのように<熱>くなりました．
エゼ 24:11 その青銅を<熱>くして，その中の汚
ダニ 3:19 炉を普通より７倍<熱>くせよと命じ
22 炉がはなはだ<熱>かったので，シャ
ホセ 7: 7 彼らは…かまどのように<熱>くなっ
11: 8 わたしはあわれみで胸が<熱>くなっ
マタ 20:12 労苦と焼けるような<暑さ>を辛抱し
ルカ 12:55 南風が吹きだすと…<暑い>日になる
Ⅰペテ 1:22 互いに心から<熱>く愛し合いなさい．
黙示 3:15 冷たくもなく，<熱>くもない．16.

▼アツェル〔人名〕

ヨナタンの子孫．Ⅰ歴8:37，38，9:43，44．

▼あつかう（扱う）

ネヘ 9:24 これを思いどおりに<扱う>ようにさ
マタ 18:17 異邦人か取税人のように<扱>いなさ
使徒 5:35 この人々をどう<扱う>か，よく気を
Ⅰコリ 7:36 娘に対しての<扱>い方が正しくない
ヘブ 12: 7 子として<扱>っておられるのです．

▼あっこう（悪口）

マタ 5:11 <悪口>を浴びせるとき，あなたがた
ルカ 22:65 さまざまな<悪口>をイエスに浴びせ
23:39 犯罪人のひとりはイエスに<悪口>を
Ⅰテモ 3:11 <悪口>を言わず，自分を制し，すべ
テト 2: 3 <悪口>を言わず，大酒のとりこにな
ヤコ 4:11 自分の兄弟の<悪口>を言い，自分の
Ⅰペテ 2: 1 偽善やねたみ，すべての<悪口>を捨

▼アッシリヤ

アシュル（前期）とニネベ（後期）を首都とした古代の帝国．

①特筆事項：ニムロデによる建設，ミカ5:6；高慢な国，イザ10:5-15；神の目的を果す代理人，イザ7:17-20，10:5-6；残虐な軍隊，ナホ3章．

②イスラエルとの接触：ダマスコを占領，イザ8:4；メナヘムに貢を課す，Ⅱ列15:19-20；イザヤの預言の誘因，イザ7-8章；北部イスラエルを侵略，捕囚とする，Ⅱ列15:29；サマリヤを包囲，Ⅱ列17:3-5；イスラエルを占領，Ⅱ列17:6-41．

③ユダとの接触：アシュドデを取る，イザ20章；ユダを侵略，Ⅱ列18:13；ヒゼキヤに貢を課す，Ⅱ列18:14-16；ヒゼキヤを脅す，Ⅱ列18:17-37；大軍が主の使いに打たれる，Ⅱ列19:35．

⑷預言:イスラエルの捕囚，ホセ10:6，11:5；さばきの宣告，イザ10:12-19，14:24-25；彼らの最期，ナホ3章；福音の祝福を分つ（比喩的に），イザ19:23-25．

Ⅱ列 15:29 住民を<アッシリヤ>へ捕らえ移した．
17: 6 <アッシリヤ>の王はサマリヤを取り，
イザ 10: 5 <アッシリヤ>，わたしの怒りの杖．
14:25 わたしは<アッシリヤ>を…打ち破り，
19:23 エジプトから<アッシリヤ>への大路
31: 8 <アッシリヤ>は人間のものでない剣
37:36 主の使いが…<アッシリヤ>の陣営で，
エゼ 32:22 墓の回りには，<アッシリヤ>とその
ホセ 14: 3 <アッシリヤ>は私たちを救えません．

▼あっとう（圧倒）

詩篇 65: 3 咎が私を<圧倒>しています．しかし，
ロマ 8:37 <圧倒>的な勝利者となるのです．

▼あっぱく（圧迫）

士師 1:34 ダン族を山地のほうに<圧迫>した．
Ⅰサム 13: 6 民がひどく<圧迫>されて，自分たち
ヨブ 32:18 一つの霊が私を<圧迫>している．私
Ⅱコリ 1: 8 耐えられないほどの<圧迫>を受け，

▼あつまり（集まり）

申命 9:10 あの<集まり>の日に主が山で火の中から…告げられたことば．10:4.
18:16 ホレブであの<集まり>の日に，あな
士師 20: 2 歩兵が神の民の<集まり>に出た．
21: 5 主のところの<集まり>に上って．8.
Ⅱサム 22:12 仮庵は水の<集まり>と，濃い雲．
詩篇 26: 5 悪を行う者の<集まり>を憎み，悪者
89: 5 聖徒たちの<集まり>で，あなたの真
149: 1 聖徒の<集まり>で主への賛美を．
エレ 6:11 若い男の<集まり>の上にも，ぶちま
15:17 戯れる者たちの<集まり>にすわった
使徒 19:41 こう言って，その<集まり>を解散さ

▼あつまる（集まる）

創世 1: 9 天の下の水は一所に<集ま>れ．かわ
10 水の<集ま>った所を海と名づけられ

あ

34:30 彼らがいっしょに<集ま>って私を攻
49: 1 <集ま>りなさい．私は終わりの日に，
2 ヤコブの子らよ．<集ま>って聞け．
出エ 32: 1 民は…アロンのもとに<集ま>り，彼
レビ 8: 4 会衆は…天幕の入口の所に<集ま>っ
民数 16:42 会衆が<集ま>ってモーセとアロンに
申命 33: 5 民のかしらたちが…<集ま>ったとき，
ヨシ 18: 1 全会衆はシロに<集ま>り．22:12.
士師 6:34 アビエゼル人が<集ま>って来て，彼
9:47 やぐらの者たちがみな<集ま>ったこ
11: 3 ごろつきが<集ま>って来て，彼とい
12: 1 エフライム人が<集ま>って，ツァフ
20: 1 ミツパの主のところに<集ま>った．
Ⅰサム 7: 7 イスラエル人がミツパに<集ま>った
13: 5 イスラエル人と戦うために<集ま>っ
14:20 民がみな，<集ま>って戦場に行くと，
Ⅱサム 2:25 アブネルに従って<集ま>り，一団と
20:14 すべてのベリ人は<集ま>って来て，
23: 9 ペリシテ人は戦うために…<集ま>っ
Ⅰ列 8: 2 ソロモン王のもとに<集ま>った．
Ⅰ歴 11: 1 ヘブロンのダビデのもとに<集ま>っ
13 ペリシテ人はそこに<集ま>って来て
Ⅱ歴 5: 3 新月の祭りに王のもとに<集ま>った．
12: 5 エルサレムに<集ま>ったユダのつか
20:26 彼らはベラカの谷に<集ま>り，その
エズ 3: 1 民は…エルサレムに<集ま>って来た．
ネヘ 5:16 若い者たちは…工事に<集ま>ってい
8: 1 水の門の前の広場に<集ま>って来た．
9: 1 荒布を着け，土をかぶって<集ま>っ
12:28 ネトファ人の村々から<集ま>って来
エス 9:15 アダルの月の14日にも<集ま>って，
ヨブ 16:10 私の頬を打ち，相<集ま>って私を攻
30:23 すべての生き物の<集まる>家に帰ら
詩篇 2: 2 治める者たちは相ともに<集ま>り，
35:15 共に私を目ざして<集ま>り，休みな
イザ 45:20 <集ま>って来て，共に近づけ．木の
60: 4 彼らはみな<集ま>って，あなたのも
エレ 4: 5 『<集ま>れ．城壁のある町に行こう．』
26: 9 エレミヤを攻撃しに…<集ま>った．
49:14 <集ま>って，エドムに攻め入れ．戦
エゼ 39:17 野の獣に言え．<集ま>って来い．わ
ダニ 3: 3 王が立てた像の奉献式に<集ま>り，
27 総督，王の顧問たちが<集ま>り，こ
ホセ 7:14 <集ま>って来るが，わたしからは離
ヨエ 3:11 国々よ．急いで来て，そこに<集ま>
アモ 3: 9 サマリヤの山々の上に<集ま>り，そ
ミカ 4:11 異邦の民があなたを攻めに<集ま>り，
ゼパ 2: 1 こぞって<集ま>れ，<集ま>れ．
ゼカ 12: 3 国々は，それに向かって<集ま>って
マタ 13: 2 大ぜいの群衆がみもとに<集ま>った
17:22 彼らがガリラヤに<集ま>っていたと
18:20 わたしの名において<集まる>所には，
22:41 パリサイ人たちが<集ま>っていると
24:28 死体の…所には，はげたかが<集ま>
26: 3 長老…は…大祭司の家の庭に<集ま>
57 律法学者，長老たちが<集ま>ってい
27:17 彼らが<集ま>ったとき，ピラトが言
マコ 1:33 町中の者が戸口に<集ま>って来た．
2: 2 多くの人が<集ま>ったため，戸口の
6:30 使徒たちは，イエスのもとに<集ま>
7: 1 律法学者が…イエスの回りに<集ま>
ルカ 8: 4 大ぜいの人の群れが<集ま>り，また
17:37 死体のある所…はげたかも<集ま>り
22:66 祭司長，律法学者たちが，<集ま>っ
23:48 この光景を見に<集ま>っていた群衆
24:33 11使徒とその仲間が<集ま>って，
使徒 4: 5 学者たちは，エルサレムに<集ま>っ
27 イエスに逆らってこの都に<集ま>り，
31 その<集ま>っていた場所が震い動き，
11:26 彼らは教会に<集ま>り，大ぜいの人
12:12 大ぜいの人が<集ま>って，祈ってい
13:44 神のことばを聞きに<集ま>って来た．
15: 6 この問題を検討するために<集ま>っ
20: 7 私たちはパンを裂くために<集ま>っ
8 <集ま>っていた屋上の間には，とも
Ⅰコリ 5: 4 <集ま>ったときに，私も，霊におい
ヘブ 10:25 いっしょに<集まる>ことをやめたり
黙示 19:17 「さあ，神の大宴会に<集ま>り，
19 地上の王たちとその軍勢が<集ま>り，

▼あつめる（集める）

創世 6:21 食糧を…自分のところに<集め>，あ
29: 3 群れが全部そこに<集め>られたとき，
22 人々をみな<集め>て祝宴を催した．
31:46 「石を<集め>なさい．」そこで彼ら
は石を取り，石塚を作った．こうし
41:35 食糧を<集め>させ，パロの権威のも
47:14 ヨセフは…すべての銀を<集め>た．
出エ 3:16 イスラエルの長老たちを<集め>て，
5: 7 自分でわらを<集め>に行かせよ．
16: 4 毎日，１日分を<集め>なければなら

ない．これは，彼らがわたしのおし
16 人数に応じてそれを<集め>よ．各自，
35: 1 モーセは…全会衆を<集め>て彼らに
レビ 8: 3 会見の天幕の入口の所に<集め>よ.」
19: 9 収穫の落ち穂を<集め>てはならない．
民数 11: 8 人々は歩き回って，それを<集め>，
16 70人をわたしのために<集め>，彼ら
22 海の魚を全部<集め>ても，彼らに十
32 うずらを<集め>…最も少なく<集め>
た者でも，10ホメルほど集めた――
15:32 安息日に，たきぎを<集め>ている男
19: 9 雌牛の灰を<集め>，宿営の外のきよ
21:23 シホンはその民をみな<集め>て，イ
申命 4:10 民をわたしのもとに<集め>よ．わた
13:16 略奪物を広場の中央に<集め>，その
30: 3 国々の民の中から…再び，<集める>．
31:12 在留異国人も，<集め>なさい．彼ら
ヨシ 2:18 父の家族を全部…家に<集め>ておか
24: 1 全部族をシェケムに<集め>，イスラ
士師 11:20 シホンは民をみな<集め>てヤハツに
18:22 人々を<集め>，ダン族に追いついた．
Ⅰサム 5: 8 ペリシテ人の領主を全部…<集め>，
7: 5 イスラエル人を…ミツパに<集め>な
Ⅱサム 2:30 兵士たちを全部<集め>てみると，ダ
6: 1 イスラエルの精鋭３万を…<集め>た．
14:14 もう<集める>ことのできない水のよ
17:11 海辺の砂のように数多く…<集め>て，
23: 7 鉄や槍の柄でこれを<集め>，その場
Ⅰ列 10:26 ソロモンは戦車と騎兵を<集め>たが，
18:19 アシェラの預言者とを<集め>なさい．
Ⅱ列 22: 4 民から<集め>たものを彼に計算させ，
20 あなたを先祖たちのもとに<集め>よ
23: 1 ユダとエルサレムの長老を…<集め>
Ⅰ歴 16:35 国々から私たちを<集め>…救い出し
Ⅱ歴 15: 9 身を寄せている人々を<集め>た．彼
24:11 彼らは毎日…多くの金を<集め>た．
34:28 安らかに自分の墓に<集め>られる．
ネヘ 13:11 私はレビ人たちを<集め>，もとの持
エス 2: 3 未婚の娘たちを…婦人部屋に<集め>
4:16 ユダヤ人をみな<集め>，私のために
ヨブ 34:14 その霊と息をご自分に<集め>られた
詩篇 7: 7 つどいをあなたの回りに<集め>，そ
33: 7 主は海の水をせきのように<集め>，
47: 9 アブラハムの神の民として<集め>ら
50: 5 聖徒たちをわたしのところに<集め>
102:22 国々の民や，王国が共に<集め>られ
106:47 国々から私たちを<集め>てください．
107: 3 東から，西から…南から，<集め>ら
箴言 6: 8 刈り入れ時に食糧を<集める>．
10: 5 夏のうちに<集める>者は思慮深い子
13:11 働いて<集める>者は，それを増す．
27:25 山々の青草も<集め>られると，
30: 4 だれが風をたなごころに<集め>ただ
伝道 2: 8 王たちや諸州の宝も<集め>た．私は
26 <集め>，たくわえる仕事を与えられ
3: 5 石を<集める>のに時がある．抱擁す
雅歌 5: 1 没薬と香料を<集め>，蜂の巣と蜂蜜
イザ 10:14 捨てられた卵を<集める>ように，す
11:12 地の四隅から<集め>られる．
13:14 <集める>者のいない羊の群れのよう
17: 5 刈り入れ人が立穂を<集め>，その腕
22: 9 おまえたちは…下の池の水を<集め>
24:22 囚人が地下牢に<集め>られるように
33: 4 油虫が物を<集める>ように<集め>ら
34:16 主の御霊が，これらを<集め>たから
43: 9 国々をつどわせ，諸国の民を<集め>
49: 5 ご自分のもとに<集める>ために，私
54: 7 大きなあわれみをもって…<集める>．
56: 8 散らされた者たちを<集める>神であ
66:18 すべての国々と種族とを<集め>に来
エレ 3:17 主の名のあるエルサレムに<集め>ら
7:18 子どもたちはたきぎを<集め>，父た
9:22 <集める>者もない束のように，横た
12: 9 すべての野の獣を<集め>よ．連れて
21: 4 武具を取り返して…町の中に<集め>，
23: 3 すべての国から<集め>，もとの牧場
29:14 すべての場所から…<集める>…主の
31:10 これを<集め>，牧者が群れを飼うよ
32:37 彼らを<集め>，この所に帰らせ，安
40:10 夏のくだもの，油を<集め>て，自分
15 <集め>られた全ユダヤ人が散らされ，
49: 5 逃げる者を<集める>者もいない．
エゼ 22:19 エルサレムの中に<集める>．
20 すずが炉の中に<集め>られるのは，
38: 8 多くの国々の民の中から<集め>られ，
12 国々から<集め>られ，その国の中心
13 集団を<集め>，銀や金を運び去り，
ダニ 11:10 おびただしい大軍を<集め>，進みに
ホセ 9: 6 エジプトは彼らを<集め>，モフが彼
10:10 国々の民は<集め>られて彼らを攻め

ヨエ 1:14 主の宮に<集め>，主に向かって叫べ.
2:16 老人たちを<集め>，幼子，乳飲み子
ミカ 1: 7 それらは遊女の儲けで<集め>られた
2:12 ことごとく必ず<集める>…残りの者
4: 6 わたしは足のなえた者を<集め>，追
12 打ち場の麦束のように<集め>られた
7: 1 私は夏のくだものを<集める>者のよ
ハバ 1: 9 彼らは砂のようにとりこを<集める>.
15 引きずり上げ，引き網で<集める>.
2: 5 すべての国々を自分のもとに<集め>，
ゼパ 3: 8 わたしは諸国の民を<集め>，もろも
19 わたしは…散らされた者を<集める>.
ゼカ 10: 8 彼らに合図して，彼らを<集める>.
14: 2 すべての国々を<集め>て，エルサレ
14 衣服など非常に多く<集め>られる.
マタ 2: 4 学者たちをみな<集め>て，キリスト
12:30 わたしとともに<集め>ない者は散ら
13:30 毒麦を<集め>，焼くために束にしな
17:24 宮の納入金を<集める>人たちが，ペ
22:10 出会った者をみな<集め>たので，宴
23:37 ひなを翼の下に<集める>ように，あ
24:31 四方からその選びの民を<集め>ます.
25:24 散らさない所から<集める>ひどい方
32 国々の民が，その御前に<集め>られ
27:27 イエスの回りに全部隊を<集め>た.
マコ 13:27 四方からその選びの民を<集め>ます.
ルカ 6:44 野ばらからぶどうを<集める>ことは
11:23 わたしとともに<集め>ない者は散ら
13:34 あなたの子らを幾たび<集め>ようと
ヨハ 4:36 いのちに入れられる実を<集め>てい
6:12 一つもむだに捨てないように<集め>
11:52 神の子たちを一つに<集める>ために
使徒 15:30 教会の人々を<集め>て，手紙を手渡
19:25 同業の者たちをも<集め>て，こう言
Ⅰコリ 16: 2 献金を<集める>ようなことがないよ
エペ 1:10 キリストにあって…一つに<集め>ら
Ⅱテサ 2: 1 私たちが主のみもとに<集め>られる
黙示 16:14 戦いに備えて，彼らを<集める>ため
16 ハルマゲドン…に王たちを<集め>た.

▼アツモン〔地名〕
ユダの所領の南境の町．民数34:4，ヨシ15:4.

▼アデアダ〔地名〕
ユダの最南端の町の一つ．ヨシ15:22.

▼アデイ〔人名〕
主イエスの先祖の一人．ルカ3:28.

▼アディエル〔人名〕
(1)シメオン族の長の一人．Ⅰ歴4:36.
(2)ヤフゼラの子．祭司マサイの父．Ⅰ歴9:12.
(3)宝物倉つかさアズマベテの父．Ⅰ歴27:25.

▼アディタイム〔地名〕
ユダの低地の町の一つ．ヨシ15:36.

▼アディナ〔人名〕
ダビデの勇士．ルベン人のかしら．Ⅰ歴11:42.

▼アディン
1. 人名．民のかしら．盟約に調印．ネヘ10:16.
2. アディン族．捕囚帰還氏族．エズ2:15，8:6.

▼アデナ〔人名〕
(1)ヨシャパテ王の千人隊の長．Ⅱ歴17:14.
(2)異邦人の女をめとった者の一人．エズ10:30.
(3)ハリム族のかしら．祭司．ネヘ12:15.

▼アデナフ〔人名〕
マナセ族出身．千人隊のかしら．Ⅰ歴12:20.

▼アテネ
1. 地名．古代ギリシヤのアッティカ地方の首都．使徒17:15，16，22，18:1，Ⅰテサ3:1.
2. アテネ人．使徒17:21.

▼アデベエル〔人名〕
イシュマエルの第3子．創世25:13，Ⅰ歴1:29.

▼アデマ〔地名〕
ソドムと共に滅亡した平原の町．創世10:19，14:2，8，申命29:23，ホセ11:8.

▼アデマタ〔人名〕
ペルシヤ王アハシュエロスの側近．エス1:14.

▼アデミン〔人名〕
主イエスの先祖の一人．ルカ3:33.

▼アテライ〔人名〕
異邦人の女をめとった者の一人．エズ10:28.

▼アデライ〔人名〕
シャファテの父．Ⅰ歴27:29.

▼アデラメレク
1. 人名．セナケリブの子．Ⅱ列19:37.
2. 偶像．セファルワイム人の神．Ⅱ列17:31.

▼アデリエル〔人名〕
サウルの娘メラブの夫．Ⅰサム18:19，Ⅱサム21:8.

▼アテル
1. 人名．民のかしら．盟約に調印．ネヘ10:17.

2.アテル族．捕囚帰還氏族．エズ2:16，42.

▼あてる（当てる）

出エ 20:25　石に，のみを<当てる>なら…汚すこ
民数 6: 5　頭にかみそりを<当て>てはならな
8: 7　彼らは全身にかみそりを<当て>，そ
申命 27: 5　それに鉄の道具を<当て>てはならな
Ⅰサム 1:11　その子の頭に，かみそりを<当て>ま
Ⅱ列 20: 7　干しいちじくを…腫物に<当て>た.
マタ 26:68　<当て>てみろ．キリスト．あなたを

▼アテロテ・アダル〔地名〕

エフライムの町．ヨシ16:5，18:13.

▼アテロテ・ショファン〔地名〕

ガドの町．民数32:35.

▼アテロテ・ベテ・ヨアブ

サルマの子孫か子孫の住んだ村．Ⅰ歴2:54.

▼あと

ルツ 3:10　若い男たちの<あと>を追わなかった
ヨブ 42:12　<あと>の半生をもっと祝福された.
マタ 3:11　私の<あと>から来られる方は…さらに力のある方．マコ1:7，ヨハ1:15.
14:13　群衆が…歩いてイエスの<あと>を追
19:30　先の者が<あと>になり，<あと>の者が先になる．20:16，マコ10:31.
21:30　弟は…<あと>から…出かけて行った.
32　<あと>になって悔いることもせず，
25:11　その<あと>で，ほかの娘たちも来て，
ルカ 19:14　その国民たちは…<あと>から使いを
ヨハ 12:19　世はあげてあの人の<あと>について
使徒 16:17　彼女はパウロと私たちの<あと>につ
Ⅰテモ 5:15　サタンの<あと>について行った者が
24　ある人たちの罪は，<あと>で明らか
ヘブ 6: 1　初歩の教えを<あと>にして，成熟を

▼あとつぎ（跡継ぎ）

士師 21:17　のがれた者たちの<跡継ぎ>がなけれ

▼あととり（～取り，跡取り）

創世 15: 3　私の家の奴隷が，私の<跡取り>にな
21:10　イサクといっしょに<跡取り>になる
マタ 21:38　あれは<あと取り>だ．さあ，あれを殺して．マコ12:7，ルカ20:14.

▼アドナイ・イルエ〔地名〕

アブラハムがイサクをささげた地．創世22:14.

▼アドナイ・シャロム

ギデオンがオフラで築いた祭壇名．士師6:24.

▼アドナイ・ニシ

モーセが築いた祭壇名．出エ17:15.

▼アドニカムぞく（～族）

捕囚帰還氏族．エズ2:13，8:13，ネヘ7:18.

▼アドニ・ツェデク〔人名〕

エルサレムのエモリ人の王．ヨシ10:1，3.

▼アドニ・ベゼク〔人名〕

ベゼクの町の王．士師1:5，6，7.

▼アドニヤ〔人名〕

(1)ダビデ王の第4子．Ⅱサム3:4，Ⅰ列1:5，18，24，41，49，2:13，19，28，Ⅰ歴3:2.
(2)ユダの町々で教えたレビ人．Ⅱ歴17:8.
(3)盟約に調印した民のかしら．ネヘ10:16.

▼アドニラム〔人名〕

アブダの子．役務長官．Ⅰ列4:6，5:14.

▼アドミムのさか（～坂）

エリコ南西にある坂．ヨシ15:7，18:17.

▼アドライム〔地名〕

ユダ南部，ヘブロン南西の町．Ⅱ歴11:9.

▼アドラミテオ〔地名〕

小アジヤ北西端ムシヤにある海港．使徒27:2.

▼アドラム

1.地名．エルサレムの南西のカナン人の町．ヨシ12:15，Ⅰサム22:1，Ⅰ歴11:15，ミカ1:15.
2.人名．役務長官．Ⅱサム20:24，Ⅰ列12:18.
3.アドラム人．創世38:1，12，20.

▼アドリヤかい（～海）

イタリヤとギリシヤの間の海．使徒27:27.

▼アドン〔地名〕

バビロニヤの町．ネヘ7:61.

▼アナ〔人名〕

(1)ヒビ人．創世36:2，14，24，Ⅰ歴1:40.
(2)ホリ人の首長．創世36:20，Ⅰ歴1:38.

▼あな（穴）【別項】滅びの穴

創世 14:10　多くの瀝青の<穴>が散在していたの
37:20　彼を殺し，どこかの<穴>に投げ込ん
Ⅰサム 14:11　ヘブル人が，隠れていた<穴>から出
Ⅱサム 18:17　アブシャロムを…深い<穴>に投げ込
Ⅱ列 12: 9　エホヤダは…そのふたに<穴>をあけ，
ヨブ 30: 6　彼らは谷の斜面や，土や岩の<穴>に
詩篇 7:15　彼は<穴>を掘って…<穴>に落ち込む.
28: 1　私が，<穴>に下る者と同じにされな
35: 7　たましいを陥れようと，<穴>を掘り
88: 4　私は<穴>に下る者とともに数えられ，

94:13 悪者のためには<穴>が掘られます．
103: 4 あなたのいのちを<穴>から贖い，あ
143: 7 私が<穴>に下る者と等しくならない
箴言 22:14 他国の女の口車は深い<穴>のようだ．
23:27 遊女は深い<穴>，見知らぬ女は狭い
26:27 <穴>を掘る者は，自分がその<穴>に
28:10 悪い道に迷わす者は…<穴>に陥る．
伝道 10: 8 <穴>を掘る者はそれに落ち込み，石
イザ 2:19 岩のほら穴や，土の<穴>に入る．
11: 8 乳飲み子はコブラの<穴>の上で戯れ，
14:15 よみに落とされ，<穴>の底に落とさ
38:18 <穴>に下る者たちは，あなたのまこ
51: 1 切り出された岩，掘り出された<穴>
14 死んで<穴>に下ることがなく，パン
エレ 2: 6 荒野の荒れた<穴>だらけの地，砂漠
18:20 いのちを取ろうとして<穴>を掘った
38: 6 エレミヤを…マルキヤの<穴>に投げ
41: 7 彼らを殺して<穴>の中に投げ入れた．
48:28 <穴>の入口のそばに巣を作る鳩のよ
44 恐れから逃げた者は，<穴>に落ち，
哀歌 3:47 恐れと<穴>，荒廃と破滅が私たちの
55 私は深い<穴>から御名を呼びました．
エゼ 8: 7 私が見ると，壁に一つの<穴>があっ
8 さあ，壁に<穴>をあけて通り抜けよ．
32:23 彼らの墓は<穴>の奥のほうにあり，
ダニ 6: 7 祈願をする者は…獅子の<穴>に投げ
ヨナ 2: 6 私のいのちを<穴>から引き上げてく
ハガ 1: 6 かせいでも，<穴>のあいた袋に入れ
ゼカ 9:11 捕らわれ人を，水のない<穴>から解
マタ 6:19 また盗人が<穴>をあけて盗みます．
8:20 狐には<穴>があり，空の鳥には巣が
12:11 もしその羊が安息日に<穴>に落ちた
15:14 ふたりとも<穴>に落ち込むのです．」
19:24 らくだが針の<穴>を通るほうがもっ
マコ 2: 4 屋根をはがし，<穴>をあけて，中風
10:25 針の<穴>を通るほうがもっとやさし
ヘブ 11:38 荒野と山とほら穴と地の<穴>とをさ
ヤコ 3:11 泉が甘い水と苦い水を同じ<穴>から
Ⅱペテ 2: 4 さばきの時まで暗やみの<穴>の中に
黙示 9: 1 その星には底知れぬ<穴>を開くかぎ
2 <穴>から大きな炉の煙のような煙が

▼ **アナク**

1. 人名．2.の先祖．民数13:22，28，ヨシ15:13，14，21:11，士師1:20．
2. アナク人．民数13:33，申命1:28，2:10，9:2，ヨシ11:21，14:12，エレ47:5．

▼ **あなぐら（穴倉）**

ルカ 11:33 だれも…<穴倉>や，枡の下に置く者

▼ **アナテ〔人名〕**

士師シャムガルの父．士師3:31，5:6．

▼ **アナトテ**

1. 地名．レビ人の町．預言者エレミヤの出身地．ヨシ21:18，Ⅰ列2:26，Ⅰ歴6:60，ネヘ11:32，イザ10:30，エレ1:1，11:21，32:7，9．
2. 人名．
(1)ベニヤミン族出身．ベケル族の長．Ⅰ歴7:8．
(2)盟約に調印した民のかしら．ネヘ10:19．
3. アナトテ人．Ⅱサム23:27，Ⅰ歴27:12．

▼ **あなどり（侮り），侮る**

民数 14:11 この民はいつまでわたしを<侮る>の
23 わたしを<侮>った者も，みなそれを
15:31 主のことばを<侮>り，その命令を破
16:30 これらの者たちが主を<侮>ったこと
申命 31:20 わたしを<侮>り，わたしの契約を破
Ⅰサム 2:17 ささげ物を，この人たちが<侮>った
Ⅱサム 12:14 主の敵に大いに<侮り>の心を起こさ
Ⅱ歴 36:16 彼らは…そのみことばを<侮>り，そ
詩篇 10: 3 貪欲な者は，主をのろい…<侮る>．
13 なぜ，悪者は，神を<侮る>のでしょ
74:10 敵は，永久に御名を<侮る>のでしょ
107:11 いと高き方のさとしを<侮>ったので
箴言 1:30 叱責を，ことごとく<侮>ったからで
5:12 私は訓戒を憎み…叱責を<侮>った．
15: 5 愚か者は自分の父の訓戒を<侮る>．
イザ 1: 4 イスラエルの聖なる方を<侮>り，背
5:24 聖なる方のみことばを<侮>ったから
52: 5 わたしの名は一日中絶えず<侮>られ
エレ 23:17 彼らは，わたしを<侮る>者に向かっ
33:24 彼らはわたしの民を…<侮>っている．
エゼ 28:24 <侮る>とげもなくなるとき，彼らは，
ダニ 3:29 アベデ・ネゴの神を<侮る>者はだれ
ミカ 7: 6 息子は父親を<侮>り，娘は母親に，
ロマ 2:23 律法に違反して，神を<侮る>のです
14: 3 食べない人を<侮>ってはいけないし，
10 なぜ…自分の兄弟を<侮る>のですか．
ガラ 6: 7 神は<侮>られるような方ではありま
ヘブ 10:29 恵みの御霊を<侮る>者は，どんなに
Ⅱペテ 2:10 権威を<侮る>者たちに対しては，特

▼アナニ〔人名〕

ダビデの子孫の一人．Ｉ歴3:24.

▼アナニヤ〔人名〕

⑴サッピラの夫でエルサレム教会員．使徒5:1, 5.

⑵ダマスコの信者．使徒9:10, 12, 17, 22:12.

⑶パウロを訴えた大祭司．使徒23:2, 3, 24:1.

▼アナネヤ

1. 地名．帰還後ベニヤミンの子孫が住んだ村の一つ．ネヘ11:32.
2. 人名．アザルヤ⒇の祖父．ネヘ3:23.

▼アナハラテ〔地名〕

イッサカルの町．ヨシ19:19.

▼アナブ〔地名〕

ユダの山地の町の一つ．ヨシ11:21, 15:50.

▼アナミムじん（～人）

ミツライムの子孫．創世10:13, Ｉ歴1:11.

▼アナメレク〔偶像〕

セファルワイム人が拝んだ神．Ⅱ列17:31.

▼アナヤ〔人名〕

⑴律法を朗読したエズラの右にいた人．ネヘ8:4.

⑵盟約に調印した民のかしら．ネヘ10:22.

▼アナン〔人名〕

盟約に調印した民のかしら．ネヘ10:26.

▼あに（兄）

創世 10:21 セムは…ヤペテの<兄>であった．
20:16 銀千枚をあなたの<兄>に与える．き
24:29 リベカにはひとりの<兄>があって，
25:23 他の国民より強く，<兄>が弟に仕え
27: 6 <兄>エサウにこう言っておられるの
37: 9 ほかの夢を見て，それを<兄>たちに
11 <兄>たちは彼をねたんだが，父はこ
出エ 4:14 あなたの<兄>，レビ人アロンがいる
Ｉサム 17:22 ダビデは…<兄>たちの安否を尋ねた．
Ⅱサム 13: 8 タマルが<兄>アムノンの家に行ったところ，彼は床について．10, 20.
ヨブ 1:13 一番上の<兄>の家で食事をしたり，
マラ 1: 2 エサウはヤコブの<兄>ではなかった
マタ 22:24 その弟は<兄>の妻をめとって，<兄>のための子．マコ12:19, ルカ20:28.
ルカ 15:28 <兄>はおこって，家に入ろうともし
ロマ 9:12 「<兄>は弟に仕える」と彼女に告げ

▼アニアム〔人名〕

マナセ族シェミダの子．Ｉ歴7:19.

▼アヌトティヤ〔人名〕

ベニヤミン族．シャシャクの子．Ｉ歴8:24.

▼アヌブ〔人名〕

ユダ族コツの子．Ｉ歴4:8.

▼あね（姉）

創世 19:33 父親に酒を飲ませ，<姉>が入って行
29:16 <姉>の名はレア，妹の名はラケルで
30: 1 ラケルは…<姉>を嫉妬し，ヤコブに
出エ 2: 4 <姉>が，その子がどうなるかを知ろ
15:20 アロンの<姉>，女預言者ミリヤムは
エゼ 16:46 あなたの<姉>は…サマリヤであり，
23: 4 その名は，<姉>はオホラ，妹はオホ
32 <姉>の杯，深くて大きい杯を飲み，

▼アネム〔地名〕

ゲルショム族の町．Ｉ歴6:73.

▼アネル

1. 地名．ケハテ族の町．Ｉ歴6:70.
2. 人名．エモリ人マムレの親類．創世14:13.

▼アバ

マコ 14:36 <アバ>，父よ．ロマ8:15, ガラ4:6.

▼アパイム〔人名〕

ユダ族ナダブの子．Ｉ歴2:30, 31.

▼あばく

レビ 20:18 男は女の泉を<あば>き，女はその血
哀歌 2:14 あなたの咎を<あば>こうともせず，
4:22 主はあなたの不義を<あばく>．
エゼ 13:14 その土台までも<あば>かれてしまう．
23:29 あなたの…売淫の恥は<あば>かれる．
ホセ 2:10 恋人たちの目の前に<あばく>．だれ

▼アバグタ〔人名〕

ペルシヤ王に仕えた宦官．エス1:10.

▼アハシュエロス〔人名〕

⑴ペルシヤの王．エズ4:6, エス1:1, 9, 15, 2:1, 12, 3:1, 6:2, 7:5, 8:1, 9:2.

⑵メディヤ人ダリヨスの父．ダニ9:1.

▼アハシュタリ〔人名〕

ユダ族アシュフルの子．Ｉ歴4:6.

▼アハズ〔人名〕

⑴ユダの王．Ⅱ列16:1, 17:1, 18:1, 20:11, 23:12, Ｉ歴3:13, Ⅱ歴28:1, 16, イザ1:1, 7:1, 14:28, 38:8, ホセ1:1, ミカ1:1, マタ1:9.

⑵ヨナタンの子孫．ミカの子．Ｉ歴8:35, 9:42.

▼アハスバイ〔人名〕

ダビデの30勇士の一人の父．Ⅱサム23:34.

▼ **アハズヤ〔人名〕**

(1)イスラエルの王．Ⅰ列22:40，Ⅱ列1:2，18．

(2)ユダの王．Ⅱ列8:24，9:16，23，27，10:13，11:1，12:18，Ⅰ歴3:11，Ⅱ歴22:1，6，9．

▼ **アバドン**

サタンかサタンの配下の司令官．黙示9:11．

▼ **あはは**

詩篇 35:21 「<あはは>，<あはは>．この目で見たぞ．」25，40:15，70:3．

エゼ 36: 2 <あはは>，昔からの高き所がわれわ

▼ **アハブ〔人名〕**

(1)オムリの子．イスラエルの王．Ⅰ列16:28，17:1，18:1，9，16，20，41，19:1，20:2，13，21:1，15，22:20，39，49，Ⅱ列1:1，3:1，8:16，25，9:7，25，10:1，10，17，30，21:3，Ⅱ歴18:1，21:6，22:3，7，ミカ6:16．

(2)偽りの預言者．エレ29:21，22．

▼ **あばらぼね（～骨）**

創世 2:21 彼の<あばら骨>の一つを取り，その

22 <あばら骨>を，ひとりの女に造り上

▼ **アバリム，アバリム山**

モアブ北部の高地西端にある山岳地．民数27:12，33:47，48，申命32:49，エレ22:20．

▼ **アハルヘル〔人名〕**

ユダ族ハルムの子．Ⅰ歴4:8．

▼ **アハワ**

(1)川沿いのバビロンの町．エズ8:15．

(2)アハワ川．エズ8:21，31．

▼ **アヒ〔人名〕**

(1)ガド族グニの子アブディエルの子．Ⅰ歴5:15．

(2)アシェル族ショメルの子．Ⅰ歴7:34．

▼ **アビ〔人名〕**

ゼカリヤの娘．アビヤ(6)と同人．Ⅱ列18:2．

▼ **アビアサフ〔人名〕**

コラの子．エブヤサフと同人．出エ6:24．

▼ **アヒアム〔人名〕**

ダビデ30勇士の一人．Ⅱサム23:33，Ⅰ歴11:35．

▼ **アビ・アルボン〔人名〕**

ダビデ30勇士の一人．Ⅱサム23:31．

▼ **アビウデ〔人名〕**

主イエスの先祖の一人．マタ1:13．

▼ **アヒエゼル〔人名〕**

(1)ダン族の長．民数1:12，2:25，7:66，10:25．

(2)ベニヤミン族の勇士．Ⅰ歴12:3．

▼ **アビエゼル**

1．人名．

(1)ダビデの勇士．Ⅱサム23:27，Ⅰ歴11:28，27:12．

(2)モレケテの子．Ⅰ歴7:18．

2．アビエゼル人（族）．ヨシ17:2，士師6:11，8:32．

▼ **アビエル〔人名〕**

(1)サウル王の祖父．Ⅰサム9:1，14:51．

(2)ダビデの30勇士の一人．Ⅰ歴11:32．

▼ **アピオ・ポロ〔地名〕**

アッピヤ街道沿いの町．使徒28:15．

▼ **アビガイル〔人名〕**

(1)ナバルの妻で後にダビデの妻．Ⅰサム25:3，14，36，39，27:3，30:5，Ⅱサム2:2，3:3，Ⅰ歴3:1．

(2)ダビデの姉妹．エテルの妻．Ⅰ歴2:16，17．

▼ **アヒカム〔人名〕**

ゲダルヤ(1)の父．Ⅱ列22:12，25:22，Ⅱ歴34:20，エレ26:24，39:14，40:5，11，41:1，43:6．

▼ **アビガル〔人名〕**

アビガイル(2)と同人．Ⅱサム17:25．

▼ **アヒサマク〔人名〕**

オホリアブの父．出エ31:6，35:34，38:23．

▼ **アビシャイ〔人名〕**

ヨアブとアサエルの兄弟．Ⅰサム26:6，7，8，9，Ⅱサム2:18，24，3:30，10:14，16:9，11，18:2，5，12，19:21，20:6，10，21:17，23:18．

▼ **アビシャグ〔人名〕**

ダビデの付添い役．Ⅰ列1:3，15，2:17，21．

▼ **アヒシャハル〔人名〕**

ベニヤミン族ビルハンの子．勇士．Ⅰ歴7:10．

▼ **アヒシャル〔人名〕**

ソロモン王の宮内長官．Ⅰ列4:6．

▼ **アビシュア〔人名〕**

(1)ピネハスの子．Ⅰ歴6:4，5，50，エズ7:5．

(2)ベニヤミンの長子ベラの子．Ⅰ歴8:4．

▼ **アビシュル〔人名〕**

ユダ族シャマイの子．Ⅰ歴2:28，29．

▼ **アビダ〔人名〕**

ミデヤンの子．創世25:4，Ⅰ歴1:33．

▼ **アビタル〔人名〕**

ダビデの妻．Ⅱサム3:4，Ⅰ歴3:3．

▼ **アビダン〔人名〕**

ベニヤミン族の長の一人で軍団長．民数1:11，

2:22, 7:60, 65, 10:24.

▼アビテ〔地名〕

エドムの王ハダデの町. 創世36:35, I歴1:46.

▼アヒトブ〔人名〕

(1)シロの祭司エリの孫. Iサム14:3.
(2)ノブの祭司. Iサム22:9, 11, 12, 20.
(3)ツァドクの父. IIサム8:17, I歴6:8, 52, 18:16.
(4)(3)の子孫. アマルヤの子. I歴6:11, 12.

▼アビトブ〔人名〕

ベニヤミン族シャハライムの子. I歴8:11.

▼アヒトフェル〔人名〕

ダビデの議官. IIサム15:12, 31, 34, 16:15, 20, 23, 17:1, 6, 14, 21, 23:34, I歴27:33.

▼アヒナダブ〔人名〕

イドの子. ソロモン治世下の守護. I列4:14.

▼アビナダブ〔人名〕

(1)主の箱を置いた家の主人. Iサム7:1, IIサム6:3.
(2)サウルの子. Iサム31:2, I歴8:33, 9:39, 10:2.
(3)ダビデの兄. Iサム16:8, 17:13, I歴2:13.

▼アヒノアム〔人名〕

(1)アヒマアツの娘. サウル王の妻. Iサム14:50.
(2)イズレエル出身. ダビデ王の妻. Iサム25:43, 27:3, 30:5, IIサム2:2, 3:2, I歴3:1.

▼アビノアム〔人名〕

バラクの父. 士師4:6, 12, 5:1, 12.

▼アビハイル〔人名〕

(1)レビ人メラリ族ツリエルの父. 民数3:35.
(2)ユダ族アビシュルの妻. I歴2:29.
(3)ガド族フリの子. I歴5:14.
(4)ダビデの兄エリアブの娘. II歴11:18.
(5)エステルの父. エス2:15, 9:29.

▼アビフ〔人名〕

アロンの次男. 出エ6:23, 24:1, 9, 28:1, レビ10:1, 民数3:2, 4, 26:60, I歴6:3, 24:1.

▼アヒフデ〔人名〕

(1)アシェル族の長. シェロミの子. 民数34:27.
(2)ベニヤミン族エフデの子. I歴8:7.

▼アビフデ〔人名〕

ベニヤミンの長子ベラの第3子. I歴8:3.

▼アビブのつき(~月)

捕囚後のヘブル人の暦の第1月. 過越の祭が行われる月. 出エ13:4, 23:15, 34:18, 申命16:1.

▼アヒマアツ〔人名〕

(1)サウル王の妻アヒノアムの父. Iサム14:50.
(2)祭司ツァドクの子. IIサム15:27, 36, 17:17, 20, 18:19, 22, 27, 28, 29, I歴6:8, 9, 53.
(3)ナフタリの守護. (2)と同人か. I列4:15.

▼アビマエル〔人名〕

セム族ヨクタンの子. 創世10:28, I歴1:22.

▼アヒマン〔人名〕

(1)巨人アナクの子孫. 民数13:22, ヨシ15:14.
(2)レビ人. 王の門を守った人. I歴9:17.

▼アビム

1. 地名. ベニヤミンの町. ヨシ18:23.
2. アビム人. ガザ付近の先住民. 申命2:23.

▼アヒメレク〔人名〕

(1)ダビデを助けたノブの祭司. Iサム21:1, 2, 8, 22:9, 11, 14, 16, 20, 23:6, 30:7.
(2)ダビデ時代の祭司. IIサム8:17, I歴24:3.
(3)ヘテ人. ダビデの従者. Iサム26:6.

▼アビメレク〔人名〕

(1)ゲラルの王. 創世20:2, 8, 14, 21:22, 25.
(2)ゲラルの王. (1)の子か. 創世26:1, 8, 16, 26.
(3)ギデオンの子. 士師8:31, 9:1, 4, 16, 20, 23, 29, 34, 44, 48, 53, 10:1, IIサム11:21.
(4)エブヤタルの子. 祭司. I歴18:16.
(5)ガテの王アキシュのこと. 詩篇34題目.

▼アヒモテ〔人名〕

レビ人ケハテ族エルカナの子孫. I歴6:25.

▼アヒヤ〔人名〕

(1)サウル王に仕えた祭司. Iサム14:3, 18.
(2)ソロモン王の書記官. I列4:3.
(3)シロ人の預言者. I列11:29, 12:15, 14:2, 4, 5, 6, 18, 15:29, II歴9:29, 10:15.
(4)バシャ王の父. I列15:27, 21:22, II列9:9.
(5)ユダ族エラフメエルの子. I歴2:25.
(6)エフデの子をマナハテに移した人. I歴8:7.
(7)ペロニ人. ダビデ軍の勇士. I歴11:36.
(8)レビ人. 宝物倉を管理した人. I歴26:20.
(9)盟約に調印した民のかしら. ネヘ10:26.

▼アビヤ〔人名〕
(1)サムエルの次男．Ｉサム8:2，Ｉ歴6:28．
(2)ベニヤミン族ベケルの子．Ｉ歴7:8．
(3)祭司集団の第８組の長．Ｉ歴24:10．
(4)ヤロブアム１世の子．Ｉ列14:1．
(5)レハブアムの子．II歴11:20，13:1，3，15，19．
(6)ゼカリヤの娘．ヒゼキヤ王の母．II歴29:1．
(7)盟約に調印した祭司．ネへ10:7．
(8)帰還祭司とその子孫．ネへ12:4，17．

▼アピヤ〔人名〕
コロサイのピレモンの家の教会の一員．ピレ2．

▼アビヤタル〔人名〕
ダビデの祭司．旧約はエブヤタル．マコ2:26．

▼アビヤム〔人名〕
ユダの王．Ｉ列14:31，15:1，7，8．

▼アヒラ〔人名〕
ナフタリ族の長．民数1:15，2:29，7:78，10:27．

▼アヒラム〔人名〕
ベニヤミンの第３子とその一族．民数26:38．

▼アビラム〔人名〕
(1)主に逆らって地にのみこまれた人．民数16:1，12，24，25，27，26:9，申命11:6，詩篇106:17．
(2)ベテル人ヒエルの子．Ｉ列16:34．

▼アヒルデ〔人名〕
(1)ヨシャパテの父．IIサム8:16，20:24，Ｉ列4:3，Ｉ歴18:15．
(2)ソロモン治世下の守護バアナの父．Ｉ列4:12．

▼アビレネ〔地名〕
アンティ・レバノン山脈地方の４分領．ルカ3:1．

▼あぶ
出エ 8:21　<あぶ>の群れを…あなたの家の中に放つ．22，24，29，31．
詩篇 78:45　<あぶ>の群れを送って彼らを食わせ，
105:31　主が命じられると，<あぶ>の群れが

▼アフィアハ〔人名〕
サウル王の父キシュの先祖．Ｉサム9:1．

▼アフェカ〔地名〕
ヘブロン付近の町．ヨシ15:53．

▼アフェク〔地名〕
(1)パレスチナ中西部の町．ヨシ12:18，Ｉサム4:1．
(2)フェニキヤの町．ヨシ13:4．
(3)アシェルの町．ヨシ19:30，士師1:31．
(4)ガリラヤ湖東方の町．Ｉ列20:26，II列13:17．

▼アフザイ〔人名〕
祭司アマシュサイの祖父．ネへ11:13．

▼アフザテ〔人名〕
ゲラルの王アビメレク(2)の友人．創世26:26．

▼アフザム〔人名〕
ユダ族アシュフルの子．Ｉ歴4:6．

▼アブシャイ〔人名〕
ダビデの姉妹ツェルヤの子アビシャイと同人．IIサム10:10，Ｉ歴2:16，11:20，18:12，19:11．

▼アブシャロム〔人名〕
(1)ダビデの３男．IIサム3:3，13:1，20，29，37，14:1，21，15:1，10，31，34，37，16:8，15，17:1，4，14，24，18:5，9，29，19:1，4，9，20:6，Ｉ列1:6，2:7，28，Ｉ歴3:2，詩篇3題目．
(2)ユダ王レハブアムの妻マアカの父．アビヤム王，アサ王の祖父．Ｉ列15:2，10，II歴11:20，21．

▼アブダ〔人名〕
(1)ソロモンの役務長官アドニラムの父．Ｉ列4:6．
(2)レビ人．帰還後エルサレム在住．ネへ11:17．

▼アブディ〔人名〕
(1)聖歌隊指揮者エタンの祖父．Ｉ歴6:44．
(2)レビ人キシュの父．II歴29:12．
(3)異邦人の女をめとった者の一人．エズ10:26．

▼アブディエル〔人名〕
ガド族の長アヒの父．Ｉ歴5:15．

▼アブデエル〔人名〕
シェレムヤの父．エレ36:26．

▼アブドン
1. 地名．レビ人の町．ヨシ21:30，Ｉ歴6:74．
2. 人名．
(1)ピルアトン人ヒレルの子．士師12:13，15．
(2)ベニヤミン族出身．氏族の長．Ｉ歴8:23．
(3)サウル王の父キシュの兄．Ｉ歴8:30，9:36．
(4)ミカの子．ヨシヤ王に仕えた官吏．II歴34:20．

▼アブネル〔人名〕
サウルのおじネルの子．Ｉサム14:50，17:55，20:25，26:5，14，IIサム2:8，12，29，3:6，16，

26, 37, 4:1, 12, Ⅰ列2:5, 32, Ⅰ歴26:28, 27:21.

▼ アフバン〔人名〕
ユダ族ヘツロンの子孫．Ⅰ歴2:29.

▼ アフマイ〔人名〕
ユダ族ヤハテの子．ツォルア人．Ⅰ歴4:2.

▼ アフメタ〔地名〕
メディヤ人の首都．エズ6:2.

▼ アフヤン〔人名〕
マナセ族シェミダの子．Ⅰ歴7:19.

▼ アフヨ〔人名〕
(1)神の箱の車を御した人．Ⅱサム6:4, Ⅰ歴13:7.
(2)ベニヤミン族ベリアの子．Ⅰ歴8:14.
(3)ベニヤミン族エイエルの子．Ⅰ歴8:31, 9:37.

▼ あぶら（油）【別項】注ぎの油

創世 28:18 石の柱として立て…<油>をそそいだ.
31:13 石の柱に<油>をそそぎ…誓願を立て
出エ 28:41 彼らに<油>をそそぎ，彼らを祭司職
29: 2 <油>を混ぜた種を入れない輪型のパ
30:30 アロンとその子らに<油>をそそぎ，
レビ 4: 3 <油>そそがれた祭司が，罪を犯し，
6:21 <油>でよくこねて平なべの上で作ら
8:12 <油>をそそいでアロンを聖別した.
民数 7: 1 これに<油>をそそいで，聖別した.
10 祭壇に<油>がそそがれる日に，族長
35:25 聖なる<油>をそそがれた大祭司が死
申命 28:40 あなたは身に<油>を塗ることができ
32:13 主は…堅い岩からの<油>で…養い，
33:24 その足を，<油>の中に浸すようにな
士師 9:15 私に<油>をそそぎ，あなたがたの王
ルツ 3: 3 からだを洗って，<油>を塗り，晴れ
Ⅰサム 2:10 主に<油>そそがれた者の角を高く上
35 <油>そそがれた者の前を歩むであろ
9:16 あなたは彼に<油>をそそいで…君主
10: 1 サムエルは<油>のつぼを取ってサウ
12: 3 <油>そそがれた者の前で，私を訴え
16: 1 角に<油>を満たして行け．あなたを
3 わたしが言う人に<油>をそそげ.」
6 確かに，主の前で<油>をそそがれる
12 さあ，この者に<油>をそそげ．この
24:10 あの方は主に<油>そそがれた方だか
26: 9 主に<油>そそがれた方に手を下して，
16 <油>そそがれた方を見張っていなか
Ⅱサム 1:14 主に<油>そそがれた方に，手を下し
21 サウルの盾に<油>も塗られなかった.
22 勇士たちの<あぶら>のほかは．ヨナ
2: 4 ダビデに<油>をそそいでユダの家の
12:20 ダビデは…身に<油>を塗り，着物を
14: 2 喪服を着て，身に<油>も塗らず，死
19:10 <油>をそそいで王としたアブシャロ
22:51 <油>そそがれた者，ダビデとそのす
Ⅰ列 1:39 ツァドクは…<油>をソロモンにそそ
17:12 つぼにほんの少しの<油>があるだけ
14 粉は尽きず…つぼの<油>はなくなら
Ⅱ列 4: 2 ただ，<油>のつぼ一つしかありませ
9: 3 <油>をそそいでイスラエルの王とす
11:12 彼に<油>をそそぎ，手をたたいて，
20:13 高価な<油>，武器庫，彼の宝物倉に
Ⅰ歴 11: 3 ダビデに<油>をそそいで…王とした.
14: 8 ダビデが<油>をそそがれて全イスラ
16:22 <油>そそがれた者たちに触れるな.
29:22 ソロモンを王とし，<油>をそそいで，
Ⅱ歴 28:15 食べさせ，飲ませ，<油>を塗ってや
エス 2:12 6か月は没薬の<油>で，次の6か月
ヨブ 15:27 彼は顔を<あぶら>でおおい，腰の回
24:11 その植え込みの間で<油>をしぼり，
29: 6 岩は私に<油>の流れを注ぎ出してく
詩篇 2: 2 主に<油>をそそがれた者とに逆らう.
18:50 <油>そそがれた者，ダビデとそのす
23: 5 私の頭に<油>をそそいでくださいま
28: 8 <油>そそがれた者の，救いのとりで.
45: 7 神は喜びの<油>を…あなたにそそが
55:21 彼のことばは，<油>よりも柔らかい
65:11 通られた跡には<あぶら>がしたたっ
84: 9 <油>そそがれた者の顔に目を注いで
89:20 わたしの聖なる<油>を彼にそそいだ.
92:10 私に新しい<油>をそそがれました.
104:15 <油>によるよりも顔をつややかにす
105:15 <油>そそがれた者たちに触れるな.
109:18 <油>のように，その骨々にしみ込み
133: 2 頭の上にそそがれたとうとい<油>の
箴言 5: 3 他国の女の…口は<油>よりもなめら
21:17 ぶどう酒や<油>を愛する者は富むこ
27:16 右手に<油>をつかむことができる.
イザ 1: 6 <油>で和らげてももらえない.
21: 5 立ち上がれ，首長たち．盾に<油>を
45: 1 主は，<油>そそがれた者クロスに，
61: 1 主はわたしに<油>をそそぎ，貧しい
3 悲しみの代わりに喜びの<油>を，憂

エレ 40:10　<油>を集めて，自分の器に納め，あ
エゼ 16: 9　血を洗い落とし，あなたに<油>を塗
28:14　<油>そそがれた守護者ケルブとともに
32:14　その川を<油>のように静かに流れさ
ダニ 9:24　至聖所に<油>をそそぐためである．
25　<油>そそがれた者，君主の来るまで
26　<油>そそがれた者は断たれ，彼には
10: 3　私は…身に<油>も塗らなかった．
ホセ 2: 5　彼らは私に…<油>と飲み物を与えて
12: 1　エジプトへは<油>を送っている．
ミカ 6: 7　主は…幾万の<油>を喜ばれるだろう
15　<油>を身に塗ることがない．新しい
ハバ 3:13　あなたに<油>そそがれた者を救うた
ハガ 2:12　ぶどう酒や<油>，またどんな食物に
ゼカ 4:12　<油>をそそぎ出すこのオリーブの2
14　これらは…ふたりの<油>そそがれた
マタ 6:17　断食するときには…頭に<油>を塗り，
25: 4　入れ物に<油>を入れて持っていた．
マコ 6:13　大ぜいの病人に<油>を塗っていやし
14: 8　前もって<油>を塗ってくれたのです．
16: 1　イエスに<油>を塗りに行こうと思い，
ルカ 4:18　わたしに<油>をそそがれたのだから．
7:46　わたしの頭に<油>を塗ってくれなか
使徒 4:27　<油>を注がれた…聖なるしもべイ
IIコリ 1:21　私たちに<油>をそそがれた方は神で
ヘブ 1: 9　あふれるばかりの喜びの<油>を，あ

▼ アフライ〔人名〕
(1)ユダ族シェシャンの子孫．I 歴2:31.
(2)ダビデの30勇士ザバデの父．I 歴11:41.

▼ あぶらお（～尾）
出エ 29:22　<あぶら尾>，内臓をおおう脂肪，肝臓の．レビ3:9，7:3，8:25，9:19.

▼ アブラハム〔人名〕
セムの子孫テラの子，I 歴1:24-27；主との契約，アブラムからアブラハムと改名，創世17:1-22；御使いをもてなす，創世18:1-21；ソドムのためにとりなす，創世18:22-33；イサクの誕生と割礼，創世21:1-7；ハガルとイシュマエルの追放，創世21:8-21；イサクをささげよとの試み，創世22:1-19；サラの墓地を買う，創世23章；ケトラと結婚，創世25:1；死と埋葬，創世25:8-10.
マタ 3: 9　神は，この石ころからでも，<アブラハム>の子孫を起こす．ルカ3:8.
ルカ 16:22　貧しい人は…<アブラハム>のふところ
ヨハ 8:58　<アブラハム>が生まれる前から，わ
ロマ 4: 3　<アブラハム>は神を信じた．それが
16　<アブラハム>の信仰にならう人々に
ガラ 3: 6　<アブラハム>は神を信じ，それが彼
7　信仰による人々こそ<アブラハム>の
ヘブ 11: 8　信仰によって，<アブラハム>は…出
ヤコ 2:21　<アブラハム>は…行いによって義と

▼ アフラフ〔人名〕
ベニヤミンの3男．I 歴8:1.

▼ アブラム〔人名〕
アブラハムの改名前の名．創世11:26，12:1，4，14，13:1，12，18，14:12，19，15:1，11，18，16:1，15，17:1，I 歴1:27，ネヘ9:7.

▼ あぶらむし（油虫）
I 列 8:37　いなごや<油虫>が発生した場合，また，敵がこの地の町々を．II 歴6:28.
詩篇 78:46　作物を，<油虫>に…勤労の実を，い
イザ 33: 4　<油虫>が物を集めるように集められ，

▼ あふれる
民数 24: 7　その手おけからは水が<あふれ>，そ
申命 11: 4　葦の海の水を彼らの上に<あふれ>さ
ヨシ 3:15　ヨルダン川は…岸いっぱいに<あふれる>のだが．I 歴12:15.
II 列 3:17　この谷には水が<あふれる>．あなた
ヨブ 3:24　うめき声は水のように<あふれ>出る．
32:18　私にはことばが<あふれ>ており…霊
詩篇 23: 5　私の杯は，<あふれ>ています．
73: 7　彼らの…心の思いは<あふれ>出る．
箴言 3:10　新しいぶどう酒で<あふれる>．
27: 4　憤りは残忍で，怒りは<あふれ>出る．
イザ 8: 7　すべての栄光を…<あふれ>させる．
10:22　義が<あふれ>ようとしている．
23:10　自分の国に<あふれよ>．だが，もう
30:28　首に達する<あふれる>流れのようだ．
54: 8　怒りが<あふれ>て，ほんのしばらく，
エレ 9:18　まぶたに水を<あふれ>させよ．
47: 2　<あふれる>流れとなり，地と，それ
哀歌 1:16　この目から涙が<あふれる>．私を元
3:54　水は私の頭の上に<あふれ>，私は
ヨエ 2:24　新しいぶどう酒と油とで<あふれる>．
3:13　酒ぶねは満ち，石がめは<あふれ>て
ナホ 1: 8　主は，<あふれ>みなぎる洪水で，そ
ロマ 15:13　聖霊の力によって望みに<あふれ>さ
14　善意に<あふれ>，すべての知恵に満
IIコリ 1: 5　キリストの苦難が<あふれ>ているよ

うに，慰めも…<あふれ>ているから
2: 4 <あふれる>ばかりの愛を知っていた
8: 2 喜びは…<あふれ>出て…富となった
9: 8 あらゆる恵みを<あふれる>ばかり与
エペ 1: 8 この恵を，彼は…<あふれ>させ，
コロ 2: 7 信仰を堅くし，<あふれる>ばかり感

▼アブロナ〔地名〕
アカバ湾付近の宿営地．民数33:34，35.

▼アベデ・ネゴ〔人名〕
アザルヤ(25)のバビロニヤ名．ダニ1:7，2:49，3:12，13，14，16，19，20，22，23，26，28，29.

▼アヘル〔人名〕
ベニヤミン族フシムの父．Ⅰ歴7:12.

▼アベル
1. 地名．北部パレスチナの町．Ⅱサム20:18.
2. 人名．アダムとエバの第2子．創世4:2，25，マタ23:35，ルカ11:50=51，ヘブ11:4，12:24.

▼アベル・ケラミム〔地名〕
エフタ軍に攻略された町．士師11:33.

▼アベル・ハシティム〔地名〕
モアブ平原の宿営地．民数33:49.

▼アベル・ベテ・マアカ〔地名〕
パレスチナ北部の町．Ⅱサム20:14，Ⅰ列15:20，Ⅱ列15:29.

▼アベル・マイム〔地名〕
アベル・ベテ・マアカの変化形．Ⅱ歴16:4.

▼アベル・ミツライム〔地名〕
ヤコブの哀悼式を行った場所．創世50:11.

▼アベル・メホラ〔地名〕
ギデオンがミデヤン人を追撃した場所．士師7:22，Ⅰ列4:12，19:16.

▼アペレ〔人名〕
ローマのキリスト者．ロマ16:10.

▼アベン
(1)ベテ・アベンの短縮形．ホセ10:8.
(2)アベンの谷．ダマスコ北方の平原．アモ1:5.

▼アホアハ
1. 人名．ベニヤミンの長子ベラの子．Ⅰ歴8:4.
2. アホアハ人．Ⅱサム23:9，Ⅰ歴11:12，27:4.

▼アポリュオン
悪魔の陣営の王か．黙示9:11.

▼アポロ〔人名〕
ユダヤ人．雄弁な指導者．使徒18:24，19:1，Ⅰコリ1:12，3:4，5，22，4:6，16:12，テト3:13.

▼アポロニヤ〔地名〕
マケドニヤの町．使徒17:1.

▼アマ〔地名〕
ギブオンの荒野にある丘．Ⅱサム2:24.

▼あま（亜麻），亜麻糸，亜麻布
創世 41:42 <亜麻布>の衣服を着せ，その首に金
出エ 9:31 <亜麻>と大麦は打ち倒された．大麦
28:39 <亜麻布>で市松模様の長服を作り，
42 裸をおおう<亜麻布>のももひきを作
レビ 13:48 <亜麻>または羊毛の織物でも，編物
申命 22:11 羊毛と<亜麻糸>とを混ぜて織った着
ヨシ 2: 6 <亜麻>の茎の中に隠していたのであ
士師 14:12 <亜麻布>の着物30着と，晴れ着30着
15:14 綱は火のついた<亜麻糸>のようにな
Ⅰサム 2:18 <亜麻布>のエポデを身にまとい，主
Ⅱサム 6:14 ダビデは<亜麻布>のエポデをまとっていた．Ⅰ歴15:27.
箴言 7:16 あや織りのエジプトの<亜麻布>を敷
31:13 彼女は羊毛や<亜麻>を手に入れ，喜
22 彼女の着物は<亜麻布>と紫色の撚り
24 彼女は<亜麻布>の着物を作って，売
イザ 19: 9 <亜麻>をすく労務者や，白布を織る
エレ 13: 1 行って，<亜麻布>の帯を買い，それ
エゼ 9: 2 <亜麻布>の衣を着，腰には書記の筆
27: 7 エジプトのあや織りの<亜麻布>が，
44:17 <亜麻布>の服を着なければならない．
ダニ 10: 5 <亜麻布>の衣を着，腰にはウファズ
マタ 27:59 ヨセフは…きれいな<亜麻布>に包み，
マコ 14:51 ある青年が，素はだに<亜麻布>を1.
15:46 ヨセフは<亜麻布>を買い，イエスを
ルカ 24:12 のぞき込んだところ，<亜麻布>だけ
ヨハ 19:40 香料といっしょに<亜麻布>で巻いた．
黙示 15: 6 きよい光り輝く<亜麻布>を着て，胸

▼あまい（甘い），甘み
出エ 15:25 水に投げ入れた…水は<甘>くなった．
士師 14:14 強いものから<甘い>物が出た.」彼
18 蜂蜜よりも<甘い>ものは何か．雄獅
ネヘ 8:10 肉を食べ，<甘い>ぶどう酒を飲みな
ヨブ 20:12 たとい悪が彼の口に<甘>く，彼がそ
詩篇 19:10 蜜蜂の巣のしたたりよりも<甘い>.
119:103 みことばは…蜜よりも…<甘い>ので
箴言 9:17 盗んだ水は<甘>く，こっそり食べる

16:24 親切なことばは…たましいに<甘>く,
24:13 蜂の巣の蜜はあなたの口に<甘い>.
27: 7 飢えている者には苦い物も…<甘い>.
雅歌 2: 3 その実は私の口に<甘い>のです.
イザ 5: 2 <甘い>ぶどうのなるのを待ち望んで
20 苦みを<甘み>, <甘み>を苦みとして
65: 8 ぶどうのふさの中に<甘い>汁がある
エゼ 3: 3 私の口の中で蜜のように<甘>かった.
使徒 2:13 彼らは<甘い>ぶどう酒に酔っている
ヤコ 3:11 泉が<甘い>水と苦い水を同じ穴から
黙示 10: 9 あなたの口には蜜のように<甘い>.」

▼アマサ〔人名〕
(1)ダビデの将軍. IIサム17:25, 19:13, 20:4, 5, 8, 9, 10, 12, I列2:5, 32, I歴2:17.
(2)エフライム族のかしらの一人. II歴28:12.

▼アマサイ〔人名〕
(1)レビの子ケハテの子孫. I歴6:25, 35.
(2)ダビデの補佐官の長. I歴12:18.
(3)主の箱の前でラッパを吹いた祭司. I歴15:24.
(4)宮をきよめたレビ人マハテの父. II歴29:12.

▼アマシュサイ〔人名〕
捕囚帰還後の祭司. ネヘ11:13.

▼アマスヤ〔人名〕
ユダのヨシャパテ王の勇士. II歴17:16.

▼アマツヤ〔人名〕
(1)ユダの王. II列12:21, 13:12, 14:1, 8, 11, 15, 18, 23, 15:1, 3, I歴3:12, II歴24:27, 25:1, 5, 9, 11, 14, 17, 20, 23, 26, 26:1.
(2)シメオン族の長の一人ヨシャの父. I歴4:34.
(3)メラリ族のレビ人. エタンの父祖. I歴6:45.
(4)ヤロブアムに仕えたベテルの祭司. アモ7:10.

▼アマナ〔地名〕
(1)アンティ・レバノン山脈の峰の一つ. 雅歌4:8.
(2)ダマスコを流れる川. II列5:12.

▼アマム〔地名〕
ユダの最南端の町の一つ. ヨシ15:26.

▼あまもり（雨漏り）
箴言 19:13 妻のいさかいは…<雨漏り>.
27:15 <雨漏り>は, 争い好きな女に似てい
伝道 10:18 手をこまねいていると<雨漏り>がす

▼あまり（余り）, 余る
出エ 16:18 多く集めた者も<余る>ことはなく,
レビ 7:16 残った<余り>を, 翌日食べてもさし
詩篇 76:10 憤りの<余り>までをも身に締められ
マタ 14:20 パン切れの<余り>を取り集めると,
ヨハ 6:12 <余>ったパン切れを, 一つもむだに

▼アマル〔人名〕
アシェル族出身. 一族のかしら. I歴7:35.

▼アマルヤ〔人名〕
(1)アロン系祭司. ツァドクの祖父. I歴6:7, 52.
(2)祭司. 学者エズラの父祖. I歴6:11, エズ7:3.
(3)ケハテ族のレビ人. I歴23:19, 24:23.
(4)ヨシャパテ時代の大祭司. II歴19:11.
(5)ヒゼキヤ時代のレビ人. II歴31:15.
(6)異邦人の女をめとった者の一人. エズ10:42.
(7)祭司とその一族. ネヘ10:3, 12:2, 13.
(8)ネヘミヤ時代のアタヤの先祖. ネヘ11:4.
(9)預言者ゼパニヤの先祖. ゼパ1:1.

▼アマレク〔人名〕
エサウの孫とその子孫. 創世14:7, 36:12, 出エ17:8, 13, 16, 民数13:29, 14:25, 43, 24:20, 申命25:17, 士師3:13, 6:3, 33, 7:12, 10:12, 12:15, Iサム14:48, 15:2, 6, 15, 18, 20, 32, 27:8, 28:18, 30:1, 13, 18, IIサム1:1, 8, 13, 8:12, I歴1:36, 4:43, 18:11, 詩篇83:7.

▼あまんじる（甘んじる）
箴言 14:14 堕落している者は…道に<甘んじる>.
IIコリ 12:10 苦痛, 迫害, 困難に<甘んじ>ていま

▼あみ（網）
I列 7:17 ふさになった格子細工の<網>を, 一
ヨブ 18: 8 彼は自分の足で<網>にかかる. 落と
19: 6 神が私を迷わせ, 神の<網>で私を取
詩篇 9:15 おのれの隠した<網>に, わが足をと
10: 9 悩む人を, その<網>にかけて捕らえ
11: 6 主は, 悪者の上に<網>を張る. 火と
25:15 主が私の足を<網>から引き出してくださる. 31:4, 35:7, 57:6, 140:5.
141:10 悪者はおのれ自身の<網>に落ち込み
箴言 1:17 <網>を張っても, むだなことだ.
29: 5 へつらう者は…足もとに<網>を張る.
伝道 7:26 女はわなであり, その心は<網>, そ
9:12 悪い<網>にかかった魚のように, わ
イザ 19: 8 水の上に<網>を打つ者も打ちしおれ
51:20 <網>にかかった大かもしかのように
哀歌 1:13 私の足もとに<網>を張り, 私をうし
エゼ 17:20 彼の上にわたしの<網>をかけ, 彼は
26: 5 ツロは海の中の<網>を引く場所とな

ホセ 5: 1 タボルの上に張られた<網>となった
ミカ 7: 2 互いに<網>をかけ合って捕らえよう
マタ 4:18 彼らは湖で<網>を打っていた．漁師
20 彼らはすぐに<網>を捨てて従った．
マコ 1:16 シモンと…アンデレが湖で<網>を打
19 彼らも舟の中で<網>を繕っていた．
ルカ 5: 4 深みに漕ぎ出して，<網>をおろして
ヨハ 21: 6 舟の右側に<網>をおろしなさい．そ
ロマ 11: 9 わなとなり，<網>となり，つまずき

▼アミエル〔人名〕
(1)カナンの地を探ったダン族の人．民数13:12．
(2)ダビデを助けたマキルの父．IIサム9:4，17:27．
(3)ソロモンの母の父．エリアム(1)と同人．I歴3:5．
(4)神殿の門衛オベデ・エドムの6男．I歴26:5．

▼アミザバデ〔人名〕
ダビデの第3軍団長ベナヤの子．I歴27:6．

▼アミシャダイ〔人名〕
モーセの助手となったダン族の長アヒエゼルの父．民数1:12，2:25，7:66，71，10:25．

▼アミぞく（～族）
ソロモンのしもべたちの子孫．エズ2:57．

▼アミタイ〔人名〕
預言者ヨナの父．II列14:25，ヨナ1:1．

▼アミナダブ〔人名〕
(1)ダビデの先祖．出エ6:23，民数1:7，2:3，7:12，ルツ4:19，I歴2:10，マタ1:4，ルカ3:33．
(2)レビの子ケハテの子．コラの父．I歴6:22．
(3)主の箱を運び上ったレビ人．I歴15:10，11．

▼アミフデ〔人名〕
(1)エフライム族の長エリシャマの父．民数1:10，2:18，7:48，53，10:22，I歴7:26．
(2)シメオン族の長サムエルの父．民数34:20．
(3)ナフタリ族の長ペダフエルの父．民数34:28．
(4)ゲシュルの王タルマイの父．IIサム13:37．
(5)ユダ族ウタイの父．I歴9:4．

▼アムアデ〔地名〕
アシェルの町．ヨシ19:26．

▼アムツィ〔人名〕
(1)メラリ族のレビ人エタンの先祖．I歴6:46．
(2)捕囚後の祭司アダヤの先祖．ネヘ11:12．

▼アムノン〔人名〕
(1)ダビデの長子．IIサム3:2，13:1，26，I歴3:1．
(2)ユダ族シモンの子．I歴4:20．

▼アムピポリス〔地名〕
マケドニヤ州南東部行政区の首都．使徒17:1．

▼アムプリアト〔人名〕
ローマの信者．パウロの友人．ロマ16:8．

▼アムラフェル〔人名〕
シヌアルの王．創世14:1，9．

▼アムラム
1．人名．
(1)モーセの父．出エ6:18，民数3:19，26:58，I歴6:2，3，18，23:12，13，24:20．
(2)異邦人の女をめとった者の一人．エズ10:34．
2．アムラム族．1．(1)の子孫．民数3:27．

▼あめ（雨）【別項】秋の雨，大雨，先の雨，後の雨，初めの雨，春の雨
創世 2: 5 神である主が地上に<雨>を降らせず，
7: 4 地の上に40日40夜，<雨>を降らせ，
出エ 9:33 <雨>はもう地に降らなくなった
レビ 26: 4 季節にしたがって…<雨>を与え，地
申命 11:11 山と谷の地であり，天の<雨>で潤っ
14 あなたがたの地に<雨>…を与えよう．
17 <雨>は降らず，地はその産物を出さ
28:12 時にかなって<雨>をあなたの地に与
24 あなたの地の<雨>をほこりとされる．
32: 2 私のおしえは，<雨>のように下り，
Iサム 12:17 主は雷と<雨>とを下される．あなた
IIサム 1:21 露は降りるな．<雨>も降るな．いけ
21:10 <雨>が天から彼らの上に降るときま
23: 4 <雨>の後に，地の若草を照らすよう
I列 8:35 天が閉ざされて<雨>が降らない場合，
17: 1 ここ2，3年の間は露も<雨>も降ら
7 その地方に<雨>が降らなかったから
14 主が地の上に<雨>を降らせる日まで
18: 1 わたしはこの地に<雨>を降らせよう．
ヨブ 5:10 神は地の上に<雨>を降らし，野の面
28:26 神は，<雨>のためにその降り方を決
29:23 彼らは<雨>を待つように私を待ち，
36:27 神の霧となって<雨>をしたたらせる．
38:26 人間のいない荒野にも，<雨>を降ら
28 <雨>に父があるか．露のしずくはだ
詩篇 68: 9 神よ．あなたは豊かな<雨>を注ぎ，
72: 6 彼は牧草地に降る<雨>のように，地
105:32 主は<雨>にかえて雹を彼らに降らせ，
135: 7 <雨>のためにいなずまを造り，その
147: 8 地のために<雨>を備え，また，山々

箴言 25:14 <雨>を降らせない雲や風のようだ.
26: 1 夏の雪，刈り入れ時の<雨>のようだ.
伝道 11: 3 雲が<雨>で満ちると…地上に降り注
12: 2 <雨>の後にまた雨雲がおおう前に.
イザ 4: 6 あらしと<雨>を防ぐ避け所と隠れ家
5: 6 雲に命じて，この上に<雨>を降らせ
30:23 あなたが畑に蒔く種に<雨>を降らせ,
55:10 <雨>や雪が天から降ってもとに戻ら
エレ 10:13 <雨>のためにいなずまを造り，その
エゼ 1:28 <雨>の日の雲の間にある虹のようで
22:24 きよめられず，<雨>も降らない地で
34:26 季節にかなって<雨>を降らせる．それは祝福の<雨>となる.
アモ 4: 7 一つの町には<雨>を降らせ，他の町には<雨>を降らせなかった．一つの畑には<雨>が降り，<雨>の降らなか
ゼカ 10: 1 後の雨の時に，主に<雨>を求めよ.
14:17 氏族の上には，<雨>が降らない.
マタ 5:45 正しくない人にも<雨>を降らせてく
7:25 <雨>が降って洪水が押し寄せ，風が
使徒 14:17 天から<雨>を降らせ，実りの季節を
28: 2 おりから<雨>が降りだして寒かった
ヘブ 6: 7 その上にしばしば降る<雨>を吸い込
ヤコ 5:17 <雨>が降らないように祈ると，3年6か月の間，地に<雨>が降りません
18 再び祈ると，天は<雨>を降らせ，地
黙示 11: 6 預言をしている期間は<雨>が降らな

▼アーメン

民数 5:22 『<アーメン>，<アーメン>』と言う.
申命 27:15 民はみな…<アーメン>と言いなさい.
Ⅰ列 1:36 <アーメン>．王さまの神，主も，そ
ネヘ 5:13 全集団は，「<アーメン>」と言って,
エレ 11: 5 私は答えて…「主よ．<アーメン>.」
28: 6 <アーメン>．そのとおりに主がして
ロマ 1:25 ほめたたえられる方…<アーメン>.
9: 5 ほめたたえられる神…<アーメン>.
11:36 栄光が…ありますよう…<アーメン>.
16:27 御栄え…ありますよう…<アーメン>.
Ⅰコリ 14:16 どうして<アーメン>と言えるでしょ
Ⅱコリ 1:20 <アーメン>」と言い，神に栄光を帰
ガラ 1: 5 栄光が…ありますよう…<アーメン>.
6:18 恵みが…ありますよう…<アーメン>.
エペ 3:21 栄光が…ありますよう…<アーメン>.
ピリ 4:20 御栄え…ありますよう…<アーメン>.
Ⅰテモ 1:17 限りなくありますよう…<アーメン>.
6:16 主権は神のものです．<アーメン>.
Ⅱテモ 4:18 御栄え…ありますよう…<アーメン>.
ヘブ 13:21 栄光が…ありますよう…<アーメン>.
Ⅰペテ 4:11 支配が…ありますよう…<アーメン>.
Ⅱペテ 3:18 栄光が…ありますよう…<アーメン>.
ユダ 25 権威が…ありますよう…<アーメン>.
黙示 1: 6 力とが…あるように．<アーメン>.
7 彼のゆえに嘆く…<アーメン>.
3:14 <アーメン>である方，忠実で，真実
5:14 四つの生き物は<アーメン>と言い,
7:12 <アーメン>．賛美と栄光と知恵と感
19: 4 神を拝んで，「<アーメン>．ハレル
22:20 <アーメン>．主イエスよ，来てくだ

▼アモク〔人名〕

捕囚帰還祭司とその一族．ネヘ12:7，20.

▼アモス〔人名〕

⑴預言者．アモ1:1，7:8，10，11，12，14，8:2.
⑵主イエス・キリストの先祖の一人．ルカ3:25.

▼アモツ〔人名〕

預言者イザヤの父．Ⅱ列19:2，20:1，Ⅱ歴26:22，32:20，イザ1:1，2:1，13:1，20:2，37:2.

▼アモン

1. 人名.
⑴ユダの王．Ⅱ列21:18，23，25，Ⅱ歴33:23，エレ1:2，25:3，ゼパ1:1，マタ1:10.
⑵ミカヤを監禁した人．Ⅰ列22:26，Ⅱ歴18:25.
2. アモン人（族）.
⑴ロトの子ベン・アミの子孫．創世19:38，申命23:3，士師3:13，11:32，Ⅰサム11:2，11，Ⅱサム10:3，11，14，Ⅰ列11:1，33，Ⅱ列24:2，Ⅱ歴20:22，23，27:5，エズ9:1，ネヘ4:7，エレ25:21，エゼ25:3，アモ1:13，ゼパ2:8，9.
⑵ソロモンのしもべたちの子孫．ネヘ7:59.
3. エジプトで崇拝された偶像．エレ46:25.

▼アーモンド〔植物〕

ばら科の落葉樹木．創世30:37，43:11，出エ25:33，34，37:19，20，民数17:8，伝道12:5，エレ1:11.

▼アヤ

1. 地名．アイ⑴の別名．Ⅰ歴7:28，ネヘ11:31.
2. 人名.
⑴ホリ人の首長の子．創世36:24，Ⅰ歴1:40.
⑵サウルのそばめリツパの父．Ⅱサム3:7，21:8.

▼あやうい（危い）

Ⅱコリ 1: 8 ついにいのちさえも<危>くなり,

▼ あやおり（～織り），綾織物
詩篇45:14 彼女は<綾織物>を着て，王の前に導
箴言 7:16 <あや織り>のエジプトの亜麻布を敷
エゼ16:10 <あや織り>の着物をあなたに着せ，
13，18，26:16，27:16，24.
27: 7 エジプトの<あや織り>の亜麻布が，

▼ アヤテ〔地名〕
ベテルの東の町．アイ(1)の別名．イザ10:28.

▼ あやまち
創世41: 9 私の<あやまち>を申し上げなければ
レビ 4:13 全会衆が<あやまって>いて，あるこ
Iサム29: 3 私は彼に何の<あやまち>も見つけな
ヨブ 6:24 私がどんな<あやまち>を犯したか，
詩篇17: 3 口の<あやまち>をしまいと心がけま
19:12 だれが自分の数々の<あやまち>を悟
119:67 私は<あやまち>を犯しました．しか
箴言 5:23 愚かさ…ために<あやまち>を犯す．
ガラ 6: 1 もしだれかが<あやまち>に陥ったな
コロ 2: 4 <あやまち>に導くことのないためで
Iテモ 2:14 女は惑わされて…<あやまち>を犯し

▼ あやまり（誤り）
箴言16:10 さばくときに，その口に<不実>があ
ヨハ16: 8 さばきについて，世にその<誤り>を
ロマ 1:27 その<誤り>に対する当然の報いを自
黙示 2:20 しもべたちを教えて<誤り>に導き，

▼ あやまる
レビ 4: 2 <あやまって>罪を犯し．27，民数15:27，28，29.
22 一つでも<あやまって>行い，後で咎
5:15 <あやまって>主の聖なるものに対し
18 彼が<あやまって犯し>，しかも自分
22:14 <あやまって>聖なるものを食べるな
民数15:22 もし<あやまって罪を犯し>．ヨブ19:4，エゼ45:20.
24 会衆が…<あやまって>したのなら，
28 祭司は，<あやまって罪を犯し>た者
35:11 <あやまって>人を打ち殺した殺人者．
15，ヨシ20:3，9.
ヨブ12:16 <あやまって罪を犯す>者も，迷わす

▼ アヤロン〔地名〕
(1)ダン所領内の町．ヨシ19:42，21:24，士師1:35，Iサム14:31，I歴6:69，8:13，II歴11:10，28:18.
(2)アヤロンの谷．ヨシ10:12.
(3)士師エロンが葬られた町．士師12:12.

▼ あゆみ（歩み）
ヨブ14:16 あなたは私の<歩み>を数えておられ
18: 7 彼の力強い<歩み>はせばめられ，お
23:11 私の足は神の<歩み>につき従い，神
31: 4 私の<歩み>をことごとく数えられな
33:11 神は…私の<歩み>をことごとく見張
34:21 その<歩み>をすべて見ているからだ．
詩篇17: 5 私の<歩み>は，あなたの道を堅く守
37:23 人の<歩み>は主によって確かにされ
44:18 <歩み>はあなたの道からそれません
73: 2 私の<歩み>は，すべるばかりだった．
119:133 みことばによって，私の<歩み>を確
箴言 4:12 歩むとき，その<歩み>は妨げられず，
14:15 利口な者は自分の<歩み>をわきまえ
20:24 人の<歩み>は主によって定められる．
イザ26: 6 弱い者の<歩み>が，これを踏みつけ
エレ10:23 その<歩み>を確かにすることも，人
哀歌 4:18 私たちの<歩み>はつけねらわれて，
ロマ 6: 4 いのちにあって新しい<歩み>をする
コロ 1:10 主にかなった<歩み>をして，あらゆ
IIテサ 3: 6 締まりのない<歩み>方をして．11.

▼ あゆむ（歩む）
創世 5:22 エノクは…神とともに<歩>んだ．そ
6: 9 ノアは神とともに<歩>んだ．
17: 1 あなたはわたしの前を<歩>み，全き
24:40 私は主の前を<歩>んできた．その主
出エ18:20 <歩む>べき道と，なすべきわざを彼
レビ20:23 風習に従って<歩>んではならない．
26: 3 わたしのおきてに従って<歩>み，わ
12 わたしはあなたがたの間を<歩>もう．
21 わたしに反抗して<歩>み，わたしに
申命 5:33 すべての道を<歩>まなければならな
10:12 主のすべての道に<歩>み．ヨシ22:5.
13: 5 主があなたに<歩>めと命じた道から，
23:14 主が…陣営の中を<歩>まれるからで
28: 9 主の道を<歩む>なら，主はあなたに
30:16 主を愛し，主の道に<歩>み，主の命
士師 2:22 先祖たちが主の道を守って<歩>んだように，彼らも…<歩む>かどうか，
Iサム 2:30 永遠にわたしの前を<歩む>，と確か
8: 3 息子たちは父の道に<歩>まず，利得
12: 2 王は…先に立って<歩>んでいる．こ
IIサム 7: 6 幕屋にいて，<歩>んできた．
I列 2: 3 主の道を<歩>まなければならない．
3:14 あなたの父ダビデが<歩>んだように

…わたしの道を<歩む>なら．9:4.
8:25 あなたがわたしの前に<歩>んだよう
に…子孫が…<歩>みさえするなら，
11:33 わたしの道を<歩>まなかったからで
16:31 罪のうちを<歩む>ことは軽いことで
II列 10:31 主の律法に<歩>もうと心がけず，イ
16: 3 イスラエルの王たちの道に<歩>み，
17: 8 風習に従って<歩>んだからである．
21:22 主の道に<歩>もうとはしなかった．
I歴 17: 6 全イスラエルと<歩>んできたどんな
II歴 6:14 心を尽くして御前に<歩む>あなたの
16 わたしの律法に<歩>みさえするなら，
11:17 ダビデとソロモンの道に<歩>んだか
17: 3 先祖ダビデの最初の道に<歩>んで，
21:13 イスラエルの王たちの道に<歩>み，
ネヘ 5: 9 神を恐れながら<歩む>べきではない
10:29 与えられた神の律法に従って<歩>み，
ヨブ 31: 5 もし私がうそとともに<歩>み，この
詩篇 1: 1 悪者のはかりごとに<歩>まず，罪人
15: 2 正しく<歩>み，義を行い，心の中の
26: 1 私が誠実に<歩>み，よろめくことな
3 真理のうちを<歩>み続けました．
56:13 神の御前を<歩む>ためでした．
78:10 おしえに従って<歩む>ことを拒み，
86:11 あなたの真理のうちを<歩>みます．
89:15 あなたの御顔の光の中を<歩>みます．
119: 1 主のみおしえによって<歩む>人々．
箴言 4:14 悪人たちの道を<歩む>な．
8:20 公正の通り道の真ん中を<歩>み，
9: 6 道を，まっすぐ<歩>みなさい」と．
10: 9 まっすぐに<歩む>者の歩みは安全で
13:20 知恵のある者とともに<歩む>者は知
14: 2 まっすぐに<歩む>者は，主を恐れ，
曲がって<歩む>者は，主をさげすむ．
19: 1 貧しくても，誠実に<歩む>者は，曲
28:26 知恵をもって<歩む>者は救われる．
伝道 11: 9 あなたの目の望むままに<歩>め．し
イザ 2: 3 私たちはその小道を<歩>もう．」そ
8:11 この民の道に<歩>まないよう，私を
9: 2 やみの中を<歩>んでいた民は，大き
30:21 これが道だ．これに<歩>め」と言う
42: 5 この上を<歩む>者に霊を授けた神な
24 主の道に<歩む>ことを望まず，その
48:17 あなたの<歩む>べき道にあなたを導
57: 2 まっすぐに<歩む>人は，自分の寝床
59: 8 そこを<歩む>者はだれも，平和を知
65: 2 良くない道を<歩む>者たちに，一日
エレ 3:17 かたくなな心のままに<歩む>ことは
6:16 それを<歩>んで…いこいを見いだせ
…彼らは『そこを<歩>まない』と言
7:23 わたしが命じるすべての道を<歩>め．
9:14 教えたバアルに従って<歩>んだ．」
26: 4 前に置いたわたしの律法に<歩>まず，
42: 3 主が，私たちの<歩む>べき道と，な
44:10 律法と定めに<歩>まなかった．』
エゼ 5: 6 わたしのおきてに従って<歩>まなか
った．」11:12，ダニ9:10.
11:20 おきてに従って<歩>み．18:9，17，
20:19，37:24.
23:31 あなたが姉の道を<歩>んだので，わ
ダニ 12:13 あなたは終わりまで<歩>み，休みに
アモ 4:13 地の高い所を<歩>まれる方，その名
ミカ 2: 7 正しく<歩む>者に益とならないだろ
4: 5 神，主の御名によって<歩>もう．
6: 8 神とともに<歩む>ことではないか．
16 彼らのはかりごとに従って<歩>んだ．
ハバ 3:19 神は…私に高い所を<歩>ませる．指
ゼカ 3: 7 あなたがわたしの道に<歩>み，わた
マラ 2: 6 彼はわたしとともに<歩>み，多くの
マコ 7: 5 言い伝えに従って<歩>まないで，汚
ヨハ 8:12 決してやみの中を<歩む>ことがなく，
使徒 21:24 律法を守って正しく<歩>んでいるこ
ロマ 4:12 信仰の足跡に従って<歩む>者の父と
8: 4 肉に従って<歩>まず，御霊に従って
<歩む>私たちの中に，律法の要求が
12 肉に従って<歩む>責任を，肉に対し
Iコリ 3: 3 ただの人のように<歩>んでいるので
7:17 …ときのままの状態で<歩む>べきで
IIコリ 4: 2 悪巧みに<歩>まず，神のことばを曲
5: 7 信仰によって<歩>んでいます．
6:16 わたしは彼らの間に住み…<歩む>．
10: 2 肉に従って<歩>んでいるかのように
ガラ 2:14 まっすぐに<歩>んでいないのを見て，
5:16 御霊によって<歩>みなさい．そうす
エペ 2: 2 …に働いている霊に従って，<歩>ん
10 私たちが良い行いに<歩む>ように，
4: 1 その召しにふさわしく<歩>みなさい．
17 異邦人がむなしい心で<歩>んでいる
ように<歩>んではなりません．
5: 2 また，愛のうちに<歩>みなさい．キ

8 光の子どもらしく<歩>みなさい．
15 賢い人のように<歩>んでいるかどう
ピリ 3:18 十字架の敵として<歩>んでいるから
コロ 2: 6 彼にあって<歩>みなさい．
Ⅰテサ 2:12 神にふさわしく<歩む>ように勧めを
4: 1 いまあなたがたが<歩>んでいるよう
に，ますますそのように<歩>んでく
Ⅰヨハ 1: 6 しかもやみの中を<歩>んでいるなら，
7 私たちも光の中を<歩>んでいるなら，
2: 6 自分でもキリストが<歩>まれたよう
に<歩>まなければなりません．
Ⅱヨハ 4 真理のうちを<歩>んでいる人たちが
6 愛とは…命令に従って<歩む>こと…
命令とは…愛のうちを<歩む>ことで
ユダ 16 自分の欲望のままに<歩>んでいます．
黙示 3: 4 彼らは…わたしとともに<歩む>．彼
21:24 諸国の民が，都の光によって<歩>み，

▼ アラ〔人名〕

アシェル族エテルの子．勇士．Ⅰ歴7:38．

▼ あらあらしい（荒々しい）

創世 42: 7 <荒々しい>ことばで彼らに言った．
Ⅰ列 12:13 王は<荒々し>く民に答え，長老たち

▼ あらいば（洗い場）

雅歌 4: 2 あなたの歯は，<洗い場>から上って
来て毛を刈られる雌羊の群れ．6:6．

▼ あらう（洗う）

出エ 19:10 自分たちの着物を<洗>わせよ．
29: 4 水で彼らを<洗>わなければならない．
17 内臓とその足を<洗>い．レビ1:9．
30:19 アロンとその子らは…足を<洗う>．
レビ 6:28 水で<洗>われなければならない．
11:25 衣服を<洗>わなければならない．28,
40，13:6，58，14:8，47，15:5，22，
16:26，28，17:15，民数8:7，19:7．
民数 5:23 それを苦い水の中に<洗>い落とす．
申命 21: 6 首を折られた…子牛の上で手を<洗>
ルツ 3: 3 あなたはからだを<洗>って，油を塗
Ⅱサム 11: 2 ひとりの女が，からだを<洗>ってい
8 帰って，あなたの足を<洗>いなさい．
12:20 からだを<洗>って身に油を塗り，着
19:24 ひげも…着物も<洗>っていなかった．
Ⅰ列 22:38 戦車をサマリヤの池で<洗>った…遊
女たちがそこで身を<洗>った．主が
Ⅱ列 5:10 七たびあなたの身を<洗>いなさい．
ヨブ 9:30 たとい私が雪の水で身を<洗>っても，
29: 6 あのとき，私の足跡は乳で<洗>われ，
詩篇 26: 6 主よ．私は手を<洗>ってきよくし，
51: 2 私の咎を，私から全く<洗>い去り，
7 私を<洗>ってください．そうすれば，
58:10 その足を，悪者の血で<洗>おう．
73:13 手を<洗>って，きよくしたのだ．
箴言 20:30 傷つけるのは悪を<洗>い落とすため．
30:12 きよいと見，汚れを<洗>わない世代．
雅歌 5:12 その目は，乳で<洗>われ，池のほと
イザ 1:16 <洗>え．身をきよめよ．わたしの前
4: 4 シオンの娘たちの汚れを<洗>い，エ
エレ 2:22 あなたがソーダで身を<洗>い，たく
4:14 エルサレムよ…心を<洗>って悪を除
エゼ 16: 9 わたしはあなたを水で<洗>い，あな
たの血を<洗>い落とし，あなたに油
23:40 あなたは，彼らのために身を<洗>い，
マタ 6:17 頭に油を塗り，顔を<洗>いなさい．
15:20 <洗>わない手で食べることは人を汚
27:24 ピラトは…手を<洗>って，言った．
マコ 7: 2 <洗>わない手でパンを食べている者
4 水差し，銅器を<洗う>ことなど，堅
ルカ 5: 2 その舟から降りて網を<洗>っていた．
ヨハ 9: 7 シロアム…の池で<洗>いなさい．」
13: 5 弟子たちの足を<洗>って…手ぬぐい
8 わたしが<洗>わなければ，あなたは
10 足以外は<洗う>必要がありません．
使徒 9:37 遺体を<洗>って，屋上の間に置いた．
22:16 受け，自分の罪を<洗>い流しなさい．
Ⅰコリ 6:11 あなたがたは<洗>われ，聖なる者と
Ⅰテモ 5:10 聖徒の足を<洗>い，困っている人を
ヤコ 4: 8 罪ある人…手を<洗>いきよめなさい．
Ⅱペテ 2:22 豚は身を<洗>って，またどろの中に
黙示 7:14 衣を小羊の血で<洗>って，白くした
22:14 自分の着物を<洗>って，いのちの木

▼ アラウナ〔人名〕

オルナンと同人．Ⅱサム24:16，18，20，21，
22．

▼ あらかじめ

ルカ 21:14 どう弁明するかは，<あらかじめ>考
使徒 3:18 受難を<あらかじめ>語っておられた
ロマ 8:29 <あらかじめ>知っておられる人々を
…同じ姿に<あらかじめ>定められた
30 神は<あらかじめ>定めた人々をさら
9:23 栄光のために<あらかじめ>用意して
11: 2 <あらかじめ>知っておられたご自分

Ⅰコリ 2: 7 神が…<あらかじめ>定められたもの
Ⅱコリ13: 2 <あらかじめ>言っておきます．今度
エペ 1: 9 <あらかじめ>お立てになったみむね
11 <あらかじめ>このように定められて
2:10 良い行いをも<あらかじめ>備えてく

▼あらし

ヨブ 9:17 神は<あらし>をもって私を打ち砕き，
24: 8 山の<あらし>でずぶぬれになり，避
38: 1 主は<あらし>の中からヨブに答えて
詩篇50: 3 その回りには激しい<あらし>がある．
55: 8 <あらし>とはやてを避けて…のがれ
83:15 あなたの<あらし>で彼らを恐れおの
107:25 主が命じて<あらし>を起こすと，風
29 主が<あらし>を静めると，波はない
イザ10: 3 遠くから<あらし>が来るときに，あ
25: 4 あなたは…<あらし>のときの避け所
…横暴な者たちの息は…<あらし>の
28: 2 荒れ狂う雹の<あらし>のようだ．激
30:30 <あらし>と，雹の石をもって，御腕
エゼ38: 9 あなたは，<あらし>のように攻め上
ナホ 1: 3 主の道はつむじ風と<あらし>の中に
ヘブ12:18 燃える火，黒雲，暗やみ，<あらし>，

▼あらす（荒らす）【別項】荒らす忌むべき者，荒らす憎むべき者

士師 6: 4 その地の産物を<荒ら>して，ガザに
5 国を<荒らす>ために入って来たので
Ⅱ歴34:11 ユダの王たちが<荒ら>した家々に，
ヨブ12: 6 <荒らす>者の天幕は栄え，神を怒ら
15:21 平和なときにも<荒らす>者が彼を襲
16: 7 私の仲間の者をことごとく<荒ら>さ
詩篇79: 7 その住む所を<荒ら>したからです．
91: 6 疫病も，真昼に<荒らす>滅びをも．
雅歌 2:15 ぶどう畑を<荒らす>狐や小狐を捕ら
イザ15: 1 ああ，一夜のうちにアルは<荒ら>さ
れ…キル・モアブは<荒ら>され，滅
16: 4 <荒らす>者からのがれて来る者の隠
42:15 わたしは山や丘を<荒ら>し…青草を
エレ 4:20 全国が<荒ら>されるからだ．たちま
ち，私の天幕も<荒ら>され，私の幕
5: 6 荒れた地の狼が彼らを<荒らす>．ひ
10:20 私の天幕は<荒ら>され，すべての綱
25 その住まいを<荒ら>したからです．
12:10 牧者が，私のぶどう畑を<荒ら>し，
12 裸の丘の上に，<荒らす>者が来た．
48: 1 ネボ．これは<荒ら>された．キルヤ
8 <荒らす>者がすべての町に入って来
49: 3 泣きわめけ．アイが<荒ら>されたか
28 攻め上り，東の人々を<荒ら>せ．
51:48 <荒らす>者たちが来るからだ…主の
55 主がバビロンを<荒ら>して，そこか
56 <荒らす>者がバビロンを攻めに来て，
エゼ 6: 4 あなたがたの祭壇は<荒ら>され，あ
6 廃墟となり，高き所は<荒ら>される．
36: 3 回りの民に<荒ら>され，踏みつけら
ダニ 8:13 あの<荒らす>者のするそむきの罪，
9:27 絶滅が，<荒らす>者の上にふりかか
アモ 7: 9 イサクの高き所は<荒ら>され，イス
使徒 8: 3 サウロは教会を<荒ら>し，家々には
20:29 狂暴な狼が…群れを<荒ら>し回るこ

▼あらすいむべきもの（荒らす忌むべきもの，荒らす忌むべき者）

ダニ 9:27 <荒らす忌むべき者>が翼に現れる．
11:31 <荒らす忌むべきもの>を据える．
12:11 <荒らす忌むべきもの>が据えられる

▼あらすにくむべきもの（荒らす憎むべきもの，荒らす憎むべき者）

マタ24:15 <荒らす憎むべき者>』が，聖なる所
マコ13:14 <荒らす憎むべきもの>』が，自分の

▼あらそい（争い）

創世13: 7 牧者たちとの間に，<争い>が起こっ
8 <争い>がないようにしてくれ．私た
26:22 井戸については<争い>がなかったの
30: 8 姉と死に物狂いの<争い>をして，つ
申命 1:12 どうして…<争い>を背負いきれよう．
2: 5 彼らに<争い>をしかけてはならない．
17: 8 町囲みのうちで<争い>事が起こり，
Ⅱ列14:10 なぜ，<争い>をしかけてわざわいを
求め，あなたもユダも．Ⅱ歴25:19．
Ⅱ歴12:15 …との間には，いつまでも<争い>が
詩篇55: 9 町の中に暴虐と<争い>を見ています．
箴言 6:14 悪を計り，<争い>をまき散らす．
19 兄弟の間に<争い>をひき起こす者．
10:12 憎しみは<争い>をひき起こし，愛は
13:10 高ぶりは，ただ<争い>を生じ，知恵
15:18 激しやすい者は<争い>を引き起こし，
16:28 ねじれ者は<争い>を巻き起こし，陰
17: 1 ごちそうと<争い>に満ちた家にまさ
14 <争い>の初めは水が吹き出すようなものだ．<争い>が起こらないうちに
<争い>をやめよ．

18: 6 愚かな者のくちびるは<争い>を起こ
18 くじは<争い>をやめさせ，強い者の
20: 3 <争い>を避けることは人の誉れ，愚
か者はみな<争い>を引き起こす．
21: 9 <争い>好きな女と社交場にいるより
23:29 <争い>を好む者はだれか．不平を言
26:17 自分に関係のない<争い>に干渉する
21 <争い>好きな人は<争い>をかき立て
27:15 雨漏りは，<争い>好きな女に似てい
28:25 欲の深い人は<争い>を引き起こす．
29:22 怒る者は<争い>を引き起こし，憤る
30:33 怒りをかき回すと<争い>が起こる．
イザ 58: 4 <争い>とけんかをするためであり，
エレ 50:24 おまえが主に<争い>をしかけたから
エゼ 44:24 <争い>があるときには…定めに従っ
ハバ 1: 3 闘争があり，<争い>が起こっていま
ロマ 1:29 ねたみと殺意と<争い>と欺きと悪だ
13:13 好色，<争い>，ねたみの生活ではな
Ⅰコリ 1:11 あなたがたの間には<争い>があるそ
3: 3 ねたみや<争い>があることからすれ
6: 1 仲間の者と<争い>を起こしたとき，
Ⅱコリ 12:20 <争い>，ねたみ，憤り，党派心，そ
ガラ 5:20 敵意，<争い>，そねみ，憤り，党派
ピリ 1:15 ねたみや<争い>をもってキリストを
Ⅰテモ 6: 4 ことばの<争い>をしたりする病気に
かかっている…ねたみ，<争い>，そ
Ⅱテモ 2:23 それが<争い>のもとであることは，
ヤコ 4: 1 何が原因で…戦いや<争い>があるの

▼ あらそう（争う）

創世 26:20 彼らがイサクと<争>ったからである．
出エ 2:13 ふたりのヘブル人が<争>っているで
17: 2 民はモーセと<争>い．民数20:3．
21:18 人が<争>い，ひとりが石かこぶしで
レビ 24:10 女の息子と…宿営の中で<争>った．
申命 19:17 相<争う>この２組の者は，主の前に，
25:11 ふたりの者が互いに相<争>っている
33: 8 メリバの水のほとりで…<争>われま
士師 6:31 バアルのために<争>っているのか．
32 バアルは自分で<争>えばよい」とい
11:25 イスラエルと<争>ったことがあるの
ヨブ 10: 2 なぜ私と<争>われるかを，知らせて
23: 6 神は力強く私と<争>われるだろうか．
31:13 はしためが，私と<争>ったとき，も
40: 2 全能者と<争>おうとするのか．神を
詩篇 35: 1 主よ．私と<争う>者と<争>い，私と
103: 9 主は，絶えず<争>ってはおられない．
箴言 3:30 理由もなく，人と<争う>な．
25: 9 あなたは隣人と<争>っても，他人の
28: 4 おしえを守る者は彼らと<争う>．
29: 9 愚か者を訴えて<争う>と，愚か者は
伝道 6:10 力のある者と<争う>ことはできない．
イザ 19: 2 王国は王国と，相逆らって<争う>．
41:11 あなたと<争う>者たちは，無いもの
49:25 あなたの<争う>者とわたしは<争>い，
50: 8 だれが私と<争う>のか…さばきの座
57:16 わたしはいつまでも<争>わず，いつ
エレ 2: 9 わたしはなお，あなたがたと<争う>．
29 なぜ…わたしと<争う>のか．あなた
25:31 主が諸国の民と<争>い，すべての者
ホセ 12: 3 彼はその力で神と<争>った．
マタ 12:19 <争う>こともなく，叫ぶこともせず，
ルカ 11:17 家にしても，内輪で<争>えばつぶれ
使徒 7:26 兄弟たちが<争>っているところに現
Ⅰテモ 3: 3 温和で，<争>わず，金銭に無欲で，
Ⅱテモ 2:24 主のしもべが<争>ってはいけません．
テト 3: 2 だれをもそしらず，<争>わず，柔和
ヤコ 4: 2 <争>ったり，戦ったりするのです．

▼ あらた（新た）

Ⅱコリ 4:16 内なる人は日々<新た>にされていま

▼ あらたまる（改まる），改める

Ⅱ歴 24:23 その年の<改まる>ころ，アラムの軍
エレ 7: 3 あなたがたの行いと，わざとを<改
め>よ．18:11，26:13．
マタ 19:28 世が<改ま>って人の子がその栄光の

▼ アラデ

1. 地名．パレスチナ南部ネゲブの町．民数21:1，33:40，ヨシ12:14，士師1:16．

2. 人名．ベニヤミン族出身．一族のかしら．Ⅰ歴8:15．

▼ あらなみ（荒波）

ルカ 8:24 風と<荒波>とをしかりつけられた．
ユダ 13 恥のあわをわき立たせる海の<荒波>，

▼ あらなわ（荒なわ）

イザ 3:24 帯は<荒なわ>，結い上げた髪ははげ

▼ あらぬの（荒布）

創世 37:34 ヤコブは…<荒布>を腰にまとい，幾
Ⅱサム 21:10 リツパは，<荒布>を脱いで…岩の上
Ⅰ列 20:32 腰に<荒布>を巻き，首になわをかけ，
21:27 外套を裂き，身に<荒布>をまとい，
Ⅱ列 6:30 王は服の下に<荒布>を着ていた．

19: 1 ヒゼキヤ王は…<荒布>を身にまとっ
2 祭司たちに，<荒布>をまとわせて，
Ⅰ歴 21:16 長老たちは，<荒布>で身をおおい，
ネヘ 9: 1 <荒布>を着け，土をかぶって集まっ
エス 4: 1 モルデカイは…<荒布>をまとい，灰
2 <荒布>をまとったままでは，王の門
ヨブ 16:15 私は<荒布>をはだに縫いつけ，私の
詩篇 30:11 あなたは私の<荒布>を解き，喜びを
35:13 病のとき，私の着物は<荒布>だった．
69:11 私が<荒布>を自分の着物とすると，
イザ 3:24 晴れ着は<荒布>の腰巻きとなる．そ
20: 2 あなたの腰の<荒布>を解き，あなた
50: 3 <荒布>をそのおおいとする．」
エレ 4: 8 <荒布>をまとい，悲しみ嘆け．主の
哀歌 2:10 ちりを…身には<荒布>をまとった．
エゼ 7:18 <荒布>を身にまとい，恐怖に包まれ，
ダニ 9: 3 <荒布>を着，灰をかぶって，願い求
ヨエ 1: 8 <荒布>をまとったおとめのように，
アモ 8:10 すべての腰に<荒布>をまとわせ，す
ヨナ 3: 6 王服を脱ぎ，<荒布>をまとい，灰の
8 人も，家畜も，<荒布>を身にまとい，
マタ 11:21 とうの昔に<荒布>をまとい，灰をか
黙示 6:12 太陽は毛の<荒布>のように黒くなり，
11: 3 <荒布>を着て1260日の間預言する．」

▼ あらの（荒野）

創世 16: 7 主の使いは，<荒野>の泉のほとり，
21:14 彼女は…<荒野>をさまよい歩いた．
20 彼は成長し，<荒野>に住んで，弓を
36:24 <荒野>で温泉を発見したアナである．
出エ 3:18 <荒野>へ３日の道のりの旅をさせ，
4:27 「<荒野>に行って，モーセに会え．」
5: 1 <荒野>でわたしのために祭りをさせ
7:16 民を…<荒野>でわたしに仕えさせよ．
14: 3 <荒野>は彼らを閉じ込めてしまった．
11 この<荒野>で，死なせるのですか．
15:22 シュルの<荒野>へ出て行き，３日間，
16: 1 シンの<荒野>に入った．17:1.
19: 1 シナイの<荒野>．レビ7:38，民数1:1，
19，3:4，10:12，26:64，33:15.
レビ 16:22 彼はそのやぎを<荒野>に放つ．
民数 9: 1 主はシナイの<荒野>でモーセに告げ
10:12 パランの<荒野>．12:16，13:3，26，
Ⅰサム25:1.
14: 2 この<荒野>で死んだほうがましだ．
25 <荒野>へ出発せよ．」申命1:40.
29 この<荒野>で…死体となって倒れる．
33 <荒野>で40年の間羊を飼う者となり
…この<荒野>で倒れてしまうまで，
16:13 <荒野>で私たちを死なせようとし，
26:65 彼らは必ず<荒野>で死ぬ」と言われ
32:13 40年…<荒野>にさまよわされた．
15 主は…民をこの<荒野>に見捨てられ
33:11 旅立ってシンの<荒野>に宿営した．
申命 1: 1 アラバの<荒野>で…告げたことばで
19 あの大きな恐ろしい<荒野>を…進み，
2: 7 広大な<荒野>の旅を見守ってくださ
8 モアブの<荒野>への道を進んで行っ
8: 2 <荒野>であなたを歩ませられた全行
15 あの大きな恐ろしい<荒野>，水のな
ヨシ 5: 4 戦士たちは…<荒野>で死んだ．
5 <荒野>で生まれた民は，だれも割礼
14:10 イスラエルが<荒野>を歩いた45年間，
Ⅰサム 23:25 ダビデを追ってマオンの<荒野>に来
24: 1 エン・ゲディの<荒野>にいるという
26: 2 ジフの<荒野>にいるダビデを求めて
Ⅱサム 2:24 ギブオンの<荒野>の道沿いにあるギ
16: 2 ぶどう酒は<荒野>で疲れた者が飲む
17:16 <荒野>の草原で夜を過ごしてはいけ
Ⅰ列 19: 4 <荒野>へ１日の道のりを入って行っ
15 ダマスコの<荒野>へ帰って行け．そ
Ⅱ列 3: 8 「エドムの<荒野>の道を」と答えた．
Ⅰ歴 5: 9 <荒野>の入口に及ぶ地に住んだ．ギ
Ⅱ歴 8: 4 <荒野>にタデモルを建て，倉庫の町
26:10 <荒野>にやぐらを建て…水ためを掘
ヨブ 38:26 人間のいない<荒野>にも，雨を降ら
詩篇 29: 8 主の声は，<荒野>をゆすぶり，主は，
カデシュの<荒野>を，ゆすぶられる．
55: 7 ああ，私は…<荒野>の中に宿りたい．
65:12 <荒野>の牧場はしたたり，もろもろ
74:14 <荒野>の民のえじきとされました．
75: 6 西からでも…<荒野>からでもない．
78:40 幾たび彼らは，<荒野>で神に逆らい，
95: 8 <荒野>のマサでの日のように，あな
102: 6 私は<荒野>のペリカンのようになり，
106:14 <荒野>で激しい欲望にかられ，荒れ
107: 4 彼らは<荒野>や荒れ地をさまよい，
33 主は川を<荒野>に，水のわき上がる
35 <荒野>を水のある沢に．イザ41:18.
箴言 21:19 <荒野>に住むほうがまだましだ．
雅歌 3: 6 <荒野>から上って来るひとはだれ．

イザ 13:21 そこには<荒野>の獣が伏し，そこの
14:17 世界を<荒野>のようにし，町々を絶
21: 1 海の<荒野>に対する宣告．ネゲブに
27:10 町は…<荒野>のように見捨てられる．
32:16 公正は<荒野>に宿り，義は果樹園に
35: 1 <荒野>と砂漠は楽しみ，荒地は喜び，
6 <荒野>に水がわき出し，荒地に川が
40: 3 <荒野>に呼ばわる者の声がする．
43:19 確かに，わたしは<荒野>に道を，荒
20 わたしが<荒野>に水をわき出させ，
51: 3 その<荒野>をエデンのようにし，そ
64:10 聖なる町々は<荒野>となっています．
シオンは<荒野>となり，エルサレム
エレ 2: 2 <荒野>の種も蒔かれていない地での
31 イスラエルにとって，<荒野>であっ
3: 2 <荒野>のアラビヤ人がするように，
9: 2 <荒野>に旅人の宿を持っていたなら，
13:24 <荒野>の風に吹き飛ばされるわらの
22: 6 わたしはあなたを<荒野>にし，住む
25:24 <荒野>に住む混血の民のすべての王
31: 2 生き残った民は<荒野>で恵みを得た．
50:12 <荒野>となり，砂漠と荒れた地とな
哀歌 4:19 <荒野>で私たちを待ち伏せた．
5: 9 <荒野>に剣があるために，いのちが
エゼ 6:14 <荒野>からリブラまで…荒れ果てさ
20:10 彼らを連れ出し，<荒野>に導き入れ，
13 <荒野>でわたしの憤りを彼らの上に
23:42 <荒野>からの大酒飲みが加わった．
29: 5 魚とを<荒野>に投げ捨てる．
34:25 彼らは安心して<荒野>に住み，森の
ホセ 2: 3 彼女を<荒野>のようにし，砂漠のよ
14 彼女を…<荒野>に連れて行き，優し
13: 5 わたしは<荒野>で…あなたを知って
ヨエ 2: 3 去ったあとでは…<荒野>となる．こ
3:19 エドムは荒れ果てた<荒野>となる．
アモ 5:25 <荒野>にいた40年の間に…ささげた
ゼパ 2:13 ニネベを…<荒野>のようにし，砂漠
マタ 3: 3 <荒野>で叫ぶ者の声がする．『主の
道を用意し，主の通られる道をまっ
4: 1 御霊に導かれて<荒野>に上って行か
11: 7 何を見に<荒野>に出て行ったのです
24:26 そら，<荒野>にいらっしゃる』と言
マコ 1:13 イエスは40日間<荒野>にいて，サタ
ルカ 1:80 公に出現する日まで<荒野>にいた．
4: 1 イエスは…御霊に導かれて<荒野>に
8:29 悪霊によって<荒野>に追いやられて
ヨハ 1:23 …と<荒野>で叫んでいる者の声です．
3:14 モーセが<荒野>で蛇を上げたように，
6:31 父祖たちは，<荒野>でマナを食べま
使徒 7:30 シナイ山の<荒野>で…現れました．
13:18 40年間，<荒野>で彼らを耐え忍ばれ
21:38 4千人の刺客を<荒野>に引き連れて
Ｉコリ 10: 5 大部分は…<荒野>で滅ぼされました．
ＩＩコリ 11:26 都市の難，<荒野>の難，海上の難，
ヘブ 3: 8 <荒野>での試みの日に御怒りを引き
17 しかばねを<荒野>にさらした，あの
11:38 <荒野>と山とほら穴と地の穴とをさ
黙示 12: 6 女は<荒野>に逃げた…1260日の間彼
14 自分の場所である<荒野>に飛んで行
17: 3 御使いは…私を<荒野>に連れて行っ

▼アラバ

1. 地名．

(1)ヨルダンからアカバ湾までの低地．申命1:1，2:8，3:17，4:49，11:30，ヨシ8:14，11:2，12:1，18:18，Ｉサム23:24，ＩＩサム2:29，4:7，ＩＩ列25:4，エレ39:4，52:7，エゼ47:8，アモ6:14．

(2)アラバの海．死海のこと．申命3:17，ヨシ3:16，12:3，ＩＩ列14:25．

2. アラバ人．ベテ・ハアラバの住人．ＩＩサム23:31，Ｉ歴11:32．

▼アラビムがわ（～川）

モアブとエドムの国境の川．イザ15:7．

▼アラビヤ

1. 地名．Ｉ列10:15，ＩＩ歴9:14，イザ21:13，エレ25:24，エゼ30:5，ガラ1:17，4:25．

2. アラビヤ人．ＩＩ歴17:11，21.16，26:7，イザ13:20，エレ3:2，エゼ27:21，使徒2:11．

▼アラフ

1. 人名．

(1)アシェル族出身．一族のかしら．Ｉ歴7:39．

(2)ユダヤ人．孫娘がトビヤ1.(2)の妻．ネヘ6:18．

2. アラフ族．捕囚帰還氏族．エズ2:5，ネヘ7:10．

▼アラブ

1. 地名．ヘブロン付近の村．ヨシ15:52．

2. アラブ人．

(1)1.の出身者と住民．ＩＩサム23:35．

(2)アラビヤの住民．ネヘ2:19，4:7，6:1．

▼ **アラム〔人名〕**

⑴セムの第5子とその子孫，及びその居住地．創世10:22，25:20，28:5，民数23:7，申命26:5，士師3:10，10:6，Ⅱサム8:6，10:6，18，Ⅰ列20:20，Ⅱ列5:1，6:9，7:4，13:17，16:7，24:2，Ⅰ歴1:17，2:23，イザ7:2，8，9:12，エゼ27:16，ホセ12:12，アモ9:7．

⑵アブラハムの兄弟ナホルの孫．創世22:21．

⑶アシェルの子孫ショメルの子．Ⅰ歴7:34．

⑷主イエスの先祖の一人．マタ1:3，4．

▼ **アラムご（〜語）**

Ⅱ列18:26，エズ4:7，イザ36:11，ダニ2:4．

▼ **アラム・ツォバ**

アラム人都市国家の一つ．詩篇60題目．

▼ **アラム・ナハライム〔地名〕**

メソポタミヤ北部地方．創世24:10，申命23:4，士師3:8，Ⅰ歴19:6．

▼ **アラム・マアカ**

アラム人都市国家の一つ．Ⅰ歴19:6．

▼ **アラメレク〔地名〕**

アシェルの町．ヨシ19:26．

▼ **アラモテ**

音楽用語．Ⅰ歴15:20，詩篇46題目．

▼ **アララテ〔地名〕**

⑴ノアの箱舟がとどまった山地の名．創世8:4．

⑵アルメニヤ地方．Ⅱ列19:37，イザ37:38．

⑶エレミヤが預言した古代王国．エレ51:27．

▼ **アラルじん（〜人）**

アラル（場所不明）出身者．Ⅱサム23:33．

▼ **あらわす（現す，表す）**

レビ 20:18　女はその血の泉を<現>したのである．
申命 29:29　<現>されたことは，永遠に，私たち
Ⅰサム 3:21　ご自身をシロでサムエルに<現>され
17:16　夕暮れに出て来て姿を<現>した．
Ⅰ歴 28: 9　神はあなたにご自分を<現>される．
Ⅱ歴 3: 1　その父ダビデにご自身を<現>された
ヨブ 12:22　やみの中から秘密を<あらわ>し，暗
20:27　天は彼の罪を<あらわ>し，地は彼に
詩篇 77:14　民の中に御力を<現>される方です．
98: 2　その義を国々の前に<現>された．
箴言 12:16　愚か者は自分の怒りをすぐ<現す>．
18: 2　ただ自分の意見だけを<表す>．
イザ 3: 9　顔つきが，そのことを<表>している
…罪を，ソドムのように<現>して，
26:21　地はその上に流された血を<現>し，
40: 5　主の栄光が<現>されると，すべての
49: 9　やみの中にいる者には『姿を<現>せ』
52:10　目の前に，聖なる御腕を<現>した．
哀歌 4: 3　ジャッカルさえも乳房を<あらわし>，
エゼ 22:10　父が裸を<あらわ>され…女が犯され
ダニ 2:22　隠されていることも<あらわ>し，暗
マタ 11:25　幼子たちに<現>してくださいました．
マコ 16: 9　まず…マリヤにご自分を<現>された．
12　別の姿でご自分を<現>された．
ルカ 12: 2　…もので，<現>されないものはなく，
ヨハ 2:11　ご自分の栄光を<現>された．それ
7: 4　自分を世に<現>しなさい．」
12:38　主の御腕はだれに<現>されましたか
14:21　わたし自身を彼に<現>します．」
22　私たちにはご自分を<現>そうとしながら，世には<現>そうとなさらない
21: 1　もう一度ご自分を弟子たちに<現>された．その<現>された次第はこうで
14　弟子たちにご自分を<現>されたのは，
ロマ 3:25　それは，ご自身の義を<現す>ため
10:20　たずねない者に自分を<現>した．」
15: 8　神の真理を<現す>ために，割礼の
16:25-26　隠されていたが，今や<現>されて，
コロ 1:26　聖徒たちに<現>された奥義なのです．
テト 2:10　努めて真実を<表す>ように勧めなさ
Ⅰヨハ 1: 2　私たちに<現>された永遠のいのち

▼ **あらわれ（現れ）**

Ⅰコリ 1: 7　キリストの<現れ>を待っています．
2: 4　御霊と御力の<現れ>でした．
12: 7　おのおのに御霊の<現れ>が与えら
Ⅰテモ 6:14　キリストの<現れ>の時まで，あなた
Ⅱテモ 4: 8　主の<現れ>を慕っている者には，だ
ヘブ 1: 3　御子は…神の本質の完全な<現れ>で
Ⅰペテ 1:13　キリストの<現れ>のときあなたがた

▼ **あらわれる（現れる，表れる）**

創世 1: 9　かわいた所が<現れ>よ．」そのよう
8: 5　第10の月…山々の頂が<現れ>た．
9:14　虹が雲の中に<現れる>．
12: 7　主がアブラムに<現れ>．18:1．
26: 2　主はイサクに<現れ>て仰せられた．
31:24　神は夜，夢に…ラバンに<現れ>て言
32: 1　神の使いたちが彼に<現れ>た．
35: 1　あなたに<現れ>た神のために祭壇を
7　神がそこで彼に<現れ>たからである．
9　神は再び彼に<現れ>，彼を祝福され

48: 3 神がカナンの地ルズで私に<現れ>，
出エ 3: 2 主の使いが彼に，<現れ>た．柴の中
4: 1 主はあなたに<現れ>なかった』と言
6: 3 全能の神として<現れ>たが，主とい
16:10 主の栄光が雲の中に<現れ>た．
20:26 裸が…<あらわれ>てはならないから
レビ 9: 4 きょう主があなたがたに<現れる>
6 主の栄光が…<現れる>ためである．
13:14 生肉が彼に<現れる>ときは，彼は汚
16: 2 わたしが…雲の中に<現れる>から
民数 14:10 そのとき，主の栄光が…<現れ>た．
14 主がまのあたりに<現れ>て，あなた
16:19 主の栄光が全会衆に<現れ>た．
申命 31:15 主は…雲の柱のうちに<現れ>た．雲
士師 6:12 主の使いが彼に<現れ>て言った．
Ⅰサム 3:21 主は再びシロで<現れ>た．主のこと
Ⅱサム 22:11 主は…風の翼の上に<現れ>た．
16 こうして，海の底が<現れ>，地の基
Ⅰ列 3: 5 主は夢のうちにソロモンに<現れ>た．
9: 2 主は…ソロモンに再び<現れ>た．
Ⅱ歴 1: 7 その夜，神がソロモンに<現れ>て，
7:12 すると，主が夜ソロモンに<現れ>，
ヨブ 38:17 死の門があなたに<現れ>たことがあ
詩 102:16 主は…その栄光のうちに<現れ>，
箴言 26:26 その悪は集会の中に<現れる>．
イザ 47: 3 あなたの裸は<現れ>，あなたの恥も
53: 1 主の御腕は，だれに<現れ>たのか．
56: 1 わたしの義が<現れる>のも近いか
60: 2 その栄光があなたの上に<現れる>．
エレ 13:26 あなたの恥ずべき所が<現れる>．
31: 3 主は遠くから，私に<現れ>た．「永
エゼ 10: 1 それが，ケルビムの上に<現れ>た．
21:24 すべてのわざに罪が<表れる>ように
ダニ 5: 5 突然，人間の手の指が<現れ>，王の
8: 1 初めに私に幻が<現れ>て後…また，
一つの幻が<現れ>た．
ホセ 6: 3 主は暁の光のように…<現れ>，大雨
5 さばきは光のように<現れる>．
ゼカ 9:14 主は彼らの上に<現れ>，その矢はい
マラ 3: 2 だれが，この方の<現れる>とき立っ
マタ 1:20 主の使いが夢に<現れ>て言．2:13．
13:26 実ったとき，毒麦も<現れ>た．
17: 3 モーセとエリヤが<現れ>てイエスと
話し合ってい．マコ9:4，ルカ9:31．
24: 5 わたしの名を名のる者が大ぜい<現
れ>．マコ13:6，ルカ21:8．
24 にせ預言者たちが<現れ>て，できれ
30 人の子のしるしが天に<現れ>ます．
27:53 聖都に入って多くの人に<現れ>た．
マコ 4:22 隠れているのは…<現れる>ためであ
16:14 食卓に着いているところに<現れ>て，
ルカ 1:11 主の使いが彼に<現れ>て，香壇の右
2:35 多くの人の心の思いが<現れる>ため
17:30 人の子の<現れる>日にも，全くその
19:11 神の国がすぐにでも<現れる>ように
ヨハ 9: 3 神のわざがこの人に<現れる>ためで
使徒 1: 3 40日の間，彼らに<現れ>て，神の国
2: 3 炎のような分かれた舌が<現れ>て，
12: 7 突然，主の御使いが<現れ>，光が牢
13:31 幾日にもわたり…<現れ>ました．き
26:16 わたしがあなたに<現れ>たのは，あ
ロマ 2: 5 神の正しいさばきの<現れる>日の御
Ⅰコリ 3:13 その日は火とともに<現れ>，この火
13:10 完全なものが<現れ>たら，不完全な
15: 5 ケパに<現れ>，それから12弟子に<
現れ>たことです．
6 500人以上の兄弟たちに…<現れ>ま
7 キリストはヤコブに<現れ>，それか
ら使徒たち全部に<現れ>ました．
8 私にも，<現れ>てくださいました．
Ⅱコリ 5:10 キリストのさばきの座に<現れ>て，
ガラ 3:23 信仰が<現れる>以前には，私たちは
25 信仰が<現れ>た以上，私たちはもは
コロ 3: 4 キリストが<現れる>と…あなたがた
も…栄光のうちに<現れ>ます．
Ⅱテサ 1: 7 天から<現れる>ときに起こります．
Ⅰテモ 3:16 キリストは肉において<現れ>，霊に
テト 2:11 すべての人を救う神の恵みが<現れ>，
3: 4 いつくしみと人への愛とが<現れ>た
ヘブ 9:24 神の御前に<現れ>てくださるのです．
ヤコ 4:14 しばらくの間<現れ>て…消えてしま
Ⅰペテ 1:20 あなたがたのために，<現れ>てくだ
4:13 キリストの栄光が<現れる>ときにも，
5: 1 やがて<現れる>栄光にあずかる者と
4 大牧者が<現れる>ときに，あなたが
Ⅰヨハ 1: 2 このいのちが<現れ>，私たちはそれ
2:28 キリストが<現れる>とき，私たちが
3: 2 キリストが<現れ>たなら，私たちは
5 キリストが<現れ>たのは罪を取り除
8 神の子が<現れ>たのは，悪魔のしわ

黙示 12: 1 巨大なしるしが天に<現れ>た．ひと

▼アラン〔人名〕

ホリ人セイルの子孫．創世36:28，Ⅰ歴1:42．

▼あり（蟻）

箴言 6: 6 なまけ者よ．<蟻>のところへ行き，
30:25 <蟻>は力のない種族だが，夏のうち

▼ありあまる（～余る）

出エ 36: 7 手持ちの材料は…<あり余る>ほどで
マコ 12:44 みなは，<あり余る>中から投げ入れ
ルカ 15:17 パンの<あり余>っている雇い人が大

▼アリエル

1. 人名．イドに遣わされたかしら．エズ8:16．
2. エルサレムの暗示的名称．イザ29:1，2，7．

▼アリサイ〔人名〕

ペルシヤ王に仕えたハマンの子．エス9:9．

▼ありさま（有様）

ヨエ 2: 4 その<有様>は馬のようで，軍馬のよ
使徒 1:11 同じ<有様>で，またおいでになりま
Ⅰコリ 7:31 この世の<有様>は過ぎ去るからです．

▼アリスタルコ〔人名〕

マケドニヤ人の信者．使徒19:29，20:4，27:2．

▼アリストブロ〔人名〕

ローマのキリスト者．ロマ16:10．

▼アリダイ〔人名〕

ペルシヤ王に仕えたハマンの子．エス9:9．

▼アリダタ〔人名〕

ペルシヤ王に仕えたハマンの子．エス9:8．

▼アリマタヤ〔地名〕

サンヘドリン議員ヨセフの出身地．マタ27:57，マコ15:43，ルカ23:51，ヨハ19:38．

▼アル〔地名〕

死海の東の町．民数21:15，申命2:9，イザ15:1．

▼ある

出エ 3:14 わたしは，『わたしは<ある>』という者である…わたしは<ある>という

▼ある（有る）

ロマ 4:17 無いものを<有る>もののようにお呼

▼アルエリ〔人名〕

ガドの子とその子孫．創世46:16，民数26:17．

▼アルキじん（～人）

(1)アルカの町の住民．創世10:17，Ⅰ歴1:15．
(2)アタロテ(3)に住んでいた氏族．ヨシ16:2，Ⅱサム15:32，16:16，17:5，14，Ⅰ歴7:33．

▼アルキポ〔人名〕

コロサイ教会のキリスト者．コロ4:17，ピレ2．

▼あるく（歩く），歩き回る

創世 3: 8 園を<歩き回>られる神である主の声
13:17 その地を縦と横に<歩き回>りなさい．
22: 8 ふたりはいっしょに<歩>き続けた．
24:65 野を<歩>いてこちらのほうに，私た
35: 3 私の<歩>いた道に，いつも私ととも
出エ 15:22 3日間，荒野を<歩>いた．彼らには
21:19 外を<歩く>ようになれば，打った者
レビ 11:20 四つ足で<歩き回る>ものは…忌むべ
19:16 人々の間を<歩き回>って，人を中傷
26:13 まっすぐに立たせて<歩>かせた．
民数 11: 8 人々は<歩き回>って，それを集め，
申命 6: 7 道を<歩く>ときも，寝るときも，起
ヨシ 24: 3 カナンの全土を<歩>かせ，彼の子孫
士師 14: 9 手にかき集めて，<歩>きながら食べ
Ⅱサム 11: 2 王宮の屋上を<歩>いていると，ひと
22:37 あなたは私を大またで<歩>かせます．
Ⅰ列 19: 8 40日40夜，<歩>いて神の山ホレブに
エス 2:11 毎日婦人部屋の庭の前を<歩き回>り，
ヨブ 1: 7 地を行き巡り，そこを<歩き回>って
22:14 神は天の回りを<歩き回る>だけだ」
24:10 彼らは着る物もなく，裸で<歩>き，
38:16 深い淵の奥底を<歩き回>ったことが
詩篇 18:36 あなたは私を大またで<歩>かせます．
23: 4 たとい，死の陰の谷を<歩く>ことが
38: 6 一日中，嘆いて<歩>いています．
48:12 シオンを巡り，その回りを<歩>け．
55:10 町の城壁の上を<歩き回>り，町の真
66: 6 人々は川の中を<歩>いて渡る．さあ，
81:13 イスラエルが，わたしの道を<歩>い
91: 6 暗やみに<歩き回る>疫病も，真昼に
115: 7 足があっても<歩>けない．のどがあ
119:45 私は広やかに<歩>いて行くでしょう．
138: 7 私が苦しみの中を<歩>いても，あな
箴言 1:15 彼らといっしょに道を<歩>いてはな
20:19 <歩き回>って人を中傷する者は秘密
伝道 2:14 愚かな者はやみの中を<歩く>．しか
10: 7 君主たちが奴隷のように地を<歩く>
イザ 8:21 彼は…飢えて，国を<歩き回り>，飢
20: 2 彼は…裸になり，はだしで<歩>いた．
40:31 走ってもたゆまず，<歩>いても疲れ
50:10 暗やみの中を<歩>き，光を持たない

エレ 6:25 畑に出るな．道を<歩く>な．敵の剣
28 中傷して<歩き回>り，青銅や鉄のよ
10:23 <歩く>ことも，その歩みを確かにす
哀歌 5:18 狐がそこを<歩き回>っているからで
エゼ 28:14 あなたは火の石の間を<歩>いていた．
ダニ 3:25 火の中を…<歩>いている 4 人の者が
4:29 彼が…宮殿の屋上を<歩>いていたと
ホセ 11: 3 エフライムに<歩く>ことを教え，彼
アモ 3: 3 ふたりの者は…いっしょに<歩く>だ
ミカ 2: 3 いばって<歩く>こともできなくなる．
11 もし人が風のまにまに<歩き回>り，
ゼパ 1:17 人々は盲人のように<歩く>．彼らは
ゼカ 10:12 彼らは主の名によって<歩き回る>．
マラ 3:14 万軍の主の前で悲しんで<歩>いても，
マタ 9: 5 起きて<歩>け』と言うのと，どちら
11: 5 足のなえた者が<歩>き，ツァラアト
14:25 イエスは湖の上を<歩>いて，彼らの
ところに．マコ6:48，ヨハ6:19．
29 ペテロは…水の上を<歩>いてイエス
15:31 足のなえた者が<歩>き，盲人たちが
マコ 5:42 少女は…起き上がり，<歩>き始めた．
8:24 木のようですが，<歩>いているのが
12:38 長い衣をまとって<歩き回>ったり，
16:12 ふたりがいなかのほうへ<歩>いてい
ルカ 24:15 彼らとともに道を<歩>いておられた．
17 <歩>きながらふたりで話し合ってい
ヨハ 5: 8 床を取り上げて<歩>きなさい．」9．
6:66 もはやイエスとともに<歩>かなかっ
11: 9 昼間<歩>けば，つまずくことはあり
10 夜<歩>けばつまずきます．光がその
54 公然と<歩く>ことをしないで，そこ
12:35 光がある間に<歩>きなさい．やみの
21:18 自分の<歩>きたい所を<歩>きました．
使徒 3: 6 キリストの名によって，<歩>きなさ
12 私たちが…彼を<歩>かせたかのよう
14: 8 足のなえた人で，<歩>いたことがな
10 彼は飛び上がって，<歩>き出した．
Ⅱコリ 12:18 同じ心で，同じ歩調で<歩>いたので
ヘブ 11:37 羊ややぎの皮を着て<歩き回>り，乏
Ⅰペテ 5: 8 捜し求めながら，<歩き回>っていま
黙示 2: 1 七つの金の燭台の間を<歩く>方が言
9:20 <歩く>こともできない偶像を拝み続

▼アルゴブ〔地名〕
バシャンの一地方．申命3:4，13，Ⅰ列4:13．

▼アルシュ〔地名〕
イスラエルの宿営地．民数33:13，14．

▼アルタシャスタ〔人名〕
ペルシヤの王．エズ4:7，8，11，23，6:14，7:1，7，11，12，21，8:1，ネヘ2:1，5:14，13:6．

▼アルツァ〔人名〕
イスラエルの王エラの家のつかさ．Ⅰ列16:9．

▼アルデ〔人名〕
ベニヤミンの子と子孫．創世46:21，民数26:40．

▼アルテマス〔人名〕
パウロの同労者．テト3:12．

▼アルテミス〔偶像〕
エペソの女神．使徒19:24，27，28，34，35．

▼アルドン〔人名〕
ユダ族ヘツロンの子カレブの子．Ⅰ歴2:18．

▼アルナン〔人名〕
ダビデの子孫エコヌヤの子孫．Ⅰ歴3:21．

▼アルニ〔人名〕
主イエスの先祖の一人．ルカ3:33．

▼アルノン，アルノン川，アルノンの渡し場
死海東岸モアブ最大の川．民数21:13，24，22:36，申命2:24，36，3:8，4:48，ヨシ12:1，13:9，士師11:13，Ⅱ列10:33，イザ16:2，エレ48:20．

▼アルバ〔人名〕
アナクの父．ヨシ14:15，15:13，21:11．

▼アルパクサデ〔人名〕
主イエスの先祖．セムの 3 男．ルカ3:36．

▼アルパクシャデ〔人名〕
セムの 3 男．創世10:22，11:10，Ⅰ歴1:17，24．

▼アルパデ〔地名〕
ハマテに近い北シリヤの町．Ⅱ列18:34，19:13，イザ10:9，36:19，37:13，エレ49:23．

▼アルパヨ〔人名〕
(1)12弟子の一人マタイの父．マコ2:14．
(2)12弟子の一人ヤコブ(4)の父．マタ10:3，マコ3:18，ルカ6:15，使徒1:13．

▼アルファ
ギリシヤ語アルファベットの最初の文字．
黙示 1: 8 わたしは<アルファ>であり，オメガである．21:6，22:13．

▼ **アルボテ〔地名〕**
ソロモンの守護の一人が住んだ町．Ⅰ列4:10.

▼ **アルマ〔地名〕**
シェケムとシロの間の町．士師9:41.

▼ **アルモダデ〔人名〕**
ヨクタンの第１子．創世10:26，Ⅰ歴1:20.

▼ **アルモニ〔人名〕**
サウルとそばめリツパの間の子．Ⅱサム21:8.

▼ **アルモン〔地名〕**
アレメテの別名．ベニヤミンの町．ヨシ21:18.

▼ **アルモン・ディブラタイム〔地名〕**
イスラエル人のモアブでの宿営地．民数33:46.

▼ **アルヤン〔人名〕**
エドム人ショバルの第１子．Ⅰ歴1:40.

▼ **アルヨク〔人名〕**
⑴エラサルの王．創世14:1.
⑵バビロンの侍従長．ダニ2:14，15，24，25.

▼ **アルワ〔人名〕**
エドムの首長．創世36:40，Ⅰ歴1:51.

▼ **アルワデ**
1. 地名．フェニキヤ最北の町．エゼ27:8，11.
2. アルワデ人．**1.** の住人．創世10:18，Ⅰ歴1:16.

▼ **アルワン〔人名〕**
ホリ人セイルの子孫．創世36:23.

▼ **アレオパゴス〔地名〕**
アテネの丘．評議会の場．使徒17:19，22，34.

▼ **アレキサンデル〔人名〕**
⑴クレネ人シモンの息子．マコ15:21.
⑵ペテロとヨハネを尋問した大祭司一族の一人．使徒4:6.
⑶エペソのユダヤ人．使徒19:33.
⑷信仰を捨てた人．Ⅰテモ1:20，Ⅱテモ4:14.

▼ **アレキサンドリヤ**
1. 地名．エジプトの中心都市．使徒18:24，27:6.
2. アレキサンドリヤ人．**1.** の住人．使徒6:9.

▼ **あれすたれる（荒れすたれる）**
イザ 13: 9　地を<荒れすた>らせ，罪人たちをそ
24: 1　主は地を<荒れすた>らせ，その面を
ホセ 2:12　いちじくの木とを<荒れすた>らせ，
ヨエ 1: 7　わたしのぶどうの木を<荒れすたれ>
ゼパ 3: 6　彼らの町々は<荒れすたれ>てひとり
ゼカ 7:14　この国は…<荒れすたれ>て，行き来
マタ 12:25　内輪もめして争えば<荒れすたれ>，
黙示 18:17　富が，一瞬のうちに<荒れすたれ>て

▼ **アレタ〔人名〕**
アラビヤの一部族ナバテヤ人の王．Ⅱコリ11:32.

▼ **あれち（荒れ地，荒地）**
詩 107:40　道なき<荒れ地>に彼らをさまよわせ
イザ 32:14　見張りの塔は…<荒地>となり，野ろ
33: 9　シャロンは<荒地>のようになり，バ
35: 6　<荒地>に川が流れるからだ．
40: 3　主の道を整えよ．<荒地>で，私たち
41:19　<荒地>にもみの木，すずかけ，檜も
43:19　荒野に道を，<荒地>に川を設ける．

▼ **あれはてる（荒れ果てる）**
レビ 26:31　あなたがたの聖所を<荒れ果て>させ
ヨシ 8:28　アイを…永久に<荒れ果て>た丘とし
イザ 1: 7　他国人の破滅にも似て<荒れ果て>て
24:12　城門は打ち砕かれて<荒れ果てる>.
エレ 4: 7　あなたの国を<荒れ果て>させるため
27　全地は<荒れ果てる>．しかし，わた
25:11　国は…廃墟となって<荒れ果て>，こ
エゼ 6:14　荒野からリブラまで…<荒れ果て>さ
25: 3　イスラエルの地が<荒れ果て>たとき，
29: 9　エジプトの地は<荒れ果て>て廃墟と
35: 9　おまえを永遠に<荒れ果て>させる．
ゼパ 2: 9　とこしえの<荒れ果て>た地となる．
13　ニネベを<荒れ果て>た地とし，荒野
マラ 1: 3　彼の山を<荒れ果て>た地とし，彼の
マタ 23:38　家は<荒れ果て>たままに残される．
使徒 1:20　彼の住まいは<荒れ果て>よ，そこに

▼ **アレメテ**
1. 地名．ベニヤミンの町．Ⅰ歴6:60.
2. 人名．
⑴ベニヤミンの子ベケルの子．Ⅰ歴7:8.
⑵サウルの子ヨナタンの子孫．Ⅰ歴8:36，9:42.

▼ **アロエ**
民数 24: 6　主が植えた<アロエ>のように，水辺
詩篇 45: 8　着物はみな…<アロエ>，肉桂のかお
箴言 7:17　没薬，<アロエ>，肉桂で，私の床を
雅歌 4:14　没薬，<アロエ>に，香料の最上のも
ヨハ 19:39　没薬と<アロエ>を混ぜ合わせたもの

▼ **アロエル**
1. 地名．

⑴モアブの町．民数32:34，申命2:36，3:12，4:48，ヨシ12:2，13:9，16，士師11:26，Ⅱサム24:5，Ⅱ列10:33，Ⅰ歴5:8，エレ48:19．
⑵アモン人の町．ヨシ13:25，士師11:33．
⑶ユダ領ネゲブの町．Ⅰサム30:28．
2.アロエル人．1.⑶の出身者．Ⅰ歴11:44．

▼アロデ〔人名〕
ガドの子とその一族．民数26:17．

▼アロディ〔人名〕
ガドの子．アロデと同人．創世46:16．

▼アロン〔人名〕【別項】アロンの杖
⑴初代の大祭司．
①家系，家族：レビの子孫，出エ6:16-20；モーセの兄，出エ7:1，7．
②地位，身分：モーセの助手，出エ4:13-31；モーセの預言者，出エ7:1-2；神の仰せを聞く，出エ12:1；モーセと共に出エジプトの任務を受ける，出エ6:13，26，ヨシ24:5；メルキゼデクより劣った祭司職，ヘブ7:11-19．
③特別な栄誉：パロの前に出る，出エ5:1-4；奇蹟を行う，出エ7:9-10，19-21；モーセの手を支える，出エ17:10-12；シナイ山に登る，出エ19:24，24:1，9；神の栄光を見る，出エ24:9-10；モーセの不在中，イスラエルをさばく，出エ24:14；会見の天幕に入るのを許される，レビ16章；民を祝福する，レビ9:22；ミリヤムのためにとりなす，民数12:10-12．
④犯した罪：偶像礼拝を容認する，出エ32:1-6；民の乱れを放っておく，出エ32:21-25；ミリヤムと共謀してモーセを非難する，民数12章；メリバの水のことで，モーセと共に失敗を犯す，民数20:1-13，24．
⑤特質：雄弁，出エ4:14；危機に弱い，出エ32:1-24；嫉妬しやすい，民数12:1-2；罪を自覚する，民数12:11；従順，レビ10:1-7；主の聖徒，詩篇106:16．
⑥祭司職：神によって選ばれる，出エ28:1；息子も共に職につく，レビ8章；油注ぎを受ける，出エ30:30；与えられた務め，出エ30:7-10；決められた服装，出エ39:1-31；おきてを民に教える，レビ10:8-11，いけにえをささげるために選び分たれる，レビ9章，ヘブ5:1-4；年に1度だけ至聖所に入る．出エ30:10；他の者を贖う，民数16:46-48；神によって承認される，民数17:8-10；生きている間のみの職務，ヘブ7:11-23．
⑦死：123歳まで生きる，民数33:39；死，民数20:23-26，申命10:6．
⑵シメオン族エダヤの子．氏族の長．Ⅰ歴4:37．

▼アロンのつえ（～杖）
出エ7:12，民数17:6，8，10，ヘブ9:4．

▼アロン・バクテ
創世 35: 8　木の名は<アロン・バクテ>と呼ばれ

▼アワ
1.地名．北シリヤの町．Ⅱ列17:24．
2.アワ人．1.の住民．Ⅱ列17:31．

▼あわ
エゼ　4: 9　大麦，そら豆，レンズ豆，<あわ>，

▼あわ
マコ　9:18　彼は<あわ>を吹き，歯ぎしりして，
ルカ　9:39　ひきつけさせて<あわ>を吹かせ，か
ユダ　　13　自分の恥の<あわ>をわき立たせる海

▼あわせ
箴言 31:21　家の者はみな，<あわせ>の着物を着

▼あわだつ（～立つ）
申命 32:14　<あわ立つ>ぶどうの血を…飲んでい
詩篇 46: 3　その水が立ち騒ぎ，<あわだ>っても，
　　75: 8　混ぜ合わされた，<あわだつ>ぶどう

▼あわてる
詩篇 31:22　私は<あわて>て言いました．116:11．
箴言 21: 5　<あわてる>者は欠損を招くだけだ．
イザ 28:16　信じる者は，<あわてる>ことがない．
マタ 24: 6　気をつけて，<あわて>ないようにし
マコ 13: 7　<あわて>てはいけません．それは必

▼あわれ（哀れ）
出エ　2: 6　彼女はその子を<あわれ>に思い，
ネヘ　4: 2　この<哀れ>なユダヤ人たちは，いっ
マタ 24:19　その日，<哀れ>なのは身重の女と乳
ルカ　6:24　あなたがた富む者は<哀れ>です．慰
　　　　26　ほめるとき，あなたがたは<哀れ>で
Ⅰコリ 15:19　私たちは…一番<哀れ>な者です．
黙示　3:17　実は自分がみじめで，<哀れ>で，貧

▼あわれみ，あわれみ深い
創世 19:16　主の彼に対する<あわれみ>による．
　　42:21　われわれに<あわれみ>を請うたとき
出エ 34: 6　主は，<あわれみ深>く，情け深い神，
申命　4:31　主は，<あわれみ深い>神であるから，
　　13:17　あなたに<あわれみ>を施し，あなた
Ⅱサム 12: 6　その男は，<あわれみ>の心もなく，

Ⅰ列 20:31 王たちは<あわれみ深い>王である，
Ⅰ歴 21:13 主の<あわれみ>は深いからです．人の手には陥りたくあ．Ⅱサム24:14.
Ⅱ歴 30: 9 主は，情け深く，<あわれみ深い>方
エズ 9: 8 主の<あわれみ>によって…のがれた
ネヘ 1:11 この人の前に，<あわれみ>を受けさ
エス 4: 8 王に<あわれみ>を求めるように彼女
ヨブ 8: 5 全能者に<あわれみ>を請うなら，
9:15 さばく方に<あわれみ>を請うだけだ．
20:10 子らは貧民たちに<あわれみ>を請い，
詩篇 25: 6 あなたの<あわれみ>と恵みを覚えて
30: 8 私の主に<あわれみ>を請います．
40:11 私に<あわれみ>を惜しまないでくだ
51: 1 あなたの豊かな<あわれみ>によって，
78:38 <あわれみ深い>神は，彼らの咎を赦
86:15 あなたは，<あわれみ深>く，情け深
103: 4 恵みと<あわれみ>との冠をかぶらせ，
8 主は，<あわれみ深>く，情け深い．
116: 5 私たちの神は<あわれみ深い>．
119:156 あなたの<あわれみ>は大きい．主よ．
142: 1 声をあげ，主に<あわれみ>を請いま
145: 9 その<あわれみ>は，造られたすべて
箴言 28:13 捨てる者は<あわれみ>を受ける．
イザ 26:10 悪者は<あわれみ>を示されても，義
54: 7 大きな<あわれみ>をもって…集める．
63: 9 その愛と<あわれみ>によって主は彼
エレ 6:23 彼らは…残忍で，<あわれみ>がない．50:42.
42:12 あなたがたに<あわれみ>を施すので，
哀歌 3:22 主の<あわれみ>は尽きないからだ．
エゼ 16: 5 あなたに<あわれみ>をかけようとも
ダニ 2:18 天の神の<あわれみ>を請い，ダニエ
9: 9 <あわれみ>と赦しとは，私たちの神，
ホセ 2:19 恵みと<あわれみ>をもって，契りを
11: 8 わたしは<あわれみ>で胸が熱くなっ
13:14 <あわれみ>はわたしの目から隠され
ヨエ 2:13 主は情け深く，<あわれみ深>く，怒
ハバ 3: 2 <あわれみ>を忘れないでください．
ゼカ 1:12 ユダの町々に，<あわれみ>を施され
16 <あわれみ>をもってエルサレムに帰
マタ 5: 7 <あわれみ深い>者は幸いです．その人たちは<あわれみ>を受けるから
9:13 わたしは<あわれみ>は好むが，いけにえは好まない．12:7.
23:23 正義と<あわれみ>と誠実を，おろそ
ルカ 1:50 その<あわれみ>は，主を恐れかしこ
58 エリサベツに大きな<あわれみ>をお
72 父祖たちに<あわれみ>を施し，その
78 これは…神の深い<あわれみ>による…その<あわれみ>により，日の出が
6:35 悪人にも，<あわれみ深い>からです．
36 天の父が<あわれみ深い>ように，あなたがたも，<あわれみ深>くしなさ
10:37 その人に<あわれみ>をかけてやった
ロマ 9:23 用意しておられた<あわれみ>の器に
11:30 <あわれみ>を受けているのと同様に，
31 <あわれみ>を受けるためなのです．
12: 1 神の<あわれみ>のゆえに…お願いし
Ⅰコリ 7:25 主の<あわれみ>によって信頼できる
Ⅱコリ 4: 1 <あわれみ>を受けてこの務めに任じ
ガラ 6:16 平安と<あわれみ>がありますように．
エペ 2: 4 <あわれみ>豊かな神は，私たちを愛
ピリ 2: 1 愛情と<あわれみ>があるなら，
Ⅰテモ 1: 2 恵みと<あわれみ>と平安とがありま
13 <あわれみ>を受けたのです．
16 私が<あわれみ>を受けたのは，イエ
テト 3: 5 ご自分の<あわれみ>のゆえに，聖霊
ヘブ 2:17 <あわれみ深い>，忠実な大祭司とな
8:12 わたしは彼らの不義に<あわれみ>を
10:28 <あわれみ>を受けることなく死刑に
ヤコ 2:13 <あわれみ>を示したことのない者に対するさばきは，<あわれみ>のないさばきです．<あわれみ>は，さばき
3:17 <あわれみ>と良い実とに満ち，えこ
5:11 主は慈愛に富み，<あわれみ>に満ち
Ⅰペテ 2:10 以前は<あわれみ>を受けない者であったのに，今は<あわれみ>を受けた
3: 8 <あわれみ深>く，謙遜でありなさい．
Ⅰヨハ 3:17 <あわれみ>の心を閉ざすような者に，
ユダ 21 キリストの<あわれみ>を待ち望みな

▼あわれむ

創世 43:14 あなたがたを<あわれま>せてくださ
出エ 33:19 <あわれも>うと思う者を<あわれむ>．
申命 7:16 彼らを<あわれん>ではならない．ま
28:50 横柄で…幼い者を<あわれま>ず，
30: 3 あなたを<あわれみ>…再び，集める．
32:36 主は…主のしもべらを<あわれむ>．
士師 2:18 主が<あわれま>れたからである．
Ⅱサム 12:22 主が私を<あわれみ>，子どもが生き
Ⅰ列 8:50 彼らを<あわれむ>ようにしてくださ

Ⅱ列 13:23 彼らを恵み，‹あわれみ›，顧みて，
Ⅱ歴 36:15 御住まいを‹あわれま›れたからであ
ネヘ 13:22 いつくしみによって…‹あわれん›で
ヨブ 19:21 私を‹あわれめ›，私を‹あわれめ›.
33:24 神は彼を‹あわれん›で仰せられる.
詩篇 4: 1 私を‹あわれみ›，私の祈りを聞いて
6: 2 主よ．私を‹あわれん›でください．9:13，25:16，26:11，30:10，31:9，41:4，10，56:1，57:1，86:3，16，119:29，58，132，123:3.
27: 7 私を‹あわれみ›，私に答えてくださ
59: 5 だれをも‹あわれま›ないでください.
67: 1 神が私たちを‹あわれみ›，祝福し，
90:13 しもべらを，‹あわれん›でください.
102:13 シオンを‹あわれん›でくださいます.
103:13 その子を‹あわれむ›ように，主は，ご自分を恐れる者を‹あわれま›れる.
106:45 恵みゆえに，彼らを‹あわれま›れた.
109:12 みなしごを‹あわれむ›者もいません
123: 2 主が私たちを‹あわれま›れるまで.
135:14 しもべらを‹あわれま›れます.
箴言 14:21 貧しい者を‹あわれむ›人は幸いだ.
31 貧しい者を‹あわれむ›者は造り主を
21:10 隣人を‹あわれも›うとはしない.
イザ 9:17 主は…やもめをも‹あわれま›ない.
13:18 彼らは胎児も‹あわれま›ず，子ども
14: 1 主はヤコブを‹あわれみ›，再びイス
27:11 造った方は，これを‹あわれま›ず，
30:18 あなたがたを‹あわれも›うと立ち上
33: 2 主よ．私たちを‹あわれん›でくださ
47: 6 彼らを‹あわれま›ず，老人にも，ひ
49:10 彼らを‹あわれむ›者が彼らを導き，
13 悩める者を‹あわれま›れるからだ.
15 胎の子を‹あわれま›ないだろうか.
54: 8 愛をもって，あなたを‹あわれむ›」
10 あなたを‹あわれむ›主は仰せられる.
55: 7 そうすれば，主は‹あわれん›でくだ
60:10 恵みをもって，あなたを‹あわれん›
エレ 12:15 わたしは再び彼らを‹あわれみ›，彼
13:14 ‹あわれま›ないで…滅ぼしてしまお
15: 5 だれがおまえを‹あわれも›う．だれ
6 わたしは‹あわれむ›のに飽いた.
21: 7 彼らを惜しまず…‹あわれま›ない.
30:18 その住まいを‹あわれも›う．町はそ
31:20 彼を‹あわれま›ずにはいられない.
33:26 元どおりにし，彼らを‹あわれむ›.」
42:12 彼は，あなたがたを‹あわれみ›，あ
哀歌 3:32 主は…‹あわれん›でくださる.
エゼ 5:11 わたしはあなたを惜しまず，また，‹あわれま›ない．7:4，9，8:18，9:10.
9: 5 打ち殺せ…‹あわれん›ではならない.
39:25 イスラエルの全家を‹あわれむ›．こ
ヨエ 2:14 主が思い直して，‹あわれみ›，その
18 主は…ご自分の民を‹あわれま›れた.
アモ 5:15 ヨセフの残りの者を‹あわれま›れる
ヨナ 3: 9 神が思い直して‹あわれみ›，その燃
ミカ 7:19 もう一度，私たちを‹あわれみ›，私
ゼカ 10: 6 わたしが彼らを‹あわれむ›からだ.
マラ 3:17 自分に仕える子を‹あわれむ›ように，わたしは彼らを‹あわれむ›.
マタ 9:27 ダビデの子よ．私たちを‹あわれん›でください．20:30，31.
14:14 彼らを深く‹あわれん›で…病気を直
15:22 ダビデの子よ．私を‹あわれん›でください．マコ10:47，48，ルカ18:38，39.
17:15 私の息子を‹あわれん›でください.
18:33 私がおまえを‹あわれん›でやったように，おまえも仲間を‹あわれん›で
マコ 1:41 イエスは深く‹あわれみ›，手を伸ば
5:19 どんなに‹あわれん›でくださったか
6:34 羊のようであるのを深く‹あわれみ›，
9:22 私たちを‹あわれん›で，お助けくだ
ルカ 16:24 私を‹あわれん›でください．ラザロ
17:13 先生．どうぞ‹あわれん›でください
18:13 罪人の私を‹あわれ›んでください.』
ロマ 9:15 わたしは自分の‹あわれむ›者を‹あわれみ›，自分のいつくしむ者をい
16 ‹あわれん›でくださる神によるので
18 みこころのままに‹あわれみ›，また
11:32 すべての人を‹あわれも›うとして，
ピリ 2:27 神は彼を‹あわれん›でくださいました…私をも‹あわれん›で，私にとっ
Ⅱテモ 1:16 オネシポロの家族を主が‹あわれん›
ユダ 22 疑いを抱く人々を‹あわれみ›，
23 恐れを感じながら‹あわれみ›，肉に

▼あんこく（暗黒）

創世 15:12 ひどい‹暗黒›の恐怖が彼を襲った.
申命 4:11 雲と暗やみの‹暗黒›とがあった.

5:23 <暗黒>の中からのその御声を聞き，
ヨブ 12:22 <暗黒>を光に引き出す．
23:17 <暗黒>を私の前からなくされたから
24:17 彼は<暗黒>の恐怖と親しいからだ．
28: 3 暗やみと<暗黒>の石を捜し出す．
34:22 身を隠せるような…<暗黒>もない．
イザ 8:22 地を見ると…<暗黒>，追放された者．
ダニ 2:22 <暗黒>にあるものを知り，ご自身に
アモ 5: 8 <暗黒>を朝に変え，昼を暗い夜にし，
ゼパ 1:15 やみと<暗黒>の日，雲と暗やみの日，
ルカ 1:79 <暗黒>と死の陰にすわる者たちを照

▼ あんしゅ（按手）
Ⅰテモ 4:14 長老たちによる<按手>を受けたとき，
5:22 だれにでも軽々しく<按手>をしては
Ⅱテモ 1: 6 <按手>をもってあなたのうちに与え

▼ あんじゅう（安住）
申命 3:20 あなたがたの同族に<安住>の地を与
12: 9 相続の<安住>地に行っていないから
ヨシ 1:13 主は，あなたがたに<安住>の地を与
15 同族にも<安住>の地を与え，彼らも
21:44 主は…彼らに<安住>を許された．す
23: 1 イスラエルに<安住>を許されて後，
エゼ 39: 6 島々に<安住>している者たちとに火
コロ 2:18 幻を見たことに<安住>して，肉の思

▼ あんしょう（暗礁）
使徒 27:29 どこかで<暗礁>に乗り上げはしない

▼ あんじる（案じる）
マコ 13:11 何と言おうかなどと<案じる>には及
ガラ 4:11 私はあなたがたのことを<案じ>てい

▼ あんしん（安心）
創世 43:23 <安心>しなさい．恐れることはあり
44:17 <安心>して父のもとへ帰るがよい．」
士師 6:23 <安心>しなさい…あなたは死なない．
Ⅰサム 20:42 では，<安心>して行きなさい．私た
Ⅰ列 4:25 いちじくの木の下で<安心>して住む
箴言 1:32 愚かな者の<安心>は自分を滅ぼす．
イザ 47: 8 楽しみ…<安心>して住んでいる女．
エレ 12: 5 平穏な地で<安心>して過ごしている
49:31 <安心>して住んでいるのんきな国に
エゼ 38:14 イスラエルが<安心>して住んでいる
マコ 5:34 <安心>して帰りなさい．病気にかか
ルカ 7:50 あなたを救ったのです．<安心>して
12:19 <安心>して，食べて，飲んで，楽し
Ⅰコリ 16:18 あなたがたの心をも<安心>させてく
ヤコ 2:16 <安心>して行きなさい．暖かになり，

▼ あんぜん（安全）
Ⅱ列 20:19 自分が生きている間は…<安全>で
ヨブ 5:24 自分の天幕が<安全>であるのを知り，
24:23 神が彼に<安全>を与える…神の目は
箴言 1:33 わたしに聞き従う者は，<安全>に住
10: 9 まっすぐに歩む者の歩みは<安全>で
11:15 保証をきらう者は<安全>だ．
18:10 正しい者はその中に…<安全>である．
イザ 39: 8 平和で<安全>だろう，と思ったから
41: 3 彼は…道を<安全>に通って行く．
Ⅰテサ 5: 3 人々が「平和だ．<安全>だ」と言っ
ヘブ 6:19 この望みは…<安全>で確かな錨の役

▼ あんそく（安息），安息の年
出エ 16:25 きょうは主の<安息>であるから．き
26 <安息>の７日目には，それは，あり
20:10 ７日目は，あなたの神，主の<安息>
31:13 わたしの<安息>を守らなければなら
16 イスラエル人はこの<安息>を守り，
レビ 16:31 あなたがたの全き休みの<安息>であ
25: 4 ７年目は，地の全き休みの<安息>，
すなわち主の<安息>となる．あなた
6 地を<安息>させるならあなたがたの
8 <安息の年>を七たび，つまり，７年
申命 5:14 しかし７日目は…主の<安息>である．
Ⅰ列 5: 4 主は，周囲の者から守って，私に
<安息>を与え．Ⅱサム7:1，Ⅱ歴14:7．
Ⅰ歴 22: 9 彼に<安息>を与えて，回りの…敵に
23:25 主は，御民に<安息>を与え，とこし
28: 2 神の足台のために，<安息>の家を建
Ⅱ歴 14: 6 主が彼に<安息>を与えられたので，
36:21 この地が<安息>を取り戻すためであ
詩篇 95:11 彼らは，わたしの<安息>に，入れな
132: 8 あなたの<安息>の場所に，お入りく
14 とこしえに，わたしの<安息>の場所，
Ⅱテサ 1: 7 報いとして<安息>を与えてくださる
ヘブ 3:11 決して彼らをわたしの<安息>に入ら
4: 1 神の<安息>に入るための約束はま
11 この<安息>に入るよう力を尽くし

▼ あんそくにち（安息日），安息日の道のり
出エ 20: 8 <安息日>を覚えて，これを聖なる日
11 主は<安息日>を祝福し，これを聖な
レビ 19: 3 わたしの<安息日>を守らなければな
30 わたしの<安息日>を守り，わたしの
聖所を恐れなければならない．26:2．

民数 15:32　<安息日>に，たきぎを集めている男
申命　5:12　<安息日>を守って，これを聖なる日
Ⅱ列　4:23　新月祭でもなく，<安息日>でもない
16:18　<安息日>用のおおいのある道も，外
Ⅱ歴 23: 4　レビ人の3分の1は<安息日>に勤務
ネヘ 10:31　<安息日>や聖日には彼らから買わな
13:17　悪事を働いて<安息日>を汚している
詩　92題目　賛歌．<安息日>のための歌
イザ 56: 2　<安息日>を守ってこれを汚さず，ど
58:13　あなたが<安息日>に出歩くことをや
66:23　毎週の<安息日>に，すべての人が，
エレ 17:21　気をつけて，<安息日>に荷物を運ぶ
哀歌　2: 6　シオンでの例祭と<安息日>とを忘れ
エゼ 20:12　<安息日>を与えて…しるしとし，わ
13　わたしの<安息日>をひどく汚した．
44:24　わたしの<安息日>を聖別しなければ
ホセ　2:11　<安息日>，すべての例祭を，やめさ
アモ　8: 5　<安息日>はいつ終わるのか．麦を売
マタ 12: 1　イエスは，<安息日>に麦畑を通られた．マコ2:23，ルカ6:1．
2　<安息日>にしてはならないことをし
8　人の子は<安息日>の主．ルカ6:5．
10　<安息日>にいやすことは正しいこと
11　羊が<安息日>に穴に落ちたら，それ
12　<安息日>に良いことをすることは，
24:20　逃げるのが，冬や<安息日>にならぬ
28: 1　<安息日>が終わって，週の初めの日
マコ　2:27　人間が<安息日>のために造られたの
3: 2　イエスが<安息日>にその人を直すか
6: 2　<安息日>になったとき，会堂で教え
15:42　すなわち<安息日>の前日であったの
16: 1　<安息日>が終わったので，マグダラ
ルカ　4:16　<安息日>に会堂に入り，朗読しよう
13:15　<安息日>に，牛やろばを小屋からほ
16　<安息日>だからといってこの束縛を
14: 1　ある<安息日>に，食事をしようとし
23:54　もう<安息日>が始まろうとしていた．
56　<安息日>には，戒めに従って，休ん
ヨハ　5:10　きょうは<安息日>だ．床を取り上げ
18　イエスが<安息日>を破っておられた
7:22　<安息日>にも人に割礼を施していま
23　<安息日>に人の全身をすこやかにし
9:14　彼の目をあけられたのは，<安息日>
19:31　<安息日>に…死体を十字架の上に残
使徒　1:12　この山は…<安息日の道のり>ほどの
13:14　<安息日>に会堂に入って席に着いた．
27　<安息日>ごとに読まれる預言者のこ
15:21　<安息日>ごとに諸会堂で読まれてい
16:13　<安息日>に…祈り場があると思われ
17: 2　三つの<安息日>にわたり，聖書に基
18: 4　パウロは<安息日>ごとに会堂で論じ，
コロ　2:16　祭りや新月や<安息日>のことについて，だれにもあなたがたを批評させ
ヘブ　4: 9　<安息日>の休みは…まだ残っている

▼ アンチモニー〔鉱物〕

イザ 54:11　あなたの石を<アンチモニー>でおお

▼ アンテオケ〔地名〕

⑴シリヤの都市．使徒11:19，20，22，26，13:1，14:26，15:22，30，35，18:22，ガラ2:11．
⑵小アジヤの都市．使徒13:14，14:19，Ⅱテモ3:11．

▼ アンテパス〔人名〕

ペルガモの教会の殉教者．黙示2:13．

▼ アンテパトリス〔地名〕

エルサレム北西の町．使徒23:31．

▼ アンデレ〔人名〕

12使徒の一人．シモン・ペテロの兄弟．マタ4:18，10:2，マコ1:16，29，3:18，13:3，ルカ6:14，ヨハ1:40，44，6:8，12:22，使徒1:13．

▼ アンドロニコ〔人名〕

ローマのキリスト者．ロマ16:7．

▼ アンナ〔人名〕

アセル族パヌエルの娘．女預言者．ルカ2:36．

▼ あんない（案内），案内人

使徒　9:39　彼らは屋上の間に<案内>した．やも
16:34　ふたりをその家に<案内>して，食事
17:15　パウロを<案内>した人たちは，彼を
ロマ 2:19-20　盲人の<案内人>，やみの中にいる者

▼ アンナス〔人名〕

大祭司．ルカ3:2，ヨハ18:13，24，使徒4:6．

▼ あんぴ（安否）

創世 43:27　ヨセフは彼らの<安否>を問うて言っ
Ⅰサム 10: 4　彼らはあなたに<安否>を尋ね…パン
25: 5　私の名で彼に<安否>を尋ね，
Ⅱサム　8:10　トイは…<安否>を尋ねさせ，ダビデ
Ⅱ列 10:13　王母の子どもたちの<安否>を気づか

い

い

▼い（胃）

申命18: 3　肩と両方の頬と<胃>とを祭司に与え
Ⅰテモ 5:23　<胃>のために…少量のぶどう酒を用

▼いいあてる（言い当てる）

ルカ22:64　<言い当て>てみろ．今たたいたのは

▼いいあらそう（言い争う）

ヨブ 9: 3　たとい神と<言い争>おうと思っても，
13: 8　神の代わりに<言い争う>のか．
詩篇38:14　口で<言い争>わない人のようです．
ホセ 4: 1　主はこの地に住む者と<言い争>われ
12: 2　主は…ユダと<言い争う>．ヤコブの
Ⅰテモ 2: 8　男は…<言い争>ったりすることなく，

▼いいあらわす（言い表す）

詩篇38:18　私は自分の咎を<言い表>し，私の罪
71:24　あなたの義を<言い表>しましょう．
92: 2　あなたの真実を<言い表す>ことは．
142: 2　苦しみを御前に<言い表>します．
ヤコ 5:16　互いに罪を<言い表>し…祈りなさい
Ⅰヨハ 1: 9　自分の罪を<言い表す>なら，神は真
黙示 3: 5　わたしは彼の名を…<言い表す>．

▼いいえ

マタ 5:37　『<いいえ>』は『<いいえ>』とだけ
ヤコ 5:12　「<いいえ>」を「<いいえ>」としな

▼いいかえし（言い返し），言い返す

ヨブ11: 2　ことば数が多ければ，<言い返し>が
29:22　私が言ったあとでも<言い返>さず，
32: 3　<言い返す>ことができなかったから
33:32　言い分があるなら…<言い返せ>．言
箴言27:11　私は<言い返す>ことができよう．

▼いいがかり（言いがかり）

Ⅱ列 5: 7　<言いがかり>をつけようとしている
ルカ11:54　<言いがかり>をつけようと，ひそか

▼いいきかせる（言い聞かせる）

ルカ16:28　よく<言い聞かせ>てください．』

▼いいさからう（言い逆らう）

ロマ 9:20　神に<言い逆らう>あなたは，いった

▼いいつける（言いつける）

Ⅰ列 2: 1　息子のソロモンに…<言いつけ>た．
ルカ 8:55　娘に食事をさせるように<言いつけ>
17: 9　しもべが<言いつけ>られたことをし

▼いいつたえ（言い伝え），言い伝える

マタ15: 2　なぜ…<言い伝え>を犯すのですか．
6　自分たちの<言い伝え>のために，神
マコ 7: 5　昔の人たちの<言い伝え>に従って歩
8　人間の<言い伝え>を堅く守っている．
ロマ 1: 8　信仰が全世界に<言い伝え>られてい
コロ 2: 8　人の<言い伝え>によるもの．この世
Ⅱテサ 2:15　教えられた<言い伝え>を守りなさい．
3: 6　<言い伝え>に従わないでいる，すべ

▼いいなずけ

ルカ 1:27　ヨセフという人の<いいなずけ>で，
2: 5　<いいなずけ>の妻マリヤもいっしょ

▼いいはる（言い張る）

ルカ22:59　また別の男が…と<言い張>った．
使徒12:15　彼女はほんとうだと<言い張>った．

▼いいひらき（言い開き）

マタ12:36　さばきの日には<言い開き>をしなけ

▼いいひろめる（言い広める）

マタ10:27　聞くことを屋上で<言い広め>なさい．
マコ 5:20　…の地方で<言い広め>始めた．人々
ルカ 8:39　出て行って…町中に<言い広め>た．
9:60　神の国を<言い広め>なさい．」

▼いいふらす（言いふらす）

民数13:32　彼らは…悪く<言いふら>して言った．
Ⅰサム 2:24　主の民の<言いふらし>ているのを聞
マタ 9:31　イエスのことを…<言いふら>した．
マコ 7:36　彼らは…かえって<言いふら>した．

▼いいぶん（言い分）

出エ23: 8　正しい人の<言い分>をゆがめるから
Ⅰ列 8:45　彼らの<言い分>を聞き入れてやって
ください．49，Ⅱ歴6:35，39．
59　しもべの<言い分>や，御民イスラエ
ルの<言い分>を正しく聞き入れて
ヨブ31:13　彼らの<言い分>をないがしろにした
32:17　私は私で自分の<言い分>を言い返し，
35:16　知識もなく…<言い分>を述べたてる．
38: 2　知識もなく<言い分>を述べて，摂理
詩119:154　私の<言い分>を取り上げ，私を贖っ

▼イイム〔地名〕

⑴荒野の宿営地の一つ．民数33:45．
⑵ユダ所領内の町の一つ．ヨシ15:29．

▼いいよる（言い寄る）
創世 39:10　彼女は毎日，ヨセフに<言い寄>った
▼いう（言う）【別項】物（を）言う，複合動詞
創世 3: 1　神は，ほんとうに<言>われたのです
24:23　どうか私に<言>ってください．あな
民数 23:19　神は人間ではなく，偽りを<言う>こ
とがない…神は<言>われたことを，
なさらないだろうか．約束されたこ
申命 12:20　肉を食べたい」と<言>ってよい．あ
士師 14: 6　サムソンは…母にも<言>わなかった．
Ⅱサム 19:43　最初に<言>いだしたのは，われわれ
ヨブ 2:10　あなたは愚かな女が<言う>ようなこ
とを<言>っている．私たちは幸いを
詩篇 66:14　私のくちびるが<言>ったもの，私の
箴言 17: 9　同じことをくり返して<言う>者は，
マタ 8:27　風や湖までが<言う>ことをきくとは，
マコ 1:44　だれにも何も<言>わないようにしな
2:11　あなたに<言う>．起きなさい．寝床
ルカ 12:11　何を<言>おうかと心配するには及び
ヨハ 4:29　私のしたこと全部を私に<言>った人
7:38　聖書が<言>っているとおりに，その
42　…と聖書が<言>っているではないか．
8:26　あなたがたについて<言う>べきこと，
12:47　わたしの<言う>ことを聞いてそれを
50　父がわたしに<言>われたとおりを，
20:22　息を吹きかけて<言>われた．「聖霊
使徒 2:17　神は<言>われる．終わりの日に，わ
8:24　あなたがたの<言>われた事が何も私
ガラ 5:16　私は<言>います．御霊によって歩み
ピリ 3:18　私はしばしばあなたがたに<言>って
来たし，今も涙をもって<言う>ので
黙示 1: 8　万物の支配者がこう<言>われる．
22:20　こう<言>われる．「しかり．わたし
▼いえ（家），家々【別項】家の教会・家にある教会，家を建てる者，イスラエルの家，祈りの家，神の家，主の家，父祖の家
創世 12: 1　あなたの父の<家>を出て，わたしが
17:12　<家>で生まれたしもべも，外国人か
30:30　いつになったら…<家>を持つことが
31:37　あなたの<家>の物を見つけましたか．
39: 5　このエジプト人の<家>を，祝福され
11　<家>に入ると，<家>の中には，<家>
41:40　あなたは私の<家>を治めてくれ．私
出エ 12: 7　羊を食べる<家々>の２本の門柱と，
20: 2　あなたを…奴隷の<家>から連れ出し
17　隣人の<家>を欲しがってはならない．
レビ 14:44　患部が<家>に広がっているなら，そ
れは<家>につく悪性のツァラアトで
あって，その<家>は汚れている．
22:11　<家>で生まれたしもべも，祭司のパ
25:30　城壁のある町の中のその<家>は買い
31　城壁のない村落の<家>は土地とみな
33　レビ人の町々の<家>は…彼らの所有
27:14　自分の<家>を主に聖なるものとして
民数 18:11　あなたの<家>にいるきよい者はみな，
22:18　銀や金の満ちた彼の<家>をくれても，
30:16　父の<家>にいるまだ婚約していない
32:18　受け継ぐまで…<家>に帰りません．
申命 6: 7　<家>にすわっているときも，道を歩
9　<家>の門柱と門に書きしるしなさい．
8:12　りっぱな<家>を建てて住み，
20: 5　新しい<家>を建てて，まだそれを…
その者は<家>へ帰らなければならな
22: 8　<家>を建てるときは，屋上に手すり
24: 1　彼女を<家>から去らせ，
5　<家>のために自由の身になって，め
10　その<家>に入ってはならない．
28:30　<家>を建てても…住むことができな
ヨシ 6:17　ラハブと，その<家>に共にいる者た
24:15　私と私の<家>とは，主に仕える．」
士師 18:19　ひとりの<家>の祭司になるのと，イ
19: 2　父の<家>に行き，そこに４か月の間
18　だれも私を<家>に迎えてくれる者が
22　<家>を取り囲んで，戸をたたき続け
20: 8　だれも自分の<家>に戻らない．
ルツ 4:11　あなたの<家>に入る女を，イスラエ
Ⅰサム 2:28　全部族から，その<家>を選び…祭司
30　あなたの<家>と，あなたの父の<家>
35　彼のために長く続く<家>を建てよう．
25:28　主は…長く続く<家>をお建てになる
Ⅱサム 7: 2　私が杉材の<家>に住んでいるのに，
5　わたしの住む<家>を建てようとして
11　主はあなたのために一つの<家>を造
13　わたしの名のために一つの<家>を建
16　あなたの<家>とあなたの王国とは，
18　私の<家>が何であるからというので，
29　しもべの<家>はとこしえに祝福され
9: 3　サウルの<家>の者で，まだ，だれか

23: 5 わが<家>は…神とともにある．とこ
Ⅰ列 3:17 私とこの女とは同じ<家>に住んでお
12:16 ダビデよ．今，あなたの<家>を見よ．
21:22 <家>を…ヤロブアムの<家>のように
Ⅱ列 20: 1 <家>を整理せよ．あなたは死ぬ．直
25: 9 エルサレムのすべての<家>を焼き，
Ⅰ歴 15:12 あなたがたはレビ人の<家>のかしら
17: 5 わたしは…<家>に住んだことはなく，
28: 2 安息の<家>を建てる志を持っていた．
ヨブ 1:10 <家>と…持ち物との回りに，垣を巡
7:10 彼はもう自分の<家>に帰らず，彼の
<家>も，もう彼を認めないでしょう．
8:15 <家>に寄りかかると，<家>は…耐え
20:19 自分で建てなかった<家>をかすめた
21:21 後の<家>のことに何の望みがあろう
27:18 しみが建てるような<家>を建てる．
詩篇 5: 7 恵みによって，あなたの<家>に行き，
26: 8 あなたのおられる<家>…を愛します．
45:10 民と，あなたの父の<家>を忘れよ．
65: 4 あなたの<家>…の良いもので満ち足
68: 6 神は孤独な者を<家>に住まわせ，捕
12 <家>に居残っている女が獲物を分け
69: 9 あなたの<家>を思う熱心が私を食い
84: 4 なんと幸い…あなたの<家>に住む人
93: 5 聖なることがあなたの<家>にはふさ
101: 7 欺く者は，私の<家>の中には住みえ
105:21 ヨセフを自分の<家>のかしらとし，
113: 9 子をもって喜ぶ母として<家>に住ま
127: 1 主が<家>を建てるのでなければ，建
128: 3 妻は…<家>の奥にいて，豊かに実を
箴言 2:18 彼女の<家>は死に下り，その道筋は
5: 8 その<家>の門に近づくな．
7:11 その足は自分の<家>にとどまらず，
9: 1 知恵は自分の<家>を建て，七つの柱
12: 7 正しい者の<家>は立ち続ける．
14: 1 知恵のある女は自分の<家>を建て，
19:14 <家>と財産とは先祖から受け継ぐも
24:27 畑を…そのあとで…<家>を建てよ．
25:17 隣人の<家>に，足しげく通うな．彼
27: 8 自分の<家>を離れてさまよう人は，
31:15 起き，<家>の者に食事を整え，召使
伝道 7: 2 祝宴の<家>に行くよりは，喪中の
<家>に行くほうがよい．そこには，
12: 3 その日には，<家>を守る者は震え，
5 人は永遠の<家>へと歩いて行き，嘆

雅歌 3: 4 私の母の<家>に…お連れしました．
イザ 5: 8 <家>に<家>を連ね，畑に畑を寄せて
9 多くの<家>は荒れすたれ，大きな美
しい<家々>も住む人がなくなる．
6:11 <家々>も人がいなくなり，土地も滅
22:10 エルサレムの<家>を数え，その<家>
24:10 すべての<家>は閉ざされて，入れな
32:18 安全な<家>…いこいの場に住む．
56: 7 わたしの<家>は，すべての民の祈り
58: 7 <家>のない貧しい人々を<家>に入れ，
60: 7 わたしの美しい<家>を輝かす．
65:21 彼らは<家>を建てて住み，ぶどう畑
66: 1 あなたがたの建てる<家>は，いった
エレ 2:14 それとも<家>に生まれたしもべなの
6:12 彼らの<家>は…他人のものとなる．
7:11 この<家>は…強盗の巣と見えたのか．
30．
14 あなたがたの頼みとするこの<家>，
11:15 わたしの<家>で，何をしているのか．
17:22 安息日に荷物を<家>から出すな．何
22:13 不義によって自分の<家>を建て，不
23:11 わたしの<家>の中にも…悪を見いだ
29:28 <家>を建てて住みつき，畑を作って
31:31 その日…ユダの<家>とに…契約を結
哀歌 5: 2 <家>もよそ者の手に渡りました．
エゼ 11: 3 <家>を建てるにはまだ間がある．こ
ダニ 3:29 その<家>をごみの山とさせる．この
ホセ 11:11 彼らを自分たちの<家>に住ませよう．
アモ 3:15 冬の<家>と夏の<家>とを打つ．象牙
の<家々>は滅び，多くの<家々>は消
6: 9 一つの<家>に10人残っても…死ぬ．
10 <家>から死体を持ち出すために，こ
11 大きな<家>を打ち砕き，小さな<家>
ミカ 2: 2 <家々>をも取り上げ…持ち<家>を，
7: 6 それぞれ自分の<家>の者を敵として
ハバ 2:11 石は…梁は<家>からこれに答える．
ゼパ 1:13 財産は略奪され…<家>は荒れ果てる
…<家>を建てても，それに住めず，
ハガ 1: 4 板張りの<家>に住むべき時であろう
9 <家>に持ち帰ったとき，わたしはそ
れを吹き飛ばした…自分の<家>のた
ゼカ 9: 8 わたしの<家>のために…衛所に立つ．
12: 8 ダビデの<家>は神のようになり，彼
マラ 3:10 10分の1を…わたしの<家>の食物と
マタ 5:15 <家>にいる人々全部を照らします．

7:24 岩の上に自分の<家>を建てた賢い人
12:44 出て来た自分の<家>に帰ろう』と言
って，帰って見ると，<家>はあいて
19:29 わたしの名のために，<家>…を捨て
24:17 屋上にいる者は<家>の中の物を持ち
43 <家>の主人は，どろぼうが夜の何時
マコ 2: 1 イエスが…<家>におられることが知
3:20 イエスが<家>に戻られると…人が集
25 <家>が内輪もめをしたら…立ち行き
27 強い人の<家>に押し入って家財を略
6:10 一軒の<家>に入ったら…出て行くま
では，その<家>にとどまっていなさ
7:30 女が<家>に帰ってみると，その子は
8:26 イエスは，彼を<家>に帰し，「村に
ルカ 1:33 彼はとこしえにヤコブの<家>を治め，
6:49 土台なしで地面に<家>を建てた人に
8:39 <家>に帰って，神があなたにどんな
41 <家>に来ていただきたいと願った．
9:61 <家>の者にいとまごいに帰らせてく
10: 5 この<家>に平安があるように』と言
7 <家>から<家>へと渡り歩いてはいけ
38 マルタ…が喜んで<家>にお迎えした．
11:17 <家>にしても，内輪で争えばつぶれ
21 強い人が…自分の<家>を守っている
13:35 <家>は荒れ果てたままに残される．
14:23 <家>がいっぱいになるように…人々
15: 8 <家>を掃いて，見つけるまで念入り
16:27 ラザロを私の父の<家>に送ってくだ
17:31 畑にいる者も<家>に帰ってはいけま
18:14 義と認められて<家>に帰りました．
19: 5 あなたの<家>に泊まることにしてあ
9 きょう，救いがこの<家>に来ました．
22:10 その人が入る<家>にまでついて行き
ヨハ 2:16 わたしの父の<家>を商売の<家>とし
17 <家>を思う熱心がわたしを食い尽く
8:35 奴隷はいつまでも<家>にいるのでは
11:20 マリヤは<家>ですわっていた．
14: 2 わたしの父の<家>には，住まいがた
19:27 弟子は彼女を自分の<家>に引き取っ
使徒 2: 2 彼らのいた<家>全体に響き渡った．
46 宮に集まり，<家>でパンを裂き，喜
5:42 毎日，宮や<家々>で教え，イエスが
7:20 3か月の間，父の<家>で育てられま
47 神のために<家>を建てたのはソロモ
48 手で造った<家>にはお住みになりま
49 どのような<家>をわたしのために建
8: 3 <家々>に入って，男も女も引きずり
10:22 あなたを自分の<家>にお招きして，
11:14 あなたの<家>にいるすべての人を救
16:15 私の<家>に来てお泊まりください」
34 ふたりをその<家>に案内して，食事
28:30 2年の間，自費で借りた<家>に住み，
Ⅰコリ 11:22 飲食のためなら，自分の<家>がある
34 空腹な人は<家>で食べなさい．それ
14:35 <家>で自分の夫に尋ねなさい．教会
Ⅱコリ 5: 1 それは…天にある永遠の<家>です．
Ⅰテモ 5: 4 自分の<家>の者に敬愛を示し，親の
13 怠けて，<家々>を遊び歩くことを覚
Ⅱテモ 3: 6 <家々>に入り込み，愚かな女たち
テト 1:11 教え，<家々>を破壊しています．
Ⅰペテ 2: 5 霊の<家>に築き上げられなさい．そ

▼イエス〔人名〕【別項】主イエス

(1)イエス・キリストの個人名：受胎告知，ルカ1:26-38；誕生，マタ1:18-25；割礼，ルカ2:21；少年時代，ルカ2:41-52；受洗，マタ3:13-17；悪魔の誘惑，マタ4:1-11；12弟子の任命，マタ10:1-4；死と復活の予告，マタ16:21-26；山上の変貌，マタ17:1-8；エルサレム入城，マタ21:1-11；最後の晩餐，マタ26:20-29；逮捕される，マタ26:47-57；十字架，マタ27:31-56；復活，マタ28:9-20；昇天，使徒1:9-11．

マタ 1:16 キリストと呼ばれる<イエス>はこの
21 その名を<イエス>とつけなさい．こ
4:17 この時から，<イエス>は宣教を開始
24 <イエス>のうわさはシリヤ全体に広
5: 1 <イエス>は山に登り，おすわりにな
8: 3 <イエス>は手を伸ばして，彼にさわ
34 町中の者が<イエス>に会いに出て来
27:17 キリストと呼ばれている<イエス>か．
37 これはユダヤ人の王<イエス>である
マコ 1:21 <イエス>は安息日に会堂に入って教
えられた．39，3:1，ルカ4:15，31，
13:10，19:47，20:1，21:37．
24 ナザレの人<イエス>．いったい私た
5: 7 いと高き神の子，<イエス>さま．い
40 人々は<イエス>をあざ笑った．しか
10:47 ダビデの子の<イエス>さま．私をあ
14:10 ユダは…<イエス>を売ろうとして祭
33 <イエス>は深く恐れもだえ始められ

50 みなが<イエス>を見捨てて，逃げて
15: 5 <イエス>は何もお答えにならなかっ
16: 6 ナザレ人<イエス>を捜しているので
ルカ 2:21 幼子は<イエス>という名で呼ばれる
27 宮に…幼子<イエス>を連れた両親が，
52 <イエス>はますます知恵が進み，背
3:23 <イエス>はおよそ30歳で，人々から
4:20 <イエス>は書を巻き，係りの者に渡
42 <イエス>は寂しい所に出て行かれた．
6:12 <イエス>は祈るために山に行き，神
8:28 いと高き神の子，<イエス>さま．い
9:53 サマリヤ人は<イエス>を受け入れな
23: 8 ヘロデは<イエス>を見ると非常に喜
24:31 目が開かれ，<イエス>だとわかった．
ヨハ 2:24 <イエス>は，ご自身を彼らにお任せ
にならなかった…<イエス>はすべて
7: 5 兄弟たちも<イエス>を信じていなか
30 <イエス>の時が，まだ来ていなかっ
9:22 <イエス>をキリストであると告白す
20:31 <イエス>が神の子キリストであるこ
とを…信じるため…<イエス>の御名
使徒 2:22 神はナザレ人<イエス>によって，あ
32 神はこの<イエス>をよみがえらせま
36 神が，今や主ともキリストともされ
たこの<イエス>を…十字架につけた
3:13 神は…<イエス>に栄光をお与えにな
20 メシヤと定められた<イエス>を，主
4:18 <イエス>の名によって語ったり教え
5:42 <イエス>がキリストであることを宣
7:55 神の右に立っておられる<イエス>と
9: 5 わたしは，あなたが迫害している
<イエス>である．22:8，26:15．
20 <イエス>は神の子であると宣べ伝え
10:38 それは，ナザレの<イエス>のことで
す…この<イエス>は，神がともにお
42 この<イエス>こそ…さばき主として，
13:23 救い主<イエス>をお送りになりまし
16: 7 <イエス>の御霊がそれをお許しにな
17: 3 この<イエス>こそ，キリストなので
18: 5 <イエス>がキリストであることを，
ロマ 3:26 <イエス>を信じる者を義とお認めに
10: 9 あなたの口で<イエス>を主と告白し，
Ⅰコリ 12: 3 「<イエス>はのろわれよ」と言わず
…「<イエス>は主です」と言うこと
Ⅱコリ 4:10 <イエス>の死をこの身に帯びていま
すが，それは，<イエス>のいのちが
エペ 4:21 真理は<イエス>にあるのですから．
Ⅰテサ 1:10 <イエス>が天から来られるのを待ち
4:14 <イエス>にあって眠った人々を<イ
エス>といっしょに連れて来られる
ヘブ 4:14 大祭司である神の子<イエス>がおら
7:22 <イエス>は，さらにすぐれた契約の
10:19 <イエス>の血によって，大胆にまこ
12: 2 <イエス>から目を離さないでいなさ
い．<イエス>は，ご自分の前に置か
24 新しい契約の仲介者<イエス>，それ
Ⅰヨハ 1: 7 御子<イエス>の血はすべての罪から
2:22 <イエス>がキリストであることを否
4: 3 <イエス>を告白しない霊はどれ一つ
15 <イエス>を神の御子と告白するなら，
5: 1 <イエス>がキリストであると信じる
黙示 1: 9 神のことばと<イエス>のあかしとの
ゆえに．12:17，19:10，20:4．
22:16 わたし，<イエス>は御使いを遣わし
(2)パウロの同労者，別名ユスト．コロ4:11．

▼イエス・キリスト【別項】主イエス・キリスト

マタ 1: 1 <イエス・キリスト>の系図．
マコ 1: 1 <イエス・キリスト>の福音のはじめ．
ヨハ 1:17 恵みとまことは<イエス・キリスト>
17: 3 <イエス・キリスト>とを知ることで
使徒 3: 6 ナザレの<イエス・キリスト>の名に
10:36 神は<イエス・キリスト>によって，
平和を宣べ伝え…この<イエス・キ
リスト>はすべての人の主です．
ロマ 3:22 <イエス・キリスト>を信じる信仰に
Ⅰコリ 2: 2 <イエス・キリスト>，すなわち十字
3:11 土台とは<イエス・キリスト>です．
Ⅱコリ 13: 5 あなたがたのうちには<イエス・キ
リスト>がおられることを…認めな
ガラ 3: 1 十字架につけられた<イエス・キリ
スト>が…あんなにはっきり示され
ピリ 2:11 <イエス・キリスト>は主である」と
Ⅱテモ 2: 8 <イエス・キリスト>を，いつも思っ
ヘブ 13: 8 <イエス・キリスト>は，きのうもき
Ⅰペテ 1: 8 <イエス・キリスト>を見たことはな
13 <イエス・キリスト>の現れのときあ
Ⅰヨハ 2: 1 義なる<イエス・キリスト>です．
Ⅱヨハ 7 <イエス・キリスト>が人として来ら
黙示 1: 1 <イエス・キリスト>の黙示．これは，

▼イエゼル〔人名〕

マナセの子孫．イエゼル族の父祖．民数26:30.

▼いえのきょうかい（家の教会），家にある教会

ロマ 16: 5 <家の教会>によろしく伝えてくださ
Ⅰコリ16:19 <家の教会>が主にあって心から，あ
コロ 4:15 ヌンパとその<家にある教会>に，よ
ピレ 2 ならびにあなたの<家にある教会>へ.

▼イエ・ハアバリム〔地名〕

荒野の宿営地の一つ．民数21:11，33:44.

▼いえばと（家ばと，家鳩）

レビ 1:14 山鳩または<家鳩>のひなの中から，5:7，11，14:22，30，15:14，29，民数6:10.
12: 8 ２羽の<家鳩>のひなを取り，１羽は
ルカ 2:24 山ばと…または，<家ばと>のひな２

▼いえをたてるもの（家を建てる者）

詩 118:22 <家を建てる者>たちの捨てた石．そ
マタ21:42 <家を建てる者>たちの見捨てた石．それが礎の石になった．ルカ20:17，Ⅰペテ2:7.
使徒 4:11 <家を建てる者>たちに捨てられた石
ヘブ 3: 3 家よりも，<家を建てる者>が大きな

▼いおう（硫黄）

創世19:24 ゴモラの上に，<硫黄>の火を…降ら
申命29:23 全土は，<硫黄>と塩によって焼け土
ヨブ18:15 <硫黄>が彼の住まいの上にまき散ら
詩篇11: 6 火と<硫黄>．燃える風が彼らの杯へ
イザ30:33 主の息は<硫黄>の流れのように，そ
ルカ17:29 火と<硫黄>が天から降って，すべて
黙示 9:17 燃える<硫黄>の色の胸当てを着け…馬の…口からは火と煙と<硫黄>とが
18 火と煙と<硫黄>とのために…殺され
14:10 火と<硫黄>とで苦しめられる.
19:20 <硫黄>の燃えている火の池に…投げ

▼いがい（以外）

ダニ 2:11 住まいを共にされない神々<以外>に
使徒 4:12 この方<以外>には…救いはありませ
Ⅱコリ12: 5 自分の弱さ<以外>には誇りません.
ガラ 6:14 十字架<以外>に誇りとするものが決

▼いがい（遺骸）

出エ13:19 モーセはヨセフの<遺骸>を携えて来

▼いかす（生かす）

創世12:12 あなたは<生か>しておくだろう.
19:20 私のいのちを<生か>してください.」
31:32 その者を<生か>してはおきません.
47:25 私たちを<生かし>てくださいました.
50:20 多くの人々を<生かし>ておくためで
出エ 1:16 女の子なら，<生かし>ておくのだ.」
17 男の子を<生かし>ておいた．18.
22 女の子はみな，<生かし>ておかなけ
19:13 獣でも，人でも，<生かし>ておいて
22:18 呪術を行う女は<生かし>ておいては
民数22:33 ろばを<生かし>ておいたことだろう.
31:15 女たちを…<生かし>ておいたのか.
18 若い娘たちは…<生かし>ておけ.
申命20:16 ひとりも<生かし>ておいてはならな
32:39 わたしは殺し，また<生かす>．わた
ヨシ 2:13 すべて彼らに属する者を<生かし>，
6:17 すべて<生かし>ておかなければなら
25 ヨシュアが<生かし>ておいたので，
9:15 彼らを<生かし>てやるとの盟約を結
20 彼らを<生かし>ておこう．そうすれ
21 彼らを<生かし>ておこう」と言った
士師 8:19 <生かし>ておいてくれたなら，私は
21:14 <生かし>ておいた女たちを彼らに与
Ⅰサム 2: 6 主は殺し，また<生かし>，よみに下
27: 9 男も女も<生かし>ておかず．11.
Ⅱサム 8: 2 測った者を<生かし>ておいた．こう
Ⅰ列18: 5 騾馬とを<生かし>ておく草を見つけ
Ⅱ列 5: 7 <生かし>たりすることのできる神で
7: 4 <生かし>ておいてくれるなら，私た
10:19 だれでも<生かし>てはおかない.」
エズ 9: 9 私たちを<生かし>て…神の宮を再建
ネヘ 9: 6 すべてを<生かし>ておられます．そ
ヨブ36: 6 神は悪者を<生かし>てはおかず，し
詩篇30: 3 私を<生かし>ておかれました.
69:32 あなたがたの心を<生かせ>.
80:18 私たちを<生かし>てください．私た
85: 6 再び<生かさ>れないのですか．あな
119:17 豊かにあしらい，私を<生かし>，私
25 私を<生かし>てください．37，40，88，107，149，154，156，159.
50 みことばは私を<生かし>ます.
77 私を<生かし>てください．116，144.
93 私を<生かし>てくださったからです.
138: 7 私を<生かし>てくださいます．私の
143:11 御名のゆえに，私を<生かし>，あな
伝道 7:12 知恵がその持ち主を<生かす>ことに

イザ 38:16 どうか…私を<生かし>てください.
57:15 へりくだった人の霊を<生かし>，砕かれた人の心を<生かす>ためである.
エゼ 13:18 …ために人々を<生かし>ているのだ.
19 生きてはならない者…を<生かし>て
18:27 彼は自分のいのちを<生かす>.
ダニ 5:19 思いのままに人を<生かし>，思いの
ヨハ 5:21 父が死人を<生かし>，いのちをお与
使徒 7:19 幼子を…<生かし>ておけないように
25:24 一刻も<生かし>てはおけないと呼ば
28: 4 女神は…<生かし>てはおかないのだ
ロマ 4:17 死者を<生かし>，無いものを有るも
6:13 死者の中から<生かさ>れた者として，
8:11 死ぬべきからだをも<生かし>てくだ
Ⅰコリ 15:22 すべての人が<生かさ>れるからです.
36 死ななければ，<生かさ>れません.
45 最後のアダムは，<生かす>御霊とな
Ⅱコリ 3: 6 文字は殺し，御霊は<生かす>からで
エペ 2: 5 私たちをキリストとともに<生かし>，
5:16 機会を十分に<生かし>て用いなさい.
Ⅰペテ 3:18 霊においては<生かさ>れて，私たち

▼いかずち（雷）

詩篇 77:18 <雷>の声は，いくさ車のように鳴り，
81: 7 <雷>の隠れ場から，あなたに答え，
104: 7 あなたの<雷>の声で急ぎ去りました.

▼いかだ

Ⅱ歴 2:16 木材を切り，これを<いかだ>に組んで，海路をヤフォまで．Ⅰ列5:9.

▼イ・カボデ〔人名〕

ピネハスの子．Ⅰサム4:21，14:3.

▼いかり（怒り），御怒り【別項】燃える怒り

創世 27:45 兄さんの<怒り>がおさまり，あなた
30: 2 ヤコブはラケルに<怒り>を燃やして
39:19 主人は…聞いて，<怒り>に燃えた.
49: 6 彼らは<怒り>にまかせて人を殺し，
7 彼らの激しい<怒り>と，彼らのはな
出エ 4:14 主の<怒り>がモーセに向かって燃え
11: 8 モーセは<怒り>に燃えてパロのとこ
32:10 わたしの<怒り>が彼らに向かって燃
11 どうして，あなたは<御怒り>を燃や
19 モーセの<怒り>は燃え上がった．そ
民数 11: 1 主はこれを聞いて<怒り>を燃やし，
10 主の<怒り>は激しく燃え上がり，モ
12: 9 主の<怒り>が彼らに向かって燃え上
22:22 彼が出かけると，神の<怒り>が燃え
27 バラムは<怒り>を燃やして，杖でろ
24:10 バラクはバラムに対して<怒り>を燃
32:13 主の<怒り>はイスラエルに向かって
申命 4:25 <御怒り>を買うようなことがあれば，
6:15 主の<怒り>があなたに向かって燃え
9:18 <御怒り>を引き起こした…罪のため
29:20 主の<怒り>とねたみが，その者に対
27 主の<怒り>は，この地に向かって燃
32:19 息子と娘たちへの<怒り>のために.
21 わたしの<怒り>を燃えさせた．わた
ヨシ 9:20 <御怒り>が私たちの上に下らないだ
22:20 全会衆の上に<御怒り>が下ったでは
士師 2:14 主の<怒り>がイスラエルに向かって燃え上がり．20，10:7，Ⅱサム24:1.
6:39 <御怒り>を燃やさないでください.
8: 3 そのとき彼らの<怒り>は和らいだ.
9:30 つかさゼブルは…<怒り>を燃やし，
Ⅰサム 11: 6 彼の<怒り>は激しく燃え上がった.
17:28 エリアブはダビデに<怒り>を燃やし
20:30 サウルはヨナタンに<怒り>を燃やし
34 ヨナタンは<怒り>に燃えて食卓から
Ⅱサム 6: 7 主の<怒り>がウザに向かって燃え上
12: 5 その男に対して激しい<怒り>を燃や
Ⅰ列 11: 9 主はソロモンに<怒り>を発せられた.
14:15 主の<怒り>を引き起こしたからです.
15:30 これは…主の<怒り>を引き起こしたその<怒り>によるのであった.
16:13 主の<怒り>を引き起こしたためであ
21:22 わたしの<怒り>を引き起こしたその
22:53 バアルに仕え…主の<怒り>を引き起
Ⅱ列 3:27 イスラエル人に対する…<怒り>が起
17:17 主の<怒り>を引き起こした．21:6.
23:26 主は…<怒り>を静めようとはされな
24:20 起こったのは，主の<怒り>によるも
Ⅰ歴 13:10 主の<怒り>がウザに向かって燃え上
27:24 <御怒り>がイスラエルの上に下って，
Ⅱ歴 12:12 主の<怒り>は彼の身を離れ，彼を徹
16:10 アサは…予見者に対して<怒り>を発
19: 2 主の前から<怒り>が下ります.
10 <御怒り>が下ることのないよう，彼
25:10 ユダに向かって<怒り>を激しく燃やし，<怒り>に燃えながら…帰った.
15 主はアマツヤに向かって<怒り>を燃
28: 9 天に達するほどの激しい<怒り>をも

32:25 ユダとエルサレムの上に<御怒り>が
エズ 7:23 <御怒り>が王とその子たちの国に下
8:22 力と<怒り>とは，神を捨てるすべて
ネヘ 13:18 イスラエルに下る<怒り>を加えてい
エス 1:18 軽蔑と<怒り>が起こることでしょう．
ヨブ 4: 9 <怒り>の息によって消えうせる．
10:17 私に向かってあなたの<怒り>を増し，
14:13 あなたの<怒り>が過ぎ去るまで私を
20:28 作物は…<御怒り>の日に消えうせる．
21:30 激しい<怒り>の日から連れ出される．
32: 2 ヨブに向かって<怒り>を燃やしたの
36:13 神を敬わない者は，<怒り>をたくわ
40:11 あなたの激しい<怒り>を吐き散らし，
42: 7 わたしの<怒り>はあなたとあなたの
詩篇 2: 5 主は，<怒り>をもって彼らに告げ，
6: 1 <御怒り>で私を責めないでください．
7: 6 <御怒り>をもって立ち上がってくだ
21: 9 <御怒り>によって彼らをのみ尽くし，
30: 5 <御怒り>はつかの間，いのちは恩寵
74: 1 羊に<御怒り>を燃やされるのですか．
78:31 神の<怒り>は彼らに向かって燃え上
38 神は…幾度も<怒り>を押さえ，憤り
49 神は…燃える怒りと激しい<怒り>，
58 高き所を築いて神の<怒り>を引き起
80: 4 あなたの民の祈りに<怒り>を燃やし
85: 3 激しい<怒り>をことごとく取り去り，
5 <御怒り>を引き延ばされるのですか．
90: 7 あなたの<御怒り>によって消えうせ，
9 あなたの激しい<怒り>の中に沈み行
11 だれが<御怒り>の力を知っているで
102:10 憤りと<怒り>とのゆえに…投げ出さ
110: 5 主は<御怒り>の日に，王たちを打ち
箴言 11: 4 財産は激しい<怒り>の日には役に立
23 悪者の望み，激しい<怒り>．
12:16 愚か者は自分の<怒り>をすぐ現す．
14:29 <怒り>をおそくする者は英知を増し，
35 恥知らずの者は王の激しい<怒り>に
15: 1 激しいことばは<怒り>を引き起こす．
18 <怒り>をおそくする者はいさかいを
16:32 <怒り>をおそくする者は勇士にまさ
19:11 思慮があれば，<怒り>をおそくする．
12 王の激しい<怒り>は若い獅子がうな
22: 8 不正を…彼の<怒り>の杖はすたれる．
24:18 <怒り>をやめられるといけないから．
27: 3 愚か者の<怒り>は…どちらよりも重

4 憤りは残忍で，<怒り>はあふれ出る．
29: 8 知恵のある人々は<怒り>を静める．
11 愚かな者は<怒り>をぶちまける．し
30:33 <怒り>をかき回すと争いが起こる．
伝道 5:17 多くの苦痛，病気，そして<怒り>．
イザ 5:25 主の<怒り>が…民に向かって燃え…
それでも，<御怒り>は去らず，なお
8:21 飢えて，<怒り>に身をゆだねる．上
9:19 主の激しい<怒り>によって地は焼か
21 それでも，<御怒り>は去らず，なお
10: 5 アッシリヤ，わたしの<怒り>の杖．
6 激しい<怒り>の民を襲えと…命じ，
25 <怒り>が彼らを滅ぼしてしまうから．
12: 1 あなたの<怒り>は去り，私を慰めて
13: 3 わたしは<怒り>を晴らすために，わ
30:30 激しい<怒り>と，焼き尽くす火の炎
48: 9 わたしの名のために，<怒り>を遅ら
65: 3 わたしの<怒り>を引き起こし，園の
66:15 <怒り>を激しく燃やし，火の炎をも
エレ 2:35 確かに，<御怒り>は私から去った』
7:18 わたしの<怒り>を引き起こすために，
19 わたしの<怒り>を引き起こすのか．
20 <怒り>と憤りは…消えることがない．
10:10 <怒り>に地は震え…憤りに国々は耐
24 <御怒り>によらず…公義によって，
17: 4 わたしの<怒り>に火をつけたので，
18:23 <御怒り>の時に，彼らを罰してくだ
21: 5 <怒り>と，憤りと，激怒とをもって，
23:20 主の<怒り>は…去ることはない．終
25: 7 わたしの<怒り>を引き起こし，身に
32:30 わたしの<怒り>を引き起こすのみで
31 この町は…わたしの<怒り>と憤りを
37 わたしの<怒り>と，憤りと，激怒と
50:13 主の<怒り>によって…廃墟と化する．
哀歌 2: 1 主はシオンの娘を<御怒り>で曇らせ
…<御怒り>の日に，ご自分の足台を
22 主の<御怒り>の日に，のがれた者も
3: 1 主の激しい<怒り>のむちを受けて悩
43 あなたは，<御怒り>を身にまとい，
66 <御怒り>をもって彼らを追い，天の
エゼ 5:13 わたしの<怒り>が全うされると，わ
7:19 主の激しい<怒り>の日に彼らを救い
8:17 わたしの<怒り>をいっそう駆り立て
20: 8 わたしの<怒り>を全うしようと思っ
21:31 激しい<怒り>の火を吹きつけ，滅ぼ

22:20 <怒り>と憤りをもってあなたがたを
21 激しい<怒り>の火を吹きつけ，あな
35:11 同じほどの<怒り>とねたみで…罰し，
38:18 その日…わたしは<怒り>を燃え上が
19 激しい<怒り>の火を吹きつけて言う．
ダニ 3:19 ネブカデネザルは<怒り>に満ち，シ
9:16 <御怒り>と憤りを…おさめてくださ
11:20 <怒り>にもよらず，戦いにもよらな
ホセ 5:10 激しい<怒り>を水のように注ぐ．
7: 6 <怒り>は夜通しくすぶり，朝になる
8: 5 これに向かって<怒り>を燃やす．彼
14: 4 わたしの<怒り>は彼らを離れ去った
アモ 1:11 いつまでも激しい<怒り>を保ってい
ミカ 5:15 <怒り>と憤りをもって…復讐する．
7: 9 主の激しい<怒り>を身に受けている．
18 <怒り>をいつまでも持ち続けず，い
ナホ 1: 2 主は…敵に<怒り>を保つ方．
ハバ 3: 2 激しい<怒り>のうちにも，あわれみ
8 川に<怒り>を燃やされるのですか…
<怒り>を川に向けられるのですか．
ゼパ 1:15 その日は激しい<怒り>の日，苦難と
2: 3 主の<怒り>の日にかくまわれるかも
ゼカ 7:12 主から大きな<怒り>が下った．
10: 3 わたしの<怒り>は羊飼いたちに向か
マタ 3: 7 だれが必ず来る<御怒り>をのがれる
ルカ 21:23 この民に<御怒り>が臨むからです．
ヨハ 3:36 神の<怒り>がその上にとどまる．
ロマ 1:18 神の<怒り>が天から啓示されている
2: 5 <御怒り>の日…さばきの現れる日の
<御怒り>を自分のために積み上げて
8 不義に従う者には，<怒り>と憤りを
3: 5 <怒り>を下す神は不正なのでしょう
4:15 律法は<怒り>を招くものであり，律
5: 9 彼によって神の<怒り>から救われる
9:22 神が，<怒り>を示して…滅ぼされる
べき<怒り>の器を，豊かな寛容をも
12:19 神の<怒り>に任せなさい．それは，
13: 5 <怒り>が恐ろしいからだけでなく，
エペ 2: 3 生まれながら<御怒り>を受けるべき
4:31 <怒り>，叫び，そしりなどを…捨て
5: 6 神の<怒り>は不従順な子らに下るの
コロ 3: 6 …ことのために，神の<怒り>が下る
Ⅰテサ 1:10 やがて来る<御怒り>から私たちを救
2:16 <御怒り>は彼らの上に臨んで窮みに
5: 9 <御怒り>に会うようにお定めになっ
ヘブ 3: 8 <御怒り>を引き起こしたときのよう
16 <御怒り>を引き起こしたのはだれで
4: 3 <怒り>をもって誓ったように，決し
11:27 彼は，王の<怒り>を恐れないで，エ
ヤコ 1:20 人の<怒り>は，神の義を実現するも
黙示 6:16 小羊の<怒り>とから…かくまってく
11:18 あなたの<御怒り>の日が来ました．
14: 8 <御怒り>を引き起こすその不品行の
10 神の<怒り>の杯に混ぜ物なしに注が
19 <怒り>の大きな酒ぶねに投げ入れた．
15: 1 神の激しい<怒り>はここに窮まるの
7 <御怒り>の満ちた七つの金の鉢を，
19:15 神の激しい<怒り>の酒ぶねを踏まれ

▼いかり（錨）

使徒 27:13 <錨>を上げて，クレテの海岸に沿っ
29 四つの<錨>を投げおろし，夜の明け
30 <錨>を降ろすように見せかけて，小
40 <錨>を切って海に捨て，同時にかじ
ヘブ 6:19 安全で確かな<錨>の役を果たし，ま

▼いかる（怒る）

創世 4: 5 カインはひどく<怒>り，顔を伏せた．
18:30 主よ．どうかお<怒>りにならないで
31:36 ヤコブは<怒>って，ラバンをとがめ
34: 7 人々は心を痛め，ひどく<怒>った．
38:10 彼のしたことは主を<怒>らせたので，
40: 2 パロは…ふたりの廷臣を<怒>り，
44:18 激しくお<怒>りにならないでくださ
レビ 10:16 モーセは…イタマルに<怒>って言っ
民数 14:18 主は<怒る>のにおそく，恵み豊かで
16:15 モーセは激しく<怒>った．そして主
22 全会衆をお<怒>りになるのですか．」
31:14 百人の長たちに対して<怒>った．
申命 1:37 主は…私に対しても<怒>って言われ
3:26 主は…私を<怒>り，私の願いを聞き
4:21 主は…私を<怒>り，私はヨルダンを
9: 8 ホレブで，主を<怒>らせたので，主
22 タブエラでも…主を<怒>らせた．
ヨシ 22:18 全会衆に向かって<怒>られるだろう．
士師 2:12 それらを拝み，主を<怒>らせた．
Ⅰサム 15:11 サムエルは<怒>り，夜通し主に…叫
18: 8 サウルは…非常に<怒>り，不満に思
20: 7 父上が…激しくお<怒>りになれば，
Ⅱサム 3: 8 アブネルは…激しく<怒>って言った．
13:21 ダビデ王は…聞いて激しく<怒>った．
19:42 なぜ，このことでそんなに<怒る>の

22: 8 主がお<怒>りになったのだ．
Ⅰ列 8:46 あなたが彼らに対して<怒>られ，彼
14:22 ひどい罪を犯して主を<怒>らせた．
20:43 王は…激しく<怒>って，自分の家に
21: 4 アハブは…激しく<怒>りながら，自
Ⅱ列 5:11 ナアマンは<怒>って去り，そして言
12 彼は<怒>って帰途についた．
13:19 神の人は彼に向かい<怒>って言った．
17:18 イスラエルに対して激しく<怒>り，
Ⅱ歴 26:19 ウジヤは激しく<怒>って…香をたこ
エズ 5:12 先祖が，天の神を<怒>らせたので，
ネヘ 4: 1 サヌバラテは…<怒>り…憤慨し．7.
5: 6 私は…聞いて，非常に<怒>った．
エス 1:12 王は非常に<怒>り，その憤りが彼の
ヨブ 9: 5 神は<怒>ってこれをくつがえされる．
12: 6 神を<怒>らせる者は安らかである．
16: 9 神は<怒>って私を引き裂き，私を攻
18: 4 <怒>って自分自身を引き裂く者よ．
21:17 神が<怒>って彼らに滅びを分け与え
詩篇 7:11 神は正しい審判者，日々，<怒る>神．
27: 9 <怒>って，押しのけないでください．
37: 8 <怒る>ことをやめ，憤りを捨てよ．
60: 1 <怒>って，私たちから顔をそむけら
76: 7 あなたが<怒>られたら，だれが御前
77: 9 <怒>ってあわれみを閉じてしまわれ
78:59 神は，聞いて激しく<怒>り，イスラ
62 神は…民に対して激しく<怒>られた．
79: 5 いつまでもお<怒>りなのでしょうか．
85: 5 いつまでも…<怒>っておられるので
86:15 <怒る>のにおそく，恵みとまことに
95:11 それゆえ，わたしは<怒>って誓った．
103: 8 主は…<怒る>のにおそく，恵み豊か
9 いつまでも，<怒>ってはおられない．
106:32 水のほとりで主を<怒>らせた．それ
箴言 14:16 愚かな者は<怒>りやすくて自信が強
19: 3 その心は主に向かって激しく<怒る>．
20: 2 彼を<怒>らせる者は…いのちを失う．
25:23 陰口をきく舌は人を<怒>らす．
29: 9 愚か者は<怒>り，あざ笑い，休むこ
22 <怒る>者は争いを引き起こし，憤る
伝道 5: 6 あなたの言うことを聞いて<怒>り，
イザ 27: 4 わたしはもう<怒>らない…いばらと
34: 2 主がすべての国に向かって<怒>り，
47: 6 わたしの民を<怒>って…民を汚し，
57:16 わたしは…いつも<怒>ってはいない．
63: 6 わたしは，<怒>って国々の民を踏み
64: 9 主よ．どうかひどく<怒>らないでく
エレ 3: 5 いつまでも<怒>られるのですか．永
12 いつまでも<怒>ってはいない．
7:19 自分たちを<怒>らせ…赤恥をさらす
29 この世代の者を，激しく<怒>って，
37:15 エレミヤに向かって激しく<怒>り，
哀歌 5:22 きわみまで私たちを<怒>られるので
エゼ 16:42 心を休め，二度と<怒る>まい．
43 わたしを<怒>らせたので，見よ，わ
ダニ 2:12 王は<怒>り，大いにたけり狂い，バ
3:13 ネブカデネザルは<怒>りたけり，シ
8: 7 <怒り狂っ>て，この雄羊を打ち殺し，
11:11 南の王は<大いに怒り>，出て来て，
44 彼は…激しく<怒>って出て行く．
ホセ 13:11 わたしは<怒>ってあなたに王を与え
アモ 1:11 肉親の情をそこない，<怒>り続けて
ヨナ 4: 1 ところが…ヨナは<怒>って，
2 <怒る>のにおそく，恵み豊かであり，
4 当然のことのように<怒る>のか．」
9 私が死ぬほど<怒る>のは当然のこと
ナホ 1: 3 主は<怒る>のにおそく，力強い．主
ハバ 3:12 <怒>って，国々を踏みつけられます．
ゼカ 1: 2 主は…先祖たちを激しく<怒>られた．
15 安逸をむさぼっている…民に対して
は大いに<怒る>．わたしが少ししか
<怒>らないでいると，彼らは…悪事
マコ 3: 5 イエスは<怒>って彼らを見回し，そ
ルカ 4:28 会堂にいた人たちは…ひどく<怒>り，
使徒 5:33 彼らはこれを聞いて<怒>り狂い，使
19:28 彼らは大いに<怒>り…と叫び始めた．
ロマ 10:19 民でない者のことで…<怒>らせる．」
エペ 4:26 <怒>っても，罪を犯してはなりませ
Ⅰテモ 2: 8 男は，<怒>ったり言い争ったりする
ヘブ 3:17 神は40年の間だれを<怒>っておられ
ヤコ 1:19 <怒る>にはおそいようにしなさい．
黙示 11:18 諸国の民は<怒>りました．しかし，
12:12 悪魔が…激しく<怒>って，そこに下
17 竜は女に対して激しく<怒>り，女の

▼いき（意気）

民数 32: 7 イスラエル人の<意気>をくじいて，
9 イスラエル人の<意気>をくじいた．
Ⅰサム 17:11 <意気>消沈し，非常に恐れた．

▼いき（息），息絶える

創世 2: 7 鼻にいのちの<息>を吹き込まれた．

6:17 <息>あるすべての肉なるもの. 7:15.
7:22 いのちの<息>を吹き込まれたもので,
出エ 8:15 パロは<息>つく暇のできたのを見て,
15: 8 あなたの鼻の<息>で, 水は積み上げ
23:12 在留異国人に<息>をつかせるためで
申命 20:16 <息>のある者をひとりも生かしてお
Ⅰ列 15:29 ヤロブアムに属する<息>のある者を
17:17 息子が…ついに<息>を引き取った.
ヨブ 3:11 生まれ出たとき, <息絶え>なかった
4: 9 怒りの<息>によって消えうせる.
7: 7 私のいのちはただの<息>であること
9:18 私に<息>もつかせず, 私を苦しみで
10:18 私が<息絶え>ていたら, だれにも見
11:20 彼らの望みは, あえぐ<息>に等しい.
12:10 人間の<息>とは, その御手のうちに
14:10 人は, <息絶える>と, どこにいるか.
19:17 私の<息>は私の妻にいやがられ, 私
26:13 その<息>によって天は晴れ渡り, 御
27: 3 私の<息>が私のうちにあり, 神の霊
5 <息絶える>まで, 自分の潔白を離さ
32: 8 全能者の<息>が人に悟りを与える.
33: 4 全能者の<息>が私にいのちを与える.
34:14 霊と<息>をご自分に集められたら,
15 すべての肉なるものは共に<息絶え>,
36:12 知識を持たないで<息絶える>.
37:10 神の<息>によって氷が張り, 広い水
詩 104:29 <息>を取り去られると, 彼らは死に,
135:17 その口には<息>がありません.
144: 4 人はただ<息>に似て, その日々は過
150: 6 <息>のあるものはみな, 主をほめた
箴言 20:27 人間の<息>は主のともしび, 腹の底
伝道 3:19 両方とも同じ<息>を持っている. 人
雅歌 7: 8 あなたの<息>はりんごのかおりのよ
イザ 2:22 鼻で<息>をする人間をたよりにする
11: 4 くちびるの<息>で悪者を殺す.
25: 4 横暴な者たちの<息>は, 壁に吹きつ
30:28 <息>は, ほとばしって, 首に達する
33 主の<息>は硫黄の流れのように, そ
33:11 <息>は, あなたがたを食い尽くす火
42: 5 その上の民に<息>を与え…霊を授け
14 うめき, 激しい<息>づかいであえぐ.
57:13 <息>がそれらを連れ去ってしまう.
エレ 10:14 像は…その中に<息>がないからだ.
15: 9 女は打ちしおれ…<息>はあえいだ.
哀歌 1:19 長老たちも, 町の中で<息絶え>た.
2:12 母のふところで<息>も絶えようとし
4:20 私たちの鼻の<息>である者, 主に油
エゼ 37: 5 おまえたちの中に<息>を吹き入れる
9 <息>に預言せよ…<息>よ. 四方から
10 預言すると, <息>が彼らの中に入っ
ダニ 10:17 もはや…<息>も残っていないのです.
ホセ 13:15 主の<息>が荒野から立ち上り, その
ハバ 2:19 像だ…その中には何の<息>もない.
マコ 15:37 イエスは…<息>を引き取られた.
ヨハ 20:22 彼らに<息>を吹きかけて言われた.
使徒 5: 5 アナニヤは…倒れて<息>が絶えた.
12:23 ヘロデ…は虫にかまれて<息>が絶え
17:25 いのちと<息>と万物とをお与えにな
Ⅱテサ 2: 8 主は御口の<息>をもって彼を殺し,
黙示 11:11 神から出たいのちの<息>が, 彼らに
13:15 獣の像に<息>を吹き込んで, 獣の像

▼いぎ (威儀)

使徒 25:23 大いに<威儀>を整えて到着し, 千人

▼いきがい (生きがい)

Ⅰテサ 3: 8 私たちは今, <生きがい>があります.

▼いきかえる (生き返る)

士師 15:19 サムソンは…<生き返っ>た. それゆ
Ⅰ列 17:22 その子は<生き返っ>た.
Ⅱ列 8: 1 子どもを<生き返ら>せてやったあの
5 王に, 死人を<生き返ら>せたあのこ
とを話していると…子どもを<生き
返ら>せてもらった女が…エリシャ
が<生き返ら>せたその子どもです.」
13:21 その人は<生き返り>, 自分の足で立
エズ 9: 8 しばらく<生き返ら>せてくださるた
ネへ 4: 2 <生き返ら>せようとするのか.」
ヨブ 14:14 死ぬと, <生き返る>でしょうか. 私
詩篇 19: 7 たましいを<生き返ら>せ, 主のあか
23: 3 私のたましいを<生き返ら>せ, 御名
71:20 私を再び<生き返ら>せ, 地の深みか
85: 4 どうか, 私たちを<生き返ら>せ, 私
箴言 25:13 主人の心を<生き返ら>せる.
イザ 26:14 死人は<生き返り>ません. 死者の霊
19 あなたの死人は<生き返り>…地は死
者の霊を<生き返ら>せます.
66:14 骨は若草のように<生き返る>. 主の
エゼ 37: 3 骨は<生き返る>ことができようか.
5 おまえたちは<生き返る>. 6.
9 彼らを<生き返ら>せよ.」
10 彼らは<生き返り>, 自分の足で立ち

14 あなたがたは<生き返る>．わたしは
ホセ 6: 2 主は…私たちを<生き返ら>せ，三日
14: 7 穀物のように<生き返り>，ぶどうの
マタ 9:18 そうすれば娘は<生き返り>ます．」
11: 5 死人が<生き返り>，貧しい者たちに
27:52 聖徒たちのからだが<生き返っ>た．
ルカ 9:19 預言者のひとりが<生き返っ>たのだ
15:24 死んでいたのが<生き返り>，いなく
使徒 20:12 人々は<生き返っ>た青年を家に連れ
ロマ 11:15 死者の中から<生き返る>ことでなく
黙示 13:14 <生き返っ>たあの獣の像を造るよう
20: 4 <生き返っ>て，キリストとともに，
5 ほかの死者は…<生き返ら>なかった．

▼いきかた（生き方）

I列 8:32 悪者にはその<生き方>への報いとし
II歴 6:30 すべての<生き方>にしたがって報い
エレ 17:10 それぞれその<生き方>により，行い
22:21 若いころからのあなたの<生き方>だ
ロマ 13:13 正しい<生き方>をしようではありま
Iコリ 4:17 イエスにある私の<生き方>を，あな
ヤコ 3:13 良い<生き方>によって示しなさい．
Iペテ 1:18 むなしい<生き方>から贖い出された
3: 2 神を恐れかしこむ清い<生き方>を彼
16 正しい<生き方>をののしる人たちが，
IIペテ 3:11 どれほど聖い<生き方>をする敬虔な

▼いきき（行き来）→ゆきき

▼いきつくところ（行き着く所）

ロマ 6:21 それらのものの<行き着く所>は死で
22 <行き着く所>は永遠のいのちです．

▼いきどおり（憤り），憤る

創世 4: 6 なぜ，あなたは<憤>っているのか．
27:44 兄さんの<憤り>がおさまるまで，し
49: 7 のろわれよ…怒りと…<憤り>とは．
民数 25:11 わたしの<憤り>を彼らから引っ込め
申命 9:19 激しい<憤り>を私が恐れたからだっ
19: 6 復讐をする者が，<憤り>の心に燃え，
II列 22:13 燃え上がった主の<憤り>は激しいか
II歴 28: 9 主がユダに対して<憤>られたため，
34:25 わたしの<憤り>はこの場所に注がれ，
36:16 主の激しい<憤り>が，その民に対し
エス 1:12 その<憤り>が彼のうちで燃え立った．
3: 5 ハマンは…<憤り>に満たされた．
7: 7 王は<憤>って酒宴の席を立って，宮
ヨブ 5: 2 <憤り>は愚か者を殺し，ねたみはあ
17: 8 神を敬わない者に向かって<憤る>．
19:29 その剣は刑罰の<憤り>だから．これ
21:20 全能者の<憤り>をのまなければなら
36:18 <憤>って，懲らしめに誘い込まれな
詩篇 6: 1 激しい<憤り>で私を懲らしめないで
37: 8 怒ることをやめ，<憤り>を捨てよ．
38: 3 あなたの<憤り>のため，私の肉には
69:24 あなたの<憤り>を彼らの上に注いで
76:10 人の<憤り>までもが，あなたをほめ
たたえ，あなたは，<憤り>の余りま
78:38 <憤り>のすべてをかき立てられはし
49 神は…<憤り>と苦しみ…を送られた．
88: 7 激しい<憤り>が私の上にとどまり，
89:46 あなたの<憤り>が火のように燃える
90: 7 あなたの激しい<憤り>におじ惑いま
102:10 あなたの<憤り>と怒りとのゆえに，
106:23 激しい<憤り>を避けるために，御前
箴言 6:34 嫉妬が，その夫を激しく<憤>らせて，
15: 1 柔らかな答えは<憤り>を静める．し
16:14 王の<憤り>は死の使者である．しか
19:19 激しく<憤る>者は罰を受ける．たと
21:14 わいろは激しい<憤り>をなだめる．
27: 4 <憤り>は残忍で，怒りはあふれ出る．
29:22 <憤る>者は多くのそむきの罪を犯す．
イザ 10: 5 手にあるわたしの<憤り>のむち．
13: 5 彼らは…主とその<憤り>の器だ．
13 万軍の主の<憤り>によって…大地は
26:20 <憤り>の過ぎるまで…身を隠せ．
30:27 くちびるは<憤り>で満ち，舌は焼き
34: 2 すべての軍勢に向かって<憤>り，彼
51:13 しいたげる者の<憤り>を恐れている．
22 わたしの<憤り>の大杯をもう二度と
63: 5 <憤り>を，わたしのささえとした．
66:14 その<憤り>は敵たちに向けられる．」
エレ 4: 4 <憤り>が火のように出て燃え上がり，
6:11 私の身には主の<憤り>が満ち，これ
7:20 わたしの怒りと<憤り>は，この場所
10:10 その<憤り>に国々は耐えられない．
25 あなたの<憤り>を注いでください．
15:17 <憤り>で私を満たされたからです．
18:20 あなたの<憤り>をやめていただき，
23:19 見よ．主の暴風…<憤り>…うずを巻
25:15 この<憤り>のぶどう酒の杯を…取り
33: 5 怒りと<憤り>によって打ち殺された
42:18 <憤り>はあなたがたの上に注がれ，
50:25 その<憤り>の武器を持ち出された．

哀歌 2: 4 火のように<憤り>を注がれた．
6 激しい<憤り>で，王と祭司を退けら
4:11 主は<憤り>を尽くして燃える怒りを
エゼ 3:14 <憤>って，苦々しい思いで出て行っ
5:13 わたしの<憤り>を静めて満足する…
彼らに対する<憤り>を全うするとき，
7: 8 <憤り>をあなたに注ぎ…怒りを全う
16:38 ねたみと<憤り>の血をあなたに注ぐ．
20:34 注ぎ出る<憤り>をもって…連れ出し，
21:17 わたしの<憤り>を静めよう．主であ
31 わたしの<憤り>を注ぎ，激しい怒り
22:20 <憤り>をもってあなたがたを集め，
24 おまえは<憤り>の日にきよめられず，
24: 8 <憤り>をつのらせ，復讐するため，
13 わたしの<憤り>を静めるまで，あな
30:15 シンにわたしの<憤り>を注ぎ，ノの
36: 6 ねたみと<憤り>とをもって告げる．
ダニ 8:19 終わりの<憤り>の時に起こることを，
9:16 御怒りと<憤り>を…おさめてくださ
11:36 王は…<憤り>が終わるまで栄える．
ナホ 1: 2 主は復讐し，<憤る>方．主はその仇
6 だれがその<憤り>の前に立ちえよう．
ハバ 3:12 あなたは，<憤>って，地を行き巡り，
ゼパ 3: 8 わたしの<憤り>と燃える怒りをこと
ゼカ 8: 2 愛し，ひどい<憤り>でこれをねたむ．
マコ 10:14 イエスは…ご覧になり，<憤>って，
ルカ 13:14 安息日にいやされたのを<憤>って，
ヨハ 11:33 霊の<憤り>を覚え，心の動揺を感じ
38 心のうちに<憤り>を覚えながら，墓
使徒 17:16 偶像…を見て，心に<憤り>を感じた．
ロマ 2: 8 怒りと<憤り>を下されるのです．
IIコリ 7:11 弁明，<憤り>，恐れ，慕う心，熱意
12:20 ねたみ，<憤り>，党派心，そしり，
ガラ 5:20 そねみ，<憤り>，党派心，分裂，分
エペ 4:26 日が暮れるまで<憤>ったままでいて
コロ 3: 8 怒り，<憤り>，悪意，そしり，あな
ヘブ 3:10 わたしはその時代を<憤>って言った．

▼いきながらえる（生きながらえる）

創世 17:18 あなたの御前で<生きながらえ>ます
42: 2 私たちは<生きながらえ>，死なない
43: 8 子どもたちも<生きながらえ>て死な
45: 7 <生きながらえ>させるためだったの
47:28 17年<生きながらえ>たので，ヤコブ
出エ 4:18 彼らがまだ<生きながらえ>ているか
ヨシ 14:10 主は…私を<生きながらえ>させてく
Iサム 20:14 私が<生きながらえ>ておれば，主の
I列 8:40 <生きながらえる>間…あなたを恐れ
II列 14:17 アマツヤは…なお15年<生きながら
え>た．II歴25:25．
18:32 <生きながらえ>て死なないためであ
ネヘ 6:11 本堂に入って<生きながらえ>ようか．
ヨブ 21: 7 なぜ悪者どもが<生きながらえ>，年
詩篇 33:19 <生きながらえ>させるために．
41: 2 主は…彼を<生きながらえ>させ，地
49: 9 とこしえまでも<生きながらえ>るで
55:23 日数の半ばも<生きながらえ>ないで
72:15 それゆえ，彼が<生きながらえ>，彼
79:11 人々を<生きながらえ>させてくださ
箴言 15:27 まいないを…<生きながらえ>る．
31:12 彼女は<生きながらえ>ている間，夫
エレ 49:11 彼らを<生きながらえ>させる．あな
エゼ 3:21 彼は<生きながらえ>，あなたも自分
7:13 売る者は，<生きながらえ>ても，売
ゼカ 10: 9 <生きながらえ>て帰って来る．
ヨハ 21:22 彼が<生きながらえる>のを…望むと
ピリ 1:25 私が<生きながらえ>て，あなたがた

▼いきのこり（生き残り），生き残る

創世 6:19 <生き残る>ようにしなさい．それら
20 2匹ずつが，<生き残る>ために，あ
7: 3 その種類が…<生き残る>ためである
レビ 26:36 <生き残る>者にも…おくびょうを送
民数 14:38 ヨシュアと…カレブは<生き残>った
申命 6:24 私たちが…<生き残る>ためである．
7:20 <生き残>っている者たちや隠れてい
ヨシ 8:22 <生き残>った者も，のがれた者も，
11: 8 ひとりも<生き残る>者がないまでに
12: 4 レファイムの<生き残り>のひとりで
23:12 これらの国民の<生き残>っている者，
士師 2: 7 ヨシュアのあとまで<生き残>って主
5:13 <生き残>った者は貴人のようにおり
9: 5 末子ヨタムは…<生き残>った．
Iサム 2:36 あなたの家の<生き残>った者はみな，
IIサム 9: 1 サウルの家の者で…<生き残>ってい
21: 2 エモリ人の<生き残り>であって，イ
I列 9:21 この地に<生き残>った彼らの子孫を，
20:30 <生き残>った者たちはアフェクの町
ネヘ 1: 3 捕囚からのがれて<生き残>った残り
ヨブ 20:26 天幕に<生き残>っているものをもそ
27:15 その<生き残>った者も死んで葬られ，
イザ 1: 9 少しの<生き残り>の者を私たちに残

エレ21: 7　ききんからのがれて<生き残>った者
31: 2　剣を免れて<生き残>った民は荒野で
42:17　わざわいをのがれて<生き残る>者は
哀歌 2:22　のがれた者も<生き残>った者もいま
エゼ 6:12　<生き残>ってとどめられている者は
ヨエ 2:32　<生き残>った者のうちに，主が呼ば
オバ 14　彼らの<生き残>った者を引き渡すな．
18　エサウの家には<生き残る>者がいな
ハガ 2: 3　宮を見た…<生き残>った者はだれか．
ゼカ14:16　<生き残>った者はみな…上って来る．
Ⅰコリ15: 6　大多数の者は今なお<生き残>ってい
Ⅰテサ 4:15　<生き残>っている私たちが…優先す
17　次に，<生き残>っている私たちが，
黙示11:13　<生き残>った人々は，恐怖に満たさ

▼いきのびる（生きのびる）

創世12:13　私は<生きのびる>だろう．」
出エ21:21　２日<生きのび>たなら，その者は復
民数24:23　だれが<生きのびる>ことができよう．
申命 4:42　のがれて，<生きのびる>ことができ
Ⅱサム 1:10　<生きのびる>ことができないとわか
Ⅱ列 7: 4　私たちは<生きのび>られる．もし殺
ヨブ24:22　神は…<生きのびる>ようにされる．
エレ38:17　あなたの家族も<生きのびる>．
哀歌 4:20　この者のおかげで…<生きのびる>」
エゼ 3:18　<生きのびる>ように語って，警告し

▼いきめぐる（行き巡る）→ゆきめぐる

▼いきもの（生きもの，生き物）

創世 1:20　水には<生き物>が群がれ．鳥が地の
24　種類にしたがって，<生き物>を生ぜ
28　地をはうすべての<生き物>を支配せ
2: 7　そこで人は<生きもの>となった．
19　人が，<生き物>につける名はみな，
6:19　すべての<生き物>，すべての肉なる
7: 4　<生き物>を地の面から消し去る．23．
9:16　神と，すべての<生き物>…の契約を
レビ11: 2　食べてもよい<生き物>は次のとおり
ヨブ12:10　すべての<生き物>のいのちと，すべ
28:21　すべての<生き物>の目に隠され，空
30:23　すべての<生き物>の集まる家に帰ら
詩 104:25　数知れず，大小の<生き物>もいます．
伝道 4:15　日の下に生息する…<生きもの>が，
エゼ 1: 5　四つの<生きもの>のようなものが現
10:17　<生きもの>の霊が輪の中にあったか
使徒28: 4　<生き物>がパウロの手から下がって
ヤコ 3: 7　<生き物>も，人類によって制せられ
黙示 4: 6　目で満ちた四つの<生き物>がいた．
6: 7　第４の<生き物>の声が，「来なさい」
15: 7　四つの<生き物>の一つが，永遠に生
19: 4　長老と四つの<生き物>はひれ伏し，

▼いきりたつ

雅歌 1: 6　子らが私に向かって<いきりた>ち，
イザ37:28　わたしに向かって<いきりたつ>．29．
41:11　<いきりたつ>者はみな，恥を見，は
45:24　主に向かって<いきりたつ>者はみな，
ダニ11:30　聖なる契約に<いきりた>ち，ほしい

▼いきる（生きる）【別項】生き返る，生きながらえる，生き残る，生きのびる

創世 3:20　彼女がすべて<生き>ているものの母
22　食べ，永遠に<生き>ないように．」
5: 3　アダムは，130年<生き>て．5，6，7，
9，10，12，13，15，16，18，19，
21，25，26，28，30，9:28，11:11，
12，13，14，15，16，17，18，19，
20，21，22，23，24，25，26．
9: 3　<生き>て動いているものはみな，あ
27:40　おのれの剣によって<生き>，おまえ
46　<生き>ているのがいやになりました
…私は何のために<生きる>ことにな
42:18　次のようにして，<生きよ>．私も神
43: 7　あなたがたの父はまだ<生き>ている
45:26　ヨセフはまだ<生き>ています．しか
46:30　あなたが<生き>ているのを見たから
47:19　私たちは<生き>て，死なないでしょ
50:22　ヨセフは110歳まで<生き>た．
出エ21:35　<生き>ている牛を売って，その金を
22: 4　<生き>たままで…見つかったなら，
33:20　わたしを見て，なお<生き>ているこ
レビ14: 4　２羽の<生き>ているきよい小鳥と，
16:10　やぎは…<生き>たままで立たせてお
21　アロンは<生き>ているやぎの頭に両
18: 5　行う人は，それによって<生きる>．
民数 4:19　死なずに<生き>ているようにせよ．
14:21　わたしが<生き>ており，主の栄光が
16:30　彼らが<生き>ながらよみに下るなら，
48　死んだ者たちと<生き>ている者たち
21: 8　それを仰ぎ見れば，<生きる>．」
9　蛇を仰ぎ見ると，<生き>た．
申命 4: 1　そうすれば，あなたがたは<生き>．
8:1，16:20，アモ5:14．
4　あなたがたはみな…<生き>ている．

い

10 彼らが地上に<生き>ている日の間,
33 神の声を聞いて，なお<生き>ていた
民があっただろうか. 5:26.
5: 3 <生き>ている私たちひとりひとりと,
24 神が人に語られても，人が<生きる>
33 あなたがたが<生き>…所有する地で,
長く<生きる>ためである.
6: 2 長く<生きる>ことのできるためであ
8: 3 人はパンだけで<生きる>のではない,
人は主の口から出るすべてのもので
<生きる>，ということを，あなたに
12: 1 <生きる>かぎり，守り行わなければ
19: 4 のがれて<生きる>ことができる場合
5 町の一つにのがれて<生きる>ことが
30:16 あなたは<生き>て，その数はふえる.
19 あなたもあなたの子孫も<生き>,
31:13 <生きる>かぎり…主を恐れることを
27 私が…<生き>ている今ですら，あな
32:40 わたしは永遠に<生きる>.
33: 6 ルベンは<生き>て，死なないように.
25 力が…<生きる>かぎり続くように.」
士師 16:30 彼が<生き>ている間に殺した者より
ルツ 2:20 <生き>ている者にも，死んだ者にも,
Ⅰサム 14:39 イスラエルを救う主は<生き>ておら
20:31 エッサイの子がこの地上に<生き>て
26:10 主は<生き>ておられる．主は，必ず
Ⅱサム 1:23 <生き>ているときにも，死ぬときに
12: 5 主は<生き>ておられる．そんなこと
22 子どもが<生きる>かもしれない，と
15:21 <生きる>ためでも，死ぬためでも,
18:14 引っ掛かったまま<生き>ていたアブ
19: 6 アブシャロムが<生き>，われわれが
34 私はあと何年<生き>られるでしょう.
22:47 主は<生き>ておられる．ほむべきか
Ⅰ列 1:29 救い出してくださった主は<生き>て
31 いつまでも<生き>ておられますよう
3:22 <生き>ているのが私の子で，死んで
25 <生き>ている子どもを二つに断ち切
17: 1 主は<生き>ておられる．私のことば
23 ご覧，あなたの息子は<生き>ている.
18:15 万軍の主は<生き>ておられます．必
22:14 主は<生き>ておられる．主が私に告
Ⅱ列 2: 2 主は<生き>ておられ，あなたのたま
しいも<生き>ています．私は決して
20:19 自分が<生き>ている間は，平和で安

Ⅱ歴 14:13 倒れ，<生き>ている者はなかった.
ネヘ 2: 3 いつまでも<生き>られますように.
5: 2 食べて<生きる>ために，穀物を手に
9:29 これによって<生きる>，というあな
エス 4:11 金の笏を…その者は<生き>ます．で
ヨブ 7:16 いつまでも<生き>たくありません.
19:25 私を贖う方は<生き>ておられ，後の
42:16 ヨブは140年<生き>，自分の子と,
詩篇 22:26 心が，いつまでも<生きる>ように.
49:18 <生き>ている間，自分を祝福できて
55:15 <生き>たまま，よみに下るがよい.
63: 4 <生き>ているかぎり，あなたをほめ
89:47 私がどれだけ長く<生きる>かを．あ
48 <生き>ていて死を見ない者はだれで
118:17 死ぬことなく，かえって<生き>，そ
119:175 私のたましいが<生き>，あなたをほ
124: 3 私たちを<生き>たままのみこんだで
146: 2 <生き>ているかぎり，主をほめたた
箴言 1:12 彼らを<生き>たままで，のみこみ,
4: 4 私の命令を守って，<生きよ>. 7:2.
9: 6 <生き>なさい．悟りのある道を，ま
伝道 2:17 私は<生き>ていることを憎んだ．日
3:12 <生き>ている間に喜び楽しむほか何
6: 3 もし人が…多くの年月を<生き>，彼
6 千年の倍も<生き>ても…両者とも同
7: 2 <生き>ている者がそれを心に留める
9: 3 <生き>ている間，その心には狂気が
4 <生き>ている者に連なっている者に
は希望が…<生き>ている犬は死んだ
5 <生き>ている者は自分が死ぬことを
9 それが，<生き>ている間に，日の下
11: 8 人は長年<生き>て，ずっと楽しむが
イザ 8:19 <生き>ている者のために，死人に伺
38:16 これらによって，人は<生きる>ので
19 <生き>ている者，ただ<生き>ている
20 <生き>ている日々の間，主の宮で琴
39: 8 自分が<生き>ている間は，平和で安
49:18 わたしは<生き>ている…あなたは必
55: 3 聞け．そうすれば…<生きる>．わた
エレ 4: 2 主は<生き>ておられる』と誓うなら
21: 9 カルデヤ人にくだる者は，<生き>て,
23: 8 上らせた主は<生き>ておられる』と
27:12 彼と…民に仕えて<生きよ>.
17 バビロンの王に仕えて<生きよ>．ど
35: 7 末長く<生きる>ために，一生，天幕

38: 2 出て行く者は<生きる>．そのいのち
は…彼のものになり，彼は<生きる>．
16 いのちを造られた主は<生き>ておら
44:26 神である主は<生き>ておられると言
エゼ 5:11 わたしは<生き>ている．神である主
13:19 <生き>てはならない者たちを生かし
22 立ち返って<生きる>ようにしなかっ
16: 6 あなたに，『<生きよ>』と言い，血
に染まっているあなたに，くり返し
て，『<生きよ>』と言った．
18: 9 必ず<生きる>．17，19．
13 こういう者ははたして<生きる>だろ
うか．彼は<生き>られない．自分が
21 彼は必ず<生き>て，死ぬことはない．
28，33:15．
22 彼は<生きる>．33:19．
23 態度を悔い改めて，<生きる>ことを
喜ばないだろうか．33:11．
24 彼は<生き>られるだろうか．彼が行
32 だから，悔い改めて，<生きよ>．
20:11 実行すれば<生きる>ことのできる…
わたしの定めを彼らに．13，21．
25 それによっては<生き>られない定め
33:10 私たちはどうして<生き>られよう．
12 自分の正しさによって<生きる>こと
13 『あなたは必ず<生きる>』と言って
16 …とを行った彼は必ず<生きる>．
47: 9 生物は<生き>…この川が入る所では，
すべてのものが<生きる>．
ダニ 2: 4 王よ．永遠に<生き>られますように．
4:34 永遠に<生きる>方を賛美し，ほめた
ホセ 4:15 主は<生き>ておられる」と言って誓
6: 2 私たちは，御前に<生きる>のだ．
アモ 5: 4 わたしを求めて<生きよ>．
6 主を求めて<生きよ>．さもないと，
8:14 ダンよ．あなたの神は<生き>ている
ヨナ 4: 3 <生き>ているより死んだほうがまし
ハバ 2: 4 その信仰によって<生きる>．
ゼカ 1: 5 永遠に<生き>ているだろうか．
13: 3 あなたは<生き>ていてはならない．
マタ 4: 4 人はパンだけで<生きる>のではなく，
22:32 神は…<生き>ている者の神です．」
27:63 あの…男がまだ<生き>ていたとき，
マコ 16:11 イエスが<生き>ておられ，お姿をよ
ルカ 20:38 神は…<生き>ている者の神です…神
に対しては，みなが<生き>ているか
24: 5 なぜ<生き>ている方を死人の中で捜
23 イエスは<生き>ておられると告げた，
ヨハ 5:25 そして，聞く者は<生きる>のです．
6:51 食べるなら，永遠に<生き>ます．ま
57 わたしが父によって<生き>ているよ
うに…わたしによって<生きる>ので
58 パンを食べる者は永遠に<生き>ます．
11:25 信じる者は，死んでも<生きる>ので
26 <生き>ていてわたしを信じる者は，
12:34 キリストはいつまでも<生き>ておら
14:19 わたしが<生きる>ので，あなたがた
使徒 1: 3 ご自分が<生き>ていることを使徒た
9:41 呼んで，<生き>ている彼女を見せた．
10:42 <生き>ている者と死んだ者とのさば
17:28 神の中に<生き>，動き，また存在し
25:19 イエスが<生き>ていると…主張して
ロマ 1:17 義人は信仰によって<生きる>…と書
6: 2 なおもその中に<生き>ていられるで
8 キリストとともに<生きる>ことにも
10 キリストが<生き>ておられるのは，
11 イエスにあって<生き>た者だと，思
7: 1 その人の<生き>ている期間だけだ，
2 夫が<生き>ている間は，律法によっ
9 戒めが来たときに，罪が<生き>，私
8:10 霊が，義のゆえに<生き>ています．
13 肉に従って<生きる>なら…からだの
行いを殺すなら…<生きる>のです．
10: 5 義によって<生きる>，と書いていま
12: 1 <生き>た供え物としてささげなさい．
14: 7 自分のために<生き>ている者はなく，
8 <生きる>なら，主のために<生き>…
<生きる>にしても，死ぬにしても，
9 キリストは…<生き>ている人にとっ
ても…死んで，また<生き>られたの
11 わたしは<生き>ている…すべての舌
Iコリ 7:39 妻は夫が<生き>ている間は夫に縛ら
15:45 最初の人アダムは<生き>た者となっ
IIコリ 4:11 私たち<生き>ている者は，イエスの
5:15 <生き>ている人々が…よみがえった
方のために<生きる>ためなのです．
6: 9 死にそうでも，見よ，<生き>ており，
13: 4 神の力のゆえに<生き>ておられます．
私たちも…神の力のゆえに，キリスト
トとともに<生き>ているのです．

ガラ 2:19 神に<生きる>ために…律法に死にま
20 もはや私が<生き>ているのではなく，
キリストが私のうちに<生き>ておら
れる…いま私が…<生き>ているのは，
3:11 義人は信仰によって<生きる>」のだ
ピリ 1:20 <生きる>にも死ぬにも私の身によっ
21 <生きる>ことはキリスト，死ぬこと
Ⅰテサ 5:10 主とともに<生きる>ためです．
Ⅰテモ 5: 6 <生き>てはいても，もう死んだ者な
Ⅱテモ 2:11 彼とともに<生きる>ようになる．
4: 1 <生き>ている人と死んだ人とをさば
ヘブ 4:12 神のことばは<生き>ていて，力があ
7: 8 彼は<生き>ているとあかしされてい
25 キリストはいつも<生き>ていて，彼
9:17 遺言者が<生き>ている間は，決して
ヤコ 4:15 主のみこころなら…<生き>ていて，
Ⅰペテ 2:24 義のために<生きる>ためです．キリ
4: 5 <生き>ている人々をも死んだ人々を
6 神によって<生きる>ためでした．
黙示 1:18 <生き>ている者である．わたしは…
見よ，いつまでも<生き>ている．ま
2: 8 死んで，また<生き>た方が言われる．
3: 1 <生き>ているとされているが，実は
4: 9 永遠に<生き>ておられる…方に，栄
19:20 火の池に，<生き>たままで投げ込ま

▼いく（行く）【別項】行き来，行き巡る

創世 22: 2 連れて，モリヤの地に<行>きなさい．
28:15 あなたがどこへ<行>っても…守り，
30:30 私の<行く>先で主があなたを祝福さ
出エ 3: 3 <行>ってこの大いなる光景を見るこ
19 あなたがたを<行>かせないのを…知
4:12 さあ<行>け．わたしがあなたの口と
5: 1 わたしの民を<行>かせ，荒野で…祭
9:13 わたしの民を<行>かせ…仕えさせよ．
民数 10:30 私は<行>きません．私の生まれ故郷
申命 1:33 主は…道中あなたがたの先に立って
<行>かれ…進んで行く道を示される
ヨシ 1: 7 あなたが<行く>所ではどこででも，
3: 4 <行く>べき道を知るためである．あ
23:14 すべての人の<行く>道を<行>こうと
士師 4: 9 あなたが<行>こうとしている道では，
7: 4 …いっしょに<行>かなければならな
い』と言うなら…<行>かなければな
ルツ 1:16 あなたの<行>かれる所へ私も<行>き，
Ⅰサム 9:27 若い者に…先に<行く>ように言って
ください…先に<行>ったら，あなた
14: 9 おれたちが…<行く>まで，じっとし
16: 2 私はどうして<行>けましょう．サウ
20:29 どうか私を<行>かせて，兄弟たちに
23:22 <行>って，もっと確かめてくれ．彼
Ⅱサム 8: 6 ダビデの<行く>先々で，彼に勝利を
12:23 あの子のところに<行く>だろうが，
15:33 私といっしょに<行く>なら，あなた
16: 9 <行>って，あの首をはねさせてくだ
18: 9 騾馬はそのまま<行>った．
Ⅰ列 22:48 ヨシャパテは…オフィルへ<行>こう
としたが，<行>けなかった．船団が
Ⅱ列 4:31 ゲハジは…先に<行>って，その杖を
5:25 しもべはどこへも<行>きませんでし
ネヘ 9:19 火の柱が彼らの<行く>べき道を照ら
ヨブ 9:32 さばきの座にいっしょに<行>こう」
21:29 道<行く>人に尋ねなかったか．彼ら
詩篇 32: 8 わたしは…<行く>べき道を教えよう．
80:12 道を<行く>すべての者に，その実を
121: 8 <行く>にも帰るにも…とこしえまで
139: 7 御霊から…どこへ<行>けましょう．
イザ 6: 8 だれが，われわれのために<行く>だ
9 <行>って，この民に言え．『聞き続
33: 8 道<行く>者はとだえ，契約は破られ
エレ 40: 4 バビロンへ<行く>のがよいと思うな
ら，<行>きなさい…<行く>のによい
と思う，気に入った所へ<行>きなさ
哀歌 1:12 道<行く>みなの人よ．よく見よ．主
2:15 道<行く>人はみな…手を打ち鳴らし
エゼ 1:12 前を向いてまっすぐに<行>き，霊が
<行>かせる所に彼らは<行>き，<行
く>ときには向きを変えなかった．
36:20 その<行く>先の国々に<行>っても，
ダニ 12: 9 ダニエルよ．<行>け．このことばは，
ヨナ 1: 2 ニネベに<行>き，これに向かって叫
ゼカ 8:21 『さあ，<行>って…万軍の主を尋ね
求めよう．私も<行>こう』と言う．
マタ 2:22 そこに<行>ってとどまることを恐れ
5:41 1ミリオン<行>けと強いるような者
とは…2ミリオン<行>きなさい．
14:25 歩いて，彼らのところに<行>かれた．
21:29 兄は…『<行>きます．お父さん』と
言ったが，<行>かなかった．
30 弟は…『<行>きたくありません』と
26:46 立ちなさい．さあ，<行く>のです．

27:39 道を<行く>人々は，頭を振りながら
28:19 <行>って，あらゆる国の人々を弟子
ルカ 2:15 ベツレヘムに<行>って，主が私たち
7: 8 ひとりに『<行>け』と言えば<行>き
50 「…安心して<行>きなさい.」
10: 3 さあ，<行>きなさい．いいですか．
ヨハ 3: 8 どこから来てどこへ<行く>かを知ら
26 みなあの方のほうへ<行>きます.」
6:68 だれのところに<行>きましょう．あ
8:14 どこへ<行く>かを知っているからで
22 わたしが<行く>所に，あなたがたは
来ることができない．13:33.
11:15 さあ，彼のところへ<行>きましょう.
14: 4 わたしの<行く>道はあなたがたも知
12 わたしが父のもとに<行く>からです.
31 さあ，ここから<行く>のです．
15:16 あなたがたが<行>って実を結び，そ
16: 5 わたしを遣わした方のもとに<行>こ
う…しかし…どこに<行く>のですか
7 もし<行>けば，わたしは助け主をあ
28 世を去って父のみもとに<行>きます.
使徒 7: 3 わたしがあなたに示す地に<行>け』
11:12 いっしょに<行く>ように，と言われ
27: 3 友人たちのところへ<行>って，もて
ロマ 1:13 何度も…<行>こうとしたのですが，
Ⅱコリ 10:13 私たちがあなたがたのところまで
<行く>のも…限度内で<行く>のです.
14 <行>かないのに無理に手を伸ばして
いるのではありません…あなたがた
のところにまで<行>ったのです．
ピリ 1:26 あなたがたのところに<行>けるので，
ヤコ 2:16 安心して<行>きなさい．暖かになり，
黙示 2:16 すぐにあなたのところに<行>き，わ
14: 4 小羊が<行く>所には，どこにでもつ

▼イグアル〔人名〕
(1)カナンの地の偵察者．民数13:7.
(2)ダビデの勇士の一人．Ⅱサム23:36.
(3)ダビデの子孫．シェマヤの子．Ⅰ歴3:22.

▼いくえ（幾重）
ルツ 1:17 主が<幾重>にも私を罰してくださる
ように.」Ⅰサム20:13，25:22.
Ⅰサム 3:17 神がおまえを<幾重>にも罰せられる

▼いくかご（幾かご）
マタ 16: 9 パンを…<幾かご>集めましたか．10.

▼いくさ
出エ 32:17 宿営の中に<いくさ>の声がします.」
民数 31: 3 <いくさ>のために武装しなさい．ミ
42 <いくさ>に出た者たちに折半して与
申命 24: 5 <いくさ>に出してはならない．これ
Ⅱ歴 28:12 <いくさ>から帰って来た者たちに向
ヨブ 38:23 <いくさ>と戦いの日のために，わた
詩 144: 1 <いくさ>のために私の指を，鍛えら
ダニ 10: 1 大きな<いくさ>のことであった．彼

▼いくさぐるま（～車，戦車）
詩篇 20: 7 ある者は<いくさ車>を誇り，ある者
68:17 神の<いくさ車>は幾千万と数知れず，
77:18 雷の声は，<いくさ車>のように鳴り，
ハバ 3: 8 救いの<戦車>に乗って来られます．

▼いくさびと
出エ 15: 3 主は<いくさびと>．その御名は主．

▼いくせい（育成）
使徒 20:32 みことばは，あなたがたを<育成>し，

▼イグダルヤ〔人名〕
神の人ハナンの父．エレ35:4.

▼いくらか
詩篇 8: 5 人を，神より<いくらか>劣るものと
Ⅰテモ 4: 8 肉体の鍛練も<いくらか>は有益です

▼いけ（池）【別項】王の池，大池，上の池，下の池，火の池，古い池
Ⅱサム 2:13 ギブオンの<池>のそばで出会った．
Ⅰ列 22:38 戦車をサマリヤの<池>で洗った．す
伝道 2: 6 森を潤すために<池>も造った．
雅歌 7: 4 ヘシュボンの<池>．あなたの鼻は，
ナホ 2: 8 ニネベは水の流れ出る<池>のようだ.
ヨハ 5: 2 ベテスダと呼ばれる<池>があって，
9: 7 シロアム…の<池>で洗いなさい.」
黙示 20:10 悪魔は火と硫黄との<池>に投げ込ま

▼イケシュ〔人名〕
ダビデの勇士イラの父．Ⅱサム23:26，Ⅰ歴11:28.

▼いけない
出エ 5:16 <いけない>のはあなたの民なので
マコ 6: 9 2枚の下着を着ては<いけ>ません.」

▼いけにえ【別項】感謝のいけにえ，罪過のためのいけにえ，過越のいけにえ，全焼のいけにえ，罪のためのいけにえ，和解のいけにえ
出エ 3:18 主に<いけにえ>をささげさせてくだ
民数 22:40 牛と羊を<いけにえ>としてささげ，

申命 17: 1　<いけにえ>としてささげてはならな

Ⅰサム 15:15　主に，<いけにえ>をささげるためで

22　主は…その他の<いけにえ>を喜ばれるだろうか．見よ．聞き従うことは，<いけにえ>にまさり，耳を傾けるこ

Ⅰ列 1: 9　家畜を<いけにえ>としてささげ，王

Ⅰ歴 29:21　翌日，彼らは主に<いけにえ>をささ

詩篇 4: 5　義の<いけにえ>をささげ，主に拠り

27: 6　幕屋で，喜びの<いけにえ>をささげ，

40: 6　<いけにえ>や穀物のささげ物をお喜

50: 5　<いけにえ>により…契約を結んだ者

8　<いけにえ>のことで，あなたを責め

51:16　あなたは<いけにえ>を喜ばれません．

17　神への<いけにえ>は，砕かれた霊

19　義の<いけにえ>を喜ばれるでしょう．

66:15　雄羊の<いけにえ>の煙とともにささ

106:28　死者への<いけにえ>を食べた．

37　娘を悪霊の<いけにえ>としてささげ，

箴言 15: 8　悪者の<いけにえ>は主に忌みきらわ

21: 3　<いけにえ>にまさって主に喜ばれる．

27　悪者の<いけにえ>は忌みきらわれる．

伝道 9: 2　<いけにえ>をささげる人にも，<いけにえ>をささげない人にも来る．

エレ 6:20　<いけにえ>はわたしを喜ばせない．」

46:10　主に，<いけにえ>がささげられる．

ダニ 9:27　<いけにえ>とささげ物とをやめさせ

ホセ 6: 6　誠実を喜ぶが，<いけにえ>は喜ばな

8:13　<いけにえ>をささげ，肉を食べても，

マラ 1: 8　盲目の獣を<いけにえ>にささげるが，

マタ 9:13　あわれみは好むが，<いけにえ>は好まない』とはどういう意味．12:7．

ヘブ 7:27　毎日<いけにえ>をささげる必要はあ

8: 3　ささげ物と<いけにえ>とをささげる

9:23　さらにすぐれた<いけにえ>で，きよ

26　ご自身を<いけにえ>として罪を取り

10: 1　同じ<いけにえ>によって神に近づい

5　<いけにえ>やささげ物を望まないで，

8　<いけにえ>とささげ物…を望まず，

11　同じ<いけにえ>をくり返しささげま

12　永遠の<いけにえ>をささげて後，神

11: 4　アベルは…すぐれた<いけにえ>を神

13:15　賛美の<いけにえ>…を，神に絶えず

16　神はこのような<いけにえ>を喜ばれ

Ⅰペテ 2: 5　霊の<いけにえ>をささげなさい．

▼いける（生ける）

申命 5:26　<生ける>神の声を聞いて，なお生き

ヨシ 3:10　<生ける>神があなたがたのうちにお

Ⅰサム 17:36　<生ける>神の陣をなぶったのですか

Ⅱ列 19: 4　<生ける>神をそしるために彼を遣わ

ヨブ 28:13　<生ける>者の地では見つけられない．

詩篇 27:13　<生ける>者の地で主のいつくしみを

42: 2　私のたましいは…<生ける>神を求め

52: 5　<生ける>者の地から，おまえを根こ

84: 2　<生ける>神に喜びの歌を歌います．

142: 5　<生ける>者の地で，私の分の土地で

143: 2　<生ける>者はだれひとり…義と認め

145:16　<生ける>ものの願いを満たされます．

イザ 38:11　<生ける>者の地で主を見ない．死人

53: 8　<生ける>者の地から絶たれたことを．

エレ 10:10　<生ける>神，とこしえの王．その怒

23:36　<生ける>神，万軍の主，私たちの神

エゼ 32:32　<生ける>者の地に恐怖を与えたので，

ダニ 6:20　<生ける>神のしもべダニエル．あな

26　この方こそ<生ける>神．永遠に堅く

ホセ 1:10　あなたがたは<生ける>神の子らだ」

マタ 16:16　<生ける>神の御子キリストです．」

26:63　<生ける>神によって，あなたに命じ

ヨハ 4:10　<生ける>水を与えたことでしょう．」

6:51　天から下って来た<生ける>パンです．

57　<生ける>父がわたしを遣わし，わた

7:38　<生ける>水の川が流れ出るようにな

使徒 7:38　<生ける>みことばを授かり，あなた

14:15　<生ける>神に立ち返るように，福音

ロマ 9:26　<生ける>神の子どもと呼ばれる．」

Ⅰテサ 1: 9　<生ける>まことの神に仕えるように

Ⅰテモ 3:15　神の家とは<生ける>神の教会のこと

4:10　<生ける>神に望みを置いているから

ヘブ 3:12　<生ける>神から離れる者がないよう

9:14　<生ける>神に仕える者とすることで

10:20　新しい<生ける>道を設けてくださっ

31　<生ける>神の手の中に陥ることは恐

12:22　<生ける>神の都，天にあるエルサレ

Ⅰペテ 1: 3　<生ける>望みを持つようにしてくだ

23　<生ける>…神のことばによるのです．

2: 4　主は…尊い，<生ける>石です．

5　<生ける>石として，霊の家に築き上

黙示 7: 2　御使いが，<生ける>神の印を持って，

▼いけん（意見），ご意見

士師 20: 7　今ここで，<意見>を述べて，相談し

エズ 5:17 王の<ご意見>を私たちにお伝えくだ
ヨブ 29:21 人々は…私の<意見>にも黙っていた.
使徒 23: 7 <意見>の衝突が起こり，議会は二つ
ロマ 14: 1 その<意見>をさばいてはいけません.
Ⅰコリ 7:40 私の<意見>では，もしそのままにし
Ⅱコリ 8:10 献金…について，私の<意見>を述べ

▼いげん（威厳）

創世 49: 3 すぐれた<威厳>と…力のある者.
申命 33:17 牛の初子には<威厳>があり，その角
Ⅱサム 6:20 王は…ほんとうに<威厳>がございま
ヨブ 13:11 神の<威厳>はあなたがたを震え上が
30:15 私の<威厳>を，あの風のように追い
31:23 その<威厳>のゆえに，私は何もする
詩篇 29: 4 主の声は，<威厳>がある.
76: 4 山々にまさって<威厳>があります.
イザ 30:30 主は<威厳>のある御声を聞かせ，激
33:21 <威厳>のある主が私たちとともにお
ハバ 1: 7 さばきを行い，<威厳>を現す.
Ⅰテモ 2: 2 <威厳>をもって，平安で静かな一生
3:11 婦人執事も，<威厳>があり，悪口を

▼いげん（異言）

使徒 10:46 <異言>を話し，神を賛美するのを聞
19: 6 <異言>を語ったり，預言をしたりし
Ⅰコリ 12:10 ある人には<異言>を解き明かす力が
30 みなが<異言>を語るでしょうか．み
13: 1 <異言>で話しても，愛がないなら，
8 <異言>ならばやみます．知識ならば
14: 2 <異言>を話す者は…神に話すのです.
4 <異言>を話す者は自分の徳を高めま
5 <異言>を話すことを望んでいますが
…<異言>を語る者よりも，預言する
13 <異言>を語る者は，それを解き明か
14 <異言>で祈るなら，私の霊は祈るが，
16 <異言>を知らない人々の座席に着い
19 <異言>で１万語話すよりは，ほかの
22 <異言>は信者のためのしるしではな
23 みなが<異言>を話すとしたら，初心
27 <異言>を話すのならば…順番に話す
39 <異言>を話すことも禁じてはいけま

▼いこい

詩篇 23: 2 <いこい>の水のほとりに伴われます.
116: 7 おまえの全き<いこい>に戻れ．主は
イザ 28:12 ここに<いこい>がある．疲れた者を
32:18 安らかな<いこい>の場に住む.
66: 1 わたしの<いこい>の場は…どこにあ
エレ 6:16 あなたがたの<いこい>を見いだせ.
ミカ 2:10 ここは<いこい>の場所ではない．こ
ロマ 15:32 ともに<いこい>を得ることができま

▼いこう

出エ 31:17 ７日目に…<いこ>われたからである.
ヨブ 3:17 力のなえた者は<いこ>い，
箴言 14:33 知恵は悟りのある者の心に<いこう>.
イザ 11:10 彼の<いこう>所は栄光に輝く.
14: 1 彼らを自分たちの土地に<いこ>わせ
3 主が…あなたを<いこ>わせる日に，
7 全地は安らかに<いこ>い，喜びの歌
28:12 疲れた者を<いこ>わせよ．ここに休
34:14 こうもりも<いこ>い，自分の休み場
63:14 主の御霊が彼らを<いこ>わせた.」
エレ 50:34 この国を<いこ>わせるが，バビロン
哀歌 1: 3 彼女は…<いこう>こともできない.
エゼ 34:15 わたしが彼らを<いこ>わせる…神で

▼いこう（威光），ご威光

申命 33:26 神は…<威光>のうちに雲に乗られる.
Ⅰ歴 16:27 尊厳と<威光>は御前にあり，力と歓
ヨブ 40:10 尊厳と<威光>を身につけよ.
詩篇 8: 1 あなたの<ご威光>は天でたたえられ
21: 5 尊厳と<威光>を彼の上に置かれます.
45: 4 あなたの<威光>は，真理と柔和と義
90:16 あなたの<威光>を彼らの子らに見せ
104: 1 尊厳と<威光>を身にまとっておられ
111: 3 そのみわざは尊厳と<威光>．その義
148:13 その<威光>は地と天の上にあるから
イザ 2:10 御顔…その<ご威光>の輝きを避けて.
3: 8 主の<ご威光>に逆らったからである.
4: 2 イスラエルののがれた者の<威光>と
24:14 主の<威光>をたたえて叫ぶ.
26:10 主の<ご威光>を見ようともしません.
35: 2 シャロンの<威光>をこれに賜るので
…私たちの神の<威光>を見る.
ダニ 4:30 私の<威光>を輝かすために，私が建
36 私の<威光>も輝きも私に戻って来た.
ミカ 5: 4 御名の<威光>によって群れを飼い，
ルカ 9:43 みな，神の<ご威光>に驚嘆した．イ
使徒 19:27 大女神の<ご威光>も地に落ちてしま

▼いこく（異国），異国人

創世 23: 4 私は…<異国人>ですが，あなたがた
35: 2 <異国>の神々を取り除き，身をきよ
民数 9:14 <異国人>が在留していて，主に過越
Ⅰ歴 29:15 あなたの前では<異国人>であり，居

ヨブ 31:32 <異国人>は外で夜を過ごさず，私は
詩 137: 4 <異国>の地にあって主の歌を歌えよ
エレ 14:22 <異国>のむなしい神々の中で，大雨
Ⅰコリ 14:11 私はそれを話す人にとって<異国人>
であり，それを話す人も…<異国人>
21 <異国>の人のくちびるによってこの

▼イコニオム〔地名〕

小アジヤ南部の町．使徒13:51，16:2，Ⅱテモ3:11．

▼いさかい

箴言 19:13 妻の<いさかい>は，したたり続ける

▼イサク〔人名〕

①生涯：アブラハムとサラの息子，創世21:1-3；誕生の約束，17:16-21；誕生と割礼，21:1-8；いけにえとなる，22:1-19；妻リベカを得る，24章；契約の確認，26:2-5；父を葬る，25:8-9；リベカを妹と呼ぶ，26:6-11；アビメレクとの契約，26:23-33；ヤコブに欺かれる，27:1-29；年老いて死ぬ，35:28-29．

②重要性：約束の子，ガラ4:22-28；信仰の人，ヘブ11:9，20；信者の型，ガラ4:28-31；キリストの先祖，ルカ3:34．

ガラ 4:28 <イサク>のように約束の子どもです．
ヘブ 11:18 <イサク>から出る者があなたの子孫
20 信仰によって，<イサク>は未来のこ

▼いさめる

ヨブ 26: 3 どのようにして<いさめ>，豊かなす
マタ 16:22 ペテロは，イエスを引き寄せて，
<いさめ>始めた．マコ8:32．

▼イザヤ〔人名〕【別項】イザヤの書

イザヤ書の著者．偉大な預言者；メシヤ預言(キリストの誕生，イザ7:13-14，11:1-9；キリストの任務，イザ61:1-2，ルカ4:17-19；キリストの死，イザ53章，マタ8:17；しもべキリスト，イザ42:1-4，マタ12:17-21)．

イザ 1: 1 アモツの子<イザヤ>の幻．これは彼
使徒 28:25 聖霊が預言者<イザヤ>を通してあな

▼イザヤのしょ（～書）

マコ 1: 2 預言者<イザヤの書>にこう書いてあ
ルカ 4:17 <イザヤの書>が手渡されたので，そ
使徒 8:30 預言者<イザヤの書>を読んでいるの

▼いさん（遺産）

ルカ 12:13 私と<遺産>を分けるように私の兄弟

▼いし（意志）

ロマ 8:20 自分の<意志>ではなく，服従させた
Ⅱペテ 1:21 預言は決して人間の<意志>によって

▼いし（石），石ころ，石打ち【別項】礎の石，石の板，石の柱，大石，小石，白い石，隅の石，つまずきの石

創世 11: 3 <石>の代わりにれんがを用い，粘土
28:11 <石>の一つを取り，それを枕にして，
29: 2 井戸の口の上にある<石>は大きかっ
31:45 ヤコブは<石>を取り，これを立てて
出エ 7:19 木の器や<石>の器にも，血があるよ
17: 4 私を<石>で打ち殺そうとしています．
12 <石>を取り，それをモーセの足もと
19:13 触れる者は必ず<石>で打ち殺される
20:25 あなたが<石>に，のみを当てるなら，
21:29 その牛は<石>で打ち殺し…持ち主も
28:12 二つの<石>をイスラエルの子らの記
念の<石>としてエポデの肩当てにつ
レビ 24:14 全会衆はその者に<石>を投げて殺せ．
民数 14:10 彼らを<石>で打ち殺そうと言い出し
15:36 全会衆は…彼を<石>で打ち殺した．
申命 4:28 そこで…木や<石>の神々に仕える．
8: 9 その地の<石>は鉄であり，その山々
21:21 町の人はみな，彼を<石>で打ちなさ
ヨシ 4: 3 その所から12の<石>を取り，それを
6 これらの<石>はあなたがたにとって
7:25 全イスラエルは彼を<石>で打ち殺し，
8:31 自然のままの<石>の祭壇であった．
32 律法の写しを…<石>の上に書いた．
10:11 主は天から…大きな<石>を降らし，
24:26 大きな<石>を取って，主の聖所にあ
27 この<石>は，私たちに証拠となる…
この<石>は，あなたがたに証拠とな
士師 9: 5 70人を一つの<石>の上で殺した．し
Ⅰサム 7:12 サムエルは一つの<石>を取り，それ
17:40 川から五つのなめらかな<石>を選ん
30: 6 ダビデを<石>で打ち殺そうと言いだ
Ⅱサム 17:13 一つの<石ころ>も残らないようにし
20: 8 大きな<石>のそばに来たとき，アマ
Ⅰ列 5:15 山で<石>を切り出す者が8万人あっ
21:14 ナボテは<石打ち>にされて殺された
Ⅱ列 19:18 木や<石>にすぎなかったので，滅ぼ
ヨブ 5:23 野の<石>とあなたは契りを結び，野
41:24 その心臓は<石>のように堅く，臼の
詩篇 91:12 足が<石>に打ち当たることのないよ
102:14 しもべはシオンの<石>を愛し，シオ
114: 8 神は…堅い<石>を水の出る泉に．

118:22 家を建てる者たちの捨てた<石>．そ
箴言 27: 3 <石>は重く，砂も重い．しかし愚か
伝道 3: 5 <石>を投げ捨てるのに時があり，
<石>を集めるのに時がある．抱擁す
イザ 8:14 妨げの<石>とつまずきの岩，エルサ
28:16 シオンに一つの<石>を礎として据え
54:11 あなたの<石>をアンチモニーでおお
エレ 2:27 <石>に向かっては，『あなたは私を
3: 9 国を汚し，<石>や木と姦通した．
51:26 だれもおまえから<石>を取って，隅
の<石>とする者はなく，礎の石とす
エゼ 11:19 <石>の心を取り除き…肉の心を与え
20:32 木や<石>を拝んでいる異邦の民，国
ダニ 2:34 一つの<石>が人手によらずに切り出
35 その像を打った<石>は大きな山とな
6:17 一つの<石>が運ばれて来て，その穴
ハバ 2:11 まことに，<石>は石垣から叫び，梁
19 <石>に向かって起きろと言う者よ．
ハガ 2:15 主の神殿で<石>が積み重ねられる前
ゼカ 12: 3 国々の民にとって重い<石>とする．
マタ 3: 9 神は，この<石ころ>からでも，アブ
ラハムの子孫を起こす．ルカ3:8.
4: 3 神の子なら，この<石>がパンになる
6 あなたの足が<石>に打ち当たること
7: 9 だれが<石>を与えるでしょう．
21:42 家を建てる者たちの見捨てた<石>．
マコ12:10，ルカ20:17.
44 この<石>の上に落ちる者は，粉々に
砕かれ，この<石>が人の上に落ちれ
23:37 自分に遣わされた人たちを<石>で打
24: 2 <石>がくずされずに，積まれたまま
残ることは．マコ13:2，ルカ21:6.
27:60 墓の入口には大きな<石>をころがし
66 <石>に封印をし，番兵が墓の番をし
マコ 5: 5 <石>で自分のからだを傷つけていた．
13: 1 何とみごとな<石>でしょう．何とす
ルカ 4: 3 この<石>に，パンになれと言いつけ
19:40 この人たちが黙れば，<石>が叫びま
20:18 この<石>の上に落ちれば，だれでも
22:41 <石>を投げて届くほどの所に離れて，
ヨハ 2: 6 <石>の水がめが六つ置いてあった．
8: 5 こういう女を<石打ち>にするように
7 最初に彼女に<石>を投げなさい．」
59 <石>を取ってイエスに投げつけよう
11:39 その<石>を取りのけなさい．」死ん
20: 1 墓から<石>が取りのけてあるのを見
使徒 7:58 外に追い出して，<石>で打ち殺した
59 彼らがステパノに<石>を投げつけて
14:19 パウロを<石打ち>にし…町の外に引
17:29 神を…<石>などの像と同じものと考
IIコリ 3: 7 もし<石>に刻まれた文字による，死
11:25 <石>で打たれたことが1度，難船し
ヘブ 11:37 <石>で打たれ…のこぎりで引かれ，
Iペテ 2: 4 選ばれた，尊い，生ける<石>です．
黙示 2:17 その<石>には…新しい名が書かれて

▼いしうす（石臼）
マタ 18: 6 大きい<石臼>を首にかけられて，湖
の深みで．マコ9:42，ルカ17:2.

▼イシェマヤ〔人名〕
ゼブルン族の長．オバデヤの子．I歴27:19.

▼いしがき（石垣）
民数 22:24 両側に<石垣>のあるぶどう畑の間の
25 ろばは…<石垣>に身を押しつけ，バ
詩篇 80:12 なぜ，あなたは，<石垣>を破り，道
箴言 24:31 その<石垣>はこわれていた．
伝道 10: 8 <石垣>をくずす者は蛇にかまれる．
イザ 5: 5 <石垣>をくずして，踏みつけるまま
エレ 5:10 ぶどう畑の<石垣>に上って滅ぼせ．
ハバ 2:11 石は<石垣>から叫び，梁は家からこ

▼いしき（意識）
ロマ 3:20 かえって罪の<意識>が生じるのです．
ヘブ 10: 2 もはや罪を<意識>しなかったはずで

▼いしきりこう（石切り工），石工
IIサム 5:11 ヒラムは…大工，<石工>を送った．
II列 12:12 <石工>や<石切り工>たちに支払い，
I歴 22: 2 ダビデは…<石切り工>を任命した．
エズ 3: 7 <石切り工>や木工には金を与え，シ

▼いしくれのやま（石くれの山）
ヨシ 7:26 アカンの上に…<石くれの山>を積み
ヨブ 15:28 <石くれの山>となる所に，住んだか
エレ 9:11 エルサレムを<石くれの山>とし，ジ
ホセ 12:11 畑のうねの<石くれの山>のようにな

▼いしずえ（礎），礎の石【別項】礎の門
I列 5:17 切り石を神殿の<礎>に据えるために，
7:10 <礎>は高価な石，大きな石で，10キ
16:34 その<礎>を据えるとき，長子アビラ
II歴 3: 3 ソロモンの据えた<礎>は次のとおり
8:16 主の宮の<礎>を据える日まで，また，
エズ 3: 6 主の神殿の<礎>はまだ据えられてい
11 主の宮の<礎>が据えられたので，民

4:12　その<礎>もすでに据えられています.
5:16　エルサレムの神の宮の<礎>を据えま
詩 118:22　捨てた石．それが<礎の石>になった.
マタ21:42，マコ12:10，ルカ20:17，
使徒4:11，Ｉペテ2:7.
箴言 10:25　正しい者は永遠の<礎>である.
イザ 14:32　主はシオンの<礎>を据えられた.
28:16　シオンに一つの石を<礎>として据え
る…堅く据えられた<礎>の，尊いか
58:12　あなたは古代の<礎>を築き直し，
エレ 51:26　だれも…<礎の石>とする者もない.
ハガ 2:18　主の神殿の<礎>が据えられた日から
IIテモ 2:19　神の不動の<礎>は堅く置かれていて，

▼いしずえのもん（礎の門）

II歴 23: 5　他の３分の１は<礎の門>にいる．す

▼いしづか（石塚）

創世 31:46　彼らは石を取り，<石塚>を作った…
<石塚>のそばで食事を．48，51，52.

▼いしなげ（石投げ）

Iサム 17:40　<石投げ>を手にして，あのペリシテ
49　<石投げ>で…ペリシテ人の額を打っ
ヨブ 41:28　<石投げ>の石も…わらのようになる.
箴言 26: 8　<石投げ>器に石をゆわえるようだ.

▼いしのいた（石の板）

出エ 24:12　おしえと命令の<石の板>をあなたに
31:18　<石の板>をモーセに授けられた.
34: 1　前のと同じような２枚の<石の板>を，
申命 5:22　２枚の<石の板>に書いて，私に授け
9:10　<石の板>２枚を私に授けられた．そ
10: 1　前のような<石の板>を２枚切って作
I列 8: 9　箱の中には，２枚の<石の板>のほか
IIコリ 3: 3　<石の板>にではなく，人の心の板に

▼いしのこぎり（石のこぎり）

IIサム 12:31　<石のこぎり>や，鉄のつるはし，鉄

▼いしのはしら（石の柱）

創世 28:18　それを<石の柱>として立て…油をそ
22　<石の柱>として立てたこの石は神の
31:13　<石の柱>に油をそそぎ…誓願を立て
45　ヤコブは…これを立てて<石の柱>と
51　私との間に立てたこの<石の柱>を.
52　この<石の柱>が証拠である…この
<石の柱>を越えて私のところに来て
35:20　ラケルの墓の<石の柱>として今日に
出エ 24: 4　モーセは…12の<石の柱>を立てた.
申命 12: 3　<石の柱>を打ち砕き，アシェラ像を
16:22　主の憎む<石の柱>を立ててはならな
II列 10:26　バアルの宮の<石の柱>を運び出して，
23:14　<石の柱>を打ち砕き，アシェラ像を
イザ 19:19　主のために一つの<石の柱>が立てら
ホセ 3: 4　王もなく…<石の柱>も…なく過ごす
10: 1　多くの美しい<石の柱>を立てた.
2　彼らの<石の柱>を砕かれる.

▼いしばい（石灰）

イザ 27: 9　祭壇の…石を…<石灰>のようにし，
33:12　国々の民は焼かれて<石灰>となり，

▼いじめる

創世 16: 6　サライが彼女を<いじめ>たので，彼
エレ 22: 3　<いじめ>たりしてはならない．また
ナホ 3:19　あなたに絶えず<いじめ>られていた

▼イシヤ〔人名〕

(1)イッサカル族のかしらの一人．Ｉ歴7:3.
(2)ダビデの勇士の一人．コラ人．Ｉ歴12:6.
(3)レビ人．ウジエルの子．Ｉ歴23:20，24:25.
(4)レビ人．レハブヤの家のかしら．Ｉ歴24:21.
(5)異邦人の女をめとった者の一人．エズ10:31.

▼いしゃ（医者）

創世 50: 2　<医者>たちはイスラエルをミイラに
II歴 16:12　…ことをしないで，逆に<医者>を求
ヨブ 13: 4　あなたがたはみな，能なしの<医者>
エレ 8:22　<医者>はそこにいないのか．それな
マタ 9:12　<医者>を必要とするのは丈夫な者で
はなく，病人．マコ2:17，ルカ5:31.
マコ 5:26　この女は多くの<医者>からひどいめ
ルカ 4:23　<医者>よ．自分を直せ…というたと
コロ 4:14　愛する<医者>ルカ，それにデマスが，

▼イジヤ〔人名〕

異邦人の女をめとった者の一人．エズ10:25.

▼イシュイ〔人名〕

(1)アパイムの子孫．Ｉ歴2:31.
(2)ユダ族ゾヘテ，ベン・ゾヘテの父．Ｉ歴4:20.
(3)シメオン族のかしらペラテヤの父．Ｉ歴4:42.
(4)マナセの半部族のかしらの一人．Ｉ歴5:24.

▼イシュパ〔人名〕

ベニヤミン族のベリアの子．Ｉ歴8:16.

▼イシュバク〔人名〕

アブラハムとケトラの子．創世25:2，Ｉ歴1:
32.

▼イシュバフ〔人名〕

ユダの子孫エシュテモアの父．Ｉ歴4:17.

▼イシュパン〔人名〕
ベニヤミンの子孫．Ｉ歴8:22.
▼イシュビ〔人名〕
(1)アシェルの第３子．創世46:17，民数26:44.
(2)サウルの息子の一人．Ｉサム14:49.
▼イシュビ・ベノブ〔人名〕
ペリシテの巨人ラファの子孫．IIサム21:16.
▼イシュ・ボシェテ〔人名〕
サウルの第４子．IIサム2:8，3:8，4:1.
▼イシュホデ〔人名〕
マナセの子孫モレケテの子．Ｉ歴7:18.
▼イシュマ〔人名〕
ユダの子孫．Ｉ歴4:3.
▼イシュマエル
1. 人名.
(1)アブラハムとハガルの子．創世16:11，15，16，17:18，20，25，25:12，17，18，Ｉ歴1:28.
(2)ダビデ王族の一人．II列25:23，25.
(3)サウルの子ヨナタンの子孫．Ｉ歴8:38，9:44.
(4)ヨシャパテ時代のつかさの一人．II歴19:11.
(5)百人隊長の一人．ヨハナンの子．II歴23:1.
(6)異邦人の女をめとった者の一人．エズ10:22.
2. イシュマエル人．1.(1)の子孫．創世37:25.
▼イシュマヤ〔人名〕
ダビデの30人勇士の長．Ｉ歴12:4.
▼イシュメライ〔人名〕
ベニヤミン族エルパアルの子．Ｉ歴8:18.
▼イシュワ〔人名〕
アシェルの第２子．創世46:17，Ｉ歴7:30.
▼いしょく（衣食）
Iテモ 6: 8 <衣食>があれば，それで満足すべき
▼いす
II列 4:10 寝台と机と<いす>と燭台とを置きま
▼イスカ〔人名〕
ハランの娘．創世11:29.
▼イスカリオテ・ユダ〔人名〕
イエスを裏切った弟子．マタ10:4，26:14，マコ3:19，14:10，ルカ6:16，22:3，ヨハ6:71，12:4，13:2.
▼イスパニヤ〔地名〕
現在のイベリヤ半島．ロマ15:23，28.
▼イスマクヤ〔人名〕
ヒゼキヤ時代の神の宮の管理者．II歴31:13.
▼いずみ（泉）【別項】泉の門，上の泉，下の泉，竜の泉
創世 16: 7 <泉>のほとりで，彼女を見つけ，
24:16 彼女は<泉>に降りて行き，水がめに
49:22 <泉>のほとりの実を結ぶ若枝，その
出エ 15:27 12の水の<泉>と70本のなつめやしの
レビ 20:18 男は女の<泉>をあばき，女はその血の<泉>を現したのである．ふたりは
申命 33:28 ヤコブの<泉>は，穀物と新しいぶど
I列 18: 5 国のうちのすべての水の<泉>や，す
II歴 32: 3 町の外にある<泉>の水をふさごうと
詩篇 36: 9 いのちの<泉>はあなたにあり，私た
68:26 イスラエルの<泉>から出た者よ．主
74:15 あなたは<泉>と谷を切り開き，絶え
84: 6 涙の谷を…<泉>のわく所とします．
104:10 主は<泉>を谷に送り，山々の間を流
箴言 4:23 いのちの<泉>はこれからわく．
5:16 あなたの<泉>を外に散らし，通りを
10:11 正しい者の口はいのちの<泉>．悪者
14:27 主を恐れることはいのちの<泉>，死
18: 4 知恵の<泉>はわいて流れる川のよう
25:26 きたなくされた<泉>，荒らされた井
伝道 12: 6 水がめは<泉>のかたわらで砕かれ，
雅歌 4:12 花嫁は…封じられた<泉>．
15 庭の<泉>，湧き水の井戸，レバノン
イザ 12: 3 喜びながら救いの<泉>から水を汲む．
41:18 わたしは…平地に<泉>をわかせる．
エレ 2:13 湧き水の<泉>であるわたしを捨てて，
9: 1 私の目が涙の<泉>であったなら，私
17:13 いのちの水の<泉>，主を捨てたから
51:36 海を干上がらせ，その<泉>をからす．
ホセ 13:15 水源はかれ，その<泉>は干上がる．
ヨエ 3:18 主の宮から<泉>がわきいで，シティ
ゼカ 13: 1 汚れをきよめる一つの<泉>が開かれ
ヨハ 4:14 その人のうちで<泉>となり，永遠の
ヤコ 3:11 <泉>が甘い水と苦い水を同じ穴から
黙示 7:17 いのちの水の<泉>に導いてくださる
21: 6 いのちの水の<泉>から，価なしに飲
▼いずみのもん（泉の門）
エルサレム城壁東南端の門．ネヘ2:14，3:15，12:37.
▼イスラエル，イスラエル人，イスラエルの家【別項】イスラエルの神・イスラエルの神，主
①ヤコブの新しい名，創世32:28，37:3，43:8.
②ヤコブの12人の息子を部族の父祖とする国

い

民：エジプト移住と民族形成，創世49:28-出エ12:22；エジプト脱出，出エ12:29-14章；シナイで律法を受ける，出エ19章；カデシュでの反逆，民数14章；40年間の放浪，民数14:26-39；ヨルダン渡河，ヨシ3-4章；カナン征服，ヨシ12章；士師の時代，士師2-21章；サムエルが指導者となる，Ⅰサム7章；サウル王時代，Ⅰサム10-31章；ダビデ王時代，Ⅱサム2-24章；ソロモン王時代，Ⅰ列1-11章；王国分裂，Ⅰ列12章．

③南王国ユダに対し，北王国を指すことば，Ⅰ列12:20-21，24；王国滅亡，Ⅱ列17:5-18:12．

④時に，南王国ユダを指す，Ⅰ列12:17，Ⅱ歴11:3，12:1，15:3，イザ5:7．

⑤バビロン捕囚から帰還した民，及び再建国家，エズ2:59，3:1，6:21，7:10，ネヘ7:7．

⑥キリストにより贖われた神の民を指すことば，ロマ9:6-13，ガラ6:16．

創世 35:10 あなたの名は<イスラエル>でなけれ
出エ 4:22 <イスラエル>はわたしの子，わたし
申命 17:12 <イスラエル>のうちから悪を除き去
21: 8 御民<イスラエル>をお赦しください．
25: 6 その名が<イスラエル>から消し去ら
27: 9 <イスラエル>よ．聞きなさい．きょ
士師 2:14 主の怒りが<イスラエル>に向かって
17: 6 <イスラエル>には王がなく，めいめ
21: 3 <イスラエル>から一つの部族が欠け
ルツ 4:14 <イスラエル>で，その名が伝えられ
Ⅰサム 4:21 栄光が<イスラエル>から去った」と
Ⅰ列 10: 9 主は<イスラエル>をとこしえに愛し
Ⅱ列 1: 3 <イスラエル>に神がいないためか．
14:27 主は<イスラエル>の名を…消し去ろ
Ⅱ歴 29:24 全<イスラエル>のために贖いをした．
エズ 2:59 血統が<イスラエル人>であったかど
6:21 捕囚から戻って来た<イスラエル人>
詩篇 14: 7 <イスラエル>の救いがシオンから来
22: 3 <イスラエル>の賛美を住まいとして
68:34 みいつは<イスラエル>の上に，御力
78:59 <イスラエル>を全く捨てられた．
121: 4 <イスラエル>を守る方は，まどろむ
130: 8 <イスラエル>を贖い出される．
131: 3 <イスラエル>よ．今より…主を待て．
135: 4 <イスラエル>を選んで，ご自分の宝
イザ 1: 3 それなのに，<イスラエル>は知らな
4 <イスラエル>の聖なる方．5:24，10:20，17:7，30:11，12，15，31:1，37:23，43:14，45:11，47:4，48:17，49:7，54:5，55:5，60:14．
5: 7 主のぶどう畑は<イスラエルの家>．
10:20 <イスラエル>の残りの者，ヤコブの
14: 1 再び<イスラエル>を選び，彼らを自
17: 3 <イスラエル人>の栄光のように扱わ
27: 6 <イスラエル>は芽を出し，花を咲か
31: 6 <イスラエル>の子らよ…帰れ．
40:27 <イスラエル>よ．43:1，22，44:21．
41:14 <イスラエル>の聖なる者．16，20，43:3，60:9．
44: 1 わたしの選んだ<イスラエル>よ．
5 <イスラエル>の名を名のる．」
45:17 <イスラエル>は…永遠の救いに入る．
46:13 <イスラエル>にわたしの光栄を与え
49: 3 わたしのしもべ，<イスラエル>．わ
63:16 <イスラエル>が私たちを認めなくて
エレ 2: 3 <イスラエル>は主の聖なるもの，そ
3: 6 背信の女<イスラエル>．8，12．
20 <イスラエルの家>よ．10:1，18:6．
23 主に，<イスラエル>の救いがありま
4: 1 <イスラエル>よ．30:10，31:2．
10:16 <イスラエル>は主ご自身の部族．そ
11:10 <イスラエルの家>とユダの家．17，31:27，31，33:14．
18:13 おとめ<イスラエル>．31:4，21．
31: 9 わたしは<イスラエル>の父となろう．
哀歌 2: 1 <イスラエル>の栄えを天から地に投
エゼ 3: 1 <イスラエルの家>．4，7，17，4:3，6:11，8:6，11:5，12:6，24，27，13:5，14:5，17:2，18:6，20:13，27，30，22:18，28:24，29:6，33:7，34:30，36:22，39:12，43:7，44:6．
34: 2 <イスラエル>の牧者たちに…言え．
39:29 わたしの霊を<イスラエルの家>の上
44:22 <イスラエル>の民のうちの処女をめ
ダニ 1: 3 <イスラエル人>の中から，王族か貴
ホセ 1: 6 二度と<イスラエルの家>を愛するこ
5: 1 <イスラエルの家>よ．心せよ．王の
ヨエ 2:27 <イスラエル>の真ん中にわたしがい
アモ 2: 6 <イスラエル>の犯した三つのそむき
5: 1 <イスラエルの家>よ．聞け．私があ
2 おとめ<イスラエル>は倒れて，二度
オバ 20 <イスラエル>の子らで，この塁の捕

ミカ 1: 5 <イスラエルの家>の罪のためだ．ヤ
ナホ 2: 2 <イスラエル>の栄えのように回復さ
ゼパ 3:13 <イスラエル>の残りの者は不正を行
ゼカ 9: 1 主の目は…<イスラエル>の全部族に
マラ 1: 5 主は<イスラエル>の地境を越えて偉
マタ 2:20 <イスラエル>の地に行きなさい．幼
8:10 <イスラエル>のうちのだれにも，こ
9:33 <イスラエル>でいまだかつて見たこ
10: 6 <イスラエルの家>の失われた羊のと
23 <イスラエル>の町々を巡り尽くせな
15:24 <イスラエルの家>の失われた羊以外
19:28 <イスラエル>の12の部族をさばくの
27:42 <イスラエル>の王だ．今，十字架か
マコ 12:29 <イスラエル>よ．聞け．われらの神
ルカ 1:16 <イスラエル>の多くの子らを…主に
2:25 <イスラエル>の慰められることを待
32 御民<イスラエル>の光栄です.」
34 <イスラエル>の多くの人が倒れ，ま
24:21 この方こそ<イスラエル>を贖ってく
ヨハ 1:47 ほんとうの<イスラエル人>だ．彼の
49 あなたは<イスラエル>の王です.」
3:10 <イスラエル>の教師でありながら，
12:13 祝福あれ…<イスラエル>の王に.」
使徒 1: 6 <イスラエル>のために国を再興して
5:31 <イスラエル>に悔い改めと罪の赦し
7:23 <イスラエル人>を，顧みる心を起こ
42 <イスラエルの家>よ．あなたがたは
28:20 <イスラエル>の望みのためにこの鎖
ロマ 9: 4 彼らは<イスラエル人>です．子とさ
6 <イスラエル>から出る者がみな，
<イスラエル>なのではなく，
27 <イスラエル>については，イザヤが
10:19 <イスラエル>は知らなかったのでし
11: 7 <イスラエル>は追い求めていたもの
11 <イスラエル>にねたみを起こさせる
25 <イスラエル人>の一部がかたくなに
26 <イスラエル>はみな救われる，とい
Ⅰコリ 10:18 肉による<イスラエル>のことを考え
Ⅱコリ 3:14 <イスラエル>の人々の思いは鈍くな
ガラ 6:16 神の<イスラエル>の上に，平安とあ
ピリ 3: 5 <イスラエル>民族に属し，ベニヤミ
ヘブ 8: 8 <イスラエルの家>やユダの家と新し
10 <イスラエルの家>と結ぶ契約は，こ
11:22 <イスラエル>の子孫の脱出を語り，
黙示 21:12 <イスラエル>の子らの12部族の名が

▼イスラエルのかみ（～神）；イスラエルの神，主

出エ 32:27 <イスラエルの神，主>はこう仰せられる．ヨシ7:13，士師6:8，Ⅰサム10:18，Ⅱサム12:7，Ⅰ列14:7，Ⅱ列9:6，21:12，22:15，Ⅱ歴34:23，エレ11:3，21:4，24:5，25:15，30:2，34:2，37:7，42:9，45:2，マラ2:16.
34:23 <イスラエルの神，主>，主の前に出
ヨシ 9:18 <イスラエルの神，主>にかけて…誓
10:40 <イスラエルの神，主>が命じられた
42 <イスラエルの神，主>が，イスラエ
13:33 <イスラエルの神，主>が彼らの相続
14:14 <イスラエルの神，主>に従い通した
22:24 <イスラエルの神，主>と何の関係が
24:23 <イスラエルの神，主>に心を傾けな
士師 5: 3 <イスラエルの神，主>にほめ歌を歌
ルツ 2:12 <イスラエルの神，主>から…報いが
Ⅰサム 20:12 <イスラエルの神，主>に誓ってダビ
25:34 <イスラエルの神，主>は生きておら
Ⅱサム 7:26 万軍の主は<イスラエルの神>』と言
Ⅰ列 1:30 <イスラエルの神，主>にかけて…誓
48 <イスラエルの神，主>はほむべきかな．8:15，Ⅰ歴16:36，Ⅱ歴2:12，6:4，詩篇41:13，106:48.
8:23 <イスラエルの神，主>．上は天，下
11: 9 彼の心が<イスラエルの神，主>から
17: 1 <イスラエルの神，主>は生きておら
Ⅱ列 18: 5 <イスラエルの神，主>に信頼してい
Ⅰ歴 16: 4 <イスラエルの神，主>を覚えて感謝
17:24 『<イスラエルの神>，万軍の主は，
<イスラエルの神>』と言われますよ
23:25 <イスラエルの神，主>は，御民に安
29:10 私たちの父<イスラエルの神，主>よ.
Ⅱ歴 11:16 <イスラエルの神，主>を尋ね求める
15: 4 <イスラエルの神，主>に立ち返り，
13 <イスラエルの神，主>に求めようと
20:19 <イスラエルの神，主>を賛美した.
29: 7 <イスラエルの神>に香をたかず，全
32:17 <イスラエルの神，主>をそしり，主
33:16 <イスラエルの神，主>に仕えさせた.
36:13 <イスラエルの神，主>に立ち返らな
エズ 5: 1 <イスラエルの神>の名によって預言
6:21 <イスラエルの神，主>を求めて，こ
詩篇 59: 5 <イスラエルの神>．どうか目をさま

68:35　<イスラエルの神>こそ力と勢いとを
イザ 24:15　<イスラエルの神，主>の御名をあが
29:23　<イスラエルの神>を恐れるからだ．
41:17　<イスラエルの神>は…見捨てない．
45: 3　<イスラエルの神>であることをあな
48: 1　<イスラエルの神>を呼び求めるが，
52:12　<イスラエルの神>が…しんがりとな
エゼ 8: 4　<イスラエルの神>の栄光．9:3，10:19，11:22，43:2．
ゼパ 2: 9　<イスラエルの神>，万軍の主の御告
マタ 15:31　彼らは<イスラエルの神>をあがめた．
使徒 13:17　<イスラエルの神>は…父祖たちを選

▼イズラフじん（～人）
ダビデ時代に交替で王に仕えた人．Ⅰ歴27:8．

▼イズリア〔人名〕
ベニヤミン族エルパアルの子．Ⅰ歴8:18．

▼イズレエル
1. 地名．
(1)イッサカル族の町．ヨシ19:18，Ⅱサム2:9，4:4，Ⅰ列18:45，21:1，Ⅱ列8:29，9:10，37．
(2)ユダの山地の町．ヨシ15:56，Ⅰサム25:43．
(3)イズレエルの谷．ヨシ17:16．
2. 人名．
(1)ユダの子孫．イシュマの兄弟．Ⅰ歴4:3．
(2)ホセアの子．象徴的名称．ホセ1:4．
3. イズレエル人．1.(1)の住人．Ⅰ列21:1，4．

▼イゼベル〔人名〕
(1)アハブ王の妻．Ⅰ列16:31，18:4，19，19:1，2，21:5，7，23，Ⅱ列9:7，22，30，37．
(2)テアテラ教会で人々を惑わした女．黙示2:20．

▼イゼラフヤ〔人名〕
エズラ・ネヘミヤ時代の監督者．ネヘ12:42．

▼イゼラヘヤ〔人名〕
イッサカルの子孫ウジの子．Ⅰ歴7:3．

▼いぜん（以前）
創世 13: 4　そこは彼が<以前>に築いた祭壇の場
28:19　町の名は，<以前>はルズであった．
民数 6:12　それ<以前>の日数は，彼の聖別が汚
ミカ 4: 8　<以前>の主権，エルサレムの娘の王
ハガ 2: 3　<以前>の栄光に輝くこの宮を見たこ
Ⅰテモ 1:13　私は<以前>は，神をけがす者，迫害
Ⅱペテ 1: 9　自分の<以前>の罪がきよめられたこ
黙示 21: 1　<以前>の天と，<以前>の地は過ぎ去

▼いそぐ（急ぐ）
創世 19:22　<急>いでそこへのがれなさい．あな
43:30　<急>いで奥の部屋に入って行って，
出エ 12:11　手に杖を持ち，<急>いで食べなさい．
申命 16: 3　<急>いでエジプトの国を出たからで
ヨシ 8:19　伏兵は…<急>いで町に火をつけた．
10:13　日は…出て来ることを<急>がなかっ
Ⅰサム 20:38　早く．<急>げ．止まってはいけない．
Ⅱサム 4: 4　<急>いで逃げたので，この子を落と
Ⅰ列 20:41　彼は<急>いで，ほうたいを目から取
Ⅱ列 4:22　私は<急>いで，神の人のところに行
詩篇 22:19　私の力よ，<急>いで私を助けてくだ
38:22　<急>いで私を助けてください．主よ，
70: 1　主よ．<急>いで私を助けてください．
5　神よ．私のところに<急>いでくださ
箴言 1:16　血を流そうと<急>いでいるからだ．
雅歌 8:14　私の愛する方よ．<急>いでください．
イザ 5:19　<急>がせよ．それを見たいものだ．
26　それは<急>いで，すみやかに来る．
マタ 28: 7　<急>いで行って，お弟子たちにこの
マコ 9: 8　彼らが<急>いであたりを見回すと，
ルカ 2:16　<急>いで行って…みどりごとを捜し
19: 5　ザアカイ．<急>いで降りて来なさい．
使徒 12: 7　<急>いで立ち上がりなさい」と言っ

▼いた（板）【別項】あかしの板，石の板
出エ 39: 3　金の<板>を打ち延ばし，巧みなわざ
申命 9: 9　契約の<板>を受けるために，山に登
Ⅰ列 6:15　神殿の床はもみの木の<板>で張った．
Ⅱ歴 5:10　箱の中には，2枚の<板>のほかには
雅歌 8: 9　彼女が戸であったら，杉の<板>で囲
イザ 8: 1　一つの大きな<板>を取り，その上に
ハバ 2: 2　<板>の上に書いて確認せよ．これを
ハガ 1: 4　<板>張りの家に住むべき時であろう

▼イタイ〔人名〕
(1)ダビデに仕えたガテ人．Ⅱサム15:19，18:2．
(2)ダビデ30人勇士の一人．Ⅱサム23:29，Ⅰ歴11:31．

▼いたい（遺体）
創世 50:25　私の<遺体>をここから携え上ってく
マコ 6:29　ヨハネの弟子たちは…<遺体>を引き
使徒 9:40　<遺体>のほうを向いて，「タビタ．

▼いたい（痛い）
ヨブ 6:25　まっすぐなことばはなんと<痛い>こ
使徒 26:14　サウロ…あなたにとって<痛い>こと

▼いだい（偉大）
出エ 18:11　あらゆる神々にまさって<偉大>であ
申命 3:24　神，主よ．あなたの<偉大>さと，あ

9:26　あなたが<偉大>な力をもって贖い出
ヨシ 14:15　アナク人の中の最も<偉大>な人物で
Ⅰサム 12:24　主がどれほど<偉大>なことをあなた
Ⅱサム 3:38　きょう…<偉大>な将軍が倒れたのを
Ⅱ歴 2: 5　すべての神々にまさって<偉大>な神
ヨブ 33:12　神は人よりも<偉大>だからである．
詩 111: 2　主のみわざは<偉大>で，みわざを喜
145: 3　その<偉大>さを測り知ることができ
147: 5　われらの主は<偉大>であり，力に富
150: 2　そのすぐれた<偉大>さのゆえに，神
伝道 2: 9　私は…だれよりも<偉大>な者となっ
エレ 32:18　<偉大>な力強い神，その名は万軍の
エゼ 31: 2　あなたの<偉大>さは何に比べられよ
36:23　わたしの<偉大>な名の聖なることを
ダニ 4:22　あなたの<偉大>さは増し加わって天
ヨエ 2:11　主の日は<偉大>で，非常に恐ろしい．
マラ 1: 5　「主は…地境を越えて<偉大>な方だ」
マタ 5:19　天の御国で，<偉大>な者と呼ばれま
ヨハ 8:53　アブラハムよりも<偉大>なのですか．
14:28　父はわたしよりも<偉大>な方だから
使徒 8: 9　自分は<偉大>な者だと話していた．
19:28　<偉大>なのはエペソ人のアルテミス
エペ 1:19　神のすぐれた力がどのように<偉大>
5:32　この奥義は<偉大>です．私は，キリ
Ⅰテモ 3:16　確かに<偉大>なのはこの敬虔の奥義
ヘブ 7: 4　その人がどんなに<偉大>であるかを，
9:11　さらに<偉大>な，さらに完全な幕屋

▼いだく（抱く）

ヨブ 17:11　私の心に<抱>いたことも破れ去った．
イザ 40:11　子羊を引き寄せ，ふところに<抱>き，
59:13　心に偽りのことばを<抱>いて，つぶ
エレ 31:22　ひとりの女がひとりの男を<抱>こう．
使徒 24:15　望みを，神にあって<抱>いておりま
ロマ 12:12　望みを<抱>いて喜び，患難に耐え，
ガラ 5: 5　義をいただく望みを熱心に<抱>いて

▼いたずら

ヨブ 1: 9　<いたずら>に神を恐れましょうか．
9:29　私は<いたずら>に労するのでしょう
35:16　ヨブは<いたずら>に口を大きく開き，

▼いただき（頂）

創世 8: 5　第10の月の１日に，山々の<頂>が現
11: 4　<頂>が天に届く塔を建て，名をあげ
28:12　はしごが…その<頂>は天に届き，見
出エ 17: 9　神の杖を手に…丘の<頂>に立ちます．
19:20　主がシナイ山の<頂>に降りて来られ，
24:17　主の栄光は…山の<頂>で燃え上がる
民数 20:28　アロンはその山の<頂>で死んだ．モ
21:20　荒地を見おろすピスガの<頂>に着い
Ⅱ列 19:23　私は山々の<頂>に，レバノンの奥深
詩篇 95: 4　山々の<頂>も主のものである．
雅歌 4: 8　アマナの<頂>から…ヘルモンの<頂>
イザ 2: 2　主の家の山は，山々の<頂>に堅く立
14:14　密雲の<頂>に上り，いと高き方のよ
28: 1　これは…肥えた谷の<頂>にある．
30:17　山の<頂>の旗ざお，丘の上の旗ぐら
エレ 22: 6　あなたは…レバノンの<頂>．しかし
49:16　丘の<頂>を占める者よ．あなたの脅
アモ 1: 2　カルメルの<頂>は枯れる．」
ミカ 4: 1　主の家の山は，山々の<頂>に堅く立
マタ 4: 5　悪魔はイエスを…都に連れて行き，神殿の<頂>に立たせて．ルカ4:9．

▼いたばさみ（板ばさみ）

ピリ 1:23　二つのものの間に<板ばさみ>となっ

▼イタマル〔人名〕

アロンの第４子．出エ6:23，レビ10:6，民数3:2，Ⅰ歴6:3，エズ8:2．

▼いたみ（痛み），痛む，痛める

創世 6: 6　造ったことを悔やみ，心を<痛め>ら
34: 7　人々は心を<痛め>，ひどく怒った．
25　彼らの傷が<痛>んでいるとき，ヤコ
45: 5　私を…売ったことで心を<痛め>たり，
出エ 3: 7　わたしは彼らの<痛み>を知っている．
Ⅰサム 1:10　ハンナの心は<痛>んでいた．彼女は
20:34　ダビデのために心を<痛め>たからで
Ⅱ歴 34:27　あなたは心を<痛め>，神の前にへり
ヨブ 2:13　彼の<痛み>があまりにもひどいのを
3:20　心の<痛>んだ者にいのちが与えられ
14:22　ただ，彼は自分の肉の<痛み>を覚え，
詩篇 16: 4　ほかの神へ走った者の<痛み>は増し
32:10　悪者には心の<痛み>が多い．しかし，
38:17　私の<痛み>はいつも私の前にありま
39: 2　それで私の<痛み>は激しくなった．
78:41　イスラエルの聖なる方を<痛め>た．
箴言 10:10　目くばせする者は人を<痛め>，むだ
14:13　笑うときにも心は<痛>み，終わりに
17:25　これを産んだ母の<痛み>である．
31: 6　ぶどう酒は心の<痛>んでいる者に与
伝道 11:10　あなたの肉体から<痛み>を取り去れ．
イザ 13: 8　苦しみと，ひどい<痛み>が…襲う．
17:11　病といやしがたい<痛み>の日に，そ

19:10 雇われて働く者は…心を‹痛める›.
53: 4 彼は…私たちの‹痛み›をになった.
7 彼は‹痛め›つけられた. 彼は苦しん
10 彼を…‹痛める›ことは主のみこころ
63:10 主の聖なる御霊を‹痛›ませたので,
65:14 あなたがたは心の‹痛み›によって叫
エレ 30:15 あなたの‹痛み›は直らないのか. あ
45: 3 主は私の‹痛み›に悲しみを加えられ
51: 8 その‹痛み›のために乳香を取れ. あ
哀歌 1:12 このような‹痛み›がほかにあるかど
エゼ 32: 9 わたしは…民の心を‹痛›ませる.
ホセ 13:13 子を産む女のひどい‹痛み›が彼を襲
マタ 4:24 病気や‹痛み›に苦しむ病人, 悪霊に
ヨハ 21:17 ペテロは…心を‹痛め›てイエスに言
使徒 20:38 ことばによって, 特に心を‹痛め›た.
ロマ 9: 2 私の心には絶えず‹痛み›があります.
14:15 あなたの兄弟が心を‹痛め›ているの
IIコリ 11:29 私の心が激しく‹痛›まないでおられ
IIペテ 2: 8 日々その正しい心を‹痛め›ていたか
黙示 12: 2 産みの苦しみと‹痛み›のために, 叫

▼いたみかなしむ（〜悲しむ）
Iサム 28: 3 彼のために‹いたみ悲し›み, 彼をそ
IIサム 1:12 ‹いたみ悲し›んで泣き, 夕方まで断
11:26 夫のために‹いたみ悲し›んだ.
I列 13:29 預言者は, 神の人の死体を取り上げ
…‹いたみ悲し›んで, 葬った. 30.
14:13 その子のために‹いたみ悲し›んで葬
エレ 16: 6 だれも彼らを‹いたみ悲し›まず, 彼
25:33 彼らは‹いたみ悲し›まれることなく,

▼いたむ, いためる
イザ 42: 3 彼は‹いた›んだ葦を折ることもなく,
くすぶる燈心を消す. マタ12:20.
ルカ 12:33 しみも‹いためる›ことがありません.

▼イタリヤ
1. 地名. 使徒18:2, 27:1, 6, ヘブ13:24.
2. イタリヤ隊. 使徒10:1.

▼いたわる
イザ 9:19 だれも互いに‹いたわり›合わない.
Iコリ 12:25 各部分が互いに‹いたわり›合うため

▼いたん（異端）
使徒 24:14 彼らが‹異端›と呼んでいるこの道に
IIペテ 2: 1 滅びをもたらす‹異端›をひそかに持

▼いちいち
ヨハ 21:25 それらを‹いちいち›書きしるすなら,
ヘブ 9: 5 今‹いちいち›述べることができませ

▼いちご（一語）
ガラ 5:14 …という‹一語›をもって全うされる

▼いちじ（一事）
ピリ 3:13 ただ, この‹一事›に励んでいます.
IIペテ 3: 8 この‹一事›を見落としてはいけませ

▼いちじく
創世 3: 7 ‹いちじく›の葉をつづり合わせて,
民数 13:23 ざくろや‹いちじく›も切り取った.
I列 4:25 ‹いちじく›の木の下で安心して住む
ネヘ 13:15 ‹いちじく›など, あらゆる品物を積
箴言 27:18 ‹いちじく›の木の番人はその実を食
雅歌 2:13 ‹いちじく›の木は実をならせ, ぶど
イザ 34: 4 ‹いちじく›の木から葉が枯れ落ちる
エレ 8:13 ‹いちじく›の木には, ‹いちじく›が
24: 1 二かごの‹いちじく›が置かれている.
29:17 彼らを…割れた‹いちじく›のように
ホセ 9:10 ‹いちじく›の木の初なりの実のよう
ヨエ 1: 7 わたしの‹いちじく›の木を引き裂き,
ミカ 4: 4 ‹いちじく›の木の下にすわり, 彼ら
ナホ 3:12 すべての要塞は, 初なりの‹いちじ
く›を持つ‹いちじく›の木. それを
ハバ 3:17 ‹いちじく›の木は花を咲かせず, ぶ
マタ 21:19 道ばたに‹いちじく›の木が見えた…
たちまち‹いちじく›の木は枯れた.
マコ 11:13 ‹いちじく›のなる季節ではなかった
21 のろわれた‹いちじく›の木が枯れま
ルカ 13: 6 ぶどう園に‹いちじく›の木を植えて
21:29 ‹いちじく›の木や, すべての木を見
ヨハ 1:48 あなたが‹いちじく›の木の下にいる
ヤコ 3:12 ‹いちじく›の木がオリーブの実をな
らせたり, ぶどうの木が‹いちじく›

▼いちじくぐわ（〜桑）
I列 10:27 杉の木を低地の‹いちじく桑›の木の
詩篇 78:47 彼らの‹いちじく桑›の木を滅ぼされ
アモ 7:14 ‹いちじく桑›の木を栽培していた.
ルカ 19: 4 ‹いちじく桑›の木に登った. ちょう

▼いちじてき（一時的）
IIコリ 4:18 見えるものは‹一時的›であり, 見え

▼いちぞく（一族）
ヨシ 19:51 イスラエル人の部族の‹一族›のかし
21: 1 レビ人の‹一族›のかしらたちは, 祭
I列 8: 1 ‹一族›の長たちをすべて, エルサレ
I歴 4:38 彼ら‹一族›は大いにふえた.
5:15 彼ら‹一族›のかしら. 7:2, 24:4.
エズ 1: 5 ユダとベニヤミンの‹一族›のかしら

10:16 エズラは，彼らの<一族>のために，<一族>のかしらのある者たちをみな，
詩篇24: 6 これこそ，神を求める者の<一族>，
107:41 その<一族>を羊の群れのようにされ
使徒 4: 6 大祭司の<一族>もみな出席した．

▼１にち（１日），１日中，第１日【別項】１日の道のり，第１の月の１日

創世 1: 5 夕があり，朝があった．<第１日>．
出エ12:16 <第１日>に聖なる会合を開き，第７
16: 4 毎日，<１日>分を集めなければなら
民数11:32 その翌日も<１日中>出て行って，う
Ⅰサム 2:34 ふたりとも<１日>のうちに死ぬ．
Ⅰ列 4:22 ソロモンの<１日>分の食糧は，小麦
20:29 <１日>のうちにアラムの歩兵10万人
エズ10:13 これは<１日>や２日の仕事でもあり
エス 3:13 <１日>のうちに…ユダヤ人を根絶や
詩篇32: 3 <１日中>，うめいて，私の骨々は疲
71: 8 私の口には<１日中>，あなたの賛美
84:10 あなたの大庭にいる<１日>は千日に
139:16 しかも，その<１日>もないうちに．
箴言27: 1 <１日>のうちに何が起こるか，あな
エレ20: 7 私は<１日中>，物笑いとなり，みな
8 主のみことばが，<１日中>，そしり
エゼ 4: 6 あなたのために１年に対して<１日>
ヨナ 3: 4 ヨナは…<１日>目の道のりを歩き回
ゼカ 3: 9 その国の不義を<１日>のうちに取り
マタ20: 2 労務者たちと<１日>１デナリの約束
6 なぜ，<１日中>仕事もしないでここ
12 <１日中>，労苦と焼けるような暑さ
26:17 種なしパンの祝いの<第１日>に，弟子たちがイエスの．マコ14:12．
ルカ17: 4 あなたに対して<１日>に７度罪を犯
22 人の子の日を<１日>でも見たいと願
ロマ 8:36 私たちは<１日中>，死に定められて
10:21 わたしは<１日中>，手を差し伸べた．
Ⅱペテ 3: 8 <１日>は千年のようであり，千年は
黙示21:25 都の門は<１日中>決して閉じること

▼１にちのみちのり（１日の道のり）

Ⅰ列19: 4 荒野へ<１日の道のり>を入って行っ
ルカ 2:44 <１日の道のり>を行った．それから，

▼いちば（市場）【別項】しじょう

Ⅰ列20:34 ダマスコに<市場>を設けることもで
マタ11:16 <市場>にすわっている子どもたちの
20: 3 別の人たちが<市場>に立っており，
マコ 7: 4 <市場>から帰ったときには，からだ
ルカ11:43 <市場>であいさつされることが好き
Ⅰコリ10:25 <市場>に売っている肉は，良心の問

▼いちばん（一番）【別項】一番小さい

ヨブ 1: 3 東の人々の中で<一番>の富豪であっ
ルカ15:22 急いで<一番>良い着物を持って来て，
Ⅰコリ13:13 その中で<一番>すぐれているのは愛

▼いちばんちいさい（一番小さい）

マタ 2: 6 決して<一番小さ>くはない．わたし
11:11 天の御国の<一番小さい>者でも，彼より偉大です．ルカ7:28．
ルカ 9:48 <一番小さい>者が一番偉いのです．」
エペ 3: 8 聖徒たちのうちで<一番小さ>な私に，

▼いちまつもよう（市松模様）

出エ28: 4 エポデ，青服，<市松模様>の長服，
39 亜麻布で<市松模様>の長服を作り，

▼１まん２せんにん（１万２千人）

黙示 7: 5 印を押された者が<１万２千人>，ルベンの部族で<１万２千人>．6，7，8．

▼いちや（一夜）

創世28:11 そこで<一夜>を明かすことにした．
31:54 彼らは山で<一夜>を明かした．
士師18: 2 ミカの家に行って…<一夜>を明かし
19:13 ギブアかラマ…で<一夜>を明かそう．
Ⅰ列19: 9 ほら穴に入り…<一夜>を過ごした．
ヨナ 4:10 <一夜>で生え，<一夜>で滅びたこの

▼いつ

マタ24: 3 <いつ>，そのようなことが起こるの
25:37 主よ．<いつ>，私たちは，あなたが
マコ13:33 その定めの時が<いつ>だか，あなた
ルカ17:20 神の国は<いつ>来るのか，とパリサ
使徒 1: 7 <いつ>とか，どんなときとかいうこ
Ⅰテサ 5: 1 それらが<いつ>なのか…どういう時
Ⅱテモ 3: 7 <いつ>になっても真理を知ることの

▼イツェリ〔人名〕

神殿で歌の奉仕をする第４組の長．Ⅰ歴25:11．

▼いっか（一家）

使徒18: 8 クリスポは，<一家>をあげて主を信

▼いっかく（一画）【別項】一点一画

ルカ16:17 律法の<一画>が落ちるよりも，天地

▼いつくしみ，いつくしみ深い

Ⅰ歴16:34 主はまことに<いつくしみ深い>．その恵みはとこしえまで．Ⅱ歴5:13，7:3，エズ3:11，詩篇100:5，107:1，

118:1, 135:3, 136:1, エレ33:11.
Ⅱ歴 6:41 聖徒たちに<いつくしみ>を喜ばせて
30:18 <いつくしみ深い>主よ．このことの
ネヘ 1: 5 神，主…<いつくしみ>を賜る方．
9:20 あなたの<いつくしみ深い>霊を賜り，
13:22 大いなる<いつくしみ>によって私を
詩篇 23: 6 <いつくしみ>と恵みとが，私を追っ
25: 8 主は，<いつくしみ深>く，正しくあ
27:13 主の<いつくしみ>を見ることが信じ
31:19 あなたの<いつくしみ>は，なんと大
51:18 シオンに<いつくしみ>を施し，エル
73: 1 神は…に，<いつくしみ深い>．
77: 9 神は，<いつくしみ>を忘れたのだろ
86: 5 <いつくしみ深>く，赦しに富み，あ
17 <いつくしみ>のしるしを行ってくだ
102:13 今や<いつくしみ>の時です．定めの
119:68 あなたは<いつくしみ深>くあられ，
<いつくしみ>を施されます．どうか，
125: 4 主よ…<いつくしみ>を施してくださ
143:10 <いつくしみ深い>霊が，平らな地に
145: 7 あなたの…<いつくしみ>の思い出を
9 すべてのものに<いつくしみ深>く，
箴言 16:15 彼の<いつくしみ>は後の雨をもたら
イザ 63: 7 豊かな<いつくしみ>について．
エレ 16: 5 <いつくしみ>と，あわれみとを取り
13 わたしは…<いつくしみ>を施さない．
哀歌 3:25 主は<いつくしみ深い>．主を待ち望
ミカ 7:18 <いつくしみ>を喜ばれるからです．
20 <いつくしみ>をアブラハムに与えて
ナホ 1: 7 主は<いつくしみ深>く，苦難の日の
ロマ 11:22 神の<いつくしみ>ときびしさを．倒
テト 3: 4 神の<いつくしみ>と人への愛とが現
Ⅰペテ 2: 3 主が<いつくしみ深い>方であること

▼いつくしむ

申命 13:17 主が…あなたを<いつくしみ>，あな
詩 102:14 シオンのちりを<いつくしみ>ます．
マコ 10:21 その人を<いつくしん>で言われた．
ロマ 9:15 <いつくしむ>者を<いつくしむ>」と

▼いっこう（一行）

ルカ 2:44 イエスが<一行>の中にいるものと思
使徒 13:13 パウロの<一行>は，パポスから船出
して…ヨハネは<一行>から離れて，
15:38 <一行>から離れてしまい…同行しな

▼いっさい

使徒 2:44 <いっさい>の物を共有にしていた．
4:18 <いっさい>イエスの名によって語っ
Ⅰコリ 16:14 <いっさい>のことを愛をもって行い
エペ 1:23 教会は…<いっさい>のものを<いっ
さい>のものによって満たす方の満
4:29 悪いことばを，<いっさい>口から出

▼イッサカル〔人名〕

(1)ヤコブとレアの子，およびその子孫．創世30:18，35:23，49:14，申命33:18，ヨシ21:28，士師10:1，Ⅰ列15:27，Ⅰ歴7:5，12:32，27:18，Ⅱ歴30:18，エゼ48:25，26，33，黙示7:7．

(2)コラ人の門衛．ダビデ時代．Ⅰ歴26:5．

▼いっしゅん（一瞬）

イザ 66: 8 国は<一瞬>にして生まれようか．と
エレ 49:19 <一瞬>にして彼らを…追い出そう．
Ⅰコリ 15:52 ラッパとともに…<一瞬>のうちにで
黙示 18:10 さばきは，<一瞬>のうちに来た．』

▼いっしょ，ごいっしょ

創世 13: 6 彼らが<いっしょ>に住むのに十分で
44:26 末の弟と<いっしょ>でなければあの
出エ 33:14 わたし自身が<いっしょ>に行って，
15 <いっしょ>においでにならないなら，
申命 25: 5 兄弟が<いっしょ>に住んでいて，そ
士師 4: 8 あなたが私と<いっしょ>に行ってく
Ⅱサム 19:26 ろば…に乗って，王と<いっしょ>に
Ⅰ列 3:18 だれも<いっしょ>にいた者はなく，
アモ 3: 3 <いっしょ>に歩くだろうか．
ゼカ 8:23 私たちも…<いっしょ>に行きたい．
マタ 1:18 ふたりがまだ<いっしょ>にならない
5:41 <いっしょ>に２ミリオン行きなさい．
9:15 花婿が<いっしょ>にいる間は，どう
15:32 ３日間もわたしと<いっしょ>にいて，
17:17 いつまであなたがたと<いっしょ>に
26:51 イエスと<いっしょ>にいた者のひと
マコ 9: 8 <いっしょ>にいるのはイエスだけで，
ルカ 8: 7 いばらも<いっしょ>に生え出て，そ
13:26 <ごいっしょ>に，食べたり飲んだり
22:33 主よ．<ごいっしょ>になら，牢であ
24:29 <いっしょ>にお泊まりください．そ
ヨハ 7:33 わたしはあなたがたと<いっしょ>に
16:32 父がわたしと<いっしょ>におられる
17: 5 <ごいっしょ>にいて持っていました
24 わたしと<いっしょ>におらせてくだ
20: 4 ふたりは<いっしょ>に走ったが，も
使徒 1: 4 彼らと<いっしょ>にいるとき，イエ
2:44 信者…はみな<いっしょ>にいて，い

8:29 あの馬車と<いっしょ>に行きなさい
15:38 <いっしょ>に連れて行かないほうが
Ⅰコリ 7: 5 再び<いっしょ>になるというのなら
12 妻が<いっしょ>にいることを承知し
11:20 <いっしょ>に集まっても，それは主
Ⅱコリ 10:11 <いっしょ>にいるときの行動もその
Ⅰテサ 4:14 眠った人々をイエスと<いっしょ>に
Ⅰヨハ 2:19 私たちと<いっしょ>にとどまってい

▼いっしょう（一生）
創世 3:14 おまえは，<一生>，腹ばいで歩き，
17 あなたは，<一生>，苦しんで食を得
23: 1 サラの<一生>，サラが生きた年数は
申命 4: 9 <一生>の間…あなたの心から離れる
17:19 <一生>の間，これを読まなければな
ヨシ 4:14 ヨシュアをその<一生>の間恐れた．
Ⅰサム 1:11 私はその子の<一生>を主におささげ
7:15 サムエルは，<一生>の間，イスラエ
Ⅰ列 15: 5 ウリヤのことのほかは，<一生>の間，
Ⅱ列 15:18 <一生>，イスラエルに罪を犯させた
25:29 彼は…その<一生>の間，いつも王の前で食事をした．エレ52:33．
ヨブ 11:17 あなたの<一生>は真昼よりも輝き，
15:20 悪者はその<一生>の間，もだえ苦し
詩篇 39: 5 私の<一生>は…ないのも同然です．
103: 5 あなたの<一生>を良いもので満たさ
伝道 2: 3 人の子が短い<一生>の間，天の下で
Ⅰテモ 2: 2 平安で静かな<一生>を過ごすためで

▼いっしょうがい（一生涯）
Ⅰサム 1:28 この子は<一生涯>，主に渡されたも
ヘブ 2:15 <一生涯>死の恐怖につながれて奴隷

▼いっしん（一心）
ピリ 3:14 目標を目ざして<一心>に走っている
ヤコ 1:25 自由の律法を<一心>に見つめて離れ

▼いっする（逸する）
エレ 46:17 パロは，時期を<逸し>て騒ぐ者．

▼いっそう
エゼ 8:17 わたしの怒りを<いっそう>駆り立て

▼いったい（一体）
創世 2:24 妻と結び合い，ふたりは<一体>とな
コロ 3:15 あなたがたも召されて<一体>となっ

▼いったい（一隊）
ヨハ 18: 3 ユダは<一隊>の兵士と…を引き連れ

▼いっち（一致）
ゼカ 6:13 ふたりの間には平和の<一致>がある．
マコ 14:56 イエスに対する偽証…は…<一致>し
使徒 15:15 預言者たちのことばも…<一致>して
Ⅱコリ 6:16 神の宮と偶像とに，何の<一致>があ
エペ 4: 3 御霊の<一致>を熱心に保ちなさい．
13 信仰の<一致>と神の御子に関する知識の<一致>とに達し，完全におとな
ピリ 2: 2 あなたがたは<一致>を保ち，同じ愛
4: 2 主にあって<一致>してください．

▼いっちゅうや（一昼夜）
Ⅱコリ 11:25 <一昼夜>，海上を漂ったこともあり

▼いつつ（五つ）
Ⅰサム 6: 4 <五つ>の金の腫物，すなわち<五つ>
イザ 19:18 万軍の主に誓いを立てる<五つ>の町
マタ 14:17 パンが<五つ>と魚が２匹よりほかありません．」16:9，マコ6:38，8:19．
ヨハ 5: 2 池があって，<五つ>の回廊がついて
Ⅰコリ 14:19 私の知性を用いて<五つ>のことばを

▼いつでも
レビ 25:32 レビ人に<いつでも>買い戻す権利が
Ⅱコリ 2:14 神は<いつでも>，私たちを導いてキ
4:10 <いつでも>イエスの死をこの身に帯
Ⅰペテ 3:15 だれにでも<いつでも>弁明できる用

▼いってんいっかく（一点一画）
マタ 5:18 律法の中の<一点一画>でも決してす

▼いっぱ（一派）
使徒 24: 5 ナザレ人という<一派>の首領でござ

▼いっぱい
ヨシ 4:18 水は…その岸<いっぱい>になった．
士師 16:27 宮は，男や女で<いっぱい>であった．
Ⅱ列 4: 6 器が<いっぱい>になったので，彼女
ヨブ 14: 1 心がかき乱されることで<いっぱい>
詩 123: 3 私たちはさげすみで…<いっぱい>で
エゼ 1:18 わくの回りには目が<いっぱい>つい
10:12 四つの輪には…目が<いっぱい>つい
マタ 14:20 パン切れの余り…12のかごに<いっぱい>あった．マコ6:43，ヨハ6:13．
23:27 内側は…汚れたものが<いっぱい>で
28 内側は偽善と不法で<いっぱい>です．
ルカ 5: 7 魚を両方の舟<いっぱい>に上げたと
11:39 内側は，強奪と邪悪とで<いっぱい>
12:19 これから先何年分も<いっぱい>物が
14:23 この家が<いっぱい>になるように，
ヨハ 2: 7 水がめを縁まで<いっぱい>にした．
16: 6 心は悲しみで<いっぱい>になってい
21:11 153匹の大きな魚で<いっぱい>であ
黙示 17: 4 汚れで<いっぱい>になった金の杯を

い

▼1ぱい（1杯）

マタ 10:42 水<1杯>でも飲ませるなら，まこと

ヘブ 12:16 <1杯>の食物と引き替えに自分のも

▼イツハル

1. 人名．レビ人ケハテの子．出エ6:18，21，民数3:19，Ⅰ歴6:2，18，38，23:12，18．

2. イツハル族．1. の子孫．民数3:27，Ⅰ歴24:22．

▼いっぱん（一般）

レビ 22:10 <一般>の者はだれも聖なるものを食

Ⅰ列 12:31 <一般>の民の中から祭司を任命した．

Ⅱ列 11:14 <一般>の人々がみな喜んでラッパを

エレ 34:19 宦官と祭司と<一般>の全民衆であっ

エゼ 48:15 残りの地所は，町の<一般>用であり，

▼1ぴき（1匹）

マタ 18:12 そのうちの<1匹>が迷い出たとしたら…迷った<1匹>を捜．ルカ15:4．

13 99匹の羊以上にこの<1匹>を喜ぶの

ルカ 15:29 子山羊<1匹>下さったことがありま

▼いっぺん（一変）

エス 9:1 それが<一変>して，ユダヤ人が自分

▼いつまで

詩篇 13:1 主よ．<いつまで>ですか…<いつまで>御顔を私からお隠しになるので

79:5 主よ．<いつまで>でしょうか…<いつまで>，あなたのねたみは火のよ

マタ 17:17 <いつまで>…いっしょにいなければ…<いつまで>…がまんしていなければならない．マコ9:19，ルカ9:41．

黙示 6:10 <いつまで>さばきを行わず，地に住

▼いつまでも

出エ 19:9 <いつまでも>あなたを信じるためで

申命 15:17 彼は<いつまでも>あなたの奴隷とな

18:5 <いつまでも>，主の御名によって奉

33:12 主は<いつまでも>彼をかばう．彼が

士師 3:25 しもべたちは<いつまでも>待ってい

Ⅰサム 27:12 彼は<いつまでも>私のしもべになっ

28:2 <いつまでも>，私の護衛に任命して

Ⅰ列 1:31 王さま．<いつまでも>生きておられ

Ⅱ列 5:27 ツァラアトは，<いつまでも>あなた

Ⅱ歴 10:7 <いつまでも>あなたのしもべとなる

21:7 <いつまでも>ともしびを与えようと，

ネヘ 2:3 王よ．<いつまでも>生きられますよ

ヨブ 7:16 私は<いつまでも>生きたくありませ

41:4 <いつまでも>奴隷とすることができ

詩篇 9:18 望みは，<いつまでも>なくならない．

23:6 私は，<いつまでも>，主の家に住ま

44:23 主よ…<いつまでも>拒まないでくだ

74:1 神よ．なぜ，<いつまでも>拒み，あ

79:5 <いつまでも>お怒りなのでしょうか．

箴言 12:19 真実のくちびるは<いつまでも>堅く

27:24 富は<いつまでも>続くものではなく，

伝道 1:4 しかし地は<いつまでも>変わらない．

2:16 <いつまでも>記憶されることはない．

イザ 26:4 <いつまでも>主に信頼せよ…主は，

57:16 わたしは<いつまでも>争わず，いつ

64:9 <いつまでも>，咎を覚えないでくだ

66:22 新しい天と新しい地が…<いつまでも>続くように…子孫と，あなたがたの名も<いつまでも>続く．

エレ 3:12 わたしは，<いつまでも>怒ってはい

25:5 与えた土地で，<いつまでも>…住め．

50:39 もう，<いつまでも>人は住まず，代

エゼ 25:15 <いつまでも>敵意をもって滅ぼそう

ダニ 6:26 その主権は<いつまでも>続く．

アモ 1:11 <いつまでも>激しい怒りを保ってい

8:7 <いつまでも>，決して忘れない．

ヨナ 2:6 かんぬきが，<いつまでも>私の上に

ミカ 7:18 怒りを<いつまでも>持ち続けず，い

マタ 21:19 おまえの実は…<いつまでも>，なら

マコ 11:14 <いつまでも>…おまえの実を食べる

ルカ 1:54 そのあわれみを<いつまでも>忘れな

ヨハ 8:35 奴隷は<いつまでも>家にいるのではありません…息子は<いつまでも>い

12:34 キリストは<いつまでも>生きておら

14:16 助け主が<いつまでも>あなたがたと，

ロマ 11:10 その背は<いつまでも>かがんでおれ．

Ⅰコリ 13:13 <いつまでも>残るものは信仰と希望

ヘブ 1:11 あなたは<いつまでも>ながらえられ

7:3 <いつまでも>祭司としてとどまって

10:34 <いつまでも>残る財産を持っている

13:8 キリストは…<いつまでも>，同じで

Ⅰヨハ 2:17 みこころを行う者は，<いつまでも>

Ⅱヨハ 2 真理は<いつまでも>私たちとともに

黙示 1:18 死んだが…<いつまでも>生きている．

▼いつも

Ⅱサム 9:13 <いつも>王の食卓で食事をした．彼

ヨブ 1:5 ヨブは<いつも>このようにしていた．

詩篇 50:8 全焼のいけにえは，<いつも>，わた

51:3 私の罪は，<いつも>私の目の前にあ

箴言 5:19 <いつも>彼女の愛に夢中になれ.
マタ 18:10 父の御顔を<いつも>見ているからで
26:11 貧しい人たちは，<いつも>あなたが
28:20 世の終わりまで，<いつも>，あなた
ルカ 4:16 <いつも>のとおり安息日に会堂に入
22:39 <いつも>のようにオリーブ山に行か
ヨハ 11:42 あなたが<いつも>わたしの願いを聞
使徒 7:51 <いつも>聖霊に逆らっているのです.
20:18 私が<いつも>どんなふうに…過ごし
ロマ 13: 6 <いつも>その務めに励んでいる神の
Ⅰコリ 1: 4 あなたがたのことを<いつも>神に感
15:30 なぜ私たちも<いつも>危険にさらさ
58 <いつも>主のわざに励みなさい．あ
ピリ 1: 4 <いつも>喜びをもって祈り，
4: 4 <いつも>主にあって喜びなさい．も
コロ 1: 3 <いつも>あなたがたのために祈り，
4: 6 <いつも>親切で，塩味のきいたもの
Ⅰテサ 3: 6 <いつも>私たちのことを親切に考え
5:15 <いつも>善を行うよう務めなさい.
16 <いつも>喜んでいなさい.
ヘブ 7:25 キリストは<いつも>生きていて，彼
Ⅱペテ 1:12 私は<いつも>これらのことを，あな

▼イツリヤ〔地名〕

ルカ 3: 1 <イツリヤ>とテラコニテ地方の国主，

▼いつわり（偽り），偽る

出エ 20:16 隣人に対し，<偽り>の証言をしては
23: 1 <偽り>のうわさを言いふらしてはな
7 <偽り>の告訴から遠ざからなければ
民数 23:19 神は…<偽り>を言うことがない．人
申命 32: 4 主は真実の神で，<偽り>がなく，正
ヨシ 7:11 聖絶のものの中から取り…<偽>って，
Ⅰサム 15:29 <偽る>こともなく，悔いることもな
Ⅰ列 22:22 預言者の口で<偽り>を言う霊となり
ヨブ 13: 4 あなたがたは<偽り>をでっちあげる
詩篇 7:14 害毒をはらみ，<偽り>を生む.
31:18 <偽り>のくちびるを封じてください.
89:33 しかし…わたしの真実を<偽>らない.
35 決してダビデに<偽り>を言わない.
109: 2 <偽り>の舌をもって，私に語ったか
119:29 私から<偽り>の道を取り除いてくだ
60 高ぶる者どもは，私を<偽り>で塗り
78 彼らは<偽り>ごとをもって私を曲げ
104 私は<偽り>の道をことごとく憎みま
118 彼らの欺きは，<偽り>ごとだからで
163 私は<偽り>を憎み，忌みきらい，あ
144: 8 その右の手は<偽り>の右の手です.
箴言 6:17 高ぶる目，<偽り>の舌，罪のない者
11:18 悪者は<偽り>の報酬を得るが，義を
12:22 <偽り>のくちびるは主に忌みきらわ
15: 4 <偽り>の舌はたましいの破滅.
17:20 <偽り>を口にする者はわざわいに陥
30: 8 不信実と<偽り>とを私から遠ざけて
31:30 麗しさは<いつわり>．美しさはむな
イザ 2: 8 その国は<偽り>の神々で満ち，彼ら
9:15 その尾とは，<偽り>を教える預言者.
19: 1 エジプトの<偽り>の神々はその前に
3 <偽り>の神々や…口寄せに伺いを立
31: 7 銀の<偽り>の神々や金の<偽り>の神
32: 7 <偽り>を語って身分の低い者を滅ぼ
41:29 見よ．彼らはみな，<偽り>を言い，
44:20 私の右の手には<偽り>がないのだろ
57: 4 そむきの子ら，<偽り>のすえではな
59: 3 くちびるは<偽り>を語り，舌は不正
エレ 8: 8 書記たちの<偽り>の筆が，これを
<偽り>にしてしまっている.
14:14 わたしの名によって<偽り>を預言し
ている…彼らは，<偽り>の幻と…自
分の心の<偽り>ごとを…預言してい
16:19 受け継いだものは，ただ<偽る>もの，
27:10 彼らは，あなたがたに<偽り>を預言
51:17 その鋳た像は<偽り>で，その中に息
ホセ 10:13 不正を刈り取り，<偽り>の実を食べ
11:12 わたしは，エフライムの<偽り>と，
ハバ 2:18 物言わぬ<偽り>の神々を造って，こ
ゼパ 3:13 残りの者は…<偽り>を言わない．彼
ゼカ 5: 4 わたしの名を使って<偽り>の誓いを
10: 2 占い師は<偽り>を見，夢見る者はむ
マタ 5:33 <偽り>の誓いを立ててはならない.
ヨハ 1:47 彼のうちには<偽り>がない.」
8:44 彼は偽り者であり，また<偽り>の父
使徒 6:13 <偽り>の証人たちを立てて，こう言
13:10 あらゆる<偽り>とよこしまに満ちた
ロマ 1:25 彼らが神の真理を<偽り>と取り代え，
3: 7 私の<偽り>によって，神の真理がま
12: 9 愛には<偽り>があってはなりません.
Ⅱコリ 6: 6 親切と，聖霊と<偽り>のない愛と，
11:31 私が<偽り>を言っていないのをご存
ガラ 2:13 本心を<偽>った行動をとり，バルナ
バまでもその<偽り>の行動に引き込
エペ 4:25 <偽り>を捨て…隣人に対して真実を

コロ 3: 9 互いに<偽り>を言ってはいけません.
IIテサ 2:11 彼らが<偽り>を信じるように，惑わ
Iテモ 1: 5 <偽り>のない信仰とから出て来る愛
テト 1: 2 <偽る>ことのない神が，永遠の昔か
Iペテ 1:22 <偽り>のない兄弟愛を抱くようにな
2:22 キリストは…その口に何の<偽り>も
Iヨハ 2:21 <偽り>はすべて真理から出てはいな
黙示 14: 5 彼らの口には<偽り>がなかった．彼
21: 8 すべて<偽り>を言う者どもの受ける

▼いつわりもの（偽り者）

詩篇 69: 4 <偽り者>の私の敵は強いのです．そ
箴言 17: 4 <偽り者>は人を傷つける舌に耳を傾
ヨハ 8:44 彼は<偽り者>であり…偽りの父であ
55 あなたがたと同様に<偽り者>となる
ロマ 3: 4 すべての人を<偽り者>としても，神
Iヨハ 1:10 私たちは神を<偽り者>とするのです.
2: 4 命令を守らない者は，<偽り者>であ
4:20 兄弟を憎んでいるなら…<偽り者>で
5:10 神を信じない者は，神を<偽り者>と

▼いて（射手）

IIサム 11:24 城壁の上から<射手>たちが…ウリヤ
ヨブ 16:13 <射手>たちは私を巡り囲み，神は私
イザ 21:17 残った<射手>たちの数は少なくなる.
エレ 51: 3 <射手>には弓を張らせ，よろいを着

▼イデアラ〔地名〕

ゼブルン所領内の町の一つ．ヨシ19:15.

▼イティエル〔人名〕

(1)ベニヤミン族メシュラムの父祖．ネヘ11:7.
(2)アグルが知恵のことばを告げた人．箴言30:1.

▼イテナン〔地名〕

ユダ所領内の町の一つ．ヨシ15:23.

▼イデバシュ〔人名〕

ユダ族のエタムの父の子．I歴4:3.

▼イテマ〔人名〕

ダビデの30勇士の一人．モアブ人．I歴11:46.

▼イテラ

1. 地名．ダン所領内の町の一つ．ヨシ19:42.
2. 人名．アマサの父．IIサム17:25.

▼イデラフ〔人名〕

アブラハムの兄弟ナホルの子．創世22:22.

▼イテラン〔人名〕

(1)ディションの子．創世36:26，I歴1:41.
(2)アシェルの子孫．I歴7:37.

▼イテレアム〔人名〕

ダビデの6男．IIサム3:5，I歴3:3.

▼イテロ〔人名〕

ミデヤンの祭司で，モーセのしゅうと．出エ3:1，4:18，18:1，2，6，9，10，12.

▼いと（糸）

創世 14:23 <糸>1本でも，くつひも1本でも，
士師 16:12 サムソンはその綱を<糸>のように腕
伝道 4:12 三つ撚りの<糸>は簡単には切れない.
雅歌 4: 3 あなたのくちびるは紅の<糸>．あな

▼イド〔人名〕

(1)ソロモンが置いた守護の一人の父．I列4:14.
(2)レビ人ヨアフの子．I歴6:21.
(3)ダビデ時代のマナセ半部族の長．I歴27:21.
(4)先見者．II歴9:29，12:15，13:22.
(5)エズラ時代のレビ人のかしら．エズ8:17.
(6)祭司とその一族．ネヘ12:4，16.
(7)預言者ゼカリヤの父祖．エズ5:1，6:14，ゼカ1:1，7.

▼いど（井戸）【別項】ヤコブの井戸

創世 16:14 その<井戸>は，ベエル・ラハイ・ロ
21:19 目を開かれたので…<井戸>を見つけ
25 しもべどもが奪い取った<井戸>のこ
24:11 町の外の<井戸>のところに，らくだ
26:22 その<井戸>…は争いがなかったので，
29: 3 石を<井戸>の口からころがして．10.
出エ 2:15 彼は<井戸>のかたわらにすわってい
21:33 <井戸>のふたをあけていたり，ある
34 その<井戸>の持ち主は金を支払って，
民数 20:17 <井戸>の水も飲みません．私たちは
21:17 わきいでよ．<井戸>．——このため
IIサム 17:18 その人の庭に<井戸>があったので，
箴言 23:27 見知らぬ女は狭い<井戸>だから.
25:26 荒らされた<井戸>のようだ.
雅歌 4:15 湧き水の<井戸>，レバノンからの流
エレ 6: 7 <井戸>が水をわき出させるように，
ルカ 14: 5 自分の息子や牛が<井戸>に落ちたの
ヨハ 4: 6 イエスは…<井戸>のかたわらに腰を

▼いとう

ヨブ 10: 1 私は自分のいのちを<いとう>．私は
33:20 彼のいのちは食物を<いと>い，その
箴言 3:11 わが子よ…その叱責を<いとう>な.
26:15 口に持っていくことを<いとう>.
エゼ 6: 9 その悪をみずから<いとう>ようにな
20:43 自分自身を<いとう>ようになろう.

36:31　忌みきらうべきわざを<いとう>よう
▼いどう（移動）
創世 13:11　ロトは…東のほうに<移動>した．こ
47:21　彼は民を…町々に<移動>させた．
▼いとこ
コロ 4:10　バルナバの<いとこ>であるマルコも
▼いとすぎ（糸杉）
雅歌 1:17　私たちの家の…たるきは<糸杉>です．
▼いとたかき（〜高き）
創世 14:18　彼は<いと高き>神の祭司であった．
申命 32: 8　<いと高き>方が，国々に，相続地を
IIサム 22:14　<いと高き>方は御声を発せられた．
17　主は，<いと高き>所から御手を伸べ
詩篇 7:17　<いと高き>方，主の御名をほめ歌お
47: 2　<いと高き>方主は，恐れられる方．
57: 2　私は<いと高き>方，神に呼ばわりま
68:18　<いと高き>所に上り，捕らわれた者
78:35　<いと高き>神が自分たちを贖う方で
56　彼らは<いと高き>神を試み，神に逆
83:18　全地の上にいます<いと高き>方であ
92: 8　あなたは…<いと高き>所におられま
102:19　聖なる<いと高き>所から見おろし，
107:11　<いと高き>方のさとしを侮ったので
144: 7　<いと高き>所からあなたの御手を伸
148: 1　<いと高き>所で主をほめたたえよ．
イザ 14:14　<いと高き>方のようになろう．』
ダニ 3:26　<いと高き>神のしもべたち．すぐ出
7:18　<いと高き>方の聖徒たちが，国を受
ミカ 6: 6　<いと高き>神の前にひれ伏そうか．
マタ 21: 9　ホサナ．<いと高き>所に．」
マコ 5: 7　<いと高き>神の子，イエスさま．い
ルカ 1:32　<いと高き>方の子と呼ばれます．ま
35　<いと高き>方の力があなたをおおい
76　<いと高き>方の預言者と呼ばれよう．
78　日の出が<いと高き>所からわれらを
2:14　<いと高き>所に，栄光が，神にある
6:35　<いと高き>方の子どもになれます…
<いと高き>方は，恩知らずの悪人に
19:38　天には平和．栄光は，<いと高き>所
24:49　<いと高き>所から力を着せられるま
使徒 7:48　<いと高き>方は，手で造った家には
16:17　<いと高き>神のしもべたちで，救い
▼いとなみ（営み）
伝道 8: 6　すべての<営み>には時とさばきがあ

▼いとま，いとまごい
ネヘ 13: 6　私は…王に<いとま>を請い，
ルカ 9:61　家の者に<いとまごい>に帰らせてく
▼いとまき（糸巻き）
IIサム 3:29　ヨアブの家に…<糸巻き>をつかむ者
▼イドマヤ〔地名〕
エドム人が居住した山岳地帯．マコ3:8.
▼いどむ
ガラ 5:26　互いに<いど>み合ったり，そねみ合
黙示 13: 7　聖徒たちに戦いを<いど>んで打ち勝
▼いない
創世 2: 5　土地を耕す人も<いな>かったからで
イザ 29:20　横暴な者は<いな>くなり，あざける
45: 6　わたしのほかには，だれも<いない>
14　『…ほかに神々は<いない>．』」
21　わたしをおいてほかには<いない>．
46: 9　わたしのような神は<いない>．
アモ 6:10　彼は言う．「だれも<いない>．」また
▼いなか
マコ 16:12　ふたりが<いなか>のほうへ歩いてい
ルカ 21:21　<いなか>にいる者たちは，都に入っ
▼いなご【別項】かみつくいなご，食い荒らすいなご，毛のないいなご
出エ 10: 4　<いなご>をあなたの領土に送る．
レビ 11:22　食べてもよいもの…<いなご>の類，
民数 13:33　自分が<いなご>のように見えたし，
申命 28:38　<いなご>が食い尽くすからである．
士師 6: 5　彼らは<いなご>の大群のようにして
II歴 7:13　<いなご>に命じてこの地を食い尽く
ヨブ 39:20　<いなご>のように，とびはねさせる
詩 105:34　主が命じられると，<いなご>が来た．
若い<いなご>で，数知れず，
箴言 30:27　<いなご>には王はないが，みな隊を
伝道 12: 5　<いなご>はのろのろ歩き，ふうちょ
イザ 40:22　地の住民は<いなご>のようだ．主は
ヨエ 1: 4　<いなご>が残した物は，ばったが食
アモ 7: 1　主は<いなご>を造っておられた．
ナホ 3:17　あなたの衛兵は，<いなご>のように
…役人たちは，群がる<いなご>のよ
マタ 3: 4　食べ物は<いなご>と野蜜であった．
黙示 9: 3　煙の中から，<いなご>が地上に出て
▼いなごまめ（〜豆）
ルカ 15:16　彼は豚の食べる<いなご豆>で腹を満
▼いなずま
出エ 20:18　民はみな，雷と，<いなずま>，角笛

申命 33: 2　彼らに<いなずま>がきらめいていた.
IIサム 22:15　<いなずま>で彼らをかき乱された.
ヨブ 36:32　神は<いなずま>を両手に包み，これ
38:35　あなたは<いなずま>を向こうに行か
41:18　そのくしゃみは<いなずま>を放ち，
詩篇 18:14　すさまじい<いなずま>で彼らをかき
77:18　<いなずま>は世界を照らし，地は震
78:47　<いなずま>で…いちじく桑の木を滅
135: 7　雨のために<いなずま>を造り，その
倉から風を出される．エレ51:16.
ダニ 10: 6　その顔は<いなずま>のようであり，
マタ 24:27　<いなずま>が東から出て，西にひら
28: 3　その顔は，<いなずま>のように輝き，
ルカ 10:18　サタンが，<いなずま>のように天か
17:24　<いなずま>が，ひらめいて，天の端

▼いなびかり

ヨブ 28:26　神は…<いなびかり>のために道を決
38:25　<いなびかり>のために道を開き，
ゼカ 10: 1　主は<いなびかり>を造り，大雨を人

▼いなむ（否む）

ヨシ 24:27　自分の神を<否む>ことがないように，
ヨブ 31:28　私が上なる神を<否>んだためだ.
箴言 30: 9　私が食べ飽きて，あなたを<否>み，
ヨハ 1:20　彼は告白して<否>まず，「私はキリ
IIテモ 2:12　もし彼を<否>んだなら，彼もまた私
たちを<否>まれる.
黙示 3: 8　わたしの名を<否>まなかったからで

▼いにん（委任）

使徒 26:12　祭司長たちから権限と<委任>を受け

▼いぬ（犬）【別項】小犬

出エ 11: 7　<犬>も，うなりはしないでしょう.
22:31　それは，<犬>に投げ与えなければな
申命 23:18　遊女のもうけや<犬>のかせぎをあな
士師 7: 5　<犬>がなめるように，舌で水をなめ
Iサム 24:14　それは死んだ<犬>のあとを追い，1
IIサム 9: 8　この死んだ<犬>のような私を顧みて
I列 14:11　町で死ぬ者は<犬>がこれを食らい，
21:19　<犬>どもがナボテの血をなめたその
場所で，その<犬>どもがまた，あな
23　<犬>がイズレエルの領地でイゼベル
II列 8:13　しもべは<犬>にすぎないのに，どう
詩篇 59: 6　<犬>のようにほえ，町をうろつき回
箴言 26:11　<犬>が自分の吐いた物に帰って来る
17　通りすがりの<犬>の耳をつかむ者の
伝道 9: 4　生きている<犬>は死んだ獅子にまさ
イザ 56:10　彼らはみな口のきけない<犬>，ほえ
マタ 7: 6　聖なるものを<犬>に与えてはいけま
ルカ 16:21　<犬>もやって来ては，彼のおできを
ピリ 3: 2　どうか<犬>に気をつけてください.
IIペテ 2:22　<犬>は自分の吐いた物に戻る」とか，
黙示 22:15　<犬>ども，魔術を行う者，不品行の

▼いぬく（射ぬく）

詩篇 11: 2　心の直ぐな人を<射ぬ>こうとしてい

▼いのしし

詩篇 80:13　林の<いのしし>はこれを食い荒らし，

▼いのち【別項】いのちの木，いのちのことば，いのちの書，永遠のいのち

創世 1:30　<いのち>の息のあるもののために，
2: 7　その鼻に<いのち>の息を吹き込まれ
6:17　<いのち>の息あるすべての肉なるも
9: 4　肉は，その<いのち>である血のある
5　<いのち>のためには…血の価を要求
20: 7　妻を返して<いのち>を得なさい．あ
32:30　神を見たのに，私の<いのち>は救わ
37:21　あの子の<いのち>を打ってはならな
42:15　パロの<いのち>にかけて言うが，あ
44:30　父の<いのち>は彼の<いのち>にかか
45: 5　神は<いのち>を救うために…先に，
出エ 4:19　あなたの<いのち>を求めていた者は，
21:23　<いのち>には<いのち>を与えなけれ
レビ 17:11　肉の<いのち>は血の中にある…<い
のち>として贖いをするのは血であ
24:18　<いのち>には<いのち>をもって償わ
民数 16:22　すべての肉なるものの<いのち>の神
申命 12:23　肉とともに<いのち>を食べてはなら
19:21　<いのち>には<いのち>，目には目，
28:66　あなたの<いのち>は，危険にさらさ
30:15　<いのち>と幸い，死とわざわいを置
19　<いのち>と死，祝福とのろいを，あ
20　主はあなたの<いのち>であり，あな
Iサム 22:23　私の<いのち>をねらう者は，あなた
25:29　ご主人さまの<いのち>は…主によっ
て，<いのち>の袋にしまわれており
…敵の<いのち>を石投げのくぼみに
26:21　私の<いのち>がおまえによって助け
28:21　私は自分の<いのち>をかけて，あな
IIサム 16:11　私の子さえ，私の<いのち>をねらっ
I列 3:11　あなたの敵の<いのち>をも求めず，
17:21　この子の<いのち>を…返してくださ
20:42　あなたの<いのち>は彼の<いのち>の

ヨブ 2: 6 ただ彼の<いのち>には触れるな.」
7: 7 私の<いのち>はただの息であること
12:10 生き物の<いのち>…は…御手のうち
13:14 私の<いのち>を私の手に置こう.
33: 4 全能者の息が私に<いのち>を与える.
30 <いのち>の光で照らされる.
詩篇 16:11 <いのち>の道を知らせてくださいま
22:20 私の<いのち>を, 犬の手から.
23: 6 私の<いのち>の日の限り, いつくし
27: 1 主は, 私の<いのち>のとりで. だれ
4 私の<いのち>の日の限り, 主の家に
30: 5 <いのち>は恩寵のうちにある. 夕暮
34:12 <いのち>を喜びとし, しあわせを見
42: 8 私の<いのち>, 神への, 祈りが.
56:13 あなたは, 私の<いのち>を死から,
63: 3 恵みは, <いのち>にもまさるゆえ,
66: 9 私たちを, <いのち>のうちに保ち,
72:13 貧しい者たちの<いのち>を救います.
74:19 山鳩の<いのち>を獣に引き渡さない
94:21 正しい者の<いのち>を求めて共に集
97:10 主は聖徒たちの<いのち>を守り, 悪
103: 4 あなたの<いのち>を穴から贖い, あ
128: 5 <いのち>の日の限り, エルサレムの
133: 3 とこしえの<いのち>の祝福を命じら
箴言 3:22 あなたのたましいの<いのち>となり,
4:13 訓戒…それはあなたの<いのち>だか
22 見いだす者には…<いのち>となり,
23 <いのち>の泉はこれからわく.
6:23 叱責は<いのち>の道であるからだ.
26 人妻は尊い<いのち>をあさるからだ.
8:35 わたしを見いだす者は, <いのち>を
12:28 正義の道には<いのち>がある. その
13: 8 富はその人の<いのち>の身代金であ
14:25 誠実な証人は人の<いのち>を救い出
27 主を恐れることは<いのち>の泉, 死
30 穏やかな心は, からだの<いのち>.
15:24 悟りのある者は<いのち>の道を上っ
16:15 王の顔の光には<いのち>がある. 彼
17 自分の<いのち>を守る者は自分の道
19:23 主を恐れるなら, <いのち>に至る.
23:14 彼の<いのち>をよみから救うことが
伝道 4: 2 <いのち>があって生きながらえてい
イザ 38:12 私の<いのち>を機織りのように巻い
47:14 自分の<いのち>を炎の手から救い出
53:11 自分の<いのち>の激しい苦しみのあ
12 自分の<いのち>を死に明け渡し, そ
エレ 8: 3 <いのち>よりも死を選ぶようになる.
17:13 <いのち>の水の泉, 主を捨てたから
21: 8 <いのち>の道と死の道を置く.
30:21 わたしに近づくために<いのち>をか
38:16 私たちのこの<いのち>を造られた主
48: 6 おまえたちの<いのち>を救え. 荒野
51: 6 それぞれ自分の<いのち>を救え. バ
エゼ 3:21 自分の<いのち>を救うことになる.」
18: 4 すべての<いのち>はわたしのもの.
父の<いのち>も, 子の<いのち>もわ
ヨナ 1:14 この男の<いのち>のために…滅ぼさ
2: 6 私の<いのち>を穴から引き上げてく
4: 3 私の<いのち>を取ってください. 私
マタ 2:20 幼子の<いのち>をつけねらっていた
6:27 自分の<いのち>を少しでも延ばすこ
7:14 <いのち>に至る門は小さく, その道
10:39 わたしのために自分の<いのち>を失
16:26 まことの<いのち>を損じたら, 何の
18: 8 片手片足で<いのち>に入るほうが,
マコ 3: 4 <いのち>を救うことなのか, それと
ルカ 9:24 自分の<いのち>を救おうと思う者は,
10:28 そうすれば, <いのち>を得ます.」
12:15 人の<いのち>は財産にあるのではな
22 <いのち>のことで何を食べようかと
25 自分の<いのち>を少しでも延ばすこ
14:26 自分の<いのち>までも憎まない者は,
21:19 自分の<いのち>を勝ち取ることがで
ヨハ 1: 4 この方に<いのち>があった. この
<いのち>は人の光であった.
6:35 わたしが<いのち>のパンです. わた
53 あなたがたのうちに, <いのち>はあ
63 <いのち>を与えるのは御霊です. 肉
8:12 従う者は…<いのち>の光を持つので
10:10 羊が<いのち>を得, またそれを豊か
11 良い牧者は羊のために<いのち>を捨
15 わたしは羊のために…<いのち>を捨
17 わたしが自分の<いのち>を再び得る
ために…<いのち>を捨てるからこそ,
11:25 よみがえりです. <いのち>です. わ
12:25 自分の<いのち>を愛する者はそれを
13:37 あなたのためには<いのち>も捨てま
14: 6 わたしが道であり…<いのち>なので
15:13 人がその友のために<いのち>を捨て
20:31 信じて…<いのち>を得るためである.

い

使徒 2:28 私に<いのち>の道を知らせ，御顔を
3:15 <いのち>の君を殺しました．しかし，
11:18 <いのち>に至る悔い改めを異邦人に
15:26 御名のために，<いのち>を投げ出し
17:25 <いのち>と息と万物とをお与えにな
20:10 まだ<いのち>があります」と言った．
24 私の<いのち>は少しも惜しいとは思
27:22 <いのち>を失う者はひとりもありま
ロマ 5:10 彼の<いのち>によって救いにあずか
6: 4 <いのち>にあって新しい歩みをする
8: 6 御霊による思いは，<いのち>と平安
38 死も，<いのち>も，御使いも，権威
11: 3 私の<いのち>を取ろうとしています．
16: 4 この人たちは，自分の<いのち>の危
険を冒して私の<いのち>を守ってく
Ⅰコリ 3:22 <いのち>であれ，死であれ，また現
14: 7 笛や琴など<いのち>のない楽器でも，
Ⅱコリ 1: 8 ついに<いのち>さえも危くなり，
23 私はこの<いのち>にかけ，神を証人
2:16 ある人たちにとっては，<いのち>か
ら出て<いのち>に至らせるかおりで
4:10 イエスの<いのち>が私たちの身にお
12 <いのち>はあなたがたのうちに働く
ガラ 3:21 律法が<いのち>を与えることのでき
ピリ 1:22 肉体の<いのち>が続くとしたら，私
2:30 <いのち>の危険を冒して死ぬばかり
コロ 3: 3 あなたがたの<いのち>は，キリスト
Ⅰテサ 2: 8 <いのち>までも，喜んで…与えたい
Ⅰテモ 4: 8 今の<いのち>と未来の<いのち>が約
6:13 すべてのものに<いのち>を与える神
ヘブ 7: 3 <いのち>の終わりもなく，神の子に
16 <いのち>の力によって祭司となった
10:39 信じて<いのち>を保つ者です．
ヤコ 1:12 <いのち>の冠を受けるからです．
Ⅰペテ 3:10 <いのち>を愛し，幸いな日々を過ご
Ⅱペテ 1: 3 <いのち>と敬虔に関するすべてのこ
Ⅰヨハ 1: 2 この<いのち>が現れ，私たちはそれ
3:14 自分が死から<いのち>に移ったこと
16 <いのち>をお捨てになりました…で
すから…兄弟のために，<いのち>を
4: 9 <いのち>を得させてくださいました．
5:12 御子を持つ者は<いのち>を持ってお
黙示 2:10 あなたに<いのち>の冠を与えよう．
7:17 <いのち>の水の泉に導いてくださる
11:11 神から出た<いのち>の息が，彼らに
12:11 死に至るまでも<いのち>を惜しまな
16: 3 海の中の<いのち>のあるものは，み
21: 6 渇く者には，<いのち>の水の泉から，
22: 1 水晶のように光る<いのち>の水の川

▼いのちごい（～請い）

エス 7: 7 ハマンは…<いのち請い>をしようと

▼いのちのき（～木）

創世 2: 9 園の中央には，<いのちの木>，それ
3:24 <いのちの木>への道を守るために，
箴言 3:18 これを堅く握る者には<いのちの木>
13:12 望みがかなうことは，<いのちの木>
15: 4 穏やかな舌は<いのちの木>．偽りの
黙示 2: 7 <いのちの木>の実を食べさせよう．」
22: 2 <いのちの木>があって，12種の実が
14 <いのちの木>の実を食べる権利を与
19 この書に書いてある<いのちの木>と

▼いのちのことば

ヨハ 6:68 永遠の<いのちのことば>を持ってお
使徒 5:20 人々にこの<いのちのことば>を，こ
ピリ 2:16 <いのちのことば>をしっかり握って，
Ⅰヨハ 1: 1 すなわち，<いのちのことば>につい

▼いのちのしょ（～書）

詩篇 69:28 彼らが<いのちの書>から消し去られ，
イザ 4: 3 エルサレムで<いのちの書>にしるさ
ピリ 4: 3 <いのちの書>に名のしるされている
黙示 3: 5 彼の名を<いのちの書>から消すよう
13: 8 ほふられた小羊の<いのちの書>に，
17: 8 世の初めから<いのちの書>に名を書
20:15 <いのちの書>に名のしるされていな
21:27 小羊の<いのちの書>に名が書いてあ

▼いのり（祈り）【別項】祈りの家，祈り場

創世 25:21 主は彼の<祈り>に答えられた．それ
Ⅱサム 21:14 神はこの国の<祈り>に心を動かされ
Ⅰ列 8:38 どのような<祈り>，願いも，
54 ソロモンは，この<祈り>と願いをこ
Ⅱ列 20: 5 わたしはあなたの<祈り>を聞いた．
Ⅱ歴 6:19 御前にささげる叫びと<祈り>を聞い
7:14 民が…へりくだり，<祈り>をささげ，
30:27 彼らの<祈り>は…天に届いた．
32:20 イザヤは…<祈り>をささげ，天に叫
ネヘ 1: 6 目を開いて…<祈り>を聞いてくださ
ヨブ 16:17 しかし…私の<祈り>はきよい．
詩篇 6: 9 主は私の<祈り>を受け入れられる．
17題目 ダビデの<祈り>

17: 1 欺きのくちびるからでない…<祈り>
35:13 私の<祈り>は私の胸を行き来してい
42: 8 私のいのち，神への，<祈り>が．
55: 1 私の<祈り>を耳に入れ，私の切なる
65: 2 <祈り>を聞かれる方よ．みもとにす
90題目 神の人モーセの<祈り>
102:17 窮した者の<祈り>を顧み，彼らの
<祈り>をないがしろにされなかった
109: 7 その<祈り>が罪となりますように．
141: 2 私の<祈り>が，御前への香として，
箴言 15: 8 正しい者の<祈り>は主に喜ばれる．
28: 9 その者の<祈り>さえ忌みきらわれる．
イザ 37: 4 残りの者のため，<祈り>をささげて
哀歌 3: 8 主は私の<祈り>を聞き入れず，
44 私たちの<祈り>をさえぎり，
マタ 17:21 この種のものは，<祈り>と断食によ
23:14 見えのために長い<祈り>をしていま
26:44 くり返して３度目の<祈り>をされた．
マコ 9:29 この種のものは，<祈り>によらなけ
ルカ 2:37 夜も昼も，断食と<祈り>をもって神
5:33 よく断食をしており，<祈り>もして
11: 1 私たちにも<祈り>を教えてください．
18:11 パリサイ人は…こんな<祈り>をした．
20:47 見えを飾るために長い<祈り>をしま
使徒 1:14 みな心を合わせ，<祈り>に専念して
2:42 パンを裂き，<祈り>をしていた．
3: 1 午後３時の<祈り>の時間に宮に上っ
6: 4 もっぱら<祈り>とみことばの奉仕に
10: 4 あなたの<祈り>と施しは神の前に立
9 ペテロは<祈り>をするために屋上に
30 家で午後３時の<祈り>をしています
13: 3 断食と<祈り>をして…送り出した．
ロマ 1:10 いつも<祈り>のたびごとに，神のみ
12:12 絶えず<祈り>に励みなさい．
Ⅰコリ 7: 5 <祈り>に専心するために，合意の上
Ⅱコリ 1:11 <祈り>によって，私たちを助けて協
エペ 6:18 すべての<祈り>と願いを用いて，ど
ピリ 1:20 私の切なる<祈り>と願いにかなって
4: 6 感謝をもってささげる<祈り>と願い
コロ 4:12 あなたがたのために<祈り>に励んで
Ⅰテモ 2: 1 <祈り>，とりなし，感謝がささげら
4: 5 神のことばと<祈り>とによって，聖
5: 5 絶えず神に願いと<祈り>をささげて
Ⅱテモ 1: 3 <祈り>の中であなたのことを絶えず
ヘブ 5: 7 涙とをもって<祈り>と願いをささげ，
ヤコ 5:15 信仰による<祈り>は，病む人を回復
16 義人の<祈り>は働くと，大きな力が
Ⅰペテ 3: 7 <祈り>が妨げられないためです．
4: 7 <祈り>のために，心を整え身を慎み
黙示 5: 8 この香は聖徒たちの<祈り>である．

▼いのりのいえ（祈りの家）

イザ 56: 7 わたしの<祈りの家>で彼らを楽しま
せる…わたしの家は，すべての民の
<祈りの家>と呼ばれるからだ．マタ
21:13，マコ11:17，ルカ19:46．

▼いのりば（祈り場）

使徒 16:13 <祈り場>があると思われた川岸に行
16 <祈り場>に行く途中，占いの霊につ

▼いのる（祈る）

創世 4:26 主の御名によって<祈る>ことを始め
12: 8 祭壇を築き，主の御名によって<祈>
13: 4 アブラムは，主の御名によって<祈>
った．20:17，21:33．
出エ 8: 8 かえるを…除くように，主に<祈>れ．
28 「…私のために<祈>ってくれ．」
30 モーセは…出て行って主に<祈>った．
民数 11: 2 モーセが主に<祈る>と，その火は消
申命 9:26 私は主に<祈>って言った．「神，主
Ⅰサム 1:10 彼女は主に<祈>って，激しく泣いた．
16 今まで<祈>っていたのです．」
27 この子のために，私は<祈>ったので
8: 6 そこでサムエルは主に<祈>った．
12:19 主に<祈>り，私たちが死なないよう
23 <祈る>のをやめて主に罪を犯すこと
Ⅱサム 7:27 この祈りをあなたに<祈る>勇気を得
Ⅰ列 8:33 この宮で，あなたに<祈>り願ったな
Ⅱ列 4:33 ふたりだけになって，主に<祈>った．
6:17 エリシャは<祈>って主に願った．
19:15 ヒゼキヤは主の前で<祈>って言った．
20: 2 顔を壁に向けて，主に<祈>って，言
11 イザヤが主に<祈る>と…日時計にお
Ⅰ歴 17:25 しもべは，御前に<祈>りえたのです．
Ⅱ歴 33:13 神に<祈>ったので，神は彼の願いを
エズ 10: 1 涙ながらに<祈>って告白していると
ネヘ 1: 4 断食して天の神の前に<祈>って，
4: 9 私たちの神に<祈>り…日夜見張りを
ヨブ 15: 4 神に<祈る>ことをやめている．
21:15 彼に<祈>って，どんな利益があるの
33:26 彼が神に<祈る>と，彼は受け入れら
42: 8 ヨブはあなたがたのために<祈>ろう．

10 友人たちのために<祈>ったとき，主
詩篇 32: 6 聖徒は，みな，あなたに<祈>ります．
72:15 彼のためにいつも彼らは<祈>り，一
109: 4 私をなじります．私は<祈る>ばかり
122: 6 エルサレムの平和のために<祈>れ．
イザ 16:12 <祈る>ためにその聖所に入って行っ
26:16 彼らは<祈>ってつぶやきました．
37:15 ヒゼキヤは主に<祈>って言った．
38: 2 顔を壁に向けて，主に<祈>って，
45:14 ひれ伏して，あなたに<祈>って言う．
20 救えもしない神に<祈る>者らは，何
エレ 7:16 この民のために<祈>ってはならない
…祈りをささげたりしては．11:14.
29:12 わたしに<祈る>なら…聞こう．
37: 3 私たちのために…<祈>ってください．
ダニ 6:10 日に3度…彼の神の前に<祈>り，感
9: 3 顔を神である主に向けて<祈>り，断
ヨナ 2: 1 ヨナは魚の腹の中から…主に<祈>っ
マタ 5:44 迫害する者のために<祈>りなさい．
6: 5 <祈る>ときには，偽善者たちのよう
7 <祈る>とき，異邦人のように同じこ
9 だから，こう<祈>りなさい．『天に
います私たちの父よ．ルカ11:2.
9:38 働き手を送ってくださるように<祈>
りなさい．」ルカ10:2.
14:23 <祈る>ために，ひとりで山に登られ
た．マコ6:46，ルカ6:12.
18:19 地上で心を一つにして<祈る>なら，
19:13 イエスに手を置いて<祈>っていただ
21:22 信じて<祈>り求めるものなら，何で
24:20 冬や安息日にならぬよう<祈>りなさ
26:36 あそこに行って<祈>っている間，こ
41 目をさまして，<祈>っていなさい．
心は燃えていても．マコ14:38.
マコ 1:35 寂しい所へ出て行き…<祈>っておら
11:24 <祈>って求めるものは何でも，すで
13:18 冬に起こらないように<祈>りなさい．
14:32 わたしが<祈る>間，ここにすわって
35 この時が…過ぎ去るようにと<祈>り，
ルカ 1:10 民はみな，外で<祈>っていた．
3:21 <祈>っておられると，天が開け，
5:16 よく荒野に退いて<祈>っておられた．
6:28 侮辱する者のために<祈>りなさい．
9:18 イエスがひとりで<祈>っておられた
28 …とを連れて，<祈る>ために，山に
29 <祈>っておられると，御顔の様子が
11: 1 イエスはある所で<祈>っておられた．
18: 1 いつでも<祈る>べきであり，失望し
21:36 いつも油断せずに<祈>っていなさい．
22:32 あなたのために<祈>りました．だか
40 誘惑に陥らないように<祈>っていな
44 いよいよ切に<祈>られた．汗が血の
46 起きて…<祈>っていなさい．」
使徒 4:31 <祈る>と…一同は聖霊に満たされ，
8:15 聖霊を受けるように<祈>った．
22 悔い改めて，主に<祈>りなさい．あ
24 私のために主に<祈>ってください．」
9:11 そこで，彼は<祈>っています．
40 ペテロは…ひざまずいて<祈>った．
11: 5 私がヨッパの町で<祈>っていると，
12: 5 教会は…神に熱心に<祈>り続けてい
12 大ぜいの人が集まって，<祈>ってい
14:23 断食をして<祈>って後，彼らをその
16:25 神に<祈>りつつ賛美の歌を歌ってい
21: 5 ともに海岸にひざまずいて<祈>って
22:17 宮で<祈>っていますと，夢ごこちに
28: 8 <祈>ってから…手を置いて直してや
ロマ 8:26 どのように<祈>ったらよいかわから
15:30 力を尽くして神に<祈>ってください．
Ⅰコリ 11:13 女が頭に何もかぶらないで…<祈る>
14:13 解き明かすことができるように<祈>
14 私が異言で<祈る>なら，私の霊は
<祈る>が，私の知性は実を結ばない
15 私は霊において<祈>り，また知性に
おいても<祈>りましょう．霊におい
Ⅱコリ 13: 7 どんな悪をも行わないよう…<祈>
9 完全な者になることを<祈>っていま
エペ 1:16 あなたがたのことを覚えて<祈>って
6:18 どんなときにも御霊によって<祈>り
ピリ 1: 4 いつも喜びをもって<祈>り，
9 私は<祈>っています．あなたがたの
コロ 1: 9 絶えずあなたがたのために<祈>り求
4: 2 感謝をもって，たゆみなく<祈>りな
4 はっきり語れるように，<祈>ってく
Ⅰテサ 3:10 昼も夜も熱心に<祈>っています．
5:17 絶えず<祈>りなさい．
25 私たちのためにも<祈>ってください．
Ⅱテサ 1:11 あなたがたのために<祈>っています．
Ⅰテモ 2: 8 きよい手を上げて<祈る>ようにしな
ヘブ 13:18 私たちのために<祈>ってください．

ヤコ 5:13 苦しんでいる人…<祈>りなさい．喜
14 オリーブ油を塗って<祈>ってもらい
16 互いのために<祈>りなさい．いやさ
17 雨が降らないように熱心に<祈る>と，
ユダ 20 聖霊によって<祈>り，

▼いのんど

マタ23:23 はっか，<いのんど>，クミンなどの

▼いばら

創世 3:18 <いばら>とあざみを生えさせ，あな
民数33:55 わき腹の<いばら>となり，彼らはあ
士師 9:14 すべての木が<いばら>に言った．
ヨブ 5: 5 <いばら>の中からさえこれを奪う．
詩篇58: 9 釜が，<いばら>の火を感じる前に，
箴言22: 5 曲がった者の道には<いばら>とわな
26: 9 酔った人が…振り上げる<いばら>の
伝道 7: 6 なべの下の<いばら>がはじける音に
雅歌 2: 2 <いばら>の中のゆりの花のようだ．
イザ 5: 6 <いばら>とおどろが生い茂る．わた
55:13 <いばら>の代わりにもみの木が生え，
エレ 4: 3 <いばら>の中に種を蒔くな．
12:13 小麦を蒔いても，<いばら>を刈り取
エゼ 2: 6 あざみと<いばら>があなたといっし
28:24 突き刺す<いばら>も，その回りから
ホセ10: 8 <いばら>…が…祭壇の上におい茂る．
ミカ 7: 4 正しい者も<いばら>の生け垣のよう
マタ 7:16 ぶどうは，<いばら>からは取れない
13: 7 別の種は<いばら>の中に落ちたが，
<いばら>が．マコ4:7，ルカ8:7．
27:29 <いばら>で冠を編み，頭にかぶらせ，
右手に葦．マコ15:17，ヨハ19:5．
ルカ 6:44 <いばら>からいちじくは取れず，野
ヘブ 6: 8 <いばら>やあざみなどを生えさせる

▼いはん（違反），違反者

ロマ 2:23 どうして律法に<違反>して，神を侮
4:15 律法のないところには<違反>もあり
5:14 アダムの<違反>と同じようには罪を
15 恵みには<違反>の場合とは違う点が
ありますもしひとりの<違反>によ
16 一つの<違反>のために罪に定められ
たのですが，恵みの場合は，多くの
<違反>が義と認められるからです．
17 もしひとりの<違反>により，ひとり
18 ひとりの<違反>によってすべての人
20 <違反>が増し加わるためです．しか
11:11 彼らの<違反>によって，救いが異邦
12 彼らの<違反>が世界の富となり，彼
Ⅱコリ 5:19 <違反>行為の責めを人々に負わせな
ガラ 2:18 私は自分自身を<違反者>にしてしま
3:19 <違反>を示すためにつけ加えられた
ヘブ 2: 2 すべての<違反>と不従順が当然の処
9:15 初めの契約のときの<違反>を贖うた
ヤコ 2: 9 律法によって<違反者>として責めら

▼いぶかる

イザ63: 5 <いぶか>ったが，だれもささえる者

▼いぶき

Ⅱサム22:16 その鼻の荒い<いぶき>によって．
ヨブ 4: 9 彼らは神の<いぶき>によって滅び，
詩篇18:15 あなたのとがめ…鼻の荒い<いぶき>
33: 6 天の万象も…御口の<いぶき>によっ
イザ40: 7 主の<いぶき>がその上に吹くと，草

▼いふく（衣服）

創世41:42 亜麻布の<衣服>を着せ，その首に金
レビ11:25 その<衣服>を洗わなければならない．
19:19 2種類の糸で織った布地の<衣服>を
士師17:10 毎年，銀10枚と，<衣服>ひとそろい
Ⅱ歴28:15 彼らに<衣服>を着せてから，くつを
ヨブ38:14 <衣服>のように色づけられる．
使徒20:33 人の金銀や<衣服>をむさぼったこと
Ⅰテモ 2: 9 高価な<衣服>によってではなく，

▼イブサム〔人名〕

イッサカル族トラの子．Ⅰ歴7:2．

▼イブツァン〔人名〕

イスラエルの士師の一人．士師12:8，10．

▼イフデヤ〔人名〕

ベニヤミン族シャシャクの子．Ⅰ歴8:25．

▼イブニヤ〔人名〕

ベニヤミン族メシュラの曾祖父．Ⅰ歴9:8．

▼イブネヤ〔人名〕

ベニヤミン族エロハムの子．Ⅰ歴9:8．

▼イブハル〔人名〕

ダビデの子の一人．Ⅱサム5:15，Ⅰ歴3:6，14:5．

▼イブリ〔人名〕

レビ族ヤアジヤの子．Ⅰ歴24:27．

▼イブレアム〔地名〕

イズレエル平原の南にあったカナン人の町．ヨシ17:11，士師1:27，Ⅱ列9:27．

▼いほう（異邦），異邦人

Ⅱ列16: 3 <異邦>の民の，忌みきらうべきなら
ネヘ 5: 8 <異邦人>に売られた私たちの兄弟，

詩 111: 6 <異邦>の民のゆずりの地を，ご自分
イザ 9: 1 <異邦人>のガリラヤは光栄を受けた．
エレ 10: 2 <異邦人>がそれらにおののいていて
哀歌 1:10 <異邦>の民が，その聖所に入ったの
エゼ 7:24 <異邦>の民の中で最も悪い者どもを
11:16 彼らを遠く<異邦>の民の中へ移し，
ハバ 1: 5 <異邦>の民を見，目を留めよ．驚き，
ハガ 2:22 <異邦>の民の王国の力を滅ぼし，戦
マタ 4:15 向こう岸，<異邦人>のガリラヤ．
5:47 <異邦人>でも同じことをするではあ
6: 7 祈るとき，<異邦人>のように同じこ
32 <異邦人>が切に求めているものなの
10: 5 <異邦人>の道に行ってはいけません．
18 彼らと<異邦人>たちにあかしをする
12:21 <異邦人>は彼の名に望みをかける．」
20:19 十字架につけるため，<異邦人>に引
ルカ 2:32 <異邦人>を照らす啓示の光，御民イ
21:24 <異邦人>の時の終わるまで，エルサ
レムは<異邦人>に踏み荒らされます．
22:25 <異邦人>の王たちは人々を支配し，
使徒 4:25 なぜ<異邦人>たちは騒ぎ立ち，もろ
7:45 神が彼らの前から<異邦人>を追い払
10:45 <異邦人>にも聖霊の賜物が注がれた
11: 1 <異邦人>たちも神のみことばを受け
18 いのちに至る悔い改めを<異邦人>に
13:46 これからは<異邦人>のほうへ向かい
47 あなたを立てて，<異邦人>の光とし
14: 2 <異邦人>たちをそそのかして，兄弟
27 <異邦人>に信仰の門を開いてくださ
15: 3 <異邦人>の改宗のことを詳しく話し
7 <異邦人>が私の口から福音のことば
14 どのように<異邦人>を顧みて，その
23 <異邦人>の兄弟たちに，あいさつを
18: 6 今から私は<異邦人>のほうに行く」
21:11 こんなふうに縛られ，<異邦人>の手
25 信仰に入った<異邦人>に関しては，
22:21 あなたを遠く，<異邦人>に遣わす』
26:23 この民と<異邦人>とに最初に光を宣
28:28 この救いは，<異邦人>に送られまし
ロマ 2:14 律法を持たない<異邦人>が，生まれ
3:29 確かに神は，<異邦人>にとっても，
9:24 <異邦人>の中からも召してくださっ
30 義を追い求めなかった<異邦人>は義
11:11 救いが<異邦人>に及んだのです．そ
12 彼らの失敗が<異邦人>の富となるの
13 私は<異邦人>の使徒ですから，自分
25 <異邦人>の完成のなる時までであり，
15: 9 <異邦人>も，あわれみのゆえに，神
10 「<異邦人>よ．主の民とともに喜べ．」
12 <異邦人>はこの方に望みをかける．」
16 <異邦人>のためにキリスト・イエス
27 <異邦人>は霊的なことでは，その人
16: 4 <異邦人>のすべての教会も感謝して
Ｉコリ 1:23 <異邦人>にとっては愚かでしょうが，
5: 1 <異邦人>の中にもないほどの不品行
IIコリ 11:26 <異邦人>から受ける難，都市の難，
ガラ 1:16 <異邦人>の間に御子を宣べ伝えさせ
2:12 前は<異邦人>といっしょに食事をし
14 <異邦人>のように生活していたのに，
15 <異邦人>のような罪人ではありませ
3: 8 神が<異邦人>をその信仰によって義
14 イエスによって<異邦人>に及ぶため
エペ 2:11 以前は肉において<異邦人>でした．
3: 1 あなたがた<異邦人>のためにキリス
6 <異邦人>もまた共同の相続者となり，
8 測りがたい富を<異邦人>に宣べ伝え，
4:17 <異邦人>がむなしい心で歩んでいる
コロ 1:27 この奥義が<異邦人>の間にあってど
Ｉテサ 2:16 <異邦人>の救いのために語るのを妨
4: 5 神を知らない<異邦人>のように情欲
Ｉペテ 2:12 <異邦人>の中にあって，りっぱにふ
IIIヨハ 7 <異邦人>からは何も受けていません．

▼いま（今）

創世 46:30 もう<今>，私は死んでもよい．この
マタ 3:15 <今>はそうさせてもらいたい．この
24:21 <今>に至るまで，いまだかつてなか
26:65 <今>，神をけがすことばを聞いたの
27:42 <今>，十字架から降りてもらおうか．
マコ 6:25 <今>すぐに，バプテスマのヨハネの
ルカ 6:21 <いま>飢えている者は幸いです．あ
19:42 <今>は…おまえの目から隠されてい
22:18 <今>から，神の国が来る時までは，
69 <今>から後，人の子は，神の大能の
ヨハ 4:23 <今>がその時です．父はこのような
5:25 <今>がその時です…聞く者は生きる
9:21 どのようにして<いま>見えるのかは
12:31 <今>がこの世のさばきです．<今>，
13:31 <今>こそ人の子は栄光を受けました．
36 あなたは<今>はついて来ることがで
14: 7 <今>や…父を知っており…父を見た

16:29 <今>あなたははっきりとお話しにな
使徒 1: 6 主よ．<今>こそ…国を再興してくだ
12:11 <今>，確かにわかった．主は御使い
18: 6 <今>から私は異邦人のほうに行く」
ロマ 3:21 <今>は，律法とは別に，しかも律法
5: 9 <今>すでにキリストの血によって義
8:18 <今>の時のいろいろの苦しみは，将
22 被造物全体が<今>に至るまで，とも
38 <今>あるものも，後に来るものも，
11:30 <今>は，彼らの不従順のゆえに，あ
Ⅰコリ 3: 2 実は，<今>でもまだ無理なのです．
7:29 <今>からは，妻のある者は妻のない
13:12 <今>，私は一部分しか知りませんが，
15:20 <今>やキリストは，眠った者の初穂
Ⅱコリ 5:16 <今>はもうそのような知り方はしま
6: 2 <今>は恵みの時，<今>は救いの日で
ガラ 1: 4 <今>の悪の世界から私たちを救い出
10 <いま>私は人に取り入ろうとしてい
23 滅ぼそうとした信仰を<今>は宣べ伝
3: 3 <いま>肉によって完成されるという
ピリ 2:12 私のいない<今>はなおさら，恐れお
3:18 <今>も涙をもって言うのですが，多
Ⅰテモ 4: 8 <今>のいのちと未来のいのちが約束
Ⅱテモ 1:10 それが<今>…キリスト・イエスの現
4: 8 <今>からは，義の栄冠が私のために
ピレ 11 <今>は…役に立つ者となっています．
ヘブ 2: 8 <今>でもなお，私たちはすべてのも
9:26 ただ一度，<今>の世の終わりに，ご
Ⅰペテ 1: 6 <いま>は，しばらくの間…試練の中
8 <いま>見てはいないけれども信じて
Ⅱペテ 3: 7 <今>の天と地は，同じみことばによ
Ⅰヨハ 2:18 <今>は終わりの時です…反キリスト
3: 2 私たちは，<今>すでに神の子どもで
ユダ 25 <今>も，また世々限りなくあります
黙示 1:19 あなたの見た事，<今>ある事，この
14:13 <今>から後，主にあって死ぬ死者は

▼いまごろ（今ごろ）

創世 17:21 来年の<今ごろ>サラがあなたに産む
Ⅱ列 4:16 来年の<今ごろ>，あなたは男の子を
ロマ 9: 9 私は来年の<今ごろ>来ます．そして，

▼いましめ（戒め）

レビ 8:35 主の<戒め>を守らなければならない．
申命 11: 1 主の<戒め>と，おきてと，定めと，
Ⅱ歴 13:11 私たちの神，主の<戒め>を守ってい
詩篇 19: 8 主の<戒め>は正しくて，人の心を喜
11 <戒め>を受ける．それを守れば，報
50:17 おまえは<戒め>を憎み，わたしのこ
103:18 <戒め>を心に留めて，行う者に及ぶ．
111: 7 そのすべての<戒め>は確かである．
119:63 <戒め>を守る者とのともがらです．
93 私はあなたの<戒め>を決して忘れま
箴言 31: 1 母から受けた<戒め>のことば．
イザ 28:10 <戒め>に<戒め>，<戒め>に<戒め>，
エレ 6: 8 エルサレムよ．<戒め>を受けよ．さ
10: 8 むなしい神々の<戒め>…それは木に
エゼ 5:15 諸国の民の…<戒め>，恐れとなる．
アモ 5:10 彼らは門で<戒め>を与える者を憎み，
ゼカ 3: 7 わたしの<戒め>を守るなら，あなた
マラ 3:14 神の<戒め>を守っても，万軍の主の
マタ 2:12 夢で…戻るなという<戒め>を受けた
5:19 <戒め>のうち最も小さいものの一つ
19:17 いのちに入りたいと…<戒め>を守り
22:36 律法の中で，たいせつな<戒め>はど
38 これがたいせつな第１の<戒め>です．
40 この二つの<戒め>にかかっているの
ルカ 1: 6 主のすべての<戒め>と定めを落度な
15:29 <戒め>を破ったことは一度もありま
23:56 安息日には，<戒め>に従って，休ん
ヨハ 13:34 あなたがたに新しい<戒め>を与えま
15:10 わたしが…父の<戒め>を守って，わ
12 互いに愛し合う…わたしの<戒め>で
ロマ 7: 8 罪はこの<戒め>によって機会を捕ら
9 <戒め>が来たときに，罪が生き，私
10 いのちに導くはずのこの<戒め>が，
11 <戒め>によって機会を捕らえた罪が
12 <戒め>も聖であり，正しく…良いも
13: 9 またほかにどんな<戒め>があっても，
Ⅰコリ 10: 6 私たちへの<戒め>のためです．それ
11 <戒め>のためであり，それが書かれ
エペ 2:15 規定から成り立っている<戒め>の律
6: 2 これは第１の<戒め>であり，約束を
コロ 2:22 人間の<戒め>と教えによるものです．
Ⅱテモ 3:16 教えと<戒め>と…義の訓練とのため
ヘブ 7:18 前の<戒め>は，弱く無益なために，

▼いましめる（戒める）

創世 43: 3 あの方は私たちをきつく<戒め>て，
出エ 19:21 下って行って，民を<戒め>よ．主を
レビ 16:29 第７の月の10日には…身を<戒め>な
23:29 その日に身を<戒め>ない者はだれで
民数 30:13 身を<戒める>ための物断ちの誓いも

申命 32:46 あなたがたを‹戒める›このすべての
Ⅰサム 3:13 彼らを‹戒め›なかった罪のためだ.
ネヘ 9:26 彼らを‹戒め›た…預言者たちを殺し,
ヨブ 36:10 神は彼らの耳を開いて‹戒め›, 悪か
詩篇 50: 7 イスラエルよ…あなたを‹戒め›よう.
94:10 国々を‹戒める›方が, お責めになら
12 なんと幸い…あなたに, ‹戒め›られ,
箴言 9: 7 あざける者を‹戒める›者は, 自分が
29:19 しもべをことばだけで‹戒める›こと
イザ 58: 3 私たちが身を‹戒め›たのに, どうし
5 人が身を‹戒める›日は, このような
エレ 11: 7 彼らをはっきり‹戒め›, また今日ま
マタ 9:30 イエスは彼らをきびしく‹戒め›て…
と言われた. 12:16, マコ1:43.
マコ 1:27 汚れた霊をさえ‹戒め›られる. する
ルカ 9:55 イエスは振り向いて…‹戒め›られた.
17: 3 兄弟が罪を犯したなら…‹戒め›なさ
使徒 4:17 彼らをきびしく‹戒め›よう.」
コロ 1:28 あらゆる人を‹戒め›…教えています.
Ⅰテサ 5:14 気ままな者を‹戒め›, 小心な者を励
Ⅱテサ 3:15 兄弟として‹戒め›なさい.
Ⅱテモ 4: 2 絶えず教えながら, 責め, ‹戒め›,
テト 1:13 きびしく‹戒め›て, 人々の信仰を健
ユダ 9 主があなたを‹戒め›てくださるよう

▼いまわしい (忌まわしい)
Ⅱ歴 29: 5 聖所から‹忌まわしい›ものを出して
ゼカ 9: 7 その歯の間から‹忌まわしい›ものを
マラ 2:11 エルサレムの中では‹忌まわしい›こ
テト 1:16 実に‹忌まわし›く, 不従順で, どん

▼いみ (意味)
創世 41:11 その夢はおのおの‹意味›のある夢で
ダニ 8:15 幻を見ていて, その‹意味›を悟りた
Ⅰコリ 14:10 ‹意味›のないことばなど一つもあり

▼いみきらう (忌みきらう)
創世 43:32 エジプト人の‹忌みきらう›ところで
レビ 26:15 わたしの定めを‹忌みきら›って, わ
43 おきてを‹忌みきら›ったからである.
申命 7:25 主の‹忌みきら›われるものである.
26 ‹忌みきらう›べきものを…家に持ち
12:31 主が憎むあらゆる‹忌みきらう›べき
14: 3 あなたは‹忌みきらう›べきものを,
17: 1 それは…主の‹忌みきら›われるもの
23: 7 エドム人を‹忌みきら›ってはならな
25:16 不正をする者を…主は‹忌みきら›わ
27:15 主の‹忌みきら›われる彫像や鋳像を
Ⅰサム 27:12 同胞イスラエル人に‹忌みきら›われ
Ⅱ列 16: 3 異邦の民の, ‹忌みきらう›べきなら
Ⅱ歴 34:33 ヨシヤは…‹忌みきらう›べきものを
ヨブ 9:31 私の着物は私を‹忌みきら›います.
19:19 親しい仲間は…私を‹忌みきら›い,
30:10 私を‹忌みきら›って…遠ざかり, 私
詩篇 95:10 その世代の者たちを‹忌みきら›い,
107:18 あらゆる食物を‹忌みきら›い, 彼ら
139:21 立ち向かう者を‹忌みきら›わないで
箴言 3:32 主は, よこしまな者を‹忌みきら›い,
6:16 主ご自身の‹忌みきらう›ものが七つ
11: 1 欺きのはかりは主に‹忌みきら›われ
12:22 偽りのくちびるは主に‹忌みきら›わ
15: 8 悪者のいけにえは主に‹忌みきら›わ
26 悪人の計画は主に‹忌みきら›われる.
16: 5 主はすべて心おごる者を‹忌みきら›
12 王たちの‹忌みきらう›こと. 王座は
17:15 この二つを, 主は‹忌みきらう›.
20:10 そのどちらも主に‹忌みきら›われる.
26:25 その心には七つの‹忌みきら›われる
28: 9 その者の祈りさえ‹忌みきら›われる.
イザ 1:13 香の煙…わたしの‹忌みきらう›もの.
14:19 あなたは, ‹忌みきら›われる若枝の
66:24 それはすべての人に, ‹忌みきら›わ
エレ 2: 7 ゆずりの地を‹忌みきらう›べきもの
16:18 ‹忌みきらう›べきものを…相続地に
44: 4 わたしの憎むこの‹忌みきらう›べき
エゼ 7:20 これで彼らの‹忌みきらう›べきもの,
8: 9 そこでしている悪い‹忌みきらう›べ
17 ‹忌みきらう›べきことをするのは,
16: 2 エルサレムにその‹忌みきらう›べき
25 自分の美しさを‹忌みきらう›べきも
アモ 5:10 正しく語る者を‹忌みきらう›.
6: 8 ヤコブの誇りを‹忌みきら›い, その
ロマ 2:22 偶像を‹忌みきら›いながら, 自分は
ユダ 23 その下着さえも‹忌みきら›いなさい.

▼イムナ〔人名〕
(1)アシェルの子. 創世46:17, 民数26:44.
(2)アシェル族ヘレムの子. Ⅰ歴7:35.
(3)レビ人コレの父. Ⅱ歴31:14.

▼いむべき (忌むべき)
レビ 11:10 あなたがたには‹忌むべき›ものであ
Ⅰ列 11: 5 あの‹忌むべき›ミルコムに従った.
Ⅱ列 23:24 すべての‹忌むべき›物も除き去った.
Ⅱ歴 15: 8 町々から, ‹忌むべき›物を除いた.

イザ66: 3 その心は<忌むべき>物を喜ぶ.
エレ13:27 この<忌むべき>行いを…丘の上や野
ホセ 9:10 彼ら自身,<忌むべき>ものとなった.

▼イムラ〔人名〕

(1)預言者ミカヤの父. Ⅰ列22:8, 9, Ⅱ歴18:7, 8.

(2)アシェル族ツォファフの子. Ⅰ歴7:36.

▼イムリ〔人名〕

(1)ユダの子孫バニの子. Ⅰ歴9:4.

(2)ザクルの父. ネヘ3:2.

▼イメル

1. 地名. バビロニヤの町. エズ2:59, ネヘ7:61.

2. 人名.

(1)ダビデ時代の祭司. **3.** の父祖. Ⅰ歴24:14.

(2)城壁の修理をしたツァドクの父. ネヘ3:29.

(3)パシュフルの父. エレ20:1.

3. イメル族. エズ2:37, 10:20, ネヘ7:40.

▼いもうと(妹)

創世 4:22 トバル・カインの<妹>は,ナアマで
12:13 どうか,私の<妹>だと言ってくれ.
19:38 <妹>もまた,男の子を産んで,その
20: 2 妻サラのことを…私の<妹>です」と
24:60 われらの<妹>よ.あなたは幾千万に
26: 7 あれは私の<妹>です」と答えた.リ
29:13 ラバンは,<妹>の子ヤコブのことを
16 姉の名はレア,<妹>の名はラケルで
34:13 シェケムが自分たちの<妹>ディナを
31 私たちの<妹>が遊女のように取り扱
Ⅱサム13: 1 タマルという名の美しい<妹>がいた
雅歌 4: 9 私の<妹>,花嫁よ.あなたは私の心
8: 8 私たちの<妹>は若く,乳房もない.
エレ 3: 7 裏切る女,<妹>のユダもこれを見た.
エゼ16:48 あなたの<妹>ソドムとその娘たちは
23: 4 姉はオホラ,<妹>はオホリバで,ふ
ルカ10:39 彼女にマリヤという<妹>がいたが,
40 主よ.<妹>が私だけにおもてなしを

▼いもの(鋳物),鋳物師

出エ32: 8 自分たちのために<鋳物>の子牛を造
34:17 自分のために<鋳物>の神々を造って
Ⅰ列14: 9 ほかの神々と,<鋳物>の像を造り,
詩 106:19 子牛を造り,<鋳物>の像を拝んだ.
イザ40:19 <鋳物師>は偶像を鋳て造り,金細工
41: 7 <鋳物師>は金細工人を力づけ,金槌

▼いやし

エレ 8:15 <いやし>の時を待ち望んでも…恐怖
マラ 4: 2 その翼には,<いやし>がある.あな
使徒 4:30 御手を伸ばして<いやし>を行わせ,
Ⅰコリ12: 9 ある人には…<いやし>の賜物が与え

▼いやしい(卑しい)

ルツ 1:21 主は私を<卑し>くし,全能者が私を
Ⅱサム 6:22 私の目に<卑し>く見えても,あなた
詩篇12: 8 人の子の間で,<卑しい>ことがあが
101: 3 私の目の前に<卑しい>ことを置きま
エレ 5: 4 彼らは,実に<卑しい>愚か者だ.主
15:19 <卑しい>ことではなく,尊いことを
哀歌 1:11 私が,<卑しい>女になり果てたのを
ルカ 1:48 主はこの<卑しい>はしためにも目を留
Ⅰコリ15:43 <卑しい>もので蒔かれ,栄光あるも
ピリ 2: 8 自分を<卑し>くし,死にまで従い,
3:21 私たちの<卑しい>からだを,ご自身
Ⅱテモ 2:20 ある物は<卑しい>ことに用います.
Ⅰペテ 5: 2 <卑しい>利得を求める心からではな

▼いやしめる(卑しめる)

申命25: 3 あなたの目の前で<卑しめ>られない
Ⅱサム 6:22 私はこれより,もっと<卑しめ>られ
詩篇35: 4 恥を見,<卑しめ>られますように.
74:21 しいたげられる者が<卑しめ>られて
イザ23: 9 最も尊ばれている者を<卑しめ>られ
哀歌 1: 8 その裸を見て,これを<卑しめる>.
ヨハ 8:49 あなたがたは,わたしを<卑しめ>て
使徒 8:33 彼は,<卑しめ>られ,そのさばきも
Ⅰコリ 4:10 私たちは<卑しめ>られています.

▼いやす

創世20:17 はしためたちを<いや>されたので,
出エ15:26 わたしは主,あなたを<いやす>者で
レビ13:18 腫物ができ,それが<いや>されたと
民数12:13 どうか,彼女を<いや>してください.
申命32:39 わたしは傷つけ,また<いやす>.わ
Ⅱ列 2:21 わたしはこの水を<いや>した.ここ
Ⅱ歴 7:14 罪を赦し,彼らの地を<いや>そう.
36:16 もはや,<いや>されることがないま
詩篇 6: 2 主よ.私を<いや>してください.私
41: 3 病むとき…全く<いや>してくださる
4 私のたましいを<いや>してください.
60: 2 その裂け目を,<いや>してください.
103: 3 あなたのすべての病を<いや>し,
104:11 野ろばも渇きを<いや>します.
107:20 みことばを送って彼らを<いや>し,

147: 3 心の打ち砕かれた者を<いや>し彼ら
箴言 6:15 滅ぼされ，<いや>されることはない．
12:18 知恵のある人の舌は人を<いやす>．
13:17 忠実な使者は人を<いやす>．
伝道 3: 3 殺すのに時があり，<いやす>のに時
イザ 6:10 立ち返って，<いや>されることのな
17:11 病と<いや>しがたい痛みの日に，そ
19:22 打って彼らを<いや>される．彼らが
30:26 その打たれた傷を<いや>される日に，
53: 5 彼の打ち傷によって…<いや>された．
57:19 わたしは彼を<いや>そう」と主は仰
61: 1 心の傷ついた者を<いやす>ために，
エレ 3:22 あなたがたの背信を<いや>そう．」
6:14 わたしの民の傷を手軽に<いや>し，
8:18 私の悲しみは<いや>されず，私の心
22 私の民の娘の傷は<いや>されなかっ
10:19 この打ち傷は<いや>しがたい．そこ
14:19 私たちを打って，<いや>されないの
17:14 私を<いや>してください．主よ．そ
30:12 あなたの傷は<いや>しにくく，あな
13 あなたを<いやす>者もいない．
17 あなたの打ち傷を<いやす>からだ．
33: 6 彼らを<いや>して…平安と真実を豊
46:11 あなたは<いや>されない．
51: 9 バビロンを<いや>そうとしたのに，
エゼ 34: 4 病気のものを<いや>さず，傷ついた
ホセ 5:13 彼はあなたがたを<いやす>ことがで
6: 1 引き裂いたが，また，<いや>し，私
7: 1 わたしがイスラエルを<いやす>とき，
11: 3 わたしが<いや>したのを知らなかっ
14: 4 わたしは彼らの背信を<いや>し，喜
ミカ 1: 9 その打ち傷は<いや>しがたく，それ
ゼカ 11:16 彼は…傷ついたものを<いや>さず，
マタ 10: 1 あらゆるわずらいを<いやす>ためで
8 病人を<いや>し，死人を生き返らせ，
12:10 安息日に<いやす>のは正しいことで
15 多くの人…彼らをみな<いや>し，
13:15 わたしに<いや>されることのないた
14:36 さわった人々はみな，<いや>された．マコ6:56．
15:30 イエスは彼らを<いや>された．
21:14 イエスは彼らを<いや>された．
マコ 6:13 大ぜいの病人に油を塗って<いや>し
16:18 病人に手を置けば病人は<いや>され
ルカ 4:40 イエスは…手を置いて，<いや>され
6:19 すべての人を<いや>したからである．
7: 7 私のしもべは必ず<いや>されます．
21 病気と苦しみと悪霊から<いや>し，
8:47 たちどころに<いや>された次第とを
9:42 その子を<いや>し，父親に渡された．
13:12 「あなたの病気は<いや>されました」
14 安息日に<いや>されたのを憤って，
22:51 耳にさわって彼を<いや>された．
ヨハ 4:47 下って来て息子を<いや>してくださ
5:13 <いや>された人は，それがだれであ
使徒 4: 9 その人が何によって<いや>されたか
22 <いや>された男は40歳余りであった．
9:34 キリストがあなたを<いや>してくだ
14: 9 <いや>される信仰があるのを見て，
28:27 わたしに<いや>されることのないた
ヘブ 12:13 いやむしろ，<いや>されるためです．
ヤコ 5:16 祈りなさい．<いや>されるためです．
Iペテ 2:24 あなたがたは，<いや>されたのです．
黙示 22: 2 その木の葉は諸国の民を<いや>した．

▼いよいよ

創世 7:19 水は，<いよいよ>地の上に増し加わ
IIコリ 12:15 私は<いよいよ>愛されなくなるので
ピリ 1: 9 あなたがたの愛が…<いよいよ>豊か
ヘブ 7:15 以上のことは，<いよいよ>明らかに

▼イヨン〔地名〕

パレスチナ北部の町．I列15:20，II歴16:4．

▼イラ〔人名〕

(1)ヤイル人．ダビデの祭司．IIサム20:26．
(2)ダビデ30勇士の一人．IIサム23:38，I歴11:40．
(3)テコア人．ダビデの勇士．I歴11:28，27:9．

▼イライ〔人名〕

ダビデの30勇士の一人．I歴11:29．

▼いらくさ

ヨブ 30: 7 <いらくさ>の下に群がる．
箴言 24:31 <いらくさ>が地面をおおい，その石
ホセ 9: 6 <いらくさ>が勝ち取り，あざみが彼
ゼパ 2: 9 <いらくさ>の茂る所，塩の穴，とこ

▼いらだち，いらだつ

Iサム 1: 6 彼女をひどく<いらだ>たせるように
16 私はつのる憂いと<いらだち>のため，
ヨブ 15:13 あなたが神に向かって<いらだち>，
詩篇 6: 7 私の目は，<いらだち>で衰え，私の
112:10 悪者はそれを見て<いらだ>ち，歯ぎ
伝道 7: 9 <いらだち>は愚かな者の胸にとどま

▼イラデ〔人名〕
エノクの子．創世4:18.
▼イラム〔人名〕
エサウの子孫．創世36:43，Ⅰ歴1:54.
▼イリ〔人名〕
ベニヤミンの子ベラの子．Ⅰ歴7:7.
▼いりえ（入江）
ヨシ15: 2 塩の海の端，南に面する<入江>から，
使徒27:39 砂浜のある<入江>が目に留まったの
▼いりぐち（入口）
創世18: 1 天幕の<入口>にすわっていた．
出エ26:36 天幕の<入口>のために，青色，紫色，
32:26 モーセは宿営の<入口>に立って「だ
民数 3:25 会見の天幕の<入口>の垂れ幕，
申命22:21 その女を父の家の<入口>のところに
31:15 雲の柱は天幕の<入口>にとどまった．
ヨシ 8:29 死体を…町の門の<入口>に投げ，そ
士師19:27 その女が…家の<入口>に倒れていた．
Ⅰサム 2:22 会見の天幕の<入口>で仕えている女
Ⅰ列 6: 8 2階の脇間に通ずる<入口>は神殿の
22:10 サマリヤの門の<入口>にある打ち場
Ⅰ歴 9:19 天幕の<入口>を守る者となった．彼
エス 2:21 <入口>を守っていた王のふたりの宦
5: 1 王は王室の<入口>の正面にある王宮
箴言 1:21 町の門の<入口>で語りかけて言う．
8: 3 町の<入口>，正門の<入口>で大声で
エレ 1:15 エルサレムの門の<入口>と，周囲の
エゼ 8: 8 通り抜けると，一つの<入口>があっ
33:30 城壁のそばや，家々の<入口>で，あ
マタ27:60 墓の<入口>には大きな石をころがし
かけて帰った．マコ15:46.
マコ16: 3 墓の<入口>からあの石をころがして
使徒12:13 彼が<入口>の戸をたたくと，ロダと
▼いりむぎ（炒り麦）
レビ23:14 パンも，<炒り麦>も…食べてはなら
ルツ 2:14 彼は<炒り麦>を彼女に取ってやった．
Ⅰサム25:18 アビガイルは…<炒り麦>5セア，干
▼いりよう（入用）
マタ21: 3 『主がお<入用>なのです』と言いな
さい．マコ11:3，ルカ19:31，34.
ヨハ13:29 祭りのために<入用>の物を買え」と
ロマ12:13 聖徒の<入用>に協力し，旅人をもて
▼いりょく（威力）
出エ15: 7 あなたは大いなる<威力>によって，
詩篇21:13 あなたの<威力>をほめ歌います．
イザ42:13 主は…敵に向かって<威力>を現す．
▼イル〔人名〕
(1)ベニヤミン族出身．Ⅰ歴7:12.
(2)カレブの長子．Ⅰ歴4:15.
▼いる
創世 2:18 人が，ひとりで<いる>のは良くない．
民数35:25 大祭司が死ぬまで，そこに<い>なけ
詩篇84:10 あなたの大庭に<いる>一日は千日に
イザ45: 5 わたしのほかに神は<い>ない．46:9.
ルカ15: 4 <い>なくなった1匹を見つけるまで
ヨハ 8:35 しかし，息子はいつまでも<い>ます．
Ⅰコリ 5: 3 からだはそこに<い>なくても心はそ
7:24 …の状態で，神の御前に<い>なさい．
ピリ 2:12 私が<いる>ときだけでなく，私の
<い>ない今はなおさら，恐れおのの
▼イルイヤ〔人名〕
ベニヤミンの門にいた役人．エレ37:13，14.
▼イルオン〔地名〕
ナフタリ所領内の町の一つ．ヨシ19:38.
▼イル・シェメシュ〔地名〕
ダン所領内の町の一つ．ヨシ19:41.
▼イル・ナハシュ〔地名〕
ユダ部族に属する町．Ⅰ歴4:12.
▼イル・ハヘレス〔地名〕
古代エジプトの町か．イザ19:18.
▼イルペエル〔地名〕
ベニヤミン所領内の町の一つ．ヨシ18:27.
▼イルリコ〔地名〕
ローマの属州の一つ．ロマ15:19.
▼いれずみ（入墨）
レビ19:28 自分の身に<入墨>をしてはならない．
▼いれもの（入れ物）
創世43:11 この地の名産を<入れ物>に入れ，そ
マタ25: 4 <入れ物>に油を入れて持っていた．
ヨハ19:29 酸いぶどう酒の…入った<入れ物>
使徒10:11 大きな敷布のような<入れ物>が，四
▼いれる（入れる）
創世24: 2 あなたの手を私のももの下に<入>れ
42:17 3日間，監禁所に…<入れ>ておいた．
43:22 袋の中にだれが…銀を<入れ>たのか，
出エ 2: 3 その子を中に<入れ>，ナイルの岸の
4: 6 手をふところに<入れ>よ．」彼は手
33:22 あなたを岩の裂け目に<入れ>，わた
レビ11:32 器はみな，水の中に<入れ>なければ
申命23:24 食べてもよいが…かごに<入れ>ては

Ⅰサム 14:27 それを手につけて口に<入れ>た．す
Ⅰ列 8:27 あなたをお<入れ>することはできま
Ⅱ歴 2: 6 天の天も主をお<入れ>できないのに，
エゼ 13: 9 イスラエルの家の籍にも<入れ>られ
ハガ 1: 6 穴のあいた袋に<入れる>だけだ．
マタ 5:25 あなたはついに牢に<入れ>られるこ
9:17 古い皮袋に<入れる>ようなことはし
マコ 4:29 人はすぐにかまを<入れ>ます．収穫
ヨハ 13: 2 イエスを売ろうとする思いを<入れ>
使徒 5:18 使徒たちを捕らえ，留置場に<入れ>
16:23 ふたりを牢に<入れ>て，看守には厳
黙示 14:18 その鋭いかまを<入れ>，地のぶどう

▼いろ（色）

民数 11: 7 その<色>はベドラハのようであった．
Ⅰ歴 29: 2 <色>とりどりのモルタルの石の象眼

▼いろいろ

マコ 4:19 その他<いろいろ>な欲望が入り込ん
ルカ 23: 9 <いろいろ>と質問したが，イエスは
ヨハ 7:12 <いろいろ>とひそひそ話がされてい
ヘブ 1: 1 <いろいろ>な方法で語られましたが，

▼いろをうしなう（色を失う）

レビ 26:32 あなたがたの敵はそこで<色を失う>．
エズ 9: 3 私は…<色を失>ってすわってしまっ
エレ 2:12 天よ．このことに<色を失>え．おぞ
50:13 通り過ぎる者はみな，<色を失>い，

▼イワ〔地名〕

アッシリヤのセナケリブ王が征服したと誇っている町の一つ．Ⅱ列18:34，19:13，イザ37:13．

▼いわ（岩）【別項】仕切りの岩

創世 49:24 それはイスラエルの<岩>なる牧者に
出エ 17: 6 その<岩>を打つと，<岩>から水が出
33:22 わたしはあなたを<岩>の裂け目に入
民数 20: 8 <岩>に命じれば，<岩>は水を出す．
11 モーセは…杖で<岩>を２度打った．
申命 32: 4 主は<岩>．主のみわざは完全．まこ
13 主は<岩>からの蜜と，堅い<岩>から
15 自分の救いの<岩>を軽んじた．
18 自分を生んだ<岩>をおろそかにし，
31 彼らの<岩>は，私たちの<岩>には及
37 彼らが頼みとした<岩>はどこにある
士師 6:20 パンを取って，この<岩>の上に置き，
21 火が<岩>から燃え上がって，肉と種
15: 8 サムソンは…<岩>の裂け目に住んだ．
Ⅰサム 2: 2 私たちの神のような<岩>はありませ
24: 2 エエリムの<岩>の東に，ダビデとそ
Ⅱサム 22: 3 わが身を避けるわが<岩>なる神．わ
32 私たちの神のほかにだれが<岩>であ
47 わが<岩>…わが救いの<岩>なる神．
23: 3 イスラエルの<岩>は私に語られた．
ヨブ 19:24 いつまでも<岩>に刻みつけられたい．
28:10 彼は<岩>に坑道を切り開き，その目
29: 6 <岩>は私に油の流れを注ぎ出してく
30: 6 彼らは…土や<岩>の穴に住み，
詩篇 18: 2 主は…身を避けるわが<岩>，わが神．
31 だれが<岩>であろうか．
27: 5 <岩>の上に私を上げてくださるから
28: 1 私の<岩>よ．どうか私に耳を閉じな
31: 2 私の力の<岩>となり，強いとりでと
61: 2 高い<岩>の上に，私を導いてくださ
62: 6 神こそ，わが<岩>．わが救い．わが
7 私の力の<岩>と避け所は，神のうち
73:26 神はとこしえに私の心の<岩>，私の
78:15 荒野では<岩>を割り，深い水からの
16 <岩>から数々の流れを出し，水を川
81:16 <岩>の上にできる蜜で…満ち足らせ
89:26 わが父，わが神，わが救いの<岩>.』
92:15 主は，わが<岩>．主には不正があり
95: 1 救いの<岩>に向かって，喜び叫ぼう．
104:18 <岩>は岩だぬきの隠れ場．
105:41 主が<岩>を開かれると，水がほとば
114: 8 神は，<岩>を水のある沢に変えられ
137: 9 子どもたちを捕らえ，<岩>に打ちつ
箴言 30:19 <岩>の上にある蛇の道，海の真ん中
雅歌 2:14 <岩>の裂け目，がけの隠れ場にいる
イザ 2:10 <岩>の間に入り，ちりの中に身を隠
8:14 妨げの石とつまずきの<岩>，エルサ
17:10 あなたの力の<岩>を覚えていなかっ
26: 4 ヤハ，主は，とこしえの<岩>だから．
30:29 主の山，イスラエルの<岩>に行くた
31: 9 <岩>も恐れのために過ぎ去り，首長
44: 8 ほかに<岩>はない．わたしは知らな
51: 1 切り出された<岩>，掘り出された穴
エレ 5: 3 彼らは顔を<岩>よりも堅くし，悔い
13: 4 そこの<岩>の割れ目に隠せ.」
21:13 この谷に住む者，平地の<岩>よ．あ
23:29 <岩>を砕く金槌のようではないか．
アモ 6:12 馬は<岩>の上を走るだろうか．人は
オバ 3 あなたは<岩>の裂け目に住み，高い
マタ 7:24 <岩>の上に自分の家を建てた賢い人
16:18 この<岩>の上にわたしの教会を建て

27:60 <岩>を掘って造った自分の新しい墓
ルカ 6:48 <岩>の上に土台を据えて…家を建て
8: 6 別の種は<岩>の上に落ち，生え出た
ロマ 9:33 つまずきの石，妨げの<岩>を置く．
Ⅰコリ10: 4 御霊の<岩>から飲んだからです．そ
Ⅰペテ 2: 8 「つまずきの石，妨げの<岩>」なの

▼いわい（祝い），祝う【別項】種なしパンの祝い

創世33:11 この<祝い>の品を受け取ってくださ
出エ12:14 これを主への祭りとして<祝>い，代
レビ23:41 年に7日間…これを<祝う>．これは
ヨシ15:19 私に<祝い>の品を下さい…水の泉を
Ⅰサム25: 8 私たちは<祝い>の日に来たのですか
Ⅱ歴30:22 7日間，<祝い>の食物にあずかった．
詩篇42: 4 祭りを<祝う>群集とともに神の家へ
伝道 4: 2 死人のほうに<祝い>を申し述べる．
イザ30:29 祭りを<祝う>夜のように歌い，主の
ゼカ14:16 仮庵の祭りを<祝う>ために上って来
19 祭りを<祝>いに上って来ない…国々

▼いわお（巌）

Ⅱサム22: 2 主はわが<巌>．詩篇18:2.
詩篇31: 3 あなたこそ，私の<巌>．71:3.
40: 2 私の足を<巌>の上に置き，私の歩み

▼いわだぬき（岩だぬき）

レビ11: 5 <岩だぬき>．これも反芻するが，そ
詩 104:18 岩は<岩だぬき>の隠れ場．
箴言30:26 <岩だぬき>は強くない種族だが，そ

▼いわち（岩地）

マタ13: 5 別の種が土の薄い<岩地>に落ちた．土が深くなかったので．マコ4:5.

▼いわま（岩間）

ヨブ39: 1 <岩間>の野やぎが子を産む時を知っ
エレ48:28 町を見捨てて<岩間>に住め．穴の入

▼いん（印）

出エ28:11 <印>を彫る宝石細工師の細工で，イ
Ⅰ列21: 8 彼の<印>で封印し，ナボテの町に住
ネヘ 9:38 祭司たちはそれに<印>を押した．
エス 8: 8 王の指輪で<印>が押された文書は，
ダニ 6:17 王自身の<印>と貴人たちの<印>でそ
ヨハ 3:33 神は真実である…ことに確認の<印>
黙示 7: 2 生ける神の<印>を持って，日の出る
3 神のしもべたちの額に<印>を押して
9: 4 額に神の<印>を押されていない人間

▼いんき（陰気）

箴言17:22 <陰気>な心は骨を枯らす．

▼いんぎょう（印形）

創世38:18 あなたの<印形>とひもと…杖」と答
25 これらの<印形>とひもと杖とが，だ
ハガ 2:23 わたしはあなたを<印形>のようにす

▼いんけん（陰険）

エレ17: 9 人の心は何よりも<陰険>で…直らな

▼いんこう（淫行）

レビ17: 7 <淫行>をしていたやぎの偶像に，彼
20: 5 <淫行>を行うみだらな者をすべて，
21: 9 祭司の娘が<淫行>で身を汚すなら，
申命31:16 外国の神々を慕って<淫行>をしよう
士師 2:17 ほかの神々を慕って<淫行>を行い，
8:27 イスラエルはみな…そこで<淫行>を
Ⅱ歴21:11 エルサレムの住民に<淫行>を行わせ，
イザ23:17 地のすべての王国と地上で<淫行>を
エレ 3: 1 多くの愛人と<淫行>を行って，しか
2 あなたの<淫行>と悪行によって，こ
8 妹のユダは恐れもせず…<淫行>を行
9 彼女は，自分の<淫行>を軽く見て，
エゼ23: 3 彼女たちはエジプトで<淫行>をし，若いときから<淫行>をし．19.
14 彼女は<淫行>を増し加え，壁に彫ら
43: 7 二度と，<淫行>や…王たちの死体で，
ホセ 1: 2 はなはだしい<淫行>にふけっている
ナホ 3: 4 呪術を行う女の多くの<淫行>による
Ⅱペテ 2:14 その目は<淫行>に満ちており，罪に

▼いんしょく（飲食）

Ⅰコリ11:22 <飲食>のためなら，自分の家がある

▼いんぷ（淫婦），大淫婦

黙示17: 1 <大淫婦>へのさばきを見せましょう．
5 すべての<淫婦>と地の憎むべきもの

▼いんぼう（陰謀）

ホセ 7: 6 彼らは<陰謀>をもって近づく．彼ら
使徒 9:24 その<陰謀>はサウロに知られてしま
20: 3 彼に対するユダヤ人の<陰謀>があっ
23:13 この<陰謀>に加わった者は，40人以

▼インマヌエル

イザ 7:14 名を『<インマヌエル>』と名づける．
8: 8 <インマヌエル>．その広げた翼はあ
マタ 1:23 その名は<インマヌエル>と呼ばれる．

▼いんらん（淫乱）

ロマ13:13 遊興，酩酊，<淫乱>，好色，争い，

う

う

▼ う
レビ 11:17 ふくろう，<う>，みみずく，
申命 14:17 ペリカン，野がん，<う>，
▼ ういきょう
イザ 28:25 <ういきょう>を蒔き，クミンの種を蒔き，小麦をうねに，大麦を．27.
▼ ういご（初子）
創世 4: 4 アベルもまた彼の羊の<初子>の中か
出エ 4:22 イスラエルは…わたしの<初子>であ
11: 5 エジプトの国の<初子>は…パロの<初子>から…女奴隷の<初子>…家畜の<初子>に至るまで，みな死ぬ．
12:12 エジプトの地のすべての<初子>を打
13: 2 最初に生まれる<初子>はすべて，人
レビ 27:26 家畜の<初子>は，主のものである．
民数 3:45 レビ人を…すべての<初子>の代わり
8:17 人でも家畜でも，すべての<初子>は
18:15 人の<初子>は，必ず贖わなければな
申命 15:19 雄の<初子>は…主にささげなければならない．牛の<初子>を使って働いてはならない．羊の<初子>の毛を刈
ネヘ 10:36 家畜の<初子>…羊の<初子>を，私た
ヨブ 18:13 死の<初子>が彼のからだを食らおう
詩篇 78:51 エジプトのすべての<初子>，ハムの
イザ 14:30 寄るべのない者たちの<初子>は養わ
エレ 4:31 <初子>を産む女のようなうめき，シ
エゼ 20:26 彼らがすべての<初子>に火の中を通
ゼカ 12:10 <初子>を失って激しく泣くように，
ルカ 2: 7 男子の<初子>を産んだ．それで，布
ヘブ 11:28 <初子>を滅ぼす者が彼らに触れるこ
▼ うえ（飢え），飢える
創世 41:55 やがて，エジプト全土が<飢える>と，
42:19 <飢え>ている家族に穀物を持って行
申命 8: 3 主は，あなたを苦しめ，<飢え>させ
Ⅰサム 2: 5 <飢え>ていた者が働きをやめ，不妊
Ⅱサム 3:29 ヨアブの家に…食に<飢える>者が絶
17:29 民が荒野で<飢え>て疲れ，渇いてい
ネヘ 9:15 彼らが<飢え>たときには，天からパ
詩篇 34:10 若い獅子も乏しくなって<飢える>．
107: 5 <飢え>と渇きに彼らのたましいは衰
9 <飢え>たたましいを良いもので満た
箴言 6:30 盗人が<飢え>，自分の<飢え>を満た
10: 3 主は正しい者を<飢え>させない．し
12: 6 悪者のことばは血に<飢え>ている．
19:15 なまけ者は<飢える>．
25:21 あなたを憎む者が<飢え>ているなら，
イザ 9:20 右にかぶりついても，<飢え>，左に
14:30 おまえの子孫を<飢え>で，死なせる．
49:10 彼らは<飢え>ず，渇かず，熱も太陽
58: 7 <飢え>た者にはあなたのパンを分け
エレ 11:22 彼らの息子，娘は<飢え>て死に，
哀歌 2:19 街頭で，<飢え>のために弱り果てて
5:10 皮膚は，<飢え>の苦痛のために，か
エゼ 7:19 彼らの<飢え>を飽き足らせることも，
18: 7 <飢え>ている者に自分の食物を与え，
ミカ 6:14 食べても満ち足りず…腹は<飢える>．
マタ 5: 6 義に<飢え>渇く者は幸いです．その
ルカ 1:53 <飢え>た者を良いもので満ち足らせ，
6:21 いま<飢え>ている者は幸いです．や
25 やがて<飢える>ようになるから．
ヨハ 6:35 わたしに来る者は決して<飢える>こ
ロマ 8:35 迫害ですか，<飢え>ですか，裸です
12:20 もしあなたの敵が<飢え>たなら，彼
Ⅰコリ 4:11 今に至るまで，私たちは<飢え>，渇
Ⅱコリ 11:27 労し苦しみ…<飢え>渇き，しばしば
ピリ 4:12 飽くことにも<飢える>ことにも，富
黙示 7:16 <飢える>こともなく，渇くこともな
18: 8 <飢え>が彼女を襲い…火で焼き尽く
▼ うえ（上）
創世 1: 2 やみが大水の<上>にあり，神の霊が水の<上>を動いていた．
29 わたしは，全地の<上>にあって，種
40:17 一番<上>のかごには…食べ物が入っ
出エ 20: 4 <上>の天にあるものでも，下の地に
民数 16: 3 主の集会の<上>に立つのか．」
申命 4:39 <上>は天，下は地において，主だけ
28: 1 地のすべての国々の<上>にあなたを
ヨシ 2:11 主は，<上>は天，下は地において神
Ⅰサム 9: 2 彼は民のだれよりも，肩から<上>だ
Ⅰ列 8:23 <上>は天，下は地にも，あなたのよ
17:14 主が地の<上>に雨を降らせる日まで

Ⅱ列 9:37 畑の<上>にまかれた肥やしのように
ヨブ 3: 4 光もその<上>を照らすな.
31:28 私が<上>なる神を否んだためだ.
詩篇 78:23 神は，<上>の雲に命じて天の戸を開
イザ 14:13 神の星々のはるか<上>に私の王座を
45: 8 天よ．<上>から，したたらせよ．雲
エレ 4:28 地は嘆き悲しみ，<上>の天も暗くな
43:10 彼の王座を…石の<上>に据える．彼
はその石の<上>に本営を張ろう.
アモ 2: 9 その<上>の実と下の根とを滅ぼした.
マタ 27:25 私たちや子どもたちの<上>にかかっ
51 神殿の幕が<上>から下まで真っ二つ
ヨハ 1:16 恵みの<上>にさらに恵みを受けたの
32 御霊が…この方の<上>にとどまられ
3:31 <上>から来る方は，すべてのものの
<上>におられ，地から出る者は地に
36 神の怒りがその<上>にとどまる.
8:23 わたしが来たのは<上>からです．あ
19:11 もしそれが<上>から与えられている
使徒 2:19 <上>は天に不思議なわざを示し，下
ロマ 9: 5 このキリストは万物の<上>にあり，
13: 1 人はみな，<上>に立つ権威に従うべ
ガラ 4:26 <上>にあるエルサレムは自由であり，
エペ 1:21 すべての…主権の<上>に…すべての
名の<上>に高く置かれました.
22 いっさいのものの<上>に立つかしら
4: 6 すべてのものの<上>にあり，すべて
ピリ 3:14 イエスにおいて<上>に召してくださ
コロ 3: 1 <上>にあるものを求めなさい．そこ
ヘブ 9: 5 箱の<上>には，贖罪蓋を翼でおおっ
ヤコ 1:17 すべての完全な賜物は<上>から来る
3:15 そのような知恵は，<上>から来たも

▼ うえき（植木）

イザ 61: 3 主の<植木>と呼ばれよう.

▼ うえじに（飢え死に）

出エ 16: 3 この全集団を<飢え死に>させようと
エレ 38: 9 あの方は，下で，<飢え死に>するで
哀歌 4: 9 <飢え死に>する者よりも，しあわせ
ルカ 15:17 私はここで，<飢え死に>しそうだ.

▼ ウエル〔人名〕

捕囚帰還後のユダヤ人．エズ10:34.

▼ うえる（植える），植わる

創世 21:33 １本の柳の木を<植え>，その所で永
出エ 15:17 あなたご自身の山に<植え>られる.
レビ 19:23 どんな果樹でも<植える>とき，その
民数 24: 6 主が<植え>たアロエのように，水辺
申命 6:11 あなたが<植え>なかったぶどう畑と
詩篇 1: 3 水路のそばに<植わ>った木のようだ.
44: 2 そこに彼らを<植え>，国民にわざわ
80:15 あなたの右の手が<植え>た苗と，ご
94: 9 耳を<植え>つけられた方が，お聞き
104:16 主の<植え>たレバノンの杉の木も.
伝道 2: 5 あらゆる種類の果樹を<植え>た.
3: 2 <植える>のに時があり，<植え>た物
イザ 5: 2 そこに良いぶどうを<植え>，その中
7 ユダの人は，主が喜んで<植え>つけ
40:24 彼らが，やっと<植え>られ，やっと
41:19 オリーブの木を<植え>…すずかけ，
檜も共に<植える>.
60:21 彼らは…わたしの<植え>た枝．わた
65:22 彼らが<植え>て他人が食べることは
エレ 1:10 あるいは建て，また<植え>させる.」
2:21 良いぶどうとして<植え>たのに，ど
11:17 あなたを<植え>た万軍の主が，あな
17: 8 水のほとりに<植わ>った木のように，
32:41 彼らをこの国に<植え>よう.」
42:10 あなたがたを<植え>て，引き抜かな
45: 4 わたしが<植え>た物を自分で引き抜
エゼ 17: 8 水の豊かな良い地に<植え>つけられ
22 高くてりっぱな山に<植える>.
31: 4 川々は，その<植わ>っている地の回
36:36 荒れ果てていた所に木を<植え>たこ
アモ 9:15 わたしは彼らを彼らの地に<植える>.
ミカ 1: 6 ぶどうを<植える>畑とする．わたし
マタ 15:13 天の父がお<植え>にならなかった木
ルカ 13: 6 ぶどう園にいちじくの木を<植え>て
17: 6 根こそぎ海の中に<植わ>れ』と言え
28 人々は…<植え>たり，建てたりして
Ⅰコリ 3: 6 私が<植え>て，アポロが水を注ぎま
7 たいせつなのは，<植える>者でも水
ヤコ 1:21 心に<植え>つけられたみことばを，

▼ うお（魚）【別項】魚の門

創世 1:26 海の<魚>，空の鳥，家畜，地のすべ
出エ 7:18 ナイルの<魚>は死に，ナイルは臭く
民数 11: 5 エジプトで，ただで<魚>を食べてい
22 彼らのために海の<魚>を全部集めて
申命 4:18 地の下の…どんな<魚>の形も.
Ⅰ列 4:33 獣や鳥やはうものや<魚>についても
ヨブ 12: 8 海の<魚>もあなたに語るだろう.
詩篇 8: 8 海の<魚>，海路を通うものも.

エゼ 29: 4 川のすべての<魚>とを川の中から引
ヨナ 1:17 主は大きな<魚>を備えて，ヨナをの
2: 1 ヨナは<魚>の腹の中から，彼の神，
10 主は，<魚>に命じ，ヨナを陸地に吐
ハバ 1:14 あなたは人を海の<魚>のように，治
マタ 7:10 子が<魚>を下さいと言うのに，だれ
13:47 天の御国は…あらゆる種類の<魚>を
14:17 パンが五つと<魚>が２匹よりほかあ
15:34 七つです．それに，小さい<魚>が少
36 七つのパンと<魚>とを取り，感謝を
17:27 最初に釣れた<魚>を取りなさい．そ
マコ 6:38 「五つです．それと<魚>が２匹です．」
8: 7 <魚>が少しばかりあったので，その
ルカ 5: 6 たくさんの<魚>が入り，網は破れ
9:13 五つのパンと２匹の<魚>のほか何も
11:11 子どもが<魚>を下さいと言うときに，<魚>の代わりに蛇を与えるような父
24:42 焼いた<魚>を一切れ差し上げると，
ヨハ 6: 9 大麦のパンを五つと小さい<魚>を２
21: 6 おびただしい<魚>のために，網を引

▼うおのもん（魚の門）

II歴 33:14 <魚の門>の入口に達し，オフェルを
ネへ 3: 3 <魚の門>はセナアの子らが建てた．
ゼパ 1:10 <魚の門>から叫び声が，第２区から

▼うかがい（伺い），伺う

出エ 33: 7 だれでも主に<伺い>を立てる者は，
申命 18:11 死人に<伺い>を立てる者があっては
士師 13: 6 どちらから来られたか<伺>いません
20:18 ベテルに上り，神に<伺>って言った．
Iサム 14:37 サウルは神に<伺>った．「私はペリ
23: 2 ダビデは主に<伺>って言った．「私
30: 8 ダビデは主に<伺>って言った．「あ
IIサム 2: 1 ダビデは主に<伺>って言った．「ユ
5:19 ダビデは主に<伺>って言った．「ペ
16:23 人が神のことばを<伺>って得ること
21: 1 ダビデが主のみこころを<伺う>と，
II列 1: 2 病気が直るかどうか，<伺い>を立て
3 バアル・ゼブブに<伺い>を立てに行
16 イスラエルにみことばを<伺う>神が
16:15 青銅の祭壇は，私が<伺い>を立てる
I歴 10:13 サウルは…霊媒によって<伺い>を立
14:10 ダビデは神に<伺>って言った．「ペ
II歴 18: 4 まず，主のことばを<伺>ってみてく
イザ 19: 3 霊媒や口寄せに<伺い>を立てる．
エゼ 21:21 テラフィムに<伺い>を立て，肝を調
ホセ 4:12 わたしの民は木に<伺い>を立て，そ

▼うかがう

雅歌 2: 9 格子越しに<うかが>っています．
イザ 29:20 悪をしようと<うかがう>者はみな，
ガラ 2: 4 私たちの持つ自由を<うかがう>ため

▼うかぶ（浮かぶ）

II列 6: 6 投げ込み，斧の頭を<浮か>ばせた．

▼ウカル〔人名〕

アグルの子か弟子．箴言30:1.

▼うく（浮く）

エレ 31:29 子どもの歯が<浮く>．エゼ18:2.

▼うけいれる（受け入れる）

創世 4: 7 <受け入れ>られる．ただし，あなた
レビ 1: 3 主の前に<受け入れ>られるために会
22:20 欠陥のあるものは…<受け入れ>られ
27 火によるささげ物として<受け入れ>
26:23 わたしの懲らしめを<受け入れ>ず，
ヨシ 20: 4 自分たちの町に彼を<受け入れ>，彼
Iサム 26:19 主は…ささげ物を<受け入れ>られる
IIサム 24:23 あなたのささげ物を<受け入れ>てく
I歴 21:11 こう仰せられる．『<受け入れ>よ．
II歴 7: 7 脂肪とを<受け入れる>ことができな
ヨブ 33:26 神に祈ると，彼は<受け入れ>られる．
42: 8 わたしは彼を<受け入れる>ので，わ
詩篇 6: 9 主は私の祈りを<受け入れ>られる．
20: 3 全焼のいけにえを<受け入れ>てくだ
49:15 神が私を<受け入れ>てくださるから
73:24 後には栄光のうちに<受け入れ>てく
119:108 私の口の…ささげ物を<受け入れ>て
箴言 2: 1 私のことばを<受け入れ>，私の命令
4:10 私の言うことを<受け入れ>よ．そう
10: 8 命令を<受け入れる>．むだ口をたた
イザ 56: 7 わたしの祭壇の上で<受け入れ>られ
エレ 14:12 わたしはそれを<受け入れ>ない．か
エゼ 43:27 わたしはあなたがたを<受け入れる>．
ホセ 14: 2 良いものを<受け入れ>てください．
アモ 7:10 この国は…<受け入れる>ことはでき
ゼパ 3: 2 懲らしめを<受け入れ>ようともせず，
マラ 1: 8 あなたを<受け入れる>だろうか．
10 わたしは…ささげ物を<受け入れ>な
マタ 10:14 だれも，あなたがたを<受け入れ>ず，
40 あなたがたを<受け入れる>者は，わたしを<受け入れる>のです．また，わたしを<受け入れる>者は，わたしを遣わした方を<受け入れる>のです．

ヨハ13:20.
41 預言者を預言者だというので<受け入れる>者は…義人を義人だということで<受け入れる>者は，義人の受
13:20 すぐに喜んで<受け入れる>人のこと
18: 5 わたしの名のゆえに<受け入れる>者は，わたしを<受け入れる>のです. マコ9:37，ルカ9:48.
19:11 だれでも<受け入れる>ことができる
12 それができる者はそれを<受け入れ>
マコ 4:20 みことばを聞いて<受け入れ>，30倍
6:11 あなたがたを<受け入れ>ない場所，
10:15 神の国を<受け入れる>者でなければ，
ルカ 8:13 喜んでみことばを<受け入れる>が，
9: 5 人々があなたがたを<受け入れ>ない
53 サマリヤ人はイエスを<受け入れ>な
10:10 あなたがたを<受け入れ>ないならば，
15: 2 罪人たちを<受け入れ>て，食事まで
ヨハ 1:11 ご自分の民は<受け入れ>なかった.
12 しかし，この方を<受け入れ>た人々，
3:33 そのあかしを<受け入れ>た者は，神
5:43 あなたがたはわたしを<受け入れ>ません…その人を<受け入れる>のです.
12:48 わたしの言うことを<受け入れ>ない
使徒 2:41 彼のことばを<受け入れ>た者は，バ
8:14 サマリヤの人々が…<受け入れ>たと
10:35 神に<受け入れ>られるのです.
11: 1 異邦人たちも…<受け入れ>た，とい
22:18 あなたのあかしを<受け入れ>ないか
ロマ 11:15 彼らの<受け入れ>られることは，死
12: 1 からだを，神に<受け入れ>られる，
2 何が良いことで，神に<受け入れ>ら
14: 1 信仰の弱い人を<受け入れ>なさい.
3 神がその人を<受け入れ>てくださっ
15: 7 あなたがたも互いに<受け入れ>なさ
Ⅰコリ 2:14 神の御霊に属することを<受け入れ>
15: 1 あなたがたが<受け入れ>，また，そ
Ⅱコリ 8:17 彼は私の勧めを<受け入れ>，非常な
10:18 推薦される人こそ，<受け入れ>られ
11: 4 <受け入れ>たことのない異なった福
コロ 2: 6 イエスを<受け入れ>たのですから，
Ⅰテサ 1: 6 みことばを<受け入れ>，私たちと主
Ⅱテサ 2:10 真理への愛を<受け入れ>なかったか
Ⅰテモ 1:15 そのまま<受け入れる>に値するもの
ヘブ 11:31 ラハブは…穏やかに<受け入れ>たの
12: 6 <受け入れる>すべての子に，むちを
ヤコ 1:21 みことばを，すなおに<受け入れ>な
Ⅰヨハ 5: 9 人間のあかしを<受け入れる>なら，
Ⅱヨハ 10 家に<受け入れ>てはいけません. そ
Ⅲヨハ 10 自分が兄弟たちを<受け入れ>ないばかりか，<受け入れ>たいと思う人々

▼ うけつぐ（受け継ぐ）

レビ 25:46 永遠の所有として<受け継>がせるこ
民数 16:14 畑…を<受け継ぐ>べき財産として私
26:55 部族の名にしたがって，<受け継>が
36: 8 相続地を<受け継ぐ>娘は…父の部族
申命 1:38 そこをイスラエルに<受け継>がせる
3:28 あの地を彼らに<受け継>がせるであ
19: 3 <受け継>がせる地域を三つに区分し
14 あなたの<受け継ぐ>相続地で，あな
士師 11: 2 父の家を<受け継>いではいけない.」
ヨブ 13:26 私の若い時の咎を…<受け継>がせよ
詩篇 25:13 その子孫は地を<受け継>ごう.
37: 9 主を待ち望む者…は地を<受け継>ご
61: 5 御名を恐れる者の<受け継ぐ>地を私
69:36 子孫はその地を<受け継>ぎ，御名を
箴言 14:18 愚かさを<受け継>ぎ，利口な者は知
19:14 家と財産とは先祖から<受け継ぐ>も
イザ 54:17 主のしもべたちの<受け継ぐ>分，わ
57:13 地を<受け継>ぎ，わたしの聖なる山
エレ 16:19 先祖が<受け継>いだものは，ただ偽
ダニ 7:18 聖徒たちが，国を<受け継>ぎ，永遠
22 聖徒たちが国を<受け継ぐ>時が来た.
マタ 5: 5 柔和な者は…地を<受け継ぐ>から.
19:29 また永遠のいのちを<受け継>ぎます.
マコ 7:13 自分たちが<受け継>いだ言い伝えに
使徒 26:18 御国を<受け継>がせるためである.』
エペ 1:11 御国を<受け継ぐ>者ともなりました.
14 聖霊は私たちが御国を<受け継ぐ>こ
18 聖徒の<受け継ぐ>ものがどのように
Ⅰペテ 1: 4 資産を<受け継ぐ>ようにしてくださ
3: 7 いのちの恵みをともに<受け継ぐ>者
9 祝福を<受け継ぐ>ために召されたの

▼ うける（受ける），受ける分，【別項】受け入れる，受け継ぐ

創世 4:11 あなたの弟の血を<受け>た.
31:14 相続財産で私たちの<受ける>べき分
出エ 29:28 イスラエル人から<受け>取る永遠の
レビ 7:33 血と脂肪をささげる者の<受ける>分
34 イスラエル人から<受け>取る永遠の

民数 5: 8 罪過のための弁償を<受け>取る権利
18:28 <受け>取るすべての10分の1の中か
申命 9: 9 契約の板を<受ける>ために，山に登
18: 3 祭司たちが…<受ける>べきものは次
27:25 わいろを<受け>取り，人を打ち殺し
Ⅰサム 1: 5 ハンナには特別の<受け>分を与えて
10: 4 あなたは彼らの手から<受け>取りな
Ⅱ列 5:26 男女の奴隷を<受ける>時だろうか．
Ⅱ歴 31:19 レビ人…に，その<受ける>分を与え
ヨブ 2:10 私たちは幸いを神から<受ける>のだ
から，わざわいをも<受け>なければ
3:12 なぜ，ひざが私を<受け>たのか．な
22:22 神の御口からおしえを<受け>，その
27:13 横暴な者が全能者から<受け>取る相
35: 7 神は，あなたの手から何を<受け>ら
詩 119:57 主は私の<受ける>分です．私は，あ
箴言 8:10 銀を<受ける>よりも，わたしの懲ら
しめを<受け>よ．えり抜きの黄金よ
11:15 保証人となる者は苦しみを<受け>，
17:23 悪者は…わいろを<受け>，さばきの
21:11 あざける者が罰を<受ける>とき，わ
伝道 2:10 すべての労苦による私の<受ける>分
5:18 これが人の<受ける>分なのだ．
8:14 正しい人がその身に<受け>，正しい
9: 6 もはや永遠に<受ける>分はない．
9 労苦によるあなたの<受ける>分であ
11: 2 あなたの<受ける>分を7人か8人に
イザ 40: 2 2倍のものを主の手から<受け>たと．
エレ 7:28 懲らしめを<受け>なかった民だ．真
哀歌 3:24 主こそ，私の<受ける>分です」と私
エゼ 34:29 諸国の民の侮辱を<受ける>こともな
ダニ 2: 6 大きな光栄とを私から<受け>よう．
ホセ 10: 6 エフライムは恥を<受け>取り，イス
マタ 6:16 自分の報いを<受け>取っているので
7: 8 求める者は<受け>，捜す者は見つけ
10: 8 ただで<受け>たのだから，ただで与
41 預言者の<受ける>報いを<受け>ます
…義人の<受ける>報いを<受け>ます．
マコ 4:16 聞くと，すぐに喜んで<受ける>が，
10:17 永遠のいのちを…<受ける>ためには，
30 その100倍を<受け>ない者はありま
11:24 すでに<受け>たと信じなさい．そう
12:40 人一倍きびしい罰を<受ける>のです．
ルカ 6:24 慰めを，すでに<受け>ているから．
7:29 ヨハネのバプテスマを<受け>て，神
10:25 永遠のいのちを…<受ける>ことがで
11:10 求める者は<受け>，捜す者は見つけ
12:50 わたしには<受ける>バプテスマがあ
16:25 良い物を<受け>，ラザロは生きてい
る間，悪い物を<受け>ていました．
18:30 その幾倍かを<受け>ない者はなく，
後の世で永遠のいのちを<受け>ない
23:41 自分のしたことの報いを<受け>てい
ヨハ 1:16 恵みの上にさらに恵みを<受け>たの
3:27 天から…でなければ，何も<受ける>
5:34 わたしは人の証言を<受ける>のでは
41 わたしは人からの栄誉は<受け>ませ
7:23 安息日にも割礼を<受ける>のなら，
16:14 わたしのものを<受け>て，あなたが
20:22 聖霊を<受け>なさい．
使徒 7:59 主イエスよ．私の霊をお<受け>くだ
19: 2 信じたとき，聖霊を<受け>ましたか
20:35 <受ける>よりも与えるほうが幸いで
26:22 この日に至るまで神の助けを<受け>，
ロマ 1:27 当然の報いを自分の身に<受け>てい
Ⅰコリ 6:19 神から<受け>た聖霊の宮であり，あ
9:23 私も福音の恵みをともに<受ける>者
24 みな走っても，賞を<受ける>のはた
11:23 私は主から<受け>たことを，あなた
15: 3 私も<受け>たことであって，次のこ
Ⅱコリ 1:15 恵みを2度<受け>られるようにしよ
5:10 行為に応じて報いを<受ける>ことに
6: 1 神の恵みをむだに<受け>ないように
ガラ 1: 9 あなたがたの<受け>た福音に反する
12 私はそれを人間からは<受け>なかっ
た…啓示によって<受け>たのです．
4: 5 子としての身分を<受ける>ようにな
エペ 1: 7 罪の赦しを<受け>ています．これは
6:17 神のことばを<受け>取りなさい．
ピリ 4:18 エパフロデトから…贈り物を<受け>
たので…神が喜んで<受け>てくださ
コロ 4:17 主にあって<受け>た務めを，注意し
Ⅱテサ 3: 6 私たちから<受け>た言い伝えに従わ
Ⅰテモ 2:11 従う心をもって教えを<受け>なさい．
3: 6 悪魔と同じさばきを<受ける>ことに
4: 3 感謝して<受ける>ようにと，神が造
6: 2 その良い奉仕から益を<受ける>のは
Ⅱテモ 2:10 とこしえの栄光を<受ける>ようにな
ヘブ 6:18 力強い励ましを<受ける>ためです．
10:26 真理の知識を<受け>て後，ことさら

12: 8 だれでも<受ける>懲らしめを<受け>
28 揺り動かされない御国を<受け>てい
13:22 勧めのことばを<受け>てください.
ヤコ 3: 1 格別きびしいさばきを<受ける>ので
4: 3 願っても<受け>られないのは，自分
Ⅰペテ 5: 4 栄光の冠を<受ける>のです.
Ⅱペテ 1: 1 私たちと同じ尊い信仰を<受け>た方
Ⅱヨハ 8 豊かな報いを<受ける>ようになりな
ユダ 7 永遠の火の刑罰を<受け>て，みせし
黙示 2:17 その石には，それを<受ける>者のほ
4:11 力とを<受ける>にふさわしい方です.
5: 7 小羊は…巻き物を<受け>取った.
14: 9 額か手かに刻印を<受ける>なら，
19:20 獣の刻印を<受け>た人々と獣の像を
21: 8 偽りを言う者どもの<受ける>分は，
22:17 それをただで<受け>なさい.
19 その人の<受ける>分を取り除かれる.

▼うごく（動く），動かす

創世 1: 2 神の霊が水の上を<動>いていた.
9: 3 生きて<動>いているものはみな，あ
民数 14:44 モーセとは，宿営の中から<動>かな
ヨシ 10:12 日よ．ギブオンの上で<動く>な．月
13 日は<動>かず，月はとどまった．こ
Ⅰサム 1:13 くちびるが<動く>だけで，その声は
10:26 神に心を<動か>された勇者は，彼に
Ⅱサム 5: 2 イスラエルを<動か>していたのは，
Ⅱ列 5:11 患部の上で彼の手を<動か>し，この
ヨブ 24: 2 ある者は地境を<動か>し，群れを奪
詩篇 18: 7 地はゆるぎ，<動>いた…山々の基も
69:34 海とその中に<動く>すべてのものも.
イザ 46: 7 これはその場からもう<動>けない.
54:10 山々が移り，丘が<動>いても…わた
しの平和の契約は<動>かない」とあ
マタ 21:21 この山に向かって，『<動>いて，海
使徒 2:25 主は，私が<動か>されないように，
17:28 神の中に生き，<動>き，また存在し
Ⅰコリ 13: 2 山を<動かす>ほどの完全な信仰を持
15:58 堅く立って，<動か>されることなく，
Ⅱコリ 1: 7 抱いている望みは，<動く>ことがあ
Ⅱペテ 1:21 聖霊に<動か>された人たちが，神か

▼ウザ

1.人名.
(1)アビナダブの子．Ⅱサム6:3，7，Ⅰ歴13:7，11.
(2)レビ人．シムイの子．Ⅰ歴6:29.
(3)ベニヤミンの子孫エフデの子．Ⅰ歴8:7.
(4)園の所有者．Ⅱ列21:18，26.
2.ウザ族．宮に仕えた．エズ2:49，ネヘ7:51.

▼ウザイ〔人名〕

エルサレム城壁修理者パラルの父．ネヘ3:25.

▼ウザル

1.地名．銑鉄，桂枝，菖蒲の産地．エゼ27:19.
2.人名．ヨクタンの子．創世10:27，Ⅰ歴1:21.

▼うし（牛）

創世 12:16 アブラムは羊の群れ，<牛>の群れ，
13: 5 ロトもまた，羊の群れや<牛>の群れ，
49: 6 ほしいままに<牛>の足の筋を切った
出エ 20:17 <牛>，ろば，すべてあなたの隣人の
21:28 <牛>が男または女を突いて殺した場
合，その<牛>は必ず石で打ち殺さな
レビ 4:10 和解のいけにえの<牛>から取り除く
22:28 <牛>でも，羊でも，それをその子と
民数 22: 4 この集団は，<牛>が野の青草をなめ
申命 25: 4 脱穀をしている<牛>にくつこを掛け
士師 3:31 <牛>の突き棒でペリシテ人600人を
Ⅰサム 15:14 私に聞こえる<牛>の声は，いったい
Ⅱサム 6: 6 <牛>がそれをひっくり返しそうにな
24:24 ダビデは，打ち場と<牛>とを銀50シ
ヨブ 6: 5 <牛>は飼葉の上でうなるだろうか.
21:10 その<牛>は，はらませて，失敗する
24: 3 やもめの<牛>を質に取り，
箴言 7:22 彼はほふり場に引かれる<牛>のよう
14: 4 <牛>がいなければ飼葉おけはきれい
だ．しかし<牛>の力によって収穫は
15:17 肥えた<牛>を食べて憎み合うのにま
イザ 1: 3 <牛>はその飼い主を，ろばは持ち主
65:25 獅子は<牛>のように，わらを食べ，
66: 3 <牛>をほふる者は，人を打ち殺す者.
エゼ 4:15 人の糞の代わりに<牛>の糞でやらせ
ホセ 12:11 ギルガルで<牛>にいけにえをささげ
ヨエ 1:18 <牛>の群れはさまよう．それに牧場
アモ 6:12 人は<牛>で海を耕すだろうか．あな
ヨナ 3: 7 <牛>も，羊もみな，何も味わっては
ハバ 3:17 <牛>は牛舎にいなくなる.
ルカ 13:15 <牛>やろばを小屋からほどき，水を
14: 5 自分の息子や<牛>が井戸に落ちたの
ヨハ 2:14 <牛>や羊や鳩を売る者たちと両替人
Ⅰコリ 9: 9 穀物をこなしている<牛>に，くつこ

を掛けてはいけない．Ｉテモ5:18.
黙示 18:13 <牛>，羊，それに馬…また人のいの

▼ウジ〔人名〕
(1)祭司．ブキの子．Ｉ歴6:5，51，エズ7:4.
(2)イッサカルの子孫．Ｉ歴7:2，3.
(3)ベニヤミンの子孫．一族のかしら．Ｉ歴7:7.
(4)ベニヤミンの子孫．エラの父．Ｉ歴9:8.
(5)レビ人の監督者．ネヘ11:22.
(6)エダヤ族の祭司．ネヘ12:19.
(7)城壁奉献式を祝った祭司．ネヘ12:42.

▼うじ
出エ 16:24 それは臭くもならず，<うじ>もわか
ヨブ 7: 5 私の肉は<うじ>と土くれをまとい，
17:14 <うじ>に向かって，「私の母，私の
25: 6 まして<うじ>である人間，虫けらの
イザ 66:24 その<うじ>は死なず，その火も消え
マコ 9:48 彼らを食う<うじ>は，尽きることが

▼ウジエル
1. 人名．
(1)レビの孫．出エ6:18，レビ10:4，Ｉ歴23:12.
(2)シメオン族のイシュイの子．Ｉ歴4:42.
(3)ベニヤミンの子孫．ベラの子．Ｉ歴7:7.
(4)ダビデの先見者ヘマンの子．Ｉ歴25:4.
(5)エドトンの子孫．Ⅱ歴29:14.
(6)金細工人．ハルハヤの子．ネヘ3:8.
2. ウジエル族．民数3:27，Ｉ歴15:10，26:23.

▼うしなう（失う）
創世 43:14 私も，<失う>ときには，<失う>のだ.
Ｉサム 30:19 奪われたものは，何一つ<失>わなか
Ⅱサム 4: 1 聞いて，気力を<失>った．イスラエ
ヨブ 5:24 牧場を見回っても何も<失>っていな
11:20 彼らは逃げ場を<失う>．彼らの望み
箴言 20: 2 彼を怒らせる者は…いのちを<失う>.
伝道 3: 6 捜すのに時があり，<失う>のに時が
5:14 その富は不幸な出来事で<失>われ，
イザ 27:13 アッシリヤの地に<失>われていた者
38:10 私の残りの年を<失>ってしまった.
47: 8 子を<失う>ことも知らなくて済もう.
49:20 あなたが子を<失>って後に生まれた
エレ 6:24 そのうわさを聞いて，気力を<失>い，
15: 7 彼らの子を<失>わせ，わたしの民を
エゼ 5:17 彼らはあなたに子を<失>わせる．疫
7:26 祭司は律法を<失>い，長老はさとしを<失う>.
34:16 わたしは<失>われたものを捜し，迷
ホセ 4:11 新しいぶどう酒は思慮を<失>わせる.
9:12 ひとり残らずその子を<失>わせる.
ヨエ 2:10 暗くなり，星もその光を<失う>.
アモ 2:14 足の速い者も逃げ場を<失>い，強い
マタ 5:29 からだの一部を<失>っても，からだ
10: 6 イスラエルの家の<失>われた羊のと
39 自分のいのちを自分のものとした者はそれを<失>い…いのちを<失>った
15:24 イスラエルの家の<失>われた羊以外
16:25 いのちを救おうと思う者はそれを<失>い…いのちを<失う>者は，それ．マコ8:35，ルカ9:24，17:33.
18:11 人の子は，<失>われている者を救う
ルカ 9:25 自分自身を<失>い，損じたら，何の
19:10 人の子は，<失>われた人を捜して救
21:18 髪の毛一筋も<失>われることはあり
ヨハ 6:39 わたしがひとりも<失う>ことなく，
12:25 …を愛する者はそれを<失>い，この
18: 9 ただのひとりをも<失>いませんでし
使徒 27:34 頭から髪一筋も<失>われることはあ
Ｉテモ 6: 5 知性が腐って…真理を<失>った人々，
Ⅱペテ 3:17 自分自身の堅実さを<失う>ことにな

▼ウジヤ〔人名〕
(1)ユダの王．Ⅱ列15:13，Ⅱ歴26:1，イザ6:1.
(2)役人ヨナタンの父．Ｉ歴27:25.
(3)レビ族ウリエルの子．Ｉ歴6:24.
(4)捕囚後の祭司．エズ10:21.
(5)ユダ族ゼカリヤの子．ネヘ11:4.
(6)ダビデの勇士．Ｉ歴11:44.

▼うしろ
創世 9:23 <うしろ>向きに歩いて行って，父の
18:10 サラはその人の<うしろ>の天幕の入
19:17 <うしろ>を振り返ってはいけない.
49:17 それゆえ，乗る者は<うしろ>に落ち
出エ 14:19 雲の柱は…彼らの<うしろ>に立ち，
33:23 あなたはわたしの<うしろ>を見るで
申命 25:18 あなたの<うしろ>の落後者をみな，
Ｉサム 24: 8 ほら穴から出て行き，サウルの<うしろ>から呼びかけ…<うしろ>を振
Ｉ列 14: 9 わたしをあなたの<うしろ>に捨て去
Ⅱ列 6:32 その<うしろ>に，彼の主君の足音が
ネヘ 9:26 あなたの律法を<うしろ>に投げ捨て，
詩 132:10 顔を，<うしろ>へ向けないでくださ
139: 5 あなたは前から<うしろ>から私を取
イザ 30:21 あなたの耳は<うしろ>から「これが

38:17 罪を，あなたの<うしろ>に投げやら
57: 8 とびらと柱の<うしろ>に，あなたを
エゼ 3:12 <うしろ>のほうで，「御住まいの主
23:35 わたしをあなたの<うしろ>に投げや
ゼカ 1: 8 彼の<うしろ>に，赤や，栗毛や，白
マタ 9:20 イエスの<うしろ>に来て，その着物のふさに．マコ5:27，ルカ8:44．
ルカ 7:38 イエスの<うしろ>で御足のそばに立
9:62 手を鋤につけてから，<うしろ>を見
23:26 イエスの<うしろ>から運ばせた．
ヨハ 20:14 <うしろ>を振り向いた…イエスが立
ピリ 3:13 <うしろ>のものを忘れ，ひたむきに
黙示 1:10 私の<うしろ>にラッパの音のような
4: 6 前も<うしろ>も目で満ちた四つの生
12:15 水を川のように女の<うしろ>へ吐き

▼うす（臼）

民数 11: 8 ひき臼でひくか，<臼>でついて，こ
士師 16:21 サムソンは牢の中で<臼>をひいてい
箴言 27:22 愚か者を<臼>に入れ，きねでこれを
マタ 24:41 ふたりの女が<臼>をひいていると，
ルカ 17:35 女がふたりいっしょに<臼>をひいて

▼うすい（薄い）

マタ 8:26 なぜこわがるのか，信仰の<薄い>者．6:30，14:31，16:8．

▼うずめる

Ⅰ列 18:42 自分の顔をひざの間に<うずめ>た．
ルカ 3: 5 すべての谷は<うずめ>られ，すべて

▼うずら

出エ 16:13 夕方になると<うずら>が飛んで来て，
民数 11:31 海の向こうから<うずら>を運んで来
詩 105:40 主は<うずら>をもたらし，また，天

▼うせる

Ⅱサム 1:27 戦いの器は<うせ>た．」
イザ 1:28 主を捨てる者は，<うせ>果てる．

▼ウゼン・シェエラ〔地名〕

シェエラが建てた町．Ⅰ歴7:24．

▼うそ，うそつき

士師 16:10 私をだまして，<うそ>をつきました．
ヨブ 31: 5 もし私が<うそ>とともに歩み，この
詩篇 12: 2 人は互いに<うそ>を話し，へつらい
イザ 5:18 <うそ>を綱として咎を引き寄せ，車
30: 9 彼らは反逆の民，<うそつき>の子ら，
Ⅰテモ 1:10 <うそ>をつく者，偽証をする者など
テト 1:12 クレテ人は昔からの<うそつき>，悪

▼うた（歌），歌う【別項】都上りの歌，弓の歌

出エ 15:21 主に向かって<歌>え．主は輝かしく
32:18 私の聞くのは，<歌>を<歌う>声であ
民数 21:17 イスラエルはこの<歌>を<歌>った．「わきいでよ．井戸…<歌え>．——
申命 31:19 今，次の<歌>を書きしるし…彼らの口にそれを置け．この<歌>をイスラ
士師 5: 1 バラクはこう<歌>った．
Ⅱサム 19:35 <歌う>男や女の声を聞くことさえで
22: 1 主が…彼を救い出された日に，ダビデはこの<歌>…を主に<歌>った．
23: 1 イスラエルの麗しい<歌>．
Ⅰ列 4:32 彼の<歌>は1005首もあった．
Ⅰ歴 6:31 ダビデが主の宮の<歌>をつかさどら
33 ケハテ族からは<歌>い手ヘマン．彼
16: 9 主に<歌>え．主にほめ歌を<歌>え．
ネヘ 12:42 <歌>うたいたちは，監督者イゼラフヤの指揮で<歌>った．
ヨブ 30: 9 私は彼らのあざけりの<歌>となり，
詩篇 28: 7 私は<歌>をもって，主に感謝しよう．
33: 3 新しい<歌>を主に向かって<歌>え．
59:16 あなたの力を<歌>います…朝明けに
77: 6 夜には私の<歌>を思い起こし，自分
89: 1 主の恵みを，とこしえに<歌>います．
96: 1 新しい<歌>を主に<歌>え．全地よ．
2 主に<歌>え．御名をほめたたえよ．
98: 5 主にほめ歌を<歌>え．立琴と<歌>の
108: 1 私は<歌>い，私のたましいもまた，
119:54 あなたのおきては…私の<歌>となり
172 私の舌はあなたのみことばを<歌う>
137: 3 私たちに<歌>を求め…「シオンの<歌>を一つ<歌>え」と言ったからだ．
4 異国の地にあって主の<歌>を<歌>え
138: 5 彼らは主の道について<歌う>でしょ
144: 9 私は新しい<歌>を<歌>い，10弦の琴をもって…ほめ歌を<歌>います．
箴言 25:20 心配している人の前で<歌>を<歌う>
伝道 7: 5 愚かな者の<歌>を聞くのにまさる．
雅歌 2:12 <歌>の季節がやって来た．山鳩の声
イザ 5: 1 わが愛する者のためにわたしは<歌>おう…わが愛の<歌>を．わが愛する
14: 4 あざけりの<歌>を<歌>って言う．
23:15 ツロは遊女の<歌>のようになる．
24: 9 <歌>いながらぶどう酒を飲むことも
25: 5 横暴な者たちの<歌>はしずめられま

26: 1 ユダの国でこの<歌>が<歌>われる.
30:29 祭りを祝う夜のように<歌>い，主の
42:10 主に向かって新しい<歌>を<歌>え，
エレ 20:13 主に向かって<歌>い，主をほめたた
哀歌 3:14 一日中，彼らのあざけりの<歌>とな
63 私は彼らのからかいの<歌>となって
ミカ 2: 4 嘆きの<歌>が起こって言う.「私た
ゼパ 3:17 主は高らかに<歌>ってあなたのこと
マコ 14:26 賛美の<歌>を<歌>ってから，みなで
エペ 5:19 詩と賛美と霊の<歌>とをもって…主
に向かって，心から<歌>い，また賛
コロ 3:16 詩と賛美と霊の<歌>とにより，感謝
黙示 5: 9 彼らは，新しい<歌>を<歌>って言っ
14: 3 新しい<歌>を<歌>った．しかし地上
15: 3 神のしもべモーセの<歌>と小羊の
<歌>とを<歌>って言った.「あなた

▼ ウタイ〔人名〕

(1)ユダ族．アミフデの子．Ⅰ歴9:4.
(2)帰還した民のかしら．エズ8:14.

▼ うたがい（疑い），疑う

マタ 14:31 信仰の薄い人だな．なぜ<疑う>のか.
21:21 <疑う>ことがなければ，いちじくの
マコ 11:23 心の中で<疑>わず，ただ，自分の言
ルカ 24:38 どうして心に<疑い>を起こすのです
ロマ 4:20 不信仰によって神の約束を<疑う>よ
14:23 <疑い>を感じる人が食べるなら，罪
ピリ 2:14 つぶやかず，<疑>わずに行いなさい.
ヤコ 1: 6 少しも<疑>わずに，信じて願いなさ
ユダ 22 <疑い>を抱く人々をあわれみ，

▼ うたごえ（歌声）

士師 5:12 <歌声>をあげよ．起きよ．バラク.
イザ 49:13 山々よ．喜びの<歌声>をあげよ．主
54: 1 喜びの<歌声>をあげて叫べ．夫に捨
55:12 喜びの<歌声>をあげ，野の木々もみ

▼ うち，内側【別項】内なる人

エレ 23: 9 私の心は，<うち>に砕かれ，私の骨
マタ 7:15 にせ預言者たち…<うち>は貪欲な狼
23:26 まず，杯の<内側>をきよめなさい.
マコ 7:21 <内側>から…人の心から出て来るも
ルカ 11:41 <うち>のものを施しに用いなさい.
黙示 4: 8 その回りも<内側>も目で満ちていた.
5: 1 それは<内側>にも外側にも文字が書

▼ うちあける（打ち明ける）

エレ 11:20 私の訴えを<打ち明け>たからです.
20:12 私の訴えを<打ち明け>たのですから.
使徒 7:13 ヨセフは…自分のことを<打ち明け>,

▼ うちかつ（打ち勝つ）

ダニ 7:21 角は，聖徒たちに…<打ち勝>った.
マタ 16:18 ハデスの門もそれには<打ち勝>てま
ルカ 11:22 強い者が襲って来て彼に<打ち勝つ>
ヨハ 1: 5 やみはこれに<打ち勝>たなかった.
ロマ 12:21 善をもって悪に<打ち勝>ちなさい.
Ⅰヨハ 2:13 あなたがたが悪い者に<打ち勝>った
5: 4 これこそ，世に<打ち勝>った勝利で
黙示 12:11 ことばのゆえに彼に<打ち勝>った.
13: 7 聖徒たちに…<打ち勝つ>ことが許さ
15: 2 その名を示す数字とに<打ち勝>った
17:14 小羊は彼らに<打ち勝>ちます．なぜ

▼ うちきず（打ち傷）

創世 4:23 私の受けた<打ち傷>のためには，ひ
出エ 21:25 傷には傷．<打ち傷>には<打ち傷>.
イザ 1: 6 傷と，<打ち傷>と，打たれた生傷.
53: 5 彼の<打ち傷>によって，私たちはい
エレ 6: 7 いつも病と<打ち傷>がある.
10:19 この<打ち傷>はいやしがたい．そこ
15:18 私の<打ち傷>は直らず，いえようと
30:12 あなたの<打ち傷>は痛んでいる.
17 あなたの<打ち傷>をいやすからだ.
50:13 そのすべての<打ち傷>を見てあざけ
ミカ 1: 9 まことに，その<打ち傷>はいやしが
ナホ 3:19 あなたの<打ち傷>は，いやしがたい.
ゼカ 13: 6 両腕の間にあるこの<打ち傷>は何か.
使徒 16:33 ふたりを引き取り，その<打ち傷>を
Ⅰペテ 2:24 キリストの<打ち傷>のゆえに，あな

▼ うちくだく（打ち砕く）

出エ 9:25 野の木もことごとく<打ち砕>いた.
15: 6 あなたの右の手は敵を<打ち砕く>.
23:24 石の柱を粉々に<打ち砕>かなければ
レビ 26:13 くびきの横木を<打ち砕>き，あなた
19 力を頼む高慢を<打ち砕>き，あなた
民数 24:17 騒ぎ立つ者の脳天を<打ち砕く>.
申命 7: 5 石の柱を<打ち砕>き，彼らのアシェ
9:17 2枚の板を…投げつけ…<打ち砕>い
21 子牛を取って…<打ち砕>き，ちりに
士師 7:20 3隊の者が…つぼを<打ち砕>き，そ
Ⅰサム 2:10 主は，はむかう者を<打ち砕>き，そ
Ⅱサム 22:43 彼らを地のちりのように<打ち砕>き,
Ⅱ列 18: 4 青銅の蛇を<打ち砕>いた．そのころ
Ⅱ歴 15: 6 民は民に，町は町に…<打ち砕>かれ
ヨブ 16:12 神は私を<打ち砕>き，私の首をつか

26:12 英知をもってラハブを<打ち砕く>.
詩篇 2: 9 あなたは鉄の杖で彼らを<打ち砕>き,
3: 7 悪者の歯を<打ち砕>いてくださいま
18:42 風の前のちりのように,<打ち砕>き,
29: 5 主はレバノンの杉の木を<打ち砕く>.
34:18 主は心の<打ち砕>かれた者の近くに
42:10 私の骨々が<打ち砕>かれるほど,私
48: 7 タルシシュの船を<打ち砕>かれる.
52: 5 神はおまえを全く<打ち砕>き,打ち
68:21 神は必ず敵の頭を<打ち砕>かれる.
72: 4 しいたげる者どもを,<打ち砕>きま
74:14 レビヤタンの頭を<打ち砕>き,荒野
107:14 彼らのかせを<打ち砕>かれた.
16 主は青銅のとびらを<打ち砕>き,鉄
143: 3 私のいのちを地に<打ち砕>き,長く
147: 3 主は心の<打ち砕>かれた者をいやし
伝道 12: 6 金の器は<打ち砕>かれ,水がめは泉
イザ 21: 9 刻んだ像も地に<打ち砕>かれた』と.
30:14 容赦なく<打ち砕>かれるときのよう
エレ 28: 2 バビロンの王のくびきを<打ち砕く>.
ダニ 2:34 その像の鉄と…を<打ち砕>きました.
12: 7 聖なる民の勢力を<打ち砕く>ことが
ハバ 3: 6 とこしえの山は<打ち砕>かれ,永遠
IIコリ 10: 5 あらゆる高ぶりを<打ち砕>き,すべ
黙示 2:27 鉄の杖をもって土の器を<打ち砕く>

▼うちけす(打ち消す)

マタ 26:70 ペテロはみなの前で…<打ち消>して,マコ14:68,ルカ22:57.
72 ペテロは,またもそれを<打ち消>し,誓って…と言った.マコ14:70.

▼うちころす(打ち殺す)

出エ 2:12 彼はそのエジプト人を<打ち殺>し,
21:28 その牛は必ず石で<打ち殺>さなけれ
レビ 24:18 動物を<打ち殺す>者は,いのちには
民数 3:13 わたしがすべての初子を<打ち殺>し
21:35 すべての民とを<打ち殺>し,ひとり
申命 27:24 ひそかに隣人を<打ち殺す>者はのろ
ヨシ 7: 5 彼らの中の約36人を<打ち殺>し,彼
Iサム 13: 3 ペリシテ人の守備隊長を<打ち殺>し
17:35 そのひげをつかんで<打ち殺>してい
IIサム 2:31 ベニヤミン人…を<打ち殺>していた.
18:15 アブシャロムを…<打ち殺>した.
21:17 このペリシテ人を<打ち殺>した.そ
23:10 ペリシテ人を<打ち殺>した.主はそ
I列 11:15 エドムの男子をみな<打ち殺>したこ
16: 7 彼がヤロブアムを<打ち殺>したから
詩 60題目 エドムを1万2千人<打ち殺>したと
78:51 彼らの力の初めの子らを<打ち殺>さ
イザ 37:36 18万5千人を<打ち殺>した.人々が
ゼカ 13: 7 牧者を<打ち殺>せ.そうすれば,羊

▼うちこわす(打ちこわす)

申命 7: 5 彼らの祭壇を<打ちこわ>し,石の柱
士師 7:19 手に持っていたつぼを<打ちこわ>し
IIサム 17:14 すぐれたはかりごとを<打ちこわ>そ
II歴 20:37 あなたの造ったものを<打ちこわ>さ
24: 7 その子たちが,神の宮を<打ちこわ>
34: 4 鋳物の像を<打ちこわ>し,粉々に砕
エズ 4: 5 この計画を<打ちこわ>そうとした.
ネヘ 4:15 神がそれを<打ちこわ>されたという
ヨブ 5:12 たくらみを<打ちこわす>.それで彼
詩篇 28: 5 主は,彼らを<打ちこわ>し,建て直
89:40 彼の城壁をことごとく<打ちこわ>し,
箴言 15:25 主は高ぶる者の家を<打ちこわ>し,
25:28 城壁のない,<打ちこわ>された町の
伝道 9:18 多くの良いことを<打ちこわす>.
哀歌 2: 2 ユダの娘の要塞を…<打ちこわ>し,
9 主はそのかんぬきを<打ちこわ>し,
エゼ 6: 3 あなたがたの高き所を<打ちこわす>.
9: 2 6人の男が…<打ちこわす>武器を手
30:13 わたしは偶像を<打ちこわ>し,ノフ
マラ 1: 4 わたしは<打ちこわす>.彼らは,悪
マタ 27:40 神殿を<打ちこわ>して3日で建てる
ガラ 2:18 もし私が前に<打ちこわ>したものを
Iヨハ 3: 8 悪魔のしわざを<打ちこわす>ためで
黙示 8: 9 舟の3分の1も<打ちこわ>された.

▼うちたたく(打ちたたく)

エレ 37:15 エレミヤ…を<打ちたた>き,書記ヨ
マタ 24:49 その仲間を<打ちたた>き,酒飲みた
使徒 18:17 ソステネを捕らえ…<打ちたた>いた.
Iコリ 9:27 自分のからだを<打ちたた>いて従わ

▼うちなるひと(内なる人)

ロマ 7:22 <内なる人>としては,神の律法を喜
IIコリ 4:16 <内なる人>は日々新たにされていま
エペ 3:16 <内なる人>を強くしてくださいます

▼うちにわ(内庭)

I列 6:36 杉角材1段の仕切りで<内庭>を造っ
7:12 主の宮の<内庭>や,神殿の玄関広間
エス 4:11 召されないで<内庭>に入り,王のと
エゼ 10: 3 雲がその<内庭>を満たしていた.
40:44 彼は私を<内庭>に連れて行った.

45:19 血を…<内庭>の門の脇柱に塗らなけ

▼うちば（打ち場）

士師 6:37 私は<打ち場>に刈り取った１頭分の
ルツ 3: 2 あの方は<打ち場>で大麦をふるい分
Ⅱサム 6: 6 彼らがナコンの<打ち場>まで来たと
24:16 エブス人アラウナの<打ち場>のかた
Ⅰ列22:10 サマリヤの門の入口にある<打ち場>
Ⅰ歴21:15 エブス人オルナンの<打ち場>のかた
ヨブ39:12 あなたの<打ち場>で，これを集める
イザ21:10 <打ち場>の私の子らよ．私はイスラ
エレ51:33 踏まれるときの<打ち場>のようだ．
ダニ 2:35 夏の麦<打ち場>のもみがらのように
ホセ 9: 1 麦<打ち場>で受ける姦淫の報酬を愛
13: 3 <打ち場>から吹き散らされるもみが
ミカ 4:12 主が彼らを<打ち場>の麦束のように

▼うちふす（打ち伏す）

詩 119:25 たましいは，ちりに<打ち伏>してい

▼うちほろぼす（打ち滅ぼす）

創世 8:21 生き物を<打ち滅ぼす>ことはすまい．
マラ 4: 6 のろいでこの地を<打ち滅ぼ>さない
マコ12: 9 農夫どもを<打ち滅ぼ>し，ぶどう園をほかの人たちに与え．ルカ20:16．

▼うちやぶる（打ち破る）

出エ17:13 アマレクとその民を…<打ち破>った．
ヨブ16:14 神は私を<打ち破>って，破れに破れ
エレ 5:17 城壁のある町々を，剣で<打ち破る>．
17:18 破れを倍にして…<打ち破>ってくだ
エゼ26:10 <打ち破>られた町に入る者のように，
27:26 海の真ん中でおまえを<打ち破>った．
34 おまえが海で<打ち破>られたとき，

▼うちわもめ（内輪もめ）

マタ12:25 どんな国でも，<内輪もめ>して争えば…どんな…家でも，<内輪もめ>し
マコ 3:25 家が<内輪もめ>をしたら，家は立ち
ルカ11:17 どんな国でも，<内輪もめ>したら荒

▼ウツ

1．地名．ヨブの故郷．ヨブ1:1，エレ25:20，哀歌4:21．
2．人名．
(1)アラムの子孫．創世10:23，Ⅰ歴1:17．
(2)ナホルの長男．創世22:21．
(3)ディシャンの子．創世36:28，Ⅰ歴1:42．

▼うつ（打つ，討つ，撃つ）【別項】複合動詞

創世32:25 ヤコブのもものつがいを<打>ったの
出エ 2:11 ヘブル人を，あるエジプト人が<打>
5: 3 主は疫病か剣で…<打>たれるからで
7:17 杖でナイルの水を<打>ちます．水は
12:23 主がエジプトを<打つ>ために行き巡
29 すべての家畜の初子をも<打>たれた．
17: 6 あなたがその岩を<打つ>と，岩から
民数20:11 彼の杖で岩を２度<打>った．すると，
35:16 鉄の器具で人を<打>って死なせたな
申命20:13 その町の男をみな，剣の刃で<打>ち
25:11 自分の夫を，<打つ>者の手から救お
28:27 かいせんとをもって，あなたを<打>
32:43 しもべの血のかたきを<討>ち，ご自
ヨシ 7: 5 下り坂で彼らを<打>ったので，民の
8:15 全イスラエルは，彼らに<打>たれて，
25 その日，<打>ち倒された男や女は合
13:21 モーセは…フル，レバとを<打>った．
士師 6:11 酒ぶねの中で小麦を<打>っていた．
20:35 主が…ベニヤミンを<打>ったので，
Ⅰサム 4: 3 われわれを<打>ったのだろう．シロ
18: 7 千を<打>ち，ダビデは万を<打>った．
25:38 主がナバルを<打>たれたので，彼は
Ⅱサム12: 9 ヘテ人ウリヤを剣で<打>ち，その妻
15 ダビデに産んだ子を<打>たれたので，
Ⅱ列 2: 8 外套を取り…丸めて水を<打>った．
6:21 私が<打>ちましょうか．私が<打>ち
15: 5 主が王を<打>たれたので，彼は死ぬ
Ⅱ歴13:20 主が彼を<打>たれたので，彼は死ん
ヨブ 1:11 彼のすべての持ち物を<打>ってくだ
2: 5 彼の骨と肉とを<打>ってください．
7 悪性の腫物で彼を<打>った．
4: 5 これがあなたを<打つ>と，あなたは
19:21 神の御手が私を<打>ったからだ．
詩篇 3: 7 私のすべての敵の頬を<打>ち，悪者
37:14 悩む者，貧しい者を<打>ち倒し，行
56: 7 国々の民を<打>ち倒してください．
73:14 私は一日中<打>たれどおしで，朝ご
78:20 岩を<打>たれると，水がほとばしり
102: 4 私の心は，青菜のように<打>たれ，
106:26 彼らを荒野で<打>ち倒し，
121: 6 昼も，日が，あなたを<打つ>ことがなく，夜も，月が，あなたを<打つ>
141: 5 正しい者が愛情をもって私を<打>ち，
箴言20:30 <打>って傷つけるのは悪を洗い落と
伝道 4:12 ひとりなら，<打>ち負かされても，
12:11 編集されたものはよく<打>ちつけら

イザ 1: 5 どこを<打>たれようというのか．反
10:26 オレブの岩でミデヤンを<打>ったと
11: 4 口のむちで国を<打>ち，くちびるの
15 それを<打>って，七つの水無し川と
17: 6 オリーブを<打>ち落とすときのよう
19: 8 水の上に網を<打つ>者も<打>ちしお
22:23 釘として，確かな場所に<打>ち込む．
27: 7 イスラエルを<打>った者を<打つ>よ
うに，イスラエルを<打>たれただろ
30:26 その<打>たれた傷をいやされる日に，
31 主が杖でこれを<打>たれるからだ．
49:10 熱も太陽も彼らを<打>たない．彼ら
50: 6 <打つ>者に私の背中をまかせ，ひげ
53: 4 彼は罰せられ，神に<打>たれ，苦し
8 そむきの罪のために<打>たれ，生け
60:10 あなたを<打>ったが，恵みをもって，
エレ 5: 3 あなたが彼らを<打>たれたのに，彼
18:18 さあ，舌で彼を<打>ち，彼のことば
23 彼らを，御前で<打>ち倒し，あなた
31:19 悟って後，ももを<打>ちました．私
46: 5 勇士たちは<打>たれ，うしろも振り
50:23 万国を<打>った鉄槌は，どうして折
哀歌 3:30 自分を<打つ>者に頬を与え，十分そ
ダニ 2:34 その像の鉄と粘土の足を<打>ち，こ
7:24 彼は…３人の王を<打>ち倒す．
ホセ 6: 1 私たちを<打>ったが，また，包んで
9:16 エフライムは<打>たれ，その根は枯
アモ 3:15 わたしは冬の家と夏の家とを<打つ>．
ナホ 2: 7 はしためは…胸を<打>って悲しむ．
ハガ 2:17 立ち枯れと黒穂病とで<打>ち，あな
たがたの手がけた物を…雹で<打>っ
マタ 4:18 彼らは湖で網を<打>っていた．漁師
5:39 あなたの右の頬を<打つ>ような者に
26:31 わたしが羊飼いを<打つ>．すると，
68 あなたを<打>ったのはだれか．」
マコ 14:27 わたしが羊飼いを<打つ>．すると，
65 役人たちは，イエスを受け取って，
平手で<打>った．マタ26:67.
ルカ 6:29 あなたの片方の頬を<打つ>者には，
22:49 主よ．剣で<撃>ちましょうか」と言
ヨハ 18:22 …と言って，平手でイエスを<打>っ
23 なぜ，わたしを<打つ>のか．」
使徒 12:23 主の使いがヘロデを<打>った．ヘロ
21:32 パウロを<打つ>のをやめた．
23: 2 彼の口を<打>てと命じた．
3 神があなたを<打>たれる…律法にそ
むいて，私を<打>てと命じるのです
ロマ 13:12 やみのわざを<打>ち捨てて，光の武
Ⅰコリ 9:26 空を<打つ>ような拳闘もしてはいま
Ⅱコリ 12: 7 私を<打つ>ための，サタンの使いで
黙示 7:16 どんな炎熱も彼らを<打つ>ことはあ
8:12 星の３分の１とが<打>たれたので，
11: 6 あらゆる災害をもって地を<打つ>力

▼ うつくしい（美しい），美しさ

創世 6: 2 人の娘たちが，いかにも<美しい>の
24:16 この娘は非常に<美し>く，処女で，
26: 7 リベカが<美し>かったので，リベカ
29:17 ラケルは姿も顔だちも<美し>かった．
49:21 ナフタリは…<美しい>子鹿を産む．
民数 24: 5 なんと<美しい>ことよ．ヤコブよ，
申命 21:11 その捕虜の中に，姿の<美しい>女性
ヨシ 7:21 シヌアルの<美しい>外套１枚と，銀
Ⅰサム 9: 2 彼は<美しい>若い男で，イスラエル
人の中で彼より<美しい>者はいなか
16:12 目が<美し>く，姿もりっぱだった．
Ⅱサム 11: 2 その女は非常に<美し>かった．
13: 1 タマルという名の<美しい>妹がいた
14:25 アブシャロムほど，その<美しさ>を
エス 1:11 ワシュティ…の容姿が<美し>かった
2: 7 このおとめは，姿も顔だちも<美し>
箴言 6:25 彼女の<美しさ>を心に慕うな．その
11:22 <美しい>が，たしなみのない女は，
31:30 <美しさ>はむなしい．しかし，主を
伝道 3:11 すべて時にかなって<美しい>．神は
雅歌 1: 5 私は…黒いけれども<美しい>．
8 女のなかで最も<美しい>人よ．あな
15 あなたはなんと<美しい>ことよ．な
んと<美しい>ことよ．あなたの目は
3:10 <美し>く切りばめ細工がされている．
6: 4 ティルツァのように<美し>く，エル
7: 1 あなたの足はなんと<美しい>ことよ．
イザ 3:24 その<美しさ>は焼け傷となる．
5: 9 大きな<美しい>家々も住む人がなく
28: 5 万軍の主は…<美しい>冠，栄えの飾
44:13 人間の<美しい>姿に仕上げて，神殿
52: 1 あなたの<美しい>衣を着よ．聖なる
60: 7 わたしの<美しい>家を輝かす．
13 わたしの聖所を<美し>くする．わた
64:11 聖なる<美しい>宮は，火で焼かれ，
エレ 4:30 <美し>く見せても，かいがない．恋

11:16 <美しい>緑のオリーブの木』と呼ば
13:20 あなたの<美しい>羊の群れはどこに
22: 7 最も<美しい>あなたの杉の木を切り
48:17 どうして…<美しい>笏が砕かれたの
エゼ27: 3 ツロよ．『私は全く<美しい>』とお
28: 7 あなたの<美しい>知恵に向かって剣
17 あなたの心は自分の<美しさ>に高ぶ
31: 8 どの木も，その<美しさ>にはかなわ
ダニ 1: 4 その少年たちは…容姿は<美し>く，
ホセ10: 1 それだけ多くの<美しい>石の柱を立
11 わたしはその<美しい>首にくびきを
14: 6 その<美しさ>はオリーブの木のよう
アモ 5:11 <美しい>ぶどう畑を作っても，その
8:13 その日には，<美しい>若い女も，若
マタ23:27 墓はその外側は<美し>く見えても，
ヘブ11:23 彼らはその子の<美しい>のを見たか
ヤコ 1:11 その花は落ち，<美しい>姿は滅びま

▼ うつくしのもん（美しの門）

使徒 3: 2 毎日「<美しの門>」という名の宮の
10 「<美しの門>」にすわっていた男だ

▼ うつし（写し）

ヨシ 8:32 モーセが書いた律法の<写し>をイス
エズ 4:11 その手紙の<写し>は次のとおりであ
エス 4: 8 法令の文書の<写し>をハタクに渡し，
ヘブ 8: 5 天にあるものの<写し>と影とに仕え

▼ うつす（移す）

創世48:17 マナセの頭へ<移>そうとした．
レビ19: 4 偶像に心を<移>してはならない．ま
民数36: 7 一つの部族から他の部族に<移>して
申命19:14 隣人との地境を<移>してはならない．
Ⅰサム 5: 8 イスラエルの神の箱を<移>した．
Ⅱサム 3:10 サウルの家から王位を<移>し，ダ
6:10 ダビデの町に<移>したくなかったの
20:13 アマサが大路から<移>されると，み
Ⅱ列17:26 サマリヤの町々に<移>した諸国の民
33 自分たちがそこから<移>された諸国
23:18 だれも彼の骨を<移>してはならない．
27 わたしがイスラエルを<移>したと同
Ⅰ歴13:13 ダビデの町には<移>さず，ガテ人オ
エス 2: 9 婦人部屋の最も良い所に<移>した．
ヨブ 9: 5 神が山々を<移>されるが，だれもこ
箴言22:28 昔からの地境を<移>してはならない．
イザ60: 5 海の富はあなたのところに<移>され，
エゼ17:10 見よ．それが<移>し植えられたら，
ホセ 5:10 地境を<移す>者のようになった．わ
ミカ 4: 7 遠くへ<移>された者を，強い国民と
6:14 あなたは，<移>しても，のがすこと
使徒 7:43 バビロンのかなたへ<移す>.』
コロ 1:13 御子のご支配の中に<移>してくださ
ヘブ11: 5 死を見ることのないように<移>され
ました．神に<移>され…<移>される
黙示 6:14 すべての山や島が…<移>された．

▼ うったえ（訴え），訴える

民数27: 5 モーセは，彼女たちの<訴え>を，主
申命24:15 彼があなたのことを主に<訴え>，あ
Ⅰサム24:15 私の<訴え>を取り上げて，これを弁
Ⅱサム15: 2 王のところに来て<訴え>ようとする
3 あなたの<訴え>はよいし，正しい．
Ⅰ列 3:11 正しい<訴え>を聞き分ける判断力を
Ⅱ列 8: 3 家と畑を得ようと王に<訴え>出た．
ヨブ 5: 8 私のことを神に<訴え>よう．
9: 2 神に<訴える>ことができようか．
13: 6 私のくちびるの<訴え>に耳を貸せ．
18 私は<訴え>を並べたてる．私が義と
23: 4 私は御前に<訴え>を並べたて，こと
詩篇 9: 4 あなたが私の正しい<訴え>を支持し，
43: 1 私の<訴え>を取り上げ，神を恐れな
140:12 主は悩む者の<訴え>を支持し，貧し
箴言18:17 最初に<訴える>者は…正しく見える．
22:23 主が彼らの<訴え>を弁護し，彼らを
23:11 彼らの<訴え>を弁護されるからだ．
25: 8 軽々しく<訴え>て出るな．そうでな
31: 8 すべての不幸な人の<訴え>のために，
イザ 1:23 やもめの<訴え>も彼らは取り上げな
34: 8 シオンの<訴え>のために仇を返す年
40:27 私の正しい<訴え>は，私の神に見過
41:21 あなたがたの<訴え>を出せ，と主は
49: 4 私の正しい<訴え>は，主とともにあ
50: 8 どんな者が，私を<訴える>のか．私
エレ20:10 <訴え>よ．われわれもあいつを<訴
え>よう．」私の親しい者もみな，私
22:16 貧しい人の<訴え>をさばき，そのと
30:13 あなたの<訴え>を弁護する者もなく，
哀歌 3:58 私のたましいの<訴え>を弁護して，
59 私の<訴え>を正しくさばいてくださ
ダニ 3: 8 ユダヤ人たちを<訴え>た．
6: 4 ダニエルを<訴える>口実を見つけよ
24 ダニエルを<訴え>た者たちは，その
ミカ 6: 1 立ち上がって，山々に<訴え>，丘々
2 主はその民を<訴え>，イスラエルと

7: 9 主が私の<訴え>を取り上げ，私を正
ハバ 2: 1 私の<訴え>に何と答えるかを見よう．
ゼカ 3: 1 彼を<訴え>ようとしてその右手に立
マタ 12:10 イエスを<訴える>ためであった．
27:12 長老たちから<訴え>がなされたとき
マコ 15: 3 イエスをきびしく<訴え>た．
4 あんなにまであなたを<訴え>ている
ルカ 6: 7 彼を<訴える>口実を見つけるためで
23:10 イエスを激しく<訴え>ていた．
14 あなたがたが<訴え>ているような罪
ヨハ 5:45 あなたがたを<訴え>ようとしている
と…<訴える>者は…モーセです．
使徒 18:14 あなたがたの<訴え>を取り上げもし
19:38 互いに<訴え>出たらよいのです．
23:28 どんな理由で彼が<訴え>られたかを
30 <訴える>者たちには，閣下の前で彼
24: 1 パウロを総督に<訴え>た．
8 私たちが彼を<訴え>ております事が
19 自分で閣下の前に来て<訴える>べき
25: 2 パウロのことを<訴え>出て，
11 私を<訴え>ていることに一つも根拠
15 その男のことを私に<訴え>出て，罪
16 彼を<訴え>た者の面前で<訴え>に対
27 囚人を送るのに，その<訴え>の個条
26: 2 私がユダヤ人に<訴え>られているす
28:19 私の同胞を<訴え>ようとしたのでは
ロマ 8:33 神に選ばれた人々を<訴える>のはだ
11: 2 彼はイスラエルを神に<訴え>てこう
Ⅰコリ 6: 1 聖徒たちに<訴え>ないで…正しくな
い人たちに<訴え>出るような人がい
7 そもそも，互いに<訴え>合うことが，
Ⅱペテ 2:11 主の御前に彼らをそしって<訴える>
黙示 12:10 神の御前で<訴え>ている者が投げ落

▼うつりいくかげ（移り行く影）
ヤコ 1:17 父には…<移り行く影>はありません．

▼うつりかわり（移り変わり）
ヤコ 1:17 父には<移り変わり>や，移り行く影

▼うつる（映る）
箴言 27:19 顔が，水に<映る>顔と同じように，
Ⅰコリ 13:12 鏡にぼんやり<映る>ものを見ていま

▼うつる（移る），移ろう【別項】移り変わり
創世 20: 1 そこからネゲブの地方へ<移>り，カ
33:17 ヤコブはスコテへ<移>って行き，そ
出エ 14:19 神の使いは，<移>って，彼らのあと
申命 31:18 ほかの神々に<移>って行って行った
Ⅰサム 14:23 戦いはベテ・アベンに<移>った．
詩篇 46: 2 山々が海のまなかに<移>ろうとも．
90: 5 朝，彼らは<移ろう>草のようです．
6 また<移ろ>い，夕べには，しおれて
イザ 54:10 たとい山々が<移>り…わたしの変わ
らぬ愛はあなたから<移>らず，わた
エゼ 12: 3 昼のうちに<移>れ…今いる所から他
の所へ<移>れ．もしかしたら，彼ら
マタ 17:20 あそこに<移>れ』と言えば<移る>の
ヨハ 5:24 死からいのちに<移>っているのです．
ガラ 1: 6 ほかの福音に<移>って行くのに驚い
Ⅰヨハ 3:14 自分が死からいのちに<移>ったこと

▼うつわ（器）【別項】土の器
ヨシ 6:19 および青銅の<器>，鉄の<器>はすべ
Ⅱサム 1:27 戦いの<器>はうせた．」
Ⅱ列 4: 3 <器>を借りて来なさい．からの<器>
詩篇 31:12 こわれた<器>のようになりました．
箴言 20:15 知識のくちびるが宝の<器>．
伝道 12: 6 金の<器>は打ち砕かれ，水がめは泉
イザ 13: 5 主とその憤りの<器>だ．
52:11 主の<器>をになう者たち．
65: 4 汚れた肉の吸い物を<器>に入れ，
66:20 ささげ物をきよい<器>に入れて主の
エレ 14: 3 水は見つからず，からの<器>のまま
18: 4 制作中の<器>を自分の手でこわし…
気に入ったほかの<器>に作り替えた．
19:11 陶器師の<器>が砕かれると，二度と
22:28 だれにも喜ばれない<器>なのか．な
40:10 油を集めて，自分の<器>に納め，あ
51:34 私をかき乱して，からの<器>にした．
ダニ 5: 2 銀の<器>を持って来るように命じた．
王とその貴人たち…がその<器>で飲
ホセ 8: 8 だれにも喜ばれない<器>のようだ．
マタ 13:48 良いものは<器>に入れ，悪いものは
ルカ 8:16 それを<器>で隠したり，寝台の下に
使徒 9:15 わたしの選びの<器>です．
ロマ 6:13 その手足を義の<器>として神にささ
9:21 尊いことに用いる<器>でも…つまら
ないことに用いる<器>でも作る権利
22 その滅ぼされるべき怒りの<器>を，
23 あわれみの<器>に対して，その豊か
Ⅱテモ 2:20 大きな家には，金や銀の<器>だけで
21 その人は尊いことに使われる<器>と
Ⅰペテ 3: 7 自分よりも弱い<器>だということを

う

▼ うで（腕），御腕
創世 49:24 彼の<腕>はすばやい．これはヤコブ
出エ 6: 6 伸ばした<腕>と大いなるさばきとに
15:16 あなたの偉大な<御腕>により，彼ら
申命 4:34 伸べられた<腕>と，恐ろしい力とを
33:27 永遠の<腕>が下に．あなたの前から
士師 15:14 彼の<腕>にかかっていた綱は火のつ
Ⅰサム 2:31 わたしがあなたの<腕>と，あなたの
父の家の<腕>とを切り落とし，あな
Ⅱ歴 6:32 伸べられた<腕>のゆえに，遠方の地
ヨブ 22: 9 みなしごの<腕>を折った．
26: 2 力のない<腕>をどのようにして救っ
31:22 私の<腕>がつけ根から折れてもよい．
38:15 振りかざす<腕>は折られる．
40: 9 あなたには神のような<腕>があるの
詩篇 10:15 悪者と，よこしまな者の<腕>を折り，
18:34 私の<腕>を青銅の弓をも引けるよう
44: 3 自分の<腕>が彼らを救ったのでもあ
77:15 あなたは<御腕>をもって，ご自分の
83: 8 彼らはロトの子らの<腕>となりまし
89:10 あなたの敵を力ある<御腕>によって
13 あなたは力ある<腕>を持っておられ
98: 1 その聖なる<御腕>とが，主に勝利を
136:12 差し伸ばされた<腕>をもって．その
雅歌 8: 6 封印のようにあなたの<腕>につけて
イザ 9:20 おのおの自分の<腕>の肉を食べる．
30:30 <御腕>の下るのを示される．
33: 2 朝ごとに，私たちの<腕>となり，苦
40:10 その<御腕>で統べ治める．見よ．そ
11 <御腕>に子羊を引き寄せ，ふところ
48:14 主の<御腕>はカルデヤ人に向かう．
51: 9 力をまとえ．主の<御腕>よ．さめよ．
52:10 聖なる<御腕>を現した．地の果て果
53: 1 主の<御腕>は，だれに現れたのか．
59:16 ご自分の<御腕>で救いをもたらし，
62: 8 主は右の手と，力強い<腕>によって
63: 5 そこで，わたしの<腕>で救いをもた
エレ 17: 5 人間に信頼し，肉を自分の<腕>とし，
32:17 伸ばした<御腕>とをもって天と地を
21 伸べた<御腕>と，大いなる恐れとを
48:25 モアブ…その<腕>は砕かれた…主の
エゼ 4: 7 <腕>をまくり，これに向かって預言
13:20 あなたがたの<腕>からもぎ取り，あ
30:21 エジプトの王パロの<腕>を砕いた．
ダニ 10: 6 その<腕>と足は，みがきあげた青銅
ホセ 11: 3 エフライム…彼らを<腕>に抱いた．
ゼカ 11:17 剣がその<腕>とその右の目を打ち，
マコ 9:36 ひとりの子どもを…<腕>に抱き寄せ
ヨハ 12:38 主の<御腕>はだれに現されましたか

▼ うでわ（腕輪），腕飾り
創世 24:22 重さ10シェケルの二つの金の<腕輪>
民数 31:50 すなわち<腕飾り>，<腕輪>，指輪，
Ⅱサム 1:10 腕についていた<腕輪>を取って，こ
イザ 3:19 耳輪，<腕輪>，ベール，

▼ うとい
ロマ 16:19 悪には<うと>くあってほしい，と望

▼ うとむ
エレ 4:30 恋人たちは，あなたを<うと>み，あ

▼ うなじ
創世 49: 8 あなたの手は敵の<うなじ>の上にあ
出エ 32: 9 これは，実に<うなじ>のこわい民だ．
33: 3 あなたがたは<うなじ>のこわい民で
申命 9: 6 あなたは<うなじ>のこわい民である
31:27 あなたが<うなじ>のこわい者である
Ⅱ列 17:14 先祖たちよりも，<うなじ>のこわい
Ⅱ歴 30: 8 自分の父たちのように<うなじ>のこ
36:13 彼は<うなじ>のこわい者となり，心
ネヘ 9:16 <うなじ>をこわくし，あなたの命令
エレ 7:26 <うなじ>のこわい者となって，先祖
19:15 彼らが<うなじ>のこわい者となって，

▼ うなだれる
詩篇 42: 5 なぜ，おまえは<うなだれ>ているの
か．6，11，43:5．

▼ ウニ〔人名〕
ダビデの時代のレビ人．Ⅰ歴15:18，20．
捕囚から帰ってきたレビ人．ネヘ12:9．

▼ うぬぼれ，うぬぼれる
Ⅰサム 17:28 おまえの<うぬぼれ>と悪い心がわか
ハバ 2: 4 彼の心は<うぬぼれ>ていて，まっす

▼ うば
創世 24:59 妹リベカとその<うば>を，アブラハ
出エ 2: 7 ヘブル女の<うば>を呼んでまいりま
民数 11:12 <うば>が乳飲み子を抱きかかえるよ
Ⅱサム 4: 4 <うば>がこの子を抱いて逃げるとき，
Ⅱ列 11: 2 彼とその<うば>とを寝具をしまう小
3 彼は<うば>とともに，主の宮に6年
イザ 49:23 王妃たちはあなたの<うば>となる．

▼ うばいかえす（奪い返す）
詩篇 35:17 若い獅子から，<奪い返し>てくださ
イザ 49:25 奪われた物も<奪い返さ>れる．あな

▼ **うばう**（奪う）【別項】奪い返す
創世 21:25 <奪>い取った井戸のことでアビメレ
レビ 26:22 それらはあなたがたから子を<奪>い,
Ⅰサム 4:11 神の箱は<奪>われ，エリのふたりの
15:33 あなたの母は，子を<奪>われる.」
Ⅱサム 17: 8 野で子を<奪>われた雌熊のように気
19:41 なぜ，あなたを<奪>い去り，王とそ
Ⅱ列 21:14 敵のえじきとなり，<奪>い取られる.
ヨブ 24:19 ひでりと暑さは雪の水を<奪>い，よみは罪を犯した者を<奪う>.
詩篇 7: 4 ゆえなく<奪>ったのなら,
89:41 彼から<奪>い取り，彼は隣人のそし
箴言 22:27 寝床を<奪>い取ってもよかろうか.
雅歌 4: 9 あなたは私の心を<奪>った．あなた
イザ 10:13 彼らのたくわえを<奪>い，全能者の
17:14 私たちから<奪>い取る者たちの分け
42:24 だれが，ヤコブを，<奪>い取る者に
哀歌 1:20 外では剣が子を<奪>い，家の中は死
ダニ 7:12 残りの獣は，主権を<奪>われたが,
アモ 4:10 あなたがたの馬を<奪>い去り，あな
ナホ 2: 9 銀を<奪>え．金も<奪>え．その財宝
ハバ 2: 7 あなたは彼らに<奪>い取られる.
マタ 11:12 激しく攻める者たちがそれを<奪>い
12:29 家財を<奪>い取ろうとするなら，ま
13:19 心に蒔かれたものを<奪>って行きま
ルカ 6:29 上着を<奪>い取る者には，下着も拒
ヨハ 10:12 狼は羊を<奪>い，また散らすのです.
28 わたしの手から彼らを<奪>い去るよ
29 父の御手から彼らを<奪>い去ること
11:48 土地も国民も<奪>い取ることになる.
使徒 5: 3 あなたはサタンに心を<奪>われ，聖
Ⅰコリ 9:15 自分の誇りをだれかに<奪>われるよ
Ⅱコリ 11: 8 私は他の諸教会から<奪>い取って,
ヘブ 10:34 自分の財産が<奪>われても，喜んで
黙示 3:11 あなたの冠をだれにも<奪>われない
6: 4 地上から平和を<奪>い取ることが許

▼ **うばめがし**
イザ 44:14 <うばめがし>や樫の木を選んで，林

▼ **ウファズ**〔地名〕
金の産地．位置不明．エレ10:9，ダニ10:5.

▼ **うま**（馬）【別項】青ざめた馬，赤い馬，馬の門，黒い馬，白い馬，火の馬
創世 49:17 ダンは…<馬>のかかとをかむ．それ
申命 17:16 王は，自分のために決して<馬>を多くふやしてはならない．<馬>をふや
ヨシ 11: 6 彼らの<馬>の足の筋を切り，彼らの
Ⅰ列 4:26 ソロモンは戦車用の<馬>のための馬
28 引き<馬>や早馬のために…<馬>のい
10:28 ソロモンの所有していた<馬>は，エ
18: 5 たぶん，<馬>と騾馬とを生かしてお
Ⅱ列 23:11 ユダの王たちが太陽に献納した<馬>
Ⅱ歴 1:16 ソロモンの所有していた<馬>は，エ
エズ 2:66 彼らの<馬>は736頭．彼らの騾馬は
エス 6:11 ハマンは王服と<馬>を取って来て…彼を<馬>に乗せて町の広場に導き,
ヨブ 39:18 <馬>とその乗り手をあざ笑う.
19 あなたが<馬>に力を与えるのか．そ
詩篇 20: 7 ある者は<馬>を誇る．しかし，私た
32: 9 悟りのない<馬>や騾馬のようであっ
76: 6 騎手も<馬>も，深い眠りに陥りまし
147:10 神は<馬>の力を喜ばず，歩兵を好ま
箴言 21:31 <馬>は戦いの日のために備えられる.
26: 3 <馬>には，むち．ろばには，くつわ.
伝道 10: 7 奴隷たちが<馬>に乗り，君主たちが
イザ 2: 7 その国は<馬>で満ち，その戦車も数
31: 1 彼らは<馬>にたより，多数の戦車と,
エレ 8:16 ダンから<馬>の鼻息が聞こえる．そ
エゼ 17:15 <馬>と多くの軍勢を得ようとした.
23:20 <馬>の精力のような精力を持つ彼ら
ホセ 1: 7 <馬>，騎兵によって彼らを救うので
14: 3 私たちはもう，<馬>にも乗らず，自
ヨエ 2: 4 その有様は<馬>のようで，軍馬のよ
アモ 6:12 <馬>は岩の上を走るだろうか．人は
ハバ 1: 8 その<馬>は，ひょうよりも速く，日
ゼカ 6: 7 この強い<馬>が出て行き，地を駆け
10: 3 彼らを戦場のすばらしい<馬>のよう
12: 4 すべての<馬>を打って盲目にする.
14:20 <馬>の鈴の上には，「主への聖なる
使徒 23:24 送り届けるように，<馬>の用意もさ
ヤコ 3: 3 <馬>を御するために，くつわをその
黙示 9: 7 出陣の用意の整った<馬>に似ていた.
19 <馬>の力はその口とその尾とにあっ
19:19 <馬>に乗った方とその軍勢と戦いを

▼ **うまのもん**（馬の門）
Ⅱ歴 23:15 彼女が<馬の門>の出入口を通って，王宮に．ネヘ3:28，エレ31:40.

▼ **うまや**（馬屋）
Ⅰ列 4:26 ソロモンは…<馬屋>４万，騎兵１万
Ⅱ歴 9:25 ソロモンは４千の<馬屋>と戦車，お

▼うまれこきょう（生まれ故郷）
創世 11:28 ハランは…<生まれ故郷>であるカル
12: 1 あなたの<生まれ故郷>，あなたの父
24: 4 私の<生まれ故郷>に行き，私の息子
7 私の<生まれ故郷>から連れ出し，私
32: 9 あなたの<生まれ故郷>に帰れ．わた
民数 10:30 私の<生まれ故郷>に帰ります.」
エレ 46:16 民のところ，<生まれ故郷>に帰ろう．

▼うまれつき（生まれつき），生まれつく
マタ 19:12 そのように<生まれつ>いた独身者が
ヨハ 9: 1 <生まれつき>の盲人を見られた．
2 彼が盲目に<生まれつ>いたのは，だ
使徒 3: 2 <生まれつき>足のなえた人が運ばれ
ロマ 2:14 異邦人が，<生まれつき>のままで律
ヤコ 1:23 自分の<生まれつき>の顔を鏡で見る
ユダ 19 分裂を起こし，<生まれつき>のまま

▼うまれる（生まれる），生まれ
創世 14:14 彼の家で<生まれ>たしもべども318
15: 4 あなた自身から<生まれ>出て来る者
17:12 <生まれ>て8日目に，割礼を受けな
ければならない．家で<生まれ>たし
17 100歳の者に子どもが<生まれ>よう
31:13 あなたの<生まれ>た国に帰りなさい．
46:26 ヤコブから<生まれ>た子でエジプト
出エ 1:22 <生まれ>た男の子はみな，ナイルに
12:19 この国に<生まれ>た者でも，その者
49 このおしえは，この国に<生まれ>た
13:12 すべて最初に<生まれる>者を…あな
たの家畜から<生まれる>初子もみな，
28:10 一つの石に，<生まれ>た順に刻む．
34:19 最初に<生まれる>ものは，すべて，
レビ 23:42 イスラエルで<生まれ>た者はみな，
申命 7:13 主はあなたの身から<生まれる>者，
23: 8 彼らに<生まれ>た子どもたちは，三
28: 4 あなたの身から<生まれる>者も，地
ヨシ 5: 5 荒野で<生まれ>た民は，だれも割礼
ルツ 2:11 あなたの父母や<生まれ>た国を離れ
4:17 ナオミに男の子が<生まれ>た」と言
Ⅰ列 13: 2 男の子がダビデの家に<生まれる>．
Ⅱ列 19: 3 子どもが<生まれ>ようとするのに，
ヨブ 3: 3 私の<生まれ>た日は滅びうせよ．
11:12 野ろばの子も，人として<生まれる>．
14: 1 女から<生まれ>た人間は，日が短く，
15: 7 あなたは最初に<生まれ>た人か．あ
14 女から<生まれ>た者が，どうして，
正しくありえようか．25:4．
38:29 氷はだれの胎から<生まれ>出たか．
詩篇 22:31 <生まれ>てくる民に告げ知らせよう．
51: 5 私は咎ある者として<生まれ>，罪あ
58: 3 <生まれ>たときからさまよっている．
90: 2 山々が<生まれる>前から，あなたが
箴言 17:17 苦しみを分け合うために<生まれる>．
伝道 3: 2 <生まれる>のに時があり，死ぬのに
7: 1 死の日は<生まれる>日にまさる．
イザ 9: 6 ひとりのみどりごが…<生まれる>．
66: 8 国は一瞬にして<生まれ>ようか．と
エレ 2:14 それとも家に<生まれ>たしもべなの
20:14 私の<生まれ>た日は，のろわれよ．
エゼ 16: 4 あなたの<生まれ>は，あなたが<生
まれ>た日に，へその緒を切る者も
5 あなたの<生まれ>た日に，あなたは
ホセ 2: 3 <生まれ>た日のようにして彼女をさ
マタ 1:16 ヨセフが<生まれ>た…イエスはこの
マリヤからお<生まれ>になった．
2: 1 ユダヤのベツレヘムでお<生まれ>に
4 キリストはどこで<生まれる>のかと
26:24 そういう人は<生まれ>なかったほう
ルカ 1:35 <生まれる>者は，聖なる者，神の子
2:11 救い主がお<生まれ>になりました．
ヨハ 1:13 ただ，神によって<生まれ>たのであ
3: 3 人は，新しく<生まれ>なければ，神
4 どのようにして<生まれる>ことが…
母の胎に入って<生まれる>ことがで
5 人は，水と御霊によって<生まれ>な
6 肉によって<生まれ>た者は肉です．
御霊によって<生まれ>た者は霊です．
7 新しく<生まれ>なければならない，
8:41 不品行によって<生まれ>た者ではあ
58 アブラハムが<生まれる>前から，わ
9:34 おまえは全く罪の中に<生まれ>てい
16:21 ひとりの人が世に<生まれ>た喜びの
18:37 真理のあかしをするために<生まれ>，
使徒 22: 3 タルソで<生まれ>たユダヤ人ですが，
28 私は<生まれ>ながらの市民です」と
ロマ 1: 3 ダビデの子孫として<生まれ>，
9:11 その子どもたちは，まだ<生まれ>て
Ⅰコリ 2:14 <生まれ>ながらの人間は，神の御霊
ガラ 2:15 <生まれ>ながらのユダヤ人であって，
4: 4 この方を，女から<生まれ>た者，ま
23 女奴隷の子は肉によって<生まれ>，

自由の女の子は…<生まれ>たのです.
エペ 2: 3 <生まれ>ながら御怒りを受けるべき
Iペテ 1: 3 私たちを新しく<生まれ>させて，生
23 あなたがたが新しく<生まれ>たのは，
2: 2 <生まれ>たばかりの乳飲み子のよう
Iヨハ 3: 9 だれでも神から<生まれ>た者は…そ
の人は神から<生まれ>たので，罪を
5: 1 神によって<生まれ>たのです…その
方によって<生まれ>た者をも愛しま
18 神によって<生まれ>た者はだれも罪
を犯さない…神から<生まれ>た方が

▼うみ（海），海辺【別項】葦の海・葦の海の道，大海，ガラスの海，塩の海，西の海，東の海

創世 1:10 水の集まった所を<海>と名づけられ
22:17 <海辺>の砂のように数多く増し加え
出エ 14:21 モーセが手を<海>の上に差し伸ばすと，主は一晩中強い東風で<海>を退かせ，<海>を陸地とされた．それで
15: 1 馬と乗り手とを<海>の中に投げ込ま
民数 11:31 <海>の向こうからうずらを運んで来
申命 30:13 これは<海>のかなたにあるのではな
33:19 彼らが<海>の富と，砂に隠されてい
IIサム 22:16 こうして，<海>の底が現れ，地の基
I列 9:27 <海>に詳しい水夫たちを，ソロモン
10:22 王は<海>に，ヒラムの船団のほか，
18:43 上って行って，<海>のほうを見てく
44 小さな雲が<海>から上っています」
II列 25:13 台と，<海>とを砕いて…バビロンへ
II歴 4: 2 鋳物の<海>を作った．縁から縁まで
ネヘ 9: 6 <海>とその中のすべてのものを造り，
11 彼らの前で<海>を分けたので…<海>の中のかわいた地を…彼らの追っ手を<海>の深みに投げ込まれました.
エス 10: 1 本土と<海>の島々に苦役を課した.
ヨブ 7:12 私は<海>でしょうか，<海>の巨獣で
9: 8 神は…<海>の大波を踏まれる.
12: 8 <海>の魚もあなたに語るだろう.
28:14 <海>は言う.「私のところにはない.」
38: 8 <海>がふき出て，胎内から流れ出た
16 あなたは<海>の源まで行ったことが
41:31 <海>を香油をかき混ぜるなべのよう
詩篇 8: 8 <海>の魚，海路を通うものも.
24: 2 主は，<海>に地の基を据え，また，
33: 7 主は<海>の水をせきのように集め，
36: 6 あなたのさばきは深い<海>のようで
46: 2 地は変わり山々が<海>のまなかに移
66: 6 神は<海>を変えて，かわいた地とさ
68:22 わたしは<海>の底から連れ帰る.
72: 8 彼は<海>から<海>に至るまで，また，
78:13 神は<海>を分けて彼らを通らせ，せ
27 翼のある鳥をも<海辺>の砂のように
107:24 深い<海>でその奇しいわざを見た.
114: 3 <海>は見て逃げ去り，ヨルダン川は
139: 9 暁の翼をかって，<海>の果てに住ん
箴言 8:29 <海>にその境界を置き，水がその境
23:34 <海>の真ん中で寝ている人のように，
30:19 <海>の真ん中にある舟の道，おとめ
伝道 1: 7 川はみな<海>に流れ込むが，<海>は
イザ 10:22 イスラエルが<海辺>の砂のようであ
26 杖を<海>にかざして，エジプトにし
11: 9 <海>をおおう水のように，地を満た
11 <海>の島々から買い取られる.
15 エジプトの<海>の入江を干上がらせ，
21: 1 <海>の荒野に対する宣告．ネゲブに
27: 1 <海>にいる竜を殺される.
43:16 <海>の中に道を，激しく流れる水の
48:18 あなたの正義は<海>の波のようにな
57:20 悪者どもは，荒れ狂う<海>のようだ.
63:11 彼らを<海>から上らせた方は，どこ
エレ 5:22 わたしは砂を，<海>の境とした．越
33:22 <海>の砂が量れないように，わたし
46:18 <海>のほとりのカルメルのように，
48:32 おまえのつるは伸びて<海>を越えた．ヤゼルの<海>に達した．おまえの夏
51:36 わたしはその<海>を干上がらせ，そ
哀歌 2:13 あなたの傷は<海>のように大きい.
エゼ 38:20 <海>の魚も，空の鳥も，野の獣も，
47: 8 アラバに下り，<海>に入る．<海>に
ダニ 7: 3 4頭の大きな獣が<海>から上がって
11:45 彼は，<海>と聖なる麗しい山との間
ホセ 1:10 イスラエル人の数は，<海>の砂のよ
アモ 8:12 彼らは<海>から<海>へとさまよい歩
9: 3 <海>の底に身を隠しても，わたしは
ヨナ 1: 4 主は大風を<海>に吹きつけられた．<海>に激しい暴風が起こり，
9 私は<海>と陸を造られた天の神，主
ミカ 7:12 <海>から<海>まで，山から山まで，
19 すべての罪を<海>の深みに投げ入れ
ナホ 1: 4 主は<海>をしかって，これをからし，

3: 8 その塁は<海>，その城壁は水.
ハバ 1:14 あなたは人を<海>の魚のように，治
3: 8 あなたの憤りを<海>に向けられるの
ハガ 2: 6 もう一度…<海>と陸とを揺り動かす.
ゼカ 9: 4 その塁を打ち倒して<海>に入れる.
マタ 13:47 天の御国は，<海>におろしてあらゆ
21:21 山に向かって，『動いて，<海>に入
23:15 <海>と陸とを飛び回り，改宗者がで
使徒 4:24 主よ．あなたは天と地と<海>とその
27:40 錨を切って<海>に捨て，同時にかじ
ロマ 9:27 <海べ>の砂のようであっても，救わ
Ｉコリ 10: 1 私たちの父祖たちはみな…<海>を通
2 雲と<海>とで，モーセにつくバプテ
ヤコ 1: 6 揺れ動く，<海>の大波のようです.
ユダ 13 <海>の荒波，さまよう星です．まっ
黙示 10: 2 右足は<海>の上に，左足は地の上に
12:12 しかし，地と<海>とには，わざわい
13: 1 <海>から１匹の獣が上って来た．こ
14: 7 <海>と水の源を創造した方を拝め.」
16: 3 <海>の中のいのちのあるものは，み
20:13 <海>はその中にいる死者を出し，死
21: 1 地は過ぎ去り，もはや<海>もない.

▼うみじ（海路）→かいろ

▼うみぞい（海沿い）

創世 10: 5 これらから<海沿い>の国々が分かれ
イザ 9: 1 後には<海沿い>の道，ヨルダン川の

▼うみだい（産み台）

出エ 1:16 <産み台>の上を見て，もしも男の子

▼うみのくるしみ（産みの苦しみ）

申命 32:18 <産みの苦しみ>をした神を忘れてし
イザ 21: 3 女の<産みの苦しみ>のような苦しみ
26:18 私たちもみごもり，<産みの苦しみ>
66: 7 彼女は<産みの苦しみ>をする前に産
マタ 24: 8 <産みの苦しみ>の初めなのです.
ロマ 8:22 ともにうめきともに<産みの苦しみ>
ガラ 4:19 私は再び…<産みの苦しみ>をしてい
Ｉテサ 5: 3 妊婦に<産みの苦しみ>が臨むような
黙示 12: 2 <産みの苦しみ>と痛みのために，叫

▼うむ（生む，産む），生（産）み出す

創世 1:28 <生>めよ．ふえよ．地を満たせ．地
3:16 苦しんで子を<産>まなければならな
5: 3 彼のかたちどおりの子を<生>んだ.
16: 1 サライは，彼に子どもを<産>まなか
17:17 90歳の女が子を<産む>ことができよ
20 彼は12人の族長たちを<生む>．わた
21 サラがあなたに<産む>イサクと，わ
49:21 ナフタリは…美しい子鹿を<産む>.
出エ 1:19 助産婦が行く前に<産>んでしまうの
2: 2 男の子を<産>んだが…３か月の間そ
民数 11:12 私が彼らを<生>んだのでしょうか.
申命 28:57 自分が<産>んだ子どもさえ，何もか
32:18 自分を<生>んだ岩をおろそかにし，
33:14 月が<生>み出す賜物，
Ｉサム 2: 5 不妊の女が７人の子を<産>み，多く
4:19 身をかがめて子を<産>んだ.
Ⅱサム 12:15 ダビデに<産>んだ子を打たれたので，
Ⅱ列 19: 3 それを<産>み出す力がないのです.
20:18 あなたの<生む>，あなた自身の息子
Ｉ歴 1:34 アブラハムはイサクを<生>んだ．イ
ヨブ 15:35 害毒をはらみ，悪意を<生>み，その
21:10 雌牛は，子を<産>んで，仕損じがな
38:28 露のしずくはだれが<生>んだか.
29 空の白い霜はだれが<生>んだか.
39: 1 岩間の野やぎが子を<産む>時を知っ
ているか．雌鹿が子を<産む>のを見
詩篇 2: 7 きょう，わたしがあなたを<生>んだ.
7:14 害毒をはらみ，偽りを<生む>.
90: 2 地と世界とを<生>み出す前から，ま
113: 9 主は子を<産>まない女を，子をもっ
箴言 17:21 愚かな者を<生む>者には悲しみがあ
25 これを<産>んだ母の痛みである.
23:22 あなたを<生>んだ父の言うことを聞
24 知恵のある子を<生>んだ者はその子
25 あなたを<産>んだ母を楽しませよ.
雅歌 4:13 あなたの<産>み出すものは，最上の
6: 9 彼女を<産>んだ者の愛する子．娘た
イザ 7:14 男の子を<産>み，その名を『インマ
33:11 枯れ草をはらみ，わらを<産む>．あ
34:15 蛇もそこに巣を作って卵を<産>み，
42:14 今は，子を<産む>女のようにうめき，
51: 2 あなたがたを<産>んだサラのことを
59: 4 害毒をはらみ，悪意を<産む>.
66: 7 男の子を<産>み落とした.
9 わたしが<産>み出させるようにしな
がら，<産>ませないだろうか…わた
しは<産>ませる者なのに，胎を閉ざ
エレ 50:12 あなたがたを<産>んだ者ははずかし
哀歌 2:20 女が，自分の<産>んだ子，養い育て
ホセ 9:11 もう<産む>ことも，みごもることも，
13:13 子を<産む>女のひどい痛みが彼を襲

マタ 1:21 マリヤは男の子を<産>みます．その
ルカ 1:13 エリサベツは男の子を<産>みます．
2: 7 男子の初子を<産>んだ．それで，布
11:27 あなたを<産>んだ腹…吸った乳房は
ヨハ 16:21 女が子を<産む>ときには，その時が来たので苦しみます．しかし，子を<産>んでしまうと…生まれた喜びの
使徒 13:33 きょう，わたしがあなたを<生>んだ
ロマ 5: 3 それは，患難が忍耐を<生>み出し，
4 忍耐が練られた品性を<生>み出し…希望を<生>み出すと知っているから
Ⅰコリ 4:15 福音によって…あなたがたを<生>ん
Ⅰテモ 2:15 子を<産む>ことによって救われます．
ピレ 10 獄中で<生>んだわが子オネシモのこ
ヘブ 1: 5 きょう，わたしがあなたを<生>んだ．
ヤコ 1:15 欲がはらむと罪を<生>み，罪が熟すると死を<生>みます．
黙示 12: 4 竜は子を<産>もうとしている女の前に立っていた．彼女が子を<産>んだ

▼うめき，うめき声，うめく

創世 3:16 あなたの<うめき>と苦しみを大いに
ヨブ 3:24 私の<うめき声>は水のようにあふれ
23: 2 私はそむく心で<うめ>き，私の手は
詩篇 5: 1 私の<うめき>を聞き取ってください．
22: 1 私の<うめき>のことばにも．
32: 3 一日中，<うめ>いて，私の骨々は疲
79:11 捕らわれ人の<うめき>が御前に届き
102:20 捕らわれ人の<うめき>を聞き，死に
イザ 29: 2 そこには<うめき>と嘆きが起こり，
38:14 鳩のように，<うめ>きました．私の
59:11 鳩のように<うめ>きに<うめく>．公
エレ 22:23 あなたはどんなに<うめく>ことだろ
哀歌 1: 4 祭司たちは<うめ>き，おとめたちは
2: 5 ユダの娘の中に<うめき>と嘆きをふ
エゼ 30:24 彼は刺された者が<うめく>ようにバビロンの王の前で<うめく>．
ヨエ 1:18 家畜が<うめ>いていることよ．牛の
使徒 7:34 民の苦難を見，その<うめき声>を聞
ロマ 8:22 ともに<うめ>きともに産みの苦しみ
Ⅱコリ 5: 2 私たちはこの幕屋にあって<うめ>き，
4 私たちは重荷を負って，<うめ>いて

▼うやまう（敬う）

創世 34:19 父の家のだれよりも彼は<敬>われて
出エ 20:12 あなたの父と母を<敬>え．あなたの
レビ 19:32 老人の前では起立し，老人を<敬>い，
申命 5:16 あなたの父と母を<敬>え．あなたの
Ⅰサム 9: 6 この人は<敬>われている人です．こ
Ⅱサム 6:22 はしためたちに，<敬>われたいのだ．
10: 3 彼が父君を<敬>っているとでもお考
ネヘ 1:11 あなたの名を喜んで<敬う>あなたの
ヨブ 8:13 神を<敬>わない者の望みは消えうせ
13:16 神を<敬>わない者は，神の前に出る
15:34 神を<敬>わない者の仲間には実りが
20: 5 神を<敬>わない者の楽しみはつかの
27: 8 神を<敬>わない者の望みはどうなる
34:30 神を<敬>わない人間が治めないため
36:13 心で神を<敬>わない者は，怒りをた
箴言 14:31 …者をあわれむ者は造り主を<敬う>．
伝道 8:13 彼らは神を<敬>わないからだ．
イザ 9:17 みなが神を<敬>わず，悪を行い，す
10: 6 これを神を<敬>わない国に送り，わ
32: 6 神を<敬>わず，主に向かって迷いご
33:14 神を<敬>わない者は恐怖に取りつか
哀歌 4:16 長老たちも<敬>われなかった．
マラ 1: 6 子は父を<敬>い，しもべはその主人を<敬う>．もし，わたしが父である
マタ 15: 4 神は『あなたの父と母を<敬>え』，
8 口先ではわたしを<敬う>が，その心
19:19 父と母を<敬>え．あなたの隣人をあ
21:37 私の息子なら，<敬>ってくれるだろ
マコ 7:10 モーセ…『あなたの父と母を<敬>え』，
12: 6 私の息子なら，<敬>ってくれるだろ
ルカ 20:13 彼らも，この子はたぶん<敬>ってく
ヨハ 5:23 すべての者が，父を<敬う>ように子を<敬う>ためです．子を<敬>わない者は，子を遣わした父をも<敬>いま
8:49 わたしは父を<敬>っています．しか
9:31 しかし，だれでも神を<敬>い，その
使徒 13:43 多くのユダヤ人と神を<敬う>改宗者
50 神を<敬う>貴婦人たちや町の有力者
16:14 神を<敬う>，ルデヤという女が聞い
17: 4 神を<敬う>ギリシヤ人が大ぜいおり，
17 会堂ではユダヤ人や神を<敬う>人た
18: 7 神を<敬う>テテオ・ユストという人
ロマ 13: 7 <敬>わなければならない人を<敬>い
エペ 5:33 妻もまた自分の夫を<敬>いなさい．
6: 2 あなたの父と母を<敬>え．」これは
Ⅰテモ 5: 3 ほんとうのやもめを<敬>いなさい．
ヘブ 12: 9 しかも私たちは彼らを<敬>ったので
Ⅰペテ 2:17 すべての人を<敬>いなさい．兄弟た

う

4:18 神を<敬>わない者や罪人たちは，い

▼ ウラ〔人名〕

アシェルの子で勇士．I 歴7:39.

▼ ウライ〔地名〕

シュシャン付近の川．ダニ8:2，16.

▼ うらぎる（裏切る），裏切り，裏切り者

創世 21:23 私の親類縁者たちをも<裏切>らない
出エ 21: 8 彼は彼女を<裏切>ったのであるから
士師 9:23 アビメレクを<裏切>った．
I サム 14:33 あなたがたは<裏切>った．今ここに
29: 4 戦いの最中に…<裏切る>といけませ
I 列 21:25 アハブのように，<裏切>って主の目
ヨブ 6:15 兄弟たちは川のように<裏切>った．
41: 9 見よ．その望みは<裏切>られる．そ
詩篇 25: 3 ゆえもなく<裏切る>者は恥を見ます．
59: 5 悪い<裏切り者>は，だれをもあわれ
73:15 …の子らの世代の者を<裏切>ったこ
78:57 先祖たちのように<裏切り>をし，た
119:158 私は<裏切る>者どもを見て，彼らを
箴言 2:22 <裏切り者>は地から根こぎにされる．
11: 3 <裏切り者>のよこしまは，その人を
6 <裏切り者>は，自分の欲によって捕
13: 2 <裏切り者>は暴虐を食べる．
15 <裏切り者>の行いは荒い．
21:18 <裏切り者>が直ぐな人の身代わりと
22:12 <裏切り者>のことばをくつがえす．
23:28 人々の間に<裏切り者>を多くする．
25:19 <裏切り者>に拠り頼むのは，悪い歯
イザ 21: 2 <裏切る>者は<裏切>り，荒らす者は
24:16 <裏切る>者は<裏切>り，<裏切り者>
は，<裏切>り，<裏切>った．」
33: 1 自分は<裏切>られなかったのに，人
を<裏切る>あなたは…あなたが<裏
切り>をやめるとき…<裏切>られる．
48: 8 あなたがきっと<裏切る>こと，母の
エレ 3: 8 <裏切る>女，妹のユダは恐れもせず，
11 <裏切る>女ユダよりも正しかった．
20 妻が夫を<裏切る>ように，あなたが
たはわたしを<裏切>った．イスラエ
5:11 大いにわたしを<裏切>ったからだ．
9: 2 <裏切り者>の集会だから．
12: 1 <裏切り>を働く者が，みな安らかな
6 彼らさえ，あなたを<裏切>り，彼ら
31:22 <裏切り>娘よ．いつまで迷い歩くの
哀歌 1: 2 その友もみな彼女を<裏切>り，彼女
ホセ 5: 7 彼らは主を<裏切>り，他国の男の子
6: 7 その時わたしを<裏切>った．
ハバ 1:13 なぜ，<裏切り者>をながめておられ
ゼパ 3: 4 預言者たちは…<裏切る>者．その祭
マラ 2:10 なぜ私たちは，互いに<裏切>り合い，
11 ユダは<裏切>り，イスラエルとエル
14 あなたがその妻を<裏切>ったからだ．
15 あなたの若い時の妻を<裏切>っては
16 <裏切>ってはならない．
マタ 10: 4 イエスを<裏切>ったイスカリオテ・
24:10 互いに<裏切>り，憎み合います．
26:24 しかし，人の子を<裏切る>ような人
25 イエスを<裏切>ろうとしていたユダ
マコ 3:19 このユダが，イエスを<裏切>ったの
14:18 食事をしている者が…<裏切>ります．
21 しかし，人の子を<裏切る>ような人
ルカ 6:16 イエスを<裏切>ったイスカリオテ・
21:16 友人たちにまで<裏切>られます．中
22:21 わたしを<裏切る>者の手が，わたし
48 ユダ．口づけで，人の子を<裏切>ろ
ヨハ 6:64 <裏切る>者がだれであるかを，知っ
13:11 イエスはご自分を<裏切る>者を知っ
使徒 7:52 この正しい方を<裏切る>者，殺す者
II テモ 3: 4 <裏切る>者，向こう見ずな者，慢心

▼ うらない（占い），占い師，占いの霊

民数 22: 7 <占い>に通じているモアブの長老た
23:23 イスラエルのうちに<占い>はない．
申命 18:10 <占い>をする者，卜者，まじない師，
14 卜者や<占い師>に聞き従ってきたの
ヨシ 13:22 <占い師>のバラムをも剣で殺した．
I サム 6: 2 祭司たちと<占い師>たちを呼び寄せ
15:23 まことに，そむくことは<占い>の罪，
イザ 3: 2 勇士と戦士…<占い師>と長老，
44:25 <占い師>を狂わせ，知恵ある者を退
エレ 14:14 むなしい<占い>と，自分の心の偽り
27: 9 預言者，<占い師>…に聞くな．
エゼ 12:24 へつらいの<占い>もことごとく，イ
13: 6 まやかしの<占い>をして，『主の御
9 まやかしの<占い>をしている預言者
23 むなしい幻も…<占い>もできなくな
21:21 二つの道のに立って<占い>をしよ
22 右の手にエルサレムへの<占い>が当
ダニ 2:27 星<占い>も王に示すことはできませ
ミカ 3: 6 あなたがたには<占い>がない．太陽
7 <占い師>たちははずかしめを受ける．

11 預言者たちは金を取って<占い>をす
5:12 <占い師>をあなたのところからなく
ゼカ 10: 2 <占い師>は偽りを見，夢見る者はむ
使徒 16:16 <占いの霊>につかれた若い女奴隷に

▼ウラム〔人名〕

(1)ナフタリ人．シェレシュの子．Ⅰ歴7:16，17．
(2)サウルの子ヨナタンの子孫．Ⅰ歴8:39，40．

▼うらむ（恨む），恨み，恨み事

創世 27:41 あの祝福のことでヤコブを<恨>んだ．
50:15 ヨセフはわれわれを<恨>んで，われ
レビ 19:18 あなたの国の人々を<恨>んではなら
詩篇 55: 3 激しい怒りをもって私に<恨み>をい
マタ 5:23 もし兄弟に<恨>まれていることをそ
マコ 6:19 ヘロデヤはヨハネを<恨>み，彼を殺
11:25 だれかに対して<恨み事>があったら，

▼うらやむ

箴言 3:31 暴虐の者を<うらやむ>な．そのすべ
エゼ 31: 9 エデンの…木々は…<うらや>んだ．
ヤコ 4: 2 <うらや>んでも手に入れることがで

▼ウリ〔人名〕

(1)ユダ族のフルの子．出エ31:2，Ⅰ歴2:20．
(2)ソロモンの守護ゲベルの父．Ⅰ列4:19．
(3)捕囚帰還後の門衛．エズ10:24．

▼ウリエル〔人名〕

(1)レビ人．ケハテ族出身．Ⅰ歴6:24，15:5，11．
(2)ユダの王アビヤの母ミカヤの父．Ⅱ歴13:2．

▼ウリム

大祭司が主の前に出る時，胸当てに入れたもの．

出エ28:30，レビ8:8，民数27:21，申命33:8，Ⅰサム28:6，エズ2:63，ネヘ7:65．

▼ウリヤ〔人名〕

(1)ヘテ人．バテ・シェバの夫．Ⅱサム11:3，12:9，23:39，Ⅰ列15:5，マタ1:6．
(2)アハズ治下の祭司．Ⅱ列16:10，11，15，16．
(3)祭司メレモテの父．エズ8:33，ネヘ3:4，21．
(4)エズラの律法朗読に付き添った者．ネヘ8:4．
(5)イザヤの預言の証人となった祭司．イザ8:2．
(6)エホヤキムに殺された預言者．エレ26:20，23．

▼ウル

1．地名．カルデヤの町．創世11:28，ネヘ9:7．
2．人名．勇士エリファルの父．Ⅰ歴11:35．

▼うる（売る）

創世 25:31 長子の権利を私に<売>りなさい」と
31:15 彼は私たちを<売>り，私たちの代金
37:28 銀20枚でイシュマエル人に<売>った．
41:56 穀物倉をあけ…エジプトに<売>った．
45: 4 エジプトに<売>った弟のヨセフです．
出エ 21: 7 娘を女奴隷として<売る>ような場合，
22: 1 牛とか羊を盗み…<売>ったりした場
3 彼自身が<売>られなければならない．
レビ 25:23 地は…<売>ってはならない．地はわ
42 奴隷の身分として<売>られてはなら
27:24 その<売>り主であるその地の所有主
27 評価にしたがって，<売>られる．
28 聖絶のものは何でも…<売る>ことは
申命 2:28 食物は金で私に<売>ってください．
14:21 あるいは，外国人に<売>りなさい．
21:14 彼女を…決して金で<売>ってはなら
24: 7 <売>りとばす者が見つかったなら，
32:30 彼らの岩が，彼らを<売>らず，主が，
士師 2:14 回りの敵の手に彼らを<売>り渡した．
4: 9 シセラを…女の手に<売>り渡される
ルツ 4: 3 エリメレクの畑を<売る>ことにして
Ⅰサム 12: 9 モアブの王の手に<売>り渡された．
Ⅱ列 4: 7 その油を<売>り，あなたの負債を払
ネヘ 5: 8 異邦人に<売>られた私たちの兄弟，
エス 7: 4 男女の奴隷として<売>られるだけな
詩篇 44:12 ご自分の民を安値で<売>り，その代
105:17 ヨセフが奴隷に<売>られたのだ．
箴言 11:26 穀物を<売>り惜しむ者は民にのろわれる．しかしそれを<売る>者の頭に
23:23 真理を買え．それを<売>ってはなら
31:24 亜麻布の着物を作って，<売>り，帯
イザ 24: 2 買い手は<売>り手と，貸す者は借り
50: 1 わたしがあなたがたを<売>ったとい
52: 3 あなたがたは，ただで<売>られた．
エレ 34:14 自分のところに<売>られて来た同胞
エゼ 7:12 <売る>者も嘆くな．燃える怒りがそ
13 <売る>者は…<売>った物を取り返せ
ヨエ 3: 3 酒のために少女を<売>って飲んだ．
アモ 2: 6 金と引き換えに正しい者を<売>り，1足のくつのために貧しい者を<売>
ナホ 3: 4 その魅力によって諸部族を<売>った．
ゼカ 11: 5 これを<売る>者は，『主はほむべき
マタ 10:29 1アサリオンで<売>っているでしょ
13:44 持ち物を全部<売>り払ってその畑を
46 真珠…持ち物を全部<売>り払ってそ
21:12 宮の中で<売>り買いする者たちをみ

な追い出し…鳩を<売る>者たちの腰
26: 9 この香油なら，高く<売>れて，貧し
27: 4 罪のない人の血を<売>ったりして」
ルカ 12: 6 ２アサリオンで<売>っているでしょ
33 持ち物を<売>って，施しをしなさい.
22:36 着物を<売>って剣を買いなさい.
ヨハ 6:71 イエスを<売>ろうとしていた.
使徒 4:34 それを<売>り，代金を携えて来て，
5: 4 <売>ってからもあなたの自由になっ
8 地所をこの値段で<売>ったのですか.
7: 9 彼をエジプトに<売>りとばしました.
ロマ 7:14 私は…<売>られて罪の下にある者で
Ｉコリ 10:25 市場に<売>っている肉は，良心の問
ヘブ 12:16 長子の権利を<売>ったエサウのよう
黙示 13:17 だれも，買うことも，<売る>ことも

▼うるおい（潤い），潤う，潤す

創世 2: 6 土地の全面を<潤>していた.
13:10 その地は…どこもよく<潤>っていた.
申命 11:11 天の雨で<潤>っている.
29:19 <潤>ったものも渇いたものもひとし
ヨブ 21:24 その骨の髄は<潤>っている.
詩篇 72: 6 地を<潤す>夕立のように下って来る.
107:33 水のわき上がる所を<潤い>のない地
箴言 11:25 人を<潤す>者は自分も<潤>される.
イザ 16: 9 わたしの涙であなたを<潤す>. あな
35: 7 <潤い>のない地は水のわく所となり,
44: 3 わたしは<潤い>のない地に水を注ぎ,
58:11 あなたは，<潤>された園のようにな
エレ 31:12 彼らのたましいは<潤>った園のよう
25 わたしが疲れたたましいを<潤>し，
48:18 <潤い>のない地にすわれ. モアブを
エゼ 17: 7 このぶどうの木は，<潤い>を得るた
31:14 水に<潤う>木が高ぶってそびえ立た
32: 6 その血で山々を<潤す>. 谷川もあな
ホセ 6: 3 後の雨のように，地を<潤>される.」
ヨエ 3:18 シティムの渓流を<潤す>.

▼うるさい

マラ 1:13 見よ. なんと<うるさい>ことか』と
ルカ 18: 5 このやもめは，<うるさ>くてしかた

▼ウルバノ〔人名〕

ローマにいた，パウロの同労者. ロマ16:9.

▼うるわしい（麗しい），麗しさ

創世 12:11 あなたが見目<麗しい>女だというこ
49:15 その地が，いかにも<麗しい>のを見
Ⅱサム 23: 1 イスラエルの<麗しい>歌.
詩篇 27: 4 主の<麗しさ>を仰ぎ見，その宮で，
45: 2 人の子らにまさって<麗しい>. あな
48: 2 高嶺の<麗しさ>は，全地の喜び. 北
50: 2 <麗しさ>の窮み，シオンから，神は
106:24 彼らは<麗しい>地をさげすみ，神の
箴言 1: 9 それらは，あなたの頭の<麗しい>花
3:22 あなたの首の<麗しさ>となる.
4: 9 あなたの頭に<麗しい>花輪を与え，
31:30 <麗しさ>はいつわり. 美しさはむな
雅歌 4:10 あなたの愛は，なんと<麗しい>こと
イザ 4: 2 その日，主の若枝は，<麗し>く，栄
27: 2 その日，<麗しい>ぶどう畑，これに
32:12 <麗しい>畑，実りの多いぶどうの木
33:17 あなたの目は，<麗しい>王を見，遠
エレ 3:19 諸国のうちで最も<麗しい>ゆずりの
エゼ 20: 6 どの地よりも<麗しい>地に入れるこ
ダニ 8: 9 南と，東と，<麗しい>国とに向かっ
ゼカ 9:17 それは，なんと<麗しい>ことよ. 穀

▼うれい（憂い），憂える

Ｉサム 1:16 私はつのる<憂い>といらだちのため,
箴言 15:13 心に<憂い>があれば気はふさぐ.
17:25 愚かな子はその父の<憂い>，これを
イザ 61: 3 <憂い>の心の代わりに賛美の外套を
哀歌 1: 4 おとめたちは<憂い>に沈んでいる.
エゼ 31:15 レバノンを<憂い>に沈ませたので，
ダニ 6:14 王は非常に<憂え>，ダニエルを救お
ヤコ 4: 9 喜びを<憂い>に変えなさい.

▼うろこ，うろことじのよろい

出エ 16:14 <うろこ>のような細かいものがあっ
レビ 11: 9 ひれと<うろこ>を持つものはすべて,
Ｉサム 17: 5 身には<うろことじのよろい>を着け
使徒 9:18 サウロの目から<うろこ>のような物

▼うわあご（上あご）

ヨブ 29:10 その舌は<上あご>についた.
詩篇 22:15 私の舌は，<上あご>にくっついてい
119:103 私の<上あご>に，なんと甘いことで
137: 6 私の舌が<上あご>についてしまうよ
哀歌 4: 4 乳飲み子の舌は渇いて<上あご>につ
エゼ 3:26 あなたの舌を<上あご>につかせるの

▼うわいし（上石）

申命 24: 6 その<上石>を質に取ってはならない.
士師 9:53 アビメレクの頭にひき臼の<上石>を

▼うわぎ（上着）

創世 39:12 ヨセフはその<上着>を彼女の手に残
18 私のそばに<上着>を残して外へ逃げ

Ⅰサム 2:19 彼のために小さな<上着>を作り，毎
18: 4 <上着>を脱いで，それをダビデに与
24: 4 サウルの<上着>のすそを，こっそり
エズ 9: 3 着物と<上着>を裂き，髪の毛とひげ
ヨブ 1:20 ヨブは…<上着>を引き裂き，頭をそ
29:14 私の公義は<上着>であり，かぶり物
詩 109:29 おのれの恥を<上着>として着ますよ
ミカ 2: 8 みごとな<上着>をはぎ取る．
マタ 5:40 下着を取ろうとする者には，<上着>
21: 7 自分たちの<上着>をその上に掛けた．マコ11:7，ルカ19:35．
8 自分たちの<上着>を道に敷き，また，マコ11:8，ルカ19:36．
マコ10:50 盲人は<上着>を脱ぎ捨て，すぐ立ち
ヨハ13: 4 <上着>を脱ぎ，手ぬぐいを取って腰
21: 7 <上着>をまとって，湖に飛び込んだ．
使徒 9:39 下着や<上着>の数々を見せるのであ
Ⅱテモ 4:13 <上着>を持って来てください．また，

▼ うわぐすり（上薬）

箴言26:23 銀の<上薬>を塗った土の器のようだ．

▼ うわさ

創世37: 2 ヨセフは彼らの悪い<うわさ>を父に
出エ23: 1 偽りの<うわさ>を言いふらしてはな
民数14:15 あなたの<うわさ>を聞いた異邦の民
申命 2:25 あなたの<うわさ>を聞いて震え，あ
ヨシ 6:27 その<うわさ>は地にあまねく広まっ
9: 9 主の<うわさ>，および主がエジプト
Ⅱ列19: 7 ある<うわさ>を聞いて，自分の国に
イザ37: 7 彼は，ある<うわさ>を聞いて，自分
66:19 わたしの<うわさ>を聞いたこともな
エレ50:43 彼らの<うわさ>を聞いて気力を失い，
51:46 この国に聞こえる<うわさ>を恐れよ
エゼ 7:26 <うわさ>が<うわさ>を生み，彼らは
ナホ 3:19 あなたの<うわさ>を聞く者はみな，
マタ14: 1 ヘロデは，イエスの<うわさ>を聞い
24: 6 戦争の<うわさ>を聞くでしょうが，
ルカ 4:37 イエスの<うわさ>は，回りの地方の
5:15 イエスの<うわさ>は，ますます広ま

▼ うわべ

Ⅰサム16: 7 人は<うわべ>を見るが，主は心を見
ヨハ 7:24 <うわべ>によって人をさばかないで，
Ⅱコリ10: 7 <うわべ>のことだけを見ています．

▼ うんこう（〜香）

ルカ11:42 <うん香>…などの10分の１を納めて

え

▼ え（柄）

申命19: 5 斧を…その頭が<柄>から抜け，それ
Ⅰサム17: 7 槍の<柄>は機織りの巻き棒のようで
Ⅱサム23: 7 鉄や槍の<柄>でこれを集め，その場

▼ エアリムさん（〜山）

ユダとダン族の境界線上の山．ヨシ15:10．

▼ エイエル〔人名〕

(1)ルベン人の族長ベエラの兄弟．Ⅰ歴5:7．
(2)メラリ族のレビ人．Ⅰ歴15:18，21．
(3)レビ人の楽人．Ⅰ歴16:5．
(4)ヤハジエルの父祖．Ⅱ歴20:14．
(5)ヨシヤ時代のレビ人のつかさ．Ⅱ歴35:9．
(6)アドニカム族のかしらの一人．エズ8:13．
(7)異邦人の女をめとった者の一人．エズ10:43．
(8)サウルの父祖．Ⅰ歴9:35．
(9)ダビデの勇士の一人．Ⅰ歴11:44．
(10)ウジヤの書記．Ⅱ歴26:11．
(11)エリツァファン族の者．Ⅱ歴29:13．

▼ えいえん（永遠）【別項】永遠のいのち，永遠の契約

創世 3:22 取って食べ，<永遠>に生きないよう
21:33 <永遠>の神，主の御名によって祈っ
49:26 <永遠>の丘のきわみにまで及ぶ．こ
出エ 3:15 これが<永遠>にわたしの名，これが
12:14 代々守るべき<永遠>のおきてとして
31:17 <永遠>に，わたしと…の間のしるし
レビ10:15 あなたと…あなたの子らが<永遠>に受け取る分である．」24:9．
民数18:19 子孫に対する<永遠>の塩の契約とな
25:13 <永遠>にわたる祭司職の契約となる．
申命32:40 わたしは<永遠>に生きる．
33:27 神は，住む家．<永遠>の腕が下に．
Ⅰサム13:13 王国を<永遠>に確立されたであろう
Ⅰ列 9: 5 王座を…<永遠>に確立しよう．
ヨブ 4:20 <永遠>に滅ぼされて，だれも顧みな
詩篇24: 7 <永遠>の戸よ．上がれ．栄光の王が

49:11 心の中で，彼らの家は<永遠>に続き，
78:66 彼らに<永遠>のそしりを与えられた．
111: 3 その義は<永遠>に堅く立つ．
119:111 あなたのさとしを<永遠>のゆずりと
142 あなたの義は，<永遠>の義，あなた
145:13 あなたの王国は，<永遠>にわたる王
伝道 3:11 人の心に<永遠>を与えられた．しか
14 神のなさることはみな<永遠>に変わ
12: 5 人は<永遠>の家へと歩いて行き，嘆
イザ 9: 6 その名は…力ある神，<永遠>の父，
40: 8 私たちの神のことばは<永遠>に立つ．
28 主は<永遠>の神，地の果てまで創造
45:17 イスラエルは…<永遠>の救いに入る．
54: 8 <永遠>に変わらぬ愛をもって，あな
55:13 絶えることのない<永遠>のしるしと
56: 5 絶えることのない<永遠>の名を与え
57:15 <永遠>の住まいに住み，その名を聖
60:19 主があなたの<永遠>の光となり，あ
63:12 水を分け，<永遠>の名を成し，
エレ 23:40 <永遠>のそしり…<永遠>の侮辱をあ
25: 9 <永遠>の廃墟とする．12．
31: 3 <永遠>の愛をもって，わたしはあな
49:13 すべての町々は，<永遠>の廃墟とな
51:39 <永遠>の眠りについて，目ざめない
エゼ 35: 9 おまえを<永遠>に荒れ果てさせる．
37:25 ダビデが<永遠>に彼らの君主となる．
26 聖所を彼らのうちに<永遠>に置く．
ダニ 2: 4 王よ．<永遠>に生きられますように．
44 その国は<永遠>に滅ぼされることが
なく…<永遠>に立ち続けます．
4: 3 その国は<永遠>にわたる国，その主
34 <永遠>に生きる方を賛美し，ほめた
たえた．その主権は<永遠>の主権．
6:26 この方こそ…<永遠>に堅く立つ方．
7:18 <永遠>に，その国を保って世々限り
9:24 <永遠>の義をもたらし，幻と預言と
12: 7 <永遠>に生きる方をさして誓って言
ホセ 2:19 わたしはあなたと<永遠>に契りを結
ヨエ 2:26 民は<永遠>に恥を見ることはない．
3:20 ユダは<永遠>に人の住む所となり，
オバ 10 あなたは<永遠>に絶やされる．
ミカ 2: 9 わたしの誉れを<永遠>に取り去る．
5: 2 昔から，<永遠>の昔からの定めであ
ハバ 3: 6 <永遠>の丘は低くされる．しかし，
ゼカ 1: 5 預言者たちは<永遠>に生きているだ
マタ 18: 8 両手両足そろっていて<永遠>の火に
25:41 用意された<永遠>の火に入れ．
マコ 3:29 聖霊をけがす者は…<永遠>に赦され
ルカ 16: 9 あなたがたを，<永遠>の住まいに迎
ヨハ 6:51 このパンを食べるなら，<永遠>に生
ロマ 1:20 神の<永遠>の力と神性は，世界の創
16:25-26 <永遠>の神の命令に従い，預言者た
IIコリ 4:17 患難は…<永遠>の栄光をもたらすか
5: 1 天にある<永遠>の家です．
9: 9 その義は<永遠>にとどまる」と書い
11:31 <永遠>にほめたたえられる方は，私
エペ 3:11 神の<永遠>のご計画によることです．
IIテサ 1: 9 <永遠>の滅びの刑罰を受けるのです．
2:16 <永遠>の慰めとすばらしい望みとを
IIテモ 1: 9 この恵みは…<永遠>の昔に与えられ
テト 1: 2 神が，<永遠>の昔から約束してくだ
ヘブ 6:20 <永遠>にメルキゼデクの位に等しい
7:24 キリストは<永遠>に存在されるので
28 <永遠>に全うされた御子を立てるの
9:12 <永遠>の贖いを成し遂げられたので
15 <永遠>の資産の約束を受けることが
10:12 キリストは…<永遠>のいけにえをさ
14 ささげ物によって，<永遠>に全うさ
13:14 地上に<永遠>の都を持っているので
Iペテ 5:10 <永遠>の栄光の中に招き入れてくだ
IIペテ 1:11 キリストの<永遠>の御国に入る恵
ユダ 7 ソドム…<永遠>の火の刑罰を受けて，
黙示 4:10 <永遠>に生きておられる方を拝み，
5:13 小羊とに…力が<永遠>にあるように．
7:12 力と勢いが，<永遠>に私たちの神に
10: 6 <永遠>に生き，天とその中にあるも
11:15 主は<永遠>に支配される．」
14: 6 御使いが…<永遠>の福音を携えてい
11 苦しみの煙は，<永遠>にまでも立ち
19: 3 彼女の煙は<永遠>に立ち上る．」
20:10 <永遠>に昼も夜も苦しみを受ける．
22: 5 彼らは<永遠>に王である．

▼ えいえんのいのち（永遠のいのち）

ダニ 12: 2 ある者は<永遠のいのち>に，ある者
マタ 19:16 先生．<永遠のいのち>を得るために
29 捨てた者は…<永遠のいのち>を受け
25:46 正しい人たちは<永遠のいのち>に入
マコ 10:17 尊い先生．<永遠のいのち>を自分の
30 後の世では<永遠のいのち>を受けま
ルカ 10:25 何をしたら<永遠のいのち>を自分の

ものとして受けることが．18:18.
ヨハ 3:15 人の子にあって<永遠のいのち>を持
16 御子を信じる者が…<永遠のいのち>
を持つためである．36, 6:47.
4:14 <永遠のいのち>への水がわき出ます．
36 <永遠のいのち>に入れられる実を集
5:24 <永遠のいのち>を持ち，さばきに会
39 聖書の中に<永遠のいのち>があると
6:27 <永遠のいのち>に至る食物のために
40 みこころは…<永遠のいのち>を持つ
54 血を飲む者は，<永遠のいのち>を持
68 あなたは，<永遠のいのち>のことば
10:28 わたしは…<永遠のいのち>を与えま
12:25 いのちを憎む…<永遠のいのち>に至
50 父の命令が<永遠のいのち>であるこ
17: 2 すべての者に，<永遠のいのち>を与
3 <永遠のいのち>…キリストとを知る
使徒 13:46 <永遠のいのち>にふさわしくない者
48 <永遠のいのち>に定められていた人
ロマ 2: 7 求める者には，<永遠のいのち>を与
5:21 <永遠のいのち>を得させるためなの
6:22 行き着く所は<永遠のいのち>です．
23 賜物…イエスにある<永遠のいのち>
ガラ 6: 8 御霊から<永遠のいのち>を刈り取る
Iテモ 1:16 彼を信じて<永遠のいのち>を得よう
6:12 勇敢に戦い，<永遠のいのち>を獲得
テト 1: 2 <永遠のいのち>の望みに基づくこと
3: 7 <永遠のいのち>の望みによって，相
Iヨハ 1: 2 <永遠のいのち>を伝えます…私たち
に現された<永遠のいのち>です．
2:25 約束であって，<永遠のいのち>です．
3:15 殺す者のうちに，<永遠のいのち>が
5:11 あかしとは…<永遠のいのち>を与え
13 <永遠のいのち>を持っていることを，
20 まことの神，<永遠のいのち>です．
ユダ 21 <永遠のいのち>に至らせる…あわれ

▼ えいえんのけいやく（永遠の契約）
創世 9:16 虹…を見て…<永遠の契約>を思い出
17: 7 <永遠の契約>として立てる．19.
13 <永遠の契約>として，あなたがたの
出エ 31:16 この安息を守り，<永遠の契約>とし
レビ 24: 8 これは…<永遠の契約>である．
詩 105:10 イスラエルに対する<永遠の契約>と
ヘブ 13:20 <永遠の契約>の血による羊の大牧者，

▼ えいが（栄華）
詩篇 45:13 王の娘は奥にいて<栄華>を窮め，そ
49:12 人は，その<栄華>のうちにとどまれ
マタ 4: 8 すべての国々とその<栄華>を見せて，
6:29 <栄華>を窮めたソロモンでさえ，こ

▼ えいかん（栄冠）
ピリ 3:14 上に召してくださる神の<栄冠>を得
IIテモ 4: 8 義の<栄冠>が私のために用意されて

▼ えいきゅう（永久）
創世 6: 3 わたしの霊は，<永久>には人のうち
出エ 32:13 <永久>にこれを相続地とするように
申命 12:28 子孫も<永久>にしあわせになるため
13:16 その町は<永久>に廃墟となり，再建
ヨシ 8:28 アイを焼いて，<永久>に荒れ果てた
詩篇 13: 1 私を<永久>にお忘れになるのですか．
49: 8 高価であり，<永久>にあきらめなく
74:10 敵は，<永久>に御名を侮るのでしょ
19 悩む者たちのいのちを<永久>に忘れ
77: 8 主の恵みは，<永久>に絶たれたのだ
イザ 13:20 そこには<永久>に住む者もなく，代
14:20 子孫については<永久>に語られない．
25: 8 <永久>に死を滅ぼされる．神である
エレ 3: 5 <永久>に怒り続けるのですか』と．
18:16 彼らの国を…<永久>にあざけりとす
20:11 忘れられない<永久>の恥となりまし
17 彼女の胎を，<永久>にみごもったま
35: 6 <永久>にぶどう酒を飲んではならな
ダニ 7:26 彼は<永久>に絶やされ，滅ぼされる．

▼ えいこう（栄光）
出エ 14: 4 パロ…を通してわたしは<栄光>を現
16: 7 朝には，主の<栄光>を見る．主に対
24:16 主の<栄光>はシナイ山の上にとどま
28: 2 <栄光>と美を表す聖なる装束を作れ．
40 <栄光>と美を表すターバンを作らな
29:43 わたしの<栄光>によって聖とされる．
33:18 あなたの<栄光>を私に見せてくださ
22 わたしの<栄光>が通り過ぎるときに
40:34 主の<栄光>が幕屋に満ちた．35.
レビ 9:23 主の<栄光>が民全体に現れ．6.
10: 3 近づく者によって…<栄光>を現す．
民数 14:21 主の<栄光>が全地に満ちている以上，
22 <栄光>…を見ながら…聞き従わなか
16:19 主の<栄光>が全会衆に現れた．
申命 5:24 <栄光>と偉大さとを私たちに示され
26:19 主は，賛美と名声と<栄光>とを与え

32: 3 <栄光>を私たちの神に帰せよ.
ヨシ 7:19 アカンに言った…主に<栄光>を帰し,
Ｉサム 2: 8 彼らに<栄光>の位を継がせます. ま
4:21 <栄光>がイスラエルから去った」と
6: 5 イスラエルの神に<栄光>を帰するな
15:29 イスラエルの<栄光>である方は, 偽
Ｉ列 8:11 仕えることができなかった. 主の
<栄光>が…宮に満ちたか. Ⅱ歴5:14.
Ｉ歴 16:24 主の<栄光>を国々の中で語り告げよ.
29:11 <栄光>と尊厳とはあなたのものです.
Ⅱ歴 32:33 彼が死んだとき, 彼に<栄光>を与え
エズ 7:27 主の宮に<栄光>を与えるために, こ
ネへ 9: 5 あなたの<栄光>の御名はほむべきか
ヨブ 19: 9 神は私の<栄光>を私からはぎ取り,
29:20 私の<栄光>は私とともに新しくなり,
詩篇 3: 3 私の回りを囲む盾, 私の<栄光>, そ
4: 2 いつまでわたしの<栄光>をはずかし
8: 5 これに<栄光>と誉れの冠をかぶらせ
19: 1 天は神の<栄光>を語り告げ, 大空は
21: 5 御救いによって彼の<栄光>は, 大き
24: 7 永遠の戸よ. 上がれ. <栄光>の王が
8 <栄光>の王とは, だれか. 強く, 力
26: 8 あなたの<栄光>の住まう所を愛しま
29: 1 <栄光>と力とを主に帰せよ.
9 すべてのものが, 「<栄光>」と言う.
62: 7 私の<栄光>は, 神にかかっている.
63: 2 あなたの力と<栄光>を見るために,
66: 2 御名の<栄光>をほめ歌い, 神への賛
美を<栄光>に輝かせよ.
72:19 ほむべきかな. その<栄光>の御名.
その<栄光>は地に満ちわたれ. アー
73:24 後には<栄光>のうちに受け入れてく
79: 9 御名の<栄光>のために, 私たちを助
84:11 主は恵みと<栄光>を授け, 正しく歩
96: 3 主の<栄光>を国々の中で語り告げよ.
97: 6 すべての国々の民は主の<栄光>を見
102:15 すべての王はあなたの<栄光>を恐れ
104:31 主の<栄光>が, とこしえにあります
106:20 <栄光>を, 草を食らう雄牛の像に取
112: 9 その角は<栄光>のうちに高く上げら
113: 4 その<栄光>は天の上にある.
115: 1 <栄光>を, ただあなたの御名にのみ
138: 5 道について歌う…主の<栄光>が大き
145: 5 <栄光>輝くあなたの主権…に思いを
イザ 4: 2 主の若枝は, 麗しく, <栄光>に輝き,
6: 3 万軍の主. その<栄光>は全地に満つ.
8: 7 すべての<栄光>を…あふれさせる.
11:10 彼のいこう所は<栄光>に輝く.
16:14 モアブの<栄光>は, そのおびただし
17: 4 その日, ヤコブの<栄光>は衰え, そ
22:23 父の家にとって<栄光>の座となる.
24:23 <栄光>がその長老たちの前に輝くか
35: 2 主の<栄光>, 私たちの神の威光を見
40: 5 主の<栄光>が現されると, すべての
6 その<栄光>は, みな野の花のよう
42: 8 わたしの<栄光>を他の者に, わたし
43: 7 <栄光>のために, わたしが…創造し,
44:23 その<栄光>を現されるからだ. 49:3.
58: 8 主の<栄光>が, あなたのしんがりと
59:19 日の上るほうでは, 主の<栄光>が恐
60: 1 主の<栄光>があなたの上に輝いてい
13 レバノンの<栄光>は, もみの木, す
61: 3 <栄光>を現す主の植木と呼ばれよう.
62: 2 すべての王があなたの<栄光>を見る.
66: 5 主に<栄光>を現させよ. そうすれば,
18 彼らは来て, わたしの<栄光>を見る.
19 わたしの<栄光>を諸国の民に告げ知
エレ 2:11 <栄光>を無益なものに取り替えた.
13:16 神, 主に, <栄光>を帰せよ. まだ主
14:21 あなたの<栄光>の御座をはずかしめ
17:12 高くあげられた<栄光>の王座である.
48:18 <栄光>の座からおりて, 潤いのない
エゼ 1:28 虹のようで…主の<栄光>のように見
3:12 御住まいの主の<栄光>はほむべきか
8: 4 谷間で見た姿と同じ…神の<栄光>が
9: 3 神の<栄光>が, ケルブから立ち上り,
10: 4 庭は主の<栄光>の輝きで満たされた.
28:22 おまえのうちでわたしの<栄光>を現
39:13 わたしの<栄光>が現されるとき, 彼
21 わたしの<栄光>を現すとき, 諸国の
43: 2 神の<栄光>が東のほうから現れた.
5 なんと, 主の<栄光>は神殿に満ちて
ホセ 4: 7 わたしは彼らの<栄光>を恥に変える.
9:11 エフライムの<栄光>は鳥のように飛
ハバ 2:14 地は, 主の<栄光>を知ることで満た
16 恥があなたの<栄光>をおおう.
ハガ 1: 8 宮を建てよ…わたしの<栄光>を現そ
2: 3 以前の<栄光>に輝くこの宮を見たこ
9 宮のこれから後の<栄光>は, 先のも
ゼカ 2: 5 火の城壁…わたしがその中の<栄光>

マラ 2: 2 名に<栄光>を帰することを心に留め
マタ 16:27 人の子は父の<栄光>を帯びて，御使
19:28 人の子がその<栄光>の座に着く時，
24:30 人の子が大能と輝かしい<栄光>を帯
25:31 人の子はその<栄光>の位に着きます．
マコ 10:37 <栄光>の座で，ひとりを先生の右に，
13:26 人の子が偉大な力と<栄光>を帯びて
ルカ 2: 9 主の<栄光>が回りを照らしたので，
14 いと高き所に，<栄光>が，神にある
9:31 <栄光>のうちに現れて…ご最期につ
いていっしょに話していた．32.
19:38 天には平和．<栄光>は，いと高き所
24:26 苦しみを受け…<栄光>に入るはずで
ヨハ 1:14 私たちはこの方の<栄光>を見た…ひ
とり子としての<栄光>である．この
2:11 カナで行い，ご自分の<栄光>を現さ
7:18 自分から語る者は，自分の<栄光>を
求め…遣わした方の<栄光>を求める
39 イエスはまだ<栄光>を受けておられ
8:54 自分自身に<栄光>を帰するなら…
<栄光>はむなしい…<栄光>を与える
9:24 盲目であった人…神に<栄光>を帰し
11: 4 この病気は…神の<栄光>のためのも
40 信じるなら…神の<栄光>を見る，と
12:16 <栄光>を受けられてから…思い出し
23 人の子が<栄光>を受けるその時が来
28 御名の<栄光>を現してください．」
41 イザヤがイエスの<栄光>を見たから
13:31 今こそ人の子は<栄光>を受けました
…神は人の子によって<栄光>を．32.
14:13 父が子によって<栄光>をお受けにな
15: 8 わたしの父は<栄光>をお受けになる
16:14 御霊はわたしの<栄光>を現します．
17: 1 子の<栄光>を現してください．
5 みそばで，わたしを<栄光>で輝かせ
10 わたしは彼らによって<栄光>を受け
22 わたしに下さった<栄光>を，彼らに
24 わたしの<栄光>を，彼らが見るよう
21:19 死に方をして，神の<栄光>を現す
使徒 3:13 父祖の神は…イエスに<栄光>をお与
7: 2 <栄光>の神が彼に現れて，
55 ステパノは…神の<栄光>と，神の右
12:23 ヘロデが神に<栄光>を帰さなかった
ロマ 2: 7 <栄光>と誉れと不滅のものとを求め
10 <栄光>と誉れと平和は，ユダヤ人を
3: 7 偽りによって…神の<栄光>となるの
4:20 疑う…ことをせず…神に<栄光>を帰
5: 2 神の<栄光>を望んで大いに喜んでい
6: 4 御父の<栄光>によって死者の中から
8:17 <栄光>をともに受けるために苦難を
18 <栄光>に比べれば，取るに足りない
21 被造物自体も…<栄光>の自由の中に
30 義と認めた人々にはさらに<栄光>を
9:23 <栄光>のためにあらかじめ用意して
11:36 <栄光>がとこしえにありますように．
15: 7 神の<栄光>のために，私たちを受け
Iコリ 2: 7 私たちの<栄光>のため…定められた
8 <栄光>の主を十字架につけはしなか
6:20 からだをもって，神の<栄光>を現し
10:31 何をするにも，ただ神の<栄光>を現
11: 7 男は…神の<栄光>の現れだからです．
女は男の<栄光>の現れです．
15:40 天上のからだの<栄光>と地上のから
43 卑しいもので蒔かれ，<栄光>あるも
IIコリ 1:20 アーメン」と言い，神に<栄光>を帰
3: 7 やがて消え去る<栄光>のゆえにさえ，
8 御霊の務めには，どれほどの<栄光>
9 なおさら，<栄光>があふれるのです．
10 かつて<栄光>を受けたものは…<栄
光>のないものになっているからで
11 永続するものには，なおさら<栄光>
18 鏡のように主の<栄光>を反映させな
がら，<栄光>から<栄光>へと，主と
4: 4 キリストの<栄光>にかかわる福音の
6 御顔にある神の<栄光>を知る知識を
15 感謝が満ちあふれ，神の<栄光>が現
17 患難は…重い永遠の<栄光>をもたら
8:19 主ご自身の<栄光>のため，また，私
8:23 諸教会の使者，キリストの<栄光>で
エペ 1: 6 恵みの<栄光>が，ほめたたえられる
17 <栄光>の父が，神を知るための知恵
18 受け継ぐものがどのように<栄光>に
3:16 父が，その<栄光>の豊かさに従い，
5:27 傷のないものとなった<栄光>の教会
ピリ 3:19 彼らの<栄光>は彼ら自身の恥なので
21 ご自身の<栄光>のからだと同じ姿に
4:19 <栄光>の富をもって…必要をすべて
コロ 1:11 神の<栄光>ある権能に従い，あらゆ
27 この奥義…<栄光>に富んだもの…キ
リスト，<栄光>の望みのことです．

3: 4 あなたがたも…<栄光>のうちに現れ
Ⅰテサ 2:12 <栄光>とに召してくださる神にふさ
Ⅱテサ 1: 9 御力の<栄光>から退けられて，永遠
10 聖徒たちによって<栄光>を受け，信
12 主にあって<栄光>を受けるためです．
2:14 福音によって…<栄光>を得させてく
Ⅰテモ 1:11 祝福に満ちた神の，<栄光>の福音に
3:16 <栄光>のうちに上げられた.」
Ⅱテモ 2:10 とこしえの<栄光>を受けるようにな
テト 2:13 イエスの<栄光>ある現れを待ち望む
ヘブ 1: 3 御子は神の<栄光>の輝き，また神の
2: 9 苦しみのゆえに，<栄光>と誉れの冠
10 神が多くの子たちを<栄光>に導くの
3: 3 イエスはモーセよりも大きな<栄光>
13:21 キリストに<栄光>が世々限りなくあ
Ⅰペテ 1:11 苦難とそれに続く<栄光>を前もって
21 よみがえらせて彼に<栄光>を与えら
4:13 <栄光>が現れるときにも，喜びおど
14 <栄光>の御霊，すなわち神の御霊が，
5: 1 やがて現れる<栄光>にあずかる者と
4 しぼむことのない<栄光>の冠を受け
10 永遠の<栄光>の中に招き入れてくだ
Ⅱペテ 1: 3 ご自身の<栄光>と徳によってお召し
17 <栄光>をお受けになったとき…<栄
光>の神から…わたしの愛する子，
ユダ 24 喜びをもって<栄光>の御前に立たせ
黙示 7:12 賛美と<栄光>と知恵と感謝と誉れと
15: 8 聖所は神の<栄光>と神の大能から立
18: 1 地はその<栄光>のために明るくなっ
19: 1 救い，<栄光>，力は，われらの神の
21:23 神の<栄光>が都を照らし，小羊が都
24 地の王たちはその<栄光>を携えて都

▼ えいしょ（衛所）
ゼカ 9: 8 行き来する者を見張る<衛所>に立つ．
使徒 12:10 第1，第2の<衛所>を通り，町に通

▼ えいち（英知）
申命 32:28 彼らのうちに，<英知>はない．
Ⅰ列 4:29 ソロモンに…豊かな知恵と<英知>と，
ヨブ 12:12 年のたけた者に<英知>があるのか．
13 思慮と<英知>も神のものだ．
26:12 神の<英知>をもってラハブを打ち砕
詩篇 49: 3 知恵を語り，私の心は<英知>を告げ
78:72 <英知>の手で彼らを導いた．
136: 5 <英知>をもって天を造られた方に．
箴言 2: 2 あなたの心を<英知>に向けるなら，
11 <英知>があなたを保って，
3:19 <英知>をもって天を堅く立てられた．
8: 1 <英知>はその声をあげないだろうか．
10:23 <英知>のある者には知恵が楽しみ．
14:29 怒りをおそくする者は<英知>を増し，
17:27 心の冷静な人は<英知>のある者．
18: 2 愚かな者は<英知>を喜ばない．ただ
イザ 40:14 だれが…<英知>の道を知らせたのか．
28 その<英知>は測り知れない．
エレ 10:12 <英知>をもって天を張られた．
オバ 8 エサウの山から<英知>を消し去らな

▼ えいゆう（英雄）
Ⅱサム 23:20 モアブのふたりの<英雄>を打ち殺し

▼ えいよ（栄誉）
創世 45:13 エジプトでの私のすべての<栄誉>と
エス 6: 3 <栄誉>とか昇進とか…モルデカイに
6 王が<栄誉>を与えたいと思う者には，
8:16 喜びと，楽しみと，<栄誉>であった．
詩篇 49:16 その人の家の<栄誉>が増し加わって
17 人は，死ぬとき…その<栄誉>も彼に
箴言 15:33 謙遜は<栄誉>に先立つ．
伝道 10: 1 愚かさは，知恵や<栄誉>よりも重い．
イザ 42: 8 わたしの<栄誉>を刻んだ像どもに与
10 その<栄誉>を地の果てから．海に下
43:21 わたしの<栄誉>を宣べ伝えよう．
62: 7 この地でエルサレムを<栄誉>とされ
エレ 13:11 わたしの民となり…<栄誉>となり，
33: 9 喜びの名となり，<栄誉>となり栄え
49:25 どうして，<栄誉>の町…は捨てられ
51:41 全地の<栄誉>となっていた者は捕ら
ダニ 11:39 彼が認める者には，<栄誉>を増し加
ゼパ 3:20 名誉と<栄誉>を与えよう，と主は仰
ヨハ 5:41 人からの<栄誉>は受けません．
44 互いの<栄誉>は受けても，唯一の神
からの<栄誉>を求めないあなたがた
8:50 わたしはわたしの<栄誉>を求めませ
12:43 神からの<栄誉>よりも，人の<栄誉>
ロマ 3:23 神からの<栄誉>を受けることができ
Ⅰコリ 4:10 あなたがたは<栄誉>を持っているが，
ヘブ 5: 5 キリストも大祭司となる<栄誉>を自
Ⅰペテ 1: 7 称賛と光栄と<栄誉>になることがわ
Ⅱペテ 2:10 <栄誉>ある人たちをそしって，恐れ

▼ エウエル〔人名〕
ゼラフ族のかしら．Ⅰ歴9:6.

▼エウシュ〔人名〕
⑴エサウの子．創世36:5，14，18，Ⅰ歴1:35．
⑵ベニヤミンの子孫．Ⅰ歴7:10．
⑶サウルの子孫．Ⅰ歴8:39．
⑷ゲルション人シムイの子．Ⅰ歴23:10，11．
⑸レハブアムの子．Ⅱ歴11:19．

▼エウツ〔人名〕
ベニヤミン族シャハライムの子．Ⅰ歴8:10．

▼エオテライ〔人名〕
ゲルショム族ゼラフの子．Ⅰ歴6:21．

▼エカブツェエル〔地名〕
ユダ所領内の町の一つ．ネヘ11:25．

▼エカムアム〔人名〕
レビ族ヘブロンの第4子．Ⅰ歴23:19，24:23．

▼エカムヤ〔人名〕
⑴ユダの子孫シャルムの子．Ⅰ歴2:41．
⑵エコヌヤの子の一人．Ⅰ歴3:18．

▼エガル・サハドタ
ラバンがつけた石塚の名前．創世31:47．

▼えき（益）
創世37:26　弟を殺し…何の<益>になろう．
ヨブ22: 3　潔白で…それが何の<益>になろう．
詩篇30: 9　私の血に何の<益>があるのでしょう
伝道 1: 3　それが人に何の<益>になろう．
2:11　日の下には何一つ<益>になるものは
5:11　持ち主にとって何の<益>になろう．
16　風のために労苦して何の<益>がある
7:12　知識の<益>は，知恵がその持ち主を
イザ48:17　あなたに<益>になることを教え，あ
57:12　それはあなたの<益>にはならない．
ミカ 2: 7　正しく歩む者に<益>とならないだろ
マラ 3:14　悲しんで歩いても，何の<益>になろ
ヨハ16: 7　あなたがたにとって<益>なのです．
使徒20:20　<益>になることは，少しもためらわ
ロマ 3: 1　割礼にどんな<益>があるのですか．
8:28　神がすべてのことを働かせて<益>と
13: 4　彼があなたに<益>を与えるための，
15: 2　その人の<益>となるようにすべきで
Ⅰコリ 6:12　すべてが<益>になるわけではありま
7:35　あなたがた自身の<益>のためであっ
8: 8　食べても<益>にはなりません．
11:17　集まりが<益>にならないで，かえっ
12: 7　みなの<益>となるために…御霊の現
Ⅱコリ 8:10　あなたがたの<益>になることだから
ガラ 5: 2　割礼を受けるなら…何の<益>もない
ピリ 1:21　死ぬことも<益>です．
Ⅱテモ 2:14　何の<益>にもならず，聞いている人
ピレ 20　あなたから<益>を受けたいのです．
ヘブ 4: 2　彼らには<益>になりませんでした．
12:10　霊の父は，私たちの<益>のため，私
13: 9　食物に気を取られた者は<益>を得ま
17　あなたがたの<益>にならないからで

▼えきびょう（疫病）
出エ 5: 3　主は<疫病>か剣で，私たちを打たれ
9: 3　非常に激しい<疫病>が起こる．
15　あなたの民を<疫病>で打つなら，あ
レビ26:25　あなたがたの間に<疫病>を送り込む．
民数11:33　主は…激しい<疫病>で民を打った．
14:12　<疫病>で彼らを打って滅ぼしてしま
37　主の前に，<疫病>で死んだ．
申命28:21　<疫病>をあなたの身にまといつかせ，
Ⅱサム24:13　3日間…<疫病>があるのがよいか．
Ⅰ列 8:37　<疫病>や立ち枯れや，黒穂病，いな
Ⅰ歴21:17　<疫病>に渡さないでください．」
Ⅱ歴 7:13　民に対して<疫病>を送った場合，
20: 9　<疫病>，ききんなどのわざわいが私
詩篇78:50　彼らのいのちを<疫病>に渡された．
91: 3　狩人のわなから…<疫病>から，あな
6　暗やみに歩き回る<疫病>も，真昼に
エレ21: 6　彼らはひどい<疫病>で死ぬ．
29:17　剣とききんと<疫病>を送り，彼らを
エゼ 5:12　3分の1は…<疫病>で死ぬか…剣に
17　<疫病>と虐殺とがあなたのうちに起
6:11　剣とききんと<疫病>とによって倒れ
14:19　わたしがその地に<疫病>を送って，
38:22　<疫病>と流血で彼に罰を下し，彼と，
アモ 4:10　エジプトにしたように，<疫病>をあ
ハバ 3: 5　その御前を<疫病>が行き，熱病はそ
ルカ21:11　方々に<疫病>やききんが起こり，恐

▼えきむしゃ（役務者）
Ⅰ列 5:13　全イスラエルから<役務者>を徴用し

▼エクティエル〔人名〕
ユダ族メレデの子．ザノアハの父．Ⅰ歴4:18．

▼エグラ〔人名〕
ダビデの妻．Ⅱサム3:5，Ⅰ歴3:3．

▼エグライム〔地名〕
モアブの国境にあった町．イザ15:8．

▼エグラテ・シェリシヤ〔地名〕
モアブの町の一つ．イザ15:5，エレ48:34．

▼ えぐりだす（～出す）
士師 16:21 その目を<えぐり出>し，彼をガザに
マタ 5:29 <えぐり出>して，捨ててしまいなさ
18: 9 それを<えぐり出>して捨てなさい．
マコ 9:47 それを<えぐり出>しなさい．片目で
ガラ 4:15 自分の目を<えぐり出>して私に与え

▼ エクロン〔地名〕
ペリシテ人の町．ヨシ13:3，15:11，45，46，19:43，士師1:18，Ⅰサム5:10，6:16，17，7:14，17:52，Ⅱ列1:2，3，6，16，エレ25:20，アモ1:8，ゼパ2:4，ゼカ9:5，7．

▼ エグロン
1. 地名．エモリ人の町．ヨシ10:3，15:39．
2. 人名．モアブの王．士師3:12，15，17．

▼ エケル〔人名〕
ユダ族ラムの子．Ⅰ歴2:27．

▼ エコニヤ〔人名〕
ユダの王．旧約ではエコヌヤ．マタ1:11，12．

▼ エコヌヤ〔人名〕
捕囚となったユダの王エホヤキンの別名．Ⅰ歴3:16，17，エス2:6，エレ22:24，28，24:1，27:20，28:4，29:2，37:1．

▼ えこひいき
Ⅰサム 20:30 エッサイの子に<えこひいき>をして，
Ⅱ歴 19: 7 主には，不正も，<えこひいき>も，
ヨブ 34:19 首長たちを，<えこひいき>せず，貧
箴言 18: 5 悪者を<えこひいき>することはよく
ロマ 2:11 神には<えこひいき>などはないから
ヤコ 2: 1 人を<えこひいき>してはいけません．
9 もし人を<えこひいき>するなら，あ
3:17 <えこひいき>がなく，見せかけのな

▼ エコルヤ〔人名〕
ユダの王アザルヤの母．Ⅱ列15:2，Ⅱ歴26:3．

▼ えさ
ヨブ 38:41 烏に<えさ>を備えるのはだれか．

▼ エサウ〔人名〕
イサクの息子，創世25:24-26；毛深い，創世25:25；猟師，イサクのお気に入り，創世25:27-28；長子の権利を売った，創世25:29-34；悔い改めることができなかった，ヘブ12:16-17；祝福を奪われる，創世27:1-40；弟ヤコブを憎む，創世27:41-45；ヤコブと和解，創世33:1-17；子孫，創世36章；エドム人の先祖，創世36:43；預言，オバ18．

▼ エザヌヤ〔人名〕
総督ゲダルヤを助けた一人．エレ40:8．

▼ エサル・ハドン〔人名〕
アッシリヤの王．Ⅱ列19:37，イザ37:38．

▼ エシェク〔人名〕
サウルの子ヨナタンの子孫．Ⅰ歴8:39．

▼ エシェブアブ〔人名〕
アロンの子孫．祭司第14組の長．Ⅰ歴24:13．

▼ エシェル〔人名〕
ユダ族カレブの子の一人．Ⅰ歴2:18．

▼ エジエル〔人名〕
ダビデの勇士．Ⅰ歴12:3．

▼ えじき
Ⅱ列 21:14 すべての敵の<えじき>となり，奪い
詩篇 63:10 彼らは…きつねの<えじき>となるの
74:14 荒野の民の<えじき>とされました．
79: 2 しかばねを空の鳥の<えじき>とし，
104:21 若い獅子はおのれの<えじき>のため
124: 6 主は私たちを彼らの歯の<えじき>に
エレ 16: 4 空の鳥や地の獣の<えじき>となる．」
エゼ 23:46 彼女たちを…<えじき>とする．
29: 5 地の獣と空の鳥の<えじき>とすると
34:10 羊を救い出し，彼らの<えじき>にさ
35:12 荒れ果てて，われわれの<えじき>と
39: 4 あなたを…野獣の<えじき>とする．

▼ エシシャイ〔人名〕
アビハイルの先祖．Ⅰ歴5:14．

▼ エジプト，エジプト人
創世 12:10 アブラムは<エジプト>のほうにしば
37:28 ヨセフを<エジプト>へ連れて行った．
41:57 穀物を買うために，<エジプト>のヨ
42: 3 ヨセフの10人の兄弟は<エジプト>で
46: 6 ヤコブは…子孫と…<エジプト>に来
出エ 1: 8 新しい王が<エジプト>に起こった．
19 ヘブル人の女は<エジプト人>の女と
2:11 ヘブル人を，ある<エジプト人>が打
14 <エジプト人>を殺したように，私も
3: 7 <エジプト>にいるわたしの民の悩み
10 イスラエル人を<エジプト>から連れ
11: 1 <エジプト>の上になお一つのわざわ
13:14 奴隷の家，<エジプト>から連れ出さ
14:27 <エジプト人>を海の真ん中に投げ込
31 主が<エジプト>に行われたこの大
Ⅱ列 18:21 <エジプト>に拠り頼んでいるが，こ
25:26 将校たちと…<エジプト>へ立って行

詩 105:38 <エジプト>は彼らが出たときに喜んだ．<エジプト>に…恐れが生じたか
135: 8 主は<エジプト>の初子を…打たれた．
イザ 19: 1 主は速い雲に乗って<エジプト>に来る．<エジプト>の偽りの神々はその前にわななき，<エジプト人>の心も
20 <エジプト>の国で，万軍の主のしる
27:13 <エジプト>の地に散らされていた者
30: 2 <エジプト>の陰に隠れようとする．
31: 1 助けを求めて<エジプト>に下る者た
3 <エジプト人>は人間であって神では
エレ 31:32 <エジプト>の国から連れ出した日に，
37: 5 パロの軍勢が<エジプト>から出て来
42:14 いや，<エジプト>の国に行こう．あ
44:28 <エジプト>の国に来て寄留している
46:13 ネブカデレザルが…<エジプト>…を
エゼ 19: 4 鉤で…<エジプト>の地へ引きずって
29: 2 および<エジプト>全体に預言し，
30: 4 剣が<エジプト>に下り，刺し殺され
ダニ 11: 8 分捕り品として<エジプト>に運び去
ホセ 9: 3 エフライムは<エジプト>に帰り，ア
11: 1 わたしの子を<エジプト>から呼び出
ヨエ 3:19 <エジプト>は荒れ果てた地となり，
ゼカ 10:10 わたしは彼らを<エジプト>の地から
14:18 <エジプト>の氏族が上って来ないな
マタ 2:13 幼子とその母を連れ，<エジプト>へ
15 <エジプト>から，わたしの子を呼び
使徒 7: 9 ヨセフを…<エジプト>に売りとばし
21:38 あの<エジプト人>ではないのか」と
ヘブ 3:16 モーセに率いられて<エジプト>を出
8: 9 彼らを<エジプト>の地から導き出し
11:26 <エジプト>の宝にまさる大きな富と
27 王の怒りを恐れないで，<エジプト>
ユダ 5 主が，民を<エジプト>の地から救い
黙示 11: 8 死体は…ソドムや<エジプト>と呼ば

▼エジプトがわ（〜川）

シナイ半島中央部から北へ流れ，地中海に注ぐ川．民数34:5，ヨシ15:4，Ⅰ列8:65，Ⅱ列24:7.

▼エシミエル〔人名〕

シメオン族出身．氏族の長．Ⅰ歴4:36.

▼エシャナ〔地名〕【別項】エシャナの門

エフライム山地にある町．Ⅱ歴13:19.

▼エシャナのもん（〜門）

エルサレム城壁北西端の門．ネヘ3:6，12:39.

▼エシャヤ〔人名〕

(1)ゼルバベルの子ハナヌヤの子．Ⅰ歴3:21.
(2)レビ人レハブヤの子．Ⅰ歴26:25.
(3)アタルヤの子．帰還氏族のかしら．エズ8:7.
(4)メラリの子孫．エズ8:19.
(5)イティエルの父．ネヘ11:7.
(6)ダビデ時代の音楽家．Ⅰ歴25:3，15.

▼エシュアン〔地名〕

ユダ所領内の町．ヨシ15:52.

▼エシュコル〔人名〕【別項】エシュコルの谷

マムレとアネルの親類．創世14:13，24.

▼エシュコルのたに（〜谷）

ヘブロン付近の谷．民数13:23，24，32:9，申命1:24.

▼エシュタオル

1. 地名．エルサレムの東にある低地．ヨシ15:33，19:41，士師13:25，16:31，18:2，8，11.
2. エシュタオル人．カレブの子孫．Ⅰ歴2:53.

▼エシュテモア

1. 地名．ユダの町．ヨシ15:50，Ⅰサム30:28.
2. 人名．

(1)イシュバフの息子．Ⅰ歴4:17.
(2)ホディヤの息子．Ⅰ歴4:19.

▼エシュトン〔人名〕

ユダ族メヒルの子．Ⅰ歴4:11，12.

▼エシュバアル〔人名〕

サウル王の子．Ⅰ歴8:33，9:39.

▼エシュバン〔人名〕

ディションの子．創世36:26，Ⅰ歴1:41.

▼エシュルン

「正しい者」の意．イスラエルの愛称，または詩的呼称．申命32:15，33:5，26，イザ44:2.

▼エショハヤ〔人名〕

シメオン族の氏族の長．Ⅰ歴4:36.

▼エステル〔人名〕

エステル記の女主人公．アハシュエロス王の妻となる．エス2:7，8，10，15，16，17，18，20，22，4:4，5，8，10，13，15，5:1，2，3，4，5，6，7，7:1，2，3，5，6，7，8，8:1，3，4，7，9:12，13，29，31，32.

▼エズバイ〔人名〕

ダビデの30勇士ナアライの父．Ⅰ歴11:37.

▼エズラ〔人名〕
(1)ユダの子孫．エテルたちの父．Ⅰ歴4:17.
(2)アロンの子孫．祭司，律法学者．捕囚帰還後宗教改革を行う．エズ7:1，8，10，10:1，2，5，6，10，16，ネヘ8:1，2，4，9，13，12:26.
(3)捕囚帰還の祭司．ネヘ12:1.
(4)城壁奉献式に参加した祭司の一人．ネヘ12:33.

▼エズラフじん（〜人）
ゼラフの子孫か．Ⅰ列4:31，詩篇88，89題目.

▼エスリ〔人名〕
主イエスの先祖の一人．ルカ3:25.

▼エズリ〔人名〕
ケルブの子．Ⅰ歴27:26.

▼エスロン〔人名〕
主イエスの先祖の一人．マタ1:3，ルカ3:33.

▼エゼキエル〔人名〕
エゼキエル書の著者．エゼ1:3，24:24.

▼エセク
イサクが掘った井戸の名．創世26:20.

▼エゼル〔人名〕
(1)ユダ族フシャの父．Ⅰ歴4:4.
(2)エフライム族の一人．Ⅰ歴7:21.
(3)ガド族出身．ダビデの勇士．Ⅰ歴12:9.
(4)エルサレム城壁を修理した人．ネヘ3:19.
(5)城壁奉献式で奉仕した祭司．ネヘ12:42.

▼えだ（枝），枝々【別項】大枝
創世 30:38 皮をはいだ<枝>を，群れが水を飲み
41 <枝>を水ぶねの中に置き，<枝>のと
49:22 ヨセフは…その<枝>は垣を越える．
出エ 25:32 六つの<枝>をそのわきから，すなわち燭台の三つの<枝>を一方のわきか
33 一方の<枝>に，アーモンドの花の形
36 節と<枝>とは燭台と一体にし，その
民数 13:23 ぶどうが一ふさついた<枝>を切り取
申命 24:20 後になって…<枝>を打ってはならな
士師 9:49 めいめい<枝>を切って，アビメレク
Ⅱ列 6:6 エリシャは１本の<枝>を切って，そ
ネヘ 8:15 <枝>の茂った木などの<枝>を取って
ヨブ 14:9 芽をふき，苗木のように<枝>を出す．
29:19 夜露が私の<枝>に宿ろう．
詩篇 80:11 ぶどうの木はその<枝>を海にまで，
118:27 <枝>をもって，祭りの行列を組め．
雅歌 7:8 なつめやし…その<枝>をつかみたい．
イザ 10:33 恐ろしい勢いで<枝>を切り払う．た
17:6 四つ五つが実りのある<枝>に残され
18:5 人はその<枝>をかまで切り…つるを
27:10 伏して，木の<枝>を食い尽くす．
エレ 1:11 「アーモンドの<枝>を見ています．」
6:9 あなたの手を…その<枝>に伸ばせ．」
11:16 主は…その<枝>を焼かれる．
エゼ 15:2 その<枝>が，ほかの木よりどれだけ
17:6 その<枝>は鷲のほうに向き…<枝>を
7 その<枝>を，自分が植わっている所
8 ぶどうの木は，<枝>を伸ばし，実を
19:10 実りが良く，<枝>も茂った．
11 その強い<枝>は王の杖となり，その
14 火がその<枝>から出て…王の杖となる強い<枝>がなくなった．」
31:3 アッシリヤは…美しい<枝>，茂った
9 その<枝>を茂らせ，美しく仕立てた
12 その<枝>はすべての谷間に落ち，そ
ダニ 4:12 その<枝>には空の鳥が住み，すべて
ヨエ 1:7 いちじくの木…その<枝々>を白くし
マラ 4:1 彼らを焼き…根も<枝>も残さない．
マタ 13:32 その<枝>に巣を作るほどの木になり
21:8 木の<枝>を切って来て，道に敷いた．
24:32 <枝>が柔らかになって，葉が出て来
マコ 4:32 大きな<枝>を張り，その陰に空の鳥
11:8 木の葉を<枝>ごと野原から切って来
ルカ 13:19 空の鳥が<枝>に巣を作りました．」
ヨハ 12:13 しゅろの木の<枝>を取って，出迎え
15:2 わたしの<枝>で実を結ばないものは
4 <枝>がぶどうの木についていなければ，<枝>だけでは実を結ぶことがで
5 わたしは…あなたがたは<枝>です．
6 <枝>のように投げ捨てられて，枯れ
ロマ 11:16 根が聖ければ，<枝>も聖いのです．
17 <枝>の中のあるものが折られて…あなたがその<枝>に混じってつがれ，
18 その<枝>に対して誇ってはいけませ
19 <枝>が折られたのは，私がつぎ合わ
21 神が台木の<枝>を惜しまれなかった

▼エタニムのつき（〜月）
ヘブル人の宗教暦の７番目の月．Ⅰ列8:2.

▼エタム
1．地名．
(1)荒野の宿営地．出エ13:20，民数33:6，7，8.
(2)サムソンが住んだ岩のある地．士師15:8，11.
(3)シメオン族の村の一つ．Ⅰ歴4:32.

(4)レハブアムが建てた防備の町の一つ．II歴11:6.
2.人名．ユダ族フルの子孫．I歴4:3.

▼エダヤ〔人名〕
(1)シメオン族の氏族の長の一人．I歴4:37.
(2)城壁の修理をした人．ネヘ3:10.
(3)祭司とその一族．I歴9:10, 24:7, エズ2:36.
(4)祭司とその一族．ネヘ12:6, 19.
(5)祭司エホヤリブの子．ネヘ11:10.
(6)ヨシュア時代の祭司とその一族．ネヘ12:7, 21.
(7)大祭司の冠のためにささげ物をした．ゼカ6:10.

▼エタン〔人名〕
(1)ソロモン時代の賢者．I列4:31, I歴2:6, 8.
(2)先見者で楽人だったアサフの先祖．I歴6:42.
(3)神殿聖歌隊の指導者．I歴6:44, 15:17, 19.

▼エチオピヤじん（～人）
使徒 8:27 **<エチオピヤ人>**の女王カンダケの高官で…宦官の**<エチオピヤ人>**がいた.

▼エツェム〔地名〕
ユダ南方の町．ヨシ15:29, 19:3, I歴4:29.

▼エツェル〔人名〕
(1)ホリ人の首長．創世36:21, I歴1:38.
(2)ナフタリの子と子孫．創世46:24, 民数26:49.

▼エッサイ〔人名〕【別項】エッサイの根・エッサイの根株
ダビデ王の父．ユダ族オベデの子．ルツ4:17, 22, Iサム16:1, 3, 5, 8, 9, 10, 11, 18, 19, 20, 22, 17:12, 13, 17, 20, 58, 20:27, 22:7, 25:10, IIサム20:1, 23:1, 詩篇72:20, マタ1:5, 6, ルカ3:32, 使徒13:22.

▼エッサイのね（～根），エッサイの根株
イザ 11: 1 **<エッサイの根株>**から新芽が生え,
10 **<エッサイの根>**は，国々の民の旗と
ロマ 15:12 **<エッサイの根>**が起こる．異邦人を

▼エツボン〔人名〕
(1)ガドの子．創世46:16.
(2)ベニヤミン族ベラの子．勇士．I歴7:7.

▼エツヨン・ゲベル〔地名〕
アカバ湾北端の重要な貿易港．民数33:35, 36, 申命2:8, I列9:26, 22:48, II歴8:17, 20:36.

▼エディアエル〔人名〕
(1)ベニヤミンの子．I歴7:6, 10, 11.
(2)ダビデの30勇士の一人．I歴11:45.
(3)マナセ族の千人隊のかしら．I歴12:20.
(4)メシェレムヤの第2子．I歴26:2.

▼エディダ〔人名〕
ユダの王ヨシヤの母．II列22:1.

▼エディデヤ〔人名〕
ソロモンの別名．IIサム12:25.

▼エテ・カツィン〔地名〕
ゼブルン所領内の町．ヨシ19:13.

▼エテテ〔人名〕
エサウの子孫．創世36:40, I歴1:51.

▼エテナン〔人名〕
ユダ族アシュフルの子．I歴4:7.

▼エテニ〔人名〕
アサフの先祖の一人．I歴6:41.

▼エテバアル〔人名〕
シドンの王．イゼベルの父．I列16:31.

▼エテル
1.地名.
(1)ユダの低地の町の一つ．ヨシ15:42.
(2)シメオン所領内の町．ヨシ19:7.
2.人名.
(1)ギデオンの長男．士師8:20.
(2)アビガイルの夫．I列2:5, 32, I歴2:17.
(3)エラフメエルの子孫．I歴2:32.
(4)エズラの子．I歴4:17.
(5)アシェル族の一族のかしら．勇士．I歴7:38.
3.エテル人．IIサム23:38, I歴2:53, 11:40.

▼エデル
1.地名．ユダの最南端の町の一つ．ヨシ15:21.
2.人名.
(1)レビ人メラリ族ムシの子．I歴23:23.
(2)ベニヤミン族ベリアの子．I歴8:15.

▼エデレイ〔地名〕
(1)バシャンの首都．民数21:33, 申命1:4, 3:10.
(2)ナフタリの町．ヨシ19:37.

▼エデン【別項】エデンの園
1.地名．メソポタミヤの一地域．II列19:12, イザ37:12, エゼ27:23.
2.アダムとエバの置かれた楽園．創世2:8, 10, 4:16, イザ51:3, エゼ28:13, 31:9.
3.人名．ヒゼキヤ時代のレビ人．II歴29:12.

▼エデンのその（～園）
エデン2.と同じ.

創世 2:15　主は人を取り，<エデンの園>に置き，
3:23　人を<エデンの園>から追い出された
24　<エデンの園>の東に，ケルビムと輪
エゼ 36:35　この国は，<エデンの園>のようにな
ヨエ 2: 3　この国は<エデンの園>のようである

▼エドトン〔人名〕
⑴聖歌隊と楽団を指揮した人．Ⅰ歴9:16，16:41，25:1，Ⅱ歴35:15，ネヘ11:17，詩篇62題目．
⑵オベデ・エドムの父．Ⅰ歴16:38．

▼エドム
1. 地名．エサウとその子孫の住んだ地．パレスチナ南東の地．創世32:3，36:16，17，21，31，32，43，出エ15:15，民数20:14，18，20，21，21:4，24:18，ヨシ15:1，21，士師5:4，11:17，18，Ⅰサム14:47，Ⅱサム8:14，Ⅰ列9:26，11:14，22:47，Ⅱ列3:8，8:20，22，14:10，Ⅰ歴1:43，18:11，Ⅱ歴8:17，25:19，詩篇60:9，83:6，イザ11:14，34:5，6，エレ9:26，27:3，40:11，49:7，哀歌4:21，22，エゼ25:12，13，14，ヨエ3:19，アモ1:6，9，11，オバ1，8，マラ1:4．

詩篇 60: 8　<エドム>の上に，わたしのはきもの
イザ 63: 1　<エドム>から来る者，ボツラから深
エレ 49:17　<エドム>は恐怖となり，そこを通り

2. 人名．エサウの別名．ヤコブの兄．創世25:30，36:1，8，19．
3. エドム人．2. の子孫．創世36:9，43，Ⅱサム8:13，Ⅱ列14:7，Ⅰ歴18:12，詩篇52題目．

▼エトル〔人名〕
イシュマエルの子孫．創世25:15，Ⅰ歴1:31．

▼エナイム〔地名〕
ユダの低地の町の一つ．創世38:14，21．

▼エナム〔地名〕
ユダ所領内の町．ヨシ15:34．

▼エナン〔人名〕
アヒラの父．民数1:15，2:29，7:78，10:27．

▼えにしだ
Ⅰ列 19: 4　彼は，<えにしだ>の木の陰にすわり，
ヨブ 30: 4　<えにしだ>の根を彼らの食物とする．
詩 120: 4　矢，それに，<えにしだ>の熱い炭火

▼エノク〔人名〕
⑴セツの子孫．死なずに天に上げられた．創世5:18，19，21，22，23，Ⅰ歴1:3，ルカ3:37．

創世 5:24　<エノク>は神とともに歩んだ．神が
ヘブ 11: 5　信仰によって，<エノク>は死を見る
ユダ 14　<エノク>も，彼らについて預言して

⑵ミデヤンの子．創世25:4，Ⅰ歴1:33．
⑶ルベンの子とその子孫．創世46:9，民数26:5．

▼エノシュ〔人名〕
セツの子．創世4:26，5:6，Ⅰ歴1:1．

▼エノス〔人名〕
主イエスの先祖の一人．セツの子．ルカ3:38．

▼エバ〔人名〕
アダムの妻．創世3:20，Ⅱコリ11:3，Ⅰテモ2:13．

▼エパ〔度量衡〕
容量の単位．レビ19:36，エゼ45:10，11．

▼エパタ
マコ 7:34　<エパタ>」すなわち，「開け」と言

▼エパネト〔人名〕
アジヤの最初のキリスト者．ロマ16:5．

▼エパフラス〔人名〕
パウロの同労者．コロ1:7，4:12，ピレ23．

▼エパフロデト〔人名〕
ピリピ出身のキリスト者．ピリ2:25，4:18．

▼エパます（～枡）
ゼカ 5: 6　<エパ枡>だ．」そして言った．「これ
7　<エパ枡>の中にひとりの女がすわっ

▼エバル〔人名〕
⑴ホリ人の氏族長の一人．創世36:23，Ⅰ歴1:40．
⑵ヨクタンの子孫．オバルと同人．Ⅰ歴1:22．

▼エバルさん（～山）
シェケムの谷を挟んで，ゲリジム山と向かい合った山．申命11:29，27:4，13，ヨシ8:30，33．

▼エハレルエル〔人名〕
⑴ユダ族の氏族長の一人．Ⅰ歴4:16．
⑵レビ人．アザルヤの父．Ⅱ歴29:12．

▼エヒ〔人名〕
ベニヤミンの子．創世46:21．

▼エビ〔人名〕
ミデヤンの王の一人．民数31:8，ヨシ13:21．

▼エヒエル〔人名〕
⑴ダビデ時代の楽人．Ⅰ歴15:18，20，16:5．
⑵ラダンの子と子孫．Ⅰ歴23:8，26:21，29:8．
⑶ハクモニの子．Ⅰ歴27:32．
⑷ユダの王ヨシャパテの子．Ⅱ歴21:2．
⑸ヒゼキヤ王時代のレビ人．Ⅱ歴29:14．
⑹ささげ物を管理したレビ人．Ⅱ歴31:13．
⑺ヨシヤの宗教改革に協力した人物．Ⅱ歴35:8．
⑻オバデヤの父．エズ8:9．

⑼シェカヌヤの父．エズ10:2，26．
⑽異邦人の女をめとった祭司．エズ10:21．
▼エピクロスは（～派）
パウロが論じ合った哲学者の一派．使徒17:18．
▼エヒヤ〔人名〕
ダビデ時代の，箱を守る門衛．Ⅰ歴15:24．
▼エビル・メロダク〔人名〕
バビロンの王．Ⅱ列25:27，エレ52:31．
▼エフー〔人名〕
⑴イスラエルの王．ヨシャパテの子．Ⅰ列19:16，Ⅱ列9:2，6，14，15，16，17，18，19，20，21，22，24，25，27，30，31，33，36，10:1，5，6，7，8，11，12，14，15，18，19，20，21，22，23，24，25，28，29，30，31，34，35，36，12:1，13:1，14:8，15:12，ホセ1:4．
⑵預言者．ハナニの子．Ⅰ列16:1，Ⅱ歴19:2．
⑶ダビデの勇士の一人．Ⅰ歴12:3．
⑷ユダの子孫．オベデの子．Ⅰ歴2:38．
⑸シメオン族の氏族長の一人．Ⅰ歴4:35．
▼エファ〔人名〕
⑴ミデヤンの子．創世25:4，Ⅰ歴1:33．
⑵ヤフダイの子．Ⅰ歴2:47．
⑶カレブのそばめ．Ⅰ歴2:46．
▼エファイ〔人名〕
ネトファの出身者．エレ40:8．
▼エフェス・ダミム〔地名〕
ユダとソコとアゼカの間にある地．Ⅰサム17:1．
▼エフェル〔人名〕
⑴ミデヤンの子．創世25:4，Ⅰ歴1:33．
⑵ユダ族エズラの子．Ⅰ歴4:17．
⑶マナセ半部族の一族のかしら．Ⅰ歴5:24．
▼エフォデ〔人名〕
マナセ族の長ハニエルの父．民数34:23．
▼エフカル〔人名〕
ゼデキヤ王の廷臣．エレ37:3．
▼えぶくろ（餌袋）
レビ 1:16 汚物の入った<餌袋>を取り除き，祭
▼エブス
1.地名．エルサレムの旧名．ヨシ18:28，士師19:10，11，Ⅰ歴11:4，5．
2.エブス人．1.の住民．創世10:16，15:21，出エ3:8，Ⅰ歴11:4，エズ9:1，ゼカ9:7．
▼エフタ
1.地名．ユダの低地の町の一つ．ヨシ15:43．
2.人名．士師の一人．遊女の子．士師11:1，12，28，29，34，35，40，12:7，ヘブ11:32．
▼エフタ・エルのたに（～谷）
ゼブルンの北の境界の谷．ヨシ19:14，27．
▼エフデ
1.地名．ダン所領内の町．ヨシ19:45．
2.人名．
⑴士師の一人．士師3:15，20，21，27，28，4:1．
⑵ベニヤミン族に属する氏族の長．Ⅰ歴7:10．
⑶ゲバの出身者．Ⅰ歴8:6．
▼エフディ〔人名〕
王宮からバルクへの使者．エレ36:14，21，23．
▼エフディテ〔人名〕
エサウの妻．創世26:34．
▼エフデヤ〔人名〕
⑴アムラムの子孫．Ⅰ歴24:20．
⑵ダビデの雌ろばを管理した人物．Ⅰ歴27:30．
▼エフネ〔人名〕
⑴カレブの父．民数13:6，14:6，30，26:65，32:12，申命1:36，ヨシ14:6，15:13，Ⅰ歴4:15．
⑵アシェル族のエテルの子．Ⅰ歴7:38．
▼エブヤサフ〔人名〕
ケハテ族コラの子孫．Ⅰ歴6:23，37，9:19．
▼エブヤタル〔人名〕
祭司アヒメレクの子．Ⅰサム22:20，Ⅱサム8:17，15:24，Ⅰ列1:7，2:22，Ⅰ歴15:11．
▼エフライム【別項】エフライムの森，エフライムの門
1.地名．
⑴エフライム族の所領．中央パレスチナの丘陵地帯．申命34:2，ヨシ19:50，20:7，24:30，33，士師2:9，3:27，4:5，7:24，10:1，17:1，18:2，19:1，Ⅰサム1:1，9:4，14:22，Ⅰ列12:25，Ⅱ歴13:4，17:2，19:4，31:1，34:6，詩篇60:7，108:8，エゼ48:6．
⑵バアル・ハツォルのすぐ南の町．Ⅱサム13:23，ヨハ11:54．
2.北王国イスラエルを指す．イザ7:2，9，17，11:13，28:1，3，エレ7:15，31:9，エゼ37:16，19，ホセ4:17，5:12，13，6:4，7:8，8:

え

9, 9:8, 11:3, 12:1, 13:1, 14:8, ゼカ9:10, 10:7.

3. 人名. ヨセフの第2子. 創世41:52, 46:20, 48:1, 5, 13, 14, 17, 20, 50:23.

4. エフライム人(部族, 族). 3.の子孫. 民数1:10, 33, 2:18, 7:48, 10:22, ヨシ17:8, 士師8:1, 12:1, Iサム1:1, I列11:26, I歴6:66, II歴25:7, 詩篇78:67.

▼ **エフライムのもり (〜森)**

IIサム18: 6 戦いは<エフライムの森>で行われた.

▼ **エフライムのもん (〜門)**

II列14:13 城壁を<エフライムの門>から隅の門

▼ **エフライン〔地名〕**

ユダの王アビヤが奪った町. II歴13:19.

▼ **エフラテ**

1. 地名.

(1)ユダの町. 創世35:16, ルツ4:11, ミカ5:2.

(2)ヤアルとともに述べられている地. 詩篇132:6.

2. 人名. カレブの妻. フルの母. I歴2:19.

3. エフラテ人. 1.(1)の出身者または住民. ルツ1:2, Iサム17:12.

▼ **エフラル〔人名〕**

ユダ族ザバデの子. I歴2:37.

▼ **エフロン〔人名〕**

族長時代のヘテ人の一人. 創世23:8, 10, 13, 14, 16, 17, 25:9, 49:29, 30, 50:13.

▼ **エブロン〔地名〕**

レビ人の町. ヨシ19:28.

▼ **エフロンざん (〜山)**

ユダとベニヤミンの境界の山. ヨシ15:9.

▼ **エヘズケル〔人名〕**

ダビデ時代の祭司. 第20組の長. I歴24:16.

▼ **エペソ**

1. 地名. アジヤ州第1の都市. 使徒18:19, 24, 19:1, 26, 20:16, 17, Iコリ15:32, 16:8, エペ1:1, Iテモ1:3, IIテモ1:18, 4:12, 黙示1:11, 2:1.

2. エペソ人. 使徒19:28, 34, 21:29.

▼ **エベツ〔地名〕**

イッサカル所領内の町. ヨシ19:20.

▼ **エベデ〔人名〕**

(1)ガアルの父. 士師9:26, 28, 30, 31, 35.

(2)アディン族ヨナタンの子. エズ8:6.

▼ **エベデ・メレク〔人名〕**

ゼデキヤ王に仕えたクシュ人の宦官. エレ38:7, 8, 10, 11, 12, 39:16.

▼ **エベル〔人名〕**

(1)シェラフの子. イエスの先祖の一人. 創世10:21, 11:14, 民数24:24, I歴1:18, ルカ3:35.

(2)ガド族アビハイルの子. I歴5:13.

(3)ベニヤミン族エルパアルの子. I歴8:12.

(4)ベニヤミン族シャシャクの子. I歴8:22.

(5)祭司. アモク族の指導者. ネヘ12:20.

▼ **エベレクヤ〔人名〕**

イザヤの預言の証人ゼカリヤの父. イザ8:2.

▼ **エベン・エゼル**

1. 地名. イスラエルの敗戦地. Iサム4:1, 5:1.

2. サムエルが置いた石の名. Iサム7:12.

▼ **エホアダ〔人名〕**

サウル王の子孫アハズの子. I歴8:36.

▼ **エホアダン〔人名〕**

ユダの王アマツヤの母. II列14:2, II歴25:1.

▼ **エホアハズ〔人名〕**

(1)イスラエルの王. II列13:1, II歴25:17, 25.

(2)ユダの王. II歴21:17, 25:23.

(3)ユダの王. ヨシヤの子. II列23:30, II歴36:1.

(4)ヨシヤ王時代の参議ヨアフの父. II歴34:8.

▼ **エホザバデ〔人名〕**

(1)ヨアシュ王の殺害者. II列12:21, II歴24:26.

(2)ダビデ時代の聖所の門衛. I歴26:4.

(3)ヨシャパテ王に仕えた軍隊の長. II歴17:18.

(4)ダビデの勇士. ゲデラ人. I歴12:4.

(5)ダビデの勇士. マナセ族の人. I歴12:20.

(6)ダビデの勇士. マナセ族の人. I歴12:20.

(7)ヒゼキヤ時代の奉納物の管理者. II歴31:13.

(8)レビ人のつかさの一人. II歴35:9.

(9)エズラ時代のレビ人. エズ8:33, ネヘ8:7.

(10)異邦人の女をめとった祭司. エズ10:22.

▼ **エホシェバ〔人名〕**

ユダの王ヨラムの娘. II列11:2, II歴22:11.

▼ **エホツァダク〔人名〕**

大祭司ヨシュアの父. I歴6:14, エズ3:2, 5:2, 10:18, ネヘ12:26, ハガ1:1, ゼカ6:11.

▼ **エポデ**

出エ25: 7 <エポデ>や胸当てにはめ込むしまめ

28: 4 胸当て, <エポデ>, 青服, 市松模様

8 <エポデ>の上に結ぶあや織りの帯は,

レビ　8: 7　その上に<エポデ>を着けさせた．す
士師　8:27　ギデオンは…一つの<エポデ>を作り，
Ⅰサム　2:18　サムエルは…亜麻布の<エポデ>を身
　　14: 3　アヒヤが，<エポデ>を持っていた．
Ⅱサム　6:14　ダビデは亜麻布の<エポデ>をまとっ
ホセ　3: 4　<エポデ>も，テラフィムもなく過ご

▼エホヤキム〔人名〕

⑴捕囚帰還の祭司ヨシュアの子．ネヘ12:10，26．

⑵ユダの王．元の名はエルヤキム．Ⅱ列23:34，35，36，24:1，Ⅰ歴3:15，16，Ⅱ歴36:4，エレ1:3，22:18，24:1，25:1，52:2，ダニ1:1，2．

▼エホヤキン〔人名〕

ユダの最後から2番目の王．エコヌヤ，エコニヤと同人．Ⅱ列24:6，8，12，15，25:27，Ⅱ歴36:8，9，エレ52:31，エゼ1:2．

▼エホヤダ〔人名〕

⑴ダビデ，ソロモンに仕えた軍団の長ベナヤの父親．Ⅱサム8:18，20:23，23:20，Ⅰ列1:8，26，32，36，38，44，2:25，34，35，46，4:4，Ⅰ歴11:22，24，12:27，18:17，27:5．

⑵ダビデに仕えた高官．ベナヤの子．Ⅰ歴27:34．

⑶ヨアシュ王を補佐した祭司長．Ⅱ列11:4，15，17，12:2，7，9，Ⅱ歴22:11，23:1，24:2．

⑷ネヘミヤ時代，城門修理に協力した．ネヘ3:6．

⑸捕囚期以後の大祭司エルヤシブの子．ネヘ12:10，11，22，13:28．

⑹エレミヤ時代の祭司．エレ29:26．

▼エホヤリブ〔人名〕

⑴ダビデ時代の祭司氏族の長．Ⅰ歴24:7．

⑵祭司とその氏族．Ⅰ歴9:10，ネヘ11:10，12:19．

⑶エズラ時代の教師．エズ8:16．

⑷マアセヤの祖先．ゼカリヤの子．ネヘ11:5．

▼エマオ〔地名〕

復活後のイエスが現れた村．ルカ24:13．

▼エミマ〔人名〕

ヨブが試練の後に与えられた長女．ヨブ42:14．

▼エミムじん（～人）

モアブの先住民族．創世14:5，申命2:10，11．

▼エムエル〔人名〕

シメオンの第1子．創世46:10，出エ6:15．

▼エメク・ケツィツ〔地名〕

ベニヤミン族の町．ヨシ18:21．

▼エメラルド

出エ28:17　第1列は赤めのう…<エメラルド>．
エゼ28:13　トパーズ…トルコ玉，<エメラルド>．

▼えもの（獲物）

創世25:28　イサクは…猟の<獲物>を好んでいた
　　27: 3　私のために<獲物>をしとめて来てく
　　49: 9　あなたは<獲物>によって成長する．
　　　27　朝には<獲物>を食らい，夕には略奪
民数23:24　<獲物>を食らい，殺したものの血を
エス　9:16　<獲物>には手をかけなかった．
ヨブ　4:11　雄獅子は<獲物>がなくて滅び，雌獅
　　9:26　<獲物>に襲いかかるわしのように通
　　24: 5　荒れた地で<獲物>を求めて捜し回り，
　　29:17　その歯の間から<獲物>を引き抜いた．
　　39:29　そこから<獲物>をうかがい，その目
詩篇68:12　家に居残っている女が<獲物>を分け
　　119:162　大きな<獲物>を見つけた者のように，
箴言12:27　無精者は<獲物>を捕らえない．しか
イザ　5:29　若獅子のようにほえ…<獲物>を捕ら
　　31: 4　若獅子が<獲物>に向かってほえると
　　33:23　おびただしい分捕り物や<獲物>は分
　　　　け取られ，足のなえた者らも<獲物>
エレ15:13　あなたの宝物を<獲物>として，ただ
　　49:32　彼らのらくだは<獲物>に，その家畜
エゼ19: 3　<獲物>を引き裂くことを習い，人を
　　22:25　<獲物>を引き裂きながらほえたける
アモ　3: 4　<獲物>がないのに，森の中でほえる
ナホ　2:12　十分な<獲物>を引き裂き…そのほら
　　　　穴を，<獲物>で，その巣を，引き裂
　　　13　あなたの<獲物>を地から絶やす．あ

▼エモリじん（～人）

①カナンの主要な住民：カナンの子孫，創世10:16；パレスチナの先住民，エゼ16:3；カナンの七民族の一つ，創世15:21，申命7:1；対イスラエル連合国の一員，ヨシ10:5；偉大な王を持つ，詩篇136:19；背の高い国民，アモ2:9；極めて邪悪，創世15:16；偶像礼拝者，士師6:10．

②イスラエルとの接触：ヨシュアに破れる，ヨシ10章；滅亡は免れる，士師1:34-36；平和な時期，Ⅰサム7:14；ソロモンに徴用される，Ⅰ列9:20，21；結婚による混血，士師3:5，6．

▼ エラ〔人名〕【別項】エラの谷

(1)ソロモン時代の地方守護官の父．Ⅰ列4:18.
(2)エドム人の首長の一人．創世36:41.
(3)イスラエルの王．バシャの子．Ⅰ列16:6，8.
(4)イスラエル最後の王ホセアの父．Ⅱ列15:30.
(5)カレブの子の一人．Ⅰ歴4:15.
(6)ベニヤミン族出身．氏族長の一人．Ⅰ歴9:8.

▼ えらい（偉い）

箴言 25: 6 <偉い>人のいる所に立っていてはな
マタ 18: 1 天の御国では，だれが一番<偉い>の
20:26 <偉>くなりたいと思う者は…仕える
ルカ 9:48 一番小さい者が一番<偉い>のです．」
22:24 この中でだれが一番<偉い>だろうか
26 一番<偉い>人は一番年の若い者のよ
27 給仕する者と，どちらが<偉い>でし
ヨハ 4:12 ヤコブよりも<偉い>のでしょうか．

▼ エラサル〔地名〕

アルヨク王の町，または王国．創世14:1，9.

▼ エラスト〔人名〕

(1)パウロの助手．使徒19:22，Ⅱテモ4:20.
(2)コリント市の収入役．ロマ16:23.

▼ エラテ〔地名〕

エドムの港町．申命2:8，Ⅰ列9:26，Ⅱ列14:22，16:6，Ⅱ歴8:17，26:2.

▼ エラのたに（～谷）

ダビデとゴリヤテ一騎討ちの場所．Ⅰサム17:2，19，21:9.

▼ えらび（選び）【別項】選びの民

使徒 9:15 あの人は…わたしの<選び>の器です．
ロマ 9:11 神の<選び>の計画の確かさが，行い
11: 5 恵みの<選び>によって残された者が
28 <選び>によれば，父祖たちのゆえに，

▼ えらびのたみ（選びの民）

マタ 24:31 <選びの民>を集めます．マコ13:27.
マコ 13:20 <選びの民>のために，その日数を少

▼ エラフ〔人名〕

ヨクタンの子．創世10:26，Ⅰ歴1:20.

▼ えらぶ（選ぶ）

創世 13:11 ロトは…低地全体を<選>び取り，そ
18:19 彼を<選>び出したのは，彼がその子
49:26 ヨセフ…兄弟たちから<選>び出された者の頭上にあるよう．申命33:16.
出エ 18:25 モーセは…力のある人々を<選>び，
33:17 あなたを名ざして<選>び出したのだ
民数 16: 7 主がお<選>びになるその人が聖なる
17: 5 わたしが<選ぶ>人の杖は芽を出す．
26: 9 会衆に<選>ばれた者…主に逆らった
申命 4:37 後の子孫を<選>んでおられたので，
7: 7 あなたがたを<選>ばれたのは…数が
12: 5 主が…<選ぶ>場所を尋ねて，そこへ
14: 2 <選>んでご自分の宝の民とされた．
24 <選ぶ>場所が遠く離れているなら，
17:15 主の<選ぶ>者を…王として立てなけ
18: 5 奉仕に立つため…主が…<選>ばれた
6 レビ人…主の<選ぶ>場所に行きたい
30:19 あなたはいのちを<選>びなさい．あ
ヨシ 18: 4 部族ごとに3人の者を<選>び出しな
24:15 仕えようと思うもの…<選ぶ>がよい．
士師 10:14 あなたがたが<選>んだ神々に叫べ．
Ⅰサム 2:28 その家を<選>び，わたしの祭司とし，
8:18 自分たちに<選>んだ王ゆえに，助け
10:24 見よ．主がお<選>びになったこの人
16: 8 …もまた，主は<選>んでおられない．
17: 8 ひとりを<選>んで，おれのところに
Ⅱサム 6:21 むしろ私を<選>んで…君主に任じら
15:15 王さまの<選>ばれるままにいたしま
24:12 あなたに負わせる三つのことがある．そのうち一つを<選>べ．Ⅰ歴21:10.
Ⅰ列 3: 8 あなたの<選>んだあなたの民の中に
8:16 わたしはダビデを<選>び，わたしの
44 <選>ばれた町…に向かって，主に祈
11:13 わたしが<選>んだエルサレムのため
Ⅰ歴 16:13 主に<選>ばれた者，ヤコブの子らよ．
28: 6 ソロモン…わたしの子として<選>び，
10 宮を建てさせるため…<選>ばれた．
29: 1 ソロモンは，神が<選>ばれたただひ
Ⅱ歴 7:16 名を置くため…宮を<選>んで聖別し
29:11 <選>んでご自分の前に立たせ…仕え
エズ 8:24 祭司長…から…同僚10人を<選>び出
ネへ 1: 9 わたしが<選>んだ場所に…連れて来
ヨブ 15: 5 悪賢い人の舌を<選>び取るからだ．
29:25 私は彼らの道を<選>んでやり，首長
34:33 私ではなく，あなたが<選ぶ>がよい．
36:21 悩みよりも，これを<選>んだのだか
詩篇 25:12 主は…<選ぶ>べき道を教えられる．
33:12 ご自身のものとしてお<選>びになっ
47: 4 主は，私たちのためにお<選>びにな
65: 4 幸いなことよ．あなたが<選>び，近
78:68 ユダ族を<選>び，主が愛されたシオ
89: 3 わたしの<選>んだ者と契約を結び，

105:43 <選>ばれた民を喜びの叫びのうちに.
106: 5 <選>ばれた者たちのしあわせを見,
23 もし, 神に<選>ばれた人モーセが,
119:30 私は真実の道を<選>び取り, あなた
173 私はあなたの戒めを<選>びました.
135: 4 ヤコブを<選>び, ご自分のものとさ
れ, イスラエルを<選>んで…宝とさ
箴言 1:29 主を恐れることを<選>ばず,
イザ 1:29 みずから<選>んだ園によってはずか
7:15 善を<選ぶ>ことを知るころまで, 凝
14: 1 主は…再びイスラエルを<選>び, 彼
41: 8 わたしが<選>んだヤコブ, わたしの
9 あなたを<選>んで, 捨てなかった.」
24 あなたがたを<選>んだことは忌まわ
42: 1 心の喜ぶわたしが<選>んだ者. わた
43:10 わたしが<選>んだわたしのしもべで
20 わたしの<選>んだ者に飲ませるから
45: 4 わたしが<選>んだイスラエルのため
49: 7 聖なる方があなたを<選>んだからで
56: 4 わたしの喜ぶ事を<選>び, わたしの
65: 9 わたしの<選>んだ者がこれを所有し,
22 わたしの<選>んだ者は, 自分の手で
66: 3 自分かってな道を<選>び, その心は
エレ 8: 3 いのちよりも死を<選ぶ>ようになる.
33:24 『主は<選>んだ二つの部族を退けた』
49:19 わたしは, <選>ばれた人をそこに置
エゼ 16:61 あなたの姉と妹とを<選>び取り, あ
20: 5 わたしがイスラエルを<選>んだとき,
アモ 3: 2 あなたがただけを<選>び出した. そ
ハガ 2:23 わたしはあなたを<選>び取る…印形
のようにする…あなたを<選>んだか
ゼカ 1:17 主は…エルサレムを再び<選ぶ>.』」
3: 2 エルサレムを<選>んだ主が…とがめ
マタ 12:18 わたしの<選>んだわたしのしもべ,
22:14 <選>ばれる者は少ないのです.」
24:22 <選>ばれた者のために, その日数は
ルカ 6:13 12人を<選>び, 彼らに使徒という名
9:35 愛する子, わたしの<選>んだ者であ
10:42 マリヤはその良いほうを<選>んだの
14: 7 上座を<選>んでいる様子に気づいて
23:35 <選>ばれた者なら, 自分を救ってみ
ヨハ 6:70 わたしが…12人を<選>んだのではあ
13:18 わたしが<選>んだ者を知っています.
15:16 あなたがたが…<選>んだのではあり
ません. わたしが…<選>び…任命し
19 世からあなたがたを<選>び出したの
使徒 1:25 使徒職…どちらをお<選>びになるか,
6: 3 評判の良い人たち7人を<選>びなさ
5 ステパノ, およびピリポ…を<選>び,
13:17 神は, 私たちの父祖たちを<選>び,
14:23 教会ごとに長老たちを<選>び, 断食
15:25 人々を<選>び…パウロといっしょに,
40 パウロはシラスを<選>び, 兄弟たち
ロマ 1: 1 福音のために<選>び分けられ, 使徒
8:33 神に<選>ばれた人々を訴えるのはだ
11: 7 <選>ばれた者は獲得しましたが, 他
16:13 主にあって<選>ばれた人ルポスによ
Iコリ 1:27 この世の愚かな者…弱い者を<選>ば
28 無に等しいものを<選>ばれたのです.
ガラ 1:15 生まれたときから私を<選>び分け,
エペ 1: 4 前から彼にあって<選>び, 御前で聖
ピリ 1:22 どちらを<選>んだらよいのか, 私に
コロ 3:12 神に<選>ばれた者, 聖なる, 愛され
Iテサ 1: 4 神に<選>ばれた者であることは私た
IIテサ 2:13 初めから救いにお<選>びになったか
IIテモ 2:10 <選>ばれた人たちのため…耐え忍び
テト 1: 1 神に<選>ばれた人々の信仰と, 敬虔
ヘブ 11:25 むしろ…苦しむことを<選>び取りま
ヤコ 2: 5 貧しい人たちを<選>んで信仰に富む
Iペテ 1: 2 血の注ぎかけを受けるように<選>ば
2: 4 主は…<選>ばれた, 尊い, 生ける石
9 <選>ばれた種族, 王である祭司, 聖
5:13 あなたがたとともに<選>ばれた婦人
IIペテ 1:10 <選>ばれたこととを確かなものとし
IIヨハ 1 <選>ばれた夫人とその子どもたちへ.
黙示 17:14 召された者, <選>ばれた者, 忠実な

▼エラフメエル〔人名〕

(1)ユダ南部に住む半遊牧民とその祖. Iサム27:10, 30:29, I歴2:9, 25, 26, 27, 33, 42.
(2)レビ人キシュの子孫. I歴24:29.
(3)エホヤキム王の王子. エレ36:26.

▼エラム

1.地名. 2.の住んだ地. エレ49:34.
2.人名.
(1)セムの子孫. 創世10:22, I歴1:17.
(2)ベニヤミンの子孫. I歴8:24.
(3)コラ人の門衛メシェレムヤの5男. I歴26:3.
(4)異邦人の女をめとった者の先祖. エズ10:2.
(5)民のかしら. 盟約の調印者. ネへ10:14.
(6)城壁奉献式で奉仕した祭司. ネへ12:42.

3. エラム族（人）. エズ2:7, 31, 4:9, 8:7, 10:26, ネヘ7:12, 34, 使徒2:9.

▼ エラン〔人名〕
エフライム族の一人とその子孫. 民数26:36.

▼ エリ〔人名〕
(1)シロの祭司. サムエルの師. Ｉサム1:3, 9, 12, 17, 25, 2:11, 12, 20, 22, 27, 3:1, 2, 5, 6, 8, 9, 12, 14, 15, 16, 4:4, 11, 13, 14, 15, 16, 14:3, Ｉ列2:27.
(2)ガドの子とその子孫. 創世46:16, 民数26:16.

▼ えり
出エ 28:32 よろいの<えり>のようにし, ほころ
詩 133: 2 その衣の<えり>にまで流れしたたる.

▼ エリアブ〔人名〕
(1)ゼブルン族の長. 民数1:9, 7:29, 10:16.
(2)ダタンとアビラムの父. 民数16:1, 申命11:6.
(3)エッサイの長男. Ｉサム16:6, 17:28, Ｉ歴2:13.
(4)サムエルの先祖. Ｉ歴6:27.
(5)ダビデの勇士. ガド族出身. Ｉ歴12:9.
(6)ダビデ時代の楽人. Ｉ歴15:18, 20, 16:5.

▼ エリアム〔人名〕
(1)バテ・シェバの父. IIサム11:3.
(2)ダビデの勇士. アヒトフェルの子. IIサム23:34.

▼ エリウデ〔人名〕
主イエスの先祖の一人. マタ1:14, 15.

▼ エリエゼル〔人名〕
(1)アブラハムのしもべ. 創世15:2.
(2)モーセの次男. 出エ18:4, Ｉ歴23:15, 17.
(3)ベニヤミン族の氏族長. Ｉ歴7:8.
(4)ダビデ時代の祭司. Ｉ歴15:24.
(5)ダビデ時代のルベン族の代表者. Ｉ歴27:16.
(6)ヨシャパテ王に預言した人. II歴20:37.
(7)エズラに仕えた者. エズ8:16.
(8)異邦人の女をめとった祭司. エズ10:18.
(9)異邦人の女をめとったレビ人. エズ10:23.
(10)異邦人の女をめとった者の一人. エズ10:31.
(11)主イエスの先祖の一人. ルカ3:29.

▼ エリエナイ〔人名〕
ベニヤミン族シムイの子孫. Ｉ歴8:20.

▼ エリ, エリ, レマ, サバクタニ
マタ 27:46 「<エリ, エリ, レマ, サバクタニ>」

▼ エリエル〔人名〕
(1)マナセ半部族の氏族長. Ｉ歴5:24.
(2)サムエルの先祖の一人. Ｉ歴6:34.
(3)ベニヤミン族シムイの子孫. Ｉ歴8:20.
(4)ベニヤミン族シャシャクの子. Ｉ歴8:22.
(5)ダビデの勇士. マハビム人. Ｉ歴11:46.
(6)ダビデの勇士. Ｉ歴11:47.
(7)ガド族から出た軍のかしら. Ｉ歴12:11.
(8)契約の箱を運んだレビ人. Ｉ歴15:9, 11.
(9)ヒゼキヤ時代の管理者. II歴31:13.
(10)イッサカル族のトラの子孫. Ｉ歴7:2.

▼ エリオテ〔人名〕
ユダ族ヘツロンの子カレブの妻. Ｉ歴2:18.

▼ エリカ〔人名〕
ダビデの30勇士の一人. ハロデ人. IIサム23:25.

▼ エリコ〔地名〕
①旧約時代のエリコ：ヨルダン川の近くの町, 民数22:1；なつめやしの町と呼ばれる, 申命34:3；斥候による偵察, ヨシ2:1；遊女ラハブの出身地, ヨシ2:1-21, 6:17-27；ヨシュアが神の御使いを見る, ヨシ5:13-15；ヨシュアによる破壊, ヨシ6章, ヘブ11:30；再建者へののろい, ヨシ6:26, Ｉ列16:34；ベニヤミン族に割り当てられる, ヨシ18:21.
②新約時代のエリコ：イエス・キリストによる盲人のいやし, マタ20:29-34, マコ10:46-52, ルカ18:35-43；ザアカイの出身地, ルカ19:1-10.

▼ エリサベツ〔人名〕
バプテスマのヨハネの母. ルカ1:5, 13, 41.

▼ エリシェバ〔人名〕
祭司アロンの妻. アミナダブの娘. 出エ6:23.

▼ エリシャ
1. 地名. 地中海沿岸地方. ヤワンの子孫が住んだ地. 創世10:4, Ｉ歴1:7, エゼ27:7.
2. 人名. 預言者.
①生涯：エリヤの後継者となる, Ｉ列19:16, 19-21；エリヤの昇天を見る, II列2:1-12；預言者として認められる, II列2:13-22；子供たちにからかわれる, II列2:23-25；王たちと接する, II列3:11-20.
②預言：子供の誕生, II列4:16；サマリヤに食糧があふれること, II列7:1；王の侍従の死, II列7:2；大ききん, II列8:1-3, ベン・ハダデの死, II列8:7-15；ヨアシュの勝利, II列13:14-19.

▼ エリシャファテ〔人名〕
ジクリの子．百人隊長．Ⅱ歴23:1.
▼ エリシャマ〔人名〕
⑴エフライム族の指導者．民数1:10，7:53.
⑵ダビデの子の一人．Ⅱサム5:16，Ⅰ歴3:8.
⑶ダビデの子の一人．Ⅰ歴3:6.
⑷王族の一人．Ⅱ列25:25，エレ41:1.
⑸ユダ族エカムヤの子．Ⅰ歴2:41.
⑹ヨシャパテ王時代の祭司．Ⅱ歴17:8.
⑺エホヤキムの書記．エレ36:12，20，21.
▼ エリシュア〔人名〕
ダビデの子．Ⅱサム5:15，Ⅰ歴14:5.
▼ エリダデ〔人名〕
ベニヤミン族の長．キスロンの子．民数34:21.
▼ エリツァファン〔人名〕
⑴ケハテ族の長とその子孫．民数3:30，Ⅱ歴29:13.
⑵ゼブルン族の代表者．民数34:25.
▼ エリツル〔人名〕
モーセとアロンの助手．民数1:5，7:35.
▼ えりぬき（〜抜き）
エゼ 24: 5　<えり抜き>の羊を取れ．なべの下に
　31:16　レバノンの<えり抜き>の良い木，す
▼ エリバイ〔人名〕
ダビデの30勇士．エルナアムの子．Ⅰ歴11:46.
▼ エリフ〔人名〕
⑴サムエルの先祖．Ⅰサム1:1.
⑵千人隊のかしら．ダビデに仕えた．Ⅰ歴12:20.
⑶オベデ・エドムの子孫．Ⅰ歴26:7.
⑷ダビデ王の兄の一人．Ⅰ歴27:18.
⑸ブズ人．ヨブ32:2，34:1，35:1，36:1.
▼ エリファズ〔人名〕
⑴エサウの長子．創世36:4，10，15，Ⅰ歴1:35.
⑵ヨブの友人．ヨブ2:11，4:1，15:1，42:7，9.
▼ エリファル〔人名〕
ダビデの30勇士の一人．ウルの子．Ⅰ歴11:35.
▼ エリフェレテ〔人名〕
⑴ダビデの子．Ⅱサム5:16，Ⅰ歴3:8，14:7.
⑵ダビデの子．⑴と同名異人．Ⅰ歴3:6.
⑶ダビデの勇士．アハスバイの子．Ⅱサム23:34.
⑷ベニヤミン族のエシェクの３男．Ⅰ歴8:39.
⑸捕囚帰還民．アドニカム族の一人．エズ8:13.
⑹ハシュム族の一員．エズ10:33.
▼ エリフェレフ〔人名〕
ダビデ時代の楽人．Ⅰ歴15:18.
▼ エリホレフ〔人名〕
ソロモン王の書記．Ⅰ列4:3.
▼ エリム〔地名〕
荒野の宿営地．出エ15:27，16:1，民数33:9.
▼ エリメレク〔人名〕
ナオミの夫．ルツ1:2，3，2:1，3，4:3，9.
▼ エリモテ〔人名〕
⑴ベニヤミン族のベラの子．Ⅰ歴7:7.
⑵ダビデの勇士．Ⅰ歴12:5.
⑶レビ人．ムシの子孫．Ⅰ歴24:30.
⑷王の先見者ヘマンの子．Ⅰ歴25:4.
⑸ダビデ時代のナフタリ族の長．Ⅰ歴27:19.
⑹ダビデの子．Ⅱ歴11:18.
⑺神殿奉納物の管理者．Ⅱ歴31:13.
▼ エリヤ〔人名〕
⑴イスラエルの預言者．
①生涯：アハブを非難する．Ⅰ列17:1；ケリテ川のほとりに隠れる，Ⅰ列17:3；烏が食物を運ぶ，Ⅰ列17:4-7；やもめの粉と油の奇蹟，Ⅰ列17:8-16；やもめの息子を生き返らせる，Ⅰ列17:17-24；アハブに伝言を送る，Ⅰ列18:1-15；バアルの預言者を負かす，Ⅰ列18:16-46；イゼベルから逃げる，Ⅰ列19:1-3；主の使いが食物を与える，Ⅰ列19:4-8；神の声を聞く，Ⅰ列19:9-14；天に上げられる，Ⅱ列2:1-14.
②特筆事項：再来の預言，マラ4:5；変貌山に現れる，マタ17:1-4；バプテスマのヨハネの型，ルカ1:17.
⑵ベニヤミン族エロハムの子．Ⅰ歴8:27.
⑶異邦人の女をめとった祭司．エズ10:21.
⑷異邦人の女をめとった者の一人．エズ10:26.
⑸レビ人．ヘブロンの子．Ⅰ歴23:19，26:31.
▼ エリヤキム〔人名〕
主イエスの先祖の一人．マタ1:13，ルカ3:30.
▼ エリヤタ〔人名〕
ダビデ時代の楽人．Ⅰ歴25:4，27.
▼ エリヤダ〔人名〕
ダマスコの王レゾンの父．Ⅰ列11:23.

▼えりわける（～分ける）

レビ20:24 国々の民から‹えり分け›た…神，主
申命10: 8 主はレビ部族を‹えり分け›て，主の
エゼ20:38 そむく反逆者を，‹えり分ける›．わ
マタ13:49 正しい者…悪い者を‹えり分け›，

▼エル〔人名〕

⑴族長ユダの長男．創世38:3，6，7，Ⅰ歴2:3．
⑵ユダ族のシェラの子孫．Ⅰ歴4:21．
⑶主イエスの先祖の一人．ルカ3:28．

▼える（得る）

創世 4: 1 主によってひとりの男子を‹得›た」
Ⅰサム20: 3 私があなたのご好意を‹得›ているこ
Ⅱサム 7:27 あなたに祈る勇気を‹得›たのです．
Ⅱ歴25: 5 大盾を手にする精鋭30万人を‹得›た．
エズ 7:28 好意を私に‹得›させてくださった．
ヨブ33:24 わたしは身代金を‹得›た．」
詩 104:14 人が地から食物を‹得る›ために．
箴言 1: 4 若い者に…思慮を‹得›させるためで
5 悟りのある者は指導を‹得る›．
3: 4 神と人との前に好意と聡明を‹得›よ．
35 愚かな者は恥を‹得る›．
4: 5 知恵を‹得よ›．悟りを‹得よ›．忘れ
7 知恵の初めに，知恵を‹得よ›…財産
をかけて，悟りを‹得よ›．
16 つまずかせ…眠りが‹得›られない．
8:22 初めから，わたしを‹得›ておられた．
11:17 真実な者…たましいに報いを‹得る›
18 悪者は偽りの報酬を‹得る›が，義を
蒔く者は確かな賃金を‹得る›．
21 正しい者のすえは救いを‹得る›．
15:32 叱責を聞き入れる者は思慮を‹得る›．
16:16 知恵を‹得る›ことは，黄金を‹得る›
よりはるかにまさる．悟りを‹得る›
ことは銀を‹得る›よりも望ましい．
18:15 悟りのある者の心は知識を‹得›，知
19: 8 思慮を‹得る›者は自分自身を愛する
伝道 2: 7 私は男女の奴隷を‹得›た．私には家
エレ31: 2 出て行って休みを‹得›よ．」
ホセ12: 8 私は自分のために財産を‹得›た．私
14: 8 あなたはわたしから実を‹得る›のだ．
マタ18:15 あなたは兄弟を‹得›たのです．
19:16 先生．永遠のいのちを‹得る›ために
ヨハ10:10 わたしが来た…羊がいのちを‹得›，
17 自分のいのちを再び‹得る›ために自
18 もう一度‹得る›権威があります．わ
使徒26: 7 約束のものを‹得›たいと望んでおり
ロマ 1:13 ほかの国の人々の中で‹得›たと同じ
ように，いくらかの実を‹得›ようと
16 福音は…救いを‹得›させる神の力で
5:21 永遠のいのちを‹得›させるためなの
6:22 聖潔に至る実を‹得›たのです．その
9:30 異邦人は義を‹得›ました．すなわち，
ピリ 3: 8 それは，私には，キリストを‹得›，
12 私は，すでに‹得›たのでもなく…そ
れを‹得る›ようにとキリスト・イエ
14 神の栄冠を‹得る›ために，目標を目
コロ 1:14 すなわち罪の赦しを‹得›ています．
Ⅰテサ 5: 9 キリストにあって救いを‹得る›よう
Ⅱテサ 2:14 キリストの栄光を‹得›させてくださ
Ⅰテモ 6:19 まことのいのちを‹得る›ために，未
ヘブ 5: 4 この名誉は自分で‹得る›のではなく，
5 キリストも…自分で‹得›られたので
6:15 忍耐の末…約束のものを‹得›ました．
8: 6 すぐれた務めを‹得›られました．そ
11:33 信仰によって…約束のものを‹得›，
Ⅰペテ 1: 9 たましいの救いを‹得›ているからで

▼エルアサ〔人名〕

⑴ユダ族のヘレツの子．Ⅰ歴2:39，40．
⑵サウル王の子孫．Ⅰ歴8:37，9:43．
⑶ユダ王からネブカデネザルへの使者．エレ29:3．
⑷異邦人の女をめとった祭司．エズ10:22．

▼エルアザル〔人名〕

⑴アロンの第3子，出エ6:23，25；祭司として聖別，出エ28:1；祭司の職務の執行者，レビ10:6，7；レビ人の長の長，民数3:32；アロンの後継者，民数20:25-28；ヨシュアを助ける，ヨシ14:1；エフライムに埋葬される，ヨシ24:33．
⑵アミナダブの子．Ⅰサム7:1．
⑶ダビデの3勇士の一人．Ⅱサム23:9，Ⅰ歴11:12．
⑷レビ族マフリの子．Ⅰ歴23:21，22，24:28．
⑸エズラ時代の祭司．ピネハスの子．エズ8:33．
⑹異邦人の女をめとった者の一人．エズ10:25．
⑺捕囚帰還後の祭司．ネヘ12:42．

▼エルアダ〔人名〕

エフライムの子孫．Ⅰ歴7:20．

▼エルアデ〔人名〕

ガテの人々に殺された人．Ⅰ歴7:21．

▼ **エルアレ〔地名〕**
ヨルダン東の町．民数32:3，イザ15:4，16:9.

▼ **エルウザイ〔人名〕**
ダビデの勇士．Ⅰ歴12:5.

▼ **エルエホエナイ〔人名〕**
(1)メシェレムヤの７男．Ⅰ歴26:3.
(2)捕囚帰還時のパハテ・モアブ族の長．エズ8:4.

▼ **エルエル〔地名〕**
ツィツ付近のユダの荒野か．Ⅱ歴20:16.

▼ **エル・エロヘ・イスラエル**
ヤコブがシェケムで築いた祭壇名．創世33:20.

▼ **エルカナ〔人名〕**
(1)レビ人コラの子．出エ6:24.
(2)預言者サムエルの父．Ⅰサム1:1，Ⅰ歴6:27，34.
(3)サムエルの先祖．Ⅰ歴6:23，25，36.
(4)レビ人エルカナの子孫．Ⅰ歴6:26，35.
(5)捕囚帰還のレビ人ベレクヤの先祖．Ⅰ歴9:16.
(6)ダビデの勇士．コラ人．Ⅰ歴12:6.
(7)ダビデ時代の門衛．Ⅰ歴15:23.
(8)アハズ王の補佐官．Ⅱ歴28:7.

▼ **エルコシュじん（〜人）**
ナホ　1: 1　**<エルコシュ人>**ナホムの幻の書.

▼ **エルザバデ〔人名〕**
(1)ダビデの勇士．ガド族出身．Ⅰ歴12:12.
(2)コラ人．シェマヤの子．Ⅰ歴26:7.

▼ **エルサレム〔地名〕**
①名称の適用：神の都，詩篇46:4；ダビデの町，Ⅱサム5:6-7；ユダの町，Ⅱ歴25:28；シオン，詩篇48:12；エブス，ヨシ18:28；聖なる都，マタ4:5；忠信の都，イザ1:21，26；正義の町，イザ1:26；真実な町，ゼカ8:3；大王の都，詩篇48:2；シャレム，創世14:18.
②歴史：元来はシャレムと呼ばれた，創世14:18；エブス人が居住，ヨシ15:8；ヨシュアに破れるヨシ10:5-27；ベニヤミン族の相続地，ヨシ18:28；ユダ族の攻撃，士師1:8；エブス人の残存，士師1:21；ダビデによる征服，Ⅱサム5:6-8；名前の変更，Ⅱサム5:7-9；神の箱を運び上る，Ⅱサム6:12-17；破滅からの救い，Ⅱサム24:16；ソロモンが神殿を建設，Ⅱ歴3:1；アッシリヤからの救い，Ⅱ列19:31-36；エジプトによる支配，Ⅱ列23:33-35；バビロン軍による包囲，Ⅱ列24:10-11；バビロン捕囚，エレ39:2-9；70年の荒廃，エレ25:11-12；神殿再建の勅令，エズ1:1-4；捕囚の民の帰還，エズ2章；再建工事への妨害，エズ5章；城壁の奉献，ネヘ12:27-47；破壊の予告，ルカ19:43-44；イエスの入城，マタ21:9-10；イエスの十字架，ルカ9:31，ヨハ19:20；福音宣教の開始，ルカ24:47；教会の誕生，使徒2章；キリスト者への迫害が始まる，使徒4:1-30；最初の教会会議，使徒15:1-29；パウロの訪問，使徒20:16，21:15-17；パウロの逮捕，使徒21:30-36.
③預言：バビロンによる破壊，エレ20:5；完全な滅亡，エレ26:18；クロスによる再建，イザ44:26-28；キリストの入城，ゼカ9:9；福音の告知，イザ2:3；苦難の時，マタ24:1-22；異邦人に踏み荒らされる，ルカ21:24.
④描写：外見的強さ，詩篇125:2；道徳的腐敗，イザ1:1-16，エレ5:1-5；霊的に贖われた町，ガラ4:26-30；新しいエルサレムの預言，黙示21章.

Ⅱサム 16:15　イスラエル人は**<エルサレム>**に入っ
20: 3　ダビデは**<エルサレム>**の自分の王宮
Ⅰ列 11:36　選んだ町，**<エルサレム>**で…ダビデ
14:25　シシャクが**<エルサレム>**に攻め上っ
Ⅱ列 14:13　王ヨアシュは…**<エルサレム>**に来て，**<エルサレム>**の城壁をエフライムの
16: 5　ペカが，**<エルサレム>**に戦いに上っ
18:17　**<エルサレム>**のヒゼキヤ王のところ
25:10　**<エルサレム>**の…城壁を取りこわし
Ⅱ歴 36:23　**<エルサレム>**に…宮を建てることを
ネヘ　2:17　**<エルサレム>**の城壁を建て直し，も
詩篇 51:18　**<エルサレム>**の城壁を築いてくださ
79: 1　**<エルサレム>**を廃墟としました.
122: 6　**<エルサレム>**の平和のために祈れ.
137: 5　**<エルサレム>**よ…私がおまえを忘れ
イザ 52: 1　聖なる都**<エルサレム>**．無割礼の汚
62: 7　主が**<エルサレム>**を堅く立て，この地で**<エルサレム>**を栄誉とされるま
エレ　9:11　**<エルサレム>**を石くれの山とし，ジ
26:18　**<エルサレム>**は廃墟となり，この宮
エゼ　5: 6　**<エルサレム>**は諸国の民よりも悪事
16: 2　**<エルサレム>**にその忌みきらうべき
ダニ　9:16　あなたの町**<エルサレム>**…聖なる山
ヨエ　3:17　**<エルサレム>**は聖地となり，他国人

ゼカ 2: 2 <エルサレム>を測りに行く．その幅
12: 2 <エルサレム>を…よろめかす杯とする…<エルサレム>の包囲されるとき
14: 2 わたしは…<エルサレム>を攻めさせ
マタ 5:35 <エルサレム>をさして誓ってもいけ
20:18 わたしたちは<エルサレム>に向かっ
21: 1 彼らは<エルサレム>に近づき，オリ
23:37 ああ，<エルサレム>，<エルサレム>．
マコ 1: 5 <エルサレム>の全住民が彼のところ
ルカ 2:22 両親は幼子を…<エルサレム>へ連れ
25 <エルサレム>にシメオンという人が
4: 9 悪魔はイエスを<エルサレム>に連れ
5:17 パリサイ人と…<エルサレム>から来
9:31 イエスが<エルサレム>で遂げようと
51 イエスは，<エルサレム>に行こうと
13: 4 あの18人は，<エルサレム>に住んで
33 預言者が<エルサレム>以外の所で死
19:11 イエスが<エルサレム>に近づいてお
21:20 <エルサレム>が軍隊に囲まれるのを
24 <エルサレム>は異邦人に踏み荒らさ
24:13 ふたりの弟子が，<エルサレム>から
47 悔い改めが，<エルサレム>から始ま
52 喜びを抱いて<エルサレム>に帰り，
使徒 1: 4 <エルサレム>を離れないで，わたし
8 <エルサレム>，ユダヤとサマリヤの
4: 5 学者たちは，<エルサレム>に集まっ
6: 7 <エルサレム>で，弟子の数が非常に
8:26 <エルサレム>からガザに下る道に出
9: 2 男でも女でも…<エルサレム>に引い
26 サウロは<エルサレム>に着いて，弟
15: 2 話し合うために，<エルサレム>に上
21:13 <エルサレム>で縛られることばかり
25: 3 パウロを<エルサレム>に呼び寄せて
ロマ 15:19 私は<エルサレム>から始めて，ずっ
Ⅰコリ 16: 3 献金を<エルサレム>に届けさせまし
ガラ 1:18 私はケパをたずねて<エルサレム>に
2: 1 14年たって…再び<エルサレム>に上
4:26 上にある<エルサレム>は自由であり，
ヘブ 12:22 神の都，天にある<エルサレム>，無
黙示 21: 2 聖なる都，新しい<エルサレム>が，

▼エルシャ〔人名〕
ユダの王ヨタムの母．Ⅱ列15:33，Ⅱ歴27:1.

▼エルダア〔人名〕
ミデヤンの子．創世25:4，Ⅰ歴1:33.

▼エルダデ〔人名〕
モーセを助けた長老の一人．民数11:26，27.

▼エルツァファン〔人名〕
アロンのいとこ．出エ6:22，レビ10:4.

▼エルテケ〔地名〕
ダンの町．後にレビ人の町．ヨシ19:44，21:23.

▼エルテコン〔地名〕
ユダの山地の町．ヨシ15:59.

▼エルトラデ〔地名〕
ユダの最南端の町の一つ．ヨシ15:30，19:4.

▼エルナアム〔人名〕
勇士エリバイとヨシャブヤの父．Ⅰ歴11:46.

▼エルナタン〔人名〕
(1)エホヤキン王の母の父．Ⅱ列24:8，エレ26:22.
(2)エズラがイドに遣わした使者．エズ8:16.
(3)エズラがイドに遣わした使者．エズ8:16.
(4)エズラがイドに遣わした教師．エズ8:16.

▼エルバアル〔人名〕
ギデオンの異名．士師6:32，9:1，Ⅰサム12:11.

▼エルパアル〔人名〕
ベニヤミン族フシムの子．Ⅰ歴8:11，12，18.

▼エルハナン〔人名〕
(1)ダビデの勇士．Ⅱサム21:19，Ⅰ歴20:5.
(2)ダビデの30勇士の一人．Ⅱサム23:24，Ⅰ歴11:26.

▼エル・パラン〔地名〕
紅海沿岸の港町．エラテの古名．創世14:6.

▼エルベシェテ〔人名〕
士師ギデオンのこと．Ⅱサム11:21.

▼エル・ベテル〔地名〕
ヤコブが建てた祭壇の場所の名．創世35:7.

▼エル・ベリテ〔偶像〕
シェケムの民の偶像神の名．士師9:46.

▼エルペレテ〔人名〕
ダビデの子．エリフェレテと同人．Ⅰ歴14:5.

▼エルマ〔人名〕
ユダヤ人の魔術師．別名バルイエス．使徒13:8.

▼エルマダム〔人名〕
主イエスの先祖の一人．ルカ3:28.

▼エルヤキム〔人名〕
(1)ヒゼキヤの宮内長官．Ⅱ列18:18，イザ22:20.
(2)エホヤキムと同人．Ⅱ列23:34，Ⅱ歴36:4.

(3)ネヘミヤ時代の祭司．ネヘ12:41.

▼ エルヤサフ〔人名〕
(1)ガド族の長．民数1:14，2:14，7:42，47.
(2)ゲルション族ラエルの子．民数3:24.

▼ エルヤシブ〔人名〕
(1)ダビデの子孫エルヨエナイの子．Ⅰ歴3:24.
(2)ダビデ時代の祭司．氏族の長．Ⅰ歴24:12.
(3)エズラ，ネヘミヤ時代の大祭司．エズ10:6，ネヘ3:1，20，21，12:10，22，23，13:4，7，28.
(4)異邦人の女をめとったレビ人．エズ10:24.
(5)異邦人の女をめとったザト族の人．エズ10:27.
(6)異邦人の女をめとったバニ族の人．エズ10:36.

▼ エルヤダ〔人名〕
(1)ダビデの子．Ⅱサム5:16，Ⅰ歴3:8.
(2)ベニヤミン族の部隊長．Ⅱ歴17:17.

▼ エルヤフバ〔人名〕
ダビデの30勇士の一人．Ⅱサム23:32，Ⅰ歴11:33.

▼ エルヨエナイ〔人名〕
(1)ダビデの子孫ネアルヤの子．Ⅰ歴3:23，24.
(2)シメオン族の氏族の長の一人．Ⅰ歴4:36.
(3)ベニヤミン族ベケルの子．Ⅰ歴7:8.
(4)異邦人の女をめとった祭司．エズ10:22.
(5)異邦人の女をめとったザト族の人．エズ10:27.

▼ エルルのつき（～月）
捕囚後のヘブル暦の第6月．ネヘ6:15.

▼ エル・ロイ
ハガルが呼んだ主の名．創世16:13.

▼ エレアザル〔人名〕
主イエスの先祖の一人．マタ1:15.

▼ エレク
1. 地名．ニムロデが所有した都市．創世10:10.
2. エレク人．エズ4:9.

▼ エレデ〔人名〕
(1)エノクの父．創世5:15，18，Ⅰ歴1:2.
(2)ユダ族ゲドルの父．Ⅰ歴4:18.

▼ エレフ〔地名〕
ベニヤミンの町．ヨシ18:28.

▼ エレマイ〔人名〕
異邦人の女をめとった人．エズ10:33.

▼ エレミヤ〔人名〕
(1)ヨシヤ王の妻ハムタルの父．Ⅱ列23:31.
(2)マナセ半部族の氏族長．勇士．Ⅰ歴5:24.
(3)ダビデの勇士．Ⅰ歴12:4.
(4)ダビデのもとに来たガド人．Ⅰ歴12:10.
(5)ダビデのもとに来たガド人．Ⅰ歴12:13.
(6)盟約書に調印した祭司．ネヘ10:2.
(7)捕囚帰還の祭司の一人．ネヘ12:1.
(8)イスラエルの預言者．
①生涯：ヒルキヤの子，エレ1:1；誕生以前の召し，エレ1:4-10；ヨシヤからゼデキヤ治世下の預言者，エレ1:2，3；巻き物を焼かれる，エレ36:1-32；逃亡と捕縛，エレ37:1-16；ネブカデネザルに解放される，エレ39:11-14；エジプトへ連行，エレ43:5-7.
②預言：70年の捕囚，Ⅱ歴36:21；新しい契約，エレ31:31-34；ヘロデの幼児虐殺，エレ31:15；エジプトの陥落，エレ43:8-13.
(9)レカブ人．ヤアザヌヤの父．エレ35:3.

▼ エレモテ〔人名〕
(1)ベニヤミン族ベケルの子孫．Ⅰ歴7:8.
(2)ベニヤミン族ベリアの子．Ⅰ歴8:14.
(3)レビ人．メラリの子孫ムシの子．Ⅰ歴23:23.
(4)レビ人．ヘマンの子．Ⅰ歴25:22.
(5)異邦人の女をめとった人．エズ10:26.
(6)異邦人の女をめとったザト族の人．エズ10:27.

▼ エロイ，エロイ，ラマ，サバクタニ
マコ15:34 ‹エロイ，エロイ，ラマ，サバクタニ›…訳すと「わが神，わが神．ど

▼ エロハム〔人名〕
(1)サムエルの祖父．Ⅰサム1:1，Ⅰ歴6:27，34.
(2)ベニヤミン族出身．Ⅰ歴8:27.
(3)ベニヤミン族イブネヤの父．Ⅰ歴9:8.
(4)祭司．マルキヤの子孫．Ⅰ歴9:12，ネヘ11:12.
(5)ゲドル出身のベニヤミン人．Ⅰ歴12:7.
(6)ダン族のつかさアザルエルの父．Ⅰ歴27:22.
(7)百人隊の長アザルヤの父．Ⅱ歴23:1.

▼ エロン
1. 地名．ダンの町．ヨシ19:43.
2. 人名．
(1)ヘテ人．エサウの妻の父．創世26:34，36:2.
(2)ゼブルンの子と子孫．創世46:14，民数26:26.
(3)ゼブルン出身の士師．士師12:11，12.

▼エロン・ベテ・ハナン〔地名〕
ソロモン治世下の町．Ⅰ列4:9.

▼えん（宴），宴席【別項】宴会・大宴会
Ⅱペテ 2:13 いっしょに<宴席>に連なるときに自
ユダ 12 恐れげもなくともに<宴>を張ります

▼えん（縁）
創世 34: 9 私たちは互いに<縁>を結びましょう.
申命 7: 3 彼らと互いに<縁>を結んではならな
ヨシ 23:12 彼らと互いに<縁>を結び，あなたが
エズ 9:14 これらの民と互いに<縁>を結んでよ

▼エン・エグライム〔地名〕
死海岸辺にある場所の名．エゼ47:10.

▼えんかい（宴会），大宴会
創世 21: 8 イサクの乳離れの日に…<宴会>を催
26:30 イサクは彼らのために<宴会>を催し，
Ⅰサム 25:36 王の<宴会>のような<宴会>を開いて
エス 1: 3 首長と家臣たちのために<宴会>を催
9 王妃ワシュティも…<宴会>を催した.
2:18 <大宴会>…エステルの<宴会>を催し，
5: 4 <宴会>にハマンとごいっしょにお越
イザ 25: 6 肉の<宴会>…ぶどう酒の<宴会>，髄
エレ 51:39 わたしは彼らに<宴会>を開き，彼ら
ダニ 5: 1 千人の貴人たちのために<大宴会>を
マタ 22: 4 どうぞ<宴会>にお出かけください.」
23: 6 <宴会>の上座や会堂の上席が大好き
ルカ 14:16 ある人が盛大な<宴会>を催し，大ぜ
Ⅰペテ 4: 3 酔酒，遊興，<宴会>騒ぎ，忌むべき
黙示 19:17 さあ，神の<大宴会>に集まり，

▼エン・ガニム〔地名〕
(1)ユダの低地の町の一つ．ヨシ15:34.
(2)イッサカル所領内のレビ人の町．ヨシ19:21, 21:29.

▼えんがん（沿岸）
使徒 27: 2 アジヤの<沿岸>の各地に寄港して行

▼エン・ゲディ〔地名〕
死海西岸のオアシス．ヨシ15:62，Ⅰサム23:29，24:1，Ⅱ歴20:2，雅歌1:14，エゼ47:10.

▼エン・シェメシュ
ユダとベニヤミンの境界にある泉．ヨシ18:17.

▼えんぜつ（演説）
使徒 12:21 ヘロデは王服を着けて…<演説>を始

▼エン・タプアハ〔地名〕
マナセとエフライムの境界の町．ヨシ17:7.

▼エン・ドル〔地名〕
マナセの町．ヨシ17:11，Ⅰサム28:7，詩篇83:10.

▼えんねつ（炎熱）
黙示 16: 9 人々は激しい<炎熱>によって焼かれ

▼エン・ハコレ〔地名〕
神がサムソンを元気づけた場所．士師15:19.

▼エン・ハダ〔地名〕
イッサカルの町．ヨシ19:21.

▼エン・ハツォル〔地名〕
北部ガリラヤの町．ヨシ19:37.

▼エン・ミシュパテ〔地名〕
ツィンの荒野にあった町．創世14:7.

▼エン・リモン〔地名〕
ユダ南部の町．ネヘ11:29.

▼エン・ロゲル
エルサレム市外にあった泉．ヨシ15:7，18:16，Ⅱサム17:17，Ⅰ列1:9.

お

▼お（尾）
出エ 4: 4 「手を伸ばして，その<尾>をつかめ.」
申命 28:13 かしらとならせ，<尾>とはならせな
士師 15: 4 <尾>と<尾>をつなぎ合わせて，二つ
ヨブ 40:17 <尾>は杉の木のように垂れ，ももの
イザ 9:14 かしらも<尾>も，なつめやしの葉も.
黙示 9:10 さそりのような<尾>と針とを持って
19 馬の力はその口とその<尾>とにあっ
12: 4 その<尾>は，天の星の3分の1を引

▼おい
創世 12: 5 <おい>のロトと，彼らが得たすべて

▼おいかえす（追い返す）
イザ 28: 6 城門で<追い返>す者にとって，力と
ルカ 1:53 何も持たせないで<追い返>されまし

▼おいこす（追い越す）
Ⅱサム 18:23 クシュ人を<追い越し>た.

▼おいしい
創世 27: 4 私の好きな<おいしい>料理を作り…

食べさせて．7，9，14，17，31．
箴言 18: 8 <おいしい>食べ物のようだ．腹の奥
エレ 51:34 私の<おいしい>物で腹を満たし，私

▼ おいだす（追い出す）

創世 3:23 人をエデンの園から<追い出>された
4:14 私をこの土地から<追い出>されたの
21:10 はしためを…<追い出>してください．
出エ 6: 1 強い手で…彼らを<追い出>してしま
10:11 彼らをパロの前から<追い出>した．
12:39 彼らは，エジプトを<追い出>され，
34:24 異邦の民を<追い出>し，あなたの国
民数 5: 2 すべて宿営から<追い出>せ．
21:32 そこにいたエモリ人を<追い出>した．
士師 2: 3 …前から彼らを<追い出>さない．彼
Ⅰサム 28: 3 霊媒や口寄せを<追い出>していた．
Ⅱサム 5: 6 足のなえた者でさえ…<追い出>せる．
13:18 召使は彼女を外に<追い出>して，戸
エズ 10: 3 子どもたちをみな，<追い出>しまし
ネヘ 13:28 彼を私のところから<追い出>した．
ヨブ 30: 5 彼らは世間から<追い出>され，人々
詩篇 78:55 彼らの前から国々を<追い出>し，そ
箴言 19:26 父に乱暴し，母を<追い出す>者は，
22:10 あざける者を<追い出>せ．そうすれ
イザ 50: 1 わたしが彼女を<追い出>したという
のなら…母親は<追い出>されたのだ．
エレ 3: 8 離婚状を渡してこれを<追い出>した
エゼ 28:16 神の山から<追い出>し，守護者ケル
31:11 悪行に応じてこれを<追い出>した．
ダニ 4:25 あなたは人間の中から<追い出>され，
5:21 人の中から<追い出>され，心は獣と
ホセ 9:15 彼らをわたしの宮から<追い出>し，
ミカ 2: 9 その楽しみの家から<追い出>し，そ
マタ 7:22 あなたの名によって悪霊を<追い出>
8:16 みことばをもって霊どもを<追い出>
9:33 悪霊が<追い出>されると…ものを言
34 悪霊どもを<追い出>しているのだ」
10: 1 霊どもを<追い出>し，あらゆる病気，
12:24 ベルゼブルの力で，悪霊どもを<追
い出>している．27，ルカ11:15，18．
26 サタンがサタンを<追い出>していて
28 神の御霊によって…<追い出>してい
17:19 なぜ，私たちには悪霊を<追い出>せ
21:12 売り買いする者たちを…<追い出>し，
25:30 外の暗やみに<追い出>しなさい．そ
マコ 1:34 また多くの悪霊を<追い出>された．
3:15 悪霊を<追い出す>権威を持たせるた
22 かしらによって…<追い出>している
23 サタンがどうしてサタンを<追い出>
5:10 自分たちをこの地方から<追い出>さ
7:26 自分の娘から悪霊を<追い出>してく
9:28 私たちには<追い出>せなかったので
29 祈りによらなければ…<追い出>せる
16:17 わたしの名によって…<追い出>し，
ルカ 4:29 イエスを町の外に<追い出>し，町が
8: 2 七つの悪霊を<追い出>していただい
38 悪霊を<追い出>された人が，お供を
9:49 先生の名を唱えて悪霊を<追い出>し
11:14 口をきけなくする悪霊を<追い出>し
20 神の指によって悪霊どもを<追い出>
19:45 イエスは，商売人たちを<追い出>し
20:12 しもべにも傷を負わせて<追い出>し
15 彼をぶどう園の外に<追い出>して，
ヨハ 2:15 羊も牛もみな，宮から<追い出>し，
12:31 この世を支配する者は<追い出>され
使徒 7:58 そして彼を町の外に<追い出>して，
13:50 ふたりをその地方から<追い出>した．
ガラ 4:30 奴隷の女とその子どもを<追い出>せ．
Ⅲヨハ 10 教会から<追い出>しているのです．

▼ おいはらう（追い払う）

創世 15:11 アブラムはそれらを<追い払>った．
出エ 2:17 羊飼いたちが来て…<追い払>った．
23:28 ヘテ人を，あなたの前から<追い払>
おう．29，30，31，33:2，34:11．
民数 32:21 主がその敵を御前から<追い払>い，
申命 2:12 エサウの子孫がこれを<追い払>い，
6:19 敵は…あなたの前から<追い払>われ
7: 1 七つの異邦の民を…<追い払>われる．
28:26 これをおどかして<追い払う>者もい
33:27 あなたの前から敵を<追い払>い，
ヨシ 3:10 エブス人を，必ず<追い払>われるこ
13: 6 イスラエル人の前から<追い払>おう．
17:13 彼らを<追い払>ってしまうことはな
24:12 くまばちが…王を…<追い払>った．
士師 1:19 ユダは彼らを<追い払>わなかった．
2:21 彼らの前から一つも<追い払>わない．
9:41 その身内の者たちを<追い払>って，
11:23 エモリ人を<追い払>われた．それを
Ⅰ列 14:24 <追い払>われた異邦の民の，すべて
Ⅱ列 4:27 ゲハジが彼女を<追い払>おうと近寄
16: 6 ユダ人をエラテから<追い払>った．

Ⅰ歴 8:13 ガテの住民を<追い払>った者.
17:21 民の前から，国々を<追い払う>とい
Ⅱ歴 20:11 所有地から私たちを<追い払>おうと
33: 2 <追い払>われた異邦の民の忌みきら
ヨブ 20: 8 彼は夜の幻のように<追い払>われ，
詩篇 44: 2 御手をもって，国々を<追い払>い，
68: 2 煙が<追い払>われるように彼らを<追い払>ってください．悪者どもは
エレ 7:15 すべての子孫を<追い払>ったように，
46:15 主が彼を<追い払>われたからだ．
ゼパ 2: 4 アシュドデは真昼に<追い払>われ，
3:15 あなたの敵を<追い払>われた．イス
使徒 7:45 神が彼らの前から異邦人を<追い払>

▼ おいめ（負いめ）

マタ 6:12 私たちの<負いめ>をお赦しください．
ルカ 11: 4 私たちも…<負いめ>のある者をみな

▼ おいもとめる（追い求める）

申命 16:20 ただ正義を<追い求め>なければなら
Ⅰサム 8: 3 利得を<追い求め>，わいろを取り，
詩篇 34:14 平和を求め，それを<追い求め>よ．
38:20 私が善を<追い求める>からといって，
箴言 11:19 義を<追い求める>者はいのちに至り，悪を<追い求める>者は死に至る．
12:11 むなしいものを<追い求める>者は思
15: 9 主は…義を<追い求める>者を愛する．
17: 9 罪をおおう者は，愛を<追い求める>
21:21 正義と誠実を<追い求める>者は，い
伝道 3:15 神は，すでに<追い求め>られたこと
イザ 1:23 わいろを愛し，報酬を<追い求める>．
5:11 朝早くから強い酒を<追い求め>，夜
51: 1 義を<追い求める>者，主を尋ね求め
ホセ 6: 3 主を知ることを切に<追い求め>よう．
ロマ 9:30 義を<追い求め>なかった異邦人は義
31 義の律法を<追い求め>ながら，その
11: 7 イスラエルは<追い求め>ていたもの
14:19 成長に役立つこととを<追い求め>ま
Ⅰコリ 14: 1 愛を<追い求め>なさい．また，御霊
Ⅰテモ 6:10 金を<追い求め>たために，信仰から
Ⅱテモ 2:22 義と信仰と愛と平和を<追い求め>な
ヘブ 12:14 すべての人との平和を<追い求め>…聖められることを<追い求め>なさい．
Ⅰペテ 3:11 平和を求めてこれを<追い求め>よ．

▼ おいる（老いる）

ヨブ 12:12 <老い>た者に知恵があり，年のたけ
14: 8 たとい，その根が地中で<老い>，そ
15:10 白髪の者も，<老い>た者もいる．あ
ゼカ 8: 4 広場には，<老い>た男，<老い>た女

▼ おう（負う），負わす

創世 22: 6 たきぎを…イサクに<負>わせ，火と
31:39 あなたは私に責任を<負>わせました．
出エ 28:12 彼らの名を両肩に<負>い，記念とす
レビ 5: 1 その人は罪の咎を<負>わなければな
16:22 すべての咎をその上に<負>って，不
17:16 その者は自分の咎を<負>わなければ
22:16 その罪過の咎を<負う>ようにさせて
民数 5:31 その妻がその咎を<負う>のである．」
11:11 すべての民の重荷を私に<負>わされ
14 私だけでは，この民全体を<負う>こ
18: 1 聖所にかかわる咎を<負>わなければ
32 そのことで罪を<負う>ことはない．
申命 1: 9 私だけでは…重荷を<負う>ことはで
24: 5 これに何の義務をも<負>わせてはな
ルツ 3:15 大麦６杯を量って…彼女に<負>わせ
Ⅰサム 17:25 何も義務を<負>わせないそうだ．」
Ⅰ列 12:11 重いくびきを<負>わせたが，私はお
Ⅱ列 8:28 アラム人はヨラムに傷を<負>わせた．
Ⅱ歴 22: 6 ラマで<負>わされた傷をいやすため，
ネヘ 13:15 ろばに荷物を<負>わせている者，さ
ヨブ 37:11 神は濃い雲に水気を<負>わせ，雲が，
詩篇 69: 7 あなたのためにそしりを<負>い，侮
箴言 9:12 あなただけが，その責任を<負う>こ
イザ 1:14 わたしは<負う>のに疲れ果てた．
22: 6 エラムは矢筒を<負>い，戦車と兵士
53: 4 まことに，彼は私たちの病を<負>い，
6 すべての咎を彼に<負>わせた．
12 彼は多くの人の罪を<負>い，そむい
エレ 10:19 これこそ私が，<負>わなければなら
哀歌 3:27 若い時に，くびきを<負う>のは良い．
28 <負>わされたなら，ひとり黙ってす
エゼ 4: 4 横たわっている日数だけ…咎を<負>
12: 6 荷物を肩に<負>い，暗いうちに出て
16:52 正しいとしたあなたの恥を<負>え．
18:19 その子は父の咎の罰を<負>わなくて
23:35 行いと，淫行の責めを<負>え．」
32:24 自分たちの恥を<負>っている．
44:10 自分たちの咎を<負>わなければなら
ミカ 6:16 国々の民のそしりを<負>わなければ
マタ 10:38 自分の十字架を<負>ってわたしにつ
11:29 わたしのくびきを<負>って…学びな
30 わたしのくびきは<負>いやすく，わ

16:24 自分の十字架を<負>い…ついて来な
ルカ 11:46 <負>いきれない荷物を<負>わせるが,
14:27 十字架を<負>って…ついて来ない者
23:26 この人に十字架を<負>わせてイエス
ヨハ 19:17 イエスはご自分で十字架を<負>って,
使徒 5:28 あの人の血の責任を…<負>わせよう
7:60 この罪を彼らに<負>わせないでくだ
15:10 父祖たちも私たちも<負>いきれなか
28 どんな重荷も<負>わせないことを決
Ⅱコリ 5:19 違反行為の責めを人々に<負>わせな
ガラ 6: 2 互いの重荷を<負>い合い…律法を全
5 人にはおのおの,<負う>べき…重荷
ヘブ 9:28 多くの人の罪を<負う>ために1度…
2度目は,罪を<負う>ためではなく,
13:13 キリストのはずかしめを身に<負>っ
Ⅰペテ 2:24 私たちの罪をその身に<負>われまし

▼おう(追う)【別項】追い返す,追い越す,追い出す,追い払う,追い求める

創世 19:19 わざわいが<追>いついて,たぶん私
31:18 家畜を<追>って,カナンの地にいる
23 ギルアデの山地でヤコブに<追>いつ
25 ラバンがヤコブに<追>いついたとき
36 あなたは私を<追>いつめるのですか.
33:13 ひどく<追>い立てると…死んでしま
44: 4 あの人々のあとを<追>え.<追>いつ
出エ 3: 7 <追>い使う者の前の彼らの叫びを聞
10:19 葦の海に<追>いやった.エジプト全
14: 4 彼らのあとを<追>えば,パロとその
9 海辺に宿営している彼らに<追>いつ
15: 9 私は<追>って,<追>いついて,略奪
レビ 26: 7 あなたがたは敵を<追>いかけ,彼ら
8 5人は100人を<追>いかけ…100人は
17 だれも<追>いかけて来ないのに,あ
36 木の葉の音にさえ…<追>い立てられ,
申命 1:44 蜂が<追う>ようにあなたがたを<追>
19: 6 殺人者を<追>いかけ…<追>いついて,
28:22 滅びうせるまで,あなたを<追>いか
30: 4 天の果てに<追>いやられていても,
32:30 ひとりが千人を<追>い,ふたりが万
ヨシ 2: 5 急いで彼らのあとを<追>ってごらん
20: 5 血の復讐をする者が…<追>って来て
23:10 ひとりだけで千人を<追う>ことがで
24: 6 先祖たちのあとを<追>い,葦の海ま
士師 1: 6 あとを<追>って彼を捕らえ,その手
4:22 バラクがシセラを<追>って来たので,
18:22 人々を集め,ダン族に<追>いついた.
20:42 戦いは彼らに<追>い迫り,町々から
43 ベニヤミンを包囲して<追>いつめ,
Ⅰサム 7:11 ペリシテ人を<追>い,彼らを打って,
23:14 サウルはいつもダビデを<追>ったが,
25 ダビデを<追>ってマオンの荒野に来
24:14 死んだ犬のあとを<追>い,1匹の蚤
27: 4 サウルは二度とダビデを<追>おうと
30: 8 <追>え.必ず<追>いつくことができ
Ⅱサム 2:19 アサエルはアブネルのあとを<追>っ
28 もうイスラエルのあとを<追>わず,
15:14 すばやく<追>いついて,私たちに害
17: 1 ダビデのあとを<追>って出発し,
20: 6 家来を引き連れて彼を<追>いなさい.
24:13 仇があなたを<追う>のがよいか.三
Ⅰ列 20:20 アラムは逃げ,イスラエル人は<追>
Ⅱ列 5:20 私は彼のあとを<追>いかけて行き,
21 ゲハジはナアマンのあとを<追>って
9:27 エフーはそのあとを<追>いかけて,
25: 5 カルデヤの軍勢が王のあとを<追>い,
Ⅰ歴 10: 2 サウルとその息子たちに<追>い迫っ
21:12 あなたに敵の剣が<追>い迫ることか.
ヨブ 6:13 すぐれた知性も私から<追>い散らさ
13:25 かわいたわらを<追>われるのですか.
18:11 恐怖が…彼の足を<追>い立てる.
14 恐怖の王のもとへ<追>いやられる.
18 彼は光からやみに<追>いやられ,世
19:22 私を<追>いつめ,私の肉で満足しな
39: 7 <追>い立てる者の叫び声を聞かない.
詩篇 7: 1 <追>い迫るすべての者から私を救っ
5 敵に私を<追>わせ,<追>いつかせ,
18:37 私は,敵を<追>って,これに<追>い
23: 6 恵みとが,私を<追>って来るでしょ
31:15 <追>い迫る者の手から,救い出して
34題目 彼に<追>われて去ったとき
35: 6 主の使いに彼らを<追>わせてくださ
36:11 高ぶりの足が私に<追>いつかず,悪
40:12 私の咎が私に<追>いついたので,私
69:24 燃える怒りが,彼らに<追>いつくよ
71:11 <追>いかけて,彼を捕らえよ.救い
83:15 あなたのはやてで,彼らを<追>い,
109:16 心ひしがれた者を<追>いつめ,殺そ
147: 2 イスラエルの<追>い散らされた者を
箴言 13:21 わざわいは罪人を<追>いかけ,幸い
28: 1 悪者は<追う>者もないのに逃げる.

伝道 1:14 むなしい…風を<追う>ようなものだ.
イザ 11: 6 小さい子どもがこれを<追>っていく.
12 ユダの<追>い散らされた者を地の四
13:14 <追>い立てられたかもしかのように,
59: 9 義は私たちに<追>いつかない. 私た
エレ 17:18 私に<追>い迫る者たちが恥を見, 私
29:18 剣とききんと疫病で彼らを<追>い,
39: 5 軍勢は彼らのあとを<追>い, エリコ
42:16 剣が…あなたがたに<追>いつき, あ
哀歌 1: 3 彼女に<追>い迫る者たちがみな, 彼
3:43 私たちを<追>い, 容赦なく殺されま
66 御怒りをもって彼らを<追>い, 天の
4:19 <追う>者は, 大空の鷲よりも速く,
5: 5 くびきを負って, <追>い立てられ,
エゼ 6: 8 国々に<追>い散らすとき, 剣をのが
22:15 国々に<追>い散らし, おまえの汚れ
34:21 ついに彼らを外に<追>い散らしてし
35: 6 血はおまえを<追>いかける.
45: 9 民を重税で<追>い立てることをやめ
ホセ 2: 7 彼女は恋人たちのあとを<追>って行
8: 3 敵は, 彼らに<追>い迫っている.
12: 1 いつも東風を<追>い, まやかしと暴
ヨエ 2:20 荒廃した砂漠の地へ<追>いやり, そ
アモ 1:11 彼が剣で自分の兄弟を<追>い, 肉親
ヨナ 2: 4 私はあなたの目の前から<追>われま
ナホ 1: 8 その敵をやみに<追>いやられる.
ゼカ 7:14 すべての国々に彼らを<追>い散らす.
マコ 1:12 御霊はイエスを荒野に<追>いやられ
ルカ 1:51 高ぶっている者を<追>い散らし,
8:29 悪霊によって荒野に<追>いやられて
17:23 あとを<追>いかけてはなりません.
黙示 12:13 竜は, 男の子を産んだ女を<追>いか

▼おう (王)【別項】王座・王の座, 王子・王の子, 王たちの書, 王たちの墓, 王の池, 王の王, 王の谷, 王の友, 王のはかり, 王の道, 王母・王の母, 北・北の王, 大王, 南・南の王

創世 17: 6 あなたから, <王>たちが出て来よう.
37: 8 おまえは私たちを治める<王>になろ
39:20 <王>の囚人が監禁されている監獄に
41:46 ヨセフがエジプトの<王>パロに仕え
出エ 1: 8 ヨセフのことを知らない新しい<王>
2:23 エジプトの<王>は死んだ. イスラエ
民数 20:14 エドムの<王>のもとに使者たちを送
申命 17:14 私も自分の上に<王>を立てたい」と
33: 5 主はエシュルンで<王>となられた.」
ヨシ 8:29 アイの<王>を, 夕方まで木にかけて
11:12 そのすべての<王>たちを捕らえ, 彼
士師 1: 7 親指を切り取られた70人の<王>たち
3:25 <王>が屋上の部屋の戸をいっこうに
9: 6 アビメレクを<王>とした.
8 木々が自分たちの<王>を立てて油を
17: 6 イスラエルには<王>がなく…自分の目に正しいと見える. 18:1, 21:25.
Ⅰサム 2:10 ご自分の<王>に力を授け, 主に油そ
8: 5 私たちをさばく<王>を立ててくださ
22 彼らにひとりの<王>を立てよ.」そ
10:24 「<王>さま. ばんざい」と言った.
11:15 ギルガルで…サウルを<王>とした.
12: 1 あなたがたの上にひとりの<王>を立
12 <王>が私たちを治めなければならな
13: 1 サウルは30歳で<王>となり, 12年間
15: 1 あなたに油をそそぎ…<王>とされた.
11 サウルを<王>に任じたことを悔いる.
16: 1 わたしのために, <王>を見つけたか
19: 4 <王>よ. あなたのしもべダビデにつ
23:17 あなたこそ, イスラエルの<王>とな
27: 5 どうして, このしもべが<王>の都に,
Ⅱサム 2: 4 ダビデに油をそそいで…<王>とした.
12:26 ヨアブは…この<王>の町を攻め取っ
19: 1 <王>は泣いて, アブシャロムのため
10 <王>を連れ戻すために, なぜ何もし
22:51 主は, <王>に救いを増し加え, 油そ
Ⅰ列 1: 5 アドニヤは,「私が<王>になろう」
43 ダビデ<王>はソロモンを<王>としま
2:11 ダビデがイスラエルの<王>であった
10:23 ソロモン<王>は, 富と知恵とにおいて, 地上のどの<王>よりもまさって
20:31 <王>たちはあわれみ深い<王>である,
21:10 おまえは神と<王>をのろった』と言
22:13 預言者たちは…<王>に対し良いこと
Ⅱ列 1:17 <王>はエリヤが告げた主のことばの
9:13 「エフーは<王>である」と言った.
34 葬ってやれ. あれは<王>の娘だから.
10: 5 だれをも<王>に立てるつもりはあり
11:11 祭壇と神殿に向かって<王>の回りに
18:23 アッシリヤの<王>と, かけをしない
23:34 父ヨシヤに代えて<王>とし, その名
Ⅰ歴 12:31 ダビデを<王>にしようとしてやって
16:31 国々の中で言え. 主は<王>である.

19: 1 その子が代わって<王>となった.
29:20 ひざまずいて，主と<王>とを礼拝し
25 <王>の尊厳を，彼に与えられた.
28 ソロモンが代わって<王>となった.
II歴 21: 8 自分たちの上に<王>を立てた.
22: 1 アハズヤを彼の代わりに<王>とした.
10 <王>の一族をことごとく滅ぼした.
エズ 4:15 <王>たちと諸州に損害を与え，また
20 勢力のある<王>たちがいて，川向こ
エス 1: 4 <王>は輝かしい王国の富と，そのき
7 <王>の勢力にふさわしく王室の酒が
ヨブ 18:14 恐怖の<王>のもとへ追いやられる.
詩篇 2: 6 わたしの<王>を立てた．わたしの聖
5: 2 私の<王>，私の神．私はあなたに祈
10:16 主は世々限りなく<王>である．国々
20: 9 主よ．<王>をお救いください．私た
21: 7 まことに，<王>は主に信頼し，いと
24: 7 栄光の<王>が入って来られる.
44: 4 神よ．あなたこそ私の<王>です．ヤ
47: 2 主は…全地の大いなる<王>.
61: 6 どうか<王>のいのちを延ばし，その
68:24 聖所でわが<王>わが神の行列を.
72: 1 あなたの公正を<王>に…授けてくだ
11 すべての<王>が彼にひれ伏し，すべ
89:18 私たちの<王>はイスラエルの聖なる
93: 1 主は，<王>であられ，みいつをまと
95: 3 神々にまさって，大いなる<王>であ
97: 1 主は，<王>だ．地は，こおどりし，
98: 6 主である<王>の御前で喜び叫べ.
99: 4 <王>の力は，さばきを愛する．あな
102:15 地のすべての<王>はあなたの栄光を
105:14 彼らのために<王>たちを責められた.
20 <王>は人をやってヨセフを解放し，
119:46 あなたのさとしを<王>たちの前で述
138: 4 <王>たちは，あなたに感謝しましょ
149: 2 シオンの子らは，おのれの<王>にあ
箴言 8:15 わたしによって，<王>たちは治め，
14:28 民の多いことは<王>の栄え．民がな
35 思慮深いしもべは<王>の好意を受け，
16:10 <王>のくちびるには神の宣告がある.
12 悪を行うことは<王>たちの忌みき
13 正しいことばは<王>たちの喜び．ま
14 <王>の憤りは死の使者である．しか
15 <王>の顔の光にはいのちがある．彼
19:12 <王>の激しい怒りは若い獅子がうな
20: 8 さばきの座に着く<王>は，自分の目
21: 1 <王>の心は主の手の中にあって，水
22:11 優しく話をする者は，<王>がその友
24:21 わが子よ．主と<王>とを恐れよ．そ
25: 2 神の誉れ．事を探るのは<王>の誉れ.
3 地が深いように，<王>の心は測り知
29: 4 <王>は正義によって国を建てる．し
30:22 奴隷が<王>となり，しれ者がパンに
27 いなごには<王>はないが，みな隊を
28 やもりは…<王>の宮殿にいる.
31: 4 酒を飲むことは<王>のすることでは
伝道 1:12 伝道者である私は…<王>であった.
4:14 牢獄から出て来て<王>になったにし
5: 9 国の利益は農地を耕させる<王>であ
8: 4 <王>のことばには権威がある．だれ
10:16 あなたの<王>が子どもであって，あ
20 <王>をのろおうと，ひそかに思って
イザ 6: 5 万軍の主である<王>を，この目で見
7: 6 タベアルの子をそこの<王>にしよう.
19: 4 力ある<王>が彼らを治める…万軍の
23:15 ツロは，ひとりの<王>の年代の70年
24:23 エルサレムで<王>となり，栄光がそ
32: 1 見よ．ひとりの<王>が正義によって
33:17 あなたの目は，麗しい<王>を見，遠
22 主は私たちの<王>，この方が私たち
36: 4 アッシリヤの<王>がこう言っておら
37:38 エサル・ハドンが代わって<王>とな
43:15 創造者，あなたがたの<王>である.」
52: 7 あなたの神が<王>となる」とシオン
15 <王>たちは彼の前で口をつぐむ．彼
62: 3 あなたは…<王>のかぶり物となる.
エレ 10: 7 諸国の民の<王>よ．だれかあなたを
10 生ける神，とこしえの<王>．その怒
13:18 <王>と王母に告げよ．「低い座に着
22:11 父ヨシヤに代わって<王>となり，こ
15 あなたは杉の木で競って，<王>にな
30: 9 わたしが彼らのために立てる…<王>
37: 1 バビロンの<王>ネブカデレザルが彼
51:57 その名を万軍の主という<王>の御告
エゼ 17:16 自分を王位につけた<王>の住む所，
19:11 その強い枝は<王>の杖となり，その
27:33 財宝と商品で地の<王>たちを富ませ
37:22 ひとりの<王>が彼ら全体の<王>とな
ダニ 1: 3 <王>は宦官の長アシュペナズに命じ
5 <王>の食べるごちそうと<王>の飲む

2: 4 <王>よ．永遠に生きられますように．
5 <王>は答えてカルデヤ人たちに言っ
21 <王>を廃し，<王>を立て，知者には
4:37 ネブカデネザルは，天の<王>を賛美
7:17 4頭の大きな獣は…4人の<王>であ
24 10本の角は…10人の<王>．彼らのあ
8:20 メディヤとペルシヤの<王>である．
21 毛深い雄やぎはギリシヤの<王>であ
22 第1の<王>のような勢力はない．
23 横柄で狡猾なひとりの<王>が立つ．
9: 1 ダリヨスが，カルデヤ人の国の<王>
ホセ 7: 3 悪を行って<王>を喜ばせ，偽りご
8: 4 彼らは<王>を立てた．だが，わたし
10: 3 私たちには<王>がない．私たちが主
アモ 2: 1 彼がエドムの<王>の骨を焼いて灰に
7: 1 <王>が刈り取ったあとの2番草が生
13 ここは<王>の聖所，王宮のある所だ
ミカ 4: 7 とこしえまで，彼らの<王>となる．
6: 5 モアブの<王>バラクが何をたくらん
ハバ 1:10 <王>たちをあざけり，君主たちをあ
ゼパ 3:15 <王>，主は…ただ中におられる．あ
ゼカ 9: 9 あなたの<王>があなたのところに来
14: 9 主は地のすべての<王>となられる．
マラ 1:14 わたしが大いなる<王>であり，わた
マタ 2: 2 ユダヤ人の<王>としてお生まれにな
4 <王>は，民の祭司長たち，学者たち
5:35 そこは偉大な<王>の都だからです．
11: 8 柔らかい着物を着た人なら<王>の宮
14: 9 <王>は心を痛めたが，自分の誓いも
17:25 世の<王>たちはだれから税や貢を取
18:23 天の御国は，地上の<王>にたとえる
21: 5 あなたの<王>が，あなたのところに
22: 2 披露宴を設けた<王>にたとえること
25:34 <王>は，その右にいる者たちに言い
27:11 「あなたは，ユダヤ人の<王>ですか」
29 「ユダヤ人の<王>さま．ばんざい．」
37 これはユダヤ人の<王>イエスである
42 イスラエルの<王>だ．今，十字架か
マコ 6:22 <王>は，この少女に，「何でもほし
15:26 罪状書きには，「ユダヤ人の<王>」
32 キリスト，イスラエルの<王>さま．
ルカ 1: 5 ユダヤの<王>ヘロデの時に，アビヤ
19:14 この人に，私たちの<王>にはなって
27 私が<王>になるのを望まなかったこ
38 主の御名によって来られる<王>に．
22:25 異邦人の<王>たちは人々を支配し，
23: 2 自分は<王>キリストだと言って．3.
37 「ユダヤ人の<王>なら，自分を救え」
ヨハ 1:49 あなたはイスラエルの<王>です．」
6:15 人々が自分を<王>とするために，む
12:13 祝福あれ…イスラエルの<王>に．」
15 あなたの<王>が来られる．ろばの子
18:37 わたしが<王>であることは，あなた
19:12 自分を<王>だとする者はすべて，カ
14 「さあ，あなたがたの<王>です．」
19 ユダヤ人の<王>ナザレ人イエス」と
使徒 4:26 地の<王>たちは立ち上がり，指導者
7:18 ヨセフのことを知らない別の<王>が
12:20 <王>の侍従ブラストに取り入って和
解を求めた…<王>の国から食糧を得
13:21 彼らが<王>をほしがったので，神は
17: 7 イエスという別の<王>がいると言っ
25:14 パウロの一件を<王>に持ち出してこ
Iコリ 4: 8 私たち抜きで，<王>さまになってい
Iテモ 1:17 世々の<王>…唯一の神に，誉れと栄
2: 1 <王>とすべての高い地位にある人た
ヘブ 7: 1 メルキゼデクは，サレムの<王>で，
2 その名を訳すと義の<王>であり，次
に，サレムの<王>…平和の<王>です．
11:23 彼らは<王>の命令をも恐れませんで
Iペテ 2: 9 <王>である祭司，聖なる国民，神の
13 それが主権者である<王>であっても，
17 神を恐れ，<王>を尊びなさい．
黙示 1: 5 地上の<王>たちの支配者であるイエ
9:11 底知れぬ所の御使いを<王>にいただ
10:11 <王>たちについて預言しなければな
15: 3 真実です．もろもろの民の<王>よ．
16:12 日の出るほうから来る<王>たちに道
17: 2 地の<王>たちは，この女と不品行を
9 七つの頭とは…7人の<王>たちのこ
18 地上の<王>たちを支配する大きな都
18: 3 地上の<王>たちは，彼女と不品行を
19: 6 われらの神である主は<王>となられ
18 <王>の肉，千人隊長の肉，勇者の肉，
19 獣と地上の<王>たちとその軍勢が集
20: 4 キリストとともに，千年の間<王>と
21:24 地の<王>たちはその栄光を携えて都
22: 5 彼らは永遠に<王>である．

▼おうい（王位）

創世 41:40 まさっているのは<王位>だけだ．」

Ⅰサム 10:16 サムエルが語った<王位>のことにつ
15:26 イスラエルの<王位>から退けたから
16: 1 わたしは彼を…<王位>から退けてい
18: 8 彼にないのは<王位>だけだ.」
20:31 おまえの<王位>も危うくなるのだ.
28:17 あなたの手から<王位>をはぎ取って,
Ⅱサム 3:10 サウルの家から<王位>を移し，ダビ
Ⅰ列 2:15 <王位>は私のものであるはずですし,
11:35 彼の子の手から<王位>を取り上げ,
12:21 <王位>をソロモンの子レハブアムの
Ⅰ歴 10:14 <王位>をエッサイの子ダビデに回さ
28: 7 彼の<王位>をとこしえまでも確立し
ルカ 1:32 その父ダビデの<王位>をお与えにな
52 権力ある者を<王位>から引き降ろさ
19:12 <王位>を受けて帰るためであった.
使徒 2:30 <王位>に着かせると誓って言われた
7:18 別の王がエジプトの<王位>につくと

▼ おうかん（王冠）

Ⅱサム 1:10 私はその頭にあった<王冠>と，腕に
Ⅱ列 11:12 彼に<王冠>をかぶらせ，さとしの書
エス 1:11 王妃ワシュティに<王冠>をかぶらせ,
2:17 王はついに<王冠>を彼女の頭に置き,
6: 8 その頭に<王冠>をつけて引いて来さ
イザ 23: 8 だれが，<王冠>をいただくツロに対
ゼカ 9:16 彼らは…きらめく<王冠>の宝石とな
黙示 19:12 その頭には多くの<王冠>があって,

▼ おうきゅう（王宮）

Ⅱサム 5:11 ダビデのために<王宮>を建てた.
Ⅱ列 11: 6 交互に<王宮>の護衛の任務につく.
12:18 主の宮と<王宮>との宝物倉にあるす
25: 9 主の宮と<王宮>とエルサレムのすべ
エズ 4:14 私たちは<王宮>の恩恵を受けており
エス 1: 5 <王宮>の園の庭で，宴会を催した.
9 <王宮>で婦人たちのために宴会を催
2: 8 エステルも<王宮>に連れて行かれて,
4:13 <王宮>にいるから助かるだろうと考
5: 1 王は…<王宮>の王座にすわっていた.
6: 4 ハマンが…<王宮>の外庭に入って来
9: 4 モルデカイは<王宮>で勢力があり,
エレ 39: 8 カルデヤ人は，<王宮>も民の家も火
52:13 <王宮>とエルサレムのすべての家を
アモ 7:13 ここは王の聖所，<王宮>のある所だ

▼ おうぎょく（黄玉）

黙示 21:20 第９は<黄玉>，第10は緑玉髄，第11.

▼ おうけん（王権）

創世 49:10 <王権>はユダを離れず，統治者の杖
Ⅰサム 11:14 そこで<王権>を創設する宣言をしよ
Ⅰ列 21: 7 イスラエルの<王権>をとっているの
Ⅱ歴 1: 1 ソロモンは，ますます<王権>を強固
詩篇 22:28 まことに，<王権>は主のもの．主は,
オバ 21 山に上り，<王権>は主のものとなる.
ルカ 22:29 父がわたしに<王権>を与えてくださ

▼ おうこく（王国）

出エ 19: 6 祭司の<王国>，聖なる国民となる.
ヨシ 10: 2 <王国>の都の一つのようであり，ま
Ⅰサム 10:18 すべての<王国>の手から，救い出し
13:14 今は，あなたの<王国>は立たない.
15:28 イスラエル<王国>を引き裂いて，こ
24:20 イスラエル<王国>が確立することを,
Ⅱサム 5:12 彼の<王国>を盛んにされたのを知っ
7:12 彼の<王国>を確立させる.
Ⅰ列 11:11 <王国>をあなたから必ず引き裂いて,
Ⅱ列 19:15 地のすべての<王国>の神です．あな
Ⅰ歴 17:11 彼の<王国>を確立させる.
29:11 主よ．<王国>もあなたのものです.
Ⅱ歴 14: 5 <王国>は彼の前に平安を保った.
20: 6 異邦の<王国>を支配なさる方ではあ
エス 4:14 あなたがこの<王国>に来たのは，も
5: 3 <王国>の半分でも，あなたにやれる
詩篇 45: 6 あなたの<王国>の杖は公正の杖.
145:11 彼らはあなたの<王国>の栄光を告げ,
12 主の<王国>の輝かしい栄光を，知ら
13 <王国>は，永遠にわたる<王国>．あ
イザ 9: 7 その<王国>を治め，さばきと正義に
17: 3 ダマスコは<王国>を失う．アラムの
19: 2 町は町と，<王国>は<王国>と，相逆
23:17 地のすべての<王国>と淫行を行う.
ミカ 4: 8 エルサレムの娘の<王国>が帰って来
ハガ 2:22 もろもろの<王国>の王座をくつがえ
黙示 1: 6 私たちを<王国>とし，ご自分の父で

▼ おうごん（黄金）

ヨブ 3:15 <黄金>を持ち，自分の家を銀で満た
22:25 全能者はあなたの<黄金>となり，尊
37:22 北から<黄金>の輝きが現れ，神の回
詩篇 45:13 その衣には<黄金>が織り合わされて
68:13 その羽はきらめく<黄金>でおおわれ
72:15 彼にシェバの<黄金>がささげられま
箴言 8:10 えり抜きの<黄金>よりも知識を.
19 わたしの実は<黄金>よりも，純金よ

16:16 知恵を得ることは，<黄金>を得るよ
ゼカ 9: 3 <黄金>を道ばたの泥のように積み上
マタ 2:11 <黄金>，乳香，没薬を贈り物として
23:16 神殿の<黄金>をさして誓ったら，そ
17 <黄金>と…神殿と，どちらがたいせ

▼おうざ（王座），王の座

申命 17:18 彼がその王国の<王座>に着くように
IIサム 7:13 王国の<王座>をとこしえまでも堅く
I列 1:13 彼が私の<王座>に着く，と言って誓
37 ダビデ王の<王座>よりもすぐれたも
2:19 おじぎをして，自分の<王座>に戻っ
3: 6 その<王座>に着く子を彼にお与えに
7: 7 さばきをするための<王座>の広間，
9: 5 イスラエルの<王座>から人が断たれ
ない…<王座>を…永遠に確立しよう.
10: 9 イスラエルの<王座>にあなたを着か
18 王は大きな象牙の<王座>を作り，こ
19 <王座>には六つの段があり，<王座>
22:10 <王の座>に着き，預言者はみな，ふ
I歴 17:12 <王座>をとこしえまでも堅く立てる.
22:10 イスラエルの上に彼の<王座>をとこ
28: 5 主の<王座>に着けてくださった.
29:23 主の設けられた<王座>に着き，父ダ
II歴 9:17 王は大きな象牙の<王座>を作り，こ
18: 9 <王の座>に着き，サマリヤの門の入
エス 1: 2 アハシュエロス王が…<王座>に着い
詩篇 9: 4 義の審判者として<王座>に着かれる
11: 4 主は，その<王座>が天にある．その
45: 6 あなたの<王座>は世々限りなく，あ
61: 7 いつまでも<王座>に着いているよう
89: 4 おまえの<王座>を代々限りなく建て
29 彼の<王座>を天の日数のように，続
103:19 主は天にその<王座>を堅く立て，そ
122: 5 ダビデの家の<王座>があったからだ.
箴言 16:12 <王座>は義によって堅く立つからだ.
25: 5 <王座>は義によって堅く据えられる.
イザ 6: 1 <王座>に座しておられる主を見た.
9: 7 ダビデの<王座>に着いて，その王国
14: 9 その<王座>から立ち上がらせる.
13 神の星々のはるか上に私の<王座>を
16: 5 一つの<王座>が恵みによって堅く立
47: 1 <王座>のない地にすわれ．もうあな
66: 1 天はわたしの<王座>，地はわたしの
エレ 1:15 町に向かって…<王座>を設ける.
17:12 高くあげられた栄光の<王座>である.
33:17 <王座>に着く人が絶えることはない.
21 その<王座>に着く子がいなくなり，
43:10 彼の<王座>を，わたしが隠した…石
エゼ 10: 1 何か<王座>に似たものがあって，そ
ダニ 5:20 彼はその<王座>から退けられ，栄光
ヨナ 3: 6 彼は<王座>から立って，王服を脱ぎ，
ハガ 2:22 王国の<王座>をくつがえし，異邦の
ゼカ 6:13 その<王座>のかたわらに，ひとりの
ルカ 22:30 <王座>に着いて，イスラエルの12の
使徒 7:49 天はわたしの<王座>，地はわたしの
12:21 ヘロデは王服を着けて，<王座>に着
コロ 1:16 <王座>も主権も支配も権威も，すべ
黙示 2:13 そこにはサタンの<王座>がある．し

▼おうし（雄牛）

創世 32:15 <雄牛>10頭，雌ろば20頭，雄ろば10
出エ 24: 5 いけにえとして<雄牛>を主にささげ
29: 1 若い<雄牛>1頭，傷のない雄羊2頭
レビ 1: 3 傷のない<雄牛>をささげなければな
4:20 罪のためのいけにえの<雄牛>に対し
民数 7: 3 車6両と<雄牛>12頭で，族長ふたり
8:12 その手を<雄牛>の頭の上に置き，レ
15:24 若い<雄牛>1頭，また，定めにかな
23: 1 7頭の<雄牛>と7頭の雄羊をここに
28:11 若い<雄牛>2頭，雄羊1頭，1歳の
士師 6:25 父の<雄牛>，7歳の第2の<雄牛>を
Iサム 1:24 彼女は<雄牛>3頭，小麦粉1エパ，
I歴 15:26 7頭の<雄牛>と7頭の雄羊とをいけ
29:21 <雄牛>千頭，雄羊千頭…をささげた.
エズ 8:35 <雄牛>12頭，雄羊96頭，子羊77頭，
ヨブ 42: 8 <雄牛>7頭，雄羊7頭を取って，わ
詩篇 22:12 数多い<雄牛>が，私を取り囲み，バ
50: 9 若い<雄牛>を取り上げはしない．あ
13 わたしが<雄牛>の肉を食べ，雄やぎ
66:15 <雄牛>を雄やぎといっしょに，ささ
68:30 <雄牛>の群れを，叱ってください.
69:31 若い<雄牛>にまさって主に喜ばれる
106:20 草を食らう<雄牛>の像に取り替えた.
イザ 1:11 <雄牛>，子羊，雄やぎの血も喜ばな
34: 7 <雄牛>は荒馬とともに倒れる．彼ら
エレ 46:15 あなたの<雄牛>は押し流されたのか.
50:27 その<雄牛>をみな滅ぼせ．ほふり場
エゼ 39:18 <雄牛>，すべてバシャンの肥えたも
43:19 いけにえとして若い<雄牛>1頭を与
21 <雄牛>を取り，これを聖所の外の宮
22 <雄牛>できよめたように，祭壇をき

45:18 若い<雄牛>を取り，聖所をきよめな
使徒 14:13 <雄牛>数頭と花飾りを門の前に携え
ヘブ 9:13 やぎと<雄牛>の血，また雌牛の灰を
黙示 4: 7 第2の生き物は<雄牛>のようであり，

▼おうじ（王子），王の子
士師 8:18 どの人も<王の子>たちに似ていまし
Ⅱサム 13: 4 <王子>さま．あなたは，なぜ，朝ご
18:20 知らせないがよい．<王子>が死んだ
Ⅰ列 1: 9 <王の子>らである自分の兄弟たちす
Ⅱ列 11:12 エホヤダは，<王の子>を連れ出し，
エズ 6:10 王と<王子>たちの長寿を祈るように
詩篇 72: 1 あなたの義を<王の子>に授けてくだ
マタ 22: 2 <王子>のために結婚の披露宴を設け

▼おうしざ（牡牛座）
ヨブ 9: 9 神は<牡牛座>，オリオン座，すばる
38:32 <牡牛座>をその子の星とともに導く

▼おうじる（応じる）
伝道 10:19 金銭はすべての必要に<応じる>．
マタ 16:27 その行いに<応じ>て報いをします．
25:15 おのおのその能力に<応じ>て，ひと
使徒 2:45 必要に<応じ>て，みなに分配してい
11:29 弟子たちは，それぞれの力に<応じ>
ロマ 12: 6 その信仰に<応じ>て預言しなさい．
Ⅰコリ 7:17 主からいただいた分に<応じ>，また
Ⅱコリ 5:10 肉体にあってした行為に<応じ>て報
8: 3 力に<応じ>，いや力以上にささげ，
黙示 2:23 行いに<応じ>てひとりひとりに報い
18: 6 彼女の行いに<応じ>て2倍にして戻
22:12 それぞれのしわざに<応じ>て報いる

▼おうぞく（王族）
Ⅱ列 25:25 <王族>のひとり，エリシャマの子ネ
ダニ 1: 3 イスラエル人の中から，<王族>か貴

▼おうたい（応対）
使徒 12:13 ロダという女中が<応対>に出て来た．

▼おうたちのしょ（王たちの書）
Ⅰ歴 9: 1 <王たちの書>に…しるされている．
Ⅱ歴16:11，20:34，24:27，25:26，
27:7，28:26，32:32，35:27，36:8.

▼おうたちのはか（王たちの墓）
Ⅱ歴 21:20 彼をダビデの町に葬ったが，<王たちの墓>には納めなかった．24:25.
28:27 <王たちの墓>に運び入れなかったか

▼おうちゃくもの（横着者）
箴言 6:11 あなたの乏しさは<横着者>のようにやって来る．24:34.

▼おうのいけ（王の池）
ネヘ 2:14 私は泉の門と<王の池>のほうへ進ん

▼おうのおう（王の王）
エズ 7:12 <王の王>アルタシャスタ．天の神の
ダニ 2:37 <王の王>である王さま．天の神はあ
Ⅰテモ 6:15 唯一の主権者，<王の王>，主の主，
黙示 17:14 小羊は主の主，<王の王>だからです．
19:16 <王の王>，主の主」という名が書か

▼おうのたに（王の谷）
創世 14:17 <王の谷>と言われるシャベの谷まで，
Ⅱサム 18:18 <王の谷>に自分のために1本の柱を

▼おうのとも（王の友）
Ⅰ列 4: 5 ナタンの子ザブデは…<王の友>．
Ⅰ歴 27:33 アルキ人フシャイは<王の友>であっ

▼おうのはかり（王のはかり）
Ⅱサム 14:26 <王のはかり>で200シェケルもあっ

▼おうのみち（王の道）
民数 20:17 私たちは<王の道>を行き．21:22.

▼おうひ（王妃）
Ⅰ列 11: 3 彼には700人の<王妃>としての妻と，
19 <王妃>タフペネスの妹を彼に妻とし
エス 1: 9 <王妃>ワシュティも…宴会を催した．
11 <王妃>ワシュティに王冠をかぶらせ，
19 王は<王妃>の位を彼女よりもすぐれ
2:17 ワシュティの代わりに彼女を<王妃>
5: 1 3日目にエステルは<王妃>の衣装を
詩篇 45: 9 <王妃>はオフィルの金を身に着けて，
雅歌 6: 8 <王妃>は60人，そばめは80人，おと
9 <王妃>たち，そばめたちも彼女をほ
イザ 49:23 <王妃>たちはあなたのうばとなる．
ナホ 2: 7 <王妃>は捕らえられて連れ去られ，

▼おうふく（王服）
エス 8:15 モルデカイは，青色と白色の<王服>
ヨナ 3: 6 彼は王座から立って，<王服>を脱ぎ，
使徒 12:21 ヘロデは<王服>を着けて，王座に着

▼おうぼ（王母），王の母
Ⅰ列 2:19 <王の母>のためにほかの王座を設け
15:13 彼女を<王母>の位から退けた．アサ
Ⅱ列 10:13 <王母>の子どもたちの安否を気づか
エレ 13:18 王と<王母>に告げよ．「低い座に着
ダニ 5:10 <王母>は，王とその貴人たちのこと

▼おうぼう（横暴）
ヨブ 15:20 <横暴>な者にも，ある年数がたくわ
詩篇 54: 3 <横暴>な者たちが私のいのちを求め
86:14 <横暴>な者の群れは私のいのちを求

箴言 11:16 <横暴>な者は富をつかむ.
イザ 13:11 <横暴>な者の高ぶりを低くする.
14: 4 <横暴>はどのようにして終わったの
25: 3 <横暴>な国々の都も，あなたを恐れ
5 <横暴>な者たちの歌はしずめられま
エレ 15:21 <横暴>な者たちの手から助け出す.」
エゼ 28: 7 最も<横暴>な異邦の民を連れて来て，
Ｉペテ 2:18 <横暴>な主人に対しても従いなさい.

▼ おうらい（往来）

箴言 9:15 歩いて行く<往来>の人を招いて言う.

▼ おうりょう（横領）

出エ 22: 9 すべての<横領>事件に際し，牛でも

▼ おおあめ（大雨）

創世 7:12 <大雨>は，40日40夜，地の上に降っ
8: 2 天からの<大雨>が，とどめられた.
Ｉ列 18:41 激しい<大雨>の音がするから.」44.
45 やがて激しい<大雨>となった．アハ
Ⅱ列 3:17 <大雨>も見ないのに，この谷には水
エズ 10: 9 すべての民は…<大雨>のために震え
13 <大雨>の季節ですから，私たちは外
箴言 25:23 北風は<大雨>を起こし，陰口をきく
雅歌 2:11 <大雨>も通り過ぎて行った.
イザ 30:30 <大雨>と，あらしと，雹の石をもっ
44:14 月桂樹を植えると，<大雨>が育てる.
エレ 5:24 主は<大雨>を，先の雨と後の雨を，
14: 4 国に秋の<大雨>が降らず，地面が割
22 <大雨>を降らせる者がいるでしょう
エゼ 13:11 <大雨>が降り注ぎ，わたしが雹を降
13 怒って<大雨>を降り注がせ，憤って
ホセ 6: 3 <大雨>のように，私たちのところに
ヨエ 2:23 初めの雨を賜り，<大雨>を降らせ，
ゼカ 10: 1 <大雨>を人々に与え，野の草をすべ

▼ おおい

創世 8:13 ノアが，箱舟の<おおい>を取り去っ
出エ 26:14 雄羊の皮の<おおい>と…じゅごんの皮の<おおい>を作る．36:19，39:34，民数4:25.
34:33 モーセは…顔に<おおい>を掛けた.
35:12 『贖いのふた』と<おおい>の垂れ幕，
民数 4: 6 その上にじゅごんの皮の<おおい>を掛け，またその上．8，10，11，12.
7: 3 <おおい>のある車６両と雄牛12頭で，
22:31 主がバラムの目の<おおい>を除かれ
24: 4 目の<おおい>を除かれた者の告げた
ルツ 3: 9 あなたの<おおい>を広げて，このは
Ⅱサム 17:19 その人の妻は，<おおい>を持って来
Ⅱ列 16:18 安息日用の<おおい>のある道も，外
イザ 4: 5 栄光の上に，<おおい>となり，仮庵
14:11 虫けらが，あなたの<おおい>となる.
22: 8 こうしてユダの<おおい>は除かれ，
25: 7 万国の上にかぶさっている<おおい>
50: 3 荒布をその<おおい>とする.」
エレ 3:25 侮辱が私たちの<おおい>となってい
エゼ 27: 7 紫色の布が，おまえの<おおい>であ
41:16 また，窓には<おおい>があった.
Ⅱコリ 3:13 顔に<おおい>を掛けたようなことは
14 同じ<おおい>が掛けられたままで，
15 彼らの心には<おおい>が掛かってい
16 人が主に向くなら…<おおい>は取り
4: 3 福音に<おおい>が掛かっているとし

▼ おおい（多い）

創世 17: 4 あなたは<多>くの国民の父となる.
48:19 その子孫は国々を満たすほど<多>く
出エ 1: 9 われわれよりも<多>く，また強い.
16:17 ある者は<多>く，ある者は少なく集
申命 9:14 彼らよりも強い，人数の<多い>国民
Ｉサム 2: 5 <多>くの子を持つ女が，しおれてし
Ｉ列 11: 1 <多>くの外国の女…を愛した.
18:25 人数が<多い>のだから．あなたがた
ヨブ 31:25 私の富が<多い>ので喜び，私の手が
32: 7 年の<多い>者が知恵を教える」と.
詩篇 33:16 王は軍勢の<多い>ことによっては救
34:19 正しい者の悩みは<多い>．しかし，
40:12 それは私の髪の毛よりも<多>く，私
箴言 4:10 あなたのいのちの年は<多>くなる.
10:19 ことば数が<多い>ところには，そむ
11:14 <多>くの助言者によって救いを得る.
14:28 民の<多い>ことは王の栄え．民がな
19:21 人の心には<多>くの計画がある．し
25:27 <多>くの蜜を食べるのはよくない.
伝道 1:18 知恵が<多>くなれば悩みも<多>くな
12:12 <多>くの本を作ることには，限りがない．<多>くのものに熱中すると，
イザ 53:12 <多>くの人々を彼に分け与え，彼は
ダニ 2:48 彼に<多>くのすばらしい贈り物を与
11:28 彼は<多>くの財宝を携えて自分の国
ホセ 12:10 <多>くの幻を示し，預言者たちによ
アモ 3:15 <多>くの家々は消えうせる．――主
マタ 7:13 そこから入って行く者が<多い>ので
9:37 収穫は<多い>が，働き手が少ない.

16:21 <多>くの苦しみを受け，殺され，そ
22:14 招待される者は<多い>が，選ばれる
24:12 <多>くの人たちの愛は冷たくなりま
マコ 12: 5 <多>くのしもべをやったけれども，
ルカ 7:47 この女の<多>くの罪は赦されている
12:48 <多>く与えられた者は<多>く求められ，<多>く任された者は<多>く要求
使徒 19:18 信仰に入った人たちの中から<多>く
ロマ 5:15 ひとりの違反によって<多>くの人が
19 ひとりの従順によって<多>くの人が
Ｉコリ 1:26 この世の知者は<多>くはなく，権力
Ⅱコリ 6:10 貧しいようでも，<多>くの人を富ま
ヤコ 3: 1 <多>くの者が教師になってはいけま
5:20 <多>くの罪をおおうのだということ
Ｉペテ 4: 8 愛は<多>くの罪をおおうからです．
Ⅱペテ 2: 2 <多>くの者が彼らの好色にならい，

▼ おおいけ（大池）

エレ 41:12 ギブオンにある<大池>のほとりで彼

▼ おおいし（大石）

Ⅱ歴 26:15 矢や<大石>を打ち出すために，やぐ

▼ おおいなる（大いなる）【別項】大いなる日

創世 7:11 巨大な<大いなる>水の源が，ことご
12: 2 わたしはあなたを<大いなる>国民とし…あなたの名を<大いなる>ものと
17:20 わたしは彼を<大いなる>国民としよ
18:18 アブラハムは必ず<大いなる>強い国
45: 7 <大いなる>救いによってあなたがた
出エ 3: 3 この<大いなる>光景を見ることにし
6: 6 伸ばした腕と<大いなる>さばきとに
14:31 <大いなる>御力を見たので，民は主
15: 7 あなたは<大いなる>威力によって，
民数 14:12 彼らよりも<大いなる>強い国民にし
申命 7:21 <大いなる>恐るべき神が，あなたの
9:29 <大いなる>力と伸べられた腕とをも
ヨシ 3: 7 あなたを<大いなる>者としよう．そ
4:14 ヨシュアを<大いなる>者とされたの
7: 9 あなたの<大いなる>御名のために何
Ⅱサム 5:10 ダビデはますます<大いなる>者とな
7:22 あなたは<大いなる>方です．私たち
Ⅱ列 10:19 私は<大いなる>いけにえをバアルに
Ｉ歴 12:14 最も<大いなる>者は千人に匹敵した．
16:25 主は<大いなる>方，大いに賛美され
17: 8 地上の<大いなる>者の名に等しい名
19 この<大いなる>ことのすべてを行い，
22: 5 <大いなる>ものとしなければならな
29:25 ソロモンを…<大いなる>者とし，彼
ネヘ 8: 6 エズラが<大いなる>神，主をほめた
13:22 あなたの<大いなる>いつくしみによ
エス 10: 3 ユダヤ人の中でも<大いなる>者であ
ヨブ 5: 9 神は<大いなる>事をなして測り知れ
詩篇 35:27 喜ばれる主は，<大いなる>かな」と．
47: 2 恐れられる方．全地の<大いなる>王．
48: 1 主は<大いなる>方．大いにほめたた
99: 3 <大いなる>，おそれおおい御名をほ
115:13 小さな者も，<大いなる>者も．
126: 2 彼らのために<大いなる>ことをなさ
136: 4 <大いなる>不思議を行われる方に．
7 <大いなる>光を造られた方に．その
17 <大いなる>王たちを打たれた方に．
145: 3 主は<大いなる>方．大いに賛美され
箴言 28:12 <大いなる>光栄があり，悪者が起き
イザ 12: 6 あなたの中におられる，<大いなる>
30:25 <大いなる>虐殺の日，やぐらの倒れ
51:10 海と<大いなる>淵の水を干上がらせ，
エレ 4: 6 <大いなる>破滅をもたらすから．
33: 3 理解を越えた<大いなる>事を，あな
50:22 国中には戦いの声，<大いなる>破滅．
51:55 <大いなる>声を絶やされるからだ．
エゼ 38:23 わたしの<大いなる>ことを示し，わ
ダニ 2:45 <大いなる>神が，これから後に起こ
4:36 以前にもまして<大いなる>者となっ
9:18 あなたの<大いなる>あわれみによる
12: 1 <大いなる>君，ミカエルが立ち上が
ホセ 1:11 イズレエルの日は<大いなる>ものと
ヨエ 2:21 主が<大いなる>ことをされたからだ．
31 主の<大いなる>恐るべき日が来る前
ゼカ 4: 7 <大いなる>山よ．おまえは何者だ．
マラ 1:14 わたしが<大いなる>王であり，わた
4: 5 主の<大いなる>恐ろしい日が来る前
テト 2:13 <大いなる>神であり私たちの救い主

▼ おおいなるひ（大いなる日）

エレ 30: 7 その日は<大いなる日>，比べるもの
ゼパ 1:14 主の<大いなる日>は近い．それは近
ヨハ 7:37 祭りの終わりの<大いなる日>に，イ
19:31 その安息日は<大いなる日>であった
ユダ 6 御使いたちを，<大いなる日>のさば
黙示 6:17 御怒りの<大いなる日>が来たのだ．
16:14 神の<大いなる日>の戦いに備えて，

お

▼ おおいに（大いに）
創世 24:35　主は私の主人を<大いに>祝福されま
申命　6: 3　乳と蜜の流れる国で<大いに>ふえよ
Ⅰサム 11:15　すべての者が，そこで<大いに>喜ん
12:17　主のみこころを<大いに>そこなった
17:25　王はその者を<大いに>富ませ，その
Ⅰ列　1:40　<大いに>喜んで歌ったので，地がそ
Ⅱ列 10:18　エフーは<大いに>仕えるつもりだ．
ネヘ　6:16　諸国民はみな恐れ，<大いに>面目を
詩 105:24　主はその民を<大いに>ふやし，彼ら
107:38　祝福されると，彼らは<大いに>ふえ，
109:30　この口をもって，<大いに>主に感謝
112: 1　その仰せを<大いに>喜ぶ人は．
116:10　私は<大いに>悩んだ」と言ったとき
ダニ　2:12　王は怒り，<大いに>たけり狂い，バ
ナホ　2: 1　腰をからげ，<大いに>力を奮い立た
ゼカ　9: 9　シオンの娘よ．<大いに>喜べ．エル

▼ おおう
創世　7:19　どの高い山々も…<おお>われた．20.
9:23　セムとヤペテは…父の裸を<おお>っ
24:65　ベールを取って身を<おお>った．
38:15　彼女が顔を<おお>っていたので遊女
出エ　8: 6　かえるが…エジプトの地を<おお>っ
14:28　全軍勢の戦車と騎兵を<おお>った．
16:13　うずらが…宿営を<おお>い，朝にな
24:15　山に登ると，雲が山を<おお>った．
25:20　翼で『贖いのふた』を<おおう>よう
26:13　幕屋を<おおう>ように，その天幕の
28:42　裸を<おおう>亜麻布のももひきを作
29:13　その内臓を<おおう>すべての脂肪，
33:22　この手であなたを<おお>っておこう．
40:34　雲は会見の天幕を<おお>い，主の栄
レビ　3: 3　その内臓を<おおう>脂肪と，内臓に
13:12　ツァラアトが…<おお>っているとき
45　その口ひげを<おお>って，『汚れて
16:13　贖いのふた』を<おおう>ようにする．
17:13　血を注ぎ出し，それを土で<おお>わ
民数　4: 5　あかしの箱をそれで<おお>い，
9:15　雲が…幕屋を<おお>った．それは，
16:42　雲がそれを<おお>い，主の栄光が現
22: 5　今や，彼らは地の面を<おお>って，
申命 23:13　排泄物を<おお>わなければならない．
士師　6:34　主の霊がギデオンを<おお>ったので，
ルツ　3: 9　このはしためを<おお>ってください．
Ⅰサム 19:13　ミカルは…それを着物で<おお>った．
Ⅱサム 15:30　ダビデは…頭を<おお>い，はだしで
19: 4　王は顔を<おお>い，大声で，「わが
Ⅰ列　7:41　二つの柱頭を<おおう>二つの格子網，
8: 7　箱と…かつぎ棒とを…<おお>った．
19:13　エリヤは…外套で顔を<おお>い，外
Ⅰ歴 21:16　荒布で身を<おお>い，ひれ伏した．
Ⅱ歴　3: 5　大きな家はもみの木材で<おお>い，
5: 8　かつぎ棒とを上から<おお>った．
エス　6:12　頭を<おお>い，急いで家に帰った．
7: 8　ハマンの顔は<おお>われた．
ヨブ　9:24　そのさばきつかさらの顔を<おおう>．
14:17　私の咎を<おお>ってください．
15:27　彼は顔をあぶらで<おお>い，腰の回
16:18　地よ．私の血を<おおう>な．私の叫
21:26　ちりに伏し，うじが彼らを<おおう>．
22:11　みなぎる水があなたを<おおう>．
14　濃い雲が神を<おお>っているので，
24: 7　寒さの中でも身を<おおう>物がない．
15　その顔に<おおう>物を当てる．
26: 6　滅びの淵も<おお>われない．
9　神は御座の面を<おお>い，その上に
29:14　私は義をまとい，義は私を<おお>っ
31:19　身を<おおう>物を持っていない貧し
33　自分のそむきの罪を<おお>い隠し，
36:30　神は…海の底を<おおう>．
38:34　みなぎる水に…<おお>わせることが
40:22　はすはその陰で，これを<おお>い，
42: 3　摂理を<おお>い隠す者は，だれか．
詩篇 32: 1　赦され，罪を<おお>われた人は．
44:15　私の顔の恥が私を<おお>ってしまい
19　死の陰で私たちを<おお>われたので
68:13　銀で<おお>われた，鳩の翼．その羽
はきらめく黄金で<おお>われている．
71:13　そしりと侮辱で，<おお>われますよ
73: 6　暴虐の着物が彼らを<おお>っている．
80:10　山々もその影に<おお>われ，神の杉
の木もその大枝に<おお>われました．
84: 6　初めの雨も…祝福で<おお>います．
85: 2　すべての罪を，<おお>われました．
91: 4　ご自分の羽で，あなたを<おお>われ
104: 6　あなたは…地を<おお>われました．
9　水が再び地を<おおう>ことのないよ
106:11　水は彼らの仇を<おお>い，そのひと
139:11　おお，やみよ．私を<おお>え．私の
140: 7　私の頭を<おお>われました．

9 くちびるの害毒が<おお>いますよう
147: 8 神は雲で天を<おお>い，地のために
箴言 10:12 愛はすべてのそむきの罪を<おおう>.
17: 9 そむきの罪を<おおう>者は，愛を追
24:31 いらくさが地面を<おお>い，その石
雅歌 5:14 サファイヤで<おお>った象牙の細工.
イザ 6: 2 その二つで顔を<おお>い，二つで両
11: 9 海を<おおう>水のように，地を満た
14:19 墓穴に下る者で<おお>われ，踏みつ
25: 7 万民の上を<おお>っている顔おおい
26:21 もう，<おおう>ことをしない.
29:10 先見者たちを<おお>われたから.
50: 3 わたしは天をやみで<おお>い，荒布
59: 6 自分の作ったもので身を<おおう>こ
17 ねたみを外套として身を<おお>われ
60: 2 やみが地を<おお>い，暗やみが諸国
エレ 14: 3 彼らは…侮られて，頭を<おおう>.
22:14 杉の板で<おお>い，朱を塗ろう』と
46: 8 わき上がって地を<おお>い，町も住
51:42 波のざわめきにそれは<おお>われた.
51 侮辱が私たちの顔を<おお>った.』」
エゼ 1:11 他の二つは…からだを<おお>ってい
12: 6 顔を<おお>って地を見るな．わたし
16: 8 あなたの裸を<おお>い，わたしはあ
24:17 口ひげを<おお>ってはならない．人
26:10 馬の大群の土煙はおまえを<おおう>.
19 大水がおまえを<おおう>とき，
28:13 あらゆる宝石があなたを<おお>って
30:18 雲がそこを<おお>い，その娘たちは
32: 7 わたしは空を<おお>い，星を暗くし，
37: 6 肉を生じさせ，皮膚で<おお>い，お
38: 9 民は，地を<おおう>雲のようになる.
ホセ 2: 9 彼女の裸を<おおう>ためのわたしの
10: 8 私たちを<おお>え」と言い，丘に向
オバ 10 恥があなたを<おお>い，あなたは永
ミカ 3: 7 彼らはみな，口ひげを<おおう>．神
ハバ 2:14 水が海を<おおう>ように，地は，主
17 暴虐があなたを<おお>い，獣への残
3: 3 尊厳は天を<おお>い，その賛美は地
マラ 2:13 嘆きで主の祭壇を<おお>っている.
16 暴力でその着物を<おおう>」と万軍
マタ 10:26 <おお>われているもので，現されな
マコ 4:22 <おお>い隠されているのは，明らか
9: 7 雲が…その人々を<おお>い，雲の中
14:65 御顔を<おお>い，こぶしでなぐりつ
ルカ 1:35 いと高き方の力が…<おお>います.
9:34 雲が…その人々を<おお>った．彼ら
12: 2 <おお>いかぶされているもので，現
23:30 われわれを<おお>ってくれ』と言い
使徒 7:57 耳を<おお>い，いっせいにステパノ
ロマ 4: 7 不法を赦され，罪を<おお>われた人
IIコリ 12: 9 キリストの力が私を<おおう>ために，
ヘブ 9: 4 全面を金で<おお>われた契約の箱が
5 翼で<おお>っている栄光のケルビム
ヤコ 5:20 多くの罪を<おおう>のだということ
Iペテ 4: 8 愛は多くの罪を<おおう>からです.
IIペテ 3: 6 洪水に<おお>われて滅びました.

▼ おおうなばら（大海原）
エゼ 27:26 こぎ手はおまえを<大海原>に連れ出

▼ おおうみ（大海）
民数 34: 6 西の境界線は，<大海>とその沿岸で
ヨシ 1: 4 日の入るほうの<大海>に至るまでで
9: 1 レバノンの前の<大海>の全沿岸のへ
15:12 境界線は，<大海>とその沿岸であっ
23: 4 ヨルダン川から…<大海>まで，これ
詩篇 65: 5 遠い<大海>の，信頼の的です.
107:23 <大海>であきないする者，
エゼ 47:10 そこの魚は<大海>の魚のように種類
48:28 さらに川に沿って<大海>に至る.
ダニ 7: 2 天の四方の風が<大海>をかき立て，

▼ おおえだ（大枝）
詩篇 80:10 神の杉の木もその<大枝>におおわれ
イザ 27:11 その<大枝>が枯れると，それは折ら
エゼ 31: 5 小枝は茂り，その<大枝>は伸びた.
13 その<大枝>のそばに，野のあらゆる

▼ おおかぜ（大風）
I列 19:11 激しい<大風>が山々を裂き，岩々を
ヨブ 1:19 荒野のほうから<大風>が吹いて来て，
ヨナ 1: 4 主は<大風>を海に吹きつけられた.
黙示 6:13 いちじくが，<大風>に揺られて，青

▼ おおがま（大がま）
Iサム 2:14 <大がま>や，なべに突き入れ，肉刺
ミカ 3: 3 <大がま>の中の肉切れのように，切

▼ おおかみ（狼）
創世 49:27 ベニヤミンはかみ裂く<狼>．朝には
イザ 11: 6 <狼>は子羊とともに宿り，ひょうは
65:25 <狼>と子羊は共に草をはみ，獅子は
エレ 5: 6 荒れた地の<狼>が彼らを荒らす．ひ
エゼ 22:27 獲物を引き裂いている<狼>のように
ハバ 1: 8 日暮れの<狼>よりも敏しょうだ．そ

ゼパ 3: 3 さばきつかさたちは，日暮れの<狼>
マタ 7:15 彼らは…うちは貪欲な<狼>です．
10:16 <狼>の中に羊を送り出すようなもの
ヨハ 10:12 <狼>が来るのを見ると，羊を置き去
使徒 20:29 狂暴な<狼>があなたがたの中に入り

▼ おおかわ（大川）

創世 15:18 あの<大川>，ユーフラテス川まで．
ゼカ 9:10 その支配は…<大川>から地の果てに

▼ おおきい（大きい），大きさ

創世 1:16 神は二つの<大き>な光る物を造られ
4:13 私の咎は，<大き>すぎて，にないき
10:12 それは<大き>な町であった．
15: 1 受ける報いは非常に<大きい>．」
18:20 ソドムとゴモラの叫びは…<大き>く，
19:13 叫びが主の前で<大き>くなったので，
19 私のいのちを救って<大き>な恵みを
20: 9 あなたが…こんな<大き>な罪をもた
29: 2 井戸の口の上にある石は<大き>かっ
39: 9 私より<大き>な権威をふるおうとは
出エ 11: 6 エジプト全土に…<大き>な叫びが起
18:22 <大きい>事件はすべてあなたのとこ
32:21 彼らにこんな<大き>な罪を犯させた
民数 13:28 その町々は…非常に<大き>く，その
14:17 わが主の<大き>な力を現してくださ
19 あなたの<大き>な恵みによって赦し
26:54 <大きい>部族にはその相続地を多く
申命 1:19 あの<大き>な恐ろしい荒野を，エモ
28 その民は私たちよりも<大き>くて背
4:36 地の上では，<大きい>火を見させた．
5:22 全集会に，<大き>な声で告げられた．
6:22 <大き>くてむごいしるしと不思議と
7:19 <大き>な試みと，しるしと，不思議
27: 2 <大き>な石を立て，それらに石灰を
33:20 ガドを<大き>くする方は，ほむべき
ヨシ 7:26 アカンの上に，<大き>な，石くれの
10: 2 ギブオンが<大き>な町であって，王
22:10 <大き>くて，遠くから見える祭壇で
23: 9 <大き>くて強い国々を…追い払った
24:17 あの数々の<大き>なしるしを行い，
26 <大き>な石を取って，主の聖所にあ
士師 5:15 支族の間では，心の定めは<大き>か
15:18 しもべの手で，この<大き>な救いを
Ⅰサム 2:17 子たちの罪は…非常に<大き>かった．
6: 9 この<大き>なわざわいを起こしたの
14 そこには<大き>な石があった．その
7:10 <大き>な雷鳴をとどろかせ，彼らを
12:16 この<大き>なみわざを見なさい．
Ⅱサム 18: 9 騾馬が<大き>な樫の木の茂った枝の
17 <大き>な石くれの山を積み上げた．
Ⅰ列 4:13 60の<大き>な町々が任せられた．
5:17 <大き>な石，高価な石を切り出すよ
10:18 王は<大き>な象牙の王座を作り，こ
18:27 もっと<大き>な声で呼んでみよ．彼
Ⅱ列 3:27 イスラエル人に対する<大き>な怒り
4:38 <大き>なかまを火にかけ，預言者の
17:21 彼らに<大き>な罪を犯させた．
36 <大き>な力と，差し伸べた腕とをも
Ⅰ歴 21: 8 私は…<大き>な罪を犯しました．今，
22: 8 多くの血を流し，<大き>な戦いをし
23:29 各種の量や<大きさ>を計ること．
29: 1 力もなく，この仕事は<大きい>．こ
Ⅱ歴 28:13 私たちの罪過は<大きい>．燃える怒
30:21 <大き>な喜びをもって7日の間，種
エズ 5: 8 <大き>な石で建てられており，壁に
6: 4 <大き>な石の層は3段．木材の層は
9: 7 私たちは<大き>な罪過の中にありま
ネヘ 4:19 この工事は<大き>く，また広がって
8:17 それは非常に<大き>な喜びであった．
9:35 彼らに与えたその<大き>な恵みのう
12:31 二つの<大き>な聖歌隊を編成した．
13: 5 トビヤのために<大き>な部屋を一つ
27 このような<大き>な悪を行っている
エス 4: 3 ユダヤ人のうちに<大き>な悲しみと，
8:15 <大き>な金の冠をかぶり，白亜麻布
ヨブ 8: 7 その終わりは，はなはだ<大き>くな
22: 5 それはあなたの悪が<大き>くて，あ
39: 4 野原で<大き>くなると，出て行って，
詩篇 19:13 <大き>な罪を，免れて，きよくなる
21: 5 彼の栄光は，<大きい>．あなたは，
25:11 咎をお赦しください．<大き>な咎を．
31:19 いつくしみは，なんと<大きい>こと
57:10 恵みは<大き>く，天にまで及び，あ
76: 1 御名はイスラエルにおいて<大きい>．
103:11 主を恐れる者の上に<大きい>．
104:25 そこには<大き>く，広く広がる海が
119:156 あなたのあわれみは<大きい>．主よ．
箴言 5:23 愚かさが<大きい>ためにあやまちを
伝道 9:13 それは私にとって<大き>なことであ
14 これに対して<大き>なとりでを築い
10: 4 冷静は<大き>な罪を犯さないように

イザ 5: 9 <大き>な美しい家々も住む人がなく
8: 1 一つの<大き>な板を取り，その上に
9: 2 民は，<大き>な光を見た．死の陰の
27:13 その日，<大き>な角笛が鳴り渡り，
32: 2 <大き>な岩の陰のようになる．
エレ 4:30 目を塗って<大き>く見せても，美し
6:22 <大き>な国が地の果てから奮い立つ．
13: 9 ユダとエルサレムの<大き>な誇りを
14:17 おとめの打たれた傷は<大き>く，い
16:10 この<大き>なわざわいを語られたの
22: 8 なぜ，主はこの<大き>な町をこのよ
26:19 私たちはわが身に<大き>なわざわい
28: 8 多くの国と<大き>な王国について，
32:19 おもんぱかりは<大き>く，みわざは
36: 7 怒りと憤りは<大きい>からである．」
43: 9 あなたは手に<大き>な石を取り，そ
45: 5 自分のために<大き>なことを求める
哀歌 2:13 あなたの傷は海のように<大きい>．
4: 6 娘の咎は…ソドムの罪より<大きい>．
エゼ 1: 4 <大き>な雲と火が，ぐるぐるとひら
3:12 <大き>なとどろきの音を聞いた．
9: 9 ユダの家の咎は非常に<大き>く，こ
16: 7 あなたは成長して，<大き>くなり，
17: 3 <大き>な翼，長い羽，色とりどりの
23:32 姉の杯，深くて<大きい>杯を飲み，
29: 3 川の中に横たわる<大き>なわにで，
31: 7 それは<大き>くなり，枝も伸びて美
38:19 イスラエルの地に<大き>な地震が起
ダニ 2: 6 贈り物と報酬と<大き>な光栄とを私
31 あなたは一つの<大き>な像をご覧に
35 石は<大き>な山となって全土に満ち
4:22 あなたは<大き>くなって強くなり，
7: 3 4頭の<大き>な獣が海から上がって
7 <大き>な鉄のきばを持っており，食
8 <大き>なことを語る口があった．
11 あの角が語る<大き>なことばの声が
20 その角には…<大き>なことを語る口
8: 8 あの<大き>な角が折れた．そしてそ
9 角が芽を出して…<大き>くなってい
9:12 神は，<大き>なわざわいを私たちに
10: 1 ことばは真実で，<大き>ないくさの
8 この<大き>な幻を見たが，私は，う
11: 3 <大き>な権力をもって治め，思いの
アモ 6: 2 あなたがたの領土より<大きい>だろ
11 <大き>な家を打ち砕き，小さな家を
ヨナ 1: 2 立って，あの<大き>な町ニネベに行
17 主は<大き>な魚を備えて，ヨナをの
ミカ 1:16 はげ鷲のように<大き>くせよ．彼ら
ゼカ 7:12 万軍の主から<大き>な怒りが下った．
12:11 嘆きのように<大きい>であろう．
マタ 5:12 あなたがたの報いは<大きい>から．
7:13 滅びに至る門は<大き>く，その道は
12: 6 ここに宮より<大き>な者がいるので
マコ 5:19 どんなに<大き>なことをしてくださ
ルカ 1:49 力ある方が，私に<大き>なことをし
58 主がエリサベツに<大き>なあわれみ
2:52 イエスは…背たけも<大き>くなり，
16:10 <大きい>事にも忠実であり，小さい
ヨハ 1:50 さらに<大き>なことを見ることにな
5:20 さらに<大き>なわざを子に示されま
15:13 これよりも<大き>な愛はだれも持っ
19:11 もっと<大きい>罪があるのです．」
使徒 2:11 神の<大き>なみわざを語るのを聞こ
8:10 小さな者から<大き>な者に至るまで，
26:22 <大きい>者にもあかしをしているの
ロマ 9: 2 私には<大き>な悲しみがあり，私の
ガラ 6:11 こんなに<大き>な字で，自分のこの
エペ 2: 4 愛してくださったその<大き>な愛の
Ⅰテモ 6: 6 敬虔こそ，<大き>な利益を受ける道
ヘブ 5: 7 <大き>な叫び声と涙とをもって祈り
10:35 <大き>な報いをもたらすものなので
Ⅰヨハ 3:20 神は私たちの心よりも<大き>く，そ
Ⅲヨハ 4 私にとって<大き>な喜びはありませ
黙示 11:18 小さい者も<大きい>者もすべてあな
18:21 <大きい>，ひき臼のような石を取り
19: 1 天に大群衆の<大きい>声のようなも
18 小さい者と<大きい>者の肉を食べよ．

▼ おおごえ（大声）

創世 27:34 エサウは…<大声>で泣き叫び，ひど
39:14 入って来たので，私は<大声>をあげ
出エ 32:17 ヨシュアは民の叫ぶ<大声>を聞いて，
民数 14: 1 全会衆は<大声>をあげて叫び，民は
申命 27:14 すべての人々に<大声>で宣言しなさ
ヨシ 6: 5 <大声>でときの声をあげなければな
士師 7:21 陣営の者は…<大声>をあげて逃げた．
Ⅰサム 28:12 サムエルを見たとき，<大声>で叫ん
Ⅱサム 19: 4 <大声>で，「わが子アブシャロム．
Ⅰ列 8:55 全集団を<大声>で祝福して言った．
Ⅱ列 18:28 ユダのことばで<大声>に呼ばわって，
20: 3 こうして，ヒゼキヤは<大声>で泣い

Ⅱ歴 15:14 <大声>をあげ，喜び叫び，ラッパと
20:19 <大声>を張り上げてイスラエルの神，
エズ 3:11 主を賛美して<大声>で喜び叫んだ．
12 <大声>をあげて泣いた．一方，ほか
10:12 全集団は<大声>をあげて答えて言っ
ネヘ 9: 4 彼らの神，主に対し<大声>で叫んだ．
エス 4: 1 <大声>でひどくわめき叫びながら町
箴言 27:14 <大声>で友人を祝福すると，かえっ
エゼ 8:18 彼らがわたしの耳に<大声>で叫んで
9: 1 この方は私の耳に<大声>で叫んで仰
11:13 私はひれ伏し，<大声>で叫んで言っ
27:30 <大声>をあげて激しく泣き，頭にち
ダニ 3: 4 伝令官は<大声>で叫んだ．「諸民，
マタ 27:46 3時ごろ，イエスは<大声>で，「エ
マコ 1:26 <大声>をあげて，その人から出て行
5: 7 <大声>で叫んで言った．「いと高き
38 人々が，取り乱し，<大声>で泣いた
15:34 イエスは<大声>で，「エロイ，エロ
37 イエスは<大声>をあげて息を引き取
ルカ 4:33 悪霊につかれた人がいて，<大声>で
8:28 御前にひれ伏して<大声>で言った．
17:15 <大声>で神をほめたたえながら引き
19:37 喜んで<大声>に神を賛美し始め，
23:23 十字架につけるよう<大声>で要求し
46 イエスは<大声>で叫んで，言われた．
ヨハ 7:37 イエスは立って，<大声>で言われた．
11:43 イエスは…<大声>で…「ラザロよ．
12:44 イエスは<大声>で言われた．「わた
使徒 7:57 人々は<大声>で叫びながら，耳をお
8: 7 その霊が<大声>で叫んで出て行くし，
14:10 <大声>で，「自分の足で，まっすぐ
16:28 パウロは<大声>で，「自害してはい
26:24 フェストが<大声>で，「気が狂って
黙示 5: 2 強い御使いが，<大声>でふれ広めて，
7: 2 御使いたちに，<大声>で叫んで言っ
8:13 飛びながら，<大声>で言うのを聞い
10: 3 ほえるときのように<大声>で叫んだ．
14: 7 彼は<大声>で言った．「神を恐れ，

▼おおさかずき（大杯）

イザ 51:17 よろめかす<大杯>を飲み干した．
22 わたしの憤りの<大杯>をもう二度と

▼おおざけのみ（大酒飲み）

申命 21:20 放蕩して，<大酒飲み>です」と言い
箴言 23:20 <大酒飲み>や，肉をむさぼり食う者
21 <大酒飲み>とむさぼり食う者とは貧
マタ 11:19 食いしんぼうの<大酒飲み>，取税人
ルカ 7:34 <大酒飲み>，取税人や罪人の仲間だ．
Ⅰテモ 3: 8 <大酒飲み>でなく，不正な利をむさ

▼おおじ（大路）

申命 2:27 私は<大路>だけを通って，右にも左
士師 20:31 他の一つはギブアに上る<大路>で，
21:19 シェケムに上る<大路>の日の上る方，
Ⅰサム 6:12 一筋の<大路>をまっすぐに進み，鳴
Ⅱ列 18:17 布さらしの野への<大路>にある上の
Ⅰ歴 26:16 上り坂の<大路>のシャレケテ門が当
Ⅱ歴 9:11 主の宮と王宮への<大路>を造り，歌
詩篇 84: 5 心の中にシオンへの<大路>のある人
イザ 11:16 アッシリヤからの<大路>が備えられ
33: 8 <大路>は荒れ果て，道行く者はとだ
35: 8 そこに<大路>があり，その道は聖な
40: 3 神のために，<大路>を平らにせよ．
49:11 すべて道とし…<大路>を高くする．
エレ 31:21 歩んだ道の<大路>に心を留めよ．お
マタ 12:19 <大路>でその声を聞く者もない．

▼おおしい（雄々しい）

ヨシ 1: 6 強くあれ．<雄々し>くあれ．わたしが彼らに与える．7，9，18，10:25．
Ⅰ歴 28:20 強く，<雄々し>く，事を成し遂げな
詩篇 27:14 <雄々し>くあれ．心を強くせよ．待ち望め．主を．31:24．

▼おおじか

申命 14: 5 野やぎ，くじか，<おおじか>，野羊．

▼おおせ（仰せ），仰せられる

創世 1: 3 神は<仰せられ>た．「光があれ．」
21: 1 <仰せられ>たとおりに主はサラにな
出エ 9: 1 ヘブル人の神，主はこう<仰せられ>
24: 3 主の<仰せられ>たことは，みな行い
レビ 10: 3 主が<仰せ>になったことは，こうい
Ⅱ列 22:15 神，主は，こう<仰せられ>ます．
詩 112: 1 その<仰せ>を大いに喜ぶ人は．
119: 6 あなたのすべての<仰せ>を見ても恥
151 あなたの<仰せ>はことごとくまこと
イザ 62:11 主は…聞こえるように<仰せられ>た．
エレ 1: 9 私の口に触れ，主は私に<仰せられ>
15: 2 主はこう<仰せられる>．死に定めら
ルカ 14:22 <仰せ>のとおりにいたしました．で

▼おおぜい（大ぜい）

ネヘ 5: 2 私たちには息子や娘が<大ぜい>いる．
マタ 3: 7 <大ぜい>バプテスマを受けに来るの
8:16 人々は悪霊につかれた者を<大ぜい>，

13: 2 <大ぜい>の群衆がみもとに集まった
15:33 こんなに<大ぜい>の人に，十分食べ
24: 5 わたしの名を名のる者が<大ぜい>現
10 人々が<大ぜい>つまずき，互いに裏
マコ 2:15 取税人や罪人たちも<大ぜい>，イエ
5: 9 レギオンです…<大ぜい>ですから」
6:13 <大ぜい>の病人に油を塗っていやし
ルカ 5:29 <大ぜい>の人たちが食卓に着いてい
6:17 海べから来た<大ぜい>の民衆がそこ
7:12 町の人たちが<大ぜい>その母親につ
14:16 盛大な宴会を催し，<大ぜい>の人を
15:17 雇い人が<大ぜい>いるではないか．
23:27 <大ぜい>の民衆やイエスのことを嘆
ヨハ 5: 3 その中に<大ぜい>の病人，盲人，足
11:19 <大ぜい>のユダヤ人がマルタとマリ
使徒 2: 6 物音が起こると，<大ぜい>の人々が
5:16 <大ぜい>の人が，病人や，汚れた霊
11:24 こうして，<大ぜい>の人が主に導か
26 彼らは教会に集まり，<大ぜい>の人
12:12 <大ぜい>の人が集まって，祈ってい
14: 1 <大ぜい>の人々が信仰に入った．
19:26 <大ぜい>の人々を説き伏せ，迷わせ
21:36 <大ぜい>の群衆が「彼を除け」と叫
28:23 さらに<大ぜい>でパウロの宿にやっ
Ⅰコリ 11:30 そのために…死んだ者が<大ぜい>い

▼おおぞら（大空）

創世 1: 6 <大空>が水の真っただ中にあれ．水
8 神は<大空>を天と名づけられた．夕
ヨブ 37:18 鋳た鏡のように堅い<大空>を神とと
詩篇 19: 1 <大空>は御手のわざを告げ知らせる．
150: 1 御力の<大空>で，神をほめたたえよ．
箴言 8:28 神が上のほうに<大空>を固め，深淵
エレ 51: 9 天に達し，<大空>まで上ったからだ．
哀歌 4:19 <大空>の鷲よりも速く，山々の上ま
エゼ 1:22 輝く<大空>のようなものがあり，彼
10: 1 ケルビムの頭の上の<大空>に，サフ
ダニ 12: 3 思慮深い人々は<大空>の輝きのよう

▼おおたき（大滝）

詩篇 42: 7 <大滝>のとどろきに，淵が淵を呼び

▼おおだて（大盾）

Ⅰ列 10:16 延べ金で<大盾>200を作り，その<大
盾>1個に600シェケルの金を使った．
Ⅰ歴 12: 8 <大盾>と槍の備えのある者であった．
詩篇 5:12 <大盾>で囲むように愛で彼を囲まれ
35: 2 盾と<大盾>とを手に取って，私を助
91: 4 主の真実は，<大盾>であり，とりで
エレ 46: 3 盾と<大盾>を整えて，戦いに向かえ．
エゼ 23:24 <大盾>，盾，かぶとを着けて四方か
26: 8 塁を築き，塹壕を掘り，<大盾>を立
39: 9 盾と<大盾>，弓と矢，手槍と槍を燃
エペ 6:16 信仰の<大盾>を取りなさい．それに

▼おおどおり（大通り）

マタ 22: 9 <大通り>に行って，出会った者をみ
ルカ 10:10 <大通り>に出て，こう言いなさい．
13:26 私たちの<大通り>で教えていただき
14:21 町の<大通り>や路地に出て行って，
使徒 5:15 人々は病人を<大通り>へ運び出し，
黙示 11: 8 大きな都の<大通り>にさらされる．

▼おおとかげ（大とかげ）

レビ 11:29 もぐら，とびねずみ，<大とかげ>の

▼おおなぎ（大なぎ）

マタ 8:26 しかりつけられると，<大なぎ>にな
マコ 4:39 すると風はやみ，<大なぎ>になった．

▼おおなみ（大波）

ヨブ 9: 8 神は…海の<大波>を踏まれる．
詩篇 42: 7 あなたの<大波>は…私の上を越えて
65: 7 <大波>のとどろき，また国々の民の
マタ 8:24 舟は<大波>をかぶった．ところが，
ヤコ 1: 6 揺れ動く，海の<大波>のようです．

▼おおにわ（大庭）

Ⅰ列 7: 9 外庭から<大庭>に至るまでそうであ
Ⅱ歴 4: 9 祭司たちの庭と<大庭>およびその庭
詩篇 65: 4 あなたの<大庭>に住むその人は，私
84: 2 主の<大庭>を恋い慕って絶え入るば
10 あなたの<大庭>にいる一日は千日に
92:13 私たちの神の<大庭>で栄えます．
100: 4 賛美しつつ，その<大庭>に，入れ．
116:19 主の家の<大庭>で．エルサレムよ．

▼おおふち（大淵）

アモ 7: 4 火は<大淵>を焼き尽くし，割り当て

▼おおみず（大水）

創世 7:10 大洪水の<大水>が地の上に起こった．
9:15 <大水>は，すべての肉なるものを滅
Ⅱサム 22:17 主は…私を<大水>から引き上げられ
ヨブ 38:25 だれが，<大水>のために水路を通し，
詩篇 29: 3 主は，<大水>の上にいます．
32: 6 <大水>の濁流も，彼の所に届きませ
69: 2 私は<大水>の底に陥り奔流が私を押
15 <大水>の流れが私を押し流さず，深
77:19 あなたの小道は<大水>の中にありま

144: 7 <大水>から，また外国人の手から，
雅歌 8: 7 <大水>もその愛を消すことができま
イザ 17:12 <大水>の騒ぐように，騒いでいる．
エレ 51:55 その波は<大水>のように鳴りとどろ
エゼ 1:24 それは<大水>のとどろきのようであ
26:19 <大水>がおまえをおおうとき，
43: 2 その音は<大水>のとどろきのようで
ハバ 3:15 <大水>に，あわを立たせられます．
黙示 1:15 その声は<大水>の音のようであった．
17: 1 <大水>の上にすわっている大淫婦へ

▼おおむぎ（大麦）
出エ 9:31 <大麦>は打ち倒された．<大麦>は穂
レビ 27:16 <大麦>の種１ホメルごとに銀50シェ
民数 5:15 <大麦>の粉10分の１エパをささげ物
申命 8: 8 小麦，<大麦>，ぶどう，いちじく，
士師 7:13 <大麦>のパンのかたまりが一つ，ミ
ルツ 1:22 <大麦>の刈り入れの始まったころ，
2:17 拾ったのを打つと，<大麦>が１エパ
23 <大麦>の刈り入れと小麦の刈り入れ
3: 2 あの方は打ち場で<大麦>をふるい分
Ⅱサム 14:30 そこには<大麦>が植えてある．行っ
21: 9 <大麦>の刈り入れの始まったころ，
Ⅰ列 4:28 馬のいる所に<大麦>とわらを持って
Ⅱ列 4:42 初穂のパンである<大麦>のパン20個
7: 1 <大麦>２セアが１シェケルで売られ
Ⅰ歴 11:13 <大麦>の密生した一つの畑があり，
Ⅱ歴 2:10 <大麦>２万コル…を提供します．」
27: 5 <大麦>１万コルを彼に贈った．アモ
ヨブ 31:40 <大麦>の代わりに雑草がはびこるよ
イザ 28:25 小麦をうねに，<大麦>を定まった場
エレ 41: 8 <大麦>，油，蜜を畑に隠しています
エゼ 4: 9 <大麦>，そら豆，レンズ豆，あわ，
13:19 ひとつかみの<大麦>のため，少しば
45:13 <大麦>１ホメルから６分の１エパを
ホセ 3: 2 銀15シェケルと<大麦>１ホメル半で
ヨエ 1:11 泣きわめけ．小麦と<大麦>のために．
ヨハ 6: 9 ここに少年が<大麦>のパンを五つと
黙示 6: 6 <大麦>３枡も１デナリ．オリーブ油

▼おおめがみ（大女神）
使徒 19:27 <大女神>アルテミスの神殿も顧みら
35 <大女神>アルテミスと天から下った

▼おおよろこび（大喜び）
マタ 28: 8 彼女たちは…<大喜び>で…墓を離れ，
ルカ 15: 5 見つけたら，<大喜び>でその羊をか

▼おおわし（大わし，大鷲）
エゼ 17: 3 色とりどりの豊かな羽毛の<大鷲>が，
7 もう１羽の大きな翼…を持つ<大鷲>
黙示 12:14 女は<大鷲>の翼を二つ与えられた．

▼おか（丘），丘々【別項】裸の丘
創世 49:26 永遠の<丘>のきわみにまで及ぶ．こ
出エ 17: 9 神の杖を手に持って，<丘>の頂に立
民数 23: 9 <丘>の上から私はこれを見つめる．
申命 12: 2 <丘>の上であっても…破壊しなけれ
33:15 最上のもの，太古の<丘>からの賜物，
ヨシ 8:28 アイを…永久に荒れ果てた<丘>とし
11:13 <丘>の上に立っている町々は焼かな
Ⅰサム 7: 1 <丘>の上のアビナダブの家に運び，
Ⅱサム 2:24 アマの<丘>に来たとき太陽が沈んだ．
6: 3 神の箱を…<丘>の上にあるアビナダ
Ⅰ列 14:23 すべての高い<丘>の上や青木の下に，
Ⅱ列 5:24 ゲハジは<丘>に着くと，それを彼ら
16: 4 <丘>の上，青々と茂ったすべての木
ヨブ 15: 7 <丘>より先に生み出されたのか．
詩篇 50:10 わたしのもの，千の<丘>の家畜らも．
72: 3 山々，<丘々>は義によって，民に平
148: 9 山々よ．すべての<丘>よ．実のなる
箴言 8:25 <丘>より先に…すでに生まれていた．
雅歌 2: 8 山々をとび越え，<丘々>の上をはね
4: 6 私は没薬の山，乳香の<丘>に行こう．
イザ 2: 2 <丘々>よりもそびえ立ち，すべての
10:32 エルサレムの<丘>に向かって，こぶ
30:17 <丘>の上の旗ぐらいしか残るまい．
31: 4 シオンの山とその<丘>を攻める．
40: 4 すべての山や<丘>は低くなる．盛り
12 山をてんびんで量り，<丘>をはかり
41:15 <丘>をもみがらのようにする．
42:15 わたしは山や<丘>を荒らし，そのす
54:10 たとい山々が移り，<丘>が動いても，
55:12 山と<丘>は，あなたがたの前で喜び
65: 7 <丘>の上でわたしをそしったあなた
エレ 4:24 揺れ動き，すべての<丘>は震えてい
13:27 わたしは，<丘>の上や野原で見た．
16:16 すべての<丘>，岩の割れ目から彼ら
17: 2 高い<丘>の茂った木のほとりにある
49:16 <丘>の頂を占める者よ．あなたの脅
50: 6 彼らは山から<丘>へと行き巡って，
エゼ 6: 3 神である主は，山や<丘>，谷川や谷
34: 6 わたしの羊は…高い<丘>をさまよい，
26 わたしの<丘>の回りとに祝福を与え，

35: 8 <丘>や谷や，すべての谷川に倒れる．
36: 4 神である主は，山や<丘>，谷川や谷，
ホセ 4:13 <丘>の上…テレビンの木の下で香を
10: 8 <丘>に向かって，「私たちの上に落
ヨエ 3:18 <丘々>には乳が流れ，ユダのすべて
アモ 9:13 ぶどう酒をしたたらせ…<丘>もこれ
ミカ 4: 1 <丘々>よりもそびえ立ち，国々の民
6: 1 <丘々>にあなたの声を聞かせよ．
ハバ 3: 6 永遠の<丘>は低くされる．しかし，
ゼパ 1:10 <丘>からは大いなる破滅の響きが起
ルカ 3: 5 すべての山と<丘>とは低くされ，曲
4:29 <丘>のがけのふちまで連れて行き，
23:30 <丘>に向かって，『われわれをおお

▼ おかあさん（お母さん）
イザ 8: 4 お父さん．<お母さん>』と呼ぶこと
マタ 12:47 あなたの<お母さん>と兄弟たちが，

▼ おかえし（お返し）
ルカ 14:14 その人たちは<お返し>ができないので…義人の復活のとき<お返し>を受

▼ おかす（犯す，侵す，冒す）【別項】罪を犯す
レビ 4: 3 その人は，自分の<犯>した罪のため
14 彼らが<犯>したその罪が明らかにな
23 彼が<犯>した罪が自分に知らされた
28 彼が<犯>した罪が自分に知らされたなら，彼は<犯>した罪のために，そ
35 その人が<犯>した罪の贖いをしなさ
5: 5 <犯>した罪を告白しなさい．
6 自分が<犯>した罪のために，償いと
7 自分が<犯>した罪の償いとして，山
10 その人が<犯>した罪の贖いをしなさ
11 その<犯>した罪のためのささげ物と
13 その人が<犯>したこれらの一つの罪
16 聖なるものを<犯>した罪の償いをし
18: 6 肉親の女に近づいて…<犯>してはな
7 あなたの母を<犯す>ことをしてはならない．8, 9, 10, 11, 15, 16, 17, 18, 19, 20:17, 19.
19:22 彼の<犯>した罪のために…贖いをする．彼はその<犯>した罪を赦される．
民数 12:11 私たちが愚かで<犯>しました罪の罰
申命 9:18 その<犯>したすべての罪のためであ
19:15 すべて人が<犯>した罪は，ひとりの
士師 19:25 彼らは彼女を<犯>して，夜通し，朝
Ⅱサム 19:20 自分の<犯>した罪を認めましたから，
Ⅰ列 14:16 ヤロブアムが自分で<犯>した罪と…イスラエルに<犯>させた罪のために
15:26 父がイスラエルに<犯>させた彼の罪
30 ヤロブアムが<犯>した罪のため…イスラエルに<犯>させた罪のためであ
34 イスラエルに<犯>させた彼の罪の道
Ⅱ列 21:17 および彼の<犯>した罪，それはユダ
Ⅱ歴 24:20 なぜ，主の命令を<犯>して，繁栄を
エズ 6:11 この法令を<犯す>者があれば．12.
ネヘ 1: 6 私たちがあなたに対して<犯>した，
イザ 13:16 家は略奪され，彼らの妻は<犯>され
24: 5 律法を<犯>し，定めを変え，とこし
エレ 12:14 相続地を<侵す>悪い隣国の民につい
16:10 主に<犯>したという…罪とは何か．
33: 8 彼らがわたしに<犯>したすべての咎から…彼らがわたしに<犯>し，わた
エゼ 18:22 彼が<犯>したすべてのそむきの罪は
24 彼の不信の逆らいと，<犯>した罪の
31 あなたがたの<犯>したすべてのそむ
22:10 さわりのある女が<犯>された．
26 祭司たちは，わたしの律法を<犯>し，
33:16 彼が<犯>した罪は何一つ覚えられず
ダニ 9:11 あなたの律法を<犯>して離れ去り，
アモ 1: 3 ダマスコの<犯>した三つのそむきの
ミカ 4:11 シオンが<犯>されるのをこの目で見
ゼパ 3: 4 聖なる物を汚し，律法を<犯す>．
ゼカ 14: 2 家々は略奪され，婦女は<犯>される．
マタ 12: 5 安息日の神聖を<冒>しても罪になら
15: 2 長老たちの言い伝えを<犯す>のです
3 神の戒めを<犯す>のですか．
ヤコ 2:10 その人はすべてを<犯>した者となっ

▼ おかひじき
ヨブ 30: 4 やぶの中の<おかひじき>を摘み，え

▼ おがむ（拝む）
出エ 20: 5 それらを<拝>んではならない．それ
23:24 彼らの神々を<拝>んではならない．
34:14 ほかの神を<拝>んではならないから
レビ 26: 1 石像を立てて…<拝>んではならない．
民数 25: 2 民は食し，娘たちの神々を<拝>んだ．
申命 4:19 魅せられてそれらを<拝>み，それら
5: 9 それらを<拝>んではならない．それ
8:19 これらを<拝む>ようなことがあれば，
17: 3 命じもしなかったものを<拝む>者が
29:26 ほかの神々に行って仕え…<拝>んだ
ヨシ 23: 7 それらを<拝>んではならない．

I列 9: 6 ほかの神々に仕え，これを<拝む>な
11:33 アモン人の神ミルコムを<拝>み，彼
16:31 彼は…バアルに仕え，それを<拝>ん
II列17:16 天の万象を<拝>み，バアルに仕えた．
II歴 7:19 ほかの神々に仕え，これを<拝む>な
詩篇81: 9 外国の神を<拝>んではならない．
106:19 子牛を造り，鋳物の像を<拝>んだ．
イザ 2: 8 彼らは…指で造った物を<拝>んでい
20 <拝む>ために造った銀の偽りの神々
36: 7 この祭壇の前で<拝>め』と言ったそ
44:15 これで神を造って<拝>み，それを偶
46: 6 これにひざまずいて，すぐ<拝む>．
エレ 1:16 自分の手で造った物を<拝>んだから
8: 2 <拝>んだ日や月や天の万象の前にさ
16:11 これを<拝>み，わたしを捨てて，わ
22: 9 ほかの神々を<拝>み，これに仕えた
エゼ 8:16 東のほうの太陽を<拝>んでいた．
20:32 木や石を<拝>んでいる異邦の民，国
ダニ 3: 5 王が立てた金の像を<拝>め．6，7，10，11，12，14，15，18．
28 <拝>まないこのしもべたちを救われ
ミカ 5:13 自分の手の造った物を<拝>まない．
ゼパ 1: 5 屋上で天の万象を<拝む>者ども，ま
マタ 2: 2 その方の星を見たので，<拝>みにまいりました．8，11．
4: 9 もしひれ伏して私を<拝む>なら，こ
10 神である主を<拝>み，主にだけ仕え
14:33 イエスを<拝>んで，「確かにあなた
15: 9 わたしを<拝>んでも，むだなことで
28: 9 御足を抱いてイエスを<拝>んだ．
マコ15:19 つばきをかけたり…<拝>んだりして
ルカ 4: 7 もしあなたが私を<拝む>なら，すべ
8 あなたの神である主を<拝>み，主に
使徒 7:43 <拝む>ために作った偶像ではないか．
10:25 彼の足もとにひれ伏して<拝>んだ．
17:23 <拝む>ものをよく見ているうちに…知らずに<拝>んでいるものを，教え
18:13 律法にそむいて神を<拝む>ことを，
19:27 全世界の<拝む>この大女神のご威光
ロマ 1:25 造られた物を<拝>み，これに仕えた
Iコリ14:25 ひれ伏して神を<拝む>でしょう．
ヘブ 1: 6 「神の御使いはみな，彼を<拝>め．」
黙示 4:10 永遠に生きておられる方を<拝>み，
5:14 長老たちはひれ伏して<拝>んだ．
13: 4 竜を<拝>んだ…彼らは獣をも<拝>ん
8 …者はみな，彼を<拝む>ようになる．
12 傷の直った最初の獣を<拝>ませた．
15 その獣の像を<拝>まない者をみな殺
14: 7 天と…水の源を創造した方を<拝>め．
9 獣とその像を<拝>み，自分の額か手
16: 2 獣の像を<拝む>人々に，ひどい悪性
19:10 私は彼を<拝>もうとして，その足も
20: 4 獣やその像を<拝>まず，その額や手
21: 8 偶像を<拝む>者，すべて偽りを言う
22: 8 御使いの足もとに，ひれ伏して<拝>
9 同じしもべです．神を<拝>みなさい．

▼おき（沖）

使徒20:15 翌日キヨスの<沖>に達し，次の日サ
27: 5 パンフリヤの<沖>を航行して，ルキ
7 サルモネ<沖>のクレテの島陰を航行

▼おきあがる（起き上がる）

出エ12:30 その夜…全エジプトが<起き上が>っ
21:19 もし再び<起き上が>り，杖によって，
士師16: 3 サムソンは…真夜中に<起き上が>り，
ルツ 3:14 見分けがつかないうちに<起き上が>
IIサム11: 2 ダビデは床から<起き上が>り…屋上
12:20 ダビデは地から<起き上が>り，から
21 <起き上が>り，食事をなさるとは．」
ヨブ24:14 人殺しは，夜明けに<起き上が>り，
詩篇88:10 亡霊が<起き上が>って，あなたをほ
箴言24:16 七たび倒れても，また<起き上がる>
28:12 悪者が<起き上がる>ときには，人は
伝道12: 4 人は鳥の声に<起き上が>り，歌を歌
イザ24:20 地は倒れて，再び<起き上が>れない．
28:21 実に，主は…<起き上が>り，ギブオ
43:17 彼らはみな倒れて<起き上が>れず，
エレ 8: 4 倒れたら，<起き上が>らないのだろ
ダニ 7: 5 <起き上が>って，多くの肉を食らえ
ヨエ 3:12 諸国の民は<起き上が>り，ヨシャパ
アモ 5: 2 イスラエルは…二度と<起き上が>れ
ミカ 7: 8 私は倒れても<起き上が>り，やみの
マタ 8:26 <起き上が>って，風と湖をしかりつ
9:25 すると少女は<起き上が>った．
マコ 2:12 彼は<起き上が>り，すぐに床を取り
4:39 イエスは<起き上が>って，風をしか
5:42 少女はすぐさま<起き上が>り，歩き
ルカ 6: 8 その人は，<起き上が>って…立った．
7:15 その死人が<起き上が>って，ものを
8:55 霊が戻って…ただちに<起き上が>っ
11: 8 <起き上が>って，必要な物を与える

使徒 26:16 <起き上が>って，自分の足で立ちな
エペ 5:14 死者の中から<起き上が>れ．そうす

▼ おきて

創世 26: 5 <おきて>とおしえを守ったからであ
47:26 ヨセフは…一つの<おきて>を定めた．
出エ 12:24 あなたと…子孫のための<おきて>と
15:25 主は彼に，<おきて>と定めを授け，
30:21 代々にわたる永遠の<おきて>である．
レビ 18: 5 わたしの<おきて>と…定めを守りな
26:43 彼らがわたしの<おきて>を忌みきら
46 以上は，主が…立てられた<おきて>
民数 9: 3 すべての<おきて>と…定めに従って，
35:24 これらの<おきて>に基づいてさばか
29 あなたがたのさばきの<おきて>とな
申命 4: 1 私の教える<おきて>と定めとを聞き
ヨシ 24:25 ヨシュアは…<おきて>と定めを定め
Ⅰサム 30:25 これをイスラエルの<おきて>とし，
Ⅱサム 22:23 <おきて>から私は遠ざからなかった．
Ⅰ列 2: 3 主の<おきて>と，命令と，定めと，
3: 3 父ダビデの<おきて>に歩んでいたが，
Ⅱ列 17:37 <おきて>と，定めと，律法と，命令
Ⅰ歴 22:13 モーセに命じられた<おきて>と定め
Ⅱ歴 7:17 わたしの<おきて>と定めとを守るな
19:10 <おきて>，定めなどについて…訴訟
エズ 7:10 エズラは…<おきて>と定めを教えよ
ネヘ 1: 7 <おきて>も，定めも守りませんでし
9:13 良き<おきて>と命令を彼らにお与え
10:29 その定めと<おきて>を守り行うため
詩篇 18:22 主の<おきて>を私は遠ざけなかった．
81: 4 イスラエルのための<おきて>，ヤコ
105:45 彼らが主の<おきて>を守り，そのみ
119:16 あなたの<おきて>を喜びとし，あな
48 あなたの<おきて>に思いを潜めまし
71 私はそれであなたの<おきて>を学び
イザ 10: 1 不義の<おきて>を制定する者，わざ
エゼ 5: 6 わたしの<おきて>に従って歩まなか
18: 9 <おきて>に従って歩み，まことをも
20:11 わたしの<おきて>を彼らに与え，そ
ゼカ 1: 6 わたしのことばと<おきて>とは，あ
マラ 4: 4 わたしが彼に命じた<おきて>と定め

▼ おぎなう（補う）

Ⅰコリ 16:17 足りない分を<補>ってくれたからで
Ⅱコリ 8:14 欠乏を<補う>ことになる．11:9.
Ⅰテサ 3:10 信仰の不足を<補>いたいと，昼も夜

▼ おきび（～火）

箴言 26:21 <おき火>に炭を，火にたきぎをくべ

▼ おきる（起きる）【別項】起き上がる

創世 19:33 ロトは彼女が寝たのも，<起き>たの
27:19 さあ，<起き>てすわり，私の獲物を
32:22 彼はその夜のうちに<起き>て，ふた
民数 22:13 バラムは<起き>てバラクのつかさた
申命 6: 7 <起きる>ときも，これを唱えなさい．
士師 5:12 <起き>よ．バラク．とりこを捕らえ
ルツ 3: 8 その人はびっくりして<起き>直った．
Ⅰサム 3: 6 サムエルは<起き>て，エリのところ
9:26 サウルは<起き>て，サムエルとふた
Ⅱサム 24:11 朝ダビデが<起きる>と，次のような
Ⅰ列 3:20 この女は夜中に<起き>て，はしため
19: 5 御使いが彼にさわって，「<起き>て，
21: 7 さあ，<起き>て食事をし，元気を出
Ⅱ列 6:15 神の人の召使が，朝早く<起き>て，
7:12 王は夜中に<起き>て家来たちに言っ
ネヘ 2:12 あるとき，私は夜中に<起き>た．ほ
ヨブ 7: 4 私はいつ<起き>られるだろうか」と
14:12 目ざめず…その眠りから<起き>ない．
詩篇 44:23 <起き>てください．主よ．なぜ眠っ
119:62 真夜中に，私は<起き>て，あなたの
127: 2 早く<起きる>のも，おそく休むのも，
箴言 6: 9 いつ目をさまして<起きる>のか．
31:15 彼女は夜明け前に<起き>，家の者に
雅歌 3: 2 さあ，<起き>て町を行き巡り，通り
4:16 北風よ，<起き>よ．南風よ，吹け．
5: 5 私は<起き>て，私の愛する方のため
イザ 60: 1 <起き>よ．光を放て．あなたの光が
ダニ 8:27 その後，<起き>て王の事務をとった．
ヨナ 1: 6 <起き>て，あなたの神にお願いしな
ハバ 2:19 石に向かって<起き>ろと言う者よ．
マタ 8:15 彼女は<起き>てイエスをもてなした．
9: 5 <起き>て歩け』と言うのと，どちら
6 <起き>なさい．寝床をたたんで，家に帰りなさい．マコ2:11，ルカ5:24.
17: 7 <起き>なさい．こわがることはない．
25: 7 娘たちは，みな<起き>て，ともしび
マコ 1:35 イエスは，朝早く…<起き>て，寝し
2: 9 <起き>て，寝床をたたんで歩け』と
5:41 少女よ．あなたに言う．<起き>なさ
ルカ 7:14 青年よ．あなたに言う，<起き>なさ
8:54 「子どもよ．<起き>なさい．」
11: 7 <起き>て，何かをやることはできな

22:46 <起き>て，誘惑に陥らないように祈
ヨハ 5: 8 <起き>て，床を取り上げて歩きなさ
使徒 9:40 「タビタ．<起き>なさい」と言った．
22:10 <起き>て，ダマスコに行きなさい．

▼おく（置く）

創世 2: 8 そこに主の形造った人を<置>かれた．
15 主は人を取り，エデンの園に<置>き，
3:15 おまえと女との間に…敵意を<置く>．
24 ケルビムと…回る炎の剣を<置>かれ
22: 9 祭壇の上のたきぎの上に<置>いた．
30:38 群れに差し向かいに<置>いた．それ
41 枝を水ぶねの中に<置>き，枝のとこ
33: 2 ラケルとヨセフを最後に<置>いた．
41:33 その者をエジプトの国の上に<置>か
48:14 彼は手を交差して<置>いたのである．
17 右手をエフライムの頭の上に<置>い
出エ 2: 3 ナイルの岸の葦の茂みの中に<置>い
8:23 民との間を区別して，救いを<置く>．
16:33 マナを…主の前に<置>いて…保存し
17:12 石を…モーセの足もとに<置>いたの
29:10 子らがその雄牛の頭に手を<置く>．
40: 3 その中にあかしの箱を<置>き，垂れ
レビ 1: 4 全焼のいけにえの頭の上に手を<置く>．3:2，8，13，4:4，15，24，29，33，8:14，18，22．
6:10 灰を取り出し，祭壇のそばに<置>き
8:26 その脂肪と右のももの上に<置>いた．
16:21 生きているやぎの頭に両手を<置>き，
24: 6 一並び6個ずつ，二並びに<置く>．
14 その者の頭の上に手を<置>き，全会
民数 8:10 その手をレビ人の上に<置く>．
17: 4 それらを…あかしの箱の前に<置>け．
27:18 あなたの手を彼の上に<置>け．
申命 4:44 モーセがイスラエル人の前に<置>い
12: 5 ご自分の住まいとして御名を<置く>
31:26 契約の箱のそばに<置>きなさい．そ
34: 9 モーセが彼の上に…手を<置>いたか
ヨシ 7:23 彼らは，それらを主の前に<置>いた．
8: 2 あなたは町のうしろに伏兵を<置>け．
10:18 そのそばに人を<置>いて，彼らを見
27 ほら穴の口に大きな石を<置>かせた．
24: 7 エジプト人との間に暗やみを<置>き，
士師 6:20 パンを取って，この岩の上に<置>き，
37 1頭分の羊の毛を<置>きます．もし
8:27 エポデを作り…オフラに…<置>いた．
Ⅰサム 6:15 鞍袋とを…大きな石の上に<置>いた．
17:54 武具は彼の天幕に<置>いた．
21: 6 あたたかいパンと<置>きかえられて，
Ⅱサム 8: 6 ダビデは…アラムに守備隊を<置>い
13:19 手を頭に<置>いて，歩きながら声を
22:12 主は，やみを回りに<置>かれた．仮
Ⅰ列 9: 3 とこしえまでもここに<置く>ために
10:26 エルサレムの王のもとにも<置>いた．
14:21 主がご自分の名を<置く>ためにイス
Ⅱ列 4:29 杖をあの子の顔の上に<置>きなさい．
21: 4 「エルサレムにわたしの名を<置く>」
Ⅱ歴 1:14 エルサレムの王のもとにも<置>いた．
6:20 あなたが御名をそこに<置く>と仰せ
ヨブ 7:12 私の上に見張りを<置>かれるとは．
9:33 ふたりの上に手を<置く>仲裁者が私
13:14 私のいのちを私の手に<置>こう．
19: 8 私の通り道にやみを<置>いておられ
22:24 宝をちりの上に<置>き，オフィルの金を川の小石の間に<置>け．
38:36 だれが心のうちに知恵を<置>いたか．
詩篇 8: 6 万物を彼の足の下に<置>かれました．
16: 8 私はいつも，私の前に主を<置>いた．
18:11 主はやみを隠れ家として…<置>かれ
21: 5 尊厳と威光を彼の上に<置>かれます．
40: 2 私の足を巌の上に<置>き，私の歩み
54: 3 彼らは自分の前に神を<置>いていな
73:18 彼らをすべりやすい所に<置>き，彼
78: 5 主はヤコブのうちにさとしを<置>き，
88: 6 あなたは私を最も深い穴に<置>いて
89:25 彼の右の手を川の上に<置>こう．
90: 8 秘めごとを御顔の光の中に<置>かれ
101: 3 目の前に卑しいことを<置>きません．
119:30 あなたのさばきを私の前に<置>きま
139: 5 御手を私の上に<置>かれました．
141: 3 私の口に見張りを<置>き，私のくち
箴言 8:29 海にその境界を<置>き，水がその境
イザ 22:22 ダビデの家のかぎを彼の肩に<置く>．
51:16 わたしのことばをあなたの口に<置>
57: 8 あなたを象徴する像を<置>いた．あ
62: 6 城壁の上に見張り人を<置>いた．昼
63:11 主の聖なる御霊を<置>かれた方は，
66:19 わたしは彼らの中にしるしを<置>き，
エレ 7:30 自分たちの忌むべき物を<置>いて，
24: 1 二かごのいちじくが<置>かれている．
31:21 標柱を立て，道しるべを<置>き，あ

36:20 書記エリシャマの部屋に<置>き，庭
エゼ 3:20 わたしは彼の前につまずきを<置く>.
4: 1 １枚の粘土板を…あなたの前に<置>
4 家の咎を自分の身の上に<置>け．あ
5: 5 これを諸国の民の真ん中に<置>き，
6: 5 民の死体を彼らの偶像の前に<置>き，
11: 7 町の中に<置>いた死体は肉であり，
14: 4 自分の顔の前に<置>きながら，預言
32:25 刺し殺された者たちの間に<置>かれ，
37: 1 谷間の真ん中に<置>かれた．そこに
40:42 いけにえをほふるための道具が<置>
ゼカ 3: 9 わたしがヨシュアの前に<置>いた石．
マタ 3:10 斧もすでに木の根元に<置>かれてい
5:15 それを枡の下に<置く>者はありませ
24 供え物は…祭壇の前に<置>いたまま
9:18 娘の上に御手を<置>いてやってくだ
12:18 彼の上にわたしの霊を<置>き，彼は
15:30 彼らをイエスの足もとに<置>いたの
19:13 イエスに手を<置>いて祈っていただ
25:33 羊を自分の右に，山羊を左に<置>き
マコ 4:21 枡の下や寝台の下に<置く>ためでし
5:23 娘の上に御手を<置>いてやってくだ
6: 5 少数の病人に手を<置>いていやされ
7:32 彼の上に手を<置>いてくださるよう，
10:16 彼らの上に手を<置>いて祝福された．
16:18 病人に手を<置>けば病人はいやされ
ルカ 4:40 イエスは，ひとりひとりに手を<置>
5:18 イエスの前に<置>こうとしていた．
8:16 寝台の下に<置>いたりする者はあり
11:33 燭台の上に<置>きます．入って来る
13:13 手を<置>かれると，女はたちどころ
ヨハ 2: 6 石の水がめが六つ<置>いてあった．
8: 3 ひとりの女を…真ん中に<置>いてか
10:12 羊を<置>き去りにして，逃げて行き
11:34 彼をどこに<置>きましたか.」彼ら
19:29 酸いぶどう酒の…入れ物が<置>いて
20: 2 主をどこに<置>いたのか，私たちに
6 墓に入り，亜麻布が<置>いてあっ
12 イエスのからだが<置>かれていた場
使徒 3: 2 美しの門」という…門に<置>いても
4:35 使徒たちの足もとに<置>き，その金
5: 2 部分を…使徒たちの足もとに<置>い
6: 6 祈って，手を彼らの上に<置>いた．
8:17 ふたりが彼らの上に手を<置く>と，
19 私が手を<置>いた者がだれでも聖霊
9:12 自分の上に手を<置く>と，目が再び
17 サウロの上に手を<置>いてこう言っ
13: 3 ふたりの上に手を<置>いてから，送
19: 6 パウロが彼らの上に手を<置>いたと
28: 8 彼の上に手を<置>いて直してやった．
ロマ 9:33 つまずきの石，妨げの岩を<置く>.
14:13 つまずきになるものを<置>かないよ
Ｉペテ 2: 6 選ばれた石，尊い礎石を<置く>．彼
黙示 1:17 彼は右手を私の上に<置>いてこう言

▼おく（奥），奥の間

民数 25: 8 あとを追ってテントの<奥>の部屋に
士師 19: 1 エフライムの山地の<奥>に滞在して
Ｉサム 24: 3 ダビデとその部下は…ほら穴の<奥>
Ｉ列 6:16 彼は神殿の<奥>の部分20キュビトを
20:30 ベン・ハダデは…<奥の間>に入った．
Ⅱ列 9: 2 彼を立たせ，<奥の間>に連れて行き，
19:23 レバノンの<奥>深く上って行った．
詩 128: 3 あなたの妻は…家の<奥>にいて，豊
箴言 18: 8 腹の<奥>に下っていく．
雅歌 1: 4 王は私を<奥の間>に連れて行かれま
エゼ 32:23 彼らの墓は穴の<奥>のほうにあり，
アモ 6:10 その家の<奥>にいる者に向かって言
使徒 16:24 看守は，ふたりを<奥>の牢に入れ，

▼オグ〔人名〕

バシャンの王．民数21:33，申命1:4，ヨシ2:10，Ｉ列4:19，ネヘ9:22，詩篇135:11，136:20．

▼おくぎ（奥義）

ヨブ 11: 6 神は知恵の<奥義>をあなたに告げ，
マタ 13:11 天の御国の<奥義>を知ることが許さ
マコ 4:11 神の国の<奥義>が知らされているが，
ルカ 8:10 神の国の<奥義>を知ることが許され
ロマ 11:25 ぜひこの<奥義>を知っていていただ
16:25-26 人々に知らされた<奥義>の啓示によ
Ｉコリ 2: 7 隠された<奥義>としての神の知恵で
4: 1 神の<奥義>の管理者だと考えなさい．
13: 2 あらゆる<奥義>と…知識とに通じ，
14: 2 自分の霊で<奥義>を話すからです．
15:51 私はあなたがたに<奥義>を告げまし
エペ 1: 9 みこころの<奥義>を私たちに知らせ
3: 3 この<奥義>は，啓示によって私に知
4 私がキリストの<奥義>をどう理解し
9 <奥義>の実現が何であるかを，明ら
5:32 この<奥義>は偉大です．私は，キリ
6:19 福音の<奥義>を大胆に知らせること
コロ 1:26 神の聖徒たちに現された<奥義>なの

27 この<奥義>が異邦人の間にあってど
2: 2 神の<奥義>であるキリストを真に知
4: 3 キリストの<奥義>を語れるように…
この<奥義>のために，私は牢に入れ
Ⅰテモ 3: 9 信仰の<奥義>を保っている人です．
16 偉大なのはこの敬虔の<奥義>です．
黙示 10: 7 神の<奥義>は，神がご自身のしもべ

▼ おくじょう（屋上）

ヨシ 2: 6 彼女はふたりを<屋上>に連れて行き，
士師 3:20 王はひとりで涼しい<屋上>の部屋に
16:27 <屋上>にも約３千人の男女がいて，
Ⅰサム 9:25 サムエルはサウルと<屋上>で話をし
Ⅱサム 11: 2 王宮の<屋上>を歩いていると…女が，
からだを洗っているのが<屋上>から
16:22 <屋上>に天幕が張られ，アブシャロ
18:33 王は身震いして，門の<屋上>に上り，
Ⅱ列 1: 2 彼の<屋上>の部屋の欄干から落ちて
23:12 アハズの<屋上>の部屋の上に造った
Ⅱ歴 3: 9 <屋上>の間にも金を着せた．
イザ 15: 3 その<屋上>や広場では，みな涙を流
エレ 19:13 彼らが<屋上>で天の万象に香をたき，
32:29 人々が<屋上>でバアルに香をたき，
ダニ 6:10 彼の<屋上>の部屋の窓はエルサレム
ゼパ 1: 5 <屋上>で天の万象を拝む者ども，ま
マタ 10:27 耳もとで聞くことを<屋上>で言い広
24:17 <屋上>にいる者は家の中の物を持ち
マコ 13:15 <屋上>にいる者は降りてはいけませ
ルカ 12: 3 ささやいたことが，<屋上>で言い広
使徒 1:13 泊まっている<屋上>の間に上がった．
9:37 その遺体を洗って，<屋上>の間に置
39 彼らは<屋上>の間に案内した．やも
20: 8 <屋上>の間には，ともしびがたくさ

▼ おくち（奥地）

使徒 19: 1 パウロは<奥地>を通ってエペソに来

▼ おくびょう

レビ 26:36 彼らの心の中に<おくびょう>を送り
Ⅱ歴 13: 7 レハブアムは若くて，<おくびょう>
Ⅱテモ 1: 7 <おくびょう>の霊ではなく，力と愛
黙示 21: 8 <おくびょう>者，不信仰の者，憎む

▼ おくまる（奥まる）

マタ 6: 6 自分の<奥ま>った部屋に入りなさい．

▼ オクラン〔人名〕

アシェル族の人．民数1:13，7:72，10:26．

▼ おくりもの（贈り物）

創世 32:13 兄エサウへの<贈り物>を選んだ．18，
20，21，33:10．
34:12 花嫁料と<贈り物>を私に求められて
43:11 この地の名産を…<贈り物>として，
25 <贈り物>を用意しておいた．26．
民数 18:11 イスラエル人の<贈り物>である奉納
29 すべての<贈り物>のうち…最上の部
士師 6:18 私が<贈り物>を持って来て，あなた
Ⅰサム 9: 7 神の人に持って行く<贈り物>もない．
10:27 彼に<贈り物>を持って来なかった．
25:27 この<贈り物>を…若者たちにお与え
30:26 これはあなたがたへの<贈り物>で，
Ⅱサム 11: 8 王からの<贈り物>が彼のあとに続い
19:42 王が何かわれわれに<贈り物>をした
Ⅰ列 9:16 自分の娘に結婚の<贈り物>としてこ
10:25 <贈り物>として，銀の器，金の器，
13: 7 あなたに<贈り物>をしたい．」
15:19 あなたに銀と金の<贈り物>をしまし
Ⅱ列 5:15 しもべからの<贈り物>を受け取って
8: 8 <贈り物>を持って行って，神の人を
16: 8 <贈り物>として，アッシリヤの王に
20:12 手紙と<贈り物>をヒゼキヤに届けた．
Ⅱ歴 17: 5 ヨシャパテに<贈り物>をささげた．
エス 2:18 王の勢力にふさわしい<贈り物>を配
9:22 貧しい者に<贈り物>をする日と定め
詩篇 45:12 ツロの娘は<贈り物>を携えて来，民
68:29 王たちは，あなたに<贈り物>を持っ
72:10 島々の王たちは<贈り物>をささげ，
76:11 恐るべき方に，<贈り物>をささげよ．
箴言 6:35 多くの<贈り物>をしても，彼は和ら
18:16 人の<贈り物>はその人のために道を
19: 6 だれでも<贈り物>をしてくれる人の
21:14 ひそかな<贈り物>は怒りをなだめ，
25:14 贈りもしない<贈り物>を自慢する者
イザ 18: 7 シオンの山に，<贈り物>が運ばれて
66:20 主への<贈り物>として，馬，車，か
エレ 40: 5 食糧と<贈り物>を与えて，彼を去ら
エゼ 46:16 君主が，<贈り物>として自分の相続
ダニ 2: 6 <贈り物>と報酬と大きな光栄とを私
5:17 あなたの<贈り物>はあなた自身で取
ミカ 1:14 <贈り物>をモレシェテ・ガテに与え
ゼパ 3:10 散らされた者たちが<贈り物>を持っ
マタ 2:11 黄金，乳香，没薬を<贈り物>として
Ⅱコリ 9: 5 <贈り物>を前もって用意していただ
ピリ 4:17 私は<贈り物>を求めているのではあ
ヤコ 1:17 すべての良い<贈り物>，また，すべ

黙示 11:10 互いに<贈り物>を贈り合う．それは，

▼ おくる（送る，贈る）

創世 12:20 すべての所有物とともに<送>り出し
32: 3 エサウに，前もって使者を<送>った．
45:24 ヨセフは兄弟たちを<送>り出し，彼
レビ 26:25 あなたがたの間に疫病を<送>り込む．
民数 20:14 エドムの王のもとに使者たちを<送>
21: 6 主は民の中に燃える蛇を<送>られた
申命 7:20 くまばちを彼らのうちに<送>り，生
28:20 のろいと恐慌と懲らしめとを<送>り，
ヨシ 6:17 あの女は私たちの<送>った使者たち
24:12 あなたがたの前にくまばちを<送>っ
士師 4: 6 デボラは使いを<送>って，ナフタリ
9:23 神は…わざわいの霊を<送>ったので，
19:29 死体を12の部分に切り分けて…<送>
Ⅰサム 5:10 彼らは神の箱をエクロンに<送>った．
6: 3 神の箱を<送>り返すのなら，何もつ
けないで<送>り返してはなりません．
9:26 起きてください．お<送>りしましょ
16:20 ダビデに託して…サウルに<送>った．
Ⅱサム 5:11 ダビデのもとに使者を<送>り，杉材，
15:10 全部族に，ひそかに使いを<送>って
Ⅰ列 9:14 ヒラムは王に金120タラントを<贈>
21: 8 おもだった人々にその手紙を<送>っ
Ⅱ列 5: 6 ナアマンを…<送>りましたので，彼
10: 1 エフーは手紙を…サマリヤに<送>り，
7 首を…エフーのもとに<送>り届けた．
12:18 アラムの王ハザエルに<送>ったので，
16: 8 贈り物として…王に<送>ったので，
10 その模型を，祭司ウリヤに<送>った．
17:25 主は彼らのうちに獅子を<送>られた．
Ⅰ歴 19: 4 ハヌンはダビデの家来たちを…<送>
Ⅱ歴 7:13 わたしの民に対して疫病を<送>った
16: 2 ベン・ハダデのもとに<送>り届けて
24:23 ダマスコの王のもとに<送>った．
30:24 １千頭の雄牛と７千頭の羊を<贈>り，
エズ 4:11 彼らが<送>ったその手紙の写しは次
17 彼らの同僚に返事を<送>った．「平
ネヘ 2: 5 私を…先祖の墓のある町へ<送>って，
6:19 トビヤは…たびたび手紙を<送>って
8:10 ごちそうを<贈>ってやりなさい．き
エス 3:13 書簡は…王のすべての州へ<送>られ
4: 4 モルデカイに着物を<送>って，それ
8:10 早馬に乗る急使に託して<送>った．
9:19 互いにごちそうを<贈>りかわす日と
20 ユダヤ人全部に手紙を<送>った．
ヨブ 5:10 雨を降らし，野の面に水を<送る>．
12:15 水を<送る>と，地をくつがえす．
20:23 神は…燃える怒りを彼の上に<送>り，
詩篇 20: 2 主が聖所から，あなたに助けを<送>
43: 3 あなたの光とまことを<送>り，私を
57: 3 神は恵みとまことを<送>られるので
78:25 神は飽きるほど食物を<送>られた．
45 あぶの群れを<送>って彼らを食わせ，
49 わざわいの御使いの群れを<送>られ
104:30 御霊を<送>られると，彼らは造られ
105:28 主はやみを<送>って，暗くされた．
106:15 彼らに病を<送>ってやせ衰えさせた．
107:20 主はみことばを<送>って彼らをいや
135: 9 主はしるしと奇蹟を<送>られた．パ
147:15 主は地に命令を<送>られる．そのこ
18 主が，みことばを<送>って，これら
箴言 17:11 悪人には，残忍な使者が<送>られる．
25:14 <贈>りもしない贈り物を自慢する者
イザ 9: 8 ヤコブに一つのことばを<送>られた．
16: 1 子羊を，この国の支配者に<送>れ．
19:20 彼らを救い出す救い主を<送>られる．
54: 9 ノアの洪水を…地上に<送ら>ないと
57: 9 あなたの使者たちを遠くまで<送>り
エレ 7:25 預言者たちを…たびたび<送>ったが，
8:17 コブラや，まむしを…<送>り，あな
24:10 剣と，ききんと，疫病を<送>り，彼
29:19 預言者たちを…<送>ったのに…聞か
20 バビロンへ<送>った…捕囚の民よ．
25 祭司に次のような手紙を<送>った．
49:37 彼らのうしろに剣を<送>って，彼ら
哀歌 1:13 主は高い所から火を<送>り，私の骨
エゼ 5:17 ききんと，悪い獣を<送る>．彼らは
14:13 その国にききんを<送>り，人間や獣
19 わたしがその地に疫病を<送>って，
17:15 使者をエジプトに<送>り，馬と多く
31: 4 流れを野のすべての木に<送>った．
ダニ 3:28 神は御使いを<送>って，王の命令に
5:24 神の前から手の先が<送>られて，こ
6:22 私の神は御使いを<送>り，獅子の口
ホセ 12: 1 エジプトへは油を<送>っている．
ヨエ 2:19 新しいぶどう酒と油とを…<送る>．
25 あなたがたの間に<送>った大軍勢が，
アモ 1: 4 わたしはハザエルの家に火を<送>ろ
う．7，10，12，2:2，5．

4:10 疫病をあなたがたに<送>り，剣であ
8:11 わたしは，この地にききんを<送る>.
ミカ 1:15 侵略者をあなたのところに<送る>.
6: 4 モーセと…ミリヤムを<送>った.
マラ 2: 2 あなたがたの中にのろいを<送>り，
マタ 9:38 収穫のために働き手を<送>ってくだ
マコ 13:27 人の子は，御使いたちを<送>り，地
ルカ 14:32 使者を<送>って講和を求めるでしょ
20:11 何も持たせないで<送>り帰した.
13 愛する息子を<送>ろう…敬ってくれ
20 彼らは，義人を装った間者を<送>り，
24:49 約束してくださったものを…<送>り
ヨハ 18:24 大祭司カヤパのところに<送>った.
使徒 10:36 子孫にみことばをお<送>りになりま
11:29 救援の物を<送る>ことに決めた.
13: 3 ふたりの上に手を置いてから，<送>
26 この救いのことばは，私たちに<送>
15:22 アンテオケへ<送る>ことを決議した.
27 私たちはユダとシラスを<送>りまし
33 彼らを<送>り出した人々のところへ
16:35 長官たちは警吏たちを<送>って，
23:24 総督ペリクスのもとに<送>り届ける
28:28 この救いは，異邦人に<送>られまし
ロマ 15:24 <送>られ，そこへ行きたいと望んで
Ⅰコリ 16: 6 あなたがたに<送>っていただこうと
Ⅱコリ 1:16 <送>られてユダヤに行きたいと思っ
8:18 ひとりの兄弟を<送>ります．この人
22 もうひとりの兄弟を<送>ります．私
ピリ 4:16 物を<送>って，私の乏しさを補って
Ⅱテサ 2:11 神は…惑わす力を<送>り込まれます.
ピレ 12 オネシモを…<送>り返します．彼は
Ⅰペテ 1:12 天から<送>られた聖霊によってあな
黙示 1:11 七つの教会…に<送>りなさい.」

▼おくれる（遅れる），遅らせる

出エ 22:29 ささげ物を，<遅らせ>てはならない.
申命 23:21 それを<遅れ>ずに果たさなければな
士師 5:28 なぜ，あれの車の歩みが<遅れ>てい
詩篇 40:17 わが神よ．<遅れ>ないでください.
70: 5 主よ．<遅れ>ないでください.
伝道 5: 4 それを果たすのを<遅らせ>てはなら
イザ 46:13 わたしの救いは<遅れる>ことがない.
48: 9 怒りを<遅らせ>，わたしの栄誉のた
ダニ 9:19 ご自身のために<遅らせ>ないでくだ
ハバ 2: 3 必ず来る．<遅れる>ことはない.
マタ 25: 5 花婿が来るのが<遅れ>たので，みな，
Ⅱペテ 3: 9 約束のことを<遅らせ>ておられるの

▼おこす（起こす）

申命 29:22 主がこの地に<起こ>された病気を見
Ⅱサム 7:12 あなたの身から出る世継ぎの子を，あなたのあとに<起こ>し．Ⅰ歴17: 11.
ヨブ 4: 4 つまずく者を<起こ>し，くずおれる
伝道 4:10 ひとりがその仲間を<起こす>．倒れ
エレ 23: 5 ダビデに一つの…若枝を<起こす>.
50:32 これを<起こす>者もいない．わたし
エゼ 7: 6 あなたを<起こ>しに…やって来る.
34:23 わたしのしもべダビデを<起こす>.
ダニ 2:44 天の神は一つの国を<起こ>されます.

▼おごそか

使徒 8:25 使徒たちは<おごそか>にあかしをし，
エペ 4:17 主にあって言明し，<おごそか>に勧
Ⅰテモ 5:21 私は…あなたに<おごそか>に命じま
Ⅱペテ 1:17 <おごそか>な，栄光の神から，こう

▼おこたる（怠る）

エズ 4:22 よく注意してこのことを<怠>っては
6: 9 求めに応じて，毎日<怠>りなく…与
ロマ 12:11 勤勉で<怠>らず，霊に燃え，主に仕

▼おごと（緒琴）

詩篇 45: 8 象牙のやかたから聞こえる<緒琴>は
150: 4 <緒琴>と笛とで，神をほめたたえよ.

▼おこない（行い）

士師 2:19 <行い>や，頑迷な生き方を捨てなか
エズ 9:13 悪い<行い>と，大きな罪過のために，
ネヘ 9:35 悪い<行い>から，立ち返りもしませ
エス 1:17 王妃の<行い>が女たちみなに知れ渡
ヨブ 34:11 神は，人の<行い>をその身に報い，
詩篇 17: 4 人としての<行い>については，あな
106:29 その<行い>によって御怒りを引き起
39 その<行い>によっておのれを汚し，その<行い>によって姦淫を犯した.
141: 4 悪い<行い>に携わらないようにして
箴言 1:31 彼らは自分の<行い>の実を食らい，
16: 2 人は自分の<行い>がことごとく純粋
7 主は，人の<行い>を喜ぶとき，その
20:11 その<行い>が純粋なのかどうか，正
21: 8 きよい人の<行い>はまっすぐだ.
24:12 人の<行い>に応じて報いないだろう
伝道 8:11 悪い<行い>に対する宣告がすぐ下さ
9: 7 神はすでにあなたの<行い>を喜んで
イザ 3: 8 彼らの舌と<行い>とが主にそむき，

10 彼らは，その<行い>の実を食べる．
エレ 4:18 あなたの<行い>と，あなたのわざが，
6:27 彼らの<行い>を知り，これをためせ．
7: 3 あなたがたの<行い>と，わざとを改
15: 7 その<行い>を悔い改めなかったから
16:17 すべての<行い>を見ているからだ．
17:10 <行い>の結ぶ実によって報いる．
18:11 <行い>とわざとを改めよ．』
25: 5 悪い<行い>から立ち返り，主があな
エゼ 7: 3 あなたの<行い>にしたがって，あな
11:21 彼らの頭上に彼らの<行い>を返そう．
14:22 彼らの<行い>とわざとを見るとき，
16:27 みだらな<行い>によってはずかしめ
43 みだらな<行い>を加えることは，も
20:30 父たちの<行い>をまねて自分自身を
22:31 彼らの頭上に彼らの<行い>を返した．
ホセ 4: 9 <行い>に報い，そのわざの仕返しを
9:15 悪い<行い>のために…宮から追い出
12: 2 ヤコブの<行い>と，そのなすことに
ミカ 3: 4 彼らの<行い>が悪いからだ．
7:13 これが彼らの<行い>の結んだ実であ
ゼカ 1: 6 私たちの<行い>とわざに応じて，私
マタ 5:16 あなたがたの良い<行い>を見て，天
11:19 知恵の正しいことは，その<行い>が
16:27 その<行い>に応じて報いをします．
ルカ 24:19 <行い>にもことばにも力のある預言
ヨハ 3:19 その<行い>が悪かったからである．
7: 7 その<行い>が悪いことをあかしする
使徒 26:20 悔い改めにふさわしい<行い>をする
ロマ 2: 6 その人の<行い>に従って報いをお与
3:27 <行い>の原理によってでしょうか．
4: 2 アブラハムが<行い>によって義と認
6 <行い>とは別の道で神によって義と
8:13 からだの<行い>を殺すなら，あなた
9:11 <行い>にはよらず，召してくださる
32 <行い>によるかのように追い求めた
11: 6 もはや<行い>によるのではありませ
15:18 キリストは，ことばと<行い>により，
Ⅰコリ 5: 3 そのような<行い>をした者を主イエ
Ⅱコリ 13: 7 正しい<行い>をしてもらいたいため
ガラ 2:16 人は律法の<行い>によっては義と認
3:10 律法の<行い>による人々はすべて，
5:19 肉の<行い>は明白であって，次のよ
6: 4 自分の<行い>をよく調べてみなさい．
エペ 2: 9 <行い>によるのではありません．だ
10 良い<行い>をするために…造られた
4:19 あらゆる不潔な<行い>をむさぼるよ
コロ 1:21 悪い<行い>の中にあったのですが，
3: 9 古い人をその<行い>といっしょに脱
17 ことばによると<行い>によるとを問
Ⅰテモ 5:25 良い<行い>は，だれの目にも明らか
6:18 人の益を計り，良い<行い>に富み，
テト 1:16 <行い>では否定しています．実に忌
ヘブ 6: 1 死んだ<行い>からの回心，神に対す
10 あなたがたの<行い>を忘れず，あな
9:14 死んだ<行い>から離れさせ，生ける
ヤコ 1:25 その<行い>によって祝福されます．
2:17 信仰も，もし<行い>がなかったなら
21 <行い>によって義と認められたでは
24 人は<行い>によって義と認められる
3:13 知恵にふさわしい柔和な<行い>を，
16 あらゆる邪悪な<行い>があるからで
Ⅰペテ 1:15 あらゆる<行い>において聖なるもの
2:12 そのりっぱな<行い>を見て，おとず
Ⅱペテ 2: 8 不法な<行い>を見聞きして，日々そ
Ⅰヨハ 3:12 自分の<行い>は悪く，兄弟の<行い>
18 <行い>と真実をもって愛そうではあ
Ⅱヨハ 11 その悪い<行い>をともにすることに
Ⅲヨハ 5 いろいろなことは，真実な<行い>で
黙示 2: 2 あなたの<行い>とあなたの労苦と忍
5 悔い改めて，初めの<行い>をしなさ
6 ニコライ派の人々の<行い>を憎んで
19 あなたの<行い>と…愛と信仰と奉仕
22 この女の<行い>を離れて悔い改めな
23 <行い>に応じてひとりひとりに報い
3: 1 わたしは，あなたの<行い>を知って
14:13 彼らの<行い>は彼らについて行くか
18: 6 彼女の<行い>に応じて２倍にして戻
20:12 自分の<行い>に応じてさばかれた．

▼おこなう（行う）

創世 18:19 正義と公正とを<行>わせるため，主
25 公義を<行う>べきではありませんか．
50:12 命じられたとおりに…<行>った．
出エ 3:20 エジプトのただ中で<行う>あらゆる
9: 5 主はこの国でこのことを<行う>．」
10: 1 しるしを彼らの中に，<行う>ためで
2 わたしが彼らの中で<行>ったしるし
12:47 全会衆はこれを<行>わなければなら
34:10 <行う>ことは恐るべきものである．
レビ 18: 4 わたしの定めを<行>い，わたしのお

29 一つでも<行う>者はだれであろうと，
それを<行う>者は…断たれる．
民数 14:11 わたしがこの民の間で<行>ったすべ
申命 4:25 主の目の前に悪を<行>い，御怒りを
10:18 やもめのためにさばきを<行>い，在
16:10 主のために７週の祭りを<行>い，あ
17: 5 この悪事を<行>った男または女を町
28:20 あなたが悪を<行>ったからである．
30: 8 主のすべての命令を，<行う>ように
14 あなたはこれを<行う>ことができる．
ヨシ 3: 5 主が…不思議を<行>われるから．」
11:15 ヨシュアはそのとおりに<行>い，主
24: 5 わたしがその真ん中で<行>ったとお
17 あの数々の大きなしるしを<行>い，
士師 2:11 主の目の前に悪を<行>い，バアルに
17: 6 正しいと見えることを<行>っていた．
20: 6 みだらな恥ずべきことを<行>ったか
Ⅰサム 12:16 目の前で<行>われるこの大きなみわ
25:39 このしもべが悪を<行う>のを引き止
Ⅱサム 3:39 主が，悪を<行う>者には，その悪に
8:15 ダビデは…正しいさばきを<行>った．
Ⅰ列 6:12 わたしの定めを<行>い，わたしのす
8:32 しもべたちにさばきを<行>って，悪
11: 6 ソロモンは…悪を<行>い，父ダビデ
15: 3 かつて犯したすべての罪を<行>い，
26 彼は主の目の前に悪を<行>い，彼の
Ⅱ列 13: 6 なおそれを<行>い続け，アシェラ像
17:34 最初のならわしのとおりに<行>って
22: 2 彼は主の目にかなうことを<行>って
Ⅰ歴 28: 7 わたしの命令と定めを<行>おうと堅
Ⅱ歴 6:23 しもべたちにさばきを<行>って，悪
7: 8 ソロモンは…７日間，祭りを<行>っ
19: 7 忠実に<行>いなさい．私たちの神，
20:32 主の目にかなうことを<行>った．
24:16 神とその宮とに…良いことを<行>っ
30:12 王とそのつかさたちの命令を<行>っ
33:22 彼は，その父マナセが<行>ったよう
34: 2 彼は主の目にかなうことを<行>って，
36: 5 彼は…主の目の前に悪を<行>った．
エズ 4:15 昔からこの町で反逆が<行>われたこ
6:13 これをまちがいなく<行>った．
7:18 神の御心に従って<行う>がよい．
ネヘ 9:17 彼らの間で<行>われた奇しいみわざ
12:27 喜んで，奉献式を<行>おうとした．
ヨブ 33:29 神は…２度も３度も人に<行>われ，
34: 8 不法を<行う>者どもとよく交わり，
37:12 世界の地の面で事を<行う>．
詩篇 14: 1 忌まわしい事を<行>っている．善を
<行う>者はいない．53:1．
15: 2 正しく歩み，善を<行>い，心の中の
34:14 悪を離れ，善を<行>え．平和を求め，
37: 3 主に信頼して善を<行>え．地に住み，
40: 8 私はみこころを<行う>ことを喜びと
64: 2 不法を<行う>者らの騒ぎから，私を
72:18 主ひとり，奇しいわざを<行う>．
74:12 救いのわざを<行>われる方です．
77:14 あなたは奇しいわざを<行>われる神，
86:17 いつくしみのしるしを<行>ってくだ
88:10 死人のために奇しいわざを<行>われ
99: 4 さばきと正義を<行>われた．
103:18 戒めを心に留めて，<行う>者に及ぶ．
20 みことばを<行う>力ある勇士たちよ．
21 みこころを<行>い，主に仕える者た
106: 3 幸いなことよ…正義を…<行う>人々
119: 3 彼らは不正を<行>わず，主の道を歩
136: 4 大いなる不思議を<行>われる方に．
143:10 みこころを<行う>ことを教えてくだ
146: 7 さばきを<行>い，飢えた者にパンを
箴言 10:29 不法を<行う>者には滅びである．
16:12 悪を<行う>ことは王たちの忌みきら
21: 3 正義と公義を<行う>ことは，いけに
伝道 4: 1 日の下で<行>われるいっさいのしい
8:11 人の子らの心は悪を<行う>思いで満
9: 3 日の下で<行>われるすべての事のう
イザ 46:11 わたしのはかりごとを<行う>者を呼
48:11 わたしのために…これを<行う>．
53: 9 彼は暴虐を<行>わず，その口に欺き
56: 1 公正を守り，正義を<行>え．わたし
エレ 2:13 わたしの民は二つの悪を<行>った．
11: 4 命ずるように，それを<行>え．そう
32:23 命じた事を何一つ<行>わなかったの
30 わたしの目の前に悪のみを<行>い，
34:15 わたしが正しいと見ることを<行>
44: 9 エルサレムのちまたで<行>ったあな
51:24 シオンで<行>ったすべての悪のため
エゼ 3:20 彼が<行>った正しい行いも覚えられ
18:14 その子が父の<行>ったすべての罪を
18 良くないことを…<行>ったので，彼
24 彼が<行>ったどの正しいことも覚え
27 公義と正義とを<行う>なら，彼は自

20:43 自分たちの<行>ったすべての悪のた
33:29 彼らの<行>ったすべての忌みきらう
45: 9 公義と正義とを<行>え．わたしの民
ダニ 4: 2 いと高き神が私に<行>われたしるし
7:26 さばきが<行>われ，彼の主権は奪わ
9:19 心に留めて<行>ってください．私の
11:24 父たちもしなかったことを<行う>．
ホセ 6: 8 ギルアデは不法を<行う>者の町，血
7: 1 彼らは偽りを<行>い，盗人が押し入
ミカ 6: 8 ただ公義を<行>い，誠実を愛し，へ
ゼパ 2: 3 主の定めを<行う>この国のすべての
3: 5 主は…正しく，不正を<行>わない．
13 残りの者は不正を<行>わず，偽りを
ゼカ 7: 9 正しいさばきを<行>い，互いに誠実
8:16 真実と平和のさばきを<行>え．
マラ 2:17 悪を<行う>者もみな主の心にかなっ
4: 1 すべて悪を<行う>者は，わらとなる．
3 わたしが事を<行う>日に，あなたが
マタ 6:10 みこころが天で<行>われるように地
でも<行>われますように．
7:24 これらのことばを聞いて…<行う>者
26 聞いて…<行>わない者はみな，砂の
23: 3 言うことはみな，<行>い，守りなさ
ルカ 13:27 不正を<行う>者たち．みな出て行き
ヨハ 3:21 真理を<行う>者は，光のほうに来る．
5:27 父はさばきを<行う>権を子に与えら
6:28 神のわざを<行う>ために，何をすべ
13:17 それを<行う>ときに…祝福されるの
使徒 1: 1 イエスが<行>い始め，教え始められ
10:35 正義を<行う>人なら，神に受け入れ
19:19 魔術を<行>っていた多くの者が，そ
ロマ 1:27 男が男と恥ずべきことを<行う>よう
2: 9 悪を<行う>すべての者の上に下り，
10 善を<行う>すべての者の上にありま
13 律法を<行う>者が正しいと認められ
3:20 律法を<行う>ことによっては，だれ
7:15 自分が憎むことを<行>っているから
19 自分でしたいと思う善を<行>わない
で…したくない悪を<行>ってい
13: 4 悪を<行う>人には怒りをもって報い
IIコリ 13: 7 どんな悪をも<行>わないように神に
ガラ 3:12 律法を<行う>者はこの律法によって
6: 9 善を<行う>のに飽いてはいけません．
10 信仰の家族の人たちに善を<行>いま
エペ 1:11 みな<行う>方の目的に従って，私た
ヘブ 11:33 正しいことを<行>い，約束のものを
ヤコ 1:23 みことばを聞いても<行>わない人が
2:12 さばかれる者らしく語り…<行>いな
4:17 知っていながら<行>わないなら，そ
Iヨハ 3:22 神に喜ばれることを<行>っているか
黙示 17:17 神のみこころを<行う>思いを彼らの

▼おごり

箴言 8:13 わたしは高ぶりと，<おごり>と，悪
イザ 16: 6 その誇りと高ぶりと<おごり>，その
黙示 18:19 この都の<おごり>によって富を得て

▼おこる

創世 31:35 どうか<おこ>らないでください．私
箴言 22:24 <おこ>りっぽい者と交わるな．激し
マタ 2:16 ヘロデは…非常に<おこ>って，人を
ルカ 14:21 <おこ>った主人は，そのしもべに言
15:28 兄は<おこ>って，家に入ろうともし
エペ 6: 4 子どもを<おこ>らせてはいけません．
かえって，主の教育と．コロ3:21．

▼おこる（起こる）

創世 41:30 ７年間のききんが<起こ>り，エジプ
42:29 その身に<起こ>ったことをすべて彼
49: 1 あなたがたに<起こる>ことを告げよ
出エ 1: 8 新しい王がエジプトに<起こ>った．
9: 3 非常に激しい疫病が<起こる>．
民数 5:14 夫にねたみの心が<起こ>って妻をね
たむ…夫にねたみの心が<起こ>って
30 人にねたみの心が<起こ>って，自分
24:17 イスラエルから１本の杖が<起こ>り，
申命 29:22 あなたがたの後に<起こる>…子孫や，
34:10 モーセのような預言者は…<起こ>ら
士師 2:10 わざも知らないほかの世代が<起こ>
19:30 こんなことは<起こ>ったこともなけ
20: 3 こんな悪い事がどうして<起こ>った
Iサム 4:19 陣痛が<起こ>り，身をかがめて子を
I列 3:12 あなたのような者も<起こ>らない．
II列 23:25 彼のような者は，ひとりも<起こ>ら
I歴 20: 4 ペリシテ人との戦いが<起こ>り，そ
ネヘ 7:65 祭司が<起こる>までは最も聖なるも
エス 4: 7 モルデカイは自分の身に<起こ>った
6:13 ハマンは自分の身に<起こ>った一部
ヨブ 36:33 家畜もまた，その<起こる>ことを告
箴言 17:14 争いが<起こ>らないうちに争いをや
24:22 たちまち彼らに災難が<起こる>から
27: 1 １日のうちに何が<起こる>か，あな
イザ 7: 7 そのことは<起こ>らないし，ありえ

41:23 後に<起こ>ろうとする事を告げよ．
42: 9 先の事は，見よ，すでに<起こ>った．
43:19 今，もうそれが<起こ>ろうとしてい
エレ 13:22 なぜ，こんなことが…<起こ>ったの
25:32 大暴風が地の果てから<起こる>．
エゼ 5:17 疫病と虐殺とが…<起こる>．わたし
ダニ 2:39 劣るもう一つの国が<起こ>ります．
4:28 ネブカデネザル王の身に<起こ>った．
7:17 地から<起こる>４人の王である．
10:14 終わりの日に…<起こる>ことを悟ら
11: 2 なお３人の王がペルシヤに<起こ>り，
3 ひとりの勇敢な王が<起こ>り，大き
7 この女の根から一つの芽が<起こ>っ
20 代わって，ひとりの人が<起こる>．
ホセ 10:14 あなたの民の中では騒動が<起こ>り，
マタ 24: 6 これらは必ず<起こる>ことです．し
11 にせ預言者が多く<起こ>って，多く
34 これらのことが全部<起こ>ってしま
マコ 10:32 ご自分に<起こ>ろうとしていること
ルカ 12:54 西に雲が<起こる>のを見るとすぐに，
21: 7 これらのことは，いつ<起こる>ので
9 それは，初めに必ず<起こる>ことで
ヨハ 13:19 そのことが<起こる>前に，今あなた
14:29 それが<起こ>ったときに…信じるた
19:36 この事が<起こ>ったのは…成就する
使徒 3:10 この人の身に<起こ>ったことに驚き，
8:24 言われた事が何も私に<起こ>らない
13:40 あなたがたの上に<起こ>らないよう
20:30 引き込もうとする者たちが<起こる>
Ⅰコリ 10:11 これらのことが彼らに<起こ>ったの
Ⅰペテ 4:12 何か思いがけないことが<起こ>った
Ⅱペテ 2:22 彼らに<起こ>ったことは，「犬は自
黙示 1: 1 すぐに<起こる>はずの事をそのしも
19 この後に<起こる>事を書きしるせ．
4: 1 この後，必ず<起こる>事を…示そう．
11:15 天に大きな声々が<起こ>って言った．

▼ おごる

ヨブ 35:12 悪人が<おご>り高ぶっているからだ．
36: 9 彼らが<おご>り高ぶったそむきの罪
箴言 16: 5 主はすべて心<おごる>者を忌みきら
21: 4 高ぶる目と<おごる>心――悪者のと
イザ 2:12 すべて<おご>り高ぶる者，すべて誇
10:15 それをひく人に向かって<おごる>こ
エゼ 31:10 その心が<おご>り高ぶったから，
ゼパ 3:11 あなたの中から<おご>り高ぶる者ど

▼ おさえる（押さえる）

Ⅱサム 6: 6 神の箱に手を伸ばして…<押さえ>た．
ヨブ 40:12 高ぶる者を見て，これを<押さえ>，
41: 1 輪縄でその舌を<押さえ>つけること
詩篇 32: 9 くつわや手綱の馬具で<押さえ>なけ
40: 9 私は私のくちびるを<押さえ>ません．
78:38 幾度も怒りを<押さえ>，憤りのすべ
箴言 22:22 悩む者を門のところで<押さえ>つけ
イザ 25: 5 あなたは他国人の騒ぎを<押さえ>，
42:14 静かに自分を<押さえ>ていた．今は，
48: 9 わたしの栄誉のために…<押さえ>て，
63:15 たぎる思いとあわれみを…<押さえ>
マコ 5: 4 だれにも彼を<押さえる>だけの力が
使徒 19:16 ふたりの者を<押さえ>つけて，みな
Ⅰペテ 3:10 舌を<押さえ>て悪を言わず，くちび
黙示 7: 1 地の四方の風を堅く<押さえ>，地に

▼ おさない（幼い）

申命 28:50 老人を顧みず，<幼い>者をあわれま
Ⅰサム 1:24 その子は<幼>かった．2:18.
Ⅱサム 19: 7 あなたの<幼い>ころから今に至るま
詩 148:12 若い女よ．年老いた者と<幼い>者よ．
箴言 29:21 自分のしもべを<幼い>時から甘やか
エレ 51:22 あなたを使って年寄りも<幼い>者も
エゼ 4:14 <幼い>時から今まで，死んだ獣や，
ホセ 11: 1 イスラエルが<幼い>ころ，わたしは
マコ 9:21 父親は言った．「<幼い>時からです．
Ⅱテモ 3:15 <幼い>ころから聖書に親しんで来た

▼ おさなご（幼子）

創世 34:29 全財産，<幼子>，妻たち，それに家
民数 16:27 <幼子>たちといっしょに出て来て，
申命 1:39 あなたがたの<幼子>たち，今はまだ
Ⅰサム 2:11 <幼子>は，祭司エリのもとで主に仕
Ⅱ列 5:14 <幼子>のからだのようになり，きよ
8:12 <幼子>たちを八つ裂きにし，妊婦た
Ⅱ歴 20:13 彼らの<幼子>たち，妻たち，子ども
ヨブ 33:25 彼の肉は<幼子>のように，まるまる
詩篇 8: 2 あなたは<幼子>と乳飲み子たちの口
17:14 その豊かさを，その<幼子>らに残し
箴言 20:11 <幼子>でさえ，何かするとき，その
イザ 3:12 <幼子>が彼をしいたげ，女たちが彼
13:16 彼らの<幼子>たちは目の前で八つ裂
哀歌 1: 5 彼女の<幼子>たちも，仇によってと
2:20 養い育てた<幼子>を食べてよいでし
4: 4 <幼子>たちがパンを求めても，それ
ホセ 13:16 <幼子>たちは八つ裂きにされ，妊婦

ヨエ 2:16 <幼子>，乳飲み子も寄せ集めよ．花
マタ 2: 8 行って<幼子>のことを詳しく調べ，
9 東方で見た星が…<幼子>のおられる
11 <幼子>を見，ひれ伏して拝んだ．そ
13 <幼子>とその母を連れ，エジプトへ
逃げなさい…ヘロデがこの<幼子>を
14 夜のうちに<幼子>とその母を連れて
20 <幼子>のいのちをつけねらっていた
11:25 <幼子>たちに現してくださいました．
21:16 <幼子>と乳飲み子たちの口に賛美を
ルカ 1:59 <幼子>を父の名にちなんでザカリヤ
76 <幼子>よ．あなたもまた，いと高き
80 <幼子>は成長し，その霊は強くなり，
2:21 8日が満ちて<幼子>に割礼を施す日
22 両親は<幼子>を主にささげるために，
28 シメオンは<幼子>を腕に抱き，神を
33 父と母は，<幼子>についていろいろ
38 すべての人々に，この<幼子>のこと
40 <幼子>は成長し，強くなり，知恵に
10:21 <幼子>たちに現してくださいました．
18:15 <幼子>たちを，みもとに連れて来た．
使徒 7:19 <幼子>を捨てさせ，生かしておけな
ロマ 2:19-20 <幼子>の教師だと自任しているのな
Ⅰコリ 3: 1 キリストにある<幼子>に対するよう
14:20 悪事においては<幼子>でありなさい．
ヘブ 5:13 飲んでいるような者は…<幼子>なの

▼おさめきん（納め金）

マタ 22:19 <納め金>にするお金をわたしに見せ

▼おさめる，おさまる

創世 27:44 兄さんの憤りが<おさまる>まで，し
45 兄さんの怒りが<おさま>り，あなた
出エ 32:12 あなたの燃える怒りを<おさめ>，あ
申命 13:17 主が燃える怒りを<おさめ>，あなた
エス 7:10 それで王の憤りは<おさま>った．
箴言 29:11 …ある者はそれを内に<おさめる>．
ダニ 9:16 あなたの聖なる山から<おさめ>てく
ヨナ 3: 9 神が…その燃える怒りを<おさめ>，

▼おさめる（治める），治まる

創世 4: 7 あなたは，それを<治める>べきであ
36:31 イスラエル人の王が<治める>以前，
32 ベオルの子ベラがエドムで<治め>，
37: 8 おまえは私たちを<治める>王になろ
民数 24:19 ヤコブから出る者が<治め>，残った
ヨシ 13:10 ヘシュボンを<治め>ていたエモリ人
士師 4: 2 ハツォルで<治め>ていたカナンの王
8:23 私の息子もあなたがたを<治め>ませ
ん．主があなたがたを<治め>られま
9: 2 70人がみなで…<治める>のと，ただ
Ⅰサム 8: 9 彼らを<治める>王の権利を彼らに知
11:12 サウルがわれわれを<治める>のか，
12:14 あなたがたを<治める>王も，あなた
Ⅱサム 3:21 望みどおりに<治め>られるようにし
8:15 ダビデはイスラエルの全部を<治め>，
23: 3 義をもって人を<治める>者，神を恐
Ⅰ列 2:11 ヘブロンで7年<治め>，エルサレム
で33年<治め>た．14:7，19．
11:37 イスラエルを<治める>王とならなけ
Ⅰ歴 1:43 イスラエル人の王が<治める>以前，
4:22 モアブを<治め>たヨキム，コゼバの
18:14 ダビデはイスラエルの全部を<治め>，
26: 6 その父の家を<治める>者となった．
エス 1: 1 アハシュエロスは…127州を<治め>
ヨブ 34:17 公義を憎む者が<治める>ことができ
30 神を敬わない人間が<治め>ないため
詩篇 8: 6 多くのわざを人に<治め>させ，万物
59:13 ヤコブを<治め>られることを，彼ら
89: 9 あなたは海の高まりを<治め>ておら
110: 2 「あなたの敵の真ん中で<治め>よ．」
136: 8 昼を<治める>太陽を造られた方に．
箴言 8:15 わたしによって，王たちは<治め>，
16:32 自分の心を<治める>者は町を攻め取
17: 2 恥知らずの子を<治め>，その兄弟た
28:15 寄るべのない民を<治める>悪い支配
29: 2 悪者が<治める>と，民は嘆く．
イザ 3: 4 気まぐれ者に彼らを<治め>させる．
19: 4 力ある王が彼らを<治める>…万軍の
26:13 多くの君主が，私たちを<治め>まし
32: 1 ひとりの王が正義によって<治め>，
エレ 5:31 祭司は自分かってに<治め>，わたし
22:30 再びユダを<治める>者はいないから
23: 5 彼は王となって<治め>，栄えて，こ
33:26 ヤコブの子孫を<治める>者を選ばな
エゼ 20:33 必ずあなたがたを<治める>．
ダニ 2:38 これをことごとく<治める>ようにあ
39 青銅の第3の国が…全土を<治める>
11: 3 大きな権力をもって<治め>，思いの
39 多くのものを<治め>させ，代価とし
ハバ 1:14 <治める>者のないはう虫のようにさ
マタ 2: 6 民イスラエルを<治める>支配者が，
22 アケラオが…ユダヤを<治め>ている

ルカ 1:33 彼はとこしえにヤコブの家を<治め>,
8:24 風も波も<収ま>り，なぎになった.
使徒 7:10 エジプトと王の家全体を<治める>大
20: 1 騒ぎが<治まる>と，パウロは弟子た
ロマ 15:12 異邦人を<治める>ために立ち上がる
Ⅰコリ 12:28 <治める>者，異言を語る者などです.
Ⅰテモ 3: 4 自分の家庭をよく<治め>，十分な威
5 家庭を<治める>ことを知らない人が,
12 子どもと家庭をよく<治める>人でな
5:14 子どもを産み，家庭を<治め>，反対
Ⅱテモ 2:12 彼とともに<治める>ようになる．も
黙示 2:27 彼は，鉄の杖をもって…<治める>.
5:10 彼らは地上を<治める>のです.」

▼ おさめる（納める），納まる

民数 18: 9 わたしに<納める>すべてのささげ物
Ⅱ列 3: 4 みつぎものとして<納め>ていた.
17: 3 服従して，みつぎものを<納め>た.
Ⅰ歴 21:27 御使いは剣をさやに<納め>た.
Ⅱ歴 27: 5 これだけのものを彼に<納め>た．第
エス 4: 7 王の金庫に<納める>と約束した正確
詩篇 72:10 王たちは，みつぎを<納め>ましょう.
エレ 47: 6 主の剣よ…さやに<納ま>り，静かに
エゼ 21: 5 剣はもう，さやに<納め>られない.』
30 剣は，さやに<納め>られる．あなた

▼ おじ

レビ 10: 4 モーセはアロンの<おじ>ウジエルの
20:20 <おじ>をはずかしめることになる.
25:49 彼の<おじ>とか，<おじ>の息子が買
民数 36:11 その<おじ>の息子たちにとついだ.
Ⅰサム 10:14 サウルの<おじ>は，彼とその若い者
15 サウルの<おじ>は言った.「サムエ
16 サウルは<おじ>に言った.「雌ろば
14:50 サウルの<おじ>ネルの子であった.
Ⅱ列 24:17 エホヤキンの<おじ>マタヌヤをエホ
Ⅰ歴 27:32 ダビデの<おじ>ヨナタンは議官であ
エス 2: 7 モルデカイは<おじ>の娘ハダサ，す
15 <おじ>アビハイルの娘エステルが,
エレ 32: 7 <おじ>シャルムの子ハナムエルが,
8 <おじ>の子ハナムエルが私のところ
9 <おじ>の子ハナムエルから，アナト
12 <おじ>の子ハナムエルと，購入証書

▼ おしい（惜しい）

使徒 20:24 私のいのちは少しも<惜しい>とは思

▼ おしいる（押し入る）

エレ 2:34 彼らの<押し入る>のを，あなたが見
マタ 24:43 おめおめと自分の家に<押し入>られ
マコ 3:27 強い人の家に<押し入>って家財を略
ルカ 12:39 自分の家に<押し入>られはしなかっ

▼ おしえ（教え）【別項】健全な教え，みおしえ，幼稚な教え

出エ 12:49 この<おしえ>は…在留異国人にも同
13: 9 主の<おしえ>があなたの口にあるた
16: 4 わたしの<おしえ>に従って歩むかど
28 わたしの命令と<おしえ>を守ろうと
24:12 <おしえ>と命令の石の板をあなたに
レビ 6: 9 全焼のいけにえの<おしえ>は次のと
7: 1 罪過のためのいけにえの<おしえ>は
11:46 すべての生き物についての<おしえ>
12: 7 子を産む女についての<おしえ>であ
13:59 …の患部についての<おしえ>であり,
14: 2 きよめられるときの<おしえ>は次の
民数 5:29 これがねたみの場合の<おしえ>であ
6:13 ナジル人についての<おしえ>である.
申命 32: 2 私の<おしえ>は，雨のように下り,
ヨブ 22:22 神の御口から<おしえ>を受け，その
詩篇 1: 2 その人は主の<おしえ>を喜びとし,
40: 8 あなたの<おしえ>は私の心のうちに
60題目 <教え>のためのダビデのミクタム.
78: 1 私の<教え>を耳に入れ，私の口のこ
10 神の<おしえ>に従って歩むことを拒
89:30 その子孫がわたしの<おしえ>を捨て,
119:72 御口の<おしえ>は…金銀にまさるも
126 彼らはあなたの<おしえ>を破りまし
箴言 1: 8 母の<教え>を捨ててはならない.
3: 1 わが子よ．私の<おしえ>を忘れるな.
6:23 ともしびであり，<おしえ>は光であ
7: 2 私の<おしえ>を，あなたのひとみの
13:14 知恵のある者の<おしえ>はいのちの
31:26 その舌には恵みの<おしえ>がある.
イザ 8:16 この<おしえ>をわたしの弟子たちの
20 <おしえ>とあかしに尋ねなければな
29:24 つぶやく者も<おしえ>を学ぶ.」
30: 9 主の<おしえ>を聞こうとしない子ら
42: 4 島々も，その<おしえ>を待ち望む.
24 その<おしえ>に聞き従わなかった.
51: 7 心にわたしの<おしえ>を持つ民よ.
54:13 子どもたちはみな，主の<教え>を受
マラ 2: 6 彼の口には真理の<教え>があり，彼
8 多くの者を<教え>によってつまずか
マタ 3: 1 ユダヤの荒野で<教え>を宣べて，言

7:28 群衆はその<教え>に驚いた．
15: 9 人間の<教え>を，<教え>として教え
16:12 サドカイ人たちの<教え>のことであ
22:33 群衆は…イエスの<教え>に驚いた．
マコ 1:22 人々は，その<教え>に驚いた．それ
27 権威のある，新しい<教え>ではない
4: 2 その<教え>の中でこう言われた．
7: 7 人間の<教え>を，<教え>として教え
11:18 イエスの<教え>に驚嘆していたから
ルカ 1: 4 すでに<教え>を受けられた事がらが
4:32 人々は，その<教え>に驚いた．その
6:18 イエスの<教え>を聞き，また病気を
ヨハ 7:16 わたしの<教え>は，わたしのもので
17 この<教え>が神から出たものか，わ
18:19 <教え>のことについて尋問した．
使徒 2:42 彼らは使徒たちの<教え>を堅く守り，
5:28 エルサレム中に…<教え>を広めてし
13:12 主の<教え>に驚嘆して信仰に入った
17:19 新しい<教え>がどんなものであるか，
ロマ 6:17 伝えられた<教え>の規準に心から服
16:17 あなたがたの学んだ<教え>にそむい
Ⅰコリ 14: 6 黙示や知識や預言や<教え>などによ
エペ 4:14 <教え>の風に吹き回されたり，波に
コロ 2:22 人間の戒めと<教え>によるものです．
Ⅰテモ 1: 3 ある人たちが違った<教え>を説いた
4: 1 惑わす霊と悪霊の<教え>とに心を奪
6 あなたが従って来た良い<教え>のこ
13 聖書の朗読と勧めと<教え>とに専念
16 あなたの<教え>を聞く人たちをも救
5:17 みことばと<教え>のためにほねおっ
6: 1 神の御名と<教え>とがそしられない
3 健全なことばと敬虔にかなう<教え>
Ⅱテモ 3:10 私の<教え>，行動，計画，信仰，寛
16 <教え>と戒めと矯正と義の訓練との
テト 1: 9 <教え>にかなった信頼すべきみこと
2: 7 <教え>においては純正で，威厳を保
10 神の<教え>を飾るようになるためで
ヘブ 6: 1 キリストについての初歩の<教え>を
2 きよめの洗いについての<教え>，手
13: 9 さまざまの異なった<教え>によって
Ⅰヨハ 3:11 初めから聞いている<教え>です．
Ⅱヨハ 9 キリストの<教え>のうちにとどまら
ない者…<教え>のうちにとどまって
10 この<教え>を持って来ない者は，家
黙示 2:14 バラムの<教え>を奉じている人々が
15 ニコライ派の<教え>を奉じている人
24 この<教え>を受け入れておらず，彼

▼おしえる（教える）

創世 3:11 だれがあなたに<教え>たのか．あな
出エ 4:12 あなたの言うべきことを<教え>よう．
24:12 彼らを<教える>ために，わたしが書
33:13 どうか，あなたの道を<教え>てくだ
35:34 彼の心に人を<教える>力を授けられ
レビ 10:11 あなたがたが彼らに<教える>ためで
14:57 それがきよいのかを<教える>ためで
申命 4: 1 私の<教える>おきてと定めとを聞き
5 おきてと定めとを…<教え>た．あな
10 その子どもたちに<教える>ことがで
5:31 あなたが彼らに<教える>すべての命
6: 7 子どもたちによく<教え>込みなさい．
11:19 それを…子どもたちに<教え>なさい．
17:10 あなたに<教える>ことを守り行い
24: 8 レビ人の祭司が<教える>とおりによ
31:19 それをイスラエル人に<教え>，彼ら
33:10 あなたの定めをヤコブに<教え>，あ
士師 1:24 この町の出入口を<教え>てくれない
3: 2 戦いを<教え>，知らせるためである
13: 8 何をすればよいか，<教え>てくださ
16:15 強い力がどこにあるのかを<教え>て
ルツ 3: 4 あなたのすべきことを<教え>てくれ
Ⅰサム 6: 2 もとの所に送り返せるか，<教え>て
12:23 私は…よい正しい道を<教え>よう．
Ⅱサム 1:18 弓の歌をユダの子らに<教える>よう
Ⅰ列 8:36 歩むべき良い道を彼らに<教え>，あ
Ⅱ列 9:12 われわれに<教え>てくれ．」そこで，
12: 2 祭司エホヤダが彼を<教え>た間はい
17:27 神に関するならわしを<教え>させな
Ⅱ歴 17: 7 ユダの町々で<教え>させた．
9 町々を巡回して，民の間で<教え>た．
26: 5 神を認めることを<教え>たゼカリヤ
35: 3 彼は，全イスラエルを<教え>導く者
エズ 7:10 おきてと定めを<教え>ようとして，
25 知らない者に，あなたがたは<教え>
ヨブ 6:24 私に<教え>よ．そうすれば，私は黙
8:10 彼らはあなたに<教え>，あなたに語
12: 7 それがあなたに<教える>だろう．空
15: 5 あなたの罪があなたの口に<教え>，
21:22 彼は神に知識を<教え>ようとするの
27:11 私は神の御手について…<教え>よう．
32: 7 年の多い者が知恵を<教える>」と．

33:33 黙れ．あなたに知恵を<教え>よう．
34:32 私の見ないことを…私に<教え>てく
35:11 私たちに<教え>，空の鳥よりも，む
37:19 神に何と言うべきかを…<教え>よ．
詩篇 16: 7 夜になると，私の心が私に<教える>．
25: 4 あなたの小道を私に<教え>てくださ
8 主は…罪人に道を<教え>られる．
27:11 あなたの道を私に<教え>てください．
32: 8 悟りを与え，行くべき道を<教え>よ
34:11 主を恐れることを<教え>よう．
45: 4 恐ろしいことをあなたに<教え>よ．
51: 6 私の心の奥に知恵を<教え>てくださ
13 私は…あなたの道を<教え>ましょう．
71:17 私の若いころから，私を<教え>てく
78: 5 これをその子らに<教える>ようにさ
86:11 あなたの道を私に<教え>てください．
90:12 日を正しく数えることを<教え>てく
94:10 人に知識を<教える>その方が．
119:12 あなたのおきてを私に<教え>てくだ
33 あなたのおきての道を私に<教え>て
108 あなたのさばきを私に<教え>てくだ
143:10 みこころを行うことを<教え>てくだ
箴言 4:11 私は知恵の道をあなたに<教え>，正
5:13 私を<教える>者に耳を傾けなかった．
9: 9 正しい者を<教え>よ．彼は理解を深
22:19 私はきょう，特にあなたに<教える>．
伝道 12: 9 伝道者は…知識を民に<教え>た．彼
イザ 2: 3 主はご自分の道を，私たちに<教え>
9:15 その尾とは，偽りを<教える>預言者．
28: 9 彼はだれに知識を<教え>ようとして
40:13 主の顧問として<教え>たのか．
14 だれが公正の道筋を主に<教え>て，
48:17 あなたに益になることを<教え>，あ
エレ 2:33 自分の方法を巧みに<教え>たのだ．
9: 5 偽りを語ることを舌に<教え>，悪事
14 先祖たちが彼らに<教え>たバアルに
20 あなたがたの娘に嘆きの歌を<教え>，
隣の女にも哀歌を<教え>よ．
12:16 バアルによって誓うことを<教え>た
31:34 人々は…おのおの互いに<教え>ない．
32:33 わたしがしきりに彼らに<教える>が，
36:17 書きとったのか，私たちに<教え>て
エゼ 20:11 わたしの定めを彼らに<教え>た．
22:26 きよいものとの違いを<教え>なかっ
44:23 俗なるものとの違いを<教え>，汚れ
ダニ 1: 4 文学とことばとを<教える>にふさわ
ミカ 3:11 その祭司たちは代金を取って<教え>，
4: 2 主はご自分の道を…<教え>てくださ
ハバ 2:18 偽りを<教える>者が，何の役に立と
マタ 3: 7 御怒りをのがれるように<教え>たの
4:23 会堂で<教え>，御国の福音を宣べ伝
5: 2 イエスは口を開き，彼らに<教え>て，
19 破るように人に<教え>たりする者は，
7:29 権威ある者のように<教え>られたか
11: 1 町々で<教え>たり宣べ伝えたりする
13:54 会堂で人々を<教え>始められた．す
15: 9 人間の教えを，教えとして<教える>
21:23 イエスが宮に入って，<教え>ておら
22:16 真理に基づいて神の道を<教え>，だ
26:55 わたしは毎日，宮ですわって<教え>
28:20 すべてのことを守るように…<教え>
マコ 1:21 安息日に会堂に入って<教え>られた．
22 権威ある者のように<教え>られたか
2:13 みもとにやって来たので…<教え>ら
4: 1 イエスはまた湖のほとりで<教え>始
2 たとえによって多くのことを<教え>
6: 2 安息日に…会堂で<教え>始められた．
6 イエスは，近くの村々を<教え>て回
30 <教え>たことを残らずイエスに報告
34 深くあわれみ，いろいろと<教え>始
8:31 弟子たちに<教え>始められた．
9:31 イエスは弟子たちを<教え>て，「人
10: 1 いつものように彼らを<教え>られた．
11:17 彼らに<教え>て言われた．「『わたし
12:14 真理に基づいて神の道を<教え>てお
35 イエスが宮で<教え>ておられたとき，
14:49 わたしは毎日…<教え>ていたのに，
ルカ 4:15 イエスは，彼らの会堂で<教え>，み
31 安息日ごとに，人々を<教え>られた．
5: 3 イエスは…舟から群衆を<教え>られ
17 イエスが<教え>ておられると，パリ
6: 6 イエスは会堂に入って<教え>ておら
11: 1 ヨハネが弟子たちに<教え>たように，
私たちにも祈りを<教え>てください．
12: 5 あなたがたに<教え>てあげましょう．
12 聖霊が<教え>てくださるからです．」
13:10 安息日に，ある会堂で<教え>ておら
22 町々村々を次々に<教え>ながら通り，
26 私たちの大通りで<教え>ていただき
19:47 イエスは毎日，宮で<教え>ておられ

20: 1 イエスは宮で民衆を<教え>，福音を
21 真理に基づいて神の道を<教え>てお
21:37 イエスは，昼は宮で<教え>，夜はい
23: 5 ユダヤ全土で<教え>ながら，この民
ヨハ 6:45 彼らはみな神によって<教え>られる．
59 イエスがカペナウムで<教え>られた
7:14 イエスは宮に上って<教え>始められ
28 イエスは，宮で<教え>ておられると
35 ギリシヤ人を<教える>つもりではあ
8: 2 イエスはすわって，彼らに<教え>始
20 イエスは宮で<教え>られたとき，献
28 ただ父がわたしに<教え>られたとお
9:34 おまえは…私たちを<教える>のか．」
14:26 聖霊は…すべてのことを<教え>，ま
18:20 会堂や宮で，いつも<教え>たのです．
使徒 1: 1 イエスが行い始め，<教え>始められ
4: 2 ペテロとヨハネが民を<教え>，イエ
5:21 夜明けごろ宮に入って<教え>始めた．
25 宮の中に立って，人々を<教え>てい
28 あの名によって<教え>てはならない
42 毎日，宮や家々で<教え>，イエスが
7:22 あらゆる学問を<教え>込まれ，こと
11:26 大ぜいの人たちを<教え>た．弟子た
15:35 主のみことばを<教え>，宣べ伝えた．
17:23 知らずに拝んでいるものを，<教え>
18:11 彼らの間で神のことばを<教え>続け
25 イエスのことを正確に語り…<教え>
20:20 家々でも，あなたがたを<教え>，
21:21 モーセにそむくように<教え>ている
28 至る所ですべての人に<教え>ている
28:31 主イエス・キリストのことを<教え>
ロマ 2:18 律法に<教え>られてわきまえ，
21 どうして，人を<教え>ながら，自分
自身を<教え>ないのですか．盗むな
12: 7 <教える>人であれば<教え>なさい．
15: 4 すべて私たちを<教える>ために書か
Ⅰコリ 2:13 人の知恵に<教え>られたことばを用
いず，御霊に<教え>られたことばを
4:17 すべての教会で<教え>ているとおり
11:14 自然自体が…こう<教え>ていないで
14:19 ほかの人を<教える>ために，私の知
26 <教え>たり，黙示を話したり，異言
ガラ 1:12 人間からは…<教え>られもしません
6: 6 みことばを<教え>られる人は，<教
える>人とすべての良いものを分け
エペ 4:21 キリストにあって<教え>られている
コロ 1:28 あらゆる人を戒め…<教え>ています．
2: 7 <教え>られたとおり信仰を堅くし，
3:16 知恵を尽くして互いに<教え>，互い
Ⅰテサ 4: 9 互いに愛し合うことを神から<教え>
Ⅱテサ 2:15 手紙によって<教え>られた言い伝え
Ⅰテモ 2:12 女が<教え>たり男を支配したりする
3: 2 よくもてなし，<教える>能力があり，
4: 6 兄弟たちに<教える>なら，あなたは
11 これらのことを命じ，また<教え>な
6: 2 これらのことを<教え>，また勧めな
3 違ったことを<教え>，私たちの主イ
Ⅱテモ 2: 2 他の人にも<教える>力のある忠実な
24 すべての人に優しくし，よく<教え>，
4: 2 絶えず<教え>ながら，責め，戒め，
テト 1:11 <教え>てはいけないことを<教え>，
2:13 待ち望むようにと<教え>さとしたか
ヘブ 8:11 おのおのその兄弟に<教え>て，『主
Ⅰヨハ 2:27 すべてのことについて…<教える>よ
黙示 2:14 バラムはバラクに<教え>て，イスラ
20 わたしのしもべたちを<教え>て誤り

▼おじか（雄鹿）

Ⅰ列 4:23 <雄鹿>，かもしか，のろじかと，肥

▼おじぎ

創世 23: 7 アブラハムは…ていねいに<おじぎ>
33: 3 7回も地に伏して<おじぎ>をした．
6 その子どもたちは…<おじぎ>をした．
7 レアも…<おじぎ>をした…ヨセフと
ラケルが…ていねいに<おじぎ>をし
47:31 イスラエルは…<おじぎ>をした．
Ⅰサム 28:14 地にひれ伏して，<おじぎ>をした．
Ⅰ列 2:19 彼女に<おじぎ>をして，自分の王座

▼おじし（雄獅子）

創世 49: 9 <雄獅子>のように，また雌獅子のよ
民数 23:24 <雄獅子>のように立ち上がり，獲物
24: 9 <雄獅子>のように…身を横たえる．
Ⅱサム 1:23 鷲よりも速く，<雄獅子>よりも強か
23:20 降りて行って<雄獅子>を打ち殺した．
Ⅰ列 7:29 <雄獅子>と牛とケルビムとがあり，
10:19 ひじかけのわきには2頭の<雄獅子>
が立っていた．20，Ⅱ歴9:18，19．
Ⅰ歴 11:22 降りて行って<雄獅子>を打ち殺した．
ヨブ 4:11 <雄獅子>は獲物がなくて滅び，雌獅
箴言 28:15 うなる<雄獅子>，襲いかかる熊，寄
30:30 何ものからも退かない<雄獅子>，

イザ 30: 6 雌獅子や<雄獅子>，まむしや飛びか
38:13 主は，<雄獅子>のように私のすべて
エレ 50:17 イスラエルは<雄獅子>に散らされた
51:38 彼らは…<雄獅子>のように叫ぶ.
エゼ 22:25 <雄獅子>のように人々を食い，富と
ヨエ 1: 6 <雄獅子>の歯…<雄獅子>のきばがあ
アモ 3:12 羊飼いが，<雄獅子>の口から，２本
ナホ 2:11 <雄獅子>の住みかはどこにあるのか.
12 <雄獅子>は子獅子のために，十分な
ゼパ 3: 3 町の中にあってほえたける<雄獅子>.

▼おしせまる（押し迫る）
マコ 5:24 多くの群衆が…イエスに<押し迫>っ
31 群衆があなたに<押し迫>っているの
ルカ 8:42 群衆がみもとに<押し迫>って来た.

▼おしつぶす（押しつぶす）
IIコリ 2: 7 深い悲しみに<押しつぶ>されてしま

▼おしながす（押し流す）
士師 5:21 キション川は彼らを<押し流>した.
ヨブ 22:16 彼らの土台は流れに<押し流>された.
詩篇 69:15 大水の流れが私を<押し流>さず，深
124: 4 大水は私たちを<押し流>し，流れは
雅歌 8: 7 洪水も<押し流す>ことができません.
ダニ 11:26 彼の軍勢は<押し流>され，多くの者
ヘブ 2: 1 <押し流>されないようにしなければ
黙示 12:15 彼女を大水で<押し流>そうとした.

▼おしのける（押しのける）
創世 27:36 ２度までも私を<押しのけ>てしまっ
詩篇 27: 9 怒って，<押しのけ>ないでください.
35: 5 主の使いに<押しのけ>させてくださ
エレ 9: 4 どの兄弟も人を<押しのけ>，どの友
アモ 5:12 門で貧しい者を<押しのける>.
6: 3 わざわいの日を<押しのけ>ている，
マラ 3: 5 在留異国人を<押しのけ>て，わたし

▼おしはかる（推し量る）
イザ 40:12 手の幅で天を<推し量>り，地のちり
13 だれが主の霊を<推し量>り，主の顧

▼おしみなく（惜しみなく），惜しげなく
イザ 54: 2 住まいの幕を<惜しみなく>張り伸ば
IIコリ 8: 2 <惜しみなく>施す富となったのです.
9:11 <惜しみなく>与えるようになり．13.
ヤコ 1: 5 <惜しげなく>…お与えになる神に願

▼おしむ（惜しむ）
創世 22:12 自分のひとり子さえ<惜し>まないで
Iサム 15: 9 最も良いものを<惜し>み，これらを
15 最も良いものを<惜し>んだのです.
IIサム 12: 4 調理するのを<惜し>み，貧しい人の
21: 7 メフィボシェテを<惜し>んだ．それ
ヨブ 20:13 彼がこれを<惜し>んで，捨てず，そ
詩篇 40:11 私にあわれみを<惜し>まないでくだ
箴言 11:24 正当な支払いを<惜し>んでも，かえ
21:26 正しい人は人に与えて<惜し>まない.
イザ 13:18 子どもたちを見ても<惜し>まない.
エレ 13:14 わたしは容赦せず，<惜し>まず，あ
50:14 矢を<惜しむ>な．彼女は主に罪を犯
51: 3 若い男を<惜しむ>ことなく，その全
エゼ 5:11 わたしはあなたを<惜し>まず，また,
8:18 わたしは<惜し>まず，あわれまない.
16: 5 だれもあなたを<惜し>まず，これら
20:17 わたしは彼らを<惜し>んで，滅ぼさ
24:14 <惜し>まず，思い直しもしない．あ
36:21 わたしの聖なる名を<惜し>んだ.
ヨナ 4:10 とうごまを<惜し>んでいる．11.
ゼカ 11: 5 牧者たちは，これを<惜し>まない.
6 この地の住民を<惜し>まないからだ
ロマ 8:32 ご自分の御子をさえ<惜し>まずに死
11:21 もし神が台木の枝を<惜し>まれなか
12: 8 分け与える人は<惜し>まずに分け与
IIコリ 9: 5 この献金を，<惜し>みながらするの
Iテモ 6:18 <惜し>まずに施し，喜んで分け与え
黙示 12:11 死に至るまでもいのちを<惜し>まな

▼おしゃべり
ヨブ 11: 3 あなたの<おしゃべり>は人を黙らせ
箴言 14:23 <おしゃべり>は欠損を招くだけだ.
使徒 17:18 この<おしゃべり>は，何を言うつも

▼おじょうさん（お嬢さん）
ルカ 8:49 あなたの<お嬢さん>はなくなりまし

▼おしよせる（押し寄せる）
ヨブ 30:14 あらしの中を<押し寄せ>て来る.
イザ 28:19 それは，<押し寄せる>たびに…それ
は朝ごとに<押し寄せる>．昼も夜も.
マタ 7:25 雨が降って洪水が<押し寄せ>，風が
マコ 3: 9 <押し寄せ>て来ないよう，ご自分の
ルカ 6:48 川の水がその家に<押し寄せ>たとき

▼おす（雄）
創世 6:19 <雄>と雌でなければならない．7:3.
7: 2 きよい動物の中から<雄>と雌．16.
出エ 12: 5 羊は傷のない１歳の<雄>でなければ
34:19 初子の<雄>は，牛も羊もそうである.
レビ 1:10 傷のない<雄>でなければ．22:19.
3: 1 <雄>でも雌でも傷のないもの．6.

14:10 傷のない<雄>の子羊２頭．23:12，
民数6:12，7:15，28:19，29:8．
民数 28: 3 <雄>の子羊を常供の全焼のいけにえ
申命 15:19 <雄>の初子はみな，あなたの神，主
マラ 1:14 群れのうちに<雄>の獣がいて，これ

▼ オスナパル〔人名〕
アッシリヤの王．エズ4:10．

▼ オズニ
(1)ガドの子．オズニ族の父祖．民数26:16．
(2)オズニ族．民数26:16．

▼ おせっかい
Ⅱテサ 3:11 <おせっかい>ばかりして，締まりの
Ⅰテモ 5:13 うわさ話や<おせっかい>をして，話

▼ おそい
出エ 34: 6 怒るのに<おそ>く，恵みとまことに
民数 14:18 主は怒るのに<おそ>く，恵み豊かで．
ネヘ9:17，詩篇86:15，103:8，145:8，
ヨエ2:13，ヨナ4:2．
詩 127: 2 早く起きるのも，<おそ>く休むのも，
箴言 14:29 怒りを<おそ>くする者は英知を増し，
15:18 怒りを<おそ>くする者はいさかいを
16:32 怒りを<おそ>くする者は勇士にまさ
19:11 思慮があれば，怒りを<おそ>くする．
ナホ 1: 3 主は怒るのに<おそ>く，力強い．主
ハバ 2: 3 もし<おそ>くなっても，それを待て．
マコ 6:35 もう時刻も<おそ>くなりました．
11:11 時間ももう<おそ>かったので，12弟
使徒 27: 7 船の進みは<おそ>く，ようやくのこ
Ⅰテモ 3:15 たとい私が<おそ>くなった場合でも
ヘブ 10:37 来るべき方が…<おそ>くなることは
ヤコ 1:19 語るには<おそ>く，怒るには<おそ
い>ようにしなさい．
Ⅱペテ 3: 9 ある人たちが<おそい>と思っている

▼ おそう（襲う）
創世 15:12 ひどい暗黒の恐怖が彼を<襲>った．
43:18 われわれを<襲>い，われわれを奴隷
49:19 <襲う>者が彼を<襲う>が，彼はかえ
出エ 15:16 恐れとおののきが彼らを<襲>い，あ
民数 25:18 <襲>ってペオルの事件を引き起こし，
申命 22:26 ある人が隣人に<襲>いかかりいのち
25:18 道であなたを<襲>い，あなたが疲れ
28:49 一つの国民にあなたを<襲>わせる．
士師 9:44 野にいたすべての者を<襲>って，打
Ⅰサム 27: 8 ダビデは…アマレク人を<襲>った．
30: 1 ネゲブとツィケラグを<襲>ったあと
エス 8:11 彼らを<襲う>民や州の軍隊を，子ど
ヨブ 1:15 シェバ人が<襲>いかかり，これを奪
17 らくだを<襲>い，これを奪い，若い
3:25 最も恐れたものが，私を<襲>い，私
9:26 獲物に<襲>いかかる鷲のように通り
13:11 恐れがあなたがたを<襲>わないだろ
27:20 恐怖が洪水のように彼を<襲>い，夜
詩篇 18:29 私は軍勢に<襲>いかかり，私の神に
27: 2 悪を行う者が…私に<襲>いかかった
35: 8 滅びが彼を<襲>いますように．ひそ
55: 4 死の恐怖が，私を<襲>っています．
62: 3 いつまでひとりの人を<襲う>のか．
箴言 1:27 恐怖があらしのように…<襲う>とき，
災難がつむじ風のように…<襲う>と
伝道 9:12 わざわいの時が突然彼らを<襲う>と，
イザ 47:11 災難があなたを<襲う>が，あなたは
エレ 48:32 取り入れを，荒らす者が<襲>った．
51: 3 よろいを着けてこれを<襲>わせよ．
ダニ 10:16 幻によって，私は苦痛に<襲>われ，
ホセ 7: 1 外では略奪隊が<襲う>からだ．
10: 9 この不法な民を<襲>わないだろうか．
13:13 子を産む女の…痛みが彼を<襲う>が，
ゼパ 2: 2 主の燃える怒りが…<襲>わないうち
ルカ 1:12 ザカリヤは…恐怖に<襲>われたが，
10:30 エリコへ下る道で，強盗に<襲>われ
36 強盗に<襲>われた者の隣人になった
11:22 もっと強い者が<襲>って来て彼に打
21:26 住むすべての所を<襲>おうとしてい
ヨハ 12:35 やみがあなたがたを<襲う>ことのな
使徒 6:12 彼を<襲>って捕らえ，議会にひっぱ
7:11 大きな災難が<襲>って来たので，私
17: 5 ヤソンの家を<襲>い，ふたりを人々
18:10 だれもあなたを<襲>って，危害を加
Ⅰテサ 5: 3 突如として滅びが彼らに<襲>いかか
4 盗人のように…<襲う>ことはありま
黙示 11:11 人々は非常な恐怖に<襲>われた．
18: 8 死病，悲しみ，飢えが彼女を<襲>い，

▼ おそるべき（恐るべき）
出エ 34:10 行うことは<恐るべき>ものである．
申命 7:21 大いなる<恐るべき>神が…おられる
28:58 この光栄ある<恐るべき>御名，あな
ネヘ 1: 5 大いなる，<恐るべき>神．主を愛し，
4:14 大いなる<恐るべき>主を覚え，自分
ヨブ 37:22 神の回りには<恐るべき>尊厳がある．
詩篇 64: 1 <恐るべき>敵から，私のいのちを守

76:11 <恐るべき>方に，贈り物をささげよ．
イザ 2:10 主の<恐るべき>御顔を避け．19，21．
エレ 18:13 イスラエルは，実に<恐るべき>こと
ダニ 9: 4 私の主，大いなる<恐るべき>神．あ
ホセ 6:10 わたしは<恐るべき>ことを見た．エ
ヨエ 2:31 主の大いなる<恐るべき>日が来る前

▼おそれ（恐れ）

出エ 15:16 <恐れ>とおののきが彼らを襲い，あ
20:20 あなたがたに神への<恐れ>が生じて，
23:27 わたしへの<恐れ>をあなたの先に遣
申命 2:25 わたしは…おびえと<恐れ>を臨ませ
28:67 あなたの心が恐れる<恐れ>と，あな
Ⅰサム 14:15 民全体のうちにも<恐れ>が起こった
…地は震え，非常な<恐れ>となった．
Ⅱ歴 14:14 主の<恐れ>が彼らに臨んだからであ
19: 7 主への<恐れ>があなたがたにあるよ
ヨブ 4:14 <恐れ>とおののきが私にふりかかり，
13:11 その<恐れ>があなたがたを襲わない
20:25 矢じりが腹から出て，<恐れ>が彼を
21: 9 彼らの家は平和で<恐れ>がなく，神
22:10 <恐れ>が，にわかにあなたを脅かす．
25: 2 主権と<恐れ>とは神のもの．神はそ
41:22 その前には<恐れ>が踊る．
33 <恐れ>を知らないものとして造られ
詩篇 9:20 彼らに<恐れ>を起こさせてください．
19: 9 主への<恐れ>はきよく，とこしえま
36: 1 目の前には，神に対する<恐れ>がな
53: 5 彼らが<恐れ>のないところで，いか
55: 5 <恐れ>とおののきが私に臨み，戦慄
56: 3 <恐れ>のある日に，私は，あなたに
90:11 その<恐れ>にふさわしく．
105:38 エジプトに彼らへの<恐れ>が生じた
イザ 21: 4 たそがれも…<恐れ>となった．
24:17 <恐れ>と，落とし穴と，わなとがあ
31: 9 岩も<恐れ>のために過ぎ去り，首長
54:14 <恐れ>から遠ざかれ．それが近づく
エレ 6:25 畑に出るな…<恐れ>が回りにあるか
20: 4 愛するすべての者への<恐れ>とする．
32:40 わたしに対する<恐れ>を彼らの心に
48:39 物笑いとなり，<恐れ>となってしま
44 その<恐れ>から逃げた者は，穴に落
49:29 『<恐れ>が回りにある』と叫ぶ．
エゼ 7:27 君主は<恐れ>につつまれ，民の手は
26:16 <恐れ>を身にまとい，地面にすわり，
マタ 27:54 出来事を見て，非常な<恐れ>を感じ，
ルカ 1:74-75 <恐れ>なく，主の御前に仕えること
5:26 神をあがめ，<恐れ>に満たされて，
7:16 人々は<恐れ>を抱き，「大預言者が
使徒 2:43 一同の心に<恐れ>が生じ，使徒たち
5: 5 すべての人に，非常な<恐れ>が生じ
19:17 みな<恐れ>を感じて，主イエスの御
40 騒擾罪に問われる<恐れ>があります．
24:25 ペリクスは<恐れ>を感じ，「今は帰
ロマ 3:18 目の前には，神に対する<恐れ>がな
Ⅱコリ 7: 5 外には戦い，うちには<恐れ>があり
11 <恐れ>，慕う心，熱意を起こさせ，
ヘブ 12:28 慎みと<恐れ>とをもって，神に喜ば
Ⅰヨハ 4:18 愛には<恐れ>がありません．全き愛
は<恐れ>を締め出します…<恐れ>に
ユダ 23 <恐れ>を感じながらあわれみ，肉に

▼おそれおおい

創世 28:17 この場所は，なんと<おそれおおい>
詩 111: 9 御名は聖であり，<おそれおおい>．

▼おそれかしこむ（恐れかしこむ）

ルカ 1:50 主を<恐れかしこむ>者に，代々にわ
使徒 9:31 主を<恐れかしこ>み，聖霊に励まさ
10: 2 全家族とともに神を<恐れかしこ>み，
13:16 神を<恐れかしこむ>方々．よく聞い
Ⅱコリ 7: 1 神を<恐れかしこ>んで聖きを全うし
コロ 3:22 主を<恐れかしこ>みつつ，真心から
ヘブ 11: 7 ノアは…<恐れかしこ>んで…箱舟を
Ⅰペテ 1:17 <恐れかしこ>んで過ごしなさい．
黙示 11:18 御名を<恐れかしこむ>者たちに報い
19: 5 神を<恐れかしこむ>者たちよ．われ

▼おそれる（恐れる）

創世 3:10 私は裸なので，<恐れ>て，隠れまし
9: 2 あなたがたを<恐れ>ておののこう．
15: 1 アブラムよ．<恐れる>な．わたしは
20:11 この地方には，神を<恐れる>ことが
22:12 あなたが神を<恐れる>ことがよくわ
31:42 アブラハムの神，イサクの<恐れる>
32: 7 ヤコブは非常に<恐れ>，心配した．
11 私は彼を<恐れ>ているのです．
42:18 私も神を<恐れる>者だから．
43:18 家に連れて行かれたので<恐れ>た．
出エ 1:12 人々はイスラエル人を<恐れ>た．
17 助産婦たちは神を<恐れ>，エジプト
2:14 モーセは<恐れ>て，きっとあのこと
3: 6 モーセは神を仰ぎ見ることを<恐れ>
9:20 主のことばを<恐れ>た者は，しもべ

14:10 イスラエル人は非常に<恐れ>て，主
13 <恐れ>てはいけない．しっかり立っ
15:11 たたえられつつ<恐れ>られ，奇しい
18:21 民全体の中から，神を<恐れる>，力
レビ 19: 3 自分の母と父とを<恐れ>なければな
14 あなたの神を<恐れ>なさい．わたし
30 わたしの聖所を<恐れ>なければならない．26:2.
民数 12: 8 わたしのしもべモーセを<恐れ>ずに
14: 9 その地の人々を<恐れ>てはならない．
申命 1:17 人を<恐れ>てはならない．さばきは
21 <恐れ>てはならない．おののいては
4:10 わたしを<恐れる>ことを学び，また
5: 5 火を<恐れ>て，山に登らなかったか
29 わたしを<恐れ>…命令を守るように．
6: 2 主を<恐れ>て，私の命じるすべての
13:11 イスラエルはみな，聞いて<恐れ>，
17:13 民はみな，聞いて<恐れ>，不遜なふ
18:22 その預言者…を<恐れ>てはならない．
20: 8 <恐れ>て弱気になっている者はいな
25:18 彼は，神を<恐れる>ことなく，道で
28:58 主を<恐れ>て，この書物に書かれて
60 あなたが<恐れ>たエジプトのあらゆ
31: 8 <恐れ>てはならない．おののいては
ヨシ 4:14 モーセを<恐れ>たように，ヨシュア
24 あなたがたがいつも…主を<恐れる>
8: 1 <恐れ>てはならない．おののいては
9:24 いのちが失われるのを…<恐れ>たの
10:25 <恐れ>てはならない．おののいては
22:25 主を<恐れる>ことをやめさせるかも
24:14 主を<恐れ>，誠実と真実をもって主
士師 6:10 エモリ人の神々を<恐れ>てはならな
ルツ 3:11 さあ，娘さん．<恐れ>てはいけませ
Iサム 3:15 黙示についてエリに語るのを<恐れ>
7: 7 これを聞いて，ペリシテ人を<恐れ>
12:14 主を<恐れ>，主に仕え，主の御声に
18 主とサムエルを非常に<恐れ>た．
14:26 民は誓いを<恐れ>ていたからである．
15:24 私は民を<恐れ>て，彼らの声に従っ
18:12 サウルはダビデを<恐れ>た．主はダ
28:20 サムエルのことばを非常に<恐れ>た
IIサム 1:14 手を下して殺すのを<恐れ>なかった
6: 9 その日ダビデは主を<恐れ>て言った．
12:18 ダビデに告げるのを<恐れ>た．「王
22: 5 滅びの川は，私を<恐れ>させた．
23: 3 人を治める者，神を<恐れ>て治める
I列 1:50 アドニヤもソロモンを<恐れ>て立ち
3:28 王が下したさばきを聞いて…<恐れ>
18: 3 オバデヤは非常に主を<恐れ>ていた．
12 子どものころから主を<恐れ>ていま
II列 4: 1 しもべは，主を<恐れ>ておりました．
25:24 カルデヤ人の家来たちを<恐れ>ては
I歴 13:12 その日ダビデは神を<恐れ>て言った．
16:25 すべての神々にまさって<恐れ>られ
21:30 主の使いの剣を<恐れ>たからである．
II歴 19: 9 主を<恐れ>，忠実に，また全き心を
20: 3 ヨシャパテは<恐れ>て，ただひたす
15 大軍のゆえに<恐れ>てはならない．
エズ 3: 3 回りの国々の民を<恐れ>ていたので，
ネヘ 5: 9 神を<恐れ>ながら歩むべきではない
7: 2 多くの人にまさって神を<恐れ>てい
エス 8:17 彼らがユダヤ人を<恐れる>ようにな
9: 2 民はみなユダヤ人を<恐れ>ていたか
ヨブ 1: 1 この人は潔白で正しく，神を<恐れ>，
9 ヨブはいたずらに神を<恐れ>ましょ
26:11 しかると，天の柱は震い，<恐れる>．
28:28 主を<恐れる>こと，これが知恵であ
詩篇 2: 5 燃える怒りで彼らを<恐れ>おののか
11 <恐れ>つつ主に仕えよ．おののきつ
3: 6 幾万の民をも私は<恐れ>ない．
4: 4 <恐れ>おののけ．そして罪を犯すな．
5: 7 <恐れ>つつ…聖なる宮に向かってひ
6: 2 私の骨は<恐れ>おののいています．
10 私の敵は…<恐れ>おののきますよう
23: 4 私はわざわいを<恐れ>ません．あな
25:14 主はご自身を<恐れる>者と親しくさ
27: 3 陣営が張られても，私の心は<恐れ>
31:11 私の親友には<恐れ>られ，外で私に
33: 8 全地よ．主を<恐れ>よ．世界に住む
18 主の目は主を<恐れる>者に注がれる．
34: 9 主を<恐れ>よ．その聖徒たちよ．彼
11 主を<恐れる>ことを教えよう．
43: 1 神を<恐れ>ない民の言い分を退けて
46: 2 それゆえ，われらは<恐れ>ない．た
47: 2 いと高き方主は，<恐れ>られる方．
61: 5 御名を<恐れる>者の受け継ぐ地を私
66:16 神を<恐れる>者は，みな聞け．神が
72: 5 代々にわたって，あなたを<恐れ>ま
76: 8 地は<恐れ>て，沈黙を守りました．
78:53 彼らは<恐れ>なかった．彼らの敵は，

89: 7 主は…大いに<恐れ>られている神.
99: 1 国々の民は<恐れ>おののけ. 主は,
102:15 国々は主の御名を<恐れ>, 地のすべ
111:10 主を<恐れる>ことは, 知恵の初め.
118: 6 主は私の味方. 私は<恐れ>ない. 人
119:38 あなたを<恐れる>ようにしてくださ
120 私はあなたのさばきを<恐れ>ていま
161 私の心は, あなたのことばを<恐れ>
130: 4 あなたは人に<恐れ>られます.
箴言 1: 7 主を<恐れる>ことは知識の初めであ
29 主を<恐れる>ことを選ばず,
33 わざわいを<恐れる>こともなく, 安
3: 7 主を<恐れ>て, 悪から離れよ.
9:10 主を<恐れる>ことは知恵の初め, 聖
14: 2 まっすぐに歩む者は, 主を<恐れ>,
26 力強い信頼は主を<恐れる>ことにあ
27 主を<恐れる>ことはいのちの泉, 死
15:16 主を<恐れる>のは, 多くの財宝を持
19:23 主を<恐れる>なら, いのちに至る.
22: 4 主を<恐れる>ことの報いは, 富と誉
24:21 わが子よ. 主と王とを<恐れ>よ. そ
28:14 いつも主を<恐れ>ている人は. しか
29:25 人を<恐れる>とわなにかかる. しか
31:21 彼女は家の者のために雪を<恐れ>な
30 主を<恐れる>女はほめたたえられる.
伝道 3:14 人は神を<恐れ>なければならない.
5: 7 ただ, 神を<恐れ>よ.
7:18 神を<恐れる>者は, この両方を会得
8:12 神を<恐れる>者も, 神を敬って, し
9: 2 誓うのを<恐れる>者にも同様である.
12: 5 彼らはまた高い所を<恐れ>, 道でお
13 神を<恐れ>よ. 神の命令を守れ. こ
イザ 7:16 <恐れ>ているふたりの王の土地は,
8:12 この民の<恐れる>ものを<恐れる>な.
10:24 アッシリヤを<恐れる>な. 彼がむち
11: 2 主を知る知識と主を<恐れる>霊であ
12: 2 私は信頼して<恐れる>ことはない.
29:13 彼らがわたしを<恐れる>のは, 人間
23 イスラエルの神を<恐れる>からだ.
33: 6 主を<恐れる>ことが, その財宝であ
35: 4 強くあれ, <恐れる>な. 見よ, あな
41:10 <恐れる>な. わたしはあなたととも
43: 5 <恐れる>な. わたしが…ともにいる
50:10 だれが主を<恐れ>, そのしもべの声
エレ 3: 8 妹のユダは<恐れ>もせず, 自分も行
5:24 さあ, 私たちの神, 主を<恐れ>よう.
10: 7 だれかあなたを<恐れ>ない者があり
26:19 ヒゼキヤが主を<恐れ>, 主に願った
21 ウリヤはこれを聞いて<恐れ>, エジ
33: 9 祝福と平安のために, <恐れ>おのの
36:24 <恐れ>ようともせず, 衣を裂こうと
38:19 私は…ユダヤ人たちを<恐れる>. カ
42:11 バビロンの王を<恐れる>な. 彼をこ
46:27 しもべヤコブよ. <恐れる>な. イス
エゼ 26:17 すべての住民を<恐れ>させたその町
27:35 その王たちはひどく<恐れ>て, あわ
32:27 勇士たちは生ける者の地で<恐れ>ら
ダニ 4: 5 一つの夢…が私を<恐れ>させた. 私
19 夢と解き明かしを<恐れる>ことはな
10:12 <恐れる>な. ダニエル. あなたが心
ヨエ 2:21 地よ. <恐れる>な. 楽しみ喜べ. 主
ヨナ 1: 5 水夫たちは<恐れ>, 彼らはそれぞれ,
9 私は…天の神, 主を<恐れ>ています.
ハバ 3: 2 主よ, あなたのみわざを<恐れ>まし
ゼパ 3: 7 わたしを<恐れ>, 懲らしめを受けよ.
15 あなたはもう, わざわいを<恐れ>な
16 シオンよ. <恐れる>な. 気力を失う
ハガ 1:12 民は主の前で<恐れ>た.
2: 5 霊が…働いている. <恐れる>な.
ゼカ 8:13 祝福とならせる. <恐れる>な. 勇気
マラ 3: 5 わたしを<恐れ>ない者たちに, 向か
16 主を<恐れる>者たちが, 互いに語り
マタ 1:20 <恐れ>ないであなたの妻マリヤを迎
2: 3 それを聞いて, ヘロデ王は<恐れ>惑
22 そこに行ってとどまることを<恐れ>
10:26 だから, 彼らを<恐れ>てはいけませ
ん. 28, 31.
14: 5 ヘロデは…群衆を<恐れ>た. という
27 わたしだ. <恐れる>ことはない」と
28: 5 <恐れ>てはいけません. あなたがた
マコ 5:33 女は<恐れ>おののき, 自分の身に起
6:20 彼を<恐れ>, 保護を加えていたから
11:18 イエスを<恐れ>たからであった. な
32 彼らは群衆を<恐れ>ていたのである.
14:33 イエスは深く<恐れ>もだえ始められ
ルカ 1:65 近所の人々はみな<恐れ>た. さらに
2: 9 回りを照らしたので…ひどく<恐れ>
12: 5 <恐れ>なければならない方を, あな
18: 2 神を<恐れ>ず, 人を人とも思わない
20:19 捕らえようとしたが…民衆を<恐れ>

23:40 おまえは神をも<恐れ>ないのか．お
ヨハ 9:22 ユダヤ人たちを<恐れ>たからであっ
12:15 <恐れる>な．シオンの娘．見よ．あ
14:27 あなたがたは…<恐れ>てはなりませ
19: 8 ことばを聞くと，ますます<恐れ>た．
20:19 ユダヤ人を<恐れ>て戸がしめてあっ
使徒 5:26 石で打ち殺されるのを<恐れ>たから
9:26 彼を弟子だとは信じないで，<恐れ>
16:38 ローマ人であると聞いて<恐れ>，
18: 9 <恐れ>ないで，語り続けなさい．黙
27:17 浅瀬に乗り上げるのを<恐れ>て，船
24 <恐れ>てはいけません．パウロ．あ
ロマ 13: 3 権威を<恐れ>たくないと思うなら，
4 悪を行うなら，<恐れ>なければなり
7 <恐れ>なければならない人を<恐れ>，
Ⅰコリ 2: 3 私は，弱く，<恐れ>おののいていま
Ⅱコリ 5:11 主を<恐れる>ことを知っているので，
7:15 <恐れ>おののいて，自分を迎えてく
ガラ 2:12 割礼派の人々を<恐れ>て，だんだん
エペ 5:21 キリストを<恐れ>尊んで，互いに従
6: 5 <恐れ>おののいて真心から地上の主
ピリ 1:14 <恐れる>ことなく，ますます大胆に
2:12 <恐れ>おののいて自分の救いの達成
Ⅰテモ 5:20 ほかの人をも<恐れ>させるためです．
ヘブ 10:27 激しい火とを，<恐れ>ながら待つよ
11:23 彼らは王の命令をも<恐れ>ませんで
27 王の怒りを<恐れ>ないで，エジプト
12:21 モーセは，「私は<恐れ>て，震える」
13: 6 私は<恐れ>ません．人間が，私に対
Ⅰペテ 2:17 兄弟たちを愛し，神を<恐れ>，王を
3: 6 どんなことをも<恐れ>ないで善を行
14 彼らの脅かしを<恐れ>たり，それに
Ⅰヨハ 4:18 <恐れる>者の愛は，全きものとなっ
ユダ 15 神を<恐れ>ずに犯した行為のいっさ
いと，また神を<恐れ>ない罪人ども
黙示 1:17 <恐れる>な．わたしは，最初であり，
14: 7 神を<恐れ>，神をあがめよ．神のさ
15: 4 だれかあなたを<恐れ>ず，御名をほ
18:10 彼女の苦しみを<恐れ>たために，遠

▼おそろしい（恐ろしい），恐ろしさ

創世 18:15 打ち消した．<恐ろし>かったのであ
申命 1:19 あの大きな<恐ろしい>荒野を，エモ
4:34 <恐ろしい>力とをもって，一つの国
32:33 蛇の毒，コブラの<恐ろしい>毒であ
士師 13: 6 とても<恐ろし>ゅうございました．
ヨブ 6:21 <恐ろしい>ことを見ておびえている．
9:34 その<恐ろしさ>で私をおびえさせな
13:21 あなたの<恐ろしさ>で私をおびえさ
15:21 その耳には<恐ろしい>音が聞こえ，
39:20 いかめしいいななきは<恐ろしい>．
41:14 その歯の回りは<恐ろしい>．
詩篇 45: 4 <恐ろしい>ことをあなたに教えよ．
76:12 地の王たちにとって，<恐ろしい>方．
88:15 私はあなたの<恐ろしさ>に耐えてき
91: 3 <恐ろしい>疫病から，あなたを救い
106:22 葦の海のほとりでは<恐ろしい>わざ
139:14 奇しいことをなさって<恐ろしい>ほ
145: 6 あなたの<恐ろしい>みわざの力を語
箴言 20: 2 王の<恐ろしさ>は若い獅子がうなる
雅歌 6: 4 旗を掲げた軍勢のように<恐ろしい>．
10 <恐ろしい>もの．それはだれか．」
イザ 21: 1 荒野から，<恐ろしい>地からやって
28:19 悟らせることは全く<恐ろしい>．」
33:18 <恐ろし>かった事どもを思い起こす．
64: 3 予想もしなかった<恐ろしい>事をあ
エレ 23:14 <恐ろしい>事をわたしは見た．彼ら
ダニ 2:31 その姿は<恐ろしい>ものでした．
7: 7 それは<恐ろし>く，ものすごく，非
ヨエ 2:11 主の日は偉大で，非常に<恐ろしい>．
ハバ 1: 7 これは，ひどく<恐ろしい>．自分自
マラ 4: 5 主の大いなる<恐ろしい>日が来る前
マタ 9: 8 群衆はそれを見て<恐ろし>くなり，
14:26 <恐ろしさ>のあまり，叫び声を上げ
28: 4 御使いを見て<恐ろしさ>のあまり震
8 彼女たちは，<恐ろし>くはあったが
マコ 16: 8 何も言わなかった．<恐ろし>かった
ルカ 9:34 弟子たちは<恐ろし>くなった．
19:21 きびしい方ですから，<恐ろし>ゅう
21:11 <恐ろしい>ことや天からのすさまじ
26 <恐ろしさ>のあまり気を失います．
24: 5 <恐ろし>くなって，地面に顔を伏せ
使徒 10: 4 御使いを見つめていると，<恐ろし>
ロマ 13: 3 支配者を<恐ろしい>と思うのは，良
ヘブ 10:31 神の手の中に陥ることは<恐ろしい>
12:21 その光景があまり<恐ろし>かったの

▼おだやか（穏やか）

創世 25:27 ヤコブは<穏やか>な人となり，天幕
37: 4 彼と<穏やか>に話すことができなか
士師 3:11 この国は40年の間，<穏やか>であっ
た．3:30，5:31，8:28．

お

11:13 これらの地を<穏やか>に返してくれ.
Ⅰサム 29: 7 今のところ，<穏やか>に帰ってくれ.
Ⅱサム 17: 3 民はみな，<穏やか>になるでしょう.
Ⅰ歴 22: 9 彼は<穏やか>な人になり，わたしは，
箴言 14:30 <穏やか>な心は，からだのいのち.
ヘブ 11:31 偵察に来た人たちを<穏やか>に受け
Ⅰペテ 3: 4 柔和で<穏やか>な霊という朽ちるこ

▼ おちいる（陥る）

Ⅱサム 24:14 主の手に<陥る>ことにしましょう…
人の手には<陥>りたくありません.」
詩篇 9:15 国々はおのれの作った穴に<陥>り，
40: 4 偽りに<陥る>者たちのほうに向かな
箴言 17:20 口にする者はわざわいに<陥る>.
26:27 自分がその穴に<陥>り，石をころが
28:10 自分の掘った穴に<陥る>. しかし潔
マタ 26:41 誘惑に<陥>らないように，目をさま
して，祈っていなさい. マコ14:38，
ルカ22:40，46.
ガラ 6: 1 もしだれかがあやまちに<陥>ったな
ら…自分自身も誘惑に<陥>らないよ
Ⅰテモ 6: 9 愚かで，有害な多くの欲とに<陥>り
ヘブ 10:31 生ける神の手の中に<陥る>ことは恐

▼ おちつく（落ち着く），落ち着き

ルツ 3: 1 身の<落ち着く>所を私が捜してあげ
18 決めてしまわなければ，<落ち着>か
イザ 30:15 <落ち着>いて，信頼すれば，あなた
ルカ 10:40 もてなしのために気が<落ち着>かず，
Ⅰテサ 4:11 <落ち着>いた生活をすることを志し，
Ⅱテサ 2: 2 すぐに<落ち着き>を失ったり，心を

▼ おちど（落度）

ルカ 1: 6 戒めと定めを<落度>なく踏み行って

▼ おちぼ（落ち穂，落穂）

レビ 19: 9 収穫の<落ち穂>を集めてはならない.
25: 5 <落ち穂>から生えたものを刈り入れ
ルツ 2: 2 <落ち穂>を拾い集めたいのです.」
8 ほかの畑に<落ち穂>を拾いに行った
Ⅱ列 19:29 <落ち穂>から生えたものを食べ，二
イザ 17: 5 レファイムの谷で<落穂>を拾うとき
37:30 ことしは，<落ち穂>から生えたもの

▼ おちる（落ちる）

創世 14:10 その穴に<落ち>込み，残りの者たち
出エ 21:33 牛やろばがそこに<落ち>込んだ場合，
レビ 11:32 何かの上に<落ち>たなら，それがど
申命 22: 8 だれかがそこから<落ち>ても，あな
28:40 オリーブの実が<落ち>てしまうから
士師 15:18 無割礼の者どもの手に<落ち>ようと
16:30 領主たちと民全体との上に<落ち>た.
Ⅰサム 4:18 エリは…あおむけに<落ち>，首を折
14:45 髪の毛１本でも地に<落ち>てはなり
Ⅱサム 14:11 髪の毛１本も決して地に<落ちる>こ
Ⅱ列 1: 2 アハズヤは…欄干から<落ち>て病気
2:13 彼はエリヤの身から<落ち>た外套を
10:10 主のことばは一つも地に<落ち>ない
ヨブ 31:22 私の肩の骨が肩から<落ち>，私の腕
詩篇 7:15 おのれの作った穴に<落ち>込む.
16: 6 測り綱は，私の好む所に<落ち>た.
141:10 悪者はおのれ自身の網に<落ち>込み
箴言 22:14 主の憤りに触れた者が…<落ち>込む.
伝道 10:18 なまけていると天井が<落ち>，手を
イザ 9: 8 それはイスラエルに<落ち>た.
14:12 どうしてあなたは天から<落ち>たの
22:25 釘は抜き取られ，折られて<落ち>，
24:18 逃げる者は，その落とし穴に<落ち>，
エレ 48:44 恐れから逃げた者は，穴に<落ち>，
哀歌 5:16 私たちの頭から冠も<落ち>ました.
エゼ 31:12 その枝はすべての谷間に<落ち>，そ
16 諸国の民をその<落ちる>音で震えさ
38:20 がけは<落ち>，すべての城壁は地に
ダニ 3:23 火の燃える炉の中に<落ち>込んだ.
6:24 彼らが穴の底に<落ち>ないうちに，
アモ 3:14 祭壇の角は折られて，地に<落ちる>.
ナホ 3:12 ゆさぶると…口に<落ちる>.
マタ 10:29 父のお許しなしには地に<落ちる>こ
12:11 その羊が安息日に穴に<落ち>たら，
13: 4 道ばたに<落ち>た種があった. する
5 別の種が土の薄い岩地に<落ち>た.
7 別の種はいばらの中に<落ち>たが，
8 別の種は良い地に<落ち>て，あるも
15:14 ふたりとも穴に<落ち>込むのです.」
17:15 何度も火の中に<落ち>たり，水の中
21:44 この石の上に<落ちる>者は，粉々に
マコ 4: 8 別の種が良い地に<落ち>た. すると
ルカ 6:39 ふたりとも穴に<落ち>込まないでし
8: 5 道ばたに<落ち>た種があった. する
6 別の種は岩の上に<落ち>，生え出た
7 別の種はいばらの真ん中に<落ち>た.
13 岩の上に<落ちる>とは，こういう人
14 いばらの中に<落ちる>とは，こうい
15 良い地に<落ちる>とは，こういう人
10:18 サタンが…天から<落ち>ました.

16:17 律法の一画が<落ちる>よりも，天地
ヨハ 12:24 一粒の麦がもし地に<落ち>て死なな
使徒 9:18 うろこのような物が<落ち>て，目が
ガラ 5: 4 キリストから離れ，恵みから<落ち>
Ⅱテモ 3:13 ますます悪に<落ち>て行くのです．
ヘブ 12:15 神の恵みから<落ちる>者がないよう
ヤコ 1:11 その花は<落ち>，美しい姿は滅びま
黙示 2: 5 どこから<落ち>たかを思い出し，悔
8:10 大きな星が天から<落ち>て来て，川

▼オツェム〔人名〕

(1)ダビデの兄．Ⅰ歴2:15.
(2)ユダ族エラフメエルの子．Ⅰ歴2:25.

▼おつげ（お告げ）

士師 3:20 あなたへの神の<お告げ>があります．
ルカ 2:26 聖霊の<お告げ>を受けていた．

▼おって（追っ手）

ヨシ 2:16 <追っ手>に出会わないように．22.
ネヘ 9:11 <追っ手>を海の深みに投げ込まれま
イザ 30:16 あなたがたの<追っ手>はなお速い．

▼おっと（夫）

創世 3: 6 <夫>にも与えたので，<夫>も食べた．
16 あなたは<夫>を恋い慕うが，彼は，
16: 3 <夫>アブラムに妻として与えた．
20: 3 あの女は<夫>のある身である．」
29:32 今こそ<夫>は私を愛するであろう」
出エ 21:22 彼はその女の<夫>が負わせるだけの
レビ 21: 7 <夫>から離婚された女をめとっては
民数 5:13 彼女の<夫>の目に隠れており，彼女
申命 21:13 彼女の<夫>となることができる．彼
22:22 <夫>のある女と寝ている男が見つか
24: 1 人が妻をめとり<夫>となり，妻に何
4 最初の<夫>は，その女を再び自分の
25: 5 その<夫>の兄弟がその女のところに，
28:56 自分の愛する<夫>や，息子や，娘に，
士師 13: 6 その女は<夫>のところに行き，次の
14:15 あなたの<夫>をくどいて，あのなぞ
19: 3 彼女の<夫>は，ねんごろに話をして
ルツ 1: 3 ナオミの<夫>エリメレクは死に，彼
11 <夫>になるような息子たちが，まだ，
Ⅰサム 1:23 <夫>のエルカナは彼女に言った．
4:19 <夫>が死んだという知らせを聞いた
25:19 彼女は<夫>ナバルには何も告げなか
Ⅱサム 3:15 彼女をその<夫>…から取り返した．
11:26 <夫>ウリヤが死んだことを聞いて，
14: 5 私は，やもめで，私の<夫>はなくな
Ⅱ列 4: 1 しもべである私の<夫>が死にました．
エス 1:17 女たちは自分の<夫>を軽く見るよう
箴言 6:34 嫉妬が，その<夫>を激しく憤らせて，
7:19 <夫>は家にいません．遠くへ旅に出
12: 4 しっかりした妻は<夫>の冠．恥をも
たらす妻は，<夫>の骨の中の腐れの
31:11 <夫>の心は彼女を信頼し，彼は「収
23 <夫>は町囲みのうちで人々によく知
イザ 54: 1 <夫>に捨てられた女の子どもは…多
5 あなたの<夫>はあなたを造った者，
62: 4 あなたの国は<夫>のある国と呼ばれ
エレ 3:14 わたしが，あなたがたの<夫>になる
20 なんと，妻が<夫>を裏切るように，
6:11 <夫>も妻も，ともどもに…捕らえら
18:21 <夫>たちは虐殺されて死に，若い男
44:19 <夫>と相談せずにしたことでしょう
エゼ 16:32 姦婦は，自分の<夫>の代わりに，ほ
45 自分の<夫>と子どもをきらった母の
ホセ 2: 2 わたしは彼女の<夫>ではないからだ．
7 私は行って，初めの<夫>に戻ろう．
16 あなたはわたしを『私の<夫>』と呼
ヨエ 1: 8 若い時の<夫>のために，荒布をまと
マタ 1:16 ヤコブにマリヤの<夫>ヨセフが生ま
19 <夫>のヨセフは正しい人であって，
19:10 もし妻に対する<夫>の立場がそんな
マコ 10: 2 <夫>が妻を離別することは許される
12 <夫>を離別して別の男にとつぐなら，
ルカ 2:36 アンナ…は…７年間，<夫>とともに
16:18 <夫>から離別された女と結婚する者
ヨハ 4:16 あなたの<夫>をここに呼んで来なさ
17 女は…言った．「私には<夫>はあり
18 あなたには<夫>が５人あったが，今
使徒 5: 9 <夫>を葬った者たちが，戸口に来て
10 運び出し，<夫>のそばに葬った．
ロマ 7: 2 <夫>のある女は，<夫>が生きている
3 <夫>が生きている間に他の男に行け
Ⅰコリ 7: 2 女もそれぞれ自分の<夫>を持ちなさ
3 <夫>は自分の妻に対して義務を果た
4 からだに関する権利…は<夫>のもの
10 妻は<夫>と別れてはいけません．
11 <夫>と和解するか，どちらかにしな
13 信者でない<夫>を持つ女は，<夫>が
14 信者でない<夫>は妻によって聖めら
16 妻よ．あなたが<夫>を救えるかどう
34 どうしたら<夫>に喜ばれるかと，世

39 妻は<夫>が生きている間は<夫>に縛
14:35 家で自分の<夫>に尋ねなさい．教会
ガラ 4:27 <夫>に捨てられた女の産む子どもは，
エペ 5:22 妻たちよ…自分の<夫>に従いなさい．
23 <夫>は妻のかしらであるからです．
24 妻も，すべてのことにおいて，<夫>
25 <夫>たちよ…自分の妻を愛しなさい．
28 <夫>も自分の妻を自分のからだのよ
33 妻もまた自分の<夫>を敬いなさい．
コロ 3:18 妻たちよ…<夫>に従いなさい．
19 <夫>たちよ．妻を愛しなさい．つら
Ⅰテモ 3: 2 ひとりの妻の<夫>であり，自分を制
12 執事は，ひとりの妻の<夫>であって，
5: 9 名簿に載せるのは…ひとりの<夫>の
テト 1: 6 ひとりの妻の<夫>であり，その子ど
2: 4 彼女たちは…<夫>を愛し，子どもを
5 自分の<夫>に従順であるようにと，
Ⅰペテ 3: 1 妻たちよ．自分の<夫>に服従しなさ
5 敬虔な婦人たちも…<夫>に従ったの
7 <夫>たちよ．妻が女性であって，自
黙示 21: 2 新しいエルサレムが，<夫>のために

▼おでき

ルカ 16:20 ラザロという全身<おでき>の貧しい
21 犬も…彼の<おでき>をなめていた．

▼オデデ〔人名〕

(1)預言者アザルヤの父．Ⅱ歴15:1，8．
(2)サマリヤの預言者．Ⅱ歴28:9．

▼オテニ〔人名〕

ダビデ時代の主の宮の門衛．Ⅰ歴26:7．

▼オテニエル〔人名〕

カレブの兄弟か，おい．ヨシ15:17，Ⅰ歴4:13．

▼おとうさん（お父さん）

創世 19:31 <お父さん>は年をとっています．こ
イザ 8: 4 <お父さん>．お母さん』と呼ぶこと
マタ 21:29 兄は…『行きます．<お父さん>』と
ルカ 15:18 <お父さん>．私は天に対して罪を犯
27 <お父さん>が，肥えた子牛をほふら

▼おとうと（弟）

創世 4: 2 彼女は…また，<弟>アベルを産んだ．
8 カインは<弟>アベルに襲いかかり，
9 <弟>アベルは，どこにいるのか…私
は，自分の<弟>の番人なのでしょう
10 <弟>の血が…叫んでいる．11，21．
22:21 長男がウツ，その<弟>がブズ，それ
25:23 他の国民より強く，兄が<弟>に仕え
27:15 エサウの晴れ着を…<弟>ヤコブに着
33: 9 <弟>よ．私はたくさんに持っている．
37:26 <弟>を殺し，その血を隠したとて，
27 彼はわれわれの肉親の<弟>だから．」
42:15 末の<弟>がここに来ないかぎり，決
43:29 これが…私に話した末の<弟>か．」
30 ヨセフは<弟>なつかしさに胸が熱く
44:20 年寄り子の末の<弟>がおります．そ
23 末の<弟>といっしょに下って来なけ
45: 4 エジプトに売った<弟>のヨセフです．
48:14 <弟>であるエフライムの頭の上に置
19 <弟>は彼よりも大きくなり，その子
士師 1:13 カレブの<弟>オテニエルがそれを取
Ⅰ列 2:15 王位は転じて，私の<弟>のものとな
Ⅰ歴 24:31 かしらもその<弟>と全く同じであっ
マタ 21:30 <弟>のところに来て，同じように言
22:24 その<弟>は兄の妻をめとって，兄の
25 長男は…その妻を<弟>に残しました．
マコ 12:19 その<弟>はその女を妻にして，兄の
ルカ 15:12 <弟>が父に…財産の分け前を下さい
13 <弟>は，何もかもまとめて遠い国に
27 <弟>さんがお帰りになったのです．
32 <弟>は，死んでいたのが生き返って
ロマ 9:12 兄は<弟>に仕える」と彼女に告げら

▼おとこ（男）【別項】男の子，若い男

創世 1:27 <男>と女とに彼らを創造された．
2:23 これは<男>から取られたのだから．」
24 <男>はその父母を離れ，妻と結び合
19: 8 私にはまだ<男>を知らないふたりの
出エ 10:11 壮年の<男>だけ行って，主に仕えよ．
11: 2 <男>は隣の<男>から，女は隣の女か
13:13 <男>の初子はみな，贖わなければな
レビ 13:29 <男>あるいは女で，頭か，ひげに疾
15:18 <男>が女と寝て交わるなら，ふたり
33 <男>か女で漏出のある者，あるいは
27: 3 20歳から60歳までの<男>なら，その
民数 5: 3 <男>でも女でも追い出し，彼らを宿
6 <男>にせよ，女にせよ，主に対して
31:17 <男>と寝て，<男>を知っている女も
申命 2:34 <男>，女および子ども…を聖絶して，
4:16 造らないように…<男>の形も女の形
20:13 その町の<男>をみな，剣の刃で打ち
22: 5 女は<男>の衣装を身に着けてはなら
28:54 上品な<男>が，自分の兄弟や，自分
31:12 <男>も，女も，子どもも…集めなさ

ヨシ 7:14 <男>ひとりひとり進み出なければな
士師 11:39 彼女はついに<男>を知らなかった．
21:11 <男>はみな，そして<男>と寝たこと
12 <男>を知らない若い処女400人を見
Ⅰサム 4: 9 奮い立て．<男>らしくふるまえ．さ
15: 3 <男>も女も，子どもも乳飲み子も，
26:15 おまえは<男>ではないか．イスラエ
Ⅱサム 6:19 <男>にも女にも…輪型のパン1個，
12: 7 あなたがその<男>です．イスラエル
Ⅰ列 2: 2 強く，<男>らしくありなさい．
エズ 10: 1 <男>や女や子どもの大集団が彼のと
エス 4:11 <男>でも女でも…召されないで内庭
箴言 30:19 舟の道，おとめへの<男>の道．
伝道 7:28 ひとりの<男>を見いだしたが，その
イザ 3:25 あなたの<男>たちは剣に倒れ，あな
4: 1 7人の女がひとりの<男>にすがりつ
エレ 3: 1 ほかの<男>のものになれば，この人
23: 9 ぶどう酒に負けた<男>のようになっ
30: 6 <男>が子を産めるか，さあ，尋ねて
31:22 ひとりの女がひとりの<男>を抱こう．
40: 7 <男>，女，子どもたち，国の貧民た
43: 6 <男>も女も子どもも，王の娘も，そ
エゼ 16:17 自分のために<男>の像を造り，それ
32 姦婦は…ほかの<男>と通じるものだ．
マタ 19: 4 初めから人を<男>と女に造って，
マコ 6:44 パンを食べたのは，<男>が5千人で
10: 6 神は，人を<男>と女に造られたので
14:13 水がめを運んでいる<男>に会うから，
ルカ 1:34 私はまだ<男>の人を知りませんのに．
9:14 <男>だけでおよそ5千人もいたから
使徒 3:14 人殺しの<男>を赦免するように要求
8: 3 <男>も女も引きずり出し，次々に牢
12 <男>も女もバプテスマを受けた．
22: 4 <男>も女も縛って牢に投じ，死にま
ロマ 1:27 <男>も，女の自然な用を捨てて<男>
どうしで情欲に燃え，<男>が<男>と
7: 3 夫が生きている間に他の<男>に行け
Ⅰコリ 7: 1 <男>が女に触れないのは良いことで
26 <男>はそのままの状態にとどまるの
32 独身の<男>は，どうしたら主に喜ば
11: 3 <男>のかしらはキリストであり，女
のかしらは<男>であり，キリストの
4 <男>が，祈りや預言をするとき，頭
7 <男>はかぶり物を着けるべきでは…
<男>は神の似姿…女は<男>の栄光の
8 女が<男>をもとにして造られたので
9 <男>は女のために造られたのではな
く，女が<男>のために造られたのだ
11 女は<男>を離れてあるものではなく，
12 <男>も女によって生まれるのだから
14 <男>が長い髪をしていたら，それは
16:13 <男>らしく，強くありなさい．
Ⅰテモ 2: 8 <男>は，怒ったり言い争ったりする
12 女が教えたり<男>を支配したりする

▼おとこどれい（男奴隷）

出エ 20:10 <男奴隷>や女奴隷，家畜，また，あ
21: 7 彼女は<男奴隷>が去る場合のように
去ることはできない．20, 26, 32．
申命 5:14 どんな仕事もしてはならない…<男
奴隷>や女奴隷も．21, 12:12, 18．

▼おとこのこ（男の子）

創世 16:11 <男の子>を産もうとしている．その
17:16 あなたにひとりの<男の子>を与えよ
18:10 妻サラには，<男の子>ができている．
35:17 今度も<男のお子>さんです」と告げ
出エ 1:16 <男の子>なら，それを殺さなければ
17 助産婦たちは…<男の子>を生かして
2: 2 女はみごもって，<男の子>を産んだ
21:31 <男の子>を突いても，女の子を突い
レビ 12: 2 <男の子>を産んだときは…7日の間
民数 27: 3 彼には<男の子>がなかったのです．
31:17 子どものうち<男の子>をみな殺せ．
申命 21:15 その人に<男の子>を産み，長子はき
士師 11:34 エフタには彼女のほかに，<男の子>
13: 3 あなたはみごもり，<男の子>を産む．
ルツ 4:13 彼女はひとりの<男の子>を産んだ．
Ⅰサム 1:11 このはしためにに<男の子>を授けてく
4:20 しっかりしなさい．<男の子>が生ま
Ⅱサム 12:24 彼女が<男の子>を産んだとき，彼は
Ⅱ列 4:16 来年の今ごろ，あなたは<男の子>を
ヨブ 3: 3 <男の子>が胎に宿った」と言ったそ
イザ 7:14 <男の子>を産み，その名を『インマ
8: 3 彼女はみごもった．そして<男の子>
9: 6 ひとりの<男の子>が，私たちに与え
66: 7 陣痛の起こる前に<男の子>を産み落
エレ 20:15 あなたに<男の子>が生まれた」と言
ホセ 1: 3 彼女はみごもって，彼に<男の子>を
ゼカ 8: 5 広場で遊ぶ<男の子>や女の子でいっ
マタ 1:21 マリヤは<男の子>を産みます．その
23 処女がみごもっている…<男の子>を

2:16 2歳以下の<男の子>をひとり残らず
ルカ 1:13 妻エリサベツは<男の子>を産みます.
31 <男の子>を産みます. 名をイエスと
36 あの年になって<男の子>を宿してい
57 月が満ちて, エリサベツは<男の子>
使徒 7:29 ミデアンの地…で<男の子>ふたりを
ロマ 9: 9 そして, サラは<男の子>を産みます.
黙示 12: 5 女は<男の子>を産んだ. この子は,
13 竜は, <男の子>を産んだ女を追いか

▼ おどし
ヨブ 33: 7 私の<おどし>も, あなたをおびえさ
イザ 30:17 ひとりの<おどし>によって千人が逃
げ, 5人の<おどし>によってあなた

▼ おとしあな（落とし穴）
ヨシ 23:13 彼らは…わなとなり, <落とし穴>と
士師 8:27 一族にとって, <落とし穴>となった.
Iサム 18:21 ミカルは彼にとって<落とし穴>とな
ヨブ 18: 8 彼は…<落とし穴>の上を歩むからだ.
詩篇 69:22 栄えるときには…<落とし穴>となれ.
イザ 24:17 恐れと, <落とし穴>と, わな. 18.
哀歌 4:20 彼らの<落とし穴>で捕らえられた.
エゼ 19: 4 獅子は彼らの<落とし穴>で捕らえら
ホセ 5: 2 曲がった者たちは<落とし穴>を深く

▼ おとしもの（落とし物）
レビ 6: 3 <落とし物>を見つけても. 4.

▼ おとす（落とす）
民数 11:31 うずらを…宿営の上に<落と>した.
35:23 死なせるほどの石を人の上に<落と>
Iサム 3:19 彼のことばを一つも地に<落と>され
IIサム 4: 4 急いで逃げたので, この子を<落と>
II列 6: 5 斧の頭を水の中に<落と>してしまっ
ヨブ 15:33 その花は<落と>される.
詩篇 55:23 彼らを, 滅びの穴に<落と>されまし
78:28 それを…住まいの回りに<落と>した.
140:10 火の中に, また, 深い淵に<落と>さ
イザ 14:11 あなたの琴の音はよみに<落と>され,
15 あなたはよみに<落と>され, 穴の底
エゼ 30:22 その手から剣を<落と>させる.
31:18 地下の国に<落と>され, 剣で刺し殺
ダニ 8:10 星の軍勢のうちの幾つかを…<落と>
アモ 9: 9 一つの石ころも地に<落と>さない.
マタ 11:23 ハデスに<落と>されるのだ. おまえ

▼ おどす
エズ 4: 4 気力を失わせ, 彼らを<おど>した.
ネヘ 6: 9 私たちを<おどす>ためであった. あ
ヨブ 13:25 吹き散らされた木の葉を<おど>し,
使徒 4:21 彼らはふたりをさらに<おど>したう
IIコリ 10: 9 私は手紙であなたがたを<おど>して
エペ 6: 9 <おどす>ことはやめなさい. あなた
Iペテ 2:23 苦しめられても, <おどす>ことをせ

▼ おとずれ（訪れ）【別項】良いおとずれ
ルカ 1:19 この喜びの<おとずれ>を伝えるよう
19:44 神の<訪れ>の時を知らなかったから
Iペテ 2:12 <おとずれ>の日に神をほめたたえる

▼ おとずれる（訪れる）
詩篇 65: 9 あなたは, 地を<訪れ>, 水を注ぎ,
イザ 29: 6 火の炎をもって, あなたを<訪れる>.
ゼパ 2: 7 主が, 彼らを<訪れ>, 彼らの繁栄を
ゼカ 10: 3 万軍の主は…ユダの家を<訪れ>, 彼
ルカ 1:78 いと高き所からわれらを<訪れ>,

▼ おとな
Iサム 30: 2 子どもも<おとな>もみな, とりこに
ヨハ 9:21 あれはもう<おとな>です. 自分のこ
Iコリ 13:11 <おとな>になったときには, 子ども
14:20 考え方においては<おとな>になりな
ヘブ 5:14 堅い食物は<おとな>の物であって,

▼ おとなしい
エレ 11:19 引かれて行く<おとなしい>子羊のよ
IIコリ 10: 1 面と向かっているときは<おとなし>

▼ おとめ
出エ 2: 8 <おとめ>は行って, その子の母を呼
エス 2: 4 王のお心にかなう<おとめ>を…王妃
12 <おとめ>たちは, 婦人の規則に従っ
ヨブ 31: 1 どうして<おとめ>に目を留めよう.
詩篇 45:14 彼女に付き添う<おとめ>らもあなた
68:25 タンバリンを鳴らして<おとめ>らが
箴言 30:19 舟の道, <おとめ>への男の道.
雅歌 1: 3 <おとめ>らはあなたを愛しています.
6: 8 そばめは80人, <おとめ>たちは数知
イザ 23:12 しいたげられた<おとめ>, シドンの
47: 1 <おとめ>バビロンの娘よ. 下って,
エレ 2:32 <おとめ>が自分の飾り物を忘れ, 花
14:17 <おとめ>の打たれた傷は大きく, い
18:13 <おとめ>イスラエルは, 実に恐るべ
31: 4 <おとめ>イスラエルよ. わたしは再
46:11 <おとめ>エジプトの娘よ. ギルアデ
哀歌 1: 4 <おとめ>たちは憂いに沈んでいる.
2:13 <おとめ>, シオンの娘よ. 私は何に
5:11 <おとめ>たちはユダの町々で, はず
ヨエ 1: 8 荒布をまとった<おとめ>のように,

アモ 5: 2 <おとめ>イスラエルは倒れて，二度

▼ おどり（踊り）

出エ 32:19 子牛と<踊り>を見るなり，モーセの
士師 21:21 シロの娘たちが<踊り>に出て来たら，
詩篇 30:11 嘆きを<踊り>に変えてくださいまし
149: 3 <踊り>をもって，御名を賛美せよ．
エレ 31: 4 喜び笑う者たちの<踊り>の輪に出て
哀歌 5:15 喜びは消え，<踊り>は喪に変わり，
マタ 14: 6 ヘロデヤの娘が…<踊り>を踊ってヘロデを喜ばせた．マコ6:22．
ルカ 15:25 音楽や<踊り>の音が聞こえて来た．

▼ おどりあがる（～上がる）

ルカ 6:23 <おどり上が>って喜びなさい．天で
使徒 3: 8 <おどり上が>ってまっすぐに立ち，

▼ おとる（劣る）

ヨブ 12: 3 私はあなたがたに<劣>らない．だれ
詩篇 8: 5 人を，神よりいくらか<劣る>ものと
ダニ 2:39 あなたより<劣る>もう一つの国が起
Ｉコリ 12:24 神は，<劣>ったところをことさらに
IIコリ 11: 5 大使徒たちに少しでも<劣>っている
12:11 大使徒たちに…<劣る>ところはあり
13 他の諸教会より<劣>っている点は何

▼ おどる（踊る）【別項】おどり上がる

出エ 15:20 タンバリンを持って，<踊>りながら
申命 33:22 バシャンから<おど>り出る．」
士師 21:23 <踊>っているところを，彼らが略奪
Ｉサム 21:11 みなが<踊>りながら，『サウルは千を打ち，ダビデは万を打った』29:5．
IIサム 6:14 ダビデは…力の限り<踊>った．ダビ
16 王が主の前ではねたり<踊>ったりし
Ｉ列 18:26 彼らは…祭壇のあたりを，<踊>り回
ヨブ 41:22 力が宿り，その前には恐れが<踊る>．
詩篇 87: 7 <踊>りながら歌う者は，「私の泉は
伝道 3: 4 嘆くのに時があり，<踊る>のに時が
マタ 11:17 君たちは<踊>らなかった．弔いの歌
ルカ 1:41 子が胎内で<おど>り，エリサベツは
44 私の胎内で子どもが喜んで<おど>り
7:32 君たちは<踊>らなかった．弔いの歌
Ｉコリ 10: 7 飲み食いし，立っては<踊>った」と

▼ おどろ

イザ 5: 6 いばらと<おどろ>が生い茂る．わた
7:23 いばらと<おどろ>のものとなる．25．
9:18 いばらと<おどろ>をなめ尽くし，林
27: 4 いばらと<おどろ>が，わたしと戦え
32:13 いばらや<おどろ>の生い茂るわたし
55:13 <おどろ>の代わりにミルトスが生え

▼ おとろえる（衰える）

創世 27: 1 イサクは…視力が<衰え>てよく見え
47:13 ききんのために<衰え>果てた．
申命 28:32 目は絶えず彼らを慕って<衰える>が，
65 目を<衰え>させ，精神を弱らせる．
34: 7 彼の目はかすまず，気力も<衰え>て
ネヘ 4:10 荷をになう者の力は<衰え>ているの
ヨブ 11:20 悪者どもの目は<衰え>果て，彼らは
12: 5 <衰え>ている者をさげすみ，足のよ
17: 5 その子らの目は<衰え>果てる．
31:16 やもめの目を<衰え>果てさせ，
29 私を憎む者の<衰え>ているのを私が
詩篇 6: 2 私は<衰え>ております．主よ．私を
7 私の目は，いらだちで<衰え>，私の
31: 9 私の目はいらだちで<衰え>てしまい
10 私の骨々も<衰え>てしまいました．
61: 2 私の心が<衰え>果てるとき，私は地
69: 3 わが神を待ちわびて，<衰え>果てま
77: 3 思いを潜めて，私の霊は<衰え>果て
88: 9 私の目は悩みによって<衰え>ていま
107: 5 彼らのたましいは<衰え>果てた．
142: 3 私の霊が私のうちで<衰え>果てたと
イザ 17: 4 その日，ヤコブの栄光は<衰え>，そ
19: 3 エジプトの霊はその中で<衰える>．
24: 4 地は嘆き悲しみ，<衰える>．世界は
38:14 私の目は，上を仰いで<衰え>ました．
42: 4 彼は<衰え>ず，くじけない．ついに
哀歌 2:11 都の広場で<衰え>果てている．
ヨナ 2: 7 私のたましいが…<衰え>果てたとき，
4: 8 彼は<衰え>果て，自分の死を願って
ゼカ 11:17 その右の目は視力が<衰える>．」
ヨハ 3:30 あの方は盛んになり私は<衰え>なけ
IIコリ 4:16 外なる人は<衰え>ても，内なる人は

▼ おどろく（驚く），驚かす，驚き

創世 43:33 この人たちは互いに<驚>き合った．
45: 3 ヨセフを前にして<驚き>のあまり，
士師 6:13 話したあの<驚く>べきみわざはみな，
Ｉ列 9: 8 通り過ぎる者はみな，<驚>いて，ささやき…と言うであろう．II歴7:21．
ヨブ 10:16 私に<驚く>べき力をふるわれるでし
17: 8 正しい者はこのことに<驚>き，罪の
18:20 西に住む者は彼の日について<驚>き，
21: 5 私のほうを見て<驚>け．そして手を
37: 5 神は，御声で<驚く>ほどに雷鳴をと

お

詩篇 48: 5 彼らは，見るとたちまち<驚>き，お
イザ 13: 8 彼らは<驚>き，燃える顔で互いを見
29:14 <驚>き怪しむべきことをする．この
52:15 彼は多くの国々を<驚かす>．王たち
エレ 4: 9 祭司はおののき，預言者は<驚く>.」
8: 9 <驚>きあわてて，捕らえられる．見
哀歌 1: 9 <驚く>ほど落ちぶれて，だれも慰め
ダニ 3:24 ネブカデネザル王は<驚>き，急いで
4:19 ダニエルは…<驚>きすくみ，おびえ
8:27 私はこの幻のことで，<驚>きすくん
アモ 3: 6 鳴ったら，民は<驚>かないだろうか．
ハバ 1: 5 <驚>き，<驚>け．わたしは一つの事
ゼカ 12: 4 すべての馬を打って<驚>かせ，その
マタ 7:28 群衆はその教えに<驚>いた．
8:10 イエスは，これを聞いて<驚>かれ，
27 人々は<驚>いてこう言った．「風や
9:33 群衆は<驚>いて，「こんなことは，
12:23 群衆はみな<驚>いて言った．「この
13:54 すると，彼らは<驚>いて言った．
15:31 見えるようになるのを見て，<驚>い
19:25 これを聞くと，たいへん<驚>いて言
21:15 イエスのなさった<驚く>べきいろい
20 弟子たちは，これを見て，<驚>いて
22:33 群衆は…イエスの教えに<驚>いた．
27:14 それには総督も非常に<驚>いた．
マコ 1:22 人々は，その教えに<驚>いた．それ
27 人々はみな<驚>いて，互いに論じ合
2:12 それでみなの者がすっかり<驚>いて，
5:20 言い広め始めた．人々はみな<驚>い
42 たちまち非常な<驚き>に包まれた．
6: 2 それを聞いた多くの人々は<驚>いて
6 イエスは彼らの不信仰に<驚>かれた．
51 彼らの心中の<驚き>は非常なもので
7:37 人々は非常に<驚>いて言った．「こ
9:15 群衆はみな，イエスを見ると<驚>き，
10:24 弟子たちは，イエスのことばに<驚>
26 弟子たちは，ますます<驚>いて互い
32 弟子たちは<驚>き，また，あとにつ
15: 5 それにはピラトも<驚>いた．
16: 5 彼女たちは<驚>いた．
6 <驚>いてはいけません．あなたがた
ルカ 1:63 ヨハネ」と書いたので…みな<驚>い
2:18 羊飼いの話したことに<驚>いた．
33 父と母は…語られる事に<驚>いた．
47 イエスの知恵と答えに<驚>いていた．
48 両親は彼を見て<驚>き，母は言った．
4:32 人々は，その教えに<驚>いた．その
36 人々はみな<驚>いて，互いに話し合
5: 9 大漁のため…ひどく<驚>いたからで
26 ひどく<驚>き，神をあがめ，恐れに
7: 9 イエスは<驚>かれ，ついて来ていた
8:56 両親がひどく<驚>いていると，イエ
9:43 人々がみな<驚>いていると，イエス
24:12 それで，この出来事に<驚>いて家に
22 仲間の女たちが私たちを<驚>かせま
37 彼らは<驚>き恐れて，霊を見ている
ヨハ 5:20 あなたがたが<驚>き怪しむためです．
28 このことに<驚>いてはなりません．
7:15 ユダヤ人たちは<驚>いて言った．
21 それであなたがたはみな<驚>いてい
9:30 これは，<驚>きました．あなたがた
使徒 2: 7 彼らは<驚>き怪しんで言った．「ど
12 人々はみな，<驚>き惑って，互いに
3:10 この人の身に起こったことに<驚>き，
11 非常に<驚>いた人々がみないっせい
12 なぜこのことに<驚>いているのです
4:13 普通の人であるのを知って<驚>いた
7:31 その光景を見たモーセは<驚>いて，
8: 9 サマリヤの人々を<驚か>し，自分は
11 その魔術に<驚か>されていたからで
13 奇蹟が行われるのを見て，<驚>いて
9:21 これを聞いた人々はみな，<驚>いて
10:45 聖霊の賜物が注がれたので<驚>いた．
12:16 そこにペテロがいたので…<驚>いた．
13:41 見よ．あざける者たち．<驚>け．そ
IIコリ 11:14 <驚く>には及びません．サタンさえ
ガラ 1: 6 ほかの福音に移って行くのに<驚>い
Iペテ 2: 9 ご自分の<驚く>べき光の中に招いて
4:12 …が起こったかのように<驚>き怪し
Iヨハ 3:13 世があなたがたを憎んでも，<驚>い
黙示 13: 3 全地は<驚>いて，その獣に従い，
15: 1 天にもう一つの巨大な<驚く>べきし
3 みわざは偉大であり，<驚く>べきも
17: 6 この女を見たとき，非常に<驚>いた．
7 なぜ<驚く>のですか．私は，あなた
8 やがて現れるのを見て<驚>きます．

▼ おなか （お腹）

ルツ 1:11 まだ，私の<お腹>にいるとでもいう

▼ おなじ （同じ）

創世 40: 5 ふたりとも<同じ>夜に…夢を見た．

出エ 7:11 エジプトの呪法師たちも…<同じ>こ
レビ 22:28 それをその子と<同じ>日にほふって
詩篇 28: 1 穴に下る者と<同じ>にされないよう
箴言 26: 4 あなたも彼と<同じ>ようにならない
イザ 1: 9 ソドム…ゴモラと<同じ>ようになっ
46: 4 年をとっても，わたしは<同じ>よう
マタ 20:12 あなたは私たちと<同じ>にしました.
マコ 4:16 <同じ>ように，岩地に蒔かれるとは，
ルカ 6:33 罪人たちでさえ，<同じ>ことをして
10:37 あなたも行って<同じ>ようにしなさ
使徒 1:11 見たときと<同じ>有様で，またおい
11:17 私たちに下さったのと<同じ>賜物を，
14:15 私たちも皆さんと<同じ>人間です.
17:29 金や銀や石などの像と<同じ>ものと
ロマ 5:14 アダムの違反と<同じ>ようには罪を
6: 5 キリストの死と<同じ>ようになって
いるのなら…復活とも<同じ>ように
8:29 御子のかたちと<同じ>姿にあらかじ
9:21 <同じ>土のかたまりから，尊いこと
29 私たちは…ゴモラと<同じ>ものとさ
15: 5 互いに<同じ>思いを持つようにして
Ｉコリ 1:10 <同じ>心，<同じ>判断を完全に保っ
12: 9 ある人には<同じ>御霊による信仰が
エペ 2:19 今は聖徒たちと<同じ>国民であり，
ピリ 2: 7 人間と<同じ>ようになられました.
20 テモテのように私と<同じ>心になっ
3:10 キリストの死と<同じ>状態になり，
テト 1: 4 <同じ>信仰による真実のわが子テト
ヘブ 2:17 主はすべての点で兄弟たちと<同じ>
4:15 私たちと<同じ>ように，試みに会わ
ヤコ 5:17 エリヤは，私たちと<同じ>ような人
Ⅱペテ 1: 1 私たちと<同じ>尊い信仰を受けた方
ユダ 7 周囲の町々も彼らと<同じ>ように，
黙示 21:16 都は四角で，その長さと幅は<同じ>

▼ オナム〔人名〕

(1)ホリ人セイルの子孫．創世36:23，Ｉ歴1:40.
(2)ユダ族エラフメエルの子．Ｉ歴2:26.

▼ オナン〔人名〕

ユダの第２子．創世38:4，7，民数26:19.

▼ オネシポロ〔人名〕

エペソの信者．Ⅱテモ1:16，4:19.

▼ オネシモ〔人名〕

ピレモンの奴隷．コロ4:9，ピレ10.

▼ オノ〔地名〕

ベニヤミンの村．Ｉ歴8:12，ネヘ11:35.

▼ おの（斧）

申命 19: 5 <斧>を手にして振り上げたところ，
20:19 <斧>をふるって，そこの木を切り倒
士師 9:48 アビメレクは手に<斧>を取って，木
Ｉサム 13:20 くわや，<斧>や，かまをとぐために，
Ⅱサム 12:31 鉄の<斧>を使う仕事につかせ，れん
Ｉ列 6: 7 <斧>，その他，鉄の道具の音は，い
Ⅱ列 6: 5 <斧>の頭を水の中に落としてしまっ
6 エリシャは…<斧>の頭を浮かばせた.
Ｉ歴 20: 3 つるはしや<斧>を使う仕事につかせ
詩篇 74: 5 森の中で<斧>を振り上げるかのよう
伝道 10:10 <斧>が鈍くなったとき，その刃をと
イザ 10:15 <斧>は，それを使って切る人に向か
34 主は林の茂みを<斧>で切り落とし，
エレ 46:22 きこりのように，<斧>を持って入っ
エゼ 26: 9 やぐらを<斧>で取りこわす.
マタ 3:10 <斧>もすでに木の根元に置かれてい
ます．ルカ3:9.

▼ おのおの

出エ 12: 3 <おのおの>その父祖の家ごとに，羊
32:27 <おのおの>腰に剣を帯び，宿営の中
33: 8 <おのおの>自分の天幕の入口に立っ
Ｉサム 4:10 <おのおの>自分たちの天幕に逃げた.
Ⅱサム 19: 8 <おのおの>…天幕に逃げ帰っていた.
Ｉ列 1:49 アドニヤの客たちは…<おのおの>帰
4:25 <おのおの>自分のぶどうの木の下や，
8:38 <おのおの>自分の心の悩みを知り，
Ⅱ歴 6:29 <おのおの>自分の疫病と痛みを思い
25:22 <おのおの>自分の天幕に逃げ帰った.
31: 1 <おのおの>その所有地，それぞれの
イザ 13:14 彼らは<おのおの>自分の民に向かい，
エゼ 1: 9 <おのおの>正面に向かってまっすぐ
ヨナ 3: 8 <おのおの>悪の道と，暴虐な行いか
ミカ 4: 5 <おのおの>自分の神の名によって歩
ロマ 12: 3 神が<おのおの>に分け与えてくださ
Ｉコリ 7:17 <おのおの>が，主からいただいた分
20 <おのおの>自分が召されたときの状
12: 7 <おのおの>に御霊の現れが与えられ
11 <おのおの>にそれぞれの賜物を分け
15:23 <おのおの>にその順番があります.
ガラ 6: 4 <おのおの>自分の行いをよく調べて
5 人には<おのおの>，負うべき…重荷
エペ 4:25 <おのおの>隣人に対して真実を語り
黙示 5: 8 <おのおの>，立琴と，香のいっぱい
20:13 人々は<おのおの>自分の行いに応じ

▼ おののき，おののく

出エ 15:16 恐れと<おののき>が彼らを襲い，あ
申命 1:21 恐れてはならない．<おのの>いては
29 <おのの>いてはならない．彼らを恐
28:25 地上のすべての王国の<おののき>と
65 心を<おのの>かせ，目を衰えさせ，
31: 6 <おのの>いてはならない．あなたの
Ⅱ列 19:26 その住民は力うせ，<おのの>いて，
Ⅰ歴 16:30 全地よ．主の御前に，<おのの>け．
Ⅱ歴 29: 8 主は彼らを人々の<おののき>，恐怖，
ヨブ 4:14 恐れと<おののき>が私にふりかかり，
7:14 あなたは夢で私を<おのの>かせ，幻
21: 6 <おののき>が私の肉につかみかかる．
37: 1 これによって私の心は<おのの>き，
詩篇 2:11 恐れつつ主に仕えよ．<おのの>きつ
33: 8 みな，主の前に<おのの>け．
97: 4 地は見て，<おののく>．
114: 7 地よ．主の御前に<おのの>け．ヤコ
イザ 2:19 地を<おのの>かせるとき，人々は主
8:12 恐れるな．<おののく>な．
10:29 ラマは<おのの>き，サウルのギブア
20: 5 栄えとしていたので，<おのの>き恥
23:11 主は…王国を<おのの>かせた．主は
30:31 アッシリヤは<おののく>．主が杖で
31: 9 首長たちも旗を捨てて<おのの>き逃
32:11 のんきな女たちよ．<おのの>け．う
44: 8 恐れるな，<おののく>な．わたしが，
66: 2 わたしのことばに<おののく>者だ．
5 主のことばに<おののく>者たちよ．
エレ 5:22 わたしの前で<おのの>かないのか．
10: 2 異邦人がそれらに<おのの>いていて
23: 4 恐れることなく，<おののく>ことな
30: 5 <おののき>の声を，われわれは聞い
10 イスラエルよ．<おののく>な．見よ．
わたしが，あなたを遠くか．46:27.
エゼ 12:18 パンを食べ，<おのの>きながら，こ
23:46 彼女たちを人々の<おののき>とし，
26:16 おまえのことで<おのの>き，
28:19 あなたのことで<おのの>いた．あな
30: 9 クシュ人を<おのの>かせる．エジプ
32:10 多くの国々の民を…<おのの>かせる．
ダニ 5:19 彼の前に震え，<おのの>きました．
6:26 ダニエルの神の前に震え，<おのの>
ホセ 3: 5 終わりの日に，<おのの>きながら主
10: 5 子牛のために<おののく>．その民は
マラ 2: 5 わたしの名の前に<おのの>いた．

▼ おば

レビ 18:14 彼女はあなたの<おば>である．
20:20 人がもし，自分の<おば>と寝るなら，

▼ オハデ〔人名〕

シメオンの子．創世46:10，出エ6:15.

▼ オバデヤ〔人名〕

(1)アハブの王宮をつかさどる者．Ⅰ列18:3.
(2)ダビデの子孫．Ⅰ歴3:21.
(3)イッサカル族のイゼラヘヤの子．Ⅰ歴7:3.
(4)ヨナタンの子孫．Ⅰ歴8:38.
(5)レビ人シェマヤの子．Ⅰ歴9:16.
(6)ダビデについたガド人の勇士．Ⅰ歴12:9.
(7)ゼブルンのつかさイシェマヤの父．Ⅰ歴27:19.
(8)ヨシャパテ王のつかさの一人．Ⅱ歴17:7.
(9)メラリの子孫のレビ人．Ⅱ歴34:12.
(10)ヨアブの子孫エヒエルの子．エズ8:9.
(11)ネヘミヤ時代の祭司の一人．ネヘ10:5.
(12)エルサレムの門衛の一人．ネヘ12:25.
(13)オバデヤ書を書いた預言者．オバ1.

▼ おはよう

マタ 28: 9 イエスが…「<おはよう>」と言われ

▼ オバル〔人名〕

ヨクタンの子孫．創世10:28.

▼ おび（帯）

出エ 28: 8 エポデの上に結ぶあや織りの<帯>は，
レビ 8: 7 エポデを<帯>で締め，あや織りのエ
士師 3:16 着物の下の右ももの上の<帯>にはさ
Ⅰサム 18: 4 さらに剣，弓，<帯>までも彼に与え
Ⅱサム 18:11 私がおまえに銀10枚と<帯>１本を与
20: 8 剣を腰の上に<帯>で結びつけていた．
Ⅰ列 2: 5 自分の腰の<帯>と足のくつに戦いの
ヨブ 12:18 王たちの<帯>を解き，その腰に腰布
38: 3 勇士のように腰に<帯>を締めよ．わ
詩 109:19 いつも，締めている<帯>となります
箴言 31:17 腰に<帯>を強く引き締め，勇ましく
24 彼女は…<帯>を作って，商人に渡す．
イザ 3:24 <帯>は荒なわ，結い上げた髪ははげ
5:27 その腰の<帯>は解けず，くつひもも
8: 9 腰に<帯>をして，わななけ…<帯>を
11: 5 正義はその腰の<帯>となり，真実は
その胴の<帯>となる．
エレ 1:17 腰に<帯>を締め，立ち上がって，わ
13: 1 亜麻布の<帯>を買い，それを腰に締

7 その<帯>は腐って，何の役にも立た
エゼ 23:15 腰に<帯>を締め，頭には垂れるほど
マタ 3: 4 ヨハネは…腰には皮の<帯>を締め，
ルカ 12:35 腰に<帯>を締め，あかりをともして
37 主人のほうが<帯>を締め，そのしも
17: 8 <帯>を締めて私の食事が済むまで給
ヨハ 21:18 自分で<帯>を締めて，自分の歩きた
い所を歩き…ほかの人が…<帯>をさ
使徒 12: 8 「<帯>を締めて，くつをはきなさい」
21:11 この<帯>の持ち主は，エルサレムで
エペ 6:14 腰には真理の<帯>を締め，胸には正
コロ 3:14 愛は結びの<帯>として完全なもので
黙示 1:13 胸に金の<帯>を締めた，人の子のよ
15: 6 亜麻布を着て，胸には金の<帯>を締

▼ おびえる，おびえ

申命 2:25 あなたのことで<おびえ>と恐れを臨
28:66 あなたは夜も昼も<おびえ>て，自分
Ⅰサム 16:14 わざわいの霊が彼を<おびえ>させた.
15 神の霊があなたを<おびえ>させてい
28:21 サウルが非常に<おびえ>ているのを
ヨブ 9:28 すべての苦痛を思うと…<おびえ>ま
15:24 苦難と苦悩とが彼を<おびえ>させ，
21: 6 私は思い出すと<おびえ>，おののき
23:15 私は神の前で<おびえ>，これを思っ
16 全能者は私を<おびえ>させた.
31:23 神からのわざわいは私を<おびえ>さ
エレ 49:20 彼らの牧場はそのことで<おびえる>.
エゼ 4:16 <おびえ>ながら水を量って飲むであ
12:19 自分たちの水を<おびえ>ながら飲む
26:18 おまえの最期を見て<おびえ>ている.
ダニ 4:19 驚きすくみ，<おびえ>た．王は話し
5: 9 王はひどく<おびえ>て，顔色が変わ
7:28 私，ダニエルは，ひどく<おびえ>，
オバ 9 あなたの勇士たちは<おびえる>．虐
マタ 14:26 弟子たちは…<おびえ>てしまい，恐
ルカ 8:37 ゲラサ地方の民衆は…<おびえ>てし

▼ おひつじ（雄羊）

創世 15: 9 3歳の<雄羊>と，山鳩とそのひなを
22:13 角をやぶにひっかけている…<雄羊>
出エ 25: 5 赤くなめした<雄羊>の皮，じゅごん
29: 1 若い雄牛1頭，傷のない<雄羊>2頭
を取れ．レビ5:15，民数5:8，23:1.
39 1頭の若い<雄羊>は朝ささげ，他の
申命 32:14 バシャンのものである<雄羊>と，雄
ヨシ 6: 4 七つの<雄羊>の角笛を持って，箱の
5 祭司たちが<雄羊>の角笛を長く吹き
Ⅱ列 3: 4 <雄羊>10万頭分の羊毛とをイスラエ
Ⅰ歴 15:26 7頭の<雄羊>とをいけにえとしてさ
29:21 <雄羊>千頭，子羊千頭，これらに添
Ⅱ歴 17:11 <雄羊>7700頭，雄やぎ7700頭を携え
エズ 6: 9 <雄羊>，子羊，また，小麦，塩，ぶ
8:35 <雄羊>96頭，子羊77頭，罪のための
10:19 <雄羊>1頭を罪過のためのいけにえ
詩篇 66:15 <雄羊>のいけにえの煙とともにささ
114: 4 山々は<雄羊>のように，丘は子羊の
イザ 1:11 わたしは，<雄羊>の全焼のいけにえ
34: 6 <雄羊>の腎臓の脂肪で肥えている.
60: 7 ネバヨテの<雄羊>は，あなたに仕え，
エレ 25:34 あなたがたは美しい<雄羊>のように
51:40 <雄羊>か雄やぎのように，ほふり場
エゼ 27:21 子羊，<雄羊>，やぎの商いをした.
34:17 <雄羊>と雄やぎとの間をさばく.
39:18 <雄羊>…すべてバシャンの肥えたも
43:23 あなたは…傷のない<雄羊>とをささ
ダニ 8: 3 1頭の<雄羊>が川岸に立っていた.
ミカ 6: 7 主は幾千の<雄羊>，幾万の油を喜ば

▼ おびやかす（脅かす），脅かし

Ⅰサム 5: 6 人々とを腫物で打って<脅か>した.
ヨブ 3: 5 暗くするものもそれを<おびやか>せ.
6: 4 神の<脅かし>が私に備えられている.
22:10 恐れが，にわかにあなたを<脅かす>.
詩篇 10:18 もはや，<脅かす>ことができないよ
イザ 7: 6 ユダに上って，これを<脅か>し，こ
17: 2 それを<脅かす>者もいなくなる.
31: 4 彼らの声に<脅か>されず，彼らの騒
エレ 49:16 あなたの<脅かし>が，あなた自身を
ダニ 4: 5 幻が，私を<脅か>した．7:15.
11:44 東と北からの知らせが彼を<脅かす>.
ハバ 2:17 獣への残虐があなたを<脅かす>．あ
ゼパ 2:11 主は彼らを<脅か>し，地のすべての
3:13 彼らを<脅かす>者はない.

▼ オビル〔人名〕

ダビデのらくだを管理する者．Ⅰ歴27:30.

▼ おびる（帯びる）

申命 1:41 おのおの武具を身に<帯び>て，向こ
Ⅰサム 2: 4 弓が砕かれ，弱い者が力を<帯び>，
17:39 サウルの剣を<帯び>，思い切って歩
Ⅱサム 21:16 そして彼は新しい剣を<帯び>ていた.
22:40 戦いのために，私に力を<帯び>させ，
詩篇 18:32 この神こそ，私に力を<帯び>させて

45: 3 あなたの剣を腰に<帯び>よ．あなた
65: 6 山々を堅く建て，力を<帯び>ておら
93: 1 力を身に<帯び>ておられます．まこ
ゼカ 6:13 彼は尊厳を<帯び>，その王座に着い
ロマ 13: 4 彼は無意味に剣を<帯び>てはいない
Ⅱコリ 4:10 イエスの死をこの身に<帯び>ていま
ガラ 6:17 イエスの焼き印を<帯び>ているので

▼ オフィル
1.地名．金の輸出国．Ⅰ列9:28，Ⅱ歴8:18．
2.人名．ヨクタンの子．創世10:29，Ⅰ歴1:23．

▼ オフェル〔地名〕
エルサレム東丘南部か．Ⅱ歴27:3，ネヘ3:26．

▼ おぶつ（汚物）
出エ 29:14 その雄牛の肉と皮と<汚物>とは，宿
レビ 1:16 <汚物>の入った餌袋を取り除き，祭
4:11 頭と足，それにその内臓と<汚物>，
8:17 その<汚物>は，宿営の外で火で焼い
16:27 その皮と肉と<汚物>を火で焼かなけ
民数 19: 5 皮，肉，血を…<汚物>とともに焼か
イザ 28: 8 どの食卓も吐いた<汚物>でいっぱい
エゼ 7:19 彼らの金は<汚物>のようになる．銀
20 それを，彼らにとって<汚物>とする．
ナホ 3: 6 わたしはあなたに<汚物>をかけ，あ

▼ オフニ〔地名〕
エルサレム北東の町．ヨシ18:24．

▼ オフラ
1.地名．
(1)ベニヤミンの町．ヨシ18:23，Ⅰサム13:17．
(2)ヨルダン川の西の町．士師6:11，8:27，9:5．
2.人名．ユダ族，メオノタイの子．Ⅰ歴4:14．

▼ おふれ，ふれ
Ⅱ歴 30: 5 全イスラエルに<おふれ>を出し，上
36:22 王は王国中に<おふれ>を出し，文書にして言った．エズ1:1．
エズ 10: 7 …とエルサレムに<おふれ>を出した．
ネヘ 8:15 次のような<おふれ>を出した．「山
ヨエ 1:14 きよめの集会の<ふれ>を出せ．2:15．

▼ オベデ〔人名〕
(1)ダビデの祖父．ルツ4:17，21，22，Ⅰ歴2:12，マタ1:5，ルカ3:32．
(2)ユダ族エラフメエルの子孫．Ⅰ歴2:37．
(3)ダビデの勇士の一人．Ⅰ歴11:47．
(4)ダビデ時代の幕屋の門衛．Ⅰ歴26:7．
(5)アザルヤの父．Ⅱ歴23:1．

▼ オベデ・エドム〔人名〕
(1)ガテ出身のペリシテ人．Ⅱサム6:10，Ⅰ歴13:13．
(2)レビ人．Ⅰ歴15:18，21．
(3)エドトンの子．Ⅰ歴16:38，26:8，Ⅱ歴25:24．

▼ オヘル〔人名〕
ゼルバベルの子．Ⅰ歴3:20．

▼ おぼえのこくもつのささげもの（覚えの穀物のささげ物）
民数 5:15 咎を思い出す<覚えの穀物のささげ物>だからである．18．

▼ おぼえる（覚える），覚え【別項】覚えの穀物のささげ物
創世 19:29 神はアブラハムを<覚え>ておられた．
30:22 神はラケルを<覚え>ておられた．神
出エ 13: 3 エジプトから出て来た…日を<覚え>
20: 8 安息日を<覚え>て，これを聖なる日
24 わたしの名を<覚え>させるすべての
32:13 イスラエルを<覚え>てください．あ
レビ 4: 3 罪を犯し，民が咎を<覚え>るなら，
5:17 知らずにいて，後で咎を<覚え>る場
民数 10: 9 主の前に<覚え>られ…敵から救われ
10 あなたがたの神の前に<覚え>られる．
申命 7:18 全エジプトにされたことを…<覚え>
8: 2 全行程を<覚え>ていなければならな
9: 7 主を怒らせたかを<覚え>ていなさい．
15:15 贖い出されたことを<覚え>ていなさ
16: 3 一生の間，<覚え>ているためである．
Ⅱサム 18:18 私の名を<覚え>てくれる息子が私に
ネヘ 4:14 大いなる恐るべき主を<覚え>，自分
5:19 民のためにした…ことを<覚え>て，
13:14 このことのために私を<覚え>ていて
ヨブ 14:13 私を<覚え>てくださればよいのに．
詩篇 6: 5 死にあっては，あなたを<覚える>こ
25: 6 あなたのあわれみと恵みを<覚え>て
7 恵みによって，私を<覚え>ていてく
45:17 あなたの名を代々にわたって<覚え>
83: 4 イスラエルの名がもはや<覚え>られ
98: 3 恵みと真実を<覚え>ておられる．地
105:42 聖なることばを，<覚え>ておられた
109:14 彼の父たちの咎が，主に<覚え>られ，
112: 6 正しい者はとこしえに<覚え>られる．
伝道 12: 1 若い日に，あなたの創造者を<覚え>
イザ 62: 6 主に<覚え>られている者たちよ．黙
エレ 2: 2 わたしへの従順を<覚え>ている．

14:10 彼らの咎を<覚え>て，その罪を罰す
21 契約を<覚え>て，それを破らないで
17: 2 アシェラ像を<覚え>ているほどだ．
18:20 語ったことを，<覚え>てください．
エゼ 3:20 正しい行いも<覚え>られないのであ
16:60 あなたと結んだ…契約を<覚え>，あ
33:13 正しい行いは何一つ<覚え>られず，
ホセ 7: 2 彼らのすべての悪を<覚え>ているこ
8:13 今，主は彼らの不義を<覚え>，その罪を罰せられる．9:9.
ゼカ 13: 2 その名はもう<覚え>られない．わた
マタ 16: 9 <覚え>ていないのですか．五つのパ
マコ 8:18 あなたがたは，<覚え>ていないので
ルカ 1:73 アブラハムに誓われた誓いを<覚え>
22:19 わたしを<覚え>てこれを行いなさい．
ヨハ 15:20 言ったことばを<覚え>ておきなさい．
使徒 10: 4 あなたの祈りと施しは…<覚え>られ
31 施しは神の前に<覚え>られている．
Ⅰコリ 1:16 そのほかはだれにも授けた<覚え>は
11: 2 何かにつけて私を<覚え>，また，私
24 わたしを<覚え>て，これを行いなさい.」25.
エペ 1:16 あなたがたのことを<覚え>て祈って
コロ 4:18 牢につながれていることを<覚え>て
Ⅰテサ 1: 2 祈りのときにあなたがたを<覚え>，
2: 9 私たちの労苦と苦闘を<覚え>ている
Ⅰテモ 5:13 家々を遊び歩くことを<覚え>，ただ
Ⅱテモ 1: 4 私は，あなたの涙を<覚え>ているの
黙示 16:19 大バビロンは，神の前に<覚え>られ
18: 5 神は彼女の不正を<覚え>ておられる

▼ おぼしめし

ヨブ 6: 9 私を絶つことが神の<おぼしめし>で

▼ オボテ〔地名〕

荒野で宿営した地．民数21:10, 11, 33:43.

▼ オホラ

サマリヤの悪の象徴的名称．エゼ23:4, 44.

▼ オホリアブ〔人名〕

ダン族の技術者．出エ31:6, 35:34, 38:23.

▼ オホリバ

エルサレムの悪の象徴的名称．エゼ23:4, 44.

▼ オホリバマ〔人名〕

(1)エサウの第２夫人．創世36:2, 5, 14, 18, 25.

(2)エドム人の首長の一人．創世36:41, Ⅰ歴1:52.

▼ おぼれる

詩 106:43 自分たちの不義の中に<おぼれ>た．
マタ 18: 6 湖の深みで<おぼれ>死んだほうがま
マコ 4:38 私たちが<おぼれ>て死にそうでも，
5:13 なだれ落ちて，湖に<おぼれ>てしま
ルカ 8:33 豚の群れは…湖に入り，<おぼれ>死
Ⅰテサ 4: 5 異邦人のように情欲に<おぼれ>ず，

▼ おまもりふだ（お守り札）

イザ 3:20 飾り帯，香の入れ物，<お守り札>，

▼ オマル〔人名〕

エドムの首長の一人．創世36:11, Ⅰ歴1:36.

▼ オムリ〔人名〕

(1)イスラエルの王．Ⅰ列16:16, 17, 21, 22, 23, 25, 28, 30, Ⅱ列8:26, Ⅱ歴22:2, ミカ6:16.

(2)ベニヤミン族ベケルの子．Ⅰ歴7:8.

(3)ユダの子孫，イムリの子．Ⅰ歴9:4.

(4)ダビデ時代，イッサカル族の長．Ⅰ歴27:18.

▼ おめい（汚名）

創世 30:23 神は私の<汚名>を取り去ってくださ
Ⅰサム 22:15 私の父の家の者全部に<汚名>を着せ

▼ オメガ

ギリシヤ語アルファベットの最後の文字．黙示1:8, 21:6, 22:13.

▼ おめでとう

ルカ 1:28 <おめでとう>，恵まれた方．主があ

▼ おめにかかる（お目にかかる）

ヨハ 11:32 <お目にかかる>と，その足もとにひ
12:21 イエスに<お目にかか>りたいのです
20:18 私は主に<お目にかか>りました」と

▼ オメル〔度量衡〕

出エ 16:33 マナを１<オメル>…入れ…保存しな 16:16, 18, 22, 32, 36.

▼ おもい（思い），御思い

Ⅰサム 2:35 わたしの心と<思い>の中で事を行う
Ⅰ歴 28: 9 すべての<思い>の向かうところを読
29:18 御民のその心に計る<思い>をとこし
ヨブ 20: 2 いらだつ<思い>が私に答えを促し，
詩篇 7: 9 正しい神は，心と<思い>を調べられ
10: 4 その<思い>は「神はいない」の一言
19:14 私の心の<思い>とが御前に，受け入
26: 2 私の<思い>と私の心をためしてくだ
73: 7 目は脂肪でふくらみ，心の<思い>は
77: 3 <思い>を潜めて，私の霊は衰え果て
12 すべてのことに<思い>を巡らし，あ

104:34 私の心の<思い>が神のみこころにか
119:15 私は，あなたの戒めに<思い>を潜め，あなたの道に私の目を留めます．78.
23 あなたのおきてに<思い>を潜めます．
97 これが一日中，私の<思い>となって
139: 2 私の<思い>を遠くから読み取られま
17 あなたの<御思い>を知るのはなんと
143: 5 すべてのことに<思い>を巡らし，あ
145: 5 あなたの奇しいわざに<思い>を潜め
イザ 55: 8 わたしの<思い>は，あなたがたの<思い>と異なり，わたしの道は，あ
58:11 あなたの<思い>を満たし，あなたの
59: 7 彼らの<思い>は不義の<思い>．破壊
65: 2 自分の<思い>に従って良くない道を
エレ 11:20 <思い>と心をためされる万軍の主よ．
17:10 わたし，主が心を探り，<思い>を調
32:41 心を尽くし<思い>を尽くして，彼ら
51:11 主の<御思い>は，バビロンを滅ぼす
エゼ 38:10 あなたの心にさまざまな<思い>が浮
ダニ 2:30 あなたの心の<思い>をあなたがお知
アモ 4:13 人にその<思い>が何であるかを告げ，
マタ 9: 4 イエスは彼らの心の<思い>を知って言われた．12:25.
22:37 心を尽くし，<思い>を尽くし，知力を尽くし…主を愛せよ．マコ12:30.
ルカ 1:51 心の<思い>の高ぶっている者を追い
2:19 マリヤは…<思い>を巡らしていた．
35 多くの人の心の<思い>が現れるため
10:27 心を尽くし，<思い>を尽くし，力を
使徒 4:32 信じた者の群れは，心と<思い>を一
8:22 心に抱いた<思い>が赦されるかもし
ロマ 1:21 かえってその<思い>はむなしくなり，
28 神は彼らを良くない<思い>に引き渡
8: 6 肉の<思い>は死であり，御霊による<思い>は，いのちと平安です．
7 肉の<思い>は神に対して反抗するも
27 御霊の<思い>が何かをよく知ってお
15: 5 互いに同じ<思い>を持つようにして
IIコリ 3:14 イスラエルの人々の<思い>は鈍くな
4: 4 この世の神が不信者の<思い>をくら
11: 3 万一にもあなたがたの<思い>が汚さ
ピリ 3:19 彼らの<思い>は地上のことだけです．
4: 7 心と<思い>を…イエスにあって守っ
コロ 2:18 肉の<思い>によっていたずらに誇り，
ヘブ 8:10 わたしの律法を彼らの<思い>の中に入れ…心に書きつける．10:16.

▼おもい（重い）

創世 18:20 また彼らの罪はきわめて<重い>．
出エ 4:10 私は口が<重>く，舌が<重い>のです．
5: 9 あの者たちの労役を<重>くし，その
17:12 しかし，モーセの手が<重>くなった．
18:18 このことはあなたには<重>すぎます
レビ 26:18 罪に対して7倍も<重>く懲らしめる．
Iサム 4:18 年寄りで，からだが<重>かったから
5: 6 主の手は…の上に<重>くのしかかり，
IIサム 14:26 年の終わりには，それが<重い>ので
I列 12: 4 <重い>くびきとを軽くしてください．
10 父上は私たちのくびきを<重>くした．
11 おまえたちのくびきをもっと<重>く
17:17 その子の病気は非常に<重>くなり，
ネヘ 5:18 この民に<重い>労役がかかっていた
ヨブ 6: 3 きっと海の砂よりも<重>かろう．だ
23: 2 私の手は自分の嘆きのために<重い>．
詩篇 32: 4 御手が昼も夜も私の上に<重>くのし
38: 4 重荷のように，私には<重>すぎるか
箴言 27: 3 石は<重>く，砂も<重い>…愚か者の怒りはそのどちらよりも<重い>．
伝道 10: 1 愚かさは，知恵や栄誉よりも<重い>．
イザ 24:20 そむきの罪が地の上に<重>くのしか
47: 6 老人にも，ひどく<重い>くびきを負
哀歌 3: 7 私の青銅の足かせを<重>くした．
ハバ 2: 6 その上に担保を<重>くする者．」
ゼカ 12: 3 わたしはエルサレムを…<重い>石と
マタ 23: 4 彼らは<重い>荷をくくって，人の肩
使徒 25: 7 多くの<重い>罪状を申し立てたが，
IIコリ 4:17 <重い>永遠の栄光をもたらすからで
ヘブ 10:29 どんなに<重い>処罰に値するか，考

▼おもいあがる（思い上がる）

イザ 9: 9 高ぶり，<思い上が>って言う．
ロマ 12: 3 限度を越えて<思い上が>ってはいけ
Iコリ 4:18 <思い上が>っている人たちが．19.

▼おもいうかぶ（思い浮かぶ）

Iコリ 2: 9 人の心に<思い浮か>んだことのない

▼おもいおこす（思い起こす）

出エ 2:24 ヤコブとの契約を<思い起こ>された．
6: 5 わたしの契約を<思い起こ>した．
レビ 26:42 ヤコブとの…契約を<思い起こ>そう．
民数 15:39 主のすべての命令を<思い起こ>し，
申命 24:18 <思い起こ>しなさい．あなたがエジ
士師 9: 2 骨肉であることを<思い起こ>してく

Ⅰ歴 16:12 奇しいみわざを<思い起こ>せ．その
Ⅱ歴 6:42 忠実なわざの数々を<思い起こ>して
ネヘ 1: 8 ことばを，<思い起こ>してください．
詩篇 22:27 地の果て果てもみな，<思い起こ>し，
42: 4 私はあの事などを<思い起こ>し．6．
74: 2 どうか<思い起こ>してください．昔
77: 3 私は神を<思い起こ>して嘆き，思い
11 私は，主のみわざを<思い起こ>そう
…奇しいわざを<思い起こ>そう．
106:45 ご自分の契約を<思い起こ>し，豊か
イザ 33:18 恐ろしかった事どもを<思い起こす>．
エゼ 20:43 すべてのわざとを<思い起こ>し，自
29:16 咎を<思い起こ>して，もう，これを
ミカ 6: 5 わたしの民よ．<思い起こ>せ．モア
ヨハ 2:17 …と書いてあるのを<思い起こ>した．
22 言われたことを<思い起こ>して，聖
14:26 話したすべてのことを<思い起こ>さ
使徒 11:16 みことばを<思い起こ>しました．
Ⅰコリ 4:17 私の生き方を…<思い起こ>させてく
Ⅰテサ 1: 3 望みの忍耐を<思い起こ>しています．
Ⅱテモ 1: 3 あなたのことを絶えず<思い起こ>し
5 あなたの純粋な信仰を<思い起こ>し
ヘブ 10:32 初めのころを，<思い起こ>しなさい．
Ⅱペテ 1:12 これらのことを…<思い起こ>させよ
うとするのです．13．
15 これらのことを<思い起こ>せるよう，
3: 2 みことばと…命令とを<思い起こ>さ
ユダ 17 語ったことばを<思い起こ>してくだ

▼ おもいかえす（思い返す）

ヨブ 6:29 もう一度，<思い返>してくれ．私の
詩篇 77: 5 遠い昔の年々を<思い返>した．
伝道 2:20 労苦を<思い返>して絶望した．
イザ 46: 8 そむく者らよ．心に<思い返>せ．
哀歌 3:21 私はこれを<思い返す>．それゆえ，

▼ おもいがけない（思いがけない）

マタ 24:44 人の子は，<思いがけない>時に来る
50 主人は，<思いがけない>日…に帰っ
Ⅰペテ 4:12 何か<思いがけない>ことが起こった

▼ おもいだす（思い出す）

創世 9:15 わたしの契約を<思い出す>から，大
40:14 きっと私を<思い出>してください．
23 ヨセフのことを<思い出>さず，彼の
42: 9 彼らについて見た夢を<思い出>して，
民数 5:15 咎を<思い出す>覚えの穀物のささげ
11: 5 魚を食べていたことを<思い出す>．
申命 24: 9 ミリヤムにされたことを<思い出>し
32: 7 昔の日々を<思い出>し，代々の年を
Ⅰサム 25:31 このはしためを<思い出>してくださ
Ⅱサム 19:19 しもべが犯した咎を，<思い出>さな
Ⅱ列 9:25 宣告を下されたことを<思い出す>が
20: 3 主よ．どうか<思い出>してください．
エス 2: 1 王は…決められたことを<思い出>し
ヨブ 4: 7 さあ<思い出>せ．だれか罪がないの
7: 7 <思い出>してください．私のいのち
10: 9 <思い出>してください．あなたは私
11:16 水のように，これを<思い出>そう．
21: 6 私は<思い出す>とおびえ，おののき
24:20 彼はもう<思い出>されない．不正な
41: 8 その戦いを<思い出>して，二度と手
詩篇 63: 6 私は床の上であなたを<思い出>し，
78:35 贖う方であることを<思い出>した．
106: 7 あなたの豊かな恵みを<思い出>さず，
119:49 しもべへのみことばを<思い出>して
132: 1 彼のすべての苦しみを<思い出>して
137: 1 すわり，シオンを<思い出>して泣い
7 エドムの子らを<思い出>してくださ
143: 5 私は昔の日々を<思い出>し，あなた
箴言 31: 7 自分の苦しみをもう<思い出>さない
イザ 23:16 もっと歌え，<思い出>してもらうた
38: 3 主よ．どうか<思い出>してください．
43:18 先の事どもを<思い出す>な．昔の事
25 もうあなたの罪を<思い出>さない．
26 わたしに<思い出>させよ．共に論じ
46: 8 このことを<思い出>し，しっかりせ
54: 4 やもめ時代のそしりを…<思い出>さ
57:11 あなたはわたしを<思い出>さず，心
63:11 いにしえのモーセの日を<思い出>し
65:17 先の事は<思い出>されず，心に上る
エレ 3:16 <思い出>しもせず，調べもせず，再
15:15 私を<思い出>し，私を顧み，私を追
31:34 彼らの罪を二度と<思い出>さないか
51:50 主を<思い出>せ．エルサレムを心に
哀歌 1: 7 自分のすべての宝を<思い出す>．そ
2: 1 ご自分の足台を<思い出>されなかっ
3:20 ただこれを<思い出>しては沈む．
5: 1 起こったことを<思い出>してくださ
エゼ 6: 9 国々で，わたしを<思い出>そう．そ
16:22 血の中でもがいていた若かった時の
ことを<思い出>さなかった．43．
61 自分の行いを<思い出>し，恥じるこ

21:23 彼らの不義を<思い出>させる.
24 <思い出す>ため…彼らの手に捕らえ
23:19 若かった日々を<思い出>して，淫行
27 もうエジプトを<思い出>さないよう
36:31 良くなかったわざとを<思い出>し，
ヨナ 2: 7 私は主を<思い出>しました．私の祈
ゼカ 10: 9 遠くの国々でわたしを<思い出>し，
マタ 5:23 恨まれていることを…<思い出>した
26:75 イエスの…あのことばを<思い出>し
27:63 言っていたのを<思い出>しました．
マコ 11:21 ペテロは<思い出>して，イエスに言
14:72 イエスのおことばを<思い出>した．
ルカ 16:25 子よ．<思い出>してみなさい．おま
17:32 ロトの妻を<思い出>しなさい．
22:61 主のおことばを<思い出>した．
23:42 イエスさま…私を<思い出>してくだ
24: 6 お話しになったことを<思い出>しな
8 女たちは…みことばを<思い出>した．
ヨハ 12:16 行ったことを，彼らは<思い出>した．
16: 4 話したことを…<思い出す>ためです．
使徒 20:35 みことばを<思い出す>べきことを，
IIコリ 7:15 自分を迎えてくれたことを<思い出>
エペ 2:11 ですから，<思い出>してください．
IIテサ 2: 5 よく話しておいたのを<思い出>しま
IIテモ 2:14 これらのことを人々に<思い出>させ
ヘブ 8:12 もはや，彼らの罪を<思い出>さない
10: 3 罪が年ごとに<思い出>されるのです．
17 彼らの罪と不法とを<思い出す>こと
13: 7 指導者たちのことを，<思い出>しな
ユダ 5 私はあなたがたに<思い出>させたい
黙示 2: 5 どこから落ちたかを<思い出>し，悔
3: 3 また聞いたのかを<思い出>しなさい．

▼ おもいちがい（思い違い）

マタ 22:29 <思い違い>をしているのは，聖書も神の力も知らない．マコ12:24，27．
Iコリ 15:33 <思い違い>をしてはいけません．友
ガラ 6: 7 <思い違い>をしてはいけません．神

▼ おもいなおす（思い直す）

出エ 32:12 民へのわざわいを<思い直し>てくだ
14 わざわいを<思い直さ>れた．
IIサム 24:16 主はわざわいを下すことを<思い直し>，民を滅ぼして．I歴21:15．
ヨブ 6:29 どうか，<思い直し>てくれ．不正が
エレ 18: 8 わざわいを<思い直す>．
10 しあわせを<思い直す>．
26: 3 わざわいを<思い直そ>う．
13 わざわいを<思い直さ>れるでしょう．
19 わざわいを<思い直さ>れたではない
42:10 あのわざわいを<思い直し>たからだ．
エゼ 24:14 惜しまず，<思い直し>もしない．あ
ヨエ 2:13 わざわいを<思い直し>てくださるか
14 主が<思い直し>て，あわれみ，その
アモ 7: 3 このことについて<思い直し>，「そのことは起こらない」と主は．6．
ヨナ 3: 9 神が<思い直し>てあわれみ，その燃
10 わざわいを<思い直し>，そうされな
4: 2 わざわいを<思い直さ>れることを知
ゼカ 8:14 わたしは<思い直さ>なかった．

▼ おもいのまま（思いのまま）

創世 2:16 どの木からでも<思いのまま>食べて
ダニ 5:19 彼は<思いのまま>に人を殺し，<思いのまま>に人を生かし，<思いのまま>に人を高め，<思いのまま>に人
ヨハ 3: 8 風はその<思いのまま>に吹き，あな

▼ おもいはかる（思い計る），思い計り

創世 8:21 人の心の<思い計る>ことは，初めか
詩篇 56: 5 彼らの<思い計る>ことはみな，私に
94:11 主は，人の<思い計る>ことがいかに
イザ 66:18 彼らのわざと，<思い計り>とを知っ

▼ おもいみだれる（思い乱れる）

ヨブ 4:13 夜の幻で<思い乱れ>，深い眠りが人
詩篇 42: 5 私の前で<思い乱れ>ているのか．11．
43: 5 なぜ，私の前で<思い乱れ>ているの

▼ おもいめぐらす（思い巡らす）

詩篇 48: 9 あなたの恵みを<思い巡ら>しました．
73:16 私は，これを知ろうと<思い巡ら>し
箴言 15:28 どう答えるかを<思い巡らす>．悪者
16: 9 人は心に自分の道を<思い巡らす>．
ダニ 2:29 何が起こるのかと<思い巡ら>されま
マタ 1:20 彼がこのことを<思い巡ら>していた
使徒 10:19 ペテロが幻について<思い巡ら>して

▼ おもいやる（思いやる）

ヘブ 5: 2 迷っている人々を<思いやる>ことが
10:34 捕らえられている人々を<思いや>り，
13: 3 自分も牢にいる気持ちで<思いや>り，

▼ おもいわずらい（思い煩い），思い煩う

詩篇 94:19 私のうちで，<思い煩い>が増すとき
139:23 私の<思い煩い>を知ってください．
Iコリ 7:32 あなたがたが<思い煩>わないことを
ピリ 4: 6 何も<思い煩>わないで，あらゆる場

Ⅰペテ 5: 7 <思い煩い>を，いっさい神にゆだね
▼ おもう（思う）【別項】複合動詞
創世 20:11 妻のゆえに，私を殺すと<思>ったか
38:15 顔をおおっていたので遊女だと<思>
48:11 顔が見られようとは<思>わなかった
申命 32: 7 代々の年を<思>え．あなたの父に問
士師 13:23 私たちを殺そうと<思>われたのなら，
15: 2 あの娘をきらったものと<思>って，
Ⅰサム 1:13 酔っているのではないかと<思>った．
23:21 私のことを<思>ってくれたからだ．
Ⅰ列 12: 6 民にどう答えたらよいと<思う>か」
17:18 あなたは私の罪を<思>い知らせ，私
Ⅱ列 5:11 直してくれると<思>っていたのに．
エス 6: 6 王が栄誉を与えたいと<思う>者には，
どうしたらよかろう．」7.
ヨブ 12: 5 安らかだと<思>っている者は衰えて
35: 2 このことを正義によると<思う>のか．
41:32 深い淵は白髪のように<思>われる．
詩篇 50:21 おまえと等しい者だと…<思>ってい
63: 6 夜ふけて私はあなたを<思>います．
箴言 17:28 黙っていれば，知恵のある者と<思>
われ…悟りのある者と<思>われる．
18:11 そそり立つ城壁のように<思>ってい
伝道 5:20 生涯のことをくよくよ<思>わない．
8:17 知恵ある者が知っていると<思>って
イザ 5:28 車輪はつむじ風のように<思>われる．
10: 7 彼自身はそうとは<思>わず，彼の心
39: 8 平和で安全だろう，と<思>ったから
47: 7 自分の終わりのことを<思>ってもみ
53: 4 私たちは<思>った．彼は罰せられ，
8 彼の時代の者で，だれが<思>ったこ
エレ 10:18 彼らに<思>い知らせてやるためだ．」
23:20 御心の<思う>ところを行って，成し
哀歌 1: 9 彼女は自分の末路を<思>わなかった．
マタ 5:17 預言者を廃棄するためだと<思>って
10:34 地に平和をもたらすためだと<思>っ
16:23 あなたは神のことを<思>わないで，
人のことを<思>っている．」
24 わたしについて来たいと<思う>なら，
25 いのちを救おうと<思う>者はそれを
17:25 シモン．どう<思>いますか．世の王
18:12 どう<思>いますか…100匹の羊を持
19:17 いのちに入りたいと<思う>なら，戒
20:10 もっと多くもらえるだろうと<思>っ
26 偉くなりたいと<思う>者は，みなに
27 人の先に立ちたいと<思う>者は，あ
21:28 どう<思>いますか…ふたりの息子が
22:17 どう<思>われるのか…税金をカイザ
42 キリストについて，どう<思>います
マコ 9:35 人の先に立ちたいと<思う>なら，み
11:32 ヨハネは確かに預言者だと<思>って
ルカ 2:44 イエスが一行の中にいるものと<思>
7:43 赦してもらったほうだと<思>います
10:36 だれが…隣人になったと<思>います
40 何ともお<思>いにならないのでしょ
12:51 平和を与えるために…来たと<思>っ
24:11 この話はたわごとと<思>われたので，
ヨハ 5:39 永遠のいのちがあると<思う>ので，
9:17 あの人を何だと<思>っているのか．」
11:56 どう<思>いますか．あの方は祭りに
21:25 …ことができまい，と私は<思う>．
使徒 2:15 あなたがたの<思>っているようにこ
7:25 みなが理解してくれるものと<思>っ
8:20 金で神の賜物を手に入れようと<思>
14:19 死んだものと<思>って，町の外に引
16:13 祈り場があると<思>われた川岸に行
15 私を主に忠実な者とお<思>いでした
27 囚人…が逃げてしまったものと<思>
20:24 いのちは少しも惜しいとは<思>いま
21:29 彼を宮に連れ込んだのだと<思>った
ロマ 1: 9 私はあなたがたのことを<思>わぬ時
2: 3 さばきを免れるのだとでも<思>って
12: 3 <思う>べき限度を越えて思い上がっ
16 自分こそ知者だなどと<思>ってはい
17 すべての人が良いと<思う>ことを図
Ⅰコリ 3:18 自分は今の世の知者だと<思う>者が
7:36 娘…の扱い方が正しくないと<思>い，
37 自分の<思う>とおりに行うことので
40 神の御霊をいただいていると<思>い
8: 2 何かを知っていると<思>ったら，そ
10:12 立っていると<思う>者は，倒れない
16:12 そちらへ行こうとは全然<思>ってい
Ⅱコリ 9: 5 用意…が必要だと<思>いました．ど
11: 2 熱心にあなたがたのことを<思>って
5 少しでも劣っているとは<思>いませ
ガラ 4:21 律法の下にいたいと<思う>人たちは，
5:17 自分のしたいと<思う>ことをするこ
6: 3 りっぱでもあるかのように<思う>な
4 誇れると<思>ったことも，ただ自分
エペ 3:20 <思う>ところのすべてを越えて豊か

ピリ 1: 3 <思う>ごとに私の神に感謝し，
2:25 送らねばならないと<思>っています．
3: 7 キリストのゆえに，損と<思う>よう
8 いっさいのことを損と<思>っていま
す…それらをちりあくたと<思>って
コロ 3: 2 地上のものを<思>わず，天にあるも
のを<思>いなさい．
Ⅱテモ 2: 8 キリストを，いつも<思>っていなさ
26 悪魔に捕らえられて<思う>ままにさ
ピレ 17 あなたが私を親しい友と<思う>なら，
ヘブ 6:17 さらにはっきり示そうと<思>い，誓
12:11 かえって悲しく<思>われるものです
ヤコ 1: 2 この上もない喜びと<思>いなさい．
7 何かをいただけると<思>ってはなり
Ⅱペテ 1:13 私のなすべきことと<思>っています．
3: 9 ある人たちがおそいと<思>っている
黙示 11: 6 <思う>ままに，何度でも，あらゆる

▼おもだつ

Ⅱ列 10: 6 町の<おもだ>った人たちのもとにい
エゼ 17:13 この国の<おもだ>った者たちも連れ
マコ 6:21 ガリラヤの<おもだ>った人などを招
ルカ 19:47 民の<おもだ>った者たちは，イエス
使徒 25: 2 ユダヤ人の<おもだ>った者たちが，
28:17 <おもだ>った人たちを呼び集め，彼
ガラ 2: 2 <おもだ>った人たちには個人的にそ

▼おもて（面）

創世 8:13 見よ，地の<面>は，かわいていた．
出エ 10: 5 いなごが地の<面>をおおい，地は見
16:14 荒野の<面>には，地に降りた白い霜
民数 22: 5 今や，彼らは地の<面>をおおって，
申命 6:15 主があなたを地の<面>から根絶やし
7: 6 地の<面>のすべての国々の民のうち
Ⅰサム 20:15 ダビデの敵を地の<面>からひとり残
Ⅰ列 13:34 地の<面>から根絶やしにされるよう
ヨブ 37:12 世界の地の<面>で事を行う．
38:30 石のようになり，深い淵の<面>は凍
詩 104:30 あなたは地の<面>を新しくされます．
箴言 8:27 深淵の<面>に円を描かれたとき，わ
イザ 14:21 世界の<面>を彼らの町々で満たさな
エレ 28:16 あなたを地の<面>から追い出す．こ
エゼ 39:14 彼らは地の<面>に取り残されている
アモ 5: 8 海の水を呼んで，それを地の<面>に
9: 8 わたしはこれを地の<面>から根絶や
ゼパ 1: 3 人を地の<面>から断ち滅ぼす…主の
ゼカ 5: 3 全地の<面>に出て行くのろいだ．盗

▼おもに（重荷）

民数 11:11 なぜ，このすべての民の<重荷>を私
申命 1:12 どうして…<重荷>と争いを背負いき
Ⅱサム 15:33 いっしょに行くなら…<重荷>になる．
19:35 しもべが王さまの<重荷>になれまし
Ⅱ歴 35: 3 あなたがたにとって肩の<重荷>には
ヨブ 7:20 私が<重荷>を負わなければならない
詩篇 38: 4 <重荷>のように，私には重すぎるか
55:22 あなたの<重荷>を主にゆだねよ．主
66:11 私たちの腰に<重荷>を着けられまし
68:19 私たちのために，<重荷>をになわれ
81: 6 彼の肩から<重荷>を取り除き，彼の
イザ 1:14 それはわたしの<重荷>となり，わた
9: 4 あなたが彼の<重荷>のくびきと，肩
10:27 彼の<重荷>はあなたの肩から，彼の
14:25 その<重荷>は彼らの肩から除かれる．
46: 1 疲れた獣の<重荷>となる．2.
エレ 23:36 主のことばが人の<重荷>となり．33.
マタ 11:28 疲れた人，<重荷>を負っている人は，
使徒 15:28 どんな<重荷>も負わせないことを決
Ⅱコリ 5: 4 私たちは<重荷>を負って，うめいて
11: 9 あなたがたの<重荷>にならないよう
12:16 <重荷>は負わせなかったにしても，
ガラ 6: 2 互いの<重荷>を負い合い…律法を全
5 負うべき自分自身の<重荷>があるの
ヘブ 12: 1 いっさいの<重荷>とまつわりつく罪
Ⅰヨハ 5: 3 その命令は<重荷>とはなりません．
黙示 2:24 あなたがたに，ほかの<重荷>を負わ

▼おもねる

レビ 19:15 弱い者に<おもね>り，また強い者に
詩篇 18:44 外国人らは，私に<おもね>ります．

▼おもむく

アモ 5: 5 ベエル・シェバに<おもむく>な．ギ

▼おもり，重り石

レビ 19:36 正しい<重り石>，正しいエパ，正し
申命 25:13 大小異なる<重り石>を持っていては
15 あなたは完全に正しい<重り石>を持
Ⅱ列 21:13 アハブの家に使った<おもり>とをエ
箴言 11: 1 正しい<おもり>は主に喜ばれる．
16:11 袋の中の<重り石>もみな，主が造ら
20:10 異なる 2 種類の<おもり>…枡，その
どちらも主に忌みきらわれる．23.
イザ 28:17 正義を，<おもり>とする．雹は，ま
34:11 虚無の<おもり>を下げられる．

▼おもりなわ（重りなわ）
アモ 7:7 主は手に<重りなわ>を持ち，<重りなわ>で築かれた城壁の上に立っ．8.

▼おもんじる（重んじる）
Ⅰサム 2:29 自分の息子たちを<重んじ>て，わた
Ⅱ列 5:1 ナアマンは…主君に<重んじ>られ，
Ⅰ歴 4:9 ヤベツは…兄弟たちよりも<重んじ>
エス 3:1 王は…ハマンを<重んじ>，彼を昇進
ヨブ 34:19 貧民よりも上流の人を<重んじる>こ
マタ 6:24 一方を<重んじ>て他方を軽んじたり
ルカ 7:2 ある百人隊長に<重んじ>られている
16:13 一方を<重んじ>て他方を軽んじたり
ロマ 11:13 自分の務めを<重んじ>ています．
ガラ 2:9 柱として<重んじ>られているヤコブ

▼おもんぱかり
イザ 28:29 その<おもんぱかり>はすばらしい．
エレ 32:19 <おもんぱかり>は大きく，みわざは

▼おや（親）
創世 49:26 私の<親>たちの祝福にまさり，永遠
ロマ 1:30 悪事をたくらむ者，<親>に逆らう者，
Ⅱコリ 12:14 子は<親>のためにたくわえる必要はなく，<親>が子のためにたくわえる
Ⅰテモ 5:4 <親>の恩に報いる習慣をつけさせな

▼おやぎ（雄やぎ）
創世 30:35 しま毛とまだら毛のある<雄やぎ>と，
31:10 群れにかかっている<雄やぎ>は，し
32:14 <雄やぎ>20頭，雌羊200頭，雄羊20
37:31 ヨセフの長服を取り，<雄やぎ>をほ
レビ 4:23 ささげ物として，傷のない<雄やぎ>
9:3 <雄やぎ>を罪のためのいけにえとし
民数 7:16 罪のためのいけにえとして<雄やぎ>
17 和解のいけにえとして…<雄やぎ>5
28:22 贖いのためには…<雄やぎ>1頭とす
申命 32:14 <雄やぎ>とを，小麦の最も良いもの
Ⅱ歴 11:15 彼が造った高き所と<雄やぎ>と子牛
17:11 <雄やぎ>7700頭を携えて来た．
29:21 7頭の<雄やぎ>を引いて来たので，
23 罪のためのいけにえとする<雄やぎ>
エズ 6:17 部族の数にしたがって…<雄やぎ>12
8:35 <雄やぎ>12頭をささげた．これはす
詩篇 50:9 あなたの囲いから，<雄やぎ>をも．
66:15 雄牛を<雄やぎ>といっしょに，ささ
箴言 30:31 いばって歩くおんどりと，<雄やぎ>，
イザ 1:11 雄牛，子羊，<雄やぎ>の血も喜ばな
エレ 51:40 <雄やぎ>のように，ほふり場に下ら
エゼ 34:17 雄羊と<雄やぎ>との間をさばく．
39:18 <雄やぎ>，雄牛，すべてバシャンの
43:22 傷のない<雄やぎ>を罪のためのいけ
25 <雄やぎ>をささげ，傷のない若い雄
ダニ 8:5 1頭の<雄やぎ>が，地には触れずに，
21 毛深い<雄やぎ>はギリシヤの王であ
ゼカ 10:3 わたしは<雄やぎ>を罰しよう．万軍

▼おやゆび（親指）
出エ 29:20 右手の<親指>と，右足の<親指>につけ，その血を．レビ8:23，24．
レビ 14:14 右手の<親指>と，右足の<親指>に塗
士師 1:6 その手足の<親指>を切り取った．

▼およぐ（泳ぐ）
イザ 25:11 <泳ぐ>者が<泳>ごうとして手を伸ば
エゼ 47:5 <泳>げるほどの水となり，渡ること
使徒 27:42 囚人たちがだれも<泳>いで逃げない
43 <泳>げる者がまず海に飛び込んで陸

▼おり
詩篇 68:13 羊の<おり>の間に横たわるとき，銀
78:70 ダビデを選び，羊の<おり>から彼を
エゼ 19:9 それを鉤にかけて<おり>に入れ，バ
25:5 アモン人の地を羊の<おり>とすると
34:14 高い山々が彼らの<おり>となる．彼らはその良い<おり>に伏し，イスラ

▼オリオンざ（～座）
ヨブ 38:31 <オリオン座>の綱を解くことができ．9:9，イザ13:10，アモ5:8．

▼おりにかなう
ヘブ 4:16 <おりにかな>った助けを受けるため

▼オリーブ，オリーブ油
①用途：灯火用の油を採る，出エ27:20；神殿の備品，Ⅰ列6:23；神殿の建築材，Ⅰ列6:31-33；仮庵を作る，ネヘ8:15．
②比喩：平和，創世8:11；王権，士師9:8-9；イスラエル，エレ11:16；繁栄，詩篇52:8；実り豊かな民，イザ17:6；異邦人キリスト者，ロマ11:17；真の教会，ロマ11:17，24；預言的象徴，ゼカ4:3，11-12．
創世 8:11 <オリーブ>の若葉がそのくちばしに
士師 9:8 <オリーブ>の木に…私たちの王とな
Ⅰサム 8:14 <オリーブ>畑の良い所を取り上げて，
詩篇 52:8 神の家にあるおい茂る<オリーブ>の
128:3 子らは…<オリーブ>の木を囲む若木
エレ 11:16 美しい緑の<オリーブ>の木』と呼ば
ホセ 14:6 その美しさは<オリーブ>の木のよう

ハバ 3:17 <オリーブ>の木も実りがなく，畑は
ゼカ 4: 3 そのそばには 2 本の<オリーブ>の木
ルカ 10:34 傷に<オリーブ油>とぶどう酒を注い
ロマ 11:17 <オリーブ>の根の豊かな養分をとも
ヤコ 5:14 <オリーブ油>を塗って祈ってもらい
黙示 11: 4 主の御前にある 2 本の<オリーブ>の

▼ オリーブやま（～山）

Ⅱサム 15:30 ダビデは<オリーブ山>の坂を登った.
ゼカ 14: 4 主の足は…<オリーブ山>の上に立つ.
マタ 21: 1 <オリーブ山>のふもとのベテパゲま
24: 3 イエスが<オリーブ山>ですわってお
26:30 賛美の歌を歌って…<オリーブ山>へ
ルカ 21:37 イエスは…<オリーブという山>で過
ヨハ 8: 1 イエスは<オリーブ山>に行かれた.
使徒 1:12 <オリーブという山>からエルサレム

▼ おりもの（織物）

出エ 28:32 その口の周囲には，<織物>の縁をつ
レビ 13:48 亜麻または羊毛の<織物>でも. 49，
51，52，53，56，57，58，59.

▼ おりる（降りる）

創世 11: 5 町と塔をご覧になるために<降り>て
7 <降り>て行って…ことばを混乱させ，
15:11 猛禽がその死体の上に<降り>て来た
24:16 彼女は泉に<降り>て行き，水がめに
出エ 2: 5 パロの娘が…ナイルに<降り>て来た.
16:13 宿営の回りに露が一面に<降り>た.
33: 9 雲の柱が<降り>て来て，天幕の入口
34: 5 主は雲の中にあって<降り>て来られ，
29 モーセはシナイ山から<降り>て来た.
レビ 9:22 いけにえをささげてから<降り>て来
民数 11: 9 夜，宿営に露が<降りる>とき，マナ
もそれといっしょに<降り>た.
申命 9:15 私は向き直って山から<降り>た．山
ヨシ 15:18 彼女がろばから<降り>たので，カレ
士師 5:13 主の民は…勇士のように<おり>て来
9:36 山々の頂から民が<降り>て来る.」
Ⅰサム 25:23 アビガイルは…ろばから<降り>，ダ
Ⅱサム 22:10 主は，天を押し曲げて<降り>て来ら
Ⅰ列 17:23 家の中に<降り>て来て，その子の母
Ⅱ列 1: 4 その寝台から<降りる>ことはない.
4:35 彼は<降り>て，部屋の中をあちら，
5:21 戦車から<降り>て，彼を迎え，「何
ヨブ 17:16 共にちりの上に<降り>て行っても.
詩篇 18: 9 主は，天を押し曲げて<降り>て来ら
133: 3 シオンの山々に<おりる>ヘルモンの
箴言 30: 4 だれが天に上り，また<降り>て来た
伝道 3:21 獣の霊は地の下に<降り>て行くのを.
雅歌 4: 1 ギルアデの山から<降り>て来るやぎ
イザ 64: 1 あなたが天を裂いて<降り>て来られ
エレ 48:18 栄光の座から<おり>て，潤いのない
エゼ 26:16 その王座を<おり>，上着を脱ぎ，あ
ダニ 4:13 聖なる者が天から<降り>て来た.
ミカ 1: 3 主は御住まいを出，<降り>て来て，
マタ 24:17 持ち出そうと下に<降り>てはいけま
27:40 神の子なら…十字架から<降り>て来
42 今，十字架から<降り>てもらおうか.
28: 2 主の使いが天から<降り>て来て，石
マコ 13:15 屋上にいる者は<降り>てはいけませ
15:30 十字架から<降り>て来て，自分を救
32 十字架から<降り>てもらおうか．わ
ルカ 5: 2 漁師たちは，その舟から<降り>て網
9:37 次の日，一行が山から<降り>て来る
17:31 取り出しに<降り>てはいけません.
使徒 8:38 ピリポも宦官も水の中へ<降り>て行
10:11 四隅をつるされて地上に<降り>て来
11: 5 敷布のような入れ物が天から<降り>
黙示 10: 1 強い御使いが…天から<降り>て来る

▼ おる（折る），へし折る

出エ 12:46 またその骨を<折>ってはならない.
26: 9 6 枚目の幕を天幕の前で<折>り重ね
レビ 26:26 パンのための棒を<折る>とき，10人
民数 9:12 その骨を 1 本でも<折>ってはならな
Ⅰサム 4:18 エリは…首を<折>って死んだ．年寄
ヨブ 22: 9 素手で去らせ，みなしごの腕を<折>
24:20 不正な者は木のように<折>られてし
38:15 光が退けられ，振りかざす腕は<折>
詩篇 10:15 悪者と，よこしまな者の腕を<折>り，
37:15 心臓を貫き，彼らの弓は<折>られよ
46: 9 弓を<へし折>り，槍を断ち切り，戦
58: 6 彼らの歯を，その口の中で<折>って
89:43 あなたは彼の剣の刃を<折>り曲げ，
105:16 パンのための棒をことごとく<折>ら
イザ 14: 5 主が…支配者の笏とを<折>られたの
29 おまえを打った杖が<折>られたから
22:25 一つの釘は抜き取られ，<折>られて
27:11 大枝が枯れると，それは<折>られ，
42: 3 彼はいたんだ葦を<折る>こともなく，
45: 2 鉄のかんぬきを<へし折る>.
エレ 51:56 捕らえられ，その弓も<折>られる.
哀歌 2: 3 イスラエルのすべての角を<折>り，

エゼ 19:12 その強い枝も<折>られて枯れ，火に
ホセ 1: 5 その日…イスラエルの弓を<折>る.」
ゼカ 11:10 慈愛の杖を取り上げ，それを<折>っ
マタ 12:20 彼はいたんだ葦を<折る>こともなく，
ヨハ 19:31 すねを<折>ってそれを取りのける処置をピラトに願った. 32，33.
ロマ 11:17 枝の中のあるものが<折>られて，野
19 枝が<折>られたのは，私がつぎ合わ
20 彼らは不信仰によって<折>られ，あ

▼ オルナン〔人名〕

エブス人の首長. Ⅰ歴21:15，28，Ⅱ歴3:1.

▼ オルパ〔人名〕

モアブ人. ルツの義妹. ルツ1:4，14.

▼ オルンパ〔人名〕

ローマのキリスト者. ロマ16:15.

▼ オレブ〔人名〕

ミデヤン人の首長. 士師7:25，詩篇83:11.

▼ オレン〔人名〕

ユダ族のエラフメエルの子. Ⅰ歴2:25.

▼ おろか（愚か），愚か者，愚かさ，愚かな，愚かしさ

創世 31:28 あなたは全く<愚かな>ことをしたも
民数 12:11 私たちが<愚か>で犯しました罪の罰
申命 32: 6 <愚か>で知恵のない民よ. 主はあな
Ⅰサム 13:13 あなたは<愚かな>ことをしたものだ.
25:25 その名はナバルで…<愚か者>です.
26:21 私は<愚かな>ことをして，たいへん
Ⅱサム 3:33 <愚か者>の死のように，アブネルは
13:12 こんな<愚かな>ことをしないでくだ
15:31 助言を<愚かな>ものにしてください.
24:10 私はほんとうに<愚かな>ことをしま
ヨブ 2:10 あなたは<愚かな>女が言うようなこ
5: 2 憤りは<愚か者>を殺し，ねたみはあ
3 私は<愚か者>が根を張るのを見た.
12:17 神は…さばきつかさたちを<愚か>に
詩篇 14: 1 <愚か者>は心の中で，「神はいない」
38: 5 それは私の<愚かしさ>のためです.
39: 8 私を<愚か者>のそしりとしないでく
49:10 <愚か者>もまぬけ者もひとしく滅び，
13 これが<愚か者>どもの道，彼らに従
53: 1 <愚か者>は心の中で「神はいない」
69: 5 あなたは私の<愚かしさ>をご存じで
73:22 私は，<愚か>で，わきまえもなく，
74:18 <愚かな>民が御名を侮っていること
92: 6 <愚か者>にはこれがわかりません.
94: 8 <愚か者>ども. おまえらは，いつに
107:17 <愚か者>は，自分のそむきの道のた
箴言 1: 7 <愚か者>は知恵と訓戒をさげすむ.
22 <愚かな>者は，いつまで，知識を憎
3:35 誉れを受け継ぎ，<愚かな>者は恥を
5:23 その<愚かさ>が大きいためにあやま
7:22 <愚か者>を懲らしめるための足かせ
8: 5 <愚かな>者よ. 思慮をわきまえよ.
9:13 <愚かな>女は，騒がしく，わきまえ
10: 1 <愚かな>子は母の悲しみである.
8 むだ口をたたく<愚か者>は踏みつけ
11:29 <愚か者>は心に知恵のある者のしも
12:15 <愚か者>は自分の道を正しいと思う.
23 <愚かな>者は自分の<愚かさ>を言いふらす. 13:16.
14: 1 <愚かな>女は自分の手でこれをこわ
3 <愚か者>の口には誇りの若枝がある.
7 <愚かな>者の前を離れ去れ. 知識の
8 <愚かな>者は自分の<愚かさ>で自分
24 <愚かな>者のかぶり物は…<愚かさ>.
33 <愚かな>者の間でもそれは知られて
15: 2 <愚かな>者の口は<愚かさ>を吐き出
5 <愚か者>は自分の父の訓戒を侮る.
21 思慮に欠けている者は<愚かさ>を喜
16:22 <愚か者>には<愚かさ>が懲らしめと
17:10 <愚かな>者を100度むち打つよりも
12 <愚かさ>にふけっている<愚かな>者
28 <愚か者>でも，黙っていれば，知恵
18: 2 <愚かな>者は英知を喜ばない. 6，7.
13 <愚か>であって，侮辱を受ける.
19: 3 人は自分の<愚かさ>によってその生
20: 3 <愚か者>はみな争いを引き起こす.
22:15 <愚かさ>は子どもの心につながれて
23: 9 <愚かな>者に話しかけるな. 彼はあ
24: 7 <愚か者>には知恵はさんごのようだ.
9 <愚かな>はかりごとは罪だ. あざけ
26: 3 <愚かな>者の背には，むち. 4，5，6，7，8，9，10，11，12.
27: 3 <愚か者>の怒りはそのどちらよりも
22 <愚か者>を臼に入れ，きねでこれを
28:26 自分の心にたよる者は<愚かな>者，
29: 9 <愚か者>は怒り，あざ笑い，休むこ
11 <愚かな>者は怒りをぶちまける. し
30: 2 私は人間の中でも最も<愚か>で，私
32 <愚かな>ことをしたり，たくらんだ

伝道 1:17 狂気と<愚かさ>を知ろうとした．そ
2: 3 <愚かさ>を身につけていようと考え
12 知恵と，狂気と，<愚かさ>とを見た．
13 知恵は<愚かさ>にまさっていること
14 <愚かな>者はやみの中を歩く．しか
15 私も<愚かな>者と同じ結末に行き着
16 知恵ある者も<愚かな>者も，いつま
19 後継者が知恵ある者か<愚か者>か，
4: 5 <愚かな>者は，手をこまねいて，自
13 知恵のある若者は…<愚かな>王にま
5: 1 <愚かな>者がいけにえをささげるの
6: 8 知恵ある者は，<愚かな>者より何が
7: 4 <愚かな>者の心は楽しみの家に向く．
7 しいたげは知恵ある者を<愚か>にし，
17 <愚か>すぎてもいけない．自分の時
25 <愚かな>者の悪行と狂った者の<愚かさ>を学びとろうとした．
9:17 <愚かな>者の間の支配者の叫びより
10: 1 少しの<愚かさ>は，知恵や栄誉より
2 <愚かな>者の心は左に向く．
6 <愚か者>が非常に高い位につけられ，
12 <愚かな>者のくちびるはその身を滅
14 <愚か者>はよくしゃべる．人はこれ
15 <愚かな>者の労苦は，おのれを疲れ
イザ 19:11 ツォアンの首長たちは全く<愚か者>だ…議官たちも<愚かな>はかりごとをする．13.
35: 8 旅人も<愚か者>も，これに迷い込む
44:25 知恵ある者を退けて…<愚か>にする．
エレ 4:22 わたしの民は<愚か者>で，わたしを
5: 4 彼らは，実に卑しい<愚か者>だ．主
21 <愚か>で思慮のない民よ．彼らは，
10: 8 彼らはみなまぬけ者で<愚かな>こと
14 すべての人間は<愚か>で無知だ．す
50:36 彼らは<愚か>になる．剣がその勇士
エゼ 13: 3 自分の霊に従う<愚かな>預言者ども
ホセ 7:11 エフライムは，<愚か>で思慮のない
9: 7 預言者は<愚か者>，霊の人は狂った
ゼカ 11:15 もう一度，<愚かな>牧者の道具を取
マタ 7:26 砂の上に自分の家を建てた<愚かな>
23:17 <愚か>で，目の見えぬ人たち．黄金
25: 2 そのうち5人は<愚か>で，5人は賢かった．3, 8.
マコ 7:22 ねたみ，そしり，高ぶり，<愚かさ>
ルカ 11:40 <愚かな>人たち．外側を造られた方
12:20 <愚か者>．おまえのたましいは，今
24:25 ああ，<愚かな>人たち．預言者たち
ロマ 1:22 知者であると言いながら，<愚かな>
2:19-20 <愚かな>者の導き手，幼子の教師だ
Iコリ 1:18 滅びに至る人々には<愚か>であって
20 神は，この世の知恵を<愚かな>もの
21 宣教のことばの<愚かさ>を通して，
23 異邦人にとっては<愚か>でしょうが，
25 神の<愚かさ>は人よりも賢く，神の
27 この世の<愚かな>者を選び，強い者
2:14 それらは彼には<愚かな>ことだから
3:18 知者になるためには<愚か>になりな
19 世の知恵は，神の御前では<愚か>だ
4:10 キリストのために<愚かな>者ですが，
15:36 <愚かな>人だ．あなたの蒔く物は，
IIコリ 11: 1 私の少しばかりの<愚かさ>をこらえ
16 だれも，私を<愚か>と思ってはなり
17 <愚か者>としてする思い切った自慢
19 よくも喜んで<愚か者>たちをこらえ
21 私は<愚か>になって言いますが…誇
12: 6 <愚か者>にはなりません．真実のこ
11 私は<愚か者>になりました．あなた
ガラ 3: 1 ああ<愚かな>ガラテヤ人．十字架に
エペ 5: 4 <愚かな>話や，下品な冗談を避けな
17 <愚か>にならないで，主のみこころ
IIテモ 2:23 <愚か>で，無知な思弁を避けなさい．
3: 6 <愚かな>女たちをたぶらかしている
9 彼らの<愚かさ>は，あのふたりの場
テト 3: 9 <愚かな>議論，系図，口論，律法に
ヤコ 2:20 ああ<愚かな>人よ．あなたは行いの
Iペテ 2:15 <愚かな>人々の無知の口を封じるこ

▼おろす（降ろす）

ヨシ 8:29 その死体を木から<降ろ>し，町の門
Iサム 19:12 ダビデを窓から<降ろ>したので，彼
I列 1:53 アドニヤを祭壇から<降ろ>させた．
II歴 35:23 私を<降ろ>してくれ．傷を負ったの
24 彼を戦車から<降ろ>し，彼の持って
エレ 38: 6 エレミヤを綱で<降ろ>したが，穴の
エゼ 40: 2 非常に高い山の上に<降ろ>された．
マタ 13:47 御国は，海に<おろ>してあらゆる種
マコ 15:36 エリヤが…彼を<降ろす>かどうか，
ルカ 5: 4 網を<おろ>して魚をとりなさい」と
ヨハ 21: 6 そこで，彼らは網を<おろ>した．す
使徒 27:30 錨を<降ろす>ように見せかけて，小

▼おろそか
申命 32:18 自分を生んだ岩を<おろそか>にし,
エレ 48:10 主のみわざを<おろそか>にする者は,
マタ 23:23 誠実を,<おろそか>にしているのです…10分の1も<おろそか>にしては

▼おろば(雄ろば)
創世 32:15 雄牛10頭,雌ろば20頭,<雄ろば>10

▼おわり(終わり),終える,終わる【別項】終わりの時,終わりの日
創世 6:13 すべての肉なるものの<終わり>が,
8: 3 水は150日の<終わり>に減り始め,
41:53 エジプトの…豊作の7年が<終わる>
44:12 調べ始めて年下の者で<終わ>った.
出エ 12:41 430年が<終わ>ったとき,ちょうど
23:16 年の<終わり>にはあなたの勤労の実
39:32 幕屋の,すべての奉仕が<終わ>った.
民数 4:15 聖所のすべての器具をおおい<終わ>
23:10 私の<終わり>が彼らと同じであるよ
申命 9:11 こうして40日40夜の<終わり>に,主
11:12 年の初めから年の<終わり>まで,あ
14:28 3年の<終わり>ごとに,その年の収
15: 1 7年の<終わり>ごとに,負債の免除
32:20 彼らの<終わり>がどうなるかを見よ
29 自分の<終わり>もわきまえたろうに.
ヨシ 19:49 相続地の割り当てを<終え>たとき,
ルツ 2:21 刈り入れが全部<終わる>まで,私の
23 刈り入れの<終わる>まで,落ち穂を
3: 3 あの方の食事が<終わる>まで,気づ
Ⅰサム 3:12 初めから<終わり>までエリに果たそ
Ⅱサム 14:26 年の<終わり>には…重いので刈って
Ⅰ列 1:41 食事を<終え>たとき,これを聞いた.
Ⅱ列 10:25 いけにえをささげ<終わ>ったとき,
Ⅱ歴 21:19 2年の<終わり>が来ると,彼の内臓
29:17 第1の月の16日に<終わ>った.
28 全焼のいけにえが<終わる>まで,続
31: 1 これらすべてのことが<終わる>と,
エス 1: 5 この期間が<終わる>と,王は,シュ
ヨブ 6:11 私にどんな<終わり>があるからとい
8: 7 その<終わり>は,はなはだ大きくな
31:40 ヨブのことばは<終わ>った.
詩篇 39: 4 私の<終わり>,私の齢が,どれだけ
72:20 エッサイの子ダビデの祈りは<終わ>
90: 9 自分の齢をひと息のように<終わ>ら
119:96 すべての全きものにも,<終わり>の
箴言 5:11 あなたの<終わり>に,あなたの肉と
14:12 その道の<終わり>は死の道である.
13 <終わり>には喜びが悲しみとなる.
16:25 その道の<終わり>は死の道である.
20:21 急に得た相続財産は,<終わり>には
伝道 3:11 初めから<終わり>まで見きわめるこ
4: 8 彼のいっさいの労苦には<終わり>が
7: 2 すべての人の<終わり>があり,生き
8 事の<終わり>は,その初めにまさり,
10:13 彼の口の<終わり>は,みじめな狂気.
イザ 10:25 しばらくすれば,憤りは<終わ>り,
16: 4 破壊も<終わ>り,踏みつける者が地
23:15 70年が<終わ>って,ツロは遊女の歌
24: 8 陽気なタンバリンの音は<終わ>り…陽気な立琴の音も<終わる>.
13 ぶどうの取り入れが<終わ>って,取
40: 2 その労苦は<終わ>り,その咎は償わ
41: 4 主こそ初めであり,また<終わり>と
44: 6 わたしは初めであり…<終わり>であ
46:10 わたしは,<終わり>の事を初めから
47: 7 自分の<終わり>のことを思ってもみ
60:20 あなたの嘆き悲しむ日が<終わる>か
エレ 1: 3 ゼデキヤの第11年の<終わり>まで,
8:20 刈り入れ時は過ぎ,夏も<終わ>った.
25:12 70年の<終わり>に,わたしはバビロ
34:14 7年の<終わり>には,各自,自分の
哀歌 4:18 私たちの<終わり>は近づいた.私た
エゼ 4: 6 あなたがその日数を<終え>たら,次
5: 2 包囲の期間の<終わる>とき,町の中
7: 2 この国の四隅にまで<終わり>が来た.
38: 8 <終わり>の年に,一つの国に侵入す
39:14 彼らは7か月の<終わり>まで捜す.
ダニ 1:15 10日の<終わり>になると,彼らの顔
5:26 神があなたの治世を数えて<終わ>ら
7:28 ここでこの話は<終わる>.私,ダニ
9:24 罪を<終わ>らせ,咎を贖い,永遠の
26 その<終わり>には洪水が起こり,そ
11:27 その<終わり>は,まだ定めの時にか
36 憤りが<終わる>まで栄える.定めら
45 ついに彼の<終わり>が来て,彼を助
12: 6 いつになって<終わる>のですか.」
8 この<終わり>は,どうなるのでしょ
13 <終わり>まで歩み,休みに入れ.あ
アモ 8: 2 民イスラエルに,<終わり>が来た.
5 新月の祭りはいつ<終わる>のか.私
10 その<終わり>を苦い日のようにする.

ハバ 2: 3 <終わり>について告げ，まやかしを
マタ 13:39 収穫とはこの世の<終わり>のことで
24: 3 世の<終わり>には，どんな前兆があ
6 しかし，<終わり>が来たのではあり
28: 1 安息日が<終わ>って，週の初めの日
20 世の<終わり>まで，いつも，あなた
マコ 16: 1 安息日が<終わ>ったので，マグダラ
ルカ 1:23 務めの期間が<終わ>ったので，彼は
4: 2 その時が<終わる>と，空腹を覚えら
11: 1 その祈りが<終わる>と，弟子のひと
21:24 異邦人の時の<終わる>まで，エルサ
使徒 13:25 ヨハネは，その一生を<終え>ようと
43 会堂の集会が<終わ>ってからも，多
21: 7 私たちはツロからの航海を<終え>て，
26 清めの期間が<終わ>って，ひとりひ
27 その7日がほとんど<終わ>ろうとし
ロマ 10: 4 キリストが律法を<終わ>らせられた
Ⅰコリ 10:11 世の<終わり>に臨んでいる私たちへ
15:24 それから<終わり>が来ます．そのと
52 <終わり>のラッパとともに，たちま
エペ 6:10 <終わり>に言います．主にあって，
ヘブ 3:14 もし最初の確信を<終わり>までしっ
7: 3 いのちの<終わり>もなく，神の子に
9:26 ただ一度，今の世の<終わり>に，ご
Ⅰペテ 4: 7 万物の<終わり>が近づきました．で
17 福音に従わない人たちの<終わり>は，
Ⅱペテ 2:20 <終わり>の状態は，初めの状態より
黙示 2: 8 初めであり，<終わり>である方，死
15: 8 七つの災害が<終わる>までは，だれ
20: 3 千年の<終わる>までは，それが諸国

▼ おわりのとき（終わりの時）

エゼ 30: 3 諸国の民の<終わりの時>だ．
ヘブ 1: 2 この<終わりの時>には，御子によっ

▼ おわりのひ（終わりの日）

創世 49: 1 私は<終わりの日>に…起こることを
イザ 2: 2 <終わりの日>に，主の家の山は，山
エレ 23:20 <終わりの日>に…明らかに悟ろう．
48:47 <終わりの日>に，わたしはモアブの
エゼ 38:16 <終わりの日>に…雲のようになる．
ダニ 2:28 この方が<終わりの日>に起こること
10:14 <終わりの日>にあなたの民に起こる
ホセ 3: 5 <終わりの日>に，おののきながら主
ミカ 4: 1 <終わりの日>に，主の家の山は，山
マタ 24:14 それから，<終わりの日>が来ます．
ヨハ 6:39 <終わりの日>によみがえらせること
11:24 私は，<終わりの日>のよみがえりの
12:48 <終わりの日>にその人をさばくので
使徒 2:17 <終わりの日>に，わたしの霊をすべ
Ⅱテモ 3: 1 <終わりの日>には困難な時代がやっ
ヤコ 5: 3 <終わりの日>に財宝をたくわえまし
Ⅱペテ 3: 3 <終わりの日>に，あざける者どもが

▼ オン

1. 地名．下エジプトの首都．創世41:45，50．
2. 人名．モーセに反逆した．民数16:1．

▼ おん（恩），恩知らず

申命 32: 6 このように主に<恩>を返すのか．愚
ルカ 6:35 <恩知らず>の悪人にも，あわれみ深
使徒 24:27 ペリクスはユダヤ人に<恩>を売ろう
Ⅰテモ 5: 4 親の<恩>に報いる習慣をつけさせな

▼ おんがく（音楽）

ルカ 15:25 <音楽>や踊りの音が聞こえて来た．

▼ おんけい（恩恵）

箴言 14: 9 正しい者の間には<恩恵>がある．

▼ おんじゅん（温順）

ヤコ 3:17 上からの知恵は…寛容，<温順>であ

▼ おんせん（温泉）

創世 36:24 荒野で<温泉>を発見したアナである．

▼ おんちょう（恩寵），ご恩寵

詩篇 30: 5 いのちは<恩寵>のうちにある．夕暮
7 あなたは<ご恩寵>のうちに，私の山
51:18 どうか，<ご恩寵>により，シオンに
89:17 <ご恩寵>によって，私たちの角が高

▼ おんどり

箴言 30:31 いばって歩く<おんどり>と，雄やぎ，

▼ おんな（女）【別項】女の子，見知らぬ女，若い女

創世 1:27 男と<女>とに彼らを創造された．
2:22 あばら骨をひとりの<女>に造り上げ
23 これを<女>と名づけよう．これは男
3: 1 蛇は<女>に言った．「あなたがたは，
6 そこで<女>が見ると，その木は，ま
12 この<女>が，あの木から取って私に
15 おまえの子孫と<女>の子孫との間に，
12:11 あなたが見目麗しい<女>だということ
14:16 <女>たちや人々をも取り戻した．
18:11 サラには普通の<女>にあることがす
20: 3 あなたが召し入れた<女>のために，
31:35 私には<女>の常のことがあるのです．
33: 5 エサウは目を上げ，<女>たちや子ど
出エ 1:19 ヘブル人の<女>はエジプト人の<女>

2: 9 その<女>はその子を引き取って，乳
15:20 <女>たちもみなタンバリンを持って，
35:25 心に知恵のある<女>もみな，自分の
26 知恵を用いたいと思った<女>たちは
レビ 12: 2 <女>が身重になり，男の子を産んだ
15:33 月のさわりで不浄の<女>，また男か
20:13 男がもし，<女>と寝るように男と寝
14 人がもし，<女>をその母といっしょ
26:26 10人の<女>が一つのかまであなたが
27: 4 <女>なら，その評価は30シェケル．
民数 5: 3 男でも<女>でも追い出し，彼らを宿
18 その<女>の髪の毛を乱れさせ，その
12: 1 モーセがクシュ人の<女>をめとって
30: 3 もし<女>がまだ婚約していないおと
31: 9 ミデヤン人の<女>，子どもをとりこ
15 <女>たちをみな，生かしておいたの
申命 2:34 男，<女>および子ども——を聖絶し
4:16 造らないようにしなさい…<女>の形
21:11 その<女>を恋い慕い，妻にめとろう
22: 5 <女>は男の衣装を身に着けてはなら
15 その<女>の処女のしるしを取り，門
19 これをその<女>の父に与えなければ
31:12 男も，<女>も，子どもも…集めなさ
ヨシ 2: 4 この<女>はそのふたりの人をかくま
8:35 <女>と子どもたち，ならびに彼らの
士師 4: 9 シセラをひとりの<女>の手に売り渡
5:24 <女>の中で最も祝福されたのはヤエ
14: 1 ティムナにいるひとりの<女>を見た．
21:10 剣の刃で打て．<女>や子どもも．
14 ヤベシュ・ギルアデの<女>のうちか
ルツ 2: 2 モアブの<女>ルツはナオミに言った．
4:14 <女>たちはナオミに言った．「イス
Ⅰサム 2:22 天幕の入口で仕えている<女>たちと
15:33 <女>たちのうちであなたの母は，子
18: 6 <女>たちはイスラエルのすべての町
21: 4 もし若い者たちが<女>から遠ざかっ
28: 7 霊媒をする<女>を捜して来い…エ
ン・ドルに霊媒をする<女>がいます．
30: 2 そこにいた<女>たちを…とりこにし，
Ⅱサム 1:26 <女>の愛にもまさって，すばらしか
Ⅰ列 11: 1 ソロモン王は…多くの外国の<女>，
14: 5 彼女は，ほかの<女>のようなふりを
Ⅱ列 23: 7 <女>たちがアシェラ像のための蔽い
エズ 10: 1 男や<女>や子どもの大集団が彼のと
2 この地の民である外国の<女>をめと

ネヘ 12:43 <女>も子どもも喜び歌ったので，エ
13:23 モアブ人の<女>をめとっているユダ
エス 2:17 ほかのどの<女>たちよりもエステル
3:13 子どもも<女>も，すべてのユダヤ人
ヨブ 14: 1 <女>から生まれた人間は，日が短く，
25: 4 <女>から生まれた者が，どうしてき
31: 9 もしも，私の心が<女>に惑わされ，
42:15 ヨブの娘たちほど美しい<女>はこの
箴言 6:24 悪い<女>から守り，見知らぬ女のな
32 <女>と姦通する者は思慮に欠けてい
7:10 心にたくらみのある<女>が彼を迎え
9:13 愚かな<女>は，騒がしく，わきまえ
11:16 優しい<女>は誉れをつかみ，横暴な
22 美しいが，たしなみのない<女>は，
21: 9 争い好きな<女>と社交場にいるより
27:27 あなたの召使の<女>たちを養う．
31: 3 あなたの力を<女>に費やすな．あな
15 召使の<女>たちに用事を言いつける．
29 しっかりしたことをする<女>は多い
30 主を恐れる<女>はほめたたえられる．
伝道 7:26 私は<女>が死よりも苦々しいことに
気がついた．<女>はわなであり…神
に喜ばれる者は<女>からのがれるが，
罪を犯す者は<女>に捕らえられ．28．
イザ 3:12 <女>たちが彼を治める．わが民よ．
4: 1 その日，7人の<女>がひとりの男に
19:16 エジプト人は，<女>のようになり，
27:11 <女>たちが来てこれを燃やす．これ
32: 9 のんきな<女>たちよ．立ち上がって，
49:15 <女>が自分の乳飲み子を忘れようか
…たとい，<女>たちが忘れても，こ
エレ 7:18 <女>たちは麦粉をこねて『天の女王』
9:20 <女>たちよ．主のことばを聞き…受
けとめよ…隣の<女>にも哀歌を教え
13:21 子を産む<女>のように．
31:22 ひとりの<女>がひとりの男を抱こう．
44: 7 なぜユダの中から男も<女>も，幼子
48:41 産みの苦しみをする<女>の心のよう
50:37 彼らは<女>のようになる．剣がその
哀歌 2:20 <女>が，自分の産んだ子，養い育て
5:11 <女>たちはシオンで，おとめたちは
エゼ 8:14 <女>たちがタンムズのために泣きな
16:34 あなたの姦淫は，ほかの<女>の場合
41 多くの<女>たちの見ている前であな
18: 6 さわりのある<女>に近寄らず，

23: 2 同じ母の娘である，ふたりの<女>が
ダニ 11:37 <女>たちの慕うものも，どんな神々
ホセ 1: 2 姦淫の<女>をめとり，姦淫の子らを
3: 1 姦通している<女>を愛せよ．ちょう
アモ 2: 7 父と子が同じ<女>のところに通って，
ミカ 2: 9 わたしの民の<女>たちを，その楽し
ナホ 3:13 兵士は，あなたの中にいる<女>だ．
ゼカ 5: 7 エパ枡の中にひとりの<女>がすわっ
9 なんと，ふたりの<女>が出て来た．
マタ 5:28 情欲をいだいて<女>を見る者は，す
9:20 12年の間長血をわずらっている<女>
11:11 <女>から生まれた者の中で，バプテ
13:33 <女>が，パン種を取って，3サトン
14:21 <女>と子どもを除いて，男5千人ほ
15:22 その地方のカナン人の<女>が出て来
19: 4 初めから人を男と<女>に造って，
9 別の<女>を妻にする者は姦淫を犯す
22:27 最後に，その<女>も死にました．
26: 7 ひとりの<女>がたいへん高価な香油
10 なぜ，この<女>を困らせるのです．
27:55 遠くからながめている<女>たちがた
28: 5 すると，御使いは<女>たちに言った．
マコ 5:25 12年の間長血をわずらっている<女>
7:25 霊につかれた小さい娘のいる<女>が，
26 この<女>はギリシヤ人で，スロ・フ
10: 6 神は，人を男と<女>に造られたので
12:19 その弟はその<女>を妻にして，兄の
21 次男がその<女>を妻にしたところ，
22 最後に，<女>も死にました．23．
14: 3 ひとりの<女>が…ナルド油の入った
15:40 遠くのほうから見ていた<女>たちも
41 つき従って仕えていた<女>たちであ
ルカ 1:42 「あなたは<女>の中の祝福された方．
7:37 その町にひとりの罪深い<女>がいて，
39 自分にさわっている<女>がだれで，
44 この<女>は，涙でわたしの足をぬら
50 しかし，イエスは<女>に言われた．
8: 3 彼らに仕えている大ぜいの<女>たち
10:38 マルタという<女>が喜んで家にお迎
11:27 ひとりの<女>が声を張り上げてイエ
13:11 全然伸ばすことのできない<女>がい
15: 8 <女>の人が銀貨を10枚持っていて，
9 友だちや近所の<女>たちを呼び集め
20:33 復活の際，その<女>はだれの妻にな
23:27 イエスのことを嘆き悲しむ<女>たち
24:22 仲間の<女>たちが私たちを驚かせま
24 はたして<女>たちの言ったとおりで，
ヨハ 2: 4 <女>の方．わたしの時はまだ来てい
4: 7 サマリヤの<女>が水をくみに来た．
8: 3 姦淫の場で捕らえられた…<女>を連
16:21 <女>が子を産むときには，その時が
19:26 <女>の方．そこに，あなたの息子が
使徒 8: 3 男も<女>も引きずり出し，次々に牢
12 男も<女>もバプテスマを受けた．
9:36 ヨッパにタビタ…という<女>の弟子
がいた．この<女>は，多くの良いわ
16:13 腰をおろして，集まった<女>たちに
17:34 ダマリスという<女>，その他の人々
22: 4 男も<女>も縛って牢に投じ，死にま
ロマ 1:26 <女>は自然の用を不自然なものに代
27 男も，<女>の自然な用を捨てて男ど
7: 2 夫のある<女>は，夫が生きている間
Iコリ 7: 1 男が<女>に触れないのは良いことで
11: 3 <女>のかしらは男であり，キリスト
5 <女>が，祈りや預言をするとき，頭
6 <女>がかぶり物を着けないのなら，
7 <女>は男の栄光の現れです．
8 <女>が男をもとにして造られたので
9 <女>が男のために造られたのだから
10 <女>は頭に権威のしるしをかぶるべ
11 <女>は男を離れてあるものではなく，
12 男も<女>によって生まれるのだから
13 <女>が頭に何もかぶらないで神に祈
15 <女>が長い髪をしていたら，それは
<女>の光栄であるということです．
ガラ 4: 4 この方を，<女>から生まれた者，ま
Iテモ 2: 9 <女>も，つつましい身なりで，控え
10 神を敬うと言っている<女>にふさわ
11 <女>は，静かにして，よく従う心を
12 <女>が教えたり男を支配したりする
14 <女>は惑わされてしまい，あやまち
15 <女>が慎みをもって，信仰と愛と聖
IIテモ 3: 6 愚かな<女>たちをたぶらかしている
ヘブ 11:35 <女>たちは，死んだ者をよみがえら
黙示 2:20 イゼベルという<女>をなすがままに
9: 8 <女>の髪のような毛があり，歯は，
12: 1 ひとりの<女>が太陽を着て，月を足
2 この<女>は，みごもっていたが，産
4 竜は…<女>の前に立っていた．彼女
5 <女>は男の子を産んだ．この子は，

6　<女>は荒野に逃げた…備えられた場
13　竜は，男の子を産んだ<女>を追いか
14　<女>は大鷲の翼を二つ与えられた．
15　水を川のように<女>のうしろへ吐き
16　地は<女>を助け，その口を開いて，
17　<女>の子孫の残りの者，すなわち，
14: 4　彼らは<女>によって汚されたことの
17: 2　地の王たちは，この<女>と不品行を
3　ひとりの<女>が緋色の獣に乗ってい
4　この<女>は紫と緋の衣を着ていて，
6　この<女>が，聖徒たちの血とイエス
7　この<女>の秘義と，この<女>を乗せ
9　七つの頭とは，この<女>がすわって
18　あの<女>は，地上の王たちを支配す

▼おんなしゅじん（女主人）

創世 16: 4　自分の<女主人>を見下げるようにな
8　<女主人>サライのところから逃げて
Ⅱ列 5: 3　その<女主人>に言った．「もし，ご
詩 123: 2　<女主人>の手に向けられているよう
箴言 30:23　女奴隷が<女主人>の代わりとなるこ
イザ 24: 2　女奴隷はその<女主人>と，買い手は

▼おんなどれい（女奴隷）

創世 16: 2　私の<女奴隷>のところにお入りくだ
29:24　娘のレアに自分の<女奴隷>ジルパを
29　ラケルに，自分の<女奴隷>ビルハを
30: 4　<女奴隷>ビルハを彼に妻として与え
7　<女奴隷>ビルハは，またみごもって，
出エ 11: 5　ひき臼のうしろにいる<女奴隷>の初
20:10　男奴隷や<女奴隷>，家畜…在留異国
人．17，申命5:14，21，12:12，18．
21: 7　自分の娘を<女奴隷>として売るよう
20　<女奴隷>を杖で打ち…死なせた場合，
23:12　<女奴隷>の子や在留異国人に息をつ
レビ 19:20　女が別の男に決まっている<女奴隷>
申命 15:17　<女奴隷>にも同じようにしなければ
詩 123: 2　<女奴隷>の目が女主人の手に向けら
箴言 30:23　<女奴隷>が女主人の代わりとなるこ
イザ 24: 2　<女奴隷>はその女主人と，買い手は
使徒 16:16　占いの霊につかれた若い<女奴隷>に
ガラ 4:22　ひとりは<女奴隷>から，ひとりは自

▼おんなのこ（女の子）

出エ 1:16　<女の子>なら，生かしておくのだ．」
21: 4　<女の子>を産んだのなら，この妻と
レビ 12: 5　<女の子>を産めば，月のさわりのと
7　<女の子>でも，子を産む女について
ホセ 1: 6　ゴメルはまたみごもって，<女の子>
ゼカ 8: 5　広場で遊ぶ男の子や<女の子>でいっ

▼おんなぼくしゃ（女卜者）

イザ 57: 3　<女卜者>の子ら，姦夫と遊女のすえ

▼おんなよげんしゃ（女預言者）

出エ 15:20　<女預言者>ミリヤムはタンバリンを
士師 4: 4　<女預言者>デボラがイスラエルをさ
Ⅱ列 22:14　<女預言者>フルダのもとに行った．
ネヘ 6:14　<女預言者>ノアデヤ…のしわざを忘
イザ 8: 3　私は<女預言者>に近づいた．彼女は
ルカ 2:36　<女預言者>のアンナという人がいた．

▼おんめ（御目）

Ⅱ歴 6:20　昼も夜も<御目>を開いていてくださ
16: 9　主はその<御目>をもって，あまねく
全地を見渡し，その心がご自分と全
箴言 15: 3　主の<御目>はどこにでもあり，悪人
イザ 37:17　主よ．<御目>を開いてご覧ください．

か

▼ガアシュ〔地名〕

(1)エフライム山地の山．ヨシ24:30，士師2:9．
(2)エフライム山地の谷．Ⅱサム23:30，Ⅰ歴11:32．

▼ガアル〔人名〕

略奪隊の長．士師9:26，30，35，37，40，41．

▼かい

エゼ 27: 6　樫の木でおまえの<かい>を作り，キ
29　<かい>を取る者，水夫，海の船員は

▼がい（害）

創世 26:29　あなたも私たちに<害>を加えないと
31: 7　彼が私に<害>を加えるようにされな
29　私は…<害>を加える力を持っている
出エ 5:22　なぜ…この民に<害>をお与えになる
レビ 25:14　互いに<害>を与えないようにしなさ
17　互いに<害>を与えてはならない．あ
民数 5:19　苦い水の<害>を受けないように．
28　きよければ，<害>を受けず，子を宿
Ⅰサム 20: 7　私に<害>を加える決心をしておられ

23: 9　サウルが…<害>を加えようとしてい
26:21　私はもう，おまえに<害>を加えない．
Ⅱサム 18:32　<害>を加えようとする者はすべて，
Ⅱ列　8:12　イスラエルの人々に<害>を加えよう
ネヘ　6: 2　私に<害>を加えようとたくらんでい
エス　9: 2　ユダヤ人が自分たちに<害>を加えよ
詩篇 89:22　敵が彼に<害>を与えることはなく，
箴言 13:20　愚かな者の友となる者は<害>を受け
イザ 11: 9　これらは<害>を加えず，そこなわな
ダニ　3:25　彼らは何の<害>も受けていない．第
ルカ　4:35　その人は別に何の<害>も受けなかっ
10:19　<害>を加えるものは何一つありませ
使徒 28: 5　パウロは…何の<害>も受けなかった．
ロマ 13:10　愛は隣人に対して<害>を与えません．
Ⅰペテ　3:13　だれがあなたがたに<害>を加えるで
黙示　9:19　その頭で<害>を加えるのである．
11: 5　<害>を加えようとする者があれば，

▼ ガイオ〔人名〕
(1)マケドニヤ人．信者．使徒19:29．
(2)デルベ人．信者．使徒20:4．
(3)コリント人．信者．ロマ16:23，Ⅰコリ1:14．
(4)ヨハネの手紙第3の受取人．Ⅲヨハ1．

▼ かいがん（海岸）
エレ 47: 7　アシュケロンとその<海岸>…そこに
使徒 21: 5　<海岸>にひざまずいて祈ってから，

▼ かいぎ（会議）
Ⅱ列　9: 5　将校たちが<会議>中であった．彼は
ヨブ 15: 8　あなたは神の<会議>にあずかり，あ
エレ 23:18　だれが，主の<会議>に連なり，主の

▼ かいけいのほうこく（会計の報告）
ルカ 16: 2　『…<会計の報告>を出しなさい．』

▼ かいけつ（解決）
箴言 18:18　くじは…強い者の間を<解決>する．
使徒 24:22　ルシヤが…事件を<解決>することに

▼ かいけん（会見）【別項】会見の天幕
出エ 25:22　わたしはそこであなたと<会見>し，
ネヘ　6: 2　…村の一つで<会見>しよう．」彼ら

▼ がいけん（外見）
ロマ　2:28　<外見>上のユダヤ人がユダヤ人なの
ではなく，<外見>上のからだの割礼
ガラ　6:12　肉において<外見>を良くしたい人た

▼ かいけんのてんまく（会見の天幕）
出エ 27:21　<会見の天幕>で夕方から朝まで，主
28:43　<会見の天幕>に入るとき．30:20．
29:44　<会見の天幕>と祭壇を聖別する．ま
33: 7　これを<会見の天幕>と呼んでいた．
40: 2　<会見の天幕>である幕屋を建てなけ
35　モーセは<会見の天幕>に入ることが
レビ　1: 1　<会見の天幕>から彼に告げて仰せら
3: 2　<会見の天幕>の入口．8:4，14:11．
9:23　アロンは<会見の天幕>に入り，それ
16:17　<会見の天幕>の中にいてはならない．
20　<会見の天幕>と祭壇との贖いをし終
民数　1: 1　<会見の天幕>でモーセに告げて仰せ
2:17　<会見の天幕>，すなわちレビ人の宿
申命 31:14　ふたりで<会見の天幕>に立て．わた
ヨシ 18: 1　シロに集まり…<会見の天幕>を建て
Ⅰ列　8: 4　主の箱と，<会見の天幕>と，天幕に
Ⅰ歴　6:32　<会見の天幕>である幕屋の前で，歌
23:32　<会見の天幕>の任務，聖所の任務，
Ⅱ歴　1:13　<会見の天幕>の前を去ってエルサレ

▼ かいごう（会合）【別項】聖なる会合
イザ　1:13　<会合>の召集，不義と，きよめの集
4: 5　すべての場所とその<会合>の上に，
14:13　北の果てにある<会合>の山にすわろ
ヨハ 18: 2　弟子たちとそこで<会合>されたから

▼ がいこく（外国），外国人，外国語
出エ　2:22　「私は<外国>にいる寄留者だ」と言
12:43　<外国人>はだれもこれを食べてはな
21: 8　<外国>の民に売る権利はない．
申命 14:21　死んだもの…<外国人>に売りなさい．
15: 3　<外国人>からは取り立てることがで
17:15　<外国>の人を…上に立てることはで
23:20　<外国人>から利息を取ってもよいが，
29:22　遠くの地から来る<外国人>は，この
32:12　主とともに<外国>の神は，いなかっ
士師 19:12　<外国人>の町には立ち寄らない．さ
ルツ　2:10　私が<外国人>であるのを知りながら，
Ⅱサム 15:19　あなたは<外国人>で…亡命者なのだ
22:45　<外国人>らは，私におもねり，耳で
46　<外国人>らはしなえて，彼らのとり
Ⅰ列　8:41　<外国人>についても，彼があなたの
11: 1　パロの娘のほかに多くの<外国>の女，
エズ 10: 2　この地の…<外国>の女をめとりまし
11　民と，<外国>の女から離れなさい．」
ネヘ　9: 2　すべての<外国人>との縁を絶ったイ
詩篇 18:44　<外国人>らは，私におもねります．
81: 9　<外国>の神を拝んではならない．
144: 7　<外国人>の手から，私を解き放し，
伝道　6: 2　<外国人>がそれを楽しむようにされ

イザ 2: 6 <外国人>の子らであふれているから
28:11 <外国>のことばで，この民に語られ
56: 3 主に連なる<外国人>は言ってはなら
6 <外国人>がみな，安息日を守ってこ
60:10 <外国人>もあなたの城壁を建て直し，
61: 5 <外国人>が，あなたがたの農夫とな
62: 8 新しいぶどう酒を，<外国人>に決し
エレ 5:19 国内で，<外国>の神々に仕えたよう
エゼ 3: 5 むずかしい<外国語>を話す民に遣わ
44: 7 <外国人>を連れて来て…宮を汚した．
ダニ 11:39 彼は<外国>の神の助けによって，城
オバ 11 <外国人>がその門に押し入り，エル
ゼパ 1: 8 <外国>の服をまとったすべての者を
ゼカ 8:23 <外国語>を話すあらゆる民のうちの
ルカ 17:18 この<外国人>のほかには，だれもい
使徒 7: 6 彼の子孫は<外国>に移り住み，400
10:28 ユダヤ人が<外国人>の仲間に入った
17:18 彼は<外国>の神々を伝えているらし
21 そこに住む<外国人>もみな，何か耳

▼ カイザリヤ〔地名〕

パレスチナの地中海沿岸にある港町．使徒8:40，9:30，10:1，11:11，12:19，23:23，25:1，4，6，13．

▼ カイザル

ローマ皇帝の称号．マタ22:17，21，マコ12:14，ルカ20:22，ヨハ19:12，使徒17:7，25:8．

▼ かいさん（解散）

マタ 14:15 群衆を<解散>させてください．そし
15:39 群衆を<解散>させて舟に乗り，マガ
使徒 19:41 その集まりを<解散>させた．

▼ かいしゃく（解釈）

士師 7:15 夢の話とその<解釈>を聞いたとき，

▼ かいしゅう（会衆）【別項】全会衆

出エ 12:19 イスラエルの<会衆>から断ち切られ
16:22 <会衆>の上に立つ者たち．34:31．
レビ 8: 5 モーセは<会衆>に言った．「これは
10:17 <会衆>の咎を除き，主の前で彼らの
民数 1:16 これらの者が<会衆>から召し出され
10: 2 あなたはそれで<会衆>を召集し，ま
14:27 いつまでこの悪い<会衆>は，わたし
15:24 もし<会衆>が気づかず，あやまって
16: 9 あなたがたを，イスラエルの<会衆>から分けて…<会衆>の前に立って彼
21 あなたがたはこの<会衆>から離れよ．
42 <会衆>が集まってモーセとアロンに
20: 8 <会衆>を集めよ…岩から水を出し，<会衆>とその家畜に飲ませよ．」
27:14 ツィンの荒野で<会衆>が争ったとき，
17 主の<会衆>を，飼う者のいない羊の
31:13 <会衆>の上に立つ者たちは．32:2．
16 神罰が主の<会衆>の上に下ったのだ．
35:25 <会衆>は，その殺人者を，血の復讐
申命 33: 4 ヤコブの<会衆>の所有とした．
ヨシ 9:15 <会衆>の上に立つ族長たちは，彼ら
27 彼らを<会衆>のため，また主の祭壇
22:17 神罰が主の<会衆>の上に下ったのだ．
士師 20: 1 <会衆>は，こぞってミツパの主のと
Ⅱ歴 1: 5 ソロモンと<会衆>は主に求めた．
詩篇 22:22 <会衆>の中で，あなたを賛美しまし
35:18 大きな<会衆>の中で，あなたに感謝
74: 2 買い取られた，あなたの<会衆>，あ
82: 1 神は神の<会衆>の中に立つ．神は神
箴言 5:14 <会衆>のただ中で…最悪の状態であ
エレ 6:18 <会衆>よ．知れ．彼らに何が起こる
30:20 その<会衆>はわたしの前で堅く立て
使徒 19: 9 <会衆>の前で，この道をののしった
黙示 2: 9 サタンの<会衆>である人たちから，

▼ かいしゅう（改宗）

使徒 15: 3 異邦人の<改宗>のことを詳しく話し

▼ かいしゅうしゃ（改宗者）

マタ 23:15 <改宗者>をひとりつくるのに…<改宗者>ができると，その人を自分よ
使徒 2:11 ユダヤ人もいれば<改宗者>もいる．
13:43 ユダヤ人と神を敬う<改宗者>たちが，

▼ かいじょ（解除）

民数 32:22 主に対しても…責任が<解除>される．
コロ 2:15 支配と権威の武装を<解除>してさら

▼ かいしょう（解消）

イザ 28:18 死との契約は<解消>され，よみとの

▼ かいじょう（海上）

Ⅱコリ 11:25 一昼夜，<海上>を漂ったこともあり

▼ かいしん（回心）

ヨハ 12:40 目で見ず，心で理解せず，<回心>せ
ヘブ 6: 1 死んだ行いからの<回心>，神に対

▼ かいせん

レビ 13:30 これは<かいせん>で．31，32，33，34，35，36，37，14:54．

▼ がいせん（凱旋）

Ⅱ歴 20:27 エルサレムに<凱旋し>た．主が彼ら
コロ 2:15 捕虜として<凱旋>の行列に加えられ

▼かいそう（海草）
イザ57:20 水が<海草>と泥を吐き出すからであ
ヨナ 2: 5 <海草>は私の頭にからみつきました．
▼かいたく（開拓）
箴言13:23 貧しい者の<開拓>地に，多くの食糧
エレ 4: 3 耕地を<開拓>せよ．いばらの中に種
ホセ10:12 あなたがたは耕地を<開拓>せよ．今
▼かいだん（階段）
出エ20:26 <階段>で，わたしの祭壇に上っては
Ⅱ列 9:13 入口の<階段>の彼の足もとに敷き，
ネヘ 3:15 ダビデの町から下って来る<階段>の
エゼ40:31 その<階段>は8段であった．
使徒21:40 パウロは<階段>の上に立ち，民衆に
▼かいて（買い手）
イザ24: 2 <買い手>は売り手と，貸す者は借り
▼かいどう（会堂）【別項】リベルテンの会堂
マタ 4:23 <会堂>で教え，御国の福音を宣べ伝
6: 2 <会堂>や通りで施しをする偽善者た
10:17 <会堂>でむち打ちますから．
12: 9 そこを去って，<会堂>に入られた．
13:54 <会堂>で人々を教え始められた．す
23: 6 宴会の上座や<会堂>の上席が大好き
34 ある者を<会堂>でむち打ち，町から
マコ 1:21 安息日に<会堂>に入って教えられた．
23 <会堂>に汚れた霊につかれた人がい
3: 1 イエスはまた<会堂>に入られた．そ
6: 2 安息日に…<会堂>で教え始められた．
13: 9 あなたがたは<会堂>でむち打たれ，
ルカ 4:16 安息日に<会堂>に入り，朗読しよう
20 <会堂>にいるみなの目がイエスに注
6: 6 別の安息日に，イエスは<会堂>に入
7: 5 この人は…<会堂>を建ててくれた人
12:11 あなたがたを，<会堂>や役人や権力
13:10 安息日に，ある<会堂>で教えておら
21:12 迫害し，<会堂>や牢に引き渡し，わ
ヨハ 9:22 その者を<会堂>から追放すると決め
12:42 <会堂>から追放されないためであっ
16: 2 あなたがたを<会堂>から追放するで
18:20 <会堂>や宮で，いつも教えたのです．
使徒13:14 安息日に<会堂>に入って席に着いた．
42 ふたりが<会堂>を出るとき，人々は，
43 <会堂>の集会が終わってからも，多
14: 1 ユダヤ人の<会堂>に入り，話をする
17: 1 そこには，ユダヤ人の<会堂>があっ
2 パウロは…<会堂>に入って行って，
10 ユダヤ人の<会堂>に入って行った．
17 <会堂>では…神を敬う人たちと論じ，
18: 4 パウロは安息日ごとに<会堂>で論じ，
7 その家は<会堂>の隣であった．
19 自分だけ<会堂>に入って，ユダヤ人
26 彼は<会堂>で大胆に話し始めた．そ
24:12 宮でも<会堂>でも，また市内でも，
26:11 すべての<会堂>で…強いて御名をけ
ヤコ 2: 2 あなたがたの<会堂>に，金の指輪を
▼かいどう（街道）
ルカ14:23 <街道>や垣根のところに出かけて行
▼がいとう（外套）
ヨシ 7:21 シヌアルの美しい<外套>1枚と．24．
ルツ 3:15 あなたの着ている<外套>を持って来
Ⅰサム28:14 <外套>を着ておられます．」サウ
Ⅰ列11:29 アヒヤは新しい<外套>を着ていた．
19:13 エリヤは…<外套>で顔をおおい，外
Ⅱ列 2: 8 エリヤは自分の<外套>を取り…丸め
ヨブ41:13 だれがその<外套>をはぎ取ることが
イザ59:17 ねたみを<外套>として身をおおわれ
61: 3 賛美の<外套>を着けさせるためであ
10 正義の<外套>をまとわせ，花婿のよ
ヘブ 1:12 これらを，<外套>のように巻かれま
▼かいどうかんりしゃ（会堂管理者）
マタ 9:18 ひとりの<会堂管理者>が来て，ひれ伏して言った．マコ5:22，35，38，ルカ8:41，49．
ルカ13:14 それを見た<会堂管理者>は，イエス
使徒18: 8 <会堂管理者>クリスポは，一家をあ
17 <会堂管理者>ソステネを捕らえ，法
▼がいどく（害毒）
ヨブ 4: 8 <害毒>を蒔く者が，それを刈り取る
15:35 彼らは<害毒>をはらみ，悪意を生み，
詩篇 7:14 <害毒>をはらみ，偽りを生む．
16 その<害毒>は，おのれのかしらに戻
10: 7 彼の舌の裏には<害毒>と悪意がある．
14 見ておられました．<害毒>と苦痛を．
55:10 町の真ん中には，罪悪と<害毒>があ
140: 9 彼のくちびるの<害毒>がおおいます
▼かいとる（買い取る）
創世33:19 野の一部を…<買い取>った．
39: 1 ヨセフを<買い取>った．
47:19 私たちの農地とを<買い取>ってくだ
20 全農地を…<買い取>った．ききんが

22 祭司たちの土地は<買い取>らなかっ
23 土地を<買い取>って，パロのものと
49:30 畑地とともに<買い取>ったものだ．
出エ 15:16 あなたが<買い取>られたこの民が通
レビ 25:30 それを<買い取>った人のものとなっ
44 男女の奴隷を<買い取る>のでなけれ
45 生まれた者のうちから<買い取る>こ
ヨシ 24:32 ハモルの子らから<買い取>った野の
ルツ 4: 9 すべてのものを<買い取>ったことの
ネヘ 5: 8 ユダヤ人を…<買い取>った．それな
詩篇 74: 2 あなたが<買い取>られた…会衆，あ
イザ 11:11 ご自分の民の残りを<買い取>られる
…海の島々から<買い取>られる．
エレ 32: 8 あなたが<買い取>ってください．』
9 アナトテにある畑を<買い取>り，彼
ホセ 3: 2 私は…彼女を<買い取>った．
アモ 8: 6 貧しい者を１足のくつで<買い取>り，
使徒 20:28 ご自身の血をもって<買い取>られた
Ⅰコリ 6:20 代価を払って<買い取>られたのです．
Ⅱペテ 2: 1 自分たちを<買い取>ってくださった

▼ カイナン〔人名〕
(1)エノスの子．ケナンと同人．ルカ3:37．
(2)アルパクサデの子．サラの父．ルカ3:36．

▼ かいぬし（買い主）
レビ 25:28 ヨベルの年まで，<買い主>の手に渡
50 彼は<買い主>と，自分が身を売った

▼ かいぬし（飼い主）
Ⅰ列 22:17 <飼い主>のいない羊の群れのように．
イザ 1: 3 牛はその<飼い主>を，ろばは持ち主

▼ かいばおけ（飼葉おけ）
箴言 14: 4 牛がいなければ<飼葉おけ>はきれい
ルカ 2: 7 布にくるんで，<飼葉おけ>に寝かせ

▼ がいぶ（外部）
Ⅰコリ 5:12 <外部>の人たちをさばくことは，私
13 <外部>の人たちは，神がおさばきに
コロ 4: 5 <外部>の人に対して賢明にふるまい，

▼ かいふく（回復）
士師 15:19 サムソンは…元気を<回復>して生き
Ⅰサム 30:12 それを食べて元気を<回復>した．三
Ⅱサム 8: 3 勢力を<回復>しようと出て来たとき
Ⅱ列 14:25 イスラエルの領土を<回復>した．そ
ヨブ 8: 6 あなたの義の住まいを<回復>される．
イザ 38: 9 病気から<回復>したときにしるした
57:10 あなたは元気を<回復>し，弱らなか
58:12 市街を住めるように<回復>する者」
エゼ 35: 9 おまえの町々は<回復>しない．おま
ナホ 2: 2 ヤコブの栄えを…<回復>される．—
使徒 3:20 主の御前から<回復>の時が来て，あ
ヤコ 5:15 祈りは，病む人を<回復>させます．

▼ かいほう（介抱）
ルカ 10:34 宿屋に連れて行き，<介抱>してやっ

▼ かいほう（解放）
レビ 25:10 すべての住民に<解放>を宣言する．
Ⅰサム 7:14 イスラエルは…領土を<解放>した．
詩 146: 7 主は捕らわれ人を<解放>される．
伝道 9:15 知恵を用いてその町を<解放>した．
イザ 31: 5 これを助けて<解放>する．」
61: 1 捕らわれ人には<解放>を，囚人には
エレ 34: 8 彼らに奴隷の<解放>を宣言して後，
15 隣人の<解放>を告げてわたしが正し
17 隣人に<解放>を告げなかったので…
疫病とききんの<解放>を宣言する．
50:33 捕らえて<解放>しようとはしない．」
エゼ 46:17 それは<解放>の年まで彼のものであ
ダニ 6:27 この方は人を救って<解放>し，天に
使徒 13:39 律法によっては<解放>されることの
できなかったすべての点について…
この方によって，<解放>されるので
ロマ 6: 7 罪から<解放>されている．18，22．
7: 2 夫に関する律法から<解放>されます．
8: 2 死の原理から，あなたを<解放>した
21 滅びの束縛から<解放>され，神の子
ガラ 5: 1 私たちを<解放>してくださいました．
ヘブ 2:15 <解放>してくださるためでした．

▼ かいほうしゃ（解放者）
使徒 7:35 <解放者>としてお遣わしになったの

▼ かいめつ（壊滅）
申命 32:24 災害による<壊滅>，激しい悪疫，野
イザ 10:22 <壊滅>は定められており，義があふ

▼ かいめん（海綿）
マタ 27:48 <海綿>を取り，それに酸いぶどう酒
を含ませて．マコ15:36，ヨハ19:29．

▼ がいめんてき（外面的）
Ⅰペテ 3: 3 着飾るような<外面的>なものでなく，

▼ かいもどし（買い戻し），買い戻す，買い戻し金
レビ 25:24 その土地の<買い戻し>の権利を認め
25 <買い戻し>の権利のある親類が…兄
弟の売ったものを<買い戻さ>なけれ
26 <買い戻し>の権利のある親類が…そ

れを<買い戻す>余裕ができたなら，
29 満1年の間は，<買い戻す>権利がある．<買い戻し>はこの期間に限る．
30 <買い戻さ>れないなら，城壁のある
31 <買い戻す>ことができ，ヨベルの年
32 レビ人に…<買い戻す>権利がある．
33 レビ人から<買い戻し>ていたもの，
48 彼には<買い戻さ>れる権利がある…彼を<買い戻す>ことができる．
49 おじの息子が<買い戻す>…彼の一族の近親者のひとりが<買い戻す>…自分で自分自身を<買い戻す>…できる．
51 自分の<買い戻し金>を払い戻さなけ
52 年数に応じて…<買い戻し金>を払い
54 <買い戻さ>れなかったとしても，ヨ
27:13 それを<買い戻し>たければ，その評価に，その五分の一を加え．15，19．
20 彼がその畑を<買い戻さ>ず…それをもはや<買い戻す>ことはできない．
27 <買い戻>されないなら，評価にした
28 また<買い戻す>こともできない．す
31 10分の1のいくらかを<買い戻し>た
33 それを<買い戻す>ことはできない．
ルツ 2:20 近親者で，しかも<買い戻し>の権利のある私たちの親類のひ．3:9，12．
3:13 私があなたを<買い戻し>ます．主は
4: 1 <買い戻し>の権利のある親類の人．3，6，8．
4 あなたがそれを<買い戻す>つもりなら，それを<買い戻し>てください．しかし，もしそれを<買い戻さ>ないのなら…知らせてください．あなたをさしおいて，それを<買い戻す>人はいないのです…私が<買い戻し>ま
6 その土地を<買い戻す>ことはできません…私に代わって<買い戻し>てください．私は<買い戻す>ことができ
7 <買い戻し>や権利の譲渡をする場合
14 きょう，<買い戻す>者を…与えて，
詩篇 49: 7 兄弟をも<買い戻す>ことはできない
15 よみの手から<買い戻さ>れる．神が
イザ 52: 3 金を払わずに<買い戻さ>れる．」
エレ 31:11 主は…これを<買い戻さ>れたからだ
32: 7 <買い戻す>権利．8．
ミカ 6: 4 奴隷の家から…<買い戻し>，あなた
マタ 16:26 いのちを<買い戻す>のには…何を差し出せばよいでしょう．マコ8:37．

▼ かいらく（快楽）

箴言 21:17 <快楽>を愛する者は貧しい人となり，
伝道 2: 2 <快楽>か．それがいったい何になろ
ルカ 8:14 富や，<快楽>によってふさがれて，
IIテモ 3: 4 神よりも<快楽>を愛する者になり，
テト 3: 3 欲情と<快楽>の奴隷になり，悪意と
ヤコ 4: 3 自分の<快楽>のために使おうとして，

▼ かいろ（海路）

I列 5: 9 <海路>，あなたが指定される場所ま
II歴 2:16 <海路>をヤフォまであなたのもとに
詩篇 8: 8 空の鳥，海の魚，<海路>を通うもの

▼ がいろ（街路）

使徒 9:11 まっすぐ』という<街路>に行き，サ

▼ かいろう（回廊）

ヨハ 5: 2 池があって，五つの<回廊>がついて
使徒 3:11 ソロモンの廊という<回廊>にいる彼

▼ カイン

1．地名．ユダ山地の村．ヨシ15:57．
2．人名．
(1)アダムとエバの長子．創世4:1，5，8，9，13，15，16，17，ヘブ11:4，Iヨハ3:12，ユダ11．
(2)ケニ人の先祖．民数24:22．

▼ かう（買う）【別項】買い取る，買い戻す

創世 25:10 畑地は…ヘテ人…から<買>ったもの
41:57 穀物を<買う>ために．42:2，3，5，7，10，43:2，4，20，22，44:25．
50:13 畑地とともに<買>ったもので，マム
出エ 12:44 だれでも金で<買>われた奴隷は，あ
21: 2 ヘブル人の奴隷を<買う>場合，彼は
レビ 25:14 隣人から<買う>とかするときは，互
15 あなたの隣人から<買>い，収穫年数
申命 2: 6 食物は…<買>って食べ，水もまた…<買>って飲まなければならない．
28:68 だれも<買う>者はいまい．
ルツ 4: 4 それを<買>いなさいと，言おうと思
5 その畑を<買う>ときには…ルツをも<買>わなければなりません．」
8 「あなたがお<買>いなさい」と言っ
10 ルツを<買>って，私の妻としました．
IIサム 12: 3 自分で<買>って来て育てた1頭の小
24:21 打ち場を<買>って，主のために祭壇
24 払って，あなたから<買>いたいので

　　　　す…牛とを銀50シェケルで<買>った．
Ⅰ列 16:24 彼は…サマリヤの山を<買>い，その
Ⅱ列 12:12 木材や切り石を<買う>ために支払っ
　22: 6 木材や切り石を<買>わせなさい．
Ⅰ歴 21:24 十分な金額を払って<買>いたいので
Ⅱ歴 34:11 切り石やつなぎ材を<買わ>せ，ユダ
ネヘ 5:16 私たちは農地を<買>わなかった．私
箴言 17:16 知恵を<買>おうとして，手に代金を
　20:14 <買う>者は「悪い，悪い」と言うが，
　　　　<買>ってしまえば，それを自慢する．
　23:23 真理を<買>え．それを売ってはなら
イザ 43:24 金を払って菖蒲を<買>わず，いけに
　55: 1 穀物を<買>って食べよ…金を払わな
　　　　いで，穀物を<買>い，代価を払わな
　　　　いで，ぶどう酒と乳を<買>え．
エレ 13: 1 亜麻布の帯を<買>い，それを腰に締
　2 帯を<買>って，腰に締めた．
　4 あなたが<買>って腰に着けているそ
　19: 1 土の焼き物のびんを<買>い，民の長
　32: 7 私の畑を<買>ってくれ．あなたには
　8 私の畑を<買>ってください．あなた
　15 ぶどう畑が<買>われるようになるの
　25 銀を払ってあの畑を<買>い，証人を
　43 この国で，再び畑が<買>われるよう
　44 銀で畑が<買>われ，証書に署名し，
エゼ 7:12 <買>う者も喜ぶな．売る者も嘆くな．
アモ 8: 6 弱い者を金で<買>い，貧しい者を一
ゼカ 11: 5 これを<買>った者が，これをほふっ
マタ 13:44 全部売り払ってその畑を<買>います．
　27: 7 その金で陶器師の畑を<買>い，旅人
マコ 6:37 200デナリものパンを<買>ってあの
　15:46 ヨセフは亜麻布を<買>い，イエスを
　16: 1 イエスに油を…香料を<買>った．
ルカ 17:28 人々は食べたり…<買>ったり，植え
　22:36 着物を売って剣を<買>いなさい．
ヨハ 13:29 祭りのために入用の物を<買>え」と
使徒 7:16 ハモルの子から<買>っておいた墓に
　22:28 「私は…この市民権を<買>ったのだ．
Ⅰコリ 7:30 <買う>者は所有しない者のようにし
黙示 3:18 金をわたしから<買>いなさい…白い
　　　　衣を<買>いなさい…目薬を<買>いな
　13:17 <買う>ことも，売ることもできない
　18:11 彼らの商品を<買う>者がだれもいな

▼ かう（飼う）

創世 4: 2 アベルは羊を<飼う>者となり，カイ
　30:31 再びあなたの羊の群れを<飼>って，
　37: 2 ヨセフは…羊の群れを<飼>っていた．
　46:32 この人たちは羊を<飼う>者です．家
　34 羊を<飼う>者は…エジプト人に忌み
　47: 3 しもべどもは羊を<飼う>者で，私た
出エ 3: 1 モーセは…イテロの羊を<飼>ってい
民数 27:17 <飼う>者のいない羊のようにしない
Ⅰサム 17:15 ベツレヘムの父の羊を<飼う>ためで
　25:16 羊を<飼>っている間は，昼も夜も，
Ⅰ歴 27:29 シャロンで<飼>われる牛の群れをつ
ヨブ 24: 2 群れを奪い取ってこれを<飼>い，
雅歌 1: 7 どこで羊を<飼>い，昼の間は，どこ
　8 あなたの子やぎを<飼>いなさい．
　6: 2 庭の中で群れを<飼>い，ゆりの花を
イザ 7:21 ひとりの人が…羊２頭を<飼う>．
　40:11 主は羊飼いのように…群れを<飼>い，
　61: 5 他国人は…群れを<飼う>ようになり，
エゼ 34:15 わたしがわたしの羊を<飼>い，わた
ミカ 5: 4 御名の威光によって群れを<飼>い，
　7:14 羊を<飼>ってください．彼らは林の
ゼパ 2: 7 彼らは海辺で羊を<飼>い，日が暮れ
ゼカ 11: 7 ほふられる羊の群れを<飼>った．私
マタ 8:30 たくさんの豚の群れが<飼>ってあっ
　　　　た．マコ5:11，ルカ8:32．
ヨハ 21:15 「わたしの小羊を<飼>いなさい．」
Ⅰコリ 9: 7 羊の群れを<飼>いながら，その乳を

▼ かえす

イザ 34:15 卵を産み，それを<かえ>して，自分
　59: 5 彼らはまむしの卵を<かえ>し，くも

▼ かえす（返す，帰す）

創世 20: 7 あの人の妻を<返>していのちを得な
　　　　さい…<返>さなければ，あなたも，
　14 妻サラを彼に<返>した．
　37:22 父のところに<返す>ためであった．
　42:25 銀をめいめいの袋に<返>し，また道
　28 私の銀が<返>されている．しかもこ
　34 私はあなたがたの兄弟を<返>そう．
　43:12 <返>されていた銀も持って行って
　　　　<返>しなさい．それはまちがいだっ
　18 袋に<返>されていたあの銀のためだ．
　21 それを<返>しに持って来ました．
　44: 8 あなたのもとへ<返>しに来たではあ
　48:21 先祖の地に<返>してくださる．
出エ 15:19 海の水を彼らの上に<返>されたので
　22:26 日没までにそれを<返>さなければな

23: 4 必ずそれを彼のところに<返>さなけ
レビ 6: 5 誓った物全部を<返>さなければなら
ない…所有者に…<返>さなければな
25:27 なお残る分を買い主に<返>し，自分
28 <返>す余裕ができないなら，その売
26:26 あなたがたのパンを<返す>．あなた
27:24 その地の所有主に<返>される．
民数 35:25 そののがれの町に<返>してやらなけ
申命 22: 2 それを彼に<返>しなさい．
24:13 担保を必ず<返>さなければならない．
28:31 略奪されても…<返>されない．あな
士師 11:13 地を穏やかに<返>してくれ.」
17: 3 銀千百枚を<返>したとき，母は言っ
た…今は，それを…<返>します.」
4 彼は母にその銀を<返>した．そこで
ルツ 1:21 主は私を素手で<帰>されました．な
Ｉサム 6: 8 償いとして<返す>金の品物を鞍袋に
17 主に<返>した金の腫物は，アシュド
21 主の箱を<返>してよこしました．下
12: 3 もしそうなら…お<返>しする.」
25:21 あの男は善に代えて悪を<返>した．
39 ナバルの悪を…頭上に<返>された．
29: 4 あなたが指定した場所に<帰>し，私
IIサム 3:11 もはや一言も<返す>ことができなか
9: 7 サウルの地所を…<返>そう．あなた
16: 3 父の王国を私に<返>してくれる』と
Ｉ列 2:32 血を彼の頭に注ぎ<返>されるであろ
33 ふたりの血は…注ぎ<返>されよう．
44 あなたの悪を…頭に<返>されるが，
17:21 いのちをこの子のうちに<返>してく
20:34 奪い取った町々をお<返>しします．
22:17 その家に無事に<帰>さなければなら
II列 8: 6 彼女の物は全部<返>してやりなさい
…収穫もみな，<返>してやりなさい．
II歴 6:23 報いをその頭上に<返>し，正しい者
18:16 その家に無事に<帰>さなければなら
24:11 箱を…もとの場所に<返>した．彼ら
25:13 戦いに行かせずに<帰>した軍隊の者
28:11 そのとりこを<帰>しなさい．主の燃
エズ 6: 5 神の宮の金，銀の器具は<返>し，エ
ネヘ 2:20 私は彼らにことばを<返>して言った．
4: 4 彼らのそしりを…頭に<返>し，彼ら
5:11 利子を…<返>してやりなさい.」
12 私たちは<返>します．彼らから何も
エス 9:25 悪い計略をハマンの頭上に<返>し，
ヨブ 10: 9 私をちりに<帰>そうとされるのです
36: 3 私の造り主に義を<返>そう．
詩篇 37:21 悪者は，借りるが<返>さない．正し
51:12 救いの喜びを，私に<返>し，喜んで
69: 4 盗まなかった物をも<返>さなければ
79:12 ７倍を…胸に<返>してください．
80: 3 私たちをもとに<返>し，御顔を照り
94:23 彼らの不義をその身に<返>し，彼ら
116:12 私は主に何をお<返>ししようか．
箴言 17:13 善に代えて悪を<返す>なら，その家
イザ 42:22 それを<返>せと言う者もいない．
エレ 38:26 私をヨナタンの家に<返>してそこで
エゼ 9:10 彼らの頭上に彼らの行いを<返す>.」
18: 7 質物を<返>し，物をかすめず，飢え
12 質物を<返>さず，偶像を仰ぎ見て，
33:15 悪者が質物を<返>し，かすめた物を
46:17 その後，それは君主に<返>される．
ダニ 11:18 そのそしりを彼の上に<返す>．
ヨエ 3: 4 報いを…頭上に<返す>．
7 報いを…頭上に<返>し，
ゼカ 9:12 ２倍のものをあなたに<返す>と．
マタ 14:22 その間に群衆を<帰>してしまわれた．
15:23 あの女を<帰>してやってください．
18:28 首を絞めて，『借金を<返>せ』と言
22:21 神のものは神に<返>しなさい．マコ
12:17，ルカ20:25.
25:27 利息がついて<返>してもらえたのだ．
ルカ 6:34 <返>してもらうつもりで人に貸して
35 <返>してもらうことを考えずに貸し
7:15 イエスは彼を母親に<返>された．
42 彼らは<返す>ことができなかったの
14: 4 その人を抱いていやし，<帰>された．
19: 8 取った物は，４倍にして<返>します．
黙示 18: 6 彼女が支払ったものを…<返>し，彼

▼かえりみる（顧みる）

創世 21: 1 約束されたとおり，サラを<顧み>て，
31:42 悩みとこの手の苦労とを<顧み>られ
50:25 神は必ず…<顧み>てくださるから，
出エ 4:31 主がイスラエル人を<顧み>，その苦
13:19 神は必ずあなたがたを<顧み>てくだ
レビ 26: 9 あなたがたを<顧み>，多くの子ども
民数 16:15 彼らのささげ物を<顧み>ないでくだ
申命 33: 9 私は，彼らを<顧み>ない』と言いま
ルツ 1: 6 主がご自分の民を<顧み>て彼らにパ
Ｉサム 2:21 主はハンナを<顧み>，彼女はみごも

Ⅱサム 9: 8 死んだ犬のような私を<顧み>てくだ
Ⅱ列 13:23 彼らを恵み，あわれみ，<顧み>て，
Ⅰ歴 13: 3 神の箱を…<顧み>なかったから．」
ヨブ 3: 4 神もその日を<顧みる>な．光もその
10:12 私を<顧み>て私の霊を守られました．
詩篇 8: 4 あなたがこれを<顧み>られるとは．
40:17 主よ．私を<顧み>てください．あな
102:17 窮した者の祈りを<顧み>，彼らの祈
119:59 私は，自分の道を<顧み>て，あなた
153 私の悩みを<顧み>，私を助け出して
142: 4 私を<顧みる>者もなく，私の逃げる
144: 3 あなたがこれを<顧み>られるとは．
箴言 1:24 手を伸べたが，<顧みる>者はない．
イザ 23:17 主はツロを<顧み>られるので，彼女
エレ 15:15 私を思い出し，私を<顧み>，私を追
23: 2 これを追い散らして<顧み>なかった．
27:22 わたしがそれを<顧みる>日まで，そ
29:10 わたしはあなたがたを<顧み>，あな
47: 3 父たちは…子らを<顧み>ない．
哀歌 2:20 主よ…<顧み>てください．あなたは
5: 1 目を留めて…<顧み>てください．
マラ 2:13 主がもうささげ物を<顧み>ず，あな
ルカ 1:68 主はその民を<顧み>て，贖いをなし，
7:16 「神がその民を<顧み>てくださった」
使徒 7:23 イスラエル人を，<顧みる>心を起こ
15:14 神が…どのように異邦人を<顧み>て，
ガラ 2:10 貧しい人たちをいつも<顧みる>よう
ピリ 2: 4 他の人のことも<顧み>なさい．
Ⅰテモ 5: 8 家族を<顧み>ない人がいるなら，そ
ヘブ 2: 6 何者だというので，これを<顧み>ら
8: 9 わたしも，彼らを<顧み>なかったと，

▼かえる

出エ 8: 2 全領土を，<かえる>をもって，打つ．
詩篇 78:45 <かえる>を送って彼らを滅ぼされた．
105:30 彼らの地に，<かえる>が群がった．
黙示 16:13 <かえる>のような汚れた霊どもが三

▼かえる（代える）

ロマ 1:23 不滅の神の御栄えを…<代え>てしま
26 自然の用を不自然なものに<代え>，

▼かえる（変える）

創世 31: 7 私の報酬を幾度も<変え>た．41．
出エ 10:19 主は…強い西の風に<変え>られた．
申命 23: 5 のろいを祝福に<変え>られた．あな
Ⅰサム 10: 6 あなたは新しい人に<変え>られます．
9 神はサウルの心を<変え>て新しくさ
Ⅱサム 14:20 事の成り行きを<変える>ために，こ
ネヘ 13: 2 そののろいを祝福に<変え>られた．
ヨブ 14:20 あなたは彼の顔を<変え>て，彼を追
詩篇 15: 4 損になっても，立てた誓いは<変え>
30:11 嘆きを踊りに<変え>てくださいまし
66: 6 神は海を<変え>て，かわいた地とさ
89:34 …出たことを，わたしは<変え>ない．
105:25 主は人々の心を<変え>て，御民を憎
110: 4 主は…みこころを<変え>ない．「あ
114: 8 神は，岩を水のある沢に<変え>られ
エレ 2:36 なんと，簡単に自分の道を<変える>
13:23 斑点を，<変える>ことができようか．
31:13 彼らの悲しみを喜びに<変え>，彼ら
ダニ 2:21 神は季節と時を<変え>，王を廃し，
4:16 その心を，人間の心から<変え>て，
5:10 王よ…顔色を<変え>てはなりません．
7:25 彼は時と法則を<変え>ようとし，聖
ホセ 4: 7 わたしは彼らの栄光を恥に<変える>．
アモ 5: 7 彼らは公義を苦よもぎに<変え>，正
8 暗黒を朝に<変え>，昼を暗い夜にし，
6:12 あなたがたは，公義を毒に<変え>，
正義の実を苦よもぎに<変え>た．
8:10 祭りを喪に<変え>…すべての歌を哀
歌に<変え>，すべての腰に荒布をま
ゼパ 3: 9 国々の民のくちびるを<変え>てきよ
使徒 6:14 イエスは…慣例を<変え>てしまう』
ロマ 12: 2 心の一新…自分を<変え>なさい．
Ⅰコリ 15:51 私たちはみな…<変え>られるのです．
Ⅱコリ 3:18 主と同じかたちに姿を<変え>られて
ガラ 1: 7 福音を<変え>てしまおうとしている
ピリ 3:21 同じ姿に<変え>てくださるのです．
ヘブ 7:21 みこころを<変え>られることはない．
ヤコ 4: 9 喜びを憂いに<変え>なさい．
ユダ 4 私たちの神の恵みを放縦に<変え>て，
黙示 11: 6 水を血に<変え>，そのうえ，思うま

▼かえる（返る，帰る），帰り

創世 3:19 ついに，あなたは土に<帰る>…あな
たは…ちりに<帰ら>なければならな
8: 9 鳩は…彼のもとに<帰っ>て来た．水
14:17 打ち破って<帰っ>て後，ソドムの王
16: 9 女主人のもとに<帰り>なさい．そし
18:33 自分の家へ<帰っ>て行った．
21:32 ペリシテ人の地に<帰っ>た．
28:21 無事に父の家に<帰ら>せてくださり，
31: 3 あなたの先祖の国に<帰り>なさい．

13 あなたの生まれた国に<帰り>なさい.
55 ラバンは…自分の家へ<帰っ>た.
32: 6 ヤコブのもとに<帰っ>て言った.
9 あなたの生まれ故郷に<帰れ>. わた
33:16 エサウは…セイルへ<帰っ>て行った.
37:14 私に知らせに<帰っ>て来ておくれ.
29 穴のところに<帰っ>て来ると, なん
38:22 ユダのところに<帰っ>て来て言った.
42:24 <帰っ>て来て, 彼らに語った. そし
43:10 2度は行って<帰っ>て来られたこと
50: 5 私はまた<帰っ>て来ます, と.」
14 ヨセフは…エジプトに<帰っ>た.
出エ 4:18 イテロのもとに<帰り>, 彼に言った
…私を…親類のもとに<帰ら>せ, 彼
19 エジプトに<帰っ>て行け. あなたの
20 モーセは…エジプトの地へ<帰っ>た.
21 エジプトに<帰っ>て行ったら, わた
14:26 水が…騎兵の上に<返る>ようにせよ.
18:23 平安のうちに…<帰る>ことができま
24:14 私たちが…<帰っ>て来るまで, ここ
33:11 モーセが宿営に<帰る>と, 彼の従者
レビ 25:10 それぞれ自分の所有地に<帰り>…家
族のもとに<帰ら>なければならない.
13 自分の所有地に<帰ら>なければなら
27 自分の所有地に<帰る>. 28.
41 自分の一族のところに<帰る>…そう
すれば…先祖の所有地に<帰る>こと
民数 10:30 私の生まれ故郷に<帰り>ます.」
36 主よ. お<帰り>ください. イスラエ
13:25 その地の偵察から<帰っ>て来た.
14: 3 エジプトに<帰っ>たほうが, 私たち
4 かしらを立てて…<帰ろ>う.」
36 遣わした者で, <帰っ>て来て, その
16:50 モーセのところへ<帰っ>た. 神罰は
23: 5 バラクのところに<帰れ>. あなたは
6 バラクのところに<帰っ>た. すると
16 バラクのところに<帰れ>. あなたは
24:25 バラムは立って…<帰っ>て行った.
32:18 私たちの家に<帰り>ません.
22 その後…<帰っ>て来るのであれば,
35:28 自分の所有地に<帰る>ことができる.
32 祭司が死ぬ前に, 国に<帰ら>せて住
申命 1:45 あなたがたは<帰っ>て来て, 主の前
3:20 自分の所有地に<帰る>ことができる.
5:30 自分の天幕に<帰り>なさい』と言え.
17:16 エジプトに<帰ら>せてはならない…
二度とこの道を<帰っ>てはならない
20: 5 その者は家へ<帰ら>なければならな
い. 彼が戦死して, ほかの. 6, 7.
8 その者は家に<帰れ>. 戦友たちの心
28:68 再びエジプトに<帰ら>せる. あなた
ヨシ 1:15 所有地に<帰っ>て, それを所有する
4:18 水はもとの所に<返っ>て, 以前のよ
6:14 町を1度回って宿営に<帰り>, 六日
7: 3 彼らは…<帰っ>て来て言った.「民
18: 8 私のところに<帰っ>て来なさい. 私
20: 6 その町に<帰っ>て行くことができる
22: 8 天幕に<帰り>なさい. 敵からの分捕
9 ギルアデの地へ…<帰っ>て行った.
32 イスラエル人のところに<帰り>, こ
士師 7: 3 おののく者はみな<帰り>なさい…2
万2千人が<帰っ>て行き, 1万人が
8: 9 私が無事に<帰っ>て来たら, このや
13 ギデオンは…戦いから<帰っ>て来た
11:31 無事に<帰っ>て来たとき, 私の家の
39 娘は父のところに<帰っ>て来たので
18:26 向きを変えて…家に<帰っ>た.
20: 8 だれも自分の天幕に<帰ら>ない. だ
21:23 自分たちの相続地に<帰り>, 町々を
ルツ 1: 6 モアブの野から<帰ろ>うとした. モ
8 自分の母の家へ<帰り>なさい. あな
10 あなたといっしょに<帰り>ます.」
11 <帰り>なさい. 娘たち. なぜ私とい
っしょに行こうとするので. 12.
15 弟嫁は, 自分の民とその神のところ
へ<帰っ>て行きました. あなたも弟
嫁にならって<帰り>なさい.」
16 あなたから別れて<帰る>ように, 私
22 モアブの野から<帰っ>て来て, 大麦
2: 6 <帰っ>て来たモアブの娘です.
3:17 素手で<帰っ>てはならないと言って,
4: 3 <帰っ>て来たナオミは, 私たちの身
Iサム 1:19 ラマにある…家へ<帰っ>て行った.
3: 5 私は呼ばない. <帰っ>て, おやすみ
6 わが子よ. <帰っ>て, おやすみ」と
6:16 領主たちは…エクロンへ<帰っ>た.
7: 3 心を尽くして主に<帰り>, あなたが
9: 5 さあ, もう<帰ろ>う. 父が雌ろばの
15:25 私といっしょに<帰っ>てください.
26 私は…いっしょに<帰り>ません. あ

30 私といっしょに<帰っ>て，あなたの
31 サウルについて<帰っ>た．こうして
17:15 ダビデは…行ったり，<帰っ>たりし
57 ペリシテ人を打って<帰っ>て来た
18: 2 父の家に<帰ら>せなかった．
6 ペリシテ人を打って<帰っ>て来たと
23:28 ダビデを追うのをやめて<帰り>，ペ
24: 1 ペリシテ人討伐から<帰っ>て来たと
26:21 わが子ダビデ．<帰っ>て来なさい．
25 サウルは自分の家へ<帰っ>て行った
27: 9 アキシュのところに<帰っ>て来てい
29: 4 この男を<帰ら>せてください．あな
7 穏やかに<帰っ>てくれ．ペリシテ人
11 ペリシテ人の地へ<帰っ>て行った．
IIサム 1: 1 アマレク人を打ち破って<帰り>，ニ
22 サウルの剣は，むなしく<帰っ>たこ
2:26 追うのをやめて<帰れ>，と命じるつ
30 アブネルを追うのをやめて<帰っ>た
3:16 アブネルが，「もう<帰り>なさい」
と言ったので，彼は<帰っ>た．
8:13 打ち殺して<帰っ>て来たとき，彼は
10: 5 それから<帰り>なさい．」
11: 4 女は自分の家へ<帰っ>た．
9 自分の家には<帰ら>なかった．
12:31 エルサレムに<帰っ>た．
15:27 あなたは安心して町に<帰り>なさい
17: 3 すべての者が<帰っ>て来るとき，あ
20 エルサレムへ<帰っ>た．
18:16 追うのをやめて<帰っ>て来た．ヨア
19:14 家来たちもみな，お<帰り>ください
37 このしもべを<帰ら>せてください．
39 自分の町へ<帰っ>て行った．
I列 2:41 ガテに行って<帰っ>て来たことは，
8:34 彼らを<帰ら>せてください．
66 心楽しく…天幕へ<帰っ>て行った．
11:21 私を国へ<帰ら>せてください」と言
22 自分の国へ<帰る>ことを求めるとは．
12:24 自分の家に<帰れ>…主のことばのと
おりに<帰っ>て行った．
27 レハブアムに再び<帰り>，私を殺し
…レハブアム…に<帰る>だろう．」
13: 9 もと来た道を通って<帰っ>てはなら
ない』と命じられているから．17．
19 彼といっしょに<帰り>，彼の家でパ
17:22 いのちはその子のうちに<返り>，そ
19:15 ダマスコの荒野へ<帰っ>て行け．そ
II列 1: 5 なぜあなたがたは<帰っ>て来たのか
6 王のところに<帰っ>て行き，彼に告
2:18 エリコに…<帰っ>て来た．エリシャ
25 彼は…サマリヤへ<帰っ>た．
3:27 自分の国へ<帰っ>て行った．
4:38 ギルガルに<帰っ>て来たとき，この
7:15 使者たちは<帰っ>て来て，このこと
8:29 イズレエルに<帰っ>て来た．ユダの
9:15 イズレエルに<帰っ>て来ていた．—
18 使者は…<帰っ>て来ません．」
20 <帰っ>て来ません．しかし，車の御
36 <帰っ>て来て，エフーにこのことを
14:14 人質を取って，サマリヤに<帰っ>た
19:36 立ち去り，<帰っ>てニネベに住んだ
23:20 彼はエルサレムに<帰っ>た．
I歴 19: 5 それから<帰り>なさい．」
20: 3 エルサレムに<帰っ>た．
II歴 6:25 彼らを<帰ら>せてください．
11: 4 おのおの自分の家に<帰れ>．わたし
14:15 エルサレムに<帰っ>て来た．
19: 1 ヨシャパテは…自分の家に<帰り>，
8 エルサレムに<帰っ>たとき，
22: 6 イズレエルに<帰っ>て来た．ユダの
25:10 自分たちのところへ<帰っ>た．
24 人質を取って，サマリヤに<帰っ>
28:15 彼らはサマリヤに<帰っ>た．
30: 6 <帰っ>て来てくださいます．あ
9 この地に<帰っ>て来るでしょう．
31: 1 それぞれの町へ<帰っ>て行った．
32:21 彼は恥じて国へ<帰り>，彼の神の宮
34: 7 彼はエルサレムに<帰っ>た．
9 彼らはエルサレムに<帰っ>て，
ネヘ 4:15 みな，城壁に<帰り>，それぞれ自分
8:17 捕囚から<帰っ>て来た全集団は，仮
エス 2:14 ほかの婦人部屋に<帰っ>ていた．
ヨブ 1:21 裸で私はかしこに<帰ろ>う．主は与
7:10 彼はもう自分の家に<帰ら>ず，彼の
10:21 再び<帰ら>ぬところ，やみと死の陰
15:22 やみから<帰っ>て来ることを信ぜず
16:22 私は<帰ら>ぬ旅路につくからです．
17:10 みな，<帰っ>て来るがよい．私はあ
30:23 あなたは私を死に<帰ら>せ，すべて
の生き物の集まる家に<帰ら>せるこ
33:25 彼は青年のころに<返る>．

34:15 人はちりに<帰る>.
39: 4 もとの所には<帰ら>ない.
詩篇 6: 4 <帰っ>て来てください. 主よ. 私の
7: 7 高いみくらにお<帰り>ください.
9:17 悪者どもは, よみに<帰っ>て行く.
22:27 主に<帰っ>て来るでしょう. また,
51:13 罪人は, あなたのもとに<帰り>まし
59: 6 夕べには<帰っ>て来て, 犬のように
ほえ, 町をうろつき回る. 14.
60題目 ヨアブが<帰っ>て来て, 塩の谷でエ
73:10 その民は, ここに<帰り>, 豊かな水
74:21 卑しめられて<帰る>ことがなく, 悩
78:39 吹き去れば, <返っ>て来ない風であ
80:14 どうか, <帰っ>て来てください. 天
90: 3 人をちりに<帰ら>せて言われます.
「人の子らよ, <帰れ>.」
13 <帰っ>て来てください. 主よ. いつ
104:29 死に, おのれのちりに<帰り>ます.
119:79 私のところに<帰り>ますように.
126: 6 喜び叫びながら<帰っ>て来る.
146: 4 人はおのれの土に<帰り>, その日の
箴言 2:19 だれも<帰っ>て来ない. いのちの道
7:20 満月になるまでは<帰っ>て来ません
26:11 犬が自分の吐いた物に<帰っ>て来る
伝道 1: 6 その巡る道に風は<帰る>.
3:20 すべてのものはちりに<帰る>.
5:15 また裸でもとの所に<帰る>. 彼は,
12: 7 ちりはもとあった地に<帰り>, 霊は
これを下さった神に<帰る>.
雅歌 6:13 <帰れ>. <帰れ>. シュラムの女よ.
<帰れ>. <帰れ>. 私たちはあなたを
イザ 9:13 自分を打った方に<帰ら>ず, 万軍の
31: 6 その方のもとに<帰れ>.
35:10 主に贖われた者…は<帰っ>て来る.
37:37 立ち去り, <帰っ>てニネベに住んだ.
44:22 わたしに<帰れ>…あなたを贖ったか
49: 5 ご自分のもとに<帰ら>せ, イスラエ
6 …者たちを<帰ら>せるだけではない.
51:11 贖われた者たちは<帰っ>て来る. 彼
52: 8 主がシオンに<帰ら>れるのを, まの
55: 7 主に<帰れ>…私たちの神に<帰れ>.
11 わたしのところに<帰っ>ては来ない.
63:17 どうかお<帰り>ください.
エレ 3: 1 わたしのところに<帰る>と言ってい
7 わたしに<帰っ>て来るだろうと思っ
たのに, <帰ら>なかった. また裏切
10 心を尽くしてわたしに<帰ら>ず, た
12 背信の女イスラエル. <帰れ>.
14 背信の子らよ. <帰れ>. ――主の御
22 背信の子らよ. <帰れ>. わたしがあ
4: 1 イスラエルよ. もし<帰る>のなら…
わたしのところに<帰っ>て来い. も
8: 5 彼らは…<帰っ>て来ようとしない.
12:15 彼らの国に<帰ら>せよう.
14: 3 からの器のままで<帰る>. 彼らは恥
15:19 あなたが<帰っ>て来るなら, わたし
はあなたを<帰ら>せ…彼らがあなた
のところに<帰る>ことがあっても,
あなたは…<帰っ>てはならない.
16:15 彼らの土地に…<帰ら>せる.
22:10 彼は二度と, <帰っ>て, 故郷を見る
11 彼は二度とここには<帰ら>ない.
27 彼らが<帰り>たいと心から望むこの
国に, 彼らは決して<帰ら>ない.」
23: 3 もとの牧場に<帰ら>せる. 彼らは多
24: 6 彼らをこの国に<帰ら>せ, 彼らを建
27:22 携え上り, この所に<帰ら>せる.』」
28: 3 すべての器をこの所に<帰ら>せる.
4 捕囚の民も…<帰ら>せる. ――主の
6 バビロンから…<帰っ>て来るように.
29:10 あなたがたをこの所に<帰ら>せる.
14 あなたがたをもとの所へ<帰ら>せる.
30: 3 先祖たちに与えた地に<帰ら>せる.
10 ヤコブは<帰っ>て来て, 平穏に安ら
31: 8 大集団をなして, ここに<帰る>.
16 彼らは敵の国から<帰っ>て来る.
17 子らは自分の国に<帰っ>て来る.
18 私を<帰ら>せてください. そうすれ
ば, <帰り>ます. 主よ. あなたは私
21 おとめイスラエルよ. <帰れ>. これ
ら, あなたの町々に<帰れ>.
32:37 この所に<帰ら>せ, 安らかに住まわ
37: 7 自分たちの国エジプトへ<帰り>,
20 ヨナタンの家へ<帰ら>せないでくだ
40: 5 彼がまだ<帰ろ>うとしないので…ゲ
ダルヤのところへ<帰り>, 彼とともに
12 ユダの地に<帰っ>て来て, ミツパの
41:14 ヨハナンのもとに<帰っ>て行った.
42:12 あなたがたの土地に<帰ら>せる.』
43: 5 <帰っ>ていたユダの残りの者すべて

44:14 <帰っ>て行って住みたいと願っているユダの地へ<帰れ>る者はいない…のがれる者だけが<帰れ>よう．』

28 エジプト…からユダの国に<帰る>．

46:16 生まれ故郷に<帰ろ>う．あのしいた

27 ヤコブは<帰っ>て来て，平穏に安ら

50: 9 矢は…むなしくは<帰ら>ない．——

19 その牧場に<帰ら>せる．彼はカルメ

哀歌 5:21 あなたのみもとに<帰ら>せてください．私たちは<帰り>たいのです．私

エゼ 7:13 群集は<帰ら>ない．だれも，自分の

55 もとの所に<帰り>…もとの所に<帰っ>て来る．

29:14 パテロスの地に<帰ら>せる．彼らは

39:27 国々の民の間から<帰ら>せ，彼らの

46: 9 門を通って<帰っ>てはならない．そ

47: 7 私が<帰っ>て来て見ると，川の両岸

ダニ 10:20 君と戦うために<帰っ>て行く．私が

11: 9 侵入し，また，自分の地に<帰る>．

28 自分の国に<帰る>．

30 彼は<帰っ>て行って，その聖なる契

ホセ 3: 5 イスラエル人は<帰っ>て来て，彼ら

5: 4 神に<帰ろ>うとしない．姦淫の霊が

8:13 彼らはエジプトに<帰る>であろう．

9: 3 エフライムはエジプトに<帰り>，ア

11: 5 彼はエジプトの地には<帰ら>ない．

14: 7 彼らは<帰っ>て来て，その陰に住み，

アモ 4: 6 わたしのもとに<帰っ>て来なかった．——主の御告げ——．8，9，10，11．

オバ 15 報いは，あなたの頭上に<返る>．

ミカ 1: 7 それらは…遊女の儲けに<返る>．

4: 8 あなたに…王国が<帰っ>て来る．

5: 3 子らのもとに<帰る>ようになる．

ゼカ 1: 3 わたしに<帰れ>…そうすれば，わたしもあなたがたに<帰る>，と万軍の

16 エルサレムに<帰る>…宮が建て直さ

8: 3 わたしはシオンに<帰り>，エルサレ

9:12 捕らわれ人よ．とりでに<帰れ>．わ

10: 9 生きながらえて<帰っ>て来る．

マラ 3: 7 わたしのところに<帰れ>．そうすれば，わたしも…<帰ろ>う…どのようにして，私たちは<帰ろ>うか』と言

マタ 2:12 別の道から自分の国へ<帰っ>て行っ

10:13 その平安はあなたがたのところに<返っ>て来ます．ルカ10:6．

12:44 出て来た自分の家に<帰ろ>う』と言って，<帰っ>て見ると，家はあいて

15:32 空腹のままで<帰ら>せたくありませ

21:18 イエスは都に<帰る>途中，空腹を覚

マコ 5:19 あなたの家族のところに<帰り>，主

34 安心して<帰り>なさい．病気にかか

ルカ 2:20 神を…賛美しながら<帰っ>て行った．

39 自分たちの町ナザレに<帰っ>た．

4:14 イエスは…ガリラヤに<帰ら>れた．

8:40 イエスが<帰ら>れると，群衆は喜ん

10:17 70人が喜んで<帰っ>来て，こう言

12:45 主人の<帰り>はまだだ』と心の中で

46 思わぬ時間に<帰っ>て来ます．そし

15:17 我に<返っ>たとき彼は，こう言った．

19:15 彼が王位を受けて<帰っ>て来たとき，

24:52 喜びを抱いてエルサレムに<帰り>，

使徒 1:12 彼らは…エルサレムに<帰っ>た．こ

15:16 この後，わたしは<帰っ>て来て，倒

18:21 みこころなら…<帰っ>て来ます」と

ヘブ 11:15 <帰る>機会はあったでしょう．

13:19 早く<帰れ>るようになるからです．

Iペテ 2:25 監督者である方のもとに<帰っ>たの

▼かえん（火炎）

ダニ 3:22 その<火炎>に焼き殺された．

▼かお（顔）【別項】御顔

創世 3:19 あなたは，<顔>に汗を流して糧を得，

4: 5 カインはひどく怒り，<顔>を伏せた．

32:20 彼をなだめ…彼の<顔>を見よう．も

30 私は<顔>と<顔>とを合わせて神を見

33:10 私はあなたの<顔>を…御顔を見るよ

38:15 彼女が<顔>をおおっていたので遊女

43: 3 私の<顔>を見てはならない』と告げ

31 やがて，彼は<顔>を洗って出て来た

50: 1 ヨセフは父の<顔>に取りすがって泣

出エ 3: 6 モーセは…恐れて，<顔>を隠した．

10:28 私の<顔>を二度と見ないように気をつけろ…<顔>を見たら…おまえは死

29 二度とあなたの<顔>を見ません．」

25:20 ケルビムの<顔>が『贖いのふた』に

33:11 <顔>と<顔>とを合わせてモーセに語

20 わたしの<顔>を見ることはできない．

34:29 自分の<顔>のはだが光を放ったのを

33 モーセは…<顔>におおいを掛けた．

レビ 17:10 血を食べる者から，わたしの<顔>を

20: 3 その者からわたしの<顔>をそむけ，

か

申命 5: 4 主は…<顔>と<顔>とを合わせて語ら
25: 9 彼の<顔>につばきして，彼に答えて
31:17 わたしの<顔>を彼らから隠す．彼ら
34:10 <顔>と<顔>とを合わせて選び出され
ルツ 2:10 彼女は<顔>を伏せ，地面にひれ伏し
Ⅰサム 1:18 彼女の<顔>は，もはや以前のようで
Ⅱサム 2:22 どうして…ヨアブに<顔>向けができ
19: 4 王は<顔>をおおい，大声で，「わが
Ⅰ列 18:42 エリヤは…<顔>をひざの間にうずめ
19:13 外套で<顔>をおおい，外に出て，ほ
Ⅱ列 4:29 杖をあの子の<顔>の上に置きなさい．
8:15 王の<顔>にかぶせたので，王は死ん
20: 2 ヒゼキヤは<顔>を壁に向けて，主に
Ⅰ歴 12: 8 彼らの<顔>は獅子の<顔>で，早く走
Ⅱ歴 6:42 油そそがれた者たちの<顔>を退けな
7:14 わたしの<顔>を慕い求め，その悪い
29: 6 その<顔>を主の御住まいからそむけ，
ヨブ 4:15 一つの霊が私の<顔>の上を通り過ぎ，
9:24 さばきつかさらの<顔>をおおう．も
27 憂うつな<顔>を捨てて，明るくなり
14:20 あなたは彼の<顔>を変えて，彼を追
15:27 彼は<顔>をあぶらでおおい，腰の回
22:26 神に向かってあなたの<顔>を上げる．
29:24 私の<顔>の光はかげらなかった．
30:10 私の<顔>に情け容赦もなくつばきを
詩篇 10:11 神は忘れている．<顔>を隠している．
27: 8 「わたしの<顔>を，慕い求めよ」と．
34: 5 彼らの<顔>をはずかしめないでくだ
84: 9 油そそがれた者の<顔>に目を注いで
104:15 <顔>をつややかにするために．また，
箴言 16:15 王の<顔>の光にはいのちがある．彼
27:19 <顔>が，水に映る<顔>と同じように，
伝道 7: 3 <顔>の曇りによって心は良くなる．
8: 1 その人の<顔>を輝かし，その<顔>の
雅歌 2:14 私に，<顔>を見せておくれ．あなた
イザ 3:15 貧しい者の<顔>をすりつぶすのか．
6: 2 おのおのその二つで<顔>をおおい，
25: 8 主はすべての<顔>から涙をぬぐい，
49:23 彼らは<顔>を地につけて，あなたを
50: 6 つばきをかけられても，私の<顔>を
7 私は<顔>を火打石のようにし，恥を
53: 3 人が<顔>をそむけるほどさげすまれ，
54: 8 わたしの<顔>をあなたから隠したが，
エレ 2:27 背を向けて，<顔>を向けなかった．
5: 3 彼らは<顔>を岩よりも堅くし，悔い
13:26 すそを，<顔>の上までまくるので，
33: 5 わたしがこの町から<顔>を隠したか
50: 5 シオンを求め，その道に<顔>を向け
51:51 侮辱が私たちの<顔>をおおった．』」
哀歌 4: 8 彼らの<顔>は，すすよりも黒くなり，
エゼ 1: 6 彼らはおのおの四つの<顔>を持ち，
3: 8 あなたの<顔>を，彼らの<顔>と同じ
9 恐れるな．彼らの<顔>にひるむな．」
7:18 彼らはみな恥じて<顔>を赤くし，彼
22 わたしは彼らから<顔>をそむけ，わ
10:14 四つの<顔>があり，第１の<顔>はケ
ルブの<顔>，第２の<顔>は人間の<
顔>…獅子の<顔>…鷲の<顔>であっ
12: 6 <顔>をおおって地を見るな．わたし
20:35 <顔>と<顔>とを合わせて…さばく．
39:24 罰し，わたしの<顔>を彼らに隠した．
29 二度とわたしの<顔>を彼らから隠さ
41:18 ケルブには二つの<顔>があった．
ダニ 1:10 あなたがたの<顔>に…元気がないの
9: 3 <顔>を神である主に向けて祈り，断
10: 6 その<顔>はいなずまのようであり，
11:18 彼は島々に<顔>を向けて，その多く
ホセ 2: 2 彼女の<顔>から姦淫を取り除き，そ
5: 5 イスラエルの高慢はその<顔>に現れ
15 わたしの<顔>を慕い求めるまで，わ
ヨエ 2: 6 もだえ苦しみ，みなの<顔>は青ざめ
ミカ 3: 4 主は彼らから<顔>を隠される．彼ら
ナホ 3: 5 すそを<顔>の上までまくり上げ，あ
マラ 2: 3 あなたがたの<顔>に糞をまき散らす．
マタ 6:17 頭に油を塗り，<顔>を洗いなさい．
26:67 イエスの<顔>につばきをかけ，こぶ
28: 3 その<顔>は，いなずまのように輝き，
ルカ 24: 5 地面に<顔>を伏せていると，その人
ヨハ 11:44 彼の<顔>は布切れで包まれていた．
使徒 6:15 彼の<顔>は御使いの<顔>のように見
20:38 もう二度と私の<顔>を見ることがな
Ⅰコリ 13:12 <顔>と<顔>とを合わせて見ることに
Ⅱコリ 3: 7 モーセの<顔>の，やがて消え去る栄
光のゆえにさえ…モーセの<顔>を見
13 <顔>におおいを掛けたようなことは
18 <顔>のおおいを取りのけられて，鏡
11:20 <顔>をたたかれても，こらえている
ガラ 1:22 諸教会には<顔>を知られていません
Ⅰテサ 2:17 あなたがたの<顔>を見たいと．3:10.
ヤコ 1:23 生まれつきの<顔>を鏡で見る人のよ

Ｉペテ 3:12 主の<顔>は，悪を行う者に立ち向か
黙示 1:16 <顔>は強く照り輝く太陽のようであ
9: 7 <顔>は人間の<顔>のようであった．
10: 1 その<顔>は太陽のようであり，その

▼ かおいろ（顔色）
創世 40: 7 なぜ，きょうは…<顔色>が悪いので
箴言 15:13 心に喜びがあれば<顔色>を良くする．
29:26 支配者の<顔色>をうかがう者は多い．
イザ 29:22 今からは，<顔色>を失うことがない．
ダニ 1:13 私たちの<顔色>と…少年たちの<顔
色>とを見比べて，あなたの見ると
5: 6 王の<顔色>は変わり，それにおびえ
7:28 ダニエルは…<顔色>が変わった．し
マコ 12:14 あなたは人の<顔色>を見ず，真理に

▼ かおおおい（顔おおい）
雅歌 4: 1 目は，<顔おおい>のうしろで鳩のよ
6: 7 頬は，<顔おおい>のうしろにあって，
イザ 25: 7 万民の上をおおっている<顔おおい>

▼ かおだち（顔だち）
ヨブ 4:16 <顔だち>を見分けることができなか
イザ 52:14 その<顔だち>は，そこなわれて人の

▼ かおつき（顔つき）
ネヘ 2: 2 なぜ…悲しい<顔つき>をしているの
イザ 3: 9 彼らの<顔つき>が，そのことを表し
マタ 6:16 やつれた<顔つき>をしてはいけませ
ルカ 24:17 ふたりは暗い<顔つき>になって，立

▼ かおり【別項】なだめのかおり
創世 27:27 ヤコブの着物の<かおり>をかぎ…
「ああ，わが子の<かおり>．主が祝
福された野の<かおり>のようだ．
雅歌 1: 3 あなたの香油の<かおり>はかぐわし
12 私のナルドは<かおり>を放ちました．
4:11 あなたの着物の<かおり>は，レバノ
ンの<かおり>のようだ．
16 その<かおり>を漂わせておくれ．私
5:13 良い<かおり>を放つ香料の花壇のよ
7:13 恋なすびは，<かおり>を放ち，私た
エレ 48:11 味は…<かおり>も変わらなかった．
ヨハ 12: 3 家は香油の<かおり>でいっぱいにな
Ⅱコリ 2:14 キリストを知る知識の<かおり>を放
15 キリストの<かおり>なのです．
16 死に至らせる<かおり>であり…いの
ちに至らせる<かおり>です．このよ
エペ 5: 2 香ばしい<かおり>をおささげになり
ピリ 4:18 それは香ばしい<かおり>であって，

▼ がか（雅歌）
雅歌 1: 1 ソロモンの<雅歌>

▼ かかし
エレ 10: 5 きゅうり畑の<かかし>のようで，も

▼ かかと
創世 3:15 おまえは，彼の<かかと>にかみつく．
25:26 手はエサウの<かかと>をつかんでい
49:17 ダンは…馬の<かかと>をかむ．それ
ヨブ 18: 9 わなは彼の<かかと>を捕らえ，しか
詩篇 41: 9 私にそむいて，<かかと>を上げた．
ヨハ 13:18 わたしに向かって<かかと>を上げた．

▼ かがみ（鏡）
出エ 38: 8 女たちの<鏡>でそれを作った．
ヨブ 37:18 鋳た<鏡>のように堅い大空を神とと
Ｉコリ 13:12 私たちは<鏡>にぼんやり映るものを
Ⅱコリ 3:18 <鏡>のように主の栄光を反映させな
ヤコ 1:23 生まれつきの顔を<鏡>で見る人のよ

▼ かがみいた（鏡板）
Ｉ列 7:28 台には<鏡板>があり，<鏡板>はわく
Ⅱ列 16:17 車輪つきの台の<鏡板>を切り離し，

▼ かがむ，かがめる
出エ 18: 7 身を<かがめ>，彼に口づけした．彼
Ｉ列 19:18 バアルにひざを<かがめ>ず，バアル
Ⅱ列 5:18 リモンの神殿で身を<かがめる>とき，
Ⅱ歴 29:29 すべての者はひざを<かがめ>，伏し
ヨブ 9:13 みもとに身を<かがめる>．
39: 3 身を<かがめ>て子を産み落とし，そ
詩 146: 8 主は<かが>んでいる者を起こされる．
伝道 12: 3 力のある男たちは身を<かがめ>，粉
イザ 2: 9 こうして人は<かがめ>られ，人間は
11 高慢な者も<かがめ>られ，主おひと
45:23 ひざはわたしに向かって<かが>み，
46: 1 ベルはひざまずき，ネボは<かがむ>．
60:14 身を<かがめ>てあなたのところに来，
マコ 1: 7 私には，<かが>んでその方のくつの
ヨハ 8: 6 イエスは身を<かがめ>て，指で地面
20: 5 からだを<かがめ>てのぞき込み．11．
使徒 20:10 彼の上に身を<かがめ>，彼を抱きか
ロマ 11: 4 バアルにひざを<かがめ>ていない男
エペ 3:14 私はひざを<かがめ>て，
ピリ 2:10 すべてが，ひざを<かがめ>，

▼ かがやかしい（輝かしい）
イザ 62: 3 主の手にある<輝かしい>冠となり，
63:12 <輝かしい>御腕をモーセの右に進ま
14 あなたの<輝かしい>御名をあげられ

15 <輝かしい>御住まいからご覧くださ
エレ 13:18 あなたがたの<輝かしい>冠が落ちた
ダニ 11:20 彼は<輝かしい>国に，税を取り立て
使徒 2:20 主の大いなる<輝かしい>日が来る前

▼ かがやかす（輝かす），輝かせる

Ⅰ列 1:47 あなたの名よりも<輝かせ>，その王
詩篇 13: 3 主よ．私の目を<輝かせ>てください．
伝道 8: 1 人の知恵は，その人の顔を<輝か>し，
イザ 55: 5 あなたを<輝かせ>たイスラエルの聖
60: 7 わたしの美しい家を<輝かす>．
ダニ 4:30 私の威光を<輝かす>ために，私が建
9:17 荒れ果てた聖所に<輝かせ>てくださ
マタ 5:16 光を人々の前で<輝かせ>，人々があ
ヨハ 17: 5 わたしを栄光で<輝かせ>てください．
Ⅱコリ 4: 4 福音の光を<輝かせ>ないようにして
6 神の栄光を知る知識を<輝かせ>てく

▼ かがやく（輝く），輝き

出エ 15: 6 主よ．あなたの右の手は力に<輝く>．
Ⅰサム 14:27 口に入れた．すると彼の目が<輝>い
29 私の目はこんなに<輝>いている．こ
Ⅱサム 22:13 御前の<輝き>から，炭火が燃え上が
ヨブ 11:17 あなたの一生は真昼よりも<輝>き，
22:28 あなたの道の上には光が<輝く>．
25: 5 月さえも<輝き>がなく，星もきよく
31:26 <輝く>日の光を見，照りながら動く
37:21 雨雲の中に<輝>いている光を見るこ
22 北から黄金の<輝き>が現れ，神の回
詩 145: 5 栄光<輝く>あなたの主権と，あなた
148: 3 ほめたたえよ．すべての<輝く>星よ．
箴言 4:18 いよいよ<輝き>を増して真昼となる．
13: 9 正しい者の光は<輝>き，悪者のとも
23:31 ぶどう酒が赤く，杯の中で<輝>き，
イザ 2:10 そのご威光の<輝き>を避けて．
4: 5 夜は煙と燃える火の<輝き>を創造さ
53: 2 見とれるような姿もなく，<輝き>も
58:10 あなたの光は，やみの中に<輝>き上
59: 9 <輝き>を待ち望んだが，暗やみの中
60: 1 主の栄光があなたの上に<輝>いてい
2 あなたの上には主が<輝>き，その栄
3 王たちはあなたの<輝き>に照らされ
19 月の<輝き>もあなたを照らさず，主
哀歌 1: 6 シオンの娘から…<輝き>がなくなり，
エゼ 1:13 火が<輝>き，その火から，いなずま
8: 2 青銅の<輝き>のように<輝>いて見え
10: 4 庭は主の栄光の<輝き>で満たされた．
27:10 彼らはおまえに<輝き>を添えた．
28: 7 剣を抜き，あなたの<輝き>を汚し，
17 その<輝き>のために…知恵を腐らせ
43: 2 音は…地はその栄光で<輝>いた．
ダニ 4:36 私の威光も<輝き>も私に戻って来た．
10: 8 顔の<輝き>もうせ，力を失った．
12: 3 思慮深い人々は大空の<輝き>のよう
に<輝>き，多くの者を義とした者は，
アモ 5:20 暗やみであって，<輝き>ではない．
ハバ 3: 4 <輝き>は光のよう．ひらめきはその
マタ 13:43 父の御国で太陽のように<輝>きます．
17: 2 御顔は太陽のように<輝>き，御衣は
ルカ 11:36 全身は…あかりが<輝>いて，あなた
を照らすときのように…<輝>きます．
17:24 天の端から天の端へと<輝く>ように，
ヨハ 1: 5 光はやみの中に<輝>いている．やみ
5:35 彼は燃えて<輝く>ともしびであり，
使徒 10:30 <輝>いた衣を着た人が，私の前に立
22:11 その光の<輝き>のために，私の目は
26:13 それは太陽よりも明るく<輝>いて，
Ⅱコリ 4: 6 光が，やみの中から<輝>き出よ」と
ピリ 2:16 世の光として<輝く>ためです．そう
Ⅱテサ 2: 8 来臨の<輝き>をもって滅ぼしてしま
ヘブ 1: 3 御子は神の栄光の<輝き>，また神の
黙示 21:11 その<輝き>は高価な宝石に似ており，
22:16 また子孫，<輝く>明けの明星である．

▼ かかり（係り）

Ⅱ列 22:14 装束<係>シャルムの妻．Ⅱ歴34:22．
ルカ 4:20 イエスは書を巻き，<係り>の者に渡

▼ かかりちょう（係長）

創世 47: 6 その者を私の家畜の<係長>としなさ
Ⅰ歴 27:31 ダビデ王の所有する財産の<係長>で
29: 6 王の仕事の<係長>たちは，みずから

▼ かかわり

Ⅱコリ 6:15 信者と不信者とに，何の<かかわり>

▼ かき（垣）

創世 49:22 若枝，その枝は<垣>を越える．
ヨブ 1:10 <垣>を巡らしたではありませんか．
イザ 5: 5 その<垣>を除いて，荒れすたれるに
ホセ 2: 6 いばらで彼女の道に<垣>を立て，彼
マタ 21:33 ぶどう園を造って，<垣>を巡らし，

▼ かぎ

イザ 22:22 ダビデの家の<かぎ>を彼の肩に置く．
マタ 16:19 あなたに天の御国の<かぎ>を上げま
ルカ 11:52 知識の<かぎ>を持ち去り，自分も入

黙示 1:18 死とハデスとの<かぎ>を持っている.
3: 7 ダビデの<かぎ>を持っている方，彼
9: 1 底知れぬ穴を開く<かぎ>が与えられ

▼かぎ（鉤），鉤輪

出エ 26:32 <鉤>が金でできている…柱につける. 37，27:10，11，17，36:36，38，38:10，11，12，17，19，28.
Ⅱ列 19:28 あなたの鼻には<鉤輪>を…口にはく
Ⅱ歴 33:11 マナセを<鉤>で捕らえ，青銅の足か
ヨブ 41: 2 <鉤>をそのあごに突き通すことがで
エゼ 19: 4 彼らは<鉤>でこれをエジプトの地へ
29: 4 わたしはあなたのあごに<鉤>をかけ，

▼かきいた（書き板）

ルカ 1:63 彼は<書き板>を持って来させて，

▼かきおくる（書き送る）

Ⅰ列 21:11 手紙に<書き送>ったとおりを行った.
エス 8: 9 その文字とことばで<書き送>られた.
9:23 <書き送>ったとおりに実行した.
ダニ 6:25 諸国語の者たちに…<書き送>った.
使徒 15:20 避けるように<書き送る>べきだと思
23 この人たちに託して…<書き送>った.
25:26 わが君に<書き送る>べき確かな事が
Ⅱコリ 9: 1 <書き送る>必要はないでしょう.
Ⅰテサ 4: 9 何も<書き送る>必要がありません.
Ⅰペテ 5:12 ここに簡潔に<書き送>り，勧めをし，
Ⅱペテ 3: 1 あなたがたに<書き送る>のは，これ
15 あなたがたに<書き送>ったとおりで
Ⅰヨハ 1: 4 これらのことを<書き送る>のは，私
Ⅲヨハ 9 教会に対して少し…<書き送>ったの
13 <書き送>りたいことがたくさんあり
黙示 2: 1 教会の御使いに<書き送>れ. 8，12，18，3:1，7，14.

▼かきね（垣根）

ルカ 14:23 街道や<垣根>のところに出かけて行

▼かきまわす（～回す）

箴言 30:33 乳を<かき回す>と凝乳ができる…怒りを<かき回す>と争いが起こる.
ヨハ 5: 7 水が<かき回>されたとき，池の中に

▼かきみだす（～乱す）

出エ 14:24 エジプトの陣営を<かき乱>された.
23:27 民のすべてを<かき乱>し，あなたの
申命 2:15 御手が…下り，彼らを<かき乱>し，
7:23 主が…彼らを大いに<かき乱>し，つ
士師 4:15 剣の刃で<かき乱>したので，シセラ
Ⅰサム 7:10 ペリシテ人…を<かき乱>したので，
Ⅱ歴 15: 6 神が…彼らを<かき乱>されたからで
ヨブ 3:26 いこいもなく，心は<かき乱>されて
14: 1 心が<かき乱>されることでいっぱい
イザ 3:12 あなたの歩む道を<かき乱す>.
19: 3 わたしがその計画を<かき乱す>. 彼
エレ 51:34 私を<かき乱>して，からの器にした.
哀歌 3:11 主は，私の道を<かき乱>し，私を耕
エゼ 22: 5 <かき乱>されたおまえをあざ笑う.
使徒 16:20 この者たちは…町を<かき乱>し，
ガラ 1: 7 あなたがたを<かき乱す>者たちがい
5:10 あなたがたを<かき乱す>者は，だれ
12 <かき乱す>者どもは，いっそのこと

▼かきもの（書き物）

民数 5:23 祭司はこののろいを<書き物>に書き，
ヨブ 19:23 <書き物>に刻まれればよいのに.

▼かぎり（限り），限る【別項】世々（代々）限りなく

ヨブ 14: 5 もし，彼の日数が<限>られ，その月
イザ 2: 7 その財宝は<限り>なく，その国は馬
5:14 のどを広げ，口を<限り>なくあける.
9: 7 その平和は<限り>なく，ダビデの王
ナホ 2: 9 金も奪え. その財宝は<限り>ない.
3: 9 エジプトはその力…<限り>がない.

▼かく

ヨブ 2: 8 かけらを取って自分の身を<か>き，

▼かく（書く），書きしるす【別項】書き送る

出エ 17:14 記録として，書き物に<書きしる>し，
24: 4 主のことばを…<書きしる>した. そ
31:18 神の指で<書>かれた石の板をモーセ
32:32 お<書>きになったあなたの書物から，
34: 1 その石の板の上に<書きしる>そう.
27 これらのことばを<書きしる>せ. わ
民数 17: 2 杖におのおのの名を<書きしる>さな
3 アロンの名を<書>かなければならな
申命 4:13 2枚の石の板に<書きしる>された.
6: 9 家の門柱と門に<書きしる>しなさい.
17:18 このみおしえを<書>き写して，
27: 3 すべてのことばを<書きしる>しなさ
31: 9 モーセは…みおしえを<書きしる>し，
22 モーセは…この歌を<書きしる>して，
士師 8:14 77人の長老たちの名を<書>いた.
Ⅱ列 17:37 あなたがたのために<書きしる>した
エズ 3: 2 モーセの律法に<書>かれているとお
ネヘ 6: 6 それには次のように<書>いてあった.

9:38 盟約を結び，それを<書きしる>した．
エス 8: 8 王の名で<書>き，王の指輪で…印を
9:20 これらのことを<書>いて，アハシュ
ヨブ 13:26 私に対してひどい宣告を<書>きたて，
19:23 ことばが<書>き留められればよいの
31:35 私を訴える者が<書>いた告訴状があ
詩篇 40: 7 書に私のことが<書>いてあります．
69:28 正しい者と並べて，<書きしる>され
102:18 後の時代のために<書きしる>され，
149: 9 <書きしる>されたさばきを彼らの間
箴言 3: 3 あなたの心の板に<書きしる>せ．
22:20 私は…30句を<書>いたではないか．
25: 1 ヒゼキヤの人々が<書>き写したもの
伝道 12:10 真理のことばを正しく<書>き残した．
イザ 10:19 子どもでもそれらを<書>き留められ
30: 8 これを彼らの前で板に<書>き，書物
にこれを<書きしる>し，後の日のた
エレ 30: 2 わたしがあなたに語ったことばをみ
な，書物に<書きしる>せ．36:2．
36: 4 ことごとく巻き物に<書きしる>した．
18 墨でこの巻き物に<書きしる>しまし
エゼ 2:10 表にも裏にも字が<書>いてあって…
悲しみとがそれに<書>いてあった．
24: 2 この日の日づけを<書きしる>せ．ち
43:11 彼らの目の前でそれを<書きしる>せ．
ダニ 5:24 この文字が<書>かれたのです．
ホセ 8:12 多くのおしえを<書>いても，彼らは
ハバ 2: 2 幻を板の上に<書>いて確認せよ．こ
マタ 4: 4 …と<書>いてある．6，7，10．
11:10 この人こそ…と<書>かれているその
マコ 9:12 さげすまれると<書>いてあるのは，
10: 5 この命令を…<書>いたのです．
12:19 私たちのためにこう<書>いています．
14:21 自分について<書>いてあるとおりに，
ルカ 1: 3 順序を立てて<書>いて差し上げるの
10:20 名が天に<書きしる>されていること
26 律法には，何と<書>いてありますか．
16: 6 すぐにすわって50と<書>きなさい』
21:22 <書>かれているすべてのことが成就
ヨハ 5:46 モーセが<書>いたのはわたしのこと
8: 6 指で地面に<書>いておられた．
19:21 王と自称した，と<書>いてください．
22 私の<書>いたことは私が<書>いたの
20:30 この書には<書>かれていないが，ま
31 これらのことが<書>かれたのは，イ
21:24 これらのことを<書>いた者は…弟子
25 世界も，<書>かれた書物を入れるこ
使徒 7:42 預言者たちの書に<書>いてあるとお
13:29 イエスについて<書>いてあることを
ロマ 2:15 彼らの心に<書>かれていることを示
10:15 次のように<書>かれているとおりで
15: 4 昔<書>かれたものは，すべて私たち
を教えるために<書>かれたのです．
15 所々，かなり大胆に<書>いたのは，
Ⅰコリ 2: 9 聖書に<書>いてあるとおりです．
4: 6 <書>かれていることを越えない」こ
14 私がこう<書く>のは，あなたがたを
7: 1 手紙に<書>いてあったことについて
9:15 そうされたくてこのように<書>いて
10:11 それが<書>かれたのは，世の終わり
14:37 あなたがたに<書く>ことが主の命令
Ⅱコリ 1:13 理解できること以外は何も<書>いて
2: 3 あのような手紙を<書>いたのは，私
3: 3 御霊によって<書>かれ…人の心の板
に<書>かれたものであることが明ら
13:10 これらのことを<書>いているのは，
ガラ 1:20 <書>いていることには…偽りはあり
4:27 すなわち，こう<書>いてあります．
6:11 自分のこの手で…<書>いています．
ピリ 3: 1 前と同じことを<書>きますが，これ
Ⅰテサ 5: 1 <書>いてもらう必要がありません．
Ⅱテサ 3:17 自分の手であいさつを<書>きます．
ヘブ 8:10 律法を…彼らの心に<書>きつける．
10:16 律法を…彼らの思いに<書>きつける．
13:22 私はただ手短に<書>きました．
Ⅰヨハ 5:13 これらのことを<書>いたのは，あな
Ⅱヨハ 5 私が新しい命令を<書く>のではなく，
12 <書く>べきことがたくさんあります
ユダ 3 手紙を<書く>必要が生じました．
黙示 1: 3 そこに<書>かれていることを心に留
19 この後に起こる事を<書きしる>せ．
3:12 わたしの新しい名とを<書きしるす>．
5: 1 外側にも文字が<書きしる>され，七
10: 4 雷が語ったとき，私は<書>き留めよ
うとした．すると…<書きしるす>な．
14:13 <書きしる>せ．『今から後．21:5．
19: 9 招かれた者は幸い…と<書>きなさい．
20:12 <書きしる>されているところに従っ
21:27 いのちの書に名が<書>いてある者だ

▼ かぐ
創世 8:21 そのなだめのかおりを‹か›がれ，主
出エ 30:38 これを‹かぐ›者はだれでも，その民
レビ 26:31 なだめのかおりも‹か›がないであろ
申命 4:28 ‹かぐ›こともしない木や石の神々に
詩 115: 6 聞こえず，鼻があっても‹か›げない．
Ⅰコリ 12:17 どこで‹かぐ›のでしょう．

▼ がく
出エ 25:31 ‹がく›と節と花弁がなければならな

▼ かくげん（格言）
ヨブ 13:12 あなたがたの‹格言›は灰のことわざ

▼ かくご（覚悟）
ルカ 22:33 死であろうと，‹覚悟›はできており
使徒 21:13 死ぬことさえも‹覚悟›しています」
Ⅱコリ 1: 9 自分の心の中で死を‹覚悟›しました．

▼ かくしどころ（隠しどころ）
レビ 15: 2 ‹隠しどころ›に漏出がある場合，そ
申命 25:11 相手の‹隠しどころ›をつかんだ場合

▼ がくしゃ（学者）
エズ 7: 6 エズラは…‹学者›であった．彼の神，
12 律法の‹学者›である祭司エズラへ．
ネヘ 8: 1 ‹学者›エズラ．4，9，13，12:26．
13:13 ‹学者›ツァドクと，レビ人のひとり
マタ 13:52 御国の弟子となった‹学者›はみな，
Ⅰコリ 1:20 ‹学者›はどこにいるのですか．この

▼ かくしょう（確証）
ダニ 9:24 幻と預言とを‹確証›し，至聖所に油
使徒 17:31 このことの‹確証›をすべての人にお
ヘブ 6:16 ‹確証›のための誓いというものは，

▼ かくしん（確信）
ヨブ 4: 6 あなたの‹確信›ではないか．あなた
ルカ 1:1-2 私たちの間ですでに‹確信›されてい
使徒 2:29 ‹確信›をもって言うことができます．
16:10 福音を宣べさせるのだ，と‹確信›し
ロマ 8:38 私はこう‹確信›しています．死も，
14: 5 自分の心の中で‹確信›を持ちなさい．
14 私が知り，また‹確信›していること
Ⅱコリ 2: 3 あなたがたすべてについて‹確信›し
10: 7 キリストに属する者だと‹確信›して
ガラ 5:10 違った考えを持っていないと‹確信›
エペ 3:12 ‹確信›をもって神に近づくことがで
ピリ 1:14 主にあって‹確信›を与えられ，恐れ
25 私はこのことを‹確信›していますか
2:24 行けることと，主にあって‹確信›し
コロ 4:12 十分に‹確信›して立つことができる
Ⅰテサ 1: 5 力と聖霊と強い‹確信›とによったか
Ⅱテサ 3: 4 私たちは主にあって‹確信›していま
Ⅰテモ 3:13 信仰について強い‹確信›を持つこと
Ⅱテモ 1: 5 宿っていることを，私は‹確信›して
12 守ってくださる…と‹確信›している
3:14 学んで‹確信›したところにとどまっ
ヘブ 3: 6 ‹確信›と，希望による誇りとを，終
14 もし最初の‹確信›を終わりまでしっ
6: 9 もっと良いことを‹確信›しています．
11 十分な‹確信›を持ち続けてくれるよ
10:35 ‹確信›を投げ捨ててはなりません．
11: 1 目に見えないものを‹確信›させるも
Ⅰヨハ 5:14 これこそ神に対する私たちの‹確信›

▼ かくす（隠す）
創世 3: 8 避けて園の木の間に身を‹隠›した．
18:17 アブラハムに‹隠›しておくべきだろ
35: 4 ヤコブは…樫の木の下に‹隠›した．
37:26 血を‹隠›したとて，何の益になろう．
47:18 あなたさまに何も‹隠›しません．私
出エ 2: 2 3か月の間その子を‹隠›しておいた．
3 もう‹隠›しきれなくなったので，パ
12 打ち殺し，これを砂の中に‹隠›した．
3: 6 仰ぎ見ることを恐れて，顔を‹隠›し
申命 29:29 ‹隠›されていることは，私たちの神，
31:17 わたしの顔を彼らから‹隠す›．彼ら
18 その日，必ずわたしの顔を‹隠›そう．
32:20 わたしの顔を彼らに‹隠›し，彼らの
33:19 砂に‹隠›されている宝とを，吸い取
ヨシ 2: 6 亜麻の茎の中に‹隠›していたのであ
16 3日間，そこで身を‹隠›していてく
7:21 私の天幕の中の地に‹隠›してあり，
Ⅰサム 3:17 私に‹隠›さないでくれ…一つでも私
に‹隠す›なら，神がおまえを幾重に
19: 2 身を‹隠›していてください．
Ⅱサム 14:18 …私に‹隠›さず言ってくれ．」女は
18:13 王には，何も‹隠す›ことはできませ
Ⅰ列 17: 3 ケリテ川のほとりに身を‹隠›せ．
18:13 50人ずつほら穴に‹隠›し，パンと水
22:25 身を‹隠す›ときに，思い知るであろ
Ⅱ列 6:29 彼女は自分の子どもを‹隠›してしま
7: 8 持ち出し，それを‹隠›しに行った．
Ⅰ歴 21:20 彼の4人の子は身を‹隠›し，オルナ
Ⅱ歴 22:11 ヨアシュをアタルヤから‹隠›した．
12 神の宮に6年の間，身を‹隠›してい
ヨブ 3:10 苦しみが‹隠›されなかったからだ．

23 自分の道が<隠>されている人に，な
6:16 氷で黒ずみ，雪がその上を<隠>して
13:24 なぜ，あなたは御顔を<隠>し，私を
15:18 彼らの先祖が<隠>さなかったものだ．
20:26 やみが彼の宝として<隠>され，人が
24: 1 全能者によって時が<隠>されていな
4 哀れな人々は，共に身を<隠す>．
27:11 全能者のもとに…私は<隠す>まい．
28:11 <隠>されている物を明るみに持ち出
31:33 自分のそむきの罪をおおい<隠>し，
34:29 神が御顔を<隠>されるとき，だれが
詩篇 10: 1 なぜ，身を<隠>されるのですか．
11 神は忘れている．顔を<隠>している．
13: 1 いつまで御顔を…お<隠>しになるの
22:24 御顔を<隠>されもしなかった．むし
27: 9 御顔を私に<隠>さないでください．
30: 7 あなたが御顔を<隠>され，私はおじ
32: 5 私の咎を<隠>しませんでした．私は
38: 9 私の嘆きはあなたから<隠>されてい
40:10 あなたの義を心の中に<隠>しません
でした…会衆に<隠>しませんでした．
44:24 なぜ御顔をお<隠>しになるのですか．
51: 9 御顔を私の罪から<隠>し，私の咎を
55: 1 神よ…身を<隠>さないでください．
12 私は，彼から身を<隠>したでしょう．
69: 5 数々の罪過は，あなたに<隠>されて
78: 4 私たちは彼らの子孫に<隠>さず，後
88:14 私に御顔を<隠>されるのですか．
89:46 あなたがどこまでも身を<隠>し，あ
104:29 あなたが御顔を<隠>されると，彼ら
119:19 あなたの仰せを私に<隠>さないでく
143: 9 私はあなたの中に，身を<隠>します．
箴言 10: 6 悪者の口は暴虐を<隠す>．11．
18 憎しみを<隠す>者は偽りのくちびる
12:23 利口な者は知識を<隠>し，愚かな者
25: 2 事を<隠す>のは神の誉れ．事を探る
26:26 憎しみは…ごまかし<隠>せても，そ
28:13 そむきの罪を<隠す>者は成功しない．
28 悪者が起こると，人は身を<隠>し，
イザ 2:10 岩の間に…ちりの中に身を<隠>せ．
3: 9 罪を…<隠>そうともしなかった．あ
8:17 待つ…御顔を<隠>しておられる方を．
26:20 憤りの過ぎるまで…身を<隠>せ．
28:15 偽りに身を<隠>してきたのだから．」
29:14 悟りある者の悟りは<隠>される．」
15 はかりごとを深く<隠す>者たち．彼
45:15 あなたはご自身を<隠す>神．
49: 2 御手の陰に私を<隠>し…矢として，
矢筒の中に私を<隠>した．
54: 8 わたしの顔をあなたから<隠>したが，
57:17 彼を打ち，顔を<隠>して怒った．し
59: 2 あなたがたの罪が御顔を<隠>させ，
64: 7 あなたは私たちから御顔を<隠>し，
65:16 わたしの目から<隠>されるからだ．
エレ 13: 4 それをそこの岩の割れ目に<隠>せ．」
5 ユーフラテス川のほとりに<隠>した．
16:17 咎もわたしの目の前から<隠>されは
23:24 人が隠れた所に身を<隠>したら，わ
33: 5 わたしがこの町から顔を<隠>したか
36:19 エレミヤも身を<隠>しなさい．だれ
26 主はふたりを<隠>された．
38:14 私に何事も<隠>してはならない」と
42: 4 何事も，あなたがたに<隠>しません．
49:10 身を<隠す>こともできないようにす
50: 2 <隠>さずに言え．『バビロンは捕ら
エゼ 28: 3 どんな秘密もあなたに<隠>されてい
39:29 二度とわたしの顔を…<隠>さず，わ
ダニ 2:22 <隠>されていることもあらわし，暗
ホセ 13:14 あわれみはわたしの目から<隠>され
アモ 9: 3 彼らがカルメルの頂に身を<隠>して
も…海の底に身を<隠>しても，わた
ミカ 3: 4 主は彼らから顔を<隠>される．彼ら
ハバ 3: 4 そこに力が<隠>されている．
ゼカ 11: 9 <隠>されたい者は<隠>されよ．残り
マタ 10:26 <隠>されているもので知られずに済
11:25 賢い者や知恵のある者には<隠>して，
幼子たちに現して．ルカ10:21．
13:35 世の初めから<隠>されていることど
44 畑に<隠>された宝のようなもの…見
つけると，それを<隠>しておいて，
25:18 掘って，その主人の金を<隠>した．
ルカ 8:16 それを器で<隠>したり，寝台の下に
9:45 このみことばの意味は…<隠>されて
18:34 このことばは<隠>されていて，話さ
ヨハ 12:36 イエスは…彼らから身を<隠>された．
ﾛﾏ 16:25-26 長い間<隠>されていたが，今や現さ
Ⅰｺﾘ 2: 7 <隠>された奥義としての神の知恵で
Ⅱｺﾘ 4: 2 恥ずべき<隠>された事を捨て，悪巧
エペ 3: 9 神のうちに世々<隠>されていた奥義
コロ 1:26 多くの世代にわたって<隠>されてい

2: 3 知識との宝がすべて<隠>されている

3: 3 あなたがたのいのちは…<隠>されて

▼かくとう（格闘）

創世32:24 ある人が夜明けまで彼と<格闘>した.

ホセ12: 4 彼は御使いと<格闘>して勝ったが,

エペ 6:12 私たちの<格闘>は血肉に対するもの

▼かくとく（獲得）

ロマ11: 7 追い求めていたものを<獲得>できませんでした. 選ばれた者は<獲得>し

Ⅰコリ 9:19 より多くの人を<獲得>するために,

Ⅰテモ 6:12 永遠のいのちを<獲得>しなさい. あ

▼かくにん（確認）

マタ18:16 すべての事実が<確認>されるためで

ヨハ 3:33 <確認>の印を押したのである.

Ⅱコリ 2: 8 その人に対する愛を<確認>すること

▼かくほ（確保）

Ⅰ歴18: 3 勢力を<確保>しようと出て来たとき,

箴言 6: 8 夏のうちに食物を<確保>し, 刈り入

イザ33:16 パンは与えられ, その水は<確保>さ

▼かくまう

ヨシ 2: 4 女はそのふたりの人を<かくま>って,

6:17 使者たちを<かくま>ってくれたから

Ⅰ列18: 4 50人ずつほら穴の中に<かくま>い,

詩篇17: 8 御翼の陰に私を<かくま>ってくださ

83: 3 あなたの<かくま>われる者たちに悪

ゼパ 2: 3 怒りの日に<かくま>われるかもしれ

黙示 6:16 私たちを<かくま>ってくれ.

▼がくもん（学問）

ヨハ 7:15 この人は…どうして<学問>があるの

使徒 7:22 エジプト人のあらゆる<学問>を教え

▼かくりつ（確立）

Ⅰサム13:13 あなたの王国を永遠に<確立>された

24:20 あなたの手によってイスラエル王国が<確立>することを, 私は…知った.

Ⅱサム 7:12 わたしは…彼の王国を<確立>させる.

Ⅰ列 2:12 王座に着き, その王位は<確立>した.

46 王国はソロモンによって<確立>した.

9: 5 王国の王座を…永遠に<確立>しよう.

エレ33: 2 地を…形造って<確立>させた主, そ

ダニ 4:36 私は王位を<確立>し, 以前にもまし

ロマ 3:31 律法を<確立>することになるのです.

▼かくれが（隠れ家）

詩篇18:11 主はやみを<隠れ家>として, 回りに

イザ 4: 6 あらしと雨を防ぐ…<隠れ家>になる

▼かくれたところ（隠れた所）

ヨブ40:13 その顔を<隠れた所>につなぎとめよ.

詩篇10: 8 <隠れた所>で, 罪のない人を殺す.

イザ45:19 わたしは<隠れた所>, やみの地の場

48:16 初めから, <隠れた所>で語らなかっ

エレ13:17 私は<隠れた所>で, あなたがたの高

23:24 人が<隠れた所>に身を隠したら, わ

マタ 6: 4 <隠れた所>で見ておられるあなたの父が, あなたに報いて. 6, 18.

ヨハ 7: 4 <隠れた所>で事を行う者はありませ

▼かくれば（隠れ場）, 隠れ場所

Ⅰサム19: 2 <隠れ場>にとどまり, 身を隠してい

23:23 彼が潜んでいる<隠れ場所>をみな,

詩篇10: 9 <隠れ場>で待ち伏せている. 彼は悩

27: 5 悩みの日に私を<隠れ場>に隠し, そ

81: 7 雷の<隠れ場>から, あなたに答え,

91: 1 いと高き方の<隠れ場>に住む者は,

119:114 あなたは私の<隠れ場>, 私の盾. 私

▼かくれる（隠れる）

レビ 4:13 あることが集団の目から<隠れ>, 主

5: 2 そのことが彼の目から<隠れ>, 後で

民数 5:13 そのことが…夫の目に<隠れ>ており,

士師 9: 5 ヨタムは<隠れ>ていたので生き残っ

Ⅰサム10:22 見よ. 彼は荷物の間に<隠れ>ている.

13: 6 地下室, 水ための中に<隠れ>た.

14:11 <隠れ>ていた穴から出て来るぞ.」

22 山地に<隠れ>ていたすべてのイスラ

20: 5 夕方まで野に<隠れ>させてください.

24 こうしてダビデは野に<隠れ>た. 新

23:19 ダビデは私たちのところに<隠れ>ているではありませんか. 詩篇54題目.

26: 1 ハキラの丘に<隠れ>ているではあり

Ⅱサム12:12 あなたは<隠れ>て, それをしたが,

17: 9 そんな所に<隠れ>ておられましょう.

ヨブ13:20 私は御顔を避けて<隠れ>ません.

詩篇19:12 <隠れ>ている私の罪をお赦しくださ

139:15 私の骨組みはあなたに<隠れ>てはい

伝道12:14 すべての<隠れ>たことについて, す

イザ30: 2 エジプトの陰に<隠れ>ようとする.

20 あなたの教師はもう<隠れる>ことな

40:27 私の道は主に<隠れ>, 私の正しい訴

エレ16:17 わたしの前から<隠れる>ことはでき

マタ 5:14 山の上にある町は<隠れる>事ができ

6: 4 あなたの施しが<隠れ>ているためで

マコ 4:22 <隠れ>ているのは, 必ず現れるため

7:24 <隠れ>ていることはできなかった．
ルカ 8:17 <隠れ>ているもので，あらわになら
ヨハ 18:20 <隠れ>て話したことは何もありませ
ロマ 2:16 人々の<隠れ>たことをさばかれる日
29 人目に<隠れ>たユダヤ人がユダヤ人
Ⅰコリ 4: 5 やみの中に<隠れ>た事も明るみに出
Ⅰテモ 5:25 <隠れ>たままでいることはありませ
Ⅰペテ 3: 4 心の中の<隠れ>た人がらを飾りにし
黙示 2:17 勝利を得る者に<隠れ>たマナを与え
6:15 ほら穴と山の岩間に<隠れ>,

▼ かけ

Ⅱ列 18:23 王と，<かけ>をしないか．もしおま

▼ かけ（欠け）

ヘブ 8: 7 初めの契約が<欠け>のないものであ
8 神は，それに<欠け>があるとして，

▼ かげ（陰）【別項】死の陰

士師 9:15 来て，私の<陰>に身を避けよ．そう
ヨブ 40:22 はすはその<陰>で，これをおおい，
詩篇 17: 8 御翼の<陰>に私をかくまってくださ
36: 7 人の子らは御翼の<陰>に身を避けま
61: 4 御翼の<陰>に，身を避けたいのです．
91: 1 住む者は，全能者の<陰>に宿る．
101: 5 <陰>で自分の隣人をそしる者を，私
121: 5 主は，あなたの右の手をおおう<陰>．
伝道 7:12 知恵の<陰>にいるのは，金銭の<陰>
雅歌 2: 3 私はその<陰>にすわりたいと切に望
イザ 4: 6 昼は暑さを避ける<陰>となり，あら
25: 5 濃い雲の<陰>になってしずまる暑さ
30: 2 エジプトの<陰>に隠れようとする．
32: 2 大きな岩の<陰>のようになる．
49: 2 御手の<陰>に私を隠し，私をとぎす
エレ 48:45 ヘシュボンの<陰>には，のがれる者
エゼ 17:23 鳥が住みつき，その枝の<陰>に宿る．
ホセ 14: 7 彼らは帰って来て，その<陰>に住み，
マコ 4:32 枝を張り，その<陰>に空の鳥が巣を
使徒 27:16 小さな島の<陰>に入ったので，よう

▼ かげ（影）【別項】移り行く影

士師 9:36 山々の<影>が人のように見えるので
Ⅱ列 20:10 <影>が10度伸びるのは容易なことで す．むしろ，<影>が10度あとに戻る
Ⅰ歴 29:15 私たちの日々は<影>のようなもので，
ヨブ 8: 9 地上にある日は<影>だからである．
14: 2 <影>のように飛び去ってとどまりま
詩篇 80:10 山々もその<影>におおわれ，神の杉
109:23 夕日の<影>のように去り行き，いな
144: 4 その日々は過ぎ去る<影>のようです．
伝道 6:12 <影>のように過ごすむなしいつかの
8:13 生涯を<影>のように長くすることは
雅歌 2:17 <影>が消え去るころまでに，あなた
イザ 16: 3 あなたの<影>を夜のようにせよ．散
エレ 6: 4 日が傾いた．夕べの<影>も伸びる．」
使徒 5:15 せめてその<影>でも，だれかにかか
コロ 2:17 次に来るものの<影>であって，本体
ヘブ 8: 5 天にあるものの写しと<影>とに仕え
10: 1 後に来るすばらしいものの<影>はあ

▼ がけ

雅歌 2:14 <がけ>の隠れ場にいる私の鳩よ．私
マタ 8:32 群れ全体がどっと<がけ>から湖へ駆 け降りて．マコ5:13，ルカ8:33．
ルカ 4:29 丘の<がけ>のふちまで連れて行き，

▼ かけい（家系）

創世 10:32 ノアの子孫の諸氏族の<家系>である．
エズ 2:59 先祖の<家系>と血統がイスラエル人 であったかどうかを．ネヘ7:61．
ルカ 2: 4 ダビデの<家系>であり血筋でもあっ

▼ かけおりる（駆け降りる）

マタ 8:32 がけから湖へ<駆け降り>て行って， 水におぼれて死んだ．マコ5:13．

▼ かげぐち（陰口）

箴言 16:28 <陰口>をたたく者は親しい友を離れ
18: 8 <陰口>をたたく者のことばはおいし
25:23 <陰口>をきく舌は人を怒らす．
26:20 <陰口>をたたく者がなければ争いは
ロマ 1:29 ねたみと殺意と…<陰口>を言う者，
Ⅱコリ 12:20 そしり，<陰口>，高ぶり，騒動があ

▼ かけこむ（駆け込む）

使徒 12:14 あけもしないで，奥へ<駆け込>み，
14:14 群衆の中に<駆け込>み，叫びながら，
16:29 看守は…<駆け込>んで来て，パウロ

▼ かけまく（掛け幕）

出エ 27: 9 庭の<掛け幕>．11，12，14，15，35 :17，38:9，12，14，15，16，18，39 :40，民数3:26，4:26．

▼ かける（欠ける）

民数 31:49 ひとりも<欠け>ておりません．
申命 2: 7 何一つ<欠け>たものはなかった．」
32:28 彼らは思慮の<欠け>た国民，彼らの
士師 21: 3 なぜ…一つの部族が<欠ける>ように
詩篇 34:10 良いものに何一つ<欠ける>ことはな
箴言 31:11 彼は「収益」に<欠ける>ことがない．

伝道 6: 2 何一つ<欠け>たもののない人がいる.
10: 3 愚か者が道を…思慮に<欠け>ている.
マタ 19:20 何がまだ<欠け>ているのでしょうか.
マコ 10:21 あなたには,<欠け>たことが一つあ
ります…持ち物をみな. ルカ18:22.
Ⅰコリ 1: 7 どんな賜物にも<欠ける>ところがな
コロ 1:24 キリストの苦しみの<欠け>たところ
ヤコ 1: 4 何一つ<欠け>たところのない,成長
5 知恵の<欠け>た人がいるなら,その

▼ かける(掛ける)

創世 41:42 その首に金の首飾りを<掛け>た.
出エ 34:35 自分の顔におおいを<掛け>ていた.
ヨシ 8:29 夕方まで木に<かけ>てさらし,日の
10:24 その王たちの首に足を<かけ>た.
26 木に<かけ>,夕方まで木に<かけ>て
士師 4:18 ヤエルは彼に毛布を<掛け>た.
Ⅱサム 17:13 その町に綱を<かけ>,その町を川ま
Ⅰ列 19:19 自分の外套を彼に<掛け>たので,
Ⅱ列 13:16 弓に手を<かけ>なさい」と言ったの
エス 2:23 彼らふたりは木に<かけ>られた.こ
5:14 柱を…モルデカイをそれに<かけ>,
6: 4 準備した柱に彼を<かける>ことを王
7: 9 王は命じた.「彼をそれに<かけ>よ.」
8: 7 彼は柱に<かけ>られたではないか.
9:10 彼らは獲物には手を<かけ>なかった.
ヨブ 26: 7 地を何もない上に<掛け>られる.
39:10 野牛に手綱を<かける>ことができる
詩 137: 2 柳の木々に私たちは立琴を<掛け>た.
雅歌 4: 4 その上には千の盾が<掛け>られてい
エゼ 15: 3 あらゆる器具を<掛ける>ためにこれ
ナホ 3: 6 わたしはあなたに汚物を<かけ>,あ
マタ 18: 6 石臼を首に<かけ>られて,湖の深み
26:50 群衆が…イエスに手を<かけ>て捕ら
マコ 11: 7 自分たちの上着をその上に<掛け>た.
ルカ 7:14 近寄って棺に手を<かけ>られると,
20:19 イエスに手を<かけ>て捕らえようと
ヨハ 7:30 イエスに手を<かけ>た者はなかった.
使徒 4: 3 彼らに手を<かけ>て捕らえた.そし
5:30 十字架に<かけ>て殺したイエスを,
10:39 人々はこの方を木に<かけ>て殺しま
15:10 くびきを…弟子たちの首に<掛け>て,
21:27 全群衆をあおり…彼に手を<かけ>て,
Ⅱコリ 3:13 顔におおいを<掛け>たようなことは
ガラ 3:13 木に<かけ>られる者はすべてのろわ

▼ かご

イザ 66:20 馬,車,<かご>…らくだに乗せて,

▼ かご【別項】幾かご,12かご,一かご

創世 40:16 頭の上に枝編みの<かご>が三つあっ
出エ 2: 3 パピルス製の<かご>を手に入れ. 5.
29: 3 これらを一つの<かご>に入れ,その
<かご>といっしょに…ささげよ.
申命 28: 5 あなたの<かご>も,こね鉢も祝福さ
エレ 24: 1 二<かご>のいちじくが置かれている.
マタ 14:20 パン切れの余り…12の<かご>にいっ
ぱいあった. マコ6:43, ヨハ6:13.
15:37 七つの<かご>にいっぱいあった.
マコ 8:19 幾つの<かご>がいっぱいになりまし
使徒 9:25 夜中に彼を<かご>に乗せ,町の城壁
Ⅱコリ 11:33 城壁の窓から<かご>でつり降ろされ,

▼ かこい(囲い),囲い場,囲む

民数 32:16 家畜のために羊の<囲い場>を作り,
ヨブ 3:23 神が<囲い>に閉じ込めて,自分の道
詩篇 5:12 大盾で<囲む>ように愛で彼を<囲>ま
22:12 バシャンの強いものが,私を<囲>み
50: 9 あなたの<囲い>から,雄やぎをも.
雅歌 7: 2 ゆりの花で<囲>まれた小麦の山.
8: 9 戸であったら,杉の板で<囲>もう.
イザ 21: 2 メディヤよ,<囲>め.すべての嘆き
29: 3 あなたを前哨部隊で<囲>み,あなた
エレ 21: 4 あなたがたを<囲>んでいるバビロン
哀歌 3: 7 主は私を<囲い>に入れて,出られな
ハバ 3:17 羊は<囲い>から絶え,牛は牛舎にい
ルカ 21:20 エルサレムが軍隊に<囲>まれるのを
ヨハ 10: 1 羊の<囲い>に門から入らないで,ほ
16 この<囲い>に属さないほかの羊があ

▼ かこく(過酷)

出エ 1:13 イスラエル人に<過酷>な労働を課し,
申命 26: 6 私たちに<過酷>な労働を課しました.
Ⅰ列 12: 4 私たちに負わせた<過酷>な労働と重

▼ ガザ〔地名〕

ペリシテ五大都市の一つ. 創世10:19, ヨシ10:41, Ⅰサム6:17, Ⅰ列4:24, アモ1:6, 使徒8:26.

▼ かざい(家財)

創世 45:20 <家財>に未練を残してはならない.
マタ 12:29 <家財>を奪い取ろうとするなら,ま
ルカ 17:31 家に<家財>があっても,取り出しに

▼ かざぶえ(風笛)

ダニ 3: 5 立琴,三角琴,ハープ,<風笛>. 10.

▼かさぶた
レビ 13: 6 それは<かさぶた>にすぎない．彼は
21:20 湿疹のある者，<かさぶた>のある者
イザ 3:17 頭の頂を<かさぶた>だらけにし，主

▼ガザムぞく（～族）
宮に仕えるしもべの一族．エズ2:48，ネヘ7:51.

▼かざり（飾り）
出エ 3:22 銀の<飾り>，金の<飾り>，それに着物を求め．11:2，12:35.
IIサム 1:24 装いに金の<飾り>をつけてくれた．
箴言 20:29 年寄りの<飾り>はそのしらが．
25:12 金の耳輪，黄金の<飾り>のようだ．
イザ 4: 2 のがれた者の威光と<飾り>になる．
28: 1 その美しい<飾り>のしぼんでゆく花．
61: 3 灰の代わりに頭の<飾り>を，悲しみ
ホセ 2:13 耳輪や<飾り>を身につけて，恋人た
Iテモ 2:10 良い行いを自分の<飾り>としなさい．
Iペテ 3: 3 髪を編んだり，金の<飾り>をつけた
黙示 18:16 …真珠を<飾り>にしていた…都よ．

▼かざりおび（飾り帯）
出エ 28: 4 胸当て，エポデ…<飾り帯>．彼らは，
イザ 3:20 <飾り帯>，香の入れ物，お守り札，
エレ 2:32 花嫁が自分の<飾り帯>を忘れるだろ

▼かざりふち（飾り縁）
出エ 25:11 金の<飾り縁>を作る．24，25，30:3，4，37:2，11，12，26，27.

▼かざりもの（飾り物）
出エ 33: 4 その<飾り物>を身に着ける者はいな
35:22 すべての金の<飾り物>を持って来た．
民数 31:50 金の<飾り物>，すなわち腕飾り，腕
II歴 20:21 聖なる<飾り物>を着けて賛美する者
詩篇 29: 2 聖なる<飾り物>を着けて主にひれ伏
エレ 2:32 おとめが自分の<飾り物>を忘れ，花
エゼ 16:14 わたしの<飾り物>が完全であったか
23:40 目の縁を塗り，<飾り物>で身を飾り，

▼かざりわ（飾り輪）
創世 24:22 １ベカの金の<飾り輪>と，彼女の腕
47 私は彼女の鼻に<飾り輪>をつけ，彼
出エ 35:22 <飾り輪>，耳輪，指輪，首飾り，す

▼かざる（飾る）
詩 149: 4 救いをもって貧しい者を<飾>られる．
イザ 61:10 宝玉で<飾>ってくださるからだ．
エレ 4:30 金の飾りで身を<飾>りたてても，そ
10: 4 それは銀と金で<飾>られ，釘や，槌
31: 4 あなたはタンバリンで身を<飾>り，
エゼ 16:11 わたしは飾り物であなたを<飾>り，
マタ 23:29 墓を建て，義人の記念碑を<飾>って，
ルカ 21: 5 石や奉納物で<飾>ってあると話して
Iテモ 2: 9 控えめに慎み深く身を<飾>り，はで
テト 2:10 神の教えを<飾る>ようになるためで
Iペテ 3: 5 このように自分を<飾>って，夫に従
黙示 17: 4 金と宝石と真珠とで身を<飾>り，憎
21: 2 夫のために<飾>られた花嫁のように
19 あらゆる宝石で<飾>られていた．第

▼かし（菓子）【別項】パン菓子
I列 14: 3 パン10個と<菓子>数個，それに，蜜

▼かじ
ヤコ 3: 4 ごく小さな<かじ>によって，<かじ>

▼かじ（家事）
テト 2: 5 貞潔で，<家事>に励み，優しく，自

▼かしこい（賢い），賢さ
創世 3: 6 <賢>くするというその木はいかにも
II歴 11:23 彼は<賢>く事を行い，その子どもた
ヨブ 22: 2 <賢い>人さえ，ただ自分自身の役に
詩篇 19: 7 わきまえのない者を<賢>くする．
119:98 私を私の敵よりも<賢>くします．そ
イザ 10:13 私の知恵でやった．私は<賢い>から
エレ 4:22 彼らは悪事を働くのに<賢>くて，善
アモ 5:13 <賢い>者は沈黙を守る．それは時代
マタ 7:24 岩の上に自分の家を建てた<賢い>人
11:25 <賢い>者や知恵のある者には隠して，
24:45 忠実な<賢い>しもべとは，いったい
25: 2 ５人は愚かで，５人は<賢>かった．
4 <賢い>娘たちは，自分のともしびと
マコ 12:34 彼が<賢い>返事をしたのを見て，言
Iコリ 1:19 <賢い>者の<賢さ>をむなしくする．
25 神の愚かさは人よりも<賢>く，神の
3:10 私は<賢い>建築家のように，土台を
4:10 キリストにあって<賢い>者です．私
6: 5 仲裁することのできるような<賢い>
IIコリ 11:19 あなたがたは<賢い>のに，よくも喜んで愚か者たちをこらえています．
エペ 5:15 <賢>くない人のようにではなく，<賢い>人のように歩んでいるかどう
コロ 2:23 <賢い>もののように見えますが，肉

▼かしつ（過失）
レビ 5:18 自分では知らないでいた<過失>につ
民数 15:25 それが<過失>であって，彼らは自分たちの<過失>のために，ささげ物，

26　それは民全体の<過失>だからである
伝道 5: 6　あれは<過失>だ」と言ってはならな
10: 5　権力者の犯す<過失>のようなもので

▼かじつ（果実）

ネヘ 10:35　あらゆる木の初なりの<果実>とをみ
詩 105:35　彼らの地の<果実>を食い尽くした．
ホセ 14: 2　くちびるの<果実>をささげます．
ヘブ 13:15　くちびるの<果実>を，神に絶えずさ

▼かしぬし（貸し主）

申命 15: 2　<貸し主>はみな，その隣人に貸した

▼かしのき（樫の木）【別項】メオヌニムの樫の木

創世 35: 8　デボラは…<樫の木>の下に葬られた．
Ｉサム 10: 3　タボルの<樫の木>のところまで来る
IIサム 18: 9　アブシャロムの頭が<樫の木>に引っ
Ｉ列 13:14　その人が<樫の木>の下にすわってい
Ｉ歴 10:12　<樫の木>の下に葬り，７日間，断食
イザ 1:29　あなたがたの慕った<樫の木>で恥を
30　葉のしぼんだ<樫の木>のように，水
2:13　バシャンのすべての<樫の木>，
6:13　テレビンの木や<樫の木>が切り倒さ
44:14　うばめがしや<樫の木>を選んで，林
57: 5　<樫の木>の間や…生い茂る木の下で，
61: 3　彼らは，義の<樫の木>，栄光を現す
エゼ 6:13　すべての茂った<樫の木>の下，彼ら
ホセ 4:13　<樫の木>，ポプラ，テレビンの木の
アモ 2: 9　高く，<樫の木>のように強かった．
ゼカ 11: 2　バシャンの<樫の木>よ．泣きわめけ．

▼カシフヤ〔地名〕

バビロン付近か．エズ8:17．

▼かじや（鍛冶屋）

創世 4:22　あらゆる用具の<鍛冶屋>であった．
Ｉサム 13:19　どこにも<鍛冶屋>がいなかった．ヘ
II列 24:14　<鍛冶屋>もみな，捕囚として捕らえ

▼かじゅ（果樹），果樹園

創世 1:11　実を結ぶ<果樹>を，種類にしたがっ
レビ 19:23　どんな<果樹>でも植えるとき，その
II歴 26:10　山地や<果樹園>には農夫やぶどう作
ネヘ 9:25　<果樹>をたくさん手に入れました．
伝道 2: 5　そこにあらゆる種類の<果樹>を植え
イザ 10:18　林も，<果樹園>も…滅ぼし尽くす．
16:10　楽しみは<果樹園>から取り去られ，
29:17　レバノンは<果樹園>に変わり，<果樹園>は森とみなされるようになる．
32:15　荒野が<果樹園>となり，<果樹園>が
エゼ 47:12　あらゆる<果樹>が生長し，その葉も
アモ 4: 9　あなたがたの<果樹園>とぶどう畑，
ミカ 7:14　<果樹園>の中に，ひとり離れて住ん

▼かしょ（個所）

使徒 8:32　彼が読んでいた聖書の<個所>には，

▼かしら

創世 49:26　これらがヨセフの<かしら>の上にあ
出エ 6:14　父祖の家の<かしら>たちは次のとお
民数 1:16　彼らがイスラエルの分団の<かしら>
14: 4　<かしら>を立ててエジプトに帰ろう．
25: 4　この民の<かしら>たちをみな捕らえ
31:26　会衆の氏族の<かしら>たちは，人と
32:28　部族の一族の<かしら>たちに命令を
申命 1:13　彼らを…<かしら>として立てよう．」
5:23　すべての<かしら>たちと長老たちと
28:13　主はあなたを<かしら>とならせ，尾
29:10　部族の<かしら>たち，長老たち，つ
ヨシ 14: 1　一族の<かしら>たちが，彼らに割り
22:14　これらはみな…父祖の家の<かしら>
士師 10:18　その者が…住民の<かしら>となるの
20: 2　民全体の<かしら>たち…歩兵が神の
Ｉサム 15:17　イスラエルの諸部族の<かしら>では
IIサム 3: 8　ユダの犬の<かしら>だとでも言うの
22:44　私を国々の<かしら>として保たれま
Ｉ歴 4:42　ウジエルを彼らの<かしら>として，
5: 7　系図に載せられた<かしら>はエイエ
7:40　一族の<かしら>，えり抜きの勇士，長たちの<かしら>であった．戦いの
11: 6　エブス人を打つ者を<かしら>とし，
12: 3　<かしら>．9，14，20，23，32，23:8，9，11，16，17，18，20，24．
26:10　父が彼を<かしら>にしたからである．
27: 3　彼は…将軍たちすべての<かしら>で
29:11　<かしら>としてあがむべき方です．
II歴 1: 2　一族の<かしら>である…者すべてに
13:12　神は…<かしら>となっておられる．
24: 6　王は<かしら>エホヤダを呼んで彼に
エズ 5:10　彼らの<かしら>になっている者の名
7:28　<かしら>たちを集めることができた．
8:16　<かしら>のエリエゼル，アリエル，
ネヘ 9:17　ひとりの<かしら>を立ててエジプト
12: 7　祭司たちとその同族の<かしら>であ
46　歌うたいたちの<かしら>がいた．
詩篇 3: 3　私の<かしら>を高く上げてくださる
7:16　害毒は，おのれの<かしら>に戻り，

18:43 私を国々の<かしら>に任ぜられまし
21: 3 彼の<かしら>に純金の冠を置かれま
24: 7 門よ．おまえたちの<かしら>を上げ
27: 6 今，私の<かしら>は，私を取り囲む
105:21 王はヨセフを自分の家の<かしら>と
110: 6 国を治める<かしら>を打ち砕かれる．
イザ 7: 8 アラムの<かしら>はダマスコ，ダマスコの<かしら>はレツィン…65年の
9 エフライムの<かしら>はサマリヤ，サマリヤの<かしら>はレマルヤの子．
エレ 31: 7 国々の<かしら>のために叫べ．告げ
哀歌 1: 5 彼女の仇が<かしら>となり，彼女の
ミカ 3: 1 聞け．ヤコブの<かしら>たち，イス
マタ 9:34 彼は悪霊どもの<かしら>を使って，
12:24 悪霊どもの<かしら>ベルゼブルの力
ルカ 19: 2 彼は取税人の<かしら>で，金持ちで
Ⅰコリ 11: 3 男の<かしら>はキリストであり，女の<かしら>は男であり，キリストの<かしら>は神です．
エペ 1:22 いっさいのものの上に立つ<かしら>
4:15 <かしら>なるキリストに達すること
5:23 キリストは教会の<かしら>であって…夫は妻の<かしら>であるからです．
コロ 1:18 御子は…教会の<かしら>です．御子
2:10 キリストは…権威の<かしら>です．
Ⅰテモ 1:15 私はその罪人の<かしら>です．
ヘブ 11:21 自分の杖の<かしら>に寄りかかって
Ⅲヨハ 9 <かしら>になりたがっているデオテ
ユダ 9 御使いの<かしら>ミカエルは，モー

▼ かしらいし（～石）
イザ 28:16 据えられた礎の，尊い<かしら石>．
ゼカ 4: 7 叫び…<かしら石>を運び出そう．」
10: 4 この群れから<かしら石>が，この群

▼ かしん（家臣）
創世 41:37 パロと…<家臣>たちの心にかなった．
出エ 5:21 その<家臣>たちに私たちを憎ませ，
7:10 杖を…<家臣>たちの前に投げたとき，
9:20 パロの<家臣>のうちで主のことばを
10: 7 <家臣>たちはパロに言った．「いつ
11: 3 エジプトの国でパロの<家臣>と民と

▼ かす
Ⅰコリ 4:13 ちり，あらゆるものの<かす>です．

▼ かす（貸す）
出エ 22:25 貧しい者に金を<貸す>のなら，彼に
レビ 25:37 金を<貸>して利息を取ってはならな
申命 15: 2 その隣人に<貸>したものを免除する．
6 あなたは多くの国々に<貸す>が，あ
24:10 隣人に何かを<貸す>ときに，担保を
28:12 多くの国々に<貸す>であろうが，借
ネヘ 5:10 彼らに金や穀物を<貸>してやったが，
詩篇 15: 5 金を<貸>しても利息を取らず，罪を
37:26 その人はいつも情け深く人に<貸す>．
112: 5 情け深く，人には<貸>し，自分のこ
箴言 19:17 施しをするのは，主に<貸す>ことだ．
22: 7 借りる者は<貸す>者のしもべとなる．
イザ 24: 2 <貸す>者は借りる者と，債権者は債
エレ 15:10 私は<貸>したことも，借りたことも
エゼ 18: 8 利息をつけて<貸>さず，高利を取ら
マタ 21:33 それを農夫たちに<貸>して，旅に出
21:41 別の農夫たちに<貸す>に違いありま
25:35 旅人であった…わたしに宿を<貸>し，
ルカ 6:34 返してもらうつもりで人に<貸>して…<貸>した分を取り返すつもりなら，罪人たちでさえ，罪人たちに<貸>し
35 返してもらうことを考えずに<貸>し
11: 5 『君．パンを三つ<貸>してくれ．

▼ かず（数）
出エ 5:19 れんがのその日その日の<数>を減ら
民数 15:12 ささげる<数>に応じ，その<数>にし
29:18 それぞれの<数>に応じて定められた…ささげ物．21，24，27，30，37．
申命 32: 8 イスラエルの子らの<数>にしたがっ
ヨシ 4: 5 部族の<数>に合うように，各自，石
士師 7: 6 水をなめた者の<数>は300人であっ
21:23 女たちを自分たちの<数>にしたがっ
Ⅰサム 6: 4 ペリシテ人の領主の<数>によって，
Ⅱサム 24: 2 私に，民の<数>を知らせなさい．」
Ⅰ列 18:31 部族の<数>にしたがって12の石を取
Ⅰ歴 7: 2 その<数>はダビデの時代には2万2
40 系図に載せられた者の<数>は，2万
9:28 <数>を合わせてこれらを運び入れ，<数>を合わせてこれらを運び出した．
12:23 武装した者のかしらの<数>は次のと
16:19 あなたがたの<数>は少なかった．ま
23:31 定められた<数>にしたがって絶やさ
Ⅱ歴 29:32 全焼のいけにえの<数>は，牛70頭，
エズ 1: 9 その<数>は次のとおりであった．金
3: 4 定められた<数>にしたがって，日々
6:17 部族の<数>にしたがって，イスラエ
エス 9:11 殺された者の<数>が王に報告される

ヨブ 3: 6 月の<数>のうちにも入れるな.
14: 5 その月の<数>もあなたが決めておら
21:21 彼の日の<数>が短く定められている
31:37 私の歩みの<数>をこの方に告げ，君
36:26 その年の<数>も測り知ることができ
詩 105:12 そのころ彼らの<数>は少なかった.
147: 4 主は星の<数>を数え，そのすべてに
エレ 2:28 神々は，あなたの町の<数>ほどもい
ホセ 1:10 イスラエル人の<数>は，海の砂のよ
ナホ 3:15 ばったのように<数>を増し，いなご
ヨハ 6:10 その<数>はおよそ5千人であった.
使徒 4: 4 男の<数>が5千人ほどになった.
5:36 彼に従った男の<数>が400人ほどあ
ロマ 9:27 イスラエルの子どもたちの<数>は，
黙示 5:11 その<数>は万の幾万倍，千の幾千倍
7: 4 印を押された人々の<数>を聞くと，
9:16 騎兵の軍勢の<数>は2億であった.
私はその<数>を聞いた.
20: 8 彼らの<数>は海べの砂のようである.

▼ かすか

Ⅰ列 19:12 火のあとに，<かすか>な細い声があ

▼ カスタネット

Ⅱサム 6: 5 タンバリン，<カスタネット>，シン

▼ かすみ

イザ 44:22 罪を<かすみ>のようにぬぐい去った.
使徒 13:11 <かすみ>とやみが彼をおおったので，

▼ かすむ

創世 48:10 目は老齢のために<かす>んでいて，
申命 34: 7 彼の目は<かす>まず，気力も衰えて
Ⅰサム 3: 2 彼の目は<かす>んできて，見えなく
ヨブ 17: 7 私の目は悲しみのために<かす>み，

▼ かすめる，かすめ奪う

レビ 6: 2 <かすめ>た物について，隣人を欺い
4 <かすめ>た品や，強迫してゆすりと
19:13 隣人を…<かすめ>てはならない．日
Ⅰサム 14:36 明け方までに彼らを<かすめ奪>い，
Ⅱ列 7:16 アラムの陣営を<かすめ奪>ったので，
Ⅱ歴 14:14 すべての町々を<かすめ奪>った．そ
28: 8 中から多くの物を<かすめ奪>って，
14 とりこと，<かすめ奪>った物を手放
エズ 9: 7 <かすめ奪>われ，恥を見せられて，
ネヘ 4: 4 捕囚の地で<かすめ奪>われるように
エス 3:13 彼らの家財を<かすめ奪>えとあった.
ヨブ 20:19 自分で建てなかった家を<かすめ>た
詩篇 44:10 憎む者らは思うままに<かすめ奪>い
109:11 その勤労の実を<かすめ>ますように.
箴言 22:22 貧しい者を…<かすめ>取るな．悩む
伝道 5: 8 権利と正義が<かすめ>られるのを見
イザ 3:14 貧しい者から<かすめ>た物を，あな
10: 2 悩む者の権利を<かすめ>…みなしご
たちを<かすめ奪>っている.
11:14 共に東の人々を<かすめ奪う>．彼ら
17:14 <かすめ奪う>者たちの受ける割り当
24: 3 地は…全く<かすめ奪>われる．主が
42:22 彼らは<かすめ奪>われたが，助け出
24 だれが…<かすめ奪う>者に渡したの
エレ 20: 5 彼らはそれを<かすめ奪>い…バビロ
30:16 あなたを<かすめ奪>った者は，わた
50:37 財宝…それらは<かすめ>取られる.
エゼ 18:18 兄弟の物を<かすめ>，良くないこと
22:29 しいたげを行い，物を<かすめ>，乏
26:12 商品は<かすめ奪>われ，城壁はくつ
29:19 物を分捕り，獲物を<かすめ奪う>.
33:15 <かすめ>た物を償い，不正をせず，
34: 8 わたしの羊は<かすめ奪>われ，牧者
36: 4 回りのほかの国々に<かすめ奪>われ，
5 わたしの国を…牧場を<かすめ奪>っ
39:10 <かすめ奪>われた物を<かすめ奪う>.
ダニ 11:24 <かすめ奪>った物，分捕り物，財宝
33 とりことなり，<かすめ奪>われて倒
アモ 3:11 あなたの宮殿は<かすめ奪>われる.」
ナホ 2: 2 <かすめる>者が彼らを<かすめ>，彼
ゼパ 2: 9 残りの者が，そこを<かすめ奪う>.
マラ 1:13 <かすめ>たもの，足なえのもの，病
ロマ 2:22 自分は神殿の物を<かすめる>のです

▼ かする（課する），課す

出エ 21:30 贖い金が<課>せられたなら，自分に
<課>せられたものは何でも，自分の
申命 26: 6 私たちに過酷な労働を<課>しました.
Ⅱ列 12: 4 各人に割り当てを<課>せられた金や
23:35 税を<課>さなければならなかった.
エズ 7:24 関税，税金を<課>してはならない.
ヘブ 9:10 秩序の立てられる時まで<課>せられ

▼ カスルヒムじん（～人）

ミツライムの子孫．創世10:14，Ⅰ歴1:12.

▼ かせ

ヨブ 13:27 あなたは私の足に<かせ>をはめ，私
詩篇 2: 3 彼らの<かせ>を打ち砕き，彼らの綱
105:18 ヨセフは鉄の<かせ>の中に入った.
107:10 悩みと鉄の<かせ>とに縛られている

14 主は…彼らの<かせ>を打ち砕かれた.
116:16 あなたは私の<かせ>を解かれました.
149: 8 鉄の<かせ>で彼らの貴族たちを縛る
イザ 28:22 あなたがたを縛る<かせ>が，きつく
52: 2 あなたの首から<かせ>をふりほどけ,
エレ 27: 2 なわと<かせ>とを作り，それをあな

▼ かぜ（風）【別項】大風

創世 8: 1 神が地の上に<風>を吹き過ぎさせる
出エ 15:10 あなたが<風>を吹かせられると，海
民数 11:31 主のほうから<風>が吹き，海の向こ
Ⅱサム 22:11 主は…飛び，<風>の翼の上に現れた.
Ⅰ列 18:45 空は濃い雲と<風>で暗くなり，やが
Ⅱ列 3:17 <風>も見ず，大雨も見ないのに，こ
ヨブ 6:26 絶望した者のことばは<風>のようだ.
8: 2 口にすることばは激しい<風>のよう
21:18 彼らは，<風>の前のわらのようでは
28:25 神は<風>を重くし，水をはかりで量
30:15 威厳を，あの<風>のように追い立て
22 あなたは私を吹き上げて<風>に乗せ,
37:21 <風>が吹き去るとこれをきよめる.
41:16 <風>もその間を通らない.
詩篇 1: 4 <風>が吹き飛ばすもみがらのようだ.
11: 6 燃える<風>が彼らの杯への分け前と
18:10 <風>の翼に乗って飛びかけられた.
42 <風>の前のちりのように，打ち砕き,
78:39 返って来ない<風>であることを心に
83:13 <風>の前の，わらのようにしてくだ
103:16 <風>がそこを過ぎると，それは，も
104: 4 <風>をご自分の使いとし，焼き尽く
135: 7 その倉から<風>を出される.
147:18 ご自分の<風>を吹かせると，水は流
箴言 11:29 家族を煩わせる者は<風>を相続し,
25:14 雨を降らせない雲や<風>のようだ.
27:16 その女を制する者は，<風>を制し,
30: 4 だれが<風>をたなごころに集めただ
伝道 1: 6 <風>は南に吹き…巡り巡って<風>は
吹く…その巡る道に<風>は帰る.
14 <風>を追うようなものだ. 17, 2:11.
5:16 <風>のために労苦して何の益がある
8: 8 <風>を支配し，<風>を止めることの
11: 4 <風>を警戒している人は種を蒔かな
5 <風>の道がどのようなものかを知ら
イザ 7: 2 林の木々が<風>で揺らぐように動揺
11:15 その焼けつく<風>の中に御手を川に
17:13 <風>に吹かれるもみがらのよう，つ
26:18 <風>を産んだようなものでした. 私
27: 8 激しい<風>で彼らを追放された.
32: 2 彼らはみな，<風>を避ける避け所,
41:16 それをあおぐと，<風>が運び去り,
29 鋳た像は<風>のように形もない.
57:13 <風>が，それらをみな運び去り，息
64: 6 咎は<風>のように私たちを吹き上げ
エレ 5:13 預言者たちは<風>になり，みことば
10:13 その倉から<風>を出される.
13:24 荒野の<風>に吹き飛ばされるわらの
22:22 あなたの牧者はみな<風>が追い立て,
エゼ 1: 4 激しい<風>とともに，大きな雲と火
5: 2 ３分の１を，<風>に吹き散らせ. わ
ダニ 2:35 <風>がそれを吹き払って，あとかた
7: 2 天の四方の<風>が大海をかき立て,
ホセ 4:19 <風>はその翼で彼らを吹き飛ばす.
8: 7 彼らは<風>を蒔いて，つむじ風を刈
12: 1 エフライムは<風>を食べて生き，い
アモ 4:13 山々を造り，<風>を造り出し，人に
ミカ 2:11 もし人が<風>のまにまに歩き回り,
ハバ 1:11 <風>のように移って来て，過ぎて行
ゼカ 5: 9 その翼は<風>をはらんでいた. 彼女
マタ 7:25 <風>が吹いてその家に打ちつけたが,
8:26 <風>と湖をしかりつけられると，大
27 <風>や湖までが言うことをきくとは,
11: 7 何を見に…<風>に揺れる葦ですか.
14:30 <風>を見て，こわくなり，沈みかけ
32 舟に乗り移ると，<風>がやんだ.
マコ 4:39 <風>をしかりつけ，湖に「黙れ，静
ルカ 8:24 <風>と荒波とをしかりつけられた.
すると<風>も波も収まり，なぎにな
25 <風>も水も，お命じになれば従うと
ヨハ 3: 8 <風>はその思いのままに吹き，あな
使徒 2: 2 突然，天から，激しい<風>が吹いて
27: 7 <風>のためにそれ以上進むことがで
40 <風>に前の帆を上げて，砂浜に向か
エペ 4:14 教えの<風>に吹き回されたり，波に
ヘブ 1: 7 神は，御使いたちを<風>とし，仕え
ヤコ 1: 6 <風>に吹かれて揺れ動く，海の大波
3: 4 強い<風>に押されているときでも,
ユダ 12 <風>に吹き飛ばされる，水のない雲,
黙示 7: 1 地の四方の<風>を堅く押さえ，地に

▼ かせぎ，かせぐ

申命 23:18 遊女のもうけや犬の<かせぎ>をあな
箴言 31:16 自分が<かせ>いで，ぶどう畑を作り,

ダニ　2: 8　時を<かせ>ごうとしているのだ.
ハガ　1: 6　<かせぐ>者が<かせ>いでも，穴のあ
ゼカ　8:10　人が<かせ>いでも報酬がなく，家畜
　　　　　　が<かせ>いでも報酬がなかった．出

▼ ガゼズ〔人名〕

(1)カレブのそばめエファの子．Ⅰ歴2:46.
(2)カレブのそばめエファの孫．Ⅰ歴2:46.

▼ かぞえる（数える）

創世 13:16　もし人が地のちりを<数える>ことが
　　　　　　できれば…子孫をも<数える>ことが
　　15: 5　天を見上げ…星を<数える>ことがで
　　　　　　きるなら，それを<数え>なさい.」
　　16:10　子孫は…<数え>きれないほどになる.
　　32:12　子孫を…<数え>きれない海の砂のよ
レビ 15:28　７日を<数える>…女はきよくなる.
　　23:15　満７週間が終わるまでを<数える>.
　　25: 8　７年の７倍を<数える>．安息の年の
民数　1: 3　軍団ごとに<数え>なければならない.
　　　　19　モーセは…荒野で彼らを<数え>た.
　　3:22　数を<数え>て登録された者は，１か
　　14:29　<数え>られた者たちはみな倒れて死
　　23:10　だれがヤコブのちりを<数え>，イス
　　　　　　ラエルのちりの群れを<数え>えよう
申命 16: 9　７週間を<数え>なければならない…
　　　　　　７週間を<数え>始めなければならな
　　25: 2　罪に応じて数を<数え>，むち打ちに
士師　7:12　らくだは…多くて<数え>きれなかっ
Ⅱサム 24: 1　イスラエルとユダの人口を<数え>よ
　　　　10　ダビデは，民を<数え>て後，良心の
Ⅰ列　3: 8　<数える>ことも調べることもできな
　　　　　　いほど，おびただしい民．Ⅱ歴5:6.
Ⅰ歴 21: 2　イスラエルを<数え>なさい．そして,
　　22: 4　杉の木も<数え>きれないほど用意し
　　23: 3　30歳以上の者を<数え>たところ，ひ
ヨブ　5: 9　その奇しいみわざは<数え>きれない.
　　14:16　あなたは私の歩みを<数え>ておられ
　　21:33　先に行った者も<数え>きれない.
　　31: 4　私の歩みをことごとく<数え>られな
　　39: 2　はらんでいる月を<数える>ことがで
詩篇 22:17　私の骨を，みな<数える>ことができ
　　40:12　<数え>きれないほどのわざわいが私
　　48:12　シオンを巡り…やぐらを<数え>よ.
　　88: 4　私は穴に下る者とともに<数え>られ,
　　90:12　自分の日を正しく<数える>ことを教
　139:18　<数え>ようとしても，それは砂より
伝道　1:15　なくなっているものを，<数える>こ
イザ 22:10　エルサレムの家を<数え>，その家を
　　33:18　<数え>た者はどこへ行ったのか…や
　　　　　　ぐらを<数え>た者はどこへ行ったの
　　40:26　この方は，その万象を<数え>て呼び
　　53:12　そむいた人たちとともに<数え>られ
エレ　2:32　わたしを忘れた日数は<数え>きれな
　　33:13　数を<数える>者の手を通り過ぎる」
　　　　22　天の万象が<数え>きれず，海の砂が
　　46:23　いなごより多くて<数える>ことがで
ダニ　5:26　神があなたの治世を<数え>て終わら
ホセ　1:10　量ることも<数える>こともできなく
ヨエ　1: 6　力強く，<数え>きれない国民だ．そ
マタ 10:30　頭の毛さえも，みな<数え>られてい
ルカ 22:37　『彼は罪人たちの中に<数え>られた』
使徒　1:17　ユダは…仲間として<数え>られてお
ヘブ 11:12　海べの<数え>きれない砂のように数
黙示　7: 9　<数え>きれぬほどの大ぜいの群衆が,

▼ かぞく（家族），全家族

創世　7: 1　あなたとあなたの<全家族>とは，箱
　　18:19　彼の後の<家族>とに命じて主の道を
　　43: 7　私たちの<家族>のことをしつこく尋
　　47:12　兄弟たちや父の<全家族>，幼い子ど
出エ 12: 4　<家族>が羊１頭の分より少ないなら,
　　　　21　あなたがたの<家族>のために羊を,
レビ 10: 6　イスラエルの<全家族>が，主によっ
　　16: 6　自分と自分の<家族>のために贖いを
　　20: 5　その人とその<家族>から顔をそむけ,
　　25:10　自分の<家族>のもとに帰らなければ
民数 11:10　民がその<家族>ごとに…天幕の入口
　　16:32　彼らとその<家族>，またコラに属す
　　18:31　あなたがたの<家族>も，どこででも
申命　6:22　パロとその<全家族>に対して大きく
　　12: 7　あなたがたは<家族>の者とともに,
　　14:26　あなたの<家族>とともに喜びなさい.
　　15:16　あなたとあなたの<家族>を愛し，あ
ヨシ　2:18　あなたの父の<家族>を全部…家に集
　　6:25　ラハブとその父の<家族>と彼女に属
　　7:14　<家族>ごとに進みいで，主が取り分
　　　　　　ける<家族>は，男ひとりひとり進み
士師 16:31　父の<家族>の者たちがみな下って来
　　18:25　<家族>のいのちも失おう.」
Ⅰサム　9:21　私の<家族>は…どの<家族>よりも,
　　18:18　私の<家族>…もイスラエルでは何者
　　27: 3　部下たちは…自分の<家族>とともに,

Ⅱサム 2: 3 その<家族>といっしょに連れて上っ
6:20 ダビデが自分の<家族>を祝福するた
16: 2 ろばは王の<家族>がお乗りになるた
Ⅱ列 8: 1 あなたは<家族>の者たちと旅に立ち，
ネヘ 4:13 民をその<家族>ごとに，城壁のうし
エス 9:28 すべての<家族>，諸州，町々におい
箴言 11:29 自分の<家族>を煩わせる者は風を相
15:27 利得をむさぼる者は…<家族>を煩わ
31:27 彼女は<家族>の様子をよく見張り，
マタ 10:25 その<家族>の者のことは，何と呼ぶ
36 <家族>の者がその人の敵となります．
13:57 自分の郷里，<家族>の間だけです．」
マコ 5:19 あなたの<家族>のところに帰り，主
使徒 7:13 ヨセフの<家族>のことがパロに明ら
10: 2 <全家族>とともに神を恐れかしこみ，
16:15 その<家族>もバプテスマを受けたと
31 あなたもあなたの<家族>も救われま
34 <全家族>そろって神を信じたことを
Ⅰコリ 16:15 ステパナの<家族>は，アカヤの初穂
ガラ 6:10 特に信仰の<家族>の人たちに善を行
エペ 2:19 あなたがたは…神の<家族>なのです．
Ⅰテモ 5: 8 自分の<家族>を顧みない人がいるな
ヘブ 11: 7 <家族>の救いのために箱舟を造り，

▼かた（肩）【別項】肩を怒らす

創世 9:23 着物を取って…ふたりの<肩>に掛け，
21:14 それを彼女の<肩>に載せ，その子と
24:15 リベカが水がめを<肩>に載せて出て
49:15 彼の<肩>は重荷を負ってたわみ，苦
出エ 12:34 こね鉢を着物に包み，<肩>にかつい
民数 6:19 煮えた雄羊の<肩>と，かごの中の種
7: 9 <肩>に負わなければならないからで
申命 18: 3 <肩>と両方の頬と胃とを祭司に与え
33:12 彼が主の<肩>の間に住むかのように．
士師 9:48 木の枝を切り…自分の<肩>に載せ，
16: 3 それを<肩>にかついで，ヘブロンに
Ⅰサム 9: 2 彼は…<肩>から上だけ高かった．
Ⅰ歴 15:15 神の箱をになう棒で<肩>にかついだ．
Ⅱ歴 35: 3 もう…<肩>の重荷にはなるまい．そ
ヨブ 31:22 私の<肩>の骨が<肩>から落ち，私の
36 私はそれを<肩>に負い，冠のように，
詩篇 81: 6 彼の<肩>から重荷を取り除き，彼の
イザ 9: 4 彼の重荷のくびきと，<肩>のむち，
6 主権はその<肩>にあり…名は「不思
10:27 彼の重荷はあなたの<肩>から，彼の
11:14 ペリシテ人の<肩>に飛びかかり，共
14:25 その重荷は彼らの<肩>から除かれる．
22:22 ダビデの家のかぎを彼の<肩>に置く．
46: 7 彼らはこれを<肩>にかついで運び，
49:22 娘たちは<肩>に負われて来る．
エゼ 12: 6 あなたは荷物を<肩>に負い，暗いう
24: 4 ももと<肩>の良い肉の切れをみない
29: 7 彼らのすべての<肩>を砕いた．彼ら
34:21 わき腹と<肩>で押しのけ，その角で
マタ 23: 4 重い荷をくくって，人の<肩>に載せ，

▼かた（型）

出エ 25: 9 幕屋の<型>と…用具の<型>とを，わ
40 山で示される<型>どおりに作れ．
32: 4 のみで<型>を造り，鋳物の子牛にし
民数 8: 4 主がモーセに示された<型>のとおり
ヨシ 22:28 先祖が造った主の祭壇の<型>を見よ．
Ⅱ歴 4: 3 牛の<型>が回りを取り巻いていた．
ナホ 3:14 れんがの<型>を取っておけ．
ヘブ 8: 5 山であなたに示された<型>に従って，
11:19 取り戻したのです．これは<型>です．
Ⅰペテ 3:21 バプテスマを…示した<型>なのです．

▼かたあし（片足）

マタ 18: 8 片手<片足>でいのちに入るほうが，
マコ 9:45 <片足>でいのちに入るほうが，両足

▼かたあて（肩当て）

出エ 28: 7 これにつける二つの<肩当て>があっ

▼かたい（堅い），堅く立（建）つ，堅く立（建）てる

出エ 15:17 あなたの御手が<堅く建>てた聖所に．
民数 36: 7 相続地を<堅>く守らなければならな
申命 8:15 <堅>い岩から，あなたのために水を
32: 6 あなたを<堅く建>てるのではないか．
ルツ 1:18 いっしょに行こうと<堅>く決心して
Ⅱサム 5:12 イスラエルの王として<堅く立>て，
7:13 王座をとこしえまでも<堅く立>てる．
16 王座はとこしえまでも<堅く立つ>．」
Ⅰ列 2:45 ダビデの王座は…<堅く立つ>であろ
12: 4 私たちのくびきを<かた>くしました．
15: 4 エルサレムを<堅く立>てられた．
Ⅰ歴 16:30 世界は<堅く建>てられ，揺らぐこと
28: 7 行おうと<堅>く決心しているなら，
Ⅱ歴 34:32 すべての者を<堅く立>たせた．エル
ネヘ 9:38 私たちは<堅>い盟約を結び，それを
ヨブ 2: 3 彼は…自分の誠実を<堅>く保ってい
11:15 <堅く立>って恐れることがない．
21: 8 その子孫は彼らの前に<堅く立つ>．

27: 6　私は自分の義を<堅>く保って，手放
28: 9　彼は<堅>い岩に手を加え，山々をそ
37:18　鏡のように<堅>い大空を神とともに
41:24　その心臓は石のように<堅>く，臼の
下石のように<堅>い．
詩篇 7: 9　正しい者を<堅く立>てられますよう
16: 5　<堅>く保っていてくださいます．
17: 5　私の歩みは，あなたの道を<堅>く守
33: 9　主が命じられると…<堅く立つ>．
48: 8　都を，とこしえに<堅く建>てられる．
65: 6　御力によって山々を<堅く建>て，力
75: 3　わたしは地の柱を<堅く立てる>．
87: 5　シオンを<堅くお建てになる>．
89: 2　その真実を天に<堅く立>てられる」
4　すえを，とこしえに<堅く立>て，お
37　月のように…<堅く立>てられる．雲
93: 1　世界は<堅く建>てられ，揺らぐこと
2　御座は，いにしえから<堅く立>ち，
99: 4　あなたは公正を<堅く立>てられた．
102:28　すえは，あなたの前に<堅く立>てら
103:19　主は天にその王座を<堅く立>て，そ
107:36　彼らは住むべき町を<堅く建>て，
111: 3　その義は永遠に<堅く立つ>．
119: 5　私の道を<堅>くしてください．あな
28　みことばのとおりに私を<堅>くささ
31　あなたのさとしを<堅>く守ります．
90　地は<堅く立>っています．
91　定めにしたがって<堅く立>っていま
箴言 4:13　訓戒を<堅>く握って，手放すな．そ
8:28　大空を固め，深淵の源を<堅>く定め，
12: 3　人は悪をもって身を<堅く立てる>こ
19　真実のくちびるは…<堅く立つ>．偽
16:12　王座は義によって<堅く立つ>からだ．
24: 3　家は…英知によって<堅>くされる．
イザ 9: 7　さばきと正義によって…<堅く立>て，
16: 5　王座が恵みによって<堅く立>てられ，
33: 6　あなたの時代は<堅く立つ>．知恵と
45:18　すなわちこれを<堅く立>てた方，こ
54:14　あなたは義によって<堅く立>ち，し
56: 2　これを<堅>く保つ人の子は．
6　わたしの契約を<堅>く保つなら，
62: 7　主がエルサレムを<堅く立>て，この
エレ 5: 3　彼らは顔を岩よりも<堅>くし，悔い
10:12　知恵をもって世界を<堅く建>て，英
知をもって天を張られた．51:15．

30:20　会衆はわたしの前で<堅く立>てられ
エゼ 3: 8　彼らの顔と同じように<堅>くし…彼
らの額と同じように<堅>くする．
9　火打石よりも<堅い>金剛石のように
ダニ 6:26　永遠に<堅く立つ>方．その国は滅び
9:27　多くの者と<堅い>契約を結び，半週
11:32　神を知る人たちは，<堅く立>って事
ホセ 11:12　聖徒たちとともに<堅く立>てられる．
マコ 6:52　その心は<堅>く閉じていたからであ
7: 3　言い伝えを<堅>く守って，手をよく
使徒 26:22　神の助けを受け，<堅く立>って，小
ロマ 16:25-26　<堅く立>たせることができる方，
Ⅰコリ 1: 8　最後まで<堅>く保ってくださいます．
3: 2　<堅い>食物を与えませんでした．あ
7:37　もし心のうちに<堅>く決意しており，
11: 2　伝えられたとおりに<堅>く守ってい
15:58　<堅く立>って，動かされることなく，
Ⅱコリ 1:21　キリストのうちに<堅>く保ち，私た
コロ 2: 5　キリストに対する<堅い>信仰とを見
7　教えられたとおり信仰を<堅>くし，
Ⅰテサ 3: 8　主にあって<堅く立>っていてくれる
5:21　ほんとうに良いものを<堅>く守りな
Ⅱテサ 2:15　兄弟たち．<堅く立>って…守りなさ
ヘブ 4:14　信仰の告白を<堅>く保とうではあり
5:12　<堅い>食物ではなく，乳を必要とす
14　<堅い>食物はおとなの物であって，
Ⅰペテ 5:10　苦しみのあとで完全にし，<堅く立>
Ⅱペテ 1:12　現に持っている真理に<堅く立>って
黙示 3: 3　それを<堅>く守り，また悔い改めな
22: 7　預言のことばを<堅>く守る者は，幸

▼かたがき（肩書）

イザ 45: 4　わたしはあなたに<肩書>を与える．

▼かたくな

出エ 4:21　わたしは彼の心を<かたくな>にする．
7: 3　わたしはパロの心を<かたくな>にし，
13　パロの心は<かたくな>になり，彼ら
申命 2:30　主が…その心を<かたくな>にされた
21:18　<かたくな>で，逆らう子がおり，父
20　この息子は，<かたくな>で，逆らい
29:19　<かたくな>な心のままに歩いても，
ヨシ 11:20　彼らの心を<かたくな>にし，イスラ
Ⅰサム 6: 6　なぜ…パロが心を<かたくな>にした
ように，心を<かたくな>にするので
詩篇 78: 8　<かたくな>で，逆らう世代の者，心
81:12　彼らを<かたくな>な心のままに任せ，

か

95: 8 心を<かたくな>にしてはならない．
箴言 28:14 心を<かたくな>にする人はわざわい
イザ 48: 4 あなたが<かたくな>であり，首筋は
63:17 私たちの心を<かたくな>にして，あ
エレ 3:17 <かたくな>な心のままに歩むことは
5:23 この民には，<かたくな>で，逆らう
6:28 彼らはみな，<かたくな>な反逆者，
エゼ 3: 7 鉄面皮で，心が<かたくな>だからだ．
ホセ 4:16 まことに，イスラエルは<かたくな>
な雌牛のように<かたくな>だ．し
マタ 19: 8 あなたがたの心が<かたくな>なので，
マコ 3: 5 その心の<かたくな>なのを嘆きなが
16:14 <かたくな>な心をお責めになった．
ヨハ 12:40 彼らの心を<かたくな>にされた．そ
使徒 7:51 <かたくな>で，心と耳とに割礼を受
19: 9 ある者たちが心を<かたくな>にして
ロマ 2: 5 <かたくな>さと悔い改めのない心の
9:18 みこころのままに<かたくな>にされ
11: 7 他の者は，<かたくな>にされたので
25 イスラエル人の一部が<かたくな>に
エペ 4:18 無知と，<かたくな>な心とのゆえに，
ヘブ 3: 8 心を<かたくな>にしてはならない．
13 <かたくな>にならないようにしなさ
4: 7 心を<かたくな>にしてはならない．」

▼かたすみ（片隅）

使徒 26:26 <片隅>で起こった出来事ではありま

▼かたち（形）

創世 1:26 われわれの<かたち>として，われわ
27 人をご自身の<かたち>として創造さ
れた．神の<かたち>として彼を創造
5: 3 彼の<かたち>どおりの子を生んだ．
出エ 20: 4 どんな<形>をも造ってはならない．
申命 4:16 どんな<形>の彫像をも造らないよう
にしなさい．男の<形>も女の<形>も．
17 家畜の<形>も…どんな鳥の<形>も，
18 地をはうどんなものの<形>も，地の
下の水の中にいるどんな魚の<形>も．
5: 8 どんな<形>をも造ってはならない．
Ｉ列 6:25 全く同じ寸法，同じ<形>であった．
7:26 縁は…ゆりの花の<形>をしていた．
イザ 44:13 人の<形>に造り，人間の美しい姿に
エゼ 1:16 輪の<形>と作りは，緑柱石の輝きの
ルカ 3:22 聖霊が，鳩のような<形>をして，自
ロマ 1:23 はうものの<かたち>に似た物と代え
2:19-20 知識と真理の具体的な<形>として律
8: 3 罪深い肉と同じような<形>でお遣わ
Ｉコリ 15:49 土で造られた者の<かたち>を持って
いたように，天上の<かたち>をも持
IIコリ 4: 4 神の<かたち>であるキリストの栄光
コロ 1:15 御子は，見えない神の<かたち>であ
2: 9 神の満ち満ちたご性質が<形>をとっ
3:10 造り主の<かたち>に似せられてます

▼かたちづくる（形造る）

創世 2: 7 主は，土地のちりで人を<形造>り，
19 あらゆる空の鳥を<形造>り，それに
ヨブ 10: 8 あなたの御手は私を<形造>り，造ら
31:15 私たちを母の胎内に<形造>られた方
33: 6 私もまた粘土で<形造>られた．
詩 119:73 御手が…私を<形造>りました．どう
イザ 27:11 これを<形造>った方は，これに恵み
44: 2 母の胎内にいる時から<形造>って，
エレ 1: 5 あなたを胎内に<形造る>前から，あ
33: 2 それを<形造>って確立させた主，そ
ロマ 9:20 <形造>られた者が<形造>った者に対
ガラ 4:19 キリストが<形造>られるまで，私は

▼かたづく

マタ 12:44 掃除してきちんと<かたづ>いていま

▼かたつむり

詩篇 58: 8 消えていく<かたつむり>のように，

▼カタテ〔地名〕

ゼブルンの町の一つ．ヨシ19:15．

▼かたて（片手）

伝道 4: 6 <片手>に安楽を満たすことは，両手
マタ 12:10 そこに<片手>のなえた人がいた．そ
18: 8 <片手>片足でいのちに入るほうが，

▼かたどる

エレ 44:19 女王に<かたど>った供えのパン菓子
エペ 4:24 神に<かたど>り造り出された，新し
ヘブ 9:23 天にあるものに<かたど>ったものは，
ヤコ 3: 9 神に<かたど>って造られた人をのろ

▼かたな（刀）

創世 22: 6 火と<刀>とを自分の手に取り，ふた
10 <刀>を取って自分の子をほふろうと
士師 19:29 <刀>を取り，自分のそばめをつかん
箴言 30:14 歯が剣…きばが<刀>のような世代．

▼かたまり

Ｉコリ 5: 6 粉の<かたまり>全体をふくらませる

▼ガタム〔人名〕

エドムの首長の一人．創世36:11，16．

▼ かたむく（傾く）
士師 19: 9 もう日も<傾>いています．ここに泊
詩篇 62: 3 <傾>いた城壁か，ぐらつく石垣のよ
119:36 心を…不正な利得に<傾>かないよう
エレ 6: 4 日が<傾>いた．夕べの影も伸びる．」
ルカ 24:29 「…日もおおかた<傾>きましたから」
▼ かたむける（傾ける）
創世 24:14 水がめを<傾け>て私に飲ませてくだ
ヨシ 24:23 「今…神，主に心を<傾け>なさい．」
Ⅰ列 8:58 私たちの心を主に<傾け>させ，私た
ヨブ 38:37 だれが天のかめを<傾ける>ことがで
詩119:112 おきてを行うことに，心を<傾け>ま
箴言 2: 2 あなたの耳を知恵に<傾け>，あなた
▼ かため（片目）
出エ 21:26 男奴隷の<片目>，あるいは女奴隷の
<片目>を打ち，これをそこなった場
マタ 18: 9 <片目>でいのちに入るほうが，両目
マコ 9:47 <片目>で神の国に入るほうが，両目
▼ かためる（固める）
ヨブ 10:10 注ぎ出し，チーズのように<固め>，
▼ かたよりみる（～見る）
箴言 24:23 人を<かたより見る>のはよくない．
▼ かたよる
出エ 23: 2 権力者に<かたよ>って，不当な証言
申命 1:17 人を<かたよ>って見てはならない．
10:17 <かたよ>って愛することなく，わい
使徒 10:34 神は<かたよ>ったことをなさらず，
▼ ガダラじん（～人）
ガリラヤ湖東岸の町ガダラの住人．マタ8:28．
▼ かたりあう（語り合う）
創世 45:15 兄弟たちは彼と<語り合>った．
マラ 3:16 主を恐れる者たちが…<語り合>った．
使徒 20: 7 パウロは…人々と<語り合>い，夜中
▼ かたりかける（語りかける）
創世 50:21 彼らを慰め，優しく<語りかけ>た．
ヨブ 4: 2 だれかがあなたに…<語りかけ>たら，
13: 3 私は全能者に<語りかけ>，神と論じ
29: 4 神は天幕の私に<語りかけ>てくださ
箴言 1:21 町の門の入口で<語りかけ>て言う．
イザ 29: 4 倒れて，地の中から<語りかける>が，
40: 2 エルサレムに優しく<語りかけ>よ．
65:12 わたしが<語りかけ>ても聞かず，わ
エレ 7:13 しきりに<語りかけ>たのに，あなた
エゼ 2: 2 その方が私に<語りかけ>られると，
3:24 主は私に<語りかけ>て仰せられた．
20:46 南に向かって<語りかけ>，ネゲブの
43: 6 神殿からだれかが私に<語りかけ>て
ホセ 12: 4 その所で神は彼に<語りかけ>た．
使徒 22: 2 パウロがヘブル語で<語りかける>の
23: 9 霊か御使いかが，彼に<語りかけ>た
▼ かたりぐさ（語りぐさ）
エゼ 23:10 彼女は女たちの<語りぐさ>となった．
▼ かたりつげる（語り告げる）
Ⅰ歴 16:24 主の栄光を国々の中で<語り告げ>よ．
詩篇 9: 1 わざを余すことなく<語り告げ>ます．
19: 1 天は神の栄光を<語り告げ>，大空は
22:22 御名を私の兄弟たちに<語り告げ>，
30 主のことが，次の世代に<語り告げ>
71:15 あなたの救いを<語り告げ>ましょう．
75: 1 あなたの奇しいわざを<語り告げ>ま
78: 6 その子らにまた<語り告げる>ため，
79:13 あなたの誉れを<語り告げ>ましょう．
96: 3 主の栄光を国々の中で<語り告げ>よ．
118:17 そして主のみわざを<語り告げ>よう．
119:13 ことごとく<語り告げ>ます．
イザ 12: 4 あがめられていることを<語り告げ>
▼ かたりつたえる（語り伝える）
詩篇 48:13 後の時代に<語り伝える>ために．
ルカ 1:65 山地全体にも<語り伝え>られて行っ
▼ かたる（語る）【別項】語り合う，語りかける，語り告げる，語り伝える
創世 17:22 神はアブラハムと<語>り終えられる
出エ 4:16 彼があなたに代わって…<語る>なら，
5:23 御名によって<語>ってからこのかた，
16:23 主の<語>られたことはこうです．
18: 8 救い出された次第を<語>った．
19: 9 わたしがあなたと<語る>のを民が聞
31:18 シナイ山でモーセと<語>り終えられ
33: 9 主はモーセと<語>られた．
11 主は，人が自分の友と<語る>ように，
顔と顔とを合わせて…<語>られた．
民数 7:89 主と<語る>ために会見の天幕に入る
11:17 その所であなたと<語>り，あなたの
12: 6 わたしは…夢の中でその者に<語る>．
8 彼とは，わたしは口と口とで<語>り，
明らかに<語>って，なぞで話すこと
23:12 私は忠実に<語>らなければなりませ
申命 4:33 火の中から<語>られる神の声を聞い
5: 4 顔と顔とを合わせて<語>られた．
24 神が人に<語>られても，人が生きる

26 火の中から<語>られる生ける神の声
18:22 主の名によって<語>っても，そのことが…実現しないなら，それは主が<語>られたことばではない．その預言者が不遜にもそれを<語>ったので
32: 1 耳を傾けよ．私は<語>ろう．地よ．
ヨシ 24:27 <語>られたすべてのことばを聞いた
Ⅰサム 2: 3 高ぶって，多くを<語>ってはなりま
3:15 黙示についてエリに<語る>のを恐れ
Ⅱサム 19: 7 ねんごろに<語>ってください．私は
23: 2 主の霊は，私を通して<語>り，その
Ⅰ列 4:32 彼は3千の箴言を<語>り，彼の歌は
33 草木について<語>り，獣や鳥やはうものや魚についても<語>った．
22:28 主は私によって<語>られなかったの
Ⅱ列 6:12 寝室の中で<語>られることばまでも
Ⅰ歴 21:19 御名によって<語>ったことばに従っ
Ⅱ歴 18:23 私を離れて行き，おまえに<語>った
27 主は私によって<語>られなかったの
ネヘ 9:13 天から彼らと<語>り，正しい定めと，
エス 10: 3 全民族に平和を<語>ったからである．
ヨブ 7:11 私の霊の苦しみの中から<語>り，私
10: 1 私のたましいの苦しみを<語>ろう．
13: 7 神の代わりに，欺きを<語る>のか．
16: 6 たとい，私が<語>っても，私の痛み
32: 7 日を重ねた者が<語>り，年の多い者
20 私は<語>って，気分を晴らしたい．
33: 3 くちびるは，きよく知識を<語る>．
14 神はある方法で<語>られ，また，ほかの方法で<語>られるが，人はそれ
31 私に聞け．黙れ．私が<語>ろう．
詩篇 15: 2 心の中の真実を<語る>人．
28: 3 彼らは隣人と平和を<語>りながら，
37:30 正しい者の口は知恵を<語>り，その
44: 1 先祖たちが<語>ってくれたことを聞
49: 3 私の口は知恵を<語>り，私の心は英
50: 1 神の神，主は<語>り，地を呼び寄せ
16 おまえがわたしのおきてを<語>り，
66:16 たましいになさったことを<語>ろう．
78: 2 口を開いて，たとえ話を<語>り，昔
87: 3 すばらしいことが<語>られている．
102:21 人々が，主の名をシオンで<語>り，
106: 2 だれが主の大能のわざを<語>り，そ
107:22 喜び叫びながら主のみわざを<語>れ．
115: 5 口があっても<語>れず，目があって
127: 5 門で敵と<語る>時にも，恥を見るこ
145: 7 いつくしみの思い出を熱心に<語>り，
11 大能のわざを，<語る>でしょう．
21 私の口が主の誉れを<語>り，すべて
箴言 8: 6 わたしは高貴なことについて<語>り，
24: 2 彼らのくちびるは害毒を<語る>から
25:11 時宜にかなって<語>られることばは，
伝道 7:21 人の<語る>ことばにいちいち心を留
イザ 1: 2 主が<語>られるからだ．22:25，25:8，40:5，エレ13:15．
9:17 恥ずべきことを<語>っているからだ．
24: 3 主がこのことばを<語>られたからで
28:11 外国のことばで，この民に<語>られ
30:10 私たちの気に入ることを<語>り，偽
32: 6 しれ者は恥ずべきことを<語>り…主に向かって迷いごとを<語>り，飢え
7 偽りを<語>って身分の低い者を滅ぼ
33:15 まっすぐに<語る>者，強奪による利
41: 1 近寄って，今，<語>れ．われわれは，
45:19 わたしは隠れた所，やみの地の場所で<語>らなかった．ヤコブの子らに
46:11 わたしが<語る>と，すぐそれを行い，
48:15 わたしが，このわたしが<語>り，そ
59: 3 くちびるは偽りを<語>り，舌は不正
63: 1 正義を<語>り，救うに力強い者，そ
65:24 彼らがまだ<語>っているうちに，わ
エレ 1: 6 どう<語>っていいかわかりません．」
7 あなたに命じるすべての事を<語>れ．
5: 5 身分の高い者たち…と<語>ろう．彼
7:22 いけにえについては何も<語>らず，
14:14 命じたことも…<語>ったこともない．
19: 2 わたしがあなたに<語る>ことばを呼
23:16 自分の心の幻を<語>っている．
28 わたしのことばを忠実に<語>らなけ
26:19 主も彼らに<語>ったわざわいを思い
28: 7 すべての民の耳に<語>っているこの
31:20 わたしは彼のことを<語る>たびに，
35:17 わたしが彼らに<語>ったのに，彼ら
38:20 私があなたに<語>っていることに聞
40: 3 主は…<語>られたとおりに行われた．
46:13 主が…エレミヤに<語>られたみこと
51:10 私たちの神，主のみわざを<語>ろう．
エゼ 1:28 そのとき，私は<語る>者の声を聞い
2: 1 わたしがあなたに<語る>から．」
7 わたしのことばを彼らに<語>れ．

8 わたしがあなたに<語る>ことを聞け.
5:13 わたしが熱心に<語>ったことを知ろ
12:25 主であるわたしが<語>り，わたしが
<語>ったことを実現し，決して延ば
ダニ 7: 8 大きなことを<語る>口があった.
8:13 聖なる者が<語>っているのを聞いた.
9: 6 一般の人すべてに<語>ったことばに,
21 私がまだ祈って<語>っているとき，
10:11 私が今から<語る>ことばをよくわき
11:36 あきれ果てるようなことを<語>り,
ホセ 2:14 連れて行き，優しく彼女に<語>ろう.
12:10 わたしは預言者たちに<語>り，多く
13: 1 エフライムが震えながら<語>ったと
アモ 3: 8 神である主が<語>られる．だれが預
5:10 正しく<語る>者を忌みきらう.
ミカ 7: 3 有力者は自分の欲するままを<語>り,
ハバ 2: 1 主が私に何を<語>り，私の訴えに何
ゼカ 8:16 互いに真実を<語>り，あなたがたの
10: 2 夢見る者はむなしいことを<語>り,
マタ 26:13 この人のした事も<語>られて，この
マコ 12:26 神がモーセにどう<語>られたか，あ
ルカ 1:45 主によって<語>られたことは必ず実
2:33 幼子についていろいろ<語>られる事
ヨハ 7:13 公然と<語る>者はひとりもいなかっ
18 自分から<語る>者は，自分の栄光を
26 この人は公然と<語>っているのに,
8:27 イエスが父のことを<語>っておられ
16:13 御霊は自分から<語る>のではなく,
使徒 1: 3 現れて，神の国のことを<語>り，数
2:11 大きなみわざを<語る>のを聞こうと
3:22 この方があなたがたに<語る>ことは
4:18 <語>ったり教えたりしてはならない,
5:20 いのちのことばを…<語>りなさい」
6:10 御霊によって<語>っていたので，そ
11 けがすことばを<語る>のを聞いた」
9:29 ユダヤ人たちと<語>ったり，論じた
10: 7 御使いが彼にこう<語>って立ち去る
16:14 パウロの<語る>事に心を留めるよう
17:19 あなたの<語>っているその新しい教
18: 9 恐れないで，<語>り続けなさい．黙
25 イエスのことを正確に<語>り，また
28:24 ある人々は彼の<語る>事を信じたが,
25 父祖たちに<語>られたことは，まさ
ロマ 15:20 御名がまだ<語>られていない所に福
Iコリ 2: 6 成人の間で，知恵を<語>ります．こ
12: 3 御霊によって<語る>者はだれも,
14: 9 明瞭なことばを<語る>のでなければ,
21 くちびるによってこの民に<語る>が,
34 彼らは<語る>ことを許されていませ
35 教会で<語る>ことは，妻にとっては
IIコリ 2:17 御前でキリストにあって<語る>ので
4:13 「私は信じた．それゆえに<語>った」
12: 4 人間には<語る>ことを許されていな
13: 3 キリストが私によって<語>っておら
エペ 4:25 隣人に対して真実を<語>りなさい.
6:20 <語る>べきことを大胆に<語>れるよ
コロ 4: 3 キリストの奥義を<語>れるように,
4 奥義を，当然<語る>べき<語>り方で,
Iテサ 2: 4 神を喜ばせようとして<語る>のです.
16 救いのために<語る>のを妨げ，この
ヘブ 1: 1 いろいろな方法で<語>られましたが,
2: 3 この救いは最初主によって<語>られ,
3: 5 後に<語>られる事をあかしするため
11: 4 その信仰によって，今もなお<語>っ
22 イスラエルの子孫の脱出を<語>り,
12: 5 子どもに対するように<語>られたこ
25 <語>っておられる方を拒まないよう
ヤコ 1:19 <語る>にはおそく，怒るにはおそい
2:12 さばかれる者らしく<語>り，またそ
Iペテ 3:19 捕らわれの霊…みことばを<語>られ
4:11 <語る>人があれば，神のことばにふ
さわしく<語>り，奉仕する人があれ
IIペテ 1:21 神からのことばを<語>ったのだから
Iヨハ 4: 5 この世のことばを<語>り，この世も
IIヨハ 12 顔を合わせて<語>りたいと思います.

▼ かたをいからす（肩を怒らす）

ネヘ 9:29 罪を犯し，<肩を怒らし>て，うなじ
ゼカ 7:11 <肩を怒らし>，耳をふさいで聞き入

▼ カタン〔人名〕

捕囚帰還民の一人ヨハナンの父．エズ8:12.

▼ かち（価値）

I列 10:21 銀はソロモンの時代には，<価値>あ
るものとはみなされて．II歴9:20.
Iコリ 15: 9 使徒と呼ばれる<価値>のない者です.
Iペテ 3: 4 これこそ，神の御前に<価値>あるも

▼ かちく（家畜）

創世 1:24 <家畜>や，はうもの，野の．25，26，
2:20，7:14，21，8:17，9:10.
3:14 あらゆる<家畜>，あらゆる野の獣よ
4:20 <家畜>を飼う者の先祖となった.

6: 7 人をはじめ，<家畜>やはうもの，空
8: 1 すべての<家畜>とを心に留めておら
20 すべてのきよい<家畜>と…鳥のうち
13: 2 <家畜>と銀と金とに非常に富んでい
31: 9 父の<家畜>を取り上げて，私に下さ
33:17 <家畜>のためには小屋を作った．そ
34:23 彼らの<家畜>も，私たちのものにな
46: 6 <家畜>とカナンの地で得た財産も持
47: 6 その者を私の<家畜>の係長としなさ
18 <家畜>の群れもあなたさまのものに
出エ 9: 3 野にいるあなたの<家畜>，馬，ろば，
4 イスラエルの<家畜>とエジプトの
<家畜>とを区別する…イスラエル人
の<家畜>は１頭も死なない.』」
20 しもべたちと<家畜>を家に避難させ
21 <家畜>をそのまま野に残した．
10:26 <家畜>もいっしょに連れて行きます．
11: 5 <家畜>の初子に至るまで，みな死ぬ．
12:29，13:15.
17: 3 <家畜>を，渇きで死なせるためです
21:34 その死んだ<家畜>は彼のものとなる．
22:10 どんな<家畜>でも…隣人に預け，そ
14 人が隣人から<家畜>を借り，それが
レビ 1: 2 <家畜>の中から牛か羊をそのささげ
19:19 あなたの<家畜>を種類の異なった
<家畜>と交わらせてはならない．あ
26:22 あなたがたの<家畜>を絶えさせ，あ
27:10 <家畜>を他の<家畜>で代用する場合
11 <家畜>を祭司の前に立たせる．
26 <家畜>の初子は，主のものである．
民数 3:13 人間から始めて<家畜>に至るまでイ
41 代わりに，レビ人の<家畜>を取りな
45 レビ人の<家畜>を彼らの<家畜>の代
20: 4 <家畜>をここで死なせようとするの
11 会衆もその<家畜>も飲んだ．
19 私たちの<家畜>があなたの水を飲む
31: 9 獣や，<家畜>や，その財産をことご
32: 1 ガド族は，非常に多くの<家畜>を持
っていた…<家畜>に適した場所であ
申命 2:35 分捕った<家畜>と…略奪した物とは
3:19 妻と子どもと<家畜>は…町々にとど
まって…あなたがたが<家畜>を多く
4:17 どんな<家畜>の形も…どんな鳥の形
13:15 <家畜>も，剣の刃で聖絶しなさい．
28: 4 <家畜>の産むもの．11，51，30:9.
ヨシ 8: 2 <家畜>だけは…戦利品としてよい．
21: 2 <家畜>のための放牧地とを与えるよ
22: 8 おびただしい数の<家畜>と，銀，金，
士師 6: 5 <家畜>と天幕を持って上って来たか
18:21 子どもや<家畜>や貴重品を先にして
Ⅰサム 23: 5 彼らの<家畜>を連れ去り，ペリシテ
Ⅰ列 18: 5 <家畜>を殺さないで済むかもしれな
Ⅱ列 3: 9 <家畜>のための水がなくなった．
17 <家畜>も，獣もこれを飲む.』
Ⅰ歴 5: 9 彼らの<家畜>がふえたからである．
Ⅱ歴 14:15 <家畜>の天幕も打ち，多くの羊とら
26:10 多くの<家畜>を持っていたからであ
32:28 すべての<家畜>のそれぞれの小屋，
エズ 1: 4 金，財貨，<家畜>をもって援助せよ．
ネヘ 9:37 <家畜>を思いどおりに支配しており
ヨブ 36:33 <家畜>もまた，その起こることを告
詩篇 50:10 わたしのもの，千の丘の<家畜>らも．
78:48 <家畜>を，雹に…<家畜>の群れを，
104:14 主は<家畜>のために草を…人に役立
148:10 獣よ．すべての<家畜>よ．はうもの
箴言 12:10 自分の<家畜>のいのちに気を配る．
イザ 1:11 肥えた<家畜>の脂肪に飽きた．雄牛，
30:23 あなたの<家畜>の群れは，広々とし
46: 1 彼らの偶像は獣と<家畜>に載せられ，
63:14 <家畜>が谷に下るように，主の御霊
エレ 9:10 空の鳥から<家畜>まで，みな逃げ去
31:27 人間の種と<家畜>の種を蒔く．
33:12 人間も<家畜>もいなくて廃墟となっ
49:32 その<家畜>の群れは分捕り物になる．
エゼ 32:13 あらゆる<家畜>を…水のほとりで滅
38:12 <家畜>と財産を持っている民に向か
ヨエ 1:18 なんと，<家畜>がうめいていること
ヨナ 3: 8 人も，<家畜>も，荒布を身にまとい，
4:11 数多くの<家畜>とがいるではないか．
ハガ 1:11 人にも，<家畜>にも…ひでりを呼び
ゼカ 2: 4 人と<家畜>のため，城壁のない町と
8:10 <家畜>がかせいでも報酬がなかった．
14:15 すべての<家畜>のこうむる災害は，
ルカ 10:34 自分の<家畜>に乗せて宿屋に連れて
ヨハ 4:12 彼の子たちも<家畜>も，この井戸か

▼かちとる（勝ち取る）

ルカ 21:19 自分のいのちを<勝ち取る>ことがで

▼かちほこる（勝ち誇る）

Ⅱサム 1:20 娘らを<勝ち誇>らせないために．
詩篇 25: 2 敵が私に<勝ち誇>らないようにして

94: 3 悪者どもは，<勝ち誇る>のでしょう．
106:47 あなたの誉れを<勝ち誇る>ために．
哀歌 1: 9 「主よ…敵は<勝ち誇>っています．」
ヤコ 2:13 さばきに向かって<勝ち誇る>のです．

▼ かちょう（家長）

マタ 10:25 <家長>をベルゼブルと呼ぶぐらいで

▼ かつ（勝つ）【別項】勝ち取る，勝ち誇る

創世 30: 8 姉と…争いをして，ついに<勝>った．
32:28 神と戦い，人と戦って，<勝>ったか
士師 16: 5 どうしたら私たちが彼に<勝>ち，彼
Ⅰサム 2: 9 おのれの力によっては<勝>てません．
17: 9 おれと勝負して<勝>ち，おれを打ち殺すなら…もし，おれが<勝>って，
50 石で，このペリシテ人に<勝>った．
エス 6:13 もう彼に<勝つ>ことはできません．
詩篇 13: 4 敵が，「おれは彼に<勝>った」と言
129: 2 彼らは私に<勝>てなかった．
イザ 7: 1 攻めたが，戦いに<勝>てなかった．
エレ 1:19 戦っても，あなたには<勝>てない．
15:20 あなたと戦っても，<勝>てない．わ
20:11 つまずいて，<勝つ>ことはできませ
32: 5 戦っても，<勝つ>ことはできない．』」
38:22 そそのかし，あなたに<勝>った．彼
ダニ 11: 7 軍隊を率いて…これと戦って<勝つ>．
ホセ 12: 4 彼は御使いと格闘して<勝>ったが，
ルカ 23:23 そしてついにその声が<勝>った．
ヨハ 16:33 わたしはすでに世に<勝>ったのです．
Ⅰヨハ 4: 4 そして彼らに<勝>ったのです．あな
5: 4 生まれた者はみな，世に<勝つ>から
5 世に<勝つ>者とはだれでしょう．イ
黙示 12: 8 <勝つ>ことができず，天にはもはや

▼ かっか（閣下）

マタ 27:63 <閣下>．あの，人をだます男がまだ
使徒 23:26 ペリクス<閣下>にごあいさつ申し上
24: 2 ペリクス<閣下>．<閣下>のおかげで…<閣下>のご配慮で，この国の改革
26:25 フェスト<閣下>．気は狂っておりま

▼ かっき（活気）

イザ 40:29 精力のない者には<活気>をつける．

▼ がっき（楽器）

Ⅰ歴 15:16 <楽器>を使う歌うたいとして立て，
16:42 神の歌に用いる<楽器>があった．ま
23: 5 賛美するために作った<楽器>を手に
Ⅱ歴 5:13 さまざまの<楽器>をかなでて声をあ
29:26 レビ人はダビデの<楽器>を手にし，
34:12 <楽器>を奏するのに巧みなレビ人が
ネヘ 12:36 ダビデの<楽器>を持って続いて行っ
哀歌 5:14 若い男たちは，<楽器>を鳴らすのを
ダニ 3: 5 もろもろの<楽器>の音を聞くときは，
アモ 6: 5 ダビデのように…<楽器>を考え出す．
Ⅰコリ 14: 7 笛や琴などいのちのない<楽器>でも，

▼ かつぎだい（～台）

民数 4:10 これを<かつぎ台>に載せる．12.

▼ かつぐ

出エ 25:14 その棒は，箱を<かつぐ>ために，箱
民数 13:23 それをふたりが棒で<かつ>いだ．ま
士師 16: 3 引き抜き，それを肩に<かつ>いで，
Ⅰサム 4: 4 主の契約の箱を<かつ>いで来た．エ
イザ 46: 7 彼らはこれを肩に<かつ>いで運び，
アモ 5:26 キウンの像を<かつ>いでいた．
ルカ 7:14 <かつ>いでいた人たちが立ち止まっ
15: 5 大喜びでその羊を<かつ>いで，
使徒 7:43 ロンパの神の星を<かつ>いでいた．
21:35 兵士たちが彼を<かつ>ぎ上げなけれ

▼ かっこう

Ⅰコリ 12:23 ことさらに良い<かっこう>になりま
24 <かっこう>の良い器官にはその必要

▼ かつれい（割礼）

創世 17:10 すべての男子は<割礼>を受けなさい．
12 <割礼>を受けなければならない．家
21: 4 自分の子イサクに<割礼>を施した．
34:14 <割礼>を受けていない者に，私たち
15 <割礼>を受けて，私たちと同じよう
24 すべての男子は<割礼>を受けた．
出エ 4:26 <割礼>のゆえに「血の花婿」と言っ
12:48 みな<割礼>を受けなければならない．
レビ 12: 3 8日目には…<割礼>をしなければな
19:23 その実はまだ<割礼>のないものとみ
ヨシ 5: 2 もう一度イスラエル人に<割礼>をせ
8 民のすべてが<割礼>を完了したとき，
士師 14: 3 <割礼>を受けていないペリシテ人の
Ⅰサム 17:26 この<割礼>を受けていないペリシテ
31: 4 <割礼>を受けていない者どもがやって来て，私を刺し殺し．Ⅰ歴10:4.
Ⅱサム 1:20 <割礼>のない者の娘らを勝ち誇らせ
エレ 4: 4 主のために<割礼>を受け，心の包皮
9:25 包皮に<割礼>を受けている者を罰す
26 心に<割礼>を受けていないからだ．」
エゼ 28:10 <割礼>を受けていない者の死を遂げ

31:18 <割礼>を受けていない者たちの間に
横たわる．32:19，21，25，28，30．
44: 7 肉体にも<割礼>を受けていない外国
ルカ 1:59 人々は幼子に<割礼>するためにやっ
2:21 8日が満ちて幼子に<割礼>を施す日
ヨハ 7:22 モーセはこのために…<割礼>を与え
ました…安息日にも人に<割礼>を施
使徒 7:51 心と耳とに<割礼>を受けていない人
10:45 <割礼>を受けている信者で，ペテロ
11: 2 <割礼>を受けた者たちは，彼を非難
3 あなたは<割礼>のない人々のところ
15: 1 <割礼>を受けなければ…救われない．
5 異邦人にも<割礼>を受けさせ，また，
16: 3 ユダヤ人の手前，彼に<割礼>を受け
21:21 子どもに<割礼>を施すな，慣習に従
ロマ 2:25 律法を守るなら，<割礼>には価値が
あります…そむいているなら，あな
たの<割礼>は，無割礼になったので
26 <割礼>を受けていない人が律法の規
定を守るなら，<割礼>を受けていな
くても，<割礼>を受けている者とみ
28 外見上のからだの<割礼>が<割礼>な
29 心の<割礼>こそ<割礼>です．その誉
3: 1 <割礼>にどんな益があるのですか．
30 神は，<割礼>のある者を信仰によっ
て義と認め…<割礼>のない者をも，
4: 9 この幸いは，<割礼>のある者にだけ
…<割礼>のない者にも与えられるの
10 <割礼>を受けてからでしょうか…
<割礼>を受けてからではなく，<割
礼>を受けていないときにです．
12 <割礼>のある者の父となるためです．
15: 8 <割礼>のある者のしもべとなられま
Ⅰコリ 7:18 召されたとき<割礼>を受けていたの
なら…<割礼>を受けていなかったの
なら，<割礼>を受けてはいけません．
19 <割礼>は取るに足らぬこと，無割礼
ガラ 2: 3 <割礼>を強いられませんでした．
7 ペテロが<割礼>を受けた者への福音
をゆだねられ…私が<割礼>を受けな
5: 6 <割礼>を受ける受けないは大事なこ
とではなく，愛によって働く．6:15．
11 今でも<割礼>を宣べ伝えているなら，
6:12 <割礼>を強制する人たちは，肉にお
エペ 2:11 いわゆる<割礼>を持つ人々からは，
ピリ 3: 2 肉体だけの<割礼>の者に気をつけて
3 私たちのほうこそ，<割礼>の者なの
5 私は8日目の<割礼>を受け，イスラ
コロ 2:11 人の手によらない<割礼>…キリスト
の<割礼>を受けたのです．
13 肉の<割礼>がなくて死んだ者であっ
3:11 <割礼>の有無，未開人，スクテヤ人，
テト 1:10 特に，<割礼>を受けた人々がそうで

▼ **かつれいは（割礼派）**

ガラ 2:12 <割礼派>の人々を恐れて，だんだん

▼ **かて（糧）**

創世 3:19 あなたは，顔に汗を流して<糧>を得，
詩 127: 2 辛苦の<糧>を食べるのも…むなしい．
マタ 6:11 日ごとの<糧>をきょうもお与えくだ
ルカ 11: 3 日ごとの<糧>を毎日お与えください．

▼ **ガテ**

1. 地名．ペリシテ五大都市の一つ．ヨシ11:22，Ⅰサム5:8，6:17，7:14，17:4，21:10，27:2，Ⅱサム1:20，21:20，Ⅰ列2:39，Ⅰ歴18:1，20:6，Ⅱ歴26:6，詩篇56題目，アモ6:2．
2. ガテ人．Ⅱサム6:10，21:19，Ⅰ歴13:13．

▼ **かてい（家庭）**

Ⅰテモ 3: 4 自分の<家庭>をよく治め，十分な威
5 <家庭>を治めることを知らない人が，
5:14 子どもを産み，<家庭>を治め，反対

▼ **ガディ〔人名〕**

(1)イスラエルの王メナヘムの父．Ⅱ列15:14，17．

(2)マナセ族代表の斥候の一人．民数13:11．

▼ **ガディエル〔人名〕**

ゼブルン族代表の斥候の一人．民数13:10．

▼ **カデシュ〔地名〕**

パレスチナ南境の荒野のオアシス．民数13:26，20:16，申命1:46，士師11:16，17，詩篇29:8．

▼ **カデシュ・バルネア〔地名〕**

カデシュと同地．民数32:8，34:4，ヨシ15:3．

▼ **ガテ・ヘフェル〔地名〕**

ヨナの出生地．ヨシ19:13，Ⅱ列14:25．

▼ **カデミエル〔人名〕**

レビ人．エズ2:40，ネヘ7:43，12:8，24．

▼ **カデモニじん（～人）**

ヘルモン山付近に住んでいた部族．創世15:19．

▼ガテ・リモン〔地名〕
(1)エフライム山地の町．ヨシ19:45，Ｉ歴6:69．
(2)ヨルダン西方の町．ヨシ21:24，25．

▼ガド【別項】ガドの谷
1.人名．
(1)ヤコブの第７子．創世30:11，35:26，46:16，49:19，出エ1:4，Ｉ歴2:2．
(2)ダビデ時代の預言者．Ⅱサム24:11，13，14，18，19，Ｉ歴21:9，13，18，29:29，Ⅱ歴29:25．
2.ガド族（人）．1.(1)の子孫．民数1:25，2:14，26:15，32:1，申命3:12，29:8，ヨシ4:12，13:8，22:9，Ⅱサム23:36，Ⅱ列10:33，Ｉ歴5:11，18，26，12:14，37，26:32，黙示7:5．
3.偶像．幸運の神．イザ65:11．

▼かどぐち（門口）
詩篇 84:10　むしろ神の宮の<門口>に立ちたいの
使徒 10:17　たずね当てて，その<門口>に立って

▼ガドのたに（～谷）
ダビデの人口調査が始められた地．Ⅱサム24:5．

▼カナ〔地名〕
(1)アシェル族の町．ヨシ19:28．
(2)ガリラヤの町．ヨハ2:1，11，4:46，21:2．

▼かなう【別項】おりにかなう，心にかなう
Ⅱサム 19: 6　あなたの目に<かな>ったのでしょう．
Ｉ列 11:33　わたしの見る目に<かなう>ことを行
15: 5　ダビデが主の目に<かなう>ことを行
Ⅱ列 10:30　わたしの見る目に<かな>ったことを
16: 2　主の目に<かなう>ことを行わず，
箴言 13:12　望みが<かなう>ことは，いのちの木

▼かなえる
出エ 15: 9　望みを彼らによって<かなえ>よう．
箴言 30: 7　それを<かなえ>てください．

▼かなかす（金かす）
詩 119:119　悪者を<金かす>のように，取り除か
箴言 25: 4　銀から，<かなかす>を除け．そうす
イザ 1:22　おまえの銀は，<かなかす>になった．
25　おまえの<かなかす>を灰汁のように

▼カナがわ（～川）
シェケム南西から地中海に注ぐ川．ヨシ16:8．

▼かなしい（悲しい）
ネヘ 2: 3　どうして<悲しい>顔をしないでおら
ヨブ 10:15　ああ，<悲しい>ことです．私は，正
エレ 22:18　ああ，<悲しい>かな，私の兄弟．ああ，<悲しい>かな，私の姉妹』と言
ヘブ 12:11　かえって<悲し>く思われるものです

▼かなしみ（悲しみ）
Ｉ歴 4: 9　<悲しみ>のうちにこの子を産んだか
ネヘ 2: 2　心に<悲しみ>があるに違いない．」
エス 4: 3　大きな<悲しみ>と，断食と，泣き声
9:22　<悲しみ>が喜びに，喪の日が祝日に
ヨブ 17: 7　私の目は<悲しみ>のためにかすみ，
詩篇 13: 2　私の心には，一日中，<悲しみ>があ
31:10　私のいのちは<悲しみ>で尽き果てま
107:39　わざわいと<悲しみ>によって，数が
116: 3　私は苦しみと<悲しみ>の中にあった．
119:28　私のたましいは<悲しみ>のために涙
箴言 10: 1　愚かな子は母の<悲しみ>である．
14:13　終わりには喜びが<悲しみ>となる．
17:21　愚かな者を生む者には<悲しみ>があ
伝道 1:18　知識を増す者は<悲しみ>を増す．
2:23　その一生は<悲しみ>であり，その仕
7: 3　<悲しみ>は笑いにまさる．顔の曇り
11:10　あなたの心から<悲しみ>を除き，あ
イザ 35:10　<悲しみ>と嘆きとは逃げ去る．
53: 3　<悲しみ>の人で病を知っていた．人
61: 3　<悲しみ>の代わりに喜びの油を，憂
エレ 8:18　私の<悲しみ>はいやされず，私の心
31:13　わたしは彼らの<悲しみ>を喜びに変
45: 3　主は私の痛みに<悲しみ>を加えられ
エゼ 2:10　哀歌と，嘆きと，<悲しみ>とがそれ
19:14　これは<悲しみ>の歌，哀歌となった．
23:33　あなたは酔いと<悲しみ>に満たされ
マタ 26:38　わたしは<悲しみ>のあまり死ぬほど
ルカ 22:45　彼らは<悲しみ>の果てに，眠り込ん
ヨハ 16: 6　あなたがたの心は<悲しみ>でいっぱ
20　<悲しみ>は喜びに変わります．
ロマ 9: 2　私には大きな<悲しみ>があり，私の
Ⅱコリ 2: 3　<悲しみ>を与えられたくないからで
7　あまりにも深い<悲しみ>に押しつぶ
7:10　神のみこころに添った<悲しみ>は…世の<悲しみ>は死をもたらします．
ピリ 2:27　<悲しみ>に<悲しみ>が重なることの
Ｉテサ 4:13　他の望みのない人々のように<悲しみ>に沈むことのないためです．
ヤコ 4: 9　笑いを<悲しみ>に，喜びを憂いに変
Ｉペテ 2:19　<悲しみ>をこらえるなら，それは喜

黙示 18: 7 苦しみと<悲しみ>とを，彼女に与え
8 死病，<悲しみ>，飢えが彼女を襲い，
21: 4 <悲しみ>，叫び，苦しみもない．な

▼ かなしむ（悲しむ）

創世 42:38 <悲し>みながらよみに下らせること
出エ 33: 4 悪い知らせを聞いて<悲し>み痛み，
民数 14:39 告げたとき，民はひどく<悲し>んだ．
Ⅰサム 15:35 サムエルはサウルのことで<悲し>ん
16: 1 いつまで…<悲し>んでいるのか．わ
20: 3 ヨナタンが<悲し>まないように，こ
Ⅱサム 1:26 あなたのために私は<悲しむ>．私の
3:33 アブネルのために<悲し>み歌って言
19: 2 王がその子のために<悲し>んでいる，
ネヘ 8: 9 <悲し>んではならない．泣いてはな
エス 4: 4 王妃はひどく<悲し>み，モルデカイ
ヨブ 30:25 <悲し>まなかっただろうか．
詩篇 78:40 荒れ地で神を<悲し>ませたことか．
イザ 3:26 その門はみな，<悲し>み嘆き，シオ
19: 8 漁夫たちは<悲し>み，ナイル川で釣
57:18 <悲しむ>者たちとに，慰めを報いよ
61: 2 すべての<悲しむ>者を慰め，
3 シオンの<悲しむ>者たちに，灰の代
66:10 すべてこれのために<悲しむ>者よ．
エレ 4: 8 荒布をまとい，<悲し>み嘆け．主の
哀歌 2: 8 塁と城壁は<悲し>み嘆き，これらは
エゼ 13:22 わたしが<悲し>ませなかったのに，
正しい人の心を偽りで<悲し>ませ，
24:17 声をたてずに<悲し>め．死んだ者の
27:32 おまえのために<悲し>んで歌う．だ
ミカ 1: 8 だちょうのように<悲し>み泣こう．
ナホ 2: 7 はしためは…胸を打って<悲しむ>．
マラ 3:14 万軍の主の前で<悲し>んで歩いても，
マタ 5: 4 <悲しむ>者は幸いです．その人たち
9:15 どうして<悲し>んだりできましょう．
11:17 歌ってやっても，<悲し>まなかった．
17:23 すると，彼らは非常に<悲し>んだ．
19:22 青年は…<悲し>んで去って行った．
24:30 あらゆる種族は，<悲し>みながら，
26:22 弟子たちは非常に<悲し>んで，「主
37 イエスは<悲し>みもだえ始められた．
マコ 10:22 顔を曇らせ，<悲し>みながら立ち去
ルカ 6:25 やがて<悲し>み泣くようになるから．
18:23 これを聞いて，非常に<悲し>んだ．
Ⅰコリ 5: 2 取り除こうとして<悲しむ>こともな
Ⅱコリ 2: 1 <悲し>ませることになるような訪問
2 私があなたがたを<悲し>ませている
のなら，私が<悲し>ませているその
4 <悲し>ませるためではなく，私があ
6:10 <悲し>んでいるようでも…喜んでお
7: 8 <悲し>ませたけれども…悔いていま
9 <悲し>んだからではなく…<悲し>ん
で…みこころに添って<悲し>んだの
エペ 4:30 聖霊を<悲し>ませてはいけません．
ヤコ 4: 9 苦しみなさい．<悲し>みなさい．泣
Ⅰペテ 1: 6 試練の中で，<悲し>まなければなら

▼ かなた

創世 35:21 ミグダル・エデルの<かなた>に天幕
申命 30:13 これは海の<かなた>にあるのではな
イザ 9: 1 ヨルダン川の<かなた>，異邦人のガ
18: 1 クシュの川々の<かなた>にある羽こ
アモ 5:27 わたしはあなたがたを，ダマスコの
<かなた>へ捕らえ移す．使徒7:43．

▼ かなづち（金槌）

イザ 41: 7 <金槌>で打つ者は，鉄床をたたく者
44:12 細工し，<金槌>でこれを形造り，力
エレ 23:29 岩を砕く<金槌>のようではないか．

▼ かなとこ（鉄床）

イザ 41: 7 <鉄床>をたたく者に，はんだづけに

▼ カナヌヤ〔人名〕

(1)レビ人のつかさ．Ⅱ歴31:12，13．
(2)ヨシヤ王時代のレビ人のつかさ．Ⅱ歴35:9．

▼ かならず（必ず）

創世 2:17 食べるとき，あなたは<必ず>死ぬ．
ルカ 9:22 人の子は，<必ず>多くの苦しみを受
24: 7 人の子は<必ず>罪人らの手に引き渡
44 <必ず>全部成就するということでし
Ⅰコリ 15:53 <必ず>朽ちないものを着…<必ず>不
ヘブ 7:12 律法も<必ず>変わらなければなりま

▼ カナン

1. 地名．ヨルダン川よりも西のパレスチナ地域．創世11:31，12:5，13:12，17:8，23:2，19，28:1，31:18，33:18，35:6，36:2，37:1，42:5，44:8，46:6，47:1，48:3，49:30，50:5，出エ6:4，15:15，16:35，レビ14:34，18:3，25:38，民数13:2，26:19，34:2，35:14，申命32:49，ヨシ5:12，14:1，22:9，24:3，士師3:1，4:2，21:12，Ⅰ歴16:18，詩篇105:11，106:38，135:11，イザ23:11，ゼパ2:5，使徒13:19．
2. 人名．ハムの子．創世9:18，22，25，26，

27, 10:6, 15, Ⅰ歴1:8, 13.
3. カナン（人）. 1. の住人. 創世10:18, 12:6, 13:7, 15:21, 24:3, 34:30, 38:2, 46:10, 50:11, 出エ3:8, 6:15, 13:5, 23:23, 民数13:29, 21:3, 33:40, 申命1:7, 20:17, ヨシ3:10, 5:1, 7:9, 13:3, 16:10, 17:12, 士師1:1, Ⅱサム24:7, Ⅰ列9:16, Ⅰ歴2:3, エズ9:1, ネヘ9:8, エゼ16:3, オバ20, マタ15:22.

▼ カナンご（〜語）
イザ 19:18　<カナン語>を話し…主に誓いを立て

▼ カネ〔地名〕
メソポタミヤ地方の町か. エゼ27:23.

▼ かね（金）
創世 17:12　<金>で買い取られたあなたの子孫で
出エ 21:11　<金>を払わないで無償で去ることが
34　井戸の持ち主は<金>を支払って. 35.
レビ 22:11　祭司に<金>で買われた者は, これを
25:37　<金>を貸して利息を取ってはならな
申命 2: 6　食物は, 彼らから<金>で買って食べ, 水も…<金>で買って飲まなければな
14:25　あなたはそれを<金>に換え, その<金>を手に結びつけ, あなたの神,
26　その<金>をすべてあなたの望むもの,
21:14　決して<金>で売ってはならない. あ
Ⅱ歴 24: 5　全イスラエルから<金>を集めて来な
11　<金>が多くなったのを見て, レビ人たちが…毎日…多くの<金>を集めた.
34: 9　神の宮に納められた<金>を渡した.
エズ 3: 7　石切り工や木工には<金>を与え, シ
ネヘ 5: 4　<金>を借りなければならなかった.
ヨブ 31:39　<金>を払わないでその産物を食べ,
詩篇 15: 5　<金>を貸しても利息を取らず, 罪を
イザ 43:24　<金>を払って菖蒲を買わず, いけに
52: 3　<金>を払わずに買い戻される.」
55: 1　水を求めて出て来い. <金>のない者も…さあ, <金>を払わないで, 穀物
哀歌 5: 4　自分たちの水を, <金>を払って飲み,
アモ 2: 6　彼らが<金>と引き換えに正しい者を
8: 6　弱い者を<金>で買い, 貧しい者を1
ミカ 3:11　預言者たちは<金>を取って占いをす
マタ 25:18　地を掘って, その主人の<金>を隠し
28:12　兵士たちに多額の<金>を与えて,
マコ 12:41　献金箱へ<金>を投げ入れる様子を見
14:11　<金>をやろうと約束した…ユダは,
ルカ 7:41　ふたりの者が<金>を借りていた. ひ
16:14　<金>の好きなパリサイ人たちが, 一
22: 5　ユダに<金>をやる約束をした.
ヨハ 2:15　両替人の<金>を散らし, その台を倒
使徒 7:16　いくらかの<金>で…買っておいた墓
8:18　使徒たちのところに<金>を持って来
20　あなたの<金>は, あなたとともに滅びるがよい…<金>で神の賜物を手に
22:28　たくさんの<金>を出して…市民権を
24:26　<金>をもらいたい下心があったので,
Ⅱテモ 3: 2　<金>を愛する者, 大言壮語する者,

▼ かねいれ（金入れ）
ヨハ 12: 6　彼は盗人で…<金入れ>を預かってい
13:29　ユダが<金入れ>を持っていたので,

▼ かねかし（金貸し）
出エ 22:25　<金貸し>のようであってはならない.
ルカ 7:41　ある<金貸し>から, ふたりの者が金

▼ かねもち（金持ち）
マタ 19:24　<金持ち>が神の国に入るよりは, ら
27:57　アリマタヤの<金持ち>でヨセフとい
ルカ 12:16　ある<金持ち>の畑が豊作であった.
16: 1　ある<金持ち>にひとりの管理人がい
19　ある<金持ち>がいた. いつも紫の衣
18:23　たいへんな<金持ち>だったからであ
19: 2　取税人のかしらで, <金持ち>であっ
Ⅰテモ 6: 9　<金持ち>になりたがる人たちは, 誘
ヤコ 5: 1　聞きなさい. <金持ち>たち. あなた

▼ かば（河馬）
ヨブ 40:15　さあ, <河馬>を見よ. これはあなた

▼ ガバイ〔人名〕
捕囚帰還後エルサレムに住んだ. ネヘ11:8.

▼ かばう
創世 30: 6　神は私を<かば>ってくださり, 私の
申命 13: 8　彼を<かば>ったりしてはならない.
32:36　主は御民を<かば>い, 主のしもべら
33:12　主はいつまでも彼を<かばう>. 彼が
詩篇 5:11　あなたが彼らを<かば>ってくださり,
イザ 51:16　わたしの手の陰にあなたを<かば>い,
ゼカ 9:15　万軍の主が彼らを<かばう>ので, 彼
12: 8　エルサレムの住民を<かば>われる.
使徒 7:24　その人を<かば>い, エジプト人を打

▼ ガバタ〔地名〕
イエスが死刑の宣告を受けた場所. ヨハ19:13.

▼ **カパドキヤ〔地名〕**
小アジヤの東部．使徒2:9，Ⅰペテ1:1．

▼ **ガハム〔人名〕**
ナホルのそばめの子．創世22:24．

▼ **ガハルぞく（～族）**
宮に仕えるしもべの一族．エズ2:47，ネヘ7:49．

か

▼ **カブ〔度量衡〕**
固体量の単位．約１．２リットル．Ⅱ列6:25．

▼ **かぶせる**
創世 27:16 子やぎの毛皮を，彼の手と首のなめらかなところに<かぶせ>てやった．
Ⅱ列 8:15 毛布を…王の顔に<かぶせ>たので，
イザ 30:22 銀を<かぶせ>た刻んだ像と，金を<かぶせ>た鋳物の像を汚し，汚れた
ハバ 2:19 それは金や銀を<かぶせ>たもの．そ
ゼカ 5: 8 口の上に鉛の重しを<かぶせ>た．

▼ **カブツェエル〔地名〕**
ユダ最南端の町の一つ．ヨシ15:21，Ⅱサム23:20．

▼ **かぶと**
Ⅰサム 17: 5 頭には青銅の<かぶと>をかぶり，身
詩篇 60: 7 エフライム…わたしの頭の<かぶと>．
イザ 59:17 救いの<かぶと>を頭にかぶり，復讐
エレ 46: 4 <かぶと>を着けて部署につけ．槍を
エゼ 27:10 おまえに盾と<かぶと>を掛け，彼ら
エペ 6:17 救いの<かぶと>をかぶり，また御霊
Ⅰテサ 5: 8 救いの望みを<かぶと>としてかぶっ

▼ **カフトル**
1. ペリシテ人の出身地．エレ47:4，アモ9:7．
2. カフトル人．創世10:14，Ⅰ歴1:12．

▼ **ガブリエル**
御使いの名前．ダニ8:16，9:21，ルカ1:19．

▼ **かぶりもの（～物）**
出エ 29: 6 彼の頭に<かぶり物>をかぶらせ，そ
ヨブ 29:14 私の公義は上着であり，<かぶり物>
箴言 14:24 愚かな者の<かぶり物>はその愚かさ．
イザ 62: 3 あなたは…王の<かぶり物>となる．
エゼ 21:26 <かぶり物>は脱がされ，冠は取り去
　44:18 頭には亜麻布の<かぶり物>をかぶり，
Ⅰコリ 11: 5 女が…頭に<かぶり物>を着けていな
　6 女が<かぶり物>を着けないのなら…<かぶり物>を着けなさい．
　15 髪は<かぶり物>として女に与えられ

▼ **カブル〔地名〕**
⑴アコ東南東の町．ヨシ19:27．
⑵ソロモンがヒラムに与えた20の町の地域．Ⅰ列9:13．

▼ **かぶる**
創世 38:14 ベールを<かぶ>り，着替えをして，
レビ 16: 4 亜麻布のかぶり物を<かぶ>らなけれ
ヨシ 7: 6 自分たちの頭にちりを<かぶ>った．
雅歌 3:11 喜びの日のために，母上から<かぶ>らせてもらった冠を<かぶ>っている．
エゼ 16:10 亜麻布を<かぶ>らせ，絹の着物を着
マタ 27:29 いばらで冠を編み，頭に<かぶ>らせ，
マコ 15:17 いばらの冠を編んで<かぶ>らせ，
Ⅰコリ 11:10 権威のしるしを<かぶる>べきです．
　13 何も<かぶ>らないで神に祈るのは，
エペ 6:17 救いのかぶとを<かぶ>り，また御霊
黙示 4: 4 金の冠を頭に<かぶ>った24人の長老
　12: 1 頭には12の星の冠を<かぶ>っていた．
　18:19 頭にちりを<かぶ>って，泣き悲しみ，

▼ **かべ（壁）**
出エ 14:22 水は…右と左で<壁>となった．
レビ 14:37 患部がその家の<壁>に出ていて…その<壁>よりも低く見えるならば，
Ⅰサム 18:11 ダビデを<壁>に突き刺してやろう，
Ⅰ列 6: 5 神殿の<壁>の回り…神殿の<壁>に脇屋を建て増しし．6，15，27，29．
Ⅱ列 4:10 屋上に<壁>のある小さな部屋を作り，
　9:33 彼女の血は<壁>や馬にはねかかった．
　20: 2 ヒゼキヤは顔を<壁>に向けて，主に
Ⅰ歴 29: 4 家々の<壁>に着せるため，オフィル
Ⅱ歴 3: 7 <壁>にも，とびらにも金を着せ，<壁>にはケルビムを刻んだ．
　11 神殿の<壁>にまで届いており，片方
エズ 5: 8 <壁>には木材が組まれていました．
雅歌 2: 9 あの方は…<壁>のうしろにじっと立
イザ 59:10 盲人のように<壁>を手さぐりし，目
エレ 4:19 痛み苦しむ．私の心臓の<壁>よ．私
エゼ 4: 3 町との間に鉄の<壁>として立て，あ
　8: 7 見ると，<壁>に一つの穴があった．
　8 <壁>に穴をあけて通り抜けよ．」私
　10 回りの<壁>一面に彫られていた．
　13:10 <壁>を建てると…しっくいで上塗り
　12 すると，<壁>が倒れ落ちる．人々は
　40: 5 神殿の外側を巡って…<壁>があった．41:5，6，9，12，13，17，20，25．

43: 8 彼らとの間には，ただ<壁>があるだ

46:23 四つとも，回りは石の<壁>で囲まれ，石の<壁>の下のほうには料理場が作

ダニ 5: 5 王の宮殿の塗り<壁>…に物を書いた．

アモ 5:19 家に入って手を<壁>につけると，蛇

使徒 23: 3 ああ，白く塗った<壁>．神があなた

エペ 2:14 隔ての<壁>を打ちこわし，

▼カペナウム〔地名〕

ガリラヤ湖北西岸の町．マタ4:13，8:5，11:23，17:24，マコ1:21，2:1，9:33，ルカ4:23，7:1，ヨハ2:12，4:46，6:17，24，59.

▼かべばしら（壁柱）

エゼ40: 9 <壁柱>は2キュビト．10，16，21，24，26，29，31，33，34，36，37，48，49，41:1，3.

▼カボン〔地名〕

ユダの低地の町の一つ．ヨシ15:40.

▼かま

申命23:25 隣人の麦畑で<かま>を使ってはなら

イザ 2: 4 槍を<かま>に打ち直し，国は国に向

エレ50:16 刈り入れの時に<かま>を取る者を，

ヨエ 3:10 あなたがたの<かま>を槍に，打ち直

13 <かま>を入れよ．刈り入れの時は熟

マコ 4:29 人はすぐに<かま>を入れます．収穫

黙示14:15 <かま>を入れて刈り取ってください．

▼かま（釜）【別項】大がま

II列 4:40 <かま>の中に毒が入っています．」

詩篇58: 9 <釜>が，いばらの火を感じる前に，

エレ 1:13 煮え立っている<かま>を見ています．

▼ガマデじん（～人）

シリヤの一地方出身の人々．エゼ27:11.

▼かまど

創世15:17 煙の立つ<かまど>と，燃えているた

イザ31: 9 エルサレムに<かまど>を持つ主の御

ホセ 7: 6 彼らの心は<かまど>のようで，その

7 みな，<かまど>のように熱くなって，

マラ 4: 1 <かまど>のように燃えながら．その

▼ガマリエル〔人名〕

サンヘドリンの議員．使徒5:34，22:3.

▼がまん

民数21: 4 民は，途中で<がまん>ができなくな

エス 5:10 ハマンは<がまん>して家に帰り，人

8: 6 私の民族に降りかかるわざわいを見て<がまん>しておられましょう…滅びるのを見て<がまん>しておられま

ミカ 2: 7 主がこれを<がまん>されるだろうか．

ゼカ11: 8 彼らに<がまん>できなくなり，彼ら

マタ17:17 いつまであなたがたに<がまん>していなければ．マコ9:19，ルカ9:41.

Iテサ 3: 1 私たちはもはや<がまん>できなくな

▼かみ（神），神々【別項】イスラエルの神・イスラエルの神，主；神である主・神であられる主；神なる主；神の家；神の国；神の子・神の子ども；神の（み）ことば；神の小羊；神の神殿；神の民；神の使い；神の箱；神のパン；神の人；神の右；神の御座；神の御霊；神の御名・神の名；神の宮；神の都；神の山；神の霊；神をけがす；知られない神；父なる神；万軍の神；ほかの神・ほかの神々

創世 1: 1 初めに，<神>が天と地を創造した．

27 <神>のかたちとして彼を創造．9:6.

3: 1 <神>は，ほんとうに言われたのです

5 あなたがたが<神>のようになり，善

5:24 <神>とともに歩んだ．6:9.

15: 2 <神>，主よ．私に何をお与えになる

17: 1 わたしは全能の<神>である．28:3.

7 わたしがあなたの<神>，あなたの後の子孫の<神>となるためである．

21:22 <神>はあなたとともにおられる．

24: 3 天の<神>，地の<神>である主にかけ

28:21 主が私の<神>となられるなら，

31: 5 私の父の<神>は私とともにおられる

13 わたしはベテルの<神>．あなたはそ

32: 9 アブラハムの<神>…イサクの<神>よ．

30 顔と顔とを合わせて<神>を見たのに，

45: 8 遣わしたのは…実に，<神>なのです．

46: 3 わたしは<神>，あなたの父の<神>で

出エ 3: 4 <神>は柴の中から彼を呼び，「モー

6 わたしは，あなたの父の<神>，アブラハムの<神>，イサクの<神>，ヤコブの<神>である．」モーセは<神>を

14 <神>はモーセに仰せられた．「わた

6: 7 わたしはあなたがたの<神>となる．

7: 1 あなたをパロに対して<神>とし，あ

15: 2 この方こそ，わが<神>．私はこの方

11 主よ．<神々>のうち，だれかあなた

19: 3 モーセは<神>のみもとに上って行っ

20: 2 わたしは…あなたの<神>，主である．

23:24 彼らの<神々>を拝んではならない.
29:45 わたしは…彼らの<神>となろう.
レビ 11:44 わたしはあなたがたの<神>, 主であるからだ. 20:7, 23:22, 24:22, 25:17, 38, 55, 26:1, 13, 44.
民数 16:22 <神>…肉なるもののいのちの<神>よ.
申命 1: 6 私たちの<神>, 主. 19, 41, 2:29, 3:3, 4:7, 5:2, 24, 6:20, 29:15.
10 あなたがたの<神>, 主. 3:18, 4:2, 5:32, 6:1, 8:20, 9:16, 11:13, 12:4, 13:3, 14:1, 20:4, 29:6, 31:12.
11 父祖の<神>, 主. 4:1, 6:3, 12:1, 26:7, 27:3, 29:25, ヨシ18:3, II歴19:4, 20:6, 21:10, 24:18, 28:6, 29:5, 30:7, 36:15.
21 あなたの<神>, 主. 2:7, 4:24, 31, 5:6, 9, 6:2, 5, 7:9, 21, 8:2, 5, 18, 9:4, 10:12, 11:1, 12:7, 28, 13:5, 14:2, 15:7, 17:2, 18:13, 19:1, 20:1, 21:1, 22:5, 23:5, 24:4, 25:15, 26:1, 27:2, 28:1, 29:12, 30:1, 6, 16, 20, 31:3, 6, 11.
3:24 …のようなことのできる<神>が, 天,
4:28 木や石の<神々>に仕える.
35 主だけが<神>であって, ほかには<神>はないことを, あなたが知るた
10:17 あなたがたの<神>, 主は, <神>の<神>, 主の主…恐ろしい<神>. かた
26:17 きょう…主が, あなたの<神>であり,
32:21 <神>でないもので, わたしのねたみ
39 わたしのほかに<神>はいない. わた
ヨシ 1: 9 あなたの<神>, 主. 9:9, 24.
11 あなたがたの<神>, 主. 13, 3:3, 9, 4:5, 23, 8:7, 10:19, 22:3, 23:3.
2:11 上は天, 下は地において<神>であら
22:22 <神>の<神>, 主. <神>の<神>, 主は,
23: 7 彼らの<神々>の名を口にしてはなら
24:19 主は聖なる<神>であり, ねたむ<神>
士師 10: 6 アラムの<神々>, シドンの<神々>, モアブの<神々>, アモン人の<神々>, ペリシテ人の<神々>に仕えた. こう
13:22 私たちは<神>を見たので, 必ず死ぬ
ルツ 1:16 あなたの<神>は私の<神>です.
Iサム 4: 7 ペリシテ人は, 「<神>が陣営に来た」
10: 7 <神>があなたとともにおられるから
12:19 あなたの<神>, 主. 13:13, 15:15, 25:29, IIサム14:11, 18:28, 24:3, 23.
IIサム 2:27 <神>は生きておられる. もし, おま
7:18 <神>, 主よ. 私がいったい何者であ
22 <神>, 主よ…あなたのほかに<神>はありません. 28.
23 <神>ご自身が来られて, この民を贖い…国々とその<神々>から贖ってく
22: 3 岩なる<神>. 32, 47, Iサム2:2.
31 <神>, その道は完全. 主のみことば
I列 1:17 あなたの<神>, 主. 2:3, 10:9, 13:6, 21, 17:12, 18:10, II列19:4.
12:28 ここに…あなたの<神々>がおられる.
18:21 主が<神>であれば, それに従い, もし, バアルが<神>であれば, それに
27 呼んでみよ. 彼は<神>なのだから.
39 「主こそ<神>です. 主こそ<神>です.」
20:23 彼らの<神々>は山の<神>です. だか
II列 2:14 エリヤの<神>, 主は, どこにおられ
19:12 その国々の<神々>は彼らを救い出し
I歴 5:25 その父祖の<神>に対して不信の罪を犯し…その地の民の<神々>を慕って
17:22 主よ. あなたは彼らの<神>となられ
II歴 2: 5 私たちの<神>は, すべての<神々>にまさって偉大な<神>だからです.
エズ 8:22 <神>の御手は, <神>を尋ね求めるす
ネヘ 9:17 あなたは赦しの<神>であり, 情け深
ヨブ 32: 2 <神>よりも…自分自身を義としたか
詩篇 14: 1 愚か者は心の中で, 「<神>はいない」
18:31 主のほかにだれが<神>であろうか.
22: 1 わが<神>, わが<神>. どうして, 私
46: 1 <神>はわれらの避け所, また力. 苦
82: 1 <神>は<神>の会衆の中に立つ. <神>は<神々>の真ん中で, さばきを下す.
100: 3 知れ. 主こそ<神>. 主が, 私たちを
伝道 3:14 <神>がこのことをされたのだ. 人は<神>を恐れなければならない.
イザ 9: 6 不思議な助言者, 力ある<神>, 永遠
37:12 その国々の<神々>が彼らを救い出し
40:28 主は永遠の<神>, 地の果てまで創造
41:10 わたしがあなたの<神>だから. わた
46: 9 わたしが<神>である. ほかにはいな
48:17 わたしは, あなたの<神>, 主である.
エレ 2:11 <神々>を<神々>でないものに, 取り

10:10 主はまことの<神>，生ける<神>，と
11 天と地を造らなかった<神々>は，地
16:20 自分のために<神々>を造れようか．
23:23 わたしは近くにいれば，<神>なのか
…遠くにいれば，<神>ではないのか．
31:33 わたしは彼らの<神>となり，彼らは
エゼ 11:20 彼らは…わたしは彼らの<神>となる．
28: 9 私は<神>だ』と言うのか．あなたは
人であって，<神>ではない．あなた
ダニ 2:47 あなたの<神>は，<神々>の<神>，王
ホセ 2:23 彼は『あなたは私の<神>』と言おう．
アモ 4:12 あなたの<神>に会う備えをせよ．
ミカ 6: 8 あなたの<神>とともに歩むことでは
ゼパ 2:11 地のすべての<神々>を消し去る．そ
ゼカ 13: 9 彼らは「主は私の<神>」と言う．
マタ 5: 8 心の…その人たちは<神>を見るから．
19:26 <神>にはどんなことでもできます．」
22:21 <神>のものは<神>に返しなさい．」
32 アブラハムの<神>，イサクの<神>，
27:46 わが<神>，わが<神>．どうしてわた
マコ 12:27 <神>は死んだ者の<神>ではありませ
ルカ 8:39 <神>があなたにどんなに大きなこと
ヨハ 1: 1 ことばは<神>とともにあった．こと
ばは<神>であった．
18 いまだかつて<神>を見た者はいない
…ひとり子の<神>が，<神>を説き明
3:16 <神>は，実に，そのひとり子をお与
4:24 <神>は霊ですから，<神>を礼拝する
8:42 わたしは<神>から出て来てここにい
10:33 あなたは…自分を<神>とするからで
20:17 わたしの<神>またあなたがたの<神>
28 トマスは答え…「私の主．私の<神>．」
使徒 4:19 <神>に聞き従うより，あなたがたに
5:39 もし<神>から出たものならば，あな
10:34 <神>はかたよったことをなさらず，
14:11 <神々>が人間の姿をとって，私たち
15: 8 人の心の中を知っておられる<神>は，
17:18 彼は外国の<神々>を伝えているらし
28 私たちは，<神>の中に生き，動き，
28: 6 この人は<神>さまだ」と言いだした．
ロマ 1:16 福音は…救いを得させる<神>の力で
20 <神>の，目に見えない本性，すなわ
21 <神>を知っていながら，その<神>を
<神>としてあがめず，感謝もせず，
3:23 <神>からの栄誉を受けることができ
29 <神>はユダヤ人だけの<神>でしょう
か…異邦人にとっても，<神>です．
8:28 <神>を愛する人々，すなわち，<神>
のご計画に従って召された人々のた
31 <神>が私たちの味方であるなら，だ
11:33 <神>の知恵と知識との富は，何と底
36 <神>から発し，<神>によって成り，
<神>に至る…この<神>に，栄光がと
12: 2 <神>のみこころは何か，すなわち，
何が良いことで，<神>に受け入れら
14:11 すべての舌は，<神>をほめたたえる．
15: 5 どうか，忍耐と励ましの<神>が，あ
13 どうか，望みの<神>が，あなたがた
33 どうか，平和の<神>が．Ⅰテサ5:23．
Ⅰコリ 1:25 <神>の愚かさは人よりも賢く，<神>
の弱さは人よりも強いからです．
3: 6 しかし，成長させたのは<神>です．
9 私たちは<神>の協力者であり，あな
たがたは<神>の畑，<神>の建物です．
8: 3 人が<神>を愛するなら，その人は<
神>に知られているのです．
5 多くの<神>や，多くの主があるので，
<神々>と呼ばれるものならば，天に
6 父なる唯一の<神>がおられるだけで
…私たちもこの<神>のために存在し
10:13 <神>は真実な方ですから．Ⅰヨハ1:9．
14:33 <神>が混乱の<神>ではなく，平和の
Ⅱコリ 1: 3 慰めの<神>がほめたたえられますよ
4: 4 この世の<神>が不信者の思いをくら
5: 5 私たちをこのことにかなう者として
くださった方は<神>です．<神>は，
ガラ 2: 6 <神>は人を分け隔てなさいません．
21 私は<神>の恵みを無にはしません．
3: 8 聖書は，<神>が異邦人をその信仰に
4: 9 今では<神>を知っているのに，いや，
むしろ<神>に知られているのに，ど
6: 7 <神>は侮られるような方ではありま
エペ 2: 4 あわれみ豊かな<神>は，私たちを愛
10 私たちは<神>の作品であって，良い
12 望みもなく，<神>もない人たちでし
3:19 <神>ご自身の満ち満ちたさまにまで，
5: 1 <神>にならう者となりなさい．
ピリ 2: 6 キリストは，<神>の御姿である方な
のに，<神>のあり方を捨てられない
3:19 彼らの<神>は彼らの欲望であり，彼

コロ 1:15 御子は，見えない<神>のかたちであ
Iテサ 1: 9 生けるまことの<神>に仕えるように
IIテサ 1: 8 そのとき主は，<神>を知らない人々
Iテモ 2: 5 <神>は唯一です．また，<神>と人と
テト 1:16 <神>を知っていると口では言います
2:13 大いなる<神>であり…救い主である
ヘブ 6:10 <神>は正しい方であって，あなたが
10:31 生ける<神>の手の中に陥ることは恐
11: 6 信仰がなくては，<神>に喜ばれるこ
とはできません．<神>に近づく者は，
<神>がおられることと，<神>を求め
ヤコ 4: 4 その人は自分を<神>の敵としている
8 <神>に近づきなさい．そうすれば，
Iペテ 2: 4 主は…<神>の目には，選ばれた，尊
5: 6 <神>の力強い御手の下にへりくだり
なさい．<神>が，ちょうど良い時に，
Iヨハ 1: 5 <神>は光であって，<神>のうちには
3:20 <神>は私たちの心よりも大きく，そ
4: 8 愛のない者に，<神>はわかりません．
なぜなら<神>は愛だからです．
12 だれも<神>を見た者はありません．
13 私たちが<神>のうちにおり，<神>も
5:20 この方こそ，まことの<神>，永遠の
ユダ 25 救い主である唯一の<神>に，栄光，
黙示21: 3 <神>の幕屋が人とともにある．<神>
は彼らとともに住み，彼らはその民

▼かみ（紙）

IIヨハ 12 <紙>と墨でしたくはありません．あ

▼かみ（髪）【別項】髪の毛

申命21:12 女は<髪>をそり，爪を切り，
Iサム12: 2 私は年をとり，<髪>も白くなった．
II列 9:30 目の縁を塗り，<髪>を結い直し，窓
雅歌 4: 1 あなたの<髪>は，ギルアデの山から
7: 5 あなたの乱れた<髪>は紫色．王はそ
のふさふさした<髪>のとりこになっ
イザ 3:24 結い上げた<髪>ははげ頭，晴れ着は
エレ 7:29 あなたの長い<髪>を切り捨て，裸の
16: 6 身を傷つけず，<髪>もそらない．
エゼ16: 7 乳房はふくらみ，<髪>も伸びた．し
44:20 <髪>を長く伸ばしすぎてもいけない．
使徒18:18 パウロは…ケンクレヤで<髪>をそっ
27:34 頭から<髪>一筋も失われることはあ
Iコリ11: 5 <髪>をそっているのと全く同じこと
6 <髪>も切ってしまいなさい．<髪>を
14 男が長い<髪>をしていたら，それは
15 女が長い<髪>をしていたら，それは
女の光栄…<髪>はかぶり物として女
Iペテ 3: 3 <髪>を編んだり，金の飾りをつけた
黙示 9: 8 女の<髪>のような毛があり，歯は，

▼かみそり

民数 6: 5 頭に<かみそり>を当ててはならない．
士師13: 5 その子の頭に<かみそり>を当てては
Iサム 1:11 子の頭に，<かみそり>を当てません．
イザ 7:20 …川の向こうで雇った<かみそり>，
エゼ 5: 1 床屋の<かみそり>のように使って，

▼かみつく

創世 3:15 おまえは，彼のかかとに<かみつく>．
民数21: 6 蛇は民に<かみつ>き，イスラエルの
箴言23:32 これが蛇のように<かみつ>き，まむ
アモ 5:19 蛇が彼に<かみつく>ようなものであ

▼かみつくいなご

ヨエ 1: 4 <かみつくいなご>が残した物は，い
2:25 いなご…<かみつくいなご>，わたし
アモ 4: 9 <かみつくいなご>が食い荒らした．

▼かみであるしゅ（神である主），神であられる主

創世 2: 4 <神である主>が地と天を造られたと
き．7，15，21，3:1，8，13，21．
出エ 9:30 <神である主>を恐れていないことを，
I歴28:20 <神である主>，私の神が，あなたと
詩篇68:18 <神であられる主>が…住まわれるた
イザ 7: 7 <神である主>はこう仰せられる．28
:16，30:15，49:22，52:4，65:13，エ
レ7:20，エゼ2:4，3:11，5:5，6:3，7
:5，11:7，12:10，13:3，14:4，15:6，
16:3，17:3，20:3，22:3，23:22，24:
3，25:3，26:3，27:3，28:2，29:3，
30:2，31:10，32:3，34:2，35:3，36:
2，37:5，38:3，39:1，43:18，44:6，
45:9，46:1，47:13，アモ1:8，3:11，
5:3，7:6，オバ1．
25: 8 <神である主>はすべての顔から涙を
40:10 <神である主>は力をもって来られ，
48:16 <神である主>は私を…遣わされた．
50: 4 <神である主>は，私に弟子の舌を与
9 <神である主>が，私を助ける．だれ
エレ44:26 <神である主>は生きておられると言
エゼ 8: 1 <神である主>の御手が私の上に下っ
ダニ 9: 3 顔を<神である主>に向けて祈り，断
アモ 7: 1 <神である主>は，私にこのように示

9: 8 <神である主>の目が，罪を犯した王
ゼパ 1: 7 <神である主>の前に静まれ．主の日
マタ 4: 7 <神である主>を試みてはならない』
22:37 あなたの<神である主>を愛せよ．』
マコ 12:29 われらの<神である主>は，唯一の主
ルカ 1:16 彼らの<神である主>に立ち返らせま
使徒 2:39 <神である主>がお召しになる人々に
黙示 1: 8 <神である主>，今いまし，昔いまし，
4: 8 <神であられる主>，万物の支配者，
18: 8 <神である主>は力の強い方だからで
19: 6 われらの<神である主>は王となられ
21:22 <神であられる主>と，小羊とが都の
22: 5 <神である主>が彼らを照らされるの

▼ かみなり（雷）

出エ 9:23 主は<雷>と雹を送り．28，33，34．
19:16 山の上に<雷>といなずまと密雲があ
Ⅰサム 12:17 主は<雷>と雨とを下される．あなた
詩篇 77:17 雲は水を…雷雲は<雷>をとどろかし，
イザ 29: 6 <雷>と地震と大きな音をもって，つ
マコ 3:17 <雷>の子という名をつけられた．
ヨハ 12:29 群衆は，<雷>が鳴ったのだと言った．
黙示 6: 1 生き物の一つが，<雷>のような声で
10: 3 七つの<雷>がおのおの声を出した．

▼ かみなるしゅ（神なる主）

詩篇 71: 5 <神なる主>よ…私の若いころからの
73:28 <神なる主>を私の避け所とし，あな
84:11 <神なる主>は太陽です．盾です．主
イザ 42: 5 霊を授けた<神なる主>はこう仰せら

▼ かみのいえ（神の家）

創世 28:17 ここここそ<神の家>にほかならない．
22 この石は<神の家>となり，すべてあ
ヨシ 9:23 <神の家>のために，たきぎを割る者，
詩篇 42: 4 <神の家>へとゆっくり歩いて行った
52: 8 <神の家>にあるおい茂るオリーブの
55:14 <神の家>に群れといっしょに歩いて
135: 2 私たちの<神の家>の大庭で仕える者
イザ 2: 3 主の山，ヤコブの<神の家>に上ろう．
ホセ 9: 8 彼の<神の家>には憎しみがある．
マタ 12: 4 <神の家>に入って，祭司のほかは自
Ⅰテモ 3:15 <神の家>でどのように行動すべきか
…<神の家>とは生ける神の教会のこ
ヘブ 3: 2 モーセが<神の家>全体のために忠実
6 キリストは…<神の家>を忠実に治め
られる…私たちが<神の家>なのです．
10:21 <神の家>をつかさどる…偉大な祭司
Ⅰペテ 4:17 さばきが<神の家>から始まる時が来

▼ かみのいけ（上の池）

Ⅱ列 18:17 大路にある<上の池>の水道のそばに
イザ 7: 3 <上の池>の水道の端でアハズに会い，
36: 2 <上の池>の水道のそばに立った．

▼ かみのいずみ（上の泉）

ヨシ 15:19 <上の泉>と下の泉とを彼女に与えた．
士師 1:15 <上の泉>と下の泉とを彼女に与えた．

▼ かみのくに（神の国）

マタ 6:33 <神の国>とその義とをまず第一に求
12:28 <神の国>はあなたがたのところに来
19:24 金持ちが<神の国>に入るよりは，ら
21:31 あなたがたより先に<神の国>に入っ
43 <神の国>の実を結ぶ国民に与えられ
マコ 1:15 時が満ち，<神の国>は近くなった．
4:11 <神の国>の奥義が知らされているが，
26 <神の国>は，人が地に種を蒔くよう
30 <神の国>は，どのようなものと言え
9: 1 <神の国>が力をもって到来している
47 片目で<神の国>に入るほうが，両目
10:14 <神の国>は，このような者たちのも
15 子どものように<神の国>を受け入れ
23 裕福な者が<神の国>に入ることは，
25 金持ちが<神の国>に入るよりは，ら
12:34 「あなたは<神の国>から遠くない．」
14:25 <神の国>で新しく飲むその日までは，
15:43 みずからも<神の国>を待ち望んでい
ルカ 4:43 <神の国>の福音を宣べ伝えなければ
6:20 <神の国>はあなたがたのものだから
7:28 <神の国>で一番小さい者でも，彼よ
8: 1 イエスは，<神の国>を説き，その福
10 <神の国>の奥義を知ることが許され
9: 2 <神の国>を宣べ伝え，病気を直すた
11 彼らを迎え，<神の国>のことを話し，
27 <神の国>を見るまでは，決して死を
60 出て行って，<神の国>を言い広めな
62 <神の国>にふさわしくありません．」
10: 9 <神の国>が，あなたがたに近づいた．
12:31 <神の国>を求めなさい．そうすれば，
13:18 <神の国>は，何に似ているでしょう．
20 <神の国>を何に比べましょう．
28 <神の国>にアブラハムやイサクやヤ
29 <神の国>で食卓に着きます．
14:15 <神の国>で食事する人は，何と幸い
16:16 それ以来，<神の国>の福音は宣べ伝

17:20 <神の国>はいつ来るのか…<神の国>
は，人の目で認められるようにして
21 <神の国>は，あなたがたのただ中に
18:16 <神の国>は，このような者たちのも
29 <神の国>のために，家，妻，兄弟，
19:11 <神の国>がすぐにでも現れるように
21:31 <神の国>は近いと知りなさい．
22:16 過越が<神の国>において成就するま
18 <神の国>が来る時までは…ぶどうの
23:51 彼は…<神の国>を待ち望んでいた．
ヨハ 3: 3 <神の国>を見ることはできません．」
5 <神の国>に入ることができません．
使徒 1: 3 40日の間…<神の国>のことを語り，
14:22 私たちが<神の国>に入るには，多く
19: 8 <神の国>について論じて，彼らを説
28:23 <神の国>のことをあかしし…モーセ
31 <神の国>を宣べ伝え，主イエス・キ
ロマ 14:17 <神の国>は飲み食いのことではなく，
Ⅰコリ 4:20 <神の国>はことばにはなく，力にあ
6:10 <神の国>を相続することができませ
15:50 からだは<神の国>を相続できません．
ガラ 5:21 <神の国>を相続することはありませ
コロ 4:11 <神の国>のために働く私の同労者で
Ⅱテサ 1: 5 あなたがたを<神の国>にふさわしい
者とするため…この<神の国>のため

▼ かみのけ（髪の毛）

レビ 10: 6 <髪の毛>を乱してはならない．また
21:10 <髪の毛>を乱したり，その装束を引
民数 5:18 その女の<髪の毛>を乱れさせ，その
6: 5 <髪の毛>をのばしておかなければな
18 聖別した頭の<髪の毛>を取って，和
士師 16:13 私の<髪の毛>7ふさを織り込み．14．
19 彼の<髪の毛>7ふさをそり落とさせ，
Ⅰサム 14:45 あの方の<髪の毛>1本でも地に落ち
Ⅱサム 14:11 息子の<髪の毛>1本も決して地に落
26 その<髪の毛>を量ると，王のはかり
Ⅰ列 1:52 彼の<髪の毛>1本でも地に落ちるこ
エズ 9: 3 <髪の毛>とひげを引き抜き，色を失
詩篇 40:12 それは私の<髪の毛>よりも多く，私
69: 4 私を憎む者は私の<髪の毛>よりも多
雅歌 5: 2 <髪の毛>も夜のしずくでぬれている．
ダニ 4:33 彼の<髪の毛>は鷲の羽のようになり，
マタ 5:36 1本の<髪の毛>すら，白くも黒くも
ルカ 7:38 <髪の毛>でぬぐい，御足に口づけし
21:18 <髪の毛>一筋も失われることはあり
ヨハ 11: 2 <髪の毛>でその足をぬぐったマリヤ
12: 3 <髪の毛>でイエスの足をぬぐった．

▼ かみのこ（神の子），神の子ども

創世 6: 2 <神の子>らは，人の娘たちが，いか
ヨブ 1: 6 <神の子>らが主の前に来て立ったと
38: 7 <神の子>たちはみな喜び叫んだ．
ホセ 1:10 あなたがたは生ける<神の子>らだ．」
マタ 4: 3 あなたが<神の子>なら，この石がパ
6 あなたが<神の子>なら，下に身を投
5: 9 その人たちは<神の子ども>と呼ばれ
8:29 <神の子>よ．いったい私たちに何を
14:33 確かにあなたは<神の子>です」と言
26:63 あなたは<神の子>キリストなのか，
27:40 <神の子>なら，自分を救ってみろ．
43 わたしは<神の子>だ』と言っている
54 この方はまことに<神の子>であった．
マコ 1: 1 <神の子>イエス・キリストの福音の
3:11 あなたこそ<神の子>です」と叫ぶの
5: 7 いと高き<神の子>，イエスさま．い
15:39 この方はまことに<神の子>であった
ルカ 1:35 聖なる者，<神の子>と呼ばれます．
4:41 あなたこそ<神の子>です」と大声で
20:36 復活の子として<神の子ども>だから
22:70 ではあなたは<神の子>ですか．」す
ヨハ 1:12 <神の子ども>とされる特権をお与え
34 この方が<神の子>であると証言して
49 先生．あなたは<神の子>です．あな
5:25 死人が<神の子>の声を聞く時が来ま
10:36 わたしは<神の子>である』とわたし
11: 4 <神の子>がそれによって栄光を受け
27 世に来られる<神の子>キリストであ
52 <神の子>たちを一つに集めるために
19: 7 この人は自分を<神の子>としたので
20:31 イエスが<神の子>キリストであるこ
使徒 9:20 イエスは<神の子>であると宣べ伝え
ロマ 8:14 だれでも<神の子ども>です．
16 私たちが<神の子ども>であることは，
19 <神の子ども>たちの現れを待ち望ん
21 <神の子ども>たちの栄光の自由の中
9: 8 肉の子どもが…<神の子ども>ではな
26 生ける<神の子ども>と呼ばれる．」
Ⅱコリ 1:19 <神の子>キリスト・イエスは，「し
ガラ 3:26 信仰によって，<神の子ども>です．
ピリ 2:15 傷のない<神の子ども>となり，
ヘブ 4:14 大祭司である<神の子>イエスがおら

6: 6 <神の子>をもう一度十字架にかけて，
7: 3 <神の子>に似た者とされ，いつまで
Ⅰヨハ 3: 1 私たちが<神の子ども>と呼ばれるた
2 私たちは，今すでに<神の子ども>で
8 <神の子>が現れたのは，悪魔のしわ
5: 2 私たちが<神の子ども>たちを愛して
黙示 2:18 しんちゅうのような，<神の子>が言

▼ かみのことば（神のことば），神のみことば

Ⅰサム 9:27 <神のことば>をお聞かせしますから．
Ⅰ列 12:22 シェマヤに次のような<神のことば>
Ⅰ歴 17: 3 <神のことば>がナタンにあった．
エズ 9: 4 <神のことば>を恐れている者はみな，
詩 107:11 彼らは，<神のことば>に逆らい，い
箴言 30: 5 <神のことば>は，すべて純粋．神は
6 <神のことば>につけ足しをしてはな
イザ 40: 8 私たちの<神のことば>は永遠に立つ．
エレ 23:36 私たちの<神のことば>を曲げるから
マタ 15: 6 <神のことば>を無にしてしまいまし
マコ 7:13 <神のことば>を空文にしています．
ルカ 3: 2 <神のことば>が，荒野でザカリヤの
5: 1 群衆が…<神のことば>を聞いたとき，
8:11 種は<神のことば>です．
21 <神のことば>を聞いて行う人たちで
11:28 <神のことば>を聞いてそれを守る人
ヨハ 3:34 <神のことば>を話される．神が御霊
8:47 神から出た者は，<神のことば>に聞
使徒 4:31 <神のことば>を大胆に語りだした．
6: 2 <神のことば>をあと回しにして，食
7 <神のことば>は，ますます広まって
8:14 <神のことば>を受け入れたと聞いて，
11: 1 異邦人たちも<神のみことば>を受け
13: 5 諸会堂で<神のことば>を宣べ始めた．
7 <神のことば>を聞きたいと思ってい
44 <神のことば>を聞きに集まって来た．
46 <神のことば>は，まずあなたがたに
17:13 <神のことば>を伝えていることを知
18:11 １年半…<神のことば>を教え続けた．
ロマ 9: 6 <神のみことば>が無効になったわけ
Ⅰコリ 14:36 <神のことば>は，あなたがたのとこ
Ⅱコリ 2:17 <神のことば>に混ぜ物をして売るよ
4: 2 <神のことば>を曲げず，真理を明ら
エペ 6:17 <神のことば>を受け取りなさい．
ピリ 1:14 ますます大胆に<神のことば>を語る
コロ 1:25 <神のことば>を余すところなく伝え
Ⅰテモ 4: 5 <神のことば>と祈りとによって，聖
Ⅱテモ 2: 9 <神のことば>は，つながれてはいま
テト 2: 5 <神のことば>がそしられるようなこ
ヘブ 4:12 <神のことば>は生きていて，力があ
5:12 <神のことば>の初歩をもう一度だれ
11: 3 この世界が<神のことば>で造られた
13: 7 <神のみことば>をあなたがたに話し
Ⅰペテ 1:23 変わることのない，<神のことば>に
4:11 <神のことば>にふさわしく語り，奉
Ⅱペテ 3: 5 地は<神のことば>によって水から出
Ⅰヨハ 1:10 <神のみことば>は私たちのうちにあ
2:14 <神のみことば>が，あなたがたのう
黙示 1: 9 <神のことば>とイエスのあかしとの
6: 9 <神のことば>と，自分たちが立てた
19:13 その名は「<神のことば>」と呼ばれ
20: 4 イエスのあかしと<神のことば>との
ゆえに首をはねられた人たちのたま

▼ かみのこひつじ（神の小羊）

ヨハ 1:29 見よ，世の罪を取り除く<神の小羊>．

▼ かみのしんでん（神の神殿）

マタ 26:61 わたしは<神の神殿>をこわして，そ
Ⅰコリ 3:16 あなたがたは<神の神殿>であり，神
17 だれかが<神の神殿>をこわすなら…
<神の神殿>は聖なるものだからです．
黙示 11:19 天にある，<神の神殿>が開かれた．

▼ かみのたみ（神の民）

ルカ 1:77 <神の民>に…救いの知識を与えるた
ヘブ 4: 9 安息日の休みは，<神の民>のために
11:25 <神の民>とともに苦しむことを選び
Ⅰペテ 2:10 以前は<神の民>ではなかったのに，
今は<神の民>であり，以前はあわれ

▼ かみのつかい（神の使い）

創世 21:17 <神の使い>は天からハガルを呼んで，
28:12 <神の使い>たちが，そのはしごを上
31:11 <神の使い>が夢の中で私に言われた．
32: 1 <神の使い>たちが彼に現れた．
出エ 14:19 陣営の前を進んでいた<神の使い>は，
士師 6:20 <神の使い>はギデオンに言った．
13: 6 その姿は<神の使い>の姿のようで，
9 <神の使い>が再びこの女のところに
Ⅰサム 29: 9 あなたが<神の使い>のように正しい
Ⅱサム 14:17 <神の使い>のように，善と悪とを聞
19:27 王さまは，<神の使い>のような方で

▼ かみのはこ（神の箱）

Ⅰサム 3: 3 <神の箱>の安置されている主の宮で

か

か

4:11 <神の箱>は奪われ…ピネハスは死ん
5: 2 ペリシテ人は<神の箱>を取って，そ
IIサム 6: 3 <神の箱>を，新しい車に載せて，丘
7 <神の箱>のかたわらのその場で死ん
7: 2 <神の箱>は天幕の中にとどまってい
11:11 <神の箱>も，イスラエルも，ユダも
15:25 <神の箱>を町に戻しなさい…<神の箱>とその住まいとを見せてくださ
29 <神の箱>をエルサレムに持ち帰り，
I歴 13: 3 <神の箱>を私たちのもとに持ち帰ろ
14 <神の箱>はオベデ・エドムの家族と
15: 1 <神の箱>のために場所を定め，その
16: 1 <神の箱>を運び込み…天幕の真ん中

▼ かみのパン（神のパン）

レビ 21: 6 彼らの<神のパン>をささげるからで
21 <神のパン>をささげるために近寄っ
22 <神のパン>は，最も聖なるものでも，
ヨハ 6:33 <神のパン>は，天から下って来て，

▼ かみのひと（神の人）

申命 33: 1 <神の人>モーセ．ヨシ14:6，I歴23:14，II歴30:16，エズ3:2，詩篇90題目．
士師 13: 6 <神の人>が私のところに来られまし
Iサム 2:27 <神の人>がエリのところに来て，彼
9: 6 この町には<神の人>がいます．この
I列 12:22 <神の人>シェマヤに次のような神のことばがあった．II歴11:2.
13: 1 <神の人>．4，5，6，7，8，11，12，14，21，29，31.
26 主のことばにそむいた<神の人>だ．
17:18 <神の人>よ．あなたはいったい私に
24 あなたが<神の人>であり，あなたの
20:28 ひとりの<神の人>が近づいて来て，
II列 1: 9 <神の人>よ…降りて来てください」
10 私が<神の人>であるなら，天から火
4: 7 彼女が<神の人>に知らせに行くと，16，21，22，25，27，40，42.
5: 8 <神の人>エリシャは…人をやって言
6: 6 <神の人>は言った．9，10，15，7:2，17，18，19.
8: 2 女は<神の人>のことばに従って出発
4 <神の人>に仕える若い者ゲハジに，
7 <神の人>がここまで来ました」とい
11 <神の人>は，彼が恥じるほど，じっ
13:19 <神の人>は彼に向かい怒って言った．
II歴 8:14 <神の人>ダビデの命令がこうだった
25: 7 <神の人>が彼のもとに来て言った．
エレ 35: 4 <神の人>ハナンの子らの部屋に連れ
Iテモ 6:11 <神の人>よ．あなたは，これらのこ
IIテモ 3:17 <神の人>が，すべての良い働きのた

▼ かみのみぎ（神の右）

マコ 16:19 天に上げられて<神の右>の座に着か
使徒 2:33 <神の右>に上げられたイエスが，御
7:55 <神の右>に立っておられるイエスと
56 人の子が<神の右>に立っておられる
ロマ 8:34 <神の右>の座に着き…とりなしてい
コロ 3: 1 <神の右>に座を占めておられます．
ヘブ 10:12 ささげて後，<神の右>の座に着き，
Iペテ 3:22 キリストは…<神の右>の座におられ

▼ かみのみざ（神の御座）

マタ 5:34 そこは<神の御座>だからです．
23:22 <神の御座>とそこに座しておられる
ヘブ 12: 2 <神の御座>の右に着座されました．

▼ かみのみたま（神の御霊）

マタ 3:16 <神の御霊>が鳩のように下って，自
12:28 <神の御霊>によって悪霊どもを追い
ロマ 8: 9 <神の御霊>があなたがたのうちに住
Iコリ 2:14 <神の御霊>に属することを受け入れ
3:16 <神の御霊>があなたがたに宿ってお
6:11 <神の御霊>によって…洗われ，聖な
7:40 私も，<神の御霊>をいただいている
12: 3 <神の御霊>によって語る者はだれも，
IIコリ 3: 3 生ける<神の御霊>によって書かれ，
ピリ 3: 3 <神の御霊>によって礼拝をし，キリ
Iペテ 4:14 <神の御霊>が，あなたがたの上にと

▼ かみのみな（神の御名），神の名

レビ 18:21 <神の御名>を汚してはならない．わ
Iサム 23:16 <神の御名>によってダビデを力づけ
I列 18:24 自分たちの<神の名>を呼べ．私は主
エズ 5: 1 イスラエルの<神の名>によって預言
詩篇 20: 1 ヤコブの<神の名>が，あなたを高く
5 <神の御名>により旗を高く掲げまし
44:20 <神の名>を忘れ，ほかの神に私たち
69:30 <神の御名>を歌をもってほめたたえ，
箴言 30: 9 私の<神の御名>を汚すことのないた
ダニ 2:20 <神の御名>はとこしえからとこしえ
4: 8 彼の名は私の<神の名>にちなんでベ
ミカ 4: 5 おのおの自分の<神の名>によって歩
ロマ 2:24 <神の名>は…異邦人の中でけがされ
Iテモ 6: 1 <神の御名>と教えとがそしられない

ヘブ 6:10 <神の御名>のために示したあの愛を
黙示 3:12 わたしの<神の御名>と…神の都，す
13: 6 <神の御名>と，その幕屋，すなわち，
16: 9 <神の御名>に対してけがしごとを言
22: 4 彼らの額には<神の名>がついている．

▼ かみのみや（神の宮）
士師 9:27 自分たちの<神の宮>に入って行って，
17: 5 ミカという人は<神の宮>を持ってい
18:31 <神の宮>がシロにあった間中，彼ら
Ｉ歴 9:13 <神の宮>の奉仕の仕事に熟練した，
26 <神の宮>の宝物倉をつかさどった．
27 <神の宮>の回りで夜を過ごした．彼
25: 6 <神の宮>の奉仕に当たる者たちであ
29: 2 <神の宮>のために用意をした．すな
Ⅱ歴 5:14 主の栄光が<神の宮>に満ちたからで
7: 5 王とすべての民は，<神の宮>を奉献
15:18 器類を，<神の宮>に運び入れた．
22:12 <神の宮>に6年の間，身を隠してい
23: 3 全集団が<神の宮>で王と契約を結ん
24: 5 <神の宮>を修理するために…金を集
7 その子たちが，<神の宮>を打ちこわ
13 <神の宮>を元のとおりに建て，これ
25:24 <神の宮>にあったすべての金と銀，
28:24 アハズは<神の宮>の器具を集めた．
33: 7 偶像の彫像を<神の宮>に安置した．
34: 9 <神の宮>に納められた金を渡した．
36:19 彼らは<神の宮>を焼き…城壁を取り
エズ 1: 4 エルサレムにある<神の宮>のために
2:68 <神の宮>のために…進んでささげ物
3: 9 <神の宮>の工事をする者を指揮した．
4:24 <神の宮>の工事は中止され，ペルシ
5: 2 <神の宮>を建て始めた．8，13，14，
15，16，17，6:3，22，8:36．
6: 5 <神の宮>の金，銀の器具は返し…そ
れらを<神の宮>に納める．」
16 この<神の宮>の奉献式を喜んで祝っ
10: 1 エズラが<神の宮>の前でひれ伏し，
9 民は<神の宮>の前の広場にすわり，
ネヘ 6:10 私たちは，<神の宮>，本堂の中で会
8:16 <神の宮>の庭や，水の門の広場，エ
10:32 私たちの<神の宮>の礼拝のために，
34 <神の宮>に携えて来ることに決めた．
12:40 二つの聖歌隊は<神の宮>でその位置
13:11 どうして<神の宮>が見捨てられてい
詩篇 84:10 むしろ<神の宮>の門口に立ちたいの
伝道 5: 1 <神の宮>へ行くときは，自分の足に
ダニ 1: 2 <神の宮>の器具の一部とを彼の手に
渡されたので…<神の宮>に持ち帰り，
5: 3 <神の宮>の本堂から取って来た金の
ヨエ 1:13 <神の宮>から退けられたからだ．
アモ 2: 8 彼らの<神の宮>で飲んでいる．
Ⅱテサ 2: 4 <神の宮>の中に座を設け，自分こそ

▼ かみのみやこ（神の都）
詩篇 46: 4 聖なる住まい，<神の都>を喜ばせる．
48: 1 聖なる山，われらの<神の都>におい
8 万軍の主の都，われらの<神の都>で．
87: 3 <神の都>よ．あなたについては，す
ヘブ 12:22 シオンの山，生ける<神の都>，天に
黙示 3:12 <神の都>，すなわち…新しいエルサ

▼ かみのもん（上の門）
Ⅱ列 15:35 彼は主の宮の<上の門>を建てた．
Ⅱ歴 23:20 <上の門>をくぐって王宮に入り，王
エゼ 9: 2 北に面する<上の門>を通ってやって

▼ かみのやま（神の山）
出エ 3: 1 モーセは…<神の山>ホレブにやって
4:27 <神の山>でモーセに会い，口づけし
18: 5 彼はそこの<神の山>に宿営していた．
24:13 モーセは<神の山>に登った．
Ｉ列 19: 8 歩いて<神の山>ホレブに着いた．
詩篇 68:15 <神の山>はバシャンの山．峰々の連

▼ かみのれい（神の霊）
創世 1: 2 <神の霊>が水の上を動いていた．
41:38 <神の霊>の宿っているこのような人
出エ 31: 3 仕事において，<神の霊>を満たした．
民数 24: 2 <神の霊>が彼の上に臨んだ．
27:18 <神の霊>の宿っている人…ヨシュア
Ｉサム 10:10 <神の霊>が彼の上に激しく下った．
11: 6 <神の霊>がサウルの上に激しく下っ
19:20 <神の霊>がサウルの使者たちに臨み，
Ⅱ歴 15: 1 <神の霊>がオデデの子アザルヤの上
24:20 <神の霊>が…ゼカリヤを捕らえたの
ヨブ 33: 4 <神の霊>が私を造り，全能者の息が
エゼ 11:24 <神の霊>によって幻のうちに私をカ
ダニ 4: 8 彼には聖なる<神の霊>があった…私
5:11 聖なる<神の霊>の宿るひとりの人が

▼ かみベテ・ホロン（上ベテ・ホロン）
エフライムの町．ヨシ16:5，Ｉ歴7:24．

▼ かみをけがす（神をけがす）
マタ 9: 3 この人は<神をけが>している」と言
マコ 2: 7 <神をけが>しているのだ．神おひと

3:28 <神をけがす>ことを言っても…赦し
14:64 <神をけがす>このことばを聞いたの
ルカ 5:21 <神をけがす>ことを言うこの人は,
Ⅰテモ 1:13 私は以前は,<神をけがす>者,迫害
20 <神をけが>してはならないことを,
Ⅱテモ 3: 2 <神をけがす>者,両親に従わない者,
黙示 13: 1 その頭には<神をけがす>名があった.
17: 3 その獣は<神をけがす>名で満ちてお

▼ かむ
創世 49:17 ダンは…馬のかかとを<かむ>.それ
民数 21: 8 すべて<か>まれた者は…仰ぎ見れば,
伝道 10: 8 石垣をくずす者は蛇に<か>まれる.
エレ 8:17 あなたがたを<か>ませるからだ.
アモ 9: 3 蛇に命じて…彼らを<か>ませる.
ヨナ 4: 7 虫がそのとうごまを<か>んだので,
ミカ 3: 5 歯で<かむ>物があれば,「平和があ
ガラ 5:15 互いに<か>み合ったり,食い合った
黙示 16:10 人々は苦しみのあまり舌を<か>んだ.

▼ ガムリエル〔人名〕
マナセ族の長.民数1:10, 2:20, 7:54, 10:23.

▼ ガムル〔人名〕
ダビデ時代の祭司.第22組の長.Ⅰ歴24:17.

▼ かめ
Ⅰ列 17:12 <かめ>の中に一握りの粉と,つぼに
16 <かめ>の粉は尽きず,つぼの油はな
18:34 四つの<かめ>に水を満たし…全焼の
ヨブ 38:37 だれが天の<かめ>を傾けることがで

▼ カメレオン〔動物〕
レビ 11:30 とかげ,すなとかげ,<カメレオン>

▼ かもい
出エ 12: 7 門柱と,<かもい>に,それをつける.

▼ かもしか,大かもしか
申命 12:15 <かもしか>や,鹿と同じように…食べることができ.22, 14:5, 15:22.
Ⅱサム 2:18 <かもしか>のように,足が早かった.
Ⅰ列 4:23 雄鹿,<かもしか>,のろじかと,肥
Ⅰ歴 12: 8 走ることは,山の<かもしか>のよう
箴言 5:19 いとしい<かもしか>よ.その乳房が
雅歌 2: 7 <かもしか>や野の雌鹿をさして,あ
9 <かもしか>や若い鹿のようです.ご
4: 5 ふたごの<かもしか>,2頭の子鹿の
イザ 51:20 網にかかった<大かもしか>のように

▼ かもめ
レビ 11:16 だちょう,よたか,<かもめ>,たか

▼ カモン〔地名〕
ガリラヤ湖南東のギルアデの町.士師10:5.

▼ カヤパ〔人名〕
ユダヤの大祭司.マタ26:3, 57, ルカ3:2, ヨハ11:49, 18:13, 14, 24, 28, 使徒4:6.

▼ かよう(通う)
詩篇 8: 8 空の鳥,海の魚,海路を<通う>もの
104:26 そこを船が<通>い…レビヤタンも,
アモ 2: 7 父と子が同じ女のところに<通>って,

▼ から
創世 37:24 その穴は<から>で,その中には水が
42:35 自分たちの袋を<から>にすると,見
Ⅱ列 4: 3 器を借りて来なさい.<から>の器を.
エレ 14: 3 見つからず,<から>の器のままで帰
51:34 私をかき乱して,<から>の器にした.
エゼ 24:11 なべを<から>にして炭火にかけ,そ

▼ から(殻)
マタ 3:12 <殻>を消えない火で焼き.ルカ3:17.

▼ カライ〔人名〕
エホヤキム時代の祭司.ネヘ12:20.

▼ からかう
創世 21: 9 イサクを<からか>っているのを見た.
27:12 私に<からか>われたと思われるでし
Ⅱ列 2:23 彼を<からか>って,「上って来い,
マタ 27:31 イエスを<からか>ったあげく,その
ルカ 22:63 イエスを<からか>い,むちでたたい

▼ からげる
Ⅰ列 18:46 彼は腰を<からげ>てイズレエルの入
ナホ 2: 1 腰を<からげ>,大いに力を奮い立た

▼ からしだね(〜種)
マタ 13:31 天の御国は,<からし種>のようなものです.マコ4:31, ルカ13:19.
17:20 <からし種>ほどの信仰があったら,

▼ からす
ヨシ 2:10 葦の海の水を<から>されたこと,ま
4:23 ヨルダン川の水を<から>してくださ
詩篇 74:15 絶えず流れる川を<から>されました.
イザ 42:15 川をかわいた地とし,沢を<からす>.
ゼカ 10:11 ナイル川のすべての淵を<からす>.

▼ からす(枯らす)
箴言 17:22 陰気な心は骨を<枯らす>.
イザ 42:15 青草を<枯ら>し…沢をからす.
エゼ 17: 9 芽のついた若枝を…<枯ら>してしま
19:12 東風はその実を<枯ら>し,その強い
ヤコ 1:11 太陽が…草を<枯ら>してしまいます.

▼ からす（烏）
創世 8: 7 <烏>を放った．するとそれは，水が
レビ 11:15 <烏>の類全部，
Ⅰ列 17: 4 <烏>に，そこであなたを養うように
ヨブ 38:41 <烏>の子が神に向かって鳴き叫び…
<烏>にえさを備えるのはだれか．
箴言 30:17 目は，谷の<烏>にえぐりとられ，鷲
雅歌 5:11 髪の毛は…<烏>のように黒く，
イザ 34:11 みみずくと<烏>がそこに住む．主は
ゼパ 2:14 ふくろうは…<烏>は敷居で鳴く．主
ルカ 12:24 <烏>のことを考えてみなさい．蒔き

▼ ガラス【別項】ガラスの海
黙示 21:18 都は…<ガラス>に似た純金でできて

▼ ガラスのうみ（～海）
黙示 4: 6 <ガラスの海>のようであった．15:2．

▼ からだ，みからだ
創世 47:18 <からだ>と農地のほかには…何も残
レビ 13: 2 <からだ>の皮膚にツァラアトの患部
14: 9 水をその<からだ>に浴びる．その者
15:19 漏出物が<からだ>からの血であるな
19:28 自分の<からだ>に傷をつけてはなら
民数 19: 7 祭司は…その<からだ>に水を浴びよ．
士師 14: 8 獅子の<からだ>の中に，蜜蜂の群れ
Ⅱ列 4:34 子どもの<からだ>が暖かくなってき
5:14 彼の<からだ>は元どおりになって，
幼子の<からだ>のようになり，きよ
ネヘ 9:37 私たちの<からだ>と…家畜を…支配
ヨブ 17: 7 私の<からだ>は影のようだ．
18:13 死の初子が彼の<からだ>を食らおう
21:24 彼の<からだ>は脂肪で満ち，その骨
詩篇 31: 9 私のたましいも…私の<からだ>も．
73: 4 彼らの<からだ>は，あぶらぎってい
箴言 3: 8 それはあなたの<からだ>を健康にし，
5:11 あなたの肉と<からだ>が滅びるとき，
14:30 穏やかな心は，<からだ>のいのち．
伝道 2: 3 <からだ>はぶどう酒で元気づけよう
12:12 熱中すると，<からだ>が疲れる．
雅歌 5:14 <からだ>は，サファイヤでおおった
イザ 10:18 たましいも，<からだ>も滅ぼし尽く
哀歌 4: 7 その<からだ>は，紅真珠より赤く，
エゼ 1:11 おのおのの<からだ>をおおっていた．
11:19 彼らの<からだ>から石の心を取り除
ダニ 3:27 火は彼らの<からだ>にはききめがな
28 自分たちの<からだ>を差し出しても，
4:33 その<からだ>は天の露にぬれて，つ
7:11 <からだ>はそこなわれて，燃える火
10: 6 <からだ>は緑柱石のようであり，そ
マタ 6:25 <からだ>のことで，何を着ようかと
…<からだ>は着物よりたいせつなも
10:28 <からだ>を殺しても，たましいを殺
せない…たましいも<からだ>も，と
26:12 香油をわたしの<からだ>に注いだの
27:52 多くの聖徒たちの<からだ>が生き返
58 イエスの<からだ>の下げ渡しを願っ
マコ 5:29 直ったことを，<からだ>に感じた．
9:18 <からだ>をこわばらせます．それで
14: 8 わたしの<からだ>に，前もって油を
15:45 イエスの<からだ>をヨセフに与えた．
ルカ 23:55 イエスの<からだ>の納められる様子
24: 3 主イエスの<からだ>はなかった．
ヨハ 2:21 イエスはご自分の<からだ>の神殿の
19:38 イエスの<からだ>を取りかたづけた
20:12 イエスの<からだ>が置かれていた場
ロマ 1:24 互いにその<からだ>をはずかしめる
2:27 <からだ>に割礼を受けていないで律
28 外見上の<からだ>の割礼が割礼なの
4:19 自分の<からだ>が死んだも同然であ
6: 6 罪の<からだ>が滅びて，私たちがも
12 あなたがたの死ぬべき<からだ>を罪
7: 4 キリストの<からだ>によって，律法
5 罪の欲情が私たちの<からだ>の中に
23 私の<からだ>の中には異なった律法
24 だれがこの死の，<からだ>から，私
8:10 <からだ>は罪のゆえに死んでいても，
11 死ぬべき<からだ>をも生かしてくだ
13 <からだ>の行いを殺すなら，あなた
23 私たちの<からだ>の贖われることを
12: 1 あなたがたの<からだ>を，神に受け
4 一つの<からだ>には多くの器官があ
5 一つの<からだ>であり，ひとりひと
Ⅰコリ 5: 3 <からだ>はそこにいなくても心はそ
6:13 <からだ>は不品行のためにあるので
はなく…主は<からだ>のためです．
15 あなたがたの<からだ>はキリストの
<からだ>の一部であることを…キリ
ストの<からだ>を取って遊女の<か
らだ>とするのですか．そんなこと
16 遊女と交われば，一つ<からだ>にな
18 人が犯す罪はすべて，<からだ>の外
のもの…自分の<からだ>に対して罪

19 あなたがたの<からだ>は…聖霊の宮
20 自分の<からだ>をもって，神の栄光
7: 4 妻は自分の<からだ>に関する権利を
9:27 自分の<からだ>を打ちたたいて従わ
10:16 キリストの<からだ>にあずかること
17 多数であっても，一つの<からだ>で
11:24 わたしの<からだ>です．わたしを覚
27 主の<からだ>と血に対して罪を犯す
29 <みからだ>をわきまえないで，飲み
12:12 <からだ>が一つでも，それに多くの
部分があり，<からだ>の部分はたと
い多くあっても，その全部が一つの
<からだ>であるように，キリストも
14 <からだ>はただ一つの器官ではなく，
15 手ではないから，<からだ>に属さな
17 <からだ>全体が目であったら，どこ
で…<からだ>全体が聞くところであ
18 <からだ>の中にそれぞれの器官を備
23 <からだ>の中で比較的に尊くないと
24 <からだ>をこのように調和させてく
25 <からだ>の中に分裂がなく，各部分
27 あなたがたはキリストの<からだ>で
13: 3 <からだ>を焼かれるために渡しても，
15:35 どのような<からだ>で来るのか．」
37 後にできる<からだ>ではなく，麦や
38 それに<からだ>を与え…種にそれぞ
れの<からだ>をお与えになります．
40 天上の<からだ>もあり，地上の<か
らだ>もあり，天上の<からだ>の栄
44 血肉の<からだ>で蒔かれ，御霊に属
する<からだ>によみがえらされるの
です．血肉の<からだ>があるのです
から，御霊の<からだ>もあるのです．
エペ 1:23 教会はキリストの<からだ>であり，
2:16 両者を一つの<からだ>として，十字
3: 6 ともに一つの<からだ>に連なり，と
4: 4 <からだ>は一つ，御霊は一つです．
12 キリストの<からだ>を建て上げるた
16 <からだ>全体は，一つ一つの部分が
5:23 ご自身がその<からだ>の救い主であ
30 キリストの<からだ>の部分だからで
ピリ 3:21 私たちの卑しい<からだ>を，ご自身
の栄光の<からだ>と同じ姿に変えて
コロ 1:18 御子はその<からだ>である教会のか
22 御子の肉の<からだ>において，しか
24 キリストの<からだ>のために…キリ
ストの<からだ>とは，教会のことで
2:11 肉の<からだ>を脱ぎ捨て，キリスト
19 <からだ>全体は，関節と筋によって
3: 5 地上の<からだ>の諸部分…不品行，
Ⅰテサ 4: 4 自分の<からだ>を，聖く，また尊く
5:23 たましい，<からだ>が完全に守られ
ヘブ 9:10 <からだ>に関する規定にすぎないか
10: 5 わたしのために，<からだ>を造って
10 キリストの<からだ>が，ただ一度だ
22 <からだ>をきよい水で洗われたので
13:11 <からだ>は宿営の外で焼かれるから
ヤコ 2:16 <からだ>に必要な物を与えないなら，
26 たましいを離れた<からだ>が，死ん
3: 2 <からだ>全体もりっぱに制御できる
3 馬の<からだ>全体を引き回すことが
4: 1 <からだ>の中で戦う欲望が原因では
ユダ 9 モーセの<からだ>について，悪魔と

▼ からつぼ

士師 7:16 角笛と<からつぼ>とを持たせ，その

▼ ガラテヤ

1. 地名．小アジヤ中央部の一地方名．使徒18:23，Ⅰコリ16:1，ガラ1:2，Ⅱテモ4:10，Ⅰペテ1:1．
2. ガラテヤ人．ガラ3:1．

▼ ガラル〔人名〕

(1)捕囚帰還民の一人．レビ人．Ⅰ歴9:15．
(2)エドトンの子．レビ人．Ⅰ歴9:16，ネヘ11:17．

▼ カラン〔地名〕

メソポタミヤの都市．創世11:31，12:4，27:43，Ⅱ列19:12，エゼ27:23，使徒7:2，4．

▼ かり（借り）

マタ 18:24 1万タラントの<借り>のあるしもべ
ルカ 16: 5 主人に，いくら<借り>がありますか
ロマ 13: 8 何の<借り>もあってはいけません．

▼ かりいお（仮庵），仮庵の祭り

レビ 23:34 主の<仮庵の祭り>が始まる．
42 7日間，<仮庵>に住まなければなら
申命 16:13 <仮庵の祭り>をしなければならない．
Ⅱサム 11:11 イスラエルも，ユダも<仮庵>に住み，
ネヘ 8:14 <仮庵>の中に住まなければならない，
詩篇 76: 2 神の<仮庵>はシャレムにあり，その
アモ 9:11 ダビデの倒れている<仮庵>を起こし，
ヨハ 7: 2 <仮庵の祭り>というユダヤ人の祝い

▼ かりいれ（刈り入れ），刈り入れる【別

項】, 刈り入れの祭り
創世 8:22 種蒔きと<刈り入れ>, 寒さと暑さ,
45: 6 耕すことも<刈り入れる>こともない
出エ 34:21 <刈り入れ>の時にも, 休まなければ
レビ 19: 9 土地の収穫を<刈り入れる>ときは,
25: 5 落ち穂から生えたものを<刈り入れ>
申命 24:19 畑で穀物の<刈り入れ>をして, 束の
ヨシ 3:15 ヨルダン川は<刈り入れ>の間中, 岸
ルツ 2:21 <刈り入れ>が全部終わるまで, 私の
Ⅰサム 6:13 谷間で小麦の<刈り入れ>をしていた
Ⅱサム 21: 9 <刈り入れ>時の初め, 大麦の<刈り入れ>の始まったころ, 死刑に処せ
Ⅱ列 4:18 <刈り入れ>人といっしょにいる父の
19:29 3年目は, 種を蒔いて<刈り入れ>,
箴言 6: 8 <刈り入れ>時に食糧を集める.
20: 4 <刈り入れ>時に求めても, 何もない.
26: 1 夏の雪, <刈り入れ>時の雨のようだ.
伝道 11: 4 雲を見ている者は<刈り入れ>をしな
イザ 9: 3 彼らは<刈り入れ>時に喜ぶように,
16: 9 くだものと<刈り入れ>とを喜ぶ声が
17: 5 <刈り入れ>人が立穂を集め, その腕
18: 4 <刈り入れ>時の暑いときの露の濃い
エレ 5:17 彼らはあなたの<刈り入れ>たものと
24 <刈り入れ>のために定められた数週
8:20 <刈り入れ>時は過ぎ, 夏も終わった.
9:22 <刈り入れ>人のあとの, 集める者も
50:16 <刈り入れ>の時にかまを取る者を,
51:33 もうしばらくで, <刈り入れ>の時が
ホセ 6:11 <刈り入れ>が定まっている.
10:12 誠実の実を<刈り入れ>よ. あなたが
ヨエ 3:13 <刈り入れ>の時は熟した. 来て, 踏
アモ 4: 7 <刈り入れ>までなお3か月あるのに,
マタ 6:26 種蒔きもせず, <刈り入れ>もせず,
ヨハ 4:35 <刈り入れ>時が来るまでに, まだ4か月…<刈り入れる>ばかりになって
ヤコ 5: 4 畑の<刈り入れ>をした労働者への未

▼ かりいれのまつり (刈り入れの祭り)
出エ 23:16 勤労の初穂の<刈り入れの祭り>と,

▼ ガリオ 〔人名〕
アカヤの地方総督. 使徒18:12, 14, 17.

▼ かりかぶ (刈り株)
出エ 15: 7 彼らを<刈り株>のように焼き尽くす.
イザ 5:24 火の舌が<刈り株>を焼き尽くし, 炎
ヨエ 2: 5 <刈り株>を焼き尽くす火の炎の音の
オバ 18 エサウの家は<刈り株>となる. 火と
ナホ 1:10 かわいた<刈り株>のように, 全く焼

▼ かりこみ (刈り込み)
ヨハ 15: 2 実を結ぶために, <刈り込み>をなさ

▼ かりごや (仮小屋)
Ⅰ列 20:12 王たちと<仮小屋>で酒を飲んでいた
イザ 24:20 <仮小屋>のように揺り動かされる.
ヨナ 4: 5 そこに自分で<仮小屋>を作り, 町の

▼ かりたてる (駆り立てる)
ヨブ 10:16 私を<駆り立て>…驚くべき力をふる
イザ 19: 2 エジプト人を<駆り立て>てエジプト

▼ かりとる (刈り取る), 刈り取り
ルツ 2: 9 <刈り取>っている畑を見つけて, あ
ヨブ 4: 8 害毒を蒔く者が, それを<刈り取る>
24: 6 飼葉を畑で<刈り取>り, 悪者のぶど
詩 126: 5 喜び叫びながら<刈り取>ろう.
129: 7 <刈り取る>者は, そんなものを, つ
箴言 22: 8 わざわいを<刈り取る>. 彼の怒りの
27:25 草が<刈り取>られ, 若草が現れ, 山
イザ 33:12 <刈り取>られて火をつけられるいば
エレ 12:13 いばらを<刈り取>り, 労苦してもむ
ホセ 8: 7 風を蒔いて, つむじ風を<刈り取る>.
10:13 不正を<刈り取>り, 偽りの実を食べ
アモ 7: 1 王が<刈り取>ったあとの2番草が生
ナホ 1:12 数が多くても, <刈り取>られて消え
マタ 25:24 蒔かない所から<刈り取>り, 散らさ
ルカ 19:22 蒔かなかったものを<刈り取る>きび
ヨハ 4:37 ほかの者が<刈り取る>』ということ
38 労苦しなかったものを<刈り取>らせ
Ⅰコリ 9:11 物質的なものを<刈り取る>ことは行
Ⅱコリ 9: 6 少しだけ<刈り取>り, 豊かに蒔く者は, 豊かに<刈り取>ります.
ガラ 6: 7 その<刈り取り>もすることになりま
8 肉から滅びを<刈り取>り…御霊から永遠のいのちを<刈り取る>のです.
9 時期が来て, <刈り取る>ことになり
黙示 14:16 かまを入れると地は<刈り取>られた.

▼ カリびと (〜人)
ヨアシュ王の親衛隊員. Ⅱ列11:4, 19.

▼ ガリム 〔地名〕
ベニヤミンの町. Ⅰサム25:44, イザ10:30.

▼ かりゅうど (狩人)
詩篇 91: 3 主は<狩人>のわなから, 恐ろしい疫
箴言 6: 5 かもしかが<狩人>の手からのがれる
エレ 16:16 <狩人>をやって, すべての山, すべ

▼ **かりょう（科料）**

Ⅱ列 23:33 金１タラントの<科料>を課した．

▼ **ガリラヤ**

1. 地名．パレスチナ北部の山岳地域からエスドラエロン平原に及ぶ広い地域．ヨシ20:7，Ⅰ列9:11，Ⅱ列15:29，Ⅰ歴6:76，イザ9:1，マタ2:22，4:15，23，25，27:55，28:16，マコ9:30，ルカ1:26，3:1，5:17，23:55，ヨハ2:1，11，4:46，47，54，6:1，7:41，52，21:2，使徒2:7，9:31，10:37，13:31．
2. ガリラヤ人．1.の住民．マタ26:69，マコ14:70，ルカ13:1，22:59，ヨハ4:45，使徒5:37．

▼ **ガリラヤこ（〜湖）**

ガリラヤ地方にある湖．旧約名キネレテの海．マタ4:18，15:29，マコ7:31．

▼ **かりる（借りる）**

出エ 22:14 人が隣人から家畜を<借り>，それが

申命 15: 6 あなたが<借りる>ことはない．また

Ⅱ列 4: 3 器を<借り>て来なさい．からの器を．

ネヘ 5: 4 金を<借り>なければならなかった．

詩篇 37:21 悪者は，<借りる>が返さない．正し

箴言 22: 7 <借りる>者は貸す者のしもべとなる．

イザ 24: 2 貸す者は<借りる>者と，債権者は債

エレ 15:10 貸したことも，<借り>たこともない

マタ 5:42 <借り>ようとする者は断らないよう

ルカ 7:41 ふたりの者が金を<借り>ていた…ほかのひとりは50デナリ<借り>ていた．

使徒 28:30 自費で<借り>た家に住み，たずねて

▼ **かる（刈る）【別項】刈り取る**

レビ 19: 9 畑の隅々まで<刈>ってはならない．

Ⅱサム 14:26 彼が頭を<刈る>とき…年の終わりには，それが重いので<刈>っていた．

ヨブ 8:12 若芽のときには<刈>られないのに，

雅歌 4: 2 毛を<刈>られる雌羊の群れのようだ．

イザ 5: 6 枝はおろされず，草は<刈>られず，

エレ 9:26 こめかみを<刈>り上げているすべて

エゼ 44:20 頭は適当に<刈>らなければならない．

アモ 9:13 耕す者が<刈る>者に近寄り，ぶどう

ミカ 6:15 種を蒔いても，<刈る>ことがなく，

マタ 13:30 私は<刈る>人たちに，まず，毒麦を

ヨハ 4:36 <刈る>者は報酬を受け…それは蒔く者と<刈る>者がともに喜ぶためです．

▼ **かるい（軽い）**

Ⅰサム 2:29 わたしの住む所で<軽>くあしらい，

6: 5 国とに下される神の手は，<軽>くな

Ⅰ列 12: 4 重いくびきとを<軽>くしてください．

16:31 罪のうちを歩むことは<軽い>ことで

Ⅱ歴 10: 4 重いくびきを<軽>くしてください．

エズ 9:13 受けるべき刑罰よりも<軽>く罰し，

エス 1:17 自分の夫を<軽>く見るようになるで

ヨブ 30: 1 彼らの父は，私が<軽>く見て，私の

エレ 3: 9 自分の淫行を<軽>く見て，国を汚し，

ヨナ 1: 5 船を<軽>くしようと船の積荷を海に

マタ 11:30 わたしの荷は<軽い>からです．」

使徒 27:38 海に投げ捨てて，船を<軽>くした．

Ⅱコリ 4:17 今の時の<軽い>患難は，私たちのう

Ⅰテモ 4:12 だれにも<軽>く見られないようにし

▼ **ガルエデ**

ギルアデの石塚の名．創世31:47，48．

▼ **カルカ〔地名〕**

ユダ南部の境界線に沿った町．ヨシ15:3．

▼ **カルカス〔人名〕**

ペルシヤ王の７人の宦官の一人．エス1:10．

▼ **かるがるしい（軽々しい）**

レビ 5: 4 人が口で<軽々し>く…誓う場合，そ

箴言 20:25 <軽々し>く，聖なるささげ物をする

25: 8 <軽々し>く訴えて出るな．そうでな

伝道 5: 2 <軽々し>く，心あせってことばを出

Ⅰテモ 5:22 <軽々し>く按手をしてはいけません．

▼ **カルケミシュ〔地名〕**

ユーフラテス川上流の町．イザ10:9，エレ46:2．

▼ **カルコル**

1. 地名．ヨルダン東方の地．士師8:10．
2. 人名．ソロモン時代の知恵者．Ⅰ列4:31．

▼ **カルシェナ〔人名〕**

ペルシヤ王の７人の首長の一人．エス1:14．

▼ **カルタ〔地名〕**

レビ人の町の一つ．ヨシ21:34．

▼ **カルタン〔地名〕**

ナフタリ所領内の逃れの町の一つ．ヨシ21:32．

▼ **カルデヤ，カルデヤ人**

創世 11:28 ハランは…<カルデヤ人>のウルで死

31 テラは…アブラムと…<カルデヤ人>

Ⅱ列 25: 5 <カルデヤ>の軍勢が王のあとを追い，

ヨブ 1:17 <カルデヤ人>が…らくだを襲い，こ

イザ 13:19 <カルデヤ人>の…栄えであるバビロ

23:13 見よ，<カルデヤ人>の国を…この民

エレ 25:12　<カルデヤ人>の地を…咎のゆえに罰
32:24　この町は…<カルデヤ人>の手に渡さ
エゼ 1: 3　<カルデヤ人>の地のケバル川のほと
ダニ 1: 4　<カルデヤ人>の文学とことばとを教
2: 2　<カルデヤ人>を呼び寄せて…夢を解
9: 1　ダリヨスが，<カルデヤ人>の国の王
ハバ 1: 6　わたしは<カルデヤ人>を起こす．強
使徒 7: 4　アブラハムは<カルデヤ人>の地を出

▼カルナイム〔地名〕
バシャンにある要害の町．アモ6:13.

▼カルネ〔地名〕
アラム北部の町．カルノと同地．アモ6:2.

▼カルノ〔地名〕
アラム北部の町．カルネと同地．イザ10:9.

▼カルポ〔人名〕
トロアスのキリスト者．Ⅱテモ4:13.

▼カルミ〔人名〕
⑴ルベンの子．カルミ族の祖．民数26:6.
⑵アカンの父．ヨシ7:1，Ⅰ歴2:7.

▼ガルミじん（〜人）
ユダ族の一人ケイラの属する氏族名か．詳細不明．Ⅰ歴4:19.

▼カルメル
1. 地名．
⑴地中海に突出した一連の丘．ヨシ12:22，Ⅰ列18:19，Ⅱ列2:25，イザ33:9，エレ50:19.
⑵ユダ山地の町．ヨシ15:55，Ⅰサム25:2.
2. カルメル人．1.⑵の住人．Ⅰサム30:5.

▼カレアハ〔人名〕
エレミヤ時代のユダの将校．Ⅱ列25:23.

▼かれき（枯れ木）
イザ 56: 3　「ああ，私は<枯れ木>だ」と．
哀歌 4: 8　かわいて<枯れ木>のようになった．
エゼ 17:24　<枯れ木>に芽を出させることを知る
20:47　すべての<枯れ木>を焼き尽くす．そ
ルカ 23:31　<枯れ木>には，いったい，何が起こ

▼かれくさ（枯れ草）
イザ 5:24　炎が<枯れ草>をなめ尽くすように，
33:11　<枯れ草>をはらみ，わらを産む．あ

▼カレブ〔人名〕
⑴ケナズ人エフネの子．民数13:6，32:12，ヨシ14:6，15:17，士師1:12，3:9，Ⅰ歴4:15.
⑵ユダの子孫ヘツロンの子．Ⅰ歴2:9，18，19.

▼ガレブ〔人名〕【別項】ガレブの丘
ダビデ30勇士の一人．Ⅱサム23:38，Ⅰ歴11:40.

▼ガレブのおか（〜丘）
エレミヤの預言に出てくる丘．エレ31:39.

▼かれる
Ⅰ列 17: 7　その川が<かれ>た…雨が降らなかっ
ヨブ 12:15　神が水を引き止めると…<かれ>，水
14:11　川は干上がり，<かれる>.
イザ 58:11　水の<かれ>ない源のようになる．
ホセ 13:15　その水源は<かれ>，その泉は干上が
ヨエ 1:10　油も<かれ>てしまうからだ．
20　水の流れが<かれ>，火が荒野の牧草
マコ 5:29　血の源が<かれ>て，ひどい痛みが直
黙示 16:12　道を備えるために，<かれ>てしまっ

▼かれる（枯れる）
ヨブ 8:12　ほかの草に先立って<枯れる>.
14: 8　その根株が土の中で<枯れ>ても，
18:16　下ではその根が<枯れ>，上ではその
24:24　麦の穂先のように<枯れ>てしまう．
詩篇 1: 3　実がなり，その葉は<枯れ>ない．そ
37: 2　彼らは…青草のように<枯れる>のだ．
90: 6　夕べには，しおれて<枯れ>ます．
129: 6　伸びないうちに<枯れる>屋根の草の
イザ 15: 6　草は<枯れ>，若草も尽き果て，緑も
19: 6　干上がり，葦や蘆も<枯れ>果てる．
7　その川の種床もみな<枯れ>，吹き飛
27:11　その大枝が<枯れる>と，それは折ら
34: 4　その万象は，<枯れ>落ちる．ぶどう
40: 7　草は<枯れ>，花はしぼむ．まことに，
24　風を吹きつけ，彼らは<枯れる>．暴
64: 6　私たちは…木の葉のように<枯れ>，
エレ 12: 4　すべての畑の青草は<枯れ>ているの
エゼ 17:10　それはすっかり<枯れ>てしまわないだろうか…それは<枯れ>てしまう．」
19:12　その強い枝も折られて<枯れ>，火に
47:12　果樹が生長し，その葉も<枯れ>ず，
ホセ 9:16　その根は<枯れ>て，実を結ばない．
ヨエ 1:12　あらゆる野の木々は<枯れ>た．人の
アモ 1: 2　かわき，カルメルの頂は<枯れる>.」
ヨナ 4: 7　かんだので，とうごまは<枯れ>た．
マタ 13: 6　根がないために<枯れ>てしまった．
21:19　たちまちいちじくの木は<枯れ>た．
マコ 4: 6　根がないために<枯れ>てしまった．
11:20　いちじくの木が根まで<枯れ>ていた．
ルカ 8: 6　水分がなかったので，<枯れ>てしま
ヨハ 15: 6　投げ捨てられて，<枯れ>ます．人々

ユダ　12 <枯れ>に<枯れ>て，根こそぎにされ
▼ かろうじて
Ⅰペテ 4:18 義人が<かろうじて>救われるのだと
▼ かろんじる（軽んじる）
申命 32:15 自分の救いの岩を<軽んじ>た．
Ⅰサム 2:30 わたしをさげすむ者は<軽んじ>られ
エゼ 22: 7 父や母は<軽んじ>られ…在留異国人
マタ 6:24 一方を重んじて他方を<軽んじ>たり
するからです．ルカ16:13．
ロマ 2: 4 寛容とを<軽んじ>ているのですか．
Ⅰコリ 11:22 神の教会を<軽んじ>，貧しい人たち
16:11 だれも彼を<軽んじ>てはいけません．
テト 2:15 だれにも<軽んじ>られてはいけませ
ヘブ 12: 5 主の懲らしめを<軽んじ>てはならな
ユダ　8 権威ある者を<軽んじ>，栄えある者
▼ かわ（川），川々【別項】大川
創世 2:10 一つの<川>が，この園を潤すため，
15:18 エジプトの<川>から，あの大川，ユ
レビ 11: 9 海でも<川>でも，水の中にいるもの
申命 9:21 ちりを山から流れ下る<川>に投げ捨
ヨシ 15: 7 <川>の南側のアドミムの坂の反対側
19:11 ヨクネアムの東にある<川>に達した．
Ⅰサム 17:40 <川>から五つのなめらかな石を選ん
Ⅱサム 17:13 その町を<川>まで引きずって行って，
22: 5 滅びの<川>は，私を恐れさせた．
Ⅰ列 18: 5 すべての<川>に行ってみよ．たぶん，
Ⅱ列 5:12 ダマスコの<川>…は，イスラエルの
すべての<川>にまさっている…これ
らの<川>で洗って，私がきよくなれ
17: 6 ゴザンの<川>のほとり，メディヤの
19:24 エジプトのすべての<川>を干上がら
Ⅱ歴 32: 4 この地を流れている<川>をふさいで
エズ 8:15 アハワに流れる<川>のほとりに彼ら
ヨブ 6:15 兄弟たちは<川>のように裏切った．
14:11 <川>は干上がり，かれる．
20:17 彼は<川>を見ることがない…蜜と凝
乳の流れる<川>を見ることがない．
22:24 オフィルの金を<川>の小石の間に置
40:22 はすは…<川>の柳はこれを囲む．
詩篇 46: 4 <川>がある．その流れは，いと高き
65: 9 神の<川>は水で満ちています．あな
66: 6 人々は<川>の中を歩いて渡る．さあ，
72: 8 <川>から地の果て果てに至るまで統
74:15 絶えず流れる<川>をからされました．
78:16 水を<川>のように流された．
44 神がそこの<川>を血に変えられたの
80:11 若枝をあの<川>にまで伸ばしました．
89:25 彼の右の手を<川>の上に置こう．
93: 3 主よ．<川>は，声をあげました．
<川>は，叫び声を…<川>は，とどろ
98: 8 もろもろの<川>よ．手を打ち鳴らせ．
105:41 水は砂漠を<川>となって流れた．
107:33 主は<川>を荒野に，水のわき上がる
119:136 私の目から涙が<川>のように流れま
137: 1 バビロンの<川>のほとり，そこで，
箴言 18: 4 知恵の泉はわいて流れる<川>のよう
伝道 1: 7 <川>はみな海に流れ込むが，海は…
<川>は流れ込む所に，また流れる．
イザ 7:18 エジプトの<川々>の果てにいるあの
11:15 御手を<川>に向かって振り動かし，
18: 1 クシュの<川々>のかなたにある羽こ
2 多くの<川>の流れる国，力の強い，
19: 5 <川>は干上がり，かれる．
6 エジプトの<川々>は，水かさが減っ
7 その<川>の種床もみな枯れ，吹き飛
33:21 そこには多くの<川>があり，広々と
した<川>がある．櫓をこぐ船もそこ
35: 6 荒野に…荒地に<川>が流れるからだ．
41:18 裸の丘に<川>を開き，平地に泉をわ
42:15 <川>をかわいた地とし，沢をからす．
43: 2 <川>を渡るときも，あなたは押し流
19 荒野に道を，荒地に<川>を設ける．
47: 2 すねを出し，<川>を渡れ．
48:18 あなたのしあわせは<川>のように，
66:12 <川>のように繁栄を彼女に与え，あ
エレ 46: 7 <川々>のように寄せては返すこの者
哀歌 2:18 昼も夜も，<川>のように涙を流せ．
3:48 私の目から涙が<川>のように流れ，
エゼ 29: 3 自分の<川>の中に横たわる大きなわ
にで，『<川>は私のもの．私がこれ
4 あなたの<川>の魚をあなたのうろこ
につけ…<川>のすべての魚とを<川>
10 あなたの<川>にも立ち向かい，エジ
31: 4 <川々>は，その植わっている地の回
15 <川>をせきとめて，豊かな水をかわ
32: 2 <川>の中であばれ回り，足で水をか
き混ぜ，その<川々>を濁らせた．
14 その<川>を油のように静かに流れさ
47: 5 渡ることのできない<川>となった．
7 <川>の両岸に非常に多くの木があっ

9 この<川>が流れて行く所はどこででも…この<川>が入る所では，すべて
ダニ 12: 5 ひとりは<川>の向こう岸にいた．
6 <川>の水の上にいる，あの亜麻布の
アモ 5:24 正義を…水の流れる<川>のように，
ナホ 1: 4 すべての<川>を干上がらせる．バシ
ハバ 3: 8 主よ．<川>に怒りを燃やされるのですか．あなたの怒りを<川>に向けら
9 あなたは地を裂いて<川々>とされま
ゼパ 3:10 クシュの<川>の向こうから，わたし
ヨハ 7:38 生ける水の<川>が流れ出るようにな
Ⅱコリ 11:26 <川>の難，盗賊の難，同国民から受
黙示 8:10 <川々>の3分の1とその水源に落ち
12:15 蛇は…水を<川>のように女のうしろ
16 口から吐き出した<川>を飲み干した．
16: 4 鉢を<川>と水の源とにぶちまけた．
22: 1 光るいのちの水の<川>を見せた．そ

▼ かわ（皮），皮帯【別項】陽の皮

創世 3:21 <皮>の衣を作り，彼らに着せてくだ
30:37 若枝…それの白い筋の<皮>をはいで，
出エ 25: 5 雄羊の<皮>，じゅごんの<皮>．35:7, 23, 36:19, 39:34.
29:14 雄牛の肉と<皮>と汚物とは…火で焼かなければならない．レビ16:27.
レビ 13:48 <皮>でも，また<皮>で作ったどんなものでも．49, 51, 56.
59 <皮>製品のツァラアトの．57, 58.
15:17 衣服と<皮>はすべて，水で洗う．そ
民数 4: 6 じゅごんの<皮>のおおい．10, 14.
Ⅱ列 1: 8 腰に<皮帯>を締めた人でした」と答
ヨブ 2: 4 <皮>の代わりには<皮>をもってしま
7: 5 私の<皮>は固まっては，またくずれ
10:11 <皮>と肉とを私に着せ，骨と筋とで
19:20 私の骨は<皮>と肉とにくっついてし
26 私の<皮>が，このようにはぎとられ
41: 7 もりでその<皮>を，やすでその頭を
詩 102: 5 私の骨と<皮>はくっついてしまいま
哀歌 3: 4 主は私の肉と<皮>とをすり減らし，
エゼ 16:10 じゅごんの<皮>のはきものをはかせ，
ミカ 3: 2 人々の<皮>をはぎ，その骨から肉を
マタ 3: 4 腰には<皮>の帯を締め，その食べ物
ヘブ 11:37 羊ややぎの<皮>を着て歩き回り，乏

▼ かわいい

出エ 2: 2 その<かわいい>のを見て，3か月の
エレ 46:20 エジプトは<かわいい>雌の子牛．北

▼ かわいがる

イザ 66:12 ひざの上で<かわいが>られる．

▼ かわいそう

マタ 9:36 彼らを<かわいそう>に思われた．
15:32 <かわいそう>に，この群衆はもう3
18:27 <かわいそう>に思って，彼を赦し，
20:34 <かわいそう>に思って…目にさわら
マコ 8: 2 <かわいそう>に，この群衆はもう3
ルカ 7:13 母親を見て<かわいそう>に思い，
10:33 彼を見て<かわいそう>に思い，
15:20 <かわいそう>に思い，走り寄って彼

▼ かわいらしい

使徒 7:20 <かわいらしい>子で，3か月の間，

▼ かわき（渇き）

出エ 17: 3 家畜を，<渇き>で死なせるためです
士師 15:18 彼はひどく<渇き>を覚え，主に呼び
Ⅱ歴 32:11 飢えと<渇き>で，おまえたちを死な
詩 104:11 野ろばも<渇き>をいやします．
イザ 5:13 その群衆は，<渇き>で干からびる．
41:17 その舌は<渇き>で干からびるが，わ
50: 2 <渇き>のために死に絶える．
ホセ 2: 3 <渇き>で彼女を死なせよう．
アモ 8:13 若い男も，<渇き>のために衰え果て

▼ かわぎし（川岸）

士師 11:26 アルノン川の<川岸>のすべての町々
ダニ 8: 3 1頭の雄羊が<川岸>に立っていた．
使徒 16:13 祈り場があると思われた<川岸>に行

▼ かわく（渇く，乾く）

創世 1: 9 <かわ>いた所が現れよ．」そのよう
10 神は，<かわ>いた所を地と名づけ，
8:13 水は地上から<かわ>き始めた…見よ，地の面は，<かわ>いていた．
14 第2の月の…地は<かわ>ききった．
出エ 4: 9 それを<かわ>いた土に注がなければならない…その水は，<かわ>いた土
14:16 海の真ん中の<かわ>いた地を進み行くようにせよ．22, 29.
17: 3 民はその所で水に<渇>いた．それで
レビ 7:10 油を混ぜたものも，<かわ>いたもの
申命 8:15 <かわ>ききった地を通らせ，堅い岩
28:48 あなたは，飢えて<渇>き，裸となっ
29:19 潤ったものも<渇>いたものも…滅び
ヨシ 3:17 祭司たちが…<かわ>いた地にしっかりと立つうちに…<かわ>いた地を通
4:18 足の裏が，<かわ>いた地に上がった

22 ヨルダン川の<かわ>いた土の上を渡
9: 5 パンは，みな<かわ>いて，ぼろぼろ
士師 4:19 水を少し…のどが<渇>いているから．
6:37 土全体が<かわ>いていたら，あなた
40 羊の毛の上だけが<かわ>いていて，
ルツ 2: 9 のどが<渇>いたら，水がめのところ
IIサム 17:29 <渇>いていると思ったからである．
II列 2: 8 ふたりは<かわ>いた土の上を渡った．
ネヘ 9:11 海の中の<かわ>いた地を通って行き
15 彼らが<渇>いたときには，岩から水
ヨブ 5: 5 <渇>いた者が彼らの富をあえぎ求め
24:11 酒ぶねを踏みながら，なお<渇く>．
詩篇 22:15 私の力は…<かわ>ききり，私の舌は，
32: 4 骨髄は，夏のひでりで<かわ>ききっ
42: 2 生ける神を求めて<渇>いています．
63: 1 私のたましいは，あなたに<渇>き，
66: 6 海を変えて，<かわ>いた地とされた．
69: 3 呼ばわって疲れ果て，のどが<渇>き，
21 私が<渇>いたときには酢を飲ませま
107: 9 主は<渇>いたたましいを満ち足らせ，
143: 6 私のたましいは，<かわ>ききった地
箴言 17: 1 一切れの<かわ>いたパンがあって，
25:21 <渇>いているなら，水を飲ませよ．
イザ 21:14 <渇>いている者に会って，水をやれ．
29: 8 <渇>いている者が，夢の中で飲み，
32: 2 <かわ>ききった地にある大きな岩の
6 <渇>いている者に飲み物を飲ませな
44: 3 <かわ>いた地に豊かな流れを注ぎ，
48:21 主が<かわ>いた地を通らせたときも，
彼らは<渇>かなかった．主は彼らの
49:10 彼らは飢えず，<渇>かず，熱も太陽
55: 1 ああ．<渇>いている者はみな，水を
65:13 しかし，あなたがたは<渇く>．見よ．
エレ 2:25 のどが<渇>かないようにせよ．しか
23:10 荒野の牧草地は<乾>ききる．彼らの
哀歌 4: 4 乳飲み子の舌は<渇>いて上あごにつ
8 皮膚は…<かわ>いて枯れ木のように
ホセ 13: 5 <かわ>いた地で，あなたを知ってい
アモ 1: 2 羊飼いの牧場は<かわ>き，カルメル
4: 7 雨の降らなかった…畑は<かわ>きき
8:11 水に<渇く>のでもない．実に，主の
ナホ 1:10 <かわ>いた刈り株のように，全く焼
マタ 25:35 わたしが<渇>いていたとき…飲ませ，
37 いつ…<渇>いておられるのを見て，
42 <渇>いていたときにも飲ませず，
ヨハ 4:13 この水を飲む者は…また<渇>きます．
14 決して<渇く>ことがありません．わ
15 先生．私が<渇く>ことがなく，もう
6:35 決して<渇く>ことがありません．
7:37 だれでも<渇>いているなら，わたし
19:28 「わたしは<渇く>」と言われた．
ロマ 12:20 <渇>いたなら，飲ませなさい．そう
Iコリ 4:11 私たちは飢え，<渇>き，着る物もな
ヘブ 11:29 <かわ>いた陸地を行くのと同様に紅
黙示 7:16 飢えることもなく，<渇く>こともな
21: 6 <渇く>者には，いのちの水の泉から，
22:17 <渇く>者は来なさい．いのちの水が

▼かわぐち（川口）
ヨシ 15: 5 ヨルダン川の<川口>までで，北側の

▼かわす
Iサム 18:11 ダビデは2度も身を<かわ>した．

▼かわなめし（皮なめし）
使徒 9:43 <皮なめし>のシモンという人の家に

▼かわぶくろ（皮袋）
創世 21:14 パンと水の<皮袋>を取ってハガルに
Iサム 1:24 ぶどう酒の<皮袋>．10:3，16:20．
ヨブ 32:19 新しいぶどう酒の<皮袋>のように，
詩篇 56: 8 あなたの<皮袋>にたくわえてくださ
119:83 煙の中の<皮袋>のようになっても，
マタ 9:17 新しいぶどう酒を古い<皮袋>に入れ
るような．マコ2:22，ルカ5:37．

▼かわべ（川辺）
出エ 2: 5 ナイルの<川辺>を歩いていた．彼女
民数 24: 6 <川辺>の園のように，主が植えたア

▼かわむこう（川向こう）
IIサム 10:16 <川向こう>のアラムを連れ出したの
エズ 4:10 <川向こう>のその他の地．17，20．
5: 3 <川向こう>の総督．6，6:6，13，8:
36，ネヘ2:7，9，3:7．
マコ 3: 8 ヨルダンの<川向こう>やツロ，シド

▼かわや
マコ 7:19 腹に入り…<かわや>に出されてしま

▼かわら（瓦）
ルカ 5:19 屋根の<瓦>をはがし…彼の寝床を，

▼かわり（代わり）
創世 4:25 彼の<代わり>に，神は私にもうひと
22:13 それを自分の子の<代わり>に，全焼
ヨブ 14:14 私の<代わり>の者が来るまで待ちま
箴言 30:23 女奴隷が女主人の<代わり>となるこ
ダニ 11:38 その<代わり>に，彼はとりでの神を

ルカ 11:11 魚の<代わり>に蛇を与えるような父
ロマ 1:25 造り主の<代わり>に造られた物を拝

▼ かわる（代わる）

ダニ 11: 7 彼に<代わ>り，軍隊を率いて北の王
20 彼に<代わ>って，ひとりの人が起こ
マタ 2:22 アケラオが父ヘロデに<代わ>ってユ
IIコリ 5:20 私たちは，キリストに<代わ>って，

▼ かわる（変わる）

出エ 7:15 蛇に<変わ>ったあの杖を手に取って，
13:17 民が戦いを見て，心が<変わ>り，エ
レビ 13: 3 患部の毛が白く<変わ>り．4，10.
55 患部が<変わ>ったように見えなけれ
II列 5:21 何か<変わ>ったことでも」と尋ねた．
エス 9:22 喪の日が祝日に<変わ>った月として，
ヨブ 20:14 食べた物は，彼の腹の中で<変わ>り，
30:21 あなたは…残酷な方に<変わ>られ，
38:14 地は…粘土のように<変わ>り，衣服
詩篇 19: 9 とこしえまでも<変わ>らない．主の
77:10 いと高き方の右の手が<変わ>ったこ
78:44 神が…川を血に<変わ>らせたので，
102:27 あなたは<変わる>ことがなく，あな
伝道 1: 4 しかし地はいつまでも<変わ>らない．
イザ 29:17 レバノンは果樹園に<変わ>り，果樹
34: 9 その土は硫黄に<変わ>り，その地は
エレ 2:21 質の悪い雑種のぶどうに<変わ>った
30: 6 みなの顔が青く<変わ>っているのか．
48:11 味は…かおりも<変わ>らなかった．
哀歌 5:15 喜びは消え，踊りは喪に<変わ>り，
ダニ 3:19 怒りに満ち…顔つきが<変わ>った．
5: 6 王の顔色は<変わ>り，それにおびえ
7:28 ダニエルは…顔色が<変わ>った．し
ヨエ 2:31 太陽はやみ…月は血に<変わる>．
ミカ 6: 2 地の<変わる>ことのない基よ．主は
ゼカ 14:10 全土は…アラバのように<変わる>．
マラ 3: 6 主であるわたしは<変わる>ことがな
マタ 17: 2 彼らの目の前で，御姿が<変わ>り，
ルカ 9:29 御顔の様子が<変わ>り，御衣は白く
使徒 2:20 太陽はやみ…月は血に<変わる>．
28: 6 彼に少しも<変わ>った様子が見えな
ロマ 11:29 神の賜物と召命とは<変わる>ことが
ヘブ 1:12 あなたは<変わる>ことがなく，あな
7:12 祭司職が<変わ>れば，律法も必ず
<変わ>らなければなりませんが，
Iペテ 1:23 <変わる>ことのない，神のことばに
25 とこしえに<変わる>ことがない」と

▼ かん（棺）

創世 50:26 ミイラにし，<棺>に納めた．
ルカ 7:14 近寄って<棺>に手をかけられると，

▼ かん（環）

出エ 25:12 四つの金の<環>を鋳造し．14，15，
26，27，26:24，29，27:4，7，28:23，
24，26，27，28，39:16，19，20.

▼ がん（癌）

IIテモ 2:17 彼らの話は<癌>のように広がるので

▼ かんいん（姦淫）

出エ 20:14 <姦淫>してはならない．申命5:18.
II列 9:22 イゼベルの<姦淫>と呪術とが盛んに
詩 106:39 その行いによって<姦淫>を犯した．
エレ 13:27 あなたの<姦淫>，あなたのいななき，
エゼ 6: 9 彼らの<姦淫>の心と…<姦淫>の目を
16:15 名声を利用して<姦淫>を行い…だれ
にでも身を任せて<姦淫>をした．
17 男の像を造り…<姦淫>を行った．
20 <姦淫>はささいなことだろうか．
29 カルデヤとますます<姦淫>を重ねた
34 あなたの<姦淫>は，ほかの女の場合
と反対だ…あなたを求めて<姦淫>を
23:43 その女と<姦淫>をしているのではな
ホセ 1: 2 行って，<姦淫>の女をめとり，<姦
淫>の子らを引き取れ．この国は主
2: 2 彼女の顔から<姦淫>を取り除き，そ
5 彼らの母は<姦淫>をし，彼らをはら
4:12 <姦淫>の霊が彼らを迷わせ…自分た
ちの神を見捨てて<姦淫>をしたから
13 あなたがたの娘は<姦淫>をし，あな
5: 3 エフライムよ…あなたは<姦淫>をし，
4 <姦淫>の霊が彼らのうちにあって，
9: 1 神にそむいて<姦淫>をし…麦打ち場
で受ける<姦淫>の報酬を愛したから
マラ 3: 5 <姦淫>を行う者，偽って誓う者，不
マタ 5:27 <姦淫>してはならない』と言われた
28 心の中で<姦淫>を犯したのです．
32 妻に<姦淫>を犯させるのです…離別
された女と結婚すれば，<姦淫>を犯
すのです．ルカ16:18.
12:39 悪い，<姦淫>の時代はしるしを求め
15:19 殺人，<姦淫>，不品行，盗み，偽証，
19: 9 別の女を妻にする者は<姦淫>を犯す
マコ 7:22 <姦淫>，貪欲，よこしま，欺き，好
10:11 前の妻に対して<姦淫>を犯すのです．

ルカ 18:11 不正な者，<姦淫>する者ではなく，
ヨハ 8: 3 <姦淫>の場で捕らえられたひとりの
ロマ 2:22 <姦淫>するなと言いながら，自分は
<姦淫>するのですか．偶像を忌みき
7: 3 <姦淫>の女と呼ばれるのですが，夫
が死ねば…<姦淫>の女ではありませ
13: 9 <姦淫>するな，殺すな，盗むな，む
Ⅰコリ 6: 9 <姦淫>をする者，男娼となる者，男
ヘブ 13: 4 <姦淫>を行う者とをさばかれるから
ヤコ 2:11 <姦淫>してはならない」と言われた
方は…<姦淫>しなくても人殺しをす
黙示 2:22 この女と<姦淫>を行う者たちも，こ

▼ かんがえ（考え）

出エ 14: 5 民についての<考え>を変えて言った．
マタ 15:19 悪い<考え>，殺人，姦淫，不品行…
は心から出て来る．マコ7:21．
ルカ 6: 8 彼らの<考え>をよく知っておられた．
9:47 イエスは，彼らの心の中の<考え>を
使徒 28: 6 彼らは<考え>を変えて，「この人は
ロマ 3:28 …というのが，私たちの<考え>です．
ガラ 5:10 違った<考え>を持っていないと確信
ピリ 4: 7 人のすべての<考え>にまさる神の平
ヘブ 4:12 心のいろいろな<考え>やはかりごと

▼ かんがえかた（考え方）

ロマ 12: 3 慎み深い<考え方>をしなさい．
Ⅰコリ 14:20 物の<考え方>において子どもであっ
ては…<考え方>においてはおとなに
ピリ 3:15 このような<考え方>をしましょう…
これと違った<考え方>をしているな
ヤコ 2: 4 悪い<考え方>で人をさばく者になっ

▼ かんがえる（考える）

士師 19:30 このことをよく<考え>て，相談をし，
Ⅰサム 18:25 ダビデを…倒そうと<考え>ていた．
Ⅱサム 21:16 ダビデを殺そうと<考え>た．彼の槍
Ⅰ列 12:33 自分で勝手に<考え>出した月である
Ⅱ歴 2: 1 宮と…宮殿とを建てようと<考え>た．
ネヘ 5: 7 私は十分<考え>たうえで…非難して
6: 8 自分でかってに<考え>出したのだ」
エス 4:13 助かるだろうと<考え>てはならない．
ヨブ 37:14 奇しいみわざを，じっと<考え>よ．
詩篇 77:12 あなたのみわざを，静かに<考え>よ
143: 5 御手のわざを静かに<考え>ています．
箴言 20:25 誓願を立てて後…<考え>直す者は，
イザ 10: 7 彼の心もそうは<考え>ない．彼の心
14:24 わたしの<考え>たとおりに事は成り，
43:18 先の…昔の事どもを<考える>な．
44:19 彼らは<考え>てもみず，知識も英知
51: 2 …を産んだサラのことを<考え>てみ
エレ 9:17 よく<考え>て，泣き女を呼んで来さ
18:11 あなたがたに…わざわいを<考え>，
アモ 6: 5 ダビデのように…楽器を<考え>出す．
ハガ 1: 5 あなたがたの現状をよく<考え>よ．
2:15 きょうから後のことをよく<考え>よ．
ゼカ 1: 6 私たちにしようと<考え>られたとお
8:14 わざわいを下そうと<考え>た．——
マタ 9: 4 なぜ…悪いことを<考え>ているのか．
21 きっと直る」と心のうちで<考え>て
ルカ 1:29 いったい何のあいさつかと<考え>込
3:15 キリストではあるまいか，と<考え>
12:17 心の中でこう言いながら<考え>た．
24 烏のことを<考え>てみなさい．蒔き
27 ゆりの花のことを<考え>てみなさい．
14:31 <考え>ずにいられましょうか．
21:14 あらかじめ<考え>ないことに，心を
使徒 15:38 連れて行かないほうがよいと<考え>
28:22 あなたが<考え>ておられることを，
ロマ 8: 5 肉に従う者は肉的なことを…<考え>
ますが，御霊に従う者は御霊に属す
ることをひたすら<考え>ます．
18 取るに足りないものと…<考え>ます．
14: 5 ある日を…大事だと<考える>人もい
ますが，どの日も同じだと<考える>
Ⅰコリ 1:26 召しのことを<考え>てごらんなさい．
13:11 子どもとして<考え>，子どもとして
Ⅱコリ 10: 2 歩んでいるかのように<考える>人々
ピリ 1: 7 このように<考える>のは正しいので
2: 6 あり方を捨てられないとは<考え>ず，
3:13 すでに捕らえたなどと<考え>てはい
Ⅰテサ 3: 6 私たちのことを親切に<考え>ていて，
Ⅱテモ 2: 7 言っていることをよく<考え>なさい．
ヘブ 3: 1 イエスのことを<考え>なさい．
12: 3 忍ばれた方のことを<考え>なさい．
Ⅱペテ 3:15 主の忍耐は救いであると<考え>なさ

▼ かんかく（感覚）

ヘブ 5:14 見分ける<感覚>を訓練された人たち

▼ かんがん（宦官）

Ⅰサム 8:15 自分の<宦官>や家来たちに与える．
Ⅰ列 22: 9 王はひとりの<宦官>を呼び寄せ，
Ⅱ列 8: 6 ひとりの<宦官>に命じて言った．
9:32 2，3人の<宦官>が彼を見おろして

24:12　<宦官>たちといっしょにバビロンの
15　王の妻たち，その<宦官>たち，この
エス 1:10　王に仕える7人の<宦官>メフマン，
イザ 39: 7　王の宮殿で<宦官>となる者があろう．
56: 3　<宦官>も言ってはならない．「ああ，
ダニ 1: 3　<宦官>の長．7，8，9，10，11，18．
使徒 8:27　<宦官>のエチオピヤ人．34，36，39．

▼ かんきん（監禁）

創世 40: 3　ヨセフが<監禁>されている同じ監獄
42:16　それまであなたがたを<監禁>してお
レビ 24:12　人々は…この者を<監禁>しておいた．
民数 15:34　その者を<監禁>しておいた．
使徒 24:23　パウロを<監禁>するように命じたが，

▼ かんけい（関係）

ヨブ 21:16　はかりごと…私と何の<関係>もない．
ヨハ 2: 4　わたしと何の<関係>があるのでしょ
13: 8　わたしと何の<関係>もありません．」

▼ かんげい（歓迎）

ルカ 4:24　自分の郷里では<歓迎>されません．
ヨハ 4:45　ガリラヤ人はイエスを<歓迎>した．
使徒 18:27　彼を<歓迎>してくれるようにと手紙
ロマ 16: 2　主にあってこの人を<歓迎>し，あな
コロ 4:10　<歓迎>するようにという指示をあな

▼ かんこく（勧告）

エズ 10: 3　主の<勧告>と，私たちの神の命令を
恐れる人々の<勧告>に従って，これ
箴言 13:10　知恵は<勧告>を聞く者とともにある．
22:20　<勧告>と知識についての30句を書い
ダニ 4:27　私の<勧告>を快く受け入れて，正し

▼ かんごく（監獄）

創世 39:20　こうして彼は<監獄>にいた．
21　<監獄>の長の心にかなうようにされ
22　<監獄>の長は，その<監獄>にいるす
40: 3　監禁されている同じ<監獄>に入れた．

▼ かんし（監視），監視人【別項】監視の門

出エ 21:29　注意されていても…<監視>せず，そ
36　持ち主が<監視>をしなかったのなら
IIサム 20: 3　<監視>つきの家を与えて養ったが，
ネヘ 3:25　<監視>の庭のそばにあって，王宮か
詩篇 66: 7　その目は国々を<監視>される．頑迷
箴言 16:17　いのちを…自分の道を<監視>する．
エレ 32: 2　<監視>の庭．33:1，37:21，39:15．
ルカ 22:63　イエスの<監視人>どもは，イエスを
使徒 12: 4　兵士4組に引き渡して<監視>させた．
6　番兵たちが牢を<監視>していた．
IIコリ 11:32　ダマスコの町を<監視>しました．

▼ かんしのもん（監視の門）

ネヘ 12:39　彼らは<監視の門>で立ち止まった．

▼ かんしゃ（感謝）【別項】感謝のいけにえ，感謝のささげ物

I歴 16: 4　主を覚えて<感謝>し，ほめたたえる
8　主に<感謝>して，御名を呼び求めよ．
34　主に<感謝>せよ．主はまことにいつ
29:13　私たちはあなたに<感謝>し，あなた
ネヘ 11:17　<感謝>の歌を始める指揮者，バクブ
12:27　<感謝>の歌を歌いながら喜んで，奉
詩篇 9: 1　私は心を尽くして主に<感謝>します．
26: 7　<感謝>の声を聞こえさせ，あなたの
30: 4　聖なる御名に<感謝>せよ．
33: 2　立琴をもって主に<感謝>せよ．十弦
35:18　会衆の中で，あなたに<感謝>し，強
42: 4　喜びと<感謝>の声をあげて，祭りを
57: 9　民の中にあって，あなたに<感謝>し，
69:30　神を<感謝>をもってあがめます．
75: 1　私たちは，あなたに<感謝>します．
神よ．私たちは<感謝>します．御名
92: 1　主に<感謝>するのは，良いことです．
95: 2　<感謝>の歌をもって，御前に進み行
100題目　<感謝>の賛歌
100: 4　<感謝>しつつ，主の門に…入れ．主
に<感謝>し，御名をほめたたえよ．
106: 1　主に<感謝>せよ．107:1，118:1，29．
107: 8　人の子らへの奇しいわざを主に<感
謝>せよ．15，21，31．
109:30　この口をもって…主に<感謝>します．
111: 1　心を尽くして主に<感謝>しよう．直
118:19　そこから入り，主に<感謝>しよう．
119: 7　直ぐな心であなたに<感謝>します．
62　正しいさばきについて<感謝>します．
122: 4　主の御名に<感謝>するために．
136: 1　主に<感謝>せよ．主はまことにいつ
140:13　あなたの御名に<感謝>し．142:7．
147: 7　<感謝>をもって主に歌え．立琴でわ
イザ 12: 1　主よ．<感謝>します．あなたは，私
4　主に<感謝>せよ．その御名を呼び求
51: 3　楽しみと喜び，<感謝>と歌声とがあ
エレ 30:19　<感謝>と，喜び笑う声がわき出る．
33:11　万軍の主に<感謝>せよ．主はいつく
ダニ 2:23　先祖の神．私はあなたに<感謝>し，

ヨナ 2: 9 私は，<感謝>の声をあげて，あなた
マタ 15:36 <感謝>をささげてからそれを裂き，
26:27 杯を取り，<感謝>をささげて後，こ
ルカ 2:38 彼女もそこにいて，神に<感謝>をさ
17: 9 そのしもべに<感謝>するでしょうか．
16 足もとにひれ伏して<感謝>した．彼
22:19 パンを取り，<感謝>をささげてから，
ヨハ 6:23 主が<感謝>をささげられてから，人
11:41 聞いてくださったことを<感謝>いた
使徒 24: 3 私たちは心から<感謝>しております．
27:35 パンを取り…神に<感謝>をささげて
28:15 神に<感謝>し，勇気づけられた．
ロマ 1: 8 キリストによって私の神に<感謝>し
21 神としてあがめず，<感謝>もせず，
6:17 神に<感謝>すべきことには，あなた
7:25 キリストのゆえに…神に<感謝>しま
14: 6 食べない人も…神に<感謝>している
16: 4 異邦人のすべての教会も<感謝>して
Ⅰコリ 1: 4 私は…いつも神に<感謝>しています．
14 授けたことがないことを<感謝>して
10:30 <感謝>をささげて食べるなら，私が
<感謝>する物のために，そしられる
11:24 <感謝>をささげて後，それを裂き，
14:16 あなたの<感謝>について，どうして
17 あなたの<感謝>は結構ですが，他の
18 異言を話すことを神に<感謝>してい
15:57 しかし，神に<感謝>すべきです．神
Ⅱコリ 1:11 多くの人々が<感謝>をささげるよう
2:14 神に<感謝>します．神はいつでも，
4:15 <感謝>が満ちあふれ，神の栄光が現
8:16 与えてくださった神に<感謝>します．
9:11 神への<感謝>を生み出すのです．
15 賜物のゆえに，神に<感謝>します．
エペ 1:16 あなたがたのために絶えず<感謝>を
5: 4 むしろ，<感謝>しなさい．
20 名によって父なる神に<感謝>しなさ
ピリ 1: 3 私は，あなたがたのことを思うごと
に私の神に<感謝>し．Ⅰテサ1:2.
5 …にあずかって来たことを<感謝>し
4: 6 <感謝>をもってささげる祈りと願い
コロ 1: 3 父なる神に<感謝>しています．
12 <感謝>をささげることができますよ
2: 7 あふれるばかり<感謝>しなさい．
3:15 <感謝>の心を持つ人になりなさい．
16 <感謝>にあふれて心から神に向かっ
17 主によって父なる神に<感謝>しなさ
4: 2 <感謝>をもって，たゆみなく祈りな
Ⅰテサ 2:13 絶えず神に<感謝>しています．あな
3: 9 神にどんな<感謝>をささげたらよい
5:18 すべての事について，<感謝>しなさ
Ⅱテサ 1: 3 いつも神に<感謝>しなければなりま
Ⅰテモ 2: 1 <感謝>がささげられるようにしなさ
4: 3 <感謝>して受けるようにと，神が造
4 みな良い物で，<感謝>して受けると
Ⅱテモ 1: 3 仕えている神に<感謝>しています．
3: 2 <感謝>することを知らない者，汚れ
ピレ 4 いつも私の神に<感謝>しています．
ヘブ 12:28 <感謝>しようではありませんか．こ
黙示 4: 9 栄光，誉れ，<感謝>をささげるとき，
7:12 知恵と<感謝>と誉れと力と勢いが，
11:17 王となられたことを<感謝>します．

▼ かんじゃ（間者）
創世 42:31 私たちは正直者で，<間者>ではない．
ルカ 20:20 義人を装った<間者>を送り，イエス

▼ かんしゃのいけにえ（感謝のいけにえ）
レビ 7:12 <感謝のいけにえ>に添えて，油を混
22:29 主に<感謝のいけにえ>をささげると
Ⅱ歴 29:31 <感謝のいけにえ>を主の宮に携えて
33:16 <感謝のいけにえ>をささげ，ユダに
詩篇 50:23 <感謝のいけにえ>をささげる人は，
56:12 <感謝のいけにえ>を，あなたにささ
107:22 <感謝のいけにえ>をささげ，喜び叫
116:17 <感謝のいけにえ>をささげ，主の御
エレ 17:26 <感謝のいけにえ>を携えて来る者が，

▼ かんしゃのささげもの（感謝のささげ物）
アモ 4: 5 <感謝のささげ物>として，種を入れ

▼ かんしゅ（看守）
使徒 16:23 <看守>には厳重に番をするように命
じた．24，27，29，33，36．

▼ かんしゅう（慣習）
ルカ 2:42 祭りの<慣習>に従って都へ上り，
使徒 15: 1 モーセの<慣習>に従って割礼を受け
21:21 <慣習>に従って歩むな，と言って，
26: 3 ユダヤ人の<慣習>や問題に精通して
28:17 先祖の<慣習>に対しても，何一つそ

▼ かんしょう（干渉）
創世 39:23 監獄の長は…何も<干渉>しなかった．
Ⅰペテ 4:15 みだりに他人に<干渉>する者として

▼ かんじょう（勘定）
Ⅱ列 12:11 <勘定>された金は，主の宮で工事を

15 残高を<勘定>することもしなかった.
箴言 23: 7 心のうちでは<勘定>ずくだから. あ

▼ がんしょく（顔色）→かおいろ

▼ かんじる（感じる）

詩篇 58: 9 釜が, いばらの火を<感じる>前に,
マコ 5:29 直ったことを, からだに<感じ>た.
ルカ 8:46 力が出て行くのを<感じ>たのだから.

▼ かんしん（歓心）

ガラ 1:10 人の<歓心>を買おうと努めているの

▼ かんせい（完成），完成者

創世 2: 1 そのすべての万象が<完成>された.
Ⅰ列 6:14 神殿を建て, これを<完成>した.
38 その明細どおりに<完成>した. これ
7:51 宮のため…の工事が<完成>した. そ
9:25 香をたいた. 彼は宮を<完成>した.
Ⅰ歴 28:20 すべての仕事を<完成>させてくださ
Ⅱ歴 8:16 <完成>まで, すべてが整えられてい
エズ 5:16 建て続け…まだ<完成>していません.
6:15 アダルの月の3日に<完成>した.
ネヘ 6:15 エルルの月の25日に<完成>した.
ゼカ 4: 9 彼の手が, それを<完成>する. この
ルカ 14:28 <完成>に十分な金があるかどうか,
29 築いただけで<完成>できなかったら,
ロマ 11:12 彼らの<完成>は, それ以上の, どん
25 異邦人の<完成>のなる時までであり,
ガラ 3: 3 肉によって<完成>されるというので
ピリ 1: 6 日が来るまでにそれを<完成>させて
ヘブ 12: 2 <完成者>であるイエスから目を離さ

▼ かんせい（歓声），大歓声

Ⅰサム 4: 5 全イスラエルは<大歓声>をあげた.
6 ペリシテ人は, その<歓声>を聞いて,
「…あの<大歓声>は何だろう」と言
Ⅰ歴 15:28 全イスラエルは, <歓声>をあげ, 角
詩篇 32: 7 救いの<歓声>で, 私を取り囲まれま

▼ かんせつ（関節）

ダニ 5: 6 おびえて, 腰の<関節>がゆるみ, ひ
ヘブ 4:12 <関節>と骨髄の分かれ目さえも刺し
12:13 なえた足が<関節>をはずさないため

▼ かんぜん（完全）

民数 19: 2 <完全>な赤い雌牛をあなたのところ
申命 32: 4 主は岩. 主のみわざは<完全>. まこ
ヨシ 3:16 水は<完全>にせきとめられた. 民は
Ⅱサム 22:31 神, その道は<完全>. 主のみことば
33 私の道を<完全>に探り出される.
Ⅱ歴 15:17 アサの心は一生涯, <完全>であった.
ヨブ 36: 4 <完全>な知識を持つ方があなたのそ
詩篇 18:30 神, その道は<完全>. 主のみことば
32 神こそ…私の道を<完全>にされる.
19: 7 主のみおしえは<完全>で, たましい
38: 3 私の肉には<完全>なところがなく,
エゼ 15: 5 <完全>なときでも, 何も作れないの
28:15 不正が見いだされるまでは, <完全>
マタ 5:48 天の父が<完全>なように, <完全>で
19:21 <完全>になりたいなら, 帰って, あ
使徒 3:16 皆さんの目の前で<完全>なからだに
ロマ 9:28 主は, みことばを<完全>に…成し遂
12: 2 何が…<完全>であるのかをわきまえ
Ⅰコリ 13:10 <完全>なものが現れたら, 不完全な
12 私が<完全>に知られているのと同じ
ように, 私も<完全>に知ることにな
Ⅱコリ 10: 6 あなたがたの従順が<完全>になると
12: 9 弱さのうちに<完全>に現れるからで
13: 9 あなたがたが<完全>な者になること
11 <完全>な者になりなさい. 慰めを受
エペ 4:13 <完全>におとなになって, キリスト
ピリ 3:12 すでに<完全>にされているのでもあ
コロ 3:14 愛は結びの帯として<完全>なもので
4:12 あなたがたが<完全>な人となり, ま
Ⅰテサ 5:23 からだが<完全>に守られますように.
ヘブ 5: 9 <完全>な者とされ, 彼に従うすべて
7:25 <完全>に救うことがおできになりま
9: 9 良心を<完全>にすることはできませ
11 偉大な, さらに<完全>な幕屋を通り,
10: 1 <完全>にすることができないのです.
13:21 <完全>な者としてくださいますよう
ヤコ 1: 4 忍耐を<完全>に働かせなさい. そう
すれば…<完全>な者となります.
17 すべての<完全>な賜物は上から来る
25 <完全>な律法, すなわち自由の律法
3: 2 りっぱに制御できる<完全>な人です.
Ⅰペテ 5:10 しばらくの苦しみのあとで<完全>に
Ⅰヨハ 4:17 愛が私たちにおいても<完全>なもの

▼ かんぞう（肝臓），肝臓の小葉

出エ 29:13 <肝臓の小葉>, 二つの腎臓. 22.
レビ 3: 4 <肝臓>の上の小葉とをささげなさい.
10, 15, 4:9, 7:4.

▼ かんそく（観測）

イザ 47:13 天を<観測>する者, 星を見る者, 新

▼ カンダケ

エチオピヤの女王の称号. 使徒8:27.

か

▼ かんつう（姦通）

レビ 20:10　隣人の妻と<姦通>するなら，<姦通>
ヨブ 24:15　<姦通>する者の目は夕暮れを待ちも
詩篇 50:18　<姦通>する者と親しくする．
箴言 6:32　女と<姦通>する者は思慮に欠けてい
エレ 3: 8　<姦通>したというその理由で，わた
9　国を汚し，石や木と<姦通>した．
5: 7　彼らは<姦通>をし，遊女の家で身を
7: 9　盗み，殺し，<姦通>し，偽って誓い，
9: 2　彼らはみな<姦通>者，裏切り者の集
23:10　国は<姦通>する者で満ちているから
14　彼らは<姦通>し，うそをついて歩き，
エゼ 16:28　アッシリヤ人と<姦通>した．彼らと
<姦通>しても，まだあなたは飽き足
38　<姦通>した女と殺人をした女に下す
23: 5　オホラは…<姦通>し，その恋人，隣
37　自分たちの偶像と<姦通>し，わたし
45　<姦通>した女に下す罰と殺人をした
ホセ 2: 2　その乳房の間から<姦通>を取り除け．
3: 1　愛されていながら<姦通>している女
4: 2　盗みと，<姦通>がはびこり，流血に
7: 4　彼らはみな<姦通>する者だ．彼らは

▼ かんてい（官邸）

マタ 27:27　イエスを<官邸>の中に連れて行って，
ヨハ 18:33　ピラトはもう一度<官邸>に入って，
使徒 23:35　ヘロデの<官邸>に彼を守っておくよ

▼ かんどう（感動）

出エ 35:21　<感動>した者と，心から進んでする

▼ かんとく（監督），監督官，監督者

創世 41:34　国中に<監督官>を任命するよう行動
出エ 5: 6　<監督>と人夫がしらに命じて言った．
Ⅰ列 5:16　工事の<監督>をする者の長が３千３
Ⅱ列 12:11　金は…<監督者>たちの手に渡された．
Ⅱ歴 34:10　工事している<監督者>たちの手に渡
エス 2: 3　女たちの<監督官>…ヘガイの管．8．
14　そばめたちの<監督官>である王の宦
15　彼女は女たちの<監督官>である王の
イザ 60:17　義をあなたの<監督者>とする．
エレ 29:26　あなたを主の宮の<監督者>に任じて，
エゼ 38: 7　あなたは彼らを<監督>せよ．
マタ 20: 8　ぶどう園の主人は，<監督>に言った．
使徒 20:28　群れの<監督>にお立てになったので
ガラ 3:23　私たちは律法の<監督>の下に置かれ，
ピリ 1: 1　聖徒たち，また<監督>と執事たちへ．
Ⅰテモ 3: 1　人がもし<監督>の職につきたいと思
2　<監督>はこういう人でなければなり
テト 1: 7　<監督>は神の家の管理者として，非
ヘブ 12:15　あなたがたはよく<監督>して，だれ
Ⅰペテ 2:25　牧者であり<監督者>である方のもと

▼ かんな

イザ 44:13　<かんな>で削り，コンパスで線を引

▼ かんなん（患難）

ヨハ 16:33　世にあっては<患難>があります．し
使徒 7:10　あらゆる<患難>から彼を救い出し，
ロマ 2: 9　<患難>と苦悩とは，ユダヤ人をはじ
5: 3　<患難>さえも喜んでいます．それは，
<患難>が忍耐を生み出し，
8:35　<患難>ですか，苦しみですか，迫害
12:12　<患難>に耐え，絶えず祈りに励みな
Ⅱコリ 4:17　今の時の軽い<患難>は，私たちのう
Ⅰテサ 3: 7　あらゆる苦しみと<患難>のうちにも，
Ⅱテサ 1: 4　迫害と<患難>とに耐えながらその従
黙示 2:22　大きな<患難>の中に投げ込もう．
7:14　大きな<患難>から抜け出て来た者た

▼ かんぬき

申命 3: 5　門と<かんぬき>のある要害の町々で
33:25　あなたの<かんぬき>が，鉄と青銅で
士師 16: 3　<かんぬき>ごと引き抜き，それを肩
Ⅱ歴 14: 7　やぐらと門と<かんぬき>を設けよう．
ネヘ 3: 3　とびら，<かんぬき>，横木を取りつ
詩 107:16　鉄の<かんぬき>を粉々に砕かれた．
147:13　あなたの門の<かんぬき>を強め，あ
箴言 18:19　敵意は宮殿の<かんぬき>のようだ．
雅歌 5: 5　液が，<かんぬき>の取っ手の上にし
イザ 45: 2　鉄の<かんぬき>をへし折る．
エレ 49:31　とびらもなく，<かんぬき>もなく，
51:30　焼かれ，<かんぬき>は砕かれる．
哀歌 2: 9　主はその<かんぬき>を打ちこわし，
エゼ 38:11　<かんぬき>も門もない所に住んでい
ホセ 11: 6　その<かんぬき>を絶ち滅ぼし，彼ら
アモ 1: 5　ダマスコの<かんぬき>を折り，アベ
ヨナ 2: 6　地の<かんぬき>が，いつまでも私の
ナホ 3:13　火はあなたの<かんぬき>を焼き尽く

▼ がんねん（元年）

エレ 25: 1　ネブカデレザルの<元年>に，ユダの
ダニ 1:21　クロス王の<元年>までそこにいた．
7: 1　ベルシャツァルの<元年>に，ダニエ
9: 1　ダリヨスが…王となったその<元年>，
11: 1　ダリヨスの<元年>に，彼を強くし，

▼ **かんぱん（甲板）**
エゼ27: 6 おまえの<甲板>を作った.
▼ **かんぶ（患部）**
レビ13: 2 ツァラアトの<患部>. 3, 4, 5, 6,
9, 13, 17, 20, 22, 25, 27, 30,
31, 32, 42, 43, 44, 45, 46, 47,
49, 50, 51, 52, 53, 54, 55, 14:3,
34, 40, 54.
▼ **かんぷ（姦婦）**
エゼ16:32 <姦婦>は, 自分の夫の代わりに, ほ
▼ **かんぼく（灌木）**
創世 2: 5 まだ１本の野の<灌木>もなく, まだ
21:15 その子を１本の<灌木>の下に投げ出
▼ **かんむり（冠）**
Ⅱサム12:30 王の<冠>をその頭から取った…その
<冠>はダビデの頭に置かれた. 彼は
エス 8:15 大きな金の<冠>をかぶり, 白亜麻布
ヨブ19: 9 私の頭から<冠>を取り去られた.
31:36 <冠>のように, それをこの身に結び
詩篇 8: 5 栄光と誉れの<冠>をかぶらせました.
21: 3 彼のかしらに純金の<冠>を置かれま
65:11 その年に, 御恵みの<冠>をかぶらせ,
89:39 彼の<冠>を地に捨てて汚しておられ
132:18 彼の<冠>が光り輝くであろう.」
箴言 4: 9 光栄の<冠>をあなたに授けよう.」
12: 4 しっかりした妻は夫の<冠>. 恥をも
14:18 利口な者は知識の<冠>をかぶる.
24 知恵のある者の<冠>はその知恵. 愚
16:31 しらがは光栄の<冠>, それは正義の
17: 6 孫たちは老人の<冠>, 子らの光栄は
雅歌 3:11 かぶらせてもらった<冠>をかぶって
イザ28: 1 酔いどれの誇りとする<冠>, その美
5 美しい<冠>, 栄えの飾り輪となり,
62: 3 主の手にある輝かしい<冠>となり,
エレ13:18 あなたがたの輝かしい<冠>が落ちた
哀歌 5:16 私たちの頭から<冠>も落ちました.
エゼ16:12 頭には輝かしい<冠>をかぶせた.
21:26 かぶり物は…<冠>は取り去られる.
23:42 頭には, 輝かしい<冠>をかぶせた.
ゼカ 6:11 金と銀を取って, <冠>を作り, それ
14 その<冠>は…ヨシヤの記念として,
マタ27:29 いばらで<冠>を編み, 頭にかぶらせ,
ヨハ19: 5 いばらの<冠>と紫色の着物を着けて,
Ⅰコリ 9:25 彼らは朽ちる<冠>を受けるために…
私たちは朽ちない<冠>を受けるため
ピリ 4: 1 私の喜び, <冠>よ. どうか, このよ
Ⅰテサ 2:19 誇りの<冠>となるのはだれでしょう.
ヘブ 2: 7 彼に栄光と誉れの<冠>を与え. 9.
ヤコ 1:12 いのちの<冠>を受けるからです.
Ⅰペテ 5: 4 しぼむことのない栄光の<冠>を受け
黙示 2:10 あなたにいのちの<冠>を与えよう.
3:11 あなたの<冠>をだれにも奪われない
4: 4 金の<冠>を頭にかぶった24人の長老
10 自分の<冠>を御座の前に投げ出して
6: 2 彼は<冠>を与えられ, 勝利の上にさ
12: 1 頭には12の星の<冠>をかぶっていた.
3 頭には七つの<冠>をかぶっていた.
13: 1 その角には十の<冠>があり, その頭
14:14 頭には金の<冠>をかぶり, 手には鋭
▼ **がんめい（頑迷）**
士師 2:19 <頑迷>な生き方を捨てなかった.
詩篇66: 7 <頑迷>な者を, 高ぶらせないでくだ
68: 6 <頑迷>な者だけは, 焦げつく地に住
18 <頑迷>な者どもからさえも. 神であ
ホセ 9:15 首長たちはみな<頑迷>な者だ.
▼ **かんよう（寛容）**
使徒24: 4 ご<寛容>をもってお聞きくださるよ
ロマ 2: 4 忍耐と<寛容>とを軽んじているので
9:22 豊かな<寛容>をもって忍耐してくだ
Ⅰコリ13: 4 愛は<寛容>であり, 愛は親切です.
Ⅱコリ 6: 6 純潔と知識と, <寛容>と親切と, 聖
10: 1 キリストの柔和と<寛容>をもって,
ガラ 5:22 御霊の実は, 愛…平安, <寛容>, 親
エペ 4: 2 <寛容>を示し, 愛をもって互いに忍
ピリ 4: 5 あなたがたの<寛容>な心を, すべて
コロ 3:12 柔和, <寛容>を身に着けなさい.
Ⅰテサ 5:14 すべての人に対して<寛容>でありな
Ⅰテモ 1:16 この上ない<寛容>を示してくださっ
Ⅱテモ 3:10 計画, 信仰, <寛容>, 愛, 忍耐に,
4: 2 <寛容>を尽くし, 絶えず教えながら,
ヤコ 3:17 次に平和, <寛容>, 温順であり, ま
▼ **かんり（管理）, 管理者, 管理人**
創世24: 2 全財産を<管理>している家の最年長
39: 4 その家を<管理>させ, 彼の全財産を
民数 1:50 すべての付属品を<管理>させよ. 彼
Ⅱ列 7:17 侍従を門の<管理>に当たらせたが,
11:18 エホヤダは, 主の宮の<管理>を定め
Ⅰ歴 9:29 バルサム油の<管理>を割り当てられ
エス 2: 3 ヘガイの<管理>のもとに置き, 化粧
マタ 9:23 イエスはその<管理者>の家に来られ

ルカ 12:42 賢い<管理人>とは，いったいだれで
16: 1 ある金持ちにひとりの<管理人>がいた．この<管理人>が主人の財産を乱
2 もう<管理>を任せておくことはでき
4 いつ<管理>の仕事をやめさせられて
ヨハ 20:15 それを園の<管理人>だと思って言っ
Ⅰコリ 4: 1 神の奥義の<管理者>だと考えなさい．
2 <管理者>には，忠実であることが要
ガラ 4: 2 後見人や<管理者>の下にあります．
テト 1: 7 監督は神の家の<管理者>として，非
Ⅰペテ 4:10 さまざまな恵みの良い<管理者>とし

▼ かんりょう（完了）

ヨシ 5: 8 民のすべてが割礼を<完了>したとき，
ヨハ 19:28 すべてのことが<完了>したのを知っ
30 イエスは…「<完了>した」と言われ
Ⅱコリ 8: 6 それを<完了>させるよう彼に勧めた

▼ かんれい（慣例）

使徒 6:14 モーセが…伝えた<慣例>を変えてし
25:16 ローマの<慣例>ではない』と答えて

▼ き（木），木々【別項】いのちの木，杉・杉の木，テレビンの木，むろの木

創世 1:12 種がある実を結ぶ<木>を，種類にし
2: 9 善悪の知識の<木>を生えさせた．
16 園のどの<木>からでも思いのまま食
17 善悪の知識の<木>からは取って食べ
3: 1 園のどんな<木>からも食べてはなら
8 御顔を避けて園の<木>の間に身を隠
6:14 ゴフェルの<木>の箱舟を造りなさい．
18: 4 足を洗い，この<木>の下でお休みく
40:19 あなたを<木>につるし，鳥があなた
出エ 7:19 <木>の器や石の器にも，血があるよ
15:25 主は彼に１本の<木>を示されたので，
レビ 23:40 美しい<木>の実，なつめやしの葉と
民数 13:20 そこには<木>があるか，ないかを調
申命 4:28 かぐこともしない<木>や石の神々に
10: 1 また<木>の箱を一つ作れ．
19: 5 <木>を切るために斧を手にして振り
20:19 そこの<木>を切り倒してはならない．
21:23 <木>につるされた者は，神にのろわ
22: 6 <木>の上，または地面に鳥の巣を見
29:17 <木>や石や銀や金の偶像を見た．
ヨシ 8:29 アイの王を，夕方まで<木>にかけて
士師 9: 8 <木々>が自分たちの王を立てて油を
48 <木>の枝を切り，これを持ち上げて，
Ⅰサム 6:14 その車の<木>を割り，その雌牛を全
Ⅱ列 3:19 すべての良い<木>を切り倒し，すべ
6: 4 ヨルダン川に着くと，<木>を切り倒
19:18 <木>や石にすぎなかったので，滅ぼ
Ⅰ歴 16:33 森の<木々>も，主の御前で，喜び歌
ネヘ 8: 4 エズラは…<木>の台の上に立った．
15 枝の茂った<木>などの枝を取って来
10:35 あらゆる<木>の初なりの果実とをみ
エス 2:23 彼らふたりは<木>にかけられた．こ
ヨブ 14: 7 <木>には望みがある．たとい切られ
19:10 神は私の望みを<木>のように根こそ
24:20 不正な者は<木>のように折られてし
詩篇 1: 3 水路のそばに植わった<木>のようだ．
96:12 森の<木々>もみな，主の御前で，喜
104:16 主の<木々>は満ち足りています．主
105:33 主は…彼らの国の<木>を砕かれた．
148: 9 実のなる<木>よ．すべての杉よ．
伝道 10: 9 <木>を割る者は<木>で危険にさらさ
11: 3 <木>が南風や北風で倒されると，そ
雅歌 2: 3 林の<木>の中のりんごの<木>のよう
3: 9 レバノンの<木>で…みこしを作った．
4:14 乳香の取れるすべての<木>，没薬，
イザ 7: 2 林の<木々>が風で揺らぐように動揺
10:15 杖が，<木>でない人を持ち上げるよ
19 その林の<木>の残りは数えるほどに
37:19 <木>や石にすぎなかったので，滅ぼ
40:20 朽ちない<木>を選び，巧みな細工人
44:13 <木>で細工する者は，測りなわで測
19 <木>の切れ端の前にひれ伏すのだろ
55:12 野の<木々>もみな，手を打ち鳴らす．
60:17 <木>の代わりに青銅，石の代わりに
65:22 民の寿命は，<木>の寿命に等しく，
エレ 2:27 <木>に向かっては，『あなたは私の
3: 9 国を汚し，石や<木>と姦通した．
6: 6 <木>を切って，エルサレムに対して
7:20 畑の<木>と，地の産物とに注がれ，
10: 3 林から切り出された<木>，木工が，

8 神々の戒め——それは<木>にすぎな
11:19 <木>を実とともに滅ぼそう．彼を生
17: 8 水のほとりに植わった<木>のように，
28:13 あなたは<木>のかせを砕いたが，そ
エゼ 15: 2 ほかの<木>よりどれだけすぐれてい
17:24 野のすべての<木>は，主であるわた
しが，高い<木>を低くし，低い<木>
20:32 <木>や石を拝んでいる異邦の民，国
21:10 すべての<木>のように，退けられる．
26:12 石や，<木>や，ちりまでも，水の中
31: 4 流れを野のすべての<木>に送った．
8 神の園にあるどの<木>も，その美し
9 エデンのすべての<木々>は…うらや
14 水に潤う<木>が高ぶってそびえ立た
34:27 野の<木>は実をみのらせ，地は産物
39:10 野から<木>を取り，森からたきぎを
47: 7 川の両岸に非常に多くの<木>があっ
ダニ 4:10 見ると，地の中央に<木>があった．
5: 4 鉄，<木>，石の神々を賛美した．
ホセ 4:12 わたしの民は<木>に伺いを立て，そ
ヨエ 1:12 あらゆる野の<木々>は枯れた．人の
2:22 <木>はその実をみのらせ，いちじく
ハバ 2:19 <木>に向かって目をさませと言い，
マタ 3:10 斧もすでに<木>の根元に置かれてい
ます…良い実を結ばない<木>は，み
7:17 良い<木>はみな良い実を結ぶが，悪
12:33 <木>のよしあしはその実によって知
13:32 枝に巣を作るほどの<木>になります．
21: 8 <木>の枝を切って来て，道に敷いた．
マコ 8:24 <木>のようですが，歩いているのが
ルカ 6:43 悪い実を結ぶ良い<木>はないし，良
13:19 生長して<木>になり，空の鳥が枝に
21:29 いちじくの<木>や，すべての<木>を
ヨハ 15: 4 枝がぶどうの<木>についていなけれ
使徒 10:39 人々はこの方を<木>にかけて殺しま
Ⅰコリ 3:12 <木>，草，わらなどで建てるなら，
ガラ 3:13 <木>にかけられる者はすべてのろわ
Ⅱテモ 2:20 大きな家には…<木>や土の器もあり
ユダ 12 枯れて，根こそぎにされた秋の<木>，
黙示 7: 1 どんな<木>にも，吹きつけないよう
3 海にも<木>にも害を与えてはいけな
8: 7 <木>の３分の１も焼け，青草が全部
9: 4 すべての<木>には害を加えないで，
20 <木>で造られた，見ることも聞くこ
22: 2 その<木>の葉は諸国の民をいやした．

▼き（気）【別項】気に入る，気の短い，気をつける，気をもむ

Ⅰサム 21:12 ダビデは，このことばを<気>にして，
25:25 ナバルのことなど<気>にかけないで
31: 4 とてもその<気>になれなかった．そ
詩篇 45: 5 王の敵は<気>を失う．
箴言 15:13 心に憂いがあれば<気>はふさぐ．
イザ 51:20 あなたの子らは…<気>を失って，す
マタ 7: 3 自分の目の中の梁には<気>がつかな
22: 5 彼らは<気>にもかけず，ある者は畑
Ⅰコリ 7:21 それを<気>にしてはいけません．し

▼ぎ（義）

創世 15: 6 主はそれを彼の<義>と認められた．
申命 6:25 守り行うことは…<義>となるのであ
24:13 主の前に，あなたの<義>となる．
33:19 そこで<義>のいけにえをささげよう．
Ⅱサム 22:21 主は，私の<義>にしたがって私に報
い，私の手のきよさに従って．25．
23: 3 <義>をもって人を治める者，神を恐
Ⅰ列 8:32 正しさにしたがって<義>を報いてく
ヨブ 8: 3 全能者は<義>を曲げるだろうか．
6 あなたの<義>の住まいを回復される．
11: 2 舌の人が<義>とされるのだろうか．
13:18 私が<義>とされることを私は知って
27: 6 自分の<義>を堅く保って，手放さな
29:14 私は<義>をまとい，<義>は私をお
32: 2 ヨブが…自分自身を<義>としたから
33:26 彼の<義>を報いてくださる．
35: 2 「私の<義>は神からだ」とでも言う
36: 3 私の造り主に<義>を返そう．
37:23 <義>に富み，苦しめることをしな
詩篇 4: 1 私の<義>なる神．あなたは，私の苦
5 <義>のいけにえをささげ，主に拠り
5: 8 <義>によって私を導いてください．
7: 8 私の<義>と，私にある誠実とにした
17 その<義>にふさわしく，主を，私は
9: 4 <義>の審判者として王座に着かれる
8 主は<義>によって世界をさばき，公
15: 2 正しく歩み，<義>を行い，心の中の
18:20 私の<義>にしたがって私に報い，私
24 私の<義>にしたがって，また，御目
22:31 主のなされた<義>を，生まれてくる
23: 3 主は…私を<義>の道に導かれます．
24: 5 その救いの神から<義>を受ける．
31: 1 <義>によって，私を助け出してくだ

35:24 <義>にしたがって，私を弁護してく
27 私の<義>を喜びとする者は，喜びの
28 私の舌はあなたの<義>とあなたの誉
36: 6 <義>は高くそびえる山のようで，あ
10 あなたの<義>を，心の直ぐな人に．
37: 6 あなたの<義>を光のように，あなた
40: 9 <義>の良い知らせを告げました．ご
10 <義>を心の中に隠しませんでした．
45: 4 真理と柔和と<義>のために，勝利の
7 あなたは<義>を愛し，悪を憎んだ．
48:10 右の手は<義>に満ちています．
50: 6 天は神の<義>を告げ知らせる．まこ
51:14 あなたの<義>を，高らかに歌うでし
19 <義>のいけにえを喜ばれるでしょう．
52: 3 <義>を語るよりも偽りを愛している．
58: 1 おまえたちは<義>を語り，人の子ら
65: 5 <義>のうちに私たちに答えられます．
69:27 彼らをあなたの<義>の中に入れない
71: 2 <義>によって，私を救い出し，私を
15 あなたの<義>と…救いを語り告げま
16 <義>を…心に留めましょう．
19 あなたの<義>は天にまで届きます．
24 あなたの<義>を言い表しましょう．
72: 1 <義>を王の子に授けてください．
2 民を<義>をもって…悩む者たちを公
3 <義>によって，民に平和をもたらし
85:10 <義>と平和とは，互いに口づけして
11 <義>は天から見おろしています．
13 <義>は，主の御前に先立って行き，
88:12 あなたの<義>が忘却の地で．
89:14 <義>と公正は，あなたの王座の基．
16 あなたの<義>によって，高く上げら
94:15 さばきは再び<義>に戻り，心の直ぐ
96:13 主は，<義>をもって世界をさばき，
97: 2 <義>とさばきが御座の基である．
6 天は主の<義>を告げ，すべての国々
98: 2 その<義>を国々の前に現された．
9 主は<義>をもって世界をさばき，公
103:17 主の<義>はその子らの子に及び，
106:31 代々永遠に，彼の<義>と認められた．
111: 3 その<義>は永遠に堅く立つ．112:3.
112: 9 彼の<義>は永遠に堅く立つ．その角
118:19 <義>の門よ．私のために開け．私は
119: 7 あなたの<義>のさばきを学ぶとき，
40 <義>によって，私を生かしてくださ
106 あなたの<義>のさばきを守ることを．
121 私は公正と<義>とを行いました．私
123 <義>のことばとを慕って絶え入るば
142 あなたの<義>は，永遠の<義>，あな
144 さとしは，とこしえに<義>です．私
160 <義>のさばきはことごとく，とこし
164 <義>のさばきのために，私は日に7
132: 9 祭司たちは，<義>を身にまとい，あ
143: 1 真実と<義>によって，私に答えてく
2 あなたの前に<義>と認められないか
11 <義>によって，私のたましいを苦し
145: 7 あなたの<義>を高らかに歌うでしょ
箴言 8:18 尊い宝物と<義>もわたしとともにあ
11:18 <義>を蒔く者は確かな賃金を得る．
19 <義>を追い求める者はいのちに至り
15: 9 <義>を追い求める者を愛する．
16:12 王座は<義>によって堅く立つからだ．
25: 5 王座は<義>によって堅く据えられる．
イザ 5:23 義人からその<義>を取り去っている．
10:22 <義>があふれようとしている．
26: 9 世界の住民は<義>を学んだからです．
10 悪者は…<義>を学びません．正直の
32:16 公正は荒野に宿り，<義>は果樹園に
17 <義>は平和をつくり出し，<義>はと
41:10 <義>の右の手で，あなたを守る．
42: 6 主は，<義>をもってあなたを召し，
21 主は，ご自分の<義>のために，みお
45:25 主によって<義>とされ，誇る．」
50: 8 私を<義>とする方が近くにおられる．
51: 1 <義>を追い求める者，主を尋ね求め
5 わたしの<義>は近い．わたしの救い
6 わたしの<義>はくじけないからだ．
7 <義>を知る者，心にわたしのおしえ
8 わたしの<義>はとこしえに続き，わ
53:11 知識によって多くの人を<義>とし，
54:14 あなたは<義>によって堅く立ち，し
17 わたしから受ける彼らの<義>である．
56: 1 <義>が現れるのも近いからだ．」
57:12 <義>と，あなたのした事どもを告げ
58: 2 <義>を行い，神の定めを捨てたこと
8 あなたの<義>はあなたの前に進み，
59: 9 <義>は私たちに追いつかない．私た
16 ご自分の<義>を…ささえとされた．
17 主は<義>をよろいのように着，救い
60:17 <義>をあなたの監督者とする．

61: 3 <義>の樫の木，栄光を現す主の植木
11 神である主が<義>と賛美とを，すべ
62: 1 その<義>が朝日のように光を放ち，
2 国々はあなたの<義>を見，すべての
64: 6 私たちの<義>はみな，不潔な着物の
エレ 31:23 <義>の住みか，聖なる山よ．主があ
エゼ 14:14 自分たちの<義>によって自分たちの
いのちを救い出すだけだ．――．20．
18:20 正しい者の<義>はその者に帰し，悪
ダニ 9:24 永遠の<義>をもたらし，幻と預言と
12: 3 多くの者を<義>とした者は，世々限
ヨエ 2:23 主は，あなたがたを<義>とするため
ミカ 7: 9 私はその<義>を見ることができる．
ゼパ 2: 3 <義>を求めよ．柔和を求めよ．そう
マラ 3: 3 主に，<義>のささげ物をささげる者
4: 2 <義>の太陽が上り，その翼には，い
マタ 5: 6 <義>に飢え渇く者は幸いです．その
10 <義>のために迫害されている者は幸
20 もしあなたがたの<義>が，律法学者
6:33 神の国とその<義>とをまず第一に求
21:32 ヨハネが<義>の道を持って来たのに，
ルカ 18:14 この人が，<義>と認められて家に帰
ヨハ 16: 8 <義>について…世にその誤りを認め
10 <義>についてとは，わたしが父のも
使徒 17:31 <義>をもってこの世界をさばくため，
22:14 <義>なる方を見させ，その方の口か
ロマ 1:17 福音のうちには神の<義>が啓示され
3: 5 不義が神の<義>を明らかにするとし
20 だれひとり神の前に<義>と認められ
21 あかしされて，神の<義>が示されま
24 価なしに<義>と認められるのです．
26 神ご自身が<義>であり…イエスを信
じる者を<義>とお認めになるためな
28 人が<義>と認められるのは…信仰に
よるというのが，私たちの考え．30．
4: 2 アブラハムが行いによって<義>と認
められたのなら．3，9，11，22．
5 不敬虔な者を<義>と認めてくださる
6 <義>と認められる人の幸いを，こう
25 私たちが<義>と認められるために，
5: 1 信仰によって<義>と認められた私た
9 キリストの血によって<義>と認めら
16 多くの違反が<義>と認められるから
17 恵みと<義>の賜物とを豊かに受けて
18 ひとりの<義>の行為によってすべて
の人が<義>と認められ，いのちを与
21 <義>の賜物によって支配し，永遠の
6:13 手足を<義>の器として神にささげな
16 従順の奴隷となって<義>に至るので
19 その手足を<義>の奴隷としてささげ
20 <義>については，自由にふるまって
8:10 霊が，<義>のゆえに生きています．
30 <義>と認め，<義>と認めた人々には
33 神が<義>と認めてくださるのです．
9:30 異邦人は<義>を得ました．すなわち，
31 イスラエルは，<義>の律法を追い求
10: 3 彼らは神の<義>を知らず，自分自身
4 信じる人はみな<義>と認められるの
5 律法による<義>を行う人は，その義
10 人は心に信じて<義>と認められ，口
14:17 <義>と平和と聖霊による喜びだから
Iコリ 1:30 <義>と聖めと，贖いとになられまし
6:11 聖なる者とされ，<義>と認められた
IIコリ 3: 9 <義>とする務めには，なおさら，栄
5:21 この方にあって，神の<義>となるた
6: 7 左右の手に持っている<義>の武器に
9: 9 その<義>は永遠にとどまる」と書い
10 <義>の実を増し加えてくださいます．
11:15 サタンの手下どもが<義>のしもべに
ガラ 2:16 行いによっては<義>と認められず，
17 キリストにあって<義>と認められる
21 もし<義>が律法によって得られると
3: 6 神を信じ，それが彼の<義>とみなさ
8 異邦人をその信仰によって<義>と認
11 神の前に<義>と認められる者が，だ
21 <義>は確かに律法によるものだった
24 信仰によって<義>と認められるため
5: 4 律法によって<義>と認められようと
5 <義>をいただく望みを熱心に抱いて
エペ 4:24 真理に基づく<義>と聖をもって神に
ピリ 1:11 <義>の実に満たされている者となり，
3: 6 律法による<義>についてならば非難
9 キリストを信じる信仰による<義>，
Iテモ 3:16 霊において<義>と宣言され，御使い
IIテモ 2:22 <義>と信仰と愛と平和を追い求めな
3:16 <義>の訓練とのために有益です．
4: 8 <義>の栄冠が私のために用意されて
テト 3: 5 <義>のわざによってではなく，ご自
7 キリストの恵みによって<義>と認め
ヘブ 1: 9 あなたは<義>を愛し，不正を憎まれ

5:13 <義>の教えに通じてはいません．幼
7: 2 その名を訳すと<義>の王であり，次
11: 7 信仰による<義>を相続する者となり
12:11 人々に平安な<義>の実を結ばせます．
ヤコ 1:20 神の<義>を実現するものではありま
2:21 行いによって<義>と認められたでは
ありませんか．23，24，25．
3:18 <義>の実を結ばせる種は，平和をつ
Ⅰペテ 2:24 罪を離れ，<義>のために生きるため
3:14 たとい<義>のために苦しむことがあ
Ⅱペテ 1: 1 キリストの<義>によって私たちと同
2: 5 <義>を宣べ伝えたノアたち８人の者
21 <義>の道を知っていながら，自分に
Ⅰヨハ 2: 1 <義>なるイエス・キリストです．
29 <義>を行う者がみな神から生まれた
3: 7 <義>を行う者は，キリストが正しく
10 <義>を行わない者はだれも，神から
黙示 19:11 <義>をもってさばきをし，戦いをさ

▼ギアハ〔地名〕

ギブオンの荒野付近の一地点．Ⅱサム2:24．

▼きいろ（黄色）

レビ 13:30 そこに細い<黄色>の毛があるなら…
汚れていると宣言する．32，36．

▼ぎいん（議員）

マコ 15:43 ヨセフは有力な<議員>であり，みず
ルカ 23:50 ヨセフという，<議員>のひとりで，
51 この人は<議員>たちの計画や行動に
ヨハ 7:26 <議員>たちは，この人がキリストで
48 <議員>とかパリサイ人のうちで，だ

▼キウン〔偶像〕

アッシリヤの土星の神．アモ5:26．

▼きえる（消える），消えうせる

レビ 13:58 もしその患部が<消え>ていたら，再
民数 11: 2 主に祈ると，その火は<消え>た．
Ⅰサム 3: 3 神のともしびは，まだ<消え>ていず，
Ⅱ列 22:17 憤りは…燃え上がり，<消える>こと
ヨブ 4: 9 その怒りの息によって<消えうせる>．
6:17 暑くなると，その所から<消える>．
7: 9 雲が<消え>去ってしまうように，よ
8:13 敬わない者の望みは<消えうせる>．
14:11 水は海から<消え>去り，川は干上が
18: 5 悪者どもの光は<消え>，その火の炎
17 記憶は地から<消えうせ>，彼の名は
20:28 御怒りの日に<消えうせる>．
21:17 悪者のともしびが<消え>，わざわい
30: 2 彼らから気力が<消えうせ>た．
詩篇 12: 1 人の子らの中から<消え>去りました．
37:20 彼らは…煙となって<消えうせる>．
58: 7 水のように<消え>去らせてください．
90: 7 あなたの御怒りによって<消えうせ>，
箴言 10:28 悪者の期待は<消えうせる>．
11: 7 期待は<消えうせ>，邪悪な者たちの
望みもまた<消えうせる>．
13: 9 悪者のともしびは<消える>．
20:20 やみが近づくと<消える>．
26:20 たきぎがなければ火が<消える>よう
31:18 ともしびは夜になっても<消え>ない．
伝道 9: 6 ねたみもすでに<消えうせ>，日の下
イザ 2:18 偽りの神々は<消えうせる>．
16: 4 踏みつける者が地から<消えうせる>
34:10 それは夜も昼も<消え>ず，いつまで
43:17 彼らは…燈心のように<消える>．
66:24 うじは死なず，その火も<消え>ず，
エレ 7:20 怒りと憤りは…<消える>ことがない．
28 真実は<消えうせ>，彼らの口から断
18:14 雪は，野の岩から<消え>去るだろう
48:36 彼らの得た富も<消えうせ>たからだ．
49: 7 賢い者から分別が<消えうせ>，彼ら
哀歌 3:18 主から受けた望みは<消えうせ>た」
5:15 私たちの心から，喜びは<消え>，踊
エゼ 12:22 すべての幻は<消えうせる>』と言っ
19: 5 自分の望みが<消えうせ>たことを知
26:17 どうして海から<消えうせ>たのか．
37:11 骨は干からび，望みは<消えうせ>，
ホセ 6: 4 朝早く<消え>去る露のようだ．13:3．
アモ 3:15 滅び，多くの家々は<消えうせる>．
ミカ 7: 2 敬虔な者はこの地から<消えうせ>，
ナホ 1:12 刈り取られて<消えうせる>．わたし
2: 6 町々の門は開かれ，宮殿は<消え>去
ゼカ 9: 5 ガザからは王が<消えうせ>，アシュ
マタ 3:12 殻を<消え>ない火で焼き尽くされま
25: 8 私たちのともしびは<消え>そうです．
マコ 1:42 ツァラアトが<消え>て，その人はき
9:43 ゲヘナの<消え>ぬ火の中に落ち込む
Ⅱコリ 3: 7 やがて<消え>去る栄光のゆえにさえ，
11 <消え>去るべきものにも栄光があっ
13 <消えうせる>ものの最後をイスラエ
ヘブ 8:13 古びたものは，すぐに<消え>て行き
ヤコ 1:11 働きの最中に<消え>て行くのです．
4:14 <消え>てしまう霧にすぎません．

Ⅰペテ 1: 4 <消え>て行くこともない資産を受け
Ⅱペテ 3:10 天は大きな響きをたてて<消えうせ>,
Ⅰヨハ 2: 8 やみが<消え>去り, まことの光がす
黙示 6:14 巻き物が巻かれるように<消え>てな
18:14 はなやかな物は<消えうせ>て, もは
21 もはやなくなって<消えうせ>てしま

▼ きおく (記憶)

出エ 17:14 アマレクの<記憶>を天の下から完全に消し去ってしまう.」申命25:19.
申命 32:26 人々から彼らの<記憶>を消してしま
ヨブ 18:17 彼についての<記憶>は地から消えう
詩篇 9: 6 その<記憶>さえ, 消えうせました.
34:16 彼らの<記憶>を地から消される.
109:15 主が彼らの<記憶>を地から消されま
伝道 1:11 先にあったことは<記憶>に残ってい
2:16 いつまでも<記憶>されることはない.
9:15 だれもこの貧しい人を<記憶>しなか
イザ 26:14 すべての<記憶>を消し去られました.
エゼ 25:10 アモン人が<記憶>されないようにす
マラ 3:16 主の前で, <記憶>の書がしるされた.
4: 4 しもべモーセの律法を<記憶>せよ.
Ⅱペテ 3: 1 手紙により, <記憶>を呼びさまさせ

▼ きおち (気落ち)

箴言 24:10 あなたが苦難の日に<気落ち>したら,
Ⅱコリ 7: 6 <気落ち>した者を慰めてくださる神

▼ きかい (機会)

士師 14: 4 ペリシテ人と事を起こす<機会>を求
伝道 9:11 すべての人が時と<機会>に出会うか
マタ 26:16 イエスを引き渡す<機会>をねらって
マコ 6:21 ところが, 良い<機会>が訪れた. へ
ルカ 20:20 <機会>をねらっていた彼らは, 義人
使徒 25:16 訴えに対して弁明する<機会>を与え
ロマ 7: 8 罪はこの戒めによって<機会>を捕ら
Ⅰコリ 16:12 しかし, <機会>があれば行くでしょ
Ⅱコリ 5:12 誇る<機会>をあなたがたに与えて,
11:12 その<機会>を断ち切ってしまうため
ガラ 5:13 自由を肉の働く<機会>としないで,
6:10 <機会>のあるたびに, すべての人に
エペ 4:27 悪魔に<機会>を与えないようにしな
5:16 <機会>を十分に生かして用いなさい.
ピリ 4:10 あなたがたは…<機会>がなかったの
コロ 4: 5 <機会>を十分に生かして用いなさい.
ヘブ 11:15 帰る<機会>はあったでしょう.
黙示 2:21 悔い改める<機会>を与えたが, この

▼ きがい (危害)

使徒 18:10 襲って, <危害>を加える者はない.
27:10 <危害>と大きな損失が及ぶと, 私は

▼ ぎかい (議会) 【別項】全議会

マタ 10:17 <議会>に引き渡し, 会堂でむち打ちますから. マコ13:9.
ルカ 22:66 彼らはイエスを<議会>に連れ出し,
ヨハ 11:47 パリサイ人たちは<議会>を召集して
使徒 4:15 ふたりに<議会>から退場するように
5:21 <議会>とイスラエル人のすべての長
27 使徒たちを連れて来て<議会>の中に
6:12 捕らえ, <議会>にひっぱって行った.
19:39 正式の<議会>で決めてもらわなけれ
23: 1 パウロは<議会>を見つめて, こう言
7 衝突が起こり, <議会>は二つに割れ
15 <議会>と組んで, パウロのことをも
24:20 <議会>の前に立っていたときの私に

▼ きかく (規格)

Ⅱ歴 4: 7 <規格>どおりに作って, 本堂の中に
20 <規格>どおりに純金で作った.

▼ きかざる (着飾る)

マタ 6:29 花の一つほどにも<着飾>ってはいませんでした. ルカ12:27.
Ⅰペテ 3: 3 着物を<着飾る>ような外面的なもの

▼ きかせる (聞かせる)

申命 4:10 わたしのことばを<聞かせ>よう. そ
36 天から御声を<聞かせ>, 地の上では,
30:12 <聞かせ>て行わせようとするのか.
31:11 みおしえを読んで<聞かせ>なければ
ヨシ 6:10 声を<聞かせ>てはいけない. また口
Ⅰサム 9:27 神のことばをお<聞かせ>しますから.
Ⅱ列 7: 6 大軍勢の騒ぎを<聞かせ>られたので,
詩 143: 8 あなたの恵みを<聞かせ>てください.
雅歌 2:14 あなたの声を<聞かせ>ておくれ. あ
イザ 30:30 主は威厳のある御声を<聞かせ>, 激
41:22 来たるべき事を…<聞かせ>よ.
26 <聞かせ>た者もひとりもなく, あな
42: 9 それが起こる前に…<聞かせ>よう.」
43: 9 先の事をわれわれに<聞かせる>こと
12 告げ, 救い, <聞かせ>たのだ. あな
44: 8 もう古くからあなたに<聞かせ>, 告
48: 5 起こらないうちに, <聞かせ>たのだ.
6 秘め事をあなたに<聞かせ>よう.
エレ 18: 2 わたしのことばを<聞かせ>よう.」
23:22 ことばを<聞かせ>, 民をその悪の道

36:13 巻き物を民に読んで<聞かせ>たとき
49: 2 戦いの雄たけびを<聞かせる>．そこ
使徒 17:20 珍しいことを<聞かせ>てくださるの

▼ きかん（期間）

民数 6: 5 聖別している<期間>が満ちるまで，
Ⅰ歴 29:27 王であった<期間>は40年であった．
ネヘ 2: 6 私が王にその<期間>を申し出ると，
ダニ 4:34 その<期間>が終わったとき，私，ネ
使徒 21:26 清めの<期間>が終わって，ひとりひ
ロマ 7: 1 その人の生きている<期間>だけだ，
黙示 9: 6 その<期間>には，人々は死を求める
11: 6 預言をしている<期間>は雨が降らな

▼ きかん（器官）

ロマ 12: 4 からだには多くの<器官>があって，
5 ひとりひとり互いに<器官>なのです．
Ⅰコリ 12:14 多くの<器官>から成っています．18，19，20，22，27．
ヤコ 3: 5 舌も小さな<器官>ですが，大きなこ

▼ きがん（祈願）

創世 25:21 自分の妻のために主に<祈願>した．
エレ 36: 7 彼らは主の前に<祈願>をささげ，そ
ダニ 6: 7 <祈願>をする者は…獅子の穴に投げ
13 日に３度，<祈願>をささげています．

▼ ぎかん（議官）

Ⅱサム 15:12 ダビデの<議官>をしているギロ人ア
Ⅰ歴 26:14 思慮深い<議官>ゼカリヤのためにく
27:32 ダビデのおじヨナタンは<議官>であ
Ⅱ歴 25:16 あなたを王の<議官>に任じたのか．
エズ 7:14 ７人の<議官>によって遣わされてお
28 <議官>と，すべての王の有力な首長
ヨブ 12:17 神は<議官>たちをはだしで連れて行
イザ 1:26 おまえの<議官>たちを昔のようにし
3: 3 <議官>と賢い細工人，巧みにまじな
19:11 パロの知恵ある<議官>たちも愚かな
ミカ 4: 9 あなたの<議官>は滅びうせたのか．

▼ きかんらんせき（貴かんらん石）

黙示 21:20 第７は<貴かんらん石>，第８は緑柱

▼ ききいれる（聞き入れる）

創世 16:11 あなたの苦しみを<聞き入れ>られた
23:16 エフロンの申し出を<聞き入れ>，エ
42:22 あなたがたは<聞き入れ>なかった．
出エ 12:36 エジプトは彼らの願いを<聞き入れ>
士師 13: 9 マノアの声を<聞き入れ>られたので，
Ⅱサム 22:45 私の言うことを<聞き入れ>ます．
Ⅰ列 8:59 言い分を正しく<聞き入れ>てくださ
ネヘ 9:27 天からこれを<聞き入れ>，あなたの
ヨブ 36:11 <聞き入れ>て仕えるなら，彼らはそ
詩篇 66:18 主は<聞き入れ>てくださらない．
箴言 15:32 叱責を<聞き入れる>者は思慮を得る．
エレ 3:13 わたしの声を<聞き入れ>なかった．
哀歌 3: 8 主は私の祈りを<聞き入れ>ず，
ダニ 9:17 しもべの祈りと願いとを<聞き入れ>，
ゼカ 7:11 耳をふさいで<聞き入れ>なかった．
使徒 10:31 あなたの祈りは<聞き入れ>られ，あ
18:20 頼んだが，彼は<聞き入れ>ないで，
27:21 私の忠告を<聞き入れ>て，クレテを
ヘブ 5: 7 敬虔のゆえに<聞き入れ>られました．

▼ ききしたがう（聞き従う）

創世 22:18 わたしの声に<聞き従>ったからであ
26: 5 アブラハムがわたしの声に<聞き従>
28: 7 父と母の言うことに<聞き従>ってパ
出エ 19: 5 まことにわたしの声に<聞き従>い，
23:21 心を留め，御声に<聞き従>いなさい．
申命 4:30 主に立ち返り，御声に<聞き従う>の
11:27 主の命令に<聞き従う>なら，祝福を，
12:28 すべてのことばに<聞き従>いなさい．
13: 4 御声に<聞き従>い，主に仕え，主に
17:12 祭司やさばきつかさに<聞き従>わず，
18:19 わたしのことばに<聞き従>わない者
26:14 私の神，主の御声に<聞き従>い，す
28:13 主の命令にあなたが<聞き従>い，守
45 主の御声に<聞き従>わず，主が命じ
30: 2 精神を尽くして御声に<聞き従う>な
8 再び，主の御声に<聞き従>い，私が，
20 御声に<聞き従>い，主にすがるため
34: 9 イスラエル人は彼に<聞き従>い，主
ヨシ 1:17 私たちは，モーセに<聞き従>ったよ
5: 6 彼らは主の御声に<聞き従>わなかっ
士師 2: 2 わたしの声に<聞き従>わなかった．
17 主の命令に<聞き従>って歩んだ道か
6:10 わたしの声に<聞き従>わなかった.」
Ⅰサム 12:15 主の御声に<聞き従>わず，主の命令
15:19 主の御声に<聞き従>わず，分捕り物
22 <聞き従う>ことは，いけにえにまさ
28:21 あなたのはしためは…<聞き従>いま
Ⅰ列 20:36 あなたは主の御声に<聞き従>わなか
Ⅱ列 18:12 御声に<聞き従>わず，その契約を破
21: 9 彼らはこれに<聞き従>わず，マナセ
Ⅰ歴 29:23 全イスラエルは彼に<聞き従>った．
Ⅱ歴 11: 4 彼らは主のことばに<聞き従>い，ヤ

ネヘ 9:16 あなたの命令に<聞き従>いませんで
17 彼らは<聞き従う>ことを拒み，あな
箴言 1: 8 あなたの父の訓戒に<聞き従>え．
33 わたしに<聞き従う>者は，安全に住
4: 1 父の訓戒に<聞き従い>，悟りを得る
5:13 私は私の教師の声に<聞き従>わず，
イザ 50:10 そのしもべの声に<聞き従う>のか．
55: 2 わたしに<聞き従>い，良い物を食べ
エレ 7:23 わたしの声に<聞き従>え．そうすれ
16:12 わたしに<聞き従>わないので，
17:24 ほんとうにわたしに<聞き従>い…安
18:10 わたしの声に<聞き従>わず，わたし
26: 5 預言者たちのことばに<聞き従>わな
13 神，主の御声に<聞き従>いなさい．
32:23 あなたの声に<聞き従>わず，あなた
35: 8 すべての命令に<聞き従>い，私たち
38:20 語っていることに<聞き従>ってくだ
40: 3 その御声に<聞き従>わなかったので，
42: 6 <聞き従>って，しあわせを得るため
43: 4 すべての民は…御声に<聞き従>わな
ダニ 9:10 主の御声に<聞き従>わず，神がその
ホセ 9:17 彼らが神に<聞き従>わなかったから
ハガ 1:12 ハガイのことばとに<聞き従>った．
ゼカ 6:15 <聞き従う>なら，そのようになる．」
ヨハ 3:36 御子に<聞き従>わない者は，いのち
8:47 神のことばに<聞き従>います．です
10:16 彼らはわたしの声に<聞き従>い，一
使徒 3:23 その預言者に<聞き従>わない者はだ
4:19 神に<聞き従う>より，あなたがたに
<聞き従う>ほうが，神の前に正しい

▼ ききゅう（危急）

Iコリ 7:26 <危急>のときには，男はそのままの

▼ ききわける（聞き分ける）

I列 3: 9 民をさばくために<聞き分ける>心を
ヨブ 12:11 耳はことばを<聞き分け>ないだろう
か．34:3.
ヨハ 10: 3 羊はその声を<聞き分け>ます．彼は
27 羊はわたしの声を<聞き分け>ます．

▼ ききん【別項】大ききん

創世 12:10 この地にはききん<ききん>があったので，
26: 1 先の<ききん>とは別に，この国にま
41:27 七つの穂…それは<ききん>の７年で
す．30, 31, 36, 50, 54, 56, 57.
42: 5 カナンの地に<ききん>があったから
47:20 <ききん>がエジプト人にきびしかっ
ルツ 1: 1 この地に<ききん>があった．それで，
IIサム 21: 1 ３年間引き続いて<ききん>があった．
I列 8:37 <ききん>が起こり，疫病や立ち枯れ
18: 2 サマリヤでは<ききん>がひどかった．
II列6:25.
II列 8: 1 主が<ききん>を起こされたので，こ
25: 3 町の中では，<ききん>がひどくなり，
I歴 21:12 ３年間の<ききん>か．３か月間，あ
ヨブ 5:20 <ききん>のときには死からあなたを
22 破壊と<ききん>とをあざ笑い，地の
詩篇 33:19 <ききん>のときにも彼らを生きなが
37:19 <ききん>のときにも満ち足りよう．
105:16 主は<ききん>を地の上に招き，パン
イザ 51:19 滅亡と破滅，<ききん>と剣…わたし
エレ 5:12 剣も<ききん>も，私たちは，見はし
14:15 剣と<ききん>によって…滅びうせる．
15: 2 <ききん>に定められた者は<ききん>
18:21 彼らの子らを<ききん>に渡し，彼ら
24:10 剣と，<ききん>と，疫病を送り，彼
27: 8 <ききん>と，疫病で罰し…皆殺しに
52: 6 <ききん>がひどくなり，民衆に食物
エゼ 5:12 <ききん>で滅び，３分の１はあなた
17 あなたがたに<ききん>と，悪い獣を
34:29 二度とその国で<ききん>に会うこと
アモ 8:11 パンの<ききん>ではない…主のこと
ばを聞くことの<ききん>である．
マタ 24: 7 方々に<ききん>と地震が起こります．
マコ 13: 8 地震があり，<ききん>も起こるはず
ルカ 21:11 方々に疫病や<ききん>が起こり，恐
使徒 7:11 全地に<ききん>が起こり，大きな災
黙示 6: 8 剣と<ききん>と死病と地上の獣によ

▼ きく（聞く），聞かされる【別項】聞かせる，聞き入れる，聞き従う，聞き分ける，聞こえる

創世 3: 8 彼らは…神である主の声を<聞>いた．
21: 6 <聞く>者はみな，私に向かって笑う
17 神が…少年の声を<聞>かれたからだ．
24:57 娘の言うことを<聞>いてみましょう．
27: 8 命じることを，よく<聞>きなさい．
13 私の言うことをよく<聞>いて，行っ
43 言うことを<聞>いて…逃げなさい．
41:15 あなたは夢を<聞>いて，それを解き
出エ 2:24 神は彼らの嘆きを<聞>かれ，アブラ
6: 5 イスラエル人の嘆きを<聞>いて，わ
9 彼らは…モーセに<聞>こうとはしな

12 私の言うことを<聞>こうとはしない
16: 7 つぶやきを主が<聞>かれたのです．
32:17 ヨシュアは民の叫ぶ大声を<聞>いて，
18 私の<聞く>のは，歌を歌う声である．
レビ 26:21 わたしに<聞>こうとしないなら，わ
民数 12: 6 わたしのことばを<聞>け．もし，あ
申命 1:17 同じように<聞>かなければならない．
4:32 このようなことが<聞>かれたであろ
33 神の声を<聞>いて，なお生きていた
5: 1 <聞>きなさい．イスラエルよ．6:4．
7:12 これらの定めを<聞>いて，これを守
31:12 彼らがこれを<聞>いて学び，あなた
32: 1 地よ．<聞>け．私の口のことばを．
ヨシ 3: 9 神，主のことばを<聞>きなさい．」
24:27 すべてのことばを<聞>いたからであ
士師 9: 7 私に<聞>け．そうすれば神はあなた
13:18 なぜ…それを<聞>こうとするのか．
ルツ 2:11 私はすっかり話を<聞>いています．
Ⅰサム 3: 9 お話しください．しもべは<聞>いて
11 それを<聞く>者はみな，二つの耳が
8:19 サムエルの言うことを<聞>こうとし
17:31 ダビデが言ったことを人々が<聞>い
Ⅱサム 22:45 耳で<聞く>とすぐ，私の言うことを
Ⅰ列 4:34 ソロモンの知恵を<聞く>ために，す
8:28 叫びと祈りを<聞>いてください．
39 天で<聞>いて，赦し，またかなえて
9: 3 祈りと願いをわたしは<聞>いた．わ
10: 8 あなたの知恵を<聞く>ことのできる
Ⅱ列 7: 1 主のことばを<聞>きなさい．主はこ
19: 4 すべてのことばを<聞>かれたことで
16 主よ．御耳を傾けて<聞>いてくださ
20: 5 わたしはあなたの祈りを<聞>いた．
Ⅰ歴 28: 2 私の民よ．私の言うことを<聞>きな
8 私たちの神が<聞>いてくださるこの
Ⅱ歴 6:27 あなたご自身が天でこれを<聞>き，
7:12 わたしはあなたの祈りを<聞>いた．
ネヘ 4: 4 お<聞>きください，私たちの神．私
8: 9 民が律法のことばを<聞>いたときに，
9: 9 葦の海のほとりでの…叫びを<聞>か
13: 3 この律法を<聞く>と，混血の者をみ
ヨブ 4:16 静寂…，そして私は一つの声を<聞>
13: 6 私の論ずるところを<聞>き，私のく
16: 2 そのようなことを，私は何度も<聞>
22:27 祈れば，神はあなたに<聞>き，あな
26:14 神についてのささやきしか<聞>いて
34:10 私に<聞>け．神が悪を行うなど，全
42: 4 さあ<聞>け．わたしが語る．わたし
詩篇 4: 3 私が呼ぶとき，主は<聞>いてくださ
5: 3 朝明けに，私の声を<聞>いてくださ
6: 9 主は私の切なる願いを<聞>かれた．
10:17 貧しい者の願いを<聞>いてください
19: 3 ことばもなく，その声も<聞>かれな
31:22 あなたは私の願いの声を<聞>かれま
34: 2 貧しい者はそれを<聞>いて喜ぶ．
17 彼らが叫ぶと，主は<聞>いてくださ
39:12 私の祈りを<聞>いてください．主よ．
49: 1 すべての国々の民よ．これを<聞>け．
66:16 神を恐れる者は，みな<聞>け．神が
85: 8 主であられる神の仰せを<聞>きたい．
95: 7 きょう，もし御声を<聞く>なら，
箴言 1: 5 知恵のある者はこれを<聞>いて理解
4:20 わが子よ．私のことばをよく<聞>け．
15:29 主は…正しい者の祈りを<聞>かれる．
31 いのちに至る叱責を<聞く>耳のある
19:20 忠告を<聞>き，訓戒を受け入れよ．
27 わが子よ．訓戒を<聞く>のをやめて
20:12 <聞く>耳と，見る目とは，二つとも
23:19 わが子よ．よく<聞>いて，知恵を得，
22 父の言うことを<聞>け．あなたの年
28: 9 耳をそむけておしえを<聞>かない者
29:24 彼はのろいを<聞>いても何も言わな
伝道 1: 8 耳は<聞>いて満ち足りることもない．
5: 1 近寄って<聞く>ことは，愚かな者が
7: 5 知恵ある者の叱責を<聞く>のは，愚
9:17 支配者の叫びよりは，よく<聞>かれ
イザ 1: 2 天よ，<聞>け．地も耳を傾けよ．主
15 祈りを増し加えても，<聞く>ことは
6: 9 <聞>き続けよ．だが悟るな．見続け
21:10 万軍の主から<聞>いた事を，あなた
24:16 地の果てからのほめ歌を<聞く>．し
28:14 主のことばを<聞>け．
29:18 耳の<聞>こえない者が書物のことば
を<聞>き，目の見えない者の目が暗
33:13 わたしのしたことを<聞>け．近くの
40:28 <聞>いていないのか．主は永遠の神，
42:18 耳の<聞>こえない者たちよ，<聞>け．
50: 4 私が弟子のように<聞く>ようにされ
51: 1 わたしに<聞>け．あなたがたの切り
59: 2 罪が御顔を隠させ，<聞>いてくださ
60:18 破壊と破滅は，もう<聞>かれない．

66: 8 だれが，このような事を<聞>き，だ
エレ 5:21 さあ，これを<聞>け．愚かで思慮の
6:10 彼らの耳は…<聞く>こともできない．
7:28 主の声を<聞>かず，懲らしめを受け
11: 3 この契約のことばを<聞>かない者は，
8 彼らは<聞>かず，耳を傾けず，おの
12:17 彼らが<聞>かなければ，わたしはそ
13:10 わたしのことばを<聞>こうともせず，
26: 3 彼らがそれを<聞>いて，それぞれ悪
28: 7 語っているこのことばを<聞>きなさ
42:13 あなたがたの神，主の御声を<聞>か
エゼ 3:10 あなたの心に納め…耳で<聞>け．
27 <聞く>者には聞かせ，<聞>かない者
10:13 車輪」と呼ばれているのを<聞>いた．
14: 3 どうして彼らの願いを<聞>いてやれ
26:13 立琴の音ももう<聞>かれない．
33:31 すわり，あなたのことばを<聞く>．
ダニ 3: 5 もろもろの楽器の音を<聞く>ときは，
6:14 このことを<聞>いて，王は非常に憂
12: 8 私はこれを<聞>いたが，悟ることが
アモ 5: 1 イスラエルの家よ．<聞>け．私があ
8:11 主のことばを<聞く>ことのききんで
ミカ 6: 2 山々よ．<聞>け．主の訴えを．地の
7: 7 神は私の願いを<聞>いてくださる．
ハバ 1: 2 いつまで，<聞>いてくださらないの
3:16 私は<聞>き，私のはらわたはわなな
ゼカ 7:11 彼らは…<聞>こうともせず，肩を怒
13 彼らが呼んでも，わたしは<聞>かな
マラ 3:16 主は耳を傾けて，これを<聞>かれた．
マタ 6: 7 ことば数が多ければ<聞>かれると思
7:24 ことばを<聞>いてそれを行う者はみ
8:10 イエスは，これを<聞>いて驚かれ，
11: 4 自分たちの<聞>いたり見たりしてい
5 耳の聞こえない者が<聞>き，死人が
15 耳のある者は<聞>きなさい．
13:13 <聞>いてはいるが<聞>かず，また，
14 <聞>きはするが，決して悟らない．
19 <聞>いても悟らないと，悪い者が来
20 みことばを<聞く>と，すぐに喜んで
15:10 イエスは…言われた．「<聞>いて悟
17: 5 彼の言うことを<聞>きなさい」とい
18:17 教会の言うことさえも<聞>こうとし
マコ 4:15 みことばを<聞く>と，すぐサタンが
20 みことばを<聞>いて受け入れ，30倍，
9: 7 彼の言うことを<聞>きなさい」とい
ルカ 1:13 あなたの願いが<聞>かれたのです．
6: 9 あなたがたに<聞>きますが，安息日
18 イエスの教えを<聞>き，また病気を
7:22 見たり<聞>いたりしたことをヨハネ
8:18 だから，<聞>き方に注意しなさい．
21 神のことばを<聞>いて行う人たちで
9:35 彼の言うことを<聞>きなさい」と言
11:28 神のことばを<聞>いてそれを守る人
22:31 ふるいにかけることを願って<聞>き
ヨハ 3:32 この方は…<聞>いたことをあかしさ
5:24 わたしのことばを<聞>いて，わたし
25 死人が神の子の声を<聞く>時が来ま
す…そして，<聞く>者は生きるので
30 ただ<聞く>とおりにさばくのです．
37 御声を<聞>いたこともなく，御姿を
6:45 父から<聞>いて学んだ者はみな，わ
60 そんなことをだれが<聞>いておられ
8:26 わたしはその方から<聞>いたことを
9:27 なぜもう一度<聞>こうとするのです．
31 神は，罪人の言うことはお<聞>きに
10: 8 羊は彼らの言うことを<聞>かなかっ
11:41 父よ．わたしの願いを<聞>いてくだ
42 いつもわたしの願いを<聞>いてくだ
12:47 わたしの言うことを<聞>いてそれを
15:15 父から<聞>いたことをみな…知らせ
16:13 御霊は…<聞く>ままを話し，また，
使徒 4:20 <聞>いたことを，話さないわけには
10:22 お話を<聞く>ように，聖なる御使い
13: 7 神のことばを<聞>きたいと思ってい
44 町中の人が，神のことばを<聞>きに
15: 7 福音のことばを<聞>いて信じるよう
17:11 非常に熱心にみことばを<聞>き，は
21 耳新しいことを話したり，<聞>いた
32 死者の復活のことを<聞く>と，ある
19:10 ギリシヤ人も主のことばを<聞>いた．
21:21 彼らが<聞かされ>ていることは，あ
24 あなたについて<聞かされ>ているこ
24:24 信じる信仰について話を<聞>いた．
28:26 確かに<聞>きはするが，決して悟ら
ロマ 2:13 律法を<聞く>者が神の前に正しいの
10:14 どうして<聞く>ことができるでしょ
17 信仰は<聞く>ことから始まり，<聞
く>ことは…みことばによるのです．
15:21 <聞>いたことのなかった人々が悟る
Iコリ 2: 9 耳が<聞>いたことのないもの，そし

12:17 全体が目であったら，どこで<聞く>
ガラ 3: 2 それとも信仰をもって<聞>いたから
エペ 1:13 救いの福音を<聞>き，またそれを信
コロ 1: 5 福音の真理のことばの中で<聞>きま
Ⅰテモ 4:16 あなたの教えを<聞く>人たちをも救
Ⅱテモ 2:14 <聞>いている人々を滅ぼすことにな
ヘブ 2: 1 <聞>いたことを，ますますしっかり
3: 7 きょう，もし御声を<聞く>ならば，
4: 2 福音を説き<聞かされ>ていることは，
13:17 指導者たちの言うことを<聞>き，ま
ヤコ 1:19 <聞く>には早く，語るにはおそく，
22 ただ<聞く>だけの者であってはいけ
23 みことばを<聞>いても行わない人が
4:13 <聞>きなさい．「きょうか，あす，
Ⅱペテ 1:18 御声を，自分自身で<聞>いたのです．
Ⅰヨハ 1: 1 私たちが<聞>いたもの，目で見たも
2:18 反キリストの来ることを<聞>いてい
3:11 初めから<聞>いている教えです．
5:14 神はその願いを<聞>いてくださると
黙示 1: 3 それを<聞>いて…心に留める人々は
2: 7 諸教会に言われることを<聞>きなさ

▼ きぐ（器具）

Ⅰ歴 9:29 聖所のすべての<器具>と，小麦粉，
エゼ 15: 3 あらゆる<器具>を掛けるためにこれ
27:13 人材と青銅の<器具>とをおまえの商
ダニ 1: 2 神の宮の<器具>の一部とを彼の手に
マコ 11:16 宮を通り抜けて<器具>を運ぶことを
ヘブ 9:21 すべての<器具>にも同様に血を注ぎ

▼ きけん（危険）

Ⅰサム 13: 6 自分たちが<危険>なのを見た．そこ
ヨブ 5: 4 その子たちは<危険>にさらされ，門
伝道 10: 9 木を割る者は木で<危険>にさらされ
ルカ 8:23 弟子たちは水をかぶって<危険>にな
使徒 19:27 この仕事も信用を失う<危険>がある
27: 9 もう航海は<危険>であったので，パ
ロマ 8:35 裸ですか，<危険>ですか，剣ですか．
Ⅰコリ 15:30 いつも<危険>にさらされているので

▼ きげん

ネヘ 13: 8 私は大いに<きげん>を悪くし，トビ
マコ 15:15 ピラトは群衆の<きげん>をとろうと

▼ きこう（寄港）

使徒 28:12 シラクサに<寄港>して，3日間とど

▼ きこえる（聞こえる）

出エ 23:13 あなたの口から<聞こえ>てはならな
28:35 その音が<聞こえる>ようにする．彼
Ⅰサム 1:13 その声は<聞こえ>なかった…エリは
Ⅱサム 5:24 林の上から行進の音が<聞こえ>たら，
エズ 3:13 その声は遠い所まで<聞こえ>た．
ネヘ 6: 7 このようなことが王に<聞こえる>で
ヨブ 37: 4 その声の<聞こえる>ときも，いなず
詩篇 38:13 しかし私には<聞こえ>ません．私は
66: 8 神への賛美の声を<聞こえ>させよ．
135:17 耳があっても<聞こえ>ず，また，そ
雅歌 2:12 山鳩の声が…<聞こえる>．
イザ 15: 4 その叫び声がヤハツまで<聞こえる>．
43: 8 耳があっても<聞こえ>ない者たちを
エレ 3:21 一つの声が裸の丘の上で<聞こえる>．
5:21 耳があっても<聞こえ>ない．
6: 7 暴虐と暴行が，その中で<聞こえる>．
8:16 ダンから馬の鼻息が<聞こえる>．そ
9:19 シオンから嘆きの声が<聞こえる>か
31:15 ラマで<聞こえる>．苦しみの嘆きと
48: 4 その叫びはツォアルまで<聞こえ>た．
49:21 その叫び声が葦の海でも<聞こえ>た．
51:46 この国に<聞こえる>うわさを恐れよ
エゼ 10: 5 ケルビムの翼の音が…<聞こえ>た．
19: 9 イスラエルの山々に<聞こえ>ないよ
36:15 民の侮辱をおまえに<聞こえ>させな
ミカ 7:16 彼らの耳は<聞こえ>なくなりましょ
マタ 11: 5 耳の<聞こえ>ない者が聞き，死人が
マコ 7:32 人々は，耳が<聞こえ>ず，口のきけ
37 耳の<聞こえ>ない者を<聞こえる>よ
ロマ 10:18 はたして彼らは<聞こえ>なかったの
11: 8 見えない目と<聞こえ>ない耳を与え

▼ きこり

エレ 46:22 <きこり>のように，斧を持って入っ

▼ きざむ（刻む）

出エ 28: 9 イスラエルの子らの名を<刻む>．
32:16 神の字であって，その板に<刻>まれ
Ⅰ列 7:36 なつめやしの木を<刻>み，その周囲
ヨブ 19:23 書き物に<刻>まれればよいのに．
24 いつまでも岩に<刻>みつけられたい．
詩 144:12 宮殿の建物にふさわしく<刻>まれた
イザ 49:16 わたしは手のひらにあなたを<刻>ん
エゼ 21:19 一つの道しるべを<刻>みつけておけ．
ハバ 2:18 彫刻師の<刻>んだ彫像や鋳像，偽り
ゼカ 3: 9 わたしはそれに彫り物を<刻む>．
使徒 17:23 『知られない神に』と<刻>まれた祭
Ⅱテモ 2:19 それに次のような銘が<刻>まれてい

▼ きざんだぞう（刻んだ像）

レビ 26: 1　<刻んだ像>や石の柱を立ててはなら

Ⅱ列 17:41　彼らの<刻んだ像>に仕えた．その子

Ⅱ歴 33:19　アシェラ像と<刻んだ像>を立てた場

34: 4　<刻んだ像>と鋳物の像を打ちこわし，

詩篇 78:58　<刻んだ像>で，神のねたみを引き起

イザ 10:10　<刻んだ像>を持つ偽りの神々の王国

21: 9　すべての<刻んだ像>も地に打ち砕か

30:22　銀をかぶせた<刻んだ像>と，金をか

42: 8　わたしの栄誉を<刻んだ像>どもに与

エレ 8:19　<刻んだ像>により…わたしの怒りを

51:47　バビロンの<刻んだ像>を罰する．こ

ホセ 11: 2　彼らは…<刻んだ像>に香をたいた．

ミカ 5:13　<刻んだ像>と石の柱を断ち滅ぼす．

▼ キシ〔人名〕

レビ人．クシャヤと同人．Ⅰ歴6:44.

▼ きし（岸）【別項】向こう岸

創世 41:17　夢の中で，私はナイルの<岸>に立っ

出エ 2: 3　ナイルの<岸>の葦の茂みの中に置い

民数 24:24　船がキティムの<岸>から来て，アシ

ヨシ 3:15　<岸>いっぱいにあふれるのだが――

4:18　ヨルダン川の水は…<岸>いっぱいに

エゼ 47: 6　私を川の<岸>に沿って連れ帰った．

ダニ 10: 4　ティグリスという大きな川の<岸>に

12: 5　ひとりは川のこちら<岸>に，ほかの

マタ 13:48　網がいっぱいになると<岸>に引き上

使徒 27: 8　その<岸>に沿って進みながら，よう

▼ きじ（記事）

ルカ 1:1=2　多くの人が<記事>にまとめて書き上

▼ ぎしき（儀式）

出エ 12:26　『この<儀式>はどういう意味ですか』

ヘブ 6: 2　手を置く<儀式>，死者の復活，とこ

▼ キシュ〔人名〕

(1)サウル王の父．Ⅰサム9:1，14:51，Ⅱサム21:14.

(2)ベニヤミン族エイエルの子．Ⅰ歴8:30，9:36.

(3)メラリの家系のレビ人．Ⅰ歴23:21，22.

(4)メラリの家系のレビ人．Ⅱ歴29:12.

(5)モルデカイの先祖のベニヤミン人．エス2:5.

▼ きしゅ（騎手）

詩篇 76: 6　<騎手>も馬も，深い眠りに陥りまし

エレ 51:21　あなたを使って馬も<騎手>も砕き，

エゼ 39:20　馬や，<騎手>や，勇士や，すべての

▼ ぎじゅつ（技術）

使徒 17:29　人間の<技術>や工夫で造った金や銀

黙示 18:22　あらゆる<技術>を持った職人たちも，

▼ ギシュパ〔人名〕

宮に仕えるしもべたちの監督．ネヘ11:21.

▼ キシュヨン〔地名〕

レビ人の町の一つ．ヨシ19:20，21:28.

▼ きじゅん（基準，規準）

申命 3:11　その長さは，<規準>のキュビトで9

ロマ 6:17　伝えられた教えの<規準>に心から服

ガラ 6:16　この<基準>に従って進む人々，すな

▼ きしょう（記章）

出エ 13:16　あなたの額の上の<記章>としなさい．

▼ ぎしょう（偽証）

申命 5:20　隣人に対し，<偽証>してはならない．

マタ 15:19　<偽証>，ののしりは心から出て来る

19:18　<偽証>をしてはならない．マコ10:19，ルカ18:20.

26:59　イエスを訴える<偽証>を求めていた．

マコ 14:56　イエスに対する<偽証>をした者は多

Ⅰコリ 15:15　神について<偽証>をした者というこ

Ⅰテモ 1:10　<偽証>をする者などのため…にある

▼ ぎしょうしゃ（偽証者）

マタ 26:60　<偽証者>がたくさん出て来たが，証

▼ キションがわ（～川）

カルメル山の北で地中海に注ぐ川．士師4:7，13，5:21，Ⅰ列18:40，詩篇83:9.

▼ きじん（貴人）

士師 5:13　生き残った者は<貴人>のようにおり

Ⅱ歴 23:20　彼は百人隊の長たち，<貴人>たち，

エレ 14: 3　その<貴人>たちは，召使いを，水を

ダニ 5: 1　千人の<貴人>たちのために大宴会を

6:17　<貴人>たちの印でそれを封印し，ダ

ナホ 3:18　あなたの<貴人>たちは寝込んでいる．

▼ ぎじん（義人）

ヨブ 17: 9　<義人>は自分の道を保ち，手のきよ

箴言 4:18　<義人>の道は，あけぼのの光のよう

イザ 3:10　<義人>は幸いだと言え．彼らは，そ

5:23　<義人>からその義を取り去っている

26: 7　<義人>の道は平らです．あなたは<義人>の道筋をならして平らにされ

57: 1　<義人>が滅びても心に留める者はなく…<義人>はわざわいから取り去ら

マタ 10:41　<義人>を<義人>だということで受け入れる者は，<義人>の受ける報いを

13:17　<義人>たちが…切に願ったのに見ら

23:29　<義人>の記念碑を飾って，

35 <義人>アベルの血からこのかた，神
ルカ 1:17 逆らう者を<義人>の心に立ち戻らせ
14:14 <義人>の復活のときお返しを受ける
18: 9 自分を<義人>だと自任し，他の人々
20:20 <義人>を装った間者を送り，イエス
使徒 24:15 <義人>も悪人も必ず復活するという
…望みを，神にあって抱いておりま
ロマ 1:17 「<義人>は信仰によって生きる」と
3:10 「<義人>はいない．ひとりもいない．
5:19 多くの人が<義人>とされるのです．
ガラ 3:11 「<義人>は信仰によって生きる」の
ヘブ 10:38 わたしの<義人>は信仰によって生き
11: 4 <義人>であることの証明を得ました．
12:23 全うされた<義人>たちの霊，
ヤコ 5:16 <義人>の祈りは働くと，大きな力が
Iペテ 3:12 主の目は<義人>の上に注がれ，主の
4:18 <義人>がかろうじて救われるのだと
IIペテ 2: 7 <義人>ロトを救い出されました．
8 この<義人>は，彼らの間に住んでい

▼ キス〔人名〕

サウル王の父．キシュと同人．使徒13:21．

▼ きず（傷），生傷

創世 4:23 私の受けた<傷>のためには，ひとり
出エ 12: 5 羊は<傷>のない１歳の雄でなければ
21:25 やけどにはやけど．<傷>には<傷>．
29: 1 若い雄牛１頭，<傷>のない雄羊２頭
レビ 1: 3 <傷>のない雄牛をささげなければな
19:28 自分のからだに<傷>をつけてはなら
22:22 <傷>のあるもの，あるいは，うみの
24:19 人がその隣人に<傷>を負わせるなら，
民数 6:14 雄の子羊の<傷>のないもの１頭を全
19: 2 <傷>がなく，まだくびきの置かれた
28: 3 １歳の<傷>のない雄の子羊を常供の
申命 14: 1 自分の身に<傷>をつけたり，また額
Iサム 31: 3 射手たちのためにひどい<傷>を負っ
I列 20:37 その人は彼を打って<傷>を負わせた．
22:34 <傷>を負ってしまった．」II歴18:33．
35 <傷>から出た血は戦車のくぼみに流
II列 8:29 アラム人に負わされた<傷>をいやす
I歴 10: 3 彼は射手たちのために<傷>を負った．
II歴 22: 6 ラマで負わされた<傷>をいやすため，
ヨブ 9:17 理由もないのに，私の<傷>を増し加
詩篇 38: 5 私の<傷>は，悪臭を放ち，ただれま
139:24 私のうちに<傷>のついた道があるか，
147: 3 主は…彼らの<傷>を包む．
箴言 6:33 彼は<傷>と恥辱とを受けて，そのそ
9: 7 悪者を責める者は，自分が<傷>を受
23:29 ゆえなく<傷>を受ける者はだれか．
イザ 1: 6 <傷>と，打ち傷と，打たれた<生傷>．
30:26 主がその民の<傷>を包み，その打た
58: 8 あなたの<傷>はすみやかにいやされ
エレ 6:14 わたしの民の<傷>を手軽にいやし，
10:19 私は悲しい．この<傷>のために．こ
14:17 おとめの打たれた<傷>は大きく，い
30:17 わたしがあなたの<傷>を直し，あな
33: 6 わたしはこの町の<傷>をいやして直
41: 5 衣を裂き，身に<傷>をつけ，手に穀
48:37 手にもみな<傷>をつけ，腰に荒布を
哀歌 2:11 私の民の娘の<傷>を見て，地に注ぎ
13 あなたの<傷>は海のように大きい．
エゼ 43:22 <傷>のない雄やぎを罪のためのいけ
ナホ 3:19 あなたの<傷>は，いやされない．あ
ゼカ 13: 6 「私の愛人の家で打たれた<傷>です」
ルカ 10:34 <傷>にオリーブ油とぶどう酒を注い
20:12 このしもべにも<傷>を負わせて追い
使徒 19:16 <傷>を負ってその家を逃げ出した．
エペ 1: 4 聖く，<傷>のない者にしようとされ
5:27 聖く<傷>のないものとなった栄光の
ピリ 2:15 <傷>のない神の子どもとなり，
コロ 1:22 聖く，<傷>なく，非難されるところ
Iテモ 6:14 <傷>のない，非難されるところのな
ヘブ 9:14 キリストが<傷>のないご自身を，と
Iペテ 1:19 <傷>もなく汚れもない小羊のような
IIペテ 2:13 彼らは，しみや<傷>のようなもので，
3:14 しみも<傷>もない者として，平安を
ユダ 24 <傷>のない者として，大きな喜びを
黙示 13: 3 その致命的な<傷>も直ってしまった．
14 剣の<傷>を受けながらもなお生き返
14: 5 彼らは<傷>のない者である．

▼ きずく（築く）

創世 8:20 ノアは，主のために祭壇を<築>き，
12: 7 アブラムは…そこに祭壇を<築>いた．
13:18，22:9，26:25，35:7．
13: 4 彼が以前に<築>いた祭壇の場所であ
33:20 祭壇を<築>き…エル・エロヘ・イス
35: 1 神のために祭壇を<築>きなさい．」
出エ 17:15 モーセは祭壇を<築>き，それをアド
20:25 切り石でそれを<築>いてはならない．
32: 5 アロンは…その前に祭壇を<築>いた．
民数 23: 1 ここに七つの祭壇を<築>き，７頭の

申命 16:21 あなたが<築く>，あなたの神，主の
20:20 それでとりでを<築>いてもよい．
27: 5 石の祭壇を<築>きなさい．それに鉄
ヨシ 8:30 ヨシュアは…一つの祭壇を<築>いた．
22:10 ヨルダン川のそばに…祭壇を<築>い
士師 6:24 ギデオンはそこに…祭壇を<築>いて，
26 石を積んで祭壇を<築>け．あの第２
Ｉサム 7:17 主のために一つの祭壇を<築>いた．
14:35 サウルは主のために祭壇を<築>いた．
IIサム 20:15 この町に向かって塁を<築>いた．そ
24:18 主のために祭壇を<築>きなさい．」
Ｉ列 11: 7 山の上に高き所を<築>いた．
18:32 主の名によって一つの祭壇を<築>き，
II列 16:11 送ったものそっくりの祭壇を<築>い
19:32 塁を<築>いてこれを攻めることもな
21: 3 高き所を<築>き直し，バアルのため
4 主の宮に，祭壇を<築>いたのである．
25: 1 陣を敷き，周囲に塁を<築>いた．
Ｉ歴 21:26 ダビデは…祭壇を<築>き，全焼のい
II歴 16: 5 ラマを<築く>のを中止し，その工事
32: 5 城壁を<築>き，ダビデの町ミロを強
33: 3 高き所を<築>き直し，バアルのため
エズ 3: 2 イスラエルの神の祭壇を<築>いた．
ヨブ 3:14 廃墟を<築>いたこの世の王たち，ま
19:12 私に向かって彼らの道を<築>き上げ，
30:12 私に向かって滅びの道を<築>いた．
詩篇 51:18 エルサレムの城壁を<築>いてくださ
伝道 9:14 これに対して大きなとりでを<築>い
イザ 29: 3 あなたに対して塁を<築く>．
58:12 あなたは古代の礎を<築>き直し，
エレ 6: 6 エルサレムに対して塁を<築>け．こ
7:31 トフェテに高き所を<築>いたが，こ
52: 4 陣を敷き，周囲に塁を<築>いた．
エゼ 4: 2 塁を<築>き，塹壕を掘り，陣営を設
13: 5 イスラエルの家の石垣も<築>かなか
16:25 どこの辻にも高台を<築>き，通りか
ダニ 11:15 北の王が来て塁を<築>き，城壁のあ
ハバ 2:12 血で町を建て，不正で都を<築>き上
ゼカ 9: 3 ツロは自分のために，とりでを<築>
ルカ 14:28 塔を<築>こうとするとき，まずすわ
29 基礎を<築>いただけで完成できなか
19:43 おまえの敵が…塁を<築>き，回りを
使徒 9:31 サマリヤの全地にわたり<築>き上げ
IIコリ 12:19 あなたがたを<築>き上げるためなの
Ｉテモ 6:19 良い基礎を…<築>き上げるように．
Ｉペテ 2: 5 霊の家に<築>き上げられなさい．そ
ユダ 20 聖い信仰の上に自分自身を<築>き上

▼ きずつく（傷つく），傷つける

申命 32:39 わたしは<傷つけ>，またいやす．わ
Ｉ列 18:28 血を流すまで…身を<傷つけ>た．
ヨブ 5:18 神は<傷つける>が，それを包み，打
24:12 <傷つ>いた者のたましいは助けを求
詩篇 64: 7 彼らは，不意に<傷つ>きましょう．
69:26 あなたに<傷つけ>られた者の痛みを
109:22 私の心は，私のうちで<傷つ>いてい
箴言 20:30 打って<傷つける>のは悪を洗い落と
27: 6 愛する者が<傷つける>ほうが真実で
伝道 10: 9 石を切り出す者は石で<傷つ>き，木
雅歌 5: 7 彼らは私を打ち，<傷つけ>ました．
イザ 61: 1 心の<傷つ>いた者をいやすために，
エレ 8:21 私も<傷つ>き，私は憂え，恐怖が，
16: 6 身を<傷つけ>ず，髪もそらない．
47: 5 いつまで，あなたは身を<傷つける>
哀歌 2:12 町の広場で<傷つけ>られて衰え果て
エゼ 34:16 <傷つ>いたものを包み，病気のもの
ゼカ 11:16 <傷つ>いたものをいやさず，飢えて
マコ 5: 5 石で自分のからだを<傷つけ>ていた．
使徒 7:26 どうしてお互いに<傷つけ>合ってい

▼ きずな

イザ 58: 6 悪の<きずな>を解き，くびきのなわ
ホセ 11: 4 人間の綱，愛の<きずな>で彼らを引
使徒 8:23 苦い胆汁と不義の<きずな>の中にい
エペ 4: 3 平和の<きずな>で結ばれて御霊の一

▼ きする（帰する）

申命 32: 3 栄光を私たちの神に<帰>せよ．
ヨシ 7:19 主に栄光を<帰>し，主に告白しなさ
Ｉサム 6: 5 イスラエルの神に栄光を<帰する>な
詩篇 29: 1 力ある者の子らよ．主に<帰>せよ．
115: 1 あなたの御名にのみ<帰>してくださ
イザ 42:12 主に栄光を<帰>し，島々にその栄誉
エレ 13:16 主に，栄光を<帰>せよ．まだ主がや
マラ 2: 2 わたしの名に栄光を<帰する>ことを

▼ キスレウのつき（～月）

ネヘ 1: 1 第20年の<キスレウの月>に，私がシ
ゼカ 7: 1 <キスレウの月>の４日に，ゼカリヤ

▼ キスロテ・タボル〔地名〕

ゼブルンの東の境界線上の町．ヨシ19:12.

▼ キスロン〔人名〕

モーセ時代のベニヤミン人．民数34:21.

▼ ぎせい (犠牲)
ルカ 2:24 <犠牲>をささげるためであった.
▼ きせき (奇蹟)
Ⅰ歴 16:12 その<奇蹟>と御口のさばきとを.
詩篇 71: 7 多くの人にとっては<奇蹟>と思われ
78:43 ツォアンの野で<奇蹟>を行われたこ
105: 5 その<奇蹟>と御口のさばきとを.
135: 9 主はしるしと<奇蹟>を送られた. パ
ダニ 4: 2 神が私に行われたしるしと<奇蹟>と
6:27 しるしと<奇蹟>を行い, 獅子の力か
マタ 7:22 あなたの名によって<奇蹟>をたくさ
ルカ 23: 8 イエスの行う何かの<奇蹟>を見たい
8:13 しるしとすばらしい<奇蹟>が行われ
Ⅰコリ 12:10 ある人には<奇蹟>を行う力, ある人
28 <奇蹟>を行う者, それからいやしの
ガラ 3: 5 御霊を与え…<奇蹟>を行われた方は,
▼ きせつ (季節)
創世 1:14 <季節>のため, 日のため, 年のため
レビ 26: 4 <季節>にしたがってあなたがたに雨
申命 11:14 わたしは<季節>にしたがって, あな
エズ 10:13 大雨の<季節>ですから, 私たちは外
詩 104:19 主は<季節>のために月を造られまし
エレ 5:24 主は大雨を…<季節>にしたがって与
8: 7 こうのとりも, 自分の<季節>を知っ
エゼ 34:26 <季節>にかなって雨を降らせる. そ
ダニ 2:21 神は<季節>と時を変え, 王を廃し,
7:12 いのちはその時と<季節>まで延ばさ
ホセ 2: 9 <季節>になって…新しいぶどう酒を
マタ 21:41 <季節>にはきちんと収穫を納める別
マコ 11:13 いちじくのなる<季節>ではなかった
12: 2 <季節>になると, ぶどう園の収穫の
使徒 14:17 実りの<季節>を与え, 食物と喜びと
ガラ 4:10 各種の日と月と<季節>と年とを守っ
▼ きせる (着せる), 着させる
創世 3:21 皮の衣を作り, 彼らに<着せ>てくだ
27:15 晴れ着を…弟ヤコブに<着せ>てやり,
41:42 亜麻布の衣服を<着せ>, その首に金
出エ 28:41 その子らに<着せ>, 彼らに油をそそ
レビ 8: 7 モーセはアロンに長服を<着せ>, 飾
民数 20:26 これをその子エルアザルに<着せ>よ.
Ⅰサム 17:38 自分のよろいかぶとを<着させ>た.
Ⅰ列 1: 1 夜着をいくら<着せ>ても暖まらなか
Ⅱ歴 28:15 裸の者にはみな…衣服を<着せ>た.
エス 6: 9 王服を<着させ>, その人を馬に乗せ
11 モルデカイに<着せ>, 彼を馬に乗せ
ヨブ 10:11 皮と肉とを私に<着せ>, 骨と筋とで
詩篇 30:11 喜びを私に<着せ>てくださいました.
132:16 その祭司らに救いを<着せ>よう. そ
イザ 22:21 あなたの長服を彼に<着せ>, あなた
58: 7 裸の人を見て, これに<着せ>, あな
61:10 主がわたしに, 救いの衣を<着せ>,
エゼ 16:10 あや織りの着物をあなたに<着せ>,
18: 7 食物を与え, 裸の者に着物を<着せ>,
ダニ 5: 7 紫の衣を<着せ>, 首に金の鎖をかけ,
ゼカ 3: 4 あなたに礼服を<着せ>よう.」
マタ 27:28 イエスの着物を脱がせて, 緋色の上
着を<着せ>た. 31.
マコ 15:17 イエスに紫の衣を<着せ>, いばらの
ルカ 15:22 一番良い着物を…この子に<着せ>な
23:11 はでな衣を<着せ>て, ピラトに送り
24:49 いと高き所から力を<着せ>られるま
ヨハ 19: 2 頭にかぶらせ, 紫色の着物を<着せ>
黙示 3: 5 勝利を得る者は…白い衣を<着せ>ら
▼ ぎぜん (偽善), 偽善者
詩篇 26: 4 私は…<偽善者>とともに行きません.
マタ 6: 2 施しをする<偽善者>たちのように,
5 祈るときには, <偽善者>たちのよう
16 断食するときには, <偽善者>たちの
7: 5 <偽善者>よ. まず自分の目から梁を
15: 7 <偽善者>たち. イザヤはあなたがた
22:18 <偽善者>たち. なぜ, わたしをため
23:13 <偽善>の律法学者, パリサイ人. 14,
15, 23, 25, 27, 29.
28 内側は<偽善>と不法でいっぱいです.
24:51 その報いを<偽善者>たちと同じにす
マコ 7: 6 イザヤは…<偽善者>について預言を
ルカ 12: 1 それは彼らの<偽善>のことです.
56 <偽善者>たち…地や空の現象を見分
13:15 <偽善者>たち…安息日に, 牛やろば
Ⅰテモ 4: 2 うそつきどもの<偽善>によるもので
Ⅰペテ 2: 1 いろいろな<偽善>やねたみ, すべて
▼ きそ (基礎), 基礎的
エペ 3:17 愛に根ざし, 愛に<基礎>を置いてい
Ⅰテモ 6:19 未来に備えて良い<基礎>を自分自身
ヘブ 6: 2 <基礎的>なことを再びやり直したり
11:10 堅い<基礎>の上に建てられた都を待
▼ きそく (規則)
エス 2:12 婦人の<規則>に従って, 12か月の期
イザ 28:10 <規則>に<規則>…ここに少し. 13.

▼ きぞく（貴族）
エス 1: 3 <貴族>たちおよび諸州の首長たちが
詩篇83:11 <貴族>らを，オレブとゼエブのよう
149: 8 鉄のかせで彼らの<貴族>たちを縛る
伝道10:17 あなたの王が<貴族>の出であって，
イザ 5:13 その<貴族>たちは，飢えた人々．そ
13: 2 彼らを<貴族>の門に，入らせよ．
ダニ 1: 3 王族か<貴族>を数人選んで連れて来

▼ ギゾじん（～人）
Ｉ歴11:34 <ギゾ人>ハシェムの子ら．

▼ きた（北），北の王，北の国
創世13:14 目を上げて…<北>と南，東と西を見
14:15 ダマスコの<北>にあるホバまで彼ら
民数34: 7 <北>の境界線は…大海からホル山ま
申命 2: 3 <北>のほうに向かって行け．
3:27 ピスガの頂に登って…<北>…を見よ．
ヨシ 8:13 民は町の<北>に全陣営を置き，後陣
19:27 <北>のほう，エフタ・エルの谷，ベ
Ｉ列 7:25 ３頭は<北>を向き，３頭は西を向き，
ヨブ26: 7 神は<北>を虚空に張り，地を何もな
37: 9 天の室から吹き，寒さは<北>から来
22 <北>から黄金の輝きが現れ，神の回
詩篇48: 2 <北>の端なるシオンの山は大王の都．
89:12 <北>と南，これらをあなたが造られ
107: 3 <北>から，南から，集められた．
伝道 1: 6 風は南に吹き，巡って<北>に吹く．
イザ14:13 <北>の果てにある会合の山にすわろ
31 <北>から煙が上がり，その編隊から
41:25 わたしが<北>から人を起こすと，彼
43: 6 <北>に向かって『引き渡せ』と言い，
エレ 1:13 それは<北>のほうからこちらに傾い
15 <北>のすべての王国の民に呼びかけ
3:18 <北の国>から…先祖に継がせた国に
13:20 <北>から来る者たちを見よ…あなた
31: 8 彼らを<北の国>から連れ出し，地の
エゼ 1: 4 大きな雲と火が…<北>から来た．そ
32:30 <北>のすべての君主たち，およびす
42: 2 その端に<北>の入口があり，幅は50
13 聖域に面している<北>の部屋と南の
47:17 <北>は<北>のほうへ，ハマテの境界
ダニ 8: 4 雄羊が，西や，<北>や，南のほうへ
11: 6 南の王の娘が<北の王>にとつぐが，
44 東と<北>からの知らせが彼を脅かす．
ヨエ 2:20 わたしは<北>から来るものを，あな
ゼパ 2:13 主は手を<北>に差し伸べ，アッシリ
ゼカ 6: 6 黒い馬は<北>の地へ出て行き，白い
14: 4 山の半分は<北>へ移り，他の半分は
ルカ13:29 南からも<北>からも来て，神の国で
黙示21:13 <北>に三つの門，南に三つの門，西

▼ きたい（期待）
ヨブ32:11 あなたがたの言うことに<期待>し，
箴言10:28 悪者の<期待>は消えうせる．
11: 7 悪者が死ぬとき，その<期待>は消え
13:12 <期待>が長びくと心は病む．望みが
ハガ 1: 9 あなたがたは多くを<期待>したが，
Ｉコリ13: 7 すべてを<期待>し，すべてを耐え忍
Ⅱコリ 8: 5 <期待>以上に，神のみこころに従っ
12:20 あなたがたは私の<期待>しているよ
うな者でなく，私も…<期待>してい

▼ ギタイム〔地名〕
ベニヤミンの町．Ⅱサム4:3，ネヘ11:33．

▼ きたえる（鍛える）
Ⅱサム22:35 戦いのために私の手を<鍛え>，私の
腕を青銅の弓でも引け．詩篇18:34．
詩 144: 1 いくさのために私の指を，<鍛え>ら

▼ きたかぜ（北風）
箴言25:23 <北風>は大雨を起こし，陰口をきく
雅歌 4:16 <北風>よ，起きよ．南風よ，吹け．

▼ きたがわ（北側）
出エ26:20 幕屋の…<北側>に，板20枚．
35 その机を<北側>に置く．
レビ 1:11 祭壇の<北側>で，主の前にこれをほ
民数 2:25 <北側>にはダンの宿営の旗の者が，
35: 5 <北側>に２千キュビトを測れ．これ
ヨシ18:12 エリコの<北側>に上って行き，さら
Ｉサム14: 5 岩はミクマスに面して<北側>に，他
Ⅱ列16:14 この祭壇の<北側>に据えた．
エゼ42:17 <北側>を測ると，測りざおで500さ

▼ ギダルティ〔人名〕
神殿の音楽聖歌隊の一員．Ｉ歴25:4，29．

▼ きづく（気づく）
詩篇94: 7 ヤコブの神は<気づ>かない．」
伝道 3:18 彼らが<気づく>ようにされたのだ．」
ホセ 7: 9 彼はそれに<気づ>かない．しらがが
生えても，彼はそれに<気づ>かない．
マコ 5:30 力が外に出て行ったことに<気づ>い
6:33 人々が…<気づ>いて，方々の町々か
15:10 ピラトは…<気づ>いていたからであ
ルカ 2:43 両親はそれに<気づ>かなかった．

▼ きっちょう（吉兆）

Ⅰ列 20:33　この人々は，これは<吉兆>だと見て，

▼ きつね（狐），小狐

ネヘ 4: 3　1匹の<狐>が上っても，その石垣を
詩篇 63:10　彼らは…<きつね>のえじきとなるの
雅歌 2:15　ぶどう畑を荒らす<狐>や<小狐>を捕
哀歌 5:18　<狐>がそこを歩き回っているからで
エゼ 13: 4　預言者どもは，廃墟にいる<狐>のよ
マタ 8:20　<狐>には穴があり．ルカ9:58.
ルカ 13:32　行って，あの<狐>にこう言いなさい.

▼ きつもん（詰問）

ネヘ 13:11　私は代表者たちを<詰問>し．17，25.

▼ きてい（規定）

創世 40:13　以前の<規定>に従って，パロの杯を
出エ 21:31　この<規定>のとおりに処理されなけ
レビ 9:16　<規定>のとおりにそうした.
エズ 3:10　ダビデの<規定>によって主を賛美す
使徒 16: 4　使徒たちと長老たちが決めた<規定>
ロマ 2:26　律法の<規定>を守るなら，割礼を受
エペ 2:15　さまざまの<規定>から成り立ってい
Ⅱテモ 2: 5　<規定>に従って競技をしなければ栄
ヘブ 9: 1　初めの契約にも礼拝の<規定>と地上
　　10　からだに関する<規定>にすぎないか

▼ キティム

1. 地名．地中海沿岸のキプロス島．民数24:24，イザ23:1，12，エゼ27:6.
2. キティム人．ヤワンの子孫．創世10:4.
3. ローマ海軍を指す．ダニ11:30.

▼ ギデオニ〔人名〕

ベニヤミン族の長．民数1:11，7:60，65，10:24.

▼ ギデオム〔地名〕

位置不明．士師20:45.

▼ ギデオン〔人名〕

イスラエルの士師の一人．士師6:11，17，32，7:7，8:21，27，28，33，35，ヘブ11:32.

▼ ギテト

詩篇の調べの名．詩篇8，81，84題目.

▼ キテリシュ〔地名〕

ユダの低地の町の一つ．ヨシ15:40.

▼ ギデルぞく（～族）

(1)宮に仕えるしもべたちの名称．エズ2:47.
(2)ソロモンのしもべたちの子孫．エズ2:56.

▼ キテロン〔地名〕

ゼブルンの町．カタテと同地．士師1:30.

▼ キデロンがわ（～川）

エルサレムとオリーブ山の間の谷川．Ⅱサム15:23，Ⅰ列15:13，Ⅱ歴29:16，30:14，エレ31:40.

▼ きと（帰途）

ヨシ 2:23　ふたりの人は，<帰途>につき，山を
Ⅱサム 19:15　そこで王は<帰途>につき，ヨルダン

▼ きどう（軌道）

士師 5:20　その<軌道>を離れて，シセラと戦っ
ハバ 3: 6　しかし，その<軌道>は昔のまま.

▼ キドン〔地名〕

脱穀場があった所．Ⅰ歴13:9.

▼ キナ〔地名〕

ユダ最南端の町の一つ．ヨシ15:22.

▼ ギナテ〔人名〕

オムリと争ったティブニの父．Ⅰ列16:21.

▼ きにいる（気に入る），お気に入り

申命 24: 1　<気に入>らなくなり，離婚状を書い
士師 14: 3　あの女が私の<気に入>ったのですか
Ⅰサム 16:22　私の<気に入>ったから」と言わせた.
Ⅱサム 17: 4　このことばは…全長老の<気に入>っ
イザ 30:10　私たちの<気に入る>ことを語り，偽
エレ 40: 4　バビロンへ行くのが<気に入>らない
　　ならやめなさい…<気に入>った所へ
マタ 27:43　もし神の<お気に入り>なら，いま救

▼ きぬ（絹）

エゼ 16:10　亜麻布をかぶらせ，<絹>の着物を着
黙示 18:12　商品とは…紫布，<絹>，緋布，香木，

▼ ギネトイ〔人名〕

捕囚帰還の祭司の一人．ネヘ12:4.

▼ ギネトン

1. 人名．契約更新の証人．祭司．ネヘ10:6.
2. ギネトン族．エホヤキム時代の祭司一族．ネヘ12:16.

▼ キネレテ，キネレテの海，キネレテ湖

ガリラヤ湖とその付近の町．民数34:11，申命3:17，ヨシ11:2，12:3，13:27，Ⅰ列15:20.

▼ きねん（記念），記念碑

出エ 12:14　この日は…<記念>すべき日となる.
　　13: 9　あなたの額の上の<記念>としなさい.
　　28:12　イスラエルの子らの<記念>の石として
　　てエポデの肩当てにつける．39:7.
　　29　絶えず主の前で<記念>としなければ
　　30:16　イスラエル人のための<記念>となる.
　　民数16:40，ヨシ4:7.

レビ 2: 2 それを<記念>の部分として，祭壇の
23:24 ラッパを吹き鳴らして<記念>する聖
民数 5:26 ささげ物から<記念>の部分をひとつ
Ⅰサム 15:12 自分のために<記念碑>を立てました．
ネヘ 2:20 分け前も，権利も，<記念>もないの
エス 9:28 町々においても<記念>され，祝われ
詩 38題目 <記念>のためのダビデの賛歌
70題目 ダビデによる．<記念>のために
111: 4 その奇しいわざを<記念>とされた．
イザ 55:13 これは主の<記念>となり，絶えるこ
ゼカ 6:14 ゼパニヤの子ヨシヤの<記念>として，
マタ 26:13 この人の<記念>となるでしょう．」

▼ きのう

Ⅰサム 20:27 <きのう>も，きょうも食事に来ない
Ⅱサム 15:20 あなたは，<きのう>来たばかりなの
Ⅱ列 9:26 <きのう>，ナボテの血とその子らの
ヨブ 8: 9 私たちは，<きのう>生まれた者で，
詩篇 90: 4 千年も，<きのう>のように過ぎ去り，
ヨハ 4:52 <きのう>，第７時に熱がひきました」
使徒 7:28 <きのう>エジプト人を殺したように，
ヘブ 13: 8 キリストは，<きのう>もきょうも，

▼ きのみじかい（気の短い），気短な

箴言 14:29 <気の短い>者は愚かさを増す．
イザ 32: 4 <気短な>者の心も知識を悟り，ども

▼ きば

ヨブ 4:10 若い獅子の<きば>も砕かれる．
詩篇 58: 6 若獅子の<きば>を，打ち砕いてくだ
箴言 30:14 歯が剣のようで，<きば>が刀のよう
ヨエ 1: 6 それには雄獅子の<きば>がある．

▼ ギバルぞく（〜族）

捕囚帰還のユダヤ人の一族．エズ2:20.

▼ きびしい，きびしさ

創世 41:31 そのききんは，非常に<きびしい>か
47:20 ききんがエジプト人に<きびし>かっ
Ⅰサム 20:10 もし父上が，<きびしい>返事をなさ
Ⅰ列 14: 6 <きびしい>ことを伝えなければなり
イザ 19: 4 エジプト人を<きびしい>主人の手に
21: 2 <きびしい>幻が，私に示された．裏
ダニ 2:15 <きびしい>命令が王から出たのでし
3:22 王の命令が<きびし>く，炉がはなは
マコ 12:40 人一倍<きびしい>罰を受けるのです．
ルカ 19:21 あなたは計算の細かい，<きびしい>
22 私が…<きびしい>人間だと知ってい
ロマ 11:22 神のいつくしみと<きびしさ>を．倒
Ⅱコリ 13:10 <きびしい>処置をとることのないよ
テト 1:13 <きびし>く戒めて，人々の信仰を健

▼ きひん（気品）

箴言 31:25 彼女は力と<気品>を身につけ，ほほ

▼ ギブア

1. 地名．
(1)ユダの町．ヨシ15:57.
(2)エフライムの山地の町．ヨシ24:33.
(3)ベニヤミンの町．士師19:12，20:4，Ⅰサム10:5，11:4，13:2，14:2，15:34，22:6，23:19，26:1，Ⅱサム23:29，Ⅰ歴11:31，Ⅱ歴13:2，イザ10:29，ホセ5:8，9:9，10:9.
2. 人名．エラフメエルの兄弟カレブの子孫．Ⅰ歴2:49.
3. ギブア人．1.(3)の住人．Ⅰ歴12:3.

▼ ギブアテ・ハアラロテ〔地名〕

ギルガル付近の丘．ヨシ5:3.

▼ ギブオン

1. 地名．ベニヤミンの町．ヨシ9:3，10:1，12，11:19，18:25，21:17，Ⅱサム2:12，3:30，20:8，Ⅰ列3:4，5，9:2，Ⅰ歴14:16，16:39，21:29，Ⅱ歴1:3，ネヘ3:7，イザ28:21，エレ28:1，41:12.
2. ギブオン人（族）．Ⅱサム21:1，2，3，4，9，Ⅰ歴12:4，ネヘ3:7，7:25.

▼ きふじん（貴婦人）

使徒 13:50 神を敬う<貴婦人>たちや町の有力者
17: 4 <貴婦人>たちも少なくなかった．
12 ギリシヤの<貴婦人>や男子も少なく

▼ キブツァイム〔地名〕

エフライム所領内のレビ人の町．ヨシ21:22.

▼ キプロス

1. 地名．地中海東端の島．使徒11:19，15:39.
2. キプロス人．使徒11:20，21:16.

▼ キブロテ・ハタアワ〔地名〕

荒野の宿営地．民数11:34，33:16，申命9:22.

▼ きへい（騎兵），騎兵隊，騎兵隊の長

創世 50: 9 戦車と<騎兵>も，彼とともに上って
出エ 14: 9 パロの戦車の馬も，<騎兵>も，軍勢も．17，18，23，26，28，15:19.
ヨシ 24: 6 エジプト人は，戦車と<騎兵>とをも
Ⅰサム 13: 5 戦車３万，<騎兵>６千，それに海辺
Ⅱサム 1: 6 戦車と<騎兵>があの方に押し迫って
8: 4 彼から<騎兵>1700，歩兵２万を取っ
Ⅰ列 1: 5 アドニヤは…野心をいだき…<騎兵>
4:26 ソロモンは…<騎兵>１万２千を持っ

9:19 <騎兵>のための町々，ソロモンがエ
22 戦車隊と<騎兵隊の長>であったから
20:20 馬に乗り，<騎兵>たちといっしょに，
Ⅱ列 2:12 わが父．イスラエルの戦車と<騎兵>
13: 7 エホアハズには<騎兵>50，戦車10台，
18:24 戦車と<騎兵>のことでエジプトに拠
Ⅰ歴 18: 4 <騎兵>7千，歩兵2万を取った．ダ
19: 6 ツォバとから戦車と<騎兵>を雇った．
Ⅱ歴 1:14 ソロモンは戦車と<騎兵>を集めたが，
8: 6 <騎兵>のための町々，ソロモンがエ
12: 3 戦車1200台，<騎兵>6万がこれに従
16: 8 戦車と<騎兵>は非常におびただしか
エズ 8:22 私たちを助ける部隊と<騎兵>たちを
ネヘ 2: 9 王は将校たちと<騎兵>を私につけて
イザ 22: 6 エラムは…兵士と<騎兵>を引き連れ，
31: 1 非常に強い<騎兵隊>とに拠り頼み，
36: 9 戦車と<騎兵>のことでエジプトに拠
エレ 4:29 <騎兵>と射手の叫びに，町中の人が
46: 4 <騎兵>よ．馬に鞍をつけて乗れ．か
エゼ 26: 7 馬，戦車，<騎兵>をもって多くの民
38: 4 武装した馬や<騎兵>，大盾と盾を持
ダニ 11:40 北の王は戦車，<騎兵>，および大船
ホセ 1: 7 <騎兵>によって彼らを救うのではな
ナホ 3: 3 突進する<騎兵>．剣のきらめき．槍
ハバ 1: 8 その<騎兵>は遠くからやって来て，
使徒 23:23 <騎兵>70人，槍兵200人を整えよ」
32 <騎兵>たちにパウロの護送を任せて，
黙示 9:16 <騎兵>の軍勢の数は2億であった．

▼ ギベトン〔地名〕

ダン所領内のレビ人の町の一つ．ヨシ19:44，21:23，Ⅰ列15:27，16:15，17．

▼ きぼう（希望）

伝道 9: 4 連なっている者には<希望>がある．
エレ 29:11 将来と<希望>を与えるためのものだ．
哀歌 3:29 もしや<希望>があるかもしれない．
使徒 26: 7 この<希望>のためにユダヤ人から訴
ロマ 5: 4 練られた品性が<希望>を生み出すと
5 この<希望>は失望に終わることがあ
15: 4 励ましによって，<希望>を持たせる
Ⅰコリ 13:13 いつまでも残るものは信仰と<希望>
15:19 キリストに単なる<希望>を置いてい
ヘブ 3: 6 確信と，<希望>による誇りとを，終
6:11 私たちの<希望>について十分な確信
7:19 さらにすぐれた<希望>が導き入れら
10:23 しっかりと<希望>を告白しようでは
Ⅰペテ 1:21 信仰と<希望>は神にかかっているの
3:15 <希望>について説明を求める人には，

▼ ギホン〔地名〕

(1)エデンの園の川の一つ．創世2:13．
(2)エルサレム東麓の泉．Ⅰ列1:33，Ⅱ歴32:30．

▼ きまえ（気前）

マタ 20:15 私が<気前>がいいので…ねたましく

▼ きまぐれもの（気まぐれ者）

イザ 3: 4 <気まぐれ者>に彼らを治めさせる．

▼ きみ（君）

Ⅰ歴 5: 2 <君>たる者も彼から出るのであるが，
イザ 9: 6 永遠の父，平和の<君>」と呼ばれる．
ダニ 8:25 <君>の<君>に向かって立ち上がる．
10:13 ペルシヤの国の<君>が21日間…立っていたが…第1の<君>のひとり，ミ
20 今は，ペルシヤの<君>と戦うために帰って行く…ギリシヤの<君>がやっ
21 あなたがたの<君>ミカエルのほかに
12: 1 大いなる<君>，ミカエルが立ち上が
使徒 3:15 いのちの<君>を殺しました．しかし，
5:31 イエスを<君>とし，救い主として，
25:26 わが<君>に書き送るべき確かな事が

▼ ぎむ（義務）

申命 24: 5 これに何の<義務>をも負わせてはな
25: 5 夫の兄弟としての<義務>を果たさな
Ⅰサム 17:25 イスラエルでは何も<義務>を負わせ
ロマ 13: 7 だれにでも<義務>を果たしなさい．
15:27 その人々に対してはその<義務>があ
Ⅰコリ 7: 3 夫は自分の妻に対して<義務>を果た
ガラ 5: 3 律法の全体を行う<義務>があります．

▼ ギムゾ〔地名〕

ユダの低地の町．Ⅱ歴28:18．

▼ キムハム〔人名〕

ギルアデ人．Ⅱサム19:37，38，40．

▼ きめる（決める）

申命 32: 8 国々の民の境を<決め>られた．
士師 17:11 このレビ人は心を<決め>てその人と
ルツ 3:18 そのことを<決め>てしまわなければ，
Ⅱサム 17:14 はかりごとを打ちこわそうと<決め>
Ⅰ歴 21:12 何と答えたらよいかを<決め>てくだ
エス 3: 7 日と月とを<決める>ためにハマンの
ヨブ 22:28 あなたが事を<決める>と，それは成
詩 119:13 御口の<決め>たことをことごとく語
132 あなたが<決め>ておられるように，149，156．

箴言 15:25 やもめの地境を<決め>られる．
マタ 1:19 内密に去らせようと<決め>た．
ヨハ 9:22 その者を会堂から追放すると<決め>
使徒 3:13 ピラトが釈放すると<決め>たのに，
11:29 救援の物を送ることに<決め>た．
15: 7 あなたがたの間で事をお<決め>にな
28 重荷も負わせないことを<決め>まし
17:31 世界をさばくため，日を<決め>てお
19:39 正式の議会で<決め>てもらわなけれ
20:13 陸路をとるつもりで…<決め>ておい
16 寄港しないで行くことに<決め>てい
22:10 あなたがするように<決め>られてい
25:25 彼をそちらに送ることに<決め>まし
Ⅰコリ 11:34 私が行ったときに<決め>ましょう．
Ⅱコリ 9: 7 心で<決め>たとおりにしなさい．神

▼ きも（肝）

箴言 7:23 ついには，矢が<肝>を射通し，鳥が
哀歌 2:11 私の<肝>は，私の民の娘の傷を見て，
エゼ 21:21 テラフィムに伺いを立て，<肝>を調

▼ きもの（着物），着る物

創世 9:23 セムとヤペテは<着物>を取って，自
27:27 イサクは，ヤコブの<着物>のかおり
28:20 食べるパンと着る<着物>を賜り，
35: 2 身をきよめ，<着物>を着替えなさい．
37:29 彼は自分の<着物>を引き裂き．34．
44:13 そこで彼らは<着物>を引き裂き，お
49:11 彼はその<着物>を，ぶどう酒で洗い，
出エ 3:22 金の飾り，それに<着物>を求め，あ
12:34 こね鉢を<着物>に包み，肩にかつい
35 エジプト人から…<着物>を求めた．
19:10 彼らを聖別し，自分たちの<着物>を洗わせよ．14．
21:10 <着物>，夫婦の務めを減らしてはな
22: 9 羊でも，<着物>でも，どんな紛失物
26 隣人の<着る物>を質に取るようなこ
27 彼の身に着ける<着物>であるから．
レビ 10: 6 また<着物>を引き裂いてはならない．
民数 15:38 <着物>のすその四隅にふさを作り，
申命 8: 4 あなたの<着物>はすり切れず，あな
10:18 これに食物と<着物>を与えられる．
21:13 捕虜の<着物>を脱ぎ，あなたの家に
22: 3 彼の<着物>についても同じようにし
5 男は女の<着物>を着てはならない．
12 身にまとう<着物>の四隅に，ふさを
17 長老たちの前にその<着物>をひろげ
24:17 やもめの<着物>を質に取ってはなら
29: 5 身に着けている<着物>はすり切れず，
ヨシ 7: 6 ヨシュアは<着物>を裂き，イスラエ
9: 5 古びた<着物>を身に着けた．彼らの
Ⅰサム 4:12 その<着物>は裂け，頭には土をかぶ
19:13 ミカルはテラフィムを…<着物>でお
24 彼もまた<着物>を脱いで，サムエル
Ⅱサム 1: 2 その<着物>は裂け，頭には土をかぶ
12:20 <着物>を着替えて，主の宮に入り，
13:18 王女たちはそのような<着物>を着て
19:24 ひげもそらず，<着物>も洗っていな
Ⅱ列 2:12 彼は自分の<着物>をつかみ，それを
5:26 <着物>を受け，オリーブ畑やぶどう
エズ 9: 3 <着物>と上着を裂き，髪の毛とひげ
ネヘ 9:21 <着物>もすり切れず，足もはれませ
エス 4: 4 モルデカイに<着物>を送って，それ
ヨブ 9:31 私の<着物>は私を忌みきらいます．
13:28 しみが食い尽くす<着物>のようにな
22: 6 裸の者から<着物>をはぎ取り，
24: 7 <着る物>もなく，裸で夜を明かし，
30:18 私の<着物>に姿を変え，まるで長服
31:19 <着る物>がなくて死にかかっている
37:17 あなたの<着物>がいかに熱くなるか
詩篇 22:18 彼らは私の<着物>を互いに分け合い，
45: 8 あなたの<着物>はみな，没薬，アロ
102:26 あなたが<着物>のように取り替えら
109:19 それが彼の着る<着物>となり，いつ
箴言 6:27 その<着物>が焼けないだろうか．
20:16 保証人となるときは…<着物>を取れ．
25:20 寒い日に<着物>を脱ぐようであり，
27:26 子羊はあなたに<着物>を着させ，や
31:21 あわせの<着物>を着ているからだ．
22 彼女の<着物>は亜麻布と紫色の撚り
伝道 9: 8 いつもあなたは白い<着物>を着，頭
雅歌 4:11 <着物>のかおりは，レバノンのかお
5: 3 私は<着物>を脱いでしまった．どう
イザ 4: 1 パンを食べ，自分たちの<着物>を着
9: 5 血にまみれた<着物>は，焼かれて，
23:18 <着物>を着るためのものとなるから
59: 6 そのくもの巣は<着物>にはならず，
64: 6 私たちの義はみな，不潔な<着物>の
エレ 38:11 着ふるした<着物>やぼろ切れを取り，
43:12 牧者が自分の<着物>のしらみをつぶ
哀歌 4:14 だれも彼らの<着物>に触れようとし
エゼ 18: 7 食物を与え，裸の者に<着物>を着せ，

アモ 2: 8 質に取った<着物>の上に横たわり，
ハガ 2:12 聖なる肉を自分の<着物>のすそで運
マラ 2:16 わたしは，暴力でその<着物>をおお
マタ 3: 4 ヨハネは，らくだの毛の<着物>を着，
6:25 からだは<着物>よりたいせつなもの
28 なぜ<着物>のことで心配するのです
9:16 真新しい布切れで古い<着物>の継ぎ
20 うしろに来て，その<着物>のふさに
11: 8 柔らかい<着物>を着た人なら王の宮
14:36 せめて彼らに，<着物>のふさにでも
24:18 畑にいる者は<着物>を取りに戻って
25:36 裸のとき，わたしに<着る物>を与え，
27:35 くじを引いて，イエスの<着物>を分
マコ 2:21 新しい継ぎ切れは古い<着物>を引き
5:15 <着物>を着て，正気に返ってすわっ
27 うしろから，イエスの<着物>にさわった．28，30．
15:24 くじ引きで…イエスの<着物>を分け
ルカ 5:36 新しい<着物>から布切れを引き裂い
7:25 きらびやかな<着物>を着て，ぜいた
8:27 彼は，長い間<着物>も着けず，家に
35 悪霊の去った男が<着物>を着て，正
44 イエスの<着物>のふさにさわった．
10:30 強盗どもは，その人の<着物>をはぎ
15:22 急いで一番良い<着物>を持って来て，
22:36 剣のない者は<着物>を売って剣を買
23:34 くじを引いて，イエスの<着物>を分
ヨハ 19: 2 頭にかぶらせ，紫色の<着物>を着せ
5 いばらの冠と紫色の<着物>を着けて，
23 イエスの<着物>を取り，ひとりの兵
使徒 7:58 自分たちの<着物>をサウロという青
18: 6 パウロは<着物>を振り払って，「あ
22:20 彼を殺した者たちの<着物>の番をし
23 <着物>を放り投げ，ちりを空中にま
Ⅰコリ 4:11 <着る物>もなく，虐待され，落ち着
ヘブ 1:11 すべてのものは<着物>のように古び
ヤコ 2:15 <着る物>がなく，また，毎日の食べ
5: 2 あなたがたの<着物>は虫に食われて
Ⅰペテ 3: 3 <着物>を着飾るような外面的なもの
黙示 16:15 身に<着物>を着け，裸で歩く恥を人
19:16 その<着物>にも，ももにも，「王の
22:14 自分の<着物>を洗って，いのちの木

▼ きゃく（客）

士師 14:11 30人の<客>を連れて．20，15:2，6．
マタ 22:10 宴会場は<客>でいっぱいになった．
11 王が<客>を見ようとして入って来る
ルカ 19: 7 罪人のところに行って<客>となられ

▼ ぎゃくさつ（虐殺）【別項】虐殺の谷

Ⅰサム 22:21 サウルが主の祭司たちを<虐殺>した
Ⅱ列 25: 7 ゼデキヤの子らを彼の目の前で<虐殺>した．エレ39:6，52:10．
エス 9:10 ハマンの子10人を<虐殺>した．しか
箴言 24:11 <虐殺>されようとする貧困者を助け
エレ 12: 3 <虐殺>の日のために取り分けてくだ
18:21 夫たちは<虐殺>されて死に，若い男
哀歌 2:20 祭司や預言者が<虐殺>されてよいで
エゼ 7:23 この国は<虐殺>に満ち，この町は暴
9: 9 この国は<虐殺>の血で満ち，町も罪

▼ ぎゃくさつのたに（虐殺の谷）

ベン・ヒノムの谷の別名．エレ7:32，19:6．

▼ ぎゃくたい（虐待）

民数 20:15 私たちや先祖たちを，<虐待>しまし
申命 26: 6 エジプト人は，私たちを<虐待>し，
詩篇 55:11 <虐待>と詐欺とは，その市場から離
イザ 66: 4 わたしも，彼らを<虐待>することを
エゼ 22: 7 在留異国人は<虐待>され，おまえの
使徒 7: 6 400年間，奴隷にされ，<虐待>され
24 同胞のひとりが<虐待>されているの
Ⅰコリ 4:11 <虐待>され，落ち着く先もありませ

▼ きゃくま（客間）

マコ 14:14 わたしの<客間>はどこか，と先生が
ルカ 22:11 過越の食事をする<客間>はどこか，

▼ ぎゃくもどり（逆戻り）

士師 2:19 彼らはいつも<逆戻り>して，先祖た
ガラ 4: 9 幼稚な教えに<逆戻り>して，再び新

▼ きやすめ（気休め）

Ⅱ列 4:28 この私にそんな<気休め>を言わない

▼ ぎゃっきょう（逆境）

伝道 7:14 順境の日には喜び，<逆境>の日には

▼ きゅうえん（救援）

使徒 11:29 兄弟たちに<救援>の物を送ることに

▼ きゅうし（急使）

エス 3:13 書簡は<急使>によって王のすべての州へ送られた．15，8:10，14．

▼ きゅうじ（給仕）

ルカ 12:37 そばにいて<給仕>をしてくれます．
17: 8 私の食事が済むまで<給仕>しなさい．
22:27 食卓に着く人と<給仕>する者と，ど
ヨハ 12: 2 そしてマルタは<給仕>していた．ラ

▼90さい（90歳）
創世 17:17 <90歳>の女が子を産むことができよ
▼ぎゅうしゃ（牛舎）
アモ 6: 4 <牛舎>の中から子牛を取って食べて
ハバ 3:17 牛は<牛舎>にいなくなる．
マラ 4: 2 <牛舎>の子牛のようにはね回る．
▼99さい（99歳）
創世 17: 1 アブラムが<99歳>になったとき主は
24 切り捨てられたときは，<99歳>であ
▼99にん（99人）
ルカ 15: 7 <99人>の正しい人にまさる喜びが天
▼99ひき（99匹）
マタ 18:12 <99匹>を山に残して，迷った１匹を
捜しに出かけ．13，ルカ15:4．
▼きゅうじょしゃ（救助者）
士師 3: 9 彼らを救うひとりの<救助者>，カレ
15 ひとりの<救助者>…左ききのエフデ
▼きゅうする（窮する）
詩 102:17 <窮>した者の祈りを顧み，彼らの祈
Ⅱコリ 4: 8 私たちは…<窮する>ことはありませ
▼きゅうそく（休息）
民数 10:33 進み，彼らの<休息>の場所を捜した．
申命 25:19 解放して，<休息>を与えられるよう
28:65 あなたは<休息>することもできず，
▼きゅうてい（宮廷）
創世 12:15 彼女はパロの<宮廷>に召し入れられ
ダニ 1: 4 王の<宮廷>に仕えるにふさわしい者
2:49 ダニエルは王の<宮廷>にとどまった．
▼きゅうでん（宮殿）【別項】レバノンの森の宮殿
Ⅰ列 7: 1 ソロモンは自分の<宮殿>を建て，13
年かかって<宮殿>全部を完成した．
9:15 彼は主の宮と，自分の<宮殿>，ミロ
10: 4 すべての知恵と，彼が建てた<宮殿>
21: 1 サマリヤの王アハブの<宮殿>のそば
Ⅱ列 15: 5 王の子ヨタムが<宮殿>を管理し，こ
20:18 バビロンの王の<宮殿>で宦官となる
Ⅱ歴 2: 1 自分の王国のための<宮殿>とを建て
36: 7 バビロンにある彼の<宮殿>に置いた．
エス 7: 7 王は憤って…<宮殿>の園に出て行っ
詩篇 45:15 導かれ，王の<宮殿>に入って行く．
144:12 <宮殿>の建物にふさわしく刻まれた
箴言 30:28 やもりは…王の<宮殿>にいる．
イザ 13:22 ジャッカルは，豪華な<宮殿>で，ほ
23:13 その<宮殿>をかすめ，そこを廃墟に
25: 2 他国人の<宮殿>は町からうせ，もう，
32:14 <宮殿>は見捨てられ，町の騒ぎもさ
エレ 6: 5 夜の間に上って，その<宮殿>を滅ぼ
17:27 火はエルサレムの<宮殿>をなめ尽く
30:18 <宮殿>は，その定められている所に
43: 9 パロの<宮殿>の入口にある敷石のし
49:27 その火はベン・ハダデの<宮殿>をな
哀歌 2: 5 そのすべての<宮殿>を滅ぼし，その
ダニ 4: 4 私の<宮殿>で栄えていたとき，
29 バビロンの王の<宮殿>の屋上を歩い
5: 5 指が現れ，王の<宮殿>の塗り壁の，
6:18 王は<宮殿>に帰り，一晩中断食をし
ホセ 8:14 町々に火を放ち，その<宮殿>を焼き
アモ 1: 4 火はベン・ハダデの<宮殿>を焼き尽
6: 8 忌みきらい，その<宮殿>を憎む．わ
ミカ 5: 5 私たちの<宮殿>を踏みにじるとき，
ナホ 2: 6 町々の門は開かれ，<宮殿>は消え去
マタ 11: 8 …を着た人なら王の<宮殿>にいます．
ルカ 7:25 暮らしている人たちなら<宮殿>にい
▼ぎゅうにゅう（牛乳）
創世 18: 8 凝乳と<牛乳>と，それに，料理した
▼950ねん（950年）
創世 9:29 ノアの一生は<950年>であった．こ
▼930ねん（930年）
創世 5: 5 アダムは全部で<930年>生きた．こ
▼900りょう（900両）
士師 4: 3 彼は鉄の戦車<900両>を持ち．13．
▼きゅうぼう（窮乏）
詩119:143 苦難と<窮乏>とが私に襲いかかって
ピリ 2:25 私の<窮乏>のときに仕えてくれた人
▼きゅうよ（給与）
創世 47:22 祭司たちにはパロからの<給与>があ
▼きゅうり，きゅうり畑
民数 11: 5 <きゅうり>も，すいか，にら，たま
イザ 1: 8 <きゅうり畑>の番小屋のように，包
エレ 10: 5 <きゅうり畑>のかかしのようで，も
▼きゅうりょう（給料）
ルカ 3:14 自分の<給料>で満足しなさい．」
Ⅱコリ 11: 8 仕えるための<給料>を得たのです．
▼キュビト〔度量衡〕
長さの単位．創世6:16，士師3:16，エゼ40:5．
▼きよい（清い，聖い）
創世 7: 2 すべての<きよい>動物の中から雄と
8:20 すべての<きよい>家畜と，すべての
レビ 4:12 宿営の外の<きよい>所…灰捨て場に

7:19 <きよい>者はだれでもその肉を食べ
10:10 汚れたものと<きよい>ものを区別す
11:32 そうして後<きよ>くなる.
36 水のたまっている水ためは<きよい>.
13: 6 祭司は彼を<きよい>と宣言する. そ
7 <きよい>と宣言されて後, かさぶた
13 白く変わったので, 彼は<きよい>.
14: 4 2羽の生きている<きよい>小鳥と,
57 どんなときにそれが<きよい>のかを
15: 8 <きよい>人につばきをかけるなら,
民数 5:28 <きよ>ければ, 害を受けず, 子を宿
9:13 身が<きよ>く, また旅にも出ていな
18:11 あなたの家にいる<きよい>者はみな,
19: 9 身の<きよい>人がその雌牛の灰を集
申命 12:15 汚れた人も, <きよい>人も…食べる
14:11 すべて, <きよい>鳥は食べることが
23:14 あなたの陣営は<きよい>. 主が, あ
ヨシ 22:19 所有地が<きよ>くないのなら, 主の
Ⅱサム 22:27 <きよい>者には, <きよ>く, 曲がっ
Ⅱ列 5:12 私が<きよ>くなれないのだろうか.」
14 幼子のからだのようになり, <きよ>
Ⅱ歴 30:17 <きよ>くないすべての人々のために,
エズ 6:20 みな<きよ>くなっていたので, 彼ら
ネヘ 13:22 安息日を<きよ>く保つために, 門の
ヨブ 4:17 人はその造り主の前に<きよ>くあり
11: 4 あなたの目にも, <きよい>」と.
14: 4 だれが, <きよい>物を汚れた物から
15:14 人がどうして, <きよ>くありえよう
15 天も神の目には<きよ>くない.
16:17 暴虐がなく, 私の祈りは<きよい>.
17: 9 手の<きよい>人は力を増し加える.
22:30 手の<きよい>ことによって救われる.
25: 4 女から生まれた者が…<きよ>くあり
33: 9 私は<きよ>く, そむきの罪を犯さな
詩篇 18:26 <きよい>者には, <きよ>く, 曲がっ
19: 8 主の仰せは<きよ>くて, 人の目を明
9 主への恐れは<きよ>く, とこしえま
13 大きな罪を, 免れて, <きよ>くなる
24: 4 手が<きよ>く, 心がきよらかな者,
51: 4 さばかれるとき, あなたは<きよ>く
7 そうすれば, 私は<きよ>くなりまし
10 神よ. 私に<きよい>心を造り, ゆる
73: 1 心の<きよい>人たちに, いつくしみ
119: 9 若い人は自分の道を<きよ>く保てる
箴言 15:26 親切なことばは, <きよい>.
21: 8 <きよい>人の行いはまっすぐだ.
30:12 自分を<きよい>と見, 汚れを洗わな
伝道 9: 2 善人にも, <きよい>人にも, 汚れた
イザ 66:20 ささげ物を<きよい>器に入れて主の
エレ 17:22 安息日を<きよ>く保て. エゼ20:20.
哀歌 4: 7 そのナジル人は雪よりも<きよ>く,
エゼ 22:26 汚れたものと<きよい>ものとの違い
24:13 あなたは<きよ>くなろうともしなか
36:25 <きよい>水を…振りかけるそのとき,
ハバ 1:13 あなたの目はあまり<きよ>くて, 悪
ゼパ 3: 9 民のくちびるを変えて<きよ>くする.
ゼカ 3: 5 彼の頭に, <きよい>ターバンをかぶ
マラ 1:11 <きよい>ささげ物がささげられ, 香
マタ 5: 8 心の<きよい>者は幸いです. その人
8: 3 「わたしの心だ. <きよ>くなれ」と
言われた. マコ1:41, ルカ5:13.
23:17 黄金を<聖い>ものにする神殿と, ど
19 その供え物を<聖い>ものにする祭壇
マコ 1:42 …が消えて, その人は<きよ>くなっ
7:19 イエスは…すべての食物を<きよい>
ルカ 1:49 力ある方…その御名は<聖>く,
74-75 <きよ>く, 正しく, 恐れなく, 主の
5:12 お心一つで, 私は<きよ>くしていた
11:41 いっさいが…<きよい>ものとなりま
ヨハ 13:10 水浴した者は…全身<きよい>のです.
11 みなが<きよい>のではない」と言わ
15: 3 話したことばによって…<きよい>の
使徒 3:14 <きよい>, 正しい方を拒んで, 人殺
10:14 <きよ>くない物や汚れた物を食べた
15 神がきよめた物を, <きよ>くないと
28 <きよ>くないとか, 汚れているとか
23: 1 全く<きよい>良心をもって, 神の前
ロマ 1: 4 <聖い>御霊によれば, 死者の中から
11:16 初物が<聖>ければ, 粉の全部が<聖
い>…根が<聖>ければ, 枝も<聖い>
12: 1 からだを…<聖い>, 生きた供え物と
14:20 すべての物は<きよい>のです. しか
Ⅰコリ 7:14 ところが, 現に<聖い>のです.
34 身もたましいも<聖>くなるため, 主
エペ 1: 4 御前で<聖>く, 傷のない者にしよう
5:27 <聖>く傷のないものとなった栄光の
ピリ 4: 8 すべての<清い>こと, すべての愛す
コロ 1:22 <聖>く, 傷なく, 非難されるところ
Ⅰテサ 3:13 神の御前で, <聖>く, 責められると
4: 3 神のみこころは…<聖>くなることで

Ⅰテモ 1: 5 <きよい>心と正しい良心と偽りのな
2: 8 <きよい>手を上げて祈るようにしな
3: 9 <きよい>良心をもって信仰の奥義を
5:22 自分を<清>く保ちなさい．
Ⅱテモ 1: 3 先祖以来<きよい>良心をもって仕え
2:22 若い時の情欲を避け，<きよい>心で
テト 1:15 <きよい>人々には，すべてのものが
<きよい>…不信仰な人々には，何一
ヘブ 7:26 このように<きよ>く，悪も汚れもな
9:13 肉体を<きよい>ものにするとすれば，
10:22 からだを<きよい>水で洗われたので
12:14 <聖>くなければ，だれも主を見るこ
ヤコ 1:27 <きよ>く汚れのない宗教は，孤児や，
4: 8 二心の人たち．心を<清>くしなさい．
Ⅰペテ 3: 2 神を恐れかしこむ<清い>生き方を彼
Ⅱペテ 3:11 どれほど<聖い>生き方をする敬虔な
Ⅰヨハ 3: 3 キリストが<清>くあられるように，
自分を<清>くします．
ユダ 20 最も<聖い>信仰の上に自分自身を築
黙示 15: 6 <きよい>光り輝く亜麻布を着て，胸
19: 8 <きよい>麻布の衣を着ることを許さ
14 <きよい>麻布を着て，白い馬に乗っ

▼ きょう

創世 4:14 あなたは<きょう>私をこの土地から
41: 9 <きょう>，私のあやまちを申し上げ
48:15 <きょう>のこの日まで…私の羊飼い
出エ 2:18 どうして<きょう>はこんなに早く帰
14:13 <きょう>…行われる主の救いを見な
16:25 <きょう>は，それを食べなさい．
32:29 <きょう>，主に身をささげよ．主が，
34:11 <きょう>，あなたに命じることを，
レビ 8:34 <きょう>したことは…主が命じられ
9: 4 <きょう>主があなたがたに現れるか
民数 22:30 <きょう>のこの日まで，ずっと乗っ
申命 1:10 <きょう>，空の星のように多い．
2:25 <きょう>から，わたしは全天下の国
4:26 <きょう>…天と地とを証人に立てる．
7:11 <きょう>，あなたに命じる命令…を
守り行わなければならない．27:1．
31: 2 私は，<きょう>，120歳である．も
ヨシ 3: 7 <きょう>から…あなたを大いなる者
22:18 <きょう>，主に反逆しようとしてい
24:15 どれでも，<きょう>選ぶがよい．私
ルツ 2:19 <きょう>，どこで落ち穂を拾い集め
Ⅰサム 9:19 <きょう>…私といっしょに食事をす
11:13 <きょう>，主がイスラエルを救って
14:45 あの方は，<きょう>，これをなさっ
17:10 <きょう>こそ，イスラエルの陣をな
46 <きょう>，主はおまえを私の手に渡
24:10 実は<きょう>…ほら穴で私の手にあ
26:21 <きょう>，私のいのちがおまえによ
Ⅱサム 11:12 <きょう>もここにとどまるがよい．
14:22 <きょう>，このしもべは…ご好意に
16: 3 <きょう>，イスラエルの家は，私の
12 <きょう>の彼ののろいに代えて，私
Ⅰ列 8:28 <きょう>，御前にささげる叫びと祈
18:15 必ず私は，<きょう>，彼の前に出ま
Ⅱ列 4:23 どうして，<きょう>，あの人のとこ
6:28 私たちは<きょう>，それを食べて，
7: 9 <きょう>は，良い知らせの日なのに，
19: 3 <きょう>は，苦難と，懲らしめと，
Ⅰ歴 29: 5 <きょう>…主にささげる者はないだ
ネへ 5:11 <きょう>…利子を彼らに返してやり
詩篇 2: 7 <きょう>，わたしがあなたを生んだ．
95: 7 <きょう>，もし御声を聞くなら，
イザ 37: 3 <きょう>は，苦難と，懲らしめと，
56:12 あすも<きょう>と同じだろう．もっ
マタ 6:11 日ごとの糧を<きょう>もお与えくだ
30 <きょう>あっても，あすは炉に投げ
16: 3 <きょう>は荒れ模様だ』と言う．そ
マコ 14:30 <きょう>，今夜，鶏が2度鳴く前に，
ルカ 2:11 <きょう>ダビデの町で…救い主がお
12:28 <きょう>は野にあって，あすは炉に
13:32 <きょう>と，あすとは，悪霊どもを
19: 5 <きょう>は，あなたの家に泊まるこ
9 <きょう>，救いがこの家に来ました．
22:34 <きょう>鶏が鳴くまでに，あなたは
23.43 <きょう>，わたしとともにパラダイ
使徒 13:33 <きょう>，わたしがあなたを生んだ」
と書いてあるとおりです．ヘブ1:5．
ヘブ 3:13 <きょう>」と言われている間に，日
15 <きょう>，もし御声を聞くならば，
4: 7 神は再びある日を「<きょう>」と定
13: 8 きのうも<きょう>も…同じです．
ヤコ 4:13 <きょう>か，あす，これこれの町に

▼ きょういく（教育）

箴言 22: 6 若者を…ふさわしく<教育>せよ．そ
使徒 22: 3 先祖の律法について厳格な<教育>を
エペ 6: 4 主の<教育>と訓戒によって育てなさ

き

▼ きょうかい（教会），諸教会【別項】家の教会・家にある教会，全教会

マタ 16:18 この岩の上にわたしの<教会>を建て
18:17 <教会>の言うことさえも聞こうとし
使徒 5:11 <教会>全体と，このことを聞いたす
8: 1 エルサレムの<教会>に対する激しい
3 サウロは<教会>を荒らし，家々に入
9:31 こうして<教会>は…平安を保ち，主
11:22 エルサレムにある<教会>に聞こえた
12: 1 ヘロデ王は，<教会>の中のある人々
5 <教会>は彼のために，神に熱心に祈
14:23 <教会>ごとに長老たちを選び，断食
15: 3 彼らは<教会>の人々に見送られ，フ
30 <教会>の人々を集めて，手紙を手渡
16: 5 <諸教会>は，その信仰を強められ，
20:28 神の<教会>を牧させるために，あな
ロマ 16: 1 ケンクレヤにある<教会>の執事で，
4 異邦人のすべての<教会>も感謝して
16 キリストの<教会>はみな，あなたが
Ⅰコリ 1: 2 コリントにある神の<教会>へ．すな
4:17 すべての<教会>で教えているとおり
6: 4 <教会>のうちでは無視される人たち
7:17 すべての<教会>で，このように指導
10:32 神の<教会>にも，つまずきを与えな
11:16 そのような習慣は…神の<諸教会>に
18 <教会>の集まりをするとき…分裂が
22 神の<教会>を軽んじ，貧しい人たち
12:28 神は<教会>の中で人々を次のように
14: 4 預言する者は<教会>の徳を高めます．
19 <教会>では，異言で１万語話すより
23 もし<教会>全体が１か所に集まって，
28 いなければ，<教会>では黙っていな
34 <教会>では，妻たちは黙っていなさ
15: 9 私は神の<教会>を迫害したからです．
16: 1 ガラテヤの<諸教会>に命じたように，
19 アジヤの<諸教会>がよろしくと言っ
Ⅱコリ 8: 1 マケドニヤの<諸教会>に与えられた
18 すべての<教会>で称賛されています
19 同伴するよう<諸教会>の任命を受け
23 彼らは<諸教会>の使者，キリストの
24 <諸教会>の前で，彼らに示してほし
11: 8 他の<諸教会>から奪い取って…給料
28 すべての<教会>への心づかいがあり
12:13 他の<諸教会>より劣っている点は何
ガラ 1: 2 兄弟たちから，ガラテヤの<諸教会>
13 私は激しく神の<教会>を迫害し，こ
22 キリストにあるユダヤの<諸教会>に
エペ 1:22 キリストを，<教会>にお与えになり
23 <教会>はキリストのからだであり，
3:10 <教会>を通して，神の豊かな知恵が
21 <教会>により，またキリスト・イエ
5:23 キリストは<教会>のかしらであって，
24 <教会>がキリストに従うように，妻
25 キリストが<教会>を愛し，<教会>の
26 <教会>をきよめて聖なるものとする
27 栄光の<教会>を，ご自分の前に立た
32 私は，キリストと<教会>とをさして
ピリ 3: 6 その熱心は<教会>を迫害したほどで，
4:15 物をやり取りしてくれた<教会>は，
コロ 1:18 御子は…<教会>のかしらです．御子
24 キリストのからだとは，<教会>のこ
4:16 ラオデキヤ人の<教会>でも読まれる
Ⅰテサ 1: 1 テサロニケ人の<教会>へ．恵みと平
2:14 神の<諸教会>にならう者となったの
Ⅱテサ 1: 4 神の<諸教会>の間で，あなたがたが
Ⅰテモ 3: 5 どうして神の<教会>の世話をするこ
7 <教会>外の人々にも評判の良い人で
15 神の家とは生ける神の<教会>のこと
5:16 <教会>には負担をかけないようにし
ヘブ 2:12 <教会>の中で，わたしはあなたを賛
12:23 登録されている長子たちの<教会>，
ヤコ 5:14 その人は<教会>の長老たちを招き，
Ⅲヨハ 6 彼らは<教会>の集まりであなたの愛
9 私は<教会>に対して少しばかり書き
10 邪魔をし，<教会>から追い出してい
黙示 1: 4 アジヤにある七つの<教会>へ．今い
20 七つの星は七つの<教会>の御使いた
2: 1 エペソにある<教会>の御使いに書き
7 御霊が<諸教会>に言われることを聞
8 スミルナにある<教会>の御使いに書
12 ペルガモにある<教会>の御使いに書
18 テアテラにある<教会>の御使いに書
3: 1 サルデスにある<教会>の御使いに書
7 フィラデルフィヤにある<教会>の御
14 ラオデキヤにある<教会>の御使いに
22:16 <諸教会>について…あかしした．わ

▼ きょうかい（境界），境界線

出エ 19:12 その<境界>に触れたりしないように
民数 35:26 のがれの町の<境界>から出て行き，
ヨシ 18:20 ヨルダン川が東側の<境界線>となっ

箴言 8:29　海にその〈境界〉を置き，水がその境
エレ 5:22　越えられない永遠の〈境界〉として．
使徒 17:26　その住まいの〈境界〉とをお定めにな

▼ きょうき（狂気）

伝道 2:12　知恵と，〈狂気〉と，愚かさとを見た．
9: 3　その心には〈狂気〉が満ち，それから
10:13　彼の口の終わりは，みじめな〈狂気〉．
Ⅱコリ 11:23　私は〈狂気〉したように言いますが，

▼ きょうぎ（協議）

マタ 27: 1　イエスを死刑にするために〈協議〉し，
28:12　長老たちとともに集まって〈協議〉し，
マコ 15: 1　全議会とは〈協議〉をこらしたすえ，
使徒 4:15　退場するように命じ…〈協議〉した．
25:12　フェストは陪席の者たちと〈協議〉し

▼ きょうぎ（競技），競技場

Ⅰコリ 9:24　〈競技場〉で走る人たちは，みな走っ
Ⅱテモ 2: 5　規定に従って〈競技〉をしなければ栄

▼ きょうぐう（境遇）

ピリ 4:11　どんな〈境遇〉にあっても満ち足りる
12　あらゆる〈境遇〉に対処する秘訣を心

▼ きょうくん（教訓）

箴言 4: 2　私は良い〈教訓〉をあなたがたに授け

▼ きょうこ（強固）

Ⅱ歴 11:17　ユダの王権を〈強固〉にし，ソロモン
32: 5　ダビデの町ミロを〈強固〉にした．そ
イザ 54: 2　綱を長くし，鉄のくいを〈強固〉にせ

▼ きょうこう（恐慌），大恐慌

申命 28:20　のろいと〈恐慌〉と懲らしめとを送り，
Ⅰサム 14:20　非常な〈大恐慌〉が起こっていた．
箴言 15:16　財宝を持っていて〈恐慌〉があるのに
イザ 22: 5　〈恐慌〉と蹂躙と混乱の日は，万軍の
エゼ 7: 7　歓声の日ではなく，〈恐慌〉の日だ．
ゼカ 14:13　彼らの間に〈大恐慌〉を起こさせる．

▼ きょうし（教師）

Ⅱ歴 15: 3　〈教師〉となる祭司もなく，律法もあ
エズ 8:16　〈教師〉エホヤリブ，エルナタンを呼
ヨブ 36:22　神のような〈教師〉が，だれかいよう
箴言 5:13　私の〈教師〉の声に聞き従わず，私を
イザ 30:20　あなたの〈教師〉はもう隠れることな
く…目はあなたの〈教師〉を見続けよ
マタ 23: 8　〈教師〉はただひとりしかなく，あな
ルカ 2:46　イエスが宮で〈教師〉たちの真ん中に
5:17　パリサイ人と律法の〈教師〉たちも，
ヨハ 3: 2　神のもとから来られた〈教師〉である
使徒 13: 1　サウロなどという預言者や〈教師〉が
ロマ 2:19-20　幼子の〈教師〉だと自任しているのな
Ⅰコリ 12:28　次に〈教師〉，それから奇蹟を行う者，
29　みなが〈教師〉でしょうか．みなが奇
エペ 4:11　ある人を牧師また〈教師〉として，お
Ⅰテモ 1: 7　律法の〈教師〉でありたいと望みなが
2: 7　信仰と真理を異邦人に教える〈教師〉
Ⅱテモ 1:11　また〈教師〉として任命されたのです．
4: 3　次々に〈教師〉たちを自分たちのため
ヘブ 5:12　年数からすれば〈教師〉になっていな
ヤコ 3: 1　多くの者が〈教師〉になってはいけま
せん…〈教師〉は，格別きびしいさば

▼ きょうせい（強制）

ピレ 14　親切は〈強制〉されてではなく，自発
Ⅰペテ 5: 2　〈強制〉されてするのではなく，神に

▼ きょうせい（矯正）

Ⅱテモ 3:16　教えと戒めと〈矯正〉と義の訓練との

▼ ぎょうせき（業績）

Ⅰ列 11:41　ソロモンのその他の〈業績〉，彼の行
15: 7　アビヤムのその他の〈業績〉，彼の行
Ⅰ歴 29:29　ダビデ王の〈業績〉は，最初から最後
Ⅱ歴 9:29　ソロモンの〈業績〉，それは最初から

▼ きょうそう（競走）

伝道 9:11　〈競走〉は足の早い人のものではなく，
エレ 12: 5　どうして騎馬の人と〈競走〉できよう．
ヘブ 12: 1　〈競走〉を忍耐をもって走り続けよう

▼ きょうだい（兄弟）【別項】主の兄弟

創世 9: 5　〈兄弟〉である者にも，人のいのちを
10:25　もうひとりの〈兄弟〉の名はヨクタン
16:12　彼はすべての〈兄弟〉に敵対して住も
19: 7　〈兄弟〉たちよ．どうか悪いことはし
22:20　あなたの〈兄弟〉ナホルに子どもを産
24:27　私の主人の〈兄弟〉の家に導かれた．」
27:29　おまえは〈兄弟〉たちの主となり，お
49: 8　ユダよ．〈兄弟〉たちはあなたをたた
出エ 32:27　〈兄弟〉，その友，その隣人を殺せ．」
29　〈兄弟〉に逆らっても…身をささげよ．
レビ 25:25　〈兄弟〉が貧しくなり，その所有地を
民数 6: 7　〈兄弟〉，姉妹が死んだ場合でも，彼
20: 3　〈兄弟〉たちが主の前で死んだとき，
27:11　もしその父に〈兄弟〉がないときには，
申命 13: 6　母を同じくするあなたの〈兄弟〉，あ
15: 2　〈兄弟〉から取り立ててはならない．
25: 5　その夫の〈兄弟〉がその女のところに，
7　夫の〈兄弟〉としての義務を私に果た
ヨシ 15:17　カレブの〈兄弟〉オテニエルがそれを

士師 9: 5 自分の<兄弟>であるエルバアルの息
56 彼の<兄弟>70人を殺して，その父に
20:23 私の<兄弟>ベニヤミン族に近づいて
IIサム 1:26 私の<兄弟>ヨナタンよ．あなたは私
13: 4 <兄弟>…の妹タマルを愛している.」
19:12 あなたがたは，私の<兄弟>，私の骨
21:21 ダビデの<兄弟>シムアの子ヨナタン
I列 12:24 <兄弟>であるイスラエル人と戦って
13:30 ああ，わが<兄弟>」と言って，いた
20:32 生きているのか．彼は私の<兄弟>だ.
I歴 5: 2 ユダは彼の<兄弟>たちにまさる者と
II歴 11: 4 あなたがたの<兄弟>たちと戦っては
ネヘ 5: 8 自分の<兄弟>たちを売ろうとしてい
ヨブ 6:15 私の<兄弟>たちは川のように裏切っ
19:13 神は私の<兄弟>たちを私から遠ざけ
22: 6 あなたの<兄弟>から質を取り，裸の
30:29 私はジャッカルの<兄弟>となり，だ
42:11 彼のすべての<兄弟>，すべての姉妹,
詩篇 22:22 御名を私の<兄弟>たちに語り告げ,
50:20 おのれの<兄弟>の悪口を言い，おの
69: 8 私は自分の<兄弟>からは，のけ者に
122: 8 私の<兄弟>，私の友人のために，さ
133: 1 <兄弟>たちが一つになって共に住む
箴言 6:19 <兄弟>の間に争いをひき起こす者.
17:17 <兄弟>は苦しみを分け合うために生
18: 9 滅びをもたらす者の<兄弟>である.
19 反抗する<兄弟>は堅固な城よりも近
24 <兄弟>よりも親密な者もいる.
19: 7 貧しい者は自分の<兄弟>たちみなか
27:10 隣人は，遠くにいる<兄弟>にまさる.
伝道 4: 8 仲間もなく，子も<兄弟>もない人が
雅歌 8: 1 母の乳房を吸った私の<兄弟>のよう
イザ 19: 2 <兄弟>は<兄弟>と，友人は友人と,
エレ 9: 4 どの<兄弟>も信用するな．どの<兄弟>も人を押しのけ，どの友も中傷
ホセ 12: 3 母の胎にいたとき，<兄弟>を押しの
アモ 1: 9 <兄弟>の契りを覚えていなかったか
オバ 10 <兄弟>，ヤコブへの暴虐のために,
ミカ 5: 3 彼の<兄弟>のほかの者はイスラエル
マタ 4:18 ふたりの<兄弟>，ペテロと呼ばれる
5:22 <兄弟>に向かって腹を立てる者は,
23 もし<兄弟>に恨まれていることをそ
24 まずあなたの<兄弟>と仲直りをしな
10:21 <兄弟>は<兄弟>を死に渡し，父は子
12:46 イエスの母と<兄弟>たちが，イエス
50 わたしの<兄弟>，姉妹，また母なの
13:55 彼の<兄弟>は，ヤコブ，ヨセフ，シ
14: 3 ヘロデは，自分の<兄弟>ピリポの妻ヘロデヤ．マコ6:17，ルカ3:19.
18:15 あなたの<兄弟>が罪を犯したなら,
21 <兄弟>が私に対して罪を犯した場合,
35 心から<兄弟>を赦さないなら，天の
20:24 このふたりの<兄弟>のことで腹を立
22:25 私たちの間に７人<兄弟>がありまし
23: 8 あなたがたはみな<兄弟>だからです.
25:40 <兄弟>たち…にしたのは，わたしに
28:10 わたしの<兄弟>たちに，ガリラヤに
マコ 3:32 あなたのお母さんと<兄弟>たちが,
35 わたしの<兄弟>，姉妹，また母なの
6: 3 この人は…シモンの<兄弟>ではあり
18 あなたが<兄弟>の妻を自分のものと
10:29 わたしのために…<兄弟>…を捨てた
13:12 <兄弟>は<兄弟>を死に渡し，父は子
ルカ 6:41 <兄弟>の目にあるちりが見えながら,
8:20 あなたのおかあさんと<兄弟>たちが,
12:13 遺産を分けるように私の<兄弟>に話
16:28 私には<兄弟>が５人ありますが，彼
17: 3 もし<兄弟>が罪を犯したなら，彼を
18:29 神の国のために…<兄弟>…を捨てた
22:32 <兄弟>たちを力づけてやりなさい.」
ヨハ 7: 3 イエスの<兄弟>たちはイエスに向か
5 <兄弟>たちもイエスを信じていなか
11: 2 彼女の<兄弟>ラザロが病んでいたの
23 あなたの<兄弟>はよみがえります.」
21:23 死なないという話が<兄弟>たちの間
使徒 1:14 イエスの<兄弟>たちとともに，みな
3:22 あなたがたの<兄弟>たちの中からお
7:13 ヨセフは<兄弟>たちに，自分のこと
23 モーセはその<兄弟>であるイスラエ
25 神が<兄弟>たちに救いを与えようと
26 あなたがたは，<兄弟>なのだ．それ
37 <兄弟>たちの中からお立てになる』
9:17 <兄弟>サウロ．あなたの来る途中,
30 <兄弟>たちはそれと知って，彼をカ
10:23 ヨッパの<兄弟>たちも数人同行した.
11:29 <兄弟>たちに救援の物を送ることに
12: 2 ヨハネの<兄弟>ヤコブを剣で殺した.
14: 2 <兄弟>たちに対し悪意を抱かせた.
15: 3 <兄弟>たちに大きな喜びをもたらし
22 選ばれたのは<兄弟>たちの中の指導

23 <兄弟>である使徒および長老たちは,
32 <兄弟>たちを励まし, また力づけた.
22:13 <兄弟>サウロ. 見えるようになりな
ロマ 8:29 御子が多くの<兄弟>たちの中で長子
14:10 自分の<兄弟>をさばくのですか. ま
Iコリ 5:11 <兄弟>と呼ばれる者で…不品行な者,
6: 6 <兄弟>は<兄弟>を告訴し, しかもそ
8:11 キリストはその<兄弟>のためにも死
12 <兄弟>たちに対して罪を犯し, 彼ら
13 もし食物が私の<兄弟>をつまずかせ
15: 6 キリストは500人以上の<兄弟>たち
16:12 <兄弟>アポロのことですが, <兄弟>
IIコリ 8:22 もうひとりの<兄弟>を送ります. 私
9: 3 私が<兄弟>たちを送ることにしたの
13:11 終わりに, <兄弟>たち. 喜びなさい.
エペ 6:21 主にあって愛する<兄弟>であり, 忠
23 平安と信仰に伴う愛とが<兄弟>たち
ピリ 1:14 また<兄弟>たちの大多数は, 私が投
2:25 私の<兄弟>, 同労者, 戦友, またあ
コロ 1: 1 使徒パウロ, および<兄弟>テモテか
2 キリストにある忠実な<兄弟>たちへ.
4: 7 主にあって愛する<兄弟>, 忠実な奉
9 忠実な愛する<兄弟>オネシモといっ
Iテサ 1: 4 神に愛されている<兄弟>たち. あな
3: 2 私たちの<兄弟>であり, キリストの
4: 6 <兄弟>を踏みつけたり, 欺いたりし
5:26 すべての<兄弟>たちに, 聖なる口づ
27 この手紙がすべての<兄弟>たちに読
IIテサ 3: 6 従わないでいる…<兄弟>たちから離
15 敵とはみなさず, <兄弟>として戒め
Iテモ 4: 6 これらのことを<兄弟>たちに教える
5: 1 若い人たちには<兄弟>に対するよう
6: 2 主人が<兄弟>だからといって軽く見
ピレ 1 パウロ, および<兄弟>テモテから,
16 奴隷としてではなく…愛する<兄弟>
ヘブ 2:11 主は彼らを<兄弟>と呼ぶことを恥と
17 主はすべての点で<兄弟>たちと同じ
3: 1 召しにあずかっている聖なる<兄弟>
7: 5 <兄弟>たちから, 10分の1を徴集す
13:23 <兄弟>テモテが釈放されたことをお
ヤコ 1: 9 貧しい境遇にある<兄弟>は, 自分の
2:15 <兄弟>また姉妹のだれかが, 着る物
4:11 自分の<兄弟>の悪口を言い, 自分の
Iペテ 2:17 <兄弟>たちを愛し, 神を恐れ, 王を
5: 9 <兄弟>である人々は同じ苦しみを通
12 忠実な<兄弟>シルワノによって, 私
IIペテ 3:15 愛する<兄弟>パウロも, その与えら
Iヨハ 2:10 <兄弟>を愛する者は, 光の中にとど
11 <兄弟>を憎む者は, やみの中におり,
3:10 <兄弟>を愛さない者もそうです.
12 カイン…は…<兄弟>を殺しました.
14 それは, <兄弟>を愛しているからで
15 <兄弟>を憎む者はみな, 人殺しです.
16 <兄弟>のために, いのちを捨てるべ
17 <兄弟>が困っているのを見ても, あ
4:20 <兄弟>を憎んでいるなら…偽り者で
す…目に見える<兄弟>を愛していな
21 神を愛する者は, <兄弟>をも愛すべ
5:16 <兄弟>が死に至らない罪を犯してい
IIIヨハ 3 <兄弟>たちがやって来ては, あなた
10 <兄弟>たちを受け入れないばかりか,
ユダ 1 ヤコブの<兄弟>であるユダから, 父
黙示 1: 9 私ヨハネは, あなたがたの<兄弟>で
6:11 <兄弟>たちで…同じように殺される
12:10 <兄弟>たちの告発者, 日夜彼らを私
11 <兄弟>たちは, 小羊の血と, 自分た
19:10 あなたの<兄弟>たちと同じしもべで
22: 9 <兄弟>である預言者たちや, この書

▼ きょうだいあい（**兄弟愛**）

ロマ 12:10 <兄弟愛>をもって心から互いに愛し
Iテサ 4: 9 <兄弟愛>については, 何も書き送る
ヘブ 13: 1 <兄弟愛>をいつも持っていなさい.
Iペテ 1:22 偽りのない<兄弟愛>を抱くようにな
3: 8 <兄弟愛>を示し, あわれみ深く, 謙
IIペテ 1: 7 敬虔には<兄弟愛>を, <兄弟愛>には

▼ きょうだいかんけい（**兄弟関係**）

ゼカ 11:14 <兄弟関係>を破るためであった.

▼ きょうたん（**驚嘆**）

マタ 22:22 これを聞いて<驚嘆>し, イエスを残
マコ 11:18 イエスの教えに<驚嘆>していたから
12:17 彼らはイエスに<驚嘆>した.
ルカ 20:26 お答えに<驚嘆>して黙ってしまった.
使徒 13:12 主の教えに<驚嘆>して信仰に入った.

▼ きょうどうそうぞくにん（**共同相続人**）

ロマ 8:17 キリストとの<共同相続人>でありま

▼ きょうどうぼち（**共同墓地**）

II列 23: 6 その灰を<共同墓地>にまき散らした.
エレ 26:23 しかばねを<共同墓地>に捨てさせた.

▼ ぎょうにゅう（**凝乳**）

創世 18: 8 アブラハムは, <凝乳>と牛乳と, そ

申命 32:14 牛の<凝乳>と，羊の乳とを…食べさ
士師 5:25 ヤエルは…高価な鉢で<凝乳>を勧め
Ⅱサム 17:29 <凝乳>…を，ダビデとその一行の食
ヨブ 20:17 蜜と<凝乳>の流れる川を見ることが
箴言 30:33 乳をかき回すと<凝乳>ができる．鼻
イザ 7:15 この子は…<凝乳>と蜂蜜を食べる．

▼ きょうふ（恐怖）

創世 15:12 ひどい暗黒の<恐怖>が彼を襲った．
35: 5 神からの<恐怖>が回りの町々に下っ
レビ 26:16 <恐怖>を臨ませ，肺病と熱病で目を
申命 28:37 あなたは<恐怖>となり，物笑いの種
ヨシ 2: 9 あなたがたのことで<恐怖>に襲われ
Ⅱ歴 29: 8 おののき，<恐怖>，あざけりとされ
ヨブ 18:11 <恐怖>が回りから彼を脅かし，彼の
14 <恐怖>の王のもとへ追いやられる．
24:17 彼は暗黒の<恐怖>と親しいからだ．
27:20 <恐怖>が洪水のように彼を襲い，夜
30:15 <恐怖>が私にふりかかり，私の威厳
詩篇 31:13 四方八方みな<恐怖>だ」と．彼らは
34: 4 私をすべての<恐怖>から救い出して
48: 6 その場で<恐怖>が彼らを捕らえた．
55: 4 死の<恐怖>が，私を襲っています．
73:19 突然の<恐怖>で滅ぼし尽くされまし
78:33 突然の<恐怖>のうちに，終わらせた．
88:16 あなたからの<恐怖>が私を滅ぼし尽
91: 5 あなたは夜の<恐怖>も恐れず，昼に
116: 3 よみの<恐怖>が私を襲い，私は苦し
箴言 3:25 にわかに起こる<恐怖>におびえるな．
イザ 17:14 夕暮れには，見よ，突然の<恐怖>．
33:14 神を敬わない者は<恐怖>に取りつか
エレ 5:30 <恐怖>と，戦慄が，この国のうちに
8:15 待ち望んでも，見よ，<恐怖>しかな
15: 8 苦痛と<恐怖>を彼女の上に襲わせた．
30: 5 <恐怖>があって平安はない．
42:18 のろいと，<恐怖>と，ののしりと，
44:22 廃墟となり，<恐怖>，ののしりとな
49: 5 四方からあなたに<恐怖>をもたらす．
17 エドムは<恐怖>となり，そこを通り
24 ダマスコは弱り，<恐怖>に捕らわれ，
50:23 どうして国々の<恐怖>となったのか．
51:37 バビロンは…<恐怖>，あざけりとな
エゼ 7:18 荒布を身にまとい，<恐怖>に包まれ，
23:33 <恐怖>と荒廃の杯，これがあなたの
26:21 わたしはおまえを<恐怖>とする．お
27:36 <恐怖>となり，とこしえになくなっ
30:13 わたしはエジプトの地に<恐怖>を与
32:23 生ける者の地で<恐怖>を巻き起こし
ホセ 5: 9 懲らしめの日に，<恐怖>となる．わ
マコ 4:41 彼らは大きな<恐怖>に包まれて，互
9: 6 彼らは<恐怖>に打たれたのであった．
ルカ 1:12 ザカリヤは不安を覚え，<恐怖>に襲
ロマ 8:15 人を再び<恐怖>に陥れるような，奴
ヘブ 2:15 一生涯死の<恐怖>につながれて奴隷
黙示 11:11 人々は非常な<恐怖>に襲われた．
13 <恐怖>に満たされ，天の神をあがめ

▼ きょうふだ（経札）

マタ 23: 5 <経札>の幅を広くしたり，衣のふさ

▼ きょうぼう（狂暴）

使徒 20:29 <狂暴>な狼があなたがたの中に入り

▼ きょうゆう（共有）

使徒 2:44 いっさいの物を<共有>にしていた．
4:32 信じた者の群れは…すべてを<共有>

▼ きょうり（郷里）

マタ 13:54 ご自分の<郷里>に行って，会堂で人
57 尊敬されないのは，自分の<郷里>，
マコ 6: 1 <郷里>に行かれた．弟子たちもつい
4 自分の<郷里>，親族，家族の間だけ
ルカ 4:23 あなたの<郷里>のここでもしてくれ，
24 自分の<郷里>では歓迎されません．

▼ きょうりょく（協力），協力者

Ⅰ歴 24: 3 アヒメレクと<協力>して，彼らをそ
ロマ 12:13 聖徒の入用に<協力>し，旅人をもて
Ⅰコリ 3: 9 私たちは神の<協力者>であり，あな
ピリ 4: 3 福音を広めることで私に<協力>して

▼ ぎょうれつ（行列）

詩篇 68:24 聖所でわが王わが神の<行列>を．
Ⅰコリ 4: 9 <行列>のしんがりとして引き出され
コロ 2:15 凱旋の<行列>に加えられました．

▼ きょえい（虚栄）

ガラ 5:26 <虚栄>に走ることのないようにしま
ピリ 2: 3 何事でも自己中心や<虚栄>からする

▼ きょぎ（虚偽）

ナホ 3: 1 <虚偽>に満ち，略奪を事とし，強奪

▼ きょきん（醵金）

ロマ 15:26 貧しい人たちのために<醵金>するこ

▼ きょくげん（極限）

ヨブ 11: 7 全能者の<極限>を見つけることがで

▼ ぎょくざ（玉座）

エス 5: 1 王は…王宮の<玉座>にすわっていた．
エゼ 43: 7 ここはわたしの<玉座>のある所，わ

▼ **ぎょくずい（玉髄）**
黙示 21:19　第 2 はサファイヤ，第 3 は<玉髄>，
▼ **きょくど（極度）**
Ⅱコリ 8: 2　その<極度>の貧しさにもかかわらず，
黙示 18: 3　彼女の<極度>の好色によって富を得
▼ **きよさ（聖さ），聖き**
Ⅱサム 22:21　私の手の<きよさ>にしたがって私に
箴言 22:11　心の<きよさ>を愛し，優しく話をす
Ⅱコリ 1:12　<聖さ>と神から来る誠実さとをもっ
7: 1　<聖き>を全うしようではありません
Ⅰテモ 2:15　信仰と愛と<聖さ>とを保つなら，子
ヘブ 12:10　私たちをご自分の<聖さ>にあずから
▼ **ぎょしゃ（御者）**
Ⅰ列 22:34　王は自分の戦車の<御者>に言った.
▼ **きょじゅう（巨獣）**
創世 1:21　神は，海の<巨獣>と，種類にしたが
ヨブ 7:12　私は海でしょうか，海の<巨獣>でし
詩篇 74:13　海の<巨獣>の頭を砕かれました.
148: 7　海の<巨獣>よ．すべての淵よ.
▼ **キヨス〔地名〕**
エーゲ海諸島の一つ．使徒20:15.
▼ **ぎょする（御する）**
Ⅰ歴 13: 7　ウザとアフヨがその車を<御し>てい
箴言 7:11　この女は…<御し>にくく，その足は
ヤコ 3: 3　馬を<御する>ために，くつわをその
▼ **きょだい（巨大）**
ダニ 2:31　その像は<巨大>で，その輝きは常な
黙示 12: 9　この<巨大>な竜，すなわち，悪魔と
▼ **きょっかい（曲解）**
Ⅱペテ 3:16　それらの手紙を<曲解>し…滅びを招
▼ **ぎょっとする**
ヨブ 41:25　おじけづき，<ぎょっと>してとまど
▼ **ぎょふ（漁夫）**
イザ 19: 8　<漁夫>たちは悲しみ，ナイル川で釣
エレ 16:16　見よ．わたしは多くの<漁夫>をやっ
▼ **きょむ（虚無）**
イザ 34:11　測りなわを張り，<虚無>のおもりを
ロマ 8:20　被造物が<虚無>に服したのが自分の
▼ **きよめ（清め，聖め）【別項】きよめの洗い，きよめの集会**
レビ 12: 4　血の<きよめ>のために，こもらなけ
14:11　<きよめ>を宣言する祭司は，きよめ
23　彼の<きよめ>のために，それらを主
Ⅱ歴 30:19　聖なるものの<きよめ>のとおりには
ネヘ 12:45　<きよめ>の任務を果たした.
マコ 1:44　あなたの<きよめ>の供え物をしなさ
ルカ 2:22　彼らの<きよめ>の期間が満ちたとき，
5:14　あかしのため…<きよめ>の供え物を
ヨハ 2: 6　ユダヤ人の<きよめ>のしきたりによ
3:25　あるユダヤ人と<きよめ>について論
使徒 21:26　<清め>の期間が終わって，ひとりひ
24:18　私は<清め>を受けて宮の中にいたの
Ⅰコリ 1:30　義と<聖め>と，贖いとになられまし
Ⅱテサ 2:13　神は，御霊による<聖め>と，真理に
ヘブ 1: 3　罪の<きよめ>を成し遂げて，すぐれ
9:13　それが<聖め>の働きをして肉体をき
Ⅰペテ 1: 2　神の予知に従い，御霊の<聖め>によ
▼ **きよめのあらい（～洗い）**
ルカ 11:38　イエスが…<きよめの洗い>をなさら
ヘブ 6: 2　<きよめの洗い>についての教え，手
▼ **きよめのしゅうかい（～集会）**
レビ 23:36　これは<きよめの集会>で，労働の仕
民数 29:35　<きよめの集会>を開かなければなら
申命 16: 8　神，主への<きよめの集会>である.
Ⅱ列 10:20　バアルのために<きよめの集会>を催
Ⅱ歴 7: 9　第 8 日目に<きよめの集会>を開いた.
ネヘ 8:18　定めに従って，<きよめの集会>が行
イザ 1:13　不義と，<きよめの集会>，これにわ
ヨエ 2:15　断食の布告をし，<きよめの集会>の
アモ 5:21　<きよめの集会>のときのかおりも，
▼ **きよめる（清める，聖める）**
創世 35: 2　身を<きよめ>，着物を着替えなさい.
出エ 19:22　祭司たちも…身を<きよめ>なければ
レビ 8:15　祭壇を<きよめ>，その残りの血を祭
12: 7　彼女はその出血から<きよめ>られる.
14: 2　ツァラアトに冒された者が<きよめ>られるときのおしえは次のとおりで
4　祭司はその<きよめ>られる者のため
49　その家を<きよめる>ために，小鳥 2
52　祭司は…その家を<きよめ>，
16:30　すべての罪から<きよめ>られるので
民数 6: 9　その身を<きよめる>日に頭をそる.
8: 6　レビ人を…彼らを<きよめ>よ.
7　その衣服を洗い，身を<きよめ>，
21　レビ人は罪の身を<きよめ>，その衣
11:18　あすのために身を<きよめ>なさい.
19:12　汚れを<きよめる>水で罪の身を<きよめ>… 3 日目と 7 日目に罪の身を<きよめ>ないなら，きよくなること
13　罪の身をき<よめ>ない者はだれでも

き

19　７日目に，罪を<きよめ>られる．そ
20　罪の身を<きよめ>なければ，その者
31:19　７日目に罪の身を<きよめ>なければ
20　木製品はすべて<きよめ>なければな
23　それは汚れを<きよめる>水で<きよめ>られなければならない．火に耐
ヨシ　3: 5　あなたがたの身を<きよめ>なさい．
7:13　立て．民を<きよめ>よ．そして言え．
22:17　自分たちの身を<きよめ>ていない．
Ⅱサム 11: 4　女は月のものの汚れを<きよめ>てい
Ⅰ歴 23:28　<きよめ>て聖なるものとすることに
Ⅱ歴 29:15　命令のとおりに，主の宮を<きよめ>
34: 5　ユダとエルサレムを<きよめ>た．
エズ　6:20　ひとり残らず身を<きよめ>て，みな
ネヘ 12:30　民と門と城壁を<きよめ>た．
13: 9　命じて，その部屋を<きよめ>させた．
22　身を<きよめ>させ，安息日をきよく
ヨブ　9:30　灰汁で私の手を<きよめ>ても，
37:21　風が吹き去るとこれを<きよめる>．
詩篇 51: 2　私の罪から，私を<きよめ>てくださ
7　私の罪を除いて<きよめ>てください．
73:13　むなしく心を<きよめ>，手を洗って，
箴言 20: 9　私は自分の心を<きよめ>た．私は罪
イザ　1:16　洗え．身を<きよめ>よ．わたしの前
52:11　その中から出て，身を<きよめ>よ．
66:17　身を<きよめ>て，園に行き，その中
エレ　4:11　吹き分けるためでも…<清める>ため
13:27　いつまでたっても，<きよめ>られな
33: 8　すべての咎から彼らを<きよめ>，彼
エゼ 22:24　おまえは憤りの日に<きよめ>られず，
24:13　わたしはあなたを<きよめ>ようとしたが…あなたは決して<きよめ>られ
36:25　すべての汚れから<きよめ>られる．
37:23　彼らを救い，彼らを<きよめる>．彼
39:12　その国を<きよめる>ために，７か月
43:20　祭壇を<きよめ>，そのための贖いを
22　雄牛で<きよめ>たように，祭壇を<きよめ>よ．
23　<きよめ>終えたら…傷のない若い雄
44:26　その人は，<きよめ>られて後，さら
45:18　若い雄牛を取り，聖所を<きよめ>な
ダニ 11:35　彼らを練り，<清め>，白くするため
12:10　身を<清め>，白くし，こうして練ら
マラ　3: 3　レビの子らを<きよめ>，彼らを金の
マタ　8: 2　お心一つで，私を<きよく>していた
3　彼のツァラアトは<きよめ>られた．
10: 8　ツァラアトに冒された者を<きよめ>，
11: 5　ツァラアトに冒された者が<きよめ>
23:25　杯や皿の外側は<きよめる>が，その
26　まず，杯の内側を<きよめ>なさい．
マコ　7: 4　からだを<きよめ>てからでないと食
ルカ　3:17　脱穀場をことごとく<きよめ>，麦を
4:27　だれも<きよめ>られないで，シリヤ人ナアマンだけが<きよめ>られまし
11:39　杯や大皿の外側は<きよめる>が，そ
17:14　彼らは行く途中で<きよめ>られた．
ヨハ 11:55　身を<清める>ために，過越の祭りの
17:17　真理によって彼らを<聖め>別ってく
19　わたし自身を<聖め>別ちます．彼ら自身も真理によって<聖め>別たれる
使徒 10:15　「神が<きよめ>た物を，きよくないと言ってはならない．」11:9.
15: 9　彼らの心を信仰によって<きよめ>て
21:24　彼らといっしょに身を<清め>，彼ら
26　ともに身を<清め>て宮に入り，清め
Ⅰコリ　7:14　信者でない夫は妻によって<聖め>ら
Ⅱコリ　7: 1　霊肉の汚れから自分を<きよめ>，神
エペ　5:26　教会を<きよめ>て聖なるものとする
Ⅰテモ　4: 5　祈りとによって，<聖め>られるから
Ⅱテモ　2:21　<聖め>られたもの，主人にとって有
テト　2:14　ご自分の民を…<きよめる>ためでし
ヘブ　9:14　私たちの良心を<きよめ>て死んだ行
22　すべてのものは血によって<きよめ>
23　これらのものによって<きよめ>られ
10: 2　礼拝する人々は，１度<きよめ>られ
12:14　<聖め>られることを追い求めなさい．
ヤコ　4: 8　罪ある人たち．手を洗い<きよめ>な
Ⅰペテ　1:22　たましいを<清め>，偽りのない兄弟
Ⅱペテ　1: 9　自分の以前の罪が<きよめ>られたこ
Ⅰヨハ　1: 7　すべての罪から私たちを<きよめ>ま
9　すべての悪から…<きよめ>てくださ

▼ きよらか

詩篇 24: 4　手がきよく，心が<きよらか>な者，

▼ きょり（距離）

ヨシ　3: 4　約２千キュビトの<距離>をおかなけ
使徒　1:12　安息日の道のりほどの<距離>であっ

▼ きょりゅう（居留），居留者

創世 23: 4　私はあなたがたの中に<居留>してい
出エ 12:45　<居留者>と雇い人は，これを食べて
レビ 25: 6　在留している<居留者>のため，

23 わたしのもとに<居留>している異国
Ⅰ歴 29:15 異国人であり，<居留>している者で

▼ きらう
創世 29:31 主はレアが<きら>われているのをご
33 主は私が<きら>われているのを聞か
申命 21:15 ひとりは<きら>われており，愛され
16 <きら>われている者の子をさしおい
22:13 彼女のところに入り…<きら>い，
24: 3 次の夫が彼女を<きら>い，離婚状を
士師 15: 2 あの娘を<きら>ったものと思って，
19: 2 そのそばめは彼を<きら>って，彼の
ヨブ 19:17 私の息は…身内の者らに<きら>われ
箴言 11:15 保証を<きらう>者は安全だ．
30:23 <きら>われた女が夫を得，女奴隷が
エレ 14:19 あなたはシオンを<きら>われたので
エゼ 16: 5 あなたは<きら>われて，野原に捨て
ルカ 16:15 神の前で憎まれ，<きら>われます．
ガラ 4:14 軽蔑したり，<きら>ったりしないで，

▼ きらびやか
ルカ 7:25 <きらびやか>な着物を着て，ぜいた

▼ ギラライ〔人名〕
レビ人で，神殿楽人．ネヘ12:36.

▼ きり
出エ 21: 6 彼の耳を<きり>で刺し通さなければならない．申命15:17.

▼ きり（霧）
ヨブ 36:27 それが神の<霧>となって雨をしたた
ヤコ 4:14 それから消えてしまう<霧>にすぎま
Ⅱペテ 2:17 突風に吹き払われる<霧>です．彼ら

▼ きりいし（切り石）
出エ 20:25 <切り石>でそれを築いてはならない．
Ⅰ列 5:17 王は，<切り石>を神殿の礎に据える
6:36 彼は，<切り石>３段，杉角材１段の仕切りで内庭を造った．7:12.
Ⅱ列 12:12 木材や<切り石>を買うために支払っ
22: 6 宮の修理のための木材や<切り石>を
イザ 9:10 れんがが落ちたから，<切り石>で建
哀歌 3: 9 私の道を<切り石>で囲み，私の通り
エゼ 40:42 四つの<切り石>の台があり，その長
アモ 5:11 <切り石>の家々を建てても，その中

▼ きりかぶ（切り株）
イザ 6:13 しかし，その中に<切り株>がある．聖なるすえこそ，その<切り株>.」

▼ キリキヤ〔地名〕
小アジヤ南東沿岸地域．使徒21:39，ガラ1:21.

▼ きりころす（切り殺す）
Ⅱ列 10: 7 その70人を<切り殺>し，その首を幾
詩篇 37:14 行いの正しい者を<切り殺す>ために．
ヘブ 11:37 剣で<切り殺>され，羊ややぎの皮を

▼ ギリシヤ，ギリシヤ人，ギリシヤ語
1. ギリシヤ．ダニ8:21，11:2，使徒20:2.
2. ギリシヤ人．ヨエ3:6，マコ7:26，ヨハ7:35，12:20，使徒11:20，14:1，16:1，17:4，18:4，19:10，20:21，21:28，ロマ1:14，16，2:9，3:9，10:12，Ⅰコリ1:22，10:32，12:13，ガラ2:3，3:28，コロ3:11.
3. ギリシヤ語．ヨハ19:20，使徒6:1，9:29，21:37，黙示9:11.

▼ きりすてる（切り捨てる）
創世 17:14 包皮の肉を<切り捨て>られていない
23 彼らの包皮の肉を<切り捨て>た．
申命 10:16 心の包皮を<切り捨て>なさい．もう
30: 6 子孫の心を包む皮を<切り捨て>て，
士師 21: 6 一つの部族が<切り捨て>られた．
詩篇 75:10 悪者どもの角を…<切り捨て>よう．
エレ 7:29 あなたの長い髪を<切り捨て>，裸の
マコ 9:43 つまずきとなるなら…<切り捨て>な

▼ キリスト【別項】主キリスト
マタ 1:17 移住から<キリスト>までが14代にな
2: 4 <キリスト>はどこで生まれるのかと
16:16 「あなたは，生ける神の御子<キリスト>です．」マコ8:29，ルカ9:20.
22:42 <キリスト>について，どう思います
45 ダビデが<キリスト>を主と呼んでい
24: 5 私こそ<キリスト>だ』と言って，多
23 そら，<キリスト>がここにいる』と
26:63 あなたは神の子<キリスト>なのか，
マコ 9:41 <キリスト>の弟子だからというので，
ルカ 2:26 主の<キリスト>を見るまでは…死な
4:41 イエスが<キリスト>であることを知って．使徒5:42，9:22，18:5，28.
22:67 あなたが<キリスト>なら，そうだと
23:39 あなたは<キリスト>ではないか．自
24:46 <キリスト>は苦しみを受け，３日目
ヨハ 1:20 私は<キリスト>ではありません」と
4:25 <キリスト>と呼ばれるメシヤの来ら
29 この方が<キリスト>なのでしょうか．
7:41 <キリスト>はガリラヤからは出ない
9:22 イエスを<キリスト>であると告白す

10:24 あなたが<キリスト>なら，はっきり
11:27 神の子<キリスト>である，と信じて
20:31 イエスが…<キリスト>であることを，
使徒 2:36 主とも<キリスト>ともされたこのイ
3:18 <キリスト>の受難をあらかじめ語っ
ロマ 5: 6 <キリスト>は定められた時に，不敬
8 <キリスト>が私たちのために死んで
9 <キリスト>の血によって義と認めら
6: 4 <キリスト>とともに葬られたのです．
5 <キリスト>につぎ合わされて，<キ
リスト>の死と同じようになってい
6 古い人が<キリスト>とともに十字架
10 <キリスト>が死なれたのは，ただ一
度…<キリスト>が生きておられるの
7: 4 <キリスト>のからだによって，律法
8: 9 <キリスト>の御霊を持たない人は，
<キリスト>のものではありません．
17 <キリスト>との共同相続人でありま
35 私たちを<キリスト>の愛から引き離
9: 3 この私が<キリスト>から引き離され
5 <キリスト>も，人としては彼らから
出られた…<キリスト>は万物の上に
10: 6 それは<キリスト>を引き降ろすこと
12: 5 <キリスト>にあって一つのからだで
14: 9 <キリスト>は，死んだ人にとっても，
18 <キリスト>に仕える人は，神に喜ば
15: 3 <キリスト>でさえ，ご自身を喜ばせ
Iコリ 1:12 私は<キリスト>につく」と言ってい
17 <キリスト>の十字架がむなしくなら
23 十字架につけられた<キリスト>を宣
24 <キリスト>は神の力，神の知恵なの
2:16 私たちには，<キリスト>の心がある
3:23 あなたがたは<キリスト>のものであ
り，<キリスト>は神のものです．
5: 7 <キリスト>が，すでにほふられたか
6:15 あなたがたのからだは<キリスト>の
からだの一部であることを，知らな
いのですか．<キリスト>のからだを
8:11 <キリスト>はその兄弟のためにも死
10: 4 その岩とは<キリスト>です．
11: 3 男のかしらは<キリスト>であり…
<キリスト>のかしらは神です．
15: 3 <キリスト>は，聖書の示すとおりに，
17 <キリスト>がよみがえらなかったの
18 <キリスト>にあって眠った者たちは，
19 <キリスト>に単なる希望を置いてい
20 <キリスト>は，眠った者の初穂とし
22 <キリスト>によってすべての人が生
23 まず初穂である<キリスト>，次に
<キリスト>の再臨のとき<キリスト>
IIコリ 2:15 <キリスト>のかおりなのです．
5:10 <キリスト>のさばきの座に現れて，
14 <キリスト>の愛が私たちを取り囲ん
17 だれでも<キリスト>のうちにあるな
20 私たちは<キリスト>の使節なのです．
10: 7 自分が<キリスト>に属しているよう
に，私たちもまた<キリスト>に属し
12:10 <キリスト>のために，弱さ，侮辱，
ガラ 2:16 <キリスト>を信じる信仰によって義
20 私は<キリスト>とともに十字架に…
<キリスト>が私のうちに生きておら
3:27 <キリスト>をその身に着たのです．
4:19 <キリスト>が形造られるまで，私は
エペ 1:10 <キリスト>にあって，天にあるもの
23 教会は<キリスト>のからだであり，
2: 5 私たちを<キリスト>とともに生かし，
14 <キリスト>こそ私たちの平和であり，
3: 8 <キリスト>の測りがたい富を異邦人
4:13 <キリスト>の満ち満ちた身たけにま
20 あなたがたは<キリスト>のことを，
21 ただし，ほんとうに…<キリスト>に
聞き，<キリスト>にあって教えられ
5:14 <キリスト>が，あなたを照らされる．
23 <キリスト>は教会のかしらであって，
ピリ 1:10 <キリスト>の日には純真で非難され
21 生きることは<キリスト>，死ぬこと
23 世を去って<キリスト>とともにいる
29 <キリスト>を信じる信仰だけでなく，
<キリスト>のための苦しみをも賜
2: 7 <キリスト>は人としての性質をもっ
3: 7 私は<キリスト>のゆえに，損と思う
10 <キリスト>とその復活の力を知り…
<キリスト>の死と同じ状態になり，
コロ 1:24 <キリスト>の苦しみの欠けたところ
2:17 影で…本体は<キリスト>にあるので
3: 1 <キリスト>が，神の右に座を占めて
ヘブ 3: 6 <キリスト>は御子として神の家を忠
14 <キリスト>にあずかる者となるので
9:15 <キリスト>は新しい契約の仲介者で
Iペテ 1:19 <キリスト>の，尊い血によったので

20 <キリスト>は，世の始まる前から知
2:24 <キリスト>の打ち傷のゆえに，あな
Iヨハ 3: 2 <キリスト>が現れたなら，私たちは
<キリスト>に似た者となることがわ
黙示 11:15 国は…<キリスト>のものとなった．
20: 6 <キリスト>とともに，千年の間王と

▼ キリスト・イエス【別項】主キリスト・イエス

使徒 24:24 <キリスト・イエス>を信じる信仰に
ロマ 1: 1 <キリスト・イエス>のしもべパウロ，
3:24 <キリスト・イエス>による贖いのゆ
6:11 神に対しては<キリスト・イエス>に
8: 1 <キリスト・イエス>にある者が罪に
2 <キリスト・イエス>にある，いのち
15:16 <キリスト・イエス>の仕え人となる
Iコリ 1:30 神によって<キリスト・イエス>のう
IIコリ 1: 1 <キリスト・イエス>の使徒パウロ，
エペ1:1，コロ1:1，Iテモ1:1．
4: 5 <キリスト・イエス>を宣べ伝えます．
ガラ 3:28 <キリスト・イエス>にあって，一つ
4:14 <キリスト・イエス>ご自身であるか
5:24 <キリスト・イエス>につく者は，自
エペ 2:20 <キリスト・イエス>ご自身が…礎石
3: 1 <キリスト・イエス>の囚人．ピレ1．
ピリ 1: 6 <キリスト・イエス>の日が来るまで
2: 5 それは<キリスト・イエス>のうちに
3: 3 <キリスト・イエス>を誇り，人間的
8 <キリスト・イエス>を知っているこ
12 <キリスト・イエス>が私を捕らえて
14 <キリスト・イエス>において上に召
4: 7 <キリスト・イエス>にあって守って
Iテモ 1:15 <キリスト・イエス>は，罪人を救う
2: 5 人としての<キリスト・イエス>です．
IIテモ 2: 3 <キリスト・イエス>のりっぱな兵士
3:12 <キリスト・イエス>にあって敬虔に

▼ キリストしゃ（～者）

使徒 11:26 アンテオケで初めて，<キリスト者>
26:28 わずかなことばで…<キリスト者>に
Iペテ 4:16 <キリスト者>として苦しみを受ける

▼ きりたおす（切り倒す）

出エ 34:13 アシェラ像を<切り倒>さなければな
レビ 26:30 香の台を<切り倒>し，偶像の死体の
申命 7: 5 アシェラ像を<切り倒>し，彼らの彫
20:19 そこの木を<切り倒>してはならない．
25:18 落後者をみな，<切り倒>したのであ
士師 6:25 そばのアシェラ像を<切り倒>せ．28．
I列 15:13 アサはその憎むべき像を<切り倒>し，
II列 3:19 すべての良い木を<切り倒>し，すべ
6: 4 ヨルダン川に着くと，木を<切り倒>
19:23 美しいもみの木を<切り倒>し，私は
詩篇 80:16 それは火で焼かれ，<切り倒>されま
箴言 7:26 彼女は多くの者を<切り倒>した．
イザ 6:13 テレビンの木や樫の木が<切り倒>さ
9:10 いちじく桑の木が<切り倒>されたか
14:12 どうしてあなたは地に<切り倒>され
エレ 22: 7 美しいあなたの杉の木を<切り倒>し，
46:23 彼らはその森を<切り倒す>…それは
エゼ 6: 6 あなたがたの香の台は<切り倒>され，
23:47 剣で<切り倒>し，その息子や娘たち
31:12 横暴な異邦の民がこれを<切り倒>し，
ダニ 4:14 その木を<切り倒>し，枝を切り払え．
ホセ 6: 5 彼らを<切り倒>し，わたしの口のこ
ナホ 3:15 剣はあなたを<切り倒>し，火はばっ
マタ 3:10 良い実を結ばない木は，みな<切り
倒>されて，火に投げ込まれ．7:19．
ルカ 13: 7 これを<切り倒>してしまいなさい．
9 それでもだめなら，<切り倒>してく

▼ きりだす（切り出す）

I列 5:17 高価な石を<切り出す>ように命じた．
I歴 22: 2 石材を<切り出す>石切り工を任命し
15 石を<切り出す>者，石や木に細工す
II歴 2: 2 山で石を<切り出す>者８万人，彼ら
伝道 10: 9 石を<切り出す>者は石で傷つき，木
イザ 51: 1 あなたがたの<切り出>された岩，掘
エレ 10: 3 それは，林から<切り出>された木，
ダニ 2:34 一つの石が人手によらずに<切り出>

▼ きりとる（切り取る）

出エ 34: 1 ２枚の石の板を，<切り取>れ．わた
レビ 22:24 <切り取>られたものを主にささげて
民数 13:23 ぶどうが一ふさついた枝を<切り取>
士師 1: 6 その手足の親指を<切り取>った．
7 手足の親指を<切り取>られた70人の
Iサム 24: 4 上着のすそを，こっそり<切り取>っ
ヨブ 14: 2 花のように咲き出ては<切り取>られ，
イザ 9:14 ただ１日で<切り取>られた．
エゼ 23:25 あなたの鼻と耳とを<切り取>り，残
ロマ 11:24 オリーブの木から<切り取>られ，も
ガラ 5:12 <切り取>ってしまうほうがよいので

▼ きりもみ

ヨブ 30:22 すぐれた知性で，私を<きりもみ>に

▼きりゅう（寄留），寄留者

創世 15:13　自分たちのものでない国で<寄留者>
28: 4　おまえがいま<寄留>しているこの地
32: 4　私はラバンのもとに<寄留>し，今ま
47: 4　この地に<寄留>しようとして私たち
出エ 2:22　私は外国にいる<寄留者>だ」と言っ
申命 26: 5　エジプトに下り，そこに<寄留>しま
Ⅱサム 4: 3　ギタイムに逃げて，<寄留者>となっ
エズ 1: 4　どこに<寄留>しているにしても，そ
詩篇 39:12　先祖たちのように，<寄留>の者なの
105:23　ヤコブはハムの地に<寄留>した．
120: 5　メシェクに<寄留>し，ケダルの天幕
イザ 52: 4　わたしの民は…エジプトに…<寄留>
エレ 35: 7　<寄留>している地の面に末長く生き
42:15　そこに行って<寄留>するなら，
エゼ 20:38　彼らをその<寄留>している地から連
ヘブ 11:13　地上では旅人であり<寄留者>である
Ⅰペテ 1: 1　ビテニヤに散って<寄留>している，

▼きりょく（気力）

申命 34: 7　彼の目はかすまず，<気力>も衰えて
Ⅱサム 17: 2　ダビデは疲れて<気力>を失っている
エズ 4: 4　ユダの民の<気力>を失わせ，彼らを
ネヘ 6: 9　あの者たちが<気力>を失って工事を
ヨブ 30: 2　彼らから<気力>が消えうせた．
イザ 13: 7　すべての者は<気力>を失い，すべて
エレ 6:24　そのうわさを聞いて，<気力>を失い，
47: 3　父たちは<気力>を失って，子らを顧
ゼパ 3:16　シオンよ．恐れるな．<気力>を失う

▼キル〔地名〕

メソポタミヤの町．Ⅱ列16:9，アモ1:5，9:7．

▼きる（切る）【別項】切り殺す，切り捨てる，切り倒す，切り出す，切り取る

出エ 4:25　自分の息子の包皮を<切>り，それを
29:17　その雄羊を部分に<切>り分け，その
39: 3　織り込むために，これを<切>って糸
レビ 1: 6　いけにえを部分に<切>り分けなさい．
8　その<切>り分けた部分と，頭と，脂
5: 8　それを<切>り離してはならない．
申命 10: 1　石の板を2枚<切>って作り，山のわ
19: 5　木を<切る>ため隣人といっしょに森
25:12　その女の手を<切>り落としなさい．
ヨシ 17:15　そこを自分で<切>り開くがよい．エ
士師 9:48　木の枝を<切>り，これを持ち上げて，
16:12　綱を糸のように腕から<切>り落とし
19:29　その死体を12の部分に<切>り分けて，
Ⅰサム 2:31　父の家の腕とを<切>り落とし，あな
5: 4　ダゴンの頭と両腕は<切>り離されて
11: 7　牛を取り，これを<切>り分け，それ
15:33　アガグをずたずたに<切>った．
31: 9　彼らはサウルの首を<切>り，その武
Ⅱサム 4:12　彼らを殺し，手，足を<切>り離した．
10: 4　その衣を半分に<切>って尻のあたり
Ⅰ列 5: 6　木を<切る>ことに熟練した者がいな
18:23　1頭の雄牛を選び，それを<切>り裂
Ⅱ列 4:39　煮物のかまの中にそれを<切>り込ん
6: 6　エリシャは1本の枝を<切>って，そ
Ⅱ歴 2: 8　レバノンの木を<切る>ことに熟練し
10　材木を<切る>者たちのため，あなた
16　レバノンから木材を<切>り，これを
ヨブ 14: 7　たとい<切>られても，また芽を出し，
箴言 26: 6　愚かな者にことづけする者は，自分
の両足を<切>り，身に害を受ける．
イザ 10:15　斧は，それを使って<切る>人に向か
33　恐ろしい勢いで枝を<切>り払う．た
34　主は林の茂みを斧で<切>り落とし，
14: 8　私たちを<切る>者は上って来ない．』
18: 5　そのつるを取り去り，<切>り除くか
33:20　その綱は一つも<切>られない．
44:14　彼は杉の木を<切>り，あるいはうば
51: 9　ラハブを<切>り刻み，竜を刺し殺し
56: 3　私をその民から<切>り離される」と．
エレ 6: 6　木を<切>って，エルサレムに対して
48:25　モアブの角は<切>り落とされ，その
エゼ 16: 4　へその緒を<切る>者もなく，水で洗
ダニ 2: 5　あなたがたの手足を<切>り離させ，
4:14　枝を<切>り払え．その葉を振り落と
マタ 5:30　<切>って，捨ててしまいなさい．か
21: 8　木の枝を<切>って来て，道に敷いた．
26:51　大祭司のしもべ…の耳を<切>り落と
した．マコ14:47，ルカ22:50．
マコ 11: 8　木の葉を枝ごと野原から<切>って来
ヨハ 18:10　しもべを撃ち，右の耳を<切>り落と
26　ペテロに耳を<切>り落とされた人の
使徒 27:40　錨を<切>って海に捨て，同時にかじ
ロマ 11:22　あなたも<切>り落とされるのです．

▼きる（着る），着替える，着ふるす【別項】着物・着る物

創世 28:20　食べるパンと<着る>着物を賜り，
35: 2　身をきよめ，着物を<着替え>なさい．
38:19　ベールをはずし…やもめの服を<着>

41:14 着物を<着替え>てから，パロの前に
出エ 29:30 7日間，これを<着>なければならな
レビ 6:10 祭司は亜麻布の衣を<着>なさい．ま
申命 22: 5 男は女の着物を<着>てはならない．
Ⅱサム 13:18 彼女は，そでつきの長服を<着>てい
14: 2 喪服を<着>て，身に油も塗らず，死
Ⅰ列 11:29 アヒヤは新しい外套を<着>ていた．
22:10 ユダの王ヨシャパテは…王服を<着>
30 あなたは，自分の王服を<着>ていて
Ⅱ列 1: 8 毛衣を<着>て，腰に皮帯を締めた人
3:21 よろいを<着る>ことのできるほどの
25:29 彼は囚人の服を<着替え>，その一生
エス 5: 1 エステルは王妃の衣装を<着>て，王
6: 8 王が<着>ておられた王服を持って来
ヨブ 27:17 正しい者がこれを<着>，銀は，罪の
詩篇 65:13 牧草地は羊の群れを<着>，もろもろ
104: 2 あなたは光を衣のように<着>，天を，
109:19 それが彼の<着る>着物となり，いつ
29 おのれの恥を上着として<着>ますよ
箴言 31:21 家の者はみな，あわせの着物を<着>
雅歌 5: 3 どうしてまた，<着>られましょう．
イザ 4: 1 パンを食べ，自分たちの着物を<着>
エレ 38:11 <着ふる>した着物やぼろ切れを取り，
46: 4 槍をみがき，よろいを<着>よ．
エゼ 9: 2 亜麻布の衣を<着>，腰には書記の筆
23: 6 青色の衣を<着>た総督や長官で，す
42:14 それを脱いで他の服に<着替え>てか
44:17 亜麻布の服を<着>なければならない．
ダニ 10: 5 亜麻布の衣を<着>，腰にはウファズ
ヨナ 3: 5 ニネベの人々は…荒布を<着>た．
ハガ 1: 6 着物を<着>たが暖まらない．かせぐ
ゼカ 3: 3 ヨシュアは，よごれた服を<着>て，
13: 4 人を欺くための毛衣を<着>なくなる．
マタ 6:25 何を<着>ようかと心配したりしてはいけません．31．
11: 8 柔らかい着物を<着>た人なら王の宮殿にいます．ルカ7:25．
22:11 婚礼の礼服を<着>ていない者がひと
マコ 1: 6 らくだの毛で織った物を<着>て，腰
6: 9 2枚の下着を<着>てはいけません.」
ルカ 16:19 いつも紫の衣や細布を<着>て，毎日
使徒 12: 8 上着を<着>て，私について来なさい
ロマ 13:14 主イエス・キリストを<着>なさい．
Ⅰコリ 15:53 必ず朽ちないものを<着>…死ぬものは，必ず不死を<着>なければならな
Ⅱコリ 5: 2 天から与えられる住まいを<着>たい
3 <着>たなら…裸の状態になることは
ガラ 3:27 キリストをその身に<着>たのです．
エペ 4:24 新しい人を身に<着る>べきことでし
コロ 3:10 新しい人を<着>たのです．新しい人
黙示 1:13 足までたれた衣を<着>て，胸に金の
3:18 恥を現さないために<着る>白い衣を
7:13 白い衣を<着>ているこの人たちは，
11: 3 彼らは荒布を<着>て1260日の間預言
12: 1 ひとりの女が太陽を<着>て，月を足
19: 8 きよい麻布の衣を<着る>ことを許さ
13 その方は血に染まった衣を<着>てい
14 きよい麻布を<着>て，白い馬に乗っ

▼ギルアデ

1. 地名．ヨルダン河東の山地．創世31:21，25，申命3:10，Ⅰサム13:7，Ⅱサム2:9，Ⅱ列10:33，Ⅰ歴2:22，詩篇60:7，108:8，雅歌4:1，エレ8:22，エゼ47:18，ホセ6:8，ミカ7:14．
2. 人名．

(1)ギルアデ族の祖．民数26:29，27:1，36:1，ヨシ17:1，士師5:17，Ⅰ歴2:21，23，7:14，17．
(2)士師エフタの父．士師11:1，2．
(3)ギルアデの地の一氏族か家族．Ⅰ歴5:14．

3. ギルアデ人．士師10:3，Ⅰ列2:7，エズ2:61．

▼キルアブ〔人名〕

ダビデの第2子．Ⅱサム3:3．

▼ギルガシじん（〜人）

カナンの一部族．創世10:16，ヨシ24:11．

▼ギルガル〔地名〕

(1)ヨルダン渡渉後最初の宿営地．ヨシ4:19，20，5:9，士師2:1，Ⅰサム11:15，ミカ6:5．
(2)ゲリジム山麓の東か．申命11.30．
(3)位置不明．ヨシ12:23．
(4)アドミムの丘陵地帯の反対側．ヨシ15:7．

▼キル・ハレセテ〔地名〕

モアブの首都．Ⅱ列3:25，イザ16:7．

▼キル・ヘレス〔地名〕

キル・ハレセテと同地．イザ16:11，エレ48:31．

▼ギルボア，ギルボア山

イズレエルの南東の山，及びその周辺．Ⅰサム28:4，31:1，Ⅱサム1:6，21，21:12，Ⅰ歴10:1，8．

▼キルマデ〔地名〕
アラム北部の町．エゼ27:23．

▼キル・モアブ〔地名〕
キル・ハレセテと同地．イザ15:1．

▼キルヤタイム〔地名〕
(1)モアブの町．民数32:37，エゼ25:9．
(2)ナフタリ所領内のレビ人の町の一つ．Ｉ歴6:76．

▼キルヤテ〔地名〕
キルヤテ・エアリムの別名．ヨシ18:28．

▼キルヤテ・アリム〔地名〕
ギブオン人の主要都市．エズ2:25．

▼キルヤテ・アルバ〔地名〕
ヘブロンの古名．創世23:2，ヨシ20:7，21:11．

▼キルヤテ・エアリム〔地名〕
キルヤテ・バアル，キルヤテ・アリム，バアラ等の別名あり．ヨシ9:17，15:60，Ｉサム7:1．

▼キルヤテ・サナ〔地名〕
ユダ所領内のレビ人の町の一つ．ヨシ15:49．

▼キルヤテ・セフェル〔地名〕
キルヤテ・サナと同地．ヨシ15:15，士師1:11．

▼キルヤテ・バアル〔地名〕
ギブオンの主要都市．ヨシ15:60，18:14．

▼キルヤテ・フツォテ〔地名〕
モアブの町．アルノン国境付近か．民数22:39．

▼キルヨン〔人名〕
ナオミの息子の一人．ルツ1:2，5，4:9．

▼きれる（切れる）
伝道 4:12 三つ撚りの糸は簡単には<切れ>ない．
12: 6 銀のひもは<切れ>，金の器は打ち砕
イザ 5:27 帯は解けず，くつひもも<切れ>ない．

▼ギロ
1. 地名．ユダ山地の町．ヨシ15:51，IIサム15:12．
2. ギロ人．IIサム15:12，23:34．

▼きろく（記録）
創世 5: 1 これは，アダムの歴史の<記録>であ
出エ 17:14 このことを<記録>として，書き物に
Ｉ歴 4:22 ヤシュビ・ラヘム．この<記録>は古
エズ 4:15 先祖の<記録>文書をお調べになれば，
6: 2 次のように書かれていた．「<記録>．
エス 6: 1 王は…<記録>の書，年代記を持って
エレ 22:30 一生栄えない男』と<記録>せよ．彼

▼ぎろん（議論），議論家
マコ 8:11 イエスに<議論>をしかけ，天からの
17 なぜ，パンがないといって<議論>し
9:16 弟子たちと何を<議論>しているので
ルカ 9:46 だれが一番偉いかという<議論>が持
20:14 農夫たちはその息子を見て，<議論>
使徒 6: 9 立ち上がって，ステパノと<議論>し
Ｉコリ 1:20 この世の<議論家>はどこにいるので
Ｉテモ 1: 6 わき道にそれて無益な<議論>に走り，
テト 3: 9 愚かな<議論>，系図，口論，律法に

▼きわみ（極み，窮み）
創世 49:26 永遠の丘の<きわみ>にまで及ぶ．こ
詩篇 50: 2 麗しさの<窮み>，シオンから，神は
哀歌 2:15 これが，美の<きわみ>と言われた町，
5:22 <きわみ>まで私たちを怒られるので
エゼ 28:12 知恵に満ち，美の<極み>であった．

▼きをつける（気をつける）
創世 24: 6 連れ帰らないように<気をつけ>なさ
31:24 「あなたはヤコブと，事の善悪を論じないように<気をつけよ>．」29．
出エ 10:28 二度と見ないように<気をつけろ>．
民数 28: 2 <気をつけ>てわたしにささげなけれ
申命 4:15 あなたがたは十分に<気をつけ>なさ
23 <気をつけ>て，あなたがたの神，主
6:12 <気をつけ>て…主を忘れないように
8:11 <気をつけ>なさい．私が，きょう，
11:16 <気をつけ>なさい…心が迷い，横道
12:13 ささげないように<気をつけ>なさい．
19 …しないように<気をつけ>なさい．
28 <気をつけ>て，私が命じるこれらの
30 よく<気をつけ>…わなにかけられな
15: 9 …ことのないように<気をつけ>なさ
24: 8 ツァラアトの患部には<気をつけ>て，
ヨシ 23:11 十分に<気をつけ>て…主を愛しなさ
士師 13: 4 今，<気をつけ>なさい．ぶどう酒や
13 言ったことすべてに<気をつけ>なけ
IIサム 20:10 手にある剣に<気をつけ>ていなかっ
詩篇 39: 1 私は自分の道に<気をつけ>よう．
伝道 5: 1 自分の足に<気をつけよ>．近寄って
イザ 7: 4 <気をつけ>て，静かにしていなさい．
エレ 17:21 <気をつけ>て，安息日に荷物を運ぶ
マタ 6: 1 人前で…しないように<気をつけ>な
7:15 にせ預言者たちに<気をつけ>なさい．
9:30 知られないように<気をつけ>なさい
16: 6 パン種には注意して<気をつけ>なさ

18:10 見下げたりしないように<気をつけ>
24: 4 人に惑わされないように<気をつけ>なさい．6，マコ13:5，ルカ21:8.
マコ 8:15 ヘロデのパン種とに十分<気をつけ>
12:38 律法学者たちには<気をつけ>なさい.
13: 9 あなたがたは，<気をつけ>ていなさ
33 <気をつけ>なさい．目をさまし，注
ルカ 11:35 暗やみにならないよう…<気をつけ>
12: 1 パリサイ人のパン種に<気をつけ>な
20:46 律法学者たちには<気をつけ>なさい.
使徒 5:35 この人々をどう扱うか…<気をつけ>
13:40 起こらないように<気をつけ>なさい.
Ⅰコリ 8: 9 …とならないように，<気をつけ>な
10:12 倒れないように<気をつけ>なさい.
ガラ 5:15 滅ぼされてしまいます．<気をつけ>
ピリ 3: 2 どうか犬に<気をつけ>てください.
Ⅰテモ 4:16 教える事にも，よく<気をつけ>なさ
ヘブ 3:12 離れる者がないように<気をつけ>な

▼ きをもむ（気をもむ）

ルカ 12:29 <気をもむ>ことをやめなさい.

▼ きん（金）【別項】金の子牛

創世 2:11 ハビラの全土…そこには<金>があっ
24:22 <金>の飾り輪と…<金>の腕輪を取り，
41:42 ヨセフ…の首に<金>の首飾りを掛け
44: 8 ご主人の家から銀や<金>を盗んだり
出エ 3:22 <金>の飾り，それに着物を求め，あ
20:23 <金>の神々も造ってはならない.
25: 3 受けてよい奉納物は…<金>，銀，青
32:31 自分たちのために<金>の神を造った
レビ 8: 9 <金>の札すなわち聖別の記章をつけ
民数 4:11 <金>の祭壇の上に青色の布を延べな
7:14 10シェケルの<金>のひしゃく一つ.
8: 4 それは<金>の打ち物で，その台座か
31:52 主に供えた奉納物の<金>は全部で，
申命 7:25 それにかぶせた銀や<金>を欲しがっ
29:17 木や石や銀や<金>の偶像を見た.
ヨシ 6:19 <金>…の器は…聖別されたものだか
7:21 <金>の延べ棒１本があるのを見て，
22: 8 <金>…を持って天幕に帰りなさい.
士師 8:24 <金>の耳輪をつけていたからである
Ⅰサム 6: 4 五つの<金>の腫物と…<金>のねずみ
8 <金>の品物を鞍袋に入れ…かたわら
Ⅱサム 1:24 装いに<金>の飾りをつけてくれた.
8: 7 <金>の丸い小盾を奪い取り，エルサ
10 ヨラムは…<金>の器…を手にして来
12:30 その重さは<金>１タラントで，宝石
Ⅰ列 6:21 <金>の鎖を渡し…<金>でおおった.
10:18 象牙の王座…に純粋な<金>をかぶせ
Ⅱ列 5: 5 <金>６千シェケルと，晴れ着10着と
12:13 すべての<金>の器，銀の器を作るこ
18 宝物倉にあるすべての<金>を取って，
23:35 エホヤキムは銀と<金>をパロに贈っ
Ⅰ歴 18: 7 <金>の丸い小盾を奪い取り，エルサ
Ⅱ歴 1:15 王は銀と<金>とをエルサレムで石の
エズ 1: 4 <金>，財貨，家畜をもって援助せよ.
7:16 あなたが得るすべての銀と<金>，そ
エス 1: 6 <金>と銀でできた長いすが，緑色石，
7 彼は<金>の杯で酒をふるまったが，
4:11 王がその者に<金>の笏を差し伸ばせ
8:15 大きな<金>の冠をかぶり，白亜麻布
ヨブ 22:24 オフィルの<金>を川の小石の間に置
23:10 私は<金>のように，出て来る.
28: 1 銀には鉱山…<金>には精錬する所が
16 オフィルの<金>でもその値踏みをす
31:24 私が<金>をおのれの頼みとし，黄金
42:11 １ケシタと<金>の輪一つずつを彼に
詩篇 19:10 <金>よりも，多くの純金よりも好ま
45: 9 王妃はオフィルの<金>を身に着けて，
115: 4 偶像は銀や<金>で，人の手のわざで
箴言 11:22 <金>の輪が豚の鼻にあるようだ.
17: 3 銀にはるつぼ，<金>には炉，人の心
20:15 <金>があり，多くの真珠があっても，
22: 1 愛顧は銀や<金>にまさる.
25:11 彫り物にはめられた<金>のりんごの
12 <金>の耳輪，黄金の飾りのようだ.
伝道 2: 8 銀や<金>…諸州の宝も集めた．私は
12: 6 銀のひもは切れ，<金>の器は打ち砕
雅歌 1:11 銀をちりばめた<金>の飾り輪をあな
3:10 支柱は銀，背は<金>…座席は紫色の
5:14 宝石をはめ込んだ<金>の棒．からだ
イザ 2: 7 その国は<金>や銀で満ち，その財宝
20 銀の偽りの神々と<金>の偽りの神々
13:12 人をオフィルの<金>よりも少なくす
17 銀をものともせず，<金>をも喜ばず，
40:19 金細工人はそれに<金>をかぶせ，銀
46: 6 袋から<金>を惜しげなく出し，銀を
60: 6 <金>と乳香を携えて来て，主の奇し
エレ 4:30 <金>の飾りで身を飾りたてても，そ
10: 4 それは銀と<金>で飾られ，釘や，槌
51: 7 バビロンは主の御手にある<金>の杯.

哀歌 4: 1 <金>は曇り，美しい黄金は色を変え，
エゼ 7:19 彼らの<金>は汚物のようになる．銀
16:13 あなたは<金>や銀で飾られ…亜麻布
27:22 宝石，<金>を…品物と交換した．
28: 4 <金>や銀を宝物倉にたくわえた．
13 タンバリンと笛とは<金>で作られ，
ダニ 2:35 青銅も銀も<金>もみな共に砕けて，
38 あなたはあの<金>の頭です．
3: 1 ネブカデネザル王は<金>の像を造っ
5: 4 <金>，銀…木，石の神々を賛美した．
7 首に<金>の鎖をかけ，この国の第３
10: 5 腰にはウファズの<金>の帯を締めて
11:38 <金>，銀，宝石，宝物で…神をあが
ホセ 2: 8 バアルのために使った銀と<金>とを
8: 4 彼らは銀と<金>で自分たちのために
ヨエ 3: 5 わたしの銀と<金>とを奪い…運んで
ナホ 2: 9 銀を奪え．<金>も奪え．その財宝は
ハバ 2:19 それは<金>や銀をかぶせたもの．そ
ゼパ 1:18 銀も…<金>も…彼らを救い出せない．
ハガ 2: 8 銀はわたしのもの．<金>もわたしの
ゼカ 4: 2 全体が<金>でできている一つの燭台
12 ２本の<金>の管によって油をそそぎ
6:11 <金>と銀を取って，冠を作り，それ
13: 9 <金>をためすように彼らをためす．
マラ 3: 3 彼らを<金>…銀のように純粋にする．
Ⅰコリ 3:12 この土台の上に，<金>…で建てるな
Ⅰテモ 2: 9 <金>や真珠や高価な衣服によってで
Ⅱテモ 2:20 大きな家には，<金>や銀の器だけで
ヘブ 9: 4 <金>の香壇と…<金>でおおわれた契
約の箱…マナの入った<金>のつぼ，
ヤコ 2: 2 <金>の指輪をはめ，りっぱな服装を
Ⅰペテ 1: 7 信仰の試練は…<金>よりも尊く，イ
18 銀や<金>のような朽ちる物にはよら
3: 3 <金>の飾りをつけたり，着物を着飾
黙示 1:12 振り向くと，七つの<金>の燭台が見
13 胸に<金>の帯を締めた，人の子のよ
3:18 火で精錬された<金>をわたしから買
4: 4 <金>の冠を頭にかぶった24人の長老
5: 8 香のいっぱい入った<金>の鉢とを持
8: 3 <金>の香炉を持って祭壇のところに
9: 7 頭に<金>の冠のようなものを着け，
13 神の御前にある<金>の祭壇の四隅か
20 悪霊どもや，<金>，銀，銅，石，木
15: 7 神の御怒りの満ちた七つの<金>の鉢
17: 4 この女は…<金>と宝石と真珠とで身
18:12 商品とは，<金>…で造った…器具，
16 <金>…真珠を飾りにしていた…都よ．
21:15 城壁とを測る<金>の測りざおを持っ

▼ ぎん（銀）【別項】贖い金・贖いの銀

創世 13: 2 アブラムは家畜と<銀>と金とに非常
20:16 <銀>千枚をあなたの兄に与える．き
23:16 通り相場で<銀>400シェケルを計っ
37:28 ヨセフを<銀>20枚でイシュマエル人
42:25 ヨセフは…<銀>をめいめいの袋に返
し．43:12，44:1，45:22，47:14．
出エ 11: 2 女は隣の女から<銀>の飾りや金の飾
22:17 花嫁料に相当する<銀>を支払わなけ
レビ 5:15 聖所のシェケルで数シェケルの<銀>
民数 7:13 そのささげ物は，<銀>の皿一つ，そ
10: 2 <銀>のラッパを２本作らせよ．それ
申命 22:19 <銀>100シェケルの罰金を科し，こ
ヨシ 6:19 <銀>…の器はすべて…聖別されたも
士師 5:19 タナクで戦って，<銀>の分捕り品を
9: 4 宮から<銀>70シェケルを取り出して
Ⅰサム 9: 8 私の手に４分の１シェケルの<銀>が
Ⅱサム 18:12 たとい…<銀>千枚をいただいても，
21: 4 問題は，<銀>や金のことではありま
Ⅰ列 10:21 <銀>はソロモンの時代には，価値あ
20: 3 あなたの<銀>と金は私のもの．あな
21: 2 それ相当の代価を<銀>で支払おう．」
Ⅱ列 5: 5 ナアマンは<銀>10タラントと，金６
26 今は<銀>を受け，着物を受け，オリ
7: 8 <銀>や金や衣服を持ち出し，それを
Ⅰ歴 22:14 主の家のために…<銀>100万タラン
Ⅱ歴 1:15 王は<銀>と金とを…石のように用い，
エズ 1: 6 <銀>の器具…をもって彼らを力づけ
7:15 神に進んでささげた<銀>と金，
ネヘ 5:15 前任の総督たちは…<銀>40シェケル
エス 1: 6 大理石の柱の<銀>の輪に結びつけら
ヨブ 3:15 自分の家を<銀>で満たした首長たち
22:25 尊い<銀>があなたのものとなる．
27:16 彼が<銀>をちりのように積み上げ，
17 <銀>は，罪のない者が分け取る．
28: 1 <銀>には鉱山があり，金には精錬す
15 <銀>を量ってもその代価とすること
詩篇 12: 6 ７回もためされて，純化された<銀>．
66:10 <銀>を精錬するように…練られまし
68:13 <銀>でおおわれた，鳩の翼．その羽
105:37 主は<銀>と金とを持たせて御民を連
115: 4 偶像は<銀>や金で，人の手のわざで

135:15 異邦の民の偶像は，<銀>や金で，人
箴言 2: 4 <銀>のように，これを捜し，隠され
3:14 それの儲けは<銀>の儲けにまさり，
8:10 <銀>を受けるよりも…懲らしめを受
19 生み出すものは…<銀>にまさる．
16:16 悟りを得ることは<銀>を得るよりも
17: 3 <銀>にはるつぼ，金には炉，人の心
22: 1 愛顧は<銀>や金にまさる．
25: 4 <銀>から，かなかすを除け．そうす
伝道 2: 8 <銀>や金，それに…宝も集めた．私
12: 6 ついに，<銀>のひもは切れ，金の器
雅歌 1:11 <銀>をちりばめた金の飾り輪をあな
3:10 その支柱は<銀>，背は金，その座席
8: 9 彼女が城壁だったら…<銀>の胸壁を
11 収穫によって<銀>千枚を納めること
イザ 1:22 おまえの<銀>は，かなかすになった．
7:23 <銀>千枚に値する地所もみな，いば
40:19 それに金をかぶせ，<銀>の鎖を作る．
48:10 あなたを練ったが，<銀>の場合とは
エレ 6:30 彼らは廃物の<銀>と呼ばれている．
10: 4 <銀>と金で飾られ，釘や，槌で，動
32: 9 畑を買い取り…<銀>17シェケルを払
25 <銀>を払ってあの畑を買い，証人を
エゼ 7:19 <銀>を道ばたに投げ捨て，彼らの金
22:18 彼らはみな…<銀>のかなかすとなっ
27:12 商いをし，<銀>…を…品物と交換し
ダニ 2:32 その像は…胸と両腕とは<銀>，腹と
5: 4 金，<銀>…木，石の神々を賛美した．
11:38 金，<銀>…宝物で…神をあがめる．
ホセ 2: 8 バアルのために使った<銀>と金とを
3: 2 <銀>15シェケルと大麦１ホメル半で
9: 6 宝としている<銀>は，いらくさが勝
13: 2 今も罪を重ね，<銀>で鋳物の像を造
ヨエ 3: 5 <銀>と金とを奪い…宮へ運んで行き，
ナホ 2: 9 <銀>を奪え．金も奪え．その財宝は
ゼパ 1:11 <銀>を量る者もみな断ち滅ぼされる
18 彼らの<銀>も…金も…救い出せない．
ハガ 2: 8 <銀>はわたしのもの．金もわたしの
ゼカ 9: 3 <銀>をちりのように積み，黄金を道
11:12 私の賃金として，<銀>30シェケルを
13: 9 <銀>を練るように彼らを練り，金を
マラ 3: 3 この方は，<銀>を精錬し…彼らを金
のように，<銀>のように純粋にする．
使徒 17:29 金や<銀>や石などの像と同じものと
19:24 <銀>でアルテミス神殿の模型を作り，
Ⅰコリ 3:12 金，<銀>…わらなどで建てるなら，
Ⅱテモ 2:20 大きな家には…<銀>の器だけでなく，
Ⅰペテ 1:18 <銀>や金のような朽ちる物にはよら
黙示 9:20 金，<銀>…で造られた…偶像を拝み
18:12 商品とは，金，<銀>，宝石，真珠，

▼ きんか（金貨）
マタ 10: 9 胴巻に<金貨>や銀貨や銅貨を入れて

▼ ぎんか（銀貨）
マタ 10: 9 <銀貨>や銅貨を入れてはいけません．
26:15 彼らは<銀貨>30枚を彼に支払った．
27: 3 <銀貨>30枚を，祭司長，長老たちに
5 彼は<銀貨>を神殿に投げ込んで立ち
マコ 12:15 デナリ<銀貨>を持って来て見せなさ
ルカ 15: 8 女の人が<銀貨>を10枚持っていて，
使徒 19:19 値段を合計してみると，<銀貨>５万

▼ きんぎん（金銀）
申命 8:13 <金銀>が増し…所有物がみな増し加
17:17 自分のために<金銀>を…ふやしては
Ⅰ歴 29: 3 宝としていた<金銀>を…ささげた．
詩 119:72 御口のおしえは…<金銀>にまさるも
イザ 60: 9 <金銀>もいっしょに…運んでくる．
ダニ 11: 8 <金銀>の尊い器を分捕り品としてエ
使徒 3: 6 <金銀>は私にはない．しかし，私に
20:33 人の<金銀>や衣服をむさぼったこと
ヤコ 5: 3 あなたがたの<金銀>にはさびが来て

▼ きんこ（金庫）
エス 3: 9 それを王の<金庫>に納めさせ．4:7.
マタ 27: 6 これを神殿の<金庫>に入れるのはよ

▼ ぎんこう（銀行）
マタ 25:27 私の金を，<銀行>に預けておくべき
ルカ 19:23 なぜ…<銀行>に預けておかなかった

▼ きんざいくにん（金細工人）
ネヘ 3: 8 <金細工人>のハルハヤの子ウジエル
31 <金細工人>のひとりマルキヤは．32.
イザ 40:19 <金細工人>はそれに金をかぶせ，銀
46: 6 <金細工人>を雇って，それで神を造
エレ 10: 9 偶像は木工と<金細工人>の手の作．

▼ ぎんざいくにん（銀細工人）
士師 17: 4 母は銀200枚を…<銀細工人>に与え
使徒 19:24 デメテリオという<銀細工人>がいて，

▼ きんしがん（近視眼）
Ⅱペテ 1: 9 備えていない者は，<近視眼>であり，

▼ きんじる（禁じる），禁ずる
民数 30: 5 彼女にそれを<禁じる>なら．8.
ルカ 23: 2 税金を納めることを<禁じ>，自分は

使徒 16: 6 語ることを聖霊によって<禁じ>られ
Ⅰコリ 14:39 異言を話すことも<禁じ>てはいけま
ガラ 5:23 このようなものを<禁ずる>律法はあ
Ⅰテモ 4: 3 結婚することを<禁じ>たり，食物を

▼ きんしん（近親），近親者
レビ 21: 2 <近親>の者…の場合は例外．3.
25:49 <近親者>のひとりが買い戻すことが
ルツ 2:20 その方は私たちの<近親者>で，しか
詩篇 38:11 私の<近親>の者も遠く離れて立って

▼ きんせん（金銭）
出エ 22: 7 <金銭>あるいは物品を，保管のため
申命 23:19 <金銭>の利息であれ，食物の利息で
伝道 5:10 <金銭>を愛する者は<金銭>に満足し
7:12 知恵の陰にいるのは，<金銭>の陰に
10:19 <金銭>はすべての必要に応じる．
Ⅰテモ 3: 3 温和で，争わず，<金銭>に無欲で，
6:10 <金銭>を愛することが…悪の根だか
ヘブ 13: 5 <金銭>を愛する生活をしてはいけま

▼ きんのこうし（金の子牛）
Ⅰ列 12:28 王は相談して，<金の子牛>を二つ造
Ⅱ列 10:29 <金の子牛>に仕えることをやめよう
Ⅱ歴 13: 8 神とした<金の子牛>もあなたがたと

▼ ぎんぱく（銀箔）
エレ 10: 9 <銀箔>はタルシシュから，金はウフ

▼ きんべん（勤勉）
箴言 10: 4 <勤勉>な者の手は人を富ます．
12:24 <勤勉>な者の手は支配する．無精者
27 <勤勉>な人は多くの尊い人を捕らえ
13: 4 しかし<勤勉>な者の心は満たされる．
21: 5 <勤勉>な人の計画は利益をもたらし，

▼ ぎんみ（吟味）
Ⅰコリ 11:28 ひとりひとりが自分を<吟味>して，
14:29 ほかの者はそれを<吟味>しなさい．
Ⅱコリ 13: 5 自分自身をためし，また<吟味>しな

▼ きんむ（勤務）
Ⅱ歴 23: 8 安息日に<勤務>する者…しない者を

▼ きんれい（禁令）
ダニ 6: 7 法令を制定し，<禁令>として実施し
てくださる．8，9，12，13，15.

▼ きんろう（勤労），勤労の実
出エ 23:16 <勤労の実>を畑から取り入れる収穫
申命 28:33 <勤労の実>は…知らない民が食べる
詩篇 78:46 <勤労の実>を，いなごに与えられた．
109:11 見知らぬ者が…<勤労の実>をかすめ
128: 2 自分の手の<勤労の実>を食べるとき，
箴言 14:23 すべての<勤労>には利益がある．お
エゼ 23:29 <勤労の実>をことごとく奪い取り，

▼ くい
士師 4:21 ヤエルは天幕の鉄の<くい>を取ると，
22 そのこめかみには鉄の<くい>が刺さ
イザ 33:20 その鉄の<くい>はとこしえに抜かれ
ゼカ 10: 4 この群れから鉄の<くい>が，この群

▼ くい（悔い）
Ⅱコリ 7:10 <悔い>のない，救いに至る悔い改め

▼ くいあらすいなご（食い荒らすいなご）
ヨエ 1: 4 <食い荒らすいなご>が食った．
2:25 ばった，<食い荒らすいなご>，かみ

▼ くいあらため（悔い改め），悔い改める
Ⅰ列 8:47 みずから反省して<悔い改め>，捕ら
われていった地で，あな．Ⅱ歴6:37.
詩篇 7:12 <悔い改め>ない者には剣をとぎ，弓
イザ 1:27 <悔い改める>者は正義によって贖わ
59:20 そむきの罪を<悔い改める>者のとこ
エレ 5: 3 <悔い改め>ようともしませんでした．
8: 4 背信者となったら，<悔い改め>ない
15: 7 行いを<悔い改め>なかったからだ．
18: 8 <悔い改める>なら…思い直す．
34:15 きょう<悔い改め>，各自，隣人の解
エゼ 3:19 その悪を<悔い改め>ず…悪の道から
14: 6 <悔い改めよ>．偶像を捨て去り，す
18:23 その態度を<悔い改め>て，生きるこ
28 すべてのそむきの罪を<悔い改め>た
30 <悔い改め>て…そむきの罪を振り捨
32 だから，<悔い改め>て，生きよ．
33:11 悪者がその態度を<悔い改め>て…
<悔い改めよ>．悪の道から立ち返れ．
14 罪を<悔い改め>，公義と正義とを行
ゼカ 1: 4 悪いわざを<悔い改めよ>」と言った
マタ 3: 2 <悔い改め>なさい．天の御国が近づ
8 <悔い改め>にふさわしい実を結びな
11 <悔い改める>ためにに，水のバプテス

4:17 <悔い改め>なさい．天の御国が近づ
11:20 町々が<悔い改め>なかったので，責
21 灰をかぶって<悔い改め>ていたこと
12:41 ヨナの説教で<悔い改め>たからです．
18: 3 <悔い改め>て子どもたちのようにな
マコ 1: 4 <悔い改め>のバプテスマを宣べ伝え
15 <悔い改め>て福音を信じなさい．」
4:12 <悔い改め>て赦されることのないた
6:12 出て行き，<悔い改め>を説き広め，
ルカ 3: 3 <悔い改め>に基づくバプテスマを説
8 <悔い改め>にふさわしい実を結びな
5:32 <悔い改め>させるために来たのです．
10:13 灰の中にすわって，<悔い改め>てい
11:32 ヨナの説教で<悔い改め>たからです．
13: 3 <悔い改め>ないなら，みな同じように滅びます．5.
15: 7 ひとりの罪人が<悔い改める>なら，
10 <悔い改める>なら，神の御使いたち
16:30 <悔い改める>に違いありません．』
17: 3 <悔い改めれ>ば，赦しなさい．
4 『<悔い改め>ます』と言って７度あ
24:47 罪の赦しを得させる<悔い改め>が，
使徒 2:38 <悔い改め>なさい…罪を赦していた
3:19 <悔い改め>て，神に立ち返りなさい．
5:31 イスラエルに<悔い改め>と罪の赦し
8:22 この悪事を<悔い改め>て，主に祈り
11:18 <悔い改め>を異邦人にもお与えにな
17:30 すべての人に<悔い改め>を命じてお
19: 4 <悔い改め>のバプテスマを授けたの
20:21 神に対する<悔い改め>と…信仰とを
26:20 <悔い改め>て神に立ち返り，<悔い改め>にふさわしい行いをするよう
ロマ 2: 4 神の慈愛があなたを<悔い改め>に導
5 <悔い改め>のない心のゆえに，御怒
IIコリ 7:10 悔いのない，救いに至る<悔い改め>
12:21 不品行と好色を<悔い改め>ない多く
IIテモ 2:25 <悔い改め>の心を与えて真理を悟ら
ヘブ 6: 6 もう一度<悔い改め>に立ち返らせる
IIペテ 3: 9 すべての人が<悔い改め>に進むこと
黙示 2: 5 <悔い改め>て，初めの行いをしなさい…<悔い改める>ことをしないなら
16 だから，<悔い改め>なさい．もしそ
21 <悔い改める>機会を与えたが，この女は不品行を<悔い改め>ようとしな
22 <悔い改め>なければ，大きな患難の
3: 3 堅く守り，また<悔い改め>なさい．
19 熱心になって，<悔い改め>なさい．
9:20 その手のわざを<悔い改め>ないで，
21 不品行や，盗みを<悔い改め>なかっ
16: 9 <悔い改め>て神をあがめることをし
11 行いを<悔い改め>ようとしなかった．

▼ くいしんぼう（食いしんぼう）

マタ 11:19 <食いしんぼう>の大酒飲み，取税人や罪人の仲間だ』と言い．ルカ7:34.
テト 1:12 なまけ者の<食いしんぼう>.」

▼ くいつくす（食い尽くす）

出エ 10: 5 残されているものを<食い尽く>し，
12 すべてのものを<食い尽くす>ように
民数 26:10 火が250人の男を<食い尽く>した．
申命 28:38 いなごが<食い尽くす>からである．
詩篇 21: 9 火は彼らを<食い尽くす>でしょう．
50: 3 御前には<食い尽くす>火があり，そ
イザ 27:10 伏して，木の枝を<食い尽くす>.
エレ 12:12 主の剣が…<食い尽くす>ので，すべ
ホセ 5: 7 新月が…その地所を<食い尽くす>.
8: 7 他国人がこれを<食い尽くす>.
13: 8 雌獅子のようにこれを<食い尽くす>.
アモ 7: 2 いなごが地の青草を<食い尽く>そう
ナホ 2:13 剣は…若い獅子を<食い尽くす>．わ
ヨハ 2:17 熱心がわたしを<食い尽くす>」と書
ヤコ 5: 3 肉を火のように<食い尽く>します．
Iペテ 5: 8 <食い尽くす>べきものを捜し求めな

▼ くいる（悔いる）【別項】悔い改める

民数 23:19 人の子ではなく，<悔いる>ことがな
Iサム 15:11 サウルを王に任じたことを<悔いる>.
29 <悔いる>こともない．この方は人間ではないので，<悔いる>ことがない．
ヨブ 42: 6 ちりと灰の中で<悔い>ています．
詩篇 51:17 砕かれた，<悔い>た心．神よ．あな
エレ 4:28 わたしは<悔い>ず，取りやめもしな
8: 6 悪行を<悔いる>者は，ひとりもいな
20:16 <悔い>ない町々のようになれ．朝に
31:19 そむいたあとで，<悔い>，悟って後
IIコリ 7: 8 悲しませたけれども…<悔い>ていま

▼ くう（食う）【別項】食い尽くす

創世 37:20 悪い獣が<食>い殺したと言おう．そ
箴言 23: 7 あなたに，「<食>え，飲め」と言っ
27:18 いちじくの木の番人は…実を<食う>.
30:17 えぐりとられ，鷲の子に<食>われる．
イザ 9:20 左に<食>いついても，満ち足りず，

65:25 獅子は牛のように，わらを<食>い，
エレ 30:16 あなたを<食う>者はみな，かえって<食>われ，あなたの敵はみな，とり
ヨエ 1: 4 いなごが<食>い，いなごが残した物
マタ 23:14 やもめの家を<食>いつぶして，見え
ルカ 15:30 あなたの身代を<食>いつぶして帰っ
ガラ 5:15 互いに…<食>い合ったりしているな

▼くう（空）

伝道 1: 2 <空>の<空>．伝道者は言う．<空>の<空>．すべては<空>．12:8.
Ⅰコリ 9:26 <空>を打つような拳闘もしてはいま

▼くうき（空気）

Ⅰコリ 14: 9 それは<空気>に向かって話している

▼ぐうぜん（偶然）

Ⅰサム 6: 9 <偶然>起こったことだと知ろう．」

▼ぐうぞう（偶像）

出エ 20: 4 自分のために，<偶像>を造ってはならない．レビ26:1，申命5:8.
レビ 17: 7 淫行をしていたやぎの<偶像>に，彼
26:30 <偶像>の死体の上に，あなたがたの
Ⅰ列 21:26 彼は<偶像>につき従い，主がイスラ
Ⅱ列 21:11 その<偶像>でユダにまで罪を犯させ
21 父が仕えた<偶像>に仕え，それらを
Ⅱ歴 24:18 アシェラと<偶像>に仕えたので，彼
詩篇 31: 6 むなしい<偶像>につく者を憎み，主
97: 7 <偶像>に仕える者，むなしいものを
106:38 カナンの<偶像>のいけにえにした彼
イザ 40:19 鋳物師は<偶像>を鋳て造り，金細工
44: 9 <偶像>を造る者はみな，むなしい．
15 <偶像>に仕立てて，これにひれ伏す．
45:16 <偶像>を細工する者どもはみな，恥
48: 5 『私の<偶像>がこれをした』とか，
66: 3 <偶像>をほめたたえる者．実に彼ら
エレ 10:14 <偶像>のために恥を見る．その鋳た
50: 2 その<偶像>は砕かれた．』
38 彼らは<偶像>の神に狂っているから
エゼ 8: 3 ねたみを引き起こすねたみの<偶像>
14: 4 心の中に<偶像>を秘め，不義に引き
20:18 彼らの<偶像>で身を汚すな．
30:13 わたしは<偶像>を打ちこわし，ノフ
ホセ 4:17 エフライムは<偶像>に，くみしてい
8: 4 彼らは銀と金で…<偶像>を造った．
10: 5 <偶像>に仕える祭司たちもこのため
13: 2 自分の考えで<偶像>を造った．これ
14: 8 わたしは<偶像>と何のかかわりもな
ミカ 1: 7 そのすべての<偶像>を荒廃させる．
ゼカ 13: 2 <偶像>の名をこの国から断ち滅ぼす．
使徒 7:41 子牛を作り，この<偶像>に供え物を
43 拝むために作った<偶像>ではないか．
15:20 <偶像>に供えて汚れた物と不品行と
17:16 町が<偶像>でいっぱいなのを見て，
21:25 <偶像>の神に供えた肉と，血と，絞
ロマ 2:22 <偶像>を忌みきらいながら，自分は
Ⅰコリ 5:10 <偶像>を礼拝する者と全然交際しな
6: 9 <偶像>を礼拝する者，姦淫をする者，
8: 1 <偶像>にささげた肉についてですが，
4 世の<偶像>の神は実際にはないもの
10 <偶像>の宮で食事をしているのをだ
10: 7 <偶像>崇拝者となってはいけません．
19 <偶像>の神にささげた肉に，何か意味があるとか，<偶像>の神に真実な
12: 2 ものを言わない<偶像>の所でした．
Ⅱコリ 6:16 神の宮と<偶像>とに，何の一致があ
Ⅰテサ 1: 9 どのように<偶像>から神に立ち返っ
Ⅰヨハ 5:21 子どもたちよ．<偶像>を警戒しなさ
黙示 9:20 歩くこともできない<偶像>を拝み続

▼くうそうばなし（空想話）

Ⅰテモ 1: 4 果てしのない<空想話>と系図とに心
4: 7 俗悪で…<空想話>を避けなさい．む
Ⅱテモ 4: 4 <空想話>にそれて行くような時代に
テト 1:14 ユダヤ人の<空想話>や，真理から離

▼ぐうぞうれいはい（偶像礼拝）

Ⅰサム 15:23 従わないことは<偶像礼拝>の罪だ．
Ⅰコリ 10:14 <偶像礼拝>を避けなさい．
ガラ 5:20 <偶像礼拝>，魔術，敵意，争い，そ
エペ 5: 5 これが<偶像礼拝>者です…こういう
コロ 3: 5 むさぼりが，そのまま<偶像礼拝>な
Ⅰペテ 4: 3 忌むべき<偶像礼拝>などにふけった

▼くうちゅう（空中）

使徒 22:23 ちりを<空中>にまき散らすので，
エペ 2: 2 <空中>の権威を持つ支配者として今
Ⅰテサ 4:17 <空中>で主と会うのです．このよう
黙示 16:17 第７の御使いが鉢を<空中>にぶちま

▼くうふく（空腹）

マタ 4: 2 断食したあとで，<空腹>を覚えられ
15:32 彼らを<空腹>のままで帰らせたくあ
21:18 都に帰る途中，<空腹>を覚えられた．
25:35 わたしが<空腹>であったとき，わた
44 いつ，私たちは，あなたが<空腹>で
マコ 11:12 イエスは<空腹>を覚えられた．

使徒 10:10 彼は非常に<空腹>を覚え，食事をし
Ⅰコリ 11:21 <空腹>な者もおれば，酔っている者
34 <空腹>な人は家で食べなさい．それ

▼くうぶん（空文）

マコ 7:13 神のことばを<空文>にしています．

▼くうろん（空論）

テト 1:10 <空論>に走る者，人を惑わす者が多

▼くえき（苦役）

出エ 1:11 彼らを<苦役>で苦しめるために，彼
2:11 その<苦役>を見た．そのとき，自分
6: 6 エジプトの<苦役>の下から連れ出し，
申命 20:11 <苦役>に服して働かなければならな
士師 1:28 カナン人を<苦役>に服させたが，彼
Ⅱ歴 8: 8 ソロモンは<苦役>に徴用した．今日
エス 10: 1 本土と海の島々に<苦役>を課した．
ヨブ 7: 1 地上の人には<苦役>があるではない
詩 107:12 主は<苦役>をもって彼らの心を低く

▼くき（茎）

創世 41: 5 良い七つの穂が，1本の<茎>に出て
ヨシ 2: 6 亜麻の<茎>の中に隠していたのであ

▼くぎ（釘），釘づけ

出エ 27:19 すべての<釘>，庭の…<釘>は青銅と
Ⅱ歴 3: 9 <釘>の重さは金50シェケルであった．
伝道 12:11 よく打ちつけられた<釘>のようなも
イザ 22:23 彼を一つの<釘>として，確かな場所
ヨハ 20:25 その手に<釘>の跡を見，私の指を
<釘>のところに差し入れ，また私の
コロ 2:14 証書を…十字架に<釘づけ>にされま

▼くぎょう（苦行）

コロ 2:23 肉体の<苦行>などのゆえに賢いもの

▼くぐらせる

Ⅱ列 16: 3 子どもに火の中を<くぐらせる>こと
17:17 火の中を<くぐらせ>，占いをし，ま
21: 6 火の中を<くぐらせ>，卜占をし，ま
23:10 火の中を<くぐらせ>て，モレクにさ
Ⅱ歴 33: 6 子どもたちに火の中を<くぐらせ>，

▼くさ（草）【別項】2番草

創世 1:11 すなわち種を生じる<草>やその中に
30 食物として，すべての緑の<草>を与
2: 5 地には…まだ1本の野の<草>も芽を
3:18 野の<草>を食べなければならない．
申命 11:15 あなたの家畜のため野に<草>を与え
Ⅰ列 18: 5 馬と騾馬とを生かしておく<草>を見
Ⅱ列 19:26 育つ前に干からびる屋根の<草>のよ
ヨブ 8:12 ほかの<草>に先立って枯れる．
詩篇 37: 2 彼らは<草>のようにたちまちしおれ，
90: 5 朝，彼らは移ろう<草>のようです．
103:15 人の日は，<草>のよう．野の花のよ
104:14 主は家畜のために<草>を，また，人
106:20 彼らの栄光を，<草>を食らう雄牛の
箴言 19:12 その恵みは<草>の上に置く露のよう．
イザ 11: 7 雌牛と熊とは共に<草>をはみ，その
15: 6 <草>は枯れ，若草も尽き果て，緑も
40: 6 すべての人は<草>，その栄光は，み
51:12 <草>にも等しい人の子を恐れるとは．
エレ 4:29 彼らは<草>むらに入り，岩によじの
50:19 カルメルとバシャンで<草>を食べ，
エゼ 34:18 良い牧場で<草>を食べて，それで足
ダニ 4:15 地の<草>を獣と分け合うようにせよ．
25 牛のように<草>を食べ，天の露にぬ
ゼパ 3:13 まことに彼らは<草>を食べて伏す．
ゼカ 10: 1 野の<草>をすべての人に下さる．
マタ 6:30 あすは炉に投げ込まれる野の<草>さ
え，神はこれほどに装．ルカ12:28.
14:19 群衆に命じて<草>の上にすわらせ，
Ⅰコリ 3:12 木，<草>，わらなどで建てるなら，
ヤコ 1:10 富んでいる人は，<草>の花のように
Ⅰペテ 1:24 人はみな<草>のようで，その栄えは，
みな<草>の花のようだ．<草>はしお

▼クーザ〔人名〕

ヘロデ・アンテパスの執事．ルカ8:3.

▼くさい（臭い）

出エ 7:18 ナイルの魚は死に，ナイルは<臭>く
16:24 <臭>くもならず，うじもわかなかっ
伝道 10: 1 死んだはえは…香油を<臭>くし，発
イザ 50: 2 その魚は水がなくて<臭>くなり，渇
ヨハ 11:39 主よ．もう<臭>くなっておりましょ

▼くさずり（草摺）

Ⅰ列 22:34 王の胸当てと<草摺>の間を射抜いた．
そこで，王は自分の．Ⅱ歴18:33.

▼くさり（鎖）

出エ 28:22 編んで撚った純金の<鎖>を胸当てに
Ⅰ列 6:21 内堂の前に金の<鎖>を渡し，これを
ヨブ 38:31 すばる座の<鎖>を結びつけることが
詩 149: 8 <鎖>で彼らの王たちを，鉄のかせで
エレ 40: 1 エレミヤは…<鎖>につながれていた．
ダニ 4:15 鉄と青銅の<鎖>をかけて，野の若草
5: 7 首に金の<鎖>をかけ，この国の第3
ナホ 3:10 おもだった者たちもみな，<鎖>につ
マコ 5: 3 <鎖>をもってしても，彼をつないで

使徒 12: 6 ペテロは２本の<鎖>につながれてふ
7 すると，<鎖>が彼の手から落ちた．
16:26 みなの<鎖>が解けてしまった．
21:33 パウロを捕らえ，二つの<鎖>につな
26:29 この<鎖>は別として，私のようにな
28:20 この<鎖>につながれているのです．」
IIテモ 1:16 私が<鎖>につながれていることを恥
黙示 20: 1 かぎと大きな<鎖>とを手に持って，

▼くさる（腐る），腐れ

民数 12:12 その肉が半ば<腐>って母の胎から出
ヨブ 6: 7 それは私には<腐>った食物のようだ．
詩篇 14: 1 彼らは<腐>っており，忌まわしい事
3 だれもかれも<腐>り果てている．善を行う者はいない．53:3．
箴言 12: 4 夫の骨の中の<腐れ>のようだ．
イザ 3:24 良いかおりは<腐>ったにおいとなり，
エレ 13: 7 その帯は<腐>って，何の役にも立た
9 エルサレムの大きな誇りを<腐>らせ
エゼ 28:17 輝きのために自分の知恵を<腐>らせ
ホセ 5:12 ユダの家には，<腐れ>のようになる．
ハバ 3:16 <腐れ>は私の骨のうちに入り，私の
ゼカ 14:12 彼らの目はまぶたの中で<腐>り，彼らの舌は口の中で<腐る>．
Iテモ 6: 5 知性が<腐>ってしまって真理を失っ
IIテモ 3: 8 知性の<腐>った，信仰の失格者です．
ヤコ 5: 2 あなたがたの富は<腐>っており，あ

▼クシ〔人名〕

(1)エフディの曽祖父．エレ36:14．
(2)預言者ゼパニヤの父．ゼパ1:1．

▼くじ，くじ引き

レビ 16: 8 ２頭のやぎのために<くじ>を引き，
9 主の<くじ>に当たったやぎをささげ
民数 26:55 その地は<くじ>で割り当て，彼らの
ヨシ 14: 2 ９部族と半部族とに<くじ>で相続地
士師 20: 9 ギブアに…<くじ>を引いて，攻め上
ネヘ 10:34 たきぎのささげ物についての<くじ>
エス 3: 7 プル，すなわち<くじ>が投げられ，
詩篇 22:18 私の一つの着物を，<くじ引き>にし
箴言 1:14 われわれの間で<くじ>を引き，われ
16:33 <くじ>は，ひざに投げられるが，そ
18:18 <くじ>は争いをやめさせ，強い者の
イザ 34:17 受ける割り当てを<くじ>で定め，御
オバ 11 エルサレムを<くじ引き>にして取っ
ヨナ 1: 7 <くじ>を引いて，だれのせいで，こ
ナホ 3:10 高貴な人たちも<くじ引き>にされ，
マタ 27:35 彼らは<くじ>を引いて，イエスの着物を分け．マコ15:24，ヨハ19:24．
ルカ 1: 9 <くじ>を引いたところ，主の神殿に
使徒 1:26 ふたりのために<くじ>を引くと，<くじ>はマッテヤに当たったので，

▼９じ（９時）

マコ 15:25 十字架…は，午前<９時>であった．

▼くじか

申命 14: 5 <くじか>，おおじか，野羊．

▼くじく

民数 32: 7 イスラエル人の意気を<くじ>いて，
ヨシ 14: 8 民の心を<くじ>いたのですが，私は
哀歌 1:14 主は，私の力を<くじ>き，私を，彼
使徒 21:13 泣いたり，私の心を<くじ>いたりし

▼くじける

申命 20: 8 戦友たちの心が…<くじける>といけ
IIサム 17:10 力ある者でも，気が<くじけ>ます．
イザ 42: 4 彼は衰えず，<くじけ>ない．ついに
51: 6 わたしの義は<くじけ>ないからだ．
7 彼らののののしりに<くじける>な．

▼くじゃく

I列 10:22 タルシシュの船団が…さる，<くじゃく>を運んで来たから．II歴9:21．

▼くしゃみ

II列 4:35 子どもは７回<くしゃみ>をして目を
ヨブ 41:18 その<くしゃみ>はいなずまを放ち，

▼クシャヤ〔人名〕

レビ人エタンの父．I歴15:17．

▼クシャン

ミデヤン地方の民族．ハバ3:7．

▼クシャン・リシュアタイム〔人名〕

アラム・ナハライムの王．
士師3:8，10．

▼クシュ

1．地名．
(1)エチオピヤ地方を指す．エゼ29:10，ゼパ3:10．
(2)ギホンの流域地方の名．創世2:13．
2．人名．
(1)ハムの長男．創世10:6，8，I歴1:8，10．
(2)ベニヤミン人でダビデの敵．詩篇7題目．
3．クシュ人，クシュ人の女．民数12:1，IIサム18:21，31，エレ38:7，39:16．

▼くじょう（苦情）

使徒 6: 1 ユダヤ人たちに対して<苦情>を申し

▼ くすしい（奇しい）
出エ 15:11 <奇しい>わざを行うことができまし
34:10 なされたことのない<奇しい>ことを
Ⅰ歴 16: 9 <奇しい>みわざに思いを潜めよ.
ネヘ 9:17 <奇しい>みわざを記憶もせず，かえ
ヨブ 5: 9 神は大いなる事をなして…その<奇しい>みわざは数えきれない．9:10.
詩篇 9: 1 あなたの<奇しい>わざを余すことなく語り告げます．26:7.
17: 7 あなたの<奇しい>恵みをお示しくだ
31:21 私に<奇しい>恵みを施されました.
40: 5 あなたがなさった<奇しい>わざと，
72:18 ただ，主ひとり，<奇しい>わざを行
78:12 ツォアンの野で，<奇しい>わざを行
88:10 死人のために<奇しい>わざを行われ
119:18 みおしえのうちにある<奇しい>こと
129 あなたのさとしは<奇し>く，それゆ
139:14 <奇しい>ことをなさって恐ろしいほ
イザ 28:29 はかりごとは<奇し>く…すばらしい.
エレ 21: 2 あらゆる<奇しい>みわざを行われた
ミカ 7:15 わたしは<奇しい>わざを彼に見せよ

▼ くずす
ネヘ 1: 3 エルサレムの城壁は<くず>され，そ
2:13 <くず>され，その門は火で焼け尽き
4: 3 その石垣を<くず>してしまうだろう.
伝道 3: 3 <くずす>のに時があり，建てるのに
10: 8 石垣を<くずす>者は蛇にかまれる.
マタ 24: 2 石が<くず>されずに，積まれたまま

▼ くすぶる
イザ 42: 3 <くすぶる>燈心を消すこともなく，まことをもって公義を．マタ12:20.

▼ くずむぎ（～麦）
アモ 8: 6 <くず麦>を売るために.」

▼ くすり（薬）
エレ 30:13 はれものに<薬>をつけて，あなたを
46:11 多くの<薬>を使ってもむなしい．あ
エゼ 47:12 その実は…その葉は<薬>となる.

▼ くずれる
ヨシ 6: 5 町の城壁が<くずれ>落ちたなら，民
Ⅰ列 20:30 残った者の上に城壁が<くずれ>落ち
Ⅱ歴 32: 5 <くずれ>ていた城壁を全部建て直し，
ヨブ 7: 5 私の皮は固まっては…<くずれる>.
哀歌 2: 8 塁と城壁は…共に<くずれ>落ちた.
エゼ 26:15 おまえが<くずれ>落ちるとき，その
ヘブ 11:30 その城壁は<くずれ>落ちました.
Ⅱペテ 3:10 天の万象は焼けて<くずれ>去り，地
11 これらのものはみな，<くずれ>落ち

▼ くだ（管）
ヨブ 40:18 骨は青銅の<管>，肋骨は鉄の棒のよ
ゼカ 4: 2 ともしび皿には…七つの<管>がつい
12 ２本の金の<管>によって油をそそぎ

▼ くだく（砕く）
出エ 32:19 板を…山のふもとで<砕>いてしまっ
20 さらにそれを粉々に<砕>き…水の上
34: 1 あなたが<砕>いたこの前の石の板に
レビ 2: 6 それを粉々に<砕>いて…油をそそぎ
11:33 その器は<砕>かなければならない.
民数 24: 8 彼らの骨を<砕>き，彼らの矢を粉々
士師 5:26 こめかみを<砕>いて刺し通した.
9:53 投げつけて，彼の頭蓋骨を<砕>いた.
Ⅱ列 25:13 海とを<砕>いて，その青銅をバビロ
Ⅱ歴 15:16 像を切り倒し，粉々に<砕>いて，キ
ヨブ 4:10 若い獅子のきばも<砕>かれる.
19: 2 そんな論法で私を<砕く>のか.
29:17 不正をする者のあごを<砕>き，その
詩篇 34:18 霊の<砕>かれた者を救われる.
20 その一つさえ，<砕>かれることはな
51: 8 あなたがお<砕>きになった骨が，喜
17 <砕>かれた霊．<砕>かれた，悔いた
74:13 海の巨獣の頭を<砕>かれました.
105:33 主は…彼らの国の木を<砕>かれた.
107:16 鉄のかんぬきを粉々に<砕>かれた.
箴言 25:15 柔らかな舌は骨を<砕く>.
伝道 12: 6 水がめは泉のかたわらで<砕>かれ，
イザ 3:15 わが民を<砕>き，貧しい者の顔をす
9: 4 杖を…粉々に<砕>かれたからだ.
19:10 この国の機織人たちは<砕>かれ，雇
38:13 私のすべての骨を<砕>かれます．あ
41:15 山々を踏みつけて粉々に<砕く>．丘
53: 5 私たちの咎のために<砕>かれた．彼
10 彼を<砕>いて，痛めることは主のみ
58: 6 すべてのくびきを<砕く>ことではな
エレ 2:20 昔から自分のくびきを<砕>き，自分
15:12 だれが鉄…を<砕く>ことができよう
19:11 陶器師の器が<砕>かれると…わたしはこの民と，この町を<砕く>．人々
22:20 あなたの恋人はみな，<砕>かれたか
23:29 岩を<砕く>金槌のようではないか.
48:12 その器をあけ，そのつぼを<砕く>.
25 モアブの…腕は<砕>かれた．――主

51: 8 バビロンは倒れて<砕>かれた．この
哀歌 3: 4 肉と皮とをすり減らし，骨を<砕>き，
16 私の歯を小石で<砕>き，灰の中に私
エゼ 6: 4 あなたがたの香の台は<砕>かれる．
30:21 エジプトの王パロの腕を<砕>いた．
ホセ 8: 6 サマリヤの子牛は粉々に<砕>かれる．
ミカ 3: 3 その骨を粉々に<砕>き，鉢の中にあ
ハバ 3:13 悪者の家の頭を粉々に<砕>き，足も
マタ 21:44 石の上に落ちる者は，粉々に<砕>か
マコ 5: 4 足かせも<砕>いてしまったからで，
ヨハ 19:36 彼の骨は一つも<砕>かれない」とい

▼くださる（下さる）
創世 15: 3 子孫を私に<下さ>らないので，私の
29:21 私の妻を<下さ>い．期間も満了した
30: 1 私に子どもを<下さ>い．でなければ，
18 神は私に報酬を<下さ>った」と言っ
20 神は私に良い賜物を<下さ>った．今
出エ 17: 2 私たちに飲む水を<下さ>い」と言っ
申命 2:12 主の<下さ>った所有の地に対してし
士師 1:15 どうか私に祝いの品を<下さ>い…水
の泉を私に<下さ>い．」そこでカレ
Ｉ列 8:66 イスラエルとに<下さ>った…恵みを
詩篇 18:35 御救いの盾を私に<下さ>いました．
伝道 12: 7 霊はこれを<下さ>った神に帰る．
イザ 8:18 主が私に<下さ>った子たちとは，シ
ダニ 9: 4 契約を守り，恵みを<下さる>方．
ゼカ 10: 1 野の草をすべての人に<下さる>．
マタ 7: 9 自分の子がパンを<下さ>いと言うと
10 子が魚を<下さ>いと言うのに，だれ
11 求める者たちに良いものを<下さ>ら
ルカ 11:12 卵を<下さ>いと言うのに，だれが，
13 どうして聖霊を<下さ>らないことが
ヨハ 4:15 「先生…その水を私に<下さ>い．」
17: 6 あなたは彼らをわたしに<下さ>いま
11 わたしに<下さ>っているあなたの御
24 わたしに<下さ>ったわたしの栄光を，
18: 9 わたしに<下さ>った者のうち，ただ
IIコリ 3: 6 仕える者となる資格を<下さ>いまし
ガラ 3:18 アブラハムに相続の恵みを<下さ>っ

▼くだす（下す）
創世 22:12 手を，その子に<下>してはならない．
37:22 彼に手を<下>してはならない．」ヨ
出エ 12:12 すべての神々にさばきを<下>そう．
24:11 指導者たちに手を<下>されなかった
Ｉサム 2: 6 生かし，よみに<下>し，また上げる．
エズ 5:13 神の宮を再建するよう命令を<下>し
伝道 8:11 宣告がすぐ<下>されないので，人の
イザ 26: 5 これを<下>して地に倒し，これを投
エゼ 16:41 見ている前で…さばきを<下>そう．
23:10 彼女にさばきが<下>され，彼女は女
25:11 モアブにさばきを<下す>とき，彼ら
28:22 わたしがシドンにさばきを<下>し，
30:14 火をつけ，ノにさばきを<下す>．
ロマ 3: 5 怒りを<下す>神は不正なのでしょう

▼くだもの
民数 13:26 彼らにその地の<くだもの>を見せた．
アモ 8: 1 そこに一かごの夏の<くだもの>があ
ミカ 7: 1 私は夏の<くだもの>を集める者のよ
黙示 18:14 心の望みである熟した<くだもの>は，

▼くだる（下る）
創世 37:35 わが子のところに<下>って行きたい
42:38 悲しみながらよみに<下>らせること
46: 3 エジプトに<下る>ことを恐れるな．
民数 16:30 彼らが生きながらよみに<下る>なら，
ヨシ 22:20 全会衆の上に御怒りが<下>ったでは
士師 14: 6 主の霊が激しく彼の上に<下>って，
Ｉサム 10: 6 主の霊があなたの上に激しく<下る>
18:10 神の霊がサウルに激しく<下>り，彼
IIサム 16: 1 ダビデは山の頂から少し<下>った．
Ｉ列 2: 6 安らかによみに<下>らせてはならな
II列 1:10 天から火が<下>って来て，あなたと，
ネヘ 9:13 あなたはシナイ山の上に<下>り，天
ヨブ 1:16 神の火が天から<下>り，羊と若い者
7: 9 よみに<下る>者は，もう上って来な
17:16 よみの深みに<下>っても…共にちり
21:13 寿命を全うし，すぐによみに<下る>．
17 わざわいが彼らの上に<下>り，神が
31:29 彼にわざわいが<下>ったとき，喜び
33:24 よみの穴に<下>って行かないように
28 贖ってよみの穴に<下>らせず，私の
詩篇 28: 1 穴に<下る>者と同じにされないよう
107:26 彼らは天に上り，深みに<下>り，そ
箴言 1:12 墓に<下る>者のように，彼らをその
27 苦難と苦悩が…<下る>とき，
2:18 彼女の家は死に<下>り，その道筋は
5: 5 その足は死に<下>り，その歩みはよ
18: 8 腹の奥に<下>っていく．26:22.
イザ 30:30 御腕の<下る>のを示される．
31: 4 万軍の主は<下>って来て，シオンの
45: 1 彼の前に諸国を<下>らせ，王たちの

エゼ 8: 1 主の御手が私の上に<下>った．
11: 5 主の霊が私に<下>り，私に仰せられ
31:15 それがよみに<下る>日に，わたしは
16 穴に<下る>者たちとともによみに下
32:24 割礼を受けないで地下の国に<下>った者…彼らは穴に<下る>者たちとと
47: 8 この水は…アラバに<下>り，海に入
アモ 5: 6 主は…ヨセフの家に激しく<下>り，
ヨナ 2: 6 私は山々の根元まで<下>り，地のか
ミカ 1:12 主からわざわいが<下>ったのに．
マタ 3:16 神の御霊が鳩のように<下>って，自．マコ1:10，ルカ3:22，ヨハ1:32．
ルカ 4:31 イエスは…カペナウムに<下>られた．
ヨハ 1:33 御霊がある方の上に<下>って，その
3:13 しかし天から<下>った者はいます．
使徒 7:34 彼らを救い出すために<下>って来た．
8: 5 ピリポはサマリヤの町に<下>って行
ロマ 10: 7 だれが地の奥底に<下る>だろうか，
エペ 4: 9 彼がまず地の低い所に<下>られた，
10 この<下>られた方自身が，すべての
Ⅰテサ 4:16 ご自身天から<下>って来られます．
ヤコ 1:17 光を造られた父から<下る>のです．
黙示 3:12 天から<下>って来る新しいエルサレ
20: 1 御使いが…天から<下>って来るのを

▼くち（口），大口，口もと【別項】口にする，御口

創世 4:11 その土地は<口>を開いてあなたの手
44: 1 銀を彼らの袋の<口>に入れておけ．
45:12 話しているのは，この私の<口>です．
出エ 4:10 私は<口>が重く，舌が重いのです．」
11 だれが人に<口>をつけたのか．だれ
15 その<口>にことばを置くなら，わたしはあなたの<口>とともにあり，彼
16 彼はあなたの<口>の代わりとなり，
13. 9 主のおしえがあなたの<口>にあるた
レビ 5: 4 人が<口>で軽々しく，害になること
民数 12: 8 彼とは，わたしは<口>と<口>とで語
16:30 地がその<口>を開き，彼らと彼らに
22:28 主はろばの<口>を開かれたので，ろ
30: 2 すべて自分の<口>から出たとおりの
申命 8: 3 人は主の<口>から出るすべてのもの
18:18 彼の<口>にわたしのことばを授けよ
31:19 彼らの<口>にそれを置け．この歌を
32: 1 地よ．聞け．私の<口>のことばを．
ヨシ 6:10 <口>からことばを出してはいけない．
士師 7: 6 <口>に手を当てて水をなめた者の数
11:35 私は主に向かって<口>を開いたのだ
Ⅰサム 1:12 エリはその<口もと>を見守っていた．
2: 1 私の<口>は敵に向かって大きく開き
3 横柄なことばを<口>から出してはな
17:35 その<口>から羊を救い出します．そ
Ⅱサム 22: 9 その<口>から出る火はむさぼり食い，
Ⅰ列 17:24 あなたの<口>にある主のことばが真
22:13 預言者たちは<口>をそろえて，王に
23 預言者の<口>に偽りを言う霊を授け
Ⅱ列 4:34 自分の<口>を子どもの<口>の上に，
19:28 あなたの<口>にはくつわをはめ，あ
ネヘ 9:20 彼らの<口>から…マナを絶やさず，
エス 7: 8 このことばが王の<口>から出るやい
ヨブ 3: 1 その後，ヨブは<口>を開いて自分の
6:30 私の<口>はわざわいをわきまえない
9:20 私自身の<口>が私を罪ある者とし，
15: 6 あなたの<口>があなたを罪に定める．
16:10 私に向かって<口>を大きくあけ，そ
20:12 たとい悪が彼の<口>に甘く，彼がそ
21: 5 そして手を<口>に当てよ．
31:30 私は自分の<口>に罪を犯させなかっ
40: 4 私はただ手を<口>に当てるばかりで
詩篇 5: 9 彼らの<口>には真実がなく，その心
8: 2 幼子と乳飲み子たちの<口>によって，
10: 7 彼の<口>は，のろいと欺きとしいた
16: 4 その名を<口>に唱えません．
17: 3 私は，<口>のあやまちをしまいと心
19:14 私の<口>のことばと，私の心の思い
22: 7 彼らは<口>をとがらせ，頭を振りま
34: 1 私の<口>には，いつも，主への賛美
37:30 正しい者の<口>は知恵を語り，その
38:13 <口>を開かず，話せない者のよう．
14 <口>で言い争わない人のようです．
39: 1 私の<口>に口輪をはめておこう．悪
9 私は黙し，<口>を開きません．あな
40: 3 主は，私の<口>に，新しい歌，われ
50:16 わたしの契約を<口>にのせるとは．
55:21 彼の<口>は，バタよりもなめらかだ
71: 8 私の<口>には一日中，あなたの賛美
115: 5 <口>があっても語れず，目があって
119:103 蜜よりも私の<口>に甘いのです．
135:16 <口>があっても語れず，目があって
141: 3 私の<口>に見張りを置き，私のくち
145:21 私の<口>が主の誉れを語り，すべて

箴言 4: 5 私の<口>の授けたことばからそれて
10:11 正しい者の<口>はいのちの泉．悪者の<口>は暴虐を隠す．
11: 9 その<口>によって隣人を滅ぼそうと
12: 6 正しい者の<口>は彼らを救い出す．
13: 2 人はその<口>の実によって良いもの
3 自分の<口>を見張る者は自分のいの
18: 4 人の<口>のことばは深い水のようだ．
19:24 それを<口>に持っていこうとしない．
21:23 自分の<口>と舌とを守る者は，自分
24:13 蜂の巣の蜜はあなたの<口>に甘い．
27: 2 自分の<口>でではなく，ほかの者に
31: 8 不幸な人の訴えのために，<口>を開
9 <口>を開いて，正しくさばき，悩ん
伝道 6: 7 人の労苦はみな，自分の<口>のため
雅歌 2: 3 その実は私の<口>に甘いのです．
4: 3 あなたの<口>は愛らしい．あなたの
イザ 6: 7 彼は，私の<口>に触れて言った．
45:23 わたしの<口>から出ることばは正し
49: 2 主は私の<口>を鋭い剣のようにし，
51:16 わたしのことばをあなたの<口>に置
53: 7 雌羊のように，彼は<口>を開かない．
9 彼は暴虐を行わず，その<口>に欺き
57: 4 だれに向かって<口>を大きく開いて，
59:21 あなたの<口>に置いたわたしのことばは，あなたの<口>からも…子孫の<口>からも，すえのすえの<口>から
62: 2 主の<口>が名づける新しい名で呼ば
エレ 1: 9 御手を伸ばして，私の<口>に触れ，
5:14 あなたの<口>にあるわたしのことば
哀歌 3:29 <口>をちりにつけよ．もしや希望が
エゼ 3: 2 私が<口>をあけると…巻き物を食べ
33:31 彼らは，<口>では恋をする者である
34:10 彼らの<口>からわたしの羊を救い出
ダニ 4:31 このことばがまだ王の<口>にあるう
6:22 獅子の<口>をふさいでくださったの
ホセ 6: 5 わたしの<口>のことばで彼らを殺す．
アモ 3:12 羊飼いが，雄獅子の<口>から，2本
6:10 <口>をつぐめ．主の名を口にするな．
8: 3 投げ捨てられる．<口>をつぐめ．」
オバ 12 その苦難の日に<大口>を開くな．
ミカ 7: 5 あなたの<口>の戸を守れ．
ゼパ 3:13 彼らの<口>の中には欺きの舌はない．
ゼカ 14:12 彼らの舌は<口>の中で腐る．
マラ 2: 6 彼の<口>には真理の教えがあり，彼
マタ 4: 4 神の<口>から出る一つ一つのことば
12:22 <口>もきけない人が連れて来られた．
34 心に満ちていることを<口>が話すの
15:11 <口>に入る物は人を汚しません．しかし，<口>から出るもの，これが人
17 <口>に入る物はみな，腹に入り，か
18 <口>から出るものは，心から出て来
18:16 ふたりか3人の証人の<口>によって，
21:16 幼子と乳飲み子たちの<口>に賛美を
マコ 7:32 <口>のきけない人を連れて来て，彼
ルカ 1:64 彼の<口>が開け，舌は解け，ものが
70 聖なる預言者たちの<口>を通して，
4:22 その<口>から出て来る恵みのことば
6:45 なぜなら人の<口>は，心に満ちてい
22:71 彼の<口>から直接それを聞いたのだ
使徒 1:16 聖霊がダビデの<口>を通して預言さ
8:32 小羊のように，彼は<口>を開かなか
35 ピリポは<口>を開き，この聖句から
15: 7 異邦人が私の<口>から福音のことば
22:14 その方の<口>から御声を聞かせよう
23: 2 アナニヤは…彼の<口>を打てと命じ
ロマ 3:14 彼らの<口>は，のろいと苦さで満ち
19 すべての<口>がふさがれて，全世界
10: 8 あなたの<口>にあり，あなたの心に
9 あなたの<口>でイエスを主と告白し，
10 <口>で告白して救われるのです．
Ⅱコリ 12: 4 <口>に出すことのできないことばを
エペ 4:29 悪いことばを，いっさい<口>から出
6:19 私が<口>を開くとき，語るべきこと
ピリ 2:11 すべての<口>が，「イエス・キリス
Ⅱテモ 4:17 私は獅子の<口>から助け出されまし
テト 1:11 彼らの<口>を封じなければいけませ
16 神を知っていると<口>では言います
ヤコ 3: 3 くつわをその<口>にかけると，馬の
10 賛美とのろいが同じ<口>から出て来
Ⅰペテ 2:22 その<口>に何の偽りも見いだされま
ユダ 16 その<口>は大きなことを言い，利益
黙示 1:16 <口>からは鋭い両刃の剣が出ており，
2:16 わたしの<口>の剣をもって彼らと戦
3:16 わたしの<口>からあなたを吐き出そ
9:19 馬の力はその<口>とその尾とにあっ
10: 9 あなたの<口>には蜜のように甘い．」
12:15 蛇はその<口>から水を川のように女
16 地は女を助け，その<口>を開いて，
13: 5 けがしごとを言う<口>を与えられ，

▼ ぐち（愚痴）

ヨブ 1:22 ヨブは…神に<愚痴>をこぼさなかっ

▼ くちぐるま（口車）

箴言 22:14 他国の女の<口車>は深い穴のようだ.

▼ くちごたえ（口答え）

創世 31:36 ヤコブはラバンに<口答え>して言っ
ヨブ 40: 4 あなたに何と<口答え>できましょう.

▼ くちさき（口先）

Ⅱ列 18:20 <口先>だけのことばが, 戦略であり
イザ 29:13 この民は<口先>で近づき, くちびる
エレ 9: 8 <口先>では友人に平和を語るが, 腹
マタ 15: 8 この民は, <口先>ではわたしを敬う
が, その心は…離れて. マコ7:6.
Ⅰヨハ 3:18 ことばや<口先>だけで愛することを

▼ くちずさむ（口ずさむ）

ヨシ 1: 8 昼も夜もそれを<口ずさ>まなければ
詩篇 1: 2 昼も夜もそのおしえを<口ずさむ>.
35:28 日夜, <口ずさむ>ことでしょう.

▼ くちづけ（口づけ）

創世 27:26 わが子よ. 近寄って私に<口づけ>し
29:11 ヤコブはラケルに<口づけ>し, 声を
31:28 娘たちに<口づけ>もさせなかった.
33: 4 首に抱きついて<口づけ>し, ふたり
45:15 すべての兄弟に<口づけ>し, 彼らを
48:10 父は彼らに<口づけ>し, 彼らを抱い
50: 1 ヨセフは…泣き, 父に<口づけ>した.
ルツ 1: 9 ふたりに<口づけ>したので, 彼女た
14 オルパは…別れの<口づけ>をしたが,
Ⅰサム 10: 1 サムエルは…彼に<口づけ>して言っ
20:41 ふたりは<口づけ>して, 抱き合って
Ⅱサム 14:33 王はアブシャロムに<口づけ>した.
20: 9 アマサに<口づけ>しようとして, 右
Ⅰ列 19:18 バアルに<口づけ>しなかった者であ
20 私の父と母とに<口づけ>させてくだ
ヨブ 31:27 手をもって<口づけ>を投げかけたこ
詩篇 2:12 御子に<口づけ>せよ. 主が怒り, お
85:10 義と平和とは, 互いに<口づけ>して
箴言 7:13 女は彼をつかまえて<口づけ>し, 臆
24:26 そのくちびるに<口づけ>される.
27: 6 憎む者が<口づけ>してもてなすより
雅歌 1: 2 あの方が私に<口づけ>してくださっ
ホセ 13: 2 ささげる者は子牛に<口づけ>せよ」
マタ 26:48 私が<口づけ>をするのが, その人だ
…と言っておいた. マコ14:44.
ルカ 7:45 あなたは, <口づけ>してくれなかっ
たが, この女は…足に<口づけ>して
15:20 走り寄って彼を抱き, <口づけ>した.
22:47 ユダはイエスに<口づけし>ようとし
使徒 20:37 パウロの首を抱いて幾度も<口づけ>
ロマ 16:16 聖なる<口づけ>をもって互いのあい
さつをかわしなさい. Ⅰコリ16:20.
Ⅰペテ 5:14 愛の<口づけ>をもって互いにあいさ

▼ くちどめ（口止め）

マコ 7:36 彼らは<口止め>されればされるほど,

▼ くちにする（口にする）

出エ 23:13 ほかの神々の名を<口に>してはなら
ヨシ 23: 7 彼らの神々の名を<口に>してはなら
ヨブ 2:10 罪を犯すようなことを<口に>しなか
ダニ 10: 3 肉もぶどう酒も<口に>せず, また身
アモ 6:10 口をつぐめ. 主の名を<口にする>な.
マタ 12:36 <口にする>あらゆるむだなことばに
エペ 5: 3 <口にする>ことさえいけません.
12 <口にする>のも恥ずかしいことだか

▼ くちばし

創世 8:11 オリーブの若葉がその<くちばし>に

▼ くちひげ（口ひげ）

レビ 13:45 その<口ひげ>をおおって, 『汚れて
エゼ 24:17 <口ひげ>をおおってはならない. 人
ミカ 3: 7 <口ひげ>をおおう. 神の答えがない

▼ くちびる

Ⅰサム 1:13 <くちびる>が動くだけで, その声は
ヨブ 16: 5 私の<くちびる>での慰めをやめなか
27: 4 私の<くちびる>は不正を言わず, 私
詩篇 12: 2 へつらいの<くちびる>と, 二心で話
17: 1 欺きの<くちびる>からでない…祈り
34:13 <くちびる>に欺きを語らせるな.
89:34 <くちびる>から出たことを…変えな
119:171 私の<くちびる>に賛美がわきあふれ
140: 3 <くちびる>の下には, まむしの毒が
箴言 4:24 曲がったことを言う<くちびる>をあ
5: 2 <くちびる>が知識を保つためだ.
3 他国の女の<くちびる>は蜂の巣の蜜
10:13 悟りのある者の<くちびる>には知恵
19 自分の<くちびる>を制する者は思慮
12:13 悪人は<くちびる>でそむきの罪を犯
19 真実の<くちびる>はいつまでも堅く
22 偽りの<くちびる>は主に忌みきらわ
13: 3 <くちびる>を大きく開く者には滅び
16:10 王の<くちびる>には神の宣告がある.
30 <くちびる>をすぼめている者は悪を

17:28 ‹くちびる›を閉じていれば，悟りの
18:20 その‹くちびる›による収穫に満たさ
20:15 知識の‹くちびる›が宝の器．
19 ‹くちびる›を開く者とは交わるな．
26:23 燃える‹くちびる›も，心が悪いと，
伝道 10:12 愚かな者の‹くちびる›はその身を滅
雅歌 4: 3 あなたの‹くちびる›は紅の糸．あな
11 あなたの‹くちびる›は蜂蜜をしたた
5:13 ‹くちびる›は没薬の液をしたたらせ
7: 9 眠っている者の‹くちびる›を流れる．
イザ 6: 5 私は‹くちびる›の汚れた者で，‹く
ちびる›の汚れた民の間に住んでい
7 これがあなたの‹くちびる›に触れた
11: 4 ‹くちびる›の息で悪者を殺す．
29:13 ‹くちびる›でわたしをあがめるが，
ホセ 14: 2 私たちは‹くちびる›の果実をささげ
ゼパ 3: 9 国々の民の‹くちびる›を変えてきよ
マラ 2: 7 祭司の‹くちびる›は知識を守り，人
ロマ 3:13 ‹くちびる›の下には，まむしの毒が
Ⅰコリ 14:21 異国の人の‹くちびる›によってこの
ヘブ 13:15 御名をたたえる‹くちびる›の果実を，

▼ くちべた（口べた）
出エ 6:12 私は‹口べた›なのです．」30．

▼ くちよせ（口寄せ）
レビ 19:31 霊媒や‹口寄せ›に心を移してはなら
Ⅰサム 28: 3 サウルは国内から霊媒や‹口寄せ›を
Ⅱ列 21: 6 霊媒や‹口寄せ›をして，主の目の前
イザ 8:19 ささやく‹口寄せ›に尋ねよ」と言う
19: 3 霊媒や‹口寄せ›に伺いを立てる．

▼ くちる（朽ちる），朽ち果てる
レビ 26:39 自分の咎のために‹朽ち果てる›…先
祖たちの咎のために‹朽ち果てる›．
イザ 34: 4 天の万象は‹朽ち果て›，天は巻き物
エゼ 4:17 みなやせ衰え，‹朽ち果て›よう．
24:23 自分たちの咎のために‹朽ち果て›，
33:10 そのため，私たちは‹朽ち果て›た．
ルカ 12:33 ‹朽ちる›ことのない宝を天に積み上
使徒 2:27 あなたの聖者が‹朽ち果てる›のをお
13:34 もはや‹朽ちる›ことのない方とされ
36 ダビデは…ついに‹朽ち果て›ました．
Ⅰコリ 9:25 私たちは‹朽ち›ない冠を受けるため
15:42 ‹朽ちる›もので蒔かれ，‹朽ち›ない
50 ‹朽ちる›ものは，‹朽ち›ないものを
52 死者は‹朽ち›ないものによみがえり，
54 ‹朽ちる›ものが‹朽ち›ないものを着，
エペ 6:24 キリストを‹朽ち›ぬ愛をもって愛す
ヘブ 7:16 ‹朽ちる›ことのない，いのちの力に
Ⅰペテ 1: 4 ‹朽ちる›ことも汚れることも，消え
7 精錬されつつなお‹朽ち›て行く金よ
18 銀や金のような‹朽ちる›物にはよら
23 ‹朽ちる›種からではなく，‹朽ち›な

▼ くちわ（口輪）
詩篇 39: 1 私の口に‹口輪›をはめておこう．悪

▼ くつ【別項】くつ（の）ひも
出エ 3: 5 あなたの足の‹くつ›を脱げ．あなた
12:11 足に，‹くつ›をはき，手に杖を持ち，
申命 25: 9 足から‹くつ›を脱がせ，彼の顔につ
29: 5 その足の‹くつ›もすり切れなかった．
Ⅰ列 2: 5 自分の…足の‹くつ›に戦いの血をつ
イザ 9: 5 戦場ではいたすべての‹くつ›，血に
11:15 ‹くつ›ばきのままで歩けるようにす
アモ 2: 6 １足の‹くつ›のために貧しい者を売
マタ 10:10 ‹くつ›も，杖も持たずに行きなさい．
マコ 6: 9 ‹くつ›は，はきなさい．しかし２枚
ルカ 10: 4 ‹くつ›もはかずに行きなさい．だれ
15:22 足に‹くつ›をはかせなさい．
使徒 7:33 あなたの足の‹くつ›を脱ぎなさい．

▼ くつう（苦痛）
ヨブ 6:10 容赦ない‹苦痛›の中でも，こおどり
詩篇 10:14 見ておられました．害毒と‹苦痛›を．
48: 6 …を捕らえた．産婦のような‹苦痛›．
73: 4 彼らの死には，‹苦痛›がなく，彼ら
伝道 5:17 人は一生…多くの‹苦痛›，病気，そ
イザ 21: 3 それゆえ，私の腰は‹苦痛›で満ちた．
エレ 13:21 ‹苦痛›があなたを捕らえないだろう
15: 8 ‹苦痛›と恐怖を彼女の上に襲わせた．
22:23 産婦のような‹苦痛›が襲うとき，あ
ダニ 10:16 私は‹苦痛›に襲われ，力を失いまし
ヨハ 16:21 もはやその激しい‹苦痛›を忘れてし
Ⅱコリ 12:10 ‹苦痛›，迫害，困難に甘んじていま
Ⅰテモ 6:10 非常な‹苦痛›をもって自分を刺し通
黙示 9: 5 その与えた‹苦痛›は，さそりが人を
刺したときのような‹苦痛›であった．

▼ くつがえす
民数 23:20 私はそれを‹くつがえす›ことはでき
エズ 6:12 王や民をみな，‹くつがえ›されます
ヨブ 5:13 ずるいはかりごとは‹くつがえ›され
9: 5 神は怒ってこれを‹くつがえ›される．
12:15 水を送ると，地を‹くつがえす›．
28: 9 山々をその基から‹くつがえす›．

箴言 12: 7 悪者は<くつがえ>されて，いなくな
22:12 裏切り者のことばを<くつがえす>.
イザ 24: 1 その面を<くつがえ>して，その住民
エゼ 16:39 小高い家を<くつがえ>し，高台をこ
30: 4 その基が<くつがえ>されるとき，ク
ダニ 8:11 その聖所の基は<くつがえ>される.
アモ 4:11 ゴモラを<くつがえ>したように．あ
ミカ 5:11 要塞をみな<くつがえす>.
ハガ 2:22 王国の王座を<くつがえ>し，異邦の
IIテモ 2:18 ある人々の信仰を<くつがえ>してい

▼ くつこ

申命 25: 4 脱穀をしている牛に<くつこ>を掛け
ホセ 11: 4 あごの<くつこ>をはずす者のように
Iコリ 9: 9 穀物をこなしている牛に，<くつこ>
を掛けてはいけない」 I テモ5:18.

▼ くっつく

ヨブ 19:20 骨は皮と肉とに<くっつ>いてしまい，
詩篇 22:15 舌は，上あごに<くっつ>いています.

▼ くつ（の）ひも

創世 14:23 <くつひも>1本でも，あなたの所有
イザ 5:27 腰の帯は解けず，<くつひも>も切れ
マコ 1: 7 その方の<くつのひも>を解く値うち
もありません．ルカ3:16，ヨハ1:27，
使徒13:25.

▼ くっぷく（屈服）

士師 11:33 アモン人はイスラエル人に<屈服>し
箴言 25:26 正しい人が悪者の前に<屈服>するの

▼ くつわ

II列 19:28 あなたの口には<くつわ>をはめ，あ
なたを，もと来た道に．イザ37:29.
ヤコ 1:26 自分の舌に<くつわ>をかけず，自分
3: 3 <くつわ>をその口にかけると，馬の
黙示 14:20 馬の<くつわ>に届くほどになり，千

▼ クテ〔地名〕

バビロン北東の町．II列17:24，30.

▼ グデゴダ〔地名〕

荒野宿営地の一つ．申命10:7.

▼ くとう（苦闘）

コロ 2: 1 私がどんなに<苦闘>しているか，知
Iテサ 2: 2 激しい<苦闘>の中でも大胆に神の福
9 私たちの労苦と<苦闘>を覚えている

▼ くどく

士師 14:15 あなたの夫を<くど>いて，あのなぞ
16: 5 サムソンを<くど>いて，彼の強い力
箴言 7:21 女は<くど>き続けて彼を惑わし，へ
ホセ 2:14 わたしは彼女を<くど>いて荒野に連

▼ くないちょうかん（宮内長官）

I列 4: 6 アヒシャルは<宮内長官>．アブダの
II列 10: 5 <宮内長官>，町のつかさ，長老たち，
18:18 <宮内長官>エルヤキム，書記シェブ

▼ くなん（苦難）

創世 35: 3 私の<苦難>の日に私に答え，私の歩
申命 31:17 多くのわざわいと<苦難>が彼らに降
士師 10:14 <苦難>の時には，彼らが救うがよい.
I列 1:29 私のいのちをあらゆる<苦難>から救
ネヘ 9:27 その<苦難>の時にあなたに叫び求め
ヨブ 38:23 これらは<苦難>の時のために，いく
詩篇 37:39 <苦難>のときの彼らのとりでは主で
50:15 <苦難>の日にはわたしを呼び求めよ.
60: 3 御民に<苦難>をなめさせられました.
119:143 <苦難>と窮乏とが私に襲いかかって
箴言 1:27 <苦難>と苦悩があなたがたの上に下
24:10 あなたが<苦難>の日に気落ちしたら，
イザ 8:22 地を見ると，見よ，<苦難>とやみ，
26:16 主よ．<苦難>の時に，彼らはあなた
30: 6 <苦難>と苦悩の地を通り，雌獅子や
33: 2 <苦難>の時の私たちの救いとなって
65:16 先の<苦難>は忘れられ，わたしの目
エレ 14: 8 <苦難>の時の救い主よ．なぜあなた
16:19 <苦難>の日の私の逃げ場よ．あなた
30: 7 それはヤコブにも<苦難>の時だ．し
哀歌 3: 5 苦味と<苦難>で私を取り囲んだ.
ダニ 12: 1 かつてなかったほどの<苦難>の時が
オバ 12 その<苦難>の日に大口を開くな.
14 その<苦難>の日に，彼らの生き残っ
ナホ 1: 7 主は…<苦難>の日のとりでである.
ゼパ 1:15 <苦難>と苦悩の日，荒廃と滅亡の日，
マタ 24:21 ひどい<苦難>があるからです.
29 これらの日の<苦難>に続いてすぐに，
マコ 13:19 これからもないような<苦難>の日だ
24 その<苦難>に続いて，太陽は暗くな
ルカ 21:23 この地に大きな<苦難>が臨み，この
使徒 7:34 わたしの民の<苦難>を見，そのうめ
ロマ 8:17 受けるために<苦難>をともにしてい
Iコリ 7:28 その身に<苦難>を招くでしょう．私
IIコリ 1: 5 私たちにキリストの<苦難>があふれ
6 私たちが受けている<苦難>と同じ
<苦難>に耐え抜く力をあなたがたに
エペ 3:13 受けている<苦難>のゆえに落胆する
Iテサ 1: 6 多くの<苦難>の中で，聖霊による喜

3: 3　<苦難>の中にあっても，動揺する者
4　私たちは<苦難>に会うようになる，
Ⅱテモ 3:11　迫害や<苦難>にも，よくついて来て
ヘブ 9:26　世の初めから幾度も<苦難>を受けな
ヤコ 5:10　<苦難>と忍耐については，兄弟たち，
Ⅰペテ 1:11　キリストの<苦難>とそれに続く栄光
5: 1　キリストの<苦難>の証人，また，や
黙示 1: 9　イエスにある<苦難>と御国と忍耐と

▼くに（国），国々【別項】神の国，北・北の国，御国

創世 10: 5　これらから海沿いの<国々>が分かれ
15:13　自分たちのものでない<国>で寄留者
18:18　すべての<国々>は，彼によって祝福
22:18　地のすべての<国々>は祝福を受ける
26: 3　これらの<国々>をすべて…与えるか
出エ 12:49　この<国>に生まれた者にも，あなた
レビ 26: 6　悪い獣をその<国>から除く．剣があ
33　あなたがたを<国々>の間に散らし，
民数 21:22　あなたの<国>を通らせてください．
申命 6: 3　乳と蜜の流れる<国>で大いにふえよ
9: 4　これらの<国々>が悪いために，主は
15:11　貧しい者が<国>のうちから絶えるこ
28:36　先祖たちも知らなかった<国>に行か
ヨシ 9: 6　私たちは遠い<国>からまいりました．
ルツ 2:11　あなたの父母や生まれた<国>を離れ
Ⅰサム 14:29　父はこの<国>を悩ませている．ご覧．
Ⅱサム 8:11　征服したすべての<国々>から取って
Ⅱ列 20:13　<国>中で，彼らに見せなかった物は
Ⅰ歴 16:28　<国々>の民の諸族よ．主にささげよ．
35　<国々>から私たちを集め…救い出し
詩篇 2: 1　なぜ<国々>は騒ぎ立ち，国民はむな
22:28　主は，<国々>を統べ治めておられる．
33:10　主は<国々>のはかりごとを無効にし，
46: 6　<国々>は立ち騒ぎ，諸方の王国は揺
箴言 14:34　正義は<国>を高め，罪は国民をはず
25:25　遠い<国>からの良い消息は，疲れた
伝道 10:16　首長たちが朝から食事をする<国>は．
イザ 2: 2　すべての<国々>がそこに流れて来る．
4　主は<国々>の間をさばき，多くの
<国々>の民に，判決を下す．彼らは
5:26　主が遠く離れた<国>に旗を揚げ，地
8: 8　翼はあなたの<国>の幅いっぱいに広
11: 4　口のむちで<国>を打ち，くちびるの
37: 7　わたしは，その<国>で彼を剣で倒す．
12　その<国々>の神々が彼らを救い出し
40:17　<国々>も主の前では無いに等しく，
66: 8　<国>は一瞬にして生まれようか．と
エレ 1: 5　あなたを<国々>への預言者と定めて
12:17　その<国>を根こぎにして滅ぼしてし
18: 7　一つの<国>，一つの王国について，
23: 5　この<国>に公義と正義を行う．
27:13　バビロンの王に仕えない<国>につい
31:17　あなたの子らは自分の<国>に帰って
43: 5　散らされていた<国々>からユダの
<国>に住むために帰っていたユダの
46:12　<国々>は，あなたの恥を聞いた．あ
49:31　安心して住んでいるのんきな<国>に
50: 3　北から一つの<国>がここに攻め上り，
51: 7　すべての<国々>はこれに酔い，<国
国>はそのぶどう酒を飲んで，酔い
エゼ 5: 5　エルサレム…その回りを<国々>で取
6　その回りの<国々>よりもわたしのお
32:18　穴に下る者たちとともに地下の<国>
37:22　イスラエルの山々で，一つの<国>と
するとき…もはや二つの<国>とはな
39:27　彼らを<国々>の民の間から帰らせ…
多くの<国々>が見ている前で，彼ら
ダニ 2:37　天の神はあなたに<国>と権威と力と
44　天の神は一つの<国>を起こされます．
その<国>は永遠に滅ぼされることが
4: 3　その<国>は永遠にわたる<国>，その
17　いと高き方が人間の<国>を支配し，
7:18　聖徒たちが，<国>を受け継ぎ，永遠
に，その<国>を保って世々限りなく
27　<国>と，主権と，天下の<国々>の権
威とは…その御国は永遠の<国>．す
8:22　その<国>から四つの<国>が起こるこ
11: 9　北の王は南の王の<国>に侵入し，ま
21　彼には<国>の尊厳は与えられないが
…巧言を使って<国>を堅く握る．
アモ 7:11　イスラエルはその<国>から必ず捕ら
9: 9　すべての<国々>の間でイスラエルの
オバ 2　あなたを<国々>の中の小さい者，ひ
ミカ 4: 3　遠く離れた強い<国々>に，判決を下
5: 8　多くの<国々>の民のただ中で，森の
ハバ 3:12　怒って，<国々>を踏みつけられます．
ゼカ 2:11　その日，多くの<国々>が主につき，
12: 9　すべての<国々>を捜して滅ぼそう．
マラ 1: 4　彼らは，悪の<国>と言われ，主のと
マタ 2:12　別の道から自分の<国>へ帰って行っ

4: 8 この世のすべての<国々>とその栄華
12:25 どんな<国>でも，内輪もめして争え
26 どうしてその<国>は立ち行くでしょ
24: 7 <国>は<国>に敵対して立ち上がり，方々にききん．マコ13:8，ルカ21:10．
9 すべての<国>の人々に憎まれます．
28:19 あらゆる<国>の人々を弟子としなさ
マコ 3:24 もし<国>が内部で分裂したら，その
6:23 私の<国>の半分でも，与えよう」と
11:10 われらの父ダビデの<国>に．ホサナ．
ルカ 4: 5 またたくまに世界の<国々>を全部見
6 <国々>のいっさいの権力と栄光とを
22:30 わたしの<国>でわたしの食卓に着い
24:47 あらゆる<国>の人々に宣べ伝えられ
ヨハ 18:36 わたしの<国>はこの世のものではあ
使徒 1: 6 イスラエルのために<国>を再興して
2: 5 天下のあらゆる<国>から来て住んで
6 それぞれ自分の<国>のことばで弟子
8 めいめいの<国>の国語で話すのを聞
10:35 どの<国>の人であっても，神を恐れ
17:26 ひとりの人からすべての<国>の人々
ロマ 4:18 あらゆる<国>の人々の父となるため
Ⅰコリ 15:24 <国>を父なる神にお渡しになります．
ヘブ 11:33 信仰によって，<国々>を征服し，正
黙示 11:15 この世の<国>は私たちの主およびそ
12: 5 すべての<国々>の民を牧するはずで
10 私たちの神の救いと力と<国>と，ま

▼ **グニ**

1. 人名．
(1)ナフタリの次男．創世46:24，民数26:48．
(2)ガド族のアブディエルの父．Ⅰ歴5:15．

2. グニ族．1.(1)のグニの子孫．民数26:48．

▼ **くにざかい（国境）**

Ⅰ列 4:21 <国境>に至るすべての王国を支配し
イザ 19:19 その<国境>のそばには，主のために
エゼ 11:10 <国境>であなたがたをさばくとき，
ミカ 7:11 その日，<国境>が広げられる．

▼ **くにたみ（国民）**

創世 25:23 二つの<国民>があなたから分かれ出る．一つの<国民>は他の<国民>より
詩 148:11 地の王たちよ．すべての<国民>よ．
箴言 14:34 罪は<国民>をはずかしめる．
イザ 43: 4 <国民>をあなたのいのちの代わりに
51: 4 わたしの<国民>よ．わたしに耳を傾

▼ **クニド〔地名〕**

小アジヤ南西部にある半島の町．使徒27:7．

▼ **ぐにもつかない（愚にもつかない）**

Ⅰテモ 4: 7 俗悪で<愚にもつか>ぬ空想話を避け

▼ **くのう（苦悩）**

ヨブ 15:24 苦難と<苦悩>とが彼をおびえさせ，
21:25 ある者は<苦悩>のうちに死に，何の
詩篇 25:17 どうか，<苦悩>のうちから私を引き
107: 6 主は彼らを<苦悩>から救い出された．
箴言 1:27 苦難と<苦悩>があなたがたの上に下
イザ 8:22 地を見ると…<苦悩>の暗やみ，暗黒，
エレ 20:18 なぜ，私は労苦と<苦悩>に会うため
ゼパ 1:15 その日は…苦難と<苦悩>の日，荒廃
ロマ 2: 9 患難と<苦悩>とは，ユダヤ人をはじ

▼ **くばる（配る）**

詩篇 41: 1 弱っている者に心を<配る>人は．主
マコ 6:41 パンを裂き，人々に<配る>ように弟
8: 6 七つのパンを取り…人々に<配る>よ
7 魚…これも<配る>ように言われた．
ルカ 9:16 祝福して裂き，群衆に<配る>ように
使徒 20:28 群れの全体とに気を<配>りなさい．
Ⅰコリ 7:32 独身の男は…主のことに心を<配>り
33 結婚した男は…世のことに心を<配>
34 主のことに心を<配>りますが，結婚

▼ **くび（首），首筋**

創世 27:16 子やぎの毛皮を，彼の手と<首>のな
40 彼のくびきを自分の<首>から解き捨
33: 4 <首>に抱きついて口づけし，ふたり
出エ 13:13 その<首>を折らなければならない．
レビ 5: 8 その頭の<首>のところをひねり裂き
申命 28:48 あなたの<首>に鉄のくびきを置き，
ヨシ 10:24 その王たちの<首>に足をかけた．
Ⅰサム 4:18 エリは…<首>を折って死んだ．年寄
17:51 とどめを刺して<首>をはねた．ペリ
31: 9 彼らはサウルの<首>を切り，その武
Ⅱサム 17:23 <首>をくくって死に，彼の父の墓に
20:21 その男の<首>を城壁の上からあなた
Ⅱ列 6:31 エリシャの<首>が彼の上についてい
Ⅰ歴 10:10 彼の<首>をダゴンの宮にさらした．
ヨブ 39:19 その<首>にたてがみをつけるのか．
41:22 その<首>には力が宿り，その前には
箴言 3: 3 それをあなたの<首>に結び，あなた
6:21 あなたの<首>の回りに結びつけよ．
雅歌 4: 4 あなたの<首>は…ダビデのやぐらの
イザ 3:16 シオンの娘たちは…<首>を伸ばし，

8: 8 ユダに流れ込み…<首>にまで達する.
30:28 その息は…<首>に達するあふれる流
48: 4 かたくなであり，<首筋>は鉄の腱，
52: 2 あなたの<首>からかせをふりほどけ，
エレ 27: 2 それをあなたの<首>につけよ.
30: 8 彼らの<首>のくびきを砕き，彼らの
ダニ 5: 7 <首>に金の鎖をかけ，この国の第3
ホセ 10:11 わたしはその美しい<首>にくびきを
ハバ 3:13 足もとから<首>まで裸にされます.
マタ 14: 8 ヨハネの<首>を盆に載せて私に下さ
11 その<首>は盆に載せて運ばれ，少女
18: 6 大きい石臼を<首>にかけられて，湖
28 <首>を絞めて，『借金を返せ』と言
27: 5 外に出て行って，<首>をつった.
マコ 6:16 私が<首>をはねたあのヨハネが生き
28 その<首>を盆に載せて持って来て，
ルカ 9: 9 ヨハネなら，私が<首>をはねたのだ.
使徒 20:37 パウロの<首>を抱いて幾度も口づけ
黙示 20: 4 神のことばとのゆえに<首>をはねら

▼ くびかざり（首飾り）

創世 41:42 その首に金の<首飾り>を掛けた.
出エ 35:22 心から進んで…<首飾り>，すべての
民数 31:50 <首飾り>などを主へのささげ物とし
詩篇 73: 6 高慢が彼らの<首飾り>となり，暴虐
箴言 1: 9 頭の麗しい花輪，あなたの<首飾り>
雅歌 4: 9 あなたの<首飾り>のただ一つの宝石
エゼ 16:11 腕輪をはめ，首には<首飾り>をかけ，

▼ くびかせ（首かせ）

エレ 29:26 足かせや，<首かせ>をはめるためで

▼ くびき

創世 27:40 彼の<くびき>を自分の首から解き捨
レビ 26:13 あなたがたの<くびき>の横木を打ち
申命 21: 3 まだ<くびき>を負って引いたことの
28:48 あなたの首に鉄の<くびき>を置き，
Iサム 6: 7 <くびき>をつけたことのない，乳を
I列 12: 4 あなたの父上は，私たちの<くびき>
をかたくしました. II歴10:4.
19:21 エリシャは…一<くびき>の牛を取り，
イザ 9: 4 あなたが彼の重荷の<くびき>と，肩
10:27 <くびき>はあなたの肩からもぎ取ら
14:25 アッシリヤの<くびき>は…除かれ，
47: 6 老人にも，ひどく重い<くびき>を負
58: 6 <くびき>のなわめをほどき…すべて
の<くびき>を砕くことではないか.
エレ 2:20 あなたは昔から自分の<くびき>を砕
28: 2 バビロンの王の<くびき>を打ち砕く.
哀歌 1:14 私のそむきの罪の<くびき>は重く，
3:27 若い時に，<くびき>を負うのは良い.
エゼ 30:18 わたしがエジプトの<くびき>を砕き，
ホセ 10:11 その美しい首に<くびき>を掛けた.
ナホ 1:13 わたしは彼の<くびき>を…はずして
マタ 11:29 わたしの<くびき>を負って，わたし
30 わたしの<くびき>は負いやすく，わ
使徒 15:10 私たちも負いきれなかった<くびき>
IIコリ 6:14 不信者と，つり合わぬ<くびき>をい
ガラ 5: 1 またと奴隷の<くびき>を負わせられ
Iテモ 6: 1 <くびき>の下にある奴隷は，自分の

▼ クブ

エジプトの同盟国. エゼ30:5.

▼ くふう（工夫）

使徒 17:29 神を，人間の技術や<工夫>で造った

▼ くべつ（区別）

創世 1: 4 神はこの光とやみとを<区別>された.
14 昼と夜とを<区別>せよ. しるしのた
出エ 8:23 あなたの民との間を<区別>して，救
9: 4 エジプトの家畜とを<区別>する. そ
11: 7 イスラエル人を<区別>されるのを，
33:16 地上のすべての民と<区別>されるこ
レビ 10:10 汚れたものときよいものを<区別>す
11:47 食べてはならない生き物とが<区別>
20:25 汚れた鳥ときよい鳥を<区別>するよ
I列 8:53 地上のすべての国々の民から<区別>
エゼ 22:26 聖なるものと俗なるものとを<区別>
42:20 聖なるものと俗なるものとを<区別>
44:23 きよいものとの<区別>を教えなけれ
ロマ 10:12 ユダヤ人とギリシヤ人との<区別>は
コロ 3:11 奴隷と自由人というような<区別>は
Iヨハ 3:10 悪魔の子どもとの<区別>がはっきり

▼ くま（熊）

Iサム 17:34 <熊>が来て，群れの羊を取って行く
37 <熊>の爪から私を救い出してくださ
イザ 11: 7 雌牛と<熊>とは共に草をはみ，その
哀歌 3:10 主は…待ち伏せしている<熊>，隠れ
ダニ 7: 5 <熊>に似たほかの第2の獣が現れた.
アモ 5:19 <熊>が彼に会い，家に入って手を壁
黙示 13: 2 足は<熊>の足のようで，口は獅子の

▼ くまばち

出エ 23:28 <くまばち>をあなたの先に遣わそう.
申命 7:20 <くまばち>を彼らのうちに送り，生
ヨシ 24:12 <くまばち>がエモリ人のふたりの王

▼くみ（組），組分け
申命22:10　牛とろばとを<組>にして耕してはな
Ⅰ歴24: 1　アロンの子らの<組分け>．アロンの
26:12　門衛のこれらの各<組>に対し，主の
Ⅱ歴 8:14　祭司たちの<組分け>を定めてその務
エズ 6:18　レビ人をその<組>にしたがってそれ
ネヘ12:24　<組>と<組>が相応じて，神の人ダビ
マコ 6:39　それぞれ<組>にして青草の上にすわ
ルカ 1: 5　アビヤの<組>の者でザカリヤという
9:14　50人ぐらいずつ<組>にしてすわらせ

▼くみあわす（組み合わす）
エペ 2:21　<組み合わ>された建物の全体が成長
4:16　しっかりと<組み合わ>され，結び合

▼くみする
詩篇83: 8　アッシリヤもまた，彼らに<くみ>し，
箴言29:24　盗人に<くみする>者は自分自身を憎
ホセ 4:17　エフライムは偶像に，<くみ>してい
Ⅰコリ 4: 6　一方に<くみ>し，他方に反対して高

▼くみたてる（組み立てる）
民数 1:51　レビ人がこれを<組み立て>なければ
詩 139:13　母の胎のうちで私を<組み立て>られ

▼クミン〔植物〕
イザ28:25　<クミン>の種を蒔き，小麦をうねに，
マタ23:23　<クミン>などの10分の１を納めてい

▼くむ（汲む）
創世24:11　女たちが水を<汲>みに出て来るころ，
19　らくだのためにも…水を<汲>んで差
出エ 2:19　私たちのために水まで<汲>み，羊の
ヨシ 9:21　たきぎを割る者，水を<汲む>者とな
箴言20: 5　英知のある人はこれを<汲>み出す．
イザ12: 3　救いの泉から水を<汲む>．
30:14　水ためから水を<汲む>ほどのかけら
ナホ 3:14　包囲の日のための水を<汲>み，要塞
ハガ 2:16　50おけを<汲>もうと酒ぶねに行って
ヨハ 2: 8　さあ，今<く>みなさい．そして宴会
9　しかし，水を<く>んだ手伝いの者た
4: 7　ひとりのサマリヤの女が水を<く>み
11　あなたは<くむ>物を持っておいでに
15　もうここまで<く>みに来なくてもよ

▼くむ（組む）【別項】組み合わす，組み立てる
出エ23: 1　悪者と<組>んで，悪意ある証人とな
使徒 4:26　キリストに反抗して，一つに<組>ん
23:15　あなたがたは議会と<組>んで，パウ

▼くも
ヨブ 8:14　その確信は，<くも>の糸，その信頼は，<くも>の巣だ．
イザ59: 5　まむしの卵をかえし，<くも>の巣を

▼くも（雲），雨雲，黒雲，濃い雲【別項】雲の柱
創世 9:13　わたしは<雲>の中に…虹を立てる．
出エ16:10　主の栄光が<雲>の中に現れた．
19: 9　<濃い雲>の中で，あなたに臨む．わ
40:34　<雲>は会見の天幕をおおい，主の栄
レビ16: 2　『贖いのふた』の上の<雲>の中に現
13　香から出る<雲>があかしの箱の上の
民数 9:15　<雲>があかしの天幕である幕屋をお
12:10　<雲>が天幕の上から離れ去ると，見
申命 4:11　火は中天に達し，<雲>と暗やみの暗
5:22　主はあの山で，火と<雲>と暗やみの
33:26　威光のうちに<雲>に乗られる．
士師 5: 4　大地は揺れ…<雲>は水をしたたらせ
Ⅱサム22:12　仮庵は水の集まりと，<濃い雲>．
23: 4　<雲>一つない朝の光のようだ．雨の
Ⅰ列 8:10　<雲>が主の宮に満ちた．
18:44　小さな<雲>が海から上っています」
ヨブ20: 6　その頭が<雲>まで及んでも，
22:14　<濃い雲>が神をおおっているので，
26: 8　神は水を<濃い雲>の中に包まれるが，その下の<雲>は裂けない．
30:15　私の繁栄は<雨雲>のように過ぎ去っ
35: 5　あなたより，はるかに高い<雲>を見
37:11　神は<濃い雲>に水気を負わせ，<雲>
16　<濃い雲>のつり合いを知っているか．
38: 9　わたしは<雲>をその着物とし，<黒雲>をそのむつきとした．
37　<雨雲>を数えることができるか．だ
詩篇18:11　仮庵は<雨雲>の暗やみ，<濃い雲>．
68: 4　<雲>に乗って来られる方のために道
78:23　神は，上の<雲>に命じて天の戸を開
89: 6　<雲>の上ではだれが主と並びえまし
104: 3　<雲>をご自分の車とし，風の翼に乗
105:39　<雲>を広げて仕切りの幕とし，夜に
135: 7　主は地の果てから，<雲>を上らせ，
147: 8　神は<雲>で天をおおい，地のために
箴言 3:20　深淵は…張り裂け，<雲>は露を注ぐ．
16:15　後の雨をもたらす<雲>のようだ．
25:14　雨を降らせない<雲>や風のようだ．
伝道12: 2　雨の後にまた<雨雲>がおおう前に．

イザ 4: 5 昼は<雲>，夜は煙と燃える火の輝き
5: 6 わたしは<雲>に命じて，この上に雨
30 光さえ<雨雲>の中で暗くなる．
19: 1 主は速い<雲>に乗ってエジプトに来
44:22 あなたのそむきの罪を<雲>のように，
45: 8 <雲>よ．正義を降らせよ．地よ．開
エレ 10:13 主は地の果てから<雲>を上らせ，雨
エゼ 1: 4 大きな<雲>と火が，ぐるぐるとひら
8:11 その香の<濃い雲>が立ち上っていた．
10: 3 <雲>がその内庭を満たしていた．
34:12 <雲>と暗やみの日に散らされたすべ
ダニ 7:13 人の子のような方が天の<雲>に乗っ
ナホ 1: 3 <雲>はその足でかき立てられる砂ほ
マタ 17: 5 光り輝く<雲>がその人々を包み，そ
して，<雲>の中から，「これは，わ
24:30 人の子が…天の<雲>に乗って来るの
マコ 9: 7 そのとき<雲>がわき起こってその人
13:26 栄光を帯びて<雲>に乗って来るのを
ルカ 9:34 彼らが<雲>に包まれると，弟子たち
12:54 西に<雲>が起こるのを見るとすぐに，
使徒 1: 9 <雲>に包まれて，見えなくなられた．
Ⅰコリ 10: 1 <雲>の下におり，みな海を通って行
2 みな，<雲>と海とで，モーセにつく
Ⅰテサ 4:17 <雲>の中に一挙に引き上げられ，空
ヘブ 12: 1 <雲>のように私たちを取り巻いてい
ユダ 12 風に吹き飛ばされる，水のない<雲>，
黙示 1: 7 彼が，<雲>に乗って来られる．すべ
10: 1 強い御使いが，<雲>に包まれて，天
11:12 彼らは<雲>に乗って天に上った．彼
14:14 白い<雲>が起こり，その<雲>に人の

▼ くものはしら（雲の柱）

出エ 13:21 彼らを導くため，<雲の柱>の中に，
22 昼はこの<雲の柱>，夜はこの火の柱
14:19 <雲の柱>は彼らの前から移って，彼
24 主は火と<雲の柱>のうちからエジプ
33: 9 <雲の柱>が降りて来て，天幕の入口
10 天幕の入口に<雲の柱>が立つのを見
民数 12: 5 主は<雲の柱>の中にあって降りて来
14:14 昼は<雲の柱>，夜は火の柱のうちに
申命 31:15 主は天幕で<雲の柱>のうちに現れた．
<雲の柱>は天幕の入口にとどまった．
ネヘ 9:12 昼間は<雲の柱>によって彼らを導き，
詩篇 99: 7 主は，<雲の柱>から，彼らに語られ

▼ くもる（曇る）

エゼ 30: 3 その日は<曇>った日，諸国の民の終
マコ 10:22 彼は，このことばに顔を<曇>らせ，

▼ くやむ（悔やむ），悔やみ

創世 6: 6 地上に人を造ったことを<悔やみ>，
士師 21: 6 兄弟ベニヤミンのことで<悔やん>だ．
それで言った．15.
Ⅰサム 15:35 王としたことを<悔やま>れた．
Ⅱサム 10: 2 彼の父の<悔やみ>を言わせた．ダビ
3 ダビデが…<悔やみ>の使者をよこし
13:39 アムノンのために<悔やん>でいたか
Ⅰ歴 19: 2 ダビデは…父の<悔やみ>を言わせた
…ハヌンに<悔やみ>を言うため，彼
3 <悔やみ>の使者をよこしたからとい
エレ 16: 7 死んだ者を<悔やむ>ために葬儀に出
ナホ 3: 7 あなたのために<悔やむ>者を，どこ

▼ くら（倉）

申命 28:12 その恵みの<倉>，天を開き，時にか
ヨブ 38:22 あなたは雪の<倉>に入ったことがあ
るか．雹の<倉>を見たことがあるか．
詩篇 33: 7 深い水を<倉>に収められる．
135: 7 その<倉>から風を出される．
144:13 私たちの<倉>は満ち，あらゆる産物
箴言 3:10 あなたの<倉>は豊かに満たされ，あ
エレ 10:13 その<倉>から風を出される．
50:25 主はその<倉>を開いて，その憤りの
マタ 3:12 麦を<倉>に納め，殻を消えない火で
6:26 <倉>に納めることもしません．けれ
12:35 良い人は，良い<倉>から良い物を取
り出し，悪い人は，悪い<倉>から悪
13:30 麦…は，集めて私の<倉>に納めなさ
52 自分の<倉>から新しい物でも古い物
ルカ 12:18 あの<倉>を取りこわして，もっと大
24 納屋も<倉>もありません．けれども，

▼ くら（鞍），鞍袋

創世 22: 3 ろばに<鞍>をつけ…息子イサクとを
31:34 らくだの<鞍>の下に入れ，その上に
49:14 彼は二つの<鞍袋>の間に伏す．
レビ 15: 9 漏出を病む者が乗った<鞍>は…汚れ
士師 5:16 あなたは二つの<鞍袋>の間にすわっ

▼ くらい（暗い），暗さ

出エ 10:15 地は<暗>くなった．それらは，地の
ヨブ 3: 9 その夜明けの星は<暗>くなれ．光を
11:17 <暗>くても，それは朝のようになる．
24:16 彼は<暗>くなってから，家々に侵入
38: 2 摂理を<暗>くするこの者はだれか．
詩篇 74:20 地の<暗い>所には暴虐が横行してい

88:18 私の知人たちは<暗い>所にいます．
139:12 やみも<暗>くなく夜は昼のように明
143: 3 私を<暗い>所に住まわせたからです．
伝道 12: 2 太陽と光，月と星が<暗>くなり，雨
3 ながめている女の目は<暗>くなる．
イザ 5:30 光さえ雨雲の中で<暗>くなる．
13:10 太陽は日の出から<暗>く，月も光を
エレ 4:28 地は嘆き悲しみ，上の天も<暗>くな
哀歌 5:17 私たちの目が<暗>くなったのもこの
ヨエ 2:10 太陽も月も<暗>くなり，星もその光
アモ 5: 8 暗黒を朝に変え，昼を<暗い>夜にし，
8: 9 日盛りに地を<暗>くし，
マタ 6:23 あなたの全身が<暗い>…あなたのうちの光が<暗>ければ，その<暗さ>は
24:29 太陽は<暗>くなり，月は光を放たず，
27:45 12時から，全地が<暗>くなって，3時まで．マコ15:33，ルカ23:44．
ルカ 11:34 目が悪いと，からだも<暗>くなりま
ヨハ 6:17 すでに<暗>くなっていたが，イエス
20: 1 朝早くまだ<暗い>うちに墓に来た．
ロマ 1:21 その無知な心は<暗>くなりました．
エペ 4:18 その知性において<暗>くなり，彼ら
IIペテ 1:19 <暗い>所を照らすともしびとして，
Iヨハ 1: 5 神のうちには<暗い>ところが少しも
黙示 8:12 3分の1は<暗>くなり，昼の3分の
16:10 獣の国は<暗>くなり，人々は苦しみ

▼ くらい（位）
II列 25:28 彼の<位>を…王たちの<位>よりも高
詩 132:11 身から出る子をあなたの<位>に着か
伝道 10: 6 愚か者が非常に高い<位>につけられ，
ダニ 2:48 ダニエルを高い<位>につけ，彼に多
マタ 25:31 人の子はその栄光の<位>に着きます．
ルカ 23:42 あなたの御国の<位>にお着きになる

▼ くらう（食らう）
創世 49:27 朝には獲物を<食ら>い，夕には略奪
士師 14:14 <食らう>ものから食べ物が出，強い
詩 106:20 草を<食らう>雄牛の像に取り替えた．
箴言 1:31 彼らは自分の行いの実を<食ら>い，
イザ 9:12 イスラエルをほおばって<食らう>．
ミカ 3: 3 わたしの民の肉を<食ら>い，皮をは

▼ クラウダ〔地名〕
クレテ島南西にある小島．使徒27:16．

▼ クラウデオ〔人名〕
ローマ帝国4代目の皇帝．使徒11:28，18:2．

▼ クラウデオ・ルシヤ〔人名〕
ローマ軍の千人隊長．使徒23:26．

▼ クラウデヤ〔人名〕
ローマの婦人のキリスト者．IIテモ4:21．

▼ くらし（暮らし），暮らす
レビ 25:35 あなたのもとで<暮らし>が立たなく
II列 4: 7 あなたと子どもたちは<暮らし>てい
箴言 19:10 ぜいたくな<暮らし>はふさわしくな
ルカ 1:56 3か月ほどエリサベツと<暮らし>て，
Iヨハ 2:16 <暮らし>向きの自慢などは，御父か

▼ くらべる（比べる）
士師 8: 2 あなたがたのしたことに<比べ>たら，
箴言 3:15 どんなものも，これとは<比べ>られ
イザ 40:25 わたしを…だれと<比べ>ようとする
エゼ 31: 2 あなたの偉大さは何に<比べ>られよ
8 この小枝とさえ<比べ>られない．す
マタ 7:24 賢い人に<比べる>ことができます．
ルカ 13:18 神の国は…何に<比べ>たらよいでし
ロマ 8:18 栄光に<比べ>れば，取るに足りない

▼ くらませる
IIコリ 4: 4 不信者の思いを<くらませ>て，神の

▼ くらむ
ロマ 11:10 その目は<くら>んで見えなくなり，

▼ くらやみ（暗やみ）【別項】真暗やみ
創世 15:17 日は沈み，<暗やみ>になったとき，
出エ 20:21 モーセは神のおられる<暗やみ>に近
申命 28:29 盲人が<暗やみ>で手さぐりするよう
IIサム 22:10 <暗やみ>をその足の下にして．
I列 8:12 主は，<暗やみ>の中に住む，と仰せ
ヨブ 3: 6 その夜は，<暗やみ>がこれを奪い取
30:26 光を待ち望んだのに，<暗やみ>が来
詩篇 82: 5 彼らは，<暗やみ>の中を歩き回る．
91: 6 <暗やみ>に歩き回る疫病も，真昼に
箴言 4:19 悪者の道は<暗やみ>のようだ．彼ら
イザ 8:22 地を見ると…苦悩の<暗やみ>，暗黒，
59: 9 輝きを待ち望んだが，<暗やみ>の中
エレ 23:12 <暗やみ>の中のすべりやすい所のよ
エゼ 34:12 雲と<暗やみ>の日に散らされたすべ
アモ 4:13 暁と<暗やみ>を造り，地の高い所を
5:20 <暗やみ>であって，輝きではない．
ミカ 3: 6 <暗やみ>になっても…占いがない．
ゼパ 1:15 やみと暗黒の日，雲と<暗やみ>の日，
マタ 4:16 <暗やみ>の中にすわっていた民は偉
10:27 わたしが<暗やみ>で…話すことを明るみで言いなさい．ルカ12:3．

22:13 外の<暗やみ>に放り出せ．そこで泣
25:30 外の<暗やみ>に追い出しなさい．そ
ルカ 11:35 あなたのうちの光が，<暗やみ>にな
使徒 26:18 <暗やみ>から光に，サタンの支配か
Ⅱコリ 6:14 光と<暗やみ>とに，どんな交わりが
エペ 5: 8 以前は<暗やみ>でしたが，今は，主
11 <暗やみ>のわざに仲間入りしないで，
6:12 この<暗やみ>の世界の支配者たち，
コロ 1:13 私たちを<暗やみ>の圧制から救い出
Ⅰテサ 5: 4 <暗やみ>の中にはいないのですから，
5 夜や<暗やみ>の者ではありません．
ヘブ 12:18 燃える火，黒雲，<暗やみ>，あらし，
Ⅱペテ 2: 4 さばきの時まで<暗やみ>の穴の中に
ユダ 6 <暗やみ>の下に閉じ込められました．

▼くりかえす（～返す）

士師 5:29 彼女も同じことばを<くり返し>た．
Ⅰ列 18:43 「七たび<くり返し>なさい．」
詩篇 78:41 彼らは<くり返し>て，神を試み，イ
箴言 26:11 愚かな者は…愚かさを<くり返す>．
エレ 11:10 先祖たちの咎を<くり返し>，彼ら自
哀歌 3: 3 一日中，<くり返し>て私を攻めた．
ハバ 3: 2 それを<くり返し>てください．この
マタ 6: 7 同じことばを，ただ<くり返し>ては
Ⅱコリ 2: 1 訪問は二度と<くり返す>まいと決心
11:16 <くり返し>て言いますが…私を愚か

▼クリスポ〔人名〕

コリントの会堂管理者．使徒18:8，Ⅰコリ1:14．

▼くる（来る）【別項】ついて来る，持って来る

創世 20: 3 アビメレクのところに<来>られ，そ
49:10 ついにはシロが<来>て，国々の民は
出エ 20:20 神が<来>られたのはあなたがたを試
民数 22: 9 神はバラムのところに<来>て言われ
申命 29:22 遠くの地から<来る>外国人は，この
33: 2 主はシナイから<来>られ，セイルか
Ⅱサム 15:22 それでは<来>なさい．」…イタイは
Ⅰ列 4:34 すべての王たちがやって<来>た．
19:20 行って<来>なさい．私があなたに何
Ⅱ列 20:17 バビロンへ運び去られる日が<来>て
Ⅰ歴 17:21 神ご自身が<来>られて，この民を贖
エズ 4:12 こちらに<来>たユダヤ人たちはエル
エス 4:14 あなたがこの王国に<来>たのは，も
ヨブ 1: 6 神の子らが主の前に<来>て立ったとき，サタンも<来>てその中にいた．
14:14 私の代わりの者が<来る>まで待ちま
28:20 では，知恵はどこから<来る>のか．
30:26 私が善を望んだのに，悪が<来>，光を待ち望んだのに，暗やみが<来>た．
詩篇 80: 2 私たちを救うために<来>てください．
96:13 主は<来>られる．確かに，地をさばくために<来>られる．主は，義をも
121: 1 私の助けは，どこから<来る>のだろ
イザ 13: 9 主の日が<来る>．残酷な日だ．憤り
21:12 朝が<来>，また夜も<来る>．尋ねた
35: 4 復讐が，神の報いが<来る>．神は<来>て，あなたがたを救われる．」
40:10 神である主は力をもって<来>られ，
41:25 北から人を起こすと，彼は<来>て，
45:14 あなたのところにやって<来>て，あ
62:11 見よ．あなたの救いが<来る>．見よ．
66:18 集めに<来る>．彼らは<来>て，わた
エレ 44:23 わざわいが今日のように<来>たのだ．
ダニ 7:22 聖徒たちが国を受け継ぐ時が<来>た．
10:13 ミカエルが私を助けに<来>てくれた
ホセ 6: 3 私たちのところに<来>，後の雨のよ
10:12 ついに，主は<来>て，正義をあなた
ヨエ 1:15 破壊のように，その日が<来る>．
オバ 5 盗人があなたのところに<来>れば，
ハバ 2: 3 それは必ず<来る>．遅れることはな
3: 3 神はテマンから<来>られ，聖なる方はパランの山から<来>られる．セラ
ゼカ 2:10 わたしは<来>て，あなたのただ中に
14: 1 主の日が<来る>．その日，あなたか
5 私の神，主が<来>られる．すべての聖徒たちも主とともに<来る>．
マラ 3: 1 主が，突然，その神殿に<来る>…見よ，<来>ている」と万軍の主は仰せ
4: 5 主の大いなる恐ろしい日が<来る>前
マタ 3:11 私のあとから<来>られる方は，私よ
5:17 わたしが<来>たのは律法や預言者を廃棄する…成就するために<来>たの
6:10 御国が<来>ますように．みこころが
8: 9 別の者に『<来>い』と言えば<来>ま
9:13 罪人を招くために<来>たのです．」
10:34 平和をもたらすために<来>たのではなく，剣をもたらすために<来>たの
11:28 …人は，わたしのところに<来>なさ
13:49 御使いたちが<来>て，正しい者の中
14:28 水の上を歩いてここまで<来>い，と

17:11 エリヤが<来>て，すべてのことを立
19:14 わたしのところに<来>させなさい．
20:28 人の子が<来>たのが，仕えられるた
23:39 主の御名によって<来>られる方に』
24: 3 あなたの<来>られる時や世の終わり
37 人の子が<来る>のは…ノアの日のよ
42 自分の主がいつ<来>られるか，知ら
44 人の子は，思いがけない時に<来る>
26:50 「友よ．何のために<来>たのですか」
マコ 4:15 すぐサタンが<来>て…みことばを持
29 収穫の時が<来>たからです．」
8:38 御使いたちとともに<来る>ときには，
ルカ 12:49 わたしが<来>たのは，地に火を投げ
19:10 失われた人を捜して救うために<来>
44 残されない日が，やって<来る>．そ
ヨハ 1: 9 まことの光が世に<来>ようとしてい
11 この方はご自分のくにに<来>られた
39 <来>なさい．そうすればわかります．
46 「<来>て，そして，見なさい．」
2: 4 わたしの時はまだ<来>ていません．」
3: 2 神のもとから<来>られた教師である
19 光が世に<来>ているのに，人々は光
21 真理を行う者…光のほうに<来る>．
31 上から<来る>方は，すべてのものの
4:25 キリストと呼ばれるメシヤの<来>ら
29 <来>て，見てください．私のしたこ
5:43 わたしの父の名によって<来>ました
6:35 わたしに<来る>者は決して飢えるこ
37 わたしのところに<来る>者を，わた
7:27 私たちはこの人がどこから<来>たの
か知っている…キリストが<来>られ
28 わたしがどこから<来>たかも知って
31 キリストが<来>られても，この方が
37 わたしのもとに<来>て飲みなさい．
9:39 さばきのためにこの世に<来>ました．
10: 8 わたしの前に<来>た者はみな，盗人
12:13 主の御名によって<来>られる方に．
46 わたしは光として世に<来>ました．
47 世を救うために<来>たからです．
14: 6 父のみもとに<来る>ことはありませ
15:26 父から出る真理の御霊が<来る>とき，
16: 7 助け主が…<来>ないからです．しか
30 あなたが神から<来>られたことを信
21:22 わたしの<来る>まで彼が生きながら
使徒 3:20 主の御前から回復の時が<来>て，あ
7:52 正しい方が<来>られることを前もっ
Ⅰコリ 11:26 主が<来>られるまで，主の死を告げ
Ⅰテサ 2:19 主イエスが再び<来>られるとき，御
3:13 すべての聖徒とともに再び<来>られ
4:15 主が再び<来>られるときまで生き残
Ⅱテサ 2: 1 キリストが再び<来>られることと，
2 主の日がすでに<来>たかのように言

Ⅰテモ 1:15 罪人を救うためにこの世に<来>られ
Ⅱテモ 3: 1 困難な時代がやって<来る>ことをよ
4: 9 早く私のところに<来>てください．
ヘブ 9:11 大祭司として<来>られ，手で造った
26 罪を取り除くために，<来>られたの
28 人々の救いのために<来>られるので
10:37 もうしばらくすれば，<来る>べき方
が<来>られる．おそくなることはな
ヤコ 3:15 知恵は，上から<来>たものではなく，
5: 7 主が<来>られる時まで耐え忍びなさ
8 主の<来>られるのが近いからです．
Ⅰヨハ 2:18 反キリストの<来る>ことを聞いてい
5: 6 水と血とによって<来>られた方です．
20 神の御子が<来>て，真実な方を知る
Ⅱヨハ 10 あなたがたのところに<来る>人で，
黙示 3:10 全世界に<来>ようとしている試練の
11 わたしは，すぐに<来る>．あなたの
15: 4 すべての国々の民は<来>て，あなた
19: 7 小羊の婚姻の時が<来>て，花嫁はそ
22:12 見よ．わたしはすぐに<来る>．わた
17 御霊も花嫁も言う．「<来>てくださ
い．」…渇く者は<来>なさい．いの
20 「しかり．わたしはすぐに<来る>．」

▼グル〔地名〕

イブレアムのそばの坂道．Ⅱ列9:27．

▼くるう（狂う），狂わす

申命 28:34 目に見ることで気を<狂わ>される．
Ⅰサム 18:10 彼は家の中で<狂>いわめいた．ダビ
21:13 ダビデは…<狂>ったふりをし，門の
15 私の前で<狂>っているのを見せるた
エレ 50:38 彼らは偶像の神に<狂>っているから
ホセ 9: 7 霊の人は<狂>った者だ．これはあな
ナホ 2: 4 戦車は通りを<狂>い走り，広場を駆
マコ 3:21 気が<狂>ったのだ」と言う人たちが
ヨハ 10:20 あれは悪霊につかれて気が<狂>って
使徒 26:24 気が<狂>っているぞ．パウロ．博学
Ⅱコリ 5:13 もし私たちが気が<狂>っているとす

▼ くるくる
イザ 22:18 まりのように，<くるくる>丸めて，
▼ くるしい（苦しい）
マタ 24: 9 あなたがたを<苦しい>めに会わせ，
27:19 あの人のことで<苦しい>めに会いま
ルカ 16:24 この炎の中で，<苦し>くてたまりま
▼ くるしみ（苦しみ）【別項】産みの苦しみ
創世 16:11 主があなたの<苦しみ>を聞き入れら
42:21 彼の心の<苦しみ>を見ながら，われ
出エ 4:31 その<苦しみ>をご覧になったことを
民数 11:15 これ以上，私を<苦しみ>に会わせな
申命 4:30 あなたの<苦しみ>のうちにあって，
士師 10:16 イスラエルの<苦しみ>を見るに忍び
11: 7 <苦しみ>に会ったからといって，今
ルツ 1:20 私をひどい<苦しみに会わせ>たので
Ⅰサム 10:19 すべてのわざわいと<苦しみ>からあ
15:32 ああ，死の<苦しみ>は去ろう」と言
26:24 すべての<苦しみ>から私を救い出し
Ⅱサム 22: 7 私は<苦しみ>の中に主を呼び求め，
Ⅰ列 2:26 父といつも<苦しみ>を共にしたから
Ⅱ歴 15: 6 神があらゆる<苦しみ>をもって，彼
ネヘ 9:37 私たちは非常な<苦しみ>の中におり
ヨブ 3:10 私の目から<苦しみ>が隠されなかっ
5: 6 <苦しみ>は土から芽を出さないから
19 神は六つの<苦しみ>から…救い出し，
7: 3 <苦しみ>の夜が定められている．
11 私の霊の<苦しみ>の中から語り，私
9:18 私を<苦しみ>で満たしておられる．
10: 1 私のたましいの<苦しみ>を語ろう．
36:16 神はあなたを<苦しみ>の中から誘い
詩篇 4: 1 私の<苦しみ>のときにゆとりを与え
9: 9 主は…<苦しみ>のときのとりで．
18: 6 私は<苦しみ>の中に主を呼び求め，
25:17 私の心の<苦しみ>が大きくなりまし
31: 9 私には<苦しみ>があるのです．私の
34: 6 主はすべての<苦しみ>から彼を救わ
66:14 私の<苦しみ>のときに…くちびるが
81: 7 あなたは<苦しみ>のときに，呼び求
91:15 わたしは<苦しみ>のときに彼ととも
106:44 主は彼らの<苦しみ>に目を留められ
116: 3 私は<苦しみ>と悲しみの中にあった．
119:67 <苦しみ>に会う前には，私はあやま
71 <苦しみ>に会ったことは，私にとっ
120: 1 <苦しみ>のうちに，私が主に呼ばわ
132: 1 彼のすべての<苦しみ>を思い出して
箴言 11: 8 正しい者は<苦しみ>から救い出され，
15 保証人となる者は<苦しみ>を受け，
14:10 心がその人自身の<苦しみ>を知って
17:17 兄弟は<苦しみ>を分け合うために生
31: 7 自分の<苦しみ>をもう思い出さない
イザ 5:30 見よ，やみと<苦しみ>．光さえ雨雲
9: 1 <苦しみ>のあった所に，やみがなく
21: 3 産みの苦しみのような<苦しみ>が私
38:15 私のたましいの<苦しみ>のために，
17 私の苦しんだ<苦しみ>は平安のため
53:11 激しい<苦しみ>のあとを見て，満足
ダニ 9:25 62週の間，その<苦しみ>の時代に再
ヨナ 2: 2 私が<苦しみ>の中から主にお願いす
マタ 16:21 多くの<苦しみ>を受け，殺され，そして3日目に．マコ8:31，ルカ9:22．
マコ 9:12 多くの<苦しみ>を受け，さげすまれ
ルカ 16:28 こんな<苦しみ>の場所に来ることの
17:25 多くの<苦しみ>を受け，この時代に
22:15 <苦しみ>を受ける前に，あなたがた
24:26 キリストは，必ず…<苦しみ>を受け
46 キリストは<苦しみ>を受け，3日目
使徒 1: 3 イエスは<苦しみ>を受けた後，40日
2:24 この方を死の<苦しみ>から解き放っ
14:22 多くの<苦しみ>を経なければならな
17: 3 キリストは<苦しみ>を受け，死者の
20:23 なわめと<苦しみ>が私を待っている
26:23 キリストは<苦しみ>を受けること，
ロマ 8:18 今の時のいろいろの<苦しみ>は，将
Ⅱコリ 1: 4 神は，どのような<苦しみ>のときに
6 もし私たちが<苦しみ>に会うなら，
8 アジヤで会った<苦しみ>について，
2: 4 大きな<苦しみ>と心の嘆きから，涙
6: 4 非常な忍耐と，悩みと，<苦しみ>と，
7: 4 どんな<苦しみ>の中にあっても喜び
5 さまざまの<苦しみ>に会って，外に
8: 2 <苦しみ>ゆえの激しい試練の中にあ
エペ 3:13 私の受けている<苦しみ>は，そのま
ピリ 1:29 キリストのための<苦しみ>をも賜っ
3:10 キリストの<苦しみ>にあずかること
コロ 1:24 あなたがたのために受ける<苦しみ>を喜びと…キリストの<苦しみ>の欠
Ⅰテサ 2: 2 まずピリピで<苦しみ>に会い，はず
3: 7 あらゆる<苦しみ>と患難のうちにも，
Ⅱテサ 1: 5 <苦しみ>を受けているのは…神の国

6 報いとして<苦しみ>を与え,
Ⅱテモ 1: 8 福音のために私と<苦しみ>をともに
2: 3 兵士として，私と<苦しみ>をともに
9 福音のために，<苦しみ>を受け，犯
ヘブ 2: 9 イエスは，死の<苦しみ>のゆえに,
10 多くの<苦しみ>を通して全うされた
5: 8 多くの<苦しみ>によって従順を学び,
13:12 門の外で<苦しみ>を受けられました.
Ⅰペテ 2:19 不当な<苦しみ>を受けながらも，神
3:17 善を行って<苦しみ>を受けるのが,
悪を行って<苦しみ>を受けるよりよ
4: 1 キリストは肉体において<苦しみ>を
13 キリストの<苦しみ>にあずかれるの
15 干渉する者として<苦しみ>を受ける
16 キリスト者として<苦しみ>を受ける
5:10 しばらくの<苦しみ>のあとで完全に
黙示 2: 9 あなたの<苦しみ>と貧しさとを知っ
10 受けようとしている<苦しみ>を恐れ
16:10 人々は<苦しみ>のあまり舌をかんだ.
20:10 彼らは永遠に昼も夜も<苦しみ>を受
21: 4 もはや死もなく…<苦しみ>もない.

▼くるしむ（苦しむ）

創世 3:16 <苦し>んで子を産まなければならな
17 一生，<苦し>んで食を得なければな
35:16 ラケルは…ひどい陣痛で<苦し>んだ.
士師 2:15 それで，彼らは非常に<苦し>んだ.
ルツ 1:13 私をひどく<苦し>ませるだけです.
Ⅰサム 14:24 イスラエル人はひどく<苦し>んだ.
Ⅱサム 13: 2 妹タマルのために，<苦し>んで，わ
Ⅰ歴 4:10 私が<苦しむ>ことのないようにして
ヨブ 3:20 なぜ，<苦しむ>者に光が与えられ,
詩篇 46: 1 <苦しむ>とき，そこにある助け.
69:17 私は<苦し>んでいます．早く私に答
73:21 私の心が<苦し>み，私の内なる思い
箴言 28:17 流血の罪に<苦しむ>者は，墓まで逃
イザ 53: 7 彼は<苦し>んだが，口を開かない.
63: 9 彼らが<苦しむ>ときには，いつも主
も<苦し>み，ご自身の使いが彼らを
エレ 6:26 ひとり子のために<苦し>み嘆いて,
哀歌 1: 4 シオンは<苦し>んでいる.
20 私は<苦し>み，私のはらわたは煮え
ホセ 5:15 彼らは<苦し>みながら，わたしを捜
マタ 4:24 病気と痛みに<苦しむ>病人，悪霊に
8: 6 私のしもべが…ひどく<苦し>んでお
17:15 てんかんで…<苦し>んでおります.
ルカ 4:38 ひどい熱で<苦し>んでいた．人々は
12:50 どんなに<苦しむ>ことでしょう.
16:23 ハデスで<苦し>みながら目を上げる
22:44 イエスは，<苦し>みもだえて，いよ
ヨハ 16:21 その時が来たので<苦し>みます．し
使徒 9:16 どんなに<苦し>まなければならない
Ⅰコリ 12:26 一つの部分が<苦し>めば，すべての
部分がともに<苦し>み，もし一つの
ヘブ 2:18 ご自身が試みを受けて<苦し>まれた
11:25 神の民とともに<苦しむ>ことを選び
ヤコ 4: 9 あなたがたは，<苦し>みなさい．悲
5:13 <苦し>んでいる人がいますか．その
Ⅰペテ 3:14 たとい義のために<苦しむ>ことがあ

▼くるしめる（苦しめる）

創世 15:13 400年の間，<苦しめ>られよう.
出エ 1:11 彼らを苦役で<苦しめる>ために，彼
12 しかし<苦しめ>れば<苦しめる>ほど,
14 労働で，彼らの生活を<苦しめ>た.
22:21 在留異国人を<苦しめ>てはならない.
申命 8: 2 あなたを<苦しめ>て，あなたを試み,
16 <苦しめ>…ついには…しあわせにす
士師 10: 8 18年の間，<苦しめ>た.
11:35 あなたは私を<苦しめる>者となった.
16: 5 彼を縛り上げて<苦しめる>ことがで
19 そり落とさせ，彼を<苦しめ>始めた.
Ⅰ列 11:39 わたしはダビデの子孫を<苦しめる>.
Ⅱ列 17:20 彼らを<苦しめ>，略奪者たちの手に
ネヘ 9:27 敵が彼らを<苦しめ>ました．彼らが
ヨブ 27: 2 私のたましいを<苦しめ>た全能者を
詩 129: 1 若いころからひどく私を<苦しめ>た.
137: 3 <苦しめる>者たちが，興を求めて,
イザ 53: 4 神に打たれ，<苦しめ>られたのだと.
54:11 <苦しめ>られ，もてあそばれて，慰
エレ 22: 3 やもめを<苦しめ>たり，いじめたり
哀歌 3:33 ただ<苦しめ>悩まそうとは，思って
ミカ 4: 6 わたしが<苦しめ>た者を寄せ集める.
ナホ 1:12 わたしはあなたを<苦しめ>たが，再
び，あなたを<苦しめ>ない.
ゼパ 1:17 わたしは人を<苦しめ>，人々は盲人
マタ 8:29 もう私たちを<苦しめ>に来られたの
17:12 人の子もまた…<苦しめ>られようと
マコ 5: 7 どうか私を<苦しめ>ないでください.
使徒 5:16 汚れた霊に<苦しめ>られている人な
7:19 父祖たちを<苦しめ>て，幼子を捨て
12: 1 教会の中のある人々を<苦しめ>よう

IIコリ 4: 8 四方八方から<苦しめ>られますが,
ピリ 1:17 私をさらに<苦しめる>つもりなので
Iテサ 2:14 彼らがユダヤ人に<苦しめ>られた…
あなたがたも…<苦しめ>られたので
IIテサ 1: 6 <苦しめる>者には,報いとして苦し
7 <苦しめ>られているあなたがたには,
IIテモ 4:14 私をひどく<苦しめ>ました.そのし
ヘブ 11:37 乏しくなり,悩まされ,<苦しめ>ら
13: 3 <苦しめ>られている人々を思いやり
Iペテ 2:23 <苦しめ>られても,おどすことをせ
黙示 9: 5 5か月の間<苦しめる>ことだけが許
11:10 地に住む人々を<苦しめ>たからであ
14:10 火と硫黄とで<苦しめ>られる.

▼ グル・バアル〔地名〕
アラビヤ人の町または地方.II歴26:7.

▼ くるま(車)
創世 41:43 自分の第2の<車>に彼を乗せた.そ
民数 7: 3 おおいのある<車>6両と雄牛12頭で,
Iサム 6: 7 1台の新しい<車>を仕立て,くびき
IIサム 6: 3 神の箱を,新しい<車>に載せて,丘
II列 9:27 坂道で,<車>の上の彼に傷を負わせ
23:11 太陽の<車>を火で焼いた.
I歴 28:18 ケルビムの<車>のひな型の金のこと
詩 104: 3 雲をご自分の<車>とし,風の翼に乗
イザ 5:18 <車>の手綱でするように,罪を引き

▼ くるみ
創世 43:11 乳香と蜜を少々…<くるみ>とアーモ
雅歌 6:11 私は<くるみ>の木の庭へ下って行き

▼ くるむ
ルカ 2: 7 布に<くる>んで,飼葉おけに寝かせ

▼ クレオパ〔人名〕
エマオ途上,復活の主に会った人.ルカ24:18.

▼ クレスケンス〔人名〕
パウロの同行者の一人.IIテモ4:10.

▼ クレテ
1.地名.エーゲ海の島.使徒27:7,テト1:5.
2.クレテ人.1.の住民.使徒2:11,テト1:12.

▼ くれない(紅)
IIサム 1:24 サウルは<紅>の薄絹をおまえたちに
雅歌 4: 3 あなたのくちびるは<紅>の糸.あな
イザ 1:18 <紅>のように赤くても,羊の毛のよ
哀歌 4: 5 <紅>の衣で育てられた者は,堆肥を

▼ クレニオ〔人名〕
シリヤの総督.ルカ2:2.

▼ クレネ
1.地名.リビヤ地方の町.使徒2:10.
2.クレネ人.マタ27:32,使徒11:20.

▼ クレメンス〔人名〕
ピリピのキリスト者.ピリ4:3.

▼ くれる
箴言 30:15 娘がいて,「<くれ>ろ,<くれ>ろ」

▼ くろ(黒),黒い,黒ずむ
創世 30:32 羊の中では<黒>毛のもの全部,やぎ
レビ 13:31 そこに<黒い>毛がないなら,祭司は
ヨブ 6:16 氷で<黒ず>み,雪がその上を隠して
30:30 私の皮膚は<黒ず>んではげ落ち,骨
雅歌 1: 5 ソロモンの幕のように,<黒い>けれ
哀歌 4: 8 彼らの顔は,すすよりも<黒>くなり,
マタ 5:36 1本の髪の毛すら,白くも<黒>くも

▼ くろいうま(黒い馬)
ゼカ 6: 2 第2の戦車は<黒い馬>が,
6 <黒い馬>は北の地へ出て行き,白い
黙示 6: 5 見よ.<黒い馬>であった.これに乗

▼ くろう(苦労)
創世 31:42 私の悩みとこの手の<苦労>とを顧み
詩篇 73: 5 人々が<苦労>するとき,彼らはそう
箴言 23: 4 富を得ようと<苦労>してはならない.
イザ 43:23 あなたに<苦労>をさせず,乳香のこ
24 あなたの罪で,わたしに<苦労>をさ
Iコリ 4:12 私たちは<苦労>して自分の手で働い
IIコリ 8:13 <苦労>をさせようとしているのでは
ピリ 2:16 <苦労>したこともむだでなかったこ
コロ 4:13 非常に<苦労>しています.

▼ クロエ〔人名〕
コリントの婦人キリスト者.Iコリ1:11.

▼ クロス〔人名〕
ペルシヤの王.油そそがれた者と呼ばれる.
II歴36:22,エズ1:1,イザ45:1,ダニ1:21.

▼ くろとび(黒とび)
申命 14:13 <黒とび>,はやぶさ,とびの類,

▼ クロパ〔人名〕
十字架のそばにいたマリヤの夫.ヨハ19:25.

▼ くろはげたか(黒はげたか)
レビ 11:13 忌むべきもので…<黒はげたか>,
申命 14:12 食べてならないもの…<黒はげたか>,

▼ くろほびょう(黒穂病)
申命 28:22 <黒穂病>とで,あなたを打たれる.
ハガ 2:17 立ち枯れと<黒穂病>とで打ち,あな

▼ くわ（桑）
ルカ 17: 6 この<桑>の木に，『根こそぎ海の中
▼ くわえる（加える）
創世 25: 8 死に，自分の民に<加え>られた．
30:24 主がもうひとりの子を私に<加え>て
49:29 私は私の民に<加え>られようとして
レビ 5:16 それにその５分の１を<加え>て，祭
民数 27:13 兄弟アロンが<加え>られたように，
Ⅰサム 12:19 王を求めるという悪を<加え>たから
Ⅱ列 20: 6 あなたの寿命にもう15年を<加え>よう．わたしはアッシリヤ．イザ38:5.
ネヘ 13:18 イスラエルに下る怒りを<加え>てい
ヨブ 34:37 自分の罪にそむきの罪を<加え>，私
詩 120: 3 欺きの舌よ…何が<加え>られるのか．
箴言 10:22 人の苦労は何もそれに<加え>ない．
エレ 45: 3 私の痛みに悲しみを<加え>られた．
マタ 6:33 それに<加え>て，これらのものはす
使徒 2:41 ３千人ほどが弟子に<加え>られた．
47 救われる人々を仲間に<加え>てくだ
Ⅱペテ 1: 7 兄弟愛には愛を<加え>なさい．
11 恵みを豊かに<加え>られるのです．
▼ くわだて（企て），企てる
Ⅰサム 22: 8 私に謀反を<企て>ている．きょうの
Ⅱ歴 24:21 彼に対して陰謀を<企て>，主の宮の
ヨブ 17:11 私の<企て>，私の心に抱いたことも
伝道 9:10 よみには，働きも<企て>も知識も知
イザ 7: 5 あなたに対して悪事を<企て>てこう
哀歌 2:17 主は<企て>たことを行い，昔から告
▼ クワルト〔人名〕
コリントのキリスト者．ロマ16:23.
▼ くわわる（加わる）
創世 49: 6 彼らの仲間に<加わる>な．わが心よ．
申命 23: 1 主の集会に<加わ>ってはならない．
2 不倫の子は主の集会に<加わ>っては
3 アモン人とモアブ人は主の集会に<加わ>ってはならない．ネヘ13:1.
イザ 14: 1 在留異国人…ヤコブの家に<加わる>．
哀歌 1:10 あなたの集団に<加わ>ってはならな
▼ クン〔地名〕
ツォバの王ハダデエゼルの町．Ⅰ歴18:8.
▼ ぐん（軍），全軍，大軍
ヨシ 5:14 わたしは主の<軍>の将として，今，
士師 4: 7 将軍シセラとその戦車と<大軍>とを
Ⅰサム 29: 1 ペリシテ人は<全軍>をアフェクに集
Ⅱ歴 32: 7 <大軍>に，恐れをなしてはならない．
イザ 24:21 主は天では天の<大軍>を，地では地
▼ くんかい（訓戒）
ヨブ 4: 3 多くの人を<訓戒>し，弱った手を力
箴言 1: 2 これは，知恵と<訓戒>とを学び，悟
4: 1 父の<訓戒>に聞き従い，悟りを得る
13 <訓戒>を堅く握って，手放すな．そ
5:12 私は<訓戒>を憎み，私の心は叱責を
6:23 <訓戒>のための叱責はいのちの道で
10:17 <訓戒>を大事にする者はいのちへの
15: 5 愚か者は自分の父の<訓戒>を侮る．
32 <訓戒>を無視する者は自分のいのち
19:20 忠告を聞き，<訓戒>を受け入れよ．
23:12 あなたは<訓戒>に意を用い，知識の
23 真理を買え…知恵と<訓戒>と悟りも．
ホセ 7:15 わたしが<訓戒>し…彼らの腕を強く
使徒 20:31 <訓戒>し続けて来たことを，思い出
ロマ 15:14 互いに<訓戒>し合うことができるこ
エペ 6: 4 主の教育と<訓戒>によって育てなさ
Ⅰテサ 5:12 <訓戒>している人々を認めなさい．
Ⅱテモ 2:25 柔和な心で<訓戒>しなさい．もしか
▼ くんしゅ（君主）
士師 5: 3 耳を傾けよ，<君主>たちよ．私は主
Ⅰサム 9:16 わたしの民イスラエルの<君主>とせ
25:30 あなたをイスラエルの<君主>に任じ
Ⅱサム 5: 2 あなたがイスラエルの<君主>となる．
7: 8 わたしの民イスラエルの<君主>とし
Ⅰ列 1:35 イスラエルとユダの<君主>に任命し
11:34 生きている間は，彼を<君主>として
14: 7 民イスラエルを治める<君主>とし，
Ⅱ列 20: 5 わたしの民の<君主>ヒゼキヤに告げ
Ⅰ歴 29:22 ソロモンを…<君主>とし，ツァドク
エズ 1: 8 ユダの<君主>シェシュバツァルに渡
ヨブ 12:21 <君主>たちをさげすみ，力ある者た
31:37 <君主>のようにして近づきたい．
詩篇 45:16 彼らを全地の<君主>に任じよう．
76:12 主は<君主>たちのいのちを絶たれる．
82: 7 <君主>たちのひとりのように倒れよ
107:40 主は<君主>たちをさげすみ，道なき
113: 8 <君主>たちとともに，王座に着かせ
118: 9 <君主>たちに信頼するよりもよい．
119:23 たとい<君主>たちが座して，私に敵
161 <君主>らは，ゆえもなく私を迫害し
146: 3 <君主>たちにたよってはならない．
148:11 <君主>たちよ．地のすべてのさばき
箴言 8:15 <君主>たちは正義を制定する．

14:28 民がなくなれば<君主>は滅びる.
28:16 英知を欠く<君主>は, 多くの物を強
伝道 10: 7 <君主>たちが奴隷のように地を歩く
イザ 40:23 <君主>たちを無に帰し, 地のさばき
55: 4 諸国の民の<君主>とし, 司令官とし
エゼ 7:27 <君主>は恐れにつつまれ, その地の
12:10 エルサレムの<君主>, およびそこに
19: 1 イスラエルの<君主>たちのために哀
26:16 海辺の<君主>たちはみな, その王座
28: 2 人の子よ. ツロの<君主>に言え. 神
34:24 ダビデはあなたがたの間で<君主>と
39:18 国の<君主>たちの血を飲め. 雄羊,
44: 3 <君主>として主の前でパンを食べる
ダニ 9:25 <君主>の来るまでが7週. また62週
11:22 契約の<君主>もまた, 打ち砕かれる.
ハバ 1:10 彼らは…<君主>たちをあざ笑う. 彼

▼ ぐんしゅう (群衆, 群集), 大群衆

Ⅰサム 14:16 <群集>は震えおののいて右往左往し
詩篇 42: 4 祭りを祝う<群集>とともに神の家へ
エレ 52:15 残りの<群衆>を捕らえ移した.
エゼ 7:13 幻がそのすべての<群集>にあっても,
<群集>は帰らない. だれも, 自分の
39:11 そのすべての<群集>が埋められ, そ
ダニ 10: 6 そのことばの声は<群集>の声のよう
ヨエ 3:14 さばきの谷には, <群集>また<群集>.
マタ 4:25 大ぜいの<群衆>がイエスにつき従っ
5: 1 この<群衆>を見て, イエスは山に登
7:28 <群衆>はその教えに驚いた.
12:23 <群衆>はみな驚いて言った. 「この
13:34 たとえで<群衆>に話され, たとえを
14: 5 ヘロデは…<群衆>を恐れた. という
22 その間に<群衆>を帰してしまわれた.
15:32 この<群衆>はもう3日間もわたしと
36 七つのパンと魚とを…<群衆>に配っ
21:26 人から, と言えば, <群衆>がこわい.
46 <群衆>はイエスを預言者と認めてい
マコ 2: 4 <群衆>のためにイエスに近づくこと
5:27 <群衆>の中に紛れ込み, うしろから,
7:33 その人だけを<群衆>の中から連れ出
12:37 大ぜいの<群衆>は, イエスの言われ
15:11 祭司長たちは<群衆>を扇動して, む
15 ピラトは<群衆>のきげんをとろうと
ルカ 5: 1 <群衆>がイエスに押し迫るようにし
6:19 <群衆>のだれもが何とかしてイエス
7: 9 イエスは驚かれ…<群衆>のほうに向
9:18 <群衆>はわたしのことをだれだと言
13:14 会堂管理者は…憤って, <群衆>に言
19: 3 <群衆>のために見ることができなか
22: 6 <群衆>のいないときにイエスを彼ら
ヨハ 6:22 湖の向こう岸にいた<群衆>は, そこ
7:12 <群衆>の間には, イエスについて…
<群衆>を惑わしているのだ」と言う
31 <群衆>のうちの多くの者がイエスを
43 <群衆>の間にイエスのことで分裂が
49 律法を知らないこの<群衆>は, のろ
使徒 8: 6 <群衆>はピリポの話を聞き, その行
13:45 <群衆>を見たユダヤ人…は, ねたみ
17: 8 それを聞いた<群衆>…を不安に陥れ
黙示 7: 9 大ぜいの<群衆>が, 白い衣を着, し
17:15 もろもろの民族, <群衆>, 国民, 国
19: 1 天に<大群衆>の大きい声のようなも
6 私は<大群衆>の声, 大水の音, 激し

▼ ぐんせい (群生)

創世 7:21 鳥も家畜も獣も地に<群生>するすべ
レビ 5: 2 汚れた<群生>するものの死体でも,
11:10 すべて水に<群生>するもの, またす
申命 14:19 羽があって<群生>するものは, すべ

▼ ぐんぜい (軍勢), 全軍勢, 大軍勢 【別項】 天の軍勢・天にある軍勢

出エ 14: 4 パロとその<全軍勢>を通してわたし
民数 20:20 エドムは…<大軍勢>を率いて彼らを
31:14 モーセは<軍勢>の指揮官たち, すな
申命 11: 4 エジプトの<軍勢>とその馬と戦車と
Ⅱサム 8: 9 ダビデがハダデエゼルの<全軍勢>を
22:30 あなたによって私は<軍勢>に襲いか
Ⅱ列 25: 5 カルデヤの<軍勢>が王のあとを追い,
Ⅱ歴 14: 8 大盾と槍を帯びる<軍勢>が30万, ベ
25: 7 <軍勢>をあなたとともに行かせては
9 イスラエルの<軍勢>に与えた100タ
26:13 その指揮下には30万7500人の<軍勢>
ヨブ 25: 3 その<軍勢>の数ほどのものがほかに
詩篇 18:29 あなたによって私は<軍勢>に襲いか
33:16 王は<軍勢>の多いことによっては救
44: 9 私たちの<軍勢>とともに出陣なさい
103:21 主のすべての<軍勢>よ. みこころを
ダニ 8:10 星の<軍勢>のうちの幾つかを地に落
11 <軍勢>の長にまでのし上がった. そ
12 <軍勢>は渡され, 常供のささげ物に
13 聖所と<軍勢>が踏みにじられるとい
11:13 <大軍勢>と多くの武器をもって必ず

ヨエ 2:11 主は，ご自身の<軍勢>の先頭に立っ
黙示 19:19 獣と地上の王たちとその<軍勢>が集
▼ ぐんたい（軍隊）
Ⅰサム 17: 1 ペリシテ人は…<軍隊>を召集した.
Ⅱサム 24: 2 王は側近の<軍隊>の長ヨアブに言っ
Ⅱ歴 25:13 戦いに行かせずに帰した<軍隊>の者
エス 8:11 彼らを襲う民や州の<軍隊>を，子ど
エゼ 12:14 彼の<軍隊>をみな，四方に追い散ら
27:10 おまえの<軍隊>の戦士であり，おま
ダニ 11:31 彼の<軍隊>は立ち上がり，聖所とと
ルカ 21:20 エルサレムが<軍隊>に囲まれるのを
▼ ぐんだん（軍団）【別項】12軍団
民数 33: 1 その<軍団>ごとに，エジプトの地か
▼ ぐんば（軍馬）
詩篇 33:17 <軍馬>も勝利の頼みにはならない.
ヨエ 2: 4 <軍馬>のように，駆け巡る.
ゼカ 9:10 <軍馬>をエルサレムから絶やす．戦
▼ ぐんむ（軍務）
民数 1: 3 <軍務>につくことのできる者たちを，
▼ くんれん（訓練）
申命 4:36 主はあなたを<訓練>するため，天か
8: 5 人がその子を<訓練>するように，あ
なたの神，主があなたを<訓練>され
11: 2 主の<訓練>，主の偉大さ，その力強
Ⅰ歴 5:18 戦いの<訓練>を受けた勇者たちのう
ルカ 6:40 しかし十分<訓練>を受けた者はみな，
Ⅱテモ 3:16 教えと戒めと矯正と義の<訓練>との
ヘブ 12: 7 <訓練>と思って耐え忍びなさい．神
11 これによって<訓練>された人々に平

け

▼ け（毛）【別項】髪の毛，毛のないいなご，羊の毛・羊の初子の毛
出エ 35:26 女たちは…やぎの<毛>を紡いだ.
レビ 13: 3 患部の<毛>が白く変わり，その患部
14: 8 きよめられる者は…<毛>をみなそり
19:27 びんの<毛>をそり落としてはならな
Ⅰサム 19:13 やぎの<毛>で編んだものを枕のとこ
イザ 7:20 王を使って，頭と足の<毛>をそり，
53: 7 <毛>を刈る者の前で黙っている雌羊
ダニ 3:27 頭の<毛>も焦げず…火のにおいもし
7: 9 頭の<毛>は混じりけのない羊の毛の
マタ 3: 4 ヨハネは，らくだの<毛>の着物を着，
10:30 頭の<毛>さえも，みな数えられてい
マコ 1: 6 らくだの<毛>で織った物を着て，腰
ルカ 12: 7 頭の<毛>さえも，みな数えられてい
使徒 8:32 <毛>を刈る者の前に立つ小羊のよう
▼ けいあい（敬愛）
エス 10: 3 モルデカイが…同胞たちに<敬愛>さ
▼ けいい（経緯）
創世 2: 4 天と地が創造されたときの<経緯>で
▼ けいい（敬意）
使徒 25:13 フェストに<敬意>を表するためにカ
▼ けいかい（警戒）
Ⅱ列 6:10 警告すると，王はそこを<警戒>した.
伝道 11: 4 風を<警戒>している人は種を蒔かな
エレ 9: 4 おのおの互いに<警戒>せよ．どの兄
ルカ 12:15 どんな貪欲にも…よく<警戒>しなさ
ロマ 16:17 分裂…を引き起こす人…を<警戒>し
Ⅱテモ 4:15 彼を<警戒>しなさい…逆らったから
Ⅰヨハ 5:21 子どもたちよ．偶像を<警戒>しなさ
▼ けいかく（計画），ご計画
申命 31:21 今たくらんでいる<計画>を，わたし
Ⅱ歴 25:16 神があなたを滅ぼそうと<計画>して
エズ 4: 5 反対させ，この<計画>を打ちこわそ
ヨブ 21:27 私はあなたがたの<計画>を知ってい
42: 2 あなたは，どんな<計画>も成し遂げ
詩篇 33:10 主は…国々の民の<計画>をむなしく
11 御心の<計画>は代々に至る.
146: 4 彼のもろもろの<計画>は滅びうせる.
箴言 6:18 邪悪な<計画>を細工する心，悪へ走
12: 5 正しい人の<計画>することは公正で，
15:22 密議をこらさなければ，<計画>は破
26 悪人の<計画>は主に忌みきらわれる.
19:21 人の心には多くの<計画>がある．し
20:18 相談して<計画>を整え，すぐれた指
21: 5 勤勉な人の<計画>は利益をもたらし，
イザ 19: 3 わたしがその<計画>をかき乱す．彼
22:11 昔からこれを<計画>された方を目に
25: 1 遠い昔からの不思議な<ご計画>を，
37:26 大昔から，それをわたしが<計画>し，
44:26 わたしの使者たちの<計画>を成し遂
エレ 11:19 彼らが私に敵対して…と<計画>して

18:11 主は…あなたがたを攻める<計画>を
12 私たちは自分の<計画>に従い，おの
18 <計画>を立ててエレミヤを倒そう．
23 彼らの<計画>をみな，ご存じです．
29:11 わたしは…<計画>をよく知っている
…平安を与える<計画>であり…希望
51:29 主は<ご計画>をバビロンに成し遂げ，
エゼ 11: 2 この町で，邪悪な<計画>を立て，悪
使徒 2:23 神の定めた<計画>と神の予知とによ
5:38 その<計画>…が人から出たものなら
20:27 神の<ご計画>の全体を，余すところ
ロマ 8:28 神の<ご計画>に従って召された人々
9:11 神の選びの<計画>の確かさが，行い
11:34 だれが主の<ご計画>にあずかったの
IIコリ 1:17 この<計画>を立てた私が，どうして
…私の<計画>は人間的な<計画>であ
エペ 1:11 みこころにより<ご計画>のままをみ
3:11 成し遂げられた神の永遠の<ご計画>
IIテモ 1: 9 ご自身の<計画>と恵みとによるので
3:10 あなたは，私の教え，行動，<計画>，
ヘブ 6:17 <ご計画>の変わらないことを…示そ

▼ けいけん（経験）

ガラ 3: 4 あれほどのことを<経験>したのは，

▼ けいけん（敬虔）

詩篇 89:19 あなたの<敬虔>な者たちに告げて，
ミカ 7: 2 <敬虔>な者はこの地から消えうせ，
ルカ 2:25 シメオン…正しい，<敬虔>な人で，
使徒 2: 5 エルサレムには，<敬虔>なユダヤ人
8: 2 <敬虔>な人たちはステパノを葬り，
10: 2 彼は<敬虔>な人で，全家族とともに
22:12 律法を重んじる<敬虔>な人で…評判
Iテサ 2:10 <敬虔>に，正しく…ふるまったこと
Iテモ 2: 2 <敬虔>に…威厳をもって…一生を過
3:16 偉大なのはこの<敬虔>の奥義です．
4: 7 <敬虔>のために自分を鍛練しなさい．
8 いのちが約束されている<敬虔>は，
6: 3 健全なことばと<敬虔>にかなう教え
5 <敬虔>を利得の手段と考えている人
6 満ち足りる心を伴う<敬虔>こそ，大
11 正しさ，<敬虔>，信仰…を熱心に求
IIテモ 3: 5 見えるところは<敬虔>であっても，
12 <敬虔>に生きようと願う者は…迫害
テト 1: 1 <敬虔>にふさわしい真理の知識との
8 正しく，<敬虔>で，自制心があり，
2: 3 神に仕えている者らしく<敬虔>にふ
12 この時代にあって…<敬虔>に生活し，
ヘブ 5: 7 <敬虔>のゆえに聞き入れられました．
Iペテ 3: 5 神に望みを置いた<敬虔>な婦人たち
IIペテ 1: 3 いのちと<敬虔>に関するすべてのこ
7 <敬虔>には兄弟愛を，兄弟愛には愛
2: 9 <敬虔>な者たちを誘惑から救い出し，
3:11 どれほど…<敬虔>な人でなければな

▼ けいこく（警告）

申命 8:19 あなたがたに<警告>する…必ず滅び
II列 6:10 神の人が<警告>すると，王はそこを
17:13 イスラエルとユダとに…<警告>して
15 主の<警告>とをさげすみ，むなしい
II歴 19:10 彼らに<警告>を与えなければなりま
エゼ 3:17 わたしに代わって彼らに<警告>を与
33: 5 <警告>を受けなければ…血の責任は
6 民が<警告>を受けないとき，剣が来
9 悪者に…立ち返るよう<警告>しても，
ヘブ 11: 7 ノアは…神から<警告>を受けたとき，

▼ けいさん（計算）

レビ 25:50 ヨベルの年までを<計算>し…身代金
II列 12:10 宮に納められている金を<計算>した．
22: 4 民から集めたものを彼に<計算>させ，
ルカ 14:28 まず…費用を<計算>しない者が，あ

▼ けいし（桂枝）

出エ 30:24 <桂枝>を聖所のシェケルで500シェ
エゼ 27:19 ウザルからの銑鉄，<桂枝>，菖蒲が

▼ けいじ（啓示）

イザ 28: 9 だれに<啓示>を悟らせようとしてい
19 <啓示>を悟らせることは全く恐ろし
ダニ 2:19 秘密がダニエルに<啓示>されたので，
10: 1 ダニエルに，一つのことばが<啓示>
ルカ 2:32 異邦人を照らす<啓示>の光，御民イ
使徒 26:19 私は，この天からの<啓示>にそむか
ロマ 1:17 福音のうちには神の義が<啓示>され
8:18 将来私たちに<啓示>されようとして
16:25-26 奥義の<啓示>によって，あなたがた
Iコリ 2:10 御霊によって私たちに<啓示>された
IIコリ 12: 1 私は主の幻と<啓示>のことを話しま
7 <啓示>があまりにもすばらしいから
ガラ 1:12 キリストの<啓示>によって受けたの
16 私のうちに<啓示>することをよしと
2: 2 それは<啓示>によって上ったのです．
エペ 1:17 神を知るための知恵と<啓示>の御霊
3: 3 奥義は，<啓示>によって私に知らさ
5 預言者たちに<啓示>されていますが，

Ⅰペテ 1:12 奉仕であるとの<啓示>を受けました.

▼ けいず（系図）

民数 3: 1 アロンとモーセの<系図>は，次のと
Ⅰ歴 5: 1 <系図>の記載は長子の権利に従って
7 氏族ごとに生まれた順に<系図>に載
9: 1 全イスラエルは<系図>に載せられた.
Ⅱ歴 31:16 主の宮に入る者として<系図>に載せ
17 祭司として<系図>に載せられた者…
レビ人で<系図>に載せられた者で，
エズ 2:62 <系図>書きを捜してみたが，見つか
8: 1 <系図>の記載は次のとおりである.
ネヘ 7: 5 神は…<系図>を記載するようにされ
た…最初に上って来た人々の<系図>
マタ 1: 1 イエス・キリストの<系図>.
Ⅰテモ 1: 4 空想話と<系図>とに心を奪われたり
テト 3: 9 愚かな議論，<系図>…を避けなさい.
ヘブ 7: 3 父もなく，母もなく，<系図>もなく，
6 レビ族の<系図>にない者が，アブラ

▼ けいそつ（軽率）

詩 106:33 彼が<軽率>なことを口にしたからで
箴言 12:18 <軽率>に話して人を剣で刺すような
29:20 <軽率>に話をする人…よりも愚かな
Ⅱコリ 1:17 どうして<軽率>でありえたでしょう.

▼ けいばつ（刑罰）

Ⅱサム 14: 9 <刑罰>は私と私の父の家に下り，王
エズ 9:13 咎の受けるべき<刑罰>よりも軽く罰
ヨブ 19:29 その剣は<刑罰>の憤りだから．これ
詩 109:20 主からの<刑罰>でありますように.
イザ 10: 3 <刑罰>の日，遠くからあらしが来る
エレ 8:12 彼らの<刑罰>の時，よろめき倒れる
10:15 <刑罰>の時に，それらは滅びる.
11:23 わたしが…<刑罰>の年をもたらすか
46:21 滅びの日，<刑罰>の時が…来たから
50:27 彼らの日…<刑罰>の時が来たからだ.
51:18 <刑罰>の時に，それらは滅びる.
哀歌 4:22 あなたの<刑罰>は果たされた．主は
エゼ 14:21 四つのひどい<刑罰>をエルサレムに
21:25 最後の<刑罰>の時が来た．29.
35: 5 最後の<刑罰>の時，彼らを剣に渡し
ホセ 9: 7 <刑罰>の日が来た．報復の日が来た.
10: 2 彼らはその<刑罰>を受けなければな
13:16 サマリヤは…<刑罰>を受ける．彼ら
ミカ 7: 4 あなたの<刑罰>の日が…来る．今，
ゼカ 14:19 これが，エジプトへの<刑罰>となり
…すべての国々への<刑罰>となる.
マタ 23:33 ゲヘナの<刑罰>をどうしてのがれる
25:46 この人たちは永遠の<刑罰>に入り，
Ⅱテサ 1: 9 永遠の滅びの<刑罰>を受けるのです.
Ⅰヨハ 4:18 恐れには<刑罰>が伴っているからで
ユダ 7 永遠の火の<刑罰>を受けて，みせし

▼ けいべつ（軽蔑）

創世 25:34 エサウは長子の権利を<軽蔑>したの
Ⅰサム 10:27 どうして…と言って<軽蔑>し，彼に
ネヘ 4: 4 私たちは<軽蔑>されています．彼ら
エス 1:18 ひどい<軽蔑>と怒りが起こることで
マラ 1:13 なんとうるさいことか』と…<軽蔑>
ガラ 4:14 <軽蔑>したり，きらったりしないで，
ヤコ 2: 6 あなたがたは貧しい人を<軽蔑>した

▼ けいやく（契約）【別項】永遠の契約，契約のことば，契約の書，契約の箱，塩の契約

創世 6:18 わたしは，あなたと<契約>を結ぼう.
9: 9 わたしはわたしの<契約>を立てよう.
13 わたしと地との間の<契約>のしるし
15:18 主はアブラムと<契約>を結んで仰せ
17: 2 わたしの<契約>を…あなたとの間に
9 わたしの<契約>を守らなければなら
11 包皮の肉を切り…<契約>のしるしで
21 イサクと，わたしの<契約>を立てる.
21:27 アビメレクに与え…<契約>を結んだ.
26:28 あなたと<契約>を結びたいのです.
31:44 今，私とあなたと<契約>を結び，そ
出エ 2:24 イサク，ヤコブとの<契約>を思い起
6: 4 カナン…を…与えるという<契約>を
19: 5 <契約>を守るなら…わたしの宝とな
23:32 彼らの神々と<契約>を結んではなら
24: 8 「見よ．これは…<契約>の血である.」
34:10 今ここで，わたしは<契約>を結ぼう.
レビ 2:13 ささげ物にあなたの神の<契約>の塩
26: 9 わたしの<契約>を確かなものにする.
15 わたしの<契約>を破るなら，
25 <契約>の復讐を果たさせよう．また
42 わたしの<契約>を思い起こそう．ま
44 わたしの<契約>を破ることはない.
民数 25:12 わたしの平和の<契約>を与える.
13 永遠にわたる祭司職の<契約>となる.
申命 4:13 ご自分の<契約>をあなたがたに告げ
23 <契約>を忘れることのないようにし
31 先祖たちに誓った<契約>を忘れない.
5: 2 ホレブで私たちと<契約>を結ばれた.

3 <契約>を…私たちひとりひとりと,
7: 2 彼らと何の<契約>も結んではならな
9 守る者には恵みの<契約>を千代まで
12 恵みの<契約>をあなたのために守り,
8:18 誓った<契約>を…果たされるためで
17: 2 悪を行い,主の<契約>を破り,
29: 1 ホレブで…結ばれた<契約>とは別で
12 主の<契約>と…のろいの誓いとに,
14 あなたがたとだけ,この<契約>との
25 結ばれた<契約>を,彼らが捨て,
31:20 肥え太り…わたしの<契約>を破る.
33: 9 仰せに従ってあなたの<契約>を守り
ヨシ 23:16 主の<契約>を,あなたがたが破り,
24:25 ヨシュアは…民と<契約>を結び,シ
士師 2: 1 わたしは…<契約>を決して破らない.
2 この地の住民と<契約>を結んではな
20 この民は…わたしの<契約>を破り,
Ⅰサム 11: 2 次の条件で<契約>を結ぼう…右の目
18: 3 ヨナタンは…ダビデと<契約>を結ん
20: 8 このしもべと<契約>を結んでおられ
22: 8 息子がエッサイの子と<契約>を結ん
23:18 ふたりは主の前で<契約>を結んだ.
Ⅱサム 3:12 私と<契約>を結んでください.そう
21 彼らがあなたと<契約>を結び,あな
5: 3 ダビデ王は…彼らと<契約>を結び,
23: 5 とこしえの<契約>が私に立てられて
Ⅰ列 5:12 ヒラムとソロモン…は<契約>を結ん
8: 9 主が彼らと<契約>を結ばれたときに,
21 主の<契約>が納められている箱のた
23 <契約>と愛とを守られる方です.
11:11 わたしの<契約>とおきてとを守らな
19:10 あなたの<契約>を捨て…祭壇をこわ
20:34 アハブは彼と<契約>を結び,彼を去
Ⅱ列 11: 4 エホヤダは…彼らと<契約>を結び,
17 主の民となるという<契約>を結び,
13:23 ヤコブとの<契約>のために…恵み,
17:15 主の<契約>と…警告とをさげすみ,
18:12 御声に聞き従わず…<契約>を破り,
23: 3 王は…主の前に<契約>を結び,主に
Ⅰ歴 16:15 覚えよ.主の<契約>をとこしえに.
Ⅱ歴 6:11 主の<契約>が納められている箱をそ
14 <契約>と愛とを守られる方です.
7:18 <契約>を結んだとおり…王座を確立
15:13 男も女も,殺されるという<契約>を
21: 7 ダビデと結ばれた<契約>のゆえに,
23: 1 エホヤダは…彼と<契約>を結ばせた.
3 全集団が神の宮で王と<契約>を結ん
29:10 私の願いは…主と<契約>を結ぶこと
エズ 10: 3 神に<契約>を結び…追い出しましょ
ネヘ 1: 5 <契約>を守り,いつくしみを賜る方
9: 8 子孫に与えるとの<契約>を彼と結び,
32 神,<契約>と恵みを守られる,大い
13:29 祭司やレビ人たちの<契約>を汚した
ヨブ 31: 1 私は自分の目と<契約>を結んだ.ど
41: 4 これがあなたと<契約>を結び,あな
詩篇 25:10 その<契約>とそのさとしを守る者に
14 ご自身の<契約>を彼らにお知らせに
44:17 あなたの<契約>を無にしませんでし
50: 5 わたしの<契約>を結んだ者たちを.」
74:20 どうか,<契約>に目を留めてくださ
78:10 彼らは,神の<契約>を守らず,神の
37 神の<契約>にも忠実でなかった.
83: 5 あなたに逆らって,<契約>を結んで
89: 3 わたしの選んだ者と<契約>を結び,
28 わたしの<契約>は彼に対して真実で
34 わたしは,わたしの<契約>を破らな
103:18 主の<契約>を守る者,その戒めを心
105: 8 ご自分の<契約>をとこしえに覚えて
106:45 ご自分の<契約>を思い起こし,豊か
111: 9 ご自分の<契約>をとこしえに定めら
箴言 2:17 その神との<契約>を忘れている.
イザ 24: 5 とこしえの<契約>を破ったからであ
28:18 死との<契約>は解消され,よみとの
33: 8 <契約>は破られ,町々は捨てられ,
42: 6 あなたを民の<契約>とし,国々の光
54:10 わたしの平和の<契約>は動かない」
55: 3 わたしは…とこしえの<契約>,ダビ
デへの変わらない愛の<契約>を結ぶ.
56: 6 外国人が…<契約>を堅く保つなら,
59:21 彼らと結ぶわたしの<契約>である」
61: 8 とこしえの<契約>を彼らと結ぶ.
エレ 11:10 わたしの<契約>を破った.」
14:21 私たちに立てられた<契約>を覚えて,
22: 9 主の<契約>を捨て,ほかの神々を拝
31:31 わたしは…新しい<契約>を結ぶ.
33 イスラエルの家と結ぶ<契約>はこう
32:40 彼らととこしえの<契約>を結ぶ.わ
33:21 ダビデと結んだわたしの<契約>も破
られ…祭司たちとの…<契約>も破ら
25 わたしが昼と夜とに<契約>を結ばず,

34: 9 同胞…を奴隷にしないという<契約>
18 <契約>を破った者たちを，二つに断
50: 5 とこしえの<契約>によって，主に連
エゼ 16:60 若かった時に…結んだわたしの<契約>を覚え…とこしえの<契約>を立
62 あなたとの<契約>を新たにするとき，
17:13 王族…と<契約>を結び，忠誠を誓わ
14 <契約>を守らせて，仕えさせるため
15 <契約>を破って罰を免れるだろうか．
16 <契約>を破ったその相手の王の住む
20:37 むちの下を通らせ…<契約>を結び，
34:25 わたしは彼らと平和の<契約>を結び，
37:26 これは…とこしえの<契約>となる．
44: 7 わざによって…<契約>を破った．
ダニ 9:27 多くの者と堅い<契約>を結び，半週
11:22 <契約>の君主もまた，打ち砕かれる．
28 聖なる<契約>を敵視して，ほしいま
32 <契約>を犯す者たちを…堕落させる
ホセ 2:18 空の鳥，地をはうものと<契約>を結
6: 7 アダムのように<契約>を破り…裏切
8: 1 彼らがわたしの<契約>を破り…そむ
10: 4 むなしい誓いを立てて<契約>を結ぶ．
ゼカ 9:11 <契約>の血によって…捕らわれ人を，
11:10 民と結んだ私の<契約>を破るためで
マラ 2: 4 レビとのわたしの<契約>を保つため
5 彼との<契約>は，いのちと平和であ
10 私たちの先祖の<契約>を汚すのか．
14 彼女は…あなたの<契約>の妻である
3: 1 <契約>の使者が，見よ，来ている」
マタ 26:28 これは，わたしの<契約>の血です．罪を赦すために．マコ14:24.
ルカ 1:72 あわれみを施し，その聖なる<契約>
22:20 この杯は…わたしの血による新しい<契約>です．Ⅰコリ11:25.
使徒 3:25 父祖たちと結ばれたあの<契約>の子
7: 8 アブラハムに割礼の<契約>をお与え
ロマ 9: 4 栄光も，<契約>も…彼らのものです．
11:27 彼らに与えたわたしの<契約>である．
Ⅱコリ 3: 6 新しい<契約>に仕える者となる資格
14 古い<契約>が朗読されるときに，同
ガラ 3:15 人間の<契約>でも，いったん結ばれ
17 先に神によって結ばれた<契約>は，
4:24 この女たちは二つの<契約>です．一
エペ 2:12 約束の<契約>については他国人であ
ヘブ 7:22 さらにすぐれた<契約>の保証となら
8: 6 さらにすぐれた<契約>の仲介者であ
7 初めの<契約>が欠けのないものであ
8 ユダの家と新しい<契約>を結ぶ日が．
13 新しい<契約>と言われたときには，
9: 4 <契約>の二つの板がありました．
15 新しい<契約>の仲介者です…初めの<契約>のときの違反を贖うための死
18 初めの<契約>も血なしに成立したの
20 これは…<契約>の血である」と言い
10:16 彼らと結ぼうとしている<契約>は，
29 <契約>の血を汚れたものとみなし，
12:24 新しい<契約>の仲介者イエス，それ

▼けいやくのことば（契約のことば）

出エ 34:28 石の板に<契約のことば>，十のこと
申命 29: 1 これは…<契約のことば>である．ホ
9 この<契約のことば>を守り，行いな
エレ 11: 2 この<契約のことば>を聞け．これを
3 この<契約のことば>を聞かない者は，
6 この<契約のことば>を聞いて，これ
8 この<契約のことば>をみな，彼らに

▼けいやくのしょ（契約の書）

出エ 24: 7 <契約の書>を取り，民に読んで聞か
Ⅱ列 23: 2 主の宮で発見された<契約の書>のことばをみな，彼らに読．Ⅱ歴34:30.
21 <契約の書>にしるされているとおり
ヘブ 9:19 <契約の書>自体にも民の全体にも注

▼けいやくのはこ（契約の箱）

民数 3:31 彼らの任務は，<契約の箱>，机，燭
10:33 主の<契約の箱>は…先頭に立って進
35 <契約の箱>が出発するときには，モ
14:44 <契約の箱>とモーセとは…動かなか
申命 10: 8 レビ部族…主の<契約の箱>を運び，
31:26 みおしえの書を…<契約の箱>のそば
ヨシ 3: 3 主の<契約の箱>を見，レビ人の祭司
11 <契約の箱>が…先頭に立って，ヨル
4: 7 水は…<契約の箱>の前でせきとめら
士師 20:27 当時，神の<契約の箱>はそこにあっ
Ⅰサム 4: 3 シロから主の<契約の箱>を…持って
Ⅱサム 15:24 ツァドクも…<契約の箱>をかついで
Ⅰ列 3:15 <契約の箱>の前に立って，全焼のい
6:19 内堂…そこに主の<契約の箱>を置く
8: 1 シオンから主の<契約の箱>を運び上
Ⅰ歴 15:29 <契約の箱>はダビデの町に．25.
16:37 <契約の箱>の前に，アサフとその兄
17: 1 主の<契約の箱>は天幕の下にありま

22:19 宮に，主の<契約の箱>…を運び入れ
II歴 5: 2 主の<契約の箱>を運び上るためであ
7 祭司たちは主の<契約の箱>を，定め
エレ 3:16 主の<契約の箱>について何も言わず，
ヘブ 9: 4 <契約の箱>があり，箱の中には，マ
黙示 11:19 神殿の中に，<契約の箱>が見えた．

▼ケイラ〔地名〕

ユダの低地の町の一つ．ヨシ15:44，Iサム23:1，ネヘ3:17.

▼けいり（警吏）

使徒 16:35 <警吏>たちを送って…釈放せよ」と
37 パウロは，<警吏>たちにこう言った．
38 <警吏>たちは…長官たちに報告した．

▼けいれん

IIサム 1: 9 サウルが…ひどい<けいれん>が起こ

▼ゲウエル〔人名〕

ガド族の族長．民数13:15.

▼けがしごと

黙示 13: 5 獣は…<けがしごと>を言う口を与え
16: 9 御名に対して<けがしごと>を言い，
11 <けがしごと>を言い…行いを悔い改

▼けがす（汚す）【別項】神をけがす

創世 34:13 妹ディナを<汚>したので，悪巧みを
出エ 20:25 のみを当てるなら，それを<汚す>こ
31:14 安息…を<汚す>者は必ず殺されなけ
レビ 11:44 自分自身を<汚>してはならない．
15:31 わたしの幕屋を<汚>し，その汚れた
18:20 隣人の妻…によって自分を<汚>して
21 神の御名を<汚>してはならない．わ
28 この地を<汚す>ことによって…地が，
19: 8 聖なるものを<汚>したからである．
29 娘を<汚>して，みだらなことをさせ
31 霊媒や口寄せに…<汚>されてはなら
21: 1 死んだ者のため…身を<汚>してはな
9 祭司の娘が淫行で身を<汚す>なら，
その父を<汚す>ことになる．彼女は
11 母のためにも，自分の身を<汚>して
15 子孫を<汚す>ことのないためである．
23 わたしの聖所を<汚>してはならない．
22: 9 これを<汚>し，そのために罪を負っ
民数 5: 2 死体によって身を<汚>している者を
3 宿営を<汚>さないようにしなければ
27 夫に対し…身を<汚>していれば，の
6: 7 死んだ場合でも…身を<汚>してはな
9: 6 死体によって身を<汚>し，その日に
18:32 聖なるささげ物を…<汚>してはなら
19:13 きよめない者は…主の幕屋を<汚す>．
20 その者は主の聖所を<汚>したからで
35:34 そのうちに宿る土地を<汚>してはな
申命 21:23 相続地…を<汚>してはならない．
24: 4 彼女は<汚>されているからである．
Iサム 20:26 思わぬ事が起こって身を<汚>したの
II列 23: 8 高き所を<汚>し．13.
I歴 5: 1 ルベン…父の寝床を<汚>したことに
II歴 36:14 聖別された主の宮を<汚>した．
ネヘ 13:17 悪事を働いて安息日を<汚>している
29 祭司やレビ人たちの契約を<汚>した
詩篇 74: 7 御名の住まいを，その地まで<汚>し
79: 1 あなたの聖なる宮を<けが>し，エル
89:39 彼の冠を地に捨てて<汚>しておられ
106:38 その国土は血で<汚>された．
39 行いによっておのれを<汚>し，その
箴言 30: 9 神の御名を<汚す>ことのないために．
イザ 23: 9 すべての麗しい誇りを<汚>し，すべ
24: 5 地はその住民によって<汚>された．
30:22 鋳物の像を<汚>し，汚れた物として
43:28 聖所のつかさたちを<汚>し，ヤコブ
47: 6 わたしのゆずりの民を<汚>し，彼ら
48:11 わたしの名が<汚>されてよかろうか．
56: 2 安息日を守ってこれを<汚>さず，ど
63: 3 わたしの着物を，すっかり<汚>して
エレ 2: 7 わたしの国を<汚>し，わたしのゆず
16:18 忌むべきもののしかばねで<汚>し，
19:13 トフェテの地のように<汚>される．』
34:16 心を翻して，わたしの名を<汚>し，
哀歌 2: 7 主は…祭壇を拒み，聖所を<汚>し，
エゼ 4:14 自分を<汚>したことはありません．
5:11 聖所を<汚>したので…あなたを取り
9: 7 宮を<汚>し，死体で庭を満たせ．さ
13:19 わたしの民のうちでわたしを<汚>し
18: 6 隣人の妻を<汚>さず，さわりのある
20:14 わたしの名を<汚>そうとはしなかっ
31 あらゆる偶像で身を<汚>している．
39 二度と…聖なる名を<汚>さなくなる．
22: 3 偶像を造って自分を<汚す>町よ．
8 さげすみ，わたしの安息日を<汚>し
26 わたしは彼らの間で<汚>されている．
23:17 恋の床につき，彼女を情欲で<汚>し
38 同じ日に，わたしの聖所を<汚>し，
24:21 わたしは…わたしの聖所を，<汚す>．

25: 3 聖所が<汚>されたとき…あざけった．
28: 7 あなたの輝きを<汚>し，
18 あなたの聖所を<汚>した．わたしは
33:26 隣人の妻を<汚>していながら，この
36:21 民の間で<汚>したわたしの聖なる名
37:23 そむきの罪によって身を<汚>さない．
39: 7 わたしの聖なる名を<汚>させない．
43: 8 わたしの聖なる名を<汚>した．そこ
44: 7 外国人を連れて来て…宮を<汚>した．
ダニ 1: 8 身を<汚>さないようにさせてくれ，
11:31 彼の軍隊は…聖所ととりでを<汚>し，
ホセ 5: 3 イスラエルは身を<汚>してしまった．
アモ 2: 7 わたしの聖なる名を<汚>している．
ゼパ 3: 4 祭司たちは，聖なる物を<汚>し，律
マラ 1: 7 私たちがあなたを<汚>しましたか』
2:10 私たちの先祖の契約を<汚す>のか．
マタ 15:18 心から出て来…人を<汚>します．
20 これらは，人を<汚す>ものです．しかし，洗わない手…人を<汚>しませ
マコ 3:29 聖霊を<けがす>者はだれでも，永遠
7:15 外側から…人を<汚す>ことのできる物は…ありません．人から出て来るものが，人を<汚す>もの．18，20．
使徒 6:11 モーセと神とを<けがす>ことばを語
19:37 宮を<汚>した者でもなく…女神をそ
21:28 この神聖な場所を<けが>しています．
24: 6 宮さえも<けが>そうとしましたので，
26:11 御名を<けがす>ことばを言わせよう
ロマ 2:24 異邦人の中で<けが>されている」と
IIコリ 11: 3 あなたがたの思いが<汚>されて，キ
ヘブ 12:15 多くの人が<汚>されたりすることの
13: 4 寝床を<汚>してはいけません．なぜ
ヤコ 2: 7 尊い御名を<けがす>のも彼らではあ
3: 6 舌は…からだ全体を<汚>し，人生の
ユダ 8 肉体を<汚>し，権威ある者を軽んじ，
23 肉によって<汚>されたその下着さえ
黙示 3: 4 その衣を<汚>さなかった者が幾人か
14: 4 女によって<汚>されたことのない人
19: 2 地を<汚>した大淫婦をさばき，ご自

▼けがれ（汚れ），汚れる【別項】汚れた霊

創世 20: 5 私は正しい心と<汚れ>ない手で，こ
レビ 5: 2 <汚れ>たものに触れ，<汚れ>ては
3 触れれば<汚れ>ると言われる人のどんな<汚れ>にも触れ，そのことを知
7:20 身の<汚れ>があるのに，主への和解
10:10 <汚れ>たものときよいものを区別す
11:24 死体に触れる者…夕方まで<汚れる>．
12: 2 産んだとき…女は7日の間<汚れる>．
13: 3 調べ，彼を<汚れ>ていると宣言する．
45 <汚れ>ている，<汚れ>ている』と叫
14:19 <汚れ>からきよめられる者のために
41 土は町の外の<汚れ>た場所に捨てる．
15: 3 漏出物による<汚れ>は次のとおりで
16:16 イスラエル人の<汚れ>…のために，
17:15 その者は夕方まで<汚れ>ている．彼
18:24 追い出そうとしている国々…<汚れ>
20:25 きよい動物と<汚れ>た動物…を区別
21: 7 淫行で<汚れ>ている女をめとっては
22: 3 聖なるものに<汚れ>たままで近づく
5 どのような<汚れ>でも，人を<汚れ>
民数 5:19 あなたが…<汚れ>たことがなければ，
18:15 <汚れ>た獣の初子も贖わなければな
19: 9 <汚れ>をきよめる水．13，31:23．
11 人の死体にでも触れる者…<汚れる>．
20 <汚れ>た者が…身をきよめなければ，
22 <汚れ>た者が触れるものは，何でも<汚れる>…触れた者も…<汚れる>．」
申命 14: 8 豚…<汚れ>たものである．その肉を
22: 9 収穫が，みな<汚れ>たものとならな
23: 9 すべての<汚れ>たことから身を守ら
26:14 <汚れ>ているときに，そのいくらか
32: 5 主をそこない，その<汚れ>で，主の
士師 13: 4 <汚れ>た物をいっさい食べてはなら
Iサム 20:26 <汚れ>ているためだろう」と思った
21: 5 若い者たちは<汚れ>ていません．普
II列 23:16 ヨシヤ…祭壇を<汚れ>たものとした．
II歴 23:19 <汚れ>た者…だれひとり入り込ませ
29:16 主の本堂にあった<汚れ>たものをみ
エズ 6:21 異邦人の<汚れ>から縁を絶って彼ら
9:11 隅々まで，彼らの<汚れ>で満たされ
ヨブ 14: 4 きよい物を<汚れ>た物から出せまし
15:16 まして忌みきらうべき<汚れ>た者，
18: 3 あなたがたの目には<汚れ>て見える
箴言 30:12 きよいと見，<汚れ>を洗わない世代．
伝道 9: 2 きよい人にも，<汚れ>た人にも…来
雅歌 4: 7 あなたには何の<汚れ>もない．
6: 9 <汚れ>のないもの，私の鳩は．5:2．
イザ 4: 4 シオンの娘たちの<汚れ>を洗い，エ
6: 5 私はくちびるの<汚れ>た者で，くち

35: 8 <汚れ>た者はそこを通れない．これ
52: 1 無割礼の<汚れ>た者が，もう，あな
11 <汚れ>たものに触れてはならない．
59: 3 手は血で<汚れ>，指は咎で<汚れ>，
64: 6 私たちは…<汚れ>た者のようになり，
エレ 2:22 咎は，わたしの前では<汚れ>ている．
23 私は<汚れ>ていない…と言えようか．
3: 1 この国も大いに<汚れ>ていないだろ
23:11 実に，預言者も祭司も<汚れ>ている．
15 <汚れ>がエルサレムの預言者たちか
哀歌 1: 9 彼女の<汚れ>はすそにまでついてい
4:14 血に<汚れ>，盲人のようにちまたを
エゼ 4:13 <汚れ>たパンを食べなければならな
14 <汚れ>ている肉を口にしたこともあ
21:25 悪に<汚れ>たイスラエルの君主よ．
22: 5 名の<汚れ>た…おまえをあざ笑う．
15 おまえの<汚れ>を全く取り除き，
26 <汚れ>たものときよいものとの違い
23:17 彼女が…<汚れ>たものとなったとき
24:11 <汚れ>を溶かし，さびがなくなるよ
13 みだらな<汚れ>を見て…きよめよう
28:16 <汚れ>たものとして神の山から追い
36:17 さわりのある女のように<汚れ>てい
25 すべての<汚れ>からきよめられる．
29 すべての<汚れ>から救い，穀物を呼
39:24 <汚れ>とそむきの罪に応じて…罰し，
ホセ 9: 3 アッシリヤで<汚れ>た物を食べよう．
アモ 7:17 あなたは<汚れ>た地で死に，イスラ
ミカ 2:10 ここは<汚れ>ているために滅びる．
ハガ 2:13 祭司たちは答えて「<汚れる>」と言
14 ささげる物，それは<汚れ>ている．
ゼカ 13: 1 罪と<汚れ>をきよめる一つの泉が開
2 <汚れ>の霊をこの国から除く．
マラ 1: 7 祭壇の上に<汚れ>たパンをささげて，
12 主の食卓は<汚れ>ている．その果実
マタ 23:27 内側は…あらゆる<汚れ>たものがい
ヨハ 18:28 <汚れ>を受けまいとして，官邸に入
使徒 10:14 <汚れ>た物を食べたことがありませ
28 <汚れ>ているとか言ってはならない
15:20 <汚れ>た物…を避けるように書き送
ロマ 1:24 欲望のままに<汚れ>に引き渡され，
6:19 手足を<汚れ>と不法の奴隷としてさ
14:14 それ自体で<汚れ>ているものは何一
つない…<汚れ>ていると認める人に
とっては，それは<汚れ>たものなの
Ⅰコリ 7:14 子どもは<汚れ>ているわけです．と
8: 7 肉として食べ…弱い良心が<汚れる>
Ⅱコリ 6:17 <汚れ>たものに触れないようにせよ．
7: 1 霊肉の<汚れ>から自分をきよめ，神
12:21 <汚れ>と不品行と好色を悔い改めな
ガラ 5:19 肉の行い…不品行，<汚れ>，好色，
エペ 5: 3 どんな<汚れ>も…口にすることさえ
5 <汚れ>た者…御国を相続することが
コロ 3: 5 不品行，<汚れ>…を殺してしまいな
Ⅰテサ 4: 7 <汚れ>を行わせるためではなく，聖
Ⅱテモ 3: 2 そのときに…<汚れ>た者になり，
テト 1:15 <汚れ>た…人々には，何一つきよい
もの…知性と良心までも<汚れ>てい
ヘブ 7:26 悪も<汚れ>もなく，罪人から離れ，
9:13 雌牛の灰を<汚れ>た人々に注ぎかけ
10:29 契約の血を<汚れ>たものとみなし，
ヤコ 1:21 すべての<汚れ>やあふれる悪を捨て
27 神の御前できよく<汚れ>のない宗教
Ⅰペテ 1: 4 <汚れる>ことも…ない資産を受け継
19 傷もなく<汚れ>もない小羊のような
3:21 バプテスマは肉体の<汚れ>を取り除
Ⅱペテ 2:10 <汚れ>た情欲を燃やし，肉に従って
20 世の<汚れ>からのがれ，その後再び
黙示 17: 4 <汚れ>でいっぱいになった金の杯を
21:27 すべて<汚れ>た者…は，決して都に
22:11 <汚れ>た者はますます<汚れ>を行

▼ けがれたれい（汚れた霊）

マタ 12:43 <汚れた霊>が人から出て行って…休
み場を捜します．ルカ11:24.
マコ 1:23 会堂に<汚れた霊>につかれた人がい
27 <汚れた霊>をさえ戒められる．する
3:11 <汚れた霊>どもが，イエスを見ると，
30 イエスは，<汚れた霊>につかれてい
5: 2 <汚れた霊>につかれた人が墓場から
8 <汚れた霊>よ．この人から出て行け
13 <汚れた霊>どもは出て行って，豚に
6: 7 12弟子を呼び…<汚れた霊>を追い出
す権威をお与えになった．マタ10:1.
7:25 <汚れた霊>につかれた小さい娘のい
9:25 <汚れた霊>をしかって…この子から
ルカ 4:36 権威と力とで…<汚れた霊>でも出て
8:29 <汚れた霊>が…この人を捕らえたの
9:42 <汚れた霊>をしかって，その子をい
使徒 5:16 病人や，<汚れた霊>に苦しめられて
8: 7 <汚れた霊>…が大声で叫んで出て行

黙示 16:13　かえるのような<汚れた霊>どもが三
18: 2　あらゆる<汚れた霊>どもの巣くつ,

▼ けがわ（毛皮）

創世 27:16　子やぎの<毛皮>を，彼の手と首のな

▼ げきじょう（劇場）

使徒 19:29　一団となって<劇場>へなだれ込んだ.
31　<劇場>に入らないように頼んだ.

▼ げきする（激する）

IIサム 6: 8　ダビデの心は<激>した．ウザによる
箴言 15:18　<激>しやすい者は争いを引き起こし,
22:24　<激>しやすい者といっしょに行くな.

▼ げきたい（撃退）

II列 18:24　ひとりの総督をさえ<撃退する>ことはできないのだ．イザ36:9.

▼ げきどう（激動）

ヨハ 13:21　イエスは…霊の<激動>を感じ，あか

▼ けごろも（毛衣）

創世 25:25　全身<毛衣>のようで…エサウと名づ
II列 1: 8　<毛衣>を着て，腰に皮帯を締めた人
ゼカ 13: 4　人を欺くための<毛衣>を着なくなる.

▼ ケサロン〔地名〕

エルサレム西方の町．ヨシ15:10.

▼ ゲシェム〔人名〕

ネヘミヤの反対者の一人．ネヘ2:19，6:1，2.

▼ ケシタ〔度量衡〕

重さの単位．ヨシ24:32，ヨブ42:11.

▼ ケジブ〔地名〕

ユダの低地の町の一つ．アクジブと同地．創世38:5.

▼ ゲシャン〔人名〕

ユダ族．カレブの子孫．I歴2:47.

▼ ゲシュル

1. 地名．ヨルダン川上流の地域．IIサム13:37.
2. ゲシュル人．申命3:14，ヨシ13:2，13.

▼ けしょう（化粧）

エス 2: 3　<化粧>に必要な品々を…与える．9.
12　6か月は香料と婦人の<化粧>に必要な品々で<化粧>することで終わるこ

▼ ケシル〔地名〕

ユダ南部の町．ベトルと同地．ヨシ15:30.

▼ けす（消す），消し去る

創世 6: 7　人を地の面から<消し去>ろう．人を
出エ 9:15　あなたは地から<消し去>られる.
17:14　アマレクの記憶を…完全に<消し去>
32:32　私の名を<消し去>ってください.」
33　わたしの書物から<消し去>ろう.
レビ 6:12　祭壇の火は…<消>してはならない.
民数 24:19　残った者たちを町から<消し去る>.」
申命 7:24　彼らの名を天の下から<消し去>ろう.
9:14　その名を天の下から<消し去>ろう.
12: 3　名をその場所から<消し去>りなさい.
25:19　アマレクの記憶を…<消し去>らなけ
29:20　その者の名を天の下から<消し去>っ
士師 21:17　一つの部族が<消し去>られてはなら
IIサム 14: 7　残された私の一つの火種を<消>して,
21:17　イスラエルのともしびを<消>さない
II列 14:27　イスラエルの名を…<消し去>ろうと
II歴 29: 7　ともしびの火を<消>し，聖所でイス
詩篇 9: 5　彼らの名を，とこしえに，<消し去>
34:16　彼らの記憶を地から<消>される.
69:28　彼らがいのちの書から<消し去>られ,
83: 4　さあ，彼らの国を<消し去>って，イ
109:13　次の世代には彼らの名が<消し去>ら
14　その母の罪が<消し去>られませんよ
15　主が彼らの記憶を…<消>されますよ
箴言 6:33　そしりを<消し去る>ことができない.
伝道 6: 4　その名はやみの中に<消>される.
雅歌 8: 7　大水もその愛を<消す>ことができま
イザ 1:31　燃え立って，これを<消す>者がいな
26:14　すべての記憶を<消し去>られました.
42: 3　くすぶる燈心を<消す>こともなく,
エレ 4: 4　燃え上がり，<消す>者もいないだろ
25:10　音と，ともしびの光を<消し去る>.
エゼ 6: 6　あなたがたのしたわざは<消し去>ら
20:47　炎は<消>されず…すべての地面は焼
アモ 5: 6　ベテルのためにこれを<消す>者がい
オバ 8　エサウの山から英知を<消し去>らな
ゼパ 2:11　地のすべての神々を<消し去る>．そ
ゼカ 11: 8　一月のうちに3人の牧者を<消し去>
マタ 12:20　くすぶる燈心を<消す>こともない,
エペ 6:16　悪い者が放つ火矢を，みな<消す>こ
Iテサ 5:19　御霊を<消>してはなりません.
ヘブ 11:34　火の勢いを<消>し，剣の刃をのがれ,
黙示 3: 5　彼の名をいのちの書から<消す>よう

▼ けずる（削る）

レビ 14:43　家の壁を<削>り落とし，また塗り直
II列 10:32　主はイスラエルを少しずつ<削>り始

▼ ケスロテ〔地名〕

タボル山麓の町．ヨシ19:18.

▼ ケセデ〔人名〕
アブラハムのおい．創世22:22.

▼ ゲゼル
1.地名．カナンの町．ヨシ10:33，士師1:29，Ⅱサム5:25，Ⅰ列9:15，Ⅰ歴6:67，20:4.
2.ゲゼル人．1.の住民．Ⅰサム27:8.

▼ ケダル〔人名〕【別項】ケダルの天幕
⑴イシュマエルの子．創世25:13，Ⅰ歴1:29.
⑵シリヤ・アラビヤ砂漠の遊牧民族．イザ21:16，17，60:7，エレ2:10，49:28，エゼ27:21.

▼ ケダルのてんまく（〜天幕）
詩 120: 5 <ケダルの天幕>で暮らすとは．
雅歌 1: 5 <ケダルの天幕>のように…黒いけれ

▼ ゲダルヤ〔人名〕
⑴ユダの総督．Ⅱ列25:22，25，エレ39:14.
⑵レビ人の楽器の指導者．Ⅰ歴25:3，9.
⑶異邦人の女をめとった祭司．エズ10:18.
⑷エレミヤの反対者パシュフルの子．エレ38:1.
⑸預言者ゼパニヤの祖父．ゼパ1:1.

▼ けつい（決意）
Ⅰコリ 7:37 もし心のうちに堅く<決意>しており，

▼ ケツィア〔人名〕
ヨブの試練後に生れた娘．ヨブ42:14.

▼ けっか（結果）
使徒 15:39 反目となり，その<結果>…別行動を
ロマ 7: 6 その<結果>，古い文字にはよらず，
Ⅰペテ 1: 9 信仰の<結果>である，たましいの救

▼ けっかん（欠陥）
レビ 21:17 身に<欠陥>のある者は，神のパンを
18 身に<欠陥>のある者は近づいてはな
22:20 <欠陥>のあるものは…ささげてはな
25 <欠陥>があるから…受け入れられな
申命 15:21 何でもひどい<欠陥>があれば，あな
ダニ 1: 4 少年たちは，身に何の<欠陥>もなく，

▼ けつぎ（決議）
使徒 15:22 アンテオケへ送ることを<決議>した．

▼ げっけいじゅ（月桂樹）
イザ 44:14 <月桂樹>を植えると，大雨が育てる．

▼ けつごう（結合）
ゼカ 11: 7 他の1本を，「<結合>」と名づ．14.

▼ けっこん（結婚）
レビ 21: 3 <結婚>したことのない処女の姉妹の
マタ 5:32 離別された女と<結婚>すれば，姦淫
19:10 <結婚>しないほうがましです．」
22:25 長男は<結婚>しましたが，死んで，
ルカ 14:20 <結婚>したので，行くことができま
16:18 妻を離別してほかの女と<結婚>する
Ⅰコリ 7: 8 <結婚>していない男とやもめの女に
9 自制…できなければ，<結婚>しなさい．情の燃えるよりは，<結婚>する
10 すでに<結婚>した人々に命じます．
11 別れたのだったら，<結婚>せずにい
28 <結婚>したからといって，罪を犯す
33 <結婚>した男は，どうしたら妻に喜
34 <結婚>した女は，どうしたら夫に喜
36 彼らに<結婚>させなさい．
38 処女である…娘を<結婚>させる人は良い…<結婚>させない人は，もっと
39 自分の願う人と<結婚>する自由があ
Ⅰテモ 4: 3 <結婚>することを禁じたり，食物を
5:11 若いやもめは…<結婚>したがり，
14 若いやもめは<結婚>し，子どもを産
ヘブ 13: 4 <結婚>がすべての人に尊ばれるよう

▼ けっして（決して）
申命 23: 3 <決して>，主の集会に，入ることはできない．ネヘ13:1.
ヨブ 34:12 神は<決して>悪を行わない．全能者
マタ 5:34 <決して>誓ってはいけません…天を
26:33 私は<決して>つまずきません．」
ヨハ 4:14 だれでも，<決して>渇くことがあり
6:35 <決して>飢えることがなく，わたしを信じる者は…<決して>渇くことが
8:51 その人は<決して>死を見ることがあ
11:26 わたしを信じる者は，<決して>死ぬ
13: 8 <決して>私の足をお洗いにならない
Ⅰコリ 13: 8 愛は<決して>絶えることがありませ
15:29 死者は<決して>よみがえらないのな

▼ けっしょうてん（決勝点）
Ⅰコリ 9:26 <決勝点>がどこかわからないような

▼ けっしょく（血色）
Ⅰサム 16:12 その子は<血色>の良い顔で，目が美

▼ けっしん（決心）
ルツ 1:18 いっしょに行こうと堅く<決心>して
Ⅰサム 20: 7 私に害を加える<決心>をしておられ
33 父がダビデを殺そうと<決心>してい
Ⅰ歴 28: 7 命令と定めを行おうと堅く<決心>し
エス 7: 7 王が彼にわざわいを下す<決心>をし
ダニ 6:14 王は…ダニエルを救おうと<決心>し，
ロマ 14:13 …を置かないように<決心>しなさい．
Ⅰコリ 2: 2 何も知らないことに<決心>したから

IIコリ 2: 1　訪問は二度とくり返すまいと<決心>

▼ ゲツセマネ〔地名〕

オリーブ山麓の園．マタ26:36，マコ14:32．

▼ けってい（決定）

箴言 16:33　すべての<決定>は，主から来る．
ダニ 4:17　この<決定>は聖なる者たちの命令に
使徒 21:25　避けるべきであると<決定>しました

▼ けってん（欠点）

ダニ 6: 4　彼には何の怠慢も<欠点>も見つけら

▼ けっとう（血統）

エズ 2:59　<血統>がイスラエル人であったか…
　　　　を，証明…できなかった．ネヘ7:61．

▼ けつにく（血肉）

Iコリ 15:44　<血肉>のからだで蒔かれ…<血肉>の
　　　　からだがあるのですから，御霊のか
46　最初にあったのは<血肉>のものであ
50　<血肉>のからだは神の国を相続でき
エペ 6:12　私たちの格闘は<血肉>に対するもの

▼ けっぱく（潔白）

ヨブ 1: 1　この人は<潔白>で正しく，神を恐れ，
8:20　神は<潔白>な人を退けない．悪を行
9:20　たとい私が<潔白>でも，神は私を曲
22　<潔白>な者をも悪者をも共に絶ち滅
12: 4　<潔白>で正しい者が物笑いとなって
27: 5　私は…自分の<潔白>を離さない．
31: 6　神に私の<潔白>がわかるだろう．
箴言 2:21　<潔白>な人は地に生き残る．
28:10　<潔白>な人たちはしあわせを継ぐ．
18　<潔白>な生活をする者は救われ，曲
29:10　血に飢えた者たちは<潔白>な人を憎
イザ 43:26　身の<潔白>を明かすため，あなたの
IIコリ 7:11　すべての点で<潔白>であることを証

▼ けつぼう（欠乏）

申命 28:48　あなたは…あらゆるものに<欠乏>し
57　何もかも<欠乏>しているので，ひそ
箴言 28:22　貪欲な人は…<欠乏>が自分に来るの
アモ 4: 6　すべての場所で，パンに<欠乏>させ
IIコリ 8:14　あなたがたの余裕が彼らの<欠乏>を
　　　　補うなら…あなたがたの<欠乏>を補
11: 9　兄弟たちが，私の<欠乏>を十分に補

▼ けつまつ（結末）

伝道 2:14　みな，同じ<結末>に行き着くことを
15　愚かな者と同じ<結末>に行き着くの
3:19　人の子の<結末>と獣の<結末>とは同
9: 2　同じ<結末>が，正しい人にも．3．
ヘブ 13: 7　彼らの生活の<結末>をよく見て，そ
ヤコ 5:11　主が彼になさったことの<結末>を見

▼ ケデシュ〔地名〕

(1)ユダの最南端の町の一つ．ヨシ15:23．
(2)カナン人の町．ヨシ19:37，士師4:6，10．
(3)イッサカルのケデシュ．I歴6:72．

▼ ケデマ〔人名〕

イシュマエルの息子．創世25:15，I歴1:31．

▼ ケデモテ〔地名〕

アルノン川上流のルベン所領内のレビ人の町の一つ．申命2:26，ヨシ13:18，21:37，I歴6:79．

▼ ゲデラ

1．地名．ユダの低地の町．ヨシ15:36，I歴4:23．
2．ゲデラ人．ベニヤミンの町ゲデラの住民．I歴12:4．

▼ ゲテル〔人名〕

アラムの子孫．創世10:23，I歴1:17．

▼ ゲデル

1．地名．カナンの町．ヨシ12:13．
2．ゲデル人．1．の住民．I歴27:28．

▼ ゲデロタイム〔地名〕

ユダの低地の町の一つ．ヨシ15:36．

▼ ゲデロテ〔地名〕

ユダの低地の町の一つ．ヨシ15:41，II歴28:18．

▼ ケデロン〔地名〕

エルサレムの東側の谷．ヨハ18:1．

▼ ケトラ〔人名〕

アブラハムの第2の妻．創世25:1，I歴1:32．

▼ ゲドル

1．地名．
(1)ユダの山地の町の一つ．ヨシ15:58，I歴4:4．
(2)ユダの町．I歴4:39．
(3)ヨエラとゼバデヤの出身地．I歴12:7．
2．人名．ベニヤミン族出身．I歴8:31，9:37．

▼ ケドルラオメル〔人名〕

エラムの王．創世14:1，4，5，9，17．

▼ ケナアナ〔人名〕

(1)偽預言者ゼデキヤの父．I列22:11，II歴18:10．
(2)ベニヤミン族出身．I歴7:10．

▼ ケナズ

エドム人の氏族名．創世15:19，36:11，民数

32:12, ヨシ14:6, 14, 士師1:13, 3:9, Ⅰ歴1:36.

▼ケナテ〔地名〕
ギルアデの町. 別名ノバフ. 民数32:42, Ⅰ歴2:23.

▼ケナニ〔人名〕
ネヘミヤ時代のレビ人の一人. ネヘ9:4.

▼ケナヌヤ〔人名〕
ダビデ時代の荷物係長. Ⅰ歴15:22, 27.

▼ケナン〔人名〕
エノシュの子. 創世5:9, 14, Ⅰ歴1:2.

▼ケニじん(〜人)
南パレスチナとシナイ半島に住む部族. 創世15:19, 民数24:21, 士師4:11, Ⅰサム15:6, 27:10.

▼ゲヌバテ〔人名〕
エドムの王の子孫ハダデの子. Ⅰ列11:20.

▼ゲネサレ
(1)ガリラヤ湖北西岸の平原. マタ14:34, マコ6:53.
(2)ゲネサレ湖. ガリラヤ湖と同一. ルカ5:1.

▼けのないいなご(毛のないいなご)
レビ 11:22 食べてもよい…<毛のないいなご>の

▼ケパ〔人名〕
ペテロの別名. ヨハ1:42, Ⅰコリ1:12, 3:22, 9:5, 15:5, ガラ1:18, 2:9, 11, 14.

▼ゲバ〔地名〕
レビ人の町の一つ. ヨシ21:17, Ⅰサム14:5, Ⅰ歴8:6, エズ2:26, イザ10:29, ゼカ14:10.

▼ゲハジ〔人名〕
エリシャのしもべ. Ⅱ列4:12, 5:20, 8:4, 5.

▼ケハテ
1. 人名. レビの次男. 創世46:11, Ⅰ歴6:1.
2. ケハテ族(人). 民数3:19, 27, ヨシ21:4.

▼ゲ・ハラシム
「職人の谷」の意. 職人たちの共同体があった. Ⅰ歴4:14.

▼ゲバル
1. 地名.
(1)フェニキヤの港町. エゼ27:9.
(2)死海東南部の山岳地帯. 詩篇83:7.
2. ゲバル人. ヨシ13:5, Ⅰ列5:18.

▼ケバルがわ(〜川)
バビロニヤの運河. エゼ1:1, 3:23, 10:15.

▼ゲビム〔地名〕
エルサレム北方の町. イザ10:31.

▼ケファル・ハアモナ〔地名〕
ベニヤミンの町の一つ. ヨシ18:24.

▼ケフィラ〔地名〕
ギブオン人の町の一つ. ヨシ9:17, エズ2:25.

▼けぶかい(毛深い)
創世 27:11 兄さんのエサウは<毛深い>人. 23.
詩篇 68:21 罪過のうちを歩む者の<毛深い>脳天

▼ケベ〔地名〕
キリキヤ地方の呼称. Ⅰ列10:28, Ⅱ歴1:16.

▼ゲヘナ
マタ 5:29 からだ全体<ゲヘナ>に投げ込まれる. 22, 30, 18:9, マコ9:43, 45, 47.
23:15 自分より倍も悪い<ゲヘナ>の子にす
33 <ゲヘナ>の刑罰をどうしてのがれる
ルカ 12:5 <ゲヘナ>に投げ込む権威を持っておられる方を恐れなさい. マタ10:28.
ヤコ 3:6 <ゲヘナ>の火によって焼かれます.

▼ケヘラタ〔地名〕
荒野の宿営地. 民数33:22, 23.

▼ゲベル〔人名〕
ソロモンの守護の一人. Ⅰ列4:19.

▼ゲマリ〔人名〕
ダン族の長アミエルの父. 民数13:12.

▼ゲマルヤ〔人名〕
(1)ヒルキヤの子. ゼデキヤの使者. エレ29:3.
(2)書記シャファンの子. エレ36:10, 11, 12.

▼ケムエル〔人名〕
(1)ナホルとミルカの子. 創世22:21.
(2)エフライム族の長. 民数34:24.
(3)レビ人ハシャブヤの父. Ⅰ歴27:17.

▼けむり(煙), 煙る
創世 15:17 <煙>の立つかまど…が…通り過ぎた.
19:28 見よ, まるでかまどの<煙>のようにその地の<煙>が立ち上っていた.
出エ 19:18 シナイ山は全山が<煙>っていた…<煙>は, かまどの<煙>のように立ち
20:18 民はみな…<煙る>山を目撃した. 民
民数 16:40 主の前に近づいて<煙>を立ち上らせ
ヨシ 8:20 アイの…町の<煙>が天に立ち上って
士師 20:40 のろしが<煙>の柱となって町から上り始めた…町全体から<煙>が天に上
Ⅱサム 22:9 <煙>は鼻から立ち上り. 詩篇18:8.
ヨブ 41:20 鼻からは<煙>が出て, 煮え立つかま
詩篇 37:20 彼らは…<煙>となって消えうせる.
68:2 <煙>が追い払われるように彼らを追

102: 3 私の日は<煙>の中に尽き果て，私の
104:32 主が…山々に触れられると，山々は
<煙>を上げます．144:5.
119:83 <煙>の中の皮袋のようになっても，
箴言 10:26 なまけ者は…目に<煙>のようなもの
雅歌 3: 6 <煙>の柱のように荒野から上って来
イザ 4: 5 夜は<煙>と燃える火の輝きを創造さ
6: 4 声のために…宮は<煙>で満たされた.
7: 4 二つの木切れの<煙る>燃えさし，レ
9:18 悪は…<煙>となって巻き上がる.
14:31 北から<煙>が上がり，その編隊から
34:10 いつまでもその<煙>は立ち上る．そ
51: 6 天は<煙>のように散りうせ，地も衣
65: 5 わたしの怒りの<煙>，一日中燃え続
ホセ 13: 3 窓から出て行く<煙>のようになる.
ヨエ 2:30 天と地に，不思議なしるしを現す.
血と火と<煙>の柱である．使徒2:19.
ナホ 2:13 戦車を燃やして<煙>とする．剣はあ
黙示 8: 4 香の<煙>は，聖徒たちの祈りととも
9: 2 炉の<煙>のような<煙>が立ち上り，
太陽も空も，この穴の<煙>によって
3 <煙>の中から，いなごが地上に出て
18 火と<煙>と硫黄とのために…殺され
14:11 苦しみの<煙>は，永遠にまでも立ち
15: 8 聖所は…大能から立ち上る<煙>で満
18: 9 彼女が火で焼かれる<煙>．18，19:3.

▼ ケモシュ〔偶像〕

モアブ人の神名．民数21:29，士師11:24，Ⅰ列11:7，Ⅱ列23:13，エレ48:7，13，46.

▼ けもの（獣）

創世 1:24 野の<獣>を，種類にしたがって.」
30 地のすべての<獣>，空のすべての鳥,
2:20 人は…野のあらゆる<獣>に名をつけ
3: 1 あらゆる野の<獣>のうちで，蛇が一
14 あらゆる野の<獣>よりものろわれる.
7:14 あらゆる種類の<獣>…がみな，入っ
21 <獣>も…すべての人も死に絶えた.
8: 1 神は…<獣>や…家畜とを心に留めて
9: 2 野の<獣>…すべてはあなたがたを恐
5 どんな<獣>にでも，それを要求する.
37:20 悪い<獣>が食い殺した．33.
出エ 9: 9 エジプト全土の人と<獣>につき，う
22:19 <獣>と寝る者はすべて，必ず殺され
23:11 7年目…残りを野の<獣>に食べさせ
29 野の<獣>が増して，あなたを害する
ことのないためである．申命7:22.
レビ 26: 6 悪い<獣>をその国から除く．剣があ
22 あなたがたのうちに野の<獣>を放つ.
民数 18:15 人でも，<獣>でも…最初に生まれる
申命 14: 4 食べることのできる<獣>は，牛，羊,
28:26 あなたの死体は…<獣>とのえじきと
Ⅰサム 17:46 しかばねを…地の<獣>に与える．す
Ⅱサム 21:10 リツパは…<獣>が死体に近寄らない
Ⅱ列 14: 9 レバノンの野の<獣>が…あざみを踏
ネヘ 2:14 乗っている<獣>の通れる所がなかっ
ヨブ 5:22 あなたは…地の<獣>をも恐れない.
23 野の<獣>はあなたと和らぐからだ.
12: 7 <獣>に尋ねてみよ…あなたに教える
18: 3 なぜ，私たちは<獣>のようにみなさ
28: 8 誇り高い<獣>もこれを踏まず，たけ
35:11 <獣>よりも，むしろ，私たちに教え,
39:15 <獣>が…踏みつけることも忘れてい
40:20 野の<獣>もみな，そこで戯れる.
詩篇 36: 6 あなたは人や<獣>を栄えさせてくだ
49:12 人は滅びうせる<獣>に等しい．20.
50:10 森のすべての<獣>は，わたしのもの.
73:22 あなたの前で<獣>のようでした.
74:19 山鳩のいのちを<獣>に引き渡さない
79: 2 聖徒たちの肉を野の<獣>に与え,
147: 9 <獣>に，また，鳴く烏の子に食物を
伝道 3:18 彼らが<獣>にすぎないことを…気づ
19 人の子の結末と<獣>の結末とは同じ
結末だ…人は何も<獣>にまさってい
21 <獣>の霊は地の下に降りて行くのを.
イザ 13:21 荒野の<獣>が伏し．ゼパ2:14.
34:14 <獣>は山犬に会い．エレ50:39.
40:16 <獣>も…いけにえ…には，足りない.
43:20 野の<獣>…も，わたしをあがめる.
46: 1 彼らの偶像は<獣>と家畜に載せられ
…疲れた<獣>の重荷となる.
56: 9 すべての<獣>よ．食べに来い.
エレ 7:33 民のしかばねは…<獣>のえじきとな
15: 3 滅ぼすために…地の<獣>である.
27: 5 わたしは…人間と<獣>を造った．そ
6 野の<獣>も彼に与えて仕えさせる.
エゼ 4:14 死んだ<獣>…を食べたことはありま
5:17 悪い<獣>を送る…あなたに子を失わ
8:10 <獣>の…像…が，回りの壁一面に彫
14:21 人間や<獣>を断ち滅ぼすため…悪い
<獣>と疫病との四つのひどい刑罰を

29:11 <獣>の足もそこを通らず，40年の間
32: 4 全地の<獣>をあなたで飽かせよう．
34: 8 牧者がいないため…<獣>のえじきと
25 悪い<獣>をこの国から取り除く．彼
28 この国の<獣>も彼らを食い殺さない．
36:11 おまえたちの上に人と<獣>をふやす．
38:20 <獣>も…わたしの前で震え上がり，
44:31 鳥であれ<獣>であれ，食べてはなら
ダニ 4:25 野の<獣>とともに住み，牛のように
5:21 心は<獣>と等しくなり，野ろばとと
7: 3 4頭の大きな<獣>が海から上がって
17 4頭の大きな<獣>は…4人の王であ
ホセ 2:18 野の<獣>，空の鳥…と契約を結び，
4: 3 野の<獣>…とともに打ちしおれ，海
13: 8 野の<獣>は彼らを引き裂く．
ヨエ 1:20 野の<獣>も，あなたにあえぎ求めて
2:22 野の<獣>たちよ．恐れるな．荒野の
ヨナ 3: 7 人も，<獣>も…何も味わってはなら
ハバ 2:17 <獣>への残虐があなたを脅かす．あ
ゼパ 1: 3 わたしは人と<獣>を取り除き，空の
マコ 1:13 野の<獣>とともにおられたが，御使
使徒 11: 6 中をよく見ると…四つ足の<獣>…が
ロマ 1:23 御栄えを…<獣>…のかたちに似た物
Iコリ 15:32 エペソで<獣>と戦ったのなら，何の
39 人間の肉もあり，<獣>の肉もあり，
ヘブ 12:20 <獣>でも，山に触れるものは石で打ち殺されなければ．出エ19:13．
ヤコ 3: 7 <獣>も鳥も…人類によって制せられ
黙示 6: 8 地上の<獣>によって殺す権威が与え
11: 7 底知れぬ所から上って来る<獣>が，
13: 1 海から1匹の<獣>が上って来た．こ
3 全地は驚いて，その<獣>に従い，
11 もう1匹の<獣>が地から上って来た．
17 その刻印，すなわち，あの<獣>の名，
18 その<獣>の数字…は666である．
14: 9 <獣>とその像を拝み…刻印を．11．
15: 2 <獣>と…数字とに打ち勝った人々が，
16: 2 <獣>の刻印を受けている人々と，<獣>の像を拝む人々に…悪性のはれ
10 鉢を<獣>の座に…<獣>の国は暗くな
13 <獣>の口…から…汚れた霊どもが三
17: 3 女が緋色の<獣>に乗って…その<獣>
7 七つの頭と10本の角とを持つ<獣>の
8 <獣>は，昔いたが，今はいません．
17 支配権を<獣>に与えるようにされた
19:19 <獣>と地上の王たちとその軍勢が集
20 <獣>は捕らえられた…<獣>の前でしるしを行い…<獣>の刻印を受けた人
20: 4 <獣>やその像を拝まず，その額や手に<獣>の刻印を押されなかった人た

▼ゲラ

1. 人名．
(1)ベニヤミンの長子ベラの子．I歴8:3．
(2)(1)のゲラの兄弟．I歴8:5．
(3)士師エフデの父．士師3:15．
(4)ベニヤミン族シムイの父．IIサム16:5，I列2:8．

2. 最小の重量単位．出エ30:13，エゼ45:12．

▼けらい（家来）

Iサム 8:14 取り上げて…<家来>たちに与える．
18:22 <家来>たちも…あなたを愛していま
22:14 <家来>のうち，ダビデほど忠実な者
17 王の<家来>たちは，主の祭司たちに
IIサム 6:20 <家来>のはしための目の前で裸にお
19: 5 <家来>たち全部に…恥をかかせまし
26 王さま．私の<家来>が，私を欺いた
I列 20:23 アラムの王の<家来>たちは王に言っ
II列 25: 8 バビロンの王の<家来>…がエルサレ
24 カルデヤ人の<家来>たちを恐れては
II歴 24:25 <家来>たちは，祭司エホヤダの子た
32: 9 セナケリブは…<家来>たちをエルサ
16 <家来>たちは…ヒゼキヤに逆らって
エレ 21: 7 ゼデキヤと，その<家来>と，その民
36:24 王も…<家来>たちも…聞きながら，
31 彼と…<家来>たちを…咎のゆえに罰
37: 2 彼も…<家来>たちも…民衆も…主の

▼ゲラサ

1. 地名．ガリラヤ湖東岸の町．ルカ8:37．

2. ゲラサ人．1.の住民．マコ5:1，ルカ8:26．

▼ケラフ〔地名〕

ニネベ南方の町．創世10:11，12．

▼ケラヤ〔人名〕

異邦人の女をめとったレビ人．エズ10:23．

▼ケラル〔人名〕

異邦人の女をめとった者の一人．エズ10:30．

▼ゲラル〔地名〕

ガザ南方の町．創世10:19，20:1，II歴14:13．

▼ケラン〔人名〕

ホリ人セイルの子孫．創世36:26，I歴1:41．

▼ゲリジムさん（～山）
シェケム南西の山．申命11:29，27:12，ヨシ8:33，士師9:7.

▼ケリタ〔人名〕
エズラ時代のレビ人．エズ10:23，ネヘ8:7.

▼ケリテがわ（～川）
ヨルダンに合流する川．Ⅰ列17:3，5.

▼ケリヨテ〔地名〕
モアブの町．エレ48:24，アモ2:2.

▼ケリヨテ・ヘツロン〔地名〕
ユダ最南端の町の一つ．ヨシ15:25.

▼ゲリロテ〔地名〕
ベニヤミンとユダの境の町．ヨシ18:17.

▼ける
申命 32:15　肥え太ったとき，足で<け>った．あ
使徒 26:14　とげのついた棒を<ける>のは…痛い

▼ゲルショム〔人名〕
(1)モーセの長男．出エ2:22，18:3，士師18:30.
(2)レビの長男．ゲルションと同人．Ⅰ歴6:16.
(3)祭司ピネハスの子孫．エズ8:2.

▼ゲルション
1. 人名．レビの長男．創世46:11，Ⅰ歴6:1.
2. ゲルション族（人）．民数3:18，4:24，ヨシ21:6.

▼ゲルテ・キムハム〔地名〕
ベツレヘム付近の場所．エレ41:17.

▼ケルビム
①機能：守護，創世3:22-24；神の目的の成就，エゼ10:9-17.
②像の位置：贖いのふたの上に，出エ25:18-22；垂れ幕に，出エ26:31，36:8；神殿に，Ⅰ列8:6-7.
創世 3:24　<ケルビム>と輪を描いて回る炎の剣
出エ 25:18　<ケルビム>を『贖いのふた』の両端に作る．ヘブ9:5.
26: 1　巧みな細工で…<ケルビム>を織り出
Ⅰサム 4: 4　<ケルビム>に座しておられる…主の．Ⅱ列19:15，詩篇99:1，イザ37:16.
Ⅰ列 6:23　オリーブ材の<ケルビム>を作った．
エゼ 10: 3　<ケルビム>は神殿の右側に立ってい

▼ケルフ〔人名〕
異邦人の女をめとった者の一人．エズ10:35.

▼ケルブ
1. 地名．バビロニヤの一地方．エズ2:59.
2. 人名．
(1)ユダの子孫．シュハの兄弟．Ⅰ歴4:11.
(2)畑仕事の監督エズリの父．Ⅰ歴27:26.
3. ケルビムの単数形．出エ25:19，Ⅱサム22:11，詩篇18:10，エゼ9:3，28:14.

▼ケレテじん（～人）
ペリシテ南部の居住民．Ⅰサム30:14，ゼパ2:5.

▼ケレン・ハプク〔人名〕
ヨブの試練後に生れた娘．ヨブ42:14.

▼ケロスぞく（～族）
宮に仕えるしもべの一族．エズ2:44，ネヘ7:47.

▼けん（腱）
イザ 48: 4　かたくなであり，首筋は鉄の<腱>，

▼けん（権）
ヨハ 5:27　さばきを行う<権>を子に与えられま

▼げん（弦），弦楽器
詩篇 33: 3　巧みに<弦>をかき鳴らせ．
ハバ 3:19　指揮者のために．<弦楽器>に合わせ

▼けんい（権威）
民数 27:20　<権威>を彼に分け与え…全会衆を彼
詩篇 54: 1　あなたの<権威>によって，私を弁護
伝道 8: 4　王のことばには<権威>がある．だれ
イザ 22:21　あなたの<権威>を彼の手にゆだねる．
エゼ 21:27　わたしが授ける<権威>を持つ者が来
ダニ 5:18　国と偉大さと光栄と<権威>とをお与
7:27　天下の国々の<権威>とは，いと高き
マタ 7:29　<権威>ある者のように教えられたか
8: 9　私も<権威>の下にある者ですが，私自身の下にも兵士たちが．ルカ7:8.
9: 6　罪を赦す<権威>を持っていることを…知らせる．マコ2:10，ルカ5:24.
8　こんな<権威>を人にお与えになった
10: 1　12弟子を呼び寄せて，汚れた霊どもを制する<権威>をお授け．マコ6:7.
21:23　何の<権威>によって，これらのことを…だれが，あなたにその<権威>を授．24，27，マコ11:28，ルカ20:2.
28:18　いっさいの<権威>が与えられていま
マコ 1:22　<権威>ある者のように教えられたか
27　<権威>のある，新しい教えではない
3:15　悪霊を追い出す<権威>を持たせるた
ルカ 4:32　驚いた…ことばに<権威>があったか
36　<権威>と力とでお命じになったので，
9: 1　病気を直す…力と<権威>とをお授け

10:19 敵のあらゆる力に打ち勝つ<権威>を
12: 5 ゲヘナに投げ込む<権威>を持ってお
22:25 人々の上に<権威>を持つ者は守護者
ヨハ 10:18 自分からいのちを捨てる…<権威>があり…もう一度得る<権威>がありま
17: 2 すべての人を支配する<権威>を子に
19:10 釈放する<権威>があり，また十字架につける<権威>があることを，知ら
11 わたしに対して何の<権威>もありま
使徒 1: 7 父がご自分の<権威>をもってお定め
4: 7 何の<権威>によって…したのか」と
8:19 この<権威>を私にも下さい」と言っ
ロマ 8:38 <権威>ある者も，今あるものも，後
13: 1 人はみな，上に立つ<権威>に従うべき…神によらない<権威>はなく，存在している<権威>はすべて，神によ
2 <権威>に逆らっている人は，神の定
3 <権威>を恐れたくないと思うなら，
Ⅰコリ 11:10 女は頭に<権威>のしるしをかぶるべ
15:24 キリストは…あらゆる<権威>…を滅
Ⅱコリ 10: 8 主が私たちに授けられた<権威>につ
13:10 <権威>を用いて，きびしい処置をとる…<権威>が与えられたのは築き上
エペ 1:21 すべての…<権威>…の上に高く置か
2: 2 空中の<権威>を持つ支配者として今
3:10 天にある支配と<権威>とに対して，
コロ 1:16 <権威>も，すべて御子によって造ら
2:10 キリストは…支配と<権威>のかしら
15 <権威>の武装を解除してさらしもの
Ⅰテサ 2: 6 <権威>を主張することもできたので
テト 2:15 十分な<権威>をもって話し，勧め，
3: 1 支配者たちと<権威>者たちに服従し，
Ⅰペテ 3:22 キリストは…<権威>と権力を従えて，
Ⅱペテ 2:10 <権威>を侮る者たち．ユダ8.
ユダ 25 神に，栄光…<権威>が…世々限りな
黙示 2:26 諸国の民を支配する<権威>を与えよ
6: 8 地上の４分の１を…殺す<権威>が与
12:10 神のキリストの<権威>が現れた．私
13: 2 竜はこの獣に…大きな<権威>とを与
5 42か月間活動する<権威>を与えられ
7 あらゆる部族…を支配する<権威>を
12 獣が持っているすべての<権威>をそ
14:18 火を支配する<権威>を持った…御使
17:12 10人の王…一時だけ王の<権威>を受
13 自分たちの力と<権威>とをその獣に
18: 1 御使いが，大きな<権威>を帯びて，
20: 4 さばきを行う<権威>が彼らに与えら

▼げんかい（限界）

ヨブ 14: 5 越えることのできない<限界>を，あ
箴言 30: 4 だれが地のすべての<限界>を堅く定

▼げんかく（厳格）

エズ 7:26 その判決を<厳格>に執行せよ.」
使徒 26: 5 宗教の最も<厳格>な派に従って，パリサイ人として生活して．22:3.

▼げんかん（玄関）

Ⅰ列 6: 3 神殿の本堂の前につく<玄関>は，長
7:21 柱を本堂の<玄関>広間の前に．19.
Ⅰ歴 28:11 ダビデは…<玄関>広間…の仕様書を
Ⅱ歴 8:12 <玄関>の前に建てた主の祭壇．15:8.
29: 7 <玄関>の戸を閉じ，ともしび…を消
エゼ 8:16 <玄関>と祭壇との間に25人ばかりの
40: 8 門の内側の<玄関>の間を測ると，一
39 <玄関>の間には…いけにえをほふる
44: 3 君主だけが…門の<玄関>の間を通っ
ヨエ 2:17 <玄関>の間と祭壇との間で，泣いて

▼げんき（元気）

創世 18: 5 それで<元気>を取り戻してください．
43:27 父親は<元気>か．まだ生きているの
45: 3 私はヨセフ…父上はお<元気>ですか．
27 彼らの父ヤコブは<元気>づいた．
士師 15:19 サムソンは水を飲んで<元気>を回復
19: 5 食事をして<元気>をつけ，そのあと
ルツ 4:15 その子は，あなたを<元気>づけ，あ
Ⅰサム 16:23 サウルは<元気>を回復して，良くな
Ⅱサム 15: 9 王が，「<元気>で行って来なさい」
Ⅰ列 21: 7 起きて食事をし，<元気>を出してく
Ⅱ列 9:18 王が，お<元気>ですかと尋ねて…「<元気>かどうか，あなたの知った
22 ヨラムは…「エフー．<元気>か」と
31 <元気>かね．主君殺しのジムリ」と
ヨブ 21:23 ある者は<元気>盛りの時に…死ぬだ
箴言 3: 8 あなたの骨に<元気>をつける．
伝道 2: 3 からだはぶどう酒で<元気>づけよう
雅歌 2: 5 りんごで私を<元気>づけてください．
イザ 39: 1 病気だったが，<元気>になった，と
55: 2 あなたがたは脂肪で<元気>づこう．
57:10 あなたは<元気>を回復し，弱らなか
哀歌 1:16 私を<元気>づけて慰めてくれる者が
エゼ 30:21 <元気>になって剣を取ることもでき
ダニ 1:10 同年輩の少年より<元気>がないのを

使徒 9:19 食事をして<元気>づいた．サウロは
27:22 <元気>を出しなさい．25.
36 一同も<元気>づけられ，みなが食事
IIテモ 1:16 彼はたびたび私を<元気>づけてくれ，
ピレ 20 私の心を…<元気>づけてください．
ヘブ 12: 3 あなたがたの心が<元気>を失い，疲

▼ けんきん（献金）

エズ 7:17 あなたはその<献金>で，牛，雄羊，
ルカ 21: 1 金持ちたちが献金箱に<献金>を投げ
4 あり余る中から<献金>を投げ入れた
Iコリ 16: 1 聖徒たちのための<献金>については，
2 行ってから<献金>を集めるようなこ
3 <献金>をエルサレムに届けさせまし
IIコリ 8:20 <献金>の取り扱いについて…非難さ

▼ けんきんばこ（献金箱）

マコ 12:41 <献金箱>へ金を投げ入れる様子を見
43 <献金箱>に投げ入れていたどの人よ
ルカ 21: 1 金持ちたちが<献金箱>に献金を投げ
ヨハ 8:20 <献金箱>のある所でこのことを話さ

▼ ケンクレヤ〔地名〕

コリントの港町．使徒18:18，ロマ16:1.

▼ けんげん（権限）

使徒 9:14 捕縛する<権限>を，祭司長たちから
授けられているのです.」26:10，12.

▼ けんご（堅固）

民数 24:21 あなたの住みかは<堅固>であり，あ
士師 9:51 町の中に，一つ，<堅固>なやぐらが
II歴 24:13 元のとおりに建て，これを<堅固>に
詩 112: 8 その心は<堅固>で，恐れることなく，
箴言 10:15 富む者の財産はその<堅固>な城．貧
18:10 主の名は<堅固>なやぐら．正しい者
19 反抗する兄弟は<堅固>な城よりも近
イザ 17: 9 その<堅固>な町々は，森の中の見捨
26: 3 志の<堅固>な者を，あなたは全き平
エレ 15:20 あなたを…<堅固>な青銅の城壁とす

▼ けんこう（健康）

箴言 3: 8 それはあなたのからだを<健康>にし，
17:22 陽気な心は<健康>を良くし，陰気な
IIIヨハ 2 <健康>であるように祈ります．

▼ げんこうろく（言行録）【別項】ホザイの言行録

I歴 29:29 ダビデ王の業績は…予見者サムエル
の<言行録>…先見者ガドの<言行録>
II歴 9:29 ナタンの<言行録>．I歴29:29.
12:15 先見者イドの<言行録>にしるされて，
20:34 ハナニの子エフーの<言行録>にまさ
33:18 イスラエルの王たちの<言行録>にあ

▼ げんざい（現在）

Iコリ 3:22 <現在>のものであれ，未来のもので
7:26 <現在>の危急のときには…そのまま

▼ げんじつ（現実）

使徒 12: 9 <現実>の事だとはわからず，幻を見

▼ けんしゃくかん（献酌官），献酌官長

創世 40: 1 <献酌官>と調理官とが…王に罪を犯
2 この<献酌官長>と調理官長のふたり
9 <献酌官長>はヨセフに自分の夢を話
23 <献酌官長>はヨセフのことを思い出
41: 9 <献酌官長>がパロに告げて言った．
I列 10: 5 彼の<献酌官>たち…を見て，息も止
ネヘ 1:11 そのとき，私は王の<献酌官>であっ

▼ げんしょう（現象）

ルカ 12:56 地や空の<現象>を見分けることを知

▼ けんせつ（建設）

I列 6: 1 ソロモンは主の家の<建設>に取りか
かった．II歴3:1.

▼ けんぜん（健全），健全な教え

詩篇 38: 3 私の骨には<健全>なところがありま
イザ 1: 6 頭まで，<健全>なところはなく，傷
ルカ 11:34 目が<健全>なら，あなたの全身も明
Iテモ 1:10 <健全な教え>にそむく事のためにあ
6: 3 キリストの<健全>なことばと敬虔に
IIテモ 1:13 私から聞いた<健全>なことばを手本
4: 3 <健全な教え>に耳を貸そうとせず，
テト 1: 9 <健全な教え>をもって励ましたり，
13 戒めて，人々の信仰を<健全>にし，
2: 1 <健全な教え>にふさわしいことを話
2 信仰と愛と忍耐とにおいて<健全>で
8 <健全>なことばを用いなさい．そう

▼ けんそん（謙遜）

民数 12: 3 だれにもまさって非常に<謙遜>であ
IIサム 22:36 あなたの<謙遜>は，私を大きくされ
ます．詩篇18:35.
箴言 15:33 <謙遜>は栄誉に先立つ．18:12.
22: 4 <謙遜>と，主を恐れることの報いは，
使徒 20:19 <謙遜>の限りを尽くし，涙をもって，
エペ 4: 2 <謙遜>と柔和の限りを尽くし，寛容
コロ 2:23 <謙遜>とか…肉体の苦行などのゆえ
3:12 <謙遜>，柔和，寛容を身に着けなさ
Iペテ 3: 8 あわれみ深く，<謙遜>でありなさい．
5: 5 互いに<謙遜>を身に着けなさい．神

▼ **けんちくか（建築家），建築師**
Ⅰ列 5:18 ソロモンの<建築師>と，ヒラムの
<建築師>…は石を切り，宮を建てる
Ⅱ列 22: 6 <建築師>…に渡し…宮の修理のため
エズ 3:10 <建築師>たちが主の神殿の礎を据え
Ⅰコリ 3:10 私は賢い<建築家>のように，土台を

▼ **げんど（限度）**
ロマ 12: 3 思うべき<限度>を越えて思い上がっ
Ⅱコリ 10:13 私たちは，<限度>を越えて誇りはし
ません…<限度>内で行くのです．
15 自分の<限度>を越えてほかの人の働

▼ **けんとう（拳闘）**
Ⅰコリ 9:26 空を打つような<拳闘>もしてはいま

▼ **けんのう（権能）**
Ⅰコリ 5: 4 主イエスの<権能>をもって，

▼ **けんのうぶつ（献納物）**
エゼ 44:29 すべての<献納物>は彼らのものであ

▼ **けんり（権利）**
創世 25:31 あなたの長子の<権利>を私に売りな
27:36 私の長子の<権利>を奪い取り，今ま
申命 17: 8 それが流血事件，<権利>の訴訟，暴
21:17 長子の<権利>は，彼のものである．
24:17 みなしごの<権利>を侵してはならな
27:19 やもめの<権利>を侵す者はのろわれ
ルツ 2:20 買い戻しの<権利>のある…親類のひ
3: 9 あなたは買い戻しの<権利>のある親
Ⅰサム 8: 9 王の<権利>を彼らに知らせよ．」
11 王の<権利>はこうだ．王はあなたが
Ⅱサム 19:28 重ねて王さまに訴える<権利>があり
ネヘ 2:20 何の分け前も，<権利>…もないのだ．
ヨブ 27: 2 私の<権利>を取り去った神，私のた
36: 6 しいたげられている者には<権利>を
詩篇 82: 3 悩む者と乏しい者の<権利>を認めよ．
箴言 31: 9 貧しい者の<権利>を守れ．
伝道 5: 8 <権利>と正義がかすめられるのを見
イザ 10: 2 悩む者の<権利>をかすめ，やもめを
エレ 5:28 貧しい者たちの<権利>を弁護しない．
哀歌 3:35 人の<権利>を，いと高き方の前で曲
ダニ 8:14 そのとき聖所はその<権利>を取り戻
Ⅰコリ 7: 5 互いの<権利>を奪い取ってはいけま
8: 9 あなたがたのこの<権利>が，弱い人
9: 4 私たちには飲み食いする<権利>がな
5 妻を連れて歩く<権利>がないのでし
12 ほかの人々が…<権利>にあずかって
…私たちはなおさらその<権利>を用
いてよい…私たちはこの<権利>を用
18 自分の<権利>を十分に用いないこと
Ⅱテサ 3: 9 <権利>がなかったからではなく…模
ヘブ 12:16 長子の<権利>を売ったエサウのよう
13:10 この祭壇から食べる<権利>がありま
黙示 22:14 いのちの木の実を食べる<権利>を与

▼ **げんり（原理）**
ロマ 3:27 行いの<原理>によってでしょうか．
そうではなく，信仰の<原理>によっ
7:21 私に悪が宿っているという<原理>を

▼ **けんりょく（権力）**
詩篇 66: 7 神はその<権力>をもってとこしえに
伝道 4: 1 しいたげる者が<権力>をふるう．し
ダニ 5: 7 この国の第３の<権力>を持たせよう．
11: 3 勇敢な王が起こり，大きな<権力>を
5 彼の<権力>よりも大きな<権力>をも
ゼカ 4: 6 <権力>によらず，能力によらず，わ
マタ 20:25 偉い人たちは彼らの上に<権力>をふ
るいます．マコ10:42．
ルカ 1:52 <権力>ある者を王位から引き降ろさ
4: 6 <権力>と栄光とを…差し上げましょ
Ⅰコリ 15:24 あらゆる権威，<権力>を滅ぼし，国
エペ 1:21 すべての…<権力>，主権の上に，ま
Ⅰペテ 3:22 もろもろの権威と<権力>を従えて，

▼ **けんりょくしゃ（権力者）**
創世 10: 8 ニムロデは地上で最初の<権力者>と
42: 6 ヨセフはこの国の<権力者>であり，
伝道 7:19 知恵は町の10人の<権力者>よりも知
10: 5 それは<権力者>の犯す過失のような
ダニ 5:29 彼はこの国の第３の<権力者>である
Ⅰコリ 1:26 <権力者>も多くはなく，身分の高い

こ

▼ **こ（子），子ら【別項】暁の子，王子・王の子，男の子，女の子，神の子，ダビデの子，人の子，ひとり子・ひとりの子，滅びの子，御子**
創世 3:16 苦しんで<子>を産まなければならな

15: 2 私には<子>がありません．私の家の
18:19 彼がその<子ら>と，彼の後の家族と
21:10 このはしためを，その<子>といっし
ょに追い出して…はしための<子>は
13 はしための<子>も…一つの国民とし
15 その<子>を１本の灌木の下に投げ出
22:12 あなたの手を，その<子>に下しては
ならない．その<子>に何もしてはな
らない…自分の<子>…さえ惜しまな
13 雄羊を…自分の<子>の代わりに，全
25: 6 そばめたちの<子ら>には…贈り物を
27:13 わが<子>よ．あなたののろいは私が
30: 2 胎内に<子>を宿らせないのは神なの
3 私のひざの上に<子>を産むようにし
31:17 彼の<子>たち，妻たちをらくだに乗
35:17 今度も男のお<子>さんです」と告げ
18 その<子>の名をベン・オニと呼んだ．
22 ヤコブの<子>は12人であった．
37:30 あの<子>がいない．ああ，私はどこ
35 よみにいるわが<子>のところに下っ
て行きたい…その<子>のために泣い
38: 9 生まれる<子>が自分のものとならな
42:11 私たちは…同じひとりの人の<子>で，
22 私はあの<子>に罪を犯すなと言った
43: 8 あの<子>を私といっしょにやらせて
44:22 その<子>は父親と離れることはでき
48: 4 わたしはあなたに多くの<子>を与え
49: 1 ヤコブはその<子ら>を呼び寄せて言
8 あなたの父の<子ら>はあなたを伏し
50:25 ヨセフはイスラエルの<子ら>に誓わ
出エ 2: 3 その<子>を中に入れ，ナイルの岸の
4 その<子>の姉が，その<子>がどうな
10 その<子>が大きくなったとき…その
<子>は王女の息子になった…その
<子>をモーセと名づけた…水の中か
ら，私がこの<子>を引き出したので
4:22 イスラエルはわたしの<子>，わたし
23 わたしの<子>を行かせて，わたしに
仕えさせよ……あなたの<子>，あな
13:14 後になってあなたの<子>が…尋ねて，
20: 5 父の咎を<子>に報い．申命5:9.
レビ 20:20 彼らは<子>を残さずに死ななければ
21 彼らは<子>のない者となる．
22:28 それをその<子>と同じ日にほふって
民数 5:28 きよければ…<子>を宿すようになる．

申命 1:31 全道中，人がその<子>を抱くように，
4:25 あなたが<子>を生み，孫を得，あな
6: 2 あなたの<子>も孫も…主を恐れて，
7:14 <子>のない男，<子>のない女はいな
8: 5 人がその<子>を訓練するように，あ
21:16 きらわれている者の<子>をさしおい
て，愛されている者の<子>を長子と
18 かたくなで，逆らう<子>がおり，父
19 長老たちのところへその<子>を連れ
22: 6 母鳥を<子>といっしょに取ってはな
25: 5 彼に<子>がない場合，死んだ者の妻
32: 5 その汚れで，主の<子ら>ではない，
8 イスラエルの<子ら>の数にしたがっ
士師 13: 5 その<子>の頭にかみそりを当てては
ならない．その<子>は胎内にいると
ルツ 4:16 ナオミはその<子>を取り，胸に抱い
Ⅰサム 1:11 私はその<子>の一生を主におささげ
します…その<子>の頭に，かみそり
22 この<子>が乳離れし，私がこの<子>
を連れて行き，この<子>が主の御顔
27 この<子>のために，私は祈ったので
28 この<子>を主にお渡しいたします．
2:24 <子>たちよ．そういうことをしては
3: 6 わが<子>よ．帰って，おやすみ」と
4:19 ピネハスの妻は…<子>を産んだ．
17:56 あの少年がだれの<子>か尋ねなさい．
Ⅱサム 7:12 あなたの身から出る世継ぎの<子>を，
14 彼はわたしにとって<子>となる．Ⅰ
歴17:13, 22:10.
9: 3 ヨナタンの<子>で足の不自由な方が
12:14 あなたに生まれる<子>は必ず死ぬ．」
15 <子>を打たれたので，その<子>は病
16 ダビデはその<子>のために神に願い
18 その<子>が死んだことをダビデに告
23 あの<子>をもう一度，呼び戻せるで
あろうか．私はあの<子>のところに
行くだろうが，あの<子>は…戻って
24 主はその<子>を愛されたので，
16:11 私の身から出た私の<子>さえ，私の
19 私の友の<子>に仕えるべきではあり
18:33 わが<子>アブシャロム．わが<子>よ．
Ⅰ列 3: 6 王座に着く<子>を彼にお与えになり
19 この女の産んだ<子>が死にました…
女が自分の<子>の上に伏したからで
20 私の<子>を取って…死んだ<子>を私

22 生きているのが私の<子>で，死んで

26 生きている<子>をあの女にあげてください…その<子>を殺さないでくだ

11:35 彼の<子>の手から王位を取り上げ，

12:16 エッサイの<子>には，ゆずりの地が

14:12 足が町に入るとき，あの<子>は死に

17:17 その<子>の病気は非常に重くなり，

19 その<子>を彼女のふところから受け取り…その<子>を自分の寝台の上に

21 彼は３度，その<子>の上に身を伏せて…この<子>のいのちをこの<子>の

23 エリヤはその<子>を抱いて…降りて来て，その<子>の母親に渡した．そ

Ⅱ列 4:19 この<子>を母親のところに抱いて行

Ⅰ歴 14: 4 エルサレムで彼に生まれた<子>の名

17:11 あなたの世継ぎの<子>を…起こし，

Ⅱ歴 24:22 心に留めず，かえってその<子>を殺

ヨブ 8: 4 あなたの<子ら>が神に罪を犯し，神

17: 5 その<子ら>の目は衰え果てる．

21:19 神はそのような者の<子ら>のために，

39: 3 身をかがめて<子>を産み落とし，そ

4 その<子ら>は強くなり，野原で大き

16 だちょうは自分の<子>を自分のもの

42:16 ヨブは140年生き，自分の<子>と，その<子>の<子>たちを４代目まで見

詩篇 2: 7 あなたは，わたしの<子>．きょう，わたしがあなたを生んだ．使徒13:33，ヘブ1:5，5:5．

50:20 おのれの母の<子>をそしる．

69: 8 私の母の<子ら>にはよそ者となりま

72: 4 貧しい者の<子ら>を救い，しいたげ

73:15 あなたの<子ら>の世代の者を裏切っ

82: 6 おまえたちは…いと高き方の<子ら>

83: 8 彼らはロトの<子ら>の腕となりまし

86:16 はしための<子>をお救いください．

90:16 あなたの威光を彼らの<子ら>に見せ

103:13 父がその<子>をあわれむように，主

17 主の義はその<子ら>の<子>に及び，

109: 9 その<子ら>はみなしごとなり，彼の

10 彼の<子ら>は，さまよい歩いて，物

113: 9 主は<子>を産まない女を，<子>をも

116:16 私は…あなたのはしための<子>です．

127: 4 若い時の<子ら>はまさに勇士の手に

128: 3 あなたの<子ら>は，あなたの食卓を

6 あなたの<子ら>の<子>たちを見よ．

132:11 あなたの身から出る<子>をあなたの

12 あなたの<子ら>が…守るなら，彼らの<子ら>もまた…あなたの位に着く

箴言 1: 8 わが<子>よ．あなたの父の訓戒に聞

10 わが<子>よ．罪人たちがあなたを惑

15 わが<子>よ．彼らといっしょに道を

3: 1 わが<子>よ．私のおしえを忘れるな．

11 わが<子>よ．主の懲らしめをないが

12 父がかわいがる<子>をしかるように，

4: 3 私の父には，<子>であり…母にとっ

20 わが<子>よ．私のことばをよく聞け．

5: 1 わが<子>よ．私の知恵に心を留め，

20 わが<子>よ…どうして他国の女に夢

6: 1 わが<子>よ…隣人のために保証人と

20 わが<子>よ．あなたの父の命令を守

7: 1 わが<子>よ．私のことばを守り，私

10: 1 知恵のある<子>は父を喜ばせ，愚かな<子>は母の悲しみである．

5 夏のうちに集める者は思慮深い<子>であり…眠る者は恥知らずの<子>で

13: 1 知恵のある<子>は父の訓戒に従い，

24 むちを控える者はその<子>を憎む者…<子>を愛する者はつとめてこれを

17: 6 <子ら>の光栄は彼らの父である．

12 <子>を奪われた雌熊に会うほうがま

25 愚かな<子>はその父の憂い，これを

19:18 自分の<子>を懲らしめよ．29:17．

26 恥を見，はずかしめを受ける<子>で

27 わが<子>よ．訓戒を聞くのをやめて

23:15 わが<子>よ…あなたの心に知恵があ

19 わが<子>よ．よく聞いて，知恵を得，

26 わが<子>よ．あなたの心をわたしに

24:13 わが<子>よ．蜜を食べよ．それはお

21 わが<子>よ．主と王とを恐れよ．そ

27:11 わが<子>よ．知恵を得よ．私の心を

28: 7 おしえを守る者は分別のある<子>，

29:15 わがままにさせた<子>は，母に恥を

30: 4 その名は何か．その<子>の名は何か．

31: 2 私の<子>よ，何を言おうか．私の胎の<子>よ…私の誓願の<子>よ，何を

28 その<子>たちは立ち上がって，彼女

伝道 4: 8 ひとりぼっちで…<子>も兄弟もない

12:12 わが<子>よ．これ以外のことにも注

雅歌 1: 6 私の母の<子ら>が私に向かっていき

イザ 1: 2 <子ら>はわたしが大きくし，育てた．

4 堕落した<子ら>．彼らは主を捨て，
7:16 まだその<子>が，悪を退け，善を選
8:18 私と，主が私に下さった<子>たちと
11: 7 その<子ら>は共に伏し，獅子も牛の
8 乳離れした<子>はまむしの<子>に手
14:29 その<子>は飛びかける燃える蛇とな
19:11 知恵ある者の<子>…王たちの<子>で
21:10 私の民，打ち場の私の<子ら>よ．私
22:24 <子>も孫も，すべての小さい器も，
30: 1 ああ．反逆の<子ら>…彼らははかり
38:19 父は<子ら>にあなたのまことについ
43: 6 わたしの<子ら>を遠くから来させ，
45:11 わたしの<子ら>について…命じるの
49:15 自分の胎の<子>をあわれまないだろ
21 私は<子>に死なれた女，うまずめ，
25 あなたの<子ら>をこのわたしが救う．
54: 1 <子>を産まない不妊の女．ガラ4:27.
57: 4 あなたがたはそむきの<子ら>，偽り
60: 9 あなたの<子ら>を遠くから来させ，
62: 5 あなたの<子ら>はあなたをめとり，
63: 8 わたしの民，偽りのない<子>たちだ．
65:23 <子>を産んで，突然その<子>が死ぬ
66: 8 陣痛を起こすと同時に<子ら>を産ん
エレ 3:14 背信の<子ら>よ．帰れ…わたしが，
5: 7 あなたの<子ら>はわたしを捨て，神
6:21 父も<子>も共にこれにつまずき，隣
7:30 ユダの<子ら>が，わたしの目の前に
10:20 私の<子ら>も私から去って，もうい
16:15 イスラエルの<子ら>を北の国や，彼
17: 2 彼らの<子>たちまで，その祭壇や，
18:21 彼らの<子ら>をききんに渡し，彼ら
22:30 <子>を残さず，一生栄えない男』と
27: 7 すべての国は，彼と，その<子>と，
その<子>の<子>に仕えよう．しかし
30:20 その<子>たちは昔のようになり，そ
31:15 ラケルがその<子ら>のために泣いて
いる…<子ら>がいなくなったので，
その<子ら>のために泣い．マタ2:18.
17 あなたの<子ら>は自分の国に帰って
20 エフライムは，わたしの大事な<子>
なのだろうか…喜びの<子>なのだろ
47: 3 父たちは…<子ら>を顧みない．
49: 1 イスラエルには<子>がないのか．世
哀歌 1:16 私の<子ら>は荒れすさんでいる．
4: 3 その<子>に乳を飲ませるのに，私の

エゼ 18: 4 父のいのちも，<子>のいのちもわた
10 彼が<子>を生み，その<子>が無法の
19 その<子>は父の咎の罰を負わなくて
よいのか…その<子>は，公義と正義
20 <子>は父の咎について負いめがなく，
父も<子>の咎について負いめがない．
36:12 彼らに<子>を失わせてはならない．
ホセ 1: 2 姦淫の<子ら>を引き取れ．2:4.
9:12 たとい彼らが<子>を育てても…ひと
り残らずその<子>を失わせる．わた
13 エフライムはその<子ら>を，ほふり
16 たとい彼らが<子>を産んでも，わた
11: 1 わたしの<子>をエジプトから呼び出
した．マタ2:15.
13:13 <子>を産む女のひどい痛みが彼を襲
うが，彼は知恵のない<子>で，時が
ヨエ 2:23 シオンの<子ら>よ…主にあって，楽
アモ 2:11 イスラエルの<子ら>よ．3:1，9:7.
ミカ 1:16 あなたの喜びとする<子ら>のために，
5: 3 産婦が<子>を産む時まで，彼らはそ
6: 7 私に生まれた<子>をささげるべきだ
ゼカ 9:13 わたしはあなたの<子ら>を奮い立た
せる．ヤワンはあなたの<子ら>を攻
10: 9 その<子ら>とともに生きながらえて
マラ 1: 6 <子>は父を敬い，しもべはその主人
3: 3 レビの<子ら>をきよめ，彼らを金の
6 ヤコブの<子ら>よ．あなたがたは，
17 人が自分に仕える<子>をあわれむよ
4: 6 彼は，父の心を<子>に向けさせ，
<子>の心をその父に向けさせる．そ
マタ 3:17 これは，わたしの愛する<子>，わた
しはこれを喜ぶ．17:5，マコ1:11，
9:7，ルカ3:22，9:35，IIペテ1:17.
7: 9 自分の<子>がパンを下さいと言うと
10 <子>が魚を下さいと言うのに，だれ
8:12 御国の<子ら>は外の暗やみに放り出
9: 2 <子>よ．しっかりしなさい．あなた
の罪は赦された．マコ2:5.
10:21 父は<子>を死に渡し．マコ13:12.
11:27 父のほかには，<子>を知る者がなく，
<子>と，<子>が父を知らせようと心
に定めた人のほかは．ルカ10:22.
17:18 イエスがその<子>をおしかりになる
と…その<子>はその時から直った．
19:29 父，母，<子>，あるいは畑を捨てた

者はすべて．マコ10:29．
22:24 ある人が<子>のないままで死んだなら…兄のための<子>をもうけねばならない．マコ12:19，ルカ20:28．
42 キリスト…彼はだれの<子>ですか．」
23:15 自分より倍も悪いゲヘナの<子>にす
37 あなたの<子ら>を幾たび集めようとしたことか．ルカ13:34．
24:36 その時がいつであるかは…御使いたちも<子>も知りません．マコ13:32．
28:19 父，<子>，聖霊の御名によってバプ
マコ 7:30 その<子>は床の上に伏せっており，
10:24 <子>たちよ．神の国に入ることは，
14:61 あなたは，ほむべき方の<子>，キリ
ルカ 1: 7 彼らには<子>がなく，ふたりともも
32 その<子>はすぐれた者となり，いと高き方の<子>と呼ばれます．また，
41 <子>が胎内でおどり，エリサベツは
66 この<子>は何になるのでしょう」と
2:27 その<子>のために律法の慣習を守る
34 この<子>は，イスラエルの多くの人
4:22 この人は，ヨセフの<子>ではないか．ヨハ6:42．
9:41 あなたの<子>をここに連れて来なさ
42 その<子>が近づいて来る間にも，悪
10: 6 もしそこに平安の<子>がいたら，あ
15:19 あなたの<子>と呼ばれる資格はあり
16: 8 この世の<子ら>は…光の<子ら>より
25 <子>よ．思い出してみなさい．おま
19: 9 この人もアブラハムの<子>なのです
20:34 この世の<子ら>は，めとったり，と
ヨハ 4:12 彼の<子>たちも家畜も，この井戸か
5:19 <子>は，父がしておられることを見て…<子>も同様に行うのです．
20 父が<子>を愛して…<子>にお示しになる…さらに大きなわざを<子>に示
21 <子>もまた，与えたいと思う者にい
22 すべてのさばきを<子>にゆだね．27．
23 父を敬うように<子>を敬うためです．<子>を敬わない者は，<子>を遣わし
26 <子>にも…いのちを持つようにして
28 墓の中にいる者が…<子>の声を聞い
6:40 <子>を見て信じる者がみな永遠のい
8:36 <子>があなたがたを自由にするなら，
14:13 父が<子>によって栄光をお受けにな
16:21 女が<子>を産むときには，その時が来たので苦しみ…<子>を産んでしま
17: 1 あなたの<子>があなたの栄光を現すために，<子>の栄光を現してくださ
使徒 4:36 バルナバ（訳すと，慰めの<子>）と
7:21 パロの娘が…自分の<子>として育て
13:10 よこしまに満ちた者，悪魔の<子>，
23: 6 私は…パリサイ人の<子>です．私は
16 パウロの姉妹の<子>が，この待ち伏
ロマ 8:15 <子>としてくださる御霊を受けたの
23 <子>にしていただくこと…を待ち望
9: 4 <子>とされることも，栄光も，契約
IIコリ 12:14 <子>は親のためにたくわえる必要はなく，親が<子>のためにたくわえる
ガラ 4: 5 私たちが<子>としての身分を受ける
6 あなたがたは<子>であるゆえに，神
7 あなたは…奴隷ではなく，<子>です．<子>ならば，神による相続人です．
22 アブラハムにふたりの<子>があって，
23 女奴隷の<子>は肉によって生まれ，自由の女の<子>は約束によって生ま
エペ 2: 2 不従順の<子ら>の中に働いている霊
5: 6 神の怒りは不従順な<子ら>に下るの
ピリ 2:22 <子>が父に仕えるようにして，彼は
Iテモ 1: 2 信仰による真実のわが<子>テモテへ．18，IIテモ2:1．
テト 1: 4 信仰による真実のわが<子>テトスへ．
ヘブ 2:10 神が多くの<子>たちを栄光に導くの
13 神がわたしに賜った<子>たちは．」
14 <子>たちはみな血と肉とを持ってい
11:11 サラも…<子>を宿す力を与えられま
24 パロの娘の<子>と呼ばれることを拒
12: 6 受け入れるすべての<子>に，むちを
7 神はあなたがたを<子>として扱って
Iペテ 3: 6 善を行えば，サラの<子>となるので
IIペテ 2:14 彼らはのろいの<子>です．
黙示 12: 4 竜は<子>を産もうとしている女の前に…彼女が<子>を産んだとき，その<子>を食い尽くすためであった．
5 この<子>は，鉄の杖をもって…その<子>は神のみもと，その御座に引き

▼ コア〔地名〕

バビロニヤの一地方．エゼ23:23．

▼ ゴア〔地名〕

エルサレムの西側の境界地点の一つか．エレ

31:39.

▼こい（故意）

民数 15:30 <故意>に罪を犯す者は，主を冒瀆す

▼こい（恋）

IIサム 13:15 彼がいだいた<恋>よりもひどかった.
エゼ 16: 8 あなたの年ごろは<恋>をする時期に
23:17 <恋>の床につき，彼女を情欲で汚し
33:31 口では<恋>をする者であるが，彼ら
32 美しく歌われる<恋>の歌のようだ.

▼こいし（小石）

哀歌 3:16 私の歯を<小石>で砕き，灰の中に私

▼こいしい（恋しい）

創世 31:30 父の家がほんとうに<恋し>くなって

▼こいしたう（恋い慕う）

創世 3:16 あなたは夫を<恋い慕う>が，彼は，
4: 7 罪は…あなたを<恋い慕>っている.
34: 8 あなたがたの娘を<恋い慕>っており
申命 7: 7 主があなたがたを<恋い慕>って，あ
10:15 主は…先祖たちを<恋い慕>って，彼
詩篇 84: 2 主の大庭を<恋い慕>って絶え入るば
雅歌 7:10 あの方は私を<恋い慕う>.
イザ 21: 4 私が<恋い慕>っていたたそがれも，
エゼ 23: 5 アッシリヤ人を<恋い慕>った．7.
9 彼女が<恋い慕う>恋人たちの手，ア

▼こいする（恋する）【別項】恋い慕う

IIサム 13: 1 アムノンは彼女を<恋し>ていた.
エゼ 16:37 あなたが<恋し>た者や，憎んだ者を

▼こいなすび（恋なすび）

創世 30:14 あなたの息子の<恋なすび>を少し私
雅歌 7:13 <恋なすび>は，かおりを放ち，私た

▼こいぬ（小犬）

マタ 15:26 <小犬>に投げてやるのは．マコ7:27.
27 <小犬>でも…パンくずは．マコ7:28.

▼こいびと（恋人）

エレ 4:30 <恋人>たちは，あなたをうとみ，あ
22:20 <恋人>はみな，砕かれたからである
22 あなたの<恋人>はとりこになって行
30:14 <恋人>はみな，あなたを忘れ，あな
エゼ 23: 5 その<恋人>，隣のアッシリヤ人を恋
9 彼女が恋い慕う<恋人>たちの手，ア
22 <恋人>たちを駆り立ててあなたを攻
ホセ 2: 5 私は<恋人>たちのあとを追う．7.
10 <恋人>たちの目の前にあばく．だれ
12 私の<恋人>たちが払ってくれた報酬
13 <恋人>たちを慕って行き，わたしを

▼ゴイム〔地名〕

ガリラヤの一地方．創世14:1，ヨシ12:23.

▼こう（請う）

ネヘ 13: 6 王のところに行き…いとまを<請>い，
ヨブ 19:16 私の口で彼に<請>わなければならな
20:10 子らは貧民たちにあわれみを<請>い，
詩篇 30: 8 私の主にあわれみを<請>います.
37:25 子孫が食べ物を<請う>のを見たこと
119:58 心を尽くして，あなたに<請>い求め
ダニ 2:18 天の神のあわれみを<請>い，ダニエ
ゼカ 8:21 主の恵みを<請>い，万軍の主を．22.

▼こう（香）【別項】香壇・香の祭壇・香の壇

出エ 25: 6 かおりの高い<香>のための香料，
30: 1 <香>をたくために壇を作る．それは，
7 アロンは…かおりの高い<香>をたく.
9 異なった<香>や全焼のいけにえや穀
35 <香>を，調合法にしたがって…作る.
37 あなたが作る<香>は，それと同じ割
31:11 聖所のためのかおりの高い<香>であ
37:29 純粋なかおりの高い<香>を作った.
レビ 10: 1 その上に<香>を盛り，主が彼らに命
16:12 粉にしたかおりの高い<香>とを取り，
26:30 <香>の台を切り倒し．II歴34:4，7.
民数 4:16 かおりの高い<香>，常供の穀物のさ
7:14 <香>を満たした10シェケルの金のひ
16: 7 火を入れ，その上に<香>を盛りなさ
17 その上に<香>を盛り…主の前にそれ
35 <香>をささげていた250人を焼き尽
46 その上に<香>を盛りなさい．そして
申命 33:10 御前で，かおりの良い<香>をたき，
I列 3: 3 高き所でいけにえをささげ，<香>をたいていた．22:43，II列12:3，14:4，15:4，35，16:4，17:11，18:4，II歴28:4.
9:25 主の前にある壇で<香>をたいた．彼
11: 8 彼女たちは…神々に<香>をたき，い
12:33 いけにえをささげ，<香>をたいた.
II列 22:17 ほかの神々に<香>をたき．II歴34:25，エレ44:5，8.
23: 5 高き所で<香>をたかせた…祭司たちを…天の万象に<香>をたく者どもを
I歴 23:13 とこしえまでも主の前に<香>をたき，
II歴 2: 6 主の前に<香>をたくためだけの者で
16:14 彼のために…たくさんの<香>をたい

21:19 父祖たちのために<香>をたいたようには，彼のために<香>をたかなかっ

26:16 <香>をたこうとして主の神殿に入っ

18 ウジヤよ．主に<香>をたくのはあなたのすることではありません．<香>をたくのは，聖別された祭司たち，

28:25 神々に<香>をたくため高き所を造り，

29:11 仕える者，<香>をたく者とされたか

詩 141: 2 私の祈りが，御前への<香>として，

イザ 1:13 <香>の煙…それもわたしの忌みきら

17: 8 アシェラ像や<香>の台を見もしない．

27: 9 <香>の台をもう立てなくすること，

65: 3 この民は…れんがの上で<香>をたき，

エレ 11:12 <香>をたいた神々のもとに行って叫

18:15 むなしいものに<香>をたく．それら

19:13 屋上で天の万象に<香>をたき，ほか

32:29 人々が屋上でバアルに<香>をたき，

34: 5 王たちのために<香>をたいたように，あなたのためにも<香>をたき，ああ

44: 3 <香>をたいて仕えたためだ．

48:35 その神々に<香>をたく者を取り除く．

エゼ 6: 4 あなたがたの<香>の台は砕かれる．

8:11 その<香>の濃い雲が立ち上っていた．

23:41 その上にわたしの<香>と油とを置い

ホセ 2:13 彼女がバアルに<香>をたき，耳輪や

11: 2 彼らは…刻んだ像に<香>をたいた．

ハバ 1:16 彼は…その引き網に<香>をたく．こ

マラ 1:11 すべての場所で…<香>がたかれる．

ルカ 1: 9 神殿に入って<香>をたくことになっ

黙示 5: 8 <香>のいっぱい入った金の鉢とを持

8: 3 彼にたくさんの<香>が与えられた．

4 <香>の煙は，聖徒たちの祈りととも

18:13 肉桂，香料，<香>，香油，乳香，ぶ

▼こうあん（考案）

Ⅱ歴 26:15 巧みに<考案>された兵器を作り，矢

▼こうい（好意），ご好意

創世 32: 5 あなたの<ご好意>を得ようと使いを

33: 8 あなたの<ご好意>を得るためです」

15 私はあなたの<ご好意>に十分あずか

34:11 あなたがたの<ご好意>にあずかりた

出エ 3:21 エジプトがこの民に<好意>を持つようにする．11:3，12:36．

Ⅰサム 1:18 はしためが…<ご好意>にあずかるこ

20: 3 私があなたの<ご好意>を得ているこ

Ⅱサム 14:22 しもべは…<ご好意>にあずかってい

16: 4 王さま．あなたの<ご好意>にあずか

エズ 7:28 有力な首長の<好意>を私に得させて

エス 2: 9 ヘガイの心にかない…<好意>を得た

15 彼女を見る…者から<好意>を受けて

17 彼女はどの娘たちよりも王の<好意>

5: 2 彼女は王の<好意>を受けたので，王

詩篇 45:12 富んだ者はあなたの<好意>を求めよ

箴言 3: 4 神と人との前に<好意>と聡明を得よ．

13:15 良い思慮は<好意>を生む．裏切り者

14:35 思慮深いしもべは王の<好意>を受け，

使徒 2:47 すべての民に<好意>を持たれた．主

Ⅱコリ 9: 5 <好意>に満ちた贈り物として用意し

▼ごうい（合意）

Ⅰコリ 7: 5 <合意>の上でしばらく離れていて，

▼こううん（幸運）

創世 30:11 レアは，「<幸運>が来た」と言って，

39: 2 ヨセフ…彼は<幸運>な人となり，そ

▼こうえい（光栄）

詩篇 71: 8 あなたの<光栄>が満ちています．

89:17 あなたが彼らの力の<光栄>であり，

96: 6 力と<光栄>は主の聖所にある．

箴言 4: 9 <光栄>の冠をあなたに授けよう．」

16:31 しらがは<光栄>の冠，それは正義の

17: 6 子らの<光栄>は彼らの父である．

19:11 その人の<光栄>は，そむきを赦すこ

20:29 若い男の<光栄>は彼らの力．年寄り

28:12 喜ぶときには，大いなる<光栄>があ

イザ 9: 1 異邦人のガリラヤは<光栄>を受けた．

46:13 イスラエルにわたしの<光栄>を与え

60:19 あなたの神があなたの<光栄>となる．

ダニ 2: 6 報酬と大きな<光栄>とを私から受け

37 国と権威と力と<光栄>とを賜い，

4:36 私の王国の<光栄>のために，私の威

7:14 この方に，主権と<光栄>と国が与え

ルカ 2:32 御民イスラエルの<光栄>です．」

Ⅰコリ 11:15 長い髪…それは女の<光栄>であると

エペ 3:13 苦しみは…あなたがたの<光栄>なの

Ⅰペテ 1: 7 称賛と<光栄>と栄誉になることがわ

▼こうか（高価）

Ⅰ列 5:17 <高価>な石を切り出すように命じた．

7: 9 切り石，<高価>な石で造られていた．

エズ 8:27 金のように<高価>な，光り輝くみご

ヨブ 28:16 <高価>なしまめのうや，サファイヤ

詩篇 49: 8 たましいの贖いしろは，<高価>であ

イザ 43: 4 わたしの目には，あなたは<高価>で

マタ26: 7 女が…<高価>な香油の入った石膏のつぼを．マコ14:3，ヨハ12:3．
Ⅰテモ 2: 9 金や真珠や<高価>な衣服によってで
黙示18:12 <高価>な木や銅や鉄や大理石で造っ
21:11 その輝きは<高価>な宝石に似ており，

▼こうかい（後悔）
マタ27: 3 ユダは…<後悔>し，銀貨30枚を，祭

▼こうかい（紅海）
使徒 7:36 エジプトの地で，<紅海>で…荒野で，
ヘブ11:29 陸地…と同様に<紅海>を渡りました．

▼こうかい（航海）
使徒21: 3 シリヤに向かって<航海>を続け，ツ
7 ツロからの<航海>を終えて，トレマ
27:10 この<航海>では…積荷や船体だけで

▼こうかつ（狡猾）
創世 3: 1 蛇が一番<狡猾>であった．蛇は女に

▼こうかん（交換）
エゼ27:17 乳香を，おまえの商品と<交換>した．

▼こうかん（高官）【別項】アジヤ州の高官
創世12:15 パロの<高官>たちが彼女を見て，パ
Ⅰ列 4: 2 彼の<高官>たちは次のとおり．ツァ
Ⅱ列24:12 <高官>たち，宦官たちといっしょに
詩 105:22 ヨセフが意のままに王の<高官>を縛
エレ41: 1 王の<高官>と10人の部下を連れて，
ダニ 3: 2 諸州のすべての<高官>を召集し，ネ
使徒 8:27 女王カンダケの<高官>で…宦官のエ
黙示 6:15 地上の王，<高官>，千人隊長，金持

▼こうがん
レビ21:20 <こうがん>のつぶれた者．申命23:1．

▼こうき（高貴）
ヨブ34:18 <高貴>な人に向かって，「悪者」と
箴言 8: 6 わたしは<高貴>なことについて語り，
16 <高貴>な人たちはすべて正義のさば
17: 7 偽りのくちびるは，<高貴>な人にはなおさらふさわしくない．26．
18:16 <高貴>な人の前にも彼を導く．
19: 6 <高貴>な人の好意を求める者は多く，
25: 7 <高貴>な人の前で下に下げられるよ
雅歌 6:12 私は民の<高貴>な人の車に乗せられ
イザ 3: 5 身分の低い者は<高貴>な者に向かっ
32: 5 しれ者が<高貴>な人と呼ばれること
8 <高貴>な人は<高貴>なことを計画し，
ナホ 3:10 その<高貴>な人たちもくじ引きにさ

▼こうぎ（公義）
創世18:25 さばくお方は，<公義>を行うべきで
ヨブ 8: 3 神は<公義>を曲げるだろうか．全能
29:14 私の<公義>は上着であり，かぶり物
34:12 全能者は<公義>を曲げない．
17 <公義>を憎む者が治めることができ
36:17 さばきと<公義>があなたをつかまえ
詩篇25: 9 主は貧しい者を<公義>に導き，貧し
37:28 主は<公義>を愛し，ご自身の聖徒を
30 正しい者の…舌は<公義>を告げる．
箴言 1: 3 正義と<公義>と公正と，思慮ある訓
2: 8 <公義>の小道を保ち，その聖徒たち
9 正義と<公義>と公正と，すべての良
13:23 <公義>がないところで，財産は滅ぼ
21: 3 <公義>を行うことは，いけにえにま
7 <公義>を行おうとしないからだ．
15 <公義>が行われることは…喜びであ
28: 5 悪人は<公義>を悟らない．主を尋ね
イザ32: 1 首長たちは<公義>によってつかさど
42: 1 彼は国々に<公義>をもたらす．
3 まことをもって<公義>をもたらす．
4 ついには，地に<公義>を打ち立てる．
51: 4 <公義>を定め，国々の民の光とする．
59: 8 その道筋には<公義>がない．彼らは
9 <公義>は私たちから遠ざかり，義は
11 <公義>を待ち望むが，それはなく，
15 <公義>のないのに心を痛められた．
61: 8 わたしは<公義>を愛する主だ．わた
エレ 4: 2 <公義>と正義とによって『主は生き
5: 1 <公義>を行い，真実を求める者を見
7: 5 あなたがたの間で<公義>を行い，
9:24 地に恵みと<公義>と正義を行う者で
10:24 <公義>によって，私を懲らしてくだ
17:11 <公義>によらないで富を得る者があ
22: 3 <公義>と正義を行い，かすめられて
15 <公義>と正義を行ったではないか．
23: 5 ダビデに一つの正しい若枝…この国に<公義>と正義を行う．33:15．
30:11 <公義>によって，あなたを懲らしめ，あなたを罰せずにおくこと．46:28．
エゼ18: 5 正しい者なら，その人は<公義>と正
19 その子は，<公義>と正義とを行い，
21 <公義>と正義を行うなら，彼は必ず
27 悪事をやめ，<公義>と正義とを行う
33:14 罪を悔い改め，<公義>と正義とを行

16 <公義>…を行った彼は必ず生きる．
19 悪から遠ざかり，<公義>と正義とを
45: 9 暴行を取り除き，<公義>と正義とを
ホセ 2:19 <公義>と，恵み…をもって，契りを
12: 6 誠実と<公義>とを守り，絶えずあな
アモ 5: 7 彼らは<公義>を苦よもぎに変え，正
24 <公義>を水のように，正義をいつも
6:12 <公義>を毒に変え，正義の実を苦よ
ミカ 3: 1 <公義>を知っているはずではないか．
8 主の霊と，<公義>と，勇気とに満ち，
9 <公義>を忌みきらい，あらゆる正し
6: 8 ただ<公義>を行い，誠実を愛し，へ
ゼパ 3: 5 ご自分の<公義>を残らず明るみに示
マタ 12:18 彼は異邦人に<公義>を宣べる．
20 <公義>を勝利に導くまでは．
ルカ 11:42 <公義>と神への愛はなおざりにして

▼こうぎ（抗議）
創世 21:25 井戸のことでアビメレクに<抗議>し
ガラ 2:11 私は面と向かって<抗議>しました．

▼ごうぎ（合議）
Ⅰ歴 13: 1 ダビデは…すべての隊長と<合議>し，

▼こうぎょく（紅玉）
イザ 54:12 あなたの門を<紅玉>にし，あなたの

▼こうけい（光景）
ルカ 23:48 この<光景>を見に集まっていた群衆
使徒 7:31 その<光景>を見たモーセは驚いて，
ヘブ 12:21 その<光景>があまり恐ろしかったの

▼こうげん（巧言）
ダニ 11:21 彼は…<巧言>を使って国を堅く握る．
34 <巧言>を使って思慮深い人につく．

▼こうけんにん（後見人）
ガラ 4: 2 <後見人>や管理者の下にあります．

▼こうこう（航行）
使徒 27: 4 キプロスの島陰を<航行>した．
13 クレテの海岸に沿って<航行>した．

▼こうさい（交際）
Ⅰコリ 5: 9 不品行な者たちと<交際>しないよう
10 全然<交際>しないようにという意味
Ⅱテサ 3:14 <交際>しないようにしなさい．彼が

▼こうし（子牛，小牛）【別項】金の子牛
創世 18: 7 おいしそうな<小牛>を取り，若い者
出エ 32: 4 のみで型を造り，鋳物の<子牛>にし
24 この<子牛>が出て来たのです．」
35 アロンが造った<子牛>を彼らが礼拝
レビ 9: 2 <子牛>，すなわち，若い牛を罪のた
3 １歳の傷のない<子牛>と子羊とを全
8 アロンは…いけにえの<子牛>をほふ
申命 9:16 自分たちのために鋳物の<子牛>を造
21 その<子牛>を取って，火で焼き，打
士師 14:18 私の雌の<子牛>で耕さなかったなら，
Ⅰサム 6: 7 <子牛>は引き離して牛小屋に戻しな
16: 2 １頭の雌の<子牛>を取り，『主にい
28:24 この女の家に肥えた<子牛>がいたの
Ⅰ列 10:19 王座の背には<子牛>の頭があり，座
12:32 ベテルで自分が造った<子牛>にいけ
Ⅱ歴 11:15 雄やぎと<子牛>に仕えさせたからで
エズ 6: 9 いけにえのための<子牛>，雄羊，子
ネヘ 9:18 鋳物の<子牛>を造り，『これがあな
詩篇 29: 6 <子牛>のように，はねさせる．レバ
51:19 雄の<子牛>があなたの祭壇にささげ
68:30 国々の民の<子牛>とともにいる雄牛
106:19 彼らはホレブで<子牛>を造り，鋳物
イザ 11: 6 <子牛>，若獅子，肥えた家畜が共に
27:10 <子牛>はそこで草をはみ，そこに伏
エレ 31:18 くびきに慣れない<子牛>のように，
34:18 二つに断ち切られた<子牛>の間を通
46:20 エジプトはかわいい雌の<子牛>．北
21 傭兵も，肥えた<子牛>のようだった．
50:11 穀物を打つ雌の<子牛>のようにはし
エゼ 1: 7 足の裏は<子牛>の足の裏のようであ
ホセ 8: 5 わたしはあなたの<子牛>をはねつけ
6 サマリヤの<子牛>は粉々に砕かれる．
10: 5 ベテ・アベンの<子牛>のためにおの
のく…栄光が<子牛>から去ったから
6 その<子牛>はアッシリヤに持ち去ら
13: 2 ささげる者は<子牛>に口づけせよ」
アモ 6: 4 牛舎の中から<子牛>を取って食べて
ミカ 6: 6 １歳の<子牛>をもって御前に進み行
マラ 4: 2 牛舎の<子牛>のようにはね回る．
ルカ 15:23 肥えた<子牛>を引いて来てほふりな
使徒 7:41 そのころ彼らは<子牛>を作り，この
ヘブ 9:12 やぎと<子牛>との血によってではな

▼こうし（格子），格子窓
Ⅰ列 7:17 ふさになった<格子>細工の網を，一
箴言 7: 6 私が…<格子窓>から見おろして，
雅歌 2: 9 あの方は…<格子>越しにうかがって
エゼ 41:26 壁には<格子窓>となつめやしの木が

▼こうじ（工事）
Ⅰ列 5:16 <工事>の監督をする者の長が…<工
事>に携わる者を指揮して．9:23.

7:51 すべての<工事>が完成した．そこで，
II列 12:11 金は…<工事>をしている監督者たちの手に渡された．14，15，22:5，9.
II歴 16: 5 バシャは…その<工事>をやめさせた．
17:13 ユダの町々で多くの<工事>があり，
エズ 2:69 <工事>の資金のために金６万１千ダ
4:24 神の宮の<工事>は中止され，ペルシ
5: 8 <工事>は彼らの手で着々と進められ，
6: 7 <工事>をそのままやらせておけ．ユ
22 <工事>にあたって，彼らを力づける
ネヘ 2:16 <工事>をする者たちにも，まだ知ら
3: 5 主人たちの<工事>に協力しなかった．
4:11 彼らを殺し…<工事>をやめさせよう．
15 それぞれ自分の<工事>に戻った．
19 この<工事>は大きく，また広がって
5:16 私はこの城壁の<工事>に専念し…若い者たちは…<工事>に集まっていた．
6: 3 私は大<工事>をしているから，下って行けない．私が<工事>をそのままにして…<工事>が止まるようなこと
9 気力を失って<工事>をやめ，中止す
16 この<工事>が…神によってなされた

▼ こうじ（公示）
エス 3:14 写しが…すべての民族に<公示>され

▼ こうじつ（口実）
ヨブ 33:10 神は私を攻める<口実>を見つけ，私
ダニ 6: 4 ダニエルを訴える<口実>を見つけようと努めたが，何の<口実>も欠点も
ルカ 6: 7 彼を訴える<口実>を見つけるためで
Iテサ 2: 5 むさぼりの<口実>を設けたりしたこ
Iペテ 2:16 その自由を，悪の<口実>に用いない

▼ こうしゅう（公衆）
使徒 16:37 <公衆>の前でむち打ち，牢に入れて

▼ こうしゅうべんじょ（公衆便所）
II列 10:27 宮もこわし，これを<公衆便所>とし

▼ こうじゅつ（口述）
エレ 36:18 エレミヤが…<口述>し，私が墨でこ

▼ ごうじょう（強情）
出エ 7:14 パロの心は<強情>で，民を行かせる
8:32 パロはこのときも<強情>になり，民
申命 9:27 民の<強情>と…罪とに目を留めない

▼ こうしょく（好色）
マコ 7:22 姦淫，貪欲，よこしま…<好色>，ね
エペ 4:19 <好色>に身をゆだねて，あらゆる不
IIペテ 2: 2 多くの者が彼らの<好色>にならい，
18 人々を肉欲と<好色>によって誘惑し，
ユダ 7 <好色>にふけり，不自然な肉欲を追
黙示 18: 3 彼女の極度の<好色>によって富を得
7 <好色>にふけったと同じだけの苦し

▼ こうしん（更新）
テト 3: 5 新生と<更新>との洗いをもって私た

▼ こうずい（洪水），大洪水
創世 6:17 <大洪水>を起こそうとしている．地
7:17 <大洪水>が，40日間，地の上にあっ
9:11 もはや<大洪水>が地を滅ぼすような
詩篇 29:10 主は，<大洪水>のときに御座に着か
雅歌 8: 7 <洪水>も押し流すことができません．
イザ 54: 9 ノアの<洪水>をもう地上に送らない
ダニ 9:26 その終わりには<洪水>が起こり，そ
マタ 7:25 雨が降って<洪水>が．ルカ6:48.
24:38 <洪水>前の日々は，ノアが箱舟に入
ルカ 17:27 <洪水>が来て，すべての人を滅ぼし
IIペテ 2: 5 不敬虔な世界に<洪水>を起こされま

▼ こうせい（公正）
創世 18:19 正義と<公正>とを行わせるため，主
申命 33:21 主の<公正>をイスラエルのために行
I列 10: 9 <公正>と正義とを行わせられるのです.」II歴9:8.
詩篇 9: 8 <公正>をもって国民にさばきを行わ
17: 2 <公正>に御目が注がれますように．
33: 5 主は正義と<公正>を愛される．地は
45: 6 あなたの王国の杖は<公正>の杖．
58: 1 人の子らを<公正>にさばくのか．
67: 4 <公正>をもって国々の民をさばかれ，
72: 1 あなたの<公正>を王に…授けてくだ
2 <公正>をもってさばきますように．
75: 2 わたしみずから<公正>にさばく．
89:14 義と<公正>は，あなたの王座の基．
98: 9 <公正>をもって国々の民を，さばかれる．96:10.
99: 4 あなたは<公正>を堅く立てられた．
111: 7 御手のわざは真実，<公正>，そのす
112: 5 自分のことを<公正>に取り行う人は，
119:121 私は<公正>と義とを行いました．私
箴言 1: 3 正義と公義と<公正>と，思慮ある訓
8:20 <公正>の通り道の真ん中を歩み，
12: 5 正しい人の計画することは<公正>で
イザ 1:17 <公正>を求め，しいたげる者を正し
21 <公正>があふれ，正義がそこに宿っ
27 シオンは<公正>によって贖われ，そ

5: 7　主は<公正>を待ち望まれたのに，見
11: 4　<公正>をもって国の貧しい者のため
16: 5　さばきをなし，<公正>を求め，正義
28:17　わたしは<公正>を，測りなわとし，
32:16　<公正>は荒野に宿り，義は果樹園に
33: 5　シオンを<公正>と正義で満たされる．
40:14　だれが<公正>の道筋を主に教えて，
56: 1　<公正>を守り，正義を行え．わたし
59:14　こうして<公正>は退けられ，正義は
エゼ 18:25　『主の態度は<公正>でない』と言っている…<公正>でないのはあなたがたの態度ではないのか．33:17，20.
マラ 2: 6　平和と<公正>のうちに，彼はわたし

▼ こうせき（功績）

Ⅰ列 15:23　アサの…すべての<功績>，彼の行っ
16: 5　バシャのその他の業績…その<功績>，
22:45　ヨシャパテの…<功績>とその戦績，
エス 10: 2　権威と勇気によるすべての<功績>と，

▼ こうぜん（公然）

ヨハ 7:13　イエスについて<公然>と語る者はひ
26　この人は<公然>と語っているのに，
11:54　もはや…<公然>と歩くことをしない
18:20　わたしは世に向かって<公然>と話し

▼ こうぞう（構造）

Ⅰ列 7:28　台の<構造>は次のとおり．台には鏡
エゼ 42:11　出口も<構造>も入口も，同様であっ
43:11　彼らに神殿の<構造>とその模型…すべての<構造>と定めとを守って，こ

▼ こうだん（香壇），香の祭壇，香の壇

出エ 30:27　机とそのいろいろな器具…<香の壇>，
レビ 4: 7　かおりの高い<香の祭壇>の角に塗り
Ⅰ歴 6:49　<香の壇>の上に煙を立ち上らせて，
28:18　精金の<香の壇>についてはその目方，
Ⅱ歴 30:14　<香の壇>を取り除いて，キデロン川
ルカ 1:11　主の使いが…<香壇>の右に立った．
ヘブ 9: 4　そこには金の<香壇>と…契約の箱が

▼ こうてい（行程），全行程

申命 8: 2　歩ませられた<全行程>を覚えていな
使徒 20:24　自分の走るべき<行程>を走り尽くし，

▼ こうてい（皇帝）

ルカ 2: 1　勅令が，<皇帝>アウグストから出た．
使徒 25:21　<皇帝>の判決を受けるまで保護して
25　彼自身が<皇帝>に上訴しましたので，

▼ こうとう（口頭）

使徒 15:27　彼らは<口頭>で同じ趣旨のことを伝

▼ こうどう（行動）

Ⅰ列 2: 6　自分の知恵に従って<行動>しなさい．
ルカ 23:51　議員たちの計画や<行動>には同意し
使徒 1:22　私たちと<行動>をともにした者の中
5:38　その計画や<行動>が人から出たもの
Ⅱコリ 1:12　神の恵みによって<行動>しているこ
ガラ 1:13　ユダヤ教徒であったころの…<行動>
Ⅰテモ 3:15　神の家でどのように<行動>すべきか
Ⅱテモ 3:10　私の教え，<行動>，計画，信仰，寛
ヘブ 13:18　何事についても正しく<行動>しよう
Ⅰペテ 2:16　自由人として<行動>しなさい．その

▼ こうどう（坑道）

ヨブ 28:10　彼は岩に<坑道>を切り開き，その目

▼ ごうとう（強盗）

箴言 23:28　彼女は<強盗>のように待ち伏せて，
エレ 7:11　あなたがたの目には<強盗>の巣と見
エゼ 7:22　<強盗>はそこに入り込み，そこを汚
マタ 21:13　あなたがたはそれを<強盗>の巣にしている．マコ11:17.
26:55　まるで<強盗>にでも向かうように，剣や棒を．マコ14:48，ルカ22:52.
27:38　イエスといっしょに，ふたりの<強盗>が，ひとりは右に．マコ15:27.
ルカ 10:30　<強盗>に襲われた．<強盗>どもは，
ヨハ 10: 1　乗り越えて来る者は…<強盗>です．
18:40　このバラバは<強盗>であった．

▼ こうにゅうしょうしょ（購入証書）

エレ 32:12　<購入証書>に署名した証人たちと，

▼ こうのとり

レビ 11:19　<こうのとり>，さぎの類，やつがし
ヨブ 39:13　<こうのとり>の羽と羽毛であろうか．
詩 104:17　<こうのとり>は，もみの木をその宿
エレ 8: 7　空の<こうのとり>も，自分の季節を
ゼカ 5: 9　<こうのとり>の翼のような翼があり，

▼ こうはい（荒廃）

詩篇 46: 8　主は地に<荒廃>をもたらされた．
イザ 15: 6　ニムリムの水は<荒廃>した地となり，
エレ 48:34　ニムリムの水さえ，<荒廃>した地と
哀歌 3:47　<荒廃>と破滅が私たちのものになっ
エゼ 23:33　恐怖と<荒廃>の杯，これがあなたの
ダニ 9: 2　エルサレムの<荒廃>が終わるまでの
26　戦いが続いて，<荒廃>が定められて
ゼパ 1:15　<荒廃>と滅亡の日，やみと暗黒の日，
黙示 17:16　彼女を<荒廃>させ，裸にし，その肉

▼こうばしい（香ばしい）
エペ 5: 2 <香ばしい>かおりをおささげになり
ピリ 4:18 それは<香ばしい>かおりであって，
▼こうひょう（好評）
IIコリ 6: 8 悪評を受けたり，<好評>を博したり
▼こうふく（幸福）
詩 128: 2 勤労の実を食べるとき，<幸福>で，
エレ 22:15 そのとき，彼は<幸福>だった. 16.
32:40 彼らを<幸福>にするため，彼らととこしえの契約を結ぶ. わたしは. 41.
ロマ 14:22 さばかれない人は<幸福>です.
▼こうふく（降伏）
申命 20:10 まず<降伏>を勧めなさい.
12 <降伏>せず，戦おうとするなら，こ
II列 25:11 バビロンの王に<降伏>した者たちと，
エレ 39: 9 王に<降伏>した投降者たちと，その
▼こうべ
ヨシ 2:19 血はその者自身の<こうべ>に帰する.
▼こうへい（公平）
コロ 4: 1 奴隷に対して正義と<公平>を示しな
Iペテ 1:17 <公平>にさばかれる方を父と呼んで
▼こうぼく（香木）
黙示 18:12 緋布，<香木>，さまざまの象牙細工，
▼こうまん（高慢）
レビ 26:19 あなたがたの力を頼む<高慢>を打ち
II列 19:22 だれに向かって…<高慢>な目を上げ
ヨブ 15:25 全能者に対して<高慢>にふるまい，
詩篇 10: 4 悪者は<高慢>を顔に表して，神を尋
17:10 その口をもって<高慢>に語ります.
59:12 彼らは<高慢>に取りつかれるがよい.
73: 6 <高慢>が彼らの首飾りとなり，暴虐
箴言 16:18 心の<高慢>は倒れに先立つ.
18:12 人の心の<高慢>は破滅に先立ち，謙
イザ 16: 6 彼は実に<高慢>だ. その誇りと高ぶ
37:23 だれに向かって…<高慢>な目を上げ
エレ 48:29 実に<高慢>だ. その<高慢>，その高
49:16 あなたの心は<高慢>だ. あなたが鷲
エゼ 7:10 杖が花を咲かせ，<高慢>がつぼみを
35:13 わたしに向かって<高慢>なことばを
ダニ 5:20 <高慢>にふるまったので，彼はその
ホセ 5: 5 イスラエルの<高慢>はその顔に現れ
オバ 3 あなたの心の<高慢>は自分自身を欺
ゼパ 2:10 これは，彼らの<高慢>のためだ. 彼
Iコリ 4: 6 他方に反対して<高慢>にならないた
5: 6 あなたがたの<高慢>は，よくないこ
13: 4 愛は自慢せず，<高慢>になりません.
Iテモ 3: 6 <高慢>になって，悪魔と同じさばき
6: 4 その人は<高慢>になっており，何一
▼ごうまん（傲慢）
詩篇 12: 3 へつらいのくちびると<傲慢>の舌と
19:13 しもべを，<傲慢>の罪から守ってく
▼こうめいせいだい（公明正大）
IIコリ 8:21 人の前でも<公明正大>なことを示そ
▼こうもり
レビ 11:19 さぎの類，やつがしら，<こうもり>
イザ 34:14 そこには<こうもり>もいこい，自分
▼ごうもん（拷問）
ヘブ 11:35 ほかの人たちは…<拷問>を受けまし
▼こうゆ（香油）
出エ 30:25 混ぜ合わせの<香油>を作る. これが
35 香ばしい聖なる純粋な<香油>を作る.
ヨブ 41:31 海を<香油>をかき混ぜるなべのよう
伝道 7: 1 良い名声は良い<香油>にまさり，死
10: 1 はえは，調合した<香油>を臭くし，
雅歌 1: 3 あなたの<香油>のかおりはかぐわし
4:10 あなたの<香油>のかおりは，すべて
アモ 6: 6 最上の<香油>を身に塗るが，ヨセフ
マタ 26: 7 女が…<香油>の入った石膏のつぼを持って…イエスの頭に<香油>を注い
9 この<香油>なら，高く売れて，貧しい人たちに施. マコ14:5，ヨハ12:5.
12 <香油>をわたしのからだに注いだの
マコ 14: 4 何のために，<香油>を…むだにした
ルカ 7:38 御足に口づけして，<香油>を塗った.
46 わたしの足に<香油>を塗ってくれま
23:56 香料と<香油>を用意した. 安息日に
ヨハ 11: 2 主に<香油>を塗り，髪の毛でその足
12: 3 純粋なナルドの<香油>300グラムを…家は<香油>のかおりでいっぱいに
黙示 18:13 香料，香，<香油>，乳香，ぶどう酒，
▼こうり（高利）
箴言 28: 8 利息や<高利>によって財産をふやす
エゼ 18: 8 <高利>を取らず，不正から手を引き，
22:12 利息と<高利>を取り，隣人を虐待し
▼こうりょう（香料）
出エ 25: 6 かおりの高い香のための<香料>，
30:23 あなたは，最上の<香料>を取れ. 液
34 これらの<香料>と純粋な乳香を取れ.
Iサム 8:13 あなたがたの娘を…<香料>作りとし，
II列 20:13 金，<香料>，高価な油. イザ39:2.

Ⅰ歴 9:30 バルサム油の<香料>を調合する者た
Ⅱ歴 16:14 彼を葬り，<香料>の混合法にしたが
って作った…<香料>に満ちたふしど
エス 2:12 <香料>と婦人の化粧に必要な品々で
雅歌 3: 6 <香料>の粉末をくゆらして，煙の柱
4:10 かおりは，すべての<香料>にもまさ
5: 1 没薬と<香料>を集め，蜂の巣と蜂蜜
8: 2 <香料>を混ぜたぶどう酒，ざくろの
イザ 57: 9 <香料>を増し加え，あなたの使者た
エゼ 27:22 あらゆる上等の<香料>，宝石，金を，
マコ 16: 1 イエスに油を…<香料>を買った．
ルカ 24: 1 女たちは…<香料>を持って墓に着い
ヨハ 19:40 <香料>といっしょに亜麻布で巻いた．

▼こうりょく（効力）
ヘブ 9:17 生きている間は…<効力>はありませ

▼こうろ（香炉）
Ⅱ歴 26:19 ウジヤは…<香炉>を取って香をたこ
エズ 1: 9 金の皿30，銀の皿１千，<香炉>29，
エゼ 8:11 彼らはみなその手に<香炉>を持ち，
黙示 8: 3 御使いが…金の<香炉>を持って祭壇

▼こうろん（口論）
テト 3: 9 愚かな議論，系図，<口論>，律法に

▼こうわ（講和）
ルカ 14:32 使者を送って<講和>を求めるでしょ

▼こえ（声），声々【別項】大声，ときの声，御声
創世 3: 8 園を歩き回られる…主の<声>を聞い
4:23 アダとツィラよ．私の<声>を聞け．
21:16 彼女は<声>をあげて泣いた．
17 神は少年の<声>を聞かれ，神の使い
27:22 <声>はヤコブの<声>だが，手はエサ
39:15 私が<声>をあげて叫んだのを聞いて，
出エ 3:18 彼らはあなたの<声>に聞き従おう．
4: 1 私の<声>に耳を傾けないでしょう．
9 あなたの<声>にも聞き従わないなら，
5: 2 私がその<声>を聞いて…行かせなけ
15:26 主の<声>に確かに聞き従い，主が正
19: 5 わたしの<声>に聞き従い，わたしの
19 神は<声>を出して，彼に答えられた．
32:18 勝利を叫ぶ<声>ではなく，敗北を嘆
く<声>でもない…歌を歌う<声>であ
レビ 5: 1 のろわれるという<声>を聞きながら
民数 14:22 わたしの<声>に聞き従わなかった者
20:16 主は私たちの<声>を聞いて…御使い
23:21 王をたたえる<声>が彼らの中にある．
申命 1:45 主はあなたがたの<声>を聞き入れず，
4:33 火の中から語られる神の<声>を聞い
5:22 全集会に，大きな<声>で告げられた．
25 主の<声>を聞くなら…私たちは死な
28 あなたがたのことばの<声>を聞かれ
26: 7 主は私たちの<声>を聞き…窮状と労
33: 7 主よ．ユダの<声>を聞き，その民に，
ヨシ 10:14 主が人の<声>を聞き入れたこのよう
士師 18: 3 レビ人の若者の<声>に気づいた．そ
25 あなたの<声>が私たちの中で聞こえ
Ⅰサム 1:13 その<声>は聞こえなかった…エリは
8: 7 民の<声>を聞き入れよ．9.
15:14 私の耳に入るあの羊の<声>…牛の
<声>は，いったい何ですか．」
24 私は民を恐れて，彼らの<声>に従っ
24:16 これはあなたの<声>なのか．わが子
ダビデよ…サウルは<声>をあげて泣
26:17 それがダビデの<声>だとわかって言
った…これはおまえの<声>ではない
か…「私の<声>です．王さま．」
Ⅱサム 19:35 歌う男や女の<声>を聞くことさえで
22: 7 主はその宮で私の<声>を聞かれ，私
Ⅰ列 1:40 歌ったので，地がその<声>で裂けた．
18:26 何の<声>もなく，答える者もなかっ
27 もっと大きな<声>で呼んでみよ．彼
19:12 火のあとに，かすかな細い<声>があ
Ⅱ列 4:31 何の<声>もなく，何の応答もなかっ
11:13 民の<声>を聞いて．Ⅱ歴23:12.
19:22 だれに向かって<声>をあげ，高慢な
目を上げたのか．イザ37:23.
Ⅱ歴 30:27 彼らの<声>は聞き届けられ，彼らの
エズ 3:12 喜びにあふれて<声>を張り上げた．
13 その<声>は遠い所まで聞こえた．
ヨブ 3:18 追い使う者の<声>も聞かない．
4:10 獅子のほえる<声>，たける獅子の
<声>は共にやみ，若い獅子のきばも
16 静寂…，そして私は一つの<声>を聞
9:16 神が私の<声>に耳を傾けられたとは，
29:10 首長たちの<声>もひそまり，その舌
30:31 私の笛は泣き悲しむ<声>となった．
33: 8 私はあなたの話す<声>を聞いた．
37: 4 その<声>の聞こえるときも，いなず
38:34 あなたの<声>を雲にまであげ，みな
40: 9 神のような<声>で雷鳴をとどろき渡
詩篇 3: 4 私は<声>をあげて，主に呼ばわる．

5: 2 私の叫びの<声>を心に留めてくださ
6: 8 主は私の泣く<声>を聞かれたのだ．
18: 6 主はその宮で私の<声>を聞かれ，御
19: 3 ことばもなく，その<声>も聞かれな
28: 2 私の願いの<声>を聞いてください．
86:6，130:2，140:6，141:1．
29: 3 主の<声>は，水の上にあり，栄光の
4 主の<声>は，力強く，主の<声>は，
5 主の<声>は，杉の木を引き裂く．ま
7 主の<声>は，火の炎を，ひらめかせ
8 主の<声>は，荒野をゆすぶり，主は，
9 主の<声>は，雌鹿に産みの苦しみを
55:17 主は私の<声>を聞いてくださる．
58: 5 蛇使いの<声>も…呪文を唱える者の
<声>も，聞こうとしない．
64: 1 嘆くとき，その<声>を聞いてくださ
66: 8 神への賛美の<声>を聞こえさせよ．
19 私の祈りの<声>を心に留められた．
77: 1 私が神に向かって<声>をあげると，
81:11 わが民は，わたしの<声>を聞かず，
93: 3 川は，<声>をあげました…とどろく
<声>をあげています．
102: 5 私の嘆く<声>で私の骨と皮はくっつ
103:20 みことばの<声>に聞き従い，みこと
104: 7 あなたの雷の<声>で急ぎ去りました．
115: 7 のどがあっても<声>をたてることも
116: 1 主は私の<声>，私の願いを聞いてく
119:149 恵みによって私の<声>を聞いてくだ
142: 1 主に向かい，<声>をあげて叫びます．
<声>をあげ，主にあわれみを請いま
箴言 1:20 知恵は…広場でその<声>をあげ，
2: 3 あなたが…英知を求めて<声>をあげ，
5:13 私は私の教師の<声>に聞き従わず，
8: 1 英知はその<声>をあげないだろうか．
4 わたしは…人の子らに<声>をかける．
26:25 <声>を和らげて語りかけても，それ
伝道 5: 3 ことばが多いと愚かな者の<声>とな
10:20 空の鳥がその<声>を持ち運び，翼の
12: 4 人は鳥の<声>に起き上がり，歌を歌
雅歌 2: 8 愛する方の<声>．ご覧，あの方が来
12 山鳩の<声>が，私たちの国に聞こえ
14 あなたの<声>を聞かせておくれ．あ
なたの<声>は愛らしく，あなたの顔
8:13 仲間たちは，あなたの<声>に耳を傾
イザ 6: 4 叫ぶ者の<声>のために，敷居の基は
8 私は…主の<声>を聞いたので，言っ
24:14 彼らは，<声>を張り上げて喜び歌い，
28:23 私の<声>に耳を傾けて聞け．私の言
29: 4 あなたが地の中から出す<声>は，死
人の霊の<声>のようになり，あなた
31: 4 彼らの<声>に脅かされず，彼らの騒
33: 3 騒ぎの<声>に国々の民は逃げ，あな
40: 3 荒野に呼ばわる者の<声>がする．
6 「呼ばわれ」と言う者の<声>がする．
9 力の限り<声>をあげよ．<声>をあげ
42: 2 彼は叫ばず，<声>をあげず，ちまた
にその<声>を聞かせない．
50:10 だれが…そのしもべの<声>に聞き従
52: 8 見張り人たちが，<声>を張り上げ，
58: 1 角笛のように，<声>をあげよ．わた
4 あなたがたの<声>は…届かない．
66: 6 聞け．町からの騒ぎ，宮からの<声>，
エレ 3:13 わたしの<声>を聞き入れなかった．
21 一つの<声>が裸の丘の上で聞こえる．
4:15 ダンから告げる<声>がある．エフラ
31 産みの苦しみをする女のような<声>
…シオンの娘の<声>を聞いた．彼女
6:23 その<声>は海のようにとどろく．シ
7:23 わたしの<声>に聞き従え．11:4．
28 この民は…主の<声>を聞かず，懲ら
34 楽しみの<声>と喜びの<声>，花婿の
<声>と花嫁の<声>を絶やす．16:9，
25:10，33:11．
8:16 その荒馬のいななきの<声>に，全地
9:10 群れの<声>も聞こえず，空の鳥から
13 わたしの<声>に聞き従わず．18:10．
18 私たちのために嘆きの<声>をあげさ
19 シオンから嘆きの<声>が聞こえるか
10:13 主が<声>を出すと，水のざわめきが
天に起こる．51:16．
11: 7 わたしの<声>を聞け』と言って，し
12: 8 私に向かって，うなり<声>をあげる．
22:20 バシャンで<声>をあげ，アバリムか
25:30 聖なる御住まいから<声>をあげられ
30: 5 おののきの<声>を，われわれは聞い
19 感謝と，喜び笑う<声>がわき出る．
31:16 あなたの泣く<声>をとどめ，目の涙
32:23 あなたの<声>に聞き従わず…律法に
33:11 いけにえを携えて来る人たちの<声>
38:20 主の<声>，私があなたに語っている

51:55 そこから大いなる<声>を絶やされる
からだ…その<声>は鳴りどよめく.
哀歌 3:56 あなたは私の<声>を聞かれました.
エゼ 1:24 それは…全能者の<声>のようであっ
25 頭の上方の大空から<声>があると,
10: 5 全能の神の語る<声>のように, 外庭
ダニ 4:31 天から<声>があった.「ネブカデネ
6:20 王は悲痛な<声>でダニエルに呼びか
7:11 あの角が語る大きなことばの<声>が
8:16 ウライ川の中ほどから…人の<声>を
10: 6 そのことばの<声>は群集の<声>のよ
9 そのことばの<声>を聞いたとき, 私
ヨエ 2:11 主は…先頭に立って<声>をあげられ
3:16 主は…エルサレムから<声>を出され
る. アモ1:2.
ヨナ 2: 2 あなたは私の<声>を聞いてください
9 私は, 感謝の<声>をあげて, あなた
ミカ 6: 1 丘々にあなたの<声>を聞かせよ.
ナホ 2:13 使者たちの<声>はもう聞かれない.
ハバ 3:10 深い淵はその<声>を出し, その手を
ゼカ 11: 3 聞け. 若い獅子のほえる<声>を. ヨ
マタ 2:18 ラマで<声>がする…嘆き叫ぶ<声>.
3: 3 荒野で叫ぶ者の<声>がする. マコ1:
3, ルカ3:4.
17 天からこう告げる<声>が聞こえた.
17:5, マコ1:11, 9:7, ルカ3:22, 9:
35, ヨハ12:28.
12:19 大路でその<声>を聞く者もない.
ルカ 23:23 要求し…ついにその<声>が勝った.
ヨハ 1:23 私は…荒野で叫んでいる者の<声>で
3:29 花婿の<声>を聞いて大いに喜びます.
5:25 死人が神の子の<声>を聞く時が来ま
28 子の<声>を聞いて出て来る時が来ま
10: 3 羊はその<声>を聞き分けま. 4, 27.
5 その人たちの<声>を知らないからで
16 彼らはわたしの<声>に聞き従い, 一
12:30 この<声>が聞こえたのは, わたしの
18:37 真理に属する者は…わたしの<声>に
使徒 4:24 神に向かい, <声>を上げて言った.
9: 4 「…なぜわたしを迫害するのか」と
いう<声>を聞いた. 22:7, 26:14.
7 <声>は聞こえても, だれも見えない
10:13 「…食べなさい」という<声>. 11:7.
12:22 「神の<声>だ. 人間の<声>ではない」
22: 9 語っている方の<声>は聞き分けられ
ロマ 10:18 その<声>は全地に響き渡り, そのこ
15: 6 心を一つにし, <声>を合わせて, 私
ガラ 4:27 不妊の女よ. <声>をあげて呼ばわれ.
Ⅰテサ 4:16 御使いのかしらの<声>と, 神のラッ
Ⅱペテ 2:16 ろばが, 人間の<声>でものを言い,
黙示 1:10 ラッパの音のような大きな<声>を聞
12 私に語りかける<声>を見ようとして
15 その<声>は大水の音のようであった.
3:20 だれでも, わたしの<声>を聞いて戸
4: 5 いなずまと<声>と雷鳴が起こった.
8:5, 11:19, 16:18.
5:11 多くの御使いたちの<声>を聞いた.
6: 6 一つの<声>のようなものが, 四つの
9:13 祭壇の四隅から出る<声>を聞いた.
10: 3 七つの雷がおのおの<声>を出した.
4 天から<声>があって. 8, 11:12, 12
:10, 14:13, 18:4.
11:15 天に大きな<声々>が起こって言った.
14: 2 私の聞いたその<声>は, 立琴をひく
16: 1 大きな<声>が聖所から出て. 17, 19
:5, 21:3.
18: 2 彼は力強い<声>で叫んで言った.
23 花嫁の<声>も…聞かれなくなる. な
19: 1 大群衆の大きい<声>のようなものが,

▼ ごえい (護衛), 護衛長, 護衛兵

Ⅰサム 28: 2 あなたを…私の<護衛>に任命してお
Ⅱサム 23:23 ダビデは彼を自分の<護衛長>にした.
Ⅱ列 11: 5 王宮の<護衛>の任務につく者. 6.
マコ 6:27 <護衛兵>は行って…ヨハネの首をは

▼ こえふとる (肥え太る)

申命 31:20 彼らは食べて満ち足り, <肥え太>り,
32:15 エシュルンは<肥え太>ったとき, 足
でけった. あなたは…<肥え太>った.
ネヘ 9:25 <肥え太>って, あなたの大いなる恵
エレ 5: 8 <肥え太>ってさかりのついた馬のよ

▼ こえる (肥える) 【別項】肥え太る

創世 27:39 地は<肥える>ことなく…天の露もな
41: 4 よく<肥え>た７頭の雌牛を食い尽く
5 <肥え>た良い七つの穂が, １本の茎
民数 13:20 土地はどうか…<肥え>ているか, や
Ⅰサム 15: 9 <肥え>た羊や牛の最も良いもの, 子
28:24 女の家に<肥え>た子牛がいたので,
Ⅱサム 6:13 ダビデは<肥え>た牛をいけにえとし
Ⅰ列 1: 9 <肥え>た家畜をいけにえとしてささ
19 牛や<肥え>た家畜や羊をたくさん,

4:23 <肥え>た牛10頭，放牧の牛20頭，羊
ネヘ 9:25 町々と，<肥え>た土地を攻め取り，
35 広くて<肥え>た土地のうちにありな
詩篇 66:15 <肥え>た獣の全焼のいけにえを，雄
箴言 11:25 おおらかな人は<肥え>，人を潤す者
15:17 <肥え>た牛を食べて憎み合うのにま
イザ 1:11 <肥え>た家畜の脂肪に飽きた．雄牛，
5:17 <肥え>た獣は廃墟にとどまって食を
6:10 この民の心を<肥え>鈍らせ，その耳
11: 6 <肥え>た家畜が共にいて，小さい子
エレ 5:28 彼らは，<肥え>て，つややかになり，
46:21 傭兵も，<肥え>た子牛のようだった．
エゼ 34: 3 <肥え>た羊をほふるが，羊を養わな
14 山々の<肥え>た牧場で草をはむ．
16 <肥え>たものと強いものを滅ぼす．
39:18 バシャンの<肥え>たものをそうせよ．
アモ 5:22 <肥え>た家畜の和解のいけにえにも，
ゼカ 11:16 かえって<肥え>た獣の肉を食らい，
ルカ 15:23 <肥え>た子牛を引いて来てほふりな

▼ こえる（越える）

創世 31:52 この石塚を<越え>てあなたのところに行くことはない．あなたもまた，この石塚やこの石の柱を<越え>て私
49:22 若枝，その枝は垣を<越える>．
民数 16: 3 あなたがたは分を<越え>ている．7．
ネヘ 9: 5 祝福と賛美を<越える>あなたの栄光
ヨブ 14: 5 <越える>ことのできない限界を，あ
詩篇 38: 4 私の咎が，私の頭を<越え>，重荷の
42: 7 大波は…私の上を<越え>て行きまし
88:16 燃える怒りが私の上を<越え>，あな
104: 9 水がそれを<越え>ないようにされま
124: 4 流れは私たちを<越え>て行ったであ
5 荒れ狂う水は…<越え>て行ったであ
箴言 8:29 水がその境を<越え>ないようにし，
イザ 16: 8 そのつるは伸びて海を<越え>た．
28:15 にわか水があふれ，<越え>て来ても，
18 にわか水があふれ，<越え>て来ると，
エレ 5:22 <越え>られない永遠の境界として…鳴りとどろいても<越え>られない．
48:32 つるは伸びて海を<越え>た．ヤゼル
ダニ 11:10 押し流して<越え>て行き，そうして
40 侵入し，押し流して<越え>て行く．
ヨナ 2: 3 大波が…私の上を<越え>て行きまし
ルカ 16:26 こちらへ<越え>て来ることもできな
Ⅰコリ 4: 6 書かれていることを<越え>ない」こ
Ⅱコリ 10:13 限度を<越え>て誇りはしません．私
15 限度を<越え>てほかの人の働きを誇
エペ 3:19 人知をはるかに<越え>たキリストの
20 思うところのすべてを<越え>て豊か

▼ コエンドロ〔植物〕

出エ 16:31 <コエンドロ>の種のようで，白く，
民数 11: 7 マナは，<コエンドロ>の種のようで，

▼ こおどり

詩篇 96:11 天は喜び，地は，<こおどり>し，海
97: 1 地は，<こおどり>し，多くの島々は

▼ こおり（氷）

ヨブ 6:16 <氷>で黒ずみ，雪がその上を隠して
37:10 神の息によって<氷>が張り，広い水
38:29 <氷>はだれの胎から生まれ出たか．
詩 147:17 主は<氷>をパンくずのように投げつ

▼ こおる（凍る）

ヨブ 37:10 氷が張り，広い水が<凍>りつく．

▼ こおろぎ

レビ 11:22 <こおろぎ>の類，ばったの類である．
申命 28:42 <こおろぎ>は，あなたのすべての木

▼ こかげ（木陰）

エゼ 31: 3 美しい枝，茂った<木陰>，そのたけ
6 <木陰>には多くの国々がみな住んだ．
ホセ 4:13 その<木陰>がここちよいからだ．そ

▼ こがたな（小刀）

ヨシ 5: 2 火打石の<小刀>を作り，もう一度イ
エレ 36:23 王は書記の<小刀>でそれを裂いては，

▼ ごきげんとり

エペ 6: 6 人の<ごきげんとり>のような，うわべだけの仕え方でなく．コロ3:22．

▼ こきょう（故郷）【別項】生まれ故郷

創世 30:25 私の<故郷>の地へ帰らせてください．
エレ 22:10 二度と…<故郷>を見ることがないか
ヨハ 4:44 預言者は自分の<故郷>では尊ばれな
ヘブ 11:15 出て来た<故郷>のことを思っていた
16 さらにすぐれた<故郷>，すなわち天の<故郷>にあこがれていたのです．

▼ こぐ（漕ぐ）

イザ 33:21 櫓を<こぐ>船もそこを通わず，大船
ヨナ 1:13 船を…戻そうと<こ>いだがだめだっ
マコ 6:48 向かい風のために<漕>ぎあぐねてい
ルカ 5: 4 深みに<漕>ぎ出して，網をおろして
ヨハ 6:19 4，5キロメートルほど<こ>ぎ出し

▼ ゴグ〔人名〕

(1)ヤコブの長男ルベンの子孫．Ⅰ歴5:4．

(2)メシェクとトバルの大首長．マゴグの地の王．歴史上の人物かどうか定かでない．エゼ38:2, 3, 14, 16, 18, 39:1, 11, 黙示20:8.

▼こくいん（刻印）
黙示 13:16　すべての人々に…<刻印>を受けさせ
14: 9　自分の額か手かに<刻印>を受けるな
16: 2　獣の<刻印>を受けている人．19:20.

▼こくご（国語），諸国語
創世 10: 5　それぞれ国々の<国語>があった．
ダニ 3: 4　諸民，諸国，<諸国語>の者たちよ．
黙示 5: 9　あらゆる部族，<国語>，民族．7:9, 10:11, 11:9, 13:7, 14:6, 17:15.

▼こくしゅ（国主）
マタ 14: 1　<国主>ヘロデは，イエスのうわさを
ルカ 3: 1　ヘロデがガリラヤの<国主>，その兄

▼こくせき（国籍）
ピリ 3:20　私たちの<国籍>は天にあります．そ

▼こくそ（告訴），告訴状
エズ 4: 6　住民を非難する１通の<告訴状>を書
ヨブ 31:35　私を訴える者が書いた<告訴状>があ
マタ 5:25　あなたを<告訴>する者とは…早く仲良くなりなさい．ルカ12:58.
40　あなたを<告訴>して下着を取ろうと
使徒 22:30　パウロがなぜ…<告訴>されたのかを
25: 5　下って行って，彼を<告訴>しなさい．
Ⅰコリ 6: 6　兄弟は兄弟を<告訴>し，しかもそれ

▼こくたん（黒檀）
エゼ 27:15　象牙と<黒檀>とを…みつぎとして持

▼ごくちゅう（獄中）
マタ 11: 2　<獄中>でキリストのみわざについて
ピレ 10　<獄中>で生んだわが子オネシモのこ
13　福音のために<獄中>にいる間，あな

▼こくはく（告白）
レビ 5: 5　犯した罪を<告白>しなさい．
16:21　これを全部それの上に<告白>し，こ
26:40　先祖たちの咎を<告白>するが，
民数 5: 7　自分の犯した罪を<告白>しなければ
ヨシ 7:19　主に栄光を帰し，主に<告白>しなさ
エズ 10: 1　涙ながらに祈って<告白>していると
11　主に<告白>して…御旨にかなったこ
ネヘ 1: 6　イスラエル人の罪を<告白>していま
詩篇 32: 5　私のそむきの罪を主に<告白>しよう．
箴言 28:13　自分のそむきの罪を…<告白>して，それを捨てる者はあわれみを受ける．
ダニ 9: 4　私は…主に祈り，<告白>して言った．
マタ 3: 6　自分の罪を<告白>して．マコ1:5.
ヨハ 1:20　彼は<告白>して否まず，「私はキリ
9:22　イエスをキリストであると<告白>す
12:42　はばかって，<告白>はしなかった．
使徒 19:18　自分たちのしていることを…<告白>
ロマ 10: 9　あなたの口でイエスを主と<告白>し，
10　口で<告白>して救われるのです．
Ⅱコリ 9:13　福音の<告白>に対して従順であり，
ピリ 2:11　…は主である」と<告白>して，父な
Ⅰテモ 6:12　証人たちの前でりっぱな<告白>をし
ヘブ 3: 1　私たちの<告白>する信仰の使徒であ
4:14　私たちの信仰の<告白>を堅く保とう
10:23　しっかりと希望を<告白>しようでは
11:13　寄留者であることを<告白>していた
Ⅰヨハ 2:23　御子を<告白>する者は，御父をも持
4: 2　キリストを<告白>する霊は…神から
3　イエスを<告白>しない霊はどれ一つ
15　イエスを神の御子と<告白>するなら，
Ⅱヨハ 7　人として来られたことを<告白>しな

▼こくはつ（告発），告発者
ヨハ 8: 6　イエスを<告発>する理由を得るため
18:29　この人に対して何を<告発>するので
黙示 12:10　私たちの兄弟たちの<告発者>，日夜

▼こくみん（国民）
創世 12: 2　わたしはあなたを大いなる<国民>とし．出エ32:10.
15:14　彼らの仕えるその<国民>を，わたし
17: 4　あなたは多くの<国民>の父となる．
6　あなたを幾つかの<国民>とする．あ
20　わたしは彼を大いなる<国民>としよ
18:18　アブラハムは…強い<国民>となり，
20: 4　正しい<国民>をも殺されるのですか．
21:13　はしための子も…一つの<国民>とし
35:11　一つの<国民>，諸国の民のつどいが，
46: 3　あなたを大いなる<国民>にするから．
出エ 19: 6　祭司の王国，聖なる<国民>となる．
33:13　この<国民>があなたの民であること
レビ 18:28　先にいた<国民>を吐き出したように，
民数 14:12　彼らよりも大いなる強い<国民>にし
申命 4: 6　この偉大な<国民>は，確かに知恵の
7　このような神を持つ偉大な<国民>が，
34　一つの<国民>を他の<国民>の中から
26: 5　人数の多い<国民>になりました．
28:49　一つの<国民>にあなたを襲わせる．
32:28　彼らは思慮の欠けた<国民>，彼らの

ヨシ 23: 7 残っているこれらの<国民>と交わっ
13 もはやこれらの<国民>を…追い払わ
士師 2:22 これらの<国民>によって…試みるた
23 主はこれらの<国民>を…追い出さな
3: 1 主が残しておかれた<国民>は次のと
Ⅰサム 8: 5 ほかのすべての<国民>のように…王
Ⅱサム 7:23 地上のどの<国民>があなたの民のよ
イザ 9: 3 あなたはその<国民>をふやし，その
18: 2 はだのなめらかな<国民>のところに．
55: 5 あなたの知らない<国民>を…呼び寄
60:12 あなたに仕えない<国民>や王国は滅
65: 1 名を呼び求めなかった<国民>に向か
エレ 5:15 遠くの地から一つの<国民>を連れて
エゼ 2: 3 わたしにそむいた反逆の<国民>に遣
36:13 自分の<国民>の子どもを失わせている』と言っている．14.
15 おまえの<国民>を…つまずかせては
ヨエ 3: 2 わたしはすべての<国民>を集め，彼
ゼパ 2: 1 恥知らずの<国民>よ．こぞって集ま
マタ 21:43 神の国の実を結ぶ<国民>に与えられ
24:14 福音は…すべての<国民>にあかしさ
ルカ 7: 5 この人は，私たちの<国民>を愛し，
19:14 その<国民>たちは，彼を憎んでいた
23: 2 この人はわが<国民>を惑わし，カイ
ヨハ 11:48 土地も<国民>も奪い取ることになる．
50 <国民>全体が滅びないほうが…得策
51 イエスが<国民>のために死のうとし
52 ただ<国民>のためだけでなく，散ら
使徒 7: 7 彼らを奴隷にする<国民>は，わたし
26: 4 私の<国民>の中で…過ごした…生活
28:17 私の<国民>に対しても，先祖の慣習
ロマ 10:19 無知な<国民>のことで…怒らせる．」
ガラ 3: 8 あなたによってすべての<国民>が祝
エペ 2:19 聖徒たちと同じ<国民>であり，神の
Ⅰペテ 2: 9 聖なる<国民>，神の所有とされた民
黙示 5: 9 あらゆる部族，国語，民族，<国民>．7:9，10:11，11:9，13:7，14:6，17:15.

▼こくもつ（穀物），穀物倉【別項】覚えの穀物のささげ物，穀物のささげ物

創世 27:28 <穀物>と新しいぶどう酒をお与えに
41:35 町々に<穀物>をたくわえ，保管させ
49 ヨセフは<穀物>を海の砂のように非
56 すべての<穀物倉>をあけて，エジプ
42: 1 ヤコブはエジプトに<穀物>があることを知って．2，3，19，26，44:2.
民数 18:12 最良の新しいぶどう酒と<穀物>，こ
申命 11:14 <穀物>と新しいぶどう酒．12:17，14:23，18:4，28:51，33:28，Ⅱ歴31:5，32:28，ネヘ5:11，10:39，13:12，詩篇4:7，エレ31:12，ホセ2:8，22，7:14，ヨエ2:19，ハガ1:11.
24:19 畑で<穀物>の刈り入れをして，束の
28: 8 あなたの<穀物倉>と…手のわざを祝
Ⅰサム 8:15 <穀物>とぶどうの10分の1を取り，
Ⅱ列 18:32 <穀物>とぶどう酒の地．イザ36:17.
ネヘ 5: 2 <穀物>を手に入れなければならない
10 彼らに金や<穀物>を貸してやったが，
10:31 <穀物>を売りに持って来ても…買わ
ヨブ 39:12 それがあなたの<穀物>を持ち帰り，
詩篇 65: 9 彼らの<穀物>を作ってくださいます．
13 もろもろの谷は<穀物>をおおいとし
72:16 山々の頂に<穀物>が豊かにあり，そ
78:24 天の<穀物>を彼らに与えられた．
箴言 11:26 <穀物>を売り惜しむ者は民にのろわ
イザ 23: 3 シホルの<穀物>，ナイルの刈り入れ
62: 8 わたしは再びあなたの<穀物>を，あ
エレ 50:11 <穀物>を打つ雌の子牛のようにはし
26 その<穀物倉>を開け．これを麦束の
エゼ 36:29 <穀物>を呼び寄せてそれをふやし，
ホセ 2: 9 わたしの<穀物>を，その季節になっ
14: 7 <穀物>のように生き返り，ぶどうの
ヨエ 1:10 これは<穀物>が荒らされ，新しいぶ
17 <穀物>の種は土くれの下に干からび，
2:24 打ち場は<穀物>で満ち，石がめは新
アモ 8: 5 私たちは<穀物>を売りたいのだが．
ゼカ 9:17 <穀物>は若い男たちを栄えさせ，新
ルカ 12:18 <穀物>や財産はみなそこにしまって
使徒 7:12 エジプトに<穀物>があると聞いて，
Ⅰコリ 9: 9 <穀物>をこなしている牛に，くつこを掛けてはいけない」Ⅰテモ5:18.
15:37 麦やそのほかの<穀物>の種粒です．
黙示 14:15 地の<穀物>は実ったので，取り入れ

▼こくもつのささげもの（穀物のささげ物）【別項】覚えの穀物のささげ物

出エ 29:41 <穀物のささげ物>．30:9，40:29，レビ2:1，6:14.
レビ 2: 9 <穀物のささげ物>から，記念の部分
11 <穀物のささげ物>は…パン種を入れ
13 <穀物のささげ物>に…塩を欠かして

6:20 常供の<穀物のささげ物>. 民数4:16.
23 祭司の<穀物のささげ物>は…全焼の
7: 9 <穀物のささげ物>…祭司のものとな
10:12 <穀物のささげ物>を取り…食べなさ
23:37 <穀物のささげ物>…定められた日に,
民数 15: 6 雄羊の場合…<穀物のささげ物>とし
28:26 祭りに新しい<穀物のささげ物>を主
士師 13:23 <穀物のささげ物>をお受けにならな
Ⅰサム 3:14 <穀物のささげ物>によっても…償う
Ⅰ列 8:64 <穀物のささげ物>…には小さすぎた
Ⅰ歴 21:23 <穀物のささげ物>のための小麦を差
詩篇 20: 3 <穀物のささげ物>をすべて心に留め,
40: 6 <穀物のささげ物>をお喜びにはなり
イザ 43:23 <穀物のささげ物>のことで…苦労を
57: 6 <穀物のささげ物>をささげているが,
66: 3 <穀物のささげ物>をささげる者は,
エレ 14:12 <穀物のささげ物>…を受け入れない.
エゼ 42:13 最も聖なる物…<穀物のささげ物>,
ダニ 2:46 <穀物のささげ物>となだめのかおり
ヨエ 2:14 <穀物のささげ物>…を残してくださ
アモ 5:22 <穀物のささげ物>…を喜ばない. あ

▼ ごくや（獄屋）

Ⅰ列 22:27 この男を<獄屋>に入れ…わずかなパンと, わずかな水を. Ⅱ歴18:26.
イザ 42:22 男たちは…<獄屋>に閉じ込められた.
エレ 37: 4 まだ<獄屋>に入れられていなかった.
15 そこを<獄屋>にしていたからである.
18 私を<獄屋>に入れたのですか.
52:11 彼を死ぬ日まで<獄屋>に入れておい
31 エホヤキンを釈放し, <獄屋>から出

▼ ごくり（獄吏）

マタ 18:34 主人は…彼を<獄吏>に引き渡した.

▼ こごえる（凍える）

Ⅱコリ 11:27 寒さに<凍え>, 裸でいたこともあり

▼ こころ（心）, お心【別項】心にかける, 心にかなう, 心に（を）留める, 心を合わせる, 御心

創世 6: 5 その<心>に計ることがみな, いつも悪いことだけに傾くのをご覧. 8:21.
6 主は…<心>を痛められた.
20: 5 私は正しい<心>と汚れない手で, こ
45: 5 私を…売ったことで<心>を痛めたり,
49: 6 わが<心>よ. 彼らのつどいに連なる
出エ 23: 9 在留異国人の<心>を…よく知ってい
35:34 彼の<心>に人を教える力を授けられ
レビ 19:17 <心>の中であなたの身内の者を憎ん
民数 5:14 夫にねたみの<心>が起こって妻をね
申命 4:29 <心>を尽くし, 精神を尽くして. 10:12, 11:13, 26:16, 30:2, 10, ヨシ22:5, 23:14, Ⅰ列2:4, Ⅱ列23:25.
6: 5 <心>を尽くし, 精神を尽くし…主を愛しなさい. 13:3, 30:6, マタ22:37, マコ12:30, ルカ10:27.
6 これらのことばを…<心>に刻みなさ
9: 5 あなたの<心>がまっすぐだからでも
11:16 <心>が迷い…ほかの神々に仕え, そ
18 ことばを<心>とたましいに刻みつけ,
15: 7 あなたの<心>を閉じてはならない.
10 <心>に未練を持ってはならない. こ
17:20 王の<心>が自分の同胞の上に高ぶる
28:65 あなたの<心>をおののかせ, 目を衰
29:19 かたくなな<心>のままに歩いても,
30: 6 あなたの<心>と, あなたの子孫の<心>を包む皮を切り捨てて, あなた
ヨシ 2:11 それを聞いたとき…<心>がしなえて,
5: 1 イスラエル人のため…<心>がしなえ,
7: 5 民の<心>がしなえ, 水のようになっ
11:20 彼らの<心>をかたくなにし, イスラ
14: 8 民の<心>をくじいたのですが, 私は
24:23 神, 主に<心>を傾けなさい.」
士師 16:15 あなたの<心>は私を離れているのに,
18 サムソンは彼の<心>を…明かしまし
Ⅰサム 1:10 ハンナの<心>は痛んでいた. 彼女は
15 私は<心>に悩みのある女でございま
2: 1 私の<心>は主を誇り, 私の角は主に
6: 6 パロが<心>をかたくなにしたように, <心>をかたくなにするのですか. 神
7: 3 あなたがたが<心>を尽くして主に帰り…<心>を主に向け, 主にのみ仕え
9:19 あなたの<心>にあることを全部, 明
10: 9 神はサウルの<心>を変えて新しくさ
26 神に<心>を動かされた勇者は, 彼に
12:20 <心>を尽くして主に仕えなさい. 24.
14: 7 あなたの<お心>のままにしてくださ
16: 7 人はうわべを見るが, 主は<心>を見
18: 1 ヨナタンの<心>はダビデの<心>に結
24: 5 ダビデは…<心>を痛めた.
Ⅱサム 7: 3 あなたの<心>にあることをみな行いなさい. Ⅰ歴17:2.
15: 6 イスラエル人の<心>を盗んだ.

16:12 主は私の<心>をご覧になり…報いて
17:10 獅子のような<心>を持つ力ある者で
I列 3: 9 聞き分ける<心>をしもべに与えてく
12 知恵の<心>と判断する<心>とを与え
4:29 海辺の砂浜のように広い<心>とを与
8:23 <心>を尽くして御前に歩むあなたの
9: 3 わたしの目とわたしの<心>は，いつ
もそこにある．II歴7:16.
10: 2 <心>にあったすべてのことを…質問
11: 3 その妻たちが彼の<心>を転じた．
4 彼の<心>は，父ダビデの<心>とは違
って…主と全く一つには．15:3.
9 彼の<心>が…主から移り変わったか
14: 8 <心>を尽くしてわたしに従い，ただ，
15:14 アサの<心>は一生涯，主と全く一つ
18:37 彼らの<心>を翻してくださることを
II列 5:26 私の<心>もあなたといっしょに行っ
10:15 私の<心>があなたの<心>に結ばれて
いるように，あなたの<心>もそうで
20: 3 全き<心>をもって，あなたの御前に
22:19 あなたは<心>を痛め．II歴34:27.
I歴 12:17 あなたがたが穏やかな<心>で…来た
のなら，私の<心>はあなたがたと一
29: 9 彼らは全き<心>を持ち，みずから進
17 神．あなたは<心>をためされる方で，
II歴 16: 9 <心>がご自分と全く一つになってい
17: 6 彼の<心>は主の道にいよいよ励み，
19: 3 <心>を定めて常に神を求めて来られ
9 全き<心>をもって…行わなければな
25: 2 全き<心>をもってではなかった．
エズ 6:22 王の<心>を彼らに向かわせて，イス
7:10 エズラは…<心>を定めていたからで
17 注ぎのぶどう酒を<心>して買い求め，
ネヘ 2: 2 <心>に悲しみがあるに違いない．」
12 私の神が，私の<心>を動かし．7:5.
ヨブ 17: 4 あなたが彼らの<心>を閉じて悟るこ
11 私の<心>に抱いたことも破れ去った．
22:22 そのみことばを<心>にとどめよ．
23:16 神は私の<心>を弱くし，全能者は私
30:16 今，私は<心>を自分に注ぐ．悩みの
31: 7 私の<心>が自分の目に従って歩み，
37: 1 これによって私の<心>はおののき，
38:36 だれが<心>のうちに知恵を置いたか．
だれが<心>の奥に悟りを与えたか．
詩篇 4: 4 床の上で自分の<心>に語り，静まれ．
7:10 神は<心>の直ぐな人を救われる．
10:17 あなたは彼らの<心>を強くしてくだ
11: 2 <心>の直ぐな人を射ぬこうとしてい
13: 2 私の<心>には，一日中，悲しみがあ
14: 1 愚か者は<心>の中で，「神はいない」
17: 3 あなたは私の<心>を調べ，夜，私を
10 彼らは，鈍い<心>を堅く閉ざし，そ
19: 8 主の戒めは正しくて，人の<心>を喜
22:26 あなたがたの<心>が，いつまでも生
24: 4 手がきよく，<心>がきよらかな者，
26: 2 私の思いと私の<心>をためしてくだ
27: 8 あなたに代わって，私の<心>は申し
31:24 雄々しくあれ．<心>を強くせよ．す
33:15 主は，彼らの<心>をそれぞれ…造り，
34:18 主は<心>の打ち砕かれた者の近くに
37:31 <心>に神のみおしえがあり，彼の歩
38: 8 <心>の乱れのためにうめいています．
10 私の<心>はわななきにわななき，私
39: 3 私の<心>は私のうちで熱くなり，私
40: 8 あなたのおしえは私の<心>のうちに
12 私の<心>も私を見捨てました．
41: 1 弱っている者に<心>を配る人は．主
44:18 私たちの<心>はたじろがず，私たち
21 神は<心>の秘密を知っておられるか
45: 1 私の<心>はすばらしいことばでわき
51:10 神よ．私にきよい<心>を造り，ゆる
17 いけにえは…砕かれた，悔いた<心>．
55: 4 私の<心>は，うちにもだえ，死の恐
21 その<心>には，戦いがある．彼のこ
57: 7 私の<心>はゆるぎません．108:1.
62: 8 <心>を神の御前に注ぎ出せ．神は，
69:32 <心>の貧しい人たちは，見て，喜べ．
73: 1 <心>のきよい人たちに，いつくしみ
13 確かに私は，むなしく<心>をきよめ，
21 私の<心>が苦しみ，私の内なる思い
26 この身と…<心>とは尽き果てましょ
77: 6 夜には…自分の<心>と語り合い，私
78: 8 <心>定まらず，その霊が神に忠実で
18 <心>のうちで神を試みた．
37 彼らの<心>は神に誠実でなく，神の
72 彼は，正しい<心>で彼らを牧し，英
81:12 彼らをかたくなな<心>のままに任せ，
84: 5 <心>の中にシオンへの大路のある人
86:11 私の<心>を一つにしてください．御
90:12 知恵の<心>を得させてください．

95: 8 <心>をかたくなにしてはならない.
10 彼らは，<心>の迷っている民だ．彼
101: 4 曲がった<心>は私から離れて行きま
102: 4 私の<心>は，青菜のように打たれ，
107:12 苦役をもって彼らの<心>を低くされ
109:22 私の<心>は，私のうちで傷ついてい
112: 7 主に信頼して，その<心>はゆるがな
119: 2 <心>を尽くして．10，34，58，69，
145，138:1.
11 あなたのことばを<心>にたくわえま
32 私の<心>を広くしてくださるからで
36 私の<心>をあなたのさとしに傾かせ，
70 彼らの<心>は脂肪のように鈍感です.
80 私の<心>が…全きものとなりますよ
112 おきてを行うことに，<心>を傾けま
161 私の<心>は，あなたのことばを恐れ
131: 1 主よ．私の<心>は誇らず，私の目は
139:23 私を探り，私の<心>を知ってくださ
143: 4 私の<心>は私のうちでこわばりまし
147: 3 主は<心>の打ち砕かれた者をいやし
6 主は<心>の貧しい者をささえ，悪者
箴言 2: 2 あなたの<心>を英知に向けるなら，
3: 3 あなたの<心>の板に書きしるせ.
5 <心>を尽くして主に拠り頼め．自分
4:23 力の限り…あなたの<心>を見守れ.
26 あなたの足の道筋に<心>を配り，あ
5: 6 その女はいのちの道に<心>を配らず，
12 私の<心>は叱責を侮った.
21 主はその道筋のすべてに<心>を配っ
6:14 ねじれた<心>は，いつも悪を計り，
10: 8 <心>に知恵のある者は命令を受け入
20 悪者の<心>は価値がない.
11:20 <心>の曲がった者は．17:20.
12:25 <心>に不安のある人は沈み，親切な
13:12 期待が長びくと<心>は病む．望みが
14:10 <心>がその人自身の苦しみを知って
14 <心>の堕落している者は自分の道に
30 穏やかな<心>は，からだのいのち.
33 知恵は悟りのある者の<心>にいこう.
15:13 <心>に喜びがあれば顔色を良くする.
<心>に憂いがあれば気はふさぐ.
16: 1 人は<心>に計画を持つ．主はその舌
5 主は…<心>おごる者を忌みきらわれ
32 自分の<心>を治める者は町を攻め取
17: 3 人の<心>をためすのは主.
22 陽気な<心>は健康を良くし，陰気な
<心>は骨を枯らす.
27 <心>の冷静な人は英知のある者.
18:14 人の<心>は病苦をも忍ぶ．しかし，
ひしがれた<心>にだれが耐えるだろ
15 悟りのある者の<心>は知識を得，知
19:21 人の<心>には多くの計画がある．し
20: 5 人の<心>にあるはかりごとは深い水，
9 私は自分の<心>をきよめた．私は罪
21: 1 王の<心>は主の手の中にあって，水
2 主は人の<心>の値うちをはかられる.
4 高ぶる目とおごる<心>…悪者のとも
22:11 <心>のきよさを愛し，優しく話をす
15 愚かさは子どもの<心>につながれて
17 あなたの<心>を私の知識に向けよ.
23: 7 彼は，<心>のうちでは勘定ずくだか
16 正しいことを語るなら…<心>はおど
19 あなたの<心>に，まっすぐ道を歩ま
26 あなたの<心>をわたしに向けよ．あ
24:12 人の<心>を評価する方は…見抜いて
25: 3 王の<心>は測り知れない.
13 彼は主人の<心>を生き返らせる.
28 <心>を制することができない人は，
26:25 その<心>には七つの忌みきらわれる
27:19 人の<心>は，その人に映る.
29:23 <心>の低い人は誉れをつかむ.
31:11 夫の<心>は彼女を信頼し，彼は「収
伝道 1:16 私は自分の<心>にこう語って言った.
2:10 <心>のおもむくままに，あらゆる楽
しみを…私の<心>はどんな労苦をも
23 その<心>は夜も休まらない．これも
3:11 神は…人の<心>に永遠を与えられた.
5: 2 <心>あせってことばを出すな．神は
6: 9 <心>があこがれることにまさる．こ
7: 3 顔の曇りによって<心>は良くなる.
9 軽々しく<心>をいらだててはならな
10: 2 知恵ある者の<心>は右に向き，愚か
な者の<心>は左に向く.
11:10 あなたの<心>から悲しみを除き，あ
雅歌 5: 2 眠っていましたが，<心>はさめてい
イザ 1:14 例祭を，わたしの<心>は憎む．それ
6:10 この民の<心>を肥え鈍らせ…自分の
<心>で悟らず…いやされることのな
いように．マタ13:15，使徒28:27.
7: 2 王の<心>も民の<心>も…動揺した.

4 <心>を弱らせてはなりません.
8:16 おしえを…弟子たちの<心>…に封ぜ
10: 7 彼の<心>にあるのは，滅ぼすこと，
13: 7 すべての者の<心>がしなえる.
29:13 その<心>はわたしから遠く離れている. マタ15:8, マコ7:6.
38: 3 全き<心>をもって，あなたの御前に
44:18 彼らの<心>もふさがって悟ることも
51: 7 <心>にわたしのおしえを持つ民よ.
58:10 飢えた者に<心>を配り，悩む者の願
59:15 公義のないのに<心>を痛められた.
65:14 あなたがたは<心>の痛みによって叫
エレ 3:10 妹のユダは，<心>を尽くしてわたし
4: 4 主のために…<心>の包皮を取り除け.
9 王の<心>，つかさたちの<心>は，つ
14 <心>を洗って悪を除け. いつまで，
5:23 かたくなで，逆らう<心>があり，彼
7:24 悪いかたくなな<心>のはかりごとのままに歩み. 9:14, 11:8, 13:10, 16:12, 18:12, 23:17.
9:26 <心>に割礼を受けていないからだ.」
11:20 思いと<心>をためされる万軍の主よ.
12: 3 あなたへの私の<心>をためされます.
7 私の<心>の愛するものを，敵の手中
14:14 自分の<心>の偽りごとを…預言して
17: 9 人の<心>は何よりも陰険で，それは
10 わたし，主が<心>を探り，思いを調
22:17 あなたの目と<心>とは，自分の利得
27 帰りたいと<心>から望むこの国に，
23: 9 私の<心>は，うちに砕かれ，私の骨
16 自分の<心>の幻を語っている.
24: 7 わたしが主であることを知る<心>を与える…彼らが<心>を尽くしてわた
29:13 <心>を尽くしてわたしを捜し求める
31:33 彼らの<心>にこれを書きしるす. わ
32:39 彼らに一つの<心>と一つの道を与え，
48:41 モアブの勇士の<心>も…女の<心>の
51:46 あなたがたの<心>は弱まり，この国
哀歌 2:19 あなたの<心>を水のように，主の前
3:41 私たちの手をも<心>をも天におられ
5:17 <心>が病んでいるのはこのためです.
エゼ 3:10 ことばを，あなたの<心>に納め，あ
11: 5 あなたがたの<心>に浮かぶことども
19 わたしは彼らに一つの<心>を与える…石の<心>を取り除き…肉の<心>を与える. 36:26.
21 忌みきらうべきものの<心>を，自分の<心>として歩む者には，彼らの頭
13:22 正しい人の<心>を偽りで悲しませ，
14: 5 イスラエルの家の<心>を…とらえる
18:31 新しい<心>と新しい霊を得よ. イス
21: 7 すべての者は<心>がしなえ，すべて
15 彼らの<心>が震えおののくように，
23:18 わたしの<心>は…彼女からも離れ去
28: 2 あなたは<心>高ぶり…自分の<心>を
32: 9 多くの国々の民の<心>を痛ませる.
44: 7 <心>にも肉体にも割礼を受けていな
ダニ 4:16 その<心>を，人間の<心>から変えて，獣の<心>をそれに与え，七つの時を
5:21 <心>は獣と等しくなり，野ろばとと
7: 4 人間の<心>が与えられた.
15 ダニエルの<心>は，私のうちで悩み，
ホセ 7: 6 彼らの<心>はかまどのようで，その
14 わたしに向かって<心>から叫ばず，
10: 2 彼らの<心>は二心だ. 今，彼らはそ
11: 8 わたしの<心>はわたしのうちで沸き
ヨエ 2:13 あなたがたの<心>を引き裂け…主に
ナホ 2:10 <心>はしなえ，ひざは震え，すべて
ハバ 2: 4 見よ. 彼の<心>はうぬぼれていて，
ゼカ 7:12 彼らは<心>を金剛石のようにして，
10: 7 その<心>は主にあって大いに楽しむ.
マラ 4: 6 父の<心>を子に向けさせ，子の<心>
マタ 5: 3 <心>の貧しい者は幸いです. 天の御
8 <心>のきよい者は幸いです. その人
28 <心>の中で姦淫を犯したのです.
6:21 あなたの宝のあるところに，あなたの<心>もあるからです. ルカ12:34.
8: 2 主よ. <お心>一つで，私をきよくし
3 わたしの<心>だ. きよくなれ」と言
9: 4 イエスは彼らの<心>の思いを知って
11:29 わたしは<心>優しく，へりくだって
12:34 <心>に満ちていることを口が話すのです. ルカ6:45.
18:19 地上で<心>を一つにして祈るなら，
26:41 <心>は燃えていても，肉体は弱いのです. マコ14:38.
マコ 3: 5 <心>のかたくななのを嘆きながら，
6:52 その<心>は堅く閉じていたからであ
7:19 人の<心>には，入らないで，腹に入
21 人の<心>から出て来るものは，悪い

8:17 <心>が堅く閉じているのですか.
10: 5 あなたがたの<心>がかたくななので,
16:14 かたくなな<心>をお責めになった.
ルカ 1:17 父たちの<心>を子どもたちに向け…
逆らう者を義人の<心>に立ち戻らせ,
51 <心>の思いの高ぶっている者を追い
2:19 マリヤは…すべて<心>に納めて, 思
35 剣があなたの<心>さえも刺し貫く…
多くの人の<心>の思いが現れるため
11:17 イエスは, 彼らの<心>を見抜いて言
12:47 主人の<心>を知りながら, その思い
16:15 神は, あなたがたの<心>をご存じで
21:34 あなたがたの<心>が…沈み込んでい
24:25 すべてを信じない, <心>の鈍い人た
32 <心>はうちに燃えていたではないか.
ヨハ 6:38 自分の<こころ>を行うためではなく,
7:38 その人の<心>の奥底から, 生ける水
12:27 今わたしの<心>は騒いでいる. 何と
40 主は…彼らの<心>をかたくなにされ
13: 2 悪魔は…ユダの<心>に, イエスを売
14: 1 <心>を騒がしてはなりません. 27.
16: 6 あなたがたの<心>は悲しみでいっぱ
使徒 1:24 すべての人の<心>を知っておられる
2:37 人々はこれを聞いて<心>を刺され,
46 毎日, <心>を一つにして宮に集まり,
4:32 <心>と思いを一つにして…持ち物を
5: 3 あなたはサタンに<心>を奪われ, 聖
7:51 <心>と耳とに割礼を受けていない人
8:21 あなたの<心>が神の前に正しくない
22 <心>に抱いた思いが赦されるかもし
11:23 みなが<心>を堅く保って, 常に主に
13:22 わたしの<こころ>を余すところなく
15: 8 人の<心>の中を知っておられる神は,
9 彼らの<心>を信仰によってきよめて
24 あなたがたの<心>を乱したことを聞
16:14 主は彼女の<心>を開いて, パウロの
20:22 <心>を縛られて, エルサレムに上る
21:13 泣いたり, 私の<心>をくじいたりし
ロマ 1:21 その無知な<心>は暗くなりました.
32 それを行う者に<心>から同意してい
2: 5 悔い改めのない<心>のゆえに, 御怒
5: 5 神の愛が私たちの<心>に注がれてい
7:25 <心>では神の律法に仕え, 肉では罪
8:27 人間の<心>を探り窮める方は, 御霊
9: 2 私の<心>には絶えず痛みがあります.
10: 6 あなたは<心>の中で, だれが天に上
8 みことばは…あなたの<心>にある.」
9 あなたの<心>で…信じるなら, あな
10 人は<心>に信じて義と認められ, 口
12: 2 <心>の一新によって自分を変えなさ
13:14 欲のために<心>を用いてはいけませ
16:18 純朴な人たちの<心>をだましている
Iコリ 1:10 同じ<心>, 同じ判断を完全に保って
2: 9 人の<心>に思い浮かんだことのない
11 人の<心>のことは, その人のうちに
4: 5 <心>の中のはかりごとも明らかにさ
21 愛と優しい<心>で行きましょうか.
7:32 主のことに<心>を配ります. 34.
36 その<心>のままにしなさい. 罪を犯
16:18 私の<心>をも, あなたがたの<心>を
IIコリ 3: 3 人の<心>の板に書かれたものである
15 彼らの<心>にはおおいが掛かってい
4: 6 私たちの<心>を照らし, キリストの
5:12 <心>においてではなく, うわべのこ
6:11 私たちの<心>は広く開かれています.
12 自分の<心>で自分を窮屈にしている
7: 2 私たちに対して<心>を開いてくださ
9: 7 <心>で決めたとおりにしなさい. 神
12:18 私たちは同じ<心>で, 同じ歩調で歩
13:11 一つ<心>になりなさい. 平和を保ち
ガラ 4: 6 私たちの<心>に遣わしてくださいま
エペ 1:18 <心>の目がはっきり見えるようにな
2: 3 肉と<心>の望むままを行い, ほかの
3:17 <心>のうちに住んでいてくださいま
4:17 異邦人がむなしい<心>で歩んでいる
18 無知と, かたくなな<心>とのゆえに,
6:22 <心>に励ましを受け. コロ2:2, 4:8.
ピリ 1:27 <心>を一つにして福音の信仰のため
2:20 テモテのように私と同じ<心>になっ
4: 5 あなたがたの寛容な<心>を, すべて
7 あなたがたの<心>と思いをキリスト
コロ 3:15 平和が, あなたがたの<心>を支配す
るように…感謝の<心>を持つ人にな
23 何をするにも…<心>からしなさい.
Iテサ 2: 3 迷いや不純な<心>から出ているもの
4 私たちの<心>をお調べになる神を喜
17 <心>においてではありませんが…な
3:13 あなたがたの<心>を強め, 私たちの
IIテサ 2: 2 <心>を騒がせたりしないでください.
17 あなたがたの<心>を慰め, 強めてく

3: 5 主があなたがたの<心>を導いて，神
Ⅰテモ 1: 4 空想話と系図とに<心>を奪われたり
5 この命令は，きよい<心>と正しい良
2:11 よく従う<心>をもって教えを受けな
4: 1 惑わす霊と悪霊の教えとに<心>を奪
Ⅱテモ 2:22 きよい<心>で主を呼び求める人たち
ピレ 7 聖徒たちの<心>が，兄弟よ，あなた
12 彼は私の<心>そのものです.
ヘブ 3: 8 <心>をかたくなにしてはならない.
10 彼らは常に<心>が迷い，わたしの道
12 悪い不信仰の<心>になって生ける神
4:12 <心>のいろいろな考えやはかりごと
8:10 律法を…彼らの<心>に書きつける.
10:22 <心>に血の注ぎを受けて邪悪な良心
38 わたしの<こころ>は彼を喜ばない.」
12:17 彼には<心>を変えてもらう余地があ
13: 9 恵みによって<心>を強めるのは良い
ヤコ 1:26 自分の<心>を欺いているなら，その
4: 8 二心の人たち．<心>を清くしなさい.
5: 5 自分の<心>を太らせました.
8 <心>を強くしなさい．主の来られる
Ⅰペテ 1:13 <心>を引き締め，身を慎み，イエス
22 互いに<心>から熱く愛し合いなさい.
3:15 <心>の中でキリストを主としてあが
5: 2 卑しい利得を求める<心>からではな
く，<心>を込めてそれをしなさい.
Ⅱペテ 2: 8 日々その正しい<心>を痛めていたか
14 その<心>は欲に目がありません．彼
3: 1 純真な<心>を奮い立たせるためなの
Ⅰヨハ 3:19 神の御前に<心>を安らかにされるの
20 たとい自分の<心>が責めてもです…
神は私たちの<心>よりも大きく，そ
21 自分の<心>に責められなければ，大
黙示 2:23 わたしが人の思いと<心>を探る者で
17: 9 ここに知恵の<心>があります．七つ
17 彼らが<心>を一つにして，その支配

▼ こころがける（心がける）

Ⅱ列 10:31 主の律法に歩もうと<心がけ>ず，イ

▼ こころくだく（心砕く）

イザ 57:15 <心砕>かれて，へりくだった人とと
66: 2 へりくだって<心砕>かれ，わたしの
エレ 44:10 彼らは今日まで<心砕>かれず，恐れ

▼ こころざし（志），志す

Ⅰ歴 22: 7 宮を建てようとする<志>を持ち続け
28: 2 安息の家を建てる<志>を持っていた.
イザ 26: 3 <志>の堅固な者を…守られます．そ
ピリ 2: 2 心を合わせ，<志>を一つにしてくだ
13 みこころのままに…<志>を立てさせ，
Ⅰテサ 4:11 落ち着いた生活をすることを<志>し，

▼ こころづかい（心づかい）

マタ 13:22 この世の<心づかい>と富の惑わしと
がみことばを．マコ4:19，ルカ8:14.
Ⅱコリ 11:28 すべての教会への<心づかい>があり

▼ こころづよい（心強い）

Ⅱコリ 5: 6 私たちはいつも<心強い>のです．た

▼ こころにかける（心にかける）

ルカ 1:25 恥を取り除こうと<心にかけ>られ，
ヨハ 10:13 羊のことを<心にかけ>ていないから
12: 6 貧しい人々のことを<心にかけ>てい
ピリ 4:10 <心にかけ>てはいたのですが，機会

▼ こころにかなう（心にかなう）

創世 6: 8 ノアは，主の<心にかな>っていた.
19:19 このしもべはあなたの<心にかな>い，
41:37 パロと…家臣たちの<心にかな>った.
47:29 もしあなたの<心にかなう>なら，ど
出エ 33:12 あなたは特にわたしの<心にかな>っ
13 私があなたのお<心にかな>っている
のでしたら，どうか．16，17，34:9.
Ⅰサム 13:14 主はご自分の<心にかなう>人を求め，
エス 2: 9 おとめは，ヘガイの<心にかな>い，
エレ 3:15 わたしの<心にかな>った牧者たちを
マラ 2:17 悪を行う者…主の<心にかな>ってい
使徒 13:22 彼はわたしの<心にかな>った者で，

▼ こころに（を）とめる（心に留める）

創世 8: 1 家畜とを<心に留め>ておられた．そ
37:11 父はこのことを<心に留め>ていた.
出エ 4:21 不思議を，ことごとく<心に留め>，
7:23 パロは…これに<心を留め>なかった.
23:13 すべてのことに<心を留め>なければ
21 その者に<心を留め>，御声に聞き従
33:13 この国民…お<心に留め>てください.
申命 4:39 主だけが神…<心に留め>なさい.
30: 1 これらのことを<心に留め>，
士師 8:34 彼らの神，主を<心に留め>なかった.
Ⅰサム 1:11 私を<心に留め>，このはしためを忘
19 主は彼女を<心に留め>られた.
Ⅱサム 13:33 知らせを<心に留め>ないでください.
14:11 主に<心を留め>，血の復讐をする者
18: 3 私たちのことは<心に留め>ないでし
19:19 王さま．<心に留め>ないでください.

Ⅱ歴 24:22 まことを<心に留め>ず，かえってそ
ヨブ 1: 8 おまえは…ヨブに<心を留め>たか.
34:27 神のすべての道に<心を留め>なかっ
35:13 全能者はこれに<心を留め>ない.
詩篇 5: 2 私の叫びの声を<心に留め>てくださ
8: 4 あなたがこれを<心に留め>られると
20: 3 穀物のささげ物をすべて<心に留め>,
48:13 その城壁に<心を留め>よ．その宮殿
66:19 私の祈りの声を<心に留め>られた.
74:22 そしっていることを<心に留め>てく
89:47 どうか，<心に留め>ていてください.
101: 2 私は，全き道に<心を留め>ます．い
103:14 ちりにすぎないことを<心に留め>て
18 その戒めを<心に留め>て，行う者に
106: 4 私を<心に留め>…顧みてください.
107:43 これらのことに<心を留め>，主の恵
109:16 愛のわざを行うことに<心を留め>ず,
箴言 1:23 わたしの叱責に<心を留める>なら,
3: 1 私の命令を<心に留め>よ.
4: 4 私のことばを<心に留め>，私の命令
5: 1 私の知恵に<心を留め>，私の英知に
7:24 私の言うことに<心を留め>よ.
16:20 みことばに<心を留める>者は幸いを
24:32 私はこれを見て，<心に留め>，これ
27:23 よく知り，群れに<心を留め>ておけ.
伝道 7: 2 それを<心に留める>ようになるから
21 いちいち<心を留め>てはならない.
9: 1 私はこのいっさいを<心に留め>，正
イザ 42:20 <心に留め>ず，耳を開きながら，聞
25 燃えついても，<心に留め>なかった.
47: 7 これらのことを<心に留め>ず，自分
エレ 12:11 だれも<心に留める>者がいないのだ.
31:21 歩んだ道の大路に<心を留め>よ．お
エゼ 40: 4 見せるすべての事を<心に留め>よ.
44: 5 入れないすべての者を<心に留め>よ.
ダニ 7:28 私はこのことを<心に留め>ていた.」
9:19 主よ．<心に留め>て行ってください.
ヨナ 1: 6 神が私たちに<心を留め>てくださっ
2: 8 むなしい偶像に<心を留める>者は,
マラ 2: 2 栄光を帰することを<心に留め>ない
ルカ 2:51 母はこれらのことを…<心に留め>て
ピリ 4: 8 そのようなことに<心を留め>なさい.
ヘブ 2: 1 聞いたことを…しっかり<心に留め>
黙示 1: 3 <心に留める>人々は幸いである．時

▼こころみ（試み）

申命 4:34 <試み>と，しるしと，不思議. 7:19.
29: 3 自分の目で見たあの大きな<試み>,
イザ 28:16 <試み>を経た石，堅く据えられた礎
マタ 6:13 <試み>に会わせないで．ルカ11:4.
ルカ 4: 2 40日間，悪魔の<試み>に会われた.
ヘブ 2:18 ご自身が<試み>を受けて苦しまれた
4:15 同じように，<試み>に会われたので

▼こころみる（試みる）

出エ 15:25 主は…その所で彼を<試み>られた.
16: 4 歩むかどうかを，<試みる>ためであ
17: 2 なぜ主を<試みる>のですか」と言っ
20:20 神が来られたのは…<試みる>ためな
民数 14:22 10度もわたしを<試み>て，わたしの
申命 6:16 マサで<試み>たように…主を<試み>
てはならない.
8: 2 あなたを<試み>…命令を守るかどう
13: 3 主は…あなたがたを<試み>ておられ
33: 8 あなたはマサで，彼を<試み>，メリ
士師 2:22 イスラエルを<試みる>ため. 3:1.
6:39 もう一回だけ<試み>させてください.
Ⅱ歴 32:31 神は彼を<試み>て，その心にあるこ
詩篇 26: 2 私を調べ，私を<試み>てください.
78:18 彼らは…心のうちで神を<試み>た.
41 彼らはくり返して，神を<試み>，イ
95: 9 わたしを<試み>，わたしをためした.
106:14 彼らは…荒れ地で神を<試み>た.
伝道 7:23 いっさいを知恵によって<試み>，そ
イザ 7:12 私は求めません．主を<試み>ません.
48:10 わたしは悩みの炉であなたを<試み>
マラ 3:15 神を<試み>ても罰を免れる」と.
マタ 4: 7 主を<試み>てはならない．ルカ4:12.
ルカ 1:1-2 すでに<試み>ておりますので,
使徒 5: 9 どうして…主の御霊を<試み>たので
9:26 弟子たちの仲間に入ろうと<試み>た
15:10 なぜ…神を<試み>ようとするのです.
Ⅰコリ 10: 9 ある人たちが主を<試み>たのになら
って主を<試みる>ことはないように
ヘブ 2:18 <試み>られている者たちを助けるこ
3: 9 そこでわたしを<試み>て証拠を求め,
Ⅰペテ 4:12 あなたがたを<試みる>ためにあなた
黙示 3:10 地上に住む者たちを<試みる>ために,

▼こころよい（快い）

創世 33:10 あなたが私を<快>く受け入れてくだ
ネヘ 2: 6 王は<快>く私を送り出してくれた.

ヨブ 21:33　谷の土くれは彼に<快>く，すべての
箴言 16:21　<快い>ことばは理解を増し加える．
雅歌 1: 2　あなたの愛はぶどう酒よりも<快>く，

▼こころをあわせる（心を合わせる）

使徒 1:14　みな<心を合わせ>，祈りに専念して
　5: 9　どうして…<心を合わせ>て，主の御
ピリ 2: 2　<心を合わせ>，志を一つにしてくだ

▼コサム〔人名〕

主イエスの先祖の一人．ルカ3:28.

▼ゴザン〔地名〕

北イスラエルの捕囚地．Ⅱ列17:6，Ⅰ歴5:26.

▼こし（腰）

創世 3: 7　自分たちの<腰>のおおいを作った．
　32:32　イスラエル人は…<腰>の筋肉を食べ
　　ない…<腰>の筋肉を打ったからであ
　35:11　王たちがあなたの<腰>から出る．
　37:34　荒布を<腰>にまとい，幾日もの間，
出エ 12:11　<腰>の帯を引き締め，足に，くつを
　28:42　<腰>からももにまで届くようにしな
　32:27　おのおの<腰>に剣を帯び，宿営の中
レビ 3: 4　<腰>のあたりにある脂肪．10，15，
　　4:9，7:4.
申命 33:11　彼の敵の<腰>を打ち，彼を憎む者た
Ⅱサム 20: 8　剣を<腰>の上に帯で結びつけていた．
Ⅰ列 2: 5　自分の<腰>の帯と足のくつに戦いの
　8:19　あなたの<腰>から出る…子どもが，
　12:10　私の小指は父の<腰>よりも太い．Ⅱ
　　歴10:10.
　18:46　彼は<腰>をからげてイズレエルの入
　20:31　<腰>に荒布をまとい，首になわをか
Ⅱ列 1: 8　毛衣を着て，<腰>に皮帯を締めた人
　4:29　<腰>に帯を引き締め，手に．9:1.
Ⅰ歴 19: 4　衣を半分に切って<腰>のあたりまで
Ⅱ歴 6: 9　あなたの<腰>から出るあなたの子ど
ネヘ 4:18　それぞれ剣を<腰>にして築き，角笛
ヨブ 12:18　王たちの…<腰>に腰布を巻きつけ，
　15:27　<腰>の回りは脂肪でふくれさせ，
　31:20　彼の<腰>が私にあいさつをせず，私
　38: 3　あなたは勇士のように<腰>に帯を締
　40:16　その力は<腰>にあり，その強さは腹
詩篇 38: 7　私の<腰>はやけどでおおい尽くされ，
　45: 3　あなたの剣を<腰>に帯びよ．あなた
　66:11　私たちの<腰>に重荷を着けられまし
　69:23　彼らの<腰>をいつもよろけさせてく
箴言 31:17　<腰>に帯を強く引き締め，勇ましく
雅歌 3: 8　おのおの<腰>に剣を帯びている．
イザ 5:27　その<腰>の帯は解けず，くつひもも
　11: 5　正義はその<腰>の帯となり，真実は
　20: 2　あなたの<腰>の荒布を解き，あなた
　21: 3　私の<腰>は苦痛で満ちた．女の産み
　32:11　裸になり，<腰>に荒布をまとえ．
　45: 1　王たちの<腰>の帯を解き，彼の前に
エレ 1:17　あなたは<腰>に帯を締め，立ち上が
　13: 1　亜麻布の帯を買い…<腰>に締めよ．
　30: 6　産婦のように<腰>に手を当てている
　48:37　<腰>に荒布を着けているからだ．
エゼ 1:27　<腰>と見える所から上のほう．8:2.
　9: 2　<腰>には書記の筆入れをつけて．11.
　23:15　それらは<腰>に帯を締め，頭には垂
　29: 7　彼らのすべての<腰>をいためた．
　44:18　<腰>には亜麻布のももひきをはかな
　47: 4　私を渡らせると，水は<腰>に達した．
ダニ 5: 6　おびえて，<腰>の関節がゆるみ，ひ
　10: 5　<腰>にはウファズの金の帯を締めて
アモ 8:10　すべての<腰>に荒布をまとわせ，す
ナホ 2: 1　<腰>をからげ，大いに力を奮い立た
　10　すべての<腰>はわななき，だれの顔
マタ 3: 4　<腰>には皮の帯を締め．マコ1:6.
ルカ 12:35　<腰>に帯を締め，あかりをともして
ヨハ 4: 6　井戸のかたわらに<腰>をおろしてお
　13: 4　手ぬぐいを取って<腰>にまとわれた．
使徒 18:11　パウロは，1年半ここに<腰>を据え
　20: 9　青年が窓のところに<腰>を掛けてい
エペ 6:14　<腰>には真理の帯を締め，胸には正
ヘブ 7:10　レビはまだ父の<腰>の中にいたから

▼ゴシェン〔地名〕

⑴下エジプトの一地方．創世45:10，出エ8:22.
⑵カナンの一地方．ヨシ10:41，15:51.

▼こしおび（腰帯）

ヨブ 12:21　力ある者たちの<腰帯>を解き，

▼こじか（子鹿）

創世 49:21　ナフタリは…美しい<子鹿>を産む．
雅歌 4: 5　二つの乳房は…2頭の<子鹿>のよう

▼こしかけ（腰掛け）

マタ 21:12　鳩を売る者たちの<腰掛け>を倒され
　　た．マコ11:15.

▼こしき

Ⅰ列 7:33　<こしき>もみな，鋳物であった．

▼こじし（子獅子）

エゼ 19: 2　若い獅子の間で<子獅子>を養った．

5 <子獅子>のうちのほかの１頭を取り，
ナホ 2:11 雌獅子と<子獅子>はそこにいるが，

▼ごじしん（ご自身）

申命 29:13 <ご自身>があなたの神となられるた
詩篇 79: 1 <ご自身>のものである地に侵入し，
エレ 10:16 イスラエルは主<ご自身>の部族．そ
ミカ 7:14 あなた<ご自身>のものである羊を飼

▼ごじゅんせつ（五旬節）

使徒 2: 1 <五旬節>の日になって，みなが一つ
20:16 できれば<五旬節>の日にはエルサレ
Ｉコリ 16: 8 <五旬節>まではエペソに滞在するつ

▼こじんてき（個人的）

ガラ 2: 2 おもだった人たちには<個人的>にそ

▼コス〔地名〕

エーゲ海の島．使徒21:1.

▼こす

イザ 25: 6 よく<こ>されたぶどう酒の宴会を催
マタ 23:24 ぶよは，<こ>して除くが，らくだは

▼コズビ〔人名〕

ミデヤン人の女性．民数25:15，18.

▼コゼバ〔地名〕

シェラの子孫の住んだ村．Ｉ歴4:22.

▼５せんにん（５千人）

ヨシ 8:12 彼が約<５千人>を取り…伏兵として
士師 20:45 大路でそのうちの<５千人>を打ち取
マタ 14:21 食べた者は…男<５千人>ほどであった．16:9，マコ6:44，8:19，ルカ9:14，ヨハ6:10.
使徒 4: 4 信じ，男の数が<５千人>ほどになっ

▼こぞっこ（小僧っ子）

ヨブ 16:11 神は私を<小僧っ子>に渡し，悪者の
19:18 <小僧っ子>までが私をさげすみ，私

▼ごぞんじ（ご存じ）

創世 30:26 仕えた私の働きはよく<ご存じ>です．
33:13 あなたも<ご存じ>のように，子ども
民数 10:31 どこで宿営したらよいか<ご存じ>で
20:14 すべての困難を<ご存じ>です．
ヨシ 14: 6 あなたは<ご存じ>のはずです．
22:22 神の神，主は，これを<ご存じ>です．
IIサム 7:20 このしもべをよく<ご存じ>です．
Ｉ列 1:18 あなたはそれを<ご存じ>ないのです．
2:15 <ご存じ>のように，王位は私のもの
II列 4: 1 <ご存じ>のように，あなたのしもべ
詩篇 40: 9 主よ．あなたは<ご存じ>です．
エレ 17:16 あなたの御前にあるのを<ご存じ>で
18:23 彼らの計画をみな，<ご存じ>です．
エゼ 37: 3 神，主よ．あなたが<ご存じ>です．」
ルカ 2:49 父の家にいることを，<ご存じ>なか
16:15 神は，あなたがたの心を<ご存じ>で
ヨハ 1:48 どうして私を<ご存じ>なのですか．」
9:30 あなたがたは…<ご存じ>ないと言う．
16:30 いっさいのことを<ご存じ>で，だれ
21:15 愛すること…あなたが<ご存じ>です．
使徒 20:18 過ごして来たか，よく<ご存じ>です．
IIコリ 11:11 なぜでしょう…神は<ご存じ>です．
31 偽りを言っていないのを<ご存じ>で
12: 2 知りません．神は<ご存じ>です．3.
黙示 7:14 主よ．あなたこそ，<ご存じ>です．」

▼こたえ（答え），答える

創世 25:21 主は彼の祈りに<答え>られた．それ
35: 3 私の苦難の日に私に<答え>，私の歩
45: 3 兄弟たち…<答える>ことができなか
出エ 19: 8 民はみな口をそろえて<答え>た．
19 神は声を出して，彼に<答え>られた．
24: 3 民はみな声を一つにして<答え>て言
民数 22: 8 あなたがたに<答え>ましょう．」そ
Ｉサム 4:20 彼女は<答え>もせず，気にも留めな
7: 9 主に叫んだ…主は彼に<答え>られた．
8:18 主は…<答え>てくださらない．」
9:19 サムエルはサウルに<答え>て言った．
14:37 その日は何の<答え>もなかった．
28: 6 預言者によっても<答え>てくださら
15 もう私に<答え>てくださらないので
IIサム 24:13 何と<答え>たらよいかを決めてくだ
Ｉ列 12: 6 この民にどう<答え>たらよいと思う
10 民に，こう<答え>たらいいでしょう．
13 王は荒々しく民に<答え>，長老たち
16 民は王に<答え>て言った．「ダビデ
18:24 火をもって<答える>神，その方が神である…民はみな<答え>て，「それ
26 バアルよ．私たちに<答え>てください…しかし…<答える>者もなかった．
37 私に<答え>てください…私に<答え>
II列 4:29 あいさつしても，<答え>てはならな
18:36 民は…彼に一言も<答え>なかった．「彼に<答える>な」というのが，王
Ｉ歴 21:12 何と<答え>たらよいかを決めてくだ
26 天から火を下し…彼に<答え>られた．
28 主が…打ち場で彼に<答え>られたの
II歴 10: 6 この民にどう<答え>たらよいと思う

16 民は王に<答え>た.「ダビデには,
エズ 10:12 全集団は大声をあげて<答え>て言っ
ネヘ 6:4 私も同じように彼らに<答え>た.
ヨブ 1:7 サタンは主に<答え>て言った.「地
9:14 この私が神に<答え>られようか. 私
16 私に<答え>てくださったとしても,
13:22 呼んでください. 私は<答え>ます…
あなたが私に<答え>てください.
16:8 面と向かって<答え>をします.
19:7 暴虐だ…と叫んでも, <答え>はなく,
20:2 いらだつ思いが私に<答え>を促し,
30:20 あなたはお<答え>になりません. 私
31:14 何と<答え>たらよいか.
35 全能者が私に<答え>てくださる. 私
32:5 3人の者の口に<答え>がないのを見
14 …のような言い方では彼に<答え>ま
33:13 神がいちいち<答え>てくださらない
35:4 あなたの友人たちに<答え>て言おう.
38:1 主はあらしの中からヨブに<答え>て
42:1 ヨブは主に<答え>て言った.
詩篇 3:4 聖なる山から私に<答え>てくださる.
4:1 私が呼ぶとき, <答え>てください.
13:3, 27:7, 55:2, 60:5, 69:13, 16,
17, 86:1, 102:2, 108:6, 119:145,
143:1, 7.
20:1 主があなたにお<答え>になりますよ
34:4 私が主を求めると, 主は<答え>てく
ださった. 119:26, 120:1, 138:3.
65:5 義のうちに私たちに<答え>られます.
81:7 雷の隠れ場から, あなたに<答え>,
86:7 あなたが<答え>てくださるからです.
99:6 主を呼び, 主は彼らに<答え>られた.
118:21 あなたが私に<答え>られ, 私の救い
119:42 私に<答え>させてください. 私はあ
箴言 15:1 柔らかな<答え>は憤りを静める. し
18:23 富む者は荒々しく<答える>.
24:26 正しい<答え>をする者は, そのくち
26:4 その愚かさにしたがって<答える>な.
16 分別のある<答え>をする7人の者よ
雅歌 5:6 呼んでも, <答え>はありませんでし
イザ 30:19 聞かれるとすぐ…<答え>てくださる.
41:17 わたし, 主は, 彼らに<答え>, イス
46:7 これに叫んでも<答え>ず, 悩みから
49:8 恵みの時に, わたしはあなたに<答
え>, 救いの日にあなた. IIコリ6:2.
65:12 わたしが呼んでも<答え>ず…語りか
24 呼ばないうちに, わたしは<答え>,
エレ 7:13 呼んだのに, <答え>もしなかった.
23:35 主は何と<答え>られたか. 主は何と
33:3 わたしは, あなたに<答え>, あなた
42:4 主があなたがたに<答え>られること
ダニ 3:16 お<答え>する必要はありません.
ホセ 2:21 その日, わたしは<答える>…わたし
は天に<答え>, 天は地に<答える>.
22 新しいぶどう酒と油とに<答え>, そ
れらはイズレエルに<答える>.
14:8 わたしが<答え>, わたしが世話をす
ヨナ 2:2 お願いすると, 主は<答え>てくださ
ミカ 3:4 叫んでも, 主は彼らに<答え>ない.
ハバ 2:1 私の訴えに何と<答える>かを見よう.
ゼカ 10:6 わたしが…彼らに<答える>. 13:9.
マタ 15:23 彼女に一言もお<答え>にならなかっ
21:24 あなたがたが<答える>なら, わたし
22:46 イエスに一言も<答える>ことができ
26:62 何も<答え>ないのですか. マコ14:
60, 15:4.
63 その<答え>を言いなさい.」
27:14 イエスは…一言もお<答え>にならな.
マコ14:61, 15:5, ルカ23:9.
マコ 11:29「一言尋ねますから, それに<答え>
なさい. 30, ルカ20:3.
12:28 イエスがみごとに<答え>られたのを
ルカ 22:68 あなたがたは決して<答え>ないでし
ガラ 4:21 …と思う人たちは, 私に<答え>てく
コロ 4:6 ひとりひとりに対する<答え>方がわ

▼ こだて（小盾）

IIサム 8:7 金の丸い<小盾>を奪い取り, エルサ
II列 11:10 ダビデ王の槍と丸い<小盾>を与えた.
II歴 23:9 ダビデ王の槍…および丸い<小盾>を
雅歌 4:4 みな勇士の丸い<小盾>だ.
エレ 51:11 矢をとぎ, 丸い<小盾>を取れ. 主は
エゼ 27:11 回りの城壁に丸い<小盾>を掛け, お

▼ ごちそう

創世 19:3 ロトは彼らのために<ごちそう>を作
エス 9:19 <ごちそう>を贈りかわす日とした.
箴言 17:1 <ごちそう>と争いに満ちた家にまさ
23:3 <ごちそう>をほしがってはならない.
哀歌 4:5 <ごちそう>を食べていた者は道ばた
ダニ 1:5 王の食べる<ごちそう>と王の飲むぶ
10:3 私は, <ごちそう>も食べず, 肉もぶ

▼ごちょう（語調）
ガラ 4:20 こんな<語調>でなく話せたらと思い
▼こちら，こちら側
ヨシ 1:14 ヨルダン川の<こちら側>の地．9:1.
Ⅰサム 14:40 あなたがたは，<こちら側>にいなさ
コロ 4: 9 <こちら>の様子をみな知らせてくれ
▼コツ〔人名〕
(1)ユダ族出身．Ⅰ歴4:8.
(2)ダビデ治下の祭司とその氏族．Ⅰ歴24:10，エズ2:61，ネヘ3:4，21，7:63.
▼こつずい（骨髄）
ヘブ 4:12 関節と<骨髄>の分かれ目さえも刺し
▼こっせつ（骨折）
レビ 24:20 <骨折>には<骨折>．目には目．歯に
▼こっそり
ルツ 3: 7 <こっそり>行って，ボアズの足のと
Ⅰサム 24: 4 上着のすそを，<こっそり>切り取っ
箴言 9:17 <こっそり>食べる食べ物はうまい」
▼こつにく（骨肉）
創世 29:14 あなたはほんとうに私の<骨肉>です
士師 9: 2 私があなたがたの<骨肉>であること
Ⅱサム 5: 1 私たちはあなたの<骨肉>．Ⅰ歴11:1.
　19:12 あなたがたは，私の兄弟…<骨肉>だ.
▼こと（琴）【別項】10弦の琴，６弦の琴
Ⅰサム 10: 5 <琴>，タンバリン，笛，立琴を鳴ら
　16:16 その者が<琴>をひけば，あなたは良
　18 <琴>がじょうずで勇士であり，戦士
　18:10 ダビデは…<琴>を手にしてひいたが，
Ⅱサム 6: 5 立琴，<琴>，タンバリン．Ⅰ歴13:8.
イザ 14:11 あなたの<琴>の音はよみに落とされ，
　38:20 主の宮で<琴>をかなでよう．
アモ 5:23 わたしは…<琴>の音を聞きたくない.
Ⅰコリ 14: 7 笛や<琴>などいのちのない楽器でも，
▼こどく（孤独）
詩篇 68: 6 神は<孤独>な者を家に住まわせ，捕
▼ことなったひ（異なった火）
レビ 10: 1 <異なった火>を主の前に．民数3:4.
▼ことなる（異なる）
詩 114: 1 ヤコブの家が<異なる>ことばの民の
イザ 28:21 そのみわざは<異な>っている．また，
　43:12 あなたがたのうちに，<異なる>神は
ダニ 7: 3 その４頭はそれぞれ<異な>っていた.
ロマ 7:23 私のからだの中には<異な>った律法
　12: 6 <異な>った賜物を持っているので，
Ⅱコリ 11: 4 <異な>った霊を受けたり…<異な>った福音を受けたりするときも，あな
▼ことば，おことば【別項】いのちのことば，神のことば，契約のことば，主のことば・主のみ（お）ことば，十のことば，みことば，ユダのことば・ユダヤのことば
創世 11: 1 全地は一つの<ことば>，一つの話し<ことば>であった．
　7 彼らの<ことば>を混乱させ…互いに<ことば>が通じないようにしよう．」
　37: 8 夢のことや，<ことば>のことで，彼
出エ 4:10 私は<ことば>の人ではありません．
　15 その口に<ことば>を置くなら，わた
　19: 6 これが…あなたの語るべき<ことば>
　24: 8 これらすべての<ことば>に関して，
　34:27 これらの<ことば>を書きしるせ．わ
民数 11:23 わたしの<ことば>が実現するかどう
　12: 6 わたしの<ことば>を聞け．もし，あ
　23: 5 主はバラムの口に<ことば>を置き，
　24: 3 ベオルの子バラムの告げた<ことば>．目のひらけた者の告げた<ことば>.
申命 1: 1 モーセが…荒野で…告げた<ことば>
　4: 2 あなたがたに命じる<ことば>に，つ
　10 彼らにわたしの<ことば>を聞かせよ
　12 あなたがたは<ことば>の声を聞いた
　5:22 これらの<ことば>を，主はあの山で，
　6: 6 あなたに命じるこれらの<ことば>を，
　11:18 私のこの<ことば>を心とたましいに
　13: 3 夢見る者の<ことば>に従ってはなら
　17: 9 あなたに判決の<ことば>を告げよう.
　18:18 彼の口にわたしの<ことば>を授けよ
　19 彼が告げるわたしの<ことば>に聞き
　27: 8 みおしえの<ことば>すべてを…書き
　28:49 話す<ことば>があなたにはわからな
　29:29 みおしえのすべての<ことば>．32:46.
　32: 1 地よ．聞け．私の口の<ことば>を.
　2 私の<ことば>は，露のようにしたた
　47 これは…むなしい<ことば>ではなく…この<ことば>により…長く生きる
ヨシ 8:35 モーセが命じた…<ことば>の中で…読み上げなかった<ことば>は，一つ
　24:26 これらの<ことば>を神の律法の書に
　27 この石は…すべての<ことば>を聞い
Ⅰサム 3:19 彼の<ことば>を一つも地に落とされ

4: 1 サムエルの<ことば>が…行き渡った
15:11 彼は…わたしの<ことば>を守らなか
25:24 このはしための<ことば>を聞いてく
IIサム 7:28 あなたの<おことば>はまことです.
23: 1 これはダビデの最後の<ことば>であ
2 その<ことば>は，私の舌の上にある.
I列 22:38 主が語られた<ことば>のとおりであ
II列 6:12 寝室の中で語られる<ことば>までも
9:36 主が…エリヤによって語られた<こ
とば>のとおりだ. 10:17.
18:20 口先だけの<ことば>が，戦略であり
28 アッシリヤの王の<ことば>を聞け.
23: 2 契約の書の<ことば>をみな…読み聞
II歴 34:21 見つかった書物の<ことば>について，
35:22 ヨシヤは…ネコの<ことば>を聞かな
エズ 7:11 主の命令の<ことば>と…主のおきて
ネヘ 13:24 半分はアシュドデの<ことば>を話し，
エス 1:22 各民族にはその<ことば>で書簡を送
ヨブ 4: 4 あなたの<ことば>はつまずく者を起
12 一つの<ことば>が私に忍び寄り，そ
6:10 聖なる方の<ことば>を拒んだことが
25 まっすぐな<ことば>はなんと痛いこ
26 <ことば>で私を責めるつもりか. 絶
望した者の<ことば>は風のようだ.
8: 2 あなたが口にする<ことば>は激しい
10 その心から<ことば>を出さないだろ
9:14 私が神と<ことば>を交せようか.
15: 3 彼は無益な<ことば>を使って論じ，
13 あのような<ことば>を吐くとは.
16: 3 むなしい<ことば>に終わりがあろう
4 <ことば>を連ねてあなたがたを攻撃
23: 5 私は神が答える<ことば>を知り，私
12 私は…御口の<ことば>をたくわえた.
24:25 だれが私の<ことば>をたわごとにし
32:18 私には<ことば>があふれており，一
33: 1 私のすべての<ことば>に耳を傾けて
13 自分の<ことば>に神がいちいち答え
34:35 彼の<ことば>には思慮がない」と.
詩篇 17: 4 あなたのくちびるの<ことば>により
19: 3 話もなく，<ことば>もなく，その声
4 その<ことば>は，地の果てまで届い
45: 1 心はすばらしい<ことば>でわき立っ
50:17 わたしの<ことば>を…投げ捨てた.
52: 4 あらゆるごまかしの<ことば>を愛し
54: 2 私の口の<ことば>に，耳を傾けてく
55: 9 彼らの<ことば>を混乱させ，分裂さ
21 彼の<ことば>は，油よりも柔らかい
64: 3 苦い<ことば>の矢を放っています.
81: 5 まだ知らなかった<ことば>を聞いた.
109: 3 憎しみの<ことば>で私を取り囲み，
119: 9 あなたの<ことば>に従ってそれを守
11 あなたの<ことば>を心にたくわえま
16 あなたの<ことば>を忘れません.
17 あなたの<ことば>を守るようにして
89 あなたの<ことば>は，とこしえから，
147:15 その<ことば>はすみやかに走る.
箴言 1: 2 悟りの<ことば>を理解するためであ
6 知恵のある者の<ことば>と…なぞと
2: 1 あなたが，私の<ことば>を受け入れ，
16 <ことば>のなめらかな，見知らぬ女
4: 4 私の<ことば>を心に留め，私の命令
5: 7 私の言う<ことば>から離れるな.
6: 2 あなたの口の<ことば>によって，あ
8:13 わたしは…ねじれた<ことば>を憎む.
12:25 親切な<ことば>は人を喜ばす.
14: 7 知識の<ことば>はそこにはない.
15: 1 激しい<ことば>は怒りを引き起こす.
23 時宜にかなった<ことば>は. 25:11.
17: 7 すぐれた<ことば>は，しれ者にふさ
27 自分の<ことば>を控える者は知識に
19: 7 彼が<ことば>をもって追い求めても，
27 知識の<ことば>から迷い出る.
23: 8 あなたの快い<ことば>をむだにする.
9 あなたの思慮深い<ことば>をさげす
26:22 陰口をたたく者の<ことば>は，おい
伝道 5: 2 神の前では…心あせって<ことば>を
出すな…<ことば>を少なくせよ.
3 <ことば>が多いと愚かな者の声とな
7 夢が…むなしい<ことば>も多くなる.
8: 4 王の<ことば>には権威がある. だれ
10:12 知恵ある者が口にする<ことば>は優
12:10 伝道者は適切な<ことば>を見いだそ
うとし，真理の<ことば>を正しく書
雅歌 5:16 その<ことば>は甘いぶどう酒. あの
イザ 8:20 この<ことば>に従って語らなければ，
24: 3 主がこの<ことば>を語られたからで
28:11 外国の<ことば>で，この民に語られ
29:11 封じられた書物の<ことば>のように
33:19 この民の<ことば>はわかりにくく，
44:26 わたしのしもべの<ことば>を成就さ

45:23 わたしの口から出る<ことば>は正し
50: 4 疲れた者を<ことば>で励ますことを
51:16 わたしの<ことば>をあなたの口に置き．59:21.
55:11 わたしの<ことば>も，むなしく，わ
66: 2 わたしの<ことば>におののく者だ．
エレ 1: 9 わたしの<ことば>をあなたの口に授
12 わたしの<ことば>を実現しようと，
5:14 わたしの<ことば>を火とし．23:29.
15 その<ことば>をあなたは知らず，何
6:19 わたしの<ことば>に注意せず，わた
13:12 あなたは彼らにこの<ことば>を伝え
18:18 預言者から<ことば>が滅びうせることはないはず…彼の<ことば>にはど
22: 4 この<ことば>を忠実に行うなら，ダ
23: 9 主と，主の聖なる<ことば>のために．
22 民にわたしの<ことば>を聞かせ，民
28 わたしの<ことば>を聞く者は，わたしの<ことば>を忠実に語らなければ
30: 2 あなたに語った<ことば>をみな，書
36:28 先の<ことば>を残らず…書きしるせ．
44:28 どちらの<ことば>が成就するかを知
51:60 バビロンについて…<ことば>が書い
エゼ 2: 6 彼らや，彼らの<ことば>を恐れるな．
7 あなたはわたしの<ことば>を…語れ．
3:10 すべての<ことば>を，あなたの心に
33:30 どんな<ことば>が主から出るか聞き
32 あなたの<ことば>を聞くが…実行し
ダニ 1: 4 文学と<ことば>とを教えるにふさわ
2: 9 欺きの<ことば>を私の前に述べよう
4:31 この<ことば>がまだ王の口にあるう
7:11 角が語る大きな<ことば>の声がする
10: 1 ダニエルに，一つの<ことば>が啓示された．その<ことば>は真実で…彼はその<ことば>を理解し，その幻を
12 あなたの<ことば>は聞かれているからだ…あなたの<ことば>のためだ．
12: 4 この<ことば>を秘めておき，この書
ホセ 6: 5 わたしの口の<ことば>で彼らを殺す．
14: 2 あなたがたは<ことば>を用意して，
アモ 7:10 彼の…<ことば>を受け入れることは
ミカ 2: 7 私の<ことば>は，正しく歩む者に益
ゼカ 1:13 良い<ことば>，慰めの<ことば>で答
8: 9 これらの<ことば>を日ごろ聞いてい
マラ 2:17 あなたがたの<ことば>で主を煩わし
マタ 4: 4 神の口から出る一つ一つの<ことば>
7:24 わたしのこれらの<ことば>を聞いてそれを行う者はみな．ルカ6:47.
8: 8 ただ，<おことば>を下さい．そうすれば，私のしもべは．ルカ7:7.
10:14 あなたがたの<ことば>に耳を傾けな
12:36 あらゆるむだな<ことば>について，
37 あなたの<ことば>によるのであり，
13:19 御国の<ことば>を聞いても悟らない
19:11 その<ことば>は，だれでも受け入れ
22:15 イエスを<ことば>のわなにかけよう
24:35 わたしの<ことば>は決して滅びることがありません．マコ13:31.
26:73 <ことば>のなまりではっきりわかる
マコ 8:38 わたしとわたしの<ことば>を恥じるような者なら，人の子も．ルカ9:26.
9:10 その<おことば>を心に堅く留め，死
10:24 弟子たちは，イエスの<ことば>に驚
12:10 聖書の<ことば>を読んだことがない
14:49 聖書の<ことば>が実現するためです．
16:17 信じる人々…新しい<ことば>を語り，
ルカ 1:20 私の<ことば>を信じなかったからで
4:22 みな…恵みの<ことば>に驚いた．そ
32 その<ことば>に権威があったからで
5: 5 <おことば>どおり，網をおろしてみ
18:34 この<ことば>は隠されていて，話さ
19:22 あなたの<ことば>によって…さばこ
21:15 反証もできないような<ことば>と知
24:19 行いにも<ことば>にも力のある預言
44 あなたがたに話した<ことば>はこう
ヨハ 1: 1 初めに，<ことば>があった．<ことば>は神とともにあった．<ことば>
14 <ことば>は人となって，私たちの間
2:22 イエスが言われた<ことば>とを信じ
4:39 その女の<ことば>によってイエスを
41 イエスの<ことば>によって信じた．
5:24 わたしの<ことば>を聞いて…信じる
47 どうしてわたしの<ことば>を信じる
6:60 これはひどい<ことば>だ．そんなこ
63 わたしが…話した<ことば>は，霊で
7:36 この<ことば>は，どういう意味だろ
40 この<ことば>を聞いて，群衆のうち
8:31 わたしの<ことば>にとどまるなら，
37 わたしの<ことば>が，あなたがたの
43 わたしの<ことば>に耳を傾けること

10:21 悪霊につかれた人の<ことば>ではな
12:48 わたしが話した<ことば>が…さばく
14:10 わたしがあなたがたに言う<ことば>
23 わたしの<ことば>を守ります．そう
24 あなたがたが聞いている<ことば>は
…わたしを遣わした父の<ことば>な
15: 3 話した<ことば>によって…きよいの
7 わたしの<ことば>が…とどまるなら，
20 わたしが…言った<ことば>を覚えて
…彼らがわたしの<ことば>を守った
なら，あなたがたの<ことば>をも守
25 <ことば>が成就するため．18:32．
17:20 彼らの<ことば>によってわたしを信
18: 9 言われた<ことば>が実現するためで
使徒 1:16 聖書の<ことば>は，成就しなければ
2: 4 他国の<ことば>で話しだした．
6 自分の国の<ことば>で弟子たちが話
40 多くの<ことば>をもって，あかしを
41 彼の<ことば>を受け入れた者は，バ
6:11 モーセと神とをけがす<ことば>を語
13 聖なる所と律法とに逆らう<ことば>
7:22 <ことば>にもわざにも力がありまし
11:14 救う<ことば>を話してくれます』と
13:15 奨励の<ことば>があったら…お話し
26 この救いの<ことば>は，私たちに送
14: 3 御恵みの<ことば>の証明をされた．
15: 7 福音の<ことば>を聞いて信じるよう
15 預言者たちの<ことば>もこれと一致
32 多くの<ことば>をもって…励まし，
18:15 <ことば>や名称や律法に関する問題
26:25 私は，まじめな真理の<ことば>を話
28 「あなたは，わずかな<ことば>で，
ロマ 3: 2 神のいろいろな<おことば>をゆだね
15:18 キリストは，<ことば>と行いにより，
Ⅰコリ 1: 5 <ことば>といい，知識といい，すべ
17 <ことば>の知恵によってはならない
18 十字架の<ことば>は，滅びに至る人
21 宣教の<ことば>の愚かさを通して，
2: 1 すぐれた<ことば>，すぐれた知恵を
4 私の<ことば>と…宣教とは…知恵の
<ことば>によって行われたものでは
13 知恵に教えられた<ことば>を用いず，
御霊に教えられた<ことば>を用い…
御霊の<ことば>をもって御霊のこと
4:13 慰めの<ことば>をかけます．今でも，
19 <ことば>ではなく，力を見せてもら
20 神の国は<ことば>にはなく，力にあ
12: 8 ある人には…知恵の<ことば>が…ほ
かの人には…知識の<ことば>が与え
14:10 世界には…多くの種類の<ことば>が
11 その<ことば>の意味を知らないなら，
19 知性を用いて五つの<ことば>を話し
15: 2 福音の<ことば>をしっかりと保って
Ⅱコリ 6: 7 真理の<ことば>と神の力とにより，
8: 7 信仰にも，<ことば>にも，知識にも，
12: 4 口に出すことのできない<ことば>を
エペ 1:13 真理の<ことば>…救いの福音を聞き，
4:29 悪い<ことば>を…出してはいけませ
ん…徳を養うのに役立つ<ことば>を
5: 6 むなしい<ことば>に，だまされては
6:19 語るべき<ことば>が与えられ，福音
コロ 3:16 キリストの<ことば>を…豊かに住ま
17 <ことば>によると行いによるとを問
Ⅰテサ 1: 5 <ことば>だけによったのではなく，
2: 5 へつらいの<ことば>を用いたり，む
13 神の使信の<ことば>を受けたとき，
それを人間の<ことば>としてではな
4:18 この<ことば>をもって互いに慰め合
Ⅱテサ 2: 2 霊によってでも…<ことば>によって
17 良いわざと<ことば>とに進むよう，
Ⅰテモ 4: 6 信仰の<ことば>と…良い教えの<こ
とば>とによって養われているから
12 <ことば>にも，態度にも，愛にも，
6: 3 キリストの健全な<ことば>と敬虔に
4 <ことば>の争いをしたりする病気に
Ⅱテモ 1:13 私から聞いた健全な<ことば>を手本
2:11 次の<ことば>は信頼すべき<ことば>
14 <ことば>についての論争などしない
テト 2: 8 健全な<ことば>を用いなさい．そう
ヘブ 12:19 ラッパの響き，<ことば>のとどろき
13:22 勧めの<ことば>を受けてください．
ヤコ 1:18 真理の<ことば>をもって私たちをお
3: 2 <ことば>で失敗をしない人がいたら，
Ⅰペテ 1: 8 <ことば>に尽くすことのできない，
Ⅰヨハ 3:18 <ことば>や口先だけで愛することを
ユダ 17 前もって語った<ことば>を思い起こ
黙示 3: 8 わたしの<ことば>を守り…名を否ま
12:11 自分たちのあかしの<ことば>のゆえ
19: 9 これは神の真実の<ことば>です」と
21: 5 これらの<ことば>は，信ずべきもの

22: 9 この書の<ことば>を堅く守る人々と
10 預言の<ことば>を封じてはいけない.
19 <ことば>を少しでも取り除く者があ

▼ことばかず（～数）

ヨブ 34:37 神に対して<ことば数>を多くする.
箴言 10:19 <ことば数>が多いところには，そむ
マタ 6: 7 <ことば数>が多ければ聞かれると思

▼ことばじり

ルカ 20:26 <ことばじり>をつかむことができず,

▼ことばどおり

レビ 10: 7 モーセの<ことばどおり>にした.
ルカ 1:38 お<ことばどおり>この身になります

▼こども（子ども）【別項】神の子・神の子ども

創世 11:30 サライは…<子ども>がなかった.
16: 2 主は私が<子ども>を産めないように
…彼女によって，私は<子ども>の母
28: 3 多くの<子ども>を与え. レビ26:9.
30: 1 私に<子ども>をください. でなけれ
32:22 11人の<子ども>たちを連れて，ヤボ
33: 2 女奴隷たちとその<子ども>たちを先
45:19 <子ども>たちと妻たちのために，エ
48:11 あなたの<子ども>をも私に見させて
16 この<子ども>たちを祝福してくださ
出エ 21: 4 妻とその<子ども>たちは，その主人
22:24 あなたがたの<子ども>はみなしごと
レビ 18:21 <子ども>を…モレクにささげてはな
20: 2 自分の<子ども>をモレクに与える者
民数 14:31 <子ども>たちを，わたしは導き入れ
32:16 <子ども>たちのために町々を建てま
申命 1:39 <子ども>たちが，そこに，入る. わ
3:19 あなたがたの妻と<子ども>と家畜は,
6: 7 <子ども>たちによく教え込みなさい.
11:19, 32:46, ヨシ4:22.
14: 1 あなたがたは…主の<子ども>である.
23: 8 <子ども>たちは，3代目には…集会
24:16 父親が<子ども>のために…<子ども>
が父親のために殺されて. II列14:6.
28:54 <子ども>たちに対してさえ物惜しみ
55 自分が食べている<子ども>の肉を,
57 自分が産んだ<子ども>さえ…食べる
31:13 <子ども>たちもこれを聞き…学ばな
ヨシ 4: 6 <子ども>たちが…聞いたなら. 21.
士師 18:21 <子ども>や家畜や貴重品を先にして
ルツ 1: 5 ふたりの<子ども>と夫に先立たれて
Iサム 1: 2 ハンナには<子ども>がなかった.
15: 3 <子ども>も乳飲み子も，牛も羊も,
20:37 <子ども>がヨナタンの放った矢の所
IIサム 6:23 ミカルには死ぬまで<子ども>がなか
15:22 <子ども>たち全部とを連れて，進ん
21: 6 その者の<子ども>7人を…引き渡し
I列 3: 7 私は小さい<子ども>で，出入りする
25 <子ども>を二つに断ち切り，半分を
14:17 敷居に来たとき…<子ども>は死んだ.
18:12 <子ども>のころから主を恐れていま
II列 2:23 <子ども>たちが…彼をからかって,
24 雌熊が…42人の<子ども>をかき裂い
4: 1 私のふたりの<子ども>を…奴隷にし
4 <子ども>たちのうしろの戸を閉じな
14 彼女には<子ども>がなく，それに,
6:28 あすは私の<子ども>を食べましょう.
29 私の<子ども>を煮て，食. 哀歌4:10.
10: 7 王の<子ども>たち…70人を切り殺し,
13 王の<子ども>たちと，王母の<子ど
も>たちの安否を気づかって下って
16: 3 自分の<子ども>に火の中を. 17:31.
II歴 25: 4 彼らの<子ども>たちは殺さなかった.
32:21 自分の身から出た<子ども>たちが,
エズ 10: 1 男や女や<子ども>の大集団が…泣い
3 妻たちと…<子ども>たちを…追い出
エス 3:13 <子ども>も女も…根絶やしにし，殺
8:11 <子ども>も女たちも含めて残らず根
ヨブ 21:11 彼らの<子ども>たちはとびはねる.
詩 127: 3 <子ども>たちは主の賜物，胎の実は
箴言 4: 1 <子ども>らよ. 5:7, 7:24, 8:32.
22:15 愚かさは<子ども>の心につながれて
23:13 <子ども>を懲らすことを差し控えて
伝道 10:16 あなたの王が<子ども>であって，あ
イザ 11: 6 小さい<子ども>がこれを追っていく.
13:18 <子ども>たちを見ても惜しまない.
エレ 6:11 道ばたにいる<子ども>の上にも，若
7:18 <子ども>たちはたきぎを集め，父た
9:21 道ばたで<子ども>を…断ち滅ぼすか
19: 5 <子ども>たちを全焼のいけにえとし
31:29 父が酸いぶどうを食べたので，<子
ども>の歯が浮く. エゼ18:2.
40: 7 捕らえ移されなかった男…<子ども>
41:16 <子ども>たち，および宦官たちを連
43: 6 男も女も<子ども>も，王の娘も，そ
エゼ 5:10 父たちは自分の<子ども>を…<子ど

も>たちは，自分の父を食べるよう
16:21 わたしの<子ども>たちを殺し，これ
45 夫と<子ども>をきらった母の娘．自
23:39 偶像のために…<子ども>を殺し，そ
ヨエ 3: 3 <子ども>を遊女のために与え，酒の
マタ 1:25 <子ども>が生まれるまで彼女を知る
ことがなく…<子ども>の名をイエス
5:45 天におられる…父の<子ども>になれ
7:11 自分の<子ども>には良い物を与える
ことを知っている．ルカ11:13.
11:16 市場にすわっている<子ども>たちの
ようです．彼らは，ほかの<子ども>
たちに呼びかけて．ルカ7:32.
13:38 良い種とは御国の<子ども>たち，毒
麦とは悪い者の<子ども>たちのこと
14:21 女と<子ども>を除いて．15:38.
15:26 <子ども>たちのパンを取り上げて，
小犬に投げてやるのは．マコ7:27.
17:26 <子ども>たちにはその義務がないの
18: 2 イエスは小さい<子ども>を呼び寄せ，
彼らの真ん中．マコ9:36，ルカ9:47.
3 <子ども>たちのようにならない限り，
4 <子ども>のように，自分を低くする
5 このような<子ども>のひとりを，わ
たしの名のゆえに受け入．ルカ9:48.
19:13 <子ども>たちが連れて来られた．と
14 <子ども>たちを許してやりなさい．
21:15 宮の中で<子ども>たちが…叫んでい
16 <子ども>たちが何と言っているか，
27:25 その人の血は，私たちや<子ども>た
マコ 5:39 <子ども>は死んだのではない．眠っ
10:14 <子ども>たちを…来させなさい．止
15 <子ども>のように神の国を受け入れ
16 イエスは<子ども>たちを抱き…祝福
ルカ 1:17 父たちの心を<子ども>たちに向けさ
44 私の胎内で<子ども>が喜んでおどり
6:35 いと高き方の<子ども>になれます．
7:35 正しいことは…<子ども>たちが証明
8:54 「<子ども>よ．起きなさい．」
11: 7 <子ども>たちも私も寝ている．起き
19:44 おまえと…<子ども>たちを地にたた
23:28 自分の<子ども>たち…のために泣き
ヨハ 4:49 私の<子ども>が死なないうちに下っ
52 <子ども>がよくなった時刻を…尋ね
8:39 アブラハムの<子ども>なら…わざを
12:36 光の<子ども>となるために，光を信
使徒 2:39 この約束は…その<子ども>たち，な
7: 5 <子ども>もなかった彼に対して，こ
21: 5 妻や<子ども>もいっしょに，町はず
ロマ 8:17 <子ども>であるなら，相続人でもあ
9: 7 すべてが<子ども>なのではなく，
8 肉の<子ども>が…神の子どもではな
く，約束の<子ども>が子孫とみなさ
Iコリ 4:14 愛する私の<子ども>として，さとす
7:14 あなたがたの<子ども>は汚れている
13:11 私が<子ども>であったときには，
<子ども>として話し，<子ども>とし
て考え，<子ども>として論じました
が…<子ども>のことをやめました．
14:20 物の考え方において<子ども>であっ
IIコリ 6:13 自分の<子ども>に対するように言い
ガラ 4: 1 <子ども>のうちは，奴隷と少しも違
19 私の<子ども>たちよ…キリストが形
30 その<子ども>を追い出せ．奴隷の女
の<子ども>は…自由の女の<子ども>
31 私たちは奴隷の女の<子ども>ではな
く，自由の女の<子ども>です．
エペ 4:14 私たちがもはや，<子ども>ではなく
5: 1 愛されている<子ども>らしく，神に
8 光の<子ども>らしく歩みなさい．
6: 1 <子ども>たちよ…両親に従いなさい．
コロ3:20.
4 <子ども>をおこらせてはいけません．
Iテサ 2: 7 母がその<子ども>たちを養い育てる
11 父がその<子ども>に対してするよう
Iテモ 3: 4 威厳をもって<子ども>を従わせてい
12 <子ども>と家庭をよく治める人でな
5:10 <子ども>を育て，旅人をもてなし，
テト 2: 4 若い婦人…夫を愛し，<子ども>を愛
ヘブ 12: 5 <子ども>に対するように語られたこ
Iペテ 1:14 従順な<子ども>となり，以前あなた
Iヨハ 2: 1 私の<子ども>たち…書き送る．12.
IIヨハ 1 選ばれた夫人とその<子ども>たちへ．
4 あなたの<子ども>たちの中に，御父
13 あなたの姉妹の<子ども>たちが，あ
IIIヨハ 4 <子ども>たちが真理に歩んでいるこ
黙示 2:23 この女の<子ども>たちをも死病によ

▼コドラント〔貨幣〕
ローマの銅貨．マタ5:26，マコ12:42.

▼ことり（小鳥）
レビ 14: 4 2羽の生きている…<小鳥>と，杉の
木と…ヒソプ．5，6，7，49，51．

▼ことわざ
民数 23: 7 バラムは彼の<ことわざ>を唱えて言
Ⅰサム 10:12 …ということが，<ことわざ>になっ
24:13 昔の<ことわざ>に，『悪は悪者から
ヨブ 13:12 あなたがたの格言は灰の<ことわざ>
エゼ 12:22 あの<ことわざ>は，どういうことな
23 わたしは，あの<ことわざ>をやめさ
16:44 <ことわざ>を用いる者は，あなたに
ついてこういう<ことわざ>を用いよ
18: 2 この<ことわざ>をくり返し言ってい
3 この<ことわざ>を…用いないように
ヨハ 4:37 …という<ことわざ>は，ほんとうな
Ⅱペテ 2:22 豚は身を…」とかいう，<ことわざ>

▼ことわる（断る）
Ⅰ列 2:16 お願いがあります．<断>らないでく
17 あなたからなら<断>らないでしょう
20 <断>らないでください…王は彼女に
言った…お<断>りしないでしょうか
マタ 5:42 借りようとする者は<断>らないよう
ルカ 14:18 みな同じように<断>り始めた．最初
Ⅰテモ 5:11 若いやもめは<断>りなさい…彼女た

▼こな（粉）
民数 5:15 大麦の<粉>10分の1エパをささげ物
Ⅱサム 13: 8 彼女は<粉>を取って，それをこね，
Ⅰ列 17:14 そのかめの<粉>は尽きず，そのつぼ
ヨブ 31:10 妻が他人のために<粉>をひいてもよ
イザ 47: 2 ひき臼を取って<粉>をひけ．顔おお
マタ 13:33 <粉>の中に入れると，全体がふくら
ロマ 11:16 初物が聖ければ，<粉>の全部が聖い
Ⅰコリ 5: 6 <粉>のかたまり全体をふくらませる
7 新しい<粉>のかたまりのままでいる
ガラ 5: 9 こねた<粉>の全体を発酵させるので

▼こなごな（粉々）
出エ 32:20 造った子牛を…<粉々>に砕き，それ
申命 32:26 わたしは彼らを<粉々>にし，人々か
Ⅱ列 23: 6 それを<粉々>に砕いて灰にし．15．
Ⅱ歴 15:16 憎むべき像を切り倒し，<粉々>に砕
いて．34:4，7．
詩篇 2: 9 焼き物の器のように<粉々>にする．』
イザ 27: 9 石を<粉々>にされた石灰のようにし，
41:15 山々を踏みつけて<粉々>に砕く．丘
ホセ 8: 6 サマリヤの子牛は<粉々>に砕かれる．
ハバ 3:13 悪者の家の頭を<粉々>に砕き，足も
マタ 21:44 この石の上に落ちる者は，<粉々>に

▼こなす
Ⅰコリ 9: 9 穀物を<こな>している牛に，くつこ
を掛けてはいけない．Ⅰテモ5:18．

▼こなひきおんな（粉ひき女）
伝道 12: 3 <粉ひき女>たちは少なくなって仕事

▼こなみじん（粉みじん）
マタ 21:44 その人を<粉みじん>に飛ばしてしま

▼こねる
創世 18: 6 小麦粉を<こね>て，パン菓子を作っ
エレ 7:18 女たちは麦粉を<こね>て…パン菓子
ホセ 7: 4 練り粉を<こね>てから，それがふく

▼このえへい（近衛兵）
Ⅰサム 22:17 王は…<近衛兵>たちに言った．「近
Ⅱ列 11:13 アタルヤは<近衛兵>と民の声を聞い
て，主の宮の民の．Ⅱ歴23:12．
Ⅱ歴 30: 6 <近衛兵>は，王とそのつかさたちの

▼このましい（好ましい）
創世 2: 9 見るからに<好まし>く食べるのに良
3: 6 その木はいかにも<好まし>かった．
詩篇 19:10 金よりも…純金よりも<好ましい>．
箴言 21:20 <好ましい>財宝と油がある．しかし
伝道 5:18 <好ましい>ことは，神がその人に許

▼このみ（好み），好む
創世 27:14 母は父の<好む>おいしい料理をこし
申命 21:14 あなたが彼女を<好>まなくなったな
23:16 彼の<好む>ままに選んだ場所に，あ
Ⅰサム 15: 9 これらを聖絶するのを<好>まず，た
Ⅱ歴 26:10 彼が農業を<好>んだからである．
エス 1: 8 自分の<好み>のままにするようにと，
詩篇 11: 5 みこころは，暴虐を<好む>者を憎む．
16: 6 測り綱は，私の<好む>所に落ちた．
62: 4 彼らは偽りを<好>み，口では祝福し，
箴言 1:22 わきまえのないことを<好む>のか．
イザ 58: 3 断食の日に自分の<好む>ことをし，
5 わたしの<好む>断食，人が身を戒め
13 聖日に自分の<好む>ことをせず，安
ホセ 10:11 麦打ち場で踏むことを<好>んでいた．
12: 7 商人は…しいたげることを<好む>．
アモ 4: 5 そうすることを<好>んでいる…神で
マタ 9:13 わたしはあわれみは<好む>が，いけ
にえは<好>まない』とはどういう意
23:37 あなたがたはそれを<好>まなかった．
マコ 6:26 願いを退けることを<好>まなかった．

黙示 22:15 <好>んで偽りを行う者はみな，外に

▼ こばち（小鉢）

エレ 52:19 <小鉢>，火皿，鉢，灰つぼ，燭台，

▼ こばむ（拒む）

創世 37:35 彼は慰められることを<拒>み，「私
39: 8 彼は<拒>んで主人の妻に言った．
48:19 父は<拒>んで言った．「わかってい
出エ 4:23 あなたが<拒>んで彼を行かせないな
7:14 民を行かせることを<拒>んでいる．
8: 2 行かせることを<拒む>なら．9:2．
10: 3 身を低くすることを<拒む>のか．わ
22:17 彼女を…与えることを…<拒む>なら，
レビ 26:15 わたしのおきてを<拒>み，あなたが
Ｉ列 20:35 その人は彼を打つことを<拒>んだ．
21:15 売ることを<拒>んだあのぶどう畑を
ネヘ 9:17 彼らは聞き従うことを<拒>み，あな
エス 1:12 王の命令を<拒>んで来ようとしなか
ヨブ 22: 7 飢えている者に食物を<拒>んだから
詩篇 43: 2 なぜあなたは私を<拒>まれたのです
44:23 いつまでも<拒>まないでください．
77: 2 私のたましいは慰めを<拒>んだ．
84:11 主は…良いものを<拒>まれません．
141: 5 私の頭がそれを<拒>まないようにし
箴言 1:24 呼んだのに，あなたがたは<拒>んだ．
3:27 求める者に，それを<拒む>な．
伝道 2:10 私の目の欲するものは…<拒>まず，
イザ 1:20 もし<拒>み，そむくなら…剣にのま
エレ 31:15 慰められることを<拒>んで．子らが
38:21 あなたが降伏するのを<拒む>なら，
ホセ 11: 5 わたしに立ち返ることを<拒>んだか
ルカ 6:29 下着も<拒>んではいけません．
7:30 自分たちに対するみこころを<拒>み
10:16 あなたがたを<拒む>者は，わたしを
<拒む>者です．わたしを<拒む>者は，
わたしを遣わされた方を<拒む>者で
ヨハ 12:48 わたしを<拒>み…受け入れない者に
使徒 3:13 その面前でこの方を<拒>みました．
14 正しい方を<拒>んで，人殺しの男を
7:35 人々が<拒>んだこのモーセを，神は
Ｉテサ 4: 8 このことを<拒む>者は，人を<拒む>
のではなく…神を<拒む>のです．
ヘブ 11:24 パロの娘の子と呼ばれることを<拒>
12:25 語っておられる方を<拒>まないよう

▼ こはん（湖畔）

ヨハ 6:16 夕方…弟子たちは<湖畔>に降りて行
21: 1 イエスはテベリヤの<湖畔>で…弟子

▼ こひつじ（子羊，小羊）【別項】神の小羊

創世 21:28 7頭の雌の<子羊>をより分けた．30．
出エ 12: 5 それを<子羊>かやぎのうちから取ら
レビ 3: 7 ささげ物として<子羊>を．4:32．
9: 3 1歳の…<子羊>．12:6．
14:10 傷のない雄の<子羊>2頭と傷のない
1歳の雌の<子羊>1頭と，穀物のさ
12 雄の<子羊>．13，21，23:19，20．
24 罪過のためのいけにえの<子羊>．25．
23:12 1歳の傷のない雄の<子羊>．18，民
数28:3，9，11，19，29:2，17，20，
23，26，29，32，36．
民数 6:12 1歳の雄の<子羊>．14，7:15，17，
21，23，27，29:8，13．
28: 4 1頭の<子羊>を朝ささげ，他の1頭
の<子羊>を夕暮れにささげなければ
7 ささげ物は<子羊>1頭につき．13．
21 <子羊>7頭には．29，29:4，10．
29:18 雄牛，雄羊，<子羊>．21，24，30．
申命 32:14 羊の乳とを，最良の<子羊>とともに，
Ｉサム 15: 9 <子羊>とすべての最も良いものを惜
IIサム 12: 3 雌の<子羊>のほかは，何も持ってい
ません…<子羊>は…彼の娘のようで
Ｉ歴 29:21 雄牛千頭，雄羊千頭，<子羊>千頭，
II歴 29:21 いけにえとして…7頭の<子羊>，7
35: 7 ヨシヤは…<子羊>とやぎの子を贈っ
エズ 8:35 雄羊96頭，<子羊>77頭…をささげた．
ヨブ 31:20 私の<子羊>の毛でそれが暖められな
詩 114: 4 丘は<子羊>のように，はねた．
箴言 27:26 <子羊>はあなたに着物を着させ，や
イザ 1:11 <子羊>，雄やぎの血も喜ばない．
5:17 <子羊>は自分の牧場にいるように草
11: 6 狼は<子羊>とともに宿り，ひょうは
16: 1 <子羊>を，この国の支配者に送れ．
34: 6 <子羊>ややぎの血と，雄羊の腎臓の
40:11 御腕に<子羊>を引き寄せ，ふところ
53: 7 ほふり場に引かれて行く<小羊>のよ
65:25 狼と<子羊>は共に草をはみ，獅子は
エレ 11:19 私は…おとなしい<子羊>のようでし
51:40 <子羊>のように…ほふり場に下らせ
エゼ 27:21 <子羊>，雄羊，やぎの商いをした．
39:18 雄羊，<子羊>，雄やぎ，雄牛，すべ
46: 4 傷のない<子羊>．6，13．

5 <子羊>のためには．7，11．
ホセ 4:16 広い所にいる<子羊>のように養う．
アモ 6: 4 群れのうちから<子羊>を，牛舎の中
ルカ 10: 3 狼の中に<小羊>を送り出すようなも
ヨハ 21:15 わたしの<小羊>を飼いなさい．」
使徒 8:32 毛を刈る者の前に立つ<小羊>のよう
Iペテ 1:19 <小羊>のようなキリストの，尊い血
黙示 5: 6 <小羊>が立っているのを見た．これ
12 ほふられた<小羊>は，力と，富と，
6: 1 <小羊>が七つの封印の一つを解いた
16 御座にある方の御顔と<小羊>の怒り
7:10 救いは…神にあり，<小羊>にある．」
14 衣を<小羊>の血で洗って，白くした
17 御座の正面におられる<小羊>が，彼
14: 1 <小羊>がシオンの山の上に立ってい
た…<小羊>とともに14万4千人の人
たち…その額には<小羊>の名と，
<小羊>の父の名とがしるしてあった．
4 <小羊>が行く所には，どこにでも…
<小羊>にささげられる初穂として，
17:14 <小羊>と戦いますが，<小羊>は彼ら
に打ち勝ちます…<小羊>は主の主，
19: 7 <小羊>の婚姻の時が来て，花嫁はそ
21: 9 <小羊>の妻である花嫁を見せましょ
14 <小羊>の12使徒の12の名が書いてあ
23 <小羊>が都のあかりだからである．

▼ゴブ〔地名〕
ダビデとペリシテ人が戦った町．IIサム21:18．

▼ゴフェル〔植物〕
創世 6:14 <ゴフェル>の木の箱舟を造りなさい．

▼こぶし
出エ 21:18 ひとりが石か<こぶし>で相手を打ち，
イザ 10:32 丘に向かって，<こぶし>を振りあげ
58: 4 不法に<こぶし>を打ちつけるためだ．
ゼカ 2: 9 わたしは，<こぶし>を彼らに振り上
マタ 26:67 <こぶし>でなぐりつけ．マコ14:65．

▼こぶね（小舟）
マコ 3: 9 <小舟>を用意しておくように弟子た
ルカ 5: 2 岸べに<小舟>が2そうあるのをご覧
ヨハ 6:22 そこには<小舟>が1隻あっただけで，
23 テベリヤから数隻の<小舟>が来た．
24 <小舟>に乗り込んで，イエスを捜し
21: 3 彼らは出かけて，<小舟>に乗り込ん
使徒 27:16 <小舟>を処置する．17，30，32．

▼コブラ
ヨブ 20:14 彼の中で<コブラ>の毒となる．
詩篇 58: 4 耳の聞こえない<コブラ>のよう．
91:13 獅子と<コブラ>とを踏みつけ，若獅
イザ 11: 8 乳飲み子は<コブラ>の穴の上で戯れ，

▼こぼつ
レビ 26:30 あなたがたの高き所を<こぼ>ち，香
民数 33:52 高き所をみな，<こぼ>たなければな
エレ 19: 7 エルサレムのはかりごとを<こぼ>ち，

▼こぼれる
IIサム 14:14 私たちは地面に<こぼれ>て…集める
I列 13: 3 祭壇は裂け…灰は<こぼれ>出る．」5．

▼こまか（細か），細かい
出エ 30:36 そのいくぶんかを<細か>に砕き，そ
イザ 29: 5 敵の群れも，<細かい>ほこりのよう
Iペテ 1:10 熱心に尋ね，<細か>く調べました．

▼ごまかし，ごまかす
II列 18:29 ヒゼキヤに<ごまか>されるな．あれ
19:10 おまえの神に<ごまか>されるな．お
詩篇 52: 4 <ごまかし>のことばを愛している．
箴言 26:26 うまく<ごまか>し隠せても，その悪
哀歌 2:14 <ごまかし>ばかりを預言して，あな

▼こまねく
II歴 29:11 今は，手を<こまね>いていてはなり
箴言 6:10 しばらく手を<こまね>いて，また休

▼こまる（困る）
創世 45:11 あなたも家族も…<困る>ことのない
Iサム 28:15 私は<困>りきっています．ペリシテ
マタ 26:10 なぜ，この女を<困>らせるのです．
ルカ 15:14 彼は食べるにも<困>り始めた．
使徒 16:18 <困>り果てたパウロは…その霊に，
ガラ 4:20 どうしたらよいかと<困>っているの
エペ 4:28 <困>っている人に施しをするため，
Iテモ 5:10 <困>っている人を助け，すべての良
ヤコ 1:27 <困>っているときに世話をし，この
Iヨハ 3:17 兄弟が<困>っているのを見ても，あ

▼こむぎ（小麦）
出エ 9:32 <小麦>とスペルト小麦は打ち倒され
34:22 <小麦>の刈り入れの初穂のために7
申命 8: 8 <小麦>，大麦，ぶどう，いちじく，
32:14 <小麦>の最も良いものとともに，食
士師 6:11 酒ぶねの中で<小麦>を打っていた．
15: 1 <小麦>の刈り入れの時に，サムソン
ルツ 2:23 <小麦>の刈り入れの終わるまで，落
Iサム 6:13 谷間で<小麦>の刈り入れをしていた

12:17　今は<小麦>の刈り入れ時ではないか.
IIサム　4: 6　<小麦>を取りに家の中まで入り込み
17:28　寝台, 鉢, 土器, <小麦>, 大麦, 小
I列　5:11　一族の食糧として, <小麦>2万コル
II歴　2:10　しもべたちのために…<小麦>2万コ
エズ　7:22　<小麦>は100コルまで, ぶどう酒は
ヨブ31:40　<小麦>の代わりにいばらが生え, 大
イザ28:25　<小麦>をうねに, 大麦を定まった場
エレ41: 8　<小麦>, 大麦, 油, 蜜を畑に隠して
エゼ　4: 9　<小麦>, 大麦, そら豆, レンズ豆,
45:13　<小麦>1ホメルから6分の1エパ,
ヨエ　1:11　<小麦>と大麦のために. 畑の刈り入
ルカ16: 7　<小麦>100コル』…『…80と書きな
黙示　6: 6　<小麦>1枡は1デナリ. 大麦3枡も

▼ こむぎこ（小麦粉）
創世18: 6　上等の<小麦粉>をこねて, パン菓子
出エ29: 2　最良の<小麦粉>で作らなければなら
40　最良の<小麦粉>10分の1エパと, ま
レビ　2: 1　ささげ物は<小麦粉>でなければなら
II列　7: 1　上等の<小麦粉>1セアが1シェケル

▼ こめかみ
士師　4:21　彼の<こめかみ>に鉄のくいを打ち込

▼ ゴメル〔人名〕
(1)ヤペテの子孫. 創世10:2, 3, I歴1:5, 6.
(2)預言者ホセアの妻. ホセ1:3, 6, 8.

▼ ゴモラ〔地名〕
シディムの谷の町. 創世10:19, 18:20, イザ1:9, マタ10:15, ロマ9:29, IIペテ2:6, ユダ7.

▼ こもん（顧問）
イザ40:13　だれが…主の<顧問>として教えたの
ダニ　4:36　私の<顧問>も貴人たちも私を迎えた

▼ こや（小屋）
創世33:17　家畜のためには<小屋>を作った. そ
Iサム　6: 7　子牛は引き離して牛<小屋>に戻しな
II歴32:28　家畜の…<小屋>, 群れの<小屋>を造
イザ　1: 8　あたかもぶどう畑の<小屋>のように,

▼ こやぎ（子やぎ, 子山羊）
創世27: 9　最上の<子やぎ>2頭を私のところに
16　<子やぎ>の毛皮を, 彼の手と首のな
38:17　群れの中から<子やぎ>を送ろう」と
20　<子やぎ>を送ったが…女を見つける
出エ23:19　<子やぎ>を, その母親の乳で煮てはならない. 34:26, 申命14:21.
士師13:15　あなたのために<子やぎ>を料理した
14: 6　<子やぎ>を引き裂くように, それを
15: 1　サムソンは1匹の<子やぎ>を持って
Iサム16:20　<子やぎ>1匹を…サウルに送った.
雅歌　1: 8　あなたの<子やぎ>を飼いなさい.
イザ11: 6　ひょうは<子やぎ>とともに伏し, 子
ルカ15:29　<子山羊>1匹下さったことがありま

▼ こやし（肥やし）
II列　9:37　イゼベルの死体は…<肥やし>のよう
エレ　8: 2　地面の<肥やし>となる. 9:22, 16:4, 25:33.
ルカ13: 8　<肥やし>をやってみますから.

▼ こゆび（小指）
I列12:10　私の<小指>は父の腰よりも太い.

▼ ごようたし（御用達）
I列10:28　王の<御用達>が代価を払って, ケベ

▼ コラ〔人名〕
(1)エサウの子の一人. 創世36:5, 14, I歴1:35.
(2)エサウの長子エリファズの子. 創世36:16.
(3)レビ人イツハルの子とその子孫. 出エ6:21, 24, 民数16:1, 26:58, I歴9:19, II歴20:19, 詩篇42, 46, 88題目, ユダ11.
(4)ユダ族ヘブロンの子. I歴2:43.

▼ こらえる
詩篇89:50　この胸に<こらえ>ていることを.
イザ64:12　これでも, あなたはじっと<こらえ>,
IIコリ11: 1　愚かさを<こらえ>ていただきたいと
4　みごとに<こらえ>ているからです.
19　愚か者たちを<こらえ>ています.
20　顔をたたかれても, <こらえ>ている
Iペテ　2:19　悲しみを<こらえる>なら…喜ばれる

▼ こらしめ（懲らしめ）
申命28:20　のろいと恐慌と<懲らしめ>とを送り,
I列　8:35　<懲らしめ>によって…立ち返るなら,
II列19: 3　きょうは…<懲らしめ>と, 侮辱の日
ヨブ　5:17　全能者の<懲らしめ>をないがしろに
37:13　起こさせるのは, <懲らしめ>のため,
箴言　3:11　主の<懲らしめ>をないがしろにする
8:10　銀を受けるよりも…<懲らしめ>を受
15:10　道を捨てる…きびしい<懲らしめ>が
22:15　<懲らしめ>の杖がこれを断ち切る.
イザ53: 5　彼への<懲らしめ>が私たちに平安を
エレ　2:30　その<懲らしめ>は役に立たなかった.
5: 3　<懲らしめ>を受けようともしません
31:18　私は<懲らしめ>を受けました. 私を
32:33　聞いて<懲らしめ>を受ける者もなく,
35:13　わたしのことばを聞いて<懲らしめ>

こ

ゼパ 3: 2 <懲らしめ>を受け入れようともせず,
7 わたしを恐れ,<懲らしめ>を受けよ.
ヘブ 12: 5 主の<懲らしめ>を軽んじてはならな
8 だれでも受ける<懲らしめ>を受けて
11 すべての<懲らしめ>は,そのときは

▼こらしめる (懲らしめる)

レビ 26:18 罪に対して7倍も重く<懲らしめる>.
申命 21:18 父母に<懲らしめ>られても,父母に
Ⅱサム 7:14 むちをもって彼を<懲らしめる>.
Ⅰ列 12:11 父はおまえたちをむちで<懲らしめ>たが,私はさそりで…<懲らしめ>よ
詩篇 6: 1 私を<懲らしめ>ないで. 38:1.
39:11 不義を責めて人を<懲らしめ>,その
118:18 主は私をきびしく<懲らしめ>られた.
箴言 19:18 自分の子を<懲らしめ>よ…殺す気を
イザ 26:16 彼らを<懲らしめ>られたので,彼ら
エレ 30:11 公義によって,あなたを<懲らしめ>,
31:18 あなたが私を<懲らしめ>られたので,
ホセ 5: 2 彼らをことごとく<懲らしめる>.
10:10 わたしは彼らを<懲らしめ>ようと思
ルカ 23:16 <懲らしめ>たうえで,釈放します.」
Ⅰコリ 11:32 主によって<懲らしめ>られるのであ
ヘブ 12: 6 主はその愛する者を<懲らしめ>,受
7 父が<懲らしめる>ことをしない子が
9 肉の父が…私たちを<懲らしめ>たの
黙示 3:19 しかったり,<懲らしめ>たりする.

▼コラジン〔地名〕

ガリラヤの町の一つ. マタ11:21, ルカ10:13.

▼こらす (懲らす)

詩 149: 7 国々に復讐し,国民を<懲らす>ため,
箴言 23:13 子どもを<懲らす>ことを差し控えて
29:17 あなたの子を<懲ら>せ. そうすれば,
エレ 2:19 あなたの悪が,あなたを<懲ら>し,
10:24 公義によって,私を<懲ら>してくだ
ホセ 7:12 騒々しくなるとき…これを<懲らす>.

▼コラヤ〔人名〕

(1)偽預言者アハブの父. エレ29:21.
(2)ベニヤミン族出身. ネヘ11:7.

▼ゴラン〔地名〕

逃れの町の一つ. 申命4:43, ヨシ20:8, 21:27.

▼ごらん (ご覧)

創世 6:12 神が地を<ご覧>になると,実に,そ
29: 6 <ご覧>なさい…ラケルが羊を連れて
31 きらわれているのを<ご覧>になって,
31:51 <ご覧>,この石塚を…<ご覧>…柱を.
出エ 2:25 神はイスラエル人を<ご覧>になった.
33:12 モーセは主に…「<ご覧>ください.
申命 26: 7 労苦と圧迫を<ご覧>になりました.
ルツ 1:15 <ご覧>なさい. あなたの弟嫁は,自
Ⅰサム 24:11 上着のすそをよく<ご覧>ください.
Ⅱサム 16:12 主は私の心を<ご覧>になり,主は,
Ⅰ列 17:23 <ご覧>,あなたの息子は生きている.
Ⅱ列 19:16 主よ. 御目を開いて<ご覧>ください.
詩 113: 6 身を低くして天と地を<ご覧>になる.
イザ 58: 3 あなたは<ご覧>にならなかったので
マタ 3:16 鳩のように下って,自分の上に来られるのを<ご覧>になった. マコ1:10.
4:18 アンデレを<ご覧>になった. 彼らは
8:14 床に着いているのを<ご覧>になった.
12:47 <ご覧>なさい. あなたのおかあさん
19:27 <ご覧>ください. 私たちは,何もか
25:20 <ご覧>ください…さらに5タラント
マコ 2:14 レビが収税所に…<ご覧>になって,
3:34 <ご覧>なさい. わたしの母…兄弟た
5:38 わめいたりしているのを<ご覧>にな
6:34 多くの群衆を<ご覧>になった. そし
48 漕ぎあぐねているのを<ご覧>になり,
9:25 群衆が駆けつけるのを<ご覧>になる
11:21 先生. <ご覧>なさい…いちじくの木
16: 6 <ご覧>なさい. ここがあの方の納め
ルカ 2:34 <ご覧>なさい. この子は,イスラエ
5: 2 小舟が2そうあるのを<ご覧>になっ
ヨハ 11:33 泣いているのを<ご覧>になると,霊
34 「主よ. 来て<ご覧>ください.」
36 <ご覧>なさい. 主はどんなに彼を愛
使徒 4:29 主よ…彼らの脅かしを<ご覧>になり,
25:24 ここに同席の方々. <ご覧>ください.
ガラ 6:11 <ご覧>のとおり…こんなに大きな字

▼ゴリヤテ〔人名〕

ペリシテ軍の戦士. Ⅰサム17:4, 23, 21:9, 22:10, Ⅱサム21:19, Ⅰ歴20:5.

▼コリント

1. 地名. ギリシヤの商業都市. 使徒18:1, 19:1, Ⅰコリ1:2, Ⅱコリ1:1, 23, Ⅱテモ4:20.
2. コリント人. 1.の住民. 使徒18:8, Ⅱコリ6:11.

▼コル〔度量衡〕

固体,液体の計量単位. Ⅰ列4:22, エゼ45:14.

▼ゴルゴタ〔地名〕
エルサレム郊外の丘．マタ27:33，ヨハ19:17．

▼コルネリオ〔人名〕
ローマの百人隊長．使徒10:1，3，25，30，31．

▼コルバン
マコ 7:11 <コルバン>（すなわち，ささげ物）

▼コル・ホゼ〔人名〕
ミツパ地区の長シャルンの父．ネヘ3:15．

▼コレ〔人名〕
(1)レビ人エブヤサフの子．Ⅰ歴9:19，26:1．
(2)レビ人イムナの子．Ⅱ歴31:14．

▼ゴレン・ハアタデ〔地名〕
ヤコブの葬儀を行った場所．創世50:10，11．

▼ころがす
創世 29: 3 石を井戸の口から<ころが>して．10．
ヨシ 10:18 ほら穴の口に大きな石を<ころが>し，
Ⅰサム 14:33 ここに大きな石を<ころが>して来な
箴言 26:27 自分の上にそれを<ころが>す．
マタ 27:60 墓の入口には大きな石を<ころが>しかけて帰った．マコ15:46．
28: 2 主の使いが…石をわきへ<ころが>し
マコ 16: 3 石を<ころが>してくれる人が，だれ
4 石…<ころが>してあった．ルカ24:2．

▼ころがる
士師 7:13 パンのかたまりが…<ころが>って来
Ⅱサム 20:12 血まみれになって<ころが>っていた．
Ⅱ歴 20:24 死体が野に<ころが>っている．のが
Ⅱペテ 2:22 豚は…またどろの中に<ころがる>．」

▼ころげまわる（～回る）
マコ 9:20 あわを吹きながら，<ころげ回>った．

▼コロサイ〔地名〕
小アジヤの町．コロ1:2．

▼ころす（殺す）
創世 4: 8 アベルに襲いかかり，彼を<殺>した．
15 だれでもカインを<殺す>者は，7倍
12:12 私を<殺す>が，あなたは生かしてお
18:25 悪い者といっしょに<殺>し…正しい
20: 4 正しい国民をも<殺>されるのですか．
26: 7 リベカのことで…<殺>しはしないか
11 この人の妻に触れる者…<殺>される．
27:41 弟ヤコブを<殺>してやろう．」
34:25 町を襲い，すべての男子を<殺>した．
37:18 彼を見て…<殺>そうとたくらんだ．
42:37 私のふたりの子を<殺>してもかまい
49: 6 彼らは怒りにまかせて人を<殺>し，
出エ 1:16 男の子なら…<殺>さなければならな
2:14 あなたはエジプト人を<殺>したように，私も<殺>そうと言うのか」と言
4:23 わたしは…あなたの初子を<殺す>．』
24 主はモーセに会われ…<殺>そうとさ
19:12 必ず<殺>されなければならない．21:12，15，16，17，22:19，31:14，15，レビ20:2，9，10，11，12，13，15，16，27，24:16，17，27:29，民数15:35，35:16，21，31，士師21:5．
20:13 <殺>してはならない．申命5:17．
21:29 持ち主も<殺>されなければならない．
23: 7 正しい者を<殺>してはならない．わ
35: 2 仕事をする者…<殺>されなければな
民数 1:51 これに近づくほかの者は<殺>されなければならない．3:10．
11:15 どうか私を<殺>してください．これ
14:15 この民をひとり残らず<殺す>なら，
16 主は…彼らを荒野で<殺>したのだ．』
16:41 あなたがたは主の民を<殺>した．」
22:29 剣があれば…おまえを<殺>してしま
23:24 <殺>したものの血を飲むまでは休ま
31: 8 王たちを<殺>し…バラムを…<殺>し
17 男の子をみな<殺>せ…男を知っている女もみな<殺>せ．
19 人を<殺>した者…に触れた者はだれ
35:15 あやまって人を<殺>した者が…のがれる．申命4:42，19:4，ヨシ20:3．
19 彼と出会ったとき…<殺>してもよい．
30 だれかが人を<殺>したなら…その殺人者を，<殺>さなければならない．
申命 13: 5 夢見る者は<殺>されなければならな
9 必ず彼を<殺>さなければならない．
21: 1 だれが<殺>したのかわからないとき
22 死刑に当たる罪を犯して<殺>され，
24:16 父親が子どものために…子どもが父親のために<殺>されてはならない．人が<殺>されるのは，自分の罪のためでなければ．Ⅱ列14:6，Ⅱ歴25:4．
32:39 わたしは<殺>し，また生かす．わた
ヨシ 1:18 その者は<殺>されなければなりませ
8:24 アイの住民を…荒野の戦場で<殺>し，
9:26 ヨシュアは…彼らを…<殺>さなかっ
13:22 これらを<殺>し…バラムをも…<殺>

した．
士師 6:30 息子を引っ張り出して<殺>しなさい．
31 争う者は，朝までに<殺>されてしま
12: 6 ヨルダン川の渡し場で<殺>した．そ
15:13 私たちは決してあなたを<殺>さない．
16: 2 明け方まで待ち，彼を<殺>そう」と
24 私たち大ぜいを<殺>した者を，私た
30 サムソンが死ぬときに<殺>した者は
…生きている間に<殺>した者よりも
20: 4 <殺>された女の夫であるレビ人は答
5 私を<殺>そうと計りましたが，彼ら
13 彼らを<殺>して，イスラエルから悪
35 その日…２万5100人を<殺>した．こ
Ｉサム 2: 6 主は<殺>し，また生かし，よみに下
25 彼らを<殺す>ことが主のみこころで
11:13 きょうは人を<殺>してはならない．
15: 3 男も女も，子どもも…ろばも<殺>せ．
16: 2 サウルが聞いたら，私を<殺す>でし
17:25 あれを<殺す>者がいれば，王はその
27 彼を<殺>した者には，このようにさ
19: 1 サウルは，ダビデを<殺す>ことを…
告げた．2，5，6，15，17，20:33．
11 あなたは<殺>されてしまいます．」
20: 2 あなたが<殺>されるはずはありませ
8 あなたが私を<殺>してください．ど
22:17 近寄って，主の祭司たちを<殺>せ．
18 その日，彼は85人を<殺>した．それ
24:10 ある者はあなたを<殺>そうと言った
26: 9 <殺>してはならない．主に油そそが
15 王を<殺>しに入り込んだのに．
30: 2 ひとりも<殺>さず，自分たちの所に
31: 8 <殺>した者たちからはぎ取ろうとし
IIサム 1: 9 サウルが…私を<殺>してくれ…と言
14 <殺す>のを恐れなかったとは，どう
19 誉れは…高き所で<殺>された．25．
13:30 王の子たちを全部<殺>しました．残
14: 7 あれが<殺>した兄弟のいのちのため
に，あれを<殺>し，この家の世継ぎ
11 復讐をする者が<殺す>ことをくり返
19:22 きょう…人が<殺>されてよいだろう
23 王は…「あなたを<殺>さない」と言
21: 1 ギブオン人たちを<殺>したからだ．」
Ｉ列 1:51 <殺>さないと私に誓ってくださるよ
3:26 決してその子を<殺>さないでくださ
9:16 町に住んでいたカナン人を<殺>し，
13:24 獅子が道で…その人を<殺>した．死
18: 4 主の預言者たちを<殺>したとき，オ
9 私を<殺>そうとされるのですか．
12 彼は私を<殺す>でしょう．14．
II列 5: 7 私は<殺>したり，生かしたりするこ
10:14 水ためのところで…42人を<殺>し，
11: 2 <殺>される王の子たちの中から…ヨ
アシュを…彼は<殺>されなかった．
15 この女は主の宮で<殺>されてはなら
14: 6 殺害者の子どもたちは<殺>さなかっ
17:25 獅子は彼らの幾人かを<殺>した．26．
21:23 その宮殿の中でこの王を<殺>した．
Ｉ歴 10:14 主は彼を<殺>し，王位を…ダビデに
II歴 21: 4 ヨラムは…兄弟たちを…<殺>し…つ
かさたちのうち幾人かを<殺>した．
13 あなたの父の家の者を<殺>したので，
22: 1 年長の子らを全部<殺>してしまった
23: 7 宮に入って来る者は<殺>されなけれ
24:22 ヨアシュ王は…その子を<殺>した．
25: 3 王を打ち殺した家来たちを<殺>した．
4 彼らの子どもたちは<殺>さなかった．
28: 6 ペカ…１日のうちに12万人を<殺>し
ネヘ 4:11 彼らを<殺>し，その工事をやめさせ
6:10 夜分にあなたを<殺>しにやって来る．
9:26 預言者たちを<殺>し，ひどい侮辱を
エス 9: 6 ユダヤ人は…500人を<殺>して滅ぼ
12 500人とハマンの子10人を<殺>して
ヨブ 5: 2 憤りは愚か者を<殺>し，ねたみはあ
9:23 にわか水が突然出て人を<殺す>と，
13:15 神が私を<殺>しても，私は神を待ち
20:16 毒を吸い，まむしの舌が彼を<殺す>．
24:14 哀れな者や貧しい者を<殺>し，夜に
33:22 そのいのちは<殺す>者たちに近づく．
39:30 <殺>されたものがある所に，それは
詩篇 10: 8 隠れた所で，罪のない人を<殺す>．
34:21 悪は悪者を<殺>し，正しい者を憎む
37:32 悪者は正しい者を…<殺>そうとする．
44:22 私たちは一日中，<殺>されています．
59題目 ダビデを<殺>そうと，サウルが人々
59:11 彼らを<殺>してしまわないでくださ
78:31 最もがんじょうな者たちを<殺>し，
34 神が彼らを<殺>されると，彼らは神
88: 5 <殺>された者のようになっています．
89:10 ラハブを<殺>された者のように打ち
94: 6 やもめや在留異国人を<殺>し，みな

109:16 追いつめ，<殺>そうとしたからです．
135:10 主は…力ある王たちを<殺>された．
139:19 どうか悪者を<殺>してください．血
箴言 1:32 背信は自分を<殺>し，愚かな者の安
7:26 彼女に<殺>された者は数えきれない．
19:18 <殺す>気を起こしてはならない．
21:25 なまけ者の欲望はその身を<殺す>．
22:13 獅子が外に…私はちまたで<殺>され
伝道 3: 3 <殺す>のに時があり，いやすのに時
イザ 10: 4 <殺>された者たちのそばに倒れるだ
11: 4 くちびるの息で悪者を<殺す>．
22: 2 おまえのうちの<殺>された者たちは，
26:21 <殺>された者たちを…おおうことを
27: 7 <殺>した者を<殺す>ように，イスラエルを<殺>されただろうか．
34: 3 彼らの<殺>された者は投げやられ，
65:15 主は，あなたがたを<殺>される．ご
エレ 5: 6 森の獅子が彼らを<殺>し，荒れた地
7: 9 あなたがたは盗み，<殺>し，姦通し，
9: 1 私の娘，私の民の<殺>された者のた
18:21 彼らを剣で<殺>してください…若い男たちは…<殺>されますように．
20:17 胎内にいるとき，私を<殺>さず，私
25:33 その日，主に<殺>される者が地の果
26:15 もしあなたがたが私を<殺す>なら，
24 エレミヤが…<殺>されないようにし
38: 4 あの男を<殺>してください．彼はこ
15 必ず，私を<殺す>ではありませんか．
24 あなたは<殺>されることはない．
41: 7 彼らを<殺>して穴の中に投げ入れた．
50:21 彼らを追って，<殺>し…聖絶せよ．
哀歌 3:43 私たちを…容赦なく<殺>されました．
4: 9 剣で<殺>される者は，飢え死にする
エゼ 9: 6 年寄りも…女たちも<殺>して滅ぼせ．
16:21 わたしの子どもたちを<殺>し，これ
21:11 その剣は…<殺す>者の手に渡される．
22:27 人々を<殺>して自分の利得をむさぼ
23:39 自分たちの子どもを<殺>し…同じ日
26: 6 畑にいる娘たちも剣で<殺>される．
28: 9 自分を<殺す>者の前で，『私は神だ』
37: 9 息よ…<殺>された者たちに吹きつけ
ダニ 2:13 知者たちは<殺>されることになった…ダニエルと…同僚をも…<殺>そう
5:19 彼は思いのままに人を<殺>し，思い
ホセ 6: 5 わたしの口のことばで彼らを<殺す>．
9 シェケムへの道で人を<殺>し，彼ら
9:16 その胎の中のいとし子を<殺す>．
ハバ 1:17 容赦なく，諸国の民を<殺す>のだろ
マタ 2:13 ヘロデがこの幼子を…<殺>そうとし
16 2歳以下の男の子を…<殺>させた．
5:21 人を<殺>してはならない…<殺す>者
10:28 からだを<殺>しても，たましいを<殺>せない人たちなどを．ルカ12:4.
14: 5 ヘロデはヨハネを<殺>したかったが，
16:21 苦しみを受け，<殺>され，そして3日目に．マコ8:31，ルカ9:22.
19:18 <殺>してはならない．姦淫してはならない．ルカ18:20，ロマ13:9.
21:35 袋だたきにし，もうひとりは<殺>し，
38 あれはあと取りだ…あれを<殺>して…財産を．マコ12:7，ルカ20:14.
39 ぶどう園の外に…<殺>してしまった．
22: 6 王のしもべたちを…<殺>してしまっ
23:34 そのうちのある者を<殺>し，十字架
37 預言者たちを<殺>し．ルカ13:34.
24: 9 人々は，あなたがたを…<殺>します．
26: 4 イエスを…<殺>そうと相談した．マコ11:18，14:1，ルカ19:47，22:2.
マコ 3: 4 救うことなのか…<殺す>ことなのか．
9:31 人の子は…引き渡され，彼らはこれを<殺す>…3日の後に．10:34.
ルカ 11:47 父祖たちが彼らを<殺>しまし．48.
50-51 <殺>されたザカリヤの血に至るまで
13:31 ヘロデがあなたを<殺>そうと思って
19:27 私の目の前で<殺>してしまえ．』」
21:16 裏切られ…中には<殺>される者もあ
ヨハ 5:18 ますますイエスを<殺>そうと．7:1.
7:19 なぜわたしを<殺>そうとするのです
20 だれがあなたを<殺>そうとしている
10:10 盗人が来るのは…<殺>したり，滅ぼ
11:53 イエスを<殺す>ための計画を立てた．
12:10 ラザロも<殺>そうと相談した．
16: 2 あなたがたを<殺す>者がみな，そう
使徒 2:23 この方を…十字架につけて<殺>しま
3:15 いのちの君を<殺>しました．しかし，
5:30 十字架にかけて<殺>したイエスを，
33 使徒たちを<殺>そうと計った．
36 チゥダ…結局，彼は<殺>され，従っ
7:28 きのうエジプト人を<殺>したように，私も<殺す>気か．』

52 彼らは…<殺>したが，今はあなたが
たが…<殺す>者となりました．
8: 1 ステパノを<殺す>ことに賛成してい
9:23 ユダヤ人たちはサウロを<殺す>相談
をした．24，29．
12: 2 ヨハネの兄弟ヤコブを剣で<殺>した．
23:12 パウロを<殺>してしまうまでは飲み
15 彼がそこに近づく前に<殺す>手はず
26:10 彼らが<殺>されるときには…賛成の
27:42 囚人…<殺>してしまおうと相談した．
ロマ 7:11 戒めによって私を<殺>したからです．
8:13 からだの行いを<殺す>なら，あなた
Ⅱコリ 3: 6 文字は<殺>し，御霊は生かすからで
6: 9 罰せられているよう…<殺>されず，
コロ 3: 5 むさぼりを<殺>してしまいなさい．
Ⅰテサ 2:15 イエスをも，預言者たちをも<殺>し，
Ⅱテサ 2: 8 主は御口の息をもって彼を<殺>し，
Ⅰテモ 1: 9 父や母を<殺す>者，人を<殺す>者，
ヤコ 2:11 <殺>してはならない」とも言われた
5: 5 <殺>される日にあたって自分の心を
6 正しい人を罪に定めて，<殺>しまし
Ⅱペテ 2:12 捕らえられ<殺>されるために自然に
Ⅰヨハ 3:12 彼は…兄弟を<殺>しました．なぜ兄
弟を<殺>したのでしょう．自分の行
黙示 2:23 子どもたちをも死病によって<殺す>．
6: 4 互いに<殺>し合うようになるためで
8 獣によって<殺す>権威が与えられた．
9 <殺>された人々のたましいが祭壇の
9: 5 人間を<殺す>ことは許されず，ただ
15 人類の３分の１を<殺す>ために解き
11: 5 必ずこのように<殺>される．
13:10 剣で<殺す>者は，自分も剣で<殺>さ
15 像を拝まない者をみな<殺>させた．
18:24 <殺>されたすべての人々の血が，こ
19:21 口から出る剣によって<殺>され，す

▼ ごろつき

士師 9: 4 <ごろつき>の，ずうずうしい者たち
11: 3 エフタのところに，<ごろつき>が集
Ⅱサム 6:20 <ごろつき>が恥ずかしげもなく裸に

▼ ころば（子ろば）

ゼカ 9: 9 乗られる…雌ろばの子の<子ろば>に．

▼ ころも（衣）【別項】御衣

創世 3:21 主は…皮の<衣>を作り，彼らに着せ
士師 8:26 王たちの着ていた赤紫の<衣>…首飾
Ⅱサム 10: 4 その<衣>を半分に切って尻のあたり
Ⅱ列 18:37 自分たちの<衣>を裂いてヒゼキヤの
もとに行き…告げた．イザ36:22．
19: 1 ヒゼキヤ王は…自分の<衣>を裂き…
主の宮に入った．イザ37:1．
22:11 王は…<衣>を裂いた．Ⅱ歴34:19．
詩篇 45:13 <衣>には黄金が織り合わされている．
102:26 すべてのものは<衣>のようにすり切
104: 2 あなたは光を<衣>のように着，天を，
6 深い水を<衣>のようにして，地をお
109:18 <衣>のようにのろいを身にまといま
133: 2 その<衣>のえりにまで流れしたたる．
箴言 30: 4 だれが水を<衣>のうちに包んだだろ
イザ 50: 9 彼らは…<衣>のように古び．51:6．
51: 8 しみが彼らを<衣>のように食い尽く
52: 1 シオン．あなたの美しい<衣>を着よ．
59:17 復讐の<衣>を身にまとい，ねたみを
61:10 主がわたしに，救いの<衣>を着せ，
63: 1 深紅の<衣>を着て来るこの者は，だ
エレ 4:30 あなたが緋の<衣>をまとい，金の飾
10: 9 その<衣>は青色と紫色，これらはみ
36:24 <衣>を裂こうともしなかった．
哀歌 4: 5 紅の<衣>で育てられた者は，堆肥を
エゼ 16: 8 <衣>のすそをあなたの上に広げ，あ
ダニ 7: 9 その<衣>は雪のように白く，頭の毛
マタ 23: 5 <衣>のふさを長くしたりする．マコ
12:38，ルカ20:46．
26:65 大祭司は，自分の<衣>を引き裂いて
言った．マコ14:63．
28: 3 その<衣>は雪のように白かった．
マコ 15:17 イエスに紫の<衣>を着せ，いばらの
16: 5 真っ白な長い<衣>をまとった青年が
ルカ 16:19 紫の<衣>や細布を着て…遊び暮らし
23:11 はでな<衣>を着せて，ピラトに送り
24: 4 まばゆいばかりの<衣>を着たふたり
ヨハ 20:12 御使いが…白い<衣>をまとってすわ
使徒 1:10 白い<衣>を着た人がふたり…立って
10:30 輝いた<衣>を着た人が，私の前に立
14:14 バルナバとパウロは，<衣>を裂いて，
黙示 3: 4 その<衣>を汚さなかった者が幾人か
いる．彼らは白い<衣>を着て，わた
5 勝利を得る者…白い<衣>を着せられ
18 裸の恥を…白い<衣>を買いなさい．
4: 4 白い<衣>を着て，金の冠を頭にかぶ
6:11 ひとりひとりに白い<衣>が与えられ
7: 9 白い<衣>を着，しゅろの枝を手に持

13 白い<衣>を着ているこの人たちは,
14 その<衣>を小羊の血で洗って，白く
17: 4 この女は紫と緋の<衣>を着ていて,
19: 8 きよい麻布の<衣>を着ることを許さ
13 その方は血に染まった<衣>を着てい

▼ 5わ（5羽）

ルカ 12: 6 <5羽>の雀は2アサリオンで売って

▼ こわい

マタ 14:30 風を見て，<こわ>くなり，沈みかけ
21:26 人から，と言えば，群衆が<こわい>.
25:25 私は<こわ>くなり，出て行って，あ

▼ こわがる

マタ 8:26 なぜ<こわがる>のか．マコ4:40.
17: 6 ひれ伏して非常に<こわが>った.
ルカ 1:13 <こわがる>ことはない．ザカリヤ.
30 <こわがる>ことはない．マリヤ．あ
5:10 <こわが>らなくてもよい．これから

▼ こわす

レビ 6:28 土の器は<こわ>されなければならな
申命 12: 3 祭壇を<こわ>し，石の柱を打ち砕き,
Ⅰ列 19:10 あなたの祭壇を<こわ>し…預言者た
Ⅱ列 10:27 バアルの石の柱を<こわ>し，バアル
の宮も<こわ>し，これを公衆便所と
23: 7 主の宮の…神殿男娼の家を<こわ>し
ヨブ 30:13 彼らは私の通り道を<こわ>し，私の
箴言 14: 1 愚かな女は自分の手で…<こわす>.
伝道 12: 6 滑車が井戸のそばで<こわ>される.
イザ 22:10 その家を<こわ>して城壁を補強し,
エレ 1:10 あるいは滅ぼし，あるいは<こわ>し,
18: 4 制作中の器を自分の手で<こわ>し,
31:28 <こわ>し，滅ぼし，わざわいを与え
40 根こぎにされず，<こわ>されること
45: 4 自分が建てた物を自分で<こわ>し,
エゼ 13:13 雹を降らせて，<こわ>してしまう.
16:39 高台を<こわ>し，あなたの着物をは
ホセ 10: 2 主は彼らの祭壇を<こわ>し…石の柱
ヨエ 1:17 穴倉は<こわ>された．穀物がしなび
マタ 26:61 神殿を<こわ>して…3日のうちに建
て直．27:40，マコ14:58，ヨハ2:19.
使徒 6:14 イエスはこの聖なる所を<こわ>し,
Ⅰコリ 3:17 だれかが神の神殿を<こわす>なら,

▼ こわっぱ（小わっぱ）

Ⅰサム 25:22 <小わっぱ>ひとりでも残し．25:34.
Ⅰ列 14:10 <小わっぱ>から奴隷や自由の者に至
るまで．16:11，21:21，Ⅱ列9:8.

▼ こわれる

Ⅰ列 18:30 <こわれ>ていた主の祭壇を建て直し
詩篇 31:12 <こわれ>た器のようになりました.
エレ 2:13 <こわれ>た水ためを，自分たちのた
50:15 柱は倒れ，その城壁は<こわれ>た.
Ⅱコリ 5: 1 地上の幕屋が<こわれ>ても，神の下

▼ こんいん（婚姻）

詩篇 78:63 若い女たちは<婚姻>の歌を歌わなか
黙示 19: 7 小羊の<婚姻>の時が来て，花嫁はそ

▼ こんえん（婚宴）

黙示 19: 9 小羊の<婚宴>に招かれた者は幸いだ,

▼ こんがん（懇願）

申命 3:23 私は…主に<懇願>して言った.
Ⅱ列 1:13 ひざまずき，<懇願>して言った.
マタ 8: 5 百人隊長がみもとに来て，<懇願>し
マコ 5:10 追い出さないでくださいと<懇願>し
使徒 16: 9 助けてください」と<懇願>するので
25: 3 呼び寄せていただきたいと…<懇願>
Ⅱコリ 5:20 神が私たちを通して<懇願>しておら
6: 1 神とともに働く者として…<懇願>し

▼ こんき（婚期）

Ⅰコリ 7:36 娘の<婚期>も過ぎようとしていて,

▼ こんきゅう（困窮）

Ⅰサム 22: 2 <困窮>している者，負債のある者,
Ⅱコリ 11: 9 <困窮>していたときも，私はだれに

▼ こんきょ（根拠）

使徒 25:11 一つも<根拠>がないとすれば，だれ

▼ こんけつ（混血）

ネヘ 13: 3 <混血>の者をみな…取り分けた.
エレ 25:20 すべての<混血>の民，ウツの地のす
ゼカ 9: 6 <混血>の民が住むようになる．わた

▼ こんげん（根源）

黙示 3:14 造られたものの<根源>である方がこ

▼ こんごうせき（金剛石）

エレ 17: 1 ユダの罪は…<金剛石>のとがりでし
エゼ 3: 9 火打石よりも堅い<金剛石>のように
ゼカ 7:12 彼らは心を<金剛石>のようにして,

▼ こんなん（困難）

出エ 14:25 車輪をはずして，進むのを<困難>に
18: 8 彼らに降りかかったすべての<困難>,
民数 20:14 すべての<困難>をご存じです.
Ⅰ歴 22:14 私は<困難>な中にも主の家のために,
ネヘ 1: 3 残りの者たちは，非常な<困難>の中
9:32 すべての<困難>を…小さい事とみな
オバ 13 あなたは…<困難>をながめているな.

マタ 13:21 みことばのために<困難>や迫害が起こると…つまずいて．マコ4:17.
Ⅱコリ 12:10 迫害，<困難>に甘んじています．な
ピリ 4:14 よく私と<困難>を分け合ってくれま
Ⅱテモ 3: 1 終わりの日には<困難>な時代がやっ
4: 5 <困難>に耐え，伝道者として働き，

▼ コンパス

イザ 44:13 <コンパス>で線を引き，人の形に造

▼ こんや（今夜）

創世 19: 5 <今夜>おまえのところにやって来た
34 <今夜>もまた，お父さんに酒を飲ま
30:15 <今夜>，あの人があなたといっしょ
民数 22: 8 <今夜>はここに泊まりなさい．主が
ヨシ 2: 2 <今夜>この地を探るために，入って
Ⅰサム 19:11 <今夜>，あなたのいのちを救わなけ
Ⅱサム 17: 1 私は<今夜>，ダビデのあとを追って
マタ 26:31 <今夜>，わたしのゆえにつまずきま
34 <今夜>，鶏が鳴く前に．マコ14:30.
ルカ 12:20 おまえのたましいは，<今夜>…取り
使徒 23:23 <今夜>9時，カイザリヤに向けて出

▼ こんやく（婚約）

出エ 22:16 <婚約>していない処女をいざない，
申命 20: 7 女と<婚約>して，まだその女と結婚
22:23 ある人と<婚約>中の処女の女がおり，
28:30 <婚約>しても，他の男が彼女と寝る．
エレ 2: 2 あなたの…誠実，<婚約>時代の愛，

▼ こんらん（混乱），混乱状態

創世 11: 7 そこでの彼らのことばを<混乱>させ，
ネヘ 4: 8 <混乱>を起こそうと陰謀を企てた．
エス 3:15 シュシャンの町は<混乱>に陥った．
詩篇 55: 9 彼らのことばを<混乱>させ，分裂さ
イザ 22: 5 恐慌と…<混乱>の日は…主から来る
ミカ 7: 4 今，彼らに<混乱>が起きる．
使徒 19:32 集会は<混乱状態>に陥り，大多数の
21:31 エルサレム中が<混乱状態>に陥って
Ⅰコリ 14:33 神が<混乱>の神ではなく，平和の神

▼ こんれい（婚礼）

マタ 25:10 <婚礼>の祝宴に行き，戸がしめられ
ルカ 12:36 主人が<婚礼>から帰って来て戸をた
14: 8 <婚礼>の披露宴に招かれたときには，
ヨハ 2: 1 ガリラヤのカナで<婚礼>があって，

さ

▼ ざ（座）【別項】王座・王の座，年長の座，御座

詩篇 1: 1 あざける者の<座>に着かなかった，
110: 1 足台と…までは，わたしの右の<座>
雅歌 1:12 王がうたげの<座>に着いておられる
エゼ 28: 2 私は神だ．海の真ん中で神の<座>に
ダニ 7:10 さばく方が<座>に着き，幾つかの文
マタ 19:28 12の<座>に着いて，イスラエルの12
23: 2 パリサイ人たちは，モーセの<座>を
マコ 12:36 従わせるまでは，わたしの右の<座>
14:62 人の子が，力ある方の右の<座>に着
ルカ 20:43 足台…時まで，わたしの右の<座>に
エペ 1:20 天上においてご自分の右の<座>に着
ヘブ 1: 3 すぐれて高い所の大能者の右の<座>
黙示 3:21 勝利を得る者を…わたしの<座>に着
4: 4 御座の回りに24の<座>があった．こ
11:16 神の御前で自分たちの<座>に着いて
20: 4 また私は，多くの<座>を見た．彼ら

▼ ザアカイ〔人名〕

取税人のかしら．ルカ19:2，5，6，8．

▼ ザアワン〔人名〕

セイルの子孫．創世36:27，Ⅰ歴1:42．

▼ ざいあく（罪悪）

エゼ 9: 9 国は虐殺の血で満ち，町も<罪悪>で
ゼカ 5: 8 彼は，「これは<罪悪>だ」と言って，

▼ ざいか（罪過）【別項】罪過のためのいけにえ

レビ 22:16 聖なるものを食べて，その<罪過>の
民数 5: 7 その者は<罪過>のために総額を弁償
8 <罪過>のための弁償を受け取る権利…<罪過>のためのものは主のもので
Ⅰ歴 21: 3 なぜ，イスラエルに対し<罪過>ある
Ⅱ歴 24:18 偶像に仕えたので…この<罪過>のた
28:10 あなたがたの神，主に対して<罪過>
エズ 10:10 外国の女をめとって…<罪過>を増し
詩篇 68:21 おのれの<罪過>のうちを歩む者の毛

69: 5 私の数々の<罪過>は，あなたに隠さ
エペ 2: 1 自分の<罪過>と罪との中に死んでい
5 <罪過>の中に死んでいたこの私たち

▼ さいがい（災害）

創世 12:17 パロと，その家をひどい<災害>で痛
申命 28:59 あなたへの<災害>…を下される．大
ヨシ 24: 5 エジプトに<災害>を下した．わたし
箴言 17: 5 人の<災害>を喜ぶ者は罰を免れない．
ゼカ 14:12 すべての国々の民にこの<災害>を加
黙示 9:18 これらの三つの<災害>，すなわち，
11: 6 あらゆる<災害>をもって地を打つ力
15: 1 最後の七つの<災害>を携えていた．
16: 9 これらの<災害>を支配する権威を持
18: 4 この女から離れなさい…その<災害>
8 さまざまの<災害>，すなわち死病，
22:18 つけ加える者があれば…<災害>をそ

▼ ざいかのためのいけにえ（罪過のためのいけにえ）

レビ 5:15 <罪過のためのいけにえ>．16，18，19．
6: 6 主への<罪過のためのいけにえ>を…<罪過のためのいけにえ>として祭司
17 <罪過のためのいけにえ>と同じよう
7: 1 <罪過のためのいけにえ>のおしえは次のとおりである．2，5，7，37．
14:12 <罪過のためのいけにえ>とし，それ
13 <罪過のためのいけにえ>も祭司のも
14 <罪過のためのいけにえ>の血を取り…塗りつける．17，21．
24 <罪過のためのいけにえ>の子羊と油
25 <罪過のためのいけにえ>の子羊をほふる…<罪過のためのいけにえ>の血を取って…親指に塗る．28．
19:21 <罪過のためのいけにえ>として，<罪過のためのいけにえ>の雄羊を…持って来る．22．
民数 6:12 <罪過のためのいけにえ>とする．
18: 9 <罪過のためのいけにえ>，これらの
Ⅱ列 12:16 <罪過のためのいけにえ>の金と，罪
エズ 10:19 <罪過のためのいけにえ>としてささ
箴言 14: 9 <罪過のためのいけにえ>は愚か者を
イザ 53:10 <罪過のためのいけにえ>とするなら，
エゼ 40:39 <罪過のためのいけにえ>をほふるた
42:13 <罪過のためのいけにえ>を置く．
44:29 食物は…<罪過のためのいけにえ>，
46:20 <罪過のためのいけにえ>や，罪のた

▼ さいく（細工）

出エ 26: 1 巧みな<細工>でそれにケルビムを織
31: 4 金や銀や青銅の<細工>を巧みに設計
36: 8 巧みな<細工>でケルビムを織り出し
39: 8 胸当てを巧みな<細工>で，エポデの
民数 31:51 それはあらゆる種類の<細工>を施し
Ⅰ列 7:14 青銅の<細工>師であった．それでヒラムは青銅の<細工>物全般に関する
箴言 6:18 邪悪な計画を<細工>する心，悪へ走
イザ 37:19 神ではなく，人の手の<細工>，木や
40:20 巧みな<細工>人を捜して，動かない
44:11 それを<細工>した者が人間にすぎな
12 鉄で<細工>する者はなたを使い．13．

▼ さいけん（再建）

申命 13:16 廃墟となり，<再建>されることはな
ヨシ 6:26 この町エリコの<再建>を企てる者は，
Ⅰ列 9:17 ソロモンは，このゲゼルを<再建>し
12:25 シェケムを<再建>し，そこに住んだ．
Ⅱ列 14:22 エラテを<再建>し…ユダに復帰させ
Ⅰ歴 11: 8 町の他の部分はヨアブが<再建>した．
Ⅱ歴 24:27 神の宮の<再建>のことなどは，王た
エズ 4:12 反抗的で危険な町を<再建>していま
9: 9 私たちの神の宮を<再建>させ，その
ネヘ 2: 5 先祖の墓のある町へ送って…<再建>
18 さあ，<再建>に取りかかろう」と言
3: 1 羊の門の<再建>に取りかかった．彼
7: 1 城壁が<再建>され，私がとびらを取
イザ 44:26 町々は<再建>され，その廃墟はわた
ダニ 9:25 引き揚げてエルサレムを<再建>せよ，

▼ さいけんしゃ（債権者）

イザ 24: 2 貸す者は借りる者と，<債権者>は債
50: 1 彼女を追い出した…その<債権者>は

▼ さいご（最後，最期）

創世 33: 2 ラケルとヨセフを<最後>に置いた．
民数 2:31 彼らはその旗に従って<最後>に進ま
Ⅱサム 23: 1 これはダビデの<最後>のことばであ
ネヘ 8:18 <最後>の日まで，毎日朗読された．
ヨブ 34:36 ヨブが<最後>までためされるように．
詩篇 73:17 ついに，彼らの<最後>を悟った．
エレ 12: 4 彼は私たちの<最期>を見ない」と言
50:12 彼女は国々のうちの<最後>の者，荒
51:13 あなたの<最期>…断ち滅ぼされる時
エゼ 21:25 あなたの日，<最後>の刑罰の時が来
マタ 10:22 しかし，<最後>まで耐え忍ぶ者は救

20:14 私としては，この<最後>の人にも，
26:60 偽証者がたくさん出て…<最後>にふ
マコ 12: 6 私の息子なら…と言って，<最後>に
ルカ 9:31 遂げようとしておられるご<最期>に
12:59 <最後>の１レプタを支払うまでは，
Ｉコリ 1: 8 <最後>まで堅く保ってくださいます.
15: 8 <最後>に，月足らずで生まれた者と
26 <最後>の敵である死も滅ぼされます.
45 <最後>のアダムは，生かす御霊とな
Ⅱコリ 3:13 モーセが，消えうせるものの<最後>
11:15 彼らの<最後>はそのしわざにふさわ
ピリ 3:19 彼らの<最後>は滅びです．彼らの神
ヘブ 6:11 同じ熱心さを示して，<最後>まで，
黙示 1:17 わたしは，最初であり，<最後>であ
2:26 勝利を得る者，また<最後>までわた
15: 1 ７人の御使いが，<最後>の七つの災
21: 6 最初であり，<最後>である．わたし
22:13 最初であり，<最後>である．初めで

▼ さいこう（再興）

使徒 1: 6 イスラエルのために国を<再興>して

▼ さいこうぎかい（最高議会）

マタ 5:22 <最高議会>に引き渡されます．また，

▼ ざいさん（財産），全財産

創世 12: 5 彼らが得たすべての<財産>と，ハラ
14:16 また親類の者ロトとその<財産>，そ
15:14 彼らは多くの<財産>を持って，そこ
34:29 その人たちの<全財産>，幼子，妻た
出エ 21:21 奴隷は彼の<財産>だからである.
民数 31: 9 その<財産>をことごとく奪い取り，
申命 21:17 自分の<全財産>の中から，２倍の分
Ｉ歴 27:31 ダビデ王の所有する<財産>の係長で
Ⅱ歴 21:17 すべての<財産>と彼の子や妻たちを
32:29 非常に多くの<財産>を彼に与えられ
エズ 10: 8 その<全財産>は聖絶され，その者は，
ヨブ 20:10 自分の<財産>を取り戻さなければな
詩篇 49: 6 おのれの<財産>に信頼する者どもや，
箴言 3: 9 あなたの<財産>とすべての収穫の初
6:31 自分の家の<財産>をことごとく与え
8:21 愛する者には<財産>を受け継がせ，
10:15 富む者の<財産>はその堅固な城．貧
11: 4 <財産>は激しい怒りの日には役に立
13: 7 貧しいように見せかけ…<財産>を持
11 急に得た<財産>は減るが，働いて集
23 <財産>は滅ぼし尽くされる.
18:11 富む者の<財産>はその堅固な城．自
19: 4 <財産>は多くの友を増し加え，寄る
29: 3 遊女と交わる者は，<財産>を滅ぼす.
伝道 5:11 <財産>がふえると，寄食者もふえる.
雅歌 8: 7 自分の<財産>をことごとく与えても，
エゼ 38:13 家畜や<財産>を取り，大いに略奪を
ホセ 12: 8 私は自分のために<財産>を得た．私
ゼパ 1:13 <財産>は略奪され，彼らの家は荒れ
マタ 19:22 悲しんで去って…多くの<財産>を持
21:38 あれを殺して…<財産>を手に入れよ
24:47 その主人は彼に自分の<全財産>を任
25:14 天の御国は…自分の<財産>を預け，
マコ 10:22 この人は多くの<財産>を持っていた
ルカ 8: 3 自分の<財産>をもって彼らに仕えて
12:15 その人のいのちは<財産>にあるので
18 大きいのを建て，穀物や<財産>はみ
14:33 自分の<財産>全部を捨てないでは，
15:12 お父さん．私に<財産>の分け前を下
13 放蕩して湯水のように<財産>を使っ
16: 1 管理人が主人の<財産>を乱費してい
19: 8 私の<財産>の半分を貧しい人たちに
使徒 7: 5 この地を彼とその子孫に<財産>とし
8:27 女王の<財産>全部を管理していた宦
ヘブ 10:34 いつまでも残る<財産>を持っている

▼ さいし（妻子）

民数 14: 3 私たちの<妻子>は，さらわれてしま
ヨシ 1:14 あなたがたの<妻子>と家畜とは，モ
Ｉ歴 7: 4 彼らは多くの<妻子>を得たからであ
ダニ 6:24 <妻子>とともに捕らえられ，獅子の
マタ 18:25 自分も<妻子>も持ち物全部も売って

▼ さいし（祭司）

創世 14:18 彼はいと高き神の<祭司>であった.
47:22 <祭司>たちの土地は買い取らなかった．<祭司>たちにはパロからの給与
出エ 2:16 ミデヤンの<祭司>．3:1，18:1.
19: 6 <祭司>の王国，聖なる国民となる.
22 <祭司>たちも…身をきよめなければ
29:44 彼らを<祭司>としてわたしに仕えさ
レビ 1: 5 <祭司>であるアロンの子ら．2:2.
4: 3 <祭司>が，罪を犯し．5，7，10.
31 <祭司>は，その人のために贖いをしなさい．20，26，5:6，13，16，18，6:7，12:8，15:15，19:22.
6:10 <祭司>は亜麻布の衣を着なさい．ま
12 <祭司>は朝ごとに…たきぎをくべ，
7: 6 <祭司>たちのうち，男子はみな，そ

13: 3 <祭司>は…患部を調べる．5，10，13，17，21，25，31，36，43，55．
14:23 <祭司>のところに持って来る．15:29，民数6:10．
16:32 任命された<祭司>が，贖いをする．
21: 1 アロンの子である<祭司>たちに言え．
民数 3: 3 <祭司>の職に任じられた<祭司>であ
10 <祭司>の職を守らせなければならな
5: 9 奉納物はみな，<祭司>のものとなる．
16:10 <祭司>の職まで要求するのか．
申命17: 9 レビ人の<祭司>たち．18，18:1，21:5，24:8，27:9，31:9，ヨシ3:3．
ヨシ 3:13 <祭司>たちの足の裏が，ヨルダン川
6: 4 7人の<祭司>たちが…7度町を回り，
18: 7 <祭司>として仕えることが…相続地
士師17: 5 息子のひとりを…自分の<祭司>としていた．10，13，18:4，19，24，27．
Ⅰサム 1:15 <祭司>さま．私は心に悩みのある女
2:35 忠実な<祭司>を，わたしのために起
5: 5 ダゴンの<祭司>たちや，ダゴンの宮
22:17 近寄って，主の<祭司>たちを殺せ．
Ⅱサム 8:18 ダビデの子らは<祭司>であった．
Ⅰ列12:31 一般の民の中から<祭司>を任命した．
32 高き所の<祭司>たち．Ⅱ列17:32．
Ⅱ列23: 5 偶像に仕える<祭司>たち．ホセ10:5．
Ⅰ歴13: 2 <祭司>やレビ人．23:2，24:6，28:13，Ⅱ歴5:5，8:15，11:13，23:6，29:4，30:21，31:2，エズ1:5，6:20，7:7，9:1，10:5，ネヘ11:3，12:1．
Ⅱ歴 6:41 <祭司>たちの身に救いをまとわせて
7: 2 <祭司>たちは主の宮に入ることがで
13: 9 主の<祭司>たちとレビ人を追放し…神ならぬものの<祭司>となったので
15: 3 神なく…<祭司>もなく，律法もあり
26:17 80人の有力な<祭司>たちとともに入
エズ 2:63 <祭司>が起こるまでは．ネヘ7:65．
詩 110: 4 あなたは…とこしえに<祭司>である．
132: 9 <祭司>たちは，義を身にまとい，あ
16 その<祭司>らに救いを着せよう．そ
イザ24: 2 民は<祭司>と等しくなり，奴隷はそ
28: 7 <祭司>も預言者も，強い酒のために
61: 6 あなたがたは主の<祭司>ととなえら
66:21 ある者を選んで<祭司>とし，レビ人
エレ 4: 9 <祭司>はおののき，預言者は驚く．」
6:13 預言者から<祭司>に至るまで…偽り
13:13 王たち，<祭司>，預言者．32:32．
23:11 実に，預言者も<祭司>も汚れている．
哀歌 2: 6 主は…王と<祭司>を退けられた．
エゼ 7:26 <祭司>は律法を失い，長老はさとし
22:26 <祭司>たちは，わたしの律法を犯し，
44:13 <祭司>としてわたしに仕えるために，
ホセ 4: 4 <祭司>よ．わたしはあなたをなじる．
6 退けて，わたしの<祭司>としない．
9 民も<祭司>も同じようになる．わた
6: 9 <祭司>たちは仲間を組み，シェケム
ヨエ 1:13 <祭司>たちよ．荒布をまとって…悲
2:17 主に仕える<祭司>たちは，神殿の玄
ミカ 3:11 <祭司>たちは代金を取って教え，そ
ゼパ 3: 4 <祭司>たちは，聖なる物を汚し，律
ゼカ 6:13 王座のかたわらに，ひとりの<祭司>
マラ 1: 6 わたしの名をさげすむ<祭司>たち．
マタ 8: 4 行って，自分を<祭司>に見せなさい．
12: 4 <祭司>のほかは…食べてはならない
5 安息日に宮にいる<祭司>たちは安息
ルカ 1: 8 ザカリヤは…<祭司>の務めをしてい
10:31 <祭司>がひとり，その道を下って来
ヨハ 1:19 <祭司>とレビ人を…ヨハネのもとに
使徒 6: 7 <祭司>たちが次々に信仰に入った．
14:13 ゼウス神殿の<祭司>は，雄牛数頭と
ヘブ 7:17 メルキゼデクの位に等しい<祭司>で
21 あなたはとこしえに<祭司>である．』
24 変わることのない<祭司>の務めを持
10:21 私たちには…偉大な<祭司>がありま
Ⅰペテ 2: 5 あなたがたも…聖なる<祭司>として，
9 王である<祭司>，聖なる国民，神の
黙示 1: 6 王国とし…<祭司>としてくださった
20: 6 神とキリストとの<祭司>となり，キ

▼ さいししょく（祭司職）

出エ28:41 彼らを<祭司職>に任命し…聖別して
40:15 代々にわたる永遠の<祭司職>のため
レビ 8:33 <祭司職>に任命するには7日を要す
民数18: 7 <祭司職>を守り，奉仕しなければならない…<祭司職>を賜物の奉仕とし
25:13 永遠にわたる<祭司職>の契約となる．
エズ 2:62 <祭司職>を果たす資格がない者とさ
ネヘ13:29 彼らは<祭司職>を汚し，祭司やレビ
ヘブ 7:11 レビ系の<祭司職>によって完全に到
12 <祭司職>が変われば，律法も必ず変

▼ さいしちょう（祭司長）

Ⅱ歴36:14 <祭司長>全員と民も，異邦の民の，

エズ 8:29 主の宮の部屋で，<祭司長>たち，レ
マタ 2: 4 <祭司長>たち…をみな集めて，キリ
16:21 <祭司長>…たちから多くの苦しみを
21:15 <祭司長>…たちは，イエスのなさっ
23 教えておられると，<祭司長>，民の
26: 3 <祭司長>…たちは，カヤパという大
47 群衆はみな，<祭司長>…から差し向
59 <祭司長>…は，イエスを死刑にする
27: 1 夜が明けると，<祭司長>，民の長老
3 銀貨30枚を，<祭司長>，長老たちに
12 <祭司長>…から訴えがなされたとき
62 備えの日の翌日，<祭司長>，パリサ
28:12 <祭司長>たちは…協議し，兵士たち
マコ 11:18 <祭司長>…たちは聞いて，どのよう
14: 1 2日後に迫っていたので，<祭司長>
10 イエスを売ろうとして<祭司長>たち
53 <祭司長>，長老，律法学者たちがみ
15: 3 <祭司長>たちはイエスをきびしく訴
10 ピラトは，<祭司長>たちが，ねたみ
11 <祭司長>たちは群衆を扇動して，む
31 <祭司長>たちも…言った．「他人は
ルカ 19:47 <祭司長>…たちは，イエスを殺そう
20:19 <祭司長>たちは…やはり民衆を恐れ
22: 2 <祭司長>…たちは，イエスを殺すた
52 <祭司長>…たちに言われた．「まる
23: 4 ピラトは<祭司長>たちや群衆に…こ
24:20 <祭司長>…たちは，この方を引き渡
ヨハ 7:32 <祭司長>…たちは，イエスを捕らえ
11:57 <祭司長>…たちはイエスを捕らえる
12:10 <祭司長>たちはラザロも殺そうと相
18:35 ピラトは答えた…<祭司長>たちが，
19: 6 <祭司長>たち…は…激しく叫んで，
15 <祭司長>たちは答えた．「カイザル
21 <祭司長>たちがピラトに，「ユダヤ
使徒 5:24 <祭司長>たちは，このことばを聞い
9:14 捕縛する権限を，<祭司長>たち．21.
19:14 <祭司長>スケワという人の7人の息
23:14 彼らは，<祭司長>たち，長老たちの
25: 2 <祭司長>たち…が，パウロのことを

▼ さいしょ（最初）

創世 10: 8 ニムロデは地上で<最初>の権力者と
25:25 <最初>に出て来た子は，赤くて，全
出エ 34:19 <最初>に生まれるものは，すべて，
レビ 23: 7 <最初>の日は，あなたがたの聖なる
40 <最初>の日に，あなたがたは自分た
申命 10: 2 <最初>の板にあったことばを書きし
士師 20:32 彼らは<最初>のときのようにわれわ
39 <最初>の戦いのときのように，われ
Ⅰサム 14:35 主のために築いた<最初>の祭壇であ
Ⅰ歴 1:10 ニムロデは地上で<最初>の権力者と
9: 2 <最初>に住みついたのは，イスラエ
29:29 ダビデ王の業績は，<最初>から最後
Ⅱ歴 9:29 ソロモンの業績，それは<最初>から
12:15 レハブアムの業績，それは<最初>か
17: 3 彼がその先祖ダビデの<最初>の道に
ネヘ 7: 5 <最初>に上って来た人々の系図を発
8:18 神の律法の書は，<最初>の日から最
ヨブ 15: 7 あなたは<最初>に生まれた人か．あ
箴言 18:17 <最初>に訴える者は，その相手が来
イザ 43:27 あなたの<最初>の先祖は罪を犯し，
マタ 17:27 <最初>に釣れた魚を取りなさい．そ
20: 8 <最初>に来た者たちにまで，賃金を
10 <最初>の者たちがもらいに来て，も
ルカ 2: 2 これは…<最初>の住民登録であった．
ヨハ 2:11 イエスはこのことを<最初>のしるし
8: 7 罪のない者が，<最初>に彼女に石を
使徒 11:15 聖霊が，あの<最初>のとき私たちに
20:18 アジヤに足を踏み入れた<最初>の日
26: 4 私が<最初>から私の国民の中で，ま
23 この民と異邦人とに<最初>に光を宣
ロマ 16: 5 アジヤでキリストを信じた<最初>の
Ⅰコリ 15:45 聖書に「<最初>の人アダムは生きた
46 <最初>にあったのは血肉のものであ
ガラ 4:13 私が<最初>あなたがたに福音を伝え
ピリ 1: 5 <最初>の日から今日まで，福音を広
コロ 1:18 御子は…死者の中から<最初>に生ま
ヘブ 2: 3 この救いは<最初>主によって語られ，
3:14 もし<最初>の確信を終わりまでしっ
黙示 1: 5 死者の中から<最初>によみがえられ
17 恐れるな．わたしは，<最初>であり，
21: 6 わたしは…<最初>であり，最後であ
る．わたしは，渇く者には．22:13.

▼ さいじょう（最上）

創世 23: 6 私たちの<最上>の墓地に…葬ってく
出エ 23:19 土地の初穂の<最上>のものを，あな
30:23 あなたは，<最上>の香料を取れ．液
民数 18:32 その<最上>の部分を供えるなら，そ
Ⅰサム 2:29 ささげ物のうち<最上>の部分で自分
15:21 聖絶すべき物の<最上>の物として，
雅歌 4:13 <最上>の実をみのらすざくろの園，

エゼ 44:30 <最上>の奉納物は，すべて祭司たち
アモ 6: 6 <最上>の香油を身に塗るが，ヨセフ
▼ ざいじょう（罪状），罪状書き
マタ 27:37 ユダヤ人の王…と書いた<罪状書き>
マコ 15:26 イエスの<罪状書き>には，「ユダヤ
ヨハ 19:19 ピラトは<罪状書き>も書いて，十字
20 大ぜいのユダヤ人がこの<罪状書き>
使徒 25: 7 多くの重い<罪状>を申し立てたが，
▼ さいぜん（最善）
使徒 24:16 良心を保つように，と<最善>を尽く
▼ さいだん（祭壇）【別項】香壇・香の祭壇，祭壇の角，祭壇の炉
創世 8:20 ノアは，主のために<祭壇>を築き，
12: 7 アブラムは…主のために…<祭壇>を
13:18 マムレの樫の木のそばに…<祭壇>を
22: 9 <祭壇>を築いた…自分の子イサクを
26:25 イサクはそこに<祭壇>を築き，主の
33:20 <祭壇>を築き，それをエル・エロヘ
35: 1 ヤコブに仰せられた…<祭壇>を築き
出エ 17:15 モーセは<祭壇>を築き，それをアド
20:24 土の<祭壇>を造り，その上で，羊と
25 石の<祭壇>をわたしのために造るな
26 あなたは階段で，わたしの<祭壇>に
21:14 <祭壇>のところからでも連れ出して
24: 6 モーセは…半分を<祭壇>に注ぎかけ
27: 1 <祭壇>をアカシヤ材で作る…<祭壇>
28:43 聖所で務めを行うために<祭壇>に近
29:12 その血はみな<祭壇>の土台に注がな
18 その雄羊を全部<祭壇>の上で焼いて
21 あなたが，<祭壇>の上にある血とそ
25 全焼のいけにえといっしょに<祭壇>
37 <祭壇>は最も聖なるものとなる．
<祭壇>に触れるものもすべて聖なる
32: 5 アロンはこれを見て…<祭壇>を築い
34:13 彼らの<祭壇>を取りこわし，彼らの
38: 1 全焼のいけにえのための<祭壇>を作
39:38 金の<祭壇>，そそぎの油，かおりの
40:29 全焼のいけにえの<祭壇>を，会見の
レビ 1: 5 会見の天幕の入口にある<祭壇>の回
2: 9 <祭壇>の上で焼いて煙にしなさい．
4: 7 <祭壇>の土台に注がなければならな
30 その血は全部，<祭壇>の土台に注が
6:12 <祭壇>の火はそのまま燃え続けさせ，
9:24 主の前から火が出て来て，<祭壇>の
10:12 パン種を入れずに<祭壇>のそばで，
16:12 主の前の<祭壇>から，火皿いっぱい
20 聖所と会見の天幕と<祭壇>との贖い
17:11 いのちを<祭壇>の上で贖うために，
21:23 <祭壇>に近寄ってはならない．彼は
民数 3:31 彼らの任務は，契約の箱…<祭壇>，
16:38 延べ板とし，<祭壇>のための被金と
46 火皿を取り，<祭壇>から火を取って
18: 3 聖所の器具と<祭壇>とに，近づいて
23: 1 バラムは…私のために…<祭壇>を築
申命 7: 5 <祭壇>を打ちこわし，石の柱を打ち
12: 3 <祭壇>をこわし，石の柱を打ち砕き，
27 全焼のいけにえは…主の<祭壇>の上
26: 4 あなたの神，主の<祭壇>の前に供え
27: 5 主のために<祭壇>，石の<祭壇>を築
ヨシ 8:30 主のために，一つの<祭壇>を築いた．
31 自然のままの石の<祭壇>であった．
22:10 ヨルダン川のそばに一つの<祭壇>…
大きくて，遠くから見える<祭壇>で
23 <祭壇>を築いたことが，主に従うこ
34 その<祭壇>を「まことにこれは，私
士師 6:24 ギデオンはそこに主のために<祭壇>
31 バアルが神であるなら…<祭壇>が取
13:20 主の使いは<祭壇>の炎の中を上って
Ⅰサム 2:33 わたしの<祭壇>から断ち切らない．
14:35 サウルは主のために<祭壇>を築いた．
Ⅱサム 24:18 アラウナの打ち場に…<祭壇>を築き
Ⅰ列 7:48 金の<祭壇>と供えのパンを載せる金
8:31 あなたの<祭壇>の前に来て誓うとき，
64 青銅の<祭壇>は，全焼のいけにえと，
12:33 ベテルに造った<祭壇>でいけにえを
13: 3 見よ．<祭壇>は裂け，その上の灰は
16:32 宮に，バアルのために<祭壇>を築い
18:26 造った<祭壇>のあたりを，踊り回っ
30 こわれていた主の<祭壇>を建て直し
19:10 あなたの契約を捨て…<祭壇>をこわ
Ⅱ列 11:18 バアルの宮に行って…<祭壇>とその
16:10 アハズ王が…ダマスコにある<祭壇>
15 この大<祭壇>の上で焼いて煙にしな
18:22 ヒゼキヤが高き所と<祭壇>を取り除
21: 5 庭に，天の万象のために<祭壇>を築
23:15 ベテルにある<祭壇>と…ネバテの子
ヤロブアムの…<祭壇>も高き所もこ
16 <祭壇>の上で焼き，<祭壇>を汚れた
Ⅰ歴 21:26 <祭壇>の上に天から火を下して，彼
29 モーセが荒野で造った…<祭壇>は，

22: 1 イスラエルの…いけにえの<祭壇>だ.
II歴 4: 1 青銅の<祭壇>を作った. その長さは
6:12 主の<祭壇>の前に立ち, 両手を差し
7: 9 7日間, <祭壇>の奉献を行い, 7日
15: 8 主の玄関の前にあった主の<祭壇>を
28:24 エルサレムの町かど…に<祭壇>を造
30:14 エルサレムにあった<祭壇>を取り除
32:12 その高き所と<祭壇>をヒゼキヤは取
33:16 主の<祭壇>を築き, その上で和解の
34: 5 祭司たちの骨を彼らの<祭壇>の上で
エズ 3: 2 こぞってイスラエルの神の<祭壇>を
7:17 神の宮の<祭壇>の上で, それをささ
詩篇 26: 6 あなたの<祭壇>の回りを歩きましょ
43: 4 こうして, 私は神の<祭壇>, 私の最
84: 3 つばめも…あなたの<祭壇>を見つけ
イザ 6: 6 <祭壇>の上から火ばさみで取った燃
17: 8 自分の手で造った<祭壇>に目を向け
19:19 エジプトの国の真ん中に…<祭壇>が
27: 9 ヤコブの不義は赦される. <祭壇>の
エレ 11:13 バアルのために…<祭壇>を, エルサ
17: 2 その<祭壇>や, 高い丘の茂った木の
哀歌 2: 7 主は, その<祭壇>を拒み, 聖所を汚
エゼ 6: 4 <祭壇>は荒らされ, あなたがたの香
5 骨をあなたがたの<祭壇>の回りにま
41:22 それは木の<祭壇>のようであり, 高
43:18 立てる日には, 次のことが<祭壇>に
47: 1 その水は<祭壇>の南, 宮の右側の下
ホセ 4:19 彼らは自分たちの<祭壇>のために恥
8:11 かえって罪を犯すための<祭壇>とな
10: 1 それだけ<祭壇>をふやし, その地が
2 主は彼らの<祭壇>をこわし, 彼らの
ヨエ 1:13 <祭壇>に仕える者たちよ. 泣きわめ
アモ 2: 8 彼らは, すべての<祭壇>のそばで,
9: 1 <祭壇>のかたわらに立っておられる
ゼカ 9:15 <祭壇>の四隅の角のように, 満たさ
14:20 主の宮の中のなべは, <祭壇>の前の
マラ 1:12 あなたがたは…<祭壇>を冒瀆してい
2:13 涙と, 悲鳴と, 嘆きで主の<祭壇>を
マタ 5:23 <祭壇>の上に供え物をささげようと
23:19 聖いものにする<祭壇>と, どちらが
使徒 17:23 知られない神に…と刻まれた<祭壇>
Iコリ 9:13 <祭壇>に仕える者が<祭壇>の物にあ
10:18 供え物を食べる者は, <祭壇>にあず
ヘブ 7:13 <祭壇>に仕える者を出したことのな
13:10 私たちには一つの<祭壇>があります.
幕屋で仕える者…には, この<祭壇>
黙示 6: 9 殺された人々のたましいが<祭壇>の
8: 3 金の香炉を持って<祭壇>のところに
立った…金の<祭壇>の上にささげる
9:13 金の<祭壇>の四隅から出る声を聞い
11: 1 神の聖所と<祭壇>と, また, そこで
14:18 <祭壇>から出て来て, 鋭いかまを持
16: 7 <祭壇>がこう言うのを聞いた. 「し

▼ さいだんのつの（祭壇の角）

出エ 29:12 血を取り…指でこれを<祭壇の角>に
レビ 4: 7 かおりの高い香の<祭壇の角>に塗り
30 それを全焼のいけにえの<祭壇の角>
I列 1:50 アドニヤも…行って, <祭壇の角>を
2:28 ヨアブは…<祭壇の角>をつかんだ.
詩 118:27 祭りの行列を組め. <祭壇の角>のと
エレ 17: 1 彼らの心の板と彼らの<祭壇の角>に
アモ 3:14 ベテルの祭壇を罰する…<祭壇の角>

▼ さいだんのろ（祭壇の炉）

エゼ 43:15 <祭壇の炉>は高さ4キュビトであり,
16 <祭壇の炉>は長さ12キュビト, 幅12

▼ さいてい（裁定）

出エ 21:22 その支払いは<裁定>による.

▼ さいなん（災難）

ヨブ 31: 3 不法を行う者には<災難>が来るので
箴言 1:26 あなたがたが<災難>に会うときに笑
24:22 たちまち彼らに<災難>が起こるから
27:10 あなたが<災難>に会うとき, 兄弟の
イザ 47:11 <災難>があなたを襲うが, あなたは
エレ 18:17 彼らの<災難>の日に, わたしは彼ら
48:16 モアブの<災難>は近づいた. そのわ
49:32 四方に吹き散らし, 彼らに<災難>を
エゼ 7:26 <災難>の上に<災難>が来, うわさが
ルカ 13: 2 ガリラヤ人たちがそのような<災難>
使徒 7:11 ききんが起こり, 大きな<災難>が襲

▼ さいばい（栽培）

アモ 7:14 いちじく桑の木を<栽培>していた.

▼ さいばん（裁判）, 裁判官

出エ 23: 6 訴えられた場合, <裁判>を曲げては
レビ 19:15 不正な<裁判>をしてはならない. 弱
申命 25: 1 <裁判>に出頭し, 正しいほうを正し
エズ 4: 9 <裁判官>, 使節, 役人, 官吏, エレ
7:25 <裁判官>を任命し, 川向こうにいる
エス 1:13 法令と<裁判>に詳しいすべての者に
マタ 5:25 告訴する者は, あなたを<裁判官>に
27:19 ピラトが<裁判>の席に着いていたと

ルカ 12:14 だれが，わたしを…<裁判官>や調停
58 和解するよう努めなさい…<裁判官>
のもとにひっぱって…<裁判官>は執
18: 2 人を人とも思わない<裁判官>がいた．
5 このやもめは，うるさくて…<裁判>
6 不正な<裁判官>の言っていることを
ヨハ 19:13 敷石…と呼ばれる場所で，<裁判>の
使徒 7:27 だれがあなたを…支配者や<裁判官>
18:15 そのようなことの<裁判官>にはなり
19:38 文句があるのなら，<裁判>の日があ
22:25 ローマ市民である者を，<裁判>にも
24:10 閣下が多年に渡り…<裁判>をつかさ
25: 6 フェストは…翌日，<裁判>の席に着
9 私の前で<裁判>を受けることを願う
10 ここで<裁判>を受けるのが当然です．
26: 6 父祖たちに約束されたもの…<裁判>
Ｉコリ 6: 4 無視される人たちを<裁判官>に選ぶ
ヤコ 2: 6 あなたがたを<裁判>所に引いて行く

▼ さいふ（財布）

箴言 1:14 われわれみなで一つの<財布>を持と
ルカ 10: 4 <財布>も旅行袋も持たず，くつもは
12:33 自分のために，古くならない<財布>
22:36 今は，<財布>のある者は<財布>を持

▼ さいふく（祭服）

Ⅱ列 10:22 バアルの信者全部に<祭服>を出して
エズ 3:10 主を賛美するために，<祭服>を着た

▼ ざいほう（財宝）

ヨシ 22: 8 多くの<財宝>と，おびただしい数の
Ｉ列 14:26 主の宮の<財宝>，王宮の<財宝>を奪
Ⅱ歴 1:11 富をも，<財宝>をも，誉れをも，あ
12: 9 <財宝>，王宮の<財宝>を奪い取り，
25:24 王宮の<財宝>と人質を取って，サマ
36:18 主の宮の<財宝>と，王とそのつかさ
箴言 8:21 わたしを愛する者には…<財宝>を満
10: 2 不義によって得た<財宝>は役に立た
13:22 罪人の<財宝>は正しい者のためにた
15:16 多くの<財宝>を持っていて恐慌があ
21: 6 偽りの舌をもって<財宝>を得る者は，
20 好ましい<財宝>と油がある．しかし
伝道 5:19 神はすべての人間に富と<財宝>を与
6: 2 神が富と<財宝>と誉れとを与え，彼
イザ 2: 7 その国は金や銀で満ち，その<財宝>
8: 4 ダマスコの<財宝>とサマリヤの分捕
33: 6 主を恐れることが，その<財宝>であ
45: 3 わたしは秘められている<財宝>と，
60: 5 国々の<財宝>はあなたのものとなる
エレ 20: 5 ユダの王たちの<財宝>を敵の手に渡
48: 7 おまえは自分の作った物や<財宝>に
49: 4 あなたは自分の<財宝>に拠り頼んで，
50:37 剣がその<財宝>にも下り，それらは
51:13 大水のほとりに住む<財宝>豊かな者
エゼ 26:12 おまえの<財宝>は略奪され，商品は
27:27 おまえのくずれ落ちる日に…<財宝>
28: 5 あなたの心は，<財宝>で高ぶった．
ダニ 11:28 彼は多くの<財宝>を携えて自分の国
オバ 13 そのわざわいの日に，彼らの<財宝>
ミカ 4:13 彼らの利得を主にささげ…<財宝>を
6:10 まだ，悪者の家には，不正の<財宝>
ナホ 2: 9 その<財宝>は限りない．あらゆる尊
ゼカ 14:14 回りのすべての国々の<財宝>は，金
ヤコ 5: 3 終わりの日に<財宝>をたくわえまし

▼ ざいむかん（財務官）

ダニ 3: 2 参議官，<財務官>，司法官，保安官，

▼ さいむしゃ（債務者）

イザ 24: 2 借りる者と，債権者は<債務者>と等
ルカ 16: 5 彼は，主人の<債務者>たちをひとり

▼ さいむしょうしょ（債務証書）

コロ 2:14 私たちを責め立てている<債務証書>

▼ さいよう（採用）

使徒 16:21 ローマ人である私たちが，<採用>も

▼ ざいりゅう（在留）

出エ 12:48 異国人が<在留>していて，主に過越
のいけにえをささげよう．民数9:14.

▼ ざいりゅういこくじん（在留異国人）

出エ 12:19 <在留異国人>でも，この国に生まれ
49 このおしえは…<在留異国人>にも同
20:10 町囲みの中にいる<在留異国人>も．
23: 9 <在留異国人>をしいたげてはならな
レビ 16:29 <在留異国人>も，どんな仕事もして
19:10 <在留異国人>のために，それらを残
33 <在留異国人>がいるなら，彼をしい
34 エジプトの地では<在留異国人>だっ
20: 2 イスラエルにいる<在留異国人>のう
22:18 <在留異国人>がささげ物をささげ，
23:22 <在留異国人>のために，それらを残
24:16 <在留異国人>でも，この国に生まれ
た者でも，御名を冒瀆するなら．22.
民数 15:16 <在留異国人>にも，同一のおしえ，
19:10 <在留異国人>にも永遠のおきてとな
申命 1:16 <在留異国人>との間を正しくさばき

10:18 <在留異国人>を愛してこれに食物と
14:21 町囲みのうちにいる<在留異国人>に
29 <在留異国人>や，みなしごや，やも
23: 7 あなたはその国で，<在留異国人>で
24:14 <在留異国人>でも，しいたげてはな
17 <在留異国人>や，みなしごの権利を
26:11 レビ人および…<在留異国人>ととも
28:43 あなたのうちの<在留異国人>は，あ
29:11 <在留異国人>，たきぎを割る者から
ヨシ 8:33 <在留異国人>もこの国に生まれた者
20: 9 <在留異国人>のために設けられた町
Ⅰ歴 22: 2 <在留異国人>を召集し，神の宮を建
Ⅱ歴 2:17 <在留異国人>全員の人数を調べたが，
30:25 <在留異国人>，ユダに在住している
詩篇 94: 6 やもめや<在留異国人>を殺し，みな
146: 9 主は<在留異国人>を守り，みなしご
イザ 14: 1 <在留異国人>も彼らに連なり，ヤコ
エレ 14: 8 この国にいる<在留異国人>のように，
22: 3 <在留異国人>，みなしご，やもめを
エゼ 14: 7 イスラエルにいる<在留異国人>でも，
22: 7 <在留異国人>は虐待され，おまえの
29 不法にも<在留異国人>をしいたげた．
47:22 <在留異国人>とは，この地を自分た
マラ 3: 5 <在留異国人>を押しのけて，わたし

▼ さいりょう（最良）

創世 4: 4 アベルも…<最上>のものを…持って
出エ 22: 5 荒らした場合…自分の畑の<最良>の
民数 18:12 <最良>の新しい油，<最良>の新しい
申命 32:14 <最良>の子羊とともに…食べさせた．
33:21 彼は自分のために<最良>の地を見つ
詩篇 81:16 しかし主は，<最良>の小麦をイスラ

▼ さいりん（再臨）

Ⅰコリ 15:23 キリストの<再臨>のときキリストに

▼ さいわい（幸い）

申命 30:15 あなたの前にいのちと<幸い>，死と
ヨブ 2:10 私たちは<幸い>を神から受けるのだ
5:17 ああ，<幸い>なことよ．神に責めら
7: 7 私の目は再び<幸い>を見ないでしょ
21:25 何の<幸い>も味わうことがない．
詩篇 1: 1 <幸い>なことよ．悪者のはかりごと
16: 2 私の<幸い>は，あなたのほかにはあ
32: 1 <幸い>なことよ．そのそむきを赦さ
33:12 <幸い>なことよ．主をおのれの神と
34: 8 <幸い>なことよ．彼に身を避ける者
40: 4 <幸い>なことよ．主に信頼し，高ぶ
41: 1 <幸い>なことよ．弱っている者に心
49:18 あなたが<幸い>な暮らしをしている
65: 4 <幸い>なことよ．あなたが選び，近
84: 4 なんと<幸い>なことでしょう．あな
たの家に住む人たちは．5，12.
89:15 <幸い>なことよ，喜びの叫びを知る
94:12 なんと<幸い>なことでしょう．あな
106: 3 <幸い>なことよ．さばきを守り，正
112: 1 <幸い>なことよ．主を恐れ，その仰
119: 1 <幸い>なことよ．全き道を行く人々，
2 <幸い>なことよ．主のさとしを守り，
127: 5 <幸い>なことよ．矢筒をその矢で満
144:15 <幸い>なことよ．主をおのれの神と
146: 5 <幸い>なことよ．ヤコブの神を助け
箴言 3:13 <幸い>なことよ．知恵を見いだす人，
18 これをつかんでいる者は<幸い>であ
8:32 <幸い>なことよ．わたしの道を守る
14:21 貧しい者をあわれむ人は<幸い>だ．
16:20 見つける．主に拠り頼む者は<幸い>
17:20 心の曲がった者は<幸い>を見つけな
19: 8 英知を保つ者は<幸い>を見つける．
20: 7 彼の子孫はなんと<幸い>なことだろ
28:14 <幸い>なことよ．いつも主を恐れて
31:28 彼女を<幸い>な者と言い，夫も彼女
伝道 10:17 <幸い>なことよ．あなたの王が貴族
雅歌 6: 9 娘たちは彼女を見て，<幸い>だと言
イザ 3:10 義人は<幸い>だと言え．彼らは，そ
30:18 <幸い>なことよ．主を待ち望むすべ
32:20 ああ，<幸い>なことよ．すべての水
エレ 10: 5 わざわいも<幸い>も下せないからだ．
14:11 民のために<幸い>を祈ってはならな
ダニ 12:12 <幸い>なことよ．忍んで待ち，1335
ゼカ 8:15 ユダの家とに<幸い>を下そうと考え
マタ 5: 3 心の貧しい者は<幸い>です．天の御
4 悲しむ者は<幸い>です．その人は慰
5 柔和な者は<幸い>です．その人は地
6 義に飢え渇く者は<幸い>です．その
7 あわれみ深い者は<幸い>です．その
8 心のきよい者は<幸い>です．その人
9 平和をつくる者は<幸い>です．その
10 迫害されている者は<幸い>です．天
11 ののしり…浴びせるとき…<幸い>で
11: 6 わたしにつまずかない者は<幸い>で
13:16 目は見ているから<幸い>です．また，
16:17 あなたは<幸い>です．このことをあ

ルカ 1:45 信じきった人は，何と<幸い>なこと
6:20 貧しい者は<幸い>です．神の国はあ
21 いま飢えている者は<幸い>です…い
ま泣く者は<幸い>です．やがてあな
22 名をあしざまにけなすとき…<幸い>
10:23 見ていることを見る目は<幸い>です．
11:27 あなたが吸った乳房は<幸い>です．」
12:38 見られるなら…しもべたちは<幸い>
14:14 お返しができないので…<幸い>です．
15 神の国で食事する人は，何と<幸い>
23:29 飲ませたことのない乳房は，<幸い>
ヨハ 20:29 見ずに信じる者は<幸い>です．」
使徒 20:35 受けるよりも与えるほうが<幸い>で
ロマ 4: 7 罪をおおわれた人たちは，<幸い>で
8 主が罪を認めない人は<幸い>である．
ヤコ 1:12 試練に耐える人は<幸い>です．耐え
5:11 耐え忍んだ人たちは<幸い>であると，
Ⅰペテ 3:10 いのちを愛し，<幸い>な日々を過ご
14 義のために苦しむ…それは<幸い>な
4:14 非難を受けるなら…<幸い>です．な
Ⅲヨハ 2 たましいに<幸い>を得ているように
すべての点でも<幸い>を得，また健
黙示 1: 3 心に留める人々は<幸い>である．時
14:13 主にあって死ぬ死者は<幸い>である．
16:15 身に着物を着け…る者は<幸い>であ
19: 9 小羊の婚宴に招かれた者は<幸い>だ，
20: 6 第１の復活にあずかる者は<幸い>な
22: 7 ことばを堅く守る者は，<幸い>であ
14 都に入れる…者は，<幸い>である．

▼サウル〔人名〕

(1)エドムの王．創世36:37，38．
(2)シメオンの子．彼の子孫がサウル族．創世46:10，出エ6:15，民数26:13．
(3)イスラエルの最初の王．
キシュの子，Ⅰサム9:1-2；サムエルに油注がれる，Ⅰサム9:15-10:16；ペリシテ人との戦いとダビデへのねたみ，Ⅰサム17章，18:6-16；ダビデに娘を与えるとの約束，Ⅰサム18:17-30；ダビデを殺そうとする，Ⅰサム19章；ダビデを追う，Ⅰサム23章；ダビデにいのちを助けられる，Ⅰサム26章；敗北と自害，Ⅰサム31:1-6；埋葬，Ⅰサム31:7-13；ダビデの哀歌，Ⅱサム1:17-27；罪が暴露される，Ⅱサム21:1-9；ダビデの詩篇，詩篇18，52，54，59題目．
(4)レビ人．ケハテ族の一人．Ⅰ歴6:24．

▼サウロ〔人名〕

(1)イスラエル初代の王サウルと同一．使徒13:21．
(2)使徒パウロのヘブル名．使徒7:58，8:1，3，9:1，4，8，11，17，18，19，22，23，24，26，28，29，11:25，30，12:25，13:1，2，7，9，22:7，13，26:14．

▼さえぎる

哀歌 3:44 私たちの祈りを<さえぎ>り，
マタ 23:13 人々から天の御国を<さえぎ>ってい
ルカ 24:16 ふたりの目は<さえぎ>られていて，

▼さえずり，さえずる

詩 104:12 空の鳥が住み，枝の間で<さえず>っ
イザ 8:19 霊媒や，<さえずり>，ささやく口寄
10:14 すべての国々…<さえずる>者もいな

▼さお

エゼ 40: 5 外壁の厚さを測ると，一<さお>であ
黙示 21:16 彼がその<さお>で都を測ると，１万

▼さかい（境）

出エ 16:35 カナンの地の<境>に来るまで，マナ
ヨブ 26:10 光とやみとの<境>とされた．
詩篇 74:17 地のすべての<境>を定め，夏と冬と
104: 9 あなたは<境>を定め，水がそれを越
イザ 10:13 私が，国々の民の<境>を除き，彼ら
エレ 5:22 わたしは砂を，海の<境>とした．越

▼ザカイ

1. 人名．バルクの父．ネヘ3:20．
2. ザカイ族．エズ2:9，ネヘ7:14．

▼さかえ（栄え），御栄え

Ⅰ歴 22: 5 建てる宮は，全地の名となり<栄え>
29:11 偉大さと力と<栄え>と栄光と尊厳と
箴言 14:28 民の多いことは王の<栄え>．民がな
イザ 13:19 カルデヤ人の誇らかな<栄え>である
20: 5 エジプトを<栄え>としていたので，
28: 5 美しい冠，<栄え>の飾り輪となり，
エレ 33: 9 わたしにとって…<栄え>となる．彼
哀歌 2: 1 イスラエルの<栄え>を天から地に投
エゼ 24:25 <栄え>に満ちた喜び，愛するもの，
31:18 エデンの木のうち，その<栄え>と偉
ナホ 2: 2 主は，ヤコブの<栄え>を，イスラエ
ルの<栄え>のように回復される．
ゼカ 12: 7 ダビデの家の<栄え>と，エルサレム
の住民の<栄え>とが，ユダ以上に大
ロマ 1:23 不滅の神の<御栄え>を，滅ぶべき人
16:27 キリストによって，<御栄え>がとこ

ピリ 1:11 神の<御栄え>と誉れが現されますよ
Ⅰペテ 1:24 人はみな草のようで，その<栄え>は，
ユダ 8 <栄え>ある者をそしっています．

▼ さかえる（栄える）

創世 26:13 この人は富み，ますます<栄え>て，
申命 29: 9 あなたがたのすることが…<栄える>
30: 9 主は…あなたを<栄え>させて喜ばれ
ヨシ 1: 8 また<栄える>ことができるからであ
Ⅰ列 2: 3 どこへ行っても，<栄える>ためであ
Ⅰ歴 22:13 守り行うなら，あなたは<栄える>．
29:23 父ダビデに代わり…<栄え>た．全イ
Ⅱ歴 26: 5 主を求めていた間，神は彼を<栄え>
ヨブ 12: 6 荒らす者の天幕は<栄え>，神を怒ら
詩篇 1: 3 その人は，何をしても<栄える>．
10: 5 彼の道はいつも<栄え>，あなたのさ
30: 6 私が<栄え>たときに，私はこう言っ
36: 6 人や獣を<栄え>させてくださいます
37: 7 おのれの道の<栄える>者に対して，
69:22 食卓はわなとなれ．彼らが<栄える>
72: 7 彼の代に正しい者が<栄え>，月のな
16 町の人々は地の青草のように<栄え>
73: 3 悪者の<栄える>のを見たからである．
92: 7 不法を行う者どもがみな<栄え>よう
12 なつめやしの木のように<栄え>，レ
13 主の家に植えられ…大庭で<栄え>ま
118:25 ああ，主よ．どうぞ<栄え>させてく
122: 6 おまえを愛する人々が<栄える>よう
箴言 14:11 正しい者の天幕は<栄える>．
イザ 52:13 見よ．わたしのしもべは<栄える>．
エレ 2:37 あなたは彼らによって<栄える>こと
10:21 彼らは<栄え>ず，彼らの飼うものは
12: 1 なぜ，悪者の道は<栄え>，裏切りを
22:30 子を残さず，一生<栄え>ない男』と
23: 5 彼は王となって治め，<栄え>て，こ
哀歌 1: 5 彼女の仇がかしらとなり…<栄え>て
エゼ 16:13 あなたは非常に美しくなり，<栄え>
17:10 移し植えられたら，<栄える>だろう
27:25 おまえは海の真ん中で富み…<栄え>
36:11 以前よりも<栄え>させる．このとき，
ダニ 3:30 シャデラク…をバビロン州で<栄え>
4: 4 ネブカデネザルが…宮殿で<栄え>て
6:28 ダニエルは…クロスの治世に<栄え>
11:36 憤りが終わるまで<栄える>．定めら
ホセ 13:15 彼は兄弟たちの中で<栄え>よう．だ
ゼカ 9:17 穀物は若い男たちを<栄え>させ，新
マラ 3:15 悪を行っても<栄え>，神を試みても

▼ さかさ

詩 114: 3 ヨルダン川は<さかさ>に流れた．

▼ さがす（捜す）

創世 31:35 彼は<捜>したが，テラフィムは見つ
37:16 ヨセフは言った…兄たちを<捜>して
レビ 10:16 モーセは…やぎをけんめいに<捜>し
民数 10:33 進み，彼らの休息の場所を<捜>した．
申命 1:33 あなたがたが宿営する場所を<捜す>
22: 2 同族の者が<捜>している間，あなた
ヨシ 2:22 追っ手は彼らを道中くまなく<捜>し
士師 4:22 ヤエルは…さあ，あなたの<捜>して
ルツ 3: 1 身の落ち着く所を私が<捜>してあげ
Ⅰサム 9: 3 息子サウルに言った…雌ろばを<捜>
16:16 じょうずに立琴をひく者を<捜>させ
24: 2 ダビデとその部下を<捜>しに出かけ
27: 1 サウルは…くまなく<捜す>のをあき
Ⅱサム 17:20 <捜>したが見つけることができなか
Ⅰ列 2:40 奴隷たちを<捜>しにガテのアキシュ
18:10 私の主人があなたを<捜す>ために，
Ⅱ列 2:16 ご主人を<捜>しに行かせてください．
6:19 <捜>している人のところへ連れて行
10:23 よく<捜>して見て，ここに，あなた
エズ 2:62 自分たちの系図書きを<捜>してみた
ネヘ 12:27 レビ人を…<捜>し出してエルサレム
エス 2: 2 美しい未婚の娘たちを<捜>しましょ
ヨブ 7:21 あなたが私を<捜>されても，私はも
10: 6 あなたは私の咎を<捜>し，私の罪を
28: 3 暗やみと暗黒の石を<捜>し出す．
39: 8 それは青い物を何でも<捜す>．
詩篇 37:36 私は彼を<捜>し求めたが見つからな
119:176 どうかあなたのしもべを<捜>し求め
箴言 1:28 わたしを<捜>し求めるが，彼らはわ
7:15 あなたを<捜>して，やっとあなたを
8:17 わたしを熱心に<捜す>者は，わたし
11:27 熱心に善を<捜>し求める者は恵みを
14: 6 あざける者は知恵を<捜>しても得ら
伝道 3: 6 <捜す>のに時があり，失うのに時が
15 神は…これからも<捜>し求められる．
7:25 知恵と道理を学び…<捜>し求めた．
29 人は多くの理屈を<捜>し求めたのだ．
8:17 人は労苦して<捜>し求めても，見い
雅歌 3: 1 私が<捜>しても，あの方は見あたり
イザ 40:20 巧みな細工人を<捜>して，動かない
41:12 言い争いをする者を<捜>しても，あ

エレ 2:24 これを<捜す>者は苦労しない．その
5: 1 広場で<捜>して，だれか公義を行い，
29:13 わたしを<捜>し求めるなら，わたし
哀歌 1:11 民はみなうめき，食べ物を<捜>して
エゼ 22:30 破れ口を修理する者を…<捜>し求め
34: 4 失われたものを<捜>さず，かえって
6 尋ねる者もなく，<捜す>者もない．
8 わたしの羊を<捜>し求めず，かえっ
て牧者たちは自分自身を養い．11．
39:14 彼らは7か月の終わりまで<捜す>．
ホセ 5:15 苦しみながら，わたしを<捜>し求め
アモ 8:12 主のことばを<捜>し求めて，行き巡
9: 3 わたしは<捜>して，そこから彼らを
オバ 6 エサウは<捜>し出され，その宝は見
ナホ 3: 7 悔やむ者を，どこにわたしは<捜>そ
11 敵から逃げてとりでを<捜>し求めよ
ゼパ 1:12 エルサレムを<捜>し，そのぶどう酒
マタ 2:13 幼子を<捜>し出して殺そうとしてい
12:43 汚れた霊が…休み場を<捜>しますが，
18:12 迷った1匹を<捜>しに出かけないで
28: 5 十字架につけられたイエスを<捜>し
マコ 1:37 みんながあなたを<捜>しております
ルカ 2:16 寝ておられるみどりごとを<捜>し当
45 イエスを<捜>しながら，エルサレム
49 どうしてわたしをお<捜>しになった
4:42 群衆は，イエスを<捜>し回って，み
11: 9 <捜>しなさい．そうすれば見つかり
15: 8 家を掃いて，見つけるまで…<捜>さ
19:10 失われた人を<捜>して救うために来
24: 5 生きている方を死人の中で<捜す>の
ヨハ 6:24 イエスを<捜>してカペナウムに来た．
26 わたしを<捜>しているのは，しるし
7:34 あなたがたはわたしを<捜す>が，見
8:21 わたしを<捜す>けれども，自分の罪
18: 4 だれを<捜す>のか」と彼らに言われ
20:15 なぜ泣いて…だれを<捜>しているの
使徒 11:25 バルナバはサウロを<捜>しにタルソ
12:19 ヘロデは彼を<捜>したが見つけるこ
IIテモ 1:17 熱心に私を<捜>して見つけ出してく
Iペテ 5: 8 食い尽くすべきものを<捜>し求めな

▼ さかずき（杯）【別項】大杯

創世 40:13 パロの<杯>をその手にささげましょ
44:12 ところがその<杯>はベニヤミンの袋
詩篇 11: 6 燃える風が彼らの<杯>への分け前と
16: 5 主は…私への<杯>です．あなたは，
23: 5 私の<杯>は，あふれています．
75: 8 <杯>があり，よく混ぜ合わされた，
116:13 私は救いの<杯>をかかげ，主の御名
箴言 23:31 ぶどう酒が赤く，<杯>の中で輝き，
雅歌 7: 2 尽きることのない丸い<杯>．あなた
イザ 51:17 憤りの<杯>を飲み，よろめかす大杯
22 よろめかす<杯>を取り上げた．あな
エレ 16: 7 その父や母を慰める<杯>を彼らに飲
25:15 この憤りのぶどう酒の<杯>をわたし
28 あなたの手からその<杯>を取って飲
49:12 あの<杯>を飲むように定められてい
51: 7 バビロンは…御手にある金の<杯>．
哀歌 4:21 あなたにも<杯>は巡って来る．あな
エゼ 23:33 恐怖と荒廃の<杯>，これがあなたの
ハバ 2:16 主の右の手の<杯>は，あなたの上に
ゼカ 12: 2 国々の民をよろめかす<杯>とする．
マタ 20:22 わたしが飲もうとしている<杯>を飲
23:26 まず，<杯>の内側をきよめなさい．
26:27 みな，この<杯>から飲みなさい．
39 この<杯>をわたしから過ぎ去らせて
42 飲まずには済まされぬ<杯>でしたら，
マコ 14:23 <杯>を取り，感謝をささげて後，彼
ルカ 11:39 パリサイ人は，<杯>や大皿の外側は
22:17 イエスは，<杯>を取り，感謝をささ
42 父よ．みこころならば，この<杯>を
ヨハ 18:11 父がわたしに下さった<杯>を，どう
Iコリ 10:16 私たちが祝福する祝福の<杯>は，キ
21 主の<杯>を飲んだうえ，さらに悪霊
11:25 この<杯>は，わたしの血による新し
26 この<杯>を飲むたびに，主が来られ
27 ふさわしくないままで…主の<杯>を
28 自分を吟味して…<杯>を飲みなさい．
黙示 16:19 神の激しい怒りのぶどう酒の<杯>を
17: 4 汚れでいっぱいになった金の<杯>を
18: 6 彼女が混ぜ合わせた<杯>の中には，

▼ さかぶね（酒ぶね）

士師 6:11 <酒ぶね>の中で小麦を打っていた．
7:25 ゼエブをゼエブの<酒ぶね>で殺し，
ネヘ 13:15 安息日に<酒ぶね>を踏んでいる者や，
箴言 3:10 あなたの<酒ぶね>は新しいぶどう酒
イザ 63: 2 衣は<酒ぶね>を踏む者のようなのか．
エレ 48:33 私は<酒ぶね>から酒を絶やした．喜
ヨエ 3:13 <酒ぶね>は満ち，石がめはあふれて
ゼカ 14:10 やぐらから王の<酒ぶね>のところま
マコ 12: 1 ある人が…<酒ぶね>を掘り，やぐら

黙示 14:19 怒りの大きな<酒ぶね>に投げ入れた．
19:15 神の…怒りの<酒ぶね>を踏まれる．

▼ さからい（逆らい），逆らう

民数 17:10 <逆らう>者どもへの戒めのため，し
20:10 <逆らう>者たちよ…この岩から私た
24 わたしの命令に<逆ら>ったからであ
21: 5 民は神とモーセに<逆ら>って言った．
26: 9 モーセとアロンに<逆ら>い，主に
<逆ら>ったのである．
27:14 わたしの命令に<逆ら>い，その水の
申命 1:26 神，主の命令に<逆ら>った．
43 主の命令に<逆ら>い，不遜にも山地
9: 7 主に<逆ら>いどおしであった．
23 主の命令に<逆ら>い，主を信ぜず，
24 いつも，主にそむき<逆ら>ってきた．
21:18 かたくなで，<逆らう>子がおり，父
20 息子は，かたくなで，<逆ら>います．
31:27 私は，あなたの<逆らい>と…を知っ
ている…主に<逆ら>ってきた．まし
ヨシ 1:18 あなたの命令に<逆ら>い…聞き従わ
Ⅰサム 12:14 主の命令に<逆ら>わず，また，あな
15 主の命令に<逆らう>なら，主の手が
Ⅰ歴 10:13 サウルは主に<逆ら>った…不信の罪
詩篇 5:10 彼らはあなたに<逆らう>からです．
78: 8 かたくなで，<逆らう>世代の者，心
17 砂漠で，いと高き方に<逆ら>った．
40 荒野で神に<逆ら>い…悲しませたこ
56 神に<逆ら>って，神のさとしを守ら
105:28 彼らは主のことばに<逆ら>わなかっ
106: 7 海のほとり，葦の海で，<逆ら>った．
33 彼らが主の心に<逆ら>ったとき，彼
43 彼らは相計って，<逆ら>い，自分た
107:11 神のことばに<逆ら>い，いと高き方
箴言 17:11 ただ<逆らう>ことだけを求める悪人
イザ 1: 2 しかし彼らはわたしに<逆ら>った．
3: 8 主のご威光に<逆ら>ったからである．
26:11 火が，あなたに<逆らう>者をなめ尽
50: 5 私は<逆ら>わず，うしろに退きもせ
63:10 彼らは<逆ら>い，主の聖なる御霊を
エレ 4:17 ユダがわたしに<逆ら>ったからだ．
5:23 この民には…<逆らう>心があり，彼
哀歌 1:18 私は主の命令に<逆ら>った．だが，
20 私が<逆ら>い続けたからです．外で
3:42 私たちはそむいて<逆ら>いました．
エゼ 2: 8 あなたは<逆ら>ってはならない．あ
5: 6 わたしの定めに<逆ら>い…わたしの
おきてに<逆ら>った．実に，エルサ
17:20 わたしに<逆ら>った不信の罪につい
20: 8 彼らはわたしに<逆ら>い，わたしに
13 イスラエルの家は荒野でわたしに
<逆ら>い，わたしのおきてに従．21．
39:26 わたしに<逆ら>った自分たちの恥と
ダニ 9: 7 彼らがあなたに<逆ら>った不信の罪
ホセ 13:16 サマリヤは自分の神に<逆ら>ったの
ゼパ 3:11 わたしに<逆ら>ったすべてのしわざ
マタ 10:35 嫁をそのしゅうとめに<逆ら>わせる
12:30 味方でない者はわたしに<逆らう>者
31 しかし，御霊に<逆らう>冒瀆は赦さ
32 人の子に<逆らう>ことばを口にする
者でも…しかし，聖霊に<逆らう>こ
ルカ 1:17 <逆らう>者を義人の心に立ち戻らせ，
使徒 7:51 いつも聖霊に<逆ら>っているのです．
ロマ 1:30 悪事をたくらむ者，親に<逆らう>者，
9:19 だれが神のご計画に<逆らう>ことが
13: 2 権威に<逆ら>っている人は，神の定
Ⅱコリ 13: 8 真理に<逆ら>っては何をすることも
ガラ 5:17 肉の願うことは御霊に<逆ら>い，御
霊は肉に<逆らう>からです．この二
Ⅱテモ 3: 8 モーセに<逆ら>ったように，真理に
<逆らう>のです．彼らは知性の腐っ
4:15 私たちのことばに激しく<逆ら>った

▼ さかり

創世 30:39 群れは枝の前で<さかり>がついて，
41 強いものの群れが<さかり>がついた
エレ 5: 8 肥え太って<さかり>のついた馬のよ

▼ ザカリヤ〔人名〕

(1)バプテスマのヨハネの父．ルカ1:5，8，12，13，18，21，22，40，59，67，3:2．
(2)バラキヤの子．マタ23:35，ルカ11:50．

▼ サカル〔人名〕

(1)ダビデの30勇士の一人アヒアムの父．Ⅰ歴11:35．
(2)オベデ・エドムの４男．Ⅰ歴26:4．

▼ さがる（下がる）

Ⅰ列 22:26 つかさアモンと王の子ヨアシュのも
とに<下が>らせよ．Ⅱ歴18:25．
マタ 16:23 <下が>れ．サタン．マコ8:33．

▼ さかん（盛ん）

詩篇 39: 5 人はみな，<盛ん>なときでも，全く
ヨハ 3:30 あの方は<盛ん>になり私は衰えなけ

使徒 12:24　主のみことばは，ますます<盛ん>に

▼ さき（先）【別項】先の雨

申命 31: 3　主ご自身が，あなたの<先>に渡って
士師 6:21　主の使いは…杖の<先>を伸ばして，
イザ 41:22　<先>にあった事は何であったのかを
42: 9　<先>の事は，見よ，すでに起こった．
48: 3　<先>に起こった事は，前からわたし
エレ 7:12　<先>にわたしの名を住ませた所へ行
50:17　<先>にはアッシリヤの王が…食らっ
ハガ 2: 9　これから後の栄光は，<先>のものよ
ゼカ 1: 4　<先>の預言者たちが彼らに叫んで，
8:11　わたしは…<先>の日のようではない．
マタ 19:30　<先>の者があとになり，あとの者が <先>になる．20:16，マコ10:31．
20:27　人の<先>に立ちたいと思う者は，あ
21:31　あなたがたより<先>に神の国に入っ
26:32　あなたがたより<先>に，ガリラヤへ
マコ 9:35　だれでも人の<先>に立ちたいと思う
ルカ 24:28　イエスはまだ<先>へ行きそうなご様
ヨハ 1:15　私より<先>におられたからである』
コロ 1:15　造られたすべてのものより<先>に生

▼ さぎ

レビ 11:19　こうのとり，<さぎ>の類．申命14:18．

▼ さきがけ（先駆け）

ヘブ 6:20　イエスは私たちの<先駆け>としてそ

▼ さぎし（詐欺師）

IIテモ 3:13　悪人や<詐欺師>たちは，だましたり

▼ さきだつ（先立つ）

出エ 32: 1　私たちに<先立>って行く神を，造っ
民数 27:17　彼が，彼らに<先立>って出て行き，彼らに<先立>って入り，また彼らを
申命 1:30　<先立>って行かれるあなたがたの神，
詩篇 97: 3　火は御前に<先立>って行き主を取り
箴言 15:33　謙遜は栄誉に<先立つ>．
16:18　心の高慢は倒れに<先立つ>．
ルカ 1:76　主の御前に<先立>って行き，その道

▼ さきのあめ（先の雨）

申命 11:14　<先の雨>と後の雨を与えよう．あな
エレ 5:24　主は大雨を，<先の雨>と後の雨を，

▼ さく（裂く），裂き殺す

創世 44:28　確かに<裂き殺>されてしまったのだ，
レビ 17:15　野獣に<裂き殺>されたものを食べる
22:24　<裂>かれたもの…を主にささげては
IIサム 1:11　ダビデは自分の衣をつかんで<裂>い
I列 19:11　激しい大風が山々を<裂>き，岩々を
II列 22:11　王は…を聞いたとき…衣を<裂>いた．
イザ 48:21　岩を<裂>いて水をほとばしり出させ
64: 1　あなたが天を<裂>いて降りて来られ
エレ 16: 7　パンを<裂く>こともなく，その父や
36:23　王は書記の小刀でそれを<裂>いては，
ハバ 3: 9　あなたは地を<裂>いて川々とされま
ゼカ 11:16　肉を食らい，そのひづめを<裂く>．
マタ 14:19　パンを<裂>いてそれを弟子たちに与えられ．15:36，マコ6:41，8:6，19．
26:26　イエスはパンを取り…これを<裂>き，マコ14:22，ルカ22:19，24:30．
ルカ 24:35　パンを<裂>かれたときにイエスだと
ヨハ 19:24　それは<裂>かないで，だれの物にな
使徒 2:42　交わりをし，パンを<裂>き，祈りを
46　家でパンを<裂>き，喜びと真心をも
14:14　バルナバとパウロは，衣を<裂>いて，
Iコリ 10:16　私たちの<裂く>パンは，キリストの

▼ サクテ〔偶像〕

アッシリヤの神の名．アモ5:26．

▼ さくひん（作品）

エペ 2:10　私たちは神の<作品>であって，良い

▼ さくもつ（作物）

創世 4: 3　カインは，地の<作物>から主へのさ
詩篇 78:46　彼らの<作物>を，油虫に，彼らの勤
ルカ 12:17　<作物>をたくわえておく場所がない．

▼ さくりゃく（策略）

IIコリ 2:11　サタンの<策略>を知らないわけでは
エペ 4:14　人を欺く悪賢い<策略>により，教え
6:11　悪魔の<策略>に対して立ち向かうこ

▼ さぐる（探る）

民数 13: 2　カナンの地を<探>らせよ．父祖の部
17　カナンの地を<探>りにやったときに，
21　レホブまで，その地を<探>った．
申命 13:14　あなたは，調べ，<探>り，よく問い
ヨシ 2: 2　今夜この地を<探る>ために，入って
I歴 19: 3　<探る>ために，彼の家来たちがあな
28: 9　主はすべての心を<探>り，すべての
ヨブ 10: 6　私の罪を<探>られるのですか．
詩篇 44:21　神はこれを<探>り出されないでしょ
139: 1　主よ．あなたは私を<探>り，私を知
23　神よ．私を<探>り，私の心を知って
箴言 2: 4　宝のように，これを<探>り出すなら，
20:27　主のともしび，腹の底まで<探>り出
エレ 17:10　主が心を<探>り，思いを調べ，それ

31:37 下の地の基が<探>り出されるなら，
エゼ 20: 6 彼らのために<探>り出した乳と蜜の
使徒 17:27 もし<探>り求めることでもあるなら，
ロマ 8:27 人間の心を<探>り窮める方は，御霊
Ⅰコリ 2:10 御霊はすべてのことを<探>り，神の
黙示 2:23 わたしが人の思いと心を<探る>者で

▼ ザクル〔人名〕

(1)カナン偵察者の一人シャムアの父．民数13:4.
(2)シメオンの子孫．Ⅰ歴4:26.
(3)レビ人メラリの子孫．Ⅰ歴24:27.
(4)楽人アサフの子．Ⅰ歴25:2, 10, ネヘ12:35.
(5)イムリの子．羊の門の工事をした．ネヘ3:2.
(6)レビ人．ネヘ10:12.
(7)レビ人．ハナンの父．ネヘ13:13.
(8)ビグワイ族の指導者．エズ8:14.

▼ ざくろ

出エ 28:33 <ざくろ>を作り，そのすその回りに
民数 13:23 <ざくろ>やいちじくも切り取った．
Ⅰ列 7:18 青銅の<ざくろ>．エレ52:22, 23.
雅歌 4: 3 あなたの頬は…<ざくろ>の片割れの
ヨエ 1:12 <ざくろ>…の木々は枯れた．人の子

▼ さけ（酒），酒飲み【別項】大酒飲み，強い酒

創世 19:32 お父さんに<酒>を飲ませ，いっしょ
Ⅰサム 1:15 ぶどう酒も，お<酒>も飲んではおり
ネヘ 2: 1 私は<酒>を取り上げ，それを王に差
エス 1:10 7日目に，王は<酒>で心が陽気にな
詩篇 60: 3 よろめかす<酒>を，私たちに飲ませ
箴言 31: 4 <酒>を飲むことは王のすることでは
イザ 1:22 おまえの良い<酒>も，水で割ってあ
5:22 ああ．<酒>を飲むことでの勇士，強
16:10 酒ぶねで<酒>を踏む者も，もう踏ま
51:21 酔ってはいても，<酒>のせいではな
65:11 メニのために，混ぜ合わせた<酒>を
ヨエ 3: 3 <酒>のために少女を売って飲んだ．
アモ 2:12 ナジル人に<酒>を飲ませ，預言者に
6: 6 鉢から<酒>を飲み，最上の香油を身
マタ 24:49 <酒飲み>たちと飲んだり食べたりし
エペ 5:18 <酒>に酔ってはいけません．そこに
Ⅰテモ 3: 3 <酒飲み>でなく，暴力をふるわず，
テト 1: 7 監督は…<酒飲み>でなく，けんか好

▼ さげすみ，さげすむ

Ⅰサム 17:42 彼を<さげす>んだ．ダビデが若くて，
Ⅱサム 6:16 ミカルは…心の中で彼を<さげす>ん
12: 9 主のことばを<さげす>み，わたしの
Ⅱ列 17:15 主の警告とを<さげす>み，むなしい
19:21 シオンの娘はあなたを<さげす>み，
Ⅰ歴 15:29 ミカルは…心の中で彼を<さげす>ん
ヨブ 10: 3 御手のわざを<さげす>み，悪者のは
12: 5 衰えている者を<さげす>み，足のよ
21 君主たちを<さげす>み，力ある者た
19:18 小僧っ子までが私を<さげす>み，私
31:34 一族の<さげすみ>を恐れて黙り，門
36: 5 だが，だれをも<さげす>まない．そ
42: 6 私は自分を<さげす>み，ちりと灰の
詩篇 15: 4 その目は<さげす>み，主を恐れる者
22: 6 人のそしり，民の<さげすみ>です．
24 <さげすむ>ことなく，いとうことな
51:17 あなたは，それを<さげす>まれませ
106:24 彼らは麗しい地を<さげす>み，神の
107:40 主は君主たちを<さげす>み，道なき
119:22 そしりと<さげすみ>とを取り去って
141 私はつまらない者で，<さげす>まれ
123: 3 私たちは<さげすみ>で，もういっぱ
箴言 1: 7 愚か者は知恵と訓戒を<さげすむ>．
6:30 人々はその者を<さげす>まないであ
11:12 隣人を<さげすむ>者は思慮に欠けて
12: 8 心のねじけた者は<さげす>まれる．
13:13 みことばを<さげすむ>者は身を滅ぼ
14: 2 曲がって歩む者は，主を<さげすむ>．
21 自分の隣人を<さげすむ>人は罪人．
15:20 愚かな者はその母を<さげすむ>．
19:16 自分の道を<さげすむ>者は死ぬ．
23: 9 思慮深いことばを<さげすむ>からだ．
22 年老いた母を<さげす>んではならな
30:17 母への従順を<さげすむ>目は，谷の
伝道 9:16 貧しい者の知恵は<さげす>まれ，彼
イザ 37:22 シオンの娘はあなたを<さげす>み，
49: 7 人に<さげす>まれている者，民に忌
53: 3 彼は<さげす>まれ，人々からのけ者
エレ 49:15 人に<さげす>まれる者とするからだ．
エゼ 16:59 誓いを<さげす>んで，契約を破った．
17:16 彼が誓いを<さげす>み，契約を破っ
22: 8 わたしの聖なるものを<さげす>み，
ゼカ 4:10 その日を小さな事として<さげす>ん
マラ 1: 6 わたしの名を<さげすむ>祭司たち．
2: 9 すべての民に<さげす>まれ，軽んじ
マコ 9:12 多くの苦しみを受け，<さげす>まれ

▼ さけどころ（避け所）

ルツ 2:12 あなたがその翼の下に<避け所>を求

ヨブ24: 8 <避け所>もなく，岩を抱く．
詩篇14: 6 しかし，主が彼の<避け所>である．
46: 1 神はわれらの<避け所>，また力．苦
61: 3 あなたは私の<避け所>，敵に対して
71: 7 あなたが，私の力強い<避け所>だか
91: 2 わが<避け所>，わがとりで，私の信
9 私の<避け所>である主を，いと高き
箴言14:26 子たちの<避け所>となる．
イザ 4: 6 あらしと雨を防ぐ<避け所>と隠れ家
25: 4 あらしのときの<避け所>，暑さを避
28:15 まやかしを<避け所>とし，偽りに身
32: 2 風を避ける<避け所>，あらしを避け
エレ17:17 わざわいの日の，私の身の<避け所>
ヨエ 3:16 主は，その民の<避け所>，イスラエ

▼ さけび（叫び），叫び声

創世18:20 ソドムとゴモラの<叫び>は非常に大
19:13 <叫び>が主の前で大きくなったので，
出エ11: 6 大きな<叫び>が起こる．このような
22:23 わたしは必ず彼らの<叫び>を聞き入
エズ 3:13 だれも喜びの<叫び声>と民の泣き声
ネヘ 9: 9 彼らの<叫び>を聞かれました．
ヨブ34:28 神は悩める者の<叫び>を聞き入れら
詩篇 5: 2 私の<叫び>の声を心に留めてくださ
9:12 貧しい者の<叫び>をお忘れにならな
102: 1 私の<叫び>が，あなたに届きますよ
箴言21:13 寄るべのない者の<叫び>に耳を閉じ
イザ65:19 泣き声も<叫び声>も聞かれない．
エレ 8:19 聞け…私の民の娘の<叫び声>を．
14: 2 エルサレムは哀れな<叫び声>をあげ
25:30 地の全住民に向かって<叫び声>をあ
ゼパ 1:10 魚の門から<叫び声>が，第2区から
マコ 6:49 幽霊だと思い，<叫び声>をあげた．
エペ 4:31 <叫び>，そしりなどを…捨て去りな
ヘブ 5: 7 大きな<叫び声>と涙とをもって祈り
ヤコ 5: 4 取り入れをした人たちの<叫び声>は，
黙示21: 4 もはや死もなく…<叫び>，苦しみも

▼ さけびもとめる（叫び求める）

ヨシ24: 7 あなたがたが主に<叫び求め>たので，
士師 3: 9 イスラエル人が主に<叫び求め>たとき，主は．15，4:3，6:7．
Ⅱ歴13:14 主に<叫び求め>，祭司たちはラッパ
32:20 イザヤは…天に<叫び求め>た．
ネヘ 9:27 苦難の時にあなたに<叫び求める>と，
詩119:147 私は夜明け前に起きて<叫び求め>ま

▼ さけぶ（叫ぶ）【別項】叫び求める

創世 4:10 弟の血が…土地から…<叫>んでいる．
出エ32:17 ヨシュアは民の<叫ぶ>大声を聞いて，
レビ13:45 汚れている』と<叫>ばなければなら
ヨシ 6:10 あなたがたに<叫>ばせる日まで，あなたがたは<叫>んではいけない．あ
士師 7:20 ギデオンの剣だ」と<叫>び，
10:12 あなたがたがわたしに<叫>んだとき，
14 あなたがたが選んだ神々に<叫>べ．
Ⅰサム 7: 9 イスラエルのために主に<叫>んだ．
12: 8 あなたがたの先祖は主に<叫>んだ．
15:11 夜通し主に向かって<叫>んだ．
Ⅱサム20:16 ひとりの知恵のある女が<叫>んだ．
22:42 彼らが<叫>んでも，救う者はなかった．主に<叫>んでも，答えはなかっ
ヨブ19: 7 これは暴虐だ」と<叫>んでも答えは
31:38 私の土地が私に向かって<叫>び，そ
詩篇18: 6 助けを求めてわが神に<叫>んだ．主
22: 5 彼らはあなたに<叫>び…助け出され
34:17 彼らが<叫ぶ>と，主は聞いてくださ
88: 1 私は昼は，<叫>び，夜は，あなたの
13 この私は，あなたに<叫>んでいます．
107: 6 この苦しみのときに，彼らが主に向かって<叫ぶ>と．13，19，28．
箴言 1:20 知恵は，ちまたで大声で<叫>び，広
イザ 6: 4 <叫ぶ>者の声のために，敷居の基は
14:31 門よ，泣きわめけ．町よ，<叫>べ．
42: 2 彼は<叫>ばず，声をあげず，ちまた
58: 1 せいいっぱい大声で<叫>べ．角笛の
エレ 4: 5 角笛を吹け．大声で<叫>んで言え．
7: 2 そこでこのことばを<叫>んで言え．
16 彼らのために<叫>んだり，祈りをさ
20: 8 暴虐だ．暴行だ」と<叫>ばなければ
22:20 レバノンに上って<叫>び，バシャン
25:30 主は高い所から<叫>び，その聖なる
48:31 モアブ全体のために私は<叫ぶ>．キ
49: 3 ラバの娘たちよ．<叫>べ．荒布をま
哀歌 2:18 主に向かって心の底から<叫>んだ．
ヨエ 3: 9 諸国の民の間で，こう<叫>べ．聖戦
16 主はシオンから<叫>び，エルサレムから声を出される．アモ1:2．
ヨナ 1: 2 ニネベに行き，これに向かって<叫>
2: 2 私がよみの腹の中から<叫ぶ>と，あ
ミカ 6: 9 主が町に向かって<叫>ばれる．——
ハバ 1: 2 暴虐」とあなたに<叫>んでいますの

2:11 石は石垣から<叫>び，梁は家からこ
マタ 3: 3 荒野で<叫ぶ>者の声がする．『主の
道．マコ1:2，ルカ3:4，ヨハ1:23.
9:27 ふたりの盲人が…<叫>びながらつい
12:19 <叫ぶ>こともせず，大路でその声を
14:30 沈みかけたので<叫>び出し，「主よ．
20:30 ふたりの盲人が…<叫>んで言った．
27:23 「十字架につけろ」と<叫>び続けた．
46 イエスは大声で…<叫>ばれた．これ．
マコ15:34，ルカ23:46.
50 イエスはもう一度大声で<叫>んで，
ルカ 9:39 霊が…突然<叫>び出すのです．そし
19:40 この人たちが黙れば，石が<叫>びま
使徒 7:57 人々は大声で<叫>びながら，耳をお
60 ひざまずいて，大声でこう<叫>んだ．
12:22 神の声だ…と<叫>び続けた．
19:28 エペソ人のアルテミスだ」と<叫>び
23: 6 パウロは…議会の中でこう<叫>んだ．

▼ さげふり（下げ振り）
ゼカ 4:10 手にある<下げ振り>を見て，喜ぼう．

▼ さけめ（裂け目）
出エ 33:22 あなたを岩の<裂け目>に入れ，わた
士師 15: 8 エタムの岩の<裂け目>に住んだ．

▼ サケヤ〔人名〕
ベニヤミン族シャハライムの子．Ｉ歴8:10.

▼ さける（裂ける）
ヨブ 26: 8 その下の雲は<裂け>ない．
イザ 24:19 地は<裂け>に<裂け>，地はゆるぎに
ミカ 1: 4 山々は…谷々は<裂ける>．ちょうど，
ゼカ 14: 4 その真ん中で二つに<裂け>，東西に
マタ 27:51 神殿の幕が上から下まで真っ二つに
<裂け>た…地が揺れ動き，岩が<裂
け>た．マコ15:38，ルカ23:45.
マコ 1:10 天が<裂け>て御霊が鳩のように自分
使徒 1:18 からだは真っ二つに<裂け>，はらわ

▼ さける（避ける）
Ｉサム 19:10 ダビデはサウルから身を<避け>たの
詩篇 2:12 幸いなことよ…主に身を<避ける>人
7: 1 私はあなたのもとに身を<避け>まし
16: 1 私は，あなたに身を<避け>ます．
17: 4 私は無法な者の道を<避け>ました．
18: 2 主は…身を<避ける>わが岩，わが神．
30 主はすべて彼に身を<避ける>者の盾．
31: 1 私はあなたに身を<避け>ています．
34: 8 幸いなことよ．彼に身を<避ける>者
22 主に身を<避ける>者は…罪に定めら
36: 7 人の子らは御翼の陰に身を<避け>ま
38:11 私のえやみを<避け>て立ち，私の近
57: 1 私のたましいはあなたに身を<避け>
61: 4 御翼の陰に，身を<避け>たいのです．
71: 1 私はあなたに身を<避け>ています．
106:23 激しい憤りを<避ける>ために，御前
118: 8 主に身を<避ける>ことは，人に信頼
箴言 2:16 他人の妻から身を<避け>よ．ことば
4:15 そこを通るな．それを<避け>て通れ．
20: 3 争いを<避ける>ことは人の誉れ，愚
イザ 47:11 あなたはそれを<避ける>ことはでき
ナホ 1: 7 主に身を<避ける>者たちを主は知っ
ゼパ 3:12 ただ主の御名に身を<避ける>．
ルカ 17: 1 つまずきが起こるのは<避け>られな
使徒 15:20 血とを<避ける>ように書き送るべき
Ｉコリ 6:18 不品行を<避け>なさい．人が犯す罪
10:14 偶像礼拝を<避け>なさい．
Ｉテサ 5:22 悪はどんな悪でも<避け>なさい．
Ｉテモ 4: 7 俗悪で…空想話を<避け>なさい．む
6:11 これらのことを<避け>，正しさ，敬
Ⅱテモ 2:16 俗悪なむだ話を<避け>なさい．人々
22 若い時の情欲を<避け>，きよい心で
23 愚かで，無知な思弁を<避け>なさい．
3: 5 こういう人々を<避け>なさい．
テト 3: 9 律法についての論争などを<避け>な

▼ ザザ〔人名〕
ユダ族ヨナタンの子．Ｉ歴2:33.

▼ ささえ，ささえる
出エ 17:12 モーセの手を<ささえ>た．それで彼
Ｉ列 7:35 その台の上の<ささえ>と鏡板とは一
詩篇 18:18 だが，主は私の<ささえ>であった．
35 あなたの右の手は私を<ささえ>，あ
20: 2 シオンから，あなたを<ささえ>られ
37:17 主は正しい者を<ささえ>られるから
41: 3 主は病の床で彼を<ささえ>られる．
51:12 喜んで仕える霊が，私を<ささえ>ま
54: 4 主は私のいのちを<ささえる>方です．
63: 8 あなたの右の手は，私を<ささえ>て
91:12 その手で，あなたを<ささえ>，あな
94:18 あなたの恵みが私を<ささえ>てくだ
104:15 人の心を<ささえる>食物をも．
119:116 みことばのとおりに私を<ささえ>，
117 私を<ささえ>てください．そうすれ
146: 9 みなしごとやもめを<ささえ>られる．

箴言 20:28 彼は恵みによって王位を<ささえる>.
イザ 3: 1 <ささえ>とたよりを除かれる. ——
42: 1 わたしの<ささえる>わたしのしもべ,
59:16 ご自分の義を，ご自分の<ささえ>と
エゼ 30: 6 エジプトを<ささえる>者は倒れ，そ
マタ 4: 6 その手にあなたを<ささえ>させ，あ
ロマ 11:18 あなたが根を<ささえ>ているのでは

▼ ささげもの（〜物）【別項】覚えの穀物のささげ物，感謝のささげ物，穀物のささげ物，進んでささげるささげ物，誓願のささげ物，全焼のささげ物，注ぎのささげ物，罪のためのささげ物，火によるささげ物

創世 4: 3 地の作物から主への<ささげ物>を持
4 アベルとその<ささげ物>とに目を留
出エ 28:38 聖なる<ささげ物>に関しての咎を負
レビ 1: 2 主に<ささげ物>をささげるときは,
3 その<ささげ物>が，牛の全焼のいけ
3: 1 その<ささげ物>が和解のいけにえの
6:20 油そそがれる日に…<ささげ物>は次
19:24 主への賛美の<ささげ物>となる.
22:18 在留異国人が<ささげ物>をささげ,
23:14 神への<ささげ物>を持って来るその
民数 5:15 これはねたみの<ささげ物>，咎を思
6:21 ナジル人…主への<ささげ物>を誓う
7:10 祭壇奉献のための<ささげ物>をささ
12 第1日に<ささげ物>をささげたのは,
9: 7 <ささげ物>をささげることを禁じら
16:15 彼らの<ささげ物>を顧みないでくだ
18: 9 わたしに納めるすべての<ささげ物>
28: 2 わたしへの食物の<ささげ物>を，定
31:50 首飾りなどを主への<ささげ物>とし
Ｉサム 2:17 主への<ささげ物>を…侮ったからで
26:19 主はあなたの<ささげ物>を受け入れ
Ｉ列 18:29 昼も過ぎ，<ささげ物>をささげる時
Ⅱ列 3:20 <ささげ物>をささげるころ…水がエ
Ｉ歴 16:29 <ささげ物>を携えて，御前に行け.
28:12 聖なる<ささげ物>の宝物倉のこと,
エズ 2:68 自分から進んで<ささげ物>をした.
9: 4 夕方の<ささげ物>の時刻まで，色を
ネヘ 10:34 たきぎの<ささげ物>…のくじを引き,
詩篇 96: 8 <ささげ物>を携えて，主の大庭に入
141: 2 夕べの<ささげ物>として立ち上りま
イザ 19:21 エジプト人は…<ささげ物>をもって
エゼ 20:26 彼らの<ささげ物>によって…汚した.
28 主の怒りを引き起こす<ささげ物>を
40 奉納物と最上の<ささげ物>を求める.
40:43 <ささげ物>の肉は台の上に置かれる
ダニ 9:21 ガブリエルが，夕方の<ささげ物>を
27 いけにえと<ささげ物>とをやめさせ
アモ 5:25 ほふられた獣と<ささげ物>とをわた
マラ 1:13 病気のものを…<ささげ物>としてさ
3: 4 ユダとエルサレムの<ささげ物>は,
エペ 5: 2 ご自身を神への<ささげ物>，また供
ヘブ 5: 1 罪のために，<ささげ物>といけにえ
8: 3 大祭司は，<ささげ物>といけにえと
4 律法に従って<ささげ物>をする人た
10: 2 <ささげ物>をすることは，やんだは
3 これらの<ささげ物>によって，罪が
14 一つの<ささげ物>によって，永遠に
11: 4 神が，彼の<ささげ物>を良い<ささげ物>だとあかししてくださったか

▼ ささげる

創世 22: 2 イサクをわたしに<ささげ>なさい.」
46: 1 父イサクの神にいけにえを<ささげ>
出エ 13:12 最初に生まれる者を…<ささげ>なさ
22:29 初子は，わたしに<ささげ>なければ
25: 2 わたしに奉納物を<ささげる>ように,
32:29 きょう，主に身を<ささげ>よ．主が,
34:25 パンに添えて，<ささげ>てはならな
レビ 6:26 罪のためのいけにえを<ささげる>祭
17: 9 主に<ささげる>ために会見の天幕の
22:22 これらのものを主に<ささげ>てはな
民数 3: 4 主の前に異なった火を<ささげ>たと
6:16 全焼のいけにえとを<ささげる>.
7:12 第1日にささげ物を<ささげ>たのは,
9: 2 過越のいけにえを<ささげ>よ.
申命 15:19 雄の初子は…主に<ささげ>なければ
21 いけにえとして<ささげ>てはならな
16: 1 主に過越のいけにえを<ささげ>なさ
士師 3:17 エグロンにみつぎものを<ささげ>た.
5: 9 民のうちの進んで身を<ささげる>者
6:26 アシェラ像の木で…<ささげ>よ.」
13:19 それを岩の上で主に<ささげ>た．主
Ｉサム 1:11 その子の一生を主にお<ささげ>しま
Ⅱサム 8:11 金とともに主に聖別して<ささげ>た.
Ｉ列 8:29 この所に向かって<ささげる>祈りを
13: 2 おまえの上に<ささげ>，人の骨がお
Ⅱ列 5:17 ほかの神々に…<ささげ>ず，ただ主
12: 4 主の宮に<ささげ>られる聖別された

さ

I歴 16:28 国々の民の諸族よ．主に<ささげ>よ．
栄光と力を主に<ささげ>よ．
21:24 主に<ささげる>わけにはいきません．
29: 3 私の神の宮のために<ささげ>た．
9 みずから進んで主に<ささげ>たから
II歴 2: 4 宮を建てて，これを主に<ささげ>，
8:12 全焼のいけにえを<ささげ>た．
30: 1 過越のいけにえを<ささげる>よう呼
エズ 1: 6 進んで<ささげる>あらゆるささげ物
3: 4 日々の全焼のいけにえを<ささげ>た．
7:15 イスラエルの神に進んで<ささげ>た
詩篇 4: 5 義のいけにえを<ささげ>，主に拠り
30題目 ダビデの賛歌．家を<ささげる>歌
50:14 感謝のいけにえを神に<ささげ>よ．
54: 6 あなたにいけにえを<ささげ>ます．
72:10 島々の王たちは贈り物を<ささげ>，
15 彼にシェバの黄金が<ささげ>られま
96: 7 栄光と力を主に<ささげ>よ．
8 御名の栄光を主に<ささげ>よ．ささ
106:37 悪霊のいけにえとして<ささげ>，
エレ32:35 モレクのために…娘を<ささげ>て，
エゼ43:24 それらを主の前に<ささげ>，祭司た
45: 1 区域を奉納地として主に<ささげ>な
46:13 これを毎朝<ささげ>なければならな
ダニ 9:18 御前に伏して願いを<ささげる>のは，
ホセ 4:13 山々の頂でいけにえを<ささげ>，丘
14: 2 くちびるの果実を<ささげ>ます．
アモ 4: 4 朝ごとにいけにえを<ささげ>，３日
ごとに10分の１…を<ささげ>よ．
5:22 穀物のささげ物を…<ささげ>ても，
25 わたしに<ささげ>たことがあったか．
ヨナ 1:16 主にいけにえを<ささげ>，誓願を立
2: 9 いけにえを<ささげ>，私の誓いを果
ミカ 4:13 彼らの財宝を全地の主に<ささげる>．
6: 7 私の長子を<ささげる>べきだろうか．
マラ 1: 8 盲目の獣をいけにえに<ささげる>が
…病気のものを<ささげる>のは，悪
11 きよいささげ物が<ささげ>られ，香
14 これを<ささげる>と誓いながら，損
傷のあるのを主に<ささげる>ずるい
マタ 2:11 没薬を贈り物として<ささげ>た．
5:24 それから…その供え物を<ささげ>な
8: 4 モーセの命じた供え物を<ささげ>な
ルカ 2:22 両親は幼子を主に<ささげる>ために，
使徒 7:41 この偶像に供え物を<ささげ>，彼ら
ロマ 6:13 不義の器として罪に<ささげ>てはい
19 手足を義の奴隷として<ささげ>て，
12: 1 聖い，生きた供え物として<ささげ>
Iコリ 8: 4 偶像に<ささげ>た肉を食べることに
10:20 神にではなくて悪霊に<ささげ>られ
28 これは偶像に<ささげ>た肉です」と
IIコリ 8: 5 まず自分自身を主に<ささげ>，また，
11: 2 花嫁に定め，キリストに<ささげる>
Iテサ 3: 9 神にどんな感謝を<ささげ>たらよい
ヘブ 5: 7 涙とをもって祈りと願いを<ささげ>，
7:27 毎日いけにえを<ささげる>必要はあ
りません…自分自身を<ささげ>，た
9:28 一度，ご自身を<ささげ>られました
10:12 一つの永遠のいけにえを<ささげ>て
11: 4 すぐれたいけにえを神に<ささげ>，
17 試みられたときイサクを<ささげ>ま
Iペテ 2: 5 霊のいけにえを<ささげ>なさい．

▼ ささやき，ささやく

ヨブ26:14 神についての<ささやき>しか聞いて
詩篇41: 7 私について共に<ささや>き，私に対
イザ 8:19 <ささやく>口寄せに尋ねよ」と言う
29: 4 ちりの中からの<ささやき>のように
ルカ12: 3 家の中で<ささや>いたことが，屋上

▼ さしいれる（差し入れる）

箴言19:24 なまけ者は手を皿に<差し入れ>ても，
雅歌 5: 4 戸の穴から手を<差し入れ>ました．
ヨハ20:25 指を釘のところに<差し入れ>，また
私の手をそのわきに<差し入れ>てみ
27 わたしのわきに<差し入れ>なさい．

▼ さしず（指図）

ヨブ37:12 神の<指図>によって巡り回り，命じ
マタ28:15 金をもらって，<指図>されたとおり
テト 1: 5 私が<指図>したように，町ごとに長
ヘブ11:22 自分の骨について<指図>しました．

▼ さしだす（差し出す）

哀歌 1:17 シオンが手を<差し出>しても，これ
ダニ 3:28 自分たちのからだを<差し出>しても，
マタ25:20 もう５タラント<差し出>して言った．
ルカ23:36 酸いぶどう酒を<差し出>し，
ヨハ19:29 それをイエスの口もとに<差し出>し

▼ さしのばす（差し伸ばす）

エズ 9: 5 主に向かって手を<差し伸ば>し，祈
エス 4:11 王がその者に金の笏を<差し伸ば>せ
5: 2 金の笏をエステルに<差し伸ば>した．
詩篇44:20 ほかの神に私たちの手を<差し伸ば>

68:31 神に向かって急いで<差し伸ばす>.
88: 9 私の両手を<差し伸ば>しています.

▼ さしのべる（差し伸べる）

Ⅰ列 8:38 両手を<差し伸べ>て祈るとき，どの
Ⅰ歴 21:16 剣を…エルサレムの上に<差し伸べ>
箴言 31:20 貧しい者に手を<差し伸べる>.
イザ 65: 2 一日中，わたしの手を<差し伸べ>た.
使徒 26: 1 手を<差し伸べ>て弁明し始めた.
ロマ 10:21 わたしは一日中，手を<差し伸べ>た.

▼ ざしょう（座礁）

使徒 27:41 船を<座礁>させてしまった．へさき

▼ さす

ガラ 3:16 多数を<さす>ことはせず，ひとりを <さ>して，「あなたの子孫に」と言

▼ さす（刺す），刺し殺す，刺し通す

出エ 21: 6 彼の耳をきりで<刺し通>さなければ
申命 21: 1 <刺し殺>されて野に倒れている人が
32:42 <刺し殺>された者や捕らわれた者の
ヨシ 11: 6 <刺し殺>された者とするからだ．あ
士師 3:21 エフデは…王の腹を<刺>した.
4:21 鉄のくいを打ち込んで地に<刺し通>
Ⅰサム 26: 8 槍で彼を一気に地に<刺し殺>させて
31: 4 剣を抜いて…私を<刺し殺>してくれ.
Ⅱサム 23: 8 一度に800人を<刺し殺>した.
Ⅱ列 18:21 寄りかかる者の手を<刺し通す>だけ
Ⅰ歴 5:22 多くの者が<刺し殺>されて，倒れた
11:11 一度に300人を<刺し殺>した.
箴言 12:18 軽率に話して人を剣で<刺す>ような
23:32 かみつき，まむしのように<刺す>.
イザ 22: 2 剣で<刺し殺>されたのでもなく，戦
51: 9 竜を<刺し殺>したのは，あなたでは
53: 5 そむきの罪のために<刺し通>され，
66:16 主に<刺し殺>される者は多い.
エレ 14:18 見よ，剣で<刺し殺>された者たち.
エゼ 6: 4 <刺し殺>された者どもを…投げ倒す.
11: 6 この町に<刺し殺>された者をふやし，
21:14 人を<刺し殺す>剣とし，大いに人を
28: 9 あなたを<刺し殺す>者たちの手の中
23 <刺し殺>された者がその中に倒れる.
30: 4 <刺し殺>される者がエジプトで倒れ，
31:17 剣で<刺し殺>された者や，これを助
ゼパ 2:12 クシュ人も，わたしの剣で<刺し殺>
ゼカ 13: 3 預言しているときに…<刺し殺>そう.
ルカ 2:35 剣があなたの心さえも<刺>し貫くで
使徒 2:37 人々はこれを聞いて心を<刺>され，
Ⅰテモ 6:10 苦痛をもって自分を<刺し通>しまし
ヘブ 4:12 骨髄の分かれ目さえも<刺し通>し，
黙示 9: 5 さそりが人を<刺>したときのような

▼ さずかる（授かる）

使徒 7:38 生けるみことばを<授か>り，あなた

▼ さずける（授ける）

創世 4:25 神は私にもうひとりの子を<授け>ら
出エ 24:12 石の板をあなたに<授け>よう.」
Ⅰサム 1:11 このはしために男の子を<授け>てく
Ⅰ列 5: 7 知恵ある子をダビデに<授け>られた
ヨブ 39:17 悟りをこれに<授け>なかったからだ.
詩篇 60: 4 あなたは…旗を<授け>られました.
61: 7 恵みとまこととを彼に<授け>，彼を
72: 1 あなたの義を王の子に<授け>てくだ
ダニ 2:21 理性のある者には知識を<授け>られ
マタ 10: 1 霊どもを制する権威をお<授け>にな
ルカ 9: 1 力と権威とをお<授け>になった.
使徒 19: 4 悔い改めのバプテスマを<授け>たの
Ⅰコリ 1:16 そのほかはだれにも<授け>た覚えは
3: 5 主がおのおのに<授け>られたとおり

▼ さすらい，さすらう

申命 26: 5 私の父は，<さすらい>のアラム人で
詩篇 56: 8 あなたは，私の<さすらい>をしるし
エレ 14:10 彼らは<さすらう>ことを愛し，その
哀歌 1: 7 エルサレムは…<さすらい>の日にあ
3:19 私の悩みと<さすらい>の思い出は，

▼ さすらいびと（～人）

創世 4:12 さまよい歩く<さすらい人>となるの
ホセ 9:17 諸国の民のうちに，<さすらい人>と

▼ ざせき（座席）

イザ 21: 5 食卓を整え，<座席>を並べて，飲み
Ⅰコリ 14:16 異言を知らない人々の<座席>に着い
30 <座席>に着いている別の人に黙示が

▼ さそいこむ（誘い込む）

Ⅰ歴 21: 1 ダビデを<誘い込>んで…人口を数え
Ⅱ歴 18: 2 彼を<誘い込>んで，ラモテ・ギルア
Ⅱペテ 3:17 無節操な者たちの迷いに<誘い込>ま

▼ さそり

Ⅰ列 12:11 私は<さそり>でおまえたちを懲らし
ルカ 10:19 蛇や<さそり>を踏みつけ，敵のあら
11:12 だれが，<さそり>を与えるでしょう.
黙示 9: 5 <さそり>が人を刺したときのような

▼ さだまる（定まる），定まり

民数 27:11 <定ま>ったおきてとしなさい.」
詩篇 78: 8 心<定ま>らず，その霊が神に忠実で

さ

ハバ 2: 5 高ぶる者は<定まり>がない．彼はよ
ヘブ 9:27 死後にさばきを受けることが<定ま>
Ⅱペテ 2:14 心の<定ま>らない者たちを誘惑し，
3:16 無知な，心の<定ま>らない人たちは，

▼ さだめ（定め）

出エ 15:25 おきてと<定め>を授け，その所で彼
21: 1 彼らの前に立てる<定め>は次のとお
9 娘に関する<定め>によって，取り扱
24: 3 <定め>をことごとく民に告げた．す
26:30 山で示された<定め>のとおりに，幕
レビ 5:10 <定め>に従って，全焼のいけにえと
18: 4 わたしの<定め>を行い，わたしのお
5 わたしの<定め>を守りなさい．それ
26 <定め>を守らなければならない．こ
19:37 すべての<定め>を守り，これらを行
いなさい．わたしは．20:22，25:18．
26:15 わたしの<定め>を忌みきらって，わ
43 彼らがわたしの<定め>を退け，彼ら
46 おきてと<定め>とおしえである．
民数 9: 3 すべてのおきてとすべての<定め>に
従って，それをしなければなら．14．
15:24 <定め>にかなう穀物のささげ物と注
29: 6 <定め>による新月祭の全焼のいけに
36:13 イスラエル人に命じた…<定め>であ
申命 4: 1 私の教えるおきてと<定め>とを聞き
5 <定め>とをあなたがたに教えた．あ
8 正しいおきてと<定め>とを持ってい
14 おきてと<定め>とを教えるように，
45 さとしとおきてと<定め>であって，
5: 1 耳に語るおきてと<定め>とを．これ
31 おきてと<定め>――を…告げよう．
6: 1 命じられた命令…おきてと<定め>―
20 このさとしとおきてと<定め>とは，
7:11 おきてと<定め>――を守り行わ．12．
8:11 主の<定め>と，主のおきてとを守ら
11: 1 <定め>と，命令とを守りなさい．
32 おきてと<定め>を守り行わなければ
ならない．12:1，26:16，17．
30:16 主の命令とおきてと<定め>とを守る
33:10 あなたの<定め>をヤコブに教え，あ
ヨシ 24:25 シェケムで，おきてと<定め>を定め
士師 13:12 その子のための<定め>とならわしは
Ⅰサム 2:13 祭司の<定め>についてもそうであっ
30:25 おきてとし，<定め>とした．今日も
Ⅰ列 2: 3 <定め>と，さとしとを守って主の道
6:12 わたしの<定め>を行い，わたしのす
8:58 <定め>とを守るようにさせてくださ
9: 4 おきてと<定め>とを守るなら，
11:33 わたしのおきてと<定め>を守らず，
Ⅱ列 11:14 王が<定め>のとおりに，柱のそばに
17:34 <定め>や，律法や，命令のとおりに
37 <定め>と…をいつも守り行わなけれ
Ⅰ歴 6:32 おのおのその<定め>に従って，奉仕
15:13 この方を<定め>のとおりに求めなか
22:13 <定め>をあなたが守り行うなら，あ
28: 7 <定め>を行おうと堅く決心している
Ⅱ歴 7:17 わたしのおきてと<定め>とを守るな
8:14 父ダビデの<定め>に従い，祭司たち
19:10 <定め>などについて…訴訟が持ち込
30:16 おのおのその<定め>の場所に立った．
33: 8 すべての律法とおきてと<定め>とを
35:13 彼らは<定め>のとおりに，過越のい
エズ 7:10 おきてと<定め>を教えようとして，
ネヘ 1: 7 おきても，<定め>も守りませんでし
8:18 <定め>に従って，きよめの集会が行
9:13 正しい<定め>と，まことの律法，良
29 あなたの<定め>にそむいて罪を犯し，
10:29 その<定め>とおきてを守り行うため
ヨブ 34: 4 私たちは一つの<定め>を選び取り，
詩篇 2: 7 わたしは主の<定め>について語ろう．
81: 4 ヤコブの神の<定め>である．
89:30 わたしの<定め>のうちを歩かないな
119:52 とこしえからの<定め>を思い出し，
91 あなたの<定め>にしたがって堅く立
102 あなたの<定め>から離れませんでし
イザ 58: 2 神の<定め>を捨てたことのない国の
エレ 8: 7 わたしの民は主の<定め>を知らない．
エゼ 5: 6 わたしの<定め>に逆らい…わたしの
<定め>をないがしろにし，わたしの
7 わたしの<定め>を行わず…諸国の民
の<定め>さえ行わなかった．」
11:12 わたしの<定め>を守らず…諸国の民
20 わたしの<定め>を守り行うためであ
18: 9 わたしの<定め>を守り行おう．こう
いう人が．17，20:19，21，24，25．
20:11 わたしの<定め>を彼らに教えた．
13 わたしの<定め>をもないがしろにし
…安息日をひどく汚した．だ．16．
36:27 わたしの<定め>を守り行わせる．
37:24 わたしの<定め>に従って歩み，わた

43:11 すべての構造と<定め>とを守って，
44: 5 すべての<定め>と…律法について，
24 <定め>に従ってさばきの座に着き，
ダニ 9: 5 あなたの命令と<定め>とを離れまし
11:27 終わりは…<定め>の時にかかってい
ハバ 2: 3 この幻は，<定め>の時について証言
ゼパ 2: 3 主の<定め>を行うこの国のすべての
マラ 4: 4 彼に命じたおきてと<定め>である．
ルカ 1: 6 戒めと<定め>を落度なく踏み行って
ロマ 1:32 死罪に当たるという神の<定め>を知
13: 2 逆らっている人は，神の<定め>にそ
ガラ 4: 4 しかし<定め>の時が来たので，神は
コロ 2:21 すがるな…というような<定め>に縛

▼ さだめる（定める）【別項】罪に定める

創世 18:14 来年の今ごろ，<定め>た時に，あな
出エ 9: 5 主は時を<定め>て，仰せられた．
民数 29:18 それぞれの数に応じて<定め>られた穀物のささげ物と注ぎのささげ物とする．21，24，27，30，33．
37 数に応じて<定め>られる．
Ⅰサム 13:11 あなたも<定め>られた日にお見えに
Ⅱサム 7:10 イスラエルのために…場所を<定め>，
Ⅱ列 11:18 主の宮の管理を<定め>た．
Ⅰ歴 9:22 サムエルが彼らの職責を<定め>たの
15: 1 神の箱のために場所を<定め>，その
17: 9 一つの場所を<定め>，民を住みつか
23:31 <定め>られた数にしたがって絶やさ
24:19 <定め>たとおりである．
Ⅱ歴 19: 3 心を<定め>て常に神を求めて来られ
20:33 父祖の神にその心を<定め>ようとし
エズ 3: 4 毎日の分として<定め>られた数にし
ネヘ 11:23 歌うたいたちには日課が<定め>られ
ヨブ 7: 3 苦しみの夜が<定め>られている．
11:13 もし，あなたが心を<定め>…手を神
20:29 神によって<定め>られた彼の相続財
詩篇 7: 6 あなたはさばきを<定め>られました．
49:14 彼らは羊のようによみに<定め>られ，
74:17 あなたは地のすべての境を<定め>，
104:20 やみを<定め>られると，夜になりま
111: 9 ご自分の契約をとこしえに<定め>ら
119:152 とこしえからこれを<定め>ておられ
箴言 4:26 あなたのすべての道を堅く<定め>よ．
30: 4 だれが地の…限界を堅く<定め>ただ
イザ 10:22 壊滅は<定め>られており，義があふ
34: 5 聖絶すると<定め>た民の上に下るか
エレ 30:18 宮殿は…<定め>られている所に建つ．
31:35 月と星を<定め>て夜の光とし，海を
49:12 あの杯を飲むように<定め>られてい
ダニ 1: 8 身を汚すまいと心に<定め>，身を汚
9:24 70週が<定め>られている．それは，
マタ 11:27 子が父を知らせようと心に<定め>た
20:18 彼らは人の子を死刑に<定め>ます．
ルカ 10: 1 主は，別に70人を<定め>，ご自分が
21:14 考えないことに，心を<定め>ておき
22:22 人の子は，<定め>られたとおりに去
使徒 2:23 神の<定め>た計画と神の予知とによ
4:28 あらかじめお<定め>になったことを
7:53 御使いたちによって<定め>られた律
10:42 神によって<定め>られた方であるこ
13:48 永遠のいのちに<定め>られていた人
17:26 その住まいの境界とをお<定め>にな
22:14 御声を聞かせようとお<定め>になっ
Ⅰコリ 2: 7 世界の始まる前から…<定め>られた
9:14 生活のささえを得るように<定め>て
ガラ 3:19 仲介者の手で<定め>られたのです．
4: 2 父の<定め>た日までは，後見人や管
エペ 1: 5 愛をもってあらかじめ<定め>ておら
11 あらかじめこのように<定め>られて

▼ サタン

Ⅰ歴 21: 1 <サタン>がイスラエルに逆らって立
ヨブ 1: 6 <サタン>．7，8，9，12，2:1，7．
ゼカ 3: 2 <サタン>よ．主がおまえをとがめて
マタ 4:10 引き下がれ，<サタン>．『あなたの
12:26 <サタン>が<サタン>を追い出してい
16:23 下がれ．<サタン>…わたしの邪魔を
ルカ 10:18 <サタン>が，いなずまのように天か
11:18 <サタン>の国が立ち行くことができ
13:16 18年もの間<サタン>が縛っていたの
22: 3 ユダに，<サタン>が入った．
31 <サタン>が…麦のようにふるいにか
使徒 5: 3 <サタン>に心を奪われ，聖霊を欺い
26:18 <サタン>の支配から神に立ち返らせ，
ロマ 16:20 あなたがたの足で<サタン>を踏み砕
Ⅰコリ 5: 5 このような者を<サタン>に引き渡し
7: 5 自制力を欠くとき，<サタン>の誘惑
Ⅱコリ 2:11 <サタン>に欺かれないためです．私
11:14 <サタン>さえ光の御使いに変装する
12: 7 私を打つための，<サタン>の使いで
黙示 2: 9 <サタン>の会衆である人たちから，
13 そこには<サタン>の王座がある．し

12: 9 悪魔とか，<サタン>とか呼ばれて，
20: 7 千年の終わりに，<サタン>はその牢

▼ さつい（殺意）

出エ 21:13 彼に<殺意>がなく，神が御手によっ
ロマ 1:29 ねたみと<殺意>と争いと欺きと悪だ

▼ ざっしゅのぶどう（雑種のぶどう）

エレ 2:21 質の悪い<雑種のぶどう>に変わった

▼ さつじん（殺人）

エゼ 16:38 <殺人>をした女に下す罰であなたを
マタ 15:19 悪い考え，<殺人>，姦淫．マコ7:21．
黙示 9:21 その<殺人>や，魔術や，不品行や，

▼ サッピラ〔人名〕

アナニヤの妻．使徒5:1．

▼ ザト

1．人名．律法厳守の盟約の調印者．ネヘ10:14．
2．ザト族．エズ2:8，10:27，ネヘ7:13．

▼ さとい

マタ 10:16 蛇のように<さと>く，鳩のようにす
ロマ 16:19 善には<さと>く，悪にはうとくあっ

▼ サドカイは（～派），サドカイ人

マタ 3: 7 <サドカイ人>．16:1，22:23，マコ12:18，ルカ20:27，使徒4:1，23:6．
使徒 5:17 <サドカイ派>の者はみな，ねたみに

▼ サドク〔人名〕

主イエスの先祖の一人．マタ1:14．

▼ さとし，さとしの書

出エ 25:16 わたしが与える<さとし>をその箱に
21 箱の中に…<さとし>を納めなければ
40:20 彼は<さとし>を取って箱に納め，棒
Ⅰ列 2: 3 <さとし>とを守って主の道を歩まな
Ⅱ列 11:12 エホヤダは…<さとしの書>を渡した．
Ⅰ歴 29:19 命令と<さとし>と定めを守らせ，す
Ⅱ歴 23:11 <さとしの書>を渡して，彼を王と宣
詩篇 25:10 契約とその<さとし>を守る者には．
78: 5 主はヤコブのうちに<さとし>を置き，
99: 7 主の<さとし>と…おきてとを守った．
106:13 その<さとし>を待ち望まなかった．
107:11 いと高き方の<さとし>を侮ったので
119:14 あなたの<さとし>の道を…楽しんで
24 あなたの<さとし>は私の喜び，私の
36 私の心をあなたの<さとし>に傾かせ，
46 あなたの<さとし>を王たちの前で述
79 あなたの<さとし>を知る者たちが，
119 私は，あなたの<さとし>を愛します．
129 あなたの<さとし>は奇しく，それゆ
144 あなたの<さとし>は，とこしえに義
132:12 わたしの教える<さとし>を守るなら，
エゼ 7:26 律法を失い，長老は<さとし>を失う．

▼ さとす

詩篇 73:24 あなたは，私を<さと>して導き，後
箴言 16:23 者の心はその口を<さと>し，そのこ
ゼカ 3: 6 主の使いはヨシュアを<さと>して言
Ⅰコリ 4:14 愛する私の子どもとして，<さとす>
テト 2: 5 従順であるようにと，<さとす>こと

▼ さとり（悟り）

ヨブ 20: 3 私の<悟り>の霊が私に答えさせる．
28:12 <悟り>のある所はどこか．
28 悪から離れることは<悟り>である．」
38:36 だれが心の奥に<悟り>を与えたか．
39:26 あなたの<悟り>によってか．たかが
詩篇 14: 2 <悟り>のある者がいるかどうかをご
32: 8 あなたがたに<悟り>を与え，行くべ
9 <悟り>のない馬や騾馬のようであっ
119:130 わきまえのない者に<悟り>を与えま
箴言 1: 2 <悟り>のことばを理解するためであ
3: 5 自分の<悟り>にたよるな．
7: 4 <悟り>を「身内の者」と呼べ．
10:13 <悟り>のある者のくちびるには知恵
17:10 <悟り>のある者を一度責めることは，
19:25 <悟り>のある者を責めよ．そうすれ
23:23 それを売ってはならない…<悟り>も．
30: 2 私には人間の<悟り>がない．
イザ 11: 2 それは知恵と<悟り>の霊，はかりご
27:11 これは<悟り>のない民だからだ．そ
29:14 <悟り>ある者の<悟り>は隠される．」
40:14 主はだれと相談して<悟り>を得られ
エレ 4:22 彼らは，ばかな子らで…<悟り>がな
ダニ 9:22 あなたに<悟り>を授けるために出て
ホセ 4:14 <悟り>のない民は踏みつけられる．
ロマ 3:11 <悟り>のある人はいない．神を求め

▼ さとる（悟る）

申命 29: 4 <悟る>心と，見る目と，聞く耳を，
Ⅰサム 3: 8 呼んでおられるということを<悟>っ
Ⅱサム 12:19 子どもが死んだことを<悟>った．そ
Ⅰ歴 12:32 イッサカル族から，時を<悟>り，イ
ヨブ 13: 1 私の耳はこれを聞いて<悟>った．
17: 4 彼らの心を閉じて<悟る>ことがない
42: 3 自分で<悟>りえないことを告げまし
詩篇 2:10 それゆえ，今，王たちよ，<悟>れ．

19:12 数々のあやまちを<悟る>ことができ
28: 5 その御手のわざをも<悟>らないので,
64: 9 そのなさったことを<悟>ります.
73:17 ついに，彼らの最後を<悟>った.
箴言 2: 5 主を恐れることを<悟>り，神の知識
28: 5 悪人は公義を<悟>らない．主を尋ね求める者はすべての事を<悟る>.
イザ 6: 9 聞き続けよ．だが<悟る>な．見続け
10 自分の心で<悟>り，立ち返って，い
43:10 わたしがその者であることを<悟る>
44:18 彼らの心もふさがって<悟る>ことも
52:15 聞いたこともないことを<悟る>から
56:11 彼らは，<悟る>ことも知らない牧者
エレ 9:12 これを<悟る>ことのできる者はだれ
23:20 終わりの日に…明らかに<悟>ろう.
31:19 <悟>って後，ももを打ちました．私
ダニ 8:17 <悟>れ．人の子よ．その幻は，終わ
10: 1 ことばを理解し，その幻を<悟>って
マタ 13:14 聞きはするが，決して<悟>らない．マコ4:12，ルカ8:10，使徒28:26，27.
15 その心で<悟>って立ち返り，わたし
23 みことばを聞いてそれを<悟る>人の
マコ 6:52 パンのことから<悟る>ところがなく,
ルカ 5:24 罪を赦す権威を…<悟>らせるために.
21:20 その滅亡が近づいたことを<悟>りな
24:45 聖書を<悟>らせるために彼らの心を
Ⅰコリ 2: 8 この知恵を…だれひとりとして<悟>りませんでした．もし<悟>っていた
Ⅱコリ 13: 6 あなたがたが<悟る>ように私は望ん
エペ 5:17 主のみこころ…を，よく<悟>りなさ
Ⅰテモ 6: 4 高慢になっており，何一つ<悟>らず,
Ⅱテモ 2:25 真理を<悟>らせてくださるでしょう.
ヘブ 3:10 わたしの道を<悟>らなかった.

▼ サトン〔度量衡〕
マタ 13:33 3<サトン>の粉の中に入れると，全

▼ サヌサナ〔地名〕
ユダの最南端の町の一つ．ヨシ15:31.

▼ サヌバラテ〔人名〕
サマリヤの総督．ネヘ2:10，4:1，6:1，13:28.

▼ ザノアハ〔地名〕
(1)ユダの低地の町の一つ．ヨシ15:34，ネヘ3:13，11:30.
(2)ユダの山地の町の一つ．ヨシ15:56，Ⅰ歴4:18.

▼ ザバイ〔人名〕
異邦人の女をめとった者の一人．エズ10:28.

▼ さばき
創世 31:42 神は…昨夜<さばき>をなさったので
出エ 12:12 エジプトの…神々に<さばき>を下そ
18:13 モーセは…<さばき>の座に着いた.
28:15 <さばき>の胸当て．29.
30 <さばき>の胸当てには，ウリムとトンミムを入れ…<さばき>を，その胸
32:34 わたしの<さばき>の日に…彼らの罪
レビ 19:35 <さばき>においても，ものさしにお
24:22 一つの<さばき>をしなければならな
民数 15:16 同一の<さばき>でなければならない.
27:21 ウリムによる<さばき>を求めなけれ
33: 4 主は彼らの神々に<さばき>を下され
35:12 <さばき>のために会衆の前に立つ前
29 あなたがたの<さばき>のおきてとな
申命 1:17 <さばき>をするとき，人をかたよって見てはならない…<さばき>は神の
10:18 やもめのために<さばき>を行い，在
16:18 正しい<さばき>をもって民をさばか
19 <さばき>を曲げてはならない．人を
17:11 彼らが述べる<さばき>によって行わ
32:41 手に<さばき>を握るとき，わたしは
ヨシ 20: 6 会衆の前に立って<さばき>を受ける
士師 4: 5 上って来て，<さばき>を受けた.
Ⅰサム 8: 3 父の道に歩まず…<さばき>を曲げて
Ⅱサム 8:15 ダビデは…正しい<さばき>を行った.
15: 2 <さばき>のために王のところに来て
6 <さばき>のために王のところに来る
22:23 主のすべての<さばき>は私の前にあ
Ⅰ列 3:28 王が下した<さばき>を聞いて，王を恐れた…<さばき>をするのを見たか
7: 7 <さばき>の広間を造り，床の隅々か
Ⅰ歴 16:12 その奇蹟と御口の<さばき>とを.
14 その<さばき>は全地にわたる.
18:14 すべての者に正しい<さばき>を行っ
Ⅱ歴 19: 6 この方は，<さばき>が行われるとき,
8 主の<さばき>，および訴訟に携わる
20: 9 もし，剣，<さばき>，疫病，ききん
ヨブ 9:19 もし，<さばき>について言えば，だ
32 <さばき>の座にいっしょに行こう」
14: 3 <さばき>の座に連れて行かれるので
21:22 高い所におられる方が<さばき>を下
22: 4 <さばき>の座に，入って行かれ，あ

34:23 人が<さばき>のときに神のみもとに
37:23 全能者は，力と<さばき>にすぐれた
40: 8 わたしの<さばき>を無効にするつも
詩篇 1: 5 <さばき>の中に立ちおおせず，罪人
7: 6 あなたは<さばき>を定められました.
9: 7 <さばき>のためにご自身の王座を堅
16 ご自身を知らせ，<さばき>を行われ
10: 5 あなたの<さばき>は高くて，彼の目
17: 2 私のための<さばき>が御前から出て,
18:22 主のすべての<さばき>は私の前にあ
19: 9 主の<さばき>はまことであり，こと
35:23 私の<さばき>のために．わが神，わ
36: 6 あなたの<さばき>は深い海のようで
37: 6 <さばき>を真昼のように輝かされる.
48:11 <さばき>があるために，シオンの山
76: 9 神が，<さばき>のために，そして地
94:15 <さばき>は再び義に戻り，心の直ぐ
97: 2 義と<さばき>が御座の基である.
8 主よ．あなたの<さばき>のために.
99: 4 王の力は，<さばき>を愛する…ヤコ
ブの中で，<さばき>と正義を行われ
101: 1 私は，恵みと<さばき>を歌いましょ
103: 6 正義と<さばき>を行われる.
105: 5 その奇蹟と御口の<さばき>とを.
7 その<さばき>は全地にわたる.
106: 3 幸いなことよ．<さばき>を守り，正
119: 7 あなたの義の<さばき>を学ぶとき,
20 いつもあなたの<さばき>を慕い，砕
30 あなたの<さばき>を私の前に置きま
39 <さばき>はすぐれて良いからです.
43 <さばき>を待ち望んでいますから.
62 正しい<さばき>について感謝します
75 あなたの<さばき>の正しいことと,
106 あなたの義の<さばき>を守ることを
108 <さばき>を私に教えてください.
120 私はあなたの<さばき>を恐れていま
137 あなたの<さばき>はまっすぐです.
160 義の<さばき>はことごとく，とこし
えに至ります．164.
175 <さばき>が私の助けとなりますよう
122: 5 <さばき>の座，ダビデの家の王座が
140:12 貧しい者に，<さばき>を行われるこ
143: 2 しもべを<さばき>にかけないでくだ
146: 7 <さばき>を行い，飢えた者にパンを
147:19 おきてと<さばき>を告げられる.
20 <さばき>について彼らは知っていな
149: 9 書きしるされた<さばき>を…行うた
箴言 17:23 悪者は…<さばき>の道を曲げる.
18: 5 正しい者を<さばき>のときに否むこ
19:28 証人は，<さばき>をあざけり，悪者
31: 5 悩む者の<さばき>を曲げるといけな
伝道 3:16 日の下で，<さばき>の場に不正があ
8: 5 知恵ある者の心は時と<さばき>を知
6 すべての営みには時と<さばき>があ
11: 9 神の<さばき>を受けることを知って
イザ 1:17 みなしごのために正しい<さばき>を
3:14 民のつかさたちと，<さばき>の座に
4: 4 主が，<さばき>の霊と焼き尽くす霊
5:16 万軍の主は，<さばき>によって高く
9: 7 <さばき>と正義によって…堅く立て
26: 8 まことにあなたの<さばき>の道で,
9 <さばき>が地に行われるとき，世界
28: 6 <さばき>の座に着く者にとって,
<さばき>の霊となり，攻撃して来る
29:21 城門で<さばき>をする者のあげあし
41: 1 こぞって，<さばき>の座に近づこう.
53: 8 <さばき>によって，彼は取り去られ
54:17 <さばき>の時，あなたを責めたてる
58: 2 正しい<さばき>をわたしに求め，神
エレ 1:16 彼らのすべての悪に<さばき>を下す.
4:12 わたしは彼らに<さばき>を下そう.
5: 4 主の道も，神の<さばき>も知りもし
ない．5.
11:20 正しい<さばき>をし，思いと心をた
12: 1 <さばき>について，一つのことを私
21:12 朝ごとに，正しい<さばき>を行い,
48:21 <さばき>は次の平地に来た．ホロン
47 ここまではモアブへの<さばき>であ
哀歌 3:36 人がその<さばき>をゆがめることを,
エゼ 5: 8 諸国の民の目の前で…<さばき>を下
15 あなたに<さばき>を下すとき，あな
23:24 彼らに<さばき>をゆだねるので，彼
らは自分たちの<さばき>に従ってあ
34:16 正しい<さばき>をもって彼らを養う.
39:21 わたしが行うわたしの<さばき>と,
44:24 定めに従って<さばき>の座に着き,
ダニ 7:22 聖徒たちのために，<さばき>が行わ
ホセ 5: 1 あなたがたに<さばき>が下る．あな
6: 5 わたしの<さばき>は光のように現れ
10: 4 <さばき>は畑のうねの毒草のように

ヨエ 3:14 <さばき>の谷には，群集また群集．
アモ 5:15 門で正しい<さばき>をせよ．万軍の
ハバ 1: 4 <さばき>はいつまでも行われません
…<さばき>が曲げて行われています．
7 <さばき>を行い，威厳を現す．
12 あなたは<さばき>のために，彼を立
ゼカ 7: 9 正しい<さばき>を行い，互いに誠実
8:16 真実と平和の<さばき>を行え．
マラ 2:17 <さばき>の神はどこにいるのか」と
3: 5 <さばき>のため，あなたがたのとこ
マタ 5:21 人を殺す者は<さばき>を受けなけれ
10:15 <さばき>の日には，ソドムとゴモラ
12:36 <さばき>の日には言い開きをしなけ
42 南の女王が，<さばき>のときに，今
ルカ 11:32 ニネベの人々が，<さばき>のときに，
18: 7 選民のために<さばき>をつけないで，
ヨハ 3:19 その<さばき>というのは，こうであ
5:22 すべての<さばき>を子にゆだねられ
24 <さばき>に会うことがなく，死から
27 父は<さばき>を行う権を子に与えら
8:16 その<さばき>は正しいのです．なぜ
9:39 <さばき>のためにこの世に来ました．
12:31 今がこの世の<さばき>です．今，こ
16: 8 その方が来ると…<さばき>について，
使徒 23: 6 復活という望みのことで，<さばき>
ロマ 2: 3 自分は神の<さばき>を免れるのだと
5 <さばき>の現れる日の御怒りを自分
3:19 全世界が神の<さばき>に服するため
5:16 <さばき>の場合は，一つの違反のた
11:33 その<さばき>は，何と知り尽くしが
14:10 神の<さばき>の座に立つようになる
IIコリ 5:10 キリストの<さばき>の座に現れて，
ガラ 5:10 かき乱す者は…<さばき>を受けるの
ヘブ 6: 2 とこしえの<さばき>など基礎的なこ
9:27 一度死ぬことと死後に<さばき>を受
ヤコ 2:13 あわれみは，<さばき>に向かって勝
3: 1 教師は，格別きびしい<さばき>を受
5: 9 <さばき>の主が，戸口のところに立
Iペテ 4:17 <さばき>が神の家から始まる時が来
IIペテ 2: 3 彼らに対する<さばき>は，昔から怠
4 <さばき>の時まで暗やみの穴の中に
3: 7 <さばき>と滅びとの日まで，保たれ
Iヨハ 4:17 <さばき>の日にも大胆さを持つこと
ユダ 15 すべての者に<さばき>を行い，不敬
黙示 6:10 いつまで<さばき>を行わず，地に住
18:20 この都に<さばき>を宣告されたから
19:11 義をもって<さばき>をし，戦いをさ
20: 4 <さばき>を行う権威が彼らに与えら

▼ さばきつかさ

創世 19: 9 <さばきつかさ>のようにふるまって
出エ 2:14 だれがあなたを…<さばきつかさ>に
申命 17: 9 <さばきつかさ>のもとに行き，尋ね
士師 2:17 <さばきつかさ>にも聞き従わず，ほ
18 <さばきつかさ>の生きている間は，
ルツ 1: 1 <さばきつかさ>が治めていたころ，
IIサム 15: 4 <さばきつかさ>に立ててくれたら，
II歴 19: 5 城壁のある町々に<さばきつかさ>を
エズ 7:25 <さばきつかさ>や裁判官を任命し，
ヨブ 9:24 神はその<さばきつかさ>らの顔をお
12:17 <さばきつかさ>たちを愚かにし，
詩篇 2:10 地の<さばきづかさ>たちよ，慎め．
141: 6 <さばきづかさ>らが岩のかたわらに
148:11 地のすべての<さばきづかさ>よ．
イザ 40:23 地の<さばきつかさ>をむなしいもの
ダニ 9:12 <さばきつかさ>たちに対して告げら
ホセ 7: 7 自分たちの<さばきつかさ>を焼き尽
13:10 どこにいるのか…<さばきつかさ>た
ミカ 5: 1 <さばきつかさ>の頬を杖で打つ．
7: 3 <さばきつかさ>は報酬に応じてさば
ゼパ 3: 3 <さばきつかさ>たちは，日暮れの狼

▼ さばきぬし（～主）

使徒 10:42 …者と死んだ者との<さばき主>とし

▼ さばきびと（～人）

Iサム 24:15 どうか主が，<さばき人>となり，私
詩篇 68: 5 やもめの<さばき人>は聖なる住まい
使徒 13:20 <さばき人>たちをお遣わしになりま

▼ さばく

創世 15:14 その国民を，わたしが<さば>き，そ
16: 5 私とあなたの間をお<さば>きになり
18:25 全世界を<さばく>お方は，公義を行
31:37 私たちふたりの間を<さば>かせまし
出エ 18:13 モーセは民を<さばく>ためにさばき
22 小さい事件はみな，彼らが<さば>か
32:34 さばきの日に…彼らの罪を<さばく>．
レビ 19:15 隣人を正しく<さば>かなければなら
民数 35:24 おきてに基づいて<さば>かなければ
申命 1:16 在留異国人との間を正しく<さば>き
17: 8 <さば>きかねるものであれば，ただ
Iサム 2:10 主は地の果て果てまで<さば>き，ご
3:13 わたしは彼の家を永遠に<さばく>と

24:12 主が，私とあなたの間を<さば>き，
Ⅱサム 15: 4 私がその訴えを正しく<さばく>のだ
Ⅰ列 20:40 そのとおりに<さば>かれる．あなた
Ⅰ歴 12:17 神が見て，お<さば>きくださるよう
16:33 確かに，主は地を<さばく>ために来
Ⅱ歴 1:10 あなたの民を<さばく>ことができま
19: 6 <さばく>のは，人のためではなく，
26:21 この国の人々を<さば>いていた．
詩篇 7: 8 主は諸国の民を<さば>かれる．主よ．
9: 8 主は義によって世界を<さば>き，公
43: 1 神よ．私のために<さば>いてくださ
51: 4 <さば>かれるとき…きよくあられま
58:11 まことに，<さばく>神が，地におら
72: 2 公正をもって<さば>きますように．
75: 7 神が，<さばく>方であり，これを低
82: 3 みなしごとのために<さば>き，悩む
96:13 地を<さばく>ために来られる．主は，
119:84 迫害する者どもを<さば>かれるので
箴言 16:10 <さばく>とき，その口に不実があっ
24:23 <さばく>ときに，人をかたより見る
29: 7 寄るべのない者を正しく<さばく>こ
26 しかし人を<さばく>のは主である．
伝道 12:14 すべてのわざを<さば>かれるからだ．
イザ 2: 4 主は国々の間を<さば>き，多くの国
5: 3 わがぶどう畑との間を<さば>け．
11: 3 目の見るところによって<さば>かず，
4 寄るべのない者を<さば>き，公正を
51: 5 わたしの腕は国々の民を<さばく>．
エレ 5:28 みなしごのために<さば>いて幸いを
22:16 貧しい人の訴えを<さば>き，そのと
25:31 すべての者を<さば>き，悪者どもを
エゼ 7: 3 行いにしたがって…<さば>き，あな
11:10 イスラエルの国境で…<さばく>とき，
18: 8 人と人との間を正しく<さばき>，
20:36 先祖を…荒野で<さば>いたように，
34:17 雄羊と雄やぎとの間を<さばく>．
36:19 行いとわざとに応じて…<さば>いた．
ホセ 5:11 <さば>かれて打ち砕かれる．彼はあ
ヨエ 3: 2 イスラエルにしたことで…<さばく>．
オバ 21 エサウの山を<さばく>ために，シオ
ミカ 3:11 わいろを取って<さば>き，その祭司
7: 9 私を正しく<さば>いてくださるまで
ゼパ 3: 8 王国をかき集めて<さば>き，わたし
マタ 7: 1 <さば>いてはいけません．<さば>か
れないためです．ルカ6:37.
2 あなたがたが<さばく>とおりに，あ
なたがたも<さば>かれ，あなたがた
12:27 あなたがたを<さばく>人となるので
ルカ 18: 3 私の相手を<さば>いて，私を守って
22:30 イスラエルの12の部族を<さばく>の
ヨハ 3:17 世を<さばく>ためではなく，御子に
18 御子を信じる者は<さば>かれない．
信じない者は…すでに<さば>かれて
5:22 父はだれをも<さば>かず…子にゆだ
30 ただ聞くとおりに<さばく>のです．
7:24 うわべによって人を<さば>かないで，
8:15 あなたがたは肉によって<さば>きま
12:48 終わりの日にその人を<さばく>ので
16:11 この世を支配する者が<さば>かれた
18:31 自分たちの律法に従って<さば>きな
使徒 17:31 義をもってこの世界を<さばく>ため，
ロマ 2: 1 すべて他人を<さばく>人よ…他人を
<さばく>ことによって，自分自身を
罪に定めています．<さばく>あなた
16 人々の隠れたことを<さば>かれる日
3: 6 神は…どのように世を<さば>かれる
14: 1 その意見を<さば>いてはいけません．
3 食べない人も…<さば>いてはいけま
4 他人のしもべを<さばく>のですか．
10 なぜ…自分の兄弟を<さばく>のです
13 もはや互いに<さば>き合うことのな
Ⅰコリ 4: 3 私は自分で自分を<さばく>ことさえ
4 私を<さばく>方は主です．
5:12 外部の人たちを<さばく>ことは…
<さばく>べき者は，内部の人たちで
6: 2 聖徒が世界を<さばく>ようになる…
ごく小さな事件さえも<さばく>力が
11:29 その飲み食いが自分を<さばく>こと
31 私たちが自分を<さばく>なら，<さ
ば>かれることはありません．
Ⅱテモ 4: 1 死んだ人とを<さば>かれるキリスト
ヘブ 13: 4 姦淫を行う者とを<さば>かれるから
ヤコ 2:12 自由の律法によって<さば>かれる者
4:11 自分の兄弟を<さばく>者は…律法を
<さば>いているのです…もし律法を
<さばく>なら，律法を守る者ではな
くて，<さばく>者です．
Ⅰペテ 4: 5 すぐにも<さば>こうとしている方に
黙示 20:12 自分の行いに応じて<さば>かれた．

▼ さばく（砂漠）
ヨブ 30: 3 廃墟の暗やみで<砂漠>をかじる．
詩 105:41 水は<砂漠>を川となって流れた．
107:35 <砂漠>の地を水のわき上がる所に変
イザ 25: 5 <砂漠>のひでりのように，あなたは
35: 1 荒野と<砂漠>は楽しみ…サフランの
41:18 <砂漠>の地を水の源とする．
51: 3 その<砂漠>を主の園のようにする．
53: 2 <砂漠>の地から出る根のように育っ
エゼ 19:13 荒野と<砂漠>と，潤いのない地に移
ホセ 2: 3 <砂漠>のようにし，渇きで彼女を死
ヨエ 2:20 荒廃した<砂漠>の地へ追いやり，そ
ゼパ 2:13 荒野のようにし，<砂漠>とする．

▼ ザバデ〔人名〕
(1)ユダの子孫ナタンの子．Ⅰ歴2:36．
(2)エフライムの子孫タハテの子．Ⅰ歴7:21．
(3)アフライの子．ダビデの30勇士の一人．Ⅰ歴11:41．
(4)アモンの女シムアテの子．Ⅱ歴24:26．
(5)異邦人の女をめとったザト族の人．エズ10:27．
(6)異邦人の女をめとった人．エズ10:33．
(7)異邦人の女をめとったネボ族の人．エズ10:43．

▼ ザハム〔人名〕
ユダの王レハブアムの子．Ⅱ歴11:19．

▼ さび
マタ 6:20 そこでは，虫も<さび>もつかず，盗
ヤコ 5: 3 金銀には<さび>が来て，その<さび>が，あなたがたを責める証言となり，

▼ さびしい（寂しい）
マタ 14:13 自分だけで<寂しい>所に行かれた．
マコ 1:35 <寂しい>所へ出て行き…祈っておら
45 町はずれの<寂しい>所におられた．

▼ サフ〔人名〕
ペリシテの巨人の孫．Ⅱサム21:18．

▼ サファイヤ
出エ 24:10 御足の下には<サファイヤ>を敷いた
雅歌 5:14 <サファイヤ>でおおった象牙の細工．
イザ 54:11 <サファイヤ>であなたの基を定め，
哀歌 4: 7 姿は<サファイヤ>のようであった．
エゼ 1:26 <サファイヤ>のような．10:1．
黙示 21:19 第２は<サファイヤ>，第３は玉髄，

▼ サブタ〔人名〕
ノアの子ハムの子孫．創世10:7，Ⅰ歴1:9．

▼ ザブデ〔人名〕
ソロモン時代の祭司で，王の友．Ⅰ列4:5．

▼ ザブディ〔人名〕
(1)アカンの祖父．ヨシ7:1，17，18．
(2)ベニヤミン族出身．Ⅰ歴8:19．
(3)シェファム人．酒倉の管理人．Ⅰ歴27:27．
(4)レビ人アサフの子．ミカの父．ネヘ11:17．

▼ ザブディエル〔人名〕
(1)ダビデに仕えたヤショブアムの父．Ⅰ歴27:2．
(2)ハゲドリムの子．同族の監督者．ネヘ11:14．

▼ サブテカ〔人名〕
クシュの子孫．創世10:7，Ⅰ歴1:9．

▼ サフラン
雅歌 2: 1 私はシャロンの<サフラン>，谷のゆ
4:14 ナルド，<サフラン>，菖蒲，肉桂に，
イザ 35: 1 <サフラン>のように花を咲かせる．

▼ さべつ（差別）
使徒 15: 9 私たちと彼らとに何の<差別>もつけ
ロマ 3:22 信じる人に与えられ，何の<差別>も
エペ 6: 9 主は人を<差別>されることがないこ

▼ さます【別項】目をさます
Ⅰサム 1:14 酔いを<さま>しなさい．」

▼ さまたげ（妨げ）
Ⅰサム 14: 6 主がお救いになるのに<妨げ>となる
イザ 8:14 <妨げ>の石とつまずきの岩，エルサ
ロマ 9:33 シオンに…<妨げ>の岩を置く．彼に
14:13 兄弟にとって<妨げ>になるもの，つ
Ⅰコリ 9:12 福音に少しの<妨げ>も与えまいとし
Ⅰペテ 2: 8 つまずきの石，<妨げ>の岩」なので

▼ さまたげる（妨げる）
ルカ 11:52 入ろうとする人々をも<妨げ>たので
使徒 11:17 神のなさることを<妨げる>ことがで
ロマ 15:22 行くのを幾度も<妨げ>られましたが，
ガラ 5: 7 だれがあなたがたを<妨げ>て，真理
Ⅰテサ 2:18 サタンが私たちを<妨げ>ました．
Ⅰペテ 3: 7 あなたがたの祈りが<妨げ>られない

▼ さまよう，さまよわす
創世 4:12 あなたは地上を<さまよ>い歩くさす
民数 32:13 40年の間，荒野に<さまよわ>された．
詩篇 58: 3 生まれたときから<さまよ>っている．
107: 4 彼らは荒野や荒れ地を<さまよ>い，
109:10 彼の子らは，<さまよ>い歩いて，物
箴言 27: 8 自分の家を離れて<さまよう>人は，
イザ 53: 6 みな，羊のように<さまよ>い，おの
エレ 14:18 祭司も，地に<さまよ>って，途方に

哀歌 4:14 盲人のようにちまたを<さまよ>い,
エゼ 34: 6 すべての高い丘を<さまよい>, わた
アモ 8:12 海から海へと<さまよ>い歩き, 北か
ゼカ 10: 2 人々は羊のように<さまよ>い, 羊飼
マタ 12:43 水のない地を<さまよ>いながら休み
Ⅰペテ 2:25 羊のように<さまよ>っていましたが,
ユダ 13 海の荒波, <さまよう>星です. まっ

▼ サマリヤ, サマリヤ人

1. 地名. イスラエルの首都, Ⅰ列16:24-29 ; ベン・ハダデの包囲, Ⅰ列20:1-43 ; 奇蹟的救出, Ⅱ列6:8-23 ; バアル礼拝者の殺害, Ⅱ列10:1-28 ; 外国人の移住, Ⅱ列17:24-41 ; 北王国の呼び名, Ⅰ列21:1 ; キリスト時代パレスチナの一地方, ヨハ4:4-42 ; 伝道の禁止, マタ10:5 ; 福音の伝達, 使徒1:8.
2. サマリヤ人. 1.の住人. Ⅱ列17:29, マタ10:5, ルカ9:52, 10:33, 17:16, ヨハ4:9, 39, 40, 8:48, 使徒8:25.

マタ 10: 5 <サマリヤ人>の町に入ってはいけま
使徒 1: 8 <サマリヤ>の全土, および地の果て
8: 5 ピリポは<サマリヤ>の町に下って行

▼ さむい (寒い), 寒さ

創世 8:22 <寒さ>と暑さ…は, やむことはない.
31:40 夜は<寒さ>に悩まされて, 眠ること
箴言 25:20 <寒い>日に着物を脱ぐようであり,
ヨハ 18:18 <寒>かったので, しもべたちや役人
使徒 28: 2 雨が降りだして<寒>かったので, 彼

▼ サムエル 〔人名〕

(1)シメオン族出身. アミフデの子. 民数34:20.
(2)最後の士師で最初の預言者:ハンナの祈りによる誕生, Ⅰサム1:5-20 ; 誕生前から神にささげられる, Ⅰサム1:11, 22 ; シロに行く, Ⅰサム1:24-28 ; エリの家で幻を見る, Ⅰサム3:1-18 ; 預言者となる, Ⅰサム3:20 ; 巡回のさばきつかさとなるⅠサム7:15-17 ; サウルを王に任命する, Ⅰサム10:1 ; 死を悼まれる, Ⅰサム25:1.

詩篇 99: 6 <サムエル>は御名を呼ぶ者の中に
エレ 15: 1 <サムエル>がわたしの前に立っても,
使徒 13:20 <サムエル>の時代までは, さばき
ヘブ 11:32 <サムエル>, 預言者たちについて

▼ サムガル・ネブ 〔人名〕

バビロンの軍司令官. エレ39:3.

▼ ザムズミムじん (〜人)

パレスチナの先住民. 巨人. 申命2:20.

▼ サムソン 〔人名〕

士師の一人:誕生の予告, 士師13:2-23 ; 主の霊が彼を動かす, 士師13:25 ; なぞを出す, 士師14:10-14 ; デリラの誘惑, 士師16:4-21 ; 死ぬ時に3千人を殺す, 士師16:22-31.

士師 16:17 <サムソン>は…母の胎内にいるとき
ヘブ 11:32 <サムソン>…についても話すならば,

▼ サムラ 〔人名〕

エドムの王. 創世36:36, 37, Ⅰ歴1:47, 48.

▼ さめる

創世 9:24 ノアが酔いから<さめ>, 末の息子が
28:16 ヤコブは眠りから<さめ>て, 「まこ
箴言 23:35 いつ, 私は<さめる>だろうか. もっ
雅歌 5: 2 眠っていましたが, 心は<さめ>てい
イザ 51: 9 <さめ>よ. <さめ>よ. 力をまとえ.
17 <さめ>よ. <さめ>よ. 立ち上がれ.
52: 1 <さめ>よ. <さめ>よ…シオン. あな
マタ 1:24 ヨセフは眠りから<さめ>, 主の使い

▼ サモス 〔地名〕

エーゲ海南部の島. 使徒20:15.

▼ サモトラケ 〔地名〕

エーゲ海北東部の島. 使徒16:11.

▼ さや

エレ 47: 6 <さや>に納まり, 静かに休め.」
ヨハ 18:11 剣を<さや>に収めなさい. 父がわた

▼ さゆう (左右)

Ⅱコリ 6: 7 <左右>の手に持っている義の武器に

▼ サラ 〔人名〕

(1)アブラハムの正妻. 創世17:15, 18:6, 20:2, 21:1, 23:1, 24:36, 25:10, 49:31, イザ51:2, ロマ4:19, 9:9, ヘブ11:11, Ⅰペテ3:6.
(2)主イエスの先祖の一人. ルカ3:32.
(3)主イエスの先祖の一人. ルカ3:35.

▼ さら (皿), 大皿

Ⅱ列 2:20 新しい<皿>に塩を盛って, 私のとこ
12:13 主の宮のために銀の<皿>, 心切りば
エズ 1: 9 金の<皿>30, 銀の<皿>1000, 香炉29,
箴言 19:24 なまけ者は手を<皿>に差し入れても,
マタ 23:25 杯や<皿>の外側はきよめるが, その
ルカ 11:39 パリサイ人は, 杯や<大皿>の外側は

▼ ザラ 〔人名〕

ユダとタマルの子. ゼラフと同人. マタ1:3.

▼ サライ
1. 人名.
(1)アブラハムの妻サラの元の名. 創世11:29, 12:5, 11, 17, 16:1, 2, 3, 5, 6, 8, 17:15.
(2)ベニヤミン族. 捕囚帰還民の一人. ネヘ11:8.
2. サライ族. 捕囚帰還氏族の一つ. ネヘ12:20.

▼ さらう【別項】人さらい・人をさらう
詩篇 7: 2 <さら>って行くことがないように.

▼ さらしもの（～者）
民数 25: 4 主の前で<さらし者>にせよ. 主の燃
Ⅱサム 21: 6 彼らを<さらし者>にします.」王は
13 <さらし者>にされた者たちの骨を集
マタ 1:19 彼女を<さらし者>にはしたくなかっ
コロ 2:15 <さらしもの>とし, 彼らを捕虜とし

▼ さらしや（～屋）
マコ 9: 3 御衣は…世の<さらし屋>では, とて

▼ さらす
Ⅰサム 31:10 彼の死体を…城壁に<さら>した.
Ⅱサム 21:12 ペリシテ人が彼らを<さら>したベテ
Ⅰ歴 10:10 彼の首をダゴンの宮に<さら>した.

▼ サラテル〔人名〕
主イエスの先祖の一人. マタ1:12, ルカ3:27.

▼ サラフ〔人名〕
ユダの子シェラの子孫. 陶器師. Ⅰ歴4:22.

▼ サラミス〔地名〕
キプロス島の東海岸の都市. 使徒13:5.

▼ サリデ〔地名〕
ゼブルンの町. ヨシ19:10, 12.

▼ サリム〔地名〕
アイノン付近の町. ヨハ3:23.

▼ サル〔人名〕
(1)シメオン人ジムリの父. 民数25:14.
(2)ベニヤミン族出身. Ⅰ歴9:7, ネヘ11:7.
(3)捕囚帰還民の一人. 祭司. ネヘ12:7.

▼ さる
Ⅰ列 10:22 タルシシュの船団が…<さる>, くじゃくを運んで来たから. Ⅱ歴9:21.

▼ さる（去る）【別項】世を去る
創世 31:42 何も持たせずに私を<去>らせたこと
32:26 わたしを<去>らせよ. 夜が明けるか
出エ 4:21 彼は民を<去>らせないであろう.
21: 3 独身で来たのなら, 独身で<去>り,
申命 22: 7 必ず母鳥を<去>らせて, 子を取らな
士師 16:20 主が自分から<去>られたことを知ら
Ⅰサム 4:21 栄光がイスラエルから<去>った」と
6: 3 なぜ, 神の手が…<去>らないかがわ
6 自由にして…<去>らせたではありま
18:12 主は…サウル…から<去>られたから
28:15 神は私から<去>っておられます. 預
ヨブ 22: 9 あなたはやもめを素手で<去>らせ,
詩 109:23 夕日の影のように<去>り行き, いな
伝道 8:10 聖なる方の所を<去>り…町で忘れら
雅歌 5: 6 背を向けて<去>って行きました.
イザ 5:25 それでも, 御怒りは<去>らず, なおも, 御手. 9:12, 17, 21, 10:4.
12: 1 あなたの怒りは<去>り, 私を慰めて
52:11 <去>れよ. <去>れよ. そこを出よ.
エレ 2:35 確かに, 御怒りは私から<去>った』
4: 8 燃える怒りが…<去>らないからだ.
8: 6 自分の走路に走り<去る>.
23:20 主の怒りは…成し遂げるまで<去る>ことはない. 終わりの日に. 30:24.
マタ 1:19 内密に<去>らせようと決めた.
26:24 書いてあるとおりに, <去>って行き
ルカ 2:29 しもべを…安らかに<去>らせてくだ
22:22 定められたとおりに<去>って行きま
ヨハ 16: 7 もしわたしが<去>って行かなければ,
使徒 19:12 その病気は<去>り, 悪霊は出て行っ
Ⅱコリ 12: 8 これを私から<去>らせてくださるよ
Ⅱペテ 1:15 私の<去>った後に, あなたがたがい

▼ サルエツェル〔人名〕
セナケリブ王の子. Ⅱ列19:37, イザ37:38.

▼ サル・エツェル〔人名〕
預言者ゼカリヤ時代の使者. ゼカ7:2.

▼ サルカ〔地名〕
バシャンの王オグの王国の町. 申命3:10, ヨシ12:5, 13:11, Ⅰ歴5:11.

▼ サルゴン〔人名〕
アッシリヤの王. イザ20:1.

▼ サル・セキム〔人名〕
バビロンの王の首長の一人. エレ39:3.

▼ サルデス〔地名〕
小アジヤ西部の都市. 黙示1:11, 3:1, 4.

▼ サルマ〔人名〕
サルモンと同人. Ⅰ歴2:11, 51, 54.

▼ サルマイぞく（～族）
捕囚帰還氏族の一つ. エズ2:46, ネヘ7:48.

▼ サルモネ〔地名〕
クレテ島の北東端にある岬. 使徒27:7.

▼サルモン〔人名〕
ボアズの父．ルツ4:20，21，マタ1:4，5．

▼サレプタ〔地名〕
シドンの町．ルカ4:26．

▼サレム〔地名〕
エルサレムの古称の一つ．ヘブ7:1，2．

▼サロメ〔人名〕
ヤコブとヨハネの母．マコ15:40，16:1．

▼サロン〔地名〕
ヨッパとカルメル山の間の平野．旧約ではシャロン．使徒9:35．

▼さわ（沢）
詩 107:35 主は荒野を水のある<沢>に，砂漠の地を水のわき上がる所．イザ41:18．
114: 8 神は，岩を水のある<沢>に変えられ
イザ 42:15 川をかわいた地とし，<沢>をからす．
エゼ 47:11 その<沢>と沼とはその水が良くなら

▼さわがしい（騒がしい）
箴言 1:21 <騒がしい>町かどで叫び，町の門の
7:11 この女は<騒がし>くて，御しにくく，
9:13 愚かな女は，<騒がし>く，わきまえ
イザ 22: 2 喧噪に満ちた，<騒がしい>町，おご

▼さわぎ（騒ぎ），大騒ぎ
詩篇 65: 7 国々の民の<騒ぎ>を静められます．
エレ 3:23 もろもろの丘も，山の<騒ぎ>も，偽
10:22 大いなる<騒ぎ>が北の地からやって
マタ 26: 5 民衆の<騒ぎ>が起こるといけないか
使徒 21:30 町中が<大騒ぎ>になり，人々は殺到
24: 5 ユダヤ人の間に<騒ぎ>を起こしてい

▼さわぐ（騒ぐ），騒がす
創世 41: 8 パロは心が<騒ぐ>ので，人をやって
詩篇 2: 1 なぜ国々は<騒>ぎ立ち，国民はむな
箴言 29: 8 あざける者たちは町を<騒が>し，知
エレ 46:17 パロは，時期を逸して<騒ぐ>者．
マタ 9:23 笛吹く者たちや<騒>いでいる群衆を
ヨハ 12:27 今わたしの心は<騒>いでいる．何と
14: 1 あなたがたは心を<騒が>してはなり
使徒 4:25 なぜ異邦人たちは<騒>ぎ立ち，もろ
17: 5 暴動を起こして町を<騒が>せ，また
6 世界中を<騒が>せて来た者たちが，
IIテサ 2: 2 心を<騒>がせたりしないでください．

▼ざわめき，ざわめく
イザ 14: 9 来るのを迎えようと<ざわめ>き，死
17:12 多くの国々の民が<ざわめ>き，——
エレ 10:13 水の<ざわめき>が天に起こる．主は

▼さわり【別項】月のさわり
エゼ 18: 6 <さわり>のある女に近寄らず，
36:17 <さわり>のある女のように汚れてい

▼さわる
創世 27:12 もしや，父上が私に<さわる>なら，
出エ 10:21 やみに<さわ>れるほどにせよ．」
レビ 15:11 漏出を病む者が…だれかに<さわる>
民数 16:26 彼らのものには何にも<さわる>な．
I列 19: 5 御使いが彼に<さわ>って，「起きて，
エス 5: 2 エステルは…その笏の先に<さわ>っ
マタ 8: 3 イエスは手を伸ばして，彼に<さわ>
15 イエスが手に<さわ>られると，熱が
9:20 その着物のふさに<さわ>った．
29 イエスは彼らの目に<さわ>って，
14:36 せめて…着物のふさにでも<さわ>ら
マコ 5:28 お着物に<さわる>ことでもできれば，
7:33 つばきをして，その人の舌に<さわ>
ルカ 7:39 自分に<さわ>っている女がだれで，
8:45 わたしに<さわ>ったのは，だれです
11:46 その荷物に指一本<さわ>ろうとはし
22:51 耳に<さわ>って彼をいやされた．
24:39 わたしに<さわ>って，よく見なさい．
コロ 2:21 「すがるな．味わうな．<さわる>な」
ヘブ 12:18 手で<さわ>れる山，燃える火，黒雲，
Iヨハ 1: 1 手で<さわ>ったもの…いのちのこと

▼さんか（賛歌）
詩篇 3題目 …からのがれたときの<賛歌>
4題目 ダビデの<賛歌>．5，6，8，9題目．

▼3かい（3回）
士師 16:15 これで<3回>も私をだまして，あな
II列 13:18 <3回>打ったが，それでやめた．
使徒 10:16 こんなことが<3回>あって後，その

▼3がい（3階）
創世 6:16 1階と2階と<3階>にそれを作りな
エゼ 42: 6 これらは<3階>建てであり，庭の柱
使徒 20: 9 眠り込んで…<3階>から下に落ちた．

▼さんかくごと（三角琴）
ダニ 3: 5 <三角琴>，ハープ，風笛．7，10，15．

▼さんぎ（参議），参議官
IIサム 8:16 アヒルデの子ヨシャパテは<参議>，
II列 18:18 アサフの子である<参議>ヨアフが，
ダニ 3: 2 太守，長官，総督，<参議官>，財務

▼さんご
ヨブ 28:18 <さんご>も水晶も言うに足りない．

エゼ27:16 <さんご>，ルビーを，おまえの品物

▼ざんこく（残酷）

ヨブ30:21 あなたは…<残酷>な方に変わられ，

▼3じ（3時）

マタ20: 5 12時ごろと<3時>ごろに出かけて行
27:45 全地が暗くなって，<3時>まで続いた．46，マコ15:33，34，ルカ23:44.

▼30さい（30歳）

創世41:46 ヨセフが…ときは<30歳>であった．
Ⅰサム13: 1 サウルは<30歳>で王となり，12年間
Ⅱサム 5: 4 ダビデは<30歳>で王となり，40年間，
Ⅰ歴23: 3 レビ人…<30歳>以上の者を数えたと
ルカ 3:23 イエスはおよそ<30歳>で，人々から

▼30，30枚

ゼカ11:13 私は銀<30>を取り…宮の陶器師に投
マタ26:15 銀貨<30枚>を彼に支払った．
27: 3 後悔し，銀貨<30枚>を，祭司長，長
9 彼らは銀貨<30枚>を取った．イスラ

▼39，39年

Ⅱ歴16:12 アサはその治世の第<39年>に，両足
Ⅱコリ11:24 ユダヤ人から<39>のむちを受けたこ

▼30にん（30人）

創世18:30 もしやそこに<30人>見つかるかもし
士師10: 4 彼には<30人>の息子がいて，30頭の
14:19 そこの住民<30人>を打ち殺し，彼ら
Ⅰ歴27: 6 あの<30人>の勇士のひとり，<30人>の長のベナヤである．彼の分団には，

▼さんせい（賛成）

使徒 8: 1 ステパノを殺すことに<賛成>してい
22:20 それに<賛成>し，彼を殺した者たち
26:10 それに<賛成>の票を投じました．

▼3だい，4だい（3代，4代）

出エ20: 5 父の咎を子に報い，<3代，4代>にまで及ぼし．民数14:18，申命5:9.

▼さんち（山地）

創世14: 6 セイルの<山地>でホリ人を打ち破り，
31:25 ヤコブは<山地>に天幕を張っていた．
民数13:29 <山地>にはヘテ人，エブス人，エモ
ヨシ 2:16 <山地>のほうへ行き，追っ手が引き
14:12 主があの日に約束されたこの<山地>
ルカ 1:39 マリヤは…<山地>にあるユダの町に
65 ユダヤの<山地>全体にも語り伝えら

▼3ど（3度），3度目

出エ23:14 年に<3度>，わたしのために祭りを
17 年に<3度>，男子はみな…主の前に
民数22:28 私を<3度>も打つとは．」
24:10 かえって…<3度>までも彼らを祝福
Ⅰサム 3: 8 主が<3度目>にサムエルを呼ばれた
20:41 地にひれ伏し，<3度>礼をした．ふ
Ⅰ列17:21 彼は<3度>，その子の上に身を伏せ
18:34 <3度>せよ」と言ったので，彼らは
ダニ 6:10 日に<3度>，ひざまずき．13.
マタ26:34 あなたは<3度>，わたしを知らない．75，マコ14:30，72，ヨハ13:38.
マコ14:41 イエスは<3度目>に来て，彼らに言
ヨハ21:14 すでにこれで<3度目>である．
17 ペテロは，イエスが<3度>「あなた
Ⅱコリ11:25 むちで打たれたことが<3度>…難船したことが<3度>あり，一昼夜，海
12: 8 <3度>も主に願いました．
14 行こうとして，<3度目>の用意がで
13: 1 行くのは，これで<3度目>です．す

▼ざんにん（残忍）

箴言11:17 <残忍>な者は自分の身に煩いをもた
エレ 6:23 <残忍>で，あわれみがない．その声
エゼ21:31 <残忍>な者たちの手に，あなたを渡

▼ざんねん（残念）

創世 6: 7 造ったことを<残念>に思うからだ．」

▼さんび（賛美）

創世24:48 私の主人…の神，主を<賛美>しまし
レビ19:24 4年目には…主への<賛美>のささげ
申命10:21 主はあなたの<賛美>，主はあなたの
26:19 主は，<賛美>と名声と栄光とを与え
Ⅰ歴16:25 主は…大いに<賛美>されるべき方．
23: 5 楽器を手にして，主を<賛美>する者
Ⅱ歴20:21 聖なる飾り物を着けて<賛美>する者
23:13 楽器を手にし，<賛美>の拍子をとっ
エズ 3:11 彼らは主を<賛美>し，感謝しながら，
ネヘ 9: 5 すべての祝福と<賛美>を越えるあな
ヨブ36:24 神のみわざを覚えて<賛美>せよ．
詩篇22: 3 イスラエルの<賛美>を住まいとして
25 大会衆の中での私の<賛美>はあなた
33: 1 <賛美>は心の直ぐな人たちにふさわ
34: 1 私の口には，いつも，主への<賛美>
63: 3 私のくちびるは，あなたを<賛美>し
65: 1 シオンには<賛美>があります．あな
71: 8 私の口には一日中，あなたの<賛美>
95: 2 御前に進み行き，<賛美>の歌をもっ
102:21 エルサレムで主を<賛美>するために．
106:12 みことばを信じ，主への<賛美>を歌

109: 1　私の<賛美>する神よ．黙っていない
30　多くの人々の真ん中で，<賛美>しま
119:171　私のくちびるに<賛美>がわきあふれ
145題目　ダビデの<賛美>
147: 1　まことに楽しく，<賛美>は麗しい．
149: 1　聖徒の集まりで主への<賛美>を．
伝道 8:15　私は快楽を<賛美>する．日の下では，
イザ 38:18　死はあなたを<賛美>せず，穴に下る
60:18　あなたの門を<賛美>と呼ぼう．
61: 3　憂いの心の代わりに<賛美>の外套を
エレ 17:14　あなたこそ，私の<賛美>だからです．
31: 7　告げ知らせ，<賛美>して，言え．
ダニ 4:34　永遠に生きる方を<賛美>し，ほめた
5: 4　鉄，木，石の神々を<賛美>した．
ハバ 3: 3　その<賛美>は地に満ちている．
マタ 21:16　あなたは幼子…の口に<賛美>を用意
26:30　<賛美>の歌を歌ってから…オリーブ
マコ 14:26　そして，<賛美>の歌を歌ってから，
ルカ 2:13　天の軍勢が現れて，神を<賛美>して
20　羊飼いたちは…<賛美>しながら帰っ
18:43　これを見て民はみな神を<賛美>した．
使徒 2:47　神を<賛美>し，すべての民に好意を
10:46　異言を話し，神を<賛美>するのを聞
13:48　喜び，主のみことばを<賛美>した．
Ⅰコリ 14:15　霊において<賛美>し，また知性においても<賛美>しましょう．
26　それぞれの人が<賛美>したり，教え
エペ 5:19　詩と<賛美>と霊の歌とをもって，互
コロ 3:16　詩と<賛美>と霊の歌とにより，感謝
ヘブ 2:12　教会の中で…あなたを<賛美>しよう．
13:15　キリストを通して，<賛美>のいけにえ
ヤコ 3:10　<賛美>とのろいが同じ口から出て来
5:13　その人は<賛美>しなさい．
黙示 5:12　<賛美>を受けるにふさわしい方です．
13　小羊とに，<賛美>と誉れと栄光と力

▼300にん（300人）

士師 7: 6　水をなめた者の数は<300人>であっ
士師 7:16　<300人>を３隊に分け…角笛とから
Ⅰ列 11: 3　彼には…<300人>のそばめがあった．
エス 9:15　シュシャンで<300人>を殺したが，

▼さんぷ（産婦）

詩篇 48: 6　<産婦>のような苦痛．
エレ 6:24　<産婦>のような苦しみと苦痛が私た

▼さんぶつ（産物）

レビ 26: 4　地は<産物>を出し，畑の木々はその
27:30　地の10分の１は，地の<産物>であっ
申命 26: 2　その地のすべての<産物>の初物をい
ヨシ 5:12　その地の<産物>を食べた翌日から，
イザ 42: 5　地とその<産物>を押し広め，その上
45:14　エジプトの<産物>と，クシュの商品，
エゼ 25: 4　あなたの<産物>を食べ，あなたの乳
34:27　地は<産物>を生じ，彼らは安心して
ハガ 1:10　地は<産物>を差し止めた．
マラ 3:11　土地の<産物>を滅ぼさないようにし，

▼さんぽ（散歩）

創世 24:63　夕暮れ近く，野に<散歩>に出かけた．

▼３ゆうし（３勇士）

Ⅱサム 23: 9　ダビデにつく<３勇士>のひとりであ
Ⅰ歴 11:12　彼は<３勇士>のひとりであった．

し

▼し（死）【別項】死の陰

創世 35:18　彼女が<死>に臨み，そのたましいが
出エ 10:17　この<死>を取り除くようにしてくれ．
申命 30:15　いのちと幸い，<死>とわざわいを置
19　いのちと<死>，祝福とのろいを，あ
33: 1　モーセが，その<死>を前にして，イ
ヨシ 2:13　いのちを<死>から救い出してくださ
ルツ 1:17　もし<死>によっても私があなたから
Ⅰサム 15:32　ああ，<死>の苦しみは去ろう」と言
20: 3　私と<死>との間には，ただ一歩の隔
26:16　おまえたちは<死>に値する…主に油
Ⅱサム 22: 5　<死>の波は私を取り巻き，滅びの川
6　<死>のわなは私に立ち向．詩篇18:5．
Ⅰ列 2:26　あなたは<死>に値する者であるが，
19: 4　すわり，自分の<死>を願って言った．
Ⅱ列 2:21　『…もう，<死>も流産も起こらない．』
ヨブ 3:21　<死>を待ち望んでも，<死>は来ない．
5:20　ききんのときには<死>からあなたを
7:15　私の骨よりも<死>を選びます．
18:13　<死>の初子が彼のからだを食らおう
30:23　あなたは私を<死>に帰らせ，すべて
38:17　<死>の門があなたに現れたことがあ

詩篇 6: 5 <死>にあっては，あなたを覚えるこ
9:13 主は<死>の門から私を引き上げてく
13: 3 私が<死>の眠りにつかないように．
22:15 あなたは私を<死>のちりの上に置か
33:19 彼らのたましいを<死>から救い出し，
49:14 <死>が彼らの羊飼いとなる．朝は，
55: 4 <死>の恐怖が，私を襲っています．
15 <死>が，彼らをつかめばよい…悪が，
68:20 <死>を免れるのは，私の主，神によ
73: 4 彼らの<死>には，苦痛がなく，彼ら
78:50 彼らのたましいに<死>を免れさせず，
79:11 <死>に定められた人々を生きながら
88:15 私は…悩み…<死>にひんしています．
89:48 生きていて<死>を見ない者はだれで
102:20 <死>に定められた者を解き放つため
107:18 彼らは<死>の門にまで着いていた．
116:15 主の聖徒たちの<死>は主の目に尊い．
118:18 しかし，私を<死>に渡されなかった．
箴言 2:18 彼女の家は<死>に下り，その道筋は
8:36 わたしを憎む者はみな，<死>を愛す
10: 2 正義は人を<死>から救い出す．
11:19 悪を追い求める者は<死>に至る．
12:28 正義の道…その道筋には<死>がない．
13:14 <死>のわなをのがれることができる．
14:12 その道の終わりは<死>の道である．
15:10 叱責を憎む者は<死>に至る．
16:14 王の憤りは<死>の使者である．しか
18:21 <死>と生は舌に支配される．どちら
21: 6 財宝を得る者は…<死>を求める者だ．
26:18 燃え木を<死>の矢として投げるが，
伝道 7: 1 <死>の日は生まれる日にまさる．
26 女が<死>よりも苦々しいことに気が
8: 8 <死>の日も支配することはできない．
雅歌 8: 6 愛は<死>のように強く，ねたみはよ
イザ 25: 8 永久に<死>を滅ぼされる．神である
28:15 私たちは<死>と契約を結び，よみと
18 <死>との契約は解消され，よみとの
38:18 <死>はあなたを賛美せず，穴に下る
53:12 彼が自分のいのちを<死>に明け渡し，
エレ 8: 3 いのちよりも<死>を選ぶようになる．
9:21 <死>が，私たちの窓によじのぼり，
15: 2 <死>に定められた者は<死>に，剣に
21: 8 前に，いのちの道と<死>の道を置く．
哀歌 1:20 子を奪い，家の中は<死>のようです．
エゼ 18:23 わたしは悪者の<死>を喜ぶだろうか．
28:10 割礼を受けていない者の<死>を遂げ
33:11 わたしは…悪者の<死>を喜ばない．
ホセ 13:14 彼らを解き放ち…<死>から贖おう．
ハバ 2: 5 <死>のように，足ることを知らない．
マタ 4:16 <死>の地と死の陰にすわっていた人
16:28 決して<死>を味わわない人々がいま
す.」マコ9:1，ルカ9:27.
ルカ 22:33 牢であろうと，<死>であろうと，覚
23:22 あの人には，<死>に当たる罪は，何
ヨハ 5:24 <死>からいのちに移っているのです．
8:51 決して<死>を見ることがありません．
52 その人は…<死>を味わうことがない
11: 4 この病気は<死>で終わるだけのもの
19: 7 律法によれば，<死>に当たります.」
使徒 2:24 この方を<死>の苦しみから解き放っ
て…この方が<死>につながれている
22: 4 牢に投じ，<死>にまでも至らせたの
25:11 私は<死>をのがれようとはしません．
25 彼は<死>に当たることは何一つして
26:31 あの人は，<死>や投獄に相当するこ
ロマ 5:10 御子の<死>によって神と和解させら
12 罪によって<死>が入り，こうして
<死>が全人類に広がったのと同様に，
14 <死>は，アダムからモーセまでの間
21 罪が<死>によって支配したように，
6: 3 その<死>にあずかるバプテスマを受
5 キリストの<死>と同じようになって
9 <死>はもはやキリストを支配しない
16 罪の奴隷となって<死>に至り，ある
21 それらのものの行き着く所は<死>で
23 罪から来る報酬は<死>です．しかし，
7: 5 <死>のために，実を結びました．
10 この戒めが，かえって<死>に導くも
13 良いものが，私に<死>をもたらした
24 だれがこの<死>の，からだから，私
8: 2 罪と<死>の原理から，あなたを解放
6 肉の思いは<死>であり，御霊による
36 一日中，<死>に定められている．私
38 <死>も，いのちも，御使いも，権威
Ⅰコリ 3:22 いのちであれ，<死>であれ，また現
11:26 主の<死>を告げ知らせるのです．
15:21 <死>がひとりの人を通して来たよう
26 最後の敵である<死>も滅ぼされます．
31 私にとって，毎日が<死>の連続です．
54 <死>は勝利にのまれた」としるされ

55 <死>よ．おまえの勝利はどこにある
のか．<死>よ．おまえのとげはどこ
56 <死>のとげは罪であり，罪の力は律
IIコリ 1: 9 自分の心の中で<死>を覚悟しました．
10 これほどの大きな<死>の危険から，
2:16 <死>から出て<死>に至らせるかおり
3: 7 <死>の務めにも栄光があって，モー
4:10 イエスの<死>をこの身に帯びていま
11 イエスのために絶えず<死>に渡され
12 <死>は私たちのうちに働き，いのち
7:10 世の悲しみは<死>をもたらします．
11:23 <死>に直面したこともしばしばでし
ガラ 2:21 それこそキリストの<死>は無意味で
ピリ 2: 8 実に十字架の<死>にまでも従われた
3:10 キリストの<死>と同じ状態になり，
コロ 1:22 その<死>によって…ご自分と和解さ
Iテモ 6:16 ただひとり<死>のない方であり，近
IIテモ 1:10 キリストは<死>を滅ぼし，福音によ
ヘブ 2: 9 イエスは，<死>の苦しみのゆえに…
その<死>は，神の恵みによって，す
14 これは，その<死>によって，悪魔と
いう，<死>の力を持つ者を滅ぼし，
15 一生涯<死>の恐怖につながれて奴隷
5: 7 自分を<死>から救うことのできる方
7:23 <死>ということがあるため，務めに
11: 5 エノクは<死>を見ることのないよう
ヤコ 1:15 罪を生み，罪が熟すると<死>を生み
3: 8 舌…悪であり，<死>の毒に満ちてい
5:20 罪人のたましいを<死>から救い出し，
Iヨハ 3:14 <死>からいのちに移ったことを…愛
さない者は，<死>のうちにとどまっ
5:16 兄弟が<死>に至らない罪を犯してい
るのを…<死>に至る罪があります．
黙示 1:18 <死>とハデスとのかぎを持っている．
2:10 <死>に至るまで忠実でありなさい．
6: 8 これに乗っている者の名は<死>とい
9: 6 人々は<死>を求めるが…見いだせず，
<死>を願うが，<死>が彼らから逃げ
20:14 <死>とハデスとは，火の池に投げ込
まれた．これが第2の<死>である．
21: 4 もはや<死>もなく，悲しみ，叫び，

▼し（師）
詩 119:99 私のすべての<師>よりも悟りがあり
マタ 10:24 弟子はその<師>にまさらず，しもべ
25 弟子がその<師>のようになれたら十
23:10 <師>と呼ばれてはいけません．あな
たがたの<師>はただひとり，キリス
ルカ 6:40 弟子は<師>以上には出られません．
ヨハ 13:14 主であり<師>であるこのわたしが，

▼し（詩）
エペ 5:19 <詩>と賛美と霊の歌とをもって，互
コロ 3:16 <詩>と賛美と霊の歌とにより，感謝

▼じ（字）
出エ 32:16 その<字>は神の<字>であって…板に
ガラ 6:11 私は今こんなに大きな<字>で，自分

▼ジア〔人名〕
ガド族出身．7人兄弟の一人．I歴5:13.

▼じあい（慈愛），ご慈愛
詩篇 90:17 主の<ご慈愛>が私たちの上にありま
ゼカ 11: 7 2本の杖…1本を「<慈愛>」と名づ
10 私の杖，<慈愛>の杖を取り上げ，そ
ロマ 1:31 情け知らずの者，<慈愛>のない者で
2: 4 神の<慈愛>があなたを悔い改めに導
くことも…その豊かな<慈愛>と忍耐
エペ 2: 7 私たちに賜る<慈愛>によって明らか
コロ 3:12 同情心，<慈愛>，謙遜，柔和，寛容
ヤコ 5:11 主は<慈愛>に富み，あわれみに満ち

▼しあげる（仕上げる）
創世 6:16 1キュビト以内に…<仕上げ>なさい．
出エ 5:13 その日その日の仕事を<仕上げ>よ．」
14 これまでのように<仕上げ>ないのか
イザ 45:18 地を形造り，これを<仕上げ>た方，

▼シアぞく（～族）
捕囚帰還後，宮に仕えた一氏族．ネヘ7:47.

▼シアハぞく（～族）
シア族と同一．エズ2:44.

▼しあわせ
創世 30:13 なんと<しあわせ>なこと．女たちは，
私を<しあわせ>者と呼ぶでしょう」
40:14 あなたが<しあわせ>になったときに
民数 10:29 あなたを<しあわせ>にします．主が
イスラエルに<しあわせ>を約束して
32 <しあわせ>を，あなたにもおわかち
申命 4:40 あなたの後の子孫も，<しあわせ>に
5:29 子孫も，永久に<しあわせ>になるよ
8:16 あなたを<しあわせ>にするためであ
23: 6 平安も，<しあわせ>も求めてはなら
33:29 <しあわせ>なイスラエルよ．だれが
ヨシ 24:20 あなたがたを<しあわせ>にして後も，
ルツ 3: 1 あなたが<しあわせ>になるために，

Ⅰ列 10: 8 なんと<しあわせ>なこと．Ⅱ歴9:7.
Ⅱ列 25:24 あなたがたは<しあわせ>になる.」
ヨブ 9:25 それは飛び去って，<しあわせ>を見
21:13 <しあわせ>のうちに寿命を全うし，
36:11 日々を<しあわせ>のうちに全うし，
詩篇 25:13 たましいは，<しあわせ>の中に住み，
34:12 <しあわせ>を見ようと，日数の多い
41: 2 彼を…地上で<しあわせ>な者とされ
106: 5 選ばれた者たちの<しあわせ>を見，
119:71 私にとって<しあわせ>でした．私は
128: 2 幸福で，<しあわせ>であろう．
133: 1 なんという<しあわせ>，なんという
箴言 28:10 潔白な人たちは<しあわせ>を継ぐ．
伝道 3:13 労苦の中に<しあわせ>を見いだすこ
8:12 <しあわせ>であることを知っている．
イザ 48:18 あなたの<しあわせ>は川のように，
エレ 7:23 あなたがたを<しあわせ>にするため
15:11 解き放って，<しあわせ>にする．必
18:10 与えると言った<しあわせ>を思い直
38:20 そうすれば，あなたは<しあわせ>に
42: 6 聞き従って<しあわせ>を得るためで
44:17 <しあわせ>でわざわいに会わなかっ
哀歌 3:17 私は<しあわせ>を忘れてしまった．
4: 9 飢え死にする者よりも，<しあわせ>
ミカ 1:12 どうして，<しあわせ>を待ち望めよ
ゼカ 9:17 それは，なんと<しあわせ>なことよ．
マラ 3:12 あなたがたを<しあわせ>者と言うよ
15 高ぶる者を<しあわせ>者と言おう．
ルカ 1:48 私を<しあわせ>者と思うでしょう．
エペ 6: 3 あなたは<しあわせ>になり，地上で

▼しいたげ，しいたげる

出エ 3: 9 わたしは…エジプトが彼らを<しいたげ>ているその<しいたげ>を見た．
23: 9 在留異国人を<しいたげ>てはならな
レビ 19:13 隣人を<しいたげ>てはならない．か
33 彼を<しいたげ>てはならない．25:43，申命23:16.
申命 24:14 雇い人は…<しいたげ>てはならない．
28:29 <しいたげ>られ，略奪されるだけで
Ⅰサム 10:18 <しいたげ>ていた…王国の手から，
Ⅱ列 13: 4 アラムの王の<しいたげ>によって，イスラエルが<しいたげ>られている
22 イスラエル人を<しいたげ>たが，
Ⅰ歴 16:21 だれにも彼らを<しいたげ>させず，
ヨブ 10: 3 あなたが人を<しいたげ>，御手のわ
35: 9 多くの<しいたげ>のために泣き叫び，
36:15 <しいたげ>の中で彼らの耳を開かれ
詩篇 9: 9 主は<しいたげ>られた者のとりで，
10: 7 彼の口は…欺きと<しいたげ>に満ち，
18 みなしごと，<しいたげ>られた者を
42: 9 なぜ私は敵の<しいたげ>に，嘆いて歩くのですか.」43:2.
44:24 私たちの悩みと<しいたげ>をお忘れ
56: 1 人が…一日中…私を<しいたげ>ます．
72: 4 <しいたげる>者どもを，打ち砕きま
14 彼は<しいたげ>と暴虐とから…贖い
73: 8 高い所から<しいたげ>を告げる．
74:21 <しいたげ>られる者が卑しめられて
103: 6 主はすべて<しいたげ>られている人
105:14 だれにも彼らを<しいたげ>させず，
106:42 敵どもは彼らを<しいたげ>，その力
107:39 <しいたげ>とわざわいと悲しみによ
119:121 私を<しいたげる>者どもに私をゆだ
134 私を人の<しいたげ>から贖い出し，
146: 7 <しいたげ>られる者のためにさばき
箴言 14:31 寄るべのない者を<しいたげる>者は
28: 3 寄るべのない者を<しいたげる>貧し
29:13 貧しい者と<しいたげる>者とは互い
伝道 4: 1 日の下で行われる…<しいたげ>を見た．見よ，<しいたげ>られている者の涙を…<しいたげる>者が権力をふ
5: 8 貧しい者が<しいたげ>られ，権利と
7: 7 <しいたげ>は知恵ある者を愚かにし，
イザ 1:17 公正を求め，<しいたげる>者を正し，
3:12 幼子が彼を<しいたげ>，女たちが彼
9: 4 肩のむち，彼を<しいたげる>者の杖
14: 2 自分たちを<しいたげ>た者を支配す
4 <しいたげる>者はどのようにして果
6 国々を容赦なく<しいたげ>て支配し
16: 4 <しいたげる>者が死に，破壊も終わ
19:20 <しいたげ>られて主に叫ぶとき，主
23:12 <しいたげ>られたおとめ，シドンの
29: 2 わたしはアリエルを<しいたげる>の
30:12 <しいたげ>と悪巧みに拠り頼み，こ
38:14 主よ．私は<しいたげ>られています．
49:26 あなたを<しいたげる>者に，彼ら自
51:13 <しいたげる>者の憤りを恐れている．
53: 8 <しいたげ>と，さばきによって，彼
54:14 <しいたげ>から遠ざかれ．恐れるこ
58: 6 <しいたげ>られた者たちを自由の身

59:13 <しいたげ>と反逆を語り，心に偽り
エレ 7: 6 みなしご，やもめを<しいたげ>ず，
21:12 <しいたげる>者の手から救い出せ．
46:16 あの<しいたげる>者の剣を避けて.』
50:33 民は，共に<しいたげ>られている．
哀歌 3:59 私が<しいたげ>られるのをご覧にな
エゼ 18: 7 だれをも<しいたげ>ず，質物を返し，
22: 7 やもめは<しいたげ>られている．
29 一般の人々も，<しいたげ>を行い，
45: 8 わたしの民を<しいたげる>ことなく，
ホセ 5:11 エフライムは<しいたげ>られ，さば
12: 7 商人は…<しいたげる>ことを好む．
アモ 3: 9 大恐慌と，その中の<しいたげ>を見
4: 1 彼女らは弱い者たちを<しいたげ>，
6:14 彼らは…あなたがたを<しいたげる>．
ゼカ 7:10 やもめ…貧しい者を<しいたげる>な．
9: 8 <しいたげる>者はそこを通らない．
マラ 3: 5 不正な賃金で雇い人を<しいたげ>，

▼ しいて（強いて）

マタ 14:22 弟子たちを<強いて>舟に乗り込ませ
使徒 16:15 彼女は…頼み，<強いて>そうさせた．
26:11 <強いて>御名を汚すことばを言わせ

▼ しいる（強いる）

出エ 3:19 王は<強い>られなければ…行かせな
エス 1: 8 飲むとき…だれも<強い>られなかっ
Ⅰコリ 9:17 <強い>られたにしても，私には務め
Ⅱコリ 9: 7 <強い>られてでもなく，心で決めた
ガラ 2: 3 割礼を<強い>られませんでした．
14 ユダヤ人の生活を<強いる>のですか．

▼ シェアル〔人名〕

異邦人の女をめとった者の一人．エズ10:29.

▼ シェアルティエル〔人名〕

エコヌヤ王の子．Ⅰ歴3:17，エズ3:2，8，5:2，ネヘ12:1，ハガ1:1，12，14，2:2，23.

▼ シェアルヤ〔人名〕

サウルの子孫アツェルの子．Ⅰ歴8:38，9:44.

▼ シェアル・ヤシュブ〔人名〕

イザヤが息子につけた名前．イザ7:3.

▼ シェエラ〔人名〕

エフライムかベリアの娘．Ⅰ歴7:24.

▼ シェカヌヤ〔人名〕

(1)エコヌヤの子孫．Ⅰ歴3:21，22，エズ8:3.
(2)アロンの子孫．Ⅰ歴24:11.
(3)ヒゼキヤ王時代の祭司．Ⅱ歴31:15.
(4)捕囚帰還民の一人．ザト族ヤハジエルの子．エズ8:5.
(5)エラムの子孫エヒエルの子．エズ10:2.
(6)シェマヤの父．ネヘ3:29.
(7)アラフの子．トビヤの義父．ネヘ6:18.
(8)ゼルバベルと共に帰還した祭司．ネヘ12:3.

▼ シェケム【別項】シェケムのやぐら

1. 地名．ゲリジム山とエバル山の間の町．創世12:6，37:12，48:22，ヨシ17:7，20:7，24:1，32，士師8:31，9:1，21:19，Ⅰ列12:1，Ⅰ歴6:67，7:28，Ⅱ歴10:1，詩篇108:7，エレ41:5，ホセ6:9.
2. 人名．

(1)ヒビ人ハモルの子．創世33:19，34:2，4，6，7，8，11，13，18，20，24，26，ヨシ24:32.
(2)ギルアデの子と一族．民数26:31，ヨシ17:2.
(3)マナセの子孫シェミダの子．Ⅰ歴7:19.

▼ シェケムのやぐら

士師 9:46 <シェケムのやぐら>．47，49.

▼ シェケル，聖所のシェケル

創世 23:16 銀400<シェケル>を計ってエフロン
24:22 重さ10<シェケル>の二つの金の腕輪
出エ 30:13 <聖所のシェケル>で半<シェケル>を払わなければならない．1<シェケル>は20ゲラ…半<シェケル>を主へ
23 液体の没薬500<シェケル>…におい菖蒲250<シェケル>，
レビ 5:15 <聖所のシェケル>で数<シェケル>の
27: 3 男なら，その評価は<聖所のシェケル>で銀50<シェケル>．4，5，6，7.
25 評価はすべて<聖所のシェケル>によ
民数 7:13 銀の皿…その重さは130<シェケル>．
申命 22:29 女の父に銀50<シェケル>を渡さなけ
ヨシ 7:21 目方50<シェケル>の金の延べ棒1本
Ⅰサム 9: 8 私の手に4分の1<シェケル>の銀が
17: 5 よろいの重さは…5000<シェケル>．
Ⅱサム 14:26 髪の毛を量ると…200<シェケル>も
Ⅰ列 10:16 大盾1個に600<シェケル>の金を使
Ⅱ列 7: 1 小麦粉1セアが1<シェケル>で，大
Ⅰ歴 21:25 重さ600<シェケル>に当たるものを，
ネヘ 5:15 そのうえ，銀40<シェケル>を取った．
エレ 32: 9 畑を買い…銀17<シェケル>を払った．
エゼ 4:10 食物は，1日分20<シェケル>を量っ
ホセ 3: 2 銀15<シェケル>と大麦1ホメル半で
アモ 8: 5 <シェケル>を重くし，欺きのはかり

▼シェシャイ〔人名〕
アナクの子孫．民数13:22，ヨシ15:14，士師1:10．
▼シェシャン〔人名〕
エラフメエルの子孫．Ⅰ歴2:31，34，35．
▼シェシュバツァル〔人名〕
ユダの君主．エズ1:8，11，5:14，15，16．
▼シェタル〔人名〕
ペルシヤ王アハシュエロスの側近．エス1:14．
▼シェタル・ボズナイ〔人名〕
神殿再建に反対した高官．エズ5:3，6，6:6，13．
▼シェデウル〔人名〕
エリツルの父．民数1:5，2:10，7:30，10:18．
▼シェヌアツァル〔人名〕
エコヌヤの第４子．Ⅰ歴3:18．
▼シェバ
1.地名．
(1)サウジアラビヤの中心地方を指す古代名．詩篇72:10，イザ60:6，エレ6:20，エゼ27:22．
(2)シメオンの町．ヨシ19:2．
2.人名．
(1)ラマの子孫．創世10:7，Ⅰ歴1:9．
(2)ヨクタンの子．創世10:28，Ⅰ歴1:22．
(3)ヨクシャンの子．創世25:3，Ⅰ歴1:32．
(4)ベニヤミン族ビクリの子．Ⅱサム20:1，6，21．
(5)ガド族アビハイルの子．Ⅰ歴5:13．
3.シェバ人．1.(1)の住民．ヨブ1:15．
▼シェバテのつき（～月）
捕囚後のヘブル暦の第11月．ゼカ1:7．
▼シェバヌヤ〔人名〕
(1)ダビデ時代の祭司．Ⅰ歴15:24．
(2)盟約に調印したレビ人．ネヘ9:4，5，10:10．
(3)祭司．また彼の氏族．ネヘ10:4，12:14．
(4)律法厳守の盟約に調印したレビ人．ネヘ10:12．
▼シェバのじょおう（～女王）
Ⅰ列10:1 <シェバの女王>．4，10，13，Ⅱ歴9:1，3，9，12．
▼シェバリム〔地名〕
エリコとアイの間の町か．ヨシ7:5．
▼シェハルヤ〔人名〕
ベニヤミン族出身．エロハムの子．Ⅰ歴8:26．

▼シェファテヤ
1.人名．
(1)ダビデの５男．Ⅱサム3:4，Ⅰ歴3:3．
(2)ベニヤミン族出身．メシュラの父．Ⅰ歴9:8．
(3)ダビデの勇士．Ⅰ歴12:5．
(4)シメオン族の長．マアカの子．Ⅰ歴27:16．
(5)ヨシャパテ王の子．Ⅱ歴21:2．
(6)捕囚帰還のユダ族アタルヤの先祖．ネヘ11:4．
(7)ゼデキヤ王の側近．エレ38:1．
2.シェファテヤ族．エズ2:4，57，ネヘ7:9，59．
▼シェファム
1.地名．カナンの北東部．民数34:10，11．
2.シェファム人．Ⅰ歴27:27．
▼シェフィ〔人名〕
ホリ人セイルの子孫．Ⅰ歴1:40．
▼シェブエル〔人名〕
(1)モーセの子孫．Ⅰ歴23:16，26:24．
(2)ヘマンの子．楽人．Ⅰ歴25:4．
▼シェフェルさん（～山）
荒野の宿営地．民数33:23，24．
▼シェフォ〔人名〕
シェフィと同人．創世36:23．
▼シェブナ〔人名〕
ヒゼキヤ王の書記．Ⅱ列18:18，イザ22:15．
▼シェフファム〔人名〕
ベニヤミン族出身．シュファム族の祖．民数26:39．
▼シェフファン〔人名〕
ベニヤミンの長男ベラの子．Ⅰ歴8:5．
▼シェベル〔人名〕
カレブとマアカの子．Ⅰ歴2:48．
▼シェヘレテこう（～香）
聖なる香油の成分の一つ．出エ30:34．
▼シェマ
1.地名．ユダの最南端の町の一つ．ヨシ15:26．
2.人名．
(1)ユダ族ヘブロンの子．Ⅰ歴2:43，44．
(2)ルベンの子孫．ヨエルの子．Ⅰ歴5:8．
(3)ベニヤミン族出身．Ⅰ歴8:13．
(4)エズラの右手にいた者の一人．ネヘ8:4．
▼シェマア〔人名〕
勇士アヒエゼルとヨアシュの父．Ⅰ歴12:3．

▼ シェマヤ〔人名〕
(1)預言者．Ⅰ列12:22，Ⅱ歴12:5，7，15．
(2)ダビデの子孫．Ⅰ歴3:22．
(3)シメオン族の一氏族の長．Ⅰ歴4:37．
(4)ヨエルの子．ルベン人．Ⅰ歴5:4．
(5)レビ人．また彼の氏族．Ⅰ歴9:14，ネヘ12:18．
(6)レビ人．ガラルの子．Ⅰ歴9:16．
(7)ダビデ時代のつかさ．Ⅰ歴15:8，11．
(8)ダビデ時代のレビ人の書記．Ⅰ歴24:6．
(9)オベデ・エドムの長男．Ⅰ歴26:4，6，7．
(10)ヨシャパテが送り出したレビ人．Ⅱ歴17:8．
(11)ヒゼキヤ時代のレビ人．Ⅱ歴29:14．
(12)ヒゼキヤ時代のレビ人．Ⅱ歴31:15．
(13)ヨシヤ時代のレビ人のつかさ．Ⅱ歴35:9．
(14)捕囚帰還したレビ人の指導者．エズ8:13．
(15)エズラが送り返した者．エズ8:16．
(16)異邦人の女をめとった者の一人．エズ10:21．
(17)異邦人の女をめとった者の一人．エズ10:31．
(18)エルサレムの東の門の門衛．ネヘ3:29．
(19)デラヤの子．ネヘ6:10．
(20)契約に署名した祭司．ネヘ10:8．
(21)捕囚帰還民の一人．レビ人か祭司．ネヘ12:6．
(22)祭司．楽人．ネヘ12:36．
(23)城壁完成の祝いに協力した祭司．ネヘ12:42．
(24)預言者ウリヤの父．エレ26:20．
(25)偽預言者．エレ29:24，31，32．
(26)エホヤキム時代の首長デラヤの父．エレ36:12．

▼ シェマルヤ〔人名〕
(1)ダビデの勇士の一人．Ⅰ歴12:5．
(2)ソロモンの子レハブアムの子．Ⅱ歴11:19．
(3)異邦人の女をめとった者の一人．エズ10:32．
(4)異邦人の女をめとった者の一人．エズ10:41．

▼ シェミダ
1．人名．ギルアデ族出身．民数26:32，Ⅰ歴7:19．
2．シェミダ族．1．の子孫．民数26:32，ヨシ17:2．

▼ シェミラモテ〔人名〕
(1)レビ人．楽人．Ⅰ歴15:18，20，16:5．
(2)ヨシャパテ王時代のレビ人．Ⅱ歴17:8．

▼ シェムエベル〔人名〕
ツェボイムの王．創世14:2．

▼ シェメデ〔人名〕
ベニヤミンの子孫エルパアルの子．Ⅰ歴8:12．

▼ シェメル〔人名〕
(1)サマリヤの山を所有していた人．Ⅰ列16:24．
(2)レビの子メラリの子孫．Ⅰ歴6:46．

▼ シェラ
1．人名．ユダの第3子．創世38:5，11，14，26，46:12，民数26:20，Ⅰ歴2:3，4:21．
2．シェラ族（人）．民数26:20，ネヘ11:5．

▼ シェラフ【別項】シェラフの池
セムの子孫．創世10:24，11:12，Ⅰ歴1:18．

▼ シェラフのいけ（～池）
エルサレムにあった池．ネヘ3:15．

▼ シェルミエル〔人名〕
シメオン族のかしら．民数1:6，7:41．

▼ シェレシュ〔人名〕
(1)マキルとマアカとの子．Ⅰ歴7:16．
(2)アシェル族出身．ヘレムの子．Ⅰ歴7:35．

▼ シェレフ〔人名〕
セムの子孫．創世10:26，Ⅰ歴1:20．

▼ シェレベヤ〔人名〕
(1)祭司長の一人．エズ8:18，24．
(2)レビ人．ネヘ8:7，9:4，5，10:12．
(3)捕囚帰還民の一人．レビ人．ネヘ12:8，24．

▼ シェレムヤ〔人名〕
(1)レビ人．ダビデ時代の門衛．Ⅰ歴26:14．
(2)異邦人の女をめとった者の一人．エズ10:39．
(3)異邦人の女をめとった者の一人．エズ10:41．
(4)ハナヌヤの父．ネヘ3:30．
(5)祭司．宝物倉の管理者の一人．ネヘ13:13．
(6)クシの子．エフディの祖父．エレ36:14．
(7)アブデエルの子．エレ36:26．
(8)エフカルの父．エレ37:3．
(9)ハナヌヤの子．エレ37:13．

▼ シェロミ〔人名〕
アシェル族の族長アヒウデの父．民数34:27．

▼ シェロミテ〔人名〕
(1)ダン族ディブリの娘．レビ24:11．
(2)ゼルバベルの娘．Ⅰ歴3:19．
(3)レビ人．シムイの子．Ⅰ歴23:9．
(4)レビ人．イツハルの子．Ⅰ歴23:18，24:22．
(5)エリエゼルの子孫．Ⅰ歴26:25，26，28．
(6)レハブアム王とマアカとの子．Ⅱ歴11:20．
(7)バニ族ヨシフヤの子．エズ8:10．

▼ シェワ〔人名〕
(1)ヘツロンの子カレブのそばめの子．Ｉ歴2:49．
(2)ダビデ王の書記．Ⅱサム20:25．

▼ シェン〔地名〕
エベン・エゼルの設置点付近の町．Ｉサム7:12．

▼ しお（塩），塩け，塩味【別項】塩の海，塩の契約，塩の谷，塩の町，地の塩
創世 19:26　彼の妻は…<塩>の柱になってしまっ
レビ 2:13　ささげ物には…<塩>で味をつけなければならない…契約の<塩>を欠かしてはならない…<塩>を添えてささげ
申命 29:23　硫黄と<塩>によって焼け土となり，
士師 9:45　町を破壊して，そこに<塩>をまいた．
Ⅱ列 2:20　新しい皿に<塩>を盛って，私のとこ
エズ 6:9　小麦，<塩>，ぶどう酒，油を，エル
ヨブ 6:6　味のない物は<塩>がなくて食べられ
エゼ 16:4　<塩>でこする者もなく，布で包んで
43:24　祭司たちがそれらの上に<塩>をまき，
47:11　良くならないで，<塩>のままで残る．
マタ 5:13　<塩>が<塩け>をなくしたら，何によって<塩け>をつけるの．ルカ14:34．
マコ 9:49　火によって，<塩け>をつけられるの
50　<塩>は，ききめのあるものです…自分自身のうちに<塩け>を保ちなさい．
コロ 4:6　ことばが…<塩味>のきいたものであ

▼ しおち（塩地）
エレ 17:6　荒野の…住む者のない<塩地>に住む．

▼ しおのうみ（塩の海）
死海のこと．創世14:3，民数34:3，12，申命3:17，ヨシ3:16，15:2，5，18:19．

▼ しおのけいやく（塩の契約）
民数 18:19　永遠の<塩の契約>となる．Ⅱ歴13:5．

▼ しおのたに（塩の谷）
ダビデがエドム人1万8千人を殺した場所．Ⅱサム8:13，Ⅱ列14:7，Ⅱ歴25:11，詩篇60題目．

▼ しおのまち（塩の町）
ユダの荒野の町の一つ．ヨシ15:62．

▼ しおみず（塩水）
ヤコ 3:12　<塩水>が甘い水を出すこともできな

▼ しおれる，打ちしおれる
ネヘ 2:1　私は王の前で<しおれ>たことはなか
詩篇 37:2　彼らは草のようにたちまち<しおれ>，
90:6　夕べには，<しおれ>て枯れます．
102:11　私は，青菜のように<しおれ>ていま
イザ 19:8　網を打つ者も<打ちしおれる>．
24:4　世界は<しおれ>，衰える．天も地とともに<しおれる>．
7　ぶどうの木は<しおれ>，心楽しむ者
エゼ 31:15　野のすべての木も…<しおれ>た．
ヨエ 1:12　いちじくの木は<しおれ>，ざくろ，
ナホ 1:4　バシャンとカルメルは<しおれ>，レバノンの花は<しおれる>．
Ｉペテ 1:24　「…草は<しおれ>，花は散る．

▼ シオン
1．地名．
(1)イッサカルの町の一つ．ヨシ19:19．
(2)ダビデが取ったエブス人の要害．Ⅱサム5:7，Ｉ列8:1，Ｉ歴11:5．
(3)神殿が建てられた場所．詩篇2:6，9:11，イザ8:18，ゼカ8:3．
2．比喩的呼称．Ⅱ列19:21，詩篇69:35，133:3，イザ1:27，2:3，3:16，4:3，ヘブ12:22，黙示14:1．
詩篇 50:2　麗しさの窮み，<シオン>から，神は
132:13　主は<シオン>を選び…ご自分の住み
137:1　<シオン>を思い出して泣いた．
イザ 28:16　わたしは<シオン>に一つの石を礎として据える．ロマ9:33，Ｉペテ2:6．
59:20　<シオン>には贖い主として来る．ヤ
ミカ 3:10　血を流して<シオン>を建て，不正を
ゼカ 8:2　<シオン>をねたむほど激しく愛し，
黙示 14:1　小羊が<シオン>の山の上に立ってい

▼ しか（鹿）
申命 12:15　<鹿>と同じように…食べることがで
14:5　<鹿>，かもしか，のろじか，野やぎ，
詩篇 42:1　<鹿>が谷川の流れを慕いあえぐよう
雅歌 2:9　かもしかや若い<鹿>のようです．ご
イザ 35:6　足のなえた者は<鹿>のようにとびは
哀歌 1:6　首長たちは，牧場のない<鹿>のよう

▼ しがい（市街）
イザ 58:12　<市街>を住めるように回復する者」

▼ じがい（自害）
使徒 16:28　<自害>してはいけない．私たちはみ

▼ しかえし（仕返し）
創世 50:15　ヨセフは…<仕返し>をするかもしれ
詩篇 41:10　私は，彼らに<仕返し>ができます．
137:8　おまえに<仕返し>する人は，なんと
箴言 24:29　<仕返し>をしよう」と言ってはなら
ホセ 4:9　そのわざの<仕返し>をする．

12:14 彼のそしりに<仕返し>をする.
使徒 7:24 その人の<仕返し>をしました.

▼しかく（刺客）
使徒21:38 4千人の<刺客>を荒野に引き連れて

▼しかく（資格）
エズ 2:62 祭司職を果たす<資格>がない者とさ
マタ 8: 8 あなたを私の屋根の下にお入れする<資格>は…ありません. ルカ7:6.
ルカ 7: 4 そうしていただく<資格>のある人で
15:19 子と呼ばれる<資格>はありません.
IIコリ 3: 5 <資格>が私たち自身にあるというのではありません…<資格>は神からの
6 契約に仕える者となる<資格>を下さ
コロ 1:12 聖徒の相続分にあずかる<資格>を私

▼しかた
ヨシ 6:15 同じ<しかた>で町を7度回った. こ

▼しかばね
Iサム17:46 ペリシテ人の陣営の<しかばね>を,
詩篇79: 2 しもべたちの<しかばね>を空の鳥の
110: 6 それらを<しかばね>で満たし, 広い
イザ 5:25 彼らの<しかばね>は, ちまたで, あ
14:19 踏みつけられる<しかばね>のようだ.
66:24 そむいた者たちの<しかばね>を見る.
エレ 7:33 この民の<しかばね>は…えじきとな
9:22 人間の<しかばね>は, 畑の肥やしの
16:18 国を忌むべきものの<しかばね>で汚
33: 5 <しかばね>をその家々に満たす. そ
36:30 彼の<しかばね>は捨てられて, 昼は
エゼ32: 5 あなたの<しかばね>で谷を満たし,
ナホ 3: 3 山なす<しかばね>. 数えきれない死
ヘブ 3:17 <しかばね>を荒野にさらした, あの

▼シガヨン
詩篇7題目 ダビデが主に歌った<シガヨン>の歌

▼しかり
IIコリ 1:17 「<しかり>, <しかり>」は同時に,
18 「<しかり>」と言って, 同時に「否」
19 この方には「<しかり>」だけがある
20 この方において「<しかり>」となり
黙示 1: 7 彼のゆえに嘆く. <しかり>. アーメ
14:13 <しかり>. 彼らはその労苦から解き
16: 7 <しかり>. 主よ. 万物の支配者であ
22:20 「<しかり>. わたしはすぐに来る.」

▼しかる（叱る）
創世37:10 話したとき, 父は彼を<しか>って言
ヨブ26:11 神が<しかる>と, 天の柱は震い, 恐
詩篇 9: 5 あなたは国々をお<叱>りになり, 悪
68:30 雄牛の群れを, <叱>ってください.
76: 6 あなたが, お<叱>りになると, 騎手
104: 7 水は, あなたに<叱>られて逃げ, あ
106: 9 主が葦の海を<叱る>と, 海は干上が
119:21 のろわるべき者をお<叱>りになりま
箴言 3:12 父がかわいがる子を<しかる>ように, 主は愛する者を<しかる>.
15:12 <しか>ってくれる者を愛さない. 知
イザ50: 2 わたしは, <しか>って海を干上がら
ナホ 1: 4 主は海を<しか>って, これをからし,
マラ 3:11 わたしは…いなごを<しか>って, あ
マタ 8:26 風と湖を<しか>りつけ. マコ4:39.
17:18 イエスがその子をお<しか>りになる
マコ 1:25 イエスは彼を<しか>って. ルカ4:35.
8:33 ペテロを<しか>って言われた.「下
9:25 汚れた霊を<しか>って. ルカ9:42.
ルカ 4:39 熱を<しか>りつけられると, 熱がひ
41 イエスは, 悪霊どもを<しか>って,
19:39 お弟子たちを<しか>ってください」
Iテモ 5: 1 年寄りを<しか>ってはいけません.
黙示 3:19 わたしは, 愛する者を<しか>ったり,

▼シカロン〔地名〕
エクロンとバアラ山の間の町. ヨシ15:11.

▼じかん（時間）
マタ 2: 7 星の出現の<時間>を突き止めた.
16 その年齢は…<時間>から割り出した

▼しき（士気）
エレ38: 4 戦士や, 民全体の<士気>をくじいて

▼しき（指揮）, 指揮官
民数31:14 軍勢の<指揮官>たち, すなわち…千人の長や百人の長たち. 48.
申命20: 9 将軍たちが民の<指揮>をとりなさい.
士師 5:14 <指揮>をとる者たちもゼブルンから.
I列 9:23 工事に携わる民を<指揮>していた.
II列25:19 戦士の<指揮官>であったひとりの宦
I歴23: 4 主の宮の仕事を<指揮>する者は2万
II歴 2: 2 彼らを<指揮>する者3600人の人数を
エズ 3: 8 主の宮の工事を<指揮>するために20
箴言20:18 相談して計画を整え, すぐれた<指揮>のもとに戦いを交えよ. 24:6.

▼じき（時期）
創世21: 2 アブラハムに言われたその<時期>に,
ヨブ 5:26 麦束がその<時期>に収められるよう
伝道 3: 1 何事にも定まった<時期>があり, す

エレ46:17　パロは，<時期>を逸して騒ぐ者．
マタ13:30　収穫の<時期>になったら，私は刈る
ガラ 6: 9　失望せずにいれば，<時期>が来て，

▼じぎ（時宜）
箴言15:23　<時宜>にかなったことばは…麗しい．
　25:11　<時宜>にかなって語られることばは，

▼しきいし（敷石）
Ⅱ歴 7: 3　顔を地面の<敷石>につけ，伏し拝ん
エレ43: 9　<敷石>のしっくいの中に隠して，
ヨハ19:13　<敷石>（ヘブル語ではガバタ）と呼

▼しきふ（敷布）
使徒10:11　大きな<敷布>のような入れ物が，四

▼しきふく（式服）
出エ31:10　<式服>，すなわち，祭司として仕え
　35:19　聖所で仕える…<式服>．39:1，41．

▼しきべつりょく（識別力）
ピリ 1: 9　知識とあらゆる<識別力>によって，

▼じぎょう（事業）
伝道 2: 4　私は<事業>を拡張し，邸宅を建て，

▼しきり（仕切り）【別項】仕切りの岩
出エ26:33　聖所と至聖所との<仕切り>となる．
　39:34　皮のおおい，<仕切り>の垂れ幕，
　40:21　<仕切り>のために垂れ幕を掛け，あ
民数 4: 5　<仕切り>の幕を取り降ろし，あかし
イザ59: 2　あなたがたの神との<仕切り>となり，

▼しきりに
創世33:11　ヤコブが<しきりに>勧めたので，エ
士師19: 7　しゅうとが彼に<しきりに>勧めたの
Ⅱサム13:25　<しきりに>勧めたが，ダビデは行き
Ⅱ列 5:16　受け取らせようと<しきりに>…勧め
Ⅱ歴36:15　早くから<しきりに>使いを遣わされ
エレ 7:13　絶えず，<しきりに>語りかけたのに，
Ⅰテサ 3: 6　<しきりに>私たちに会いたがってい

▼しきりのいわ（仕切りの岩）
Ⅰサム23:28　この場所は，「<仕切りの岩>」と呼

▼しきん（資金）
エズ 2:69　工事の<資金>のために金６万１千ダ
ネヘ 7:69　総督は<資金>のために金１千ダリク

▼しく（敷く）
Ⅱサム21:10　荒布を…岩の上に<敷>いてすわり，
詩 136: 6　地を水の上に<敷>かれた方に．その
箴言 7:16　私は長いすに敷き物を<敷>き，あや
　織りのエジプトの亜麻布を<敷>き，
イザ14:11　あなたの下には，うじが<敷>かれ，
　58: 5　荒布と灰を<敷>き広げることだけだ
マタ21: 8　上着を道に<敷>き…木の枝を…道に
　<敷>いた．マコ11:8，ルカ19:36．

▼シグヨノテ
「悲しみの歌」の意か．ハバ3:1．

▼ジクリ〔人名〕
⑴レビ人．イツハルの子．出エ6:21．
⑵ベニヤミンの子孫．シムイの子．Ⅰ歴8:19．
⑶シャシャクの子．Ⅰ歴8:23．
⑷ベニヤミンの子孫．エロハムの子．Ⅰ歴8:27．
⑸レビ人アサフの子．Ⅰ歴9:15．
⑹レビ人．ヨラムの子．Ⅰ歴26:25．
⑺エリエゼルの父．Ⅰ歴27:16．
⑻アマスヤの父．Ⅱ歴17:16．
⑼百人隊長エリシャファテの父．Ⅱ歴23:1．
⑽エフライムの勇士．Ⅱ歴28:7．
⑾ベニヤミン族の監督者ヨエルの父．ネヘ11:9．
⑿レビ人．祭司．ネヘ12:17．

▼しけい（死刑）
申命17: 6　証言によって，<死刑>に処さなけれ
　ばならない．ひとりの証言で<死刑>
　7　<死刑>に処するには，まず証人たち
　19: 6　憎んでいたのではないから，<死刑>
　21:22　<死刑>に当たる罪を犯して殺され，
Ⅱサム12: 5　そんなことをした男は<死刑>だ．
　19:28　王さまから見れば，<死刑>に当たる
エズ 7:26　<死刑>でも，追放でも，財産の没収
エス 4:11　王のところに行く者は<死刑>に処せ
詩 109:31　<死刑>を宣告する者たちから，彼を
エレ26:11　この者は<死刑>に当たる．彼がこの
　16　この人は<死刑>に当たらない．私た
マタ15: 4　『父や母をののしる者は，<死刑>に
　処せられる』と言われた．マコ7:10．
　20:18　人の子を<死刑>に定め．マコ10:33．
　26:66　「彼は<死刑>に当たる」マコ14:64．
　27: 1　イエスを<死刑>にするために協議し
　20　イエスを<死刑>にするよう，群衆を
マコ14:55　全議会は，イエスを<死刑>にするた
ルカ24:20　<死刑>に定め，十字架につけたので
ヨハ18:31　だれを<死刑>にすることも許されて
使徒23:29　<死刑>や投獄に当たる罪はないこと
　28:18　<死刑>にする理由が何もなかったの
ヘブ10:28　律法を無視する者は…<死刑>に処せ

▼しげみ（茂み）
ヨブ38:40　<茂み>の中で待ち伏せしているとき
　40:21　彼は…葦の<茂み>や沼に横たわる．

イザ 9:18 林の<茂み>に燃えついて，煙となっ
10:34 主は林の<茂み>を斧で切り落とし，
35: 7 葦やパピルスの<茂み>となる．
エレ 4: 7 獅子はその<茂み>から上って来，国
エゼ 19:11 たけは<茂み>の中できわだって高く，
ゼカ 11: 3 ヨルダンの<茂み>が荒らされたから

▼ シケム〔地名〕

ヨセフを葬った地．旧約のシェケム．使徒7:16.

▼ しげる（茂る），おい茂る

レビ 23:40 なつめやしの葉と<茂>り合った木の
IIサム 18: 9 木の<茂>った枝の下を通ったとき，
ネヘ 8:15 枝の<茂>った木などの枝を取って来
詩篇 52: 8 <おい茂る>オリーブの木のようだ．
エレ 17: 8 葉は<茂>って，日照りの年にも心配
エゼ 6:13 すべての<茂>った樫の木の下，彼ら
20:28 高い丘や<茂>った木を見ると，どこ
31: 5 その小枝は<茂>り，その大枝は伸び
ホセ 10: 1 実を結ぶよく<茂>ったぶどうの木で

▼ じけん（事件）

出エ 18:19 <事件>を神のところに持って行きな
22 大きい<事件>は…あなたのところに持って来，小さい<事件>は…彼らが
26 むずかしい<事件>はモーセのところに持って来たが，小さい<事件>は，
民数 31:16 バラムの<事件>…ペオルの<事件>に
Iコリ 6: 2 ごく小さな<事件>さえもさばく力が

▼ じこく（時刻）

申命 16: 6 エジプトから出た<時刻>に，過越の
ルカ 14:17 宴会の<時刻>になったのでしもべを
ヨハ 4:52 子どもがよくなった<時刻>を…尋ね
53 言われた<時刻>と同じであることを
使徒 10:30 4日前のこの<時刻>に，私が家で午
ロマ 13:11 眠りからさめるべき<時刻>がもう来

▼ じごく（地獄）

IIペテ 2: 4 御使いたちを…<地獄>に引き渡し，

▼ じこちゅうしん（自己中心）

ピリ 2: 3 何事でも<自己中心>や虚栄からする

▼ しごと（仕事）

創世 39:11 <仕事>をしようとして家に入ると，
出エ 5: 4 なぜ民に<仕事>をやめさせようとす
13 おまえたちの<仕事>…その日その日の<仕事>を仕上げよ．」
12:16 どんな<仕事>もしてはならない．レビ16:29，23:21，25，28，31，民数29:7，申命16:8.
20: 9 6日間，働いて，あなたのすべての<仕事>をしなければ．申命5:13.
10 7日目は…あなたはどんな<仕事>もしてはならない．申命5:14.
23:12 6日間は自分の<仕事>をし，7日目
31:15 6日間は<仕事>をしてもよい．しかし…安息の日に<仕事>をする者は，だれでも…殺され．35:2，レビ23:3.
35:21 会見の天幕の<仕事>のため…奉納物
レビ 11:32 <仕事>のために作られた器はみな，
民数 4: 3 <仕事>をすることのできる30歳以上
士師 19:16 野ら<仕事>から帰ったひとりの老人
Iサム 8:16 ろばを取り，自分の<仕事>をさせる．
I歴 6:49 至聖所のすべての<仕事>に当たり，
9:13 宮の奉仕の<仕事>に熟練した…人々
23: 4 主の宮の<仕事>を指揮する者は2万
28:20 主は…<仕事>を完成させてくださる．
29: 1 まだ若く…この<仕事>は大きい．こ
II歴 29:34 レビ人が，その<仕事>を終え，祭司
32:30 ヒゼキヤは…<仕事>をみごとに成し
34:12 人々は，この<仕事>を忠実に行った．
エズ 10:13 1日や2日の<仕事>でもありません．
ネヘ 11:16 神の宮の外の<仕事>を監督していた．
詩 104:23 人はおのれの<仕事>に出て行き，夕
109: 8 彼の<仕事>は他人が取り，
箴言 18: 9 自分の<仕事>をなまける者は，滅び
22:29 じょうずな<仕事>をする人を見たこ
24:27 外であなたの<仕事>を確かなものと
伝道 1:13 これは…神が与えたつらい<仕事>だ．
2:23 その<仕事>には悩みがあり，その心
3:10 神が…労苦させる<仕事>を見た．
22 自分の<仕事>を楽しむよりほかに，
4: 4 労苦とあらゆる<仕事>の成功を見た．
5: 3 <仕事>が多いと夢を見る．ことばが
エレ 17:22 安息日に…何の<仕事>もするな．わ
18: 3 彼はろくろで<仕事>をしているとこ
ヨナ 1: 8 あなたの<仕事>は何か．あなたはど
ハガ 1:14 宮に行って，<仕事>に取りかかった．
マコ 13:34 それぞれ<仕事>を割り当てて責任を
ルカ 16: 3 この管理の<仕事>を取り上げられる
4 管理の<仕事>をやめさせられても，
使徒 6: 3 その人たちをこの<仕事>に当たらせ
15:38 <仕事>のために同行しなかった…者
18: 3 家に住んでいっしょに<仕事>をした．

19:25 繁盛している…この<仕事>のおかげ
27 この<仕事>も信用を失う危険がある
ピリ 2:30 キリストの<仕事>のために，いのち
Ⅰテサ 4:11 自分の<仕事>に身を入れ，自分の手
Ⅱテサ 3:11 何も<仕事>をせず，おせっかいばか
12 静かに<仕事>をし，自分で得たパン
Ⅰテモ 3: 1 それはすばらしい<仕事>を求めるこ
テト 1: 5 あなたが残っている<仕事>の整理を
3:14 正しい<仕事>に励むように教えられ

▼じこひげ（自己卑下）
コロ 2:18 ことさらに<自己卑下>をしようとし

▼シザ〔人名〕
ダビデ30勇士の一人アディナの父．Ⅰ歴11:42.

▼ジザ〔人名〕
(1)シメオン族．シフイの子．Ⅰ歴4:37.
(2)レハブアム王とマアカの子．Ⅱ歴11:20.
(3)ゲルション族シムイの子．Ⅰ歴23:10，11.

▼しざい（死罪）
ルカ 23:15 <死罪>に当たることは，何一つして
使徒 13:28 <死罪>に当たる何の理由も見いだせ
ロマ 1:32 そのようなことを行えば，<死罪>に
Ⅰコリ 4: 9 <死罪>に決まった者のように，行列

▼じざかい（地境）
申命 19:14 隣人との<地境>を移してはならない．
27:17 隣人の<地境>を移す者はのろわれる．
Ⅰ歴 4:10 <地境>を広げてくださいますように．
ヨブ 24: 2 ある者は<地境>を動かし，群れを奪
詩 147:14 主は，あなたの<地境>に平和を置き，
箴言 15:25 主は…やもめの<地境>を決められる．
22:28 <地境>を移してはならない．23:10.

▼じさつ（自殺）
ヨハ 8:22 あの人は…<自殺>するつもりなのか．
使徒 16:27 看守は…剣を抜いて<自殺>しようと

▼しさん（死産）
詩篇 58: 8 日の目を見ない，<死産>の子のよう
伝道 6: 3 <死産>の子のほうが彼よりはましだ

▼しさん（資産）
箴言 17: 2 子を治め…<資産>の分け前を受け継
伝道 7:11 <資産>を伴う知恵は良い．日を見る
使徒 2:45 <資産>や持ち物を売っては，それぞ
Ⅰペテ 1: 4 消えて行くこともない<資産>を受け

▼しし（獅子）【別項】若獅子・若い獅子
創世 49: 9 ユダは<獅子>の子．わが子よ．あな
申命 33:22 ダンは<獅子>の子，バシャンからお
士師 14: 8 <獅子>のからだの中に，蜜蜂の群れ
Ⅰサム 17:34 <獅子>や，熊が来て，群れの羊を取
Ⅱサム 17:10 <獅子>のような心を持つ力ある者で
Ⅰ列 13:24 <獅子>が道でその人に会い…殺した
…<獅子>も死体のそばに立っていた．
26 主が彼を<獅子>に渡し，<獅子>が彼
28 <獅子>はその死体を食べず，ろばを
20:36 「…すぐ<獅子>があなたを殺す．」
…<獅子>がその人を見つけて殺した．
Ⅱ列 17:25 主は彼らのうちに<獅子>を送られた．
<獅子>は彼らの幾人かを殺した．
Ⅰ歴 12: 8 彼らの顔は<獅子>の顔で，早く走る
ヨブ 4:10 <獅子>のほえる声，たける<獅子>の
10:16 あなたはたける<獅子>のように，私
28: 8 たける<獅子>もここを通ったことが
詩篇 7: 2 彼らが<獅子>のように，私のたまし
10: 9 彼は茂みの中の<獅子>のように隠れ
17:12 引き裂こうとねらっている<獅子>，
22:13 引き裂き，ほえたける<獅子>のよう
57: 4 私は，<獅子>の中にいます．私は，
91:13 <獅子>とコブラとを踏みつけ，若獅
箴言 22:13 <獅子>が外にいる．私はちまたで殺
26:13 道に<獅子>がいる．ちまたに雄獅子
伝道 9: 4 犬は死んだ<獅子>にまさるからであ
イザ 5:29 それは，<獅子>のようにほえる．若
11: 7 <獅子>も牛のようにわらを食う．
15: 9 土地の残りの者とに<獅子>を向けよ
31: 4 <獅子>，あるいは若獅子が獲物に向
35: 9 そこには<獅子>もおらず，猛獣もそ
65:25 <獅子>は牛のように，わらを食い，
エレ 2:30 剣は，食い滅ぼす<獅子>のように，
4: 7 <獅子>はその茂みから上って来，国
5: 6 森の<獅子>が彼らを殺し，荒れた地
12: 8 私にとって，林の中の<獅子>のよう
49:19 <獅子>がヨルダンの密林から水の絶
哀歌 3:10 私にとっては…隠れている<獅子>．
エゼ 1:10 四つとも，右側に<獅子>の顔があり，
10:14 第３の顔は<獅子>の顔，第４の顔は
19: 4 民はその<獅子>のうわさを聞いた．
その<獅子>は彼らの落とし穴で捕ら
7 この<獅子>は人のやもめたちを犯し，
8 その<獅子>に彼らの網を打ちかけた．
ダニ 6: 7 だれでも，<獅子>の穴に投げ込まれ
16 ダニエルは…<獅子>の穴に投げ込ま
20 神は，あなたを<獅子>から救うこと

22 <獅子>の口をふさいでくださったので，<獅子>は私に何の害も加えませ
24 妻子とともに…<獅子>の穴に投げ込まれ…<獅子>は彼らを…かみ砕いて
7: 4 第1のものは<獅子>のようで，鷲の
ホセ 5:14 エフライムには，<獅子>のように，
11:10 主は<獅子>のようにほえる．まこと
13: 7 彼らには<獅子>のようになり，道ば
アモ 3: 4 <獅子>は，獲物がないのに，森の中
8 <獅子>がほえる．だれが恐れないだ
5:19 人が<獅子>の前を逃げても，熊が彼
ミカ 5: 8 森の獣の中の<獅子>，羊の群れの中
IIテモ 4:17 私は<獅子>の口から助け出されまし
ヘブ 11:33 国々を征服し…<獅子>の口をふさぎ，
Iペテ 5: 8 悪魔が，ほえたける<獅子>のように，
黙示 4: 7 第1の生き物は，<獅子>のようであ
5: 5 ユダ族から出た<獅子>，ダビデの根
10: 3 <獅子>がほえるときのように大声で
13: 2 口は<獅子>の口のようであった．竜

▼しじ（支持）

I列 1: 7 彼らはアドニヤを<支持>するように
詩 140:12 主は悩む者の訴えを<支持>し，貧し
エレ 50:34 主は…彼らの訴えを<支持>し，この
IIテモ 4:16 私を<支持>する者はだれもなく，み

▼しじ（指示）

ヨシ 9:14 人々は…主の<指示>をあおがなかっ
マタ 28:16 イエスの<指示>された山に登った．

▼じじつ（事実）

申命 13:14 行われたことが，<事実>で確かなら，
17: 4 もし，そのことが<事実>で，確かで
II列 19:17 国土とを廃墟としたのは<事実>です．
ルカ 1: 4 事がらが正確な<事実>であることを
ヨハ 18:36 <事実>，わたしの国はこの世のもの
Iテサ 2:13 <事実>どおりに神のことばとして受

▼シシャ〔人名〕

ソロモン王の書記エリホレフの父．I列4:3.

▼ししゃ（死者）【別項】死者の霊

創世 23: 3 アブラハムは…<死者>のそばから立
レビ 19:28 <死者>のため，自分のからだに傷を
使徒 3:15 神はこのイエスを<死者>の中からよ
4: 2 ペテロとヨハネが…<死者>の復活を
17: 3 キリストは…<死者>の中からよみが
32 <死者>の復活のことを聞くと，ある
23: 6 <死者>の復活という望みのことで，
24:21 <死者>の復活のことで，私はきょう，
26: 8 神が<死者>をよみがえらせるという
ロマ 1: 4 <死者>の中からの復活により，大能
4:17 <死者>を生かし，無いものを有るも
24 イエスを<死者>の中からよみがえら
6: 4 キリストが…<死者>の中からよみが
13 <死者>の中から生かされた者として，
8:11 <死者>の中からよみがえらせた方は，
10: 7 キリストを<死者>の中から引き上げ
9 神はイエスを<死者>の中からよみが
11:15 <死者>の中から生き返ることでなく
Iコリ 15:12 キリストは<死者>の中から復活された…どうして…<死者>の復活はない，
13 <死者>の復活がないのなら．15, 32.
20 初穂として<死者>の中からよみがえ
21 <死者>の復活もひとりの人を通して
29 <死者>は…よみがえらないのなら，なぜ…<死者>のゆえにバプテスマを
35 <死者>は，どのようにしてよみがえ
52 <死者>は朽ちないものによみがえり，
IIコリ 1: 9 <死者>をよみがえらせてくださる神
ガラ 1: 1 キリストを<死者>の中からよみがえ
エペ 5:14 <死者>の中から起き上がれ．そうす
ピリ 3:11 <死者>の中からの復活に達したいの
コロ 1:18 御子は…<死者>の中から最初に生ま
2:12 キリストを<死者>の中からよみがえ
Iテサ 1:10 神が<死者>の中からよみがえらせな
4:16 キリストにある<死者>が，まず初め
IIテモ 2: 8 <死者>の中からよみがえったイエス
ヘブ 6: 2 <死者>の復活，とこしえのさばきな
11:19 神には人を<死者>の中からよみがえらせること…彼は，<死者>の中から
13:20 イエスを<死者>の中から導き出され
Iペテ 1: 3 キリストが<死者>の中からよみがえ
黙示 1: 5 <死者>の中から最初によみがえられ
17 足もとに倒れて<死者>のようになっ
11:18 <死者>のさばかれる時…預言者たち，
14:13 主にあって死ぬ<死者>は幸いである．
16: 3 海は<死者>の血のような血になった．
20: 5 そのほかの<死者>は…生き返らなか
13 海はその中にいる<死者>を出し，死もハデスも，その中にいる<死者>を

▼ししゃ（使者）

創世 32: 3 エサウに，前もって<使者>を送った．
民数 20:14 エドムの王のもとに<使者>たちを送
ヨシ 6:17 あの女は…<使者>たちをかくまって

士師 6:35 ギデオンはマナセの全域に<使者>を
Ⅰサム 19:11 サウルはダビデの家に<使者>たちを
21 3度目の<使者>たちを送ったが，彼
25:14 荒野から<使者>たちを送ったのに，
Ⅱサム 5:11 ヒラムは，ダビデのもとに<使者>を
12:27 ヨアブはダビデに<使者>を送って言
Ⅰ列 19: 2 イゼベルは<使者>をエリヤのところ
20: 2 町に<使者>たちを遣わし．5，9.
Ⅱ列 1: 2 <使者>たちを遣わし…この病気が直
6:32 <使者>がエリシャのところに着く前
7:15 <使者>たちは帰って来て…王に報告
9:18 <使者>は彼らのところに着きました
14: 9 ヨアシュは…アマツヤに<使者>を送って…レバノンの杉に<使者>を送っ
17: 4 エジプトの王ソに<使者>たちを遣わ
19: 9 <使者>たちをヒゼキヤに．イザ37:9.
23 あなたは<使者>たちを使って，主を
Ⅰ歴 19: 2 ダビデは<使者>を送って…悔やみを
Ⅱ歴 36:15 主は，彼らのもとに，<使者>たちを
16 彼らは神の<使者>たちを笑いものに
ネヘ 6: 3 私は彼らのところに<使者>たちをや
箴言 13:17 悪い<使者>はわざわいに陥り，忠実な<使者>は人をいやす．
16:14 王の憤りは死の<使者>である．しか
17:11 悪人には，残忍な<使者>が送られる．
25:13 忠実な<使者>はこれを遣わす者にと
伝道 5: 6 <使者>の前で「あれは過失だ」と言
イザ 14:32 異邦の<使者>たちに何と答えようか．
18: 2 すばやい<使者>よ，行け．背の高い，
30: 4 <使者>たちがハネスに着いても，
33: 7 平和の<使者>たちは激しく泣く．
42:19 わたしの送る<使者>のような耳の聞
44:26 <使者>たちの計画を成し遂げさせる．
57: 9 <使者>たちを遠くまで送り出し，よ
エレ 49:14 <使者>が国々の間に送られ．オバ1.
エゼ 17:15 <使者>をエジプトに送り，馬と多く
30: 9 わたしのもとから<使者>たちが船で
ナホ 2:13 <使者>たちの声はもう聞かれない．
マラ 3: 1 わたしの<使者>を遣わす．彼はわた
ルカ 14:32 <使者>を送って講和を求めるでしょ
Ⅱコリ 8:23 彼らは諸教会の<使者>，キリストの
ピリ 2:25 あなたがたの<使者>として私の窮乏
ヤコ 2:25 遊女ラハブも，<使者>たちを招き入

▼シシャク〔人名〕

エジプト第22王朝の創設者．エルサレムを略奪した．Ⅰ列11:40，14:25，Ⅱ歴12:2，5，7，9.

▼ししゃのれい（死者の霊）

ヨブ 26: 5 <死者の霊>は，水とそこに住むもの
箴言 9:18 そこに<死者の霊>がいることを…知
21:16 <死者の霊>たちの集会の中で休む．
イザ 14: 9 <死者の霊>たち，地のすべての指導
26:14 <死者の霊>はよみがえりません．そ

▼じじゅう（侍従）

エゼ 23:15 みな<侍従>のように見え，彼らの出
23 総督，長官，<侍従>，議官，馬に乗
マタ 14: 2 <侍従>たちに言った．「あれはバプ
使徒 12:20 王の<侍従>ブラストに取り入って和

▼40にち（40日），40日間【別項】40日40夜

創世 7:17 大洪水が，<40日間>，地の上にあっ
民数 13:25 <40日>がたって…その地の偵察から
Ⅰサム 17:16 ペリシテ人は，<40日間>…姿を現し
エゼ 4: 6 ユダの家の咎を<40日間>，負わなけ
ヨナ 3: 4 <40日>すると，ニネベは滅ぼされる
マコ 1:13 イエスは<40日間>荒野にいて，サタ
ルカ 4: 2 <40日間>，悪魔の試みに会われた．
使徒 1: 3 <40日>の間，彼らに現れて，神の国

▼40にち40や（40日40夜）

創世 7: 4 <40日40夜>，雨を降らせ．12.
出エ 24:18 モーセは<40日40夜>，山にいた．
申命 9: 9 私は<40日40夜>，山にとどまり．25.
11 <40日40夜>の終わりに…2枚の石の
10:10 最初のときのように，<40日40夜>，
Ⅰ列 19: 8 <40日40夜>，歩いて神の山ホレブに
マタ 4: 2 <40日40夜>断食したあとで，空腹を

▼じしょ（地所）【別項】血の地所

民数 36: 3 私たちの相続の<地所>は減ることに
Ⅱ列 9:26 この<地所>であなたに報復する…あの<地所>に彼を投げ捨てよ．」
詩 125: 3 悪の杖が正しい者の<地所>の上にと
使徒 1:18 報酬で<地所>を手に入れたが，まっ
4:34 <地所>や家を持っている者は，それ
5: 3 <地所>の代金の一部を自分のために
8 <地所>をこの値段で売ったのですか．

▼しじょう（市場）

エゼ 27:15 島々はおまえの支配する<市場>であ

▼じしょう（自称）

ヨハ 19:21 彼はユダヤ人の王と<自称>した，と
黙示 2: 2 使徒と<自称>しているが実はそうで
9 ユダヤ人だと<自称>している．3:9.

20 この女は，預言者だと<自称>してい

▼ しじん（詩人）

使徒 17:28 あなたがたのある<詩人>たちも…私

▼ じしん（地震），大地震

Ⅰ列 19:11 風のあとに<地震>が起こったが，
<地震>の中にも主はおられなかった．

イザ 29: 6 主は，雷と<地震>と大きな音をもっ

エゼ 38:19 その日には…大きな<地震>が起こる．

アモ 1: 1 <地震>の２年前に，イスラエルにつ

マタ 24: 7 ききんと<地震>が起こり．マコ13:8.

27:54 <地震>やいろいろの出来事を見て，

28: 2 すると，大きな<地震>が起こった．

ルカ 21:11 <大地震>があり，方々に疫病やきき

使徒 16:26 <大地震>が起こって，獄舎の土台が

黙示 6:12 大きな<地震>が起こった…太陽は毛

11:13 <大地震>が起こって，都の10分の１
が…この<地震>のため７千人が死に，

16:18 大きな<地震>が…この<地震>は…か
つてなかったほどの…強い<地震>で

▼ しずか（静か）

Ⅰ歴 4:40 土地は…<静か>で安らかだった．以

伝道 9:17 知恵ある者の<静か>なことばは，愚

イザ 7: 4 気をつけて，<静か>にしていなさい．

エレ 47: 6 剣よ…さやに納まり，<静か>に休め．

使徒 12:17 手ぶりで彼らを<静か>にさせ，主が

19:36 皆さんは<静か>にして，軽はずみな

Ⅱテサ 3:12 <静か>に仕事をし，自分で得たパン

Ⅰテモ 2: 2 平安で<静か>な一生を過ごすためで

11 女は，<静か>にして，よく従う心を

▼ しずく【別項】―しずく

ルカ 22:44 汗が血の<しずく>のように地に落ち

▼ しずけさ（静けさ）

黙示 8: 1 天に半時間ばかり<静けさ>があった．

▼ しずまる（静まる）

申命 27: 9 <静ま>りなさい．イスラエルよ．聞

詩篇 4: 4 床の上で自分の心に語り，<静ま>れ．

31:17 彼らをよみで<静ま>らせてください．

37: 7 主の前に<静ま>り，耐え忍んで主を

イザ 18: 4 わたしは<静ま>って…ながめよう．

41: 1 島々よ．わたしの前で<静ま>れ．諸

57:20 悪者どもは…<静まる>ことができず，

エレ 49:23 彼らは…<静まる>こともできない．

ヨナ 1:11 海が<静まる>ために，私たちはあな

ハバ 2:20 全地よ．その御前に<静ま>れ．

ゼパ 1: 7 神である主の前に<静ま>れ．主の日

ゼカ 2:13 肉なる者よ．主の前で<静ま>れ．主

マコ 4:39 湖に「黙れ，<静ま>れ」と言われた．

▼ しずむ（沈む）

出エ 15:10 水の中に鉛のように<沈>んだ．

詩篇 69: 2 私は深い泥沼に<沈>み，足がかりも

104: 8 山は上がり，谷は<沈>みました．あ

箴言 12:25 心に不安のある人は<沈>み，親切な

エレ 38: 6 エレミヤは泥の中に<沈>んだ．

22 あなたの足を泥の中に<沈>ませ，背

51:64 バビロンは<沈>み，浮かび上がれな

エゼ 27:27 全集団も，海の真ん中に<沈>んでし

アモ 9: 5 エジプト川のように<沈む>．

マラ 1:11 日の出る所から，その<沈む>所まで，

マタ 14:30 こわくなり，<沈>みかけたので叫び

マコ 1:32 日が<沈む>と，人々は病人や悪霊に

ルカ 5: 7 ２そうとも<沈>みそうになった．

21:34 あなたがたの心が…この世の煩いの
ために<沈>み込んでいるところに，

▼ しずめる（静める）

民数 13:30 カレブが…民を<静め>て言った．

17: 5 不平をわたし自身が<静め>よう．」

Ⅱ列 23:26 燃やされた激しい怒りを<静め>よう

ネヘ 8:11 民全部を<静め>ながら言った．「静

詩篇 8: 2 敵と復讐する者とを<しずめる>ため

65: 7 国々の民の騒ぎを<静め>られます．

89: 9 波…あなたはそれを<静め>られます．

107:29 主があらしを<静める>と，波はない

131: 2 たましいを和らげ，<静め>ました．

箴言 15: 1 柔らかな答えは憤りを<静める>．し

18 …はいさかいを<静める>．

29: 8 知恵のある人々は怒りを<静める>．

エレ 2:24 だれがこれを<静め>えようか．これ

エゼ 16:42 わたしの憤りを<静め>…二度と怒る

24:13 わたしの憤りを<静める>まで，あな

32:14 わたしはこの水を<静める>．その川

ゼカ 6: 8 北の地で，わたしの怒りを<静める>．

▼ じせい（自制），自制心，自制力

Ⅰコリ 7: 5 あなたがたが<自制力>を欠くとき，

9 <自制>することができなければ，結

9:25 あらゆることについて<自制>します．

ガラ 5:23 柔和，<自制>です．このようなもの

テト 1: 8 正しく，敬虔で，<自制心>があり，

Ⅱペテ 1: 6 知識には<自制>を，<自制>には忍耐

▼ しせいじ（私生子）

ヘブ 12: 8 <私生子>であって，ほんとうの子で

▼ しせいじょ（至聖所）
出エ 26:34　<至聖所>にあるあかしの箱の上に
ヘブ 9: 3　<至聖所>と呼ばれる幕屋が設けられ，レビ16:33，Ⅰ列6:16，7:50，8:6，Ⅰ歴6:49，Ⅱ歴3:8，4:22，5:7，エゼ41:4，45:3.

▼ しせつ（使節）
Ⅱコリ 5:20　私たちはキリストの<使節>なのです.

▼ シセマイ〔人名〕
ヘツロンの子孫．エルアサの子．Ⅰ歴2:40.

▼ シセラ
1. 人名．カナンの王ヤビンの将軍．士師4:2，9，17，22，5:20，26，Ⅰサム12:9，詩篇83:9.
2. シセラ族．エズ2:53，ネヘ7:55.

▼ しぜん（自然）
申命 14:21　<自然>に死んだものを…食べてはな
27: 6　<自然>のままの石で…主の祭壇を築
ヨシ 8:31　<自然>のままの石の祭壇であった.
ロマ 1:26　女は<自然>の用を不自然なものに代
27　男も，女の<自然>な用を捨てて男ど
Ⅰコリ 11:14　<自然>自体が，あなたがたにこう教

▼ じぜん（慈善）
ロマ 12: 8　<慈善>を行う人は喜んでそれをしな

▼ しぞく（氏族），諸氏族
創世 10: 5　<氏族>ごとに，それぞれ国々の国語
18　カナン人の<諸氏族>が分かれ出た.
32　ノアの子孫の<諸氏族>の家系である.
25:16　12人の，それぞれの<氏族>の長であ
民数 1: 2　<氏族>ごとに父祖の家ごとに．18，20，26，30，38，40，2:34，4:2.
3:15　<氏族>ごとに登録せよ．39.
27　<諸氏族>．26:7，20，34，41，50，ヨシ21:4，Ⅰ歴2:53，4:8，6:19.
27: 4　父の名がその<氏族>の間から削られ
11　<氏族>の中で…一番近い血縁の者に
31:26　<氏族>のかしらたちは…数を調べ，
33:54　<氏族>ごとに，くじを引いて，その
申命 29:18　<氏族>や部族があってはならない.
ヨシ 7:14　部族は，<氏族>ごとに進みいで…<氏族>は，家族ごとに進みいで，主
17　ユダの<氏族>を進み出させると，ゼラフ人の<氏族>が取られた．ゼラフ
13:15　ルベン部族の<諸氏族>に相続地を与
士師 1:25　その者とその<氏族>の者全部は自由
17: 7　ユダの<氏族>に属するひとりの若者
21:24　めいめい自分の部族と<氏族>のとこ
Ⅰサム 10:21　ベニヤミンの部族を…<氏族>ごとに近づけたところ，マテリの<氏族>が
20: 6　<氏族>全体のために…いけにえをさ
イザ 60:22　最も小さい者も<氏族>となり，最も
エレ 3:14　<氏族>からふたり選び取り，シオン
アモ 3: 1　連れ上ったすべての<氏族>について
ミカ 5: 2　ユダの<氏族>の中で最も小さいもの
ゼカ 12:12　あの<氏族>もこの<氏族>も…嘆く．ダビデの家の<氏族>はひとり嘆き，
14:17　地上の<諸氏族>のうち…エルサレムへ上って来ない<氏族>の上には，雨

▼ しそん（子孫）【別項】ダビデの子孫
創世 3:15　おまえの<子孫>と女の<子孫>との間
10: 2　<子孫>．4，7，20，23，32，25:3.
12: 7　あなたの<子孫>に…この地を与える．13:15，15:18，17:8，24:7，28:4，13，35:12，48:4，出エ32:13，33:1，申命1:8，11:9，34:4.
13:16　<子孫>を地のちりのように．28:14.
15: 5　あなたの<子孫>はこのようになる.」
17: 7　契約を…あなたの<子孫>との間に…わたしが…<子孫>の神となるためで
19:32　お父さんによって<子孫>を残しまし
21:12　イサクから出る者が…<子孫>と呼ば
22:17　あなたの<子孫>を，空の星，海辺の砂のよう．26:4，32:12，出エ32:13.
18　あなたの<子孫>によって…国々は祝福を受ける．26:4，28:14，使徒3:25.
38: 8　兄のために<子孫>を起こすようにし
46: 6　ヤコブは…<子孫>といっしょにエジ
48:19　<子孫>は国々を満たすほど多くなる
出エ 12:24　<子孫>のためのおきてとして…守り
16:32　1オメル…<子孫>のために保存せよ.
28:43　これは，彼と彼の後の<子孫>とのための永遠のおきてである．30:21.
レビ 21:15　<子孫>を汚すことのないためである.
民数 16:40　アロンの<子孫>でないほかの者が，
申命 4:37　<子孫>を選んでおられた．10:15.
40　あなたも，あなたの後の<子孫>も，しあわせになり．12:25.
18: 5　彼とその<子孫>が…奉仕に立つため
29:29　私たちと私たちの<子孫>のものであ
30: 6　<子孫>の心を包む皮を切り捨てて，

ヨシ 24: 3 彼の<子孫>を増し…イサクを与えた.
ルツ 4:12 あなたに授ける<子孫>によって，あ
Ⅰサム 20:42 主が，私とあなた…私の<子孫>とあ
なたの<子孫>との間の永遠の証人で
24:21 私の<子孫>を断たず，私の名を私の
Ⅱサム 4: 8 サウルとその<子孫>に復讐されたの
Ⅰ列 2:33 ダビデとその<子孫>…その家と王座
8:25 あなたの<子孫>がその道を守り，わ
9: 6 <子孫>が，わたしにそむいて従わず，
Ⅱ列 5:27 ツァラアトは…<子孫>とにまといつ
10:30 <子孫>は４代目まで…王座に着こう.
Ⅰ歴 20: 6 彼もまたラファの<子孫>であった.
ネヘ 9: 2 イスラエルの<子孫>は立ち上がって，
エス 9:28 この記念が…<子孫>の中でとだえて
ヨブ 21: 8 その<子孫>は彼らの前に堅く立つ.
27:14 <子孫>はパンに飽き足ることはない.
詩篇 22:30 <子孫>たちも主に仕え，主のことが，
37:25 <子孫>が食べ物を請うのを見たこと
37 平和の人には<子孫>ができる.
38 悪者どもの<子孫>は断ち切られる.
69:36 主のしもべの<子孫>はその地を受け
78: 4 それを…彼らの<子孫>に隠さず，後
89:30 その<子孫>がわたしのおしえを捨て
106:27 その<子孫>を国々の中に投げ散らし，
109:13 その<子孫>は断ち切られ，次の世代
112: 2 <子孫>は地上で力ある者となり，直
箴言 13:22 善良な人は<子孫>にゆずりの地を残
20: 7 彼の<子孫>はなんと幸いなことだろ
イザ 1: 4 悪を行う者どもの<子孫>. 14:20.
14:22 後に生まれる<子孫>とを断ち滅ぼす.
30 おまえの<子孫>を飢えで，死なせる.
43: 5 東から，あなたの<子孫>を来させ，
44: 3 祝福をあなたの<子孫>に注ごう.
45:25 <子孫>はみな，主によって義とされ，
48:19 あなたの<子孫>は砂のように…真砂
61: 9 彼らが主に祝福された<子孫>である
66:22 あなたがたの<子孫>と…名もいつま
エレ 2: 9 あなたがたの<子孫>と争う.
22:28 彼と，その<子孫>は投げ捨てられて，
30:10 <子孫>を捕囚の地から，救うからだ.
31:36 イスラエルの<子孫>も，絶え，いつ
33:26 ヤコブの<子孫>と…ダビデの子孫と
を退け，その<子孫>の中から，アブ
ラハム…ヤコブの<子孫>を治める者
36:31 彼とその<子孫>…家来たちを…罰し，
49:10 彼の<子孫>も兄弟も隣人も踏みにじ
ダニ 11: 4 彼の国は…<子孫>以外のものとなる.
マラ 2: 3 あなたがたの<子孫>を責め…顔に糞
15 神の<子孫>ではないか…霊に注意せ
マタ 3: 9 この石ころからでも，アブラハムの
<子孫>を起こすことが. ルカ3:8.
23:31 預言者を殺した者たちの<子孫>だと，
ルカ 1: 5 妻はアロンの<子孫>で，名をエリサ
ヨハ 8:33 私たちはアブラハムの<子孫>であっ
使徒 3:25 あなたがたは預言者たちの<子孫>…
父祖たちと結ばれた…契約の<子孫>
7: 5 この地を彼とその<子孫>に財産とし
6 彼の<子孫>は外国に移り住み…奴隷
9:15 あの人はわたしの名を…イスラエル
の<子孫>の前に運ぶ…選びの器です.
10:36 イスラエルの<子孫>にみことばをお
13:26 アブラハムの<子孫>の方々，ならび
33 私たち<子孫>にその約束を果たされ
17:28 私たちもまたその<子孫>である』と
29 私たちは神の<子孫>ですから，神を，
ロマ 4:16 こうして約束がすべての<子孫>に，
18 「あなたの<子孫>はこのようになる」
9: 7 イサクから出る者が…<子孫>と呼ば
8 約束の子どもが<子孫>とみなされる
29 私たちに<子孫>を残されなかったら，
11: 1 私も…アブラハムの<子孫>に属し，
Ⅱコリ 11:22 彼らはアブラハムの<子孫>ですか.
ガラ 3: 7 アブラハムの<子孫>だと知りなさい.
16 約束は…ひとりの<子孫>に…神は
<子孫>たちに」と言って，多数をさ
すことはせず…「あなたの<子孫>に」
19 この<子孫>が来られるときまで，違
29 アブラハムの<子孫>であり，約束に
ヘブ 2:16 アブラハムの<子孫>を助けてくださ
7: 5 自分もアブラハムの<子孫>でありな
黙示 22:16 ダビデの根，また<子孫>，輝く明け

▼ した（舌）【別項】２枚舌

出エ 4:10 私は口が重く，<舌>が重いのです.」
士師 7: 5 <舌>で水をなめる者は残らず別にし
Ⅱサム 23: 2 そのことばは，私の<舌>の上にある.
ヨブ 5:21 <舌>でむち打たれるときも，あなた
6:30 私の<舌>に不正があるだろうか. 私
11: 2 <舌>の人が義とされるのだろうか.
15: 5 悪賢い人の<舌>を選び取るからだ.
20:12 彼がそれを<舌>の裏に隠しても，

27: 4 私の<舌>は決して欺きを告げない．
29:10 声もひそまり，その<舌>は上あごに
33: 2 私の<舌>はこの口の中で語ろう．
41: 1 <舌>を押えつけることができるか．
詩篇 5: 9 彼らはその<舌>でへつらいを言うの
10: 7 彼の<舌>の裏には害毒と悪意がある．
12: 3 へつらいのくちびると傲慢の<舌>と
15: 3 その人は，<舌>をもってそしらず，
22:15 私の<舌>は，上あごにくっついてい
31:20 <舌>の争いから，隠れ場に隠されま
34:13 あなたの<舌>に悪口を言わせず，く
35:28 私の<舌>はあなたの義と…誉れを日
37:30 口は知恵を…<舌>は公義を告げる．
39: 1 私が<舌>で罪を犯さないために．私
45: 1 私の<舌>は巧みな書記の筆．
50:19 おまえの<舌>は欺きを仕組んでいる．
51:14 私の<舌>は，あなたの義を，高らか
52: 2 おまえの<舌>は破滅を図っている．
57: 4 歯は，槍…彼らの<舌>は鋭い剣です．
64: 3 その<舌>を剣のように，とぎすまし，
66:17 神に呼ばわり，この<舌>であがめた．
68:23 犬の<舌>が敵からその分け前を得る
71:24 私の<舌>もまた，一日中，あなたの
73: 9 口を天に…その<舌>は地を行き巡る．
78:36 その<舌>で神に偽りを言った．
109: 2 偽りの<舌>をもって，私に語ったか
119:172 私の<舌>はあなたのみことばを歌う
120: 2 欺きの<舌>から，救い出してくださ
3 欺きの<舌>よ．おまえに何が与えら
126: 2 私たちの<舌>は喜びの叫びで満たさ
137: 6 私の<舌>が上あごについてしまうよ
139: 4 ことばが私の<舌>にのぼる前に，な
140: 3 蛇のように，その<舌>を鋭くし，そ
箴言 6:17 高ぶる目，偽りの<舌>，罪のない者
24 見知らぬ女のなめらかな<舌>から守
10:20 正しい者の<舌>はえり抜きの銀．悪
31 しかしねじれた<舌>は抜かれる．
12:18 知恵のある人の<舌>は人をいやす．
15: 2 知恵のある者の<舌>は知識をよく用
4 穏やかな<舌>はいのちの木．偽りの
<舌>はたましいの破滅．
16: 1 主はその<舌>に答えを下さる．
17: 4 偽り者は人を傷つける<舌>に耳を傾
18:21 死と生は<舌>に支配される．どちら
21: 6 偽りの<舌>をもって財宝を得る者は，
25:15 柔らかな<舌>は骨を砕く．
26:28 偽りの<舌>は，真理を憎み，へつら
31:26 その<舌>には恵みのおしえがある．
雅歌 4:11 あなたの<舌>の裏には蜜と乳がある．
イザ 5:24 火の<舌>が刈り株を焼き尽くし，炎
28:11 主は，もつれた<舌>で…民に語られ
30:27 <舌>は焼き尽くす火のようだ．
32: 4 どもりの<舌>も，はっきりと早口で
33:19 <舌>はどもって，わけがわからない．
35: 6 口のきけない者の<舌>は喜び歌う．
41:17 その<舌>は渇きで干からびるが，わ
45:23 ひざは…かがみ…<舌>は誓い，
50: 4 主は，私に弟子の<舌>を与え，疲れ
57: 4 だれに向かって…<舌>を出すのか．
59: 3 偽りを語り，<舌>は不正をつぶやく．
エレ 9: 3 彼らは<舌>を弓のように曲げ，真実
5 偽りを語ることを<舌>に教え，悪事
8 彼らの<舌>はとがった矢で，欺きを
18:18 さあ，<舌>で彼を打ち，彼のことば
哀歌 4: 4 乳飲み子の<舌>は渇いて上あごにつ
ミカ 6:12 彼らの口の中の<舌>は欺く．
ゼパ 3:13 彼らの口の中には欺きの<舌>はない．
ゼカ 14:12 彼らの<舌>は口の中で腐る．
マコ 7:33 つばきをして，その人の<舌>にさわ
35 <舌>のもつれもすぐに解け，はっき
ルカ 1:64 彼の口が開け，<舌>は解け，ものが
16:24 私の<舌>を冷やすように，ラザロを
使徒 2: 3 炎のような分かれた<舌>が現れて，
26 楽しみ，私の<舌>は大いに喜んだ．
ロマ 3:13 墓であり，彼らはその<舌>で欺く．」
14:11 すべての<舌>は，神をほめたたえる．
ヤコ 1:26 自分の<舌>にくつわをかけず，自分
3: 5 <舌>も小さな器官ですが，大きなこ
6 <舌>は火であり，不義の世界です．
8 <舌>を制御することは，だれにもで
9 <舌>をもって…ほめたたえ，同じ
<舌>をもって…人をのろいます．
Ⅰペテ 3:10 <舌>を押さえて悪を言わず，くちび
黙示 16:10 人々は苦しみのあまり<舌>をかんだ．

▼ したい

ロマ 7:15 自分が<したい>と思うことをしてい
18 善を<したい>という願いがいつもあ
19 私は，自分で<したい>と思う善を行
わないで…<した>くない悪を行って
20 私が自分で<した>くないことをして

▼ したい（死体）

創世 15:11 猛禽がその<死体>の上に降りて来た

レビ 11: 8 <死体>に触れてもいけない．24，27，36，申命14:8.

25 <死体>を運ぶ者もみな，その衣服を洗わなければならない．28，40.

21:11 どんな<死体>のところにも，行って

22: 4 <死体>によって汚された．民数5:2，9:6，7，10，19:11.

レビ 26:30 偶像の<死体>の上に，あなたがたの<死体>を積み上げる．わたしはあな

民数 6: 6 <死体>に近づいてはならない．

11 <死体>によって招いた罪について彼

14:29 あなたがたは<死体>となって倒れる．

申命 21:23 <死体>を次の日まで木に残しておい

28:26 あなたの<死体>は，空のすべての鳥

ヨシ 8:29 <死体>を木から降ろし，町の門の入

士師 14: 8 獅子の<死体>を見ようと，わき道に

19:29 <死体>を12の部分に切り分けて，イ

Ⅰサム 31:10 彼の<死体>をベテ・シャンの城壁に

12 サウルの<死体>と，その息子たちの<死体>とを…城壁から取りはずし，

Ⅱサム 21:10 獣が<死体>に近寄らないようにした．

Ⅰ列 13:24 <死体>は道に投げ出され…獅子も<死体>のそばに立っていた．25，28.

29 預言者は，神の人の<死体>を取り上

Ⅱ列 9:37 イゼベルの<死体>は…肥やしのよう

19:35 彼らはみな，<死体>となっていた．

23:30 家来たちは，彼の<死体>を戦車にの

Ⅱ歴 20:24 <死体>が野にころがっている．のが

イザ 34: 3 その<死体>は悪臭を放ち，山々は，

37:36 彼らはみな，<死体>となっていた．

エレ 31:40 <死体>と灰との谷全体，キデロン川

エゼ 6: 5 民の<死体>を彼らの偶像の前に置き，

9: 7 宮を汚し，<死体>で庭を満たせ．さ

43: 7 淫行や高き所の王たちの<死体>で，

アモ 6:10 家から<死体>を持ち出すために，こ

ナホ 3: 3 数えきれない<死体>．<死体>に人は

ハガ 2:13 <死体>によって汚れた人が，これら

マタ 14:12 弟子たちが…<死体>を引き取って葬

24:28 <死体>のある所には，はげたかが集

ヨハ 19:31 <死体>を十字架の上に残しておかな

黙示 11: 8 彼らの<死体>は…大通りにさらされ

9 彼らの<死体>をながめていて，その<死体>を墓に納めることを許さない．

▼ じだい（時代）

創世 6: 9 その<時代>にあっても，全き人であ

出エ 1: 6 またその<時代>の人々もみな死んだ．

Ⅱ列 24: 1 エホヤキムの<時代>に，バビロンの

Ⅰ歴 1:19 彼の<時代>に地が分けられたからで

Ⅱ歴 9:20 銀はソロモンの<時代>には，価値あ

エズ 9: 7 先祖の<時代>から今日まで，私たち

伝道 1: 4 一つの<時代>は去り，次の<時代>が

イザ 33: 6 あなたの<時代>は堅く立つ．知恵と

エレ 26:18 ヒゼキヤの<時代>に預言して，ユダ

ダニ 2:44 この王たちの<時代>に，天の神は一

5:11 あなたの父上の<時代>，彼のうちに，

9:25 苦しみの<時代>に再び広場とほりが

ヨエ 1: 2 このようなことがあなたがたの<時代>に…あなたがたの先祖の<時代>

マタ 2: 1 イエスが，ヘロデ王の<時代>に，ユ

11:16 この<時代>は何にたとえたらよいで

12:39 悪い，姦淫の<時代>はしるし．16:4.

41 今の<時代>の人々とともに立って，この人々を罪に定．ルカ11:31，32.

45 邪悪なこの<時代>もまた，そういう

23:30 私たちが，父祖たちの<時代>に生き

36 報いはみな，この<時代>の上に来ま

24:34 これらのことが全部起こってしまうまでは，この<時代>は過ぎ去りません．マコ13:30，ルカ21:32.

マコ 8:12 なぜ，今の<時代>はしるしを求める

38 このような姦淫と罪の<時代>にあっ

10:30 今のこの<時代>には，家，兄弟，姉

ルカ 4:25 エリヤの<時代>に，3年6か月の間

7:31 この<時代>の人々は，何にたとえた

11:29 この<時代>は悪い<時代>です．しる

50-51 血の責任を，この<時代>が問われれ

12:56 この<時代>を見分けることができな

17:25 この<時代>に捨てられなければなり

28 ロトの<時代>にあったことと同様で

使徒 2:40 この曲がった<時代>から救われなさ

13:41 おまえたちの<時代>に一つのことを

14:16 過ぎ去った<時代>には，神はあらゆ

17:26 それぞれに決められた<時代>と，そ

30 無知の<時代>を見過ごしておられま

エペ 3: 5 前の<時代>には，今と同じようには

5:16 …用いなさい．悪い<時代>だからで

Ⅰテモ 4: 1 後の<時代>になると，ある人たちは

Ⅱテモ 3: 1 終わりの日には困難な<時代>がやっ

4: 4 空想話にそれて行くような<時代>に
ヘブ 3:10 わたしはその<時代>を憤って言った.

▼したいあえぐ（慕いあえぐ）

詩篇 42: 1 鹿が谷川の流れを<慕いあえぐ>ように…あなたを<慕いあえ>ぎます.

▼したいもとめる（慕い求める）

申命 4:29 主を<慕い求め>,主に会う. あなた
Ⅰサム 7: 2 イスラエルの全家は主を<慕い求め>
Ⅰ歴 16:10 主を<慕い求める>者の心を喜ばせよ.
11 絶えず御顔を<慕い求め>よ.
Ⅱ歴 7:14 わたしの顔を<慕い求め>, その悪い
15:15 ただ一筋に喜んで主を<慕い求め>,
詩篇 4: 2 まやかしものを<慕い求める>のか.
24: 6 御顔を<慕い求める>人々, ヤコブで
27: 8 「わたしの顔を, <慕い求め>よ」と. 主よ…御顔を私は<慕い求め>ます.
40:16 あなたを<慕い求める>人がみな, あ
83:16 御名を<慕い求める>ようにしてくだ
105: 3 主を<慕い求める>者の心を喜ばせよ.
4 絶えず御顔を<慕い求め>よ.
ホセ 5:15 わたしの顔を<慕い求める>まで, わ
ピリ 2:26 あなたがたすべてを<慕い求め>てお
Ⅰペテ 2: 2 みことばの乳を<慕い求め>なさい.

▼したう（慕う）【別項】慕いあえぐ, 慕い求める

レビ 20: 5 モレクを<慕>って, 淫行を行うみだ
民数 25: 3 バアル・ペオルを<慕う>ようになっ
ヨブ 14:15 ご自分の手で造られたものを<慕>っ
詩篇 18: 1 主…私は, あなたを<慕>います.
45:11 王は, あなたの美を<慕>おう. 彼は
63: 1 あなたを<慕>って気を失うばかりで
119:20 あなたのさばきを<慕>い, 砕かれて
40 私は, あなたの戒めを<慕>っていま
174 私はあなたの救いを<慕>っています.
箴言 6:25 彼女の美しさを心に<慕う>な. その
イザ 26: 8 御名, あなたの呼び名を<慕>います.
9 私のたましいは, 夜あなたを<慕>い
53: 2 私たちが<慕う>ような見ばえもない.
エレ 12:10 私の<慕う>地所を, 恐怖の荒野にし
エゼ 20:16 彼らの心は偶像を<慕>っていた.
24:21 心に<慕>っているわたしの聖所を,
25 心に<慕う>もの, 彼らの息子や娘た
Ⅱコリ 7: 7 あなたがたが私を<慕>っていること,
9:14 あなたがたを<慕う>ようになるので
ガラ 4:18 良いことで熱心に<慕>われるのは,
ピリ 1: 8 どんなにあなたがたすべてを<慕>っ
Ⅱテモ 4: 8 主の現れを<慕っ>ている者には, だ
ヤコ 4: 5 御霊を, ねたむほどに<慕>っておら

▼したがう（従う）

創世 41:40 民はみな, あなたの命令に<従>おう.
49:10 シロが来て, 国々の民は彼に<従う>.
出エ 11: 8 あなたに<従う>民はみな出て行って
16: 4 おしえに<従>って歩むかどうかを,
民数 32:12 彼らは主に<従>い通したからである.
申命 6:14 国々の民の神に<従>ってはならない.
8:19 ほかの神々に<従>い, これらに仕え, 11:28, 13:2, 28:14.
21:18 逆らう子が…父母に<従>わないとき
33: 9 あなたの仰せに<従>って…契約を守
ヨシ 14: 8 私は私の神, 主に<従>い通しました.
士師 2:12 回りにいる国々の民の神々に<従>い,
Ⅰサム 15:23 <従>わないことは偶像礼拝の罪だ.
24 民を恐れて, 彼らの声に<従>ったの
25:42 ダビデの使いたちのあとに<従>って
Ⅱサム 15:16 家族のすべての者も王に<従>った.
17 王と, 王に<従う>すべての民は, 出
Ⅰ列 11: 5 あの忌むべきミルコムに<従>った.
6 ソロモンは…主に<従>い通さなかっ
18:21 主が神であれば, それに<従>い…バアルが神であれば, それに<従>え.」
19:20 それから, あなたに<従>って行きま
20:10 ちりが私に<従う>すべての民の手を
Ⅱ列 17:15 むなしいものに<従>って歩んだので,
詩篇 18:47 民を私のもとに<従>わせてくださる.
47: 3 国民を私たちの足もとに<従>わせる.
箴言 1:10 彼らに<従>ってはならない.
イザ 11:14 アモン人も彼らに<従う>.
エレ 2: 5 むなしいものに<従>って行って, む
8 無益なものに<従>って行った.
7: 6 ほかの神々に<従>って. 9, 11:10, 13:10, 16:11, 25:6.
8: 2 愛し, 仕え, <従>い, 伺いを立て,
9:14 彼らに教えたバアルに<従>って歩ん
17:16 あなたに<従う>牧者となることを,
エゼ 10:11 頭の向かう所に, 他の輪も<従>い,
13: 3 自分の霊に<従う>愚かな預言者ども
アモ 2: 4 先祖たちが<従>ったまやかしものが
マタ 4:20 網を捨てて<従>った. マコ1:18.
8: 1 群衆がイエスに<従>った.
23 イエスが舟に…弟子たちも<従>った.

9: 9 立ち上がって，イエスに<従>った．
19:27 何もかも捨てて，あなたに<従>って
まいりまし．マコ10:28，ルカ18:28．
28 わたしに<従>って来たあなたがたも
12の座に着いて…12の部族をさばく
21: 9 イエスの前を行く者も，あとに<従
う>者も，こう言って叫．マコ11:9．
マコ 1:27 …戒められる．すると<従う>のだ．」
2:15 大ぜいいて，イエスに<従>っていた
ルカ 5:11 何もかも捨てて，イエスに<従>った．
8:25 風も水も，お命じになれば<従う>と
9:61 主よ．あなたに<従>います…その前
22:39 オリーブ山に…弟子たちも<従>った．
ヨハ 1:43 わたしに<従>って来なさい」と言わ
8:12 わたしに<従う>者は，決してやみの
21:19 ペテロに…「わたしに<従>いなさい．
22 あなたは，わたしに<従>いなさい．」
使徒 4:35 その金は必要に<従>って…分け与え
5:29 人に<従う>より，神に<従う>べきで
32 神がご自分に<従う>者たちにお与え
36 彼に<従>った男の数が400人ほどあ
り…<従>った者はみな散らされて，
7:39 父祖たちは彼に<従う>ことを好まず，
17: 4 幾人かは…パウロとシラスに<従>っ
21:21 慣習に<従>って歩むな，と言って，
ロマ 2: 8 真理に<従>わないで不義に<従う>者
4:12 信仰の足跡に<従>って歩む者の父と
6:12 その情欲に<従>ってはいけません．
8: 4 それは，肉に<従>って歩まず，御霊
に<従>って歩む私たちの中に，律法
5 肉に<従う>者は肉的なことを…御霊
に<従う>者は御霊に属することをひ
10: 3 神の義に<従>わなかったからです．
16 すべての人が福音に<従>ったのでは
13: 1 上に立つ権威に<従う>べきです．神
5 良心のためにも，<従う>べきです．
Ⅰコリ 3: 8 自分自身の働きに<従>って…報酬を
9:27 からだを打ちたたいて<従>わせます．
15:27 「彼は万物をその足の下に<従>わせ
た」からです…万物が<従>わせられ
た，と言うとき…<従>わせたその方
28 万物が御子に<従う>とき，御子自身
も…<従>わせた方に<従>われます．
ガラ 5: 7 だれが…真理に<従>わなくさせたの
エペ 1:22 キリストの足の下に<従>わせ，いっ
2: 2 この世の流れに<従>い…不従順の子
らの中に働いている霊に<従>って，
5:22 妻たちよ…主に<従う>ように，自分
の夫に<従>いなさい．コロ3:18．
24 教会がキリストに<従う>ように，妻
も…夫に<従う>べきです．
6: 1 両親に<従>いなさい．コロ3:20．
5 キリストに<従う>ように…地上の主
人に<従>いなさい．コロ3:22．
ピリ 2: 8 自分を卑しくし，死にまで<従>い，
実に十字架の死にまでも<従>われま
3:21 万物をご自身に<従>わせることので
Ⅱテサ 1: 8 福音に<従>わない人々に報復されま
3:14 私たちの指示に<従>わない者があれ
Ⅰテモ 3: 4 威厳をもって子どもを<従>わせてい
4: 6 あなたが<従>って来た良い教えのこ
テト 2: 9 すべての点で自分の主人に<従>って，
ヘブ 2: 8 万物をその足の下に<従>わせられま
した．」万物を彼に<従>わせたとき，
神は，彼に<従>わないものを何一つ
残されなかったのです．それなのに
…すべてのものが人間に<従>わせら
3:18 <従>おうとしなかった人たちのこと
5: 9 彼に<従う>すべての人々に対して，
11: 8 召しを受けたとき，これに<従>い，
ヤコ 4: 7 神に<従>いなさい．そして，悪魔に
Ⅰペテ 1: 2 父なる神の予知に<従>い，御霊の聖
めによって…キリストに<従う>よう
14 さまざまな欲望に<従>わず，
17 それぞれのわざに<従>って公平にさ
22 真理に<従う>ことによって，たまし
2: 8 みことばに<従>わないからですが，
13 制度に，主のゆえに<従>いなさい．
3: 1 みことばに<従>わない夫であっても，
6 アブラハムを主と呼んで彼に<従>い
20 待っておられたときに，<従>わなか
4:17 福音に<従>わない人たちの終わりは，
5: 5 長老たちに<従>いなさい．みな互い
Ⅱペテ 2:15 彼らは…バラムの道に<従>ったので

▼したがえる（従える）

創世 1:28 生めよ．ふえよ…地を<従え>よ．海
Ⅱ歴 28:10 人々を<従え>て自分たちの男女の奴
Ⅰペテ 3:22 もろもろの権威と権力を<従え>て，

▼したぎ（下着）

ダニ 3:21 上着や<下着>やかぶり物の衣服を着

マタ 5:40 告訴して<下着>を取ろうとする者に
10:10 2枚目の<下着>も，くつも，杖も持
マコ 6:9 2枚の<下着>を着てはいけません．」
ルカ 3:11 <下着>を2枚持っている者は，一つ
6:29 <下着>も拒んではいけません．
9:3 <下着>も，2枚は，いりません．
ヨハ 19:24 わたしの<下着>のためにくじを引い
使徒 9:39 作ってくれた<下着>や上着の数々を
ユダ 23 その<下着>さえも忌みきらいなさい．

▼したごころ（下心）
使徒 24:26 金をもらいたい<下心>があったので，

▼したしい（親しい）
ヨシ 23:12 残っている者たちと<親し>く交わり，
Ⅱ列 10:11 身分の高い者，<親しい>者…祭司た
ヨブ 19:14 私の<親しい>友は私を忘れた．
19 <親しい>仲間はみな，私を忌みきら
詩篇 25:14 ご自身を恐れる者と<親し>くされ，
41:9 私のパンを食べた<親しい>友までが，
50:18 姦通する者と<親し>くする．
55:20 自分の<親しい>者にまで手を伸ばし，
箴言 3:32 主は…直ぐな者と<親し>くされるか
エレ 13:21 あなたは彼らを最も<親しい>友とし
20:10 私の<親しい>者もみな，私のつまず
オバ 7 あなたの<親しい>友があなたを征服
使徒 10:24 親族や<親しい>友人たちを呼び集め，

▼したしむ（親しむ）
ヨブ 34:9 神と<親し>んでも，それは人の役に
ロマ 12:9 悪を憎み，善に<親し>みなさい．

▼したたる，したたらす
申命 32:2 ことばは，露のように<したたる>．
33:28 天もまた，露を<したたらす>．
士師 5:4 <したた>り，雲は水を<したたら>せ
Ⅰサム 14:26 森に…蜜が<したた>っていたが，だ
ヨブ 36:27 神の霧となって雨を<したたら>せる．
詩篇 65:11 跡にはあぶらが<したた>っています．
12 荒野の牧場は<したた>り，もろもろ
箴言 5:3 女のくちびるは…蜜を<したたら>せ，
雅歌 4:11 くちびるは蜂蜜を<したた>らせ，あ
5:5 没薬が…取っ手の上に<したた>りま
エレ 9:18 私たちの目に涙を<したたら>せ，私
ヨエ 3:18 山々には甘いぶどう酒が<したた>り，
アモ 9:13 山々は甘いぶどう酒を<したたら>せ，

▼したやく（下役）
マタ 5:25 裁判官は<下役>に引き渡して，あな

▼じだらく（自堕落）
Ⅰテモ 5:6 <自堕落>な生活をしているやもめは，

▼したわしい（慕わしい）
創世 3:6 食べるのに良く，目に<慕わし>く，
詩篇 84:1 お住まいはなんと，<慕わしい>こと
イザ 2:16 すべての<慕わしい>船に襲いかかる．
ゼカ 7:14 この<慕わしい>国を荒れすたらせた．

▼しち（質），質物
出エ 22:26 隣人の着る物を<質>に取るようなこ
申命 24:6 上石を<質>に取ってはならない．い
のち…を<質>に取ることになるから
ヨブ 22:6 あなたの兄弟から<質>を取り，裸の
24:3 やもめの牛を<質>に取り，
エゼ 18:12 物をかすめ，<質物>を返さず，偶像
16 <質物>をとどめておかず，物をかす
33:15 悪者が<質物>を返し，かすめた物を
アモ 2:8 <質>に取った着物の上に横たわり，

▼7しゅう（7週）【別項】7週の祭り
申命 16:9 <7週>間を数えなければならない．
ダニ 9:25 君主の来るまでが<7週>．また62週

▼7しゅうのまつり（7週の祭り）
出エ 34:22 <7週の祭り>を…行わなければなら．
民数28:26，申命16:10，Ⅱ歴8:13．

▼7ねん（7年）【別項】7年6か月
創世 29:20 ラケルのために<7年>間仕えた．ヤ
41:26 7頭の…雌牛は<7年>のことで，七
つのりっぱな穂も<7年>のことです．
29 エジプト全土に<7年>間の大豊作が
30 そのあと，<7年>間のききんが起こ
レビ 25:4 <7年>目は，地の全き休みの安息，
8 安息の年…つまり，<7年>の7倍を
20 <7年>目に何を食べればよいのか』
申命 15:1 <7年>の終わりごとに，負債の免除
士師 6:1 主は<7年>の間…ミデヤン人の手に
12:9 彼は<7年>間，イスラエルをさばい
Ⅰ列 2:11 ヘブロンで<7年>治め，エルサレム
6:38 これを建てるのに<7年>かかった．
Ⅱ列 8:1 この国は<7年>間，ききんに見舞わ
2 ペリシテ人の地に…<7年>間滞在し
ネヘ 10:31 <7年>目には土地を休ませ，すべて
エゼ 39:9 <7年>間，それらで火を燃やす．
ルカ 2:36 <7年>間，夫とともに住み，

▼7ねん6かげつ（7年6か月）
Ⅱサム 5:5 ヘブロンで<7年6か月>，ユダを治

▼ じつ（実）
IIテモ 3: 5 その<実>を否定する者になるからで
▼ しっかくしゃ（失格者）
Iコリ 9:27 自分自身が<失格者>になるようなこ
IIテモ 3: 8 知性の腐った，信仰の<失格者>です．
▼ しっかり
出エ 17:12 日が沈むまで，<しっかり>そのまま
ルツ 3:11 あなたが<しっかり>した女であるこ
箴言 12: 4 <しっかり>した妻は夫の冠．恥をも
31:10 <しっかり>した妻をだれが見つける
29 <しっかり>したことをする女は多い
イザ 35: 3 よろめくひざを<しっかり>させよ．
マタ 9: 2 <しっかり>しなさい．あなたの罪は
22 娘よ．<しっかり>しなさい．あなた
14:27 <しっかり>しなさい．わたしだ．恐
マコ 14:44 その人をつかまえて，<しっかり>と
ルカ 8:15 それを<しっかり>と守り，よく耐え
Iコリ 15: 2 福音のことばを<しっかり>と保って
ガラ 5: 1 <しっかり>立って，またと奴隷のく
ピリ 1:27 霊を一つにして<しっかり>と立ち，
4: 1 主にあって<しっかり>と立ってくだ
Iテモ 4:15 心を砕き，<しっかり>やりなさい．
テト 1: 9 みことばを，<しっかり>と守ってい
ヘブ 3: 6 終わりまで<しっかり>と持ち続ける
Iペテ 5:12 この恵みの中に，<しっかり>と立っ
黙示 3:11 持っているものを<しっかり>と持っ
▼ しっくい
イザ 41:25 長官たちを<しっくい>のように踏む．
エレ 43: 9 敷石の<しっくい>の中に隠して，
エゼ 13:10 それを<しっくい>で上塗りしてしま
11 <しっくい>で上塗りする者どもに言
12 上塗りした<しっくい>はどこにある
22:28 <しっくい>で上塗りをし，主が語ら
▼ じつげん（実現）
ヨシ 21:45 一つもたがわず，みな<実現>した．
II歴 36:22 主のことばを<実現>するために，主
エゼ 12:23 すべての幻は<実現>する』と…告げ
マタ 13:14 イザヤの告げた預言が…<実現>した
26:54 聖書が，どうして<実現>されましょ
56 預言者たちの書が<実現>するためで
マコ 13: 4 それがみな<実現>するようなときに
14:49 聖書のことばが<実現>するためです．
ルカ 1:20 ことばは，その時が来れば<実現>し
45 必ず<実現>すると信じきった人は，
4:21 このみことばが…<実現>しました．」
18:31 すべてのことが<実現>されるのです．
22:37 わたしに必ず<実現>するのです．わたしにかかわることは<実現>します．
ヨハ 18: 9 イエスが言われたことばが<実現>す
エペ 3: 9 世々隠されていた奥義の<実現>が何
ヘブ 9:15 違反を贖うための死が<実現>したの
ヤコ 1:20 神の義を<実現>するものではありま
▼ じっこう（実行）
申命 27:26 これを<実行>しない者はのろわれる．
II列 23: 3 契約のことばを<実行>することを誓
24 律法のことばを<実行>するためであ
I歴 28:10 勇気を出して<実行>しなさい．」
エズ 7:10 主の律法を調べ，これを<実行>し，
10: 4 勇気を出して，<実行>してください．
ネヘ 5:13 こうして，民は…約束を<実行>した．
エレ 44:25 必ず<実行>すると言っている…あなたがたの誓願を必ず<実行>せよ．』
マタ 3:15 正しいことを<実行>するのは，わた
23: 3 言うことは言うが，<実行>しないか
ルカ 6:49 聞いても<実行>しない人は，土台な
ピリ 4: 9 聞き…見たことを<実行>しなさい．
IIテサ 3: 4 あなたがたが現に<実行>しており，これからも<実行>してくれることを
ヤコ 1:22 みことばを<実行>する人になりなさ
▼ しつじ（執事），婦人執事
イザ 22:15 あの<執事>シェブナのところに行け．
ルカ 8: 3 ヘロデの<執事>クーザの妻ヨハンナ，
ロマ 16: 1 ケンクレヤにある教会の<執事>で，
ピリ 1: 1 聖徒たち，また監督と<執事>たちへ．
Iテモ 3: 8 <執事>もまたこういう人でなければ
10 非難される点がなければ，<執事>の
11 <婦人執事>も，威厳があり，悪口を
12 <執事>は，ひとりの妻の夫であって，
13 <執事>の務めをりっぱに果たした人
▼ じっしつ（実質）
Iコリ 15:14 宣教は<実質>のないものになり…信仰も<実質>のないものになるのです．
▼ しっしん（湿疹）
レビ 21:20 <湿疹>のある者，かさぶたのある者
22:22 うみの出るもの，<湿疹>のあるもの，
申命 28:27 はれものと，<湿疹>と，かいせんと
▼ しっせき（叱責）
箴言 1:23 わたしの<叱責>に心を留めるなら，
25 わたしの<叱責>を受け入れなかった．
3:11 わが子よ…その<叱責>をいとうな．

5:12　訓戒を憎み，私の心は<叱責>を侮っ
6:23　訓戒のための<叱責>はいのちの道で
10:17　<叱責>を捨てる者は迷い出る．
12: 1　<叱責>を憎む者はまぬけ者だ．
13: 1　あざける者は<叱責>を聞かない．
8　貧しい者は<叱責>を聞かない．
18　<叱責>を大事にする者はほめられる．
15:10　<叱責>を憎む者は死に至る．
25:12　知恵のある<叱責>は，それを聞く者
29:15　むちと<叱責>とは知恵を与える．わ

▼ しっと（嫉妬）

創世 30: 1　ラケルは…姉を<嫉妬>し，ヤコブに
箴言 6:34　<嫉妬>が，その夫を激しく憤らせて，

▼ しっぱい（失敗）

士師 20:16　石を投げて，<失敗>することがなか
ダニ 11:14　実現させようとするが，<失敗>する．
ロマ 11:12　彼らの<失敗>が異邦人の富となるの
ヤコ 3: 2　みな，多くの点で<失敗>をする…こ
とばで<失敗>をしない人がいたら，

▼ しつぼう（失望）

ルカ 18: 1　<失望>してはならないことを教える
ロマ 5: 5　この希望は<失望>に終わることがあ
9:33　彼に信頼する者は，<失望>させられ
ることがない．」10:11，Ⅰペテ2:6．
ガラ 6: 9　<失望>せずにいれば，時期が来て，

▼ 10ぽん（10本）

ダニ 7: 7　<10本>の角を持っていた．20，24．
黙示 13: 1　<10本>の角と七つの頭とがあった．
12:3，17:3．
17:12　<10本>の角は，10人の王たちで，彼

▼ しつもん（質問）

Ⅰ列 10: 2　彼女は…心にあったすべてのことを
彼に<質問>した．Ⅱ歴9:1．
3　ソロモンは…すべての<質問>を説き
マタ 22:46　イエスにあえて<質問>をする者はな
ルカ 2:46　イエスが…話を聞いたり<質問>した
りしておられるのを見つけた．
11:53　しつこい<質問>攻めとが始まった．
23: 9　いろいろと<質問>したが，イエスは
ヨハ 16:19　イエスは，彼らが<質問>したがって

▼ シティム〔地名〕【別項】シティムの渓流

荒野の宿営地．民数25:1，ヨシ2:1，ミカ6:5．

▼ シティムのけいりゅう（～渓流）

ヨエ 3:18　泉が…<シティムの渓流>を潤す．

▼ シディムのたに（～谷）

死海南部にあった谷．創世14:3，8，10．

▼ してきかいしゃく（私的解釈）

Ⅱペテ 1:20　人の<私的解釈>を施してはならない，

▼ シテナ

イサクのしもべが掘った井戸の名．創世26:21．

▼ シテリ〔人名〕

レビ人．ケハテの子ウジエルの子．出エ6:22．

▼ しと（使徒）【別項】11使徒，12使徒，大使徒

マコ 6:30　<使徒>たちは…残らずイエスに報告
ルカ 6:13　彼らに<使徒>という名をつけられた．
9:10　<使徒>たちは帰って来て，自分たち
11:49　預言者たちや<使徒>たちを彼らに遣
22:14　<使徒>たちもイエスといっしょに席
使徒 1: 2　<使徒>たちに聖霊によって命じてか
26　彼は11人の<使徒>たちに加えられた．
2:42　彼らは<使徒>たちの教えを堅く守り，
4: 7　<使徒>たちを真ん中に立たせて…尋
33　<使徒>たちは，主イエスの復活を非
35　<使徒>たちの足もとに置き，その金
5:12　<使徒>たちの手によって…しるしと
18　<使徒>たちを捕らえ，留置場に入れ
21　<使徒>たちを引き出して来させるた
33　怒り狂い，<使徒>たちを殺そうと計
41　<使徒>たちは，御名のためにはずか
6: 6　この人たちを<使徒>たちの前に立た
せた．そこで<使徒>たちは祈って，
8: 1　<使徒>たち以外の者はみな，ユダヤ
18　<使徒>たちが手を置くと聖霊が与え
25　<使徒>たちはおごそかにあかしをし，
9:27　彼を…<使徒>たちのところへ連れて
11: 1　<使徒>たちやユダヤにいる兄弟たち
14: 4　ある者は<使徒>たちの側についた．
5　<使徒>たちをはずかしめて，石打ち
15: 2　この問題について<使徒>たちや長老
たちと話し合うため．6，22，16:4．
ロマ 1: 1　<使徒>として召されたキリスト・イ
エスのしもべパウロ．Ⅰコリ1:1．
11:13　私は異邦人の<使徒>ですから，自分
16: 7　<使徒>たちの間によく知られている
Ⅰコリ 4: 9　神は私たち<使徒>を，死罪に決まっ
9: 1　私は<使徒>ではないのでしょうか．
2　ほかの人々に対しては<使徒>でなく

ても…あなたがたに対しては<使徒>です…私が<使徒>であることの証印
5 ほかの<使徒>…と違って…妻を連れ
12:28 第一に<使徒>，次に預言者，次に教
29 みなが<使徒>でしょうか．みなが預
15: 7 それから<使徒>たち全部に現れま
9 私は<使徒>の中では最も小さい者であって，<使徒>と呼ばれる価値のな
IIコリ 1: 1 イエスの<使徒>パウロ．エペ1:1，コロ1:1，Iテモ1:1，IIテモ1:1，テト1:1.
11:13 キリストの<使徒>に変装しているの
12:12 <使徒>としてのしるしは，忍耐を尽
ガラ 1: 1 <使徒>となったパウロ…私が<使徒>
17 先輩の<使徒>たちに会うためにエル
19 ほかの<使徒>にはだれにも会いませ
2: 8 割礼を受けた者への<使徒>となさった方が…異邦人への<使徒>としてく
エペ 2:20 <使徒>と預言者という土台の上に建
3: 5 <使徒>たちと預言者たちに啓示され
4:11 ある人を<使徒>，ある人を預言者，
Iテサ 2: 6 <使徒>たちとして権威を主張するこ
Iテモ 2: 7 宣伝者また<使徒>に任じられ…信仰
IIテモ 1:11 宣教者，<使徒>，また教師として任
ヘブ 3: 1 <使徒>であり，大祭司であるイエス
Iペテ 1: 1 イエス・キリストの<使徒>ペテロか
IIペテ 1: 1 しもべであり<使徒>である…ペテロ
3: 2 <使徒>たちが語った，主であり救い
ユダ 17 <使徒>たちが，前もって語ったこと
黙示 2: 2 <使徒>と自称しているが実はそうで
18:20 聖徒たちよ，<使徒>たちよ，預言者

▼ しどう（指導），指導者

申命 33:21 <指導者>の分が割り当てられていた
士師 5: 9 私の心はイスラエルの<指導者>たち
14 <指導者>たちはマキルからおりて来
箴言 1: 5 悟りのある者は<指導>を得る．
11:14 <指導>がないことによって民は倒れ，
イザ 14: 9 地のすべての<指導者>たちを揺り起
ミカ 5: 5 7人の牧者と8人の<指導者>を立て
ルカ 14: 1 パリサイ派のある<指導者>の家に入
23:13 <指導者>たちと民衆とを呼び集め，
24:20 祭司長や<指導者>たちは，この方を
ヨハ 12:42 <指導者>たちの中にもイエスを信じ
使徒 3:17 自分たちの<指導者>たちと同様に，
4: 8 民の<指導者>たち，ならびに長老の
26 <指導者>たちは，主とキリストに反
13:27 <指導者>たちは…イエスを認めず，
14: 5 <指導者>たちといっしょになって，
15:22 兄弟たちの中の<指導者>たちで，バ
23: 5 <指導者>を悪く言ってはいけない』
ロマ 12: 8 <指導>する人は熱心に<指導>し，慈
Iコリ 7:17 教会で，このように<指導>していま
Iテサ 5:12 <指導>し，訓戒している人々を認め
Iテモ 5:17 よく<指導>の任に当たっている長老
ヘブ 13: 7 <指導者>たちのことを，思い出しな
17 <指導者>たちの言うことを聞き，ま

▼ しとげる（し遂げる）

IIコリ 8:11 ですから，今，それを<し遂げ>なさい…<し遂げる>ことができるはずで

▼ しとしょく（使徒職）

使徒 1:25 <使徒職>の地位を継がせるために，

▼ シドン，大シドン

1. 地名．
(1)フェニキヤの町．創世10:19，49:13，士師1:31，10:6，18:28，IIサム24:6，I列17:9，イザ23:2，エレ25:22，27:3，47:4，エゼ27:8，28:21，ヨエ3:4，ゼカ9:2，マタ11:21，15:21，マコ3:8，7:31，ルカ4:26，6:17，10:13，使徒12:20，27:3.
(2)大シドン．ヨシ11:8，19:28.
2. 人名．カナンの長子．創世10:15，I歴1:13.
3. シドン人．申命3:9，ヨシ13:4，士師3:3，I列11:1，II列23:13，I歴22:4，エゼ32:30.

▼ シナイ，シナイ山

神から契約と律法を授けられた山とその付近．出エ16:1，19:1，24:16，31:18，34:2，レビ7:38，25:1，26:46，27:34，民数1:1，3:1，9:1，10:12，26:64，28:6，33:15，申命33:2，士師5:5，ネヘ9:13，詩篇68:8，使徒7:30，ガラ4:24.

▼ しなえる

ヨシ 2:11 あなたがたのため…心が<しなえ>て，
5: 1 イスラエル人のため…心が<しなえ>，
7: 5 民の心が<しなえ>，水のようになっ
IIサム 22:46 外国人らは<しなえ>て．詩篇18:45.
イザ 13: 7 すべての者の心が<しなえる>.
ナホ 2:10 心は<しなえ>，ひざは震え，すべて

▼ しにかた（死に方）

ヨハ 12:33 自分がどのような<死に方>で死ぬか

18:32 ご自分がどのような<死に方>をされ
21:19 ペテロがどのような<死に方>をして，

▼ シニじん（〜人）
ノアの子ハムの子孫．創世10:17，Ⅰ歴1:15．

▼ シニム〔地名〕
預言の中で言及されている町．イザ49:12．

▼ しにものぐるい（死に物狂い）
創世 30: 8 私は姉と<死に物狂い>の争いをして，

▼ しにん（死人）
出エ 12:30 <死人>のない家がなかったからであ
民数 12:12 <死人>のようにしないでください．」
申命 18:11 <死人>に伺いを立てる者があっては
26:14 <死人>に供えたこともありません．
Ⅱ列 8: 5 <死人>を生き返らせたあのことを話
詩篇 31:12 私は<死人>のように…忘れられ，こ
88: 5 <死人>の中でも見放され，墓の中に
10 <死人>のために奇しいわざを行われ
115:17 <死人>は主をほめたたえることがな
伝道 4: 2 <死人>のほうに祝いを申し述べる．
9: 3 それから後，<死人>のところに行く．
イザ 8:19 <死人>に伺いを立てなければならな
26:14 <死人>は生き返りません．死者の霊
19 あなたの<死人>は生き返り，私のな
59:10 やみの中にいる<死人>のようだ．
エゼ 44:25 <死人>に近づいて身を汚してはなら
マタ 8:22 <死人>たちに彼らの中の<死人>たち
を葬らせなさい．ルカ9:60．
10: 8 病人をいやし，<死人>を生き返らせ，
11: 5 <死人>が生き返り，貧しい者たちに
14: 2 ヨハネが<死人>の中から．マコ6:14．
17: 9 人の子が<死人>の中からよみがえる
22:31 <死人>の復活については，神があな
23:27 内側は，<死人>の骨や，あらゆる汚
27:64 <死人>の中からよみがえった』と民
28: 4 震え上がり，<死人>のようになった．
マコ 9:10 <死人>の中からよみがえると言われ
26 その子が<死人>のようになったので，
12:25 <死人>の中からよみがえるときには，
ルカ 7:15 <死人>が起き上がって，ものを言い
16:31 だれかが<死人>の中から生き返って
20:35 <死人>の中から復活するのにふさわ
37 <死人>がよみがえることについては，
24: 5 なぜ生きている方を<死人>の中で捜
46 ３日目に<死人>の中からよみがえり，
ヨハ 2:22 イエスが<死人>の中からよみがえら
5:21 父が<死人>を生かし，いのちをお与
12:17 ラザロを…<死人>の中からよみがえ

▼ じにん（自任）
ルカ 18: 9 自分を義人だと<自任>し，他の人々
ﾛﾏ 2:19-20 幼子の教師だと<自任>しているのな

▼ しぬ（死ぬ）
創世 2:17 食べるとき，あなたは必ず<死ぬ>.」
3: 3 あなたがたが<死ぬ>といけないから
4 あなたがたは決して<死>にません．
5: 5 こうして彼は<死>んだ．8，11，14，
17，20，27，31，9:29．
6:17 地上のすべてのものは<死>に絶えな
7:21 家畜も…すべての人も<死>に絶えた．
22 地の上にいたものはみな<死>んだ．
19:19 たぶん私は<死ぬ>でしょう．
20: 3 あなたは<死>ななければならない．
7 必ず<死ぬ>ことをわきまえなさい．」
21:16 私は子どもの<死ぬ>のを見たくない
25:32 見てくれ．<死>にそうなのだ．長子
27: 2 年老いて，いつ<死ぬ>かわからない．
30: 1 でなければ，私は<死>んでしまいま
33:13 群れは全部，<死>んでしまいます．
35:19 こうしてラケルは<死>んだ．彼女は
29 イサクは息が絶えて<死>んだ．彼は
44:22 離れたら，父親は<死ぬ>でしょう』
46:30 もう今，私は<死>んでもよい．この
47:19 どうして農地といっしょに…<死>ん
でよいでしょう…どうか種を下さい．
そうすれば…<死>なないでしょう．
48:21 私は今，<死>のうとしている．しか
出エ 7:18 ナイルの魚は<死>に，ナイルは臭く
9: 6 エジプトの家畜は…<死>に，イスラ
エル人の家畜は…<死>ななかった．
10:28 その日に，おまえは<死>ななければ
11: 5 家畜の初子に至るまで，みな<死ぬ>．
16: 3 私たちは…<死>んでいたらよかった
17: 3 渇きで<死>なせるためですか．」
21:12 人を打って<死>なせた者は，必ず殺
34 <死>んだ家畜は彼のものとなる．
35 その牛が<死>んだ場合…金を分け…
<死>んだ牛も分けなければならない．
22:10 隣人に預け，それが<死ぬ>とか，傷
28:35 <死>なないためである．43，30:20，
レビ10:6，15:31，16:2，民数4:15，
17:10，18:3，22，32．

し

レビ 7:24 <死>んだ動物の脂肪や野獣に引き裂
10: 2 彼らは主の前で<死>んだ．民数3:4.
20:20 子を残さずに<死>ななければならな
22: 9 罪を負って，<死ぬ>ことはない．わ
民数 4:19 <死>なずに生きているようにせよ．
6: 7 父，母，兄弟，姉妹が<死>んだ場合
9 だれかが突然，彼のそばで<死>んで，
14: 2 エジプトの地で<死>んでいたらよか
った…荒野で<死>んだほうがましだ．
35 ひとり残らず<死>ななければならな
16:29 すべての人が<死ぬ>ように<死>に，
49 神罰で<死>んだ者は．25:9.
17:12 ああ，私たちは<死>んでしまう．私
13 <死>に絶えなければならないのか．」
19:13 すべて<死>んだ人の遺体に触れ，罪
14 人が天幕の中で<死>んだ場合のおし
20: 3 兄弟たちが主の前で<死>んだとき，
私たちも<死>んでいたのなら．
4 家畜をここで<死>なせようとするの
28 アロンはその山の頂で<死>んだ．モ
21: 6 イスラエルの多くの人々が<死>んだ．
23:10 私は正しい人が<死ぬ>ように<死>に，
26:10 コラとともに…その仲間は<死>んだ．
65 彼らは必ず荒野で<死ぬ>」と言われ
27: 3 私たちの父は荒野で<死>にました…
自分の罪によって<死>にました．彼
35:23 気がつかないで…<死>なせた場合，
25 彼は…大祭司が<死ぬ>まで，そこに
いなければならない．28，ヨシ20:6.
申命 4:22 私は，この地で，<死>ななければな
5:25 私たちはなぜ<死>ななければならな
いのでしょうか…主の声を聞くなら
ば，私たちは<死>ななければなりま
13:10 彼は<死>ななければならない．18:
20，19:12，22:22，24，25，24:7.
18:16 私は<死>にたくありません」と言っ
31:14 あなたの<死ぬ>日が近づいている．
32:50 アロンがホル山で<死>んで…あなた
もこれから登るその山で<死>に，あ
34: 5 モーセは，モアブの地…で<死>んだ．
ヨシ 1: 2 わたしのしもべモーセは<死>んだ．
10:11 雹の石で<死>んだ者のほうが多かっ
20: 9 …者の手によって<死ぬ>ことがない
22:20 <死>んだ者は彼ひとりではなかった．
24:29 ヌンの子ヨシュアは110歳で<死>ん
士師 2:19 さばきつかさが<死ぬ>と，彼らはい
3:25 主人は床の上に倒れて<死>んでいた．
5:18 いのちをも賭して<死ぬ>民．野の高
6:23 恐れるな．あなたは<死>なない．」
9:49 男女約１千人もみな<死>んだ．
13: 7 胎内にいるときから<死ぬ>日まで，
22 神を見たので，必ず<死ぬ>だろう．」
16:30 「ペリシテ人といっしょに<死>のう」
20: 5 暴行を加え…彼女は<死>にました．
ルツ 1:17 あなたの<死>なれる所で私は<死>に，
Ｉサム 2:33 壮年のうちに<死>ななければならな
34 ふたりとも一日のうちに<死ぬ>．
14:39 必ず<死>ななければならない．44.
43 私は<死>ななければなりません．」
45 ヨナタンが<死>ななければならない
のですか…ヨナタンは<死>ななかっ
15:35 サムエルは<死ぬ>日まで，二度とサ
20:14 たとい，私が<死ぬ>ようなことがあ
24:14 それは<死>んだ犬のあとを追い，一
25: 1 サムエルが<死>んだとき，イスラエ
31: 5 サウルの<死>んだのを見届けると，
6 部下たちはみな，共に<死>んだ．
IIサム 1: 4 サウルも…ヨナタンも<死>にました．
23 <死ぬ>ときにも離れることなく，鷲
9: 8 <死>んだ犬のような私を顧みてくだ
11:26 夫ウリヤが<死>んだことを聞いて，
12:13 罪を見過ごして…あなたは<死>なな
14 あなたに生まれる子は必ず<死ぬ>．」
18 その子が<死>んだことをダビデに告
19 子どもが<死>んだことを悟った．そ
13:32 アムノンだけが<死>んだのです．33.
14:14 私たちは，必ず<死ぬ>者です…神は
<死>んだ者をよみがえらせてはくだ
15:21 生きるためでも，<死ぬ>ためでも，
18:33 私が…代わって<死>ねばよかったの
19:37 父と母の墓の近くで<死>にたいので
24:15 疫病…民のうち７万人が<死>んだ．
Ｉ列 1:52 悪があれば，彼は<死>ななければな
2: 1 ダビデの<死ぬ>日が近づいたとき，
30 彼は，「いやだ．ここで<死ぬ>」と
3:19 この女の産んだ子が<死>にました．
22 <死>んでいるのはあなたの子です．」
11:40 ソロモンが<死ぬ>までエジプトにい
14:11 町で<死ぬ>者は犬が…野で<死ぬ>者
は空の鳥が…食らう．16:4，21:24.

12 足が町に入るとき，あの子は<死>に
16:18 みずから王宮に火を放って<死>んだ．
17:12 食べて，<死>のうとしているのです．
20 彼女の息子を<死>なせるのですか．」
22:37 王は<死>んでからサマリヤに着いた．
II列 1: 4 あなたは必ず<死ぬ>．6，16，8:10．
17 主のことばのとおりに<死>んだ．そ
4:32 その子は<死>んで，寝台の上に横た
7: 3 どうして<死ぬ>までここにすわって
4 ここにすわっていても<死>んでしま
う…そのときは<死ぬ>までのことだ．
13:20 こうして，エリシャは<死>んで葬ら
18:32 生きながらえて<死>なないためであ
20: 1 ヒゼキヤは病気になって<死>にかか
っていた…あなたは<死ぬ>．直らな
I歴 10:13 サウル…不信の罪のために<死>んだ．
29:28 齢も富も誉れも満ち満ちて<死>んだ．
II歴 13:20 主が彼を打たれた…彼は<死>んだ．
21:19 ついに彼は重病の床で<死>んだ．彼
エス 4:16 私は，<死>ななければならないので
したら，<死>にます．」
ヨブ 1:19 みなさまは<死>なれました．私ひと
2: 9 「…神をのろって<死>になさい．」
3:11 なぜ，私は…<死>ななかったのか．
4:21 彼らは知恵がないために<死ぬ>．
5: 2 ねたみはあさはかな者を<死>なせる．
12: 2 <死ぬ>と，知恵も共に<死ぬ>．
14:10 人間は<死ぬ>と，倒れたきりだ．人
14 人が<死ぬ>と，生き返るでしょうか．
21:23 全く平穏のうちに<死ぬ>だろう．
25 ある者は苦悩のうちに<死>に，何の
31:19 着る物がなくて<死>にかかっている
34:20 彼らは…真夜中に<死>に，民は震え
36:14 彼らのたましいは若くして<死>に，
42:17 ヨブは…長寿を全うして<死>んだ．
詩篇 41: 5 いつ，彼は<死>に，その名は滅びる
49:10 知恵のある者たちが<死>に，愚か者
17 人は，<死ぬ>とき，何一つ持って行
82: 7 おまえたちは，人のように<死>に，
105:29 主は…彼らの魚を<死>なせた．
118:17 私は<死ぬ>ことなく，かえって生き，
143: 3 長く<死>んでいる者のように，私を
箴言 5:23 彼は懲らしめがないために<死>に，
10:21 愚か者は思慮がないために<死ぬ>．
11: 7 悪者が<死ぬ>とき，その期待は消え
19:16 自分の道をさげすむ者は<死ぬ>．
23:13 打っても，彼は<死ぬ>ことはない．
30: 7 私が<死>なないうちに，それをかな
伝道 2:16 愚かな者とともに<死>んでいなくな
3: 2 生まれるのに時があり，<死ぬ>のに
19 これも<死>ねば，あれも<死ぬ>．両
7:17 なぜ<死>のうとするのか．
9: 5 生きている者は自分が<死ぬ>ことを
知っているが，<死>んだ者は何も知
10: 1 <死>んだはえは，調合した香油を臭
イザ 6: 1 ウジヤ王が<死>んだ年に，私は，高
16: 4 しいたげる者が<死>に，破壊も終わ
22:13 どうせ，あすは<死ぬ>のだから」と
14 <死ぬ>までは決して赦されない」と，
18 広い広い地…あなたはそこで<死ぬ>．
51:12 <死>ななければならない人間や，草
14 <死>んで穴に下ることがなく，パン
65:20 100歳で<死ぬ>者は若かったとされ，
100歳にならないで<死ぬ>者は，の
66:24 そのうじは<死>なず，その火も消え
エレ 11:21 手にかかってあなたが<死>なないよ
22 彼らの息子，娘は飢えて<死>に，
16: 4 彼らはひどい病気で<死ぬ>．21:6．
6 身分の高い者や低い者が<死>んでも
18:21 夫たちは虐殺されて<死>に，若い男
20: 6 バビロンに行き，そこで<死>に…葬
22:10 <死>んだ者のために泣くな．彼のた
12 彼は引いて行かれた所で<死>に，二
26: 8 あなたは必ず<死>ななければならな
28:16 ことし，あなたは<死ぬ>．主への反
31:30 それぞれ自分の咎のために<死ぬ>．
34: 4 あなたは剣で<死ぬ>ことはない．
5 あなたは安らかに<死>んで，人々は，
38:10 <死>なないうちに…穴から引き上げ
26 私が<死ぬ>ことがないようにしてく
52:11 <死ぬ>日まで獄屋に入れておいた．
34 生活費は，<死ぬ>日までその一生の
哀歌 3: 6 ずっと前に<死>んだ者のように，私
エゼ 3:18 あなたは必ず<死ぬ>』と言うとき…
その悪者は…<死ぬ>．そして，わた
12:13 その地を見ないで，そこで<死>のう．
13:19 <死>んではならない者…を<死>なせ，
17:16 王の住む所，バビロンで必ず<死ぬ>．
18: 4 罪を犯した者は，その者が<死ぬ>．
13 彼は必ず<死>に，その血の責任は彼

し

17 父の咎のために<死ぬ>ことはなく,
18 彼は確かに自分の咎のために<死ぬ>.
21 生きて,<死ぬ>ことはない. 33:15.
26 自分の行った不正によって<死ぬ>.
31 なぜ…<死>のうとするのか. 33:11.
32 だれが<死ぬ>のも喜ばないからだ.
24:17 <死>んだ者のために喪に服するな.
18 語ったが,夕方,私の妻が<死>んだ.
33: 8 その悪者は自分の咎のために<死ぬ>.
ホセ 2: 3 渇きで彼女を<死>なせよう.
13: 1 バアルにより罪を犯して<死>んだ.
アモ 7:17 あなたは汚れた地で<死>に,イスラ
ヨナ 4: 3 <死>んだほうがましですから.」8.
9 私が<死ぬ>ほど怒るのは当然のこと
ハバ 1:12 私たちは<死ぬ>ことはありません.
ゼカ 11: 9 <死>にたい者は<死>ね. 隠されたい
13: 8 3分の2は断たれ,<死>に絶え, 3
マタ 2:15 ヘロデが<死ぬ>までそこにいた. こ
20 つけねらっていた人たちは<死>にま
9:24 その子は<死>んだのではない. 眠っ
ているのです. マコ5:39, ルカ8:52.
22:32 神は<死>んだ者の神ではありません.
マコ12:27, ルカ20:38.
26:35 たとい,ごいっしょに<死>ななけれ
ばならないとしても. マコ14:31.
38 わたしは悲しみのあまり<死ぬ>ほど
です. マコ14:34.
マコ 5:23 私の小さい娘が<死>にかけています.
15:44 イエスがもう<死>んだのかと驚いて
…<死>んでしまったかどうかを問い
ルカ 2:26 キリストを見るまでは…<死>なない
7:12 ひとり息子が,<死>んでかつぎ出さ
13:33 エルサレム以外の所で<死ぬ>ことは
15:24 <死>んでいたのが生き返り,いなく
16:30 だれかが<死>んだ者の中から彼らの
20:36 彼らはもう<死ぬ>ことができないか
ヨハ 6:50 それを食べると<死ぬ>ことがないの
58 父祖たちが食べて<死>んだようなも
8:21 自分の罪の中で<死>にます. 24.
11:14 言われた.「ラザロは<死>んだので
16 主といっしょに<死>のうではないか.
21 私の兄弟は<死>ななかったでしょう
25 信じる者は,<死>んでも生きるので
26 決して<死ぬ>ことがありません. こ
37 あの人を<死>なせないでおくことは
50 ひとりの人が民の代わりに<死>んで,
52 一つに集めるためにも<死>のうとし
12:24 一粒の麦がもし地に落ちて<死>なな
ければ…もし<死>ねば,豊かな実を
21:23 その弟子は<死>なないという話が兄
使徒 7:15 そこで…父祖たちも<死>にました.
10:42 生きている者と<死>んだ者とのさば
14:19 石打ちにし,<死>んだものと思って,
20: 9 抱き起こしてみると…<死>んでいた.
21:13 <死ぬ>ことさえも覚悟しています」
ロマ 4:19 からだが<死>んだも同然であること
と,サラの胎の<死>んでいることと
5: 6 不敬虔な者のために<死>んでくださ
7 正しい人のためにでも<死ぬ>人はほ
とんど…情け深い人のためには,進
んで<死ぬ>人があるいはいるでしょ
8 私たちのために<死>んでくださった
15 違反によって多くの人が<死>んだと
6: 2 罪に対して<死>んだ私たちが,どう
7 <死>んでしまった者は,罪から解放
8 キリストとともに<死>んだのであれ
10 キリストが<死>なれたのは,ただ一
度罪に対して<死>なれたのであり,
11 自分は罪に対しては<死>んだ者であ
12 <死ぬ>べきからだを罪の支配にゆだ
7: 2 夫が<死>ねば,夫に関する律法から
4 律法に対しては<死>んでいるのです.
8 律法がなければ,罪は<死>んだもの
9 罪が生き,私は<死>にました.
8:10 からだは罪のゆえに<死>んでいても,
11 あなたがたの<死ぬ>べきからだをも
13 あなたがたは<死ぬ>のです. しかし
34 <死>んでくださった方,いや,よみ
14: 7 自分のために<死ぬ>者もありません.
8 もし<死ぬ>なら,主のために<死ぬ>
…生きるにしても,<死ぬ>にしても,
9 キリストは,<死>んだ人にとっても
…主となるために,<死>んで,また
15 代わりに<死>んでくださったほどの
Iコリ 7:39 夫が<死>んだなら,自分の願う人と
8:11 キリストはその兄弟のためにも<死>
9:15 <死>んだほうがましだからです.
15: 3 私たちの罪のために<死>なれたこと,
22 アダムにあってすべての人が<死>ん
32 あすは<死ぬ>のだ. さあ,飲み食い

36 <死>ななければ，生かされません．
53 <死ぬ>ものは，必ず不死を着なけれ
IIコリ 4:11 私たちの<死ぬ>べき肉体において明
5: 4 <死ぬ>べきものがいのちにのまれて
14 すべての人のために<死>んだ以上，
すべての人が<死>んだのです．
15 キリストが…<死>なれたのは，生き
ている人々が…自分のために<死>ん
6: 9 <死>にそうでも，見よ，生きており，
ガラ 2:19 律法によって律法に<死>にました．
エペ 2: 1 罪過と罪との中に<死>んでいた者で
ピリ 1:20 生きるにも，<死ぬ>にも私の身によ
21 生きることはキリスト，<死ぬ>こと
2:30 危険を冒して<死ぬ>ばかりになった
コロ 2:20 キリストとともに<死>んで，この世
3: 3 あなたがたはすでに<死>んでおり，
Iテサ 4:15 <死>んでいる人々に優先するような
5:10 主が…<死>んでくださったのは，私
Iテモ 5: 6 生きてはいても…<死>んだ者なので
IIテモ 2:11 彼とともに<死>んだのなら，彼とと
ヘブ 6: 1 <死>んだ行いからの回心，神に対す
7: 8 <死ぬ>べき人間が10分の１を受けて
9:14 <死>んだ行いから離れさせ，生ける
27 人間には，１度<死ぬ>ことと死後に
11: 4 彼は<死>にましたが，その信仰によ
12 <死>んだも同様のアブラハムから，
13 信仰の人々として<死>にました．約
21 ヤコブは<死ぬ>とき，ヨセフの子ど
35 <死>んだ者をよみがえらせていただ
ヤコ 2:17 それだけでは，<死>んだものです．
26 …を離れたからだが，<死>んだもの
行いのない信仰は，<死>んでいるの
Iペテ 3:18 キリストも１度罪のために<死>なれ
4: 6 <死>んだ人々にも福音が宣べ伝えら
黙示 1:18 わたしは<死>んだが，見よ，いつま
2: 8 <死>んで，また生きた方が言われる．
3: 1 あなたは…実は<死>んでいる．
2 <死>にかけているほかの人たちを力
8: 9 ３分の１が<死>に，舟の３分の１も
11 その水のために多くの人が<死>んだ．
16: 3 いのちのあるものは，みな<死>んだ．
20:12 <死>んだ人々が，大きい者も，小さ
い者も…<死>んだ人々は，これらの

▼ シヌアブ〔人名〕
アブラハム時代のアデマの王．創世14:2．

▼ シヌアル〔地名〕
バベルの塔が建てられた地．創世10:10，11:
2，14:1，ヨシ7:21，イザ11:11，ダニ1:2，ゼカ
5:11．

▼ しのかげ（死の陰）
ヨブ 10:21 やみと<死の陰>の地に行く前に．
38:17 あなたは<死の陰>の門を見たことが
詩篇 23: 4 <死の陰>の谷を歩くことがあっても，
44:19 <死の陰>で私たちをおおわれたので
107:14 主は彼らをやみと<死の陰>から連れ
イザ 9: 2 <死の陰>の地に住んでいた者たちの
マタ 4:16 死の地と<死の陰>にすわっていた
人々に，光が上った．」ルカ1:79．

▼ しのびこむ（忍び込む）
ガラ 2: 4 <忍び込>んだにせ兄弟たち…彼らは
…自由をうかがうために<忍び込>ん
ユダ 4 ある人々が…<忍び込>んで来たから

▼ しのびない（忍びない）
士師 10:16 苦しみを見るに<忍びな>くなった．

▼ しのぶ（忍ぶ）【別項】忍び込む
ネヘ 9:30 あなたは何年も彼らを<忍>び，あな
ヨブ 16: 6 たとい，私が<忍>んでも，どれだけ
詩篇 55:12 それなら私は<忍>べたでしょう．私
箴言 18:14 人の心は病苦をも<忍ぶ>．しかし，
エペ 4: 2 愛をもって互いに<忍>び合い，
コロ 3:13 互いに<忍>び合い，だれかがほかの
IIテモ 2:24 優しくし，よく教え，よく<忍>び，
ヘブ 10:34 財産が奪われても，喜んで<忍>びま
11:27 見るようにして，<忍>び通したから
12: 2 十字架を<忍>び，神の御座の右に着
3 このような反抗を<忍>ばれた方のこ

▼ しば（柴）
出エ 3: 2 主の使いが…<柴>の中の火の炎の中
で…<柴>は焼け尽きなかった．
3 なぜ<柴>が燃えていかないのか，あ
4 神は<柴>の中から彼を呼び，「モー
申命 33:16 <柴>の中におられた方の恵み，これ
イザ 64: 2 火が<柴>に燃えつき，火が水を沸き
マコ 12:26 モーセの書にある<柴>の箇所で，神
ルカ 20:37 モーセも<柴>の箇所で，主を，『ア
使徒 7:30 御使いが…<柴>の燃える炎の中に現
28: 3 ひとかかえの<柴>をたばねて火にく

▼ しはい（支配）【別項】支配者
創世 1:26 地をはうすべてのものを<支配>する
3:16 彼は，あなたを<支配>することにな

41:43 彼にエジプト全土を<支配>させた．
45:26 全土を<支配>しているのは彼です．」
民数16:13 私たちを<支配>しようとして君臨し
申命15: 6 あなたは多くの国々を<支配>するが，
彼らがあなたを<支配>することはな
士師14: 4 ペリシテ人がイスラエルを<支配>し
Ⅰサム 9:17 この者がわたしの民を<支配>するの
Ⅰ列 4:21 ソロモンは…すべての王国を<支配>
Ⅱ歴 7:18 イスラエルを<支配>する者となる人
9:26 国境に至るすべての王を<支配>して
20: 6 すべての異邦の王国を<支配>なさる
21: 8 ユダの<支配>から脱し…王を立てた．
エズ 4:20 王たちが…川向こうの地を…<支配>
詩篇19:13 それらが私を<支配>しませんように．
106:41 彼らを憎む者たちが彼らを<支配>し
119:133 どんな罪にも私を<支配>させないで
箴言 8:16 支配者たちは，<支配>する．高貴な
12:24 勤勉な者の手は<支配>する．無精者
18:21 死と生は舌に<支配>される．どちら
19:10 奴隷が主人を<支配>するのは，なお
22: 7 富む者は貧しい者を<支配>する．借
伝道 2:19 その者が<支配>するようになるのだ．
8: 8 風を<支配>し…止めることのできる
人はいない．死の日も<支配>するこ
9 人が人を<支配>して，わざわいを与
イザ14: 2 自分たちをしいたげた者を<支配>す
哀歌 5: 8 奴隷たちが私たちを<支配>し，だれ
エゼ34: 4 力ずくと暴力で彼らを<支配>した．
ダニ 4:17 いと高き方が人間の国を<支配>し，
26 天が<支配>するということを…知る
ゼカ 6:13 彼は…その王座に着いて<支配>する．
9:10 その<支配>は海から海へ，大川から
ルカ20:20 総督の<支配>と権威にイエスを引き
22:25 異邦人の王たちは人々を<支配>し，
23: 7 ヘロデの<支配>下にあるとわかると，
ヨハ17: 2 すべての人を<支配>する権威を子に
使徒26:18 サタンの<支配>から神に立ち返らせ，
ロマ 5:14 犯さなかった人々をさえ<支配>しま
17 死が<支配>するようになったとすれ
ば…いのちにあって<支配>するので
21 罪が死によって<支配>したように，
恵みが…義の賜物によって<支配>し，
6: 9 死はもはやキリストを<支配>しない
12 からだを罪の<支配>にゆだねて，そ
14 罪はあなたがたを<支配>することが
Ⅰコリ 6:12 どんなことにも<支配>されはしませ
15:24 キリストはあらゆる<支配>と…権威
25 キリストの<支配>は，すべての敵を
Ⅱコリ 1:24 信仰を<支配>しようとする者ではな
エペ 1:21 すべての<支配>，権威，権力，主権
3:10 天にある<支配>と権威とに対して，
コロ 1:13 御子のご<支配>の中に移してくださ
16 王座も主権も<支配>も権威も，すべ
2:15 すべての<支配>と権威の武装を解除
3:15 平和が，あなたがたの心を<支配>す
Ⅰテモ 2:12 女が教えたり男を<支配>したりする
Ⅰペテ 5: 3 <支配>するのではなく，むしろ群れ
ユダ 25 神に，栄光，尊厳，<支配>，権威が，
黙示 2:26 諸国の民を<支配>する権威を与えよ
11:15 この世…主は永遠に<支配>される．」
14:18 火を<支配>する権威をもった…御使
16: 9 災害を<支配>する権威を持つ神の御
17:17 <支配>権を獣に与えるようにされた
18 王たちを<支配>する大きな都のこと

▼ シパイ〔人名〕

ペリシテのラファの子孫．Ⅰ歴20:4．

▼ しはいしゃ（支配者），支配する者

創世42:30 あの国の<支配者>である人が，私た
士師15:11 ペリシテ人が私たちの<支配者>であ
Ⅱ歴23:20 民の<支配者>たちとすべての一般の
詩 105:20 国々の民の<支配者>が，彼を自由に
21 自分の全財産の<支配者>とした．
箴言 6: 7 蟻には首領もつかさも<支配者>もい
23: 1 <支配者>と食事の席に着くときは，
29:12 <支配者>が偽りのことばに聞き入る
イザ14: 5 主が…<支配者>の笏とを折られたの
16: 1 子羊を，この国の<支配者>に送れ．
49: 7 <支配者>たちの奴隷に向かってこう
52: 5 <支配する者>たちはわめいている．
エレ30:21 その<支配者>はその中から出る．わ
51:46 <支配者>はほかの<支配者>を攻める．
ミカ 5: 2 イスラエルの<支配者>になる者が出
マタ 2: 6 イスラエルを治める<支配者>が，あ
20:25 異邦人の<支配者>たちは彼らを支配
し，偉い人たちは彼ら．マコ10:42．
ルカ19:17 10の町を<支配する者>になりなさい．
ヨハ12:31 この世を<支配する者>は追い出され
14:30 この世を<支配する者>が来るからで
16:11 この世を<支配する者>がさばかれた
使徒 7:27 私たちの<支配者>や裁判官にしたの

ロマ 13: 3 <支配者>を恐ろしいと思うのは…そうすれば，<支配者>からほめられま
Ⅰコリ 2: 6 <支配者>たちの知恵でもありません.
8 世の<支配者>たちは，だれひとりと
エペ 2: 2 空中の権威を持つ<支配者>として今
6:12 この暗やみの世界の<支配者>たち，
テト 3: 1 <支配者>たちと権威者たちに服従し，
ユダ 4 唯一の<支配者>であり主であるイエ
黙示 1: 5 地上の王たちの<支配者>であるイエ
8 万物の<支配者>. 4:8, 11:17, 15:3, 16:7, 14, 19:6, 15, 21:22.

▼ じはつてき（自発的）

Ⅰコリ 9:17 <自発的>にしているのなら，報いが
ピレ 14 <自発的>でなければいけないからで

▼ しはらう（支払う），支払い

出エ 21:22 その<支払い>は裁定による.
22:17 相当する銀を<支払>わなければなら
エズ 6: 4 その費用は王家から<支払う>.
8 それらの者たちに<支払>って，滞ら
箴言 11:24 正当な<支払い>を惜しんでも…乏し
エゼ 16:34 あなたが報酬を<支払>い，だれもあなたに報酬を<支払>わなかった．だ
マタ 5:26 最後の1コドラントを<支払う>まで
26:15 彼らは銀貨30枚を彼に<支払>った.
ルカ 12:59 最後の1レプタを<支払う>までは，
ロマ 4: 4 当然<支払う>べきものとみなされま
ピレ 19 私がそれを<支払>います…あなたが
黙示 18: 6 彼女が<支払>ったものをそのまま彼

▼ しばらく

創世 27:44 <しばらく>ラバンのところにとどま
エズ 9: 8 <しばらく>の間…主のあわれみによって…私たちを<しばらく>生き返ら
ヨブ 24:24 彼らは<しばらく>の間，高められる
36: 2 <しばらく>待て．あなたに示そう.
詩篇 37:10 ただ<しばらく>の間だけで，悪者は
箴言 6:10 <しばらく>眠り，<しばらく>まどろみ，<しばらく>手をこまねいて，ま
イザ 10:25 もう<しばらく>すれば，憤りは終わ
26:20 民よ…ほんの<しばらく>，身を隠せ.
29:17 もう<しばらく>すれば，確かに，レ
54: 7 ほんの<しばらく>の間，あなたを見
8 ほんの<しばらく>，わたしの顔をあ
エレ 51:33 もう<しばらく>で，刈り入れの時が
エゼ 11:16 <しばらく>の間，彼らの聖所となっ
16:47 <しばらく>の間だけ，彼らの道に歩
ダニ 4:19 <しばらく>の間，驚きすくみ，おび
ホセ 1: 4 <しばらく>して…エフーの家に報い，
8:10 <しばらく>すれば，彼らは王や首長
ハガ 2: 6 <しばらく>して，もう一度…揺り動
マタ 13:21 <しばらく>の間そうするだけで，み
26:73 <しばらく>すると…立っている人々がペテロに近寄って来．マコ14:70.
マコ 6:31 寂しい所へ行って，<しばらく>休み
ルカ 4:13 悪魔は<しばらく>の間イエスから離
18: 4 <しばらく>は取り合わないでいたが，
22:58 <しばらく>して，ほかの男が彼を見
ヨハ 5:35 <しばらく>の間，その光の中で楽し
7:33 まだ<しばらく>の間，わたしはあなたがたといっしょにいて．13:33.
12:35 まだ<しばらく>の間，光はあなたが
14:19 いま<しばらく>で世はもうわたしを見なくなります．しかし，あなたが
16:16 <しばらく>するとあなたがたは…わたしを見なくなり…また<しばらく>するとわたしを見ます.」17, 18.
使徒 5:34 <しばらく>外に出させるように命じ
15:33 彼らは，<しばらく>滞在して後，兄
18:23 そこに<しばらく>いてから…出発し，
19:22 なお<しばらく>アジヤにとどまって
Ⅰコリ 7: 5 合意の上で<しばらく>離れていて，
16: 7 <しばらく>滞在したいと願っていま
Ⅱコリ 7: 8 あの手紙が<しばらく>の間であった
Ⅰテサ 2:17 <しばらく>の間あなたがたから引き
ピレ 15 彼が<しばらく>の間…離されたのは，
ヘブ 2: 7 御使いよりも，<しばらく>の間，低
10:37 <しばらく>すれば，来るべき方が来
ヤコ 4:14 <しばらく>の間現れて…消えてしま
Ⅰペテ 1: 6 <しばらく>の間，さまざまの試練の
5:10 <しばらく>の苦しみのあとで完全に
黙示 6:11 もう<しばらく>の間，休んでいなさ
17:10 <しばらく>の間とどまるはずです.
20: 3 サタンは…<しばらく>の間，解き放

▼ しばる（縛る）

創世 22: 9 自分の子イサクを<縛>り，祭壇の上
42:24 シメオンをとって…彼を<縛>った.
士師 15:10 サムソンを<縛>って．12, 13, 16:5, 6, 7, 8, 11, 12.
Ⅱサム 3:34 あなたの手は<縛>られず…足は足か
ヨブ 36: 8 彼らが鎖で<縛>られ，悩みのなわに
13 神が彼らを<縛る>とき，彼らは助け

し

詩 107:10 鉄のかせとに<縛>られている者,
149: 8 鉄のかせで…貴族たちを<縛る>ため.
エゼ 3:25 あなたはそれで<縛>られて，彼らの
ダニ 3:24 3人の者を<縛>って火の中に投げ込
マタ 12:29 まずその人を<縛>って．マコ3:27.
14: 3 ヨハネを捕らえて<縛>り，牢に入れ
22:13 あれの手足を<縛>って，外の暗やみ
27: 2 イエスを<縛>って連れ出し，総督ピラトに引き渡した．マコ15:1.
ルカ 13:16 18年もの間サタンが<縛>っていたの
ヨハ 18:12 役人たち…イエスを捕らえて<縛>り,
24 イエスを，<縛>ったままで大祭司カ
使徒 9: 2 見つけ次第<縛>り上げてエルサレム
21:11 自分の両手と両足を<縛>って…帯の持ち主は…こんなふうに<縛>られ,
13 <縛>られることばかりでなく，死ぬ
22: 4 男も女も<縛>って牢に投じ，死にま
5 そこにいる者たちを<縛>り上げ，エ
25 パウロを<縛>ったとき…百人隊長に
Ⅰコリ 7:15 妻は，<縛>られることはありません.
39 生きている間は夫に<縛>られていま
コロ 2:21 定めに<縛>られるのですか.
黙示 20: 2 古い蛇を捕らえ…千年の間<縛>って,

▼じひ（自費）

使徒 28:30 満2年の間，<自費>で借りた家に住

▼じびきあみ（地引き網）

マタ 13:47 天の御国は…<地引き網>のようなも

▼じひつ（自筆）

コロ 4:18 パウロが<自筆>であいさつを送りま
ピレ 19 この手紙は私パウロの<自筆>です.

▼しびょう（死病）

黙示 6: 8 剣とききんと<死病>と地上の獣によ
18: 8 <死病>，悲しみ，飢えが彼女を襲い,

▼しびれる

詩篇 38: 8 私は<しびれ>，砕き尽くされ，心の

▼ジフ

1. 地名.
(1)ユダの最南端の町の一つ．ヨシ15:24.
(2)ユダの山地の町の一つ．ヨシ15:55，Ⅰサム23:14，15，24，26:2，Ⅱ歴11:8，詩篇54題目.
2. 人名.
(1)ヘツロンの子カレブの子孫．Ⅰ歴2:42.
(2)ユダの子孫エハレルエルの子．Ⅰ歴4:16.
3. ジフ人．Ⅰサム23:19，26:1.

▼シブア

イサクが掘った井戸の名．創世26:33.

▼ジファ〔人名〕

ユダの子孫エハレルエルの子．Ⅰ歴4:16.

▼シフイ〔人名〕

シメオン族．ジザの父．Ⅰ歴4:37.

▼シフタン〔人名〕

エフライムの族長ケムエルの父．民数34:24.

▼ジブのつき（～月）

ヘブル暦の第2月．Ⅰ列6:1，37.

▼シブマ〔地名〕

モアブの平原にある町．民数32:38，ヨシ13:19，イザ16:8，9，エレ48:32.

▼シフモテ〔地名〕

ユダの町の一つ．Ⅰサム30:28.

▼シフラ〔人名〕

ヘブル人の助産婦．出エ1:15.

▼シブライム〔地名〕

ダマスコとハマテの領土の間の町．エゼ47:16.

▼ジフロン〔地名〕

イスラエルの北境の町の一つ．民数34:9.

▼しぶん（四分）

ヨハ 19:23 イエスの着物を取り…<四分>した.

▼じぶん（自分），自分自身，ご自分

レビ 11:43 <自分自身>を忌むべきものとしては
民数 30: 2 <自分>の口から出た…ことを実行し
士師 7: 2 <自分>の手で<自分>を救った』と言
ヨブ 18: 4 怒って<自分自身>を引き裂く者よ.
詩 105:44 労苦の実を<自分>の所有とするため
エレ 5:31 祭司は<自分>かってに治め，わたし
18: 4 制作中の器を<自分>の手でこわし,
22:17 目と心とは，<自分>の利得だけに向
ホセ 13: 2 <自分>の考えで偶像を造った．これ
マタ 5:43 <自分>の隣人を愛し，<自分>の敵を
7:12 <自分>にしてもらいたいことは，ほ
9: 1 湖を渡り，<自分>の町に帰られた.
10:39 <自分>のいのちを<自分>のものとした者は…わたしのために<自分>のいのちを失った者は，それを<自分>の
14:13 <自分>だけで寂しい所に行かれた.
19:12 <自分>から独身者になった者もいる
25:14 天の御国は…<自分>の財産を預け,
マコ 4:34 <ご自分>の弟子たちにだけは，すべ
ルカ 6:41 <自分>の目にある梁には気がつかな

9:23 <自分>を捨て，日々<自分>の十字架
10:29 彼は，<自分>の正しさを示そうとし
34 <自分>の家畜に乗せて宿屋に連れて
18:14 だれでも<自分>を高くする者は低く
された，<自分>を低くする者は高くさ
28 <自分>の家を捨てて従ってまいりま
ヨハ 1:11 この方は<ご自分>のくにに来られた
のに，<ご自分>の民は受け入れなか
22 <自分>を何だと言われるのですか.」
4:44 預言者は<自分>の故郷では尊ばれな
5:18 神を<自分>の父と呼んでおられたか
30 <自分>からは何事も行うことができ
31 <自分>のことを証言するのなら，わ
7:18 <自分>から語る者は，<自分>の栄光
を求め…<自分>を遣わした方の栄光
28 わたしは<自分>で来たのではありま
8:13 <自分>のことを<自分>で証言してい
14 わたしが<自分>のことを証言するな
44 <自分>にふさわしい話し方をしてい
54 わたしがもし<自分自身>に栄光を帰
10: 3 彼は<自分>の羊をその名で呼んで連
18 わたしが<自分>からいのちを捨てる
12:49 <自分>から話したのではありません.
13: 1 <自分>の時が来たことを知られたの
で，世にいる<自分>のものを愛され
14:10 わたしが<自分>から話しているので
はありません…父が，<ご自分>のわ
15:19 世は<自分>のものを愛したでしょう.
16: 2 <自分>は神に奉仕しているのだと思
32 それぞれ<自分>の家に帰り，わたし
19:27 この弟子は彼女を<自分>の家に引き
使徒 1: 7 父が<ご自分>の権威をもってお定め
25 ユダは<自分>のところへ行くために
3:12 <自分>の力とか信仰深さとかによっ
4:32 持ち物を<自分>のものと言わず，す
14:16 <自分>の道を歩むことを許しておら
ロマ 7:15 私には，<自分>のしていることがわ
かりません．私は<自分>がしたいと
思うことを…<自分>が憎むことを行
8:32 <ご自分>の御子をさえ惜しまずに死
10: 3 <自分自身>の義を立てようとして，
12:16 <自分>こそ知者だなどと思ってはい
18 <自分>に関する限り，すべての人と
19 <自分>で復讐してはいけません．神
14:12 <自分>のことを神の御前に申し開き
Iコリ 4: 3 <自分>で<自分>をさばくことさえし
12 苦労して<自分>の手で働いています.
6:18 <自分>のからだに対して罪を犯すの
7: 2 <自分>の妻…<自分>の夫を持ちなさ
4 妻は<自分>のからだに関する権利を
37 <自分>の思うとおりに行うことので
きる人が…<自分>の娘をそのままに
9: 7 <自分>の費用で兵士になる者が…
<自分>でぶどう園を造りながら，そ
11:13 <自分自身>で判断しなさい．女が頭
28 <自分>を吟味して，そのうえでパン
29 飲み食いが<自分>をさばくことにな
14:35 家で<自分>の夫に尋ねなさい．教会
16:21 パウロが，<自分>の手であいさつを
IIコリ 4: 5 私たちは<自分自身>を宣べ伝えるの
ガラ 2:18 私は<自分自身>を違反者にしてしま
5:17 あなたがたは，<自分>のしたいと思
6: 5 人には…負うべき<自分自身>の重荷
11 <自分>のこの手であなたがたに書い
エペ 5:27 教会を，<ご自分>の前に立たせるた
28 夫も<自分>の妻を<自分>のからだの
ように愛さなければ…<自分>の妻を
愛する者は<自分>を愛しているので
29 <自分>の身を憎んだ者はいません.
33 <自分>の妻を<自分>と同様に愛しな
ピリ 2: 3 互いに人を<自分>よりもすぐれた者
4 <自分>のことだけではなく，他の人
7 <ご自分>を無にして，仕える者の姿
21 だれもみな<自分自身>のことを求め
Iテサ 4:11 <自分>の仕事に身を入れ，<自分>の
Iテモ 3: 2 <自分>を制し，慎み深く，品位があ
4 <自分>の家庭をよく治め，十分な威
5 <自分自身>の家庭を治めることを知
5: 4 <自分>の家の者に敬愛を示し，親の
8 <自分>の家族を顧みない人がいるな
22 <自分>を清く保ちなさい.
6:10 苦痛をもって<自分>を刺し通しまし
15 神は<ご自分>の良しとする時に示し
IIテモ 2:19 主は<ご自分>に属する者を知ってお
21 だれでも<自分自身>をきよめて，こ
3: 2 <自分>を愛する者，金を愛する者，
14 あなたは<自分>が，どの人たちから
4: 3 <自分>につごうの良いことを言って
5 <自分>の務めを十分に果たしなさい.
テト 3:11 <自分>で悪いと知りながら罪を犯し

し

ヘブ 4:10 神が<ご自分>のわざを終えて休まれ
たように，<自分>のわざを終えて休
5: 2 <自分自身>も弱さを身にまとってい
3 <自分>のためにも，罪のためのささ
4 この名誉は<自分>で得るのではなく，
7 <自分>を死から救うことのできる方
6: 6 <自分>で神の子をもう一度十字架に
7:27 キリストは<自分自身>をささげ，た
9:12 <ご自分>の血によって，ただ一度，
25 <自分>の血でない血を携えて聖所に
…キリストは，<ご自分>を幾度もさ
13:12 <ご自分>の血によって民を聖なるも
ヤコ 1:27 世から<自分>をきよく守ることです．
Ⅰペテ 5: 2 <自分>から進んでそれをなし，卑し
Ⅱペテ 2:16 バラムは<自分>の罪をとがめられま
19 <自分自身>が滅びの奴隷なのです．
22 犬は<自分>の吐いた物に戻る」とか
3: 3 <自分>たちの欲望に従って生活し，
16 <自分自身>に滅びを招いています．
Ⅰヨハ 3: 3 望みをいだく者は…<自分>を清くし
Ⅲヨハ 10 <自分>が兄弟たちを受け入れないば
ユダ 6 <自分>の領域を守らず，<自分>のお
12 <自分>だけを養っている者であり，
13 <自分>の恥のあわをわき立たせる海
16 <自分>の欲望のままに歩んでいます．
20 <自分>の持っている最も聖い信仰の
上に<自分自身>を築き上げ，聖霊に
21 神の愛のうちに<自分自身>を保ち，
黙示 3:17 <自分>は富んでいる，豊かになった
…と言って，実は<自分>がみじめで，
18: 7 彼女が<自分>を誇り，好色にふけっ

▼ シベカイ〔人名〕

ダビデの30勇士の一人．Ⅱサム21:18，Ⅰ歴11:29，20:4，27:11．

▼ しへん（詩篇）

ルカ 20:42 ダビデ自身が<詩篇>の中でこう言っ．
使徒1:20，13:33．

▼ しべん（思弁）

Ⅱコリ 10: 5 さまざまの<思弁>と…高ぶりを打ち
Ⅱテモ 2:23 愚かで，無知な<思弁>を避けなさい．

▼ しほう（四方）

ヨブ 19:10 神が<四方>から私を打ち倒すので，
エレ 49:36 <四方>の風をエラムに来させ，彼ら
をこの<四方>の風で吹き散らし，エ
51: 2 彼らは…<四方>からこれを攻める．」
哀歌 2:22 恐れる者たちを，<四方>から呼び集
エゼ 1: 8 人間の手が<四方>に出ていた．そし
10:11 それらは<四方>に向かって行き，行
12:14 軍隊をみな，<四方>に追い散らし，
16:33 <四方>からあなたのところに来させ
23:22 <四方>からあなたを攻めによこす．
28:23 <四方>から攻める剣のため，刺し殺
37: 9 息よ．<四方>から吹いて来い．この
21 彼らを<四方>から集め，彼らの地に
39:17 <四方>から集まって来い．おまえた
ダニ 7: 2 天の<四方>の風が大海をかき立て，
8: 8 天の<四方>に向かって…4本の角が
11: 4 国は…天の<四方>に向けて分割され
ゼカ 2: 6 天の<四方>の風のように，わたしが
6: 5 これらは…天の<四方>に出て行くも
マタ 24:31 <四方>からその選びの民を集めます．
ルカ 19:43 回りを取り巻き，<四方>から攻め寄
Ⅱコリ 4: 8 <四方>八方から苦しめられますが，
黙示 20: 8 地の<四方>にある諸国の民…ゴグと

▼ しぼう（脂肪）

出エ 23:18 <脂肪>を，朝まで残しておいてはな
29:13 <脂肪>．22，レビ3:3，4，9，10，
14，15，4:8，9，26，31，6:12，7:3，
4，23，24，25，30，31，33，8:16，
25，26，9:10，19，20，24，10:15，
16:25，17:6．
レビ 1: 8 頭と，<脂肪>とを祭壇の上にある火
3:16 <脂肪>は全部，主のものである．
17 <脂肪>も血もいっさい食べてはなら
8:20 内臓の<脂肪>を焼いて煙にした．
士師 3:22 <脂肪>が刃をふさいでしまった．エ
Ⅰサム 15:22 耳を傾けることは，雄羊の<脂肪>に
ヨブ 15:27 腰の回りは<脂肪>でふくれさせ，
21:24 彼のからだは<脂肪>で満ち，その骨
詩篇 63: 5 私のたましいが<脂肪>と髄に満ち足
73: 7 彼らの目は<脂肪>でふくらみ，心の
119:70 彼らの心は<脂肪>のように鈍感です．
イザ 1:11 肥えた家畜の<脂肪>に飽きた．雄牛，
34: 6 主の剣は…<脂肪>で肥えている…雄
羊の腎臓の<脂肪>で肥えている．主
7 血がしみ込み…土は<脂肪>で肥える．
43:24 <脂肪>で，わたしを満足させなかっ
エゼ 34: 3 あなたがたは<脂肪>を食べ，羊の毛
39:19 <脂肪>を飽きるほど食べ，その血を
44: 7 パンと<脂肪>と血とをささげたが，

▼ しほうかん（司法官）

ダニ　3: 2　太守，長官，総督…<司法官>．3.

▼ しぼうしょうめい（死亡証明）

ヘブ　9:16　遺言者の<死亡証明>が必要です.

▼ しぼむ

イザ　1:30　あなたがたは葉の<しぼ>んだ樫の木
28: 1　その美しい飾りの<しぼ>んでゆく花.
40: 7　草は枯れ，花は<しぼむ>．8.
エレ 31:25　<しぼ>んだたましいを満たすからだ.
Ⅰペテ　5: 4　<しぼむ>ことのない栄光の冠を受け

▼ シホル

エジプトの東にあった川の名．ヨシ13:3，Ⅰ歴13:5，イザ23:3.

▼ しぼる（絞る）

創世 40:11　それをパロの杯の中に<しぼ>って入
レビ　1:15　血は祭壇の側面に<絞>り出す．5:9.
士師　6:38　羊の毛から露を<絞る>と，鉢いっぱ
ヨブ 24:11　植え込みの間で油を<しぼ>り，酒ぶ
イザ　1: 6　<絞>り出してももらえず，包んでも
ミカ　6:15　オリーブを<しぼ>っても，油を身に

▼ シホル・リブナテ

アシェルの南境の川．ヨシ19:26.

▼ シボレテ

士師 12: 6　その者に，「『<シボレテ>』と言え」

▼ シホン〔人名〕

エモリ人の王．民数21:21，23，32:33，申命1:4，2:26，30，3:2，4:46，29:7，31:4，ヨシ2:10，9:10，12:2，13:10，27，士師11:19，Ⅰ列4:19，ネヘ9:22，詩篇135:11，136:19，エレ48:45.

▼ しま（島），島々

詩篇 72:10　<島々>の王たちは贈り物をささげ，
イザ 40:15　主は<島々>を細かいちりのように取
41: 1　<島々>よ．わたしの前で静まれ．諸
42:12　<島々>にその栄誉を告げ知らせよ.
エレ　2:10　キティムの<島々>に渡ってよく見よ.
31:10　遠くの<島々>に告げ知らせて言え.
47: 4　カフトルの<島>に残っているペリシ
エゼ 26:15　<島々>は身震いしないだろうか.
18　<島々>はおまえがくずれ落ちる日に
身震いし，海沿いの<島々>はおまえ
27: 6　キティムの<島々>の檜に象牙をはめ
7　エリシャの<島々>からの青色と紫色
使徒 13: 6　<島>全体を巡回して，パポスまで行
27: 4　キプロスの<島>陰を航行した．7.
26　どこかの<島>に打ち上げられます.
28: 1　ここがマルタと呼ばれる<島>である
黙示　1: 9　パトモスという<島>にいた.
6:14　山や<島>がその場所から移された.
16:20　<島>はすべて逃げ去り，山々は見え

▼ ジマ〔人名〕

(1)レビ人．ゲルショムの子孫．Ⅰ歴6:20.
(2)レビ人．シムイの子．Ⅰ歴6:42.
(3)レビ人．ゲルション族ヨアフの父．Ⅱ歴29:12.

▼ しまい（姉妹）

レビ 20:19　母の<姉妹>や父の<姉妹>を犯しては
申命 27:22　自分の<姉妹>と寝る者はのろわれる.
ヨブ　1: 4　彼らの3人の<姉妹>も招き…飲み食
17:14　うじに…「私の母，私の<姉妹>」と
箴言　7: 4　知恵に…「あなたは私の<姉妹>だ」
エゼ 16:45　自分たちの夫や子どもをきらった
<姉妹>があなたの<姉妹>．あなたが
51　あなたの<姉妹>たちを正しいとした.
52　<姉妹>たちをかばった恥を負え．あ
55　あなたの<姉妹>たち，ソドムとその
22:11　自分の<姉妹>をはずかしめた.
ホセ　2: 1　<姉妹>には，「愛される者」と言え.
マタ 12:50　父のみこころを行う者はだれでも，
わたしの兄弟，<姉妹>．マコ3:35.
19:29　家，兄弟，<姉妹>，父…畑を捨てた
者はすべて．マコ10:29，ルカ14:26.
ヨハ 11: 3　<姉妹>たちは，イエスのところに使
19:25　イエスの母と母の<姉妹>と，クロパ
使徒 23:16　パウロの<姉妹>の子が，この待ち伏
ロマ 16: 1　私たちの<姉妹>であるフィベを，あ
Ⅰテモ　5: 2　女たちには…<姉妹>に対するように
ヤコ　2:15　<姉妹>のだれかが，着る物がなく，
Ⅱヨハ　13　選ばれたあなたの<姉妹>の子どもた

▼ しまげ（〜毛）

創世 30:35　<しま毛>とまだら毛のある雄やぎと，

▼ しまつ（始末）

マタ 27: 4　「…自分で<始末>することだ」24.
使徒 18:15　自分たちで<始末>をつけるのがよか

▼ しまめのう（縞めのう）

創世　2:12　ベドラハと<しまめのう>もあった.
出エ 28: 9　二つの<しまめのう>を取ったなら，
20　<しまめのう>．35:9，27，39:6，13，
Ⅰ歴29:2，ヨブ28:16.
エゼ 28:13　緑柱石，<しまめのう>，碧玉，サフ

▼しまりのない（締まりのない）
IIテサ 3:6 <締まりのない>歩み方をして私たち
7 <締まりのない>ことはしなかったし，
11 <締まりのない>歩み方をしている人

▼じまん（自慢），自慢話
詩篇 94:4 不法を行う者はみな<自慢>します．
箴言 20:14 買ってしまえば，それを<自慢>する．
25:14 贈りもしない贈り物を<自慢>する者
イザ 16:6 誇りと…その<自慢話>は正しくない．
エレ 48:30 その<自慢話>は正しくない．その行
50:36 剣が<自慢>する者たちにも下り，彼
Iコリ 13:4 愛は<自慢>せず，高慢になりません．
IIコリ 11:17 愚か者としてする…<自慢話>です．
Iヨハ 2:16 暮らし向きの<自慢>などは，御父か

▼しみ
ヨブ 4:19 <しみ>のようにたやすく押しつぶさ
13:28 <しみ>が食い尽くす着物のようにな
27:18 彼は<しみ>が建てるような家を建て
詩篇 39:11 <しみ>が食うように，なくしてしま
イザ 50:9 <しみ>が彼らを食い尽くす．51:8．
ホセ 5:12 エフライムには，<しみ>のように，
ルカ 12:33 <しみ>もいためることがありません．

▼しみ
エペ 5:27 <しみ>や，しわや，そのようなもの
IIペテ 2:13 彼らは，<しみ>や傷のようなもので，
3:14 <しみ>も傷もない者として，平安を
ユダ 12 彼らは，あなたがたの愛餐の<しみ>

▼しみん（市民），市民権【別項】ローマ市民
使徒 21:39 私は…れっきとした町の<市民>です．
22:28 金を出して，この<市民権>を買った

▼シムア
1．人名．
(1)エッサイの3男．IIサム13:3，I歴2:13，20:7．
(2)ダビデの子の一人．I歴3:5．
(3)レビ人メラリの子孫．I歴6:30．
(4)レビ人ゲルショムの子孫．I歴6:39．
(5)ベニヤミンの子孫．ミクロテの子．I歴8:32．
2．シムア人．ケニ人の子孫．I歴2:55．

▼シムアテ〔人名〕
ヨザバデの母．II列12:21，II歴24:26．

▼シムアム〔人名〕
ベニヤミン族ミクロテの子．I歴9:38．

▼シムイ
1．人名．
(1)レビの孫．出エ6:17，民数3:18，I歴6:17．
(2)ベニヤミン族ゲラの子．IIサム16:5．
(3)ダビデの勇士の一人．I列1:8．
(4)ニヤミン族エラの子．I列4:18．
(5)ソロモンの子孫．ペダヤの子．I歴3:19．
(6)シメオン族ザクルの子．I歴4:26，27．
(7)ルベンの子孫．ゴグの子．I歴5:4．
(8)メラリの曾孫．リブニの子．I歴6:29．
(9)ベニヤミン族の家のかしら．I歴8:21．
(10)ダビデ時代のレビ人．I歴23:7，9，10．
(11)エドトンの子．楽人．I歴25:3．
(12)レビ人．楽人．I歴25:17．
(13)ぶどう畑をつかさどる者．ラマ人．I歴27:27．
(14)レビ人．ヘマンの子孫．楽人．II歴29:14．
(15)レビ人．カナヌヤの兄弟．II歴31:12，13．
(16)異邦人の女をめとった者の一人．エズ10:23．
(17)異邦人の女をめとった者の一人．エズ10:33．
(18)異邦人の女をめとった者の一人．エズ10:38．
(19)モルデカイの祖父．エス2:5．
2．シムイ族．1．(1)の氏族．民数3:21，ゼカ12:13．

▼しむける
ルツ 1:16 帰るように，私に<しむけ>ないでく
I列 12:15 主がそう<しむけ>られたからである．
II歴 10:15 神がそう<しむけ>られたからである．

▼シムシャイ〔人名〕
ペルシヤの書記官．エズ4:8，9，17，23．

▼シムラテ〔人名〕
ベニヤミン族シムイの子．I歴8:21．

▼ジムラン〔人名〕
アブラハムの子．創世25:2，I歴1:32．

▼シムリ〔人名〕
(1)シメオン部族の氏族の長．I歴4:37．
(2)ダビデの勇士．エディアエルの父．I歴11:45．
(3)レビ人メラリ族のホサの子．I歴26:10．
(4)レビ人のエリツァファン族の一人．II歴29:13．

▼ジムリ
1．地名．神の憤りの杯を飲む国．エレ25:25．
2．人名．
(1)シメオン族サルの子．民数25:14．

(2)イスラエルの王．Ⅰ列16:9，15，Ⅱ列9:31．
(3)ゼラフの子．ユダとタマルの孫．Ⅰ歴2:6．
(4)ベニヤミン族ヨナタンの子孫．Ⅰ歴8:36．

▼シムリテ〔人名〕

モアブの女．エホザバデの母．Ⅱ歴24:26．

▼シムロン

1.地名．カナンの町．ヨシ11:1，19:15．
2.人名．イッサカルの第４子．創世46:13，民数26:24，Ⅰ歴7:1．
3.シムロン族．民数26:24．

▼シムロン・メロン〔地名〕

カナンの町の一つ．ヨシ12:20．

▼シメイ〔人名〕

主イエスの先祖の一人．ルカ3:26．

▼しめい（使命）

ハガ 1:13 ハガイは，主から<使命>を受けて，

▼シメオン

1.人名．
(1)ヤコブとレアの第２子．創世29:33，34:25，42:24，49:5，出エ6:15，Ⅰ歴2:1，黙示7:7．
(2)ハリムの子孫の一人．エズ10:31．
(3)イエスを抱いた敬虔な人．ルカ2:25，28，34．
(4)主イエスの先祖の一人．ルカ3:30．
(5)ニゲルの副名．使徒13:1．
(6)シモン・ペテロの本来の名前のヘブル語式読み方あるいは書き方．使徒15:14．
2.シメオン族．1.(1)の子孫．民数2:12，7:36，26:12，ヨシ19:9，Ⅰ歴4:42．

▼しめころす（絞め殺す）

使徒 15:20 <絞め殺>した物と血とを避けるよう
29 <絞め殺>した物と，不品行とを避け

▼しめす（示す）

創世 12:1 わたしが<示す>地へ行きなさい．
22:2 あなたに<示す>一つの山の上で，全
26:2 わたしがあなたに<示す>地に住みな
41:28 なさろうとすることをパロに<示>さ
出エ 15:25 主は彼に１本の木を<示>されたので，
25:40 山で<示>される型どおりに作れ．
レビ 24:12 彼らにはっきりと<示す>ため，この
民数 8:4 主がモーセに<示>された型のとおり
15:34 はっきりと<示>されていなかったの
16:5 だれが聖なるものかをお<示>しにな
23:3 私にお<示>しになることはどんなこ
申命 1:33 あなたがたの進んで行く道を<示>さ
3:24 このしもべに<示>し始められました．
4:35 あなたにこのことが<示>されたのは
5:24 栄光と偉大さとを私たちに<示>され
士師 13:23 私たちにお<示>しにならなかったで
Ⅰサム 3:7 主のことばも…彼に<示>されていな
14:41 みこころをお<示>しください」と言
Ⅱ列 8:10 彼が必ず死ぬことも<示>された．」
Ⅱ歴 15:2 あなたがたにご自身を<示>してくだ
4 彼らにご自身を<示>してくださいま
エス 1:4 栄誉を幾日も<示>して，180日に及
ヨブ 26:3 豊かなすぐれた知性を<示>したのか．
33:32 あなたの正しいことを<示>してほし
36:2 しばらく待て．あなたに<示>そう．
40:7 あなたに尋ねる．わたしに<示>せ．
42:4 あなたに尋ねる．わたしに<示>せ．
詩篇 19:2 昼は昼へ…夜は夜へ，知識を<示す>．
85:7 私たちに，あなたの恵みを<示>し，
イザ 2:1 エルサレムについて<示>された先見
19:21 主はエジプト人にご自身を<示>し，
21:2 きびしい幻が，私に<示>された．裏
30:30 主は…御腕の下るのを<示>される．
エレ 24:1 主は私に<示>された…主の宮の前に，
38:21 これが，主の私に<示>されたみこと
エゼ 11:25 主が私に<示>されたことを…告げた．
38:23 わたしの大いなることを<示>し，わたしの聖なることを<示>して，多く
43:11 すべての構造…律法を<示>し，彼ら
ダニ 2:10 王の言われることを<示す>ことのできる者はひとりもありません．11．
5:7 解き明かしを<示す>者にはだれでも，
11:2 今，私は，あなたに真理を<示す>．
アモ 3:7 預言者たちに<示>さないでは，何事
7:1 主は，私にこのように<示>された．
ゼパ 3:5 ご自分の公義を残らず…<示す>．し
ゼカ 1:9 「これらが何か，あなたに<示>そう．」
マタ 10:19 話すべきことは，そのとき<示>され
13:24 別のたとえを彼らに<示>して言われ
16:17 あなたに明らかに<示>したのは人間
21 …ならないことを弟子たちに<示>し
マコ 13:11 自分に<示>されることを，話しなさ
ルカ 6:47 どんな人に似ているか…<示>しまし
ヨハ 5:20 父が…子にお<示>しになるからです…さらに大きなわざを子に<示>され
10:32 わざを，あなたがたに<示>しました．
12:33 どのような死に方で死ぬかを<示>し
16:13 御霊は…あなたがたに<示す>からで

20:20 手とわき腹を彼らに<示>された．弟
21:19 神の栄光を現すかを<示>して，言わ
使徒 1: 3 生きていることを使徒たちに<示>さ
25 どちらをお選びになるか，お<示>し
2:28 御顔を<示>して，私を喜びで満たし
7: 3 わたしがあなたに<示す>地に行け』
9:16 わたしは彼に<示す>つもりです．」
10:22 聖なる御使いによって<示>されまし
28 …とか言ってはならないことを<示>
20:35 万事につけ，あなたがたに<示>して
25:27 訴えの個条を<示>さないのは，理に
ロマ 1: 4 公に神の御子として<示>された方，
2:15 心に書かれていることを<示>してい
3:21 律法とは別に…神の義が<示>されま
25 供え物として，公にお<示>しになり
9:17 あなたにおいてわたしの力を<示>し，
Ⅰコリ 12:31 さらにまさる道を<示>してあげまし
Ⅱコリ 4:10 私たちの身において明らかに<示>さ
8:24 諸教会の前で，彼らに<示>してほし
ガラ 2: 2 福音を，人々の前に<示>し，おもだ
エペ 2: 7 慈愛によって明らかにお<示>しにな
コロ 4: 1 奴隷に対して正義と公平を<示>しな
Ⅰテモ 1:16 私に対してこの上ない寛容を<示>し
Ⅱテモ 1:18 主があわれみを彼に<示>してくださ
テト 3: 2 優しい態度を<示す>者とならせなさ
ヘブ 6:10 御名のために<示>したあの愛をお忘
11 同じ熱心さを<示>して，最後まで，
17 さらにはっきり<示>そうと思い，誓
8: 5 山であなたに<示>された型に従って，
12:27 取り除かれることを<示>しています．
ヤコ 2:13 あわれみを<示>したことのない者に
3:13 良い生き方によって<示>しなさい．
Ⅱペテ 1:14 私にはっきりお<示>しになったとお
Ⅰヨハ 4: 9 神の愛が私たちに<示>されたのです．
黙示 4: 1 必ず起こる事をあなたに<示>そう．」
22: 6 しもべたちに<示>そうとされたので
8 それらのことを<示>してくれた御使

▼ しめだす（締め出す）

ガラ 4:17 福音の恵みから<締め出>そうとして
Ⅰヨハ 4:18 全き愛は恐れを<締め出>します．な

▼ じめつ（自滅）

使徒 5:38 人から出たものならば，<自滅>して

▼ しめる

創世 19: 6 ロトは…うしろの戸を<しめ>た．
ネヘ 13:19 とびらを<しめ>させ，安息日が済む
マタ 6: 6 祈るときには…戸を<しめ>て，隠れ
25:10 婚礼の祝宴に行き，戸が<しめ>られ
ルカ 13:25 戸を<しめ>てしまってからでは，外
ヨハ 20:19 戸が<しめ>てあったが，イエスが来

▼ しめる（締める）【別項】締め殺す，締め出す

出エ 29: 5 エポデのあや織りの帯を<締め>させ
9 飾り帯を<締め>させ．レビ8:7.
Ⅱ列 1: 8 腰に皮帯を<締め>た人でした」と答
詩篇 76:10 憤りの余りまでをも身に<締め>られ
109:19 いつも，<締め>ている帯となります
イザ 22:21 あなたの飾り帯を彼に<締め>，あな
ダニ 10: 5 腰にはウファズの金の帯を<締め>て

▼ じめん（地面）

申命 22: 6 <地面>に鳥の巣を見つけ，それにひ
Ⅱサム 8: 2 彼らを<地面>に伏させて，なわで彼
17:12 露が<地面>に降りるように彼を襲い，
20:10 はらわたが<地面>に流れ出た．この
エレ 14: 4 大雨が降らず，<地面>が割れたため，
ルカ 6:49 土台なしで<地面>に家を建てた人に
ヨハ 8: 6 指で<地面>に書いておられた．8.
9: 6 <地面>につばきをして…泥を作られ

▼ しも（霜）

出エ 16:14 <霜>のような細かいもの，うろこの
ヨブ 38:29 空の白い<霜>はだれが生んだか．
詩 147:16 主は…灰のように<霜>をまかれる．
ゼカ 14: 6 光も，寒さも，<霜>もなくなる．

▼ しものいけ（下の池）

イザ 22: 9 <下の池>の水を集めた．

▼ しものいずみ（下の泉）

士師 1:15 カレブは，上の泉と<下の泉>とを彼女に与えた．ヨシ15:19.

▼ しもべ【別項】ソロモンのしもべたち，宮に仕えるしもべたち

創世 9:25 「のろわれよ．カナン．兄弟たちの<しもべ>らの<しもべ>となれ．」27.
14:14 家で生まれた<しもべ>ども318人を
18: 3 あなたの<しもべ>のところを素通り
20: 8 彼の<しもべ>を全部呼び寄せ，これ
24: 2 家の最年長の<しもべ>．5，9，10，14，17，34，52，59，61，65，66.
26:14 多くの<しもべ>たちを持つようにな
15 父の<しもべ>たちが掘った…井戸に
24 わたしの<しもべ>アブラハムのゆえ
25 イサクの<しもべ>らは，そこに井戸

27:37 兄弟を，<しもべ>として彼に与えた．
32: 4 あなたの<しもべ>ヤコブ．18，20．
10 あなたが<しもべ>に賜った…恵みと
33: 5 <しもべ>に恵んでくださった子ども
41:10 パロが<しもべ>らを怒って…拘留な
42:10 <しもべ>どもは食糧を買いにまいっ
13 <しもべ>どもは12人の兄弟で，カナ
43:28 あなたの<しもべ>，私たちの父は元
44: 7 <しもべ>どもがそんなことをするな
ど．16，19，21，23，27，31，33．
46:34 <しもべ>どもは若い時から今まで，
50: 2 ヨセフは彼の<しもべ>である医者た
17 父の神の<しもべ>たちのそむきを赦
出エ 4:10 <しもべ>に語られてからもそうです．
5:15 なぜあなたの<しもべ>どもを，この
9:20 <しもべ>たちと家畜を家に避難させ
32:13 あなたの<しもべ>アブラハム，イサ
レビ 25:55 イスラエル人は<しもべ>だからであ
る．彼らは…わたしの<しもべ>であ
民数 11:11 なぜ，あなたは<しもべ>を苦しめら
12: 7 わたしの<しもべ>モーセとはそうで
14:24 わたしの<しもべ>カレブは，ほかの
32: 4 <しもべ>どもは家畜を持っているの
25 <しもべ>どもは…命じるとおりにし
申命 3:24 あなたはこの<しもべ>に示し始めら
32:36 主は…主の<しもべ>らをあわれむ．
43 ご自分の<しもべ>の血のかたきを討
34: 5 主の<しもべ>モーセ．出エ14:31，
ヨシ1:1，8:31，9:24，11:12，12:6，
13:8，14:7，22:2，Ⅱ列18:12，Ⅰ歴
6:49，Ⅱ歴1:3，24:6，ダニ9:11．
ヨシ 5:14 主は，何をその<しもべ>に告げられ
9: 8 私たちはあなたの<しもべ>です．」
24 <しもべ>どもは，はっきり知らされ
10: 6 <しもべ>どもから…手を引かないで，
24:29 主の<しもべ>…ヨシュア．士師2:8．
士師 3:24 王の<しもべ>たちがやって来た．そ
25 <しもべ>たちはいつまでも待ってい
6:27 <しもべ>の中から10人を引き連れて，
15:18 <しもべ>の手で，この大きな救いを
Ⅰサム 3: 9 主よ…<しもべ>は聞いております』
12:19 <しもべ>どものために…主に祈り，
17:32 この<しもべ>が行って…戦いましょ
34 <しもべ>は，父のために羊の群れを
22: 8 あの<しもべ>を私に，はむかわせる
23:11 <しもべ>が聞いたとおり下って来る
でしょうか…<しもべ>にお告げくだ
25: 8 この<しもべ>たちと…ダビデに，何
39 <しもべ>が悪を行うのを引き止めて
41 ご主人さまの<しもべ>たちの足を洗
29: 8 この<しもべ>に何か，あやまちでも
Ⅱサム 3:18 わたしの<しもべ>ダビデ．7:5，8，
Ⅰ列11:13，36，38，14:8，Ⅱ列19:
34，Ⅰ歴17:4，7，詩篇89:3，20，
エレ33:21，22，26，ルカ1:69．
7:19 この<しもべ>の家にも，はるか先の
ことまで告げてくださ．Ⅰ歴17:17．
20 あなたはこの<しもべ>をよくご存じ
27 <しもべ>は…あなたに祈る勇気を得
8: 2 モアブはダビデの<しもべ>となり，
9: 2 ツィバという名の<しもべ>がいた…
彼は答え…「はい，この<しもべ>で
8 この<しもべ>が何者だというので，
9 サウルの<しもべ>ツィバを呼び寄せ
12 メフィボシェテの<しもべ>となった．
10:19 和を講じ，彼らの<しもべ>となった．
13:24 <しもべ>が羊の毛の刈り取りの祝い
を…<しもべ>といっしょにおいでく
35 <しもべ>が申し上げたとおりになり
14:22 <しもべ>は…ご好意にあずかってい
ることがわかりました…王さまはこ
の<しもべ>の願いを聞き入れてくだ
16: 1 メフィボシェテの<しもべ>ツィバが
19:17 サウルの家の<しもべ>ツィバも，15
19 <しもべ>が犯した咎を，思い出さな
いでください．26，27，28，36，37．
35 <しもべ>は…味わうことができませ
ん…<しもべ>が王さまの重荷になれ
24:10 <しもべ>の咎を見のがしてください．
21 なぜ，王さまは，この<しもべ>のと
Ⅰ列 3: 6 あなたの<しもべ>，私の父ダビデに
8:24，25，26，Ⅱ歴6:15，16．
7 あなたは…この<しもべ>を王とされ
9 聞き分ける心を<しもべ>に与えてく
8:23 あなたの<しもべ>たちに対し，契約
28 <しもべ>の祈りと願いに御顔を向け
てください．29，30，32，36，52，
Ⅱ歴6:19，20，21，23，27．
59 <しもべ>の言い分や，御民イスラエ
12: 7 あなたが，この民の<しもべ>となっ

て…あなたの<しもべ>となるでしょ
18:12 <しもべ>は子どものころから主を恐
36 私があなたの<しもべ>であり，あな
20:40 <しもべ>が何やかやしているうちに，
II列 1:13 あなたの<しもべ>50人のいのちとを
5:15 あなたの<しもべ>からの贈り物を受
18 主が次のことを<しもべ>にお許しく
9: 7 主のすべての<しもべ>たちの血の復
16: 7 私はあなたの<しもべ>であり，あな
21: 8 わたしの<しもべ>モーセ．マラ4:4.
24: 2 主がその<しもべ>である預言者たち
I歴 17:18 この<しもべ>に誉れを与えてくださ
った…あなたはこの<しもべ>をよく
19 あなたは，この<しもべ>のために，
19:19 <しもべ>たちは…ダビデと和を講じ，
彼の<しもべ>となった．アラムはそ
エズ 4:11 川向こうの者，あなたの<しもべ>た
5:11 私たちは天と地の神の<しもべ>であ
ネヘ 1: 6 <しもべ>の祈りを聞いてください…
あなたの<しもべ>イスラエル人のた
7 あなたの<しもべ>モーセにお命じに
なった命令も．8，9:14，10:29.
10 あなたが贖われたあなたの<しもべ>，
11 この<しもべ>の祈りと…あなたの
<しもべ>たちの祈りとに，耳を傾け
て…この<しもべ>に幸いを見せ，こ
ヨブ 1: 3 非常に多くの<しもべ>を持っていた．
8 わたしの<しもべ>ヨブ．2:3，42:8.
4:18 神はご自分の<しもべ>さえ信頼せず，
詩 18題目 主の<しもべ>ダビデによる．36題目．
19:11 あなたの<しもべ>は戒めを受ける．
13 あなたの<しもべ>を，傲慢の罪から
27: 9 あなたの<しもべ>を，怒って，押し
31:16 御顔をあなたの<しもべ>の上に照り
34:22 主はその<しもべ>のたましいを贖い
35:27 ご自分の<しもべ>の繁栄を喜ばれる
69:17 あなたの<しもべ>に御顔を隠さない
36 主の<しもべ>の子孫はその地を受け
78:70 主はまた，<しもべ>ダビデを選び，
86: 2 あなたの<しもべ>を救ってください．
4 <しもべ>のたましいを喜ばせてくだ
16 あなたの<しもべ>に御力を与え，あ
89:50 <しもべ>たちの受けるそしりを．私
90:13 <しもべ>らを，あわれんでください．
16 みわざをあなたの<しもべ>らに，あ
102:14 あなたの<しもべ>はシオンの石を愛
109:28 しかしあなたの<しもべ>は喜びます．
113: 1 主の<しもべ>たちよ．ほめたたえよ．
116:16 私はまことにあなたの<しもべ>です．
私は，あなたの<しもべ>，あなたの
119:17 あなたの<しもべ>を豊かにあしらい，
49 <しもべ>へのみことばを思い出して
65 あなたは…<しもべ>に良くしてくだ
84 <しもべ>の日数は，どれだけでしょ
122 <しもべ>の幸いの保証人となってく
125 私はあなたの<しもべ>です．私に悟
176 あなたの<しもべ>を捜し求めてくだ
134: 1 主をほめたたえよ．主のすべての
<しもべ>たち．135:1.
143: 2 <しもべ>をさばきにかけないでくだ
12 私はあなたの<しもべ>ですから．
144:10 神の<しもべ>ダビデを，悪の剣から
箴言 11:29 心に知恵のある者の<しもべ>となる．
14:35 思慮深い<しもべ>は王の好意を受け，
17: 2 思慮のある<しもべ>は，恥知らずの
22: 7 借りる者は貸す者の<しもべ>となる．
29:19 <しもべ>をことばだけで戒めること
21 <しもべ>を幼い時から甘やかすと，
30:10 <しもべ>のことを，その主人に中傷
伝道 7:21 <しもべ>があなたをのろうのを聞か
イザ 20: 3 わたしの<しもべ>イザヤが，3年間，
41: 8 わたしの<しもべ>，イスラエルよ．
42: 1 わたしのささえるわたしの<しもべ>，
19 わたしの<しもべ>ほどの盲目の者が
…主の<しもべ>のような盲目の者が，
43:10 わたしが選んだわたしの<しもべ>で
44: 1 わたしの<しもべ>ヤコブ．45:4，エ
ゼ28:25，37:25.
21 イスラエルよ．あなたはわたしの
<しもべ>…わたし自身の<しもべ>だ．
26 わたしの<しもべ>のことばを成就さ
48:20 主が，その<しもべ>ヤコブを贖われ
49: 5 私をご自分の<しもべ>として造られ
50:10 その<しもべ>の声に聞き従うのか．
52:13 見よ．わたしの<しもべ>は栄える．
53:11 わたしの正しい<しもべ>は，その知
54:17 主の<しもべ>たちの受け継ぐ分，わ
56: 6 その<しもべ>となった外国人がみな，
65: 8 <しもべ>たちのために…全部は滅ぼ
9 わたしの<しもべ>たちがそこに住む．

13 見よ．わたしの<しもべ>たちは食べる…わたしの<しもべ>たちは喜ぶ．
15 <しもべ>たちを，ほかの名で呼ばれ
66:14 主の御手は…<しもべ>たちに知られ，
エレ 7:25 わたしの<しもべ>である…預言者たち．26:5，29:19，35:15，44:4，エゼ38:17，ゼカ1:6．
25: 4 主の<しもべ>である預言者たちを早
9 わたしの<しもべ>バビロンの王ネブ
30:10 わたしの<しもべ>ヤコブよ．恐れる
エゼ 34:23 わたしの<しもべ>ダビデを起こす．
ダニ 1:12 10日間，<しもべ>たちをためしてく
2: 4 夢を<しもべ>たちにお話しください．
3:26 いと高き神の<しもべ>たち．すぐ出
28 神は…この<しもべ>たちを救われた．
6:20 生ける神の<しもべ>ダニエル．あな
9:17 <しもべ>の祈りと願いとを聞き入れ，
10:17 わが主の<しもべ>が，どうしてわが
ヨエ 2:29 <しもべ>にも，はしためにも，わたしの霊を注ぐ．使徒2:18．
ハガ 2:23 わたしの<しもべ>ゼルバベルよ．わ
ゼカ 3: 8 わたしの<しもべ>，一つの若枝を来
マラ 1: 6 子は父を…<しもべ>は…主人を敬う．
マタ 8: 6 私の<しもべ>が中風で，家に寝てい
9 <しもべ>に『これをせよ』と言えば，
10:24 <しもべ>はその主人にまさりません．
12:18 わたしの選んだわたしの<しもべ>，
18:23 王はその<しもべ>たちと清算をしたいと思った．24，26，27，28．
20:27 人の先に立ちたいと思う者は…<しもべ>になりなさい．マコ10:44．
21:34 農夫たちのところへ<しもべ>たちを遣わした．マコ12:2，ルカ20:10．
22: 3 お客を呼びに，<しもべ>たちを遣わした．4，6，8，10，13，ルカ14:17．
24:45 家の<しもべ>たちを任されて…賢い<しもべ>とは，いったいだれでしょ
25:14 <しもべ>たちを呼んで…財産を預け，
23 よくやった．良い忠実な<しもべ>だ．
30 役に立たぬ<しもべ>は，外の暗やみ
ルカ 1:54 <しもべ>イスラエルをお助けになり
2:29 あなたの<しもべ>を，みことばどお
7: 7 私の<しもべ>は必ずいやされます．
12:37 目をさましているところを見られる<しもべ>たちは幸いです…主人のほうが…<しもべ>たちを食卓に着かせ，
47 働きもしなかった<しもべ>は，ひど
16:13 <しもべ>は，ふたりの主人に仕える
ヨハ 13:16 <しもべ>はその主人にまさらず，遣
15:15 あなたがたを<しもべ>とは呼びません．<しもべ>は主人のすることを知
使徒 3:13 神は…<しもべ>イエスに栄光をお与
26 神は，まずその<しもべ>を立てて，
4:27 あなたの聖なる<しもべ>イエス．30．
29 <しもべ>たちにみことばを大胆に語
16:17 この人たちは…神の<しもべ>たちで，
ロマ 1: 1 キリスト・イエスの<しもべ>．ピリ1:1，ヤコ1:1，Ⅱペテ1:1，ユダ1．
13: 4 彼は神の<しもべ>であって，悪を行
14: 4 あなたは…他人の<しもべ>をさばくのですか．<しもべ>が立つのも倒れるのも…この<しもべ>は立つのです．
15: 8 割礼のある者の<しもべ>となられま
Ⅱコリ 6: 4 自分を神の<しもべ>として推薦して
11:15 義の<しもべ>に変装したとしても，
23 彼らはキリストの<しもべ>ですか．
ガラ 1:10 キリストの<しもべ>とは言えません．
コロ 1: 7 私たちと同じ<しもべ>である愛する
4: 7 同労の<しもべ>であるテキコが，あ
Ⅱテモ 2:24 主の<しもべ>が争ってはいけません．
テト 1: 1 神の<しもべ>…キリストの使徒パウ
ヘブ 3: 5 モーセは，<しもべ>として神の家全
Ⅰペテ 2:18 <しもべ>たちよ．尊敬の心を込めて
黙示 1: 1 起こるはずの事をその<しもべ>たちに示すため…<しもべ>ヨハネにお告
2:20 わたしの<しもべ>たちを教えて誤り
6:11 あなたがたと同じ<しもべ>，また兄
7: 3 神の<しもべ>たちの額に印を押して
19: 5 すべての，神の<しもべ>たち．小さ
22: 3 その<しもべ>たちは神に仕え，
9 堅く守る人々と同じ<しもべ>です．

▼しもべテ・ホロン（下ベテ・ホロン）

エフライムの町．ヨシ16:3，Ⅰ歴7:24．

▼シモン〔人名〕

(1)ユダの子孫の一人．Ⅰ歴4:20．

(2)シモン・ペテロと同人．マタ4:18，10:2，17:25，マコ1:16，29，30，36，14:37，ルカ4:38，5:3，4，5，10，6:14，22:31，33，24:34，ヨハ1:41，42，21:16，17，使徒10:18，32，11:13．

⑶主イエスの兄弟．マタ13:55，マコ6:3．
⑷イスカリオテ・ユダの父．ヨハ6:71，13:2，26．
⑸熱心党員．12使徒の一人．マタ10:4，マコ3:18，ルカ6:15，使徒1:13．
⑹らい病人．マタ26:6，マコ14:3．
⑺パリサイ人．ルカ7:40，43，44．
⑻クレネ人．マタ27:32，マコ15:21，ルカ23:26．
⑼魔術師．使徒8:9，13，18，24．
⑽皮なめし職人．使徒9:43，10:6，17，32．

▼ シモン・ペテロ〔人名〕

12弟子の一人．マタ16:16，ルカ5:8，ヨハ1:40，6:8，68，13:6，9，24，36，18:10，15，25，20:2，6，21:2，3，7，11，15，IIペテ1:1．

▼ じゃあく（邪悪）

詩篇 41: 8 <邪悪>なものが，彼に取りついてい
箴言 6:18 <邪悪>な計画を細工する心，悪へ走
17: 4 悪を行う者は<邪悪>なくちびるに聞
マタ 12:45 <邪悪>なこの時代もまた，そういう
ルカ 11:39 内側は，強奪と<邪悪>とでいっぱい
使徒 3:26 <邪悪>な生活から立ち返らせてくだ
エペ 6:13 <邪悪>な日に際して対抗できるよう
ピリ 2:15 曲がった<邪悪>な世代の中にあって

▼ シャアシュガズ〔人名〕

アハシュエロス王の宦官．エス2:14．

▼ シャアフ〔人名〕

⑴ヤフダイの子．カレブの子孫．I歴2:47．
⑵カレブのそばめマアカの子．I歴2:49．

▼ シャアライム〔地名〕

⑴ユダの低地の町の一つ．ヨシ15:36，Iサム17:52．
⑵シメオン部族の人々が住んだ町．I歴4:31．

▼ シャアラビン〔地名〕

ダンの町の一つ．ヨシ19:42．

▼ シャアリム〔地名〕

サウルがろばを探し歩いた地．Iサム9:4．

▼ シャアルビム〔地名〕

1. 地名．シャアラビンと同地．士師1:35，I列4:9．
2. シャアルビム人．IIサム23:32，I歴11:33．

▼ シャウシャ〔人名〕

ダビデ王朝の書記．I歴18:16．

▼ しゃく（笏）

民数 21:18 <笏>をもって，杖をもって，つかさ
エス 4:11 王がその者に金の<笏>を差し伸ばせ
イザ 14: 5 杖と，支配者の<笏>とを折られたの
エレ 48:17 どうして…美しい<笏>が砕かれたの

▼ しゃくど（尺度）

II歴 3: 3 長さは先代の<尺度>のキュビトにし
黙示 21:17 人間の<尺度>で144ペーキュス…これが御使いの<尺度>でもあった．

▼ しゃくほう（釈放）

エレ 40: 1 エレミヤを<釈放>して後に，主から
4 私はきょう…あなたを<釈放>する．
52:31 ユダの王エホヤキンを<釈放>し，獄
マタ 27:17 だれを<釈放>してほしいのか．21．
26 バラバを<釈放>し．マコ15:11，15，ルカ23:18，25．
ルカ 23:16 懲らしめたうえで，<釈放>します．」
20 ピラトは，イエスを<釈放>しようと思って．ヨハ19:12，使徒3:13．
ヨハ 18:39 ひとりの者を<釈放>するのがならわしになっています…ユダヤ人の王を<釈放>することに．マコ15:9．
19:10 私にはあなたを<釈放>する権威があ
使徒 4:21 ふたりを…おどし…<釈放>した．23．
5:40 使徒たちを呼んで…<釈放>した．
16:35 あの人たちを<釈放>せよ」と言わせ
36 あなたがたを<釈放>するようにと，
26:32 上訴しなかったら，<釈放>されたで
28:18 ローマ人は…私を<釈放>しようと思
ヘブ 11:35 <釈放>されることを願わないで拷問
13:23 テモテが<釈放>されたことをお知ら

▼ シャゲ〔人名〕

ダビデ30勇士の一人ヨナタンの父．I歴11:34．

▼ しゃこ

Iサム 26:20 山で，<しゃこ>を追うように，1匹
エレ 17:11 <しゃこ>が自分で生まなかった卵を

▼ しゃこうじょう（社交場）

箴言 21: 9 争い好きな女と<社交場>にいるより

▼ シャシャイ〔人名〕

異邦人の女をめとった者の一人．エズ10:40．

▼ シャシャク〔人名〕

ベニヤミン族．ベリアの子．I歴8:14．

▼ ジャッカル

士師 15: 4 <ジャッカル>を300匹捕らえ，たい
5 <ジャッカル>をペリシテ人の麦畑の
ヨブ 30:29 私は<ジャッカル>の兄弟となり，だ
詩篇 44:19 <ジャッカル>の住む所で私たちを砕

イザ 13:22 <ジャッカル>は，豪華な宮殿で，ほ
34:13 <ジャッカル>の住みか．エレ9:11，49:33，51:37．
35: 7 <ジャッカル>の伏したねぐらは，葦
エレ 14: 6 <ジャッカル>のようにあえぎ，目も
哀歌 4: 3 <ジャッカル>さえも乳房をあらわし，
ミカ 1: 8 わたしは<ジャッカル>のように嘆き，
マラ 1: 3 荒野の<ジャッカル>のものとした．」

▼ しゃっきん（借金）
マタ 18:27 彼を赦し，<借金>を免除してやった．28，30，32，34．

▼ シャデラク〔人名〕
ハナヌヤのバビロニヤ名．ダニ1:7，2:49，3:12，13，14，16，19，20，22，23，26，28，29，30．

▼ じゃねん（邪念）
申命 15: 9 あなたは心に<邪念>をいだき…物惜
エレ 4:14 あなたの中には<邪念>が宿っている

▼ シャハツィマ〔地名〕
イッサカルの町．ヨシ19:22．

▼ シャハライム〔人名〕
ベニヤミン族出身．Ⅰ歴8:8．

▼ シャファテ〔人名〕
(1)シメオン族ホリの子．民数13:5．
(2)エリシャの父．Ⅰ列19:16，Ⅱ列3:11，6:31．
(3)ダビデの子孫．シェマヤの末子．Ⅰ歴3:22．
(4)ガド族出身．バシャンに住んだ．Ⅰ歴5:12．
(5)アデライの子．牛の飼育係．Ⅰ歴27:29．

▼ シャファム〔人名〕
ガド族出身．バシャンに住んだ．Ⅰ歴5:12．

▼ シャファン〔人名〕
(1)ヨシヤ王の書記．Ⅱ列22:3，8，9，10，12，14，Ⅱ歴34:15，16，18，20．
(2)ヤアザヌヤの父．エゼ8:11．

▼ シャフィル〔地名〕
ミカの歌に出てくる町の一つ．ミカ1:11．

▼ シャベ・キルヤタイム〔地名〕
キルヤタイムの野か．創世14:5．

▼ シャベタイ〔人名〕
律法の教師．エズ10:15，ネヘ8:7，11:16．

▼ シャベのたに（～谷）
アブラハムが，ソドムの王とシャレムの王メルキゼデクとに会った場所．創世14:17．

▼ シャベル
イザ 30:24 <シャベル>や熊手でふるい分けられ

▼ シャマ〔人名〕
(1)ダビデ30勇士の一人．ホタムの子．Ⅰ歴11:44．
(2)レウエルの子．創世36:13，Ⅰ歴1:37．
(3)エッサイの３男．Ⅰサム16:9，17:13．
(4)ダビデの３勇士の一人．Ⅱサム23:11，33．
(5)ハロデ人．ダビデ30勇士の一人．Ⅱサム23:25．
(6)アシェル族．ツォファフの子．Ⅰ歴7:37．

▼ じゃま（邪魔）
ルツ 2: 9 あなたの<じゃま>をしてはならない
マタ 16:23 あなたはわたしの<邪魔>をするもの
Ⅲヨハ 10 受け入れたいと思う人々の<邪魔>を

▼ シャマイ〔人名〕
(1)ユダ族．オナムの子．Ⅰ歴2:28，32．
(2)ユダ族．レケムの子．Ⅰ歴2:44，45．
(3)ユダの子孫の一人．Ⅰ歴4:17．

▼ シャミル
1. 地名．
(1)ユダの山地の町の一つ．ヨシ15:48．
(2)エフライムの山地にある町．士師10:1，2．
2. 人名．レビ人ミカの子．Ⅰ歴24:24．

▼ シャムア〔人名〕
(1)カナンの偵察者．ザクルの子．民数13:4．
(2)ダビデの子．Ⅱサム5:14，Ⅰ歴14:4．
(3)レビ人．ガラルの子．ネヘ11:17．
(4)エホヤキム時代の祭司．ビルガ族．ネヘ12:18．

▼ シャムガル〔人名〕
アナテの子．士師3:31，5:6．

▼ シャムシェライ〔人名〕
ベニヤミン族．エロハムの子．Ⅰ歴8:26．

▼ シャムフテ〔人名〕
イズラフ人．ダビデの勇士の一人．Ⅰ歴27:8．

▼ しゃめん（赦免）
マタ 27:15 祭りには…いつも望みの囚人をひとりだけ<赦免>してやって．マコ15:6．
ルカ 4:18 捕らわれ人には<赦免>を，盲人には

▼ シャモテ〔人名〕
ダビデ30勇士の一人．ハロリ人．Ⅰ歴11:27．

▼ シャライ〔人名〕
異邦人の女をめとった者の一人．エズ10:40．

▼ シャラル〔人名〕
ダビデ30勇士の一人アヒアムの父．Ⅱサム23:33．

▼ じゃり
箴言 20:17 その口は<じゃり>でいっぱいになる.

▼ シャリシャ〔地名〕
サウルがろばを捜し歩いた地. Ⅰサム9:4.

▼ しゃりん（車輪）
出エ 14:25 戦車の<車輪>をはずして，進むのを
Ⅰ列 7:30 台には青銅の<車輪>四つと，青銅の
イザ 5:28 その<車輪>はつむじ風のように思わ
28:27 脱穀車の<車輪>を回さない. 28.
エレ 47: 3 戦車の響き，<車輪>の騒音のため，
エゼ 10: 2 <車輪>の間に入り，ケルビムの. 6.
ダニ 7: 9 御座は火の炎…<車輪>は燃える火で，
ナホ 3: 2 むちの音. <車輪>の響き. 駆ける馬.
ヤコ 3: 6 舌は…人生の<車輪>を焼き…ゲヘナ

▼ シャルヘン〔地名〕
シメオンの町の一つ. ヨシ19:6.

▼ シャルマヌエセル〔人名〕
アッシリヤの王. Ⅱ列17:3, 18:9.

▼ シャルム〔人名〕
(1)イスラエルの王. Ⅱ列15:10, 13, 14, 15.
(2)女預言者フルダの夫. Ⅱ列22:14, Ⅱ歴34:22.
(3)シセマイの子. エカムヤの父. Ⅰ歴2:40, 41.
(4)ユダ王エホアハズのこと. Ⅰ歴3:15, エレ22:11.
(5)サウルの子. シメオンの孫. Ⅰ歴4:25.
(6)エズラの先祖. Ⅰ歴6:12, 13, エズ7:2.
(7)ナフタリの末子. Ⅰ歴7:13.
(8)コレの子. また彼の一族. Ⅰ歴9:17, 19, 31, エズ2:42, 10:24, ネヘ7:45.
(9)エフライム族の長ヒゼキヤの父. Ⅱ歴28:12.
(10)レビ人. 門衛. エズ10:24.
(11)異邦人の女をめとった者の一人. エズ10:42.
(12)ロヘシュの子. 城壁を修理した人. ネヘ3:12.
(13)エレミヤのおじ. エレ32:7.
(14)マアセヤの父. エレ35:4.

▼ シャルン〔人名〕
コル・ホゼの子. ミツパ地区の長. ネヘ3:15.

▼ シャレケテもん（〜門）
神殿の西側の門. Ⅰ歴26:16.

▼ シャレマン〔人名〕
ナフタリの町を攻撃した外国の王. ホセ10:14.

▼ シャレム〔地名〕
メルキゼデクの治めていた地. 新約ではサレム. 創世14:18, 詩篇76:2.

▼ シャロン
1. 地名.
(1)地中海沿岸の平原. サロンと同一. ヨシ12:18, Ⅰ歴27:29, 雅歌2:1, イザ33:9, 35:2, 65:10.
(2)ヨルダン川の東側の地. Ⅰ歴5:16.
2. シャロン人. 1.(1)の出身者. Ⅰ歴27:29.

▼ しゅ（主）【別項】イスラエルの神，主；神である主・神であられる主；神なる主；主イエス；主イエス・キリスト；主キリスト；主キリスト・イエス；主の家；主の兄弟；主のことば・主のみ（お）ことば；主の主；主の神殿；主の戦いの書；主の使い；主の箱；主の日；主の道；主の御名・主の名；主の宮；主の霊；万軍の主
創世 12: 7 <主>がアブラハムに現れ. 17:1.
18:14 <主>に不可能なことがあろうか. わ
22:14 <主>の山の上には備えがある」と言
26: 2 <主>はイサクに現れて仰せられた.
28:13 <主>が彼のかたわらに立っておられ
16 <主>がこの所におられるのに，私は
出エ 3:18 <主>が私たちとお会いになりました.
4:11 それはこのわたし，<主>ではないか.
6: 2 わたしは<主>である. 29, レビ18:5.
3 <主>という名では…知らせなかった.
14: 4 わたしが<主>であることを知るよう
15:26 わたしは<主>，あなたをいやす者で
23:17 年に3度，男子は…<主>の前に出な
32:26 だれでも，<主>につく者は，私のと
34: 6 <主>，<主>は，あわれみ深く，情け
レビ 19: 2 <主>であるわたしが聖であるから，
民数 6:24 <主>があなたを祝福し，あなたを守
25 <主>が御顔をあなたに照らし，あな
14: 9 <主>が私たちとともにおられるのだ.
23:21 神，<主>は彼らとともにおり，王を
申命 6: 4 <主>は私たちの神. <主>はただひと
29:29 私たちの神，<主>のものである. し
33: 2 <主>はシナイから来られ，セイルか
ヨシ 1: 9 <主>が，あなたの行く所どこにでも，
24:15 私と私の家とは，<主>に仕える.」
士師 8:23 <主>があなたがたを治められます.」
ルツ 2: 4 <主>があなたがたとともにおられま
Ⅰサム 2: 2 <主>のように聖なる方はありません.
3: 9 <主>よ. お話しください. しもべは

16: 7 人はうわべを見るが，<主>は心を見
IIサム22: 2 <主>はわが巌，わがとりで，わが救
I列19:11 …山の上で<主>の前に立て.」…し
かし，風の中に<主>はおられなかっ
II歴30: 9 あなたがたが<主>に立ち返るなら…
<主>は，情け深く，あわれみ深い方
ネヘ 9: 6 ただ，あなただけが<主>です．あな
詩篇 8: 1 私たちの<主>，<主>よ．あなたの御
16: 2 あなたこそ，私の<主>．私の幸いは，
8 私はいつも，私の前に<主>を置いた．
<主>が私の右におられるので，私は
23: 1 <主>は私の羊飼い．私は，乏しいこ
24: 8 力ある<主>．戦いに力ある<主>．
33:12 <主>をおのれの神とする，その国は．
68:19 日々…重荷をになわれる<主>．私た
96: 4 まことに<主>は大いなる方，大いに
100: 3 知れ．<主>こそ神．<主>が，私たち
を造られた．私たちは<主>のもの，
113: 5 だれが，われらの神，<主>のようで
あろうか．<主>は高い御位に座し，
118:23 これは<主>のなさったことだ．私た
121: 2 助けは，天地を造られた<主>から来
イザ 2:11 <主>おひとりだけが高められる．
42: 8 わたしは<主>，これがわたしの名．
45: 5 わたしが<主>である．ほかにはいな
53: 1 <主>の御腕は，だれに現れたのか．
エレ 3:17 エルサレムは『<主>の御座』と呼ば
31:32 わたしは彼らの<主>であったのに，
34 『<主>を知れ』と言って．ヘブ8:11.
哀歌 3:24 <主>こそ，私の受ける分です」と私
エゼ 6: 7 わたしが<主>であることを知ろう．
48:35 <主>はここにおられる』と呼ばれる
ヨエ 2:21 <主>が大いなることをされたからだ．
ミカ 1: 3 <主>は御住まいを出，降りて来て，
2:13 <主>が彼らの真っ先に進まれる．
ゼパ 3:17 <主>は，あなたのただ中におられる．
ゼカ14: 5 私の神，<主>が来られる．すべての
聖徒たちも<主>とともに来る．
マラ 3: 6 <主>であるわたしは変わることがな
マタ 4:10 <主>を拝み，<主>にだけ仕えよ』と
7:21 <主>よ，<主>よ』という者がみな天
11:25 天地の<主>であられる父よ．あなた
12: 8 人の子は安息日の<主>です.」
15:22 <主>よ．ダビデの子よ．私をあわれ
27 <主>よ．そのとおりです．ただ，小
20:30 <主>よ．私たちをあわれんでくださ
24:42 <主>がいつ来られるか，知らないか
ルカ 1:46 「わがたましいは<主>をあがめ，
66 <主>の御手が彼とともにあったから
4:18 わたしの上に<主>の御霊がおられる．
ヨハ13:13 わたしを先生とも<主>とも呼んでい
20:13 だれかが私の<主>を取って行きまし
21: 7 「<主>です.」…ペテロは，<主>で
あると聞いて…湖に飛び込んだ．12.
21 「<主>よ．この人はどうですか.」
使徒 1:24 人の心を知っておられる<主>よ．
2:34 『<主>は私の<主>に言われた．
17:24 神は，天地の<主>ですから，手でこ
ロマ10:12 同じ<主>が，すべての人の<主>であ
り，<主>を呼び求めるすべての人に
11:34 だれが<主>のみこころを知ったので
すか…だれが<主>のご計画にあずか
14: 6 <主>のために守っています…<主>の
ために食べています…<主>のために
8 <主>のために生き…<主>のために死
ぬのです…生きるにしても，死ぬに
しても，私たちは<主>のものです．
9 その<主>となるために，死んで，ま
Iコリ 2:16 だれが<主>のみこころを知り，<主>
4: 4 私をさばく方は<主>です．
5 <主>が来られるまでは，何について
も…<主>は，やみの中に隠れた事も
6:17 <主>と交われば，一つ霊となるので
7:32 どうしたら<主>に喜ばれるかと，
<主>のことに心を配ります．
39 <主>にあってのみ，そうなのです．
11:23 私は<主>から受けたことを，あなた
16:22 <主>を愛さない者はだれでも，のろ
われよ．<主>よ，来てください．
IIコリ 3:17 <主>は御霊です…<主>の御霊のある
18 <主>と同じかたちに姿を変えられて
8: 9 <主>は富んでおられたのに，あなた
エペ 4: 5 <主>は一つ，信仰は一つ，バプテス
ピリ 4: 5 知らせなさい．<主>は近いのです．
IIテモ 1: 8 私たちの<主>をあかしすることや，
私が<主>の囚人であることを恥じて
2:19 <主>はご自分に属する者を知ってお
4: 8 正しい審判者である<主>が…<主>の
ヘブ 7:14 <主>が，ユダ族から出られたことは
12: 5 <主>の懲らしめを軽んじてはならな

6 <主>はその愛する者を懲らしめ，受
14 だれも<主>を見ることができません.
13:6 <主>は私の助け手です．私は恐れま
Ⅰペテ 2:3 <主>がいつくしみ深い方であること
4 <主>のもとに来なさい．<主>は，人
3:6 サラも，アブラハムを<主>と呼んで
12 <主>の目は義人の上に注がれ，<主>の耳は彼らの祈りに…<主>の顔は，
15 キリストを<主>としてあがめなさい.
Ⅱペテ 3:8 <主>の御前では，一日は千年のよう

▼しゅ（朱）

エレ 22:14 杉の板でおおい，<朱>を塗ろう』と
エゼ 23:14 <朱>で描かれているカルデヤ人の肖

▼シュア〔人名〕

(1)ユダの妻の父．創世38:2，12，Ⅰ歴2:3.
(2)アシェルの子孫ヘベルの娘．Ⅰ歴7:32.

▼シュアハ

1. 人名．アブラハムとケトラの子．創世25:2，Ⅰ歴1:32.
2. シュアハ人．ヨブ2:11.

▼シュアル

1. 地名．オフラ付近の地か．Ⅰサム13:17.
2. 人名．ツォファフの子．Ⅰ歴7:36.

▼しゅイエス（主イエス）

使徒 7:59 <主イエス>よ．私の霊をお受けくだ
16:31 <主イエス>を信じなさい．そうすれ
Ⅰコリ 9:1 私たちの<主イエス>を見たのではな
11:23 <主イエス>は，渡される夜，パンを
コロ 3:17 すべて<主イエス>の名によってなし,
Ⅱテサ 1:10 その日に，<主イエス>は来られて，
黙示 22:20 <主イエス>よ，来てください.

▼しゅイエス・キリスト（主イエス・キリスト）

ロマ 1:7 神と<主イエス・キリスト>から恵みと平安が．Ⅰコリ1:3，Ⅱコリ1:2，ガラ1:3，エペ1:2，ピリ1:2，Ⅱテサ1:2.
13:14 <主イエス・キリスト>を着なさい.
Ⅰコリ 1:7 <主イエス・キリスト>の現れを待っ
8 <主イエス・キリスト>の日に責めら
ピリ 3:20 そこから<主イエス・キリスト>が救
Ⅱペテ 1:8 <主イエス・キリスト>を知る点で，
16 <主イエス・キリスト>の力と来臨と

▼しゆう（私有）

創世 23:9 私に<私有>の墓地として譲ってくれ

▼しゅう（州）

エズ 2:1 町に戻ったこの<州>の人々は次のと
7:16 バビロンのすべての<州>で，あなた
エス 1:16 王のすべての<州>の全住民に．22.
使徒 23:34 パウロに，どの<州>の者かと尋ね，

▼じゆう（自由）

出エ 21:5 <自由>の身となって去りたくありま
レビ 19:20 女が<自由>の身でないので，彼らは
申命 15:13 彼を<自由>の身にしてやるときは，
21:14 彼女を<自由>の身にしなさい．決し
24:5 <自由>の身になって，めとった妻を
32:36 奴隷も，<自由>の者も，いなくなる
Ⅰ列 14:10 奴隷や<自由>の者に至るまで…断ち滅ぼし．21:21，Ⅱ列9:8.
詩 105:20 民の支配者が，彼を<自由>にした.
ルカ 4:18 しいたげられている人々を<自由>に
ヨハ 8:32 真理はあなたがたを<自由>にします.
36 子があなたがたを<自由>にするなら，あなたがたはほんとうに<自由>なの
使徒 5:4 売ってからもあなたの<自由>になっ
9:28 サウロは…<自由>に出入りし，主
ロマ 8:21 神の子どもたちの栄光の<自由>の中
Ⅰコリ 7:21 <自由>の身になれるなら，むしろ<自由>になりなさい.
39 願う人と結婚する<自由>があります.
9:1 私には<自由>がないでしょうか．私
19 私はだれに対しても<自由>ですが，
10:29 私の<自由>が，他の人の良心によっ
Ⅱコリ 3:17 御霊のあるところには<自由>があり
ガラ 2:4 私たちの持つ<自由>をうかがうため
4:22 ひとりは<自由>の女から生まれた，
26 上にあるエルサレムは<自由>であり，
31 私たちは…<自由>の女の子どもです.
5:1 キリストは，<自由>を得させるため
13 あなたがたは，<自由>を与えられるために召された…その<自由>を肉の
ヤコ 1:25 <自由>の律法を一心に見つめて離れ
Ⅰペテ 2:16 その<自由>を，悪の口実に用いない
Ⅱペテ 2:19 その人たちに<自由>を約束しながら，

▼11，11人，11使徒，11弟子

創世 32:22 女奴隷と，<11人>の子どもたちを連
37:9 <11>の星が私を伏し拝んでいるので
マタ 28:16 <11人>の弟子たちは，ガリラヤに行
マコ 16:14 <11人>が食卓に着いているところに
ルカ 24:9 <11弟子>…に，一部始終を報告した.

33 <11使徒>とその仲間が集まって，
使徒 1:26 彼は<11人>の使徒たちに加えられた．
2:14 ペテロは<11人>とともに立って，声

▼しゅうえき（収益）
エズ 6: 8 王の<収益>としての川向こうの地の
箴言 31:11 彼は「<収益>」に欠けることがない．

▼しゅうかい（集会）【別項】きよめの集会
レビ 4:21 これは<集会>の罪のためのいけにえ
民数 10: 7 <集会>を召集するときには，長く吹
申命 23: 1 主の<集会>に加わってはならない．
ネヘ 13: 1 神の<集会>に加わってはならない，
詩篇 74: 8 国中の神の<集会>所をみな，焼き払
107:32 主を民の<集会>であがめ，長老たち
111: 1 直ぐな人のつどいと<集会>において．
箴言 5:14 <集会>，会衆のただ中で，ほとんど
26:26 その悪は<集会>の中に現れる．
エレ 9: 2 姦通者，裏切り者の<集会>だから．
ヨエ 2:16 民を集め，<集会>を召集せよ．老人
使徒 7:38 荒野の<集会>において，生けるみこ
13:43 会堂の<集会>が終わってからも，多
19:32 <集会>は混乱状態に陥り，大多数の

▼しゅうかく（収穫）
創世 47:24 <収穫>の時になったら…５分の１は
レビ 23:10 <収穫>を刈り入れるときは，<収穫>の初穂の束を祭司のところに持．22.
25:15 <収穫>年数にしたがって，相手もあ
申命 14:22 畑から得る…<収穫>の10分の１を必
16:15 あなたのすべての<収穫>…を祝福さ
22: 9 ぶどう畑の<収穫>が，みな汚れたも
28:30 その<収穫>をすることができない．
士師 9:27 ぶどうを<収穫>して，踏んだ．そし
Ⅱ列 8: 6 きょうまでの畑の<収穫>も…返して
箴言 3: 9 <収穫>の初物で，主をあがめよ．
15: 6 悪者の<収穫>は煩いをもたらす．
16: 8 不正によって得た…<収穫>にまさる．
18:20 くちびるによる<収穫>に満たされる．
イザ 23: 3 ナイルの刈り入れがあなたの<収穫>
32:10 ぶどうの<収穫>がなくなり，その取
エレ 2: 3 主の聖なるもの，その<収穫>の初穂
12:13 自分たちの<収穫>で恥を見よう．主
マタ 9:37 <収穫>は多いが，働き手が少ない．
38 <収穫>の主に，<収穫>のために働き手を送ってくださるよう．ルカ10:2.
13:30 <収穫>まで，両方とも育つままにしておきなさい．<収穫>の時期になっ
21:34 <収穫>の時が近づいたので…しもべたちを遣わ．マコ12:2，ルカ20:10.
マコ 4:29 <収穫>の時が来たからです．」
Ⅱテモ 2: 6 まず第一に<収穫>の分け前にあずか

▼しゅうかくさい（収穫祭）
ユダヤの三大祭の一つ．出エ23:16，34:22.

▼しゅうかん（習慣）
ルカ 1: 9 祭司職の<習慣>によって，くじを引
ヨハ 19:40 ユダヤ人の埋葬の<習慣>に従って，
Ⅰコリ 11:16 そのような<習慣>はないし，神の諸
15:33 良い<習慣>がそこなわれます．
Ⅰテモ 5: 4 親の恩に報いる<習慣>をつけさせな

▼しゅうぎいっけつ（衆議一決）
使徒 15:25 送ることに<衆議一決>しました．

▼しゅうきょう（宗教），宗教心
使徒 17:22 あなたがたを<宗教心>にあつい方々
25:19 彼ら自身の<宗教>に関することであ
26: 5 私たちの<宗教>の最も厳格な派に従
ヤコ 1:26 自分は<宗教>に熱心であると思っても…そのような人の<宗教>はむなし
27 きよく汚れのない<宗教>は，孤児や，

▼10げんのこと（10弦の琴）
Ⅰ列 10:12 立琴と<10弦の琴>を作った．今日ま
Ⅰ歴 13: 8 ダビデと全イスラエルは，歌を歌い，立琴，<10弦の琴>．15:28.
25: 1 <10弦の琴>とシンバルをもって預言
ネヘ 12:27 <10弦の琴>と立琴に合わせて，感謝
詩篇 33: 2 <10弦の琴>をもって，ほめ歌を歌え．144:9，150:3.
57: 8 <10弦の琴>よ…目をさませ．108:2.
イザ 5:12 彼らの酒宴には，立琴と<10弦の琴>，
アモ 6: 5 <10弦の琴>の音に合わせて即興の歌

▼13さい（13歳）
創世 17:25 切り捨てられたときは，<13歳>であ

▼じゅうじか（十字架）
マタ 10:38 自分の<十字架>を負ってわたしについて来ない者は．ルカ14:27.
16:24 自分の<十字架>を負い，そしてわたしについて来．マコ8:34，ルカ9:23.
20:19 <十字架>につけるため，異邦人に引
23:34 ある者を殺し，<十字架>につけ，ま
27:22 「<十字架>につけろ．」マコ15:13，ルカ23:21，ヨハ19:6，15.
32 この人に…<十字架>を，むりやりに

背負わせた．マコ15:21，ルカ23:26．
35 イエスを<十字架>につけてから，彼
38 ひとりは左に，<十字架>につけられ
40 神の子なら…<十字架>から降りて来
28: 5 <十字架>につけられたイエスを捜しているのを，私は知って．マコ16:6．
マコ 15:20 <十字架>につけるために連れ出した．
30 <十字架>から降りて来て，自分を救
ルカ 23:33 イエスと犯罪人とを<十字架>につけ
ヨハ 19:10 私には…<十字架>につける権威があ
17 イエスはご自分で<十字架>を負って，
18 そこでイエスを<十字架>につけた．
使徒 2:23 この方を…<十字架>につけて殺しま
5:30 あなたがたが<十字架>にかけて殺し
13:29 イエスを<十字架>から取り降ろして
ロマ 6: 6 キリストとともに<十字架>につけら
Ⅰコリ 1:13 <十字架>につけられたのはパウロで
17 <十字架>がむなしくならないために，
18 <十字架>のことばは，滅びに至る人
23 <十字架>につけられたキリストを宣
2: 2 <十字架>につけられた方のほかは，
8 栄光の主を<十字架>につけはしなか
Ⅱコリ 13: 4 弱さのゆえに<十字架>につけられま
ガラ 2:20 キリストとともに<十字架>につけら
3: 1 <十字架>につけられたイエス・キリ
5:11 <十字架>のつまずきは取り除かれて
24 肉を…<十字架>につけてしまったの
6:12 <十字架>のために迫害を受けたくな
14 <十字架>以外に誇りとするものが決してあってはなりません．この<十字架>によって，世界は…<十字架>につけられ，私も…<十字架>につけ
エペ 2:16 <十字架>によって神と和解させるため…敵意は<十字架>によって葬り去
ピリ 2: 8 実に<十字架>の死にまでも従われま
3:18 <十字架>の敵として歩んでいるから
コロ 1:20 <十字架>の血によって平和をつくり，
2:14 この証書を…<十字架>に釘づけにさ
ヘブ 6: 6 神の子をもう一度<十字架>にかけて，
12: 2 <十字架>を忍び，神の御座の右に着
Ⅰペテ 2:24 自分から<十字架>の上で，私たちの
黙示 11: 8 主もその都で<十字架>につけられた

▼ しゅうじつしゅうや（終日終夜）
出エ 10:13 主は<終日終夜>その地の上に東風を
民数 11:32 その日は，<終日終夜>…うずらを集

▼ じゅうしゃ（従者）
創世 24:32 <従者>たちの足を洗う水も与えられ
54 しもべと，その<従者>たちとは飲み
出エ 24:13 モーセとその<従者>ヨシュア．33:11，民数11:28，ヨシ1:1．
箴言 29:12 <従者>たちもみな悪者になる．

▼ じゅうじゅん（従順）
箴言 30:17 母への<従順>をさげすむ目は，谷の
ロマ 1: 5 信仰の<従順>をもたらすためなので
5:19 ひとりの<従順>によって多くの人が
6:16 <従順>の奴隷となって義に至るので
15:18 異邦人を<従順>にならせるため，こ
16:19 あなたがたの<従順>はすべての人に
25-26 信仰の<従順>に導くためにあらゆる
Ⅱコリ 2: 9 <従順>であるかどうかをためすため
9:13 福音の告白に対して<従順>であり，
10: 6 あなたがたの<従順>が完全になると
ピリ 2:12 いつも<従順>であったように，私が
Ⅱテサ 1: 4 <従順>と信仰とを保っていることを，
テト 3: 1 <従順>で，すべての良いわざを進ん
ピレ 21 私はあなたの<従順>を確信して，あ
ヘブ 5: 8 多くの苦しみによって<従順>を学び，
Ⅰペテ 1:14 <従順>な子どもとなり，以前あなた

▼ しゅうじん（囚人）
イザ 24:22 <囚人>が地下牢に集められるように
42: 7 見えない目を開き，<囚人>を牢獄か
エレ 52:33 彼は<囚人>の服を着替え，その一生
マタ 27:15 望みの<囚人>をひとり．マコ15:6．
16 バラバという名の知れた<囚人>が捕
使徒 25:14 ペリクスが<囚人>として残して行っ
27: 1 パウロと，ほかの数人の<囚人>は，
42 <囚人>たちがだれも泳いで逃げない
エペ 3: 1 イエスの<囚人>…パウロ．ピレ1，9．
4: 1 主の<囚人>である私はあなたがたに
コロ 4:10 私といっしょに<囚人>となっている
Ⅱテモ 1: 8 私が主の<囚人>であることを恥じて
ピレ 23 私とともに<囚人>となっているエパ

▼ じゆうじん（自由人）
Ⅰコリ 7:22 <自由人>も，召された者はキリスト
12:13 奴隷も<自由人>も，一つのからだと
ガラ 3:28 奴隷も<自由人>もなく，男子も女子
エペ 6: 8 奴隷であっても<自由人>であっても，
コロ 3:11 奴隷と<自由人>というような区別は
Ⅰペテ 2:16 あなたがたは<自由人>として行動し
黙示 6:15 奴隷と<自由人>が，ほら穴と山の岩

13:16 <自由人>にも，奴隷にも…刻印を受
19:18 すべての<自由人>と奴隷…の肉を食

▼じゅうぜい（重税）
箴言 29: 4 <重税>を取り立てる者は国を滅ぼす.

▼しゅうぜいしょ（収税所）
マコ 2:14 レビが<収税所>にすわっているのを
ご覧になって．マタ9:9，ルカ5:27.

▼10だいめ（10代目）
申命 23: 2 <10代目>の子孫さえ，主の集会に加

▼じゅうたく（住宅）
レビ 25:29 町の中の<住宅>を売るときは，それ

▼しゅうだん（集団），大集団【別項】全集団
出エ 6:26 「イスラエル人を<集団>ごとにエジ
プトの地から連れ出せ」12:17，51.
7: 4 わたしの<集団>，わたしの民イスラ
レビ 4:13 <集団>の目から隠れ，主がするなと
民数 22: 4 この<集団>は…なめ尽くそうとして
Ⅱ歴 30:13 おびただしい<大集団>であった.
エズ 10: 1 <大集団>が彼のところに集まって来
8 捕囚から帰って来た人々の<集団>か
エレ 31: 8 彼らは<大集団>をなして，ここに帰
哀歌 1:10 あなたの<集団>に加わってはならな
エゼ 16:40 <集団>をあおってあなたを襲わせ，
23:46 一つの<集団>を彼らに向けて攻め上
32: 3 多くの国々の民の<集団>を集めて，

▼しゅうと
創世 38:13 あなたの<しゅうと>が羊の毛を切る
出エ 18: 1 モーセの<しゅうと>…イテロ．3:1.
民数 10:29 モーセは…<しゅうと>…レウエルの
士師 19: 4 娘の父である<しゅうと>が引き止め
Ⅰサム 4:19 <しゅうと>と，夫が死んだという知
ヨハ 18:13 大祭司カヤパの<しゅうと>だったか

▼10ど（10度）
Ⅱ列 20: 9 影が<10度>進むか，<10度>戻るかで
イザ 38: 8 時計の影を，<10度>あとに戻す.」

▼しゅうとめ
ルツ 2:11 あなたが<しゅうとめ>にしたこと，
18 <しゅうとめ>．19，23，3:1，5，6，
16，17，18.
ミカ 7: 6 嫁は<しゅうとめ>に逆らい，それぞ
マタ 8:14 ペテロの<しゅうとめ>が熱病で床に
着いている．マコ1:30，ルカ4:38.
10:35 嫁をその<しゅうとめ>に逆らわせる
ルカ 12:53 <しゅうとめ>は嫁に，嫁は<しゅう
とめ>に対抗して分かれるようにな

▼12【別項】12かご，12宮，12切れ，12軍団，12歳，12時，12使徒，12弟子，12人，12部族
創世 49:28 イスラエルの部族で，<12>であった.
出エ 15:27 そこには，<12>の水の泉と70本のな
24: 4 モーセは…<12>の石の柱を立てた.
39:14 宝石は…<12>個で，<12>の部族のた
レビ 24: 5 輪型のパン<12>個を焼く．一つの輪
民数 7:84 銀の皿<12>…鉢<12>…ひしゃく<12>.
87 雄牛<12>頭，雄羊<12>頭…子羊<12>
ヨシ 4: 3 <12>の石を取り．8，9，20.
18:24 <12>の町．19:15，21:7，40.
士師 19:29 死体を<12>の部分に切り分けて，イ
Ⅰ列 7:25 <12>頭の牛．44，Ⅱ歴4:4，15.
18:31 エリヤは…<12>の石を取った.
19:19 <12>くびきの牛…その<12>番目のく
エゼ 47:13 <12>の部族にこの国を相続地として
ダニ 4:29 <12>か月の後…宮殿の屋上を歩いて
マタ 9:20 <12>年の間長血をわずらっている女
19:28 あなたがたも<12>の座に着いて…
<12>の部族をさばく．ルカ22:30.
マコ 8:19 彼らは答えた．「<12>です.」
ヨハ 11: 9 昼間は<12>時間あるでしょう．だれ
ヤコ 1: 1 国外に散っている<12>の部族へあい
黙示 12: 1 頭には<12>の星の冠をかぶっていた.
21:12 都には…城壁と<12>の門があって，
14 都の城壁には<12>の土台石があり，
22: 2 木があって，<12>種の実がなり，毎

▼12かご
ルカ 9:17 余ったパン切れ…<12かご>あった.

▼12きゅう（12宮）
ヨブ 38:32 <12宮>をその時々にしたがって引き

▼12きれ（12切れ）
Ⅰ列 11:30 外套をつかみ…<12切れ>に引き裂き，

▼12ぐんだん（12軍団）
マタ 26:53 <12軍団>よりも多くの御使いを，今

▼12さい（12歳）
Ⅱ列 21: 1 マナセは<12歳>で王となり，エルサ
マコ 5:42 <12歳>にもなっていたからである.
ルカ 2:42 イエスが<12歳>になられたときも，
8:42 彼には<12歳>ぐらいのひとり娘がい

▼12じ（12時）
マタ 27:45 <12時>から，全地が暗くなって，3
ルカ 23:44 すでに<12時>ごろになっていたが，

▼12しと（12使徒）
マタ 10: 2 <12使徒>の名は次のとおりである.
使徒 6: 2 <12使徒>は弟子たち全員を呼び集め
黙示 21:14 小羊の<12使徒>の12の名が書いてあ
▼12でし（12弟子）
マタ 10: 1 イエスは<12弟子>を呼び寄せて，汚
11: 1 このように<12弟子>に注意を与え，
20:17 <12弟子>だけを呼んで，道々彼らに
26:14 <12弟子>のひとりで，イスカリオテ・ユダという者が．47，マコ14:10，43，ルカ22:3，47，ヨハ6:71.
マコ 3:14 イエスは<12弟子>を任命された．そ
6: 7 <12弟子>を呼び，ふたりずつ遣わし
10:32 イエスは再び<12弟子>をそばに呼ん
11:11 <12弟子>といっしょにベタニヤに出
ルカ 8: 1 旅をして…<12弟子>もお供をした.
Ⅰコリ 15: 5 ケパに現れ…<12弟子>に現れたこと
▼12にん（12人）
創世 17:20 彼は<12人>の族長たちを生む．わた
35:22 さて，ヤコブの子は<12人>であった.
42:13 しもべどもは<12人>の兄弟で，カナ
民数 1:44 この族長たち<12人>は，それぞれ，
申命 1:23 各部族からひとりずつ，<12人>をあ
ヨシ 3:12 部族の中から<12人>を選び出しなさ
Ⅰ列 4: 7 全土に<12人>の守護を置いた．彼ら
Ⅰ歴 25: 9 兄弟たち，子たち，<12人>．10，11，12，15，18，20，22，25，28，31.
マタ 10: 5 イエスは，この<12人>を遣わし，そ
マコ 14:20 この<12人>の中のひとりで，わたし
ルカ 6:13 <12人>を選び，彼らに使徒という名
使徒 7: 8 ヤコブに<12人>の族長が生まれまし
19: 7 その人々は，みなで<12人>ほどであ
▼12ぶぞく（12部族）
出エ 24: 4 <12部族>にしたがって12の石の柱を
28:21 <12部族>のために，その印の彫り物
使徒 26: 7 私たちの<12部族>は…熱心に神に仕
黙示 21:12 御使いがおり…<12部族>の名が書い
▼しゅうにゅう（収入）
エズ 4:13 王の<収入>に損害を与えることにな
箴言 31:18 彼女は<収入>がよいのを味わい，そ
Ⅰコリ 16: 2 <収入>に応じて，手もとにそれをた
▼しゅうにゅうやく（収入役）
ロマ 16:23 市の<収入役>であるエラストと兄弟
▼10にん（10人）
創世 18:32 もしやそこに<10人>見つかるかも…「滅ぼすまい．その<10人>のために.」
出エ 18:21 50人の長，<10人>の長．申命1:15.
レビ 26:26 <10人>の女が一つのかまで…パンを
ヨシ 22:14 <10人>の族長を彼といっしょに行か
士師 20:10 100人につき<10人>…をとって…糧
ルツ 4: 2 ボアズは，町の長老<10人>を招いて，
Ⅱサム 15:16 留守番に<10人>のそばめを残した.
18:15 ヨアブの道具持ちの<10人>の若者た
エズ 8:24 彼らの同僚<10人>を選び出し，
ネヘ 11: 1 <10人>のうちからひとりずつ，聖な
エス 9:10 ハマンの子<10人>を虐殺した．しか
伝道 7:19 知恵は町の<10人>の権力者よりも知
ダニ 7:24 角は，この国から立つ<10人>の王.
アモ 5: 3 100人を出征…町には<10人>が残ろ
6: 9 一つの家に<10人>残っても…死ぬ.
ゼカ 8:23 <10人>が，ひとりのユダヤ人のすそ
マタ 20:24 このことを聞いたほかの<10人>は，
25: 1 花婿を出迎える<10人>の娘のようで
ルカ 17:12 <10人>のツァラアトに冒された人が
17 「<10人>きよめられたのではないか.
19:13 <10人>のしもべを呼んで，10ミナを
黙示 17:12 10本の角は，<10人>の王たちで，彼
▼じゅうのう（十能）
出エ 27: 3 <十能>．38:3，民数4:14，Ⅰ列7:40，Ⅱ列25:14，Ⅱ歴4:11，エレ52:18.
▼しゅうのはじめのひ（週の初めの日）
マタ 28: 1 <週の初めの日>の明け方…墓を見に マコ16:2，ルカ24:1，ヨハ20:1.
マコ 16: 9 <週の初めの日>の朝早くによみがえ
ヨハ 20:19 <週の初めの日>の夕方のことであっ
使徒 20: 7 <週の初めの日>に，私たちはパンを
Ⅰコリ 16: 2 <週の初めの日>に，収入に応じて，
▼しゅうは（宗派）
使徒 28:22 この<宗派>については，至る所で非
▼18ねん（18年）
ルカ 13:11 <18年>も病の霊につかれ，腰が曲が
16 <18年>もの間サタンが縛っていたの
▼しゅうふく（修復）
エズ 4:12 城壁を<修復>し，その礎もすでに据
ネヘ 4: 2 あれを<修復>して，いけにえをささ
▼じゅうぶん（十分）
創世 23: 9 その畑地に<十分>な価をつけて…譲
45:28 それで<十分>だ…ヨセフがまだ生き
申命 3:26 もう<十分>だ．このことについては，
Ⅱサム 24:16 「もう<十分>だ．あなたの手を引け.」

Ⅰ列 19: 4 主よ．もう<十分>です．私のいのち
箴言 25:16 蜜を見つけたら，<十分>，食べよ．
27:27 やぎの乳は<十分>あって，あなたの
30:15 「もう<十分>だ」と言わない．
マタ 6:34 労苦はその日その日に，<十分>あり
10:25 その師のようになれたら<十分>だし
…主人のようになれたら<十分>です．
15:33 <十分>食べさせるほど…パンが，ど
ルカ 14:28 完成に<十分>な金があるかどうか，
ヨハ 6:12 彼らが<十分>食べたとき，弟子たち
使徒 27:38 <十分>食べてから，彼らは麦を海に
Ⅱコリ 1:13 <十分>に理解してくれることを望み
12: 9 わたしの恵みは，あなたに<十分>で
Ⅰテモ 6: 1 主人を<十分>に尊敬すべき人だと考
Ⅱテモ 3:17 <十分>に整えられた者となるためで

▼10ぶんの１（10分の１）
創世 14:20 すべての物の<10分の１>を彼に与え
28:22 私に賜る物の<10分の１>を必ずささ
民数 18:21 イスラエルのうちの<10分の１>をみ
申命 14:22 収穫の<10分の１>を必ず毎年ささげ
26:12 第３年目の<10分の１>を納める年に，
あなたの収穫の<10分の１>を全部納
ネヘ 10:37 土地の<10分の１>はレビ人たちのも
の…町から，その<10分の１>を集め
マラ 3: 8 <10分の１>と奉納物によってである．
10 <10分の１>をことごとく，宝物倉に
マタ 23:23 クミンなどの<10分の１>を納めてい
るが…正義と…誠実を．ルカ11:42．
ルカ 18:12 <10分の１>をささげております．』
ヘブ 7: 2 戦利品の<10分の１>を分けました．
9 レビでさえ…<10分の１>を納めてい

▼じゅうみん（住民），住民登録
ホセ 10: 5 サマリヤの<住民>は…子牛のために
ルカ 2: 1 全世界の<住民登録>をせよという勅
2 これは…最初の<住民登録>であった．
使徒 4:16 エルサレムの<住民>全部に知れ渡っ

▼じゅうよう（重要）
Ⅰ列 3: 4 そこは最も<重要>な高き所であった
マタ 23:23 律法の中ではるかに<重要>なもの，

▼14だい（14代）
マタ 1:17 アブラハムからダビデまでの代が全
部で<14代>…バビロン移住までが
<14代>…キリストまでが<14代>にな

▼14まん4せんにん（14万4千人）
黙示 7: 4 印を押された人々…<14万４千人>で
14: 1 小羊とともに<14万４千人>の人たち
3 贖われた<14万４千人>のほかには，

▼しゅうり（修理）
Ⅱ列 12: 5 その破損の<修理>にそれを当て．6，
7，8，12，14，22:5，6．
Ⅰ歴 26:27 主の宮を<修理>するために聖別して
Ⅱ歴 24: 5 神の宮を<修理>するために．12．
29: 3 主の宮の戸を開き…<修理>した．
ネヘ 3: 4 メレモテが<修理>し…メシュラムが
<修理>し…ツァドクが<修理>した．
5，6，7，8，9，10，11，12，13，
14，15，16，17，18，19，20，21，
22，23，24，25，26，27，31，32．
エゼ 27: 9 破損を<修理>し，海のすべての船と

▼しゅえい（守衛）
Ⅰ歴 9:23 彼らとその子らは，<守衛>として主

▼しゅえん（酒宴）
エス 5: 6 <酒宴>の席上．7:2，7，8．
雅歌 2: 4 あの方は私を<酒宴>の席に伴われま
イザ 5:12 彼らの<酒宴>には，立琴と10弦の琴，

▼しゅキリスト（主キリスト）
ルカ 2:11 この方こそ<主キリスト>です．
ロマ 16:18 私たちの<主キリスト>に仕えないで，

▼しゅキリスト・イエス（主キリスト・イエス）
ロマ 6:23 <主キリスト・イエス>．8:39，Ⅰコ
リ15:31，エペ3:11，コロ2:6，Ⅰテ
モ1:12，Ⅱテモ1:2．

▼しゅくえい（宿営）
創世 25:16 彼らの村落と<宿営>につけられた名
出エ 13:20 <宿営>した．14:2，15:27，17:1，19
:2，民数12:16，13:19，21:10，11，
12，13，22:1，33:5，8，10，12，
15，18，20，25，28，30，35，37，
41，43，45，47，49，ヨシ4:19，士
師11.18，Ⅰサム26:5．
16:13 うずらが…<宿営>をおおい，朝にな
ると，<宿営>の回りに．民数11:31．
32:17 <宿営>の中にいくさの声がします．」
33: 7 モーセはいつも天幕を…<宿営>の外
の，<宿営>から離れた所に張り，そ
36: 6 命じて，<宿営>中にふれさせて言っ
レビ 4:12 <宿営>の外のきよい所．21，6:11．
8:17 <宿営>の外で火で焼いた．9:11．
10: 4 <宿営>の外に運び出しなさい．」5．

14: 8 <宿営>に入ることができる．16:26, 28，民数31:24.
17: 3 子羊かやぎを<宿営>の中でほふり，あるいは<宿営>の外でそれをほふっ
24:14 <宿営>の外に連れ出し．民数15:36.
民数 2: 3 <宿営>する．5，9，12，16，17，18, 24，27，31，34.
4: 5 <宿営>が進むとき．15，10:2，5，6.
5: 3 彼らを<宿営>の外に追い出して…<宿営>を汚さないようにしなければ
11: 1 主の火が…<宿営>の端をなめ尽くし
26 ふたりの者が<宿営>に残っていた…彼らは<宿営>の中で預言
12:15 ミリヤムは…<宿営>の外に締め出さ
13:19 それらは<宿営>かそれとも城壁の町
14:44 <宿営>の中から動かなかった.
申命 1:33 あなたがたが<宿営>する場所を捜す
ヨシ 1:11 「<宿営>の中を巡って，民に命じて，
6:18 イスラエルの<宿営>を聖絶のものに
Ⅰ歴 9:18 この人々はレビ族の<宿営>の門衛で
19 一族は主の<宿営>をつかさどり，そ
Ⅱ歴 14:13 主の前，その<宿営>の前に，打ち砕
31: 2 主の<宿営>の門で仕え，感謝し，ほ
詩篇 69:25 彼らの<宿営>にはだれも住む者がな
78:28 それを<宿営>の中…に落とした.
106:16 彼らが<宿営>でモーセをねたみ，主
エレ 51:59 セラヤは<宿営>の長であった.
エゼ 25: 4 彼らはあなたのうちに<宿営>を張り,
ヘブ 13:11 からだは<宿営>の外で焼かれるから
13 <宿営>の外に出て，みもとに行こう

▼しゅくえん（祝宴）

創世 29:22 人々をみな集めて<祝宴>を催した.
40:20 家臣たちのために<祝宴>を張り，献
申命 12: 7 主の前で<祝宴>を張り…喜び楽しみ
士師 14:10 サムソンはそこで<祝宴>を催した.
12 7日の<祝宴>の間に，それを解いて,
Ⅱサム 3:20 部下の者たちのために<祝宴>を張っ
Ⅰ列 3:15 家来たちを招いて<祝宴>を開いた.
エス 8:17 ユダヤ人は喜び…<祝宴>を張って，祝日とした．9:17，18，19，22.
ヨブ 1: 4 自分の日に，その家で<祝宴>を開き,
伝道 7: 2 <祝宴>の家に行くよりは，喪中の家
マタ 25:10 婚礼の<祝宴>に行き，戸がしめられ
ルカ 14:13 <祝宴>を催す場合には，むしろ，貧
15:24 そして彼らは<祝宴>を始めた.

▼しゅくじつ（祝日）

エス 9:19 アダルの月の14日を…<祝日>とし,

▼じゅくす（熟す），熟する

創世 40:10 花が咲き，ぶどうのふさが<熟>して,
民数 13:20 季節は初ぶどうの<熟す>ころであっ
ヨエ 3:13 刈り入れの時は<熟>した．来て，踏
ルカ 8:14 実が<熟する>までにならないのです.
ヤコ 1:15 罪が<熟する>と死を生みます.
黙示 14:18 ぶどうはすでに<熟>しているのだか

▼じゅくすい（熟睡）

士師 4:21 疲れていたので，<熟睡>していた.

▼しゅくふく（祝福）

創世 1:22 神はそれらを<祝福>して仰せられた.
9: 1 ノアと…息子たちを<祝福>して，彼
12: 2 あなたを<祝福>し…大いなるものとしよう．あなたの名は<祝福>となる.
3 あなたを<祝福>する者をわたしは<祝福>し…すべての民族は，あなたによって<祝福>される.」
17:16 わたしは彼女を<祝福>しよう．確か
18:18 国々は，彼によって<祝福>される.
22:17 わたしは…あなたを大いに<祝福>し,
18 国々は<祝福>を受けるようになる.
24: 1 あらゆる面でアブラハムを<祝福>し
31 どうぞ…主に<祝福>された方．どう
26:12 主が彼を<祝福>してくださったので
27: 4 死ぬ前に…おまえを<祝福>できるた
29 おまえを<祝福>する者は<祝福>され
35 おまえの<祝福>を横取りしてしまっ
38 <祝福>は一つしかないのですか．お父さん…私をも<祝福>してください.
41 父がヤコブを<祝福>したあの<祝福>
32:26 私を<祝福>してくださらなければ.」
35: 9 神は再び彼に現れ，彼を<祝福>され
39: 5 主は…このエジプト人の家を，<祝福>された…主の<祝福>が，家や野
48: 9 私は彼らを<祝福>しよう」15，20.
49:25 あなたを<祝福>しようとされる全能者によって．その<祝福>は上よりの天の<祝福>，下に横たわる大いなる水の<祝福>，乳房と胎の<祝福>.
26 あなたの父の<祝福>は，私の親たちの<祝福>にまさり，永遠の丘のきわ
28 彼は彼らを<祝福>したとき，おのおのにふさわしい<祝福>を与えたので

出エ 12:32 そして私のためにも<祝福>を祈れ.」
20:11 主は安息日を<祝福>し，これを聖な
23:25 パンと水を<祝福>してくださる．わ
レビ 9:22 アロンは…両手を上げ…<祝福>し，
25:21 6年目に…わたしの<祝福>を命じ，
民数 6:24 主があなたを<祝福>し，あなたを守
22: 6 あなたが<祝福>する者は<祝福>され，
12 その民は<祝福>されているからだ.」
23:20 見よ．<祝福>せよ，との命を私は受
けた．神は<祝福>される．私はそれ
25 彼らをのろうことも，<祝福>するこ
24: 9 あなたを<祝福>する者は<祝福>され，
10 あなたは3度までも彼らを<祝福>し
申命 7:13 あなたを愛し，あなたを<祝福>し…
群れのうちの雌羊をも<祝福>される．
14 民の中で，最も<祝福>された者とな
10: 8 御名によって<祝福>するようにされ
11:26 あなたがたの前に，<祝福>とのろい
27 主の命令に聞き従うなら，<祝福>を，
29 ゲリジム山には<祝福>を，エバル山
12: 7 主が<祝福>してくださったあなたが
15 あなたに賜った<祝福>にしたがって
14:29 主が…手のわざを<祝福>してくださ
る．15:10，23:20，24:19，28:8.
15: 4 主は，必ずあなたを<祝福>される．
16:10 主が賜る<祝福>に応じ．17.
23: 5 のろいを<祝福>に変えられた．あな
27:12 次の者たちは民を<祝福>するために，
28: 2 次のすべての<祝福>があなたに臨み，
あなたは<祝福>される．3，5，6.
33: 1 イスラエル人を<祝福>した<祝福>の
ヨシ 8:34 <祝福>とのろいについての律法のこ
17:14 主が今まで私を<祝福>されたので，
士師 5:24 女の中で最も<祝福>されたのはヤエ
13:24 サムソン…主は彼を<祝福>された．
ルツ 2: 4 主があなたを<祝福>されますように．
19 <祝福>がありますように．Ⅰサム15
:13，23:21，Ⅱサム2:5.
Ⅱサム 6:11 主はオベデ・エドムと彼の全家を
<祝福>された．12，Ⅰ歴13:14.
20 ダビデが…家族を<祝福>するために
7:29 あなたの<祝福>によって…しもべの
家はとこしえに<祝福>されるのです．
13:25 ダビデは…ただ彼に<祝福>を与えた．
Ⅰ列 8:55 全集団を大声で<祝福>して言った．
Ⅰ歴 4:10 私を大いに<祝福>し，私の地境を広
17:27 主よ．あなたが，<祝福>してくださ
いました．それはとこしえに<祝福>
18:10 <祝福>のことばを述べさせた．ハダ
23:13 とこしえまでも<祝福>するためであ
26: 5 神が彼を<祝福>されたからである．
Ⅱ歴 30:27 祭司たちが…民を<祝福>した．彼ら
ネヘ 11: 2 住もうとする人々を…<祝福>した．
ヨブ 29:13 死にかかっている者の<祝福>が私に
42:12 あとの半生をもっと<祝福>された．
詩篇 5:12 主よ…あなたは正しい者を<祝福>し，
21: 3 彼を迎えてすばらしい<祝福>を与え，
24: 5 その人は主から<祝福>を受け，その
29:11 主は…ご自身の民を<祝福>される．
37:22 主に<祝福>された者は地を受け継ご
45: 2 あなたを<祝福>しておられるからだ．
62: 4 口では<祝福>し，心の中ではのろう．
107:38 主が<祝福>されると，彼らは…ふえ，
109:17 <祝福>することを喜ばなかったので，
28 あなたは<祝福>してくださいます．
112: 2 直ぐな人たちの世代は<祝福>されよ
115:12 主は<祝福>し…イスラエルの家を
<祝福>し，アロンの家を<祝福>し，
13 主を恐れる者を<祝福>してくださる．
118:26 <祝福>があるように．私たちは主の
家から，あなたがたを<祝福>した．
128: 4 確かに，このように<祝福>を受ける．
5 主はシオンからあなたを<祝福>され
129: 8 主の<祝福>があなたがたにあるよう
に．主の名によって…<祝福>します．
134: 3 シオンから…<祝福>されるように．
147:13 子らを<祝福>しておられるからだ．
箴言 3:33 正しい人の住まいは，主が<祝福>さ
5:18 あなたの泉を<祝福>されたものとし，
10: 6 正しい者の頭には<祝福>があり，悪
22 主の<祝福>そのものが人を富ませ，
11:11 直ぐな人の<祝福>によって，町は高
27:14 朝早くから…友人を<祝福>すると，
28:20 忠実な人は多くの<祝福>を得る．し
30:11 自分の母を<祝福>しない世代．
イザ 19:24 大地の真ん中で<祝福>を受ける．
25 万軍の主は<祝福>して言われる…イ
スラエルに<祝福>があるように.」
44: 3 わたしの<祝福>をあなたの子孫に注
61: 9 彼らが主に<祝福>された子孫である

65: 8 その中に<祝福>があるから』と言う

16 この世にあって<祝福>される者は，まことの神によって<祝福>され，こ

23 彼らは主に<祝福>された者のすえで

エレ 4: 2 国々は主によって互いに<祝福>し合

17: 7 主を頼みとする者に<祝福>があるよ

20:14 私を産んだ…日は，<祝福>されるな.

31:23 主があなたを<祝福>されるように.』

33: 9 この民に与えるすべての<祝福>…この町に与えるすべての<祝福>と平安

エゼ 34:26 わたしの丘の回りとに<祝福>を与え…それは<祝福>の雨となる.

44:30 あなたの家に<祝福>が宿るためであ

ヨエ 2:14 あわれみ，そのあとに<祝福>を残し，

ハガ 2:19 きょうから後，わたしは<祝福>しよ

ゼカ 8:13 あなたがたを救って，<祝福>となら

マラ 2: 2 あなたがたへの<祝福>をのろいに変

3:10 あふれるばかりの<祝福>をあなたが

マタ 14:19 天を見上げて，それらを<祝福>し，パンを裂いて．マコ6:41，ルカ9:16.

21: 9 <祝福>あれ．主の御名によって来られる方に．23:39，マコ11:9，ルカ13:35，19:38.

25:34 わたしの父に<祝福>された人たち.

マコ 10:16 彼らの上に手を置いて<祝福>された.

ルカ 1:42 「あなたは女の中の<祝福>された方．あなたの胎の実も<祝福>されていま

2:34 シメオンは両親を<祝福>し，母マリ

6:28 あなたをのろう者を<祝福>しなさい.

24:50 イエスは…手を上げて<祝福>された.

ヨハ 13:17 あなたがたは<祝福>されるのです.

使徒 3:25 地の諸民族はみな<祝福>を受ける』

26 この方があなたがたを<祝福>して，

13:34 ダビデに約束した…確かな<祝福>を，

ロマ 12:14 迫害する者を<祝福>しなさい．<祝福>すべきであって，のろってはい

15:29 満ちあふれる<祝福>をもって行くこ

Ⅰコリ 4:12 はずかしめられるときにも<祝福>し，

10:16 私たちが<祝福>する<祝福>の杯は，

14:16 あなたが霊において<祝福>しても，

ガラ 3: 8 あなたによって…国民が<祝福>され

9 信仰による人々が…<祝福>を受ける

エペ 1: 3 神は…すべての霊的<祝福>をもって私たちを<祝福>してくださいました.

ピリ 4:17 償わせて余りある霊的<祝福>なので

Ⅰテモ 1:11 <祝福>に満ちた神の，栄光の福音に

6:15 神は<祝福>に満ちた唯一の主権者，

テト 2:13 <祝福>された望み，すなわち，大い

ヘブ 6: 7 土地は…神の<祝福>にあずかります.

14 わたしは必ずあなたを<祝福>し，あ

7: 1 メルキゼデクは…<祝福>しました.

7 下位の者が上位の者から<祝福>され

12:17 後になって<祝福>を相続したいと思

ヤコ 1:25 その行いによって<祝福>されます.

Ⅰペテ 3: 9 かえって<祝福>を与えなさい．あなたがたは<祝福>を受け継ぐために召

▼じゅくれん（熟練），熟練工

Ⅰ列 5: 6 木を切ることに<熟練>した者がいな

Ⅰ歴 22:15 各種の仕事に<熟練>した者など，多

Ⅱ歴 2: 7 製造に<熟練>した人…を送ってください…こちらの<熟練>した者たちも

8 木を切ることに<熟練>していること

13 才知に恵まれた<熟練工>…フラムを

14 彼は，あなたの<熟練工>と…私の主ダビデの<熟練工>とともに，金，銀，

エゼ 27: 8 ツロよ．おまえのうちの<熟練>者が，

Ⅱテモ 2:15 あなたは<熟練>した者，すなわち，

▼しゅくん（主君）

創世 40: 1 その<主君>，エジプト王に罪を犯し

Ⅰサム 24: 6 私の<主君>に対して…手を下すなど，

26:15 なぜ，自分の<主君>である王を見張って…おまえの<主君>である王を殺

29: 4 <主君>の好意を得ようとするのでし

Ⅱサム 2: 7 <主君>サウルは死んだが，ユダの家

11: 9 自分の<主君>の家来たちみなといっ

Ⅰ列 1:33 <主君>の家来たちを連れ…下って行

12:27 彼らの<主君>…レハブアムに再び帰

Ⅱ列 5: 1 ナアマンは，その<主君>に重んじら

6:22 彼らの<主君>のもとに行かせなさい.

32 彼の<主君>の足音がするではありま

8:14 自分の<主君>のところに帰った．王

10: 2 <主君>の子どもたちがおり，戦車も

18:23 私の<主君>，アッシリヤの王．19:4，イザ36:8，37:4.

27 私の<主君>が…私を遣わされたのは，おまえの<主君>や，おまえのためだろうか．イザ36:12.

Ⅱ歴 13: 6 ヤロブアムが…<主君>に反逆したが，

エレ 27: 4 それぞれの<主君>に次のことを言うように命じよ…<主君>にこう言え.

34: 5 <主君>よと言ってあなたをいたむ.

▼しゅけん（主権），主権者

詩 145: 5 栄光輝くあなたの<主権>と…わざに
イザ 9: 6 <主権>はその肩にあり，その名は
7 その<主権>は増し加わり，その平和
ダニ 4: 3 <主権>は代々限りなく続く. 6:26.
22 あなたの<主権>は地の果てにまで及
34 その<主権>は永遠の<主権>. その国
7:12 獣は，<主権>を奪われたが，いのち
ミカ 4: 8 以前の<主権>…王国が帰って来る.
エペ 1:21 すべての支配，権威…<主権>の上に，
6:12 <主権>，力，この暗やみの世界の支
コロ 1:16 王座も<主権>も支配も権威も，すべ
Ⅰテモ 6:16 とこしえの<主権>は神のものです.
Ⅰペテ 2:13 それが<主権者>である王であっても，

▼しゅご（守護）

Ⅰ列 4: 7 全土に12人の<守護>を置いた. 彼ら
27 <守護>たちは…食糧を納め，不足さ
22:47 王がなく，<守護>が王であった.

▼じゅこう（樹膠）

創世 37:25 らくだには<樹膠>と乳香と没薬を背

▼しゅごしゃ（守護者）

エゼ 28:14 油そそがれた<守護者>ケルブととも
ルカ 22:25 権威を持つ者は<守護者>と呼ばれて
使徒 19:35 エペソの町が…<守護者>であること

▼じゅごん

出エ 25: 5 <じゅごん>の皮. 26:14, 35:7, 23,
36:19, 39:34, 民数4:6, 8, 11, 25.

▼じゅし（樹脂）

出エ 2: 3 それに瀝青と<樹脂>とを塗って，そ

▼シュシャン〔地名〕

ペルシヤ帝国の首都の一つ. エズ4:9, ネヘ1:1, エス1:2, 5, 2:3, 5, 8, 3:15, 4:8, 16, 8:14, 15, 9:6, 11, 12, 13, 14, 15, 18, ダニ8:2.

▼じゅじゅつ（呪術），呪術師，呪術者

出エ 7:11 知恵のある者と<呪術者>を呼び寄せ
22:18 <呪術>を行う女は生かしておいては
申命 18:10 占いをする者，卜者…<呪術者>，
Ⅱ列 9:22 イゼベルの姦淫と<呪術>とが盛んに
イザ 47: 9 どんなに多く<呪術>を行っても，ど
12 多くの<呪術>を使って，立ち上がれ.
エレ 27: 9 夢見る者，卜者，<呪術者>に聞くな.
ダニ 2: 2 王は，呪法師…<呪術者>…を呼び寄
ミカ 5:12 あなたの手から<呪術師>を断ち，占
マラ 3: 5 <呪術者>，姦淫を行う者，偽って誓

▼しゅじん（主人），ご主人【別項】女主人

創世 18:12 「…それに<主人>も年寄りで.」
24:12 私の<主人>アブラハム. 42, 48.
27 私の<主人>に対する恵みとまことと
35 主は私の<主人>を大いに祝福されましたので，<主人>は富んでおります.
36 サラは…ひとりの男の子を<主人>に産み，<主人>はこの子に…全財産を
39: 4 ヨセフは<主人>にことのほか愛され，<主人>は彼を側近のものとし. 20.
出エ 21: 5 私は，私の<主人>…を愛しています.
6 いつまでも<主人>に仕えることがで
22: 8 その家の<主人>は神の前に出て，彼
申命 23:15 <主人>のもとから…逃げて来た奴隷を…<主人>に引き渡してはならない.
Ⅰサム 25:14 <主人>に…使者たちを送ったのに，<ご主人>は彼らをののしりました.
24 <ご主人>さま. あの罪は私にあるのです. 25, 26, 27, 28, 30, 31, 41.
30:15 <主人>の手に私を渡さないと，神か
Ⅱサム 11:11 私の<主人>ヨアブも，私の<主人>の
12: 8 あなたの<主人>の家を与え…<主人>の妻たちをあなたのふところに渡し，
Ⅱ列 2: 3 きょう，主があなたの<主人>をあなたから取り上げられることを. 5.
16 <ご主人>を捜しに行かせてください.
5: 3 あの方が<ご主人>さまのツァラアト
Ⅱ歴 18:16 彼らには<主人>がいない. 彼らをお
ヨブ 3:19 奴隷も<主人>から解き放たれる.
詩 123: 2 奴隷の目が<主人>の手に向けられ，
箴言 19:10 奴隷が<主人>を支配するのは，なお
25:13 彼は<主人>の心を生き返らせる.
27:18 <主人>の身を守る者は誉れを得る.
30:10 しもべのことを…<主人>に中傷して
イザ 19: 4 エジプト人をきびしい<主人>の手に
22:18 <主人>の家の恥さらしよ.
24: 2 奴隷はその<主人>と，女奴隷はその
アモ 4: 1 自分の<主人>たちに，「何か持って
ゼパ 1: 9 自分の<主人>の家を暴虐と欺きで満
マラ 1: 6 しもべはその<主人>を敬う…もし，わたしが<主人>であるなら，どこに，
マタ 6:24 だれも，ふたりの<主人>に仕えることはできません. ルカ16:13.

10:24 しもべはその<主人>にまさりません．
25 しもべがその<主人>のようになれた
13:27 その家の<主人>のしもべたちが来て言った．『<ご主人>．畑には良い麦
15:27 小犬でも<主人>の食卓から落ちるパ
18:27 しもべの<主人>は，かわいそうに思って，彼を赦し，借金を．31，34．
20: 1 天の御国は…労務者を雇いに朝早く出かけた<主人>のようなものです．
8 ぶどう園の<主人>は．21:40，マコ12:9，ルカ20:13．
21:33 ひとりの，家の<主人>がいた．彼は
24:45 <主人>から…しもべたちを任されて，
48 <主人>はまだまだ帰るまい』と心の
25:11 <ご主人>さま，<ご主人>さま．あけ
18 地を掘って，その<主人>の金を隠し
20 <ご主人>さま．私に５タラント預け
21 <主人>の喜びをともに喜んでくれ．』
マコ 13:36 <主人>が不意に帰って来たとき眠っ
ルカ 13: 8 <ご主人>．どうか，ことし１年その
25 <ご主人>さま．あけてください』と
27 だが，<主人>はこう言うでしょう．
14:21 しもべは…このことを<主人>に報告した…おこった<主人>は，そのしも
22:12 <主人>は…２階の大広間を見せてく
ヨハ 15:15 しもべは<主人>のすることを知らな
使徒 16:19 彼女の<主人>たちは，もうける望み
ロマ 14: 4 倒れるのも，その<主人>の心次第で
エペ 6: 5 真心から地上の<主人>に従いなさい．
9 <主人>たちよ…奴隷に．コロ4:1．
Ⅰテモ 6: 1 自分の<主人>を十分に尊敬すべき人
2 信者である<主人>を持つ人は，<主人>が兄弟だからといって軽く見ず，
Ⅱテモ 2:21 <主人>にとって有益なもの，あらゆ
テト 2: 9 すべての点で自分の<主人>に従って，
Ⅰペテ 2:18 <主人>に服従しなさい…優しい<主人>に対してだけでなく，横暴な<主人>に対しても従いなさい．

▼ しゅぜいにん（取税人）

マタ 5:46 <取税人>でも，同じことをしている
9:11 <取税人>や罪人といっしょに食事をするのですか．マコ2:16，ルカ5:30．
11:19 <取税人>や罪人の仲間だ』と言いま
18:17 異邦人か<取税人>のように扱いなさ
21:31 <取税人>や遊女たちのほうが，あな
ルカ 3:12 <取税人>たちも，バプテスマを受け
5:27 レビという<取税人>に目を留めて，
15: 1 <取税人>，罪人たちがみな…話を聞
18:10 もうひとりは<取税人>であった．
11 この<取税人>のようではないことを，
19: 2 彼は<取税人>のかしらで，金持ちで

▼ しゅぞく（種族）

エズ 9: 2 聖なる<種族>がこれらの国々の民と
箴言 30:25 蟻は力のない<種族>だが，夏のうち
26 岩だぬきは強くない<種族>だが，そ
エレ 25: 9 北のすべての<種族>を呼び寄せる．
マタ 24:30 地上のあらゆる<種族>は，悲しみな
Ⅰペテ 2: 9 選ばれた<種族>，王である祭司，聖

▼ しゅちょう（主張）

ヨブ 11: 4 私の<主張>は純粋だ．あなたの目に
13:15 私の道を神の前に<主張>しよう．
使徒 20:21 信仰とをはっきりと<主張>したので
25:19 生きているとパウロは<主張>してい
Ⅰテモ 1: 7 強く<主張>していることについても

▼ しゅちょう（首長）【別項】大首長

創世 36:15 <首長>は次のとおり…<首長>テマン，<首長>オマル．16，17，18，19，21，29，30，40，41，42，43．
出エ 15:15 エドムの<首長>らは，おじ惑い，モ
士師 7:25 ミデヤン人のふたりの<首長>オレブ
Ⅰサム 18:30 ペリシテ人の<首長>たちが出て来る
Ⅰ列 20:14 諸国の<首長>に属する若い者たちに
Ⅰ歴 1:51 エドムから出た<首長>たちは，<首長>ティムナ…アルワ．52，53，54．
Ⅱ歴 32:21 勇士，隊長，<首長>を全滅させた．
エス 1: 3 諸州の<首長>たちが出席した．
14 メディヤの７人の<首長>たちカルシ
6: 9 王服と馬を…<首長>のひとりの手に
ヨブ 3:15 <首長>たちといっしょにいたことで
29:10 <首長>たちの声もひそまり，その舌
25 私は…<首長>として座に着いた．ま
34:19 <首長>たちを，えこひいきせず，貧
伝道 10:16 <首長>たちが朝から食事をする国は．
17 <首長>たちが，酔うためではなく，
イザ 19:11 ツォアンの<首長>たちは全く愚か者
21: 5 立ち上がれ，<首長>たち．盾に油を
32: 1 <首長>たちは公義によってつかさど
エレ 1:18 ユダの王たち，<首長>たち，祭司た
哀歌 1: 6 <首長>たちは，牧場のない鹿のよう
2: 2 王国とその<首長>たちを，地に打ち

5:12 <首長>たちは彼らの手でつるされ,
ダニ 9: 6 王たち,<首長>たち,先祖たち,お
ホセ 3: 4 王もなく,<首長>もなく,いけにえ
7: 3 王を喜ばせ…<首長>たちを喜ばせる.
5 <首長>たちは酒の熱に病み,王はあ
8: 4 彼らは<首長>を立てた.だが,わた
10 王や<首長>たちの重荷を負わなくな
13:10 私に王と<首長>たちを与えよ」と言
アモ 1:15 王は,その<首長>たちとともに,捕
2: 3 すべての<首長>たちを…切り殺す」
ゼパ 1: 8 <首長>たちや王子たち…を罰する.
3: 3 その<首長>たちは,町の中にあって
ゼカ 9: 7 ユダの中の一<首長>のようになる.
12: 5 ユダの<首長>たちは心の中で言おう.
使徒 28: 7 島の<首長>でポプリオという人の領

▼しゅつげん(出現)
マタ 2: 7 彼らから星の<出現>の時間を突き止
ルカ 1:80 民の前に公に<出現>する日まで荒野

▼しゅっさん(出産)
創世 38:27 彼女の<出産>の時になると…ふたご
Ⅰサム 4:19 ピネハスの妻は…<出産>間近であっ

▼しゅつじん(出陣)
Ⅰサム 29: 8 戦うために私が<出陣>できないとは.
Ⅱ列 18: 7 彼はどこへ<出陣>しても勝利を収め
黙示 9: 7 <出陣>の用意の整った馬に似ていた.

▼しゅっしんち(出身地)
創世 24: 5 お子を,あなたの<出身地>へ連れ戻

▼しゅっぱつ(出発)
創世 46: 1 すべてのものといっしょに<出発>し,
民数 33: 2 モーセは…彼らの旅程の<出発>地点
を書きしるし…<出発>地点によると
申命 2:24 立ち上がれ.<出発>せよ.アルノン
ヨシ 3: 1 シティムを<出発>してヨルダン川の
エズ 7: 9 バビロンを<出発>し…エルサレムに
使徒 20:29 私が<出発>したあと,狂暴な狼があ

▼しゅっぱん(出帆)
使徒 18:18 パウロは…シリヤへ向けて<出帆>し
20:13 アソスに向けて<出帆>した.そして
15 そこから<出帆>して,翌日キヨスの
21: 1 私たちは彼らと別れて<出帆>し,コ
28:11 アレキサンドリヤの船で<出帆>した.

▼シュテラフ〔人名〕
エフライムの子.また彼の一族.民数26:35,36,Ⅰ歴7:20,21.

▼じゅなん(受難)
使徒 3:18 キリストの<受難>をあらかじめ語っ

▼シュニ〔人名〕
ガドの子.また彼の一族.創世46:16,民数26:15.

▼シュネム
1. 地名.イッサカルの町の一つ.ヨシ19:18,Ⅰサム28:4,Ⅱ列4:8,12,25,36.
2. シュネム人.Ⅰ列1:3,15,2:17,21,22.

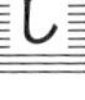

▼しゅのいえ(主の家)
出エ 23:19 初穂の最上のものを…<主の家>に持
申命 23:18 <主の家>に持って行ってはならない.
Ⅰ列 6: 1 ソロモンは<主の家>の建設に取りか
詩篇 23: 6 いつまでも,<主の家>に住まいまし
27: 4 いのちの日の限り,<主の家>に住む
92:13 彼らは,<主の家>に植えられ,私た
118:26 私たちは<主の家>から…祝福した.
122: 1 さあ,<主の家>に行こう」と言った
9 <主の家>のために…繁栄を求めよう.
134: 1 夜ごとに<主の家>で仕える者たちよ.
イザ 2: 2 終わりの日に,<主の家>の山は,山
エレ 7: 2 <主の家>の門に立ち,そこでこのこ
ゼカ 8: 9 万軍の<主の家>である神殿を建てる

▼しゅのきょうだい(主の兄弟)
Ⅰコリ 9: 5 <主の兄弟>たち,ケパなどと違って,
ガラ 1:19 <主の兄弟>ヤコブは別として,ほか

▼しゅのことば(主のことば),主のみ(お)ことば
創世 15: 4 <主のことば>が彼に臨み,こう仰せ
出エ 9:20 <主のことば>を恐れた者は,しもべ
21 <主のことば>を心に留めなかった者
24: 4 モーセは<主のことば>を…書きしる
民数 11:24 モーセは…<主のことば>を民に告げ
15:31 <主のことば>を侮り,その命令を破
Ⅰサム 3: 1 <主のことば>はまれにしかなく,幻
21 <主のことば>によって,主がご自身
15:10 サムエルに…<主のことば>があった.
13 私は<主のことば>を守りました.」
23 あなたが<主のことば>を退けたので,
Ⅱサム 7: 4 次のような<主のことば>がナタンに
12: 9 あなたは<主のことば>をさげすみ,
24:11 次のような<主のことば>が…ガドに
Ⅰ列 2:27 <主のことば>はこうして成就した.
6:11 ソロモンに…<主のことば>があった.
12:24 彼らは<主のことば>に聞き従い,

<主のことば>のとおりに帰って行っ
13: 5 <主のことば>によって与えたしるし
21 あなたは<主のことば>にそむき，あ
16: 1 エフーに…<主のことば>があった．
12 <主のことば>のとおりであった．
17: 5 彼は…<主のことば>のとおりにした．
16 <主のことば>のとおり，かめの粉は
24 <主のことば>が真実であることを知
18: 1 次のような<主のことば>がエリヤに
あった．17:2，8，19:9，21:17，28．
22: 5 <主のことば>を伺ってみてください．
Ⅱ列 4:44 <主のことば>のとおり，それはあり
7: 1 <主のことば>を聞きなさい．20:16．
20: 4 次のような<主のことば>が彼にあっ
23:16 <主のことば>のとおりであった．
Ⅰ歴 10:13 サウルは…<主のことば>を守らず，
11: 3 <主のことば>のとおりに，ダビデに
12:23 <主のことば>のとおり，サウルの支
15:15 モーセが<主のことば>に従って命じ
22: 8 私に次のような<主のことば>があっ
Ⅱ歴 11: 2 シェマヤに…<主のことば>があった．
29:15 <主のことば>による王の命令のとお
34:21 先祖が，<主のことば>を守らず，す
36:21 <主のことば>が成就して，この地が
22 エレミヤにより告げられた<主のこ
とば>を実現するために．エズ1:1．
詩篇 12: 6 <主のみことば>は混じりけのないこ
18:30 <主のみことば>は純粋．主はすべて
33: 4 まことに，<主のことば>は正しく，
105:19 <主のことば>は彼をためした．
28 彼らは<主のことば>に逆らわなかっ
130: 5 私は<主のみことば>を待ちます．
イザ 1:10 聞け…<主のことば>を．28:14．
2: 3 エルサレムから<主のことば>が出る
38: 4 イザヤに…<主のことば>があった．
39: 5 万軍の<主のことば>を聞きなさい．
8 あなたが告げてくれた<主のことば>
はありがたい．Ⅱ列20:19．
66: 5 <主のことば>におののく者たちよ．
<主のことば>を聞け．「あなたがた
エレ 1: 2 エレミヤに<主のことば>があった．
4，11，13，2:1，13:3，8，14:1，16
:1，18:5，24:4，25:3，28:12，29:30，
32:1，6，26，33:1，19，23，34:12，
35:12，36:27，37:6，39:15，42:7，
43:8，46:1，47:1，49:34．
2: 4 <主のことば>を聞け．7:2，9:20，
17:20，19:3，21:11，22:2，29，29:
20，31:10，34:4，42:15，44:24，26．
31 人々よ．<主のことば>に心せよ．わ
6:10 <主のことば>は…そしりとなる．彼
8: 9 <主のことば>を退けたからには，彼
17:15 <主のことば>はどこへ行ったのか．
20: 8 私への<主のみことば>が，一日中，
27:18 彼らに<主のことば>があるのなら，
32: 8 それが<主のことば>であると知った．
36: 4 <主のことば>を…巻き物に書きしる
6 <主のことば>を…読み聞かせよ．
43: 1 民に…<主のことば>を語り終えた．
エゼ 1: 3 エゼキエルに…<主のことば>があり，
3:16，6:1，7:1，11:14，12:1，8，17，
21，26，13:1，14:2，12，15:1，16:
1，17:1，11，18:1，20:2，45，21:1，
8，18，22:1，17，23，23:1，24:1，
15，20，25:1，26:1，27:1，28:1，
11，20，29:1，17，30:1，20，31:1，
32:1，17，33:1，23，34:1，35:1，
36:16，37:15，38:1．
13: 2 <主のことば>を聞け．16:35，20:47，
34:7，9，36:1，37:4，ホセ4:1．
ダニ 9: 2 エレミヤにあった<主のことば>によ
ホセ 1: 1 ホセアにあった<主のことば>．
ヨエ 1: 1 ヨエルにあった<主のことば>．
アモ 7:16 今，<主のことば>を聞け．あなたは
8:11 <主のことば>を聞くことのききんで
12 <主のことば>を捜し求めて，行き巡
ヨナ 1: 1 ヨナに…<主のことば>があった．
3: 3 <主のことば>のとおりに，立ってニ
ミカ 1: 1 ミカにあった<主のことば>．これは
4: 2 エルサレムから<主のことば>が出る
ゼパ 1: 1 ゼパニヤにあった<主のことば>．ク
2: 5 <主のことば>はおまえたちに向けら
ハガ 1: 1 ハガイを通して…<主のことば>があ
ゼカ 1: 1 ゼカリヤに，次のような<主のこと
ば>があった．7，4:8，7:1，8:1，18．
9: 1 <主のことば>はハデラクの地にあり，
11:11 <主のことば>であったことを知った．
12: 1 イスラエルについての<主のことば>．
マラ 1: 1 マラキを通して…<主のことば>．
ルカ 22:61 <主のおことば>を思い出した．

使徒 8:25 使徒たちは…<主のことば>を語って
12:24 <主のみことば>は，ますます盛んに
13:48 喜び，<主のみことば>を賛美した．
49 <主のみことば>は，この地方全体に
15:35 <主のみことば>を教え，宣べ伝えた．
16:32 家の者全部に<主のことば>を語った．
19:10 ギリシヤ人も<主のことば>を聞いた．
Ⅰテサ 1: 8 <主のことば>が…アカヤに響き渡っ
4:15 <主のみことば>のとおりに言います
Ⅱテサ 3: 1 <主のみことば>が…早く広まり，ま
Ⅰペテ 1:25 <主のことば>は…変わることがない．

▼しゅのしゅ（主の主）
申命 10:17 主は，神の神，<主の主>，偉大で，
詩 136: 3 <主の主>であられる方に感謝せよ．
Ⅰテモ 6:15 唯一の主権者，王の王，<主の主>，
黙示 17:14 小羊は<主の主>，王の王だからです．
19:16 王の王，<主の主>」という名が書か

▼しゅのしんでん（主の神殿）
Ⅱ歴 26:16 香をたこうとして<主の神殿>に入っ
27: 2 彼は，<主の神殿>に入るようなこと
エズ 3: 6 <主の神殿>の礎はまだ据えられてい
ハガ 2:15 <主の神殿>で石が積み重ねられる前
ゼカ 6:12 <主の神殿>を建て直す．13，15．
14 冠は…<主の神殿>のうちに残ろう．
ルカ 1: 9 <主の神殿>に入って香をたくことに

▼しゅのたたかいのしょ（主の戦いの書）
民数 21:14 <主の戦いの書>」にこう言われてい

▼しゅのつかい（主の使い）
創世 16: 7 <主の使い>は…泉のほとりで，彼女を見つけ．9，10，11．
22:11 <主の使い>が天から彼を呼び．15．
出エ 3: 2 <主の使い>が彼に，現れた．柴の中
民数 22:22 <主の使い>が彼に敵対して道に立ちふさがった．23，24，25，31，35．
士師 2: 1 <主の使い>がギルガルからボキムに
13: 3 <主の使い>がその女に現れて，彼女に言った．13，16，18，20，21．
Ⅱサム 24:16 <主の使い>は…アラウナの打ち場の
Ⅰ列 19: 7 <主の使い>がもう一度戻って来て，
Ⅱ列 1: 3 <主の使い>が…エリヤに告げた．
19:35 その夜，<主の使い>が出て行って…18万5千人を打ち殺し．イザ37:36．
Ⅰ歴 21:12 <主の使い>が…国中を荒らすことか．
詩篇 34: 7 <主の使い>は主を恐れる者の回りに
35: 5 <主の使い>に押しのけさせてくださ
6 <主の使い>に彼らを追わせてくださ
ハガ 1:13 <主の使い>ハガイは，主から使命を
ゼカ 1:11 木の間に立っている<主の使い>に答
3: 1 <主の使い>の前に立っている大祭司
12: 8 先頭に立つ<主の使い>のようになる．
マラ 2: 7 彼は万軍の<主の使い>であるからだ．
マタ 1:20 <主の使い>が夢に現れて．2:13，19．
24 <主の使い>に命じられたとおりにし
28: 2 <主の使い>が天から降りて来て，石
ルカ 1:11 <主の使い>が彼に現れて，香壇の右
2: 9 <主の使い>が彼らのところに来て，
使徒 5:19 夜，<主の使い>が牢の戸を開き，彼
8:26 <主の使い>がピリポに向かってこう
12:23 <主の使い>がヘロデを打った…彼は

▼しゅのはこ（主の箱）
ヨシ 3:13 <主の箱>をかつぐ祭司たちの足の裏
4:11 渡り終わったとき，<主の箱>が渡っ
6: 6 <主の箱>の前を行かなければならない．7，11，13，7:6．
Ⅰサム 4: 6 <主の箱>が陣営に着いたと知ったと
5: 3 ダゴンは<主の箱>の前に…うつぶせ
6: 1 <主の箱>は7か月もペリシテ人の野にあった．2，8，11，19，21，7:1．
Ⅱサム 6:10 <主の箱>を…オベデ・エドムの家に…回した．11，13，15，16，17．
15 歓声をあげ…<主の箱>を運び上った．
Ⅰ歴 15: 3 <主の箱>を定めておいた場所へ．12．
Ⅱ歴 8:11 <主の箱>を迎え入れた所は聖なる所

▼しゅのひ（主の日）
イザ 2:12 万軍の<主の日>は…誇る者に襲いか
13: 6 泣きわめけ．<主の日>は近い．全能
エレ 46:10 その日は，万軍の神，<主の日>，仇
エゼ 30: 3 その日は近い．<主の日>は近い．そ
ヨエ 1:15 ああ，その日よ．<主の日>は近い．
2:11 <主の日>は偉大で，非常に恐ろしい．
アモ 5:18 <主の日>を待ち望む者．<主の日>は
20 まことに，<主の日>はやみであって，
ゼパ 1:14 聞け．<主の日>を．勇士も激しく叫
ゼカ 14: 1 見よ．<主の日>が来る．その日，あ
Ⅰコリ 5: 5 彼の霊が<主の日>に救われるためで
Ⅰテサ 5: 2 <主の日>が夜中の盗人のように来る
Ⅱテサ 2: 2 <主の日>がすでに来たかのように言
Ⅱペテ 3:10 <主の日>は，盗人のようにやって来
黙示 1:10 私は，<主の日>に御霊に感じ，私の

▼しゅのみち（主の道）

創世 18:19 <主の道>を守らせ，正義と公正とを
申命 32: 4 まことに，<主の道>はみな正しい．
士師 2:22 先祖たちが<主の道>を守って歩んだ
Ⅱサム 22:22 私は<主の道>を守り．詩篇18:21.
Ⅱ列 21:22 <主の道>に歩もうとはしなかった．
Ⅱ歴 17: 6 彼の心は<主の道>にいよいよ励み，
詩 128: 1 幸いなことよ…<主の道>を歩む者は．
138: 5 彼らは<主の道>について歌うでしょ
箴言 10:29 <主の道>は，潔白な人にはとりでで
イザ 40: 3 <主の道>を整えよ．荒地で，私たち
42:24 <主の道>に歩むことを望まず，その
エレ 5: 4 <主の道>も，神のさばきも知りもし
ホセ 14: 9 <主の道>は平らだ．正しい者はこれ
ナホ 1: 3 <主の道>はつむじ風とあらしの中に
マタ 3: 3 <主の道>を用意し，主の通られる道を．マコ1:3，ルカ3:4，ヨハ1:23.
使徒 18:25 この人は，<主の道>の教えを受け，

▼しゅのみな（主の御名），主の名

創世 4:26 <主の御名>によって祈ることを始め
12: 8 <主の御名>によって祈った．13:4，21:33，26:25.
16:13 <主の名>を「あなたはエル・ロイ」
出エ 20: 7 <主の御名>を，みだりに唱えてはならない．申命5:11.
34: 5 主は…<主の名>によって宣言された．
レビ 24:16 <主の御名>を冒瀆する者は必ず殺さ
申命 18: 5 <主の御名>によって奉仕に立つため
28:10 <主の名>がつけられているのを見て，
32: 3 私が<主の御名>を告げ知らせるのだ
Ⅰサム 17:45 万軍の<主の御名>によって，おまえ
20:42 <主の御名>によって誓ったのです．」
Ⅱサム 6: 2 神の箱は…万軍の<主の名>で呼ばれ
18 万軍の<主の御名>によって民を祝福
Ⅰ列 3: 2 <主の名>のための宮．5:3，5，8:17，20，Ⅱ歴6:10.
18:24 私は<主の名>を呼ぼう．そのとき，
32 <主の名>によって一つの祭壇を築き，
Ⅱ列 2:24 <主の名>によって彼らをのろった．
Ⅰ歴 23:13 <主の御名>によって…祝福するため
Ⅱ歴 18:15 <主の名>によって真実だけを私に告
ヨブ 1:21 <主の御名>はほむべきかな．」
詩篇 7:17 いと高き…<主の御名>をほめ歌おう．
20: 7 私たちの神，<主の御名>を誇ろう．
102:15 国々は<主の御名>を恐れ，地のすべ
21 人々が，<主の名>をシオンで語り，
111: 9 <主の御名>は聖であり，おそれおお
113: 1 <主の御名>をほめたたえよ．135:1.
116: 4 私は<主の御名>を呼び求め．13，17.
118:26 <主の御名>によって来る人に，祝福
122: 4 <主の御名>に感謝するために．
124: 8 天地を造られた<主の御名>にある．
129: 8 <主の名>によってあなたがたを祝福
148: 5 <主の名>をほめたたえさせよ．13.
箴言 18:10 <主の名>は堅固なやぐら．正しい者
イザ 18: 7 万軍の<主の名>のある所，シオンの
24:15 西の島々で…<主の御名>をあがめよ．
30:27 見よ．<主の御名>が遠くから来る．
48: 1 <主の御名>によって誓い，イスラエ
56: 6 <主の名>を愛して，そのしもべとな
59:19 西のほうでは，<主の御名>が，日の
エレ 3:17 <主の名>のあるエルサレムに集めら
26:16 <主の名>によって，彼は私たちに語
ヨエ 2:32 <主の名>を呼ぶ者はみな救われる．
アモ 6:10 口をつぐめ．<主の名>を口にするな．
ミカ 4: 5 私たちは…<主の御名>によって歩も
5: 4 <主の御名>の威光によって群れを飼
ゼパ 3: 9 彼らはみな<主の御名>によって祈り，
12 彼らはただ<主の御名>に身を避ける．
ゼカ 10:12 彼らは<主の名>によって歩き回る．
13: 3 <主の名>を使ってうそを告げたから．
マタ 21: 9 祝福あれ．<主の御名>によって来られる方に．23:39．マコ11:9，ルカ13:35，19:38，ヨハ12:13.
使徒 2:21 <主の名>を呼ぶ者は，みな救われる．
9:28 <主の御名>によって大胆に語った．
ロマ 10:13 <主の御名>を呼び求める者は…救わ
Ⅱテモ 2:19 <主の御名>を呼ぶ者は…不義を離れ
ヤコ 5:10 <主の御名>によって語った預言者た
14 <主の御名>によって，オリーブ油を
Ⅰヨハ 2:12 <主の御名>によって…罪が赦された

▼しゅのみや（主の宮）

ヨシ 6:24 鉄の器は，<主の宮>の宝物倉に納め
Ⅰサム 1: 7 彼女が<主の宮>に上って行くたびに，
9 エリは，<主の宮>の柱のそばの席に
24 その子を…シロの<主の宮>に連れて
3: 3 サムエルは…<主の宮>で寝ていた．
Ⅱサム 12:20 <主の宮>に入り，礼拝をしてから，
Ⅰ列 3: 1 自分の家と<主の宮>…を建て終わる
7:51 <主の宮>のためにしたすべての工事

が完成し…<主の宮>の宝物倉に納め
8:11 主の栄光が<主の宮>に満ちたからで
9: 1 <主の宮>と王宮．10，15，10:12．
14:28 王が<主の宮>に入るたびごとに，近
Ⅱ列 11: 3 <主の宮>に6年間，身を隠していた．
4 <主の宮>の自分のもとに連れて来させ…<主の宮>で彼らに誓いを立てさ
15 この女は<主の宮>で殺されてはなら
18 エホヤダは，<主の宮>の管理を定め
12: 4 <主の宮>にささげられる…金は．9．
14:14 <主の宮>と王宮の宝物倉．16:8．
19: 1 ヒゼキヤ王は…荒布を身にまとって，<主の宮>に入った．イザ37:1．
14 <主の宮>に上って行って…主の前に
20: 8 <主の宮>に上れるしるしは何ですか．
22: 3 シャファンを<主の宮>に遣わして言
5 <主の宮>で工事している監督者．9．
8 <主の宮>で律法の書を見つけました．
23: 2 王は<主の宮>へ上って行った…<主の宮>で発見された契約の書のこと
25: 9 <主の宮>と…すべての家を焼き，そ
Ⅰ歴 6:31 <主の宮>の歌をつかさどらせるため
26:12 <主の宮>で仕える任務が…割り当て
28:13 <主の宮>の奉仕のすべての仕事のこ
Ⅱ歴 7: 2 祭司たちは<主の宮>に入ることができなかった．主の栄光が<主の宮>に
8:16 工事は，<主の宮>の礎を据える日まで…<主の宮>は完全であった．
12:11 王が<主の宮>に入るたびごとに，近
23: 6 <主の宮>に入ってはならない．すべ
24: 4 <主の宮>を新しくすることを志し，
26:21 彼は<主の宮>から断たれたからであ
29:16 汚れたものを…<主の宮>の庭に出す
18 <主の宮>を全部きよめました．全焼
31 いけにえを<主の宮>に携えて来なさ
36: 7 <主の宮>の器具をバビロンに持ち去
14 主が…聖別された<主の宮>を汚した．
エズ 1: 3 <主の宮>を建てるようにせよ．この
3: 8 <主の宮>の工事を指揮するために20
ネヘ 10:35 <主の宮>に携えて来ることに決めた．
イザ 38:20 <主の宮>で琴をかなでよう．
エレ 7: 4 あなたがたは，『これは<主の宮>，<主の宮>，<主の宮>だ』と言ってい
26: 2 <主の宮>の庭に立ち，<主の宮>に礼拝しに来るユダのすべての町の者に，
28: 1 ハナヌヤが，<主の宮>で…私に語っ
29:26 あなたを<主の宮>の監督者に任じて，
35: 2 彼らを<主の宮>の一室に連れて来て，
36:10 バルクは，<主の宮>の…ゲマルヤの部屋で…その部屋は<主の宮>の新し
51:51 他国人が<主の宮>の聖所に入ったの
哀歌 2: 7 彼らは，<主の宮>でほえたけった．
エゼ 10:19 <主の宮>の東の門の入口で立ち止ま
ヨエ 3:18 <主の宮>から泉がわきいで，シティ
ハガ 1: 2 <主の宮>を建てる時はまだ来ない，
ゼカ 7: 3 万軍の<主の宮>に仕える祭司たちと，

▼しゅのれい（主の霊）
士師 3:10 <主の霊>が彼の上にあった．彼はイ
6:34 <主の霊>がギデオンをおおったので，
11:29 <主の霊>がエフタの上に下ったとき，
13:25 <主の霊>は…彼を揺り動かし始めた．
15:14 <主の霊>が激しく彼の上に下り，彼
Ⅰサム 16:13 <主の霊>がその日以来，ダビデの上
14 <主の霊>はサウルを離れ，主からの
Ⅰ列 18:12 <主の霊>はあなたを私の知らない所
22:24 どのようにして，<主の霊>が私を離
Ⅱ歴 20:14 <主の霊>が集団の中で，アサフ族の
イザ 11: 2 その上に，<主の霊>がとどまる．そ
40:13 だれが<主の霊>を推し量り，主の顧
エゼ 11: 5 <主の霊>が私に下り，私に仰せられ

▼シュハ〔人名〕
ユダ族．ケルブの兄弟．Ⅰ歴4:11．

▼シュバエル〔人名〕
(1)モーセの子孫シェブエルと同人．Ⅰ歴24:20．
(2)ヘマンの子．楽人．Ⅰ歴25:20．

▼シュハム
1．人名．ダンの子．民数26:42．
2．シュハム族（人）．民数26:42，43．

▼しゅびたい（守備隊），守備隊長
Ⅰサム 13: 3 ペリシテ人の<守備隊長>を打ち殺し
Ⅱサム 8: 6 ダビデは…アラムに<守備隊>を置い
Ⅰ列 4:19 もうひとりの<守備隊長>がいた．
Ⅱ歴 17: 2 エフライムの町々に<守備隊>を置い

▼シュピム〔人名〕
(1)レビ人．神殿の門衛．Ⅰ歴26:6．
(2)ベニヤミン族．イルの子．Ⅰ歴7:12，15．

▼シュファムぞく（～族）
ベニヤミン族の一氏族．民数26:39．

▼じゅほう（呪法），呪法師
創世 41: 8 エジプトのすべての<呪法師>．24，

出エ7:11，22，8:7，18，19，9:11．
エゼ 13:18 手首に<呪法>のひもを縫い合わせ，
ダニ 1:20 <呪法師>，呪文師．2:2，10，27，4:7，9，5:11．

▼シュマじん（〜人）
カレブの子孫．Ⅰ歴2:53．

▼じゅみょう（寿命）
イザ 38: 5 あなたの<寿命>にもう15年を加えよ

▼しゅもつ（腫物）
出エ 9: 9 獣につき，うみの出る<腫物>となる．
11 <腫物>のためにモーセの前に立つことができなかった．<腫物>が呪法師
Ⅰサム 5:12 死ななかった者も<腫物>で打たれ，
ヨブ 2: 7 サタンは…悪性の<腫物>で彼を打っ
イザ 38:21 干しいちじくを…<腫物>の上に塗り

▼じゅもん（呪文），呪文師
申命 18:11 <呪文>を唱える者，霊媒をする者，
詩篇 58: 5 巧みに<呪文>を唱える者の声も，聞
イザ 47: 9 どんなに強く<呪文>を唱えても，こ
12 使い古しの<呪文>や，多くの呪術を
ダニ 1:20 どんな…<呪文師>よりも…まさって
2:27 <呪文師>…も王に示すことはできま
5:11 彼を…<呪文師>…星占いたちの長と

▼シュラムのおんな（〜女）
雅歌 6:13 帰れ．帰れ．<シュラムの女>よ．帰

▼じゅり（受理）
Ⅰテモ 5:19 証人がなければ，<受理>してはいけ

▼しゅりょう（首領）
士師 11: 6 私たちの<首領>になってください．
箴言 6: 7 蟻には<首領>もつかさも支配者もい
25:15 忍耐強く説けば，<首領>も納得する．
イザ 1:10 聞け．ソドムの<首領>たち．主のこ
3: 6 私たちの<首領>になってくれ．この
22: 3 おまえの<首領>たちは，こぞって逃
ダニ 11:18 ひとりの<首領>が，彼にそしりをや
ミカ 3: 1 イスラエルの家の<首領>たち．あな
使徒 24: 5 ナザレ人という一派の<首領>でござ

▼シュル〔地名〕
シナイ地峡の砂漠地帯，または場所．創世16:7，20:1，25:18，出エ15:22，Ⅰサム15:7，27:8．

▼しゅるい（種類）【別項】２種類
創世 1:11 <種類>にしたがって．12，21，24．
6:20 各<種類>の鳥，各<種類>の動物，各
7: 3 その<種類>が全地の面で生き残るた
14 あらゆる<種類>の獣，あらゆる<種類>の家畜，あらゆる<種類>の地を
エゼ 47:10 そこの魚は…<種類>も数も非常に多
マタ 13:47 あらゆる<種類>の魚を集める地引き
使徒 10:12 あらゆる<種類>の四つ足の動物や，
Ⅰコリ 12: 4 賜物にはいろいろの<種類>がありま
5 奉仕にはいろいろの<種類>がありま
6 働きにはいろいろの<種類>がありま
ヤコ 3: 7 どのような<種類>の獣も鳥も，はう
黙示 18:12 大理石で造ったあらゆる<種類>の器

▼しゅろ
ヨハ 12:13 <しゅろ>の木の枝を取っ．黙示7:9．

▼しゅわんか（手腕家）
Ⅰ列 11:28 ヤロブアムは<手腕家>であった．ソ

▼じゅんか（純化）
詩篇 12: 6 主のみことばは…<純化>された銀．

▼じゅんかい（巡回）
Ⅰサム 7:16 彼は毎年…ミツパを<巡回>し，それ
Ⅱ歴 17: 9 ユダのすべての町々を<巡回>して，
使徒 13: 6 島全体を<巡回>して，パポスまで行
20:25 あなたがたの中を<巡回>した私の顔

▼じゅんきょう（順境）
伝道 7:14 <順境>の日には喜び，逆境の日には

▼じゅんきん（純金）
出エ 25:11 <純金>をかぶせる．17，24，29，31，36，38，39，28:14，22，36，30:3，37:2，6，11，16，17，22，23，24，26，39:15，25，30．
31: 8 <純金>の燭台．39:37，レビ24:4，6，Ⅰ列7:49．
Ⅰ列 6:21 神殿の内側を<純金>でおおい，内堂
10:21 器物もすべて<純金>であって，銀の
Ⅱ歴 4:21 この金は混じりけのない<純金>であ
22 鉢，平皿，火皿を<純金>で作った．
ヨブ 28:17 <純金>の器とも…取り替えられない．
19 <純金>でもその値踏みをすることは
詩篇 19:10 金よりも，多くの<純金>よりも好ま
21: 3 彼のかしらに<純金>の冠を置かれま
119:127 <純金>よりも，あなたの仰せを愛し
雅歌 5:11 その頭は<純金>です．髪の毛はなつ
15 足は，<純金>の台座に据えられた大
イザ 13:12 人間を<純金>よりもまれにし，人を
哀歌 4: 2 <純金>で値踏みされる高価なシオン
ダニ 2:32 その像は，頭は<純金>，胸と両腕と
黙示 21:18 都は…ガラスに似た<純金>でできて

▼じゅんけつ（純潔）

IIコリ 6: 6 <純潔>と知識と，寛容と親切と，聖
Iテモ 4:12 信仰にも，<純潔>にも信者の模範に

▼じゅんじょ（順序）

ルカ 1: 3 <順序>を立てて書いて差し上げるの
使徒 11: 4 事の次第を<順序>正しく説明して言

▼じゅんしん（純真）

ピリ 1:10 <純真>で非難されるところがなく，
17 <純真>な動機からではなく，党派心
2:15 あなたがたが…<純真>な者となり，
ヤコ 3:17 上からの知恵は，第一に<純真>であ
IIペテ 3: 1 あなたがたの<純真>な心を奮い立た

▼じゅんすい（純粋）

出エ 30:35 香ばしい聖なる<純粋>な香油を作る.
IIサム 22:31 主のみことばは<純粋>. 主はすべて
ヨブ 8: 6 もし，あなたが<純粋>で正しいなら，
11: 4 私の主張は<純粋>だ. あなたの目に
箴言 16: 2 人は自分の行いが…<純粋>だと思う.
20:11 その行いが<純粋>なのかどうか，正
マコ 14: 3 <純粋>で，非常に高価なナルド油の
Iコリ 5: 8 <純粋>で真実なパンで，祭りをしよ
Iペテ 2: 2 <純粋>な，みことばの乳を慕い求め

▼じゅんばん（順番）

エス 2:15 王のところに入って行く<順番>が来
Iコリ 14:27 多くても3人で<順番>に話すべきで，
15:23 おのおのにその<順番>があります.

▼じゅんび（準備），準備の日

出エ 34: 2 朝までに<準備>をし，朝シナイ山に
ヨシ 1:11 糧食の<準備>をしなさい. 3日のう
エス 7:10 ハマンは…<準備>しておいた柱にか
箴言 19:29 さばきはあざける者のために<準備>
され，むち打ちは愚かな者の背のた
めに<準備>されている.
エゼ 7:14 <準備>ができても，だれも戦いに行
ルカ 22: 9 「どこに<準備>しましょうか.」
12 2階の大広間…で<準備>をしなさい.
23:54 この日は<準備の日>で，もう安息日
24: 1 <準備>しておいた香料を持って墓に
Iコリ 14: 8 だれが戦闘の<準備>をするでしょう.
IIコリ 9: 2 アカヤでは昨年から<準備>が進めら
3 私が言っていたとおりに<準備>して
4 <準備>ができていないのを見たら，

▼じゅんぼく（純朴）

ロマ 16:18 <純朴>な人たちの心をだましている

▼じゅんりょうしゅ（純良種）

エレ 2:21 ことごとく<純良種>の良いぶどうと

▼しょ（書）【別項】イザヤの書，いのちの書，王たちの書，契約の書，さとしの書，主の戦いの書，真理の書，年代記の書，モーセの書，ヤシャルの書，律法の書

申命 28:61 みおしえの<書>にしるされ. 30:10.
31:26 みおしえの<書>を取り…主の契約の
箱のそばに置きなさい. その所で，
I列 11:41 ソロモンの業績の<書>にしるされて
詩篇 40: 7 巻き物の<書>に私のことが書いてあ
56: 8 あなたの<書>には，ないのでしょう
エレ 25:13 この<書>にしるされている事をみな，
ダニ 12: 1 あの<書>にしるされている者はすべ
4 秘めておき，この<書>を封じておけ.
マラ 3:16 主の前で，記憶の<書>がしるされた.
ヨハ 20:30 この<書>には書かれていないが，ま
使徒 7:42 預言者たちの<書>に書いてあるとお
ロマ 16:25-26 預言者たちの<書>によって，信仰の
黙示 22: 7 この<書>の預言のことばを堅く守る

▼ショア

エルサレムを攻撃すると預言されているアラム人のこと. エゼ23:23.

▼しょう（将）

ヨシ 5:14 わたしは主の軍の<将>として…来た

▼しょう（賞）

Iコリ 9:24 <賞>を受けるのはただひとりだ…
<賞>を受けられるように走りなさい.

▼じょう（情）

アモ 1:11 肉親の<情>をそこない，怒り続けて
Iコリ 7: 9 <情>の燃えるよりは，結婚するほう

▼じょうい（上位）

ヘブ 7: 7 下位の者が<上位>の者から祝福され

▼しょういん（証印）

ロマ 4:11 義と認められたことの<証印>として，
Iコリ 9: 2 私が使徒であることの<証印>です.
エペ 1:13 約束の聖霊をもって<証印>を押され
4:30 聖霊によって<証印>を押されている

▼しょうがい（生涯）

ヨブ 27: 6 私の良心は<生涯>私を責めはしない.
伝道 5:20 自分の<生涯>のことをくよくよ思わ
イザ 38:10 <生涯>の半ばで，よみの門に入る.
ヘブ 7: 3 <生涯>の初めもなく，いのちの終わ

▼しようがき（仕様書）
I歴 28:19 この<仕様書>のすべての仕事を賢く
▼しょうき（正気）
マコ 5:15 <正気>に返ってすわっているのを見
IIコリ 5:13 もし<正気>であるとすれば，それは
▼しょうぎょう（商業）
エゼ 16:29 <商業>の地カルデヤとますます姦淫
17: 4 それを<商業>の地へ運び，商人の町
▼じょうく（常供）
民数 28: 3 子羊を<常供>の全焼のいけにえとし
ネヘ 10:33 パンと，<常供>の穀物のささげ物，また<常供>の全焼のいけにえ，また，
ダニ 8:11 <常供>のささげ物．11:31，12:11．
▼しょうぐん（将軍）
創世 21:22 アビメレクとその<将軍>ピコルとが
申命 20: 9 <将軍>たちが民の指揮をとりなさい．
IIサム 3:38 偉大な<将軍>が倒れたのを知らない
II列 5: 1 アラムの王の<将軍>ナアマンは，そ
I歴 27: 3 彼は…<将軍>たちすべてのかしらで
II歴 33:11 <将軍>たちを彼らのところに連れて
ダニ 11: 5 <将軍>のひとりが彼よりも強くなり，
▼しょうげん（証言）
出エ 20:16 偽りの<証言>をしてはならない．
レビ 5: 1 <証言>しなければのろわれるという声を聞きながら…<証言>しないなら，
民数 35:30 ただひとりの証人の<証言>だけでは，
申命 17: 6 ふたり…または3人の証人の<証言>によって，死刑に処さなければならない．ひとりの<証言>で死刑にして
19:15 ふたりの証人の<証言>，または3人の証人の<証言>によって…立証され
16 ある人に不正な<証言>をするために
18 同胞に対して偽りの<証言>をしてい
IIサム 1:16 おまえ自身の口で…<証言>したから
ヨブ 15: 6 あなたに不利な<証言>をする．
箴言 24:28 隣人をそこなう<証言>をしてはなら
25:18 隣人に対し，偽りの<証言>をする人
イザ 8: 2 ゼカリヤを…証人として<証言>させ
59:12 罪が，私たちに不利な<証言>をする
エレ 14: 7 咎が，私たちに不利な<証言>をして
アモ 3:13 これをヤコブの家に<証言>せよ．
マタ 23:31 子孫だと，自分で<証言>しています．
26:62 この人たちが，あなたに不利な<証言>をして．27:13，マコ14:60．
マコ 6:11 そこの人々に対する<証言>として，
14:59 この点でも<証言>は一致しなかった．
ルカ 9: 5 彼らに対する<証言>として，足のち
ヨハ 1:34 この方が神の子であると<証言>して
2:25 だれの<証言>も必要とされなかった
3:26 あなたが<証言>なさったあの方が，
4:39 <証言>したその女のことばによって
44 イエスご自身が…<証言>しておられ
5:31 自分のことを<証言>するのなら，わたしの<証言>は真実ではありません．
32 わたしについて<証言>する方がほかにある…その方の…<証言>される<証言>が真実であることは，わたし
33 彼は真理について<証言>しました．
34 人の<証言>を受けるのではありませ
36 ヨハネの<証言>よりもすぐれた<証言>があります…父がわたしを遣わしたことを<証言>しているのです．
37 わたしについて<証言>しておられま
39 聖書が，わたしについて<証言>して
8:13 あなたは自分のことを自分で<証言>しています…あなたの<証言>は真実
14 わたしが自分のことを<証言>するなら，その<証言>は真実です．わたし
17 ふたりの<証言>は真実であると書か
10:25 わざが，わたしについて<証言>して
使徒 22: 5 長老たちの全議会も<証言>してくれ
26: 5 <証言>するつもりならできることで
Iコリ 15:15 神に逆らう<証言>をしたからです．
テト 1:13 この<証言>はほんとうなのです．で
IIIヨハ 3 その真実を<証言>してくれるので，
12 真理そのものからも<証言>されています．私たちも<証言>します．私たちの<証言>が真実であることは，あ
▼しょうこ（証拠），証拠立てる
創世 21:30 この井戸を掘ったという<証拠>とな
31:44 私とあなたとの間の<証拠>としよう．
52 この石塚が<証拠>であり，この石の柱が<証拠>である．敵意をもって，
出エ 22:13 <証拠>としてそれを持って行かなけ
ヨシ 22:27 後の世代との間の<証拠>とし，私た
34 主が神であるという<証拠>だ」と呼
24:27 この石は，私たちに<証拠>となる…この石は，あなたがたに<証拠>とな
イザ 41:21 あなたがたの<証拠>を持って来い，
マコ 14:55 イエスを訴える<証拠>をつかもうと

ヨハ 18:23 悪いなら…悪い<証拠>を示しなさい.
使徒 1: 3 数多くの確かな<証拠>をもって，ご
24:13 <証拠>をあげることができないはず
使徒 25: 7 それを<証拠立てる>ことはできなか
IIコリ 8:24 あなたがたを誇りとしている<証拠>
13: 3 語っておられるという<証拠>を求め

▼じょうざ（上座）
マコ 12:39 会堂の上席や，宴会の<上座>が大好きです．マタ23:6，ルカ20:46.
ルカ 14: 7 人々が<上座>を選んでいる様子に気
8 <上座>にすわってはいけません．あ

▼しょうさん（称賛）
詩 149: 6 彼らの口には，神への<称賛>，彼ら
箴言 27:21 他人の<称賛>によって人はためされ
Iコリ 4: 5 神から各人に対する<称賛>が届くの
IIコリ 8:18 すべての教会で<称賛>されています
ピリ 4: 8 <称賛>に値することがあるならば，
ヘブ 11: 2 この信仰によって<称賛>されました.
Iペテ 1: 7 <称賛>と光栄と栄誉になることがわ

▼しょうじき（正直）
創世 42:11 私たちは<正直>者でございます．し
箴言 2:21 <正直>な人は地に住みつき，潔白な
28:10 <正直>な人を悪い道に迷わす者は，
イザ 26:10 悪者は…<正直>の地で不正をし，主
59:14 <正直>は中に入ることもできない.

▼じょうじゅ（成就）
創世 18:19 彼の上に<成就>するためである.」
I列 2:27 主のことばはこうして<成就>した.
6:12 約束したことを<成就>しよう.
II歴 36:21 告げられた主のことばが<成就>して，
イザ 14:24 わたしの計ったとおりに<成就>する.
44:26 しもべのことばを<成就>させ，わた
エレ 11: 5 今日あるとおり<成就>するためであ
28: 6 預言したことばを主が<成就>させ，
33:14 いつくしみのことばを<成就>する.
エゼ 12:25 わたしは言ったことを<成就>する.
13: 6 そのことが<成就>するのを待ち望ん
39: 8 今，それは来，それは<成就>する.
ダニ 4:33 ネブカデネザルの上に<成就>した.
12: 7 これらすべてのことが<成就>する.」
マタ 1:22 預言者を通して言われた事が<成就>するため．2:15，23，13:35，21:4.
2:17 エレミヤを通して言われた事が<成就>した．27:9.
4:14 イザヤを通して言われた事が，<成就>する．8:17，12:17，ヨハ12:38.
5:17 <成就>するために来たのです.
21: 4 これは，預言者を通して言われた事が<成就>するために起こったのであ
ルカ 21:22 すべてのことが<成就>する報復の日
22:16 過越が神の国において<成就>するま
24:44 書いてあることは，必ず全部<成就>
ヨハ 13:18 書いてあることは<成就>するのです.
15:25 書かれていることばが<成就>するた
17:12 聖書が<成就>するため．19:24，28.
使徒 1:16 聖書のことばは，<成就>しなければ
13:27 その預言を<成就>させてしまいまし
黙示 10: 7 告げられたとおりに<成就>する.」
17:17 みことばの<成就>するときまで，神

▼しょうしゅう（召集）【別項】召集の門
創世 14:14 318人を<召集>して，ダンまで追跡
レビ 23: 2 聖なる会合として<召集>する…例祭，
民数 1:18 第２月の１日に全会衆を<召集>した.
10: 2 会衆を<召集>し，また宿営を出発さ
ヨシ 8:10 ヨシュアは翌朝早く民を<召集>し，
I列 8: 1 ソロモン王のもとに<召集>した．ダ
20:27 イスラエル人も<召集>され，糧食を
I歴 13: 5 ダビデは…全イスラエルを<召集>し
イザ 13: 4 主が，軍隊を<召集>しておられるの
エレ 51:27 王国を<召集>してこれを攻めよ．ひ
ヨエ 2:16 民を集め，集会を<召集>せよ．老人
使徒 5:21 議会と…すべての長老を<召集>し，
22:30 祭司長たちと全議会の<召集>を命じ，

▼しょうしゅうのもん（召集の門）
神殿の北，羊の門近くにある門．ネヘ3:31.

▼しょうしょ（証書）
エレ 32:10 <証書>に署名し，それに封印し．44.
14 封印のない<証書>を取って，土の器
コロ 2:14 この<証書>を取りのけ，十字架に釘

▼しょうじょ（少女）
ヨエ 3: 3 酒のために<少女>を売って飲んだ.
マタ 9:25 イエスは…<少女>の手を取られた．すると<少女>は起き上がった.
14:11 その首は…<少女>に与えられたので，<少女>はそれを母親のところに持って行った．マコ6:28.
マコ 5:41 <少女>よ．あなたに言う．起きなさ

▼しょうじる（生じる），生ずる
創世 1:12 種を<生じる>草…その中に種がある実を結ぶ木を…<生じ>た．神は見て，

申命 29:18　苦よもぎを<生ずる>根があってはな
詩 105:38　エジプトに彼らへの恐れが<生じ>た
IIコリ 7:10　救いに至る悔い改めを<生じ>させま
ヤコ 1: 3　信仰がためされると忍耐が<生じる>

▼しょうしん（小心）
Iテサ 5:14　<小心>な者を励まし，弱い者を助け，

▼しょうしん（昇進）
エス 3: 1　ハマンを重んじ，彼を<昇進>させて，
6: 3　栄誉とか<昇進>とか，何かモルデカ

▼じょうず
Iサム 16:16　<じょうず>に立琴をひく者を捜させ
箴言 22:29　<じょうず>な仕事をする人を見たこ

▼じょうせき（上席）
マタ 23: 6　会堂の<上席>が大好きで．マコ12:39，ルカ11:43，20:46．
ルカ 14:10　どうぞもっと<上席>にお進みくださ

▼じょうそ（上訴）
使徒 25:11　私はカイザルに<上訴>します．」12，26:32，28:19．
25　彼自身が皇帝に<上訴>しましたので，

▼しょうぞう（肖像）
エゼ 23:14　彼女は…カルデヤ人の<肖像>を見た．
マタ 22:20　これは，だれの<肖像>ですか．だれの銘ですか．マコ12:16，ルカ20:24．

▼しょうそく（消息）
箴言 25:25　遠い国からの良い<消息>は，疲れた

▼しょうぞく（装束）
出エ 28: 2　栄光と美を表す聖なる<装束>を作れ．
31:10　アロンの聖なる<装束>と，その子らの<装束>．35:19，39:1，41，40:13．
II列 22:14　<装束>係シャルムの妻で，エルサレ

▼しょうたい（招待）
士師 14:15　はぎ取るために<招待>したのですか．
マタ 22: 3　王は，<招待>しておいたお客を呼び
14　<招待>される者は多いが，選ばれる
ルカ 14:24　<招待>されていた人たちの中で，私
使徒 28: 7　私たちを<招待>して，３日間手厚く
Iコリ 10:27　信仰のない者に<招待>されて，行き

▼じょうたい（状態）
出エ 14:27　海がもとの<状態>に戻った．エジプ
マタ 12:45　その人の後の<状態>は．ルカ11:26．
IIペテ 2:20　そのような人たちの終わりの<状態>は，初めの<状態>よりももっと悪い

▼しょうだく（承諾）
I列 20: 8　「…<承諾>しないでください．」

▼じょうだん（冗談）
創世 19:14　婿たちには…<冗談>のように思われ
エペ 5: 4　愚かな話や，下品な<冗談>を避けな

▼しょうち（承知）
Iサム 28: 1　よく<承知>していてもらいたい．」
ルカ 22: 6　ユダは<承知>した．そして群衆のい
IIテモ 3: 1　やって来ることをよく<承知>してお

▼しょうちょう（象徴）
イザ 57: 8　あなたを<象徴>する像を置いた…彼らの寝床を愛し，その<象徴>物を見

▼しょうちょく（詔勅）
エス 1:20　王が出される<詔勅>が…王国の隅々
使徒 17: 7　カイザルの<詔勅>にそむく行いをし

▼じょうと（譲渡）
ルツ 4: 7　買い戻しや権利の<譲渡>をする場合，

▼しょうにん（承認）
使徒 6: 5　この提案は全員の<承認>するところ
24:14　閣下の前で<承認>いたします．私は，

▼しょうにん（商人）
創世 37:28　ミデヤン人の<商人>が通りかかった．
I列 10:15　このほかに，交易<商人>から得たもの，貿易<商人>の商いで得たもの，
ネヘ 3:32　金細工人と<商人>たちが修理した．
13:20　<商人>や…売る者たちは…外で夜を
ヨブ 41: 6　<商人>たちの間でこれを分けるだろ
箴言 31:14　彼女は<商人>の舟のように，遠い所
24　彼女は…帯を作って，<商人>に渡す．
イザ 23: 2　シドンの<商人>はあなたを富ませて
エゼ 17: 4　若枝の先を…<商人>の町に置いた．
27:22　ラマの<商人>たちはおまえと取り引
36　<商人>たちはおまえをあざけり，お
38:13　デダンやタルシシュの<商人>たち，
ホセ 12: 7　<商人>は手に欺きのはかりを持ち，
ナホ 3:16　<商人>を天の星より多くしても，ば
ゼパ 1:11　<商人>はみな滅びうせ，銀を量る者
ゼカ 11: 7　私は羊の<商人>たちのために．11．
マタ 13:45　良い真珠を捜している<商人>のよう
使徒 16:14　紫布の<商人>で，神を敬う，ルデヤ
黙示 18: 3　地上の<商人>たちは，彼女の．11．
15　彼女から富を得ていた<商人>たちは，
23　<商人>たちは地上の力ある者どもで，

▼しょうにん（証人）
創世 31:50　神が私とあなたとの間の<証人>であ
出エ 23: 1　悪意ある<証人>となってはならない．
レビ 5: 1　<証人>であるのに…証言しないなら，

民数 35:30 ただひとりの<証人>の証言だけでは，
申命 4:26 天と地とを<証人>に立てる．30:19.
17: 6 ふたりの<証人>または 3 人の<証人>の証言によって．19:15.
7 まず<証人>たちが手を下し，ついで，
19:16 悪意のある<証人>が立ったときには，
18 その<証人>が偽りの<証人>であり，
31:28 私は天と地を…<証人>に立てよう．
ヨシ 24:22 「あなたがたは…自分自身の<証人>である．」…「私たちは<証人>です」
士師 11:10 主が私たちの間の<証人>となられま
ルツ 4: 9 私が…買い取ったことの<証人>です．
11 私たちは<証人>です．どうか，主が，
Ｉサム 12: 5 あなたがたの間で主が<証人>であり，主に油そそがれた者が<証人>である．
ヨブ 10:17 あなたの新しい<証人>たちを立て，
16: 8 私のやせ衰えた姿が，<証人>となり，
19 今でも天には，私の<証人>がおられ
詩篇 35:11 暴虐な<証人>どもが立ち私の知らな
箴言 6:19 まやかしを吹聴する偽りの<証人>，
14: 5 真実な<証人>はまやかしを言わない．
25 誠実な<証人>は人のいのちを救い出
19: 5 偽りの<証人>は罰を免れない．まや
28 よこしまな<証人>は，さばきをあざ
21:28 まやかしの<証人>は滅びる．しかし，
イザ 8: 2 ゼカリヤをわたしの…<証人>として
43: 9 彼らの<証人>を出して証言させ，そ
10 あなたがたはわたしの<証人>．44:8.
55: 4 彼を諸国の民への<証人>とし…君主
エレ 29:23 わたしは…その<証人>である…主の
32:10 それに封印し，<証人>を立て，はか
42: 5 真実な確かな<証人>でありますよう
ミカ 1: 2 主は，あなたがたのうちで<証人>となり…聖なる宮から来て<証人>とな
マラ 2:14 主が…若い時の妻との<証人>であり，
マタ 18:16 ふたりか 3 人の<証人>の口によって，
26:65 これでもまだ，<証人>が必要でしょうか．マコ14:63，ルカ22:71.
ルカ 11:48 父祖たちのしたことの<証人>となり，
24:48 これらのことの<証人>です．
使徒 1: 8 地の果てにまで，わたしの<証人>と
22 イエスの復活の<証人>とならなけれ
2:32 私たちはみな，そのことの<証人>で
5:32 私たちはそのことの<証人>です…聖霊もそのことの<証人>です．」
6:13 偽りの<証人>たちを立てて，こう言
7:58 <証人>たちは，自分たちの着物をサ
10:39 私たちは…すべてのことの<証人>で
41 選ばれた<証人>である私たちにです．
13:31 民に対してイエスの<証人>となって
22:15 見たこと，聞いたことの<証人>とさ
20 あなたの<証人>ステパノの血が流さ
26:16 奉仕者…<証人>に任命するためであ
Ⅱコリ 1:23 神を<証人>にお呼びして言います．
13: 1 ふたりか 3 人の<証人>の口によって
Ｉテサ 2: 5 神がそのことの<証人>です．
Ｉテモ 5:19 ふたりか 3 人の<証人>がなければ，
6:12 多くの<証人>たちの前でりっぱな告
Ⅱテモ 2: 2 多くの<証人>の前で私から聞いたこ
ヘブ 12: 1 <証人>たちが，雲のように私たちを
Ｉペテ 5: 1 キリストの苦難の<証人>…やがて現
黙示 1: 5 忠実な<証人>，死者の中から最初に
2:13 わたしの忠実な<証人>アンテパスが
3:14 忠実で，真実な<証人>，神に造られ
11: 3 わたしのふたりの<証人>に許すと，
17: 6 イエスの<証人>たちの血に酔ってい

▼しょうにんずう（少人数）

Ⅱ歴 24:24 アラムの軍勢は<少人数>で来たが，

▼しょうねん（少年）

創世 21:17 神は<少年>の声を聞かれ，神の使い
ダニ 1: 4 その<少年>たちは…容姿は美しく，
ルカ 2:43 <少年>イエスはエルサレムにとどま
ヨハ 6: 9 ここに<少年>が大麦のパンを五つと

▼しょうはい（勝敗）

Ⅱ列 14: 8 さあ，<勝敗>を決めよ．Ⅱ歴25:17.

▼しょうばい（商売）

マタ 22: 5 ある者は畑に，別の者は<商売>に出
25:16 それで<商売>をして，さらに 5 タラ
ルカ 19:13 『…これで<商売>しなさい．』15.
ヨハ 2:16 わたしの父の家を<商売>の家として
ヤコ 4:13 1 年いて，<商売>をして，もうけよ

▼しょうひん（商品）

ネヘ 13:16 いろいろな<商品>を運んで来て，安
イザ 45:14 エジプトの産物と，クシュの<商品>，
エゼ 26:12 <商品>はかすめ奪われ，城壁はくつ
27: 9 おまえの<商品>を商った．13，17，19，27，33，34.
黙示 18:11 もはや彼らの<商品>を買う者がだれ
12 <商品>とは，金，銀，宝石，真珠，

▼しょうぶ（菖蒲）

雅歌 4:14 ナルド，サフラン，<菖蒲>，肉桂に，
イザ 43:24 金を払って<菖蒲>を買わず，いけに
エレ 6:20 遠い国からかおりの良い<菖蒲>がわ
エゼ 27:19 ウザルからの銑鉄，桂枝，<菖蒲>が

▼じょうぶ（丈夫）

マタ 9:12 医者を必要とするのは<丈夫>な者ではなく，病人．マコ2:17，ルカ5:31．

▼しょうふく（承服）

使徒 18: 4 ギリシヤ人を<承服>させようとした．

▼じょうへき（城壁）

レビ 25:29 <城壁>のある町の中の住宅を売ると
31 回りに<城壁>のない村落の家は土地
民数 13:19 それらは宿営かそれとも<城壁>の町
申命 1:28 <城壁>は高く天にそびえている．し
3: 5 高い<城壁>と門とかんぬきのある…このほかに，<城壁>のない町々が非
28:52 高く堅固な<城壁>を打ち倒す．彼ら
ヨシ 2:15 彼女の家は<城壁>の中に建て込まれていて，彼女はその<城壁>の中に住
6: 5 町の<城壁>がくずれ落ちたなら，民
10:20 <城壁>のある町々に逃げ込んだ．
Iサム 6:18 <城壁>のある町から<城壁>のない村
25:16 私たちのために<城壁>となってくれ
31:10 彼の死体を…<城壁>にさらした．
IIサム 11:21 ひとりの女が<城壁>の上からひき臼
18:24 見張りが<城壁>の門の屋根に上り，
22:30 神によって私は<城壁>を飛び越えま
I列 3: 1 エルサレムの回りの<城壁>を建て終
4:13 <城壁>と青銅のかんぬきを備えた60
II列 3:27 その子を<城壁>の上で全焼のいけに
18:26 <城壁>の上にいる民の聞いている所では…ユダのことばで．イザ36:11．
27 <城壁>の上にすわっている者たちの
25: 4 二重の<城壁>の間の門の道から町を
II歴 26: 6 ガテの<城壁>，ヤブネの<城壁>，アシュドデの<城壁>を打ちこわし，ア
32: 5 くずれていた<城壁>を全部建て直し…外側にもう一つの<城壁>を築き，
18 <城壁>の上にいたエルサレムの民に
36:19 エルサレムの<城壁>を取りこわした．
エズ 5: 3 「だれが…この<城壁>を修復させようとしたのか．」9．
ネヘ 1: 3 エルサレムの<城壁>はくずされ．2:13，15，17，3:8，13．
3:15 シェラフの池の<城壁>を…修理した．
27 オフェルの<城壁>までの続きの部分
4: 1 私たちが<城壁>を修復していることを聞くと．3，6，7，15，17，19，5:16，6:1，6．
6:15 <城壁>は52日かかって…完成した．
7: 1 <城壁>が再建され…レビ人が任命さ
12:27 <城壁>の奉献式．30，31，37，38．
13:21 なぜ…<城壁>の前で夜を過ごすのか．
エス 9:19 <城壁>のない町々に住む…ユダヤ人
詩篇 18:29 神によって私は<城壁>を飛び越えま
48:13 その<城壁>に心を留めよ．その宮殿
51:18 エルサレムの<城壁>を築いてくださ
55:10 昼も夜も，町の<城壁>の上を歩き回
89:40 彼の<城壁>をことごとく打ちこわし，
122: 7 おまえの<城壁>のうちには，平和が
箴言 18:11 自分ではそそり立つ<城壁>のように
25:28 <城壁>のない，打ちこわされた町の
雅歌 5: 7 <城壁>を守る者たちも，私のかぶり
8: 9 もし，彼女が<城壁>だったら，その
10 私は<城壁>，私の乳房はやぐらのよ
イザ 22:10 その家をこわして<城壁>を補強し，
25:12 あなたの<城壁>のそそり立つ要塞を
26: 1 神はその<城壁>と塁で私たちを救っ
49:16 あなたの<城壁>は，いつもわたしの
56: 5 わたしの<城壁>のうちで…名を与え，
60:10 外国人もあなたの<城壁>を建て直し，
18 あなたの<城壁>を救いと呼び，あな
62: 6 あなたの<城壁>の上に見張り人を置
エレ 1:18 <城壁>のある町…青銅の<城壁>とし
5:17 <城壁>のある町々を，剣で打ち破る．
15:20 あなたを…青銅の<城壁>とする．彼
49:27 ダマスコの<城壁>に火をつける．そ
50:15 柱は倒れ，その<城壁>はこわれた．
51:12 バビロンの<城壁>に向かって旗を揚
哀歌 2: 8 主は，シオンの娘の<城壁>を荒れすたらせようと…塁と<城壁>は悲しみ
エゼ 26: 4 彼らはツロの<城壁>を破壊し，その
10 おまえの<城壁>は震え上がる．
33:30 <城壁>のそばや，家々の入口で…語
ダニ 11:15 北の王が…<城壁>のある町を攻め取
アモ 1: 7 わたしはガザの<城壁>に火を送ろう．
ナホ 3: 8 その塁は海，その<城壁>は水．
17 寒い日には<城壁>の上でたむろし，
ゼカ 2: 4 エルサレムは…<城壁>のない町とさ

　5 それを取り巻く火の<城壁>となる.
使徒 9:25 町の<城壁>伝いにつり降ろした.
IIコリ 11:33 <城壁>の窓からかごでつり降ろされ,
ヘブ 11:30 その<城壁>はくずれ落ちました.
黙示 21:12 都には…高い<城壁>と. 14, 18, 19.

▼ じょうへきくずし（城壁くずし）

エゼ 4: 2 その回りに<城壁くずし>を配置せよ.
　21:22 <城壁くずし>を配置し…<城壁くずし>を門に向かわせ…塁を築く.
エゼ 26: 9 <城壁くずし>をおまえの城壁に向け

▼ じょうほ（譲歩）

ガラ 2: 5 彼らに一時も<譲歩>しませんでした.

▼ しょうめい（召命）

ロマ 11:29 神の賜物と<召命>とは変わることが

▼ しょうめい（証明）

創世 30:33 私の正しさが…<証明>されますよう
ルツ 4: 7 イスラエルにおける<証明>の方法で
エズ 2:59 血統…を, <証明>することができな
マタ 11:19 知恵の正しいことは, その行いが<証明>します. ルカ7:35.
使徒 9:22 イエスがキリストであることを<証明>して…ユダヤ人たちを. 18:28.
　14: 3 御恵みのことばの<証明>をされた.
IIコリ 7:11 潔白であることを<証明>したのです.
ヘブ 11: 4 義人であることの<証明>を得ました.

▼ しょうもん（証文）

ルカ 16: 6 『さあ, あなたの<証文>だ….』7.

▼ じょうもん（城門）

士師 5: 8 <城門>で戦いがあった. イスラエル
イザ 26: 2 <城門>をあけて, 誠実を守る正しい
　62:10 通れ, 通れ, <城門>を. この民の道

▼ しょうヤコブ（小ヤコブ）

マコ 15:40 その中に…<小ヤコブ>とヨセの母マ

▼ じょうよく（情欲）

エゼ 23: 8 エジプト人が…彼女に<情欲>を注い
マタ 5:28 だれでも<情欲>をいだいて女を見る
ロマ 1:26 神は彼らを恥ずべき<情欲>に引き渡
　27 男どうしで<情欲>に燃え, 男が男と
　6:12 その<情欲>に従ってはいけません.
ガラ 5:24 さまざまの<情欲>や欲望とともに,
エペ 4:22 人を欺く<情欲>によって滅びて行く
コロ 3: 5 不品行, 汚れ, <情欲>, 悪い欲, そ
Iテサ 4: 5 異邦人のように<情欲>におぼれず,
IIテモ 2:22 あなたは, 若い時の<情欲>を避け,
　3: 6 さまざまの<情欲>に引き回されて罪
IIペテ 2:10 汚れた<情欲>を燃やし, 肉に従って

▼ しょうらい（将来）

エレ 29:11 <将来>と希望を与えるためのものだ.
　31:17 あなたの<将来>には望みがある…主
エゼ 12:27 遠い<将来>について預言しているの

▼ しょうり（勝利）, 大勝利, 勝利者

出エ 15:21 主は輝かしくも<勝利>を収められ,
　32:18 それは<勝利>を叫ぶ声ではなく, 敗
申命 20: 4 <勝利>を得させてくださるのは, あ
　33:29 主は…あなたの<勝利>の剣. あなた
Iサム 14:45 大<勝利>を…もたらしたヨナタンが
　18: 5 ダビデは, どこでも…<勝利>を収め
　19: 5 主は<大勝利>をイスラエル全体にも
IIサム 8: 6 行く先々で, 彼に<勝利>を与えられ
　14 主は…彼に<勝利>を与えられた.
　19: 2 この日の<勝利>は…民の嘆きとなっ
　23:10 主はその日, <大勝利>をもたらされ,
　12 こうして, 主は<大勝利>をもたらさ
II列 5: 1 彼によってアラムに<勝利>を得させ
　13:17 エリシャは言った.「主の<勝利>の矢. アラムに対する<勝利>の矢. あ
　18: 7 彼はどこへ出陣しても<勝利>を収め
I歴 11:14 主は<大勝利>を収められた.
　18: 6 主は, ダビデの行く先々で, 彼に<勝利>を与えられた. 13.
II歴 13:18 ユダ人は, <勝利>を得た. 彼らがそ
詩篇 20: 5 あなたの<勝利>を喜び歌いましょう.
　33:17 軍馬も<勝利>の頼みにはならない.
　44: 4 ヤコブの<勝利>を命じてください.
　98: 1 主に<勝利>をもたらしたのだ.
箴言 24: 6 多くの助言者によって<勝利>を得る.
イザ 41: 2 だれが…<勝利>を収めさせるのか.
　45:13 <勝利>のうちに彼を奮い立たせ, 彼
　46:13 わたしの<勝利>を近づける. それ
ダニ 11:12 南の王…<勝利>を得ない.
マタ 12:20 公義を<勝利>に導くまでは.
ロマ 3: 4 さばかれるときには<勝利>を得られ
　8:37 圧倒的な<勝利者>となるのです.
Iコリ 15:54 死は<勝利>にのまれた」としるされ
　55 死よ. おまえの<勝利>はどこにある
IIコリ 2:14 キリストによる<勝利>の行列に加え,
Iヨハ 5: 4 これこそ, 世に打ち勝った<勝利>で
黙示 2: 7 <勝利>を得る者に, わたしは神のパ
　17 <勝利>を得る者に隠れたマナを与え
　3:21 <勝利>を得る者を…わたしの座に着

かせよう…わたしが<勝利>を得て，
5: 5 ダビデの根が<勝利>を得たので，そ
21: 7 <勝利>を得る者は，これらのものを

▼ しょうれい（奨励）
使徒 13:15 <奨励>のことばがあったら…お話し

▼ じょおう（女王）【別項】シェバの女王，天の女王
イザ 47: 5 王国の<女王>と呼ばれることはない
哀歌 1: 1 諸州のうちの<女王>は，苦役に服し
エゼ 16:13 あなたは…<女王>の位についた．
マタ 12:42 南の<女王>が，さばきのときに，今
使徒 8:27 エチオピヤ人の<女王>カンダケの高
黙示 18: 7 私は<女王>の座に着いている者であ

▼ しょき（書記），書記官，書記役
IIサム 8:17 セラヤは<書記>．20:25，I列4:3，II列18:18，37，19:2，I歴18:16，24:6，II歴24:11，26:11，34:13．
II列 12:10 王の<書記>と大祭司は，上って来て，
22: 3 <書記>シャファンを主の宮に遣わして．8，II歴34:15，20，エレ36:10．
エズ 4: 8 <書記官>シムシャイはエルサレムを
エス 3:12 王の<書記官>が召集され．8:9．
詩篇 45: 1 私の舌は巧みな<書記>の筆．
イザ 36: 3 <書記>シェブナ．22，37:2．
エレ 8: 8 <書記>たちの偽りの筆が，これを偽
36:26 <書記>バルクと…エレミヤを捕らえ
37:15 <書記>ヨナタンの家にある牢屋に入
エゼ 9: 2 腰には<書記>の筆入れをつけて，彼
使徒 19:35 町の<書記役>は，群衆を押し静めて

▼ しょく（食）
創世 3:17 あなたは，一生，苦しんで<食>を得
箴言 12: 9 高ぶっている人で<食>に乏しい者に
イザ 5:17 獣は廃墟にとどまって<食>をとる．

▼ しょく（職）
民数 3: 3 祭司の<職>に任じられた祭司であっ
II歴 11:14 主の祭司としての彼らの<職>を解き，
箴言 12: 9 身分の低い人で<職>を持っている者
イザ 22:19 わたしはあなたをその<職>から追放
使徒 1:20 『その<職>は，ほかの人に取らせよ．』

▼ しょくぎょう（職業）
創世 46:33 あなたがたの<職業>は何か．47:3．
使徒 18: 3 彼らの<職業>は天幕作りであった．

▼ しょくざい（贖罪）【別項】贖罪の日
出エ 29:36 毎日，<贖罪>のために…雄牛1頭を
30:10 アロンは年に1度，<贖罪>のための，

▼ しょくざいがい（贖罪蓋）
ヘブ 9: 5 <贖罪蓋>を翼でおおっている栄光の

▼ しょくざいのひ（贖罪の日）
レビ 23:27 第7月の10日は<贖罪の日>．28．
25: 9 <贖罪の日>に…全土に角笛を鳴り響

▼ しょくじ（食事）
創世 24:33 話すまでは<食事>をいただきません．
43:16 私といっしょに<食事>をするから．」
32 それぞれ別に<食事>を出した…ヘブル人とはいっしょに<食事>ができな
出エ 2:20 <食事>をあげるためにその人を呼ん
18:12 神の前で<食事>をするために…来た．
ルツ 3: 3 あの方の<食事>が終わるまで，気づ
Iサム 1: 7 ハンナは…<食事>をしようともしな
9:13 あの方が<食事>のために高き所に…民は，あの方が…いけにえを祝福されるまでは<食事>をしません．祝福のあとで招かれた者たちが<食事>を
24 サウルはサムエルと…<食事>をした．
28:20 一昼夜，何の<食事>もしていなかっ
IIサム 3:35 ダビデに<食事>をとらせようとして
9: 7 いつも私の食卓で<食事>をしてよい．
11 王の食卓で<食事>をすることになっ
I列 2: 7 彼らをあなたの<食事>の席に連なら
21: 4 顔をそむけて<食事>もしようとはし
II列 4: 8 彼を<食事>に引き止めた．それからは…そこに寄って，<食事>をするよ
25:29 その一生の間，いつも王の前で<食事>をした．エレ52:33．
詩篇 23: 5 あなたは私のために<食事>をととの
78:19 荒野の中で<食事>を備えることがで
箴言 9: 5 わたしの<食事>を食べに来なさい．
23: 1 支配者と<食事>の席に着くときは，
31:15 家の者に<食事>を整え，召使いの女
伝道 10:17 定まった時に，<食事>をする国は．
19 <食事>をするのは笑うため．ぶどう
エレ 41: 1 ミツパで<食事>を共にした．
エゼ 18: 6 丘の上で<食事>を．11，15，22:9．
マタ 9:11 罪人といっしょに<食事>をするので
22: 4 さあ，<食事>の用意ができました．
マコ 3:20 <食事>する暇もなかった．6:31．
5:43 少女に<食事>をさせるように言われ
7: 3 手をよく洗わないでは<食事>をせず，
14:18 いっしょに<食事>をしている者が，
ルカ 8:55 娘に<食事>をさせるように言いつけ

し

11:37 <食事>をいっしょにしてください，
38 <食事>の前に，まずきよめの洗いを
12:42 <食事>時には…食べ物を与える忠実
14: 1 ある安息日に，<食事>をしようとし
15 神の国で<食事>する人は，何と幸い
24 私の<食事>を味わう者は，ひとりも
17: 8 『私の<食事>の用意をし…<食事>が
済むまで給仕しなさい．あとで，自
分の<食事>をしなさい』と言わない
22: 8 過越の<食事>．11，13，15，16．
20 <食事>の後，杯も同じようにして言
ヨハ 21:12 「さあ来て，朝の<食事>をしなさい．」
使徒 2:46 喜びと真心をもって<食事>をともに
9:19 <食事>をして元気づいた．サウロは
16:34 <食事>のもてなしをし，全家族そろ
27:21 長いこと<食事>をとらなかったが，
33 一同に<食事>をとることを勧めて，
Ⅰコリ 5:11 いっしょに<食事>をしてもいけない，
8:10 偶像の宮で<食事>をしているのをだ
11:21 <食事>のとき，めいめい我先にと自
分の<食事>を済ませるので，空腹な
33 <食事>に集まるときは，互いに待ち
ガラ 2:12 異邦人と…<食事>をしていたのに，
黙示 3:20 わたしは…彼とともに<食事>をし，
彼もわたしとともに<食事>をする．

▼しょくせき（職責）

Ⅰ歴 9:22 彼らの<職責>を定めたので．26．
31 その<職責>として手なべの仕事をつ

▼しょくだい（燭台）

出エ 25:31 <燭台>．32，33，34，35，36，39，
26:35，30:27，37:17，18，19，20，
21，22，24，40:4，24，レビ24:4，
民数3:31，4:9，8:2，3，Ⅰ列7:49，
Ⅰ歴28:15，Ⅱ歴4:7，20，13:11，エ
レ52:19．
民数 8: 4 <燭台>の作り方は次のとおりであっ
Ⅱ列 4:10 寝台と机と…<燭台>とを置きましょ
ゼカ 4: 2 金でできている一つの<燭台>があり
マタ 5:15 あかりをつけ…<燭台>の上に置きま
す．マコ4:21，ルカ8:16，11:33．
ヘブ 9: 2 <燭台>と机と供えのパンがありまし
黙示 1:12 七つの金の<燭台>が見えた．13．
2: 5 あなたの<燭台>を…取りはずしてし
11: 4 2本のオリーブの木…二つの<燭台>

▼しょくたく（食卓）【別項】一つ食卓

士師 1: 7 私の<食卓>の下で，手足の親指を切
Ⅰサム 20:29 ダビデは王の<食卓>に連ならないの
34 ヨナタンは…<食卓>から立ち上がり，
Ⅱサム 9: 7 あなたはいつも私の<食卓>で食事を
してよい．10，11，13．
19:28 あなたの<食卓>で食事をする者のう
ヨブ 36:16 あなたの<食卓>には，あぶらぎった
詩篇 69:22 彼らの前の<食卓>はわなとなれ．彼
128: 3 あなたの子らは…<食卓>を囲んで，
箴言 9: 2 いけにえをほふり…<食卓>も整え，
イザ 21: 5 彼らは<食卓>を整え，座席を並べて，
65:11 ガドのために<食卓>を整える者，メ
エゼ 23:41 豪奢な寝台…その前に<食卓>を整え，
マラ 1: 7 『主の<食卓>はさげすまれてもよい』
マタ 15:27 小犬でも主人の<食卓>から落ちるパ
ンくずはいただきます．マコ7:28．
マコ 16:14 11人が<食卓>に着いているところに
ルカ 5:29 大ぜいの人たちが<食卓>に着いてい
7:37 イエスがパリサイ人の家で<食卓>に
着いておられることを知り，香油の
12:37 しもべたちを<食卓>に着かせ…給仕
16:21 金持ちの<食卓>から落ちる物で腹を
22:27 <食卓>に着く人と給仕する者と，ど
ちらが偉い…<食卓>に着く人でしょ
30 わたしの国でわたしの<食卓>に着い
使徒 6: 2 あと回しにして，<食卓>のことに仕
ロマ 11: 9 彼らの<食卓>は，彼らにとってわな
Ⅰコリ 10:21 主の<食卓>にあずかったうえ…悪霊
の<食卓>にあずかることはできない

▼しょくにん（職人）【別項】職人の谷

申命 27:15 <職人>の手のわざである…彫像や鋳
士師 5:26 右手に<職人>の槌をかざし，シセラ
Ⅱ列 24:14 <職人>や，鍛冶屋もみな，捕囚とし
て捕らえ移し．16，エレ24:1，29:2．
Ⅰ歴 4:14 彼らは<職人>だったのである．
イザ 54:16 武器を作り出す<職人>を創造したの
ホセ 13: 2 これはみな，<職人>の造った物．彼
ゼカ 1:20 主は4人の<職人>を私に見せてくだ
使徒 19:24 <職人>たちにかなりの収入を得させ
黙示 18:22 <職人>たちも…見られなくなる．ひ

▼しょくにんのたに（職人の谷）

ベニヤミンの子孫が定住した地域．ネヘ11:35．

▼しょくぶつ（植物）
創世 1:11 地は<植物>, 種を生じる草．12.
詩 104:14 人に役立つ<植物>を生えさせられま

▼しょくみんとし（植民都市）
使徒 16:12 この地方第一の町で，<植民都市>で

▼しょくもつ（食物）
創世 1:29 それがあなたがたの<食物>となる．
6:21 あなたと…動物の<食物>としなさい．
41:54 エジプト全土には<食物>があった．
47:12 <食物>を与えて養った．15，17，19.
49:20 アシェルには，その<食物>が豊かに
レビ 3:11 祭壇の上でそれを<食物>として，主
25: 7 その地の収穫はみな<食物>となる．
民数 21: 5 このみじめな<食物>に飽き飽きした．
28: 2 わたしへの<食物>のささげ物を，定
申命 2: 6 <食物>は，彼らから金で買って食べ，
8: 9 十分に<食物>を食べ，何一つ足りな
10:18 これに<食物>と着物を与えられる．
士師 13:16 わたしはあなたの<食物>は食べない．
Ⅰサム 14:24 「…<食物>を食べる者はのろわれる」
と言い，民はだれも<食物>を味見も
Ⅰ列 5: 9 私の一族に<食物>を与え，私の願い
Ⅱ列 25: 3 ききんがひどく…<食物>がなくなっ
Ⅱ歴 30:22 7日間，祝いの<食物>にあずかった．
ネヘ 13:15 彼らが<食物>を売ったその日，彼ら
ヨブ 6: 7 それは私には腐った<食物>のようだ．
15:23 彼は<食物>を求めて，「どこだ」と
22: 7 飢えている者に<食物>を拒んだから
33:20 彼のいのちは<食物>をいとい，その
詩篇 69:21 私の<食物>の代わりに，苦味を与え，
78:25 神は飽きるほど<食物>を送られた．
104:14 人が地から<食物>を得るために．
107:18 あらゆる<食物>を忌みきらい，彼ら
132:15 わたしは豊かにシオンの<食物>を祝
136:25 主はすべての肉なる者に<食物>を与
145:15 時にかなって，彼らに<食物>を与え
147: 9 鳴く烏の子に<食物>を与える方．
箴言 6: 8 夏のうちに<食物>を確保し，刈り入
23: 3 それはまやかすの<食物>だから．
6 貪欲な人の<食物>を食べるな．彼の
27:27 やぎの乳は…あなたの<食物>，あな
たの家族の<食物>となり…召使いの
30: 8 私に定められた分の<食物>で私を養
哀歌 1:11 宝としているものを<食物>に代えて
19 自分の<食物>を捜していたときに．
4:10 自分の子どもを煮て…<食物>とした．
5: 6 足りるだけの<食物>を得ようと，エ
エゼ 4:10 あなたが食べる<食物>は，1日分20
16:49 娘たちは高慢で，<食物>に飽き，安
18: 7 飢えている者に自分の<食物>を与え，
47:12 その実は<食物>となり，その葉は薬
48:18 収穫した物は…働き人の<食物>とな
ヨエ 1:16 私たちの目の前で<食物>が断たれた
ハバ 1:16 その<食物>も豊富になるからだ．
3:17 実りがなく，畑は<食物>を出さない．
ハガ 2:12 すそが…どんな<食物>にでも触れた
マラ 1:12 果実も<食物>もさげすまれている』
3:10 わたしの家の<食物>とせよ．こうし
マタ 14:15 めいめいで<食物>を買うようにさせ
マコ 2:25 <食物>がなくてひもじかったとき，
7:19 すべての<食物>をきよいとされた．
ヨハ 4: 8 弟子たちは<食物>を買いに，町へ出
32 あなたがたの知らない<食物>があり
34 成し遂げることが，わたしの<食物>
6:27 なくなる<食物>のためではなく…永
遠のいのちに至る<食物>のために働
55 わたしの肉はまことの<食物>，わた
使徒 7:11 父祖たちには，<食物>がなくなりま
14:17 <食物>と喜びとで，あなたがたの心
Ⅰコリ 3: 2 堅い<食物>を与えませんでした．あ
6:13 <食物>は腹のためにあり，腹は<食
物>のためにあります．ところが神
8: 8 神に近づけるのは<食物>ではありま
13 <食物>が私の兄弟をつまずかせるな
Ⅰテモ 4: 3 <食物>を断つことを命じたりします．
しかし<食物>は…神が造られた物で
ヘブ 5:14 堅い<食物>はおとなの物であって，
9:10 <食物>と飲み物と種々の洗いに関す
12:16 1杯の<食物>と引き替えに…長子の
13: 9 <食物>によってではなく，恵みによ
って…<食物>に気を取られた者は益

▼しょくよく（食欲）
ヨブ 38:39 獅子の<食欲>を満たすことができる
箴言 13:25 正しい者は食べてその<食欲>を満た
23: 2 あなたが<食欲>の盛んな人であるな
伝道 6: 7 その<食欲>は決して満たされない．

▼しょくりょう（食料，食糧）
創世 14:11 全財産と<食糧>全部を奪って行った．
41:35 <食糧>を集めさせ．36，48，42:7，
10，43:2，4，20，22，44:1，25.

42:25 道中の<食糧>を彼らに与え．45:21.
47:24 あなたがたの<食糧>のため，また…子どもたちの<食糧>としなければな
出エ 12:39 <食料>の準備もできなかったからで
ヨシ 9: 5 彼らの<食料>のパンは…かわいて，
11 旅のための<食料>を手に持って，彼
12 あたたかなのを，<食料>として準備
14 彼らの<食料>のいくらかを取ったが，
Ⅰ列 11:18 家を与え，<食料>をあてがい…土地
箴言 6: 8 刈り入れ時に<食糧>を集める．
12:11 畑を耕す者は<食糧>に飽き足り，む
13:23 開拓地に，多くの<食糧>がある．公
30:25 蟻は…夏のうちに<食糧>を確保する．
31:14 遠い所から<食糧>を運んで来る．
イザ 55: 2 <食糧>にもならない物のために金を
使徒 12:20 王の国から<食糧>を得ていたからで

▼ じょげん（助言）

出エ 18:19 私はあなたに<助言>をしましょう．
Ⅱサム 15:31 アヒトフェルの<助言>を愚かなもの
Ⅰ列 1:12 私があなたに<助言>をいたしますか
12: 8 長老たちの与えた<助言>を退け，彼

▼ じょげんしゃ（助言者）

Ⅱ歴 22: 3 彼の母が彼の<助言者>で，悪を行わ
箴言 11:14 多くの<助言者>によって救いを得る．
15:22 多くの<助言者>によって，成功する．
24: 6 多くの<助言者>によって勝利を得る．
イザ 9: 6 その名は「不思議な<助言者>，力あ
41:28 返事のできる<助言者>もいない．

▼ しょこく（諸国）【別項】諸国の民

ダニ 3: 4 「諸民，<諸国>，諸国語の者たちよ．7，29，4:1，5:19，6:25，7:14.

▼ しょこくのたみ（諸国の民），諸国民

民数 23: 9 おのれを<諸国の民>の一つと認めな
ネヘ 6: 6 <諸国民>の間に言いふらされ，また
イザ 49: 6 あなたを<諸国の民>の光とし，地の
エレ 1:10 あなたを<諸国の民>…の上に任命し，
エゼ 11:12 <諸国の民>のならわしに従ったから
12:15 彼らを<諸国の民>の中に散らし，国
30: 3 その日は…<諸国の民>の終わりの時
34:28 二度と<諸国の民>のえじきとならず，
29 <諸国の民>の侮辱を受けることもな
36:23 わたしは，<諸国の民>の間で汚され…<諸国の民>は，わたしが主であることを知ろう．37:28，39:7.
24 あなたがたを<諸国の民>の間から連
38:16 <諸国の民>の目の前にわたしの聖な
39:21 <諸国の民>の間にわたしの栄光を現すとき，<諸国の民>はみな，わたし
ホセ 8: 8 <諸国の民>の間にあって，だれにも
ヨエ 3: 2 わたしの民を<諸国の民>の間に散ら
ナホ 3: 5 あなたの裸を<諸国の民>に見せ，あ
ハバ 1:17 容赦なく，<諸国の民>を殺すのだろ
3: 6 神は…<諸国の民>を震え上がらせる．
ゼパ 3: 6 わたしは<諸国の民>を断ち滅ぼした．
8 わたしは<諸国の民>を集め，もろも
マラ 1:11 わたしの名は<諸国の民>の間であが
ルカ 21:25 <諸国の民>が…不安に陥って悩み，
Ⅰテモ 3:16 <諸国民>の間に宣べ伝えられ，世界
黙示 2:26 <諸国の民>を支配する権威を与えよ
11:18 <諸国の民>は怒りました．しかし，
16:19 <諸国の民>の町々は倒れた…大バビ
19:15 口からは<諸国の民>を打つために，
20: 3 <諸国の民>を惑わすことのないよう
21:24 <諸国の民>が，都の光によって歩み，
22: 2 その木の葉は<諸国の民>をいやした．

▼ じょさんぷ（助産婦）

創世 35:17 <助産婦>は彼女に…告げた．38:28.
出エ 1:15 ヘブル人の<助産婦>．17，19，21.

▼ しょじょ（処女）

創世 24:16 この娘は非常に美しく，<処女>で，
出エ 22:16 <処女>をいざない，彼女と寝た場合
レビ 21: 3 <処女>の姉妹の場合は，身を汚して
14 <処女>をめとらなければならない．
申命 22:14 <処女>のしるしを見なかった」と言
士師 11:38 <処女>であることを泣き悲しんだ．
19:24 <処女>の私の娘と，あの人のそばめ
21:12 若い<処女>400人を見つけ出した．
Ⅱサム 13: 2 彼女が<処女>であって，アムノンに
Ⅰ列 1: 2 王さまのために…若い<処女>を捜し
Ⅱ列 19:21 <処女>であるシオンの娘はあなたを
イザ 7:14 見よ．<処女>がみごもっている…男の子を産み，その名を．マタ1:23.
エゼ 23: 3 その<処女>の乳房はもてあそばれた．
44:22 <処女>をめとらなければならない．
ルカ 1:27 この<処女>は…名をマリヤといった．
2:36 <処女>の時代のあと７年間，夫とと
Ⅰコリ 7:25 <処女>のことについて…意見を述べ
28 <処女>が結婚したからといって，罪
34 独身の女や<処女>は，身もたましい
36 <処女>である自分の娘の婚期も．38.

IIコリ11: 2 あなたがたを，清純な<処女>として，

▼じょじょ（徐々）

出エ23:30 <徐々>に…追い払おう．申命7:22.

▼しょじょう（書状）

II歴21:12 エリヤのもとから…<書状>が届いた
エズ 4:23 アルタシャスタ王の<書状>の写しが
5: 5 <書状>が来るまで…働きをやめさせ

▼しょしん（初心）

Iコリ14:23 <初心>の者とか信者でない者とかが

▼じょせいしゃ（助成者）

ガラ 2:17 キリストは罪の<助成者>なのでしょ

▼しょち（処置）

ダニ 6:17 ダニエルについての<処置>が変えら
使徒27:16 小舟を<処置>することができた．
IIコリ13:10 きびしい<処置>をとることのないよ

▼じょちゅう（女中）

マタ26:71 ほかの<女中>が，彼を見て…言った．69，マコ14:66，ルカ22:56.
使徒12:13 ロダという<女中>が応対に出て来た．

▼ショバイぞく（～族）

捕囚帰還氏族．門衛．エズ2:42，ネヘ7:45.

▼ショバク〔人名〕

ハダデエゼルの将軍．IIサム10:16，18.

▼しょばつ（処罰）

使徒22: 5 エルサレムに連れて来て<処罰>する
ロマ 8: 3 肉において罪を<処罰>されたのです．
IIコリ 2: 6 あの<処罰>で十分ですから，
7:11 <処罰>を断行させたことでしょう．
ヘブ 2: 2 当然の<処罰>を受けたとすれば，
10:29 どんなに重い<処罰>に値するか，考

▼ショバブ〔人名〕

(1)ダビデの子．IIサム5:14，I歴3:5，14:4.
(2)ヘツロンの子カレブの子．I歴2:18.

▼ショハム〔人名〕

メラリの子孫ヤアジヤの子．I歴24:27.

▼ショバル〔人名〕

(1)ホリ人セイルの子．創世36:20，I歴1:38.
(2)カレブの子孫フルの子．I歴2:50，52，4:1，2.

▼ショビ〔人名〕

ラバの王ナハシュの子．IIサム17:27.

▼ショファク〔人名〕

ショバクと同人．I歴19:16，18.

▼ショベク〔人名〕

捕囚帰還民の一人．民のかしら．ネヘ10:24.

▼しょほ（初歩）

ヘブ 5:12 神のことばの<初歩>をもう一度だれ
6: 1 <初歩>の教えをあとにして，成熟を

▼しょめい（署名）

エレ32:10 証書に<署名>し，それに封印し．44.
ダニ 6: 8 文書に<署名>し，取り消しのできな

▼じょめい（除名）

ルカ 6:22 あなたがたを<除名>し，辱め，あな
テト 3:10 分派を起こす者は…<除名>しなさい．

▼ショメル〔人名〕

(1)エホザバデの母．II列12:21.
(2)アシェルの子孫．ヘベルの子．I歴7:32，34.

▼しょもつ（書物）

申命28:58 この<書物>に書かれてあるこのみおしえのすべてのことばを．II列23:3.
31:24 モーセが…<書物>に書き終えたとき，
II列22: 8 その<書物>をシャファンに渡したの
10 私に一つの<書物>を渡してくれまし
13 見つかった<書物>のことば．23:24.
II歴34:16 その<書物>を王のもとに携えて行き，
詩 139:16 あなたの<書物>にすべてが，書きし
イザ29:11 封じられた<書物>のことばのように
30: 8 <書物>にこれを書きしるし，後の日
34:16 主の<書物>を調べて読め．これらの
エレ30: 2 ことばをみな，<書物>に書きしるせ．
ヨハ21:25 世界も，書かれた<書物>を入れるこ
使徒19:19 <書物>をかかえて来て…焼き捨てた．
IIテモ 4:13 <書物>を，特に羊皮紙の物を持って
黙示20:12 数々の<書物>が開かれ…別の一つの<書物>も開かれた…これらの<書物>に書きしるされているところに従っ

▼しょゆう（所有），所有地，所有権，所有者

創世15: 7 この地をあなたの<所有>として…与
17: 8 子孫に永遠の<所有>として与える．
23:18 アブラハムの<所有>となった．
36:43 <所有地>での部落ごとにあげた，エ
47:11 ラメセスの地を<所有>として与えた．
27 <所有地>を得，多くの子を生み，非
48: 4 この地を…永久の<所有>としよう．』
出エ 6: 8 ヤコブに与えると誓ったその地…をあなたがたの<所有>として与える．
レビ14:34 <所有地>として与えるカナンの地に…わたしがその<所有地>にある家に
20:24 彼らの土地を<所有>するように…あ

なたがたに…<所有>させよう．わた
25:10 それぞれ自分の<所有地>に帰り．13.
24 あなたがたの<所有>するどの土地に
25 貧しくなり…<所有地>を売ったなら，
27:21 その畑が…祭司の<所有地>となる．
民数 14:24 彼の子孫はその地を<所有>するよう
24:18 その敵，エドムは<所有地>となり，
セイルも<所有地>となる．イスラエ
27: 4 父の兄弟たちの間で<所有地>を与え
7 彼女たちに…<所有地>を与えなけれ
32: 5 あなたのしもべどもに<所有地>とし
22 主の前であなたがたの<所有地>とな
30 あなたがたの間に<所有地>を得なけ
33:53 その地を自分の<所有>とし…住みな
35: 8 イスラエル人の<所有地>のうちから
28 自分の<所有地>に帰ることができる．
申命 1: 8 その地を<所有>せよ．2:31，3:18.
39 彼らはそれを<所有>するようになる．
2: 5 エサウに…<所有地>として与えたか
9 あなたには，その土地を<所有地>と
しては与えない…ロトの子孫にアル
を<所有地>として与えたからである．
4:14 <所有>しようとしている地．11:8.
20 ご自分の<所有>の民とされた．
6:18 主が…先祖たちに誓われたあの良い
地を<所有>することができる．8:1.
9:26 あなたの<所有>の民を滅ぼさないで
12: 1 <所有>させようとしておられる地で，
2 あなたがたが<所有>する異邦の民が，
30: 5 先祖たちが<所有>していた地…あな
たはそれを<所有>する．主は，あな
33: 4 ヤコブの会衆の<所有>とした．
ヨシ 1:15 あなたがたの<所有地>に帰って，そ
れを<所有>することができる．」
12: 6 半部族に…<所有地>として与えた．
21:12 カレブに…<所有地>として与えられ
22: 4 ヨルダン川の向こう側の<所有地>，
7 同胞といっしょに<所有地>を与えた．
19 あなたがたの<所有地>がきよくない
のなら…主の<所有地>に渡って来て，
私たちの間に<所有地>を得なさい．
Ｉ歴 7:28 彼らの<所有地>と居住地は，ベテル
9: 2 彼らの<所有地>である…町々に最初
Ⅱ歴 11:14 レビ人は…放牧地と<所有地>を捨て
20:11 <所有地>から私たちを追い払おうと
31: 1 おのおのその<所有地>…へ帰って行
ネヘ 9:15 その地を<所有>するために進んで行
11: 3 町々の自分の<所有地>に住んだ．
ヨブ 42:10 ヨブの<所有>物もすべて２倍に増さ
詩篇 69:35 そこを自分たちの<所有>とする．
伝道 8: 8 悪は悪の<所有者>を救いえない．
イザ 34:17 とこしえまでも…これを<所有>し，
54: 3 あなたの子孫は，国々を<所有>し，
57:13 聖なる山を<所有>することができる．
60:21 とこしえにその地を<所有>しよう．
65: 9 ユダからわたしの山々を<所有>する
者を生まれさせよう．わたしの選ん
だ者がこれを<所有>し…しもべたち
エレ 32: 8 あなたには<所有権>もあり，買い戻
23 彼らは…これを<所有>しましたが，
エゼ 11:15 この地は私たちの<所有>として与え
25: 4 あなたを…彼らの<所有>とする．彼
33:24 アブラハムはひとりでこの地を<所
有>していた．私たちは多いのに，
この地を<所有>するように与えられ
26 この地を<所有>しようとするのか．
36: 3 ほかの国々の<所有>にされたので，
12 彼らはおまえを<所有>し，おまえは
44:28 彼らに<所有地>を与えてはならない．
わたしが彼らの<所有地>である．
45: 5 20の部屋を彼らの<所有>としなけれ
46:18 彼らをその<所有地>から押しのけて
はならない．彼は自分の<所有地>か
ら…相続地を与えなければならない
…その<所有地>から散らされないた
オバ 17 ヤコブの家はその領地を<所有>する．
ゼパ 2: 7 海辺はユダの家の…<所有>となる．
Ｉコリ 7:30 買う者は<所有>しない者のようにし
Ｉペテ 2: 9 聖なる国民，神の<所有>とされた民

▼ シラ〔地名〕

(1)位置不明のユダの地名．Ⅱ列12:20.
(2)シラの井戸．ヘブロン付近の井戸．Ⅱサム3:26.

▼ しらが

創世 42:38 <しらが>頭の私を…よみに下らせる
Ｉ列 2: 6 彼の<しらが>頭を安らかによみに下
詩篇 71:18 年老いて，<しらが>になっていても，
箴言 16:31 <しらが>は光栄の冠，それは正義の
20:29 年寄りの飾りはその<しらが>．
ホセ 7: 9 <しらが>が生えても…気づかない．

▼シラクサ〔地名〕
シシリー島の東南部の港町．使徒28:12.

▼シラス〔人名〕
パウロの同労者．使徒15:22, 27, 32, 40, 16:19, 25, 29, 17:4, 10, 14, 15, 18:5.

▼しらせ（知らせ）【別項】良い知らせ
創世 45:16 兄弟たちが来たという<知らせ>が，
出エ 33: 4 民はこの悪い<知らせ>を聞いて悲し
ヨシ 10:17 王たちが見つかったという<知らせ>
Ⅰサム 4:19 夫が死んだという<知らせ>を聞いた
Ⅱサム 13:30 ダビデのところに…<知らせ>が着い
18:22 <知らせ>に対して，何のほうびも得
Ⅰ列 2:28 <知らせ>がヨアブのところに伝わる
詩 112: 7 その人は悪い<知らせ>を恐れず，主
エレ 49:14 私は主から<知らせ>を聞いた．「使
23 悪い<知らせ>を聞いたからだ．彼ら
エゼ 21: 7 この<知らせ>のためだ．それが来る
ダニ 11:44 東と北からの<知らせ>が彼を脅かす．
オバ 1 私たちは主から<知らせ>を聞いた．
使徒 11:22 この<知らせ>が，エルサレムにある
ロマ 10:15 良いことの<知らせ>を伝える人々の
16 だれが私たちの<知らせ>を信じまし
Ⅰヨハ 1: 5 あなたがたに伝える<知らせ>です．

▼しらせる（知らせる），知らされる，知らしめる
出エ 6: 3 わたしを彼らに<知らせ>なかった．
9:14 …ことを，あなたに<知らせる>ため
18:16 おきてとおしえを<知らせる>のです．
33:12 だれを…遣わすかを<知らせ>てくだ
民数 12: 6 幻の中でその者にわたしを<知らせ>，
23: 3 どんなことでも…<知らせ>ましょう．
申命 4: 9 子どもや孫たちに<知らせ>なさい．
士師 4:12 タボル山に登った，と<知らされ>た
Ⅰサム 4:13 この男が…敗戦を<知らせ>たので，
14: 1 ヨナタンは…父に<知らせ>なかった．
15:16 あなたに<知らせ>ます．」サウルは
Ⅱサム 7:21 しもべにそれを<知らせ>てください
18:19 正しいさばきをされたと<知らせ>た
20 きょう，あなたは<知らせる>のではない．ほかの日に<知らせ>なさい．
31 王さまにお<知らせ>いたします．主
Ⅰ列 10: 7 半分も<知らされ>ていなかったので
18:13 私のしたことが<知らされ>ていない
Ⅱ列 4: 7 彼女が神の人に<知らせ>に行くと，
Ⅰ歴 16: 8 みわざを国々の民の中に<知らせ>よ．
17:19 大いなることをすべて<知らせ>てく
エズ 4:12 王にお<知らせ>いたします．14, 16.
ネヘ 2:16 祭司たちにも…まだ<知らせ>ていな
エス 3: 6 ハマンに<知らせ>ていたからである．
ヨブ 10: 2 なぜ私と争われるかを，<知らせ>て
13:23 罪と咎とを私に<知らせ>てください．
詩篇 9:16 主はご自身を<知らせ>，さばきを行
25: 4 主よ．あなたの道を私に<知らせ>，
14 ご自身の契約を…お<知らせ>になる．
32: 5 自分の罪を，あなたに<知らせ>，私
39: 4 主よ．お<知らせ>ください．私の終
98: 2 主は御救いを<知らしめ>，その義を
103: 7 イスラエルの子らに<知らされ>た．
105: 1 みわざを国々の民の中に<知らせ>よ．
106: 8 ご自分の力を<知らせる>ためだった．
143: 8 私に行くべき道を<知らせ>てくださ
145:12 輝かしい栄光を，<知らせ>ましょう．
箴言 1:23 わたしのことばを<知らせ>よう．
イザ 12: 5 これを，全世界に<知らせ>よ．
38:19 あなたのまことについて<知らせ>ま
40:14 だれが…英知の道を<知らせ>たのか．
47:13 あなたに起こる事を<知らせる>者を
エレ 4:16 国々に<知らせ>よ．さあ，エルサレ
11:18 主が私に<知らせ>てくださったので，
16:21 わたしは彼らに<知らせる>．今度こそ彼らに…わたしの力を<知らせる>．
50: 2 旗を掲げて<知らせ>よ．隠さずに言
エゼ 16: 2 忌みきらうべきわざを…<知らせ>て，
20: 5 エジプトの地で…わたしを<知らせ>，
39: 7 イスラエルの中に<知らせ>，二度と
ダニ 4: 2 しるしと奇蹟とを<知らせる>ことは，
7:16 解き明かしを<知らせ>てくれた．
8:19 起こることを，あなたに<知らせる>．
10:21 書かれていることを…<知らせ>よう．
ホセ 5: 9 確かに起こることを<知らせる>．
マタ 9: 6 あなたがたに<知らせる>ために．」
11:27 子が父を<知らせ>ようと心に定めた
12:16 ご自分のことを人々に<知らせ>ないようにと…戒められた．マコ3:12.
28: 7 お弟子たちに…<知らせ>なさい．イ
マコ 4:11 神の国の奥義が<知らされ>ているが，
5:43 だれにも<知らせ>ないようにと，き
ルカ 2:10 私は…喜びを<知らせ>に来たのです．
15 主が私たちに<知らせ>てくださった
17 告げられたことを<知らせ>た．

ヨハ 4:25 私たちに<知らせ>てくださるでしょ
13:24 言っておられるのか，<知らせ>なさ
15:15 みな，あなたがたに<知らせ>たから
16:14 わたしのものを受けて，あなたがた
に<知らせる>からです．15.
17:26 わたしは彼らに…御名を<知らせ>ま
した…これからも<知らせ>ます．そ
使徒 15:18 これらのことを<知らせ>ておられる
20:27 あなたがたに<知らせ>ておいたから
22:14 神は，あなたにみこころを<知らせ>，
ロマ 9:22 ご自分の力を<知らせ>ようと望んで
16:25-26 あらゆる国の人々に<知らされ>た奥
Ｉコリ 10:28 そう<知らせ>た人のために…食べて
15: 1 あなたがたに福音を<知らせ>ましょ
Ⅱコリ 7: 7 持っていてくれることを<知らされ>
8: 1 神の恵みを…<知らせ>ようと思いま
エペ 1: 9 奥義を私たちに<知らせ>てください
3: 3 啓示によって私に<知らされ>たので
5 人々に<知らされ>ていませんでした．
6:19 大胆に<知らせる>ことができるよう
ピリ 4: 5 寛容な心を，すべての人に<知らせ>
コロ 1: 8 あなたがたの愛を<知らせ>てくれま
27 富んだものであるかを，<知らせ>た
4: 9 こちらの様子をみな<知らせ>てくれ
ヘブ 13:23 釈放されたことをお<知らせ>します．
Ⅱペテ 1:16 力と来臨とを<知らせ>ましたが，そ
黙示 3: 9 愛していることを<知らせる>．

▼ **しらべる（調べる）**

創世 31:32 <調べ>て，それを持って行ってくだ
44:12 年長の者から<調べ>始めて年下の者
申命 13:14 あなたは，<調べ>，探り，よく問い
19:18 よく<調べ>たうえで，その証人が偽
Ｉサム 23:22 そこで彼を見たかを，よく<調べ>て
Ⅱサム 18: 1 ダビデは…ともにいる民を<調べ>て，
Ｉ列 3: 8 多くて，数えることも<調べる>こと
もできないほど．8:5，Ⅱ歴5:6.
20:15 若い者たちを<調べ>てみると…イス
ラエル人全部を<調べ>たところ，7
Ｉ歴 26:31 彼らは<調べ>られ…ギルアデのヤゼ
エズ 4:15 先祖の記録文書をお<調べ>になれば，
5:17 下されたかどうかをお<調べ>くださ
6: 1 文書保管所を<調べ>させたところ，
7:10 エズラは，主の律法を<調べ>，これ
10:16 彼らはこのことを<調べる>ために，
ネヘ 8:13 律法のことばをよく<調べる>ために，
ヨブ 5:27 <調べ>上げたことはこのとおりだ．
13: 9 神があなたがたを<調べ>ても，大丈
23:10 神は私を<調べ>られる．私は金のよ
29:16 見知らぬ者の訴訟を<調べ>てやった．
31:14 神がお<調べ>になるとき，何と答え
32:11 あなたがたの言い分を<調べ>上げる
詩篇 7: 9 神は，心と思いを<調べ>られます．
11: 4 そのまぶたは，人の子らを<調べる>．
5 主は正しい者と悪者を<調べる>．そ
17: 3 あなたは私の心を<調べ>，夜，私を
26: 2 主よ．私を<調べ>，私を試みてくだ
66:10 神よ…あなたは私たちを<調べ>，銀
139:23 私を<調べ>，私の思い煩いを知って
箴言 18:17 相手が来て彼を<調べる>までは，正
28:11 貧しい者は，自分を<調べる>．
31:16 彼女は畑をよく<調べ>て，それを手
イザ 34:16 主の書物を<調べ>て読め．これらの
エレ 2:10 ケダルに人を遣わして<調べ>てみよ．
3:16 思い出しもせず，<調べ>もせず，再
エレ 17:10 主が心を探り，思いを<調べ>，それ
20:12 正しい者を<調べ>，思いと心を見て
マタ 2: 8 行って幼子のことを詳しく<調べ>，
10:11 そこでだれが適当な人かを<調べ>て，
ルカ 1: 3 初めから綿密に<調べ>ておりますか
ヨハ 5:39 あなたがたは…聖書を<調べ>ていま
7:52 <調べ>てみなさい．ガリラヤから預
使徒 17:11 …かどうかと毎日聖書を<調べ>た．
24: 8 彼をお<調べ>くださいますなら，私
Ｉコリ 10:25 肉は…<調べ>上げることはしないで，
ガラ 6: 4 自分の行いをよく<調べ>てみなさい．
Ｉテサ 2: 4 心をお<調べ>になる神を喜ばせよう
Ｉペテ 1:10 熱心に尋ね，細かく<調べ>ました．
11 さして言われたのかを<調べ>たので

▼ **しられないかみ（知られない神）**

使徒 17:23 <知られない神>に』と刻まれた祭壇

▼ **しりあい（知り合い）**

ヨハ 18:15 この弟子は大祭司の<知り合い>で，

▼ **しりぞく（退く）（後ろに）**

出エ 14:21 主は一晩中強い東風で海を<退>かせ，
民数 8:25 50歳からは奉仕の務めから<退>き，
Ⅱサム 1:22 ヨナタンの弓は，<退>いたことがな
11:15 彼を残してあなたがたは<退>き，彼
Ｉ列 20:24 王たちを…その地位から<退>かせ，
Ⅱ列 19: 8 ラブ・シャケは<退>いて，リブナを
ヨブ 39:22 ひるまず，剣の前から<退>かない．

詩篇 6:10 彼らは<退>き，恥を見ますように．
9: 3 私の敵は<退く>とき，つまずき，あ
40:14 私のわざわいを喜ぶ者どもが<退>き，
44:10 あなたは私たちを敵から<退>かせ，
56: 9 呼ばわる日に，私の敵は<退>きます．
70: 2 わざわいを喜ぶ者どもが<退>き卑し
3 おのれの恥のためにうしろに<退>き
104:22 日が上ると，彼らは<退>いて，自分
129: 5 シオンを憎む者はみな…<退>け．
箴言 30:30 何ものからも<退>かない雄獅子，
イザ 37: 8 ラブ・シャケは<退>いて，リブナを
50: 5 逆らわず，うしろに<退>きもせず，
エレ 46: 5 彼らはおののき，うしろに<退く>．
マコ 3: 7 イエスは…湖のほうに<退>かれた．
ルカ 5:16 荒野に<退>いて祈っておられた．
9:10 ベツサイダという町へ…<退>かれた．
ヨハ 6:15 ただひとり，また山に<退>かれた．

▼ しりぞける（退ける）（後ろに）

Ⅰサム 8: 7 あなたを<退け>たのではなく…この
わたしを<退け>たのであるから．
10:19 あなたがたの神を<退け>て…と言っ
15:23 あなたが主のことばを<退け>たので，
主もあなたを王位から<退け>た．」
16: 1 彼を…王位から<退け>ている．角に
Ⅰ列 12: 8 長老たちの与えた助言を<退け>，彼
15:13 彼女を王母の位から<退け>た．アサ
Ⅱ列 23:27 この宮も，わたしは<退ける>．」
Ⅰ歴 28: 9 あなたをとこしえまでも<退け>られ
Ⅱ歴 6:42 油そそがれた者たちの顔を<退け>な
ヨブ 8:20 見よ．神は潔白な人を<退け>ない．
31:16 私が寄るべのない者の望みを<退け>，
38:15 悪者からはその光が<退け>られ，振
詩篇 21: 2 彼の…願いを，<退け>られません．
イザ 7:15 この子は，悪を<退け>，善を選ぶこ
10: 2 寄るべのない者の…訴えを<退け>，
31: 7 金の偽りの神々を<退ける>からだ．
42:17 …神々」と言う者は，<退け>られて，
44:25 知恵ある者を<退け>て，その知識を
59:14 こうして公正は<退け>られ，正義は
エレ 2:37 主があなたの拠り頼む者を<退ける>
6:19 わたしの律法を<退け>たからだ．
30 主が彼らを<退け>たからだ．
7:29 この世代の者を…<退け>，捨てたか
8: 9 主のことばを<退け>たからには，彼
哀歌 5:22 私たちを<退け>られるのですか．き
ダニ 5:20 彼はその王座から<退け>られ，栄光
ホセ 4: 6 あなたが知識を<退け>たので，わた
しはあなたを<退け>て…祭司としな
ヨエ 1:13 ぶどう酒も…神の宮から<退け>られ
マコ 6:26 少女の願いを<退ける>ことを好まな
使徒 7:39 彼を<退け>，エジプトをなつかしく
13:22 彼を<退け>て，ダビデを立てて王と
ロマ 11: 1 神はご自分の民を<退け>てしまわれ
ヘブ 12:17 相続したいと思ったが，<退け>られ
ヤコ 4: 6 神は，高ぶる者を<退け>，へりくだ

▼ シリヤ

1. 地名．パレスチナ北隣の地域．マタ4:24，ルカ2:2，使徒15:23，41，18:18，20:3，21:3，ガラ1:21．
2. シリヤ人．ルカ4:27．

▼ しりょ（思慮）

申命 32:28 彼らは<思慮>の欠けた国民，彼らの
Ⅰ歴 22:12 主があなたに<思慮>と分別を与えて，
箴言 1: 4 知識と<思慮>を得させるためである．
3:21 すぐれた知性と<思慮>とをよく見張
7: 7 <思慮>に欠けたひとりの若い者のい
8: 5 愚かな者よ．<思慮>をわきまえよ．
12 そこには知識と<思慮>とがある．
10:19 くちびるを制する者は<思慮>がある．
15:21 <思慮>に欠けている者は愚かさを喜
17: 2 <思慮>のあるしもべは，恥知らずの
19: 8 <思慮>を得る者は自分自身を愛する
11 人に<思慮>があれば，怒りをおそく
伝道 10: 3 愚か者が道を行くとき，<思慮>に欠
ダニ 2:14 知恵と<思慮>とをもって応待した．
ホセ 4:11 新しいぶどう酒は<思慮>を失わせる．
7:11 愚かで<思慮>のない鳩のようになっ
黙示 13:18 <思慮>ある者はその獣の数字を数え

▼ しりょう（死霊）

イザ 19: 3 偽りの神々や<死霊>，霊媒や口寄せ

▼ しりょく（視力）

創世 27: 1 イサクは…<視力>が衰えてよく見え
ゼカ 11:17 その右の目は<視力>が衰える．」

▼ しりょぶかい（思慮深い），思慮深さ

エズ 8:18 子孫のうちから<思慮深い>人，シェ
箴言 10: 5 夏のうちに集める者は<思慮深い>子
14:35 <思慮深い>しもべは王の好意を受け，
19:14 <思慮深い>妻は主からのもの．
ダニ 1: 4 知識に富み，<思慮深>く，王の宮廷
11:33 <思慮深い>人たちは，多くの人を悟

12: 3 <思慮深い>人々は大空の輝きのよう
10 しかし，<思慮深い>人々は悟る．
エペ 1: 8 あらゆる知恵と<思慮深さ>をもって，
テト 2: 6 若い人々には，<思慮深>くあるよう

▼ しる（知る）

創世 3: 5 神のようになり，善悪を<知る>よう
になることを神は<知>っているので
7 自分たちが裸であることを<知>った．
4: 1 人は，その妻エバを<知>った．17.
9 <知>りません．私は，自分の弟の番
8:11 水が地から引いたのを<知>った．
18:21 わたしは<知>りたいのだ.」
19: 5 連れ出せ．彼らを…<知>りたいのだ．
24:14 恵みを施されたことを<知る>ことが
28:16 おられるのに，私はそれを<知>らな
38:26 彼は再び彼女を<知>ろうとはしなか
出エ 1: 8 ヨセフのことを<知>らない新しい王
3: 7 わたしは彼らの痛みを<知>っている．
6: 7 わたしが…連れ出す者であることを
<知る>ようになる．16:6，29:46．
7: 5 わたしが主であることを<知る>よう
になる．10:2，14:4，16:12，31:13，
Ｉ列20:13，イザ37:20，45:3，エレ
16:21，エゼ20:20，ヨエ2:27．
16:15 それが何か<知>らなかったからであ
18:11 …にまさって偉大であることを<知>
33:16 何によって<知>られるのでしょう．
34:29 はだが光を放ったのを<知>らなかっ
レビ 5: 3 そのことを<知>ってはいたが，それ
17 それを<知>らずにいて，後で咎を負
23:43 あなたがたの後の世代が<知る>ため
民数 16:30 主を侮ったことを<知>らなければな
31:18 男と寝ることを<知>らない若い娘た
申命 4:35 …ことを，あなたが<知る>ためであ
7: 9 あなたは<知>っているのだ…主だけ
8: 2 心のうちにあるものを<知る>ためで
3 あなたも<知>らず，あなたの先祖た
ちも<知>らなかったマナを食べさせ
5 訓練されることを，<知>らなければ
9: 6 <知>りなさい．あなたの神，主は，
24 私があなたがたを<知>った日から，
11:28 あなたがたの<知>らなかったほかの
神々に従って行くなら．13:2，6，
28:64，29:26，32:17．
29: 6 あなたがたが<知る>ためであった．

34: 6 その墓を<知>った者はいない．
ヨシ 2: 4 どこから来たのか<知>りませんでし
3: 4 行くべき道を<知る>ためである．あ
7 ともにいることを，彼らが<知る>た
4:24 主の御手の強いことを<知>り，あな
22:22 イスラエルもこれを<知る>ように．
31 …中におられるということを<知>っ
23:14 精神を尽くして<知>らなければなら
士師 2:10 主を<知>らず…主がイスラエルのた
めにされたわざも<知>らない…世代
16: 9 彼の力のもとは<知>られなかった．
17:13 …にしてくださることをいま<知>っ
Ｉサム 2:12 エリの息子たちは…主を<知>らず，
3: 7 サムエルはまだ，主を<知>らず，主
17:46 神がおられることを<知る>であろう．
47 槍を使わずに救うことを<知る>であ
Ⅱサム 3:25 なさることを残らず<知る>ために来
19:22 私が<知>らないとでもいうのか.」
22:44 私の<知>らなかった民が私に仕えま
Ｉ列 1: 4 王は彼女を<知>ろうとしなかった．
8:39 あなたはその心を<知>っておられま
す．あなただけが…の心を<知>って
43 この地のすべての民が御名を<知>り，
60 ほかに神はないことを<知る>ように
Ⅱ列 2: 3 私も<知>っているが，黙っていてく
5: 8 預言者がいることを<知る>でしょう．
17:26 神に関するならわしを<知>りません．
19:19 あなただけが神であることを<知>り
Ⅱ歴 33:13 主こそ神であることを<知>った．
エズ 7:25 律法を<知>っているすべての者をさ
ばかせよ…これを<知>らない者に，
ネヘ 9:10 …をしていたのをあなたが<知>られ
ヨブ 11: 8 あなたが何を<知>りえよう．
11 神は不信実な者どもを<知>っておら
12: 9 これをなさったことを，<知>らない
15: 9 あなたが<知>っていることを，私た
ちは<知>らないのだろうか．あなた
19:25 私は<知>っている．私を贖う方は生
20:20 彼の腹は足ることを<知>らないので，
21:14 あなたの道を<知>りたくない．
23: 5 私は神が答えることばを<知>り，私
10 神は，私の行く道を<知>っておられ
24:16 昼間は閉じこもって光を<知>らない．
30:23 私は<知>っています…私を死に帰ら
34:25 神は彼らのしたことを<知>っておら

37: 5 私たちの<知>りえない大きな事をさ
7 神の造った人間が<知る>ために.
15 あなたは<知>っているか. 38:5.
38:18 そのすべてを<知>っているなら, 告
33 あなたは天の法令を<知>っているか.
詩篇 1: 6 主は, 正しい者の道を<知>っておら
9:10 御名を<知る>者はあなたに拠り頼み
20: 6 今こそ, 私は<知る>. 主は, 油をそ
36:10 恵みを, あなたを<知る>者に. あな
37:18 主は全き人の日々を<知>っておられ,
39: 4 どんなに, はかないかを<知る>こと
44:21 神は心の秘密を<知>っておられるか
46:10 わたしこそ神であることを<知>れ.
50:11 山の鳥も残らず<知>っている. 野に
51: 3 自分のそむきの罪を<知>っています.
67: 2 御救いが…国々の間に<知>られるた
73:11 どうして神が<知>ろうか. いと高き
16 私は, これを<知>ろうと思い巡らし
79: 6 あなたを<知>らない国々に, 御名を
82: 5 彼らは, <知>らない. また, 悟らな
88:12 やみの中で<知>られるでしょうか,
90:11 だれが御怒りの力を<知>っているで
しょう…激しい怒りを<知>っている
91:14 彼がわたしの名を<知>っているから,
94:11 いかにむなしいかを, <知>っておら
100: 3 <知>れ. 主こそ神. 主が, 私たちを
103:14 主は, 私たちの成り立ちを<知>り,
119:125 あなたのさとしを<知る>でしょう.
139: 1 私を探り, 私を<知>っておられます.
3 私の道をことごとく<知>っておられ
23 神よ…私の心を<知>ってください…
私の思い煩いを<知>ってください.
142: 3 私の道を<知>っておられる方です.
箴言 9:10 聖なる方を<知る>ことは悟りである.
13 わきまえがなく, 何も<知>らない.
14:10 心がその人自身の苦しみを<知>って
33 愚かな者の間でも…<知>られている.
24:12 <知>らなかった」と言っても…たま
しいを見守る方は, それを<知>らな
27: 1 何が起こるか, あなたは<知>らない
30: 3 私は…聖なる方の知識も<知>らない.
31:23 夫は…人々によく<知>られ, 土地の
伝道 1:17 狂気と愚かさを<知>ろうとした. そ
れもまた風を追うようなものである
ことを<知>った.
3:12 私は<知>った. 人は生きている間に
8: 5 命令を守る者はわざわいを<知>らな
い…者の心は時とさばきを<知>って
10:14 これから起こることを<知>らない.
11: 5 風の道がどのようなものかを<知>ら
ない…神のみわざを<知>らない.
9 さばきを受けることを<知>っておけ.
雅歌 1: 8 あなたがこれを<知>らないのなら,
イザ 1: 3 牛はその飼い主を…<知>っている.
それなのに, イスラエルは<知>らな
11: 9 主を<知る>ことが, 海をおおう水の
19:21 その日, エジプト人は主を<知>り,
40:28 あなたは<知>らないのか. 聞いてい
41:22 後の事どもを<知る>ことができよう.
44:18 彼らは<知>りもせず, 悟りもしない.
45: 4 あなたはわたしを<知>らないが, わ
52: 6 わたしの名を<知る>ようになる…わ
たしであることを<知る>ようになる.
53: 3 悲しみの人で病を<知>っていた. 人
55: 5 あなたの<知>らない国民を…呼び寄
58: 2 わたしの道を<知る>ことを望んでい
59: 8 彼らは平和の道を<知>らず…そこを
歩む者はだれも, 平和を<知>らない.
60:16 ヤコブの全能者であることを<知る>.
63:16 アブラハムが私たちを<知>らず, イ
エレ 1: 5 形造る前から, あなたを<知>り, あ
8: 7 こうのとりも…季節を<知>っており
…わたしの民は主の定めを<知>らな
9: 6 わたしを<知>ろうともしなかった.
24 誇れ…わたしを<知>っていることを.
10:23 私は<知>っています. 人間の道は,
12: 3 主よ. あなたは私を<知>り, 私を見
22:16 わたしを<知る>ことではなかったの
24: 7 わたしが主であることを<知る>心を
31:34 主を<知>れ』と言って…互いに教え
ない. それは…わたしを<知る>から
33: 3 あなたの<知>らない, 理解を越えた
42:19 確かに<知>らなければならない.
エゼ 6:14 わたしが主であることを<知>ろう.」
7:27, 22:16, 23:49, 24:27, 25:5, 7,
11, 17, 26:6, 28:22, 23, 24, 26,
29:9, 16, 21, 30:8, 19, 25, 26,
32:15, 33:29, 37:28, 39:6.
36:32 あなたがたは<知>らなければならな
ダニ 2:30 心の思いをあなたがお<知>りになる

4:25 お与えになることを<知る>ようにな
5:22 すべて<知>っていながら，心を低く
11:32 自分の神を<知る>人たちは，堅く立
ホセ 2: 8 わたしであるのを，彼女は<知>らな
20 このとき，あなたは主を<知>ろう．
4: 1 神を<知る>こともないからだ．
5: 4 彼らは主を<知>らないからだ．
6: 3 私たちは，<知>ろう．主を<知る>こ
6 いけにえより…神を<知る>ことを喜
11: 3 わたしがいやしたのを<知>らなかっ
13: 5 かわいた地で，あなたを<知>ってい
14: 9 その人はそれらを<知る>がよい．主
ヨエ 3:17 シオンに住むことを<知>ろう．エル
アモ 3:10 正しいことを行うことを<知>らない．
5:12 罪がいかに重いかを<知>っている．
ミカ 3: 1 公義を<知>っているはずではないか．
4:12 彼らは主の御計らいを<知>らず，そ
6: 5 主の正しいみわざを<知る>ためであ
ナホ 1: 7 身を避ける者たちを主は<知>ってお
3:17 どこへ行くか行く先を<知>らない．
ハバ 2:14 主の栄光を<知る>ことで満たされる．
ゼパ 3: 5 不正をする者は恥を<知>らない．
ゼカ 2: 9 主が私を遣わされたことを<知>ろう．
11，4:9，6:15．
14: 7 これは主に<知>られている．昼も夜
マタ 6: 3 左の手に<知>られないようにしなさ
8 あなたがたに必要なものを<知>って
7:23 あなたがたを全然<知>らない．不法
9:30 だれにも<知>られないように気をつ
10:26 <知>られずに済むものはありません．
33 わたしを<知>らないと言うような者
なら，わたしも…そんな者は<知>ら
ないと言います．ルカ12:9．
11:27 父のほかには，子を<知る>者がなく
…だれも父を<知る>者がありません．
12: 7 どういう意味かを<知>っていたら，
33 その実によって<知>られるからです．
13:11 御国の奥義を<知る>ことが許されて
16: 3 空模様の見分け方を<知>っていなが
22:18 イエスは彼らの悪意を<知>って言わ
29 聖書も神の力も<知>らないからです．
24:36 だれも<知>りません…子も<知>りま
せん．ただ父だけが<知>っておられ
42 いつ来られるか，<知>らないからで
25:12 私はあなたがたを<知>りません』と
13 その日，その時を<知>らないからで
26:34 3度，わたしを<知>らないと言いま
す．75，マコ14:30，72，ルカ22:34，
61，ヨハ13:38．
35 あなたを<知>らないなどとは決して
72 誓って，「そんな人は<知>らない」
マコ 1:24 私はあなたがどなたか<知>っていま
9:30 イエスは，人に<知>られたくないと
10:19 戒めはあなたもよく<知>っているは
ルカ 1:18 何によってそれを<知る>ことができ
4:41 キリストであることを<知>っていた
6: 8 彼らの考えをよく<知>っておられた．
7:39 どんな女であるか<知>っておられる
8:17 <知>られず，また現れないものはあ
12:47 主人の心を<知>りながら…用意もせ
48 <知>らずにいたために，むち打たれ
19:42 平和のことを<知>っていたのなら．
44 神の訪れの時を<知>らなかったから
20: 7 どこからか<知>りません」と答えた．
21:31 神の国は近いと<知>りなさい．
ヨハ 1:10 世はこの方を<知>らなかった．
26 あなたがたの<知>らない方が立って
2:24 すべての人を<知>っておられたから
25 人のうちにあるものを<知>っておら
3:11 <知>っていることを話し，見たこと
4:22 わたしたちは<知>って礼拝していま
すが，あなたがたは<知>らないで礼
32 あなたがたの<知>らない食物があり
5:42 わたしはあなたがたを<知>っていま
6:69 私たちは，あなたが神の聖者である
ことを信じ，また<知>っています．」
7:26 ほんとうに<知>ったのだろうか．
28 あなたがたはわたしを<知>っており
…どこから来たかも<知>っています
…あなたがたは，その方を<知>らな
29 わたしはその方を<知>っています．
49 律法を<知>らないこの群衆は，のろ
51 何をしているのか<知>ったうえでな
8:14 わたしは，わたしがどこから来たか
…どこへ行くかを<知>っている…し
かしあなたがたは…<知>りません．
28 わたしが何であるか，また，わたし
が…教えられたとおりに…話してい
ることを，<知る>ようになります．
32 あなたがたは真理を<知>り，真理は

55 あなたがたはこの方を<知>ってはい
ません．しかし，わたしは<知>って
います．もしわたしがこの方を<知>
らないと言うなら…偽り者となる…
しかし，わたしはこの方を<知>って
9:25 罪人かどうか，私は<知>りません．
ただ一つのことだけ<知>っています．
10: 4 羊は，彼の声を<知>っているので，
14 わたしはわたしのものを<知>ってい
ます．また，わたしのものは，わた
しを<知>っています．
15 父がわたしを<知>っておられ，わた
しが父を<知>っているのと同様です．
27 わたしは彼らを<知>っています．そ
38 あなたがたが悟り…<知る>ためです．
11:57 どこにいるかを<知>っている者は届
13:17 これらのことを<知>っているのなら，
14: 4 行く道はあなたがたも<知>っていま
7 もしわたしを<知>っていたなら，父
をも<知>っていたはずです…今や，
あなたがたは父を<知>っており，ま
9 わたしを<知>らなかったのですか．
17 世はその方を…<知>りもしない…あ
なたがたはその方を<知>っています．
15:18 わたしを先に憎んだことを<知>って
16: 3 父をもわたしをも<知>らないからで
17: 3 永遠のいのちとは…神であるあなた
と…キリストとを<知る>ことです．
7 あなたから出ていることを<知>って
23 …こととを，この世が<知る>ためで
25 この世はあなたを<知>りません…わ
たしはあなたを<知>っています…わ
たしを遣わされたことを<知>りまし
21:17 私があなたを愛することを<知>って
使徒 1: 7 どんなときとかいうことは…<知>ら
24 すべての人の心を<知>っておられる
2:14 <知>っていただきたいことがありま
36 はっきりと<知>らなければなりませ
9:24 陰謀はサウロに<知>られてしまった．
14: 6 ふたりはそれを<知>って…難を避け，
15: 8 人の心の中を<知>っておられる神は，
17:20 どんなものか，私たちは<知>りたい
23 <知>らずに拝んでいるものを，教え
18:25 ヨハネのバプテスマしか<知>らなか
19:15 自分はイエスを<知>っているし，パ
ウロもよく<知>っている．けれどお
26: 4 ユダヤ人の<知>っているところです．
ロマ 1:13 ぜひ<知>っておいていただきたい．
Ⅰコリ10:1，12:1．
19 神について<知>られることは，彼ら
20 被造物によって<知>られ，はっきり
21 彼らは，神を<知>っていながら，そ
28 神を<知>ろうとしたがらないので，
32 神の定めを<知>っていながら，それ
2: 4 悔い改めに導くことも<知>らないで，
18 みこころを<知>り，なすべきことが
6: 3 あなたがたは<知>らないのですか．
7: 1 生きている期間だけだ，ということ
を<知>らないのですか…私は律法を
<知>っている人々に言っているので
7 私は罪を<知る>ことがなかったでし
ょう…むさぼりを<知>らなかったで
10: 3 彼らは神の義を<知>らず，自分自身
19 イスラエルは<知>らなかったのでし
11:25 ぜひこの奥義を<知>っていていただ
13:11 今がどのような時か<知>っているの
16: 7 使徒たちの間によく<知>られている
Ⅰコリ 1:21 知恵によって神を<知る>ことがない
2: 2 何も<知>らないことに決心したから
11 霊のほかに，だれが<知>っているで
しょう…だれも<知>りません．
16 だれが主のみこころを<知>り，主を
8: 2 人がもし，何かを<知>っていると思
ったら，その人はまだ<知>らなけれ
ばならないほどのことも<知>っては
3 その人は神に<知>られているのです．
13: 9 私たちの<知>っているところは一部
12 私が完全に<知>られているのと同じ
ように，私も完全に<知る>ことにな
Ⅱコリ 2: 4 愛を<知>っていただきたいからでし
11 策略を<知>らないわけではありませ
3: 2 すべての人に<知>られ，また読まれ
5:11 主を恐れることを<知>っているので，
16 人間的な標準で人を<知>ろうとはし
21 神は，罪を<知>らない方を…罪とさ
6: 9 人に<知>られないようでも，よく
<知>られ，死にそうでも，見よ，生
8: 9 キリストの恵みを<知>っています．
12: 2 キリストにあるひとりの人を<知>っ
ています…肉体のままであったか，

私は<知>りません. 3.
ガラ 1:22 諸教会には顔を<知>られていません
3: 7 アブラハムの子孫だと<知>りなさい.
4: 8 神を<知>らなかった当時，あなたが
9 今では神を<知>っているのに，いや,
むしろ神に<知>られているのに，ど
エペ 1:17 神を<知る>ための知恵と啓示の御霊
19 偉大なものであるかを…<知る>こと
3:19 キリストの愛を<知る>ことができま
ピリ 1:12 前進させることになったのを<知>っ
2:22 働きぶりは，あなたがたの<知>って
3: 8 イエスを<知>っていることのすばら
10 復活の力を<知>り…キリストの苦し
みにあずかることも<知>って，キリ
4: 6 願い事を神に<知>っていただきなさ
12 貧しさの中にいる道も<知>っており,
豊かさの中にいる道も<知>っていま
コロ 2: 2 キリストを真に<知る>ようになるた
Iテサ 3: 5 あなたがたの信仰を<知る>ために,
4: 5 神を<知>らない異邦人のように情欲
IIテサ 1: 8 神を<知>らない人々や…福音に従わ
Iテモ 1: 8 私たちは<知>っています．律法は,
13 <知>らないでしたことなので，あわ
2: 4 真理を<知る>ようになるのを望んで
IIテモ 1:12 信じて来た方をよく<知>っており,
18 あなたが一番よく<知>っています.
2:19 ご自分に属する者を<知>っておられ
テト 1:16 神を<知>っていると口では言います
ピレ 6 良い行いをよく<知る>ことによって,
ヘブ 8:11 主を<知>れ』と言うことは決してな
い…わたしを<知る>ようになるから
11: 8 アブラハムは…どこに行くのかを
<知>らないで，出て行きました.
ヤコ 4:17 正しいことを<知>っていながら行わ
5:20 あなたがたは<知>っていなさい.
Iペテ 1:20 世の始まる前から<知>られていまし
IIペテ 1: 2 主イエスを<知る>ことによって，恵
8 キリストを<知る>点で，役に立たな
14 間近に迫っているのを<知>っている
20 何よりも次のことを<知>っていなけ
2:12 自分が<知>りもしないことをそしる
21 義の道を<知>っていながら，自分に
3: 3 第一に，次のことを<知>っておきな
Iヨハ 2: 3 神を<知>っていることがわかります.
4 神を<知>っていると言いながら，そ
14 あなたがたが御父を<知>ったから…
初めからおられる方を，<知>ったか
29 神は正しい方であると<知>っている
3: 1 世が私たちを<知>らないのは，御父
を<知>らないからです.
6 見てもいないし，<知>ってもいない
24 御霊によって<知る>のです.
4: 2 神からの霊を<知>りなさい.
7 愛のある者は…神を<知>っています.
16 私たちに対する神の愛を<知>り，ま
5:20 真実な方を<知る>理解力を…与えて
くださったことを<知>っています.
ユダ 10 本能によって<知る>ような事がらの
黙示 3: 1 あなたの行いを<知>っている．あな
17 裸の者であることを<知>らない.
19:12 ご自身のほかだれも<知>らない名が

▼しるし

創世 1:14 <しるし>のため，季節のため，日の
4:15 カインに一つの<しるし>を下さった.
9:13 わたしと地との間の契約の<しるし>
38:18 <しるし>として何をあげようか」と
20 彼女の手から<しるし>を取り戻そう
出エ 4: 8 初めの<しるし>の声に聞き従わなく
ても，後の<しるし>の声は信じるで
7: 3 わたしの<しるし>と不思議をエジプ
8:23 あす，この<しるし>が起こる.』」
10: 2 彼らの中で行った<しるし>を，あな
13: 9 これをあなたの手の上の<しるし>と
31:13 わたしとあなたがたとの…<しるし>,
民数 14:11 すべての<しるし>にもかかわらず,
16:38 イスラエル人に対する<しるし>とさ
17:10 戒めのため，<しるし>とせよ．彼ら
26:10 彼らは警告の<しるし>となった.
申命 4:34 試みと，<しるし>と，不思議と，戦
いと，力強い御手と. 7:19, 26:8.
6: 8 これを<しるし>としてあなたの手に
11: 2 <しるし>とみわざを経験も，目撃も
ヨシ 4: 6 あなたがたの間で，<しるし>となる
士師 6:17 あなたであるという<しるし>を，私
Iサム 2:34 あなたへの<しるし>である．ふたり
10: 7 この<しるし>があなたに起こったら,
14:10 これがわれわれへの<しるし>である.
17:18 安否を調べ…<しるし>を持って来な
I列 13: 3 これが，主の告げられた<しるし>で
詩篇 65: 8 あなたの数々の<しるし>を恐れます.

74: 4 目じるしを，<しるし>として掲げ，
86:17 いつくしみの<しるし>を行ってくだ
105:27 主の数々の<しるし>を行い，ハムの
イザ 7:11 主から，<しるし>を求めよ．よみの
14 一つの<しるし>を与えられる．見よ．
8:18 イスラエルでの<しるし>となり，不
19:20 万軍の主の<しるし>となり，あかし
37:30 あなたへの<しるし>は次のとおりで
38: 7 これがあなたへの主からの<しるし>
22 主の宮に上れるその<しるし>は何で
55:13 絶えることのない永遠の<しるし>と
66:19 わたしは彼らの中に<しるし>を置き，
エレ 10: 2 天の<しるし>におののくな．異邦人
32:20 <しるし>と不思議を行われ，ご自身
44:29 これがあなたがたへの<しるし>であ
エゼ 4: 3 これがイスラエルの家の<しるし>だ．
9: 4 人々の額に<しるし>をつけよ．」
14: 8 彼を<しるし>とし，語りぐさとして，
24:24 エゼキエルは…<しるし>となり，彼
ダニ 4: 3 その<しるし>のなんと偉大なことよ．
ヨエ 2:30 天と地に，不思議な<しるし>を現す．
ゼカ 3: 8 同僚たちは，<しるし>となる人々だ．
マタ 12:38 あなたから<しるし>を見せていただ
39 姦淫の時代は<しるし>を求めています．だが…ヨナの<しるし>のほかには，<しるし>は与えられません．16:4，ルカ11:29.
16: 1 天からの<しるし>を見せてください
3 時の<しるし>を見分けることができ
24:30 人の子の<しるし>が天に現れます．
マコ 8:11 天からの<しるし>を求めた．イエス
12 今の時代は<しるし>を求めるのか…<しるし>は絶対に与えられません．」
13:22 <しるし>や不思議なことをして見せ
16:17 信じる人々には…<しるし>が伴いま
ルカ 2:12 あなたがたのための<しるし>です．」
34 反対を受ける<しるし>として定めら
11:30 ヨナが…<しるし>となったように，人の子が…<しるし>となるからです．
ヨハ 2:11 最初の<しるし>としてガリラヤのカ
18 どんな<しるし>を私たちに見せてく
23 <しるし>を見て，御名を信じた．
3: 2 このような<しるし>は，だれも行う
4:48 <しるし>と不思議を見ないかぎり，
54 このことを第2の<しるし>として行
6: 2 病人たちになさっていた<しるし>を
26 <しるし>を見たからではなく，パン
30 <しるし>として何をしてくださいま
10:41 ヨハネは何一つ<しるし>を行わなか
20:30 まだほかの多くの<しるし>をも，イ
使徒 2:19 上は天に…下は地に<しるし>を示す．
22 不思議と<しるし>を行われました．
43 多くの不思議と<しるし>が行われた．
4:16 著しい<しるし>が行われたことは，
30 <しるし>と不思議なわざ．5:12，6:8，14:3，15:12，ロマ15:19.
ロマ 4:11 割礼という<しるし>を受けたのです．
Ⅰコリ 1:22 ユダヤ人は<しるし>を要求し，ギリ
14:22 異言は信者のための<しるし>ではなく，不信者のための<しるし>です．
Ⅱコリ 12:12 使徒としての<しるし>は，忍耐を…あの<しるし>と不思議と力あるわざ
ピリ 1:28 彼らにとっては滅びの<しるし>…あなたがたにとっては救いの<しるし>
Ⅱテサ 1: 5 正しいさばきを示す<しるし>であっ
2: 9 <しるし>，不思議がそれに伴い，
3:17 私のどの手紙にもある<しるし>です．
ヘブ 2: 4 <しるし>と不思議と…力あるわざに
黙示 12: 1 巨大な<しるし>が天に現れた．ひと
13:13 火を天から…大きな<しるし>を行っ
14 獣の前で行う…<しるし>をもって地
15: 1 天に…巨大な驚くべき<しるし>を見
16:14 <しるし>を行う悪霊どもの霊である．

▼ シルシャ〔人名〕

アシェル族．ツォファフの子．Ⅰ歴7:37.

▼ しるす

創世 17:13 あなたがたの肉の上に<しる>されな
申命 28:61 みおしえの書に<しる>されていない，
ヨシ 1: 8 <しる>されているすべてのことを守り行うため．8:31，34，24:26.
Ⅱ列 1:18 <しる>されているではないか．8:23，10:34，12:19，13:8，14:15，15:6，16:19，20:20，21:17，23:28，24:5，Ⅱ歴9:29，25:26，エス10:2.
23: 3 この書物に<しる>されている…契約
Ⅰ歴 4:41 ここに名の<しる>された人々が来て，
9: 1 まさしく<しる>されている．Ⅱ歴16:11，20:34，24:27，28:26，32:32，33:19，35:27，36:8.
Ⅱ歴 12:15 イドの言行録に<しる>され．13:22.

23:18 モーセの律法に<しる>されているとおり．25:4，31:3，35:12．
30: 5 <しる>されているとおりに．34:21．
18 <しる>されているのと異なったやり
ネヘ 12:23 年代記の書に<しる>されていた．
エス 3:12 各民族にはそのことばで<しる>され
9:32 エステルの命令は…<しる>された．
詩篇 56: 8 私のさすらいを<しる>しておられま
イザ 4: 3 いのちの書に<しる>された者である．
44: 5 手に『主のもの』と<しる>して，イ
エレ 17: 1 ユダの罪は…とがりで<しる>され，
13 地にその名が<しる>される．いのち
25:13 この書に<しる>されている事をみな，
51:60 わざわい…を…巻き物に<しる>した．
ダニ 12: 1 あの書に<しる>されている者はすべ
マラ 3:16 主の前で，記憶の書が<しる>された．
IIコリ 3: 2 推薦状は…私たちの心に<しる>され
黙示 20:15 名の<しる>されていない者はみな，

▼ シルタイ〔人名〕
ダビデの牛の群をつかさどった人．I歴27:29．

▼ ジルパ〔人名〕
レアの女奴隷．ヤコブのそばめ．創世29:24，30:9，10，12，35:26，37:2，46:18．

▼ シルヒ〔人名〕
アズバの父．I列22:42，II歴20:31．

▼ シルヒム〔地名〕
ユダの最南端の町の一つ．ヨシ15:32．

▼ シルヨン〔地名〕
ヘルモン山の別称．申命3:9，詩篇29:6．

▼ シルワノ〔人名〕
シラスと同人．IIコリ1:19，Iテサ1:1，IIテサ1:1，Iペテ5:12．

▼ シレム〔人名〕
ナフタリの子．また彼の一族．創世46:24，民数26:49．

▼ しれもの（～者）
ヨブ 30: 8 彼らは<しれ者>の子たち，つまらぬ
箴言 17: 7 すぐれたことばは，<しれ者>にふさ
30:22 奴隷が王となり，<しれ者>がパンに
イザ 32: 5 もはや，<しれ者>が高貴な人と呼ば
エレ 17:11 そのすえは<しれ者>となる．」

▼ しれる（知れる）【別項】知れ渡る
出エ 2:14 きっとあのことが<知れ>たのだと思
使徒 1:19 エルサレムの住民全部に<知れ>て，

▼ しれわたる（知れ渡る）
マコ 6:14 イエスの名が<知れ渡>ったので，ヘ
使徒 9:42 このことがヨッパ中に<知れ渡>り，
19:17 ギリシヤ人の全部に<知れ渡>ったの

▼ しれん（試練）
創世 22: 1 神はアブラハムを<試練>に会わせら
ヨブ 9:23 罪のない者の受ける<試練>をあざけ
ルカ 8:13 <試練>のときになると，身を引いて
22:28 わたしのさまざまの<試練>の時にも，
使徒 20:19 数々の<試練>の中で，主に仕えまし
Iコリ 10:13 あなたがたの会った<試練>はみな…神は…耐えられないほどの<試練>に会わせることはなさいません…<試練>とともに，脱出の道も備えてく
IIコリ 8: 2 激しい<試練>の中にあっても，彼ら
ヤコ 1: 2 さまざまな<試練>に会うときは，そ
12 <試練>に耐える人は幸いです．耐え
Iペテ 1: 6 さまざまの<試練>の中で，悲しまな
7 信仰の<試練>は，火で精錬されつつ
4:12 燃えさかる火の<試練>を，何か思い
黙示 3:10 全世界に来ようとしている<試練>の

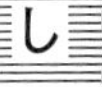

▼ シロ
1. 地名．エフライムの町．ヨシ18:1，8，9，10，19:51，21:2，22:9，12，士師18:31，21:12，19，21，Iサム1:3，9，24，2:14，3:21，4:3，4，12，14:3，I列2:27，14:2，4，詩篇78:60，エレ7:12，14，26:6，9，41:5．
2. シロ人．I列11:29，12:15，15:29，II歴9:29，10:15．
3. メシヤ的人物を指す．創世49:10．

▼ しろ（白），白い，白さ，白布
創世 49:12 その歯は乳によって<白い>．
レビ 13: 3 その患部の毛が<白>く変わり．10．
エス 8:15 <白>亜麻布と紫色のマントをまとっ
詩篇 51: 7 私は雪よりも<白>くなりましょう．
伝道 9: 8 いつもあなたは<白い>着物を着，頭
イザ 1:18 赤くても，雪のように<白>くなる．
19: 9 労務者や，<白布>を織る者は恥を見，
哀歌 4: 7 ナジル人は…乳よりも<白>かった．
ダニ 7: 9 その衣は雪のように<白>く，頭の毛
11:35 練り，清め，<白>くするために倒れ
12:10 身を清め，<白>くし，こうして練ら
マタ 5:36 髪の毛すら，<白>くも黒くもできな
17: 2 御衣は光のように<白>くなった．

23:27 おまえたちは<白>く塗った墓のよう
28: 3 その衣は雪のように<白>かった.
ヨハ 20:12 御使いが…<白い>衣をまとってすわ
使徒 1:10 <白い>衣を着た人がふたり，彼らの
23: 3 ああ，<白>く塗った壁．神があなた
黙示 1:14 頭と髪の毛は，<白い>羊毛のように，
また雪のように<白>く，その目は，
3: 4 彼らは<白い>衣を着て，わたしとと
5 勝利を得る者…<白い>衣を着せられ
18 現さないために着る<白い>衣を買い
4: 4 <白い>衣を着て，金の冠を頭にかぶ
6:11 ひとりひとりに<白い>衣が与えられ
7: 9 <白い>衣を着，しゅろの枝を手に持
13 <白い>衣を着ているこの人たちは，
20:11 大きな<白い>御座と，そこに着座し

▼しろ（城）

Ⅰ歴 29: 1 この<城>は，人のためでなく，神で
19 私が用意した<城>を建てさせてくだ
エズ 6: 2 メディヤ州の<城>の中のアフメタで，
ネヘ 1: 1 私がシュシャンの<城>にいたとき，
7: 2 この<城>のつかさハナヌヤとに，エ
エス 1: 2 王がシュシャンの<城>で，王座に着
箴言 10:15 富む者の財産はその堅固な<城>．貧
18:19 堅固な<城>よりも近寄りにくい．敵
ヘブ 11:30 エリコの<城>の周囲を回ると…城壁

▼シロアハ〔地名〕

イザ 8: 6 ゆるやかに流れる<シロアハ>の水を

▼シロアム

ルカ 13: 4 <シロアム>の塔が倒れ落ちて死んだ
ヨハ 9: 7 <シロアム>…の池で洗いなさい.」

▼しろいいし（白い石）

黙示 2:17 彼に<白い石>を与える．その石には，

▼しろいうま（白い馬）

ゼカ 1: 8 栗毛や，<白い馬>がいた．6:3.
黙示 6: 2 見よ．<白い馬>であった．19:11.

▼しろふくろう（白ふくろう）

レビ 11:18 <白ふくろう>，ペリカン，野がん，

▼しろめんぷ（白綿布）

エス 1: 6 <白綿布>や青色の布が，白や紫色の

▼しわ

エペ 5:27 しみや，<しわ>や，そのようなもの

▼しわざ

創世 44:15 この<しわざ>は，何だ．私のような
Ⅱ歴 17: 4 イスラエルの<しわざ>にならわなか
詩篇 28: 4 その手の<しわざ>にしたがって彼ら
62:12 その<しわざ>に応じて，人に報いら
イザ 65: 7 彼らの先の<しわざ>を量って…報復
エレ 25:14 <しわざ>に応じ…報いよう．50:29.
ゼパ 3:11 逆らったすべての<しわざ>のために，
Ⅱコリ 11:15 最後はその<しわざ>にふさわしいも
Ⅱテモ 4:14 その<しわざ>に応じて主が彼に報い
黙示 22:12 それぞれの<しわざ>に応じて報いる

▼シワンのつき（～月）

捕囚後のヘブル暦の第3月．エス8:9.

▼シン〔地名〕

(1)エリムとシナイの間の荒野．出エ16:1，17:1，民数33:11，12.
(2)エジプト北東部の町．エゼ30:15，16.

▼じん（陣），陣ぞなえ

ヨシ 8:11 民は…アイの北側に<陣>を敷いた.
10: 5 ギブオンに向かって<陣>を敷き，そ
11: 5 メロムの水のあたりに…<陣>を敷い
士師 6: 4 イスラエル人に対して<陣>を敷き，
33 イズレエルの谷に<陣>を敷いた.
7: 1 ハロデの泉のそばに<陣>を敷いた.
9:50 テベツに対して<陣>を敷き，これを
10:17 アモン人が…ギルアデに<陣>を…イ
スラエル人も…ミツパに<陣>を敷い
11:20 シホンは…ヤハツに<陣>を敷き，イ
15: 9 ユダに対して<陣>を敷き，レヒを攻
20:19 ギブアに対して<陣>を敷いた.
20 イスラエル人は…<陣ぞなえ>をした.
Ⅰサム 4: 1 エベン・エゼルのあたりに<陣>を敷
いた．ペリシテ人はアフェクに<陣>
2 ペリシテ人は…<陣ぞなえ>をした.
11: 1 ヤベシュ・ギルアデに対して<陣>を
13: 5 ペリシテ人も…ミクマスに<陣>を敷
17: 2 サウルと…エラの谷に<陣>を敷き，
26 生ける神の<陣>をなぶるとは.」
26: 3 サウルは…道のかたわらに<陣>を敷
28: 4 シュネムに来て<陣>を敷いたので，
サウルは…ギルボアに<陣>を敷いた.
29: 1 泉のほとりに<陣>を敷いた.
Ⅱサム 10: 9 アラムに立ち向かう<陣ぞなえ>をし，
17 ダビデに立ち向かう<陣ぞなえ>をし
12:28 この町に対して<陣>を敷き…攻め取
23:13 レファイムの谷に<陣>を敷いていた.
Ⅰ列 16:15 ギベトンに対して<陣>を敷いていた.
20:27 彼らと向かい合って<陣>を敷いた.
29 両軍は…7日間，<陣>を敷いていた.

Ⅱ列 6: 8 「これこれの所に<陣>を敷こう．」
Ⅱ歴32: 1 城壁のある町々に対して<陣>を敷い
ヨブ19:12 私の天幕の回りに<陣>を敷く．
詩篇34: 7 主を恐れる者の回りに<陣>を張り，
イザ29: 3 あなたの回りに<陣>を敷き…塁を築
エレ50:29 これを囲んで<陣>を敷き，ひとりも

▼じんえい（陣営）

創世32: 2 ここは神の<陣営>だ」と言って，そ
出エ14:24 主は…エジプトの<陣営>を見おろし，
民数31:10 町々や<陣営>を全部火で焼いた．
ヨシ 8:13 町の北に全<陣営>を置き，後陣を町
士師 4:15 すべての<陣営>の者をバラクの前に
7: 9 立って，あの<陣営>に攻め下れ．そ
Ⅰサム17:46 ペリシテ人の<陣営>のしかばねを，
Ⅰ列22:36 <陣営>の中に…叫び声が伝わった．
Ⅱ列 3: 9 <陣営>の者と…家畜のための水がな
Ⅰ歴12:22 神の<陣営>のような大<陣営>となっ
詩篇27: 3 私に向かって<陣営>が張られても，
ヘブ11:34 他国の<陣営>を陥れました．

▼しんえいたい（親衛隊）

使徒27: 1 ユリアスという<親衛隊>の百人隊長
ピリ 1:13 <親衛隊>の全員と…すべての人にも

▼しんえん（深淵）

箴言 3:20 <深淵>はその知識によって張り裂け，
8:24 <深淵>もまだなく，水のみなぎる源
27 <深淵>の面に円を描かれたとき，わ
28 大空を固め，<深淵>の源を堅く定め，
エゼ26:19 <深淵>をおまえの上にわき上がらせ，
31:15 <深淵>を喪に服させ，川をせきとめ
ヨナ 2: 5 <深淵>は私を取り囲み，海草は私の

▼しんがり

ヨシ 6: 9 <しんがり>は箱のうしろを進んだ．
10:19 彼らの<しんがり>を攻撃しなさい．
イザ52:12 あなたがたの<しんがり>となられる
58: 8 主の栄光が…<しんがり>となられる．
マコ 9:35 みなの<しんがり>となり，みなに仕
ルカ13:30 今<しんがり>の者があとで先頭にな
Ⅰコリ 4: 9 行列の<しんがり>として引き出され

▼しんきりばさみ（心切りばさみ）

出エ25:38 <心切りばさみ>も…純金である．37:23，民数4:9，Ⅰ列7:49，Ⅱ歴4:21．

▼しんげつ（新月），新月祭，新月の祭り

民数28:14 <新月祭>の全焼のいけにえ．29:6．
Ⅰ歴23:31 <新月の祭り>．Ⅱ歴2:4，8:13，31:3，エズ3:5，ネヘ10:33．
詩篇81: 3 <新月>と満月に，角笛を吹き鳴らせ．
イザ 1:13 <新月の祭り>と安息日．ホセ2:11．
ホセ 5: 7 <新月>が彼らとその地所を食い尽く
アモ 8: 5 <新月の祭り>はいつ終わるのか．私
コロ 2:16 祭りや<新月>や安息日のことについ

▼しんげん（箴言）

箴言 1: 1 ダビデの子，ソロモンの<箴言>．
26: 7 愚かな者が口にする<箴言>は，足の

▼しんこう（信仰）

ハバ 2: 4 正しい人は…<信仰>によって生きる．
マタ 6:30 <信仰>の薄い人たち．8:26，16:8，ルカ12:28．
8:10 このような<信仰>を見たことがあり
9: 2 イエスは彼らの<信仰>を見て．マコ2:5，ルカ5:20．
22 あなたの<信仰>があなたを直したのです．マコ5:34，ルカ8:48，17:19，18:42．
29 あなたがたの<信仰>のとおりになれ
14:31 <信仰>の薄い人だな．なぜ疑うのか．
15:28 ああ，あなたの<信仰>はりっぱです．
17:20 <信仰>が薄いからです…からし種ほどの<信仰>があったら．ルカ17:6．
21:21 <信仰>を持ち，疑うことがなければ，
マコ 4:40 <信仰>がないのは，どうしたことで
10:52 あなたの<信仰>があなたを救ったのです．ルカ7:50．
ルカ 7: 9 このようなりっぱな<信仰>は，イス
8:25 あなたがたの<信仰>はどこにあるの
17: 5 私たちの<信仰>を増してください．」
18: 8 地上に<信仰>が見られるでしょうか．
22:32 あなたの<信仰>がなくならないよう
使徒 3:12 <信仰>深さとかによって…歩かせた
16 御名が…<信仰>のゆえに…この人を強くしたのです…<信仰>が，この人
6: 5 <信仰>と聖霊とに満ちた人ステパノ，
7 祭司たちが次々に<信仰>に入った．
13:12 主の教えに驚嘆して<信仰>に入った．
48 …人たちは，みな，<信仰>に入った．
14: 1 大ぜいの人々が<信仰>に入った．
9 いやされる<信仰>があるのを見て，
22 <信仰>にしっかりとどまるように勧
27 異邦人に<信仰>の門を開いてくださ
15: 9 彼らの心を<信仰>によってきよめて
16: 5 <信仰>を強められ，日ごとに人数を

17:12 多くの者が<信仰>に入った．その中
34 彼につき従って<信仰>に入った人た
20:21 イエスに対する<信仰>とをはっきり
26:18 わたしを信じる<信仰>によって，彼
ロマ 1: 5 <信仰>の従順をもたらすためです．
8 あなたがたの<信仰>が全世界に言い
12 互いの<信仰>によって，ともに励ま
17 その義は，<信仰>に始まり<信仰>に
進ませるからです．「義人は<信仰>
3:22 <信仰>による神の義であって，それ
27 <信仰>の原理によってです．
28 行いによるのではなく，<信仰>によ
30 <信仰>によって義と認めてく．5:1．
31 <信仰>によって律法を無効にするこ
4: 5 <信仰>が義とみなされる．10，24．
12 <信仰>の足跡に従って歩む者の父と
13 <信仰>の義によったからです．
14 <信仰>はむなしくなり，約束は無効
16 アブラハムの<信仰>にならう人々に
19 その<信仰>は弱りませんでした．
20 <信仰>がますます強くなって，神に
9:32 <信仰>によって追い求めることをし
10: 6 <信仰>による義はこう言います．
17 <信仰>は聞くことから始まり，聞く
11:20 あなたは<信仰>によって立っていま
12: 3 <信仰>の量りに応じて，慎み深い考
14: 1 <信仰>の弱い人を受け入れなさい．
22 あなたの持っている<信仰>は，神の
御前で…自分の<信仰>として保ちな
23 <信仰>から出ていないからです．
<信仰>から出ていないことは，みな
16:25=26 <信仰>の従順に導くためにあらゆる
Iコリ 2: 5 あなたがたの持つ<信仰>が，人間の
10:27 <信仰>のない者に招待されて，行き
12: 9 同じ御霊による<信仰>が与えられ，
13: 2 完全な<信仰>を持っていても，愛が
13 いつまでも残るものは<信仰>と希望
15:14 あなたがたの<信仰>も実質のないも
17 あなたがたの<信仰>はむなしく，あ
16:13 堅く<信仰>に立ちなさい．男らしく，
IIコリ 1:24 あなたがたの<信仰>を支配しようと
する者ではなく…<信仰>に堅く立っ
4:13 同じ<信仰>の霊を持っている私たち
5: 7 <信仰>によって歩んでいます．
8: 7 <信仰>にも，ことばにも，知識にも，
10:15 あなたがたの<信仰>が成長し，あな
13: 5 <信仰>に立っているかどうか，自分
ガラ 1:23 滅ぼそうとした<信仰>を今は宣べ伝
2:16 <信仰>によって義と認められるため
3: 7 <信仰>による人々こそアブラハムの
9 <信仰>による人々が，<信仰>の人ア
11 義人は<信仰>によって生きる」のだ
22 <信仰>によって，信じる人々に与え
23 <信仰>が現れる以前には…やがて示
される<信仰>が得られるためでした．
25 <信仰>が現れた以上，私たちはもは
26 <信仰>によって，神の子どもです．
5: 6 愛によって働く<信仰>だけが大事な
6:10 特に<信仰>の家族の人たちに善を行
エペ 1:15 あなたがたの<信仰>と…愛とを聞い
2: 8 <信仰>によって救われたのです．そ
4: 5 主は一つ，<信仰>は一つ，バプテス
13 <信仰>の一致と…知識の一致とに達
6:16 <信仰>の大盾を取りなさい．それに
ピリ 1:25 <信仰>の進歩と喜びとのために，私
27 福音の<信仰>のために，ともに奮闘
29 キリストを信じる<信仰>だけでなく，
2:17 あなたがたの<信仰>の供え物と礼拝
3: 9 キリストを信じる<信仰>による義，
すなわち，<信仰>に基づいて，神か
コロ 1: 4 あなたがたの<信仰>と…愛のことを
23 <信仰>に踏みとどまらなければなり
2: 5 キリストに対する堅い<信仰>とを見
7 教えられたとおり<信仰>を堅くし，
12 神の力を信じる<信仰>によって，キ
Iテサ 1: 3 あなたがたの<信仰>の働き，愛の労
8 あなたがたの<信仰>はあらゆる所に
3: 5 あなたがたの<信仰>を知るために，
7 その<信仰>によって，慰めを受けま
10 <信仰>の不足を補いたいと，昼も夜
5: 8 <信仰>と愛を胸当てとして着け，救
IIテサ 1: 3 <信仰>が目に見えて成長し，あなた
4 従順と<信仰>とを保っていることを，
11 <信仰>の働きとを全うしてください
3: 2 すべての人が<信仰>を持っているの
Iテモ 1: 5 偽りのない<信仰>とから出て来る愛
14 イエスにある<信仰>と．IIテモ1:13．
18 <信仰>と正しい良心を保ち，勇敢に
19 ある人たちは…<信仰>の破船に会い
2: 7 <信仰>と真理を異邦人に教える教師

15 <信仰>と愛と聖さとを保つなら，子
3: 9 <信仰>の奥義を保っている人です.
13 <信仰>について強い確信を持つこと
4: 1 <信仰>から離れるようになります.
12 <信仰>にも，純潔にも信者の模範に
5: 8 その人は<信仰>を捨てているのであ
6:10 <信仰>から迷い出て…自分を刺し通
11 正しさ，敬虔，<信仰>，愛，忍耐，
12 <信仰>の戦いを勇敢に戦い，永遠の
21 <信仰>からはずれてしまいました.
IIテモ 1: 5 あなたの純粋な<信仰>を思い起こし
ています．そのような<信仰>は，最
2:18 ある人々の<信仰>をくつがえしてい
22 義と<信仰>と愛と平和を追い求めな
3: 8 知性の腐った，<信仰>の失格者です.
10 私の教え，行動，計画，<信仰>，寛
4: 7 走り終え，<信仰>を守り通しました.
テト 1: 1 神に選ばれた人々の<信仰>と，敬虔
13 戒めて，人々の<信仰>を健全にし，
2: 2 <信仰>と愛と忍耐とにおいて健全で
3:15 私たちの<信仰>の友である人々に，
ピレ 6 <信仰>の交わりが生きて働くものと
ヘブ 4: 2 <信仰>によって，結びつけられなか
6: 1 回心，神に対する<信仰>，
12 <信仰>と忍耐によって約束のものを
10:22 全き<信仰>をもって，真心から神に
38 わたしの義人は<信仰>によって生き
11: 1 <信仰>は望んでいる事がらを保証し，
2 昔の人々はこの<信仰>によって称賛
3 <信仰>によって．5，7，8，9，11，
17，21，22，23，24，27，28，29，
30，31，33，39.
6 <信仰>がなくては，神に喜ばれるこ
13 <信仰>の人々として死にました．約
12: 2 <信仰>の創始者であり，完成者であ
13: 7 見て，その<信仰>にならいなさい.
ヤコ 1: 3 <信仰>がためされると忍耐が生じる
2: 1 <信仰>をもっているのですから，人
5 神は，この世の貧しい人たちを選ん
で<信仰>に富む者とし，神を愛する
14 自分には<信仰>があると言っても…
そのような<信仰>がその人を救うこ
17 <信仰>も…行いがなかったなら，そ
18 あなたは<信仰>を持っているが…行
いのないあなたの<信仰>を…見せて
ください…私の<信仰>を…見せてあ
22 彼の<信仰>は彼の行いとともに働い
たのであり，<信仰>は行いによって
24 <信仰>だけによるのではないことが
5:15 <信仰>による祈りは，病む人を回復
Iペテ 1: 5 <信仰>により，神の御力によって守
7 <信仰>の試練は，火で精錬されつつ
9 <信仰>の結果である，たましいの救
21 <信仰>と希望は神にかかっているの
IIペテ 1: 1 同じ尊い<信仰>を受けた方々へ.
5 <信仰>には徳を，徳には知識を，
Iヨハ 5: 4 私たちの<信仰>，これこそ，世に打
ユダ 3 伝えられた<信仰>のために戦うよう，
20 最も聖い<信仰>の上に自分自身を築
黙示 2:13 わたしに対する<信仰>を捨てなかっ
19 あなたの愛と<信仰>と…忍耐を知っ
13:10 ここに聖徒の忍耐と<信仰>がある.
14:12 <信仰>を持ち続ける聖徒たちの忍耐

▼じんこう（人口），人口調査

出エ 30:12 <人口調査>をするとき…贖い金を主
民数 26: 2 …できる者すべての<人口調査>をせ
IIサム 24: 1 イスラエルとユダの<人口>を数えよ
I列 4:20 <人口>は，海辺の砂のように多くな
使徒 5:37 <人口調査>のとき…ユダが立ち上が

▼しんこく（新穀）

レビ 2:14 <新穀>のひき割り麦をあなたの初穂
23:14 炒り麦も，<新穀>も食べてはならな
II列 4:42 1袋の<新穀>とを持って来た．神の

▼しんしつ（寝室）

出エ 8: 3 かえるが…あなたの<寝室>に…寝台
IIサム 13:10 食事を<寝室>に持って来ておくれ.
I列 1:15 バテ・シェバは<寝室>の王のもとに
伝道 10:20 <寝室>でも富む者をのろってはなら
ヨエ 2:16 花婿を<寝室>から，花嫁を自分の部

▼しんじつ（真実）

創世 21:23 私があなたに尽くした<真実>にふさ
わしく…この土地にも<真実>を尽く
47:29 私に愛と<真実>を尽くしてくれ．ど
申命 22:20 もしこのことが<真実>であり，その
32: 4 主は<真実>の神で，偽りがなく，正
20 彼らは…<真実>のない子らであるか
ヨシ 2:12 私があなたがたに<真実>を尽くした
ように…私の父の家に<真実>を尽く
14 あなたに<真実>と誠実を尽くそう.
24:14 誠実と<真実>をもって主に仕えなさ

士師 8:35 <真実>を，彼の家族に尽くさなかっ
ルツ 3:10 あなたのあとからの<真実>は，先の
<真実>にまさっています．あなたは
Ｉサム20: 8 しもべに<真実>を尽くしてください．
26:23 正しさと<真実>に報いてくださいま
Ⅱサム 2: 5 <真実>を尽くして，彼を葬ったあな
3: 8 兄弟と友人たちとに<真実>を尽くし
10: 2 ハヌンに<真実>を尽くそう．彼の父
が私に<真実>を尽くしてくれたよう
Ｉ列17:24 主のことばが<真実>であることを知
22:16 <真実>だけを私に告げるようになる
Ｉ歴19: 2 ハヌンに<真実>を尽くそう．彼の父
が私に<真実>を尽くしてくれたのだ
Ⅱ歴18:15 何度…誓わせたら…<真実>だけを私
ネヘ 9: 8 彼の心が御前に<真実>であるのを見
詩篇 5: 9 彼らの口には<真実>がなく，その心
15: 2 心の中の<真実>を語る人．
31: 5 <真実>の神，主よ．あなたは私を贖
33: 4 そのわざはことごとく<真実>である．
36: 5 あなたの<真実>は雲にまで及びます．
40:10 あなたの<真実>とあなたの救いを告
51: 6 あなたは心のうちの<真実>を喜ばれ
54: 5 <真実>をもって，彼らを滅ぼしてく
88:11 あなたの<真実>が滅びの中で．
89: 1 あなたの<真実>を代々限りなく私の
2 その<真実>を天に堅く立てられる．
5 集まりで，あなたの<真実>をも．
8 あなたの<真実>はあなたを取り囲ん
24 わたしの<真実>とわたしの恵みとは
33 わたしの<真実>を偽らない．
49 あなたが<真実>をもってダビデに誓
91: 4 主の<真実>は，大盾であり，とりで
92: 2 夜ごとに，あなたの<真実>を言い表
96:13 <真実>をもって国々の民をさばかれ
98: 3 恵みと<真実>を覚えておられる．地
100: 5 その<真実>は代々に至る．
101: 6 私の目は，国の中の<真実>な人たち
111: 7 御手のわざは<真実>，公正，そのす
119:30 私は<真実>の道を選び取り，あなた
75 <真実>をもって私を悩まされたこと
86 あなたの仰せはことごとく<真実>で
90 あなたの<真実>は代々に至ります．
138 さとしは…なんと<真実>なことでし
143: 1 あなたの<真実>と義によって，私に
146: 6 とこしえまでも<真実>を守り，

箴言 8: 7 わたしの口は<真実>を告げ，わたし
11:13 しかし<真実>な心の人は事を秘める．
17 <真実>な者は自分のたましいに報い
12:17 <真実>の申し立てをする人は正しい
19 <真実>のくちびるはいつまでも堅く
22 <真実>を行う者は主に喜ばれる．
14: 5 <真実>な証人はまやかしを言わない．
27: 6 愛する者が傷つけるほうが<真実>で
イザ11: 5 <真実>はその胴の帯となる．
16: 5 <真実>をもって，そこにすわる．
49: 7 主が<真実>であり…あなたを選んだ
59: 4 <真実>をもって弁護する者もなく，
エレ 4: 2 <真実>と公義と正義とによって『主
5: 1 <真実>を求める者を見つけたら，わ
3 <真実>に向けられていないのでしょ
7:28 <真実>は消えうせ，彼らの口から断
9: 3 <真実>でなく，偽りをもって，地に
5 だまし合って，<真実>を語らない．
32:41 <真実>をもって…彼らをこの国に植
33: 6 彼らに平安と<真実>を豊かに示す．
42: 5 主が…<真実>な確かな証人でありま
哀歌 3:23 「あなたの<真実>は力強い．
ダニ 4:37 みわざはことごとく<真実>であり，
8:26 夕と朝の幻，それは<真実>である．
10: 1 そのことばは<真実>で…いくさのこ
ホセ 2:20 <真実>をもってあなたと契りを結ぶ
4: 1 この地には<真実>がなく，誠実がな
ミカ 7:20 <真実>をヤコブに，いつくしみをア
ゼカ 8: 3 エルサレムは<真実>の町と呼ばれ，
8 <真実>と正義をもって…神となる．
16 互いに<真実>を語り…町囲みのうち
で，<真実>と平和のさばきを行え．
19 だから，<真実>と平和を愛せよ．」
マタ22:16 先生…あなたが<真実>な方で，真理
マコ12:14 あなたが<真実>な方で，だれをもは
ヨハ 3:33 神は<真実>であるということに確認
7:18 栄光を求める者は<真実>であり，そ
ヨハ 8:17 ふたりの証言は<真実>であると書か
26 わたしを遣わした方は<真実>であっ
10:41 話したことはみな<真実>であった」
19:35 そのあかしは<真実>である．その人
が…<真実>を話すということを…知
21:24 彼のあかしが<真実>であることを，
ロマ 3: 3 神の<真実>が無に帰することになる
4 神は<真実>な方であるとすべきです．

9: 1 キリストにあって<真実>を言い，偽
Ⅰコリ 1: 9 神は<真実>であり，その方のお召し
5: 8 純粋で<真実>なパンで，祭りをしよ
10:13 神は<真実>な方ですから，あなたが
Ⅱコリ 1:18 神の<真実>にかけて言いますが，あ
6: 8 だます者のように見えても，<真実>
7:14 語ったことがすべて<真実>であったように…誇ったことも<真実>となっ
8: 8 愛の<真実>を確かめたいのです．
11: 3 キリストに対する<真実>と貞潔を失
10 キリストの<真実>にかけて言います．
12: 6 <真実>のことを話すのだからです．
エペ 4:25 隣人に対して<真実>を語りなさい．
5: 9 光の結ぶ実は…正義と<真実>なので
ピリ 1:18 見せかけであろうとも，<真実>であ
4: 8 すべての<真実>なこと，すべての誉
Ⅰテサ 5:24 召された方は<真実>ですから，きっ
Ⅱテサ 3: 3 主は<真実>な方ですから，あなたが
Ⅰテモ 1: 2 信仰による<真実>のわが子テモテへ．
2: 7 私は<真実>を言っており，うそは言
4: 9 このことばは，<真実>であり，その
Ⅱテモ 2:13 私たちは<真実>でなくても，彼は常に<真実>である．彼にはご自身を否
テト 1: 4 同じ信仰による<真実>のわが子テト
2:10 努めて<真実>を表すように勧めなさ
ヘブ 8: 2 <真実>の幕屋である聖所で仕えてお
10:23 約束された方は<真実>な方ですから，
11:11 約束してくださった方を<真実>な方
Ⅰペテ 4:19 <真実>であられる創造者に自分のた
Ⅰヨハ 1: 9 神は<真実>で正しい方ですから，そ
3:18 行いと<真実>をもって愛そうではあ
5:20 <真実>な方を知る理解力を…与えてくださった…<真実>な方のうちに，
Ⅲヨハ 12 私たちの証言が<真実>であることは，
黙示 3: 7 聖なる方，<真実>な方，ダビデのか
14 忠実で，<真実>な証人，神に造られ
6:10 聖なる，<真実>な主よ．いつまでさ
15: 3 あなたの道は正しく，<真実>です．
19: 9 これは神の<真実>のことばです」と
11 忠実また<真実>」と呼ばれる方であ
21: 5 「…これらのことばは，信ずべきものであり，<真実>である．」22:6．

▼ しんじゃ（信者）

Ⅱ列 10:21 バアルの<信者>たちはみなやって来
使徒 16: 1 <信者>であるユダヤ婦人の子で，ギ
22:19 あなたの<信者>を牢に入れたり，む
Ⅰコリ 7:12 <信者>の男子に<信者>でない妻があ
14 <信者>でない夫は妻によって…<信者>でない妻も<信者>の夫によって
9: 5 <信者>である妻を連れて歩く権利が
11:19 ほんとうの<信者>が明らかにされる
14:23 <信者>でない者とかが入って来たと
24 <信者>でない者や初心の者が入って
Ⅱコリ 6:15 <信者>と不信者とに，何のかかわり
Ⅰテモ 3: 6 <信者>になったばかりの人であって
4:12 純潔にも<信者>の模範になりなさい．
6: 2 <信者>である主人を持つ人は…益を受けるのは<信者>であり，愛されて

▼ しんじゅ（真珠），真珠貝

エス 1: 6 <真珠貝>や黒大理石のモザイクの床
箴言 3:15 知恵は<真珠>よりも尊く．8:11．
20:15 金があり，多くの<真珠>があっても，
31:10 彼女の値うちは<真珠>よりも…尊い．
マタ 7: 6 豚の前に，<真珠>を投げてはなりま
13:45 良い<真珠>を捜している商人のよう
Ⅰテモ 2: 9 金や<真珠>や高価な衣服によってで
黙示 21:21 12の門は12の<真珠>であった．どの門も…一つの<真珠>からできていた．

▼ しんじる（信じる），信ずる

創世 15: 6 彼は主を<信じ>た．主はそれを彼の
45:26 彼らを<信じる>ことができなかった
出エ 4:31 民は<信じ>た．彼らは，主がイスラ
14:31 主とそのしもべモーセを<信じ>た．
民数 20:12 あなたがたはわたしを<信>ぜず，わ
申命 1:32 あなたがたは…主を<信じ>ていない．
9:23 主の命令に逆らい，主を<信>ぜず，
Ⅱ歴 20:20 主を<信じ>，忠誠を示しなさい．その預言者を<信じ>，勝利を得なさい．
ヨブ 9:16 耳を傾けられたとは，<信じ>られな
24:22 いのちがあるとは<信じ>られないと
39:24 角笛の音を聞いても<信じ>ない．
詩篇 27:13 いつくしみを見ることが<信じ>られ
78:22 彼らが神を<信>ぜず，御救いに信頼
116:10 …と言ったときも，私は<信じ>た．
119:66 あなたの仰せを<信じ>ていますから．
箴言 14:15 何でも言われたことを<信じ>，利口
26:25 語りかけても，それを<信じる>な．
イザ 7: 9 もし，あなたがたが<信じ>なければ，
28:16 これを<信じる>者は，あわてること
43:10 知って，わたしを<信じ>，わたしが

53: 1 聞いたことを，だれが<信じ>たか．
エレ 12: 6 彼らを<信じ>てはならない．
ヨナ 3: 5 ニネベの人々は神を<信じ>，断食を
ハバ 1: 5 …ても，あなたがたは<信じ>まい．
マタ 8:13 あなたの<信じ>たとおりになるよう
9:28 わたしに…できると<信じる>のか」
18: 6 わたしを<信じる>この小さい者たち
21:22 <信じ>て祈り求めるものなら，何で
25 なぜ，彼を<信じ>なかったか，と言
32 取税人や遊女たちは彼を<信じ>たか
24:23 …者があっても，<信じ>てはいけま
27:42 そうしたら，われわれは<信じる>か
マコ 1:15 悔い改めて福音を<信じ>なさい．」
5:36 恐れないで，ただ<信じ>ていなさい．
9:23 <信じる>者には，どんなことでもで
24 <信じ>ます．不信仰な私をお助けく
11:22 言われた．「神を<信じ>なさい．
23 <信じる>なら，そのとおりになりま
24 すでに受けたと<信じ>なさい．そう
16:11 聞いても…<信じ>ようとはしなかっ
16 <信じ>てバプテスマを受ける者は…
<信じ>ない者は罪に定められます．
17 <信じる>人々には次のようなしるし
ルカ 1:20 私のことばを<信じ>なかったからで
45 必ず実現すると<信じ>きった人は，
8:12 <信じ>て救われることのないように，
13 しばらくは<信じ>ていても，試練の
50 恐れないで，ただ<信じ>なさい．そ
20: 5 なぜ，彼を<信じ>なかったか，と言
22:67 あなたがたは決して<信じ>ないでし
24:25 すべてを<信じ>ない，心の鈍い人た
ヨハ 1: 7 彼によって<信じる>ためである．
12 その名を<信じ>た人々には，神の子
50 木の下にいるのを見た，とわたしが
言ったので…<信じる>のですか．あ
2:11 弟子たちはイエスを<信じ>た．
22 イエスが言われたことばとを<信じ>
23 しるしを見て，御名を<信じ>た．
3:12 地上のことを…<信じ>ないくらいな
ら，天上のことを話したとて，どう
して<信じる>でしょう．
15 <信じる>者がみな…永遠のいのちを
16 御子を<信じる>者が，ひとりとして
18 御子を<信じる>者はさばかれない．
<信じ>ない者は…御名を<信じ>なか
ったので，すでにさばかれている．
36 御子を<信じる>者は永遠のいのちを
4:21 わたしの言うことを<信じ>なさい．
39 その女のことばによって…<信じ>た．
42 話したことによって<信じ>ているの
48 見ないかぎり，決して<信じ>ない．」
50 言われたことばを<信じ>て，帰途に
53 彼自身と彼の家の者がみな<信じ>た．
5:24 わたしを遣わした方を<信じる>者は，
44 どうして<信じる>ことができますか．
46 モーセを<信じ>ているのなら，わた
しを<信じ>たはずです．モーセが書
6:29 神が遣わした者を<信じる>こと，そ
35 わたしを<信じる>者はどんなときに
40 子を見て<信じる>者がみな永遠のい
47 <信じる>者は永遠のいのちを持ちま
64 <信じ>ない者がだれであるか，裏切
69 神の聖者であることを<信じ>，また
7: 5 兄弟たちもイエスを<信じ>ていなか
8:24 わたしのことを<信じ>なければ，あ
31 その<信じ>たユダヤ人たちに言われ
46 なぜわたしを<信じ>ないのですか．
9:35 「あなたは人の子を<信じ>ますか．」
36 私がその方を<信じる>ことができま
38 主よ．私は<信じ>ます．」…彼はイ
10:26 あなたがたは<信じ>ません．それは，
38 わたしの言うことが<信じ>られなく
11:15 あなたがたが<信じる>ためには，わ
25 わたしを<信じる>者は，死んでも生
26 生きていてわたしを<信じる>者は…
このことを<信じ>ますか．」
40 <信じる>なら…神の栄光を見る，と
45 多くのユダヤ人が，イエスを<信じ>
12:36 光がある間に…光を<信じ>なさい．」
37 彼らはイエスを<信じ>なかった．
39 <信じる>ことができなかったのは，
42 イエスを<信じる>者がたくさんいた．
44 わたしを<信じる>者は…わたしを遣
わした方を<信じる>のです．
46 <信じる>者が，だれもやみの中にと
13:19 あなたがたが<信じる>ためです．
14: 1 神を<信じ>…わたしを<信じ>なさい．
12 <信じる>者は，わたしの行うわざを
16:30 神から来られたことを<信じ>ます．」
17:20 わたしを<信じる>人々のためにもお

21 世が<信じる>ためなのです．
19:35 あなたがたにも<信じ>させるために，
20: 8 そして，見て，<信じ>た．
25 …てみなければ，決して<信じ>ませ
27 …<信じ>ない者にならないで，<信
じる>者になりなさい．」
29 わたしを見たから<信じ>たのですか．
見ずに<信じる>者は幸いです．」
31 イエスが…キリストであることを，
あなたがたが<信じる>ため，また…
<信じ>て…いのちを得るためである．
使徒 4: 4 聞いた人々が大ぜい<信じ>，男の数
32 <信じ>た者の群れは，心と思いを一
5:14 主を<信じる>者は男も女もますます
9:42 多くの人々が主を<信じ>た．
10:43 この方を<信じる>者はだれでも，そ
11:21 大ぜいの人が<信じ>て主に立ち返っ
13:39 <信じる>者はみな…解放されるので
14: 2 <信じ>ようとしないユダヤ人たちは，
15:11 私たちは<信じ>ますが，あの人たち
16:31 主イエスを<信じ>なさい．そうすれ
34 全家族そろって神を<信じ>たことを
18: 8 一家をあげて主を<信じ>た…多くの
コリント人も聞いて<信じ>，バプテ
24:14 書いていることとを全部<信じ>てい
26: 8 なぜ<信じ>がたいこととされるので
27 あなたは預言者を<信じ>ておられま
すか．もちろん<信じ>ておられると
27:25 私は神によって<信じ>ています．
28:24 ある人々は彼の語る事を<信じ>たが，
ある人々は<信じ>ようとしなかった．
ロマ 1:16 <信じる>すべての人にとって，救い
3:22 キリストを<信じる>信仰による神の
義であって…<信じる>人に与えられ，
4: 3 アブラハムは神を<信じ>た．それが
5 認めてくださる方を<信じる>なら，
21 成就する力があることを堅く<信じ>
6: 8 生きることにもなる，と<信じ>ます．
10: 4 <信じる>人はみな義と認められるの
9 …と<信じる>なら，あなたは救われ
10 人は心に<信じ>て義と認められ，口
14 <信じ>たことのない方を，どうして
…聞いたことのない方を，どうして
<信じる>ことができるでしょう．
16 だれが私たちの知らせを<信じ>まし
13:11 私たちが<信じ>たころよりも，今は
Ⅰコリ 1:21 愚かさを通して，<信じる>者を救お
11:18 ある程度は，それを<信じ>ます．
13: 7 すべてをがまんし，すべてを<信じ>，
15: 2 よく考えもしないで<信じ>たのでな
Ⅱコリ 4:13 「私は<信じ>た．それゆえに語った」
…<信じ>ているゆえに語るのです．
ガラ 2:16 イエスを<信じる>信仰によって義と
認められる，ということを知ったか
らこそ，私たちも…<信じ>たのです．
3: 6 アブラハムは神を<信じ>，それが彼
22 約束が…<信じる>人々に与えられる
エペ 1:19 <信じる>者に働く神のすぐれた力が
ピリ 1: 6 私は堅く<信じ>ているのです．
29 キリストを<信じる>信仰だけでなく，
Ⅰテサ 2:13 <信じ>ているあなたがたのうちに働
Ⅱテサ 2:11 神は，彼らが偽りを<信じる>ように，
Ⅰテモ 1:16 今後彼を<信じ>て永遠のいのちを得
3:16 世界中で<信じ>られ，栄光のうちに
Ⅱテモ 1:12 自分の<信じ>て来た方をよく知って
テト 3: 8 神を<信じ>ている人々が，良いわざ
ヘブ 4: 3 <信じ>た私たちは安息に入るのです．
10:39 <信じ>ていのちを保つ者です．
11: 6 …を，<信じ>なければならないので
ヤコ 2:19 あなたは，神はおひとりだと<信じ>
ています…悪霊どももそう<信じ>て，
Ⅰペテ 1: 8 見てはいないけれども<信じ>ており，
21 神を，キリストによって<信じる>人
Ⅰヨハ 4: 1 霊だからといって，みな<信じ>ては
16 神の愛を知り，また<信じ>ています．
5: 1 イエスがキリスト…と<信じる>者は
5 イエスを神の御子と<信じる>者では
10 御子を<信じる>者は，このあかしを
…神を<信じ>ない者は，神を偽り者
13 御子の名を<信じ>ているあなたがた
ユダ 5 <信じ>ない人々を滅ぼされたという
黙示21: 5 これらのことばは，<信ず>べきもの

▼しんせい（神性）

ロマ 1:20 神の永遠の力と<神性>は，世界の創

▼しんせい（神聖）

申命32:51 わたしの<神聖>さを…現さなかった
エゼ42:13 その場所は<神聖>であるから，彼ら
14 奉仕に用いる服は<神聖>だから，そ
使徒21:28 この<神聖>な場所をけがしています．

▼しんせい（新生）
テト 3: 5 <新生>と更新との洗いをもって私た
▼じんせい（人生）
伝道 6:12 つかのまの<人生>で，何が人のため
10:19 ぶどう酒は<人生>を楽しませる．金
ヤコ 3: 6 舌は火であり…<人生>の車輪を焼き，
▼しんせき（親戚）
ルツ 2: 1 夫の<親戚>で…ひとりの有力者がい
3: 2 ボアズは，私たちの<親戚>ではあり
アモ 6:10 <親戚>の者でこれを焼く者が家から
▼しんせつ（親切）
ルツ 2: 2 私に<親切>にしてくださる方のあと
10 どうして<親切>にしてくださるので
Ｉサム 15: 6 彼らに<親切>にしてくれたのです.」
Ⅱ歴 10: 7 彼らに<親切>なことばをかけてやっ
箴言 12:25 <親切>なことばは人を喜ばす.
16:24 <親切>なことばは蜂蜜，たましいに
20: 6 多くの人は自分の<親切>を吹聴する
使徒 27: 3 ユリアスはパウロを<親切>に取り扱
28: 2 島の人々は…非常に<親切>にしてく
Ｉコリ 13: 4 愛は寛容であり，愛は<親切>です.
Ⅱコリ 6: 6 純潔と知識と，寛容と<親切>と，聖
ガラ 5:22 御霊の実は，愛，喜び…<親切>，善
エペ 4:32 お互いに<親切>にし，心の優しい人
コロ 4: 6 ことばが，いつも<親切>で，塩味の
▼しんぞう（心臓）
Ⅱサム 18:14 アブシャロムの<心臓>を突き通した.
Ⅱ列 9:24 矢は彼の<心臓>を射抜いたので，彼
ヨブ 41:24 その<心臓>は石のように堅く，臼の
詩篇 37:15 彼らの剣はおのれの<心臓>を貫き，
イザ 1: 5 <心臓>もすっかり弱り果てている.
エレ 4:19 私の<心臓>の壁よ．私の心は高鳴り，
▼しんぞく（親族）
創世 24:38 私の<親族>のところへ行って．41.
ヨシ 6:23 彼女の<親族>をみな連れ出して，イ
Ⅱサム 14: 7 <親族>全体がこのはしためにつめ寄
ヨブ 19:14 私の<親族>は来なくなり，私の親し
マコ 6: 4 郷里，<親族>，家族の間だけです.」
ルカ 1:61 あなたの<親族>にはそのような名の
14:12 兄弟，<親族>，近所の金持ちなどを
21:16 兄弟，<親族>，友人たちにまで裏切
使徒 10:24 <親族>や親しい友人たちを呼び集め，
Ｉテモ 5: 8 <親族>，ことに自分の家族を顧みな
▼しんたい（神体）
使徒 19:35 天から下ったそのご<神体>との守護
▼しんだい（身代）
ルカ 15:12 父は，<身代>をふたりに分けてやっ
▼しんだい（寝台）
出エ 8: 3 かえるが…あなたの<寝台>に，あな
申命 3:11 彼の<寝台>は鉄の<寝台>，それはア
Ⅱサム 17:28 <寝台>，鉢，土器，小麦，大麦，小
Ｉ列 17:19 その子を自分の<寝台>の上に横たえ
Ⅱ列 1: 4 <寝台>から降りることはない．16.
4:10 <寝台>と机といすと燭台とを置きま
箴言 26:14 なまけ者は<寝台>の上でころがる.
エゼ 23:41 豪奢な<寝台>に横たわり，その前に
アモ 6: 4 象牙の<寝台>に横たわり，長いすに
マコ 4:21 枡の下や<寝台>の下に置くためでし
ルカ 17:34 同じ<寝台>でふたりの人が寝ている
使徒 5:15 病人を…<寝台>や寝床の上に寝かせ，
▼じんち（人知）
エペ 3:19 <人知>をはるかに越えたキリストの
▼しんちゅう
黙示 1:15 光り輝く<しんちゅう>のよう．2:18.
▼じんつう（陣痛）
創世 35:16 ラケルは…ひどい<陣痛>で苦しんだ.
Ｉサム 4:19 <陣痛>が起こり，身をかがめて子を
イザ 66: 7 <陣痛>の起こる前に男の子を産み落
8 地は１日の<陣痛>で産み出されよう
エレ 22:23 <陣痛>があなたに起こるとき，産婦
▼しんでん（神殿）【別項】神の神殿，主の神殿
Ｉ列 5:17 切り石を<神殿>の礎に据えるために，
7:39 ５個を<神殿>の右側に，５個を<神殿>の左側に置き，海を<神殿>の右
8: 6 <神殿>の内堂である至聖所のケルビ
Ⅱ列 5:18 私の主君がリモンの<神殿>に入って…私がリモンの<神殿>で身をかがめ
11:11 <神殿>の右側から<神殿>の左側まで，祭壇と<神殿>に向かって王の回りに
エズ 4: 1 主のために<神殿>を建てていると聞
5:14 エルサレムの<神殿>から取って，バビロンの<神殿>に運んで来た神の宮の…器具を，バビロンの<神殿>から
イザ 6: 1 主を見た．そのすそは<神殿>に満ち，
44:13 人の形に造り…<神殿>に安置する.
28 <神殿>は，その基が据えられる』と
エゼ 10: 4 主の栄光が…<神殿>の敷居に向かうと，<神殿>は雲で満たされ…庭は主
40: 5 <神殿>の外側を…取り囲んでいる壁

43: 5 主の栄光は<神殿>に満ちていた．
アモ 8: 3 <神殿>の歌声は泣きわめきとなる．
マラ 3: 1 主が，突然，その<神殿>に来る．あ
マタ 4: 5 イエスを…<神殿>の頂に立たせて，
23:16 <神殿>をさして誓ったのなら…<神殿>の黄金をさして誓ったら，その
17 黄金と…<神殿>と，どちらがたいせ
21 <神殿>をさして誓う者は，<神殿>を
35 <神殿>と祭壇との間で殺されたバラ
27: 5 銀貨を<神殿>に投げ込んで立ち去っ
40 <神殿>を打ちこわして3日で建てる人よ…神の子なら．マコ15:29.
51 <神殿>の幕が上から下まで真っ二つ
マコ 14:58 わたしは…この<神殿>をこわして…別の<神殿>を造ってみせる』と言う
ルカ 1:21 <神殿>であまり暇取るので不思議に
22 彼は<神殿>で幻を見たのだとわかっ
4: 9 イエスを…<神殿>の頂に立たせて，
ヨハ 2:19 この<神殿>をこわしてみなさい．わ
20 この<神殿>は建てるのに46年かかり
21 ご自分のからだの<神殿>のことを言
使徒 19:24 銀でアルテミス<神殿>の模型を作り，
27 アルテミスの<神殿>も顧みられなく
Ⅰコリ 3:17 あなたがたがその<神殿>です．
黙示 11:19 <神殿>の中に，契約の箱が見えた．
21:22 私は，この都の中に<神殿>を見なかった…小羊とが都の<神殿>だからで

▼しんでんしょうふ（神殿娼婦）

申命 23:17 女子は<神殿娼婦>になってはならな

▼しんでんだんしょう（神殿男娼）

申命 23:17 男子は<神殿男娼>になってはならな
Ⅰ列 14:24 この国には<神殿男娼>もいた．彼ら
15:12 <神殿男娼>を…追放し．Ⅱ列23:7.

▼しんと（信徒）

イザ 44:11 その<信徒>たちはみな，恥を見る．

▼しんとりざら（心取り皿）

出エ 25:38 <心取り皿>も純金である．37:23.
民数 4: 9 心切りばさみ，<心取り皿>およびそ

▼しんとりばさみ（心取りばさみ）

Ⅰ列 7:50 <心取りばさみ>…を純金で作った．

▼しんぱい（心配）

創世 32: 7 ヤコブは非常に恐れ，<心配>した．
35:17 <心配>なさるな．今度も男のお子さ
Ⅰサム 9: 5 父が…<心配>するといけないから.」
Ⅱサム 11:25 このことで<心配>するな．剣はこち
詩篇 55:22 主は，あなたのことを<心配>してく
エレ 17: 8 日照りの年にも<心配>なく，いつま
マタ 6:25 何を飲もうかと<心配>したり…何を着ようかと<心配>したりしてはいけ
27 <心配>したからといって…いのちを少しでも延ばすことが．ルカ12:25.
28 なぜ着物のことで<心配>するのです
31 などと言って<心配>するのはやめな
34 あすのための<心配>は無用です．あすのことはあすが<心配>します．労
10:19 何を話そうかと<心配>するには及びません．ルカ12:11.
ルカ 2:48 <心配>してあなたを捜し回っていた
10:41 いろいろなことを<心配>して，気を
12:22 何を食べようかと<心配>したり…何を着ようかと<心配>したりするのは
26 なぜほかのことまで<心配>するので
使徒 20:10 <心配>することはない．まだいのち
Ⅱコリ 11: 3 …があってはと，私は<心配>してい
ピリ 2:20 あなたがたのことを<心配>している
28 私も<心配>が少なくなるためです．
4:10 私のことを<心配>してくれるあなた
Ⅰペテ 5: 7 神があなたがたのことを<心配>して

▼しんばつ（神罰）

民数 16:47 <神罰>はすでに民のうちに始まって
48 <神罰>はやんだ．25:8，詩篇106:30.
25: 9 この<神罰>で死んだ者は，2万4千
31:16 それで<神罰>が主の会衆の上に下っ
ヨシ 22:17 <神罰>が主の会衆の上に下ったのだ．
Ⅰ歴 21:22 <神罰>が民に及ばないようになるた
詩 106:29 こうして…彼らの間に<神罰>が下っ

▼シンバル

Ⅰコリ 13: 1 愛がないなら…うるさい<シンバル>．Ⅱサム6:5，Ⅰ歴13:8，15:16，19，16:5，Ⅱ歴5:12，エズ3:10，ネヘ12:27.

▼しんぱん（審判），審判者

士師 11:27 <審判者>である主が，きょう，イス
詩篇 7:11 神は正しい<審判者>，日々，怒る神．
50: 6 まことに神こそは<審判者>である．
使徒 24:25 やがて来る<審判>とを論じたので，
Ⅱテモ 4: 8 正しい<審判者>である主が，それを
ヘブ 12:23 万民の<審判者>である神，全うされ

▼しんぽ（進歩）

Ⅰテモ 4:15 あなたの<進歩>はすべての人に明ら

▼しんぼう（辛抱）
マタ 20:12 焼けるような暑さを<辛抱>したので
▼しんみつ（親密）
箴言 18:24 兄弟よりも<親密>な者もいる．
▼しんめ（新芽）
イザ 11: 1 エッサイの根株から<新芽>が生え，
エゼ 16: 7 あなたを野原の<新芽>のように育て
▼しんゆう（親友）
申命 13: 6 あなたの無二の<親友>が，ひそかに
詩篇 31:11 私の<親友>には恐れられ，外で私に
55:13 私の友，私の<親友>のおまえが．
88: 8 あなたは私の<親友>を私から遠ざけ，
エレ 38:22 <親友>たちが，あなたをそそのかし，
▼しんよう（信用）
士師 9:26 シェケムの者たちは彼を<信用>した．
エレ 9: 4 警戒せよ．どの兄弟も<信用>するな．
ミカ 7: 5 友を<信用>するな．親しい友をも信
使徒 19:27 この仕事も<信用>を失う危険がある
27:11 航海士や船長のほうを<信用>した．
▼しんらい（信頼）
士師 20:36 伏兵を<信頼>したからであった．
Ⅱ列 18: 5 彼は…主に<信頼>していた…彼ほど
30 主を<信頼>させようとするが，そう
19:10 おまえの<信頼>する…神にごまかさ
ヨブ 4:18 神はご自分のしもべさえ<信頼>せず，
8:14 その<信頼>は，くもの巣だ．
15:15 聖なる者たちをも<信頼>しない．天
31 むなしいことに<信頼>するな．その
詩篇 21: 7 王は主に<信頼>し，いと高き方の恵
22: 4 先祖は，あなたに<信頼>しました．
彼らは<信頼>し…助け出されました．
5 あなたに<信頼>し…恥を見ませんで
25: 2 私は，あなたに<信頼>いたします．
26: 1 よろめくことなく，主に<信頼>した
31: 6 私は…主に<信頼>しています．14.
32:10 主に<信頼>する者には，恵みが，そ
33:21 聖なる御名に<信頼>している．
37: 3 主に<信頼>して善を行え．地に住み
40: 4 幸いなことよ．主に<信頼>し，高ぶ
49: 6 おのれの財産に<信頼>する者どもや，
62: 8 どんなときにも，神に<信頼>せよ．
65: 5 あなたは…<信頼>の的です．71:5.
78: 7 彼らが神に<信頼>し，神のみわざを
22 御救いに<信頼>しなかったからであ
84:12 幸い…あなたに<信頼>するその人は．
91: 2 わがとりで，私の<信頼>するわが神
112: 7 主に<信頼>して，その心はゆるがな
115: 8 これに<信頼>する者もみな，これと
9 イスラエルよ．主に<信頼>せよ．10.
118: 8 人に<信頼>するよりもよい．9.
119:42 あなたのことばに<信頼>しています
125: 1 主に<信頼>する人々はシオンの山の
143: 8 私はあなたに<信頼>していますから．
箴言 14:26 力強い<信頼>は主を恐れることにあ
29:25 しかし主に<信頼>する者は守られる．
31:11 夫の心は彼女を<信頼>し，彼は「収
イザ 12: 2 私は<信頼>して恐れることはない．
26: 3 その人があなたに<信頼>しているか
4 いつまでも主に<信頼>せよ…主は，
30:15 落ち着いて，<信頼>すれば，あなた
32:17 とこしえの平穏と<信頼>をもたらす．
50:10 主の御名に<信頼>し，自分の神に拠
エレ 7: 4 偽りのことばを<信頼>してはならな
17: 5 人間に<信頼>し，肉を自分の腕とし，
7 主に<信頼>し，主を頼みとする者に
ダニ 6:23 彼が神に<信頼>していたからである．
アモ 6: 1 サマリヤの山に<信頼>している者，
ミカ 7: 5 親しい友をも<信頼>するな．あなた
ロマ 9:33 彼に<信頼>する者は，失望させられ
Ⅰコリ 7:25 <信頼>できる者として，意見を述べ
Ⅱコリ 7: 4 あなたがたに対する<信頼>は大きい
16 あなたがたに全幅の<信頼>を寄せる
8:22 あなたがたに深い<信頼>を寄せ，ま
Ⅱテモ 2:11 次のことばは<信頼>すべきことばで
テト 1: 9 <信頼>すべきみことばを，しっかり
3: 8 これは<信頼>できることばですから，
ヘブ 2:13 さらに，「わたしは彼に<信頼>する．」
▼しんり（真理）
詩篇 25: 5 あなたの<真理>のうちに私を導き，
26: 3 あなたの<真理>のうちを歩み続けま
45: 4 威光は，<真理>と柔和と義のために
86:11 私はあなたの<真理>のうちを歩みま
119:43 私の口から，<真理>のみことばを取
132:11 主が取り消すことのない<真理>であ
箴言 22:21 <真理>のことばの確かさを教え…
<真理>のことばを持ち帰らせるため
23:23 <真理>を買え．それを売ってはなら
26:28 偽りの舌は，<真理>を憎み，へつら
伝道 12:10 <真理>のことばを正しく書き残した
イザ 59:14 <真理>は広場でつまずき，正直は中

15 そこでは<真理>は失われ，悪から離
ダニ 8:12 その角は<真理>を地に投げ捨て，ほ
9:13 あなたの<真理>を悟れるよう，私た
11: 2 今，私は，あなたに<真理>を示す.
マラ 2: 6 彼の口には<真理>の教えがあり，彼
マタ 22:16 <真理>に基づいて神の道を教え．マコ12:14，ルカ20:21.
ヨハ 3:21 <真理>を行う者は，光のほうに来る.
8:32 あなたがたは<真理>を知り，<真理>
44 悪魔は…<真理>に立ってはいません.彼のうちには<真理>がないからです.
14: 6 わたしが道であり，<真理>であり，
17 その方は，<真理>の御霊です．世は
16:13 <真理>の御霊が来ると，あなたがたをすべての<真理>に導き入れます.
17:17 <真理>によって彼らを聖め別ってください．あなたのみことばは<真理>
18:37 わたしは，<真理>のあかしをするために生まれ…<真理>に属する者はみ
38 ピラトは…「<真理>とは何ですか.」
使徒 26:25 私は，まじめな<真理>のことばを話
ロマ 1:18 不義をもって<真理>をはばんでいる
25 神の<真理>を偽りと取り代え，造り
2: 8 <真理>に従わないで不義に従う者に
3: 7 神の<真理>がますます明らかにされ
15: 8 神の<真理>を現すために，割礼のあ
Ⅰコリ 13: 6 不正を喜ばずに<真理>を喜びます.
Ⅱコリ 4: 2 <真理>を明らかにし，神の御前で自
6: 7 <真理>のことばと神の力とにより，
13: 8 <真理>に逆らっては何をすることもできず，<真理>のためなら，何でも
ガラ 2: 5 福音の<真理>があなたがたの間で常
4:16 <真理>を語ったために…敵になった
5: 7 だれが…<真理>に従わなくさせたの
エペ 4:15 愛をもって<真理>を語り，あらゆる
21 <真理>はイエスにあるのですから.
24 <真理>に基づく義と聖をもって神に
6:14 腰には<真理>の帯を締め，胸には正
コロ 1: 5 福音の<真理>のことばの中で聞きま
Ⅱテサ 2:10 <真理>への愛を受け入れなかったか
12 <真理>を信じないで，悪を喜んでい
Ⅰテモ 2: 4 <真理>を知るようになるのを望んで
3:15 教会は，<真理>の柱また土台です.
Ⅱテモ 2:15 <真理>のみことばをまっすぐに説き
18 彼らは<真理>からはずれてしまい，
25 <真理>を悟らせてくださるでしょう.
3: 7 <真理>を知ることのできない者たち
8 こういう人々は…<真理>に逆らうの
4: 4 <真理>から耳をそむけ，空想話にそ
テト 1:14 <真理>から離れた人々の戒めには心
ヘブ 10:26 <真理>の知識を受けて後…罪を犯し
ヤコ 1:18 <真理>のことばをもって私たちをお
5:19 <真理>から迷い出た者がいて，だれ
Ⅰペテ 1:22 <真理>に従うことによって，たまし
Ⅱペテ 1:12 <真理>に堅く立っているあなたがた
2: 2 そのために<真理>の道がそしりを受
Ⅰヨハ 2: 4 <真理>はその人のうちにありません.
8 キリストにおいて<真理>であり，あなたがたにとっても<真理>です．な
21 <真理>を知らないからではなく，<真理>を知っているからであり…偽りはすべて<真理>から出てはいない
27 その教えは<真理>であって偽りでは
3:19 自分が<真理>に属するものであるこ
4: 6 <真理>の霊と偽りの霊とを見分けま
5: 6 御霊は<真理>だからです.
Ⅱヨハ 1 <真理>を知っている人々がみな，そ
2 うちに宿る<真理>によることです…<真理>はいつまでも私たちとともに
3 <真理>と愛のうちに…恵みとあわれ
4 <真理>のうちを歩んでいる人たちが
Ⅲヨハ 3 あなたが<真理>に歩んでいるその真
4 <真理>に歩んでいることを聞くこと
8 <真理>のために彼らの同労者となれ

▼しんりのしょ（真理の書）

ダニ 10:21 <真理の書>に書かれていることを，

▼しんりゃくしゃ（侵略者）

民数 10: 9 <侵略者>との戦いに出る場合は，ラ
ミカ 1:15 <侵略者>をあなたのところに送る.

▼しんるい（親類），親類縁者

創世 13: 8 私たちは，<親類>同士なのだから.
14:14 <親類>の者がとりこになったことを
16 <親類>の者ロトとその財産，それに
21:23 私の<親類縁者>たちをも裏切らない
29:15 <親類>だからといって，ただで私に
出エ 4:18 エジプトにいる<親類>のもとに帰ら
レビ 25:25 買い戻しの権利のある<親類>が来て，
民数 5: 8 権利のある<親類>がいなければ，そ
申命 23: 7 エドム人…あなたの<親類>だからで
ルツ 2:20 その方は…私たちの<親類>のひとり

3: 9 買い戻しの権利のある<親類>. 12, 4:1, 3, 6, 8.
13 もしその人があなたに<親類>の役目を果たすなら，けっこうです．その人に<親類>の役目を果たさせなさい．しかし，もしその人があなたに<親類>の役目を果たすことを喜ばないなら，私があなたを買い戻します．
Ⅰ列 16:11 <親類>，友人に至るまで，ひとりも
ヨブ 18:19 民の中に<親類縁者>がなくなり，そ
エゼ 11:15 あなたの身近な<親類>の者たち，ま
ルカ 1:36 あなたの<親類>のエリサベツも，あ
ヨハ 18:26 耳を切り落とされた人の<親類>に当

▼ じんるい（人類）
ヤコ 3: 7 生き物も，<人類>によって制せられ
黙示 9:15 <人類>の３分の１を殺すために解き

▼ す（巣）
民数 24:21 あなたの<巣>は岩間の中に置かれて
申命 22: 6 地面に鳥の<巣>を見つけ，それにひ
32:11 鷲が<巣>のひなを呼びさまし，その
ヨブ 8:14 その信頼は，くもの<巣>だ．
29:18 私は私の<巣>とともに息絶えるが，
37: 8 獣は<巣>にもぐり，ほら穴にうずく
39:27 鷲が…その<巣>を高い所に作るのは．
詩篇 84: 3 つばめも，ひなを入れる<巣>，あな
箴言 27: 8 自分の<巣>を離れてさまよう鳥のよ
30:26 岩だぬきは…<巣>を岩間に設ける．
イザ 10:14 国々の民の財宝を<巣>のようにつか
59: 5 くもの<巣>を織る．その卵を食べる
エレ 7:11 あなたがたの目には強盗の<巣>と見
22:23 杉の木の中に<巣>ごもりする女よ．
49:16 鷲のように<巣>を高くしても，わた
オバ 4 星の間に<巣>を作っても，わたしは
マタ 8:20 空の鳥には<巣>があるが，人の子に
13:32 その枝に<巣>を作るほどの木になり
21:13 それを強盗の<巣>にしている.」

▼ す（酢）
民数 6: 3 ぶどう酒の<酢>や強い酒の<酢>を飲
ルツ 2:14 あなたのパン切れを<酢>に浸しなさ
詩篇 69:21 私が渇いたときには<酢>を飲ませま
箴言 10:26 なまけ者は，歯に<酢>，目に煙のよ
25:20 ソーダの上に<酢>を注ぐようなもの

▼ スアハ〔人名〕
アシェル族ツォファフの子．Ⅰ歴7:36.

▼ ずい（髄）
ヨブ 21:24 その骨の<髄>は潤っている．
詩篇 63: 5 私のたましいが脂肪と<髄>に満ち足
イザ 25: 6 <髄>の多いあぶらみとよくこされた

▼ すいか〔植物〕
民数 11: 5 きゅうりも，<すいか>，にら，たま

▼ すいしゅ（水腫）
ルカ 14: 2 <水腫>をわずらっている人がいた．

▼ すいしゅ（酔酒）
Ⅰペテ 4: 3 好色，情欲，<酔酒>，遊興，宴会騒

▼ すいしょう（水晶）
ヨブ 28:18 さんごも<水晶>も言うに足りない．
エゼ 1:22 澄んだ<水晶>のように輝く大空のよ
黙示 4: 6 御座の前は，<水晶>に似たガラスの
22: 1 私に<水晶>のように光るいのちの水

▼ すいせん（推薦），推薦状
ロマ 16: 1 フィベを，あなたがたに<推薦>しま
Ⅱコリ 3: 2 私たちの<推薦状>はあなたがたです．
4: 2 すべての人の良心に<推薦>していま
5:12 またも自分自身を…<推薦>しようと
6: 4 自分を神のしもべとして<推薦>して
10:12 自己<推薦>をしているような人たち
18 自分で自分を<推薦>する人でなく，主に<推薦>される人こそ，受け入れ
12:11 私は当然…<推薦>を受けてよかった

▼ すいどう（水道）
Ⅱ列 18:17 大路にある上の池の<水道>のそばに
20:20 彼が貯水池と<水道>を造り，町に水
イザ 36: 2 ラブ・シャケは…上の池の<水道>の

▼ すいふ（水夫）
Ⅰ列 9:27 海に詳しい<水夫>たちを，ソロモン
ヨナ 1: 5 <水夫>たちは恐れ，彼らはそれぞれ，
使徒 27:30 <水夫>たちは船から逃げ出そうとし
黙示 18:17 すべての船長…船客，<水夫>，海で

▼ すいぶどう（酸いぶどう），酸いぶどう酒
イザ 5: 2 ところが，<酸いぶどう>ができてし

18: 5　花ぶさが育って<酸いぶどう>になる
エレ 31:29　父が<酸いぶどう>を食べたので，子どもの歯が浮く．エゼ18:2.
マタ 27:48　それに<酸いぶどう酒>を含ませて，
ルカ 23:36　<酸いぶどう酒>を差し出し，
ヨハ 19:29　<酸いぶどう酒>を含んだ海綿をヒソ
30　イエスは，<酸いぶどう酒>を受けら

▼スィボレテ
士師 12: 6　<スィボレテ>」と言って，正しく発

▼すいもん（水門）
創世 7:11　天の<水門>が開かれた．
8: 2　水の源と天の<水門>が閉ざされ，天

▼すいろ（水路）
ヨブ 38:25　だれが，大水のために<水路>を通し，
詩篇 1: 3　その人は，<水路>のそばに植わった

▼すうじ（数字）
黙示 13:18　思慮ある者はその獣の<数字>を数えなさい．その<数字>は人間をさしているからである．その<数字>は666

▼すえ
ヨブ 5:25　あなたの<すえ>が地の草のようにな
詩篇 22:23　ヤコブのすべての<すえ>よ．主をあがめよ．イスラエルの…<すえ>よ．
89: 4　おまえの<すえ>を，とこしえに堅く
イザ 6:13　聖なる<すえ>こそ，その切り株．」
59:21　<すえ>の<すえ>の口からも，今より
マタ 3: 7　まむしの<すえ>たち．12:34，23:33，ルカ3:7.

▼すえ（末）
創世 9:24　<末>の息子が自分にしたことを知っ
42:15　<末>の弟がここに来ないかぎり，決
Ⅰサム 16:11　まだ<末>の子が残っています．あれ
エレ 5:31　その<末>には…どうするつもりだ．」

▼すえる（据える）
申命 8:18　あなたの神，主を心に<据え>なさい．
Ⅰサム 2: 8　その上に主は世界を<据え>られまし
Ⅰ列 12:29　一つをベテルに<据え>，一つをダン
エズ 5:16　神の宮の礎を<据え>ました．その時
ヨブ 38: 6　その隅の石はだれが<据え>たか．
詩篇 24: 2　主は，海に地の基を<据え>…川の上
119:90　あなたが地を<据え>たので，地は堅
箴言 9: 1　知恵は…七つの柱を<据え>，
イザ 28:16　シオンに一つの石を礎として<据える>…堅く<据え>られた礎の，尊い
40:20　動かない偶像を<据える>．
エゼ 24: 3　なべを火にかけ，これを<据え>，水
アモ 9: 6　地の上に丸天井を<据え>，海の水を
ルカ 6:48　岩の上に土台を<据え>て，それから
Ⅰコリ 3:11　だれも，すでに<据え>られている土台のほかに，ほかの物を<据える>こ

▼スカじん（〜人）
書記の氏族の一つ．Ⅰ歴2:55.

▼すがた（姿），御姿
民数 12: 8　彼は…主の<姿>を仰ぎ見ている．な
申命 4:12　ことばの声を聞いたが，<御姿>は見
士師 13: 6　その<姿>は神の使いの<姿>のようで，
Ⅰサム 16:12　目が美しく，<姿>もりっぱだった．
ヨブ 4:16　その<姿>は，私の目の前にあった．
詩篇 73:20　彼らの<姿>をさげすまれましょう．
雅歌 5:15　その<姿>はレバノンのよう．杉のよ
イザ 52:14　その<姿>も人の子らとは違っていた．
53: 2　見とれるような<姿>もなく，輝きも
エゼ 1: 5　彼らは何か人間のような<姿>をして
26　人間の<姿>に似たものがあった．
ダニ 3:25　第４の者の<姿>は神々の子のようだ．
マタ 17: 2　彼らの目の前で，<御姿>が変わり，
マコ 16:12　イエスは別の<姿>でご自分を現され
ヨハ 5:37　<御姿>を見たこともありません．
使徒 14:11　神々が人間の<姿>をとって，私たち
ロマ 8:29　御子のかたちと同じ<姿>にあらかじ
Ⅱコリ 3:18　主と同じかたちに<姿>を変えられて
ピリ 2: 6　キリストは，神の<御姿>である方な
7　仕える者の<姿>をとり，人間と同じ
3:21　栄光のからだと同じ<姿>に変えてく
ヤコ 1:11　その花は落ち，美しい<姿>は滅びま

▼スカル〔地名〕
サマリヤの町．ヤコブの井戸付近．ヨハ4:5.

▼すがる
申命 4: 4　主に<すが>ってきたあなたがたはみ
10:20　主に<すが>り，御名によって誓わな
11:22　主の…道に歩み，主に<すがる>なら，
13: 4　主に仕え，主に<すが>らなければな
30:20　御声に聞き従い，主に<すがる>ため
ヨシ 22: 5　その命令を守って，主に<すが>り，
23: 8　神，主に<すが>らなければならない．
ルツ 1:14　ルツは彼女に<すが>りついていた．
Ⅱ列 4:27　彼の足に<すが>りついた．ゲハジが
18: 6　彼は主に堅く<すが>って離れること
詩篇 63: 8　私のたましいは，あなたに<すが>り，
イザ 4: 1　７人の女がひとりの男に<すが>りつ

ヨハ 20:17　わたしに<すが>りついていてはいけ

▼ すき（好き），大好き

創世 6: 2　<好き>な者を選んで…妻とした．
27: 4　私の<好き>なおいしい料理を作り，
9　父上のお<好き>なおいしい料理を作
エレ 2:25　私は他国の男たちが<好き>です．そ
マタ 6: 5　四つ角に立って祈るのが<好き>だか
23: 6　会堂の上席が<大好き>で，
ルカ 11:43　あいさつされることが<好き>です．
20:46　あいさつされたりすることが<好き>
…宴会の上座が<好き>です．

▼ すき（鋤）

詩 129: 3　耕す者は私の背に<鋤>をあて，長い
イザ 2: 4　彼らはその剣を<鋤>に．ミカ4:3．
ヨエ 3:10　<鋤>を剣に…かまを槍に，打ち直せ．
ルカ 9:62　手を<鋤>につけてから，うしろを見

▼ すぎ（杉），杉の木，杉材

民数 19: 6　祭司は<杉の木>と，ヒソプと，緋色
24: 6　水辺の<杉の木>のように．
Ⅱサム 5:11　<杉材>，大工，石工を送った．彼ら
7: 2　この私が<杉材>の家に住んでいるの
Ⅰ列 5: 6　レバノンから<杉>の木を切り出すよ
6: 9　神殿の天井を<杉材>のたるきと厚板
20　<杉材>の祭壇にも純金を着せた．
9:11　ヒラムが…<杉>の木材，もみの木材，
Ⅱ歴 1:15　<杉の木>を低地のいちじく桑の木の
エズ 3: 7　ヤフォに<杉材>を運ぶためであった．
詩篇 80:10　神の<杉の木>もその大枝におおわれ
148: 9　実のなる木よ．すべての<杉>よ．
雅歌 5:15　その姿は…<杉>のようにすばらしい．
イザ 2:13　高くそびえるレバノンの…<杉の木>
9:10　<杉の木>でこれに代えよう．」
エレ 22: 7　最も美しいあなたの<杉の木>を切り
アモ 2: 9　彼らの背たけは<杉の木>のように高
ゼパ 2:14　主が，<杉>でつくったこの町をあば

▼ すぎこし（過越），過ぎ越す【別項】過越のいけにえ，過越の祭り

出エ 12:23　主はその戸口を<過ぎ越>され，滅ぼ
マタ 26:17　<過越>の食事をなさるのに，私たち
18　あなたのところで<過越>を守ろう」
マコ 14:12　<過越>の小羊をほふる日に，弟子た
14　<過越>の食事をする，わたしの客間
ルカ 22: 7　<過越>の小羊のほふられる，種なし
15　この<過越>の食事をすることをどん
16　<過越>が神の国において成就するま
では…もはや二度と<過越>の食事を
ヨハ 6: 4　ユダヤ人の祭りである<過越>が間近
18:28　<過越>の食事が食べられなくなるこ
Ⅰコリ 5: 7　<過越>の小羊キリストが，すでにほ
ヘブ 11:28　彼は<過越>と血の注ぎとを行いまし

▼ すぎこしのいけにえ（過越のいけにえ）

出エ 12:11　これは主への<過越のいけにえ>であ
21　<過越のいけにえ>としてほふりなさ
43　<過越のいけにえ>に関するおきては
レビ 23: 5　14日には，夕暮れに<過越のいけに
え>を主に．民数9:5，28:16．
民数 9: 2　定められた時に，<過越のいけにえ>
申命 16: 1　主に<過越のいけにえ>をささげなさ
2　選ぶ場所で…<過越のいけにえ>とし
ヨシ 5:10　エリコの草原で…<過越のいけにえ>
11　<過越のいけにえ>をささげた翌日，
Ⅱ列 23:21　神，主に，<過越のいけにえ>をささ
Ⅱ歴 30: 1　主に<過越のいけにえ>をささげるよ
15　14日に，<過越のいけにえ>をほふっ
18　<過越のいけにえ>を食べてしまった
35:17　そのとき，<過越のいけにえ>をささ
エズ 6:19　14日に<過越のいけにえ>をささげた．

▼ すぎこしのまつり（過越の祭り）

出エ 34:25　<過越の祭り>のいけにえを朝まで残
エゼ 45:21　<過越の祭り>を守り，その祭りの7
マタ 26: 2　2日たつと<過越の祭り>になります．
マコ 14: 1　<過越の祭り>と種なしパンの祝いが
ルカ 2:41　<過越の祭り>には毎年エルサレムに
22: 1　<過越の祭り>といわれる，種なしパ
ヨハ 2:13　ユダヤ人の<過越の祭り>が近づき，
23　イエスが，<過越の祭り>の祝いの間，
12: 1　<過越の祭り>の6日前にベタニヤに
18:39　しかし，<過越の祭り>に，私があな
使徒 12: 4　<過越の祭り>の後に，民の前に引き

▼ すぎさる（過ぎ去る）

ヨブ 14:13　あなたの怒りが<過ぎ去る>まで私を
17:11　私の日は<過ぎ去>り，私の企て，私
30:15　繁栄は雨雲のように<過ぎ去>った．
34:20　民は震えて<過ぎ去る>．強い者たち
詩篇 37:36　だが，彼は<過ぎ去>った．見よ．彼
57: 1　滅びが<過ぎ去る>まで，私は御翼の
90: 4　千年も，きのうのように<過ぎ去>り，
144: 4　その日々は<過ぎ去る>影のようです．
148: 6　主は<過ぎ去る>ことのない定めを置
箴言 10:25　つむじ風が<過ぎ去る>とき，悪者は

雅歌 2:11 ほら，冬は<過ぎ去>り，大雨も通り
イザ 31: 9 岩も恐れのために<過ぎ去り>，首長
エレ 11:15 わざわいを…<過ぎ去>らせるのか．
ダニ 7:14 その主権は…<過ぎ去る>ことがなく，
マタ 24:34 この時代は<過ぎ去>りません．
26:39 この杯をわたしから<過ぎ去>らせて
マコ 14:35 この時が自分から<過ぎ去る>ように
使徒 14:16 <過ぎ去>った時代には，神はあらゆ
Ⅰコリ 2: 6 この世の<過ぎ去>って行く支配者た
7:31 この世の有様は<過ぎ去る>からです．
Ⅱコリ 5:17 古いものは<過ぎ去>って，見よ，す
ヤコ 1:10 草の花のように<過ぎ去>って行くか
Ⅰペテ 4: 3 それは<過ぎ去>った時で，もう十分
黙示 21: 1 以前の地は<過ぎ去>り，もはや海も
4 以前のものが，もはや<過ぎ去>った

▼スキじん（〜人）

Ⅱ歴 12: 3 エジプトから出陣した民…<スキ人>，

▼すぎる（過ぎる）【別項】過ぎ去る

士師 9:25 道でそばを<過ぎる>すべての者を略
Ⅰ列 18:29 昼も<過ぎ>，ささげ物をささげる時
ヨブ 19: 8 私は<過ぎ>行くことができない．私
詩篇 84: 6 彼らは涙の谷を<過ぎる>ときも，そ
103:16 風がそこを<過ぎる>と…もはやない
箴言 7: 8 女の家への…通りを<過ぎ>行き，女
イザ 10:28 ミグロンを<過ぎ>，ミクマスに荷を
29 彼らは渡し場を<過ぎ>，ゲバで野営
26:20 憤りの<過ぎる>まで…身を隠せ．
43: 2 あなたが水の中を<過ぎる>ときも，
エレ 8:20 刈り入れ時は<過ぎ>，夏も終わった．
22: 8 国々の民がこの町のそばを<過ぎ>，
ミカ 1:11 裸で恥じながら<過ぎ>て行け．ツァ
ハバ 1:11 風のように…<過ぎ>て行く．自分の

▼すぐ，すぐさま

ヨシ 8:19 <すぐ>に走って町に入り…攻め取り，
伝道 8:11 宣告が<すぐ>下されないので，人の
イザ 51:14 捕らわれ人は，<すぐ>解き放たれ，
マタ 3:16 バプテスマを受けて，<すぐ>に水か
4:20 彼らは<すぐ>に網を捨てて従った．
22 彼らは<すぐ>に舟も父も残してイエ
8: 3 すると，<すぐ>に彼のツァラアトは
13: 5 土が深くなかったので，<すぐ>に芽
20 みことばを聞くと，<すぐ>に喜んで
21 <すぐ>につまずいてしまいます．
20:34 <すぐさま>彼らは見えるようになり，
21:20 どうして，こう<すぐ>にいちじくの
24:29 これらの日の苦難に続いて<すぐ>に，
マコ 1:42 すると，<すぐ>に…ツァラアトが消
2:12 <すぐ>に床を取り上げて，みなの見
4:15 <すぐ>サタンが来て，彼らに蒔かれ
17 迫害が起こると，<すぐ>につまずい
5:29 <すぐ>に，血の源がかれて，ひどい
42 少女は<すぐさま>起き上がり，歩き
6:25 今<すぐ>に，バプテスマのヨハネの
7:35 舌のもつれも<すぐ>に解け，はっき
9:39 <すぐ>あとで，わたしを悪く言える
10:52 <すぐさま>彼は見えるようになり，
14:72 すると<すぐ>に，鶏が，２度目に鳴
ルカ 5:13 すると，<すぐ>に…ツァラアトが消
14: 5 安息日だからといって，<すぐ>に引
19:11 神の国が<すぐ>にでも現れるように
21: 9 だが，終わりは，<すぐ>には来ませ
24:33 <すぐさま>ふたりは立って，エルサ
ヨハ 5: 9 その人は<すぐ>に直って，床を取り
13:27 しようとしていることを，今<すぐ>
30 パン切れを受けると<すぐ>，外に出
18:27 否定した．すると<すぐ>鶏が鳴いた．
Ⅰコリ 4:19 <すぐ>にもあなたがたのところへ行
ガラ 1:16 私は<すぐ>に，人には相談せず，
黙示 1: 1 これは，<すぐ>に起こるはずの事を
3:11 わたしは，<すぐ>に来る．あなたの

▼すぐ（直ぐ）

Ⅰ歴 29:17 <直ぐ>なことを愛されるのを私は知
Ⅱ歴 29:34 祭司たちよりも<直ぐ>な心をもって，
詩篇 7:10 神は心の<直ぐ>な人を救われる．
32:11 すべて心の<直ぐ>な人たちよ．喜び
33: 1 賛美は心の<直ぐ>な人たちにふさわ
36:10 あなたの義を，心の<直ぐ>な人に．
64:10 心の<直ぐ>な人はみな，誇ることが
94:15 心の<直ぐ>な人は…これに従うでし
107:42 <直ぐ>な人はそれを見て喜び，不正
112: 2 <直ぐ>な人たちの世代は祝福されよ
119: 7 私は<直ぐ>な心であなたに感謝しま
140:13 <直ぐ>な人はあなたの御前に住むで
箴言 3:32 主は…<直ぐ>な者と親しくされるか

▼すくい（救い），御救い

創世 45: 7 大いなる<救い>によってあなたがた
49:18 あなたの<救い>を待ち望む．
出エ 8:23 間を区別して，<救い>を置く．あす，
14:13 主の<救い>を見なさい．あなたがた
15: 2 主は，私の<救い>となられた．この

申命 32:15 自分の<救い>の岩を軽んじた.
士師 15:18 しもべの手で，この大きな<救い>を
Ⅰサム 2: 1 あなたの<救い>を喜ぶからです.
11: 9 あすの真昼ごろ…<救い>がある.」
Ⅱサム 22: 3 わが<救い>の角，わがやぐら．私を
36 <御救い>の盾を私に下さいました.
47 わが<救い>の岩なる神.
51 主は，王に<救い>を増し加え，油そ
Ⅰ歴 16:23 御<救い>の良い知らせを告げよ.
35 私たちの<救い>の神よ．私たちをお
Ⅱ歴 6:41 祭司たちの身に<救い>をまとわせて
20:17 ともにいる主の<救い>を見よ．ユダ
エス 4:14 別の所から，助けと<救い>がユダヤ
ヨブ 13:16 神もまた，私の<救い>となってくだ
詩篇 3: 2 「彼に神の<救い>はない」と．セラ
8 <救い>は主にあります．あなたの祝
9:14 あなたの<救い>に歓声をあげましょ
12: 5 彼を，その求める<救い>に入れよう.
13: 5 私の心は…<救い>を喜びます.
14: 7 イスラエルの<救い>がシオンから来
18:50 主は，王に<救い>を増し加え，油そ
21: 1 <御救い>をどんなに楽しむことでし
5 <御救い>によって彼の栄光は，大き
24: 5 その<救い>の神から義を受ける.
27: 1 主は，私の光，私の<救い>．だれを
28: 8 <救い>のとりで.
32: 7 <救い>の歓声で，私を取り囲まれま
33:17 その大きな力も<救い>にならない.
35: 3 「わたしがあなたの<救い>だ」と.
9 <御救い>の中にあって楽しむことで
37:39 正しい者の<救い>は，主から来る.
40:10 あなたの真実と…<救い>を告げまし
42: 5 ほめたたえる．御顔の<救い>を.
11 神を待ち望め…私の顔の<救い>，私
43: 5 私の顔の<救い>，私の神を.
50:23 わたしは神の<救い>を見せよう.」
51:12 あなたの<救い>の喜びを，私に返し,
14 私の<救い>の神よ．血の罪から私を
53: 6 イスラエルの<救い>がシオンから来
60:11 人の<救い>はむなしいものです.
62: 1 私の<救い>は神から来る.
2 神こそ，わが岩．わが<救い>．わが
やぐら．私は決してゆるがさ．6.
7 私の<救い>…は，神にかかっている.
67: 2 御<救い>が…国々の間に知られるた
68:19 私たちの<救い>であられる神.
20 神は私たちにとって<救い>の神．死
69:29 <御救い>が私を高く上げてくださる
70: 4 あなたの<救い>を愛する人たちが,
74:12 地上のただ中で，<救い>のわざを行
78:22 <御救い>に信頼しなかったからであ
88: 1 主，私の<救い>の神．私は昼は，叫
89:26 わが神，わが<救い>の岩』と.
91:16 わたしの<救い>を彼に見せよう.
95: 1 われらの<救い>の岩に向かって，喜
96: 2 <御救い>の良い知らせを告げよ.
98: 2 主は<御救い>を知らしめ，その義を
3 われらの神の<救い>を見ている.
106: 4 あなたの<御救い>のとき，私を顧み
108:12 人の<救い>はむなしいものです.
116:13 私は<救い>の杯をかかげ，主の御名
118:14 主は，私の<救い>となられた.
15 喜びと<救い>の声は，正しい者の幕
21 私の<救い>となられたからです.
119:81 あなたの<救い>を慕って絶え入るば
123 私の目は，あなたの<救い>と，あな
155 <救い>は悪者から遠くかけ離れてい
166 あなたの<救い>を待ち望んでいます.
174 あなたの<救い>を慕っています．主
132:16 その祭司らに<救い>を着せよう．そ
140: 7 神，わが<救い>の力よ．あなたは私
144:10 神は王たちに<救い>を与え，神のし
146: 3 <救い>のない人間の子に.
149: 4 <救い>をもって貧しい者を飾られる
箴言 11:14 多くの助言者によって<救い>を得る.
21 正しい者のすえは<救いを得る>.
21:31 しかし<救い>は主による.
イザ 12: 2 見よ．神は私の<救い>…私のために
<救い>となられた.
3 <救い>の泉から水を汲む.
17:10 <救い>の神を忘れて…力の岩を覚え
25: 9 <救い>を待ち望んだ私たちの神…そ
の<御救い>を楽しみ喜ぼう.」
26:18 私たちは<救い>を地にもたらさず,
33: 2 私たちの<救い>となってください.
6 知恵と知識とが，<救い>の富である.
45: 8 地よ．開いて<救い>を実らせよ．正
17 主によって救われ，永遠の<救い>に
46:13 わたしの<救い>は遅れることがない.
49: 6 地の果てにまでわたしの<救い>をも

8 <救い>の日にあなたを助けた．わた
51: 6 わたしの<救い>はとこしえに続き，
8 わたしの<救い>は代々にわたるから
52: 7 <救い>を告げ知らせ，「あなたの神
10 私たちの神の<救い>を見る．
56: 1 わたしの<救い>が来るのは近く，わ
59:11 <救い>を待ち望むが…遠く離れてい
16 御腕で<救い>をもたらし，ご自分の
17 <救い>のかぶとを頭にかぶり，復讐
60:18 あなたの城壁を<救い>と呼び，あな
61:10 主がわたしに，<救い>の衣を着せ，
62: 1 その<救い>が，たいまつのように燃
11 見よ．あなたの<救い>が来る．見よ．
63: 5 わたしの腕で<救い>をもたらし，わ
エレ 3:23 主に，イスラエルの<救い>がありま
哀歌 3:26 主の<救い>を黙って待つのは良い．
4:17 <救い>をもたらさない国の来るのを
ヨナ 2: 9 <救い>は主のものです．」
ミカ 7: 7 私の<救い>の神を待ち望む．私の神
ハバ 3: 8 <救い>の戦車に乗って来られます．
18 私の<救い>の神にあって喜ぼう．
ゼパ 3:17 主は…<救い>の勇士だ．主は喜びを
ゼカ 9: 9 正しい方で，<救い>を賜り，柔和で，
ルカ 1:69 <救い>の角を，われらのために，し
71 この<救い>は…われらを憎む者の手
からの<救い>である．
77 <救い>の知識を与えるためである．
2:30 私の目が…<御救い>を見たからです．
3: 6 神の<救い>を見るようになる．』」
19: 9 きょう，<救い>がこの家に来ました．
ヨハ 4:22 <救い>はユダヤ人から出るのですか
使徒 4:12 だれによっても<救い>はありません．
7:25 <救い>を与えようとしておられるこ
13:26 この<救い>のことばは，私たちに送
47 地の果てまでも<救い>をもたらすた
16:17 <救い>の道を…宣べ伝えている人た
28:28 この<救い>は，異邦人に送られまし
ロマ 1:16 福音は…<救い>を得させる神の力で
5:10 いのちによって<救い>にあずかるの
11:11 違反によって，<救い>が異邦人に及
13:11 今は<救い>が…もっと近づいている
Ⅰコリ 1:18 <救い>を受ける私たちには，神の力
Ⅱコリ 1: 6 それは…慰めと<救い>のためです．
6: 2 <救い>の日にあなたを助けた…確か
に，今は恵みの時…<救い>の日です．
7:10 <救い>に至る悔い改めを生じさせま
エペ 1:13 <救い>の福音を聞き，またそれを信
6:17 <救い>のかぶとをかぶり，また御霊
ピリ 1:19 このことが私の<救い>となることを
28 …にとっては<救い>のしるしです．
2:12 自分の<救い>の達成に努めなさい．
Ⅰテサ 2:16 異邦人の<救い>のために語るのを妨
5: 8 <救い>の望みをかぶととしてかぶっ
9 キリストにあって<救い>を得るよう
Ⅱテサ 2:13 初めから<救い>にお選びになったか
Ⅰテモ 1: 4 信仰による神の<救い>のご計画の実
Ⅱテモ 2:10 キリスト・イエスにある<救い>と，
3:15 <救い>を受けさせることができるの
ヘブ 1:14 御使いは…<救い>の相続者となる人
2: 3 すばらしい<救い>をないがしろにし
た場合…この<救い>は最初主によっ
10 彼らの<救い>の創始者を，多くの苦
5: 9 とこしえの<救い>を与える者となり，
6: 9 それは<救い>につながることです．
9:28 人々の<救い>のために来られるので
11: 7 家族の<救い>のために箱舟を造り，
Ⅰペテ 1: 5 <救い>をいただくのです．
9 たましいの<救い>を得ているからで
10 この<救い>については…預言者たち
2: 2 成長し，<救い>を得るためです．
Ⅱペテ 3:15 主の忍耐は<救い>であると考えなさ
ユダ 3 <救い>について手紙を書こうとして
黙示 7:10 <救い>は，御座にある私たちの神に
12:10 神の<救い>と力と国と，また，神の
19: 1 <救い>，栄光，力は，われらの神の

▼ すくいだす（救い出す）

創世 32:11 エサウの手から…<救い出>してくだ
37:21 彼を<救い出>そうとして，「あの子
22 ヨセフを彼らの手から<救い出>し，
出エ 2:19 羊飼いたちの手から<救い出>してく
3: 8 エジプトの手から<救い出>し，その
5:23 民を少しも<救い出>そうとはなさい
6: 6 労役から<救い出す>．伸ばした腕と
18: 8 主が…<救い出>された次第を語った．
9 エジプトの手から<救い出>してくだ
10 パロの手から<救い出>し…エジプト
の支配から<救い出>されました．
民数 35:25 殺人者を…<救い出>し，会衆は彼を
申命 23:14 主が，あなたを<救い出>し，敵をあ
32:39 わたしの手から<救い出>せる者はい

ヨシ 2:13 いのちを死から<救い出>してくださ
22:31 主の手から<救い出>したのだ．」
24:10 彼の手から<救い出>した．
士師 8:34 自分たちを<救い出>した彼らの神，
10:15 きょう，私たちを<救い出>してくだ
18:28 <救い出す>者がいなかった．その町
Iサム 4: 8 だれがこの力ある神々の手から，わ
れわれを<救い出>してくれよう．こ
7: 3 ペリシテ人の手から<救い出>されま
10:18 王国の手から，<救い出>した．』
12:10 敵の手から<救い出>してください．
11 <救い出>してくださった．それであ
21 <救い出す>こともできないむなしい
14:48 略奪者の手から<救い出>した．
17:35 その口から羊を<救い出>します．そ
37 熊の爪から私を<救い出>してくださ
った主は，あのペリシテ人の手から
も私を<救い出>してくださいます．
26:24 苦しみから…<救い出>してください
30: 8 必ず<救い出す>ことができる．」
IIサム 4: 9 苦難から<救い出>してくださった主
12: 7 サウルの手から…<救い出>した．
19: 9 王は敵…から…<救い出>してくださ
22: 1 彼を<救い出>された日に，ダビデは
18 憎む者とから私を<救い出>された．
49 暴虐の者から私を<救い出>されます．
I列 1:29 苦難から<救い出>してくださった主
II列 17:39 敵の手から…<救い出>される．」
18:29 私の手から<救い出す>ことはできな
30 主は必ずわれわれを<救い出>してく
32 主が…<救い出>してくださると言っ
33 神々が，だれか…アッシリヤの王の
手から<救い出>しただろうか．
34 サマリヤを…<救い出>したか．
35 だれが…<救い出>しただろうか．主
がエルサレムを…<救い出す>とでも
19:11 おまえは<救い出>されるというのか．
12 神々は彼らを<救い出>したのか．
20: 6 あなたとこの町を<救い出>し，わた
I歴 16:35 私たちを<救い出>してください．あ
II歴 25:15 <救い出す>こともできないような神
32:11 アッシリヤ…から…<救い出>される
13 私の手から<救い出す>ことができた
14 どの神が…<救い出す>ことができた
か…<救い出す>ことができるという
15 <救い出す>ことはできない．まして，
17 民を<救い出>さなかった…神々…ヒ
ゼキヤの神も…<救い出>せない．」
エズ 8:31 私たちを<救い出>してくださった．
ネヘ 9:28 彼らを<救い出>されました．
ヨブ 5: 4 彼らを<救い出す>者もいない．
19 あなたを<救い出>し，七つ目のわざ
6:23 敵の手から私を<救い出>せ．横暴な
10: 7 あなたの手から<救い出>せる者はい
詩篇 7: 1 私を<救い出>してください．
2 <救い出す>者がいない間に彼らが獅
18題目 彼を<救い出>された日に，この歌の
18:17 憎む者とから私を<救い出>された．
48 暴虐の者から私を<救い出>されます．
22: 8 彼に<救い出>させよ．彼のお気に入
20 たましいを，剣から<救い出>してく
25:20 私を<救い出>してください．私が恥
31: 2 早く私を<救い出>してください．私
15 追い迫る者…から，<救い出>してく
33:16 …ことによっては<救い出>されない．
19 たましいを死から<救い出>し，きき
34: 4 恐怖から<救い出>してくださった．
17 苦しみから<救い出>される．
19 主は…彼を<救い出>される．
35:10 悩む者を…<救い出す>方．そうです．
40:13 私を<救い出>してください…急いで
50:22 <救い出す>者もいなくなろう．
51:14 血の罪から私を<救い出>してくださ
54: 7 苦難から私を<救い出>し，私の目が
56:13 つまずきから，<救い出>してくださ
59: 1 私を敵から<救い出>してください．
2 私を<救い出>してください．血を流
69:14 私を泥沼から<救い出>し…大水の底
から，私が<救い出>されるようにし
70: 1 神よ．私を<救い出>してください．
71: 2 義によって，私を<救い出>し，私を
11 <救い出す>者はいないから．」
72:12 悩む者を<救い出す>からです．
79: 9 御名のために…<救い出>し，私たち
82: 4 悪者どもの手から<救い出>せ．
86:13 よみの深みから<救い出>してくださ
89:48 よみの力から<救い出>せましょう．
91: 3 疫病から…<救い出>されるからであ
97:10 悪者ども…から…<救い出>される．
106:43 幾たびとなく彼らを<救い出>された

107: 6 苦悩から<救い出>された.
109:21 私を<救い出>してください.
116: 8 つまずきから,<救い出>されました.
119:170 私を<救い出>してください.
120: 2 欺きの舌から,<救い出>してくださ
136:24 敵から<救い出>された. その恵みは
142: 6 迫害する者から<救い出>してくださ
143: 9 私を敵から<救い出>してください.
144: 7 私を解き放し,<救い出>してくださ
11 外国人の手から…<救い出>してくだ
箴言 2:12 悪の道から…<救い出>し, ねじれごとを言う者から…<救い出す>.
6: 3 自分を<救い出す>がよい. あなたは
5 自分を<救い出>せ.
10: 2 正義は人を死から<救い出す>. 11:4.
11: 6 その正しさによって<救い出>され,
8 苦しみから<救い出>され, 彼に代わ
12: 6 正しい者の口は…<救い出す>.
14:25 証人は…いのちを<救い出す>. 欺く
19:19 たとい彼を<救い出>しても, ただ,
24:11 殺されようとする者を<救い出>し,
イザ 5:29 救おうとしても<救い出す>者がいな
19:20 彼らを<救い出す>救い主を送られる.
31: 5 これを守って<救い出>し…解放する.
36:14 おまえたちを<救い出す>ことはでき
15 主は必ずわれわれを<救い出>してく
18 <救い出>してくださると言っているのに…王の手から<救い出>しただろ
19 サマリヤを…<救い出>したか.
20 私の手から<救い出>しただろうか…<救い出す>とでもいうのか.」
37:11 おまえは<救い出>されるというのか.
12 神々が彼らを<救い出>したのか.
38: 6 あなたとこの町を<救い出>し, この
43:13 わたしの手から<救い出>せる者はな
44:20 自分を<救い出す>ことができず,
46: 4 わたしは背負って,<救い出>そう.
47:14 炎の手から<救い出す>こともできな
50: 2 <救い出す>力がないと言うのか. 見
エレ 1: 8 あなたを<救い出す>からだ. ――主の御告げ――」19.
15:21 悪人どもの手から<救い出>し, 横暴
20:13 貧しい者のいのちを…<救い出>され
21:12 しいたげる者の手から<救い出>せ. さもないと, あなたがた. 22:3.
39:17 わたしはあなたを<救い出す>. ――
42:11 あなたがたを<救い出す>からだ.
哀歌 5: 8 だれも…<救い出>してくれません.
エゼ 7:19 怒りの日に…<救い出す>ことはでき
13:21 あなたがたの手から<救い出す>. わなにかかった者たちは. 23.
14:14 自分たちのいのちを<救い出す>だけ
16 息子も娘も<救い出す>ことができない…彼ら…だけが<救い出>され, そ
18 息子も娘も<救い出す>ことができない…彼ら…が<救い出>される.
20 娘も<救い出す>ことができない…自分たちのいのちを<救い出す>だけだ.
34:10 わたしの羊を<救い出>し, 彼らのえ
12 すべての所から<救い出>して, 世話
27 …者たちの手から<救い出す>とき,
ダニ 3:15 どの神が…<救い出>せよう.」
8: 4 その手から<救い出す>ことのできる
7 雄やぎの手から<救い出す>ものは,
ホセ 2:10 わたしの手から<救い出>せる者はい
アモ 3:12 長いすから<救い出>される.」
ゼパ 1:18 怒りの日に彼らを<救い出>せない.
ゼカ 11: 6 彼らの手からこれを<救い出>さない.
ルカ 1:74-75 敵の手から<救い出>し, われらの生
使徒 7:10 患難から彼を<救い出>し, エジプト
34 彼らを<救い出す>ために下って来た.
12:11 災いから…<救い出>してくださった
17 どのようにして牢から<救い出>して
26:17 あなたを<救い出>し, 彼らのところ
ロマ 7:24 私を<救い出>してくれるのでしょう
15:31 不信仰な人々から<救い出>され, ま
IIコリ 1:10 私たちを<救い出>し…将来も<救い出>し…なおも<救い出>してくださ
ガラ 1: 4 悪の世界から…<救い出>そうとして,
コロ 1:13 暗やみの圧制から<救い出>して, 愛
Iテサ 1:10 御怒りから…<救い出>してくださる
IIテサ 3: 2 悪人どもの手から<救い出>されます
IIテモ 3:11 いっさい…から私を<救い出>してく
ヤコ 5:20 たましいを死から<救い出>し, また
IIペテ 2: 7 義人ロトを<救い出>されました.
9 誘惑から<救い出>し, 不義な者ども
ユダ 5 エジプトの地から<救い出>し, 次に

▼ すくいて (救い手)

II列 13: 5 主が…ひとりの<救い手>を与えられ

▼すくいぬし（救い主）
Ⅱサム 22: 2 主はわが巌，わがとりで，わが<救
い主>．詩篇18:2.
3 私を暴虐から救う私の<救い主>，私
詩 106:21 自分たちの<救い主>である神を忘れ
イザ 19:20 彼らを救い出す<救い主>を送られる．
43: 3 あなたの<救い主>であるからだ．わ
11 わたしのほかに<救い主>はいない．
45:15 イスラエルの神，<救い主>よ．まこ
21 正義の神，<救い主>，わたしをおい
49:26 わたしが主，あなたの<救い主>，あ
63: 8 主は彼らの<救い主>になられた．
エレ 14: 8 苦難の時の<救い主>よ．なぜあなた
ルカ 1:47 わが霊は，わが<救い主>なる神を喜
2:11 ダビデの町で…<救い主>がお生まれ
3:15 民衆は<救い主>を待ち望んでおり，
ヨハ 4:42 この方が…世の<救い主>だと知って
使徒 5:31 イエスを君とし，<救い主>として，
13:23 イスラエルに<救い主>イエスをお送
エペ 5:23 ご自身がそのからだの<救い主>であ
ピリ 3:20 キリストが<救い主>としておいでに
Ⅰテモ 1: 1 私たちの<救い主>なる神と私たちの
2: 3 <救い主>である神の御前において良
4:10 <救い主>である，生ける神に望みを
Ⅱテモ 1:10 <救い主>…イエスの現れによって明
テト 1: 3 宣教を…<救い主>なる神の命令によ
4 <救い主>なるキリスト・イエスから
2:10 <救い主>である神の教えを飾るよう
13 <救い主>である…イエスの栄光ある
3: 4 <救い主>なる神のいつくしみと人へ
6 聖霊を…<救い主>なるイエス・キリ
Ⅱペテ 1: 1 神であり<救い主>であるイエス・キ
11 主であり<救い主>であるイエス・キ
2:20 <救い主>であるイエス…を知ること
3: 2 <救い主>である方の命令とを思い起
18 <救い主>であるイエス…の恵みと知
Ⅰヨハ 4:14 御子を世の<救い主>として遣わされ
ユダ 25 <救い主>である唯一の神に，栄光，

▼すくう（救う）【別項】救い出す
創世 19:19 私のいのちを<救>って大きな恵みを
32:30 私のいのちは<救>われた」という意
出エ 2:17 彼女たちを<救い>，その羊の群れに
12:27 私たちの家々を<救>ってくださった
14:30 エジプトの手から<救>われた．イス
18: 4 パロの剣から私を<救>われた」とい
民数 10: 9 敵から<救>われるためである．
申命 22:27 <救う>者がいなかったからである．
25:11 打つ者の手から<救>おうとして，そ
28:29 あなたを<救う>者はいない．
31 羊が…渡されても…<救う>者はいな
33:29 主に<救>われた民．主はあなたを助
ヨシ 9:26 イスラエル人の手から<救>って，殺
10: 6 上って来て私たちを<救>い，助けて
22:22 きょう…私たちを<救>わないでくだ
士師 2:16 略奪する者の手から<救>われた．
18 敵の手から彼らを<救>われた．これ
3: 9 彼らを<救う>ひとりの救助者，カレ
31 彼もまたイスラエルを<救>った．
6:14 ミデヤン人の手から<救>え．わたし
15 どのようにして…<救う>ことができ
31 それとも，彼を<救>おうとするのか．
36 私の手で…<救>おうとされるなら，
37 私の手で…<救わ>れることが，私に
7: 2 自分の手で自分を<救>った』と言っ
7 300人で…あなたがたを<救>い，ミ
8:22 ミデヤン人の手から<救>ったのです
10: 1 イスラエルを<救う>ために，イッサ
12 彼らの手から<救>った．
13 これ以上あなたがたを<救>わない．
14 苦難の時には，彼らが<救う>がよい．
12: 2 私を彼らの手から<救>ってくれなか
3 私を<救>ってくれないことがわかっ
13: 5 ペリシテ人の手から<救>い始める．
Ⅰサム 4: 3 われわれを敵の手から<救>おう．」
7: 8 ペリシテ人の手から<救>ってくださ
9:16 ペリシテ人の手から<救う>であろう．
10:19 あなたがたを<救>ってくださる，あ
27 どうしてわれわれを<救>えよう」と
11: 3 私たちを<救う>者がいなければ，あ
13 主がイスラエルを<救>ってくださっ
14: 6 主がお<救>いになるのに妨げとなる
23 主はイスラエルを<救>い，戦いはベ
39 イスラエルを<救う>主は生きておら
45 民はヨナタンを<救>ったので，ヨナ
17:47 剣や槍を使わずに<救う>ことを知る
19:11 あなたのいのちを<救>わなければ，
23: 2 ケイラを<救>え．」
5 ダビデはケイラの住民を<救>った．
Ⅱサム 3:18 すべての敵の手から<救う>』と仰せ
10:11 おまえが私を<救>ってくれ…強かっ

たら，私がおまえを<救>いに行こう．
19 アモン人を<救>おうとはしなかった．
14: 4 「お<救>いください．王さま．」
19: 5 いのちを<救>ったあなたの家来たち
22: 3 私を暴虐から<救う>私の救い主，私
4 私は，敵から<救>われる．
28 あなたは，悩む民を<救>われますが，
42 叫んでも，<救う>者はなかった．主
23:12 これを<救>い，ペリシテ人を打ち殺
II列 6:26 「王さま．お<救>いください．」
27 主が…<救>われないのなら…私があ
なたを<救う>ことができようか．打
14:27 ヤロブアムによって…<救>われた．
16: 7 王の手から私を<救>ってください．
19:19 彼の手から<救>ってください．そう
34 この町を守って，これを<救>おう．
I歴 11:14 踏みとどまって，これを<救>い，ペ
16:35 神よ．私たちをお<救>いください．
19:12 私がおまえを<救>おう．
19 アモン人を<救>おうと思わなかった．
II歴 20: 9 あなたは聞いてお<救>いくださいま
32:22 ヒゼキヤと…住民とを<救>い，四方
ネヘ 9:27 彼らに<救う>者たちを与え，彼らを
敵の手から<救>ってくださいました．
ヨブ 5:15 神は…強い者の手から<救>われる．
20 ききんのときには死からあなたを
<救>い…剣の力から…<救う>．
22:29 神はへりくだる者を<救>われるから
30 神は罪ある者さえ<救う>．その人は
…のきよいことによって<救>われる．
26: 2 腕をどのようにして<救>ったのか．
33:24 彼を<救>って，よみの穴に下って行
40:14 あなたの右の手が…<救>えると．
詩篇 3: 7 私の神．私をお<救>いください．
6: 4 恵みのゆえに，私をお<救>いくださ
7: 1 私を<救>ってください．私を救い出
10 神は心の直ぐな人を<救>われる．
12: 1 主よ．お<救い>ください．聖徒はあ
17: 7 右の手に来る者を<救う>方．
18: 3 私は，敵から<救>われる．
27 悩む民をこそ<救>われますが，高ぶ
41 叫んでも，<救う>者はなかった．主
20: 6 油をそそがれた者を，お<救>いにな
9 主よ．王をお<救>いください．私た
22: 1 遠く離れて私をお<救>いにならない

21 私を<救>ってください．獅子の口か
28: 9 どうか，御民を<救>ってください．
31: 2 強いとりでとなって…<救>ってくだ
16 恵みによって私をお<救>いください．
33:16 …の多いことによっては<救>われな
34: 6 すべての苦しみから<救>われた．
18 霊の砕かれた者を<救>われる．
37:40 彼らを解き放ち…<救>われる．彼ら
44: 3 自分の腕が彼らを<救>ったのでもあ
6 私の剣も私を<救>いません．
7 敵から私たちを<救>い，私たちを憎
54: 1 御名によって，私をお<救>いくださ
55:16 主は私を<救>ってくださる．
57: 3 天からの送りで，私を<救>われます．
59: 2 血を流す者どもから…<救>ってくだ
60: 5 あなたの右の手で<救>ってください．
69: 1 神よ．私を<救>ってください．水が
35 神がシオンを<救>い，ユダの町々を
70: 5 あなたは私の助け，私を<救う>方．
71: 2 耳を…傾け，私をお<救>いください．
3 強いとりでとなって，私を<救>って
72: 4 貧しい者の子らを<救>い，しいたげ
13 貧しい者たちのいのちを<救>います．
76: 9 貧しい者たちを…<救う>ために，立
80: 2 私たちを<救う>ために来てください．
3 そうすれば，私たちは<救>われます．
7，19．
86: 2 あなたのしもべを<救>ってください．
16 はしための子をお<救>いください．
91:15 彼を<救>い彼に誉れを与えよう．
106: 8 御名のために彼らを<救>われた．そ
10 憎む者の手から彼らを<救>い，敵の
47 主よ．私たちをお<救>いください．
107:13 主は彼らを苦悩から<救>われた．19．
108: 6 あなたの右の手で<救>ってください．
109:26 恵みによって，私を<救>っててくだ
さ
31 主は…彼を<救>われるからです．
116: 6 おとしめられたとき，私をお<救>い
118:25 ああ，主よ．どうぞ<救>ってくださ
119:94 どうか私をお<救>いください．私は
117 そうすれば私は<救>われ，いつもあ
146 私をお<救>いください．私はあなた
138: 7 右の手が私を<救>ってくださいます．
144: 2 私のやぐら，私を<救う>方．私の盾

145:19 彼らの叫びを聞いて，<救>われる．
箴言 11: 9 知識によって彼らを<救>おうとする．
20:22 主があなたを<救>われる．
23:14 いのちをよみから<救う>ことができ
28:18 潔白な生活をする者は<救>われ，曲
26 知恵をもって歩む者は<救>われる．
伝道 8: 8 悪は悪の所有者を<救>いえない．
イザ 5:29 <救>おうとしても救い出す者がいな
20: 6 王の手から<救>ってもらおうと，助
26: 1 城壁と塁で…<救>ってくださる．
30:15 あなたがたは<救>われ，落ち着いて，
33:22 この方が私たちを<救>われる．
35: 4 神は来て…<救>われる．」
37:20 今…彼の手から<救>ってください．
35 この町を守って，これを<救>おう．
38:20 主は，私を<救>ってくださる．私た
43:12 このわたしが，告げ，<救>い，聞か
44:17 私を<救>ってください．あなたは私
45:17 イスラエルは主によって<救>われ，
20 <救>えもしない神に祈る者らは，何
22 わたしを仰ぎ見て<救>われよ．わた
46: 7 悩みから<救>ってもくれない．
47:13 あなたを<救>わせてみよ．
15 あなたを<救う>者はひとりもいない．
49:25 あなたの子らを…わたしが<救う>．
57:13 集めたものどもに…<救>わせよ．風
59: 1 主の御手が短くて<救>えないのでは
60:16 わたしが，あなたを<救う>主，あな
63: 1 正義を語り，<救う>に力強い者，そ
9 ご自身の使いが彼らを<救>った．そ
64: 5 それでも私たちは<救>われるでしょ
エレ 2:27 立って，私たちを<救>ってください
28 彼らが立って<救>えばよい．ユダよ．
4:14 <救>われるために，心を洗って悪を
7:10 私たちは<救>われている』と言う．
8:20 それなのに，私たちは<救>われない．
11:12 彼らを決して<救う>ことはできない．
14: 9 人を<救う>こともできない勇士のよ
15:20 あなたを<救>い…助け出すからだ．
17:14 私をお<救>いください．そうすれば，私は<救>われます．あなたこそ，私
23: 6 その日，ユダは<救>われ，イスラエ
30: 7 しかし彼はそれから<救>われる．
10 子孫を捕囚の地から，<救う>からだ．
11 あなたを<救う>からだ．わたしは，
31: 7 あなたの民を<救>ってください．イ
33:16 その日，ユダは<救>われ，エルサレ
42:11 彼の手からあなたがたを<救>い，彼
46:27 子孫を捕囚の地から，<救う>からだ．
48: 6 逃げて…いのちを<救>え．荒野の中
51: 6 それぞれ自分のいのちを<救>え．45．
エゼ 3:19 しかしあなたは自分のいのちを<救う>ことになる．21，33:5，9．
33:12 それは彼を<救う>ことはできない．
34:22 わたしはわたしの群れを<救>い，彼
36:29 すべての汚れから<救>い，穀物を呼
37:23 その滞在地から彼らを<救>い，彼ら
ダニ 3:28 拝まないこのしもべたちを<救>われ
6:14 王は…ダニエルを<救>おうと決心し，
16 神が，あなたをお<救>いになるよう
20 獅子から<救う>ことができたか．」
12: 1 …されている者はすべて<救>われる．
ホセ 1: 7 主によって彼らを<救う>…騎兵によって彼らを<救う>のではない．」
13: 4 わたしのほかに<救う>者はいない．
10 あなたを<救う>あなたの王は，すべ
14: 3 アッシリヤは私たちを<救>えません．
ヨエ 2:32 主の名を呼ぶ者はみな<救>われる．
アモ 2:14 勇士もいのちを<救う>ことができな
15 馬に乗る者もいのちを<救う>ことが
オバ 21 <救う>者たちは，エサウの山をさば
ミカ 4:10 そこであなたは<救>われる．そこで
5: 6 私たちをアッシリヤから<救う>．
ハバ 1: 2 あなたは<救>ってくださらないので
3:13 ご自分の民を<救う>ために出て来られ…油そそがれた者を<救う>ために
ゼパ 3:19 足のなえた者を<救>い，散らされた
ゼカ 8: 7 民を…日の入る地から<救>い，
13 あなたがたを<救>って，祝福となら
9:16 主の民の群れとして<救>われる．彼
10: 6 ヨセフの家を<救う>．わたしは彼ら
12: 7 初めに，ユダの天幕を<救>われる．
マタ 1:21 民をその罪から<救>ってくださる方
6:13 悪からお<救>いください．』〔国と力
10:22 耐え忍ぶ者は<救>われます．
16:25 いのちを<救>おうと思う者は…失い
18:11 失われている者を<救う>ために来た
19:25 だれが<救>われることができるので
24:13 耐え忍ぶ者は<救>われます．
22 ひとりとして<救>われる者はないで

27:40 神の子なら，自分を<救>ってみろ．
42 彼は他人を<救>ったが，自分は<救>
えない．イスラエルの王さまだ．今，
43 いま<救>っていただくがいい．『わ
マコ 3: 4 いのちを<救う>ことなのか，それと
8:35 いのちを<救>おうと思う者は…いの
ちを失う者はそれを<救う>のです．
10:26 だれが<救>われることができるのだ
52 信仰があなたを<救>ったのです．」
13:13 耐え忍ぶ人は<救>われます．
20 ひとりとして<救>われる者はないで
15:30 降りて来て，自分を<救>ってみろ．
31 他人は<救>ったが，自分は<救>えな
16:16 …を受ける者は，<救>われます．し
ルカ 6: 9 いのちを<救う>ことなのか，それと
7:50 信仰が，あなたを<救>ったのです．
8:12 信じて<救>われることのないように
36 悪霊につかれていた人の<救>われた
9:24 自分のいのちを<救>おうと思う者は
…失う者は，それを<救う>のです．
13:23 <救>われる者は少ないのですか」と
18:26 だれが<救>われることができるでし
19:10 失われた人を捜して<救う>ために来
23:35 他人を<救>った．もし…選ばれた者
なら，自分を<救>ってみろ．」
37 ユダヤ人の王なら，自分を<救>え．
39 自分と私たちを<救>え」と言った．
ヨハ 3:17 御子によって世が<救>われるためで
5:34 あなたがたが<救>われるために，そ
10: 9 わたしを通って入るなら，<救>われ
12:27 この時からわたしをお<救>いくださ
47 世を<救う>ために来たからです．
使徒 2:21 主の名を呼ぶ者は…<救>われる．』
40 曲がった時代から<救>われなさい．
47 主も毎日<救>われる人々を仲間に加
4:12 私たちが<救>われるべき名は人に与
11:14 すべての人を<救う>ことばを話して
15: 1 割礼を受けなければ…<救>われない
11 主イエスの恵みによって<救>われた
16:30 <救>われるためには，何をしなけれ
31 あなたの家族も<救>われます」と言
28: 1 こうして<救>われてから，私たちは
ロマ 5: 9 神の怒りから<救>われるのは，なお
8:24 この望みによって<救>われているの
9:27 <救>われるのは，残された者である．
10: 1 彼らの<救>われることです．
9 信じるなら…<救>われるからです．
10 口で告白して<救>われるのです．
13 …者は，だれでも<救>われる」ので
11:14 その中の幾人でも<救>おうと願って
26 イスラエルはみな<救>われる…<救
う>者がシオンから出て，ヤコブか
Ⅰコリ 1:21 信じる者を<救>おうと定められたの
5: 5 彼の霊が主の日に<救>われるためで
7:16 夫を<救>えるかどうかが…妻を<救>
えるかどうかが，どうしてわかりま
9:22 幾人かでも<救う>ためです．
10:33 私も，人々が<救>われるために，自
15: 2 この福音によって<救>われるのです．
Ⅱコリ 2:15 <救>われる人々の中でも，滅びる人
エペ 2: 5 <救>われたのは，ただ恵みによるの
8 信仰によって<救>われたのです．そ
Ⅱテサ 2:10 彼らは<救>われるために真理への愛
Ⅰテモ 1:15 罪人を<救う>ためにこの世に来られ
2: 4 神は，すべての人が<救>われて，真
15 子を産むことによって<救>われます．
4:16 教えを聞く人たちをも<救う>ことに
Ⅱテモ 1: 9 神は私たちを<救>い，また，聖なる
4:18 天の御国に<救>い入れてくださいま
テト 2:11 すべての人を<救う>神の恵みが現れ，
3: 5 私たちを<救>ってくださいました．
ヘブ 5: 7 自分を死から<救う>ことのできる方
7:25 近づく人々を，完全に<救う>ことが
ヤコ 1:21 みことばは…たましいを<救う>こと
2:14 その人を<救う>ことができるでしょ
4:12 その方は<救う>ことも滅ぼすことも
Ⅰペテ 3:20 水を通って<救>われたのです．
21 あなたがたを<救う>バプテスマをあ
4:18 義人がかろうじて<救>われるのだと
ユダ 23 火の中からつかみ出して<救>い，ま

▼ スクテヤじん（～人）
遊牧騎馬民族．コロ3:11．

▼ すくない（少ない）
出エ 12: 4 家族が羊１頭の分より<少ない>なら，
16:17 ある者は<少な>く集めた．
30:15 貧しい者もそれより<少な>く払って
申命 7: 7 国々の民のうちで最も数が<少な>か
33: 6 ルベン…その人数は<少な>くても．」
Ⅱ歴 29:34 祭司たちは，<少な>かったので，す
伝道 5: 2 だから，ことばを<少な>くせよ．

す

12: 3 粉ひき女たちは<少な>くなって仕事
マタ 9:37 収穫は多いが，働き手が<少ない>.
22:14 選ばれる者は<少ない>のです.」
24:22 その日数は<少な>くされます.
マコ 13:20 もし主がその日数を<少な>くしてく
ルカ 13:23 主よ．救われる者は<少ない>のです
使徒 17: 4 貴婦人たちも<少な>くなかった.

▼ すぐれる

創世 49: 3 <すぐれ>た威厳と<すぐれ>た力のあ
ネヘ 10:29 彼らの親類の<すぐれ>た人々にたよ
ヨブ 6:13 <すぐれ>た知性も私から追い散らさ
37:23 全能者は，力とさばきに<すぐれ>た
箴言 17: 7 <すぐれ>たことばは，しれ者にふさ
20:18 <すぐれ>た指揮のもとに戦いを交え
ダニ 5:12 ダニエルのうちに，<すぐれ>た霊と,
6: 3 ダニエルは…きわだって<すぐれ>て
アモ 6: 2 これらの王国より<すぐれ>ているだ
マタ 6:26 鳥よりも，もっと<すぐれ>たもので
10:31 たくさんの雀よりも<すぐれ>た者で
11:11 ヨハネより<すぐれ>た人は出ません
マコ 12:33 供え物よりも，ずっと<すぐれ>てい
ルカ 1:15 彼は主の御前に<すぐれ>た者となる
32 その子は<すぐれ>た者となり，いと
ロマ 3: 1 ユダヤ人の<すぐれ>たところは，い
Ⅰコリ 2: 1 <すぐれ>たことば，<すぐれ>た知恵
4: 7 あなたを<すぐれ>た者と認めるので
12:31 より<すぐれ>た賜物を熱心に求めな
13:13 その中で一番<すぐれ>ているのは愛
Ⅱコリ 3:10 さらに<すぐれ>た栄光のゆえに，栄
ピリ 1:10 真に<すぐれ>たものを見分けること
2: 3 互いに人を自分よりも<すぐれ>た者
ヘブ 1: 3 <すぐれ>て高い所の大能者の右の座
4 さらに<すぐれ>た御名を相続された
7: 1 <すぐれ>て高い神の祭司でしたが,
22 イエスは，さらに<すぐれ>た契約の
8: 6 キリストはさらに<すぐれ>た務めを
…さらに<すぐれ>た契約の仲介者で
9:23 さらに<すぐれ>たいけにえで，きよ
10:34 もっと<すぐれ>た，いつまでも残る
11: 4 カインよりも<すぐれ>たいけにえを
16 さらに<すぐれ>た故郷…天の故郷に
35 さらに<すぐれ>たよみがえりを得る
40 さらに<すぐれ>たものをあらかじめ

▼ スケワ〔人名〕

ユダヤ人の祭司長．使徒19:14.

▼ すこし（少し）

Ⅰサム 14:29 この蜜を<少し>味見しただけで.
Ⅰ列 17:12 つぼにほんの<少し>の油があるだけ
伝道 10: 1 <少し>の愚かさは，知恵や栄誉より
イザ 1: 9 <少し>の生き残りの者を私たちに残
28:10 ここに<少し>，あそこに<少し>』と.
エゼ 13:19 <少し>ばかりのパンのために，まや
ゼカ 1:15 わたしが<少し>しか怒らないでいる
マタ 6:27 自分のいのちを<少し>でも延ばすこ
15:34 それに，小さい魚が<少し>あります.
ルカ 7:47 <少し>しか赦されない者は，<少し>しか愛しません.』」
12:25 自分のいのちを<少し>でも延ばすこ
ヨハ 6: 7 めいめいが<少し>ずつ取るにしても,
Ⅱコリ 8:15 <少し>集めた者も足りないところが
9: 6 <少し>だけ蒔く者は，<少し>だけ刈
11: 1 私の<少し>ばかりの愚かさをこらえ
16 私も<少し>誇ってみせます.
黙示 2:14 あなたには<少し>ばかり非難すべき
3: 8 あなたには<少し>ばかりの力があっ

▼ すごす（過ごす）

創世 29:28 その婚礼の週を<過ご>した．それで
Ⅰ歴 29:30 諸王国が<過ご>した時代についてし
ミカ 2: 8 戦いをやめて安らかに<過ご>してい
ルカ 2:43 祭りの期間を<過ご>してから，帰路

▼ スコテ〔地名〕

(1)ヨルダン川東のガド族の地．創世33:17，ヨシ13:27，士師8:6，Ⅰ列7:46，詩篇60:6.
(2)出エジプト後の最初の宿営地．民数33:5，6.

▼ スコテ・ベノテ〔偶像〕

バビロニヤ偶像神の名．Ⅱ列17:30.

▼ すこやか（健やか）

詩篇 90:10 <健やか>であっても80年．しかも,
箴言 4:22 その全身を<健やか>にする.
15:30 良い知らせは人を<健やか>にする.
16:24 たましいに甘く，骨を<健やか>にす
ヨハ 7:23 安息日に人の全身を<すこやか>にし

▼ スザンナ〔人名〕

イエスに仕えた女性．ルカ8:3.

▼ スシ〔人名〕

カナンを探った斥候ガディの父．民数13:11.

▼ すじ（筋）

創世 30:37 それの白い<筋>の皮をはいで，その
49: 6 ほしいままに牛の足の<筋>を切った
ヨブ 10:11 骨と<筋>とで私を編まれたではあり

ヨブ 40:16　その強さは腹の<筋>にある．
エゼ 37: 6　わたしがおまえたちに<筋>をつけ，

▼ ズジムじん（～人）
ヨルダン川東岸のハムの住人．創世14:5.

▼ ずじょう（頭上）
Ｉサム 25:39　主はナバルの悪を…<頭上>に返され
Ｉ列 8:32　報いとして，その<頭上>に悪を下し，
エレ 23:19　悪者の<頭上>にうずを巻く．
エゼ 9:10　彼らの<頭上>に彼らの行いを返す．
33: 4　その血の責任はその者の<頭上>に帰
オバ 15　報いは，あなたの<頭上>に返る．

▼ すす
出エ 9: 8　かまどの<すす>を両手いっぱいに取
哀歌 4: 8　彼らの顔は，<すす>よりも黒くなり，

▼ すず（鈴）
出エ 28:33　その回りのざくろの間に金の<鈴>を
ゼカ 14:20　その日，馬の<鈴>の上には，「主へ

▼ すずかけ
創世 30:37　ヤコブは…<すずかけ>の木の若枝を
イザ 41:19　<すずかけ>，檜も共に植える．

▼ すすぎきよめる（～清める）
Ⅱ歴 4: 6　その中で<すすぎ清め>た．海は祭司
イザ 4: 4　エルサレムの血を…<すすぎ清める>
エゼ 40:38　全焼のいけにえを<すすぎ清める>所

▼ すすぐ【別項】すすぎ清める
Ｉサム 17:26　イスラエルのそしりを<すすぐ>者に

▼ すすむ（進む）
創世 32:16　私の先に<進>め．群れと群れとの間
33: 3　彼らの先に立って<進>んだ．彼は，
14　しもべより…先に<進>んで行ってく
出エ 13:21　彼らが昼も夜も<進>んで行くためで
民数 1:51　幕屋が<進む>ときはレビ人がそれを
2:34　父祖の家ごとに<進>んだ．
4: 5　宿営が<進む>ときは，アロンとその
22:26　主の使いは，さらに<進>んで，右に
34: 4　ツィンのほうに<進>み…に<進む>．
申命 2: 8　…からも離れて<進>んで行った…荒
野への道を<進>んで行った．
9: 3　主ご自身が…あなたの前に<進>まれ，
10:11　民の先頭に立って<進>め．そうすれ
ヨシ 3: 3　そのうしろを<進>まなければならな
4:12　先頭を隊を組んで<進>んだ．
13　主の前を<進>んで行った．
6: 7　「<進>んで行き，あの町のまわりを
回りなさい．武装した者たちは，主
の箱の前を<進>みなさい．」
8　角笛を持って主の前を<進>み…主の
契約の箱は，そのうしろを<進>んだ．
13　しんがりは主の箱のうしろを<進>ん
だ．彼らは<進>みながら角笛を吹き
10:29　…に<進>み．31, 34, 15:3, 6, 7,
10, 11, 16:2, 6, 18:18, 19, 19:13.
15: 4　アツモンに<進>んで，エジプト川に
18:13　ルズの南のほうの傾斜地に<進む>．
士師 5:21　私のたましいよ．力強く<進>め．
11:29　アモン人のところへ<進>んで行った．
32　アモン人のところに<進>んで行き，
12: 1　ツァフォンへ<進ん>だとき…<進>ん
で行ってアモン人と戦ったのか．
3　アモン人のところへ<進>んで行った．
18:13　エフライムの山地へと<進>み，ミカ
19:12　さあ，ギブアまで<進>もう．」
14　こうして，彼らは<進>んで行った．
Ｉサム 14: 7　さあ，お<進>みください．私もいっ
15:12　引き返して，<進>んで，ギルガルに
16: 8　サムエルの前に<進>ませた．サムエ
9　エッサイはシャマを<進>ませたが，
10　7人の息子を…<進>ませたが，サム
25:19　私の先を<進>みなさい．私はあなた
29: 2　千人隊を率いて<進>み，ダビデとそ
Ⅱサム 6:13　主の箱をかつぐ者たちが6歩<進>ん
15:18　家来は，王のかたわらを<進>み…が
みな，王の前を<進>んだ．
22　イタイは…連れて，<進>んだ．
23　この民がみな<進>んで行くとき，国
19:31　ヨルダン川まで<進>んで来た．
40　王はギルガルへ<進>み，キムハムも
…<進>んだ…イスラエルの民の半分
とが，王といっしょに<進>んだ．
20:13　みなヨアブのあとについて<進>み，
24:20　自分のほうに<進>んで来るのが見え
エズ 5: 8　工事は彼らの手で着々と<進>められ，
ネヘ 2:14　王の池のほうへ<進>んで行ったが，
詩篇 84: 7　彼らは，力から力へと<進>み，シオ
箴言 22: 3　わきまえのない者は<進>んで行って，
罰を受ける．27:12.
イザ 8: 8　押し流して<進>み，首にまで達する．
エレ 5:28　悪事に<進>み，さばきについては，
エゼ 1: 9　正面に向かってまっすぐ<進>んだ．
ヨエ 2: 7　それぞれ自分の道を<進>み，進路を

ミカ 2:13 門を打ち破って<進>んで行き…王は
彼らの前を<進>み，主が彼らの真っ
先に<進>まれる．
マタ 2: 9 東方で見た星が…<進>んで行き，そ
ルカ 2:52 イエスはますます知恵が<進>み，背
ガラ 1:14 はるかにユダヤ教に<進>んでおり，
5:25 御霊に導かれて，<進>もうではあり
ピリ 3:13 前のものに向かって<進>み，
16 …を基準として，<進む>べきです．
ヘブ 6: 1 成熟を目ざして<進>もうではありま

▼ すすめ（勧め），勧める

申命 20:10 まず降伏を<勧め>なさい．
使徒 2:40 救われなさい」と言って…<勧め>た．
13:43 恵みにとどまっているように<勧め>
14:22 信仰に…とどまるように<勧め>，
ロマ 12: 8 <勧め>をする人であれば<勧め>，分
Ｉコリ 4:16 私はあなたがたに<勧め>ます．どう
16:12 行くように，私は強く彼に<勧め>ま
IIコリ 2: 8 愛を確認することを…<勧め>ます．
9: 5 兄弟たちに<勧め>て，先にそちらに
エペ 4:17 言明し，おごそかに<勧め>ます．も
ピリ 4: 2 ユウオデヤに<勧め>，スントケに
<勧め>ます…主にあって一致してく
Ｉテサ 2: 3 私たちの<勧め>は，迷いや不純な心
12 神にふさわしく歩むように<勧め>を
IIテサ 3:12 キリストによって…<勧め>ます．静
Ｉテモ 4:13 聖書の朗読と<勧め>と教えとに専念
5: 2 若い女たちに…<勧め>なさい．
6: 2 これらのことを教え，また<勧め>な
IIテモ 4: 2 教えながら，責め，戒め…<勧め>な
テト 2: 6 思慮深くあるように<勧め>なさい．
15 権威をもって話し，<勧め>，また，
ヘブ 10:24 互いに<勧め>合って，愛と善行を促
13:22 このような<勧め>のことばを受けて
ユダ 3 あなたがたに<勧める>手紙を書く必

▼ すずめ（雀）

詩篇 84: 3 <雀>さえも，住みかを見つけました．
箴言 26: 2 逃げる<雀>のように，飛び去るつば
マタ 10:29 ２羽の<雀>は１アサリオンで売って
…そんな<雀>の１羽でも，あなたが
31 たくさんの<雀>よりもすぐれた者で
ルカ 12: 6 ５羽の<雀>は２アサリオンで売って

▼ すすんで（進んで）【別項】進んでささげるささげ物

出エ 25: 2 心から<進んで>ささげる人から，わ
35: 5 心から<進んで>ささげる者に，主へ
Ｉ歴 28:21 知恵のある，<進んで>事に当たるす
29: 5 みずから<進んで>その手にあふれる
エズ 7:13 自分から<進んで>エルサレムに上っ
ネヘ 11: 2 自分から<進んで>エルサレムに住も
マタ 11:14 あなたがたが<進んで>受け入れるな
ロマ 5: 7 情け深い人のためには，<進んで>死
IIコリ 8: 3 彼らは自ら<進んで>，力に応じ，い
17 自分から<進んで>あなたがたのとこ

▼ すすんでささげるささげもの（進んでささげるささげ物）

出エ 35:29 <進んでささげるささげ物>として主
レビ 7:16 <進んでささげるささげ物>であるな
22:18 <進んでささげるささげ物>として，
民数 15: 3 <進んでささげるささげ物>として，
申命 16:10 <進んでささげるささげ物>をあなた
II歴 35: 8 <進んでささげるささげ物>として贈
エズ 1: 4 <進んでささげるささげ物>のほか，
3: 5 <進んでささげるささげ物>を主にさ
8:28 主への<進んでささげるささげ物>で
詩篇 54: 6 私は，<進んでささげるささげ物>を
119:108 私の口の<進んでささげるささげ物>

▼ すそ

Ｉサム 15:27 サムエルの上着の<すそ>をつかんだ
24: 4 サウルの上着の<すそ>を…切り取っ
ネヘ 5:13 私の<すそ>を振って言った．「この
イザ 6: 1 その<すそ>は神殿に満ち，
エレ 2:34 あなたの<すそ>には，罪のない貧し
エゼ 16: 8 衣の<すそ>をあなたの上に広げ，あ
ナホ 3: 5 あなたの<すそ>を顔の上までまくり
ハガ 2:12 聖なる肉を自分の着物の<すそ>で運
ぶとき，その<すそ>がパンや煮物，

▼ スタキス〔人名〕

ローマのキリスト者．ロマ16:9.

▼ スタディオン〔度量衡〕

距離の単位．黙示14:20，21:16.

▼ スタテル〔貨幣〕

新約時代の銀貨．マタ17:27.

▼ すたれる

箴言 22: 8 彼の怒りの杖は<すたれる>．
Ｉコリ 13: 8 預言の賜物ならば<すたれ>ます．異
言ならば…知識ならば<すたれ>ます．
10 不完全なものは<すたれ>ます．

▼ ステパナ〔人名〕

コリントのキリスト者．Ｉコリ1:16，16:15,

17.

▼ステパノ〔人名〕

7人の執事の一人．初代教会最初の殉教者．使徒6:5，8，9，7:2，59，8:1，2，11:19，22:20．

▼すてる（捨てる）

創世 28:15 決してあなたを<捨て>ない．」
レビ 14:41 土は町の外の汚れた場所に<捨てる>．
申命 4:31 あなたを<捨て>ず，あなたを滅ぼさ
29:25 彼らと結ばれた契約を…<捨て>，
32:15 自分を造った神を<捨て>，自分の救
ヨシ 22:3 あなたがたの同胞を<捨て>ず，あな
24:16 私たちが主を<捨て>て，ほかの神々
士師 2:12 主を<捨て>て，ほかの神々，彼らの
Ⅰサム 8:8 わたしを<捨て>て，ほかの神々に仕
Ⅰ列 9:9 主を<捨て>て，ほかの神々にたより，
11:33 彼がわたしを<捨て>，シドン人の神
18:18 主の命令を<捨て>…バアルのあとに
Ⅱ列 21:14 民の残りの者を<捨て>去り，彼らを
22:17 わたしを<捨て>，ほかの神々に香を
Ⅱ歴 7:19 わたしの命令とを<捨て>去り，行っ
11:14 レビ人は…所有地を<捨て>て，ユダ
12:1 彼は主の律法を<捨て>去った．そし
13:10 私たちはこの方を<捨て>なかった．
エズ 9:10 私たちはあなたの命令を<捨て>たか
ヨブ 7:19 つばをのみこむ間も…<捨て>ておか
11:14 悪があれば，それを<捨て>，あなた
15:4 信仰を<捨て>，神に祈ることをやめ
20:13 これを惜しんで，<捨て>ず，その口
詩篇 15:4 神に<捨て>られた人を，その目はさ
16:10 私のたましいをよみに<捨て>おかず，
36:4 悪を<捨て>ようとしない．
53:5 神が彼らを<捨て>られたからだ．
78:59 イスラエルを全く<捨て>られた．
89:38 あなたは拒んでお<捨て>になりまし
118:22 家を建てる者たちの<捨て>た石．そ
119:87 あなたの戒めを<捨て>ませんでした．
138:8 御手のわざを<捨て>ないでください．
箴言 2:13 彼らはまっすぐな道を<捨て>，やみ
17 彼女は若いころの連れ合いを<捨て>，
3:3 恵みとまことを<捨て>てはならない．
4:2 私のおしえを<捨て>てはならない．
6:20 あなたの母の教えを<捨てる>な．
9:6 わきまえのないことを<捨て>て，生
10:17 叱責を<捨てる>者は迷い出る．
27:10 あなたの友…父の友を<捨てる>な．
28:13 告白して，それを<捨てる>者はあわ
イザ 1:4 彼らは主を<捨て>，イスラエルの聖
2:6 ヤコブの家を<捨て>られた．彼らが
10:14 <捨て>られた卵を集めるように，す
17:2 アロエルの町々は<捨て>られて，家
41:9 あなたを選んで，<捨て>なかった．」
54:6 夫に<捨て>られた，心に悲しみのあ
55:7 悪者はおのれの道を<捨て>，不法者
エレ 1:16 わたしを<捨て>て，ほかの神々にい
2:13 湧き水の泉であるわたしを<捨て>て，
17 あなたは主を<捨て>たので，このこ
5:19 わたしを<捨て>，あなたがたの国内
7:29 この世代の者を…退け，<捨て>たか
12:7 私は，私の家を<捨て>，私の相続地
14:5 雌鹿さえ，子を産んでも<捨てる>．
16:11 あなたがたの先祖がわたしを<捨て>，
17:13 あなたを<捨てる>者は，みな恥を見
22:9 主の契約を<捨て>，ほかの神々を拝
26:23 しかばねを共同墓地に<捨て>させた．
30:17 <捨て>られた女，だれも尋ねて来な
哀歌 5:20 私たちを長い間，<捨て>られるので
エゼ 14:6 偶像を<捨て>去り，すべての忌みき
ホセ 4:10 彼らは主を<捨て>て，姦淫を続ける
アモ 2:4 彼らが主のおしえを<捨て>，そのお
ゼカ 10:6 わたしに<捨て>られなかった者のよ
マタ 4:20 彼らはすぐに網を<捨て>て従った．
5:29 えぐり出して，<捨て>てしまいなさ
16:24 自分を<捨て>，自分の十字架を負い，マコ8:34，ルカ9:23．
19:27 何もかも<捨て>て，あなたに従って
マコ 1:18 彼らは網を<捨て>置いて従った．
8:31 人の子は…<捨て>られ，殺され，三
10:29 福音のために…畑を<捨て>た者で，
ルカ 5:11 何もかも<捨て>て，イエスに従った．
9:22 律法学者たちに<捨て>られ，殺され，
14:33 自分の財産全部を<捨て>ないでは，
17:25 この時代に<捨て>られなければなり
18:29 神の国のために…子どもを<捨て>た
ヨハ 6:37 来る者を，わたしは決して<捨て>ま
14:18 あなたがたを<捨て>て孤児にはしま
15:13 その友のためにいのちを<捨てる>と
使徒 2:27 たましいをハデスに<捨て>て置かず，
4:11 家を建てる者たちに<捨て>られた石
7:21 ついに<捨て>られたのをパロの娘が
14:15 むなしいことを<捨て>て，天と地と

ロマ 1:27 男も，女の自然な用を<捨て>て男ど
IIコリ 4: 2 恥ずべき隠された事を<捨て>，悪巧
ガラ 1: 4 罪のためにご自身をお<捨て>になり
2:20 ご自身をお<捨て>になった神の御子
エペ 4:25 偽りを<捨て>，おのおの隣人に対し
31 悪意とともに，みな<捨て>去りなさ
ピリ 2: 6 神のあり方を<捨て>られないとは考
3: 8 すべてのものを<捨て>て，それらを
コロ 3: 8 恥ずべきことばを，<捨て>てしまい
Iテモ 1:19 正しい良心を<捨て>て，信仰の破船
4: 4 <捨てる>べき物は何一つありません．
5:12 初めの誓いを<捨て>たという非難を
IIテモ 4:10 デマスは…私を<捨て>てテサロニケ
テト 2:12 不敬虔とこの世の欲とを<捨て>，こ
ヘブ 13: 5 あなたを離れず…あなたを<捨て>な
Iペテ 2: 1 すべての悪口を<捨て>て，
4 主は，人には<捨て>られたが，神の
Iヨハ 3:16 ご自分のいのちをお<捨て>になり…
兄弟のために，いのちを<捨てる>べ
黙示 2:13 わたしに対する信仰を<捨て>なかっ

▼ ストアは（〜派）
ギリシヤ哲学の一派．使徒17:18.

▼ すどおり（素通り）
創世 18: 3 しもべのところを<素通り>なさらな

▼ すな（砂）
創世 22:17 海辺の<砂>のように数多く増し加え
32:12 数えきれない海の<砂>のようにする
出エ 2:12 エジプト人を打ち殺し…<砂>の中に
申命 33:19 <砂>に隠されている宝とを，吸い取
ヨシ 11: 4 その人数は海辺の<砂>のように多く，
士師 7:12 らくだは，海辺の<砂>のように多く
ヨブ 6: 3 それは，きっと海の<砂>よりも重か
詩篇 78:27 翼のある鳥をも海辺の<砂>のように
箴言 27: 3 石は重く，<砂>も重い．しかし愚か
イザ 10:22 イスラエルが海辺の<砂>のようであ
48:19 あなたの子孫は<砂>のように，あな
エレ 5:22 わたしは<砂>を，海の境とした．越
ホセ 1:10 イスラエル人の数は，海の<砂>のよ
ナホ 1: 3 その足でかき立てられる<砂>ほこり．
ハバ 1: 9 彼らは<砂>のようにとりこを集める．
マタ 7:26 <砂>の上に自分の家を建てた愚かな
ロマ 9:27 海べの<砂>のようであっても，救わ
ヘブ 11:12 数えきれない<砂>のように数多い子

▼ すなお
マタ 10:16 鳩のように<すなお>でありなさい．
ヤコ 1:21 みことばを，<すなお>に受け入れな

▼ すなとかげ〔動物〕
汚れた動物の一つ．レビ11:30.

▼ すね
Iサム 17: 6 足には青銅の<すね>当て，背中には
ダニ 2:33 <すね>は鉄，足は一部が鉄，一部が
ヨハ 19:33 その<すね>を折らなかった．

▼ スパ〔地名〕
モアブの一地方．死海の東側．民数21:14.

▼ すはだ（素はだ）
マコ 14:51 <素はだ>に亜麻布を１枚まとったま

▼ すばらしい，すばらしさ
申命 6:10 大きくて，<すばらしい>町々，
士師 18: 9 その土地を見たが…<すばらしい>.
IIサム 1:26 女の愛にもまさって，<すばらし>か
II列 8: 4 エリシャが行った<すばらしい>こと
II歴 26:15 彼が<すばらしい>しかたで，助けを
詩篇 34: 8 主の<すばらしさ>を味わい，これを
45: 1 私の心は<すばらしい>ことばでわき
87: 3 神の都よ…<すばらしい>ことが語ら
イザ 12: 5 主は<すばらしい>ことをされた．こ
28:29 そのおもんぱかりは<すばらしい>.
マコ 7:37 なさったことは，みな<すばらしい>.
ルカ 6:35 受ける報いは<すばらし>く…いと高
9:33 ここにいることは，<すばらしい>こ
IIコリ 12: 7 その啓示があまりにも<すばらしい>
ピリ 3: 8 <すばらしさ>のゆえに，いっさいの
IIテサ 2:16 永遠の慰めと<すばらしい>望みとを
ヘブ 2: 3 こんなに<すばらしい>救いをないが
6: 5 神の<すばらしい>みことばと，後に
IIペテ 1: 4 <すばらしい>約束が私たちに与えら

▼ すばるざ（〜座）
ヨブ 9: 9 オリオン座，<すばる座>，それに，
38:31 <すばる座>の鎖を結びつけることが
アモ 5: 8 <すばる座>やオリオン座を造り，暗

▼ スフ〔地名〕
ヨルダン川東側の地．申命1:1.

▼ すべおさめる（統べ治める）
出エ 15:18 主はとこしえまでも<統べ治め>られ
詩篇 22:28 主は，国々を<統べ治め>ておられる．
47: 8 神は国々を<統べ治め>ておられる．
72: 8 地の果て果てに至るまで<統べ治め>
146:10 主は，とこしえまでも<統べ治め>ら
イザ 40:10 その御腕で<統べ治める>．見よ．そ

▼ すべて

創世 7: 4 わたしが造った<すべて>の生き物を
8:19 <すべて>の獣，<すべて>のはうもの，
出エ 35: 5 <すべて>，心から進んでささげる者
レビ 4:13 主がするなと命じた<すべて>のうち
民数 16:29 <すべて>の人が死ぬように死に，
<すべて>の人の会う運命に彼らも会
Ⅰ歴 29:14 <すべて>はあなたから出たのであり，
詩篇 33:15 彼らのわざの<すべて>を読み取る方．
103:19 その王国は<すべて>を統べ治める．
119:160 みことばの<すべて>はまことです．
145: 9 主は<すべて>のものにいつくしみ深
伝道 1: 2 空の空．<すべて>は空．
3:19 <すべて>はむなしいからだ．
12:13 結局のところ，もう<すべて>が聞か
イザ 3: 1 <すべて>頼みのパン，<すべて>頼み
43: 7 わたしの名で呼ばれる<すべて>の者
ダニ 2:12 バビロンの知者を<すべて>滅ぼせと
ヨエ 2:28 わたしの霊を<すべて>の人に注ぐ．
ナホ 1: 9 主は<すべて>を滅ぼし尽くす．仇は
マタ 11:27 <すべて>のものが，わたしの父から，
24:39 洪水が来て<すべて>の物をさらって
26:56 <すべて>こうなったのは，預言者た
28:20 命じておいた<すべて>のことを守る
マコ 4:11 <すべて>がたとえで言われるのです．
12:28 <すべて>の命令の中で，どれが一番
16:15 <すべて>の造られた者に，福音を宣
ヨハ 1: 3 <すべて>のものは，この方によって
3:31 上から来る方は，<すべて>のものの
使徒 17:26 ひとりの人から<すべて>の国の人々
ロマ 8:32 私たち<すべて>のために，ご自分の
10:16 <すべて>の人が福音に従ったのでは
11:32 <すべて>の人をあわれもうとして，
36 <すべて>のことが，神から発し，神
Ⅰコリ 6:12 <すべて>のことが私には許されたこ
8: 6 <すべて>のものはこの神から出てお
り…<すべて>のものはこの主によっ
9:19 <すべて>の人の奴隷となりました．
10:23 <すべて>のことは，してもよいので
す．しかし，<すべて>のことが有益
11:12 しかし，<すべて>は神から発してい
12:26 <すべて>の部分がともに苦しみ，も
15:28 神が，<すべて>において<すべて>と
Ⅱコリ 4:15 <すべて>のことはあなたがたのため
5:14 ひとりの人が<すべて>の人のために
死んだ以上，<すべて>の人が死んだ
18 これらのことは<すべて>，神から出
6:10 持たないようでも，<すべて>のもの
9:13 <すべて>の人々に惜しみなく与えて
ガラ 3:22 <すべて>の人を罪の下に閉じ込めま
エペ 4: 6 <すべて>のものの上にあり，<すべ
て>のものを貫き，<すべて>のもの
コロ 1:18 <すべて>のことにおいて，第１のも
3:11 キリストが<すべて>であり，<すべ
て>のうちにおられるのです．
Ⅰテサ 5:14 <すべて>の人に対して寛容でありな
Ⅰテモ 6:13 <すべて>のものにいのちを与える神
ユダ 15 <すべて>の者にさばきを行い，不敬
黙示 21: 5 わたしは，<すべて>を新しくする．」

▼ すべる

詩篇 35: 6 彼らの道を…<すべる>ようにし，主
73:18 彼らを<すべ>りやすい所に置き，彼
エレ 23:12 暗やみの中の<すべ>りやすい所のよ

▼ スペルトこむぎ（～小麦）

出エ 9:32 <スペルト小麦>は打ち倒されなかっ

▼ すまい（住まい），御住まい

出エ 15:13 聖なる<御住まい>に伴われた．
17 主よ．<御住まい>のためにあなたが
35: 3 安息の日には…<住まい>のどこでで
レビ 13:46 その<住まい>は宿営の外でなければ
26:11 わたしの<住まい>を建てよう．わた
申命 26:15 聖なる<住まい>の天から見おろして，
Ⅰ列 8:39 <御住まい>の所である天で聞いて，
Ⅰ歴 16:39 高き所にある主の<住まい>の前にお
Ⅱ歴 29: 6 その顔を主の<御住まい>からそむけ，
30:27 祈りは，主の聖なる<御住まい>，天
36:15 ご自分の<御住まい>をあわれまれた
ヨブ 8: 6 あなたの義の<住まい>を回復される．
18:15 硫黄が彼の<住まい>の上にまき散ら
詩篇 43: 3 聖なる山，あなたのお<住まい>に向
46: 4 聖なる<住まい>，神の都を喜ばせる．
49:11 その<住まい>は代々にまで及ぶと思
68: 5 聖なる<住まい>におられる神．
16 神がその<住まい>として望まれたあ
74: 7 御名の<住まい>を，その地まで汚し
78:60 シロの<御住まい>，人々の中にお建
84: 1 あなたのお<住まい>はなんと，慕わ
90: 1 代々にわたって私たちの<住まい>で
91: 9 いと高き方を，あなたの<住まい>と
箴言 3:33 正しい人の<住まい>は，主が祝福さ

イザ 32:18 民は，平和な<住まい>，安全な家，
33:20 あなたの目は，安らかな<住まい>，
54: 2 あなたの<住まい>の幕を惜しみなく
57:15 永遠の<住まい>に住み，その名を聖
63:15 輝かしい<御住まい>からご覧くださ
エレ 25:30 <御住まい>から声をあげられる．そ
30:18 その<住まい>をあわれもう．町はそ
33:12 牧者たちの<住まい>ができる．
51:30 その<住まい>は焼かれ，かんぬきは
エゼ 25: 4 あなたのうちに<住まい>を作り，あ
37:27 わたしの<住まい>は彼らとともにあ
ゼパ 3: 7 その<住まい>は断ち滅ぼされまい．
ゼカ 2:13 聖なる<住まい>から来られるからだ．
ルカ 16: 9 永遠の<住まい>に迎えるのです．
ヨハ 14: 2 父の家には，<住まい>がたくさんあ
使徒 1:20 彼の<住まい>は荒れ果てよ，そこに
7:46 ヤコブの神のために<御住まい>を得
Ⅱコリ 5: 2 天から与えられる<住まい>を着たい
エペ 2:22 御霊によって神の<御住まい>となる
黙示 18: 2 悪霊の<住まい>，あらゆる汚れた霊

▼すみ（炭），炭火

Ⅱサム 22:13 御前の輝きから，<炭火>が燃え上が
ヨブ 41:21 その息は<炭火>をおこし，その口か
詩篇 18: 8 <炭火>は主から燃え上がった．
120: 4 それに，えにしだの熱い<炭火>だ．
140:10 燃えている<炭火>が彼らの上にふり
箴言 25:22 彼の頭に燃える<炭火>を積むことに
イザ 6: 6 火ばさみで取った燃えさかる<炭>が
44:19 その<炭火>でパンを焼き，肉をあぶ
47:14 これは身を暖める<炭火>でもなく，
エゼ 10: 2 ケルビムの間の<炭火>をあなたの両
ヨハ 18:18 <炭火>をおこし，そこに立って暖ま
21: 9 そこに<炭火>とその上に載せた魚と，
ロマ 12:20 彼の頭に燃える<炭火>を積むことに

▼すみ（墨）

エレ 36:18 私が<墨>でこの巻き物に書きしるし
Ⅱコリ 3: 3 <墨>によってではなく，生ける神の
Ⅱヨハ 12 紙と<墨>でしたくはありません．あ
Ⅲヨハ 13 筆と<墨>でしたくはありません．

▼すみか（住みか）

ヨブ 17:13 よみを私の<住みか>として望み，や
詩 132:13 シオンを選び…ご自分の<住みか>と
箴言 8:12 わたしは分別を<住みか>とする．そ
イザ 34:13 ジャッカルの<住みか>，だちょうの
38:12 私の<住みか>は牧者の天幕のように
エレ 9:11 ジャッカルの<住みか>とする．ユダ
31:23 義の<住みか>，聖なる山よ．主があ
49:16 岩の<住みか>に住む者，丘の頂を占
33 ジャッカルの<住みか>．51:37.
ハバ 3:11 太陽と月はその<住みか>にとどまり

▼すみのいし（隅の石）

ヨブ 38: 6 その<隅の石>はだれが据えたか．
エレ 51:26 石を取って，<隅の石>とする者はな

▼すみのもん（隅の門）

ソロモン時代のエルサレムの北西端の門．Ⅱ列14:13，Ⅱ歴25:23，エレ31:38，ゼカ14:10.

▼すみやか

創世 41:32 神が<すみやか>にこれをなさるから
申命 32:35 来るべきことが，<すみやか>に来る
詩篇 79: 8 あなたのあわれみが，<すみやか>に，
147:15 そのことばは<すみやか>に走る．
イザ 16: 5 正義を<すみやか>に行う者が，ダビ
58: 8 あなたの傷は<すみやか>にいやされ
60:22 主が，<すみやか>にそれをする．
エレ 27:16 今<すみやか>にバビロンから持ち帰
ルカ 18: 8 神は，<すみやか>に…正しいさばき
ロマ 16:20 <すみやか>に，あなたがたの足でサ
Ⅱペテ 2: 1 自分たちの身に<すみやか>な滅びを

▼スミルナ〔地名〕

アジヤ州の海港都市．黙示1:11，2:8.

▼すむ（住む），住まう

創世 9:27 セムの天幕に<住ま>わせるように．
13: 6 その地は彼らがいっしょに<住む>の
12 ロトは低地の町々に<住>んで，ソド
14:12 ロトはソドムに<住>んでいた．
19:30 彼はツォアルに<住む>のを恐れたか
20:15 あなたの良いと思う所に<住>みなさ
34:22 私たちとともに<住>み，一つの民と
45:10 あなたはゴシェンの地に<住>み，私
49:13 ゼブルンは海辺に<住>み，そこは船
出エ 2:21 この人といっしょに<住む>ようにし
10:23 イスラエル人の<住む>所には光があ
16:35 人の<住>んでいる地に来るまで，40
23:33 彼らは，あなたの国に<住>んではな
25: 8 わたしは彼らの中に<住む>．
29:45 イスラエル人の間に<住>み…神とな
レビ 13:46 汚れているので，ひとりで<住>み，
23:42 7日間，仮庵に<住>まなければなら
43 彼らを仮庵に<住ま>わせたことを，
民数 14:30 あなたがたを<住ま>わせるとわたし

33:53 自分の所有とし，そこに<住>みなさ
申命 8:12 りっぱな家を建てて<住>み，
12:11 主が，御名を<住ま>わせるために選
18: 6 レビ人が，自分の<住>んでいたイス
25: 5 兄弟がいっしょに<住>んでいて，そ
30:20 誓われた地で，長く生きて<住む>.
33:12 彼が主の肩の間に<住む>かのように.
27 昔よりの神は，<住む>家．永遠の腕
ヨシ 15:63 エブス人は…エルサレムに<住>んで
24: 2 ユーフラテス川の向こうに<住>んで
ルツ 1:16 あなたの<住ま>れる所に私も<住>み
Ⅰサム 2:32 あなたはわたしの<住む>所で敵を見
Ⅱサム 7: 2 この私が杉材の家に<住>んでいるの
5 わたしの<住む>家を建てようとして
6 今日まで，家に<住>んだことはなく，
10 一つの場所を定め，民を<住>みつか
11:11 ユダも仮庵に<住>み，私の主人ヨア
Ⅰ列 6:13 イスラエルの子らのただ中に<住>み，
8:12 主は，暗やみの中に<住む>，と仰せ
13 あなたがとこしえにお<住>みになる
27 神ははたして地の上に<住ま>われる
17: 5 ケリテ川のほとりに行って<住>んだ.
Ⅱ列 25:24 この国に<住>んで，バビロンの王に
Ⅱ歴 6:18 神は…人間とともに地の上に<住ま>
26:21 ウジヤ王は…隔ての家に<住>んだ.
ネヘ 1: 9 わたしの名を<住ま>せるためにわた
8:17 仮庵を作り，その仮庵に<住>んだ.
ヨブ 4:19 泥の家に<住む>者はなおさらのこと
11:14 あなたの天幕に不正を<住ま>わせる
26: 5 死者の霊は，水とそこに<住む>もの
詩篇 9:11 シオンに<住まう>その方に．国々の
15: 1 だれが，あなたの聖なる山に<住む>
23: 6 いつまでも，主の家に<住ま>いまし
26: 8 あなたの栄光の<住まう>所を愛しま
27: 4 主の家に<住む>ことを．主の麗しさ
61: 4 あなたの幕屋に，いつまでも<住>み，
65: 4 あなたの大庭に<住む>その人は．私
8 地の果て果てに<住む>者もあなたの
68:16 主はとこしえに<住ま>われる.
69:36 御名を愛する者たちは…<住>みつこ
84: 4 あなたの家に<住む>人たちは．彼ら
91: 1 いと高き方の隠れ場に<住む>者は，
94:17 たましいは…沈黙のうちに<住>んだ
98: 7 世界と，その中に<住む>ものよ．鳴
101: 7 欺く者は，私の家の中には<住>みえ
107: 4 <住む>べき町へ行く道を見つけなか
36 そこに飢えた者を<住ま>わせる．彼
らは<住む>べき町を堅く建て，
135:21 エルサレムに<住む>方．ハレルヤ.
139: 9 暁の翼をかって，海の果てに<住>ん
140:13 直ぐな人はあなたの御前に<住む>で
143: 3 私を暗い所に<住ま>わせたからです.
箴言 1:33 聞き従う者は，安全に<住ま>い，わ
2:21 正直な人は地に<住>みつき，潔白な
10:30 悪者はこの地に<住>みつくことがで
21: 9 屋根の片隅に<住む>ほうがよい.
19 荒野に<住む>ほうがまだましだ.
イザ 6: 5 くちびるの汚れた民の間に<住>んで
9: 2 死の陰の地に<住>んでいた者たちの
10:24 シオンに<住む>わたしの民よ．アッ
13:20 そこには永久に<住む>者もなく，代
21 そこにはだちょうが<住>み，野やぎ
30:19 シオンの民，エルサレムに<住む>者.
32:16 義は果樹園に<住む>.
33: 5 主はいと高き方で，高い所に<住>み，
40:22 主は地をおおう天蓋の上に<住ま>わ
54: 3 荒れ果てた町々を人の<住む>所とす
57:15 へりくだった人とともに<住む>．へ
エレ 6: 8 おまえを<住む>人もない荒れ果てた
7: 7 あなたがたを<住ま>せよう.
17:25 この町はとこしえに人の<住む>所と
23: 6 イスラエルは安らかに<住む>．その
43: 5 ユダの国に<住む>ために帰っていた
50:39 代々にわたって，<住む>人はない.
エゼ 2: 6 あなたがさそりの中に<住>んでも，
26:17 海に<住む>者よ．おまえはどうして
31: 6 木陰には多くの国々がみな<住>んだ.
36:10 町々には人が<住>みつき，廃墟は建
37:14 あなたがたの地に<住>みつかせる.
47:10 漁師たちはそのほとりに<住>みつき，
ダニ 5:21 野ろばとともに<住>み，牛のように
ホセ 12: 9 再びあなたを天幕に<住ま>せよう.
14: 7 彼らは帰って来て，その陰に<住>み，
ヨエ 3:17 シオンに<住む>ことを知ろう．エル
20 ユダは永遠に人の<住む>所となり，
アモ 5:11 建てても，その中に<住>めない．美
オバ 3 岩の裂け目に<住>み，高い所を住ま
ハガ 1: 4 板張りの家に<住む>べき時であろう
ゼカ 2:10 あなたのただ中に<住む>．——主の
8: 8 エルサレムの中に<住ま>せる．この

9: 6 混血の民が<住む>ようになる．わた
マタ 2:23 ナザレという町に行って<住>んだ．
12:45 みな入り込んでそこに<住>みつくの
マコ 5: 3 この人は墓場に<住>みついており，
ルカ 21:35 その日は，全地の表に<住む>すべて
ヨハ 1:14 私たちの間に<住ま>われた．私たち
14:23 その人とともに<住>みます．
使徒 1:20 そこには<住む>者がいなくなれ.』
7:48 手で造った家にはお<住>みになりま
17:24 手でこしらえた宮などにはお<住>み
28:16 自分だけの家に<住む>ことが許され
30 自費で借りた家に<住>み，たずねて
ロマ 7:17 私のうちに<住>みついている罪なの
18 私の肉のうちに善が<住>んでいない
20 もはや…私のうちに<住む>罪です．
8:11 あなたがたのうちに<住>んでおられ
IIコリ 6:16 わたしは彼らの間に<住>み，また歩
エペ 3:17 心のうちに<住>んでいてくださいま
コロ 3:16 あなたがたのうちに豊かに<住ま>わ
Iテモ 6:16 光の中に<住ま>われ，人間がだれひ
ヘブ 11: 9 他国人のようにして<住>み，同じ約
IIペテ 2: 8 この義人は，彼らの間に<住>んでい
3:13 正義の<住む>新しい天と新しい地を
黙示 3:10 地上に<住む>者たちを試みるために，
8:13 わざわいが来る．地に<住む>人々に．
21: 3 神は彼らとともに<住>み，彼らはそ

▼ すりきれる（〜切れる）

申命 8: 4 40年の間，あなたの着物は<すり切れ>ず，あなたの足は．29:5.
詩 102:26 衣のように<すり切れ>ます．あなた

▼ する

創世 3:14 おまえが，こんな事を<し>たので，
17: 5 あなたを多くの国民の父と<する>か
レビ 4:13 主が<する>なと命じたすべてのうち
申命 29: 9 あなたがたの<する>ことがみな，栄
士師 13: 8 生まれて来る子に，何を<す>ればよ
Iサム 3:11 イスラエルに一つの事を<し>ようと
26:25 おまえは多くのことを<する>だろう
IIサム 13: 2 アムノンには，彼女に何か<する>と
19:38 あなたが，私に<し>てもらいたいことは何でも…<し>てあげましょう.」
24:10 私は，このようなことを<し>て…私はほんとうに愚かなことを<し>まし
II列 19:31 万軍の主の熱心がこれを<する>．
エズ 10:11 御旨にかなったことを<し>なさい．
ヨブ 1: 5 ヨブはいつもこのように<し>ていた．
詩篇 1: 3 その人は，何を<し>ても栄える．
箴言 16: 3 あなたの<し>ようとすることを主に
イザ 1:26 議官たちを昔のように<し>よう．そ
5: 5 わがぶどう畑に対して<する>ことを．
32: 8 高貴なことを，いつも<する>．
42:16 でこぼこの地を平らに<する>．これらのことをわたしが<し>て…見捨て
43:19 見よ．わたしは新しい事を<する>．
ホセ 6: 4 わたしはあなたに何を<し>ようか．
オバ 15 あなたが<し>たように，あなたにも
ハバ 1: 5 あなたがたの時代に<する>．それが
ゼカ 1: 6 私たちに<し>ようと考えられたとお
8:16 これが…<し>なければならないこと
マタ 7:12 自分に<し>てもらいたいことは，ほかの人にもそのように<し>なさい．
25:40 最も小さい者たちのひとりに<し>たのは，わたしに<し>たのです.』
ルカ 10:25 何を<し>たら永遠のいのちを自分の
11:42 これこそ<し>なければならないこと
23:15 死罪に当たることは，何一つ<し>て
ヨハ 5:19 子は，父が<し>ておられることを見て行う以外には，自分からは何事も
使徒 13:41 わたしはおまえたちの時代に一つのことを<する>．それは，おまえたち
22:10 あなたが<する>ように決められてい
ロマ 1:28 <し>てはならないことを<する>よう
7:15 自分の<し>ていることがわかりませ
Iコリ 9:23 私はすべてのことを，福音のために<し>ています．それは，私も福音の
10:31 何を<する>にも，ただ神の栄光を現
コロ 3:23 何を<する>にも，人に対してではな

▼ スルテス〔地名〕

アフリカ北岸の大きな入江．使徒27:17.

▼ するどい（鋭い）

詩篇 45: 5 あなたの矢は<鋭い>．国々の民はあ
52: 2 おまえの舌は…<鋭い>刃物のようだ．
57: 4 彼らの舌は<鋭い>剣です．
140: 3 蛇のように，その舌を<鋭>くし，そ
箴言 5: 4 もろ刃の剣のように<鋭い>．
25:18 偽りの証言をする人は…<鋭い>矢の
イザ 49: 2 主は私の口を<鋭い>剣のようにし，
ヘブ 4:12 神のことばは…両刃の剣よりも<鋭>
黙示 1:16 口からは<鋭い>両刃の剣が出ており，

▼ スルのもん（～門）
エルサレム神殿の門の一つ．Ⅱ列11:6.

▼ スロ・フェニキヤ〔地名〕
レバノン山脈と地中海との間の地．マコ7:26.

▼ すわる
創世 19: 1 ソドムの門のところに<すわ>ってい
21:16 それで，離れて<すわ>ったのである．
士師 21: 2 夕方まで神の前に<すわ>り，声をあ
Ⅰ列 22:19 私は主が御座に<すわ>り，天の万軍
Ⅱ列 19:27 あなたが<すわる>のも，出て行くの
エズ 9: 3 色を失って<すわ>ってしまった．
ネヘ 1: 4 <すわ>って泣き，数日の間，喪に服
ヨブ 2: 8 自分の身をかき…灰の中に<すわ>っ
29: 7 私の<すわる>所を広場に設けた．
詩篇 26: 4 不信実な人とともに<すわ>らず，偽
137: 1 私たちは<すわ>り，シオンを思い出
イザ 47: 1 バビロンの娘よ…ちりの上に<すわ>れ…王座のない地に<すわ>れ．もう
エレ 15:17 戯れる者…の集まりに<すわ>ったこ
ヨナ 4: 5 その陰の下に<すわ>っていた．
ミカ 4: 4 いちじくの木の下に<すわ>り，彼ら
ゼカ 5: 7 エパ枡の中にひとりの女が<すわ>っ
マタ 4:16 暗やみの中に<すわ>っていた民は偉
9: 9 収税所に<すわ>っているマタイとい
11:16 市場に<すわ>っている子どもたちの
14:19 群衆に命じて草の上に<すわ>らせ，マコ6:39.
15:29 山に登って，そこに<すわ>っておら
20:21 ひとりは左に<すわ>れるようにおこ
30 道ばたに<すわ>っていたふたりの盲
26:55 毎日，宮で<すわ>って教えていたの
58 役人たちといっしょに<すわ>った．
27:36 そこに<すわ>って，イエスの見張り
28: 2 主の使いが…その上に<すわ>ったか
マコ 5:15 正気に返って<すわ>っているのを見
10:46 盲人の物ごいが，道ばたに<すわ>っ
14:32 わたしが祈る間，ここに<すわ>って
ルカ 1:79 暗黒と死の陰に<すわる>者たちを照
10:13 灰の中に<すわ>って，悔い改めてい
39 主の足もとに<すわ>って，みことば
14: 8 上座に<すわ>ってはいけません．あ
28 まず<すわ>って，完成に十分な金が
22:56 ペテロの<すわ>っているのを見つけ，
使徒 3:10 美しの門」に<すわ>っていた男だと
8:31 馬車に乗っていっしょに<すわる>よ
ヤコ 2: 3 こちらの良い席にお<すわ>りなさい…私の足もとに<すわ>りなさい」と
黙示 17: 9 この女が<すわ>っている七つの山で，

▼ スントケ〔人名〕
ピリピの有力な婦人のキリスト者．ピリ4:2.

▼ すんぽう（寸法）
出エ 26: 2 幕はみな同じ<寸法>とする．
Ⅰ列 6:25 両方のケルビムは全く同じ<寸法>，
エゼ 43:13 キュビトによる祭壇の<寸法>は次の

せ

▼ せ（背），背中
出エ 23:27 敵があなたに<背>を見せるようにし
民数 13:32 そこで見た民はみな，<背>の高い者
22:27 ろばは…バラムを<背>にしたまま，
申命 1:28 民は私たちよりも大きくて<背>が高
ヨシ 7: 8 イスラエルが敵の前に<背>を見せた
Ⅰサム 15:11 わたしに<背>を向け，わたしのこと
16: 7 彼の容貌や，<背>の高さを見てはな
17: 4 ゴリヤテ…その<背>の高さは6キュ
Ⅱサム 22:41 敵が私に<背>を見せるようにされた
Ⅰ歴 20: 6 指が6本ずつ，24本ある<背>の高い
Ⅱ歴 29: 6 その顔を…そむけ，<背>を向けたか
ヨブ 20:25 それは彼の<背中>から出る．きらめ
41:15 その<背>は並んだ盾，封印したよう
詩篇 18:40 敵が私に<背>を見せるようにされた
129: 3 耕す者は私の<背>に鋤をあて，長い
箴言 10:13 思慮に欠けた者の<背>には杖がある．19:29，26:3.
雅歌 3:10 その支柱は銀，<背>は金，その座席
イザ 1: 4 聖なる方を侮り，<背>を向けて離れ
30: 6 彼らはその財宝をろばの<背>に載せ，
50: 6 打つ者に私の<背中>をまかせ，ひげ
51:23 あなたは<背中>を地面のようにし，
エレ 2:27 彼らはわたしに<背>を向けて，顔を
46:21 <背>を向けて共に逃げ，立ち止まろ
48:39 モアブは恥を見，<背>を見せたのか．
ダニ 7: 6 その<背>には四つの鳥の翼があり，

ルカ 19: 3 彼は…<背>が低かったので，群衆の
ロマ 11:10 その<背>はいつまでもかがんでおれ．

▼ セア〔度量衡〕

固体量の単位．創世18:6，Ⅰサム25:18，Ⅱ列7:1．

▼ せい（聖）【別項】聖なる

創世 2: 3 第７日目を…<聖>であるとされた．
出エ 15:11 だれがあなたのように，<聖>であっ
29:43 わたしの栄光によって<聖>とされる．
レビ 10: 3 わたしは自分の<聖>を現し，すべて
19:24 ４年目にはその実はすべて<聖>とな
21: 6 自分の神に対して<聖>でなければな
8 彼はあなたにとって<聖>でなければ
22:32 イスラエル人のうちで<聖>とされな
詩篇 22: 3 あなたは<聖>であられ，イスラエル
68:17 シナイが<聖>の中にあるように．
77:13 神よ．あなたの道は<聖>です．神の
89:35 わたしは…わが<聖>によって誓った．
99: 3 御名をほめたたえよ．主は<聖>であ
111: 9 主の御名は<聖>であり，おそれおお
イザ 4: 3 エルサレムに残った者は，<聖>と呼
29:23 名を<聖>とし…聖なる方を<聖>とし，
57:15 その名を<聖>ととなえられる方が，
アモ 4: 2 ご自分の<聖>にかけて誓われた．見
ヨハ 10:36 父が，<聖>であることを示して世に
ロマ 7:12 戒めも<聖>であり，正しく，また良
エペ 4:24 真理に基づく義と<聖>をもって神に
ヘブ 2:11 <聖>とする方も，<聖>とされる者た
Ⅰペテ 1:16 わたしが<聖>であるから，あなたがたも，<聖>でなければならない」と

▼ せい（精）

レビ 15:16 人が<精>を漏らしたときは…その人は夕方まで汚れる．17，32，22:4．
申命 23:10 夜，<精>を漏らして，身を汚した者

▼ ぜい（税）

Ⅱ列 23:35 この国に<税>を課さなければならな
マタ 17:25 世の王たちはだれから<税>や貢を取
ロマ 13: 7 <税>を納めなければならない人には

▼ せいい（誠意）

Ⅰサム 12:24 <誠意>をもって主に仕えなさい．主

▼ せいいき（聖域）

エゼ 41:12 西側の<聖域>にある建物は，その奥行が．13，14，15，42:1，10，13．

▼ せいかく（正確）

エス 4: 7 約束した<正確>な金額をも告げた．
ルカ 1: 4 事がらが<正確>な事実であることを，
使徒 18:25 イエスのことを<正確>に語り…教え

▼ せいかたい（聖歌隊）

ネヘ 12:31 二つの大きな<聖歌隊>を編成した．
40 二つの<聖歌隊>は神の宮でその位置

▼ せいかつ（生活）

出エ 1:14 過酷な労働で，彼らの<生活>を苦し
レビ 25:35 彼が<生活>できるようにしなさい．
36 兄弟があなたのもとで<生活>できる
箴言 19: 3 愚かさによってその<生活>を滅ぼす．
28:18 潔白な<生活>をする者は救われ，曲
使徒 23: 1 良心をもって，神の前に<生活>して
26: 4 若い時からの<生活>ぶりは，すべて
5 パリサイ人として<生活>してまいり
Ⅰコリ 7:35 秩序ある<生活>を送って，ひたすら
9:14 福音の働きから<生活>のささえを得
ガラ 2:14 ユダヤ人のようには<生活>せず，異邦人のように<生活>していたのに，
エペ 4:22 以前の<生活>について言うならば，
ピリ 1:27 福音にふさわしく<生活>しなさい．
Ⅰテモ 5: 6 自堕落な<生活>をしているやもめは，
テト 2:12 慎み深く，正しく，敬虔に<生活>し，
ヘブ 13: 7 彼らの<生活>の結末をよく見て，そ
Ⅰペテ 3: 7 わきまえて妻とともに<生活>し，い
Ⅱペテ 3: 3 自分たちの欲望に従って<生活>し，

▼ せいかつひ（生活費）

士師 17:10 毎年…あなたの<生活費>をあげます．
Ⅱ列 25:30 彼の<生活費>は，その一生の間，日
エレ 52:34 彼の<生活費>は，死ぬ日までその一
マコ 12:44 この女は…<生活費>の全部を投げ入
ルカ 21: 4 <生活費>の全部を投げ入れたからで

▼ せいがん（誓願）【別項】誓願のささげ物

創世 28:20 ヤコブは<誓願>を立てて言った．
31:13 わたしに<誓願>を立てたのだ．さあ，
レビ 7:16 <誓願>あるいは進んでささげるささげ物．22:21，27:2，8．
民数 6: 2 ナジル人の<誓願>を立てる場合．5，15:3，29:39，申命12:6，23:18．
21: 2 イスラエルは主に<誓願>をして言っ
30: 2 人がもし，主に<誓願>をし，あるい
10 もし女が夫の家で<誓願>をし，ある
申命 23:21 主に<誓願>をするとき…遅れずに果
22 <誓願>をやめるなら，罪にはならな
士師 11:30 エフタは主に<誓願>を立てて言った．

39　父は誓った<誓願>どおりに彼女に行
Ⅰサム 1:11　<誓願>を立てて言った．「万軍の主
Ⅱサム 15: 7　私が主に立てた<誓願>を果たすため
箴言 20:25　<誓願>を立てて後に…考え直す者は，
31: 2　私の<誓願>の子よ，何を言おうか．
伝道 5: 4　神に<誓願>を立てるときには，それ
イザ 19:21　主に<誓願>を立ててこれを果たす．
エレ 44:25　注ごうと誓った<誓願>を，必ず実行
ヨナ 1:16　いけにえをささげ，<誓願>を立てた．
ナホ 1:15　祭りを祝い，あなたの<誓願>を果た
使徒 18:18　パウロは一つの<誓願>を立てていた
21:23　<誓願>を立てている者が４人います．

▼ せいがんのささげもの（誓願のささげ物）

レビ 22:18　<誓願のささげ物>，あるいは進んでささげるささげ物．23，23:38．

▼ せいぎ（正義）【別項】正義の女神

創世 18:19　<正義>と公正とを行わせるため，主
申命 16:20　<正義>を，ただ<正義>を追い求めな
33:21　主の<正義>と主の公正をイスラエル
Ⅰサム 12: 7　すべての<正義>のみわざを，主の前
Ⅰ列 3: 6　彼が誠実と<正義>と真心とをもって
10: 9　公正と<正義>とを行わせられるのです．」Ⅱ歴9:8．
ヨブ 34: 5　神が私の<正義>を取り去った．
6　私は自分の<正義>に反して，まやか
35: 2　このことを<正義>によると思うのか．
詩篇 11: 7　主は正しく，<正義>を愛される．直
33: 5　主は<正義>と公正を愛される．地は
99: 4　ヤコブの中で，さばきと<正義>を行
103: 6　<正義>とさばきを行われる．
106: 3　<正義>を常に行う人々は．
箴言 1: 3　<正義>と公義と公正と，思慮ある訓
2: 9　<正義>と公義と公正と，すべての良
8:15　君主たちは<正義>を制定する．
16　すべて<正義>のさばきつかさ．
20　わたしは<正義>の道，公正の通り道
10: 2　<正義>は人を死から救い出す．11:4．
12:28　<正義>の道にはいのちがある．その
13: 6　<正義>は潔白な生き方を保ち，悪は
14:34　<正義>は国を高め，罪は国民をはず
16: 8　<正義>によって得たわずかなものは
31　それは<正義>の道に見いだされる．
21: 3　<正義>と公義を行うことは，いけに
21　<正義>と誠実を追い求める者は，いのちと<正義>と誉れとを得る．
29: 4　王は<正義>によって国を建てる．し
伝道 3:16　<正義>の場に不正があるのを見た．
5: 8　権利と<正義>がかすめられるのを見
イザ 1:21　<正義>がそこに宿っていたのに．今
26　<正義>の町，忠信な都と呼ばれよう．
27　悔い改める者は<正義>によって贖わ
5: 7　<正義>を待ち望まれたのに，見よ，
16　聖なる神は<正義>によって，みずか
9: 7　さばきと<正義>によって…堅く立て
11: 4　<正義>をもって寄るべのない者をさ
5　<正義>はその腰の帯となり，真実は
16: 5　<正義>をすみやかに行う者が，ダビ
28:17　わたしは…<正義>を，おもりとする．
30:18　主は<正義>の神であるからだ．幸い
32: 1　ひとりの王が<正義>によって治め，
33: 5　シオンを公正と<正義>で満たされる．
15　<正義>を行う者，まっすぐに語る者，
45: 8　雲よ．<正義>を降らせよ．地よ…<正義>も共に芽生えさせよ．わたし
19　<正義>を語り，公正を告げる者．
21　<正義の>神，救い主，わたしをおい
24　ただ，主にだけ，<正義>と力がある
46:12　<正義>から遠ざかっている者たちよ．
48: 1　また<正義>をもってしない．
18　あなたの<正義>は海の波のようにな
56: 1　公正を守り，<正義>を行え．わたし
59:14　<正義>は遠く離れて立っている．真
61:10　<正義>の外套をまとわせ，花婿のよ
63: 1　<正義>を語り，救うに力強い者，そ
64: 5　喜んで<正義>を行う者，あなたの道
エレ 4: 2　真実と公義と<正義>とによって『主
9:24　地に…<正義>を行う者であり，わた
22: 3　公義と<正義>を行い，かすめられて
15　公義と<正義>を行ったではないか．
23: 5　この国に公義と<正義>を行う．
6　『主は私たちの<正義>』と呼ばれよ
33:15　わたしはダビデのために<正義>の若枝を芽生えさせる．彼はこの国に公義と<正義>を行う．
16　『主は私たちの<正義>』と名づけら
51:10　私たちの<正義>の主張を明らかにさ
哀歌 1:18　主は<正義>を行われる．しかし，私
エゼ 18: 5　その人は公義と<正義>とを行い，
19　その子は，公義と<正義>とを行い，

21 公義と<正義>を行うなら，彼は必ず
生きて，死ぬことは．27，33:19.
33:14 公義と<正義>とを行い，
16 公義と<正義>とを行った彼は必ず生
45: 9 公義と<正義>とを行え．わたしの民
ダニ 4:37 その道は<正義>である．また，高ぶ
9: 7 主よ．<正義>はあなたのものですが，
16 すべての<正義>のみわざによって，
ホセ 2:19 <正義>と公義と，恵みとあわれみを
10:12 あなたがたは<正義>の種を蒔き…主
は来て，<正義>を…注がれる．
アモ 5: 7 <正義>を地に投げ捨てている．
24 <正義>をいつも水の流れる川のよう
6:12 <正義>の実を苦よもぎに変えた．
ゼカ 8: 8 わたしは真実と<正義>をもって彼ら
マタ 23:23 <正義>とあわれみと誠実を，おろそ
使徒 10:35 <正義>を行う人なら，神に受け入れ
13:10 悪魔の子，すべての<正義>の敵．お
24:25 パウロが<正義>と節制とやがて来る
IIコリ 6:14 <正義>と不法とに，どんなつながり
エペ 5: 9 光の結ぶ実は…善意と<正義>と真実
6:14 胸には<正義>の胸当てを着け，
コロ 4: 1 奴隷に対して<正義>と公平を示しな
IIペテ 3:13 <正義>の住む新しい天と新しい地を

▼せいぎのめがみ（正義の女神）
使徒 28: 4 <正義の女神>はこの人を生かしては

▼せいきゅう（請求）
ピレ 18 その<請求>は私にしてください．

▼せいぎょ（制御）
ヤコ 3: 2 からだ全体もりっぱに<制御>できる
8 舌を<制御>することは，だれにもで

▼せいぎょく（青玉）
黙示 21:20 第11は<青玉>，第12は紫水晶であっ

▼ぜいきん（税金）【別項】税
II歴 24: 6 あかしの天幕のための<税金>を，ユ
エズ 4:13 関税，<税金>を納めなくなる．7:24.
ネヘ 5: 4 王に支払う<税金>のために，私たち
マタ 22:17 <税金>をカイザルに納めることは，
マコ12:14，ルカ20:22.

▼せいく（聖句）
使徒 8:35 この<聖句>から始めて，イエスのこ

▼せいけつ（聖潔）
ロマ 6:19 手足を義の奴隷として…<聖潔>に進
22 神の奴隷となり，<聖潔>に至る実を
Iテサ 4: 7 召されたのは…<聖潔>を得させるた

▼せいこう（成功）
創世 24:21 主が自分の旅を<成功>させてくださ
40 あなたの旅を<成功>させてくださる．
39:23 主がそれを<成功>させてくださった
民数 14:41 モーセは言った…それは<成功>しな
士師 18: 5 この旅が，<成功>するかどうかを知
Iサム 26:25 サウルは…言った…きっと<成功>し
エズ 6:14 これを建てて<成功>した．彼らはイ
箴言 28:13 そむきの罪を隠す者は<成功>しない．
伝道 4: 4 あらゆる仕事の<成功>を見た．それ
10:10 知恵は人を<成功>させるのに益にな
イザ 48:15 彼の行うことを<成功>させる．
55:11 わたしの言い送った事を<成功>させ
エレ 20:11 彼らは<成功>しないので，大いに恥
ダニ 8:24 事をなして<成功>し，有力者たちと
11:27 まやかしを言うが，<成功>しない．

▼せいざ（聖座）
詩篇 11: 4 主は，その<聖座>が宮にあり，主は，

▼せいさん（清算）
マタ 18:23 王はそのしもべたちと<清算>をした
いと思った．24，25:19.

▼せいしつ（性質），ご性質
ロマ 11:24 もとの<性質>に反して，栽培された
コロ 2: 9 神の満ち満ちた<ご性質>が形をとっ
IIペテ 1: 4 神の<ご性質>にあずかる者となるた

▼せいじつ（聖日）
ネヘ 10:31 安息日や<聖日>には彼らから買わな
イザ 58:13 わたしの<聖日>に自分の好むことを
せず…主の<聖日>を「はえある日」

▼せいじつ（誠実）
創世 42:16 <誠実>があるかどうか，あなたがた
出エ 18:21 不正の利を憎む<誠実>な人々を見つ
ヨシ 2:14 あなたに真実と<誠実>を尽くそう．
24:14 主を恐れ，<誠実>と真実をもって主
I列 2: 4 <誠実>をもってわたしの前を歩むな
3: 6 <誠実>と正義と真心とをもって，あ
I歴 12:38 <誠実>な心で，並び集まったこれら
II歴 31:20 <誠実なこと>を行った．
32: 1 これらの<誠実>なことが示されて後，
ネヘ 7: 2 ハナヌヤが<誠実>な人であり，多く
9:33 <誠実>をもって行われたのに，私た
エス 9:30 手紙は，平和と<誠実>のことばをも
ヨブ 2: 9 あなたは自分の<誠実>を堅く保つの
詩篇 12: 1 <誠実>な人は人の子らの中から消え
31:23 主は<誠実>な者を保たれるが，高ぶ

37: 3 地に住み，<誠実>を養え．
箴言11: 3 直ぐな人の<誠実>は，その人を導き，
14:25 <誠実>な証人は人のいのちを救い出
19: 1 貧しくても，<誠実>に歩む者は，曲
21:21 正義と<誠実>を追い求める者は，い
29:14 <誠実>をもって寄るべのない者をさ
イザ26: 2 <誠実>を守る正しい民を入らせよ．
48: 1 <誠実>をもってせず，また正義をも
57: 1 <誠実>な人が取り去られても，心を
61: 8 わたしは<誠実>を尽くして彼らに報
エレ 2: 2 あなたの若かったころの<誠実>，婚
31: 3 わたしは…<誠実>を尽くし続けた．
ホセ 4: 1 この地には…<誠実>がなく，神を知
6: 4 あなたがたの<誠実>は朝もやのよう
6 わたしは<誠実>を喜ぶが，いけにえ
10:12 <誠実>の実を刈り入れよ．あなたが
12: 6 <誠実>と公義とを守り，絶えずあな
ミカ 6: 8 ただ公義を行い，<誠実>を愛し，へ
ゼカ 7: 9 互いに<誠実>を尽くし，あわれみ合
マタ23:23 <誠実>を，おろそかにしているので
IIコリ 1:12 聖さと神から来る<誠実>さとをもっ
ガラ 5:22 御霊の実は，愛，喜び…<誠実>，

▼ せいじゃ（聖者）

ヨブ 5: 1 <聖者>のうちのだれにあなたは向か
マコ 1:24 神の<聖者>です．ルカ4:34．
ヨハ 6:69 あなたが神の<聖者>であることを信
使徒 2:27 <聖者>が朽ち果てるのを．13:35．

▼ せいじゅく（成熟）

ヘブ 6: 1 <成熟>を目ざして進もうではありま

▼ せいしゅん（青春）

伝道11:10 若さも，<青春>も，むなしいからだ．

▼ せいしょ（聖書）

マタ21:42 次の<聖書>のことばを読んだことが
22:29 <聖書>も神の力も知らないからです．
26:54 <聖書>が，どうして実現されましょ
マコ12:10 次の<聖書>のことば…『家を建てる
24 <聖書>も神の力も知らないからでは
14:49 <聖書>のことばが実現するためです．
ルカ 4:21 <聖書>のこのみことばが，あなたが
24:27 <聖書>全体の中で，ご自分について
32 <聖書>を説明してくださった間も，
45 イエスは，<聖書>を悟らせるために
ヨハ 2:22 <聖書>とイエスが言われたことばと
5:39 <聖書>の中に永遠のいのちがあると
思うので，<聖書>を調べています．
その<聖書>が，わたしについて証言
7:38 <聖書>が言っているとおりに，その
42 ベツレヘムの村から出る，と<聖書>
10:35 <聖書>は廃棄されるものではないか
13:18 <聖書>に『わたしのパンを食べてい
17:12 それは，<聖書>が成就するためです．
19:24 くじを引いた」という<聖書>が成就
28 <聖書>が成就するために，「わたし
20: 9 <聖書>を，まだ理解していなかった
使徒 8:32 彼が読んでいた<聖書>の個所には，
17: 2 三つの安息日にわたり，<聖書>に基
11 そのとおりかどうかと毎日<聖書>を
18:24 アポロ…彼は<聖書>に通じていた．
28 彼は<聖書>によって…論破したから
ロマ 1: 2 <聖書>において前から約束されたも
9:17 <聖書>はパロに，「わたしがあなた
11: 2 <聖書>がエリヤに関する個所で言っ
15: 4 <聖書>の与える忍耐と励ましによっ
Iコリ15: 3 キリストは，<聖書>の示すとおりに，
ガラ 3: 8 <聖書>は，神が異邦人をその信仰に
22 <聖書>は，逆に，すべての人を罪の
4:30 <聖書>は何と言っていますか．「奴
Iテモ 5:18 <聖書>に「穀物をこなしている牛に，
IIテモ 3:15 幼いころから<聖書>に親しんで来た
…<聖書>はあなたに知恵を与えてキ
16 <聖書>はすべて，神の霊感によるも
ヘブ10: 7 <聖書>のある巻に，わたしについて
ヤコ 2: 8 <聖書>に従って，「あなたの隣人を
23 <聖書>のことばが実現し，彼は神の
4: 5 <聖書>のことばが，無意味だと思う
Iペテ 2: 6 <聖書>にこうある…「見よ．わたし
IIペテ 1:20 <聖書>の預言はみな，人の私的解釈
3:16 <聖書>の他の個所の場合も…曲解し，

▼ せいじょ（聖所）【別項】シェケル・聖所のシェケル

出エ25: 8 わたしのために<聖所>を造るなら，
26:33 <聖所>と至聖所との仕切りとなる．
28:29 アロンが<聖所>に入るときには，さ
36: 1 <聖所>の奉仕のすべての仕事をする
レビ 4: 6 <聖所>の垂れ幕の前に，その血を七
10:18 その血は，<聖所>の中に携え入れら
12: 4 また<聖所>に入ってもならない．
20: 3 わたしの<聖所>を汚し，わたしの聖
21:12 <聖所>から出て行って，神の<聖所>
を汚してはならない．23．

民数 18: 1 <聖所>にかかわる咎を負わなければ
19:20 その者は主の<聖所>を汚したからで
ヨシ 24:26 主の<聖所>にある樫の木の下に，そ
Ⅰ列 8: 8 棒の先が内堂の前の<聖所>から見え
Ⅰ歴 9:29 <聖所>のすべての器具と，小麦粉，
22:19 神である主の<聖所>を建て上げ，主
28:10 主は<聖所>となる宮を建てさせるた
Ⅱ歴 20: 8 御名のために，そこに<聖所>を建て
26:18 <聖所>から出てください．あなたは
30: 8 主がとこしえに聖別された<聖所>に
詩篇 20: 2 主が<聖所>から，あなたに助けを送
63: 2 こうして<聖所>で，あなたを仰ぎ見
73:17 私は，神の<聖所>に入り，ついに，
74: 7 あなたの<聖所>に火を放ち，あなた
78:69 主はその<聖所>を，高い天のように，
96: 6 力と光栄は主の<聖所>にある．
114: 2 ユダは神の<聖所>となり，イスラエ
134: 2 <聖所>に向かってあなたがたの手を
150: 1 ハレルヤ．神の<聖所>で，神をほめ
イザ 8:14 この方が<聖所>となられる．しかし，
16:12 祈るためにその<聖所>に入って行っ
62: 9 わたしの<聖所>の庭で，それを飲む．
エレ 17:12 私たちの<聖所>のある所は，初めか
51:51 他国人が主の宮の<聖所>に入ったの
哀歌 1:10 異邦の民が，その<聖所>に入ったの
2: 7 主は，その祭壇を拒み，<聖所>を汚
20 主の<聖所>で，祭司や預言者が虐殺
エゼ 5:11 わたしの<聖所>を汚したので，わた
11:16 しばらくの間，彼らの<聖所>となっ
23:38 <聖所>を汚し，わたしの安息日を汚
24:21 心に慕っているわたしの<聖所>を，
37:26 <聖所>を彼らのうちに永遠に置く．
44: 8 わたしの<聖所>での任務も果たさず，
47:12 その水が<聖所>から流れ出ているか
48: 8 <聖所>はその中央にある．10，21．
ダニ 8:11 その<聖所>の基はくつがえされる．
14 そのとき<聖所>はその権利を取り戻
9:17 荒れ果てた<聖所>に輝かせてくださ
11:31 <聖所>ととりでを汚し，常供のささ
アモ 7: 9 イスラエルの<聖所>は廃墟となる．
13 ここは王の<聖所>，王宮のある所だ
マラ 2:11 主の愛された主の<聖所>を汚し，外
ヘブ 8: 2 真実の幕屋である<聖所>で仕えてお
9: 1 礼拝の規定と地上の<聖所>とがあり
8 まことの<聖所>への道は，まだ明ら
12 ただ一度，まことの<聖所>に入り，
24 手で造った<聖所>に入られたのでは
25 血を携えて<聖所>に入る大祭司とは
10:19 大胆にまことの<聖所>に入ることが
黙示 7:15 <聖所>で昼も夜も，神に仕えている
11: 1 神の<聖所>と祭壇と，また，そこで
14:15 もうひとりの御使いが<聖所>から出
15: 6 <聖所>から，七つの災害を携え．8．
16: 1 大きな声が<聖所>から出て，７人の

▼ せいしん（精神）

申命 4:29 <精神>を尽くして切に求めるように
6: 5 心を尽くし，<精神>を尽くし，力を
10:12 <精神>を尽くして…神，主に仕え，
ヨシ 23:14 <精神>を尽くして知らなければなら

▼ せいじん（成人）

創世 38:11 わが子シェラが<成人>するまで．14．
ルツ 1:13 息子たちの<成人>するまで待とうと
Ⅰコリ 2: 6 私たちは，<成人>の間で，知恵を語
ピリ 3:15 <成人>である者はみな，このような
コロ 1:28 キリストにある<成人>として立たせ

▼ せいする（制する）

創世 43:31 自分を<制>して，「食事を出せ」と
45: 1 ヨセフは…自分を<制する>ことがで
ヨブ 7:11 私も自分の口を<制する>ことをせず，
箴言 10:19 自分のくちびるを<制する>者は思慮
25:28 自分の心を<制する>ことができない
27:16 その女を<制する>者は，風を<制>し，
イザ 23:10 もうこれを<制する>者がいない．
使徒 10:38 悪魔に<制>せられているすべての者
ヤコ 3: 7 人類によって<制>せられるし，すで
に<制>せられています．

▼ せいぜつ（聖絶）

出エ 22:20 いけにえをささげる者は，<聖絶>し
レビ 27:21 それは<聖絶>された畑として主の聖
28 <聖絶>のものは…売ることはできな
い…<聖絶>のものは…主のものであ
29 <聖絶>されるべきものは，贖われる
民数 18:14 <聖絶>のものはみな，あなたのもの
21: 2 私は彼らの町々を<聖絶>いたします．
3 彼らはカナン人と…町々を<聖絶>し
申命 2:34 すべての町々…を<聖絶>して，ひと
3: 6 シホンにしたように…<聖絶>した．
そのすべての町々…を<聖絶>した．
7: 2 あなたは彼らを<聖絶>しなければな
26 同じように<聖絶>のものとなっては

ならない…それは<聖絶>のものだか
13:15 家畜も，剣の刃で<聖絶>しなさい．
17 <聖絶>のものは何一つ自分のものに
20:17 必ず<聖絶>しなければならない．
ヨシ 2:10 シホンとオグ…を<聖絶>したことを，
6:17 主のために<聖絶>しなさい．ただし
18 <聖絶>のものに手を出すな．<聖絶>
のものにしないため，<聖絶>のもの
を取って…宿営を<聖絶>のものにし，
21 ろばも，すべて剣の刃で<聖絶>した．
7: 1 <聖絶>のもののことで罪を犯し…ア
カンが，<聖絶>のもの…を取った．
11 契約を破り，<聖絶>のものの中から
12 彼らが<聖絶>のものとなったからで
ある…<聖絶>のものを一掃してしま
13 あなたのうちに，<聖絶>のものがあ
る…<聖絶>のものを…除き去るまで，
15 <聖絶>のものを持っている者が取り
8:26 アイの住民をことごとく<聖絶>する
10: 1 アイを攻め取って，それを<聖絶>し，
28 すべての者を<聖絶>し…生き残る者
がないようにした．35，37，39．
40 息のあるものはみな<聖絶>した．イ
11:11 剣の刃で打ち，彼らを<聖絶>した．
12 剣の刃で打ち殺し，<聖絶>した．主
20 主が彼らを容赦なく<聖絶>するため
21 彼らをその町々とともに<聖絶>した．
22:20 アカンが，<聖絶>のもののことで罪
士師 1:17 カナン人を打ち，それを<聖絶>し，
21:11 男と寝たことのある女は…<聖絶>し
Iサム 15: 3 そのすべてのものを<聖絶>せよ．容
8 その民を残らず剣の刃で<聖絶>した．
9 これらを<聖絶>するのを好まず…値
打ちのないものだけを<聖絶>した．
15 そのほかの物は<聖絶>しました．」
18 罪人アマレク人を<聖絶>せよ．彼ら
20 私は…アマレクを<聖絶>しました．
21 <聖絶>すべき物の最上の物として，
I列 9:21 イスラエル人が<聖絶>することので
20:42 <聖絶>しようとした者を…逃がした
I歴 2: 7 カルミの子は，<聖絶>のもののこと
4:41 メウニム人を打ち，彼らを<聖絶>し
II歴 20:23 これを<聖絶>し，根絶やしにしたが，
32:14 私の先祖たちが<聖絶>したこれらの
エズ 10: 8 その全財産は<聖絶>され，その者は，
イザ 34: 2 彼らを<聖絶>し，彼らが虐殺される
5 わたしが<聖絶>すると定めた民の上
43:28 ヤコブが<聖絶>されるようにし，イ
エレ 25: 9 これを<聖絶>して，恐怖とし，あざ
50:21 彼らを追って，殺し…<聖絶>せよ．
26 これを<聖絶>して，何一つ残すな．
51: 3 その全軍を<聖絶>せよ．

▼ せいせん（聖戦）

エレ 6: 4 シオンに向かって<聖戦>をふれよ．
ヨエ 3: 9 <聖戦>をふれよ．勇士たちを奮い立
ミカ 3: 5 何も与えない者には，<聖戦>を宣言

▼ ぜいたく

箴言 19:10 愚かな者に<ぜいたく>な暮らしはふ
ルカ 7:25 <ぜいたく>に暮らしている人たちな
16:19 毎日<ぜいたく>に遊び暮らしていた．
ヤコ 5: 5 地上で<ぜいたく>に暮らし，快楽に

▼ せいち（聖地）

ヨエ 3:17 エルサレムは<聖地>となり，他国人
オバ 17 そこは<聖地>となる．ヤコブの家は

▼ せいちょう（生長，成長）

創世 21:20 彼は<成長>し，荒野に住んで，弓を
25:27 <成長>したとき，エサウは巧みな猟
士師 11: 2 この妻の子たちが<成長>したとき，
Iサム 2:21 サムエルは，主のみもとで<成長>し
26 サムエルはますます<成長>し，主に
3:19 サムエルは<成長>した．主は彼とと
エゼ 16: 7 あなたは<成長>して，大きくなり，
17: 6 それは<生長>し，たけは低いが，よ
ダニ 4:11 その木は<生長>して強くなり，その
マタ 13:32 <生長>すると，どの野菜よりも大き
マコ 4:32 <生長>してどんな野菜よりも大きく
ルカ 1:80 幼子は<成長>し，その霊は強くなり，
2:40 幼子は<成長>し，強くなり，知恵に
13:19 <生長>して木になり，空の鳥が枝に
Iコリ 3: 6 しかし，<成長>させたのは神です．
7 たいせつなのは…<成長>させてくだ
IIコリ 10:15 あなたがたの信仰が<成長>し，あな
エペ 2:21 建物の全体が<成長>し，主にある聖
4:15 あらゆる点において<成長>し，かし
16 <成長>して，愛のうちに建てられる
コロ 2:19 神によって<成長>させられるのです．
IIテサ 1: 3 信仰が目に見えて<成長>し，あなた
IIペテ 3:18 恵みと知識において<成長>しなさい．

▼ せいてい（制定）

箴言 8:15 君主たちは正義を<制定>する．

ダニ 6:7 王が一つの法令を<制定>し，禁令と
8 王よ．今，その禁令を<制定>し，変
15 王が<制定>したどんな禁令も法令も，
ヘブ 8:6 すぐれた約束に基づいて<制定>され

▼ せいと（聖徒）

申命 33:3 御手のうちに…<聖徒>たちがいる．
Ⅰサム 2:9 主は<聖徒>たちの足を守られます．
Ⅱ歴 6:41 <聖徒>たちにいつくしみを喜ばせて
詩篇 4:3 ご自分の<聖徒>を特別に扱われるの
12:1 <聖徒>はあとを絶ち，誠実な人は人
16:3 地にある<聖徒>たちには威厳があり，
10 <聖徒>に墓の穴をお見せにはなりま
30:4 <聖徒>たちよ．主をほめ歌え．その
31:23 主の<聖徒>たちよ．主を愛しまつれ．
32:6 <聖徒>は，みな，あなたに祈ります．
34:9 主を恐れよ．その<聖徒>たちよ．彼
37:28 ご自身の<聖徒>を見捨てられない．
50:5 <聖徒>たちをわたしのところに集め
79:2 <聖徒>たちの肉を野の獣に与え，
89:5 <聖徒>たちの集まりで，あなたの真
97:10 主は<聖徒>たちのいのちを守り，悪
106:16 主の<聖徒>，アロンをねたんだとき，
116:15 主の<聖徒>たちの死は主の目に尊い．
箴言 2:8 その<聖徒>たちの道を守る．
ダニ 7:18 いと高き方の<聖徒>たちが，国を受
21 その角は，<聖徒>たちに戦いをいど
22 <聖徒>たちのために，さばきが行わ
8:24 有力者たちと<聖徒>の民を滅ぼす．
ゼカ 14:5 <聖徒>たちも主とともに来る．
マタ 27:52 眠っていた多くの<聖徒>たちのから
使徒 9:13 <聖徒>たちにどんなにひどいことを
32 ルダに住む<聖徒>たちのところへも
26:10 多くの<聖徒>たちを牢に入れ，彼ら
ロマ 1:7 神に愛され…召された<聖徒>たちへ．
8:27 御霊は…<聖徒>のためにとりなしを
12:13 <聖徒>の入用に協力し，旅人をもて
15:25 <聖徒>たちに奉仕するためにエルサ
31 私の奉仕が<聖徒>たちに受け入れら
16:2 <聖徒>にふさわしいしかたで，主に
Ⅰコリ 1:2 <聖徒>として召され，キリスト・イ
6:1 <聖徒>たちに訴えないで，あえて，
2 <聖徒>が世界をさばくようになるこ
16:1 <聖徒>たちのための献金については，
15 <聖徒>たちのために熱心に奉仕して
Ⅱコリ 1:1 アカヤ全土にいるすべての<聖徒>た
8:4 <聖徒>たちをささえる交わりの恵み
9:1 <聖徒>たちのためのこの奉仕につい
12 <聖徒>たちの必要を十分に満たすば
エペ 1:1 忠実なエペソの<聖徒>たちへ．
15 すべての<聖徒>に対する愛とを聞い
18 <聖徒>の受け継ぐものがどのように
2:19 あなたがたは…<聖徒>たちと同じ国
3:8 <聖徒>たちのうちで一番小さな私に，
4:12 <聖徒>たちを整えて奉仕の働きをさ
5:3 <聖徒>にふさわしく，不品行も，ど
6:18 すべての<聖徒>のために…祈りなさ
ピリ 1:1 ピリピにいる…<聖徒>たち，また監
コロ 1:2 コロサイにいる<聖徒>たちで，キリ
4 <聖徒>に対して…抱いている愛のこ
12 光の中にある，<聖徒>の相続分にあ
26 神の<聖徒>たちに現された奥義なの
Ⅰテサ 3:13 <聖徒>とともに再び来られるとき，
Ⅱテサ 1:10 イエスは…<聖徒>たちによって栄光
Ⅰテモ 5:10 <聖徒>の足を洗い，困っている人を
ピレ 7 <聖徒>たちの心が…力づけられたか
ヘブ 6:10 <聖徒>たちに仕え…神の御名のため
ユダ 3 <聖徒>にひとたび伝えられた信仰の
14 主は千万の<聖徒>を引き連れて来ら
黙示 5:8 この香は<聖徒>たちの祈りである．
8:3 すべての<聖徒>の祈りとともに，御
13:7 彼はまた<聖徒>たちに戦いをいどん
10 ここに<聖徒>の忍耐と信仰がある．
14:12 <聖徒>たちの忍耐はここにある．」
16:6 彼らは<聖徒>たち…の血を流しまし
17:6 この女が，<聖徒>たちの血…に酔っ
18:24 預言者や<聖徒>たちの血，および地
19:8 麻布とは，<聖徒>たちの正しい行い
20:9 <聖徒>たちの陣営と愛された都とを
22:11 <聖徒>はいよいよ聖なるものとされ

▼ せいと（聖都）

マタ 27:53 <聖都>に入って多くの人に現れた．

▼ せいど（制度）

Ⅰペテ 2:13 人の立てたすべての<制度>に…従い

▼ せいどう（青銅）【別項】青銅の蛇

創世 4:22 彼は<青銅>と鉄のあらゆる用具の鍛
出エ 25:3 受けてよい奉納物は…金…<青銅>，
26:11，27:2，30:18，31:4，35:5，36
:18，38:2，39:39．
レビ 6:28 それが<青銅>の器で煮られたのであ
26:19 あなたがたの地を<青銅>のようにす

民数 16:39 <青銅>の火皿を取って，それを打ち
申命 8: 9 山々からは<青銅>を掘り出すことの
28:23 あなたの頭の上の天は<青銅>となり，
33:25 あなたのかんぬきが，鉄と<青銅>で
ヨシ 6:19 <青銅>の器，鉄の器はすべて，主の
22: 8 <青銅>，鉄，および多くの衣服とを
士師 16:21 <青銅>の足かせをかけて，彼をつな
Ⅰサム 17: 5 頭には<青銅>のかぶとをかぶり，身
Ⅱサム 8: 8 非常に多くの<青銅>を奪い取った．
22:35 私の腕を<青銅>の弓でも引けるよう
Ⅰ列 4:13 城壁と<青銅>のかんぬきを備えた60
7:14 彼の父はツロの人で，<青銅>の細工
8:64 主の前にあった<青銅>の祭壇は，全
14:27 <青銅>の盾を作り，これを王宮の門
Ⅱ列 16:14 <青銅>の祭壇は，神殿の前から，す
17 <青銅>の牛の上から海も降ろして，
Ⅰ歴 15:19 <青銅>のシンバルを用いて歌った．
Ⅱ歴 12:10 レハブアム王は…<青銅>の盾を作り，
24:12 鉄と<青銅>の細工師を雇った．
33:11 マナセを鉤で捕らえ，<青銅>の足か
エズ 8:27 光り輝くみごとな<青銅>の器類２個
ヨブ 6:12 私の肉は<青銅>であろうか．
20:24 <青銅>の弓が彼を射通す．
40:18 骨は<青銅>の管，肋骨は鉄の棒のよ
41:27 <青銅>を腐った木のようにみなす．
詩篇 18:34 私の腕を<青銅>の弓をも引けるよう
107:16 主は<青銅>のとびらを打ち砕き，鉄
イザ 45: 2 <青銅>のとびらを打ち砕き，鉄のか
48: 4 首筋は鉄の腱，額は<青銅>だと知っ
60:17 <青銅>の代わりに金を運び入れ，鉄
エレ 6:28 彼らはみな…<青銅>や鉄のようだ．
15:20 わたしはあなたを…<青銅>の城壁と
39: 7 ゼデキヤ…を<青銅>の足かせにつな
52:11 目をつぶし，彼を<青銅>の足かせに
17 主の宮にある<青銅>の車輪つきの台
…<青銅>をみなバビロンへ運んだ．
哀歌 3: 7 私の<青銅>の足かせを重くした．
エゼ 1: 4 火の中央には<青銅>の輝きのような
ものがあった．8:2，9:2，22:18，27
:13，40:3．
24:11 その<青銅>を熱くして，その中の汚
ダニ 2:32 腹とももとは<青銅>．35，39，45．
4:15 これに鉄と<青銅>の鎖をかけて．23．
5: 4 金，銀，<青銅>…の神々を賛美した．
7:19 第４の獣…きばは鉄，爪は<青銅>で
10: 6 その腕と足は…<青銅>のようで，そ
ミカ 4:13 あなたのひづめを<青銅>とする．あ
ゼカ 6: 1 山は<青銅>の山であった．

▼ **せいどうのへび（青銅の蛇）**

民数 21: 9 モーセは一つの<青銅の蛇>を作り…
<青銅の蛇>を仰ぎ見ると，生きた．
Ⅱ列 18: 4 モーセの作った<青銅の蛇>を打ち砕

▼ **せいなる（聖なる）【別項】聖なる会合，最も聖なる**

出エ 3: 5 立っている場所は，<聖なる>地であ
15:13 あなたは…<聖なる>御住まいに伴わ
16:23 全き休みの日，主の<聖なる>安息で
19: 6 あなたがたは…<聖なる>国民となる．
20: 8 安息日を覚えて…<聖なる>日とせよ．
11 主は安息日を…<聖なる>ものと宣言
22:31 あなたがたは，わたしの<聖なる>民
28: 2 栄光と美を表す<聖なる>装束を作れ．
36 『主への<聖なる>もの』と彫り，
29:37 祭壇に触れるものも…<聖なる>もの
30:25 <聖なる>そそぎの油を，調合法にし
39:30 主の<聖なる>もの」という文字を書
レビ 5:15 主の<聖なる>ものに対して罪を犯し
6:16 <聖なる>所で種を入れないパンにし
10:10 <聖なる>ものと俗なるもの，また，
11:44 あなたがたは…<聖なる>者となりな
12: 4 <聖なる>ものにいっさい触れてはな
19: 2 あなたがたも<聖なる>者とならなけ
20:26 わたしにとって<聖なる>ものとなる．
21:22 神のパンは…<聖なる>ものでも食べ
22: 2 <聖なる>ものは…聖別しなければな
27:14 自分の家を主に<聖なる>ものとして
民数 4:20 <聖なる>ものを見て死なないためで
6: 5 彼は<聖なる>ものであって，頭の髪
15:40 神の<聖なる>ものとなるためである．
16: 3 全会衆残らず<聖なる>ものであって，
7 主がお選びになるその人が<聖なる>
18:17 牛の初子…これらは<聖なる>もので
20:12 わたしを…<聖なる>者としなかった．
35:25 <聖なる>油をそそがれた大祭司が死
申命 5:12 安息日を守って…<聖なる>日とせよ．
7: 6 あなたは…主の<聖なる>民だからで
12:26 <聖なる>ものと誓願のささげ物とは，
14: 2 あなたは…主の<聖なる>民である．
26:15 <聖なる>住まいの天から見おろして，
ヨシ 5:15 立っている場所は<聖なる>所である．

24:19 主は<聖なる>神であり，ねたむ神で
Ｉサム 2: 2 主のように<聖なる>方はありません.
6:20 だれが，この<聖なる>神…の前に立
Ｉ列 8: 4 すべての<聖なる>用具とを運び上っ
Ⅱ列 4: 9 あの方は，きっと神の<聖なる>方に
19:22 イスラエルの<聖なる>方に対してだ.
詩篇71:22，78:41，89:18，イザ1:4，
5:19，10:20，12:6，17:7，29:19，30
:11，31:1，37:23，43:3，45:11，47:
4，48:17，49:7，54:5，55:5，60:9，
エレ50:29，51:5，エゼ39:7.
Ｉ歴 16:10 主の<聖なる>名を誇りとせよ．主を
29 <聖なる>飾り物を着けて，主にひれ
29:16 <聖なる>御名のために家をお建てし
Ⅱ歴 8:11 主の箱を迎え入れた所は<聖なる>所
20:21 <聖なる>飾り物を着けて賛美する者
24: 7 主の宮の<聖なる>ものをもすべてバ
30:27 主の<聖なる>御住まい，天に届いた.
31:18 <聖なる>ささげ物を…<聖なる>物と
35: 3 <聖なる>箱を…宮に据えなさい．も
エズ 8:28 あなたがたは主の<聖なる>ものであ
9: 2 <聖なる>種族がこれらの国々の民と
ネヘ 9:14 あなたの<聖なる>安息を彼らに教え，
11: 1 <聖なる>都エルサレムに来て住むよ
ヨブ 6:10 私は<聖なる>方のことばを拒んだこ
15:15 <聖なる>者たちをも信頼しない．天
詩篇 2: 6 わたしの<聖なる>山，シオンに.」
5: 7 <聖なる>宮に向かってひれ伏します.
20: 6 主は…<聖なる>天から，お答えにな
30: 4 その<聖なる>御名に感謝せよ．97:
12，103:1，105:3，106:47.
33:21 私たちは，<聖なる>御名に信頼して
46: 4 <聖なる>住まい，神の都を喜ばせる.
47: 8 神はその<聖なる>王座に着いておら
48: 1 <聖なる>山，われらの神の都におい
68: 5 さばき人は<聖なる>住まいにおられ
78:54 ご自分の<聖なる>国，右の御手で造
79: 1 <聖なる>宮をけがし，エルサレムを
89:20 わたしの<聖なる>油を彼にそそいだ.
93: 5 <聖なる>ことがあなたの家にはふさ
98: 1 <聖なる>御腕とが，主に勝利をもた
102:19 主はその<聖なる>いと高き所から見
105:42 <聖なる>ことばを，覚えておられた
145:21 <聖なる>御名を…ほめたたえますよ
箴言 9:10 <聖なる>方を知ることは悟りである.

20:25 <聖なる>ささげ物をすると言い，誓
30: 3 私は…<聖なる>方の知識も知らない.
伝道 8:10 <聖なる>方の所を去り，そうして，
イザ 5:16 <聖なる>神は正義によって，みずか
ら<聖なる>ことを示される.
6: 3 <聖なる>，<聖なる>，<聖なる>，万
13 <聖なる>すえこそ，その切り株.」
8:13 万軍の主，この方を，<聖なる>方と
10:17 その<聖なる>方は炎となる．燃え上
27:13 エルサレムの<聖なる>山で，主を礼
29:23 ヤコブの<聖なる>方を聖とし，イス
35: 8 その道は<聖なる>道と呼ばれる．汚
41:14 贖う者はイスラエルの<聖なる>者.
43:14 贖われたイスラエルの<聖なる>方，
48: 2 彼らは<聖なる>都の名を名のり，イ
52: 1 <聖なる>都エルサレム．無割礼の汚
56: 7 わたしの<聖なる>山に連れて行き，
57:13 <聖なる>山を所有することができる.
15 わたしは，高く<聖なる>所に住み，
62:12 彼らは，<聖なる>民，主に贖われた
63:10 主の<聖なる>御霊を痛ませたので，
15 <聖なる>輝かしい御住まいからご覧
64:10 あなたの<聖なる>町々は荒野となっ
11 <聖なる>美しい宮は，火で焼かれ，
65: 5 私はあなたより<聖なる>ものになっ
66:20 <聖なる>山，エルサレムに連れて来
エレ 2: 3 イスラエルは主の<聖なる>もの，そ
23: 9 主と，主の<聖なる>ことばのために.
31:23 義の住みか，<聖なる>山よ．主があ
エゼ 20:39 わたしの<聖なる>名を汚さなくなる.
41 わたしの<聖なる>ことを示す.
22: 8 わたしの<聖なる>ものをさげすみ，
26 <聖なる>ものと俗なるものとを区別
28:14 あなたを…神の<聖なる>山に置いた.
36:23 わたしの偉大な名の<聖なる>ことを
38:16 わたしの<聖なる>ことを示し，彼ら
39:25 <聖なる>名のための熱心による.
42:13 北…と南の部屋は，<聖なる>部屋で
20 <聖なる>ものと俗なるものとを区別
45: 1 <聖なる>区域を奉納地として主にさ
3 その中に<聖なる>至聖所があるよう
4 これは国の<聖なる>所である．これ
6 <聖なる>奉納地に沿って，幅５千キ
48:10 祭司たちへの<聖なる>奉納地は次の
ダニ 4: 8 彼には<聖なる>神の霊があった…私

13 <聖なる>者が天から降りて来た．17．
8:13 ひとりの<聖なる>者が語っているの
を聞いた…もうひとりの<聖なる>者
9:24 あなたの<聖なる>都については，70
11:28 彼の心は<聖なる>契約を敵視して，
12: 7 <聖なる>民の勢力を打ち砕くことが
ホセ 11: 9 わたしは神であって…<聖なる>者で
ヨエ 2: 1 わたしの<聖なる>山でときの声をあ
3:17 <聖なる>山，シオンに住むことを知
アモ 2: 7 わたしの<聖なる>名を汚している．
オバ 16 わたしの<聖なる>山で飲んだように，
ヨナ 2: 4 私はあなたの<聖なる>宮を仰ぎ見た
7 私の祈りは…<聖なる>宮に届きまし
ミカ 1: 2 主はその<聖なる>宮から来て証人と
ハバ 1:12 私の<聖なる>方ではありませんか．
2:20 主は，その<聖なる>宮におられる．
3: 3 <聖なる>方はパランの山から来られ
ゼパ 3: 4 その祭司たちは，<聖なる>物を汚し，
11 <聖なる>山で，二度と高ぶることは
ハガ 2:12 <聖なる>肉を自分の着物のすそで…
それは<聖なる>ものとなるか．」祭
ゼカ 2:12 主は，<聖なる>地で，ユダに割り当
13 主が…<聖なる>住まいから来られる
8: 3 主の山は<聖なる>山と呼ばれよう．」
14:20 馬の鈴の上には，「主への<聖なる>
マタ 4: 5 悪魔はイエスを<聖なる>都に連れて
7: 6 <聖なる>ものを犬に与えてはいけま
24:15 <聖なる>所に立つのを見たならば，
マコ 6:20 ヨハネを正しい<聖なる>人と知って，
8:38 <聖なる>御使いたちとともに来ると
ルカ 1:35 生まれる者は，<聖なる>者，神の子
70 <聖なる>預言者たちの口を通して，
72 あわれみを施し，その<聖なる>契約
9:26 <聖なる>御使いとの栄光を帯びて来
ヨハ 17:11 <聖なる>父．あなたがわたしに下さ
使徒 3:21 <聖なる>預言者たちの口を通してた
4:27 <聖なる>しもべイエスに逆らってこ
30 あなたの<聖なる>しもべイエスの御
6:14 イエスはこの<聖なる>所をこわし，
7:33 立っている所は<聖なる>地である．
10:22 <聖なる>御使いによって示されまし
13:34 約束した<聖なる>確かな祝福を，あ
26:18 <聖なる>ものとされた人々の中にあ
ロマ 7:12 律法は<聖なる>ものであり，戒めも
15:16 聖霊によって<聖なる>ものとされた，
16:16 <聖なる>口づけをもって互いのあい
Ⅰコリ 1: 2 イエスにあって<聖なる>ものとされ
3:17 神の神殿は<聖なる>ものだからです．
6:11 <聖なる>者とされ，義と認められた
エペ 2:21 主にある<聖なる>宮となるのであり，
3: 5 キリストの<聖なる>使徒たちと預言
5:26 教会をきよめて<聖なる>ものとする
コロ 3:12 <聖なる>，愛されている者として，
Ⅰテサ 5:23 あなたがたを全く<聖なる>ものとし
26 兄弟たちに，<聖なる>口づけをもっ
ヘブ 3: 1 召しにあずかっている<聖なる>兄弟
10:10 私たちは<聖なる>ものとされている
14 キリストは<聖なる>ものとされる人
29 自分を<聖なる>ものとした契約の血
13:12 血によって民を<聖なる>ものとする
Ⅰペテ 1:15 召してくださった<聖なる>方になら
って…<聖なる>ものとされなさい．
2: 5 <聖なる>祭司として，イエス・キリ
9 <聖なる>国民，神の所有とされた民
Ⅱペテ 1:18 <聖なる>山で主イエスとともにいた
2:21 <聖なる>命令にそむくよりは，それ
3: 2 <聖なる>預言者たちによって前もっ
Ⅰヨハ 2:20 <聖なる>方からの注ぎの油があるの
黙示 3: 7 <聖なる>方，真実な方，ダビデのか
4: 8 <聖なる>かな，<聖なる>かな，<聖
なる>かな．神であられる主，万物
6:10 <聖なる>，真実な主よ．いつまでさ
11: 2 <聖なる>都を42か月の間踏みにじる．
15: 4 ただあなただけが，<聖なる>方です．
16: 5 今いまし，昔います<聖なる>方．あ
20: 6 復活にあずかる者は…<聖なる>者で
21: 2 <聖なる>都，新しいエルサレムが，
10 <聖なる>都エルサレムが神のみもと
22:11 聖徒はいよいよ<聖なる>ものとされ
19 いのちの木と<聖なる>都から，その

▼ せいなるかいごう（聖なる会合）

出エ 12:16 第１日に<聖なる会合>を開き，第７
レビ 23: 2 <聖なる会合>として召集する主の例
民数 28:18 最初の日には，<聖なる会合>を開き，
26 <聖なる会合>を開かなければならな
29: 1 その月の１日に…<聖なる会合>を開

▼ せいねん（青年）

マタ 19:22 <青年>はこのことばを聞くと，悲し
マコ 14:51 ある<青年>が，素はだに亜麻布を１
16: 5 真っ白な長い衣をまとった<青年>が

ルカ 7:14 <青年>よ．あなたに言う，起きなさ
使徒 2:17 <青年>は幻を見，老人は夢を見る．
5: 6 <青年>たちは…彼を包み，運び出し
10 <青年>たちは…夫のそばに葬った．
7:58 サウロという<青年>の足もとに置い
20: 9 ユテコというひとりの<青年>が窓の
12 生き返った<青年>を家に連れて行き，
23:17 この<青年>を千人隊長のところに連

▼ せいふく（征服），征服者

民数 32:22 その地が主の前に<征服>され，その
申命 9: 3 主があなたの前で彼らを<征服>され
ヨシ 18: 1 この地は彼らによって<征服>されて
Ⅰサム 7:13 こうしてペリシテ人は<征服>され，
Ⅱサム 8:11 ダビデ王は…<征服>したすべての国
詩篇 81:14 わたしは…彼らの敵を<征服>し，彼
106:42 その力のもとに彼らは<征服>された．
ヘブ 11:33 信仰によって，国々を<征服>し，正
Ⅱペテ 2:19 <征服>されれば，その<征服者>の奴
20 再びそれに巻き込まれて<征服>され

▼ せいべつ（聖別）

出エ 13: 2 初子はすべて…<聖別>せよ．それは
19:10 彼らを<聖別>し…着物を洗わせよ．
28:41 彼らを<聖別>して祭司としてわたし
29: 1 <聖別>するため，次のことを彼らに
30:29 あなたがこれらを<聖別>するなら，
31:13 わたしがあなたがたを<聖別>する主
40: 9 そのすべての用具とを<聖別>する．
レビ 8: 9 金の札すなわち<聖別>の記章をつけ
10 モーセは…これらを<聖別>した．
11:44 あなたがたは自分の身を<聖別>し，
16:19 イスラエル人の汚れから…<聖別>す
20: 7 あなたがたが自分の身を<聖別>する
21: 8 彼を<聖別>しなければならない．彼
10 <聖別>されて装束を着けている者は，
22: 2 わたしのために<聖別>しなければな
25:10 第50年目を<聖別>し，国中のすべて
27:14 自分の家を…<聖別>するときは，祭
民数 3:13 すべての初子を…<聖別>した．彼ら
6: 2 <聖別>するため特別な誓いをして，
7 その頭には神の<聖別>があるからで
9 <聖別>された頭を汚した場合，彼は，
12 ナジル人としての<聖別>の期間をあ
らためて主のものとして<聖別>する．
7: 1 モーセは…油をそそいで，<聖別>し
8:17 わたしは彼らを<聖別>してわたしの
18:29 <聖別>される分のうちから…奉納物
ヨシ 6:19 主のために<聖別>されたものだから，
20: 7 彼らは…ヘブロンとを<聖別>した．
Ⅰサム 7: 1 エルアザルを<聖別>して，主の箱を
16: 5 身を<聖別>して私といっしょに…エ
ッサイとその子たちを<聖別>し，彼
21: 4 <聖別>されたパンがあります．」
Ⅱサム 8:11 銀や金とともに主に<聖別>してささ
Ⅰ列 7:51 ソロモンは父ダビデが<聖別>した物，
8:64 神殿の前の庭の中央部を<聖別>し，
9: 3 あなたが…建てたこの宮を<聖別>し
Ⅱ列 12: 4 主の宮にささげられる<聖別>された
18 アハズヤが<聖別>してささげたすべ
Ⅰ歴 15:12 身を<聖別>し…主の箱を…運び上り
14 運び上るために身を<聖別>した．
23:13 アロンは，至聖所を<聖別>するため
26:27 主の宮を修理するために<聖別>して
Ⅱ歴 5:11 順序にかかわらず身を<聖別>した．
26:18 香をたくのは，<聖別>された祭司た
29: 5 自分自身を<聖別>しなさい．あなた
19 すべての器具を整えて，<聖別>しま
30: 8 主がとこしえに<聖別>された聖所に
ネへ 3: 1 彼らはメアのやぐらまで<聖別>し，
8: 9 主のために<聖別>された日である．
12:47 レビ人には<聖別>したささげ物を与
ヨブ 1: 5 ヨブは彼らを…<聖別>することにし
イザ 13: 3 わたしに<聖別>された者たちに命じ，
66:17 おのが身を<聖別>し，身をきよめて，
エレ 1: 5 腹から出る前から，あなたを<聖別>
31:40 畑は，みな主に<聖別>され，もはや
エゼ 20:12 わたしが彼らを<聖別>する主である
48:11 この区域は…<聖別>された祭司たち
ゼパ 1: 7 主に招かれた者を<聖別>されたから
ルカ 2:23 初子は，すべて，主に<聖別>された
使徒 13: 2 バルナバとサウロを…<聖別>して，

▼ せいやく（誓約）

詩篇 55:20 彼は…自分の<誓約>を破った．
箴言 6: 1 あなたが…他国人のために<誓約>を
17:18 思慮に欠けている者はすぐ<誓約>を
22:26 あなたは人と<誓約>をしてはならな
伝道 8: 2 王の命令を守れ．神の<誓約>がある

▼ セイラ〔地名〕

エフライムの山地の町．士師3:26．

▼ せいり（整理）

Ⅱ列 20: 1 あなたの家を<整理>せよ．あなたは

イザ 38: 1　家を<整理>せよ．あなたは死ぬ．直
テト 1: 5　残っている仕事の<整理>をし，また，

▼ せいりつ（成立）

ヘブ 9:18　初めの契約も血なしに<成立>したの

▼ せいりょく（勢力）

士師 1:35　ヨセフの一族が<勢力>を得るように
Ⅱサム 3: 6　アブネルはサウルの家で<勢力>を増
8: 3　<勢力>を回復しようと出て来たとき，
Ⅱ歴 13:21　アビヤは<勢力>を増し加えた．14人
17: 1　イスラエルに対して<勢力>を増し加
エズ 4:20　かつて<勢力>のある王たちがいて，
ダニ 8:22　第１の王のような<勢力>はない．
11:23　ますます小国の間で<勢力>を得る．

▼ せいりょく（精力）

ヨブ 18:12　彼の<精力>は飢え，わざわいが彼を
イザ 40:26　この方は<精力>に満ち，その力は強
29　<精力>のない者には活気をつける．
エゼ 23:20　馬の<精力>のような<精力>を持つ彼

▼ セイル

1. 地名．
(1)エドムの別名．創世14:6，32:3，Ⅰ歴4:42，Ⅱ歴20:10，22，23，イザ21:11，エゼ35:2．
(2)エルサレム西方の地．ヨシ15:10．
2. 人名．エドムの住民ホリ人．創世36:20．

▼ せいれい（聖霊）

詩篇 51:11　<聖霊>を，私から取り去らないでく
マタ 1:18　<聖霊>によって身重になったことが
20　胎に宿っているものは<聖霊>による
3:11　<聖霊>と火とのバプテスマをお授け
32　<聖霊>に逆らうことを言う者は，だ
28:19　父，子，<聖霊>の御名によってバプ
マコ 1: 8　その方は…<聖霊>のバプテスマをお
3:29　<聖霊>をけがす者はだれでも，永遠
12:36　ダビデ自身，<聖霊>によって，こう
13:11　話すのは…<聖霊>です．
ルカ 1:15　胎内にあるときから<聖霊>に満たさ
35　<聖霊>があなたの上に臨み，いと高
41　エリサベツは<聖霊>に満たされた．
67　父ザカリヤは，<聖霊>に満たされて，
2:25　シメオン…<聖霊>が彼の上にとどま
26　決して死なないと，<聖霊>のお告げ
3:22　<聖霊>が，鳩のような形をして，自
4: 1　<聖霊>に満ちたイエスは，ヨルダン
10:21　イエスは，<聖霊>によって喜びにあ
11:13　どうして<聖霊>を下さらないことが
12:12　言うべきことは…<聖霊>が教えてく
ヨハ 1:33　その方こそ，<聖霊>によってバプテ
14:26　<聖霊>は…すべてのことを教え，ま
20:22　<聖霊>を受けなさい．
使徒 1: 2　使徒たちに<聖霊>によって命じてか
8　<聖霊>があなたがたの上に臨まれる
16　<聖霊>がダビデの口を通して預言さ
2: 4　みなが<聖霊>に満たされ，御霊が話
33　御父から約束された<聖霊>を受けて…この<聖霊>をお注ぎになったので
38　賜物として<聖霊>を受けるでしょう．
4: 8　ペテロは<聖霊>に満たされて，彼ら
31　一同は<聖霊>に満たされ，神のこと
5: 3　<聖霊>を欺いて，地所の代金の一部
32　<聖霊>もそのことの証人です．」
6: 5　信仰と<聖霊>とに満ちた人ステパノ，
7:51　いつも<聖霊>に逆らっているのです．
55　<聖霊>に満たされていたステパノは，
8:15　人々が<聖霊>を受けるように祈った．
16　<聖霊>がまだだれにも下っておられ
17　手を置くと，彼らは<聖霊>を受けた．
19　<聖霊>を受けられるように…権威を
9:17　<聖霊>に満たされるためです．」，
31　<聖霊>に励まされて前進し続けたの
10:38　神はこの方に<聖霊>と力を注がれま
44　すべての人々に，<聖霊>がお下りに
45　異邦人にも<聖霊>の賜物が注がれた
47　私たちと同じように，<聖霊>を受け
11:15　<聖霊>が…彼らの上にもお下りにな
16　<聖霊>によってバプテスマを授けら
24　彼は…<聖霊>と信仰に満ちている人
13: 2　<聖霊>が，「バルナバとサウロをわ
4　ふたりは<聖霊>に遣わされて，セル
9　パウロは，<聖霊>に満たされ，彼を
52　弟子たちは喜びと<聖霊>に満たされ
15: 8　神は…異邦人にも<聖霊>を与えて，
28　<聖霊>と私たちは，次のぜひ必要な
16: 6　語ることを<聖霊>によって禁じられ
19: 2　信じたとき，<聖霊>を受けましたか…<聖霊>の与えられることは，聞き
6　<聖霊>が彼らに臨まれ…異言を語っ
20:23　<聖霊>がどの町でも私にはっきりと
28　<聖霊>は，神がご自身の血をもって
21:11　異邦人の手に渡される』と<聖霊>が
28:25　<聖霊>が預言者イザヤを通してあな

ロマ 5: 5 <聖霊>によって，神の愛が私たちの
9: 1 私の良心も，<聖霊>によってあかし
14:17 義と平和と<聖霊>による喜びだから
15:13 <聖霊>の力によって望みにあふれさ
16 異邦人を，<聖霊>によって聖なるも
Ⅰコリ 6:19 あなたがたのからだは…<聖霊>の宮
12: 3 <聖霊>によるのでなければ，だれも，
Ⅱコリ 6: 6 寛容と親切と，<聖霊>と偽りのない
13:13 キリストの恵み…<聖霊>の交わりが，
エペ 1:13 約束の<聖霊>をもって証印を押され
14 <聖霊>は私たちが御国を受け継ぐこ
4:30 神の<聖霊>を悲しませてはいけません…<聖霊>によって証印を押されて
Ⅰテサ 1: 5 力と<聖霊>と強い確信とによったか
6 多くの苦難の中で，<聖霊>による喜
4: 8 <聖霊>をお与えになる神を拒むので
Ⅱテモ 1:14 私たちのうちに宿る<聖霊>によって，
テト 3: 5 <聖霊>による，新生と更新との洗い
6 神は，この<聖霊>を…豊かに注いで
ヘブ 2: 4 <聖霊>が分け与えてくださる賜物に
3: 7 <聖霊>が言われるとおりです．「き
6: 4 賜物の味を知り，<聖霊>にあずかる
9: 8 <聖霊>は次のことを示しておられま
10:15 <聖霊>も私たちに次のように言って，
Ⅰペテ 1:12 天から送られた<聖霊>によってあな
Ⅱペテ 1:21 預言は…<聖霊>に動かされた人たち
ユダ 20 築き上げ，<聖霊>によって祈り，

▼ せいれん（精錬）

ヨブ 28: 1 金には<精錬>する所がある．
マラ 3: 2 この方は，<精錬>する者の火，布を
Ⅰペテ 1: 7 <精錬>されつつなお朽ちて行く金よ
黙示 1:15 その足は，炉で<精錬>されて光り輝
3:18 火で<精錬>された金をわたしから買

▼ ゼウス〔偶像〕

使徒 14:12 バルナバを<ゼウス>と呼び，パウロ
13 町の門の前にある<ゼウス>神殿の祭

▼ ゼエブ

1. 人名．ミデヤンの首長．士師8:3，詩篇83:11．

2. ゼエブの酒ぶね．士師7:25．

▼ せおう（背負う）

ヨシ 4: 5 石一つずつを<背負>って来なさい．
Ⅱ列 5:23 それを<背負>ってゲハジの先に立っ
イザ 46: 4 しらがになっても…<背負う>．わた
63: 9 昔からずっと，彼らを<背負>い，抱
哀歌 5: 7 彼らの咎を私たちが<背負>いました．
エゼ 12:12 暗いうちに荷物を<背負>って出て行
マタ 8:17 私たちの病を<背負>った．」
27:32 イエスの十字架を…<背負>わせた．

▼ セオリム〔人名〕

ダビデ時代の祭司．第４組の長．Ⅰ歴24:8．

▼ せかい（世界），世界中【別項】全世界

Ⅰサム 2: 8 その上に主は<世界>を据えられまし
Ⅱ列 5:15 イスラエルのほか，<世界>のどこに
Ⅰ歴 16:30 <世界>は堅く建てられ，揺らぐこと
ヨブ 37:12 <世界>の地の面で事を行う．
詩篇 9: 8 主は義によって<世界>をさばき，公
24: 1 <世界>とその中に住むものは主のも
33: 8 <世界>に住む者よ．みな，主の前に
50:12 <世界>とそれに満ちるものはわたし
77:18 いなずまは<世界>を照らし，地は震
90: 2 あなたが地と<世界>とを生み出す前
93: 1 <世界>は堅く建てられ，揺らぐこと
96:13 主は，義をもって<世界>をさばき，
97: 4 主のいなずまは<世界>を照らし，地
イザ 14:17 <世界>を荒野のようにし，町々を絶
21 <世界>の面を彼らの町々で満たさな
18: 3 <世界>のすべての住民よ．地に住む
24: 4 <世界>はしおれ，衰える．天も地と
26: 9 <世界>の住民は義を学んだからです．
18 <世界>の住民はもう生まれません．
27: 6 花を咲かせ，<世界>の面に実を満た
34: 1 <世界>と，そこから生え出たすべて
エレ 10:12 知恵をもって<世界>を堅く建て，英
マタ 5:14 あなたがたは，<世界>の光です．山
13:38 畑はこの<世界>のことで，良い種と
26:13 <世界中>のどこででも，この福音が
ルカ 4: 5 悪魔は…<世界>の国々を全部見せて，
ヨハ 17: 5 <世界>が存在する前に，ごいっしょ
21:25 <世界>も，書かれた書物を入れるこ
使徒 11:28 <世界中>に大ききんが起こると御霊
17: 6 <世界中>を騒がせて来た者たちが，
24 この<世界>とその中にあるすべての
31 この<世界>をさばくため，日を決め
24: 5 <世界中>のユダヤ人の間に騒ぎを起
ロマ 1:20 <世界>の創造された時からこのかた，
4:13 <世界>の相続人となるという約束が，
5:12 ひとりの人によって罪が<世界>に入
11:15 捨てられることが<世界>の和解であ
Ⅰコリ 3:22 <世界>であれ，いのちであれ，死で

5:10 この<世界>から出て行かなければな
6: 2 聖徒が<世界>をさばくようになるこ
とを知らないのですか．<世界>があ
14:10 <世界>にはおそらく非常に多くの種
ガラ 1: 4 キリストは，今の悪の<世界>から私
6:14 <世界>は私に対して十字架につけら
れ，私も<世界>に対して十字架につ
エペ 1: 4 神は私たちを<世界>の基の置かれる
コロ 1: 6 <世界中>で，実を結び広がり続けて
Ⅰテモ 3:16 <世界中>で信じられ，栄光のうちに
ヘブ 1: 2 御子によって<世界>を造られました．
6 長子をこの<世界>にお送りになると
10: 5 キリストは，この<世界>に来て，こ
11: 3 この<世界>が神のことばで造られた
ヤコ 3: 6 舌は火であり，不義の<世界>です．
Ⅱペテ 2: 5 昔の<世界>を赦さず…８人の者を保
護し，不敬虔な<世界>に洪水を起こ
3: 6 当時の<世界>は…洪水におおわれて

▼ セカカ〔地名〕
ユダの荒野の町の一つ．ヨシ15:61.

▼ せがむ
士師 16:16 毎日彼女が…しきりに<せが>み，責
箴言 6: 3 隣人にしつこく<せがむ>がよい．

▼ ゼカリヤ〔人名〕
(1)イスラエルの王．Ⅱ列14:29，15:8，11.
(2)ヒゼキヤの母方の祖父．Ⅱ列18:2.
(3)ルベンの子孫．かしらの一人．Ⅰ歴5:7.
(4)ダビデ時代の門衛．Ⅰ歴9:21，26:2，14.
(5)ギブオンに住んだエイエルの子．Ⅰ歴9:37.
(6)神殿奏楽人のレビ人．Ⅰ歴15:18，20，16:5.
(7)ラッパを吹いた祭司の一人．Ⅰ歴15:24.
(8)ダビデ時代のレビ人．Ⅰ歴24:25.
(9)ダビデ時代の門衛．Ⅰ歴26:11.
(10)マナセ半部族の長イドの父．Ⅰ歴27:21.
(11)ヨシャパテ王時代のつかさの一人．Ⅱ歴17:7.
(12)レビ人ヤハジエルの父．Ⅱ歴20:14.
(13)ヨシャパテ王の第４子．Ⅱ歴21:2.
(14)祭司エホヤダの子．Ⅱ歴24:20，22.
(15)ウジヤ王に教えた人．Ⅱ歴26:5.
(16)アサフ族のレビ人．Ⅱ歴29:13.
(17)宮の修復工事の監督者の一人．Ⅱ歴34:12.
(18)神の宮のつかさの一人．Ⅱ歴35:8.
(19)ゼカリヤ書の著者．エズ5:1，ゼカ1:1.
(20)捕囚帰還のパルオシュ族のかしら．エズ8:3.
(21)捕囚帰還のベバイ族のかしら．エズ8:11.
(22)捕囚帰還の民のかしらの一人．エズ8:16.
(23)異邦人の女をめとった者の一人．エズ10:26.
(24)捕囚帰還のユダヤ人．ネヘ8:4.
(25)捕囚帰還民の一人アタヤの祖父．ネヘ11:4.
(26)捕囚帰還民の一人マアセヤの祖先．ネヘ11:5.
(27)宮の務めをしたアダヤの祖先．ネヘ11:12.
(28)イド族のかしらであった祭司．ネヘ12:16.
(29)城壁奉献式でラッパを吹いた．ネヘ12:35，36.
(30)城壁奉献式でラッパを吹いた祭司．ネヘ12:41.
(31)エベレクヤの子．(2)と同一人か．イザ8:2.

▼ せき
出エ 15: 8 流れは<せき>のように，まっすぐ立
ヨシ 3:13 ヨルダン川の水は…<せき>をなして
16 流れ下る水は…<せき>をなして立ち，
詩篇 78:13 神は…<せき>のように水を立てられ

▼ せき（席）
Ⅰサム 4:18 エリはその<席>から門のそばにあお
20:18 あなたの<席>があくので，あなたの
24 新月祭になって，王は食事の<席>に
25 王は…壁寄りの<席>の自分の<席>に
…アブネルはサウルの横の<席>に着
エス 3: 1 ハマンを重んじ…その<席>を，彼と
雅歌 2: 4 あの方は私を酒宴の<席>に伴われま
マタ 9:10 イエスが家で食事の<席>に着いてお
マコ 14:15 <席>が整って用意のできた２階の広
18 みなが<席>に着いて，食事をしてい
ルカ 14: 9 この人に<席>を譲ってください』と
22 でも，まだ<席>があります．』
22:12 主人は，<席>が整っている２階の大
14 イエスといっしょに<席>に着いた．
ヨハ 13:12 イエスは…再び<席>に着いて，彼ら
23 イエスの右側で<席>に着いていた．
28 <席>に着いている者で，イエスが何
使徒 6:15 議会で<席>に着いていた人々はみな，
13:14 安息日に会堂に入って<席>に着いた．
25: 6 フェストは…裁判の<席>に着いて，
ヤコ 2: 3 あなたは，こちらの良い<席>におす

▼ せき（籍）
エゼ 13: 9 イスラエルの家の<籍>にも入れられ

▼ せきぞう（石像）
レビ 26: 1 <石像>を立てて，それを拝んではな
民数 33:52 彼らの<石像>をすべて粉砕し，彼ら
エゼ 8:12 暗い所，その<石像>の部屋で行って

▼せきにん（責任）

創世 43: 9　私に<責任>を負わせてください．万
民数 4:16　エルアザルの<責任>は，ともしび用
申命 18:19　わたしが彼に<責任>を問う．
Ⅰサム 10:25　サムエルは民に王の<責任>を告げ，
エゼ 3:18　血の<責任>をあなたに問う．33:6.
マタ 27:24　私には<責任>がない．自分たちで始
マコ 13:34　仕事を割り当てて<責任>を持たせ，
ルカ 11:50-51　預言者の血の<責任>を，この時代が
使徒 18: 6　私には<責任>がない．今から私は異
20:26　さばきについて<責任>がありません．
ロマ 8:12　肉に従って歩む<責任>を，肉に対し

▼セク〔地名〕

ギブアとラマを結ぶ道路沿いの地．Ｉサム19:22.

▼セグブ〔人名〕

(1)ヒエルの末子．Ｉ列16:34.
(2)ヘツロンとマキルの娘の間の子．Ｉ歴2:21.

▼セクンド〔人名〕

テサロニケのキリスト者．使徒20:4.

▼ゼケル〔人名〕

ギブオンに住むベニヤミンの子孫．Ｉ歴8:31.

▼せだい（世代）

民数 32:13　その<世代>の者がみな死に絶えてし
申命 1:35　この悪い<世代>のこれらの者のうち
2:14　その<世代>の戦士たちはみな，宿営
ヨシ 22:27　後の<世代>との間の証拠とし，私た
士師 2:10　その同<世代>の者もみな，その先祖
詩篇 49:19　あなたは，自分の先祖の<世代>に行
箴言 30:11　自分の父をのろい，自分の母を祝福しない<世代>．12，13，14.
エレ 7:29　主は，この<世代>の者を，激しく怒
ピリ 2:15　曲がった邪悪な<世代>の中にあって

▼せたけ（背たけ）

ルカ 2:52　<背たけ>も大きくなり，神と人とに

▼ゼタム〔人名〕

宮の宝物倉を管理した．Ｉ歴23:8，26:22.

▼ゼタル〔人名〕

ペルシヤ王に仕えた宦官の一人．エス1:10.

▼ゼタン〔人名〕

ベニヤミン族出身．一族のかしら．Ｉ歴7:10.

▼セツ〔人名〕

アダムとエバとの間の第３子．創世4:25，26，5:3，4，6，7，8，Ｉ歴1:1，ルカ3:38.

▼せっかい（石灰）

申命 27: 2　大きな石を立て…<石灰>を塗りなさ

▼せっきょう（説教）

マタ 12:41　ヨナの<説教>で悔い改めたからです．

▼せっこう（斥候）

ヨシ 2: 1　ふたりの者を<斥候>として遣わして，
6:23　<斥候>になったその若者たちは，行
Ⅰサム 26: 4　<斥候>を送り，サウルが確かに来た

▼せっこう（石膏）

マタ 26: 7　高価な香油の入った<石膏>のつぼを持って．マコ14:3，ルカ7:37.

▼せつじつ（切実）

ロマ 8:19　被造物も，<切実>な思いで神の子ど

▼せっせい（節制）

使徒 24:25　パウロが正義と<節制>とやがて来る
Ⅱテモ 3: 3　<節制>のない者，粗暴な者，善を好

▼せっとく（説得），説得力

マタ 28:14　私たちがうまく<説得>して，あなた
使徒 19: 8　論じて，彼らを<説得>しようと努め
Ⅰコリ 2: 4　<説得力>のある知恵のことばによっ
Ⅱコリ 5:11　私たちは…人々を<説得>しようとす

▼せつなる（切なる），切に

Ⅱ歴 8: 6　領地に建てたいと<切に>願っていた
33:13　その<切なる>求めを聞いて，彼をエ
詩篇 6: 9　主は私の<切なる>願いを聞かれた．
55: 1　私の<切なる>願いから，身を隠さな
119:170　私の<切なる>願いが御前に届きます
ルカ 22:44　イエスは…いよいよ<切に>祈られた．
ロマ 15:20　宣べ伝えることを<切に>求めたので
30　御霊の愛によって<切に>お願いしま
ピリ 1:20　私の<切なる>祈りと願いにかなって
Ⅰテサ 2:17　顔を見たいと<切に>願っていました．

▼ぜつぼう（絶望）

ヨブ 6:26　<絶望>した者のことばは風のようだ．
伝道 2:20　労苦を思い返して<絶望>した．
哀歌 3:54　私は「もう<絶望>だ」と言った．

▼せつめい（説明）

創世 41:24　だれも私に<説明>できる者はいなか
申命 1: 5　モーセは，このみおしえを<説明>し
エズ 4:18　書状は，私の前で<説明>して読まれ
エゼ 37:18　どういう意味か…<説明>してくれま
マタ 13:36　畑の毒麦のたとえを<説明>してくだ
15:15　そのたとえを<説明>してください．」
ルカ 24:32　聖書を<説明>してくださった間も，
使徒 9:27　宣べた様子などを彼らに<説明>した．

10: 8　全部のことを<説明>してから，彼ら
11: 4　ペテロは…順序正しく<説明>して言
13:41　どんなに<説明>しても…信じられな
15:14　シメオンが<説明>したとおりです．
17: 3　<説明>し…イエスこそ，キリストな
18:26　神の道をもっと正確に…<説明>した．
Iペテ 3:15　希望について<説明>を求める人には，

▼ ぜつめつ（絶滅）

レビ 27:28　<絶滅>すべき聖絶のものは何でも，
民数 16:21　わたしはこの者どもを…<絶滅>して
申命 28:21　…地から，あなたを<絶滅>される．
ダニ 9:27　定められた<絶滅>が，荒らす者の上

▼ せつり（摂理）

ヨブ 38: 2　<摂理>を暗くするこの者はだれか．
箴言 8:14　<摂理>とすぐれた知性とはわたしの

▼ ゼデキヤ〔人名〕

(1)偽預言者．ケナアナの子．I列22:11，24．
(2)エコヌヤの子．I歴3:16．
(3)ユダの最後の王．II列24:17，18，20，25:1，7，I歴3:15，エレ34:4，37:3，52:1．
(4)捕囚帰還後，盟約を結んだ人．ネヘ10:1．
(5)偽預言者．マアセヤの子．エレ29:21，22．
(6)ユダの首長の一人．エレ36:12．

▼ セデ・ツォフィム〔地名〕

ピスガに関連する場所か．民数23:14．

▼ せとのかけらのもん（瀬戸のかけらの門）

エルサレム南西にある隅の門．エレ19:2．

▼ セトル〔人名〕

カナンの地を探った斥候の一人．民数13:13．

▼ セナア

1. 地名．エリコに近い所．エズ2:35，ネヘ7:38．
2. 人名．捕囚帰還の家族の長．ネヘ3:3．

▼ せなか（背中）

創世 49:13　その<背中>はシドンにまで至る．
Iサム 17: 6　すね当て，<背中>には青銅の投げ槍．
ヨブ 20:25　引き抜くと，それは彼の<背中>から
イザ 51:23　あなたは<背中>を地面のようにし，

▼ セナケリブ〔人名〕

アッシリヤの王．サルゴン2世の子．II列18:13，19:16，36，II歴32:1，イザ36:1，37:37．

▼ ゼナス〔人名〕

律法学者．テト3:13．

▼ セニル〔地名〕

ヘルモン山の別名．申命3:9，雅歌4:8．

▼ セヌア〔人名〕

捕囚帰還のベニヤミン族サルの先祖．I歴9:7，ネヘ11:9．

▼ セネ

ミクマスの渡し場の岩の名．Iサム14:4．

▼ セバ

1. 地名．エチオピヤの一地方か．シェバと密接な関係あり．詩篇72:10，イザ43:3．
2. 人名．クシュの子孫．I歴1:9．
3. セバ人．イザ45:14．

▼ ゼバデヤ〔人名〕

(1)ベニヤミンの子孫ベリアの子．I歴8:15．
(2)ベニヤミンの子孫エルパアルの子．I歴8:17．
(3)ダビデに従った者の一人．I歴12:7．
(4)レビ人コラの子孫．門衛．I歴26:2．
(5)ダビデ第4軍団の長．I歴27:7．
(6)主の律法を教えたレビ人の一人．II歴17:8．
(7)ヨシャパテ時代のユダのつかさ．II歴19:11．
(8)捕囚帰還のシェファテヤ族のかしら．エズ8:8．
(9)異邦人の女をめとった者の一人．エズ10:20．

▼ ゼパニヤ〔人名〕

(1)エレミヤ時代の祭司．II列25:18，エレ21:1．
(2)ゼパニヤ書の著者．ゼパ1:1．
(3)レビ人ケハテ族のタハテの子．I歴6:36．
(4)捕囚帰還のヨシヤの父．ゼカ6:10，14．

▼ ゼバフ〔人名〕

ミデヤン人の王の一人．士師8:5，詩篇83:11．

▼ セバム〔地名〕

ルベンの町．民数32:3．

▼ ゼビナ〔人名〕

異邦人の女をめとった者の一人．エズ10:43．

▼ セファラデ〔地名〕

小アジヤのサルデスと同地．オバ20．

▼ セファル〔地名〕

南アラビヤ地方か．創世10:30．

▼ セファルワイム

1. 地名．北シリヤの町．II列17:24，イザ36:19．
2. セファルワイム人．II列17:31．

▼ ゼブダ〔人名〕

ユダの王ヨシヤの妻．II列23:36．

せ

▼ゼブル〔人名〕
アビメレクの役人．士師9:28，41．

▼ゼブルン
1．人名．ヤコブとレアの子．創世30:20，35:23，49:13，出エ1:3，Ⅰ歴2:1，詩篇68:27，マタ4:13，15，黙示7:8．
2．ゼブルン族（人）．ヨシ19:10，士師12:11．

▼ゼベダイ〔人名〕
ヤコブとヨハネの父．マタ4:21，10:2，20:20，26:37，27:56，マコ1:20，ルカ5:10，ヨハ21:2．

▼セベネ〔地名〕
エジプトの町．エゼ29:10，30:6．

▼せまい（狭い）
民数 22:24　主の使いは…<狭い>道に立っていた．
26　主の使いは…<狭い>所に立った．
ヨシ 17:15　エフライムの山地は…<狭>すぎるの
Ⅱ列 6: 1　この場所は<狭>くなりましたので，
箴言 23:27　見知らぬ女は<狭い>井戸だから．
イザ 28:20　毛布も，身をくるむには<狭>すぎる
49:19　人が住むには<狭>すぎるようになり，
20　この場所は，私には<狭>すぎる．私
エゼ 42: 5　上の部屋は…下の部屋よりも，また2階の部屋よりも<狭>かった．6．
マタ 7:13　<狭い>門から入りなさい．滅びに至
14　いのちに至る門…その道は<狭>く，
ルカ 13:24　努力して<狭い>門から入りなさい．

▼セマクヤ〔人名〕
ダビデ時代の勇者．門衛．Ⅰ歴26:7．

▼ゼミラ〔人名〕
ベニヤミン族ベケルの子．Ⅰ歴7:8．

▼セム〔人名〕
ノアの長子．創世5:32，7:13，9:18，23，26，27，10:1，21，31，11:10，Ⅰ歴1:4，ルカ3:36．

▼せめのぼる（攻め上る）
民数 13:31　私たちは…<攻め上>れない．あの民
Ⅱサム 5:24　そのとき，あなたは<攻め上>れ．そ
Ⅰ列 14:25　エジプトの王…が…<攻め上>って来
Ⅱ列 17: 5　アッシリヤの王は…<攻め上>り，サ
24: 1　ネブカデネザルが<攻め上>って来た．
箴言 21:22　知恵のある者は…町に<攻め上>って，
エレ 49:28　ケダルへ<攻め上>り，東の人々を荒
エゼ 23:46　集団を彼らに向けて<攻め上>らせ，
ヨエ 1: 6　一つの国民が…国に<攻め上>った．

▼せめる（攻める）【別項】攻め上る
創世 34:30　私を<攻め>，私を打つならば，私も
49:23　弓を射る者は彼を激しく<攻め>，彼
申命 20:19　町を包囲して，これを<攻め>取ろう
ヨシ 6:20　民は…その町を<攻め>取った．
7: 9　この地の住民が…<攻め>囲み，私た
士師 1: 8　ユダ族はエルサレムを<攻め>て，こ
3:28　ヨルダン川の渡し場を<攻め>取って，
9:45　アビメレクは…この町を<攻め>取り，
15: 9　陣を敷き，レヒを<攻め>たとき，
20:24　ベニヤミン族に<攻め>寄せたが，
Ⅰサム 23: 1　ペリシテ人がケイラを<攻め>て，打
8　ダビデとその部下を<攻め>て封じ込
28:15　ペリシテ人が私を<攻め>て来るのに，
Ⅱサム 5: 7　ダビデはシオンの要害を<攻め>取っ
12:26　ヨアブは…この王の町を<攻め>取っ
Ⅰ列 16:18　ジムリは町が<攻め>取られるのを見
20: 1　ベン・ハダデは…包囲して<攻め>，
22　アラムの王があなたを<攻め>に上っ
Ⅱ列 3:21　王たちが彼らを<攻め>に上って来た
15:37　主は…これを<攻め>始めておられた．
16: 7　私を<攻め>ているアラムの王とイス
18:10　3年の後，これを<攻め>取った．つ
19:32　塁を築いてこれを<攻める>こともな
Ⅱ歴 6:28　この地の町々を<攻め>囲んだ場合，
32: 1　セナケリブが…そこに<攻め>入ろう
ヨブ 30:21　御手の力で，私を<攻め>たてられま
箴言 16:32　心を治める者は町を<攻め>取る者に
イザ 7: 1　ペカが…これを<攻め>たが，戦いに
20: 1　アシュドデを<攻め>，これを取った
31: 4　シオンの山とその丘を<攻める>．
37: 8　リブナを<攻め>ていたアッシリヤの
エレ 21: 2　ネブカデレザルが私たちを<攻め>て
32:24　この町を<攻め>取ろうとして，塁が
38:28　エルサレムが<攻め>取られる日まで，
39: 1　エルサレムに<攻め>て来て，これを
エゼ 24: 2　バビロンの王がエルサレムに<攻め>
38:16　あなたに，わたしの地を<攻め>させ
ダニ 11:24　彼は…要塞を<攻める>が，それは，
ハバ 3:16　私たちを<攻める>民に襲いかかる悩
ゼカ 14: 2　わたしは…エルサレムを<攻め>させ
マタ 11:12　天の御国は激しく<攻め>られていま
ルカ 19:43　塁を築き…四方から<攻め>寄せ，

▼せめる（責める），責め
ヨシ 22:23　主ご自身が私たちを<責め>てくださ
士師 8: 1　彼らはギデオンを激しく<責め>た．
Ⅰ歴 16:21　彼らのために王たちを<責め>られた．

ネヘ 5:7 私は大集会を開いて彼らを<責め>,
ヨブ 5:17 幸いなことよ．神に<責め>られるそ
6:26 ことばで私を<責める>つもりか．絶
13:10 神は必ずあなたがたを<責める>．
27:6 私の良心は生涯私を<責め>はしない．
40:2 神を<責める>者は，それを言いたて
詩篇 6:1 御怒りで私を<責め>ないでください．
38:1 大きな怒りで私を<責め>ないでくだ
39:11 あなたは，不義を<責め>て人を懲ら
50:8 いけにえのことで…<責める>のでは
57:3 私を踏みつける者どもを，<責め>て
箴言 9:7 悪者を<責める>者は，自分が傷を受
8 あざける者を<責める>な…知恵のあ
る者を<責め>よ．そうすれば，彼は
17:10 悟りのある者を１度<責める>ことは，
19:25 悟りのある者を<責め>よ．そうすれ
24:25 悪者を<責める>者は喜ばれ，彼らに
27:5 あからさまに<責める>のは，ひそか
28:23 人を<責める>者は，へつらいを言う
29:1 <責め>られても，なお，うなじのこ
30:6 神が，あなたを<責め>ないように，
イザ 37:4 その聞かれたことばを<責め>られま
54:9 あなたを<責め>ないとわたしは誓う．
66:15 火の炎をもって<責め>たてる．
エレ 2:19 あなたの背信が，あなたを<責める>．
29:27 エレミヤを<責め>ないのですか．
ホセ 4:4 だれも<責め>てはならない．しかし
マラ 2:3 あなたがたの子孫を<責め>，あなた
マタ 11:20 悔い改めなかったので，<責め>始め
18:15 ふたりだけのところで<責め>なさい．
マコ 14:5 その女をきびしく<責め>た．
16:14 不信仰とかたくなな心をお<責め>に
ルカ 3:19 ヨハネに<責め>られたので，
ヨハ 8:46 わたしに罪があると<責める>者がい
使徒 24:16 神の前にも人の前にも<責め>られる
ロマ 2:15 彼らの思いは互いに<責め>合ったり，
3:9 すべての人が罪の下にあると<責め>
9:19 なぜ，神は人を<責め>られるのです
Ⅰコリ 1:8 キリストの日に<責め>られるところ
Ⅱコリ 5:19 違反行為の<責め>を人々に負わせな
7:3 <責める>ためにこう言うのではあり
コロ 2:14 私たちを<責め>立てている債務証書
Ⅰテサ 2:10 <責め>られるところがないようにふ
3:13 <責め>られるところのない者として
Ⅱテモ 4:2 <責め>，戒め，また勧めなさい．
テト 1:6 その子どもは不品行を<責め>られた
2:15 話し，勧め，また，<責め>なさい．
ヘブ 12:5 主に<責め>られて弱り果ててはなら
ヤコ 2:9 律法によって違反者として<責め>ら
Ⅰヨハ 3:20 たとい自分の心が<責め>てもです．
21 もし自分の心に<責め>られなければ，

▼ セラ

1. 地名．エドムの首都．後に，ユダのアマツヤが占領，ヨクテエルと改名した．士師1:36.

2. 音楽的用語か．詩篇3:2, 4, 8, 4:2, 4, 7:5, 20:3, 21:2, 24:6, 10, 32:4, 5, 7, 39:5, 11, 44:8, 46:3, 7, 11, 48:8, 61:4, 84:4, 8, 88:7, 10, 89:4, 37, 45, 48, 140:3, 5, 8, 143:6, ハバ3:3, 9, 13.

▼ セラフ〔人名〕

アシェルの娘．創世46:17, Ⅰ歴7:30.

▼ ゼラフ〔人名〕

(1)レウエルの子．創世36:13, 33, Ⅰ歴1:37.
(2)ユダとタマルの間の子．創世38:30, ヨシ7:1.
(3)シメオンの子．また彼の子孫．民数26:13, Ⅰ歴4:24.
(4)レビ人．ゲルショムの子孫．Ⅰ歴6:21, 41.
(5)クシュ人．アサ王と戦って敗れる．Ⅱ歴14:9.

▼ セラフィム

イザ 6:2 <セラフィム>がその上に立って．6.

▼ ゼラヘヤ〔人名〕

(1)祭司．エズラの先祖の一人．Ⅰ歴6:6, エズ7:4.
(2)エズラと共に帰還した一人．エズ8:4.

▼ セラヤ

1. 人名．
(1)ダビデの書記官．Ⅱサム8:17.
(2)祭司のかしら．Ⅱ列25:18, エレ52:24.
(3)ネトファ人．将校の一人．Ⅱ列25:23.
(4)ケナズの子孫．エフネの子．Ⅰ歴4:13, 14.
(5)シメオン族アシエルの子．Ⅰ歴4:35.
(6)捕囚帰還民の一人．エズ2:2.
(7)捕囚帰還の祭司．セラヤ族の祖．ネヘ12:1.
(8)エホヤキム王の家来．エレ36:26.
(9)ネリヤの子．宿営の長．エレ51:59, 61.

2. セラヤ族．ネヘ12:12.

▼ セルギオ・パウロ〔人名〕

キプロスの地方総督．使徒13:7.

▼ セルキヤ〔地名〕
アンテオケの外港．使徒13:4.

▼ セルグ〔人名〕
ナホルの父．創世11:20，Ｉ歴1:26，ルカ3:35.

▼ ゼルバベル〔人名〕
エホヤキンの孫．第１回帰還民の指導者．Ｉ歴3:19，エズ2:2，ネヘ7:7，ハガ1:1，ゼカ4:6.

▼ ゼレシュ〔人名〕
ペルシヤ王の重臣ハマンの妻．エス5:10，14.

▼ セレデ
1. 人名.
(1)ユダ族ナダブの長子．Ｉ歴2:30.
(2)ゼブルンの長子．創世46:14，民数26:26.
2. セレデ族．1.(2)出身の氏族．民数26:26.

▼ ゼレデ
エドムとモアブの境を流れる谷川．申命2:13.

▼ せわ（世話），世話役
申命 32:10　これをいだき，<世話>をして，ご自
Ｉサム 4:20　彼女の<世話>をしていた女たちが，
エゼ 16:49　貧しい者の<世話>をしなかった．
34:12　その群れの<世話>をするように，わたしはわたしの羊を…<世話>をする．
ダニ 1:11　アザルヤのために任命した<世話役>
ホセ 14: 8　わたしが答え，わたしが<世話>をす
マタ 25:44　お<世話>をしなかったのでしょうか．
ヨハ 2: 8　宴会の<世話役>のところに持って行
使徒 24:23　友人たちが<世話>をすることを許し
Ｉテモ 3: 5　どうして神の教会の<世話>をするこ
ヤコ 1:27　困っているときに<世話>をし，この

▼ せん（千），千倍
Ｉサム 18: 7　サウルは<千>を打ち，ダビデは万を
ヨブ 9: 3　<千>に一つも答えられまい．
雅歌 4: 4　その上には<千>の盾が掛けられてい
黙示 5:11　万の幾万倍，<千>の幾<千倍>であっ

▼ ぜん（善）
創世 44: 4　なぜ…悪をもって<善>に報いるのか．
出エ 33:19　わたしのあらゆる<善>をあなたの前
民数 24:13　<善>でも悪でも，私の心のままにす
IIサム 14:17　<善>と悪とを聞き分けられるからで
ヨブ 30:26　私が<善>を望んだのに，悪が来，光
詩篇 14: 1　<善>を行う者はいない．3，53:1.
34:14　悪を離れ，<善>を行え．37:27.
35:12　彼らは<善>にかえて悪を報い，私の
36: 3　彼は…<善>を行うこともやめてしま
37: 3　主に信頼して<善>を行え．地に住み，
52: 3　おまえは，<善>よりも悪を…愛して
箴言 3:27　あなたの手に<善>を行う力があると
11:27　熱心に<善>を捜し求める者は恵みを
伝道 6:12　何が人のために<善>であるかを．だ
7:20　<善>を行い，罪を犯さない正しい人
12:14　神は，<善>であれ悪であれ，すべて
イザ 1:17　<善>をなすことを習い，公正を求め，
5:20　悪を<善>，<善>を悪と言っている者
7:15　悪を退け，<善>を選ぶことを知るこ
エレ 4:22　彼らは…<善>を行うことを知らない．
13:23　<善>を行うことができるだろう．
ホセ 8: 3　イスラエルは<善>を拒んだ．敵は，
アモ 5:14　<善>を求めよ．悪を求めるな．そう
15　悪を憎み，<善>を愛し，門で正しい
ミカ 3: 2　あなたがたは<善>を憎み，悪を愛し，
マコ 3: 4　安息日にしてよいのは，<善>を行うことなのか．ルカ6:9.
ヨハ 5:29　<善>を行った者は，よみがえってい
ロマ 2: 7　忍耐をもって<善>を行い，栄光と誉
10　<善>を行うすべての者の上にありま
3: 8　<善>を現すために，悪をしようでは
12　<善>を行う人はいない．ひとりもい
7:18　私の肉のうちに<善>が住んでいない…<善>をしたいという願いがいつも
19　したいと思う<善>を行わないで，か
21　私は，<善>をしたいと願っているの
9:11　<善>も悪も行わないうちに，神の選
12: 9　悪を憎み，<善>に親しみなさい．
21　<善>をもって悪に打ち勝ちなさい．
16:19　<善>にはさとく，悪にはうとくあっ
IIコリ 5:10　<善>であれ悪であれ…行為に応じて
ガラ 6: 9　<善>を行うのに飽いてはいけません．
10　信仰の家族の人たちに<善>を行いま
Ｉテサ 5:15　いつも<善>を行うよう務めなさい．
IIテサ 1:11　<善>を慕うあらゆる願いと信仰の働
IIテモ 3: 3　粗暴な者，<善>を好まない者になり，
テト 1: 8　<善>を愛し，慎み深く，正しく，敬
ヘブ 13:16　<善>を行うことと，持ち物を人に分
Ｉペテ 2:14　<善>を行う者をほめるように王から
15　<善>を行って，愚かな人々の無知の
20　<善>を行っていて苦しみを受け，そ
3: 6　<善>を行えば，サラの子となるので
11　悪から遠ざかって<善>を行い，平和
13　あなたがたが<善>に熱心であるなら，
4:19　<善>を行うにあたって，真実であら

Ⅲヨハ 11 <善>を見ならいなさい．<善>を行う

▼ ぜんあく（善悪）

創世 2: 9 <善悪>の知識の木を生えさせた．
3: 5 神のようになり，<善悪>を知るよう
31:24 ヤコブと，事の<善悪>を論じないよ
申命 1:39 今はまだ<善悪>のわきまえのないあ
Ⅰ列 3: 9 <善悪>を判断してあなたの民をさば

▼ ぜんい（善意）

士師 8:35 イスラエルに尽くした<善意>のすべ
ロマ 15:14 <善意>にあふれ，すべての知恵に満
ガラ 5:22 御霊の実は，愛，喜び…<善意>，誠
エペ 5: 9 光の結ぶ実は…<善意>と正義と真実
ピリ 1:15 人々の中には…<善意>をもってする

▼ せんか（戦果）

Ⅰサム 18:30 ダビデは…すべてにまさる<戦果>を

▼ ぜんか（全家）

民数 12: 7 彼はわたしの<全家>を通じて忠実な
20:29 イスラエルの<全家>．Ⅰサム7:2，3，Ⅱサム6:5，15，エゼ5:4，20:40，37:11，16，39:25．
Ⅱサム 6:11 主はオベデ・エドムと彼の<全家>を
21 その<全家>よりも，むしろ私を選ん
Ⅰ列 12:21 ユダの<全家>とベニヤミンの部族か
Ⅰ歴 10: 6 彼の<全家>も，共に死んだ．
エレ 9:26 イスラエルの<全家>も心に割礼を受
エゼ 3: 7 イスラエルの<全家>は鉄面皮で，心
12:10 イスラエルの<全家>にかかわるもの

▼ ぜんかいしゅう（全会衆）

出エ 12: 3 イスラエルの<全会衆>に告げて言え．
16: 1 イスラエル人の<全会衆>は，エリム
レビ 4:13 <全会衆>があやまっていて，あるこ
8: 3 <全会衆>を会見の天幕の入口の所に
9: 5 <全会衆>が近づき，主の前に立った．
10: 6 怒りが<全会衆>に下らないためであ
24:14 <全会衆>はその者に石を投げて殺せ．
民数 1: 2 <全会衆>を…数えて人口調査をせよ．
18 第2月の1日に<全会衆>を召集した．
3: 7 アロンの任務と<全会衆>の任務を果
13:26 イスラエルの<全会衆>のところに行
14: 1 <全会衆>は大声をあげて叫び，民は
2 <全会衆>は彼らに言った．「私たち
36 <全会衆>をモーセにつぶやかせた者
15:24 <全会衆>は，主へのなだめのかおり
25 祭司が…<全会衆>の贖いをするなら，
33 その者を…<全会衆>のところに連れ
16: 3 <全会衆>残らず聖なるものであって，
19 <全会衆>を会見の天幕の入口に集めて…主の栄光が<全会衆>に現れた．
31:27 戦士たちと，<全会衆>との間に二分
ヨシ 9:18 <全会衆>は族長たちに向かって不平
19 族長たちはみな，<全会衆>に言った．
22:16 主の<全会衆>はこう言っている．
士師 21:13 <全会衆>は，リモンの岩にいるベニ
Ⅰ列 8: 5 <全会衆>が彼とともに，箱の前に行
使徒 15:12 <全会衆>は沈黙してしまった．そし

▼ ぜんぎかい（全議会）

マタ 26:59 祭司長たちと<全議会>は，イエスを死刑にするために．マコ14:55．
マコ 15: 1 <全議会>とは協議をこらしたすえ，
使徒 22:30 祭司長たちと<全議会>の召集を命じ，

▼ せんきょう（宣教），宣教者

ロマ16:25-26 イエス・キリストの<宣教>によって
Ⅰコリ 1:21 <宣教>のことばの愚かさを通して，
2: 4 私の<宣教>とは，説得力のある知恵
15:14 私たちの<宣教>は実質のないものに
Ⅱテモ 1:11 私は…<宣教者>，使徒，また教師と
テト 1: 3 このみことばを<宣教>によって明らかにされました．私は，この<宣教>

▼ ぜんきょうかい（全教会）

使徒 15:22 <全教会>もともに，彼らの中から人
ロマ 16:23 私と<全教会>との家主であるガイオ
黙示 2:23 <全教会>は，わたしが人の思いと心

▼ せんげん（宣言）

出エ 33:19 主の名で，あなたの前に<宣言>しよ
レビ 25:10 すべての住民に解放を<宣言>する．
ダニ 4:17 この<宣言>は見張りの者たちの布告
24 これは，いと高き方の<宣言>であっ
ミカ 3: 5 聖戦を<宣言>する．
Ⅱテサ 2: 4 自分こそ神であると<宣言>します．

▼ せんけんしゃ（先見者）

Ⅱサム 24:11 ダビデの<先見者>である預言者ガド
Ⅱ列 17:13 すべての<先見者>を通して，イスラ
Ⅰ歴 25: 5 王の<先見者>ヘマンの子らであった．
29:29 <先見者>ガドの言行録に…しるされ
Ⅱ歴 9:29 <先見者>イドが見たネバテの子ヤロ
19: 2 <先見者>ハナニの子エフーが彼の前
29:30 ダビデおよび<先見者>アサフのこと
33:18 彼に語った<先見者>たちのことばは，
35:15 王の<先見者>エドトンの命令のとお
イザ 29:10 あなたがたの頭，<先見者>たちをお

30:10 彼らは…<先見者>にはこう言う.
アモ 7:12 <先見者>よ. ユダの地へ逃げて行け.
ミカ 3: 7 <先見者>たちは恥を見, 占い師たち

▼ぜんこう（善行）

ネヘ 6:19 私の前でトビヤの<善行>を語り, 私
マタ 6: 1 人前で<善行>をしないように気をつ
コロ 1:10 あらゆる<善行>のうちに実を結び,
ヘブ 10:24 愛と<善行>を促すように注意し合お

▼せんこく（宣告）

Ⅱ列 9:25 主が彼にこの<宣告>を下されたこと
25: 6 彼を連れ上り, 彼に<宣告>を下した
詩篇 51: 4 あなたが<宣告>されるとき, あなた
76: 8 あなたの<宣告>が天から聞こえると,
109:31 死刑を<宣告>する者たちから, 彼を
箴言 16:10 王のくちびるには神の<宣告>がある.
伝道 8:11 悪い行いに対する<宣告>がすぐ下さ
イザ 13: 1 バビロンに対する<宣告>.
17: 1 ダマスコに対する<宣告>. 見よ. ダ
19: 1 エジプトに対する<宣告>. 見よ. 主
21: 1 海の荒野に対する<宣告>. ネゲブに
13 アラビヤに対する<宣告>. デダン人
エレ 23:33 主の<宣告>とは何か』とあなたに尋
39: 5 そこで, 王は彼に<宣告>を下した.
52: 9 バビロンの王は彼に<宣告>を下した
ゼパ 3:15 主はあなたへの<宣告>を取り除き,
マタ 7:23 わたしは彼らにこう<宣告>します.
ルカ 23:24 要求どおりにすることを<宣告>した.

▼ぜんこく（全国）

マコ 1: 5 ユダヤ<全国>の人々とエルサレムの
ルカ 4:25 <全国>に大ききんが起こったとき,

▼1335にち（1335日）

ダニ 12:12 幸いなことよ…<1335日>に達する者

▼せんし（戦士）

民数 31:28 いくさに出た<戦士>たちからは, 人
申命 2:14 その世代の<戦士>たちはみな, 宿営
Ⅰサム 16:18 琴がじょうずで勇士であり, <戦士>
Ⅱ列 24:16 勇敢な<戦士>を…捕囚としてバビロ
25: 4 <戦士>たちはみな夜のうちに, 王の
Ⅰ歴 12:38 並び集まったこれらの<戦士>たちは,
Ⅱ歴 8: 9 彼らは<戦士>であり, 彼の補佐官の
イザ 42:13 主は…<戦士>のように激しく奮い立
エレ 51:32 <戦士>たちはおじ惑っている.」
52: 7 町が破られ, <戦士>たちはみな逃げ
エゼ 39:20 すべての<戦士>に食べ飽きる. ——
ヨエ 2: 7 <戦士>のように城壁をよじのぼる.
ハバ 3:14 <戦士>たちの頭に矢を刺し通されま

▼せんしゃ（戦車）, 戦車隊, 戦車隊長

【別項】火の戦車

創世 50: 9 <戦車>と騎兵も, 彼とともに上って
出エ 14: 6 パロは<戦車>を整え, 自分でその軍
25 その<戦車>の車輪をはずして, 進む
15: 4 主はパロの<戦車>も軍勢も海の中に
申命 11: 4 エジプトの軍勢とその馬と<戦車>と
20: 1 馬や<戦車>…を見ても…恐れてはな
ヨシ 11: 4 馬や<戦車>も非常に多かった.
6 <戦車>を火で焼かなければならない.
17:16 鉄の<戦車>を持っています.」
24: 6 エジプト人は, <戦車>と騎兵とをも
士師 1:19 谷の住民は鉄の<戦車>を持っていた
4: 3 彼は鉄の<戦車>900両を持ち, その
15 シセラは<戦車>から飛び降り, 徒歩
16 バラクは<戦車>と陣営を…追いつめ
Ⅰサム 8:11 彼らを自分の<戦車>や馬に乗せ, 自
12 武具や, <戦車>の部品を作らせる.
13: 5 <戦車>3万, 騎兵6千, それに海辺
Ⅱサム 1: 6 <戦車>と騎兵があの方に押し迫って
8: 4 ダビデは, その<戦車>全部の馬の足
15: 1 アブシャロムは自分のために<戦車>
Ⅰ列 4:26 ソロモンは<戦車>用の馬のための馬
7:33 その車輪の作りは<戦車>の…と同じ
9:19 <戦車>のための町々, 騎兵のための
22 <戦車隊>と騎兵隊の長であったから
10:26 ソロモンは<戦車>と騎兵を集めたが,
29 輸入された<戦車>は銀600, 馬は銀
16: 9 <戦車隊>の半分の長であるジムリが
20: 1 彼には32人の王と, 馬と<戦車>とが
22:31 自分の配下の<戦車隊長>たち32人に
34 王は自分の<戦車>の御者に言った.
35 傷から出た血は<戦車>のくぼみに流
Ⅱ列 2:12 イスラエルの<戦車>と騎兵たち」と
6:17 火の馬と<戦車>がエリシャを取り巻
7: 6 <戦車>の響き, 馬のいななき, 大軍
14 2台分の<戦車>の馬を取ると, 王は,
8:21 ヨラムは, すべての<戦車>を率いて
Ⅰ歴 18: 4 ダビデは, その<戦車>全部の馬の足
Ⅱ歴 1:14 ソロモンは<戦車>と騎兵を集めたが,
9:25 ソロモンは4千の馬屋と<戦車>, お
14: 9 100万の軍勢と300台の<戦車>を率い
18:30 自分の配下の<戦車隊長>たちに命じ
詩篇 46: 9 槍を断ち切り, <戦車>を火で焼かれ

雅歌 1: 9 パロの<戦車>の雌馬になぞらえよう.
イザ 2: 7 その国は…<戦車>も数限りない.
22: 6 <戦車>と兵士と騎兵を引き連れ，キ
31: 1 多数の<戦車>と，非常に強い騎兵隊
37:24 多くの<戦車>を率いて，私は山々の
43:17 <戦車>と馬，強力な軍勢を連れ出し
66:15 その<戦車>はつむじ風のようだ．そ
エレ 4:13 その<戦車>はつむじ風のよう，その
47: 3 <戦車>の響き，車輪の騒音のため，
エゼ 23:24 彼らは，軍馬，<戦車>…を率いてあ
26: 7 馬，<戦車>，騎兵をもって多くの民
ヨエ 2: 5 さながら<戦車>のきしるよう，彼ら
ミカ 1:13 <戦車>に早馬をつなげ．それはシオ
5:10 あなたの<戦車>を打ちこわし，
ナホ 2: 3 <戦車>は整えられて鉄の火のようだ.
4 <戦車>は通りを狂い走り，広場を駆
3: 2 駆ける馬．飛び走る<戦車>.
ハガ 2:22 <戦車>と，それに乗る者をくつがえ
ゼカ 6: 1 4台の<戦車>が二つの山の間から出
黙示 9: 9 多くの馬に引かれた<戦車>が，戦い

▼ぜんしゅうだん（全集団）

出エ 16: 3 この<全集団>を飢え死にさせようと
Ⅰサム 17:47 この<全集団>も，主が剣や槍を使わ
Ⅰ列 8:14 王は…イスラエルの<全集団>を祝福した…<全集団>は起立していた.
22 ソロモンは…<全集団>の前で，主の
55 <全集団>を大声で祝福して言った.
Ⅰ歴 29: 1 次に，ダビデ王は<全集団>に言った.
10 ダビデは<全集団>の目の前で主をほ
20 ダビデは<全集団>に向かって…言っ
Ⅱ歴 23: 3 <全集団>が神の宮で王と契約を結ん
28:14 つかさたちと<全集団>の前で，とり
29:28 <全集団>は伏し拝み，歌うたいは歌
30: 2 エルサレムの<全集団>は，第2の月
23 <全集団>は，あと7日間祭りを行う
25 ユダの<全集団>と祭司とレビ人，お
31:18 <全集団>のうち，すべて系図に載せ
エズ 2:64 <全集団>の合計は4万2360名であっ
10:12 <全集団>は大声をあげて答えて言っ
14 <全集団>に代わって…とどまってい
ネヘ 5:13 <全集団>は，「アーメン」と言って，
8:17 捕囚から帰って来た<全集団>は，仮
エゼ 27:27 おまえの中にいる<全集団>も，海の
32:22 アッシリヤとその<全集団>がいる.

▼せんじょう（戦場）

Ⅰサム 4:12 ベニヤミン人が，<戦場>から走って
16 私は<戦場>から来た者です．私は，
17:48 ダビデもすばやく<戦場>を走って行
Ⅱサム 1: 4 民は<戦場>から逃げ，また民の多く
11:11 家来たちも<戦場>で野営しています.
Ⅰ列 20:39 しもべが<戦場>に出て行くと，ちょ
イザ 9: 5 <戦場>ではいたすべてのくつ，血に

▼ぜんしょうのいけにえ（全焼のいけにえ），全焼のささげ物

創世 8:20 祭壇の上で<全焼のいけにえ>をささ
22: 7 <全焼のいけにえ>のための羊は，ど
出エ 10:25 <全焼のいけにえ>を与えて，私たち
18:12 <全焼のいけにえ>と神へのいけにえ
29:18 主への<全焼のいけにえ>で，なだめ
レビ 1: 3 牛の<全焼のいけにえ>であれば，傷
17 これは<全焼のいけにえ>であり，主
6: 9 <全焼のいけにえ>のおしえは次のと
申命 33:10 <全焼のささげ物>を，あなたの祭壇
士師 6:26 アシェラ像の木で<全焼のいけにえ>
11:31 私はその者を<全焼のいけにえ>とし
13:16 もし<全焼のいけにえ>をささげたい
Ⅰサム 7: 9 焼き尽くす<全焼のいけにえ>として
10 サムエルが<全焼のいけにえ>をささ
13:12 思い切って<全焼のいけにえ>をささ
15:22 <全焼のいけにえ>や，その他のいけ
Ⅱサム 6:17 <全焼のいけにえ>と和解のいけにえ
24:24 <全焼のいけにえ>をささげたくあり
Ⅰ列 3: 4 1千頭の<全焼のいけにえ>をささげ
9:25 <全焼のいけにえ>と和解のいけにえ
18:34 <全焼のいけにえ>と，このたきぎの
Ⅱ列 3:27 その子を…<全焼のいけにえ>として
5:17 ほかの神々に<全焼のいけにえ>や，
Ⅰ歴 16:40 <全焼のいけにえ>を，朝ごと，夕ご
21:23 私は，<全焼のいけにえ>のための牛，
26 祭壇を築き，<全焼のいけにえ>と和
23:31 主へのすべての<全焼のいけにえ>の
Ⅱ歴 1: 6 1千頭の<全焼のいけにえ>をささげ
2: 4 例祭ごとに，<全焼のいけにえ>をさ
7: 1 <全焼のいけにえ>と，数々のいけに
7 <全焼のいけにえ>と，和解のいけに
13:11 夕ごとに<全焼のいけにえ>を主にさ
エズ 3: 3 朝ごと夕ごとの<全焼のいけにえ>を
4 日々の<全焼のいけにえ>をささげた.
6: 9 天の神にささげる<全焼のいけにえ>

8:35 イスラエルの神に<全焼のいけにえ>

ヨブ 1: 5 それぞれの<全焼のいけにえ>をささ

42: 8 <全焼のいけにえ>をささげよ．わた

詩篇 20: 3 <全焼のいけにえ>を受け入れてくだ

40: 6 <全焼のいけにえ>も，罪のためのい

50: 8 あなたの<全焼のいけにえ>は，いつ

51:16 <全焼のいけにえ>を，望まれません．

19 <全焼のいけにえ>と<全焼のささげ物>との，義のいけにえを喜ばれる

66:13 私は<全焼のいけにえ>を携えて，あ

イザ 1:11 雄羊の<全焼のいけにえ>や，肥えた

エレ 7:21 <全焼のいけにえ>を，あなたがたの

エゼ 46:12 <全焼のいけにえ>を，進んでささげ

ミカ 6: 6 <全焼のいけにえ>，１歳の子牛をも

マコ 12:33 どんな<全焼のいけにえ>や供え物よ

ヘブ 10: 6 <全焼のいけにえ>と罪のためのいけ

▼ せんしん（専心）

Ⅰコリ 7: 5 祈りに<専心>するために，合意の上

▼ ぜんしん（全身）

レビ 15:16 その人は<全身>に水を浴びる．その

民数 8: 7 彼らは<全身>にかみそりを当て，そ

箴言 4:22 いのちとなり，その<全身>を健やか

マタ 6:22 目が健全なら，あなたの<全身>が明

ルカ 5:12 <全身>ツァラアトの人がいた．イエ

11:36 あなたの<全身>が明るくて何の暗い部分もないなら，その<全身>はちょ

ヨハ 7:23 安息日に人の<全身>をすこやかにし

13:10 水浴した者は…<全身>きよいのです．

▼ ぜんしん（前進）

使徒 9:31 聖霊に励まされて<前進>し続けたの

ピリ 1:12 かえって福音を<前進>させることに

▼ せんせい（先生）

マタ 8:19 <先生>．私はあなたのおいでになる

9:11 なぜ，あなたがたの<先生>は，取税

17:24 <先生>は，宮の納入金を納めないの

19:16 <先生>．永遠のいのちを得るために

22:16 <先生>．私たちは，あなたが真実な

24 <先生>．モーセは…と言いました．

36 <先生>．律法の中で，たいせつな戒

23: 7 人から<先生>と呼ばれたりすること

8 あなたがたは<先生>と呼ばれてはい

26:25 <先生>．まさか私のことではないで

49 <先生>．お元気で」と言って，口づ

マコ 4:38 <先生>．私たちがおぼれて死にそう

5:35 なぜ，このうえ<先生>を煩わすこと

9:17 <先生>．おしの霊につかれた私の息

10:17 尊い<先生>．永遠のいのちを自分の

20 <先生>．私はそのようなことをみな，

51 <先生>．目が見えるようになること

12:32 <先生>．そのとおりです．『主は唯

14:14 わたしの客間はどこか，と<先生>が

45 「<先生>」と言って，口づけした．

ルカ 3:12 <先生>．私たちはどうすればよいの

5: 5 <先生>．私たちは，夜通し働きまし

8:24 <先生>，<先生>．私たちはおぼれて

9:33 <先生>．ここにいることは，すばら

38 <先生>．お願いです．息子を見てや

10:25 <先生>．何をしたら永遠のいのちを

12:13 <先生>．私と遺産を分けるように私

18:18 尊い<先生>．私は何をしたら，永遠

19:39 <先生>．お弟子たちをしかってくだ

21: 7 <先生>…これらのことは，いつ起こ

ヨハ 1:38 ラビ（訳して言えば，<先生>）．今

49 <先生>．あなたは神の子です．あな

3: 2 <先生>．私たちは，あなたが神のも

8: 4 <先生>．この女は姦淫の現場でつか

9: 2 <先生>．彼が盲目に生まれついたの

12:21 <先生>．イエスにお目にかかりたい

13:13 わたしを<先生>とも主とも呼んでい

20:16 ラボニ（すなわち，<先生>）」とイ

使徒 16:30 <先生>がた．救われるためには，何

▼ ぜんせかい（全世界）

創世 9:19 彼らから<全世界>の民は分かれ出た．

18:25 <全世界>をさばくお方は，公義を行

出エ 19: 5 <全世界>はわたしのものであるから．

ヨブ 34:13 だれが，<全世界>を神に任せたのか．

詩篇 57: 5 あなたの栄光が，<全世界>であがめ

イザ 12: 5 これを，<全世界>に知らせよ．

マタ 16:26 <全世界>を手に入れても，まことのいのちを．マコ8:36，ルカ9:25．

24:14 この御国の福音は<全世界>に宣べ伝

マコ 16:15 <全世界>に出て行き，すべての造ら

ルカ 2: 1 <全世界>の住民登録をせよという勅

使徒 19:27 <全世界>の拝むこの大女神のご威光

ロマ 1: 8 信仰が<全世界>に言い伝えられてい

3:19 <全世界>が神のさばきに服するため

9:17 わたしの名を<全世界>に告げ知らせ

黙示 3:10 <全世界>に来ようとしている試練の

5: 6 <全世界>に遣わされた神の…御霊で

12: 9 <全世界>を惑わす，あの古い蛇は投

16:14 彼らは<全世界>の王たちのところに

▼ ぜんぜん（全然）

マタ 7:23 わたしはあなたがたを<全然>知らな
ルカ 13:11 腰が曲がって，<全然>伸ばすことの

▼ せんぞ（先祖）

創世 4:20 ヤバルは…家畜を飼う者の<先祖>と
21 立琴と笛を…奏する…<先祖>となっ
15:15 <先祖>のもとに行き，長寿を全うし
19:37 モアブ…は今日のモアブ人の<先祖>
31: 3 あなたの<先祖>の国に帰りなさい．
36: 9 エドム人の<先祖>エサウの系図であ
出エ 13: 5 主が…あなたの<先祖>たちに誓われ
レビ 26:39 <先祖>たちの咎のために朽ち果てる．
45 <先祖>たちとの契約を思い起こそう．
Ⅰ列 8:57 主は…<先祖>とともにおられたよう
21: 3 私の<先祖>のゆずりの地を…与える
エズ 5:12 <先祖>が，天の神を怒らせたので，
ネヘ 9: 2 自分たちの罪と，<先祖>の咎を告白
詩篇 22: 4 <先祖>は，あなたに信頼しました．
39:12 <先祖>たちのように，寄留の者なの
44: 1 <先祖>たちが語ってくれたことを聞
49:19 自分の<先祖>の世代に行き，彼らは
79: 8 <先祖>たちの咎を…思い出さないで
106: 6 <先祖>と同じように罪を犯し，不義
箴言 19:14 家と財産とは<先祖>から受け継ぐも
イザ 14:21 <先祖>の咎のゆえに，彼の子らのた
39: 6 <先祖>たちが今日まで，たくわえて
43:27 あなたの最初の<先祖>は罪を犯し，
65: 7 あなたがたの咎と…<先祖>の咎とを
エレ 2: 5 <先祖>は…どんな不正を見つけて，
7:26 彼らは…<先祖>たちよりも悪くなっ
34:14 <先祖>は，わたしに聞かず，耳を傾
44: 9 <先祖>の悪，ユダの王たちの悪，王
哀歌 5: 7 私たちの<先祖>は罪を犯しました．
エゼ 20: 4 <先祖>たちの，忌みきらうべきわざ
ダニ 11:37 彼は，<先祖>の神々を心にかけず，
ホセ 9:10 <先祖>を，いちじくの木の初なりの
ヨエ 1: 2 このようなことが…<先祖>の時代に
アモ 2: 4 <先祖>たちが従ったまやかしものが
ゼカ 8:14 <先祖>がわたしを怒らせたとき，わ
マラ 2:10 私たちの<先祖>の契約を汚すのか．
3: 7 <先祖>の時代から…おきてを離れ，
使徒 22: 3 <先祖>の律法について厳格な教育を
24:14 私たちの<先祖>の神に仕えているこ
28:17 <先祖>の慣習に対しても，何一つそ
ガラ 1:14 <先祖>からの伝承に人一倍熱心でし
Ⅱテモ 1: 3 <先祖>以来きよい良心をもって仕え

▼ せんそう（戦争）

ヨシ 11:23 その地に<戦争>はやんだ．14:15.
14:11 <戦争>にも…日常の出入りにも耐え
マタ 24: 6 <戦争>のことや，<戦争>のうわさを
聞く．マコ13:7，ルカ21:9.

▼ せんだい（千代）

出エ 20: 6 恵みを<千代>にまで施すからである．
34: 7 恵みを<千代>も保ち，咎とそむきと

▼ ぜんたい（全体）

マタ 4:24 イエスのうわさはシリヤ<全体>に広
5:29 からだ<全体>ゲヘナに投げ込まれる
13:33 <全体>がふくらんで来ます．」
22:40 律法<全体>と預言者とが，この二つ
使徒 2: 2 彼らのいた家<全体>に響き渡った．
Ⅰコリ 5: 6 粉のかたまり<全体>をふくらませる
12:17 からだ<全体>が目であったら，どこ
ガラ 5: 3 律法の<全体>を行う義務があります．
エペ 4:16 からだ<全体>は，一つ一つの部分が
ヘブ 3: 2 モーセが神の家<全体>のために忠実
ヤコ 2:10 律法<全体>を守っても，一つの点で
3: 2 からだ<全体>もりっぱに制御できる
3 馬のからだ<全体>を引き回すことが
6 舌は…からだ<全体>を汚し，人生の
Ⅰヨハ 2: 2 私たちの罪だけでなく，世<全体>の
5:19 世<全体>は悪い者の支配下にあるこ

▼ せんだん（船団）

Ⅰ列 9:26 ソロモン王は…<船団>を設けた．
10:11 金を積んで来たヒラムの<船団>も，
22:48 ヨシャパテはタルシシュの<船団>を
Ⅱ歴 20:36 タルシシュへ行くための<船団>をつ
ダニ 11:40 大<船団>を率いて，彼を襲撃し，国

▼ ぜんち（全地）

創世 1:29 <全地>の上にあって，種を持つすべ
7: 3 その種類が<全地>の面で生き残るた
8: 9 水が<全地>の面にあったからである．
11: 1 <全地>は一つのことば…であった．
13: 9 <全地>はあなたの前にあるではない
ヨシ 3:11 <全地>の主の契約の箱が…先頭に立
Ⅰ歴 16:30 <全地>よ．主の御前に，おののけ．
詩篇 19: 4 その呼び声は<全地>に響き渡り，そ
33: 8 <全地>よ．主を恐れよ．世界に住む
45:16 彼らを<全地>の君主に任じよう．
47: 2 いと高き方主は…<全地>の大いなる

せ

7 まことに神は<全地>の王．巧みな歌
48: 2 高嶺の麗しさは，<全地>の喜び．北
66: 1 <全地>よ．神に向かって喜び叫べ．
83:18 <全地>の上にいますいと高き方であ
96: 1 新しい歌を主に歌え．<全地>よ．主
9 <全地>よ．主の御前に，おののけ．
97: 5 ろうのように溶けた．<全地>の主の
98: 4 <全地>よ．主に喜び叫べ．大声で叫
100: 1 <全地>よ．主に向かって喜びの声を
イザ 6: 3 万軍の主．その栄光は<全地>に満つ．
14: 7 <全地>は安らかにいこい，喜びの歌
54: 5 聖なる方で，<全地>の神と呼ばれて
エレ 8:16 荒馬のいななきの声に，<全地>は震
ミカ 4:13 彼らの財宝を<全地>の主にささげる．
ハバ 2:20 <全地>よ．その御前に静まれ．
ゼカ 1:11 <全地>は安らかで，穏やかでした．」
4:10 これらの七つは，<全地>を行き巡る
14 これらは，<全地>の主のそばに立つ，
5: 3 これは，<全地>の面に出て行くのろ
6: 5 <全地>の主の前に立って後，天の四
マタ 27:45 12時から，<全地>が暗くなって，3
マコ 1:28 ガリラヤ<全地>の至る所に広まった．
15:33 <全地>が暗くなって，午後3時まで
ロマ 10:18 その声は<全地>に響き渡り，そのこ
黙示 11: 4 <全地>の主の御前にある…オリーブ
13: 3 <全地>は驚いて，その獣に従い，

▼ せんちょう（船長）

ヨナ 1: 6 <船長>が近づいて来て彼に言った．
使徒 27:11 百人隊長は…<船長>のほうを信用し
黙示 18:17 すべての<船長>，すべての船客，水

▼ ぜんちょう（前兆）

イザ 20: 3 <前兆>として，裸になり，はだしで
マタ 24: 3 世の終わりには，どんな<前兆>があるのでしょう．マコ13:4，ルカ21:7．
ルカ 21:11 天からのすさまじい<前兆>が現れま
25 日と月と星には，<前兆>が現れ，地

▼ せんてつ（銑鉄）

エゼ 27:19 ウザルからの<銑鉄>，桂枝，菖蒲が

▼ せんでん（宣伝），宣伝者

使徒 16:21 …もしてはならない風習を<宣伝>し
Ⅰテモ 2: 7 私は<宣伝者>また使徒に任じられ—

▼ ぜんど（全土）

創世 2:11 それはハビラの<全土>を巡って流れ
17: 8 カナンの<全土>を…所有として与え
出エ 8:16 それはエジプトの<全土>で，ぶよと
出エ 10:14 いなごの大群はエジプト<全土>を襲
レビ 25: 9 贖罪の日に…<全土>に角笛を鳴り響
Ⅱ歴 30: 6 イスラエルとユダの<全土>を行き巡
ダニ 2:35 石は大きな山となって<全土>に満ち
39 第3の国が起こって，<全土>を治め
4: 1 <全土>に住むすべての諸民，諸国，
7:23 <全土>を食い尽くし，これを踏みつ
8: 5 <全土>を飛び回って，西からやって
マタ 3: 5 ユダヤ<全土>，ヨルダン川沿いの全
4:23 イエスはガリラヤ<全土>を巡って，
ルカ 7:17 この話がユダヤ<全土>と回りの地方
23: 5 ユダヤ<全土>で教えながら，この民
使徒 1: 8 ユダヤとサマリヤの<全土>，および
10:37 ユダヤ<全土>に起こった事がらを，

▼ せんとう（先頭）

創世 32:17 <先頭>の者には次のように命じた．
申命 33:21 彼は民の<先頭>に立ち，主の正義と
ヨシ 3: 6 民の<先頭>に立って渡りなさい．」
ミカ 2:13 彼らの<先頭>>に立って上って行き，
ゼカ 12: 8 彼らの<先頭>に立つ主の使いのよう
マコ 10:32 イエスは<先頭>に立って歩いて行か
ルカ 13:30 今しんがりの者があとで<先頭>になり，いま<先頭>の者がしんがりにな
18:39 <先頭>にいた人々がたしなめたが，
22:47 ユダという者が，<先頭>に立ってい

▼ せんとう（戦闘）

Ⅰコリ 14: 8 だれが<戦闘>の準備をするでしょう．

▼ せんどう（先導）

マタ 2: 9 東方で見た星が彼らを<先導>し，つ

▼ せんどう（扇動）

マコ 15:11 祭司長たちは群衆を<扇動>して，む
ルカ 23: 5 この人は…この民を<扇動>している
使徒 6:12 律法学者たちを<扇動>し，彼を襲っ
13:50 町の有力者たちを<扇動>して，パウ
17:13 群衆を<扇動>して騒ぎを起こした．

▼ せんにち（千日）

詩篇 84:10 大庭にいる一日は<千日>にまさりま

▼ 1290にち（1290日）

ダニ 12:11 据えられる時から<1290日>がある．

▼ 1260にち（1260日）

黙示 11: 3 彼らは荒布を着て<1260日>の間預言

▼ ぜんにん（善人）

Ⅱ歴 19:11 主が<善人>とともにいてくださるよ
箴言 12: 2 <善人>は主から恵みをいただき，悪
15: 3 主の御目は…悪人と<善人>とを見張

ミカ 7: 4 彼らのうちの<善人>もいばらのよう

▼せんにんたいちょう（千人隊長），千人隊の長

Ⅰサム 8:12 自分のために彼らを<千人隊の長>，
17:18 10個のチーズは<千人隊の長>に届け，
18:13 ダビデを…<千人隊の長>にした．ダ
22: 7 おまえたち全部を<千人隊の長>，百
Ⅱサム 18: 1 彼らの上に<千人隊の長>…を任命し
ヨハ 18:12 1隊の兵士と<千人隊長>，それにユ
使徒 21:31 ローマ軍の<千人隊長>．32，33，34，37，40．
22:24 <千人隊長>はパウロを兵営の中に引き入れるよう．26，27，28，29，30．
23:10 <千人隊長>は，パウロが彼らに引き裂かれてしまうのでは．15，17，18．
24:22 <千人隊長>ルシヤが下って来るとき，
25:23 <千人隊長>たちや市の首脳者たちに
黙示 6:15 地上の王，高官，<千人隊長>，金持
19:18 王の肉，<千人隊長>の肉，勇者の肉，

▼せんにんのちょう（千人の長）

出エ 18:21 誠実な人々を…<千人の長>…として，
民数 31:14 モーセは…<千人の長>…に対して怒
申命 1:15 <千人の長>，100人の長，50人の長，

▼せんねん（千年）

詩篇 90: 4 <千年>も，きのうのように過ぎ去り，
伝道 6: 6 彼が<千年>の倍も生きても…同じ所
Ⅱペテ 3: 8 1日は<千年>のようであり，<千年>
黙示 20: 2 <千年>の間．4，6．
3 <千年>の終わるまで．5，7．

▼せんねん（専念）

Ⅱ歴 31: 4 主の律法に<専念>するためであった．
使徒 18: 5 みことばを教えることに<専念>し，
Ⅰテモ 4:13 聖書の朗読と勧めと教えとに<専念>

▼ぜんのう（全能），全能者

創世 17: 1 わたしは<全能>の神である．28:3，35:11，43:14，48:3．
49:24 これはヤコブの<全能者>の手により，詩篇132:2，5，イザ60:16．
出エ 6: 3 わたしは…<全能>の神として現れた
民数 24: 4 <全能者>の幻を見る者，ひれ伏して，
ルツ 1:20 <全能者>が私をひどい苦しみに会わ
ヨブ 5:17 <全能者>の懲らしめをないがしろに
6: 4 <全能者>の矢が私に刺さり，私のた
14 彼は<全能者>への恐れを捨てるだろ
8: 3 <全能者>は義を曲げるだろうか．13:3，21:20，22:3，24:1，27:10．
31:35 <全能者>が私に答えてくださる．私
詩篇 68:14 <全能者>が王たちを…散らされたと
91: 1 隠れ場に住む者は，<全能者>の陰に
イザ 1:24 イスラエルの<全能者>，主の御告げ．
10:13 <全能者>のように，住民をおとしめ
13: 6 主の日は近い．<全能者>から破壊が
エゼ 10: 5 翼の音が，<全能>の神の語る声のよ
ヨエ 1:15 <全能者>からの破壊のように，その
Ⅱコリ 6:18 息子，娘となる，と<全能>の主が言

▼せんばん（洗盤）

出エ 30:18 青銅の<洗盤>．28，31:9，35:16，38:8，39:39，40:7，11，30，レビ8:11，Ⅰ列7:30，31，38，43，Ⅱ列16:17，Ⅱ歴4:6，14．

▼ぜんぶ（全部）

詩篇 71:15 その<全部>を知ってはおりませんが．
マタ 28:11 番兵が…起こった事を<全部>…報告
ルカ 15:31 私のものは，<全部>おまえのものだ．
21: 4 生活費の<全部>を投げ入れたからで
ヨハ 19:23 上から<全部>一つに織った，縫い目
Ⅰコリ 13: 3 持っている物の<全部>を貧しい人た

▼せんべい

出エ 16:31 その味は蜜を入れた<せんべい>のよ
29: 2 種を入れない<せんべい>とを取れ．23，レビ2:4，7:12，8:26，民数6:15，19．
Ⅰ歴 23:29 種を入れない<せんべい>，平なべ，

▼せんみん（選民）

マタ 24:24 できれば<選民>をも惑わそうとして，
ルカ 18: 7 <選民>のためにさばきをつけないで，

▼ぜんめつ（全滅）

Ⅱサム 11:25 町を…攻撃して，それを<全滅>せよ．
Ⅱ歴 32:21 勇士，隊長，首長を<全滅>させた．
イザ 10:23 すでに定められた<全滅>を，万軍の
28:22 全世界に下る決定的な<全滅>につい

▼せんゆう（戦友）

ピリ 2:25 私の兄弟，同労者，<戦友>，またあ
ピレ 2 私たちの<戦友>アルキポ，ならびに

▼せんりつ（戦慄）

詩篇 55: 5 私に臨み，<戦慄>が私を包みました．
エレ 5:30 恐怖と，<戦慄>が，この国のうちに

▼せんりひん（戦利品）

民数 31:53 <戦利品>をめいめい自分のものとし
ヨシ 8: 2 分捕り物と家畜だけは…<戦利品>と

してよい. 27.
11:14 イスラエル人の<戦利品>として自分
ヘブ 7: 4 彼に一番良い<戦利品>の10分の1を

▼せんりょう（占領）
民数 13:30 私たちはぜひとも…そこを<占領>し
21:24 アモン人の国境まで<占領>した. ア
申命 9: 1 大きくて強い国々を<占領>しようと
ヨシ 1:11 <占領>するために, 進んで行こうと
8: 7 町を<占領>しなければならない. あ
13: 1 まだ<占領>すべき地がたくさん残っ
18: 3 与えられた地を<占領>しに行くのを,
士師 1:19 ユダは山地を<占領>した. しかし,
3:13 彼らはなつめやしの町を<占領>した.
11:24 <占領>させようとする地を<占領>しないのか…土地をみな<占領>するの
18: 9 進んで行って, あの地を<占領>しよ
エゼ 7:24 彼らの家々を<占領>させ, 有力者た
ハバ 1: 6 自分のものでない住まいを<占領>し
ゼカ 9: 4 主はツロを<占領>し, その塁を打ち

そ

▼ソ〔人名〕
エジプトの王. Ⅱ列17:4.

▼ぞう（像）【別項】刻んだ像
申命 9:12 自分たちのために鋳物の<像>を造っ
Ⅰサム 6: 5 腫物の<像>…ねずみの<像>を作り,
Ⅰ列 15:13 母マアカが…憎むべき<像>を造った…アサはその憎むべき<像>を切り倒
Ⅱ列 11:18 祭壇とその<像>を徹底的に打ち砕き,
詩 106:20 栄光を…雄牛の<像>に取り替えた.
イザ 41:29 鋳た<像>は風のように形もない.
エレ 22:28 さげすまれて砕かれる<像>なのか.
50: 2 その<像>ははずかしめられ, その偶
エゼ 16:17 自分のために男の<像>を造り, それ
ダニ 2:31 王さま. あなたは…大きな<像>をご覧になりました…その<像>は巨大で,
3: 1 ネブカデネザル王は金の<像>を造っ
黙示 13:14 生き返ったあの獣の<像>を造るよう
20: 4 獣やその<像>を拝まず, その額や手

▼そうがく（奏楽）
Ⅱ歴 7: 6 ダビデが彼らの<奏楽>によって賛美

▼そうぎ（葬儀）
創世 50:10 ヨセフは父のため7日間, <葬儀>を
11 「これはエジプトの荘厳な<葬儀>だ」

▼そうくつ（巣くつ）
黙示 18: 2 大バビロン…汚れた霊どもの<巣くつ>…憎むべき鳥どもの<巣くつ>と

▼ぞうげ（象牙）, 象牙細工
Ⅰ列 10:18 王は大きな<象牙>の王座を作り, こ
22:39 アハブの…彼が建てた<象牙>の家,
詩篇 45: 8 <象牙>のやかたから聞こえる緒琴は
雅歌 7: 4 あなたの首は, <象牙>のやぐらのよ
アモ 6: 4 <象牙>の寝台に横たわり, 長いすに
黙示 18:12 商品とは, 金, 銀…<象牙細工>, 高

▼そうこのまち（倉庫の町）, 倉庫の町々
出エ 1:11 <倉庫の町>ピトムとラメセスを建て
Ⅰ列 9:19 ソロモンの所有の…<倉庫の町々>,
Ⅱ歴 8: 4 <倉庫の町々>はすべて…ハマテに建
16: 4 すべての<倉庫の町々>を打った.

▼そうじ（掃除）
マタ 12:44 家は…<掃除>してきちんとかたづいていました. ルカ11:25.

▼そうししゃ（創始者）
ヘブ 2:10 彼らの救いの<創始者>を, 多くの苦
12: 2 信仰の<創始者>であり, 完成者であ

▼そうじょうざい（騒擾罪）
使徒 19:40 <騒擾罪>に問われる恐れがあります.

▼そうせい（創世）
ヘブ 4: 3 みわざは<創世>の初めから, もう終

▼そうせつ（創設）
Ⅰサム 11:14 王権を<創設>する宣言をしよう.」

▼そうぞう（創造）, 創造者
創世 1: 1 初めに, 神が天と地を<創造>した.
21 種類にしたがって…鳥を<創造>され
27 人をご自身のかたちに<創造>され…男と女とに彼らを<創造>された.
2: 3 すべての<創造>のわざを休まれたか
4 天と地が<創造>されたときの経緯で
5: 2 <創造>された日に, 神は彼らを祝福
6: 7 <創造>した人を地の面から消し去ろ
伝道 12: 1 若い日に, あなたの<創造者>を覚え
イザ 4: 5 昼は雲, 夜は…火の輝きを<創造>さ
40:26 だれがこれらを<創造>したかを見よ.

28 神，地の果てまで<創造>された方．
41:20 聖なる者がこれを<創造>したことを，
43: 7 栄光のために，わたしが…<創造>し，
15 イスラエルの<創造者>…王である.」
45: 7 やみを<創造>し…わざわいを<創造>
8 わたしは主，わたしがこれを<創造>
12 地を造り，その上に人間を<創造>し
18 天を<創造>した方…地を形造り…こ
れを茫漠としたものに<創造>せず，
48: 7 それは今，<創造>された．ずっと前
54:16 武器を作り出す職人を<創造>したの
はわたし…破壊者を<創造>したのも
65:17 新しい天と新しい地を<創造>する．
18 わたしの<創造>するものを…喜べ…
エルサレムを<創造>して喜びとし，
エレ 31:22 この国に，一つの新しい事を<創造>
マラ 2:10 神が，私たちを<創造>したではない
マタ 19: 4 <創造者>は，初めから人を男と女に
マコ 10: 6 <創造>の初めから，神は，人を男と
13:19 天地を<創造>された初めから，今に
ロマ 1:20 神性は，世界の<創造>された時から
ガラ 6:15 大事なのは新しい<創造>です．
エペ 3: 9 万物を<創造>した神のうちに世々隠
Iペテ 4:19 <創造者>に自分のたましいをお任せ
IIペテ 3: 4 何事も<創造>の初めからのままでは
黙示 4:11 あなたは万物を<創造>し…みこころ
ゆえに，万物は存在し，また<創造>
10: 6 海とその中にあるものを<創造>され
14: 7 天と地と海と水の源を<創造>した方

▼ そうぞく（相続），相続財産，相続者，相続人

創世 15: 2 私の家の<相続人>は，あのダマスコ
31:14 <相続財産>で私たちの受けるべき分
民数 18:21 イスラエルのうちの10分の１をみな，
<相続財産>として与える．24，26．
27: 7 <相続>の所有地を与えなければなら
申命 12: 9 <相続>の安住地に行っていないから
18: 8 <相続財産>を売った分は別として，
ヨブ 20:29 神によって定められた…<相続財産>
27:13 全能者から受け取る<相続財産>は次
31: 2 全能者が…下さる<相続財産>は何か．
詩 135:12 御民イスラエルに<相続>の地として
136:21 主は彼らの地を，<相続>の地として
箴言 11:29 家族を煩わせる者は風を<相続>し，
20:21 初めに急に得た<相続財産>は，終わ
使徒 7: 5 <相続財産>として彼にお与えになり
13:19 カナンの地で…<相続財産>として分
ロマ 4:13 世界の<相続人>となるという約束が，
14 律法による者が<相続人>であるとす
8:17 子どもであるなら，<相続人>でもあ
り…私たちは神の<相続人>であり，
キリストとの共同<相続人>でありま
Iコリ 6: 9 正しくない者は神の国を<相続>でき
15:50 血肉のからだは神の国を<相続>でき
ません…朽ちないものを<相続>でき
ガラ 3:18 <相続>がもし律法によるのなら…と
ころが…アブラハムに<相続>の恵み
29 子孫であり，約束による<相続人>な
4: 1 <相続人>というものは，全財産の持
7 子ならば，神による<相続人>です．
30 奴隷の女の子…<相続人>になっては
エペ 3: 6 異邦人もまた共同の<相続者>となり，
5: 5 キリストと神との御国を<相続>する
コロ 3:24 主から報いとして，御国を<相続>さ
テト 3: 7 望みによって，<相続人>となるため
ヘブ 1: 2 神は，御子を万物の<相続者>とし，
4 御子は…御名を<相続>されたように，
14 救いの<相続者>となる人々に仕える
6:12 約束のものを<相続>するあの人たち
17 神は約束の<相続者>たちに，ご計画
11: 7 信仰による義を<相続>する者となり
9 同じ約束をともに<相続>するイサク
12:17 彼は後になって祝福を<相続>したい
ヤコ 2: 5 御国を<相続>する者とされたではあ
黙示 21: 7 これらのものを<相続>する．わたし

▼ そうぞくち（相続地）

出エ 23:30 この地を<相続地>とするようになる
民数 18:23 レビ人…<相続地>を持ってはならな
い．20，24，申命4:21，10:9，18:1，
ヨシ13:14，33，18:7，エゼ44:28．
26:53 名の数にしたがって，<相続地>とし
54 大きい部族にはその<相続地>を多く
し，小さい部族…<相続地>を少なく
27: 7 彼女たちにその父の<相続地>を渡せ．
8 その<相続地>を娘に渡しなさい．
33:54 くじを引いて，その地を<相続地>と
し…父祖の部族ごとに<相続地>を受
34:13 くじを引いて<相続地>とする土地で
17 この地を…<相続地>とする者の名は
35: 8 <相続地>に応じて…レビ人に与えな

そ

申命 19:14 <相続地>で…隣人との地境を移して
21:23 主が<相続地>として…地を汚しては
32: 8 いと高き方が，国々に，<相続地>を
9 ヤコブは主の<相続地>である．
ヨシ 11:23 ヨシュアは…<相続地>としてイスラ
13:32 モーセが割り当てた<相続地>である．
14: 1 <相続地>の割り当て…次のとおりで
19:49 <相続地>の割り当てを終えたとき…一つの<相続地>をヌンの子ヨシュア
士師 2: 6 地を自分の<相続地>として占領する
18: 1 ダン人の部族は…<相続地>を求めて
20: 6 彼女を切り分け…<相続地>の全地に
21:24 めいめい自分の<相続地>へ出て行っ
ルツ 4: 5 死んだ者の名をその<相続地>に起こ
6 私自身の<相続地>をそこなうことに
Ⅰ列 8:36 あなたの民に<相続地>としてお与え
Ⅰ歴 16:18 <相続地>として…カナンの地を与え
ヨブ 42:15 彼女たちにも…<相続地>を与えた．
エレ 12: 7 私の<相続地>を見放し…敵の手中に
50:11 わたしの<相続地>を略奪する者たち．
哀歌 5: 2 <相続地>は他国人の手に渡り，私た
エゼ 35:15 イスラエルの家の<相続地>が荒れ果
36:12 おまえは彼らの<相続地>となる．お
46:16 贈り物として…<相続地>を自分の息子たちに与えるなら．17，18．
47:13 12の部族に…<相続地>として与える
ミカ 2: 2 人とその<相続地>をゆすり取る．

▼ そうだん（相談）

士師 19:30 よく考えて，<相談>をし，意見を述
Ⅰ列 12: 6 レハブアム王は…長老たちに<相談>して，「この民に．8，Ⅱ歴10:6，8．
ネヘ 6: 7 来なさい．いっしょに<相談>しよう．
イザ 40:14 主はだれと<相談>して悟りを得られ
45:21 証拠を出せ．共に<相談>せよ．だれ
マタ 12:14 イエスを滅ぼそうかと<相談>した．
22:15 イエスを…わなに…と<相談>した．
26: 4 イエスを…殺そうと<相談>した．
27: 7 <相談>して，その金で陶器師の畑を
マコ 3: 6 葬り去ろうかと<相談>を始めた．
11:18 イエスを殺そうかと<相談>した．イ
ルカ 22: 4 イエスを…引き渡そうかと<相談>し
ヨハ 12:10 ラザロも殺そうと<相談>した．
使徒 9:23 サウロを殺す<相談>をしたが，
ガラ 1:16 私はすぐに，人には<相談>せず，

▼ そうとう（相当）

マタ 20: 4 <相当>のものを上げるから．』
使徒 26:31 死や投獄に<相当>することは何もし

▼ そうとく（総督）

Ⅰ列 10:15 地の<総督>たちからのものがあった．
20:24 彼らの代わりに<総督>を任命し，
Ⅱ列 25:22 ゲダルヤを…<総督>とした．
エズ 2:63 <総督>は，ウリムとトンミムを使え
5: 6 川向こうの<総督>タテナイと，シェ
14 <総督>に任命したシェシュバツァル
8:36 王の命令書を…<総督>たちに渡した．
ネヘ 2: 7 川向こうの<総督>たちへの手紙を私
5:14 私がユダの地の<総督>として任命された時から…<総督>としての手当を
8: 9 <総督>であるネヘミヤと，祭司であ
エレ 40: 7 ゲダルヤをその国の<総督>にし，彼
ダニ 3: 2 ネブカデネザル王は…長官，<総督>，参議官…を召集し．3，27，6:7．
ハガ 1: 1 ユダの<総督>ゼルバベルと…大祭司
マラ 1: 8 あなたの<総督>のところに…差し出
マタ 10:18 <総督>たちや王たちの前に連れて行
27: 2 イエスを…<総督>ピラトに引き渡した．11，14，15，21，27，ルカ3:1．
28:14 このことが<総督>の耳に入っても，
マコ 13: 9 <総督>や王たちの前に．ルカ21:12．
ルカ 2: 2 クレニオがシリヤの<総督>であった
20:20 <総督>の支配と権威にイエスを引き
使徒 13: 7 この<総督>は賢明な人で．8，12．
23:24 パウロを…<総督>ペリクスのもとに
24: 1 アナニヤは…パウロを<総督>に訴え
Ⅰペテ 2:14 王から遣わされた<総督>であっても，

▼ そうとくかんてい（総督官邸）

マコ 15:16 イエスを…<総督官邸>の中に連れて

▼ そうろ（走路）

詩篇 19: 5 勇士のように…<走路>を喜び走る．
エレ 8: 6 馬のように，自分の<走路>に走り去

▼ ぞく（俗）

レビ 10:10 聖なるものと<俗>なるもの…汚れた
エゼ 42:20 聖なるものと<俗>なるものとを区別
44:23 聖なるものと<俗>なるものとの違い

▼ ぞくあく（俗悪）

Ⅰテモ 4: 7 <俗悪>で愚にもつかぬ空想話を避け
6:20 <俗悪>なむだ話…反対論を避けなさ
Ⅱテモ 2:16 <俗悪>なむだ話を避けなさい．人々
ヘブ 12:16 エサウのような<俗悪>な者がないよ

▼ ぞくちょう（族長）
創世 17:20　彼は12人の<族長>たちを生む．わた
34: 2　その土地の<族長>のヒビ人ハモルの
ヨシ 17: 4　ヨシュアと，<族長>たちとの前に進
22:14　一族につき<族長>ひとりずつ，全部
で10人の<族長>を彼といっしょに行
使徒 7: 8　ヤコブに12人の<族長>が生まれまし
9　<族長>たちはヨセフをねたんで，彼
ヘブ 7: 4　<族長>であるアブラハムでさえ，彼

▼ そくばく（束縛）
ヨブ 36:16　あなたを…<束縛>のない広い所に導
ロマ 8:21　被造物自体…滅びの<束縛>から解放
Ⅰコリ 7:35　あなたがたを<束縛>しようとしてい
ユダ 6　永遠の<束縛>をもって，暗やみの下

▼ ソコ〔地名〕
(1)ユダの低地の町の一つ．ヨシ15:35，Ⅰサム17:1.
(2)ユダの山地の町の一つ．ヨシ15:48.
(3)ソロモンの12行政区の第３区の町．Ⅰ列4:10.

▼ そこ（底），奥底
Ⅱサム 22:16　こうして，海の<底>が現れ，地の基
ヨブ 36:30　見よ．神は…海の<底>をおおう．
38:16　深い淵の<奥底>を歩き回ったことが
詩篇 18:15　こうして，水の<底>が現れ，地の基
68:22　わたしは海の<底>から連れ帰る．
106: 9　深みの<底>を．さながら荒野を行く
箴言 20:27　主のともしび，腹の<底>まで探り出
30　腹の<底>まで打ちたたけ．
イザ 51:10　海の<底>に道を設けて，贖われた人
ダニ 6:24　彼らが穴の<底>に落ちないうちに，
アモ 9: 3　彼らが…海の<底>に身を隠しても，
ロマ 10: 7　だれが地の<奥底>に下るだろうか，

▼ そこしれぬところ（底知れぬ所），底知れぬ穴
ルカ 8:31　<底知れぬ所>に行け，とはお命じに
黙示 9: 1　その星には<底知れぬ穴>を開くかぎ
11　<底知れぬ所>の御使いを王にいただ
11: 7　<底知れぬ所>から上って来る獣が，
20: 1　御使いが<底知れぬ所>のかぎと大き
3　<底知れぬ所>に投げ込んで…千年の

▼ そこなう
申命 32: 5　主を<そこな>い，その汚れで，主の
ルツ 4: 6　相続地を<そこなう>ことになるとい
Ⅱサム 11:27　…ことは主のみこころを<そこな>っ
ヨブ 20:26　焼き尽くし…<そこな>ってしまう．
箴言 8:36　自分自身を<そこな>い…死を愛する．
イザ 11: 9　害を加えず，<そこな>わない．主を
52:14　その顔だちは，<そこな>われて人の
65: 8　それを<そこなう>な．その中に祝福
ダニ 7:11　からだは<そこな>われて，燃える火
アモ 1:11　兄弟を追い，肉親の情を<そこな>い，
マラ 2: 8　レビとの契約を<そこな>った．——
Ⅰコリ 15:33　良い習慣が<そこな>われます．
Ⅱコリ 7: 2　だれをも<そこな>ったことがなく，
黙示 2:11　第２の死によって<そこな>われるこ
7: 2　地をも海をも<そこなう>権威を与え

▼ ソシパテロ〔人名〕
ユダヤ人のキリスト者．ロマ16:21.

▼ そしょう（訴訟）
申命 17: 8　権利の<訴訟>…で…さばきかねるも
ヨブ 29:16　見知らぬ者の<訴訟>を調べてやった．

▼ そしり
ヨシ 5: 9　エジプトの<そしり>を…取り除いた．
Ⅰサム 17:26　イスラエルの<そしり>をすすぐ者に
25:39　ナバルの手から受けた<そしり>に報
Ⅱサム 13:13　この<そしり>をどこに持って行けま
ネヘ 1: 3　残りの者たちは…<そしり>を受けて
2:17　これ以上<そしり>を受けないように
4: 4　彼らの<そしり>を彼らの頭に返し，
詩篇 22: 6　人の<そしり>，民のさげすみです．
31:13　私は多くの者の<そしり>を聞きまし
20　人の<そしり>から…かくまい，舌の
39: 8　私を愚か者の<そしり>としないでく
44:13　私たちを，隣人の<そしり>とし，回
69: 7　あなたのために<そしり>を負い，侮
10　それが私への<そしり>となり．19.
20　<そしり>が私の心を打ち砕き，私は
78:66　彼らに永遠の<そしり>を与えられた．
79:12　<そしり>の７倍を…返してください．
89:41　彼は隣人の<そしり>となっています．
50　しもべたちの受ける<そしり>を．私
109:25　私はまた，彼らの<そしり>となり，
119:22　私から，<そしり>とさげすみとを取
箴言 6:33　<そしり>を消し去ることができない．
10:18　<そしり>を口に出す者は愚かな者で
18: 3　恥とともに，<そしり>も来る．
イザ 4: 1　私たちへの<そしり>を除いてくださ
25: 8　民への<そしり>を全地の上から除か
30: 5　かえって，恥となり，<そしり>とな
51: 7　人の<そしり>を恐れるな…ののしり

54: 4 やもめ時代の<そしり>を…思い出さ
エレ 6:10 主のことばは…<そしり>となる．彼
15:15 あなたのために<そしり>を受けてい
20: 8 主のみことばが…<そしり>となり，
23:40 永遠の<そしり>，忘れられることの
24: 9 <そしり>，物笑いの種，なぶりもの，
29:18 あざけりとし，<そしり>とする．
31:19 私の若いころの<そしり>を負ってい
42:18 <そしり>になり，二度とこの所を見
哀歌 3:30 頬を与え，十分<そしり>を受けよ．
61 <そしり>と…たくらみとを聞かれま
5: 1 <そしり>に目を留めてください．顧
エゼ 5:14 あなたを廃墟とし，<そしり>とする．
15 あなたは…諸国の民の<そしり>とな
16:57 ペリシテ人の娘たちの<そしり>とな
22: 4 おまえを諸国の民の<そしり>とし，
36:15 <そしり>を二度と受けてはならない．
30 ききんのために<そしり>を受けるこ
ダニ 12: 2 ある者は<そしり>と永遠の忌みに．
ホセ 12:14 主は…彼の<そしり>に仕返しをする．
ヨエ 2:17 諸国の民の<そしり>としたり，物笑
ミカ 6:16 国々の民の<そしり>を負わなければ
ゼパ 2: 8 モアブの<そしり>と，アモン人のの
3:18 <そしり>はシオンへの警告である．
マコ 7:22 ねたみ，<そしり>，高ぶり，愚かさ
ロマ 15: 3 あなたをそしる人々の<そしり>は，
IIコリ 12:20 憤り，党派心，<そしり>，陰口，高
エペ 4:31 怒り，叫び，<そしり>などを…捨て
コロ 3: 8 悪意，<そしり>…恥ずべきことばを，
Iテモ 3: 7 <そしり>を受け，悪魔のわなに陥ら
5: 7 彼女たちが<そしり>を受けることの
6: 4 争い，<そしり>，悪意の疑りが生じ，
ヘブ 10:33 <そしり>と苦しみとを受けた者もあ
11:26 キリストのゆえに受ける<そしり>を，
IIペテ 2: 2 そのために真理の道が<そしり>を受

▼そしる

士師 8:15 私を<そし>ったそのゼバフとツァル
IIサム 21:21 彼はイスラエルを<そし>ったが，ダ
23: 9 ペリシテ人の間で<そし>ったとき，
II列 19: 4 生ける神を<そしる>ために彼を遣わ
22 あなたはだれを<そし>り，ののしっ
23 あなたは…主を<そし>って言った．
ネヘ 6:13 悪口の種とし，私を<そしる>ためで
詩篇 15: 3 その人は，舌をもって<そし>らず，
42:10 敵対する者どもは…私を<そし>り，
44:16 <そしる>者とののしる者の声のため，
50:20 おのれの母の子を<そしる>．
55:12 私を<そしる>者が敵ではありません．
69: 9 あなたを<そしる>人々のそしりが，
74:22 愚か者が一日中あなたを<そし>って
79:12 主よ．あなたを<そし>った…そしり
101: 5 陰で自分の隣人を<そしる>者を，私
102: 8 私の敵は一日中私を<そし>り，私を
119:42 私を<そしる>者に対して，私に答え
140:11 <そしる>者が地上で栄えないように．
箴言 14:31 自分の造り主を<そし>り，貧しい者
17: 5 あざける者は…造り主を<そしる>．
イザ 37: 4 神を<そしる>ために彼を遣わしたの
65: 7 わたしを<そし>ったあなたがたの咎
ルカ 12:10 たとい，人の子を<そしる>ことばを
使徒 19:37 女神を<そし>った者でもないのです．
ロマ 1:30 <そしる>者，神を憎む者，人を人と
3: 8 私たちはこの点で<そし>られるので
14:16 ですから…<そし>られないようにし
Iコリ 5:11 人を<そしる>者，酒に酔う者，略奪
6:10 盗む者…<そしる>者…神の国を相続
10:30 <そし>られるわけがあるでしょうか．
IIコリ 6: 3 この務めが<そし>られないために，
8 ほめられたり，<そし>られたり，悪
Iテモ 5:14 反対者に<そしる>機会を与えないこ
6: 1 御名と教えとが<そし>られないため
IIテモ 3: 3 <そしる>者，節制のない者，粗暴な
テト 2: 5 神のことばが<そし>られるようなこ
3: 2 だれをも<そし>らず，争わず，柔和
Iペテ 3:16 あなたがたを<そし>ったことで恥じ
IIペテ 2:10 栄誉ある人たちを<そし>って，恐れ
12 自分が知りもしないことを<そしる>
ユダ 8 栄えある者を<そし>っています．
10 理解もできないことを<そし>り，わ

▼ソステネ〔人名〕

コリントの会堂管理者．使徒18:17，Iコリ1:1．

▼そせき（礎石）

エペ 2:20 イエスご自身がその<礎石>です．
Iペテ 2: 6 選ばれた石，尊い<礎石>を置く．彼

▼そそぎのあぶら（～油）

出エ 25: 6 <そそぎの油>とかおりの高い香のた
29: 7 <そそぎの油>を取って，彼の頭にそ
30:25 聖なる<そそぎの油>を，調合法にし
レビ 8: 2 <そそぎの油>，罪のためのいけにえ

10 モーセは<そそぎの油>を取って，幕
10: 7 主の<そそぎの油>があるからだ.」
21:10 大祭司で…<そそぎの油>がそそがれ，
12 神の<そそぎの油>による記章を身に
民数 4:16 エルアザルの責任は…<そそぎの油>
Ⅰヨハ 2:20 聖なる方からの<そそぎの油>がある
27 キリストから受けた<そそぎの油>が

▼ そそぎのささげもの（注ぎのささげ物）

出エ 25:29 <注ぎのささげ物>を注ぐための皿や
ひしゃく，びんや水差し．37:16.
29:40 <注ぎのささげ物>として，ぶどう酒
レビ 23:13 <注ぎのささげ物>はぶどう酒で，一
民数 4: 7 <注ぎのささげ物>．6:15，15:5，24，
28:7，9，14，15，24，31，29:6，
11，18，19，24，25，33，34，39.
Ⅱ列 16:13 <注ぎのささげ物>を注ぎ，自分のた
15 <注ぎのささげ物>を，この大祭壇の

▼ そそぎのぶどうしゅ（注ぎのぶどう酒）

創世 35:14 石の柱を立て…<注ぎのぶどう酒>を
出エ 30: 9 <注ぎのぶどう酒>を注いではならな
申命 32:38 <注ぎのぶどう酒>を飲んだ者はどこ
Ⅰ歴 29:21 これらに添える<注ぎのぶどう酒>，
Ⅱ歴 29:35 いけにえの脂肪，<注ぎのぶどう酒>.
エズ 7:17 <注ぎのぶどう酒>を心して買い求め，
イザ 57: 6 おまえは，<注ぎのぶどう酒>を注ぎ，
エレ 7:18 ほかの神々に<注ぎのぶどう酒>を注
いで．19:13，32:29.
44:17 天の女王に…<注ぎのぶどう酒>を注
ぎたい．18，19，25.
エゼ 20:28 どこででも…<注ぎのぶどう酒>を注
45:17 <注ぎのぶどう酒>を供える義務があ
ヨエ 1: 9 <注ぎのぶどう酒>は主の宮から断た
2:14 <注ぎのぶどう酒>とを残してくださ

▼ そそぐ（注ぐ），注ぎ，注ぎかけ【別項】注ぎの油，注ぎのささげ物，注ぎのぶどう酒

創世 28:18 枕にした石を取り…油を<そそ>いだ.
35:14 ヤコブは…注ぎのぶどう酒を<注>ぎ
…その上に油を<そそ>いだ.
出エ 24: 6 モーセは…祭壇に<注>ぎかけた.
8 モーセはその血を…民に<注>ぎかけ，
29: 7 彼の頭に<そそ>ぎ，彼に油そそぎを
16 雄羊をほふり，その血を…祭壇の回
りに<注>ぎかける．20.
30:26 この油を次のものに<そそぐ>．会見
32 だれのからだにも<そそ>いではなら
40: 9 幕屋と…すべてのものに<そそ>ぎ，
レビ 1: 5 祭壇の回りに，その血を<注>ぎかけ
なさい．11，3:2，8，13，4:7，18，
25，30，34，7:2，8:15，19，24，9:
9，12，18，17:6.
2: 1 油を<そそ>ぎ，その上に乳香を添え，
6:22 油<そそ>がれて，彼の跡を継ぐ祭司
7:14 血を<注>ぎかける祭司のものとなる.
36 彼らが油<そそ>がれた日から永遠の
8:10 すべてのものに油を<そそ>いだ．こ
12 アロンの頭に<そそ>ぎ，油を<そそ>
14:15 自分の左の手のひらに<そそぐ>.
17:13 獣や鳥を狩りで…その血を<注>ぎ出
民数 5:15 油を<そそ>いでも乳香を加えてもい
28: 7 聖所で…強い酒を<注>ぎなさい.
35:25 聖なる油を<そそ>がれた大祭司が死
申命 12:16 地面に…<注>ぎ出さなければならな
27 祭壇の上に<注>ぎ出さなければなら
士師 6:20 岩の上に置き，その吸い物を<注>げ.
Ⅰサム 1:15 私の心を<注>ぎ出していたのです.
7: 6 水を汲んで主の前に<注>ぎ…断食し
Ⅱサム 23:16 水を…ダビデは…<注>いで主にささ
Ⅰ列 2:32 主は，彼が流した血を彼の頭に<注>
ぎ返されるであろう．33.
18:34 かめに水を…たきぎの上に<注>げ」
Ⅱ列 3:11 エリヤの手に水を<注>いだ者です.」
9: 3 彼の頭の上に油を<そそ>いで言いな
さい…油を<そそ>いで…王とする.』
Ⅱ歴 12: 7 怒りをエルサレムに<注ぐ>ことはや
30:16 祭司は…受け取った血を<注>いだ.
34:21 私たちの上に<注>がれた主の憤りは
ヨブ 10:10 あなたは私を乳のように<注>ぎ出し，
29: 6 岩は私に油の流れを<注>ぎ出してく
30:16 今，私は心を自分に<注ぐ>．悩みの
36:28 雨雲が…人の上に豊かに<注ぐ>.
40:23 その口にヨルダン川が<注>ぎ込んで
詩篇 16: 4 彼らの<注ぐ>血の酒を<注>がず，そ
23: 5 頭に油を<そそ>いでくださいます.
33:18 主の目は主を恐れる者に<注>がれる.
36:10 <注>いでください．あなたの恵みを，
42: 4 私の前で心を<注>ぎ出しています.
45: 7 喜びの油を…あなたに<そそ>がれた.
62: 8 心を神の御前に<注>ぎ出せ．神は，
65: 9 あなたは，地を訪れ，水を<注>ぎ，

68: 9 あなたは豊かな雨を<注>ぎ，疲れき
75: 8 主が，これを<注>ぎ出されると，こ
77:17 雲は水を<注>ぎ出し，雷雲は雷をと
79: 3 聖徒たちの血を…<注>ぎ出しました.
6 激しい憤りを<注>ぎ出してください.
84: 9 あなたに油<そそ>がれた者の顔に目
を<注>いでください.
104:13 主はその高殿から山々に水を<注>ぎ,
109:12 彼には恵みを<注ぐ>者もなく，その
141: 5 それは頭に<そそ>がれる油です．私
箴言 3:20 深淵は…張り裂け，雲は露を<注ぐ>.
17:24 愚かな者は目を地の果てに<注ぐ>.
雅歌 1: 3 あなたの名は<そそ>がれる香油のよ
イザ 27: 3 主は…絶えずこれに水を<注>ぎ，だ
29:10 主が…深い眠りの霊を<注>ぎ，あな
32:15 上から霊が私たちに<注>がれ，荒野
44: 3 潤いのない地に水を<注>ぎ，かわい
エレ 7:20 憤りは…地の産物とに<注>がれ，そ
10:25 あなたの憤りを<注>いでください.
14:16 彼らの上にわざわいを<注>ぎかける.
42:18 憤りが…住民の上に<注>がれたよう
哀歌 2: 4 火のように憤りを<注>がれた.
11 私の肝は…地に<注>ぎ出された．幼
19 心を水のように，主の前に<注>ぎ出
エゼ 7: 8 憤りをあなたに<注>ぎ…怒りを全う
9: 8 あなたはエルサレムの上にあなたの
憤りを<注>ぎ出して．21:31.
23: 8 彼女に情欲を<注>いだからである.
30:15 シンにわたしの憤りを<注>ぎ，ノの
39:29 霊をイスラエルの家の上に<注ぐ>.
43:18 血をそれに<注>ぎかけるために祭壇
ホセ 5:10 激しい怒りを水のように<注ぐ>.
9: 4 彼らは主にぶどう酒を<注>がず，彼
ヨエ 2:28 わたしは，わたしの霊をすべての人
に<注ぐ>．29，使徒2:17，18.
アモ 5: 8 海の水を…地の面に<注ぐ>方，その
ミカ 1: 4 坂に<注>がれた水のように.
ナホ 1: 6 その憤りは火のように<注>がれ，岩
ゼパ 3: 8 燃える怒りを…彼らに<注ぐ>．まこ
ゼカ 4:12 油を<そそ>ぎ出すこのオリーブの2
12:10 恵みと哀願の霊を<注ぐ>．彼らは,
マラ 3:10 祝福を…<注ぐ>かどうかをためして
マタ 26: 7 食卓に着いておられたイエスの頭に
香油を<注>いだ．12，マコ14:3.
ルカ 4:20 みなの目がイエスに<注>がれた.
10:34 傷に…ぶどう酒を<注>いで…宿屋に
使徒 6:15 人々は…ステパノに目を<注>いだ.
10:38 この方に聖霊と力を<注>がれました.
ロマ 5: 5 神の愛が…心に<注>がれているから
Iコリ 3: 6 私が植えて，アポロが水を<注>ぎま
した…成長させたのは神で．7，8.
ピリ 2:17 <注ぎ>の供え物となっても，私は喜
テト 3: 6 聖霊を…豊かに<注>いでくださった
ヘブ 1: 9 喜びの油を…<注>ぎなさいました.」
9:19 子牛とやぎの血を取って，契約の書
自体にも民の全体にも<注>ぎかけ,
22 血を<注>ぎ出すことがなければ，罪
10:22 心に血の<注ぎ>を受けて邪悪な良心
11:28 彼は過越と血の<注ぎ>とを行いまし
Iペテ 1: 2 血の<注ぎかけ>を受けるように選ば

▼ ソーダ

箴言 25:20 <ソーダ>の上に酢を注ぐようなもの
エレ 2:22 あなたが<ソーダ>で身を洗い，たく

▼ ソタイぞく（～族）

捕囚帰還の一氏族．エズ2:55，ネヘ7:57.

▼ そだつ（育つ），育てる

創世 21: 8 その子は<育>って乳離れした．アブ
IIサム 12: 3 自分で買って来て<育て>た１頭の小
23: 5 神は，私の救いと願いとを…<育て>
II列 19:26 <育つ>前に干からびる屋根の草のよ
ヨブ 31:18 彼は私を父のようにして<育>ち，私
詩篇 92:12 レバノンの杉のように<育>ちます.
144:12 よく<育>った若木のようになります
イザ 23: 4 若い男を<育て>ず，若い女を養った
44:14 林の木の中で自分のために<育てる>
…月桂樹を植え…大雨が<育てる>.
49:21 だれがこの者たちを<育て>たのだろ
51:18 彼女が<育て>たすべての子らのうち,
エレ 3:15 分別をもってあなたがたを<育て>よ
哀歌 4: 5 紅の衣で<育て>られた者は，堆肥を
エゼ 19: 3 雌獅子が子獅子…を<育て>上げると,
31: 4 水がそれを<育て>，地下水がこれを
ホセ 9:12 たとい彼らが子を<育て>ても，わた
ヨナ 4:10 あなたは…骨折らず，<育て>もせず,
マタ 6:28 野のゆりがどうして<育つ>のか，よ
13:30 収穫まで，両方とも<育つ>ままにし
マコ 4: 8 種が良い地に…<育>って，実を結び,
ルカ 4:16 イエスはご自分の<育>ったナザレに
使徒 7:20 モーセ…父の家で<育て>られました
21 パロの娘…自分の子として<育て>た

22: 3 この町で<育て>られ，ガマリエルの
エペ 6: 4 主の…訓戒によって<育て>なさい．
Iテモ 5:10 子どもを<育て>，旅人をもてなし，

▼そっきん（側近）

II列 25:19 町にいた王の5人の<側近>と，一般
I歴 18:17 ダビデの子らは王の<側近>の者であ
エス 1:14 王の<側近>の者はペルシヤとメディ

▼ソディ〔人名〕

ゼブルン族ガディエルの父．民数13:10.

▼そと（外）

創世 9:22 父の裸を見て，<外>にいる…兄弟に
19:16 彼らを連れ出し，町の<外>に置いた.
24:11 町の<外>の井戸のところに，らくだ
39:12 ヨセフは…上着を…逃げて<外>へ出
出エ 12:46 肉を家の<外>に持ち出してはならな
21:19 <外>を歩くようになれば，打った者
29:14 宿営の<外>で火で焼かなければなら
33: 7 宿営の<外>にある会見の天幕に行く
レビ 4:21 宿営の<外>に運び出し．12，6:11，8:17，9:11，10:4，16:27.
13:46 ひとりで住み…住まいは宿営の<外>
14: 3 祭司は宿営の<外>に出て行き…ツァ
40 町の<外>の汚れた場所に投げ捨てる
53 小鳥を町の<外>の野に放つ…その家
17: 3 子羊かやぎを…宿営の<外>で…ほふ
24:14 のろった者を宿営の<外>に連れ出し,
民数 5: 3 男でも女でも…宿営の<外>に追い出
12:14 彼女を7日間，宿営の<外>に締め出
15:35 全会衆は宿営の<外>で，彼を石で打
35:27 のがれの町の境界の<外>で彼を見つ
申命 23:10 身を汚した者…陣営の<外>に出なけ
24:11 あなたは<外>に立っていなければな
32:25 <外>では剣が人を殺し，内には恐れ
ヨシ 2:19 家の戸口から<外>へ出る者があれば,
6:23 彼女の親族をみな…宿営の<外>にと
Iサム 9:26 サウルは…サムエルと…<外>に出た.
IIサム 13:17 この女を…<外>に追い出して，戸を
I列 8: 8 かつぎ棒…<外>からは見えなかった.
21:13 ナボテ…を町の<外>に引き出し，石
II列 10:24 エフーは80人の者を宮の<外>に配置
II歴 32: 3 町の<外>にある泉の水をふさごうと
33:15 偶像…町の<外>に投げ捨てた.
エズ 10:13 私たちは<外>に立っていることがで
ネヘ 11:16 神の宮の<外>の仕事を監督していた.
13:20 商人…エルサレムの<外>で夜を過ご
詩篇 41: 6 <外>に出ては，それを言いふらす.
箴言 5:16 あなたの泉を<外>に散らし，通りを
22:13 獅子が<外>にいる．私はちまたで殺
24:27 <外>であなたの仕事を確かなものと
雅歌 8: 1 私が<外>であなたに出会い，あなた
エレ 21: 4 城壁の<外>からあなたがたを囲んで
哀歌 1:20 <外>では剣が子を奪い，家の中は死
エゼ 34:21 ついに彼らを<外>に追い散らしてし
44: 1 聖所の東向きの<外>の門に連れ戻る
ホセ 7: 1 <外>では略奪隊が襲うからだ.
マタ 8:12 御国の子らは<外>の暗やみに放り出
9:25 イエスは群衆を<外>に出してから,
22:13 <外>の暗やみに放り出せ．そこで泣
25:30 役に立たぬしもべは，<外>の暗やみ
ルカ 8:20 お母さん…<外>に立っています」と
13:25 <外>に立って…戸をいくらたたいて
ヨハ 20:11 マリヤは<外>で墓のところにたたず
Iコリ 6:18 罪はすべて，からだの<外>のもので
IIコリ 4:16 私たちの<外>なる人は衰えても，内
7: 5 <外>には戦い，うちには恐れがあり
Iテサ 4:12 <外>の人々に対してもりっぱにふる
ヘブ 13:11 からだは宿営の<外>で焼かれるから
12 イエスも…門の<外>で苦しみを受け
13 宿営の<外>に出て，みもとに行こう
黙示 3:20 わたしは，戸の<外>に立ってたたく.
11: 2 聖所の<外>の庭は，異邦人に与えら
14:20 酒ぶねは都の<外>で踏まれたが，血
22:15 偽りを行う者はみな，<外>に出され

▼そとがわ（外側）

I列 6: 6 神殿の<外側>の回りの壁に段を作り,
マタ 23:25 杯や皿の<外側>はきよめるが，その
26 そうすれば，<外側>もきよくなりま
27 白く塗った墓…<外側>は美しく見え
28 <外側>は人に正しく見えても，内側
ルカ 11:39 パリサイ人は，杯や大皿の<外側>は
40 <外側>を造られた方は，内側も造ら
黙示 5: 1 <外側>にも文字が書きしるされ，七

▼そとにわ（外庭）

I列 7: 9 <外庭>から大庭に至るまでそうであ
エス 6: 4 ハマンが…王宮の<外庭>に入って来
エゼ 10: 5 ケルビムの翼の音が…<外庭>にまで
40:17 彼は私を<外庭>に連れて行った．そ
31 玄関の間は<外庭>に面し，その壁柱には．34，37.
42: 3 <外庭>の石だたみに面して，3階に

7 外側の石垣は，<外庭>のほうにあっ
14 聖所…そこから<外庭>に出てはなら
44:19 <外庭>に出て，<外庭>の民のところ
46:20 これらの物を<外庭>に持ち出して民

▼ソドム〔地名〕

死海南部の町か．創世10:19，13:10，14:2，18:20，19:28，マタ10:15，11:23，24，ルカ10:12，17:29，ロマ9:29，Ⅱペテ2:6，ユダ7．

▼そなえ（備え）【別項】備えの日・備え日

創世 22:14 主の山の上には<備え>がある」と言
士師 20:22 イスラエル人は…戦いの<備え>をし
Ⅱサム 10: 8 アモン人は…門の入口に戦いの<備え>をした．Ⅰ歴19:9．
Ⅱ歴 13: 3 ヤロブアムも…戦いの<備え>をした．
14:10 アサは…の谷で戦いの<備え>をした．
ヨブ 15:35 その腹は欺きの<備え>をしている．
詩篇 5: 3 朝明けに…あなたのために<備え>を
68:10 悩む者のために<備え>をされました．
エレ 46:14 立ち上がって<備え>をせよ．剣があ
エゼ 38: 7 <備え>をせよ…全集団も<備え>をせ
ヨエ 2: 5 戦いの<備え>をした強い民のようで
アモ 4:12 あなたは…神に会う<備え>をせよ．
エペ 6:15 足には平和の福音の<備え>をはきな

▼そなえのパン（供えのパン）

出エ 25:30 机の上には<供えのパン>を置き，絶
民数 4: 7 <供えのパン>の机の上に青色の布を
Ⅰサム 21: 6 そこには…<供えのパン>しかなかっ
Ⅰ列 7:48 ソロモンは…金の祭壇と<供えのパン>を載せる金の机．Ⅱ歴4:19．
マタ 12: 4 神の家に入って…<供えのパン>を食べました．マコ2:26，ルカ6:4．
ヘブ 9: 2 燭台と机と<供えのパン>がありまし

▼そなえのひ（備えの日），備え日

マタ 27:62 <備えの日>の翌日，祭司長，パリサ
マコ 15:42 その日は<備えの日>…安息日の前日
ヨハ 19:14 その日は過越の<備え日>で，時は6時ごろであった．31，42．

▼そなえもの（供え物）【別項】罪のための供え物，なだめの供え物

マタ 5:23 祭壇の上に<供え物>をささげ．24．
8: 4 モーセの命じた<供え物>をささげな
15: 5 父や母に…<供え物>になりましたと
23:18 祭壇の上の<供え物>をさして誓った
19 <供え物>と，その<供え物>を聖いも
マコ 12:33 どんな…<供え物>よりも…すぐれて
ルカ 5:14 あなたのきよめの<供え物>をしなさ
使徒 7:41 子牛を作り，この偶像に<供え物>を
42 ほふられた獣と<供え物>とを，わた
21:26 <供え物>をささげる日時を告げた．
24:17 <供え物>をささげるために…帰って
ロマ 12: 1 からだを…生きた<供え物>としてさ
15:16 異邦人を…<供え物>とするためです．
Ⅰコリ 10:18 <供え物>を食べる者は，祭壇にあず
エペ 5: 2 キリストも…ご自身を…<供え物>と
ピリ 2:17 信仰の<供え物>…注ぎの<供え物>と
4:18 神が喜んで受けてくださる<供え物>
Ⅱテモ 4: 6 私は今や注ぎの<供え物>となります．

▼そなえる（備える）

創世 22: 8 神ご自身が…<備え>てくださるのだ．
出エ 23:20 わたしが<備え>た所にあなたを導い
Ⅱサム 23: 5 このすべては<備え>られ，また守ら
ヨブ 6: 4 神の脅かしが私に<備え>られている．
36:16 あぶらぎった食物が<備え>られる．
詩篇 78:20 ご自分の民に肉を<備える>ことがで
132:17 一つのともしびを<備え>ている．
144:13 あらゆる産物を<備え>ますように．
147: 8 神は…地のために雨を<備え>…山々
箴言 21:31 馬は戦いの日のために<備え>られる．
イザ 14:21 子らのために，ほふり場を<備え>よ．
30:33 王のために<備え>られているからだ．
エレ 51:12 番兵を立てよ．伏兵を<備え>よ．主
ヨナ 1:17 主は大きな魚を<備え>て，ヨナをの
4: 6 主は1本のとうごまを<備え>，それ
ゼパ 1: 7 主が1頭のほふる獣を<備え>，主に
マタ 11:10 道を，あなたの前に<備え>させよう．
20:23 それに<備え>られた人々があるので
25:34 <備え>られた御国を継ぎなさい．
ルカ 1:76 主の御前に先立って…道を<備え>，
2:31 御救いはあなたが…<備え>られたも
ヨハ 14: 2 わたしは場所を<備え>に行くのです．
Ⅰコリ 2: 9 神の<備え>てくださったものは，み
10:13 脱出の道も<備え>てくださいます．
12:18 からだ…器官を<備え>てくださった
Ⅱコリ 9:10 パンを<備え>てくださる方は…蒔く種を<備え>，それをふやし…義の実
エペ 2:10 行いをも…<備え>てくださったので
Ⅰテモ 6:19 未来に<備え>て良い基礎を自分自身
Ⅱペテ 1: 9 これらを<備え>ていない者は，近視
黙示 12: 6 神によって<備え>られた場所があっ

16:12 王たちに道を<備える>ために，かれ

▼ そねみ，そねむ

ガラ 5:20 争い，<そねみ>，憤り，党派心，分
26 <そね>み合ったりして，虚栄に走る

▼ その（園）【別項】エデンの園

創世 2: 8 神である主は…エデンに<園>を設け．9，10，16，3:1，2，3，8，10．
13:10 主の<園>のように…よく潤っていた．
民数 24: 6 川辺の<園>のように…アロエのよう
Ⅱ列 21:18 マナセは…家の<園>，ウザの<園>に
25: 4 王の<園>のほとりにある…城壁の間
ネヘ 3:15 王の<園>のシェラフの池の城壁を，
エス 1: 5 王宮の<園>の庭で，宴会を催した．
伝道 2: 5 庭と<園>を造り…果樹を植えた．
雅歌 4:13 最上の実をみのらすざくろの<園>，
イザ 1:29 みずから選んだ<園>によってはずか
30 水のない<園>のようになるからだ．
58:11 あなたは，潤された<園>のようにな
61:11 <園>が蒔かれた種を芽生えさせるよ
イザ 65: 3 <園>の中でいけにえをささげ，れん
66:17 身をきよめて，<園>に行き，その中
エレ 31:12 彼らのたましいは潤った<園>のよう
エゼ 28:13 あなたは神の<園>，エデンにいて，
31: 8 神の<園>の杉の木も，これとは比べ
ヨハ 18: 1 そこに<園>があって，イエスは弟子
26 あなたは<園>であの人といっしょに
19:41 十字架につけられた場所に<園>があ
20:15 彼女は，それを<園>の管理人だと思

▼ そのうえ

民数 11: 4 欲望にかられ，<そのうえ>，イスラ

▼ そのとおり

ダニ 3:24 王さま．<そのとおり>でございます．
マタ 15: 7 預言しているが…<そのとおり>です．
27:11 イエスは彼に「<そのとおり>です」と言われた．マコ15:2，ルカ23:3．

▼ そのまま

出エ 17:12 日が沈むまで，しっかり<そのまま>
Ⅱ列 23:18 いっしょに<そのまま>にしておいた．

▼ ソパテロ〔人名〕

ベレヤ人．パウロの同伴者．使徒20:4．

▼ そばめ

創世 22:24 レウマというナホルの<そばめ>もま
25: 6 アブラハムの<そばめ>たちの子らに
35:22 ルベンは父の<そばめ>ビルハのとこ
36:12 エサウの子エリファズの<そばめ>で，
士師 19: 2 その<そばめ>は彼をきらって，彼のところを去り．9，10，24，25，29．
Ⅱサム 3: 7 サウルには，<そばめ>があって，その名はリツパ…私の父の<そばめ>と
5:13 ダビデは…さらに<そばめ>たちと妻
15:16 王宮の留守番に10人の<そばめ>を残した．16:21，22．
Ⅰ列 11: 3 700人の…妻と，300人の<そばめ>が
Ⅰ歴 1:32 アブラハムの<そばめ>ケトラの息子
2:46 カレブの<そばめ>エファは，ハラン
48 カレブの<そばめ>マアカは，シェベ
3: 9 <そばめ>たちの子もあり，タマルは
Ⅱ歴 11:21 レハブアムは…<そばめ>にまさって…マアカを…彼は…<そばめ>を60人
エス 2:14 <そばめ>たちの監督官である王の宦
伝道 2: 8 私は…多くの<そばめ>を手に入れた．
雅歌 6: 8 王妃は60人，<そばめ>は80人，おと
9 王妃…<そばめ>たちも彼女をほめた．
エゼ 23:20 彼らの<そばめ>になりたいとあこが
ダニ 5: 2 王の妻と<そばめ>たちがその器で飲

▼ ソフェレテぞく（～族）

捕囚帰還の一氏族．エズ2:55，ネヘ7:57．

▼ ゾヘテ〔人名〕

ユダ族イシュイの子．Ⅰ歴4:20．

▼ ゾヘレテのいし（～石）

アドニヤがいけにえをささげた場所．Ⅰ列1:9．

▼ そぼ（祖母）

Ⅱテモ 1: 5 あなたの<祖母>ロイスと…母ユニケ

▼ そむき，そむきの罪

創世 31:36 私にどんな<そむきの罪>があって，
50:17 兄弟たちの<そむき>と…父の神のしもべたちの<そむき>を赦してくださ
出エ 23:21 <そむきの罪>を赦さないからである．
34: 7 咎と<そむき>と罪を赦す者，罰すべ
レビ 16:16 <そむき>…のために，聖所の贖いを
21 すべての<そむき>を，どんな罪であ
民数 14:18 咎と<そむき>を赦すが，罰すべき者
ヨシ 24:19 <そむき>も，罪も赦さないからであ
Ⅰサム 24:11 私に悪いことも<そむきの罪>もない
25:28 はしための<そむきの罪>をお赦しく
Ⅰ列 8:50 すべての<そむきの罪>を赦し，彼ら
ヨブ 7:21 <そむきの罪>を赦さず，私の不義を
8: 4 <そむきの罪>の手中に送り込まれた
13:23 私の<そむきの罪>と咎とを私に知ら

14:17 <そむきの罪>を袋の中に封じ込め,
31:33 自分の<そむきの罪>をおおい隠し,
33: 9 <そむきの罪>を犯さなかった．私は
34: 6 私は<そむきの罪>を犯していないが,
37 自分の罪に<そむきの罪>を加え，私
35: 6 あなたの<そむきの罪>が多くても,
36: 9 おごり高ぶった<そむきの罪>を告げ
詩篇 5:10 はなはだしい<そむき>のゆえに彼ら
25: 7 私の若い時の罪や<そむき>を覚えて
32: 1 <そむき>を赦され，罪をおおわれた
5 <そむきの罪>を主に告白しよう．」
39: 8 すべての<そむきの罪>から私を助け
51: 1 <そむきの罪>をぬぐい去ってくださ
3 自分の<そむきの罪>を知っています．
59: 3 私の<そむきの罪>のためでもなく,
65: 3 <そむきの罪>を赦してくださいます．
89:32 杖をもって，彼らの<そむきの罪>を
103:12 <そむきの罪>を…遠く離される．
107:17 自分の<そむき>の道のため，また,
箴言 10:12 愛はすべての<そむきの罪>をおおう．
19 <そむきの罪>がつきもの．自分のく
12:13 くちびるで<そむきの罪>を犯して,
17: 9 <そむきの罪>をおおう者は，愛を追
19 <そむきの罪>を愛する者はけんかを
19:11 その人の光栄は，<そむき>を赦すこ
28: 2 国に<そむき>があるときは，多くの
13 <そむきの罪>を隠す者は成功しない．
29: 6 悪人は<そむきの罪>を犯して自分の
16 悪者がふえると，<そむきの罪>も増
22 憤る者は多くの<そむきの罪>を犯す．
イザ 24:20 <そむきの罪>が地の上に重くのしか
43:25 あなたの<そむきの罪>をぬぐい去り,
44:22 <そむきの罪>を雲のように，あなた
50: 1 <そむきの罪>のために…母親は追い
53: 5 <そむきの罪>のために刺し通され,
8 民の<そむきの罪>のために打たれ,
57: 4 <そむき>の子ら，偽りのすえではな
58: 1 <そむきの罪>を告げ，ヤコブの家に
59:12 多くの<そむきの罪>を犯し…<そむ
きの罪>は，私たちとともにあり,
20 <そむきの罪>を悔い改める者のとこ
哀歌 1: 5 彼女の多くの<そむきの罪>のために,
14 <そむきの罪>のくびきは重く，主の
22 <そむきの罪>に対して，報い返され
エゼ 14:11 <そむきの罪>によって…汚さないた
18:22 <そむきの罪>は覚えられることはな
28 <そむきの罪>を悔い改めたのだから,
30 すべての<そむきの罪>を振り捨てよ．
31 <そむきの罪>を…放り出せ．こうし
21:24 <そむきの罪>があばかれるとき，彼
33:10 <そむき>と罪は…のしかかり，その
12 彼が<そむきの罪>を犯したら，それ
37:23 <そむきの罪>によって身を汚さない．
39:24 <そむきの罪>に応じて彼らを罰し,
ダニ 8:12 <そむきの罪>がささげられた．その
13 荒らす者のする<そむきの罪>，およ
23 彼らの<そむき>が窮まるとき，横柄
9:24 <そむき>をやめさせ，罪を終わらせ,
アモ 1: 3 三つの<そむきの罪>，四つの<そむ
きの罪>のために…刑罰を取り消さ
ない．6, 9, 11, 13, 2:1, 4, 6.
3:14 わたしに犯した<そむきの罪>を，わ
5:12 <そむきの罪>がいかに多く，あなた
ミカ 1: 5 ヤコブの<そむきの罪>のため,
13 イスラエルの犯した<そむきの罪>が,
3: 8 ヤコブにはその<そむきの罪>を，イ
6: 7 私の犯した<そむきの罪>のために,
7:18 <そむきの罪>を見過ごされ，怒りを

▼そむく

創世 14: 4 仕えていたが，13年目に<そむ>い
出エ 23:21 その者に<そむ>いてはならない．わ
民数 14: 9 ただ，主に<そむ>いてはならない．
41 なぜ，主の命令に<そむ>こうとして
43 主に<そむ>いて従わなかったのだか
22:18 主のことばに<そむ>いて，事の大小
24:13 主のことばに<そむ>いては，善でも
32:15 もし<そむ>いて主に従わなければ,
申命 9:24 いつも，主に<そむ>き逆らってきた
26:13 私はあなたの命令に<そむ>かず，ま
Iサム 15:23 <そむく>ことは占いの罪，従わない
24 あなたのことばに<そむ>いたからで
I列 8:50 あなたに<そむ>いて犯したすべての
9: 6 わたしに<そむ>いて従わず，あなた
12:19 ダビデの家に<そむ>いた．今日もそ
13:21 あなたは主のことばに<そむ>き，あ
26 主のことばに<そむ>いた神の人だ．
II列 1: 1 モアブがイスラエルに<そむ>いた．
3: 5 イスラエルの王に<そむ>いた．
7 モアブの王が私に<そむ>きました．
8:20 エドムが<そむ>いて，ユダの支配か

22 エドムは<そむ>いて…リブナもまた，
その時に<そむ>こうとした．
Ⅱ歴 7:19 もし，あなたがたが<そむ>いて，あ
10:19 ダビデの家に<そむ>いた．今日もそ
21: 8 エドムが<そむ>いて，ユダの支配か
10 エドムは<そむ>いて…リブナもまた，
その時に<そむ>いて，その支配から
エズ 10:13 多くの者が<そむ>いているのですか
エス 3: 3 なぜ，王の命令に<そむく>のか」と
ヨブ 19:19 私の愛した人々も私に<そむ>いた．
23: 2 私は<そむく>心でうめき，私の手は
詩篇 37:38 <そむく>者は，相ともに滅ぼされる．
51:13 <そむく>者たちに，あなたの道を教
53: 3 彼らはみな，<そむ>き去り，だれも
箴言 24:21 <そむく>者たちと交わってはならな
28:21 人は一切れのパンで，<そむく>．
イザ 1:20 <そむく>なら…剣にのまれる」と主
28 <そむく>者は罪人とともに破滅し，
3: 8 彼らの舌と行いとが主に<そむ>き，
43:27 代言者たちは，わたしに<そむ>いた．
46: 8 <そむく>者らよ．心に思い返せ．
48: 8 胎内にいる時から<そむく>者と呼ば
53:12 <そむ>いた人たちとともに数えられ
…<そむ>いた人たちのためにとりな
57:17 彼はなお<そむ>いて，自分の思う道
59:13 <そむ>いて，主を否み，私たちの神
66:24 <そむ>いた者たちのしかばねを見る．
エレ 2: 8 牧者たちもわたしに<そむ>き，預言
29 みな，わたしに<そむ>いている．
3:13 主に<そむ>いて，すべての茂った木
5:23 彼らは，<そむ>いて去って行った．
31:19 私は，<そむ>いたあとで，悔い，悟
33: 8 わたしに<そむ>いたすべての咎を赦
哀歌 3:42 私たちは<そむ>いて逆らいました．
エゼ 2: 3 <そむ>いた反逆の国民に遣わす…そ
の先祖たちも…<そむ>いた．今日も
20:38 わたしに<そむく>反逆者を，えり分
ダニ 3:28 王の命令に<そむ>き，自分たちのか
9: 5 悪を行い，あなたに<そむ>き，あな
9 私たちが神に<そむ>いたからです．
ホセ 7:13 彼らはわたしに<そむ>いたからだ．
8: 1 わたしのおしえに<そむ>いたからだ．
14: 9 <そむく>者はこれにつまずく．
アモ 4: 4 ベテルへ行って，<そむ>け．ギルガ
ルへ行って，ますます<そむ>け．朝
ヨハ 19:12 王だとする者…カイザルに<そむく>
使徒 17: 7 カイザルの詔勅に<そむく>行いをし
18:13 この人は，律法に<そむ>いて神を拝
21:21 モーセに<そむく>ように教えている
26:19 この天からの啓示に<そむ>かず，
28:17 何一つ<そむく>ことはしていないの
ロマ 2:25 あなたが律法に<そむ>いているなら，
27 割礼がありながら律法に<そむ>いて
13: 2 神の定めに<そむ>いているのです．
Ⅰテモ 1:10 健全な教えに<そむく>事のためにあ
5:11 キリストに<そむ>いて情欲に引かれ
Ⅱペテ 2:21 命令に<そむく>よりは，それを知ら
ユダ 11 コラのように<そむ>いて滅びました．

▼ そむける

創世 9:23 顔を<そむけ>て，父の裸を見なかっ
Ⅰ列 21: 4 アハブは…顔を<そむけ>て食事もし
Ⅱ歴 29: 6 その顔を主の御住まいから<そむけ>，
30: 9 御顔を<そむける>ようなことは決し
詩篇 60: 1 私たちから顔を<そむけ>られました．
箴言 28: 9 耳を<そむけ>ておしえを聞かない者
27 目を<そむける>者は多くののろいを
イザ 53: 3 人が顔を<そむける>ほどさげすまれ，
エゼ 7:22 わたしは彼らから顔を<そむけ>，わ
Ⅱテモ 4: 4 真理から耳を<そむけ>，空想話にそ

▼ そよかぜ（～風）

創世 3: 8 <そよ風>の吹くころ，彼らは園を歩
雅歌 2:17 <そよ風>が吹き始め，影が消え去る

▼ そら（空）【別項】大空

創世 1:26 海の魚，<空>の鳥，家畜…を支配す
るよう．28，2:19，6:7，7:3，9:2．
22:17 あなたの子孫を，<空>の星，海辺の
申命 1:10 あなたがたは…<空>の星のように多
4:17 家畜の形も，<空>を飛ぶ…鳥の形も，
28:26 あなたの死体は，<空>のすべての鳥
Ⅰサム 17:44 おまえの肉を<空>の鳥や野の獣にく
Ⅱサム 21:10 リツパは…<空>の鳥が…死体に近寄
Ⅰ列 18:45 <空>は濃い雲と風で暗くなり，やが
ネへ 9:23 彼らの子孫を<空>の星のようにふや
ヨブ 12: 7 <空>の鳥に尋ねてみよ．それがあな
35:11 <空>の鳥よりも…私たちに知恵を授
38:29 <空>の白い霜はだれが生んだか．
詩篇 8: 8 <空>の鳥，海の魚，海路を通うもの
104:12 そのかたわらには<空>の鳥が住み，
伝道 10:20 <空>の鳥がその声を持ち運び，翼の
エレ 4:25 見よ…<空>の鳥もみな飛び去ってい

7:33 しかばねは，<空>の鳥…のえじきとなる．16:4，19:7，34:20．
8: 7 <空>のこうのとりも，自分の季節を
エゼ29: 5 あなたを…<空>の鳥のえじきとする
31: 6 その小枝には<空>のあらゆる鳥が巣を作り．13，32:4，ダニ4:12，21．
32: 7 わたしは<空>をおおい，星を暗くし，
8 <空>に輝くすべての光を…暗くし，
38:20 <空>の鳥も…わたしの前で震え上が
ダニ 2:38 <空>の鳥がどこに住んでいても，こ
ホセ 2:18 <空>の鳥，地をはうものと契約を結
4: 3 <空>の鳥とともに打ちしおれ，海の
7:12 <空>の鳥のように彼らを引き落とし，
ゼパ 1: 3 <空>の鳥と海の魚を取り除く．わた
マタ 6:26 <空>の鳥を見なさい．種蒔きもせず，
8:20 狐には穴があり，<空>の鳥には巣があるが，人の子には．ルカ9:58．
13:32 生長すると…<空>の鳥が来て，その枝に巣を作．マコ4:32，ルカ13:19．
ルカ 8: 5 種…<空>の鳥がそれを食べてしまっ
12:56 地や<空>の現象を見分けることを知
使徒10:12 四つ足の動物や，はうもの，また，<空>の鳥などがいた．11:6．
黙示 9: 2 太陽も<空>も，この穴の煙によって

▼ そらす

ヨブ 7:19 私から目を<そら>されないのですか．
14: 6 彼から目を<そら>して，かまわない
詩 119:37 私の目を<そら>せ，あなたの道に私
雅歌 6: 5 目を私から<そら>しておくれ．それ
イザ 1:15 目を<そらす>．どんなに祈りを増し
22: 4 私から目を<そら>してくれ，私は激

▼ そらまめ（～豆）

エゼ 4: 9 小麦，大麦，<そら豆>，レンズ豆，

▼ そる

創世41:14 ヨセフ…ひげを<そ>り…パロの前に
レビ13:33 その人は毛を<そ>り落とす．ただし…かいせんを<そ>り落としてはなら
14: 8 きよめられる者は…毛をみな<そ>り落とし，水を浴びる．9．
19:27 頭のびんの毛を<そ>り落としてはな
21: 5 彼らは頭を<そ>ってはならない．ひげの両端を<そ>り落としてもいけな
民数 6: 9 その身をきよめる日に頭を<そる>…7日目に<そ>らなければならない．
19 ナジル人が…髪の毛を<そ>って後に，
申命14: 1 額を<そ>り上げたりしてはならない．
21:12 女は髪を<そ>り，爪を切り，
士師16:19 サムソンを眠らせ…髪の毛七ふさを<そ>り落とさせ．13，14，17，22．
IIサム10: 4 ひげを半分<そ>り落とし．I歴19:4．
ヨブ 1:20 ヨブは…頭を<そ>り，地にひれ伏し
イザ 7:20 毛を<そ>り，ひげまでも<そ>り落と
15: 2 モアブは…頭をみな<そ>り落とし，
エレ 2:16 あなたの頭の頂を<そ>りあげる．
41: 5 彼らはみな，ひげを<そ>り，衣を裂
47: 5 ガザは頭を<そ>られ，アシュケロン
48:37 頭の毛をみな<そ>り，ひげもみな切
エゼ 5: 1 ひげを<そ>り，その毛をはかりで量
7:18 彼らの頭はみな<そ>られてしまう．
27:31 彼らはおまえのために頭を<そ>り，
44:20 彼らは頭を<そ>ってはならない．髪
アモ 8:10 すべての人の頭を<そ>らせ，その日
ミカ 1:16 あなたの頭を<そ>れ…<そ>った所を，
使徒18:18 パウロ…ケンクレヤで髪を<そ>った．
21:24 頭を<そる>費用を出してやりなさい．
Iコリ11: 6 頭を<そる>ことが女として恥ずかし

▼ それ

イザ41: 4 主こそ初めで…わたしが<それ>だ．
48:12 わたしに聞け…わたしが<それ>だ．
ヨハ 4:26 話しているこのわたしが<それ>です．

▼ ソレクのたに（～谷）

デリラの居住地．士師16:4．

▼ それる

申命 9:12 命じておいた道から早くも<それ>て，
11:16 横道に<それ>て，ほかの神々に仕え，
17:11 右にも左にも<それ>てはならない．
士師 2:17 またたくまに<それ>て，先祖たちの
I列22:43 その道から<それる>ことなく，主の目にかなうことを行っ．II歴20:32．
ヨブ23:11 神の道を守って，<それ>なかった．
詩篇44:18 歩みはあなたの道から<それ>ません
119:51 みおしえから<それ>ませんでした．
箴言 4:27 右にも左にも<それ>てはならない．
イザ30:11 道から離れ，小道から<それ>，私た
Iテモ 1: 6 ある人たちは…わき道に<それ>て無
IIテモ 4: 4 空想話に<それ>て行くような時代に

▼ ゾロバベル〔人名〕

ゼルバベルと同人．マタ1:12，13，ルカ3:27．

▼ ソロモン〔人名〕【別項】ソロモンのしもべたち，ソロモンの廊

イスラエル統一王国の王:ダビデとバテ・シェバの子，Ⅱサム12:24；特別な名，Ⅰ歴22:9；ダビデの遺言を受け，王となる，Ⅰ列2:1-12；知恵を祈り求める，Ⅰ列3:1-15；名声は世界的となる，Ⅰ列4:29-34；主の宮を建てる，Ⅰ列5-6章，8:22-66；自分の宮殿を建てる，Ⅰ列7:1-12；シェバの女王の訪問，Ⅰ列10:1-13；一夫多妻と偶像礼拝に陥る，Ⅰ列11:1-8；神の警告，Ⅰ列11:9-13；治世と死，Ⅰ列11:41-43.

ネヘ 13:26 <ソロモン>は，このことによって罪
詩127題目 都上りの歌．<ソロモン>による
箴言 1: 1 ダビデの子，<ソロモン>の箴言.
雅歌 1: 1 <ソロモン>の雅歌
マタ 6:29 <ソロモン>でさえ…花の一つほどに
12:42 <ソロモン>の知恵を聞くために地の
使徒 7:47 神の…家を建てたのは<ソロモン>で

▼ ソロモンのしもべたち

ソロモン時代の奴隷か．Ⅰ列9:27，エズ2:55，ネヘ11:3.

▼ ソロモンのろう（～廊）

ヘロデ神殿の回廊．ヨハ10:23，使徒3:11，5:12.

▼ そん（損），損害

ダニ 6: 2 王が<損害>を受けないようにした.
Ⅰコリ 3:15 建物が焼ければ，その人は<損害>を
ピリ 3: 8 いっさいのことを<損>と思っていま
ピレ 18 もし彼があなたに対して<損害>をか
Ⅱペテ 2:13 不義の報いとして<損害>を受けるの

▼ そんけい（尊敬）

Ⅰサム 22:14 あなたの家では<尊敬>されているで
Ⅱ列 5: 1 将軍ナアマンは…<尊敬>されていた.
Ⅱ歴 32:23 彼はすべての国々から<尊敬>の目で
マラ 1: 6 どこに，わたしへの<尊敬>があるの
マタ 13:57 預言者が<尊敬>されないのは，自分の郷里，家族の間だけ．マコ6:4.
使徒 5:13 加わろうとしなかったが…<尊敬>し
34 すべての人に<尊敬>されている律法
28:10 私たちを非常に<尊敬>し，私たちが
ロマ 12:10 <尊敬>をもって互いに人を自分より
ピリ 2:29 彼のような人々には<尊敬>を払いな
Ⅰテサ 5:13 愛をもって深い<尊敬>を払いなさい.
Ⅰテモ 5:17 長老は，二重に<尊敬>を受けるにふ
6: 1 主人を十分に<尊敬>すべき人だと考
Ⅰペテ 2:18 <尊敬>の心を込めて主人に服従しな
3: 7 ともに受け継ぐ者として<尊敬>しな

▼ そんげん（尊厳）

Ⅰ歴 16:27 <尊厳>と威光は御前に．詩篇96:6.
29:11 栄光と<尊厳>とはあなたのものです.
ヨブ 37:22 神の回りには恐るべき<尊厳>がある.
40:10 <尊厳>と威光を身につけよ.
詩篇 21: 5 <尊厳>と威光を彼の上に置かれます.
104: 1 <尊厳>と威光を身にまとっておられ
111: 3 そのみわざは<尊厳>と威光．その義
箴言 5: 9 あなたの<尊厳>を他人に渡し，あな
ダニ 11:21 彼には国の<尊厳>は与えられないが，
ハバ 3: 3 その<尊厳>は天をおおい，その賛美
ユダ 25 唯一の神に，栄光，<尊厳>，支配，

▼ そんざい（存在）

使徒 17:28 神の中に生き，動き…<存在>してい
ロマ 13: 1 <存在>している権威はすべて，神に

▼ そんしつ（損失）

エス 7: 4 迫害者は王の<損失>を償うことがで
使徒 27:10 私たちの生命にも…<損失>が及ぶと，
21 危害や<損失>をこうむらなくて済ん

▼ そんじる（損じる）

マタ 16:26 たとい全世界を手に入れても…いのちを<損じ>た．マコ8:36，ルカ9:25.

▼ そんちょう（尊重）

箴言 25:27 りっぱなことばは<尊重>しなければ

▼ そんらく（村落）

創世 25:16 <村落>…につけられた名であって，
レビ 25:31 その回りに城壁のない<村落>の家は
民数 21:25 それに属するすべての<村落>に住み
32:42 ノバフは…<村落>を攻め取り，自分
Ⅰ歴 8:12 エルパアルの子は…<村落>を建てた.
18: 1 ガテとそれに属する<村落>をペリシ

た

▼ タアナテ・シロ〔地名〕

シェケム南東の町．ヨシ16:6.

▼ タアレア〔人名〕
ヨナタンの孫ミカの子．Ｉ歴8:35.

▼ たい（胎），胎内

創世 20:18 アビメレクの家のすべての<胎>を堅
25:23 二つの国があなたの<胎内>にあり，
24 時が満ちると…ふたごが<胎内>にい
30: 2 <胎内>に子を宿らせないのは神なの
49:25 水の祝福，乳房と<胎>の祝福．
民数 12:12 その肉が半ば腐って母の<胎>から出
士師 13: 5 その子は<胎内>にいるときから神へ
Ｉサム 1: 5 主は彼女の<胎>を閉じておられたが
ヨブ 1:21 私は裸で母の<胎>から出て来た．ま
3:10 私の母の<胎>の戸が閉じられず，私
11 なぜ，私は，<胎>から出たとき，死
10:19 母の<胎>から墓に運び去られていた
31:15 私を<胎内>で造られた方は，彼らを
18 母の<胎>にいたときから，彼女を導
38: 8 海がふき出て，<胎内>から流れ出た
29 氷はだれの<胎>から生まれ出たか．
詩篇 22: 9 あなたは私を母の<胎>から取り出し
10 母の<胎内>にいた時から…私の神で
58: 3 悪者どもは，母の<胎>を出たときか
71: 6 私を母の<胎>から取り上げた方．私
127: 3 主の賜物，<胎>の実は報酬である．
139:13 母の<胎>のうちで私を組み立てられ
箴言 30:16 よみと，不妊の<胎>，水に飽くこと
31: 2 私の<胎>の子よ，何を言おうか．私
伝道 5:15 母の<胎>から出て来たときのように，
11: 5 妊婦の<胎内>の骨々のことと同様，
イザ 44: 2 母の<胎内>にいる時から形造って，
46: 3 <胎内>にいる時からになわれており，
48: 8 母の<胎内>にいる時からそむく者と
49: 1 母の<胎内>にいる時から私の名を呼
5 私が母の<胎内>にいる時…しもべと
エレ 1: 5 <胎内>に形造る前から，あなたを知
20:17 私が<胎内>にいるとき，私を殺さず
…彼女の<胎>を，永久にみごもった
ホセ 9:14 はらまない<胎>と，乳の出ない乳房
12: 3 彼は母の<胎>にいたとき，兄弟を押
マタ 1:20 その<胎>に宿っているものは聖霊に
19:12 母の<胎内>から，そのように生まれ
ルカ 1:15 <胎内>にあるときから聖霊に満たさ
41 子が<胎内>でおどり，エリサベツは
42 あなたの<胎>の実も祝福されていま
2:21 <胎内>に宿る前に御使いがつけた名
23 母の<胎>を開く男子の初子は，すべ
23:29 子を産んだことのない<胎>，飲ませ
ヨハ 3: 4 もう一度，母の<胎>に入って生まれ
ロマ 4:19 サラの<胎>の死んでいることとを認

▼ だい（台），台座

出エ 25:31 <台座>と支柱と，がくと節と花弁が
30:18 洗いのための…青銅の<台>を作った
40:11 洗盤とその<台>とに油をそそいで，
Ｉサム 6:18 主の箱が安置されたアベルの<台>は，
Ｉ列 7:27 彼は青銅で10個の<台>を作った．お
ネヘ 8: 4 学者エズラは…木の<台>の上に立っ
9: 4 レビ人の<台>の上に立ち上がり…叫
雅歌 5:15 その足は，純金の<台座>に据えられ
エゼ 40:39 両側にそれぞれ二つずつの<台>があ
41:22 その四隅も<台>も側面も木でできて
43:17 その<台座>は長さ14キュビト，幅14
マタ 21:12 両替人の<台>や，鳩を売る者たちの
ヨハ 2:15 両替人の金を散らし，その<台>を倒

▼ だい１（第１）【別項】第１年，第１の月の１日

創世 2:11 <第１>のものの名はピション．それ
Ｉ歴 24: 7 <第１>のくじは，エホヤリブに当た
ヨブ 40:19 これは神が造られた<第１>の獣，こ
ダニ 7: 4 <第１>のものは獅子のようで，鷲の
8:21 大きな角は，その<第１>の王である．
10:13 <第１>の君のひとり，ミカエルが私
ゼカ 6: 2 <第１>の戦車は赤い馬が，第２の戦
使徒 12:10 彼らが，<第１>，第２の衛所を通り，
16:12 マケドニヤのこの地方<第１>の町で，
ロマ 1: 8 まず<第１>に…私の神に感謝します．
3: 2 <第１>に，彼らは神の…おことばを
Ｉコリ 12:28 <第１>に使徒，次に預言者，次に教
15:47 <第１>の人は地から出て，土で造ら
エペ 6: 2 父と母を敬え．」これは<第１>の戒
コロ 1:18 ご自身が…<第１>のものとなられた
ヤコ 3:17 上からの知恵は，<第１>に純真であ
黙示 4: 7 <第１>の生き物は，獅子のようであ
8: 7 <第１>の御使いがラッパを吹き鳴ら
9:12 <第１>のわざわいは過ぎ去った．見
16: 2 <第１>の御使いが…鉢を地に向けて
20: 5 これが<第１>の復活である．
21:19 <第１>の土台石は碧玉，第２はサフ

▼ だい１ねん（第１年）

エズ 1: 1 ペルシヤの王クロスの<第１年>に，
5:13 クロスの<第１年>に…神の宮を再建

▼ だい1のつきの1にち（第1の月の1日）
出エ40: 2 <第1の月の1日>に…幕屋を建てな
Ⅱ歴29:17 彼らは<第1の月の1日>に聖別し始
▼ だいおう（大王）
Ⅱ列18:19 <大王>，アッシリヤの王．イザ36:4.
エズ 4:10 名声高い<大王>オスナパルがサマリ
伝道 9:14 <大王>が攻めて来て，これを包囲し，
エレ27: 7 <大王>たちが彼を…奴隷とする．
ホセ 5:13 エフライムは…<大王>に人を遣わし
10: 6 その子牛は…<大王>への贈り物とな
▼ だいか（代価）
創世23:13 私は畑地の<代価>をお払いします．
民数20:19 水を飲むことがあれば…<代価>を払
Ⅰ列10:28 それは王の御用達が<代価>を払って，
21: 2 それ相当の<代価>を銀で支払おう．」
ヨブ28:15 銀を量ってもその<代価>とすること
詩篇44:12 その<代価>で何の得もなさいません
箴言27:26 やぎは畑の<代価>となる．
イザ45:13 <代価>を払ってでもなく，わいろに
55: 1 <代価>を払わないで，ぶどう酒と乳
哀歌 5: 4 自分たちのたきぎも，<代価>を払っ
ダニ11:39 <代価>として国土を分け与える．
マタ27: 6 入れるのはよくない．血の<代価>だ
Ⅰコリ 6:20 あなたがたは，<代価>を払って買い取られたのです．7:23.
▼ たいかく（体格）
創世39: 6 ヨセフは<体格>も良く，美男子であ
Ⅰサム16:18 分別があり，<体格>も良い人です．
▼ だいかん（代官）
Ⅱコリ11:32 ダマスコではアレタ王の<代官>が，
▼ だいぎ（台木）
ロマ11:21 もし神が<台木>の枝を惜しまれなか
24 たやすく自分の<台木>につがれるは
▼ だいききん（大ききん）
ルカ 4:25 全国に<大ききん>が起こったとき，
15:14 その国に<大ききん>が起こり，彼は
使徒11:28 世界中に<大ききん>が起こると御霊
▼ たいぎょ（大魚）
マタ12:40 ヨナは3日3晩<大魚>の腹の中にい
▼ だいきん（代金）【別項】贖い金・贖いの代金
創世44: 2 穀物の<代金>といっしょに入れてお
47:14 人々が買った穀物の<代金>であるが，
民数 3:50 聖所のシェケルで…<代金>を取り，
Ⅱサム24:24 <代金>を払って…買いたいのです．
箴言17:16 知恵を買おうとして，手に<代金>を
ミカ 3:11 祭司たちは<代金>を取って教え，そ
使徒 4:34 それを売り，<代金>を携えて来て，
37 その<代金>を持って来て，使徒たち
5: 3 地所の<代金>の一部を…残して．2.
▼ だいく（大工）
Ⅱサム 5:11 ツロの王ヒラムは…<大工>，石工を
マタ13:55 この人は<大工>の息子で．マコ6:3.
▼ だいげんしゃ（代言者）
Ⅱ歴32:31 彼のもとに<代言者>を遣わし，この
ヨブ33:23 千人にひとりの<代言者>がおり，そ
イザ43:27 <代言者>たちは，わたしにそむいた．
▼ たいげんそうご（大言壮語）
ロマ 1:30 <大言壮語>する者，悪事をたくらむ
Ⅱテモ 3: 2 <大言壮語>する者，不遜な者，神を
Ⅱペテ 2:18 むなしい<大言壮語>を吐いており，
▼ たいこう（対抗）
Ⅱ歴13: 7 彼らに<対抗>して自分の力を増し加
20: 6 あなたと<対抗>してもちこたえうる
ルカ12:52 ふたりが3人に<対抗>して分かれる
53 息子は父に<対抗>し，母は娘に，娘
使徒 6:10 それに<対抗>することができなかっ
エペ 6:13 邪悪な日に際して<対抗>できるよう
▼ たいざい（滞在）
創世12:10 アブラムはエジプト…に…<滞在>す
17: 8 あなたが<滞在>している地，すなわ
21:23 あなたが<滞在>しているこの土地に
34 長い間ペリシテ人の地に<滞在>した．
26: 3 あなたはこの地に，<滞在>しなさい．
出エ12:40 エジプトに<滞在>していた期間は
士師17: 7 彼はレビ人で，そこに<滞在>してい
ルツ 1: 1 モアブの野…に<滞在>することにし
ヨハ 3:22 イエスは…彼らとともに…<滞在>し
4:40 イエスは2日間そこに<滞在>された．
11:54 弟子たちとともにそこに<滞在>され
使徒13:17 民がエジプトの地に<滞在>していた
16:12 私たちはこの町に幾日か<滞在>した．
18:18 パウロは，なお長らく<滞在>してか
21: 8 伝道者ピリポの家…に<滞在>した．
10 <滞在>していると，アガボという預
28:14 彼らのところに7日間<滞在>した．
Ⅰコリ16: 6 あなたがたのところに<滞在>するで
7 しばらく<滞在>したいと願っていま
8 五旬節まではエペソに<滞在>するつ

IIコリ 13: 2 私は2度目の<滞在>のときに前もっ
ガラ 1:18 彼のもとに15日間<滞在>しました.

▼ だいさいし（大祭司）
レビ 21:10 兄弟たちのうち<大祭司>で，頭にそ
民数 35:25 聖なる油をそそがれた<大祭司>が死
ヨシ 20: 6 その時の<大祭司>が死ぬまで，その
II列 12:10 王の書記と<大祭司>は，上って来て，
22: 4 <大祭司>ヒルキヤのもとに上って行
ネヘ 3: 1 <大祭司>エルヤシブは，その兄弟の
ハガ 1: 1 <大祭司>ヨシュアとに，次のような
マタ 26: 3 カヤパという<大祭司>の家の庭に集
51 <大祭司>のしもべに撃ってかかり，
57 イエスを<大祭司>カヤパのところへ
58 <大祭司>の中庭まで入って行き，成
62 <大祭司>は立ち上がってイエスに言
63 <大祭司>はイエスに言った.「私は，
65 <大祭司>は，自分の衣を引き裂いて
マコ 2:26 アビヤタルが<大祭司>のころ，ダビ
14:53 イエスを<大祭司>のところに連れて
61 <大祭司>は，さらにイエスに尋ねて
66 <大祭司>の女中のひとりが来て，
ルカ 3: 2 アンナスとカヤパが<大祭司>であっ
22:50 <大祭司>のしもべに撃ってかかり，
54 <大祭司>の家に連れて来た．ペテロ
ヨハ 11:49 その年の<大祭司>であったカヤパが，
18:13 <大祭司>カヤパのしゅうとだったか
15 この弟子は<大祭司>の知り合いで，
19 <大祭司>はイエスに…尋問した.
22 <大祭司>にそのような答え方をする
24 縛ったままで<大祭司>カヤパのとこ
26 <大祭司>のしもべのひとりで，ペテ
使徒 4: 6 <大祭司>アンナス，カヤパ…そのほ
か<大祭司>の一族もみな出席した.
5:17 <大祭司>とその仲間たち全部，すな
27 <大祭司>は使徒たちを問いただして，
7: 1 <大祭司>は「そのとおりか」と尋ね
9: 1 サウロは…<大祭司>のところに行き，
22: 5 <大祭司>も，長老たちの全議会も証
23: 2 <大祭司>アナニヤは，パウロのそば
4 あなたは神の<大祭司>をののしるの
5 私は彼が<大祭司>だとは知らなかっ
ヘブ 2:17 忠実な<大祭司>となるため，主はす
3: 1 <大祭司>であるイエスのことを考え
4:14 偉大な<大祭司>である神の子イエス
15 私たちの<大祭司>は，私たちの弱さ
5: 1 <大祭司>はみな，人々の中から選ば
5 キリストも<大祭司>となる栄誉を自
10 メルキゼデクの位に等しい<大祭司>
7:26 天よりも高くされた<大祭司>こそ，
27 ほかの<大祭司>たちとは違い，キリ
28 律法は弱さを持つ人間を<大祭司>に
8: 1 私たちの<大祭司>は天におられる大
3 <大祭司>は，ささげ物といけにえと
9: 7 <大祭司>だけが年に1度だけ入りま
11 キリストは…<大祭司>として来られ，
25 <大祭司>とは違って，キリストは，
13:11 <大祭司>によって聖所の中まで持っ

▼ たいし（大使）
エペ 6:20 福音のために<大使>の役を果たして

▼ たいじ（胎児）
イザ 13:18 彼らは<胎児>もあわれまず，子ども

▼ だいじ（大事）
箴言 10:17 訓戒を<大事>にする者はいのちへの
13:18 叱責を<大事>にする者はほめられる.
15: 5 叱責を<大事>にする者は利口になる.
エレ 31:20 エフライムは…<大事>な子なのだろ
マコ 12:31 この二つより<大事>な命令は，ほか
ガラ 5: 6 割礼…は<大事>なことではなく，愛
によって働く信仰だけが<大事>なの
6:15 <大事>なのは新しい創造です.

▼ だい7（第7）【別項】第7日・第7日目
黙示 8: 1 小羊が<第7>の封印を解いたとき，
10: 7 <第7>の御使いが吹き鳴らそうとし
16:17 <第7>の御使いが鉢を空中にぶちま
21:20 <第7>は貴かんらん石，第8は緑柱

▼ だい7にち（第7日），第7日目
創世 2: 2 神は，<第7日目>に…完成を告げら
3 神は<第7日目>を祝福し，この日を
出エ 12:15 第1日から<第7日>までの間に種を

▼ だいしと（大使徒）
IIコリ 11: 5 <大使徒>たちに…劣っているとは思
12:11 <大使徒>たちにどのような点でも劣

▼ たいしゅ（太守）
エズ 8:36 王の<太守>．エス3:12，8:9，9:3.
ダニ 3: 2 <太守>…を召集し．3，27，6:1，2，
3，4，6，7.

▼ だいしゅくかい（大祝会）
ヘブ 12:22 御使いたちの<大祝会>に近づいてい

▼ だいしゅちょう（大首長）
エゼ38: 2 メシェクとトバルの<大首長>である
マゴグの地のゴグに．3，39:1.
▼ たいしょう（隊商）
創世37:25 イシュマエル人の<隊商>がギルアデ
士師 5: 6 <隊商>は絶え，旅人はわき道を通っ
ヨブ 6:18 <隊商>はその道を変え，荒地に行っ
イザ21:13 デダン人の<隊商>よ．アラビヤの林
▼ だいじん（大臣）
ヨナ 3: 7 王と<大臣>たちの命令によって，次
使徒 7:10 王の家全体を治める<大臣>に任じま
▼ たいせつ
マタ 6:25 いのちは食べ物より<たいせつ>なも
の，からだは着物より<たいせつ>な
22:36 <たいせつ>な戒めは．38，39.
Ｉコリ 3: 7 <たいせつ>なのは，植える者でも水
15: 3 最も<たいせつ>なこととして伝えた
▼ たいだ（怠惰）
箴言19:15 <怠惰>は人を深い眠りに陥らせ，な
31:27 彼女は…<怠惰>のパンを食べない.
▼ だいたん（大胆）
使徒 4:13 ペテロとヨハネとの<大胆>さを見，
29 みことばを<大胆>に語らせてくださ
31 神のことばを<大胆>に語りだした.
9:27 イエスの御名を<大胆>に宣べた様子
28 主の御名によって<大胆>に語った.
14: 3 主によって<大胆>に語った．主は，
18:26 彼は会堂で<大胆>に話し始めた．そ
19: 8 パウロは…３か月の間<大胆>に語り，
28:31 <大胆>に，少しも妨げられることな
ロマ10:20 イザヤは<大胆>にこう言っています.
15:15 所々，かなり<大胆>に書いたのは，
IIコリ 3:12 私たちはきわめて<大胆>にふるまい
エペ 3:12 <大胆>に確信をもって神に近づくこ
6:19 福音の奥義を<大胆>に知らせること
20 語るべきことを<大胆>に語れるよう
ピリ 1:14 ますます<大胆>に神のことばを語る
Ｉテサ 2: 2 激しい苦闘の中でも<大胆>に神の福
ヘブ 4:16 <大胆>に恵みの御座に近づこうでは
10:19 <大胆>にまことの聖所に入ることが
IIペテ 2:10 <大胆>不敵な，尊大な者たちで，栄
Ｉヨハ 3:21 <大胆>に神の御前に出ることができ，
4:17 さばきの日にも<大胆>さを持つこと
▼ たいちょう（隊長）
IIサム 4: 2 ふたりの略奪隊の<隊長>がいた．ひ
Ｉ列11:24 略奪隊の<隊長>となった．彼らはダ
II列 9: 5 「<隊長>．あなたにです」と答えた.
Ｉ歴13: 1 ダビデは…すべての<隊長>と合議し，
II歴11:11 彼は防備を固めて…<隊長>を置き，
17:14 千人隊の長たちは，<隊長>アデナ.
15 王の指揮下に，<隊長>ヨハナン．そ
21: 9 エドムと戦車<隊長>たちを打った.
32: 6 民の上に戦時の<隊長>たちを立て，
21 勇士，<隊長>，首長を全滅させた.
ヨブ39:25 <隊長>の怒号と，ときの声を聞きつ
▼ たいとく（体得）
箴言 1: 3 思慮ある訓戒を<体得>するためであ
▼ だい２（第２）【別項】第２区
創世 2:13 <第２>の川の名はギホン．それはク
41:43 自分の<第２>の車に彼を乗せた．そ
エス 9:29 プリムについてのこの<第２>の書簡
エゼ10:14 <第２>の顔は人間の顔，第３の顔は
ダニ 7: 5 熊に似たほかの<第２>の獣が現れた.
ゼカ 6: 2 <第２>の戦車は黒い馬が，
マタ22:39 <第２>の戒めも，それと同じように
ヨハ 4:54 このことを<第２>のしるしとして行
使徒12:10 彼らが，第１，<第２>の衛所を通り，
Ｉコリ15:47 <第２>の人は天から出た者です.
ヘブ 9: 3 <第２>の垂れ幕のうしろには，至聖
7 <第２>の幕屋には，大祭司だけが年
IIペテ 3: 1 私がこの<第２>の手紙を…書き送る
黙示 2:11 決して<第２>の死によってそこなわ
6: 3 小羊が<第２>の封印を解いたとき，
11:14 <第２>のわざわいは過ぎ去った．見
20: 6 <第２>の死は．14，21:8.
21:19 <第２>はサファイヤ，第３は玉髄，
▼ だい２く（第２区）
II歴34:22 エルサレムの<第２区>に住んでいた.
ゼパ 1:10 <第２区>から嘆き声が，丘からは大
▼ たいのう（大能），大能者
詩篇71:16 あなたの<大能>のわざを携えて行き，
106: 2 だれが主の<大能>のわざを語り，そ
145:11 あなたの<大能>のわざを，語るでし
150: 2 その<大能>のみわざのゆえに，神を
ルカ22:69 人の子は，神の<大能>の右の座に着
使徒 8:10 この人こそ，<大能>と呼ばれる，神
ロマ 1: 4 <大能>によって公に神の御子として
エペ 6:10 主にあって，その<大能>の力によっ
ヘブ 1: 3 <大能者>の右の座に着かれました.
8: 1 私たちの大祭司は…<大能者>の御座

た

黙示 15: 8 神の<大能>から立ち上る煙で満たさ

▼ だいひょうせんし（代表戦士）

Ⅰサム 17: 4 ひとりの<代表戦士>が出て来た．そ

▼ だいぼくしゃ（大牧者）

ヘブ 13:20 永遠の契約の血による羊の<大牧者>，
Ⅰペテ 5: 4 <大牧者>が現れるときに…栄光の冠

▼ たいまつ

創世 15:17 <たいまつ>が，あの切り裂かれたも
士師 7:16 つぼの中に<たいまつ>を入れさせた．
15: 4 ジャッカルを…捕らえ，<たいまつ>
ヨブ 41:19 その口からは，<たいまつ>が燃え出
イザ 62: 1 その救いが，<たいまつ>のように燃
エゼ 1:13 <たいまつ>のように見え…行き来し
ダニ 10: 6 その目は燃える<たいまつ>のようで
ナホ 2: 4 その有様は<たいまつ>のようで，い
ゼカ 12: 6 麦束の中にある…<たいまつ>のよう
ヨハ 18: 3 ともしびと<たいまつ>と武器を持っ
黙示 8:10 <たいまつ>のように燃えている…星

▼ ダイヤモンド

出エ 28:18 第2列は…<ダイヤモンド>．39:11.
エゼ 28:13 <ダイヤモンド>，緑柱石，しまめの

▼ たいよう（太陽），太陽の宮

創世 37: 9 <太陽>と月と11の星が私を伏し拝ん
Ⅱサム 12:12 <太陽>の前で，このことを行おう．
23: 4 <太陽>の上る朝の光，雲一つない朝
Ⅱ列 3:22 <太陽>が水の面を照らしていた．モ
23:11 ユダの王たちが<太陽>に献納した馬
ヨブ 9: 7 神が<太陽>に命じると…上らない．
詩篇 19: 4 <太陽>のために，幕屋を設けられた．
5 <太陽>は，部屋から出て来る花婿の
74:16 あなたは月と<太陽>とを備えられま
84:11 まことに，神なる主は<太陽>です．
89:36 王座は，<太陽>のようにわたしの前
104:19 <太陽>はその沈む所を知っています．
136: 8 昼を治める<太陽>を造られた方に．
伝道 11: 7 <太陽>を見ることは目のために良い．
雅歌 6:10 <太陽>のように明るい，旗を掲げた
イザ 13:10 <太陽>は日の出から暗く，月も光を
49:10 熱も<太陽>も彼らを打たない．彼ら
60:19 <太陽>がもう…昼の光とはならず，
20 あなたの<太陽>はもう沈まず，あな
エレ 31:35 主は<太陽>を与えて昼間の光とし，
43:13 <太陽の宮>の柱を砕き，エジプトの
エゼ 8:16 東のほうの<太陽>を拝んでいた．
32: 7 <太陽>を雲で隠し，月に光を放たせ
ヨエ 2:31 <太陽>はやみとなり，月は血に変わ
アモ 8: 9 わたしは真昼に<太陽>を沈ませ，日
ヨナ 4: 8 <太陽>がヨナの頭に照りつけたので，
ミカ 3: 6 <太陽>も預言者たちの上に沈み，昼
ハバ 3:11 <太陽>と月はその住みかにとどまり
マラ 4: 2 義の<太陽>が上り，その翼には，い
マタ 5:45 悪い人にも良い人にも<太陽>を上ら
13:43 彼らの父の御国で<太陽>のように輝
17: 2 御顔は<太陽>のように輝き，御衣は
24:29 <太陽>は暗くなり，月は光を放たず，
ルカ 23:45 <太陽>は光を失っていた．また，神
使徒 2:20 <太陽>はやみとなり，月は血に変わ
26:13 それは<太陽>よりも明るく輝いて，
27:20 <太陽>も星も見えない日が幾日も続
Ⅰコリ 15:41 <太陽>の栄光もあり，月の栄光もあ
ヤコ 1:11 <太陽>が熱風を伴って上って来ると，
黙示 1:16 顔は強く照り輝く<太陽>のようであ
6:12 <太陽>は毛の荒布のように黒くなり，
7:16 <太陽>もどんな炎熱も彼らを打つこ
8:12 <太陽>の3分の1と，月の3分の1
9: 2 <太陽>も空も，この穴の煙によって
10: 1 その顔は<太陽>のようであり，その
12: 1 ひとりの女が<太陽>を着て，月を足
16: 8 <太陽>は火で人々を焼くことを許さ
19:17 <太陽>の中にひとりの御使いが立っ
21:23 これを照らす<太陽>も月もいらない．
22: 5 ともしびの光も<太陽>の光もいらな

▼ だいよげんしゃ（大預言者）

ルカ 7:16 <大預言者>が私たちのうちに現れた

▼ だいよん（第4）

創世 2:14 <第4>の川，それはユーフラテスで
エゼ 10:14 <第4>の顔は鷲の顔であった．
ダニ 2:40 <第4>の国は鉄のように強い国です．
3:25 <第4>の者の姿は神々の子のようだ．
7: 7 突然，<第4>の獣が現れた．それは
11: 2 <第4>の者は，ほかのだれよりも，
ゼカ 6: 3 <第4>の戦車はまだら毛の強い馬が
黙示 4: 7 <第4>の生き物は空飛ぶ鷲のようで
6: 7 小羊が<第4>の封印を解いたとき，
8:12 <第4>の御使いがラッパを吹き鳴ら
16: 8 <第4>の御使いが鉢を太陽に向けて
21:19 第3は玉髄，<第4>は緑玉，

▼ たいら（平ら）

詩篇 26:12 私の足は<平ら>な所に立っています．
27:11 私を<平ら>な小道に導いてください．

箴言 11: 5 その正しさによって<平ら>にされ,
15:19 実直な者の小道は<平ら>な大路.
イザ 26: 7 義人の道は<平ら>です…義人の道筋
40: 3 神のために,大路を<平ら>にせよ.
45: 2 険しい地を<平ら>にし,青銅のとび
13 彼の道をみな,<平ら>にする.彼は
エレ 31: 9 彼らは<平ら>な道を歩いて,つまず
ルカ 3: 5 でこぼこ道は<平ら>になる.

▼ だいりせき(大理石)

Ⅰ歴 29: 2 あらゆる宝石,<大理石>を…用意し
エス 1: 6 <大理石>の柱の銀の輪に結びつけられ…白<大理石>…黒<大理石>のモザ
雅歌 5:15 台座に据えられた<大理石>の柱.そ
黙示 18:12 <大理石>で造ったあらゆる種類の器

▼ たえいる(絶え入る)

詩篇 84: 2 主の大庭を恋い慕って<絶え入る>ば
119:81 あなたの救いを慕って<絶え入る>ば
82 みことばを慕って<絶え入る>ばかり

▼ たえしのぶ(耐え忍ぶ)

ヨブ 6:11 私は<耐え忍>ばなければならないの
マタ 10:22 最後まで<耐え忍ぶ>者は救われます. 24:13,マコ13:13.
Ⅰコリ 4:12 迫害されるときにも<耐え忍>び,
9:12 すべてのことについて<耐え忍>んで
13: 7 期待し,すべてを<耐え忍>びます.
Ⅱテモ 2:10 すべてのことを<耐え忍>びます.そ
12 <耐え忍>んでいるなら,彼とともに
ヘブ 12: 7 訓練と思って<耐え忍>びなさい.神
ヤコ 5: 7 主が来られる時まで<耐え忍>びなさ
8 あなたがたも<耐え忍>びなさい.心
11 <耐え忍>んだ人たちは幸いであると,
Ⅰペテ 2:20 <耐え忍>んだからといって,何の誉
黙示 2: 3 わたしの名のために<耐え忍>び,疲

▼ たえる(耐える)【別項】耐え忍ぶ

ヨブ 4: 5 あなたは,これに<耐え>られない.
8:15 家はそれに<耐え>きれない.これに
箴言 18:14 ひしがれた心にだれが<耐える>だろ
30:21 四つのことによって<耐え>られない.
エレ 6:11 これに<耐える>のに,私は疲れ果て
10:10 その憤りに国々は<耐え>られない.
44:22 主は…悪い行い…に…<耐え>られず,
エゼ 13: 5 主の日に,戦いに<耐える>ために,
22:14 おまえの心は<耐え>られようか.お
ヨエ 2:11 だれがこの日に<耐え>られよう.
ナホ 1: 6 だれがその燃える怒りに<耐え>られ
マラ 3: 2 この方の来られる日に<耐え>られよ
ルカ 8:15 よく<耐え>て,実を結ばせるのです.
ヨハ 16:12 今あなたがたはそれに<耐える>力が
ロマ 12:12 患難に<耐え>,絶えず祈りに励みな
Ⅰコリ 10:13 <耐え>られないほどの試練に会わせ…<耐え>られるように,試練とともに
Ⅱコリ 1: 6 苦難に<耐え>抜く力をあなたがたに
8 <耐え>られないほどの圧迫を受け,
Ⅱテモ 3:11 何というひどい迫害に私は<耐え>て
ヘブ 10:32 激しい戦いに<耐え>た初めのころを,
12:20 命令に<耐える>ことができなかった
ヤコ 1:12 試練に<耐える>人…<耐え>抜いて良

▼ たえる(絶える)【別項】絶え入る

民数 4:18 レビ人のうちから<絶え>させてはな
申命 15:11 貧しい者が国のうちから<絶える>こ
士師 5: 6 隊商は<絶え>,旅人はわき道を通っ
Ⅱサム 3:29 食に飢える者が<絶え>ないように.」
Ⅱ歴 6:16 わたしの前から,<絶える>ことはな
ヨブ 14: 7 その若枝は<絶える>ことがない.
詩篇 9: 6 敵は,<絶え>果てて永遠の廃墟.あ
104:35 罪人らが地から<絶え>果て,悪者ど
イザ 55:13 <絶える>ことのない永遠のしるしと
56: 5 <絶える>ことのない永遠の名を与え
エレ 33:17 王座に着く人が<絶える>ことはない.
18 いけにえをささげる人が<絶える>こ
35:19 わたしの前に立つ人が<絶える>こと
37:21 町からすべてのパンが<絶える>まで,
エゼ 47:12 実も<絶える>ことがなく,毎月,新
ホセ 4: 3 海の魚さえも<絶え>果てる.
ハバ 3:17 羊は囲いから<絶え>,牛は牛舎にい
使徒 5: 5 アナニヤは…倒れて息が<絶え>た.
Ⅰコリ 13: 8 愛は決して<絶える>ことがありませ

▼ たおす(倒す)

Ⅰサム 18:25 ダビデをペリシテ人の手で<倒>そう
Ⅱ列 19: 7 その国で彼を剣で<倒す>.』」
詩 118:13 私をひどく押して<倒>そうとしたが,
箴言 21:22 その頼みとするとりでを<倒す>.
伝道 11: 3 木が…北風で<倒>されると,その木
イザ 10:34 レバノンは力強い方に…<倒>される.
32:19 雹が降ってあの森を<倒>し,あの町
54:15 あなたを攻める者は…<倒>される.
エレ 19: 7 彼らを敵の前で,剣で<倒>し,また
42:10 あなたがたを建てて,<倒>さず,あ
エゼ 13:14 地に<倒>してしまうので,その土台
33:12 その悪は彼を<倒す>ことはできない.

ダニ 11:12 王の心は高ぶり，数万人を<倒す>．
マタ 21:12 鳩を売る者たちの腰掛けを<倒>された．マコ11:15，ヨハ2:15．
IIコリ 4: 9 <倒>されますが，滅びません．
10: 8 <倒す>ためにではなく，立てるために…授けられた権威．13:10．

▼ たおれる（倒れる）

出エ 32:28 民のうち，おおよそ３千人が<倒れ>
民数 14:29 この荒野で…死体となって<倒れる>．
申命 21: 1 刺し殺されて野に<倒れ>ている人が
22: 4 牛が道で<倒れ>ているのを見て，知
士師 3:25 主人は床の上に<倒れ>て死んでいた．
5:27 彼はひざをつき，<倒れ>て，横たわ
7:13 天幕は<倒れ>てしまった．」
12: 6 ４万２千人のエフライム人が<倒れ>
19:27 その女が…家の入口に<倒れ>ていた．
20:44 １万８千人のベニヤミンが<倒れ>た．
Iサム 4:10 イスラエルの歩兵３万人が<倒れ>た．
5: 3 ダゴンは主の箱の前に…<倒れ>てい
14:13 ペリシテ人はヨナタンの前に<倒れ>，
28:20 サウルは突然，<倒れ>て地上に棒の
31: 1 ギルボア山で刺し殺されて<倒れ>た．
4 その上にうつぶせに<倒れ>た．
IIサム 1: 4 民の多くは<倒れ>て死に，サウルも，
25 勇士たちは戦いのさなかに<倒れ>た．
3:38 ひとりの偉大な将軍が<倒れ>たのを
21:22 家来たちの手にかかって<倒れ>た．
I歴 5:22 多くの者が刺し殺されて<倒れ>たか
21:14 イスラエルの…７万の人が<倒れ>た．
ヨブ 1:19 それがお若い方々の上に<倒れ>たの
14:10 人間は死ぬと，<倒れ>たきりだ．人
18 山は<倒れ>てくずれ去り，岩もその
詩篇 10:10 不幸な人は…砕かれ…<倒れる>．
18:38 彼らは…私の足もとに<倒れ>ました．
20: 8 彼らは，ひざをつき…<倒れ>た．し
36:12 不法を行う者は<倒れ>，押し倒され
37:24 その人は<倒れ>てもまっさかさまに
38:17 私はつまずき<倒れ>そうであり，私
78:64 その祭司たちは剣に<倒れ>，やもめ
82: 7 君主たちのひとりのように<倒れ>よ
91: 7 万人が，あなたの右手に<倒れ>ても，
145:14 主は<倒れる>者をみなささえ，かが
箴言 11: 5 悪者は，その悪事によって<倒れる>．
14 指導がないことによって民は<倒れ>，
28 自分の富に拠り頼む者は<倒れる>．
24:16 正しい者は七たび<倒れ>ても，また
17 敵が<倒れる>とき，喜んではならな
伝道 4:10 <倒れ>ても起こす者のいない…人は
イザ 3: 8 ユダが<倒れ>たからであり，彼らの
25 あなたの男たちは剣に<倒れ>，あな
8:15 <倒れ>て砕かれ，わなにかけられて
10: 4 殺された者たちのそばに<倒れる>だ
13:15 連れて行かれた者は…剣に<倒れる>．
21: 9 <倒れ>た．バビロンは<倒れ>た．そ
29: 4 あなたは<倒れ>て，地の中から語り
30:25 やぐらの<倒れる>日に，すべての高
31: 3 助けられる者は<倒れ>て，みな共に
40:30 若い男もつまずき<倒れる>．
エレ 51: 8 バビロンは<倒れ>て砕かれた．この
哀歌 1: 7 その民が仇の手によって<倒れ>，だ
2:21 若い男たちも剣に<倒れ>ました．あ
エゼ 28:23 刺し殺された者がその中に<倒れる>．
31:13 その<倒れ>落ちた所に，空のあらゆ
ダニ 11:26 多くの者が刺し殺されて<倒れる>．
33 彼らは…かすめ奪われて<倒れる>．
35 清め，白くするために<倒れる>が，
ホセ 7: 7 その王たちもみな<倒れる>．彼らの
アモ 5: 2 おとめイスラエルは<倒れ>て，二度と起き上がれない．8:14．
9:11 ダビデの<倒れ>ている仮庵を起こし，
ミカ 7: 8 私は<倒れ>ても起き上がり，やみの
ゼカ 11: 2 泣きわめけ．杉の木は<倒れ>…深い森が<倒れ>たからだ．
マタ 7:25 風が吹いてその家に打ちつけたが，それでも<倒れ>ませんでした．27．
9:36 羊のように弱り果てて<倒れ>ている
マコ 9:20 彼は地面に<倒れ>，あわを吹きなが
ルカ 2:34 イスラエルの多くの人が<倒れ>，ま
6:49 川の水が押し寄せると…<倒れ>てし
23:30 われわれの上に<倒れ>かかってくれ．
使徒 15:16 <倒れ>たダビデの幕屋を建て直す．
26:14 私たちはみな地に<倒れ>ましたが，
28: 6 <倒れ>て急死するだろうと待ってい
ロマ 11:11 彼らがつまずいたのは<倒れる>ため
22 <倒れ>た者の上にあるのは，きびし
14: 4 しもべが立つのも<倒れる>のも，そ
Iコリ 10:12 立っていると思う者は，<倒れ>ない
黙示 1:17 その足もとに<倒れ>て死者のように
11:13 都の10分の１が<倒れ>た．この地震
14: 8 大バビロンは<倒れ>た．<倒れ>た．

16:19 諸国の民の町々は<倒れ>た．そして，
17:10 5人はすでに<倒れ>たが，ひとりは

▼ たか

レビ 11:16 だちょう，よたか，かもめ，<たか>
ヨブ 39:26 <たか>が舞い上がり，南にその翼を

▼ たかい（高い）

創世 7:19 天の下にあるどの<高い>山々も，す
29: 7 日はまだ<高い>し，群れを集める時
出エ 19:16 角笛の音が非常に<高>く鳴り響いた
19 角笛の音が，いよいよ<高>くなった．
民数 24: 7 その王はアガグよりも<高>くなり，
申命 3: 5 <高い>城壁と門とかんぬきのある要
12: 2 <高い>山の上であっても，丘の上で
32:13 主はこれを，地の<高い>所に上らせ，
士師 5:18 野の<高い>所にいるナフタリも，そ
Ｉサム 2: 7 主は…低くし，また<高>くするので
9: 2 彼は…肩から上だけ<高>かった．
10:23 民のだれよりも…<高>かった．
IIサム 22:34 私を<高い>所に立たせてくださる．
Ｉ列 14:23 すべての<高い>丘の上や青木の下に，
Ｉ歴 25: 5 角笛を<高>く上げる王の先見者ヘマ
II歴 33:14 彼はこれを非常に<高>く築き上げた．
ヨブ 5:11 神は低い者を<高>く上げ，悲しむ者
11: 8 それは天よりも<高い>．あなたに何
16:19 私を保証してくださる方は<高い>所
21:22 <高い>所におられる方がさばきを下
31: 2 全能者が<高い>所から下さる相続財
35: 5 あなたより，はるかに<高い>雲を見
39:27 鷲が<高>く上がり，その巣を<高い>
詩篇 10: 5 あなたのさばきは<高>くて，彼の目
20: 1 神の名が，あなたを<高>く上げます
59: 1 私を<高>く上げてください．
61: 2 私の及びがたいほど<高い>岩の上に，
62: 9 身分の…<高い>人々は，偽りだ．は
69:29 御救いが私を<高>く上げてくださる
75: 5 おまえたちの角を，<高>く上げるな．
78:69 主はその聖所を，<高い>天のように，
89:13 あなたの右の手は<高>く上げられて
27 地の王たちのうちの最も<高い>者と
91:14 わたしは彼を<高>く上げよう．
99: 2 主はすべての国々の民の上に<高>く
103:11 天が地上はるかに<高い>ように，御
104:18 <高い>山は野やぎのため，岩は岩だ
113: 5 主は<高い>御位に座し，
138: 2 みことばを<高>く上げられたからで
6 主は<高>くあられるが，低い者を顧
139: 6 あまりにも<高>くて，及びもつきま
箴言 9: 3 町の<高い>所で告げさせた．
17:19 自分の門を<高>くする者は破滅を求
25: 3 天が<高>く，地が深いように，王の
30:13 その目が<高>く，まぶたが上がって
伝道 5: 8 彼らよりももっと<高い>者たちもい
10: 6 愚か者が非常に<高い>位につけられ，
12: 5 <高い>所を恐れ，道でおびえる．ア
イザ 2:13 <高>くそびえるレバノンのすべての
14 すべての<高い>山々と，すべてのそ
6: 1 私は，<高>くあげられた王座に座し
7:11 あるいは，上の<高い>ところから．」
10:33 たけの<高い>ものは切り落とされ，
22:16 <高い>所に自分の墓を掘り，岩に自
26: 5 主は<高い>所，そびえ立つ都に住む
30:25 すべての<高い>山…丘の上にも，水
33: 5 主はいと高き方で，<高い>所に住み，
16 このような人は，<高い>所に住み，
40: 9 <高い>山に登れ．エルサレムに良い
26 目を<高>く上げて，だれが…創造し
49:11 わたしの大路を<高>くする．
52:13 彼は…上げられ，非常に<高>くなる．
55: 9 天が地よりも<高い>ように，わたし
の道は，あなたがたの道よりも<高>
く，わたしの思いは，あなたがたの
思いよりも<高い>．
57: 7 そびえる<高い>山の上に，あなたは
58:14 あなたに地の<高い>所を踏み行かせ，
エレ 2:20 <高い>丘の上や…青々とした木の下
17:12 初めから<高>くあげられた栄光の王
25:30 主は<高い>所から叫び，その聖なる
49:16 あなたが鷲のように巣を<高>くして
51:53 とりでを<高>くして近寄りがたくし
58 その<高い>門も火で焼かれる．国々
哀歌 2:17 あなたの仇の角を<高>く上げられた．
エゼ 6:13 <高い>丘の上，山々のすべての頂，
17:23 イスラエルの<高い>山に植えると，
24 <高い>木を低くし，低い木を<高>く
19:11 たけは茂みの中できわだって<高>く，
21:26 低い者は<高>くされ，<高い>者は低
31: 3 そのたけは<高>く…こずえは雲の中
4 地下水がこれを<高>くした．川々は，
5 野のすべての木よりも<高>くそびえ，
40: 2 非常に<高い>山の上に降ろされた．

41: 8 私は神殿の回りが<高>くなっている
ダニ 4:10 木があった．それは非常に<高>かっ
アモ 2: 9 背たけは杉の木のように<高>く，樫
4:13 地の<高い>所を歩まれる方，その名
オバ 3 あなたは…<高い>所を住まいとし，
4 あなたが鷲のように<高>く上っても，
ハバ 3:10 声を出し，その手を<高>く上げます．
19 私に<高い>所を歩ませる．指揮者の
ゼパ 1:16 <高い>四隅の塔が襲われる日だ．
マタ 4: 8 イエスを非常に<高い>山に連れて行
17: 1 イエスは…<高い>山に導いて行かれ
23:12 自分を<高>くする者は低くされ，自分を低くする者は<高>くされます．ルカ14:11，18:14．
使徒 13:17 御腕を<高>く上げて，彼らをその地
エペ 4: 8 <高い>所に上られたとき，彼は多く
ヘブ 7:26 天よりも<高>くされた大祭司こそ，
ヤコ 1: 9 自分の<高い>身分を誇りとしなさい．
4:10 主があなたがたを<高>くしてくださ
黙示 21:10 私を大きな<高い>山に連れて行って，
12 都には大きな<高い>城壁と12の門が

▼ たがう

ヨシ 23:14 それは，一つも<たが>わず…実現し

▼ たかきところ（高き所），高き【別項】いと高き

レビ 26:30 <高き所>をこぼち，香の台を切り倒
民数 33:52 彼らの<高き所>をみな，こぼたなけ
Ⅰサム 9:12 あの<高き所>で民のためにいけにえ
13 食事のために<高き所>に上られる前
Ⅱサム 1:19 誉れは，おまえの<高き所>で殺され
Ⅰ列 3: 2 民はただ，<高き所>でいけにえをさ
3 ソロモンは…<高き所>でいけにえを
11: 7 東にある山の上に<高き所>を築いた．
12:31 彼は<高き所>の宮を建て，レビの子
13: 2 <高き所>の祭司たちをいけにえとし
Ⅱ列 14: 4 その<高き所>でいけにえをささげた
Ⅰ歴 16:39 ギブオンの<高き所>にある主の住ま
Ⅱ歴 11:15 彼が造った<高き所>と雄やぎと子牛
ヨブ 22:12 神は天の<高き>におられるではない
25: 2 神はその<高き所>で平和をつくる．
詩篇 78:58 <高き所>を築いて神の怒りを引き起
イザ 15: 2 ディボンは<高き所>に，泣くために
16:12 モアブが<高き所>にもうでて身を疲
36: 7 ヒゼキヤが<高き所>と祭壇を取り除
エレ 7:31 トフェテに<高き所>を築いたが，こ
19: 5 バアルの<高き所>を築いたからであ
48:35 <高き所>でいけにえをささげ，その
エゼ 6: 3 あなたがたの<高き所>を打ちこわす．
16:16 まだらに色どった<高き所>を造り，
20:29 あなたがたが通う<高き所>は何なの
36: 2 昔からの<高き所>がわれわれの所有
ホセ 10: 8 アベンの<高き所>も滅ぼされ，いば
アモ 7: 9 イサクの<高き所>は荒らされ，イス

▼ たかさ（高さ）

創世 6:15 箱舟の…<高さ>は30キュビト．
出エ 25:10 アカシヤ材の箱…<高さ>は１キュビ
Ⅱ歴 3: 4 前の玄関は…<高さ>は120キュビト
15 35キュビトの<高さ>のもので，その
エズ 6: 3 宮の<高さ>は60キュビト，その幅も
エス 5:14 <高さ>50キュビトの柱を立てさせ，
エゼ 40: 5 外壁の…<高さ>も１さおであった．
41:22 <高さ>は３キュビト，長さは２キュ
ダニ 3: 1 金の像…の<高さ>は60キュビト，そ
4:11 その木は生長して…<高さ>は天に届
ロマ 8:39 <高さ>も，深さも…引き離すことは
エペ 3:18 <高さ>，深さがどれほどであるかを
黙示 21:16 都は…長さも幅も<高さ>も同じであ

▼ たかだい（高台）

エゼ 16:25 どこの辻にも<高台>を築き，通りか

▼ たかどの（高殿）

Ⅰ列 16:18 ジムリは…王宮の<高殿>に入り，み
Ⅱ列 15:25 ペカは…サマリヤの王宮の<高殿>で，
Ⅱ歴 36:19 その<高殿>を全部火で燃やし，その
詩 104: 3 水の中にご自分の<高殿>の梁を置き，
13 主はその<高殿>から山々に水を注ぎ，
エレ 22:13 不正によって自分の<高殿>を建てる
アモ 9: 6 天に<高殿>を建て，地の上に丸天井

▼ たかぶり（高ぶり）

Ⅱ列 19:28 あなたの<高ぶり>が，わたしの耳に届いたので．イザ37:29．
Ⅱ歴 32:26 ヒゼキヤが，その心の<高ぶり>を捨
ヨブ 20: 6 たとい彼の<高ぶり>が天まで上り，
33:17 人間から<高ぶり>を離れさせる．
詩篇 31:18 <高ぶり>とさげすみをもって．
36:11 <高ぶり>の足が私に追いつかず，悪
箴言 8:13 わたしは<高ぶり>と，おごりと，悪
11: 2 <高ぶり>が来れば，恥もまた来る．
13:10 <高ぶり>は，ただ争いを生じ，知恵
16:18 <高ぶり>は破滅に先立ち，心の高慢
29:23 人の<高ぶり>はその人を低くし，心

イザ 10:12 その誇らしげな<高ぶり>を罰する.
13:11 横暴な者の<高ぶり>を低くする.
16: 6 その誇りと<高ぶり>とおごり，その
25:11 主はその<高ぶり>を低くされる.
エレ 13:17 あなたがたの<高ぶり>のために泣き，
48:29 その高慢，その<高ぶり>，その誇り，
30 わたしは，彼の<高ぶり>を知ってい
マコ 7:22 ねたみ，そしり，<高ぶり>，愚かさ
Ⅱコリ 10: 5 あらゆる<高ぶり>を打ち砕き，すべ
12:20 <高ぶり>，騒動があるのではないで
ヤコ 4:16 そのような<高ぶり>は，すべて悪い

▼ たかぶる（高ぶる）

出エ 9:17 わたしの民に対して<高ぶ>っており，
申命 8:14 あなたの心が<高ぶ>り，あなたの神，
17:20 王の心が…<高ぶる>ことがないため，
Ⅱサム 22:28 <高ぶる>者に目を向けて，これを低
Ⅱ列 14:10 あなたの心は<高ぶ>っている．誇ってもよいが．Ⅱ歴25:19.
Ⅱ歴 26:16 彼の心は<高ぶ>り，ついに身に滅び
32:25 かえってその心を<高ぶ>らせた．そ
ヨブ 19: 5 ほんとうに私に向かって<高ぶ>り，
40:11 すべて<高ぶる>者を見て，これを低
詩篇 10: 2 悪者は<高ぶ>って，悩む人に追い迫
18:27 あなたは…<高ぶる>目は低くされま
31:23 <高ぶる>者には，きびしく報いをさ
35:26 私に向かって<高ぶる>者は，恥と侮
38:16 私に対して<高ぶ>らないようにして
40: 4 <高ぶる>者や，偽りに陥る者たちの
66: 7 頑迷な者を，<高ぶ>らせないでくだ
86:14 <高ぶる>者どもは私に逆らって立ち，
94: 2 <高ぶる>者に報復してください.
101: 5 <高ぶる>目と誇る心の者に，私は耐
119:21 仰せから迷い出る<高ぶる>者，のろ
51 <高ぶる>者どもは，ひどく私をあざ
69 <高ぶる>者どもは，私を偽りで塗り
78 <高ぶる>者どもが，恥を見ますよう
85 <高ぶる>者は私のために穴を掘りま
122 <高ぶる>者どもが私をしいたげない
123: 4 <高ぶる>者たちのさげすみとで，も
131: 1 私の心は誇らず…目は<高ぶ>りませ
138: 6 <高ぶる>者を遠くから見抜かれます.
140: 5 <高ぶる>者は，私にわなと綱を仕掛
箴言 6:17 <高ぶる>目，偽りの舌，罪のない者
12: 9 <高ぶ>っている人で食に乏しい者に
15:25 主は<高ぶる>者の家を打ちこわし，
16:19 <高ぶる>者とともにいて，分捕り物
21: 4 <高ぶる>目とおごる心…悪者のとも
24 <高ぶ>った横柄な者…彼はいばって，
30:32 もし，あなたが<高ぶ>って，愚かな
イザ 2:11 その日には，<高ぶる>者の目も低く
3: 5 若い者は年寄りに向かって<高ぶ>り，
16 シオンの娘たちは<高ぶ>り，首を伸
5:15 <高ぶる>者の目も低くされる.
9: 9 みな，それを知り，<高ぶ>り，思い
10:15 斧は…切る人に向かって<高ぶる>こ
エレ 13:15 耳を傾けて聞け．<高ぶる>な．主が
43: 2 <高ぶ>った人たちはみな，エレミヤ
48:26 主に対して<高ぶ>ったからだ．42.
50:29 聖なる方に向かって<高ぶ>ったから
31 <高ぶる>者よ．見よ．わたしはあな
エゼ 16:50 彼女たちは<高ぶ>って，わたしの前
56 あなたは，<高ぶ>っていたときには，
28: 2 あなたは心<高ぶ>り，『私は神だ.
17 心は自分の美しさに<高ぶ>り，その
31:14 水に潤う木が<高ぶ>ってそびえ立た
ダニ 4:37 <高ぶ>って歩む者をへりくだった者
5:20 彼の心が<高ぶ>り，彼の霊が強くな
23 天の主に向かって<高ぶ>り，主の宮
8: 4 思いのままにふるまって，<高ぶ>っ
11:12 南の王の心は<高ぶ>り，数万人を倒
14 <高ぶ>ってその幻を実現させようと
ホセ 13: 6 彼らの心は<高ぶ>り，わたしを忘れ
ハバ 2: 5 <高ぶる>者は定まりがない．彼はよ
ゼパ 2:10 これに向かって<高ぶ>ったからだ.
マラ 3:15 <高ぶる>者をしあわせ者と言おう.
4: 1 その日，すべて<高ぶる>者，すべて
ルカ 1:51 心の思いの<高ぶ>っている者を追い
ロマ 1:30 <高ぶる>者，大言壮語する者，悪事
11:20 <高ぶ>らないで，かえって恐れなさい．12:16.
Ⅰコリ 8: 1 知識は人を<高ぶ>らせ，愛は人の徳
Ⅱコリ 12: 7 <高ぶる>ことのないように…とげを
Ⅰテモ 6:17 <高ぶ>らないように．また，たより
ヤコ 4: 6 神は，<高ぶる>者を退け，へりくだ

▼ たかめる（高める）

ヨブ 24:24 彼らはしばらくの間，<高め>られる
36: 7 永遠に座に着かせて，<高め>られる.
箴言 4: 8 それはあなたを<高め>てくれる．そ
14:34 正義は国を<高め>，罪は国民をはず
イザ 2:11 主おひとりだけが<高め>られる.

33:10 今，わたしは自分を<高め>，今，あ
52:13 彼は<高め>られ，上げられ，非常に
ダニ 11:36 すべての神よりも自分を<高め>，大
ゼカ 14:10 エルサレムは<高め>られ，もとの所
IIコリ 11: 7 あなたがたを<高める>ために，自分

▼ たがやす（耕す）

創世 2: 5 土地を<耕す>人もいなかったからで
15 人を取り，エデンの園に置き，そこを<耕>させ…守らせた．3:23.
4: 2 カインは土を<耕す>者となった．
12 あなたがその土地を<耕>しても，土
45: 6 あと5年は<耕す>ことも刈り入れる
申命 21: 4 まだ<耕>されたことも種を蒔かれた
22:10 牛とろばとを組にして<耕>してはな
士師 14:18 私の雌の子牛で<耕>さなかったなら，
Iサム 8:12 自分の耕地を<耕>させ，自分の刈り
IIサム 9:10 地を<耕>して，作物を得たなら，そ
I列 19:19 12番目のくびきのそばで<耕>してい
ヨブ 1:14 牛が<耕>し，そのそばで，ろばが草
4: 8 不幸を<耕>し，害毒を蒔く者が，そ
39:10 あなたに従って谷間を<耕す>だろう
詩 129: 3 <耕す>者は私の背に鋤をあて，長い
箴言 12:11 自分の畑を<耕す>者は食糧に飽き足
20: 4 なまけ者は冬には<耕>さない．それ
イザ 28:24 いつも<耕>して，その土地を起こし，
30:24 畑を<耕す>牛やろばは，シャベルや
エレ 26:18 シオンは畑のように<耕>され，エルサレムは廃墟となり．27:11.
エゼ 36: 9 おまえたちは<耕>され，種が蒔かれ
ホセ 10:13 あなたがたは悪を<耕>し，不正を刈
アモ 6:12 人は牛で海を<耕す>だろうか．あな
ミカ 3:12 畑のように<耕>され，エルサレムは
ゼカ 13: 5 私は土地を<耕す>者だ．若い時から
Iコリ 9:10 <耕す>者が望みを持って<耕>し，脱
ヘブ 6: 7 これを<耕す>人たちのために有用な

▼ たから（宝），宝物

創世 43:23 袋の中に<宝>を入れてくださったの
出エ 19: 5 あなたがたは…わたしの<宝>となる．
申命 14: 2 あなたを選んでご自分の<宝>の民と
26:18 あなたは主の<宝>の民であり，あな
33:19 砂に隠されている<宝>とを，吸い取
I歴 29: 3 私の<宝>としていた金銀を，私の神
II歴 36:19 <宝>としていた器具を…破壊した．
ヨブ 3:21 隠された<宝>を掘り求めるのにすぎ
20:26 すべてのやみが彼の<宝>として隠さ
28:10 その目はすべての<宝>を見る．
詩篇 17:14 彼らの腹は，あなたの<宝>で満たさ
119:14 どんな<宝>よりも，楽しんでいます．
135: 4 イスラエルを…ご自分の<宝>とされ
箴言 1:13 あらゆる<宝物>を見つけ出し，分捕
2: 4 隠された<宝>のように，これを探り
8:18 尊い<宝物>と義もわたしとともにあ
20:15 知識のくちびるが<宝>の器．
24: 4 すべて尊い，好ましい<宝物>で満た
伝道 2: 8 王たちや諸州の<宝>も集めた．私は
イザ 45: 3 ひそかな所の隠された<宝>をあなた
エレ 20: 5 すべての勤労の実と…<宝>を渡し，
哀歌 1: 7 自分のすべての<宝>を思い出す．そ
10 仇が彼女の<宝>としているものすべ
11 自分の<宝>としているものを食物に
エゼ 22:25 富と<宝>を奪い取り，その町にやも
ダニ 11:43 エジプトのすべての<宝物>を手に入
ホセ 9: 6 彼らの<宝>としている銀は，いらく
ヨエ 3: 5 すばらしい<宝>としている物をおま
オバ 6 エサウは捜し出され，その<宝>は見
マラ 3:17 わたしが事を行う日に…<宝>となる．
マタ 2:11 <宝>の箱をあけて，黄金，乳香，没
6:19 自分の<宝>を地上にたくわえるのはやめなさい．20.
13:44 天の御国は，畑に隠された<宝>のよ
19:21 あなたは天に<宝>を積むことになり
ルカ 12:33 <宝>を天に積み上げなさい．そこに
34 <宝>のあるところに…心もあるから
IIコリ 4: 7 この<宝>を，土の器の中に入れてい
コロ 2: 3 キリストのうちに…<宝>がすべて隠
ヘブ 11:26 エジプトの<宝>にまさる大きな富と

▼ たきぎ

創世 22: 3 全焼のいけにえのための<たきぎ>を
レビ 1: 7 その火の上に<たきぎ>を整えなさい．
民数 15:32 安息日に，<たきぎ>を集めている男
申命 29:11 <たきぎ>を割る者から水を汲む者に至るまで．ヨシ9:21，23，27.
IIサム 24:22 <たきぎ>にできる打穀機や牛の用具
I列 17:10 <たきぎ>を拾い集めているひとりのやもめがいた．12.
18:23 それを切り裂き，<たきぎ>の上に載せよ．33.
ネヘ 10:34 祭壇の上で燃やす<たきぎ>のささげ
箴言 26:20 <たきぎ>がなければ火が消えるよう
イザ 30:33 そこには火と<たきぎ>とが多く積ん

40:16 レバノンも，<たきぎ>にするには，
44:15 それは人間の<たきぎ>になり，人は
エレ 5:14 この民を<たきぎ>とする．火は彼ら
7:18 子どもたちは<たきぎ>を集め，父た
哀歌 5: 4 <たきぎ>も，代価を払って手に入れ
エゼ 21:32 あなたは火の<たきぎ>となり，あな
ゼカ 12: 6 <たきぎ>の中にある火鉢のようにし，

▼ だく（抱く）

創世 29:13 ラバンは…彼を<抱>いて，口づけし
33: 4 エサウは…首に<抱>きついて口づけ
48:10 父は彼らに口づけし…<抱>いた．
申命 1:31 人がその子を<抱く>ように，あなた
22: 6 母鳥がひなまたは卵を<抱>いている
ルツ 4:16 その子をとり，胸に<抱>いて，養い
Ⅱサム 15: 5 手を差し伸べて，その人を<抱>き，
Ⅱ列 4:16 あなたは男の子を<抱く>ようになろ
箴言 5:20 見知らぬ女の胸を<抱く>のか．
雅歌 2: 6 右の手が私を<抱>いてくださるとよ
イザ 60: 4 娘たちはわきに<抱>かれて来る．
63: 9 昔からずっと…<抱>いて来られた．
エレ 17:11 しゃこが…卵を<抱く>ように，公義
マタ 28: 9 彼女たちは…御足を<抱>いて…拝ん
マコ 9:36 腕に<抱>き寄せて，彼らに言われた．
10:16 イエスは子どもたちを<抱>き，彼ら
ルカ 2:28 シメオンは幼子を腕に<抱>き，神を
14: 4 イエスはその人を<抱>いていやし，
15:20 走り寄って彼を<抱>き，口づけした．
使徒 20: 9 <抱>き起こしてみると，もう死んで
10 パウロは…彼を<抱>きかかえて，
37 パウロの首を<抱>いて幾度も口づけ

▼ たくさん

ヨシ 13: 1 占領すべき地が<たくさん>残ってい
マコ 12:43 どの人よりも<たくさん>投げ入れま
ヨハ 16:12 話すことがまだ<たくさん>あります
使徒 18:10 わたしの民が<たくさん>いるから」
ヘブ 5:11 話すべきことを<たくさん>持ってい

▼ たくみ（巧み）

創世 25:27 エサウは<巧み>な猟師，野の人とな
出エ 26: 1 <巧み>な細工でそれにケルビムを織
39: 3 <巧み>なわざで青色，紫色，緋色の
Ⅱ歴 34:12 楽器を奏するのに<巧み>なレビ人が
詩篇 33: 3 喜びの叫びとともに，<巧み>に弦を
47: 7 <巧み>な歌でほめ歌を歌え．
58: 5 <巧み>に呪文を唱える者の声も，聞
イザ 3: 3 <巧み>にまじないをかける者．
40:20 <巧み>な細工人を捜して，動かない
エレ 2:33 自分の方法を<巧み>に教えたのだ．
9:17 <巧み>な女たちを連れて来させよ．」
エゼ 21:31 滅ぼすことに<巧み>な残忍な者たち
ミカ 7: 3 彼らの手は悪事を働くのに<巧み>で，
Ⅱコリ 11: 6 たとい，話は<巧み>でないにしても，

▼ たくらみ，たくらむ

創世 37:18 ヨセフ…を殺そうと<たくら>んだ．
民数 25:18 巧妙に<たくら>んだ<たくらみ>で，
Ⅱサム 21: 5 おらせないように<たくら>んだ者，
ネヘ 4:15 彼らの<たくらみ>は私たちに悟られ，
6: 2 私に害を加えようと<たくら>んでい
エス 7: 5 <たくら>んでいる者は，いったいだ
8: 3 わざわいとその<たくらみ>を取り除
9:24 ユダヤ人を滅ぼそうと<たくら>んで，
ヨブ 5:12 神は悪賢い者の<たくらみ>を打ちこ
21:27 私をそこなおうとする<たくらみ>を．
詩篇 10: 2 おのれの設けた<たくらみ>にみずか
21:11 悪を企て，<たくらみ>を設けたとし
35:20 欺きごとを<たくらむ>からです．
41: 7 私に対して，悪を<たくらむ>．
62: 4 突き落とそうと<たくら>んでいる．
71:10 つけねらう者どもが共に<たくら>ん
94:20 悪を<たくらむ>破滅の法廷が，あな
140: 2 彼らは心の中で悪を<たくら>み，日
箴言 1:31 自分の<たくらみ>に飽きるであろう．
3:29 その人に，悪を<たくら>んではなら
7:10 心に<たくらみ>のある女が彼を迎え
12:20 悪を<たくらむ>者の心には欺きがあ
14:22 悪を<たくらむ>者は迷い出るではな
16:27 よこしまな者は悪を<たくらむ>．そ
30 ねじれごとを<たくら>み，くちびる
24: 8 悪事を働こうと<たくらむ>者は，陰
イザ 32: 7 彼はみだらなことを<たくら>み，貧
エレ 6:19 これは彼らの<たくらみ>の実．彼ら
哀歌 3:60 彼らの復讐と，<たくらみ>とをこと
ダニ 11:24 彼は<たくらみ>を設けて，要塞を攻
25 <たくらみ>を設ける者たちがあるか
ホセ 7:15 わたしに対して悪事を<たくらむ>．
ミカ 6: 5 王バラクが何を<たくら>んだか．ベ
ナホ 1: 9 主に対して何を<たくらむ>のか．主
ゼカ 7:10 互いに心の中で悪を<たくらむ>な．」
ロマ 1:30 悪事を<たくらむ>者，親に逆らう者，

▼ たくわえ，たくわえる

創世 41:35 町々に穀物を<たくわえ>，保管させ

36 国の<たくわえ>となさいますように.
49 ヨセフは穀物を…多く<たくわえ>,
申命 32:34 わたしのもとに<たくわえ>てあり,
Ⅱ歴 11:11 油，ぶどう酒を<たくわえ>た.
ヨブ 23:12 私は…御口のことばを<たくわえ>た.
27:16 衣装を土のように<たくわえ>ても,
詩篇 31:19 恐れる者のために<たえわえ>，あな
39: 6 人は，積み<たくわえる>が，だれが
119:11 あなたのことばを心に<たくわえ>ま
箴言 2: 1 命令をあなたのうちに<たくわえ>,
7 すぐれた知性を<たくわえ>，正しく
7: 1 命令をあなたのうちに<たくわえ>よ.
10:14 知恵のある者は知識を<たくわえ>,
13:22 財宝は正しい者のために<たくわえ>
28: 8 恵む者のためにそれを<たくわえる>.
伝道 2:26 集め，<たくわえる>仕事を与えられ
雅歌 7:13 これはあなたのために<たくわえ>た
イザ 10:13 彼らの<たくわえ>を奪い，全能者の
15: 7 <たくわえ>ていた物を，アラビム川
23:18 <たくわえ>られず，積み立てられな
エゼ 4:16 パンの<たくわえ>をなくしてしまお
マタ 6:19 宝を地上に<たくわえる>のはやめな
20 自分の宝は，天に<たくわえ>なさい.
ルカ 12:17 作物を<たくわえ>ておく場所がない.
21 自分のために<たくわえ>ても，神の
Ⅰコリ 16: 2 手もとにそれを<たくわえ>ておきな
Ⅱコリ 12:14 子は親のために<たくわえる>必要は
なく，親が子のために<たくわえる>
コロ 1: 5 天に<たくわえ>られてある望みに基
Ⅰペテ 1: 4 天に<たくわえ>られているのです.

▼ たこく（他国），他国人

申命 28:32 見ているうちに<他国>の人に渡され,
Ⅱ列 19:24 私は井戸を掘って，<他国>の水を飲
ヨブ 15:19 <他国人>はその中を通り過ぎなかっ
19:15 私を<他国人>のようにみなし，私は
箴言 5:10 <他国人>があなたの富で満たされ,
6: 1 <他国人>のために誓約をし,
20:16 <他国人>の保証人となるときは，そ
イザ 1: 7 <他国人>が食い荒らし，<他国人>の
エレ 2:25 私は<他国>の男たちが好きです．そ
3:13 <他国>の男とかってなまねをし，わ
51:51 <他国人>が主の宮の聖所に入ったの
哀歌 5: 2 相続地は<他国人>の手に渡り，私た
エゼ 11: 9 <他国人>の手に渡し…さばきを下す.
ホセ 5: 7 主を裏切り，<他国>の男の子を生ん
7: 9 <他国人>が彼の力を食い尽くすが,
彼はそれに気づかない．8:7.
ヨエ 3:17 <他国人>はもう，そこを通らない.
使徒 2: 4 <他国>のことばで話しだした.
エペ 2:19 もはや<他国人>でも寄留者でもなく,
ヘブ 11: 9 約束された地に<他国人>のようにし
34 勇士となり，<他国>の陣営を陥れま

▼ だこくき（打穀機），打穀

Ⅱサム 24:22 たきぎにできる<打穀機>や牛の用具
Ⅰ歴 21:20 オルナンは小麦の<打穀>をしていた.
イザ 41:15 新しいもろ刃の<打穀機>とする．あ

▼ ダゴン〔偶像〕

ペリシテ人の主神．士師16:23，Ⅰサム5:2，3，4，5，7，Ⅰ歴10:10.

▼ たさん（多産）

出エ 1: 7 イスラエル人は<多産>だったので,

▼ たしか（確か）

申命 13:14 行われたことが，事実で<確か>なら,
ヨシ 2:12 私に<確か>な証拠を下さい.
Ⅰサム 2: 3 すべてを知る神…みわざは<確か>で
23:23 <確か>な知らせを持って，ここに戻
26: 4 サウルが<確か>に来たことを知った.
エス 9:29 第２の書簡を<確か>なものとするた
ヨブ 12: 2 <確か>にあなたがたは人だ．あなた
36: 4 <確か>に私の言い分は偽りではない.
詩篇 19: 7 主のあかしは<確か>で，わきまえの
37:23 人の歩みは主によって<確か>にされ
40: 2 私の歩みを<確か>にされた.
66:19 <確か>に，神は聞き入れ，私の祈り
90:17 私たちの手のわざを<確か>なものに
93: 5 あなたのあかしは，まことに<確か>
111: 7 そのすべての戒めは<確か>である.
119:133 みことばによって…歩みを<確か>に
箴言 11:18 義を蒔く者は<確か>な賃金を得る.
21 <確か>に悪人は罰を免れない．しか
イザ 8: 2 ゼカリヤを…<確か>な証人として証
エレ 3:23 <確か>に…イスラエルの救いがあり
8: 8 <確か>にそうだが，書記たちの偽り
ダニ 2:45 正夢で，その解き明かしも<確か>で
6:12 法律のように，そのことは<確か>で
マタ 14:33 <確か>にあなたは神の子です」と言
25:12 <確か>なところ…あなたがたを知り
26:73 <確か>に，あなたもあの仲間だ．こ
マコ 11:32 ヨハネは<確か>に預言者だと思って
16:20 しるしをもって，みことばを<確か>

ルカ 22:59 <確か>にこの人も彼といっしょだっ
ヨハ 17: 8 あなたから出て来たことを<確か>に
使徒 1: 3 数多くの<確か>な証拠をもって，ご
13:34 ダビデに約束した聖なる<確か>な祝
21:34 騒がしさのために<確か>なことがわ
25:26 <確か>な事がらが一つもないのです．
ロマ 3:29 <確か>に神は，異邦人にとっても，
Ⅰコリ 1: 6 あなたがたの中で<確か>になったか
14:25 神が<確か>にあなたがたの中におら
ガラ 3:21 義は<確か>に律法によるものだった
Ⅰテモ 3:16 <確か>に偉大なのはこの敬虔の奥義
ヘブ 6:19 安全で<確か>な錨の役を果たし，ま
Ⅱペテ 1:10 選ばれたこととを<確か>なものとし
19 さらに<確か>な預言のみことばを持
Ⅰヨハ 2: 5 <確か>に神の愛が全うされているの

▼ たしかめる（確かめる）

Ⅰサム 23:22 さあ，行って，もっと<確かめ>てく
ヨブ 8: 8 先祖たちの探究したことを<確かめ>
ダニ 7:16 彼に願って<確かめ>ようとした．す
19 第４の獣について<確かめ>たいと思
マコ 6:38 彼らは<確かめ>て言った．「五つで
15:45 百人隊長からそうと<確かめ>てから，
使徒 22:30 告訴されたのかを<確かめ>たいと思
Ⅱコリ 8: 8 愛の真実を<確かめ>たいのです．

▼ たしなみ

箴言 11:22 美しいが，<たしなみ>のない女は，

▼ たじろぐ（後ろに）

出エ 20:18 民は見て，<たじろ>ぎ，遠く離れて
詩篇 44:18 私たちの心は<たじろ>がず，私たち
イザ 41:10 <たじろ>ぐな．わたしがあなたの神
哀歌 1: 8 彼女もうめいて<たじろ>いだ．

▼ だす（出す）

出エ 4: 6 彼は手をふところに入れ…<出>した．
8:18 呪法師たちもぶよを<出>そうと，彼
レビ 26: 4 地は産物を<出>し，畑の木々はその
民数 17: 8 アロンの杖が…つぼみを<出>し，花
20: 8 岩から水を<出>し，会衆とその家畜
27: 5 彼女たちの訴えを，主の前に<出>し
申命 11:17 地はその産物を<出>さず，あなたが
ヨシ 6:18 聖絶のものに手を<出す>な．聖絶の
士師 19:25 そばめを…彼らのところへ<出>した．
Ⅱサム 11:15 ウリヤを激戦の真っ正面に<出>し，
18:12 若者アブシャロムに手を<出す>な』
Ⅱ歴 29: 5 聖所から忌まわしいものを<出>して
エズ 6:12 手を<出す>王や民をみな，くつがえ
ヨブ 10:18 私を母の胎から<出>されたのですか．
イザ 41:21 あなたがたの訴えを<出>せ，と主は
56: 2 悪事にもその手を<出>さない，この
57: 4 口を大きく開いて，舌を<出す>のか．
エレ 52:31 エホヤキンを釈放し，獄屋から<出>
エゼ 17: 6 枝を伸ばし，若枝を<出>した．
ダニ 6:23 ダニエルをその穴から<出>せと命じ
ルカ 10: 8 <出>される物を食べなさい．
11: 6 来たのだが，<出>してやるものがな
ヨハ 2:10 初めに良いぶどう酒を<出>し，人々
エペ 4:29 悪いことばを…口から<出>してはい

▼ たすかる（助かる）

士師 3:29 ひとりも<助から>なかった．
エス 4:13 王宮にいるから<助かる>だろうと考
エレ 38:17 あなたのいのちは<助かり>，この町
20 あなたのいのちは<助かる>のです．
エゼ 17:15 彼は…<助かる>だろうか．契約を破
マコ 5:23 娘が直って，<助かる>ようにしてく
ヨハ 11:12 眠っているのなら…<助かる>でしょ
使徒 27:20 私たちが<助かる>最後の望みも今や
31 あなたがたも<助かり>ません」と言
34 これで…<助かる>ことになるのです．
Ⅰコリ 3:15 火の中をくぐるようにして<助かり>

▼ たすけ（助け）

出エ 18: 4 私の父の神は私の<助け>であり，パ
Ⅰ歴 5:20 <助け>を得てこれらに当たった．そ
Ⅱ歴 26:15 <助け>を得て強くなったからである．
28:16 人を遣わして，<助け>を求めた．
21 何の<助け>にもならなかったのであ
エス 4:14 <助け>と救いがユダヤ人のために起
ヨブ 6:13 私のうちには，何の<助け>もないで
19: 7 <助け>を求めて叫んでも，それは正
24:12 傷ついた者のたましいは<助け>を求
29:12 <助け>を叫び求める貧しい者を助け
30:24 衰えているとき，<助け>を叫ばない
詩篇 20: 2 主が聖所から，あなたに<助け>を送
27: 9 あなたは私の<助け>です．私を見放
28: 2 あなたに<助け>を叫び求めるとき．
30:10 主よ．私の<助け>となってください．
33:20 主は，われらの<助け>，われらの盾．
46: 1 苦しむとき，そこにある<助け>．
63: 7 あなたは私の<助け>でした．御翼の
72:12 <助け>を叫び求める貧しい者や，助
94:17 もしも主が私の<助け>でなかったな
115: 9 この方こそ，彼らの<助け>，また盾

119:173 あなたの御手が私の<助け>となりま
175 さばきが私の<助け>となりますよう
121: 2 私の<助け>は，天地を造られた主か
146: 5 ヤコブの神を<助け>とし，その神，
イザ 10: 3 だれに<助け>を求めて逃げ，どこに
20: 6 <助け>を求めて逃げて来た私たちの
30: 5 その民は彼らの<助け>とならず，役
7 そのエジプトの<助け>はむなしく，
31: 1 <助け>を求めてエジプトに下る者た
哀歌 3: 8 私が<助け>を求めて叫んでも，主は
4:17 <助け>を求めたが，むなしかった．
ダニ 11:34 彼らへの<助け>は少ないが，多くの
使徒 26:22 この日に至るまで神の<助け>を受け，
ピリ 1:19 イエス・キリストの御霊の<助け>に
ヘブ 4:16 おりにかなった<助け>を受けるため

▼ たすけだす（助け出す）

士師 6: 9 圧迫する者の手から<助け出し>，あ
9:17 ミデヤン人の手から<助け出し>たの
IIサム 14:16 はしためをきっと<助け出し>てくだ
19: 9 ペリシテ人の手から<助け出し>てく
22:20 連れ出し，私を<助け出さ>れた．主
44 民の争いから，私を<助け出し>，私
ヨブ 29:12 貧しい者を<助け出し>，身寄りのな
いみなしごを<助け出し>たからだ．
36:15 その悩みの中で<助け出し>，そのし
詩篇 6: 4 私のたましいを<助け出し>てくださ
い．17:13.
18:19 連れ出し，私を<助け出さ>れた．主
43 民の争いから，私を<助け出し>，私
48 私の敵から私を<助け出さ>れる方．
22: 4 あなたは彼らを<助け出さ>れました．
5 彼らは<助け出さ>れました．彼らは
8 彼が<助け出し>たらよい．彼に救い
31: 1 義によって，私を<助け出し>てくだ
34: 7 陣を張り，彼らを<助け出さ>れる．
39: 8 罪から私を<助け出し>てください．
40:17 私の助け，私を<助け出す>方．わが
41: 1 わざわいの日に…<助け出さ>れる．
43: 1 私を<助け出し>てください．
50:15 わたしはあなたを<助け出そ>う．あ
60: 5 愛する者が<助け出さ>れるために，
71: 2 義によって…私を<助け出し>てくだ
4 私を悪者の手から<助け出し>てくだ
81: 7 わたしは，あなたを<助け出し>た．
82: 4 弱い者と貧しい者とを<助け出し>，
91:14 わたしは彼を<助け出そ>う．彼がわ
107:20 滅びの穴から彼らを<助け出さ>れた．
108: 6 愛する者が<助け出さ>れるために，
116: 4 私のいのちを<助け出し>てください．
119:153 悩みを顧み…<助け出し>てください．
124: 7 鳥のように<助け出さ>れた．わなは
破られ，私たちは<助け出さ>れた．
140: 1 よこしまな人から<助け出し>，暴虐
箴言 24:11 救い出し…貧困者を<助け出>せ．
イザ 42:22 <助け出す>者もなく，奪い取られて
49:24 罪のないとりこ…を<助け出>せよう
エレ 15:20 あなたを救い…<助け出す>からだ．
21 横暴な者たちの手から<助け出す>.」
39:18 必ずあなたを<助け出す>．あなたは
ホセ 5:14 だれも<助け出す>者はいない．
使徒 23:27 兵隊を率いて…彼を<助け出し>まし
IIテモ 4:17 私は獅子の口から<助け出さ>れまし
18 すべての悪のわざから<助け出し>，

▼ たすけて（助け手）

創世 2:18 彼にふさわしい<助け手>を造ろう．」
20 人には，ふさわしい<助け手>が見つ
ナホ 3: 9 プテ人，ルブ人もその<助け手>．
ヘブ 13: 6 主は私の<助け手>です．私は恐れま

▼ たすけぬし（助け主）

ヨハ 14:16 父はもうひとりの<助け主>をあなた
26 <助け主>，すなわち…聖霊は，あな
15:26 父のもとから遣わす<助け主>，すな

▼ たすける（助ける）【別項】助け出す

創世 49:25 あなたを<助け>ようとされる…神に
申命 22: 4 その者を<助け>て，それを起こさな
32:38 あなたがたを<助け>させ，あなたが
33: 7 あなたが彼を，敵から<助け>てくだ
26 神はあなたを<助ける>ため天に乗り，
ヨシ 1:14 彼らを<助け>なければならない．
10: 4 上って来て，私を<助け>てください．
Iサム 7:12 主が私たちを<助け>てくださった」
26:21 私のいのちが…<助け>られたからだ．
I列 1:12 ソロモンのいのちを<助け>なさい．
20:31 あなたのいのちを<助け>てくれるか
32 どうか私のいのちを<助け>てくださ
II列 1:13 50人のいのちとをお<助け>ください．
14 今，私のいのちはお<助け>ください．
14:26 イスラエルを<助ける>者もいなかっ
I歴 15:26 レビ人を<助け>られたとき，彼らは
II歴 14:11 力の強い者を<助ける>のも，力のな

18:31 主は彼を<助け>られた．神は彼らを，
19: 2 悪者を<助ける>べきでしょうか．あ
26: 7 神は彼を<助け>て，ペリシテ人，グ
28:23 王たちの神々は彼らを<助け>ている．
エズ 5: 2 神の預言者たちも…彼らを<助け>た．
8:22 道中の敵から私たちを<助ける>部隊
エス 9: 3 王の役人もみな，ユダヤ人を<助け>
ヨブ 9:13 ラハブを<助ける>者たちは，みもと
26: 2 どのようにして<助け>たのか．力の
31:21 私を<助ける>者が門のところにいる
詩篇 10:14 あなたはみなしごを<助ける>方でし
22:11 <助ける>者がいないのです．
19 私の力よ，急いで私を<助け>てくだ
28: 7 私の心は主に拠り頼み…<助け>られ
35: 2 私を<助け>に，立ち上がってくださ
37:40 主は彼らを<助け>，彼らを解き放た
54: 4 まことに，神は私を<助ける>方，主
59: 4 目をさまして，私を<助け>てくださ
60:11 敵から私たちを<助け>てください．
79: 9 御名の栄光のために…<助け>てくだ
109:26 主よ．私を<助け>てください．あな
イザ 31: 2 不法を行う者を<助ける>者とを攻め
3 <助ける>者はつまずき，<助け>られ
5 救い出し，これを<助け>て解放する．
41: 6 彼らは互いに<助け>合い，その兄弟
44: 2 あなたを<助ける>主はこう仰せられ
49: 8 救いの日にあなたを<助け>た．わた
50: 7 神である主は，私を<助ける>．それ
63: 5 だれも<助ける>者はなく，いぶかっ
エレ 47: 4 生き残って<助ける>者もみな，断ち
哀歌 1: 7 だれも彼女を<助ける>者がないとき，
エゼ 12:14 回りにいて彼を<助ける>者たちや，
30: 8 これを<助ける>者たちがみな滅ぼさ
32:21 その国を<助け>た者たちとともに，
ダニ 10:13 ミカエルが私を<助け>に来てくれた
11:45 彼を<助ける>者はひとりもない．
ホセ 13: 9 滅ぼしたら，だれがあなたを<助け>
マタ 8:25 主よ．<助け>てください．私たちは
14:30 「主よ．<助け>てください」と言っ
15:25 女は…「主よ．私をお<助け>くださ
27:49 エリヤが<助け>に来るかどうか見る
マコ 9:22 あわれんで，お<助け>ください．」
24 不信仰な私をお<助け>ください．」
ルカ 1:54 しもべイスラエルをお<助け>になり
7: 3 しもべを<助け>に来てくださるよう
使徒 16: 9 マケドニヤ人が…<助け>てください
20:35 労苦して弱い者を<助け>なければな
27:43 パウロをあくまでも<助け>ようと思
ロマ 8:26 御霊も…弱い私たちを<助け>てくだ
16: 2 どんなことでも<助け>てあげてくだ
Ⅱコリ 1:11 私たちを<助け>て協力してくださる
6: 2 わたしは…救いの日に…<助け>た．」
ピリ 4: 3 彼女たちを<助け>てやってください．
Ⅰテサ 5:14 小心な者を励まし，弱い者を<助け>，
Ⅰテモ 5:10 困っている人を<助け>，すべての良
ヘブ 2:16 主は御使いたちを<助ける>のではな
2:18 試みられている者たちを<助ける>こ
黙示 12:16 地は女を<助け>，その口を開いて，

▼たずさえる（携える），携え上る

創世 43:15 この人たちは贈り物を<携え>，それ
50:25 私の遺体をここから<携え上>ってく
出エ 13:19 モーセはヨセフの遺骸を<携え>て来
た…私の遺骸を…<携え上>らなけれ
レビ 10:18 その血は，聖所の中に<携え>入れら
申命 12: 6 牛や羊の初子を…<携え>て行きなさ
Ⅱサム 23:16 水を汲み，それを<携え>てダビデの
Ⅰ歴 16:29 ささげ物を<携え>て，御前に行け．
エズ 5:15 これらの器具を<携え>て行って，エ
ネヘ 10:35 毎年，主の宮に<携え>て来ることに
詩篇 28: 9 いつまでも，彼らを<携え>て行って
80: 8 ぶどうの木を<携え>出し，国々を追
伝道 5:15 何一つ手に<携え>て行くことができ
イザ 1:13 むなしいささげ物を<携え>て来るな．
60: 6 金と乳香を<携え>て来て，主の奇し
66:20 ささげ物を…主の宮に<携え>て来る
エレ 17:26 感謝のいけにえを<携え>て来る者が，
27:22 それらを<携え上>り，この所に帰ら
マラ 3:10 宝物倉に<携え>て来て，わたしの家
使徒 14:13 雄牛数頭と花飾りを…<携え>て来て，
黙示 21:24 地の王たちはその栄光を<携え>て都
26 栄光と誉れとを，そこに<携え>て来

▼たずねもとめる（尋ね求める）

Ⅰ歴 16:11 主とその御力を<尋ね求め>よ．絶え
Ⅱ歴 11:16 主を<尋ね求める>者たちが，その父
詩篇 9:10 あなたを<尋ね求める>者をお見捨て
10: 4 悪者は…神を<尋ね求め>ない．その
14: 2 神を<尋ね求める>，悟りのある者が
22:26 主を<尋ね求める>人々は，主を賛美
53: 2 神を<尋ね求める>，悟りのある者が
69:32 神を<尋ね求める>者たちよ．あなた

77: 2 苦難の日に，私は主を<尋ね求め>，
78:34 神を<尋ね求め>，立ち返って，神を
105: 4 主とその御力を<尋ね求め>よ．絶え
111: 2 みわざを喜ぶ…人々に<尋ね求め>ら
119: 2 心を尽くして主を<尋ね求める>人々．
箴言 28: 5 主を<尋ね求める>者はすべての事を
イザ 45:19 わたしを<尋ね求め>よ』と言わなか
51: 1 主を<尋ね求める>者よ．わたしに聞
62:12 <尋ね求め>られる者，見捨てられな
エレ 50: 4 その神，主を，<尋ね求める>．
エゼ 14: 7 わたしに<尋ね求め>ようと，預言者
ホセ 3: 5 彼らの王ダビデを<尋ね求め>，終わ
5: 6 主を<尋ね求める>が，見つけること
7:10 こうなっても，主を<尋ね求め>ない．
ゼパ 1: 6 主を<尋ね求め>ず，主を求めない者
2: 3 主を<尋ね求め>よ．義を求めよ．柔
ゼカ 8:22 万軍の主を<尋ね求め>，主の恵みを
マラ 3: 1 <尋ね求め>ている主が…神殿に来る．

▼ たずねる

士師 15: 1 サムソンは…自分の妻を<たずね>，
マタ 25:36 わたしが牢にいたとき…<たずね>て
くれたからです．43.
マコ 3:32 兄弟たちが，外であなたを<たずね>
使徒 10:17 シモンの家を<たずね>当てて，その
12:20 彼を<たずね>，王の侍従ブラストに
15:36 <たずね>て行って，どうしているか
28:30 パウロは…<たずね>て来る人たちを
ロマ 10:20 わたしを<たずね>ない者に自分を現
ガラ 1:18 私はケパを<たずね>てエルサレムに

▼ たずねる（尋ねる）【別項】尋ね求める

創世 24:47 私が<尋ね>て，『あなたはどなたの
26: 7 彼の妻のことを<尋ね>た．すると彼
32:29 なぜ…わたしの名を<尋ねる>のか」
38:21 そこの人々に<尋ね>て…遊女はどこ
40: 7 パロの廷臣たちに<尋ね>て，「なぜ，
出エ 13:14 あなたの子があなたに<尋ね>て，
申命 4:32 過ぎ去った時代に<尋ね>てみるがよ
6:20 あなたの息子があなたに<尋ね>て，
12: 5 全部族のうちから選ぶ場所を<尋ね>
17: 9 さばきつかさのもとに行き，<尋ね>
Ⅰサム 17:56 あの少年がだれの子か<尋ね>なさい．
28: 7 その女に<尋ね>てみよう．」家来た
Ⅱサム 11: 7 うまくいっているか，と<尋ね>た．
14:18 私が<尋ねる>ことを，私に隠さず言
20:18 アベルで<尋ね>てみなければならな
Ⅰ列 14: 5 あなたに<尋ねる>ために来ている．
Ⅱ列 8: 6 王が彼女に<尋ねる>と，彼女は王に
エズ 5: 9 私たちはその長老たちに<尋ね>て，
10 彼らにその名を<尋ね>ました．それ
ネヘ 1: 2 エルサレムのことについて…<尋ね>
ヨブ 5: 8 神に<尋ね>，私のことを神に訴えよ
8: 8 さあ，先代の人に<尋ね>よ．その先
12: 7 獣に<尋ね>てみよ…鳥に<尋ね>てみ
38: 3 わたしはあなたに<尋ねる>．わたし
伝道 1:13 一心に<尋ね>，探り出そうとした．
イザ 8:19 霊媒や…ささやく口寄せに<尋ね>よ
…民は自分の神に<尋ね>なければな
41:28 わたしが<尋ね>ても返事のできる助
45:11 これから起こる事を…<尋ね>ようと
65: 1 わたしは<尋ね>られ，わたしを捜さ
エレ 6:16 幸いの道はどこにあるかを<尋ね>，
18:13 さあ，国々の中で<尋ね>てみよ．だ
21: 2 私たちのために主に<尋ね>てくださ
30: 6 男が子を産めるか，さあ，<尋ね>て
36:17 彼らはバルクに<尋ね>て言った．
38:14 私はあなたに一言<尋ねる>．私に何
48:19 のがれて来る女に<尋ね>て，「何が
哀歌 3:40 私たちの道を<尋ね>調べて，主のみ
エゼ 20: 1 主に<尋ねる>ために来て，私の前に
ダニ 1:20 王が彼らに<尋ね>てみると，知恵と
2:10 カルデヤ人に<尋ね>たことはかつて
ハガ 2:11 律法について，祭司たちに<尋ね>て
ゼカ 11:16 彼は迷い出たものを<尋ね>ず，散ら
マタ 16:13 イエスは弟子たちに<尋ね>て言われ
19:17 なぜ，良いことについて…<尋ねる>
21:24 一言あなたがたに<尋ね>ましょう．
マコ 4:10 これらのたとえのことを<尋ね>た．
9:32 イエスに<尋ねる>のを恐れていた．
11:29 一言<尋ね>ますから，それに答えな
12:34 イエスにあえて<尋ねる>者がなかっ
ルカ 9:45 イエスに<尋ねる>のを恐れた．
15:26 これはいったい何事かと<尋ねる>と，
20: 3 わたしも一言<尋ね>ますから，それ
22:68 わたしが<尋ね>ても…決して答えな
ヨハ 4:52 よくなった時刻を彼らに<尋ねる>と，
16: 5 どこに行くのですかと<尋ねる>者が
18:21 わたしから聞いた人たちに<尋ね>な
21:12 あえて<尋ねる>者はいなかった．
使徒 1: 6 イエスにこう<尋ね>た．「主よ．今
10:18 泊まっているだろうかと<尋ね>てい

21:33 パウロが何者なのか…と<尋ね>た.
23:19 千人隊長は…連れて行って…<尋ね>
34 パウロに，どの州の者かと<尋ね>，
Iコリ 14:35 家で自分の夫に<尋ね>なさい．教会
Iペテ 1:10 熱心に<尋ね>，細かく調べました.

▼ ただ

創世 29:15 <ただ>で私に仕えることもなかろう.
民数 11: 5 <ただ>で魚を食べていたことを思い
イザ 52: 3 あなたがたは，<ただ>で売られた.
マタ 10: 8 <ただ>で受けたのだから，<ただ>で
IIテサ 3: 8 人のパンを<ただ>で食べることもし
黙示 22:17 いのちの水がほしい者は…<ただ>で

▼ ただ

I列 19:10 <ただ>私だけが残りましたが，彼ら
詩篇 51: 4 <ただ>あなたに，罪を犯し，あなた
71:16 <ただ>あなただけを心に留めましょ
イザ 26:13 <ただ>あなたによってのみ，御名を
44:24 <ただ>，わたしだけで，地を押し広
マタ 8: 8 <ただ>，おことばを下さい．そうす
24:36 <ただ>父だけが知っておられます.
マコ 5:36 恐れないで，<ただ>信じていなさい.
使徒 18:25 <ただ>ヨハネのバプテスマしか知ら
ロマ 13: 5 <ただ>怒りが恐ろしいからだけでな
ガラ 5:13 <ただ>，その自由を肉の働く機会と
ピリ 1:27 <ただ>一つ．キリストの福音にふさ
ヤコ 1:22 <ただ>聞くだけの者であってはいけ

▼ タダイ〔人名〕

12弟子の一人．マタ10:3，マコ3:18.

▼ たたえる

創世 49: 8 兄弟たちはあなたを<たたえ>，あな
出エ 15:11 <たたえ>られつつ恐れられ，奇しい
民数 23:21 王を<たたえる>声が彼らの中にある.
ヨブ 40:14 わたしはあなたを<たたえ>て言おう.
ロマ 15:11 もろもろの国民よ．主を<たたえ>よ.
ヘブ 13:15 御名を<たたえる>くちびるの果実を，

▼ たたかい（戦い）【別項】主の戦いの書

出エ 1:10 いざ<戦い>というときに，敵側につ
13:17 民が<戦い>を見て，心が変わり，エ
民数 10: 9 侵略者との<戦い>に出る場合は，ラ
31:14 <戦い>の任務から帰って来た千人の
21 祭司エルアザルは<戦い>に行った軍
申命 4:34 <戦い>と，力強い御手と，伸べられ
士師 3: 1 カナンでの<戦い>を少しも知らない
10 イスラエルをさばき，<戦い>に出て
5: 8 城門で<戦い>があった．イスラエル
10:18 アモン人と<戦い>を始める者はだれ
Iサム 8:20 私たちの<戦い>を戦ってくれるでし
17:13 サウルに従って<戦い>に出て行った.
47 この<戦い>は主の<戦い>だ．主はお
18:17 勇敢にふるまい，主の<戦い>を戦っ
25:28 ご主人さまは主の<戦い>を戦ってお
IIサム 1:25 勇士たちは<戦い>のさなかに倒れた.
2:17 その日，<戦い>は激しさをきわめ，
28 あとを追わず，<戦い>もしなかった.
3: 1 長く<戦い>が続いた．ダビデはます
30 アサエルをギブオンでの<戦い>で殺
17:11 あなた自身が<戦い>に出られること
18: 6 <戦い>はエフライムの森で行われた.
I列 2: 5 平和な時に，<戦い>の血を流し，自
5: 3 回りからいつも<戦い>をいどまれて
8:44 遣わされる道に出て<戦い>に臨むと
14:30 いつまでも<戦い>があった.
22: 1 <戦い>がないまま3年が過ぎた.
6 ラモテ・ギルアデに<戦い>に行くべ
II列 3:26 モアブの王は，<戦い>が自分に不利
I歴 5:18 <戦い>の訓練を受けた勇者たちのう
20 <戦い>のときに，神に呼ばわったか
7:11 従軍して<戦い>に出る者であった.
18:10 トウに<戦い>をいどんでいたからで
22: 8 多くの血を流し，大きな<戦い>をし
II歴 16: 9 あなたは数々の<戦い>に巻き込まれ
20:15 この<戦い>はあなたがたの<戦い>ではなく，神の<戦い>であるから.
ヨブ 5:20 <戦い>のときにも剣の力からあなた
15:24 <戦い>の備えをした王のように彼に
38:23 いくさと<戦い>の日のために，わた
39:25 遠くから<戦い>をかぎつけ，隊長の
41: 8 その<戦い>を思い出して，二度と手
詩篇 18:34 <戦い>のために私の手を鍛え，私の
39 <戦い>のために，私に力を帯びさせ，
24: 8 強く，力ある主．<戦い>に力ある主.
27: 3 たとい，<戦い>が私に向かって起こ
46: 9 主は地の果てまでも<戦い>をやめさ
55:21 その心には，<戦い>がある．彼のこ
56: 2 誇らしげに私に<戦い>をいどんでい
68:30 <戦い>を喜ぶ，国々の民を散らして
89:43 彼が<戦い>に立てないようにされて
120: 7 私が話すと，彼らは<戦い>を望むの
140: 2 日ごとに<戦い>を仕掛けています.
144: 1 主は，<戦い>のために私の手を，い

箴言 21:31 馬は<戦い>の日のために備えられる．
24: 6 すぐれた指揮のもとに<戦い>を交え，
伝道 8: 8 この<戦い>から放免される者はいな
9:11 <戦い>は勇士のものではなく，また
イザ 2: 4 二度と<戦い>のことを習わない．
3:25 あなたの勇士たちは<戦い>に倒れ，
21:15 張られた弓や激しい<戦い>からのが
29: 7 アリエルに<戦い>をいどむすべての
42:25 激しい<戦い>をこれに向けた．それ
エレ 4:19 <戦い>の雄たけびを聞くからだ．
8: 6 <戦い>に突入する馬のように，自分
18:21 若い男たちは<戦い>で剣に殺されま
28: 8 <戦い>とわざわいと疫病とを預言し
46: 3 盾と大盾を整えて，<戦い>に向かえ．
49: 2 <戦い>の雄たけびを聞かせる．そこ
50:22 国中には<戦い>の声，大いなる破滅．
51:30 バビロンの勇士たちは<戦い>をやめ
エゼ 7:14 準備ができても，だれも<戦い>に行
13: 5 主の日に，<戦い>に耐えるために，
ダニ 7:21 角は，聖徒たちに<戦い>をいどんで，
9:26 その終わりまで<戦い>が続いて，荒
11:10 その息子たちは，<戦い>をしかけて，
20 <戦い>にもよらないで，破られる．
40 南の王が彼と<戦い>を交える．北の
ホセ 2:18 弓と剣と<戦い>を地から絶やし，彼
10: 9 <戦い>はギブアで，この不法な民を
14 その<戦い>の日には，母親が，その
ヨエ 2: 5 <戦い>の備えをした強い民のようで
アモ 1:14 これは<戦い>の日のときの声と，つ
ミカ 2: 8 <戦い>をやめて安らかに過ごしてい
4: 3 二度と<戦い>のことを習わない．
ゼカ 14:14 ユダもエルサレムに<戦い>をしかけ，
ルカ 14:31 ほかの王と<戦い>を交えようとする
ロマ 7:23 心の律法に対して<戦い>をいどみ，
Ⅱコリ 7: 5 外には<戦い>，うちには恐れがあり
10: 4 私たちの<戦い>の武器は，肉の物で
ピリ 1:30 同じ<戦い>を経験しているのです．
Ⅰテモ 6:12 信仰の<戦い>を勇敢に戦い，永遠の
ヘブ 10:32 激しい<戦い>に耐えた初めのころを，
11:34 <戦い>の勇士となり，他国の陣営を
ヤコ 4: 1 何が原因で…<戦い>や争いがあるの
Ⅰペテ 2:11 たましいに<戦い>をいどむ肉の欲を
黙示 9: 9 <戦い>に馳せつけるときの響きのよ
12: 7 天に<戦い>が起こって，ミカエルと
13: 7 彼はまた聖徒たちに<戦い>をいどん
16:14 神の大いなる日の<戦い>に備えて，
19:11 義をもってさばきをし，<戦い>をさ
19 その軍勢と<戦い>を交えるのを見た．
20: 8 <戦い>のために彼らを召集する．彼

▼たたかう（戦う）

創世 14: 2 すなわち，ツォアルの王と<戦>った．
8 シディムの谷で彼らと<戦う>備えを
32:28 あなたは神と<戦>い，人と<戦>って，
出エ 1:10 敵側についてわれわれと<戦>い，こ
14:14 主があなたがたのために<戦>われる．
17: 8 アマレクが…イスラエルと<戦>った．
16 主は代々にわたってアマレクと<戦>
民数 21:26 彼はモアブの以前の王と<戦>って，
33 彼らを迎え撃ち，エデレイで<戦う>
31: 7 ミデヤン人と<戦>って，その男子を
32:27 渡って行って，主の前に<戦>います．
申命 1:30 主が…あなたがたのために<戦>われ
41 私たちは上って行って，<戦>おう．」
2:32 私たちを迎えて<戦う>ため，ヤハツ
20: 3 きょう，敵と<戦>おうとしている．
4 敵と<戦>い，勝利を得させてくださ
29: 7 私たちを迎えて<戦>ったが，私たち
ヨシ 4:13 エリコの草原で<戦う>ために主の前
8: 1 <戦う>民全部を連れてアイに攻め上
14 朝早くイスラエルを迎えて<戦う>た
10:14 主がイスラエルのために<戦>ったか
31 ヨシュアは…陣を敷き…<戦>った．
42 主が，イスラエルのために<戦>われ
11:18 ヨシュアは…王たちと長い間<戦>っ
20 イスラエルを迎えて<戦>わせたのは，
19:47 レシェムと<戦>って，これを取り，
24: 8 彼らはあなたがたと<戦>ったが，わ
士師 1: 1 だれが…最初に…カナン人と<戦>わ
5:19 タナクで<戦>って，銀の分捕り品を
10: 9 エフライムの家と<戦>ったとき，イ
11: 6 そしてアモン人と<戦>いましょう．」
20:20 ギブアで彼らと<戦う>ための陣ぞな
Ⅰサム 4: 9 男らしくふるまって<戦>え．」
7:10 イスラエルと<戦>おうとして近づい
14:47 ペリシテ人と<戦>い，どこに行って
15:18 彼らを絶滅させるまで<戦>え．』
17:32 あのペリシテ人と<戦>いましょう．」
25:28 主の戦いを<戦>っておられるのです
28: 1 イスラエルと<戦>おうとして，軍隊
29: 8 王さまの敵と<戦う>ために私が出陣

Ⅱサム 8:10 ダビデがハダデエゼルと<戦>ってこ
10:13 アラムと<戦>おうとして近づいたと
23: 9 ペリシテ人は<戦う>ためにそこに集
Ⅰ列 14:19 彼がいかに<戦>い，いかに治めたか
20:23 私たちが平地で彼らと<戦う>なら，
22:31 兵や将校とは<戦う>な．ただイスラ
Ⅱ列 8:28 アラムの王ハザエルと<戦う>ため，
10: 3 主君の家のために<戦>え．」
13:12 ユダの王アマツヤと<戦>ったその功
25 ハザエルが<戦>い取った町々を，ハ
Ⅰ歴 18:10 <戦>ってこれを打ち破ったことにつ
Ⅱ歴 11: 4 兄弟たちと<戦>ってはならない．お
20: 1 ヨシャパテと<戦>おうとして攻めて
17 あなたがたが<戦う>のではない．し
29 主はイスラエルの敵と<戦>われたと
25: 8 雄々しく<戦>いなさい．神は敵の前
27: 5 彼はアモン人の王と<戦>い，彼らに
32: 2 エルサレムに向かって<戦>おうとし
8 私たちの戦いを<戦>ってくださる方
35:20 カルケミシュで<戦う>ために上って
21 私の<戦う>家へ行くところなのです．
ネヘ 4:20 神が私たちのために<戦>ってくださ
詩篇 35: 1 私と<戦う>者と<戦>ってください．
60題目 アラム・ツォバと<戦>っていたとき，
109: 3 ゆえもなく私と<戦>いました．
伝道 3: 8 <戦う>のに時があり，和睦するのに
イザ 30:32 主は武器を振り動かして…<戦う>．
37: 9 彼はあなたと<戦う>ために出て来て
41:12 あなたと<戦う>者たちは，全くなく
63:10 主は彼らの敵となり…彼らと<戦>わ
エレ 1:19 彼らがあなたと<戦>っても，あなた
15:20 彼らは，あなたと<戦>っても，勝て
21: 5 激怒とをもって，あなたがたと<戦>
ダニ 10:20 ペルシヤの君と<戦う>ために帰って
11:11 彼，すなわち北の王と<戦う>．北の
25 南の王も…奮い立ってこれと<戦う>．
オバ 1 エドムに立ち向かい<戦>おう．」
ゼカ 10: 5 彼らは戦場で<戦う>．主が彼らとと
ヨハ 18:36 ユダヤ人に渡さないように，<戦>っ
Ⅰコリ 15:32 エペソで獣と<戦>ったのなら，何の
Ⅱコリ 10: 3 肉に従って<戦>ってはいません．
ピリ 4: 3 私に協力して<戦>ったのです．
Ⅰテモ 1:18 良心を保ち，勇敢に<戦>い抜くため
6:12 信仰の戦いを勇敢に<戦>い，永遠の
Ⅱテモ 4: 7 私は勇敢に<戦>い，走るべき道のり
ヘブ 12: 4 罪と<戦>って，血を流すまで抵抗し
ユダ 3 伝えられた信仰のために<戦う>よう，
黙示 2:16 口の剣をもって彼らと<戦>おう．
11: 7 獣が，彼らと<戦>って勝ち，彼らを
12: 7 彼の使いたちは，竜と<戦>った．そ
17 竜は…<戦>おうとして出て行った．
13: 4 だれがこれと<戦う>ことができよう．
17:14 この者どもは小羊と<戦>いますが，

▼ たたく

詩篇 47: 1 すべての国々の民よ．手を<たた>け．
箴言 23:35 私は<たた>かれたが，知らなかった．
マタ 7: 7 <たた>きなさい．そうすれば開かれ
8 見つけ出し，<たたく>者には開かれ
27:30 イエスの頭を<たた>いた．
マコ 15:19 葦の棒でイエスの頭を<たた>いたり，
ルカ 11: 9 <たた>きなさい．そうすれば開かれ
ます．10．
12:36 戸を<たた>いたら，すぐに戸をあけ
13:25 戸をいくら<たた>いても，もう主人
18:13 取税人は…自分の胸を<たた>いて言
22:63 イエスをからかい，むちで<たた>い
23:48 胸を<たた>いて悲しみながら帰った．
使徒 12:13 入口の戸を<たたく>と，ロダという
16 ペテロは<たた>き続けていた．彼ら
Ⅱコリ 11:20 顔を<たた>かれても，こらえている
黙示 3:20 わたしは，戸の外に立って<たたく>．

▼ ただしい（正しい）

創世 4: 7 あなたが<正し>く行ったのであれば，
6: 9 ノアは，<正しい>人であって，その
7: 1 わたしの前に<正しい>のを，わたし
18:23 <正しい>者を，悪い者といっしょに
24 その町の中に50人の<正しい>者が…
<正しい>者のために…お赦しにはな
25 <正しい>者を悪い者といっしょに殺
し…<正しい>者と悪い者とが同じよ
26 50人の<正しい>者を町の中に見つけ
28 50人の<正しい>者に5人不足してい
20: 4 あなたは<正しい>国民をも殺される
5 私は<正しい>心と汚れない手で，こ
16 これですべて，<正しい>とされよう．
24:48 私を<正しい>道に導いてくださった
38:26 あの女は私よりも<正しい>．私が彼
出エ 9:27 主は<正しい>お方だ．私と私の民は
15:26 主が<正しい>と見られることを行い，
23: 7 <正しい>者を殺してはならない．わ

たしは悪者を<正しい>と宣告するこ
8 <正しい>人の言い分をゆがめるから
レビ 19:15 隣人を<正し>くさばかなければなら
36 <正しい>てんびん，<正しい>重り石，
<正しい>エパ，<正しい>ヒンを
民数 23:10 私は<正しい>人が死ぬように死に，
申命 1:16 在留異国人との間を<正し>くさばき
4: 8 <正しい>おきてと定めとを持ってい
6:18 主が<正しい>，また良いと見られる
9: 4 私が<正しい>から，主が私にこの地
5 あなたが<正しい>からではなく，ま
6 あなたが<正しい>ということで，こ
12: 8 自分の<正しい>と見ることを何でも
16:18 <正しい>さばきをもって民をさばか
19 <正しい>人の言い分をゆがめるから
25: 1 <正しい>ほうを<正しい>とし，悪い
15 完全に<正しい>重り石を持ち，完全
に<正しい>枡を持っていなければな
32: 4 主の道はみな<正しい>…主は真実の
神で…<正しい>方，直ぐな方である．
士師 5:11 主の<正しい>みわざと…主の農民の
<正しい>わざを唱えている．そのと
12: 6 <正し>く発音できないと，その者を
17: 6 めいめいが自分の目に<正しい>と見
えることを行っていた．21:25.
Iサム 12:23 私は…よい<正しい>道を教えよう．
24:17 あなたは私より<正しい>．あなたは
IIサム 4:11 ひとりの<正しい>人を，その家の中
8:15 すべての者に<正しい>さばきを行っ
15: 3 あなたの訴えはよいし，<正しい>．
I列 2:32 彼は自分よりも<正し>く善良なふた
8:32 <正しい>者にはその正しさにしたが
I歴 13: 4 すべての民がそのことを<正しい>と
18:14 <正しい>さばきを行った．
II歴 6:23 <正しい>者にはその正しさにしたが
12: 6 「主は<正しい>」と言った．
31:20 ヒゼキヤは…<正しい>こと…を行っ
エズ 9:15 あなたは<正しい>方です．まことに
ネヘ 9: 8 あなたは<正しい>方だからです．
13 <正しい>定めと，まことの律法，良
33 あなたは<正しかっ>たのです．あな
ヨブ 1: 1 この人は潔白で<正し>く，神を恐れ，
4: 7 どこに<正しい>人で絶たれた者があ
17 人は神の前に<正し>くありえようか．
6:29 私の<正しい訴え>を．
8: 6 もし，あなたが純粋で<正しい>なら，
12: 4 潔白で<正しい>者が物笑いとなって
15:14 どうして，<正し>くありえようか．
22:19 <正しい>者は見て喜び，罪のない者
23: 7 そこでは<正しい>人が神と論じ合お
25: 4 人はどうして神の前に<正し>くあり
27:17 <正しい>者がこれを着，銀は，罪の
31: 6 <正しい>はかりで私を量るがよい．
32: 1 ヨブが自分は<正しい>と思っていた
33:12 このことであなたは<正し>くない．
27 私は罪を犯し，<正しい>事を曲げた．
34: 5 私は<正しい>．神が私の正義を取り
17 <正し>く力ある方を，あなたは罪に
36: 7 神は，<正しい>者から目を離さず，
詩篇 1: 5 罪人は，<正しい>者のつどいに立て
6 主は，<正しい>者の道を知っておら
5:12 あなたは<正しい>者を祝福し，大盾
7: 9 <正しい>者を堅く立てられますよう
に．<正しい>神は，心と思いを調べ
11 神は<正しい>審判者，日々，怒る神
9: 4 あなたが私の<正しい>訴えを支持し，
11: 3 拠り所がこわされたら<正しい>者に
5 主は<正しい>者と悪者を調べる．そ
7 主は<正し>く，正義を愛される．直
14: 5 神は，<正しい>者の一族とともにお
15: 2 <正し>く歩み，義を行い，心の中の
17: 1 聞いてください，<正しい>訴えを．
15 私は，<正しい>訴えで，御顔を仰ぎ
19: 8 主の戒めは<正し>くて，人の心を喜
9 主のさばきは…ことごとく<正しい>．
25: 8 いつくしみ深く，<正し>くあられる．
31:18 <正しい>者に向かって，横柄に語っ
32:11 <正しい>者たち．主にあって，喜び，
33: 1 <正しい>者たち．主にあって，喜び
34:15 主の目は<正しい>者に向き，その耳
19 <正しい>者の悩みは多い．しかし，
21 <正しい>者を憎む者は罪に定められ
37:12 悪者は<正しい>者に敵対して事を図
16 <正しい>者の持つわずかなものは，
17 主は<正しい>者をささえられるから
21 <正しい>者は，情け深くて人に施す．
25 <正しい>者が見捨てられたり，その
29 <正しい>者は地を受け継ごう．そし
30 <正しい>者の口は知恵を語り，その
32 悪者は<正しい>者を待ち伏せ，彼を

39 <正しい>者の救いは，主から来る．
51: 4 あなたは<正し>く，さばかれるとき，
52: 6 <正しい>者らは見て，恐れ，彼を笑
55:22 <正しい>者がゆるがされるようには
58:10 <正しい>者は，復讐を見て喜び，そ
11 <正しい>者には報いがある．まこと
64:10 <正しい>者は主にあって喜び，主に
68: 3 <正しい>者たちは喜び，神の御前で
69:28 <正しい>者と並べて，書きしるされ
72: 7 彼の代に<正しい>者が栄え，月のな
75:10 <正しい>者の角は，高く上げられる．
78:72 彼は，<正しい>心で彼らを牧し，英
92:12 <正しい>者は，なつめやしの木のよ
94:21 <正しい>者のいのちを求めて共に集
97:11 光は，<正しい>者のために，種のよ
12 <正しい>者たち．主にあって喜べ．
112: 4 主は情け深く…<正し>くあられる．
6 <正しい>者はとこしえに覚えられる．
116: 5 主は情け深く，<正しい>．まことに，
118:15 <正しい>者の幕屋のうちにある．主
20 <正しい>者たちはこれより入る．
119:62 あなたの<正しい>さばきに…感謝し
75 あなたのさばきの<正しい>ことと，
128 あなたの戒めを<正しい>とします．
137 主よ．あなたは<正し>くあられます．
138 さとしは，なんと<正し>く…真実な
172 仰せはことごとく<正しい>から．
125: 3 悪の杖が<正しい>者の地所の上にと
どまることなく，<正しい>者が不正
129: 4 主は，<正し>くあり，悪者の綱を断
140:13 <正しい>者はあなたの御名に感謝し，
141: 5 <正しい>者が愛情をもって私を打ち，
142: 7 <正しい>者たちが私の回りに集まる
145:17 主は…すべての道に…<正し>く，ま
146: 8 主は<正しい>者を愛し，
箴言 2:20 <正しい>人々の道を守るがよい．
3:33 <正しい>人の住まいは，主が祝福さ
4:11 <正しい>道筋にあなたを導いた．
8: 6 わたしのくちびるは<正しい>ことを
8 わたしの言うことはみな<正しい>．
9: 9 <正しい>者を教えよ．彼は理解を深
10: 3 主は<正しい>者を飢えさせない．し
6 <正しい>者の頭には祝福があり，悪
7 <正しい>者の呼び名はほめたたえら
11 <正しい>者の口はいのちの泉．悪者
16 <正しい>者の報酬はいのち．悪者の
20 <正しい>者の舌はえり抜きの銀．悪
21 <正しい>者のくちびるは多くの人を
24 <正しい>者の望みはかなえられる．
25 <正しい>者は永遠の礎である．
28 <正しい>者の望みは喜びであり，悪
30 <正しい>者はいつまでも動かされな
31 <正しい>者の口は知恵を実らせる．
32 <正しい>者のくちびるは好意を，悪
11: 1 <正しい>おもりは主に喜ばれる．
8 <正しい>者は苦しみから救い出され
9 <正しい>者は知識によって…救おう
10 町は，<正しい>者が栄えると，こお
21 <正しい>者のすえは救いを得る．
23 <正しい>者の願い，ただ良いこと．
28 <正しい>者は若葉のように芽を出す．
30 <正しい>者の結ぶ実はいのちの木で
31 <正しい>者がこの世で報いを受ける
12: 3 <正しい>人の根はゆるがない．
5 <正しい>人の計画することは公正で，
7 <正しい>者の家は立ち続ける．
10 <正しい>者は，自分の家畜のいのち
12 <正しい>者の根は，芽を出す．
13 <正しい>者は苦しみを免れる．
15 愚か者は自分の道を<正しい>と思う．
17 …人は<正しい>ことを告げ，偽りの
21 <正しい>者は何の災害にも会わない．
26 <正しい>者はその友を探り出し，悪
13: 5 <正しい>者は偽りのことばを憎む．
9 <正しい>者の光は輝き，悪者のとも
21 幸いは<正しい>者に報いる．
22 罪人の財宝は<正しい>者のためにた
25 <正しい>者は食べてその食欲を満た
14:19 悪者は<正しい>人の門のところで身
32 <正しい>者は，自分の死の中にもの
15: 6 <正しい>者の家には多くの富がある．
28 <正しい>者の心は，どう答えるかを
29 <正しい>者の祈りを聞かれる．
16:11 <正しい>てんびんとはかりとは，主
13 <正しい>ことばは王たちの喜び．ま
17:15 悪者を<正しい>と認め，<正しい>者
を悪いとする，この二つを，主は
26 <正しい>人に罰金を科し，高貴な人
18: 5 <正しい>者をさばきのときに否むこ
10 <正しい>者はその中に走って行って

17 調べるまでは，<正し>く見える．
20: 7 <正しい>人が潔白な生活をするとき
21:12 <正しい>人は悪者の家を見抜く．悪
15 <正しい>者には喜びであり，不法を
18 悪者が<正しい>人のための身代金と
26 <正しい>人は人に与えて惜しまない．
23:16 くちびるが<正しい>ことを語るなら，
24 <正しい>者の父は大いに楽しみ，知
24:15 <正しい>人の住まいをねらうな．彼
16 <正しい>者は七たび倒れても，また
24 悪者に…「あなたは<正しい>」と言
25:26 <正しい>人が悪者の前に屈服するの
28: 1 <正しい>人は若獅子のように頼もし
12 <正しい>者が喜ぶときには，大いな
28 悪者が…滅びると，<正しい>人がふ
29: 2 <正しい>人がふえると，民は喜び，
6 <正しい>人は喜びの声をあげ，楽し
7 <正しい>人は寄るべのない者を<正
し>くさばくことを知っている．し
16 <正しい>者は彼らの滅びを見る．
27 不正な人は<正しい>人に忌みきらわ
31: 9 口を開いて，<正し>くさばき，悩ん
伝道 3:17 神は<正しい>人も悪者もさばく．そ
7:15 <正しい>人が<正しい>のに滅び，悪
16 あなたは<正し>すぎてはならない．
20 罪を犯さない<正しい>人はひとりも
29 神は人を<正しい>者に造られたが，
8:10 <正しい>行いの者が，聖なる方の所
14 悪者の行いに対する報いを<正しい>
人がその身に受け，<正しい>人の
9: 1 <正しい>人も，知恵のある者も，彼
2 同じ結末が，<正しい>人にも，悪者
12:10 真理のことばを<正し>く書き残した．
イザ 1:17 みなしごのために<正しい>さばきを
5:23 悪者を<正しい>と宣言し，義人から
24:16 「<正しい>者に誉れあれ」という地
26: 2 誠実を守る<正しい>民を入らせよ．
28:26 彼に<正し>く教えておられる．
29:21 <正しい>人を，むなしい理由でくつ
30:10 私たちに<正しい>ことを預言するな．
32: 7 貧しい者が<正しい>ことを申し立て
41:26 「それは<正しい>」と言うようにさ
45:23 ことばは<正し>く，取り消すことは
49: 4 私の<正しい>訴えは，主とともにあ
53:11 <正しい>しもべは，その知識によっ
58: 2 <正しい>さばきをわたしに求め，神
59: 4 <正しい>訴えをする者はなく，真実
60:21 あなたの民はみな<正し>くなり，と
エレ 11:20 <正しい>さばきをし，思いと心をた
12: 1 あなたのほうが<正しい>のです．そ
20:12 <正しい>者を調べ，思いと心を見て
23: 5 ダビデに一つの<正しい>若枝を起こ
50: 7 <正しい>牧場である主，彼らの先祖
哀歌 4:13 <正しい>人の血を流したからだ．
エゼ 3:20 もし，<正しい>人がその<正しい>行
いをやめて，不正を行うなら…<正
しい>行いも覚えられないのである．
21 <正しい>人に罪を犯さないように警
13:22 <正しい>人の心を偽りで悲しませ，
16:51 あなたの姉妹たちを<正しい>とした．
18: 5 <正しい>者なら，その人は公義と正
8 人と人との間を<正し>くさばき，
9 こういう人が<正しい>人で，必ず生
20 <正しい>者の義はその者に帰し，悪
22 <正しい>ことのために，彼は生きる．
24 <正しい>人が，<正しい>行いから遠
ざかり…彼が行ったどの<正しい>こ
とも覚えられず，彼の不信の逆ら
26 <正しい>人が自分の<正しい>行いか
ら遠ざかり，不正をし，そのために
21: 3 <正しい>者も悪者も断ち滅ぼす．
4 <正しい>者も悪者も断ち滅ぼすため
23:45 <正しい>人たちは，姦通した女に下
33:12 <正しい>人の正しさも…<正しい>人
でも，罪を犯すとき，彼は自分の
13 わたしが<正しい>人に…彼の<正し
い>行いは何一つ覚えられず，彼は
18 <正しい>人でも，自分の<正しい>行
いから遠ざかり，不正をするなら，
45:10 <正しい>はかり，<正しい>エパ，
<正しい>バテを使え．
ダニ 4:27 <正しい>行いによってあなたの罪を
9:14 みわざは，すべて<正しい>のです．
18 <正しい>行いによるのではなく，あ
ホセ 14: 9 <正しい>者はこれを歩み，そむく者
アモ 2: 6 金と引き換えに<正しい>者を売り，
5:12 <正しい>者をきらい，まいないを取
15 善を愛し，門で<正しい>さばきをせ
ミカ 2: 7 <正し>く歩む者に益とならないだろ
6: 5 主の<正しいみわざ>を知るためであ

7: 2 人の間に，<正しい>者はひとりもい
ハバ 1: 4 悪者が<正しい>人を取り囲み，さば
13 悪者が自分より<正しい>者をのみこ
2: 4 <正しい>人はその信仰によって生き
ゼパ 3: 5 その町の中にあって<正し>く，不正
ゼカ 7: 9 <正しい>さばきを行い，互いに誠実
9: 9 この方は<正しい>方で，救いを賜り，
マラ 3:18 <正しい>人と悪者，神に仕える者と
マタ 1:19 ヨセフは<正しい>人であって，彼女
3:15 すべての<正しい>ことを実行するの
5:45 <正しい>人にも<正し>くない人にも
雨を降らせてくださるからです．
9:13 <正しい>人を招くためではなく，罪
11:19 知恵の<正しい>ことは，その行いが
12:12 良いことをすることは，<正しい>の
37 あなたが<正しい>とされるのは，あ
13:43 <正しい>者たちは，彼らの父の御国
49 <正しい>者の中から悪い者をえり分
23:28 外側は人に<正し>く見えても，内側
35 <正しい>血の報復がおまえたちの上
25:37 <正しい>人たちは，答えて言います．
46 <正しい>人たちは永遠のいのちに入
27:19 あの<正しい>人にはかかわり合わな
マコ 2:17 <正しい>人を招くためではなく，罪
6:20 ヨハネを<正しい>聖なる人と知って
ルカ 1: 6 ふたりとも，神の御前に<正し>く，
74-75 きよく，<正し>く，恐れなく，主の
2:25 この人は<正しい>，敬虔な人で，イ
5:32 <正しい>人を招くためではなく，罪
7:29 神の<正しい>ことを認めたのです．
8:15 <正しい>，良い心でみことばを聞く
12:57 何が<正しい>かを判断しないのです．
15: 7 99人の<正しい>人にまさる喜びが天
23:47 この人は<正しい>方であった」と言
50 ヨセフという…<正しい>人がいた．
ヨハ 5:30 わたしのさばきは<正しい>のです．
7:24 <正しい>さばきをしなさい．」
8:16 そのさばきは<正しい>のです．なぜ
17:25 <正しい>父よ．この世はあなたを知
18:23 もし<正しい>なら，なぜ…打つのか．
使徒 3:14 <正しい>方を拒んで，人殺しの男を
4:19 神の前に<正しい>かどうか，判断し
7:52 <正しい>方が来られることを…この
<正しい>方を裏切る者，殺す者とな
8:21 心が神の前に<正し>くないからです．
10:22 コルネリオという<正しい>人で，神
ロマ 2: 2 神のさばきが<正しい>ことを知って
13 律法を聞く者が神の前に<正しい>の
ではなく…行う者が<正しい>と認め
5: 7 <正しい>人のためにでも死ぬ人はほ
7:12 律法は…<正し>く…良いものなので
13:13 昼間らしい，<正しい>生き方をしよ
Ｉコリ 6: 9 <正し>くない者は神の国を相続でき
15:34 目をさまして，<正しい>生活を送り
…神についての<正しい>知識を持っ
ガラ 4:17 あの人々の熱心は<正しい>ものでは
エペ 6: 1 両親に従いなさい…<正しい>ことだ
ピリ 1: 7 このように考えるのは<正しい>ので
4: 8 すべての<正しい>こと…清いこと，
Ｉテサ 2:10 敬虔に，<正し>く…ふるまったこと
Ⅱテサ 1: 5 神の<正しい>さばきを示すしるしで
7 神にとって<正しい>ことなのです．
Ｉテモ 1: 5 きよい心と<正しい>良心と偽りのな
9 律法は，<正しい>人のためにあるの
19 <正しい>良心を捨てて，信仰の破船
Ⅱテモ 4: 8 <正しい>審判者である主が，それを
テト 1: 8 <正し>く，敬虔で，自制心があり，
2:12 この時代にあって…<正し>く，敬虔
ヘブ 6:10 神は<正しい>方であって，あなたが
13:18 <正しい>良心を持っていると確信し
…<正し>く行動しようと願っている
ヤコ 4:17 なすべき<正しい>ことを知っていな
5: 6 <正しい>人を罪に定めて，殺しまし
Ｉペテ 2:23 <正し>くさばかれる方にお任せにな
3:16 <正しい>生き方をののしる人たちが，
18 <正しい>方が悪い人々の身代わりと
21 <正しい>良心の神への誓いであり，
Ⅱペテ 2: 8 日々その<正しい>心を痛めていたか
15 彼らは<正しい>道を捨ててさまよっ
Ｉヨハ 1: 9 神は真実で<正しい>方ですから，そ
2:29 神は<正しい>方であると知っている
3: 7 義を行う者は，キリストが<正し>く
あられるのと同じように<正しい>の
12 兄弟の行いは<正し>かったからです．
黙示 15: 3 あなたの道は<正し>く，真実です．
16: 5 あなたは<正しい>方です．なぜなら
7 真実な，<正しい>さばきです．」
19: 2 さばきは真実で，<正しい>からであ
8 聖徒たちの<正しい>行いである．」
22:11 <正しい>者はいよいよ<正しい>こと

▼ ただしさ（正しさ）

創世 30:33 私の<正しさ>があなたに証明されま
Ⅰサム 26:23 その人の<正しさ>と真実に報いてく
Ⅰ列 8:32 <正しさ>にしたがって義を報いてく
9: 4 全き心と<正しさ>をもって，わたし
Ⅱ歴 6:23 <正しさ>にしたがって義を報いてく
ヨブ 9: 2 人は自分の<正しさ>を神に訴えるこ
35: 8 あなたの<正しさ>は，ただ，人の子
詩篇 25:21 誠実と<正しさ>が私を保ちますよう
111: 8 まことと<正しさ>をもって行われる.
箴言 11: 5 道は…<正しさ>によって平らにされ
6 直ぐな人は，その<正しさ>によって
エゼ 33:12 正しい人の<正しさ>も…そむきの罪
13 自分の<正しさ>に拠り頼み，不正を
ルカ 10:29 自分の<正しさ>を示そうとしてイエ
Ⅰテモ 6:11 <正しさ>，敬虔，信仰，愛，忍耐，

▼ ただす（正す）

ヨブ 19: 7 それは<正>されない.
ガラ 6: 1 柔和な心でその人を<正>してあげな
テト 1: 9 反対する人たちを<正>したりするこ

▼ ただちに

ダニ 3: 6 <ただちに>火の燃える炉の中に投げ込まれる．15.
4:33 このことばは，<ただちに>…成就し
使徒 9:18 <ただちに>，サウロの目からうろこ
34 すると彼は<ただちに>立ち上がった.

▼ ただなか（～中）

アモ 7:10 イスラエルの家の<ただ中>で，アモ
ゼパ 3:15 主は，あなたの<ただ中>におられる.
17 主は，あなたの<ただ中>におられる.
ルカ 17:21 神の国は，あなたがたの<ただ中>に

▼ ただのひと（～人）

Ⅰコリ 3: 3 <ただの人>のように歩んでいるので
4 あなたがたは，<ただの人>たちでは

▼ ただひとり

民数 35:30 <ただひとり>の証人の証言だけでは，
申命 6: 4 主は私たちの神．主は<ただひとり>
Ⅱサム 17: 3 求めているのは<ただひとり>だけで
雅歌 6: 9 私の鳩は<ただひとり>．彼女は，そ
ゼカ 14: 9 主は<ただひとり>，御名もただ一つ
マラ 2:10 <ただひとり>の父を持っているではないか．<ただひとり>の神が，私た
マタ 23: 8 あなたがたの教師は<ただひとり>し
9 あなたがたの父は<ただひとり>，す
10 師は<ただひとり>，キリストだから
ヨハ 6:15 <ただひとり>，また山に退かれた.
Ⅰコリ 9:24 賞を受けるのは<ただひとり>だ，と
Ⅰテモ 6:16 <ただひとり>死のない方であり，近
ヤコ 4:12 さばきを行う方は，<ただひとり>で

▼ たたむ

マタ 9: 6 起きなさい．寝床を<たた>んで，家

▼ ただよう（漂う）

詩篇 6: 6 涙で，夜ごとに私の寝床を<漂>わせ，
使徒 27:27 アドリヤ海を<漂>っていると，真夜

▼ ダタン〔人名〕

コラと共に反逆．民数16:1, 12, 24, 25, 27, 26:9, 申命11:6, 詩篇106:17.

▼ たちあがる（立ち上がる）

創世 23: 3 死者のそばから<立ち上が>り，ヘテ
31:35 私はあなたの前に<立ち上がる>こと
37: 7 私の束が<立ち上が>り…まっすぐに
出エ 2:17 モーセは<立ち上が>り，彼女たちを
33: 8 民はみな<立ち上が>り，おのおの自
民数 10:35 主よ．<立ち上が>ってください．あ
23:24 雄獅子のように<立ち上が>り，獲物
25: 7 会衆の中から<立ち上が>り，手に槍
32:14 父たちに代わって<立ち上が>り，イ
申命 2:24 <立ち上が>れ．出発せよ．アルノン
ヨシ 8: 7 伏している所から<立ち上が>り，町
士師 3:20 王はその座から<立ち上が>った.
9:18 父の家にそむいて<立ち上が>り，そ
35 待ち伏せしていた所から<立ち上が>
10: 1 プワの息子トラが<立ち上が>った.
20:18 イスラエル人は<立ち上が>って，ベ
19 イスラエル人は<立ち上が>り，ギブ
ルツ 2:15 拾い集めようとして<立ち上がる>と，
Ⅰサム 1: 9 ハンナは<立ち上が>った．そのとき，
20:34 ヨナタンは…食卓から<立ち上が>り，
24: 4 ダビデは<立ち上が>り，サウルの上
Ⅰ列 8:54 主の祭壇の前から<立ち上が>り，
Ⅱ列 4:30 彼は<立ち上が>り，彼女のあとにつ
13:21 生き返り，自分の足で<立ち上が>っ
Ⅰ歴 10:12 勇士たちはみな，<立ち上が>り，サ
28: 2 ダビデ王は<立ち上が>って，こう言
Ⅱ歴 6:41 御力の箱も<立ち上が>って，休み所
13: 6 ヤロブアムが<立ち上が>って，自分
20:19 コラ族のレビ人たちが<立ち上が>り，
エズ 1: 5 上って行こうと<立ち上が>った.
5: 2 ヨシュアは<立ち上が>り，エルサレ
10: 4 <立ち上が>ってください．このこと

ネヘ 8: 5 開くと，民はみな<立ち上が>った．
9: 2 子孫は<立ち上が>って…罪…を告白
5 <立ち上が>って，とこしえからとこ
エス 5: 9 モルデカイが<立ち上が>ろうともせ
ヨブ 1:20 ヨブは<立ち上が>り…上着を引き裂
詩篇 7: 6 御怒りをもって<立ち上が>ってくだ
9:19 主よ．<立ち上が>ってください．人間が勝ち誇らない．17:13，68:1．
12: 5 今，わたしは<立ち上がる>．わたし
20: 8 私たちは，<立ち上が>り，まっすぐ
41:10 私を<立ち上が>らせてください．そ
44:26 <立ち上が>って私たちをお助けくだ
76: 9 救うために，<立ち上が>られたその
82: 8 神よ．<立ち上が>って，地をさばい
94:16 だれが…<立ち上がる>のでしょうか．
102:13 あなたは<立ち上が>り，シオンをあ
124: 2 私たちに逆らって<立ち上が>ったと
箴言 31:28 その子たちは<立ち上が>って，彼女
イザ 2:19 主が<立ち上が>り，地をおののかせ
3:13 主は論争するために<立ち上が>り，
14: 9 王を，その王座から<立ち上が>らせ
30:18 あわれもうと<立ち上が>られる．主
32: 9 のんきな女たちよ．<立ち上が>って，
33: 3 あなたが<立ち上がる>と，国は散ら
10 今，わたしは<立ち上がる>」と主は
47:12 多くの呪術を使って，<立ち上が>れ．
51:17 さめよ．さめよ．<立ち上が>れ．エ
52: 2 ちりを払い落として<立ち上が>り，
エレ 1:17 腰に帯を締め，<立ち上が>って，わ
37:10 その天幕で<立ち上が>り，この町を
41: 2 10人の部下は<立ち上が>って，シャ
哀歌 1:14 主は…もう<立ち上が>れないように
エゼ 2: 1 人の子よ．<立ち上が>れ．わたしが
2 霊が…私を<立ち上が>らせた．その
37:10 生き返り，自分の足で<立ち上が>っ
ダニ 3:24 王は驚き，急いで<立ち上が>り，そ
12: 1 その時…ミカエルが<立ち上がる>．
ホセ 6: 2 3日目に私たちを<立ち上が>らせる．
ミカ 2: 8 民は敵として<立ち上が>っている．
6: 1 <立ち上が>って，山々に訴え，丘々
ゼカ 2:13 主が<立ち上が>って，その聖なる住
マタ 9: 9 彼は<立ち上が>って，イエスに従っ
24: 7 国は国に敵対して<立ち上が>り，方方にききん．マコ13:8，ルカ21:10．
26:62 大祭司は<立ち上が>ってイエスに言
マコ 9:27 するとその子は<立ち上が>った．
10:50 盲人は…すぐ<立ち上が>って，イエ
14:57 数人が<立ち上が>って，イエスに対
ルカ 2:34 この子は…<立ち上がる>ために定め
4:29 <立ち上が>ってイエスを町の外に追
39 すぐに<立ち上が>って彼らをもてな
17:19 <立ち上が>って，行きなさい．あな
22:45 イエスは祈り終わって<立ち上が>り，
23: 1 彼らは全員が<立ち上が>り，イエス
ヨハ 11:29 マリヤは…すぐ<立ち上が>って，イ
31 マリヤが急いで<立ち上が>って出て
13: 4 夕食の席から<立ち上が>って，上着
使徒 5:17 ねたみに燃えて<立ち上が>り，
36 先ごろチゥダが<立ち上が>って，自
9: 6 <立ち上が>って，町に入りなさい．
8 サウロは地面から<立ち上が>ったが，
34 <立ち上が>りなさい…自分で床を整
12: 7 急いで<立ち上が>りなさい」と言っ
14:20 <立ち上が>って町に入って行った．
15: 5 人々が<立ち上が>り，「異邦人にも
25:18 訴えた者たちは<立ち上が>りました
26:30 および同席の人々が<立ち上が>った．
ロマ 15:12 異邦人を治めるために<立ち上がる>
黙示 11:11 彼らが足で<立ち上が>ったので，そ

▼ **たちかえる（立ち返る）**

申命 4:30 主に<立ち返り>，御声に聞き従うの
30: 2 あなたの神，主に<立ち返り>，きょ
10 あなたの神，主に<立ち返る>からで
Ｉ列 8:33 彼らがあなたのもとに<立ち返り>，
35 彼らがその罪から<立ち返る>なら，
48 精神を尽くして…<立ち返り>，あな
13:33 悪い道から<立ち返る>こともせず，
Ⅱ列 17:13 悪の道から<立ち返れ>．わたしがあ
23:25 主に<立ち返っ>た王は，彼の先には
Ⅱ歴 6:24 <立ち返っ>て御名をほめたたえ，こ
26 彼らがその罪から<立ち返る>なら，
38 捕囚の地で…あなたに<立ち返り>，
7:14 その悪い道から<立ち返る>なら，わ
15: 4 主に<立ち返り>，この方を尋ね求め
19: 4 父祖の神，主に<立ち返ら>せた．
24:19 主に<立ち返ら>せようと預言者たち
30: 6 主に<立ち返り>なさい．そうすれば，
9 主に<立ち返る>なら…この地に帰って来る…主に<立ち返る>なら，あな
36:13 心を閉ざし…主に<立ち返ら>なかっ

ネヘ 1: 9 わたしに<立ち返り>…命令を守り行
9:26 あなたに<立ち返ら>せようとして彼
28 <立ち返っ>て…叫び求めると，あな
29 律法に<立ち返ら>せようとされまし
35 悪い行いから，<立ち返り>もしませ
ヨブ 22:23 もし全能者に<立ち返る>なら，あな
36:10 悪から<立ち返る>ように命じる．
詩篇 78:34 <立ち返っ>て，神を切に求めた．
イザ 6:10 <立ち返っ>て，いやされることのな
10:21 力ある神に<立ち返る>．
22 残りの者だけが<立ち返る>．壊滅は
19:22 彼らが主に<立ち返れ>ば…願いを聞
30:15 <立ち返っ>て静かにすれば，あなた
エレ 18:11 おのおの悪の道から<立ち返り>，あ
23:22 民を…<立ち返ら>せたであろうに．
24: 7 心を尽くして…<立ち返る>からであ
25: 5 悪い行いから<立ち返り>，主があな
26: 3 悪の道から<立ち返る>かもしれない．
35:15 悪の道から<立ち返り>，行いを改め
36: 3 悪の道から<立ち返る>かもしれない．
7 悪の道から<立ち返る>かもしれない．
44: 5 神々に香をたいて…<立ち返ら>なか
哀歌 3:40 主のみもとに<立ち返ろ>う．
エゼ 3:19 悪の道から<立ち返ら>ないなら，彼
13:22 <立ち返っ>て生きるようにしなかっ
18:21 すべての罪から<立ち返り>，わたし
33: 9 その道から<立ち返る>よう警告して
も…<立ち返ら>ないなら，彼は自分
11 悪の道から<立ち返れ>．イスラエル
12 彼がその悪から<立ち返る>とき，そ
ダニ 9:13 不義から<立ち返り>，真理を悟れる
ホセ 6: 1 さあ，主に<立ち返ろ>う．主は私た
7:10 彼らの神，主に<立ち返ら>ず，こう
16 彼らはむなしいものに<立ち返る>．
11: 5 わたしに<立ち返る>ことを拒んだか
12: 6 あなたの神に<立ち返り>，誠実と公
14: 1 あなたの神，主に<立ち返れ>．あな
2 主に<立ち返り>，そして言え．「す
ヨエ 2:12 わたしに<立ち返れ>．」
13 主に<立ち返れ>．主は情け深く，あ
ヨナ 3: 8 暴虐な行いから<立ち返>れ．
10 悪の道から<立ち返る>ために努力し
ゼカ 1: 4 悪の道から<立ち返り>…悔い改めよ
6 彼らは<立ち返っ>て言った．「万軍
マラ 2: 6 多くの者を罪から<立ち返ら>せた．
マタ 13:15 その心で悟って<立ち返り>，わたし
ルカ 1:16 多くの子らを…主に<立ち返ら>せま
使徒 3:19 悔い改めて，神に<立ち返り>なさい．
26 邪悪な生活から<立ち返ら>せてくだ
9:35 アイネヤを見て，主に<立ち返っ>た．
11:21 大ぜいの人が信じて主に<立ち返っ>
14:15 生ける神に<立ち返る>ように，福音
15:19 神に<立ち返る>異邦人を悩ませては
26:18 サタンの支配から神に<立ち返ら>せ，
20 悔い改めて神に<立ち返り>，悔い改
28:27 その心で悟って，<立ち返り>，わた
Ⅰテサ 1: 9 偶像から神に<立ち返っ>て，生ける
ヘブ 6: 6 もう一度悔い改めに<立ち返ら>せる

▼ たちがれ（立ち枯れ）

申命 28:22 <立ち枯れ>と，黒穂病とで，あなた
を打たれる．Ⅰ列8:37，Ⅱ歴6:28，
アモ4:9，ハガ2:17．

▼ たちきる（断ち切る）

創世 17:14 その民から<断ち切>られなければな
レビ 22: 3 わたしの前から<断ち切>られる．わ
士師 16: 9 サムソンは…弓の弦を<断ち切>った．
Ⅰ列 3:25 生きている子どもを二つに<断ち切>
Ⅱ列 24:13 すべての金の用具を<断ち切>った．
Ⅱ歴 28:24 神の宮の器具を<断ち切>ってから，
ヨブ 27: 8 神が彼を<断ち切>り…いのちを取り
詩篇 12: 3 傲慢の舌とを…<断ち切>ってくださ
37: 9 悪を行う者は<断ち切>られる．しか
38 悪者どもの子孫は<断ち切>られる．
46: 9 槍を<断ち切>り，戦車を火で焼かれ
88: 5 あなたの御手から<断ち切>られてい
101: 8 不法を行う者を…<断ち切る>ためで
109:13 その子孫は<断ち切>られ，次の世代
118:10 主の御名によって，彼らを<断ち切>
129: 4 主は…悪者の綱を<断ち切>られた．
イザ 11:13 ユダに敵する者は<断ち切>られる．
38:12 主は私を，機から<断ち切る>．あな
エレ 2:20 自分のなわめを<断ち切>って，『私
10:20 すべての綱は<断ち切>られ，私の子
エゼ 37:11 望みは消えうせ…<断ち切>られる』
ルカ 8:29 それらを<断ち切>っては悪霊によっ
使徒 27:32 小舟の綱を<断ち切>って，そのまま
Ⅱコリ 11:12 その機会を<断ち切>ってしまうため

▼ たちさる（立ち去る）

民数 16:45 この会衆から<立ち去>れ．わたしが
Ⅱ列 19:36 セナケリブは<立ち去>り，帰ってニ

マタ 8:34 この地方を<立ち去>ってくださいと
ヨハ 5:13 イエスは<立ち去>られたからである.
ヘブ 11:27 恐れないで，エジプトを<立ち去>り

▼ たちさわぐ（立ち騒ぐ）

詩篇 39: 6 彼らはむなしく<立ち騒>ぎます．人
46: 6 国々は<立ち騒>ぎ，諸方の王国は揺
83: 2 今，あなたの敵どもが<立ち騒>ぎ，
雅歌 5: 4 私の心は…<立ち騒>ぎました.

▼ たちどころに

民数 16:21 <たちどころに>絶滅してしまうから.
申命 7: 4 <たちどころに>根絶やしにしてしま
ルカ 1:64 <たちどころに>，彼の口が開け，舌
8:44 <たちどころに>出血が止まった.
47 <たちどころに>いやされた次第とを
13:13 女は<たちどころに>腰が伸びて，神
18:43 彼は<たちどころに>目が見えるよう

▼ たちどまる（立ち止まる），立ちとどまる

創世 19:17 この低地のどこででも<立ち止ま>っ
イザ 10:32 彼はノブで<立ちとどま>り，シオン
エレ 48:45 力尽きて<立ち止まる>．火がヘシュ
51:50 行け．<立ち止まる>な．遠くから主
エゼ 1:25 彼らは<立ち止ま>り，翼を垂れた.
ナホ 2: 8 止まれ，<立ち止ま>れ」と言っても
ルカ 18:40 イエスは<立ち止ま>って，彼をそば
24:17 暗い顔つきになって，<立ち止ま>っ

▼ たちなおる（立ち直る）

ヨブ 22:23 あなたは再び<立ち直る>．あなたは
エゼ 38: 8 その国は剣の災害から<立ち直>り，
ルカ 22:32 <立ち直>ったら，兄弟たちを力づけ

▼ たちのぼる（立ち上る）

創世 19:28 かまどの煙のように…<立ち上>って
ヨシ 8:20 見よ，町の煙が天に<立ち上>ってい
IIサム 22: 9 煙は鼻から<立ち上>り，その口から
詩篇 78:21 イスラエルに向かって<立ち上>った.
エゼ 9: 3 神の栄光が，ケルブから<立ち上>り，
ヨエ 2:20 その悪臭が<立ち上>り，その腐った
におい<立ち上る>．主が大いなる
黙示 14:11 煙は，永遠にまでも<立ち上る>．獣

▼ たちはだかる（立ちはだかる）

申命 7:24 あなたの前に<立ちはだかる>者はな
ヨシ 1: 5 一生の間…<立ちはだかる>者はいな
23: 9 <立ちはだかる>ことのできる者はい
箴言 27: 4 だれが<立ちはだかる>ことができよ

▼ たちふさがる（立ちふさがる）

民数 22:22 主の使いが彼に敵対して道に<立ちふさが>った．23，31，34.

▼ たちほろぼす（断ち滅ぼす，絶ち滅ぼす）

申命 12:29 あなたの前から<断ち滅ぼ>し，あな
Iサム 20:15 ひとり残らず<断ち滅ぼす>ときも.」
28: 9 霊媒や口寄せを<断ち滅ぼ>されたこ
IIサム 7: 9 すべての敵を<断ち滅ぼ>した．わた
I列 11:16 エドムの男子をみな<断ち滅ぼ>した.
14:10 イスラエルにおいて<断ち滅ぼ>し，
I歴 17: 8 すべての敵を<断ち滅ぼ>した．わた
II歴 22: 7 アハブの家を<断ち滅ぼす>ために油
ヨブ 14:19 人の望みを<絶ち滅ぼ>されます.
イザ 10: 7 多くの国々を<断ち滅ぼす>ことだ.
14:22 後に生まれる子孫とを<断ち滅ぼす>.
29:20 うかがう者はみな，<断ち滅ぼ>され
48: 9 あなたを<断ち滅ぼ>さなかった.
66:17 ねずみを食らう者たちはみな，<絶ち滅ぼ>される．——主の御告げ—
エレ 14:12 剣とききんと疫病で…<絶ち滅ぼす>.
44: 8 あなたがた自身を<断ち滅ぼ>し，地
48: 2 あの国民を<断ち滅ぼ>して無き者に
51: 6 バビロンの咎のために<断ち滅ぼ>さ
13 あなたの<断ち滅ぼ>される時が来た.
エゼ 14: 8 民のうちから彼を<断ち滅ぼす>とき，
13 人間や獣をそこから<断ち滅ぼす>な
17:17 多くの者を<断ち滅ぼ>そうと，彼が
25:16 ケレテ人を<断ち滅ぼ>し，海辺の残
アモ 1: 5 笏を持っている者を<断ち滅ぼす>.
2: 3 さばきつかさを…<断ち滅ぼ>し，そ
ナホ 1:14 わたしは彫像や鋳像を<断ち滅ぼす>.
ゼパ 1: 3 人を地の面から<断ち滅ぼす>…主の
4 祭司たちとともに<断ち滅ぼす>.
11 銀を量る者もみな<断ち滅ぼ>される
3: 7 その住まいは<断ち滅ぼ>されまい.
ゼカ 14: 2 残りの民は町から<断ち滅ぼ>されな

▼ たちまち

申命 4:26 その土地から，<たちまち>にして滅
箴言 6:15 彼は<たちまち>滅ぼされ，いやされ
24:22 <たちまち>彼らに災難が起こるから
エレ 4:20 <たちまち>，私の天幕も荒らされ，
51: 8 <たちまち>，バビロンは倒れて砕か
ゼパ 1:18 すべての者を<たちまち>滅ぼし尽く
マタ 21:19 <たちまち>いちじくの木は枯れた.

ルカ 2:13 <たちまち>…天の軍勢が現れて，神
使徒 3: 7 <たちまち>，彼の足とくるぶしが強
5:10 <たちまち>ペテロの足もとに倒れ，
12:23 <たちまち>，主の使いがヘロデを打
13:11 <たちまち>，かすみとやみが彼をお
16:26 <たちまち>とびらが全部あいて，み
黙示 4: 2 <たちまち>私は御霊に感じた．する

▼ たちむかう（立ち向かう）

出エ 15: 7 あなたに<立ち向かう>者どもを打ち
申命 9: 2 だれがアナク人に<立ち向かう>こと
ヨシ 10: 8 <立ち向かう>ことのできる者はいな
Ⅰサム 17:48 ダビデも…ペリシテ人に<立ち向か>
55 ペリシテ人に<立ち向か>って出て行
Ⅱサム 10:17 アラムはダビデに<立ち向かう>陣ぞ
22: 6 死のわなは私に<立ち向か>った．
40 私に<立ち向かう>者を…ひれ伏させ
ヨブ 30:27 悩みの日が私に<立ち向か>っている．
39:21 武器に<立ち向か>って出て行く．
詩篇 3: 1 私に<立ち向かう>者が多くいます．
17: 7 <立ち向かう>者から身を避けて右の
13 彼に<立ち向か>い，彼を打ちのめし
18: 5 死のわなは私に<立ち向か>った．
18 わざわいの日に私に<立ち向か>った．
39 私に<立ち向かう>者を私のもとにひ
48 私に<立ち向かう>者から私を引き上
27:12 偽りの証人どもが私に<立ち向か>い，
59: 1 私に<立ち向かう>者が届かぬほど，
92:11 私に<立ち向かう>悪人どもの悲鳴を
伝道 4:12 ふたりなら<立ち向か>える．三つ撚
ダニ 8: 4 どんな獣もそれに<立ち向かう>こと
7 雄羊には，これに<立ち向かう>力が
11:15 南の軍勢は<立ち向かう>ことができ
アモ 7: 9 ヤロブアムの家に<立ち向かう>．」
オバ 1 エドムに<立ち向か>い戦おう．」
エペ 6:11 悪魔の策略に対して<立ち向かう>こ
ヤコ 4: 7 悪魔に<立ち向か>いなさい．そうす

▼ たちゆく（立ち行く）

マタ 12:25 内輪もめして争えば<立ち行>きませ
26 どうしてその国は<立ち行く>でしょう．マコ3:24，25，26，ルカ11:18．

▼ だちょう

レビ 11:16 <だちょう>，よたか，かもめ，たか
ヨブ 30:29 私は…<だちょう>の仲間となった．
39:14 <だちょう>は卵を土に置き去りにし，
16 <だちょう>は自分の子を自分のもの
イザ 13:21 そこには<だちょう>が住み，野やぎ
エレ 50:39 山犬とともに…<だちょう>が…住む．
哀歌 4: 3 荒野の<だちょう>のように無慈悲に
ミカ 1: 8 <だちょう>のように悲しみ泣こう．

▼ たちよる（立ち寄る）

創世 19: 2 しもべの家に<立ち寄>り，足を洗っ
Ⅱ列 4: 9 <立ち寄>って行かれるあの方は，き
哀歌 4:15 彼らはもう<立ち寄>ってはならない．

▼ たつ（立つ）【別項】堅い・堅く立つ，役に立つ，複合動詞

創世 13:17 <立>って，その地を縦と横に歩き回
18: 2 ３人の人が彼に向かって<立>ってい
22 アブラハムは…主の前に<立>ってい
19:27 かつて主の前に<立>ったあの場所に
23: 7 アブラハムは<立>って…おじぎをし
24:13 私は泉のほとりに<立>っています．
28:13 主が彼のかたわらに<立>っておられ
37: 7 私の束が…まっすぐに<立>っている
41:17 私はナイルの岸に<立>っていた．
45: 1 ヨセフは，そばに<立>っているすべ
46: 5 ヤコブはベエル・シェバを<立>った．
47: 7 父ヤコブを…パロの前に<立>たせた．
出エ 2: 4 その子の姉が…遠く離れて<立>って
3: 5 あなたの<立>っている場所は，聖な
7:15 ナイルの岸に<立>って彼を迎えよ．
9:11 腫物のためにモーセの前に<立つ>こ
15: 8 流れはせきのように，まっすぐ<立>
17: 6 ホレブの岩の上で…前に<立>とう．
9 神の杖を手に持って，丘の頂に<立>
33: 8 自分の天幕の入口に<立>って，モー
10 天幕の入口に雲の柱が<立つ>のを見
21 あなたは岩の上に<立>て．
34: 2 その山の頂でわたしの前に<立>て．
5 主は…彼とともにそこに<立>って，
レビ 9: 5 全会衆が近づき，主の前に<立>った．
16: 7 会見の天幕の入口の所に<立>たせる．
26:37 敵の前に<立つ>こともできない．
民数 5:16 女を近寄らせ，主の前に<立>たせる．
11:24 70人を集め…天幕の回りに<立>たせ
16:27 自分たちの天幕の入口に<立>った．
48 生きている者たちとの間に<立>った
22:24 主の使いは…狭い道に<立>っていた．
24:25 バラムは<立>って自分のところへ帰
申命 10: 8 主の前に<立>って仕え，また御名に
11 民の先頭に<立>って進め．そうすれ

19:16 悪意のある証人が<立>ったときには,
27:12 ゲリジム山に<立>たなければならな
29:10 神, 主の前に<立>っている. すなわ
31:14 ふたりで会見の天幕に<立>て. わた
ヨシ 1: 2 すべての民は<立>って, このヨルダ
3: 8 ヨルダン川の中に<立>たなければな
16 上から流れ下る水はつっ<立>って,
7:10 <立>て. あなたはどうしてそのよう
12 イスラエル人は敵の前に<立つ>こと
13 <立>て. 民をきよめよ. そして言え.
22:19 主の幕屋の<立つ>主の所有地に渡っ
士師 5: 7 私, デボラが<立>ち, イスラエルに
母として<立つ>までは.
8:21 ギデオンは<立>って, ゼバフとツァ
16:25 サムソンを柱の間に<立>たせたとき,
19:28 女に,「<立>ちなさい. 行こう」と
Iサム 3:10 主が来られ, そばに<立>って, これ
6:20 だれが…主の前に<立>ちえよう. 私
13:14 今は, あなたの王国は<立>たない.
I列 8:20 私は父ダビデに代わって<立>ち, 主
19:11 外に出て, 山の上で主の前に<立>て.
22:19 天の万軍がその右左に<立>っている
35 王は…戦車の中に<立>っていたが,
II列 9: 2 同僚たちの中から彼を<立>たせ, 奥
13: 6 アシェラ像もサマリヤに<立>ったま
I歴 17:14 彼を…とこしえまでも<立>たせる.
21:15 主の使いは…打ち場…に<立>ってい
16 地と天の間に<立>っているのを見た.
23:30 <立>って朝ごとに主をほめたたえ,
II歴 5:14 祭司たちは…<立>って仕えることが
29:11 選んでご自分の前に<立>たせ, ご自
エズ 9:15 だれもあなたの御前に<立つ>ことは
エス 7: 7 王は憤って酒宴の席を<立>って, 宮
8: 4 エステルは…王の前に<立>って,
ヨブ 1: 6 神の子らが主の前に来て<立>ったと
4: 4 くずおれるひざをしっかり<立>たせ
19:25 後の日に, ちりの上に<立>たれるこ
20:27 地は彼に逆らって<立つ>.
30:12 この悪童どもは, 私の右手に<立>ち,
28 つどいの中に<立>って助けを叫び求
31:14 神が<立>たれるとき, 私はどうすれ
33: 5 ことばを並べたて, 私の前に<立>っ
41:10 だれが…わたしの前に<立つ>ことが
詩篇 1: 1 罪人の道に<立>たず, あざける者の
5: 5 御目の前に<立つ>ことはできません.
18:38 彼らは<立つ>ことができず, 私の足
24: 3 だれが, その聖なる所に<立>ちえよ
31: 8 私の足を広い所に<立>たせてくださ
33:11 主のはかりごとはとこしえに<立>ち,
35:11 暴虐な証人どもが<立>ち私の知らな
41:12 あなたの御顔の前に<立>たせてくだ
45: 9 王妃は…あなたの右に<立つ>.
76: 7 怒られたら, だれが御前に<立>ちえ
82: 1 神は神の会衆の中に<立つ>. 神は神
86:14 高ぶる者どもは私に逆らって<立>ち,
106:23 御前の破れに<立>たなかったなら,
30 ピネハスが<立>ち, なかだちのわざ
109:31 主は貧しい者の右に<立>ち, 死刑を
130: 3 主よ, だれが御前に<立>ちえましょ
139: 2 私のすわるのも, <立つ>のも知って
箴言 22:29 その人は王の前には<立つ>が, 身分
25: 6 偉い人のいる所に<立>っていてはな
雅歌 2:10 わが愛する者…<立>って, 出ておい
イザ 6: 2 セラフィムがその上に<立>っていた.
7: 9 信じなければ, 長く<立つ>ことはで
11:10 民の旗として<立>ち, 国々は彼を求
14:21 彼らが<立>って地を占領し, 世界の
23:12 <立>ってキティムに渡れ. そこでも
36: 2 上の池の水道のそばに<立>った.
40: 8 私たちの神のことばは永遠に<立つ>.
59:14 正義は遠く離れて<立>っている. 真
エレ 2:27 <立>って, 私たちを救ってください
6: 4 <立>て. われわれは真昼に上ろう.」
16 四つ辻に<立>って見渡し, 昔からの
18: 2 <立>って, 陶器師の家に下れ. そこ
26:17 その地の長老たちの幾人かが<立>っ
46:15 なぜ, あなたの雄牛は…<立>たなか
ダニ 2:31 その像は…あなたの前に<立>ってい
44 この国は永遠に<立>ち続けます.
7: 4 人間のように2本の足で<立>たされ
24 10本の角は, この国から<立つ>10人
の王…もうひとりの王が<立つ>. 彼
10:13 ペルシヤの国の君が21日間…<立>っ
12:13 あなたの割り当ての地に<立つ>.」
アモ 2:15 弓を取る者も<立>っていることがで
9: 1 祭壇のかたわらに<立>っておられる
ヨナ 1: 2 <立>って, あの大きな町ニネベに行
3: 6 彼は王座から<立>って, 王服を脱ぎ,
ミカ 4:13 シオンの娘よ. <立>って麦を打て.
ナホ 1: 6 だれがその憤りの前に<立>ちえよう.

ハバ 2: 1 私は，見張り所に<立>ち，とりでに
3: 6 神は<立>って，地を測り，見渡して，
ゼパ 3: 8 わたしが証人として<立つ>日を待て.
ゼカ 4:14 これらは，全地の主のそばに<立つ>,
6: 5 全地の主の前に<立>って後，天の四
14: 4 主の足は…オリーブ山の上に<立つ>.
12 肉をまだ足で<立>っているうちに腐
マタ 2:13 <立>って，幼子とその母を連れ，エ
4: 5 悪魔はイエスを…神殿の頂に<立>た
6: 5 四つ角に<立>って祈るのが好きだか
12:42 今の時代の人々とともに<立>って，
16:28 ここに<立>っている人々の中には，
18: 2 小さい子どもを…真ん中に<立>たせ
20: 3 別の人たちが市場に<立>っており，
24:15 聖なる所に<立つ>のを見たならば，
26:46 <立>ちなさい．さあ，行くのです.
27:11 イエスは総督の前に<立>たれた．す
マコ 11:25 また<立>って祈っているとき，だれ
13: 9 総督や王たちの前に<立>たされます.
14 <立>ってはならない所に<立>ってい
15:39 イエスの正面に<立>っていた百人隊
ルカ 1:11 主の使いが…香壇の右に<立>った.
19 私は神の御前に<立つ>ガブリエルで
39 マリヤは<立>って，山地にあるユダ
9:32 イエスといっしょに<立>っているふ
47 子どもの手を取り…そばに<立>たせ，
15:18 <立>って，父のところに行って，こ
18:13 取税人は遠く離れて<立>ち，目を天
19: 8 ところがザアカイは<立>って，主に
21:36 人の子の前に<立つ>ことができるよ
ヨハ 1:26 あなたがたの知らない方が<立>って
8:44 悪魔は…真理に<立>ってはいません.
20:14 イエスが<立>っておられるのを見た.
使徒 2:14 ペテロは11人とともに<立>って，声
3: 8 おどり上がってまっすぐに<立>ち，
5: 6 青年たちは<立>って，彼を包み，運
20 宮の中に<立>ち，人々に…語りなさ
6: 6 この人たちを使徒たちの前に<立>た
7:55 神の右に<立>っておられるイエスと
56 人の子が神の右に<立>っておられる
8:26 <立>って南へ行き，エルサレムから
9:11 <立>って，『まっすぐ』という街路
41 ペテロは手を貸して彼女を<立>たせ
10:26 お<立>ちなさい．私もひとりの人間
22:16 <立>ちなさい．その御名を呼んでバ
23:11 その夜，主がパウロのそばに<立>っ
27:24 あなたは必ずカイザルの前に<立>ち
ロマ 5: 2 いま私たちの<立>っているこの恵み
14: 4 しもべが<立つ>のも倒れるのも，そ
10 神のさばきの座に<立つ>ようになる
Iコリ 10: 7 すわっては飲み食いし，<立>っては
12 <立>っていると思う者は，倒れない
15: 1 それによって<立>っている福音です.
16:13 堅く信仰に<立>ちなさい．男らしく，
IIコリ 10: 5 神の知識に逆らって<立つ>…高ぶり
エペ 5:27 栄光の教会を…<立>たせるためです.
6:14 しっかりと<立>ちなさい．腰には真
ピリ 4: 1 主にあってしっかりと<立>ってくだ
コロ 1:22 御前に<立>たせてくださるためでし
28 キリストにある成人として<立>たせ
IIテモ 4:17 主は，私とともに<立>ち，私に力を
ヘブ 10:11 祭司は毎日<立>って礼拝の務めをな
ヤコ 5: 9 主が，戸口のところに<立>っておら
15 主はその人を<立>たせてくださいま
Iペテ 5:12 この恵みの中に，しっかりと<立>っ
ユダ 24 御前に<立>たせることのできる方に，
黙示 3:20 わたしは，戸の外に<立>ってたたく.
5: 6 小羊が<立>っているのを見た．14:1.
7: 1 4人の御使いが地の四隅に<立>って，
9 御座と小羊との前に<立>っていた.
8: 2 神の御前に<立つ>7人の御使いを見
10: 5 海と地との上に<立つ>御使いは，右
12: 4 竜は…女の前に<立>っていた．彼女
15: 2 ガラスの海のほとりに<立>っていた.
18:15 遠く離れて<立>っていて，泣き悲し
19:17 太陽の中にひとりの御使いが<立>っ
20:12 御座の前に<立>っているのを見た.

▼ たつ（断つ，絶つ）【別項】断ち切る，断（絶）ち滅ぼす

レビ 17:10 その者をその民の間から<断つ>.
ヨシ 11:21 すべての山地から<断>ち，彼らをそ
I列 2: 4 イスラエルの王座から人が<断>たれ
II歴 26:21 彼は主の宮から<絶>たれたからであ
ヨブ 4: 7 どこに正しい人で<絶>たれた者があ
6: 9 御手を伸ばして私を<絶つ>ことが神
詩篇 7: 9 どうか，悪者の悪があとを<絶>ち，
12: 1 聖徒はあとを<絶>ち，誠実な人は人
76:12 主は君主たちのいのちを<絶>たれる.
77: 8 主の恵みは，永久に<絶>たれたのだ
イザ 48:19 その名はわたしの前から<断>たれる

53: 8 生ける者の地から<絶>たれたことを.
エレ 7:28 真実は…彼らの口から<断>たれた.
44: 7 幼子も乳飲み子も<断>ち，残りの者
ダニ 9:26 油そそがれた者は<断>たれ，彼には
ホセ 8: 4 彼らが<断>たれるために.
ヨエ 1: 5 あなたがたの口から<断>たれたから
9 主の宮から<断>たれ，主に仕える祭
16 目の前で食物が<断>たれたではない
オバ 14 のがれる者を<断つ>ために，別れ道
ゼカ 13: 8 その3分の2は<断>たれ，死に絶え，
マラ 2:12 ヤコブの天幕から<断>ってくださる
Ⅰテモ 4: 3 食物を<断つ>ことを命じたりします.
Ⅰペテ 4: 1 罪とのかかわりを<断>ちました.

▼だっこく（脱穀），脱穀場
申命 25: 4 <脱穀>をしている牛にくつこを掛け
マタ 3:12 <脱穀場>をすみずみまできよめられ
Ⅰコリ 9:10 <脱穀>する者が分配を受ける望みを

▼だっしゅつ（脱出）
Ⅰコリ 10:13 試練とともに，<脱出>の道も備えて
ヘブ 11:22 イスラエルの子孫の<脱出>を語り，

▼たっする（達する）
Ⅱ歴 28: 9 天に<達する>ほどの激しい怒りをも
30: 3 祭司たちは十分な数に<達>しておら
イザ 8: 8 ユダに流れ込み…首にまで<達する>.
30:28 その息は…首に<達する>あふれる流
エレ 48:32 つるは…ヤゼルの海に<達>した．お
51: 9 バビロンへの罰は，天に<達>し，大
ダニ 4:22 偉大さは増し加わって天に<達>し，
ミカ 1: 9 民の門，エルサレムにまで<達する>.
エペ 4:13 御子に関する知識の一致とに<達>し，
15 かしらなるキリストに<達する>こと
ピリ 3:11 死者の中からの復活に<達>したいの
16 すでに<達>しているところを基準と

▼たっせい（達成）
ピリ 2:12 自分の救いの<達成>に努めなさい.

▼だっそう（脱走）
Ⅰサム 25:10 主人のところを<脱走>する奴隷が多

▼たっとい（尊い）
Ⅱ歴 32:27 すべての<尊い>器を納める宝物倉，
詩篇 36: 7 あなたの恵みは，なんと<尊い>こと
49: 2 低い者も，<尊い>者も，富む者も，
116:15 主の聖徒たちの死は主の目に<尊い>.
箴言 3:15 知恵は真珠よりも<尊>く，あなたの
6:26 人妻は<尊い>いのちをあさるからだ.
12:27 勤勉な人は多くの<尊い>人を捕らえ
24: 4 <尊い>，好ましい宝物で満たされる.
31:10 彼女の値うちは真珠よりも…<尊い>.
イザ 28:16 <尊い>かしら石．これを信じる者は，
43: 4 わたしの目には…高価で<尊い>．わ
60:13 わたしは…足台を<尊>くする.
エレ 30:19 彼らを<尊>くして，軽んじられない
ホセ 13:15 すべての<尊い>器の宝物倉を略奪す
ナホ 2: 9 あらゆる<尊い>品々が豊富だ.
ゼカ 11:13 <尊い>価を，陶器師に投げ与えよ.」
マコ 10:17 <尊い>先生．永遠のいのちを自分の
18 なぜ，わたしを『<尊い>』と言うの
ルカ 18:18 <尊い>先生．私は何をしたら，永遠
ロマ 9:21 <尊い>ことに用いる器でも，また，
Ⅰテサ 4: 4 自分のからだを，聖く，また<尊>く
Ⅱテモ 2:20 ある物は<尊い>ことに，ある物は卑
ヤコ 2: 7 <尊い>御名をけがすのも彼らではあ
Ⅰペテ 1: 7 信仰の試練は…金よりも<尊>く，イ
19 キリストの，<尊い>血によったので
2: 4 主は…<尊い>，生ける石です.
6 <尊い>礎石を置く．彼に信頼する者
7 あなたがたには<尊い>ものですが，
Ⅱペテ 1: 1 私たちと同じ<尊い>信仰を受けた方
4 <尊い>，すばらしい約束が私たちに

▼たっとぶ（尊ぶ）
Ⅰサム 2:30 わたしを<尊ぶ>者を<尊ぶ>．わたし
18:30 それで彼の名は非常に<尊>ばれた.
ヨブ 7:17 あなたがこれを<尊>び，これに御心
14:21 自分の子らが<尊>ばれても，彼には
詩篇 15: 4 主を恐れる者を<尊ぶ>．損になって
72:14 彼らの血は彼の目に<尊>ばれましょ
箴言 4: 8 それを<尊>べ．そうすれば，それは
イザ 14:18 自分の墓で，<尊>ばれて眠っている.
23: 8 あきゅうどは世界で最も<尊>ばれて
49: 5 私は主に<尊>ばれ，私の神は私の力
53: 3 私たちも彼を<尊>ばなかった.
58:13 これを<尊>んで旅をせず，自分の好
哀歌 1: 8 彼女を<尊>んだ者たちもみな，その
5:12 長老たちも<尊>ばれませんでした.
マラ 3:16 主の御名を<尊ぶ>者たちのために，
マタ 15: 6 父や母を<尊>んではならない』と言
ヨハ 4:44 預言者は自分の故郷では<尊>ばれな
Ⅰコリ 12:26 もし一つの部分が<尊>ばれれば，す
ヘブ 13: 4 結婚がすべての人に<尊>ばれるよう
Ⅰペテ 2:17 神を恐れ，王を<尊>びなさい.

▼ たづな（手綱）

II列 4:24 ‹手綱›を引いて，進んで行きなさい…‹手綱›をゆるめてはいけません．」
ヨブ30:11 彼らも‹手綱›を私の前に投げ捨てた．
39:10 野牛に‹手綱›をかけることができる
詩篇32: 9 くつわや‹手綱›の馬具で押さえなけ

▼ たつまき

II列 2: 1 主がエリヤを‹たつまき›に乗せて天
11 エリヤは，‹たつまき›に乗って天へ

▼ だつらく（脱落）

使徒 1:25 ユダは…‹脱落›して行きましたから．

▼ たて（盾）【別項】大盾，小盾

創世15: 1 わたしはあなたの‹盾›である．あな
申命32:38 あなたがたの‹盾›とならせよ．
33:29 主はあなたを助ける‹盾›，あなたの
士師 5: 8 ‹盾›と槍が見られたであろうか．
Iサム17: 7 ‹盾›持ちが彼の先を歩いていた．
IIサム 1:21 勇士たちの‹盾›は汚され，サウルの‹盾›に油も塗られなかった．
22: 3 わが‹盾›，わが救いの角，わがやぐら．詩篇18:2，144:2．
31 主はすべて彼に身を避ける者の‹盾›．詩篇18:30，箴言30:5．
36 御救いの‹盾›を私に下さいました．詩篇18:35．
I列14:26 ソロモンが作った金の‹盾›も全部奪
27 レハブアム王は…青銅の‹盾›を作り，
I歴 5:18 ‹盾›と剣を取り，弓を引き，戦いの
II歴17:17 弓と‹盾›を持った者が20万人．
ヨブ13:12 あなたがたの‹盾›は粘土の‹盾›だ．
15:26 厚い‹盾›の取っ手を取っておこがま
41:15 その背は並んだ‹盾›，封印したよう
詩篇 3: 3 あなたは私の回りを囲む‹盾›，私の
7:10 私の‹盾›は神にあり，神は心の直ぐ
28: 7 主は私の力，私の‹盾›．私の心は主
33:20 主は，われらの助け，われらの‹盾›．
35: 2 ‹盾›と大盾とを手に取って，私を助
47:10 まことに，地の‹盾›は神のもの．神
76: 3 ‹盾›と剣，また戦いを打ち砕かれた．
84: 9 神よ．われらの‹盾›をご覧ください．
11 神なる主は太陽です．‹盾›です．主
89:18 私たちの‹盾›は主のもの，私たちの
115: 9 この方こそ，彼らの助け，また‹盾›
119:114 あなたは私の隠れ場，私の‹盾›．私
箴言 2: 7 彼は…正しく歩む者の‹盾›となり，
雅歌 4: 4 その上には千の‹盾›が掛けられてい
イザ21: 5 立ち上がれ，首長たち．‹盾›に油を
22: 6 キルは‹盾›のおおいを取った．
エゼ32:27 ‹盾›は彼らの骨に置かれている．勇
ナホ 2: 3 その勇士の‹盾›は赤く，兵士は緋色

▼ たていと（縦糸）

士師16:13 機の‹縦糸›といっしょに私の髪の毛
14 機のおさと機の‹縦糸›を引き抜いた．

▼ たてごと（立琴）【別項】8弦の立琴

創世 4:21 ユバル…は‹立琴›と笛を巧みに奏す
Iサム10: 5 町に入るとき…‹立琴›を鳴らす者を先頭に．IIサム6:5，I列10:12，I歴13:8，15:16，28，16:5，25:1，II歴5:12，9:11，20:28，29:25，ネヘ12:27，詩篇33:2，57:8，71:22，81:2，92:3，108:2，150:3，イザ5:12．
Iサム16:23 ダビデは‹立琴›を手に取って，ひき，
II列 3:15 ‹立琴›をひく者が‹立琴›をひき鳴ら
I歴25: 3 ‹立琴›をもって主をほめたたえ，賛
6 ‹立琴›を手に，主の宮で歌を歌って，
ヨブ21:12 タンバリンと‹立琴›に合わせて歌い，
30:31 私の‹立琴›は喪のためとなり，私の
詩篇43: 4 ‹立琴›に合わせて，あなたをほめた
49: 4 ‹立琴›に合わせて私のなぞを解き明
98: 5 ‹立琴›に合わせて，主にほめ歌を歌
137: 2 その柳の木々に…‹立琴›を掛けた．
147: 7 ‹立琴›でわれらの神にほめ歌を歌え．
149: 3 タンバリンと‹立琴›をかなでて，主
イザ16:11 内臓は…‹立琴›のようにわななく．
23:16 ‹立琴›を取り，町を巡れ，忘れられ
24: 8 陽気な‹立琴›の音も終わる．
30:32 タンバリンと‹立琴›が鳴らされる．
エゼ26:13 おまえの‹立琴›の音ももう聞かれな
ダニ 3: 5 ‹立琴›…および，もろもろの楽器の音を聞くときは．7，10，15．
黙示 5: 8 ‹立琴›と，香のいっぱい入った金の
14: 2 ‹立琴›をひく人々が‹立琴›をかき鳴
15: 2 神の‹立琴›を手にして，このガラス
18:22 ‹立琴›をひく者，歌を歌う者，笛を

▼ タテナイ〔人名〕

ペルシヤの総督．エズ5:3，6，6:6，13．

▼ たてなおす（立て直す，建て直す）

I列18:30 こわれていた主の祭壇を‹建て直›し
II歴 8: 2 ソロモンに返した町々を‹建て直›し，
ネヘ 2:17 エルサレムの城壁を‹建て直›し，も

4: 6 私たちは城壁を<建て直>し，城壁は
ヨブ 12:14 それは二度と<建て直>せない．人を
詩篇 28: 5 彼らを打ちこわし，<建て直>さない．
イザ 9:10 切り石で<建て直>そう．いちじく桑
60:10 外国人もあなたの城壁を<建て直>し，
61: 4 彼らは昔の廃墟を<建て直>し，先の
エレ 30:18 町はその廃墟の上に<建て直>され，
31: 4 わたしは再びあなたを<建て直>し，
あなたは<建て直>される．再びあな
38 この町は…主のために<建て直>され
エゼ 26:14 おまえは…二度と<建て直>されない．
36:10 人が住みつき，廃墟は<建て直>され
36 くつがえされた所を<建て直>し，荒
ダニ 9:25 再び広場とほりが<建て直>される．
アモ 9:11 昔の日のようにこれを<建て直す>．
14 荒れた町々を<建て直>して住み，ぶ
ミカ 7:11 あなたの石垣を<建て直す>日，その
ゼカ 1:16 そこにわたしの宮が<建て直>される．
6:12 芽を出し，主の神殿を<建て直す>．
マタ 17:11 エリヤが来て…<立て直す>のです．
26:61 それを３日のうちに<建て直>せる』
使徒 15:16 倒れたダビデの幕屋を<建て直す>…
廃墟と化した幕屋を<建て直>し，そ

▼ たてもの（建物）

Ⅱ列 25: 9 おもだった<建物>をことごとく火で
エズ 5: 4 この<建物>を建てている者たちの名
詩 144:12 宮殿の<建物>にふさわしく刻まれた
エゼ 41:12 西側の聖域にある<建物>は．13.
42: 1 北方の<建物>に面している部屋へ連
マタ 24: 1 イエスに宮の<建物>をさし示した．
マコ 13: 1 何とすばらしい<建物>でしょう．」2.
Ⅰコリ 3: 9 あなたがたは神の畑，神の<建物>で
Ⅱコリ 5: 1 神の下さる<建物>があることを，私
エペ 2:21 組み合わされた<建物>の全体が成長

▼ タデモル〔地名〕

ソロモンがシリヤ砂漠に築いた町．Ⅱ歴8:4.

▼ たてる（立てる）【別項】立て直す，腹・腹を立てる

創世 9: 9 わたしはわたしの契約を<立て>よう．
28:12 一つのはしごが地に向けて<立て>ら
18 ヤコブは…石の柱として<立て>，そ
31:45 ヤコブは石を取り，これを<立て>て
51 …と私との間に<立て>たこの石の柱
35:14 石の柱を<立て>，その上に注ぎのぶ
出エ 9:16 わたしの力を…示すために…<立て>
18:21 民の上に<立て>なければなりません．
40:18 板を<立て>，その横木を通し，その
レビ 26: 1 刻んだ像や石の柱を<立て>てはなら
46 <立て>られたおきてと定めとおしえ
民数 14: 4 ひとりのかしらを<立て>てエジプト
申命 16:21 どんな木のアシェラ像をも<立て>て
22 主の憎む石の柱を<立て>てはならな
17:14 私も自分の上に王を<立て>たい」と
15 あなたの上に王として<立て>なけれ
25: 9 兄弟の家を<立て>ない男は，このよ
27: 2 大きな石を<立て>，それらに石灰を
28: 9 聖なる民として<立て>てくださる．
36 あなたが自分の上に<立て>た王とを，
29:13 あなたを<立て>てご自分の民とし，
ヨシ 4: 9 ヨシュアは…12の石を，<立て>たの
24:26 樫の木の下に，それを<立て>た．
士師 9: 8 木々が自分たちの王を<立て>て油を
Ⅰサム 10:19 私たちの上に王を<立て>てください
15:12 自分のために記念碑を<立て>ました．
Ⅱサム 18:18 自分のために１本の柱を<立て>てい
22:39 彼らは<立て>ず，私の足もとに倒れ
Ⅰ列 2:24 私を堅く<立て>，お約束どおりに，
7:21 右側に<立て>た柱にヤキンという名
をつけ，左側に<立て>た柱にボアズ
14:23 石の柱や，アシェラ像を<立て>た．
15: 4 エルサレムを堅く<立て>られた．
Ⅱ列 17:10 アシェラ像を<立て>．Ⅱ歴33:19.
Ⅱ歴 3:17 右側に，もう一つを左側に<立て>た．
エズ 3: 8 20歳以上のレビ人を<立て>て工事を
ネヘ 6:18 彼と誓いを<立て>ていた者がユダの
9:17 ひとりのかしらを<立て>てエジプト
ヨブ 16:12 私を<立て>てご自分の的とされた．
34:24 これに代えて他の者を<立て>られる．
詩篇 1: 5 罪人は，正しい者のつどいに<立て>
78:13 せきのように水を<立て>られた．
箴言 8:23 大地の始まりから，わたしは<立て>
25 山が<立て>られる前に，丘より先に，
イザ 5: 2 その中にやぐらを<立て>．23:13.
9: 7 正義によってこれを堅く<立て>，こ
14:26 全地に対して<立て>られたはかりご
27: 9 アシェラ像と香の台をもう<立て>な
エレ 6:17 あなたがたの上に見張り人を<立て>，
18:11 あなたがたを攻める計画を<立て>て
23: 4 彼らの上に牧者たちを<立て>，彼ら
30: 9 彼らのために<立てる>…王ダビデに

32:10 証人を<立て>，はかりで銀を量り，
49:20 テマンの住民に対して<立て>られた
エゼ 16:60 あなたとところしえの契約を<立てる>.
26: 8 築き，塹壕を掘り，大盾を<立て>，
39:15 そのそばに標識を<立て>，埋める者
ダニ 2:21 王を廃し，王を<立て>，知者には知
3: 1 バビロン州のドラの平野に<立て>た.
3 ネブカデネザル王が<立て>た像の奉
4:17 へりくだった者をその上に<立てる>
5:21 みこころにかなう者を…お<立て>に
ホセ 1:11 ひとりのかしらを<立て>て，国々か
2: 6 いばらで彼女の道に垣を<立て>，彼
ハバ 1:12 さばきのために，彼を<立て>，岩よ，
ルカ 1:69 しもべダビデの家に<立て>られた.
使徒 1:23 ヨセフと，マッテヤ…を<立て>た.
3:22 ひとりの預言者を…お<立て>になる.
26 神は，まずそのしもべを<立て>て，
6:13 偽りの証人たちを<立て>て，こう言
7:17 神がアブラハムにお<立て>になった
13:22 ダビデを<立て>て王とされましたが，
47 あなたを<立て>て，異邦人の光とし
20:28 群れの監督にお<立て>になったので
ロマ 9:17 わたしがあなたを<立て>たのは，あ
10: 3 自分自身の義を<立て>ようとして，
13: 1 権威はすべて，神によって<立て>ら
IIコリ 10: 8 <立てる>ために主が私たちに授けら
ピリ 1:16 福音を弁証するために<立て>られて
ヘブ 3: 2 イエスはご自分を<立て>た方に対し
7:11 他の祭司が<立て>られたのでしょう
28 律法は…人間を大祭司に<立て>ます
が…みことばは…御子を<立てる>の
8: 3 いけにえとをささげるために<立て>
9:20 これは神が…<立て>られた契約の血
10: 9 後者が<立て>られるために，前者が

▼たてる（建てる）【別項】家を建てる者，堅い・堅く建てる，建て直す

創世 4:17 カインは町を<建て>ていたので，自
33:17 ヤコブは…自分のために家を<建て>，
出エ 1:11 倉庫の町ピトムとラメセスを<建て>
26:30 定めのとおりに，幕屋を<建て>なけ
民数 7: 1 モーセは幕屋を<建て>終わった日に，
9:15 幕屋を<建て>た日，雲があかしの天
10:21 彼らが着くまでに，幕屋は<建て>終
13:22 ヘブロンは…7年前に<建て>られた.
21:27 シホンの町は<建て>られ，堅くされ
32:16 子どもたちのために町々を<建て>ま
申命 6:10 <建て>なかった，大きくて，すばら
8:12 満ち足り，りっぱな家を<建て>て住
20: 5 新しい家を<建て>て，まだそれを奉
28:30 家を<建て>ても…住むことができな
ヨシ 6:26 その門を<建てる>者は末の子を失う.
18: 1 シロに集まり…会見の天幕を<建て>
19:50 彼はその町を<建て>て，そこに住ん
24:13 <建て>なかった町々を…与えたので，
士師 1:26 町を<建て>，その名をルズと呼んだ.
ルツ 4:11 イスラエルの家を<建て>たラケルと
IIサム 5: 9 ダビデは…回りに城壁を<建て>た.
11 ダビデのために王宮を<建て>た.
7: 5 わたしの住む家を<建て>ようとして
13 わたしの名のために…家を<建て>，
27 あなたのために家を<建てる>』と言
24:21 主のために祭壇を<建てる>ためです.
I列 2:36 エルサレムに家を<建て>て，そこに
3: 1 エルサレムの回りの城壁を<建て>終
2 主の名のための宮が<建て>られてい
5: 3 ダビデは…宮を<建てる>ことができ
6: 5 神殿の壁に脇屋を<建て>増しし，こ
7 神殿は，<建てる>とき，石切り場で
9 彼は神殿を<建て>，これを完成する
38 これを<建てる>のに7年かかった.
7: 1 ソロモンは自分の宮殿を<建て>…完
8:13 お住みになる所を確かに<建て>まし
9:10 二つの家を20年かかって<建て>終わ
19 すべての領地に<建て>たいと切に願
24 彼女のために<建て>た家に上って来
25 ソロモンは，主のために<建て>た祭
10: 4 シェバの女王は…彼が<建て>た宮殿
11:27 ソロモンはミロを<建て>，彼の父ダ
38 長く続く家をあなたのために<建て>，
15:23 彼が<建て>た町々，それはユダの王
16:32 サマリヤに<建て>たバアルの宮に，
34 門を<建てる>とき，末の子セグブを
II列 15:35 彼は主の宮の上の門を<建て>た.
17: 9 すべての町々に高き所を<建て>，
I歴 6:10 ソロモンがエルサレムに<建て>た宮
7:24 彼女は…ウゼン・シェエラを<建て>
14: 1 ダビデの王宮を<建てる>ために杉材，
17: 4 あなたは…家を<建て>てはならない.
12 わたしのために一つの家を<建て>，
22: 2 神の宮を<建てる>ため石材を切り出

11 主の宮をりっぱに<建て>上げること
19 神である主の聖所を<建て>上げ，主
28: 6 わたしの家とわたしの庭を<建てる>.
II歴 2: 1 ソロモンは…宮と…宮殿とを<建て>
6 主のために宮を<建てる>というこの
6: 2 あなたのお治めになる宮を<建て>ま
7:11 主の宮と，王宮とを<建て>終え，主
8: 1 ソロモンが…20年かかって<建て>終
4 彼は荒野にタデモルを<建て>，倉庫
12 彼が玄関の前に<建て>た主の祭壇の
24:13 神の宮を元のとおりに<建て>，これ
27: 3 彼は主の宮の上の門を<建て>た．ま
36:23 ご自分のために宮を<建てる>ことを
私にゆだねられた．エズ1:2.
エズ 2:68 それをもとの所に<建てる>ために，
4: 4 その地の民は，<建て>させまいとし
5: 2 エルサレムにある神の宮を<建て>始
3 この宮を<建て>，この城壁を修復さ
8 それは大きな石で<建て>られており，
11 ずっと昔から<建て>られていた宮を
6: 3 いけにえがささげられる宮を<建て>，
7 神の宮をもとの所に<建て>させよ．
8 この神の宮を<建てる>ために，あな
14 預言によって，これを<建て>て成功
ヨブ 20:19 自分で<建て>なかった家をかすめた
27:18 しみが<建てる>ような家を<建てる>.
詩篇 89: 4 王座を代々限りなく<建てる>.」セ
102:16 主はシオンを<建て>，その栄光のう
127: 1 主が家を<建てる>のでなければ，
<建てる>者の働きはむなしい．主が
箴言 9: 1 知恵は自分の家を<建て>，七つの柱
24: 3 家は知恵によって<建て>られ，英知
27 そのあとで，あなたは家を<建て>よ．
伝道 2: 4 私は事業を拡張し，邸宅を<建て>，
3: 3 くずすのに時があり，<建てる>のに
雅歌 4: 4 兵器庫のために<建て>られたダビデ
8: 9 その上に銀の胸壁を<建て>よう．彼
イザ 25: 2 永久に<建て>られることはありませ
45:13 彼はわたしの町を<建て>…捕囚の民
66: 1 あなたがたの<建てる>家は，いった
エレ 1:10 あるいは<建て>，また植えさせる.」
10:20 私の幕屋を<建てる>者もいない．
12:16 わたしの民のうちに<建て>られよう．
22:13 不義によって自分の家を<建て>，不
正によって自分の高殿を<建てる>者．

29: 5 家を<建て>て住みつき，畑を作って，
35: 7 家を<建て>たり，種を蒔いたり，ぶ
エゼ 11: 3 家を<建てる>にはまだ間がある．こ
16:24 小高い家を<建て>，どこの広場にも
28:26 安らかに住み，家々を<建て>，ぶど
ダニ 4:30 私の威光を輝かすために…<建て>た
ホセ 8:14 多くの神殿を<建て>，ユダは城壁の
アモ 5:11 切り石の家々を<建て>ても，その中
9: 6 天に高殿を<建て>，地の上に丸天井
ミカ 3:10 血を流してシオンを<建て>，不正を
ハバ 2:12 血で町を<建て>，不正で都を築き上
ゼパ 1:13 彼らは家を<建て>ても，それに住め
ハガ 1: 2 主の宮を<建てる>時はまだ来ない，
8 木を運んで来て，宮を<建て>よ．そ
ゼカ 5:11 あの女のために神殿を<建てる>．そ
8: 9 神殿を<建てる>ための礎が据えられ
マラ 1: 4 彼らは<建てる>が，わたしは打ちこ
マタ 7:24 岩の上に自分の家を<建て>た賢い人
26 砂の上に自分の家を<建て>た愚かな
16:18 この岩の上にわたしの教会を<建て>
21:33 やぐらを<建て>，それを農夫たちに
23:29 預言者の墓を<建て>，義人の記念碑
27:40 神殿を打ちこわして３日で<建てる>
ルカ 6:48 岩の上に…家を<建て>た人に似てい
49 土台なしで地面に家を<建て>た人に
7: 5 私たちのために会堂を<建て>てくれ
11:48 おまえたちが墓を<建て>ているのだ
12:18 もっと大きいのを<建て>，穀物や財
14:30 この人は，<建て>始めはしたものの，
17:28 人々は食べたり…<建て>たりしてい
ヨハ 2:19 わたしは，３日でそれを<建て>よう．
20 この神殿は<建てる>のに46年かかり
使徒 7:47 神のために家を<建て>たのはソロモ
49 どのような家を…<建て>ようとする
ロマ 15:20 私は，他人の土台の上に<建て>ない
Iコリ 3:10 ほかの人がその上に家を<建て>てい
14 もしだれかの<建て>た建物が残れば，
ガラ 2:18 こわしたものをもう一度<建てる>な
エペ 2:20 預言者という土台の上に<建て>られ
22 キリストにあって…<建て>られ，御
4:12 キリストのからだを<建て>上げるた
16 成長して，愛のうちに<建て>られる
コロ 2: 7 キリストの中に根ざし…<建て>られ，
ヘブ 8: 5 モーセが幕屋を<建て>ようとしたと
11:10 堅い基礎の上に<建て>られた都を待

▼たとえ，たとえ話

詩篇49: 4 私は<たとえ>に耳を傾け，立琴に合
78: 2 私は，口を開いて，<たとえ話>を語
エゼ17: 2 なぞをかけ，<たとえ>を語り，
20:49 彼は<たとえ話>をくり返している者
24: 3 反逆の家に一つの<たとえ>を語って
ホセ12:10 預言者たちによって<たとえ>を示そ
マタ13: 3 イエスは多くのことを…<たとえ>で話して聞かされた．10，13，24，31，33，34，35，53，21:33，22:1.
18 ですから，種蒔きの<たとえ>を聞き
36 畑の毒麦の<たとえ>を説明してくだ
マコ 4:34 <たとえ>によらないで話されること
12:12 この<たとえ話>が，自分たちをさし
13:28 いちじくの木から，<たとえ>を学び
ルカ 4:23 自分を直せ』という<たとえ>を引い
5:36 イエスはまた一つの<たとえ>を彼らに話された．6:39，8:4，12:16，13:6，14:7，15:3，18:9，19:11，20:9.
8:10 ほかの者には，<たとえ>で話します．
11 この<たとえ>の意味はこうです．種
12:41 この<たとえ>は私たちのために話し
18: 1 教えるために…<たとえ>を話された．
ヨハ10: 6 イエスはこの<たとえ>を彼らにお話
16:29 何一つ<たとえ話>はなさいません．

▼たとえる

マタ11:16 この時代は何に<たとえ>たらよいでしょう．ルカ7:31.
マコ 4:30 神の国は…何に<たとえ>たらよいで

▼ダナ〔地名〕

ユダの山地の町．ヨシ15:49.

▼タナク〔地名〕

イズレエル平原南端の町．ヨシ12:21，17:11.

▼たに（谷），谷間【別項】王の谷，虐殺の谷，塩の谷，職人の谷，涙の谷，幻の谷

創世26:17 イサクは…ゲラルの<谷間>に天幕を
19 イサクのしもべたちが<谷間>を掘っ
37:14 彼をヘブロンの<谷>から使いにやっ
民数21:12 旅立って，ゼレデの<谷>に宿営し，
20 モアブの野にある<谷>に行き，荒地
24: 6 延べ広がる<谷間>のように，川辺の
申命 2:36 アロエルおよび<谷>の中の町から，
3:29 ベテ・ペオルの近くの<谷>にとどま
8: 7 <谷間>と山を流れ出た深い淵のある
11:11 山と<谷>の地であり，天の雨で潤っ
21: 4 その<谷>で雌の子牛の首を折りなさ
6 <谷>で首を折られた雌の子牛の上で
34: 3 なつめやしの町エリコの<谷>をツォ
6 モアブの地の<谷>に葬られたが，今
ヨシ 8:11 彼とアイとの間には，一つの<谷>が
13 ヨシュアは，その夜，<谷>の中で夜
10:12 月よ．アヤロンの<谷>で．」
11: 8 ミツパの<谷>まで彼らを追い，ひと
17 レバノンの<谷>にあるバアル・ガド
17:16 <谷間>の地に住んでいるカナン人も…イズレエルの<谷>にいる者もみな，
士師 5:15 歩兵とともに<谷>の中を突進した．
7: 1 モレの山沿いの<谷>にあった．
18:28 ベテ・レホブの近くの<谷>にあった．
Ⅰサム 6:13 <谷間>で小麦の刈り入れをしていた
13:18 ツェボイムの<谷>を見おろす国境へ
15: 5 サウルは…<谷>で待ち伏せた．
17: 3 山の上に，<谷>を隔てて相対した．
Ⅱサム23:30 ガアシュの<谷>の出のヒダイ．
Ⅱ列 2:16 どこかの山か<谷>に彼を投げられた
3:16 この<谷>にみぞを掘れ．みぞを掘れ．
Ⅰ歴 4:39 彼らは…<谷>の東方にまで行って，
10: 7 <谷>にいたイスラエル人はみな，彼
12:15 <谷>にいた人々を全部…追い払った．
27:29 <谷>にいる牛の群れをつかさどった
Ⅱ歴20:16 エルエルの荒野の前の<谷>のはずれ
33:14 それはギホンの西側の<谷>の中に，
ネヘ 2:15 <谷>の門を通って戻って来た．
ヨブ21:33 <谷>の土くれは彼に快く，すべての
30: 6 彼らは<谷>の斜面や，土や岩の穴に
39:10 あなたに従って<谷間>を耕すだろう
21 馬は<谷>で前掻きをし，力を喜び，
詩篇23: 4 たとい，死の陰の<谷>を歩くことが
60: 6 わたしは…スコテの<谷>を配分しよ
65:13 もろもろの<谷>は穀物をおおいとし
74:15 あなたは泉と<谷>を切り開き，絶え
104: 8 山は上がり，<谷>は沈みました．あ
10 主は泉を<谷>に送り，山々の間を流
箴言30:17 目は，<谷>の烏にえぐりとられ，鷲
雅歌 2: 1 シャロンのサフラン，<谷>のゆりの
6:11 <谷>の新緑を見るために．ぶどうの
イザ 7:19 険しい<谷>，岩の割れ目，すべての
22: 7 おまえの最も美しい<谷>は戦車で満
28: 1 酔いつぶれた者たちの肥えた<谷>の

21 ギブオンの<谷>でのように奮い立ち，
40: 4 すべての<谷>は埋め立てられ，すべ
57: 5 <谷>や，岩のはざまで子どもをほふ
63:14 家畜が<谷>に下るように，主の御霊
エレ 2:23 <谷>の中でのあなたの道を省み，何
21:13 この<谷>に住む者，平地の岩よ．あ
31:40 死体と灰との<谷>全体，キデロン川
エゼ 6: 3 主は…<谷>に向かってこう仰せられ
7:16 彼らは<谷間>の鳩のようになって，
31:12 その枝はすべての<谷間>に落ち，そ
35: 8 丘や<谷>や，すべての谷川に倒れる．
36: 4 谷川や<谷>，荒れ果てた廃墟，また，
37: 1 私は連れ出され，<谷間>の真ん中に
2 その<谷間>には非常に多くの骨があ
39:11 それは海の東の旅人の<谷>である．
ヨエ 3:14 さばきの<谷>には，群集また群集．
アモ 1: 5 アベンの<谷>から，王座についてい
ミカ 1: 6 わたしはその石を<谷>に投げ入れ，
ゼカ 14: 4 非常に大きな<谷>ができる．山の半
ルカ 3: 5 すべての<谷>はうずめられ，すべて

▼ ダニエル〔人名〕

(1)ダビデの第２子．キルアブと同人．Ⅰ歴3:1.
(2)捕囚帰還の祭司．エズ8:2，ネヘ10:6.
(3)ダニエル書の主人公．ダニ1:6，7，8，9，10，11，17，19，21，2:13，18，19，20，25，48，49，4:8，5:12，7:1，8:1，9:2，10:1，2，7，11，12，12:4，5，9，マタ24:15.

▼ たにがわ（谷川）

民数 21:14 スパのワヘブとアルノンの<谷川>と
15 <谷川>の支流は，アルの定住地に達
詩篇 42: 1 鹿が<谷川>の流れを慕いあえぐよう
イザ 57: 6 <谷川>のなめらかな石がおまえの分
エゼ 6: 3 <谷川>や谷に向かってこう仰せられ
32: 6 <谷川>もあなたの血で満たされる．
35: 8 殺された者たちが…<谷川>に倒れる．
36: 4 <谷川>や谷，荒れ果てた廃墟，また，
ヨエ 3:18 ユダのすべての<谷川>には水が流れ，

▼ たにん（他人），他の人

創世 29:19 娘を<他人>にやるよりは，あなたに
出エ 22: 5 <他人>の畑の物を食い荒らした場合，
ネヘ 5: 5 ぶどう畑も<他人>の所有となってい
ヨブ 31: 8 私が種を蒔いて<他の人>が食べるが
詩篇 49:10 自分の財産を<他人>に残すのを．
109: 8 彼の仕事は<他人>が取り，
箴言 5: 9 あなたの尊厳を<他人>に渡し，あな
25: 9 <他人>の秘密を漏らしてはならない．
伝道 7:22 <他人>を何度ものろったことを知っ
イザ 65:22 彼らが建てて<他人>が住むことはなく…植えて<他人>が食べることはな
エレ 6:12 彼らの家は…<他人>のものとなる．
8:10 わたしは彼らの妻を<他人>に与え，
ダニ 5:17 報酬は<他の人>にお与えください．
マタ 27:42 彼は<他人>を救ったが，自分は救え
ルカ 16:12 <他人>のものに忠実でなかったら，
23:35 あれは<他人>を救った．もし，神の
ロマ 2: 1 すべて<他人>をさばく人よ．あなた
13: 8 <他の人>を愛する者は，律法を完全
14: 4 <他人>のしもべをさばくのですか．
15:20 <他人>の土台の上に建てないように，
Ⅰコリ 10:24 <他人>の利益を心がけなさい．
29 <他の人>の良心によってさばかれる
ピリ 2: 4 <他の人>のことも顧みなさい．
Ⅰテモ 5:22 <他人>の罪にかかわりを持ってはい
Ⅰペテ 4:15 <他人>に干渉する者として苦しみを

▼ タヌフメテ〔人名〕

ゲダルヤのもとに来た将校．Ⅱ列25:23.

▼ たね（種）【別項】種蒔き・種（を）蒔く人（者），種を入れないパン・種を入れないパンの祭り

創世 1:11 <種>を生じる草…<種>がある実を結
29 <種>を持つすべての草と，<種>を持
47:19 どうか<種>を下さい．そうすれば私
出エ 16:31 コエンドロの<種>のようで，白く，
23:18 <種>を入れたパンに添えてささげて
29: 2 <種>を入れない輪型のパンと，油を
レビ 2: 5 油を混ぜた小麦粉の，<種>を入れな
7:13 <種>を入れた輪型のパンをささげな
11:37 <種>の上に落ちても，それはきよい．
38 <種>の上に水がかけられていて，そ
19:19 畑に２種類の<種>を蒔いてはならな
26:16 <種>を蒔いてもむだになる．あなた
27:16 評価はそこに蒔く<種>の量りによる．
民数 6: 4 <種>も皮も食べてはならない．
24: 7 その<種>は豊かな水に潤う．その王
申命 11:10 自分で<種>を蒔き，自分の力で水を
14:22 <種>を蒔いて，畑から得るすべての
21: 4 <種>を蒔かれたこともない…谷へ連
22: 9 ぶどう畑に２種類の<種>を蒔いては
28:38 畑に多くの<種>を持って出ても，あ
29:23 <種>も蒔けず，芽も出さず，草一本

Ⅰ列 18:32　2セアの<種>を入れるほどのみぞを
Ⅰ歴 23:29　<種>を入れないせんべい，平なべ，
詩 126: 6　<種>入れをかかえ，泣きながら出て
伝道 11: 6　朝のうちにあなたの<種>を蒔け．夕
イザ 5:10　1ホメルの<種>が1エパを産するか
30:23　あなたが畑に蒔く<種>に雨を降らせ，
55:10　種蒔く者には<種>を与え，食べる者
エレ 2: 2　荒野の<種>も蒔かれていない地での
31:27　人間の<種>と家畜の<種>を蒔く．
35: 7　<種>を蒔いたり，ぶどう畑を作った
エゼ 17: 5　その地の<種>も取って来て，肥えた
36: 9　おまえたちは耕され，<種>が蒔かれ
ヨエ 1:17　穀物の<種>は土くれの下に干からび，
アモ 4: 5　<種>を入れたパンを焼き，進んでさ
ハガ 2:19　<種>はまだ穀物倉にあるだろうか．
ゼカ 8:12　平安の<種>が蒔かれ，ぶどうの木は
マタ 13: 4　道ばたに落ちた<種>があった．5，7，8，マコ4:4，5，7，8，ルカ8:5，6，7，8．
24　ある人が自分の畑に良い<種>を蒔い
32　どんな<種>よりも小さいのですが，
38　良い<種>とは御国の子どもたち，毒
マコ 4:26　神の国は，人が地に<種>を蒔くよう
27　<種>は芽を出して育ちます．どのよ
ルカ 8:11　<種>は神のことばです．
Ⅰコリ 15:37　麦やそのほかの穀物の<種>粒です．
38　おのおのの<種>にそれぞれのからだ
Ⅱコリ 9:10　蒔く人に<種>と食べるパンを備えて
Ⅰペテ 1:23　朽ちる<種>からではなく，朽ちない
Ⅰヨハ 3: 9　神の<種>がその人のうちにとどまっ

▼ たねなしパンのいわい（種なしパンの祝い）

マタ 26:17　<種なしパンの祝い>の第1日に，弟
マコ 14: 1　<種なしパンの祝い>が2日後に迫っ
12　<種なしパンの祝い>の第1日，すな
ルカ 22: 1　<種なしパンの祝い>が近づいていた．
使徒 12: 3　<種なしパンの祝い>の時期であった．
20: 6　<種なしパンの祝い>が過ぎてから，

▼ たねなしパンのひ（種なしパンの日）

ルカ 22: 7　<種なしパンの日>が来た．

▼ たねまき（種蒔き），種（を）蒔く人（者）

創世 8:22　地の続くかぎり，<種蒔き>と刈り入
レビ 26: 5　取り入れ時は，<種蒔き>の時まで続
詩 126: 5　涙とともに<種を蒔く者>は，喜び叫
イザ 55:10　<種蒔く者>には種を与え，食べる者
エレ 50:16　<種を蒔く者>や，刈り入れの時にか
アモ 9:13　ぶどうを踏む者が<種蒔く者>に近寄
マタ 6:26　<種蒔き>もせず，刈り入れもせず，
13: 3　<種を蒔く人>が<種蒔き>に出かけた．マコ4:3，ルカ8:5．
18　<種蒔き>のたとえを聞きなさい．
37　良い<種を蒔く者>は人の子です．
マコ 4:14　<種蒔く人>は，みことばを蒔くので

▼ たねをいれないパン（種を入れないパン），種を入れないパンの祭り

出エ 12: 8　<種を入れないパン>と苦菜を添えて
15　7日間<種を入れないパン>を食べな
17　<種を入れないパンの祭り>．23:15，34:18，レビ23:6，申命16:16，Ⅱ歴8:13，30:13，21，エズ6:22．
レビ 6:16　聖なる所で<種を入れないパン>にし
申命 16: 3　<種を入れないパン>，悩みのパンを
8　6日間，<種を入れないパン>を食べ
ヨシ 5:11　<種を入れないパン>」と，炒り麦を
士師 6:19　1エパの粉で<種を入れないパン>を
21　肉と<種を入れないパン>に触れた．
Ⅰサム 28:24　<種を入れないパン>を焼いた．
Ⅱ列 23: 9　<種を入れないパン>を食べた．

▼ たのしい（楽しい），楽しさ

ヨブ 36:11　その年々を<楽し>く過ごす．
詩 133: 1　なんという<楽しさ>であろう．
147: 1　まことに<楽し>く，賛美は麗しい．
箴言 3:17　その道は<楽しい>道であり，その通
22:18　これらを…保つなら，<楽しい>こと

▼ たのしみ（楽しみ）

創世 18:12　この私に，何の<楽しみ>があろう．
エス 8:16　ユダヤ人にとって…<楽しみ>と，栄
ヨブ 20: 5　神を敬わない者の<楽しみ>はつかの
詩篇 16:11　<楽しみ>がとこしえにあります．
36: 8　あなたの<楽しみ>の流れを，あなた
45:15　喜びと<楽しみ>をもって彼らは導か
51: 8　<楽しみ>と喜びを，聞かせてくださ
箴言 10:23　愚かな者には悪事が<楽しみ>．英知のある者には知恵が<楽しみ>．
15:15　心に<楽しみ>のある人には毎日が宴
伝道 2:10　私は…あらゆる<楽しみ>をした．実
4: 8　だれのために労苦し，<楽しみ>もな
7: 4　愚かな者の心は<楽しみ>の家に向く．
イザ 16:10　喜びと<楽しみ>は果樹園から取り去

24:11 喜びは薄れ，地の<楽しみ>は取り去
35:10 <楽しみ>と喜びがついて来，悲しみ
47: 8 <楽しみ>にふけり，安心して住んで
51: 3 <楽しみ>と喜び，感謝と歌声とがあ
11 <楽しみ>と喜びがついて来，悲しみ
65:14 心の<楽しみ>によって喜び歌う．し
18 わたしは…その民を<楽しみ>とする．
エレ 7:34 <楽しみ>の声と喜びの声，花婿の声
15:16 みことばは，私にとって<楽しみ>と
48:33 喜びと<楽しみ>は取り去られ，私は
ヨエ 1:16 喜びも<楽しみ>も消えうせたではな
ミカ 2: 9 女たちを…<楽しみ>の家から追い出
ルカ 1:14 その子は…喜びとなり<楽しみ>とな
ヘブ 11:25 はかない罪の<楽しみ>を受けるより
Ⅱペテ 2:13 飲み騒ぐことを<楽しみ>と考えてい

▼ たのしみよろこぶ（楽しみ喜ぶ）

詩 118:24 この日を<楽しみ喜>ぼう．
雅歌 1: 4 <楽しみ喜>び，あなたの愛をぶどう
イザ 22:13 おまえたちは<楽しみ喜>び，牛を殺
25: 9 その御救いを<楽しみ喜>ぼう．」
哀歌 4:21 エドムの娘よ．<楽しみ喜>べ．だが，
ヨエ 2:21 地よ．恐れるな．<楽しみ喜>べ．主
23 主にあって，<楽しみ喜>べ．主は，

▼ たのしむ（楽しむ）【別項】楽しみ喜ぶ

士師 19: 6 もう一晩泊まることにして，<楽し>
22 彼らが<楽し>んでいると，町の者で，
Ⅰ列 4:20 彼らは飲み食いして<楽し>んでいた．
ネヘ 9:25 あなたの大いなる恵みを<楽し>みま
ヨブ 14: 6 自分の日を<楽しむ>でしょう．
20:18 商いで得た富によっても<楽し>めな
21:12 合わせて歌い，笛の音で<楽しむ>．
詩篇 14: 7 ヤコブは<楽し>め．イスラエルは喜
16: 9 私のたましいは<楽し>んでいる．私
21: 6 御前の喜びで彼を<楽し>ませてくだ
35: 9 御救いの中にあって<楽しむ>ことで
26 私のわざわいを<楽し>んでいる者ら
48:11 ユダの娘が<楽しむ>ようにしてくだ
90:15 私たちを<楽し>ませてください．
119:14 どんな宝よりも，<楽し>んでいます．
149: 2 おのれの王にあって<楽し>め．
箴言 1:22 いつまで，あざけりを<楽し>み，愚
2:10 知識があなたのたましいを<楽し>ま
14 悪いねじれごとを<楽しむ>．
7:18 愛撫し合って<楽し>みましょう．
8:30 毎日喜び，いつも御前で<楽し>み，
31 神の地，この世界で<楽し>み，人の
23:24 正しい者の父は大いに<楽し>み，知
25 あなたを産んだ母を<楽し>ませよ．
24:17 あなたは心から<楽し>んではならな
伝道 2: 1 <楽し>んでみるがよい．」しかし，
25 神から離れて…だれが<楽しむ>こと
3:22 自分の仕事を<楽しむ>よりほかに，
5:19 財宝を与え，これを<楽しむ>ことを
6: 2 外国人がそれを<楽しむ>ようにされ
8:15 食べて，飲んで，<楽しむ>よりほか
9: 9 愛する妻と生活を<楽しむ>がよい．
10:19 ぶどう酒は人生を<楽し>ませる．金
11: 8 長年生きて，ずっと<楽しむ>がよい．
9 若い男よ．若いうちに<楽し>め．若
イザ 9: 3 分捕り物を分けるときに<楽しむ>よ
24: 7 心<楽しむ>者はみな，ため息をつく．
29:19 聖なる方によって<楽しむ>．
35: 1 荒野と砂漠は<楽し>み，荒地は喜び，
56: 7 祈りの家で彼らを<楽し>ませる．彼
61:10 わたしは主によって大いに<楽し>み，
65:18 わたしの創造するものを…<楽し>み
66:10 愛する者よ．これとともに<楽し>め．
エレ 31:13 若い女は踊って<楽し>み，若い男も
年寄りも共に<楽しむ>．「わたしは
ゼカ 10: 7 その心は主にあって大いに<楽しむ>．
ルカ 12:19 食べて，飲んで，<楽し>め．」』
15:29 友だちと<楽し>めと言って，子山羊
ヨハ 5:35 その光の中で<楽しむ>ことを願った
使徒 2:26 私の心は<楽し>み，私の舌は大いに
Ⅰテモ 6:17 <楽し>ませてくださる神に望みを置
Ⅱペテ 2:13 自分たちのだましごとを<楽し>んで

▼ たのみ（頼み），頼み事

申命 28:52 あなたが<頼み>とする高く堅固な城
32:37 彼らが<頼み>とした岩はどこにある
ヨブ 31:24 もし，私が金をおのれの<頼み>とし，
詩篇 33:17 軍馬も勝利の<頼み>にはならない．
箴言 21:22 その<頼み>とするとりでを倒す．
25:19 よろける足を<頼み>とするようなも
イザ 3: 1 すべて<頼み>のパン…<頼み>の水，
20: 5 人々は，クシュを<頼み>とし，エジ
エレ 17: 7 主を<頼み>とする者に祝福があるよ
エゼ 29:16 イスラエルの家は…これを<頼み>と
ゼカ 9: 5 <頼み>にしていたものがはずかしめ
マコ 10:35 私たちの<頼み事>をかなえていただ
ルカ 11:22 彼の<頼み>にしていた武具を奪い，

ピリ 3: 3 人間的なものを<頼み>にしない私た

▼ たのむ（頼む）

マタ 18:29 彼の仲間は，ひれ伏して…<頼>んだ．
32 おまえが…<頼>んだからこそ借金全
マコ 6:25 少女は…王の前に行き…<頼>んだ．
ルカ 11: 8 あくまで<頼>み続けるなら，そのた
使徒 9: 2 手紙を書いてくれるよう<頼>んだ．
38 「すぐに来てください」と<頼>んだ．
13:42 話してくれるように<頼>んだ．
16:39 立ち去ってくれるように<頼>んだ．
19:31 劇場に入らないように<頼>んだ．
21:12 エルサレムには上らないよう<頼>ん
IIコリ 1: 9 もはや自分自身を<頼>まず，死者を
ピリ 3: 4 人間的なものに<頼む>ところがある
4: 3 あなたにも<頼>みます．彼女たちを

▼ たば（束）

創世 37: 7 あなたがたの<束>が回りに来て，私の<束>におじぎをしました．」
レビ 23:10 収穫の初穂の<束>を祭司のところに
ルツ 2: 7 <束>の間で，落ち穂を拾い集めさせ
16 <束>からわざと穂を抜き落としてお
詩 126: 6 <束>をかかえ，喜び叫びながら帰っ
エレ 9:22 集める者もない<束>のように，横た
マタ 13:30 毒麦を集め，焼くために<束>にしな

▼ タバオテぞく（～族）

捕囚から帰還した一氏族．エズ2:43，ネヘ7:46．

▼ タハシュ〔人名〕

ナホルのそばめレウマの第３子．創世22:24．

▼ タハテ

1. 地名．荒野の宿営地．民数33:26，27．
2. 人名．
(1)レビ人．ケハテ氏族の子孫．I歴6:24，37．
(2)エフライムの子孫．ベレデの子．I歴7:20．
(3)(2)の孫．I歴7:20．

▼ タバテ〔地名〕

ヨルダン川の東の地か．士師7:22．

▼ たばねる

詩 129: 7 <たばねる>者も，かかえはしない．
イザ 8:16 このあかしを<たばね>よ．このおし

▼ タハン

1. 人名．
(1)エフライム族出身．タハン族の祖．民数26:35．
(2)(1)の後４代目の人物．I歴7:25．
2. タハン族．1.(1)の子孫．民数26:35．

▼ ターバン

出エ 28:40 栄光と美を表す<ターバン>を作らなければならない．29:9．
39:28 亜麻布で美しい<ターバン>と，撚り
レビ 8:13 アロンの子ら…に<ターバン>を巻き
イザ 3:23 <ターバン>，かぶり物を除かれる．
エゼ 23:15 頭には垂れるほどの<ターバン>をつ
ゼカ 3: 5 彼の頭に，きよい<ターバン>をかぶ

▼ たび（旅），旅路

創世 13: 3 彼はネゲブから<旅>を続けて，ベテ
18: 5 それから，<旅>を続けられるように．
24:21 主が自分の<旅>を成功させてくださったかどうかを知ろうと．56．
29: 1 ヤコブは<旅>を続けて，東の人々の
32: 1 ヤコブが<旅>を続けていると，神の
出エ 5: 3 荒野へ３日の道のりの<旅>をさせ，
17: 1 <旅>を重ねて，レフィディムで宿営
40:36 <旅路>にある間，いつも雲が幕屋か
民数 9:10 遠い<旅路>にあるなら，その人は主
13 <旅>にも出ていない者が，過越のい
ヨシ 9:11 <旅>のための食料を手に持って，彼
士師 17: 8 <旅>を続けてエフライムの山地のミ
18: 5 この<旅>が，成功するかどうかを知
19:18 山地の奥まで<旅>を続けているので
27 その女の主人は…<旅>に出ようとし
Iサム 21: 5 普通の<旅>でもそうですから，まし
I列 18:27 席をはずしているか，<旅>に出てい
ネヘ 2: 6 <旅>はどのくらいかかるのか．いつ
ヨブ 16:22 私は帰らぬ<旅路>につくからです．
詩 119:54 私の<旅>の家では，私の歌となりま
箴言 7:19 夫は家にいません…<旅>に出ていま
イザ 57: 9 モレクのところまで<旅>し，香料を
10 あなたは，長い<旅>に疲れても，
58:13 これを尊んで<旅>をせず，自分の好
マタ 21:33 農夫たちに貸して，<旅>に出かけた．
25:14 自分の財産を預け，<旅>に出て行く人のようです．15．
マコ 6: 8 <旅>のためには，杖１本のほかは，
13:34 <旅>に立つ人が，出がけに，しもべ
ルカ 8: 1 町や村を次から次に<旅>をしてお
9: 3 <旅>のために何も持って行かないよ
10:33 あるサマリヤ人が，<旅>の途中，そ
11: 6 友人が<旅>の途中，私のうちへ来た
13:22 エルサレムへの<旅>を続けられた．

ヨハ 4: 6 イエスは<旅>の疲れで，井戸のかた
使徒 10: 9 この人たちが<旅>を続けて，町の近
21: 5 私たちは…<旅>を続けることにした.
Ⅰコリ 16: 7 私は，いま<旅>の途中に，あなたが
Ⅱコリ 11:26 幾度も<旅>をし，川の難，盗賊の難,
テト 3:13 ゼナスとアポロとが<旅>に出られる
Ⅲヨハ 5 <旅>をしているあの兄弟たちのため

▼タビタ〔人名〕

ヨッパの婦人の信者．使徒9:36，40.

▼たびだつ（旅立つ）

出エ 12:37 スコテに向かって<旅立>った．幼子
15:22 イスラエルを葦の海から<旅立>たせ
16: 1 エリムから<旅立>ち，エジプトの地
民数 9:20 主の命令によって<旅立>った.
10:12 シナイの荒野を出て<旅立>ったが,
33: 3 15日に，ラメセスから<旅立>った.
申命 1:19 私たちはホレブを<旅立>ち，あなた
10: 6 イスラエル人は…モセラに<旅立>っ
士師 18:11 エシュタオルから<旅立>ち,

▼ダビデ〔人名〕【別項】ダビデの子・ダビデの子孫，ダビデの町

①少年時代：ベツレヘムに生れる，Ⅰサム17:12；エッサイの息子，ルツ4:17，22；系図，Ⅰ歴2:3-15；ユダ族出身，Ⅰ歴28:1-4；末子，Ⅰサム16:10-13；美少年，Ⅰサム17:42；羊飼い，Ⅰサム16:11-13；強い，Ⅰサム17:34-36；神に選ばれた者，Ⅰサム16:1，13.

②サウル王に仕えた時代：王の立琴ひき，Ⅰサム16:14-23；道具持ち，Ⅰサム16:21；ゴリヤテを殺す，Ⅰサム17:4-54；ペリシテ人を制圧する，Ⅰサム17:32-54；ヨナタンに愛される，Ⅰサム18:1-4；サウル，ダビデを殺そうとする，Ⅰサム18:5-30；詩篇を作る，詩篇59題目.

③放浪の英雄：サウルのもとを逃れる，Ⅰサム19:1-18；サムエルのもとへ避難，Ⅰサム19:18-24；ヨナタンとの契約，Ⅰサム20章；供えのパンを食べる，マタ12:3-4；ガテで気が変になったふりをする，Ⅰサム21:10-15；ほら穴に隠れる，Ⅰサム22:1-2；ケイラの住民を救う，Ⅰサム23:1-13；神の救い，Ⅰサム23:14-15；ヨナタンとの２度目の契約，Ⅰサム23:16-18；裏切りと救い，Ⅰサム23:19-29；詩篇を作る，詩篇54題目；サウルのいのちを助ける，Ⅰサム24章；ナバルに侮辱される，Ⅰサム25:1-38；ナバルの未亡人と結婚する，Ⅰサム25:39-42；再びサウルのいのちを助ける，Ⅰサム26章；ツィケラグに住む，Ⅰサム27:5-7；ペリシテ人に排斥される，Ⅰサム29章；アマレク人を打つ，Ⅰサム30章；サウルの殺害者を殺す，Ⅱサム1:1-16；サウルの死を悼む，Ⅱサム1:17-27.

④ユダの王の時代：ヘブロンでの油注ぎ，Ⅱサム2:1-4，11；支持者のリスト，Ⅰ歴12:23-40；サウル王家との長い戦い，Ⅱサム3:1；アブネルとダビデの契約，Ⅱサム3:6-21；アブネルの死を嘆く，Ⅱサム3:28-39；イシュ・ボシェテの殺害者を罰する，Ⅱサム４章.

⑤全イスラエルの王の時代：王としての承認，Ⅱサム5:1-5；エブス人からシオンを取る，Ⅱサム5:6-10；王宮建設と王国の強化，Ⅱサム5:11-16；ペリシテ人を制圧，Ⅱサム5:17-25；神の箱をエルサレムへ移す，Ⅱサム6:1-16；神殿礼拝の組織化，Ⅰ歴15章；聖歌隊の組織化，Ⅰ歴25章；民を祝福する，Ⅱサム6:17-19；ミカルの非難，Ⅱサム6:20-23；永遠の契約を受ける，Ⅱサム７章；周辺諸国の征服，Ⅱサム8，10章；姦淫を犯す，Ⅱサム11章；ナタンの叱責，Ⅱサム12:1-14；悔い改め，詩篇32，51篇；子の病気による苦悩，Ⅱサム12:15-23；家族紛争，Ⅱサム13章；アブシャロムの謀反，Ⅱサム15:1-31；エルサレムからの逃亡，Ⅱサム15:13-37；アブシャロムの死を嘆く，Ⅱサム19:1-10；エルサレムへの帰還，Ⅱサム19:15-43；シェバの陰謀，Ⅱサム20章；サウルの罪を贖う，Ⅱサム21:1-14；ペリシテ人との戦いが続く，Ⅱサム21:15-22；主の救いへの賛美，Ⅱサム22章；最後のことば，Ⅱサム23:1-7；ダビデの勇士，Ⅱサム23:8-39；人口調査の罪，Ⅱサム24:1-17；アラウナの打ち場を買う，Ⅱサム24:18-25；ソロモンを後継者に決める，Ⅰ列1:5-53；ソロモンへの遺言，Ⅰ列2:1-9；40年の統治，Ⅰ列2:10-11.

⑥霊的意義：預言者，使徒2:29-31；音楽家，Ⅱサム23:1；霊感された人，マタ22:43；キリストの型，エレ23:5-6；キリストを指示する名，エゼ34:23-24；キリストはダビデの子，マタ1:1；ダビデの国，マコ11:10；ダビデの

王位，ルカ1:32；ダビデの幕屋，使徒15:16；ダビデの家のかぎ，イザ22:22；信仰，ヘブ11:32-34；ダビデ契約，Ⅱサム7:4-17；ダビデの根，黙示5:5，22:16.

詩篇 78:70 主は…しもべ<ダビデ>を選び，羊の
エレ 23: 5 <ダビデ>に一つの正しい若枝を起こ
33:15 <ダビデ>のために正義の若枝を芽生
21 <ダビデ>と結んだわたしの契約も破
エゼ 34:23 牧者，わたしのしもべ<ダビデ>を起
アモ 9:11 <ダビデ>の倒れている仮庵を起こし，
ゼカ 12: 8 倒れた者も<ダビデ>のようになり，<ダビデ>の家は神のようになり，彼
マタ 12: 3 ひもじかったときに，<ダビデ>が何をしたか．マコ2:25，ルカ6:3.
22:43 どうして<ダビデ>は…彼を主と呼び，マコ12:37，ルカ20:44.
ルカ 1:32 彼にその父<ダビデ>の王位をお与え
使徒 2:25 <ダビデ>はこの方について，こう言
4:25 <ダビデ>の口を通して，こう言われ
15:16 倒れた<ダビデ>の幕屋を建て直す.
黙示 5: 5 獅子，<ダビデ>の根が勝利を得たの
22:16 <ダビデ>の根…輝く明けの明星であ

▼ダビデのこ（〜子），ダビデの子孫

Ⅰ列 11:39 わたしは<ダビデの子孫>を苦しめる.
エレ 33:22 しもべ<ダビデの子孫>…をふやす.」
26 しもべ<ダビデの子孫>とを退け，そ
マタ 1: 1 <ダビデの子孫>…キリストの系図.
9:27 <ダビデの子>よ．私たちをあわれん
21: 9 <ダビデの子>にホサナ．祝福あれ.
22:45 どうして彼は<ダビデの子>なのでし
ヨハ 7:42 キリストは<ダビデの子孫>から…出
使徒 13:23 神は，この<ダビデの子孫>から，約
ロマ 1: 3 御子は，肉によれば<ダビデの子孫>
Ⅱテモ 2: 8 <ダビデの子孫>として生まれ，死者

▼ダビデのまち（〜町）

(1)エルサレム南東丘の要害．Ⅱサム5:7，9，6:10，12，16，Ⅰ列2:10，3:1，8:1，9:24，11:27，43，14:31，15:8，24，22:50，Ⅱ列8:24，9:28，12:21，14:20，15:7，38，16:20，Ⅰ歴11:5，15:29，Ⅱ歴5:2，8:11，14:1，16:14，21:20，24:16，25，32:5，30，33:14，ネヘ3:15，12:37，イザ22:9.
(2)ダビデの故郷ベツレヘムのこと．ルカ2:4，11.

▼たびびと（旅人）

士師 5: 6 隊商は絶え，<旅人>はわき道を通っ
19:17 町の広場にいる<旅人>を見たとき，
Ⅱサム 12: 4 ひとりの<旅人>が来ました．彼は自
ヨブ 6:19 シェバの<旅人>はこれに期待をかけ
詩篇 39:12 私はあなたとともにいる<旅人>で，
119:19 私は地では<旅人>です．あなたの仰
エレ 9: 2 私が荒野に<旅人>の宿を持っていた
14: 8 立ち寄った<旅人>のように，すげな
エゼ 39:11 それは海の東の<旅人>の谷である.
14 <旅人>たちを埋めて国をきよめる.
マタ 25:35 わたしが<旅人>であったとき…宿を
ロマ 12:13 聖徒の入用に協力し，<旅人>をもて
Ⅰテモ 5:10 <旅人>をもてなし，聖徒の足を洗い，
テト 1: 8 <旅人>をよくもてなし，善を愛し，
ヘブ 11:13 地上では<旅人>であり寄留者である
13: 2 <旅人>をもてなすことを忘れてはい
Ⅰペテ 2:11 <旅人>であり寄留者であるあなたが

▼タファテ〔人名〕

ソロモン王の娘．Ⅰ列4:11.

▼タプアハ

1. 地名.
(1)マナセとエフライムの境界の町．ヨシ12:17.
(2)ユダの低地の町の一つ．ヨシ15:34.
2. 人名．ユダ族出身．ヘブロンの子．Ⅰ歴2:43.

▼タブエラ〔地名〕

荒野宿営の地．民数11:3，申命9:22.

▼タフティム・ホデシ〔地名〕

ダビデの人口調査時に行き巡った地．Ⅱサム24:6.

▼タフパヌヘス〔地名〕

エレミヤが預言したエジプトの町．エレ43:8，エゼ30:18.

▼タフペネス〔人名〕

エジプトのパロの王妃．Ⅰ列11:19，20.

▼タブリモン〔人名〕

ダマスコのベン・ハダデ1世の父．Ⅰ列15:18.

▼タフレア〔人名〕

ヨナタンの孫ミカの子．Ⅰ歴9:41.

▼タベアル〔人名〕

アラム人．アハズ王時代の人物．イザ7:6.

▼タベエル〔人名〕

サマリヤ在住のペルシヤの役人．エズ4:7.

▼タベシェテ〔地名〕
ゼブルンの町．ヨシ19:11.
▼たべもの（食べ物）
士師 14:14 食らうものから<食べ物>が出，強い
エズ 3:7 シドンとツロの人々には<食べ物>や
詩篇 37:25 子孫が<食べ物>を請うのを見たこと
42:3 私の涙は，昼も夜も，私の<食べ物>
78:18 彼らは欲するままに<食べ物>を求め，
24 <食べ物>としてマナを，彼らの上に
111:5 主を恐れる者に<食べ物>を与え，そ
哀歌 1:11 彼女の民はみなうめき，<食べ物>を
ダニ 1:10 <食べ物>と飲み物とを定めた王さま
マタ 6:25 いのちは<食べ物>よりたいせつなも
10:10 働く者が<食べ物>を与えられるのは
ルカ 3:11 <食べ物>を持っている者も，そうし
12:23 いのちは<食べ物>よりたいせつであ
24:41 ここに何か<食べ物>がありますか.」
ロマ 14:15 <食べ物>のことで，あなたの兄弟が
心を痛め…<食べ物>のことで，滅ぼ
20 <食べ物>のことで神のみわざを破壊
Iコリ 10:3 みな同じ御霊の<食べ物>を食べ，
IIコリ 11:27 しばしば<食べ物>もなく，寒さに凍
コロ 2:16 <食べ物>と飲み物について，あるい
ヤコ 2:15 毎日の<食べ物>にもこと欠いている
▼ダベラテ〔地名〕
ゼブルンの町．ヨシ19:12，I歴6:72.
▼たべる（食べる）
創世 2:16 園のどの木からでも…<食べ>てよい.
17 善悪の知識の木からは取って<食べ>
てはならない…<食べる>…とき…死
3:1 園のどんな木からも<食べ>てはなら
2 園にある木の実を<食べ>てよいので
6 女はその実を取って<食べ>，いっし
14 一生…ちりを<食べ>なければならな
18 あなたは，野の草を<食べ>なければ
22 いのちの木からも取って<食べ>，永
9:4 肉は…血のあるままで<食べ>てはな
25:30 そこの赤い物を私に<食べ>させてく
32:32 つがいの上の腰の筋肉を<食べ>ない.
39:6 自分の<食べる>食物以外には…気を
40:17 鳥が…かごの中から，それを<食べ>
45:18 地の最も良い物を<食べ>させる.』
出エ 12:7 羊を<食べる>家々の2本の門柱と，
8 その夜，その肉を<食べる>. すなわ
15 種を入れないパンを<食べ>なければ
16 みなが<食べ>なければならないもの
19 パン種の入ったものを<食べる>者は，
46 これは一つの家の中で<食べ>なけれ
13:3 種を入れたパンを<食べ>てはならな
16:3 パンを満ち足りるまで<食べ>ていた
8 主が…<食べる>肉を与え，朝には満
25 きょうは，それを<食べ>なさい. き
32 荒野であなたがたに<食べ>させたパ
22:31 裂き殺されたものの肉を<食べ>ては
23:11 民の貧しい人々に，<食べ>させ，そ
29:33 ほかの者は<食べ>てはならない. こ
34:15 そのいけにえを<食べる>ようになる.
28 モーセは…パンも<食べ>ず，水も飲
レビ 3:17 脂肪も血もいっさい<食べ>てはなら
6:16 アロンとその子らが<食べる>ことが
18 男子だけがそれを<食べる>ことがで
26 祭司はそれを<食べ>なければならな
7:15 それがささげられるその日に<食べ>，
18 <食べる>者はその咎を負わなければ
26 その血をいっさい<食べ>てはならな
11:2 <食べ>てもよい生き物は次のとおり
47 <食べ>てよい生き物と<食べ>てはな
17:13 <食べる>ことのできる獣や鳥を狩り
19:26 血のついたままで何も<食べ>てはな
21:22 聖なるものでも<食べる>ことができ
22:4 きよくなるまで…<食べ>てはならな
23:14 炒り麦も，新穀も<食べ>てはならな
25:22 古い収穫をなお<食べ>ていよう. 9.
26:26 あなたがたは<食べ>ても，満ち足り
29 息子の肉を<食べ>，自分たちの娘の
民数 6:3 干したものも<食べ>てはならない.
11:5 ただで魚を<食べ>ていたことを思い
13 肉を与えて<食べ>させてくれ』と言
15:19 その地のパンを<食べる>とき，あな
18:11 きよい者はみな，それを<食べる>こ
申命 4:28 <食べる>ことも…しない木や石の神
8:3 それで主は…マナを<食べ>させられ
16 マナを，荒野で…<食べ>させられた.
12:15 獣をほふってその肉を<食べる>こと
17 町囲みのうちで<食べる>ことはでき
22 かもしかや，鹿を<食べる>ように，
14:3 忌みきらうべきものを…<食べ>ては
6 反芻するものは，すべて<食べる>こ
7 野うさぎ，岩だぬきは，<食べ>ては
9 ひれとうろこのあるものは<食べる>

た

16: 7 それを調理して<食べ>なさい．そし
20:19 その木から取って<食べる>のはよい
26:14 私は喪のときに，それを<食べ>ず，
28:53 息子や娘の肉を<食べる>ようになる．
29: 6 パンも<食べ>ず…ぶどう酒も強い酒
ヨシ 24:13 ぶどう畑とオリーブ畑で<食べ>てい
士師 13: 4 汚れた物をいっさい<食べ>てはなら
14 いっさい<食べ>てはならない．ぶど
16 わたしはあなたの食物は<食べ>ない．
14: 9 手にかき集めて，歩きながら<食べ>
ルツ 2:14 彼女はそれを<食べ>，十分<食べ>て，
Ⅰサム 2: 5 <食べ>飽いた者がパンのために雇わ
36 一切れのパンを<食べ>させてくださ
14:24 食物を<食べる>者はのろわれる」と
30 分捕り物を十分<食べ>ていたなら，
32 民は血のままで，それを<食べ>た．
28:25 サウルとその家来たち…は…<食べ>
30:12 彼はそれを<食べ>て元気を回復した．
Ⅱサム 12: 3 彼と同じ食物を<食べ>，同じ杯から
13: 5 タマルの手から，それを<食べ>たい
6 私は彼女の手から<食べ>たいのです．
11 彼女が<食べ>させようとして，彼に
Ⅰ列 13:28 獅子はその死体を<食べ>ず，ろばを
17:12 それを<食べ>て，死のうとしている
15 彼女の家族も，長い間それを<食べ>
19: 5 御使いが…<食べ>なさい」と言った．
6 彼はそれを<食べ>…また横になった．
Ⅱ列 4:40 彼らは<食べる>ことができなかった．
6:28 あすは私の子どもを<食べ>ましょう
18:31 自分のぶどうと…いちじくを<食べ>，
19:29 落ち穂から生えたものを<食べ>，2
Ⅱ歴 30:18 過越のいけにえを<食べ>てしまった
31:10 <食べ>て，満ち足り，たくさん残り
エズ 2:63 最も聖なるものを<食べ>てはならな
9:12 その地の良い物を<食べ>，これを永
10: 6 パンも<食べ>ず，水も飲まずにそこ
ネヘ 5: 2 <食べ>て生きるために，穀物を手に
8:10 上等な肉を<食べ>，甘いぶどう酒を
ヨブ 6: 6 味のない物は塩がなくて<食べ>られ
31: 8 私が種を蒔いて他の人が<食べる>が
17 みなしごにそれを<食べ>させなかっ
39 その産物を<食べ>，その持ち主のい
詩篇 22:26 悩む者は，<食べ>て，満ち足り，主
41: 9 私のパンを<食べ>た親しい友までが，
50:13 雄牛の肉を<食べ>，雄やぎの血を飲
78:25 人々は御使いのパンを<食べ>た．神
80: 5 あなたは彼らに涙のパンを<食べ>さ
102: 9 パンを<食べる>ように灰を<食べ>，
106:28 死者へのいけにえを<食べ>た．
127: 2 辛苦の糧を<食べる>のも…むなしい．
128: 2 自分の手の勤労の実を<食べる>とき，
141: 4 私が彼らのうまい物を<食べ>ないよ
箴言 4:17 彼らは不義のパンを<食べ>，暴虐の
9: 5 わたしの食事を<食べ>に来なさい．
17 こっそり<食べる>食べ物はうまい」
13:25 正しい者は<食べ>てその食欲を満た
15:17 野菜を<食べ>て愛し合うのは，肥え
18:21 愛して，人はその実を<食べる>．
23: 6 貪欲な人の食物を<食べる>な．彼の
8 あなたは，<食べ>た食物を吐き出し，
24:13 わが子よ．蜜を<食べ>よ．それはお
25:16 蜜を見つけたら，十分，<食べ>よ．
21 パンを<食べ>させ，渇いているなら，
30: 9 私が<食べ>飽きて，あなたを否み，
20 彼女は<食べ>て口をぬぐい，「私は
31:27 彼女は…怠惰のパンを<食べ>ない．
伝道 2:25 神から離れて，だれが<食べ>，だれ
5:12 少し<食べ>ても多く<食べ>ても，こ
18 しあわせを見つけて，<食べ>たり飲
8:15 日の下では，<食べ>て，飲んで，楽
9: 7 喜んであなたのパンを<食べ>，愉快
雅歌 4:16 その最上の実を<食べる>ことができ
5: 1 蜂の巣と蜂蜜を<食べ>，ぶどう酒と
イザ 3:10 彼らは，その行いの実を<食べる>．
7:15 この子は…凝乳と蜂蜜を<食べる>．
9:20 おのおの自分の腕の肉を<食べる>．
29: 8 飢えた者が，夢の中で<食べ>，目が
44:16 その半分で肉を<食べ>，あぶり肉を
55: 1 さあ，穀物を買って<食べ>よ．さあ，
59: 5 その卵を<食べる>者は死に，卵をつ
62: 9 取り入れをした者がそれを<食べ>て，
65: 4 豚の肉を<食べ>，汚れた肉の吸い物
13 わたしのしもべたちは<食べる>．し
22 彼らが植えて他人が<食べる>ことは
エレ 9:15 この民に，苦よもぎを<食べ>させ，
12: 9 連れて来て，<食べ>させよ．
15:16 あなたのみことばを…<食べ>ました．
19: 9 息子の肉，娘の肉を<食べ>させる．
彼らは互いに…友の肉を<食べ>合う．
24: 2 悪くて<食べ>られないものである．

29: 5 畑を作って，その実を<食べ>よ．
31: 5 植える者たちは…その実を<食べる>
29 父が酸いぶどうを<食べ>たので，子
哀歌 2:20 養い育てた幼子を<食べ>てよいでし
エゼ 2: 8 あなたに与えるものを<食べ>よ.」
3: 1 この巻き物を<食べ>，行って，イス
2 その方は私にその巻き物を<食べ>さ
4: 9 パンを作り…日間それを<食べ>よ．
12:18 震えながらあなたのパンを<食べ>，
24:17 人々からのパンを<食べ>てはならな
25: 4 あなたの産物を<食べ>…乳を飲むよ
34: 3 あなたがたは脂肪を<食べ>，羊の毛
19 足が踏みつけた草を<食べ>，あなた
39:20 すべての戦士に<食べ>飽きる．——
42:13 最も聖なるささげ物を<食べる>所で
44: 3 主の前でパンを<食べる>ためにそこ
31 鳥であれ獣であれ，<食べ>てはなら
ダニ 1:12 私たちに野菜を与えて<食べ>させ，
4:25 牛のように草を<食べ>，天の露にぬ
れます．こうして，七つの時が．33.
10: 3 私は，ごちそうも<食べ>ず，肉もぶ
ホセ 4:10 彼らは<食べ>ても，満たされず，姦
8:13 肉を<食べ>ても，主はこれを喜ばな
9: 3 アッシリヤで汚れた物を<食べ>よう．
4 すべてこれを<食べる>者は汚れた者
10:13 不正を刈り取り，偽りの実を<食べ>
11: 4 優しくこれに<食べ>させてきた．
12: 1 エフライムは風を<食べ>て生き，い
13: 6 彼らは牧草を<食べ>て，<食べ>飽き
アモ 6: 4 牛舎の中から子牛を取って<食べ>て
7:12 その地でパンを<食べ>，その地で預
9:14 果樹園を作って，その実を<食べる>.
ゼパ 3:13 まことに彼らは草を<食べ>て伏す．
ゼカ 11: 9 互いに相手の肉を<食べる>がよい.」
マタ 6:25 何を<食べ>ようか，何を飲もうかと
11:18 ヨハネが来て，<食べ>も飲みもしな
19 人の子が来て<食べ>たり飲んだりし
12: 4 供えのパンを<食べ>ました．
13: 4 すると鳥が来て<食べ>てしまった．
14:16 あの人たちに何か<食べる>物を上げ
20 人々はみな，<食べ>て満腹した．そ
15:33 十分<食べ>させるほどたくさんのパ
38 <食べ>た者は，女と子どもを除いて，
24:38 人々は，飲んだり，<食べ>たり，め
25:37 空腹なのを見て，<食べる>物を差し
26:26 取って<食べ>なさい．これはわたし
マコ 6:44 パンを<食べ>たのは，男が５千人で
7: 2 洗わない手でパンを<食べ>ている者
5 汚れた手でパンを<食べる>のですか．
8: 4 この人たちに十分<食べ>させること
11:14 だれもおまえの実を<食べる>ことの
ルカ 4: 2 その間何も<食べ>ず，その時が終わ
5:33 あなたの弟子たちは<食べ>たり飲ん
6:25 いま<食べ>飽きているあなたがたは，
8: 5 空の鳥がそれを<食べ>てしまった．
10: 8 出される物を<食べ>なさい．
12:19 安心して，<食べ>て，飲んで，楽し
45 <食べ>たり飲んだり，酒に酔ったり
15:23 <食べ>て祝おうではないか．
17:27 人々は，<食べ>たり，飲んだり，め
ヨハ 6:12 彼らが十分<食べ>たとき，弟子たち
13 パン切れを，人々が<食べ>たうえ，
23 人々がパンを<食べ>た場所の近くに，
31 父祖たちは荒野でマナを<食べ>まし
49 荒野でマナを<食べ>たが，死にまし
50 それを<食べる>と死ぬことがないの
51 だれでもこのパンを<食べる>なら，
53 人の子の肉を<食べ>，またその血を
54 わたしの肉を<食べ>，わたしの血を
57 わたしを<食べる>者も，わたしによ
58 父祖たちが<食べ>て死んだ…このパ
ンを<食べる>者は永遠に生きます.」
13:18 わたしのパンを<食べ>ている者が，
21: 5 <食べる>物がありませんね.」彼ら
使徒 10:13 ペテロ．さあ，ほふって<食べ>なさ
14 きよくない物や汚れた物を<食べ>た
11: 7 ペテロ．さあ，ほふって<食べ>なさ
20:11 パンを裂いて<食べ>てから，明け方
23:14 パウロを殺すまでは何も<食べ>ない，
27:33 きょうまで何も<食べ>ずに過ごして，
38 十分<食べ>てから，彼らは麦を海に
ロマ 12:20 敵が飢えたなら，彼に<食べ>させな
14: 2 何でも<食べ>てよいと信じている人
3 <食べる>人は<食べ>ない人を侮って
6 <食べる>人は，主のために<食べ>て
20 <食べ>て人につまずきを与えるよう
21 肉を<食べ>ず，ぶどう酒を飲まず，
23 疑いを感じる人が<食べる>なら，罪
Ｉコリ 8: 4 偶像にささげた肉を<食べる>ことに
7 偶像にささげた肉として<食べ>，そ

8 <食べ>なくても損にはならないし，
10 偶像の神にささげた肉を<食べる>よ
13 私は今後いっさい肉を<食べ>ません．
9:13 奉仕している者が宮の物を<食べ>，
10: 3 みな同じ御霊の食べ物を<食べ>，
17 ともに一つのパンを<食べる>からで
18 供え物を<食べる>者は，祭壇にあず
25 市場に売っている肉は…<食べ>なさ
27 置かれる物はどれでも<食べ>なさい．
28 良心のために，<食べ>てはいけませ
30 神に感謝をささげて<食べる>なら，
31 <食べる>にも，飲むにも，何をする
11:20 主の晩餐を<食べる>ためではありま
26 このパンを<食べ>，この杯を飲むた
27 ふさわしくないままでパンを<食べ>，
28 自分を吟味して…パンを<食べ>，杯
IIコリ 9:10 蒔く人に種と<食べる>パンを備えて
IIテサ 3: 8 人のパンをただで<食べる>こともし
ヘブ 13:10 この祭壇から<食べる>権利がありま
ヤコ 2:16 暖かになり，十分に<食べ>なさい」
黙示 2: 7 いのちの木の実を<食べ>させよう．」
14 偶像の神にささげた物を<食べ>させ，
10: 9 それを取って<食べ>なさい．それは
10 小さな巻き物を取って<食べ>た…それを<食べ>てしまうと，私の腹は苦

▼タボル，タボル山

(1)ゼブルンの町．ヨシ19:22，I歴6:77．
(2)タボル山．ガリラヤ湖南西の山．士師4:6，14，詩篇89:12，エレ46:18，ホセ5:1．
(3)ヨルダン川東岸の地．士師8:18．
(4)タボルの樫の木．ベニヤミン領内か．Iサム10:3．

▼たまご（卵）

申命 22: 6 母鳥がひなまたは<卵>を抱いている
ヨブ 6: 6 <卵>のしろみに味があろうか．
39:14 だちょうは<卵>を土に置き去りにし，
イザ 10:14 捨てられた<卵>を集めるように，す
34:15 蛇もそこに巣を作って<卵>を産み，
59: 5 まむしの<卵>をかえし，くもの巣を織る．その<卵>を食べる者は死に，<卵>をつぶすと，毒蛇がとび出す．
ルカ 11:12 <卵>を下さいと言うのに…さそりを

▼たましい

創世 35:18 その<たましい>が離れ去ろうとする
申命 11:18 このことばを心と<たましい>に刻み
士師 5:21 私の<たましい>よ．力強く進め．
ヨブ 7:11 私の<たましい>の苦悩の中から嘆き
10: 1 私の<たましい>の苦しみを語ろう．
14:22 <たましい>は自分のために嘆くだけ
19: 2 いつまで…私の<たましい>を悩まし，
24:12 傷ついた者の<たましい>は助けを求
27: 2 私の<たましい>を苦しめた全能者を
30:25 私の<たましい>は貧しい者のために
33:18 神は人の<たましい>が，よみの穴に，
20 その<たましい>はうまい物をいとう．
28 神は私の<たましい>を贖ってよみの
30 人の<たましい>をよみの穴から引き
詩篇 6: 3 私の<たましい>はただ，恐れおのの
7: 5 <たましい>をちりの中にとどまらせ
13: 2 自分の<たましい>のうちで思い計ら
16: 9 私の<たましい>は楽しんでいる．私
19: 7 みおしえは…<たましい>を生き返ら
22:20 私の<たましい>を，剣から救い出し
23: 3 主は私の<たましい>を生き返らせ，
24: 4 <たましい>をむなしいことに向けず，
25: 1 私の<たましい>は，あなたを仰いで
20 <たましい>を守り…救い出してくだ
30: 3 あなたは私の<たましい>をよみから
12 私の<たましい>があなたをほめ歌い，
31: 9 私の<たましい>も，また私のからだ
33:19 彼らの<たましい>を死から救い出し，
34: 2 私の<たましい>は主を誇る．貧しい
35:12 私の<たましい>は見捨てられる．
13 私は断食して<たましい>を悩ませ，
42: 1 私の<たましい>はあなたを慕いあえ
5 わが<たましい>よ．なぜ…うなだれているのか．6，11，43:5，57:6．
44:25 私たちの<たましい>はちりに伏し，
49:15 神は私の<たましい>をよみの手から
57: 1 私の<たましい>はあなたに身を避け
8 私の<たましい>よ．目をさませ．十
62: 1 私の<たましい>は黙って，ただ神を
63: 1 私の<たましい>は，あなたに渇き，
5 私の<たましい>が脂肪と髄に満ち足
71:23 贖い出された私の<たましい>も．
77: 2 私の<たましい>は慰めを拒んだ．
78:50 彼らの<たましい>に死を免れさせず，
84: 2 私の<たましい>は，主の大庭を恋い
86: 4 しもべの<たましい>を喜ばせてくだ
94:17 <たましい>はただちに沈黙のうちに

19 私の<たましい>を喜ばしてください
103: 1 わが<たましい>よ．主をほめたたえ
107: 5 飢えと渇きに彼らの<たましい>は衰
9 主は渇いた<たましい>を満ち足らせ，
飢えた<たましい>を…満たされた．
108: 1 私の<たましい>もまた，ほめ歌を歌
116: 7 私の<たましい>よ．おまえの全きい
8 あなたは私の<たましい>を死から，
119:20 私の<たましい>は，いつもあなたの
123: 4 私たちの<たましい>は，安逸をむさ
130: 5 私の<たましい>は，待ち望みます．
131: 2 自分の<たましい>を和らげ，静めま
138: 3 私の<たましい>に力を与えて強くさ
143: 6 私の<たましい>は，かわききった地
箴言 2:10 知識があなたの<たましい>を楽しま
15: 4 偽りの舌は<たましい>の破滅．
16: 2 主は人の<たましい>の値うちをはか
24 親切なことばは…<たましい>に甘く，
21:10 悪者の<たましい>は悪事にあこがれ，
22: 5 <たましい>を守る者はこれらから遠
27: 9 友の慰めは<たましい>を力づける．
イザ 10:18 主は…<たましい>も，からだも滅ぼ
15: 4 その<たましい>はわななく．
26: 8 私たちの<たましい>は…呼び名を慕
38:15 私の<たましい>の苦しみのために，
57:16 わたしが造った<たましい>が衰え果
61:10 <たましい>も…神によって喜ぶ．主
65:14 <たましい>の傷によって泣きわめく．
エレ 31:12 <たましい>は潤った園のようになり，
25 わたしが疲れた<たましい>を潤し，
哀歌 3:17 私の<たましい>は平安から遠のき，
ヨナ 2: 7 私の<たましい>が…衰え果てたとき，
ミカ 6: 7 私の<たましい>の罪のために，私に
マタ 10:28 <たましい>を殺せない人たちなどを
11:29 そうすれば<たましい>に安らぎが来
ルカ 1:46 わが<たましい>は主をあがめ，
12:19 <たましい>よ．これから先何年分も
使徒 2:27 <たましい>をハデスに捨てて置かず，
Ⅰコリ 7:34 処女は，身も<たましい>も聖くなる
Ⅱコリ 12:15 <たましい>のためには，大いに喜ん
ヘブ 4:12 <たましい>と霊，関節と骨髄の分か
6:19 <たましい>のために，安全で確かな
13:17 <たましい>のために見張りをしてい
ヤコ 1:21 みことばは…<たましい>を救うこと
2:26 <たましい>を離れたからだが，死ん
5:20 罪人の<たましい>を死から救い出し，
Ⅰペテ 1: 9 <たましい>の救いを得ているからで
22 <たましい>を清め，偽りのない兄弟
2:11 <たましい>に戦いをいどむ肉の欲を
25 <たましい>の牧者であり監督者であ
4:19 創造者に自分の<たましい>をお任せ
Ⅲヨハ 2 <たましい>に幸いを得ているように
黙示 20: 4 首をはねられた人たちの<たましい>
22: 6 預言者たちの<たましい>の神である

▼ だましごと

コロ 2: 8 あのむなしい，<だましごと>の哲学
Ⅰテサ 2: 3 私たちの勧めは…<だましごと>でも
Ⅱペテ 2:13 <だましごと>を楽しんでいるのです．

▼ だます

創世 29:25 なぜ，私を<だま>したのですか．」
士師 16:10 あなたは私を<だま>して，うそをつ
Ⅰ列 13:18 こうしてその人を<だま>した．
エレ 9: 5 <だま>し合って，真実を語らない．
マタ 2:16 ヘロデは，博士たちに<だま>された
26: 4 イエスを<だま>して捕らえ，殺そう
27:63 人を<だます>男がまだ生きていたと
ルカ 19: 8 私が<だま>し取った物は，4倍にし
ロマ 16:18 純朴な人たちの心を<だま>している
Ⅰコリ 6: 7 なぜ，むしろ<だま>されていないの
8 不正を行う，<だま>し取る，しかも
9 <だま>されてはいけません．不品行
Ⅱコリ 6: 8 人を<だます>者のように見えても，
12:16 あなたがたから<だま>し取ったのだ
エペ 5: 6 むなしいことばに，<だま>されては
Ⅱテサ 2: 3 だれにも…<だま>されないようにし
Ⅱテモ 3:13 <だま>したり<だま>されたりしなが
ヤコ 1:16 兄弟たち．<だま>されないようにし
黙示 18:23 おまえの魔術に<だま>されていたか

▼ ダマスコ〔地名〕

シリヤ（アラム）地方の中心地．創世14:15，Ⅱサム8:5，Ⅰ列19:15，Ⅱ列5:12，雅歌7:4，イザ7:8，8:4，17:1，エレ49:23，エゼ27:18，アモ1:3，5:27，ゼカ9:1，使徒9:2，3，8，10，19，22，22:5，6，10，11，26:12，Ⅱコリ11:32，ガラ1:17．

▼ たまねぎ

民数 11: 5 にら，<たまねぎ>，にんにくも．

▼ たまもの（賜物）【別項】御霊の賜物

申命 33:13 天の<賜物>の露，下に横たわる大いなる水の<賜物>，

14 太陽がもたらす<賜物>，月が生み出す<賜物>，
15 太古の丘からの<賜物>．16．
詩 127: 3 子どもたちは主の<賜物>，胎の実は
伝道 3:13 見いだすこともまた神の<賜物>であ
ヨハ 4:10 もしあなたが神の<賜物>を知り，ま
使徒 2:38 <賜物>として聖霊を受けるでしょう．
8:20 あなたは金で神の<賜物>を手に入れ
10:45 異邦人にも聖霊の<賜物>が注がれた
11:17 私たちに下さったのと同じ<賜物>を，
ロマ 5:15 キリストの恵みによる<賜物>とは，
16 <賜物>には，罪を犯したひとりによ
17 恵みと義の<賜物>とを豊かに受けて
6:23 神の下さる<賜物>は…永遠のいのち
11:29 神の<賜物>と召命とは変わることが
12: 6 異なった<賜物>を持っているので，
Ⅰコリ 1: 7 どんな<賜物>にも欠けるところがな
2:13 この<賜物>について話すには，人の
7: 7 神から与えられたそれぞれの<賜物>
12: 9 御霊によって，いやしの<賜物>が与
31 よりすぐれた<賜物>を熱心に求めな
13: 8 預言の<賜物>ならばすたれます．異
Ⅱコリ 9:15 <賜物>のゆえに，神に感謝します．
エペ 2: 8 それは…神からの<賜物>です．
3: 7 神の恵みの<賜物>によって，この福
4: 7 キリストの<賜物>の量りに従って恵
8 人々に<賜物>を分け与えられた．」
Ⅰテモ 4:14 聖霊の<賜物>を軽んじてはいけませ
Ⅱテモ 1: 6 神の<賜物>を，再び燃え立たせてく
ヘブ 2: 4 聖霊が分け与えてくださる<賜物>に
6: 4 天からの<賜物>の味を知り，聖霊に
ヤコ 1:17 すべての完全な<賜物>は上から来る
Ⅰペテ 4:10 それぞれが<賜物>を受けているのですから…<賜物>を用いて…仕え合い

▼ ダマリス〔人名〕

アテネで回心した女性．使徒17:34．

▼ タマル

1. 地名．死海の南の町．エゼ47:19，48:28．

2. 人名．

(1)ユダの妻．ペレツとゼラフの母．創世38:6，11，13，24，ルツ4:12，Ⅰ歴2:4，マタ1:3．

(2)ダビデの娘．Ⅱサム13:1，8，10，19，Ⅰ歴3:9．

(3)アブシャロムの一人娘．Ⅱサム14:27．

▼ だまる（黙る）

創世 24:21 この人は…<黙>って彼女を見つめて
34: 5 彼らが帰って来るまで<黙>っていた．
出エ 14:14 あなたがたは<黙>っていなければな
レビ 10: 3 それゆえ，アロンは<黙>っていた．
士師 18:19 <黙>っていてください…手を口に当
Ⅰサム 10:27 しかしサウルは<黙>っていた．
Ⅱ列 2: 3 私も知っているが，<黙>っていてく
18:36 民は<黙>っており，彼に一言も答え
エス 7: 4 私は<黙>っていたでしょうに．事実，
ヨブ 4: 2 しかし，だれが<黙>っておられよう．
6:24 そうすれば，私は<黙>ろう．私がど
11: 3 あなたのおしゃべりは人を<黙>らせ
33:31 ヨブ．私に聞け．<黙>れ．私が語ろ
34:29 神が<黙>っておられるとき，だれが
41:12 美辞麗句に<黙>っていることはでき
詩篇 22: 2 夜も，私は<黙>っていられません．
32: 3 私は<黙>っていたときには，一日中，
35:22 <黙>っていないでください．わが主
39:12 私の涙に，<黙>っていないでくださ
50: 3 われらの神は来て，<黙>ってはおら
21 わたしは<黙>っていた．わたしがお
62: 1 私のたましいは<黙>って，ただ神を待ち望む…救いは神から来る．5．
83: 1 神よ…<黙>っていないでください．
109: 1 私の賛美する神よ．<黙>っていない
箴言 17:28 <黙>っていれば，知恵のある者と思
イザ 36:21 人々は<黙>っており，彼に一言も答
42:14 わたしは久しく<黙>っていた．静か
47: 5 <黙>ってすわり，やみに入れ．あな
53: 7 毛を刈る者の前で<黙>っている雌羊
57:11 わたしが久しく，<黙>っていたので，
62: 1 シオンのために，わたしは<黙>って
6 彼らは決して<黙>っていてはならな
65: 6 わたしは<黙>っていない．必ず報復
エレ 4:19 私はもう，<黙>っていられない．私
哀歌 2:10 地にすわって<黙>りこみ，頭にはち
3:28 ひとり<黙>ってすわっているがよい．
エゼ 33:22 もう私は<黙>っていなかった．
ハバ 1:13 なぜ<黙>っておられるのですか．
2:19 <黙>っている石に向かって起きろと
マタ 20:31 群衆は彼らを<黙>らせようとして，
22:12 しかし，彼は<黙>っていた．
26:63 しかし，イエスは<黙>っておられた．
マコ 1:25 <黙>れ．この人から出て行け」と言

4:39 イエスは…湖に「<黙>れ，静まれ」
9:34 彼らは<黙>っていた．道々，だれが
10:48 彼を<黙>らせようと，大ぜいでたし
14:61 イエスは<黙>ったままで，何もお答
ルカ 14: 4 彼らは<黙>っていた．それで，イエ
18:39 彼を<黙>らせようとして，先頭にい
19:40 この人たちが<黙>れば，石が叫びま
20:26 お答えに驚嘆して<黙>ってしまった．
使徒 18: 9 語り続けなさい．<黙>ってはいけな
Ｉコリ 14:28 教会では<黙>っていなさい．自分だ
30 与えられたら，先の人は<黙>りなさ
34 教会では，妻たちは<黙>っていなさ

▼ たまわる（賜る）

申命 12:15 主があなたに<賜>った祝福にしたが
Ｉサム 30:23 主が私たちに<賜>った物を，そのよ
Ｉ列 5:12 ソロモンに知恵を<賜>ったので，ヒ
Ⅱ歴 20: 7 アブラハムのすえに<賜>ったのでは
21: 3 多くの<賜>り物を与え，また，それ
ネヘ 1: 5 いつくしみを<賜る>方．
イザ 30:20 パンとわずかな水とを<賜>っても，
35: 2 シャロンの威光をこれに<賜る>ので，
エレ 13:20 あなたに<賜>った群れ，あなたの美
Ｉコリ 2:12 神から…<賜>ったものを…知るため
ピリ 1:29 キリストのためのの苦しみをも<賜>っ

▼ たみ（民）【別項】選びの民，神の民，諸国の民，地の民，御民

創世 11: 6 一つの<民>，一つのことばで，この
17:14 無割礼の男…は，その<民>から断ち
25: 8 アブラハムは…自分の<民>に加えら
48:19 彼もまた一つの<民>となり，また大
出エ 1:20 イスラエルの<民>はふえ，非常に強
3: 7 エジプトにいるわたしの<民>の悩み
10 <民>イスラエル人をエジプトから連
5: 1 わたしの<民>を行かせ，荒野でわた
6: 7 あなたがたを…わたしの<民>とし，
7:16 わたしの<民>を行かせ…仕えさせよ．
12:36 この<民>に好意を持つようにされた
14:31 <民>は主を恐れ，主とそのしもべモ
15:16 買い取られたこの<民>が通り過ぎる
19: 5 国々の<民>の中にあって…宝となる．
22:31 わたしの聖なる<民>でなければなら
32: 6 <民>はすわっては，飲み食いし，立
9 これは，実にうなじのこわい<民>だ．
11 連れ出されたご自分の<民>に向かっ
22 <民>の悪いのを知っているでしょう．
31 この<民>は大きな罪を犯してしまい
33:13 この国民があなたの<民>であること
34:10 <民>すべての前で…奇しいことを行
レビ 7:20 その者はその<民>から断ち切られる．
9:22 アロンは<民>に向かって両手を上げ，
23 すると主の栄光が<民>全体に現れ，
16:15 <民>のための罪のためのいけにえの
20:24 あなたがたを国々の<民>からえり分
26:12 あなたがたはわたしの<民>となる．
民数 11:11 なぜ…<民>の重荷を私に負わされる
12 私がこのすべての<民>をはらんだの
29 主の<民>がみな，預言者となればよ
34 欲望にかられた<民>を…埋めたので，
14:14 主がこの<民>のうちにおられ，あな
21: 7 <民>はモーセのところに来て言った．
22: 5 一つの<民>がエジプトから出て来て
申命 2:25 わたしは全天下の国々の<民>に，あ
4: 6 知恵のある，悟りのある<民>だ」と
33 聞いて，なお生きていた<民>があっ
7: 1 強い七つの異邦の<民>を…追い払わ
6 あなたは…主の聖なる<民>だから…
あなたを選んでご自分の宝の<民>と
7 国々の<民>のうちで最も数が少なか
9:27 この<民>の強情と，その悪と，その
26:18 あなたは主の宝の<民>であり，あな
27:15 <民>はみな，答えて，アーメンと言
28: 9 ご自身の聖なる<民>として立ててく
29:13 あなたを立ててご自分の<民>とし，
32: 6 愚かで知恵のない<民>よ．主はあな
9 主の割り当て分はご自分の<民>であ
21 <民>ではないもので…ねたみを引き
43 ご自分の<民>の地の贖いをされるか
33: 3 まことに国々の<民>を愛する方，あ
29 主に救われた<民>．主はあなたを助
ヨシ 3:17 <民>はすべてヨルダン川を渡り終わ
5: 6 エジプトから出て来た<民>，すなわ
8:14 王とその<民>全部はアラバの前の定
10:13 <民>がその敵に復讐するまで，日は
24:25 <民>と契約を結び，シェケムで，お
士師 2:20 この<民>は，わたしが彼らの先祖た
ルツ 1: 6 主がご自分の<民>を顧みて彼らにパ
16 あなたの<民>は私の<民>，あなたの
Ｉサム 8: 7 言うとおりに，<民>の声を聞き入れ
9: 2 サウル…は<民>のだれよりも，肩か
16 わたしの<民>イスラエルの君主とせ

よ…<民>をペリシテ人の手から救う
10: 1 <民>の君主として…油をそそがれた
12:22 ご自分の<民>を捨て去らない．主は
18:13 ダビデは<民>の先に立って行動して
IIサム 7:23 <民>の前で…恐るべきことを行い，
24 とこしえまでもあなたの<民>として
22:28 あなたは，悩む<民>を救われますが，
I列 3: 9 <民>をさばくために聞き分ける心を
8:56 <民>イスラエルに安住の地をお与え
60 <民>が，主こそ神であり，ほかに神
18:10 人をやらなかった<民>や王国は一つ
22: 4 私の<民>とあなたの<民>，私の馬と
あなたの馬も同じような．II列3:7.
II列 17:29 <民>は，めいめい自分たちの神々を
41 これらの<民>は主を恐れ，同時に，
23: 3 <民>もみな，この契約に加わった．
I歴 16:24 語り告げよ…国々の<民>の中で．
17: 9 <民>…のために一つの場所を定め，
21 どの国民が…<民>イスラエルのよう
22 <民>イスラエルをとこしえまでもあ
II歴 6:39 罪を犯したあなたの<民>をお赦しく
7:14 <民>がみずからへりくだり，祈りを
15: 6 <民>は<民>に，町は町に相逆らい，
36:15 ご自分の<民>と…御住まいをあわれ
エズ 5:12 <民>を捕らえてバビロンに移したの
6:12 手を出す王や<民>を…くつがえされ
10: 1 <民>は激しく涙を流して泣いた．
ネヘ 8: 1 <民>はみな…水の門の前の広場に集
9:22 彼らに王国や国々の<民>を与え，そ
ヨブ 12:24 この国の<民>のかしらたちの悟りを
17: 6 神は私を<民>の物笑いとされた．私
詩篇 3: 8 祝福があなたの<民>の上にあります
22:31 生まれてくる<民>に告げ知らせよう．
28: 9 <民>を祝福してください．どうか彼
29:11 平安をもって，ご自身の<民>を祝福
43: 1 神を恐れない<民>の言い分を退けて
44:12 あなたはご自分の<民>を安値で売り，
45:12 <民>のうちの富んだ者はあなたの好
47: 9 国々の<民>の尊き者たちは，アブラ
50: 4 神はご自分の<民>をさばくため，上
62: 8 <民>よ．どんなときにも，神に信頼
72: 2 彼があなたの<民>を義をもって，あ
4 彼が<民>の悩む者たちを弁護し，貧
77:20 ご自分の<民>を，モーセとアロンの
79:13 あなたの<民>，あなたの牧場の羊で
81:11 わが<民>は，わたしの声を聞かず，
89:15 喜びの叫びを知る<民>は．主よ．彼
94: 5 彼らはあなたの<民>を打ち砕き，あ
14 ご自分の<民>を見放さず…お見捨て
100: 3 私たちは主のもの，主の<民>，その
102:18 新しく造られる<民>が主を賛美しま
105:13 一つの王国から他の<民>へと渡り歩
148:14 主は，その<民>の角を上げられた．
149: 4 ご自分の<民>を愛し，救いをもって
箴言 11:14 指導がないことによって<民>は倒れ，
26 穀物を売り惜しむ者は<民>にのろわ
14:28 <民>の多いことは王の栄え．<民>が
なくなれば君主は滅びる．
24:24 人々はののしり，<民>はのろう．
29: 2 正しい人がふえると，<民>は喜び，
18 幻がなければ，<民>はほしいままに
イザ 1: 3 わたしの<民>は悟らない．」
4 罪を犯す国，咎重き<民>，悪を行う
10 耳を傾けよ．ゴモラの<民>．私たち
2: 4 多くの国々の<民>に，判決を下す．
6 あなたの<民>，ヤコブの家を捨てら
5:13 わが<民>は無知のために捕らえ移さ
6: 5 くちびるの汚れた<民>の間に住んで
10 この<民>の心を肥え鈍らせ，その耳
8:19 <民>は自分の神に尋ねなければなら
9: 2 やみの中を歩んでいた<民>は，大き
11:11 ご自分の<民>の残りを買い取られる．
18: 2 恐れられている<民>のところに．多
7 背の高い，はだのなめらかな<民>，
25: 3 力強い<民>も，あなたをほめたたえ，
8 ご自分の<民>へのそしりを全地の上
26: 2 誠実を守る正しい<民>を入らせよ．
20 わが<民>よ．あなたの部屋に入り，
29:13 この<民>は口先で近づき，くちびる
30: 9 彼らは反逆の<民>，うそつきの子ら，
33:24 そこに住む<民>の罪は赦される．
40: 1 「慰めよ．慰めよ．わたしの<民>を」
42: 6 あなたを<民>の契約とし，国々の光
43: 8 目があっても盲目の<民>，耳があっ
21 この<民>はわたしの栄誉を宣べ伝え
47: 6 わたしは，わたしの<民>を怒って，
49: 7 <民>に忌みきらわれている者，支配
13 主がご自分の<民>を慰め，その悩め
51: 4 わたしの<民>よ．わたしに心を留め
53: 8 わたしの<民>のそむきの罪のために

57:14 <民>の道から，つまずきを取り除け．
58: 1 わたしの<民>に彼らのそむきの罪を
60:21 あなたの<民>はみな正しくなり，と
62:10 石を取り除いて国々の<民>の上に旗
12 彼らは，聖なる<民>，主に贖われた
63: 8 まことに彼らはわたしの<民>，偽り
65:19 わたしの<民>を楽しむ．そこにはも
エレ 1:15 わたしは北のすべての王国の<民>に
2:11 わたしの<民>は，その栄光を無益な
13 わたしの<民>は二つの悪を行った．
4:22 実に，わたしの<民>は愚か者で，わ
5:21 愚かで思慮のない<民>よ．彼らは，
23 この<民>には，かたくなで，逆らう
6:22 一つの<民>が北の地から来る．大き
7:23 あなたがたは，わたしの<民>となる．
8:11 わたしの<民>の娘の傷を手軽にいや
22 私の<民>の娘の傷はいやされなかっ
9: 1 私の<民>の殺された者のために泣こ
11:14 この<民>のために祈ってはならない．
14:17 私の<民>の娘，おとめの打たれた傷
18:15 わたしの<民>はわたしを忘れ，むな
24: 7 彼らはわたしの<民>となり．32:38．
30:22 あなたがたはわたしの<民>となり，
31: 2 剣を免れて生き残った<民>は荒野で
36 一つの<民>をなすことはできない．」
33: 9 この<民>に与えるすべての祝福のこ
50: 6 わたしの<民>は，迷った羊の群れで
哀歌 3:14 私は，私の<民>全体の物笑いとなり，
4: 6 私の<民>の娘の咎は，人手によらず，
10 私の<民>の娘の破滅のとき，あわれ
エゼ 6: 5 イスラエルの<民>の死体を彼らの偶
11:20 彼らはわたしの<民>となり，わたし
は彼らの神となる．14:11，36:28．
35:10 これら二つの<民>，二つの国は，わ
36:20 この人々は主の<民>であるのに，主
38:14 <民>イスラエルが安心して住んでい
44:23 <民>に，聖なるものと俗なるものと
45: 8 二度とわたしの<民>をしいたげるこ
ダニ 3: 7 <民>がみな，角笛，二管の笛，立琴，
7:27 いと高き方の聖徒である<民>に与え
8:24 有力者たちと聖徒の<民>を滅ぼす．
10:14 終わりの日にあなたの<民>に起こる
11:14 あなたの<民>の暴徒たちもまた，高
12: 1 あなたの<民>で，あの書にしるされ
7 聖なる<民>の勢力を打ち砕くことが
ホセ 1: 9 あなたがたはわたしの<民>ではなく，
4:12 わたしの<民>は木に伺いを立て，そ
6:11 <民>の繁栄を元どおりにするとき，
11: 7 わたしの<民>はわたしに対する背信
ヨエ 2:17 あなたの<民>をあわれんでください．
26 <民>は永遠に恥を見ることはない．
アモ 6:14 わたしは一つの<民>を起こしてあな
ヨナ 1: 8 あなたは…いったいどこの<民>か．」
ミカ 4: 1 国々の<民>はそこに流れて来る．
13 多くの国々の<民>を粉々に砕き，彼
ハバ 3:13 ご自分の<民>を救うために出て来ら
ゼパ 3:12 へりくだった，寄るべのない<民>を
20 地のすべての<民>の間であなたがた
ハガ 2: 4 この国のすべての<民>よ．強くあれ．
ゼカ 8: 7 <民>を日の出る地と日の入る地から
23 外国語を話すあらゆる<民>のうちの
マラ 3: 9 この<民>全体が盗んでいる．
マタ 1:21 ご自分の<民>をその罪から救ってく
2: 4 王は，<民>の祭司長たち，学者たち
6 <民>イスラエルを治める支配者が，
4:16 <民>は偉大な光を見，死の地と死の
23 <民>の中のあらゆる病気…を直され
13:15 この<民>の心は鈍くなり，その耳は
15: 8 この<民>は，口先ではわたしを敬う
21:23 祭司長，<民>の長老たちが，みもと
マコ 11:17 すべての<民>の祈りの家と呼ばれる
ルカ 1:10 大ぜいの<民>はみな，外で祈ってい
17 整えられた<民>を主のために用意す
68 主はその<民>を顧みて，贖いをなし，
7:16 「神がその<民>を顧みてくださった」
19:47 <民>のおもだった者たちは，イエス
21:23 この<民>に御怒りが臨むからです．
22:66 <民>の長老会，それに祭司長，律法
23: 5 教えながら，この<民>を扇動してい
24:19 神とすべての<民>の前で，行いにも
ヨハ 11:50 ひとりの人が<民>の代わりに死んで，
18:14 ひとりの人が<民>に代わって死ぬこ
使徒 3:23 <民>の中から滅ぼし絶やされる．』
4:17 これ以上<民>の間に広がらないため
7:34 わたしの<民>の苦難を見…うめき声
13:17 <民>がエジプトの地に滞在していた
24 ヨハネが…<民>に…バプテスマを宣
18:10 この町には，わたしの<民>がたくさ
23: 5 <民>の指導者を悪く言ってはいけな
ロマ 9:25 わが<民>でない者をわが<民>と呼び，

26 あなたがたは，わたしの<民>ではな
10:21 不従順で反抗する<民>に対して，わ
11: 1 神はご自分の<民>を退けてしまわれ
15:10 「異邦人よ．主の<民>とともに喜べ．」
Ⅰコリ 10: 7 <民>が，すわっては飲み食いし，立
Ⅱコリ 6:16 彼らはわたしの<民>となる．
ヘブ 2:17 <民>の罪のために，なだめがなされ
7: 5 子孫でありながら，<民>から，すな
27 <民>の罪のために毎日いけにえをさ
9: 7 <民>が知らずに犯した罪のためにさ
19 子牛とやぎの血を…<民>…にも注ぎ
13:12 血によって<民>を聖なるものとする
Ⅰペテ 2: 9 聖なる国民，神の所有とされた<民>
ユダ 5 主が，<民>をエジプトの地から救い
黙示 18: 4 わが<民>よ．この女から離れなさい．
21: 3 神は彼らとともに住み…その<民>と

▼ だめ

イザ 6: 5 私は，もう<だめ>だ．私はくちびる
マタ 9:17 皮袋も<だめ>になってしまいます．

▼ ためす，ためし

創世 42:15 このことで，あなたがたを<ため>そ
士師 7: 4 あなたのために彼らを<ため>そう．
Ⅰ列 10: 1 難問をもって彼を<ため>そうとして，
Ⅰ歴 29:17 あなたは心を<ため>される方で，直
ヨブ 34:36 ヨブが最後まで<ため>されるように．
詩篇 17: 3 あなたは私を<ため>されましたが，
26: 2 私の思いと私の心を<ため>してくだ
81: 7 メリバの水のほとりで…<ため>した．
105:19 主のことばは彼を<ため>した．
箴言 17: 3 金には炉，人の心を<ためす>のは主．
エレ 6:27 彼らの行いを知り…<ため>せ．」
9: 7 わたしは彼らを溶かして<ためす>．
11:20 思いと心を<ため>される万軍の主よ．
12: 3 あなたへの私の心を<ため>されます．
エゼ 21:13 <ため>されるとき，杖まで退けられ
ダニ 1:12 10日間，しもべたちを<ため>してく
ゼカ 13: 9 金を<ためす>ように彼らを<ためす>．
マラ 3:10 こうしてわたしを<ため>してみよ．
マタ 16: 1 イエスを<ため>そうとして．マコ8:
11，10:2，ルカ10:25，11:16．
22:18 なぜ，わたしを<ためす>のか．
35 イエスを<ため>そうとして，尋ねた．
マコ 12:15 なぜ，わたしを<ためす>のか．デナ
ルカ 14:19 それを<ためし>に行くところです．
ヨハ 6: 6 イエスは，ピリポを<ため>してこう
8: 6 彼らはイエスを<ため>してこう言っ
使徒 19:13 <ためし>に，悪霊につかれている者
Ⅰコリ 3:13 各人の働きの真価を<ためす>からで
Ⅱコリ 2: 9 従順であるかどうかを<ためす>ため
13: 5 自分自身を<ため>し，また吟味しな
ヤコ 1: 3 信仰が<ため>されると忍耐が生じる
Ⅰヨハ 4: 1 神からのものかどうかを，<ため>し
黙示 2: 2 そうでない者たちを<ため>して，そ
10 悪魔はあなたがたを<ためす>ために，

▼ ためらう

創世 19:16 しかし彼は<ためら>っていた．する
43:10 もし私たちが<ためら>っていなかっ
士師 18: 9 あなたがたは<ためら>っている．ぐ
Ⅱサム 19:12 なぜ王を連れ戻すのを<ためら>って
詩 119:60 私は急いで，<ためら>わずに，あな
使徒 10:20 <ためら>わずに，彼らといっしょに
29 お迎えを受けたとき，<ためら>わず
11:12 御霊は私に，<ためら>わずにその人
22:16 さあ，なぜ<ためら>っているのです

▼ たもつ（保つ）

出エ 34: 7 恵みを千代も<保>ち，咎とそむきと
Ⅱサム 22:44 私を国々のかしらとして<保>たれま
ヨブ 2: 3 彼はなお，自分の誠実を…<保>って
17: 9 義人は自分の道を<保>ち，手のきよ
27: 6 私は自分の義を堅く<保>って，手放
詩篇 12: 7 とこしえまでも彼らを<保>たれます．
16: 5 私の受ける分を，堅く<保>っていて
22:29 おのれのいのちを<保つ>ことのでき
25:21 誠実と正しさが私を<保>ちますよう
31:23 主は誠実な者を<保>たれるが，高ぶ
37:28 彼らは永遠に<保>たれるが，悪者ど
61: 7 彼を<保つ>ようにしてください．
89:28 恵みを彼のために永遠に<保>とう．
111: 8 それらは世々限りなく<保>たれ，ま
箴言 2: 8 公義の小道を<保>ち，その聖徒たち
11 英知があなたを<保>って，
4:21 あなたの心のうちに<保>て．
19: 8 英知を<保つ>者は幸いを見つける．
16 自分のいのちを<保>ち，自分の道を
22:18 あなたのうちに<保つ>なら，楽しい
伝道 3: 6 <保つ>のに時があり，投げ捨てるの
イザ 56: 6 わたしの契約を堅く<保つ>なら，
ダニ 7:18 その国を<保>って世々限りなく続く．
アモ 1:11 いつまでも激しい怒りを<保>ってい
ルカ 17:33 それを失う者はいのちを<保>ちます．

ヨハ 6:27 いつまでも<保>ち，永遠のいのちに
12:25 いのちを憎む者はそれを<保>って永
17:11 御名の中に，彼らを<保>ってくださ
12 御名の中に彼らを<保>ち，また守り
Ⅰコリ15: 2 福音のことばをしっかりと<保>って
エペ 4: 3 御霊の一致を熱心に<保>ちなさい．
Ⅰテサ 4: 4 自分のからだを，聖く…尊く<保>ち，
Ⅰテモ 5:22 自分を清く<保>ちなさい．
ヘブ 1: 3 みことばによって万物を<保>ってお
4:14 信仰の告白を堅く<保>とうではあり
10:39 信じていのちを<保つ>者です．
Ⅱペテ 3: 7 滅びとの日まで，<保>たれているの
Ⅰヨハ 1: 7 互いに交わりを<保>ち，御子イエス
ユダ 21 神の愛のうちに自分自身を<保>ち，

▼ たやす（絶やす）

出エ 29:38 毎日<絶やす>ことなく１歳の若い雄
申命 2:15 宿営のうちから<絶や>された．
箴言 2:22 悪者どもは地から<絶や>され，裏切
伝道 9: 8 頭には油を<絶や>してはならない．
エレ 51:55 そこから大いなる声を<絶や>される
エゼ 20:17 荒野で彼らを<絶や>さなかった．
ホセ 2:18 弓と剣と戦いを地から<絶や>し，彼
ナホ 2:13 あなたの獲物を地から<絶やす>．あ
ゼカ 9: 6 ペリシテ人の誇りを<絶や>し，

▼ たよる，たより

Ⅰ列 9: 9 主を捨てて，ほかの神々に<たよ>り，
ネヘ 10:29 親類のすぐれた人々に<たよ>り，神
ヨブ 6:20 彼らはこれに<たよ>ったために恥を
詩篇 44: 6 私は私の弓に<たよ>りません．私の
52: 7 おのれの豊かな富に<たよ>り，おの
62:10 圧制に<たよる>な．略奪にむなしい
146: 3 君主たちに<たよ>ってはならない．
箴言 3: 5 拠り頼め．自分の悟りに<たよる>な．
28:26 自分の心に<たよる>者は愚かな者，
イザ 2:22 人間を<たより>にするな．そんな者
10:20 自分を打つ者に<たよ>らず，イスラ
エルの聖なる方，主に…<たよる>．
27: 5 わたしのとりでに<たよ>りたければ，
30:12 悪巧みに拠り頼み，これに<たよ>っ
31: 1 彼らは馬に<たよ>り，多数の戦車と，
59: 4 むなしいことに<たよ>り，うそを言
ハバ 2:18 偽りの神々…に<たよ>ったところで，
Ⅰテモ 6:17 <たより>にならない富に望みを置か

▼ ダラ〔人名〕

ユダの孫．ゼラフの子．Ⅰ歴2:6．

▼ たらい

ヨハ 13: 5 <たらい>に水を入れ，弟子たちの足

▼ だらく（堕落）

創世 6:11 地は，神の前に<堕落>し…暴虐で満
出エ 32: 7 あなたの民は，<堕落>してしまった
申命 4:16 <堕落>して…彫像をも造らないよう
31:29 私の死後…きっと<堕落>して，私が
士師 2:19 先祖たちよりも，いっそう<堕落>し
箴言 14:14 心の<堕落>している者は自分の道に
イザ 1: 4 <堕落>した子ら．彼らは主を捨て，
ホセ 9: 9 彼らは…真底まで<堕落>した．主は
テト 3:11 このような人は…<堕落>しており，
ヘブ 6: 6 <堕落>してしまうならば…もう一度
悔い改めに立ち返らせることはでき

▼ タラント

出エ 38:27 用いた銀は，100<タラント>であっ
29 奉献物の青銅は70<タラント>2400シ
Ⅰ列 10:14 金の目方で666<タラント>であった．
Ⅱ列 15:19 メナヘムは銀１千<タラント>をプル
18:14 銀300<タラント>…金30<タラント>
23:33 銀100<タラント>と…<タラント>の
Ⅰ歴 29: 7 金５千<タラント>…銀１万<タラン
ト>，青銅１万８千<タラント>，鉄
10万<タラント>をささげた．
エズ 7:22 銀は100<タラント>まで，小麦は100
8:26 金100<タラント>を量って彼らに渡
エス 3: 9 銀１万<タラント>を量って渡します．
マタ 18:24 １万<タラント>の借りのあるしもべ
25:15 能力に応じて，ひとりには５<タラ
ント>．16，18，20，22，24，25，
28．
黙示 16:21 １<タラント>ほどの大きな雹が，人

▼ ダリク

Ⅰ歴 29: 7 金５千タラント１万<ダリク>，銀１
エズ 2:69 資金のために金６万１千<ダリク>，
8:27 １千<ダリク>相当の金の鉢20．また，
ネヘ 7:69 資金のために金１千<ダリク>，鉢50，
祭司の長服530着をささげ．70，71．

▼ タリタ・クミ

マコ 5:41 <タリタ，クミ>」と言われた．（訳

▼ ダリヨス〔人名〕

(1)ペルシヤ王．ヒュスタスペス．エズ4:5，24，
5:5，6:1，15，ハガ1:1，2:1，ゼカ1:1，7:1．
(2)メディヤ人ダリヨス．ダニ5:31，6:1，9:1．

▼ **たりる（足りる），足る**
創世 32:10　恵みとまことを受けるに<足り>ない
申命　8: 9　何一つ<足り>ないもののない地，そ
士師 18: 7　この地には<足り>ないものは何もな
　　　　10　地にあるもので<足り>ないものは何
ヨブ 20:20　彼の腹は<足る>ことを知らないので，
イザ 56:11　貪欲な犬どもは，<足る>ことを知ら
哀歌　5: 6　<足りる>だけの食物を得ようと，エ
ダニ　5:27　目方の<足り>ないことがわかったと
マタ 25: 9　分けてあげるにはとうてい<足り>ま
ヨハ　6: 7　200デナリのパンでは<足り>ません．
Ⅰコリ 16:17　<足り>ない分を補ってくれたからで
Ⅱコリ　8:15　少し集めた者も<足り>ないところが
ヘブ 11:32　話すならば，時が<足り>ないでしょ

▼ **タルアラ〔地名〕**
ベニヤミンの町．ヨシ18:27．

▼ **ダルコンぞく（～族）**
捕囚帰還の一氏族．エズ2:56，ネヘ7:58．

▼ **タルシシュ**
1．地名．2．(1)の子孫の居住地．詩篇72:10，イザ66:19，エレ10:9，エゼ27:12，ヨナ1:3．
2．人名．
(1)ヤワンの子孫．創世10:4，Ⅰ歴1:7．
(2)ペルシヤの首長．エス1:14．
3．タルシシュの船（団）．Ⅰ列10:22，Ⅱ歴9:21，詩篇48:7，イザ2:16，23:1，エゼ27:25．

▼ **タルソ**
1．地名．パウロの故郷．使徒9:30，22:3．
2．タルソ人．使徒9:11．

▼ **ダルダ〔人名〕**
知恵ある者．ダラと同一人．Ⅰ列4:31．

▼ **タルタク〔偶像〕**
アワ人がサマリヤで礼拝した神．Ⅱ列17:31．

▼ **タルタン**
アッシリヤの将軍の称号．Ⅱ列18:17．

▼ **ダルフォン〔人名〕**
ペルシヤ王の重臣ハマンの子．エス9:7．

▼ **タルマイ〔人名〕**
(1)アナクの子孫．民数13:22，ヨシ15:14．
(2)ゲシュルの王．Ⅱサム3:3，13:37，Ⅰ歴3:2．

▼ **ダルマテヤ〔地名〕**
イルリコ地方の南部．Ⅱテモ4:10．

▼ **ダルマヌタ〔地名〕**
ガリラヤ湖西岸の地方．マコ8:10．

▼ **たるむ**
創世 49:24　彼の弓は<たるむ>ことなく，彼の腕

▼ **タルモン**
1．人名．レビ人．捕囚帰還後門衛．Ⅰ歴9:17．
2．タルモン族．エズ2:42，ネヘ7:45，11:19．

▼ **たれまく（垂れ幕）**
出エ 26:31　亜麻布で<垂れ幕>を作る．33，35，27:21，30:6，36:35，38:27，40:3，22，26．
　　35:12　『贖いのふた』とおおいの<垂れ幕>，
　　39:34　仕切りの<垂れ幕>．40:21．
レビ　4: 6　聖所の<垂れ幕>の前に，その血を七たび．17，16:2，12，15，21:23．
　　24: 3　あかしの箱の<垂れ幕>の外側で，タ
民数 18: 7　<垂れ幕>の内側のことについてのあ
Ⅱ歴　3:14　白亜麻布の<垂れ幕>を作り，その上
ヘブ　9: 3　第２の<垂れ幕>のうしろには，至聖
　　10:20　ご自分の肉体という<垂れ幕>を通し

▼ **たわごと**
ミカ　2: 6　彼らは<たわごと>を言っている．11．
ルカ 24:11　この話は<たわごと>と思われたので，

▼ **たわむれる（戯れる）**
出エ 32: 6　飲み食いし，立っては，<戯れ>た．
士師 16:25　彼は彼らの前で<戯れ>た．彼らがサ
ヨブ 40:20　野の獣もみな，そこで<戯れる>．
　　41: 5　鳥と<戯れる>ようにこれと<戯れ>，
詩　104:26　レビヤタンも，そこで<戯れ>ます．
イザ 11: 8　乳飲み子はコブラの穴の上で<戯れ>，
エゼ 16:37　あなたが<戯れ>たすべての愛人たち

▼ **ダン**
1．地名．パレスチナ北部．創世14:14，ヨシ19:47，士師18:29，Ⅰサム3:20，Ⅰ列12:29，15:20，Ⅱ歴30:5，エレ4:15，8:16，アモ8:14．
2．人名．ヤコブとビルハの子．創世30:6，46:23，49:16，17，士師18:29，Ⅰ歴2:2．
3．ダン族（人）．2．から出た一族．出エ31:6，民数1:39，ヨシ19:40，士師1:34，13:2．

▼ **だん（壇）【別項】香壇・香の壇**
出エ 30: 1　香をたくために<壇>を作る．それは，
　　40:26　垂れ幕の前に，金の<壇>を置き，
Ⅰ歴　6:49　全焼のいけにえの<壇>と香の壇の上

▼ **たんがん（嘆願）**
出エ 32:11　モーセは…主に<嘆願>して言った．
Ⅰサム 13:12　私は，まだ主に<嘆願>していないと

Ⅱ歴 33:12 彼はその神，主に<嘆願>し，その父
エス 8: 3 泣きながら<嘆願>したので，
エレ 38:26 王の前に<嘆願>していた』と言いな

▼ たんき（短気）

箴言 14:17 <短気>な者は愚かなことをする．悪
テト 1: 7 わがままでなく，<短気>でなく，酒

▼ だんけつ（団結）

士師 20:11 イスラエル人はみな<団結>し，こぞ
Ⅱサム 10:15 アラムは…を見て<団結>した．

▼ だんし（男子）

創世 17:10 すべての<男子>は割礼を受けなさい．
出エ 12:37 徒歩の壮年の<男子>は約60万人．
23:17 年に3度，<男子>はみな，あなたの
レビ 6:18 <男子>だけがそれを食べることがで
民数 1: 2 すべての<男子>の名を…数えて人口
3:15 すべての<男子>を登録しなければな
31: 7 その<男子>をすべて殺した．
申命 23:17 イスラエルの<男子>は神殿男娼にな
ってはならない．
ヨシ 5: 4 <男子>…途中，荒野で死んだ．
Ⅰ列 11:15 エドムの<男子>をみな打ち殺したこ
Ⅱ歴 31:19 祭司たちのすべての<男子>，および，
エズ 8: 3 系図に載せられた…<男子>150名．
エス 1:22 <男子>はみな，一家の主人となるこ
ルカ 2:23 母の胎を開く<男子>の初子は，すべ
ガラ 3:28 <男子>も女子もありません．なぜな

▼ だんじき（断食）

士師 20:26 その日は，夕方まで<断食>をし，全
Ⅰサム 7: 6 ミツパに集まり…その日は<断食>し
31:13 柳の木の下に葬り，7日間，<断食>
Ⅱサム 1:12 悲しんで泣き，夕方まで<断食>した．
12:16 ダビデはその子のために…<断食>を
Ⅰ列 21: 9 <断食>を布告し，ナボテを民の前に
27 身に荒布をまとい，<断食>をし，荒
Ⅱ歴 20: 3 ユダ全国に<断食>を布告した．
エズ 8:21 アハワ川のほとりで<断食>を布告し
23 私たちはこのことのために<断食>し
ネヘ 1: 4 <断食>して天の神の前に祈って，
9: 1 イスラエル人は<断食>をし，荒布を
エス 4: 3 <断食>と，泣き声と，嘆きとが起こ
16 私のために<断食>をしてください．
詩篇 35:13 私は<断食>してたましいを悩ませ，
109:24 私のひざは，<断食>のためによろけ，
イザ 58: 3 <断食>の日に自分の好むことをし，
6 わたしの好む<断食>は，これではな
エレ 14:12 彼らが<断食>しても，わたしは彼ら
36: 6 <断食>の日に…主のことばを…読み
ダニ 6:18 王は…一晩中<断食>をして，食事を
9: 3 <断食>をし，荒布を着，灰をかぶっ
ヨエ 1:14 <断食>の布告をし，きよめの集会の
2:12 心を尽くし，<断食>と，涙と，嘆き
ヨナ 3: 5 ニネベの人々は神を信じ，<断食>を
ゼカ 7: 3 <断食>をして泣かなければならない
5 第5の月と第7の月に<断食>して嘆
8:19 第4の月の<断食>…は…楽しみとな
マタ 4: 2 40日40夜<断食>したあとで，空腹を
6:16 <断食>するときには…やつれた顔つ
きをしてはいけません．17，18．
9:14 私たちとパリサイ人は<断食>するの
に．マコ2:18，ルカ5:33．
15 花婿が取り去られる時…には<断食>
します．マコ2:19，20，ルカ5:35．
17:21 この種のものは，祈りと<断食>によ
ルカ 2:37 <断食>と祈りをもって神に仕えてい
18:12 私は週に2度<断食>し，自分の受け
使徒 13: 2 主を礼拝し，<断食>をしていると，
3 <断食>と祈りをして，ふたりの上に
14:23 長老たちを選び，<断食>をして祈っ
27: 9 <断食>の季節もすでに過ぎていたた
Ⅱコリ 6: 5 労役にも，徹夜にも，<断食>にも，

▼ たんじゅう（胆汁）

ヨブ 16:13 神は…私の<胆汁>を地に流した．
使徒 8:23 苦い<胆汁>と不義のきずなの中にい

▼ たんじょう（誕生），誕生日

創世 40:20 3日目はパロの<誕生日>であった．
マタ 1:18 イエス・キリストの<誕生>は次のよ
14: 6 ヘロデの<誕生>祝いがあって，ヘロ
マコ 6:21 ヘロデがその<誕生日>に，重臣や，
ルカ 1:14 多くの人もその<誕生>を喜びます．

▼ だんしょう（男娼）

Ⅰコリ 6: 9 <男娼>となる者，男色をする者，

▼ タンバリン

創世 31:27 私は<タンバリン>や立琴で喜び歌っ
出エ 15:20 ミリヤムは<タンバリン>を手に取り，
士師 11:34 自分の娘が，<タンバリン>を鳴らし，
Ⅰサム 10: 5 <タンバリン>…を鳴らす者を先頭に，
18: 6 <タンバリン>，喜びの歌，3弦の琴
Ⅱサム 6: 5 <タンバリン>…を鳴らして…踊った．
Ⅰ歴 13: 8 <タンバリン>，シンバル，ラッパを
ヨブ 21:12 <タンバリン>と立琴に合わせて歌い，

詩篇 68:25 <タンバリン>を鳴らしておとめらが
81: 2 <タンバリン>を打ち鳴らせ．
149: 3 <タンバリン>と立琴をかなでて，主
150: 4 <タンバリン>と踊りをもって，神を
イザ 5:12 <タンバリン>と笛とぶどう酒がある．
24: 8 陽気な<タンバリン>の音は終わり，
30:32 <タンバリン>と立琴が鳴らされる．
エレ 31: 4 あなたは<タンバリン>で身を飾り，

▼ たんぽ（担保）

レビ 6: 2 すなわち預かり物や<担保>の物，あ
申命 24:10 <担保>を取るため，その家に入ってはならない．11，12，13．
ハバ 2: 6 その上に<担保>を重くする者．」

▼ タンムズ〔偶像〕

バビロニヤの牧神．エゼ8:14．

▼ ダン・ヤアン〔地名〕

ダビデの人口調査時に行き巡った町．IIサム24:6．

▼ たんれん（鍛練）

Iテモ 4: 7 敬虔のために自分を<鍛練>しなさい．
8 肉体の<鍛練>もいくらかは有益です

ち

▼ ち（地），大地【別項】全地，地の塩，地の民，地の果て・地の果て果て，天と地，ゆずりの地，割り当て地

創世 1: 2 <地>は茫漠として，何もなかった．
10 神はかわいた所を<地>と名づけ，水
11 神が，「<地>は植物，種を生じる草，
28 <地>を満たせ．<地>を従えよ…<地>をはうすべての生き物を支配せよ．」
2: 6 ただ，水が<地>から湧き出て，土地
12 その<地>の金は，良質で，また，そ
4: 3 カインは，<地>の作物から主へのさ
5:29 主がこの<地>をのろわれたゆえに，
6: 7 人を<地>の面から消し去ろう．人を
11 <地>は，神の前に堕落し，<地>は，暴虐で満ちていた．
13 <地>は…暴虐で満ちているからだ…彼らを<地>とともに滅ぼそうとして
7: 4 <地>の上に40日40夜，雨を降らせ，
17 それは，<地>から浮かび上がった．
22 かわいた<地>の上にいたものはみな
8: 8 水が<地>の面から引いたかどうかを
13 見よ，<地>の面は，かわいていた．
21 この<地>をのろうことはすまい．人
22 <地>の続くかぎり，種蒔きと刈り入
9: 1 生めよ．ふえよ．<地>に満ちよ．
13 それはわたしと<地>との間の契約の
12: 1 わたしが示す<地>へ行きなさい．
13:15 あなたが見渡しているこの<地>全部
28:12 一つのはしごが<地>に向けて立てら
35:12 アブラハムとイサクに与えた<地>を，あなたに与え…その<地>を与えよう．
50:24 この<地>から…ヤコブに誓われた<地>へ上らせてくださいます．」
出エ 1: 7 強くなり，その<地>は彼らで満ちた．
3: 5 立っている場所は，聖なる<地>であ
8 その<地>から，広い良い<地>，乳と
4: 3 <地>に投げると，杖は蛇になった．
6: 8 ヤコブに与えると誓ったその<地>に，
9:29 この<地>が主のものであることをあ
15:12 <地>は彼らをのみこんだ．
20: 4 下の<地>にあるものでも，<地>の下
12 主が与えようとしておられる<地>で，
32:12 <地>の面から絶ち滅ぼすために，悪
レビ 18:25 その<地>も汚れており，それゆえ，わたしはその<地>の咎を罰するので，
25:23 <地>は買い戻しの権利を放棄して…<地>はわたしのものであるから．あ
民数 11:12 彼らの先祖たちに誓った<地>に連れ
16:30 <地>がその口を開き，彼らと．32．
32:11 ヤコブに誓った<地>を見ることはで
申命 3:24 神が，天，あるいは<地>にあるでし
4:18 <地>をはうどんなものの形も，<地>の下の水の中にいるどんな魚の形も．
39 上は天，下は<地>において，主だけ
40 <地>で，あなたが長く生き続けるた
7:13 先祖たちに誓われた<地>で，主はあ
8: 7 あなたを良い<地>に導き入れようとしておられる…深い淵のある<地>，
18: 9 与えようとしておられる<地>に入っ
21:23 <地>を汚してはならない．

26: 1 <地>に入って行き，それを占領し，
28:23 あなたの下の<地>は鉄となる．
29:28 彼らをこの<地>から根こぎにし，ほ
30:18 <地>で，長く生きることはできない．
32: 1 <地>よ．聞け．私の口のことばを．
43 ご自分の民の<地>の贖いをされるか
士師 4:21 鉄のくいを打ち込んで<地>に刺し通
5: 4 <大地>は揺れ，天もまた，したたり，
Ⅰサム 2: 8 まことに，<地>の柱は主のもの，そ
3:19 彼のことばを一つも<地>に落とされ
5: 3 ダゴンは…<地>にうつぶせになって
14:45 髪の毛一本でも<地>に落ちてはなり
20:15 ダビデの敵を<地>の面からひとり残
28:13 <地>から上って来られるのが見えま
Ⅱサム 22: 8 すると，<地>はゆるぎ，動いた．ま
Ⅰ列 8:34 お与えになった<地>に，彼らを帰ら
18: 1 わたしはこの<地>に雨を降らせよう．
Ⅱ列 19:15 あなただけが，<地>のすべての王国
19 <地>のすべての王国は，主よ，あな
Ⅰ歴 21:16 主の使いが…<地>と天の間に立って
ネヘ 9:24 その子孫は…その<地>を所有しまし
ヨブ 2:13 7日7夜，<地>にすわっていたが，
10:21 やみと死の陰の<地>に行く前に．
16:18 <地>よ．私の血をおおうな．私の叫
18: 4 あなたのために<地>が見捨てられよ
24: 4 その<地>の哀れな人々は，共に身を
26: 7 <地>を何もない上に掛けられる．
28:24 神は<地>の隅々まで見渡し，天の下
38: 4 わたしが<地>の基を定めたとき，あ
18 あなたは<地>の広さを見きわめたこ
24 東風が<地>の上で散り広がる道はど
33 <地>にその法則を立てることができ
詩篇 2: 2 <地>の王たちは立ち構え，治める者
24: 1 <地>とそれに満ちているもの，世界
33: 5 <地>は主の恵みに満ちている．
34:16 彼らの記憶を<地>から消される．
37: 9 主を待ち望む者，彼らは<地>を受け
44:25 私たちの腹は<地>にへばりついてい
46: 2 たとい，<地>は変わり山々が海のま
58:11 さばく神が，<地>におられる．」
65: 9 あなたは，<地>を訪れ，水を注ぎ…
こうして<地>の下ごしらえをし，彼
67: 2 あなたの道が<地>の上に，あなたの
73: 9 その舌は<地>を行き巡る．
82: 5 <地>の基は，ことごとく揺らいでい
85:11 まことは<地>から生えいで，義は天
95: 4 <地>の深みは主の御手のうちにあり，
102:19 天から<地>の上に目を注がれました．
104:14 人が<地>から食物を得るために．
30 あなたは<地>の面を新しくされます．
106:24 彼らは麗しい<地>をさげすみ，神の
136: 6 <地>を水の上に敷かれた方に．その
147:15 主は<地>に命令を送られる．そのこ
箴言 3:19 主は知恵をもって<地>の基を定め，
25: 3 天が高く，<地>が深いように，王の
伝道 1: 4 しかし<地>はいつまでも変わらない．
12: 7 ちりはもとあった<地>に帰り，霊は
イザ 1: 2 天よ，聞け．<地>も耳を傾けよ．主
8:22 <地>を見ると，見よ．苦難とやみ，
19:24 <大地>の真ん中で祝福を受ける．
26:19 <地>は死者の霊を生き返らせます．
38:11 生ける者の<地>で主を見ない．死人
40:21 <地>の基がどうして置かれたかを悟
45: 8 <地>よ．開いて救いを実らせよ．正
51: 6 また下の<地>を見よ…<地>も衣のよ
うに古びて，その上に住む者は，ぶ
55: 9 天が<地>よりも高いように，わたし
65:17 新しい天と新しい<地>を創造する．
66: 1 <地>はわたしの足台．わたしのため
エレ 9:24 <地>に恵みと公義と正義を行う者で
17:13 <地>にその名がしるされる．いのち
22:29 <地>よ，<地>よ，<地>よ．主のこと
23:24 天にも<地>にも，わたしは満ちてい
28:16 あなたを<地>の面から追い出す．こ
哀歌 2: 1 栄えを天から<地>に投げ落とし，御
エゼ 33:24 イスラエルの<地>のこの廃墟に住む
者たちは…ひとりでこの<地>を所有
していた…この<地>を所有するよう
34:27 <地>は産物を生じ，彼らは安心して
ダニ 4:10 <地>の中央に木があった．それは非
6:27 <地>においてもしるしと奇蹟を行い，
7: 4 <地>から起こされ，人間のように二
8: 5 <地>には触れずに，全土を飛び回っ
12 その角は真理を<地>に投げ捨て，ほ
12: 2 <地>のちりの中に眠っている者のう
ホセ 2:18 <地>をはうものと契約を結び，弓と
ヨエ 1:10 畑は荒らされ，<地>も喪に服する．
2:21 <地>よ．恐れるな．楽しみ喜べ．主
アモ 4:13 <地>の高い所を歩まれる方，その名
5: 2 彼女はおのれの<地>に投げ倒されて，

7:17 あなたは汚れた<地>で死に，イスラ
9: 9 一つの石ころも<地>に落とさない．
15 わたしは彼らを彼らの<地>に植える．
ヨナ 2: 6 <地>のかんぬきが，いつまでも私の
ハバ 2:14 <地>は，主の栄光を知ることで満た
ゼカ 9:16 その<地>で，きらめく王冠の宝石と
12: 1 <地>の基を定め，人の霊をその中に
14: 9 主は<地>のすべての王となられる．
マタ 2: 6 ユダの<地>，ベツレヘム．あなたは
4:16 死の<地>と死の陰にすわっていた人
5: 5 その人たちは<地>を受け継ぐから．
35 <地>をさして誓ってもいけません．
6:10 <地>でも行われますように．
10:29 父のお許しなしには<地>に落ちるこ
34 <地>に平和をもたらすためだと思っ
12:40 人の子も3日3晩，<地>の中にいる
25:25 1タラントを<地>の中に隠しておき
27:51 そして，<地>が揺れ動き，岩が裂け
マコ 4:28 <地>は人手によらず実をならせるも
31 <地>に蒔かれる種の中で，一番小さ
ルカ 2:14 <地>の上に，平和が，御心にかなう
12:49 わたしが来たのは，<地>に火を投げ
56 <地>や空の現象を見分けることを知
22:44 血のしずくのように<地>に落ちた．
ヨハ 3:31 <地>から出る者は<地>に属し，<地>
のことばを話す．天から来る方は，
12:24 一粒の麦がもし<地>に落ちて死なな
使徒 2:19 下は<地>にしるしを示す．それは，
7: 3 わたしがあなたに示す<地>に行け』
5 この<地>を彼とその子孫に財産とし
33 あなたの立っている所は聖なる<地>
49 <地>はわたしの足の足台である．あ
9: 4 彼は<地>に倒れて，「サウロ，サウ
17:26 <地>の全面に住まわせ，それぞれに
19:27 大女神のご威光も<地>に落ちてしま
Iコリ 10:26 <地>とそれに満ちているものは，主
15:47 第1の人は<地>から出て，土で造ら
エペ 4: 9 彼がまず<地>の低い所に下られた，
ピリ 2:10 イエスの御名によって…<地>にある
もの，<地>の下にあるもののすべて
ヘブ 1:10 <地>の基を据えられました．天も，
11: 9 彼は約束された<地>に他国人のよう
38 ほら穴と<地>の穴とをさまよいまし
12:26 その声が<地>を揺り動かしましたが
…もう一度，<地>だけではなく，天
ヤコ 3:15 <地>に属し，肉に属し，悪霊に属す
5:12 天をさしても<地>をさしても，その
17 3年6か月の間，<地>に雨が降りま
IIペテ 3: 5 <地>は神のことばによって水から出
13 新しい天と新しい<地>を待ち望んで
黙示 5: 3 天にも，<地>にも，<地>の下にも，
7: 1 4人の御使いが<地>の四隅に立って，
<地>の四方の風を…押さえ，<地>に
2 彼は，<地>をも海をもそこなう権威
8: 5 その香炉を取り…<地>に投げつけた．
13 わざわいが来る．<地>に住む人々に．
10: 5 私の見た海と<地>との上に立つ御使
11:18 <地>を滅ぼす者どもの滅ぼされる時
12:16 <地>は女を助け，その口を開いて，
14:19 御使いは<地>にかまを入れ，<地>の
ぶどうを刈り集めて，神の激しい怒
16: 1 怒りの七つの鉢を，<地>に向けてぶ
18: 1 <地>はその栄光のために明るくなっ
19: 2 <地>を汚した大淫婦をさばき，ご自
20:11 <地>も天もその御前から逃げ去って，
21: 1 新しい天と新しい<地>とを見た…以
前の<地>は過ぎ去り，もはや海もな

▼ち（血），血まみれ【別項】血の地所

創世 4:10 あなたの弟の<血>が，その土地から
9: 4 肉は，そのいのちである<血>のある
5 あなたがたの<血>の価を要求する．
6 人の<血>を流す者は，人によって，
<血>を流される．神は人を神のかた
37:22 <血>を流してはならない．彼を荒野
42:22 彼の<血>の報いを受けるのだ．」
出エ 4:25 あなたは私にとって<血>の花婿です．
7:17 ナイルの水を打ち…水は<血>に変わ
12: 7 その<血>を取り…2本の門柱と，か
22 <血>に浸し，その鉢の中の<血>をか
もいと2本の門柱につけなさい．朝
24: 8 モーセはその<血>を取って，民に注
ぎかけ…契約の<血>である．」
29:12 雄牛の<血>を取り…その<血>はみな
祭壇の土台に注がなければならない．
30:10 罪のためのいけにえの<血>によって，
レビ 1: 5 その<血>を持って行って…祭壇の回
りに，その<血>を注ぎかけなさい．
3:17 脂肪も<血>もいっさい食べてはなら
12: 4 その女は…<血>のきよめのために，
14: 6 湧き水の上でほふった小鳥の<血>の

16:14 雄牛の<血>を取り…指で七たびその
<血>を『贖いのふた』の前に振りか
17:11 肉のいのちは<血>の中にあるからで
ある…贖いをするのは<血>である.
19:16 隣人の<血>を流そうとしてはならな
20:18 女はその<血>の泉を現したのである.
民数 23:24 殺したものの<血>を飲むまでは休ま
35:27 <血>の復讐をする者が…その殺人者
を殺しても, 彼には<血>を流した罪
33 <血>は土地を汚すからである. 土地
に流された<血>についてその土地を
贖うには…<血>を流させた者の<血>
申命 12:16 ただし, <血>は食べてはならない.
23 <血>は絶対に食べてはならない.
<血>はいのちだからである. 肉とと
19:10 罪のない者の<血>が流されることが
なく…<血>の罪を負うことがないた
32:43 ご自分のしもべの<血>のかたきを討
Ⅰサム 14:32 民は<血>のままで, それを食べた.
26:20 この<血>を地面に流すことがありま
Ⅱサム 1:16 おまえの<血>は, おまえの頭にふり
16: 8 主がサウルの家のすべての<血>を…
おまえは<血まみれ>の男だから.」
Ⅰ列 2: 5 平和な時に, 戦いの<血>を流し, 自
分の腰の帯と足のくつに戦いの<血>
9 彼のしらが頭を<血>に染めてよみに
33 ふたりの<血>は永遠にヨアブの頭と
21:19 犬どもがナボテの<血>をなめたその
場所で…あなたの<血>をなめる.』」
Ⅱ列 9: 7 預言者たちの<血>…<血>の復讐をす
ヨブ 16:18 地よ. 私の<血>をおおうな. 私の叫
詩篇 9:12 <血>に報いる方は, 彼らを心に留め,
72:14 彼らの<血>は彼の目に尊ばれましょ
箴言 1:11 人の<血>を流すために待ち伏せし,
30:33 鼻をねじると<血>が出る. 怒りをか
イザ 1:11 雄牛, 子羊, 雄やぎの<血>も喜ばな
15 あなたがたの手は<血まみれ>だ.
34: 3 山々は, その<血>によって溶ける.
66: 3 豚の<血>をささげる者. 乳香をささ
エレ 2:34 すそには…いのちの<血>が見える.
エゼ 3:18 彼の<血>の責任をあなたに問う.
28:23 そのちまたには<血>が流れ, 四方か
33:25 <血>がついたままで食べ…<血>を流
39:17 その肉を食べ, その<血>を飲め.
ホセ 1: 4 イズレエルの<血>をエフーの家に報

ヨエ 2:30 <血>と火と煙の柱である.
31 太陽はやみとなり, 月は<血>に変わ
ヨナ 1:14 罪のない者の<血>を私たちに報いな
ミカ 3:10 <血>を流してシオンを建て, 不正を
ゼカ 9:11 あなたとの契約の<血>によって, わ
マタ 23:30 預言者たちの<血>を流すような仲間
35 義人アベルの<血>から…ザカリヤの
<血>に至るまで…正しい<血>の報復
がおまえたちの上に. ルカ11:50=51.
26:28 わたしの契約の<血>です. 罪を赦す
27: 4 罪のない人の<血>を売ったりして」
6 <血>の代価だから」と言った.
8 今でも<血>の畑と呼ばれている.
24 この人の<血>について, 私には責任
マコ 5:29 すぐに, <血>の源がかれて, ひどい
14:24 これはわたしの契約の<血>です. 多
ルカ 22:20 わたしの<血>による新しい契約です.
44 汗が<血>のしずくのように地に落ち
ヨハ 1:13 <血>によってではなく, 肉の欲求や
6:53 またその<血>を飲まなければ, あな
54 わたしの<血>を飲む者は, 永遠のい
55 わたしの<血>はまことの飲み物だか
56 <血>を飲む者は, わたしのうちにと
19:34 ただちに<血>と水が出て来た.
使徒 2:19 <血>と火と立ち上る煙である.
20 太陽はやみとなり, 月は<血>に変わ
15:20 <血>とを避けるように書き送るべき
18: 6 あなたがたの<血>は, あなたがたの
頭上にふりかかれ. 私には責任がな
20:28 聖霊は, 神がご自身の<血>をもって
22:20 証人ステパノの<血>が流されたとき,
ロマ 5: 9 キリストの<血>によって義と認めら
Ⅰコリ 10:16 キリストの<血>にあずかることでは
11:27 主のからだと<血>に対して罪を犯す
エペ 1: 7 その<血>による贖い, 罪の赦しを受
2:13 キリストの<血>によって近い者とさ
コロ 1:20 十字架の<血>によって平和をつくり,
ヘブ 2:14 子たちはみな<血>と肉とを持ってい
9: 7 大祭司…<血>を携えずに入るような
ことはありません. その<血>は, 自
12 やぎと子牛との<血>によってではな
く, ご自分の<血>によって, ただ一
10:19 イエスの<血>によって, 大胆にまこ
29 契約の<血>を汚れたものとみなし,
13:20 永遠の契約の<血>による羊の大牧者,

Ｉペテ 1:19 キリストの，尊い‹血›によったので
Ｉヨハ 1: 7 イエスの‹血›はすべての罪から私た
5: 6 キリストは，水と‹血›とによって来
8 御霊と水と‹血›です．この三つが一
黙示 1: 5 その‹血›によって私たちを罪から解
7:14 その衣を小羊の‹血›で洗って，白く
12:11 小羊の‹血›と，自分たちのあかしの
16: 6 預言者たちの‹血›を流しましたが，
あなたは，その‹血›を彼らに飲ませ
17: 6 聖徒たちの‹血›とイエスの証人たち
の‹血›に酔っているのを見た．私は
19: 2 しもべたちの‹血›の報復を彼女にさ

▼ ちい（地位）

創世 40:13 あなたをもとの‹地位›に戻すでしょ
エス 1:14 王国の最高の‹地位›についていた．
イザ 22:19 あなたの‹地位›から引き降ろす．
Ｉテモ 2: 1 すべての高い‹地位›にある人たちの

▼ ちいさい（小さい）【別項】一番小さい，最も小さい

創世 1:16 ‹小さい›ほうの光る物には夜をつか
19:20 しかもあんなに‹小さい›のです．ど
出エ 18:22 ‹小さい›事件はみな，彼らがさばか
Ｉ列 2:20 あなたに一つの‹小さ›なお願いがあ
3: 7 私は‹小さい›子どもで，出入りする
17:13 私のために…‹小さ›なパン菓子を作
18:44 手のひらほどの‹小さ›な雲が海から
Ⅱ列 2:23 この町から‹小さい›子どもたちが出
ネヘ 9:32 ‹小さい›事とみなさないでください．
ヨブ 8: 7 あなたの始めは‹小さ›くても，その
詩 115:13 ‹小さ›な者も，大いなる者も．
箴言 30:24 この地上には‹小さい›ものが四つあ
イザ 7:13 人々を煩わすのは‹小さ›なこととし，
エレ 49:15 あなたを国々の中の‹小さい›者，人
ダニ 7: 8 もう１本の‹小さ›な角が出て来たが，
アモ 7: 2 ヤコブは…‹小さい›のです．」
8: 5 エパを‹小さ›くし，シェケルを重く
ゼカ 4:10 その日を‹小さ›な事としてさげすん
マタ 7:14 いのちに至る門は‹小さ›く，その道
10:42 この‹小さい›者たちのひとりに，水
13:32 どんな種よりも‹小さい›のですが，
15:34 それに，‹小さい›魚が少しあります．
18: 2 イエスは‹小さい›子どもを呼び寄せ，
6 この‹小さい›者たちのひとりにでも
マコ 5:23 私の‹小さい›娘が死にかけています．
7:25 汚れた霊につかれた‹小さい›娘のい
10:20 みな，‹小さい›時から守っておりま
ルカ 12:26 こんな‹小さ›なことさえできないで，
16:10 ‹小さい›事に忠実な人は，大きい事
にも忠実であり，‹小さい›事に不忠
17: 2 この‹小さい›者たちのひとりに，つ
18:21 みな，‹小さい›時から守っておりま
19:17 ほんの‹小さ›な事にも忠実だったか
Ｉコリ 6: 2 ごく‹小さ›な事件さえもさばく力が
ヤコ 3: 4 ごく‹小さ›なかじによって，かじを
5 舌も‹小さ›な器官ですが，大きなこ
とを言って誇る…‹小さい›火があの
Ｉヨハ 2:18 ‹小さい›者たちよ．今は終わりの時

▼ チゥダ〔人名〕

反乱の首謀者．ユダヤ人．使徒5:36．

▼ ちえ（知恵），知恵者

創世 41: 8 呪法師とすべての‹知恵›のある者た
出エ 7:11 パロも‹知恵›のある者と呪術者を呼
28: 3 ‹知恵›の霊を満たした，心に‹知恵›
36: 4 ‹知恵›のある者はみな，それぞれ自
申命 4: 6 あなたがたの‹知恵›と悟りを示すこ
とになり…確かに‹知恵›のある，悟
16:19 わいろは‹知恵›ある人を盲目にし，
32:29 もしも，‹知恵›があったなら，彼ら
34: 9 ヨシュアは，‹知恵›の霊に満たされ
Ⅱサム 14: 2 ひとりの‹知恵›のある女を連れて来
20 神の使いの‹知恵›のような‹知恵›が
20:22 この女はその‹知恵›を用いてすべて
Ｉ列 3:12 あなたに‹知恵›の心と判断する心と
4:29 ソロモンに非常に豊かな‹知恵›と英
7:14 ヒラムは…‹知恵›と，英知と，知識
10: 4 ソロモンのすべての‹知恵›と，彼が
23 ソロモン王は，富と‹知恵›とにおい
Ⅱ歴 1:10 今，‹知恵›と知識を私に下さい．そ
9: 6 私にはあなたの‹知恵›の半分も知ら
エズ 7:25 神の‹知恵›にしたがってさばきつか
エス 1:13 法令に詳しい，‹知恵›のある者たち
ヨブ 5:13 神は‹知恵›のある者を彼ら自身の悪
9: 4 神は心に‹知恵›のある方，力の強い
12: 2 あなたがたが死ぬと，‹知恵›も共に
12 老いた者に‹知恵›があり，年のたけ
13 ‹知恵›と力とは神とともにあり，思
15: 2 ‹知恵›のある者はむなしい知識をも
8 あなたは‹知恵›をひとり占めにして
17:10 ひとりの‹知恵›のある者も見いだす
28:12 ‹知恵›はどこから見つけ出されるの

18 <知恵>を獲得するのは真珠にまさる.
28 主を恐れること，これが<知恵>であ
32: 7 年の多い者が<知恵>を教える」と.
13 私たちは<知恵>を見いだした．人で
38:36 だれが心のうちに<知恵>を置いたか.
詩篇 37:30 正しい者の口は<知恵>を語り，その
49: 3 私の口は<知恵>を語り，私の心は英
10 <知恵>のある者たちが死に，愚か者
51: 6 私の心の奥に<知恵>を教えてくださ
90:12 <知恵>の心を得させてください.
111:10 主を恐れることは，<知恵>の初め.
箴言 1: 2 これは，<知恵>と訓戒とを学び，悟
5 <知恵>のある者はこれを聞いて理解
20 <知恵>は，ちまたで大声で叫び，広
2:10 <知恵>があなたの心に入り，知識が
3: 7 自分を<知恵>のある者と思うな．主
19 主は<知恵>をもって地の基を定め，
4: 5 <知恵>を得よ．悟りを得よ．忘れて
6: 6 そのやり方を見て，<知恵>を得よ.
8: 1 <知恵>は呼ばわらないだろうか．英
11 <知恵>は真珠にまさり，どんな喜び
9: 8 <知恵>のある者を責めよ．そうすれ
10: 8 心に<知恵>のある者は命令を受け入
14 <知恵>のある者は知識をたくわえ，
23 英知のある者には<知恵>が楽しみ.
11: 2 <知恵>はへりくだる者とともにある.
29 愚か者は心に<知恵>のある者のしも
30 <知恵>のある者は人の心をとらえる.
13: 1 <知恵>のある子は父の訓戒に従い，
14: 1 <知恵>のある女は自分の家を建て，
16:16 <知恵>を得ることは，黄金を得るよ
20: 1 惑わされる者は，みな<知恵>がない.
21:30 主の前では，どんな<知恵>も英知も
22:17 <知恵>のある者のことばを聞け．あ
23:15 あなたの心に<知恵>があれば，私の
24 <知恵>のある子を生んだ者はその子
24: 3 家は<知恵>によって建てられ，英知
26:16 なまけ者は…自分を<知恵>のある者
28:26 <知恵>をもって歩む者は救われる.
29: 8 <知恵>のある人々は怒りを静める.
30:24 それは<知恵者>中の<知恵者>だ.
伝道 1:13 <知恵>を用いて，一心に尋ね，探り
16 私の心は多くの<知恵>と知識を得た.
18 <知恵>が多くなれば悩みも多くなり，
2:14 <知恵>ある者は，その頭に目がある
15 私の<知恵>は私に何の益になろうか.
4:13 貧しくても<知恵>のある若者は，も
6: 8 <知恵>ある者は，愚かな者より何が
7: 4 <知恵>ある者の心は喪中の家に向き，
12 <知恵>の陰にいるのは，金銭の陰に
いるようだ…<知恵>がその持ち主を
16 <知恵>がありすぎてはならない．な
8: 1 人の<知恵>は，その人の顔を輝かし，
16 私は一心に<知恵>を知り，昼も夜も
9: 1 <知恵>のある者も…神の御手の中に
16 しかし貧しい者の<知恵>はさげすま
12:11 <知恵>ある者のことばは突き棒のよ
イザ 5:21 おのれを<知恵>ある者とみなし，お
11: 2 それは<知恵>と悟りの霊，はかりご
19:11 パロの<知恵>ある議官たちも愚かな
12 <知恵>ある者たちはいったいどこに
29:14 この民の<知恵>ある者の<知恵>は滅
31: 2 主は，<知恵>ある方，わざわいをも
33: 6 <知恵>と知識とが，救いの富である.
44:25 <知恵>ある者を退けて，その知識を
エレ 8: 8 私たちは<知恵>ある者だ．私たちに
9:23 <知恵>ある者は自分の<知恵>を誇る
な．つわものは自分の強さを誇るな.
18:18 <知恵>ある者からはかりごとが，預
49: 7 テマンには，もう<知恵>がないのか
…彼らの<知恵>は朽ちたのか.
51:15 <知恵>をもって世界を堅く建て，英
エゼ 28: 3 あなたはダニエルよりも<知恵>があ
12 <知恵>に満ち，美の極みであった.
ダニ 1: 4 あらゆる<知恵>に秀で，知識に富み，
20 <知恵>と悟りのあらゆる面で，彼ら
2:14 ダニエルは…<知恵>と思慮とをもっ
20 <知恵>と力は神のもの.
5:11 神々の<知恵>のような<知恵>のある
ホセ 14: 9 <知恵>ある者はだれか．その人はこ
オバ 8 エドムから<知恵>ある者たちを，エ
マタ 11:19 でも，<知恵>の正しいことは，その
25 <知恵>のある者には隠して，幼子た
12:42 ソロモンの<知恵>を聞くために地の
13:54 こんな<知恵>と不思議な力をどこで
マコ 6: 2 この人に与えられた<知恵>や，この
12:33 心を尽くし，<知恵>を尽くし，力を
ルカ 2:40 幼子は成長し…<知恵>に満ちていっ
47 イエスの<知恵>と答えに驚いていた.
52 イエスはますます<知恵>が進み，背

7:35 だが，<知恵>の正しいことは，その
11:31 彼女はソロモンの<知恵>を聞くため
49 だから，神の<知恵>もこう言いまし
21:15 反証もできないような…<知恵>を，
使徒 6: 3 御霊と<知恵>とに満ちた，評判の良
10 彼が<知恵>と御霊によって語ってい
ロマ 11:33 ああ，神の<知恵>と知識との富は，
15:14 すべての<知恵>に満たされ，また互
16:27 <知恵>に富む唯一の神に，イエス・
Ⅰコリ 1:17 ことばの<知恵>によってはならない
19 わたしは<知恵>ある者の<知恵>を滅
20 神は，この世の<知恵>を愚かなもの
21 この世が自分の<知恵>によって神を
知ることがないのは，神の<知恵>に
22 ギリシヤ人は<知恵>を追求します．
24 キリストは神の力，神の<知恵>なの
27 神は，<知恵>ある者をはずかしめる
30 神の<知恵>となり，また，義と聖め
2: 1 すぐれた<知恵>を用いて，神のあか
5 人間の<知恵>にささえられず，神の
6 成人の間で，<知恵>を語ります．こ
の<知恵>は，この世の<知恵>でもな
く…支配者たちの<知恵>でもありま
7 隠された奥義としての神の<知恵>で
3:19 この世の<知恵>は，神の御前では愚
12: 8 御霊によって<知恵>のことばが与え
エペ 1: 8 あらゆる<知恵>と思慮深さをもって，
17 神を知るための<知恵>と啓示の御霊
3:10 神の豊かな<知恵>が示されるためで
コロ 1: 9 あらゆる霊的な<知恵>と理解力によ
2: 3 キリストのうちに，<知恵>と知識と
Ⅱテモ 3:15 聖書はあなたに<知恵>を与えてキリ
ヤコ 1: 5 <知恵>の欠けた人がいるなら，その
3:13 その<知恵>にふさわしい柔和な行い
17 上からの<知恵>は，第一に純真であ
Ⅱペテ 3:15 その与えられた<知恵>に従って，あ
黙示 5:12 ほふられた小羊は…<知恵>と，勢い

▼ちかい (近い)

創世 19:20 あそこの町は，のがれるのに<近い>
民数 27:11 彼に一番<近い>血縁の者に与え，そ
申命 4: 7 主は…いつも，<近>くにおられる．
13: 7 あなたの<近>くにいる，あるいはあ
32:35 彼らのわざわいの日は<近>く，来る
ルツ 3:12 もっと<近い>買い戻しの権利のある
詩篇 34:18 主は心の打ち砕かれた者の<近>くに
73:28 神の<近>くにいることが，しあわせ
85: 9 御救いは主を恐れる者たちに<近い>．
119:151 あなたは私に<近>くおられます．あ
145:18 主を呼び求める者…に主は<近>くあ
148:14 主のすべての聖徒たち，主の<近>く
箴言 27:10 <近>くにいる隣人は，遠くにいる兄
イザ 13: 6 泣きわめけ．主の日は<近い>．全能
22 その時の来るのは<近>く，その日は
50: 8 私を義とする方が<近>くにおられる．
51: 5 わたしの義は<近い>．わたしの救い
55: 6 <近>くにおられるうちに，呼び求め
57:19 遠くの者にも<近>くの者にも平安あ
エレ 12: 2 彼らの口には<近い>のですが，彼ら
23:23 わたしは<近>くにいれば，神なのか．
エゼ 6:12 <近>くにいる者は剣に倒れ，生き残
7: 7 終局が来る…その日は<近い>．しか
22: 5 おまえの<近>くにいる者も，遠くに
30: 3 その日は<近い>．主の日は<近い>．
36: 8 彼らが帰って来るのが<近い>からだ．
ゼパ 1: 7 主の日は<近い>．主が１頭のほふる
14 主の大いなる日は<近い>．それは
<近>く，非常に早く来る．聞け．主
マタ 24:32 葉が出て来ると，夏の<近い>ことが
マコ 1:15 時が満ち，神の国は<近>くなった．
ルカ 19:41 エルサレムに<近>くなったころ，都
21:31 神の国は<近い>と知りなさい．
ヨハ 11:18 ベタニヤはエルサレムに<近>く，三
19:42 墓が<近>かったので，彼らはイエス
使徒 1:12 この山はエルサレムの<近>くにあっ
9: 3 ダマスコの<近>くまで来たとき，突
ロマ 10: 8 みことばはあなたの<近>くにある．
エペ 2:13 キリストの血によって<近い>者とさ
17 <近>くにいた人たちにも平和を宣べ
ピリ 4: 5 知らせなさい．主は<近い>のです．
ヤコ 5: 8 主の来られるのが<近い>からです．

▼ちかい (誓い)

創世 24: 8 あなたはこの私との<誓い>から解か
41 あなたは私の<誓い>から解かれる．
26:28 私たちとあなたとの間で<誓い>を立
民数 30: 2 物断ちをしようと<誓い>をするなら，
13 物断ちの<誓い>もみな，彼女の夫が
申命 29:12 あなたと結ばれるのろいの<誓い>と
ヨシ 2:17 誓わせたこのあなたの<誓い>から，
20 あなたの<誓い>から私たちは解かれ
Ⅰ列 2:43 なぜ，主への<誓い>と，私があなた

エズ 10:19 彼らはその妻を出すという<誓い>を
ネヘ 10:29 のろいと<誓い>とに加わった.
詩篇 15: 4 損になっても，立てた<誓い>は変え
22:25 主を恐れる人々の前で私の<誓い>を
50:14 あなたの<誓い>をいと高き方に果た
56:12 神よ．あなたへの<誓い>は，私の上
66:13 あなたの家に行き，私の<誓い>を果
116:14 私は，自分の<誓い>を主に果たそう.
イザ 19:18 万軍の主に<誓い>を立てる五つの町
エゼ 16:59 あなたは<誓い>をさげすんで，契約
ホセ 10: 4 むなしい<誓い>を立てて契約を結ぶ.
ヨナ 2: 9 私の<誓い>を果たしましょう．救い
ゼパ 1: 5 主に<誓い>を立てて礼拝しながら，
ミルコムに<誓い>を立てる者ども，
ゼカ 8:17 偽りの<誓い>を愛するな．これらは
ルカ 1:73 アブラハムに誓われた<誓い>を覚え
Iテモ 5:12 初めの<誓い>を捨てたという非難を
ヘブ 6:16 確証のための<誓い>というものは，
7:20 はっきりと<誓い>がなされています.
28 <誓い>のみことばは，永遠に全うさ
Iペテ 3:21 正しい良心の神への<誓い>であり，

▼ ちがい（違い），違う

エス 3: 8 法令は，どの民族のものとも<違>っ
エレ 37:14 <違う>．私はカルデヤ人のところに
エゼ 44:23 俗なるものとの<違い>を教え，汚れ
ヨハ 14:27 世が与えるのとは<違>います．あな
ロマ 5:15 恵みには違反の場合とは<違う>点が
16 賜物には…<違>った点があります.
ガラ 4: 1 子どものうちは，奴隷と…<違>わず，
Iテモ 1: 3 ある人たちが<違>った教えを説いた

▼ ちかう（誓う）

創世 22:16 わたしは自分にかけて<誓う>．あな
24: 3 地の神である主にかけて<誓>わせる.
7 私に<誓>って，『あなたの子孫にこ
25:33 ヤコブは，「まず，私に<誓>いなさ
い」と言ったので，エサウは…<誓>
26: 3 アブラハムに<誓>った誓いを果たす
31:53 イサクの恐れる方にかけて<誓>った.
50: 5 私の父は私に<誓>わせて，『私は死
レビ 5: 4 <誓う>場合…軽々しく<誓>ったこと
19:12 偽って<誓>ってはならない．あなた
民数 5:19 祭司は女に<誓>わせ…他の男があな
6:21 ささげ物を<誓う>者は，ナジル人と
しての聖別のおしえに加えて，その
<誓>った誓いのことばどおりにしな
11:12 彼らの先祖たちに<誓>った地に連れ
30:10 女が…<誓>って物断ちをする場合，
32:10 主の怒りが燃え上がり，<誓>って言
11 ヤコブに<誓>った地を見ることはで
申命 1:35 先祖たちに与えると<誓>ったあの良
6:10 ヤコブに<誓>われた地にあなたを導
13 御名によって<誓>わなければならな
12:11 主に<誓う>最良の誓願のささげ物と
Iサム 3:14 わたしはエリの家について<誓>った.
14:24 サウルが民に<誓>わせて，「夕方，
20:17 ヨナタンは…ダビデに<誓>った．ヨ
42 主の御名によって<誓>ったのです.」
IIサム 3: 9 主がダビデに<誓>われたとおりのこ
11:11 あなたのたましいの前に<誓>います.
I列 1:13 彼が私の王座に着く，と…<誓>われ
22:16 私が何度あなたに<誓>わせたら，あ
ネヘ 9:15 彼らに与えると<誓>われたその地を
13:25 彼らを神にかけて<誓>わせて言った.
詩篇 24: 4 欺き<誓>わなかった人.
63:11 神にかけて<誓う>者は，みな誇りま
95:11 それゆえ，わたしは怒って<誓>った.
110: 4 主は<誓>い，そしてみこころを変え
119:106 私は<誓>い，そして果たしてきまし
132: 2 彼は主に<誓>い，ヤコブの全能者に
伝道 5: 4 <誓>ったことは果たせ.
5 <誓>って果たさないよりは，<誓>わ
ないほうがよい.
イザ 45:23 わたしは自分にかけて<誓>った…す
べての舌は<誓>い，
48: 1 主の御名によって<誓>い，イスラエ
54: 9 ノアの洪水を…送らないと<誓>った
が…あなたを責めないと…<誓う>.
62: 8 主は…力強い腕によって<誓>われた.
65:16 この世にあって<誓う>者は，まこと
の神によって<誓う>．先の苦難は忘
エレ 4: 2 『主は生きておられる』と<誓う>な
7: 9 偽って<誓>い，バアルのためにいけ
12:16 わたしの民にバアルによって<誓う>
ことを教えたように…と<誓う>なら，
22: 5 わたしは自分にかけて<誓う>が，
44:26 わたしの偉大な名によって<誓う>.
51:14 万軍の主はご自分をさして<誓>って
エゼ 17:18 彼は，<誓>っていながら，しかも，
20: 5 ヤコブの家の子孫に<誓>い…主であ
ると言って彼らに<誓>った.

ち

ダニ 12: 7 永遠に生きる方をさして<誓>って言
ホセ 4:15 …と言って<誓>ってはならない.
アモ 4: 2 ご自分の聖にかけて<誓>われた. 見
8: 7 ヤコブの誇りにかけて<誓>われる.
ゼカ 5: 3 偽って<誓う>者はだれでも, これに
マラ 1:14 これをささげると<誓>いながら, 損
マタ 5:33 あなたの<誓>ったことを主に果たせ
34 決して<誓>ってはいけません. すな
わち, 天をさして<誓>ってはいけま
36 あなたの頭をさして<誓>ってもいけ
23:16 神殿をさして<誓>ったのなら, 何で
もない. しかし, 神殿の黄金をさし
て<誓>ったら, その誓いを果たさな
18 祭壇をさして<誓>ったのなら, 何で
もない…供え物をさして<誓>ったら,
21 神殿をさして<誓う>者は, 神殿をも,
22 天をさして<誓う>者は, 神の御座と
26:72 ペテロは…<誓>って,「そんな人は
74 のろいをかけて<誓>い始めた. する
マコ 6:23 国の半分でも, 与えよう」と…<誓>
ルカ 1:73 アブラハムに<誓>われた誓いを覚え
使徒 23:12 飲み食いしないと<誓>い合った.
ヘブ 3:11 怒りをもって<誓>ったように, 決し
6:13 …をさして<誓う>ことがありえない
ため, ご自分をさして<誓>い,
16 自分よりすぐれた者をさして<誓>い
7:21 主は<誓>ってこう言われ, みこころ
ヤコ 5:12 何よりもまず, <誓>わないようにし
黙示 10: 6 創造された方をさして, <誓>った.

▼ちかづく (近づく), 近づける

創世 18:23 アブラハムは<近づ>いて申し上げた.
20: 4 アビメレクはまだ, 彼女に<近づ>い
24:63 見ると, らくだが<近づ>いて来た.
27:41 父の喪の日も<近づ>いている. その
47:29 イスラエルに死ぬべき日が<近づ>い
出エ 14:20 一方が他方に<近づく>ことはなかっ
19:15 女に<近づ>いてはならない.」
20:21 神のおられる暗やみに<近づ>いて行
24: 2 モーセひとり主のもとに<近づ>け.
29: 4 会見の天幕の入口に<近づ>かせ, 水
32:19 宿営に<近づ>いて, 子牛と踊りを見
34:30 彼らは恐れて, 彼に<近づけ>なかっ
レビ 8: 6 アロンとその子らを<近づ>かせ, 水
民数 1:51 これに<近づく>ほかの者は殺されな
4:19 最も聖なるものに<近づく>ときにも,
8: 9 会見の天幕の前に<近づ>かせ, イス
16: 5 その者をご自分に<近づけ>られる…
ご自分が選ぶ者を…<近づけ>られる
18: 3 器具と祭壇とに, <近づ>いてはなら
申命 31:14 今や, あなたの死ぬ日が<近づ>いて
I列 2: 1 ダビデの死ぬ日が<近づ>いたとき,
ヨブ 17:12 やみから光が<近づく>」と言うが,
33:22 そのたましいはよみの穴に<近づ>き
…いのちは殺す者たちに<近づく>.
詩篇 22:11 苦しみが<近づ>いており, 助ける者
69:18 私のたましいに<近づ>き, 贖ってく
91:10 えやみも, あなたの天幕に<近づ>か
119:150 悪を追い求める者が<近づ>きました.
箴言 5: 8 その家の門に<近づく>な.
イザ 8: 3 私は女預言者に<近づ>いた. 彼女は
29:13 この民は口先で<近づ>き, くちびる
34: 1 国々よ. <近づ>いて聞け. 諸国の民
41: 1 こぞって, さばきの座に<近づ>こう.
5 地の果ては震えながら<近づ>いて来
46:13 わたしは, わたしの勝利を<近づけ>
58: 2 神に<近づく>ことを望んでいる.
エレ 30:21 わたしに<近づく>ためにいのちをか
哀歌 4:18 私たちの終わりは<近づ>いた. 私た
エゼ 7:12 その日が<近づ>いた. 買う者も喜ぶ
9: 6 だれにも<近づ>いてはならない. ま
12:23 その日は<近づ>き, すべての幻は実
22: 4 自分の刑罰の日を<近づ>かせ, 自分
42:13 主に<近づく>祭司たちが最も聖なる
44:15 わたしに<近づ>いてわたしに仕え,
アモ 6: 3 暴虐の時代を<近づけ>ている.
9:10 わざわいは私たちに<近づ>かない.
オバ 15 主の日はすべての国々の上に<近づ>
マラ 3: 5 あなたがたのところに<近づく>. わ
マタ 3: 2 天の御国が<近づ>いたから.」
10: 7 天の御国が<近づ>いた』と宣べ伝え
24:33 人の子が戸口まで<近づ>いていると
26:46 わたしを裏切る者が<近づ>きました.
マコ 2: 4 群衆のためにイエスに<近づく>こと
ルカ 9:51 天に上げられる日が<近づ>いて来た
15:25 帰って来て家に<近づく>と, 音楽や
18:35 イエスがエリコに<近づ>かれたころ,
21: 8 時は<近づ>いた』とか言います. そ
20 その滅亡が<近づ>いたことを悟りな
28 贖いが<近づ>いたのです.」
22:47 口づけしようと…みもとに<近づ>い

24:15 イエスご自身が<近づ>いて，彼らと
ヨハ 6:19 湖の上を歩いて舟に<近づ>いて来ら
7: 2 ユダヤ人の祝いが<近づ>いていた．
ロマ 13:11 今は救いが私たちにもっと<近づ>い
12 夜はふけて，昼が<近づ>きました．
Ⅰコリ 8: 8 私たちを神に<近づける>のは食物で
エペ 2:18 父のみもとに<近づく>ことができる
3:12 確信をもって神に<近づく>ことがで
Ⅰテモ 6:16 <近づく>こともできない光の中に住
ヘブ 4:16 大胆に恵みの御座に<近づ>こうでは
7:19 私たちはこれによって神に<近づく>
10:22 真心から神に<近づ>こうではありま
25 かの日が<近づ>いているのを見て，
12:22 御使いたちの大祝会に<近づ>いてい
ヤコ 4: 8 神に<近づ>きなさい．そうすれば，
Ⅰペテ 4: 7 万物の終わりが<近づ>きました．で
黙示 1: 3 時が<近づ>いているからである．

▼ちから（力）**【別項】力あるわざ，御力**

創世 10: 9 <力>ある猟師になったので，「主の
47: 6 彼らの中に<力>のある者がいるのを
49: 3 わが<力>，わが<力>の初めの実．す
出エ 15: 2 主は，私の<力>であり，ほめ歌であ
6 主よ．あなたの右の手は<力>に輝く．
18:21 神を恐れる，<力>のある人々，不正
25 <力>のある人々を選び，千人の長，
レビ 26:19 あなたがたの<力>を頼む高慢を打ち
民数 14:17 わが主の大きな<力>を現してくださ
申命 6: 5 <力>を尽くして，あなたの神，主を
8:17 この私の<力>，私の手の<力>が，こ
21:17 その人の<力>の初めであるから，長
33:25 あなたの<力>が，あなたの生きるか
ヨシ 14:11 私の今の<力>は，あの時の<力>と同
17:17 数の多い民で，大きな<力>を持って
士師 6:14 あなたのその<力>で行き，イスラエ
16: 6 あなたの強い<力>はどこにあるので
9 彼の<力>のもとは知られなかった．
Ⅰサム 2: 4 弱い者が<力>を帯び，
9 人は，おのれの<力>によっては勝て
4: 8 だれがこの<力>ある神々の手から，
Ⅱサム 22:40 戦いのために，私に<力>を帯びさせ，
Ⅱ列 17:36 大きな<力>と，差し伸べた腕とをも
19: 3 それを産み出す<力>がないのです．
Ⅰ歴 16:27 <力>と歓喜はみもとにある．
28 栄光と<力>を主にささげよ．
29: 1 まだ若く，<力>もなく，この仕事は
11 主よ．偉大さと<力>と栄えと栄光と
Ⅱ歴 25: 8 神には，助ける<力>があり，つまず
かせる<力>もあるからです．」
エズ 8:22 <力>と怒りとは，神を捨てるすべて
ネヘ 5: 5 私たちにはどうする<力>もない．」
8:10 あなたがたの<力>を主が喜ばれるか
ヨブ 3:17 <力>のなえた者はいこい，
6:11 私にどんな<力>があるからといって，
12 私の<力>は石の<力>であろうか．私
9:19 <力>について言えば，見よ，神は力
12:13 知恵と<力>とは神とともにあり，思
21: 7 年をとっても，なお<力>を増すのか．
26: 2 <力>のない腕をどのようにして救っ
14 だれが，その<力>ある雷を聞き分け
39:19 あなたが馬に<力>を与えるのか．そ
40:16 見よ．その<力>は腰にあり，その強
41:22 その首には<力>が宿り，その前には
詩篇 8: 2 あなたは幼子と乳飲み子たちの口に
よって，<力>を打ち建てられました．
18: 1 主，わが<力>．私は，あなたを慕い
32 この神こそ，私に<力>を帯びさせて
22:15 私の<力>は，土器のかけらのように，
19 私の<力>よ，急いで私を助けてくだ
28: 7 主は私の<力>，私の盾．私の心は主
29: 1 <力>ある者の子らよ．主に帰せよ．
栄光と<力>とを主に帰せよ．
11 主は，ご自身の民に<力>をお与えに
31: 2 私の<力>の岩となり，強いとりでと
52: 7 神を<力>とせず…豊かな富にたより，
59:16 この私は，あなたの<力>を歌います．
65: 6 山々を堅く建て，<力>を帯びておら
78:51 彼らの<力>の初めの子らを打ち殺さ
79:11 あなたの偉大な<力>によって，死に
81: 1 われらの<力>であられる神に喜び歌
84: 5 その<力>が，あなたにあり，その心
7 彼らは，<力>から<力>へと進み，シ
89: 6 <力>ある者の子らの中でだれが主に
8 だれが，あなたのように<力>があり
13 あなたは<力>ある腕を持っておられ
96: 6 <力>と光栄は主の聖所にある．
99: 4 王の<力>は，さばきを愛する．あな
102:23 主は私の<力>を道の途中で弱くされ，
118:14 主は，私の<力>であり，ほめ歌であ
147:10 神は馬の<力>を喜ばず，歩兵を好ま
箴言 3:27 あなたの手に善を行う<力>があると

8:14 わたしは分別であって…<力>がある．
14: 4 牛の<力>によって収穫は多くなる．
20:29 若い男の光栄は彼らの<力>．年寄り
24: 5 知識のある人は<力>を増す．
30:25 蟻は<力>のない種族だが，夏のうち
31: 3 あなたの<力>を女に費やすな．あな
伝道 6:10 彼よりも<力>のある者と争うことは
9:10 なすべきことはみな，自分の<力>で
16 知恵は<力>にまさる．しかし貧しい
10:10 刃をとがないと，もっと<力>がいる．
イザ 9: 6 その名は…<力>ある神，永遠の父，
10:13 私は自分の手の<力>でやった．私の
21 <力>ある神に立ち返る．
12: 2 ヤハ，主は，私の<力>，私のほめ歌．
28: 2 主はこれを<力>いっぱい地に投げつ
30:15 あなたがたは<力>を得る．」しかし，
37: 3 それを産み出す<力>がないのです．
40: 9 <力>の限り声をあげよ．声をあげよ．
10 神である主は<力>をもって来られ，
29 疲れた者には<力>を与え，精力のな
31 主を待ち望む者は新しく<力>を得，
45: 5 わたしはあなたに<力>を帯びさせる．
49: 5 私の神は私の<力>となられた．——
50: 2 わたしには救い出す<力>がないと言
51: 9 さめよ．さめよ．<力>をまとえ．主
52: 1 <力>をまとえ．シオン．あなたの美
エレ 16:19 主よ，私の<力>，私のとりでで，苦難
32:17 あなたは大きな<力>と，伸ばした御
48:17 <力>ある杖，美しい笏が砕かれたの
エゼ 24:25 <力>とするもの，栄えに満ちた喜び，
ダニ 1:17 文学を悟る<力>と知恵を与えられた．
2:20 知恵と<力>は神のもの．
23 あなたは私に知恵と<力>とを賜い，
6:27 獅子の<力>からダニエルを救い出さ
8:24 彼の<力>は強くなるが，彼自身の
<力>によるのではない．彼は，あき
10: 8 うちから<力>が抜け…<力>を失った．
ホセ 13:14 わたしはよみの<力>から，彼らを解
ミカ 2: 1 自分たちの手に<力>があるからだ．
3: 8 <力>と，主の霊と，公義と，勇気と
ナホ 2: 1 腰をからげ，大いに<力>を奮い立た
ハバ 1:11 自分の<力>を自分の神とする者は罰
3:19 私の主，神は，私の<力>．私の足を
ハガ 2:22 異邦の民の王国の<力>を滅ぼし，戦
マタ 3:11 私よりもさらに<力>のある方です．
6:13 国と<力>と栄えは，とこしえにあな
14: 2 あんな<力>が彼のうちに働いている
22:29 聖書も神の<力>も知らないからです．
26:64 人の子が，<力>ある方の右の座に着
マコ 5:30 自分のうちから<力>が外に出て行っ
9: 1 神の国が<力>をもって到来している
12:24 聖書も神の<力>も知らないからでは
30 <力>を尽くして，あなたの神である
14:62 <力>ある方の右の座に着き，天の雲
ルカ 1:17 エリヤの霊と<力>で主の前ぶれをし，
35 いと高き方の<力>があなたをおおい
49 <力>ある方が，私に大きなことをし
3:16 私よりもさらに<力>のある方がおい
4:14 イエスは御霊の<力>を帯びてガリラ
36 権威と<力>とでお命じになったので，
6:19 大きな<力>がイエスから出て，すべ
8:46 わたしから<力>が出て行くのを感じ
9: 1 <力>と権威とをお授けになった．
10:19 敵のあらゆる<力>に打ち勝つ権威を
27 <力>を尽くし，知性を尽くして，あ
16: 3 土を掘るには<力>がないし，物ごい
21:27 人の子が<力>と輝かしい栄光を帯び
22:53 しかし，今は…暗やみの<力>です．」
24:19 行いにもことばにも<力>のある預言
49 いと高き所から<力>を着せられるま
使徒 1: 8 あなたがたは<力>を受けます．そし
3:12 なぜ，私たちが自分の<力>とか信仰
6: 8 ステパノは恵みと<力>とに満ち，人
7:22 モーセは…ことばにもわざにも<力>
8:10 この人こそ…神の<力>だ」と言って
9:22 サウロはますます<力>を増し，イエ
10:38 神はこの方に聖霊と<力>を注がれま
ロマ 1:16 救いを得させる神の<力>です．
20 神の永遠の<力>と神性は，世界の創
8:38 後に来るものも，<力>ある者も，
15: 1 私たち<力>のある者は，<力>のない
13 聖霊の<力>によって望みにあふれさ
19 しるしと不思議をなす<力>により…
御霊の<力>によって，それを成し遂
Iコリ 1:18 救いを受ける私たちには，神の<力>
24 キリストは神の<力>，神の知恵なの
2: 5 神の<力>にささえられるためでした．
4:19 ことばではなく，<力>を見せてもら
20 神の国はことばにはなく，<力>にあ
6: 2 小さな事件さえもさばく<力>がない

15:56 死のとげは…罪の<力>は律法です．
Ⅱコリ 6: 7 真理のことばと神の<力>とにより，
8: 3 <力>に応じ，いや<力>以上にささげ，
12: 9 わたしの<力>は，弱さのうちに完全に現れる…キリストの<力>が私をお
13: 4 神の<力>のゆえに生きておられます…神の<力>のゆえに，キリストとと
エペ 1:19 神の全能の<力>の働きによって私たち信じる者に働く神のすぐれた<力>
3:16 御霊により，<力>をもって…内なる
20 私たちのうちに働く<力>によって，
6:10 その大能の<力>によって強められな
12 私たちの格闘は…主権，<力>，この
ピリ 3:10 キリストとその復活の<力>を知り，
コロ 2:12 よみがえらせた神の<力>を信じる信
Ⅰテサ 1: 5 <力>と聖霊と強い確信とによったか
Ⅱテモ 1: 7 <力>と愛と慎みとの霊です．
ヘブ 1: 3 その<力>あるみことばによって万物
2:14 悪魔という，死の<力>を持つ者を滅
4:12 神のことばは生きていて，<力>があ
6: 5 後にやがて来る世の<力>とを味わっ
7:16 いのちの<力>によって祭司となった
ヤコ 5:16 義人の祈りは働くと，大きな<力>が
Ⅰペテ 4:11 神が豊かに備えてくださる<力>によ
Ⅱペテ 1:16 主イエス・キリストの<力>と来臨と
2:11 御使いたちは，勢いにも<力>にもま
黙示 1: 6 キリストに栄光と<力>とが，とこし
3: 8 あなたには少しばかりの<力>があっ
4:11 あなたは，栄光と誉れと<力>とを受
5:12 ほふられた小羊は，<力>と，富と，
9:10 尾には…人間に害を加える<力>があ
11:17 その偉大な<力>を働かせて，王とな
12:10 私たちの神の救いと<力>と国と，ま
17:13 自分たちの<力>と権威とをその獣に
20: 6 第2の死は，なんの<力>も持ってい

▼ ちからあるわざ（力あるわざ）

申命 3:24 あなたの<力あるわざ>のようなこと
マタ 11:21 <力あるわざ>が，もしもツロとシド
マコ 6: 5 何一つ<力あるわざ>を行うことがで
9:39 <力あるわざ>を行いながら，すぐあ
使徒 2:22 あなたがたの間で<力あるわざ>と，
Ⅱコリ 12:12 しるしと不思議と<力あるわざ>です．
ヘブ 2: 4 さまざまの<力あるわざ>により，ま

▼ ちからづける（力づける）

申命 1:38 彼を<力づけ>よ．彼がそこをイスラ
3:28 ヨシュアに命じ，彼を<力づけ>，彼
Ⅰサム 23:16 神の御名によってダビデを<力づけ>
Ⅱサム 11:25 あなたは，彼を<力づけ>なさい．」
Ⅰ歴 29:12 すべてが偉大にされ，<力づけ>られ
Ⅱ歴 35: 2 彼らを<力づけ>て，主の宮の奉仕に
エズ 6:22 彼らを<力づける>ようにされたから
ネヘ 6: 9 ああ，今，私を<力づけ>てください．
ヨブ 4: 3 人を訓戒し，弱った手を<力づけ>た．
伝道 7:19 知恵は…よりも知恵者を<力づける>．
イザ 41: 7 鋳物師は金細工人を<力づけ>，金槌
エゼ 13:22 悪者を<力づけ>，彼が悪の道から立
34:16 病気のものを<力づける>．わたしは，
ダニ 10:18 再び私に触れ，私を<力づけ>て，
11: 1 彼を<力づける>ために立ち上がった．
ルカ 22:32 立ち直ったら…<力づけ>てやりなさ
43 御使いが…イエスを<力づけ>た．
使徒 15:41 諸教会を<力づけ>た．
18:23 すべての弟子たちを<力づけ>た．
ピレ 7 あなたによって<力づけ>られたから
黙示 3: 2 死にかけている…人…を<力づけ>な

▼ ちからづよい（力強い）

出エ 15:11 聖であって<力強>く，たたえられつ
32:11 <力強い>御手をもって，エジプトの
申命 34:12 <力強い>権威と，恐るべき威力とを
Ⅱサム 22:33 この神こそ，私の<力強い>とりで．
Ⅰ列 8:42 <力強い>御手と，伸べられた腕につ
ネヘ 9:32 大いなる，<力強い>，恐るべき神よ．
詩篇 8: 1 御名は…なんと<力強い>ことでしょ
9 御名は全地にわたり…<力強い>こと
29: 4 主の声は，<力強>く，主の声は，威
箴言 23:11 彼らの贖い主は<力強>く，あなたに
24: 5 知恵のある人は<力強い>．知識のあ
イザ 62: 8 主は…<力強い>腕によって誓われた．
63: 1 救うに<力強い>者，それがわたしだ．
哀歌 3:23 あなたの真実は<力強い>．
エゼ 26:11 おまえの<力強い>柱を地に倒す．
ダニ 3:20 彼の軍隊の中の<力強い>者たちに，
ルカ 1:51 御腕をもって<力強い>わざをなし，
使徒 4:33 復活を非常に<力強>くあかしし，大
19:20 主のことばは…<力強>くなって行っ
Ⅱコリ 10:10 手紙は重みがあって<力強い>が，実
コロ 1:29 自分のうちに<力強>く働くキリスト
ヘブ 6:18 <力強い>励ましを受けるためです．
Ⅰペテ 5: 6 神の<力強い>御手の下にへりくだり

▼ ちかろう（地下牢）
創世 41:14 急いで彼を<地下牢>から連れ出した.
イザ 24:22 囚人が<地下牢>に集められるように
エレ 37:16 エレミヤは丸天井の<地下牢>に入れ

▼ ちきょうだい（乳兄弟）
使徒 13: 1 国主ヘロデの<乳兄弟>マナエン，サ

▼ ちぎり（契り）
ヨブ 5:23 野の石とあなたは<契り>を結び，野
イザ 57: 8 彼らと<契り>を結び，彼らの寝床を
エゼ 16: 8 あなたと<契り>を結んだ．——神で
ホセ 2:19 わたしはあなたと永遠に<契り>を結
ぶ…あわれみをもって，<契り>を結
アモ 1: 9 兄弟の<契り>を覚えていなかったか

▼ ちしき（知識）
創世 2: 9 善悪の<知識>の木を生えさせた.
出エ 31: 3 彼に知恵と英知と<知識>とあらゆる
民数 24:16 いと高き方の<知識>を知る者，全能
Ⅱ歴 1:10 今，知恵と<知識>を私に下さい．そ
ヨブ 21:22 彼は神に<知識>を教えようとするの
33: 3 私のくちびるは，きよく<知識>を語
34:35 ヨブは<知識>がなくて語る．彼のこ
35:16 <知識>もなく，自分の言い分を述べ
36: 4 完全な<知識>を持つ方があなたのそ
38: 2 <知識>もなく言い分を述べて，摂理
42: 3 <知識>もなくて，摂理をおおい隠す
詩篇 19: 2 夜は夜へ，<知識>を示す.
94:10 人に<知識>を教えるその方が.
139: 6 そのような<知識>は私にとってあま
箴言 1: 4 若い者に<知識>と思慮を得させるた
7 主を恐れることは<知識>の初めであ
2: 6 御口を通して<知識>と英知を与えら
3:20 深淵はその<知識>によって張り裂け,
5: 2 くちびるが<知識>を保つためだ.
10:14 知恵のある者は<知識>をたくわえ,
11: 9 正しい者は<知識>によって彼らを救
12: 1 訓戒を愛する人は<知識>を愛する.
17:27 ことばを控える者は<知識>に富む者.
24: 4 部屋は<知識>によってすべて尊い,
30: 3 聖なる方の<知識>も知らない.
伝道 1:18 <知識>を増す者は悲しみを増す.
2:21 人が知恵と<知識>と才能をもって労
イザ 11: 2 主を知る<知識>と主を恐れる霊であ
28: 9 彼はだれに<知識>を教えようとして
53:11 その<知識>によって多くの人を義と
ダニ 1: 4 <知識>に富み，思慮深く，王の宮廷
17 4人の少年に，<知識>と，あらゆる
2:21 理性のある者には<知識>を授けられ
ホセ 4: 6 民は<知識>がないので滅ぼされる.
あなたが<知識>を退けたので，わた
ルカ 1:77 救いの<知識>を与えるためである.
11:52 <知識>のかぎを持ち去り，自分も入
ロマ 1:14 <知識>のある人にも<知識>のない人
2:19-20 <知識>と真理の具体的な形として律
10: 2 その熱心は<知識>に基づくものでは
Ⅰコリ 1: 5 ことばといい，<知識>といい，すべ
8: 1 <知識>は人を高ぶらせ，愛は人の徳
10 <知識>のあるあなたが偶像の宮で食
11 あなたの<知識>によって，滅びるこ
13: 2 あらゆる<知識>とに通じ…山を動か
8 <知識>ならばすたれます.
15:34 神についての正しい<知識>を持って
Ⅱコリ 2:14 キリストを知る<知識>のかおりを放
4: 6 神の栄光を知る<知識>を輝かせてく
6: 6 純潔と<知識>と，寛容と親切と，聖
10: 5 神の<知識>に逆らって立つあらゆる
11: 6 <知識>についてはそうではありませ
エペ 4:13 神の御子に関する<知識>の一致とに
ピリ 1: 9 愛が真の<知識>とあらゆる識別力に
コロ 1:10 神を知る<知識>を増し加えられます
2: 3 知恵と<知識>との宝がすべて隠され
3:10 新しい人は…真の<知識>に至るので
Ⅱペテ 1: 5 信仰には徳を，徳には<知識>を,
6 <知識>には自制を，自制には忍耐を,

▼ ちしゃ（知者）
ダニ 2:12 バビロンの<知者>をすべて滅ぼせと
21 <知者>には知恵を，理性のある者に
27 王が求められる秘密は，<知者>，呪
5: 8 王の<知者>たちがみな入って来たが,
マタ 23:34 預言者，<知者>，律法学者たちを遣
ロマ 1:22 自分では<知者>であると言いながら,
12:16 自分こそ<知者>だなどと思ってはい
Ⅰコリ 1:20 <知者>はどこにいるのですか．学者
26 この世の<知者>は多くはなく，権力
3:18 自分は今の世の<知者>だと思う者が
いたら，<知者>になるためには愚か
20 主は，<知者>の論議を無益だと知っ

▼ ちじょう（地上）
創世 1:15 <地上>を照らせ.」そのようになっ
4:12 あなたは<地上>をさまよい歩くさす
6: 1 人が<地上>にふえ始め，彼らに娘た

4 ネフィリムが<地上>にいた．これら
5 主は，<地上>に人の悪が増大し，そ
6 <地上>に人を造ったことを悔やみ，
8:13 水は<地上>からかわき始めた．ノア
10: 8 ニムロデは<地上>で最初の権力者と
32 諸国の民が<地上>に分かれ出たので
12: 3 <地上>のすべての民族は…祝福され
出エ 10: 6 彼らが<地上>にあった日からきょう
民数 11:31 うずら…<地上>に約２キュビトの高
12: 3 <地上>のだれにもまさって非常に謙
Ⅰサム 20:31 エッサイの子がこの<地上>に生きて
28:20 サウルは突然，倒れて<地上>に棒の
Ⅱサム 14: 7 この<地上>に残さないようにするの
Ⅰ歴 17: 8 わたしは<地上>の大いなる者の名に
29:15 <地上>での私たちの日々は影のよう
ヨブ 2: 3 ひとりも<地上>にはいない．彼はな
7: 1 <地上>の人には苦役があるではない
8: 9 私たちの<地上>にある日は影だから
詩篇 73:25 <地上>では，あなたのほかに私はだ
103:11 天が<地上>はるかに高いように，御
マタ 6:19 自分の宝を<地上>にたくわえるのは
9: 6 人の子が<地上>で罪を赦す権威を持
16:19 あなたが<地上>でつなぐなら…あなたが<地上>で解くなら，それは天に
18:19 <地上>で心を一つにして祈るなら，
23: 9 <地上>のだれかを，われらの父と呼
35 <地上>で流されるすべての正しい血
ルカ 18: 8 はたして<地上>に信仰が見られるで
ヨハ 17: 4 <地上>であなたの栄光を現しました．
使徒 8:33 彼のいのちは<地上>から取り去られ
10:11 四隅をつるされて<地上>に降りて来
22:22 こんな男は，<地上>から除いてしま
ロマ 9:28 <地上>に成し遂げられる．」
Ⅰコリ 15:40 <地上>のからだもあり…<地上>のか
Ⅱコリ 5: 1 <地上>の幕屋がこわれても，神の下
エペ 3:15 天上と<地上>で家族と呼ばれるすべ
6: 5 真心から<地上>の主人に従いなさい．
ピリ 3:19 彼らの思いは<地上>のことだけです．
コロ 3: 2 <地上>のものを思わず，天にあるも
22 <地上>の主人に従いなさい．人のご
ヘブ 11:13 <地上>では旅人であり寄留者である
13:14 この<地上>に永遠の都を持っている
Ⅰペテ 4: 2 <地上>の残された時を，もはや人間
黙示 6: 4 <地上>から平和を奪い取ることが許
8 <地上>の獣によって殺す権威が与え
9: 1 一つの星が天から<地上>に落ちるの
12: 9 彼は<地上>に投げ落とされ，彼の使
13 自分が<地上>に投げ落とされたのを
14: 3 <地上>から贖われた14万４千人のほ
18:24 <地上>で殺されたすべての人々の血

▼ ちじょく（恥辱）

申命 22:21 イスラエルの中で<恥辱>になる事を
ヨブ 42: 8 あなたがたの<恥辱>となることはし
箴言 6:33 彼は傷と<恥辱>とを受けて，そのそ
ヘブ 6: 6 もう一度十字架にかけて，<恥辱>を

▼ チーズ

Ⅰサム 17:18 この10個の<チーズ>は千人隊の長に
ヨブ 10:10 私を…<チーズ>のように固め，

▼ ちすじ（血筋）

ルカ 2: 4 ダビデの家系であり<血筋>でもあっ

▼ ちせい（知性）

ヨブ 6:13 すぐれた<知性>も…追い散らされて
11: 6 すぐれた<知性>を倍にしてくださる
箴言 3:21 すぐれた<知性>と思慮とをよく見張
18: 1 すぐれた<知性>と仲たがいする．
マコ 12:30 <知性>を尽くし，力を尽くして…神である主を愛せよ．ルカ10:27．
Ⅰコリ 14:14 私の<知性>は実を結ばないのです．
15 また<知性>においても祈りましょう．
エペ 4:18 その<知性>において暗くなり，彼ら
Ⅰテモ 6: 5 <知性>が腐ってしまって真理を失っ
Ⅱテモ 3: 8 <知性>の腐った，信仰の失格者です．
テト 1:15 その<知性>と良心までも汚れていま

▼ ちせい（治世）

Ⅰ歴 4:31 これはダビデの<治世>に至るまで，
26:31 ダビデの<治世>の第40年に，彼らは
Ⅱ歴 29:19 アハズ王が，その<治世>に，不信の
35:19 ヨシヤの<治世>の第18年に，この過
エズ 4:24 ダリヨスの<治世>…まで中止された．
エレ 27: 1 ユダの王エホヤキムの<治世>の初め
28: 1 ユダの王ゼデキヤの<治世>の初め，
ダニ 5:26 神があなたの<治世>を数えて終わら
6:28 このダニエルは，ダリヨスの<治世>とペルシヤ人クロスの<治世>に栄え
ルカ 3: 1 皇帝テベリオの<治世>の第15年，ポ

▼ ちち（父），御父【別項】父なる神，父母

創世 12: 1 あなたの<父>の家を出て，わたしが
17: 4 あなたは多くの国民の<父>となる．
43: 7 あなたがたの<父>はまだ生きている

45: 8 神は私をパロには<父>とし，その全
46: 3 あなたの<父>の神である．エジプト
49: 2 あなたがたの<父>イスラエルに聞け．
50:16 あなたの<父>は死ぬ前に命じて言わ
出エ 18: 4 私の<父>の神は私の助けであり，パ
20: 5 <父>の咎を子に報い，3代，4代に
12 あなたの<父>と母を敬え．あなたの
21:15 自分の<父>または母を打つ者は，必
レビ 18: 7 <父>をはずかしめること，すなわち
民数 17: 2 杖を，<父>の家ごとに1本ずつ，彼
25:15 ツルはミデヤンの<父>の家の氏族の
36: 6 彼女たちの<父>の部族に属する氏族
申命 27:16 自分の<父>や母を侮辱する者はのろ
32: 6 主はあなたを造った<父>ではないか．
ヨシ 4:21 その<父>たちに，『これらの石はど
Ｉサム 2:25 彼らは<父>の言うことを聞こうとし
IIサム 7:14 わたしは彼にとって<父>となり，彼
Ｉ列 1: 6 彼の<父>は存命中，「あなたはどう
12:10 私の小指は<父>の腰よりも太い．
19:20 私の<父>と母とに口づけさせてくだ
II列 2:12 わが<父>．わが<父>．イスラエルの
Ｉ歴 17:13 わたしは彼にとって<父>となり，彼
ネヘ 1: 6 私も私の<父>の家も罪を犯しました．
エス 2: 7 彼女の<父>と母が死んだとき，モル
ヨブ 17:14 その穴に…おまえは私の<父>だ」と
29:16 私は貧しい者の<父>であり，見知ら
38:28 雨に<父>があるか．露のしずくはだ
詩篇 27:10 私の<父>，私の母が，私を見捨てる
68: 5 みなしごの<父>，やもめのさばき人
89:26 わが<父>，わが神，わが救いの岩』
103:13 <父>がその子をあわれむように，主
箴言 1: 8 あなたの<父>の訓戒に聞き従え．あ
10: 1 知恵のある子は<父>を喜ばせ，愚か
15: 5 愚か者は自分の<父>の訓戒を侮る．
17: 6 子らの光栄は彼らの<父>である．
25 愚かな子はその<父>の憂い，これを
19:13 愚かな息子は<父>のわざわい．妻の
26 <父>に乱暴し，母を追い出す者は，
23:22 あなたを生んだ<父>の言うことを聞
29: 3 知恵を愛する人は，その<父>を喜ば
イザ 9: 6 その名は…力ある神，永遠の<父>，
22:21 ユダの家の<父>となる．
45:10 自分の<父>に「なぜ，子どもを生む
エレ 2:27 木に…『あなたは私の<父>』，石に
3: 4 <父>よ．あなたは私の若いころの連
31: 9 わたしはイスラエルの<父>となろう．
29 <父>が酸いぶどうを食べたので，子
エゼ 5:10 <父>たちは自分の子どもを食べ，子
16:45 あなたがたの<父>はエモリ人であっ
18: 2 <父>が酸いぶどうを食べたので，子
4 <父>のいのちも，子のいのちもわた
17 自分の<父>の咎のために死ぬことは
22: 7 <父>や母は軽んじられ…在留異国人
ダニ 11:24 彼の<父>たちも，<父>の<父>たちも
しなかったことを行う．彼は，その
マラ 1: 6 子は<父>を敬い…わたしが<父>であ
4: 6 彼は，<父>の心を子に向けさせ，子
の心をその<父>に向けさせる．それ
マタ 3: 9 われわれの<父>はアブラハムだ』と
4:21 <父>ゼベダイといっしょに舟の中で
5:16 あなたがたの<父>をあがめるように
48 天の<父>が完全なように，完全であ
6: 4 隠れた所で見ておられる…<父>が，
9 天にいます私たちの<父>よ．御名が
14 天の<父>もあなたがたを赦してくだ
26 天の<父>がこれを養っていてくださ
7:21 <父>のみこころを行う者が入るので
8:21 私の<父>を葬ることを許してくださ
10:20 話すのは…<父>の御霊だからです．
29 <父>のお許しなしには地に落ちるこ
32 わたしの<父>の前でその人を認めま
35 人をその<父>に，娘をその母に，嫁
37 わたしよりも<父>や母を愛する者は，
11:25 天地の主であられる<父>よ．あなた
27 <父>のほかには，子を知る者がなく，
13:43 彼らの<父>の御国で太陽のように輝
15: 4 <父>と母を敬え…<父>や母をののし
13 <父>がお植えにならなかった木は，
16:27 人の子は<父>の栄光を帯びて，御使
19: 5 人は<父>と母を離れ，その妻と結ば
29 わたしの名のために…<父>，母，子
20:23 <父>によってそれに備えられた人々
23: 9 地上のだれかを…<父>と呼んではい
けません…<父>はただひとり，すな
24:36 ただ<父>だけが知っておられます．
26:29 <父>の御国で…新しく飲むその日ま
42 わが<父>よ…飲まずには済まされぬ
53 <父>にお願いして，12軍団よりも多
28:19 <父>，子，聖霊の御名によってバプ
マコ 7:11 <父>や母に向かって…コルバン（す

10: 7 それゆえ，人はその<父>と母を離れ
13:32 ただ<父>だけが知っておられます．
14:36 アバ，<父>よ．あなたにおできにな
ルカ 1:17 <父>たちの心を子どもたちに向けさ
59 幼子を<父>の名にちなんでザカリヤ
73 われらの<父>アブラハムに誓われた
2:33 <父>と母は，幼子についていろいろ
48 <父>上も私も，心配してあなたを捜
49 わたしが必ず自分の<父>の家にいる
9:26 <父>と聖なる御使いとの栄光を帯び
59 私の<父>を葬ることを許してくださ
11: 2 <父>よ．御名があがめられますよう
13 天の<父>が，求める人たちに，どう
12:53 <父>は息子に，息子は<父>に対抗し，
14:26 わたしのもとに来て…<父>，母，妻，
15:17 <父>のところには，パンのあり余っ
28 <父>が出て来て，いろいろなだめて
16:24 <父>アブラハムさま．私をあわれん
22:29 <父>がわたしに王権を与えてくださ
42 <父>よ．みこころならば，この杯を
23:34 <父>よ．彼らをお赦しください．彼
46 <父>よ．わが霊を御手にゆだねます．
ヨハ 1:14 <父>のみもとから来られたひとり子
18 <父>のふところにおられるひとり子
2:16 わたしの<父>の家を商売の家として
3:35 <父>は御子を愛しておられ，万物を
4:12 私たちの<父>ヤコブよりも偉いので
21 あなたがたが<父>を礼拝するのは，
23 <父>はこのような人々を礼拝者とし
5:17 <父>は今に至るまで働いておられま
18 神を自分の<父>と呼んでおられたか
19 子は，<父>がしておられることを見
21 <父>が死人を生かし，いのちをお与
22 <父>はだれをもさばかず，すべての
23 <父>を敬うように子を敬うためです．
36 <父>がわたしを遣わしたことを証言
43 わたしの<父>の名によって来ました
45 わたしが，<父>の前に…訴えようと
6:37 <父>がわたしにお与えになる者はみ
40 <父>のみこころは，子を見て信じる
45 <父>から聞いて学んだ者はみな，わ
46 この者だけが，<父>を見たのです．
65 <父>のみこころによるのでないかぎ
8:19 あなたの<父>はどこにいるのですか
…わたしの<父>をも知りません．も
41 あなたがたの<父>のわざを行ってい
44 あなたがたの<父>である悪魔から出
た者であって…<父>の欲望を成し遂
10:17 <父>はわたしを愛してくださいます．
30 わたしと<父>とは一つです．」
36 <父>が，聖であることを示して世に
38 <父>がわたしにおられ，わたしが
<父>にいることを，あなたがたが悟
12:27 <父>よ．この時からわたしをお救い
49 わたしを遣わした<父>ご自身が，わ
13: 1 この世を去って<父>のみもとに行く
14: 2 わたしの<父>の家には，住まいがた
6 だれひとり<父>のみもとに来ること
9 わたしを見た者は，<父>を見たので
16 <父>はもうひとりの助け主をあなた
21 わたしを愛する人はわたしの<父>に
15: 1 わたしの<父>は農夫です．
16 <父>に求めるものは何でも，<父>が
23 わたしの<父>をも憎んでいるのです．
26 <父>のもとから遣わす助け主…<父>
から出る真理の御霊が来るとき，そ
16:23 <父>に求めることは何でも，<父>は，
26 代わって<父>に願ってあげようとは
28 わたしは<父>から出て，世に来まし
17: 1 <父>よ．時が来ました．あなたの子
11 聖なる<父>．あなたがわたしに下さ
25 正しい<父>よ．この世はあなたを知
18:11 <父>がわたしに下さった杯を，どう
20:17 わたしの<父>またあなたがたの<父>，
21 <父>がわたしを遣わしたように，わ
使徒 1: 4 わたしから聞いた<父>の約束を待ち
7 <父>がご自分の権威をもってお定め
2:33 <御父>から約束された聖霊を受けて，
4:25 私たちの<父>であるダビデの口を通
7: 2 <父>たちよ．聞いてください．私た
16: 1 ギリシヤ人を<父>としていたが，
28: 8 ポプリオの<父>が，熱病と下痢とで
ロマ 4:11 義と認められるすべての人の<父>と
12 <父>アブラハムが無割礼のときに持
16 アブラハムは…すべての者の<父>な
6: 4 キリストが<御父>の栄光によって死
8:15 「アバ，<父>」と呼びます．
9:10 <父>イサクひとりによってみごもっ
Iコリ 4:15 <父>は多くあるはずがありません．
5: 1 <父>の妻を妻にしている者がいると

ち

IIコリ 6:18 わたしはあなたがたの<父>となり，
ガラ 4: 2 <父>の定めた日までは，後見人や管
6 神は「アバ，<父>」と呼ぶ，御子の
エペ 2:18 <父>のみもとに近づくことができる
3:15 名の元である<父>の前に祈ります．
6: 4 <父>たちよ．あなたがたも，子ども
コロ 3:21 <父>たちよ．子どもをおこらせては
Iテモ 1: 9 <父>や母を殺す者，人を殺す者，
ヘブ 7: 3 <父>もなく，母もなく，系図もなく，
12: 7 <父>が懲らしめることをしない子が
10 霊の<父>は，私たちの益のため，私
ヤコ 1:17 光を造られた<父>から下るのです．
Iペテ 1:17 公平にさばかれる方を<父>と呼んで
Iヨハ 1: 2 <御父>とともにあって，私たちに現
2:13 <父>たちよ．私があなたがたに書き
16 <御父>から出たものではなく，この
22 <御父>と御子を否認する者，それが
23 御子を否認する者は，<御父>を持た
3: 1 <御父>はどんなにすばらしい愛を与
えてくださった…<御父>を知らない
4:14 <御父>が御子を世の救い主として遣
黙示 3: 5 わたしは彼の名をわたしの<父>の御
14: 1 小羊の<父>の名とがしるしてあった．

▼ ちち（乳）

創世 49:12 その歯は<乳>によって白い．
出エ 2: 7 その子に<乳>を飲ませるため，私が
3: 8 <乳>と蜜の流れる地，カナン人，ヘ
23:19 子やぎを，その母親の<乳>で煮ては
申命 32:14 牛の凝乳と，羊の<乳>とを，最良の
士師 4:19 ヤエルは<乳>の皮袋をあけて，彼に
I列 3:21 朝，私が子どもに<乳>を飲ませよう
ヨブ 10:10 あなたは私を<乳>のように注ぎ出し，
29: 6 私の足跡は<乳>で洗われ，岩は私に
箴言 27:27 やぎの<乳>は十分あって，あなたの
雅歌 4:11 あなたの舌の裏には蜜と<乳>がある．
5: 1 ぶどう酒と<乳>を飲む．友よ，食べ
12 その目は，<乳>で洗われ，池のほと
イザ 7:22 これらが<乳>を多く出すので，凝乳
40:11 <乳>を飲ませる羊を優しく導く．
55: 1 代価を払わないで…<乳>を買え．
60:16 あなたは国々の<乳>を吸い，王たち
哀歌 4: 3 その子に<乳>を飲ませるのに，私の
7 ナジル人は…<乳>よりも白かった．
ヨエ 3:18 丘々には<乳>が流れ，ユダのすべて
Iコリ 3: 2 <乳>を与えて，堅い食物を与えませ
9: 7 その<乳>を飲まない者がいるでしょ
ヘブ 5:12 <乳>を必要とするようになっていま
Iペテ 2: 2 みことばの<乳>を慕い求めなさい．

▼ ちちおや（父親）

申命 24:16 <父親>が子どものために殺されては
ならない．子どもが<父親>のために
殺されては．II列14:6，II歴25:4.
マコ 9:21 イエスはその子の<父親>に尋ねられ
ルカ 1:62 身振りで<父親>に合図して，幼子に
Iテモ 5: 1 むしろ，<父親>に対するように勧め
ヘブ 12:10 肉の<父親>は，短い期間，自分が良

▼ ちちなるかみ（父なる神）

マタ 6: 8 <父なる神>は，あなたがたがお願い
ロマ 1: 7 <父なる神>と…から恵みと平安があ
Iコリ 8: 6 <父なる（唯一の）神>がおられるだ
15:24 国を<父なる神>にお渡しになります．
IIコリ 1: 3 キリストの<父なる神>，慈愛の父，
ガラ 1: 1 <父なる神>によったのです——
エペ 4: 6 すべてのものの<父なる神>は一つで
ピリ 2:11 <父なる神>がほめたたえられるため
4:20 <父なる神>に御栄えがとこしえにあ
コロ 1: 2 <父なる神>から，恵みと平安があな
IIテサ 2:16 <父なる神>，すなわち，私たちを愛
ヤコ 1:27 <父なる神>の御前できよく汚れのな
Iペテ 1: 2 <父なる神>の予知に従い，御霊の聖
IIペテ 1:17 <父なる神>から誉れと栄光をお受け

▼ ちちはは（父母）

創世 2:24 男はその<父母>を離れ，妻と結び合
申命 21:18 <父母>に懲らしめられても，<父母>
に従わないときは，
ルツ 2:11 あなたの<父母>や生まれた国を離れ
箴言 28:24 自分の<父母>の物を盗んで，「私は

▼ ちちらくだ（乳らくだ）

創世 32:15 <乳らくだ>30頭とその子，雌牛40頭，

▼ ちつじょ（秩序）

ヨブ 10:22 死の陰があり，<秩序>がなく，光も
Iコリ 7:35 <秩序>ある生活を送って，ひたすら
14:40 すべてのことを適切に，<秩序>をも
コロ 2: 5 あなたがたの<秩序>とキリストに対
ヤコ 3:16 <秩序>の乱れや，あらゆる邪悪な行

▼ ちっそく（窒息）

ヨブ 7:15 私のたましいは，むしろ<窒息>を選

▼ チッポラ〔人名〕

モーセの妻．ミデヤン人．出エ2:21，4:25.

▼ ちのしお（地の塩）
マタ 5:13 あなたがたは，<地の塩>です．もし
▼ ちのじしょ（血の地所）
使徒 1:19 アケルダマ…『<血の地所>』と呼ば
▼ ちのたみ（地の民）
エズ 4: 4 <地の民>は，建てさせまいとして，
10: 2 この<地の民>である外国の女をめと
ネヘ 10:30 娘をこの<地の民>たちにとつがせず，
31 <地の民>たちが安息日に，品物，す
▼ ちのはて（地の果て），地の果て果て
申命 13: 7 <地の果て>から果てまで，あなたの
28:49 主は，遠く<地の果て>から，鷲が飛
64 <地の果て>から果てまでのすべての
33:17 <地の果て果て>まで，国々の民をこ
Ⅰサム 2:10 主は<地の果て果て>までさばき，ご
詩篇 19: 4 そのことばは，<地の果て>まで届い
22:27 <地の果て果て>もみな，思い起こし，
46: 9 主は<地の果て>までも戦いをやめさ
48:10 あなたの誉れは…<地の果て>にまで
59:13 神が<地の果て果て>までもヤコブを
61: 2 私は<地の果て>から，あなたに呼ば
65: 8 <地の果て果て>に住む者もあなたの
67: 7 <地の果て果て>が…神を恐れますよ
72: 8 川から<地の果て果て>に至るまで統
98: 3 <地の果て果て>までもが…神の救い
135: 7 主は<地の果て>から，雲を上らせ，
箴言 17:24 愚かな者は目を<地の果て>に注ぐ．
イザ 5:26 <地の果て>から来るように合図され
24:16 <地の果て>からのほめ歌を聞く．し
40:28 <地の果て>まで創造された方．疲れ
41: 5 <地の果て>は震えながら近づいて来
9 あなたを<地の果て>から連れ出し，
42:10 その栄誉を<地の果て>から．海の下
43: 6 わたしの娘らを<地の果て>から来さ
45:22 <地の果て>のすべての者よ．わたし
48:20 <地の果て>にまで響き渡らせよ．
49: 6 <地の果て>にまでわたしの救いをも
52:10 <地の果て果て>もみな…神の救いを
62:11 <地の果て>まで聞こえるように仰せ
エレ 6:22 大きな国が<地の果て>から奮い立つ．
10:13 主は<地の果て>から雲を上らせ，雨
12:12 主の剣が，<地の果て>から<地の果
て>に至るまで食い尽くすので，す
16:19 諸国の民は<地の果て>から来て言う
25:31 その騒ぎは<地の果て>までも響き渡
32 大暴風が<地の果て>から起こる．
33 主に殺される者が<地の果て>から
<地の果て>までに及び，彼らはいた
31: 8 <地の果て>から彼らを集める．その
50:41 多くの王が<地の果て果て>から奮い
ダニ 4:11 <地の果て>のどこからもそれが見え
22 主権は<地の果て>にまで及んでいま
ミカ 5: 4 彼の威力が<地の果て>まで及ぶから
ゼカ 9:10 支配は…大川から<地の果て>に至る．
マタ 12:42 知恵を聞くために<地の果て>から来
マコ 13:27 <地の果て>から天の果てまで，四方
使徒 1: 8 <地の果て>にまで，わたしの証人と
13:47 <地の果て>までも救いをもたらすた
ロマ 10:18 そのことばは<地の果て>まで届いた．
▼ ちのみご（乳飲み子）
申命 32:25 <乳飲み子>も，白髪の老人もともど
詩篇 8: 2 幼子と<乳飲み子>たちの口によって，
イザ 11: 8 <乳飲み子>はコブラの穴の上で戯れ，
49:15 女が自分の<乳飲み子>を忘れようか．
65:20 数日しか生きない<乳飲み子>も，寿
哀歌 4: 4 <乳飲み子>の舌は渇いて上あごにつ
マタ 21:16 <乳飲み子>たちの口に賛美を用意さ
24:19 哀れなのは…<乳飲み子>を持つ女で
Ⅰペテ 2: 2 生まれたばかりの<乳飲み子>のよう
▼ ちばなれ（乳離れ）
Ⅰサム 1:23 この子が<乳離れ>するまで待ちなさ
詩 131: 2 私のたましいは<乳離れ>した子のよ
イザ 11: 8 <乳離れ>した子はまむしの子に手を
ホセ 1: 8 ロ・ルハマを<乳離れ>させてから，
▼ ちぶさ（乳房）
創世 49:25 <乳房>と胎の祝福．
ヨブ 3:12 なぜ，私の吸う<乳房>があったのか．
24: 9 みなしごを<乳房>からもぎ取り，貧
詩篇 22: 9 母の<乳房>に拠り頼ませた方．
箴言 5:19 その<乳房>がいつもあなたを酔わせ，
雅歌 1:13 この<乳房>の間に宿る没薬の袋のよ
4: 5 あなたの二つの<乳房>は，ゆりの花
8:10 私は城壁，私の<乳房>はやぐらのよ
イザ 60:16 あなたは…王たちの<乳房>を吸う．
66:11 彼女の慰めの<乳房>から乳を飲んで
哀歌 4: 3 ジャッカルさえも<乳房>をあらわし，
ホセ 2: 2 その<乳房>の間から姦通を取り除け．
ルカ 11:27 あなたが吸った<乳房>は幸いです.」
23:29 飲ませたことのない<乳房>は，幸い

▼ ちほう（地方）
マタ 2:22 戒めを受けたので，ガリラヤ<地方>
8:34 この<地方>を立ち去ってくださいと
9:26 このうわさはその<地方>全体に広ま
31 イエスのことをその<地方>全体に言
19: 1 ヨルダンの向こう…ユダヤ<地方>に
マコ 5:10 この<地方>から追い出さないでくだ
7:24 そこを出てツロの<地方>へ行かれた．
ルカ 4:37 イエスのうわさは，回りの<地方>の
使徒 2:10 リビヤ<地方>などに住む者たち，ま
8: 1 ユダヤとサマリヤの諸<地方>に散ら
12:20 その<地方>は王の国から食糧を得て
13:49 主のみことばは，この<地方>全体に
50 ふたりをその<地方>から追い出した．
26:20 ユダヤの全<地方>に，さらに異邦人
ロマ 15:23 もうこの<地方>には私の働くべき所
Ⅱコリ 11:10 アカヤ<地方>で私のこの誇りが封じ
ガラ 1:21 私は…キリキヤの<地方>に行きまし

▼ ちほうそうとく（地方総督）
使徒 13: 7 この男は<地方総督>セルギオ・パウ
18:12 ガリオがアカヤの<地方総督>であっ
19:38 <地方総督>たちもいることですから，

▼ ちまた
ヨブ 18:17 彼の名は<ちまた>から消える．
箴言 1:20 知恵は，<ちまた>で大声で叫び，広
26:13 <ちまた>に雄獅子がいる」と言う．
イザ 5:25 しかばねは，<ちまた>で，あくたの
42: 2 <ちまた>にその声を聞かせない．
エレ 51: 4 突き刺された者…が，その<ちまた>

▼ ちめいてき（致命的）
黙示 13: 3 その<致命的>な傷も直って．12．

▼ ちゃくしゅ（着手）
ネヘ 2:18 この良い仕事に<着手>した．

▼ ちゅうい（注意）
出エ 19:12 触れたりしないように<注意>しなさ
21:29 その持ち主が<注意>されていても，
25:40 よく<注意>して，あなたが山で示さ
34:12 <注意>して…契約を結ばないように
申命 2: 4 あなたがたは，十分に<注意>せよ．
Ⅰサム 19: 2 あしたの朝は，<注意>して，隠れ場
Ⅱ列 6: 9 通らないように<注意>しなさい．あ
エズ 4:22 よく<注意>してこのことを怠っては
ヨブ 36:21 悪に向かわないように<注意>せよ．
伝道 12:12 これ以外のことにも<注意>せよ．多
イザ 28:23 私の言うことを，<注意>して聞け．
エレ 6:17 角笛の音に<注意>せよ』と言わせた
8: 6 わたしは<注意>して聞いたが，彼ら
ダニ 7: 8 その角を<注意>して見ている．8:5．
マラ 2:15 あなたがたの霊に<注意>せよ．16．
マタ 16: 6 パン種には<注意>して気をつけなさ
マコ 4:24 聞いていることによく<注意>しなさ
13:33 目をさまし，<注意>していなさい．
ルカ 8:18 だから，聞き方に<注意>しなさい．
12:15 どんな貪欲にも<注意>して，よく警
使徒 27: 9 パウロは人々に<注意>して，
Ⅰコリ 3:10 どのように建てるか…<注意>しなけ
エペ 5:15 歩んでいるかどうか…<注意>し，
コロ 2: 8 とりこにもならぬよう，<注意>しな
Ⅱテサ 3:14 特に<注意>を払い，交際しないよう
Ⅱテモ 1: 6 私はあなたに<注意>したいのです．
ヘブ 8: 5 よく<注意>しなさい．山であなたに
10:24 愛と善行を促すように<注意>し合お
12:25 拒まないように<注意>しなさい．な

▼ ちゅうかい（注解）
Ⅱ歴 13:22 預言者イドの<注解>にしるされてい
24:27 王たちの書の<注解>にまさしくしる

▼ ちゅうかいしゃ（仲介者）
ガラ 3:19 <仲介者>の手で定められたのです．
20 <仲介者>は一方だけに属するもので
Ⅰテモ 2: 5 神と人との間の<仲介者>も唯一であ
ヘブ 8: 6 さらにすぐれた契約の<仲介者>であ
9:15 キリストは新しい契約の<仲介者>で
12:24 新しい契約の<仲介者>イエス，それ

▼ ちゅうげん（忠言）
伝道 4:13 もう<忠言>を受けつけない年とった

▼ ちゅうこく（忠告）
箴言 1:25 わたしのすべての<忠告>を無視し，
12:15 知恵のある者は<忠告>を聞き入れる．
19:20 <忠告>を聞き，訓戒を受け入れよ．
エレ 38:15 私があなたに<忠告>しても，あなた
使徒 27:21 私の<忠告>を聞き入れて，クレテを
黙示 3:18 あなたに<忠告>する．豊かな者とな

▼ ちゅうさい（仲裁）
Ⅰサム 2:25 だれが，その者のために<仲裁>に立
Ⅱサム 14: 6 だれもふたりを<仲裁>する者がいな
ヨブ 9:33 ふたりの上に手を置く<仲裁>者が私
Ⅰコリ 6: 5 兄弟の間の争いを<仲裁>することの

▼ ちゅうし（中止）
エズ 4:24 神の宮の工事は<中止>され，ペルシ

▼ ちゅうじつ（忠実）

民数 12: 7 わたしの全家を通じて<忠実>な者で
23:12 それを私は<忠実>に語らなければな
Ⅰサム 2:35 <忠実>な祭司を，わたしのために起
22:14 ダビデほど<忠実>な者が，ほかにだ
Ⅱ列 12:15 彼らが<忠実>に働いていたからである．22:7.
Ⅱ歴 6:42 ダビデの<忠実>なわざの数々を思い
19: 7 <忠実>に行いなさい．私たちの神，
9 <忠実>に，また全き心をもって，こ
31:12 聖なるささげ物を<忠実>に携え入れ
15 <忠実>に祭司の町々にとどまり，彼
18 <忠実>に，聖なる物として扱ったか
32:32 ヒゼキヤの…<忠実>な行いは，アモ
34:12 この仕事を<忠実>に行った．彼らの
35:26 ヨシヤの…<忠実>な行為，
ネヘ 13:13 彼らは<忠実>な者と認められていた
詩篇 78: 8 その霊が神に<忠実>でない世代の者
37 神の契約にも<忠実>でなかった．
箴言 13:17 <忠実>な使者は人をいやす．
20: 6 だれが<忠実>な人を見つけえよう．
25:13 <忠実>な使者はこれを遣わす者にと
28:20 <忠実>な人は多くの祝福を得る．し
イザ 25: 1 まことに，<忠実>に成し遂げられま
エレ 23:28 わたしのことばを<忠実>に語らなけ
ダニ 6: 4 彼は<忠実>で，彼には何の怠慢も欠
マタ 24:45 <忠実>な賢いしもべとは，いったい
25:21 良い<忠実>なしもべだ．あなたは，わずかな物に<忠実>だったから，私
ルカ 12:42 <忠実>な賢い管理人とは，いったい
16:10 小さい事に<忠実>な人は，大きい事にも<忠実>であり，小さい事に不忠
11 不正の富に<忠実>でなかったら，だ
12 他人のものに<忠実>でなかったら，
19:17 ほんの小さな事にも<忠実>だったか
使徒 16:15 私を主に<忠実>な者とお思いでした
Ⅰコリ 4: 2 管理者には，<忠実>であることが要
エペ 1: 1 イエスにある<忠実>なエペソの聖徒
コロ 1: 7 <忠実>な，キリストの仕え人であっ
4: 9 <忠実>な愛する兄弟オネシモといっ
Ⅰテモ 1:12 私を<忠実>な者と認めてくださった
3:11 すべてに<忠実>な人でなければなり
Ⅱテモ 2: 2 教える力のある<忠実>な人たちにゆ
ヘブ 2:17 <忠実>な大祭司となるため，主はす
3: 5 神の家全体のために<忠実>でした．
黙示 1: 5 <忠実>な証人，死者の中から最初に
2:10 死に至るまで<忠実>でありなさい．
3:14 アーメンである方，<忠実>で，真実
19:11 <忠実>また真実」と呼ばれる方であ

▼ ちゅうしょう（中傷）

レビ 19:16 人を<中傷>してはならない．あなた
詩篇 35:15 休みなく私を<中傷>した．
49: 5 私を取り囲んで<中傷>する者の悪意
箴言 11:13 人を<中傷>する者は秘密を漏らす．
30:10 その主人に<中傷>してはならない．
エレ 6:28 <中傷>して歩き回り，青銅や鉄のよ
エゼ 22: 9 血を流そうと他人を<中傷>し，ある

▼ ちゅうしょく（昼食）

ルカ 14:12 <昼食>や夕食のふるまいをするなら，

▼ ちゅうしん（忠信）

イザ 1:21 遊女になったのか，<忠信>な都が．
26 おまえは正義の町，<忠信>な都と呼

▼ ちゅうせい（忠誠）

Ⅱサム 16:17 友への<忠誠>のあらわれなのか．な

▼ ちゅうぞう（鋳像）

民数 33:52 彼らの<鋳像>をすべて粉砕し，彼ら
申命 27:15 主の忌みきらわれる…<鋳像>を造り，
士師 17: 3 それで彫像と<鋳像>を造りましょう．
ナホ 1:14 わたしは彫像や<鋳像>を断ち滅ぼす．
ハバ 2:18 彫像や<鋳像>，偽りを教える者が，

▼ ちゅうてん（中天）

申命 4:11 火は<中天>に達し，雲と暗やみの暗
黙示 19:17 <中天>を飛ぶすべての鳥に言った．

▼ ちゅうとう（柱頭）

Ⅰ列 7:16 一つの<柱頭>の高さは５キュビト，
アモ 9: 1 <柱頭>を打って，敷居が震えるよう
ゼパ 2:14 針ねずみはその<柱頭>をねぐらとし，

▼ ちゅうぶ（中風）

マタ 4:24 <中風>の人などをみな，みもとに連
8: 6 私のしもべが<中風>で，家に寝てい
9: 2 人々が<中風>の人を床に寝かせたま
マコ 2: 3 ひとりの<中風>の人が４人の人にか
4 <中風>の人を寝かせたままその床を
5 <中風>の人に…あなたの罪は赦され
使徒 9:33 アイネヤ…彼は<中風>であった．

▼ ちょうかん（長官）

イザ 41:25 彼は<長官>たちをしっくいのように
エレ 51:23 あなたを使って総督や<長官>たちも
ダニ 3: 2 太守，<長官>，総督，参議官，財務
使徒 16:20 ふたりを<長官>たちの前に引き出し

▼ ちょうし（長子）
創世 25:31 あなたの<長子>の権利を私に売りな
27:36 私の<長子>の権利を奪い取り，今ま
申命 21:16 愛されている者の子を<長子>として
17 きらわれている妻の子を<長子>とし
ヨシ 6:26 その礎を据える者は<長子>を失い，
Ⅰ歴 5: 1 イスラエルの<長子>ルベンの子孫…
<長子>の権利は…ヨセフの子に与え
詩篇 89:27 彼をわたしの<長子>とし，地の王た
エレ 31: 9 エフライムはわたしの<長子>だから．
ミカ 6: 7 私の<長子>をささげるべきだろうか．
ロマ 8:29 御子が多くの兄弟たちの中で<長子>
ヘブ 1: 6 <長子>をこの世界にお送りになると
12:16 <長子>の権利を売ったエサウのよう
23 天に登録されている<長子>たちの教

▼ ちょうし（調子）
ロマ 12: 2 この世と<調子>を合わせてはいけま

▼ ちょうじゅ（長寿）
創世 25: 8 アブラハムは…<長寿>を全うして息
Ⅰ歴 29:28 彼は<長寿>に恵まれ，齢も富も誉れ
箴言 3:16 その右の手には<長寿>があり，その

▼ ちょうぞう（彫像）
申命 4:16 どんな形の<彫像>をも造らないよう
7: 5 彼らの<彫像>を火で焼かなければな
25 彼らの神々の<彫像>を火で焼かなけ
12: 3 彼らの神々の<彫像>を粉砕して，そ
27:15 主の忌みきらわれる<彫像>や鋳像を
士師 17: 3 それで<彫像>と鋳像を造りましょう．
18:30 ダン族は自分たちのために<彫像>を
Ⅱ列 21: 7 アシェラの<彫像>を宮に安置した．
Ⅱ歴 33: 7 自分が造った偶像の<彫像>を神の宮
イザ 42:17 <彫像>に拠り頼み，鋳像に，「あな
48: 5 私の<彫像>や鋳た像がこれを命じた
ナホ 1:14 わたしは<彫像>や鋳像を断ち滅ぼす．
ハバ 2:18 彫刻師の刻んだ<彫像>や鋳像，偽り

▼ ちょうなん（長男）
創世 27: 1 <長男>のエサウを呼び寄せて彼に
Ⅱ列 3:27 王となる<長男>をとり，その子を城

▼ ちょうよう（徴用）
Ⅰ列 5:13 ソロモン王は…役務者を<徴用>した．

▼ ちょうりかん（調理官），調理官長
創世 40: 1 エジプト王の献酌官と<調理官>とが，
16 <調理官長>は，解き明かしが良かっ
41:10 私と<調理官長>とを侍従長の家に拘

▼ ちょうろう（長老）
レビ 4:15 会衆の<長老>たちは，主の前でその
民数 11:16 イスラエルの<長老>たちのうちから，
22: 4 モアブはミデヤンの<長老>たちに言
申命 19:12 町の<長老>たちは，人をやって彼を
32: 7 <長老>たちに問え．彼らはあなたに
ヨシ 20: 4 その町の<長老>たちに聞こえるよう
23: 2 その<長老>たちや，かしらたちや，
ルツ 4: 2 ボアズは，町の<長老>10人を招いて，
Ⅱサム 12:17 彼の家の<長老>たちは彼のそばに立
19:11 ユダの<長老>たちにこう言って告げ
Ⅰ列 12: 8 <長老>たちの与えた助言を退け，彼
20: 7 王は国のすべての<長老>たちを呼び
Ⅰ歴 21:16 ダビデと<長老>たちは，荒野で身を
Ⅱ歴 10: 6 ソロモンに仕えていた<長老>たちに
8 彼はこの<長老>たちの与えた助言を
ヨブ 12:20 <長老>たちの分別を取り去り，
詩 105:22 王の<長老>たちに知恵を与えるため
箴言 31:23 土地の<長老>たちとともに座に着く．
イザ 9:15 そのかしらとは，<長老>や身分の高
エレ 29: 1 <長老>たちで生き残っている者たち，
哀歌 4:16 <長老>たちも敬われなかった．
エゼ 7:26 <長老>はさとしを失う．
マタ 15: 2 なぜ<長老>たちの言い伝えを犯すの
16:21 <長老>…たちから多くの苦しみを受
け，殺され．マコ8:31，ルカ9:22．
26:47 群衆はみな…民の<長老>たちから差
27: 1 夜が明けると…民の<長老>たち全員
20 <長老>たちは，バラバのほうを願う
マコ 14:43 <長老>たちから差し向けられたもの
ルカ 7: 3 ユダヤ人の<長老>たちを送って，し
22:66 夜が明けると，民の<長老>会，それ
使徒 4: 8 民の指導者たち，ならびに<長老>の
5:21 イスラエル人のすべての<長老>を召
6:12 <長老>たちと律法学者たちを扇動し，
11:30 サウロの手によって<長老>たちに送
14:23 教会ごとに<長老>たちを選び，断食
16: 4 <長老>たちが決めた規定を守らせよ
20:17 ミレトから…教会の<長老>たちを呼
Ⅰテモ 4:14 <長老>たちによる按手を受けたとき，
5:17 <長老>は，二重に尊敬を受けるにふ
19 <長老>に対する訴えは，ふたりか3
テト 1: 5 町ごとに<長老>たちを任命するため
ヤコ 5:14 教会の<長老>たちを招き，主の御名
Ⅰペテ 5: 1 あなたがたのうちの<長老>たちに，

同じく<長老>のひとり，キリストの
5 若い人たちよ．<長老>たちに従いな
IIヨハ 1 <長老>から，選ばれた夫人とその子
IIIヨハ 1 <長老>から，愛するガイオへ．私は
黙示 4: 4 24人の<長老>たちがすわっていた．
5: 6 <長老>たちとの間に，ほふられたと
11 御座と生き物と<長老>たちとの回り
19: 4 24人の<長老>と四つの生き物はひれ

▼ ちょうわ（調和）

Iコリ 12:24 からだをこのように<調和>させてく
IIコリ 6:15 ベリアルとに，何の<調和>があるで

▼ ちょくれい（勅令）

箴言 31: 5 酒を飲んで<勅令>を忘れ，すべて悩
ルカ 2: 1 住民登録をせよという<勅令>が，皇

▼ ちょすいち（貯水池）

II列 20:20 彼が<貯水池>と水道を造り，町に水
ネヘ 3:16 人工<貯水池>と，勇士たちの家のと
イザ 22:11 二重の城壁の間に<貯水池>を造って，

▼ ちらす（散らす）

創世 11: 4 全地に<散ら>されるといけないから．
9 地の全面に<散ら>したからである．
49: 7 イスラエルの中に<散ら>そう．
レビ 26:33 あなたがたを国々の間に<散ら>し，
申命 4:27 国々の民の中に<散ら>される．しか
28:64 すべての国々の民の中に…<散らす>．
I列 14:15 ユーフラテス川の向こうに<散ら>さ
ネヘ 1: 9 <散ら>された者が天の果てにいても，
ヨブ 41:19 その口からは…火花を<散ら>す．
詩篇 68:30 戦いを喜ぶ，国々の民を<散ら>して
89:10 力ある御腕によって<散ら>されまし
92: 9 不法を行う者どもが…<散ら>される
イザ 11:12 イスラエルの<散ら>された者を取り
エレ 9:16 国々に彼らを<散ら>し，剣を彼らの
10:21 彼らの飼うものはみな<散ら>される．
13:24 彼らを…わらのように<散らす>．
18:17 わたしは彼らを敵の前で<散らす>．
25:34 あなたがたが<散ら>される日が来た
31:10 イスラエルを<散ら>した者がこれを
50:17 イスラエルは…<散ら>された羊．先
哀歌 4:16 主ご自身も彼らを<散ら>し，もう彼
エゼ 11:16 彼らを…国々の中に<散ら>した．し
20:23 彼らを諸国の民の中に<散ら>し，国
34: 5 彼らは牧者がいないので，<散ら>さ
6 わたしの羊は地の全面に<散ら>され
36:19 彼らを諸国の民の間に<散ら>し，彼
ナホ 1:14 あなたの子孫はもう<散ら>されない．
2: 1 <散らす>者が，あなたを攻めに上っ
3:18 あなたの民は山々の上に<散ら>され，
ゼカ 1:21 これらはユダを<散ら>して，だれに
マタ 12:30 集めない者は<散らす>者です．
25:24 <散ら>さない所から集めるひどい方
ヨハ 2:15 両替人の金を<散ら>し，その台を倒
10:12 狼は羊を奪い，また<散らす>のです．
16:32 <散ら>されて，それぞれ自分の家に
使徒 5:36 従った者はみな<散ら>されて．37．
8: 1 ユダヤとサマリヤ…に<散ら>された．
4 <散ら>された人たちは，みことばを
11:19 迫害によって<散ら>された人々は，
IIコリ 9: 9 この人は<散ら>して，貧しい人々に

▼ ちり，ちりあくた

創世 2: 7 土地の<ちり>で人を形造り，その鼻
3:14 <ちり>を食べなければならない．
19 あなたは<ちり>だから，<ちり>に帰
13:16 もし人が地の<ちり>を数えることが
18:27 私は<ちり>や灰にすぎませんが，あ
出エ 8:16 地の<ちり>を打て．そうすれば，そ
民数 5:17 幕屋の床にある<ちり>を取ってその
ヨシ 7: 6 自分たちの頭に<ちり>をかぶった．
Iサム 2: 8 主は，弱い者を<ちり>から起こし，
I列 16: 2 わたしはあなたを<ちり>から引き上
20:10 サマリヤの<ちり>が私に従うすべて
ネヘ 4: 2 石を<ちりあくた>の山から生き返ら
ヨブ 2:12 <ちり>を天に向かって投げ，自分の
4:19 <ちり>の中に土台を据える泥の家に
7:21 今，私は<ちり>の中に横たわります．
10: 9 私を<ちり>に帰そうとされるのです
17:16 共に<ちり>の上に降りて行っても．
34:15 人は<ちり>に帰る．
42: 6 <ちり>と灰の中で悔いています．
詩篇 7: 5 私のたましいを<ちり>の中にとどま
22:15 あなたは私を死の<ちり>の上に置か
90: 3 あなたは人を<ちり>に帰らせて言わ
102:14 シオンの<ちり>をいつくしみます．
103:14 私たちが<ちり>にすぎないことを心
104:29 彼らは死に，おのれの<ちり>に帰り
119:25 私のたましいは，<ちり>に打ち伏し
箴言 8:26 この世の最初の<ちり>も造られなか
伝道 3:20 すべてのものは<ちり>から出て，す
べてのものは<ちり>に帰る．
12: 7 <ちり>はもとあった地に帰り，霊は

イザ 2:10 岩の間に入り，<ちり>の中に身を隠
5:24 その花も，<ちり>のように舞い上が
29: 4 <ちり>の中からのささやきのように
40:12 地の<ちり>を枡に盛り，山をてんび
49:23 あなたの足の<ちり>をなめる．あな
65:25 蛇は，<ちり>をその食べ物とし，わ
哀歌 2:10 頭には<ちり>をまき散らし，身には
3:29 口を<ちり>につけよ．もしや希望が
エゼ 27:30 頭に<ちり>を振りかけ，灰の中をこ
ゼパ 1:17 彼らの血は<ちり>のように振りまか

マタ 7: 3 兄弟の目の中の<ちり>に目をつける
が，自分の目の中の梁に．ルカ6:41．
5 兄弟の目からも，<ちり>を取り除く
10:14 足の<ちり>を払い落としなさい．
マコ 6:11 足の裏の<ちり>を払い落としなさい．
ルカ 9: 5 証言として，足の<ちり>を払い落と
10:11 足についたこの町の<ちり>も，あな
使徒 13:51 足の<ちり>を払い落として，イコニ
22:23 <ちり>を空中にまき散らすので，
Ⅰコリ 4:13 私たちはこの世の<ちり>，あらゆる
ピリ 3: 8 それらを<ちりあくた>と思っていま
黙示 18:19 頭に<ちり>をかぶって，泣き悲しみ，

▼ ちる（散る）

出エ 5:12 民はエジプト全土に<散>って，わら
Ⅰサム 30:16 その地いっぱいに<散>って飲み食い
ヨブ 38:24 東風が地の上で<散>り広がる道はど
ゼカ 1:17 町々には，再び良いものが<散>り乱
13: 7 そうすれば，羊は<散>って行き，わ
ヤコ 1: 1 国外に<散>っている12の部族へあい
Ⅰペテ 1: 1 ビテニヤに<散>って寄留している，
24 草はしおれ，花は<散る>．

▼ ちんぎん（賃金）

出エ 2: 9 私があなたの<賃金>を払いましょう．
レビ 19:13 日雇い人の<賃金>を朝まで，あなた
申命 15:18 雇い人の<賃金>の２倍分あなたに仕
24:15 彼の<賃金>は，その日のうちに，日
Ⅰ列 5: 6 あなたが言われるとおりの<賃金>を
箴言 11:18 義を蒔く者は確かな<賃金>を得る．
ゼカ 11:12 私に<賃金>を払いなさい．もし，そ
マラ 3: 5 不正な<賃金>で雇い人をしいたげ，
マタ 20: 8 <賃金>を払ってやりなさい．』
ヤコ 5: 4 労働者への未払い<賃金>が，叫び声

▼ ちんもく（沈黙）

エス 4:14 このような時に<沈黙>を守るなら，
詩篇 39: 2 私はひたすら<沈黙>を守った．よい
83: 1 神よ．<沈黙>を続けないでください．
アモ 5:13 賢い者は<沈黙>を守る．それは時代
ルカ 9:36 彼らは<沈黙>を守り，その当時は，
使徒 11:18 人々はこれを聞いて<沈黙>し，「そ
15:12 すると，全会衆は<沈黙>してしまっ

つ

▼ ツァアナニム〔地名〕

ナフタリの町．ヨシ19:33，士師4:11．

▼ ツァアナン〔地名〕

ユダの低地の町．ミカ1:11．

▼ ツァイル〔地名〕

エドム国境の町．Ⅱ列8:21．

▼ ツァドク〔人名〕

⑴ダビデ時代の祭司．アヒトブの子．Ⅱサム8:17，15:27，19:11，Ⅰ列1:8，Ⅰ歴6:8，エゼ44:15．
⑵祭司の家系で，シャルムの父．Ⅰ歴6:12．
⑶ウジヤ王の妻エルシャの父．Ⅱ列15:33．
⑷捕囚から帰還したバアナの子．ネヘ3:4．
⑸捕囚から帰還したイメルの子．ネヘ3:29．

▼ ツァフェナテ・パネアハ〔人名〕

ヨセフのエジプト名．創世41:45．

▼ ツァフォン〔地名〕

ガドの町．ヨルダン川東岸．ヨシ13:27．

▼ ツァラアト，ツァラアトに冒された人（者）

出エ 4: 6 彼の手は<ツァラアト>に冒され，雪
レビ 13: 2 からだの皮膚に<ツァラアト>の患部
3 それは<ツァラアト>の患部である．
8 これは<ツァラアト>である．
9 <ツァラアト>の患部が人にあるとき
11 皮膚にある慢性の<ツァラアト>であ
12 もしその<ツァラアト>がひどく皮膚
13 その<ツァラアト>が彼のからだ全体
15 それは<ツァラアト>である．
20 腫物に吹き出た<ツァラアト>の患部
25 やけどに出て来た<ツァラアト>であ

る…それは<ツァラアト>の患部であ
27 これは<ツァラアト>の患部である．
30 頭またはひげの<ツァラアト>である．
42 額のはげに出て来た<ツァラアト>で
43 皮膚にある<ツァラアト>に見られる
44 彼は<ツァラアト>の者であって汚れ
45 患部のあるその<ツァラアト>の者は
47 衣服に<ツァラアト>の患部が生じた
49 それは<ツァラアト>の患部である．
51 その患部は悪性の<ツァラアト>で，
52 悪性の<ツァラアト>であるから，火
59 <ツァラアト>の患部についてのおし
14: 2 <ツァラアトに冒された者>がきよめ
3 調べて，もし<ツァラアト>の者の
<ツァラアト>の患部がいやされてい
7 <ツァラアト>からきよめられる者の
32 以上は，<ツァラアト>の患部のある
34 家に<ツァラアト>の患部を生じさせ，
44 家につく悪性の<ツァラアト>であっ
54 以上は，<ツァラアト>のあらゆる患
55 衣服と家の<ツァラアト>，
57 これが<ツァラアト>についてのおし
22: 4 アロンの子孫のうち，<ツァラアト>
民数 5: 2 <ツァラアト>の者，漏出を病む者，
12:10 ミリヤムは<ツァラアト>になり，雪
申命 24: 8 <ツァラアト>の患部には気をつけて，
IIサム 3:29 <ツァラアト>に冒された者，糸巻き
II列 5: 1 ナアマンは…<ツァラアト>に冒され
3 ご主人さまの<ツァラアト>を直して
6 彼の<ツァラアト>を直してください
7 <ツァラアト>を直せと言う．しかし，
11 この<ツァラアト>に冒された者を直
27 ナアマンの<ツァラアト>は，いつま
7: 3 四人の<ツァラアト>に冒された人が，
8 この<ツァラアト>に冒された人たち
15: 5 死ぬ日まで<ツァラアト>に冒された
II歴 26:19 突然，彼の額に<ツァラアト>が現れ
20 彼の額は<ツァラアト>に冒されてい
21 死ぬ日まで<ツァラアト>に冒され，
23 彼が<ツァラアト>に冒された者だと
マタ 8: 2 <ツァラアト>に冒された人がみもと
3 すぐに彼の<ツァラアト>はきよめら
10: 8 <ツァラアト>に冒された者をきよめ，
11: 5 <ツァラアト>に冒された者がきよめ
26: 6 <ツァラアト>に冒された人シモンの
マコ 1:40 <ツァラアト>に冒された人がイエス
42 その<ツァラアト>が消えて，その人
14: 3 <ツァラアト>に冒された人シモンの
ルカ 4:27 <ツァラアト>に冒された人がたくさ
5:12 全身<ツァラアト>の人がいた．イエ
13 すぐに，その<ツァラアト>が消えた．
7:22 <ツァラアト>に冒された者がきよめ
17:12 10人の<ツァラアト>に冒された人が

▼ツァラフ〔人名〕

捕囚帰還民の一人ハヌンの父．ネヘ3:30．

▼ツアル〔人名〕

イッサカル族の長ネタヌエルの父．民数1:8．

▼ツァルムナ〔人名〕

ミデヤン人の王．士師8:5，21，詩篇83:11．

▼ツァルモナ〔地名〕

荒野の宿営地．民数33:41，42．

▼ツァルモン

1．地名．

(1)ヨルダンの東，バシャンの山か．詩篇68:14．

(2)シェケムに近い山か．士師9:48．

2．人名．ダビデの30勇士の一人．IIサム23:28．

▼ツァレタン〔地名〕

ヨルダン峡谷にある町．ヨシ3:16，I列4:12．

▼ツァレファテ〔地名〕

フェニキヤの海岸沿いの町．I列17:9，オバ20．

▼ついえさる（～去る）

詩篇 9: 3 あなたの前で，<ついえ去>ります．

▼ツィオル〔地名〕

ユダの山地の町の一つ．ヨシ15:54．

▼ついきゅう（追及，追求）

エス 2:23 <追及>されて，その事実が明らかに
Iコリ 1:22 ギリシヤ人は知恵を<追求>します．
ピリ 3:12 ただ捕らえようとして，<追求>して

▼ツィケラグ〔地名〕

ユダの最南端の町の一つ．ヨシ15:31，Iサム27:6．

▼ついせき（追跡）

創世 14:14 アブラムは…ダンまで<追跡>した．
出エ 14: 8 パロはイスラエル人を<追跡>した．
士師 20:45 残りをギデオムまで<追跡>して，そ
使徒 26:11 国外の町々にまで彼らを<追跡>して

▼ツィツ〔地名〕

死海西岸エン・ゲディ付近．II歴20:16．

▼ ついていく（～行く）
マタ 9:19 イエスが立って彼に<ついて行>かれ
ると，弟子たちも<ついて行>った．
20:29 大ぜいの群衆がイエスに<ついて行>
マコ 1:20 舟に残して，イエスに<ついて行>っ
3: 7 大ぜいの人々が<ついて行>った．ま
6: 1 弟子たちも<ついて行>った．
10:32 あとに<ついて行く>者たちは恐れを
14:13 その人に<ついて行>きなさい．
ルカ 9:57 どこにでも<ついて行>きます．」
18:43 イエスに<ついて行>った．これを見
21: 8 そんな人々のあとに<ついて行>って
22:10 入る家にまで<ついて行>きなさい．
54 ペテロは，遠く離れて<ついて行>っ
23:27 女たちの群れが…<ついて行>った．
ヨハ 1:37 ふたりの弟子は…<ついて行>った．
40 イエスに<ついて行>ったふたりのう
10: 4 羊は…彼に<ついて行>きます．
5 ほかの人には決して<ついて行>きま
11:31 ユダヤ人たちは…彼女に<ついて行>
13:37 なぜ今はあなたに<ついて行く>こと
18:15 弟子は，イエスに<ついて行>った．
使徒 12: 9 外に出て，御使いに<ついて行>った．
黙示 14: 4 どこにでも<ついて行く>．彼らは，
13 彼らの行いは彼らに<ついて行く>か

▼ ツィディム〔地名〕
ナフタリ所領内の城壁のある町．ヨシ19:35．

▼ ついてくる（～来る）
イザ 35:10 楽しみと喜びが<ついて来>，悲しみ
マタ 4:19 わたしに<ついて来>なさい．あなた
8:10 <ついて来>た人たちにこう言われた．
22 <ついて来>なさい．死人たちに彼ら
9: 9 <ついて来>なさい」と言われた．す
27 ふたりの盲人が…<ついて来>た．
10:38 わたしに<ついて来>ない者は，わた
12:15 すると多くの人が<ついて来>たので，
15:23 叫びながらあとに<ついて来る>ので
16:24 わたしに<ついて来>たいと思うなら，
27:55 ガリラヤから<ついて来>た女たちで
マコ 2:14 わたしに<ついて来>なさい」と言わ
5:24 多くの群衆がイエスに<ついて来>て，
8:34 <ついて来>たいと思うなら，自分を
ルカ 5:27 わたしに<ついて来>なさい」と言わ
7: 9 <ついて来>ていた群衆のほうに向い
9:11 群衆がこれを知って，<ついて来>た．
23 十字架を負い…<ついて来>なさい．
14:27 十字架を負って…<ついて来>ない者
18:22 全部売り払い…<ついて来>なさい．」
22:28 試練の時にも…<ついて来>てくれた
23:49 ガリラヤから…<ついて来>ていた女
ヨハ 1:38 彼らが<ついて来る>のを見て，言わ
10:27 わたしの羊は…<ついて来>ます．
12:26 その人はわたしに<ついて来>なさい．
13:36 あなたは今は<ついて来る>ことがで
きません．しかし後には<ついて来>
21:20 弟子があとに<ついて来る>のを見た．
使徒 12: 8 上着を着て，私に<ついて来>なさい
13:43 パウロとバルナバに<ついて来>たの
21:36 大ぜいの群衆が…<ついて来>たから
Ｉコリ 10: 4 彼らに<ついて来>た御霊の岩から飲
IIテモ 3:11 迫害や苦難にも，よく<ついて来>て

▼ ツィハ
1．人名．宮に仕えるしもべの監督者．ネへ11:21．
2．ツィハ族．エズ2:43，ネヘ7:46．

▼ ツィバ〔人名〕
サウル王のしもべ．IIサム9:2，10，19:29．

▼ ツィブオン〔人名〕
ホリ人セイルの第3子．創世36:2，20，29．

▼ ツィブヤ〔人名〕
(1)ユダの王ヨアシュの母．II列12:1，II歴24:1．
(2)ベニヤミン族シャハライムの子．I歴8:9．

▼ ツィフヨン〔人名〕
ガドの子孫でツェフォン族の先祖．創世46:16．

▼ ついほう（追放）
創世 3:24 神は人を<追放>して，いのちの木へ
IIサム 14:13 王は<追放>された者を戻しておられ
I列 15:12 彼は神殿男娼を国から<追放>し，先
II歴 13: 9 主の祭司たちとレビ人を<追放>し，
エズ 7:26 死刑でも，<追放>でも，財産の没収
イザ 8:22 地を見ると…暗黒，<追放>された者．
22:19 わたしはあなたをその職から<追放>
27: 8 激しい風で彼らを<追放>された．
ヨハ 9:22 その者を会堂から<追放>すると決め
35 彼らが彼を<追放>したことを聞き，

▼ ツィポル〔人名〕
モアブの王バラクの父．民数22:2，ヨシ24:9．

▼ ツィラ〔人名〕
レメクの妻の一人．創世4:19，22．

▼ツィルタイ〔人名〕
(1)ベニヤミン族シムイの子．Ⅰ歴8:20.
(2)ダビデの所に来た千人隊のかしら．Ⅰ歴12:20.

▼ツィン，ツィンの荒野
ユダ所領の最南境の地．民数13:21，20:1，27:14，33:36，34:3，4，申命32:51，ヨシ15:1，3.

▼つうか（通過）
民数 20:17 あなたの領土を<通過>するまでは右
21:22 領土を<通過>するまで…王の道を通

▼つうじる（通じる）
創世 11: 7 互いにことばが<通じ>ないようにし
Ⅰ歴 15:22 ケナヌヤは…それに<通じ>ていたか
Ⅱ歴 30:22 主の務めによく<通じ>ているすべて
エズ 7: 6 エズラは…モーセの律法に<通じ>て
エゼ 16:32 姦婦は…ほかの男と<通じる>ものだ．
使徒 18:24 アポロ…彼は聖書に<通じ>ていた．
Ⅰコリ 13: 2 あらゆる奥義と…知識とに<通じ>，
ヘブ 5:13 義の教えに<通じ>てはいません．幼

▼つうやくしゃ（通訳者）
創世 42:23 彼と彼らの間には<通訳者>がいたか

▼つえ（杖）【別項】葦・葦の杖，アロンの杖
創世 32:10 私は自分の<杖>１本だけを持って，
38:18 印形とひもと…手にしている<杖>」
49:10 統治者の<杖>は…離れることはない．
出エ 4:20 モーセは手に神の<杖>を持っていた．
7: 9 その<杖>を取って，パロの前に投げ
12:11 手に<杖>を持ち，急いで食べなさい．
21:19 <杖>によって，外を歩くようになれ
レビ 27:32 牧者の<杖>の下を10番目ごとに通る
民数 17: 3 レビの<杖>にはアロンの名を書かな
20:11 モーセは…<杖>で岩を２度打った．
21:18 <杖>をもって…掘ったその井戸に．」
22:27 バラムは…<杖>でろばを打った．
24:17 イスラエルから１本の<杖>が起こり，
士師 6:21 主の使いは…<杖>の先を伸ばして，
Ⅰサム 14:27 <杖>の先を伸ばして…蜜蜂の巣に浸
Ⅱサム 7:14 人の<杖>…をもって彼を懲らしめる．
Ⅱ列 4:29 私の<杖>をあの子の顔の上に置きな
ヨブ 21: 9 神の<杖>は彼らの上に下されない．
詩篇 2: 9 あなたは鉄の<杖>で彼らを打ち砕き，
23: 4 あなたのむちと…<杖>…が私の慰め
45: 6 あなたの王国の<杖>は公正の<杖>．
60: 7 ユダはわたしの<杖>．108:8.
110: 2 力強い<杖>をシオンから伸ばされる．
125: 3 悪の<杖>が正しい者の地所の上にと
箴言 10:13 思慮に欠けた者の背には<杖>がある．
22: 8 彼の怒りの<杖>はすたれる．
15 懲らしめの<杖>がこれを断ち切る．
イザ 10: 5 アッシリヤ，わたしの怒りの<杖>．
26 <杖>を海にかざして，エジプトにし
14: 5 主が悪者の<杖>と，支配者の笏とを
30:31 主が<杖>でこれを打たれるからだ．
エレ 48:17 どうして力ある<杖>，美しい笏が砕
エゼ 7:10 <杖>が花を咲かせ，高慢がつぼみを
11 暴虐はつのって悪の<杖>となり，彼
19:11 その強い枝は王の<杖>となり，その
37:16 人の子よ．１本の<杖>を取り，その
ホセ 4:12 その<杖>は彼らに事を告げる．これ
ミカ 5: 1 さばきつかさの頬を<杖>で打つ．
7:14 あなたの<杖>で…羊を飼ってくださ
ゼカ 8: 4 年寄りになって，みな手に<杖>を持
10:11 誇りは低く…エジプトの<杖>は離れ
11:10 私の<杖>，慈愛の<杖>を取り上げ，
マタ 10:10 くつも，<杖>も持たずに行きなさい．マコ6:8，ルカ9:3.
ヘブ 1: 8 御国の<杖>こそ，まっすぐな<杖>で
11:21 自分の<杖>のかしらに寄りかかって
黙示 2:27 彼は，鉄の<杖>をもって土の器を打
11: 1 私に<杖>のような測りざおが与えら

▼ツェダデ〔地名〕
約束の地の北の境界線．民数34:8，エゼ47:15.

▼ツェナン〔地名〕
ユダ低地の町．ツァアナンと同地．ヨシ15:37.

▼ツェファテ【別項】ツェファテの谷
ネゲブにある町．ホルマと同地．士師1:17.

▼ツェファテのたに（～谷）
ユダのマレシャにある谷．Ⅱ歴14:10.

▼ツェフィ〔人名〕
エサウの孫．エリファズの子．Ⅰ歴1:36.

▼ツェフォ〔人名〕
エサウの孫．エリファズの子．創世36:11，15.

▼ツェフォン
1.人名．ガドの子孫．民数26:15.
2.ツェフォン族．1.の子孫．民数26:15.

▼ **ツェボイム**
⑴死海南部の町．創世10:19，14:2，申命29:23.
⑵捕囚後ベニヤミン族が住んだ町．ネヘ11:34.
⑶ツェボイムの谷．ベニヤミン領内にある谷．Ⅰサム13:18.

▼ **ツェマライム**
⑴ベニヤミンの町．ヨシ18:22.
⑵ツェマライム山．エフライムの山地にある山．Ⅱ歴13:4.

▼ **ツェマリじん（～人）**
カナンの子孫．創世10:18，Ⅰ歴1:16.

▼ **ツェメド〔度量衡〕**
土地の広さを表す単位．イザ5:10.

▼ **ツェラ〔地名〕**
ベニヤミンの町．ヨシ18:28，Ⅱサム21:14.

▼ **ツェリ〔人名〕**
楽人預言者エドトンの子．Ⅰ歴25:3.

▼ **ツェル〔地名〕**
ナフタリ所領内の城壁のある町．ヨシ19:35.

▼ **ツェルア〔人名〕**
イスラエルの王ヤロブアムの母．Ⅰ列11:26.

▼ **ツェルツァフ〔地名〕**
ベニヤミンの町．Ⅰサム10:2.

▼ **ツェルヤ〔人名〕**
ダビデの姉の一人．Ⅰサム26:6，Ⅱサム17:25.

▼ **ツェレク〔人名〕**
ダビデの30勇士の一人．Ⅱサム23:37.

▼ **ツェレダ〔地名〕**
⑴ヤロブアム王の出身地．Ⅰ列11:26.
⑵ヨルダン低地の町．Ⅱ歴4:17.

▼ **ツェレテ〔人名〕**
ユダ族．アシュフルの子．Ⅰ歴4:7.

▼ **ツェレテ・ハシャハル〔地名〕**
ルベンの町．死海東岸の地．ヨシ13:19.

▼ **ツェレラ〔地名〕**
モレ山付近の地か．士師7:22.

▼ **ツェロフハデ〔人名〕**
マナセ族出身．娘ばかり5人を残して死亡．民数26:33，27:1，36:2，ヨシ17:3，Ⅰ歴7:15.

▼ **ツェロル〔人名〕**
サウル王の父キシュの祖父．Ⅰサム9:1.

▼ **ツォアル〔地名〕**
ヨルダンの低地の町．創世13:10，14:2，19:22，23，30，申命34:3，イザ15:5，エレ48:34.

▼ **ツォアン〔地名〕**
エジプトの古代都市．民数13:22，詩篇78:12，43，イザ19:11，13，30:4，エゼ30:14.

▼ **ツォバ〔地名〕**
アラム人の町．Ⅰサム14:47，Ⅰ列11:23.

▼ **ツォハル〔人名〕**
⑴ヘテ人エフロンの父．創世23:8.
⑵シメオンの子．創世46:10，出エ6:15.
⑶ユダ族．アシュフルの子．Ⅰ歴4:7.

▼ **ツォファイ〔人名〕**
レビ族ケハテ氏族の一人．Ⅰ歴6:26.

▼ **ツォファフ〔人名〕**
アシェルの子孫．勇敢な兵士．Ⅰ歴7:35，36.

▼ **ツォファル〔人名〕**
ヨブの3人の友人の一人．ヨブ2:11，11:1.

▼ **ツォベバ〔人名〕**
ユダの子孫．コツの子．Ⅰ歴4:8.

▼ **ツォルア**
1. 地名．ユダ低地の町．ヨシ15:33，士師18:2.
2. ツォルア人．カレブの子孫．Ⅰ歴2:53，54.

▼ **つか（塚）**
ヨブ 21:32 その<塚>の上には見張りが立つ．

▼ **つかい（使い）【別項】神の使い，主の使い，天の御使い，御使い**
出エ 23:20 わたしは，<使い>をあなたの前に遣
33: 2 あなたがたの前にひとりの<使い>を
Ⅰサム 16:19 サウルは<使い>をエッサイのところ
Ⅱサム 11: 4 ダビデは<使い>の者をやって…女を
15:10 アブシャロムは…<使い>を送って言
Ⅱ列 5:10 エリシャは，彼に<使い>をやって，
Ⅱ歴 36:15 早くからしきりに<使い>を遣わされ
ヨブ 1:14 <使い>がヨブのところに来て言った．
詩 104: 4 風をご自分の<使い>とし，焼き尽く
イザ 63: 9 ご自身の<使い>が彼らを救った．そ
マタ 11:10 <使い>をあなたの前に遣わし，あな
25:41 悪魔とその<使い>たちのために用意
マコ 1: 2 わたしは<使い>をあなたの前に遣わ
11: 1 イエスはふたりの弟子を<使い>に出
ルカ 7:24 ヨハネの<使い>が帰ってから，イエ
27 <使い>をあなたの前に遣わし，あな
9:52 ご自分の前に<使い>を出された．彼
使徒 16:36 釈放するようにと，<使い>をよこし
20:17 ミレトからエペソに<使い>を送って，
Ⅱコリ 12: 7 私を打つための，サタンの<使い>で

黙示 12: 7　竜とその<使い>たちは応戦したが,

▼つがい【別項】七つがい，一つがい

創世 32:25　ヤコブのももの<つがい>を打ったの

▼つかう（使う）

士師 8:10　剣を<使う>者12万人が，すでに倒さ
20: 2　剣を<使う>歩兵が神の民の集まりに
ルカ 15:13　湯水のように財産を<使>ってしまっ
14　何もかも<使>い果たしたあとで，そ
IIコリ 12:15　また私自身をさえ<使>い尽くしまし
ヤコ 4: 3　自分の快楽のために<使>おうとして，

▼つかえびと（仕え人）

ロマ 15:16　イエスの<仕え人>となるために，神
コロ 1: 7　忠実な，キリストの<仕え人>であっ

▼つかえる（仕える）【別項】宮に仕えるしもべたち

創世 25:23　兄が弟に<仕える>．27:40.
29:15　ただで私に<仕える>こともなかろう.
18　下の娘ラケルのために7年間あなたに<仕え>ましょう」と言った．20.
41:46　ヨセフが…パロに<仕える>ようにな
出エ 3:12　この山で，神に<仕え>なければなら
10: 8　おまえたちの神，主に<仕え>よ．だ
14:12　私たちをエジプトに<仕え>させてく
20: 5　それらに<仕え>てはならない．あな
28: 1　祭司としてわたしに<仕え>させよ.
レビ 25:39　彼を奴隷として<仕え>させてはなら
申命 6:13　主に<仕え>なければならない．御名
10:12　精神を尽くして…神，主に<仕え>,
28:36　木や石のほかの神々に<仕え>よう.
30:17　ほかの神々を拝み，これに<仕える>
ヨシ 22: 5　精神を尽くして，主に<仕え>なさい.
24: 2　テラは…ほかの神々に<仕え>ていた.
15　私と私の家とは，主に<仕える>.」
士師 2: 7　長老…の生きている間，主に<仕え>
3: 6　妻にめとり…彼らの神々に<仕え>た.
10:13　捨てて，ほかの神々に<仕え>た．だ
Iサム 2:11　祭司エリのもとで主に<仕え>ていた.
22　会見の天幕の入口で<仕え>ている女
3: 1　サムエルはエリの前で主に<仕え>て
7: 4　取り除き，主にのみ<仕え>た.
8: 8　捨てて，ほかの神々に<仕え>たこと
IIサム 15: 8　私は主に<仕え>ます』と言って誓願
22:44　知らなかった民が私に<仕え>ます.
I列 8:11　<仕える>ことができなかった．主の
10: 5　従者たちが<仕え>ている態度とその
12: 4　私たちはあなたに<仕え>ましょう.」
19:21　エリヤについて行って，彼に<仕え>
II列 17:12　彼らは偶像に<仕え>たのである.
25:24　バビロンの王に<仕え>なさい．そう
I歴 6:32　幕屋の前で，歌をもって<仕え>，お
16: 4　主の箱の前で<仕え>させ，イスラエ
23:13　主の前に香をたき，主に<仕え>，主
28: 9　喜ばしい心持ちをもって神に<仕え>
II歴 5:14　祭司たちは…<仕える>ことができな
9: 4　<仕え>ている態度とその服装，彼の
31: 2　主の宿営の門で<仕え>，感謝し，ほ
33: 3　天の万象を拝み，これに<仕え>た.
エス 1:10　アハシュエロス王に<仕える>7人の
2: 2　王に<仕える>若い者たちは言った.
ヨブ 21:15　私たちは彼に<仕え>なければならな
39: 9　野牛は喜んであなたに<仕え>，あな
詩篇 2:11　恐れつつ主に<仕え>よ．おののきつ
22:30　子孫たちも主に<仕え>，主のことが,
51:12　喜んで<仕える>霊が，私をささえま
72:11　すべての国々が彼に<仕え>ましょう.
97: 7　偶像に<仕える>者，むなしいものを
100: 2　喜びをもって主に<仕え>よ．喜び歌
101: 6　全き道を歩む者は，私に<仕え>ます.
103:21　みこころを行い，主に<仕える>者た
106:36　その偶像に<仕え>た．それが彼らに,
135: 2　主の家で<仕え>，私たちの神の家の
イザ 19:21　いけにえとささげ物をもって<仕え>,
44: 9　彼らの<仕える>ものは，見ることも
56: 6　主に連なって主に<仕え>，主の名を
60:12　あなたに<仕え>ない国民や王国は滅
61: 6　われわれの神に<仕える>者と呼ばれ
エレ 5:19　外国の神々に<仕え>たように，あな
8: 2　彼らが愛し，<仕え>，従い，伺いを
25:11　国々はバビロンの王に70年<仕える>.
27: 7　その子と，その子の子に<仕え>よう.
28:14　ネブカデネザルに<仕え>させる．そ
30: 9　彼らの王ダビデに<仕え>よう.
エゼ 20:40　イスラエルの全家はみな…<仕える>
40:46　主に近づいて<仕える>者たちである.
44:11　わたしの聖所で<仕える>はずなのだ.
27　聖所で<仕える>ために聖所の内庭に
ダニ 3:17　私たちの<仕える>神は…炉から私た
18　私たちはあなたの神々に<仕え>ず,
7:10　幾千のものがこの方に<仕え>，幾万
ヨエ 1: 9　主に<仕える>祭司たちは喪に服する.

2:17 主に<仕える>祭司たちは，神殿の玄
ゼパ 3: 9 彼らは…一つになって主に<仕える>．
マラ 3:14 神に<仕える>のはむなしいことだ．
18 神に<仕える>者と<仕え>ない者との
マタ 4:10 主にだけ<仕え>よ』と書いてある．」
6:24 だれも，ふたりの主人に<仕える>こ
とはできません…神にも<仕え>，ま
た富にも<仕える>ということはでき
20:28 人の子が来たのが…<仕える>ためで
23:11 一番偉大な者は…<仕える>人でなけ
27:55 イエスに<仕え>てガリラヤからつい
マコ 1:13 御使いたちがイエスに<仕え>ていた．
9:35 みなに<仕える>者となりなさい．」
10:43 偉くなりたいと思う者は…<仕える>
ルカ 1:74-75 主の御前に<仕える>ことを許される．
2:37 断食と祈りをもって神に<仕え>てい
51 ナザレに帰って，両親に<仕え>られ
8: 3 財産をもって…<仕え>ているヘロデ
15:29 長年の間，私はお父さんに<仕え>，
16:13 神にも<仕え>，また富にも<仕える>
22:26 治める人は<仕える>人のようであり
ヨハ 12:26 わたしに<仕える>というのなら，そ
使徒 7:42 天の星に<仕える>ままにされました．
13:36 ダビデは…神のみこころに<仕え>て
20:19 数々の試練の中で，主に<仕え>まし
24:14 私たちの先祖の神に<仕え>ているこ
26: 7 夜も昼も熱心に神に<仕え>ながら，
ロマ 1: 9 霊をもって<仕え>ている神があかし
25 造られた物を拝み，これに<仕え>た
7: 6 新しい御霊によって<仕え>ているの
25 心では神の律法に<仕え>，肉では罪
の律法に<仕え>ているのです．
9:12 兄は弟に<仕える>」と彼女に告げら
12:11 霊に燃え，主に<仕え>なさい．
16:18 主キリストに<仕え>ないで，自分の
欲に<仕え>ているのです．彼らは，
Ⅱコリ 3: 6 新しい契約に<仕える>者となる資格
を下さいました．文字に<仕える>者
ではなく，御霊に<仕える>者です．
ガラ 5:13 愛をもって互いに<仕え>なさい．
エペ 3: 7 この福音に<仕える>者とされました．
6: 7 人にではなく，主に<仕える>ように，
善意をもって<仕え>なさい．
ピリ 2: 7 ご自分を無にして，<仕える>者の姿
22 子が父に<仕える>ようにして，彼は
25 私の窮乏のときに<仕え>てくれた人
コロ 1:23 パウロはそれに<仕える>者となった
25 務めに従って，教会に<仕える>者と
Ⅰテサ 1: 9 生けるまことの神に<仕える>ように
Ⅰテモ 6: 2 むしろ，ますますよく<仕え>なさい．
Ⅱテモ 1: 3 きよい良心をもって<仕え>ている神
18 彼がエペソで，どれほど私に<仕え>
ヘブ 1: 7 神は…<仕える>者たちを炎とされる．
14 御使いはみな，<仕える>霊であって，
6:10 聖徒たちに<仕え>，また今も<仕え>
7:13 祭壇に<仕える>者を出したことのな
8: 2 真実の幕屋である聖所で<仕え>てお
5 写しと影とに<仕え>ているのであっ
黙示 7:15 昼も夜も，神に<仕え>ているのです．
22: 3 そのしもべたちは神に<仕え>，

▼つかさ

創世 23: 6 私たちの間にあって，神の<つかさ>
出エ 2:14 だれがあなたを私たちの<つかさ>や
民数 11:16 <つかさ>である者70人を…集め，彼
21:18 杖をもって，<つかさ>たちがうがち，
22: 8 モアブの<つかさ>たちはバラムのも
申命 1:15 あなたがたの部族の<つかさ>である．
20: 5 <つかさ>たちは，民に告げて言いな
29:10 <つかさ>たち，イスラエルのすべて
ヨシ 1:10 ヨシュアは民の<つかさ>たちに命じ
士師 5:15 イッサカルの<つかさ>たちはデボラ
8: 6 スコテの<つかさ>たちは言った．
9:30 この町の<つかさ>ゼブルは，エベデ
Ⅱサム 10: 3 アモン人の<つかさ>たちは，彼らの
Ⅰ列 22:26 <つかさ>アモンと王の子ヨアシュの
Ⅱ列 10: 1 イズレエルの<つかさ>たちや長老た
23: 8 町の<つかさ>ヨシュアの門の入口に
Ⅰ歴 9:11 神の宮の<つかさ>アヒトブの子．
12:27 エホヤダはアロンの<つかさ>で，彼
34 ナフタリから，<つかさ>１千人．彼
15:22 レビ人の<つかさ>ケナヌヤは荷物の
19: 3 アモン人の<つかさ>たちは，ハヌン
22:17 ダビデは…すべての<つかさ>たちに，
23: 4 <つかさ>とさばきつかさは６千，
24: 5 聖所の組の<つかさ>たち，神の組の
27: 1 <つかさ>たちは，王に仕えて１年の
28: 1 各部族の<つかさ>，王に仕える各組
21 <つかさ>たちとすべての民は，あな
Ⅱ歴 12: 5 ユダの<つかさ>たちのもとに来て，
19:11 ユダの家の<つかさ>イシュマエルの

26:11 <つかさ>マアセヤによって登録され
32:31 バビロンの<つかさ>たちが彼のもと
35: 8 神の宮の<つかさ>，ヒルキヤ，ゼカ
ネヘ 7: 2 この城の<つかさ>ハナヌヤとに，エ
11:11 神の宮の<つかさ>セラヤであった．
箴言 6: 7 蟻には首領も<つかさ>も…いないが，
イザ 1:23 おまえの<つかさ>たちは反逆者，盗
3: 4 若い者たちを彼らの<つかさ>とし，
14 民の<つかさ>たちと，さばきの座に
43:28 わたしは聖所の<つかさ>たちを汚し，
エレ 4: 9 <つかさ>たちの心は，ついえ去り，
20: 1 主の宮の<つかさ>，監督者であるイ
24: 1 ユダの<つかさ>たちや，職人や，鍛

▼つかさどる

創世 1:16 光る物には昼を<つかさど>らせ．18.
Ｉ歴 6:31 主の宮の歌を<つかさど>らせるため
9:26 神の宮の宝物倉を<つかさど>った．
イザ 32: 1 公義によって<つかさどる>．
ダニ 2:49 バビロン州の事務を<つかさど>らせた．3:12.

▼つかのま（～間）

ヨブ 20: 5 敬わない者の楽しみは<つかのま>だ．
詩篇 30: 5 御怒りは<つかの間>，いのちは恩寵

▼つかまえる

士師 16:21 ペリシテ人は彼を<つかまえ>て…目
ヨブ 16:12 私の首を<つかまえ>て粉々にし，私
36:17 さばきと…があなたを<つかまえる>．
38:13 地の果て果てを<つかまえ>させ，悪
箴言 6:31 もし，<つかまえ>られたなら，彼は
28:17 だれも彼を<つかまえ>ない．
30:28 やもりは手で<つかまえる>ことがで
マタ 18:28 その人を<つかまえ>，首を絞めて，
26:48 その人を<つかまえる>のだ」と言っ

▼つかみだす（～出す）

ユダ 23 火の中から<つかみ出>して救い，ま

▼つかむ【別項】つかみ出す

創世 25:26 手はエサウのかかとを<つか>んでい
39:12 彼女はヨセフの上着を<つか>んで，
48:17 父の手を<つか>んで…エフライムの
申命 9:17 私はその２枚の板を<つか>み，両手
25:11 相手の隠しどころを<つか>んだ場合
士師 19:29 そばめを<つか>んで…死体を12の部
ルツ 3:15 彼女がそれをしっかり<つかむ>うち
Ｉサム 15:27 サムエルの上着のすそを<つか>んだ
17:35 そのひげを<つか>んで打ち殺してい
IIサム 1:11 ダビデは自分の衣を<つか>んで裂い
2:16 互いに相手の頭を<つか>み，相手の
3:29 糸巻きを<つかむ>者，剣で倒れる者，
20: 9 右手でアマサのひげを<つか>んだ．
Ｉ列 1:50 祭壇の角を<つか>んだ．2:28.
IIオ列 2:12 エリシャは…自分の着物を<つか>み，
ヨブ 16: 8 あなたは私を，<つか>みました．私
詩篇 55:15 死が，彼らを<つか>めばよい．彼ら
箴言 3:18 知恵…を<つか>んでいる者は幸いで
11:16 優しい女は誉れを<つか>み，横暴な者は富を<つかむ>．
26:17 通りすがりの犬の耳を<つかむ>者の
ゼカ 14:13 彼らは互いに手で<つか>み合い，互
マコ 16:18 蛇をも<つか>み，たとい毒を飲んで
ルカ 20:26 イエスのことばじりを<つかむ>こと

▼つかれる（疲れる），疲れ

創世 19:11 戸口を見つけるのに<疲れ>果てた．
出エ 18:18 この民も，きっと<疲れ>果ててしま
申命 25:18 あなたが<疲れ>て弱っているときに，
士師 4:21 彼は<疲れ>ていたので，熟睡してい
8: 4 <疲れ>ていたが，追撃を続けた．5.
15 <疲れ>た人たちにパンを与えなけれ
Ｉサム 14:28 それで民は<疲れ>ているのです．」
30:10 <疲れ>きってベソル川を渡ることの
IIサム 16: 2 ぶどう酒は荒野で<疲れ>た者が飲む
14 民もみな，<疲れ>たので，そこでひ
17: 2 ダビデは<疲れ>て気力を失っている
21:15 戦ったが，ダビデは<疲れ>ていた．
23:10 自分の手が<疲れ>て，手が剣につい
ヨブ 16: 7 まことに神は今，私を<疲れ>させた．
22: 7 <疲れ>ている者に水も飲ませず，飢
詩篇 6: 6 私は私の嘆きで<疲れ>果て，私の涙
32: 3 私の骨々は<疲れ>果てました．
68: 9 <疲れ>きったあなたのゆずりの地を
69: 3 私は呼ばわって<疲れ>果て，のどが
箴言 25:25 消息は，<疲れ>た人への冷たい水の
伝道 10:15 愚かな者の労苦は…<疲れ>させる．
12:12 熱中すると，からだが<疲れる>．
イザ 1:14 わたしは負うのに<疲れ>果てた．
5:27 <疲れる>者もなく，つまずく者もな
16:12 高き所にもうでて身を<疲れ>させて
28:12 <疲れ>た者をいこわせよ．ここに休
29: 8 目がさめると，なんとも<疲れ>て，
40:28 <疲れる>ことなく，たゆむことなく，
29 <疲れ>た者には力を与え，精力のな

30 若者も<疲れ>，たゆみ，若い男もつ
31 走ってもたゆまず，歩いても<疲れ>
44:12 水を飲まないと<疲れ>てしまう．
46: 1 荷物となり，<疲れ>た獣の重荷とな
47:13 助言…多すぎて，あなたは<疲れ>て
50: 4 <疲れ>た者をことばで励ますことを
57:10 あなたは，長い旅に<疲れ>ても，
エレ 12: 5 徒歩の人たちと走っても<疲れる>の
20: 9 しまっておくのに<疲れ>て耐えられ
31:25 わたしが<疲れ>たたましいを潤し，
51:58 焼かれるために<疲れ>果てる．」
哀歌 5: 5 <疲れ>果てても，休むことができま
ハバ 2:13 諸国の民は，むなしく<疲れ>果てる．
マタ 11:28 すべて，<疲れ>た人，重荷を負って
ヨハ 4: 6 イエスは旅の<疲れ>で，井戸のかた
黙示 2: 3 耐え忍び，<疲れ>たことがなかった．

▼つかわす（遣わす）

創世 19:13 この町を滅ぼすために…<遣わ>され
24: 7 御使いをあなたの前に<遣わ>される．
45: 5 先に，私を<遣わ>してくださったの
出エ 3:10 あなたをパロのもとに<遣わ>そう．
4:13 どうかほかの人を<遣わ>してくださ
7:16 主が私をあなたに<遣わ>して仰せら
23:20 使いをあなたの前に<遣わ>し，あな
27 恐れをあなたの先に<遣わ>し，あな
28 くまばちをあなたの先に<遣わ>そう．
33: 2 ひとりの使いを<遣わ>し，わたしが，
民数 20:16 ひとりの御使いを<遣わ>し，私たち
ヨシ 2: 1 ふたりの者を斥候として<遣わ>して，
士師 6: 8 主は…ひとりの預言者を<遣わ>した．
Ⅰサム 12: 8 主はモーセとアロンを<遣わ>され，
Ⅱサム 12: 1 ナタンをダビデのところに<遣わ>さ
Ⅰ列 5: 1 ソロモンのところへ<遣わ>した．ヒ
Ⅱ列 1: 2 彼は使者たちを<遣わ>し，「行って，
Ⅰ歴 21:15 神はエルサレムに御使いを<遣わ>し
Ⅱ歴 34:26 あなたがたを<遣わ>したユダの王に
エズ 7:14 王とその７人の議官によって<遣わ>
ネヘ 6:12 今，彼を<遣わ>したのは，神ではな
詩 109: 6 悪者を彼に<遣わ>してください．な
箴言 22:21 あなたを<遣わ>した者に真理のこと
イザ 6: 8 だれを<遣わ>そう…ここに，私がお
ります．私を<遣わ>してください．」
48:16 主は私を…御霊とともに<遣わ>され
エレ 26:12 預言するよう，私を<遣わ>されたの
42:20 私を…主のもとに<遣わ>して，『私
エゼ 3: 5 外国語を話す民に<遣わす>のではな
く，イスラエルの家に<遣わす>のだ．
23:16 カルデヤの彼らのもとに<遣わ>した．
30:11 その地を滅ぼすために<遣わ>される．
ハガ 1:12 主が<遣わ>された預言者ハガイのこ
ゼカ 1:10 地を行き巡るために主が<遣わ>され
2: 8 略奪した国々に私を<遣わ>して後，
マラ 3: 1 わたしは，わたしの使者を<遣わす>．
4: 5 エリヤをあなたがたに<遣わす>．
マタ 10: 5 イエスは，この12人を<遣わ>し，そ
40 わたしを<遣わ>した方を受け入れる
13:41 人の子はその御使いたちを<遣わ>し
15:24 失われた羊以外のところには<遣わ>
21:34 …のところへしもべたちを<遣わ>し
22: 3 王は…しもべたちを<遣わ>したが，
24:31 響きとともに，御使いたちを<遣わ>
マコ 1: 2 使いをあなたの前に<遣わ>し，あな
3:14 彼らを<遣わ>して福音を宣べさせ，
12: 2 しもべを農夫たちのところへ<遣わ>
4 もう一度別のしもべを<遣わ>したが，
6 最後にその息子を<遣わ>した．
ルカ 1:26 ガブリエルが，神から<遣わ>されて
4:43 わたしは，そのために<遣わ>された
7:20 バプテスマのヨハネから<遣わ>され
9: 2 病気を直すために，彼らを<遣わ>さ
11:49 使徒たちを彼らに<遣わす>が，彼ら
13:34 自分に<遣わ>された人たちを石で打
ヨハ 1: 6 神から<遣わ>されたヨハネという人
19 レビ人を…ヨハネのもとに<遣わ>し
3:17 神が御子を世に<遣わ>されたのは，
28 その前に<遣わ>された者である』と
34 神がお<遣わ>しになった方は，神の
5:36 父がわたしを<遣わ>したことを証言
38 父が<遣わ>した者を…信じないから
6:29 神が<遣わ>した者を信じること，そ
57 生ける父がわたしを<遣わ>し，わた
7:32 祭司長…は…役人たちを<遣わ>した．
9: 7 シロアム（訳して言えば，<遣わ>さ
10:36 父が…世に<遣わ>した者について，
17: 8 あなたがわたしを<遣わ>されたこと
18 わたしも彼らを世に<遣わ>しました．
20:21 わたしもあなたがたを<遣わ>します．
使徒 3:20 イエスを，主が<遣わ>してくださる
7:35 支配者また解放者としてお<遣わ>し
8:14 ペテロとヨハネを…<遣わ>した．

10:17 コルネリオから<遣わ>された人たち
11:11 カイザリヤから…<遣わ>された３人
12:11 主は御使いを<遣わ>して，ヘロデの
22:21 あなたを遠く，異邦人に<遣わす>』
ロマ 10:15 <遣わ>されなくては，どうして宣べ
Ⅰコリ 1:17 キリストが私をお<遣わ>しになった
ガラ 4: 4 神はご自分の御子を<遣わ>し，この
6 御霊を，私たちの心に<遣わ>してく
Ⅰテサ 3: 5 信仰を知るために，彼を<遣わ>した
Ⅱテモ 4:12 私はテキコをエペソに<遣わ>しまし
ヘブ 1:14 人々に仕えるため<遣わ>されたので
Ⅰペテ 2:14 王から<遣わ>された総督であっても，
Ⅰヨハ 4: 9 神はそのひとり子を世に<遣わ>し，
14 御子を世の救い主として<遣わ>され
黙示 1: 1 御使いを<遣わ>して…ヨハネにお告
5: 6 全世界に<遣わ>された神の七つの御
22:16 イエスは御使いを<遣わ>して，諸教

▼つき（月）

創世 37: 9 太陽と<月>と11の星が私を伏し拝ん
申命 4:19 日，<月>，星の天の万象を見るとき，
33:14 <月>が生み出す賜物，
ヨシ 10:13 日は動かず，<月>はとどまった．こ
Ⅱ列 23: 5 バアルや太陽や<月>や星座や天の万
ヨブ 25: 5 神の目には<月>さえも輝きがなく，
詩篇 8: 3 あなたが整えられた<月>や星を見ま
74:16 あなたは<月>と太陽とを備えられま
89:37 それは<月>のようにとこしえに，堅
104:19 主は季節のために<月>を造られまし
121: 6 夜も，<月>が，あなたを打つことは
136: 9 夜を治める<月>と星を造られた方に．
148: 3 主をほめたたえよ．日よ．<月>よ．
伝道 12: 2 太陽と光，<月>と星が暗くなり，雨
雅歌 6:10 <月>のように美しい，太陽のように
イザ 13:10 太陽は…暗く，<月>も光を放たない．
30:26 <月>の光は日の光のようになり，日
60:19 <月>の輝きもあなたを照らさず，主
エレ 8: 2 拝んだ日や<月>や天の万象の前にさ
31:35 <月>と星を定めて夜の光とし，海を
エゼ 32: 7 太陽を…隠し，<月>に光を放たせな
ヨエ 2:10 太陽も<月>も暗くなり，星もその光
31 太陽はやみとなり，<月>は血に変わ
マタ 24:29 <月>は光を放たず，星は天から落ち，
ルカ 21:25 日と<月>と星には，前兆が現れ，地
使徒 2:20 太陽はやみとなり，<月>は血に変わ
Ⅰコリ 15:41 <月>の栄光もあり，星の栄光もあり
黙示 6:12 <月>の全面が血のようになった．
8:12 <月>の３分の１と，星の３分の１と
12: 1 <月>を足の下に踏み，頭には12の星
21:23 都には…照らす太陽も<月>もいらな

▼つき（月），月々【別項】月のさわり・月のもの

出エ 12: 2 この<月>を…<月>の始まりとし，こ
ヨブ 3: 6 <月>の数のうちにも入れるな．
7: 3 私にはむなしい<月々>が割り当てら
39: 2 はらんでいる<月>を数えることがで
ハガ 1: 1 第６の<月>の１日に，預言者ハガイ
ゼカ 1: 7 第11の<月>の24日に，イドの子ベレ
ルカ 1:57 <月>が満ちて，エリサベツは男の子
Ⅰコリ 15: 8 <月>足らずで生まれた者と同様な私
ガラ 4:10 各種の日と<月>と季節と年とを守っ
黙示 9:15 日，<月>，年のために用意されてい

▼つぎ（継ぎ），継ぎ切れ

マタ 9:16 古い着物の<継ぎ>をするようなことはしません．そんな<継ぎ切れ>は着物を引き破って．マコ2:21．

▼つきあい，つきあう

ヨハ 4: 9 サマリヤ人と<つきあい>をしなかっ
Ⅰコリ 5:11 そのような者とは<つきあ>ってはい

▼つぎあわす（～合わす）

ロマ 6: 5 キリストに<つぎ合わ>されて，キリ
11:19 枝が折られたのは…<つぎ合わ>され
23 神は，彼らを再び<つぎ合わす>こと

▼つきさす（突き刺す）

Ⅰサム 18:11 ダビデを壁に<突き刺>してやろう，
詩篇 73:21 私の内なる思いが<突き刺>されたと
ゼカ 12:10 自分たちが<突き刺>した者，わたし
ヨハ 19:34 イエスのわき腹を槍で<突き刺>した．
37 自分たちが<突き刺>した方を見る」
黙示 1: 7 彼を<突き刺>した者たちが，彼を見

▼つきしたがう（～従う）

Ⅰサム 25:27 ご主人さまに<つき従う>若者たちに
Ⅱサム 20: 2 自分たちの王に<つき従>って行った．
Ⅰ列 21:26 彼は偶像に<つき従>い，主がイスラ
ヨブ 23:11 私の足は神の歩みに<つき従>い，神
箴言 7:22 彼は…ただちに女に<つき従>い，
マコ 15:41 いつも<つき従>って仕えていた女た
ヨハ 6: 2 人の群れがイエスに<つき従>ってい
使徒 17:34 彼に<つき従>って信仰に入った人た
黙示 6: 8 そのあとにはハデスが<つき従>った．
19:14 白い馬に乗って彼に<つき従>った．

▼つきとめる（突き止める）

マタ 2: 7 星の出現の時間を<突き止め>た.

16 博士たちから<突き止め>ておいた時

▼つきぬける（突き抜ける）

詩篇18:12 密雲を<突き抜け>て来たもの. それ

▼つきのさわり（月のさわり），月のもの

レビ12: 2 その女は<月のさわり>の不浄の期間

18:19 <月のさわり>で汚れている女に近づ

20:18 <月のさわり>のある女と寝て，これ

Ⅱサム11: 4 その女は<月のもの>の汚れをきよめ

つ

▼つきぼう（突き棒）

士師 3:31 牛の<突き棒>でペリシテ人600人を打

伝道12:11 知恵ある者のことばは<突き棒>のよ

▼つきる（尽きる）

創世21:15 皮袋の水が<尽き>たとき，彼女はそ

47:15 カナンの地に銀が<尽き>たとき，エ

18 私たちの銀も<尽き>，家畜の群れも

Ⅰ列17:14 かめの粉は<尽き>ず…つぼの油はな

ヨブ17: 1 私の霊は乱れ，私の日は<尽き>，私

詩篇31:10 私のいのちは悲しみで<尽き>果てま

73:26 この身とこの心とは<尽き>果てまし

102:27 あなたの年は<尽きる>ことがありま

イザ21:16 ケダルのすべての栄光は<尽き>果て，

哀歌 3:22 主のあわれみは<尽き>ないからだ.

マコ 9:48 うじは，<尽きる>ことがなく，火は

使徒21: 5 滞在の日数が<尽きる>と，私たちは

ヘブ 1:12 あなたの年は<尽きる>ことがありま

▼つく

ヨブ 9:18 私に息も<つ>かせず，私を苦しみで

▼つく

民数11: 8 臼で<つ>いて，これをなべで煮て，

箴言27:22 愚か者を…麦といっしょに<つ>いて

▼つく

マタ 8:16 人々は悪霊に<つ>かれた者を大ぜい，

11:18 あれは悪霊に<つ>かれているのだ』

マコ 3:30 イエスは，汚れた霊に<つ>かれてい

7:25 汚れた霊に<つ>かれた小さい娘のい

9:17 口をきけなくする霊に<つ>かれた私

ルカ 4:33 汚れた悪霊に<つ>かれた人がいて，

8:27 悪霊に<つ>かれている男がイエスに

13:11 18年も病の霊に<つ>かれ，腰が曲が

ヨハ10:20 あれは悪霊に<つ>かれて気が狂って

使徒 8: 7 汚れた霊に<つ>かれた多くの人たち

16:16 占いの霊に<つ>かれた若い女奴隷に

19:13 悪霊に<つ>かれている者に向かって

▼つく【別項】ついて行く，ついて来る，つき従う

Ⅰサム14:21 イスラエル人の側に<つく>ようにな

Ⅱサム23:10 手が剣に<つ>いて離れなくなるまで

ヨブ29:10 その舌は上あごに<つ>いた.

31: 7 私の手によごれが<つ>いていたなら，

41:17 互いに…堅く<つ>いて離せない.

詩篇31: 6 むなしい偶像に<つく>者を憎み，主

137: 6 私の舌が上あごに<つ>いてしまうよ

哀歌 4: 4 舌は渇いて上あごに<つ>き，幼子た

8 道ばたでも見分けが<つ>かない. 彼らの皮膚は干からびて骨に<つ>き，

エゼ 3:26 あなたの舌を上あごに<つ>かせるの

マタ 6:20 虫もさびも<つ>かず，盗人が穴をあ

8:19 先生. 私は…どこにでも<つ>いてま

ルカ10:11 足に<つ>いたこの町のちりも，あな

Ⅰコリ 1:12 「私はパウロに<つく>」…「私はキリストに<つく>」と言っているとい

ガラ 3:27 キリストに<つく>者とされたあなた

▼つく（着く）

創世19: 1 御使いは夕暮れにソドムに<着>いた.

28:11 ある所に<着>いたとき，ちょうど日

出エ15:27 こうして彼らはエリムに<着>いた.

ルツ 1:19 彼女たちがベツレヘムに<着く>と，

Ⅱ列11: 5 王宮の護衛の任務に<つく>者となる.

6 交互に王宮の護衛の任務に<つく>.

7 王の護衛の任務に<つ>かなければな

Ⅰ歴12:29 サウルの家の任務に<つ>いていた.

20: 3 つるはしや斧を使う仕事に<つ>かせ

Ⅱ歴23:20 王を王国の王座に<着>かせた.

詩篇41: 8 彼が床に<着>いたからには…二度と

132:11 子をあなたの位に<着>かせよう.

マタ19:28 人の子がその栄光の座に<着く>時，

22:44 わたしの右の座に<着>いていなさい.

25:31 人の子はその栄光の位に<着>きます.

27:19 ピラトが裁判の席に<着>いていたと

マコ 6:33 彼らよりも先に<着>いてしまった.

16:19 天に上げられて神の右の座に<着>か

ルカ14: 9 末席に<着>かなければならないでし

ヨハ19:13 ピラトは…裁判の席に<着>いた.

使徒 2:30 彼の王位に<着>かせると誓って言わ

18:19 彼らがエペソに<着く>と，パウロは

21: 7 航海を終えて，トレマイに<着>いた.

ヘブ10:12 キリストは…神の右の座に<着>き，

黙示 3:21 わたしの座に<着>かせよう．それは，
11:16 座に<着>いている24人の長老たちも，

▼つぐ【別項】つぎ合わす

ロマ 11:17 その枝に混じって<つ>がれ，そして
24 オリーブの木に<つ>がれたのであれ

▼つぐ（継ぐ）

申命 25: 6 死んだ兄弟の名を<継>がせ，その名
Ⅰサム 2: 8 彼らに栄光の位を<継>がせます．ま
箴言 28:10 潔白な人たちはしあわせを<継ぐ>.
エレ 3:18 先祖に<継>がせた国に帰って来る．」
49: 2 イスラエルがその跡を<継ぐ>」と主
ゼカ 8:12 残りの者に…すべてを<継>がせよう．
マラ 1: 3 彼の<継>いだ地を荒野のジャッカル
マタ 25:34 備えられた御国を<継>ぎなさい．
使徒 20:32 御国を<継>がせることができるので

▼つくえ（机）

出エ 25:23 <机>をアカシヤ材で作らなければな
37:10 アカシヤ材で，一つの<机>を作った．
レビ 24: 6 主の前の純金の<机>の上に，一並び
民数 3:31 契約の箱，<机>，燭台，祭壇，およ
4: 7 供えのパンの<机>の上に青色の布を
Ⅰ列 7:48 供えのパンを載せる金の<机>，
Ⅱ列 4:10 寝台と<机>といすと燭台とを置きま
Ⅱ歴 4: 8 <机>を10個作り，本堂の中に置き，
エゼ 41:22 これが主の前にある<机>だ」と言っ
44:16 わたしの<机>に近づいてわたしに仕
ヘブ 9: 2 燭台と<机>と供えのパンがありまし

▼つくす（尽くす）

Ⅰ歴 19: 2 ハヌンに真実を<尽く>そう．彼の父
が私に真実を<尽く>してくれたのだ
エレ 3:10 妹のユダは，心を<尽く>してわたし
31: 3 わたしはあなたに，誠実を<尽く>し
哀歌 4:11 主は憤りを<尽く>して燃える怒りを
マタ 22:37 心を<尽く>し，思いを<尽く>し，知
力を<尽く>して…神である主を愛せ
よ．マコ12:30，33，ルカ10:27.
ヘブ 4:11 安息に入るよう力を<尽く>して努め，

▼つぐない（償い），償い物

出エ 21:30 自分のいのちの<償い>として支払わ
34 持ち主に<償い>をしなければならな
22: 5 最良の物とをもって，<償い>をしな
11 隣人は<償い>をする必要はない．
12 その持ち主に<償い>をしなければな
レビ 5: 6 犯した罪のために，<償い>として，
7 犯した罪の<償い>として，山鳩２羽
15 その<償い>のために，羊の群れから
16 聖なるものを犯した罪の<償い>をし
24:21 動物を打ち殺す者は<償い>をしなけ
Ⅰサム 6: 3 彼に対して<償い>をしなければなり
ません．4，8，17.
Ⅱサム 22:21 きよさにしたがって私に<償い>をさ
れた．25，詩篇18:20，24.
箴言 6:35 彼はどんな<償い物>も受けつけず，

▼つぐなう（償う）

出エ 21:36 その人は必ず牛は牛で<償>わなけれ
22: 1 羊１頭を羊４頭で<償>わなければな
4 それを２倍にして<償>わなければな
レビ 6: 5 元の物を<償>い…これに５分の１を
Ⅰサム 3:14 エリの家の咎は…永遠に<償う>こと
Ⅱサム 12: 6 子羊を４倍にして<償>わなければな
21: 3 私が何を<償>ったら…祝福できるの
箴言 6:31 彼は７倍を<償>い，自分の家の財産
22:27 あなたに，<償う>ものがないとき，
イザ 40: 2 労苦は終わり，その咎は<償>われた．
ヨエ 2:25 わたしはあなたがたに<償>おう．

▼つくりぬし（造り主）

ヨブ 4:17 人はその<造り主>の前にきよくあり
35:10 私の<造り主>である神はどこにおら
36: 3 私は…私の<造り主>に義を返そう．
詩 149: 2 おのれの<造り主>にあって喜べ．シ
箴言 17: 5 自分の<造り主>をそしる．人の災害
ロマ 1:25 <造り主>の代わりに造られた物を拝
み…<造り主>こそ…ほめたたえられ
コロ 3:10 新しい人は，<造り主>のかたちに似

▼つくりばなし（作り話）

Ⅱペテ 1:16 うまく考え出した<作り話>に従った

▼つくる（作る，造る）

創世 1: 7 神は大空を<造>り，大空の下の水と，
26 さあ人を<造>ろう．われわれのかた
2: 4 神である主が地と天を<造>られたと
18 彼にふさわしい助け手を<造>ろう．」
22 あばら骨をひとりの女に<造>り上げ，
3: 1 主が<造>られたあらゆる野の獣のう
21 皮の衣を<作>り，彼らに着せてくだ
5: 1 神は人を…神に似せて彼を<造>られ，
6: 6 地上に人を<造>ったことを悔やみ，
14 ゴフェルの木の箱舟を<造>りなさい．
7: 4 わたしが<造>ったすべての生き物を
8: 6 ノアは，自分の<造>った箱舟の窓を
9: 6 神は人を神のかたちにお<造>りにな

つ

20 ノアは，ぶどう畑を<作>り始めた農
11: 3 さあ，れんがを<作>ってよく焼こう.
14:19 天と地を<造>られた方，いと高き神より．22.
18: 6 小麦粉をこねて，パン菓子を<作>っ
31:46 彼らは石を取り，石塚を<作>った.
出エ 5: 7 れんがを<作る>わらを，これまでの
8 これまで<作>っていた量のれんがを
20: 4 自分のために，偶像を<造>ってはならない…どんな形をも<造>ってはな
11 すべてのものを<造>り，7日目に休
24 わたしのために土の祭壇を<造>り，
25: 8 聖所を<造る>なら，わたしは彼らの
32: 1 先立って行く神を，<造>ってくださ
20 彼らが<造>った子牛を取り，これを
レビ 7: 9 なべや平なべで<作>られたものはみ
13:48 皮で<作>ったどんなものでも，
民数 21: 8 燃える蛇を<作>り，それを旗ざおの
申命 4:16 どんな形の彫像をも<造>らないよう
28 人間の手で<造>った，見ることも，
32 神が地上に人を<造>られた日からこ
10: 1 石の板を2枚切って<作>り，山のわ
32: 6 主はあなたを<造>った父ではないか.
15 自分を<造>った神を捨て，自分の救
ヨシ 5: 2 火打石の小刀を<作>り，もう一度イ
22:28 先祖が<造>った主の祭壇の型を見よ.
士師 3:16 もろ刃の剣を<作>り，それを着物の
8:27 一つのエポデを<作>り，彼の町のオ
18:24 私の<造>った神々と，それに祭司と
Iサム 2:19 サムエルの母は…小さな上着を<作>
6: 5 ねずみの像を<作>り，イスラエルの
8:12 武具や，戦車の部品を<作>らせる.
13:19 ヘブル人が剣や槍を<作る>といけな
IIサム 7:11 あなたのために一つの家を<造る>.』
13: 6 目の前で二つの甘いパンを<作>らせ
10 タマルは自分が<作>った甘いパンを
I列 6:16 内堂，すなわち，至聖所を<造>り上
23 オリーブ材のケルビムを<作>った.
10:17 延べ金で盾300を<作>り，その盾1
18 王は大きな象牙の王座を<作>り，こ
12:28 王は相談して，金の子牛を二つ<造>
14:15 アシェラ像を<造>って主の怒りを引
26 ソロモンが<作>った金の盾も全部奪
II列 4:10 屋上に壁のある小さな部屋を<作>り，
12:13 金の器，銀の器を<作る>ことはなか
16:18 宮の中に<造>られていた安息日用の
18: 4 モーセの<作>った青銅の蛇を打ち砕
20:20 貯水池と水道を<造>り，町に水を引
I歴 21:29 モーセが荒野で<造>った主の幕屋と
23: 5 賛美するために<作>った楽器を手に
II歴 3: 8 至聖所を<造>ったが，その長さはこ
16:14 香料の混合法にしたがって<作>った
20:36 船団を<つくる>ためにこの王と結ん
37 主はあなたの<造>ったものを打ちこ
24: 8 彼らは一つの箱を<作>り，それを主
26:15 巧みに考案された兵器を<作>り，矢
28:25 香をたくため高き所を<造>り，彼の
32:19 人の手で<造>ったこの地の民の神々
ネヘ 8:15 書かれているとおりに仮庵を<作>り
ヨブ 9: 9 神は…南の天の室を<造>られた.
10: 8 御手は私を形造り，<造>られました.
14:15 ご自分の手で<造>られたものを慕っ
31:15 私を胎内で<造>られた方は，彼らを
32:22 私を<造>った方は今すぐ，私を奪い
33: 4 神の霊が私を<造>り，全能者の息が
詩篇 33: 6 主のことばによって，天は<造>られ
15 主は，彼らの心をそれぞれみな<造>
51:10 神よ．私にきよい心を<造>り，ゆる
74:17 あなたは…夏と冬とを<造>られまし
78:54 右の御手で<造ら>れたこの山に，彼
94: 9 目を<造>られた方が，ご覧にならな
95: 5 主がそれを<造>られた．陸地も主の
6 私たちを<造>られた方，主の御前に，
102:18 新しく<造>られる民が主を賛美しま
104:19 主は季節のために月を<造>られまし
24 知恵をもって<造>っておられます.
26 あなたが<造>られたレビヤタンも，
30 御霊を送られると，彼らは<造>られ
119:73 あなたの御手が私を<造>り，私を形
121: 2 私の助けは，天地を<造>られた主か
139:13 私の内臓を<造>り，母の胎のうちで
16 私のために<作>られた日々が，しか
148: 5 主が命じて，彼らが<造>られた.
箴言 20:12 聞く耳と，見る目とは…主が<造>ら
31:16 自分がかせいで，ぶどう畑を<作>り，
22 彼女は自分のための敷き物を<作>り，
伝道 7:29 神は人を正しい者に<造>られたが，
12:12 多くの本を<作る>ことには，限りが
イザ 2: 8 自分の手で<造>った物，指で<造>っ
17: 7 人は自分を<造>られた方に目を向け，

19:25 わたしの手で<つく>ったアッシリヤ,
22:11 二重の城壁の間に貯水池を<造>って,
29:16 <造>られた者が，それを<造>った者
42: 5 天を<造>り出し，これを引き延べ,
43: 1 あなたを<造>り出した方，主はこう
7 わたしの栄光のために…これを<造>
10 わたしより先に<造>られた神はなく,
44: 2 あなたを<造>り，あなたを母の胎内
12 力ある腕でそれを<造る>．彼も腹が
13 人の形に<造>り，人間の美しい姿に
21 わたしが，あなたを<造>り上げた．
45: 7 わたしは光を<造>り出し，やみを創
9 自分を<造>った者に抗議する者．粘
46: 6 金細工人を雇って，それで神を<造>
51:13 あなたを<造>った主を，あなたは忘
54: 5 あなたの夫はあなたを<造>った者,
16 炭火を吹きおこし武器を<作>り出す
17 攻めるために<作>られる武器は，ど
57:16 わたしが<造>ったたましいが衰え果
60:21 彼らは…わたしの手で<造>ったもの．
64: 8 私たちはみな，あなたの手で<造>ら
66: 2 すべては，わたしの手が<造>ったも
22 わたしの<造る>新しい天と新しい地
エレ 7:18 供えのパン菓子を<作>り，わたしの
10:11 天と地を<造>らなかった神々は，地
12 主は，御力をもって地を<造>り，知
16 主は万物を<造る>方．イスラエルは
16:20 自分のために神々を<造>れようか．
38:16 いのちを<造>られた主は生きておら
44:19 供えのパン菓子を<作>り，注ぎのぶ
哀歌 4: 2 陶器師の手で<作>られた土のつぼの
エゼ 16:17 自分のために男の像を<造>り，それ
24 家を建て…広場にも高台を<造>り,
21:30 あなたの<造>られた所，あなたの出
29: 3 川は私のもの．私がこれを<造>った
ダニ 3: 1 ネブカデネザル王は金の像を<造>っ
15 ひれ伏して，私が<造>った像を拝む
ホセ 8: 4 彼らは銀と金で…偶像を<造>った．
6 それは職人が<造>ったもの．それは
13: 2 銀で鋳物の像を<造>り，自分の考え
14: 3 馬にも乗らず，自分たちの手で<造>
アモ 4:13 山々を<造>り，風を<造>り出し，人
5: 8 すばる座やオリオン座を<造>り，暗
7: 1 主はいなごを<造>っておられた．
ヨナ 1: 9 私は海と陸を<造>られた天の神，主
4: 5 そこに自分で仮小屋を<作>り，町の
ミカ 6:15 新しいぶどう酒を<造>っても，ぶど
ハバ 2:18 物言わぬ偽りの神々を<造>って，こ
ゼカ 6:11 金と銀を取って，冠を<作>り，それ
10: 1 主はいなびかりを<造>り，大雨を人
12: 1 人の霊をその中に<造>られた方，主
マラ 2:15 神は人を一体に<造>られたのではな
マタ 19: 4 初めから人を男と女に<造>って,
21:33 彼はぶどう園を<造>って，垣を巡ら
23:15 改宗者をひとり<つくる>のに，海と
マコ 10: 6 神は，人を男と女に<造>られたので
14:58 手で<造>られたこの神殿をこわして,
3日のうちに，手で<造>られない別
の神殿を<造>ってみせる』と言うの
16:15 すべての<造>られた者に，福音を宣
ルカ 11:40 外側を<造>られた方は，内側も<造>
使徒 4:24 その中のすべてのものを<造>られた
14:15 すべてのものをお<造>りになった生
17:24 すべてのものをお<造>りになった神
26 すべての国の人々を<造>り出して,
ロマ 1:25 <造>られた物を拝み，これに仕えた
9:21 陶器を<作る>者は，同じ土のかたま
Ⅰコリ 9: 7 自分でぶどう園を<造>りながら，そ
11: 9 男は女のために<造>られたのではな
く，女が男のために<造>られたのだ
Ⅱコリ 5:17 その人は新しく<造>られた者です．
エペ 2:10 良い行いをするために…<造>られた
15 新しいひとりの人に<造>り上げて,
4:24 神にかたどり<造>り出された，新し
コロ 1:15 <造>られたすべてのものより先に生
16 万物は，御子によって<造>られ，御
子のために<造>られたのです．
23 天の下のすべての<造>られたものに
Ⅰテモ 2:13 アダムが初めに<造>られ，次にエバ
4: 3 受けるようにと，神が<造>られた物
4 神が<造>られた物はみな良い物で,
ヘブ 1: 2 御子によって世界を<造>られました．
3: 4 すべてのものを<造>られた方は，神
10: 5 わたしのために，からだを<造>って
11: 3 この世界が神のことばで<造>られた
7 家族の救いのために箱舟を<造>り,
ヤコ 3:18 平和を<つくる>人によって平和のう
Ⅰペテ 3:20 ノアの時代に，箱舟が<造>られてい
黙示 3:14 神に<造>られたものの根源である方
21:18 その城壁は碧玉で<造>られ，都は混

▼ つくろう（繕う）

ヨシ 9: 5 <繕>った古いはきものを足にはき，

Ⅱ歴 34:10 渡して，宮を<繕>い，修理させた．

イザ 58:12 破れを<繕う>者，市街を住めるよう

アモ 9:11 その破れを<繕>い，その廃墟を復興

マタ 4:21 舟の中で網を<繕>っているのをご覧になり．マコ1:19.

▼ つけくわえる（〜加える）

申命 4: 2 命じることばに，<つけ加え>てはならない．12:32.

ガラ 2: 6 何も<つけ加える>ことをしませんで

3:15 それに<つけ加え>たりはしません．

19 違反を示すために<つけ加え>られた

黙示 22:18 これに<つけ加える>者があれば，神

▼ つげしらせる（告げ知らせる）

申命 32: 3 私が主の御名を<告げ知らせる>のだ

Ⅰサム 31: 9 偶像の宮と民とに<告げ知らせ>た．

Ⅱサム 1:20 ちまたに<告げ知らせる>な．ペリシ

詩篇 9:11 国々の民にみわざを<告げ知らせ>よ．

22:31 生まれてくる民に<告げ知らせ>よう．

64: 9 神のみわざを<告げ知らせ>，そのな

71:17 奇しいわざを<告げ知らせ>ています．

145: 4 大能のわざを<告げ知らせる>でしょ

イザ 48: 6 あなたがたは<告げ知らせ>ないのか．

52: 7 平和を<告げ知らせ>，幸いな良い知らせを伝え，救いを<告げ知らせ>，

66:19 栄光を諸国の民に<告げ知らせ>よう．

エレ 4:15 わざわいを<告げ知らせ>ている．

16 エルサレムに<告げ知らせ>よ．包囲

31:10 遠くの島々に<告げ知らせ>て言え．

50:28 その宮の復讐のことを<告げ知らせ>

エゼ 23:36 忌みきらうべきわざを<告げ知らせ>

ナホ 1:15 平和を<告げ知らせる>者の足が山々

マコ 1:39 福音を<告げ知らせ>，悪霊を追い出

5:14 町や村々でこの事を<告げ知らせ>た．

ルカ 4:19 主の恵みの年を<告げ知らせる>ため

ロマ 9:17 わたしの力を示し，わたしの名を全世界に<告げ知らせる>ためである」

Ⅰコリ 11:26 主の死を<告げ知らせる>のです．

▼ つけたし（〜足し）

箴言 30: 6 神のことばに<つけ足し>をしてはな

▼ つけねらう

Ⅰサム 24:11 私のいのちを取ろうと<つけねら>っ

詩篇 71:10 私のいのちを<つけねら>う者どもが

マタ 2:20 幼子のいのちを<つけねら>っていた

▼ つける

詩篇 56: 6 私のあとを<つけ>ています．私のい

マタ 26:58 遠くからイエスのあとを<つけ>ながら，大祭司の中庭まで．マコ14:54.

▼ つける【別項】つけ加える

創世 24:47 彼女の鼻に飾り輪を<つけ>，彼女の

出エ 4:25 それをモーセの両足に<つけ>，そし

12:22 血をかもいと２本の門柱に<つけ>な

28: 7 これに<つける>二つの肩当てがあっ

39: 4 エポデに<つける>肩当てを作った．

7 それをエポデの肩当てに<つけ>，主

民数 21: 8 蛇を作り…旗ざおの上に<つけ>よ．

申命 28:56 足の裏を地面に<つけ>ようともしな

士師 9:49 火を<つけ>て，地下室を焼いた．そ

15: 5 たいまつに火を<つけ>，そのジャッ

Ⅰサム 6: 3 何も<つけ>ないで送り返してはなり

14:26 それを手に<つけ>て口に入れる者は

Ⅰ列 18:23 彼らは火を<つけ>てはならない．私

25 ただし，火を<つけ>てはならない．」

伝道 10: 6 愚か者が非常に高い位に<つけ>られ，

雅歌 8: 6 封印のように…腕に<つけ>てくださ

エレ 21:14 わたしは，その林に火を<つける>．

32:29 この町に火を<つけ>て焼く．また，

43:12 エジプトの神々の宮に火を<つけ>て，

エゼ 9: 4 人々の額にしるしを<つけ>よ．」

29: 4 川の魚をあなたのうろこに<つけ>，

ダニ 1: 7 宦官の長は彼らにほかの名を<つけ>，

アモ 5:19 家に入って手を壁に<つける>と，蛇

マタ 5:15 あかりを<つけ>て，それを枡の下に

27:22 「十字架に<つけ>ろ．」マコ15:13.

48 葦の棒に<つけ>，イエスに飲ませよ

ルカ 9:62 手を鋤に<つけ>てから，うしろを見

15: 8 あかりを<つけ>，家を掃いて，見つ

ヨハ 19:10 私には…十字架に<つける>権威があ

29 海綿をヒソプの枝に<つけ>て，それ

20:27 あなたの指をここに<つけ>て，わた

▼ つける（着ける）

出エ 33: 4 その飾り物を身に<着ける>者はいな

40:13 アロンに聖なる装束を<着け>させ，

レビ 21:10 聖別されて装束を<着け>ている者は，

申命 22: 5 女は男の衣装を身に<着け>てはなら

士師 18:11 600人は武具を身に<着け>て，そこ，

Ⅰサム 17: 5 身にはうろことじのよろいを<着け>

Ⅱサム 20: 8 ヨアブは自分のよろいを身に<着け>，

イザ 49:18 飾り物として身に<つけ>，花嫁のよ

エゼ 44:18 汗の出るような物を身に<着け>ては
ルカ 8:27 彼は，長い間着物も<着け>ず，家に
ヨハ 19: 5 いばらの冠と紫色の着物を<着け>て，
ロマ 13:12 光の武具を<着け>ようではありませ
エペ 6:11 神のすべての武具を身に<着け>なさ
14 胸には正義の胸当てを<着け>，
コロ 3:12 謙遜，柔和，寛容を身に<着け>なさ
Ⅰテサ 5: 8 信仰と愛を胸当てとして<着け>，救
Ⅰペテ 5: 5 みな互いに謙遜を身に<着け>なさい．
黙示 16:15 身に着物を<着け>，裸で歩く恥を人

▼ つげる（告げる）【別項】告げ知らせる

創世 9:22 外にいるふたりの兄弟に<告げ>た．
24:28 娘は…これらのことを<告げ>た．
66 しもべは…残らずイサクに<告げ>た．
29:12 彼女は…父にそのことを<告げ>た．
37: 5 ヨセフは夢を見て…兄たちに<告げ>
39:19 <告げ>たことばを聞いて，怒りに燃
42:29 その身に起こったことを…<告げ>て
44: 6 彼は…このことばを彼らに<告げ>た．
45:13 私の父上に<告げ>…父上を…お連れ
48: 1 父上は病気です」と<告げる>者があ
49: 1 終わりの日に…起こることを<告げ>
出エ 4:30 モーセに<告げ>られたことばをみな
14: 5 民の逃げたことが…王に<告げ>られ
16:22 モーセのところに来て，<告げ>たと
19: 9 モーセは民のことばを主に<告げ>た．
20: 1 神はこれらのことばを…<告げ>て仰
24: 3 定めをことごとく民に<告げ>た．す
32:34 あなたに<告げ>た場所に，民を導け．
レビ 1: 1 会見の天幕から彼に<告げ>て仰せら
16: 2 あなたの兄アロンに<告げ>よ．かっ
22: 2 アロンとその子らに<告げ>よ．イス
23:44 モーセは…主の例祭について<告げ>
民数 5: 6 イスラエル人に<告げ>よ．男にせよ，
22:19 何かほかのことをお<告げ>になるか
35 わたしがあなたに<告げる>ことばだ
24:13 主が<告げ>られること，それを私は
申命 1: 1 すべての民に<告げ>たことばである．
2: 1 主が私に<告げ>られたように，葦の
4:13 契約をあなたがたに<告げ>て，それ
5: 5 主のことばをあなたがたに<告げ>た．
22 全集会に，大きな声で<告げ>られた．
9:10 あなたがたに<告げ>られたことばが，
10: 4 あなたがたに<告げ>た十のことばを，
17: 9 あなたに判決のことばを<告げ>よう．
18:18 わたしが命じることを…<告げる>．
20 <告げ>よと命じていないことを…わ
たしの名によって<告げ>たり…ほか
の神々の名によって<告げ>たりする
20: 2 祭司は進み出て民に<告げ>，
ヨシ 4:10 ヨシュアに命じて民に<告げ>させた
5:14 何をそのしもべに<告げ>られるので
7:19 何をしたのか私に<告げ>なさい．私
11:23 主がモーセに<告げ>たとおりであっ
23: 5 主があなたがたに<告げ>たように，
士師 9:47 アビメレクに<告げ>られたとき，
11:11 ミツパで主の前に<告げ>た．
ルツ 2:19 自分の働いてきた所のことを<告げ>，
Ⅰサム 3:13 彼の家を永遠にさばくと…<告げ>た．
23:11 あなたのしもべにお<告げ>ください．
25:37 妻がこれらの出来事を彼に<告げる>
Ⅱサム 7:19 はるか先のことまで<告げ>てくださ
12:18 死んだことをダビデに<告げる>のを
Ⅰ列 1:20 だれが…王座に着くかを<告げ>てい
51 ソロモンに次のように…<告げる>者
8:56 モーセを通して<告げ>られた良い約
22:14 主が私に<告げ>られることを，その
23 あなたに下るわざわいを<告げ>られ
Ⅱ列 1: 7 そんなことを…<告げ>た者は，どん
10:10 <告げ>られた主のことばは一つも地
18:37 ラブ・シャケのことばを<告げ>た．
Ⅰ歴 16:23 御救いの良い知らせを<告げ>よ．
17:10 わたしはあなたに<告げる>．『主が
17 はるか先のことまで<告げ>てくださ
Ⅱ歴 18:15 真実だけを私に<告げる>ようになる
34:23 わたしのもとに遣わした人に<告げ>
エス 2:22 モルデカイの名で王に<告げ>た．
4: 4 彼女にこのことを<告げ>たので，王
7: 9 王に良い知らせを<告げ>たモルデカ
ヨブ 21:31 面と向かって彼の道を<告げ>えよう
31:37 私の歩みの数をこの方に<告げ>，君
詩篇 30: 9 あなたのまことを，<告げる>でしょ
40: 9 義の良い知らせを<告げ>ました．ご
50:12 たとい飢えても，あなたに<告げ>な
85: 8 御民と聖徒たちとに平和を<告げ>，
伝道 8: 7 いつ起こるかをだれも<告げる>こと
10:20 翼のあるものがそのことを<告げる>
イザ 7: 2 報告がダビデの家に<告げ>られた．
40:21 初めから，<告げ>られなかったのか．
42: 9 新しい事を，わたしは<告げ>よう．

45:19 正義を語り，公正を<告げる>者．
21 <告げ>よ．証拠を出せ．共に相談せ
46:10 終わりの事を初めから<告げ>，まだ
48: 3 先に起こった事は…わたしが<告げ>
52:15 彼らは，まだ<告げ>られなかったこ
57:12 あなたのした事どもを<告げ>よう．
58: 1 民に彼らのそむきの罪を<告げ>，ヤ
61: 1 解放を，囚人には釈放を<告げ>，
2 神の復讐の日を<告げ>，すべての悲
エレ 33: 3 大いなる事を，あなたに<告げ>よう．
38:15 もし私があなたに<告げ>れば，あな
42: 3 なすべきことを私たちに<告げ>てく
エゼ 36: 6 ねたみと憤りとをもって<告げる>．
ホセ 4:12 その杖は彼らに事を<告げる>．これ
アモ 3: 9 エジプトの地の宮殿に<告げ>て言え．
4:13 人にその思いが何であるかを<告げ>，
ヨナ 1: 8 降りかかったのか，<告げ>てくれ．
3: 2 あなたに<告げる>ことばを伝えよ．」
ミカ 1:10 ガテで<告げる>な．激しく泣きわめ
6: 8 主はあなたに<告げ>られた．人よ．
ゼカ 7: 7 預言者たちを通して<告げ>られたの
9:10 この方は諸国の民に平和を<告げ>，
マタ 18:17 教会に<告げ>なさい．教会の言うこ
ルカ 4:18 目の開かれることを<告げる>ために．
24:23 イエスは生きておられると<告げ>た，
ヨハ 4:51 彼の息子が直ったことを<告げ>た．
8:26 聞いたことをそのまま世に<告げる>
20:18 マリヤは…弟子たちに<告げ>た．
使徒 9: 6 しなければならないことが<告げ>ら
21:26 供え物をささげる日時を<告げ>た．
22:10 みな，そこで<告げ>られる』と言わ
27:25 すべて私に<告げ>られたとおりにな
28:21 あなたについて悪いことを<告げ>た
ロマ 9:12 兄は弟に仕える」と彼女に<告げ>ら
Ⅰコリ 15:51 あなたがたに奥義を<告げ>ましょう．
ヘブ 2:12 御名を，わたしの兄弟たちに<告げ>
黙示 1: 1 しもべヨハネにお<告げ>になった．
10: 7 預言者たちに<告げ>られたとおりに

▼ つごう

Ⅱテモ 4: 3 自分に<つごう>の良いことを言って

▼ つたえる（伝える）

創世 45:16 知らせが，パロの家に<伝え>られる
50: 4 パロの耳に，こう言って<伝え>てほ
エズ 5:17 王のご意見を私たちにお<伝え>くだ
ネヘ 6:12 彼がこの預言を私に<伝え>たのは，
エス 2: 8 法令が<伝え>られて，多くのおとめ
4: 9 ハタクは…伝言をエステルに<伝え>
詩篇 19: 2 昼は昼へ，話を<伝え>，夜は夜へ，
ダニ 9:23 私はそれを<伝え>に来た．あなたは，
ヨエ 1: 3 子どもたちに<伝え>，子どもたちは
ヨナ 3: 2 ニネベに行き…ことばを<伝え>よ．」
マタ 21: 5 シオンの娘に<伝え>なさい．『見よ．
マコ 7: 4 堅く守るように<伝え>られた，しき
ルカ 1: 2 私たちに<伝え>たそのとおりを，多
19 この喜びのおとずれを<伝える>よう
4:18 貧しい人々に福音を<伝える>ように
使徒 6:14 モーセが私たちに<伝え>た慣例を変
15:36 主のことばを<伝え>たすべての町々
16: 4 規定を守らせようと…それを<伝え>
17: 3 <伝え>ているこのイエスこそ，キリ
13 神のことばを<伝え>ていることを知
18 彼は外国の神々を<伝え>ているらし
ロマ 6:17 <伝え>られた教えの規準に心から服
10:15 良いことの知らせを<伝える>人々の
15:19 キリストの福音をくまなく<伝え>ま
Ⅰコリ 11: 2 私があなたがたに<伝え>たものを，
23 私は主から受けたことを…<伝え>た
15: 3 最もたいせつなこととして<伝え>た
ガラ 4:13 あなたがたに福音を<伝え>たのは，
ピリ 1:16 愛をもってキリストを<伝え>，私が
コロ 1:25 神のことばを…<伝える>ためです．
Ⅰヨハ 1: 2 この永遠のいのちを<伝え>ます．す
5 あなたがたに<伝える>知らせです．
ユダ 3 聖徒にひとたび<伝え>られた信仰の

▼ つたわる（伝わる）

Ⅰ列 22:36 陣営の中に…叫び声が<伝わっ>た．

▼ つち（土），土くれ【別項】土の器

創世 2:19 <土>からあらゆる野の獣と，あらゆ
3:19 ついに，あなたは<土>に帰る．あな
23 人は…<土>を耕すようになった．
4: 2 カインは<土>を耕す者となった．
26:15 井戸に<土>を満たしてこれをふさい
出エ 20:24 わたしのために<土>の祭壇を造り，
レビ 17:13 血…を<土>でおおわなければならな
Ⅰサム 4:12 着物は裂け，頭には<土>をかぶって
Ⅱ列 5:17 ２頭の騾馬に載せるだけの<土>をし
ヨブ 5: 6 苦しみは<土>から芽を出さないから
7: 5 私の肉はうじと<土くれ>をまとい，
14: 8 その根株が<土>の中で枯れても，
21:33 谷の<土くれ>は彼に快く，すべての

27:16 衣装を<土>のようにたくわえても，
28: 2 鉄は<土>から取られ，銅は石を溶か
30: 6 彼らは谷の斜面や，<土>や岩の穴に
39:14 だちょうは卵を<土>に置き去りにし，
詩 146: 4 霊が出て行くと…<土>に帰り，その
イザ34: 7 血がしみ込み，その<土>は脂肪で肥
57:14 <土>を盛り上げて，道を整えよ．わ
哀歌 4: 2 陶器師の手で作られた<土>のつぼの
エゼ24: 7 これに<土>をかぶせようともしなか
ヨエ 1:17 穀物の種は<土くれ>の下に干からび，
ハバ 1:10 <土>を積み上げて，それを攻め取る．
マタ13: 5 別の種が<土>の薄い岩地に落ちた．
<土>が深くなかったので．マコ4:5．
ロマ 9:21 同じ<土>のかたまりから，尊いこと
Iコリ15:47 第一の人は地から出て，<土>で造ら
れた者ですが．48，49．

▼つち（槌）
士師 4:21 手に<槌>を持ってそっと彼のところ
5:26 ヤエルは…<槌>をかざし，シセラを
I列 6: 7 <槌>や，斧，その他，鉄の道具の音
詩篇74: 6 手斧と<槌>で，聖所の彫り物をこと

▼つちのうつわ（土の器）
レビ 6:28 それを煮た<土の器>はこわされなけ
14: 5 祭司は，<土の器>に入れた湧き水の
民数 5:17 祭司はきよい水を<土の器>に取り，
箴言26:23 銀の上薬を塗った<土の器>のようだ．
エレ32:14 証書を取って，<土の器>の中に入れ，
IIコリ 4: 7 この宝を，<土の器>の中に入れてい
IIテモ 2:20 大きな家には…木や<土の器>もあり
黙示 2:27 鉄の杖をもって<土の器>を打ち砕く

▼つづく（続く）
レビ26: 5 ぶどうの取り入れ時まで<続>き，ぶ
Iサム29: 2 ダビデと…そのあとに<続>いた．
I歴17:27 とこしえに御前に<続く>ようにして
ヨブ20:21 だから，彼の繁栄は<続>かない．
詩篇72:17 彼の名はとこしえに<続>き，その名
哀歌 5:19 あなたの御座は代々に<続>きます．
ホセ 4: 2 流血に流血が<続>いている．
マタ27:45 全地が暗くなって，３時まで<続>い
た．マコ15:33，ルカ23:44．
マコ 4:17 根を張らないで…しばらく<続く>だ
ヨハ20: 6 ペテロも彼に<続>いて来て，墓に入
使徒 3:24 彼に<続>いて語ったすべての預言者
IIコリ 4:18 見えないものはいつまでも<続く>か
黙示14: 8 別の御使いが<続>いてやって来て，

▼つづける（続ける）
エレ 3: 5 永久に怒り<続ける>のですか』と．
ホセ 4:10 主を捨てて，姦淫を<続ける>からだ．
ロマ11:23 もし不信仰を<続け>なければ，つぎ

▼つつしみ（慎み），慎み深い
ロマ12: 3 <慎み深い>考え方をしなさい．
Iテサ 5: 6 目をさまして，<慎み深>くしていま
Iテモ 2: 9 控えめに<慎み深>く身を飾り，はで
15 女が<慎み>をもって，信仰と愛と聖
3: 2 <慎み深>く，品位があり，よくもて
IIテモ 1: 7 霊ではなく，力と愛と<慎み>との霊
テト 1: 8 <慎み深>く，正しく，敬虔で，自制
2: 2 <慎み深>くし，信仰と愛と忍耐とに
5 <慎み深>く，貞潔で，家事に励み，
12 <慎み深>く，正しく，敬虔に生活し，

▼つつしむ（慎む）
申命 4: 9 ひたすら<慎>み，用心深くありなさ
IIテモ 4: 5 どのような場合にも<慎>み，困難に
Iペテ 1:13 心を引き締め，身を<慎>み，イエス
3:16 <慎>み恐れて，また，正しい良心を
4: 7 祈りのために，心を整え身を<慎>み
5: 8 身を<慎>み，目をさましていなさい．

▼つつましい
Iテモ 2: 9 <つつましい>身なりで，控えめに慎

▼つつむ（包む）
出エ12:34 こね鉢を着物に<包>み，肩にかつい
Iサム21: 9 エポデのうしろに布に<包>んであり
ヨブ 5:18 神は傷つけるが，それを<包>み，打
26: 8 神は水を濃い雲の中に<包>まれるが，
36:32 神はいなずまを両手に<包>み，これ
詩篇55: 5 私に臨み，戦慄が私を<包>みました．
106:17 アビラムの仲間を<包>んでしまった．
147: 3 主は…彼らの傷を<包む>．
箴言30: 4 だれが水を衣のうちに<包>んだだろ
イザ 1: 6 <包>んでももらえず，油で和らげて
30:26 主がその民の傷を<包>み，その打た
エゼ 5: 3 毛を…あなたの衣のすそで<包>み，
30:21 それは<包>まれず，手当をされず，
34: 4 傷ついたものを<包>まず，迷い出た
16 傷ついたものを<包>み，病気のもの
ホセ 6: 1 私たちを打ったが，また，<包>んで
マタ17: 5 光り輝く雲がその人々を<包>み，そ
27:59 ヨセフは…きれいな亜麻布に<包>み，
マコ15:46 亜麻布に<包>み，岩を掘って造った
ヨハ11:44 彼の顔は布切れで<包>まれていた．

使徒 1: 9 雲に<包>まれて，見えなくなられた．
5: 6 青年たちは…彼を<包>み，運び出し
黙示 10: 1 雲に<包>まれて，天から降りて来る

▼つどい

創世 49: 6 彼らの<つどい>に連なるな．彼らは
ヨブ 30:28 <つどい>の中に立って助けを叫び求
詩篇 1: 5 正しい者の<つどい>に立てない．
7: 7 国民の<つどい>をあなたの回りに集
89: 7 主は，聖徒たちの<つどい>で大いに
111: 1 直ぐな人の<つどい>と集会において．

▼つとめ（務め）

出エ 28:35 アロンはこれを<務め>を行うために
43 聖所で<務め>を行うために祭壇に近
38: 8 会見の天幕の入口で<務め>をした女
民数 3: 8 イスラエル人の<務め>を守って，幕
4: 3 会見の天幕で<務め>につき，仕事を
12 聖所で<務め>に用いる用具をみな取
23 会見の天幕で<務め>を果たし，奉仕
8:25 50歳からは奉仕の<務め>から退き，
Ⅱ歴 5:11 <務め>の順序にかかわらず身を聖別
8:14 組分けを定めてその<務め>につかせ，
ネヘ 11:12 宮の<務め>をする彼らの同族で，
12: 9 バクブクヤとウニは，<務め>のとき
13:14 私の神の宮と，その<務め>のために
30 それぞれの<務め>の規程を定め，
エゼ 44:17 神殿の中で<務め>をするときは，毛
ルカ 1:23 <務め>の期間が終わったので，彼は
使徒 1:17 ユダは…この<務め>を受けていまし
ロマ 11:13 私は…自分の<務め>を重んじていま
Ⅰコリ 9:17 私には<務め>がゆだねられているの
Ⅱコリ 3: 7 死の<務め>にも栄光があって，モー
8 御霊の<務め>には，どれほどの栄光
9 罪に定める<務め>に栄光があるのな
ら，義とする<務め>には，なおさら，
4: 1 あわれみを受けてこの<務め>に任じ
5:18 和解の<務め>を私たちに与えてくだ
6: 3 この<務め>がそしられないために，
エペ 3: 2 神の恵みによる私の<務め>について，
コロ 1:25 神からゆだねられた<務め>に従って，
4:17 主にあって受けた<務め>を，注意し
Ⅰテサ 5:13 その<務め>のゆえに，愛をもって深
Ⅰテモ 1:12 私をこの<務め>に任命して，私を忠
3:13 執事の<務め>をりっぱに果たした人
Ⅱテモ 4: 5 自分の<務め>を十分に果たしなさい．
11 彼は私の<務め>のために役に立つか
ヘブ 8: 6 キリストはさらにすぐれた<務め>を

▼つとめる（努める，務める）

ダニ 6:14 日暮れまで彼を助けようと<努め>た．
ルカ 12:58 熱心に彼と和解するよう<努め>なさ
ガラ 1:10 人の歓心を買おうと<努め>ているの
2:10 そのことなら私も大いに<努め>て来
ピリ 2:12 自分の救いの達成に<努め>なさい．
Ⅰテサ 5:15 いつも善を行うよう<務め>なさい．
Ⅰテモ 5:10 すべての良いわざに<務め>励んだ人
Ⅱテモ 2:15 神にささげるよう，<努め>励みなさ
ヘブ 4:11 力を尽くして<努め>，あの不従順の
Ⅱペテ 1:15 思い起こせるよう，私は<努め>たい

▼つな（綱）

ヨシ 2:15 ラハブは<綱>で彼らを窓からつり降
士師 15:13 彼らは２本の新しい<綱>で彼を縛り，
14 <綱>は火のついた亜麻糸のようにな
16:11 新しい<綱>で，私をしっかり縛るな
12 デリラは新しい<綱>を取って，それ
Ⅱサム 17:13 全イスラエルでその町に<綱>をかけ，
22: 6 よみの<綱>は私を取り囲み，死のわ
ヨブ 30:11 神が私の<綱>を解いて，私を悩まさ
38:31 オリオン座の<綱>を解くことができ
詩篇 2: 3 彼らの<綱>を，解き捨てよう．」
18: 4 死の<綱>は私を取り巻き．116:3.
119:61 悪者の<綱>が私に巻き付きましたが，
129: 4 主は…悪者の<綱>を断ち切られた．
140: 5 高ぶる者は，私にわなと<綱>を仕掛
イザ 5:18 うそを<綱>として咎を引き寄せ，車
33:20 その<綱>は一つも切られない．
54: 2 <綱>を長くし，鉄のくいを強固にせ
エレ 10:20 すべての<綱>は断ち切られ，私の子
38:12 わきの下にはさんで，<綱>を当てな
使徒 27:17 備え<綱>で船体を巻いた．また，ス
32 小舟の<綱>を断ち切って，そのまま
40 かじ<綱>を解き，風に前の帆を上げ

▼つながり，つながる

Ⅱコリ 6:14 正義と不法とに，どんな<つながり>
ヘブ 6: 9 それは救いに<つながる>ことです．

▼つなぐ

創世 49:11 ろばをぶどうの木に<つな>ぎ，その
士師 15: 4 尾と尾を<つな>ぎ合わせて，二つの
16:21 青銅の足かせをかけて…<つな>いだ．
Ⅰサム 6: 7 その雌牛を車に<つな>ぎ，子牛は引
Ⅱサム 3:34 足は足かせに<つな>がれもせずに．
Ⅱ列 7:10 馬やろばが<つな>がれたままで，天

17: 4 彼を逮捕して牢獄に<つな>いだ.

Ⅱ歴 33:11 青銅の足かせに<つな>いで，バビロンへ引いて行った．36:6.

ヨブ 40:13 その顔を隠れた所に<つな>ぎとめよ.

41: 5 娘たちのためにこれを<つなぐ>こと

箴言 5:22 自分の罪のなわに<つな>がれる.

22:15 愚かさは子どもの心に<つな>がれて

エレ 39: 7 青銅の足かせに<つな>いで，バビロ

40: 1 捕囚の民の中で，鎖に<つな>がれて

52:11 彼を青銅の足かせに<つな>いだ．バ

エゼ 37:17 その両方を<つな>ぎ，1本の杖とし，

ミカ 1:13 戦車に早馬を<つな>げ．それはシオ

ナホ 3:10 おもだった者たちも…鎖に<つな>が

マタ 16:19 地上で<つなぐ>なら，それは天においても<つな>がれており．18:18.

21: 2 ろばが<つな>がれていて，いっしょ

マコ 5: 3 彼を<つな>いでおくことができなか

4 足かせや鎖で<つな>がれたが，鎖を

6:17 ヨハネを捕らえ，牢に<つな>いだの

53 ゲネサレの地に着き，舟を<つな>い

11: 2 ろばの子が，<つな>いであるのに気

ルカ 8:29 彼は鎖や足かせで<つな>がれて看視

使徒 2:24 この方が死に<つな>がれていること

12: 6 ペテロは2本の鎖に<つな>がれてふ

21:33 二つの鎖に<つなぐ>ように命じたう

22:29 彼を鎖に<つな>いでいたので，恐れ

28:20 この鎖に<つな>がれているのです.」

Ⅱテモ 2: 9 神のことばは，<つな>がれてはいま

ヘブ 2:15 一生涯死の恐怖に<つな>がれて奴隷

13: 3 牢に<つな>がれている人々を，自分

黙示 9:14 <つな>がれている4人の御使いを解

▼つの（角）【別項】祭壇の角

創世 22:13 <角>をやぶにひっかけている1頭の

出エ 19:13 雄羊の<角>が長く鳴り響くとき，彼

27: 2 四隅の上に<角>を作る．その<角>は

民数 23:22 彼らにとっては野牛の<角>のようだ.

申命 33:17 その<角>は野牛の<角>．これをもっ

Ⅰサム 16: 1 <角>に油を満たして行け．あなたを

Ⅱサム 22: 3 わが盾，わが救いの<角>，わがやぐ

Ⅰ列 22:11 王のために鉄の<角>を作って言った.

ヨブ 16:15 私の<角>をちりの中に突き刺した.

詩篇 22:21 獅子の口から，野牛の<角>から．あ

69:31 <角>と割れたひずめのある若い雄牛

75: 4 悪者には，『<角>を上げるな.

89:17 私たちの<角>が高く上げられている

132:17 ダビデのために，一つの<角>を生え

148:14 主は，その民の<角>を上げられた.

エレ 48:25 モアブの<角>は切り落とされ，その

哀歌 2: 3 イスラエルのすべての<角>を折り，

エゼ 29:21 一つの<角>を生えさせ，彼らの間で

34:21 その<角>ですべての弱いものを突き

43:15 炉から上のほうへ4本の<角>が出て

ダニ 7: 7 10本の<角>を持っていた．8, 11, 20, 21, 24, 8:3, 5, 6, 7, 8, 9.

8:20 2本の<角>は，メディヤとペルシヤの王である．21, 22.

ミカ 4:13 わたしはあなたの<角>を鉄とし，あ

ゼカ 1:18 見ると，なんと，四つの<角>があっ

21 頭をもたげさせなかった<角>だ．こ

ルカ 1:69 救いの<角>を，われらのために，し

黙示 5: 6 これに七つの<角>と七つの目があっ

17:12 10本の<角>は，10人の王たちで，彼

▼つのぶえ（角笛）

出エ 19:16 <角笛>の音が非常に高く鳴り響いた

20:18 <角笛>の音と，煙る山を目撃した.

レビ 25: 9 第7月の10日に<角笛>を鳴り響かせ

ヨシ 6: 4 七つの雄羊の<角笛>を持って，箱の

士師 6:34 彼が<角笛>を吹き鳴らすと，アビエ

7: 8 民の糧食と<角笛>を手に取った．こ

16 全員の手に<角笛>とからつぼとを持

22 300人が<角笛>を吹き鳴らしている

Ⅰサム 13: 3 サウルは国中に<角笛>を吹き鳴らし，

Ⅱサム 2:28 ヨアブが<角笛>を吹いたので，兵士

6:15 <角笛>を鳴らして，主の箱を運び上

Ⅰ列 1:34 <角笛>を吹き鳴らし，『ソロモン王.

Ⅱ列 9:13 <角笛>を吹き鳴らして，「エフーは

Ⅱ歴 15:14 ラッパと<角笛>を吹いて，主に誓い

詩篇 47: 5 主は<角笛>の音の中を，上って行か

98: 6 ラッパと<角笛>の音に合わせて，主

イザ 27:13 その日，大きな<角笛>が鳴り渡り，

58: 1 <角笛>のように，声をあげよ．わた

エレ 42:14 <角笛>の音も聞かず，パンにも飢え

エゼ 33: 5 <角笛>の音を聞きながら，警告を受

ダニ 3: 5 <角笛>，二管の笛，立琴，三角琴，

ホセ 5: 8 ギブアで<角笛>を吹き，ラマでラッ

ヨエ 2: 1 シオンで<角笛>を吹き鳴らし，わた

15 <角笛>を吹き鳴らせ．断食の布告を

アモ 2: 2 <角笛>の音と，ときの声のうちに死

3: 6 町で<角笛>が鳴ったら，民は驚かな

ゼカ 9:14 神である主は<角笛>を吹き鳴らし，

▼つば，つばき

レビ15: 8 きよい人に<つばき>をかけるなら，
民数12:14 父が，彼女の顔に<つばき>してさえ，
申命25: 9 彼の顔に<つばき>して，彼に答えて
ヨブ 7:19 <つば>をのみこむ間も，私を捨てて
17: 6 私は顔に<つばき>をかけられる者と
30:10 情け容赦もなく<つばき>を吐きかけ
イザ50: 6 侮辱されても，<つばき>をかけられ
マタ26:67 彼らはイエスの顔に<つばき>をかけ，27:30，マコ10:34，14:65，15:19.
マコ 7:33 <つばき>をして，その人の舌にさわ
8:23 両目に<つばき>をつけ，両手を彼に
ルカ18:32 はずかしめられ，<つばき>をかけら
ヨハ 9: 6 地面に<つばき>をして…泥を作られ

▼つばさ（翼），御翼

創世 1:21 <翼>のあるすべての鳥を創造された.
7:14 <翼>のある…ものがみな，入った.
出エ19: 4 あなたがたを鷲の<翼>に載せ，わた
25:20 ケルビムは<翼>を上のほうに伸べ広
レビ 1:17 さらに，その<翼>を引き裂きなさい.
申命32:11 <翼>を広げてこれを取り，羽に載せ
ルツ 2:12 <翼>の下に避け所を求めて来たイス
IIサム22:11 ケルブに乗って飛び，風の<翼>の上
II歴 3:11 ケルビムの<翼>は，長さが20キュビ
ヨブ39:13 だちょうの<翼>は誇らしげにはばた
詩篇17: 8 <御翼>の陰に私をかくまってくださ
18:10 風の<翼>に乗って飛びかけられた.
36: 7 人の子らは<御翼>の陰に身を避けま
55: 6 私に鳩のように<翼>があったなら.
57: 1 私は<御翼>の陰に身を避けます.
61: 4 <御翼>の陰に，身を避けたいのです.
68:13 銀でおおわれた，鳩の<翼>. その羽
78:27 <翼>のある鳥をも海辺の砂のように
91: 4 あなたは，その<翼>の下に身を避け
104: 3 風の<翼>に乗って歩かれます.
139: 9 私が暁の<翼>をかって，海の果てに
箴言23: 5 富は必ず<翼>をつけて，鷲のように
伝道10:20 <翼>のあるものがそのことを告げる
イザ 6: 2 彼らはそれぞれ六つの<翼>があり，
8: 8 その広げた<翼>はあなたの国の幅い
10:14 <翼>を動かす者も，くちばしを大き
40:31 鷲のように<翼>をかって上ることが
エレ48: 9 モアブに<翼>を与えて，飛び去らせ
40 モアブに向かって<翼>を広げる.
49:22 ボツラの上に<翼>を広げる. その日，
エゼ 1: 6 四つの顔を持ち，四つの<翼>を持っ
3:13 生きものたちの<翼>の音と，そのそ
10: 5 ケルビムの<翼>の音が，全能の神の
17: 3 大きな<翼>，長い羽，色とりどりの
ダニ 7: 4 獅子のようで，鷲の<翼>をつけてい
9:27 荒らす忌むべき者が<翼>に現れる.
ホセ 4:19 風はその<翼>で彼らを吹き飛ばす.
ゼカ 5: 9 こうのとりの<翼>のような<翼>があ
マラ 4: 2 その<翼>には，いやしがある. あな
マタ23:37 めんどりがひなを<翼>の下に集める
黙示 4: 8 それぞれ六つの<翼>があり，その回
9: 9 その<翼>の音は，多くの馬に引かれ
12:14 女は大鷲の<翼>を二つ与えられた.

▼つばめ

詩篇84: 3 <つばめ>も，ひなを入れる巣，あな
箴言26: 2 飛び去る<つばめ>のように，いわれ
イザ38:14 <つばめ>や，つるのように，私は泣
エレ 8: 7 <つばめ>，つるも，自分の帰る時を

▼ツフ

1. 地名. エフライム山地の町. Iサム9:5.
2. 人名. サムエルの先祖. Iサム1:1，I歴6:35.

▼つぶす，つぶれる

レビ21:20 こうがんの<つぶれ>た者. 22:24.
II列25: 7 王はゼデキヤの目を<つぶ>し，彼を
イザ59: 5 卵を<つぶす>と，毒蛇がとび出す.
エレ52:11 目を<つぶ>し，彼を青銅の足かせに
哀歌 2:11 私の目は涙で<つぶれ>，私のはらわ
ルカ11:17 内輪で争えば<つぶれ>ます.

▼つぶやき，つぶやく

出エ15:24 民はモーセに<つぶや>いて，「私た
16: 2 モーセとアロンに<つぶや>いた. 7.
8 <つぶやき>を主が聞かれた. 17:3.
民数11: 1 不平を鳴らして主に<つぶや>いた.
14: 2 モーセとアロンに<つぶや>き，全会
27 悪い会衆は，わたしに<つぶや>いて
16:41 モーセとアロンに向かって<つぶや>
17: 5 <つぶやく>不平をわたし自身が静め
申命 1:27 あなたがたの天幕の中で<つぶや>い
詩篇 2: 1 国民はむなしく<つぶやく>のか.
106:25 自分たちの天幕で<つぶや>き，主の
イザ29:24 <つぶやく>者もおしえを学ぶ.」
59:13 偽りのことばを抱いて，<つぶや>い
哀歌 3:39 生きている人間は，なぜ<つぶやく>
62 敵のくちびると彼らの<つぶやき>が，

ルカ 5:30 弟子たちに向かって，<つぶや>いて
15: 2 律法学者たちは，<つぶや>いてこう
19: 7 これを見て，みなは…<つぶや>いた.
ヨハ 6:41 イエスについて<つぶや>いた.
43 互いに<つぶやく>のはやめなさい.
61 弟子たちがこう<つぶや>いているの
Ⅰコリ 10:10 ある人たちが<つぶや>いたのにならって<つぶや>いてはいけません．彼
ピリ 2:14 <つぶや>かず，疑わずに行いなさい.
ヤコ 5: 9 互いに<つぶや>き合ってはいけませ
Ⅰペテ 4: 9 <つぶや>かないで，互いに親切にも

▼ つぼ，灰つぼ

出エ 16:33 <つぼ>を一つ持って来て，マナを一
27: 3 灰を取る<つぼ>，十能，鉢，肉刺し，
士師 7:16 その<つぼ>の中にたいまつを入れさ
19 手に持っていた<つぼ>を打ちこわし
Ⅰサム 10: 1 サムエルは油の<つぼ>を取ってサウ
Ⅰ列 7:40 ヒラムは<灰つぼ>と十能と鉢を作っ
17:12 <つぼ>にほんの少しの油があるだけ
14 その<つぼ>の油はなくならない.』」
Ⅱ列 4: 2 油の<つぼ>一つしかありません.」
Ⅱ歴 4:11 フラムは<灰つぼ>と十能と鉢を作っ
イザ 22:24 鉢の類からすべての<つぼ>の類に至
30:14 陶器師の<つぼ>が容赦なく打ち砕か
エレ 35: 5 ぶどう酒を満たした<つぼ>と杯とを
48:12 その器をあけ，その<つぼ>を砕く.
哀歌 4: 2 陶器師の手で作られた土の<つぼ>の
ヘブ 9: 4 マナの入った金の<つぼ>，芽を出し

▼ つぼみ

民数 17: 8 アロンの杖が芽をふき，<つぼみ>を

▼ つま（妻）

創世 2:24 <妻>と結び合い，ふたりは一体とな
3:20 人は，その<妻>の名をエバと呼んだ.
4:17 カインは，その<妻>を知った．彼女
19 レメクはふたりの<妻>をめとった.
6: 2 好きな者を選んで，自分たちの<妻>
18 息子たちの<妻>といっしょに箱舟に
12:12 この女は彼の<妻>だと言って，私を
19:26 彼の<妻>は…塩の柱になってしまっ
30:26 私の<妻>たちや子どもたちを私に与
出エ 21: 3 <妻>があれば，その<妻>は彼ととも
5 私の<妻>と，私の子どもたちを愛し
22:24 あなたがたの<妻>はやもめとなり，
32: 2 <妻>や…娘たちの耳にある金の耳輪
レビ 18:18 <妻>の存命中に，その姉妹に当たる
20:10 人がもし，他人の<妻>と姦通するな
民数 5:12 もし人の<妻>が道をはずして夫に対
申命 5:21 隣人の<妻>を欲しがってはならない.
17:17 多くの<妻>を持ってはならない．心
21:11 姿の美しい女性を見…<妻>にめとろ
15 ある人がふたりの<妻>を持ち，ひと
22:30 父の<妻>をめとり，自分の父の恥を
27:23 自分の<妻>の母と寝る者はのろわれ
士師 3: 6 彼らの娘たちを自分たちの<妻>にめ
5:24 ケニ人ヘベルの<妻>．天幕に住む女
8:30 ギデオンには…大ぜいの<妻>がいた
14: 2 あの女をめとって，私の<妻>にして
21: 7 あの残った者たちに<妻>をめとらせ
ルツ 1: 4 ふたりの息子はモアブの女を<妻>に
4:13 ルツをめとり，彼女は彼の<妻>とな
Ⅰサム 1: 2 エルカナには，ふたりの<妻>があっ
25:39 アビガイルに自分の<妻>になるよう
43 ふたりともダビデの<妻>となった.
27: 3 ナバルの<妻>であった…アビガイル
30: 3 <妻>も，息子も，娘たちも連れ去ら
22 めいめい自分の<妻>と子どもを連れ
Ⅱサム 12: 9 ウリヤを剣で打ち，その<妻>を自分
Ⅰ列 11: 3 700人の王妃としての<妻>と，300人
4 その<妻>たちが彼の心をほかの神々
20: 5 <妻>たちや子どもたちを私に与えよ，
ネヘ 4:14 <妻>，また家のために戦いなさい.」
ヨブ 2: 9 <妻>が彼に言った…神をのろって死
19:17 私の息は私の<妻>にいやがられ，私
31:10 私の<妻>が他人のために粉をひいて
詩 109: 9 彼の<妻>はやもめとなりますように.
128: 3 あなたの<妻>は…家の奥にいて，豊
箴言 5:18 あなたの若い時の<妻>と喜び楽しめ.
6:29 隣の人の<妻>と姦通する者は，これ
12: 4 しっかりした<妻>は夫の冠．恥をも
18:22 良い<妻>を見つける者はしあわせを
19:13 <妻>のいさかいは，したたり続ける
14 思慮深い<妻>は主からのもの.
31:10 しっかりした<妻>をだれが見つける
伝道 9: 9 愛する<妻>と生活を楽しむがよい.
イザ 13:16 家は略奪され，彼らの<妻>は犯され
54: 6 若い時の<妻>をどうして見捨てられ
エレ 3: 1 人が自分の<妻>を去らせ，彼女が彼
20 <妻>が夫を裏切るように，あなたが
5: 8 おのおの隣の<妻>を慕っていななく.
6:12 畑や<妻>もろともに，他人のものと

16: 2 あなたは<妻>をめとるな．またこの
29: 6 <妻>をめとって，息子，娘を生み，
23 隣人の<妻>たちと姦通し，わたしの
44: 9 あなたがたの悪，<妻>たちの悪を忘
エゼ 18: 6 隣人の<妻>を汚さず，さわりのある
22:11 ある者は隣人の<妻>と忌みきらうべ
24:18 夕方，私の<妻>が死んだ．翌朝，私
33:26 隣人の<妻>を汚していながら，この
ダニ 5: 2 王の<妻>とそばめたちがその器で飲
ホセ 2: 2 彼女はわたしの<妻>ではなく，わた
12:12 イスラエルは<妻>をめとるために働
アモ 7:17 あなたの<妻>は町で遊女となり，あ
ゼカ 12:12 その<妻>たちもひとり嘆く．ナタン
マラ 2:14 あなたの契約の<妻>であるのに．
マタ 1:18 マリヤはヨセフの<妻>と決まってい
24 ヨセフは眠りからさめ…<妻>を迎え
5:31 <妻>を離別する者は，<妻>に離婚状
14: 3 自分の兄弟ピリポの<妻>ヘロデヤの
19: 3 <妻>を離別することは律法にかなっ
5 <妻>と結ばれ，ふたりは一体となる
8 心がかたくななので…<妻>を離別す
9 <妻>を離別し，別の女を<妻>にする
22:24 その弟は兄の<妻>をめとって，兄の
25 長男は…その<妻>を弟に残しました．
28 その女は７人のうちだれの<妻>なの
27:19 彼の<妻>が彼のもとに人をやって言
マコ 6:17 ヘロデはこの女を<妻>としていた．
18 兄弟の<妻>を自分のものとしている
10: 2 夫が<妻>を離別することは許される
11 前の<妻>に対して姦淫を犯すのです．
12:19 兄が死んで<妻>をあとに残し，しか
23 ７人ともその女を<妻>にしたのです
ルカ 1: 5 彼の<妻>はアロンの子孫で，名をエ
13 あなたの<妻>エリサベツは男の子を
18 年寄りですし，<妻>も年をとってお
2: 5 いいなずけの<妻>マリヤもいっしょ
17:32 ロトの<妻>を思い出しなさい．
18:29 神の国のために，家，<妻>，兄弟，
20:28 その弟はその女を<妻>にして，兄の
使徒 5: 1 <妻>のサッピラとともにその持ち物
7 彼の<妻>はこの出来事を知らずに入
18: 2 アクラ…およびその<妻>プリスキラ
21: 5 <妻>や子どももいっしょに…送って
24:24 ユダヤ人である<妻>ドルシラを連れ
Ⅰコリ 5: 1 父の<妻>を<妻>にしている者がいる
7: 3 夫は自分の<妻>に対して義務を果た
4 <妻>は自分のからだに関する権利を
10 <妻>は夫と別れてはいけません．
11 夫は<妻>を離別してはいけません．
12 信者の男子に信者でない<妻>があり，
14 信者でない夫は<妻>によって聖めら
16 <妻>よ．あなたが夫を救えるかどう
27 <妻>に結ばれているなら，解かれた
29 <妻>のある者は<妻>のない者のよう
33 どうしたら<妻>に喜ばれるかと世の
39 <妻>は夫が生きている間は夫に縛ら
9: 5 信者である<妻>を連れて歩く権利が
14:34 教会では，<妻>たちは黙っていなさ
35 教会で語ることは，<妻>にとっては
エペ 5:22 <妻>たちよ…自分の夫に従いなさい．
23 夫は<妻>のかしらであるからです．
24 <妻>も，すべてのことにおいて，夫
25 夫たちよ…自分の<妻>を愛しなさい．
28 自分の<妻>を愛する者は自分を愛し
33 <妻>もまた自分の夫を敬いなさい．
コロ 3:18 <妻>たちよ．主にある者にふさわし
Ⅰテモ 3: 2 ひとりの<妻>の夫であり，自分を制
Ⅰペテ 3: 1 <妻>の無言のふるまいによって，神
7 <妻>が女性であって，自分よりも弱
黙示 21: 9 小羊の<妻>である花嫁を見せましょ

▼つまずき【別項】つまずきの石

Ⅰサム 25:31 あなたの<つまずき>となり，ご主人
詩篇 56:13 <つまずき>から，救い出してくださ
64: 8 みずからの<つまずき>としたのです．
116: 8 私の足を<つまずき>から，救い出さ
119:165 豊かな平和があり，<つまずき>があ
イザ 8:14 妨げの石と<つまずき>の岩，エルサ
57:14 民の道から，<つまずき>を取り除け．
エレ 6:21 わたしはこの民に<つまずき>を与え
エゼ 3:20 わたしは彼の前に<つまずき>を置く．
21:15 すべての門に，<つまずき>をふやせ．
ホセ 14: 1 あなたの不義が<つまずき>のもとで
マタ 13:41 <つまずき>を与える者や不法を行う
17:27 彼らに<つまずき>を与えないために，
18: 7 <つまずき>を与えるこの世はわざわ
マコ 9:42 <つまずき>を与えるような者は，む
43 手が…<つまずき>となるなら，それ
ルカ 17: 1 <つまずき>が起こるのは避けられな
2 <つまずき>を与えるようであったら，
ロマ 11: 9 <つまずき>となり，報いとなれ．

14:13 <つまずき>になるものを置かないよ
20 それを食べて人に<つまずき>を与え
21 兄弟の<つまずき>になることをしな
16:17 分裂と<つまずき>を引き起こす人た
Ⅰコリ 1:23 ユダヤ人にとっては<つまずき>，異
8: 9 弱い人たちの<つまずき>とならない
13 私の兄弟に<つまずき>を与えないた
10:32 神の教会にも，<つまずき>を与えな
Ⅱコリ 6: 3 人に<つまずき>を与えないようにと，
ガラ 5:11 十字架の<つまずき>は取り除かれて

▼ つまずきのいし（～石）

ロマ 9:32 <つまずきの石>につまずいたのです．
33 シオンに，<つまずきの石>，妨げの
Ⅰペテ 2: 8 <つまずきの石>，妨げの岩」なので
黙示 2:14 <つまずきの石>を置き，偶像の神に

▼ つまずく

レビ 19:14 目の見えない者の前に<つまずく>物
26:37 折り重なって，<つまず>き倒れる．
Ⅱ歴 25: 8 助ける力があり，<つまず>かせる力
28:23 全イスラエルを<つまず>かせるもの
ヨブ 4: 4 あなたのことばは<つまずく>者を起
18:12 わざわいが彼を<つまず>かせようと
詩篇 9: 3 私の敵は退くとき，<つまず>き，あ
27: 2 私の敵，彼らは<つまず>き，倒れた．
35:15 彼らは私が<つまずく>と喜び，相つ
箴言 3:23 あなたの足は<つまず>かない．
4:12 走るときにも，<つまずく>ことはな
16 人を<つまず>かせなければ，眠りが
19 彼らは何に<つまずく>かを知らない．
19: 2 急ぎ足の者は<つまずく>．
24:17 彼が<つまずく>とき，あなたは心か
イザ 3: 8 これはエルサレムが<つまず>き，ユ
5:27 疲れる者もなく，<つまずく>者もな
31: 3 助ける者は<つまず>き，助けられる
63:13 <つまずく>ことなく彼らに深みの底
エレ 13:16 暗い山で<つまず>かないうちに．そ
18:15 いにしえの道で<つまず>かせ，小道
20:10 私の<つまずく>のを待ちもうけてい
11 <つまず>いて，勝つことはできませ
31: 9 平らな道を歩いて，<つまず>かない．
46: 6 彼らは<つまず>き倒れた．
50:32 高ぶる者は<つまず>き倒れ，これを
エゼ 36:15 おまえの国民をもう<つまず>かせて
ダニ 11:19 <つまず>き，倒れ，いなくなる．
ホセ 4: 5 あなたは昼<つまず>き，預言者もま
5: 5 おのれの不義に<つまず>き，ユダも
また彼らとともに<つまずく>．
ナホ 2: 5 貴人たちは…途上で<つまず>き倒れ
3: 3 死体に人は<つまずく>．
ゼパ 1: 3 悪者どもを<つまず>かせ，人を地の
マラ 2: 8 多くの者を教えによって<つまず>か
マタ 5:29 右の目が，あなたを<つまず>かせる
11: 6 わたしに<つまず>かない者は幸いで
13:21 迫害が起こると，すぐに<つまず>い
57 こうして，彼らはイエスに<つまず>
18: 8 手か足の一つがあなたを<つまず>か
24:10 人々が大ぜい<つまず>き，互いに裏
26:31 今夜，わたしのゆえに<つまず>きま
33 私は決して<つまず>きません．」
マコ 4:17 すぐに<つまず>いてしまいます．
6: 3 こうして彼らはイエスに<つまず>い
14:27 あなたがたはみな，<つまず>きます．
ルカ 7:23 わたしに<つまず>かない者は幸いで
ヨハ 6:61 このことであなたがたは<つまずく>
11: 9 昼間歩けば，<つまずく>ことはあり
10 しかし，夜歩けば<つまず>きます．
16: 1 あなたがたが<つまずく>ことのない
ロマ 9:32 つまずきの石に<つまず>いたのです．
11:11 彼らが<つまず>いたのは倒れるため
Ⅰコリ 8:13 食物が私の兄弟を<つまず>かせるな
ヤコ 2:10 一つの点で<つまずく>なら，その人
Ⅰペテ 2: 8 彼らが<つまずく>のは，みことばに
Ⅱペテ 1:10 <つまずく>ことなど決してありませ
Ⅰヨハ 2:10 光の中にとどまり，<つまずく>こと
ユダ 24 <つまず>かないように守ることがで

▼ つまらない

Ⅰサム 15: 9 <つまらない>，値打ちのないものだ
ヨブ 30: 8 <つまら>ぬ者の子たち，国からむち
40: 4 ああ，私は<つまらない>者です．あ
詩 119:141 私は<つまらない>者で，さげすまれ
ナホ 1:14 あなたは<つまらない>者であったが，
ゼカ 10: 2 テラフィムは<つまらない>ことをし
ロマ 9:21 <つまらない>ことに用いる器でも作

▼ つみ（罪）【別項】そむきの罪，罪に定める，罪のためのいけにえ・罪のためのささげ物・罪のための供え物，罪を犯す

創世 4: 7 <罪>は戸口で待ち伏せして，あなた
18:20 ソドムとゴモラ…の<罪>は…重い．
20: 9 こんな大きな<罪>をもたらすとは，

つ

26:10 もう少しで…<罪>を負わせるところ
31:36 私にどんな<罪>があって，あなたは
39 私が<罪>を負いました．あなたは私
43: 9 私は一生あなたに対して<罪>ある者
となります．44:32．
50:17 彼らの<罪>を赦してやりなさい，と．
出エ 10:17 もう一度だけ，私の<罪>を赦してく
23: 7 <罪>のない者，正しい者を殺しては
32:30 あなたがたの<罪>のために贖うこと
32 彼らの<罪>をお赦しくだされるもの
34 わたしが彼らの<罪>をさばく．」
34: 7 咎とそむきと<罪>を赦す者，罰すべ
9 私たちの咎と<罪>を赦し，私たちを
レビ 4: 3 自分の犯した<罪>のために，傷のな
14 犯したその<罪>が明らかになったと
23 犯した<罪>が自分に知らされたなら，
26 その人の<罪>の贖いをしなさい．そ
28 彼が犯した<罪>が自分に知らされた
なら…犯した<罪>のために，そのさ
35 その人が犯した<罪>の贖いをしなさ
5: 6 自分が犯した<罪>のために…祭司は
…その人の<罪>の贖いをしなさい．
7 犯した<罪>の償いとして，山鳩２羽
10 その人が犯した<罪>の贖いをしなさ
13 これらの一つの<罪>の贖いをしなさ
16:16 すべての<罪>のために，聖所の贖い
21 どんな<罪>であっても，これを全部
30 すべての<罪>からきよめられるので
34 すべての<罪>から彼らを贖うためで
19:17 彼のために<罪>を負うことはない．
22 彼の犯した<罪>のために…贖いをす
る…彼はその犯した<罪>を赦される．
20:20 彼らはその<罪>を負わなければなら
22: 9 そのために<罪>を負って，死ぬこと
24:15 神をのろう者は…その<罪>の罰を受
26:18 <罪>に対して７倍も重く懲らしめる．
21 <罪>によって，７倍も激しくあなた
24 あなたがたの<罪>に対して７倍も重
くあなたがたを打とう．28．
民数 5: 6 自分でその<罪>を認めたときは，
7 自分の犯した<罪>を告白しなければ
6:11 死体によって招いた<罪>について彼
8: 7 <罪>のきよめの水を彼らに振りかけ
12 レビ人の<罪>を贖うために，１頭を
9:13 自分の<罪>を負わなければならない．
12:11 犯しました<罪>の罰をどうか，私た
16:26 彼らのすべての<罪>のために，あな
18:22 <罪>を得て死ぬことがないためであ
32 そのことで<罪>を負うことはない．
19: 9 これは<罪>のきよめのためである．
17 <罪>のきよめのために焼いた灰を取
27: 3 自分の<罪>によって死にました．彼
32:23 <罪>の罰があることを思い知りなさ
申命 9:18 その犯したすべての<罪>のためであ
21 私はあなたがたが作った<罪>，その
27 その<罪>とに目を留めないでくださ
19:13 <罪>のない者の血を流す<罪>は，イ
15 どんな<罪>でも，すべて人が犯した
<罪>は，ひとりの証人によっては立
22:26 その女には死刑に当たる<罪>はない．
23:21 あなたの<罪>とされるからである．
22 誓願をやめるなら，<罪>にはならな
24: 4 地に，<罪をもたらし>てはならない．
16 自分の<罪>のためでなければならな
25: 2 その<罪>に応じて数を数え，むち打
27:25 <罪>のない者の血を流す者はのろわ
ヨシ 24:19 そむきも，<罪>も赦さないからであ
士師 15: 3 害を加えても，私には何の<罪>もな
Ⅰサム 2:17 子たちの<罪>は，主の前で非常に大
3:13 彼らを戒めなかった<罪>のためだ．
12:19 私たちのあらゆる<罪>の上に，王を
14:38 どうしてこのような<罪>が起こった
15:23 そむくことは占いの<罪>，従わない
ことは偶像礼拝の<罪>だ．あなたが
25 私の<罪>を赦し，私といっしょに帰
19: 5 <罪>のない者の血を流して，罪を犯
25:24 あの<罪>は私にあるのです．どうか，
Ⅱサム 3:28 主の前にとこしえまでも<罪>はない．
12:13 あなたの<罪>を見過ごしてくださっ
14: 9 王さまと王位には<罪>がありません
13 ご自分を<罪>ある者とされています．
22:24 私は…私の<罪>から身を守る．
Ⅰ列 2: 9 彼を<罪>のない者としてはならない．
8:34 イスラエルの<罪>を赦し，あなたが
35 彼らがその<罪>から立ち返るなら，
36 イスラエルの<罪>を赦し，彼らの歩
12:30 このことは<罪>となった．民はこの
14:16 ヤロブアムが自分で犯した<罪>と…
イスラエルに犯させた<罪>のために，
15: 3 父がかつて犯したすべての<罪>を行

26 犯させた彼の<罪>の道に歩んだ．
30 ヤロブアムが犯した<罪>のため，ま
たイスラエルに犯させた<罪>のため
34 ヤロブアム…の<罪>の道に歩んだ．
16: 2 その<罪>によってわたしの怒りを引
13 バシャのすべての<罪>と，その子エ
ラの<罪>のためであって，彼らが
<罪>を犯し，また，彼らがイスラエ
19 ヤロブアムの道に歩んだその<罪>の
ため…彼の<罪>のためであった．
31 ヤロブアムの<罪>のうちを歩むこと
17:18 あなたは私の<罪>を思い知らせ，私
Ⅱ列 3: 3 ヤロブアムの<罪>を彼も犯し続け，
10: 9 あなたがたには<罪>はない．聞け．
29 ネバテの子ヤロブアムの<罪>，すな
31 ヤロブアムの<罪>から離れなかった．
13: 6 ヤロブアム家の<罪>を離れず，なお
11 ヤロブアムのすべての<罪>から離れ
14: 6 人が殺されるのは…自分の<罪>のた
24 ヤロブアムのすべての<罪>をやめな
15: 9 ヤロブアムの<罪>を離れなかった．
18，24，28．
17:22 ヤロブアムの犯したすべての<罪>に
21:16 <罪>のない者の血まで多量に流し，
17 彼の犯した<罪>，それはユダの王た
24: 3 マナセが犯したすべての<罪>のため
4 <罪>のない者の血で満たした．その
Ⅰ歴 10:13 サウルは…不信の<罪>のために死ん
Ⅱ歴 6:25 イスラエルの<罪>を赦し，あなたが
26 彼らがその<罪>から立ち返るなら，
27 イスラエルの<罪>を赦し，彼らの歩
7:14 彼らの<罪>を赦し，彼らの地をいや
19:10 彼らが主に対して<罪>を負い…そう
すれば<罪>を負わずに済むのです．
25: 4 自分の<罪>のためでなければならな
28:13 私たちの<罪>と私たちの罪過に，も
33:19 へりくだる前に犯したその<罪>，そ
ネヘ 1: 6 イスラエル人の<罪>を告白していま
4: 5 <罪>を御前からぬぐい去らないでく
9: 2 自分たちの<罪>と，先祖の咎を告白
ヨブ 4: 7 だれか<罪>がないのに滅びた者があ
9:20 私自身の口が私を<罪>ある者とし，
28 <罪>のない者とはしてくださいませ
29 私はきっと，<罪>ある者とされまし
10: 2 私を<罪>ある者となさらないように．
6 私の<罪>を探られるのですか．
7 私に<罪>のないことを知っておられ，
11: 6 あなたの<罪>を忘れてくださること
13:23 私の不義と<罪>とはどれほどでしょ
14:16 私の<罪>に目を留めず，
15: 5 あなたの<罪>があなたの口に教え，
17: 8 <罪>のない者は神を敬わない者に向
20:27 天は彼の<罪>をあらわし，地は彼に
22:30 神は<罪>ある者さえ救う．その人は
27:17 銀は，<罪>のない者が分け取る．
31:11 裁判にかけて罰せられる<罪>だ．28．
32: 3 彼らがヨブを<罪>ある者としながら，
34:37 自分の<罪>にそむきの罪を加え，私
35:15 ひどい<罪>を知らないだろうか．
詩篇 10: 8 隠れた所で，<罪>のない人を殺す．
18:23 私は…私の<罪>から身を守る．
19:13 大きな<罪>を，免れて，きよくなる
25: 7 私の若い時の<罪>やそむきを覚えて
18 私のすべての<罪>を赦してください．
32: 1 そむきを赦され，<罪>をおおわれた
5 自分の<罪>を，あなたに知らせ…私
の<罪>のとがめを赦されました．
36: 1 <罪>は悪者の心の中に語りかける．
38: 3 私の<罪>のため私の骨には健全なと
18 私の<罪>で私は不安になっています．
51: 2 私の<罪>から，私をきよめてくださ
3 私の<罪>は，いつも私の目の前にあ
5 <罪>ある者として母は私をみごもり
7 私の<罪>を除いてきよめてください．
9 御顔を私の<罪>から隠し，私の咎を
59: 3 私の<罪>のためでもありません．
12 彼らの口の<罪>は…ことばです．彼
79: 9 救い出し，私たちの<罪>をお赦しく
85: 2 彼らのすべての<罪>を，おおわれま
103:10 <罪>にしたがって私たちを扱うこと
106:38 <罪>のない血を流した．カナンの偶
109: 7 その祈りが<罪>となりますように．
14 母の<罪>が消し去られませんように．
119:133 どんな<罪>にも私を支配させないで
箴言 1:11 <罪>のない者を，理由もなく，こっ
5:22 自分の<罪>のなわにつながれる．
6:17 <罪>のない者の血を流す手，
10:16 報酬はいのち．悪者の収穫は<罪>．
14:34 <罪>は国民をはずかしめる．
20: 9 私は<罪>からきよめられた」と言う

21: 4 悪者のともしびは<罪>である.
24: 9 愚かなはかりごとは<罪>だ. あざけ
イザ 1:18 <罪>が緋のように赤くても, 雪のよ
3: 9 彼らは<罪>を, ソドムのように現し
5:18 <罪>を引き寄せている者たち.
6: 7 不義は取り去られ…<罪>も贖われた.
13:11 その<罪>のために悪者を罰する. 不
22:14 この<罪>は, おまえたちが死ぬまで
24: 6 その地の住民は<罪>ある者とされる.
26:21 地に住む者の<罪>を罰せられるから
27: 9 自分の<罪>を除いて得られる報酬の
29:21 うわさ話で他人を<罪>に陥れ, 城門
30: 1 <罪>に<罪>を増し加えるばかりだ.
33:24 そこに住む民の<罪>は赦される.
38:17 私のすべての<罪>を…投げやられま
40: 2 <罪>に引き替え, 2倍のものを主の
43:24 あなたの<罪>で, わたしに苦労をさ
25 もうあなたの<罪>を思い出さない.
44:22 <罪>をかすみのようにぬぐい去った.
49:24 <罪>のないとりこたちを助け出せよ
53:12 彼は多くの人の<罪>を負い, そむい
57:17 彼のむさぼりの<罪>のために, わた
58: 1 ヤコブの家にその<罪>を告げよ.
59: 2 あなたがたの<罪>が御顔を隠させ,
12 <罪>が…不利な証言をするからです.
エレ 2:34 <罪>のない貧しい人たちの, いのち
5:25 <罪>が, この良い物を拒んだのだ.
7: 6 <罪>のない者の血をこの所で流さず,
14:10 咎を覚えて, その<罪>を罰する.」
15:13 あなたが犯した<罪>のためだ.
16:10 私たちの<罪>とは何か』と尋ねたら,
18 咎と<罪>に対し2倍の報復をする.
17: 1 ユダの<罪>は鉄の筆と金剛石のとが
3 国中にある高き所の<罪>のために.
18:23 彼らの<罪>を御前からぬぐい去らな
19: 4 この所を<罪>のない者の血で満たし,
22: 3 <罪>のない者の血をこの所に流して
30:14 咎が大きく, あなたの<罪>が重いた
15 あなたの<罪>が重いため, わたしは
31:34 彼らの<罪>を二度と思い出さないか
36: 3 咎と<罪>とを赦すことができる.」
50: 7 私たちには<罪>がない. 彼らが, 正
20 ユダの<罪>も見つけることはできな
い. わたしが残す者の<罪>を, わた
51: 5 聖なる方にそむいた<罪>に満ちてい

つ

哀歌 1: 8 エルサレムは<罪>に罪を重ねて, 汚
3:39 自分自身の<罪>のためにか.
4: 6 娘の咎は…ソドムの<罪>より大きい.
13 預言者たちの<罪>, 祭司たちの咎の
エゼ 3:20 彼は自分の<罪>のために死に, 彼が
16:51 あなたの<罪>の半分ほども罪を犯さ
18:14 父の行ったすべての<罪>を見て反省
21 犯したすべての<罪>から立ち返り,
24 犯した<罪>のために, 死ななければ
21:24 すべてのわざに<罪>が表れるように
23:49 偶像の<罪>の罰を負わなければなら
33:10 私たちのそむきと<罪>は私たちの上
14 <罪>を悔い改め, 公義と正義とを行
16 犯した<罪>は何一つ覚えられず, 公
ダニ 4:27 あなたの<罪>を除き, 貧しい者をあ
6:22 私に<罪>のないことが神の前に認め
8:12 ささげ物に代えてそむきの<罪>がさ
9: 7 あなたに逆らった不信の<罪>のため
16 私たちの<罪>と私たちの先祖たちの
20 自分の<罪>と自分の民イスラエルの
<罪>を告白し, 私の神の聖なる山の
24 <罪>を終わらせ, 咎を贖い, 永遠の
ホセ 4: 8 彼らはわたしの民の<罪>を食いもの
5:15 自分の<罪>を認め, わたしの顔を慕
8: 5 いつになれば, <罪>のない者となれ
11 エフライムは<罪>のために多くの祭
13 不義を覚え, その<罪>を罰せられる.
9: 9 主は…不義を覚え, その<罪>を罰す
10: 8 イスラエルの<罪>であるアベンの高
12: 8 <罪>となるような不義を私にもたら
13: 2 彼らは今も<罪>を重ね, 銀で鋳物の
12 その<罪>はたくわえられている.
ヨエ 3:19 彼らの地で, <罪>のない血を流した
アモ 5:12 あなたがたの<罪>がいかに重いかを
ヨナ 1:14 <罪>のない者の血を私たちに報いな
ミカ 1: 5 イスラエルの家の<罪>のためだ. ヤ
13 シオンの娘にとって<罪>の初めであ
3: 8 イスラエルにはその<罪>を告げよう.
6: 7 私のたましいの<罪>のために, 私に
11 <罪>なしとすることがわたしにでき
13 あなたの<罪>のために荒れ果てさせ
7:19 すべての<罪>を海の深みに投げ入れ
ゼカ 5: 6 これは, 全地にある彼らの<罪>だ.」
11: 5 これをほふっても, <罪>にならない.
13: 1 <罪>と汚れをきよめる一つの泉が開

マラ 2: 6 多くの者を<罪>から立ち返らせた.
マタ 1:21 ご自分の民をその<罪>から救ってく
3: 6 自分の<罪>を告白して，ヨルダン川
6:14 もし人の<罪>を赦すなら…天の父も
15 父もあなたがたの<罪>をお赦しにな
9: 2 あなたの<罪>は赦された」と言われ.
5，マコ2:5，ルカ5:20，23.
6 人の子が地上で<罪>を赦す権威を持
っていることを，あなたがたに知ら.
マコ2:10，ルカ5:24.
12: 5 安息日の神聖を冒しても<罪>になら
7 <罪>のない者たちを罪に定めはしな
31 人はどんな<罪>も冒瀆も赦していた
26:28 <罪>を赦すために多くの人のために
27: 4 <罪>のない人の血を売ったりして」
マコ 1: 4 <罪>の赦しのための悔い改めのバプ
5 自分の<罪>を告白して，ヨルダン川
2: 7 神おひとりのほか，だれが<罪>を赦
9 中風の人に，『あなたの<罪>は赦さ
3:28 人はその犯すどんな<罪>も赦してい
8:38 このような姦淫と<罪>の時代にあっ
11:25 あなたがたの<罪>を赦してください
ルカ 1:77 <罪>の赦しによる救いの知識を与え
3: 3 <罪>が赦されるための悔い改めに基
5:21 神のほかに，だれが<罪>を赦すこと
7:47 この女の多くの<罪>は赦されていま
48 あなたの<罪>は赦されています」と
49 <罪>を赦したりするこの人は，いっ
11: 4 私たちの<罪>をお赦しください．私
23: 4 この人には何の<罪>も見つからない
14 訴えているような<罪>は別に何も見
22 死に当たる<罪>は，何も見つかりま
24:47 <罪>の赦しを得させる悔い改めが，
ヨハ 1:29 世の<罪>を取り除く神の小羊.
8: 7 <罪>のない者が，最初に彼女に石を
21 自分の<罪>の中で死にます．24.
34 <罪>を行っている者はみな，<罪>の
奴隷です.
46 わたしに<罪>があると責める者がい
9:34 全く<罪>の中に生まれていながら，
41 盲目であったなら…<罪>はなかった
でしょう…あなたがたの<罪>は残る
15:22 彼らに<罪>はなかったでしょう…
<罪>について弁解の余地はありませ
24 彼らには<罪>がなかったでしょう.
16: 8 その方が来ると，<罪>について，義
9 <罪>についてというのは，彼らがわ
18:38 私は，あの人には<罪>を認めません.
19:4，6.
19:11 もっと大きい<罪>があるのです.」
20:23 だれかの<罪>を赦すなら，その人の
<罪>は赦され…<罪>をそのまま残す
使徒 2:38 それぞれ<罪>を赦していただくため
3:19 <罪>をぬぐい去っていただくために，
5:31 悔い改めと<罪>の赦しを与えるため
7:60 この<罪>を彼らに負わせないでくだ
10:43 その名によって<罪>の赦しが受けら
13:38 <罪>の赦しが宣べられているのはこ
22:16 自分の<罪>を洗い流しなさい.』
23:29 死刑や投獄に当たる<罪>はないこと
26:18 <罪>の赦しを得させ，聖なるものと
ロマ 3: 9 すべての人が<罪>の下にあると責め
20 律法によっては…<罪>の意識が生じ
25 今までに犯されて来た<罪>を神の忍
4: 7 <罪>をおおわれた人たちは，幸いで
8 主が<罪>を認めない人は幸いである.
25 イエスは，私たちの<罪>のために死
5:12 ひとりの人によって<罪>が世界に入
り，<罪>によって死が入り，こうし
13 <罪>は世にあったからです．しかし
<罪>は，何かの律法がなければ，認
20 <罪>の増し加わるところには，恵み
21 <罪>が死によって支配したように，
6: 1 <罪>の中にとどまるべきでしょうか.
2 <罪>に対して死んだ私たちが，どう
6 <罪>のからだが滅びて…これからは
<罪>の奴隷でなくなるためであるこ
7 <罪>から解放されているのです.
10 ただ一度<罪>に対して死なれたので
11 <罪>に対しては死んだ者であり，神
12 死ぬべきからだを<罪>の支配にゆだ
13 不義の器として<罪>にささげてはい
14 <罪>はあなたがたを支配することが
16 <罪>の奴隷となって死に至り，ある
17 あなたがたは…<罪>の奴隷でしたが，
18 <罪>から解放されて，義の奴隷とな
20 <罪>の奴隷であった時は，あなたが
22 <罪>から解放されて神の奴隷となり，
23 <罪>から来る報酬は死です．しかし，
7: 5 律法による数々の<罪>の欲情が私た

7 律法は<罪>なのでしょうか…律法に
よらないでは…<罪>を知ることがな
8 <罪>はこの戒めによって機会を捕ら
え…律法がなければ，<罪>は死んだ
9 戒めが来たときに，<罪>が生き，私
11 機会を捕らえた<罪>が私を欺き，戒
13 むしろ，<罪>なのです．<罪>は，こ
の良いもので私に死をもたらすこと
によって，<罪>として明らかにされ，
14 売られて<罪>の下にある者です．
17 私のうちに住みついている<罪>なの
です．20.
23 <罪>の律法のとりこにしているのを
7:25 肉では<罪>の律法に仕えているので
8: 2 <罪>と死の原理から…解放したから
3 御子を，<罪>のために…お遣わしに
なり…<罪>を処罰されたのです．
10 からだは<罪>のゆえに死んでいても，
11:27 彼らの<罪>を取り除く時である.」
14:23 信仰から出ていないことは…<罪>で
Iコリ 6:18 人が犯す<罪>はすべて，からだの外
14:24 その人はみなの者によって<罪>を示
15: 3 私たちの<罪>のために死なれたこと，
17 今もなお，自分の<罪>の中にいるの
34 正しい生活を送り，<罪>をやめなさ
56 死のとげは<罪>であり，<罪>の力は
IIコリ 5:21 神は，<罪>を知らない方を，私たち
の代わりに<罪>とされました．それ
11: 7 宣べ伝えたことが，私の<罪>だった
ガラ 1: 4 <罪>のためにご自身をお捨てになり
2:17 キリストは<罪>の助成者なのでしょ
3:22 すべての人を<罪>の下に閉じ込めま
エペ 1: 7 血による贖い，<罪>の赦しを受けて
2: 1 自分の罪過と<罪>との中に死んでい
コロ 1:14 贖い，すなわち<罪>の赦しを得てい
2:13 <罪>によって…それは，私たちのす
べての<罪>を赦し，
Iテサ 2:16 いつも自分の<罪>を満たしています．
Iテモ 5:22 他人の<罪>にかかわりを持ってはい
24 ある人たちの<罪>は…だれの目にも
明らかですが，ある人たちの<罪>は，
IIテモ 3: 6 情欲に引き回されて<罪>に<罪>を重
ヘブ 1: 3 <罪>のきよめを成し遂げて，すぐれ
2:17 民の<罪>のために，なだめがなされ
3:13 だれも<罪>に惑わされてかたくなに
4:15 <罪>は犯されませんでしたが，すべ
5: 1 <罪>のために，ささげ物といけにえ
7:27 まず自分の<罪>のために，その次に，
民の<罪>のために毎日いけにえを
8:12 彼らの<罪>を思い出さないからであ
9: 7 民が<知らずに犯した罪>のためにさ
26 <罪>を取り除くために，来られたの
28 <罪>を負うために1度…2度目は，
<罪>を負うためではなく，彼を待ち
10: 2 もはや<罪>を意識しなかったはずで
3 <罪>が年ごとに思い出されるのです．
4 やぎの血は，<罪>を除くことができ
11 それらは決して<罪>を除き去ること
12 <罪>のために一つの永遠のいけにえ
17 彼らの<罪>と不法とを思い出すこと
11: 7 世の<罪>を定め，信仰による義を相
25 はかない<罪>の楽しみを受けるより
12: 1 重荷とまつわりつく<罪>とを捨てて，
4 <罪>と戦って，血を流すまで抵抗し
ヤコ 1:15 欲がはらむと<罪>を生み，<罪>が熟
4: 8 <罪>ある人たち．手を洗いきよめな
17 行わないなら…その人の<罪>です．
5:16 互いに<罪>を言い表し，互いのため
20 多くの<罪>をおおうのだということ
Iペテ 2:24 私たちの<罪>をその身に負われまし
た…<罪>を離れ，義のために生きる
3:18 キリストも一度<罪>のために死なれ
4: 1 <罪>とのかかわりを断ちました．
8 愛は多くの<罪>をおおうからです．
IIペテ 1: 9 <罪>がきよめられたことを忘れてし
2:14 <罪>に関しては飽くことを知らず，
16 バラムは自分の<罪>をとがめられま
Iヨハ 1: 7 御子イエスの血はすべての<罪>から
8 <罪>はないと言うなら…真理は私た
9 自分の<罪>を言い表すなら…その
<罪>を赦し，すべての悪から私たち
2: 2 私たちの<罪>のための…私たちの
<罪>だけでなく世全体のための，―
12 あなたがたの<罪>が赦されたからで
3: 4 <罪>とは律法に逆らうことなのです．
5 キリストが現れたのは<罪>を取り除
くため…キリストには何の<罪>もあ
6 キリストのうちにとどまる者は，
<罪>を犯しません．<罪>を犯す者は
8 <罪>を犯している者は，悪魔から出

9 神から生まれた者は，<罪>を犯しま
4:10 <罪>のために，なだめの供え物とし
5:16 死に至る<罪>があります．この<罪>
17 不正はみな<罪>ですが，死に至らない<罪>があります．
18 <罪>を犯さないことを，私たちは知
黙示 1: 5 血によって私たちを<罪>から解き放
18: 4 その<罪>にあずからないため，また，
5 彼女の<罪>は積み重なって天にまで

▼つみにさだめる（罪に定める）

出エ 22: 9 神が<罪に定め>た者は，それを2倍
士師 21:22 あなたがたは，<罪に定め>られたで
ヨブ 15: 6 あなたの口があなたを<罪に定める>．
40: 8 あなたは…わたしを<罪に定める>の
詩篇 5:10 神よ．彼らを<罪に定め>てください．
34:21 正しい者を憎む者は<罪に定め>られ
22 避ける者は，だれも<罪に定め>られ
37:33 さばかれるとき，彼を<罪に定め>ら
イザ 50: 9 だれが私を<罪に定める>のか．見よ．
エレ 2: 3 これを食らう者は…<罪に定め>られ，
エゼ 22: 4 自分の流した血で<罪に定め>られ，
マタ 12:37 <罪に定め>られるのも，あなたのこ
41 ニネベの人々が…この人々を<罪に定め>ます．42.
27: 3 ユダは，イエスが<罪に定め>られた
マコ 3:29 とこしえの<罪に定め>られます.」
16:16 信じない者は<罪に定め>られます．
ルカ 6:37 人を<罪に定め>てはいけません．そ
11:31 彼らを<罪に定め>ます．32.
ヨハ 8:10 あなたを<罪に定める>者はなかった
11 わたしもあなたを<罪に定め>ない．
使徒 25:15 <罪に定める>ように要求しました．
ロマ 2: 1 自分自身を<罪に定め>ています．さ
3: 8 論じる者どもは当然<罪に定め>られ
5:16 一つの違反のために<罪に定め>られ
18 すべての人が<罪に定め>られたのと
8: 1 イエスにある者が<罪に定め>られる
34 <罪に定め>ようとするのはだれです
14:23 食べるなら，<罪に定め>られます．
Iコリ 11:32 この世とともに<罪に定め>られるこ
IIコリ 3: 9 <罪に定める>務めに栄光があるのな
ヤコ 5: 6 正しい人を<罪に定め>て，殺しまし
ユダ 15 彼らを<罪に定める>ためである.」

▼つみのためのいけにえ（罪のためのいけにえ），罪のためのささげ物，罪のための供え物

出エ 29:14 <罪のためのいけにえ>．レビ4:3, 14, 20, 21, 24, 32, 5:6, 7, 8, 9, 12, 6:17, 30, 7:7, 37, 9:2, 3, 7, 10, 22, 10:17, 12:6, 8, 14:22, 31, 15:15, 30, 16:3, 5, 9, 23:19, 民数6:11, 14, 16, 7:16, 22, 28, 34, 40, 46, 52, 58, 64, 70, 76, 82, 87, 8:8, 12, 15:24, 25, 27, 18:9, 28:22, 29:5, 16, 19, 22, 28, 31, 34, 38, II歴29:21, 23, エズ8:35, エゼ40:39, 42:13, 43:19, 22, 25, 44:27, 29, 45:17, 19, 22, 23, 25.
36 <罪のためのいけにえ>として雄牛1頭…その上に<罪のためのいけにえ>をささげ，これを聖別するために
30:10 <罪のためのいけにえ>の血．レビ4:25, 34, 5:9.
レビ 4: 8 <罪のためのいけにえ>の雄牛．8:2, 14, 16:6, 11, エゼ43:21.
29 <罪のためのいけにえ>の頭の上に手を置き…<罪のためのいけにえ>をほふりなさい．33.
5:11 小麦粉を<罪のためのいけにえ>として持って来なさい…これは<罪のためのいけにえ>であるから．
6:25 <罪のためのいけにえ>に関するおしえは次のとおり…<罪のためのいけにえ>は，全焼のいけにえがほふら
26 <罪のためのいけにえ>をささげる祭司はそれを食べなければならない．
9: 8 <罪のためのいけにえ>の子牛をほふ
15 <罪のためのいけにえ>としてやぎを取り…これを<罪のためのいけにえ>とした．
10:16 <罪のためのいけにえ>のやぎ．16:15.
19 <罪のためのいけにえ>…を，主の前にささげ…私が<罪のためのいけにえ>を食べていたら，主のみこころ
14:13 <罪のためのいけにえ>と全焼のいけにえ…<罪のためのいけにえ>と同様に，罪過のためのいけにえも祭司の
19 <罪のためのいけにえ>をささげ，汚
16:25 <罪のためのいけにえ>の脂肪は，祭

27 <罪のためのいけにえ>の雄牛と，<罪のためのいけにえ>のやぎで，そ

民数 28:15 主への<罪のためのいけにえ>として

29:11 <罪のためのいけにえ>は雄やぎ…これらは贖いのための<罪のためのいけにえ>と，常供の全焼のいけにえ，

Ⅱ列 12:16 <罪のためのいけにえ>の金とは，主

Ⅱ歴 29:24 <罪のためのいけにえとし>…<罪のためのいけにえ>を，王が全イスラ

ネヘ 10:33 贖いをなす<罪のためのいけにえ>，

詩篇 40: 6 <罪のためのいけにえ>も，お求めに

エゼ 46:20 <罪のためのいけにえ>を煮たり，穀

ヘブ 5: 3 <罪のためのささげ物>をしなければ

10: 6 <罪のためのいけにえ>とで満足され

8 <罪のためのいけにえ>…を望まず，

18 <罪のためのささげ物>は…無用です．

26 <罪のためのいけにえ>は…残されて

13:11 動物の血は，<罪のための供え物>と

▼ つみびと（罪人）

創世 13:13 主に対しては非常な<罪人>であった．

民数 32:14 <罪人>の子らは…父たちに代わっ

Ⅰサム 15:18 <罪人>アマレク人を聖絶せよ．彼ら

詩篇 1: 1 <罪人>の道に立たず，あざける者の

5 <罪人>は，正しい者のつどいに立て

25: 8 それゆえ，<罪人>に道を教えられる．

26: 9 私のたましいを<罪人>とともに，ま

51:13 <罪人>は，あなたのもとに帰りまし

104:35 <罪人>らが地から絶え果て，悪者ど

箴言 1:10 <罪人>たちがあなたを惑わしても，

11:31 悪者や<罪人>は…その報いを受けよ

13: 6 悪は<罪人>を滅ぼす．

21 わざわいは<罪人>を追いかけ，幸い

22 <罪人>の財宝は正しい者のためにた

14:21 自分の隣人をさげすむ人は<罪人>．

21: 8 <罪人>の道はねじれている．しかし，

23:17 心のうちで<罪人>をねたんではなら

伝道 2:26 <罪人>には，神のみこころにかなう

8:12 <罪人>が，100度悪事を犯しても，

9: 2 善人にも，<罪人>にも同様である．

18 ひとりの<罪人>は多くの良いことを

イザ 1:28 そむく者は<罪人>とともに破滅し，

13: 9 <罪人>たちをそこから根絶やしにす

33:14 <罪人>たちはシオンでわななき，神

アモ 9:10 民の中の<罪人>はみな，剣で死ぬ．

マタ 9:10 取税人や<罪人>が大ぜい来て，イエスやその弟子．マコ2:15，ルカ15:1.

11 <罪人>といっしょに食事をするのですか.」マコ2:16，ルカ5:30.

13 わたしは…<罪人>を招くために来たのです.」マコ2:17，ルカ5:32.

11:19 大酒飲み，取税人や<罪人>の仲間だ

26:45 人の子は<罪人>たちの手に渡されるのです．マコ14:41，ルカ24:7.

ルカ 6:32 <罪人>たちでさえ，自分を愛する者を愛しています．33，34.

15: 2 この人は，<罪人>たちを受け入れて，

7 ひとりの<罪人>が悔い改めるなら，

18:13 こんな<罪人>の私をあわれんでくだ

19: 7 あの方は<罪人>のところに行って客

22:37 彼は<罪人>たちの中に数えられた』

ヨハ 9:16 <罪人>である者に，どうしてこのよ

24 あの人が<罪人>であることを知って

31 神は，<罪人>の言うことはお聞きに

ロマ 3: 7 なぜ私がなお<罪人>としてさばかれ

5: 8 私たちがまだ<罪人>であったとき，

19 多くの人が<罪人>とされたのと同様

ガラ 2:15 異邦人のような<罪人>ではありませ

17 私たち自身も<罪人>であることがわ

Ⅰテモ 1: 9 不敬虔な<罪人>，汚らわしい俗物，

15 イエスは，<罪人>を救うためにこの世に…私はその<罪人>のかしらです．

ヘブ 7:26 悪も汚れもなく，<罪人>から離れ，

12: 3 <罪人>たちのこのような反抗を忍ば

ヤコ 5:20 <罪人>を迷いの道から引き戻す者は，

Ⅰペテ 4:18 神を敬わない者や<罪人>たちは，い

ユダ 15 神を恐れない<罪人>どもが主に言い

▼ つみぶかい（罪深い）

ルカ 5: 8 私は，<罪深い>人間ですから」と言

7:37 その町にひとりの<罪深い>女がいて，

13: 2 どのガリラヤ人よりも<罪深い>人た

4 だれよりも<罪深い>人たちだったと

ロマ 8: 3 罪のために，<罪深い>肉と同じよう

▼ つみをおかす（罪を犯す）

創世 20: 6 わたしに<罪を犯さ>ないようにした

9 どんな<罪を（あなたに）犯し>たの

39: 9 私は神に<罪を犯す>ことができまし

40: 1 主君，エジプト王に<罪を犯し>た．

42:22 私はあの子に<罪を犯す>なと言った

出エ 9:27 今度は，私は<罪を犯し>た．主は正

34 パロは…またも<罪を犯し>，彼とそ

10:16 主とおまえたちに対して<罪を犯し>
20:20 あなたがたが<罪を犯さ>ないためで
23:33 わたしに対する<罪を犯さ>せること
32:21 こんな大きな<罪を犯さ>せたのは.」
30 あなたがたは大きな<罪を犯し>た.
31 この民は大きな<罪を犯し>てしまい
33 <罪を犯し>た者は…書物から消し去
レビ 4: 2 あやまって<罪を犯し>, その一つで
3 祭司が<罪を犯し>, 民が咎を覚える
22 上に立つ者が<罪を犯し>, その神,
27 あやまって<罪を犯し>, 後で咎を覚
5: 1 人が<罪を犯す>場合, すなわち, 証
15 聖なるものに対して<罪を犯し>たと
17 もし人が<罪を犯し>, 主がするなと
6: 2 人が主に対して<罪を犯し>, 不実な
3 人が行って<罪を犯す>ことになるど
4 この人が<罪を犯し>, 後で咎を覚え
民数 5: 6 何か一つでも<罪を犯し>, 自分でそ
12 夫に対して不信の<罪を犯し>,
14:40 私たちは<罪を犯し>たのだから, と
15:27 もし個人があやまって<罪を犯し>た
28 祭司は, あやまって<罪を犯し>た者
のために…あやまって<罪を犯し>た
30 故意に<罪を犯す>者は, 主を冒瀆す
16:22 ひとりの者が<罪を犯せ>ば, 全会衆
38 <罪を犯し>ていのちを失ったこれら
21: 7 主とあなたを非難して<罪を犯し>ま
22:34 私は<罪を犯し>ました. 私はあなた
32:23 主に対して<罪を犯し>たのだ. あな
申命 1:41 私たちは主に向かって<罪を犯し>た.
9:16 主に<罪を犯し>て, 自分たちのため
20:18 主に対して<罪を犯す>ことのないた
21:22 人が死刑に当たる<罪を犯し>て殺さ
ヨシ 7: 1 聖絶の…ことで不信の<罪を犯し>,
11 イスラエルは<罪を犯し>た. 現に,
20 主に対して<罪を犯し>ました. 私は
22:20 聖絶のもののことで<罪を犯し>, イ
31 主に対してこの不信の<罪を犯さ>な
士師 10:10 私たちは, あなたに<罪を犯し>まし
15 私たちは<罪を犯し>ました. あなた
11:27 あなたに<罪を犯し>てはいないのに,
Iサム 2:25 人がもし, ほかの人に対して<罪を
犯す>と, 神がその仲裁をしてくだ
さる…人が主に対して<罪を犯し>た
7: 6 私たちは主に対して<罪を犯し>まし

12:10 バアル…などに仕えて<罪を犯し>ま
23 祈るのをやめて主に<罪を犯す>こと
14:33 血のままで食べて…<罪を犯し>てい
34 食べて主に<罪を犯し>てはならない.
15:24 私は<罪を犯し>ました. 私は主の命
30 私は<罪を犯し>ました. しかし, ど
19: 4 ダビデについて<罪を犯さ>ないでく
ださい. 彼は…<罪を犯し>てはいま
5 ダビデを殺し…<罪を犯そ>うとされ
20: 1 父上に対してどんな<罪を犯し>たと
24:11 私はあなたに<罪を犯さ>なかったの
26:21 私は<罪を犯し>た. わが子ダビデ.
IIサム 7:14 もし彼が<罪を犯す>ときは, わたし
12:13 私は主に対して<罪を犯し>た.」ナ
24:10 大きな<罪を犯し>ました. 主よ. 今,
17 <罪を犯し>たのは, この私です. 私
I列 1:21 ソロモンは<罪を犯し>た者とみなさ
8:31 ある人が隣人に<罪を犯し>, のろい
33 あなたに<罪を犯し>たために敵に打
35 <罪を犯し>たため, 天が閉ざされて
46 <罪を犯し>たため――<罪を犯さ>な
い人間はひとりもいないのですから
47 私たちは<罪を犯し>ました. 悪を行
50 <罪を犯し>たあなたの民を赦し, あ
13:34 ヤロブアムの家が<罪を犯す>ことと
14:22 先祖たちよりひどい<罪を犯し>て主
16: 2 イスラエルに<罪を犯さ>せ, その罪
13 彼らが<罪を犯し>, また, 彼らがイ
スラエルに<罪を犯さ>せ, 彼らのむ
19 <罪を犯し>て主の目の前に悪を行い
…イスラエルに<罪を犯さ>せた彼の
26 <罪を犯さ>せ…むなしい神々によっ
18: 9 私がどんな<罪を犯し>たというので,
21:22 イスラエルに<罪を犯さ>せたためだ.
22:52 <罪を犯さ>せた…ヤロブアムの道に
II列 3: 3 イスラエルに<罪を犯さ>せたネバテ
の子ヤロブアムの罪. 10:29, 31,
13:6, 11, 14:24, 15:9, 18, 24, 28.
13: 2 <罪を犯さ>せたネバテの子ヤロブア
ムの<罪>を犯し続けて, それをやめ
17: 7 主に対して<罪を犯し>, ほかの神々
21 ヤロブアムは…大きな<罪を犯さ>せ
18:14 私は<罪を犯し>ました. 私のところ
21:11 偶像でユダにまで<罪を犯さ>せた.
16 ユダに<罪を犯さ>せ…<罪を犯し>た

ばかりでなく，罪のない者の血まで
23:15 <罪を犯さ>せたネバテの子ヤロブア
Ⅰ歴 2: 7 聖絶のもののことで<罪を犯し>，イ
5:25 父祖の神に対して不信の<罪を犯し>，
21: 8 私は…大きな<罪を犯し>ました．今，
17 <罪を犯し>たのは…この私です．こ
Ⅱ歴 6:22 ある人が隣人に<罪を犯し>，のろい
24 <罪を犯し>たため，敵に打ち負かさ
26 <罪を犯し>たため，天が閉ざされ，
36 <罪を犯し>たため――<罪を犯さ>な
い人間はひとりもいないのですから
37 私たちは<罪を犯し>ました．悪を行
39 <罪を犯し>たあなたの民をお赦しく
12: 2 主に対して不信の<罪を犯し>たから
28:19 彼が…不信の<罪を犯し>たからであ
22 ますます主に対して不信の<罪を犯>
29: 6 父たちが不信の<罪を犯し>，私たち
19 不信の<罪を犯し>て取り除いたすべ
エズ 10: 2 神に対して不信の<罪を犯し>，この
ネヘ 1: 6 私も私の父の家も<罪を犯し>ました．
8 あなたがたが不信の<罪を犯す>なら，
6:13 私が<罪を犯す>ようにするためであ
9:29 定めにそむいて<罪を犯し>，肩を怒
37 私たちが<罪を犯し>たので，あなた
13:26 ソロモンは…<罪を犯し>た…外国の
女たちが彼に<罪を犯さ>せてしまっ
27 神に対して不信の<罪を犯し>，この
ヨブ 1: 5 私の息子たちが…<罪を犯し>，心の
22 <罪を犯さ>ず，神に愚痴をこぼさな
2:10 <罪を犯す>ようなことを口にしなか
7:20 私が<罪を犯し>たといっても，人を
8: 4 あなたの子らが神に<罪を犯し>，神
10:14 私が<罪を犯す>と，あなたは私を待
12:16 あやまって<罪を犯す>者も，迷わす
24:19 よみは<罪を犯し>た者を奪う．
31:30 私は自分の口に<罪を犯さ>せなかっ
33:27 <罪を犯し>，正しい事を曲げた．し
34:31 私はもう<罪を犯し>ません．
35: 3 私が<罪を犯さ>ないと，どんな利益
6 <罪を犯し>ても，神に対して何がで
詩篇 4: 4 <罪を犯す>な．床の上で自分の心に
15: 5 <罪を犯さ>ない人にそむいて，わい
39: 1 私が舌で<罪を犯さ>ないために．私
41: 4 私はあなたに<罪を犯し>たからです．
51: 4 <罪を犯し>，あなたの御目に悪であ
78:17 彼らはなおも神に<罪を犯し>，砂漠
32 <罪を犯し>，神の奇しいわざを信じ
106: 6 先祖と同じように<罪を犯し>，不義
119:11 あなたに<罪を犯さ>ないため，私は
箴言 28:24 私は<罪を犯し>ていない」と言う者
29: 6 悪人はそむきの<罪を犯し>て自分の
22 憤る者は多くのそむきの<罪を犯す>．
伝道 5: 6 あなたに<罪を犯さ>せないようにせ
7:20 <罪を犯さ>ない正しい人はひとりも
26 <罪を犯す>者は女に捕らえられる．
10: 4 冷静は大きな<罪を犯さ>ないように
イザ 1: 4 <罪を犯す>国，咎重き民，悪を行う
31: 7 手で造って<罪を犯し>た銀の偽りの
42:24 この方に，私たちは<罪を犯し>，主
43:27 あなたの最初の先祖は<罪を犯し>，
64: 5 私たちは昔から<罪を犯し>続けてい
エレ 2:35 『私は<罪を犯さ>なかった』と言う
3:25 若いころから今日まで<罪を犯し>て，
5: 6 多くの<罪を犯し>，その背信がはな
8:14 私たちが主に<罪を犯し>たからだ．
14: 7 私たちはあなたに<罪を犯し>ました．
20 あなたに<罪を犯し>ています．
37:18 私が何の<罪を犯し>たというので，
40: 3 主に<罪を犯し>．44:23, 50:7, 14.
哀歌 5: 7 私たちの先祖は<罪を犯し>ました．
16 私たちが<罪を犯し>たからです．
エゼ 3:21 正しい人に<罪を犯さ>ないように警
告を与えて，彼が<罪を犯さ>ないよ
14:13 不信を重ねてわたしに<罪を犯し>，
16:51 罪の半分ほども<罪を犯さ>なかった．
52 <罪を犯し>たため，彼女たちがあな
18: 4 <罪を犯し>た者は，その者が死．20.
25:12 エドムは…<罪を犯し>続け，復讐を
28:16 暴虐が満ち，あなたは<罪を犯し>た．
33:12 正しい人でも，<罪を犯す>とき，彼
37:23 <罪を犯し>たその滞在地から彼らを
ダニ 9: 5 <罪を犯し>，不義をなし，悪を行い，
8 不面目は，あなたに<罪を犯し>た私
11 私たちが神に<罪を犯し>たからです．
15 <罪を犯し>，悪を行いました．
ホセ 4: 7 ますます，わたしに<罪を犯し>た．
15 ユダに<罪を犯さ>せてはならない．
8:11 <罪を犯す>ための祭壇となった．
10: 9 あなたは<罪を犯し>てきた．彼らは
13: 1 バアルにより<罪を犯し>て死んだ．

アモ 9: 8 主の目が，<罪を犯し>た王国に向け
ミカ 7: 9 私が主に<罪を犯し>たからだ．しか
ハバ 2:10 あなたのたましいは<罪を犯し>た．
ゼパ 1:17 彼らは主に<罪を犯し>たからだ．彼
マタ 18:15 あなたの兄弟が<罪を犯し>たなら，
21 <罪を犯し>た場合，何度まで赦すべ
27: 4 私は<罪を犯し>た．罪のない人の血
ルカ 15:18 私は天に対して<罪を犯し>，またあ
17: 4 あなたに対して…７度<罪を犯し>て
ヨハ 5:14 もう<罪を犯し>てはなりません．そ
8:11 今からは決して<罪を犯し>てはなり
9: 2 だれが<罪を犯し>たからですか．こ
3 この人が<罪を犯し>たのでもなく，
ロマ 2:12 律法なしに<罪を犯し>た者はすべて，
3:23 すべての人は，<罪を犯し>たので，
5:12 全人類が<罪を犯し>たからです．
14 <罪を犯さ>なかった人々をさえ支配
16 賜物には，<罪を犯し>たひとりによ
6:15 恵みの下にあるのだから<罪を犯そ>
Ｉコリ 6:18 自分のからだに対して<罪を犯す>の
7:28 結婚したからといって，<罪を犯す>
36 <罪を犯す>わけではありません．彼
8:12 兄弟たちに対して<罪を犯し>…キリ
ストに対して<罪を犯し>ているので
11:27 主のからだと血に対して<罪を犯す>
Ⅱコリ 12:21 前から<罪を犯し>ていて，その行っ
13: 2 <罪を犯し>ている人たちとほかのす
エペ 4:26 怒っても，<罪を犯し>てはなりませ
Ｉテモ 5:20 <罪を犯し>ている者をすべての人の
テト 3:11 悪いと知りながら<罪を犯し>ている
ヘブ 3:17 <罪を犯し>た人々，しかばねを荒野
10:26 <罪を犯し>続けるならば，罪のため
ヤコ 2: 9 <罪を犯し>ており，律法によって違
5:15 <罪を犯し>ていたなら，その罪は赦
Ｉペテ 2:22 キリストは<罪を犯し>たことがなく，
Ⅱペテ 2: 4 神は，<罪を犯し>た御使いたちを，
Ｉヨハ 1:10 もし，<罪を犯>してはいないと言う
2: 1 <罪を犯さ>ないようになるためです．
3: 4 <罪を犯し>ている者はみな，不法を
8 悪魔は初めから<罪を犯し>ているか
5:16 兄弟が死に至らない<罪を犯し>てい

▼つむ（摘む），摘み取る

申命 23:25 あなたは穂を手で<摘>んでもよい．
24:21 後になってまた…<摘み取>ってはな
Ⅱ列 4:39 食用の草を<摘>みに野に出て行くと，
ヨブ 30: 4 やぶの中のおかひじきを<摘>み，え
詩篇 80:12 その実を<摘み取>らせなさるのです
エレ 6: 9 残りの者をすっかり<摘み取>れ．ぶ
エゼ 17: 4 その若枝の先を<摘み取>り，それを
9 その実を<摘み取>り，芽のついた若
マタ 12: 1 弟子たちは…穂を<摘>んで食べ始め
た．マコ2:23，ルカ6:1．

▼つむ（積む）

出エ 8:14 山また山と<積>み上げたので，地は
15: 8 鼻の息で，水は<積>み上げられ，流
申命 32:23 わざわいを彼らの上に<積>み重ね，
ヨシ 7:26 大きな，石くれの山を<積>み上げた．
士師 6:26 主のために石を<積>んで祭壇を築け．
Ⅱサム 18:17 大きな石くれの山を<積>み上げた．
Ⅱ歴 31: 6 ささげ物の10分の１を携えて来て…
山と<積>んだ．7，8．
ヨブ 27:16 彼が銀をちりのように<積>み上げ，
詩篇 39: 6 人は，<積>みたくわえるが，だれが
箴言 25:22 彼の頭に燃える炭火を<積む>ことに
イザ 23:18 たくわえられず，<積>み立てられな
エレ 50:26 これを麦束のように<積>み上げ，こ
エゼ 24: 9 わたしもこれにたきぎを<積>み上げ
ハバ 1:10 土を<積>み上げて，それを攻め取る．
ゼカ 9: 3 黄金を道ばたの泥のように<積>み上
マタ 19:21 あなたは天に宝を<積む>ことになり
ます．マコ10:21，ルカ18:22．
ロマ 2: 5 御怒りを自分のために<積>み上げて
12:20 彼の頭に燃える炭火を<積む>ことに

▼つむぐ（紡ぐ）

出エ 35:25 自分の手で<紡>ぎ，その<紡>いだ青
マタ 6:28 働きもせず，<紡>ぎもしません．
ルカ 12:27 <紡>ぎもせず，織りもしないのです．

▼つむじかぜ（～風）

ヨブ 27:20 夜には<つむじ風>が彼を運び去る．
37: 9 <つむじ風>は天の室から吹き，寒さ
箴言 10:25 <つむじ風>が過ぎ去るとき，悪者は
イザ 5:28 その車輪は<つむじ風>のように思わ
21: 1 ネゲブに吹きまくる<つむじ風>のよ
29: 6 <つむじ風>と暴風と焼き尽くす火の
66:15 その戦車は<つむじ風>のようだ．そ
エレ 4:13 戦車は<つむじ風>のよう，その馬は
ホセ 8: 7 風を蒔いて，<つむじ風>を刈り取る．
アモ 1:14 <つむじ風>の日の暴風のうちに起こ
ナホ 1: 3 主の道は<つむじ風>とあらしの中に

▼つめ（爪）
申命 21:12 女は髪をそり，<爪>を切り，
Ｉサム 17:37 獅子や，熊の<爪>から私を救い出し
ダニ 4:33 <爪>は鳥の<爪>のようになった．
7:19 <爪>は青銅であって，食らって，か
▼つめたい（冷たい）
エレ 18:14 ほかの国から流れて来る<冷たい>水
マタ 24:12 多くの人たちの愛は<冷た>くなりま
黙示 3:15 あなたは，<冷た>くもなく，熱くも
▼つゆ（露），朝露
創世 27:28 天の<露>と地の肥沃，豊かな穀物と
39 肥えることなく…天の<露>もない．
出エ 16:13 宿営の回りに<露>が一面に降りた．
民数 11: 9 <露>が降りるとき，マナもそれとい
申命 32: 2 私のことばは，<露>のようにしたた
33:13 天の賜物の<露>，下に横たわる大い
士師 6:37 羊の毛の上にだけ<露>が降りていて，
IIサム 1:21 <露>は降りるな．雨も降るな．いけ
17:12 <露>が地面に降りるように彼を襲い，
Ｉ列 17: 1 2，3年の間は<露>も雨も降らない
ヨブ 38:28 <露>のしずくはだれが生んだか．
詩 110: 3 あなたの若者は…<朝露>のようだ．
133: 3 ヘルモンの<露>にも似ている．主が
箴言 3:20 深淵は…張り裂け，雲は<露>を注ぐ．
19:12 その恵みは草の上に置く<露>のよう．
雅歌 5: 2 私の頭は<露>にぬれ，髪の毛も夜の
イザ 18: 4 刈り入れ時の暑いときの<露>の濃い
26:19 あなたの<露>は光の<露>．地は死者
ダニ 4:23 天の<露>にぬれさせて，七つの時が
5:21 からだは天の<露>にぬれて，ついに，
ホセ 6: 4 朝早く消え去る<露>のようだ．13:3．
14: 5 イスラエルには<露>のようになる．
ミカ 5: 7 主から降りる<露>，青草に降り注ぐ
ハガ 1:10 <露>を降らすことをやめ，地は産物
ゼカ 8:12 地は産物を出し，天は<露>を降らす
▼つよい（強い），強さ【別項】強い酒
創世 18:18 アブラハムは…<強い>国民となり，
25:23 一つの国民は他の国民より<強>く，
26:16 われわれよりはるかに<強>くなった
30:41 <強い>ものの群れがさかりがついた
42 <強い>のはヤコブのものとなった．
出エ 1: 7 イスラエル人は…すこぶる<強>くな
9 われわれよりも多く，また<強い>．
6: 1 <強い>手で，彼はその国から彼らを
10:19 主はきわめて<強い>西の風に変えら
14:21 主は一晩中<強い>東風で海を退かせ，
民数 13:18 そこに住んでいる民が<強い>か弱い
14:12 彼らよりも大いなる<強い>国民にし
22: 6 この民は私より<強い>．そうしてく
申命 4:38 あなたよりも大きく，<強い>国々を，
11: 8 あなたがたは，<強>くなり，あなた
26: 5 大きくて<強い>，人数の多い国民に
31: 6 <強>くあれ．雄々しくあれ．彼らを
ヨシ 1: 6 <強>くあれ．雄々しくあれ．わたし
17:13 <強>くなってから，カナン人に苦役
18 鉄の戦車を持っていて，<強い>のだ
士師 1:28 イスラエルは，<強>くなってから，
3:12 主はモアブの王エグロンを<強>くし
14:14 <強い>ものから甘い物が出た．」彼
18:26 ミカは，彼らが自分よりも<強い>の
IIサム 1:23 鷲よりも速く，雄獅子よりも<強>か
2: 7 <強>くあれ．勇気のある者となれ．
3: 1 ダビデはますます<強>くなり，サウ
10:12 <強>くあれ．われわれの民のため，
22:18 主は，私の<強い>敵と，私を憎む者
Ｉ列 2: 2 <強>く，男らしくありなさい．
20:23 私たちのほうが…彼らより<強い>で
II列 14: 5 王国が彼の手によって<強>くなると，
15:19 プルの援助によって，王国を<強>く
Ｉ歴 19:13 <強>くあれ．われわれの民のため，
22:13 <強>くあれ．雄々しくあれ．恐れて
28:20 <強>く，雄々しく，事を成し遂げな
II歴 12: 1 彼が<強>くなるに及んで，彼は主の
25: 3 彼の王国が<強>くなると，彼は自分
26: 8 勢力が並みはずれて<強>くなったか
15 助けを得て<強>くなったからである．
16 彼が<強>くなると，彼の心は高ぶり，
32: 7 <強>くあれ．雄々しくあれ．アッシ
エズ 9:12 <強>くなり，その地の良い物を食べ，
ヨブ 5:15 貧しい者を…<強い>者の手から救わ
16: 5 口先だけであなたがたを<強>くし，
36: 5 見よ．神は<強い>．だが，だれをも
39: 4 その子らは<強>くなり，野原で大き
詩篇 10:17 あなたは彼らの心を<強>くしてくだ
18:17 彼らは私より<強>かったから．
22:12 バシャンの<強い>ものが，私を囲み
24: 8 栄光の王とは，だれか．<強>く，力
27:14 雄々しくあれ．心を<強>くせよ．待
31: 2 <強い>とりでとなって，私を救って
24 雄々しくあれ．心を<強>くせよ．す

35:10 彼よりも<強い>者から救い出す方.
38:19 私の敵は，活気に満ちて，<強>く，
61: 3 敵に対して<強い>やぐらです.
71: 3 <強い>とりでとなって，私を救って
80:15 ご自分のために<強>くされた枝とを.
89:13 あなたの御手は<強>く，あなたの右
21 わたしの腕もまた彼を<強>くしよう.
105:24 その民を…彼らの敵よりも<強>くさ
142: 6 彼らは私よりも<強い>のです.
箴言 18:18 くじは争いをやめさせ，<強い>者の
30:26 岩だぬきは<強>くない種族だが，そ
30 獣のうちで最も<強>く，何ものから
31:17 腰に帯を<強>く引き締め，勇ましく
雅歌 8: 6 愛は死のように<強>く，ねたみはよ
イザ 8:11 主は<強い>御手をもって私を捕らえ，
26: 1 私たちには<強い>町がある．神はそ
27: 1 鋭い大きな<強い>剣で，逃げ惑う蛇
28: 2 主は<強い>，<強い>ものを持ってお
31: 1 非常に<強い>騎兵隊とに拠り頼み，
35: 4 <強>くあれ，恐れるな．見よ，あな
40:26 この方は精力に満ち…力は<強い>.
58:11 あなたの骨を<強>くする．あなたは，
エレ 9:23 つわものは自分の<強さ>を誇るな.
21: 5 伸ばした手と<強い>腕と，怒りと，
23:14 悪を行う者どもの手を<強>くして，
31:11 ヤコブより<強い>者の手から，これ
32:21 <強い>御手と，伸べた御腕と，大い
50:34 彼らを贖う方は<強>く，その名は万
51:12 見張りを<強>くし，番兵を立てよ.
エゼ 3:14 主の御手が<強>く私の上にのしかか
19:11 その<強い>枝は王の杖となり，その
22:14 おまえの手は<強>くありえようか.
26:17 海で<強>くなり，ほめはやされた町
30:22 <強い>が砕かれている彼の腕を砕き，
24 バビロンの王の腕を<強>くし，わた
34:16 肥えたものと<強い>ものを滅ぼす.
ダニ 2:40 第4の国は鉄のように<強い>国です.
41 その国には鉄の<強さ>があるでしょ
4:11 その木は生長して<強>くなり，その
7: 7 非常に<強>くて，大きな鉄のきばを
8: 8 この雄やぎは…<強>くなったときに，
10:19 安心せよ．<強>くあれ．<強>くあれ.
11: 5 南の王が<強>くなる．しかし，その
ホセ 7:15 わたしが彼らの腕を<強>くしたのに，
ヨエ 2: 2 暁の光のように数多く<強い>民．こ
アモ 2: 9 樫の木のように<強>かった．しかし，
14 <強い>者も力をふるうことができず，
16 勇士の中の<強い>者も，その日には
5: 9 主は<強い>者を踏みにじり，要塞を
ミカ 4: 3 遠く離れた<強い>国々に，判決を下
7 遠くへ移された者を，<強い>国民と
ゼカ 8:22 <強い>国々がエルサレムで万軍の主
マタ 12:29 <強い>人の家に入って家財を奪い取
ルカ 1:80 幼子は成長し，その霊は<強>くなり，
2:40 <強>くなり，知恵に満ちていった.
11:21 <強い>人が十分に武装して自分の家
22 もっと<強い>者が襲って来て彼に打
使徒 3: 7 彼の足とくるぶしが<強>くなり，
16 この人を<強>くしたのです．イエス
ロマ 4:20 信仰がますます<強>くなって，神に
Iコリ 1:25 神の弱さは人よりも<強い>からです.
27 <強い>者をはずかしめるために，こ
4:10 弱いが，あなたがたは<強い>のです.
10:22 私たちが主よりも<強い>ことはない
15:43 弱いもので蒔かれ，<強い>ものによ
16:13 男らしく，<強>くありなさい.
IIコリ 12:10 私が弱いときにこそ，私は<強い>か
13: 3 あなたがたの間にあって<強い>方で
9 あなたがたが<強>ければ，喜ぶので
エペ 3:16 内なる人を<強>くしてくださいます
ピリ 4:13 私は，私を<強>くしてくださる方に
コロ 1:11 あらゆる力をもって<強>くされて，
IIテサ 3: 3 あなたがたを<強>くし，悪い者から
Iテモ 1:12 私を<強>くしてくださる私たちの主
3:13 信仰について<強い>確信を持つこと
IIテモ 2: 1 イエスにある恵みによって<強>くな
ヘブ 11:34 弱い者なのに<強>くされ，戦いの勇
ヤコ 3: 4 <強い>風に押されているときでも，
5: 8 心を<強>くしなさい．主の来られる
Iペテ 5:10 堅く立たせ，<強>くし，不動の者と
Iヨハ 2:14 <強い>者であり，神のみことばが，
黙示 1:16 顔は<強>く照り輝く太陽のようであ
5: 2 ひとりの<強い>御使いが，大声でふ

▼つよいさけ（強い酒）

レビ 10: 9 ぶどう酒や<強い酒>を飲んではならない．士師13:4，7，14.
民数 6: 3 <強い酒>を断たなければならない.
28: 7 ささげ物として<強い酒>を注ぎなさ
申命 14:26 <強い酒>，また何であれ，あなたの
29: 6 ぶどう酒も<強い酒>も飲まなかった.

箴言 20: 1 <強い酒>は，騒ぐ者．これに惑わさ
31: 4 <強い酒>はどこだ」とは，君子の言
6 <強い酒>は滅びようとしている者に
イザ 5:11 朝早くから<強い酒>を追い求め，夜
22 <強い酒>を混ぜ合わせることにかけ
24: 9 <強い酒>を飲んでも，それは苦い．
28: 7 <強い酒>のためにふらつき，祭司も
29: 9 ふらつくが，<強い酒>によるのでは
56:12 <強い酒>を浴びるほど飲もう．あす
ミカ 2:11 ぶどう酒と<強い酒>について一言し
ルカ 1:15 彼は，ぶどう酒も<強い酒>も飲まず，

▼つよき（強気）
申命 2:30 彼を<強気>にし，その心をかたくな
IIコリ 10: 1 あなたがたに対しては<強気>な者で
2 <強気>にふるまうことがなくて済む

▼つよめる（強める）
士師 16:28 この一時でも，私を<強め>てくださ
詩 147:13 あなたの門のかんぬきを<強め>，あ
イザ 35: 3 弱った手を<強め>，よろめくひざを
41:10 わたしはあなたを<強め>，あなたを
エゼ 34: 4 弱った羊を<強め>ず，病気のものを
ゼカ 10: 6 わたしはユダの家を<強め>，ヨセフ
使徒 16: 5 諸教会は，その信仰を<強め>られ，
Iテサ 3: 2 信仰についてあなたがたを<強め>励
13 あなたがたの心を<強め>，私たちの
IIテサ 2:17 心を慰め，<強め>てくださいますよ
ヘブ 13: 9 恵みによって心を<強める>のは良い

▼つらい，つらいめ
士師 16:16 彼は死ぬほど<つら>かった．
ルツ 1:21 全能者が私を<つらいめ>に会わせら
IIサム 24:14 それは私には非常に<つらい>ことで
伝道 1:13 神が与えた<つらい>仕事だ．4:8．
コロ 3:19 <つら>く当たってはいけません．

▼ツラノのこうどう（～講堂）
エペソにある講堂．使徒19:9．

▼つり（釣り），釣り針
ヨブ 41: 1 <釣り針>でレビヤタンを釣り上げる
イザ 19: 8 ナイル川で<釣り>をする者もみな嘆
アモ 4: 2 彼らはあなたがたを<釣り針>にかけ，
ハバ 1:15 このすべての者を<釣り針>で釣り上
マタ 17:27 湖に行って<釣り>をして，最初に釣

▼つりあう（～合う）
IIコリ 6:14 不信者と，<つり合>わぬくびきをい

▼ツリエル〔人名〕
メラリ族の長．民数3:35．

▼つりおろす（～降ろす）
ヨシ 2:15 綱で彼らを窓から<つり降ろ>した．
18 <つり降ろ>した窓に，この赤いひも
マコ 2: 4 寝かせたままその床を<つり降ろ>し
ルカ 5:19 イエスの前に，<つり降ろ>した．
使徒 9:25 町の城壁伝いに<つり降ろ>した．
IIコリ 11:33 城壁の窓からかごで<つり降ろ>され，

▼ツリシャダイ〔人名〕
シメオン族出身．民数1:6，2:12，7:36，10:19．

▼ツル〔人名〕
(1)ミデヤン人コズビの父．民数25:15，31:8．
(2)ギブオンの兄弟の一人．I歴8:30，9:36．

▼つる
イザ 38:14 つばめや，<つる>のように，私は泣
エレ 8: 7 山鳩，つばめ，<つる>も，自分の帰

▼つる
創世 40:10 そのぶどうの木には3本の<つる>が
イザ 16: 8 その<つる>は伸びて海を越えた．
18: 5 その<つる>を取り去り，切り除くか
エレ 5:10 その<つる>を除け．それらは主のも
48:32 おまえの<つる>は伸びて海を越えた．
エゼ 8:17 ぶどうの<つる>を…鼻にさしている．

▼つる（弦）
詩篇 11: 2 <弦>に矢をつがえ，暗やみで心の直

▼つるぎ（剣）【別項】抜き身の剣，もろ刃の剣，両刃の剣
創世 3:24 輪を描いて回る炎の<剣>を置かれた．
27:40 おまえはおのれの<剣>によって生き，
31:26 私の娘たちを<剣>で捕らえたとりこ
34:25 <剣>を取って，難なくその町を襲い，
48:22 私が<剣>と弓とをもってエモリ人の
49: 5 彼らの<剣>は暴虐の道具．
出エ 5: 3 主は疫病か<剣>で，私たちを打たれ
21 殺すために彼らの手に<剣>を渡した
15: 9 <剣>を抜いて，この手で彼らを滅ぼ
17:13 アマレクとその民を<剣>の刃で打ち
18: 4 助けであり，パロの<剣>から私を救
32:27 おのおの腰に<剣>を帯び，宿営の中
レビ 26: 6 <剣>があなたがたの国を通り過ぎる
民数 14: 3 <剣>で倒そうとされるのか．私たち
21:24 イスラエルは<剣>の刃で彼を打ち，
31: 8 ベオルの子バラムを<剣>で殺した．
申命 13:15 家畜も，<剣>の刃で聖絶しなさい．
ヨシ 6:21 ろばも，すべて<剣>の刃で聖絶した．

24:12 <剣>にもよらず…弓にもよらなかっ
士師 1: 8 <剣>の刃でこれを打ち破り，町に火
7:20 主の<剣>，ギデオンの<剣>だ」と叫
8:10 <剣>を使う者12万人が，すでに倒さ
Ｉサム 13:19 ヘブル人が<剣>や槍を作るといけな
15: 8 その民を残らず<剣>の刃で聖絶した.
17:47 主が<剣>や槍を使わずに救うことを
IIサム 1:22 サウルの<剣>は，むなしく帰ったこ
2:16 相手のわき腹に<剣>を刺し，一つに
26 いつまでも<剣>が人を滅ぼしてよい
23:10 手が<剣>について離れなくなるまで
Ｉ列 1:51 このしもべを<剣>で殺さないと私に
3:24 <剣>をここに持って来なさい」と命
18:28 <剣>や槍で血を流すまで自分たちの
19: 1 預言者たちを<剣>で皆殺しにしたこ
II列 3:26 <剣>を使う者700人を引き連れ，エ
Ｉ歴 5:18 盾と<剣>を取り，弓を引き，戦いの
エズ 9: 7 <剣>にかけられ，とりこにされ，か
ネヘ 4:13 <剣>や槍や弓を持たせて配置した.
エス 9: 5 彼らの敵をみな<剣>で打ち殺し，虐
ヨブ 1:15 若い者たちを<剣>の刃で打ち殺しま
5:15 神は貧しい者を<剣>から，彼らの口
20 戦いのときにも<剣>の力からあなた
詩篇 7:12 <剣>をとぎ，弓を張って，ねらいを
22:20 私のたましいを，<剣>から救い出し
57: 4 槍と矢，彼らの舌は鋭い<剣>です.
箴言 30:14 歯が<剣>のようで，きばが刀のよう
雅歌 3: 8 <剣>を帯びている練達の戦士たち.
イザ 1:20 あなたがたは<剣>にのまれる」と，
2: 4 <剣>を鋤に，その槍をかまに打ち直
3:25 あなたの男たちは<剣>に倒れ，あな
34: 6 主の<剣>は血で満ち，脂肪で肥えて
49: 2 主は私の口を鋭い<剣>のようにし，
エレ 2:30 <剣>は，食い滅ぼす獅子のように，
9:16 <剣>を彼らのうしろに送り，ついに
25:38 主の燃える<剣>，主の燃える怒りに
47: 6 ああ．主の<剣>よ．いつまで，おま
哀歌 1:20 外では<剣>が子を奪い，家の中は死
エゼ 5: 1 鋭い<剣>を取り，それを床屋のかみ
21: 9 <剣>，一振りの<剣>が研がれ，みが
ホセ 1: 7 わたしは弓，<剣>，戦い，および馬，
2:18 弓と<剣>と戦いを地から絶やし，彼
7:16 神をののしったために，<剣>に倒れ
11: 6 <剣>は，その町々で荒れ狂い，その
13:16 彼らは<剣>に倒れ，幼子たちは八つ
ヨエ 3:10 鋤を<剣>に…かまを槍に，打ち直せ.
アモ 1:11 彼が<剣>で自分の兄弟を追い，肉親
7: 9 わたしは<剣>をもって，ヤロブアム
ミカ 4: 3 国は国に向かって<剣>を上げず，二
5: 6 彼らはアッシリヤの地を<剣>で，ニ
6:14 のがした者は，わたしが<剣>に渡す.
ナホ 2:13 <剣>はあなたの若い獅子を食い尽く
3: 3 <剣>のきらめき．槍のひらめき．お
15 <剣>はあなたを切り倒し，火はばっ
ゼパ 2:12 クシュ人も，わたしの<剣>で刺し殺
ハガ 2:22 仲間同士の<剣>によって倒れる.
ゼカ 9:13 わたしはあなたを勇士の<剣>のよう
11:17 <剣>がその腕とその右の目を打ち，
13: 7 <剣>よ．目をさましてわたしの牧者
マタ 10:34 わたしは…<剣>をもたらすために来
26:47 <剣>や棒を手にした大ぜいの群衆も
51 <剣>を抜き，大祭司のしもべに撃っ
52 <剣>を取る者はみな<剣>で滅びます.
55 <剣>や棒を持ってわたしをつかまえ
マコ 14:43 <剣>や棒を手にした群衆もいっしょ
47 <剣>を抜いて大祭司のしもべに撃ち
ルカ 2:35 <剣>があなたの心さえも刺し貫くで
21:24 人々は，<剣>の刃に倒れ，捕虜とな
22:36 <剣>のない者は着物を売って<剣>を
38 このとおり，ここに<剣>が二振りあ
49 主よ．<剣>で撃ちましょうか」と言
52 <剣>や棒を持ってやって来たのです
ヨハ 18:10 ペテロは，<剣>を持っていたが，そ
11 <剣>をさやに収めなさい．父がわた
使徒 12: 2 ヨハネの兄弟ヤコブを<剣>で殺した.
16:27 <剣>を抜いて自殺しようとした.
ロマ 8:35 裸ですか，危険ですか，<剣>ですか.
13: 4 彼は無意味に<剣>を帯びてはいない
エペ 6:17 御霊の与える<剣>である，神のこと
ヘブ 11:34 火の勢いを消し，<剣>の刃をのがれ，
37 <剣>で切り殺され，羊ややぎの皮を
黙示 2:16 わたしの口の<剣>をもって彼らと戦
6: 4 また，彼に大きな<剣>が与えられた.
8 <剣>とききんと死病と地上の獣によ
13:10 <剣>で殺す者は，自分も<剣>で殺さ
14 <剣>の傷を受けながらもなお生き返
19:15 この方の口からは…鋭い<剣>が出て
21 馬に乗った方の口から出る<剣>によ

▼つるくさ（～草）

II列 4:39 野生の<つる草>を見つけたので，そ

▼つるす

創世 40:19 あなたを木に<つる>し，鳥があなた
22 調理官長を木に<つる>した．
申命 21:22 あなたがこれを木に<つるす>ときは，
23 木に<つる>された者は，神にのろわ
Ⅱサム 4:12 池のほとりで木に<つる>した．しか

▼ツルパナ〔人名〕

婦人のキリスト者．ロマ16:12.

▼ツルポサ〔人名〕

ツルパナと姉妹か．キリスト者．ロマ16:12.

▼つれあい（連れ合い）

イザ 34:15 自分の<連れ合い>とそこに集まる．
16 自分の<連れ合い>を欠くものはいな

▼つれかえる（連れ帰る）

創世 24: 6 息子をあそこへ<連れ帰>らないよう
8 あそこへ<連れ帰>ってはならない.」
Ⅱサム 15: 8 エルサレムに<連れ帰>ってくださる
Ⅰ列 13:18 あなたの家に<連れ帰>り，パンを食
23 彼が<連れ帰>った預言者のために，
26 途中から<連れ帰>ったあの預言者は，
Ⅱ歴 35:24 彼をエルサレムに<連れ帰>った．彼
詩篇 68:22 バシャンから彼らを<連れ帰る>．わたしは海の底から<連れ帰る>．
エレ 41:16 ギブオンから<連れ帰>った勇士たち，
エゼ 47: 6 私を川の岸に沿って<連れ帰>った．
ゼパ 3:20 わたしはあなたがたを<連れ帰>り，
ゼカ 8: 8 彼らを<連れ帰>り，エルサレムの中
10:10 エジプトの地から<連れ帰>り，アッ

▼つれこむ（連れ込む）

創世 39:14 ヘブル人を…<連れ込>んだのです．
使徒 21:28 ギリシヤ人を宮の中に<連れ込>んで，
29 パウロが彼を宮に<連れ込>んだのだ
37 兵営の中に<連れ込>まれようとした

▼つれさる（連れ去る）

Ⅰサム 30: 3 妻も，息子も，娘たちも<連れ去>ら
ヨブ 12:23 国々を広げ，また，これを<連れ去>
エレ 50: 6 彼らを迷わせ，山々へ<連れ去>った．
使徒 8:39 主の霊がピリポを<連れ去>られたの

▼つれだす（連れ出す）

創世 8:17 あなたといっしょに<連れ出>しなさ
15: 7 ウルからあなたを<連れ出>した主で
出エ 3:10 エジプトから<連れ出>せ.」
21:14 <連れ出>して殺さなければならない．
レビ 8:18 全焼のいけにえの雄羊を<連れ出>し
24:14 のろった者を宿営の外に<連れ出>し，
民数 15:36 宿営の外に<連れ出>し，彼を石で打
24: 8 彼をエジプトから<連れ出>した神は，
27:17 彼らを<連れ出>し，彼らを入らせる
ヨシ 2: 3 家に入った者たちを<連れ出>しなさ
6:22 女に属するすべての者を<連れ出>し
士師 6: 8 あなたがたを奴隷の家から<連れ出>
Ⅱ歴 23:11 彼らは，王の子を<連れ出>し，彼に
ヨブ 21:30 激しい怒りの日から<連れ出>される
詩篇 18:19 主は私を広い所に<連れ出>し，私を
78:52 羊の群れのように<連れ出>し，家畜
107:28 主は彼らを苦悩から<連れ出>された．
136:11 エジプトの真ん中から<連れ出>され
イザ 41: 9 あなたを地の果てから<連れ出>し，
42: 7 …に住む者を獄屋から<連れ出す>．
43: 8 聞こえない者たちを<連れ出>せ．
エレ 31: 8 彼らを北の国から<連れ出>し，地の
39:14 エレミヤを，監視の庭から<連れ出>
エゼ 14:22 息子や娘たちを<連れ出>し，あなた
20:14 彼らを<連れ出す>のを見ていた諸国
42: 1 外庭に<連れ出>し，聖域に面し，北
46:21 彼は私を外庭に<連れ出>し，庭の四
ミカ 7: 9 主は私を光に<連れ出>し，私はその
マコ 7:33 その人だけを群衆の中から<連れ出>
15: 1 イエスを縛って<連れ出>し，ピラト
20 十字架につけるために<連れ出>した．
ヨハ 10: 3 羊をその名で呼んで<連れ出>します．
使徒 5:19 牢の戸を開き，彼らを<連れ出>し，
16:30 ふたりを外に<連れ出>して「先生が
37 私たちを<連れ出す>べきです.」

▼つれていく（連れて行く）

創世 37:28 ヨセフをエジプトへ<連れて行>った．
39: 1 ヨセフがエジプトへ<連れて行>かれ
43:16 この人たちを家へ<連れて行>き，獣
18 ヨセフの家に<連れて行>かれたので
出エ 2: 9 この子を<連れて行>き，私に代わっ
10 パロの娘のもとに<連れて行>った．
21: 6 彼を神のもとに<連れて行>き，戸ま
民数 23:14 ピスガの頂に<連れて行>き，そこで
ヨシ 2: 6 彼女はふたりを屋上に<連れて行>き，
Ⅰサム 30:22 自分の妻と子どもを<連れて行く>が
Ⅱサム 2: 8 マハナイムに<連れて行>き，
Ⅱ列 6:19 彼らをサマリヤへ<連れて行>った．
9: 2 彼を立たせ，奥の間に<連れて行>き，
17:27 祭司のひとりを…<連れて行>きなさ
18:11 メディヤの町々に<連れて行>った．

25: 7 つないで，バビロンへ<連れて行>っ
20 バビロン王のところへ<連れて行>っ
II歴 28:15 なつめやしの町エリコに<連れて行>
エス 2: 8 エステルも王宮に<連れて行>かれて，
6:14 エステルの設けた宴会に<連れて行>
ヨブ 12:17 議官たちをはだしで<連れて行>き，
雅歌 1: 4 王は私を奥の間に<連れて行>かれま
イザ 36:17 国におまえたちを<連れて行>こう．
エレ 39:14 エレミヤを…その家に<連れて行>か
52:11 彼をバビロンへ<連れて行>き，彼を
エゼ 20:28 誓った地に彼らを<連れて行>ったと
ダニ 2:24 私を王の前に<連れて行>ってくださ
ホセ 2:14 荒野に<連れて行>き，優しく彼女に
ゼカ 10:10 レバノンへ彼らを<連れて行く>が，
マタ 4: 5 イエスを聖なる都に<連れて行>き，
8 高い山に<連れて行>き，この世のす
18:16 いっしょに<連れて行>きなさい．ふ
26:37 いっしょに<連れて行>かれたが，イ
27:27 イエスを官邸の中に<連れて行>って，
マコ 8:23 村の外に<連れて行>かれた．そして
14:33 ヨハネをいっしょに<連れて行>かれ
15:22 ゴルゴタの場所…へ<連れて行>った．
ルカ 2:22 幼子を…エルサレムへ<連れて行>っ
4: 5 悪魔はイエスを<連れて行>き，また
29 丘のがけのふちまで<連れて行>き，
16:22 アブラハムのふところに<連れて行>
24:50 彼らをベタニヤまで<連れて行>き，
ヨハ 6:15 むりやりに<連れて行>こうとしてい
21:18 行きたくない所に<連れて行>きます．
使徒 8:32 ほふり場に<連れて行>かれる羊のよ
9: 8 手を引いて，ダマスコへ<連れて行>
15:37 ヨハネもいっしょに<連れて行く>つ
38 <連れて行>かないほうがよいと考え
23:19 だれもいない所に<連れて行>って，
黙示 17: 3 御霊に感じた私を荒野に<連れて行>
21:10 私を大きな高い山に<連れて行>って，

▼ つれてくる（連れて来る）

創世 2:19 人のところに<連れて来>られた．人
22 その女を人のところに<連れて来>ら
42:16 弟を<連れて来>なさい．それまであ
20 末の弟を私のところに<連れて来>な
43: 7 弟を<連れて来>いと言われるとは，
44:21 彼を私のところに<連れて来>い．私
47: 7 ヨセフは父ヤコブを<連れて来>て，
48: 9 私のところに<連れて来>なさい．私
レビ 3: 7 それを主の前に<連れて来>る．
5:15 主のもとに<連れて来る>．
13: 9 祭司のところに<連れて来る>．14:2.
24:11 モーセのところに<連れて来>た．そ
民数 11:16 彼らを会見の天幕に<連れて来>て，
23: 7 東の山々から，私を<連れて来>た．
ヨシ 8:23 ヨシュアのもとに<連れて来>た．
24: 3 川の向こうから<連れて来>て，カナ
士師 11: 5 エフタを<連れて来>ようと出かけて
14:11 30人の客を<連れて来>た．彼らはサ
Iサム 10:23 そこから彼を<連れて来>た．サウル
14:34 牛か羊かを私のところに<連れて来>
15:32 王アガグを…<連れて来>なさい．」
16:11 その子を<連れて来>なさい．その子
20:31 あれを私のところに<連れて来>い．
IIサム 9: 5 マキルの家から彼を<連れて来>させ
I列 20:33 行って，彼を<連れて来>なさい．」
II列 3:15 立琴をひく者をここに<連れて来>て
エズ 8:17 神の宮に仕える者たちを<連れて来>
ネヘ 1: 9 選んだ場所に，彼らを<連れて来る>
詩篇 78:71 雌羊の番から彼を<連れて来>て，御
エレ 12: 9 <連れて来>て，食べさせよ．
エゼ 40: 4 わたしがあなたを<連れて来>たのは，
ダニ 1:18 ネブカデネザルの前に<連れて来>た．
3:13 アベデ・ネゴを<連れて来>いと命じ
マタ 4:24 みもとに<連れて来>た．イエスは彼
9:32 人が，みもとに<連れて来>られた．
12:22 口もきけない人が<連れて来>られた．
14:35 病人をみな，みもとに<連れて来>た．
15:30 多くの人をみもとに<連れて来>た．
17:16 お弟子たちのところに<連れて来>た
17 わたしのところに<連れて来>なさい．
18:24 王のところに<連れて来>られた．
19:13 子どもたちが<連れて来>られた．と
マコ 1:32 みな，イエスのもとに<連れて来>た．
7:32 口のきけない人を<連れて来>て，彼
8:22 すると人々が，盲人を<連れて来>て，
9:20 人々は…その子を<連れて来>た．そ
ルカ 9:41 あなたの子をここに<連れて来>なさ
14:21 者たちをここに<連れて来>なさい．』
22:54 大祭司の家に<連れて来>た．ペテロ
23:14 私のところに<連れて来>たけれども，
ヨハ 1:42 シモンをイエスのもとに<連れて来>
使徒 23:15 <連れて来る>ように千人隊長に願い
20 議会にパウロを<連れて来>てくださ

▼ つれのぼる（連れ上る）
出エ 32: 4　エジプトの地から<連れ上>ったあな
Ⅰサム 8: 8　エジプトから<連れ上>った日から今
Ⅰ列 12:28　エジプトから<連れ上>った…神々が
アモ 2:10　エジプトの地から<連れ上>り，荒野
9: 7　アラムをキルから<連れ上>ったでは

▼ つれもどす（連れ戻す），連れ戻る
創世 24: 5　あなたの出身地へ<連れ戻>さなけれ
28:15　あなたをこの地に<連れ戻>そう．わ
42:37　彼をあなたのもとに<連れ戻>します．
43: 9　彼をあなたのもとに<連れ戻>さず，
出エ 10: 8　パロのところに<連れ戻>された．パ
民数 12:14　その後に彼女を<連れ戻す>ことがで
申命 22: 1　<必ず連れ戻>さなければならない．
30: 4　そこからあなたを<連れ戻す>．
士師 11: 9　私を<連れ戻>して，アモン人と戦わ
Ⅱサム 3:26　彼をシラの井戸から<連れ戻>させた．
14:21　若者アブシャロムを<連れ戻>しなさ
15:25　主は，私を<連れ戻>し，神の箱とそ
17: 3　民をあなたのもとに<連れ戻>します．
19:10　王を<連れ戻す>ために，なぜ何もし
11　<連れ戻す>のをためらっている．12．
43　王を<連れ戻>そうと最初に言いだし
Ⅰ列 13:20　その人を<連れ戻>した預言者に，主
エレ 34:11　いったん自由の身にした奴隷や女奴隷を<連れ戻>して，彼らを．16．
エゼ 11:17　国々からあなたがたを<連れ戻>し，
34: 4　迷い出たものを<連れ戻>さず，失わ
16　迷い出たものを<連れ戻>し，傷つい
44: 1　外の門に<連れ戻る>と，門は閉じて
47: 1　私を神殿の入口に<連れ戻>した．見
ゼカ 10: 6　わたしは彼らを<連れ戻す>．わたし
ヤコ 5:19　だれかがその人を<連れ戻す>ような

▼ つれる（連れる）【別項】複合動詞
創世 22: 2　ひとり子イサクを<連れ>て，モリヤ
43:13　弟を<連れ>てあの方のところへ出か
民数 16:14　乳と蜜の流れる地に…<連れ>ても行
20:25　エルアザルを<連れ>てホル山に登れ．
25: 6　ひとりのミデヤン人の女を<連れ>て
士師 7: 4　彼らを<連れ>て水のところに下って
Ⅱサム 15:20　あなたの同胞を<連れ>て戻りなさい．
Ⅰ列 1:33　彼を<連れ>てギホンへ下って行きな
18:40　キション川に<連れ>て下り，そこで
マタ 2:13　幼子とその母を<連れ>，エジプトへ
17: 1　ヨハネだけを<連れ>て，高い山に導
マコ 9:17　息子を，先生のところに<連れ>て来
ルカ 2:27　幼子イエスを<連れ>た両親が，その
9:10　イエスは彼らを<連れ>てベツサイダ
使徒 9:30　彼をカイザリヤに<連れ>て下り，タ
12:25　マルコと呼ばれるヨハネを<連れ>て，
15:39　バルナバはマルコを<連れ>て，船で
21:24　この人たちを<連れ>て…費用を出し
Ⅰコリ 9: 5　信者である妻を<連れ>て歩く権利が
ガラ 2: 1　テトスも<連れ>て，再びエルサレム

▼ ツロ〔地名〕
フェニキヤの港町．ヨシ19:29，Ⅱサム5:11，Ⅰ列7:13，Ⅰ歴14:1，詩篇45:12，イザ23:1，エレ25:22，エゼ26:5，ヨエ3:4，アモ1:9，10，ゼカ9:2，マタ11:21，22，15:21，マコ3:8，7:24，31，ルカ6:17，10:13，14，使徒21:3，7．

て

▼ て（手）【別項】手のわざ，右の手・右の御手，御手，渡す・手に渡す
創世 19:16　その人たちは彼の<手>と彼の妻の<手>と，ふたりの娘の<手>をつかん
20: 5　正しい心と汚れない<手>で，このこ
22:10　<手>を伸ばし…自分の子をほふろう
12　<手>を，その子に下してはならない．
24: 2　<手>を私のももの下に入れ．47:29．
27:23　エサウの<手>のように毛深かったの
37:22　彼に<手>を下してはならない．27．
49: 8　あなたの<手>は敵のうなじの上にあ
出エ 4: 2　「あなたの<手>にあるそれは何か．」
17　この杖を<手>に取り，これでしるし
7: 4　わたしは，<手>をエジプトの上に置
9:29　主に向かって<手>を伸べ広げましょ
13:16　これを<手>の上のしるしとし．9．
17:11　<手>を上げているときは…優勢にな
12　アロンとフルは…モーセの<手>をさ
16　主の御座の上の<手>』のことで，主
21:24　<手>には<手>．申命19:21．
29:10　雄牛の頭に<手>を置く．15，19．

33:22 通り過ぎるまで，この<手>であなた
レビ 1: 4 いけにえの頭の上に<手>を置く．3:
2，4:4，15，24，29，8:14，18，22．
5:11 家鳩…さえも<手>に入れることがで
21:19 あるいは足や<手>の折れた者，
民数 6:19 これらをその<手>の上に載せる．
11:23 主の<手>は短いのだろうか．わたし
21:34 地とをあなたの<手>のうちに与えた．
24:10 怒りを燃やし，<手>を打ち鳴らした．
27:23 <手>を彼の上に置いて…任命した．
申命 4:28 人間の<手>で造った…神々に仕える．
6: 8 しるしとして…<手>に結びつけ，記
8:17 私の<手>の力が，この富を築き上げ
15: 7 貧しい兄弟に…<手>を閉じてはなら
17: 7 まず証人たちが<手>を下し，ついで，
21: 6 首を折られた…子牛の上で<手>を洗
23:25 穂を<手>で摘んでもよい…かまを使
32:39 わたしの<手>から救い出せる者はい
ない．ヨブ10:7．
ヨシ 6:18 聖絶のものに<手>を出すな．聖絶の
士師 7: 6 口に<手>を当てて水をなめた者の数
Ｉサム 5: 6 主の<手>はアシュドデの人たちの上
7:13 主の<手>がペリシテ人を防いでいた．
12: 5 私の<手>に何も見いださなかったこ
15 主の<手>が…先祖たちに下ったよう
14:19 サウルは祭司に，「もう<手>をしま
18:17 サウルは，自分の<手>を下さないで，
24: 6 油そそがれた方，私の主君に…<手>
を下すなど…できない．26:9，11．
IIサム 13: 5 タマルの<手>から…食べたい．10．
15: 1 自分の前を走る者50人を<手>に入れ
21:20 <手>の指，足の指が６本ずつで，合
24:14 主の<手>に陥ることにしましょう．
Ｉ列 13: 4 彼に向けて伸ばした<手>はしなび，
18:46 主の<手>がエリヤの上に下ったので，
II列 3:15 主の<手>がエリシャの上に下り，
11:12 <手>をたたいて，「王さま．ばんざ
18:21 寄りかかる者の<手>を刺し通すだけ
19:18 神ではなく，人の<手>の細工，木や
II歴 32:11 アッシリヤの王の<手>から…救い出
19 <手>で造った…神々…と同じように，
エズ 7:25 あなたの<手>にある…神の知恵にし
ネヘ 13:21 私はあなたがたに<手>を下す．」そ
ヨブ 1:11 あなたの<手>を伸べ…打って．2:5．
12 彼の身に<手>を伸ばしてはならない．
5:12 彼らの<手>は，何の効果ももたらさ
18 打ち砕くが，その<手>でいやしてく
8:20 神は…悪を行う者の<手>を取らない．
9:30 灰汁で私の<手>をきよめても，
33 ふたりの上に<手>を置く仲裁者が私
11:13 あなたの<手>を神に向かって差し伸
13:14 私のいのちを私の<手>に置こう．
16:17 私の<手>には暴虐がなく，私の祈り
17: 9 <手>のきよい人は力を増し加える．
21: 5 驚け…<手>を口に当てよ．29:9．
22:30 その人はあなたの<手>のきよいこと
37: 7 神はすべての人の<手>を封じ込める．
40: 4 ただ<手>を口に当てるばかりです．
詩篇 18:20 <手>のきよさにしたがって…償いを
21: 8 あなたの<手>は…敵を見つけ出し，
22:20 私のいのちを，犬の<手>から．
24: 4 <手>がきよく，心がきよらかな者，
26: 6 <手>を洗ってきよくし．73:13．
28: 2 <手>を…聖所の奥に向けて上げると
37:24 主がその<手>をささえておられるか
33 彼をその者の<手>の中に捨ておかず，
38: 2 あなたの<手>が私の上に激しく下っ
49:15 たましいをよみの<手>から買い戻さ
55:20 自分の親しい者にまで<手>を伸ばし，
68:31 クシュはその<手>を神に…差し伸ば
77: 2 たゆむことなく<手>を差し伸ばした
89:21 わたしの<手>は彼とともに堅く立て
91:12 <手>で，あなたをささえ…足が石に
115: 7 <手>があってもさわれず，足があっ
123: 2 奴隷の目が主人の<手>に向けられ，
128: 2 自分の<手>の勤労の実を食べるとき，
134: 2 聖所に向かってあなたがたの<手>を
149: 6 <手>には，もろ刃の剣があるように．
箴言 1:24 わたしは<手>を伸べたが，顧みる者
3:27 あなたの<手>に善を行う力があると
6:10 しばらく<手>をこまねいて，また休
17 罪のない者の血を流す<手>，
12:14 人の<手>の働きはその人に報いを与
19:24 なまけ者は<手>を皿に差し入れても，
21: 1 王の心は主の<手>の中にあって，水
25 なまけ者…の<手>が働くことを拒む
29:21 甘やかすと…<手>におえない者にな
31:13 羊毛や亜麻を<手>に入れ，喜んで自
分の<手>でそれを仕上げる．
20 悩んでいる人に<手>を差し出し，貧

31 彼女の<手>でかせいだ実を彼女に与
伝道 4: 5 <手>をこまねいて，自分の肉を食べ
11: 6 夕方も<手>を放してはいけない．あ
イザ 1:15 あなたがたの<手>は血まみれだ．
2: 8 自分の<手>で造った物…を拝んでい
10:10 偽りの神々の王国を私が<手>に入れ
19:25 わたしの<手>でつくったアッシリヤ，
35: 3 弱った<手>を強め，よろめくひざを
37:19 人の<手>の細工…滅ぼすことができ
40:12 だれが…<手>の幅で天を推し量り，
42: 6 あなたの<手>を握り，あなたを見守
44: 5 ある者は<手>に『主のもの』としる
45:11 わたしの<手>で造ったものについて，
50: 2 <手>が短くて贖うことができないの
55:12 野の木々もみな，<手>を打ち鳴らす．
56: 2 どんな悪事にもその<手>を出さない，
59: 3 <手>は血で汚れ，指は咎で汚れ，あ
66: 2 すべては，わたしの<手>が造ったも
エレ 1:16 自分の<手>で造った物を拝んだから
4:31 彼女はあえぎ，<手>を伸べて言う．
16:21 わたしの<手>と，わたしの力を知ら
18: 6 あなたがたも，わたしの<手>の中に
48:37 <手>にもみな傷をつけ，腰に荒布を
哀歌 2:15 道行く人は…<手>を打ち鳴らし，エ
19 主に向かって<手>を差し上げ…幼子
3:41 <手>をも心をも…神に向けて上げよ
エゼ 10: 8 ケルビムの翼の下から人の<手>の形
13: 9 わたしは…預言者どもに<手>を下す．
20:22 わたしは<手>を引いて，わたしの名
33 力強い<手>と伸ばした腕をもって，
21:14 預言して<手>を打ち鳴らせ．剣を2
22:13 血のために，わたしは<手>を打ち鳴
25: 6 <手>を打ち，足を踏み鳴らし．6:11.
ダニ 5: 5 突然，人間の<手>の指が現れ．24.
23 すべての道をその<手>に握っておら
8:18 彼は私に<手>をかけて…立ち上がら
10:10 一つの<手>が私に触れ…ゆさぶった．
ホセ 14: 3 <手>で造った物に『…神』とは言い
ミカ 5: 9 <手>を仇に向けて上げると…断ち滅
13 自分の<手>の造った物を拝まない．
7: 3 彼らの<手>は悪事を働くのに巧みで，
16 恥じ，<手>を口に当て．箴言30:32.
マタ 3:12 <手>に箕を持っておられ．ルカ3:17.
4: 6 その<手>に…ささえさせ．ルカ4:11.
8:15 <手>にさわられると，熱がひき，彼
9:25 少女の<手>を取られた…少女は起き
12:13 <手>を伸ばしなさい．マコ3:5.
15:20 洗わない<手>で食べることは人を汚
16:26 全世界を<手>に入れても．ルカ9:25.
18: 8 <手>か足の一つがあなたをつまずか
26:23 いっしょに鉢に<手>を浸した者が，
27:24 <手>の下しようがなく…<手>を洗っ
マコ 7: 2 洗わない<手>でパンを食べている者
9:27 <手>を取って起こされた…子は立ち
43 <手>があなたのつまずきとなるなら，
10:16 彼らの上に<手>を置いて祝福された．
14:58 <手>で造られたこの神殿をこわして，
3日のうちに，<手>で造られない別
16:18 病人に<手>を置けば…いやされます．
ルカ 4:40 ひとりひとりに<手>を置いて，いや
6: 8 <手>のなえた人に，「立って，真ん
10 彼の<手>は元どおりになった．
15:22 <手>に指輪をはめさせ，足にくつを
22:21 裏切る者の<手>が，わたしとともに
24:39 わたしの<手>やわたしの足を見なさ
ヨハ 11:44 死んでいた人が，<手>と足を長い布
13: 9 足だけでなく，<手>も頭も洗ってく
20:20 <手>とわき腹を彼らに示された．弟
25 <手>に釘の跡を見…私の<手>をその
27 <手>を見なさい．<手>を…わきに差
21:18 年をとると…自分の<手>を伸ばし，
使徒 5:38 あの人たちから<手>を引き，放って
6: 6 <手>を彼らの上に置いた．13:3.
7:41 <手>で作った物を楽しんでいました．
48 <手>で造った家にはお住みになりま
8:18 <手>を置くと御霊．19，9:17，19:6.
20 金で神の賜物を<手>に入れようと思
12: 7 鎖が彼の<手>から落ちた．
13:11 彼は<手>を引いてくれる人を捜し回
17:25 人の<手>によって仕えられる必要は
21:27 パウロ…に<手>をかけて，
22:11 <手>を引かれてダマスコに．9:8.
ロマ 10:21 わたしは一日中，<手>を差し伸べた．
Ⅰコリ 12:15 足が，「私は<手>ではないから，か
21 目が<手>に向かって…必要としない．
16:21 自分の<手>であいさつを書きます．
Ⅱコリ 5: 1 人の<手>によらない，天にある永遠
エペ 2:11 人の<手>による…割礼を持つ人々か
4:28 自分の<手>をもって正しい仕事をし，
コロ 2:11 人の<手>によらない割礼を受けまし

Ⅰテサ 4:11 仕事に身を入れ，自分の<手>で働き
Ⅱテサ 3:17 自分の<手>であいさつを書きます．
Ⅰテモ 2: 8 どこででもきよい<手>を上げて祈る
ヘブ 6: 2 <手>を置く儀式…など基礎的なこと
8: 9 <手>を引いて…エジプトの地から導
9:11 <手>で造った物でない…幕屋．24.
10:36 約束のものを<手>に入れるために必
11:13 約束のものを<手>に入れることはあ
12:12 弱った<手>と衰えたひざとを，まっ
ヤコ 4: 2 <手>に入れることができないと，争
8 罪ある人たち．<手>を洗いきよめな
Ⅰヨハ 1: 1 じっと見，また<手>でさわったもの，
黙示 14: 9 額か<手>かに刻印を受ける．20:4.

▼ であう（出会う）

創世 4:14 私に<出会う>者はだれでも，私を殺
32:19 エサウに<出会>ったときには…告げ，
出エ 5:20 モーセとアロンに<出会>った．
23: 4 ろばで，迷っているのに<出会>った
民数 35:19 <出会>ったときに，彼を殺してもよ
ヨシ 2:16 追っ手に<出会>わないように，あな
Ⅰサム 10: 5 預言者の一団に<出会>います．彼ら
Ⅱ列 9:21 ナボテの所有地で彼に<出会>った．
10:13 アハズヤの身内の者…に<出会>った．
詩篇 85:10 恵みとまこととは，互いに<出会>い，
イザ 35: 9 そこで<出会う>こともない．ただ，
ホセ 12: 4 彼はベテルで神に<出会>い，その所
マタ 8:28 悪霊につかれた人が…墓から出て来
て，イエスに<出会>った．ルカ8:27.
22: 9 <出会>った者をみな宴会に招き．10.
28: 9 イエスが彼女たちに<出会>って，

▼ てあし（手足）

創世 41:44 だれも<手足>を上げることもできな
レビ 21:18 <手足>が短すぎたり，長すぎたりし
士師 1: 6 その<手足>の親指を切り取った．
詩篇 22:16 私の<手足>を引き裂きました．
マタ 15:31 <手足>の不自由な者が直り，足のな
ロマ 6:13 <手足>を不義の器として罪にささげ
てはいけません…<手足>を義の器と
19 以前は自分の<手足>を汚れと不法の

▼ てあて（手当）

ネヘ 5:14 総督としての<手当>を受けなかった．
エゼ 30:21 それは包まれず，<手当>をされず，

▼ テアテラ〔地名〕

小アジヤ西部の町．使徒16:14，黙示2:18，24.

▼ ていあん（提案）

使徒 6: 5 この<提案>は全員の承認するところ

▼ ディクラ〔人名〕

ヨクタンの子．創世10:27，Ⅰ歴1:21.

▼ ティグラテ・ピレセル〔人名〕

アッシリヤの王．Ⅱ列15:29，16:7，10，Ⅰ歴5:6，26，Ⅱ歴28:20.

▼ ティクワ〔人名〕

(1)女預言者フルダの義父．Ⅱ列22:14.
(2)ヤフゼヤの父．エズラ時代の人．エズ10:15.

▼ ていけつ（貞潔）

Ⅱコリ 11: 3 キリストに対する真実と<貞潔>を失
テト 2: 5 慎み深く，<貞潔>で，家事に励み，

▼ ていこう（抵抗）

エス 9: 2 ユダヤ人に<抵抗>する者はいなかっ
ヘブ 12: 4 血を流すまで<抵抗>したことがあり
ヤコ 5: 6 彼はあなたがたに<抵抗>しません．

▼ ていさつ（偵察）

民数 13:25 その地の<偵察>から帰って来た．
ヨシ 2: 1 あの地とエリコを<偵察>しなさい．」
士師 18: 2 土地を<偵察>し，調べることにした．
14 ライシュの地を<偵察>に行った５人
ヘブ 11:31 ラハブは，<偵察>に来た人たちを穏

▼ ディ・ザハブ〔地名〕

ヨルダンの向うの地．申命1:1.

▼ ディシャン〔人名〕

セイルの第７子．創世36:21，30，Ⅰ歴1:38.

▼ ティシュベ

1. 地名．預言者エリヤの出身地．Ⅰ列17:1.
2. ティシュベ人．Ⅰ列21:28，Ⅱ列1:3，9:36.

▼ ディション〔人名〕

(1)セイルの第５子．創世36:21，30，Ⅰ歴1:38.
(2)セイルの子アナの子．創世36:25，Ⅰ歴1:41.
(3)ウツとアランの父．Ⅰ歴1:42.

▼ ていそう（貞操）

ヤコ 4: 4 <貞操>のない人たち．世を愛するこ

▼ ていち（低地）

創世 13:11 ロトは…ヨルダンの<低地>全体を選
19:29 神が<低地>の町々を滅ぼされたとき，
申命 1: 7 <低地>…ユーフラテス川にまで行け．
34: 3 ネゲブと<低地>…エリコの谷をツォ
士師 1: 9 <低地>に住んでいるカナン人と戦う
Ⅰ列 7:46 ヨルダンの<低地>…で…鋳造した．
20:28 主は山の神で…<低地>の神でない，
Ⅰ歴 27:28 <低地>にあるオリーブの木といちじ

II歴 1:15 杉…を<低地>のいちじく桑の木のよ
28:18 ペリシテ人は，ユダの<低地>…に突
ネヘ 3:22 <低地>の人々である祭司たちが修理
エレ 17:26 <低地>から…いけにえを携えて来る
オバ 19 <低地>の人々はペリシテ人の国を占

▼ティツじん（～人）
ダビデの勇士ヨハの属した氏族名．I歴11:45.

▼ティデアル〔人名〕
ゴイムの王．創世14:1，9.

▼ていとう（抵当）
ネヘ 5: 3 畑も…家も<抵当>に入れなければな
箴言 20:16 見知らぬ女のためにも，着物を<抵当>に取れ．27:13.

▼ディナ〔人名〕
ヤコブの娘．創世30:21，34:1，46:15.

▼ディヌハバ〔地名〕
ベラ時代のエドムの町．創世36:32，I歴1:43.

▼ディファテ〔人名〕
ノアの子孫ゴメルの子．I歴1:6.

▼ティフサフ〔地名〕
(1)ユーフラテス川中流にある町．I列4:24.
(2)メナヘムが迫害を加えた地．II列15:16.

▼ティブニ〔人名〕
オムリと王位争いをした人．I列16:21，22.

▼ティブハテ〔地名〕
ツォバの町．I歴18:8.

▼ディブライム〔人名〕
預言者ホセアの妻ゴメルの父．ホセ1:3.

▼ディブリ〔人名〕
ダン族出身．シェロミテの父．レビ24:11.

▼ディボン〔地名〕
(1)ユダの町．ネへ11:25.
(2)ガドの町．民数32:3，34，ヨシ13:9.

▼ディボン・ガド〔地名〕
ディボン(2)と同地．民数33:45，46.

▼ティムナ
1. 地名.
(1)ソレクの谷にある町．ヨシ15:10，19:43，士師14:1，2，5，II歴28:18.
(2)ユダの山地の町．創世38:12，ヨシ15:57.
2. 人名.
(1)エリファズのそばめ．創世36:12，I歴1:39.
(2)エサウから出た首長．創世36:40，I歴1:51.
(3)エサウの子エリファズの子．I歴1:36.
3. ティムナ人．ペリシテの一氏族．士師15:6.

▼ディムナ〔地名〕
ゼブルン所領内のレビ人の町．ヨシ21:35.

▼ティムナテ・セラフ〔地名〕
エフライム山地の町．ヨシ19:50，24:30.

▼ティムナテ・ヘレス〔地名〕
ティムナテ・セラフと同地．士師2:9.

▼ディモナ〔地名〕
ディボン(1)と同地．ヨシ15:22.

▼ディモン〔地名〕
モアブへの宣告の中に出てくる町．イザ15:9.

▼ティラス〔人名〕
ヤペテの子孫．創世10:2，I歴1:5.

▼でいり（出入り）
申命 31: 2 もう<出入り>ができない．主は私に，
ヨシ 6: 1 だれひとり<出入り>する者がなかっ
I列 3: 7 <出入り>するすべを知りません．
エレ 37: 4 エレミヤは民のうちに<出入り>して
マコ 6:31 人々の<出入り>が多くて，ゆっくり
ヨハ 10: 9 安らかに<出入り>し，牧草を見つけ

▼ティルアじん（～人）
ユダの町ヤベツに住んだ書記氏族．I歴2:55.

▼ディルアン〔地名〕
ユダの低地の町の一つ．ヨシ15:38.

▼ティルツァ
1. 地名．サマリヤの東の町．ヨシ12:24，I列14:17，15:21，16:6，II列15:14，雅歌6:4.
2. 人名．ツェロフハデの娘．民数26:33，27:1，36:11，ヨシ17:3.

▼ティルハカ〔人名〕
エジプト第25王朝の王．II列19:9，イザ37:9.

▼ティルハナ〔人名〕
カレブとマアカとの子．I歴2:48.

▼ティルヤ〔人名〕
ユダの子孫エハレルエルの子．I歴4:16.

▼ティロン〔人名〕
ユダの子孫シモンの子．I歴4:20.

▼デウエル〔人名〕
ガド族の軍団長エルヤサフの父．民数1:14，2:14，7:42，47，10:20.

▼ておけ（手おけ）
民数 24: 7 その<手おけ>からは水があふれ，そ
イザ 40:15 国々は，<手おけ>の一しずく，はか

▼ デオスクロイ〔偶像〕
ゼウスの息子たち．双子の兄弟．使徒28:11.
▼ デオテレペス〔人名〕
ガイオの教会にいた人．Ⅲヨハ9.
▼ デオヌシオ〔人名〕
アテネのアレオパゴスの裁判官．使徒17:34.
▼ テオピロ〔人名〕
ルカによる二つの書が献呈された人物．ルカ1:3，使徒1:1.
▼ でかける（出かける）
創世 43:13　弟を連れて…<出かけ>て行きなさい．
民数 22:22　彼が<出かける>と，神の怒りが燃え
士師 19: 9　その人が自分のそばめと…<出かけ>
▼ デカポリス〔地名〕
ガリラヤ湖南方の広大な地域．マタ4:25，マコ5:20，7:31.
▼ てがみ（手紙）
Ⅱサム 11:14　ダビデはヨアブに<手紙>を書き，ウ
Ⅰ列 21: 8　アハブの名で<手紙>を書き…ナボテ
Ⅱ列 5: 6　<手紙>が…届きましたら…ナアマン
10: 1　エフーは<手紙>を…サマリヤに．6.
19:14　ヒゼキヤは…<手紙>を受け取り，それを読み，主の宮に．イザ37:14.
20:12　<手紙>と贈り物をヒゼキヤに届けた．
Ⅱ歴 30: 1　ヒゼキヤは…<手紙>を書いて．6.
32:17　<手紙>を書いて…主をそしり，主に
エズ 4: 8　エルサレムを非難して…<手紙>をア
5: 6　ダリヨス王に書き送った<手紙>の写
7:11　王が…エズラに与えた<手紙>の写し
ネヘ 2: 7　総督たちへの<手紙>を私に賜り，私
6: 5　一通の開封した<手紙>を持っていた．
17　トビヤ…にひんぱんに<手紙>を送っ
エレ 29: 1　エレミヤは…エルサレムから<手紙>
25　すべての祭司に…<手紙>を．29.
使徒 9: 2　ダマスコの諸会堂あての<手紙>を書
15:30　教会の人々を集めて，<手紙>を手渡
18:27　彼を歓迎してくれるようにと<手紙>
21:25　私たちはすでに<手紙>を書きました．
22: 5　<手紙>までも受け取り，ダマスコへ
23:25　次のような文面の<手紙>を書いた．
33　総督に<手紙>を手渡して，パウロを
Ⅰコリ 5: 9　前にあなたがたに送った<手紙>で，
Ⅱコリ 3: 3　あなたがたが…キリストの<手紙>で
7: 8　あの<手紙>が…あなたがたを悲しま
10:10　パウロの<手紙>は重みがあって力強
11　<手紙>のことばがそうなら…行動も
コロ 4:16　ラオデキヤから回って来る<手紙>を
Ⅰテサ 5:27　この<手紙>がすべての兄弟たちに読
Ⅱテサ 2: 2　私たちから出たかのような<手紙>に
15　<手紙>によって教えられた言い伝え
3:14　<手紙>…の指示に従わない者…交際
17　これが私の<手紙>の書き方です．
ピレ 21　あなたの従順を確信して…<手紙>を
Ⅱペテ 3: 1　<手紙>により，記憶を呼びさまさせ
16　ほかのすべての<手紙>でもそうなの
▼ てき（敵），敵する
創世 14:20　あなたの<敵>を渡された…神に，誉
22:17　子孫は，その<敵>の門を勝ち取るで
49: 8　あなたの手は<敵>のうなじの上にあ
出エ 1:10　戦いというときに，<敵>側について
15: 6　あなたの右の手は<敵>を打ち砕く．
23: 4　<敵>の牛とか，ろばで，迷っている
22　あなたの<敵>には<敵>となり，あな
27　すべての<敵>があなたに背を見せる
レビ 26:16　種を蒔いても…<敵>がそれを食べる．
32　あなたがたの<敵>はそこで色を失う．
民数 10:35　あなたの<敵>は散らされ…御前から
24: 8　おのれの<敵>の国々を食い尽くし，
35:23　自分の<敵>でもなく，傷つけようと
申命 6:19　<敵>は，ことごとく…追い払われる．
28:25　あなたを<敵>の前で敗走させる．あ
48　主があなたに差し向ける<敵>に仕え
32:31　岩には及ばない．<敵>もこれを認め
ヨシ 5:13　味方ですか…<敵>なのですか．」
7:13　除き去るまで，<敵>の前に立つこと
23: 1　主が周囲のすべての<敵>から守って，
士師 2: 3　<敵>となり，彼らの神々は…わなと
5:31　あなたの<敵>はみな滅び，主を愛す
Ⅰサム 2:32　わたしの住む所で<敵>を見るように
14:47　サウルは…周囲のすべての<敵>と戦
18:29　サウルはいつまでもダビデの<敵>と
20:15　ダビデの<敵>を…ひとり残らず断ち
24:19　無事に…<敵>を去らせるであろうか．
25:29　<敵>のいのちを石投げのくぼみに入
28:16　主は…あなたの<敵>になられたのに．
Ⅱサム 3:18　すべての<敵>の手から救う』と仰せ
7:11　すべての<敵>から守って，安息を与
22: 4　呼び求めると…<敵>から救われ．18.
Ⅰ列 3:11　<敵>のいのちをも求めず…判断力を
8:44　<敵>に立ち向かい…主に祈るなら，

21:20 私を見つけたのか．わが<敵>よ」と
II列 21:14 残りの者を捨て去り…<敵>の手に渡
I歴 22: 9 すべての<敵>に煩わされないように
II歴 20:29 主はイスラエルの<敵>と戦われたと
エズ 4: 1 ユダとベニヤミンの<敵>たちは，捕
8:31 <敵>の手…から…救い出してくださ
ネヘ 6:16 <敵>が…聞いたとき…みな恐れ，大
エス 7: 6 迫害する者，その<敵>は…ハマンで
9:22 <敵>を除いて休みを得た日，悲しみ
ヨブ 6:23 <敵>の手から私を救い出せ．横暴な
13:24 私をあなたの<敵>とみなされるので
詩篇 3: 1 私の<敵>がふえてきたことでしょう．
7 私のすべての<敵>の頬を打ち，悪者
6: 7 私の目は…<敵>のために弱まりまし
10 私の<敵>は，みな恥を見，ただ，恐
8: 2 <敵>と復讐する者とをしずめるため
10: 5 <敵>という<敵>を，彼は吹き飛ばす．
18題目 すべての<敵>の手，特にサウルの手
18:37 <敵>を追って…絶ち滅ぼすまでは引
21: 8 手は…すべての<敵>を見つけ出し，
23: 5 <敵>の前で…食事をととのえ，私の
25: 2 <敵>が私に勝ち誇らない．41:11.
27: 6 私のかしらは…<敵>の上に高く上げ
30: 1 私の<敵>を喜ばせることはされなか
41: 2 <敵>の意のままにさせないでくださ
44: 5 <敵>を押し返し，御名によって私た
7 あなたは，<敵>から私たちを救い，
55:12 私をそしる者が<敵>ではありません．
56: 2 私の<敵>は，一日中，私を踏みつけ
9 呼ばわる日に，私の<敵>は退きます．
59:10 神は，私の<敵>の敗北を見せてくだ
60:11 どうか，<敵>から私たちを助けてく
12 私たちの<敵>を踏みつけられる方で
61: 3 あなたは…<敵>に対して強いやぐら
64: 1 恐るべき<敵>から，私のいのちを守
66: 3 <敵>は，御前にへつらい服します．
68:21 神は必ず<敵>の頭を打ち砕かれる．
72: 9 彼の<敵>はちりをなめますように．
74:10 <敵>は，永久に御名を侮るのでしょ
89:22 <敵>が彼に害を与えることはなく，
92: 9 今，あなたの<敵>が滅びます．不法
107: 2 主は彼らを<敵>の手から贖い，
110: 1 あなたの<敵>をあなたの足台とする
119:98 仰せは，私を私の<敵>よりも賢くし
157 私を迫害する者と私の<敵>は多い．
127: 5 門で<敵>と語る時にも，恥を見るこ
139:20 <敵>は，みだりに御名を口にします．
22 彼らは私の<敵>となりました．
143:12 恵みによって，私の<敵>を滅ぼし，
箴言 16: 7 <敵>をも，その人と和らがせる．
24:17 <敵>が倒れるとき，喜んではならな
イザ 1:24 わたしの<敵>に復讐しよう．
9:11 主は…その<敵>たちをあおりたてる．
11:13 ユダもエフライムを<敵>としない．
29: 5 <敵>の群れも，細かいほこりのよう
42:13 主は…<敵>に向かって威力を現す．
62: 8 あなたの<敵>に食物として与えない．
63:10 痛ませたので，主は彼らの<敵>とな
18 <敵>は，あなたの聖所を踏みつけま
64: 2 御名はあなたの<敵>に知られ，国々
66:14 その憤りは<敵>たちに向けられる．
エレ 12: 7 愛するものを，<敵>の手中に渡した．
15:11 <敵>があなたにとりなしを頼むよう
17: 4 知らない国で，あなたを<敵>に仕え
18:17 東風のように…<敵>の前で散らす．
30:14 <敵>を打つようにあなたを打ち，ひ
44:30 パロ・ホフラをその<敵>の手…に渡
哀歌 1: 2 その友も…彼女の<敵>となってしま
2: 5 主は，<敵>のようになって，イスラ
エゼ 39:27 帰らせ，彼らの<敵>の地から集め，
ダニ 4:19 解き明かしが…<敵>に当てはまりま
アモ 3:11 <敵>だ．この国を取り囲んでいる．
ミカ 2: 8 わたしの民は<敵>として立ち上がっ
5: 9 あなたの<敵>はみな，断ち滅ぼされ
7: 6 自分の家の者を<敵>としている．
8 私の<敵>．私のことで喜ぶな．私は
ナホ 1: 2 主は…<敵>に怒りを保つ方．
8 主は…その<敵>をやみに追いやられ
3:13 門は，<敵>のために広くあけ放たれ，
ゼパ 3:15 宣告を取り除き…<敵>を追い払われ
ゼカ 8:10 <敵>がいるために平安はなかった．
マタ 5:43 隣人を愛し，自分の<敵>を憎め』と
10:36 家族の者がその人の<敵>となります．
13:39 毒麦を蒔いた<敵>は悪魔であり，収
22:44 <敵>をあなたの足の下に従わせるま
ルカ 1:74-75 われらを<敵>の手から救い．71.
6:27 <敵>を愛しなさい．マタ5:44.
10:19 <敵>のあらゆる力に打ち勝つ権威を
19:43 <敵>が，おまえに対して塁を築き，
使徒 13:10 悪魔の子，すべての正義の<敵>．お

ロマ 5:10 <敵>であった私たちが…神と和解さ
12:20 <敵>が飢えたなら，彼に食べさせな
Ⅰコリ 15:25 すべての<敵>をその足の下に置くま
26 最後の<敵>である死も滅ぼされます．
ガラ 4:16 真理を語ったために…<敵>になった
ピリ 3:18 多く…がキリストの十字架の<敵>と
コロ 1:21 かつては神を離れ，心において<敵>
Ⅰテサ 2:15 ユダヤ人は…すべての人の<敵>とな
Ⅱテサ 3:15 <敵>とはみなさず，兄弟として戒め
ヤコ 4: 4 世を愛することは神に<敵する>こと
…その人は自分を神の<敵>としてい
Ⅰペテ 5: 8 <敵>である悪魔が，ほえたける獅子
黙示 11: 5 火が…口から出て，<敵>を滅ぼし尽
12 天に上った．彼らの<敵>はそれを見

▼ てきい（敵意）

創世 3:15 子孫と女の子孫との間に，<敵意>を
民数 35:21 <敵意>をもって人を手で打って死な
ヨブ 17: 2 私の目は彼らの<敵意>の中で夜を過
エゼ 25:15 いつまでも<敵意>をもって．35:5.
使徒 12:20 ヘロデは…強い<敵意>を抱いていた．
ガラ 5:20 偶像礼拝，魔術，<敵意>，争い，そ
エペ 2:16 <敵意>は十字架によって葬り．15.

▼ テキコ〔人名〕

パウロの同労者．使徒20:4，エペ6:21，コロ4:7，Ⅱテモ4:12，テト3:12.

▼ できごと（出来事）

マタ 1:22 このすべての<出来事>は，主が預言
ルカ 1:1-2 すでに確信されている<出来事>につ
2:15 知らせてくださった…<出来事>を見
23:47 この<出来事>を見た百人隊長．48.
24:14 いっさいの<出来事>について話し合

▼ てきせつ（適切）

伝道 12:10 伝道者は<適切>なことばを見いだそ

▼ てきたい（敵対）

民数 22:22 主の使いが彼に<敵対>して道に立ち
申命 2: 9 モアブに<敵対>してはならない．19.
Ⅰ列 5: 4 <敵対>する者もなく，わざわいを起
Ⅱ歴 13: 8 主の王国に<敵対>して，力を増し加
詩篇 7: 4 私に<敵対>する者から，ゆえなく奪
31:11 私は，<敵対>する…者から，非難さ
69:19 私に<敵対>する者はみな…御前にい
ルカ 23:12 ヘロデとピラトは…<敵対>していた
使徒 5:39 神に<敵対>する者になってしまいま
26: 9 イエスの名に強硬に<敵対>すべきだ
ロマ 8:31 だれが私たちに<敵対>できるでしょ
11:28 神に<敵対>している者ですが，選び
テト 2: 8 <敵対>する者も…恥じ入ることにな
ヤコ 3:14 苦いねたみと<敵対>心があるならば，

▼ できる

創世 13:16 地のちりを数えることが<でき>れば，
24:50 よしあしを言うことは<でき>ません．
申命 9:28 彼らを導き入れることが<でき>ない
31: 2 もう出入りが<でき>ない．主は私に，
Ⅰ列 5: 3 宮を建てることが<でき>ませんでし
Ⅱ列 18:29 私の手から救い出すことは<でき>な
Ⅱ歴 2: 6 天の天も主をお入れ<でき>ないのに，
ヨブ 22:17 全能者が私たちに何が<でき>ようか
42: 2 あなたには，すべてが<できる>こと，
雅歌 8: 7 大水もその愛を消すことが<でき>ま
ダニ 3:17 私たちを救い出すことが<でき>ます．
5: 8 その文字を読むことも…<でき>なか
マタ 7:18 悪い実をならせることは<でき>ない
9:28 わたしに…<できる>と信じるのか」
17:20 あなたがたに<でき>ないことはあり
19:26 神にはどんなことでも<でき>ます．」
20:22 杯を飲むことが<でき>ますか．」彼
26:40 目をさましていることが<でき>なか
マコ 6: 5 力あるわざを行うことが<でき>ず，
9:23 「<できる>ものなら，と言うのか．
信じる者には…<できる>のです．」
10:38 バプテスマを受けることが<でき>ま
ルカ 14:26 わたしの弟子になることが<でき>ま
18:26 だれが救われることが<できる>でし
27 イエスは言われた．「人には<でき>
ないことが，神には<できる>のです．
ヨハ 3: 3 神の国を見ることは<でき>ません．」
4 胎に入って生まれることが<でき>ま
5:19 何事も行うことが<でき>ません．父
ロマ 8: 3 律法には<でき>なくなっていること
ガラ 4:15 もし<でき>れば自分の目をえぐり出
ピリ 2:30 私に仕えることの<でき>なかった分
4:13 私は…どんなことでも<できる>ので
ヘブ 11: 6 神に喜ばれることは<でき>ません．
ヤコ 4:12 救うことも滅ぼすことも<でき>ます．
Ⅰヨハ 3: 9 罪を犯すことが<でき>ないのです．

▼ テコア

1. 地名．エルサレムの南にあるユダの町．Ⅱサム14:2，Ⅰ歴2:24，4:5，Ⅱ歴11:6，20:20，エレ6:1，アモ1:1.

2. テコア人．Ⅱサム23:26，Ⅰ歴27:9，ネヘ3:

5.

▼てさぐり（手さぐり）

ヨブ 5:14 真昼に，夜のように<手さぐり>する．
12:25 光のない所，やみに<手さぐり>する．
イザ 59:10 盲人のように壁を<手さぐり>し，目

▼テサロニケ

1. 地名．マケドニヤの港町．使徒17:1，11，13，27:2，ピリ4:16，Ⅱテモ4:10．
2. テサロニケ人．使徒20:4，Ⅰテサ1:1，Ⅱテサ1:1．

▼でし（弟子），お弟子【別項】11弟子，12弟子

イザ 8:16 <弟子>たちの心のうちに封ぜよ.」
50: 4 主は，私に<弟子>の舌を与え…私が<弟子>のように聞くようにされる．
マタ 5: 1 山に登り…<弟子>たちがみもとに来
8:21 <弟子>が…父を葬ることを許してく
25 <弟子>たちは…イエスを起こして言
9:14 あなたの<弟子>たちは断食しないの
19 <弟子>たちもついて行った．
37 <弟子>たちに言われた．26:1．
10:24 <弟子>はその師にまさらず，しもべ
25 <弟子>が…師のようになれたら十分
42 <弟子>だというので，この小さい者
11: 2 ヨハネは，その<弟子>たちに託して，
12: 1 <弟子>たちは…穂を摘んで食べ始め
49 手を<弟子>たちのほうに差し伸べて
13:10 <弟子>たち…なぜ，彼らにたとえで
52 天の御国の<弟子>となった学者はみ
14:12 ヨハネの<弟子>たちが…死体を引き
19 パンを裂いてそれを<弟子>たちに与えられたので，<弟子>たちは群衆に
26 <弟子>たちは，イエスが湖の上を歩
15: 2 <弟子>たちは，なぜ…言い伝えを犯
23 <弟子>たちは…あの女を帰してやっ
33 <弟子>たちは言った．「このへんぴ
16: 5 <弟子>たちは…パンを…忘れた．
13 <弟子>たちに尋ねて…人の子をだれ
20 言ってはならない，と<弟子>たちを
21 その時から…<弟子>たちに示し始め
17: 6 <弟子>たちは，この声を聞くと，ひ
10 <弟子>たちは…まずエリヤが．13．
16 <お弟子>たちのところに連れて来た
19 <弟子>たち…悪霊を追い出せなかっ
18: 1 <弟子>たちが…だれが一番偉いので
19:25 <弟子>たちは…たいへん驚いて言っ
21: 1 ベテパゲまで来た…とき，イエスは，<弟子>をふたり使いに．ルカ19:29．
22:16 <弟子>たちを…イエスのもとにやっ
24: 1 <弟子>たちが…宮の建物をさし示し
3 <弟子>たちが，ひそかにみもとに来
26: 8 <弟子>たちはこれを見て，憤慨して
18 <弟子>たちといっしょに…過越を守
26 これを裂き，<弟子>たちに与えて言
35 <弟子>たちはみなそう言った．
36 <弟子>たちといっしょにゲツセマネ
56 <弟子>たちはみな，イエスを見捨て
28: 7 <お弟子>たちにこのことを知らせな
13 <弟子>たちが…イエスを盗んで行っ
16 11人の<弟子>たちは，ガリラヤに行
19 あらゆる国の人々を<弟子>としなさ
マコ 2:15 イエスや<弟子>たちと…食卓に着い
3: 7 <弟子>たちとともに湖のほうに退か
4:34 <弟子>たちにだけは…解き明かされ
5:31 <弟子>たちは…群衆があなたに押し
6:45 <弟子>たちを強いて舟に乗り込ませ，
8: 6 人々に配るように<弟子>たちに与え
33 <弟子>たちを見ながら，ペテロをし
9:18 <お弟子>たちに…できませんでした．
31 <弟子>たちを教えて，「人の子は人
32 <弟子>たちは…理解できなかった．
10:13 <弟子>たちは彼らをしかった．
11:14 <弟子>たちはこれを聞いていた．
14:19 <弟子>たちは悲しくなって，「まさ
16: 7 <お弟子>たちとペテロに，『イエス
ルカ 5:30 <弟子>たちに向かって，つぶやいて
6:13 <弟子>たちを呼び寄せ…12人を選び，
17 多くの<弟子>たちの群れや，ユダヤ
20 目を上げて<弟子>たちを見つめなが
40 <弟子>は師以上には出られません．
7:11 <弟子>たちと大ぜいの人の群れがい
19 ヨハネは，<弟子>の中からふたりを
8: 9 <弟子>たちは，このたとえがどんな
9:16 群衆に配るように<弟子>たちに与え
18 祈っておられたとき，<弟子>たちが
10:23 <弟子>たちのほうに向いて，ひそか
11: 1 ヨハネが<弟子>たちに教えたように，
12: 1 まず<弟子>たちに対して，話しださ
22 <弟子>たちに…何を食べようかと心
14:27 わたしの<弟子>になることはできま

33 捨てないでは…<弟子>になることは
17: 1 <弟子>たちに…言われ．22，20:45．
19:37 <弟子>たち…大声に神を賛美し始め，
39 <お弟子>たちをしかってください」
22:39 オリーブ山に行かれ，<弟子>たちも
45 <弟子>たち…眠り込んでしまってい
ヨハ 1:37 ふたりの<弟子>は…イエスについて
2:11 それで，<弟子>たちはイエスを信じ
22 <弟子>たちは…思い起こして…信じ
3:25 ヨハネの<弟子>たちが…きよめにつ
4: 1 ヨハネよりも<弟子>を多くつくって，
2 授けておられたのではなく，<弟子>
8 <弟子>たちは食物を買いに，町へ出
27 <弟子>たちが帰って…不思議に思っ
33 <弟子>たちは…だれか食べる物を持
6:12 十分食べたとき，<弟子>たちに言わ
22 <弟子>たちといっしょに乗られない
60 <弟子>たち…「これはひどいことば
66 <弟子>たちのうちの多くの者が離れ
7: 3 <弟子>たちも…わざを見ることがで
8:31 ほんとうにわたしの<弟子>です．
9: 2 <弟子>たちは彼についてイエスに質
27 あの方の<弟子>になりたいのですか．
28 「おまえもあの者の<弟子>だ．しか
し私たちはモーセの<弟子>だ．
11: 8 <弟子>たちはイエスに言った．12．
16 <弟子>の仲間に…主といっしょに死
12: 4 <弟子>のひとりで，イエスを裏切ろ
16 初め，<弟子>たちには…わからなか
13: 5 <弟子>たちの足を洗って，腰にまと
22 <弟子>たちは，だれのことを言われ
23 <弟子>のひとりで，イエスが愛して
35 わたしの<弟子>であることを…認め
15: 8 実を結び，わたしの<弟子>となるこ
16:17 <弟子>たち…は互いに言った．「『し
29 <弟子>たちは言った．「ああ，今あ
18: 2 たびたび<弟子>たちとそこで会合さ
15 この<弟子>は大祭司の知り合いで，
17 あの人の<弟子>ではないでしょうね
19:27 その<弟子>に「そこに，あなたの母
がいます」…<弟子>は…家に引き取
38 <弟子>ではあったがユダヤ人を恐れ
20: 2 ペテロと，イエスが愛された，もう
ひとりの<弟子>．3，4，8．
10 <弟子>たちはまた自分のところに帰
18 話されたと<弟子>たちに告げた．
19 <弟子>たち…ユダヤ人を恐れて戸が
20 <弟子>たちは，主を見て喜んだ．
25 ほかの<弟子>たちが彼に「私たちは
30 多くのしるしをも…<弟子>たちの前
21: 1 もう一度ご自分を<弟子>たちに現さ
4 <弟子>…イエスであることがわから
7 愛されたあの<弟子>がペテロに言っ
12 <弟子>たちは主であることを知って
20 愛された<弟子>があとについて来る
のを見…この<弟子>はあの晩餐のと
23 その<弟子>は死なないという話が兄
24 書いた者は，その<弟子>である．そ
使徒 6: 1 <弟子>たちがふえるにつれて，ギリ
2 <弟子>たち全員を呼び集めてこう言
7 <弟子>の数が非常にふえて行った．
9: 1 サウロは…<弟子>たちに対する脅か
10 ダマスコにアナニヤという<弟子>が
19 ダマスコの<弟子>たちとともにいた．
25 <弟子>たちは，夜中に彼をかごに乗
26 <弟子>たちの仲間に入ろうと試みた
が，みなは彼を<弟子>だとは信じな
28 <弟子>たちとともにいて自由に出は
36 ドルカス）という女の<弟子>がいた．
38 <弟子>たちは，ペテロがそこにいる
11:26 <弟子>たちは…キリスト者と呼ばれ
29 <弟子>たちは，それぞれの力に応じ
13:52 <弟子>たちは喜びと聖霊に満たされ
14:20 <弟子>たちがパウロを取り囲んでい
21 福音を宣べ，多くの人を<弟子>とし
22 <弟子>たちの心を強め，この信仰に
28 長い期間を<弟子>たちとともに過ご
15:10 くびきを，あの<弟子>たちの首に掛
16: 1 テモテという<弟子>がいた．信者で
18:23 すべての<弟子>たちを力づけ．27．
19: 1 エペソ…幾人かの<弟子>に出会って，
9 <弟子>たちをも退かせて，毎日ツラ
30 <弟子>たちがそうさせなかった．
20: 1 パウロは<弟子>たちを呼び集めて励
30 <弟子>たちを自分のほうに引き込も
21: 4 <弟子>たちを見つけ出して，そこに
16 古くからの<弟子>であるキプロス人

▼ てした（手下）

IIコリ 11:15 サタンの<手下>どもが義のしもべに

▼ てすり（手すり）
申命 22: 8 屋上に<手すり>をつけなさい．
▼ デダン
1.地名．エドムの隣国．エレ49:8，エゼ38:13.
2.人名．
(1)クシュの子孫ラマの子孫．創世10:7，Ⅰ歴1:9.
(2)ヨクシャンの子．創世25:3，Ⅰ歴1:32.
3.デダン人．イザ21:13，エゼ27:15.
▼ てつ（鉄）【別項】鉄の門
レビ 26:19 あなたがたの天を<鉄>のように，あ
民数 35:16 <鉄>の器具で人を打って死なせたな
申命 3:11 オグ…の寝台は<鉄>の寝台，それは
8: 9 その地の石は<鉄>であり，その山々
28:48 あなたの首に<鉄>のくびきを置き，
ヨシ 6:19 <鉄>の器はすべて，主のために聖別
8:31 <鉄>の道具を当てない…石の祭壇で
17:18 カナン人は<鉄>の戦車を持って．16.
Ⅱサム 23: 7 <鉄>や槍の柄でこれを集め…火で焼
Ⅰ列 6: 7 <鉄>の道具の音は…神殿の中では聞
22:11 <鉄>の角を作って…アラムを突いて，
Ⅰ歴 20: 3 <鉄>のつるはしや斧を使う仕事につ
22: 3 ダビデは…<鉄>をたくさん用意し，
Ⅱ歴 2: 7 <鉄>の細工に長じ…ている人を送っ
詩篇 2: 9 <鉄>の杖で彼らを打ち砕き，焼き物
107:10 悩みと<鉄>のかせとに縛られている
箴言 27:17 <鉄>は<鉄>によってとがれ，人はそ
イザ 45: 2 <鉄>のかんぬきをへし折る．
48: 4 首筋は<鉄>の腱，額は青銅だと知っ
60:17 <鉄>の代わりに銀，木の代わりに青
エレ 1:18 <鉄>の柱，青銅の城壁とした．
11: 4 エジプトの国，<鉄>の炉から連れ出
15:12 北からの<鉄>や青銅を砕くことがで
17: 1 ユダの罪は<鉄>の筆…でしるされ，
28:13 木…の代わりに，<鉄>のかせを作る
エゼ 4: 3 <鉄>の平なべを…<鉄>の壁として立
22:18 彼らは…炉の中の…<鉄>．20.
ダニ 2:33 すねは<鉄>．35，40，45，7:7，19.
ミカ 4:13 角を<鉄>とし…ひづめを青銅とする．
黙示 19:15 <鉄>の杖をもって…牧され．2:27.
▼ てつがく（哲学），哲学者
使徒 17:18 ストア派の<哲学者>たちも幾人かい
コロ 2: 8 あのむなしい，だましごとの<哲学>
▼ てつだい（手伝い）
ルカ 10:40 私の<手伝い>をするように，妹にお
ヨハ 2: 9 水をくんだ<手伝い>の者たちは知っ
▼ てっつい（鉄槌）
エレ 50:23 万国を打った<鉄槌>は，どうして折
51:20 あなたはわたしの<鉄槌>，戦いの道
▼ てつのもん（鉄の門）
使徒 12:10 <鉄の門>まで来ると，門がひとりで
▼ てっぺん
箴言 23:34 帆柱の<てっぺん>で寝ている人のよ
▼ テテオ・ユスト〔人名〕
コリントの住民．敬虔な異邦人．使徒18:7.
▼ テトス〔人名〕
パウロの同労者．Ⅱコリ2:13，7:6，8:6，12:18，ガラ2:1，Ⅱテモ4:10，テト1:4.
▼ デドモ〔人名〕
トマスの異名．ヨハ11:16，20:24，21:2.
▼ デナリ〔貨幣〕
ローマ帝国の銀貨：1日の労賃，マタ20:2；カイザルの肖像を彫った銀貨，マコ12:14-16；2デナリ―宿賃，ルカ10:35；欠乏の比喩，黙示6:6.
マタ 18:28 100<デナリ>の借りのある者に出会
20: 2 労務者たちと1日1<デナリ>の約束
マコ 12:15 <デナリ>銀貨を持って来て見せなさ
ルカ 10:35 <デナリ>二つを…宿屋の主人に渡し
黙示 6: 6 小麦1枡は1<デナリ>．大麦3枡も
▼ てぬぐい（手ぬぐい）
ヨハ 13: 4 <手ぬぐい>を取って腰にまとわれた．
使徒 19:12 <手ぬぐい>…を…病人に当てると，
▼ てのひら（手のひら）
出エ 29:24 アロンの<手のひら>…に載せ…奉献
レビ 14:15 祭司は油…を…左の<手のひら>にそ
Ⅰ列 18:44 <手のひら>ほどの小さな雲が海から
イザ 40:12 だれが，<手のひら>で水を量り，手
49:16 わたしは<手のひら>にあなたを刻ん
▼ てのわざ（手のわざ），御手のわざ
申命 14:29 すべての<手のわざ>を祝福してくだ
15:10 すべての働きと<手のわざ>を祝福し
27:15 職人の<手のわざ>である，主の忌み
28: 8 <手のわざ>を祝福してくださること
20 すべての<手のわざ>に，のろいと恐
33:11 その<手のわざ>に恵みを施してくだ
Ⅰ列 16: 7 その<手のわざ>によって主の怒りを
Ⅱ列 22:17 <手のわざ>で，わたしの怒りを引き

ヨブ 1:10 彼の<手のわざ>を祝福されたので,
10: 3 <御手のわざ>をさげすみ, 悪者のは
34:19 彼らはみな, 神の<御手のわざ>だか
詩篇 19: 1 大空は<御手のわざ>を告げ知らせる.
28: 5 その<御手のわざ>をも悟らないので,
90:17 私たちの<手のわざ>を確かなものに
92: 4 <御手のわざ>を, 喜び歌います.
102:25 天も, あなたの<御手のわざ>です.
115: 4 彼らの偶像は…人の<手のわざ>であ
135:15 偶像は, 銀や金で, 人の<手のわざ>
138: 8 <御手のわざ>を捨てないでください.
143: 5 <御手のわざ>を静かに考えています.
伝道 5: 6 <手のわざ>を滅ぼしてもよいだろう
イザ 29:23 わたしの<手のわざ>を見るとき, 彼
エレ 25:14 その<手のわざ>に応じて報いよう.」
32:30 その<手のわざ>をもって…怒りを引
哀歌 3:64 <手のわざ>に応じて, 彼らに報復し,
黙示 9:20 <手のわざ>を悔い改めないで, 悪霊

▼ ではいり (出入り)
Ⅱ歴 1:10 私はこの民の前に<出入り>いたし
使徒 9:28 自由に<出入り>し, 主の御名によ

▼ てばなす (手放す)
箴言 4:13 訓戒を堅く握って, <手放す>な. そ
伝道 7:18 もう一つを<手放>さないがよい. 神
エレ 17: 4 相続地を, <手放>さなければならな
エゼ 48:14 初めの土地を<手放>してはならない.

▼ てはば (手幅)
出エ 25:25 回りに<手幅>のわくを作り, そのわ
詩篇 39: 5 私の日を<手幅>ほどにされました.

▼ テバフ〔人名〕
ナホルのそばめレウマの子. 創世22:24.

▼ テバルヤ〔人名〕
レビ人メラリ氏族のホサの子. Ⅰ歴26:11.

▼ てびき (手引き)
マタ 15:14 盲人が盲人を<手引き>. ルカ6:39.
23:16 わざわい…目の見えぬ<手引き>ども.
使徒 1:16 捕らえた者どもの<手引き>をしたユ

▼ テヒナ〔人名〕
ユダ族のケルブの子孫. Ⅰ歴4:12.

▼ デビル
1. 地名.
(1)ガドの町の一つ. ヨシ13:26.
(2)ユダ所領の境界線上の町の一つ. ヨシ15:7.
(3)ヘブロン近辺の町. ヨシ10:38, 士師1:11.
2. 人名. エグロンの王. ヨシ10:3.

▼ テベツ〔地名〕
シェケム付近の町. 士師9:50, Ⅱサム11:21.

▼ テベテのつき (〜月)
捕囚後のヘブル暦の第10月. エス2:16.

▼ テベリオ〔人名〕
ローマ皇帝ティベリウスと同人. ルカ3:1.

▼ テベリヤ, テベリヤの湖
(1)ガリラヤ湖西岸の主要都市の一つ. ヨハ6:23.
(2)ガリラヤ湖のこと. ヨハ6:1, 21:1.

▼ デボラ〔人名〕
(1)リベカの乳母. 創世35:8.
(2)女預言者. 第4番目の士師. 士師4:4, 5, 6, 9, 10, 14, 5:1, 7, 12, 15.

▼ てほん (手本)
Ⅱ テモ 1:13 健全なことばを<手本>にしなさい.

▼ テマ
1. 地名. 2. の居住地. ヨブ6:19, イザ21:14.
2. 人名. イシュマエルの子孫. 創世25:15.

▼ テマイ〔人名〕
盲人バルテマイの父. マコ10:46.

▼ デマス〔人名〕
パウロの同労者. コロ4:14, Ⅱテモ4:10, ピレ24.

▼ テマフぞく (〜族)
捕囚帰還氏族. エズ2:53, ネヘ7:55.

▼ テマン
1. 地名. エドムにある場所の名. エレ49:20, エゼ25:13, ハバ3:3.
2. 人名. エサウの孫. 創世36:11, Ⅰ歴1:53.
3. テマン人. 創世36:34, Ⅰ歴1:45, ヨブ2:11, 4:1, 15:1, 22:1, 42:7, 9.

▼ デメテリオ〔人名〕
(1)エペソの銀細工人. 使徒19:24, 38.
(2)初代教会のキリスト者. Ⅲヨハ12.

▼ テメニ〔人名〕
ユダの子孫. アシュフルの子. Ⅰ歴4:6.

▼ テモテ〔人名〕
パウロの同労者. 使徒16:1, 17:14, 18:5, 19:22, 20:4, ロマ16:21, Ⅰコリ4:17, 16:10, Ⅱコリ1:1, ピリ1:1, 2:19, コロ1:1, Ⅰテサ1:1, 3:2, Ⅱテサ1:1, Ⅰテモ1:2, 6:20, Ⅱテモ1:2, ピレ1, ヘブ13:23.

▼ テモン〔人名〕
配給の苦情処理のために選ばれた人. 使徒6:5.

▼テラ
1. 地名．荒野の宿営地の一つ．民数33:27，28．
2. 人名．アブラハムの父．創世11:24，26，31，32，ヨシ24:2，Ｉ歴1:26，ルカ3:34．

▼テライム〔地名〕
サウルが軍隊を集めた地．Ｉサム15:4．

▼テラコニテ〔地名〕
ヘロデ大王の子ピリポの統治地．ルカ3:1．

▼テラサル〔地名〕
エデン人の居住地．II列19:12，イザ37:12．

▼てらす（照らす）
創世 1:15 光る物となり，地上を<照ら>せ．17．
出エ 13:21 彼らを<照らす>ため，火の柱の中に
民数 6:25 御顔をあなたに<照ら>し．詩篇4:6．
IIサム 22:29 主は，私のやみを<照ら>されます．
23: 4 雨の後に，地の若草を<照らす>よう
ヨブ 3: 4 光もその上を<照らす>な．
イザ 60:19 月の輝きもあなたを<照ら>さず，主
マタ 5:15 家にいる人々全部を<照ら>します．
ルカ 1:79 死の陰にすわる者たちを<照ら>し，
2: 9 主の栄光が回りを<照ら>したので，
11:36 全身は…あかりが…<照らす>ときの
ヨハ 1: 9 すべての人を<照らす>…まことの光
使徒 12: 7 御使いが現れ，光が牢を<照ら>した．
26:13 私と同行者たちとの回りを<照ら>し
IIコリ 4: 6 神は，私たちの心を<照ら>し，キリ
エペ 5:14 キリストが，あなたを<照ら>される．
ヘブ 10:32 光に<照ら>されて後，苦難に会いな
IIペテ 1:19 暗い所を<照らす>ともしびとして，
黙示 21:23 都には…<照らす>太陽も月もいらない…神の栄光が都を<照ら>し．22:5．

▼テラフ〔人名〕
エフライム族の一人．Ｉ歴7:25．

▼テラフィム〔偶像〕
創世 31:19 ラケルは父の所有の<テラフィム>を．34，士師17:5，Ｉサム19:13，16，II列23:24，エゼ21:21，ホセ3:4，ゼカ10:2．

▼デラヤ
1. 人名．
(1)ダビデの子孫．エルヨエナイの子．Ｉ歴3:24．
(2)アロンの子孫．祭司．Ｉ歴24:18．
(3)エレミヤ時代の書記の一人．エレ36:12，25．
(4)ネヘミヤ時代の人．シェマヤの父．ネヘ6:10．
2. デラヤ族．捕囚帰還氏族．エズ2:60．

▼デリラ〔人名〕
サムソンを裏切った女．士師16:4，6，10，12，13，14，18．

▼てる（照る）
詩篇 31:16 御顔を…<照>り輝かせてください．
67: 1 御顔を私たちの上に<照>り輝かして
イザ 9: 2 死の陰の…者…に光が<照>った．
ヨナ 4: 8 太陽がヨナの頭に<照>りつけたので，
黙示 1:16 顔は強く<照>り輝く太陽のようであ

▼でる（出る）【別項】日の出る
創世 8:19 箱舟から<出>て来た．18，9:10，18．
12: 1 生まれ故郷，あなたの父の家を<出>
19: 6 ロトは戸口…のところに<出>て，う
24:50 このことは主から<出>たことですか
出エ 8:20 彼は水のところに<出>て来る．彼に
11: 8 民はみな<出>て行ってください』と
12:31 私の民の中から<出>て行け．おまえ
41 主の全集団はエジプトの国を<出>た．
23:15 何も持たずにわたしの前に<出>ては
32:24 この子牛が<出>て来たのです．」
34:34 外に<出る>ときまで，おおいをはず
レビ 10: 7 会見の天幕…から…<出>てはならな
16:17 <出>て来るまで…天幕の中にいては
25:54 ヨベルの年には…<出>て行くことが
民数 11:20 なぜ…エジプトから<出>て来たのだ
申命 9: 7 エジプト…を<出>た日から…逆らい
15:16 あなたのところから<出>て行きたく
16:16 年に３度…御前に<出>なければなら
23:10 陣営の外に<出>なければ．12．
28: 6 <出>て行くときにも祝福される．
19 <出>て行くときにものろわれる．
士師 4:14 主はあなたの前に<出>て行かれるで
ルツ 1: 7 今まで住んでいた所を<出>て，ユダ
2: 8 ここから<出>て行ったりしてはいけ
Iサム 10:19 部族ごとに…主の前に<出>なさい．」
14:36 われわれは神の前に<出>ましょう．」
24:14 王はだれを追って<出>て来られたの
IIサム 2:15 12人が順番に<出>て行った．
7:12 あなたの身から<出る>世継ぎの子を，
13:15 アムノンは…「さあ，<出>て行け．」
15:24 民が全部，町から<出>て行ってしま
18: 2 「私自身も…いっしょに<出>たい．」
II列 5:11 <出>て来て…直してくれると思って
19:31 エルサレムから，残りの者が<出>て

24: 7 エジプトの王は…再び<出>て来るこ
II歴 15: 5 <出>て行く者にも…平安がありませ
26:18 ウジヤよ…聖所から<出>てください.
エス 4:17 モルデカイは<出>て行って，エステ
ヨブ 1:12 サタンは主の前から<出>て行った.
21 裸で母の胎から<出>て来た. 3:11.
13:16 敬わない者は，神の前に<出る>こと
39: 4 子らは…大きくなると，<出>て行っ
詩篇 19: 5 太陽は，部屋から<出>て来る花婿の
89:34 くちびるから<出>たことを…変えな
イザ 28:29 万軍の主のもとから<出る>ことで，
45:23 わたしの口から<出る>ことばは正し
48:20 バビロンから<出>よ. カルデヤから
51: 5 わたしの救いはすでに<出>ている.
52:11 そこを<出>よ…<出>て，身をきよめ
55:11 わたしの口から<出る>…ことばも，
57:16 わたしから<出る>霊…が衰え果てる
58:13 あなたが安息日に<出>歩くことをや
エレ 17:16 くちびるから<出る>ものは…御前に
エゼ 3:22 谷間に<出>て行け. 23.
25 縛られて…<出>て行けなくなる.
12: 5 壁に穴をあけ…<出>て行け. 4, 12.
ダニ 3:26 <出>て来なさい…火の中から<出>て
ホセ 13:13 彼は母胎から<出>て来ない.
ヨナ 4: 5 ヨナは町から<出>て，町の東のほう
ハバ 3:13 民を救うために<出>て来られ，あな
ゼカ 5: 5 <出>て行く物が何かを見よ.」
14: 3 主が<出>て来られる. 決戦の日に戦
マラ 4: 2 外に<出>て…子牛のようにはね回る.
マタ 2: 6 ベツレヘム…支配者が…<出る>のだ
4: 4 神の口から<出る>一つ一つのことば
5:26 支払うまで…<出>ては来られません.
11:11 ヨハネよりすぐれた人は<出>ません
15:18 口から<出る>ものは，心から<出>て
24:32 葉が<出>て来ると，夏の近いことが
マコ 1:25 黙れ. この人から<出>て行け」と言
38 わたしは，そのために<出>て来たの
5:30 力が外に<出>て行ったことに気づい
6:11 <出>て行くときに…ちりを払い落と
7:15 人から<出>て来るものが，人を汚す
23 内側から<出>て，人を汚すのです.」
9:25 この子から<出>て行け. 二度とこの
11:19 イエス…は，いつも都から外に<出>
16:15 全世界に<出>て行き…福音を宣べ伝
ルカ 4:36 汚れた霊でも<出>て行ったのだ.」
6:19 大きな力がイエスから<出>て，すべ
9:60 あなたは<出>て行って，神の国を言
11:24 汚れた霊が人から<出>て行って…
<出>て来た自分の家に帰ろう』と言
13:27 不正を行う者…<出>て行きなさい.
ヨハ 5:28 墓の中にいる者が…<出>て来る時が
8: 9 ひとりひとり<出>て行き，イエスが
42 わたしは神から<出>て来てここにい
59 身を隠して，宮から<出>て行かれた.
11:43 「ラザロよ. <出>て来なさい.」
13: 3 ご自分が神から<出>て神に行くこと
16:27 わたしを神から<出>て来た者と信じ
17: 8 あなたから<出>て来たことを…知り，
19:34 ただちに血と水が<出>て来た.
使徒 16:18 御名によって…女から<出>て行け」
19:12 病人に当てると…悪霊は<出>て行っ
ロマ 11:26 救う者がシオンから<出>て，ヤコブ
Iコリ 5:10 この世界から<出>て行かなければな
14:36 あなたがた…から<出>たのでしょう
IIコリ 6:17 彼らの中から<出>て行き…分離せよ，
Iテサ 1: 8 ことばが，あなたがた…から<出>て
ヘブ 7:14 主が，ユダ族から<出>られたことは
11: 8 アブラハムは…知らないで，<出>て
15 <出>て来た故郷のことを思っていた
13:13 宿営の外に<出>て，みもとに行こう
ヤコ 3:10 賛美とのろいが同じ口から<出>て来
Iヨハ 2:19 私たちの中から<出>て行きましたが，
黙示 3:12 もはや決して外に<出>て行くことは
16:14 彼らは…王たちのところに<出>て行
22: 1 いのちの水の川…は…御座から<出>

▼ **テル・アビブ〔地名〕**

捕囚の民の共同居留地. エゼ3:15.

▼ **テルテオ〔人名〕**

パウロの代筆者. ロマ16:22.

▼ **テルトロ〔人名〕**

パウロを総督に訴えた弁護士. 使徒24:1, 2.

▼ **テル・ハルシャ〔地名〕**

捕囚の民が住んでいた地. エズ2:59, ネヘ7:61.

▼ **デルベ**

1. 地名. ルカオニヤの町. 使徒14:6, 20, 16:1.
2. デルベ人. 使徒20:4.

▼ **テル・メラフ〔地名〕**

捕囚の民が住んでいた地. エズ2:59, ネヘ7:

61.

▼**テレシュ**〔人名〕

アハシュエロス王の宦官. エス2:21, 6:2.

▼**テレビンのき**（〜木）

イザ 6:13 <テレビンの木>. ホセ4:13.

▼**テレム**

1. 地名. テライムと同地. ヨシ15:24.
2. 人名. 異邦人の女をめとった者. エズ10:24.

▼**てん**（天）**【別項】天と地, 天の軍勢・天にある軍勢, 天の女王, 天の天, 天の万軍, 天の万象, 天の御国, 天の御使い, 天の室, 窓・天の窓, もろもろの天**

創世 1: 8 神は大空を<天>と名づけられた. 夕
14 光る物が<天>の大空にあって, 昼と
20 鳥が地の上, <天>の大空を飛べ.」
6:17 肉なるものを, <天>の下から滅ぼす
7:11 <天>の水門が開かれた. 8:2.
11: 4 頂が<天>に届く塔を建て, 名をあげ
15: 5 <天>を見上げなさい. 星を数えるこ
24: 3 <天>の神, 地の神である主にかけて
27:28 <天>の露と地の肥沃, 豊かな穀物と
28:12 はしご…その頂は<天>に届き, 見よ,
17 ここは<天>の門だ.」
49:25 上よりの<天>の祝福, 下に横たわる
出エ 10:21 手を<天>に向けて差し伸べ, やみが
16: 4 パンが<天>から降るようにする. 民
20: 4 上の<天>にあるものでも…造っては
22 <天>からあなたがたと話したのを見
レビ 26:19 <天>を鉄のように…地を青銅のよう
申命 3:24 神が, <天>, あるいは地にあるでし
4:39 上は<天>, 下は地において, 主だけ
7:24 彼らの名を<天>の下から消し去ろう.
10:14 <天>と…すべてのものは…主のもの
11:17 主が<天>を閉ざされないように. そ
26:15 聖なる住まいの<天>から見おろして,
28:12 恵みの倉, <天>を開き, 時にかなっ
30: 4 <天>の果てに追いやられていても,
12 これは<天>にあるのではないから,
「だれが…<天>に上り, それを取っ
32: 1 <天>よ. 耳を傾けよ. 私は語ろう.
33:13 <天>の賜物の露, 下に横たわる大い
26 神はあなたを助けるため<天>に乗り,
28 <天>もまた, 露をしたたらす.
ヨシ 10:13 日は<天>のまなかにとどまって, ま
士師 5: 4 大地は揺れ, <天>もまた, したたり,
20 <天>からは, 星が下って戦った. そ
Ⅱサム 22: 8 <天>の基も震え, 揺れた. 主がお怒
Ⅰ列 8:22 両手を<天>に差し伸べて,
27 <天>も, 天の天も, あなたをお入れ
することはできません. Ⅱ歴6:18.
49 御住まいの所である<天>で…聞き,
Ⅱ列 1:10 神の人であるなら, <天>から火が下
2: 1 エリヤをたつまきに乗せて<天>に上
7: 2 主が<天>に窓を作られるにしても,
Ⅰ歴 16:31 <天>は喜び, 地は, こおどりせよ.
21:16 主の使いが…地と<天>の間に立って
26 祭壇の上に<天>から火を下し…答え
27:23 イスラエルを<天>の星のようにふや
Ⅱ歴 6:14 <天>にも地にも, あなたのような神
26 罪を犯したため, <天>が閉ざされ,
7: 1 火が<天>から下って来て, 全焼のい
14 わたしが親しく<天>から聞いて, 彼
20: 6 あなたは<天>におられる神であり,
30:27 祈りは…聖なる御住まい, <天>に届
32:20 祈りをささげ, <天>に叫び求めた.
エズ 1: 2 <天>の神, 主は…すべての王国を私
9: 6 罪過は大きく<天>にまで達したから
ネヘ 2:20 <天>の神ご自身が, 私たちを成功さ
9: 6 <天>と…すべてのものを造り…生か
27 叫び求めると…<天>から…聞き入れ,
ヨブ 1:16 神の火が<天>から下り, 羊と若い者
9: 8 神はただひとりで<天>を張り延ばし,
11: 8 それは<天>よりも高い. あなたに何
14:12 人は…<天>がなくなるまで目ざめず,
15:15 <天>も神の目にはきよくない.
16:19 今でも<天>には, 私の証人がおられ
20: 6 高ぶりが<天>まで上り, その頭が雲
27 <天>は彼の罪をあらわし, 地は彼に
22:12 神は<天>の高きにおられるではない
14 神は<天>の回りを歩き回るだけだ.」
26:11 神がしかると, <天>の柱は震い, 恐
13 その息によって<天>は晴れ渡り, 御
38:33 あなたは<天>の法令を知っているか.
37 だれが<天>のかめを傾けることがで
詩篇 2: 4 <天>の御座に着いている方は笑い,
8: 1 ご威光は<天>でたたえられています.
3 あなたの指のわざである<天>を見,
11: 4 主は, その王座が<天>にある. その

14: 2 主は<天>から人の子らを見おろして，
18: 9 主は，<天>を押し曲げて降りて来ら
19: 1 <天>は神の栄光を語り告げ，大空は
6 上るのは，<天>の果てから，行き巡
るのは，<天>の果て果てまで．その
20: 6 聖なる<天>から，お答えになる．
33: 6 主のことばによって，<天>は造られ
36: 5 あなたの恵みは<天>にあり，あなた
50: 4 さばくため…<天>と，地とを呼び寄
6 <天>は神の義を告げ知らせる．97:6.
57: 3 <天>からの送りで，私を救われます．
5 神よ．あなたが，<天>であがめられ，
68: 8 <天>もまた神の御前に雨を降らせ，
73: 9 その口を<天>にすえ，その舌は地を
25 <天>では…ほかに，だれを持つこと
78:23 上の雲に命じて<天>の戸を開き，
24 <天>の穀物を彼らに与えられた．
80:14 <天>から目を注ぎ，よく見てくださ
89:29 彼の王座を<天>の日数のように，続
96: 5 しかし主は<天>をお造りになった．
103:11 <天>が地上はるかに高いように，御
19 主は<天>にその王座を堅く立て，そ
107:26 彼らは<天>に上り，深みに下り，そ
108: 4 恵みは大きく，<天>の上にまで及び，
113: 4 その栄光は<天>の上にある．
115:16 <天>は，主の<天>…地は，人の子ら
136: 5 英知をもって<天>を造られた方に．
26 <天>の神に感謝せよ．その恵みはと
139: 8 私が<天>に上っても，そこにあなた
148: 1 <天>において主をほめたたえよ．い
4 ほめたたえよ…<天>の上にある水よ．
13 威光は地と<天>の上にあるからだ．
箴言 3:19 英知をもって<天>を堅く立てられた．
8:27 神が<天>を堅く立て，深淵の面に円
23: 5 富は…鷲のように<天>へ飛んで行く．
25: 3 <天>が高く，地が深いように，王の
30: 4 だれが<天>に上り，また降りて来た
伝道 5: 2 神は<天>におられ，あなたは地にい
イザ 1: 2 <天>よ，聞け．地も耳を傾けよ．主
13: 5 遠い国，<天>の果てからやって来る．
10 <天>の星，<天>のオリオン座は光を
13 わたしは<天>を震わせる…憤りによ
14:12 どうしてあなたは<天>から落ちたの
13 私は<天>に上ろう．神の星々のはる
24:21 主は<天>では<天>の大軍を…罰せら
34: 4 <天>は巻き物のように巻かれる．そ
40:12 だれが…手の幅で<天>を推し量り，
22 主は<天>を薄絹のように延べ，これ
44:23 <天>よ．喜び歌え．49:13.
24 わたしはひとりで<天>を張り延ばし，
45: 8 <天>よ．上から，したたらせよ．雲
18 <天>を創造した方，すなわち神，地
47:13 さあ，<天>を観測する者，星を見る
48:13 わたしの右の手が<天>を引き延ばし
50: 3 わたしは<天>をやみでおおい，荒布
51: 6 目を<天>に上げよ．また下の地を見
よ．<天>は煙のように散りうせ，地
13 <天>を引き延べ…た主を…忘れ，一
55: 9 <天>が地よりも高いように，わたし
64: 1 あなたが<天>を裂いて降りて来られ
65:17 新しい<天>と新しい地を創造する．
66: 1 <天>はわたしの王座，地はわたしの
22 新しい<天>と…地が…いつまでも続
エレ 2:12 <天>よ．このことに色を失え．おぞ
4:23 <天>を見ると，その光はなかった．
28 地は嘆き悲しみ，上の<天>も暗くな
10: 2 <天>のしるしにおののくな．異邦人
11 地からも…<天>の下からも滅びる」
12 英知をもって<天>を張られた．
13 水のざわめきが<天>に起こる．主は
14:22 <天>が夕立を降らせるでしょうか．
23:24 <天>にも地にも，わたしは満ちてい
31:37 もし，上の<天>が測られ，下の地の
49:36 <天>の四隅から，四方の風をエラム
51: 9 バビロンへの罰は，<天>に達し，大
53 たといバビロンが<天>に上っても，
哀歌 2: 1 イスラエルの栄えを<天>から地に投
3:41 手をも心をも<天>におられる神に向
50 主が<天>から見おろして，顧みてく
エゼ 1: 1 <天>が開け，私は神々しい幻を見た．
8: 3 霊が私を地と<天>との間に持ち上げ，
ダニ 2:28 <天>に秘密をあらわすひとりの神が
4:13 見張りの者，聖なる者が<天>から降
22 偉大さは増し加わって<天>に達し，
26 <天>が支配するということをあなた
31 <天>から声があった．「ネブカデネ
34 <天>を見た．すると私に理性が戻っ
37 ネブカデネザルは，<天>の王を賛美
6:27 <天>においても，地においてもしる
7: 2 <天>の四方の風が大海をかき立て，

13 人の子のような方が<天>の雲に乗っ
8: 8 <天>の四方に向かって…4本の角が
11: 4 国は破れ，<天>の四方に向けて分割
12: 7 右手と左手を<天>に向けて上げ…誓
ホセ 2:21 わたしは<天>に答え，<天>は地に答
ヨエ 2:10 面前で地は震い，<天>は揺れる．太
アモ 9: 2 <天>に上っても…彼らを引き降ろす．
6 <天>に高殿を建て，地の上に丸天井
ヨナ 1: 9 陸を造られた<天>の神，主を恐れて
ハバ 3: 3 その尊厳は<天>をおおい，その賛美
ハガ 1:10 <天>は…露を降らすことをやめ，地
ゼカ 2: 6 <天>の四方の風のように…散らした
5: 9 エパ枡を地と<天>との間に持ち上げ
6: 5 <天>の四方に出て行くものだ．
8:12 地は産物を出し，<天>は露を降らす
12: 1 <天>を張り，地の基を定め，人の霊
マタ 5:16 <天>におられるあなたがたの父．45, 6:1, 7:11.
34 <天>をさして誓ってはいけません．
45 <天>の父は，悪い人にも良い人にも
48 <天>の父が完全なように，完全であ
6: 9 <天>にいます私たちの父よ．御名が
10 みこころが<天>で行われるように地
14 罪を赦すなら…<天>の父も…赦して
20 宝は，<天>にたくわえなさい．そこ
26 <天>の父がこれを養っていてくださ
32 <天>の父は…必要であることを知っ
7:21 <天>におられるわたしの父のみこころを行う者が入る．12:50.
10:32 <天>におられるわたしの父の前でそ
11:23 どうしておまえが<天>に上げられる
14:19 <天>を見上げて，それらを祝福し，
15:13 <天>の父がお植えにならなかった木
16: 1 <天>からのしるしを見せてください
17 示したのは…<天>にいますわたしの
19 <天>においてもつながれており，あ
18:10 <天>におられるわたしの父の御顔を
14 <天>にいますあなたがたの父のみこ
19 <天>におられる…父は…かなえてく
21:25 <天>からですか．それとも人からで
23: 9 父は…<天>にいます父だけだからで
22 <天>をさして誓う者は，神の御座と
24:29 星は<天>から落ち．マコ13:25.
30 人の子のしるしが<天>に現れます．
26:64 人の子が…<天>の雲に乗って来るの
28: 2 主の使いが<天>から降りて来て，石
18 <天>においても…いっさいの権威が
マコ 1:10 <天>が裂けて御霊が鳩のように自分
7:34 <天>を見上げ，深く嘆息して，その
13:27 <天>の果てまで…選びの民を集めま
16:19 <天>に上げられて神の右の座に着か
ルカ 2:15 御使いたちが彼らを離れて<天>に帰
3:22 <天>から声がした…愛する子，わた
4:25 <天>が閉じて，全国に大ききんが起
6:23 <天>ではあなたがたの報いは大きい
9:54 私たちが<天>から火を呼び下して，
10:18 サタンが…<天>から落ちました．
20 名が<天>に書きしるされていること
12:33 朽ちることのない宝を<天>に積み上
15: 7 正しい人にまさる喜びが<天>にある
18 私は<天>に対して罪を犯し，またあ
17:24 <天>の端から<天>の端へと輝くよう
29 ソドム…火と硫黄が<天>から降って，
18:13 取税人…目を<天>に向けようともせ
22 そうすれば，あなたは<天>に宝を積
19:38 <天>には平和．栄光は，いと高き所
21:11 <天>からのすさまじい前兆が現れま
22:43 御使いが<天>からイエスに現れて，
ヨハ 1:51 <天>が開けて，神の御使いたちが人
3:13 <天>に上った者はいません．しかし<天>から下った者はいます．すなわ
27 人は，<天>から与えられるのでなけ
31 <天>から来る方は，すべて…の上に
6:32 <天>からまことのパンをお与えにな
38 <天>から下って来たのは…みこころ
42 わたしは<天>から下って来た』と言
51 <天>から下って来た生けるパン．33.
12:28 <天>から声が聞こえた．「わたしは
17: 1 目を<天>に向けて，言われた．「父
使徒 1:10 弟子たちは<天>を見つめていた．す
11 なぜ<天>を見上げて立っている…<天>に上げられたこのイエスは，<天>に上って行かれる…ときと同じ
2: 2 突然，<天>から，激しい風が吹いて
19 上は<天>に不思議なわざを示し，下
34 ダビデは<天>に上ったわけではあり
3:21 <天>にとどまっていなければなりま
4:12 <天>の下でこの御名のほかに，私た
7:49 <天>はわたしの王座，地はわたしの
55 ステパノは，<天>を見つめ，神の栄

56 <天>が開けて，人の子が神の右に立
9: 3 突然，<天>からの光が彼を巡り照ら
10:11 <天>が開けており，大きな敷布のよ
11: 9 <天>から声がして，『神がきよめた
26:19 私は，この<天>からの啓示にそむか
ロマ 1:18 神の怒りが<天>から啓示されている
10: 6 だれが<天>に上るだろうか，と言っ
Ⅰコリ 8: 5 神々と呼ばれるものなら…<天>にも
15:47 第２の人は<天>から出た者です．
48 <天>からの者はみな，この<天>から
Ⅱコリ 5: 1 <天>にある永遠の家です．
2 <天>から与えられる住まいを着たい
12: 2 第３の<天>にまで引き上げられまし
エペ 1: 3 <天>にあるすべての霊的祝福をもっ
10 <天>にあるもの…一つに集められる
2: 6 ともに<天>の所にすわらせてくださ
3:10 <天>にある支配と権威とに対して，
6: 9 彼らとあなたがたとの主が<天>にお
12 <天>にいるもろもろの悪霊に対する
ピリ 2:10 <天>にあるもの…すべてが，ひざを
3:20 私たちの国籍は<天>にあります．そ
コロ 1: 5 <天>にたくわえられてある望みに基
16 <天>にあるもの…御子によって造ら
20 <天>にあるものも…御子によって和
23 <天>の下のすべての造られたものに
Ⅰテサ 1:10 イエスが<天>から来られるのを待ち
4:16 ご自身<天>から下って来られます．
Ⅱテサ 1: 7 <天>から現れるときに起こります．
ヘブ 1:10 <天>も，あなたの御手のわざです．
3: 1 <天>の召しにあずかっている…兄弟
6: 4 一度…<天>からの賜物の味を知り，
7:26 <天>よりも高くされた大祭司こそ，
8: 1 <天>におられる大能者の御座の右に
5 <天>にあるものの写しと影とに仕え
9:23 <天>にあるものにかたどったものは，
これらのものによって…<天>にある
24 キリスト…<天>そのものに入られた
11:16 <天>の故郷にあこがれていたのです．
12:22 <天>にあるエルサレム…に近づいて
23 <天>に登録されている長子たちの教
25 <天>から語っておられる方に背を向
26 もう一度…<天>も揺り動かす．」
Ⅰペテ 1: 4 <天>にたくわえられているのです．
12 <天>から送られた聖霊によってあな
3:22 キリストは<天>に上り，御使いたち，
Ⅱペテ 1:18 <天>からかかったこの御声を，自分
3: 5 <天>は古い昔からあり，地は神のこ
10 <天>は大きな響きをたてて消え．12.
13 新しい<天>と新しい地を待ち望んで
黙示 3:12 <天>から下って来る新しいエルサレ
4: 1 <天>に一つの開いた門があった．ま
2 <天>に一つの御座があり，その御座
5: 3 <天>にも…巻き物を開くことのでき
6:14 <天>は，巻き物が巻かれるように消
8: 1 <天>に半時間ばかり静けさがあった．
10 大きな星が<天>から落ちて来て，川
9: 1 一つの星が<天>から地上に落ちるの
10: 4 <天>から声があって．8.
5 御使いは，右手を<天>に上げて，
6 <天>とその中にあるもの…を創造さ
11: 6 降らないように<天>を閉じる力を持
12 <天>から大きな声がして，「ここに
上れ」…彼らは雲に乗って<天>に上
15 <天>に大きな声々が起こって言った．
19 <天>にある，神の神殿が開かれた．
12: 1 巨大なしるしが<天>に現れ．15:1.
7 <天>に戦いが起こって，ミカエルと
8 <天>にはもはや彼らのいる場所がな
10 <天>で大きな声が，こう言うのを聞
12 <天>とその中に住む者たち．喜びな
13: 6 <天>に住む者たちをののしった．
13 火を<天>から地に降らせるような大
14: 2 <天>からの声を聞いた．13，18:4.
17 御使いが，<天>の聖所から出．15:5.
18: 5 罪は積み重なって<天>にまで届き，
20 <天>よ，聖徒たちよ…喜びなさい．
19: 1 <天>に大群衆の大きい声のようなも
11 開かれた<天>を見た．見よ．白い馬
20: 1 鎖とを手に持って，<天>から下って
9 <天>から火が降って来て，彼らを焼
11 地も<天>もその御前から逃げ去って，
21: 1 新しい<天>と新しい地とを見た．以
前の<天>と，以前の地は過ぎ去り，
2 神のみもとを出て，<天>から下って

▼ てんかい（展開）

Ⅱサム 5:18 レファイムの谷間に<展開>した．

▼ てんがい（天蓋）

イザ 40:22 主は地をおおう<天蓋>の上に住まわ

▼ てんかん

マタ 17:15 <てんかん>で，たいへん苦しんでお

▼ てんし（天使）

詩 138: 1 <天使>たちの前であなたをほめ歌い

▼ てんじょう（天上）

ヨハ 3:12 <天上>のことを話したとて，どうし
Ⅰコリ15:40 <天上>のからだもあり，地上のから
だもあり，<天上>のからだの栄光と
49 <天上>のかたちをも持つのです．
エペ 1:20 <天上>においてご自分の右の座に着
3:15 <天上>と地上で家族と呼ばれるすべ

▼ でんしょう（伝承）

ガラ 1:14 先祖からの<伝承>に人一倍熱心でし

▼ てんち（天地）

詩 121: 2 私の助けは，<天地>を造られた主か
124: 8 助けは，<天地>を造られた主の御名
134: 3 <天地>を造られた主がシオンからあ
マタ 5:18 <天地>が滅びうせない限り，律法の
11:25 <天地>の主であられる父よ．あなた
マコ13:31 この<天地>は滅びます．ルカ21:33.
ルカ16:17 <天地>の滅びるほうがやさしいので
使徒17:24 <天地>の主ですから，手でこしらえ

▼ でんどうしゃ（伝道者）

伝道 1: 1 王，ダビデの子，<伝道者>のことば．
2 空の空．<伝道者>は言う．12:8.
12:10 <伝道者>は適切なことばを見いだそ
使徒21: 8 <伝道者>ピリポの家に入って，そこ
エペ 4:11 ある人を<伝道者>，ある人を牧師ま
Ⅱテモ 4: 5 困難に耐え，<伝道者>として働き，

▼ てんとち（天と地）

創世 1: 1 初めに，神が<天と地>を創造した．
2: 1 <天と地>とそのすべての万象が完成
4 <天と地>が創造されたときの経緯で
14:19 <天と地>を造られた方，いと高き神
出エ20:11 主が6日のうちに，<天と地>と海，
31:17 6日間に<天と地>とを造り，7日目
申命 4:26 <天と地>とを証人に立てる．あなた
30:19 <天と地>とを，証人に立てる．私は，
Ⅱ列19:15 あなたが<天と地>を造られました．
エズ 5:11 私たちは<天と地>の神のしもべであ
詩篇69:34 <天と地>は，主をほめたたえよ．海
113: 6 身を低くして<天と地>をご覧になる．
エレ10:11 <天と地>を造らなかった神々は，地
32:17 御腕とをもって<天と地>を造られま
51:48 <天と地>とその中のすべてのものは，
ヨエ 2:30 わたしは<天と地>に，不思議なしる
ハガ 2: 6 <天と地>と，海と陸とを揺り動かす．
使徒14:15 <天と地>と海とその中にあるすべて
Ⅱペテ 3: 7 今の<天と地>は，同じみことばによ
黙示 5:13 <天と地>と，地の下と，海の上のあ
14: 7 <天と地>と海と水の源を創造した方

▼ てんのぐんぜい（天の軍勢），天にある軍勢

ネヘ 9: 6 <天の軍勢>はあなたを伏し拝んでお
ダニ 4:35 <天の軍勢>も…みこころのままにあ
8:10 大きくなって，<天の軍勢>に達し，
ルカ 2:13 <天の軍勢>が現れて，神を賛美して
黙示19:14 <天にある軍勢>はまっ白な，きよい

▼ てんのじょおう（天の女王）

エレ 7:18 <天の女王>』のための供えのパン菓
44:17 <天の女王>にいけにえをささげ．25.

▼ てんのてん（天の天）

申命10:14 天ともろもろの<天の天>，地とそこ
Ⅰ列 8:27 <天の天>も，あなたをお入れするこ
とはできません．Ⅱ歴6:18.
Ⅱ歴 2: 6 <天の天>も主をお入れできないのに，
ネヘ 9: 6 <天の天>と…すべてのものを造り，
詩 148: 4 主をほめたたえよ．<天の天>よ．天

▼ てんのばんぐん（天の万軍）

Ⅰ列22:19 <天の万軍>がその右左に立っている

▼ てんのばんしょう（天の万象）

申命 4:19 日，月，星の<天の万象>を見るとき，
17: 3 日や月や<天の万象>など…拝む者が
Ⅱ列17:16 <天の万象>を拝み，バアルに仕えた．
21: 5 <天の万象>のために祭壇を築いた．
23: 4 <天の万象>のために作られた器物を
5 <天の万象>に香をたく者どもを取り
Ⅱ歴33: 3 <天の万象>を拝み，これに仕えた．
イザ34: 4 <天の万象>は朽ち果て，天は巻き物
エレ 8: 2 日や月や<天の万象>の前にさらす．
19:13 屋上で<天の万象>に香をたき，ほか
33:22 <天の万象>が数えきれず，海の砂が
ゼパ 1: 5 屋上で<天の万象>を拝む者ども，ま
ルカ21:26 <天の万象>が揺り動かされるからで
Ⅱペテ 3:10 <天の万象>は焼けてくずれ去り．12.

▼ てんのみくに（天の御国）

マタ 3: 2 「悔い改めなさい．<天の御国>が近
づいたから．」4:17.
5: 3 心の貧しい者は幸いです．<天の御
国>はその人たちのものだから．10.
19 <天の御国>で，最も小さい者と呼ば
れ…<天の御国>で，偉大な者と呼ば

20 決して<天の御国>に，入れません．
7:21 …主よ』と言う者が…<天の御国>に
8:11 <天の御国>で…ヤコブといっしょに
10: 7 『<天の御国>が近づいた』と宣べ伝
11:11 <天の御国>の一番小さい者でも，彼
12 <天の御国>は激しく攻められていま
13:11 <天の御国>の奥義を知ることが許さ
24 <天の御国>は，こういう人にたとえ
31 <天の御国>は，からし種のようなも
33 <天の御国>は，パン種のようなもの
44 <天の御国>は，畑に隠された宝のよ
45 <天の御国>は，良い真珠を捜してい
47 <天の御国>は…地引き網のようなも
52 <天の御国>の弟子となった学者はみ
16:19 <天の御国>のかぎを上げます．何で
18: 1 <天の御国>では，だれが一番偉いの
3 決して<天の御国>には，入れません．
4 低くする者が，<天の御国>で一番偉
23 <天の御国>は，地上の王にたとえる
19:12 <天の御国>のために，自分から独身
14 子ども…<天の御国>はこのような者
23 金持ちが<天の御国>に入るのはむず
20: 1 <天の御国>は，自分のぶどう園で働
22: 2 <天の御国>は，王子のために結婚の
23:13 人々から<天の御国>をさえぎってい
25: 1 <天の御国>…ともしびを持って，花
14 <天の御国>は…財産を預け，旅に出
IIテモ 4:18 助け出し，<天の御国>に救い入れて

▼ てんのみつかい（天の御使い）

マタ 18:10 彼らの<天の御使い>たちは，天にお
22:30 復活の時には…<天の御使い>たちの
24:36 <天の御使い>たちも子も知りません．ただ父だけが知って．マコ13:32．
ガラ 1: 8 <天の御使い>であろうと…福音に反

▼ てんのむろ（天の室）【別項】南の天の室

ヨブ 37: 9 つむじ風は<天の室>から吹き，寒さ

▼ てんびん

レビ 19:36 正しい<てんびん>…を使わなければ
箴言 16:11 正しい<てんびん>とはかりとは，主
イザ 40:12 山を<てんびん>で量り，丘をはかり

▼ てんまく（天幕）【別項】あかしの天幕，会見の天幕

創世 4:20 ヤバルは<天幕>に住む者，家畜を飼
9:21 ノアは…酔い，<天幕>の中で裸にな
27 ヤペテを広げ，セムの<天幕>に住ま
12: 8 ベテルの東に…<天幕>を張った．西
13: 3 初めに<天幕>を張った所まで来た．
12 ロトは…ソドムの近くまで<天幕>を
18: 1 アブラハム…は…<天幕>の入口にすわっていた．10．
24:67 母サラの<天幕>にリベカを連れて行
25:27 野の人となり，ヤコブは穏やかな人となり，<天幕>に住んでいた．
31:34 ラバンが<天幕>を隅々まで捜し回っ
33:19 <天幕>を張った野の一部を…買い取
出エ 16:16 各自，自分の<天幕>にいる者のため
26: 7 幕屋の上に掛ける<天幕>のために，
31: 7 <天幕>のあらゆる設備品，
33: 7 モーセはいつも<天幕>を取り，自分
9 モーセが<天幕>に入ると，雲の柱が
10 民は…自分の<天幕>の入口で伏し拝
36:37 <天幕>の入口のために，青色，紫色，
40:19 幕屋の上に<天幕>を広げ，その上に
レビ 14: 8 7日間は，自分の<天幕>の外にとど
民数 1:52 自分の旗のもとに<天幕>を張るが，
3:25 ゲルション族の任務は…<天幕>と，
11:10 民が…自分の<天幕>の入口で泣くの
24 70人を集め…<天幕>の回りに立たせ
12: 5 主は…<天幕>の入口に立って，アロ
10 雲が<天幕>の上から離れ去ると，見
16:26 悪者どもの<天幕>から離れ，彼らの
27 ダタン…は…<天幕>の入口に立った．
18: 3 <天幕>全体の任務を果たすのである．
19:14 人が<天幕>の中で死んだ場合のおし
18 ヒソプを…水に浸し…<天幕>…に振
24: 5 美しいことよ…ヤコブ…の<天幕>は．
申命 5:30 自分の<天幕>に帰りなさい』と言え
16: 7 食べ…朝，自分の<天幕>に戻って行
31:15 主は<天幕>で雲の柱のうちに現れた．
33:18 イッサカルよ．あなたは<天幕>の中
士師 4:21 ヤエルは<天幕>の鉄のくいを取ると，
7: 8 ギデオンは…<天幕>に送り返し，
13 パン…が…ミデヤン人の…<天幕>の
20: 8 だれも自分の<天幕>に帰らない．だ
Iサム 17:54 ペリシテ人の…武具は彼の<天幕>に
IIサム 6:17 主の箱を…<天幕>…に安置した．そ
7: 2 私が杉材の家に住んでいるのに，神の箱は<天幕>の中に．I歴17:1．
16:22 アブシャロムのために屋上に<天幕>

20: 1 イスラエルよ…自分の<天幕>に帰れ.
Ⅰ列 1:39 <天幕>の中から油の角を取って来て,
2:28 ヨアブは主の<天幕>に逃げ，祭壇の
8: 4 <天幕>にあったすべての聖なる用具
Ⅱ列 7: 8 冒された人たちは…一つの<天幕>に
13: 5 支配を脱し…自分たちの<天幕>に住
14:12 ユダは…自分の<天幕>に逃げ帰った.
Ⅰ歴 9:19 <天幕>の入口を守る者となった．彼
15: 1 神の箱のために…<天幕>を張った.
16: 1 神の箱を…<天幕>の真ん中に安置し
17: 5 わたしは…<天幕>から<天幕>に，幕
Ⅱ歴 5: 5 <天幕>にあったすべての聖なる用具
ヨブ 5:24 自分の<天幕>が安全であるのを知り,
8:22 悪者どもの<天幕>は，なくなってし
11:14 <天幕>に不正を住まわせるな――
15:34 わいろを使う者の<天幕>は火で焼き
18: 6 彼の<天幕>のうちでは，光は暗くな
14 拠り頼む<天幕>から引き抜かれ，恐
15 <天幕>には，彼のものではない者が
21:28 悪者の住んだ<天幕>はどこにあるか
29: 4 神は<天幕>の私に語りかけてくださ
31:31 私の<天幕>の人々で…彼の肉に飽き
詩篇 78:55 諸族をおのおのの<天幕>に住まわせ
84:10 悪の<天幕>に住むより…神の宮の門
91:10 えやみも，あなたの<天幕>に近づか
箴言 14:11 正しい者の<天幕>は栄える.
イザ 13:20 アラビヤ人も…<天幕>を張らず，牧
16: 5 ダビデの<天幕>で，真実をもって,
33:20 取り払われることのない<天幕>，エ
38:12 牧者の<天幕>のように引き抜かれ,
40:22 天を…<天幕>のように広げて住まわ
54: 2 あなたの<天幕>の場所を広げ，あな
エレ 4:20 私の<天幕>も荒らされ，私の幕屋も
6: 3 回りに<天幕>を張り…自分の草を食
10:20 私の<天幕>は荒らされ，すべての綱
35: 7 地の面に…一生，<天幕>に住め』と
49:29 <天幕>…は奪われ…運び去られる.
ダニ 11:45 海と…山との間に，本営の<天幕>を
ホセ 12: 9 再びあなたを<天幕>に住ませよう.
ゼカ 12: 7 初めに，ユダの<天幕>を救われる.
マラ 2:12 ひとり残らずヤコブの<天幕>から断

▼てんまくづくり（天幕作り）

使徒 18: 3 彼らの職業は<天幕作り>であった.

▼てんまど（天窓）

創世 6:16 箱舟に<天窓>を作り，上部から１キ

▼でんれいかん（伝令官）

ダニ 3: 4 <伝令官>は大声で叫んだ．「諸民,

と

▼と（戸）

申命 15:17 彼の耳を<戸>に刺し通しなさい．彼
士師 3:23 王のいる屋上の部屋の<戸>を閉じ,
Ⅱ列 6:32 使者が来たら，<戸>をしめ，<戸>を
Ⅱ歴 4: 9 庭の<戸>を作り，その<戸>に青銅を
29: 3 第１の月に主の宮の<戸>を開き，こ
ネヘ 6:10 本堂の<戸>を閉じておこう．彼らが
ヨブ 3:10 私の母の胎の<戸>が閉じられず，私
41:14 だれがその顔の<戸>をあけることが
詩篇 24: 7 永遠の<戸>よ．上がれ．栄光の王が
119:130 みことばの<戸>が開くと，光が差し
141: 3 私のくちびるの<戸>を守ってくださ
雅歌 5: 2 <戸>をたたいている愛する方の声.
8: 9 彼女が<戸>であったら，杉の板で囲
イザ 26:20 部屋に入り，うしろの<戸>を閉じよ.
ミカ 7: 5 あなたの口の<戸>を守れ.
マタ 6: 6 <戸>をしめて，隠れた所におられる
25:10 婚礼の祝宴に行き，<戸>がしめられ
ルカ 12:36 主人が婚礼から帰って来て<戸>をた
たいたら，すぐに<戸>をあけようと,
13:25 家の主人が…<戸>をしめてしまって
からでは…<戸>をいくらたたいても,
ヨハ 20:19 ユダヤ人を恐れて<戸>がしめてあっ
使徒 12:13 彼が入口の<戸>をたたくと，ロダと
黙示 3:20 わたしは，<戸>の外に立ってたたく
…わたしの声を聞いて<戸>をあける

▼トアハ〔人名〕

歌い手ヘマンの先祖．トフと同人．Ⅰ歴6:34.

▼トイ〔人名〕

ハマテの王．トウと同人．Ⅱサム8:9，10.

▼トウ〔人名〕

ハマテの王．トイと同人．Ⅰ歴18:9，10.

▼とう（問う），問い

申命 32: 7 あなたの父に<問>え．彼はあなたに

告げ知らせよう．長老たちに<問>え．
詩篇 35:11 私の知らないことを私に<問う>．
伝道 7:10 このような<問い>は，知恵によるの
イザ 65: 1 わたしに<問>わなかった者たちに，
エゼ 33: 6 その血の責任を見張り人に<問う>．
マタ 2: 4 どこで生まれるのかと<問>いただし

▼とう（塔）【別項】物見の塔

創世 11: 4 頂が天に届く<塔>を建て，名をあげ
ゼパ 1:16 高い四隅の<塔>が襲われる日だ．
ルカ 13: 4 シロアムの<塔>が倒れ落ちて死んだ
14:28 <塔>を築こうとするとき，まずすわ

▼どう（銅）

黙示 9:20 金，銀，<銅>，石，木で造られた，
18:12 商品とは…高価な木や<銅>や鉄や大

▼どうい（同意）

エレ 34:10 二度と彼らを奴隷にしないことに<同意>し，<同意>してから…去らせ
ルカ 11:48 証人となり，<同意し>ているのです．
ロマ 1:32 それを行う者に心から<同意>してい
Ⅰテモ 6: 3 敬虔にかなう教えとに<同意>しない
ピレ 14 <同意>なしには何一つすまいと思い

▼どうか（銅貨）

マコ 12:42 やもめが来て，レプタ<銅貨>を二つ
ルカ 21: 2 レプタ<銅貨>二つを投げ入れている

▼とうき（陶器）

イザ 45: 9 <陶器>が<陶器>を作る者に抗議する
ロマ 9:21 <陶器>を作る者は，同じ土のかたま

▼とうぎ（闘技）

Ⅱサム 2:14 われわれの前で<闘技>をさせよう．」
Ⅰコリ 9:25 <闘技>をする者は…自制します．彼

▼どうき（動機）

ピリ 1:17 純真な<動機>からではなく，党派心
ヤコ 4: 3 悪い<動機>で願うからです．

▼とうきし（陶器師），陶器師の畑

イザ 29:16 <陶器師>を粘土と同じにみなしてよかろうか…陶器が<陶器師>に，「彼
30:14 その破滅は，<陶器師>のつぼが容赦
41:25 <陶器師>が粘土を踏みつけるように．
64: 8 あなたは私たちの<陶器師>です．私
エレ 18: 2 立って，<陶器師>の家に下れ．3．
4 <陶器師>は，粘土で制作中の器を自分の手でこわし，再びそれを<陶器師>自身の気に入ったほかの器に作
6 粘土が<陶器師>の手の中にあるよう
哀歌 4: 2 <陶器師>の手で作られた土のつぼの
ゼカ 11:13 わたしが値積もりされた尊い価を，<陶器師>に投げ与えよ…私は銀30を取り，それを主の宮の<陶器師>に投
マタ 27: 7 その金で<陶器師の畑>を買い，旅人

▼どうぐ（道具），道具持ち

士師 9:54 アビメレクは急いで<道具持ち>の若
Ⅰサム 14: 1 ヨナタンは，<道具持ち>の若者に言
16:21 ダビデはサウルの<道具持ち>となっ
31: 4 サウルは，<道具持ち>に言った．
5 <道具持ち>も，サウルの死んだのを
Ⅱサム 18:15 ヨアブの<道具持ち>の10人の若者た
エレ 51:20 わたしの鉄槌，戦いの<道具>だ．わ
ゼカ 11:15 もう一度，愚かな牧者の<道具>を取

▼どうくつ（洞窟）

詩142題目 彼が<洞窟>にいたときに．祈り

▼どうこう（同行），同行者

使徒 9: 7 <同行>していた人たちは，声は聞こ
15:38 <同行>しなかったような者は…連れ
18:18 プリスキラとアクラも<同行>した．
26:13 私と<同行者>たちとの回りを照らし

▼とうごく（投獄）

創世 40:15 ここでも私は<投獄>されるようなこ
ヨハ 3:24 ヨハネは，まだ<投獄>されていなか
使徒 26:31 死や<投獄>に相当することは何もし
ロマ 16: 7 私といっしょに<投獄>されたことの
ピリ 1: 7 私が<投獄>されているときも，福音
13 私がキリストのゆえに<投獄>されて
14 私が<投獄>されたことにより，主に
17 <投獄>されている私をさらに苦しめ

▼どうこくじん（同国人）

ヨハ 18:35 あなたの<同国人>と祭司長たちが，
ロマ 9: 3 私の同胞，肉による<同国人>のため
16:21 私の<同国人>ルキオとヤソンとソシ

▼とうごま

ヨナ 4: 6 主は１本の<とうごま>を備え，それ
10 一夜で滅びたこの<とうごま>を惜し

▼どうざいくにん（銅細工人）

Ⅱテモ 4:14 <銅細工人>のアレキサンデルが私を

▼どうじ（同時）

Ⅰコリ 15: 6 500人以上の兄弟たちに<同時>に現

▼どうしうち（同士打ち）

士師 7:22 <同士打ち>が起こるようにされた．
Ⅰサム 14:20 剣をもって<同士打ち>をしており，
エゼ 38:21 彼らは剣で<同士打ち>をするように

▼どうして
出エ 2:18 <どうして>きょうはこんなに早く帰
ルツ 2:10 <どうして>親切にしてくださるので
Ⅰサム 1:8 <どうして>，食べないのか．<どう
して>，ふさいでいるのか．あなた
10:27 この者が<どうして>われわれを救え
Ⅱサム 12:9 <どうして>あなたは主のことばをさ
Ⅰ歴 13:12 私は<どうして>…神の箱をお運びで
ヨブ 9:2 <どうして>人は自分の正しさを神に
25:4 人は<どうして>神の前に正しくあり
えようか．女から生まれた者が，
<どうして>きよくありえようか．
イザ 1:21 <どうして>，遊女になったのか，忠
ダニ 2:15 <どうして>そんなにきびしい命令が
10:17 <どうして>わが主と話せましょう．
マタ 27:46 <どうして>わたしをお見捨てになっ
たのですか．マコ15:34．
ルカ 1:34 <どうして>そのようなことになりえ
2:49 <どうして>わたしをお捜しになった
ヨハ 3:9 <どうして>，そのようなことがあり
9:19 <どうして>いま見えるのですか．」
使徒 7:26 <どうして>お互いに傷つけ合ってい

▼どうじょう（同情）
申命 13:8 <同情>したり，彼をかばったりして
詩篇 69:20 私は<同情>者を待ち望みましたが，
コロ 3:12 深い<同情>心，慈愛，謙遜，柔和，
ヘブ 4:15 私たちの弱さに<同情>できない方で
Ⅰペテ 3:8 心を一つにし，<同情>し合い，兄弟

▼とうしん（燈心）
イザ 42:3 くすぶる<燈心>を消すこともなく，
43:17 起き上がれず，<燈心>のように消え
マタ 12:20 くすぶる<燈心>を消すこともない，

▼とうせきぶくろ（投石袋）
Ⅰサム 17:40 羊飼いの使う袋，<投石袋>に入れ，

▼とうぜん（当然）
ヨナ 4:4 あなたは<当然>のことのように怒る
マタ 10:10 働く者が食べ物を与えられるのは
<当然>だか．ルカ10:7，Ⅰテモ5:18．
ヨハ 8:48 …と言うのは<当然>ではありません
ロマ 1:27 <当然>の報いを自分の身に受けてい
4:4 <当然>支払うべきものとみなされま

▼とうぞく（盗賊）
Ⅱコリ 11:26 幾度も旅をし，川の難，<盗賊>の難，

▼どうぞく（同族）
申命 22:1 あなたの<同族>の者の牛または羊が
ヨシ 1:14 <同族>よりも先に渡って…助けなけ
エス 8:6 私の<同族>の滅びるのを見てがまん
ガラ 1:14 自分と<同族>で同年輩の多くの者た

▼とうたつ（到達）
ロマ 9:31 その律法に<到達>しませんでした．

▼とうちしゃ（統治者）
創世 45:8 エジプト全土の<統治者>とされたの
49:10 <統治者>の杖はその足の間を離れる

▼どうちゅう（道中）
申命 1:33 <道中>あなたがたの先に立って行か
エズ 8:21 <道中>の無事を神に願い求めるため
31 その<道中>，敵の手，待ち伏せする
ネヘ 9:19 <道中>，彼らを導き，夜には火の柱

▼どうてい（童貞）
黙示 14:4 彼らは<童貞>なのである．彼らは，

▼どうどう（堂々）
箴言 30:29 歩きぶりの<堂々>としているものが
三つある．いや，その歩みの<堂々>

▼どうとく（道徳）
エペ 4:19 <道徳>的に無感覚となった彼らは，

▼とうはしん（党派心）
Ⅱコリ 12:20 争い，ねたみ，憤り，<党派心>，そ
ガラ 5:20 憤り，<党派心>，分裂，分派，
ピリ 1:17 <党派心>をもって，キリストを宣べ

▼とうばん（当番）
ネヘ 10:39 <当番>の祭司や門衛や歌うたいもい
ルカ 1:8 ザカリヤは，自分の組が<当番>で，

▼どうぶつ（動物）
創世 6:20 各種類の<動物>…それぞれ２匹ずつ
レビ 7:26 <動物>でも，その血をいっさい食べ
11:2 <動物>のうちで…食べてもよい生き
18:23 <動物>と寝て，<動物>によって身を
汚してはならない．女も<動物>の前
20:25 きよい<動物>と汚れた<動物>，また，
24:18 <動物>を打ち殺す者は，いのちには
ヘブ 13:11 <動物>の血は，罪のための供え物と
Ⅱペテ 2:12 理性のない<動物>と同じで，自分が

▼とうほう（東方）
イザ 2:6 <東方>からの者，卜者で満ち，外国
マタ 2:9 <東方>で見た星が彼らを先導し，つ

▼どうほう（同胞）
出エ 2:11 彼は<同胞>のところへ出て行き，そ
の苦役を見た…<同胞>…のヘブル人
申命 17:15 あなたの<同胞>の中から…王を立て
なければならない．<同胞>でない外

と

20　王の心が自分の<同胞>の上に高ぶる
ヨシ 22: 3　今日まで…<同胞>を捨てず，あなた
Ⅰサム 27:12　自分の<同胞>イスラエル人に忌みき
Ⅰ歴 13: 2　<同胞>にいっせいに使者を送ろう．
エス 10: 3　彼の多くの<同胞>たちに敬愛され，
使徒 7:19　この王は，私たちの<同胞>に対して
28:19　私の<同胞>を訴えようとしたのでは
ロマ 9: 3　私の<同胞>，肉による同国人のため

▼どうまき（胴巻）
マタ 10: 9　<胴巻>に金貨や銀貨や銅貨を入れて
マコ 6: 8　<胴巻>に金も持って行ってはいけま

▼どうめい（同盟），同盟者
Ⅰ列 15:19　私とあなたの間に<同盟>を結びましょう…バシャとの<同盟>を破棄し，
イザ 30: 1　<同盟>を結ぶが，わたしの霊によら
ダニ 11:23　彼は，<同盟>しては，これを欺き，
オバ 7　あなたの<同盟者>がみな…欺き，あ

▼どうよう（動揺）
イザ 7: 2　林の木々が風で揺らぐように<動揺>
ヨハ 11:33　霊の憤りを覚え，心の<動揺>を感じ
使徒 15:24　いろいろなことを言って…<動揺>さ
Ⅰテサ 3: 3　<動揺>する者がひとりもないように
ヘブ 10:23　真実な方ですから…<動揺>しないで，
Ⅰペテ 3:14　心を<動揺>させたりしてはいけませ

▼どうり（道理）
ヨブ 32: 9　老人が<道理>をわきまえるわけでも
伝道 7:25　心を転じて，知恵と<道理>を学び，
27　私は<道理>を見いだそうとして，一

▼どうろうしゃ（同労者）
ロマ 16: 3　私の<同労者>であるプリスカとアク
Ⅱコリ 8:23　テトス…私の<同労者>です．兄弟た
ピリ 2:25　私の兄弟，<同労者>，戦友…使者と
コロ 4:11　神の国のために働く私の<同労者>で
Ⅰテサ 3: 2　神の<同労者>であるテモテを遣わし
ピレ 1　私たちの愛する<同労者>ピレモンへ．
24　私の<同労者>たちであるマルコ，ア
Ⅲヨハ 8　真理のために彼らの<同労者>となれ

▼とうろく（登録）
出エ 30:12　イスラエル人の<登録>のため，人口調査をするとき，その<登録>にあた
13　<登録>される者はみな，聖所のシェ
14　<登録>される者はみな…奉納物を納
38:26　20歳以上で<登録>された者が60万3
民数 1:21　ルベン部族で<登録>された者は，4
49　イスラエル人といっしょに<登録>し
2:32　全宿営の軍団ごとに<登録>された者
26:57　レビ人で氏族ごとに<登録>された者
Ⅱサム 24: 2　その民を<登録>し，私に，民の数を
4　イスラエルの民を<登録>しに出かけ
9　ヨアブは民の<登録>人数を王に報告
Ⅰ歴 21: 6　レビとベニヤミンとを…<登録>しな
24:19　奉仕のために<登録>された者たちで，
Ⅱ歴 26:11　マアセヤによって<登録>された人数
ネヘ 12:22　一族のかしらとして<登録>され，ま
詩篇 87: 6　主が国々の民を<登録>されるとき，
ルカ 2: 3　<登録>のために，それぞれ自分の町
5　妻マリヤもいっしょに<登録>するた
ヘブ 12:23　天に<登録>されている長子たちの教

▼とうろん（討論）
ミカ 6: 2　主は…イスラエルと<討論>される．

▼とうわく（当惑）
マコ 6:20　非常に<当惑>しながらも，喜んで耳
ルカ 9: 7　出来事を聞いて，ひどく<当惑>して

▼ドエグ〔人名〕
エドム人でサウルの家来．Ⅰサム21:7，22:9，18，22，詩篇52題目．

▼とおい（遠い）【別項】遠く離れる・遠く離す
創世 44: 4　彼らが町を出てまだ<遠>くへ行かな
民数 9:10　<遠い>旅路にあるなら，その人は主
申命 14:24　もし，道のりがあまりに<遠>すぎ，
28:49　<遠>く地の果てから，鷲が飛びかか
29:22　<遠>くの地から来る外国人は，この
30:11　この命令は…<遠>くかけ離れたもの
ヨシ 9: 6　私たちは<遠い>国からまいりました．
22　なぜ，『…非常に<遠い>所にいる』
Ⅱ歴 26:15　彼の名は<遠>くにまで鳴り響いた．
エズ 3:13　その声は<遠い>所まで聞こえた．
ネヘ 12:43　喜びの声ははるか<遠>くまで聞こえ
ヨブ 36: 3　私は<遠>くから私の意見を持って来
39:29　その目は<遠>くまで見通す．
詩 119:155　救いは悪者から<遠>くかけ離れてい
139: 2　私の思いを<遠>くから読み取られま
箴言 7:19　夫は…<遠>くへ旅に出ていますから．
25:25　<遠い>国からの良い消息は，疲れた
27:10　近くにいる隣人は，<遠>くにいる兄
31:14　<遠い>所から食糧を運んで来る．
伝道 7:23　それは私の<遠>く及ばないことだっ
イザ 6:10　その耳を<遠>くし，その目を堅く閉
12　主が人を<遠>くに移し，国の中に捨

13: 5　彼らは<遠い>国，天の果てからやっ
23: 7　その足を<遠>くに運んで移住したも
43: 6　わたしの子らを<遠>くから来させ，
46:11　<遠い>地から，わたしのはかりごと
13　それは<遠>くはない．わたしの救い
57: 9　使者たちを<遠>くまで送り出し，よ
19　<遠>くの者にも近くの者にも平安あ
59: 1　その耳が<遠>くて，聞こえないので
エレ 6:20　<遠い>国からかおりの良い菖蒲がわ
23:23　<遠>くにいれば，神ではないのか．
25:26　近い者も<遠い>者もひとりひとりに，
31: 3　主は<遠>くから，私に現れた．「永
10　<遠>くの島々に告げ知らせて言え．
51:50　<遠>くから主を思い出せ．エルサレ
エゼ 6:12　<遠>くにいる者は疫病で死に，近く
11:16　彼らを<遠>く異邦の民の中へ移し，
12:27　はるか<遠い>将来について預言して
ダニ 9: 7　<遠>くにいるすべてのイスラエル人
ゼカ 10: 9　<遠>くの国々でわたしを思い出し，
マタ 13:15　その耳は<遠>く，目はつぶっている
26:58　ペテロも<遠>くからイエスのあとを
マコ 5: 6　彼はイエスを<遠>くから見つけ，駆
12:34　「あなたは神の国から<遠>くない．」
ルカ 14:32　敵がまだ<遠>くに離れている間に，
15:13　弟は，何もかもまとめて<遠い>国に
20　まだ家までは<遠>かったのに，父親
19:12　ある身分の高い人が，<遠い>国に行
使徒 2:39　この約束は…<遠>くにいる人々，す
22:21　わたしはあなたを<遠>く，異邦人に
エペ 2:17　<遠>くにいたあなたがたに平和を宣

▼ とおくはなれる（遠く離れる），遠く離す

出エ 2: 4　姉が…<遠く離れ>て立っていたとき，
20:18　民は見て，たじろぎ，<遠く離れ>て
24: 1　主のところに上り，<遠く離れ>て伏
申命 12:21　主が御名を置くために選ぶ場所が
<遠く離れ>ているなら．14:24．
13: 7　あなたから<遠く離れ>ている，あな
ヨシ 8: 4　町からあまり<遠く離れ>ないで，み
詩篇 10: 1　なぜ，あなたは<遠く離れ>てお立ち
22: 1　<遠く離れ>て私をお救いにならない
11　どうか，<遠く離れ>ないでください．
35:22　わが主よ．私から<遠く離れ>ないで
73:27　あなたから<遠く離れ>ている者は滅
103:12　東が西から<遠く離れ>ているように
…そむきの罪を…<遠く離>される．
119:150　あなたのみおしえから<遠く離れ>て
イザ 5:26　主が<遠く離れ>た国に旗を揚げ，地
8: 9　<遠く離れ>たすべての国々よ．耳を
29:13　その心はわたしから<遠く離れ>てい
エレ 12: 2　彼らの思いからは<遠く離れ>ておら
エゼ 8: 6　聖所から<遠く離れ>ようとして，こ
11:15　主から<遠く離れ>よ．この地は私た
ゼカ 6:15　<遠く離れ>ていた者たちも来て，主
マタ 15: 8　その心は，わたしから<遠く離れ>て
使徒 17:27　ひとりひとりから<遠く離れ>てはお
エペ 2:13　以前は<遠く離れ>ていたあなたがた
4:18　神のいのちから<遠く離れ>ています．

▼ とおざかる（遠ざかる），遠ざける

出エ 23: 7　偽りの告訴から<遠ざか>らなければ
Ⅰサム 21: 4　若い者たちが女から<遠ざか>ってい
5　私たちは女を<遠ざけ>ています．そ
Ⅱサム 22:23　おきてから私は<遠ざか>らなかった．
エズ 10:14　神の燃える怒りは…<遠ざかる>でし
ヨブ 1: 1　神を恐れ，悪から<遠ざか>っていた．
13:21　あなたの手を私の上から<遠ざけ>て
22:23　自分の天幕から不正を<遠ざけ>，
30:10　私を忌みきらって，私から<遠ざか>
詩篇 88:18　私から愛する者や友を<遠ざけ>てし
箴言 4:27　あなたの足を悪から<遠ざけ>よ．
5: 8　あなたの道を彼女から<遠ざけ>，そ
15:29　主は悪者から<遠ざか>り，正しい者
19: 7　友人が彼から<遠ざかる>のは，なお
22: 5　…を守る者はこれらから<遠ざかる>．
イザ 46:12　強情な者，正義から<遠ざか>ってい
59: 9　公義は私たちから<遠ざか>り，義は
哀歌 1:16　…者が，私から<遠ざか>ったからだ．
エゼ 14: 6　…をあなたがたの前から<遠ざけ>よ．
18:24　正しい行いから<遠ざか>り，不正を
33:19　自分の悪から<遠ざか>り，公義と正
ヨエ 2:20　北から来るものを…<遠ざけ>，それ
アモ 5:23　歌の騒ぎを，わたしから<遠ざけ>よ．
使徒 13: 8　総督を信仰の道から<遠ざけ>ようと
ロマ 16:17　彼らから<遠ざか>りなさい．
Ⅰペテ 2:11　肉の欲を<遠ざけ>なさい．
3:11　悪から<遠ざか>って善を行い，平和

▼ とおす（通す）

民数 31:23　火に耐えるものは，火の中を<通>し
…水の中を<通>さなければならない．
使徒 15:12　彼らを<通>して神が異邦人の間で行

ヘブ 2:10 多くの苦しみを<通>して全うされた

▼とおのことば（十のことば）

出エ 34:28 契約のことば，<十のことば>を書き
申命 4:13 <十のことば>…を２枚の石の板に書
10: 4 <十のことば>を，前と同じ文で書き

▼とおり（通り），通り道【別項】大通り

ヨブ 28: 7 その<通り道>は猛禽も知らず，はや
箴言 5:16 <通り>を水路にしてよいものか．
8: 2 <通り道>の四つかどに立ち，
20 公正の<通り道>の真ん中を歩み，
伝道 12: 5 嘆く者たちが<通り>を歩き回る．
雅歌 3: 2 <通り>や広場で，私の愛している人
イザ 42:16 彼らの知らない<通り道>を行かせる．
哀歌 3: 9 私の<通り道>をふさいだ．
マタ 6: 5 <通り>の四つ角に立って祈るのが好
22:10 しもべたちは，<通り>に出て行って，

▼とおりそうば（通り相場）

創世 23:16 <通り相場>で銀400シェケルを計っ

▼とおる（通る）

創世 12: 6 アブラムはその地を<通>って行き，
15:17 切り裂かれたものの間を<通>り過ぎ
18: 5 しもべのところをお<通>りになるの
32:21 贈り物は彼より先を<通>って行き，
31 彼がペヌエルを<通>り過ぎたころ，
37:28 ミデヤン人の商人が<通>りかかった．
出エ 15:16 あなたの民が<通>り過ぎるまで…買
い取られた…民が<通>り過ぎるまで．
17: 5 民の前を<通>り…取って出て行け．
33:19 善をあなたの前に<通>らせ，主の名
22 栄光が<通>り過ぎるときには…わた
しが<通>り過ぎるまで，この手であ
34: 6 主は彼の前を<通>り過ぎるとき，宣
レビ 18:21 子どもを…火の中を<通>らせて，モ
26: 6 剣が…国を<通>り過ぎることはない．
27:32 10番目ごとに<通る>ものが，主の聖
民数 20:17 あなたの国を<通>らせてください…
畑もぶどう畑も<通>りません．井戸
18 私のところを<通>ってはならない．
19 ただ，歩いて<通>り過ぎるだけです．
20 エドムは，「<通>ってはならない」
21 その領土を<通>らせようとしなかっ
21:22 あなたの国を<通>らせてください．
23 自分の領土を<通る>ことを許さなか
33: 8 海の真ん中を<通>って荒野に向かい，
申命 2: 4 同族の領土内を<通>ろうとしている．
18 モアブの領土，アルを<通>ろうとし
27 あなたの国を<通>らせてください．
私は大路だけを<通>って，右にも左
28 徒歩で<通>らせてくださるだけでよ
30 どうしても<通>らせようとはしなか
18:10 息子，娘に火の中を<通>らせる者が
29:16 異邦の民の中を<通>って来たことを
ヨシ 3: 4 今までこの道を<通>ったことがない
17 かわいた地を<通>り，ついに民はす
24:17 私たちの<通>ったすべての民の中で，
士師 3:26 石切り場の所を<通>り過ぎ，セイラ
9:26 シェケムを<通>りかかったとき，シ
11:16 荒野を<通>って葦の海まで行き，そ
17 あなたの国を<通>らせてください．』
19 あなたの国を<通>らせて…目的地に
20 その領土を<通>らせなかったばかり
29 ギルアデとマナセを<通>り，ついで，
ギルアデのミツパを<通>って，ギル
ルツ 4: 1 親類の人が<通>りかかった．ボアズ
Ⅱサム 17:20 ここを<通>り過ぎて川のほうへ行き
20:14 全部族のうちを<通>って，アベル・
Ⅰ列 9: 8 そのそばを<通>り過ぎる者はみな，
13:10 彼はベテルに来たときの道は<通>ら
ず，ほかの道を<通>って帰った．
25 そこを，人々が<通>りかかり，道に
19:11 主が<通>り過ぎられ，主の前で，激
19 エリヤが…<通>り過ぎて…外套を彼
20:39 王が<通>りかかったとき，彼は王に
Ⅱ列 4: 8 エリシャがシュネムを<通>りかかる
と…<通>りかかるたびごとに，そこ
6: 9 あの場所を<通>らないように注意し
26 王が城壁の上を<通>りかかると，ひ
30 彼は城壁の上を<通>っていたので，
14: 9 レバノンの野の獣が<通>り過ぎて，
Ⅱ歴 7:21 そばを<通>り過ぎる者がみな，驚い
25:18 野の獣が<通>り過ぎて…あざみを踏
ネヘ 2: 7 彼らが私を<通>らせるようにしてく
14 私の乗っている獣の<通>れる所がな
9:11 かわいた地を<通>って行きました．
ヨブ 9:11 神が私のそばを<通>り過ぎても，私
26 それは葦の舟のように<通>り過ぎ，
15:19 他国人はその中を<通>り過ぎなかっ
28: 8 たける獅子もここを<通>ったことが
詩篇 48: 4 王たちは…そこを<通>り過ぎた．
78:13 神は海を分けて彼らを<通>らせ，せ

89:41 道を<通>り過ぎる者はみな，彼から
129: 8 <通>りがかりの人も，「主の祝福が
136:14 主は…その中を<通>らせられた．そ
141:10 私が<通>り過ぎるそのときに，悪者
箴言 4:15 そこを<通る>な…避けて<通>れ．
24:30 ぶどう畑のそばを，<通>った．
26:10 愚かな者や<通>りすがりの者を雇う
17 <通>りすがりの犬の耳をつかむ者の
雅歌 3: 4 彼らのところを<通>り過ぎると間も
イザ 33:21 大船もそこを<通>らない．
34:10 だれも，もうそこを<通>る者はない．
35: 8 汚れた者はそこを<通>れない．これ
41: 3 道を安全に<通>って行く．
51:10 贖われた人々を<通>らせたのは，あ
60:15 <通>り過ぎる人もなかったが，わた
62:10 <通>れ，<通>れ，城門を．この民の
エレ 2: 6 人も<通>らず，だれも住まない地を
9:10 焼き払われて<通る>人もなく，群れ
12 どうして…<通る>人もないのか．
18:16 そこを<通り>過ぎる者は…色を失い，
19: 8 <通り>過ぎる者はみな…あざける．
33:13 数を数える者の手を<通>り過ぎる」
34:18 子牛の間を<通>った者のようにする．
19 二つに分けた子牛の間を<通>った者
49:17 そこを<通>り過ぎる者はみな，色を
50:13 バビロン…を<通>り過ぎる者はみな，
51:43 人の子が<通>りもしない地となる．
エゼ 5:14 <通>り過ぎるすべての者の目の前で，
14:15 獣のために<通>り過ぎる者もなくな
16: 6 あなたのそばを<通>りかかったとき，
8 そばを<通>りかかって…見ると，ち
15 <通>りかかる人があれば…姦淫をし
25 <通>りかかるすべての人に身を任せ，
20:26 初子に火の中を<通>らせたとき，わ
31 幼子に火の中を<通>らせ，今日まで
37 むちの下を<通>らせ…契約を結び，
23:37 子どもをさえ…火の中を<通>らせて，
29:11 人の足もそこを<通>らず，獣の足も
そこを<通>らず，40年の間だれも住
33:28 だれもそこを<通>らなくなる．
36:34 <通>り過ぎるすべての者に荒地とみ
39:11 そこは人が<通>れなくなる．そこに
46:21 連れ出し，庭の四隅を<通>らせた．
ヨエ 3:17 他国人はもう，そこを<通>らない．
アモ 5:17 あなたがたの中を<通>り過ぎるから
ミカ 5: 8 <通>り過ぎては踏みにじり，引き裂
ナホ 1:15 あなたの間を<通>り過ぎない．彼ら
ゼパ 2:15 そこを<通り過ぎる>者はみな，あざ
3: 6 <通>り過ぎる者はだれもいない．彼
ゼカ 9: 8 しいたげる者はそこを<通>らない．
マタ 8:28 だれもその道を<通>れないほどであ
20:30 イエスが<通>られると聞いて，叫ん
マコ 2:23 イエスは麦畑の中を<通>って行かれ
10:25 らくだが針の穴を<通る>ほうがもっ
ルカ 4:30 彼らの真ん中を<通>り抜けて，行っ
10:31 祭司が…反対側を<通>り過ぎて行っ
17:11 サマリヤとガリラヤの境を<通>られ
ヨハ 4: 4 サマリヤを<通>って行かなければな
10: 9 わたしを<通>って入るなら，救われ
使徒 12:10 第１，第２の衛所を<通>り，町に通
19: 1 パウロは奥地を<通>ってエペソに来
Iコリ 10: 1 雲の下におり，みな海を<通>って行
ヘブ 4:14 もろもろの天を<通>られた偉大な大
Iペテ 5: 9 人々は同じ苦しみを<通>って来たの

▼とが（咎）

創世 4:13 私の<咎>は，大きすぎて，にないき
15:16 エモリ人の<咎>が…満ちることはな
19:15 この町の<咎>のために滅ぼし尽くさ
44:16 神がしもべどもの<咎>をあばかれた
出エ 20: 5 父の<咎>を子に報い，３代，４代に
28:38 聖なるささげ物に関しての<咎>を負
43 <咎>を負って，死ぬことのないため
34: 7 <咎>とそむきと罪を赦す者…父の
<咎>は子に，子の子に，３代に，４
9 私たちの<咎>と罪を赦し，私たちを
レビ 4: 3 罪を犯し，民が<咎>を覚えるなら，
5: 1 その人は罪の<咎>を負わなければな
17 <咎>を覚える場合，その<咎>を負わ
7:18 その<咎>を負わなければならない．
10:17 それは，会衆の<咎>を除き，主の前
16:21 イスラエル人のすべての<咎>と，す
22 やぎは…<咎>をその上に負って，不
17:16 自分の<咎>を負わなければならない．
18:25 その地の<咎>を罰するので，その地
19: 8 それを食べる者は<咎>を負わなけれ
20:17 その<咎>を負わなければならない．
19 彼らは<咎>を負わなければならない．
22:16 その罪過の<咎>を負うようにさせて
26:39 敵の地で自分の<咎>のために朽ち…
先祖たちの<咎>のために朽ち果てる．

40 自分たちの<咎>と先祖たちの<咎>を
告白するが,
41 彼らの<咎>の償いをしよう.
43 自分たちの<咎>の償いをしなければ
民数 5:15 <咎>を思い出す覚えの穀物のささげ
31 夫には<咎>がなく, その妻がその
<咎>を負うのである.」
14:18 <咎>とそむきを赦すが, 罰すべき者
は必ず罰して, 父の<咎>を子に報い
19 この民の<咎>をあなたの大きな恵み
34 40年の間…自分の<咎>を負わなけれ
15:31 必ず断ち切られ, その<咎>を負う.」
18: 1 聖所にかかわる<咎>を…祭司職にか
かわる<咎>を負わなければならない
23 ほかの者は<咎>を負う. これは代々
30:15 夫が彼女の<咎>を負う.」
申命 5: 9 父の<咎>を子に報い, 3代, 4代に
19:15 どんな<咎>でも, どんな罪でも, す
Iサム 3:14 エリの家の<咎>は, いけにえによっ
20: 1 私にどんな<咎>があり, 私があなた
8 私に<咎>があれば…私を殺してくだ
28:10 あなたが<咎>を負うことは決してな
IIサム 14:32 もし私に<咎>があるなら, 王に殺さ
19:19 私の<咎>を罰しないでください…し
もべが犯した<咎>を, 思い出さない
24:10 しもべの<咎>を見のがしてください.
I列 8:47 悪を行って, <咎>ある者となりまし
I歴 21: 8 しもべの<咎>を見のがしてください.
エズ 9: 6 私たちの<咎>は私たちの頭より高く
7 私たちのその<咎>のため, 私たちや,
ネヘ 4: 5 彼らの<咎>を赦すことなく, 彼らの
9: 2 先祖の<咎>を告白した.
ヨブ 10: 6 あなたは私の<咎>を捜し, 私の罪を
14 私の<咎>を見のがされません.
13:23 私のそむきの罪と<咎>とを私に知ら
26 私の若い時の<咎>を私に受け継がせ
14:17 私の<咎>をおおってください.
31:33 自分の<咎>を胸の中に秘めたことが
詩篇 25:11 主よ…私の<咎>をお赦しください.
大きな<咎>を.
31:10 私の力は私の<咎>によって弱まり,
32: 2 主が, <咎>をお認めにならない人,
5 私の<咎>を隠しませんでした. 私は
36: 2 おのれの<咎>を見つけ出し, それを
38: 4 私の<咎>が, 私の頭を越え, 重荷の
18 私は自分の<咎>を言い表し, 私の罪
40:12 私の<咎>が私に追いついたので, 私
51: 2 どうか私の<咎>を…全く洗い去り,
5 私は<咎>ある者として生まれ, 罪あ
9 私の<咎>をことごとく, ぬぐい去っ
59: 4 私には, <咎>がないのに, 彼らは走
65: 3 <咎>が私を圧倒しています. しかし,
69:27 彼らの<咎>に<咎>を加え, 彼らをあ
78:38 あわれみ深い神は…<咎>を赦して,
79: 8 先祖たちの<咎>を, 私たちのものと
85: 2 あなたは, 御民の<咎>を赦し, 彼ら
89:32 彼らの<咎>を罰しよう.
103: 3 主は, あなたのすべての<咎>を赦し,
10 私たちの<咎>にしたがって私たちに
107:17 愚か者は…その<咎>のために悩んだ.
109:14 彼の父たちの<咎>が, 主に覚えられ,
箴言 5:22 悪者は自分の<咎>に捕らえられ, 自
16: 6 恵み…によって, <咎>は贖われる.
イザ 1: 4 罪を犯す国, <咎>重き民, 悪を行う
5:18 うそを綱として<咎>を引き寄せ, 車
14:21 先祖の<咎>のゆえに, 彼の子らのた
40: 2 労苦は終わり, その<咎>は償われた.
50: 1 自分の<咎>のために売られ, あなた
53: 5 私たちの<咎>のために砕かれた. 彼
6 すべての<咎>を彼に負わせた.
11 彼らの<咎>を彼がになう.
59: 2 <咎>が…神との仕切りとなり, あな
3 手は血で汚れ, 指は<咎>で汚れ, あ
12 私たちは自分の<咎>を知っている.
64: 6 私たちの<咎>は風のように私たちを
7 私たちの<咎>のゆえに…弱められま
9 いつまでも, <咎>を覚えないでくだ
65: 7 あなたがたの<咎>と…先祖の<咎>と
をともどもに. わたしは, 彼らの先
エレ 2:22 あなたの<咎>は, わたしの前では汚
3:13 あなたは自分の<咎>を知れ. あなた
5:25 <咎>が, これを追い払い, あなたが
11:10 先祖たちの<咎>をくり返し, 彼ら自
13:22 あなたの多くの<咎>のために, あな
14: 7 私たちの<咎>が…不利な証言をして
10 今, 彼らの<咎>を覚えて, その罪を
20 先祖の<咎>とを知っています. ほん
16:10 私たちの<咎>とは何か. 私たちの神
17 彼らの<咎>もわたしの目の前から隠
18 彼らの<咎>と罪に対し2倍の報復を

18:23 彼らの<咎>をおおわず，彼らの罪を
25:12 彼らの<咎>のゆえに罰し，これを永
30:14 あなたの<咎>が大きく…罪が重いた
15 あなたの<咎>が大きく…罪が重いた
31:30 人は…自分の<咎>のために死ぬ．だ
34 わたしは彼らの<咎>を赦し，彼らの
32:18 先祖の<咎>をその後の子らのふとこ
33: 8 すべての<咎>から彼らをきよめ…そむいたすべての<咎>を赦す．
36: 3 わたしも，彼らの<咎>…を赦すこと
31 彼らの<咎>のゆえに罰し，彼らとエ
50:20 イスラエルの<咎>は見つけようとし
51: 6 バビロンの<咎>のために断ち滅ぼさ
哀歌 2:14 あなたの<咎>をあばこうともせず，
4: 6 私の民の娘の<咎>は，人手によらず
13 祭司たちの<咎>のためである．彼ら
22 主はあなたの<咎>を罰する．主はあ
5: 7 彼らの<咎>を私たちが背負いました．
エゼ 4: 4 イスラエルの家の<咎>を自分の身の上に置け．あなたがそこに横たわっている日数だけ彼らの<咎>を負え．
5 彼らの<咎>の年数を日数にして390日とする…あなたはイスラエルの家の<咎>を負わなければならない．
6 ユダの家の<咎>を40日間，負わなけ
17 自分たちの<咎>のために…やせ衰え
9: 9 ユダの家の<咎>は非常に大きく，こ
14:10 自分たちの<咎>を負う．この預言者の<咎>は，尋ね求めた者の<咎>と同
18:17 自分の父の<咎>のために死ぬことは
18 自分の<咎>のために死ぬ．
19 なぜ，その子は父の<咎の罰>を負わ
20 子は父の<咎>について負いめがなく，父も子の<咎>について負いめがない．
24:23 自分たちの<咎>のために朽ち果て，
29:16 <咎>を思い起こして…頼みとしなく
33: 6 自分の<咎>のために打ち取られ，わ
8 悪者は自分の<咎>のために死ぬ．そ
9 自分の<咎>のために死ななければな
39:23 不信の罪を犯したために<咎>を得て
44:10 彼らは自分たちの<咎>を負わなけれ
12 自分たちの<咎>を負わなければなら
ダニ 4:27 あなたの<咎>を除いてください．そ
9:24 罪を終わらせ，<咎>を贖い，永遠の
ホセ 4: 8 彼らの<咎>に望みをかけている．
アモ 3: 2 すべての<咎>を…報いる．
ミカ 7:18 あなたは，<咎>を赦し，ご自分のも
19 私たちの<咎>を踏みつけて，すべて

▼とかげ【別項】大とかげ

レビ 11:30 やもり，わに，<とかげ>，すなとか

▼とがめ，とがめる

創世 31:36 ヤコブは…ラバンを<とがめ>た．ヤ
申命 24:15 <とがめ>を受けることがないように．
IIサム 3: 8 あの女のことで私を<とがめる>ので
ネヘ 13:15 売ったその日，彼らを<とがめ>た．
ヨブ 34:29 だれが神を<とがめ>えよう．神が御
詩篇 18:15 あなたの<とがめ>…鼻の荒いいぶき
32: 5 私の罪の<とがめ>を赦されました．
80:16 御顔の<とがめ>によって，滅びるの
ホセ 2: 2 あなたがたの母を<とがめ>よ．<とがめ>よ．彼女はわたしの妻ではな
4: 4 だれも<とがめ>てはならない．だれ
ゼカ 3: 2 主が，おまえを<とがめ>ている．こ

▼トガルマ〔人名〕

ゴメルの子孫．創世10:3，I歴1:6.

▼とき（時），時々【別項】終わりの時

出エ 9: 5 主は<時>を定めて，仰せられた．
民数 23:23 <時>に応じてヤコブに告げられ，イ
申命 28:12 <時>にかなって雨をあなたの地に与
士師 10:14 苦難の<時>には，彼らが救うがよい．
I歴 12:32 イッサカル族から，<時>を悟り，イ
ネヘ 9:27 その苦難の<時>にあなたに叫び求め
エス 4:14 あなたがこのような<時>に沈黙を守るなら…この<時>のためであるかも
ヨブ 14:13 私のために<時>を定め，私を覚えて
24: 1 全能者によって<時>が隠されていな
38:32 12宮をその<時々>にしたがって引き
39: 1 岩間の野やぎが子を産む<時>を知っ
詩篇 1: 3 <時>が来ると実がなり，その葉は枯
10: 1 苦しみの<とき>に，なぜ，身を隠さ
31:15 私の<時>は，御手の中にあります．
37:19 彼らはわざわいの<とき>にも恥を見ず，ききんの<とき>にも満ち足りよ
39 苦難の<とき>の彼らのとりでは主で
62: 8 どんな<とき>にも，神に信頼せよ．
69:13 みこころの<時>に…私に答えてくだ
71: 9 年老いた<時>も，私を見放さないで
81:15 彼らの刑罰の<時>は永遠に続く．
102: 2 私が苦しんでいる<とき>に，御顔を
13 今やいつくしみの<時>です．定めの

<時>が来たからです．
104:27 <時>にしたがって食物をお与えにな
119:126 今こそ主が事をなさる<時>です．彼
箴言 17:17 友はどんな<とき>にも愛するものだ．
伝道 3: 1 すべての営みには<時>がある．
2 生まれるのに<時>があり，死ぬのに
3 殺すのに<時>があり，いやすのに
8 愛するのに<時>があり，憎むのに
11 神のなさることは，すべて<時>にか
17 すべてのわざには，<時>があるから
8: 6 すべての営みには<時>とさばきがあ
9:12 人は自分の<時>を知らない．悪い網
10:17 定まった<時>に，食事をする国は．
イザ 13:22 その<時>の来るのは近く，その日は
33: 2 苦難の<時>の私たちの救いとなって
48:16 起こった<時>から，わたしはそこに
49: 8 恵みの<時>に，わたしはあなたに答
エレ 8: 7 つるも，自分の帰る<時>を守るのに，
14: 8 苦難の<時>の救い主よ．なぜあなた
27: 7 彼の国に<時>が来るまで，すべての
30: 7 それはヤコブにも苦難の<時>だ．し
33:20 昼と夜とが定まった<時>に来ないよ
エゼ 7: 7 その<時>が来る．その日は近い．し
ダニ 2: 8 <時>をかせごうとしているのだ．
21 神は季節と<時>を変え，王を廃し，
4:16 七つの<時>をその上に過ごさせよ．
7:12 いのちはその<時>と季節まで延ばさ
12: 1 その<時>…ミカエルが立ち上がる…
その<時>まで，かつてなかったほど
の苦難の<時>が来る．しかし，その
11 …が据えられる<時>から1290日があ
ホセ 10:12 今が，主を求める<時>だ．ついに，
ヨエ 3: 1 元どおりにする，その日，その<時>，
アモ 5:13 このような<とき>には，賢い者は沈
ゼパ 1:12 その<時>，わたしは，ともしびをか
ハガ 1: 2 主の宮を建てる<時>はまだ来ない，
4 板張りの家に住むべき<時>であろう
ゼカ 10: 1 後の雨の<時>に，主に雨を求めよ．
マタ 8:13 ちょうどその<時>…しもべはいやさ
29 まだその<時>ではないのに…苦しめ
9:15 花婿が取り去られる<時>が来ます．
10:19 話すべきことは，その<とき>示され
15:28 彼女の娘はその<時>から直った．
16: 3 なぜ<時>のしるしを見分けることが
21:34 収穫の<時>が近づいたので，主人は
24:36 その日，その<時>がいつであるかは，
44 人の子は，思いがけない<時>に来る
25:13 その日，その<時>を知らないからで
26:18 わたしの<時>が近づいた．わたしの
マコ 1:15 <時>が満ち，神の国は近くなった．
14:35 この<時>が自分から過ぎ去るように
41 <時>が来ました．見なさい．人の子
ルカ 1: 5 ユダヤの王ヘロデの<時>に，アビヤ
20 私のことばは，その<時>が来れば実
4: 2 その<時>が終わると，空腹を覚えら
8:13 試練の<とき>になると，身を引いて
19:44 神の訪れの<時>を知らなかったから
21: 8 <時>は近づいた』とか言います．そ
24 異邦人の<時>の終わるまで，エルサ
22:53 今はあなたがたの<時>です．暗やみ
ヨハ 2: 4 わたしの<時>はまだ来ていません．」
4:23 霊とまことによって父を礼拝する
<時>が来ます．今がその<時>です．
7: 6 わたしの<時>はまだ来ていません…
あなたがたの<時>はいつでも来てい
30 イエスの<時>が，まだ来ていなかっ
12:23 人の子が栄光を受けるその<時>が来
27 父よ．この<時>からわたしをお救い
13: 1 父のみもとに行くべき自分の<時>が
16:21 女が子を産む<とき>には，その<時>
が来たので苦しみます．しかし，子
32 わたしをひとり残す<時>が来ます．
17: 1 父よ．<時>が来ました．あなたの子
使徒 1: 7 いつとか，どんな<とき>とかいうこ
3:20 主の御前から回復の<時>が来て，あ
21 万物の改まる<時>まで，天にとどま
5:37 人口調査の<とき>，ガリラヤ人ユダ
7:17 約束の<時>が近づくにしたがって，
ロマ 3:26 今の<時>にご自身の義を現すためで
8:18 今の<時>のいろいろの苦しみは，将
13:11 今がどのような<時>か知っているの
Ⅰコリ 7:29 <時>は縮まっています．今からは，
Ⅱコリ 4:17 今の<時>の軽い患難は，私たちのう
6: 2 わたしは，恵みの<時>にあなたに答
え…今は恵みの<時>，今は救いの日
ガラ 4: 4 定めの<時>が来たので，神はご自分
エペ 1:10 <時>がついに満ちて，実現します．
6:18 どんな<とき>にも御霊によって祈り
Ⅰテサ 1: 2 祈りの<とき>にあなたがたを覚え，
Ⅱテモ 4: 2 <時>が良くても悪くてもしっかりや

6 私が世を去る<時>はすでに来ました.
テト 1: 3 定められた<時>に，このみことばを
ヘブ 11:32 話すならば，<時>が足りないでしょ
Ⅰペテ 4: 3 それは過ぎ去った<時>で，もう十分
17 さばきが神の家から始まる<時>が来
黙示 1: 3 <時>が近づいているからである.
3:10 試練の<時>には，あなたを守ろう.
10: 6 もはや<時>が延ばされることはない.
12:12 悪魔が自分の<時>の短いことを知り，
14: 7 神のさばきの<時>が来たからである.

と

▼ どき（土器）

ヨブ 2: 8 ヨブは<土器>のかけらを取って自分
詩篇 22:15 私の力は，<土器>のかけらのように，

▼ ときあかし（解き明かし）

創世 40:12 その<解き明かし>はこうです．3本
16 <解き明かし>が良かったのを見て，
ダニ 2: 4 私たちはその<解き明かし>をいたし
36 その<解き明かし>を王さまの前に申
4:18 あなたはその<解き明かし>を述べよ.
5:12 彼がその<解き明かし>をいたしまし
Ⅰコリ 12:30 みなが<解き明かし>をするでしょう
14: 5 異言を話す者がその<解き明かし>を
27 ひとりは<解き明かし>をしなさい.

▼ ときあかす（解き明かす，説き明かす）

創世 40: 8 それを<解き明かす>ことは，神のな
Ⅰサム 12: 7 主の前であなたがたに<説き明か>そ
Ⅰ列 10: 3 彼女のすべての質問を<説き明か>し
ネヘ 8: 9 民に<解き明かす>レビ人たちは，民
詩篇 49: 4 …に合わせて私のなぞを<解き明か>
マコ 4:34 すべてのことを<解き明か>された.
ルカ 24:27 …事がらを彼らに<説き明か>された.
ヨハ 1:18 ひとり子の神が，神を<説き明か>さ
Ⅰコリ 12:10 異言を<解き明かす>力が与えられて
14:28 <解き明かす>者がだれもいなければ，
Ⅱテモ 2:15 まっすぐに<説き明かす>，恥じるこ
ヘブ 5:11 鈍くなっているため，<説き明かす>

▼ ときのこえ（～声）

ヨシ 6:10 私が<ときの声>をあげよと言って，
16 <ときの声>をあげなさい．主がこの
イザ 42:13 <ときの声>をあげて叫び，敵に向か
エレ 20:16 真昼には<ときの声>を聞かせよ.
ゼパ 1:16 角笛と<ときの声>の日，城壁のある

▼ とく（解く），解き放す，解き放つ【別項】解き明かす

創世 24: 8 この私との誓いから<解>かれる．41.
27:40 自分の首から<解>き捨てるであろう.
士師 14:12 それを<解>いて，私に明かすことが
16 なぞをかけて…私に<解>いてくださ
Ⅰ列 20:11 武装を<解く>者のように誇ってはな
ヨブ 3:19 奴隷も主人から<解き放>たれる.
12:21 力ある者たちの腰帯を<解>き，
38:31 オリオン座の綱を<解く>ことができ
39: 5 だれが野ろばを<解き放>ったのか.
詩篇 30:11 あなたは私の荒布を<解>き，喜びを
37:40 主は…彼らを<解き放>たれる…悪者
どもから彼らを<解き放>ち，彼らを
102:20 死に定められた者を<解き放>つため
116:16 あなたは私のかせを<解>かれました.
144: 7 外国人の手から，私を<解き放>し，
10 悪の剣から<解き放>されます.
11 私を，外国人の手から<解き放>し，
イザ 46: 2 彼らは重荷を<解く>こともできず，
51:14 捕らわれ人は，すぐ<解き放>たれ，
エレ 30: 8 彼らのなわめを<解く>．他国人は二
ダニ 5:12 なぞを<解>き，難問を<解く>理解力
ホセ 13:14 よみの力から…<解き放>ち，彼らを
ナホ 1:13 あなたをなわめから<解き放>す.」
ゼカ 9:11 水のない穴から<解き放つ>.
マタ 16:19 あなたが地上で<解く>なら，それは
天においても<解>かれて．18:18.
マコ 1: 7 くつのひもを<解く>値うちもありま
ルカ 13:16 この束縛を<解>いてやってはいけな
使徒 2:24 この方を死の苦しみから<解き放>っ
Ⅰコリ 2:13 …をもって御霊のことを<解く>ので
7:27 妻に結ばれているなら，<解>かれた
黙示 1: 5 血によって…罪から<解き放>ち，
5: 2 封印を<解く>のにふさわしい者はだ
5 七つの封印を<解く>ことができます.
20: 3 サタンは…<解き放>されなければな
7 サタンはその牢から<解き放>され，

▼ とく（説く）【別項】説き明かす

マタ 27:20 死刑にするよう，群衆を<説>きつけ
マコ 6:12 12人が…悔い改めを<説>き広め，
ルカ 3: 3 ヨハネは…バプテスマを<説>いた.
使徒 18:13 人々に<説>き勧めています」と訴え
19:26 大ぜいの人々を<説>き伏せ，迷わせ
ロマ 2:21 盗むなと<説>きながら，自分は盗む
Ⅰテモ 1: 3 ある人たちが違った教えを<説>いた

▼ とく（得），得策

マタ 16:26 まことのいのちを損じたら，何の

<得>がありましょう．マコ8:36.
ヨハ 11:50 国民全体が滅びないほうが…<得策>
だということも，考えに入．18:14.
ピリ 3: 7 私にとって<得>であったこのような
▼とく（徳）
Ｉコリ 8: 1 愛は人の<徳>を建てます．
10:23 すべてのことが<徳>を高めるとはか
14: 3 預言する者は，<徳>を高め，勧めを
4 異言を話す者は自分の<徳>を高めま
すが，預言する者は教会の<徳>を高
12 教会の<徳>を高めるために…熱心に
26 すべてのことを，<徳>を高めるため
ピリ 4: 8 そのほか<徳>と言われること，称賛
Ｉテサ 5:11 互いに<徳>を高め合いなさい．
IIペテ 1: 3 ご自身の栄光と<徳>によってお召し
5 信仰には<徳>を，<徳>には知識を，
▼とぐ（研ぐ）
申命 32:41 わたしがきらめく剣を<と>ぎ，手に
詩篇 7:12 悔い改めない者には剣を<と>ぎ，弓
64: 3 その舌を剣のように，<と>ぎすまし，
箴言 27:17 鉄は鉄によって<と>がれ，人はその
友によって<と>がれる．
伝道 10:10 その刃を<と>がないと，もっと力が
エゼ 21:10 虐殺のために<研>がれ，いなずまの
▼どく（毒）
申命 32:33 そのぶどう酒は蛇の<毒>，コブラの
ヨブ 6: 4 私のたましいがその<毒>を飲み，神
20:14 食べた者は…コブラの<毒>となる．
詩篇 58: 4 彼らは，蛇の<毒>のような<毒>を持
140: 3 くちびるの下には，まむしの<毒>が
エレ 8:14 主が私たちに<毒>の水を飲ませられ
アモ 6:12 公義を<毒>に変え，正義の実を苦よ
ハバ 2:15 自分の友に飲ませ，<毒>を混ぜて酔
マコ 16:18 たとい<毒>を飲んでも決して害を受
ロマ 3:13 くちびるの下には，まむしの<毒>が
ヤコ 3: 8 舌…は…死の<毒>に満ちています．
▼どくしゃ（読者）
マタ 24:15 （<読者>はよく読み取るように．）
マコ13:14.
▼どくじゃ（毒蛇）
イザ 59: 5 卵をつぶすと，<毒蛇>がとび出す．
▼どくしん（独身），独身者
出エ 21: 3 もし彼が<独身>で来たのなら，<独
身>で去り，もし彼に妻があれば，
マタ 19:12 そのように生まれついた<独身者>が
います…人から<独身者>にさせられ
た者…自分から<独身者>になった者
Ｉコリ 7:32 <独身>の男は，どうしたら主に喜ば
34 <独身>の女や処女は，身もたましい
▼どくそう（毒草）
申命 29:18 <毒草>や，苦よもぎを生ずる根があ
ホセ 10: 4 さばきは畑のうねの<毒草>のように
▼とぐち（戸口）
創世 4: 7 罪は<戸口>で待ち伏せして…恋い慕
6:16 箱舟の<戸口>をその側面に設け，一
19: 6 ロトは<戸口>にいる彼らのところに
出エ 12:22 だれも家の<戸口>から外に出てはな
23 主はその<戸口>を過ぎ越され，滅ぼ
ヨシ 2:19 あなたの家の<戸口>から外へ出る者
箴言 8:34 わたしの<戸口>の柱のわきで見守っ
マタ 24:33 人の子が<戸口>まで近づいていると
マコ 2: 2 <戸口>のところまですきまもないほ
使徒 5: 9 <戸口>に来ていて，あなたをも運び
23 番人たちが<戸口>に立っていました
ヤコ 5: 9 さばきの主が，<戸口>のところに立
▼トクハテ〔人名〕
女預言者フルダの夫シャルムの父．II歴34:22.
▼どくぶどう（毒ぶどう）
申命 32:32 彼らのぶどうは<毒ぶどう>，そのふ
▼どくむぎ（毒麦）
マタ 13:25 敵が来て麦の中に<毒麦>を蒔いて行
26 麦が芽ばえ…<毒麦>も現れた．
30 <毒麦>を集め，焼くために束にしな
▼どくろ
マタ 27:33 ゴルゴタという所（「<どくろ>」と
言われてい．マコ15:22，ヨハ19:17.
ルカ 23:33 <どくろ>」と呼ばれている所に来る
▼とげ
民数 33:55 あなたがたの目の<とげ>となり，わ
士師 8: 7 私は荒野のいばらや<とげ>で…踏み
ホセ 13:14 死よ．おまえの<とげ>はどこにある
使徒 26:14 <とげ>のついた棒をけるのは，あな
Ｉコリ 15:55 死よ．おまえの<とげ>はどこにある
56 死の<とげ>は罪であり，罪の力は律
IIコリ 12: 7 肉体に一つの<とげ>を与えられまし
▼とける（解ける）
イザ 5:27 その腰の帯は<解け>ず，くつひもも
マコ 7:35 舌のもつれもすぐに<解け>，はっき
ルカ 1:64 彼の口が開け，舌は<解け>，ものが

使徒 16:26 みなの鎖が<解け>てしまった.

▼ とける（溶ける），溶かす

出エ 16:21 日が熱くなると，それは<溶け>た.
ヨブ 38:38 ちりが<溶け>合ってかたまりとなり，
詩篇 22:14 ろうのようになり，私の内で<溶け>
46: 6 神が御声を…地は<溶け>た.
97: 5 山々は…ろうのように<溶け>た．全
147:18 みことばを送って，これらを<溶か>
イザ 1:25 かなかすを灰汁のように<溶か>し，
エゼ 22:22 銀が炉の中で<溶か>されるように，
あなたがたも町の中で<溶か>される.
アモ 9: 5 主が，地に触れると，それは<溶け>，
ミカ 1: 4 山々は主の足もとに<溶け>去り，谷
ナホ 1: 5 丘々は<溶け>去る．大地は御前でく

▼ とげる（遂げる）

詩篇 20: 4 すべてのはかりごとを<遂げ>させて
140: 8 悪者の…たくらみを<遂げ>させない
ルカ 9:31 イエスがエルサレムで<遂げ>ようと

▼ トケン〔地名〕

シメオンの町の一つ．Ⅰ歴4:32.

▼ とこ（床）

創世 47:31 イスラエルは<床>に寝たまま，おじ
49: 4 あなたは父の<床>に上り，そのとき，
33 足を<床>の中に入れ，息絶えて，自
レビ 15: 4 漏出を病む人の寝る<床>は…汚れる.
Ⅱ列 9:16 ヨラムがそこで<床>についており，
詩篇 4: 4 <床>の上で自分の心に語り，静まれ.
41: 3 主は病の<床>で彼をささえられる.
63: 6 私は<床>の上であなたを思い出し，
139: 8 私がよみに<床>を設けても，そこに
箴言 7:17 肉桂で，私の<床>をにおわせました.
雅歌 3: 1 私は，夜，<床>についても，私の愛
マタ 9: 2 人々が中風の人を<床>に寝かせたま
まで，みもと．マコ2:4，ルカ5:18.
マコ 1:30 シモンのしゅうとめが熱病で<床>に
ヨハ 5: 8 起きて，<床>を取り上げて歩きなさ
使徒 9:33 ８年の間も<床>に着いているアイネ
黙示 2:22 この女を病の<床>に投げ込もう．ま

▼ どこ

創世 3: 9 「あなたは，<どこ>にいるのか.」
28:15 あなたが<どこ>へ行っても…守り，
ヨシ 1: 9 あなたの行く所<どこ>にでも，あな
2: 4 その人たちが<どこ>から来たのか知
9: 8 あなたがたはだれだ．<どこ>から来
Ⅱサム 7: 9 あなたが<どこ>に行っても，あなた
ヨブ 1: 7 おまえは<どこ>から来たのか.」サ
28:20 では，知恵は<どこ>から来るのか.
詩篇 42: 3 おまえの神は<どこ>にいるのか．10.
121: 1 私の助けは，<どこ>から来るのだろ
139: 7 御霊から離れて，<どこ>へ行けまし
箴言 15: 3 主の御目は<どこ>にでもあり，悪人
ヨナ 1: 8 あなたは<どこ>から来たのか．あな
ヨハ 3: 8 風は…<どこ>から来て<どこ>へ行く
8:14 わたしが<どこ>から来たか，また，
<どこ>へ行くかを知っているからで
12:35 自分が<どこ>に行くのかわかりませ
16: 5 <どこ>に行くのですかと尋ねる者が

▼ とこしえ

出エ 15:18 主は<とこしえ>までも統べ治められ
Ⅰサム 20:15 あなたの恵みを<とこしえ>に私の家
Ⅱサム 7:13 王座を<とこしえ>までも堅く立てる.
24 イスラエルを<とこしえ>までもあな
26 御名が<とこしえ>までもあがめられ，
23: 5 <とこしえ>の契約が私に立てられて
Ⅰ列 2:45 ダビデの王座は…<とこしえ>までも
8:13 あなたが<とこしえ>にお住みになる
9: 3 わたしの名を<とこしえ>までもここ
Ⅱ列 21: 7 わたしの名を<とこしえ>に置く.
Ⅰ歴 16:15 覚えよ．主の契約を<とこしえ>に.
34 その恵みは<とこしえ>まで.
36 <とこしえ>から，<とこしえ>まで.
17:24 御名が<とこしえ>までも真実なもの
23:25 <とこしえ>までもエルサレムに住ま
28: 4 <とこしえ>にイスラエルを治める王
7 彼の王位を<とこしえ>までも確立し
9 神はあなたを<とこしえ>までも退け
Ⅱ歴 7:16 <とこしえ>までもそこにわたしの名
9: 8 これを<とこしえ>にゆるがぬものと
13: 5 王国を<とこしえ>にダビデに与えら
20: 7 これを<とこしえ>にあなたの友アブ
30: 8 主が<とこしえ>に聖別された聖所に
ネヘ 9: 5 <とこしえ>から<とこしえ>までいま
すあなたがたの神，主をほめたたえ
ヨブ 23: 7 私は，<とこしえ>にさばきを免れる.
詩篇 9: 5 名を，<とこしえ>に，消し去られま
7 主は<とこしえ>に御座に着き，さば
16:11 右には，楽しみが<とこしえ>にあり
21: 4 <とこしえ>までの長い日々を与えら
6 <とこしえ>に彼を祝福し，御前の喜
25: 6 それらは<とこしえ>からあったので

33:11 主のはかりごとは<とこしえ>に立ち，
48: 8 神は都を，<とこしえ>に堅く建てら
49: 9 人は<とこしえ>までも生きながらえ
72:19 <とこしえ>に，ほむべきかな．その
73:26 神は<とこしえ>に私の心の岩，私の
75: 9 私は，<とこしえ>までも告げよう．
90: 2 まことに，<とこしえ>から<とこし
え>まであなたは神です．
100: 5 その恵みは<とこしえ>まで，その真
104: 5 地は…<とこしえ>にゆるぎません．
110: 4 あなたは…<とこしえ>に祭司である．
112: 6 正しい者は<とこしえ>に覚えられる．
119:52 あなたの<とこしえ>からの定めを思
89 あなたのことばは，<とこしえ>から，
136: 2 感謝せよ．その恵みは<とこしえ>ま
139:24 私を<とこしえ>の道に導いてくださ
箴言 29:14 その王座は<とこしえ>までも堅く立
イザ 9: 7 今より，<とこしえ>まで．万軍の主
33:14 だれが<とこしえ>に燃える炉に耐え
35:10 その頭には<とこしえ>の喜びをいた
51: 6 わたしの救いは<とこしえ>に続き，
8 わたしの義は<とこしえ>に続き，わ
60:21 <とこしえ>にその地を所有しよう．
63:16 御名は，<とこしえ>から…贖い主で
エレ 10:10 生ける神，<とこしえ>の王．その怒
17:25 この町は<とこしえ>に人の住む所と
25: 5 いつまでも，<とこしえ>に住め．
31:40 もはや<とこしえ>に根こぎにされず，
32:40 彼らと<とこしえ>の契約を結ぶ．わ
50: 5 <とこしえ>の契約によって，主に連
哀歌 5:19 あなたは<とこしえ>に御座に着き，
エゼ 16:60 あなたと<とこしえ>の契約を立てる．
27:36 恐怖となり，<とこしえ>になくなっ
37:26 これは彼らとの<とこしえ>の契約と
ダニ 2:20 神の御名は<とこしえ>から<とこし
え>までほむべきかな．知恵と力は
ハバ 3: 6 <とこしえ>の山は打ち砕かれ，永遠
ゼパ 2: 9 <とこしえ>の荒れ果てた地となる．
マラ 1: 4 主の<とこしえ>にのろう民と呼ばれ
マコ 3:29 聖霊をけがす者は…<とこしえ>の罪
ルカ 1:33 彼は<とこしえ>にヤコブの家を治め，
ロマ 9: 5 <とこしえ>にほめたたえられる神で
11:36 この神に，栄光が<とこしえ>にあり
Ⅰテモ 6:16 <とこしえ>の主権は神のものです．
Ⅱテモ 2:10 <とこしえ>の栄光を受けるようにな
ヘブ 5: 6 <とこしえ>に，メルキゼデクの位に
9 <とこしえ>の救いを与える者となり，
6: 2 <とこしえ>のさばきなど基礎的なこ
7:21 あなたは<とこしえ>に祭司である．』
9:14 <とこしえ>の御霊によって神におさ
Ⅰペテ 1:25 主のことばは，<とこしえ>に変わる
黙示 1: 6 栄光と力とが，<とこしえ>にあるよ

▼とこや（床屋）

エゼ 5: 1 それを<床屋>のかみそりのように使

▼とざす（閉ざす）

創世 7:16 主は，彼のうしろの戸を<閉ざ>され
8: 2 天の水門が<閉ざ>され，天からの大
申命 11:17 主が天を<閉ざ>されないように．そ
Ⅰ列 8:35 天が<閉ざ>されて雨が降らない場合，
Ⅱ歴 7:13 天を<閉ざ>したため雨が降らなくな
詩篇 17:10 鈍い心を堅く<閉ざ>し，その口をも
Ⅰペテ 3:10 くちびるを<閉ざ>して偽りを語らず，
Ⅰヨハ 3:17 あわれみの心を<閉ざす>ような者に，

▼とし（都市）

Ⅱコリ 11:26 <都市>の難，荒野の難，海上の難，

▼とし（年），年々【別項】安息・安息の年，年ごと，年を経た方

創世 1:14 日のため，<年>のためにあれ．
18:11 サラは<年>を重ねて老人になってお
19:31 お父さんは<年>をとっています．こ
27: 1 イサクは<年>をとり，視力が衰えて
出エ 12: 2 これを…<年>の最初の月とせよ．
34:22 <年>の変わり目に収穫祭を，行わな
レビ 25: 5 地の全き休みの<年>である．
申命 11:12 <年>の初めから<年>の終わりまで…
主が…目を留めておられる地である．
32: 7 昔の日々…代々の<年>を思え．あな
ヨシ 5:12 その<年>のうちにカナンの地で収穫
Ⅰサム 2:22 エリは非常に<年>をとっていた．彼
Ⅰ列 1: 1 ダビデ王は<年>を重ねて老人になっ
11: 4 ソロモンが<年>をとったとき…妻た
ヨブ 3: 6 これを<年>の日のうちで喜ばせるな．
10: 5 あなたの<年>は人の<年>と同じです
21: 7 <年>をとっても，なお力を増すのか．
32: 7 <年>の多い者が知恵を教える」と．
36:26 その<年>の数も測り知ることができ
詩篇 31:10 私の<年>もまた，嘆きで．私の力は
65:11 その<年>に，御恵みの冠をかぶらせ，
77: 5 遠い昔の<年々>を思い返した．
102:27 あなたの<年>は尽きることがありま

と

箴言 4:10 あなたのいのちの<年>は多くなる.
10:27 悪者の<年>は縮められる.
伝道 4:13 忠言を受けつけない<年>とった愚か
イザ 29: 1 <年>に<年>を加え，祭りを巡って来
61: 2 主の恵みの<年>と，われわれの神の
63: 4 わたしの贖いの<年>が来たからだ.
エレ 17: 8 日照りの<年>にも心配なく，いつま
51:46 その後の<年>にも，うわさは来る.
エゼ 22: 4 自分の刑罰の<年>を来させた．だか
38: 8 終わりの<年>に，一つの国に侵入す
46:17 それは解放の<年>まで彼のものであ
ヨエ 2:25 食い尽くした<年々>を，わたしはあ
マラ 3: 4 ずっと前の<年>のように，主を喜ば
ルカ 1: 7 ふたりとももう<年>をとっていた.
18 妻も<年>をとっております.」
4:19 主の恵みの<年>を告げ知らせるため
ヨハ 11:49 その<年>の大祭司であったカヤパが，
21:18 しかし<年>をとると…行きたくない
ガラ 4:10 月と季節と<年>とを守っています.
Iテモ 4:12 <年>が若いからといって，だれにも
テト 2: 3 <年>をとった婦人たちには，神に仕
ヘブ 1:12 あなたの<年>は尽きることがありま
8:13 <年>を経て古びたものは，すぐに消
11:11 サラも，すでにその<年>を過ぎた身

▼としおいる（年老いる）

創世 21: 2 <年老い>たアブラハムに男の子を産
Iサム 28:14 <年老い>た方が上って来られます.
ヨブ 29: 8 <年老い>た者も起き上がって立った.
詩篇 37:25 <年老い>た今も，正しい者が見捨て
71: 9 <年老い>た時も，私を見放さないで
92:14 彼らは<年老い>てもなお，実を実ら
148:12 <年老い>た者と幼い者よ.
箴言 22: 6 そうすれば，<年老い>ても…離れな
23:22 あなたの<年老い>た母をさげすんで

▼としごと（年ごと）

Iサム 1:21 <年ごと>のいけにえを主にささげ，
ヘブ 9:25 <年ごと>に自分の血でない血を携え

▼とじこめる（閉じ込める）

出エ 14: 3 荒野は彼らを<閉じ込め>てしまった
申命 32:34 わたしの倉に<閉じ込め>られている
Iサム 6:10 子牛は牛小屋に<閉じ込め>た.
IIサム 20: 3 死ぬ日まで<閉じ込め>られていた.
ヨブ 38: 8 だれが戸でこれを<閉じ込め>たか.
詩篇 88: 8 私は<閉じ込め>られて，出て行くこ
エレ 20: 9 みことばは…骨の中に<閉じ込め>ら
36: 5 私は<閉じ込め>られていて，主の宮
ルカ 3:20 ヨハネを牢に<閉じ込め>，すべての
使徒 12: 5 ペテロは牢に<閉じ込め>られていた.
ロマ 11:32 不従順のうちに<閉じ込め>られたか
ガラ 3:22 すべての人を罪の下に<閉じ込め>ま
23 監督の下に置かれ，<閉じ込め>られ
IIペテ 2: 4 暗やみの穴の中に<閉じ込め>てしま
ユダ 6 暗やみの下に<閉じ込め>られました.

▼とじまり（戸締まり）

ルカ 11: 7 もう<戸締まり>もしてしまったし，

▼としより（年寄り）

創世 18:12 それに主人も<年寄り>で.」
出エ 10: 9 私たちは…<年寄り>も連れて行きま
ヨシ 6:21 若い者も<年寄り>も…聖絶した.
Iサム 2:31 あなたの家には<年寄り>がいなくな
4:18 エリは…<年寄り>で，からだが重か
I列 13:11 ひとりの<年寄り>の預言者がベテル
エス 3:13 <年寄り>も…根絶やしにし，殺害し，
箴言 20:29 <年寄り>の飾りはそのしらが.
イザ 3: 5 若い者は<年寄り>に向かって高ぶり，
20: 4 <年寄り>も裸にし，はだしにし，尻
エレ 6:11 <年寄り>も齢の満ちた者も共に捕ら
31:13 若い男も<年寄り>も共に楽しむ.
哀歌 2:21 <年寄り>も道ばたで地に横たわり，
ヨエ 2:28 <年寄り>は夢を見，若い男は幻を見
ルカ 1:18 私ももう<年寄り>ですし，妻も年を
Iテモ 5: 1 <年寄り>をしかってはいけません.

▼としよりご（年寄り子）

創世 37: 3 ヨセフが彼の<年寄り子>であったか
44:20 <年寄り子>の末の弟がおります．そ

▼とじる（閉じる）【別項】閉じ込める

創世 20:18 すべての胎を堅く<閉じ>ておられた
46: 4 ヨセフの手はあなたの目を<閉じ>て
申命 15: 7 貧しい兄弟に対して…心を<閉じ>てはならない．また手を<閉じ>てはな
士師 3:23 王のいる屋上の部屋の戸を<閉じ>，
Iサム 1: 5 主は彼女の胎を<閉じ>ておられたが
ネヘ 6:10 本堂の戸を<閉じ>ておこう．彼らが
ヨブ 3:10 私の母の胎の戸が<閉じ>られず，私
17: 4 あなたが彼らの心を<閉じ>て悟るこ
詩篇 77: 4 私のまぶたを<閉じ>させない．私の
9 あわれみを<閉じ>てしまわれたのだ
箴言 17:28 くちびるを<閉じ>ていれば，悟りの
21:13 叫びに耳を<閉じる>者は，自分が呼
雅歌 4:12 花嫁は，<閉じ>られた庭，<閉じ>ら

イザ 22:22 彼が開くと，<閉じる>者はなく，彼が<閉じる>と，開く者はない．
29:10 目，預言者たちを<閉じ>，あなたが
33:15 耳を<閉じ>て血なまぐさいことを聞かない者，目を<閉じ>て悪いことを
60:11 あなたの門は…昼も夜も<閉じ>られ
エレ 6:10 彼らの耳は<閉じ>たままで，聞くこ
哀歌 2:18 目を<閉じ>てはならない．
3:56 私の叫びに耳を<閉じ>ないでくださ
エゼ 46: 1 労働をする 6 日間は<閉じ>ておき，
マラ 1:10 戸を<閉じる>人は，だれかいないの
ルカ 4:25 3 年 6 か月の間天が<閉じ>て，全国
ヨハ 20:26 戸が<閉じ>られていたが，イエスが
黙示 3: 7 彼が開くとだれも<閉じる>者がなく，
8 だれも<閉じる>ことのできない門を，
11: 6 雨が降らないように天を<閉じる>力
21:25 都の門は一日中決して<閉じる>こと

▼ としをへたかた（年を経た方）
ダニ 7: 9 <年を経た方>が座に着かれた．13．
22 <年を経た方>が来られるまでのこと

▼ ドダイ〔人名〕
ダビデの分団の長．ドド(2)と同人．Ⅰ歴27:4.

▼ どだい（土台），土台石
出エ 29:12 その血はみな祭壇の<土台>に注がな
ヨブ 4:19 ちりの中に<土台>を据える泥の家に
22:16 彼らの<土台>は流れに押し流された．
エゼ 13:14 その<土台>までもあばかれてしまう．
41: 8 階段式の脇間の<土台>は，長めの 6
43:13 その<土台>の深さは 1 キュビト，そ
ルカ 6:48 岩の上に<土台>を据えて，それから
49 <土台>なしで地面に家を建てた人に
使徒 16:26 獄舎の<土台>が揺れ動き，たちまち
ロマ 15:20 他人の<土台>の上に建てないように，
Ⅰコリ 3:10 私は賢い建築家のように，<土台>を
11 その<土台>とはイエス・キリストで
エペ 2:20 使徒と預言者という<土台>の上に建
Ⅰテモ 3:15 その教会は，真理の柱また<土台>で
黙示 21:14 都の城壁には12の<土台石>があり，
19 <土台石>はあらゆる宝石で飾られて

▼ ドダニムじん（～人）
ヤワンの子孫．創世10:4.

▼ ドダワ〔人名〕
預言者エリエゼルの父．Ⅱ歴20:37.

▼ ドタン〔地名〕
シェケムの北の町．創世37:17，Ⅱ列6:13.

▼ とち（土地）
創世 2: 5 <土地>を耕す人もいなかったからで
7 <土地>のちりで人を形造り，その鼻
3:17 <土地>は，あなたのゆえにのろわれ
4:10 弟の血が，その<土地>から…叫んで
12 その<土地>を耕しても，<土地>はもはや，あなたのためにその力を生じ
14 私をこの<土地>から追い出されたの
出エ 23:19 <土地>の初穂の最上のものを，あな
民数 13:20 <土地>はどうか，それは肥えている
Ⅱ列 2:19 水が悪く，この<土地>は流産が多い
17:23 自分の<土地>からアッシリヤへ引い
ネヘ 10:35 私たちの<土地>の初なりと，あらゆ
37 私たちの<土地>の10分の 1 はレビ人
詩篇 49:11 自分たちの<土地>に，自分たちの名
イザ 14: 1 彼らを自分たちの<土地>にいこわせ
28:24 農夫は…その<土地>を起こし，まぐ
エゼ 28:25 ヤコブに与えた<土地>に住みつこう．
45: 7 君主の<土地>は，聖なる奉納地と町
アモ 7:17 あなたの<土地>は測りなわで分割さ
9:15 その<土地>から，もう，引き抜かれ
ゼカ 13: 5 私は<土地>を耕す者だ．若い時から<土地>を持っている」と言う．
ルカ 2: 8 この<土地>に，羊飼いたちが，野宿
13: 7 何のために<土地>をふさいでいるの
14:35 <土地>にも肥やしにも役立たず，外
ヨハ 11:48 われわれの<土地>も国民も奪い取る
使徒 7: 3 あなたの<土地>とあなたの親族を離

▼ どちら
マタ 9: 5 <どちら>がやさしいか．マコ2:9.
21:31 ふたりのうち<どちら>が，父の願っ
23:17 黄金と…神殿と，<どちら>がたいせ
27:21 ふたりのうち<どちら>を釈放してほ
ルカ 7:42 <どちら>がよけいに金貸しを愛する
22:27 給仕する者と，<どちら>が偉いでし
ピリ 1:22 <どちら>を選んだらよいのか，私に

▼ とつぐ
創世 34:21 私たちの娘たちを彼らに<とつ>がせ
民数 36: 3 他の部族の息子たちに<とつ>いだな
マタ 22:30 人はめとることも，<とつぐ>こともなく，天の．マコ12:25，ルカ20:35.
ルカ 20:34 めとったり，<とつ>いだりするが，

▼ とっけん（特権）
ヨハ 1:12 神の子どもとされる<特権>をお与え

▼ とつぜん（突然）
Ⅰサム 28:20 サウルは<突然>，倒れて地上に棒の
伝道 9:12 わざわいの時が<突然>彼らを襲うと，
ダニ 5: 5 すると<突然>，人間の手の指が現れ，
マラ 3: 1 主が，<突然>，その神殿に来る．あ
ルカ 21:34 <突然>あなたがたに臨むことのない
使徒 2: 2 すると<突然>，天から，激しい風が
9: 3 <突然>，天からの光が彼を巡．22:6.
12: 7 すると<突然>，主の御使いが現れ，
16:26 <突然>，大地震が起こって，獄舎の

と

▼ とっておく（取っておく）
Ⅰサム 9:24 あなたに<取っておい>たのです.」
Ⅰ列 3: 6 恵みを彼のために<取っておき>，き

▼ とっぷう（突風）
マコ 4:37 激しい<突風>が起こり，舟は波をか
ルカ 8:23 <突風>が湖に吹きおろして来たので，
Ⅱペテ 2:17 <突風>に吹き払われる霧です．彼ら

▼ ドド〔人名〕
(1)士師トラの祖父．士師10:1.
(2)アホアハ人．Ⅱサム23:9，Ⅰ歴11:12.
(3)エルハナンの父．Ⅱサム23:24，Ⅰ歴11:26.

▼ とどく（届く）
創世 11: 4 頂が天に<届く>塔を建て，名をあげ
18:21 わたしに<届>いた叫びどおりに，彼
21:16 矢の<届く>ほど離れた向こうに行っ
28:12 その頂は天に<届>き…神の使いたち
出エ 3: 9 イスラエル人の叫びはわたしに<届>
Ⅰ列 6:27 ケルブの翼は…壁に<届>き，もう一
詩篇 19: 4 そのことばは，地の果てまで<届>い
32: 6 大水の濁流も，彼の所に<届>きませ
59: 1 私に立ち向かう者が<届>かぬほど，
イザ 58: 4 声はいと高き所に<届>かない．
使徒 11: 5 降りて来て，私のところに<届>いた

▼ ととのえる（整える，調える）
出エ 14: 6 パロは戦車を<整え>，自分でその軍
27:21 主の前にそのともしびを<調え>なけ
30: 7 朝ごとにともしびを<調える>ときに，
レビ 1: 7 その火の上にたきぎを<整え>なさい．
Ⅱ歴 29:36 神が民のために<整え>てくださった
35:20 ヨシヤが宮を<整え>て後，エジプト
詩篇 8: 3 あなたが<整え>られた月や星を見ま
箴言 9: 2 その食卓も<整え>，
24:27 あなたの畑を<整え>，そのあとで，
イザ 30:33 すでにトフェテも<整え>られ，特に
40: 3 主の道を<整え>よ．荒地で，私たち
57:14 土を盛り上げて，道を<整え>よ．わ
62:10 この民の道を<整え>，盛り上げ，土
エレ 46: 3 盾と大盾を<整え>て，戦いに向かえ．
エゼ 12: 3 あなたは捕囚のための荷物を<整え>，
ナホ 2: 3 戦車は<整え>られて鉄の火のようだ．
マラ 3: 1 彼はわたしの前に道を<整える>．あ
マタ 25: 7 起きて，自分のともしびを<整え>た．
マコ 1: 2 わたしは…あなたの道を<整え>させ
14:15 席が<整>って用意のできた２階の広
間を見せてくれます．ルカ22:12.
ルカ 1:17 <整え>られた民を主のために用意す
使徒 9:34 アイネヤ…自分で床を<整え>なさい．
25:23 大いに威儀を<整え>て到着し，千人
エペ 4:12 聖徒たちを<整え>て奉仕の働きをさ
Ⅱテモ 3:17 ふさわしい十分に<整え>られた者と
黙示 21: 2 花嫁のように<整え>られて，神のみ

▼ とどまる，とどめる
創世 6: 3 永久には人のうちに<とどま>らない
8: 2 天からの大雨が，<とどめ>られた．
4 アララテの山の上に<とどま>った．
11: 6 しようと思うことで，<とどめ>られ
44:33 あなたさまの奴隷として<とどめ>，
出エ 16:29 それぞれ自分の場所に<とどま>れ．
24:16 栄光はシナイ山の上に<とどま>り，
レビ 19:13 あなたのもとに<とどめ>ていてはな
民数 9:17 雲が<とどまる>その場所で，イスラ
19 雲が幕屋の上に<とどまる>ときには，
11:25 霊が彼らの上に<とどま>ったとき，
31:19 ７日間，宿営の外に<とどま>れ．あ
申命 31:15 雲の柱は天幕の入口に<とどま>った．
ヨシ 10:13 日は天のまなかに<とどま>って，ま
士師 5:17 なぜダンは舟に<とどま>ったのか．
Ⅰサム 1:22 この子が…そこに<とどまる>ように
5: 7 神の箱を…<とどめ>ておいてはなら
7: 2 キルヤテ・エアリムに<とどま>った
Ⅱ列 2: 2 ここに<とどま>っていなさい．主が
15 エリシャの上に<とどま>っている」
8: 1 あなたが<とどま>っていたい所に，
しばらく<とどま>っていなさい．主
ヨブ 14: 2 影のように飛び去って<とどま>りま
19: 4 罪が私のうちに<とどま>っているだ
24:13 その通り道に<とどま>らない．
詩篇 7: 5 たましいをちりの中に<とどま>らせ
49:12 人は，その栄華のうちに<とどま>れ
85: 3 燃える御怒りを，押し<とどめ>られ

伝道 5:12 富む者は…安眠を<とどめ>られる．
7: 9 愚かな者の胸に<とどまる>から．
イザ 7: 2 エフライムにアラムが<とどま>った
11: 2 その上に，主の霊が<とどまる>．そ
25:10 主の御手がこの山に<とどまる>とき，
エレ 42:10 この国に<とどまる>なら，わたしは
48:10 その剣を<とどめ>て血を流さないよ
エゼ 3:15 7日間，ぼう然として…<とどま>っ
ダニ 11: 6 彼女は勢力を<とどめ>ておくことが
できず，彼の力も<とどま>らない．
ホセ 3: 3 私のところに<とどま>って，もう姦
アモ 4: 7 あなたがたには雨を<とどめ>，一つ
ハバ 3:11 太陽と月はその住みかに<とどま>り
ゼカ 5: 4 その家の真ん中に<とどま>り，その
9: 1 ダマスコは，その<とどまる>所．主
マタ 2: 9 星が…その上に<とどま>った．
10:11 その人のところに<とどま>りなさい．
ルカ 9: 4 そこに<とどま>り，そこから次の旅
10: 6 平安は，その人の上に<とどま>りま
24:49 都に<とどま>っていなさい．」
ヨハ 1:33 聖霊が…その上に<とどま>られるの
3:36 神の怒りがその上に<とどまる>．
8:31 わたしのことばに<とどまる>なら，
15: 4 わたしに<とどま>りなさい…わたし
に<とどま>っていなければ，実を結
9 わたしの愛の中に<とどま>りなさい．
使徒 2: 3 舌が現れて…の上に<とどま>った．
13:43 神の恵みに<とどま>っているように
15:35 アンテオケに<とどま>って…教え，
18:20 もっと長く<とどまる>ように頼んだ
19:22 しばらくアジヤに<とどま>っていた．
27:31 あの人たちが船に<とどま>っていな
ロマ 6: 1 罪の中に<とどまる>べきでしょうか．
11:22 そのいつくしみの中に<とどま>って
Ⅰコリ 7:20 召されたときの状態に<とどま>って
Ⅱコリ 9: 9 その義は永遠に<とどまる>」と書い
ピリ 1:24 この肉体に<とどまる>ことが，あな
Ⅱテモ 3:14 学んで確信したところに<とどま>っ
ヘブ 7:23 務めにいつまでも<とどまる>ことが
Ⅰペテ 1:17 地上にしばらく<とどま>っている間
4:14 あなたがたの上に<とどま>ってくだ
Ⅰヨハ 2:14 あなたがたのうちに<とどま>り，そ
19 私たちといっしょに<とどま>ってい
24 初めから聞いたことを，自分たちの
うちに<とどま>らせなさい…御子お
よび御父のうちに<とどまる>のです．
3: 6 キリストのうちに<とどまる>者は，
9 神の種がその人のうちに<とどま>っ
15 永遠のいのちが<とどま>っているこ
Ⅱヨハ 9 教えのうちに<とどま>らない者は，

▼とどろき，とどろく

ヨブ 36:29 その幕屋の<とどろき>とを悟りえよ
37: 2 その御口から出る<とどろき>を．
40: 9 神のような声で雷鳴を<とどろ>き渡
詩篇 42: 7 あなたの大滝の<とどろき>に，淵が
65: 7 あなたは，海の<とどろき>，その大
波の<とどろき>…を静められます．
93: 4 大水の<とどろき>にまさり，海の力
イザ 5:30 その民は海の<とどろき>のように，
51:15 波を<とどろ>かせる．その名は万軍
エレ 50:42 その声は海のように<とどろく>．バ
エゼ 1:24 それは大水の<とどろき>のようであ
43: 2 その音は大水の<とどろき>のようで
ヘブ 12:19 ことばの<とどろき>に近づいている
のではありません．この<とどろき>

▼となえる（唱える）

創世 48:16 私の名が…<となえ>続けられますよ
申命 32:44 民に聞こえるように<唱え>た．
イザ 26:13 御名を<唱え>ます．
61: 6 あなたがたは主の祭司と<となえ>ら
エレ 44:26 ユダヤ人の口に<となえ>られること
使徒 19:13 主イエスの御名を<となえ>，「パウ
ロマ 2:17 あなたが自分をユダヤ人と<となえ>，
エペ 1:21 次に来る世においても<となえ>られ

▼となり（隣）

出エ 11: 2 男は<隣>の男から，女は<隣>の女か
12: 4 すぐ<隣>の人と，人数に応じて1頭
Ⅱ列 4: 3 <隣>の人みなから，器を借りて来な
箴言 6:29 <隣>の人の妻と姦通する者は，これ
エレ 9:20 <隣>の女にも哀歌を教えよ．
エゼ 16:26 <隣>のエジプト人と姦通し，ますま

▼となりびと（隣人）

出エ 20:17 あなたの<隣人>の家を欲しがっては
ならない…<隣人>の妻…<隣人>のも
レビ 18:20 あなたの<隣人>の妻と寝て交わり，
19:18 あなたの<隣人>をあなた自身のよう
申命 4:42 以前から憎んでいなかった<隣人>を
19:11 もし人が自分の<隣人>を憎み，待ち
Ⅰ列 8:31 <隣人>に罪を犯し，のろいの誓いを
詩篇 15: 3 <隣人>への非難を口にしない．

と

28: 3 彼らは<隣人>と平和を語りながら，
31:11 わけても，私の<隣人>から．私の親
101: 5 陰で自分の<隣人>をそしる者を，私
箴言 3:29 <隣人>が，あなたのそばで安心して
6: 1 <隣人>のために保証人となり，他国
11: 9 その口によって<隣人>を滅ぼそうと
12 <隣人>をさげすむ者は思慮に欠けて
14:20 貧しい者はその<隣人>にさえ憎まれ
21 自分の<隣人>をさげすむ人は罪人．
17:18 思慮に欠けている者はすぐ誓約をして，<隣人>の前で保証人となる．
24:28 <隣人>をそこなう証言をしてはなら
25:17 <隣人>の家に，足しげく通うな．彼
27:10 近くにいる<隣人>は，遠くにいる兄
エレ 34:15 各自，<隣人>の解放を告げてわたし
17 同胞や<隣人>に解放を告げなかった
エゼ 18: 6 <隣人>の妻を汚さず，さわりのある
マタ 5:43 自分の<隣人>を愛し，自分の敵を憎
19:19 あなたの<隣人>をあなた自身のように愛せよ．」マコ12:31，ロマ13:9．
ルカ 10:29 では，私の<隣人>とは，だれのこと
36 だれが，強盗に襲われた者の<隣人>
使徒 7:27 <隣人>を傷つけていた者が，モーセ
ロマ 13:10 愛は<隣人>に対して害を与えません．
15: 2 <隣人>を喜ばせ，その徳を高め，そ
エペ 4:25 おのおの<隣人>に対して真実を語り
ヤコ 4:12 <隣人>をさばくあなたは…何者です

▼ トパーズ
出エ 28:17 第１列は赤めのう，<トパーズ>，エ
ヨブ 28:19 クシュの<トパーズ>もこれと並ぶこ
エゼ 28:13 赤めのう，<トパーズ>，ダイヤモン

▼ トバル
ヤペテの子孫とその一族．創世10:2，イザ66:19，エゼ27:13，32:26，38:2，3，39:1．

▼ トバル・カイン〔人名〕
レメクとツィラの子．創世4:22．

▼ とび，黒とび
レビ 11:14 <とび>，はやぶさの類，
申命 14:13 <黒とび>，はやぶさ，<とび>の類，
イザ 34:15 <とび>も…自分の連れ合いとそこに

▼ とびかける（飛びかける）
詩篇 18:10 風の翼に乗って<飛びかけ>られた．
イザ 14:29 その子は<飛びかける>燃える蛇とな

▼ とびこえる（～越える，飛び越える）
IIサム 22:30 私の神によって私は城壁を<飛び越え>ます．詩篇18:29．
雅歌 2: 8 山々を<とび越え>，丘々の上をはね

▼ とびこむ（飛び込む）
ヨハ 21: 7 上着をまとって，湖に<飛び込>んだ．
使徒 27:43 泳げる者がまず海に<飛び込>んで陸

▼ とびねずみ
レビ 11:29 もぐら，<とびねずみ>，大とかげの

▼ トビヤ
1. 人名．
(1)ヨシャパテ時代のレビ人．II歴17:8．
(2)アモン人の役人．ネヘ2:10，6:14，18，13:4．
(3)大祭司ヨシュアの冠を作った人．ゼカ6:10，14．
2. トビヤ族．捕囚帰還氏族の一つ．エズ2:60．

▼ とびら
士師 16: 3 町の門の<とびら>と，２本の門柱を
Iサム 21:13 狂ったふりをし，門の<とびら>に傷
I列 6:31 オリーブ材の<とびら>と五角形の戸
II列 18:16 本堂の<とびら>と柱から金をはぎ取
ネヘ 3: 1 それを聖別して，<とびら>を取りつ
13:19 命じて，<とびら>をしめさせ，安息
詩 107:16 主は青銅の<とびら>を打ち砕き，鉄
イザ 45: 2 青銅の<とびら>を打ち砕き，鉄のか
エゼ 41:23 本堂と至聖所に…二つの<とびら>が
25 本堂の<とびら>には…ケルビムとな
使徒 16:26 たちまち<とびら>が全部あいて，み

▼ トフ〔人名〕
サムエルの父エルカナの父祖．Iサム1:1．

▼ トブ〔地名〕
アラムとアモンの中間の地．士師11:3，5．

▼ とぶ
ヨブ 39:20 これをいなごのように，<と>びはね
イザ 13:21 野やぎがそこに<と>びはねる．
35: 6 足のなえた者は鹿のように<と>びは

▼ とぶ（飛ぶ）【別項】飛びかける，飛び越える，飛び込む
創世 1:20 鳥が地の上，天の大空を<飛>べ．」
出エ 16:13 夕方になるとうずらが<飛>んで来て，
申命 4:17 空を<飛ぶ>どんな鳥の形も，
IIサム 22:11 主は，ケルブに乗って<飛>び，風の
ヨブ 5: 7 火花が上に<飛ぶ>ように．
9:25 それは<飛>び去って，しあわせを見
14: 2 影のように<飛>び去ってとどまりま
詩篇 11: 1 おまえたちの山に<飛>んで行け．
18:10 主は，ケルブに乗って<飛>び，風の

55: 6 そうしたら，<飛>び去って，休むも
91: 5 昼に<飛>び来る矢も恐れない．
箴言 23: 5 富は…鷲のように天へ<飛>んで行く．
26: 2 <飛>び去るつばめのように，いわれ
イザ 6: 2 六つの翼があり…二つで<飛>んでお
60: 8 雲のように<飛>び，巣に帰る鳩のよ
エレ 4:25 空の鳥もみな<飛>び去っていた．
48: 9 モアブに翼を与えて，<飛>び去らせ
40 彼は鷲のように<飛>びかかり，モア
ダニ 9:21 ガブリエルが…すばやく<飛>んで来
ホセ 9:11 鳥のように<飛>び去り，もう産むこ
ハバ 1: 8 鷲のように…食おうと<飛>びかかる．
ゼカ 5: 2 <飛>んでいる巻き物を見ています．
マタ 23:15 海と陸とを<飛>び回り，改宗者がで
使徒 14:10 すると彼は<飛>び上がって，歩き出
黙示 4: 7 第４の生き物は空<飛ぶ>鷲のようで
14: 6 もうひとりの御使いが中天を<飛ぶ>

▼トブ・アドニヤ〔人名〕

ヨシャパテ時代のレビ人．II歴17:8.

▼トフェテ〔地名〕

ベン・ヒノムの谷にある幼児犠牲が行われた所．II列23:10，エレ7:31，32，19:6，11，12，13.

▼トフェル〔地名〕

イスラエル人の宿営地．申命1:1.

▼ドフカ〔地名〕

イスラエル人の宿営地．民数33:12，13.

▼とほ（徒歩）

出エ 12:37 <徒歩>の壮年の男子は約60万人．
申命 2:28 <徒歩>で通らせてくださるだけでよ
エレ 12: 5 あなたは<徒歩>の人たちと走っても

▼とほうにくれる（途方にくれる）

ダニ 5: 9 貴人たちも<途方にくれ>た．
ルカ 24: 4 女たちが<途方にくれ>ていると，見
IIコリ 4: 8 <途方にくれ>ていますが，行きづま

▼とぼしい（乏しい），乏しさ

詩篇 23: 1 私は，<乏しい>ことがありません．
34: 9 彼を恐れる者には<乏しい>ことはな
10 若い獅子も<乏し>くなって飢える．
82: 3 悩む者と<乏しい>者の権利を認めよ．
箴言 6:11 <乏しさ>は横着者のようにやって来
11:24 かえって<乏し>くなる者がある．
12: 9 高ぶっている人で食に<乏しい>者に
22:16 富む人に与える者は，必ず<乏し>く
イザ 30:20 <乏しい>パンとわずかな水とを賜っ
エゼ 16:49 <乏しい>者や，貧しい者の世話をし
18:12 <乏しい>者や貧しい者をしいたげ，
マコ 12:44 この女は，<乏しい>中から，あるだけを全部，生活費の全部．ルカ21:4.
使徒 4:34 ひとりも<乏しい>者がなかった．地
ピリ 4:11 <乏しい>からこう言うのではありま
12 富むことにも<乏しい>ことにも，あ
16 ２度までも…私の<乏しさ>を補って
ヘブ 11:37 <乏し>くなり，悩まされ，苦しめら
黙示 3:17 <乏しい>ものは何もないと言って，

▼ドマ

1. 地名．ユダの最南端の町の一つ．ヨシ15:52.
2. 人名．イシュマエルの子孫．創世25:14.
3. エドムの悪の象徴的名称．イザ21:11.

▼トマス〔人名〕

イエスの12弟子の一人．マタ10:3，マコ3:18，ルカ6:15，ヨハ11:16，14:5，20:24，25，26，27，28，21:2.

▼とまどう

ヨブ 41:25 ぎょっとして<とまどう>.
ルカ 1:29 マリヤは…ひどく<とまど>って，こ

▼とまる（止まる），止（留）める【別項】心に（を）留める，目を留める

創世 18:11 普通の女にあることが…<止ま>って
レビ 15: 3 隠しどころが漏出物を<留め>ていて
II列 4: 6 「もう器は…」…油は<止ま>った．
ネヘ 6: 3 工事が<止まる>ようなことがあって
伝道 8: 8 風を<止める>ことのできる人はいな
エゼ 32: 4 あらゆる鳥をあなたの上に<止ま>ら
ルカ 8:44 たちどころに出血が<止ま>った．

▼とまる（泊まる），泊める

創世 19: 2 わたしたちは広場に<泊ま>ろう．」
24:23 <泊め>ていただく場所があるでしょ
民数 22: 8 今夜はここに<泊ま>りなさい．主が
ヨシ 2: 1 遊女の家に入り，そこに<泊ま>った．
4: 3 今夜<泊まる>宿営地にそれを据えよ．
士師 19: 9 もう一晩お<泊ま>りなさい．もう日
マタ 21:17 ベタニヤに行き，そこに<泊ま>られ
ルカ 10: 7 その家に<泊ま>っていて，出してく
19: 5 あなたの家に<泊まる>ことにしてあ
24:29 彼らといっしょに<泊まる>ために中
ヨハ 1:38 ラビ…今どこにお<泊ま>りですか．」
使徒 1:13 <泊ま>っている屋上の間に上がった．
9:43 シモン…の家に<泊ま>っていた．

10: 6 シモン…の家に<泊ま>っていますが,
32 シモンの家に<泊ま>っている.』
16:15 私の家に来てお<泊ま>りください」

▼とみ（富）

創世 31: 1 父の物でこのすべての<富>をものに
申命 8:17 私の手の力が，この<富>を築き上げ
18 主があなたに<富>を築き上げる力を
33:19 彼らが海の<富>と，砂に隠されてい
Ⅰ列 3:11 自分のために<富>を求めず，あなた
10:23 ソロモン王は，<富>と知恵とにおい
Ⅰ歴 29:12 <富>と誉れは御前から出ます．あな
28 齢も<富>も誉れも満ち満ちて死んだ.
Ⅱ歴 32:27 ヒゼキヤは，<富>と誉れに非常に恵
ヨブ 5: 5 渇いた者が彼らの<富>をあえぎ求め
20:15 彼は<富>をのみこんでも…吐き出す.
31:25 私の<富>が多いので喜び，私の手が
詩篇 49: 6 豊かな<富>を誇る者どもを.
52: 7 おのれの豊かな<富>にたより，おの
62:10 <富>がふえても，それに心を留める
112: 3 繁栄と<富>とはその家にあり，彼の
箴言 3:16 その左の手には<富>と誉れがある.
11:16 横暴な者は<富>をつかむ.
28 自分の<富>に拠り頼む者は倒れる.
13: 8 <富>はその人のいのちの身代金であ
15: 6 正しい者の家には多くの<富>がある.
22: 1 名声は多くの<富>よりも望ましい.
4 主を恐れることの報いは，<富>と誉
23: 4 <富>を得ようと苦労してはならない.
5 <富>は必ず翼をつけて，鷲のように
27:24 <富>はいつまでも続くものではなく,
30: 8 貧しさも<富>も私に与えず…定めら
伝道 4: 8 彼の目は<富>を求めて飽き足りるこ
5:10 <富>を愛する者は収益に満足しない.
13 <富>が，その人に害を加えることだ.
19 神はすべての人間に<富>と財宝を与
9:11 <富>は悟りのある人のものではなく,
イザ 33: 6 知恵と知識とが，救いの<富>である.
60: 5 海の<富>はあなたのところに移され,
61: 6 力を食い尽くし，その<富>を誇る.
エレ 9:23 富む者は自分の<富>を誇るな.
17:11 一生の半ばで，<富>が彼を置き去り
48:36 彼らの得た<富>も消えうせたからだ.
エゼ 29:19 彼はその<富>を取り上げ，物を分捕
マタ 6:24 神にも仕え，また<富>にも仕えると
13:22 <富>の惑わしとがみことばをふさぐ
マコ 4:19 世の心づかいや，<富>の惑わし，そ
ルカ 16: 9 不正の<富>で，自分のために友をつ
ロマ 11:12 もし彼らの違反が世界の<富>となり,
彼らの失敗が異邦人の<富>となるの
33 神の知恵と知識との<富>は，何と底
Ⅱコリ 8: 2 その惜しみなく施す<富>となったの
エペ 3: 8 私がキリストの測りがたい<富>を異
ピリ 4:19 ご自身の栄光の<富>をもって，あな
Ⅰテモ 6:17 たよりにならない<富>に望みを置か
ヘブ 11:26 エジプトの宝にまさる大きな<富>と
ヤコ 5: 2 あなたがたの<富>は腐っており，あ
Ⅰヨハ 3:17 世の<富>を持ちながら，兄弟が困っ
黙示 5:12 ほふられた小羊は，力と，<富>と,
18:17 あれほどの<富>が，一瞬のうちに荒

▼とむ（富む），富ます

創世 13: 2 アブラムは…金とに非常に<富>んで
14:23 アブラムを<富>ませたのは私だ』と
30:43 この人は大いに<富>み，多くの群れ
出エ 30:15 <富>んだ者も半シェケルより多く払
34: 6 …におそく，恵みとまことに<富>み,
Ⅰサム 2: 7 主は，貧しくし，また<富>ませ，低
17:25 王はその者を大いに<富>ませ，その
Ⅱサム 12: 1 ひとりは<富>んでいる人，ひとりは
ヨブ 15:29 彼は<富む>こともなく，その財産も
27:19 <富む>者が寝ると，もうそれきりだ.
37:23 義に<富>み，苦しめることをしない.
詩篇 49: 2 <富む>者も，貧しい者も，ともども
147: 5 主は偉大であり，力に<富>み，その
箴言 10: 4 勤勉な者の手は人を<富ます>.
13: 7 <富>んでいるように見せかけ，何も
14:20 <富む>者を愛する人は多い.
18:11 <富む>者の財産はその堅固な城．自
21:17 ぶどう酒や油を愛する者は<富む>こ
28: 6 <富>んでいても，曲がった道を歩む
伝道 5:12 <富む>者は，満腹しても，安眠をと
エレ 9:23 <富む>者は自分の富を誇るな.
エゼ 27:25 おまえは海の真ん中で<富>み，大い
ホセ 12: 8 しかし，私は<富む>者となった．私
ゼカ 11: 5 私も<富>みますように』と言ってい
ルカ 1:53 <富む>者を何も持たせないで追い返
6:24 あなたがた<富む>者は哀れです．慰
12:21 神の前に<富>まない者はこのとおり
Ⅱコリ 6:10 貧しいようでも，多くの人を<富>ま
8: 7 この恵みのわざにも<富む>ようにな
9 主は<富>んでおられたのに…キリス

トの貧しさによって<富む>者となる
エペ 1:18 どのように栄光に<富>んだものか,
コロ 1:27 どのように栄光に<富>んだものであ
Iテモ 6:17 この世で<富>んでいる人たちに命じ
18 良い行いに<富>み,惜しまずに施し,
ヤコ 1:10 <富>んでいる人は,自分が低くされることに誇りを持ちなさい…<富>んでいる人は,草の花のように過ぎ去
2: 5 貧しい人たちを選んで信仰に<富む>
黙示 2: 9 しかしあなたは実際は<富>んでいる.
3:17 自分は<富>んでいる,豊かになった,

▼ とむらい (弔い)

マタ 11:17 <弔い>の歌を歌ってやっても,悲し

▼ とも

マコ 4:38 <とも>のほうで,枕をして眠ってお
使徒 27:29 <とも>から四つの錨を投げおろし,

▼ とも (友),友だち 【別項】王の友

出エ 33:11 主は,人が自分の<友>と語るように,
IIサム 12:11 あなたの妻たちを…<友>に与えよう.
16:17 なぜ…あなたの<友>といっしょに行
II歴 20: 7 あなたの<友>アブラハムのすえに賜
ヨブ 2:11 ヨブの3人の<友>は,ヨブに降りか
6:14 落胆している者には…<友>から友情
27 自分の<友>さえ売りに出す.
16:20 私の<友>は私をあざけります.しか
17: 5 分け前を得るために<友>の告げ口を
19:14 私の親しい<友>は私を忘れた.
42: 7 わたしの怒りは…ふたりの<友>に向
詩篇 35:14 私の<友>,私の兄弟にするように,
38:11 私の<友>も,私のえやみを避けて立
41: 9 私のパンを食べた親しい<友>までが,
55:13 私の<友>,私の親友のおまえが.
88:18 私から愛する者や<友>を遠ざけてし
箴言 13:20 愚かな者の<友>となる者は害を受け
17: 9 親しい<友>を離れさせる.
17 <友>はどんなときにも愛するものだ.
19: 4 財産は多くの<友>を増し加え,寄る
6 贈り物をしてくれる人の<友>となる.
22:11 優しく話をする者は,王がその<友>
27: 9 <友>の慰めはたましいを力づける.
17 人はその<友>によってとがれる.
イザ 34:14 野やぎはその<友>を呼ぶ.そこには
41: 8 わたしの<友>,アブラハムのすえよ.
エレ 9: 4 どの<友>も中傷して歩き回るからだ.
オバ 7 あなたの親しい<友>があなたを征服
ミカ 7: 5 <友>を信用するな.親しい<友>をも
ハバ 2:15 自分の<友>に飲ませ,毒を混ぜて酔
マタ 9:15 花婿につき添う<友だち>は,花婿が
26:50 イエスは彼に,「<友>よ.何のため
ルカ 5:20 イエスは「<友>よ.あなたの罪は赦
34 花婿につき添う<友だち>に断食させ
12: 4 わたしの<友>であるあなたがたに言
15:29 <友だち>と楽しめと言って,子山羊
16: 9 不正の富で,自分のために<友>をつ
ヨハ 11:11 わたしたちの<友>ラザロは眠ってい
15:13 人がその<友>のためにいのちを捨て
14 あなたがたはわたしの<友>です.
15 わたしはあなたがたを<友>と呼びま
Iコリ 15:33 <友だち>が悪ければ,良い習慣がそ
テト 3:15 信仰の<友>である人々に,よろしく
ピレ 17 もしあなたが私を親しい<友>と思う
ヤコ 2:23 彼は神の<友>と呼ばれたのです.
4: 4 世の<友>となりたいと思ったら,そ

▼ ともがら

I列 20:35 預言者の<ともがら>のひとりが,主
II列 2: 7 預言者の<ともがら>のうち50人が行
詩 119:63 戒めを守る者との<ともがら>です.

▼ ともしび

出エ 27:20 <ともしび>を絶えずともしておかなければならない.レビ24:2.
Iサム 3: 3 神の<ともしび>は,まだ消えていず,
IIサム 21:17 イスラエルの<ともしび>を消さない
22:29 主よ.あなたは私の<ともしび>.主
I列 11:36 いつも一つの<ともしび>を保つため
15: 4 彼に一つの<ともしび>を与え,彼の
II列 8:19 ダビデとその子孫に…<ともしび>を
ヨブ 18: 6 彼を照らす<ともしび>も消える.
29: 3 神の<ともしび>が私の頭を照らし,
詩篇 18:28 あなたは私の<ともしび>をともされ,
119:105 みことばは,私の足の<ともしび>,
132:17 一つの<ともしび>を備えている.
箴言 6:23 命令は<ともしび>であり,おしえは
13: 9 悪者の<ともしび>は消える.24:20.
20:27 人間の息は主の<ともしび>,腹の底
31:18 その<ともしび>は夜になっても消え
ゼパ 1:12 <ともしび>をかざして,エルサレム
マタ 25: 1 <ともしび>を持って,花婿を出迎える10人の娘のようです.3,4,7,8.
ヨハ 5:35 彼は燃えて輝く<ともしび>であり,
使徒 20: 8 屋上の間には,<ともしび>がたくさ

Ⅱペテ 1:19 暗い所を照らす<ともしび>として，
黙示 4: 5 七つの<ともしび>が御座の前で燃え
18:23 <ともしび>の光は，もうおまえのう

▼ともしびざら（～皿）

出エ 25:37 <ともしび皿>を七つ作る．
民数 4: 9 燭台と<ともしび皿>，心切りばさみ，
Ⅰ歴 28:15 <ともしび皿>の目方が，銀の燭台に
ゼカ 4: 2 その鉢の上には七つの<ともしび皿>

▼ともなう（伴う）

出エ 15:13 聖なる御住まいに<伴>われた．
詩篇 23: 2 いこいの水のほとりに<伴>われます．
31: 3 私を導き，私を<伴>ってください．
雅歌 2: 4 あの方は私を酒宴の席に<伴>われま
マコ 5:40 ご自分の供の者たちだけを<伴>って，
16:17 信じる人々には…しるしが<伴>いま
20 みことばに<伴う>しるしをもって，
エペ 6:23 平安と信仰に<伴う>愛とが兄弟たち
Ⅱテモ 4:11 マルコを<伴>って，いっしょに来て

▼ともに（共に）

創世 28:15 わたしはあなたと<ともに>あり，あ
申命 20: 4 <共に>行って…勝利を得させてくだ
31: 8 主があなたと<ともに>おられる．主
ヨシ 1: 5 わたしは…あなたと<ともに>いよう．
9 主が…あなたと<ともに>あるからで
Ⅰサム 29: 6 陣営で，私と行動を<共に>してもら
Ⅱサム 7: 9 どこに行っても…あなたと<ともに>
ヨブ 3:18 捕らわれ人も<共に>休み，追い使う
21:26 彼らは<共に>ちりに伏し，うじが彼
詩 126: 5 涙と<ともに>種を蒔く者は，喜び叫
133: 1 兄弟たちが一つになって<共に>住む
イザ 11: 6 狼は子羊と<ともに>宿り，ひょうは
子やぎと<ともに>伏し，子牛，若獅
7 雌牛と熊とは<共に>草をはみ，その
40: 5 すべての者が<共に>これを見る．主
45:21 証拠を出せ．<共に>相談せよ．だれ
52: 8 声を張り上げ，<共に>喜び歌ってい
エレ 6:21 父も子も<共に>これにつまずき，隣
31:13 若い男も年寄りも<共に>楽しむ．
51:38 彼らは<共に>，若獅子のようにほえ，
ダニ 4:25 野の獣と<ともに>住み，牛のように
ゼカ 8:23 神があなたがたと<ともに>おられる，
マタ 1:23 神は私たちと<ともに>おられる，と
28:20 いつも，あなたがたと<ともに>いま
ルカ 1:28 主があなたと<ともに>おられます．」
23:43 わたしと<ともに>パラダイスにいま
ヨハ 1: 1 ことばは神と<ともに>あった．こと
3: 2 神が<ともに>おられるのでなければ，
8:29 遣わした方はわたしと<ともに>おら
14:16 助け主が…あなたがたと，<ともに>
使徒 4:13 ふたりがイエスと<ともに>いたのだ，
7: 9 しかし，神は彼と<ともに>おられ，
ロマ 6: 8 私たちがキリストと<ともに>死んだ
のであれば，キリストと<ともに>生
Ⅱコリ 1: 7 私たちと苦しみを<ともに>している
4:14 私たちをもイエスと<ともに>よみが
ガラ 3: 9 信仰の人アブラハムと<ともに>，祝
Ⅰテサ 4:17 いつまでも主と<ともに>いることに
5:10 眠っていても，主と<ともに>生きる
Ⅱテモ 4:22 主があなたの霊と<ともに>おられま
Ⅰヨハ 1: 2 御父と<ともに>あって…現された永
Ⅱヨハ 11 悪い行いを<ともに>することになり
ユダ 3 私たちが<ともに>受けている救いに
黙示 21: 3 神の幕屋が人と<ともに>ある．神は
彼らと<ともに>住み，彼らはその民

▼どもり，どもる

イザ 32: 4 <どもり>の舌も，はっきりと早口で
33:19 その舌は<ども>って，わけがわから

▼トラ

1. 人名．
(1)イッサカルの子．創世46:13，Ⅰ歴7:2．
(2)士師の一人．イッサカル人．士師10:1．
2. トラ族．1.(1)の子孫．民数26:23．

▼ドラ〔地名〕

バビロン州にある平地．ダニ3:1．

▼どら

Ⅰコリ 13: 1 愛がないなら，やかましい<どら>や，

▼とらえうつす（捕らえ移す）

Ⅱ列 15:29 住民をアッシリヤへ<捕らえ移>した．
24:14 捕囚として<捕らえ移>した．貧しい
25:21 ユダはその国から<捕らえ移>された．
Ⅰ歴 8: 7 この人々を<捕らえ移>したのはナア
9: 1 バビロンに<捕らえ移>されていた．
詩 137: 3 私たちを<捕らえ移>した者たちが，
イザ 5:13 民は無知のために<捕らえ移>される．
エレ 13:19 ユダはことごとく<捕らえ移>され，
52:15 残りの群衆を<捕らえ移>した．
哀歌 4:22 主はもう，あなたを<捕らえ移>さな
エゼ 39:23 咎を得て<捕らえ移>されたこと，そ
アモ 5: 5 ギルガルは必ず<捕らえ移>され，べ
27 ダマスコのかなたへ<捕らえ移す>」

▼ **とらえる（捕らえる）**【別項】捕らえ移す

士師 15: 4 ジャッカルを300匹<捕らえ>，たい
Ⅰ列 8:50 彼らを<捕らえ>ていった者たちが，
Ⅰ歴 12:18 御霊が…アマサイを<捕らえ>た．
Ⅱ歴 24:20 神の霊が…ゼカリヤを<捕らえ>たの
33:11 彼らはマナセを鉤で<捕らえ>，青銅
ヨブ 4:12 そのささやきが私の耳を<捕らえ>た．
18: 9 わなは彼のかかとを<捕らえ>，しか
30:16 悩みの日に私は<捕らえ>られた．
36: 8 悩みのなわに<捕らえ>られると，
40:24 その目をつかんでこれを<捕らえ>え
詩篇 10: 9 彼は悩む人を<捕らえ>ようと待ち伏
140:11 暴虐の者を急いで<捕らえる>ように
箴言 5:22 悪者は自分の咎に<捕らえ>られ，自
11: 6 自分の欲によって<捕らえ>られる．
30 知恵のある者は人の心を<とらえる>．
伝道 7:26 罪を犯す者は女に<捕らえ>られる．
イザ 21: 3 女の産みの苦しみのような苦しみが
私を<捕らえ>た．エレ6:24．
エレ 37:13 預言者エレミヤを<捕らえ>た．
50:33 彼らを<捕らえ>て解放しようとはし
46 バビロンの<捕らえ>られる音で地は
哀歌 4:20 彼らの落とし穴で<捕らえ>られた．
エゼ 14: 5 心をわたしが<とらえる>ためである．
21:23 彼は彼らを<捕らえ>て，彼らの不義
ミカ 7: 2 互いに網をかけ合って<捕らえ>よう
マタ 4:12 ヨハネが<捕らえ>られたと聞いてイ
14: 3 ヨハネを<捕らえ>て縛り，牢に入れ
21:46 イエスを<捕らえ>ようとしたが，群
26:55 あなたがたは，わたしを<捕らえ>な
マコ 1:14 ヨハネが<捕らえ>られて後，イエス
13:11 <捕らえ>られ，引き渡されたとき，
14:51 人々は彼を<捕らえ>ようとした．
ルカ 21:12 人々はあなたがたを<捕らえ>て迫害
ヨハ 7:30 人々はイエスを<捕らえ>ようとした
8:20 だれもイエスを<捕らえ>なかった．
18:12 役人たちは，イエスを<捕らえ>て縛
使徒 12: 4 ヘロデはペテロを<捕らえ>て牢に入
16:19 パウロとシラスを<捕らえ>，役人た
19:29 ガイオとアリスタルコを<捕らえ>，
ロマ 7: 6 自分を<捕らえ>ていた律法に対して
8 この戒めによって機会を<捕らえ>，
Ⅰコリ 3:19 「神は，知者どもを…<捕らえる>．」
ピリ 3:12 <捕らえ>ようとして，追求している
…キリスト・イエスが私を<捕らえ>
13 自分はすでに<捕らえ>たなどと考え
Ⅱテモ 2:26 悪魔に<捕らえ>られて思うままにさ
ヘブ 10:34 <捕らえ>られている人々を思いやり，
黙示 20: 2 あの古い蛇を<捕らえ>，これを千年

▼ **トラデ**〔地名〕
シメオンの町．Ⅰ歴4:29．

▼ **とらわれのれい（捕らわれの霊），捕らわれ人**

Ⅰ歴 3:17 <捕らわれ人>エコヌヤの子は，その
ヨブ 3:18 <捕らわれ人>も共に休み，追い使う
詩篇 68: 6 <捕らわれ人>を導き出して栄えさせ
69:33 <捕らわれ人>らをさげすみなさらな
79:11 <捕らわれ人>のうめきが御前に届き
102:20 <捕らわれ人>のうめきを聞き，死に
146: 7 主は<捕らわれ人>を解放される．
イザ 10: 4 <捕らわれ人>の足もとにひざをつき，
49: 9 わたしは<捕らわれ人>には『出よ』
51:14 <捕らわれ人>は，すぐ解き放たれ，
61: 1 <捕らわれ人>には解放を，囚人には
哀歌 3:34 すべての<捕らわれ人>を足の下に踏
アモ 6: 7 最初の<捕らわれ人>として引いて行
ゼカ 9:11 <捕らわれ人>を，水のない穴から解
ルカ 4:18 <捕らわれ人>には赦免を，盲人には
Ⅰペテ 3:19 キリストは<捕らわれの霊>たちのと

▼ **とらわれる（捕らわれる）**

申命 32:42 <捕らわれ>た者の血を飲ませ，髪を
Ⅰ列 8:47 彼らが<捕らわれ>ていった地で，み
ずから反省して悔い改め．Ⅱ歴6:37．
詩篇 68:18 <捕らわれ>た者をとりこにし，人々
エレ 49:24 ダマスコは…恐怖に<捕らわれ>，身

▼ **とり（鳥）**

創世 1:20 <鳥>が地の上，天の大空を飛べ．」
15:10 しかし，<鳥>は切り裂かなかった．
レビ 1:14 <鳥>の全焼のいけにえであるなら，
申命 4:17 空を飛ぶどんな<鳥>の形も，
14:11 きよい<鳥>は食べることができる．
22: 6 あなたが道で…<鳥>の巣を見つけ，
28:26 空のすべての<鳥>と，地の獣とのえ
Ⅰサム 17:44 おまえの肉を空の<鳥>…にくれてや
Ⅰ列 4:33 獣や<鳥>やはうものや魚についても
14:11 野で死ぬ者は空の<鳥>がこれを食ら
ヨブ 12: 7 空の<鳥>に尋ねてみよ．それがあな
詩篇 8: 8 空の<鳥>，海の魚，海路を通うもの
11: 1 <鳥>のように…山に飛んで行け．

50:11 山の<鳥>も残らず知っている．野に
78:27 <鳥>をも海辺の砂のように降らせた．
102: 7 ひとりぼっちの<鳥>のようになりま
104:12 そのかたわらには空の<鳥>が住み，
124: 7 わなから<鳥>のように助け出された．
箴言 1:17 <鳥>がみな見ているところで，網を
伝道 10:20 空の<鳥>がその声を持ち運び，翼の
イザ 31: 5 主は飛びかける<鳥>のように，エル
エレ 5:26 待ち伏せして<鳥>を取る者のように，
エゼ 13:20 人々を<鳥>を取るようにわなにかけ
31:13 空のあらゆる<鳥>が住み，その大枝
44:31 祭司たちは…<鳥>…食べてはならな
ダニ 4:12 その枝には空の<鳥>が住み，すべて
7: 6 その背には四つの<鳥>の翼があり，
ホセ 2:18 空の<鳥>，地をはうものと契約を結
9:11 エフライムの栄光は<鳥>のように飛
11:11 彼らは<鳥>のようにエジプトから，
アモ 3: 5 <鳥>は，わながかけられないのに，
マタ 6:26 空の<鳥>を見なさい．種蒔きもせず，
8:20 空の<鳥>には巣があるが，人の子に
13: 4 すると<鳥>が来て食べてしまった．
32 空の<鳥>が来て，その枝に巣を作る
マコ 4:32 その陰に空の<鳥>が巣を作れるほど
ルカ 12:24 <鳥>よりも，はるかにすぐれたもの
使徒 10:12 その中には…空の<鳥>などがいた．
ロマ 1:23 不滅の神の御栄えを…<鳥>，獣，は
Ⅰコリ 15:39 すべての肉が同じではなく…<鳥>の
ヤコ 3: 7 どのような種類の獣も<鳥>も，はう
黙示 19:17 中天を飛ぶすべての<鳥>に言った．

▼とりあげる（取り上げる）

創世 31: 9 家畜を<取り上げ>て，私に下さった
16 父から<取り上げ>た富は，すべて私
Ⅱサム 12: 4 貧しい人の雌の子羊を<取り上げ>て，
Ⅰ列 11:34 王国全部は<取り上げ>ない．わたし
21:15 あのぶどう畑を<取り上げ>なさい．
詩篇 27:10 主が私を<取り上げ>てくださる．
エレ 51:36 わたしはあなたの訴えを<取り上げ>，
マタ 13:12 持っているものまでも<取り上げ>ら
15:26 子どもたちのパンを<取り上げ>て，
25:28 そのタラントを彼から<取り上げ>て，
27:30 葦を<取り上げ>てイエスの頭をたた
ルカ 10:42 彼女からそれを<取り上げ>てはいけ
16: 3 主人にこの管理の仕事を<取り上げ>
ヨハ 5: 8 起きて，床を<取り上げ>て歩きなさ
使徒 18:14 訴えを<取り上げ>もしようが，

▼とりあつかう（取り扱う）

エレ 2: 8 律法を<取り扱う>者たちも，わたし
使徒 27: 3 パウロを親切に<取り扱>い，友人た

▼とりあつめる（取り集める）

詩篇 26: 9 …人々とともに，<取り集め>ないで
イザ 62: 9 ぶどうを<取り集め>た者が，わたし
マタ 13:41 …たちをみな，御国から<取り集め>
マコ 8:19 パン切れを<取り集め>て，幾つのか
ごが．マタ14:20，ルカ9:17．

▼とりいる（取り入る）

使徒 12:20 王の侍従ブラストに<取り入>って和
ガラ 1:10 いま私は人に<取り入>ろうとしてい

▼とりいれ（取り入れ），取り入れる

出エ 23:16 勤労の実を畑から<取り入れる>収穫
イザ 24:13 ぶどうの<取り入れ>が終わって，取
32:10 その<取り入れ>もできなくなるから
エレ 48:32 ぶどうの<取り入れ>を，荒らす者が
ヤコ 5: 4 <取り入れ>をした人たちの叫び声は，
黙示 14:15 <取り入れる>時が来ましたから．」

▼とりおろす（取り降ろす）

民数 4: 5 仕切りの幕を<取り降ろ>し，あかし
ヨハ 19:38 イエスのからだを<取り降ろ>した．
マタ27:59，マコ15:46，ルカ23:53．
使徒 13:29 イエスを十字架から<取り降ろ>して

▼とりかえす（取り返す），取り返し

Ⅰサム 30:19 ダビデは…すべてを<取り返し>た．
Ⅱ列 13:25 ハダデの手から<取り返>した…イス
ラエルの町々を<取り返>した．
16: 6 エラテをアラムに<取り返>し，ユダ
エス 8: 2 王はハマンから<取り返し>た自分の
箴言 25:10 評判は<取り返し>のつかないほど悪
エレ 41:16 イシュマエルから<取り返>したすべ
エゼ 7:13 売った物を<取り返>せない．幻がそ
アモ 3:12 耳たぶを<取り返>すように，サマリ

▼とりかえる（取り替える）

レビ 27:10 悪いものを良いものに<取り替え>て
詩 106:20 草を食らう雄牛の像に<取り替え>た．
エレ 2:11 神々でないものに，<取り替え>た国
エゼ 48:14 どの部分も…<取り替え>たりしては

▼とりかこむ（取り囲む）

創世 19: 4 ソドムの人々が…家を<取り囲>んだ．
Ⅱサム 22: 6 よみの綱は私を<取り囲>み，死のわ
Ⅱ列 3:25 石を投げる者たちが<取り囲>み，こ
ヨブ 19: 6 神の網で私を<取り囲>まれた」こと
詩篇 17:11 私たちを<取り囲>みました．彼らは

18: 5 よみの綱は私を<取り囲>み，死のわ
22:12 数多い雄牛が，私を<取り囲>み，バ
32: 7 救いの歓声で，私を<取り囲>まれま
40:12 わざわいが私を<取り囲>み，私の咎
49: 5 私を<取り囲>んで中傷する者の悪意
109: 3 憎しみのことばで私を<取り囲>み，
118:10 すべての国々が私を<取り囲>んだ．
11 彼らは私を<取り囲>んだ．まことに，
12 蜂のように，私を<取り囲>んだ．し
139: 5 前からうしろから私を<取り囲>み，
140: 9 私を<取り囲>んでいる者の頭．これ
哀歌 3: 5 苦味と苦難で私を<取り囲>んだ．
ダニ 9:16 私たちを<取り囲む>すべての者のそ
ホセ 11:12 欺きで，<取り囲>まれている．しか
ヨナ 2: 5 深淵は私を<取り囲>み，海草は私の
ハバ 1: 4 悪者が正しい人を<取り囲>み，さば
Ⅱコリ 5:14 キリストの愛が私たちを<取り囲>ん
黙示 20: 9 愛された都とを<取り囲>んだ．する

▼とりけす（取り消す），取り消し

士師 11:35 もう<取り消す>ことはできないのだ．
エス 8: 5 たくらみの書簡を<取り消す>ように
8 だれも<取り消す>ことができないの
詩 132:11 主が<取り消す>ことのない真理であ
イザ 45:23 ことばは正しく，<取り消す>ことは
ダニ 6: 8 <取り消>しのできない…法律のよう
アモ 1: 3 わたしはその刑罰を<取り消>さない．
6，9，11，13，2:1，4，6．
ガラ 3:17 律法によって<取り消>されたり，そ

▼とりこ

創世 14:14 アブラムは…親類の者が<とりこ>に
民数 24:22 アシュルがあなたを<とりこ>にする．
Ⅱ歴 28: 8 子どもたちを20万人<とりこ>にし，
雅歌 7: 5 王はそのふさふさした髪の<とりこ>
イザ 14: 2 自分たちを<とりこ>にした者を<と
りこ>にし，自分たちをしいたげた
46: 2 彼ら自身も<とりこ>となって行く．
49:24 罪のない<とりこ>たちを助け出せよ
59:15 悪から離れる者も，その<とりこ>に
エレ 13:17 主の群れが，<とりこ>になるからだ．
15: 2 <とりこ>に定められた者は<とりこ>
41:10 イシュマエルは彼らを<とりこ>にし
哀歌 1: 5 仇によって<とりこ>となって行った．
エゼ 6: 9 <とりこ>になって行く国々で，わた
12:11 彼らは<とりこ>となって引いて行か
アモ 9: 4 彼らが敵の<とりこ>となって行って
ハバ 1: 9 彼らは砂のように<とりこ>を集める．
ゼカ 2: 9 自分に仕えた者たちの<とりこ>とな
ロマ 7:23 罪の律法の<とりこ>にしているのを
Ⅱコリ 10: 5 すべてのはかりごとを<とりこ>にし
コロ 2: 8 哲学によってだれの<とりこ>にもな
黙示 13:10 <とりこ>になるべき者は，<とりこ>

▼とりこわす（取りこわす）

出エ 34:13 祭壇を<取りこわ>し…石柱を打ち砕
Ⅱ歴 23:17 バアルの宮に行って…<取りこわ>し，
36:19 エルサレムの城壁を<取りこわ>した．
エゼ 26: 9 やぐらを斧で<取りこわす>．
12 住みごこちのよい家は<取りこわ>さ

▼とりさる（取り去る）

創世 8:13 箱舟のおおいを<取り去>って，なが
30:23 神は私の汚名を<取り去>ってくださ
民数 14: 9 彼らの守りは…<取り去>られている．
21: 7 蛇を私たちから<取り去>ってくださ
士師 10:16 外国の神々を<取り去>って，主に仕
Ⅱサム 7:15 わたしの恵みをサウルから<取り去>
Ⅱ列 2:10 私が…<取り去>られるとき，あなた
Ⅰ歴 21:12 あなたが仇の前で<取り去>られ，あ
ヨブ 19: 9 私の頭から冠を<取り去>られた．
27: 2 私の権利を<取り去>った神，私のた
8 そのいのちを<取り去る>ときは．
34: 5 神が私の正義を<取り去>った．
20 強い者たちも…<取り去>られる．
詩篇 51:11 聖霊を，私から<取り去>らないでく
66:20 御恵みを私から<取り去>られなかっ
104:29 彼らの息を<取り去>られると，彼ら
119:22 さげすみとを<取り去>ってください．
39 そしりを<取り去>ってください．あ
43 真理のみことばを<取り去>ってしま
箴言 1:19 持ち主のいのちを<取り去>ってしま
伝道 11:10 肉体から痛みを<取り去>れ．若さも
イザ 5:23 義人からその義を<取り去>っている．
47: 2 顔おおいを<取り去>り，すそをまく
57: 1 誠実な人が<取り去>られても，心を
エレ 12: 4 家畜も鳥も<取り去>られています．
16: 5 あわれみとを<取り去>った．
エゼ 24:16 あなたの愛する者を<取り去る>．嘆
ダニ 4:31 国はあなたから<取り去>られた．
ミカ 2: 9 わたしの誉れを永遠に<取り去る>．
ゼパ 3:11 おごり高ぶる者どもを<取り去>り，
マタ 9:15 花婿が<取り去>られる時が来ます．
21:43 神の国はあなたがたから<取り去>ら

ルカ 12:20 今夜おまえから<取り去>られる．そ
ヨハ 17:15 彼らをこの世から<取り去>ってくだ
使徒 8:33 彼のいのちは地上から<取り去>られ

▼とりしらべる（取り調べる），取り調べ

ヨブ 34:24 神は力ある者を<取り調べる>ことな
ルカ 23:14 <取り調べ>たところ…罪は別に何も
使徒 12:19 番兵たちを<取り調べ>，彼らを処刑
16:37 <取り調べ>もせずに公衆の前でむち
22:24 彼をむち打って<取り調べる>ように

▼とりだす（取り出す）

レビ 2: 9 記念の部分を<取り出>し，祭壇の上
14:40 祭司は…患部のある石を<取り出>し，
43 もし彼が石を<取り出>し，家の壁を
アモ 4:11 炎の中から<取り出>された燃えさし
ゼカ 3: 2 火から<取り出>した燃えさしではな
ルカ 17:31 家財があっても，<取り出>しに降り

▼とりたてる（取り立てる）

ネヘ 10:31 すべての負債を<取り立て>ない．
ルカ 3:13 何も<取り立て>てはいけません．」
19:21 …ものをも<取り立て>，お蒔きにな

▼とりつく（取りつく）

詩篇 41: 8 邪悪なものが，彼に<取りつ>いてい
59:12 彼らは高慢に<取りつ>かれるがよい．
マタ 15:22 娘が，ひどく悪霊に<取りつ>かれて
マコ 3:22 彼は，ベルゼブルに<取りつ>かれて

▼とりつくす（取り尽くす）

レビ 19:10 ぶどう畑の実を<取り尽く>してはな

▼とりで

IIサム 22: 2 主はわが巌，わが<とりで>，わが救
46 彼らの<とりで>から震えて出て来ま
詩篇 9: 9 主はしいたげられた者の<とりで>，
苦しみのときの<とりで>．
18: 2 主はわが巌，わが<とりで>，わが救
27: 1 主は，私のいのちの<とりで>．だれ
28: 8 油そそがれた者の，救いの<とりで>．
31: 2 私の力の岩となり，強い<とりで>と
3 あなたこそ…私の<とりで>です．あ
37:39 苦難のときの彼らの<とりで>は主で
46: 7 ヤコブの神はわれらの<とりで>であ
59: 9 神は私の<とりで>です．
71: 3 強い<とりで>となって，私を救って
91: 2 わが避け所，わが<とりで>，私の信
94:22 しかし主は，わが<とりで>となり，
144: 2 主は私の恵み，私の<とりで>．私の
箴言 10:29 主の道は，潔白な人には<とりで>で
21:22 その頼みとする<とりで>を倒す．
イザ 25: 4 あなたは弱っている者の<とりで>，
貧しい者の悩みのときの<とりで>，
27: 5 わたしの<とりで>にたよりたければ，
33:16 その<とりで>は岩の上の要害である．
エレ 16:19 主よ，私の力，私の<とりで>，苦難
51:30 戦いをやめて，<とりで>の中にすわ
エゼ 30:15 エジプトの<とりで>シンに…憤りを
ダニ 11: 7 北の王の<とりで>に攻め入ろうとし，
19 彼は自分の国の<とりで>に引き返し
31 聖所と<とりで>を汚し，常供のささ
38 彼は<とりで>の神をあがめ，金，銀，
ヨエ 3:16 イスラエルの子らの<とりで>である．
ナホ 1: 7 主は…苦難の日の<とりで>である．
ハバ 2: 1 <とりで>にしかと立って見張り，主
ゼカ 9: 3 ツロは自分のために，<とりで>を築
12 捕らわれ人よ．<とりで>に帰れ．わ

▼とりなし

申命 9:20 私はアロンのためにも，<とりなし>
ヨブ 16:21 神に<とりなし>をしてくださいます
イザ 53:12 そむいた人たちのために<とりなし>
エレ 7:16 わたしに<とりなし>をしてはならな
15:11 敵があなたに<とりなし>を頼むよう
27:18 万軍の主に<とりなし>の祈りをする
ロマ 8:27 聖徒のために<とりなし>をしてくだ
Iテモ 2: 1 願い，祈り，<とりなし>，感謝がさ
ヘブ 7:25 彼らのために，<とりなし>をしてお

▼とりなす

イザ 59:16 <とりなす>者のいないのに驚かれた．
ロマ 8:26 私たちのために<とりな>してくださ
34 私たちのために<とりな>していてく

▼とりのける（取りのける）

マタ 7: 5 まず自分の目から梁を<取りのけ>な
マコ 14:36 この杯をわたしから<取りのけ>てく
ヨハ 11:39 その石を<取りのけ>なさい．」死ん
20: 1 墓から石が<取りのけ>てあるのを見
コロ 2:14 神はこの証書を<取りのけ>，十字架

▼とりのこし（取り残し）

ミカ 7: 1 ぶどうの<取り残し>の実を取り入れ

▼とりのぞく（取り除く）

創世 35: 2 異国の神々を<取り除>き，身をきよ
出エ 10:17 ただこの死を<取り除く>ようにして
12:15 家から…パン種を<取り除>かなけれ
レビ 1:16 汚物の入った餌袋を<取り除>き，祭
申命 7:15 すべての病気をあなたから<取り除>

ヨシ 5: 9 エジプトのそしりを…<取り除>いた．
Iサム 7: 4 バアルやアシュタロテを<取り除>き，
I列 2:31 私と，私の父の家から<取り除>きな
15:12 偶像をことごとく<取り除>いた．
14 高き所は<取り除>かれなかったが，
20:41 ほうたいを目から<取り除>いた．そ
II列 17:18 彼らを御前から<取り除>いた．ただ
18: 4 高き所を<取り除>き，石の柱を打ち
II歴 17: 6 アシェラ像をユダから<取り除>いた．
29:19 不信の罪を犯して<取り除>いたすべ
30:14 すべての香の壇を<取り除>いて，キ
33: 8 イスラエルを<取り除>かない．」
15 祭壇を<取り除>いて，町の外に投げ
エス 8: 3 そのたくらみを<取り除>いてくれる
ヨブ 12:20 信頼されている者の弁舌を<取り除>
33:17 人にその悪いわざを<取り除>かせ，
詩 119:29 私から偽りの道を<取り除>いてくだ
イザ 1:16 あなたがたの悪を<取り除>け．悪事
25: 7 おおいを<取り除>き，
36: 7 高き所と祭壇を<取り除>いておいて，
57:14 民の道から，つまずきを<取り除>け．
62:10 石を<取り除>いて国々の民の上に旗
エレ 4: 4 心の包皮を<取り除>け．さもないと，
32:31 わたしの顔の前から<取り除く>．
エゼ 11:19 石の心を<取り除>き，彼らに肉の心
16:50 これを見たとき，彼らを<取り除>い
22:15 おまえの汚れを全く<取り除>き，
36:26 石の心を<取り除>き…肉の心を与え
ダニ 11:31 常供のささげ物を<取り除>き，荒ら
12:11 常供のささげ物が<取り除>かれ，荒
ホセ 2: 2 彼女の顔から姦淫を<取り除>き，そ
の乳房の間から姦通を<取り除>け．
17 彼女の口から<取り除く>．
ゼカ 3: 9 不義を1日のうちに<取り除く>．
5: 3 これに照らし合わせて<取り除>かれ，
ルカ 1:25 人中で私の恥を<取り除>こうと心に
ヨハ 1:29 見よ，世の罪を<取り除く>神の小羊．
15: 2 父がそれを<取り除>き，実を結ぶも
ロマ 3:27 誇りは…すでに<取り除>かれました．
11:27 彼らの罪を<取り除く>時である．」
Iコリ 5: 2 <取り除>こうとして悲しむこともな
7 古いパン種を<取り除>きなさい．あ
IIコリ 3:14 キリストによって<取り除>かれるも
16 そのおおいは<取り除>かれるのです．
ガラ 5:11 十字架のつまずきは<取り除>かれて
ヘブ 9:26 いけにえとして罪を<取り除く>ため
Iペテ 3:21 肉体の汚れを<取り除く>ものではな
Iヨハ 3: 5 罪を<取り除く>ためであったことを，
黙示 22:19 少しでも<取り除く>者があれば，神
は…その人の受ける分を<取り除>か

▼とりはずす（取りはずす）

出エ 32:24 私のために，それを<取りはず>せ』
33: 5 飾り物を身から<取りはず>しなさい．
6 その飾り物を<取りはず>していた．
黙示 2: 5 燭台を…<取りはず>してしまおう．

▼とりまく（取り巻く）

IIサム 18:15 アブシャロムを<取り巻>いて…打ち
22: 5 死の波は私を<取り巻>き，滅びの川
詩篇 17: 9 私を<取り巻く>貪欲な敵から．
22:16 悪者どもの群れが，私を<取り巻>き，
ホセ 7: 2 彼らのわざは彼らを<取り巻>いて，
ルカ 19:43 おまえに対して…回りを<取り巻>き，
ヘブ 12: 1 雲のように私たちを<取り巻>いてい

▼とりみだす（取り乱す）

ルカ 24:38 なぜ<取り乱>しているのですか．ど

▼とりもどす（取り戻す）

創世 14:16 彼はすべての財産を<取り戻>し…女
たちや人々をも<取り戻>した．
士師 11:26 それを<取り戻>さなかったのか．
Iサム 30:18 奪い取ったものを全部，<取り戻>し
…ふたりの妻も<取り戻>した．
22 われわれが<取り戻>した分捕り物を
I列 12:21 王位を…<取り戻>すため，イスラエ
II列 14:28 ハマテをイスラエルに<取り戻>した
II歴 11: 1 王国を…<取り戻>すため，イスラエ
ヨブ 3: 5 やみと暗黒がこれを<取り戻>し，雲
20:10 自分の財産を<取り戻>さなければな
18 骨折って得たものを<取り戻>しても，
哀歌 1:11 気力を<取り戻>そうとして，自分の
19 気力を<取り戻>そうとして，自分の
ホセ 2: 9 新しいぶどう酒を<取り戻>し，また
ルカ 6:30 奪い取る者からは<取り戻>してはい
ピレ 15 あなたが彼を永久に<取り戻す>ため

▼どりょく（努力）

ヨナ 3:10 悪の道から立ち返るために<努力>し
ルカ 13:24 <努力>して狭い門から入りなさい．
ロマ 9:16 人間の願いや<努力>によるのではな
ピリ 2:16 自分の<努力>したことがむだではな
IIペテ 1: 5 あらゆる<努力>をして，信仰には徳

▼とりわける（取り分ける）
申命 4:41 モーセは…三つの町を<取り分け>た.
I歴23:13 至聖所を聖別するために<取り分け>
25: 1 奉仕のために<取り分け>，立琴と十
ネヘ 13: 3 みな，イスラエルから<取り分け>た.

▼とる（取る）【別項】取るに足りない，複合動詞
創世 2:15 人を<取>り，エデンの園に置き，そ
21 彼のあばら骨の一つを<取>り，その
23 これは男から<取>られたのだから.」
3: 6 女はその実を<取>って食べ，いっし
19 土に帰る…そこから<取>られたのだ
5:24 神が彼を<取>られたので…いなくな
22:10 刀を<取>って自分の子をほふろうと
28:11 彼はその所の石の一つを<取>り，そ
30:15 あなたは私の夫を<取>っても，まだ
出エ 4:17 あなたはこの杖を手に<取>り，これ
12: 7 その血を<取>り，羊を食べる家々の
17:12 彼らは石を<取>り，それをモーセの
23: 8 わいろを<取>ってはならない．わい
24: 7 契約の書を<取>り，民に読んで聞か
レビ 25:36 利息も利得も<取>らないようにしな
民数 13:20 その地のくだものを<取>って来なさ
27:18 子ヨシュアを<取>り，あなたの手を
申命 4:20 あなたがたを<取>って，鉄の炉エジ
9:21 その子牛を<取>って，火で焼き，打
20:14 略奪物を，戦利品として<取>ってよ
22:15 その女の処女のしるしを<取>り，門
24:10 担保を<取る>ため，その家に入って
30:13 海のかなたに渡り，それを<取>って
ヨシ 4:20 ヨルダン川から<取>って来たあの12
7: 1 聖絶のもののいくらかを<取>った.
15:16 これを<取る>者には，私の娘アクサ
士師 18:24 それに祭司とを<取>って行った．私
Iサム16:23 ダビデは立琴を手に<取>って，ひき，
17:54 あのペリシテ人の首を<取>って，エ
I列 19: 4 私のいのちを<取>ってください．私
II列 17: 6 アッシリヤの王はサマリヤを<取>り，
ネヘ 5: 7 兄弟たちに，担保を<取>って金を貸
ヨブ 1:21 主は与え，主は<取>られる．主の御
箴言 20:16 その者の着物を<取>れ．見知らぬ女
イザ 33:15 手を振ってわいろを<取>らない者，
51:18 だれも彼女の手を<取る>者がない.
エレ 4:30 あなたのいのちを<取>ろうとしてい
50:16 刈り入れの時にかまを<取る>者を，
51:32 渡し場も<取>られ，葦の舟も火で焼
エゼ 18: 8 高利を<取>らず，不正から手を引き，
ダニ 5: 2 宮から<取>って来た金，銀の器を持
ヨナ 4: 3 どうぞ，私のいのちを<取>ってくだ
ゼカ 11: 7 私は2本の杖を<取>り，1本を「慈
15 愚かな牧者の道具を<取>れ.
マタ 4:19 あなたがたを，人間を<とる>漁師に
5:40 あなたを告訴して下着を<取>ろうと
7: 4 あなたの目のちりを<取>らせてくだ
17:27 最初に釣れた魚を<取>りなさい．そ
24:18 畑にいる者は着物を<取>りに戻って
26:26 イエスはパンを<取>り，祝福して後
…「<取>って食べなさい．これはわ
27 杯を<取>り，感謝をささげて後，こ
マコ 5:41 その子どもの手を<取>って，「タリ
ルカ 1:18 妻も年を<と>っております.」
5:10 あなたは人間を<とる>ようになるの
9:47 子どもの手を<取>り，自分のそばに
13: 6 実を<取>りに来たが，何も見つから
17:34 寝ていると，ひとりは<取>られ，他
24:30 イエスはパンを<取>って祝福し，裂
ヨハ 2:10 良いぶどう酒をよくも今まで<取>っ
10:18 わたしからいのちを<取>った者はい
12: 7 葬りの日のために…<取>っておこう
13:26 パン切れを浸し，<取>って，イスカ
20: 2 だれかが墓から主を<取>って行きま
21:10 今<と>った魚を幾匹か持って来なさ
使徒 21:11 パウロの帯を<取>り，自分の両手と
27:34 食事を<とる>ことを勧めます．これ
35 彼はパンを<取>り，一同の前で神に
ロマ 11: 3 彼らはいま私のいのちを<取>ろうと
26 ヤコブから不敬虔を<取>り払う.
Iコリ 6:15 キリストのからだを<取>って遊女の
11:23 渡される夜，パンを<取>り，
エペ 6:16 信仰の大盾を<取>りなさい．それに
ピリ 2: 7 仕える者の姿を<と>り，人間と同じ

▼ドル〔地名〕
カルメル山付近の町．ヨシ11:2，12:23，17:11，士師1:27，I列4:11，I歴7:29.

▼ドルカス〔人名〕
タビタのギリシヤ名．使徒9:36，39.

▼トルコだま（～玉）
出エ 28:18 第2列は<トルコ玉>．39:11.
エゼ 28:13 エデンにいて…<トルコ玉>，エメラ

▼ ドルシラ〔人名〕
ユダヤの総督ペリクスの妻．使徒24:24.
▼ とるにたりない（取るに足りない）
Ⅱサム 7:19 御目には<取るに足りない>者でした
ロマ 8:18 栄光に比べれば，<取るに足りない>
Ⅱコリ 12:11 たとい私は<取るに足りない>者であ
▼ トルマ〔地名〕
アルマと同地．士師9:31.
▼ どれい（奴隷）【別項】男奴隷，女奴隷
創世 12:16 アブラムは…それに男女の<奴隷>，
39:17 ヘブル人の<奴隷>は，私にいたずら
44: 9 ご主人の<奴隷>となりましょう．」
49:15 苦役を強いられる<奴隷>となった．
50:18 「私たちはあなたの<奴隷>です．」
出エ 12:44 金で買われた<奴隷>は…割礼を施せ
13: 3 <奴隷>の家であるエジプトから出て
20: 2 <奴隷>の家から連れ出した，あなた
21: 2 ヘブル人の<奴隷>を買う場合，彼は
レビ 25:42 彼らは<奴隷>の身分として売られて
26:13 <奴隷>の身分から救い出すためにエ
申命 5: 6 あなたをエジプトの国，<奴隷>の家
15 自分がエジプトの地で<奴隷>であっ
6:21 私たちはエジプトでパロの<奴隷>で
15:17 彼はいつまでもあなたの<奴隷>とな
23:15 逃げて来た<奴隷>を，その主人に引
32:36 <奴隷>も，自由の者も，いなくなる
ヨシ 9:23 いつまでも<奴隷>となり，私の神の
Ⅰサム 25:10 主人のところを脱走する<奴隷>が多
Ⅰ列 9:21 ソロモンは<奴隷>の苦役に徴用した．
22 イスラエル人を<奴隷>にはしなかっ
Ⅱ歴 36:20 彼とその子たちの<奴隷>となった．
エズ 9: 9 事実，私たちは<奴隷>です…神は，
この<奴隷>の身の私たちを見捨てる
ネヘ 9:17 エジプトでの<奴隷>の身に戻ろうと
エス 7: 4 男女の<奴隷>として売られるだけな
ヨブ 7: 2 日陰をあえぎ求める<奴隷>のように，
詩 123: 2 <奴隷>の目が主人の手に向けられ，
箴言 19:10 <奴隷>が主人を支配するのは，なお
30:22 <奴隷>が王となり，しれ者がパンに
伝道 2: 7 私は男女の<奴隷>を得た．私には家
10: 7 君主たちが<奴隷>のように地を歩く
イザ 14: 2 主の土地でこの異国人を<奴隷>，女
エレ 2:14 イスラエルは<奴隷>なのか．それと
34: 9 同胞のユダヤ人を<奴隷>にしないと
哀歌 5: 8 <奴隷>たちが私たちを支配し，だれ
エゼ 34:27 彼らを<奴隷>にした者たちの手から
ヨハ 8:34 罪を行っている者は…罪の<奴隷>で
ロマ 6: 6 罪の<奴隷>でなくなるためであるこ
16 罪の<奴隷>となって死に至り，ある
いは従順の<奴隷>となって義に至る
18 罪から解放されて，義の<奴隷>とな
22 罪から解放されて神の<奴隷>となり，
8:15 <奴隷>の霊を受けたのではなく，子
Ⅰコリ 7:21 <奴隷>の状態で召されたのなら，そ
23 人間の<奴隷>となってはいけません．
9:19 すべての人の<奴隷>となりました．
12:13 <奴隷>も自由人も，一つのからだと
ガラ 2: 4 私たちを<奴隷>に引き落とそうとし
3:28 <奴隷>も自由人もなく，男子も女子
4: 1 子どものうちは，<奴隷>と少しも違
3 世の幼稚な教えの下に<奴隷>となっ
8 本来は神でない神々の<奴隷>でした．
5: 1 またと<奴隷>のくびきを負わせられ
エペ 6: 5 <奴隷>たちよ…キリストに従うよう
8 良いことを行えば，<奴隷>であって
コロ 3:22 <奴隷>たちよ…地上の主人に従いな
Ⅰテモ 6: 1 くびきの下にある<奴隷>は，自分の
テト 2: 9 <奴隷>には，すべての点で自分の主
3: 3 いろいろな欲情と快楽の<奴隷>にな
ピレ 16 もはや<奴隷>としてではなく，<奴
隷>以上の者，すなわち，愛する兄
ヘブ 2:15 死の恐怖につながれて<奴隷>となっ
Ⅰペテ 2:16 神の<奴隷>として用いなさい．
Ⅱペテ 2:19 自分自身が滅びの<奴隷>なのです．
▼ トレス・タベルネ〔地名〕
アルバノ山のふもとの宿場．使徒28:15.
▼ トレマイ〔地名〕
フェニキヤの港町．旧約ではアコ．使徒21:7.
▼ どろ（泥），泥沼
ヨブ 4:19 <泥>の家に住む者はなおさらのこと
30:19 神は私を<泥>の中に投げ込み，私は
詩篇 40: 2 私を滅びの穴から，<泥沼>から，引
69: 2 私は深い<泥沼>に沈み，足がかりも
イザ 10: 6 ちまたの<泥>のように，これを踏み
エレ 38: 6 エレミヤは<泥>の中に沈んだ．
22 彼らはあなたの足を<泥>の中に沈ま
ゼカ 9: 3 黄金を道ばたの<泥>のように積み上
ヨハ 9: 6 イエスは…そのつばきで<泥>を作ら
れた…その<泥>を盲人の目に塗って
Ⅱペテ 2:22 豚は身を洗って，また<どろ>の中に

▼ **トロアス〔地名〕**
ムシヤ地方のエーゲ海沿岸の港町．使徒16:8, 11, 20:5, 6, Ⅱコリ2:12, Ⅱテモ4:13.

▼ **トロピモ〔人名〕**
エペソのキリスト者．使徒20:4, 21:29, Ⅱテモ4:20.

▼ **どろぼう**
マタ 24:43　家の主人は，<どろぼう>が夜の何時に来ると知っていたら．ルカ12:39.

▼ **トンミム**
祭司が使ったくじのようなもの．出エ28:30, レビ8:8, 申命33:8, エズ2:63.

▼ **どんよく（貪欲）**
詩篇 10: 3　<貪欲>な者は，主をのろい…侮る．
箴言 28:22　<貪欲>な人は財産を得ようとあせり，
イザ 56:11　この<貪欲>な犬どもは，足ることを
マタ 7:15　うちは<貪欲>な狼です．
マコ 7:22　姦淫，<貪欲>，よこしま，欺き，好
ルカ 12:15　どんな<貪欲>にも注意して，よく警
Ⅰコリ 5:11　兄弟と呼ばれる者で…<貪欲>な者，
6:10　<貪欲>な者…はみな，神の国を相続
Ⅱペテ 2: 3　彼らは，<貪欲>なので，作り事のこ

な

▼ **な（名），名まえ【別項】神の御名・神の名，主の御名・主の名，御名**
創世 2:20　人は…獣に<名>をつけた．19.
3:20　人は，その妻の<名>をエバと呼んだ．
5: 2　その<名>を人と呼ばれた．
11: 4　天に届く塔を建て，<名>をあげよう．
12: 2　あなたの<名>を大いなるものとしよう．あなたの<名>は祝福となる．
17: 5　あなたの<名>はアブラハムとなる．
32:28　あなたの<名>は，もうヤコブとは呼ばれない．イスラエルだ．35:10.
29　<名>を教えてください…なぜ，あなたはわたしの<名>を尋ねるのか」と
出エ 3:13　その<名>は何ですか』と私に聞くで
15　これが永遠にわたしの<名>，これが
6: 3　主という<名>では…知らせなかった．
9:16　わたしの<名>を全地に告げ知らせる
20:24　わたしの<名>を覚えさせるすべての
23:21　わたしの<名>がその者のうちにある
28: 9　イスラエルの子らの<名>を刻む．
34:14　その<名>がねたみである主は，ねた
39:14　宝石は，イスラエルの子らの<名>に
レビ 19:12　わたしの<名>によって，偽って誓っ
20: 3　わたしの聖なる<名>を汚すからであ
22:32　わたしの聖なる<名>を汚してはなら
民数 6:27　わたしの<名>で…祈るなら…祝福し
16: 2　会合で選び出された<名>のある者た
17: 3　レビの杖にはアロンの<名>を書かな
申命 9:14　その<名>を天の下から消し去ろう．
18:19　わたしの<名>によって…告げる．20.
25: 6　死んだ兄弟の<名>を継がせ，その<名>がイスラエルから消し去られな
ヨシ 7: 9　私たちの<名>を地から断ってしまう
士師 13: 6　その方も私に<名>をお告げになりま
18　わたしの<名>は不思議という．」
ルツ 4: 5　死んだ者の<名>をその相続地に起こ
Ⅰサム 24:21　私の<名>を…根絶やしにしないこと
Ⅱサム 7: 9　大いなる者の<名>に等しい…<名>を
13　わたしの<名>のために一つの家を建
23　民とし…ご自身の<名>を置かれまし
12:28　町に私の<名>がつけられるといけま
18:18　私の<名>を覚えてくれる息子が私にはいないから…柱に自分の<名>をつ
Ⅰ列 8:19　子どもが，わたしの<名>のために宮
29　わたしの<名>をそこに置く』と仰せ
9: 3　わたしの<名>をとこしえまでもここ
11:36　わたしの<名>を置くために選んだ町，
Ⅱ列 14:27　イスラエルの<名>を天の下から消し
Ⅰ歴 16:10　主の聖なる<名>を誇りとせよ．主を
17:21　行って，<名>を得られるためでした．
22: 5　宮は，全地の<名>となり栄えとなる
8　わたしの<名>のために家を建てては
Ⅱ歴 7:14　わたしの<名>を呼び求めているわた
20　<名>のために聖別したこの宮を…投
33: 7　エルサレムに，わたしの<名>をとこ
ネヘ 1: 9　<名>を住ませるためにわたしが選ん
11　あなたの<名>を喜んで敬う…しもべ
ヨブ 18:17　彼の<名>はちまたから消える．
詩篇 9: 5　<名>を，とこしえに，消し去られま

16: 4 私は…その<名>を口に唱えません.
41: 5 いつ，彼は死に，その<名>は滅びる
45:17 あなたの<名>を代々にわたって覚え
49:11 土地に，自分たちの<名>をつける.
72:17 彼の<名>はとこしえに続き，その
<名>は日の照るかぎり，いや増し，
83:18 その<名>，主であるあなただけが，
91:14 わたしの<名>を知っているから…高
105: 3 主の聖なる<名>を誇りとせよ．主を
147: 4 星の数を数え…すべてに<名>をつけ
箴言 10: 7 悪者の<名>は朽ち果てる.
伝道 6: 4 その子…の<名>はやみの中に消され
雅歌 1: 3 あなたの<名>は注がれる香油のよう.
イザ 4: 1 あなたの<名>で呼ばれるようにし，
40:26 一つ一つ，その<名>をもって，呼ば
41:25 日の出る所から，わたしの<名>を呼
42: 8 わたしは主，これがわたしの<名>.
43: 1 わたしはあなたの<名>を呼んだ．あ
7 わたしの<名>で呼ばれるすべての者
44: 5 イスラエルの<名>を名のる.」
45: 4 わたしはあなたをあなたの<名>で呼
48: 9 わたしの<名>のために，怒りを遅ら
11 わたしの<名>が汚されてよかろうか.
52: 5 わたしの<名>は一日中絶えず侮られ
6 民はわたしの<名>を知るようになる.
54: 5 造った者，その<名>は万軍の主．あ
56: 5 娘たちにもまさる分け前と<名>を与
え，絶えることのない永遠の<名>を
57:15 その<名>を聖ととなえられる方が，
62: 2 主の口が名づける新しい<名>で呼ば
65:15 自分の<名>を…のろいとして残す…
しもべたちを，ほかの<名>で呼ばれ
エレ 7:11 わたしの<名>がつけられているこの
13:11 わたしの民となり，<名>となり，栄
14:14 わたしの<名>によって偽りを預言し
23: 6 王の<名>は，『主は私たちの正義』
33: 9 この町は…喜びの<名>となり，栄誉
34:16 心を翻して，わたしの<名>を汚し，
44:26 わたしの偉大な<名>によって誓う…
わたしの<名>がユダヤ人の口にとな
エゼ 20: 9 わたしの<名>のため…諸国の民の目
の前で，わたしの<名>を汚そうとは
39 わたしの聖なる<名>を汚さなくなる.
44 ただわたしの<名>のために，あなた
36:21 汚したわたしの聖なる<名>を惜しん
22 汚した，わたしの聖なる<名>のため
23 偉大な<名>の聖なることを示す．わ
39: 7 聖なる<名>をわたしの民…に知らせ，
二度とわたしの聖なる<名>を汚させ
25 わたしの聖なる<名>のための熱心に
48:35 町の<名>は，『主はここにおられる』
ダニ 1: 7 宦官の長は彼らにほかの<名>をつけ，
9:15 連れ出し…あなたの<名>をあげられ
19 あなたの<名>がつけられているから
ホセ 2:17 バアルたちの<名>を彼女の口から取
り除く．その<名>はもう覚えられる
アモ 2: 7 わたしの聖なる<名>を汚している.
4:13 その<名>は万軍の神，主.
9:12 わたしの<名>がつけられたすべての
ゼパ 3:19 全地でその<名>をあげさせよう.
ゼカ 13: 9 彼らはわたしの<名>を呼び，わたし
マラ 1:11 わたしの<名>は諸国の民の間であが
4: 2 わたしの<名>を恐れるあなたがたに
マタ 1:21 <名>をイエスとつけなさい．この方
23 その<名>はインマヌエルと呼ばれる.
25 子どもの<名>をイエスとつけた.
7:22 私たちはあなたの<名>によって預言
10: 2 12使徒の<名>は次のとおりである.
22 わたしの<名>のために…憎まれます.
12:21 異邦人は彼の<名>に望みをかける.」
18: 5 わたしの<名>のゆえに受け入れる者
20 わたしの<名>において集まる所には，
19:29 わたしの<名>のために…捨てた者は
27:16 バラバという<名>の知れた囚人が捕
マコ 3:16 シモンにはペテロという<名>を．17.
5: 9 おまえの<名>は何か…レギオンです.
6:14 イエスの<名>が知れ渡ったので，へ
9:38 先生の<名>を唱えて悪霊を追い出し
ている者を見ましたが．ルカ9:49.
39 わたしの<名>を唱えて…悪く言える
13: 6 わたしの<名>を名のる者が大ぜい現
16:17 わたしの<名>によって悪霊を追い出
ルカ 1:13 <名>をヨハネとつけなさい.
31 <名>をイエスとつけなさい.
63 「彼の<名>はヨハネ」と書いたので，
6:13 彼らに使徒という<名>をつけられた.
22 あなたがたの<名>をあしざまにけな
10:20 <名>が天に書きしるされていること
21:12 わたしの<名>のため…王たちや総督
24:47 その<名>によって，罪の赦しを得さ

ヨハ 1:12 その<名>を信じた人々には，神の子
5:43 父の<名>によって来ましたが…受け入れません…その人自身の<名>にお
10: 3 自分の羊をその<名>で呼んで連れ出
14:13 わたしの<名>によって求める．15:16，16:24，26．
26 父がわたしの<名>によってお遣わし
15:21 彼らは，わたしの<名>のゆえに，あ
16:23 父は，わたしの<名>によって…与え
使徒 2:38 キリストの<名>によってバプテスマ
3: 6 キリストの<名>によって，歩きなさ
4: 7 だれの<名>によってこんなことをし
12 私たちが救われるべき<名>は人に与
18 イエスの<名>によって語ったり教えたりしてはならない．17，5:28，40．
9:15 わたしの<名>を…運ぶ…選びの器で
16 わたしの<名>のために，どんなに苦
10:43 その<名>によって罪の赦しが受けら
15:17 わたしの<名>で呼ばれる異邦人がみ
26: 9 以前は…イエスの<名>に強硬に敵対
ロマ 9:17 わたしの<名>を全世界に告げ知らせ
Ⅰコリ 1:13 バプテスマ…パウロの<名>によるの
15 私の<名>によってバプテスマを受け
エペ 1:21 すべての<名>の上に高く置かれまし
ピリ 2: 9 すべての<名>にまさる<名>をお与え
4: 3 いのちの書に<名>のしるされている
コロ 3:17 すべて主イエスの<名>によってなし，
ヘブ 7: 2 その<名>を訳すと義の王であり，次
Ⅰペテ 4:14 キリストの<名>のために非難を受け
16 この<名>のゆえに神をあがめなさい．
Ⅰヨハ 5:13 私が神の御子の<名>を信じているあ
黙示 2: 3 わたしの<名>のために耐え忍び，疲
13 わたしの<名>を堅く保って，わたし
17 だれも知らない，新しい<名>が書か
3: 5 <名>をいのちの書から消す…ことは…しない…彼の<名>を…言い表す．
8 わたしの<名>を否まなかったからで
12 新しいエルサレムの<名>と，わたしの新しい<名>とを書きしるす．
9:11 彼の<名>はヘブル語でアバドンとい
13: 1 その頭には神をけがす<名>があった．
17 獣の<名>，またはその<名>の数字を
14: 1 額…小羊の<名>と，小羊の父の<名>
11 獣の<名>の刻印を受ける者は…休み
15: 2 <名>を示す数字とに打ち勝った人々
17: 3 獣は神をけがす<名>で満ちており，
5 額には，意味の秘められた<名>が書
8 世の初めからいのちの書に<名>を書きしるされていない者は．13:8．
19:12 ご自身のほかだれも知らない<名>が
13 その<名>は「神のことば」と呼ばれ
16 王の王，主の主」という<名>が書か
21:12 門には…12部族の<名>が書いてあっ
14 小羊の12使徒の12の<名>が書いてあ

▼ナアソン〔人名〕
主イエスの先祖の一人．マタ1:4，ルカ3:32．

▼ナアマ
1．地名．ユダの低地の町．ヨシ15:41．
2．人名．
(1)レメクとツィラの娘．創世4:22．
(2)ソロモンの妻．Ⅰ列14:21，31，Ⅱ歴12:13．
(3)ナアマ人．ヨブ2:11，11:1，20:1，42:9．

▼ナアマン〔人名〕
(1)ベニヤミンの子ベラの子とその一族．創世46:21，民数26:40，Ⅰ歴8:4，7．
(2)アラムの将軍．Ⅱ列5:1，2，6，9，11，17，19，20，21，23，27，ルカ4:27．

▼ナアム〔人名〕
エフネの子カレブの子．Ⅰ歴4:15．

▼ナアラ
1．地名．エフライム東境の町．ヨシ16:7．
2．人名．アシュフルの妻の一人．Ⅰ歴4:5，6．

▼ナアライ〔人名〕
ダビデの勇士の一人．Ⅰ歴11:37．

▼ナアラン〔地名〕
ナアラと同地．Ⅰ歴7:28．

▼ない（無い）
創世 1: 2 地は茫漠として何も<な>かった．
13: 8 争いが<ない>ようにしてくれ．私た
41:19 醜いのを…まだ見たことが<ない>．
出エ 9:24 建国以来…<な>かった…激しいもの
11: 6 かつて<な>く，また二度と<ない>で
Ⅱサム 23: 4 雲一つ<ない>朝の光のようだ．雨の
Ⅰ列 18:26 何の声も<な>く，答える者も<な>か
詩篇 39: 5 あなたの前では，<ない>のも同然で
箴言 7: 7 わきまえの<ない>者たちを見ている
10:21 愚か者は思慮が<ない>ために死ぬ．
エレ 4:23 見よ，茫漠として何も<な>く，天を
ダニ 7:14 その主権は…過ぎ去ることが<な>く，その国は滅びることが<ない>．

マタ 21:42　聖書のことばを読んだことが<ない>
ロマ 4:17　<無い>ものを有るもののようにお呼
7: 8　律法が<な>ければ，罪は死んだもの
ガラ 3:28　ユダヤ人もギリシヤ人も<な>く，奴隷も自由人も<な>く，男子も女子も
エペ 2:12　望みも<な>く，神も<ない>人たちで
ヘブ 9:28　２度目は，罪を負うためでは<な>く，
11: 6　信仰が<な>くては，神に喜ばれるこ
ヤコ 2:17　もし行いが<な>かったなら，それだ
18　行いの<ない>あなたの信仰を…見せ
20　行いの<ない>信仰がむなしいことを
黙示 3:17　乏しいものは何も<ない>と言って，

▼ ないがしろ
民数 11:20　主を<ないがしろ>にして，御前に泣
申命 12:19　レビ人を<ないがしろ>にしないよう
IIサム 19:43　なぜ，われわれを<ないがしろ>にす
ヨブ 5:17　懲らしめを<ないがしろ>にしてはな
箴言 3:11　懲らしめを<ないがしろ>にするな．
15:32　自分のいのちを<ないがしろ>にする．
イザ 5:24　みおしえを<ないがしろ>にし，イス
8: 6　シロアハの水を<ないがしろ>にして，
30:12　言うことを<ないがしろ>にし，しい
エゼ 5: 6　わたしの定めを<ないがしろ>にし，
22:26　わたしの安息日を<ないがしろ>にし
マコ 7: 9　神の戒めを<ないがしろ>にしたもの
Iテサ 5:20　預言を<ないがしろ>にしてはいけま
ヘブ 2: 3　救いを<ないがしろ>にした場合，ど

▼ ないぞう（内臓）
出エ 29:13　<内臓>をおおうすべての脂肪．レビ3:3，4:8，7:3，8:16，9:19.
II歴 21:15　<内臓>の病気で大病をわずらい，日
詩 139:13　あなたが私の<内臓>を造り，母の胎

▼ ないどう（内堂）
I列 6: 5　本堂と<内堂>の回りの神殿の壁に脇．16，19，23，31，7:49，8:6，8.
II歴 4:20　<内堂>の前で火をともすための燭台

▼ ないみつ（内密）
マタ 1:19　<内密>に去らせようと決めた．
ヨハ 7:10　いわば<内密>に上って行かれた．

▼ ナイル，ナイル川
創世41:1，2，17，18，出エ1:22，2:3，5，4:9，7:17，18，20，21，24，25，8:3，9，11，17:5，イザ19:7，8，23:3，10，エレ2:18，46:7，8，エゼ30:12，アモ8:8，9:5，ナホ3:8，ゼカ10:11.

▼ ナイン〔地名〕
ガリラヤの町．ルカ7:11.

▼ なえ（苗）
マコ 4:28　初めに<苗>，次に穂，次に…実が入

▼ なおざり
ネヘ 10:39　神の宮を<なおざり>にしないのであ
ルカ 11:42　公義と神への愛は<なおざり>にしています…10分の１も，<なおざり>
使徒 6: 1　毎日の配給で<なおざり>にされてい

▼ なおす（直す），直せる
Iサム 13:21　突き棒を<直す>のに，その料金は１
II列 5: 3　ご主人さまのツァラアトを<直>して
21: 3　高き所を築き<直>し，バアルのために祭壇を立て，イスラエ．II歴33:3.
エレ 30:17　わたしがあなたの傷を<直>し，あな
ホセ 5:13　あなたがたのはれものを<直>せない．
ヨナ 4: 6　ヨナの不きげんを<直>そうとされた．
マラ 1: 4　だが，廃墟を建て<直>そう」と言っ
マタ 4:23　あらゆるわずらいを<直>された．8:7，16，10:8，14:14，ルカ5:15.
9:22　あなたの信仰があなたを<直>したのです．」すると．マコ5:34，ルカ8:48，17:19，18:42.
17:16　<直す>ことができませんでした．」
マコ 3: 2　安息日にその人を<直す>かどうか，
ルカ 4:23　医者よ．自分を<直>せ』というたと
6:18　病気を<直>していただくために来た
8: 2　悪霊や病気を<直>していただいた女
43　長血をわずらった女…<直>してもら
9: 2　神の国を宣べ伝え，病気を<直す>た
13:14　その間に来て<直>してもらうがよい．
14: 3　安息日に病気を<直す>ことは正しい
ヨハ 5:11　私を<直>してくださった方が…言わ
15　自分を<直>してくれた方はイエスだ
使徒 28: 8　彼の上に手を置いて<直>してやった．

▼ ナオミ〔人名〕
ルツのしゅうとめ．ルツ1:2，3，5，6，8，10，11，15，18，19，20，21，22，2:1，2，6，20，22，3:1，4:3，5，9，14，16，17.

▼ なおる（直る）
ヨシ 5: 8　彼らは傷が<直る>まで，宿営の自分
II列 1: 2　この病気が<直る>かどうか，伺いを
8: 8　この病気が<直る>かどうか，あの人
9　『この病気は<直る>であろうか』と
10　『あなたは必ず<直る>』と彼に告げ

14 「あなたは必ず<直る>，と彼は言い
20: 1 あなたは死ぬ．<直>らない．』」
7 すると，彼は<直>った．
ヨブ34: 6 私の矢傷は<直>らない．」
イザ38: 1 あなたは死ぬ．<直>らない．』」
21 そうすれば<直>ります．」
エレ15:18 私の打ち傷は<直>らず，いえようと
マタ 8: 8 私のしもべは<直>ります．
9:21 きっと<直る>…と心のうちで考えて
22 女はその時から全く<直>った．
12:13 手は<直>って，もう一方の手と同じ
15:28 彼女の娘はその時から<直>った．
31 不自由な者が<直>り，足のなえた者
17:18 その子はその時から<直>った．
マコ 5:23 娘が<直>って，助かるようにしてく
28 きっと<直る>」と考えていたからで
8:25 見つめていると，すっかり<直>り，
ルカ 8:50 そうすれば，娘は<直>ります．」
ヨハ 4:50 あなたの息子は<直>っています．」
5: 9 その人はすぐに<直>って，床を取り
使徒 4:10 この人が<直>って，あなたがたの前
8: 7 足のなえた者は<直>ったからである．
黙示13: 3 その致命的な傷も<直>ってしまった．
12 致命的な傷の<直>った最初の獣を拝

▼ながい（長い）

出エ20:12 齢が<長>くなるため．申命5:16．
申命 4:26 <長>く生きるどころか，すっかり根
絶やしにされるだろう．30:18．
40 地で，あなたが<長>く生き続けるた
め．6:2，22:7，25:15，32:47．
17:20 <長>くその王国を治めることができ
20:19 <長い>間，町を包囲して，これを攻
30:20 誓われた地で，<長>く生きて住む．
ヨシ 9:13 非常に<長い>旅のために，古びてし
11:18 ヨシュアは…王たちと<長い>間戦っ
22: 3 この<長い>間…主の戒め，命令を守
24: 7 あなたがたは…<長い>間，荒野に住
Ⅰサム 1:12 ハンナが主の前で<長>く祈っている
Ⅱサム14: 2 <長い>間，喪に服している女のよう
Ⅰ列 3:14 あなたの日を<長>くしよう．」
8: 8 そのかつぎ棒は<長>かったので，棒
ヨブ11: 9 地よりも<長>く，海よりも広い．
詩篇21: 4 とこしえまでの<長い>日々を与えら
129: 3 私の背に鋤をあて，<長い>あぜを作
箴言 3: 2 あなたに<長い>日と，いのちの年と
伝道 8:13 生涯を影のように<長>くすることは
イザ54: 2 綱を<長>くし，鉄のくいを強固にせ
57:10 あなたは，<長い>旅に疲れても，
エレ29:28 使いをよこして，それは<長>く続く．
32:14 土の器の中に入れ…<長い>間，保存
哀歌 5:20 私たちを<長い>間，捨てられるので
エゼ17: 3 大きな翼，<長い>羽，色とりどりの
ダニ 4:27 あなたの繁栄は<長>く続くでしょう．
8: 3 この２本の角は<長>かったが，一つ
はほかの角よりも<長>かった．その
<長い>ほうは，あとに出て来たので
ホセ 3: 3 <長>く，私のところにとどまって，
マタ23:14 見えのために<長い>祈りをしていま
す．マコ12:40，ルカ20:47．
ルカ 8:27 彼は，<長い>間着物も着けず，家に
20: 9 農夫たちに貸して，<長い>旅に出た．
ヨハ 5: 6 それがもう<長い>間のことなのを知
使徒 8:11 <長い>間，その魔術に驚かされてい
14:28 彼らはかなり<長い>期間を弟子たち
18:20 もっと<長>くとどまるように頼んだ
20:11 明け方まで<長>く話し合って，それ
ロマ16:25-26 <長い>間隠されていたが，今や現さ

▼ながいき（長生き）

申命11: 9 乳と蜜の流れる国で，<長生き>する
伝道 7:15 悪者が悪いのに<長生き>することが
8:12 100度悪事を犯しても，<長生き>し
エペ 6: 3 しあわせになり，地上で<長生き>す

▼ながいす（長いす）

エス 1: 6 金と銀でできた<長いす>が，緑色石，
7: 8 エステルのいた<長いす>の上にハマ
アモ 3:12 ダマスコの<長いす>から救い出され
6: 4 <長いす>に身を伸ばしている者は，

▼ながさ（長さ）

創世 6:15 箱舟の<長さ>は300キュビト．その
出エ25:10 アカシヤ材の箱…<長さ>は２キュビ
士師 3:16 エフデは<長さ>１キュビトの，一振
Ⅰ列 6: 2 神殿は，<長さ>60キュビト，幅20キ
Ⅱ歴 3: 8 <長さ>はこの神殿の幅と同じ20キュ
ゼカ 2: 2 エルサレム…その幅と<長さ>がどれ
5: 2 巻き物…その<長さ>は20キュビト，
エペ 3:18 その広さ，<長さ>…がどれほどであ
黙示21:16 都は四角で，その<長さ>と幅は同じ

▼ながす（流す）

創世 9: 6 人の血を<流す>者は，人によって，
血を<流>される．神は人を神のかた

37:22 血を<流>してはならない．彼を荒野
38: 9 オナンは…地に<流>していた．
レビ 17: 4 その人は血を<流>した．その人はそ
民数 35:33 土地に<流>された血についてその土
地を贖うには…血を<流>させた者の
申命 19:10 罪のない者の血が<流>されることが
21: 7 私たちの手は，この血を<流>さず，
Ⅰサム 21:13 ダビデは…ひげによだれを<流>した
25:31 むだに血を<流>したり，ご主人さま
26:20 この血を地面に<流す>ことがありま
Ⅰ列 2:31 ヨアブが理由もなく<流>した血を，
18:28 剣や槍で血を<流す>まで自分たちの
Ⅱ列 21:16 罪のない者の血まで多量に<流>し，
Ⅰ歴 22: 8 あなたは多くの血を<流>し，大きな
ヨブ 16:13 私の胆汁を地に<流>した．
詩篇 78:16 水を川のように<流>された．
箴言 6:17 罪のない者の血を<流す>手，
イザ 63: 6 彼らの血のしたたりを地に<流>した．
エレ 7: 6 血をこの所で<流>さず，ほかの神々
13:17 私の目は涙を<流>そう．主の群れが，
14:17 私の目は夜も昼も涙を<流>して，や
22:17 罪のない者の血を<流>し，しいたげ
哀歌 2:18 昼も夜も，川のように涙を<流>せ．
3:49 私の目は絶えず涙を<流>して，やむ
4:13 正しい人の血を<流>したからだ．
エゼ 18:10 人の血を<流>し，先に述べたことの
22: 3 自分の中で血を<流>して，自分の刑
24: 7 裸岩の上に<流>し，地面に…<流>さ
ヨエ 3:19 罪のない血を<流>したためだ．
アモ 9:13 すべての丘もこれを<流す>．
マタ 23:35 地上で<流>されるすべての正しい血
26:28 罪を赦すために…<流>されるもので
ルカ 11:50-51 <流>されたすべての預言者の血の責
22:20 <流>される…血による新しい契約で
使徒 22:20 ステパノの血が<流>されたとき，私
ロマ 3:15 彼らの足は血を<流す>のに速く，
黙示 16: 6 預言者たちの血を<流>しましたが，

▼なかたがい（仲たがい）

箴言 18: 1 すべてのすぐれた知性と<仲たがい>

▼ながち（長血）

マタ 9:20 12年の間<長血>をわずらっている女
マコ5:25，ルカ8:43．

▼なかなおり（仲直り）

マタ 5:24 まずあなたの兄弟と<仲直り>をしな

▼なかにわ（中庭）

Ⅱ列 20: 4 イザヤがまだ<中庭>を出ないうちに，
マタ 26:58 ペテロも…大祭司の<中庭>まで入っ
69 ペテロが外の<中庭>にすわっている
ルカ 22:55 彼らは<中庭>の真ん中に火をたいて，
ヨハ 18:15 イエスといっしょに…<中庭>に入っ

▼ながふく（長服）

創世 37: 3 ヨセフに，そでつきの<長服>を作っ
てやっていた．32，33．
23 そでつきの<長服>をはぎ取り．31．
出エ 40:14 これに<長服>を着せなければならな
レビ 8: 7 モーセはアロンに<長服>を着せ，飾
り帯を締めさせ．13，10:5，16:4．
Ⅱサム 13:18 彼女は，そでつきの<長服>を着てい

▼なかま（仲間）

創世 49: 6 彼らの<仲間>に加わるな．わが心よ．
出エ 2:13 なぜ自分の<仲間>を打つのか」と言
民数 16: 5 コラとそのすべての<仲間>とに告げ
11 <仲間>のすべては…主に逆らってい
40 コラやその<仲間>のようなめに会わ
26:10 彼らを…のみこみ，その<仲間>は死
27: 3 コラの<仲間>と一つになって主に逆
らった<仲間>には加わっていません
士師 7:13 ひとりの者が<仲間>に夢の話をして
Ⅰ列 20:35 自分の<仲間>に，「私を打ってくれ」
ヨブ 30:29 私は…だちょうの<仲間>となった．
41: 6 漁師<仲間>はこれを売りに出し，商
詩篇 94:20 あなたを<仲間>に加えるでしょうか．
106:17 アビラムの<仲間>を包んでしまった．
18 その<仲間>の間で火が燃え上がり，
箴言 28:24 滅びをもたらす者の<仲間>である．
伝道 4: 8 <仲間>もなく，子も兄弟もない人が
10 ひとりがその<仲間>を起こす．倒れ
雅歌 1: 7 あなたの<仲間>の群れのかたわらで，
イザ 1:23 つかさたちは反逆者，盗人の<仲間>．
ハガ 2:22 馬と騎兵は彼ら<仲間>同士の剣によ
マタ 11:19 大酒飲み，取税人や罪人の<仲間>だ
12:26 サタンが…<仲間>割れしたのだった
18:28 同じしもべ<仲間>で，彼から100デ
ナリの借りのある者に．29，31，33．
24:49 <仲間>を打ちたたき，酒飲みたちと
26:73 確かに，あなたもあの<仲間>だ．こ
とばのなまりで．マコ14:70．
ルカ 5: 7 別の舟にいた<仲間>の者たちに合図
10 シモンの<仲間>であったゼベダイの

9:49 私たちの<仲間>ではないので，やめ
11:19 あなたがたの<仲間>は，だれによって追い出すのですか…<仲間>が，あ
22:58 あなたも，彼らの<仲間>だ」と言っ
使徒 2:47 毎日救われる人々を<仲間>に加えて
4:23 ふたりは，<仲間>のところへ行き，
9:26 弟子たちの<仲間>に入ろうと試みた
19:38 デメテリオとその<仲間>の職人たち
Ｉコリ 1:10 <仲間>割れすることなく，同じ心，
6: 1 <仲間>の者と争いを起こしたとき，
IIコリ 8:23 彼は私の<仲間>で，あなたがたの間
エペ 5: 7 彼らの<仲間>になってはいけません．
11 暗やみのわざに<仲間>入りしないで，
ヘブ 10:33 人々の<仲間>になった者もありまし
Ｉヨハ 2:19 もともと私たちの<仲間>ではなかっ

▼ ながめる

申命 32:52 はるかに<ながめる>ことはできるが，
オバ 12 その災難の日を…<ながめ>ているな．
13 その困難を<ながめ>ているな．その
マタ 27:55 遠くから<ながめ>ている女たちがた
ヤコ 1:24 自分を<ながめ>てから立ち去ると，

▼ なかよくなる（仲良くなる）

マタ 5:25 途中にある間に早く<仲良くな>りな
ルカ 23:12 ヘロデとピラトは<仲よくな>った．

▼ ながらえる

詩 102:26 しかし，あなたは<ながらえ>られま
Ｉヨハ 2:17 行う者は…<ながらえ>ます．

▼ ながれ（流れ）

創世 32:23 彼らを連れて<流れ>を渡らせ，自分
出エ 15: 8 <流れ>はせきのように，まっすぐ立
申命 8: 7 水の<流れ>と泉があり，谷間と山を
士師 7:24 ベテ・バラまでの<流れ>と，ヨルダ
ヨブ 29: 6 岩は私に油の<流れ>を注ぎ出してく
詩篇 36: 8 あなたの楽しみの<流れ>を，あなた
46: 4 その<流れ>は，いと高き方の聖なる
78:16 岩から数々の<流れ>を出し，水を川
20 水がほとばしり出て<流れ>があふれ
110: 7 主は道のほとりの<流れ>から水を飲
126: 4 主よ．ネゲブの<流れ>のように，私
箴言 21: 1 王の心は…水の<流れ>のようだ．み
イザ 30:28 首に達するあふれる<流れ>のようだ．
32: 2 砂漠にある水の<流れ>，かわききっ
44: 3 かわいた地に豊かな<流れ>を注ぎ，
4 <流れ>のほとりの柳の木のように，
66:12 あふれる<流れ>のように国々の富を
エレ 17: 8 <流れ>のほとりに根を伸ばし，暑さ
31: 9 水の<流れ>のほとりに導き，彼らは
エゼ 31: 4 その<流れ>を野のすべての木に送っ
ダニ 7:10 火の<流れ>がこの方の前から流れ出
ヨエ 1:20 水の<流れ>がかれ，火が荒野の牧草
エペ 2: 2 この世の<流れ>に従い，空中の権威

▼ ながれる（流れる）

出エ 3: 8 乳と蜜の<流れる>地．17，13:5，33:3，レビ20:24，民数13:27，14:8，16:13，14，申命6:3，11:9，26:9，15，27:3，31:20，ヨシ5:6，エレ11:5，32:22，エゼ20:6，15.
申命 8: 7 谷間と山を<流れ>出た深い淵のある
9:21 ちりを山から<流れ>下る川に投げ捨
21: 4 いつも水の<流れ>ている谷へ連れて
ヨシ 3:13 上から<流れ>下って来る水がせきと
IIサム 20:10 はらわたが地面に<流れ>出た．この
Ｉ列 18:35 水は祭壇の回りに<流れ>出した．彼
22:35 出た血は戦車のくぼみに<流れ>た．
II歴 32: 4 この地を<流れ>ている川をふさいで
ヨブ 6:15 <流れ>ている川筋の流れのように．
11:16 <流れ>去った水のように，これを思
38: 8 海がふき出て，胎内から<流れ>出た
詩篇 45: 2 くちびるからは優しさが<流れ>出る．
58: 7 <流れ>て行く水のように消え去らせ
74:15 絶えず<流れる>川をからされました．
104:10 谷に送り，山々の間を<流れ>させ，
119:136 目から涙が川のように<流れ>ます．
133: 2 アロンのひげに<流れ>てその衣のえりにまで<流れ>したたる．
147:18 風を吹かせると，水は<流れる>．
伝道 1: 7 川は<流れ>込む所に，また<流れる>．
雅歌 7: 9 なめらかに<流れる>．眠っている者
イザ 2: 2 すべての国々がそこに<流れ>て来る．
8: 6 ゆるやかに<流れる>シロアハの水を
8 ユダに<流れ>込み，押し流して進み，
18: 2 多くの川の<流れる>国，力の強い，
30:25 丘の上にも，水の<流れる>運河がで
48:21 岩から水を<流れ>出させ，岩を裂い
エレ 51:44 国々はもう，そこに<流れ>込むこと
哀歌 3:48 私の目から涙が川のように<流れ>，
エゼ 32: 6 あなたから<流れ>出る血で地を浸し，
エゼ 32:14 川を油のように静かに<流れ>させる．
47: 1 水が神殿の敷居の下から…<流れ>出
2 見ると，水は右側から<流れ>出てい

ヨエ 3:18 丘々には乳が<流れ>，ユダのすべて
アモ 5:24 正義をいつも水の<流れる>川のように，<流れ>させよ．
ミカ 4: 1 国々の民はそこに<流れ>て来る．
ハバ 3:10 豪雨は<流れ>去り，深い淵はその声
ゼカ 14: 8 エルサレムから湧き水が<流れ>出て，
マタ 9:17 ぶどう酒が<流れ>出てしまい，皮袋
ヨハ 7:38 生ける水の川が<流れ>出るようにな
使徒 27:17 船具をはずして<流れる>に任せた．
32 そのまま<流れ>去るのに任せた．

▼なぎ【別項】大なぎ

ルカ 8:24 風も波も治まり，<なぎ>になった．

▼なきおんな（泣き女）

エレ 9:17 <泣き女>を呼んで来させ，使いをや

▼なきもの（無きもの）

ダニ 4:35 地に住むものはみな，<無きもの>と

▼なきわめく（泣きわめく）

イザ 13: 6 <泣きわめ>け．主の日は近い．全能
14:31 門よ，<泣きわめ>け．町よ，叫べ．
15: 2 モアブは<泣きわめく>．頭をみなそ
エレ 25:34 牧者たちよ．<泣きわめ>け．群れの
49: 3 ヘシュボンよ．<泣きわめ>け．アイ
エゼ 30: 2 <泣きわめ>け．ああ，その日よ．
ミカ 1:10 激しく<泣きわめく>な．ベテ・レア

▼なく（泣く）【別項】泣きわめく

創世 21:16 そうして彼女は声をあげて<泣>いた．
27:34 エサウは…大声で<泣>き叫び，ひど
38 エサウは声をあげて<泣>いた．
37:34 ヤコブは…その子のために<泣>き悲
35 <泣>き悲しみながら，よみにいるわ
42:24 ヨセフは彼らから離れて，<泣>いた．
43:30 ヨセフは弟なつかしさに…<泣>いた．
45: 2 ヨセフが声をあげて<泣>いたので，
14 ベニヤミンの首を抱いて<泣>いた．
46:29 ヨセフは…首にすがって<泣>き続け
出エ 2: 6 それは男の子で，<泣>いていた．彼
レビ 10: 6 焼かれたことを<泣>き悲しまなけれ
民数 20:29 アロンのために<泣>き悲しんだ．
申命 21:13 1か月の間，<泣>き悲しまなければ
34: 8 モーセのために<泣>き悲しんだ．そ
士師 11:37 私の友だちと<泣>き悲しみたいので
士師 14:16 サムソンの妻は夫に<泣>きすがって
20:23 主の前で夕方まで<泣>き，主に伺っ
21: 2 神の前にすわり…激しく<泣>いた．
ルツ 1: 9 彼女たちは声をあげて<泣>いた．
Iサム 1: 7 ハンナは<泣>いて，食事をしようともしなかった．8, 10.
20:41 ふたりは…抱き合って<泣>き，ダビデはいっそう激しく<泣>いた．
IIサム 12:21 断食をして<泣>かれたのに，お子さ
13:19 歩きながら声をあげて<泣>いていた．
36 王子たちが来て，声をあげて<泣>い
15:23 国中は大きな声をあげて<泣>いた．
II列 20: 3 こうして，ヒゼキヤは大声で<泣>い
エズ 3:12 宮の基が据えられたとき…<泣>いた．
10: 1 民は激しく涙を流して<泣>いた．
ネヘ 1: 4 すわって<泣>き，数日の間，喪に服
8: 9 「きょうは…<泣>いてはならない．」
エス 8: 3 エステルが…<泣>きながら嘆願した
ヨブ 2:12 彼らは声をあげて<泣>き，おのおの，
16:16 私の顔は<泣>いて赤くなり，私のま
30:31 私の笛は<泣>き悲しむ声となった．
詩篇 6: 8 主は私の<泣く>声を聞かれたのだ．
69:10 断食して，わが身を<泣>き悲しむと，
78:64 やもめたちは<泣>き悲しむこともで
137: 1 シオンを思い出して<泣>いた．
伝道 3: 4 <泣く>のに時があり，ほほえむのに
イザ 15: 2 ディボンは高き所に，<泣く>ために
8 その<泣>き声がエグライムまで，そ
33: 7 平和の使者たちは激しく<泣く>．
エレ 3:21 イスラエルの子らの哀願の<泣>き声
9: 1 殺された者のために<泣>こうものを．
10 私は山々のために<泣>き声をあげて
13:17 高ぶりのために<泣>き，涙にくれ，
22:10 死んだ者のために<泣く>な．彼のた
25:36 群れのあるじたちの<泣>き声を．主
31:15 ラケルがその子らのために<泣>いて
哀歌 1:16 このことで，私は<泣>いている．私
エゼ 7:16 自分の不義のために<泣>き悲しむ．
8:14 タンムズのために<泣>きながらすわ
27:31 おまえのために心を痛めて<泣>き，
32 <泣>き声をあげて哀歌を唱え，おま
ヨエ 1: 8 おとめのように，<泣>き悲しめ．
アモ 5:16 通りで…農夫を呼んで来て<泣>かせ，
8: 8 すべての者は<泣>き悲しまないだろ
ゼカ 12:10 初子を失って激しく<泣く>ように，その者のために激しく<泣く>．
マタ 8:12 そこで<泣>いて歯ぎしりするのです．13:42, 22:13, 24:51, ルカ13:28.
26:75 彼は出て行って，激しく<泣>いた．

マコ 5:38 大声で<泣>いたり，わめいたりして
14:72 思い当たったとき，彼は<泣>き出し
ルカ 6:21 いま<泣>く者は幸いです．やがてあ
ルカ 7:32 歌ってやっても，<泣>かなかった．』
8:52 娘のために<泣>き悲しんでいた．し
19:41 イエスは，その都のために<泣>いて，
22:62 彼は，外に出て，激しく<泣>いた．
23:28 わたしのことで<泣>いてはいけない
…子どもたちのことのために<泣>き
ヨハ 11:31 マリヤが墓に<泣>きに行くのだろう
16:20 あなたがたは<泣>き，嘆き悲しむが，
20:11 墓のところにたたずんで<泣>いてい
15 なぜ<泣>いているのですか．だれを
使徒 9:39 やもめたちはみな<泣>きながら，彼
20:37 みなは声をあげて<泣>き，パウロの
21:13 <泣>いたり，私の心をくじいたりし
ロマ 12:15 <泣く>者といっしょに<泣>きなさい．
Ⅰコリ 7:30 <泣く>者は<泣>かない者のように，
ヤコ 4: 9 悲しみなさい．<泣>きなさい．あな
5: 1 悲惨を思って<泣>き叫びなさい．
黙示 5: 4 見つからなかったので…<泣>いてい
18: 9 彼女のことで<泣>き，悲しみます．
19 頭にちりをかぶって，<泣>き悲しみ，

▼なく（鳴く）

Ⅰサム 6:12 雌牛は…<鳴>きながら進み続け，右
詩 147: 9 <鳴く>烏の子に食物を与える方．
ゼパ 2:14 ふくろうはその窓で<鳴>き，烏は敷
マタ 26:34 今夜，鶏が<鳴く>前に…知らないと
マコ14:30，ルカ22:34，ヨハ13:38．
74 するとすぐに，鶏が<鳴>いた．マコ
14:72，ルカ22:60，ヨハ18:27．

▼なぐさめ（慰め）

創世 5:29 この子は<慰め>を与えてくれるであ
24:67 母のなきあと，<慰め>を得た．
Ⅱサム 14:17 王さまのことばは私の<慰め>となろ
ヨブ 6:10 私はなおも，それに<慰め>を得，容
15:11 神の<慰め>と，あなたに優しく話し
16: 5 私のくちびるでの<慰め>をやめなか
21: 2 これを…私への<慰め>としてくれ．
詩篇 23: 4 むちと…杖，それが私の<慰め>です．
77: 2 私のたましいは<慰め>を拒んだ．
94:19 あなたの<慰め>が，私のたましいを
119:50 これこそ悩みのときの私の<慰め>．
52 定めを思い出し，<慰め>を得ました
76 あなたの恵みが私の<慰め>となりま
箴言 27: 9 友の<慰め>はたましいを力づける．
イザ 57:18 悲しむ者たちとに，<慰め>を報いよ
66:11 彼女の<慰め>の乳房から乳を飲んで
ゼカ 1:13 良いことば，<慰め>のことばで答え
10: 2 むなしい<慰め>を与えた．それゆえ，
ルカ 6:24 <慰め>を，すでに受けているから．
使徒 4:36 バルナバ（訳すと，<慰め>の子）と
Ⅰコリ 4:13 ののしられるときには，<慰め>のこ
14: 3 <慰め>を与えるために，人に向かっ
Ⅱコリ 1: 3 すべての<慰め>の神がほめたたえら
れますように．4，5，6，7．
7: 4 私は<慰め>に満たされ，どんな苦し
13 <慰め>を受けました．この<慰め>の
13:11 <慰め>を受けなさい．一つ心になり
Ⅱテサ 2:16 永遠の<慰め>とすばらしい望みとを
ピレ 7 多くの喜びと<慰め>とを受けました．

▼なぐさめる（慰める），慰め手

創世 37:35 父を<慰め>たが，彼は<慰め>られる
ことを拒み，「私は，泣き悲しみな
50:21 彼らを<慰め>，優しく語りかけた．
ルツ 2:13 あなたは私を<慰め>，このはしため
Ⅱサム 12:24 ダビデは妻バテ・シェバを<慰め>，
Ⅰ歴 7:22 彼の兄弟たちが来て，彼を<慰め>た．
ヨブ 2:11 ヨブに悔やみを言って<慰め>ようと
7:13 私のふしどが私を<慰め>，私の寝床
16: 2 みな，煩わしい<慰め手>だ．
21:34 私を<慰め>ようとするのか．むだな
29:25 嘆く者を<慰める>者のようであった
42:11 わざわいについて，彼を<慰め>た．
詩篇 69:20 <慰める>者を待ち望みましたが，見
71:21 ふり向いて私を<慰め>てくださいま
86:17 私を助け，私を<慰め>てくださいま
119:82 いつあなたは私を<慰め>てくださる
伝道 4: 1 彼らには<慰める>者がいない…しか
し，彼らには<慰める>者がいない．
イザ 12: 1 怒りは去り，私を<慰め>てください
22: 4 無理に私を<慰め>てくれるな．」
40: 1 <慰め>よ．<慰め>よ．わたしの民を
49:13 主がご自分の民を<慰め>，その悩め
51: 3 まことに主はシオンを<慰め>，その
すべての廃墟を<慰め>て，その荒野
12 わたしが，あなたがたを<慰める>．
19 どのようにしてあなたを<慰め>よう
52: 9 主がその民を<慰め>，エルサレムを
54:11 <慰め>られなかった女よ．見よ．わ

57: 6 こんな物で，わたしが<慰め>られよ
61: 2 すべての悲しむ者を<慰め>，
66:13 母に<慰め>られる者のように，わたしはあなたがたを<慰め>，エルサレムで…<慰め>られる．
エレ 16: 7 その父や母を<慰める>杯を彼らに飲
31:13 彼らの憂いを<慰め>，楽しませる．
15 <慰め>られることを拒んで．子らが
哀歌 1: 2 だれも<慰め>てくれない．その友も
9 だれも<慰める>者がない．「主よ．
16 私を元気づけて<慰め>てくれる者が
17 これを<慰める>者はない．主は仇に
21 だれも私を<慰め>てくれません．私
2:13 あなたを<慰める>ことができよう．
エゼ 14:22 すべての事について，<慰め>られよ
23 行いとわざとを見て<慰め>られる．
16:54 彼女たちを<慰め>たときにしたすべ
31:16 木は，地下の国で<慰め>られた．
32:31 パロと…のことで<慰め>られる．—
ナホ 3: 7 だれが彼女を<慰め>よう．あなたの
ゼカ 1:17 主は，再びシオンを<慰め>，エルサ
マタ 2:18 ラケルは<慰め>られることを拒んだ．
5: 4 その人たちは<慰め>られるから．
ルカ 2:25 イスラエルの<慰め>られることを待
16:25 今ここで彼は<慰め>られ，おまえは
ヨハ 11:19 その兄弟のことについて<慰める>た
31 彼女を<慰め>ていたユダヤ人たちは，
使徒 20:12 ひとかたならず<慰め>られた．
IIコリ 1: 4 神は…私たちを<慰め>てくださいま
2: 7 その人を赦し，<慰め>てあげなさい．
7: 6 気落ちした者を<慰め>てくださる神
Iテサ 4:18 ことばをもって互いに<慰め>合いな
IIテサ 2:17 あなたがたの心を<慰め>，強めてく

▼なくす
詩篇 39:11 しみが食うように，<なく>してしま
ルカ 15: 8 1枚を<なく>したら，あかりをつけ，
9 <なく>した銀貨を見つけましたから，

▼なくなる
マコ 5:35 あなたのお嬢さんは<なくな>りました．ルカ8:49．

▼なくなる
Iサム 9: 7 パンも<なくな>ったし，その神の人
25: 7 カルメルにいる間中，何も<なくな>
I列 17:14 そのつぼの油は<なくな>らない．』
ヨブ 6:17 それは<なくな>り，暑くなると，そ
箴言 14:28 民が<なくな>れば君主は滅びる．
ヨエ 1:11 畑の刈り入れが<なくな>ったからだ．
ルカ 16: 9 富が<なくな>ったとき，彼らはあな
22:32 あなたの信仰が<なくな>らないよう
ヨハ 2: 3 ぶどう酒が<なくな>ったとき，母が
6:27 <なくなる>食物のためではなく，い

▼なぐる
I列 22:24 ミカヤの頬を<なぐ>りつけて言った．
マタ 26:67 こぶしで<なぐ>りつけ．マコ14:65．
マコ 12: 4 彼らは，頭を<なぐ>り，はずかしめ

▼なげあたえる（投げ与える）
出エ 22:31 犬に<投げ与え>なければならない．
ゼカ 11:13 尊い価を，陶器師に<投げ与え>よ．」

▼なげいれる（投げ入れる）
出エ 15:25 モーセはそれを水に<投げ入れ>た．
32:24 火に<投げ入れ>たところ，この子牛
民数 19: 6 雌牛の焼けている中に<投げ入れる>．
II列 4:41 彼はそれをかまに<投げ入れ>て言っ
13:21 エリシャの墓に<投げ入れ>て去って
II歴 24:10 箱に<投げ入れ>，ついにいっぱいに
エレ 22: 7 杉の木を…火に<投げ入れる>．
41: 9 すべての死体を<投げ入れ>た穴は，
51:63 ユーフラテス川の中に<投げ入れ>，
エゼ 15: 4 たきぎとして火に<投げ入れ>られ，
ミカ 1: 6 わたしはその石を谷に<投げ入れ>，
7:19 罪を海の深みに<投げ入れ>てくださ
マタ 18: 8 永遠の火に<投げ入れ>られるよりは，
9 燃えるゲヘナに<投げ入れ>られるよりは．マコ9:45，47．
30 借金を返すまで牢に<投げ入れ>た．
マコ 12:42 レプタ銅貨を二つ<投げ入れ>た．41，43，44，ルカ21:1，2，3，4．
Iテモ 6: 9 人を滅びと破滅に<投げ入れる>，愚
黙示 2:10 ある人たちを牢に<投げ入れ>ようと
14:19 怒りの大きな酒ぶねに<投げ入れ>た．

▼なげき（嘆き）
出エ 2:24 神は彼らの<嘆き>を聞かれ，アブラ
6: 5 イスラエル人の<嘆き>を聞いて，わ
士師 11:40 エフタの娘のために<嘆き>の歌を歌
エス 4: 3 泣き声と，<嘆き>とが起こり，多く
ヨブ 3:24 食物の代わりに<嘆き>が来て，私の
7:13 私の寝床が私の<嘆き>を軽くする」
23: 2 私の手は自分の<嘆き>のために重い．
詩篇 6: 6 私は私の<嘆き>で疲れ果て，私の涙
30:11 <嘆き>を踊りに変えてくださいまし

31:10 私の年もまた，<嘆き>で．私の力は
38: 9 私の<嘆き>はあなたから隠されてい
102題目 自分の<嘆き>を主の前に注ぎ出した
142: 2 自分の<嘆き>を注ぎ出し，私の苦し
イザ 21: 2 すべての<嘆き>を，私は終わらせる．
29: 2 そこにはうめきと<嘆き>が起こり，
35:10 悲しみと<嘆き>とは逃げ去る．
エレ 9:19 シオンから<嘆き>の声が聞こえるか
20 あなたがたの娘に<嘆き>の歌を教え，
31:15 苦しみの<嘆き>と泣き声が．ラケル
45: 3 私は<嘆き>で疲れ果て，いこいもな
48:38 広場には，ただ<嘆き>だけがある．
哀歌 2: 5 ユダの娘の中にうめきと<嘆き>をふ
エゼ 2:10 哀歌と，<嘆き>と，悲しみとがそれ
ヨエ 2:12 涙と，<嘆き>とをもって，わたしに
ミカ 1:11 ベテ・エツェルの<嘆き>は，あなた
2: 4 <嘆き>の歌が起こって言う．「私た
ゼカ 12:11 ハダデ・リモンのための<嘆き>のよ
マラ 2:13 涙と，悲鳴と，<嘆き>で主の祭壇を
IIコリ 2: 4 私は大きな苦しみと心の<嘆き>から，
6: 4 忍耐と，悩みと，苦しみと，<嘆き>

▼ なげきかなしむ（嘆き悲しむ）

IIサム 13:37 アムノンの死を<嘆き悲し>んでいた．
エズ 10: 6 人々の不信の罪を<嘆き悲し>んでい
イザ 24: 4 地は<嘆き悲し>み，衰える．世界は
7 新しいぶどう酒は<嘆き悲し>み，ぶ
60:20 あなたの<嘆き悲しむ>日が終わるか
エレ 4:28 地は<嘆き悲し>み，上の天も暗くな
14: 2 ユダは…地に伏して<嘆き悲し>み，
ルカ 23:27 イエスのことを<嘆き悲しむ>女たち
ヨハ 16:20 泣き，<嘆き悲しむ>が，世は喜ぶの
IIコリ 7: 7 私を慕っていること，<嘆き悲し>ん

▼ なげく（嘆く）【別項】嘆き悲しむ

ヨブ 7:11 たましいの苦悩の中から<嘆>きます．
14:22 たましいは自分のために<嘆く>だけ
29:25 <嘆く>者を慰める者のようであった．
詩篇 12: 5 貧しい人が<嘆く>から，今，わたし
38: 6 一日中，<嘆>いて歩いています．
42: 9 敵のしいたげに，<嘆>いて歩くので
43: 2 敵のしいたげに，<嘆>いて歩き回る
55:17 夕，朝，真昼，私は<嘆>き，うめく．
64: 1 神よ．私の<嘆く>とき，その声を聞
77: 3 私は神を思い起こして<嘆>き，思い
102: 5 私の<嘆く>声で私の骨と皮はくっつ
箴言 29: 2 悪者が治めると，民は<嘆く>．
伝道 3: 4 <嘆く>のに時があり，踊るのに時が
イザ 16: 7 干しぶどうの菓子のために<嘆く>．
51:19 だれが，あなたのために<嘆く>だろ
エレ 22:10 彼のために<嘆く>な．去って行く者
31:18 エフライムが<嘆>いているのを確か
49: 3 <嘆>いて囲い場の中を走り回れ．彼
エゼ 7:12 売る者も<嘆く>な．燃える怒りがそ
9: 4 <嘆>き，悲しんでいる人々の額にし
21: 6 人の子よ．<嘆>け．彼らが見ている
24:16 <嘆く>な．泣くな．涙を流すな．
27:31 心を痛めて泣き，いたく<嘆>き，
32:18 エジプトの群集のために<嘆>け．そ
ミカ 1: 8 わたしは<嘆>き，泣きわめき…裸で
歩こう…ジャッカルのように<嘆>き，
ゼカ 12:10 ひとり子を失って<嘆く>ように，そ
の者のために<嘆>き．12，13，14．
マタ 2:18 泣き，そして<嘆>き叫ぶ声．ラケル
マコ 3: 5 心のかたくななのを<嘆>きながら，
ヘブ 13:17 <嘆>いてすることにならないように
黙示 1: 7 諸族はみな，彼のゆえに<嘆く>．し

▼ なげこむ（投げ込む）

創世 37:20 どこかの穴に<投げ込>んで，悪い獣
出エ 1:22 男の子はみな，ナイルに<投げ込>ま
14:27 エジプト人を海の真ん中に<投げ込>
まれた．15:1，4，21．
ヨシ 10:27 ほら穴の中に<投げ込>み，ほら穴の
士師 8:25 分捕り物の耳輪を…<投げ込>んだ．
IIサム 18:17 森の中の深い穴に<投げ込>み，その
II列 2:21 エリシャは…塩をそこに<投げ込>ん
6: 6 <投げ込>み，斧の頭を浮かばせた．
ヨブ 16:11 神は私を…悪者の手に<投げ込>まれ
30:19 神は私を泥の中に<投げ込>み，私は
詩 136:15 軍勢を葦の海に<投げ込>まれた．そ
エレ 38: 6 王子マルキヤの穴に<投げ込>んだ．
ダニ 3: 6 燃える炉の中に<投げ込>まれる．11，
15，20，21，24．
6: 7 だれでも，獅子の穴に<投げ込>まれ
ると．12，16，24．
7:11 その獣は殺され…火に<投げ込>まれ
ヨナ 1:12 私を捕らえて，海に<投げ込>みなさ
2: 3 海の真ん中の深みに<投げ込>まれま
マタ 3:10 実を結ばない木は…火に<投げ込>ま
5:29 からだ全体ゲヘナに<投げ込>まれる
13:42 火の燃える炉に<投げ込>みます．彼
27: 5 彼は銀貨を神殿に<投げ込>んで立ち

ルカ 12: 5 ゲヘナに<投げ込む>権威を持ってお
49 わたしが来たのは…火を<投げ込む>
58 執行人は牢に<投げ込>んでしまいま
17: 2 海に<投げ込>まれたほうがましです.
黙示 8: 8 山のようなものが，海に<投げ込>ま
19:20 火の池に，生きたままで<投げ込>ま
20: 3 底知れぬ所に<投げ込>んで，そこを

▼ なげすてる（投げ捨てる）

申命 9:21 ちりを山から…川に<投げ捨て>た.
29:28 根こぎにし，ほかの地に<投げ捨て>
士師 15:17 彼はそのあご骨を<投げ捨て>た. 彼
Ⅱ列 3:25 ひとりずつ石を<投げ捨て>て石だら
9:25 所有地であった畑に<投げ捨て>よ.
10:25 これを外に<投げ捨て>，バアルの宮
23:12 その灰をキデロン川に<投げ捨て>た.
24:20 ついに主は彼らを…<投げ捨て>られ
Ⅱ歴 7:20 この宮をわたしの前から<投げ捨て>，
ネヘ 9:26 あなたの律法をうしろに<投げ捨て>，
伝道 3: 5 石を<投げ捨てる>のに時があり，石
6 <投げ捨てる>のに時がある.
イザ 22:18 広い広い地に<投げ捨てる>. あなた
エレ 22:28 その子孫は<投げ捨て>られて，見も
哀歌 2: 6 ご自分の幕屋を<投げ捨て>て，例祭
エゼ 29: 5 すべての魚とを荒野に<投げ捨てる>.
アモ 5: 7 正義を地に<投げ捨て>ている.
8: 3 しかばねが，至る所に<投げ捨て>ら
ヨナ 1: 5 船の積荷を海に<投げ捨て>た. しか
マコ 12: 8 ぶどう園の外に<投げ捨て>た.
ヨハ 15: 6 枝のように<投げ捨て>られて，枯れ
使徒 27:19 自分の手で船具までも<投げ捨て>た.
38 彼らは麦を海に<投げ捨て>て，船を
ヘブ 10:35 確信を<投げ捨て>てはなりません.

▼ なげたおす（投げ倒す）

ヨブ 18: 7 はかりごとが彼を<投げ倒す>.
詩篇 89:44 彼の王座を地に<投げ倒>してしまわ
エゼ 6: 4 あなたがたの偶像の前に<投げ倒す>.
ヨエ 1: 7 まる裸に引きむいて<投げ倒>し，そ
アモ 5: 2 彼女はおのれの地に<投げ倒>されて，
ルカ 4:35 その人を<投げ倒>して出て行ったが，

▼ なげだす（投げ出す）

創世 21:15 その子を…灌木の下に<投げ出>し，
Ⅰ列 13:24 死体は道に<投げ出>され，ろばはそ
ネヘ 13: 8 全部，その部屋から外へ<投げ出>し，
詩 102:10 私を持ち上げ，<投げ出>されたから
イザ 14:19 あなたは…墓の外に<投げ出>された.
エレ 14:16 エルサレムの道ばたに<投げ出>され，
哀歌 4: 1 あらゆる道ばたに<投げ出>されてい
ルカ 13:28 外に<投げ出>されることになったと
使徒 15:26 御名のために，いのちを<投げ出>し

▼ なげる（投げる）【別項】複合動詞

出エ 4: 3 彼がそれを地に<投げる>と，杖は蛇
7: 9 杖を取って，パロの前に<投げ>よ』
民数 35:20 人に物を<投げ>つけて死なせるなら，
申命 9:17 両手でそれを<投げ>つけ，あなたが
ヨシ 8:29 町の門の入口に<投げ>，その上に大
士師 9:53 ひき臼の上石を<投げ>つけて，彼の
20:16 １本の毛をねらって石を<投げ>て，
Ⅱサム 11:21 上石を<投げ>つけて，テベツで彼を
16: 6 家来たちに向かって石を<投げ>つけ
13 石を<投げ>たり，ちりをかけたりし
20:21 城壁の上から…<投げ>落としてごら
22 首をはね…ヨアブのもとに<投げ>た.
Ⅱ列 2:16 どこかの山か谷に彼を<投げ>られた
エス 3: 7 くじが<投げ>られ，くじは第12の月，
ヨブ 27:22 神は容赦なくそれを彼に<投げ>つけ，
詩篇 56: 7 神よ…彼らを<投げ>つけてください.
60: 8 わたしのはきものを<投げ>つけよう.
箴言 16:33 くじは，ひざに<投げ>られるが，そ
26:18 燃え木を死の矢として<投げる>が，
伝道 11: 1 あなたのパンを水の上に<投げ>よ.
イザ 2:20 もぐらや，こうもりに<投げ>やる.
22:17 主はあなたを遠くに<投げ>やる. 主
26: 5 これを<投げ>つけて，ちりにされる.
38:17 あなたのうしろに<投げ>やられまし
哀歌 2: 1 栄えを天から地に<投げ>落とし，御
哀歌 3:53 私の上に石を<投げ>つけた.
マタ 4: 6 神の子なら，下に身を<投げ>てみな
7: 6 豚の前に，真珠を<投げ>てはなりま
ルカ 22:41 弟子たちから石を<投げ>て届くほど
ヨハ 8: 7 罪のない者が…彼女に石を<投げ>な
59 石を取ってイエスに<投げ>つけよう
使徒 27:29 四つの錨を<投げ>おろし，夜の明け
黙示 8: 5 その香炉を取り…地に<投げ>つけた.
7 雹と火とが…地上に<投げ>られた.
12: 4 天の星の３分の１を…地上に<投げ>
9 古い蛇は<投げ>落とされた. 彼は地
10 神の御前で訴えている者が<投げ>落
13 自分が地上に<投げ>落とされたのを

▼ ナコン

Ⅱサム 6: 6 <ナコン>の打ち場まで来たとき，ウ

▼なさけ（情け），情け深い
出エ 22:27 わたしは<情け深い>から．
34: 6 主は，あわれみ深く，<情け深い>神，
士師 21:22 彼らに<情け>をかけてやってくださ
Ⅱ歴 30: 9 主は，<情け深>く，あわれみ深い方
ネヘ 9:17 赦しの神であり，<情け深>く，あわ
詩篇 37:21 正しい者は，<情け深>くて人に施す
26 その人はいつも<情け深>く人に貸す
51: 1 神よ…私に<情け>をかけ，あなたの
86:15 <情け深い>神．怒るのにおそく，恵
103: 8 主は，あわれみ深く，<情け深い>．
111: 4 主は<情け深>く，あわれみ深く，
112: 4 主は<情け深>く，あわれみ深く，正
5 しあわせなことよ．<情け深>く，人
116: 5 主は<情け深>く，正しい．まことに，
145: 8 主は<情け深>く，あわれみ深く，怒
ヨエ 2:13 主は<情け深>く…怒るのにおそく，
ヨナ 4: 2 あなたが<情け深>くあわれみ深い神

▼なさけしらず（情け知らず）
ロマ 1:31 <情け知らず>の者，慈愛のない者で
Ⅱテモ 3: 3 <情け知らず>の者，和解しない者，

▼ナザレ
1. 地名．ガリラヤの町．マタ2:23，4:13，21:11，マコ1:9，24，10:47，ルカ1:26，2:4，39，51，4:16，18:37，ヨハ1:45，46，使徒3:6，10:38，22:8．
2. ナザレ人．マタ2:23，26:71，マコ14:67，16:6，ルカ4:34，24:19，ヨハ18:5，7，19:19，使徒2:22，4:10，6:14，24:5，26:9．

▼なしとげる（成し遂げる）
民数 23:19 約束されたことを<成し遂げ>られな
Ⅰ列 8:15 御手をもってこれを<成し遂げ>て言
Ⅰ歴 28:20 雄々しく，事を<成し遂げ>なさい．
ヨブ 15:32 それは<成し遂げ>られ，その葉は茂
23:14 神は…定めたことを，<成し遂げ>ら
詩篇 57: 2 すべてを<成し遂げ>てくださる神に．
138: 8 すべてのことを，<成し遂げ>てくだ
箴言 16:30 すぼめている者は悪を<成し遂げ>た
イザ 10:12 ご自分のすべてのわざを<成し遂げ>
41: 4 だれが，これを<成し遂げ>たのか．
44:23 主がこれを<成し遂げ>られたから．
26 使者たちの計画を<成し遂げ>させる．
28 わたしの望む事を…<成し遂げる>』
46:10 望む事をすべて<成し遂げる>』と言
53:10 みこころは彼によって<成し遂げ>ら
エレ 23:20 <成し遂げる>まで去ることはない．
51:29 主はご計画をバビロンに<成し遂げ>，
哀歌 2:17 みことばを<成し遂げ>られた．滅ぼ
ダニ 8:12 その角は…それを<成し遂げ>た．
ヨハ 4:34 みわざを<成し遂げる>ことが，わた
5:36 父がわたしに<成し遂げ>させようと
17: 4 わたしは<成し遂げ>て，地上であな
使徒 14:26 彼らがいま<成し遂げ>た働きのため
ロマ 9:28 主は，みことばを…<成し遂げ>られ

▼なじむ
Ⅰコリ 8: 7 今まで偶像に<なじ>んで来たため偶

▼ナジルびと（～人）
民数 6: 2 <ナジル人>の誓願を立てる場合．4，5，8，12，13，18，19，20，21，士師13:5，7，16:17，哀歌4:7，アモ2:11，12．

▼なす，なさる
出エ 18:20 <なす>べきわざを彼らに知らせなさ
民数 23:23 神の<な>されることは，時に応じて
士師 18:14 今…何を<なす>べきかを知りなさい．
ヨブ 35: 6 あなたは神に何を<な>しえようか．
詩篇 44: 1 あなたが昔…<な>さったみわざを．
106:21 エジプトで大いなることを<な>さっ
126: 2 主は…大いなることを<な>された．」
伝道 3:14 神の<な>さることはみな永遠に変わ
9:10 あなたの手もとにある<なす>べきこ
イザ 46:10 まだ<な>されていない事を昔から告
エレ 14: 7 御名のために事を<な>してください．
42: 3 歩むべき道と，<なす>べきことを私
ダニ 8:24 事を<な>して成功し，有力者たちと
アモ 3: 7 示さないでは，何事も<な>さらない．
9:12 これを<な>される主の御告げ――
ヨナ 1:14 みこころにかなったことを<な>さる
マタ 18:35 わたしの父も…このように<な>さる
21:42 これは主の<な>さったことだ．私た
ヨハ 3:21 神にあって<な>されたことが明らか
5:19 父が<な>さることは何でも，子も同
20 ご自分の<な>さることをみな，子に
ロマ 2:18 <なす>べきことが何であるかを律法
ガラ 3: 5 律法を行ったから，そう<な>さった
ヤコ 4:17 <なす>べき正しいことを知っていな
Ⅱペテ 1:13 私の<なす>べきことと思っています．

▼なぜ
創世 18:13 サラは<なぜ>『私はほんとうに子を
40: 7 <なぜ>，きょうは…顔色が悪いので

出エ 1:18 <なぜ>…男の子を生かしておいたの
3: 3 <なぜ>柴が燃えていかないのか，あ
民数 12: 8 <なぜ>…モーセを恐れずに非難する
イザ 5: 4 <なぜ>，甘いぶどうのなるのを待ち
エレ 2:14 <なぜ>，獲物にされたのか.
マタ 9:11 <なぜ>…取税人や罪人といっしょに
14 <なぜ>…弟子たちは断食しないので
13:10 <なぜ>…たとえでお話しになったの
14:31 信仰の薄い人だな. <なぜ>疑うのか.
15: 2 <なぜ>長老たちの言い伝えを犯すの
3 <なぜ>…神の戒めを犯すのですか.
17:19 <なぜ>，私たちには悪霊を追い出せ
20: 6 <なぜ>，一日中仕事もしないでここ
21:25 <なぜ>，彼を信じなかったか，と言
マコ 7: 5 <なぜ>…言い伝えに従って歩まない
ルカ 19:31 <なぜ>，ほどくのか』と尋ねる人が
24:38 <なぜ>取り乱しているのですか. ど
ヨハ 7:45 <なぜ>あの人を連れて来なかったの
8:46 <なぜ>わたしを信じないのですか.
12: 5 <なぜ>，この香油を300デナリに売
13:37 <なぜ>今はあなたについて行くこと
使徒 4:25 <なぜ>異邦人たちは騒ぎ立ち，もろ
Iコリ 6: 7 <なぜ>，むしろ不正をも甘んじて受

▼ なぞ

民数 12: 8 明らかに語って，<なぞ>で話すこと
士師 14:12 <なぞ>をかけ. 13, 16.
14 <なぞ>を明かす. 15, 17, 18, 19.
詩篇 49: 4 立琴に合わせて私の<なぞ>を解き明
78: 2 昔からの<なぞ>を物語ろう.
箴言 1: 6 その<なぞ>とを理解するためである.
エゼ 17: 2 イスラエルの家に<なぞ>をかけ，た
ダニ 5:12 <なぞ>を解き，難問を解く理解力の

▼ なぞらえる

雅歌 1: 9 パロの戦車の雌馬に<なぞらえ>よう.
イザ 40:18 神をだれに<なぞらえ>，神をどんな
25 わたしを，だれに<なぞらえ>，だれ
46: 5 わたしをだれに<なぞらえ>て比べ，
エレ 6: 2 麗しい牧場に<なぞらえる>.
哀歌 2:13 あなたを何に<なぞらえ>よう. おと

▼ ナタナエル〔人名〕

12弟子の一人. ヨハ1:45, 46, 47, 48, 49, 21:2.

▼ ナダブ〔人名〕

(1)アロンの長男. 出エ6:23, 24:1, 28:1, レビ10:1, 民数3:2, 26:60, I歴6:3, 24:1.
(2)ユダ族エラフメエルの子孫. I歴2:28, 30.
(3)サウル王の父キシュの弟. I歴8:30, 9:36.
(4)ヤロブアム1世の子. I列14:20, 15:25, 27.

▼ ナタフこう（～香）

聖なる香油の成分の一つ. 出エ30:34.

▼ なだめ，なだめのかおり，なだめの供え物

創世 8:21 主は，その<なだめのかおり>をかが
出エ 29:18 <なだめのかおり>であり…火による
レビ 1: 9 主への<なだめのかおり>の火によるささげ物である. 2:2, 3:5, 16.
4:31 祭司は主への<なだめのかおり>とし
6:15 記念の部分を…<なだめのかおり>と
8:21 <なだめのかおり>としての全焼のい
26:31 <なだめのかおり>もかがないであろ
民数 15: 3 主への<なだめのかおり>をささげる
エゼ 6:13 偶像に<なだめのかおり>をたいた所
16:19 その前にささげて<なだめのかおり>
20:28 <なだめのかおり>を供え，注ぎのぶ
ダニ 2:46 <なだめのかおり>とをささげるよう
ロマ 3:25 イエスを…<なだめの供え物>として，
ヘブ 2:17 民の罪のために，<なだめ>がなされ
Iヨハ 2: 2 罪のための…<なだめの供え物>です.
4:10 <なだめの供え物>としての御子を遣

▼ なだめる

創世 32:20 ヤコブ…贈り物によって…<なだめ>，
箴言 16:14 知恵のある人はそれを<なだめる>.
21:14 贈り物は怒りを<なだめ>，ふところのわいろは激しい憤りを<なだめる>.
ルカ 15:28 父が出て来て，いろいろ<なだめ>て

▼ ナタン〔人名〕

(1)ダビデの子. IIサム5:14, I歴3:5, ルカ3:31.
(2)ダビデ時代の宮廷預言者. IIサム7:2, 12:1, I列1:8, I歴17:1, II歴9:29, 詩篇51題目.
(3)ダビデの勇士イグアルの父. IIサム23:36.
(4)ユダ族エラフメエルの子孫. I歴2:36.
(5)捕囚帰還の氏族の長の一人. エズ8:16.
(6)異邦人の女をめとった人. エズ10:39.
(7)一氏族の長. ゼカ12:12.

▼ なつ（夏）

創世 8:22 <夏>と冬，昼と夜とは，やむことは
IIサム 16: 1 <夏>のくだもの100個，ぶどう酒1袋. エレ40:10, アモ8:1, ミカ7:1.
詩篇 32: 4 私の骨髄は，<夏>のひでりでかわき
74:17 あなたは…<夏>と冬とを造られまし

箴言 6: 8 <夏>のうちに食物を確保し，刈り入
25:13 <夏>の暑い日の冷たい雪のようだ.
26: 1 <夏>の雪，刈り入れ時の雨のようだ.
イザ 18: 6 猛禽はその上で<夏>を過ごし，野獣
エレ 8:20 刈り入れ時は過ぎ，<夏>も終わった.
ダニ 2:35 <夏>の麦打ち場のもみがらのように
アモ 3:15 わたしは冬の家と<夏>の家とを打つ.
ゼカ 14: 8 <夏>にも冬にも，それは流れる.
マタ 24:32 葉が出て来ると，<夏>の近いことが

▼なつかしさ，なつかしく思う

創世 43:30 ヨセフは弟<なつかしさ>に胸が熱く
使徒 7:39 エジプトを<なつかしく思>って，

な

▼なづける（名づける）

創世 1: 5 神は光を昼と<名づけ>，やみを夜と
2:23 これを女と<名づけ>よう．これは男
22:14 アドナイ・イルエと<名づけ>た．今
出エ 2:10 彼女はその子をモーセと<名づけ>た.
民数 13:16 ホセアをヨシュアと<名づけ>た.
32:41 それらをハボテ・ヤイルと<名づけ>
士師 6:24 アドナイ・シャロムと<名づけ>た.
Ⅱサム 12:24 彼はその名をソロモンと<名づけ>た.
ヨブ 42:14 第1の娘をエミマ…と<名づけ>た.
イザ 7:14 『インマヌエル』と<名づける>.
62: 2 主の口が<名づける>新しい名で呼ば
ダニ 10: 1 ベルテシャツァルと<名づけ>られて
ホセ 1: 4 その子をイズレエルと<名づけ>よ.
6 その子をロ・ルハマと<名づけ>よ.
9 その子をロ・アミと<名づけ>よ．あ
ゼカ 11: 7 1本を「慈愛」と<名づけ>，他の1

▼なつめやし【別項】なつめやしの町

出エ 15:27 70本の<なつめやし>の木があった.
レビ 23:40 <なつめやし>の葉と茂り合った木の
士師 4: 5 デボラの<なつめやし>の木の下にい
Ⅱサム 6:19 <なつめやし>の菓子1個，干しぶど
Ⅰ列 6:29 <なつめやし>の木と花模様の彫り物を彫った．7:36，Ⅱ歴3:5.
詩篇 92:12 正しい者は，<なつめやし>の木のよ
雅歌 7: 8 <なつめやし>の木に登り，その枝を
エゼ 40:16 <なつめやし>の木が彫刻してあった.
ヨエ 1:12 ざくろ，<なつめやし>，りんご，あ

▼なつめやしのまち（～町）

申命 34: 3 <なつめやしの町>エリコの谷をツォアルまで．士師3:13，Ⅱ歴28:15.
士師 1:16 <なつめやしの町>からアラデの南に

▼7かい（7回）

創世 33: 3 <7回>も地に伏しておじぎをした.
Ⅱ列 4:35 子どもは<7回>くしゃみをして目を

▼7さい（7歳）

士師 6:25 父の雄牛，<7歳>の第2の雄牛を取
Ⅱ列 11:21 ヨアシュは<7歳>で王となった.

▼70しゅう（70週）

ダニ 9:24 聖なる都については，<70週>が定め

▼77ばい（77倍）

創世 4:24 復讐があれば，レメクには<77倍>.」

▼70にん（70人）

創世 46:27 ヤコブの家族はみなで<70人>であっ
出エ 1: 5 ヤコブから生まれた者…は<70人>で
24: 1 イスラエルの長老<70人>は，主のと
民数 11:16 つかさである者<70人>をわたしのた
申命 10:22 先祖たちは<70人>でエジプトへ下っ
士師 1: 7 手足の親指を切り取られた<70人>の
8:30 ギデオンには…息子が<70人>いた.
9: 2 エルバアルの息子<70人>がみなで，
56 アビメレクが彼の兄弟<70人>を殺し
Ⅱ列 10: 1 アハブにはサマリヤに<70人>の子ど
エゼ 8:11 イスラエルの家の<70人>の長老が，
ルカ 10: 1 主は，別に<70人>を定め，ご自分が
17 <70人>が喜んで帰って来て，こう言

▼70ねん（70年）

Ⅱ歴 36:21 この地は<70年>が満ちるまで安息を
詩篇 90:10 私たちの齢は<70年>．健やかであっ
イザ 23:15 <70年>の間忘れられる．<70年>が終
エレ 25:11 国々はバビロンの王に<70年>仕える.
29:10 バビロンに<70年>の満ちるころ，わ
ダニ 9: 2 荒廃が終わるまでの年数が<70年>で
ゼカ 1:12 あなたがのろって，<70年>になりま
7: 5 この<70年>の間…第5の月と第7の

▼7せんにん（7千人）

Ⅰ列 19:18 イスラエルの中に<7千人>を残して
Ⅱ列 24:16 兵士<7千人>，職人と鍛冶屋千人，
ロマ 11: 4 男子<7千人>が，わたしのために残
黙示 11:13 この地震のため<7千人>が死に，生

▼7だいめ（7代目）

ユダ 14 アダムから<7代目>のエノクも，彼

▼ななたび（七たび）

レビ 14:27 油を，主の前に<七たび>振りかける.
25: 8 安息の年を<七たび>，つまり，7年
Ⅰ列 18:43 「<七たび>くり返しなさい.」
Ⅱ列 5:10 <七たび>あなたの身を洗いなさい.

箴言 24:16 正しい者は<七たび>倒れても，また

▼ ななつ（七つ）

創世 41: 5 肥えた良い<七つ>の穂が，1本の茎
出エ 25:37 ともしび皿を<七つ>作る．ともしび
民数 8: 2 <七つ>のともしび皿が燭台の前を照
23: 1 <七つ>の祭壇を築き，7頭の雄牛と
申命 7: 1 強い<七つ>の異邦の民を，あなたの
28: 7 あなたの前から<七つ>の道に逃げ去
ヨシ 18: 2 割り当てられていない<七つ>の部族
5 それを<七つ>の割り当て地に分割し
ヨブ 5:19 <七つ>目のわざわいはあなたに触れ
箴言 6:16 主ご自身の忌みきらうものが<七つ>
9: 1 自分の家を建て，<七つ>の柱を据え，
26:25 その心には<七つ>の忌みきらわれる
イザ 11:15 <七つ>の水無し川とし，くつばきの
30:26 <七つ>の日の光のようになる．
ダニ 4:16 <七つ>の時をその上に過ごさせよ．
23 <七つ>の時がその上を過ぎるまで野
ゼカ 3: 9 一つの石の上に<七つ>の目があり，
4: 2 <七つ>のともしび皿があり…<七つ>
10 これらの<七つ>は…主の目である．」
マタ 12:45 自分よりも悪いほかの霊を<七つ>連
15:34 「<七つ>です．それに，小さい魚が少しあります．」36，37，16:10．
マコ 8: 5 弟子たちは，「<七つ>です」と答えた．6，8，20．
16: 9 この女から<七つ>の悪霊を追い出さ
ルカ 8: 2 <七つ>の悪霊を追い出していただい
使徒 13:19 <七つ>の民を滅ぼし，その地を相続
黙示 1: 4 <七つ>．11，12，16，20，2:1，3:1，4:5，5:1，5，6，6:1，8:2，6，10:3，4，12:3，13:1，15:1，6，8，16:1，17:1，3，7，9，21:9．

▼ ななつがい（七つがい）

創世 7: 2 雄と雌，<七つがい>ずつ，きよくな

▼ 7ど（7度），7度目【別項】七たび

ヨシ 6: 4 <7度>町を回り，祭司たちは角笛を
16 <7度目>に祭司たちが角笛を吹いた
Ⅰ列 18:44 <7度目>に彼は，「あれ．人の手の
詩 119:164 私は日に<7度>，あなたをほめたた
ルカ 17: 4 <7度>あなたのところに来るなら，

▼ 7ばい（7倍）

創世 4:15 カインを殺す者は，<7倍>の復讐を
レビ 26:18 罪に対して<7倍>も重く懲らしめる．
21 <7倍>も激しくあなたがたを打ちた
詩篇 79:12 そしりの<7倍>を，私たちの隣人ら
箴言 6:31 彼は<7倍>を償い，自分の家の財産
イザ 30:26 日の光は<7倍>になって，七つの日
ダニ 3:19 炉を…<7倍>熱くせよと命じた．

▼ 7ふさ

士師 16:13 私の髪の毛<7ふさ>を織り込み，機
19 彼の髪の毛<7ふさ>をそり落とさせ，

▼ なによりも（何よりも）

エレ 17: 9 人の心は<何よりも>陰険で，それは

▼ 7か（7日），7日間【別項】7日7夜，7日目

創世 7: 4 あと<7日>たつと…雨を降らせ，わ
8:10 <7日>待って，再び鳩を箱舟から放
50:10 ヨセフは父のため<7日間>，葬儀を
出エ 7:25 ナイルを打たれてから<7日>が満ち
12:15 <7日間>種を入れないパンを食べな
22:30 <7日間>，その母親のそばに置き，
レビ 8:33 <7日間>は，会見の天幕の入口から
12: 2 男の子を産んだときは…<7日>の間
13: 4 祭司はその患部を<7日間>隔離する．
14: 8 <7日間>は，自分の天幕の外にとど
15:13 自分のきよめのために<7日>を数え，
23: 6 <7日間>，あなたがたは種を入れな
民数 12:14 彼女を<7日間>，宿営の外に締め出
19:11 死体にでも触れる者は，<7日間>，
29:12 <7日間>，主の祭りを祝いなさい．
31:19 あなたがたは<7日間>，宿営の外に
申命 16:13 <7日間>，仮庵の祭りをしなければ
士師 14:12 <7日>の祝宴の間に，それを解いて，
Ⅰサム 10: 8 私が着くまで<7日間>，そこで待た
11: 3 <7日>の猶予を与えてください．イ
31:13 柳の木の下に葬り，<7日間>，断食
Ⅰ列 8:65 <7日>と<7日>…祭りを行った．
16:15 ジムリが<7日間>…王となった．そ
20:29 <7日間>，陣を敷いていた．7日目
Ⅱ列 3: 9 <7日間>も回り道をしたので，陣営
Ⅰ歴 10:12 樫の木の下に葬り，<7日間>，断食
Ⅱ歴 7: 8 ソロモンは…<7日間>の祭りを行っ
ネヘ 8:18 祭りは<7日間>，祝われ，8日目に
エゼ 3:15 <7日間>，ぼう然として，彼らの中
43:25 <7日間>，あなたは毎日，罪のため
44:26 きよめられて後，さらに<7日間>待
使徒 20: 6 トロアス…そこに<7日間>滞在した．
21:27 <7日>がほとんど終わろうとしてい
ヘブ 11:30 人々が<7日>の間エリコの城の周囲

▼ 7か7や（7日7夜）
ヨブ 2:13 彼らは…<7日7夜>，地にすわって
▼ 7かめ（7日目）
出エ 13: 6 <7日目>は主への祭りである．
16:26 安息の<7日目>には…ありません．」
20:10 <7日目>は，あなたの神，主の安息
レビ 13: 5 祭司は<7日目>に彼を調べる．もし
14: 9 <7日目>に…すべての毛…をそり落
23: 3 <7日目>は全き休みの安息，聖なる
民数 6: 9 頭を…<7日目>にそらなければなら
19:12 <7日目>に，汚れをきよめる水で罪
28:25 <7日目>に…聖なる会合を開かなけ
申命 16: 8 <7日目>は…主へのきよめの集会で
ヨシ 6: 4 <7日目>には，7度町を回り，祭司
士師 14:17 <7日目>になって…彼女に明かした．
IIサム 12:18 <7日目>に子どもは死んだが，ダビ
I列 20:29 <7日目>になって，戦いを交えたが，
I歴 9:25 村々の同胞は，<7日目>ごとに来て，
ヘブ 4: 4 神は<7日目>について，ある個所で，
▼ なのる（名のる）
イザ 44: 5 ある者はヤコブの名を<名の>り…ある者は…イスラエルの名を<名のる>．
マタ 24: 5 わたしの名を<名のる>者が大ぜい現
▼ ナハシュ〔人名〕
(1)ダビデの姉妹アビガルの父．IIサム17:25．
(2)アモン人の王．Iサム11:1，2，12:12，IIサム10:2，17:27，I歴19:1，2．
▼ ナハテ〔人名〕
(1)エサウの孫．創世36:13，17，I歴1:37．
(2)レビの子孫．サムエルの先祖．I歴6:26．
(3)ヒゼキヤ時代のささげ物の管理者．II歴31:13．
▼ ナハマニ〔人名〕
ゼルバベルと共に帰還した人．ネヘ7:7．
▼ ナハム〔人名〕
ホディヤの妻の兄弟．I歴4:19．
▼ ナハラル〔地名〕
ゼブルンの町．ヨシ19:15，21:35，士師1:30．
▼ ナハリエル〔地名〕
荒野放浪の時に通過した場所．民数21:19．
▼ ナバル〔人名〕
アビガイルの夫．Iサム25:3，10，14，25，36，37，38，39，27:3，30:5，IIサム2:2，3:3．
▼ ナフィシュ〔人名〕
イシュマエルの子．創世25:15，I歴5:19．
▼ ナフション〔人名〕
アミナダブの子．出エ6:23，民数1:7，2:3，7:12，17，10:14，ルツ4:20，I歴2:10，11．
▼ ナフタリ
ヤコブの子とその部族．創世30:8，49:21，出エ1:4，民数1:43，申命33:23，ヨシ21:6，士師1:33，I列7:14，II列15:29，I歴12:34，II歴34:6，詩篇68:27，イザ9:1，エゼ48:34，マタ4:15，黙示7:6．
▼ ナフトヒムじん（～人）
ミツライムの息子．創世10:13，I歴1:11．
▼ ナフビ〔人名〕
カナンの偵察者の一人．民数13:14．
▼ ナフライ〔人名〕
ダビデの勇士の一人．IIサム23:37，I歴11:39．
▼ なぶりもの（～者）
申命 28:37 物笑いの種となり，<なぶりもの>と
Iサム 31: 4 私を<なぶり者>にするといけないか
I列 9: 7 イスラエルは…<なぶりもの>となろ
I歴 10: 4 私を<なぶり者>にするといけないか
II歴 7:20 物笑いとし，<なぶりもの>とする．
▼ なぶる
Iサム 17:10 イスラエルの陣を<なぶ>ってやる．25，26，36，45．
▼ なべ，大なべ
Iサム 2:14 <大なべ>や…<なべ>に突き入れ，肉
ヨブ 41:31 香油をかき混ぜる<なべ>のようにす
伝道 7: 6 <なべ>の下のいばらがはじける音に
エゼ 11: 3 この町は<なべ>であり．24:3，6．
ゼカ 14:20 主の宮の中の<なべ>は，祭壇の前の
▼ ナボテ〔人名〕
ぶどう畑の所有者．I列21:1，II列9:21．
▼ ナホム〔人名〕
(1)ナホム書の著者．エルコシュ人．ナホ1:1．
(2)主イエスの先祖の一人．ルカ3:25．
▼ ナホル
1．地名．イサクの嫁探しのためにしもべが行った町．創世24:10．
2．人名．
(1)アブラハムの祖父．創世11:22，25，I歴1:26．
(2)アブラハムの兄弟．創世11:26，29，22:20，24:15，29:5，31:53，ヨシ24:2．

▼ なまあたらしい（生新しい）
士師 15:15　サムソンは，<生新しい>ろばのあご
▼ なまき（生木）
ルカ 23:31　<生木>にこのようなことをするのな
▼ なまけもの（～者）
出エ　5: 8　彼らは<なまけ者>だ．17.
箴言　6: 6　<なまけ者>よ．蟻のところへ行き，
　　9, 10:26, 13:4, 15:19, 19:15, 24,
　　20:4, 21:25, 22:13, 24:30, 26:13,
　　14, 15, 16.
マタ 25:26　悪い<なまけ者>のしもべだ．私が蒔
テト　1:12　悪いけだもの，<なまけ者>の食いし
▼ なまける（怠ける）
箴言 18: 9　自分の仕事を<なまける>者は，滅び
伝道 10:18　<なまけ>ていると天井が落ち，手を
Iテモ 5:13　<怠け>て，家々を遊び歩くことを覚
　　え，ただ<怠ける>だけでなく，うわ
ヘブ　6:12　<なまけ>ずに，信仰と忍耐によって
▼ なまぬるい
黙示　3:16　あなたは<なまぬる>く，熱くも冷た
▼ なまり
マタ 26:73　ことばの<なまり>ではっきりわかる
▼ なまり（鉛）
出エ 15:10　彼らは…水の中に<鉛>のように沈ん
民数 31:22　金，銀，青銅，鉄，すず，<鉛>，
ヨブ 19:24　鉄の筆と<鉛>とによって…刻みつけ
エレ　6:29　<鉛>を火で溶かす．<鉛>は溶けた．
エゼ 22:18　彼らは…<鉛>であって，銀のかなか
ゼカ　5: 7　<鉛>のふたが持ち上げられ，エパ枡
▼ なみ（波）【別項】大波
IIサム 22: 5　死の<波>は私を取り巻き，滅びの川
詩篇 42: 7　あなたの<波>，あなたの大波は，み
　　88: 7　あなたのすべての<波>で…悩まして
　　89: 9　その<波>がさかまくとき，あなたは
　　107:25　あらしを起こすと，風が<波>を高く
　　29　あらしを静めると，<波>はないだ．
イザ 48:18　あなたの正義は海の<波>のようにな
　　51:15　海をかき立て，<波>をとどろかせる．
エレ　5:22　<波>が逆巻いても勝てず，鳴りとど
　　31:35　海をかき立てて<波>を騒がせる方，
　　51:42　<波>のざわめきにそれはおおわれた．
　　55　<波>は大水のように鳴りとどろき，
エゼ 26: 3　海の<波>が打ち寄せるように，多く
ヨナ　2: 3　あなたの<波>と大波がみな，私の上
ゼカ 10:11　苦難の海を渡り，海では<波>を打つ．
マタ 14:24　風が向かい風なので，<波>に悩まさ
マコ　4:37　舟は<波>をかぶって，水でいっぱい
▼ なみだ（涙）【別項】涙の谷
II列 20: 5　祈りを聞いた．あなたの<涙>も見た．
ヨブ 16:20　私の目は神に向かって<涙>を流しま
詩篇　6: 6　私の<涙>で，夜ごとに私の寝床を漂
　　30: 5　夕暮れには<涙>が宿っても，朝明け
　　39:12　私の<涙>に，黙っていないでくださ
　　42: 3　私の<涙>は，昼も夜も，私の食べ物
　　56: 8　私の<涙>を，あなたの皮袋にたくわ
　　80: 5　あなたは彼らに<涙>のパンを食べさ
　　102: 9　私の飲み物に<涙>を混ぜ合わせたか
　　116: 8　私の目を<涙>から，私の足をつまず
　　119:28　私のたましいは…<涙>を流していま
　　136　私の目から<涙>が川のように流れま
　　126: 5　<涙>とともに種を蒔く者は，喜び叫
伝道　4: 1　見よ，しいたげられている者の<涙>
イザ 15: 3　広場では，みな<涙>を流して泣きわ
　　16: 9　ぶどうの木のために，<涙>を流して
　　25: 8　主はすべての顔から<涙>をぬぐい，
　　38: 5　あなたの<涙>も見た．見よ．わたし
エレ　9: 1　私の目が<涙>の泉であったなら，私
　　18　私たちの目に<涙>をしたたらせ，私
　　13:17　<涙>にくれ，私の目は<涙>を流そう．
　　31:16　泣く声をとどめ，目の<涙>をとどめ
哀歌　1: 2　<涙>は頬を伝っている．彼女の愛す
　　16　私の目，この目から<涙>があふれる．
　　2:11　私の目は<涙>でつぶれ，私のはらわ
　　18　昼も夜も，川のように<涙>を流せ．
　　3:49　私の目は絶えず<涙>を流して，やむ
エゼ 24:16　嘆くな．泣くな．<涙>を流すな．
マラ　2:13　<涙>と，悲鳴と，嘆きで主の祭壇を
ルカ　7:38　<涙>で御足をぬらし始め，髪の毛で
　　44　この女は，<涙>でわたしの足をぬら
ヨハ 11:35　イエスは<涙>を流された．
使徒 20:19　謙遜の限りを尽くし，<涙>をもって，
　　31　夜も昼も，<涙>とともにあなたがた
IIコリ 2: 4　<涙>ながらに，あなたがたに手紙を
ピリ　3:18　今も<涙>をもって言うのですが，多
IIテモ 1: 4　私は，あなたの<涙>を覚えているの
ヘブ　5: 7　大きな叫び声と<涙>とをもって祈り
　　12:17　<涙>を流して求めても，彼には心を
黙示　7:17　神は彼らの目の<涙>をすっかりぬぐ
　　21: 4　彼らの目の<涙>をすっかりぬぐい取

▼ なみだのたに（涙の谷）
詩篇84: 6 <涙の谷>を過ぎるときも，そこを泉
▼ なめらか
創世27:11 私のはだは，<なめらか>です．
16 彼の手と首の<なめらか>なところに
Ｉサム17:40 川から五つの<なめらか>な石を選ん
詩篇55:21 彼の口は，バタよりも<なめらか>だ
箴言 2:16 ことばの<なめらか>な，見知らぬ女
5: 3 その口は油よりも<なめらか>だ．
6:24 見知らぬ女の<なめらか>な舌から守
23:31 <なめらか>にこぼれるとき，それを
雅歌 7: 9 私の愛に対して，<なめらか>に流れ
イザ18: 2 はだの<なめらか>な国民のところに．
▼ なめる
民数22: 4 牛が野の青草を<なめ>尽くすように
…すべてのものを<なめ>尽くそうと
士師 7: 5 犬が<なめる>ように…水を<なめる>
6 口に手を当てて水を<なめ>た者の数
Ｉ列18:38 みぞの水も<なめ>尽くしてしまった．
21:19 ナボテの血を<なめ>たその場所で，
その犬どもが…血を<なめる>.』」
22:38 犬が彼の血を<なめ>，遊女たちがそ
詩篇72: 9 彼の敵はちりを<なめ>ますように．
イザ 5:24 炎が枯れ草を<なめ>尽くすように，
10:17 いばらを１日のうちに<なめ>尽くす．
49:23 あなたの足のちりを<なめる>．あな
エレ17:27 火は…宮殿を<なめ>尽くして，消え
ヨエ 2: 3 うしろでは，炎が<なめ>尽くす．彼
ミカ 7:17 はうもののように，ちりを<なめ>，
マタ27:34 イエスはそれを<なめ>ただけで，飲
ルカ16:21 犬も…彼のおできを<なめ>ていた．
▼ なやます（悩ます），悩ませる
創世49:23 彼を射て，<悩ま>した．
出エ22:22 みなしごを<悩ま>せてはならない．
23 あなたが彼らをひどく<悩ま>せ，彼
民数24:24 アシュルを<悩ま>し，エベルを<悩
ます>．しかし，これもまた滅びに
33:55 その土地であなたがたを<悩ます>よ
Ｉサム14:29 父はこの国を<悩ま>せている．ご覧．
30: 6 娘たちのことで心を<悩ま>し，ダビ
II歴28:20 ピレセルは…彼を<悩ま>した．彼の
22 アッシリヤの王が彼を<悩ま>したと
ヨブ19: 2 私のたましいを<悩ま>し，そんな論
詩篇35:13 私は断食してたましいを<悩ま>せ，
55:19 神は聞き，彼らを<悩ま>される．昔
88: 7 あなたは私を<悩ま>しておられます．
94: 5 あなたのものである民を<悩ま>しま
119:75 真実をもって私を<悩ま>されたこと
イザ51:23 あなたを<悩ます>者たちの手に渡す．
エレ10:18 今度こそ放り出し，彼らを<悩ます>．
哀歌 1:12 主が燃える怒りの日に私を<悩ま>し，
3:33 ただ苦しめ<悩ま>そうとは，思って
マタ14:24 向かい風なので，波に<悩ま>されて
ルカ 6:18 汚れた霊に<悩ま>されていた人たち
ヘブ11:37 乏しくなり，<悩ま>され，苦しめら
12:15 苦い根が芽を出して<悩ま>したり，
IIペテ 2: 7 好色なふるまいによって<悩ま>され
▼ なやみ（悩み）
創世26:35 イサクとリベカにとって<悩み>の種
29:32 主が私の<悩み>をご覧になった．今
31:42 神は私の<悩み>とこの手の苦労とを
出エ 3: 7 エジプトにいるわたしの民の<悩み>
申命16: 3 <悩み>のパンを食べなければならな
Ｉサム 1:11 はしための<悩み>を顧みて，私を心
15 私は心に<悩み>のある女でございま
Ｉ列 8:38 自分の心の<悩み>を知り，この宮に
II列 4:27 彼女の心に<悩み>があるのだから．
14:26 イスラエルの<悩み>が非常に激しい
II歴15: 4 その<悩み>のときに，彼らがイスラ
33:12 <悩み>を身に受けたとき，彼はその
ネヘ 9: 9 私たちの先祖が受けた<悩み>を見，
ヨブ10:15 私の<悩み>を見ていますから．
30:16 <悩み>の日に私は捕らえられ．36:8.
36:15 神は悩んでいる者をその<悩み>の中
詩篇 9:13 憎む者から来る私の<悩み>を見てく
22:24 主は悩む者の<悩み>をさげすむこと
25:18 私の<悩み>と労苦を見て，私のすべ
27: 5 主が，<悩み>の日に私を隠れ場に隠
31: 7 私の<悩み>をご覧になり，私のたま
34:19 正しい者の<悩み>は多い．しかし，
71:20 多くの苦しみと<悩み>とに，会わせ
88: 3 私のたましいは，<悩み>に満ち，私
9 私の目は<悩み>によって衰えていま
107:41 貧しい者を<悩み>から高く上げ，そ
119:50 これこそ<悩み>のときの私の慰め．
92 私は自分の<悩み>の中で滅んでいた
153 私の<悩み>を顧み，私を助け出して
伝道 1:18 知恵が多くなれば<悩み>も多くなり，
イザ25: 4 貧しい者の<悩み>のときのとりで，
48:10 わたしは<悩み>の炉であなたを試み

哀歌 1: 3　ユダは<悩み>と多くの労役のうちに
7　エルサレムは，<悩み>とさすらいの
3: 1　怒りのむちを受けて<悩み>に会った
19　私の<悩み>とさすらいの思い出は，
32　たとい<悩み>を受けても，主は，そ
ハバ 3:16　<悩み>の日を，私は静かに待とう．
IIコリ 6: 4　非常な忍耐と，<悩み>と，苦しみと，

▼ なやむ（悩む）

創世 21:11　アブラハムは，非常に<悩>んだ．
申命 15:11　兄弟の<悩>んでいる者…に…手を開
Iサム 30: 6　ダビデは非常に<悩>んだ．民がみな，
IIサム 22:28　あなたは，<悩む>民を救われますが，
ヨブ 34:28　神は<悩>める者の叫びを聞き入れら
36:15　神は<悩>んでいる者をその悩みの中
詩篇 9:18　<悩む>者の望みは，いつまでもなく
10: 2　悪者は高ぶって，<悩む>人に追い迫
9　彼は<悩む>人を捕らえようと待ち伏
せる．<悩む>人を，その網にかけて
12: 5　<悩む>人が踏みにじられ，貧しい人
14: 6　<悩む>者のはかりごとをはずかしめ
18:27　あなたは，<悩む>民をこそ救われま
22:26　<悩む>者は，食べて，満ち足り，主
25:16　私はただひとりで，<悩>んでいます．
34: 6　この<悩む>者が呼ばわったとき，主
37:14　<悩む>者，貧しい者を打ち倒し，行
40:17　私は<悩む>者，貧しい者です．主よ．
69:29　しかし私は<悩>み，痛んでいます．
72: 4　彼が民の<悩む>者たちを弁護し，貧
74:19　<悩む>者たちのいのちを永久に忘れ
21　<悩む>者，貧しい者が御名をほめた
82: 3　<悩む>者と乏しい者の権利を認めよ．
86: 1　私は<悩>み，そして貧しいのです．
107:17　愚か者は…その咎のために<悩>んだ．
116:10　私は大いに<悩>んだ」と言ったとき
119:107　私はひどく<悩>んでいます．主よ．
140:12　主は<悩む>者の訴えを支持し，貧し
箴言 15:15　<悩む>者には毎日が不吉の日である
22:22　<悩む>者を門のところで押さえつけ
31: 5　すべて<悩む>者のさばきを曲げると
9　<悩>んでいる人…の権利を守れ．
20　彼女は<悩>んでいる人に手を差し出
イザ 14:32　主の民の<悩む>者たちは，これに身
49:13　その<悩>める者をあわれまれるから
51:21　これを聞け．<悩>んでいる者，酔っ
58:10　<悩む>者の願いを満足させるなら，
ダニ 7:15　私，ダニエルの心は…<悩>み，頭に
アモ 6: 6　ヨセフの破滅のことで<悩>まない．
ゼカ 10: 2　人々は…羊飼いがいないので<悩む>．
ルカ 21:25　諸国の民が…不安に陥って<悩>み，

▼ ナヨテ〔地名〕

ラマ1.(4)の近くか，その一部．Iサム19:18，20:1．

▼ ならう

詩 106:35　異邦の民…のならわしに<なら>い，
箴言 22:25　あなたがそのならわしに<なら>って，
ヘブ 13: 7　その信仰に<なら>いなさい．
IIペテ 2: 2　多くの者が彼らの好色に<なら>い，

▼ ならう（習う）

イザ 1:17　善をなすことを<習>い，公正を求め，
2: 4　二度と戦いのことを<習>わない．
ミカ 4: 3　二度と戦いのことを<習>わない．

▼ ならうもの（～者）

Iコリ 4:16　私に<ならう者>となってください．
エペ 5: 1　神に<ならう者>となりなさい．
Iテサ 1: 6　私たちと主とに<ならう者>になりま
2:14　神の諸教会に<ならう者>となったの
ヘブ 6:12　信仰と忍耐によって約束のものを相
続するあの人たちに，<ならう者>と

▼ ならない

イザ 65:20　100歳に<ならない>で死ぬ者は，の

▼ ならぶ（並ぶ）

ヨブ 28:17　玻璃もこれと<並ぶ>ことができず，
詩篇 89: 6　だれが主と<並>びえましょう．力あ
エレ 10: 6　主よ．あなたに<並ぶ>者はありませ

▼ ならべる（並べる）

創世 22: 9　たきぎを<並べ>，自分の子イサクを
出エ 39:37　１列に<並べる>ともしび皿と，その
40: 4　机を入れ，その備品を<並べ>，燭台
23　その上にパンを１列に<並べ>て，主
ヨシ 2: 6　屋上に<並べ>てあった亜麻の茎の中
I列 18:33　たきぎを<並べ>，１頭の雄牛を切り
ヨブ 23: 4　私は御前に訴えを<並べ>たて，こと
33: 5　ことばを<並べ>たて，私の前に立っ
詩篇 50:21　おまえの目の前でこれを<並べ>立て
イザ 47:13　知らせる者を<並べ>たてて，あなた

▼ ならわし

創世 19:31　この地には，この世の<ならわし>の
レビ 18: 3　エジプトの地の<ならわし>…カナン
の地の<ならわし>をまねてもいけな
士師 18: 7　シドン人の<ならわし>に従って，平

Ⅰ列 18:28 彼らの<ならわし>に従って，剣や槍
Ⅱ列 17:26 この国の神に関する<ならわし>を知りません…<ならわし>を知らないか
27 神に関する<ならわし>を教えさせな
33 諸国の民の<ならわし>に従って，自
34 最初の<ならわし>のとおりに行って
40 先の彼らの<ならわし>のとおりに行
詩 106:35 異邦の民…の<ならわし>にならい，
エレ 10: 3 国々の民の<ならわし>はむなしいか
エゼ 11:12 諸国の民の<ならわし>に従ったから
20:18 彼らの<ならわし>を守るな．彼らの
ミカ 6:16 アハブの家のすべての<ならわし>を
ヨハ 18:39 釈放するのが<ならわし>になってい

▼なりたつ（成り立つ）

イザ 28:18 よみとの同盟は<成り立>たない．に
コロ 1:17 万物は御子にあって<成り立>ってい

▼なる（鳴る），鳴らす

レビ 25: 9 10日に角笛を<鳴>り響かせなければならない．贖罪の日に…全土に角笛を<鳴>り響かせなければならない．
Ⅱサム 15:10 角笛の<鳴る>のを聞いたら，『アブ
Ⅱ列 21:12 それを聞く者は，二つの耳が<鳴る>
Ⅰ歴 16:32 海とそれに満ちているものは<鳴>り
ヨブ 37: 4 かみなりが<鳴>りとどろく．神はそ
詩篇 96:11 満ちているものは<鳴>りとどろけ．
150: 5 <鳴>り響くシンバルで，神をほめた
イザ 3:16 足に鈴を<鳴>らしながら小またで歩
27:13 その日，大きな角笛が<鳴>り渡り，
エレ 5:22 <鳴>りとどろいても越えられない．
48:36 私の心は…笛のように<鳴>り，私の
51:55 波は…<鳴>りとどろき…声は<鳴>り
アモ 3: 6 町で角笛が<鳴>ったら，民は驚かな

▼なるがまま

エレ 8:13 わたしはそれを<なるがまま>にする

▼ナルキソ〔人名〕

ロマ 16:11 <ナルキソ>の家の主にある人たちに

▼ナルド，ナルド油

おみなえし科の宿根草，及びそれからとれる香油．雅歌1:12，4:13，14，マコ14:3，ヨハ12:3．

▼なわ

Ⅱサム 8: 2 <なわ>で彼らを測った．<なわ>２本
Ⅰ列 20:31 首に<なわ>をかけ，イスラエルの王
ヨブ 36: 8 悩みの<なわ>に捕らえられると，
箴言 5:22 自分の罪の<なわ>につながれる．
エレ 27: 2 <なわ>とかせとを作り…首につけよ．
エゼ 3:25 あなたに，<なわ>がかけられ，あな
ダニ 3:25 火の中を<なわ>を解かれて歩いてい
ヨハ 2:15 細<なわ>でむちを作って，羊も牛も

▼なわめ

士師 15:14 その<なわめ>が手から解け落ちた．
イザ 58: 6 くびきの<なわめ>をほどき，しいた
エレ 2:20 自分の<なわめ>を断ち切って，『私
5: 5 くびきを砕き，<なわめ>を断ち切っ
30: 8 くびきを砕き，彼らの<なわめ>を解
ナホ 1:13 あなたを<なわめ>から解き放す．」
使徒 20:23 <なわめ>と苦しみが私を待っている

▼なん（難）

Ⅱコリ 11:26 川の<難>，盗賊の<難>，同国民から受ける<難>，異邦人から受ける<難>，都市の<難>，荒野の<難>，海上の<難>，にせ兄弟の<難>に会い，

▼ナンガイ〔人名〕

主イエスの先祖の一人．ルカ3:25．

▼なんしょく（男色）

Ⅰコリ 6: 9 男娼となる者，<男色>をする者，
Ⅰテモ 1:10 不品行な者，<男色>をする者，人を

▼なんせん（難船）

Ⅱコリ 11:25 <難船>したことが３度あり，一昼夜，

▼なんとかして（何とかして）

ロマ 1:10 <何とかして>…行けるようにと願っ
Ⅰコリ 9:22 <何とかして>，幾人かでも救うため

▼なんども（何度も）

伝道 7:22 他人を<何度も>のろったことを知っ

▼なんぱ（難破）

Ⅰ列 22:48 エツヨン・ゲベルで<難破>したから
ヨナ 1: 4 船は<難破>しそうになった．

▼なんもん（難問）

Ⅰ列 10: 1 <難問>をもって彼をためそうとして，
Ⅱ歴 9: 1 <難問>をもってソロモンをためそう
ダニ 5:12 なぞを解き，<難問>を解く理解力の
16 <難問>を解くことができると聞いた．

に

▼に（荷）
ネヘ 4:10 <荷>をになう者の力は衰えているの
イザ 10:28 彼は…ミクマスに<荷>を置く．
マタ 11:30 わたしの<荷>は軽いからです．」
23: 4 重い<荷>をくくって，人の肩に載せ，

▼にえたつ（煮え立つ）
ヨブ 41:20 <煮え立つ>かまや，燃える葦のよう
エレ 1:13 <煮え立>っているかまを見ています．

▼においしょうぶ（～菖蒲）
出エ 30:23 <におい菖蒲>250シェケル，

▼２かい（２階）
創世 6:16 箱舟…１階と<２階>と３階にそれを
マコ 14:15 主人が…<２階>の広間を見せてくれ
ルカ 22:12 席が整っている<２階>の大広間を見

▼にがい（苦い），苦さ
出エ 15:23 マラの水は<苦>くて飲むことができ
民数 5:18 祭司の手には…<苦い>水がなければ
詩篇 64: 3 <苦い>ことばの矢を放っています．
箴言 5: 4 終わりは苦よもぎのように<苦>く，
イザ 24: 9 強い酒を飲んでも，それは<苦い>．
エレ 4:18 あなたへのわざわいで…<苦い>．も
アモ 8:10 その終わりを<苦い>日のようにする．
使徒 8:23 あなたはまだ<苦い>胆汁と不義のき
ロマ 3:14 彼らの口は，のろいと<苦さ>で満ち
ヘブ 12:15 <苦い>根が芽を出して悩ましたり，
ヤコ 3:11 泉が甘い水と<苦い>水を同じ穴から
黙示 8:11 水が<苦>くなったので，その水のた
10: 9 腹には<苦い>が，あなたの口には蜜

▼にがな（苦菜）
出エ 12: 8 種を入れないパンと<苦菜>を添えて
民数 9:11 <苦菜>といっしょにそれを食べなけ

▼にがにがしい（苦々しい）
伝道 7:26 女が死よりも<苦々しい>ことに気が
エレ 2:19 どんなに悪く，<苦々しい>ことかを．
エゼ 3:14 私は憤って，<苦々しい>思いで出て

▼ニカノル〔人名〕
７人の執事の一人．使徒6:5．

▼にがみ（苦み，苦味）
申命 32:32 毒ぶどう，そのふさは<苦み>がある．
詩篇 69:21 私の食物の代わりに，<苦味>を与え，
イザ 5:20 <苦み>を甘み，甘みを<苦み>として
哀歌 3: 5 <苦味>と苦難で私を取り囲んだ．
15 主は私を<苦味>で飽き足らせ，苦よ
マタ 27:34 イエスに，<苦み>を混ぜたぶどう酒

▼にがよもぎ（苦よもぎ）
申命 29:18 <苦よもぎ>を生ずる根があってはな
箴言 5: 4 その終わりは<苦よもぎ>のように苦
アモ 5: 7 彼らは公義を<苦よもぎ>に変え，正
黙示 8:11 この星の名は<苦よもぎ>と呼ばれ，

▼にぎる（握る）
申命 32:41 わたしが…手にさばきを<握る>とき，
ピリ 2:16 いのちのことばをしっかり<握>って，

▼にく（肉），肉的【別項】肉なる者
創世 2:21 そのところの<肉>をふさがれた．
23 私の<肉>からの<肉>．これを女と名
6: 3 それは人が<肉>にすぎないからだ．
9: 4 <肉>は，そのいのちである血のある
17:13 <肉>の上にしるされなければならな
40:19 鳥があなたの<肉>をむしり取って食
出エ 4: 7 再び彼の<肉>のようになっていた．
12: 8 その夜，その<肉>を食べる．すなわ
46 その<肉>を家の外に持ち出してはな
出エ 16: 8 主があなたがたに食べる<肉>を与え，
22:31 獣に裂き殺されたものの<肉>を食べ
29:14 <肉>と皮と汚物とは，宿営の外で火
で焼かなければ．レビ16:27．
31 聖なる場所で，その<肉>を煮．32．
レビ 6:27 <肉>に触れるものはみな，聖なるも
7:19 汚れた物に触れたなら…<肉>は，食
8:32 <肉>やパンの残りは火で焼かなけれ
17:11 <肉>のいのちは血の中にあるからで
民数 11: 4 「ああ，<肉>が食べたい．
13 どこから私は<肉>を得て，この民全
18 主が<肉>を下さる…<肉>が食べられ
33 <肉>が彼らの歯の間にあってまだか
12:12 彼女を，その<肉>が半ば腐って母の
18:18 その<肉>はあなたのものとなる．そ
申命 5:26 <肉>を持つ者で，私たちのように，
12:15 ほふってその<肉>を食べることがで
27 全焼のいけにえ…<肉>と血とを…祭

壇の上に…ほかの…<肉>は食べてよ
14: 8 豚…<肉>を食べてはならない．また
16: 4 <肉>を，朝まで残してはならない．
28:53 息子や娘の<肉>を食べるようになる．
32:42 わたしの剣に<肉>を食わせよう．刺
士師 6:21 燃え上がって，<肉>…を焼き尽くし
Ⅰサム 2:13 まだ<肉>を煮ている間に，祭司の子
17:44 おまえの<肉>を空の鳥や野の獣にく
25:11 <肉>を…やらなければならないのか．
Ⅰ列 17: 6 烏が…パンと<肉>とを運んで来，ま
Ⅱ列 9:36 犬どもがイゼベルの<肉>を食らい，
Ⅱ歴 32: 8 彼とともにいる者は<肉>の腕であり，
ネヘ 5: 5 私たちの<肉>は私たちの兄弟の<肉>
ヨブ 2: 5 彼の骨と<肉>とを打ってください．
10: 4 <肉>の目を持っておられるのですか．
11 皮と<肉>とを私に着せ，骨と筋とで
13:14 私は自分の<肉>を自分の歯にのせ，
14:22 彼は自分の<肉>の痛みを覚え，その
19:20 私の骨は皮と<肉>とにくっついてし
22 私の<肉>で満足しないのか．
26 私は，私の<肉>から神を見る．
31:31 彼の<肉>に飽き足りなかった者はい
33:21 <肉>は衰え果てて見えなくなり．25．
詩篇 38: 3 私の<肉>には完全なところがなく，
50:13 わたしが雄牛の<肉>を食べ，雄やぎ
78:20 民に<肉>を備えることができようか．
27 <肉>をちりのように，翼のある鳥を
39 彼らが<肉>にすぎず，吹き去れば，
79: 2 聖徒たちの<肉>を野の獣に与え，
109:24 私の<肉>は脂肪がなく，やせ衰えて
119:120 私の<肉>は，あなたへの恐れで，震
箴言 5:11 あなたの<肉>とからだが滅びるとき，
23:20 <肉>をむさぼり食う者と交わるな．
伝道 4: 5 手をこまねいて，自分の<肉>を食べ
イザ 9:20 おのおの自分の腕の<肉>を食べる．
17: 4 その<肉>の脂肪はやせ細る．
22:13 <肉>を食らい，ぶどう酒を飲み，
31: 3 彼らの馬も，<肉>であって霊ではな
44:19 <肉>をあぶって食べた．その残りで
49:26 彼ら自身の<肉>を食らわせる．彼ら
エレ 7:21 いけにえに加えて，その<肉>を食べ
11:15 いけにえの<肉>が，わざわいをあな
17: 5 人間に信頼し，<肉>を自分の腕とし，
哀歌 3: 4 主は私の<肉>と皮とをすり減らし，
エゼ 11: 3 この町はなべ…私たちはその<肉>だ
19 石の心を取り除き…<肉>の心を与え
24: 4 <肉>の切れを…入れ，えり抜きの骨
10 <肉>をよく煮，味をつけ，骨も燃や
32: 5 あなたの<肉>を山々に捨て，あなた
37: 6 <肉>を生じさせ…息を与え，おまえ
39:18 勇士たちの<肉>を食べ，国の君主た
ダニ 7: 5 多くの<肉>を食らえ』との声がかか
10: 3 <肉>もぶどう酒も口にせず…油も塗
ホセ 8:13 <肉>を食べても，主はこれを喜ばな
ミカ 3: 2 皮をはぎ，その骨から<肉>をそぎ取
3 民の<肉>を食らい…大がまの中の
<肉>切れのように，切れ切れに裂く．
ハガ 2:12 聖なる<肉>を…着物のすそで運ぶと
ゼカ 11: 9 互いに相手の<肉>を食べるがよい．」
16 牧者…肥えた獣の<肉>を食らい，そ
14:12 <肉>を…立っているうちに腐らせる．
ルカ 24:39 霊ならこんな<肉>や骨はありません．
ヨハ 1:13 <肉>の欲求や人の意欲によってでも
3: 6 <肉>によって生まれた者は<肉>です．
6:51 世のいのちのための，わたしの<肉>
53 人の子の<肉>を食べ，またその血を
54 わたしの<肉>を食べ…永遠のいのち
55 わたしの<肉>はまことの食物，わた
56 <肉>を食べ…わたしのうちにとどま
63 <肉>は何の益ももたらしません．わ
8:15 あなたがたは<肉>によってさばきま
ロマ 1: 3 御子は，<肉>によればダビデの子孫
4: 1 <肉>による私たちの父祖アブラハム
6:19 <肉>の弱さのため…私は人間的な言
7: 5 <肉>にあったときは，律法による数
18 私の<肉>のうちに善が住んでいない
25 <肉>では罪の律法に仕えているので
8: 3 <肉>によって無力になったため…罪
深い<肉>と同じような形でお遣わし
になり，<肉>において罪を処罰され
4 <肉>に従って歩まず，御霊に従って
5 <肉>に従う者は<肉的>なことをもっ
6 <肉>の思いは死であり，御霊による
7 <肉>の思いは神に対して反抗するも
8 <肉>にある者は神を喜ばせることが
8: 9 <肉>の中にではなく，御霊の中にい
12 <肉>に従って歩む責任を，<肉>に対
13 <肉>に従って生きるなら…死ぬので
9: 3 私の同胞，<肉>による同国人のため
8 <肉>の子どもがそのまま神の子ども

13:14 <肉>の欲のために心を用いてはいけ
14:21 <肉>を食べず，ぶどう酒を飲まず，
Iコリ 3: 1 <肉>に属する人，キリストにある幼
3 あなたがたは，まだ<肉>に属してい
5: 5 彼の<肉>が滅ぼされ…霊が…救われ
8:13 つまずかせるなら…<肉>を食べませ
10:19 偶像の神にささげた<肉>に，何か意
25 市場に売っている<肉>は，良心の問
28 偶像にささげた<肉>です」とあなた
15:39 すべての<肉>が同じではなく，人間
の<肉>もあり，獣の<肉>もあり，鳥
IIコリ 10: 3 <肉>にあって歩んではいても，<肉>
に従って戦ってはいません．2.
4 武器は，<肉>の物ではなく，神の御
11:18 多くの人が<肉>によって誇っている
ガラ 2:20 いま私が<肉>にあって生きているの
3: 3 いま<肉>によって完成されるという
4:23 女奴隷の子は<肉>によって生まれ，
29 <肉>によって生まれた者が…迫害し
5:13 自由を<肉>の働く機会としないで，
16 <肉>の欲望を満足させるようなこと
17 <肉>の願うことは御霊に逆らい，御
霊は<肉>に逆らうからです．この二
19 <肉>の行いは明白であって，次のよ
24 自分の<肉>を…十字架につけてしま
6: 8 <肉>のために蒔く者は，<肉>から滅
12 <肉>において外見を良くしたい人た
13 あなたがたの<肉>を誇りたいためな
エペ 2: 3 <肉>の欲の中に生き，<肉>と心の望
11 以前は<肉>において異邦人でした．
15 ご自分の<肉>において，敵意を廃棄
コロ 1:22 御子の<肉>のからだにおいて…和解
2:11 <肉>のからだを脱ぎ捨て，キリスト
13 <肉>の割礼がなくて死んだ者であっ
18 <肉>の思いによっていたずらに誇り，
Iテモ 3:16 キリストは<肉>において現れ，霊に
ピレ 16 <肉>においても主にあっても，そう
ヘブ 7:16 <肉>についての戒めである律法には
12: 9 私たちには<肉>の父がいて…懲らし
10 <肉>の父親は…自分が良いと思うま
ヤコ 3:15 そのような知恵は…<肉>に属し，悪
5: 3 あなたがたの<肉>を火のように食い
Iペテ 2:11 <肉>の欲を遠ざけなさい．
3:18 <肉>においては死に渡され，霊にお
IIペテ 2:10 <肉>に従って歩み，権威を侮る者た
Iヨハ 2:16 <肉>の欲，目の欲，暮らし向きの自
ユダ 23 <肉>によって汚されたその下着さえ
黙示 17:16 その<肉>を食い，彼女を火で焼き尽
黙示 19:21 鳥が，彼らの<肉>を飽きるほどに食

▼にくさし（肉刺し）

出エ 27: 3 十能，鉢，<肉刺し>，火皿を作る．
Iサム 2:13 祭司の子が三叉の<肉刺し>を手にし

▼にくしみ（憎しみ）

民数 35:20 人が<憎しみ>をもって人を突くか，
IIサム 13:15 アムノンは，ひどい<憎しみ>にから
れ…<憎しみ>は…いだいた恋よりも
詩篇 25:19 彼らは暴虐な<憎しみ>で，私を憎ん
109: 3 <憎しみ>のことばで私を取り囲み，
箴言 10:12 <憎しみ>は争いをひき起こし，愛は
ホセ 9: 8 彼の神の家には<憎しみ>がある．

▼にくしん（肉親）

創世 37:27 彼はわれわれの<肉親>の弟だから．」
レビ 18:17 <肉親>であり，このことは破廉恥な
20:19 自分の<肉親>を犯したのである．彼

▼にくたい（肉体）

伝道 11:10 <肉体>から痛みを取り去れ．若さも，
エゼ 44: 7 心にも<肉体>にも割礼を受けていな
マタ 26:41 心は燃えていても，<肉体>は弱いの
使徒 2:26 私の<肉体>も望みの中に安らう．
31 その<肉体>は朽ち果てない』と語っ
IIコリ 4:11 死ぬべき<肉体>において明らかに示
5: 6 <肉体>にいる間は，主から離れてい
8 むしろ<肉体>を離れて，主のみもと
9 <肉体>の中にあろうと，<肉体>を離
12: 2 <肉体>のままであったか…<肉体>を
離れてであったか，それも知りませ
7 <肉体>に一つのとげを与えられまし
ガラ 4:13 私の<肉体>が弱かったためでした．
14 私の<肉体>には…試練となるものが
ピリ 1:22 もしこの<肉体>のいのちが続くとし
24 <肉体>にとどまることが，あなたが
コロ 2: 5 <肉体>においては離れていても，霊
23 <肉体>の苦行などのゆえに賢いもの
Iテモ 4: 8 <肉体>の鍛練もいくらかは有益です
ヘブ 9:13 <肉体>をきよいものにするとすれば，
10:20 ご自分の<肉体>という垂れ幕を通し
13: 3 自分も<肉体>を持っているのですか
Iペテ 3:21 バプテスマは<肉体>の汚れを取り除
4: 1 キリストは<肉体>において苦しみを
受け…<肉体>において苦しみを受け

6 <肉体>においては人間としてさばき
ユダ 8 <肉体>を汚し，権威ある者を軽んじ，

▼にくなべ（肉なべ）

出エ16: 3 エジプトの地で，<肉なべ>のそばに

▼にくなるもの（肉なるもの，肉なる者）

創世 6:17 すべての<肉なるもの>を…滅ぼすた
7:16 すべての<肉なるもの>の雄と雌であ
9:16 <肉なるもの>との間の永遠の契約を
民数16:22 すべての<肉なるもの>のいのちの神
18:15 すべての<肉なるもの>の最初に生ま
ヨブ34:15 すべての<肉なるもの>は共に息絶え，
詩篇56: 4 <肉なる者>が，私に何をなしえまし
65: 2 みもとにすべての<肉なる者>が参り
136:25 すべての<肉なる者>に食物を与えら
145:21 すべての<肉なる者>が聖なる御名を
ダニ 2:11 <肉なる者>とその住まいを共にされ
ゼカ 2:13 すべての<肉なる者>よ．主の前で静

▼にくむ（憎む）

創世34:30 カナン人とペリジ人の<憎>まれ者に
37: 4 彼を<憎>み…穏やかに話すことがで
出エ 5:21 家臣たちに私たちを<憎>ませ，私た
18:21 不正の利を<憎む>誠実な人々を見つ
20: 5 わたしを<憎む>者には，父の咎を子
レビ19:17 あなたの身内の者を<憎>んではなら
申命19:11 もし人が自分の隣人を<憎>み，待ち
詩篇 5: 5 不法を行うすべての者を<憎>まれま
9:13 私を<憎む>者から来る私の悩みを見
21: 8 あなたを<憎む>者どもを見つけ出し
26: 5 悪を行う者の集まりを<憎>み，悪者
45: 7 あなたは義を愛し，悪を<憎>んだ．
55:12 高ぶる者が私を<憎む>者ではありま
69: 4 ゆえなく私を<憎む>者は私の髪の毛
101: 3 私は曲がったわざを<憎>みます．そ
106:10 主は，<憎む>者の手から彼らを救い，
119:113 私は二心の者どもを<憎>みます．し
箴言 1:22 いつまで，知識を<憎む>のか．
6:16 主の<憎む>ものが六つある．いや，
8:13 主を恐れることは悪を<憎む>ことで
12: 1 叱責を<憎む>者はまぬけ者だ．
13:24 むちを控える者はその子を<憎む>者
14:17 悪をたくらむ者は<憎>まれる．
20 その隣人にさえ<憎>まれるが，富む
15:17 肥えた牛を食べて<憎>み合うのにま
19: 7 貧しい者は…兄弟…から<憎>まれる．
25:17 あなたに飽きて…<憎む>ことがない
21 あなたを<憎む>者が飢えているなら，
26:28 偽りの舌は，真理を<憎>み，へつら
27: 6 <憎む>者が口づけしてもてなすより
伝道 2:18 骨折ったいっさいの労苦を<憎>んだ．
3: 8 愛するのに…<憎む>のに時がある．
イザ 1:14 新月の祭りや例祭を…<憎む>．それ
アモ 5:15 悪を<憎>み，善を愛し，門で正しい
マラ 1: 3 わたしはエサウを<憎>み，彼の山を
2:16 わたしは，離婚を<憎む>」とイスラ
マタ 5:43 隣人を愛し，自分の敵を<憎>め』と
6:24 一方を<憎>んで他方を愛したり，一
10:22 すべての人々に<憎>まれます．しか
24: 9 わたしの名のために…<憎>まれます．
ルカ 6:22 人々があなたがたを<憎む>とき，あ
14:26 自分のいのちまでも<憎>まない者は，
21:17 わたしの名のために…<憎>まれます．
ヨハ 3:20 悪いことをする者は光を<憎>み，そ
7: 7 世はあなたがたを<憎む>ことはでき
12:25 この世でそのいのちを<憎む>者はそ
15:18 世は…わたしを先に<憎>んだことを
19 それで世はあなたがたを<憎む>ので
23 わたしの父をも<憎>んでいる．24．
25 彼らは理由なしにわたしを<憎>んだ
17:14 しかし，世は彼らを<憎>みました．
ロマ 7:15 自分が<憎む>ことを行っているから
9:13 ヤコブを愛し，エサウを<憎>んだ」
12: 9 悪を<憎>み，善に親しみなさい．
エペ 5:29 だれも自分の身を<憎>んだ者はいま
ヘブ 1: 9 義を愛し，不正を<憎>まれます．そ
Ⅰヨハ 2: 9 兄弟を<憎>んでいる者は，今もなお，
3:13 世が…<憎>んでも，驚いてはいけま
15 兄弟を<憎む>者はみな，人殺しです．
4:20 兄弟を<憎>んでいるなら，その人は
黙示17: 4 <憎む>べきものや自分の不品行の汚
21: 8 <憎む>べき者，人を殺す者，不品行
27 <憎む>べきことと偽りとを行う者は，

▼にくよく（肉欲）

Ⅱペテ 2:18 人々を<肉欲>と好色によって誘惑し，
ユダ 7 不自然な<肉欲>を追い求めたので，

▼にげば（逃げ場）

詩篇59:16 私の<逃げ場>であられたからです．
エレ16:19 苦難の日の私の<逃げ場>よ．あなた
25:35 <逃げ場>は牧者たちから，のがれ場

▼ニゲル〔人名〕

アンテオケ教会のキリスト者．使徒13:1．

▼にげる（逃げる）
創世 14:10 ゴモラの王は<逃げ>たとき，その穴
16: 6 彼女はサライのもとから<逃げ>去っ
19:17 いのちがけで<逃げ>なさい…山に
<逃げ>なさい．さもないと滅ぼされ
19 私は，山に<逃げる>ことができませ
20 どうか，あそこに<逃げ>させてくだ
27:43 私の兄ラバンのところへ<逃げ>なさ
創世 39:12 上着を彼女の手に残し，<逃げ>て外
出エ 14: 5 民の<逃げ>たことがエジプトの王に
レビ 26:17 …ないのに，あなたがたは<逃げる>.
民数 35:25 <逃げ>込んだそののがれの町．26.
申命 23:15 あなたのところに<逃げ>て来た奴隷
28: 7 あなたの前から七つの道に<逃げ>去
Iサム 19:12 彼は<逃げ>て行き，難をのがれた．
22:17 彼が<逃げ>ているのを知りながら，
20 エブヤタル…が…<逃げ>て来た．
23: 6 ダビデのもとに<逃げ>て来たとき，
27: 4 ダビデがガテへ<逃げ>たことが，サ
IIサム 13:34 一方，アブシャロムは<逃げ>た．見
19: 3 まるで戦場から<逃げ>て恥じている
I列 2:28 ヨアブは主の天幕に<逃げ>．29.
II歴 25:22 ユダは…自分の天幕に<逃げ>帰った．
ネヘ 6:11 私のような者が<逃げ>てよいものか．
13:10 レビ人…が…自分の農地に<逃げ>去
詩篇 68: 1 神を憎む者どもは…<逃げ>去れ．
104: 7 水は，あなたに叱られて<逃げ>，あ
114: 3 海は見て<逃げ>去り，ヨルダン川は
箴言 28: 1 悪者は追う者もないのに<逃げる>.
イザ 10:29 サウルのギブアは<逃げる>.
24:18 その恐れの叫びから<逃げる>者は，
27: 1 <逃げ>惑う蛇レビヤタン，曲がりく
30:16 私たちは馬に乗って<逃げ>よう.」
35:10 悲しみと嘆きとは<逃げ>去る．
エレ 2:20 『私は<逃げ>出さない』と言いなが
9:10 家畜まで，みな<逃げ>去っているか
46: 6 足の速い者も<逃げる>ことができな
49: 8 デダンの住民よ．<逃げ>よ，のがれ
50: 8 バビロンの中から<逃げ>，カルデヤ
エゼ 7:16 それをのがれた者が<逃げ>て，山々
ダニ 11:41 おもだった人々は…<逃げる>.
アモ 7:12 先見者よ．ユダの地へ<逃げ>て行け．
9: 1 彼らのうち，ひとりも<逃げる>者は
ゼカ 2: 6 さあ，さあ．北の国から<逃げ>よ．
マタ 2:13 幼子と…エジプトへ<逃げ>なさい．
24:16 ユダヤにいる人々は山へ<逃げ>なさ
20 <逃げる>のが，冬や安息日にならぬ
26:56 イエスを見捨てて，<逃げ>てしまっ
マコ 14:52 脱ぎ捨てて，はだかで<逃げ>た．
16: 8 墓を出て，そこから<逃げ>去った．
ルカ 21:21 人々は山へ<逃げ>なさい．都の中に
ヨハ 10:12 羊を置き去りにして，<逃げ>て行き
使徒 16:27 囚人たちが<逃げ>てしまったものと
27:42 囚人たちが…泳いで<逃げ>ないよう
黙示 9: 6 死が彼らから<逃げ>て行くのである．
12: 6 女は荒野に<逃げ>た…彼女を養うた
16:20 島はすべて<逃げ>去り，山々は見え
黙示 20:11 地も天もその御前から<逃げ>去って，

▼ニコデモ〔人名〕
ユダヤ人の教師．ヨハ3:1，4，9，7:50，19:39.

▼ニコポリ〔地名〕
ギリシヤ半島アカヤの北西部の町．テト3:12.

▼ニコライは（～派）
異端の一派．黙示2:6，15.

▼ニコラオ〔人名〕
7人の執事の一人．使徒6:5.

▼2さい（2歳）
マタ 2:16 <2歳>以下の男の子をひとり残らず

▼ニサンのつき（～月）
捕囚後のヘブル暦第1月．ネヘ2:1，エス3:7.

▼にし（西）【別項】西の海
創世 13:14 目を上げて…北と南，東と<西>を見
28:14 あなたは，<西>，東，北，南へと広
出エ 10:19 主は…強い<西>の風に変えられた．
民数 34: 6 <西>の境界線は，大海とその沿岸で
詩 103:12 東が<西>から遠く離れているように，
イザ 9:12 <西>からはペリシテ人が，イスラエ
24:15 <西>の島々で，イスラエルの神，主
45: 6 日の上る方からも，<西>からも，わ
49:12 <西>から，また，ある者はシニムの
ダニ 8: 5 1頭の雄やぎが…<西>からやって来
ホセ 11:10 子らは<西>から震えながらやって来
マタ 8:11 たくさんの人が…<西>からも来て，
24:27 いなずまが東から出て，<西>にひら
ルカ 12:54 <西>に雲が起こるのを見るとすぐに，
13:29 <西>からも…神の国で食卓に着きま

▼にじ（虹）
創世 9:13 わたしは雲の中に…<虹>を立てる．14，16.

エゼ 1:28 雨の日の雲の間にある<虹>のようで
黙示 4: 3 緑玉のように見える<虹>があった.
10: 1 その頭上には<虹>があって，その顔

▼にしがわ（西側）
出エ26:22 幕屋のうしろ…<西側>に，板6枚を
民数35: 5 町の外側に…<西側>に2千キュビト,
エゼ41:12 <西側>の聖域にある建物は，その奥

▼20さい（20歳）
出エ38:26 <20歳>以上で登録された者が60万
レビ27: 3 <20歳>から60歳までの男なら，その
民数 1: 3 <20歳>以上の者で，すべて軍務につ
Ⅱ列16: 2 アハズは<20歳>で王となり，エルサ

▼にしのうみ（西の海）
申命11:24 ユーフラテス川から<西の海>までと
ヨエ 2:20 その後衛を<西の海>に追いやる．そ
ゼカ14: 8 湧き水が…他の半分は<西の海>に流

▼にじゅう（二重）
Ⅰテモ 5:17 長老は，<二重>に尊敬を受けるにふ

▼24，24人，24本
Ⅱサム21:20 合計<24本>指の闘士がいた．彼もま
黙示 4: 4 御座の回りに<24>の座があった…金
の冠を頭にかぶった<24人>の長老た

▼2しゅるい（2種類）
レビ19:19 あなたの畑に<2種類>の種を蒔いて
はならない．また，<2種類>の糸で
申命22: 9 ぶどう畑に<2種類>の種を蒔いては

▼にすがた（似姿）
イザ40:18 神をどんな<似姿>に似せようとする
Ⅰコリ11: 7 男は神の<似姿>であり，神の栄光の

▼ニスロク〔偶像〕
アッシリヤの神の名．Ⅱ列19:37，イザ37:38.

▼にせきょうし（～教師）
Ⅱペテ 2: 1 <にせ教師>が現れるようになります.

▼にせきょうだい（～兄弟）
Ⅱコリ11:26 海上の難，<にせ兄弟>の難に会い，
ガラ 2: 4 忍び込んだ<にせ兄弟>たちがいたの

▼にせキリスト
マタ24:24 <にせキリスト>，にせ預言者たちが
マコ13:22 <にせキリスト>，にせ預言者たちが

▼にせしと（～使徒）
Ⅱコリ11:13 <にせ使徒>であり，人を欺く働き人

▼にせよげんしゃ（～預言者）
マタ 7:15 <にせ預言者>たちに気をつけなさい.
24:24 <にせ預言者>たちが現れて，できれ
ルカ 6:26 彼らの父祖たちも，<にせ預言者>た
使徒13: 6 <にせ預言者>で，名をバルイエスと
Ⅱペテ 2: 1 <にせ預言者>も出ました．同じよう
Ⅰヨハ 4: 1 <にせ預言者>がたくさん世に出て来
黙示16:13 <にせ預言者>の口とから，かえるの
19:20 人々とを惑わしたあの<にせ預言者>
20:10 そこは獣も，<にせ預言者>もいる所

▼にせる（似せる）
創世 1:26 人を造ろう…われわれに<似せ>て.
5: 1 人を…神に<似せ>て彼を造られ，
イザ40:18 神をどんな似姿に<似せ>ようとする
コロ 3:10 造り主のかたちに<似せ>られてます

▼2せんとう（2千頭）
Ⅱ列18:23 私はおまえに<2千頭>の馬を与えよ

▼にちじょうせいかつ（日常生活）
Ⅱテモ 2: 4 <日常生活>のことに掛かり合ってい

▼にっけい（肉桂）
出エ30:23 かおりの強い<肉桂>をその半分――
詩篇45: 8 あなたの着物はみな…<肉桂>のかお
雅歌 4:14 ナルド，サフラン，菖蒲，<肉桂>に，
黙示18:13 また，<肉桂>，香料，香，香油，乳

▼にっすう（日数）
エゼ 4: 5 彼らの咎の年数を<日数>にして390
マタ24:22 もし，その<日数>が少なくされなか
ったら…救われる者はない…しかし，
選ばれた者のために…<日数>は少な

▼にど（二度），二度と
創世27:36 <二度>までも私を押しのけてしまっ
41:32 夢が<二度>パロにくり返されたのは，
43:10 今までに<二度>は行って帰って来ら
44:23 <二度と>あなたがたは私の顔を見る
出エ11: 6 かつてなく，また<二度と>ないであ
民数20:11 モーセは…杖で岩を<二度>打った.
Ⅰサム18:11 しかしダビデは<二度>も身をかわし
26: 8 あの槍で…<二度>すること入りま
Ⅰ列18:34 ついで「それを<二度>せよ」と言っ
ヨブ40: 5 <二度と>，私はくり返しません.
詩篇62:11 <二度>，私はそれを聞いた．力は，
イザ51:22 憤りの大杯を…<二度と>飲むことは
アモ 8: 2 もう<二度と>彼らを見過ごさない.
マコ14:30 今夜，鶏が<二度>鳴く前に，わたし
ルカ18:12 私は週に<二度>断食し，自分の受け
Ⅱコリ 2: 1 訪問は<二度と>くり返すまいと決心

▼になう
創世 4:13 私の咎は，大きすぎて，<にな>いき
民数 4:27 彼らの<になう>ものと奉仕にかかわ

31　彼らが<になう>任務のあるものは次
イザ 46: 3　胎内にいる時から<にな>われており，
52:11　身をきよめよ．主の器を<になう>者
53: 4　彼は…私たちの痛みを<にな>った．
11　彼らの咎を彼が<になう>．
ロマ 15: 1　力のない人たちの弱さを<になう>べ

▼ニネベ〔地名〕
アッシリヤの首都．創世10:11，12，II列19:36，イザ37:37，ヨナ1:2，3:2，3，4，5，6，7，4:11，ナホ1:1，2:8，3:7，ゼパ2:13，マタ12:41，ルカ11:30，32.

▼2ばい（2倍）
創世 43:15　<２倍>の銀を持ち，ベニヤミンを伴
出エ 16: 5　日ごとに集める分の<２倍>とする．」
申命 15:18　６年間，雇い人の賃金の<２倍>分あ
ヨブ 42:10　主はヨブの所有物もすべて<２倍>に
イザ 40: 2　罪に引き替え，<２倍>のものを主の
61: 7　恥に代えて，<２倍>のものを受ける．
エゼ 21:14　剣を<２倍>にし，３倍にして，人を
黙示 18: 6　行いに応じて<２倍>にして戻しなさい…彼女のために<２倍>の量を混ぜ

▼2ばんぐさ（2番草）
アモ 7: 1　<２番草>が生え始めたころ，主はい

▼２ひき（２匹）
創世 6:19　それぞれ<２匹>ずつ箱舟に連れて入
7: 9　雄と雌<２匹>ずつが箱舟の中のノア
マタ 14:17　パンが五つと魚が<２匹>よりほかあ　マコ6:38，41，ルカ9:13，ヨハ6:9.

▼にぶい（鈍い）
伝道 10:10　もし斧が<鈍>くなったとき，その刃
マタ 13:15　この民の心は<鈍>くなり，その耳は
ルカ 24:25　信じない，心の<鈍い>人たち．
ロマ 11: 8　神は，彼らに<鈍い>心と見えない目
IIコリ 3:14　イスラエルの人々の思いは<鈍>くな
ヘブ 5:11　あなたがたの耳が<鈍>くなっている

▼ニブシャン〔地名〕
ユダの荒野の町の一つ．ヨシ15:62.

▼ニブハズ〔偶像〕
アワ人の神の名．II列17:31.

▼２まい（２枚），２枚舌
出エ 31:18　あかしの板<２枚>，すなわち，神の
II歴 5:10　箱の中には，<２枚>の板のほかには
マタ 10:10　<２枚>目の下着も，くつも，杖も持たずに．マコ6:9，ルカ3:11，9:3.
Iテモ 3: 8　執事…<２枚舌>を使わず，大酒飲み

▼ニムシ〔人名〕
エフーの祖父．I列19:16，II列9:2，14，20.

▼ニムラ〔地名〕
モアブの草原にある町．民数32:3.

▼ニムリムのみず（～水）
モアブ南東部の町．水で有名．イザ15:6.

▼ニムロデ〔人名〕
クシュの子孫．地上で最初の権力者．創世10:8，9，I歴1:10，ミカ5:6.

▼にもつ（荷物）
Iサム 10:22　見よ．彼は<荷物>の間に隠れている．
30:24　<荷物>のそばに…いた者への分け前
I歴 15:22　ケナヌヤは<荷物>の係りで，<荷物>
イザ 46: 1　あなたがたの運ぶものは<荷物>とな
エゼ 12: 3　あなたは捕囚のための<荷物>を整え，
マタ 21: 5　<荷物>を運ぶろばの子に乗って．』」
ルカ 11:46　人々には負いきれない<荷物>を負わ

▼にもの（煮物）
創世 25:29　ヤコブが<煮物>を煮ているとき，エ
34　エサウにパンとレンズ豆の<煮物>を
II列 4:38　預言者のともがらのために，<煮物>
40　みながその<煮物>を口にするや，叫
ハガ 2:12　そのすそがパンや<煮物>，ぶどう酒

▼にゅうこう（入港）
使徒 27: 3　シドンに<入港>した．ユリアスはパ
5　ルキヤのミラに<入港>した．

▼にゅうこう（乳香）
出エ 30:34　これらの香料と純粋な<乳香>を取れ．
イザ 60: 6　シェバから…金と<乳香>を携えて来
66: 3　<乳香>をささげる者は，偶像をほめ
エレ 8:22　<乳香>はギルアデにないのか．医者
エゼ 27:17　<乳香>を，おまえの商品と交換した．
マタ 2:11　幼子を見…黄金，<乳香>，没薬を贈
黙示 18:13　香油，<乳香>，ぶどう酒，オリーブ

▼にゅうごく（入獄）
IIコリ 6: 5　<入獄>にも，暴動にも，労役にも，

▼にゅうわ（柔和）
詩篇 45: 4　威光は，真理と<柔和>と義のために，
ゼパ 2: 3　<柔和>を求めよ．そうすれば，主の
ゼカ 9: 9　この方は…<柔和>で，ろばに乗られ
マタ 5: 5　<柔和>な者は幸いです．その人たち
21: 5　<柔和>で，ろばの背に乗って，それ
IIコリ 10: 1　キリストの<柔和>と寛容をもって，
ガラ 5:23　<柔和>，自制です．このようなもの
6: 1　<柔和>な心でその人を正してあげな

エペ 4: 2　謙遜と<柔和>の限りを尽くし，寛容
コロ 3:12　謙遜，<柔和>，寛容を身に着けなさ
Ⅰテモ 6:11　愛，忍耐，<柔和>を熱心に求めなさ
Ⅱテモ 2:25　反対する人たちを<柔和>な心で訓戒
テト 3: 2　<柔和>で，すべての人に優しい態度
ヤコ 3:13　知恵にふさわしい<柔和>な行いを，
Ⅰペテ 3: 4　むしろ，<柔和>で穏やかな霊という

▼にら

民数 11: 5　すいか，<にら>，たまねぎ，にんに

▼にる（似る）

士師 8:18　どの人も王の子たちに<似>ていまし
詩篇 89: 6　だれが主に<似>ているでしょう．
箴言 27:15　雨漏りは，争い好きな女に<似>てい
イザ 14:10　私たちに<似>た者になってしまった．
ルカ 6:48　岩の上に…家を建てた人に<似>てい
13:18　神の国は，何に<似>ているでしょう．
ロマ 1:23　はうもののかたちに<似>た物と代え
Ⅰヨハ 3: 2　私たちはキリストに<似>た者となる
黙示 13: 2　その獣は，ひょうに<似>ており，足

▼にる（煮る）

創世 25:29　ヤコブが煮物を<煮>ているとき，エ
出エ 12: 9　生のままで，または，水で<煮>て食
16:23　<煮>たいものは<煮>よ．残ったもの
23:19　子やぎを，その母親の乳で<煮>てはならない．申命14:21．
レビ 6:28　それを<煮>た土の器はこわされなけ
8:31　入口の所で，その肉を<煮>なさい．
民数 11: 8　臼でついて，これをなべで<煮>て，
Ⅰサム 2:13　肉を<煮>ている間に，祭司の子が三
15　祭司は<煮>た肉は受け取りません．
Ⅱ列 6:29　私の子どもを<煮>て，食べました．
哀歌 4:10　自分の手で自分の子どもを<煮>て，
エゼ 24: 5　沸騰させて，その中の骨も<煮>よ．
ゼカ 14:21　その中から取り，それで<煮る>よう

▼２わ（２羽）

レビ 5: 7　山鳩<２羽>あるいは家鳩のひな<２羽>を主のところに持って来なさい．
14: 4　<２羽>の生きているきよい小鳥と，
マタ 10:29　<２羽>の雀は１アサリオンで売って
ルカ 2:24　または，家ばとのひな<２羽>」と定

▼にわ（庭）【別項】大庭

出エ 27: 9　幕屋の<庭>を造る．南側に面して，
レビ 6:16　それを会見の天幕の<庭>で食べなけ
Ⅰ列 8:64　王は主の神殿の前の<庭>の中央部を
Ⅱ列 21: 5　主の宮の二つの<庭>に，天の万象の
Ⅰ歴 23:28　彼らの役目は…<庭>のこと，脇部屋
Ⅱ歴 7: 7　ソロモンは…神殿の前の<庭>の中央
20: 5　主の宮にある新しい<庭>の前で，ユ
ネヘ 3:25　監視の<庭>のそばにあって…やぐら
エス 1: 5　王宮の園の<庭>で，宴会を催した．
2:11　婦人部屋の<庭>の前を歩き回り，エ
ヨブ 8:16　その若枝は<庭>に生えいで，
伝道 2: 5　<庭>と園を造り，そこにあらゆる種
雅歌 4:12　花嫁は，閉じられた<庭>，閉じられ
5: 1　私の<庭>に入り，没薬と香料を集め，
6:11　私はくるみの木の<庭>へ下って行き
イザ 1:12　だれが，わたしの<庭>を踏みつけよ，
62: 9　わたしの聖所の<庭>で，それを飲む．
エレ 19:14　エレミヤは…主の宮の<庭>に立ち，
32: 2　エレミヤは…監視の<庭>に監禁され
ゼカ 3: 7　宮を治め，わたしの<庭>を守るよう
マコ 14:54　ペテロは…大祭司の<庭>の中まで入
黙示 11: 2　聖所の外の<庭>は，異邦人に与えら

▼にわかあめ（～雨）

ルカ 12:54　<にわか雨>が来るぞ』と言い，事実

▼にわとり（鶏）

ネヘ 5:18　私のためには<鶏>が料理された．そ
マタ 26:34　今夜，<鶏>が鳴く前に…３度，わた
74　誓い始めた．するとすぐに，<鶏>が
75　ペテロは，「<鶏>が鳴く前に３度，
マコ 13:35　夜中か，<鶏>の鳴くころか，明け方
14:72　<鶏>が２度鳴く前に，あなたは，わ

▼にんげん（人間），人間的

創世 11: 5　主は<人間>の建てた町と塔をご覧に
民数 3:13　<人間>から始めて家畜に至るまでイ
23:19　神は<人間>ではなく，偽りを言うこ
申命 4:28　<人間>の手で造った，見ることも，
Ⅰサム 15:29　<人間>ではないので，悔いることが
Ⅰ列 8:46　罪を犯さない<人間>はひとりもいな
Ⅱ歴 6:18　神は…<人間>とともに地の上に住ま
ヨブ 9:32　神は私のように<人間>ではないから，
10: 4　<人間>が見るように，あなたも見ら
14: 1　女から生まれた<人間>は，日が短く，
10　<人間>は死ぬと，倒れたきりだ．人
25: 6　ましてうじである<人間>，虫けらの
詩篇 9:20　ただ，<人間>にすぎないことを，国
22: 6　私は虫けらです．<人間>ではありま
146: 3　救いのない<人間>の子に．
箴言 20:24　<人間>はどうして自分の道を理解で
27　<人間>の息は主のともしび，腹の底

30: 2 私は<人間>の中でも最も愚かで，私には<人間>の悟りがない.
伝道 5:19 神はすべての<人間>に富と財宝を与
イザ 2:22 鼻で息をする<人間>をたよりにする
13:12 <人間>を純金よりもまれにし，人を
29:13 <人間>の命令を教え込まれてのこと
31: 3 エジプト人は<人間>であって神では
44:11 細工した者が<人間>にすぎないから
45:12 地を造り，その上に<人間>を創造し
エレ 10:14 すべての<人間>は愚かで無知だ．す
16:20 <人間>は，自分のために神々を造れ
17: 5 <人間>に信頼し，肉を自分の腕とし，
31:27 <人間>の種と家畜の種を蒔く.
エゼ 1: 5 何か<人間>のような姿をしていた.
10:14 第２の顔は<人間>の顔，第３の顔は
39:15 <人間>の骨を見ると…標識を立て，
ダニ 4:16 <人間>の心から変えて，獣の心をそ
17 いと高き方が<人間>の国を支配し，
5: 5 <人間>の手の指が現れ…物を書いた.
8:15 <人間>のように見える者が私の前に
ヨナ 4:11 右も左もわきまえない…<人間>と，
マタ 4:19 <人間>をとる漁師にしてあげよう.」
12:12 <人間>は羊より，はるかに値うちの
15: 9 <人間>の教えを，教えとして教える
16:17 示したのは<人間>ではなく，天にい
マコ 2:27 安息日は<人間>のために設けられた
7: 8 <人間>の言い伝えを堅く守っている.
ルカ 5:10 あなたは<人間>をとるようになるの
ヨハ 10:33 <人間>でありながら，自分を神とす
使徒 10:26 私もひとりの<人間>です」と言った.
12:22 神の声だ．<人間>の声ではない」と
14:11 神々が<人間>の姿をとって，私たち
15 私たちも皆さんと同じ<人間>です.
17:29 神を，<人間>の技術や工夫で造った
ロマ 1:23 神の御栄えを，滅ぶべき<人間>や，
3: 5 <人間的>な言い方をしますが，怒り
6:19 肉の弱さのため…<人間的>な言い方
7:14 私は罪ある<人間>であり，売られて
24 私は，ほんとうにみじめな<人間>で
Ｉコリ 2: 5 信仰が，<人間>の知恵にささえられ
14 生まれながらの<人間>は，神の御霊
3:21 だれも<人間>を誇ってはいけません.
4: 3 <人間>による判決を受けることは，
7:23 <人間>の奴隷となってはいけません.
9: 8 <人間>の考えによって言っているの
15:32 <人間的>な動機から，エペソで獣と
IIコリ 1:12 <人間的>な知恵によらず，神の恵み
17 私の計画は<人間的>な計画であって，
5:16 <人間的>な標準で人を知ろうとはしません…<人間的>な標準でキリスト
12: 4 <人間>には語ることを許されていな
ガラ 1: 1 使徒となったのは，<人間>から出た
11 福音は，<人間>によるものではあり
12 <人間>からは受けなかったし，また
3:15 <人間>の契約でも，いったん結ばれ
ピリ 2: 7 <人間>と同じようになられました.
3: 3 <人間的>なものを頼みにしない私た
4 私は，<人間的>なものにおいても頼
コロ 2:22 <人間>の戒めと教えによるものです.
Ｉテサ 2:13 <人間>のことばとしてではなく…神
Ｉテモ 6:16 <人間>がだれひとり見たことのない，
ヘブ 2: 6 <人間>が何者だというので，これを
6:16 <人間>は自分よりすぐれた者をさして誓います…確証のための誓い…は，<人間>のすべての反論をやめさせま
7:28 律法は弱さを持つ<人間>を大祭司に
8: 2 <人間>が設けたのではなくて，主が
9:27 <人間>には，１度死ぬことと死後に
13: 6 <人間>が，私に対して何ができまし
Ｉペテ 4: 2 <人間>の欲望のためではなく，神の
6 肉体においては<人間>としてさばき
IIペテ 1:21 預言は決して<人間>の意志によって
2:16 ろばが，<人間>の声でものを言い，
Ｉヨハ 5: 9 <人間>のあかしを受け入れるなら，
黙示 9: 7 いなご…顔は<人間>の顔のようであ
13:18 その数字は<人間>をさしているから
21:17 <人間>の尺度で144ペーキュスあっ

▼にんしょう（認証）
ヨハ 6:27 父すなわち神が<認証>されたからで

▼にんしょく（任職）
出エ 29:22 これは，<任職>の雄羊である.
35 ７日間，<任職>式を行わなければな
レビ 7:37 <任職>と和解のいけにえについての
8:22 すなわち<任職>の雄羊を連れ出した.
33 <任職>の期間が終了する日までの７

▼にんじる（任じる）
Ｉテモ 2: 7 私は宣伝者また使徒に<任じ>られ

▼にんたい（忍耐）
箴言 25:15 <忍耐>強く説けば，首領も納得する.
伝道 7: 8 <忍耐>は，うぬぼれにまさる.

に

ルカ 21:19 <忍耐>によって，自分のいのちを勝
ロマ 2: 4 慈愛と<忍耐>と寛容とを軽んじてい
7 <忍耐>をもって善を行い，栄光と誉
3:25 罪を神の<忍耐>をもって見のがして
5: 3 それは，患難が<忍耐>を生み出し，
4 <忍耐>が練られた品性を生み出し，
8:25 見ていない…<忍耐>をもって…待ち
9:22 怒りの器を…寛容をもって<忍耐>し
15: 4 聖書の与える<忍耐>と励ましによっ
5 <忍耐>と励ましの神が，あなたがた
Ⅱコリ 6: 4 非常な<忍耐>と，悩みと，苦しみと，
12:12 <忍耐>を尽くしてあなたがたの間で
コロ 1:11 強くされて，<忍耐>と寛容を尽くし，
Ⅰテサ 1: 3 キリストへの望みの<忍耐>を思い起
Ⅱテサ 3: 5 キリストの<忍耐>とを持たせてくだ
Ⅰテモ 6:11 愛，<忍耐>，柔和を熱心に求めなさ
Ⅱテモ 3:10 計画，信仰，寛容，愛，<忍耐>に，
テト 2: 2 愛と<忍耐>とにおいて健全であるよ
ヘブ 6:12 信仰と<忍耐>によって約束のものを
15 アブラハムは，<忍耐>の末に，約束
10:36 手に入れるために必要なのは<忍耐>
12: 1 競走を<忍耐>をもって走り続けよう
ヤコ 1: 3 信仰がためされると<忍耐>が生じる
4 その<忍耐>を完全に働かせなさい．
5:10 <忍耐>について…預言者たちを模範
11 ヨブの<忍耐>のことを聞いています．
Ⅰペテ 3:20 神が<忍耐>して待っておられたとき
Ⅱペテ 1: 6 自制には<忍耐>を，<忍耐>には敬虔
3: 9 <忍耐>深くあられ…滅びることを望
15 主の<忍耐>は救いであると考えなさ
黙示 1: 9 イエスにある苦難と御国と<忍耐>と
2: 2 あなたの労苦と<忍耐>を知っている．
3 あなたはよく<忍耐>して，わたしの
19 信仰と奉仕と<忍耐>を知っており，
3:10 <忍耐>について言ったことばを守っ
13:10 ここに聖徒の<忍耐>と信仰がある．
14:12 信仰を持ち続ける聖徒たちの<忍耐>

▼にんにく

民数 11: 5 にら，たまねぎ，<にんにく>も．

▼にんぷ（妊婦）

Ⅱ列 8:12 <妊婦>たちを切り裂くだろう．」
15:16 メナヘムは…<妊婦>たちを切り裂い
伝道 11: 5 <妊婦>の体内の骨々のことと同様，
イザ 26:17 苦しみ叫ぶ<妊婦>のように．主よ．
エレ 31: 8 <妊婦>も産婦も共にいる．彼らは大
ホセ 13:16 サマリヤ…<妊婦>たちは切り裂かれ
アモ 1:13 ギルアデの<妊婦>たちを切り裂いた
Ⅰテサ 5: 3 ちょうど<妊婦>に産みの苦しみが臨

▼にんむ（任務）

民数 1:53 レビ人はあかしの幕屋の<任務>を果
3:31 彼らの<任務>は，契約の箱，机，燭
Ⅰ歴 9:27 彼らには<任務>が課せられており，
23:32 会見の天幕の<任務>，聖所の<任務>，
25: 8 みな同じように<任務>のためのくじ
26:12 主の宮で仕える<任務>が，彼らのか
Ⅱ歴 31:16 3歳以上の男子で…組ごとに<任務>
エゼ 44: 8 わたしの聖所での<任務>も果たさず，
使徒 12:25 <任務>を果たしたバルナバとサウロ
13: 2 わたしが召した<任務>につかせなさ
20:24 <任務>を果たし終えることができる

▼にんめい（任命）

創世 41:34 パロは，国中に監督官を<任命>する
出エ 29: 9 アロンとその子らを祭司職に<任命>せよ．28:41，29:29，33，レビ16:32，民数3:10，Ⅱ歴11:15．
士師 17: 5 その息子のひとりを<任命>して，自
Ⅱサム 7:11 さばきつかさを<任命>したころのこ
Ⅰ列 1:35 イスラエルとユダの君主に<任命>し
13:33 高き所の祭司たちを<任命>し，だれ
20:24 彼らの代わりに総督を<任命>し，
Ⅰ歴 22:12 あなたをイスラエルの上に<任命>し，
Ⅱ歴 11:15 自分のために祭司たちを<任命>して，
エズ 6:18 その組にしたがってそれぞれ<任命>
7:25 さばきつかさや裁判官を<任命>し，
ネヘ 5:14 ユダの地の総督として<任命>された
6: 7 預言者たちを<任命>して，『ユダに
7: 1 歌うたいと，レビ人が<任命>された．
エレ 1:10 諸国の民と王国の上に<任命>し，あ
40:11 ゲダルヤを彼らの総督に<任命>した
ダニ 1:11 アザルヤのために<任命>した世話役
マコ 3:14 イエスは12弟子を<任命>された．そ
ルカ 12:14 だれが…裁判官や調停者に<任命>し
ヨハ 15:16 あなたがたを選び…<任命>したので
使徒 26:16 奉仕者，また証人に<任命>するため
Ⅰコリ 12:28 次のように<任命>されました．すな
Ⅱコリ 8:19 諸教会の<任命>を受けたのです．私
Ⅱテモ 1:11 また教師として<任命>されたのです．
テト 1: 5 町ごとに長老たちを<任命>するため
ヘブ 5: 1 大祭司は…<任命>を受けたのです．

▼ ヌア〔地名〕
ベニヤミンの町．士師20:43.

▼ ぬいめ（縫い目）
ヨハ 19:23 下着をも取ったが…<縫い目>なしの

▼ ぬきとる（抜き取る）
エレ 22:24 必ず，あなたをそこから<抜き取>り，
ダニ 7: 4 翼は<抜き取>られ，地から起こされ，
マタ 13:29 麦もいっしょに<抜き取る>かもしれ

▼ ぬきみのつるぎ（抜き身の剣）
民数 22:23 ろばは主の使いが<抜き身の剣>を手
ヨシ 5:13 ひとりの人が<抜き身の剣>を手に持
Ｉ歴 21:16 主の使いが，<抜き身の剣>を手に持
詩篇 55:21 彼のことばは…<抜き身の剣>である．
イザ 21:15 剣や，<抜き身の剣>から…のがれて

▼ ぬく（抜く）【別項】抜き取る
出エ 15: 9 剣を<抜>いて，この手で彼らを滅ぼ
レビ 26:33 剣を<抜>いて…あとを追おう．あな
士師 3:22 剣を王の腹から<抜>かなかったので，
8:20 若者は自分の剣を<抜>かなかった．
Ｉサム 31: 4 おまえの剣を<抜>いて…私を刺し殺
詩篇 35: 3 槍を<抜>き，私に追い迫る者を封じ
37:14 悪者どもは剣を<抜>き，弓を張った．
箴言 10:31 しかしねじれた舌は<抜>かれる．
イザ 33:20 鉄のくいはとこしえに<抜>かれず，
50: 6 ひげを<抜く>者に私の頬をまかせ，
エゼ 5: 2 剣を<抜>いて彼らのあとを追う．
21:28 剣が，虐殺のために<抜>き放たれた．
28: 7 美しい知恵に向かって剣を<抜>き，
マタ 13:29 毒麦を<抜>き集めるうちに，麦もい
26:51 剣を<抜>き…その耳を切り落とした．
マコ14:47，ヨハ18:10.
使徒 16:27 剣を<抜>いて自殺しようとした．

▼ ぬぐ（脱ぐ），脱がす
創世 38:14 タマルは，やもめの服を<脱>ぎ，ベ
出エ 3: 5 あなたの足のくつを<脱>げ．あなた
レビ 6:11 祭司はその装束を<脱>ぎ，別の装束
16:23 アロンは…亜麻布の装束を<脱>ぎ，
民数 20:28 アロンにその衣服を<脱>がせ．26.
申命 21:13 捕虜の着物を<脱>ぎ，あなたの家に
25: 9 彼の足からくつを<脱>がせ，彼の顔
10 「くつを<脱>がされた者の家」と呼
ヨシ 5:15 あなたの足のはきものを<脱>げ．あ
ルツ 4: 7 自分のはきものを<脱>いで．8.
Ｉサム 18: 4 ヨナタンは…上着を<脱>いで，それ
19:24 彼もまた着物を<脱>いで，サムエル
ネへ 4:23 だれも，服を<脱>がず，それぞれ投
エス 4: 4 荒布を<脱>がせようとしたが，彼は
箴言 25:20 寒い日に着物を<脱ぐ>ようであり，
雅歌 5: 3 私は着物を<脱>いでしまった．どう
イザ 20: 2 あなたの足のはきものを<脱>げ．」
32:11 着物を<脱>ぎ，裸になり，腰に荒布
エゼ 21:26 かぶり物は<脱>がされ，冠は取り去
26:16 あや織りの着物を<脱>ぎ，恐れを身
44:19 務めのときに着ていた服を<脱>ぎ，
ヨナ 3: 6 王服を<脱>ぎ，荒布をまとい，灰の
ゼカ 3: 4 彼のよごれた服を<脱>がせよ．」そ
マタ 3:11 はきものを<脱>がせてあげる値うち
27:28 イエスの着物を<脱>がせて，緋色の
31 着物を<脱>がせて，もとの着物を着
マコ 10:50 盲人は上着を<脱>ぎ捨て，すぐ立ち
14:52 亜麻布を<脱>ぎ捨てて，はだかで逃
15:20 紫の衣を<脱>がせて，もとの着物を
ヨハ 13: 4 上着を<脱>ぎ，手ぬぐいを取って腰
使徒 7:33 あなたの足のくつを<脱>ぎなさい．
Ⅱコリ 5: 4 この幕屋を<脱>ぎたいと思うからで
エペ 4:22 古い人を<脱>ぎ捨てるべきこと，
コロ 2:11 肉のからだを<脱>ぎ捨て，キリスト
3: 9 古い人を…いっしょに<脱>ぎ捨てて，
Ⅱペテ 1:14 この幕屋を<脱>ぎ捨てるのが間近に

▼ ぬぐう
Ⅱ列 21:13 エルサレムを<ぬぐ>い去ろう．
ネへ 4: 5 彼らの罪を…<ぬぐ>い去らないでく
13:14 私の愛のわざを，<ぬぐ>い去らない
詩篇 51: 1 罪を<ぬぐ>い去ってください．9．
箴言 30:20 彼女は食べて口を<ぬぐ>い，「私は
イザ 25: 8 主はすべての顔から涙を<ぬぐ>い，
43:25 そむきの罪を<ぬぐ>い去り，もうあ
44:22 罪をかすみのように<ぬぐ>い去った．
エレ 18:23 罪を…<ぬぐ>い去らないでください．
ルカ 7:44 髪の毛で<ぬぐ>ってくれました．38.
ヨハ 11: 2 髪の毛でその足を<ぬぐ>ったマリヤ

12: 3 髪の毛でイエスの足を<ぬぐ>った．
使徒 3:19 罪を<ぬぐ>い去っていただくために，
黙示 7:17 涙を…<ぬぐ>い取って．21:4．

▼ ぬけめ（抜けめ）
ルカ 16: 8 光の子らよりも<抜けめ>がないものなので，主人は…<抜けめ>なくやっ

▼ ぬすびと（盗人）
出エ 22: 2 <盗人>が，抜け穴を掘って押し入る
ヨブ 24:14 人殺しは…夜には<盗人>のようにな
詩篇 50:18 <盗人>に会うと，これとくみし，姦
箴言 29:24 <盗人>にくみする者は自分自身を憎
イザ 1:23 つかさたちは反逆者，<盗人>の仲間．
エレ 2:26 <盗人>が，見つけられたときに，は
ホセ 7: 1 <盗人>が押し入り，外では略奪隊が
ヨエ 2: 9 <盗人>のように窓から入り込む．
オバ 5 <盗人>があなたのところに来れば，
マタ 6:19 <盗人>が穴をあけて盗みます．20．
ルカ 12:33 <盗人>も近寄らず，しみもいためる
ヨハ 10: 1 乗り越えて来る者は，<盗人>で強盗
12: 6 彼は<盗人>であって，金入れを預か
Ⅰテサ 5: 2 主の日が夜中の<盗人>のように来る
Ⅰペテ 4:15 人殺し，<盗人>，悪を行う者，みだ
Ⅱペテ 3:10 主の日は，<盗人>のようにやって来
黙示 3: 3 わたしは<盗人>のように来る．あな

▼ ぬすむ（盗む）
創世 31:30 なぜ，私の神々を<盗>んだのか．19．
44: 8 銀や金を<盗>んだりいたしましょう．
出エ 20:15 <盗>んではならない．申命5:19．
22: 1 牛とか羊を<盗>み，これを殺したり，
ヨシ 7:11 聖絶のものの中から取り，<盗>み，
Ⅱサム 15: 6 イスラエル人の心を<盗>んだ．
21:12 広場から，彼らが<盗>んで行ったも
Ⅱ列 11: 2 アハズヤの子ヨアシュを<盗>み出し，
詩篇 69: 4 私は<盗>まなかった物をも返さなけ
箴言 9:17 <盗>んだ水は甘く，こっそり食べる
28:24 自分の父母の物を<盗>んで，「私は
エレ 7: 9 あなたがたは<盗>み，殺し，姦通し，
23:30 わたしのことばを<盗む>預言者たち
オバ 5 彼らは気のすむまで<盗>まないだろ
ゼカ 5: 3 <盗む>者はだれでも，これに照らし
マラ 3: 8 人は神のものを<盗む>ことができよ
マタ 19:18 <盗>んではならない．偽証をしては
27:64 弟子たちが来て，彼を<盗>み出して，
ヨハ 12: 6 彼は…いつも<盗>んでいたからであ
ロマ 2:21 <盗む>なと説き…自分は<盗む>ので
Ⅰコリ 6:10 <盗む>者，貪欲な者，酒に酔う者，
エペ 4:28 盗みをしている者は…<盗>んではい

▼ ぬの（布），布切れ
Ⅰサム 21: 9 エポデのうしろに<布>に包んであり
マラ 3: 2 <布>をさらす者の灰汁のようだ．
マタ 9:16 だれも，真新しい<布切れ>で古い着
ルカ 2: 7 <布>にくるんで，飼葉おけに．12．
ヨハ 11:44 死んでいた人が，手と足を長い<布>で巻かれ…彼の顔は<布切れ>で包ま
20: 7 イエスの頭に巻かれていた<布切れ>

▼ ぬのさらしのの（布さらしの野）
Ⅱ列 18:17 <布さらしの野>への大路にある上の
イザ 7: 3 <布さらしの野>への大路のそばにあ
36: 2 ラブ・シャケは<布さらしの野>への

▼ ぬま（沼）
ヨブ 40:21 彼は…葦の茂みや<沼>に横たわる．
エゼ 47:11 その沢と<沼>とはその水が良くなら

▼ ぬらす
ルカ 7:38 涙で御足を<ぬら>し始め，髪の毛で
44 涙でわたしの足を<ぬら>し，髪の毛

▼ ぬる（塗る）
創世 6:14 内と外とを木のやにで<塗>りなさい．
出エ 2: 3 それに瀝青と樹脂とを<塗>って，そ
レビ 2: 4 油を<塗>った，種を入れないせんべ
14:42 その家を<塗>り直す．43，48．
申命 27: 2 それらに石灰を<塗>りなさい．4．
28:40 身に油を<塗る>ことができない．オ
ルツ 3: 3 油を<塗>り，晴れ着をまとい，打ち
Ⅱサム 12:20 身に油を<塗>り，着物を着替えて，
14: 2 喪服を着て，身に油も<塗>らず，死
Ⅱ列 9:30 イゼベルは…目の縁を<塗>り，髪を
詩 119:69 高ぶる者…は，私を偽りで<塗>り固
箴言 26:23 銀の上薬を<塗>った土の器のようだ．
イザ 21: 5 首長たち．盾に油を<塗>れ．」
エレ 4:30 目を<塗>って大きく見せても，美し
22:14 杉の板でおおい，朱を<塗>ろう』と
エゼ 13:15 それにしっくいを<塗>った者どもも，
16: 9 血を洗い落とし…油を<塗>った．
23:40 目の縁を<塗>り，飾り物で身を飾り，
ダニ 10: 3 ぶどう酒も口にせず…油も<塗>らな
アモ 6: 6 最上の香油を身に<塗る>が，ヨセフ
ミカ 6:15 油を身に<塗る>ことがない．新しい
マタ 6:17 断食するときには…頭に油を<塗>り，
23:27 おまえたちは白く<塗>った墓のよう
マコ 6:13 大ぜいの病人に油を<塗>っていやし

14: 8 埋葬の用意にと…油を<塗>ってくれ
16: 1 イエスに油を<塗>りに行こうと思い，
ルカ 7:38 御足に口づけして，香油を<塗>った．
46 頭に油を<塗>ってくれなかったが，
この女は…足に香油を<塗>ってくれ
ヨハ 9: 6 泥を盲人の目に<塗>って言われた．
11 私の目に<塗>り，『シロアムの池に
15 あの方が私の目に泥を<塗>ってくだ
11: 2 このマリヤは，主に香油を<塗>り，
12: 3 イエスの足に<塗>り，彼女の髪の毛
使徒 23: 3 白く<塗>った壁．神があなたを打た
ヤコ 5:14 オリーブ油を<塗>って祈ってもらい
黙示 3:18 目に<塗る>目薬を買いなさい．

▼ヌン〔人名〕

ヨシュアの父．出エ33:11，民数11:28，14:6，27:18，32:12，申命1:38，31:23，ヨシ1:1，6:6，14:1，19:49，士師2:8，Ⅰ列16:34，Ⅰ歴7:27．

▼ヌンパ〔人名〕

ラオデキヤの家の教会の持主．コロ4:15．

ね

▼ね（根）【別項】エッサイの根

申命 29:18 苦よもぎを生ずる<根>があってはな
Ⅱ列 19:30 下に<根>を張り，上に実を結ぶ．
ヨブ 5: 3 私は愚か者が<根>を張るのを見た．
8:17 その<根>は石くれの山にからまり，
箴言 12: 3 正しい人の<根>はゆるがない．
イザ 27: 6 時が来れば，ヤコブは<根>を張り，
37:31 下に<根>を張り，上に実を結ぶ．
40:24 やっと地に<根>を張ろうとするとき，
エレ 17: 8 流れのほとりに<根>を伸ばし，暑さ
エゼ 17: 6 その<根>は鷲の下に張り，こうして，
31: 7 その<根>を豊かな水におろしていた
ダニ 11: 7 この女の<根>から一つの芽が起こっ
ホセ 9:16 その<根>は枯れて，実を結ばない．
アモ 2: 9 上の実と下の<根>とを滅ぼした．
マラ 4: 1 焼き尽くし，<根>も枝も残さない．
マタ 13:21 自分のうちに<根>がないため，しば
マコ 11:20 いちじくの木が<根>まで枯れていた．
ロマ 11:16 <根>が聖ければ，枝も聖いのです．
17 オリーブの<根>の豊かな養分をとも
18 あなたが<根>をささえているのでは
Ⅰテモ 6:10 金銭を愛することが…悪の<根>だか
ヘブ 12:15 苦い<根>が芽を出して悩ましたり，
黙示 5: 5 ダビデの<根>が勝利を得たので，そ
22:16 わたしはダビデの<根>，また子孫，

▼ネア〔地名〕

ゼブルン所領の境界の町．ヨシ19:13．

▼ネアポリス〔地名〕

マケドニヤの大都市ピリピの外港．使徒16:11．

▼ネアルヤ〔人名〕

(1)ソロモンの子孫．Ⅰ歴3:22，23．
(2)シメオン族の長の一人．Ⅰ歴4:42．

▼ネイエル〔地名〕

アシェル所領の境界の町．ヨシ19:27．

▼ねうち（値うち）

箴言 31:10 彼女の<値うち>は真珠よりもはるか
マタ 3:11 脱がせてあげる<値うち>もありませ
13:46 すばらしい<値うち>の真珠を一つ見
ヨハ 1:27 くつのひもを解く<値うち>もありま
Ⅰコリ 13: 2 愛がないなら，何の<値うち>もあり

▼ねがい（願い），お願い，願い事

創世 19:21 あなたの<願い>を入れ…滅ぼすまい．
50: 4 私の<願い>を聞いてくれるのなら，
民数 11:15 <お願い>です，どうか私を殺してく
32: 5 私たちの<願い>がかないますなら，
士師 6:17 <お願い>です…しるしを，私に見せ
Ⅰサム 1:27 主は…私の<願い>をかなえてくださ
25:35 あなたの<願い>を受け入れた．」
27: 5 私の<願い>をかなえてくださるなら，
Ⅱサム 23: 5 神は，私の救いと<願い>とを…育て
Ⅰ列 2:16 一つの<お願い>があります．断らな
20 その<願い事>を聞かせてください．
5: 9 私の<願い>をかなえてください．」
8:28 しもべの祈りと<願い>に御顔を向け
49 天で，彼らの祈りと<願い>を聞き，
9: 3 わたしの前で願った祈りと<願い>を
13: 6 主に<お願い>をして，私のために祈
Ⅰ歴 5:20 神は彼らの<願い>を聞き入れられた．
Ⅱ歴 6:21 この所に向かってささげる<願い>を
35 天から彼らの祈りと<願い>を聞いて，
33:13 神は彼の<願い>を聞き入れ…彼をエ

19 その<願い>が聞き入れられたこと，
エズ 7: 6 王は彼の<願い>をみなかなえた．
8:23 神は私たちの<願い>を聞き入れてく
エス 5: 8 私の<願い>をゆるし，私の望みをか
ヨブ 6: 8 ああ，私の<願い>がかなえられ，私
詩篇 6: 9 主は私の切なる<願い>を聞かれた．
10:17 貧しい者の<願い>を聞いてください
20: 5 あなたの<願い>のすべてを遂げさせ
21: 2 あなたは彼の心の<願い>をかなえ，
彼のくちびるの<願い>を，退けられ
28: 2 私の<願い>の声を聞いてください．
6 主は私の<願い>の声を聞かれた．
31:22 あなたは私の<願い>の声を聞かれま
37: 4 主はあなたの心の<願い>をかなえて
38: 9 私の<願い>はすべてあなたの御前に
55: 1 私の切なる<願い>から，身を隠さな
86: 6 私の<願い>の声を心に留めてくださ
112:10 悪者の<願い>は滅びうせる．
116: 1 私の<願い>を聞いてくださるから．
119:170 私の切なる<願い>が御前に届きます
130: 2 私の<願い>の声に耳を傾けてくださ
140: 8 悪者の<願い>をかなえさせないでく
145:16 すべての生けるものの<願い>を満た
19 主を恐れる者の<願い>をかなえ，彼
箴言 10: 3 しかし悪者の<願い>を突き放す．
11:23 正しい者の<願い>，ただ良いこと．
イザ 19:22 立ち返れば，彼らの<願い>を聞き入
エレ 37:20 <願い>を御前にかなえ…帰らせない
42: 2 どうぞ，私たちの<願い>を聞いてく
50:19 ギルアデで，その<願い>は満たされ
エゼ 14: 3 どうして…<願い>を聞いてやれよう
20: 3 <願い>を聞いてもらうためなのか…
わたしは…<願い>を聞き入れない．
ダニ 2:49 ダニエルの<願い>によって…事務を
9:13 主に，<お願い>もしませんでした．
17 しもべの祈りと<願い>とを聞き入れ，
20 主の前に伏して<願い>をささげてい
ゼパ 3:10 わたしに<願い事>をする者，わたし
マタ 15:28 その<願い>どおりになるように．」
20:20 母が…<お願い>がありますと言った．
ルカ 1:13 ザカリヤ．あなたの<願い>が聞かれ
8:28 <お願い>です．どうか私を苦しめな
16:27 では<お願い>です．ラザロを私の父
22:42 わたしの<願い>ではなく，みこころ
使徒 23:21 彼らの<願い>を聞き入れないでくだ
ロマ 7:18 善をしたいという<願い>がいつもあ
9:16 事は人間の<願い>や努力によるので
ガラ 4:12 <お願い>です．兄弟たち．私のよう
エペ 6:18 すべての祈りと<願い>を用いて，ど
ピリ 1:23 私の<願い>は，世を去ってキリスト
4: 6 <願い>によって，あなたがたの<願
い事>を神に知っていただきなさい．
Ⅱテサ 1:11 善を慕うあらゆる<願い>…を全うし
Ⅰテモ 5: 5 やもめ…絶えず神に<願い>と祈りを
ヘブ 5: 7 涙とをもって祈りと<願い>をささげ，
Ⅰヨハ 5:14 みこころにかなう<願い>をするなら，
神はその<願い>を聞いてくださると

▼ねがう（願う）

士師 8:24 一つ，お<願>いしたい…耳輪を私に
26 ギデオンが<願>った金の耳輪の目方
13: 8 マノアは主に<願>って言った．「あ
Ⅰサム 1:17 あなたの<願>ったその願いをかなえ
20 私がこの子を主に<願>ったから」と
27 主は私がお<願>いしたとおり，私の
Ⅱサム 3:17 ダビデを…王とすることを<願>って
12:16 その子のために神に<願>い求め，断
Ⅰ列 3: 5 「あなたに何を与えようか．<願>え．」
13 <願>わなかったもの，富と誉れとを
8:33 あなたに祈り<願>ったなら，
47 あなたに<願>い，『私たちは罪を犯
59 私が主の御前で<願>ったことばが，
9: 3 わたしの前で<願>った祈りと願いを
19 切に<願>っていたものを建設した．
13: 6 神の人が主に<願>ったので，王の手
19: 4 自分の死を<願>って言った．「主よ．
Ⅱ列 13: 4 主に<願>ったので，主はこれを聞き
Ⅱ歴 6:24 この宮で，御前に祈り<願う>なら，
37 その捕囚の地で，あなたに<願>い，『
エズ 8:21 道中の無事を神に<願>い求めるため
23 断食して，私たちの神に<願>い求め
ネヘ 2: 4 王は私に…あなたは何を<願う>のか．
エス 7: 2 何を<願>っているのか．王妃エステ
9:12 何を<願>っているのか…授けてやろ
詩篇 27: 4 私は一つのことを主に<願>った．私
105:40 民が<願>い求めると，主はうずらを
106:15 主は彼らにその<願う>ところを与え，
箴言 30: 7 二つのことをあなたにお<願>いしま
エレ 26:19 ヒゼキヤが主を恐れ，主に<願>った
36:25 巻き物を焼かないように…<願>った
44:14 <願>っているユダの地へ帰れる者は

ダニ 2:16 時を与えて くれるように<願>った.
8:15 幻…意味を悟りたいと<願>っていた.
9: 3 灰をかぶって，<願>い求めた.
ホセ 12: 4 彼は…泣いて，これに<願>った．彼
ヨナ 1: 6 あなたの神にお<願>いしなさい．あ
2: 2 苦しみの中から主にお<願>いすると，
4: 8 衰え果て，自分の死を<願>って言っ
ゼカ 7: 2 従者たちを，主に<願う>ために遣わ
マラ 1: 9 受けるために神に<願>ってみよ．こ
マタ 6: 8 お<願>いする先に…必要なものを知
8:31 悪霊どもはイエスに<願>ってこう言
34 この地方を立ち去ってくださいと
<願>った．マコ5:17，ルカ8:37.
13:17 見ているものを見たいと，切に<願>
ったのに見られず．ルカ10:24.
14: 7 娘に，<願う>物は何でも必ず上げる
21:31 どちらが，父の<願>ったとおりにし
26:39 わたしの<願う>ようにではなく，あ
なたのみこころのよう．マコ14:36.
53 わたしが父にお<願>いして，12軍団
マコ 5:18 お供をしたいとイエスに<願>った.
ルカ8:38.
23 いっしょうけんめい<願>ってこう言
6:24 少女は…「何を<願>いましょうか」
56 さわらせてくださるようにと<願>っ
7:26 女はギリシヤ人…イエスに<願>い続
15: 6 人々の<願う>囚人をひとりだけ赦免
ルカ 5:12 ひれ伏してお<願>いした．「主よ.
7: 4 その人たちは，熱心にお<願>いして
9:40 お弟子たちに…お<願>いしたのです
12:49 燃えていたらと，どんなに<願>って
17:22 人の子の日を…見たいと<願>っても，
22:31 ふるいにかけることを<願>って聞き
23:52 イエスのからだの下げ渡しを<願>っ
ヨハ 7:17 みこころを行おうと<願う>なら，そ
14:16 父にお<願>いします…助け主をあな
16:26 代わって父に<願>ってあげようとは
17: 9 わたしは彼らのためにお<願>いしま
15 守ってくださるようにお<願>いしま
20 信じる人々のためにもお<願>いしま
使徒 7:46 御住まいを得たいと<願>い求めまし
23:15 千人隊長に<願>い出てください．私
20 あなたにお<願>いすることを申し合
ロマ 1:10 行けるようにと<願>っています.
10: 1 <願>い求めているのは…彼らの救わ
12: 1 あわれみのゆえに…お<願>いします.
15:30 御霊の愛によって切にお<願>いしま
Ⅰコリ 1:10 御名によって…お<願>いします．ど
Ⅱコリ 5:20 キリストに代わって…<願>います.
8: 4 熱心に私たちに<願>ったのです.
10 他に先んじて<願>った人たちです.
12: 8 3度も主に<願>いました.
ガラ 5:17 肉の<願う>ことは御霊に逆らい，御
エペ 3:20 私たちの<願う>ところ…を越えて豊
Ⅰテサ 4: 1 主イエスにあって，お<願>いし，ま
5:12 あなたがたにお<願>いします．あな
Ⅱテサ 2: 1 あなたがたにお<願>いすることがあ
Ⅰテモ 1: 3 あなたにお<願>いしたように，あな
2: 1 高い地位にある人たちのために<願>
Ⅱテモ 1: 4 喜びに満たされたいと<願>っていま
ピレ 9 愛によって，あなたにお<願>いした
ヘブ 11:35 釈放されることを<願>わないで拷問
12:19 一言も加えてもらいたくないと<願>
13:19 祈ってくださるよう特にお<願>いし
ヤコ 1: 5 お与えになる神に<願>いなさい．そ
6 疑わずに，信じて<願>いなさい．疑
4: 2 あなたがたが<願>わないからです.
3 <願>っても受けられないのは…快楽
のため…悪い動機で<願う>からです.
Ⅰペテ 1:12 御使いたちも…見たいと<願>ってい
Ⅰヨハ 5:15 <願う>事を神が聞いてくださると知
れば，神に<願>ったその事は，すで
16 この罪については，<願う>ようにと
Ⅱヨハ 5 夫人よ．お<願>いしたいことがあり
黙示 9: 6 死を<願う>が，死が彼らから逃げて

▼ねがえり（寝返り）

ヨブ 7: 4 私は暁まで<寝返り>をうち続ける.

▼ねかす（寝かす），寝かせる

Ⅰ列 3:20 死んだ子を…ふところに<寝かせ>た
Ⅱ列 4:21 神の人の寝台にその子を<寝か>し，
マコ 2: 4 中風の人を<寝かせ>たままその床を
6:56 人々は病人たちを広場に<寝かせ>，
使徒 5:15 病人を…寝台や寝床の上に<寝かせ>，

▼ねかぶ（根株）【別項】エッサイの根株

ダニ 4:15 その<根株>を地に残し，これに鉄と

▼ネゲブ〔地名〕

ユダの南の乾燥地帯．創世12:9，20:1，24:62，民数13:17，21:1，33:40，申命1:7，34:3，ヨシ10:40，15:19，士師1:9，Ⅰサム27:10，30:1，Ⅱサム24:7，Ⅱ歴28:18，詩篇126:4，イザ21:1，

ね

30:6，エレ13:19，17:26，32:44，エゼ20:46，オバ19.

▼ネコ〔人名〕

エジプトの王．ネコ2世．Ⅱ歴35:20，22.

▼ねこぎ（根こぎ）

申命 29:28 主は…彼らをこの地から<根こぎ>に
Ⅱ歴 7:20 彼らを<根こぎ>にし…わたしの名の
ヨブ 31: 8 私の作物は<根こぎ>にされるがよい.
詩篇 52: 5 地から，おまえを<根こぎ>にされる.
箴言 2:22 裏切り者は地から<根こぎ>にされる.
エレ 12:17 わたしはその国を<根こぎ>にして滅
31:40 もはやとこしえに<根こぎ>にされず,
ダニ 11: 4 彼の国は<根こぎ>にされて，その子
ミカ 5:14 アシェラ像を…<根こぎ>にし，あな
ゼパ 2: 4 エクロンは<根こぎ>にされる.

ね

▼ねこそぎ（根こそぎ）

ヨブ 19:10 私の望みを木のように<根こそぎ>に
マタ 15:13 木は，みな<根こそぎ>にされます.
ユダ 12 枯れて，<根こそぎ>にされた秋の木,

▼ネコダぞく（〜族）

(1)宮に仕えるしもべたち．エズ2:48，ネヘ7:50.
(2)先祖の血統が証明できない家族．エズ2:60.

▼ねざす（根ざす）

エペ 3:17 愛に<根ざ>し，愛に基礎を置いてい
コロ 2: 7 キリストの中に<根ざ>し，また建て

▼ねじける

箴言 12: 8 心の<ねじけ>た者はさげすまれる.

▼ねずのばん（寝ずの番）

出エ 12:42 主は…<寝ずの番>をされた．この夜

▼ねずみ

Ⅰサム 6: 4 腫物，すなわち五つの金の<ねずみ>
イザ 66:17 <ねずみ>を食らう者たちはみな，絶

▼ネタイム〔地名〕

王の御用陶器師が住んだ地．Ⅰ歴4:23.

▼ネタヌエル〔人名〕

(1)イッサカル族の長．民数1:8，2:5，7:18.
(2)ダビデの父エッサイの第4子．Ⅰ歴2:14.
(3)神の箱の前でラッパを吹いた祭司．Ⅰ歴15:24.
(4)レビ人の書記シェマヤの父．Ⅰ歴24:6.
(5)門衛オベデ・エドムの第5子．Ⅰ歴26:4.
(6)ヨシャパテが遣わしたつかさ．Ⅱ歴17:7.
(7)過越のいけにえを贈ったレビ人．Ⅱ歴35:9.
(8)異邦人の女をめとった祭司．エズ10:22.
(9)祭司．一族のかしら．ネヘ12:21.
(10)エルサレム城壁奉献式の時の楽人．ネヘ12:36.

▼ネタヌヤ〔人名〕

(1)ダビデ時代の楽人．アサフの子．Ⅰ歴25:2，12.
(2)ユダの町々で律法を教えたレビ人．Ⅱ歴17:8.
(3)首長たちの使者エフディの父．エレ36:14.
(4)暗殺者イシュマエルの父．Ⅱ列25:23，エレ40:8，14，41:1，2，6，7，11，12，15，16，18.

▼ねたましい

マタ 20:15 気前がいいので…<ねたまし>く思わ

▼ねたみ

出エ 34:14 その名が<ねたみ>である主は，ねた
民数 5:14 夫に<ねたみ>の心が起こって妻をね
民数 5:29 これが<ねたみ>の場合のおしえであ
11:29 私のため…<ねたみ>を起こしている
25:13 彼が…神のために<ねたみ>を表し,
申命 29:20 主の怒りと<ねたみ>が，その者に対
32:16 異なる神々で，主の<ねたみ>を引き
21 神でないもので，わたしの<ねたみ>を引き起こし…わたしも，民ではないもので，彼らの<ねたみ>を引き起
ヨブ 5: 2 <ねたみ>はあさはかな者を死なせる.
詩篇 37: 1 不正…に…<ねたみ>を起こすな.
78:58 刻んだ像で，神の<ねたみ>を引き起
79: 5 いつまで，あなたの<ねたみ>は火の
箴言 27: 4 <ねたみ>の前にはだれが立ちはだか
伝道 4: 4 仕事の成功…人間同士の<ねたみ>に
9: 6 憎しみも，<ねたみ>もすでに消えう
雅歌 8: 6 <ねたみ>はよみのように激しいから
イザ 11:13 エフライムの<ねたみ>は去り，ユダ
59:17 <ねたみ>を外套として身をおおわれ
エゼ 8: 3 <ねたみ>を引き起こす<ねたみ>の偶
16:38 <ねたみ>と憤りの血をあなたに注ぐ.
42 わたしの<ねたみ>をあなたから遠の
23:25 あなたをわたしの<ねたみ>とする.
35:11 怒りと<ねたみ>で…おまえを必ず罰
36: 5 燃える<ねたみ>をもって…告げる.
38:19 <ねたみ>と激しい怒りの火を吹きつ
ゼパ 1:18 <ねたみ>の火で，全土は焼き払われ
3: 8 全地はわたしの<ねたみ>の火によっ
マタ 27:18 <ねたみ>からイエスを引き渡したこ
マコ 7:22 よこしま，欺き，好色，<ねたみ>,
使徒 5:17 サドカイ派…<ねたみ>に燃えて立ち

17: 5 <ねたみ>にかられたユダヤ人は，町
ロマ 1:29 <ねたみ>と殺意と争いと欺きと悪だ
10:19 民でない者のことで…<ねたみ>を起
11:11 イスラエルに<ねたみ>を起こさせる
14 <ねたみ>を引き起こさせ…救おうと
13:13 <ねたみ>の生活ではなく，昼間らし
Ⅰコリ 3: 3 <ねたみ>や争いがある…肉に属して
10:22 主の<ねたみ>を引き起こそうとする
Ⅱコリ 12:20 <ねたみ>…があるのではないでしょ
ガラ 5:21 <ねたみ>，酩酊，遊興，そういった
ピリ 1:15 <ねたみ>や争いをもって…宣べ伝え
Ⅰテモ 6: 4 そこから，<ねたみ>，争い，そしり，
テト 3: 3 以前は…悪意と<ねたみ>の中に生活
ヤコ 3:14 苦い<ねたみ>と敵対心があるならば，
Ⅰペテ 2: 1 <ねたみ>，すべての悪口を捨てて，

▼ ねたむ

創世 26:14 ペリシテ人は彼を<ねた>んだ．
37:11 兄たちは彼を<ねた>んだが，父はこ
出エ 20: 5 主であるわたしは，<ねたむ>神，わ
34:14 名がねたみである主は，<ねたむ>神
民数 5:14 ねたみの心が起こって妻を<ねたむ>
申命 4:24 主は焼き尽くす火，<ねたむ>神だか
5: 9 わたしは，<ねたむ>神，わたしを憎
6:15 主は，<ねたむ>神であるから，あな
ヨシ 24:19 主は聖なる神であり，<ねたむ>神で
詩篇 68:16 望まれたあの山を，<ねた>み見るの
73: 3 私が誇り高ぶる者を<ねた>み，悪者
106:16 彼らが宿営でモーセを<ねた>み，主
箴言 23:17 罪人を<ねた>んではならない．ただ
24: 1 悪い者たちを<ねた>んではならない．
イザ 11:13 エフライムはユダを<ねた>まず，ユ
ヨエ 2:18 主はご自分の地を<ねたむ>ほど愛し，
ナホ 1: 2 主は<ねた>み，復讐する神．主は復
ゼカ 8: 2 シオンを<ねたむ>ほど激しく愛し，
ひどい憤りでこれを<ねたむ>．」
使徒 7: 9 族長たちはヨセフを<ねた>んで，彼
Ⅰコリ 13: 4 愛は…人を<ねた>みません．愛は自
ヤコ 4: 5 御霊を，<ねたむ>ほどに慕っておら

▼ ねだやし（根絶やし）

申命 7: 4 あなたをたちどころに<根絶やし>に
9: 3 前に進まれ，主が彼らを<根絶やし>
8 ホレブで，主を怒らせ…あなたがた
を<根絶やし>にしようと．19．
14 彼らを<根絶やし>にし，その名を天
28:63 <根絶やし>にすることを喜ばれよう．
ヨシ 23:15 主が…あなたがたを<根絶やし>にす
24: 8 わたしが…彼らを<根絶やし>にした
士師 21:16 ベニヤミン…から女が<根絶やし>に
Ⅰ列 13:34 ヤロブアムの家が…<根絶やし>にさ
Ⅱ列 21: 9 <根絶やし>にされた異邦人よりも，
エス 3:13 すべてのユダヤ人を<根絶やし>にし，
7: 4 私も私の民族も…<根絶やし>にされ，
イザ 13: 9 罪人たちをそこから<根絶やし>にす
哀歌 3:66 彼らを<根絶やし>にしてください．」
アモ 9: 8 わたしはこれを地の面から<根絶や
し>にする．しかし，わたしはヤコ
ブの家を，全く<根絶やし>にはしな

▼ ネタン・メレク〔人名〕

ユダの王ヨシヤの時の役人．Ⅱ列23:11．

▼ ねつ（熱）

ヨブ 30:30 私の…骨は<熱>で焼けている．
詩篇 19: 6 その<熱>を，免れるものは何もない．
イザ 49:10 <熱>も太陽も彼らを打たない．彼ら
マタ 8:15 <熱>がひき，彼女は起きてイエスを
ルカ 4:38 シモンのしゅうとめ…<熱>で苦しん
39 <熱>をしかりつけられると，<熱>が
ヨハ 4:52 きのう，第７時に<熱>がひきました」

▼ ねつい（熱意）

Ⅱコリ 7: 7 私に対して<熱意>を持っていてくれ
Ⅱコリ 7:11 恐れ，慕う心，<熱意>を起こさせ，
8:12 もし<熱意>があるならば，持たない
17 非常な<熱意>をもって，自分から進
9: 2 私はあなたがたの<熱意>を知り，そ

▼ ネツィアハぞく（～族）

宮に仕えるしもべたち．エズ2:54，ネヘ7:56．

▼ ネツィブ〔地名〕

ユダの低地の町．ヨシ15:43．

▼ ねっき（熱気）

使徒 28: 3 <熱気>のために，１匹のまむしがは

▼ ねっしん（熱心），熱心さ

Ⅱサム 21: 2 サウルが…人々への<熱心>のあまり，
Ⅱ列 10:16 私の主に対する<熱心さ>を見なさい
19:31 万軍の主の<熱心>がこれをする．
エズ 7:23 何でも，<熱心>に行え．御怒りが王
詩篇 69: 9 あなたの家を思う<熱心>が私を食い
119:139 私の<熱心>は私を滅ぼし尽くしてし
箴言 11:27 <熱心>に善を捜し求める者は恵みを
19: 2 <熱心>だけで知識のないのはよくな
イザ 9: 7 万軍の主の<熱心>がこれを成し遂げ
26:11 この民へのあなたの<熱心>を認めて

63:15 あなたの<熱心>と，力あるみわざは，
エゼ 5:13 主であるわたしが<熱心>に語ったこ
39:25 わたしの聖なる名のための<熱心>に
ルカ 7: 4 その人たちは，<熱心>にお願いして
19:48 <熱心>にイエスの話に耳を傾けてい
ヨハ 2:17 あなたの家を思う<熱心>がわたしを
使徒 12: 5 教会は…神に<熱心>に祈り続けてい
17:11 非常に<熱心>にみことばを聞き，は
21:20 みな律法に<熱心>な人たちです．
22: 3 神に対して<熱心>な者でした．
26: 7 夜も昼も<熱心>に神に仕えながら，
ロマ 10: 2 彼らが神に対して<熱心>である…しかし，その<熱心>は知識に基づくも
Ⅰコリ 12:31 よりすぐれた賜物を<熱心>に求めな
14: 1 預言することを<熱心>に求めなさい．
12 御霊の賜物を<熱心>に求めているの
Ⅱコリ 7:11 どれほどの<熱心>を起こさせたこと
12 <熱心>が，神の御前に明らかにされ
8: 4 <熱心>に私たちに願ったのです．
7 知識にも，あらゆる<熱心>にも，私
8 他の人々の<熱心さ>をもって，あな
16 同じ<熱心>を，テトスの心にも与え
22 兄弟が多くのことについて<熱心>であることを…認めることができました．彼は…ますます<熱心>になって
9: 2 あなたがたの<熱心>は，多くの人を
11: 2 神の<熱心>をもって，<熱心>にあな
ガラ 1:14 先祖からの伝承に人一倍<熱心>でし
4:17 あの人々の<熱心>は正しいものではありません…自分たちに<熱心>にな
18 良いことで<熱心>に慕われるのは，
5: 5 義をいただく望みを<熱心>に抱いて
エペ 4: 3 御霊の一致を<熱心>に保ちなさい．
ピリ 3: 6 その<熱心>は教会を迫害したほどで，
Ⅰテサ 3:10 昼も夜も<熱心>に祈っています．
Ⅱテモ 1:17 <熱心>に私を捜して見つけ出してく
テト 2:14 良いわざに<熱心>なご自分の民を，
ヘブ 6:11 同じ<熱心さ>を示して，最後まで，
ヤコ 1:26 自分は宗教に<熱心>であると思って
Ⅰペテ 1:10 預言者たちも，<熱心>に尋ね，細か
3:13 あなたがたが善に<熱心>であるなら，
4: 8 互いに<熱心>に愛し合いなさい．愛
Ⅱペテ 1:10 ますます<熱心>に…召されたことと
黙示 3:19 だから，<熱心>になって，悔い改め

▼ねっしんとういん（熱心党員）
マタ 10: 4 <熱心党員>シモンとイエスを裏切っ
ルカ 6:15 <熱心党員>と呼ばれるシモン，
使徒 1:13 <熱心党員>シモンとヤコブの子ユダ

▼ねつびょう（熱病）【別項】悪性熱病
レビ 26:16 肺病と<熱病>で目を衰えさせ，心を
申命 28:22 肺病と<熱病>と高熱病と悪性熱病と，
マタ 8:14 ペテロのしゅうとめが<熱病>で床に
マコ 1:30 シモンのしゅうとめが<熱病>で床に
使徒 28: 8 ポプリオの父が，<熱病>と下痢とで

▼ねっぷう（熱風）
エレ 4:11 裸の丘の<熱風>が…吹いて来る．―
ヤコ 1:11 太陽が<熱風>を伴って上って来ると，

▼ねづもり（値積もり）
ゼカ 11:13 <値積もり>された尊い価を，陶器師

▼ねどこ（寝床）
Ⅰサム 19:13 テラフィムを…<寝床>の上に置き，
Ⅰ歴 5: 1 長子であったが，父の<寝床>を汚し
ヨブ 17:13 もし私が…やみに私の<寝床>をのべ，
33:15 あるいは<寝床>の上でまどろむとき，
詩篇 6: 6 夜ごとに私の<寝床>を漂わせ，私の
36: 4 彼は<寝床>で，不法を図り，よくな
132: 3 私のために備えられた<寝床>にも上
イザ 28:20 <寝床>は，身を伸ばすには短すぎ，
57: 2 自分の<寝床>で休むことができる．
ダニ 2:28 <寝床>であなたの頭に浮かんだ幻は
ミカ 2: 1 ああ…<寝床>の上で悪を行う者．朝
マタ 9: 6 起きなさい．<寝床>をたたんで，家
マコ 2: 9 起きて，<寝床>をたたんで歩け』と
ルカ 5:19 屋根の瓦をはがし…彼の<寝床>を，
使徒 5:15 病人を…寝台や<寝床>の上に寝かせ，
ヘブ 13: 4 <寝床>を汚してはいけません．なぜ

▼ネトファ
1. 地名．ユダの町．エズ2:22，ネヘ7:26．
2. ネトファ人．Ⅱサム23:28，Ⅱ列25:23，Ⅰ歴2:54，11:30，27:13，ネヘ12:28，エレ40:8．

▼ネバイ〔人名〕
盟約に調印した民の指導者．ネヘ10:19．

▼ネバテ〔人名〕
ヤロブアム王の父．Ⅰ列11:26，16:3，21:22，Ⅱ列3:3，9:9，15:9，23:15，Ⅱ歴9:29，10:2．

▼ネバヨテ〔人名〕
イシュマエルの長子．創世25:13，28:9，36:3，Ⅰ歴1:29，イザ60:7．

▼ネバラテ〔地名〕
帰還後ベニヤミン族が住んだ町．ネへ11:34.

▼ネフィシェシムぞく（〜族）
宮に仕えるしもべたちの一氏族．ネへ7:52.

▼ネフィリム
昔の勇士，名のある者たち．創世6:4，民数13:33.

▼ネフェグ〔人名〕
(1)イツハルの子．モーセのいとこ．出エ6:21.
(2)ダビデの子．IIサム5:15，I歴3:7，14:6.

▼ネブカデネザル〔人名〕
新バビロニヤ帝国の王．II列24:1，I歴6:15，II歴36:6，エズ1:7，5:12，ネへ7:6，エス2:6，エレ27:6，ダニ1:1，2:1，3:1，13，4:1，28，5:2.

▼ネブカデレザル〔人名〕
ネブカデネザルと同人．エレ21:2，22:25，24:1，25:1，29:21，32:1，34:1，35:11，37:1，39:1，43:10，44:30，46:2，13，49:28，50:17，51:34，52:4，12，28，エゼ26:7，29:18，30:10.

▼ネブザルアダン〔人名〕
ネブカデネザル王の侍従長．II列25:8，11，20，エレ39:9，40:1，41:10，43:6，52:12，15，26.

▼ネフシムぞく（〜族）
宮に仕えるしもべたちの一氏族．エズ2:50.

▼ネブシャズ・バン〔人名〕
バビロン軍の高官の一人．エレ39:13.

▼ネフシュタ〔人名〕
ユダの王エホヤキンの母．II列24:8.

▼ネフシュタン
モーセが作った青銅の蛇．II列18:4.

▼ネフム〔人名〕
ゼルバベルと帰還した人．ネへ7:7.

▼ネヘミヤ〔人名〕
(1)ペルシヤ王の献酌官．後にエルサレムの総督となった．ネへ1:1，8:9，10:1，12:26，47.
(2)ゼルバベルと帰還した人．エズ2:2，ネへ7:7.
(3)エルサレムのベテ・ツル半区長．ネへ3:16.

▼ネヘラムじん（〜人）
偽預言者シェマヤの呼称．エレ29:24，31，32.

▼ネボ
1. 地名．
(1)モアブの町．民数32:3，38，I歴5:8，イザ15:2，エレ48:1，22.
(2)エルサレム南西の町．エズ2:29，ネへ7:33.
(3)ネボ（山）．アバリム山脈の峰の一つ．民数33:47，申命32:49，34:1.
2. バビロニヤの偶像．ベルの息子．イザ46:1.

▼ねむい（眠い）
ルカ 9:32 ペテロ…<眠>くてたまらなかったが，

▼ネムエル〔人名〕
(1)ルベン族のダタンとアビラムの兄弟．民数26:9.
(2)シメオン族の一氏族の長とその一族．民数26:12，I歴4:24.

▼ねむけ（眠け）
マコ 14:40 ひどく<眠け>がさしていたのである．
使徒 20: 9 青年が…ひどく<眠け>がさし，パウ

▼ねむり（眠り）
創世 2:21 主は深い<眠り>をその人に下された
47:30 私が…<眠り>についたなら，私をエ
士師 16:14 サムソンは<眠り>からさめて．20.
Iサム 26:12 主が彼らを深い<眠り>に陥れられた
ヨブ 4:13 深い<眠り>が人々を襲うとき，
33:15 夢の中で…深い<眠り>が人々を襲う
詩篇 13: 3 私が死の<眠り>につかないように．
箴言 3:24 休むとき，<眠り>は，ここちよい．
19:15 怠惰は人を深い<眠り>に陥らせ，な
20:13 <眠り>を愛してはいけない．さもな
イザ 29:10 主が…深い<眠り>の霊を注ぎ，あな
エレ 51:39 永遠の<眠り>について，目ざめない
ゼカ 4: 1 私は<眠り>からさまされた人のよう
ヨハ 11:11 彼を<眠り>からさましに行くのです．
使徒 7:60 こう言って，<眠り>についた．
ロマ 13:11 <眠り>からさめるべき時刻がもう来

▼ねむりこむ（眠り込む）
ルカ 22:45 弟子たち…<眠り込>んでしまってい
使徒 20: 9 <眠り込>んでしまって…下に落ちた．

▼ねむる（眠る）【別項】眠り込む
創世 2:21 彼は<眠>った…彼のあばら骨の一つ
申命 31:16 先祖たちとともに<眠>ろうとしてい
士師 16:14 彼が深く<眠>っているとき，デリラ
19 ひざの上でサムソンを<眠>らせ，ひ
I列 3:20 はしためが<眠>っている間に，私の
19: 5 <眠>っていると…御使いが彼にさわ
エス 6: 1 王は<眠>れなかったので，記録の書，
詩篇 3: 5 私は身を横たえて，<眠る>．私はま
121: 4 まどろむことも…<眠る>こともない．

127: 2　<眠>っている間に…備えてくださる.

箴言 4:16　悪を行わなければ，<眠る>ことがで

6: 4　あなたの目を<眠>らせず…まぶたを

10　しばらく<眠>り，しばらくまどろみ，

10: 5　刈り入れ時に<眠る>者は恥知らずの

伝道 5:12　働く者は…ここちよく<眠る>．富む

雅歌 5: 2　私は<眠>っていましたが，心はさめ

イザ 14:18　王たちは…尊ばれて<眠>っている.

ダニ 2: 1　ネブカデネザルは…<眠>れなかった.

12: 2　ちりの中に<眠>っている者のうち，

ナホ 3:18　あなたの牧者たちは<眠>り，あなた

マタ 8:24　湖に大暴風が…イエスは<眠>ってお
られた．マコ4:38，ルカ8:23.

9:24　その子は…<眠>っているのです.」

13:25　人々の<眠>っている間に，彼の敵が

25: 5　みな，うとうとして<眠>り始めた.

26:40　イエスは…彼らの<眠>っているのを

27:52　<眠>っていた多くの聖徒…生き返っ

28:13　<眠>っている間に…イエスを盗んで

マコ 13:36　<眠>っているのを見られないように

14:41　まだ<眠>って休んでいるのですか.

ルカ 22:46　なぜ，<眠>っているのか…誘惑に陥

ヨハ 11:11　わたしたちの友ラザロは<眠>ってい

12　<眠>っているのなら，彼は助かるで

Ⅰコリ 15: 6　すでに<眠>った者もいくらかいます.

18　キリストにあって<眠>った者たちは，

20　キリストは，<眠>った者の初穂とし

51　みな，<眠>ることになるのではなく

Ⅱコリ 11:27　たびたび<眠>られぬ夜を過ごし，飢

エペ 5:14　<眠>っている人よ．目をさませ．死

Ⅰテサ 4:13　<眠>った人々のことについては，兄

5: 6　<眠>っていないで，目をさまして，

7　<眠る>者は夜<眠>り，酔う者は夜酔

Ⅰテサ 5:10　<眠>っていても，主とともに生きる

▼ねもと（根元）

ヨナ 2: 6　私は山々の<根元>まで下り，地のか

マタ 3:10　斧もすでに木の<根元>に置かれてい

▼ねらう

Ⅰサム 22:23　私のいのちを<ねらう>者は，あなた

Ⅱサム 5:17　ペリシテ人は…ダビデを<ねら>って

16:11　私の子さえ，私のいのちを<ねら>っ

詩篇 10: 8　彼の目は不幸な人を<ねら>っている.

56: 6　私のいのちを<ねら>っているように.

箴言 24:15　正しい人の住まいを<ねらう>な．彼

29:10　正直な人のいのちを<ねらう>.

マタ 26:16　イエスを引き渡す機会を<ねら>って

ルカ 19:47　イエスを殺そうと<ねら>っていたが，

20:20　機会を<ねら>っていた彼らは，義人

使徒 9:29　サウロを殺そうと<ねら>っていた.

▼ネリ〔人名〕

主イエスの先祖の一人．ルカ3:27.

▼ねりこ（練り粉）

出エ 12:34　<練り粉>を…パン種を入れないまま

ホセ 7: 4　<練り粉>をこねてから，それがふく

▼ネリヤ〔人名〕

エレミヤの協力者バルクの父．エレ32:12，16，36:4，8，14，32，43:3，6，45:1，51:59.

▼ネル〔人名〕

(1)サウルの将軍アブネルの父．Ⅰサム14:50，26:5，Ⅱサム2:8，3:23，Ⅰ列2:5，32，Ⅰ歴26:28.

(2)サウル王の祖父．Ⅰ歴8:33，9:36，39.

▼ねる（寝る）

創世 19:32　いっしょに<寝>て…子孫を残しまし

33　姉が入って行き，父と<寝>た．ロト
は彼女が<寝>たのも，起きたのも知

35　父に酒を飲ませ，妹が…<寝>た．ロ

26:10　民のひとりがあなたの妻と<寝>て，

34: 2　シェケムは…これと<寝>てはずかし

35:22　ルベンは父のそばめ…と<寝>た．イ

39: 7　「私と<寝>ておくれ」と言った.

14　あの男が私と<寝>ようとして入って

出エ 22:19　獣と<寝る>者はすべて，必ず殺され

レビ 15: 4　漏出を病む人の<寝る>床は，すべて

19:20　男が女と<寝>て交わり，その女が別

20:11　父の妻と<寝る>なら，父をはずかし

12　息子の嫁と<寝る>なら，ふたりは必

15　動物と<寝>れば，その者は必ず殺さ

民数 31:17　男と<寝>て，男を知っている女もみ

申命 6: 7　<寝る>ときも…これを唱えなさい.

22:22　夫のある女と<寝>ている男が見つか

27:20　父の妻と<寝る>者は，自分の父の恥

ヨシ 2: 8　ふたりの人がまだ<寝>ないうちに，

士師 16: 3　サムソンは真夜中まで<寝>て…町の

ルツ 3: 4　あの方が<寝る>とき…その足のとこ
ろをまくって，そこに<寝>なさい.

Ⅰサム 2:22　息子たちが…女たちと<寝>ていると

3: 2　エリは自分の所で<寝>ていた．——

3　サムエルは…主の宮で<寝>ていた.

Ⅱサム 4: 7　イシュ・ボシェテは…<寝>ていたの

11: 4 ダビデは…その女と<寝>た．——そ
11 私だけが…妻と<寝る>ことができま
13 ウリヤは…自分の寝床で<寝>た．そ
12:24 バテ・シェバを慰め…彼女と<寝>た．
13:11 「妹よ．さあ，私と<寝>ておくれ．」
14 アムノンは…力ずくで…<寝>た．
Ⅰ列 1: 2 若い処女を…ふところに<寝>させ，
18:27 <寝>ているのかもしれないから，起
ヨブ 31:10 他人が彼女と<寝>てもよい．
箴言 6: 9 なまけ者よ．いつまで<寝>ているの
22 あなたが<寝る>とき，あなたを見守
23:34 海の真ん中で<寝>ている人のように，帆柱のてっぺんで<寝>ている人のよ
伝道 4:11 ふたりがいっしょに<寝る>と暖かい
ヨナ 1: 5 ヨナは…ぐっすり<寝>込んでいた．
ナホ 3:18 あなたの貴人たちは<寝>込んでいる．
ルカ 2:12 飼葉おけに<寝>ておられるみどりご
5:25 <寝>ていた床をたたんで，神をあが
11: 7 子どもたちも私も<寝>ている．起き

▼ **ねる（練る）**

詩 119:140 みことばは，よく<練>られていて，
イザ 48:10 わたしはあなたを<練>ったが，銀の
ダニ 11:35 彼らを<練>り，清め，白くするため
12:10 多くの者は…こうして<練>られる．
ロマ 5: 4 忍耐が<練>られた品性を生み出し，<練>られた品性が希望を生み出すと

▼ **ネルガル・サル・エツェル〔人名〕**

(1)バビロンの高官．エレ39:3a．
(2)もう一人の高官．ラブ・マグ．エレ39:3b，13．

▼ **ネレオ〔人名〕**

パウロがあいさつしたキリスト者．ロマ16:15．

▼ **ネレガル〔偶像〕**

バビロン北東の町クテの人々の神．Ⅱ列17:30．

▼ **ねん（年）**

出エ 23:14 <年>に３度，わたしのために祭りを
出エ 30:10 アロンは<年>に１度，贖罪のための，
レビ 23:41 <年>に７日間，主の祭りとしてこれ
申命 16:16 男子はみな，<年>に３度，種を入れ
ヘブ 9: 7 大祭司だけが<年>に１度だけ入りま

▼ **ねんだいき（年代記），年代記の書**

Ⅰ列 14:19 イスラエルの王たちの<年代記の書>．15:31，16:5，20，27，22:39．
29 ユダの王たちの<年代記の書>．Ⅱ列 8:23，12:19，14:18，15:6，23:28，24:5．
Ⅰ歴 27:24 ダビデ王の<年代記>の統計には載ら
ネヘ 12:23 レビの子孫…<年代記の書>にしるさ
エス 2:23 王の前で<年代記の書>に記録された．
6: 1 王は眠れなかったので…<年代記>を
10: 2 ペルシヤの王の<年代記の書>にしる

▼ **ねんちょう（年長），年長者【別項】年長の座**

創世 24: 2 アブラハムは…最<年長>のしもべに，
43:33 <年長者>は年長の座に，年下の者は
Ⅱ列 19: 2 <年長>の祭司たちに，荒布をまとわ
ヨブ 32: 4 彼らが自分よりも<年長>だったから
9 <年長者>が知恵深いわけではない．
エレ 19: 1 民の長老と<年長>の祭司のうちの数
ヨハ 8: 9 <年長者>たちから始めて，ひとりひ

▼ **ねんちょうのざ（年長の座）**

創世 43:33 年長者は<年長の座>に，年下の者は

▼ **ねんど（粘土），粘土板**

創世 11: 3 <粘土>の代わりに瀝青を用いた．
出エ 1:14 <粘土>やれんがの激しい労働や，畑
Ⅰ列 7:46 王は…<粘土>の地で，これらを鋳造
ヨブ 10: 9 あなたは私を<粘土>で造られました．
13:12 あなたがたの盾は<粘土>の盾だ．
33: 6 私もまた<粘土>で形造られた．
38:14 地は刻印を押された<粘土>のように
イザ 29:16 陶器師を<粘土>と同じにみなしてよ
45: 9 <粘土>は，形造る者に…言うであろ
64: 8 私たちは<粘土>で，あなたは私たち
エレ 18: 4 <粘土>で制作中の器を自分の手でこ
6 <粘土>が陶器師の手の中にあるよう
エゼ 4: 1 １枚の<粘土板>を取り，それをあな
ダニ 2:33 足は一部が鉄，一部が<粘土>でした．
ナホ 3:14 泥の中に入り，<粘土>を踏みつけ，

の

▼ ノ〔地名〕

エジプトの首都．エレ46:25，エゼ30:14，15，16．

▼ の（野）【別項】布さらしの野，野のゆり

創世 2: 5 <野>の灌木もなく…<野>の草も芽を
19 土からあらゆる<野>の獣と…空の鳥
3: 1 <野>の獣のうちで，蛇が一番狡猾で
14 あらゆる<野>の獣よりものろわれる．
18 <野>の草を食べなければならない．
4: 8 カインは弟アベルに…「<野>に行こ
24:63 イサクは…<野>に散歩に出かけた．
25:27 エサウは…<野>の人となり，ヤコブ
29 エサウが飢え疲れて<野>から帰って
27: 3 <野>に出て行き，私のために獲物を
29: 2 彼が見ると，<野>に一つの井戸があ
30:14 <野>に出て行って，恋なすびを見つ
32: 3 エドムの<野>にいる兄のエサウに，
34: 7 ヤコブの息子たちが，<野>から帰っ
37:15 彼が<野>をさまよっていると，ひと
出エ 9: 3 主の手は，<野>にいるあなたの家畜，
22 エジプトの地のすべての<野>の草の
16:25 きょうはそれを<野>で見つけること
22:31 <野>で獣に裂き殺されたものの肉を
23:11 残りを<野>の獣に食べさせなければ
29 <野>の獣が増して，あなたを害する
レビ 14: 7 その生きている小鳥を<野>に放す．
民数 21:20 モアブの<野>にある谷に行き，荒地
申命 28:16 <野>にあってものろわれる．
士師 9:32 夜のうちに立って，<野>で待ち伏せ
Ｉサム 17:44 おまえの肉を…<野>の獣にくれてや
20: 5 あさって夕方まで，<野>に隠れさせ
25:15 <野>でいっしょにいて行動を共にし
Ⅱサム 1:21 いけにえがささげられた<野>の上に
2:18 アサエルは<野>にいるかもしかのよ
17: 8 <野>で子を奪われた雌熊のように気
21:10 リツパは…<野>の獣が死体に近寄ら
Ｉ列 14:11 <野>で死ぬ者は空の鳥がこれを食ら
Ⅱ列 4:39 食用の草を摘みに<野>に出て行くと，
19:26 <野>の草や青菜…屋根の草のように
23: 4 キデロンの<野>でそれを焼き…灰を
Ｉ歴 1:46 モアブの<野>でミデヤン人を打ち破
ヨブ 5:10 地の上に雨を…<野>の面に水を送る．
23 <野>の石とあなたは契りを結び，
<野>の獣はあなたと和らぐからだ．
39:15 <野>の獣がこれを踏みつけることも
40:20 <野>の獣もみな，そこで戯れる．
詩篇 50:11 <野>に群がるものもわたしのものだ．
104:11 <野>のすべての獣に飲ませられます．
雅歌 2: 7 かもしかや<野>の雌鹿をさして，あ
7:11 <野>に出て行って，ヘンナ樹の花の
イザ 43:20 <野>の獣，ジャッカルや，だちょう
55:12 <野>の木々もみな，手を打ち鳴らす．
56: 9 <野>のすべての獣，林の中のすべて
エレ 12: 9 さあ，すべての<野>の獣を集めよ．
40: 7 <野>にいた将校たちとその部下たち
エゼ 7:15 <野>にいる者は剣に死に，町にいる
31: 6 大枝の下では<野>のすべての獣が子
39:10 彼らは<野>から木を取り，森からた
ダニ 2:38 <野>の獣，空の鳥がどこに住んでい
4:15 <野>の若草の中に置き，天の露にぬ
ホセ 2:12 <野>の獣にこれを食べさせる．
12:12 ヤコブはアラムの<野>に逃げて行き，
ヨエ 1:12 あらゆる<野>の木々は枯れた．人の
ミカ 4:10 <野>に宿り，バビロンまで行く．そ
ゼカ 10: 1 <野>の草をすべての人に下さる．
マタ 6:30 あすは炉に投げ込まれる<野>の草さえ，神はこれほどに装．ルカ12:28．

▼ ノア〔人名〕

(1)レメクの子．洪水記事の中心人物．創世5:29，30，32，6:8，9，10，13，22，7:1，5，6，7，9，11，13，15，23，8:1，6，11，13，15，18，20，9:1，8，17，18，19，20，24，28，29，10:1，32，イザ54:9，エゼ14:14，マタ24:37，38，ルカ3:36，ヘブ11:7，Ｉペテ3:20，Ⅱペテ2:5．

(2)ツェロフハデの娘．民数26:33，27:1，36:11．

▼ ノアデヤ〔人名〕

(1)捕囚帰還民の一人．レビ人．エズ8:33．

(2)悪い女預言者．ネヘ6:14．

▼ノ・アモン〔地名〕
「ノ」と同じ．ナホ3:8.

▼のうさぎ（野うさぎ）
レビ 11: 6　<野うさぎ>．これも反芻するが，そ
申命 14: 7　<野うさぎ>，岩だぬきは，食べては

▼のうち（農地）
創世 47:18　私たちのからだと<農地>のほかには
…何も残っていません．19，20.
ネヘ 13:10　それぞれ自分の<農地>に逃げ去った
伝道　5: 9　国の利益は<農地>を耕させる王であ

▼のうてん（脳天）
民数 24:17　騒ぎ立つ者の<脳天>を打ち砕く．
詩篇　7:16　その暴虐は，おのれの<脳天>に下る．
68:21　罪過のうちを歩む者の毛深い<脳天>

▼のうなし（能なし）
ヨブ 13: 4　あなたがたはみな，<能なし>の医者
ゼカ 11:17　羊の群れを見捨てる，<能なし>の牧
マタ　5:22　兄弟に向かって『<能なし>』と言う

▼のうにゅうきん（納入金）
マタ 17:24　宮の<納入金>を集める人たちが，ペ

▼のうふ（農夫）
創世　9:20　ノアは…<農夫>であった．
Ⅱ歴 26:10　果樹園には<農夫>やぶどう作りがい
イザ 28:24　<農夫>は，種を蒔くために，いつも
61: 5　外国人が，あなたがたの<農夫>とな
エレ 14: 4　<農夫>たちも恥を見，頭をおおう．
31:24　<農夫>も，群れを連れて旅する者も，
51:23　<農夫>もくびきを負う牛も砕き，あ
ヨエ　1:11　<農夫>たちよ．恥を見よ．ぶどう作
アモ　5:16　<農夫>を呼んで来て泣かせ，泣き方
マタ 21:33　それを<農夫>たちに貸して，旅に出
かけた．マコ12:1，ルカ20:9.
ヨハ 15: 1　わたしの父は<農夫>です．
Ⅱテモ　2: 6　労苦した<農夫>こそ，まず第一に収
ヤコ　5: 7　<農夫>は，大地の貴重な実りを，秋

▼のうりょく（能力）
レビ 27: 8　誓願をする者の<能力>に応じ…評価
イザ 11: 2　はかりごとと<能力>の霊，主を知る
ゼカ　4: 6　<能力>によらず，わたしの霊によっ
マタ 25:15　<能力>に応じて，ひとりには５タラ

▼のがす
Ⅰ列 18:40　ひとりも<のが>すな．」彼らがバア
Ⅱ列 10:24　ひとりでも<のが>す者があれば，そ
ヨブ 20:20　何一つ，彼は<のが>さない．
ミカ　5: 8　引き裂いては，一つも，<のが>さな
6:14　移しても，<のがす>ことはできない．
あなたが<のが>した者は，わたしが

▼ノガハ〔人名〕
ダビデの子の一人．Ⅰ歴3:7，14:6.

▼のがれのまち（～町）
民数 35: 6　六つの，<のがれの町>と．11，13，
14，26，27，28.
ヨシ 21:13　殺人者の<のがれの町>ヘブロンとそ
Ⅰ歴　6:57　アロンの子孫には，<のがれの町>へ
67　<のがれの町>シェケムとその放牧地，

▼のがれば（～場）
詩篇 55: 8　私の<のがれ場>に急ぎたい．」
箴言 14:32　自分の死の中にも<のがれ場>がある．
エレ 25:35　<のがれ場>は群れのあるじたちから

▼のがれる
創世 19:20　あそこの町は，<のがれる>のに近い
22　急いでそこへ<のがれ>なさい．あ
32: 8　残りの一つの宿営は<のがれ>られよ
35: 1　あなたが兄エサウから<のがれ>てい
たとき，あなたに現れた神．7.
出エ　2:15　モーセはパロのところから<のがれ>，
民数 35:11　あやまって人を打ち殺した殺人者が
そこに<のがれる>ことができる．15，
申命4:42，19:3，4，5，ヨシ20:3.
士師　3:26　エフデは…<のがれ>て，石切り場の
所を通り過ぎ，セイラに<のがれ>た．
6:11　ギデオンはミデヤン人から<のがれ>
21:17　ベニヤミンの<のがれ>た者たちの跡
Ⅰサム 19:10　ダビデは逃げ，その夜は難を<のが
れ>た．12.
17　なぜ…私の敵を…<のがれ>させたの
18　ダビデは逃げ，<のがれ>て，ラマの
21:10　ダビデは…サウルから<のがれ>，ガ
22:20　ひとり<のがれ>てダビデのところに
23:13　ダビデがケイラから<のがれ>たこと
27: 1　ペリシテ人の地に<のがれる>よりほ
かに道はない…こうして私は彼の手
から<のがれ>よう．」
30:17　ひとりも<のがれ>おおせなかった．
Ⅱサム　1: 3　陣営から<のがれ>て来ました．」
4: 6　レカブと…兄弟バアナは<のがれ>た
15:14　アブシャロムから<のがれる>者はな
20: 6　城壁のある町に…<のがれ>てしまう
Ⅰ列 11:40　ヤロブアムは…エジプトに<のがれ>，
19:17　ハザエルの剣を<のがれる>者をエフ

一が殺し，エフーの剣を<のがれる>
20:20 ベン・ハダデは…<のがれ>た．
Ⅱ列 19:30 ユダの家の<のがれ>て残った者は下
に根を張り，上に実を．イザ37:31．
31 シオンの山から，<のがれ>た者が出
て来るからである．イザ37:32．
37 アララテの地へ<のがれ>た．それで
Ⅱ歴 16: 7 アラム王の軍勢は…<のがれ>出たの
20:24 <のがれ>た者はひとりもない．
30: 6 アッシリヤの王たちの手を<のがれ>
36:20 剣を<のがれ>た残りの者たちをバビ
エズ 9: 8 私たちに，<のがれ>た者を残してお
き…ご自分の聖なる所の．13，15．
ネヘ 1: 2 捕囚から残って<のがれ>たユダヤ人
ヨブ 1:15 私ひとりだけが<のがれ>て，お知ら
せするのです．16，17，19．
19:20 私はただ歯の皮だけで<のがれ>た．
27:22 御手からなんとかして<のがれ>よう
詩篇 3題目 ダビデが…<のがれ>たときの賛歌
55: 7 私は遠くの方へ<のがれ>去り，荒野
57題目 ダビデがサウルから<のがれ>て洞窟
139: 7 御前を離れて，どこへ<のがれ>まし
箴言 19: 5 吹聴する者も，<のがれ>られない．
伝道 7:26 神に喜ばれる者は女から<のがれる>
イザ 4: 2 イスラエルの<のがれ>た者の威光と
10:20 ヤコブの家の<のがれ>た者は，もう
15: 9 モアブの<のがれ>た者と，その土地
16: 3 <のがれ>て来る者を渡すな．
20: 6 どうして<のがれる>ことができよう
37:38 アララテの地へ<のがれ>た．それで
48:20 カルデヤから<のがれ>よ．喜びの歌
66:19 彼らのうちの<のがれ>た者たちを諸
エレ 6: 1 ベニヤミンの子らよ…<のがれ>よ．
32: 4 カルデヤ人の手から<のがれる>こと
はできない．彼．34:3，38:18，23．
41:15 ヨハナンの前を<のがれ>て，アモン
44:14 ユダの残りの者のうち，<のがれ>て
生き残る者…<のがれる>者だけが帰
46: 6 勇士たちも<のがれる>ことができな
48: 8 一つの町も<のがれる>ことができな
19 逃げて来る男，<のがれ>て来る女に
49: 8 デダンの住民よ…<のがれ>よ．深く
50:28 バビロンの国から<のがれ>て来た者
51:50 剣から<のがれ>た者よ．行け．立ち
哀歌 2:22 <のがれ>た者も生き残った者もいま
エゼ 6: 8 剣を<のがれ>た者たちを諸国の民の
9 <のがれ>た者たちは，とりこになっ
24:26 <のがれ>た者が，この知らせを告げ
33:21 エルサレムから<のがれ>た者が，私
ダニ 11:42 エジプトの国も<のがれる>ことはな
ホセ 9: 6 彼らが破壊を<のがれ>ても，エジプ
ヨエ 2: 3 これから<のがれる>ものは一つもな
32 エルサレムに，<のがれる>者がある
アモ 2:15 足の速い者も<のがれる>ことができ
9: 1 ひとりも…<のがれ>る者もない．
オバ 17 シオンの山には，<のがれ>た者がい
ヨナ 1: 3 タルシシュへ<のがれ>ようとし，立
ハバ 2: 9 わざわいの手から<のがれる>ために
ゼカ 2: 7 シオンに<のがれ>よ．バビロンの娘
マタ 3: 7 だれが…御怒りを<のがれる>ように
教えたのか．ルカ3:7．
10:23 迫害…次の町に<のがれ>なさい．と
23:33 刑罰をどうして<のがれる>ことがで
ルカ 21:36 すべてのことから<のがれ>，人の子
使徒 25:11 私は死を<のがれ>ようとはしません．
28: 4 海からは<のがれ>たが，正義の女神
Ⅰテサ 5: 3 それを<のがれる>ことは決してでき
ヘブ 2: 3 どうして<のがれる>ことができまし
6:18 <のがれ>て来た私たちが，力強い励
11:34 火の勢いを消し，剣の刃を<のがれ>，
Ⅱペテ 2:18 それを<のがれ>ようとしている人々
20 世の汚れから<のがれ>，その後再び

▼のがん（野がん）
レビ 11:18 白ふくろう，ペリカン，<野がん>，
申命 14:17 ペリカン，<野がん>，う，

▼のけぞる
哀歌 1:13 私をうしろに<のけぞらせ>，私を荒

▼のけもの（～者）
詩篇 69: 8 自分の兄弟からは，<のけ者>にされ，
イザ 53: 3 さげすまれ，人々から<のけ者>にさ

▼のこぎり
Ⅰ列 7: 9 <のこぎり>で切りそろえた切り石，
イザ 10:15 <のこぎり>は，それをひく人に向か
ヘブ 11:37 <のこぎり>で引かれ，剣で切り殺さ

▼のこす（残す）
創世 19:32 お父さんによって子孫を<残>しまし
ょう．」34．
27:36 私のために祝福を<残>してはおかれ
39:12 ヨセフは…上着を彼女の手に<残>し，
42:33 兄弟のひとりを私のところに<残>し，

44:20 彼だけがその母に<残>されましたの
45: 7 残りの者をこの地に<残>し…救いに
50: 8 羊と牛はゴシェンの地に<残>した.
出エ 9:21 しもべたちや家畜を…野に<残>した.
10:26 ひづめ一つも<残す>ことはできませ
12:10 それを朝まで<残>してはならない.
16:19, 20, 23:18, レビ7:15, 22:30,
民数9:12.
14:28 <残>された者はひとりもいなかった.
レビ 19:10 ぶどう畑の実を…<残>しておかなけ
民数 33:55 あなたがたが<残>しておく者たちは,
申命 4:27 主の追いやる国々の中に<残>される.
25: 7 名をイスラエルのうちに<残>そうと
28:51 雌羊も, あなたには少しも<残>さず,
55 何も<残>されてはいないからである.
62 少人数しか<残>されない.
ヨシ 11:14 息のあるものはひとりも<残>さなか
士師 2:21 ヨシュアが死んだとき<残>していた
国民を…追い払わない. 23.
3: 1 主が<残>しておかれた国民は次のと
6: 4 ろばのためのえささえも<残>さなか
ルツ 1: 3 彼女とふたりの息子が…<残>された.
2:14 彼女はそれを食べ…余りを<残>して
Ⅰサム 14:36 かすめ奪い, ひとりも<残>しておく
25:22 小わっぱひとりでも<残>しておくな
30: 9 <残>された者は, そこにとどまった.
Ⅱサム 8: 4 ダビデは…戦車の馬100頭を<残>し
13:30 <残>された方はひとりもありません.
14: 7 <残>された…火種を消して…残りの
者までも, この地上に<残>さないよ
15:16 留守番に10人のそばめを<残>した.
Ⅰ列 19:18 イスラエルの中に7千人を<残>して
Ⅱ列 13: 7 歩兵1万だけの軍隊しか<残>されて
17:18 ユダの部族だけしか<残>されなかっ
20:17 何一つ<残>されまい, と主は仰せら
れます. イザ39:6.
24:14 貧しい民衆のほかは<残>されなかっ
25:12 貧民の一部を<残>し, ぶどう作りと
Ⅱ歴 30: 6 あなたがたに<残>された, アッシリ
エズ 9: 8 私たちに, のがれた者を<残>してお
13 のがれた者を私たちに<残>してくだ
15 のがれた者として<残>されています.
ネヘ 6: 1 破れ口は<残>されていないというこ
ヨブ 22:20 彼らの<残>した物は火が焼き尽くし
詩篇 17:14 その豊かさを, その幼子らに<残>し
49:10 自分の財産を他人に<残す>のを.
伝道 2:18 後継者のために<残>さなければなら
イザ 1: 8 シオンの娘は<残>された. あたかも
4: 3 シオンに<残>された者, エルサレム
7:22 <残>されたすべての者が凝乳と蜂蜜
10: 3 どこに自分の栄光を<残す>のか.
17: 6 取り残された実がその中に<残>され
る…四つ五つが…枝に<残>される.
24: 6 住民は減り, わずかな者が<残>され
65:15 選んだ者たちののろいとして<残す>.
エレ 27:18 エルサレムに<残>されている器. 19.
38:22 ユダの王の家に<残>された女たちは
39:10 貧民の一部をユダの地に<残>し, そ
40: 6 国に<残>された民の中に住んだ.
11 バビロンの王がユダに人を<残>した
49: 9 彼らは取り残しの実を<残>さない.
50:20 わたしが<残す>者の罪を…赦すから
26 これを聖絶して, 何一つ<残す>な.
エゼ 6: 8 あなたがたのある者を<残>しておく.
17:21 <残>された者も四方に散らされる.
36:36 回りに<残>された諸国の民も, 主で
ダニ 4:15 その根株を地に<残>し, これに鉄と
10:13 ペルシヤの王たちのところに<残>し
ヨエ 1: 4 かみつくいなごが<残>した物は, い
なごが食い…ばったが<残>した物は,
2:14 主が…<残>してくださらないとだれ
オバ 5 彼らは取り残しの実を<残>さないだ
ゼパ 3:12 わたしは…寄るべのない民を<残す>.
ゼカ 9: 7 彼も, 私たちの神のために<残>され,
マラ 4: 1 その日は…根も枝も<残>さない.
マタ 4:22 舟も父も<残>して. マコ1:20.
16: 4 イエスは彼らを<残>して去って行か
18:12 99匹を山に<残>して. ルカ15:4.
22:22 彼らは…イエスを<残>して立ち去っ
25 その妻を弟に<残>し. マコ12:19.
24:40 ひとりは取られ, ひとりは<残>され
ます. 41, ルカ17:34, 35.
マコ 4:36 弟子たちは, 群衆をあとに<残>し,
12:20 長男が…子を<残>さないで死にまし
た. 21, 22, ルカ20:31.
ルカ 19:44 一つの石もほかの石の上に積まれた
ままでは<残>されない日が, やって
ヨハ 8: 9 イエスがひとり<残>された. 女はそ
14:27 あなたがたに平安を<残>します. わ
16:32 わたしをひとり<残す>時が来ます.

19:31 死体を十字架の上に<残>しておかな
20:23 だれかの罪をそのまま<残す>なら，
使徒 5: 3 代金の一部を自分のために<残>して
18:19 パウロはふたりをそこに<残>し，自
25:14 囚人として<残>して行ったひとりの
ロマ 9:27 救われるのは，<残>された者である．
29 私たちに子孫を<残>されなかったら，
11: 4 男子７千人が…<残>してある.」
5 恵みの選びによって<残>された者が
Ⅱテモ 4:13 <残>しておいた上着を持って来てく
20 トロピモは…ミレトに<残>して来ま
テト 1: 5 私があなたをクレテに<残>したのは，
ヘブ 2: 8 従わないものを何一つ<残>されなか
Ⅰペテ 2:21 あなたがたに模範を<残>されました．
4: 2 地上の<残>された時を，もはや人間

▼のこり（残り），残りの者

創世 30:36 ヤコブはラバンの<残り>の群れを飼
45: 7 <残りの者>をこの地に残し，また，
出エ 23:11 <残り>を野の獣に食べさせなければ
26:12 <残り>の半幕は幕屋のうしろに垂ら
28:10 <残り>の六つの名をもう一つの石に，
29:34 <残り>は火で焼く．食べてはならな
レビ 2: 3 ささげ物の<残り>は，アロンとその
5: 9 血の<残り>はその祭壇の土台のとこ
14:17 祭司は…<残り>の油を…右の耳たぶ
申命 3:13 ギルアデの<残り>と，オグの王国で
ヨシ 13:27 シホンの王国の<残り>の地，ヨルダ
士師 7: 6 <残り>の民はみな，ひざをついて水
Ⅱ列 4: 7 その<残り>で…暮らしていけます.」
21:14 民の<残りの者>を捨て去り，彼らを
25:11 <残り>の民と…<残り>の群衆を捕ら
Ⅱ歴 34:21 イスラエルとユダの<残りの者>のた
エズ 7:18 <残り>の銀と金の使い方については，
ネヘ 1: 3 <残りの者>たちは，非常な困難の中
イザ 10:19 林の木の<残り>は数えるほどになり，
20 イスラエルの<残りの者>，ヤコブの
イザ 11:11 ご自分の民の<残り>を買い取られる．
16 残される御民の<残りの者>のために
14:22 <残りの者>，および，後に生まれる
30 おまえの<残りの者>は殺される．
15: 9 その土地の<残りの者>とに獅子を向
16:14 <残りの者>もしばらくすれば，力が
17: 3 アラムの<残りの者>は，イスラエル
28: 5 民の<残りの者>にとって，美しい冠，
37: 4 <残りの者>のため，祈り．Ⅱ列19:4．
38:10 私の<残り>の年を失ってしまった．
44:17 その<残り>で神を造り，自分の偶像
19 <残り>で忌みきらうべき物を造り，
46: 3 イスラエルの家の…<残りの者>よ．
エレ 6: 9 イスラエルの<残りの者>を…摘み取
8: 3 <残りの者>はみな…<残りの者>のい
るどんな所でも…死を選ぶようにな
23: 3 わたしの群れの<残りの者>を…集め，
25:20 エクロン，アシュドデの<残りの者>
31: 7 救ってください…<残りの者>を.』
40:15 ユダの<残りの者>が滅びてよいでし
42:15 ユダの<残りの者>よ，主のことばを
44:12 ユダの<残りの者>を取り除く．彼ら
47: 5 アナク人の<残りの者>よ．いつまで，
エゼ 5:10 <残りの者>をすべて四方に散らす．
9: 8 イスラエルの<残りの者>たちを，こ
23:25 <残りの者>は火で焼き尽くされる．
34:18 水を飲んで…<残り>を足で濁すとは．
48:15 <残り>の地所は，町の一般用であり，
23 <残り>の部族は，東側から西側まで
ダニ 7: 7 その<残り>を足で踏みつけた．これ
アモ 5:15 ヨセフの<残りの者>をあわれまれる
9:12 エドムの<残りの者>と，わたしの名
ミカ 2:12 イスラエルの<残りの者>を必ず集め
4: 7 足のなえた者を，<残りの者>とし，
5: 8 ヤコブの<残りの者>は異邦の民の中，
7:18 ご自分のものである<残りの者>のた
ゼパ 2: 7 海辺はユダの家の<残りの者>の所有
9 <残りの者>が，そこをかすめ奪う．
3:13 <残りの者>は不正を行わず，偽りを
ハガ 1:12 大祭司ヨシュアと…<残りの者>とは，
ゼカ 8: 6 <残りの者>の目に不思議に見えても，
12 <残りの者>に…すべてを継がせよう．
11: 9 <残りの者>は，互いに相手の肉を食

▼のこる（残る）

創世 7:23 箱舟にいたものたちだけが<残>った．
32:24 ヤコブはひとりだけ…<残>った．す
42:38 彼の兄は死に，彼だけが<残>ってい
47:18 あなたさまの前に何も<残>っていま
出エ 10:15 緑色は…少しも<残>らなかった．
19 １匹のいなごも<残>らなかった．
12:10 朝まで<残>ったものは，火で焼かな
出エ 16:23 <残>ったものは，すべて朝まで保存
29:34 パンが，朝まで<残>ったなら，その
レビ 10:12 <残>った穀物のささげ物を取り，パ

19: 6 ３日目まで<残>ったものは，火で焼
25:52 わずかの年数しか<残>っていないな
27:18 ヨベルの年までにまだ<残>っている
民数 24:19 <残>った者たちを町から消し去る.」
26:65 …のほかには，だれも<残>っていな
申命 28:54 <残>っている子どもたちに…物惜し
ヨシ 18: 2 七つの部族が<残>っていた.
23: 7 <残>っている…国民と交わってはな
士師 7: 3 民のうちから…１万人が<残>った.
21: 7 <残>った者たちに妻をめとらせるに
Ｉサム 16:11 まだ末の子が<残>っています．あれ
Ｉ列 15:18 アサは…<残>っていた銀と金をこと
18:22 私ひとりが主の預言者として<残>っ
19:10 ただ私だけが<残>りましたが，彼ら
22:46 <残>っていた神殿男娼を…除き去っ
Ⅱ列 3:25 キル・ハレセテにある石だけが<残>
7:13 <残>っている馬の中から５頭だけ取
らせ…この町に<残>っているイスラ
10:17 サマリヤに<残>っていた者を皆殺し
21 <残>っていて，来なかった者はひと
19:30 ユダの家ののがれて<残>った者は下
に根を張り，上に実を．イザ37:31.
Ｉ歴 4:43 アマレクの<残>っていた者，のがれ
13: 2 <残>っている…同胞に…使者を送ろ
Ⅱ歴 21:17 男の子はだれも<残>らなかった.
31:10 食べて，満ち足り，たくさん<残>り
エズ 1: 4 <残る>者はみな，その者を援助する
ネヘ 1: 2 捕囚から<残>ってのがれたユダヤ人
詩 106:11 そのひとりさえも<残>らなかった.
イザ 4: 3 エルサレムに<残>った者は，聖と呼
21:17 <残>った射手たちの数は少なくなる.
30:17 丘の上の旗ぐらいしか<残る>まい.
エレ 11:23 彼らには<残る>者がいなくなる．わ
34: 7 城壁のある町として<残>っていたか
37:10 兵士たちだけが<残>ったとしても，
41:10 ミツパに<残>っていたすべての民，
42: 2 <残>った者みなのために…祈ってく
47: 4 島に<残>っているペリシテ人も破滅
エゼ 9: 8 私は<残>っていて，ひれ伏し，叫ん
14:22 のがれた者が<残>っていて，息子や
25:16 海辺の<残>った者を消えうせさせる.
34:18 牧場の<残>った分を足で踏みにじり，
ダニ 10: 8 私は，ひとり<残>って…幻を見たが，
アモ 1: 8 ペリシテ人の<残>った者を滅ぼす」
5: 3 千人を出征させていた町には100人
が<残>り，100人を…10人が<残>ろ
アモ 6: 9 一つの家に10人<残>っても，その者
9: 1 彼らの<残>った者を，剣で殺す．彼
ゼカ 13: 8 死に絶え，３分の１がそこに<残る>.
マタ 11:23 ソドムはきょうまで<残>っていたこ
24: 2 石が…積まれたまま<残る>ことは決
ヨハ 13: 1 その愛を<残る>ところなく示された.
15:16 あなたがたの実が<残る>ためであり，
使徒 15:17 <残>った人々…異邦人がみな，主を
Ｉコリ 3:14 だれかの建てた建物が<残>れば，そ
13:13 いつまでも<残る>ものは信仰と希望
テト 1: 5 あなたが<残>っている仕事の整理を
ヘブ 4: 1 約束はまだ<残>っているのですから，
6 安息に入る人々がまだ<残>っており，
9 安息日の休みは…<残>っているので
12:27 動かされることのないものが<残る>
黙示 9:20 災害によって殺されずに<残>った人

▼のしあがる（～上がる）

ダニ 8:11 軍勢の長にまで<のし上が>った．そ

▼のしかかる

詩篇 32: 4 御手が…私の上に重く<のしかか>り，

▼のじゅく（野宿）

ルカ 2: 8 <野宿>で夜番をしながら羊の群れを

▼のせる（載せる）

創世 21:14 彼女の肩に<載せ>，その子とともに
出エ 19: 4 あなたがたを鷲の翼に<載せ>，わた
28:30 さばきを，その胸の上に<載せる>.
29:24 その子らの手のひらに<載せ>，これ
士師 9:48 アビメレクは…枝を…肩に<載せ>，
Ｉサム 6: 8 主の箱を取って…車に<載せ>なさい.
25:18 アビガイルは…これをろばに<載せ>，
Ⅱサム 6: 3 神の箱を，新しい車に<載せ>て，丘
Ｉ列 10: 2 多くの金および宝石を<載せ>て，エ
18:23 雄牛を選び…たきぎの上に<載せ>よ
…もう１頭の雄牛を…<載せ>，火を
Ⅱ列 8: 9 ハザエルは…らくだ40頭に<載せ>，
9:28 家来たちは彼を車に<載せ>て，エル
14:20 彼らは彼を馬に<のせ>て行った．彼
Ⅱ歴 20:34 王たちの書に<載せ>られた…言行録
イザ 30: 6 財宝をろばの背に<載せ>，宝物をら
くだのこぶに<載せ>て，役にも立た
マタ 23: 4 重い荷をくくって，人の肩に<載せ>，
マコ 6:55 病人を床に<載せ>て運んで来た.
ヨハ 21: 9 炭火とその上に<載せ>た魚と，パン

▼のぞく（除く）
出エ23:25 あなたの間から病気を<除>き去ろう.
レビ26: 6 悪い獣をその国から<除く>. 剣があ
申命13: 5 あなたがたのうちからこの悪を<除>
き去りなさい. 17:7, 19:13, 19,
21:9, 22:22, 24, 24:7.
ヨシ 7:13 その聖絶のものを…<除>き去るまで,
24:14 エジプトで仕えた神々を<除>き去り,
士師20:13 イスラエルから悪を<除>き去ろう.」
IIサム 4:11 この地からおまえたちを<除>き去ら
I列22:46 神殿男娼をこの国から<除>き去った.
II列23:24 すべての忌むべき物も<除>き去った.
24: 3 ユダを主の前から<除く>ということ
II歴15: 8 アサは…忌むべき物を<除>いた. そ
19: 3 この地からアシェラ像を<除>き去り,
ヨブ 7:21 どうして…私の不義を<除>かれない
詩篇51: 7 私の罪を<除>いてきよめてください.
箴言25: 4 銀から, かなかすを<除>け…練られ
5 王の前から悪者を<除>け…王座は義
伝道11:10 あなたの心から悲しみを<除>き, あ
イザ 1:25 その浮きかすをみな<除>こう.
3: 1 ユダから, ささえとたよりを<除>か
4: 1 私たちへのそしりを<除>いてくださ
5: 5 その垣を<除>いて, 荒れすたれるに
10:13 私が, 国々の民の境を<除>き, 彼ら
27 彼のくびきはあなたの首から<除>か
14:25 くびきは彼らの上から<除>かれ, そ
の重荷は彼らの肩から<除>かれる.
22: 8 こうしてユダのおおいは<除>かれ,
25: 8 ご自分の民へのそしりを…<除>かれ
58: 9 あなたの中から, くびきを<除>き…
つまらないおしゃべりを<除>き,
エレ 4: 1 忌むべき物をわたしの前から<除く>
5:10 そのつるを<除>け. それらは主のも
6:29 悪いものは<除>かれなかった.
ダニ 4:27 罪を<除>き, 貧しい者をあわれんで
あなたの咎を<除>いてください. そ
ゼカ 3: 4 わたしは, あなたの不義を<除>いた.
13: 2 汚れの霊をこの国から<除く>.
マタ14:21 食べた者は, 女と子どもを<除>いて,
23:24 ぶよは, こして<除く>が, らくだは
ルカ23:18 この人を<除>け. バラバを釈放しろ.
使徒22:22 こんな男は, 地上から<除>いてしま
Iコリ 5:13 その悪い人を…<除>きなさい.
ヘブ10: 4 血は, 罪を<除く>ことができません.
11 罪を<除>き去ることができません.

▼のぞみ（望み）
出エ15: 9 おのれの<望み>を彼らによってかな
ルツ 1:12 <望み>があると思って, 今晩でも夫
IIサム 3:21 <望み>どおりに治められるようにし
I列 5: 8 ヒラムは…<望み>どおりにいたしま
10:13 シェバの女王に…<望み>のままに与
エズ10: 2 外国の女…今なお<望み>があります.
エス 7: 3 私の<望み>を聞き入れて, 私の民族
ヨブ 4: 6 あなたの<望み>はあなたの潔白な行
5:16 寄るべのない者は<望み>を持ち, 不
7: 6 私の日々は…<望み>もなく過ぎ去る.
8:13 神を敬わない者の<望み>は消えうせ
11:18 <望み>があるので, あなたは安らぎ,
20 彼らの<望み>は, あえぐ息に等しい.
14: 7 木には<望み>がある. たとい切られ
19 人の<望み>を絶ち滅ぼされます.
17:15 私の<望み>はいったいどこにあるの
か. だれが, 私の<望み>を見つけよ
19:10 神は私の<望み>を木のように根こそ
21:21 後の家のことに何の<望み>があろう
27: 8 神を敬わない者の<望み>はどうなる
31:16 私が寄るべのない者の<望み>を退け,
41: 9 見よ. その<望み>は裏切られる. そ
詩篇 9:18 悩む者の<望み>は…なくならない.
35:25 あはは. われわれの<望み>どおりだ
39: 7 私の<望み>, それはあなたです.
62: 5 私の<望み>は神から来るからだ.
71: 5 私の若いころからの私の<望み>, 私
119:116 <望み>のことで私をはずかしめない
146: 5 幸いなことよ…主に<望み>を置く者
箴言10:24 正しい者の<望み>はかなえられる.
28 正しい者の<望み>は喜びであり, 悪
11: 7 邪悪な者たちの<望み>もまた消えう
23 悪者の<望み>, 激しい怒り.
13:12 <望み>がかなうことは, いのちの木
19 <望み>がかなえられるのはここちよ
19:18 <望み>のあるうちに…子を懲らしめ
23:18 <望み>は断ち切られることはない.
24:14 知恵…<望み>は断たれることがない.
29:20 愚かな者のほうが, まだ<望み>があ
イザ 8:17 私はこの方に, <望み>をかける.
エレ14: 8 イスラエルの<望み>である方, 苦難
17:13 イスラエルの<望み>である主よ. あ
31:17 あなたの将来には<望み>がある.

50: 7 先祖の<望み>であった主に，罪を犯
哀歌 3:18 主から受けた<望み>は消えうせた」
エゼ 19: 5 <望み>が消えうせたことを知ったと
37:11 骨は干からび，<望み>は消えうせ，
ホセ 2:15 アコルの谷を<望み>の門としよう．
4: 8 彼らの咎に<望み>をかけている．
ゼカ 9:12 <望み>を持つ捕らわれ人よ．とりで
マタ 12:21 異邦人は彼の名に<望み>をかける．」
ルカ 24:21 贖ってくださるはずだ，と<望み>を
ヨハ 5:45 訴える者は…<望み>をおいているモ
使徒 2:26 私の肉体も<望み>の中に安らう．
16:19 もうける<望み>がなくなったのを見
23: 6 私は死者の復活という<望み>のこと
24:15 必ず復活するという…<望み>を，神
27:20 助かる最後の<望み>も今や絶たれよ
28:20 イスラエルの<望み>のためにこの鎖
ロマ 4:18 望みえないときに<望み>を抱いて信
8:20 服従させた方によるので…<望み>が
24 この<望み>によって救われている…
目に見える<望み>は，<望み>ではあ
10: 1 私が心の<望み>…彼らの救われるこ
12:12 <望み>を抱いて喜び，患難に耐え，
15:12 異邦人はこの方に<望み>をかける．」
13 <望み>の神が…聖霊の力によって
<望み>にあふれさせてくださいます
Ⅰコリ 9:10 耕す者が<望み>を持って耕し，脱穀
する者が分配を受ける<望み>を持っ
Ⅱコリ 1: 7 抱いている<望み>は，動くことがあ
10 救い出してくださるという<望み>を，
3:12 <望み>を持っているので…大胆にふ
5:11 明らかになることが，私の<望み>で
ガラ 5: 5 義をいただく<望み>を熱心に抱いて
エペ 1:12 前からキリストに<望み>を置いてい
18 神の召しによって与えられる<望み>
2:12 世にあって<望み>もなく，神もない
4: 4 召しのもたらした<望み>が一つであ
コロ 1: 5 天にたくわえられてある<望み>に基
づく…この<望み>…を，福音の真理
23 聞いた福音の<望み>からはずれるこ
27 キリスト，栄光の<望み>のことです．
Ⅰテサ 1: 3 キリストへの<望み>の忍耐を思い起
2:19 御前で私たちの<望み>，喜び，誇り
4:13 他の<望み>のない人々のように悲し
5: 8 救いの<望み>をかぶととしてかぶっ
Ⅱテサ 2:16 永遠の慰めとすばらしい<望み>とを
Ⅰテモ 1: 1 私たちの<望み>なるキリスト・イエ
4:10 生ける神に<望み>を置いているから
5: 5 身寄りのない人は，<望み>を神に置
6:17 富に<望み>を置かないように．むし
ろ…神に<望み>を置くように．
テト 1: 2 永遠のいのちの<望み>に基づくこと
2:13 祝福された<望み>…大いなる神であ
3: 7 永遠のいのちの<望み>によって，相
ヘブ 6:18 前に置かれている<望み>を捕らえる
Ⅰペテ 1: 3 生ける<望み>を持つようにしてくだ
3: 5 むかし神に<望み>を置いた敬虔な婦
Ⅰヨハ 3: 3 この<望み>をいだく者は…自分を清
黙示 18:14 心の<望み>である熟したくだものは，

▼のぞむ（望む）

申命 14:26 その金をすべてあなたの<望む>もの，
18: 6 レビ人…<望む>ままに行くことがで
Ⅰサム 9:20 イスラエルのすべてが<望>んでいる
18:25 王は花嫁料を<望>んではいない…ペ
リシテ人の陽の皮100だけを<望>ん
Ⅱサム 23:15 ダビデはしきりに<望>んで…水を飲
Ⅰ列 5:10 木材とを彼の<望む>だけ与えた．
9: 1 ソロモンが造りたいと<望>んでいた
11:37 自分の<望む>とおりに王となり，イ
21: 6 <望む>なら，その代わりのぶどう畑
Ⅱ列 8:19 ダビデに免じて，ユダを滅ぼすこと
を<望>まれなかった．Ⅱ歴21:7．
13:23 彼らを滅ぼし尽くすことは<望>まず，
エス 7: 2 何を<望>んでいるのか．王国の半分
9: 1 ユダヤ人を征服しようと<望>んでい
12 あなたはなおも何を<望>んでいるの
ヨブ 6: 8 私の<望む>ものを神が与えてくださ
17:13 よみを私の住みかとして<望>み，や
30:26 私が善を<望>んだのに，悪が来，光
詩篇 39:11 その人の<望む>ものを，しみが食う
51:16 全焼のいけにえを，<望>まれません．
68:16 神が…住まいとして<望>まれた…山
73:25 ほかに私はだれをも<望>みません．
107:30 主は，彼らをその<望む>港に導かれ
132:13 ご自分の住みかとして<望>まれた．
135: 6 主は<望む>ところをことごとく行わ
箴言 3:15 あなたの<望む>どんなものも…比べ
19:22 人の<望む>ものは，人の変わらぬ愛
24: 1 悪い者…とともにいることを<望>ん
伝道 6: 2 彼の<望む>もので何一つ欠けたもの
8: 3 王は自分の<望む>ままを何でもする

イザ 42:21 みおしえを…輝かすことを<望>まれ
24 主の道に歩むことを<望>まず，その
44:28 わたしの<望む>事をみな成し遂げる. 46:10.
58: 2 わたしの道を知ることを<望>んでいる…神に近づくことを<望>んでいる.
エレ 17:16 いやされない日を<望>んだこともあ
22:27 帰りたいと心から<望む>この国に，
マラ 3: 1 あなたがたが<望>んでいる契約の使
マコ 6:23 おまえの<望む>物なら，私の国の半
ルカ 6:31 自分にしてもらいたいと<望む>とお
19:27 王になるのを<望>まなかったこの敵
22:15 過越の食事を…どんなに<望>んでい
ヨハ 21:22 生きながらえるのをわたしが<望む>
使徒 26: 7 約束のものを得たいと<望>んでおり
ロマ 4:18 彼は<望>みえないときに望みを抱い
5: 2 神の栄光を<望>んで大いに喜んでい
8:24 どうしてさらに<望む>でしょう.
25 見ていないものを<望>んでいるのな
9:22 ご自分の力を知らせようと<望>んで
Ⅱコリ 1:13 理解してくれることを<望>みます.
5: 2 与えられる住まいを着たいと<望>ん
10:15 働きが広げられることを<望>んでい
エペ 2: 3 肉と心の<望む>ままを行い，ほかの
ピリ 2:19 主イエスにあって<望>んでいます.
Ⅰテサ 5:18 神があなたがたに<望>んでおられる
Ⅰテモ 2: 4 すべての人が救われ…るのを<望>ん
ヘブ 10: 5 いけにえやささげ物を<望>まない.
8 いろいろの物）を<望>まず，またそ
11: 1 信仰は<望>んでいる事がらを保証し，
Ⅱペテ 3: 9 ひとりでも滅びることを<望>まず…悔い改めに進むことを<望>んでおら

▼のぞむ（臨む）

創世 15: 1 主のことばが…アブラムに<臨>み，
出エ 19: 9 濃い雲の中で，あなたに<臨む>. わ
20:24 わたしはあなたに<臨>み，あなたを
レビ 26:16 あなたがたの上に恐怖を<臨>ませ，
25 あなたがたの上に剣を<臨>ませ，契
申命 20: 2 戦いに<臨む>場合は，祭司は進み出
28: 2 次のすべての祝福があなたに<臨>み，
15 すべてののろいがあなたに<臨>み，
ルカ 1:35 聖霊があなたの上に<臨>み，いと高
21:35 その日は…すべての人に<臨む>から
Ⅰコリ 10:11 世の終わりに<臨>んでいる私たちへ
Ⅰテサ 2:16 御怒りは彼らの上に<臨>んで窮みに

▼ノダブ

アラビヤ系の部族を指す名. Ⅰ歴5:19.

▼のち（後），後々【別項】後の雨，後の時代，後の世代，後の日

創世 23:19 こうして<後>，アブラハムは自分の
30:21 その<後>，レアは女の子を産み，そ
41: 1 それから2年の<後>，パロは夢を見
出エ 4: 8 <後>のしるしの声は信じるであろう.
5: 1 その<後>，モーセとアロンはパロの
13:14 <後>になってあなたの子があなたに
34:32 それから<後>，イスラエル人全部が
申命 6:20 <後>になって…息子があなたに尋ね
Ⅱ歴 18: 2 何年かたって<後>…サマリヤに下っ
ヨブ 21:21 自分の<後>の家のことに何の望みが
伝道 1:11 これから<後>に起こることも，それ
4:16 これから<後>の者たちは，彼を喜ば
イザ 9: 1 <後>には海沿いの道，ヨルダン川の
41:23 <後>に起ころうとする事を告げよ.
42:23 だれが，<後々>のために注意して聞
エゼ 39:22 その日の<後>，イスラエルの家は，
ダニ 4:29 12か月の<後>…宮殿の屋上を歩いて
ホセ 3: 5 その<後>，イスラエル人は帰って来
ハガ 2: 9 この宮のこれから<後>の栄光は，先
マタ 12:45 その人の<後>の状態は. ルカ11:26.
マコ 16:14 それから<後>になって，イエスは，
ヨハ 13:36 しかし<後>にはついて来ます.」
使徒 8:39 宦官はそれから<後>彼を見なかった
ロマ 8:38 今あるものも，<後>に来るものも，
ヘブ 8: 7 <後>のものが必要になる余地はなか
12:11 <後>になると…平安な義の実を結ば
Ⅱペテ 2:20 その<後>再びそれに巻き込まれて征

▼のちのあめ（後の雨）

申命 11:14 先の雨と<後の雨>を与えよう. あな
ヨブ 29:23 <後の雨>を待つように彼らは口を大
箴言 16:15 <後の雨>をもたらす雲のようだ.
エレ 3: 3 夕立はとどめられ，<後の雨>はなか
5:24 先の雨と<後の雨>を，季節にしたが
ホセ 6: 3 <後の雨>のように，地を潤される.」
ヨエ 2:23 初めの雨と<後の雨>とを降らせてく
ゼカ 10: 1 <後の雨>の時に，主に雨を求めよ.

▼のちのじだい（後の時代）

詩篇 48:13 <後の時代>に語り伝えるために.
伝道 1:11 <後の時代>の人々には記憶されない
Ⅰテモ 4: 1 <後の時代>になると，ある人たちは

▼のちのせだい（後の世代）
申命 29:22 ‹後の世代›，あなたがたの後に起こ
ヨエ 1: 3 子どもたちは‹後の世代›に伝えよ．
▼のちのひ（後の日）
民数 24:14 この民が‹後の日›にあなたの民に行
申命 31:29 ‹後の日›に，わざわいがあなたがた
ヨブ 19:25 ‹後の日›に，ちりの上に立たれるこ
箴言 31:25 ほほえみながら‹後の日›を待つ．
伝道 11: 1 ‹後の日›になって…見いだそう．
イザ 30: 8 書きしるし，‹後の日›のためとせよ．
▼ノデ〔地名〕
カインが住んだエデンの東の町．創世4:16.
▼のど
民数 11: 6 私たちの‹のど›は干からびてしまっ
詩篇 5: 9 彼らの‹のど›は，開いた墓で，彼ら
69: 1 水が，私の‹のど›にまで，入って来
115: 7 ‹のど›があっても声をたてることも
箴言 23: 2 あなたの‹のど›に短刀を当てよ．
イザ 5:14 よみは，‹のど›を広げ，口を限りな
エレ 2:25 ‹のど›が渇かないようにせよ．しか
ロマ 3:13 彼らの‹のど›は，開いた墓であり，
▼ののしり，ののしる
申命 32:27 わたしが敵の‹ののしり›を気づかっ
ヨシ 10:21 イスラエル人に向かって‹ののしる›
Ｉサム 25:14 ご主人は彼らを‹ののし›りました．
Ⅱ列 19:22 あなたはだれを…‹ののし›ったのか．
詩篇 35:16 ‹ののしる›者どもは私に向かって歯
44:16 そしる者と‹ののしる›者の声のため，
箴言 24:24 人々は‹ののし›り，民はのろう．
イザ 43:28 イスラエルが，‹ののし›られるよう
51: 7 彼らの‹ののしり›にくじけるな．
ホセ 7:16 神を‹ののし›ったために，剣に倒れ
マタ 5:11 人々があなたがたを‹ののし›り，迫
15: 4 父や母を‹ののしる›者は．マコ7:10.
27:39 イエスを‹ののし›って．マコ15:29.
44 十字架につけられた強盗どもも…イエスを‹ののし›った．マコ15:32.
使徒 13:45 反対して，口ぎたなく‹ののし›った．
23: 4 あなたは…大祭司を‹ののしる›のか
Ｉコリ 4:13 ‹ののし›られるときには，慰めのこ
Ｉペテ 2:23 ‹ののし›られても，‹ののし›り返さ
3:16 正しい生き方を‹ののしる›人たちが，
Ⅲヨハ 10 彼は…私たちを‹ののし›り，それで
ユダ 9 相手を‹ののし›り，さばくようなこ
黙示 2: 9 ‹ののし›られていることも知ってい
13: 6 天に住む者たちを‹ののし›った．
▼ののゆり（野のゆり）
マタ 6:28 ‹野のゆり›がどうして育つのか，よ
▼ノハ〔人名〕
ベニヤミンの４男．Ｉ歴8:2.
▼のばす（伸ばす，延ばす）
創世 3:22 手を‹伸ば›し，いのちの木からも取
出エ 4: 4 「手を‹伸ば›して，その尾をつかめ．」彼が手を‹伸ば›してそれを握ったと
6: 6 ‹伸ば›した腕と大いなるさばきとに
7: 5 手をエジプトの上に‹伸ば›し，イス
民数 6: 5 髪の毛を‹のば›しておかなければな
士師 3:21 エフデは左手を‹伸ば›して…王の腹
Ｉ列 6:32 なつめやしの木の上に金を‹延ば›し
13: 4 ヤロブアム王は…祭壇から手を‹伸ば›して…‹伸ば›した手はしなび，
ヨブ 41:30 それは…泥の上に身を‹伸ばす›.
詩篇 55:20 自分の親しい者にまで手を‹伸ば›し，
61: 6 王のいのちを‹延ば›し，その齢を代
80:11 若枝をあの川にまで‹伸ば›しました．
138: 7 敵の怒りに向かって御手を‹伸ば›し，
イザ 3:16 首を‹伸ば›し，色目を使って歩き，
5:25 これに御手を‹伸ば›して打った…なおも，御手は‹伸ば›されている．9:12，17，10:4.
13:22 その日はもう‹延ば›されない．
14:26 万国に対して‹伸ば›された御手．
23:11 主は御手を海の上に‹伸ば›し，王国
25:11 泳ごうとして手を‹伸ばす›ように，モアブはその中で手を‹伸ばす›が，
31: 3 主が御手を‹伸ばす›と，助ける者は
エレ 6:12 この国の住民に手を‹伸ばす›からだ．
27: 5 大いなる力と，‹伸ば›した腕とをも
エゼ 12:22 日は‹延ば›され，すべての幻は消え
25 実現し，決して‹延ば›さないからだ．
エゼ 17: 7 根を…鷲のほうに向けて‹伸ば›し，
8 ぶどうの木は，枝を‹伸ば›し，実を
ダニ 7:12 いのちは…季節まで‹延ば›された．
11:42 彼は国々に手を‹伸ば›し，エジプト
アモ 6: 4 長いすに身を‹伸ば›している者は，
オバ 13 彼らの財宝に手を‹伸ばす›な．
マタ 6:27 自分のいのちを少しでも‹延ばす›ことができますか．ルカ12:25.
8: 3 イエスは手を‹伸ば›して，彼にさわり．マコ1:41，ルカ5:13.

12:13 イエスは…「手を<伸ば>しなさい」と言われた．マコ3:5，ルカ6:10．
14:31 イエスはすぐに手を<伸ば>して，彼
26:51 手を<伸ば>して剣を抜き，大祭司の
ルカ 13:11 18年も…<伸ばす>ことのできない女
ヨハ 20:27 手を<伸ば>して，わたしのわきに差
21:18 あなたは自分の手を<伸ば>し，ほか
使徒 4:30 御手を<伸ば>していやしを行わせ，
12: 1 ヘロデ王は…その手を<伸ば>し，
Ⅱコリ 10:14 無理に手を<伸ば>しているのではあ

▼ノバフ
1. 地名．
(1)ヨルダンの東側の町．民数32:42．
(2)ギルアデの町．士師8:11．
2. 人名．1.(1)を攻め取った人．民数32:42．

▼のはら（野原）
Ⅰサム 19: 3 私はあなたのいる<野原>に出て行っ
30:11 ひとりのエジプト人を<野原>で見つ
Ⅰ列 11:29 彼らふたりだけが<野原>にいた．
詩 144:13 羊の群れは…<野原>で，幾千幾万と
箴言 8:26 神がまだ地も<野原>も，この世の最
エゼ 16: 5 あなたはきらわれて，<野原>に捨て
7 あなたを<野原>の新芽のように育て
29: 5 あなたは<野原>に倒れ，集められず，
ミカ 1: 6 サマリヤを<野原>の廃墟とし，ぶど
マコ 11: 8 木の葉を枝ごと<野原>から切って来
ルカ 15: 4 99匹を<野原>に残して，いなくなっ

▼のばら（野ばら）
ルカ 6:44 <野ばら>からぶどうを集めることは

▼のひつじ（野羊）
申命 14: 5 鹿，かもしか，のろじか…<野羊>．

▼のびる（伸びる）
士師 16:22 サムソンの頭の毛は…<伸び>始めた．
Ⅱサム 10: 5 ひげが<伸びる>まで，エリコにとど
Ⅱ列 20:10 影が10度<伸びる>のは容易なことで
詩 129: 6 <伸び>ないうちに枯れる屋根の草の
イザ 16: 8 そのつるは<伸び>て海を越えた．
エレ 12: 2 彼らは根を張り，<伸び>て，実を結
エゼ 16: 7 乳房はふくらみ，髪も<伸び>た．し
31: 5 小枝は茂り，その大枝は<伸び>た．
7 枝も<伸び>て美しかった．その根を
ホセ 14: 6 その若枝は<伸び>，その美しさはオ
マタ 13: 7 いばらが<伸び>て，ふさいでしまっ
ルカ 13:13 女はたちどころに腰が<伸び>て，神

▼ノフ〔地名〕
エジプトの町．イザ19:13，エレ2:16，44:1，46:14，19，エゼ30:13，16．

▼ノブ〔地名〕
ベニヤミンの町．Ⅰサム21:1，22:9，11，19，ネヘ11:32，イザ10:32．

▼ノファフ〔地名〕
モアブの町．民数21:30．

▼のべつたえる（宣べ伝える）
イザ 43:21 わたしの栄誉を<宣べ伝え>よう．
60: 6 主の奇しいみわざを<宣べ伝える>．
マタ 4:23 イエスは…御国の福音を<宣べ伝え>，民の中のあらゆる病気．9:35．
10: 7 御国が近づいた』と<宣べ伝え>なさ
11: 1 町々で教えたり<宣べ伝え>たりする
24:14 福音は全世界に<宣べ伝え>られて，
26:13 この福音が<宣べ伝え>られる所なら，
マコ 1: 4 ヨハネ…バプテスマを<宣べ伝え>た．
7 彼は<宣べ伝え>て言った．「私より
13:10 あらゆる民族に<宣べ伝え>られなけ
16:15 全世界に出て行き…<宣べ伝え>なさ
20 至る所で福音を<宣べ伝え>た．主は
ルカ 4:43 神の国の福音を<宣べ伝え>なければ
8: 1 その福音を<宣べ伝え>ながら，町や
9: 2 神の国を<宣べ伝え>，病気を直すた
6 12人は…至る所で福音を<宣べ伝え>，
16:16 福音は<宣べ伝え>られ，だれもかれ
24:47 あらゆる国の人々に<宣べ伝え>られ
使徒 4: 2 死者の復活を<宣べ伝え>ているのに，
5:42 キリストであることを<宣べ伝え>続
8:25 サマリヤ人の…村でも…<宣べ伝え>
35 ピリポは…彼に<宣べ伝え>た．5．
9:20 イエスは神の子であると<宣べ伝え>
10:36 平和を<宣べ伝え>，イスラエルの子
37 ヨハネが<宣べ伝え>たバプテスマの
42 人々に<宣べ伝え>，そのあかしをす
11:20 主イエスのことを<宣べ伝え>た．
15:35 主のみことばを教え，<宣べ伝え>た．
16:17 救いの道を…<宣べ伝え>ている人た
17:18 イエスと復活とを<宣べ伝え>たから
19:13 パウロの<宣べ伝え>ているイエスに
20:25 御国を<宣べ伝え>てあなたがたの中
26:23 異邦人とに最初に光を<宣べ伝える>，
28:31 大胆に…神の国を<宣べ伝え>，主イ
ロマ 10: 8 私たちの<宣べ伝え>ている信仰のこ

14 <宣べ伝える>人がなくて，どうして
15 どうして<宣べ伝える>ことができる
15:20 福音を<宣べ伝える>ことを切に求め
Ⅰコリ 1:17 福音を<宣べ伝え>させるためです．
23 キリストを<宣べ伝える>のです．ユ
2: 1 神のあかしを<宣べ伝える>ことはし
9:27 ほかの人に<宣べ伝え>ておきながら，
15: 1 私があなたがたに<宣べ伝え>たもの
2 私の<宣べ伝え>たこの福音のことば
12 復活された，と<宣べ伝え>られてい
Ⅱコリ 1:19 あなたがたに<宣べ伝え>た神の子キ
4: 5 私たちは自分自身を<宣べ伝える>の
ではなく…イエスを<宣べ伝え>ます．
10:16 向こうの地域にまで…<宣べ伝える>
11: 4 私たちの<宣べ伝え>なかった別のイ
エスを<宣べ伝え>たり，あるいはあ
7 <宣べ伝え>たことが…罪だったので
ガラ 1: 8 私たちが<宣べ伝え>た福音に反する
ことを…<宣べ伝える>なら，その者
11 私が<宣べ伝え>た福音は，人間によ
16 異邦人の間に御子を<宣べ伝え>させ
23 滅ぼそうとした信仰を…<宣べ伝え>
5:11 今でも割礼を<宣べ伝え>ているなら，
エペ 3: 8 測りがたい富を異邦人に<宣べ伝え>，
ピリ 1:15 キリストを<宣べ伝える>者もいます
18 キリストが<宣べ伝え>られているの
コロ 1:23 造られたものに<宣べ伝え>られてい
28 このキリストを<宣べ伝え>，知恵を
Ⅰテサ 2: 9 昼も夜も働きながら…<宣べ伝え>ま
Ⅰテモ 3:16 諸国民の間に<宣べ伝え>られ，世界
Ⅱテモ 4: 2 みことばを<宣べ伝え>なさい．時が
Ⅰペテ 1:25 あなたがたに<宣べ伝え>られた福音
2: 9 あなたがたが<宣べ伝える>ためなの
Ⅱペテ 2: 5 義を<宣べ伝え>たノアたち８人の者
黙示 14: 6 民族に<宣べ伝える>ために，永遠の

▼のべる（伸べる）

申命 4:34 力強い御手と，<伸べ>られた腕と，
Ⅱサム 22:17 いと高き所から御手を<伸べ>て私を
24:16 御使いが，エルサレムに手を<伸べ>
イザ 11: 8 子はまむしの子に手を<伸べる>．

▼のべる（述べる）

ヨシ 20: 4 長老たちに…わけを<述べ>なさい．
Ⅰ列 22:13 王に対し良いことを<述べ>ています．
14 主が私に告げられることを，そのま
ま<述べ>よう．Ⅱ歴18:13.
ヨブ 13:17 私の<述べる>ことをあなたがたの耳
32: 6 遠慮し…私の意見を<述べ>なかった．
10 私も，また私の意見を<述べ>よう．」
詩篇 73:15 このままを<述べ>よう」と言ったな
145: 6 あなたの偉大さを<述べる>でしょう．
ヘブ 8: 1 以上<述べ>たことの要点はこうです．

▼のべる（宣べる）【別項】宣べ伝える

マタ 3: 1 ヨハネが…荒野で教えを<宣べ>て，
使徒 8: 4 みことばを<宣べ>ながら，巡り歩い
9:27 ダマスコで…御名を大胆に<宣べ>た
13: 5 諸会堂で神のことばを<宣べ>始めた．
38 罪の赦しが<宣べ>られているのはこ
16:10 神が…彼らに福音を<宣べ>させるの
ガラ 2: 2 異邦人の間で私の<宣べ>ている福音
エペ 2:17 あなたがたに平和を<宣べ>，近くに
いた人たちにも平和を<宣べ>られま

▼のぼりくだり（上り下り）

創世 28:12 神の使い…はしごを<上り下り>して
ヨハ 1:51 人の子の上を<上り下り>するのを，

▼のぼる（上る）

創世 13: 1 アブラムは…ネゲブに<上>った．彼
49: 4 あなたは父の床に<上>り…汚したの
50: 5 私に父を葬りに<上>って行かせてく
24 誓われた地へ<上>らせてくださいま
出エ 3:17 乳と蜜の流れる地へ<上>らせると言
19: 3 モーセは神のみもとに<上>って行っ
32:30 私は主のところに<上>って行く．た
40:36 雲が幕屋から<上>ったときに旅立っ
た．37，民数9:17，10:11.
民数 14:42 <上>って行ってはならない．主はあ
24:17 ヤコブから一つの星が<上>り，イス
申命 30:12 だれが，私たちのために天に<上>り，
ヨシ 7: 2 <上>って行って，あの地を偵察して
士師 13:20 炎が…天に向かって<上>ったとき…
主の使いは…炎の中を<上>って行っ
士師 20:40 町全体から煙が天に<上>っていた．
Ⅰサム 1: 3 毎年シロに<上>って…主を礼拝し，
5:12 町の叫び声は天にまで<上>った．
6:20 だれのところへ<上>って行かれるの
10: 3 神のもとに<上>って行く３人の人に
14:10 『おれたちのところに<上>って来い』
28:13 こうごうしい方が地から<上>って来
14 年老いた方が<上>って来られます．
Ⅰ列 12:28 もう，エルサレムに<上る>必要はな
18:44 人の手のひらほどの小さな雲が海か

ら<上>っています…<上>って行って,
Ⅱ列 1: 4 <上>ったその寝台から降りることは
2:11 エリヤは…天へ<上>って行った.
23 エリシャは…ベテルへ<上>って行った…<上>って来い, はげ頭. <上>っ
19:14 主の宮に<上>って行って, それを主
Ⅰ歴 11: 6 ヨアブが真っ先に<上>って行ったの
Ⅱ歴 36:23 その者は<上>って行くようにせよ.』
エズ 2: 1 捕囚の身から解かれて<上>り, エル
7: 6 エズラはバビロンから<上>って来た
13 エルサレムに<上>って行きたい者は,
ネヘ 4: 3 1匹の狐が<上>っても, その石垣を
ヨブ 20: 6 たとい彼の高ぶりが天まで<上>り,
詩篇 19: 6 その<上る>のは, 天の果てから, 行
47: 5 主は角笛の音の中を, <上>って行か
68:18 いと高き所に<上>り. エペ4:8.
139: 8 たとい, 私が天に<上>っても, そこ
箴言 30: 4 だれが天に<上>り, また降りて来た
伝道 3:21 人の子らの霊は上に<上>り, 獣の霊
雅歌 8: 5 荒野から<上>って来るひとはだれで
イザ 14:13 私は天に<上>ろう. 神の星々のはる
15: 2 高き所に, 泣くために<上る>. ネボ
37:14 ヒゼキヤは…主の宮に<上>って行っ
24 レバノンの奥深く<上>って行った.
63:11 彼らを海から<上>らせた方は, どこ
エレ 4:13 それは雲のように<上>って来る. そ
47: 2 北から水が<上>って来て, あふれる
48: 5 ルヒテの坂を…嘆きが<上る>. 敵は
49:19 水の絶えず流れる牧場に<上>って来
51:53 たといバビロンが天に<上>っても,
エゼ 11:24 幻は, 私から去って<上>って行った.
ホセ 1:11 かしらを立てて, 国々から<上>って
2:15 彼女がエジプトの国から<上>って来
ヨエ 3: 9 戦士たちを集めて<上>らせよ.
オバ 4 あなたが鷲のように高く<上>っても,
ヨナ 1: 2 彼らの悪がわたしの前に<上>って来
ミカ 2:13 彼らの先頭に立って<上>って行き,
4: 2 主の山, ヤコブの神の家に<上>ろう.
ナホ 2: 1 あなたを攻めに<上>って来る. 塁を
ゼカ 14:17 礼拝しにエルサレムへ<上>って来な
18 仮庵の祭りを祝いに<上>って. 19.
マタ 5:45 悪い人…良い人にも太陽を<上>らせ,
13: 6 日が<上る>と, 焼けて, 根がないた
20:17 イエスは, エルサレムに<上>ろうとして. マコ10:32, ルカ19:28, ヨハ2:13, 5:1.
ルカ 2: 4 ヨセフも…ダビデの町へ<上>って行
18:10 ふたりの人…祈るために宮に<上>っ
ヨハ 3:13 だれも天に<上>った者はいません.
7: 8 あなたがたは祭りに<上>って行きな
10 兄弟たちが祭りに<上>ったとき, イエスご自身も…内密に<上>って行か
14 イエスは宮に<上>って教え始められ
12:20 礼拝のために<上>って来た人々の中
20:17 わたしはまだ父のもとに<上>っていないからです…神のもとに<上る>』
使徒 1:10 イエスが<上>って行かれるとき. 11.
2:34 ダビデは天に<上>ったわけではあり
3: 1 3時の祈りの時間に宮に<上>って行
15: 2 話し合うため…エルサレムに<上る>
21: 4 エルサレムに<上>らぬよう. 12.
ロマ 10: 6 だれが天に<上る>だろうか, と言っ
ガラ 1:17 エルサレムにも<上>らず, アラビヤ
18 ケパをたずねてエルサレムに<上>り,
2: 2 それは啓示によって<上>ったのです.
エペ 4: 9 この「<上>られた」ということばは,
10 もろもろの天よりも高く<上>られた
Ⅰペテ 3:22 キリストは天に<上>り, 御使いたち,
黙示 4: 1 ここに<上>れ. この後. 11:12.

▼のぼる (登る)

出エ 17:10 モーセと…は丘の頂に<登>った.
34: 2 朝シナイ山に<登>って, その山の頂
民数 14:44 彼らはかまわずに…<登>って行った.
20:27 彼らはホル山に<登>って行った.
申命 3:27 ピスガの頂に<登>って, 目を上げて
5: 5 火を恐れて, 山に<登>らなかったか
Ⅱサム 15:30 ダビデはオリーブ山の坂を<登>った…泣きながら<登>り…はだしで<登>
詩篇 24: 3 だれが, 主の山に<登>りえようか.
雅歌 7: 8 なつめやしの木に<登>り, その枝を
ハガ 1: 8 山に<登>り, 木を運んで来て, 宮を
マタ 5: 1 イエスは山に<登>り, おすわりにな
15:29 イエスは…山に<登>って, そこにす
マコ 3:13 イエスは山に<登>り, ご自身のお望
ルカ 9:28 ヤコブとを連れて…山に<登>られた.
ヨハ 6: 3 イエスは山に<登>り, 弟子たちとと

▼のまれる

イザ 1:20 あなたがたは剣に<のまれる>」と,
Ⅰコリ 15:54 死は勝利に<のまれ>た」としるされ
Ⅱコリ 5: 4 死ぬべきものがいのちに<のまれ>て

▼のみ（蚤）
Ｉサム24:14　１匹の<蚤>を追っておられるのにす
▼のみくい（飲み食い）
創世24:54　その従者たちとは<飲み食い>して，
出エ24:11　彼らは神を見，しかも<飲み食い>を
32: 6　民はすわっては，<飲み食い>し，立っては，戯れた．Ｉコリ10:7.
士師 9:27　<飲み食い>し，アビメレクをののし
ルツ 3: 7　ボアズは<飲み食い>して，気持ちが
Ｉサム30:16　彼らは…<飲み食い>し，お祭り騒ぎ
Ｉ歴12:39　ダビデとともに…<飲み食い>した．
ヨブ 1: 4　彼らといっしょに<飲み食い>するの
ルカ10: 7　出してくれる物を<飲み食い>しなさ
使徒 9: 9　目が見えず，また<飲み食い>もしな
23:12　殺してしまうまでは<飲み食い>しな
ロマ14:17　神の国は<飲み食い>のことではなく，
Ｉコリ 9: 4　私たちには<飲み食い>する権利がな
11:29　みからだをわきまえないで，<飲み食い>するならば，その<飲み食い>
15:32　あすは死ぬのだ…<飲み食い>しよう
▼のみこむ（飲み込む）
創世41: 7　豊かな七つの穂を<のみこ>んでしま
出エ 7:12　アロンの杖は…杖を<のみこ>んだ．
15:12　地は彼らを<のみこ>んだ．
民数16:30　ことごとく<のみこ>み，彼らが生き
32　すべての持ち物とを<のみこ>んだ．
申命11: 6　すべての生き物を<のみこ>んだ．
ヨブ20:15　彼は富を<のみこ>んでも…吐き出す．
詩篇35:25　われわれは彼を，<のみこ>んだ」と．
69:15　深い淵は私を<のみこ>まず，穴がそ
124: 3　彼らは私たちを生きたまま<のみこ>
箴言 1:12　彼らを生きたままで，<のみこ>み，
19:28　悪者の口は，わざわいを<のみこむ>．
エレ51:34　竜のように私を<のみこ>み，私のお
44　<のみこ>んだ物を吐き出させる．国
ホセ 8: 8　イスラエルは<のみこ>まれた．今，
ヨナ 1:17　魚を備えて，ヨナを<のみこ>ませた．
マタ23:24　ぶよは…除くが，らくだは<飲み込>
ヘブ11:29　エジプト人は…<のみこ>まれてしま
▼のみもの（飲み物）
Ｉ列10:21　ソロモン王が<飲み物>に用いる器は
エズ 3: 7　ツロの人々には…<飲み物>や油を与
詩 102: 9　私の<飲み物>に涙を混ぜ合わせたか
イザ32: 6　渇いている者に<飲み物>を飲ませな
ダニ 1:10　食べ物と<飲み物>とを定めた王さま
ホセ 2: 5　羊毛と麻，油と<飲み物>を与えてく
ヨハ 6:55　わたしの血はまことの<飲み物>だか
Ｉコリ10: 4　みな同じ御霊の<飲み物>を飲みまし
コロ 2:16　食べ物と<飲み物>について…祭りや
ヘブ 9:10　食物と<飲み物>と種々の洗いに関す
▼のむ（飲む）
創世 9:21　ノアはぶどう酒を<飲>んで酔い，天
19:32　お父さんに酒を<飲>ませ…子孫を残
21:19　水を満たし，少年に<飲>ませた．
24:46　お<飲>みください．あなたのらくだにも水を<飲>ませましょう』と言わ
29:10　ラバンの羊の群れに水を<飲>ませた．
30:38　群れが水を<飲>みに来る水ため，す
43:34　彼らはヨセフとともに酒を<飲>み，
44: 5　私の主人が，これで<飲>み，また，
出エ 7:18　ナイルの水をもう<飲む>ことを忌み
15:23　マラの水は苦くて<飲む>ことができ
17: 1　そこには民の<飲む>水がなかった．
32:20　粉々に砕き…イスラエル人に<飲>ま
34:28　40日40夜…水も<飲>まなかった．そ
レビ10: 9　ぶどう酒や強い酒を<飲>んではなら
民数 5:24　苦い水をその女に<飲>ませると，の
6: 3　ぶどう汁をいっさい<飲>んではなら
20　ナジル人はぶどう酒を<飲む>ことが
20: 8　水を…会衆とその家畜に<飲>ませよ．
17　井戸の水も<飲>みません．私たちは
23:24　殺したものの血を<飲む>までは休ま
申命 2: 6　水も…金で買って<飲>まなければな
29: 6　ぶどう酒も強い酒も<飲>まなかった．
32:14　ぶどうの血をあなたは<飲>んでいた．
士師 4:19　水を少し<飲>ませてください．のど
7: 5　ひざをついて<飲む>者も残らずそう
13: 4　ぶどう酒や強い酒を<飲>んではなら
15:19　サムソンは水を<飲>んで元気を回復
ルツ 2: 9　若者たちの汲んだのを<飲>みなさい．
Ｉサム 1:15　ぶどう酒も，お酒も<飲>んではおり
30:12　３日３晩…水も<飲>んでいなかった
Ⅱサム12: 3　同じ杯から<飲>み，彼のふところで
16: 2　ぶどう酒は荒野で疲れた者が<飲む>
19:35　食べる物も<飲む>物も味わうことが
23:16　ダビデは，それを<飲>もうとはせず，
17　私がこれを<飲む>など，絶対にでき
Ｉ列13: 8　この所ではパンを…水も<飲>みませ
19　彼の家でパンを食べ，水を<飲>んだ．
17: 6　彼はその川から水を<飲>んだ．

19: 6 彼は…<飲>んで，また横になった．
II列 3:17 家畜も，獣もこれを<飲む>.』
18:31 自分の井戸の水を<飲>めるのだ．
19:24 井戸を掘って，他国の水を<飲>み，
エズ 10: 6 エズラは…水も<飲>まずにそこで夜
ネヘ 8:10 肉を食べ，甘いぶどう酒を<飲>みな
ヨブ 6: 4 私のたましいがその毒を<飲>み，神
15:16 不正を水のように<飲む>人間は，な
ヨブ 21:20 全能者の憤りを<の>まなければなら
22: 7 疲れている者に水も<飲>ませず，飢
34: 7 彼はあざけりを水のように<の>み，
詩篇 36: 8 豊かさを心ゆくまで<飲む>でしょう．
50:13 肉を食べ，雄やぎの血を<飲む>だろ
60: 3 よろめかす酒を…<飲>ませられまし
69:21 私が渇いたときには酢を<飲>ませま
78:15 深い水からのように豊かに<飲>ませ
44 その流れを<飲む>ことができなかっ
80: 5 あふれる涙を<飲>ませられました．
104:11 野のすべての獣に<飲>ませられます．
110: 7 道のほとりの流れから水を<飲>まれ
箴言 4:17 パンを食べ，暴虐の酒を<飲む>から
5:15 あなたの水ためから，水を<飲>め．
9: 5 混ぜ合わせたぶどう酒を<飲>み，
25:21 渇いているなら，水を<飲>ませよ．
31: 4 酒を<飲む>ことは王のすることでは
5 酒を<飲>んで勅令を忘れ，すべて悩
7 それを<飲>んで自分の貧しさを忘れ，
伝道 8:15 日の下では，食べて，<飲>んで，楽
雅歌 5: 1 <飲>め．愛する人…大いに<飲>め．
イザ 5:22 酒を<飲む>ことでの勇士，強い酒を
22:13 <飲>めよ．食らえよ．どうせ，あす
24: 9 歌いながらぶどう酒を<飲む>ことも
なく，強い酒を<飲>んでも，それは
29: 8 渇いている者が，夢の中で<飲>み，
43:20 わたしの選んだ者に<飲>ませるから
44:12 水を<飲>まないと疲れてしまう．
51:17 主の手から，憤りの杯を<飲>み，よ
ろめかす大杯を<飲>み干した．
22 憤りの大杯をもう二度と<飲む>こと
56:12 強い酒を浴びるほど<飲>もう．あす
62: 8 外国人に決して<飲>ませない．
9 わたしの聖所の庭で，それを<飲む>．
65:13 見よ．わたしのしもべたちは<飲む>．
66:12 乳を<飲>み，わきに抱かれ，ひざの
エレ 2:18 ナイル川の水を<飲>みにエジプトの
道に…ユーフラテス川の水を<飲>み
8:14 主が私たちに毒の水を<飲>ませられ
16: 7 父や母を慰める杯を彼らに<飲>ませ
25:15 すべての国々に，これを<飲>ませよ．
16 彼らは<飲>んで，ふらつき，狂った
26 地上のすべての王国に<飲>ませ，彼
らのあとでバビロンの王が<飲む>．
28 その杯を取って<飲>もうとしなけれ
35: 2 連れて来て，彼らに酒を<飲>ませよ．
6 私たちはぶどう酒を<飲>みません．
14 酒を<飲む>なと子らに命じた命令は
49:12 あの杯を<飲む>ように定められてい
ない者も，それを<飲>まなければな
51: 7 国々はそのぶどう酒を<飲>んで，酔
哀歌 5: 4 自分たちの水を，金を払って<飲>み，
エゼ 4:11 水も…量って…1日1回<飲>め．
12:18 こわごわあなたの水を<飲>め．
19 水をおびえながら<飲む>ようになる．
23:32 深くて大きい杯を<飲>み，物笑いと
25: 4 産物を食べ，あなたの乳を<飲む>よ
34:18 澄んだ水を<飲>んで，その残りを足
19 足が濁した水を<飲>んでいる．
39:17 その肉を食べ，その血を<飲>め．
44:21 ぶどう酒を<飲>んではならない．
ダニ 1:12 10日間…水を与えて<飲>ませてくだ
5: 1 ぶどう酒を<飲>んでいた．2，3，4．
ヨエ 3: 3 酒のために少女を売って<飲>んだ．
アモ 2: 8 ぶどう酒を彼らの神の宮で<飲>んで
12 ナジル人に酒を<飲>ませ，預言者に
4: 1 何か持って来て，<飲>ませよ」と言
8 水を<飲む>ために一つの町によろめ
5:11 ぶどう畑を作っても，その酒を<飲>
めない．ゼパ1:13．
6: 6 鉢から酒を<飲>み，最上の香油を身
9:14 ぶどう酒を<飲>み，果樹園を作って，
オバ 16 聖なる山で<飲>んだように，すべて
の国々も<飲>み続け，<飲>んだり，
ヨナ 3: 7 草をはんだり，水を<飲>んだりして
ハバ 2:15 自分の友に<飲>ませ，毒を混ぜて酔
16 あなたも<飲>んで，陽の皮を見せよ．
ハガ 1: 6 <飲>んだが酔えず，着物を着たが暖
ゼカ 7: 6 食べるのも<飲む>のも，自分たちの
9:15 彼らの血をぶどう酒のように<飲>み，
マタ 6:25 何を<飲>もうかと心配したり，また，
10:42 この小さい者たちのひとりに，水

1杯でも<飲>ませるなら．マコ9:41.
11:18 ヨハネが…食べも<飲>みもしないと，
19 人の子が…食べたり<飲>んだりして
20:22 わたしが<飲>もうとしている杯を<
飲む>ことができますか…できます.
24:38 人々は，<飲>んだり，食べたり，め
49 酒飲みたちと<飲>んだり食べたりし
25:35 渇いていたとき，わたしに<飲>ませ，
26:27 この杯から<飲>みなさい.
29 父の御国で…新しく<飲む>その日ま
では…もはや…<飲む>ことはありま
せん．マコ14:25，ルカ22:18.
42 <飲>まずには済まされぬ杯でしたら，
27:34 彼らはイエスに…<飲>ませようとし
た．イエスは…<飲>もうとはされな
かった．マコ15:23.
マコ 10:38 わたしの<飲>もうとする杯を<飲>み，
14:23 彼らはみなその杯から<飲>んだ.
16:18 たとい毒を<飲>んでも決して害を受
ルカ 1:15 彼は，ぶどう酒も強い酒も<飲>まず，
5:33 弟子たちは食べたり<飲>んだりして
39 古いぶどう酒を<飲>んでから，新し
ルカ 7:33 ヨハネが…ぶどう酒も<飲>まずにい
12:19 たましいよ…食べて，<飲>んで，楽
29 何を<飲>んだらよいか，と捜し求め
13:15 牛やろばを…水を<飲>ませに連れて
17:28 人々は食べたり，<飲>んだり，売っ
23:29 <飲>ませたことのない乳房は，幸い
ヨハ 4: 7 「わたしに水を<飲>ませてください」
12 家畜も，この井戸から<飲>んだので
13 この水を<飲む>者はだれでも…渇き
14 わたしが与える水を<飲む>者はだれ
6:54 わたしの血を<飲む>者は，永遠のい
のちを持っています．わた．53，56.
7:37 わたしのもとに来て<飲>みなさい.
18:11 杯を，どうして<飲>まずにいられよ
ロマ 12:20 敵が…渇いたなら，<飲>ませなさい.
14:21 ぶどう酒を<飲>まず…兄弟のつまず
Ⅰコリ 10: 4 同じ御霊の飲み物を<飲>みました.
21 主の杯を<飲>んだうえ，さらに悪霊
の杯を<飲む>ことは，できないこと
31 食べるにも，<飲む>にも…神の栄光
11:25 これを<飲む>たびに，わたしを覚え
27 ふさわしくないまま…杯を<飲む>者
12:13 すべての者が一つの御霊を<飲む>者

Ⅰテモ 5:23 これからは水ばかり<飲>まないで，
ヘブ 5:13 乳ばかり<飲>んでいるような者はみ
黙示 14: 8 すべての国々の民に<飲>ませた者.」
16: 6 あなたは，その血を彼らに<飲>ませ

▼のやぎ（野やぎ）

申命 14: 5 のろじか，<野やぎ>，くじか，おお
イザ 13:21 <野やぎ>がそこにとびはねる.
34:14 <野やぎ>はその友を呼ぶ．そこには

▼のりこえる（乗り越える）

詩篇 66:12 私たちの頭の上を<乗り越え>させら
イザ 51:23 われわれは<乗り越え>て行こう…彼
らが<乗り越え>て行くのにまかせた
ヨハ 10: 1 ほかの所を<乗り越え>て来る者は，

▼のりて（乗り手）

出エ 15: 1 馬と<乗り手>とを海の中に投げ込ま
ヨブ 39:18 馬とその<乗り手>をあざ笑う.
ゼカ 12: 4 その<乗り手>を打って狂わせる．し

▼のる（乗る）【別項】乗り越える

創世 24:61 らくだに<乗>って，その人のあとに
49:17 <乗る>者はうしろに落ちる.
レビ 15: 9 漏出を病む者が<乗>った鞍は…汚れ
民数 22:22 バラムはろばに<乗>っており，ふた
申命 33:26 神はあなたを助けるため天に<乗>り，
威光のうちに雲に<乗>られる.
士師 5:10 黄かっ色のろばに<乗る>者，さばき
10: 4 30人の息子が…30頭のろばに<乗>り，
Ⅰサム 25:20 彼女がろばに<乗>って山陰を下って
30:17 らくだに<乗>って逃げた400人の若
Ⅱサム 13:29 王の息子たちは…騾馬に<乗>って逃
22:11 主は，ケルブに<乗>って飛び，風の
Ⅰ列 18:45 アハブは車に<乗>ってイズレエルへ
エス 6: 8 王の<乗>られた馬を，その頭に王冠
詩篇 18:10 主は，ケルブに<乗>って飛び，風の
翼に<乗>って飛びかけられた.
45: 4 威光は…勝利のうちに<乗>り進め.
68: 4 雲に<乗>って来られる方のために道
33 いと高き天に<乗>っておられる方に
104: 3 風の翼に<乗>って歩かれます.
雅歌 3: 7 あれはソロモンの<乗る>みこし．そ
イザ 19: 1 主は速い雲に<乗>ってエジプトに来
21: 7 ろばに<乗>った者や，らくだに<乗>
った者を見たなら，よくよく注意を
エレ 50:42 バビロンの娘よ．彼らは馬に<乗>り，
ダニ 7:13 人の子のような方が天の雲に<乗>っ
ホセ 14: 3 私たちはもう，馬にも<乗>らず，自

ヨナ 1: 3 船賃を払ってそれに<乗>り，主の御
ハバ 3: 8 あなたは，馬に<乗>り，あなたの救
いの戦車に<乗>って来られます．
ハガ 2:22 戦車と，それに<乗る>者をくつがえ
ゼカ 1: 8 ひとりの人が赤い馬に<乗>っていた．
9: 9 この方は…柔和で，ろばに<乗>られ
る．マタ21:5，ヨハ12:15．
マタ 8:23 イエスが舟にお<乗>りになると，弟
子たちも従った．マコ4:36．
14:22 イエスは弟子たちを強いて舟に<乗>
り込ませて…向こう岸．マコ6:45．
32 ふたりが舟に<乗>り移ると，風がや
んだ．マコ6:51．
15:39 イエスは…舟に<乗>り，マガダン地
26:64 天の雲に<乗>って来るのを，あなた
マコ 5:13 汚れた霊どもは…豚に<乗>り移った．
8:10 弟子たちと…舟に<乗>り，ダルマヌ
11: 2 だれも<乗>ったことのない，ろばの
7 ろばの子…イエスはそれに<乗>られ
た．ヨハ12:14．
14:62 人の子が…天の雲に<乗>って来るの
ルカ 5: 3 イエスは…シモンの持ち舟に<乗>り，
8:37 イエスは舟に<乗>って帰られた．
ヨハ 6:24 群衆は…その小舟に<乗>り込んで，
使徒 8:28 彼は馬車に<乗>って，預言者イザヤ
21: 2 フェニキヤ行きの船…に<乗>って出
27: 6 百人隊長は私たちをそれに<乗>り込
41 潮流の流れ合う浅瀬に<乗>り上げて，
黙示 1: 7 見よ，彼が，雲に<乗>って来られる．
6: 2 それに<乗>っている者は弓を持って
17: 3 ひとりの女が緋色の獣に<乗>ってい
19:18 勇者の肉，馬とそれに<乗る>者の肉，
21 馬に<乗>った方の口から出る剣によ

▼のろい

創世 27:12 <のろい>をこの身に招くことになる
民数 5:18 <のろい>をもたらす苦い水がなけれ
ばならない．19，22，24，27．
21 祭司はその女に<のろい>の誓いを誓
23 祭司はこの<のろい>を書き物に書き，
申命 11:26 きょう…祝福と<のろい>を置く．28．
29 エバル山には<のろい>を．27:13．
23: 5 主は…<のろい>を祝福に変えられた．
28:15 次のすべての<のろい>が…臨み．45．
29:20 しるされたすべての<のろい>の誓い
30: 7 これらすべての<のろい>を下される．
ヨシ 8:34 祝福と<のろい>についての律法のこ
士師 9:57 ヨタムの<のろい>が彼らに実現した．
IIサム 16: 5 <のろい>のことばを吐きながら出て
II歴 34:24 わたしは…すべての<のろい>をもた
ネヘ 10:29 <のろい>と誓いとに加わった．
13: 2 神はその<のろい>を祝福に変えられ
詩篇 10: 7 彼の口は，<のろい>と欺きとしいた
109:18 衣のように<のろい>を身にまといま
箴言 3:33 悪者の家には，主の<のろい>がある．
26: 2 いわれのない<のろい>はやって来な
27:14 かえって<のろい>とみなされる．
28:27 目をそむける者は多くの<のろい>を
29:24 彼は<のろい>を聞いても何も言わな
イザ 24: 6 <のろい>は地を食い尽くし，その地
65:15 わたしの選んだ者たちの<のろい>と
エレ 24: 9 そしり，物笑いの種…<のろい>とす
29:18 <のろい>とし，恐怖とし，あざけり
42:18 <のろい>と…そしりになり．44:12．
ダニ 9:11 <のろい>と誓いが，私たちの上にふ
ホセ 4: 2 <のろい>と，欺きと，人殺しと，盗
ゼカ 5: 3 全地の面に出て行く<のろい>だ．盗
8:13 諸国の民の間で<のろい>となったが，
マラ 2: 2 あなたがたの中に<のろい>を送り…
祝福を<のろい>に変える．もう，そ
れを<のろい>に変えている．あなた
3: 9 あなたがたは<のろい>を受けている．
4: 6 <のろい>でこの地を打ち滅ぼさない
ロマ 3:14 彼らの口は，<のろい>と苦さで満ち
ガラ 3:13 律法の<のろい>から贖い出して．10．
ヘブ 6: 8 やがて<のろい>を受け，ついには焼
ヤコ 3:10 賛美と<のろい>が同じ口から出て来
IIペテ 2:14 彼らは<のろい>の子です．

▼のろう

創世 3:14 あらゆる野の獣よりも<のろ>われる．
4:11 あなたはその土地に<のろ>われてい
5:29 主がこの地を<のろ>われたゆえに，
8:21 再び…この地を<のろう>ことはすま
9:25 <のろ>われよ．カナン．兄弟たちの
12: 3 あなたを<のろう>者をわたしは<の
ろう>．27:29，民数24:9．
49: 7 <のろ>われよ．彼らの激しい怒りと，
出エ 21:17 自分の父または母を<のろう>者は，
レビ20:9，箴言20:20．
22:28 神を<のろ>ってはならない…民の上
に立つ者を<のろ>ってはならない．

レビ 24:11 息子が，御名を冒瀆して<のろ>った
15 自分の神を<のろう>者はだれでも，
民数 22: 6 私のためにこの民を<のろ>ってもら
いたい．11，17，23:13.
12 またその民を<のろ>ってもいけない.
23: 7 来て，私のためにヤコブを<のろ>え.
8 神が<のろ>わない者を，私がどうし
て<のろ>えようか．主が滅びを宣言
11 敵を<のろ>ってもらうため．24:10.
27 そこから彼らを<のろう>ことができ
申命 21:23 木につるされた者は，神に<のろ>わ
れた者だからである．ガラ3:13.
23: 4 あなたを<のろう>ため…バラムを雇
ったから．ヨシ24:9，ネヘ13:2.
27:15 鋳像を…安置する者は<のろ>われる.
16 父や母を侮辱する者は<のろ>われる.
17 隣人の地境を移す者は<のろ>われる.
18 教える者は<のろ>われる.」民はみ
19 やもめの権利を侵す者は<のろ>われ
20 父の妻と寝る者は…<のろ>われる.」
21 どんな獣とも寝る者は<のろ>われる.
22 自分の姉妹と寝る者は<のろ>われる.
23 自分の妻の母と寝る者は<のろ>われ
24 隣人を打ち殺す者は<のろ>われる.」
25 罪のない者の血を流す者は<のろ>わ
26 これを実行しない者は<のろ>われる.
28:16 あなたは町にあっても<のろ>われ，
野にあっても<のろ>われる.
17 かごも，こね鉢も<のろ>われる.
18 群れのうちの雌羊も<のろ>われる.
19 あなたは，入るときも<のろ>われ，
出て行くときにも<のろ>われる.
ヨシ 6:26 企てる者は，主の前に<のろ>われよ.
9:23 今，あなたがたは<のろ>われ…奴隷
士師 5:23 メロズを<のろ>え，その住民を激し
く<のろ>え．彼らは主の手助けに来
17: 2 <のろ>って言われたことが，私の耳
21:18 ベニヤミンに妻を…<のろ>われる』
Ⅰサム 14:24 食物を食べる者は<のろ>われる…と
17:43 ペリシテ人は…ダビデを<のろ>った.
26:19 主の前で彼らが<のろ>われますよう
Ⅱサム 16: 7 シムイは<のろ>ってこう言った．9，
10，11，13，19:21.
Ⅰ列 2: 8 彼は…非常に激しく私を<のろ>った.
21:13 ナボテが神と王を<のろ>った，と言
Ⅱ列 2:24 主の名によって彼らを<のろ>った.
9:34 あの<のろ>われた女を見に行って，
ネヘ 13:25 私は彼らを詰問して<のろ>い，その
ヨブ 1: 5 心の中で神を<のろ>ったかもしれな
11 彼はきっと，あなたに向かって<の
ろう>に違いありません．2:5.
2: 9 神を<のろ>って死になさい.」
3: 1 ヨブは…生まれた日を<のろ>った.
8 日を<のろう>者…これを<のろう>よ
24:18 割り当ての地は国の中で<のろ>われ
31:30 <のろ>って彼のいのちを求めようと
詩篇 10: 3 貪欲な者は，主を<のろ>い…侮る.
37:22 主に<のろ>われた者は断ち切られる.
62: 4 口では祝福し，心の中では<のろう>.
109:17 彼はまた<のろう>ことを愛したので，
28 彼らは<のろ>いましょう．しかし，
119:21 <のろ>わるべき者をお叱りになりま
箴言 11:26 穀物を売り惜しむ者は…<のろ>われ
20:20 自分の父や母を<のろう>者，そのと
24:24 人々はののしり，民は<のろう>.
30:10 彼はあなたを<のろ>い，あなたは罰
11 自分の父を<のろ>い，自分の母を祝
伝道 7:21 しもべがあなたを<のろう>のを聞か
22 他人を何度も<のろ>ったことを知っ
10:20 王を<のろ>おうと…思ってはならな
い．寝室でも富む者を<のろ>っては
イザ 8:21 上を仰いでは…王と神を<のろう>.
65:20 死ぬ者は，<のろ>われた者とされる.
エレ 11: 3 ことばを聞かない者は，<のろ>われ
15:10 みな，私を<のろ>っている.
17: 5 心が主から離れる者は<のろ>われよ.
20:14 私の生まれた日は，<のろ>われよ.
15 彼を…喜ばせた人は，<のろ>われよ.
23:10 地は<のろ>われて喪に服し，荒野の
48:10 みわざをおろそかにする者は，<の
ろ>われよ…血を流さないようにす
る者は，<のろ>われよ.
ミカ 6:10 <のろ>われた枡目不足の枡があるで
ゼカ 1:12 あなたが<のろ>って，70年になりま
マラ 1: 4 主のとこしえに<のろう>民と呼ばれ
14 ずるい者は，<のろ>われる．わたし
マタ 25:41 <のろ>われた者ども．わたしから離
マコ 11:21 あなたの<のろ>われたいちじくの木
ルカ 6:28 あなたを<のろう>者を祝福しなさい.
ヨハ 7:49 この群衆は，<のろ>われている.」

ロマ 9: 3 <のろ>われた者となることさえ願い
12:14 祝福すべきで…<のろ>ってはいけま
Ⅰコリ12: 3 「イエスは<のろ>われよ」と言わず，
16:22 主を愛さない者は…<のろ>われよ．
ガラ 1: 8 その者は<のろ>われるべきです．
3:13 キリストは…<のろ>われたものとな
ヤコ 3: 9 神にかたどって造られた人を<のろ>
黙示22: 3 もはや，<のろ>われるものは何もな

▼のろし

士師20:38 町から<のろし>が上げられたら，
40 <のろし>が煙の柱となって町から上

▼のろば（野ろば）

ヨブ 6: 5 <野ろば>は若草の上で鳴くだろうか．
11:12 <野ろば>の子も，人として生まれる．
24: 5 見よ．荒野の<野ろば>を．彼らは，
39: 5 だれが<野ろば>を解き放ったのか．
詩 104:11 <野ろば>も渇きをいやします．
イザ32:14 <野ろば>の喜ぶ所，羊の群れの牧場
エレ 2:24 荒野に慣れた<野ろば>だ．欲情に息
14: 6 <野ろば>は裸の丘の上に立ち，ジャ
48: 6 荒野の中の<野ろば>のようになれ．
ダニ 5:21 <野ろば>とともに住み，牛のように
ホセ 8: 9 彼らは，ひとりぼっちの<野ろば>で，

は

▼は（刃）

士師 3:22 柄も<刃>も，共に入ってしまった．
詩篇89:43 あなたは彼の剣の<刃>を折り曲げ，
エレ21: 7 彼らを剣の<刃>で打ち…容赦せず，
ルカ21:24 人々は，剣の<刃>に倒れ，捕虜とな
ヘブ11:34 剣の<刃>をのがれ，弱い者なのに強

▼は（派）

使徒26: 5 私たちの宗教の最も厳格な<派>に従

▼は（葉），木の葉

創世 3: 7 いちじくの<葉>をつづり合わせて，
レビ26:36 <木の葉>の音にさえ…追い立てられ，
ヨブ13:25 吹き散らされた<木の葉>をおどし，
15:32 成し遂げられ，その<葉>は茂らない．
詩篇 1: 3 実がなり，その<葉>は枯れない．そ
イザ 1:30 <葉>のしぼんだ樫の木のように，水
9:14 なつめやしの<葉>も葦も，ただ一日
34: 4 ぶどうの木から<葉>が枯れ落ちるよ
64: 6 私たちはみな，<木の葉>のように枯
エレ 8:13 いちじくの木…<葉>はしおれている．
エレ17: 8 <葉>は茂って，日照りの年にも心配
エゼ47:12 <葉>も枯れず…<葉>は薬となる．
ダニ 4:12 <葉>は美しく，実も豊かで，それに
マタ21:19 <葉>のほかは何もない．マコ11:13．
24:32 <葉>が出て来ると，夏の近いことがわかります．マコ13:28．
マコ11: 8 <木の葉>を枝ごと…道に敷いた．
黙示22: 2 その<木の葉>は諸国の民をいやした．

▼は（歯）

創世49:12 その<歯>は乳によって白い．
出エ21:24 目には目．<歯>には<歯>．レビ24:20，申命19:21，マタ5:38．
27 男奴隷の<歯>１本…その<歯>の代償
ヨブ13:14 私は自分の肉を自分の<歯>にのせ，
19:20 私はただ<歯>の皮だけでのがれた．
29:17 その<歯>の間から獲物を引き抜いた．
41:14 その<歯>の回りは恐ろしい．
詩篇 3: 7 悪者の<歯>を打ち砕いてくださいま
57: 4 彼らの<歯>は，槍と矢，彼らの舌シ
58: 6 彼らの<歯>を…折ってください．主
箴言10:26 なまけ者は，<歯>に酢，目に煙のよ
25:19 悪い<歯>やよろける足を頼みとする
雅歌 4: 2 あなたの<歯>は…雌羊の群れのよう
エレ31:29 子どもの<歯>が浮く．エゼ18:2．
哀歌 3:16 私の<歯>を小石で砕き，灰の中に私
ヨエ 1: 6 その<歯>は雄獅子の<歯>，それには
アモ 4: 6 <歯>をきれいにしておき，あなたが
ゼカ 9: 7 <歯>の間から忌まわしいものを取り
黙示 9: 8 <歯>は，獅子の<歯>のようであった．

▼バアセヤ〔人名〕

レビ人．ゲルションの子孫．Ⅰ歴6:40．

▼バアナ〔人名〕

(1)ソロモンの守護の一人．Ⅰ列4:12．
(2)ソロモンの守護の一人．Ⅰ列4:16．
(3)捕囚帰還民ツァドクの父．ネへ3:4．
(4)30勇士ヘレブの父．Ⅱサム23:29，Ⅰ歴11:30．
(5)イシュ・ボシェテ暗殺者．Ⅱサム4:2，5，6，9．
(6)捕囚帰還民の一人．エズ2:2，ネへ7:7．

(7)ネヘミヤの盟約の調印者の一人．ネヘ10:27．

▼バアラ

1.地名．

(1)キルヤテ・エアリムと同地．ヨシ15:9，10，ⅡサムI6:2，Ⅰ歴13:6．

(2)ユダの最南端の町の一つ．ヨシ15:29．

2.人名．シャハライムの妻．Ⅰ歴8:8．

▼パアライ〔人名〕

ダビデの30勇士の一人．Ⅱサム23:35．

▼バアラさん（～山）

エクロンとヤブネエルの間の山．ヨシ15:11．

▼バアラテ〔地名〕

ダンの町．ヨシ19:44，Ⅰ列9:18，Ⅱ歴8:6．

▼バアラテ・ベエル〔地名〕

シメオンの町．ヨシ19:8．

▼バアリス〔人名〕

アモン人の王．エレ40:14．

▼バアル

1.地名．シメオンの町．Ⅰ歴4:33．

2.人名．

(1)ルベン族の長ベエラの父．Ⅰ歴5:5．

(2)サウル王の先祖エイエルの子．Ⅰ歴8:30，9:36．

3.偶像．

①性質：フェニキヤ人とカナン人の神—女神アシュタロテと対，士師10:6，Ⅰサム7:4；いけにえを焼く，エレ7:9；像に口づけする，Ⅰ列19:18；子どもを火で焼く，エレ19:5．

②歴史：モーセ時代のモアブ人の間で，民数22:41；士師時代，士師2:11-14，6:28-32；イゼベルがイスラエルに導入，Ⅰ列16:31；エリヤの勝利，Ⅰ列18:17-40；ユダへの導入，Ⅱ列11:18；イスラエルとユダでの復興，ホセ2:8；祭壇の設置，エレ11:13；ヨシヤによる一掃，Ⅱ列23:4-5；預言者の非難，エレ19:4-5．

Ⅰ列19:18 <バアル>にひざをかがめず，<バアル>に口づけしなかった．ロマ11:4．

▼バアル・ガド〔地名〕

ヘルモン山のふもとの地．ヨシ11:17，12:7．

▼バアル・シャリシャ〔地名〕

エフライムにある地．Ⅱ列4:42．

▼バアル・ゼブブ〔偶像〕

エクロンの神．Ⅱ列1:2，3，6，16．

▼バアル・タマル〔地名〕

ギブア付近の地．士師20:33．

▼バアル・ツェフォン〔地名〕

イスラエルが紅海を渡る前に，この地の手前で宿営した．出エ14:2，9，民数33:7．

▼バアル・ハツォル〔地名〕

ダビデの子アムノンが殺された地．Ⅱサム13:23．

▼バアル・ハナン〔人名〕

(1)エドムの王．創世36:38，39，Ⅰ歴1:49，50．

(2)ダビデの官僚の一人．ゲデル人．Ⅰ歴27:28．

▼バアル・ハモン〔地名〕

ソロモンのぶどう畑があった場所．雅歌8:11．

▼バアル・ペオル

1.地名．ベテ・ペオルと同地．申命4:3．

2.偶像．モアブ人の神の名．民数25:3．

▼バアル・ペラツィム〔地名〕

レファイムの谷付近の地．Ⅱサム5:20．

▼バアル・ベリテ〔偶像〕

エル・ベリテと同一．士師8:33，9:4．

▼バアル・ヘルモン〔地名〕

ヨルダン東方の山地．士師3:3，Ⅰ歴5:23．

▼バアル・メオン〔地名〕

ルベンの町．民数32:38，エゼ25:9．

▼はい

マタ 5:37 『<はい>』は『<はい>』ヤコ5:12．

▼はい（灰）【別項】灰捨て場

レビ 6:11 脂肪の<灰>を宿営の外のきよい所に
民数 4:13 祭壇から<灰>を除き，紫色の布をそ
19: 9 身のきよい人がその雌牛の<灰>を集
Ⅰ列 13: 3 祭壇は裂け，その上の<灰>はこぼれ
Ⅱ列 23: 4 その<灰>をベテルへ持って行った．
エス 4: 1 荒布をまとい，<灰>をかぶり，大声
ヨブ 2: 8 身をかき，また<灰>の中にすわった．
13:12 あなたがたの格言は<灰>のことわざ
詩 102: 9 パンを食べるように<灰>を食べ，私
147:16 主は…<灰>のように霜をまかれる．
イザ 44:20 <灰>にあこがれる者の心は欺かれ，
58: 5 荒布と<灰>を敷き広げることだけだ
61: 3 <灰>の代わりに頭の飾りを，悲しみ
エレ 6:26 娘よ…<灰>の中をころび回れ．ひと
哀歌 3:16 <灰>の中に私をすくませた．
エゼ 28:18 わたしはあなたを地上の<灰>とした．
ダニ 9: 3 荒布を着，<灰>をかぶって，願い求
アモ 2: 1 エドムの王の骨を焼いて<灰>にした

ヨナ 3: 6 王服を脱ぎ…<灰>の中にすわった.
マラ 4: 3 あなたがたの足の下で<灰>となるか
マタ 11:21 荒布をまとい，<灰>をかぶって悔い改めていたことだろう．ルカ10:13.
ヘブ 9:13 雌牛の<灰>を汚れた人々に注ぎかけ
IIペテ 2: 6 ソドムとゴモラの町を…<灰>にし，

▼ パイ〔地名〕
エドム人の王ハダデの都．I 歴1:50.

▼ はいき（廃棄）
詩篇 89:39 あなたのしもべの契約を<廃棄>し，
マタ 5:17 律法や預言者を<廃棄>するためだと思っては…<廃棄>するためにではな
ヨハ 10:35 聖書は<廃棄>されるものではないか
エペ 2:15 肉において，敵意を<廃棄>された方

▼ はいきゅう（配給）
使徒 6: 1 毎日の<配給>でなおざりにされてい

▼ はいきょ（廃墟）
申命 13:16 その町は永久に<廃墟>となり，再建
エズ 9: 9 宮を再建させ，その<廃墟>を建て直
ネヘ 2: 3 先祖の墓のある町が<廃墟>となり，
詩篇 9: 6 敵は，絶え果てて永遠の<廃墟>．あ
74: 3 永遠の<廃墟>に，あなたの足を向け
79: 1 エルサレムを<廃墟>としました.
イザ 5:17 肥えた獣は<廃墟>にとどまって食を
44:26 その<廃墟>はわたしが復興させる』
エレ 26:18 エルサレムは<廃墟>となり，この宮
27:17 この町が<廃墟>となってよかろうか.
30:18 町はその<廃墟>の上に建て直され，
44: 6 今日のように<廃墟>となり荒れ果て
49:13 ボツラは…<廃墟>，ののしりとなる…町々は，永遠の<廃墟>となる.」
50:13 ことごとく<廃墟>と化する．バビロ
エゼ 5:14 あなたを<廃墟>とし，そしりとする.
6: 6 町々は<廃墟>となり，高き所は荒らされる…祭壇は<廃墟>となり，罪に
13: 4 預言者どもは，<廃墟>にいる狐のよ
21:27 <廃墟>だ．<廃墟>だ．わたしはこの国を<廃墟>にする．このようなこと
29: 9 エジプトの地は…<廃墟>となる．10.
33:27 あの<廃墟>にいる者は必ず剣に倒れ
35: 4 わたしがおまえの町々を<廃墟>にし，
アモ 7: 9 イスラエルの聖所は<廃墟>となる.
9:11 <廃墟>を復興し…これを建て直す.
ミカ 1: 6 サマリヤを野原の<廃墟>とし，ぶど
使徒 15:16 <廃墟>と化した幕屋を建て直し，そ

▼ はいきょう（背教）
IIテサ 2: 3 まず<背教>が起こり，不法の人，す

▼ はいし（廃止）
エス 9:27 これを<廃止>してはならないと定め
28 プリムの日が…<廃止>されることが
ヘブ 7:18 前の戒めは…<廃止>されましたが，
10: 9 前者が<廃止>されるのです.

▼ はいしん（背信），背信者
民数 14:33 あなたがたの<背信>の罪を負わなけ
箴言 1:32 わきまえのない者の<背信>は自分を
エレ 2:19 あなたの<背信>が，あなたを責める.
3: 6 <背信>の女イスラエル．8，11.
22 <背信>の子らよ．帰れ．わたしがあなたがたの<背信>をいやそう.」
5: 6 その<背信>がはなはだしかったから
8: 4 <背信者>となったら，悔い改めない
5 <背信者>となり，<背信>を続けてい
14: 7 私たちの<背信>ははなはだしく，私
ホセ 11: 7 わたしに対する<背信>から…離れな
14: 4 わたしは彼らの<背信>をいやし，喜

▼ はいすてば（灰捨て場）
レビ 1:16 <灰捨て場>に投げ捨てなさい．4:12.

▼ はいする（拝する）
マコ 5: 6 駆け寄って来てイエスを<拝>し，
ヨハ 9:38 そして彼はイエスを<拝>した.
黙示 7:11 御座の前にひれ伏し，神を<拝>して，

▼ はいそう（敗走）
申命 28:25 主は，あなたを敵の前で<敗走>させ
32:30 ふたりが万人を<敗走>させたろうか.

▼ ばいた
Iサム 20:30 この<ばいた>の息子め．おまえがエ

▼ はいびょう（肺病）
レビ 26:16 <肺病>と熱病で目を衰えさせ，心を
申命 28:22 <肺病>と…黒穂病とで，あなたを打

▼ はいぼく（敗北）
出エ 32:18 それは…<敗北>を嘆く声でもない.
Iコリ 6: 7 訴え合うことが，すでに…<敗北>で

▼ はいる（入る）
創世 6: 4 人の娘たちのところに<入>り，彼ら
38: 8 あなたは兄嫁のところに<入>り，義
出エ 24:18 モーセは雲の中に<入>って行き，山
レビ 10: 9 会見の天幕に<入>って行くときには，
12: 4 聖所に<入>ってもならない.
14: 8 彼は宿営に<入る>ことができる.
民数 14:30 だれも決して<入る>ことはできない.

申命 7: 1 <入>って行って，所有しようとして
29:12 のろいの誓いとに，<入る>ためであ
II列 19:33 彼は…この町には，<入>らない．—
ヨブ 38:22 雪の倉に<入>ったことがあるか．雹
詩 100: 4 賛美しつつ，その大庭に，<入>れ．
118:20 正しい者たちはこれより<入る>．
箴言 4:14 悪者どもの道に<入る>な．悪人たち
23:10 みなしごの畑に<入>り込んではなら
イザ 2:10 岩の間に<入>り，ちりの中に身を隠
26:20 あなたの部屋に<入>り，うしろの戸
59:14 正直は中に<入る>こともできない．
エレ 2: 7 実り豊かな地に連れて<入>り，その
7: 2 この門に<入る>…ユダの人々よ．主
9:21 死が…私たちの高殿に<入>って来，
16: 5 服喪中の家に<入>ってはならない．
哀歌 1:10 異邦の民が，その聖所に<入>ったの
エゼ 3:24 霊が私のうちに<入>り，私を立ち上
20:38 イスラエルの地に<入る>ことはでき
44: 2 だれもここから<入>ってはならない
…主がここから<入>られたからだ．
46: 9 南の門を通って<入>って来る者は北
マタ 5:20 決して天の御国に，<入>れません．
7:13 狭い門から<入>りなさい．滅びに至
る門は大きく…そこから<入>って行
21 みな天の御国に<入る>のではなく…
父のみこころを行う者が<入る>ので
15:11 口に<入る>物は人を汚しません．し
18: 3 子どもたちのように…天の御国には，
<入>れません．マコ10:15．
19:23 金持ちが天の御国に<入る>のはむず
かしい．マコ10:23，ルカ18:24．
23:13 自分も<入>らず，<入>ろうとしてい
る人々をも<入>らせません．
マコ 6:56 イエスが<入>って行かれると，村で
7:15 外側から人に<入>って，人を汚すこ
9:25 霊…二度とこの子に<入>るな．
ルカ 8:16 <入>って来る人々に，その光が見え
30 悪霊が大ぜい彼に<入>っていたから
33 その人から出て，豚に<入>った．す
11:26 みな<入>り込んでそこに住みつくの
13:24 狭い門から<入>りなさい…<入>ろう
としても，<入>れなくなる人が多い
16:16 無理にでも，これに<入>ろうとして
22: 3 ユダに，サタンが<入>った．
10 町に<入る>と…男に会うから，その
人が<入る>家にまでついて行きなさ
ヨハ 3: 5 神の国に<入る>ことができません．
10: 1 羊の囲いに門から<入>らないで，ほ
2 門から<入る>者は，その羊の牧者で
9 わたしを通って<入る>なら，救われ
使徒 3: 3 ペテロとヨハネが宮に<入>ろうとす
6: 7 祭司たちが次々に信仰に<入>った．
14:22 神の国に<入る>には，多くの苦しみ
17: 6 ここにも<入>り込んでいます．
ロマ 5:12 ひとりの人によって罪が世界に<入>
り，罪によって死が<入>り，こうし
ヘブ 3:11 彼らをわたしの安息に<入>らせない．
18，4:3，5．
4: 1 神の安息に<入る>ための約束…これ
に<入>れないようなことのないよう
6:19 この望みは幕の内側に<入る>のです．
20 イエスは…先駆けとして…<入>り，
9:12 ただ一度，まことの聖所に<入>り，
24 手で造った聖所に<入>られたのでは
なく，天そのものに<入>られたのす．
10:19 まことの聖所に<入る>ことができる
黙示 3:20 わたしは，彼のところに<入>って，

▼パウ〔地名〕

パイと同地．創世36:39．

▼はうもの

創世 1:24 家畜や，<はうもの>．6:7，7:23．
25 すべての<はうもの>．7:14，8:19．
I列 4:33 <はうもの>や魚についても語った．
詩 148:10 <はうもの>よ．翼のある鳥よ．
エゼ 8:10 <はうもの>や忌むべき獣のあらゆる
ホセ 2:18 空の鳥，地を<はうもの>と契約を結
ミカ 7:17 地を<はうもの>のように，ちりをな
使徒 10:12 四つ足の動物や，<はうもの>．11:6．
ロマ 1:23 獣，<はうもの>のかたちに似た物と
ヤコ 3: 7 <はうもの>も海の生き物も，人類に

▼ハウラン〔地名〕

ヨルダン川東の台地．エゼ47:16，18．

▼パウロ〔人名〕

使徒 13: 9 サウロ，別名で<パウロ>は，聖霊に
14:12 <パウロ>をヘルメスと呼んだ．
22:29 <パウロ>がローマ市民だとわかると，
26:24 気が狂っているぞ．<パウロ>．博学
28:30 <パウロ>は満2年の間，自費で借り
ロマ 1: 1 イエスのしもべ<パウロ>．ピリ1:1．
Iコリ 1: 1 使徒として召された<パウロ>と，兄

12 私は<パウロ>につく」「私はアポロ
IIコリ 1:1 イエスの使徒<パウロ>．エペ1:1，コロ1:1，Iテモ1:1，テト1:1．
ガラ 1:1 使徒となった<パウロ>．IIテモ1:1．
エペ 3:1 イエスの囚人となった私<パウロ>が
Iテサ 1:1 <パウロ>…テモテから．IIテサ1:1．
ピレ 1 イエスの囚人である<パウロ>．9．使徒13:50，14:19，15:2，40，16:19，17:2，16，22，19:11，21:31，22:2，23:6，28:3，IIコリ10:1，ガラ5:2，コロ1:23，4:18，Iテサ2:18，IIペテ3:15．

▼ はえ

伝道 10:1 死んだ<はえ>は，調合した香油を臭
イザ 7:18 川々の果てにいるあの<はえ>…蜂に

▼ はえる（生える）

創世 2:9 主は…すべての木を<生え>させた…善悪の知識の木を<生え>させた．
3:18 土地…いばらとあざみを<生え>させ，
出エ 10:5 野に<生え>ている…木をみな食い尽
レビ 25:5 落ち穂から<生え>たものを刈り．11．
I列 4:33 石垣に<生える>ヒソプに至るまでの
ヨブ 31:40 小麦の代わりにいばらが<生え>，大
詩篇 85:11 まことは地から<生え>いで，義は天
104:14 人に役立つ植物を<生え>させられま
132:17 一つの角を<生え>させ．エゼ29:21．
147:8 神は…山々に草を<生え>させ，
イザ 11:1 エッサイの根株から新芽が<生え>，
34:1 世界と，そこから<生え>出たすべて
55:10 物を<生え>させ，芽を出させ，種蒔
ルカ 8:6 <生え>出たが…枯れてしまった．
ヘブ 6:8 いばらやあざみなどを<生え>させる

▼ はおり（羽織）

イザ 3:22 礼服，<羽織>，外套，財布，

▼ はか（墓）【別項】王たちの墓

創世 35:20 ヤコブは…<墓>の上に石の柱を立てた．それはラケルの<墓>の石の柱と
47:30 私を…先祖たちの<墓>に葬ってくれ．
50:5 カナンの地に掘っておいた私の<墓>
出エ 14:11 エジプトには<墓>がないので…荒野
民数 19:16 <墓>に触れる者はみな，7日間，汚
申命 34:6 その<墓>を知った者はいない．
Iサム 10:2 ラケルの<墓>のそばで，ふたりの人
IIサム 2:32 父の<墓>に葬った．17:23，21:14．
3:32 王はアブネルの<墓>で声をあげて泣
19:37 父と母の<墓>の近くで死にたいので
I列 13:22 あなたの先祖の<墓>には，入らない．
31 あの神の人を葬った<墓>に私を葬り，
14:13 <墓>に葬られるのは，彼だけでしょ
II列 13:21 その人をエリシャの<墓>に投げ入れ
21:26 ウザの園にある彼の<墓>に葬った．
23:16 山の中に<墓>があるのが見えた…人をやってその<墓>から骨を取り出し，
30 エルサレムに運んで…彼の<墓>に葬
II歴 16:14 ダビデの町に掘っておいた<墓>に彼
ヨブ 3:22 彼らは<墓>を見つけると…歓声をあ
5:26 あなたは長寿を全うして<墓>に入る
10:19 母の胎から<墓>に運び去られていた
21:32 彼は<墓>に運ばれ，その塚の上には
詩篇 5:9 彼らののどは，開いた<墓>で，彼ら
16:10 聖徒に<墓>の穴をお見せにはなりま
30:9 私が<墓>に下っても，私の血に何の
詩篇 49:9 人は…<墓>を見ないであろうか．
88:5 <墓>の中に横たわる殺された者のよ
11 恵みが<墓>の中で宣べられましょう
箴言 1:12 <墓>に下る者のように…丸のみにし
イザ 14:18 おのおの自分の<墓>で，尊ばれて眠
19 若枝のように<墓>の外に投げ出され
20 <墓>の中で彼らとともになることは
22:16 あなたは…ここに<墓>を掘ったが…高い所に自分の<墓>を掘り，岩に自
53:9 彼の<墓>は悪者どもとともに設けら
エレ 5:16 その矢筒は開いた<墓>のようだ．彼
8:1 住民の骨を，彼らの<墓>からあばき，
20:17 私の母を私の<墓>とせず，彼女の胎
エゼ 32:22 その<墓>の回りには…全集団がいる．
23 彼らの<墓>は穴の奥のほうにあり，
37:12 わたしはあなたがたの<墓>を開き，あなたがたをその<墓>から引き上げ
ナホ 1:14 わたしはあなたの<墓>を設けよう．」
マタ 8:28 悪霊につかれた人がふたり<墓>から
23:27 あなたがたは白く塗った<墓>のよう…<墓>はその外側は美しく見えても，
29 預言者の<墓>を建て，義人の記念碑
27:52 <墓>が開いて，眠っていた多くの聖
53 イエスの復活の後に<墓>から出て来
60 岩を掘って造った自分の新しい<墓>に納めた．マコ15:46，ルカ23:53．
64 3日目まで<墓>の番をするように命
28:1 ほかのマリヤが<墓>を見に来た．マ

コ16:2, ルカ24:1, ヨハ20:1.
マコ 6:29 遺体を引き取り, <墓>に納めたので
ルカ 11:44 人目につかぬ<墓>のようで, その上
23:55 <墓>と, イエスのからだの納められ
ヨハ 5:28 <墓>の中にいる者がみな, 子の声を
11:17 ラザロは<墓>の中に入れられて 4 日
31 マリヤが<墓>に泣きに行くのだろう
19:41 だれも葬られたことのない…<墓>が
20: 2 だれかが<墓>から主を取って行きま
11 マリヤは…<墓>のところにたたずん
で泣いて…<墓>の中をのぞき込んだ.
使徒 2:29 その<墓>は今日まで私たちのところ
7:16 買っておいた<墓>に葬られました.
13:29 イエスを…<墓>の中に納めました.
ロマ 3:13 彼らののどは, 開いた<墓>であり,
黙示 11: 9 死体を<墓>に納めることを許さない.

▼ ばか, ばか者
民数 22:29 おまえが私を<ばか>にしたからだ.
Ⅱ歴 36:16 その預言者たちを<ばか>にしたので,
エレ 4:22 彼らは, <ばか>な子らで…悟りがな
マタ 5:22 <ばか者>』と言うような者は燃える

▼ はかい (破壊), 破壊者 【別項】 破壊の山
創世 19:29 神はロトを…<破壊>の中からのがれ
士師 9:45 町を<破壊>して, そこに塩をまいた.
エズ 5:12 彼はこの宮を<破壊>し, 民を捕らえ
6:12 神の宮を<破壊>しようとして手を出
詩 137: 7 <破壊>せよ, <破壊>せよ, その基ま
イザ 16: 4 <破壊>も終わり, 踏みつける者が地
エレ 22: 7 武具を持つ<破壊者>たちを準備する.
48: 3 悲鳴. 「<破壊>だ. 大破滅だ」 と.
51: 1 <破壊>する者の霊を奮い立たせ,
エゼ 26: 4 彼らはツロの城壁を<破壊>し, その
ダニ 8:24 あきれ果てるような<破壊>を行い,
ホセ 9: 6 彼らが<破壊>をのがれても, エジプ
ヨエ 1:15 全能者からの<破壊>のように, その
ロマ 3:16 彼らの道には<破壊>と悲惨がある.
14:20 神のみわざを<破壊>してはいけませ
テト 1:11 彼らは…家々を<破壊>しています.

▼ ハガイ 〔人名〕
捕囚帰還時の預言者. エズ5:1, ハガ1:1, 2:1.

▼ はかいのやま (破壊の山)
Ⅱ列 23:13 <破壊の山>の南に築いた高き所を汚
エレ 51:25 全地を破壊する, <破壊の山>よ. 見

▼ はかせ (博士)
マタ 2: 1 東方の<博士>たちがエルサレムにや
7 ヘロデはひそかに<博士>たちを呼ん
16 <博士>たちにだまされたことがわか

▼ はかどる
エズ 5: 8 工事は…順調に<はかど>っています.
ネヘ 4: 7 城壁の修復が<はかど>り, 割れ目も

▼ はかない
詩篇 39: 4 私が, どんなに, <はかない>かを知
ヘブ 11:25 <はかない>罪の楽しみを受けるより

▼ はかば (墓場)
ヨブ 17: 1 日は尽き, 私のものは<墓場>だけ.
マコ 5: 3 この人は<墓場>に住み. ルカ8:27.

▼ ハガバぞく (〜族)
宮に仕えるしもべたちの一氏族. エズ2:45.

▼ ハガブぞく (〜族)
宮に仕えるしもべたちの一氏族. エズ2:46.

▼ はからい (計らい), 御計らい
創世 50:20 良いことのための<計らい>となさい
詩篇 92: 5 あなたの<御計らい>は, いとも深い
ミカ 4:12 彼らは主の<御計らい>を知らず, そ

▼ はかり (量り) 【別項】 王のはかり
レビ 19:35 <はかり>においても, 分量において
26:26 <はかり>にかけて…パンを返す. あ
ヨブ 6: 2 災害も共に<はかり>にかけられたら.
31: 6 正しい<はかり>で私を量るがよい.
詩篇 62: 9 <はかり>にかけると, 彼らは上に上
箴言 11: 1 欺きの<はかり>は主に忌みきらわれ
16:11 正しいてんびんと<はかり>とは, 主
20:23 欺きの<はかり>はよくない.
エレ 32:10 証人を立て, <はかり>で銀を量り,
エゼ 5: 1 その毛を<はかり>で量って等分せよ.
45:10 正しい<はかり>, 正しいエパ, 正し
ダニ 5:27 あなたが<はかり>で量られて, 目方
ホセ 12: 7 商人は手に欺きの<はかり>を持ち,
アモ 8: 5 欺きの<はかり>で欺こう.
ミカ 6:11 不正な<はかり>と, 欺きの重り石の
マコ 4:24 人に量ってあげるその<量り>で, 自
ルカ 6:38 人々は<量り>をよくして, 押しつけ,
ロマ 12: 3 信仰の<量り>に応じて, 慎み深い考
エペ 4: 7 キリストの賜物の<量り>に従って恵
黙示 6: 5 乗っている者は<量り>を手に持って

▼ はかりがたい (測りがたい)
詩 147: 5 主は偉大…その英知は<測りがたい>.
エペ 3: 8 キリストの<測りがたい>富を異邦人

▼ はかりごと

IIサム 17: 7 <はかりごと>は良くありません.」

11 私の<はかりごと>はこうです. 全イ

ヨブ 5:13 ずるい<はかりごと>はくつがえされ

21:16 悪者の<はかりごと>は, 私と何の関

詩篇 1: 1 悪者の<はかりごと>に歩まず, 罪人

5:10 おのれの<はかりごと>で倒れますよ

14: 6 悩む者の<はかりごと>をはずかしめ

20: 4 あなたのすべての<はかりごと>を遂

33:10 主は国々の<はかりごと>を無効にし,

11 主の<はかりごと>はとこしえに立ち,

64: 2 悪を行う者どもの<はかりごと>から

83: 3 彼らは…悪賢い<はかりごと>を巡ら

箴言 19:21 しかし主の<はかりごと>だけが成る.

20: 5 人の心にある<はかりごと>は深い水,

21:30 どんな…<はかりごと>も, 役に立た

24: 9 愚かな<はかりごと>は罪だ. あざけ

イザ 5:19 聖なる方の<はかりごと>が, 近づけ

8:10 <はかりごと>を立てよ. しかし, そ

11: 2 <はかりごと>と能力の霊, 主を知る

14:26 これが…立てられた<はかりごと>,

19:17 <はかりごと>のためにおののく.

28:29 その<はかりごと>は奇しく, そのお

29:15 主に自分の<はかりごと>を深く隠す

30: 1 彼らは<はかりごと>をめぐらすが,

46:10 わたしの<はかりごと>は成就し, わ

46:11 わたしの<はかりごと>を行う者を呼

エレ 7:24 心の<はかりごと>のままに歩み, 前

19: 7 エルサレムの<はかりごと>をこぼち,

49:20 エドムに対し…主の<はかりごと>と,

30 ネブカデレザルは…<はかりごと>を

50:45 バビロンに対し…主の<はかりごと>

51:12 主は<はかりごと>を立て, バビロン

エゼ 11: 2 悪い<はかりごと>をめぐらし,

ホセ 10: 6 イスラエルは…<はかりごと>で恥を

アモ 3: 7 主は…<はかりごと>を…示さないで

ミカ 4:12 主の…<はかりごと>を悟らない. 主

6:16 彼らの<はかりごと>に従って歩んだ.

Iコリ 4: 5 心の中の<はかりごと>も明らかにさ

IIコリ 10: 5 すべての<はかりごと>をとりこにし

▼ はかりざお（測りざお）

エゼ 40: 3 麻のひもと<測りざお>とを持って門

42:16 <測りざお>で500さお. 17, 18, 19.

黙示 11: 1 私に杖のような<測りざお>が与えら

21:15 金の<測りざお>を持っていた.

▼ はかりしる（測り知る）

詩 145: 3 偉大さを<測り知る>ことができませ

ロマ 11:33 その道は, 何と<測り知>りがたいこ

▼ はかりしれない（測り知れない）

ヨブ 5: 9 神は大いなる事をなして<測り知れ>ず, その奇しいみわざは数え. 9:10.

箴言 25: 3 王の心は<測り知れない>.

イザ 40:28 その英知は<測り知れない>.

ダニ 2:22 神は, 深くて<測り知れない>ことも,

IIコリ 4: 7 この<測り知れない>力が神のもので

▼ はかりづな（測り綱）

詩篇 16: 6 <測り綱>は, 私の好む所に落ちた.

ミカ 2: 5 <測り綱>を張る者がいなくなる.

ゼカ 2: 1 その手に１本の<測り綱>があった.

▼ はかりなわ（測りなわ）

II列 21:13 サマリヤに使った<測りなわ>と, ア

ヨブ 38: 5 だれが<測りなわ>をその上に張った

イザ 34:11 主はその上に…<測りなわ>を張り,

17 御手が<測りなわ>で測ってこれを分

エレ 31:39 <測りなわ>は…ガレブの丘に伸び,

哀歌 2: 8 主は…<測りなわ>でこれを測り, こ

エゼ 47: 3 その人は手に<測りなわ>を持って東

アモ 7:17 土地は<測りなわ>で分割される. あ

ゼカ 1:16 <測りなわ>はエルサレムの上に張ら

▼ はかる

箴言 16: 2 たましいの値うちを<はか>られる.

箴言 21: 2 主は人の心の値うちを<はか>られる.

▼ はかる（図る, 計る）

創世 6: 5 心に<計る>ことが…いつも悪いこと

50:20 あなたがたは, 私に悪を<計>りまし

民数 33:56 彼らに対してしようと<計>ったとお

IIサム 14:13 逆らうようなことを, <計>られたの

詩篇 31:13 私のいのちを取ろうと<図>りました.

36: 4 彼は寝床で, 不法を<図>り, よくな

箴言 6:14 ねじれた心は, いつも悪を<計>り,

12:20 平和を<図る>人には喜びがある.

14:22 善を<計る>者には恵みとまことがあ

イザ 14:24 わたしの<計>ったとおりに成就する.

46:11 わたしが<計る>と, すぐそれをする.

ミカ 2: 1 悪巧みを<計>り, 寝床の上で悪を行

ナホ 1:11 よこしまなことを<計る>者が出たか

ハバ 2:10 家のために恥ずべきことを<計>り,

使徒 4:25 民はむなしいことを<計る>のか.

5:33 使徒たちを殺そうと<計>った.

ロマ 12:17 人が良いと思うことを<図>りなさい.

▼ **はかる（測る）【別項】測りがたい，測り知る，測り知れない**

申命 21: 2　町々への距離を<測>りなさい．
Ⅱサム 8: 2　なわで彼らを<測>った．なわ2本を伸ばして<測>った者を殺し，なわ1
イザ 33:18　<測>った者はどこへ行ったのか．や
エレ 31:37　上の天が<測>られ，下の地の基が探
エゼ 40: 5　<測る>と．6，8，11，13，19，20，23，27，28，32，35，47，48，41:1，2，3，4，5，13，15，42:15，16，17，18，19，20，47:3，4，5．
　45: 3　先に<測>った区域から…幅1万キュビトを<測>れ…その中に聖なる至聖
ハバ 3: 6　神は立って，地を<測>り，見渡して，
ゼカ 2: 2　エルサレムを<測>りに行く．その幅
使徒 27:28　水の深さを<測>ってみると，40メー
黙示 11: 1　そこで礼拝している人を<測>れ．
　21:16　彼がそのさおで都を<測る>と，1万
　17　彼がその城壁を<測る>と，人間の尺

▼ **はかる（量る）**

創世 41:49　ヨセフは穀物を…<量>りきれなくなったので…<量る>ことをやめた．
ルツ 3:15　大麦6杯を<量>って…彼女に負わせ
Ⅱサム 14:26　その髪の毛を<量る>と，王のはかり
Ⅰ列 7:47　ソロモンは…それを<量>らないままにしておいた．青銅の重さは<量>られなかった．Ⅱ歴4:18．
Ⅰ歴 22: 3　青銅も，<量>りきれないほどおびた
エズ 8:25　銀，金，器類を<量>って彼らに渡し
エズ 8:26　金100タラントを<量>って彼らに渡
　34　全部が数えられ，<量>られた．その
エス 3: 9　銀1万タラントを<量>って渡します．
ヨブ 6: 2　私の苦悶の重さが<量>られ，私の災
　28:15　銀を<量>ってもその代価とすること
　25　神は…水をはかりで<量>られる．
　31: 6　正しいはかりで私を<量る>がよい．
イザ 40:12　だれが，手のひらで水を<量>り…山を…<量>り，丘を…<量>ったのか．
　46: 6　銀をてんびんで<量る>者たちは，金
　65: 7　彼らの先のしわざを<量>って，彼ら
エレ 13:25　わたしがあなたに<量>り与える分で
　32:10　証人を立て，はかりで銀を<量>り，
　33:22　海の砂が<量>れないように…ふやす．
エゼ 4:10　食物は，1日分…を<量>って…食べ
　11　飲む水も…<量>って…1日1回飲め．
　16　パンを<量>って食べ…水を<量>って
　5: 1　その毛をはかりで<量>って等分せよ．
ダニ 5:27　あなたが…<量>られて，目方の足り
ホセ 1:10　<量る>ことも数えることもできなく
ゼパ 1:11　銀を<量る>者もみな断ち滅ぼされる
ゼカ 11:12　賃金とし…銀30シェケルを<量>った．
マタ 7: 2　<量る>とおりに，あなたがたも<量>られる．マコ4:24，ルカ6:38．
Ⅱコリ 10:12　自分を<量>ったり，比較したりして

▼ **ハガル**

1. 人名．サラの女奴隷．創世16:1，3，4，8，15，16，21:9，14，17，19，ガラ4:24，25．
2. ハガル人．Ⅰ歴5:10，19，27:31，詩篇83:6．

▼ **ハカルヤ〔人名〕**

総督ネヘミヤの父．ネヘ1:1，10:1．

▼ **はき（破棄）**

民数 30:12　彼女の夫がそれを<破棄>したので，
Ⅱ歴 16: 3　バシャとの同盟を<破棄>し，彼が私

▼ **ハギ**

1. 人名．ガドの子．創世46:16，民数26:15．
2. ハギ族．1.の子孫．民数26:15．

▼ **はぎしり（歯ぎしり）**

ヨブ 16: 9　神は…私に向かって<歯ぎしり>した．
詩篇 37:12　悪者は…<歯ぎしり>して彼に向かう．
　112:10　悪者は…<歯ぎしり>して溶け去る．
哀歌 2:16　あざけり，<歯ぎしり>して言う．
マタ 8:12　そこで泣いて<歯ぎしり>するのです．13:42，50，22:13，24:51，25:30，ルカ13:28．
マコ 9:18　彼はあわを吹き，<歯ぎしり>して，
使徒 7:54　ステパノに向かって<歯ぎしり>した．

▼ **はきだす（吐き出す）**

レビ 18:25　地は，住民を<吐き出す>ことになる
　28　先にいた国民を<吐き出>したように，あなたがたを<吐き出す>ことのない
　20:22　地は，あなたがたを<吐き出>さない．
ヨブ 20:15　富をのみこんでも…<吐き出す>．神
箴言 15: 2　愚かな者の口は愚かさを<吐き出す>．
　23: 8　食べた食物を<吐き出>し…ことばを
　25:16　食べすぎて<吐き出す>ことがないよ
イザ 57:20　水が海草と泥を<吐き出す>からであ
ヨナ 2:10　主は…ヨナを陸地に<吐き出>させた．
黙示 3:16　わたしの口からあなたを<吐き出>そ

▼ **ハギテ〔人名〕**

ダビデの妻の一人．4男アドニヤの母．Ⅱサ

ム3:4，Ⅰ列1:5，11，2:13，Ⅰ歴3:2.

▼ はぎとる（～取る）

創世 37:23　そでつきの長服を<はぎ取>り，
出エ　3:22　エジプトから<はぎ取>らなければな
　12:36　彼らはエジプトから<はぎ取>った.
士師 14:19　打ち殺し，彼らから<はぎ取>って，
Ⅰサム 28:17　あなたの手から王位を<はぎ取>って，
　31: 8　殺した者たちから<はぎ取>ろうとし
　9　首を切り，その武具を<はぎ取>った.
Ⅱサム 23:10　引き返して来た…<はぎ取る>ためで
Ⅱ列 18:16　とびらと柱から金を<はぎ取>り，こ
Ⅱ歴 20:25　負いきれないほど，<はぎ取>って，
ヨブ 19: 9　神は私の栄光を私から<はぎ取>り，
　26　私の皮が…<はぎと>られて後，私は，
　22: 6　裸の者から着物を<はぎ取>り，
エゼ 16:39　あなたの着物を<はぎ取>り，あなた
ホセ　2: 9　わたしの羊毛と麻とを<はぎ取>ろう.
ミカ　2: 8　みごとな上着を<はぎ取る>.
ルカ 10:30　強盗どもは…着物を<はぎ取>り，な

▼ はきもの

ヨシ　5:15　あなたの足の<はきもの>を脱げ．あ
　9:13　着物も，<はきもの>も…長い旅のた
ルツ　4: 7　自分の<はきもの>を脱いで…相手に
詩篇 60: 8　エドムの上に，わたしの<はきもの>
　を投げつけよう．108:9.
イザ 20: 2　あなたの足の<はきもの>を脱げ.」
エゼ 16:10　じゅごんの皮の<はきもの>をはかせ，
マタ　3:11　<はきもの>を脱がせてあげる値うち

▼ ハギヤ〔人名〕

レビ人．メラリ族出身．Ⅰ歴6:30.

▼ ハキラのおか（～丘）

ダビデと部下の宿営地．Ⅰサム23:19，26:1，3.

▼ はく

Ⅱ歴 28:15　くつを<は>かせ，食べさせ，飲ませ，
マコ　6: 9　くつは，<は>きなさい…下着を着て
ルカ 15:22　足にくつを<は>かせなさい.
使徒 12: 8　「帯を締めて，くつを<は>きなさい」
エペ　6:15　足には平和の福音の備えを<は>きな

▼ はく（吐く）【別項】吐き出す

ヨブ 40:11　あなたの激しい怒りを<吐>き散らし，
詩篇 27:12　偽りの証人…暴言を<吐>いているの
箴言 26:11　犬が自分の<吐>いた物に帰って来る
イザ 19:14　酔いどれがへどを<吐>き<吐>きよろ
　28: 8　どの食卓も<吐>いた汚物でいっぱい
エレ 25:27　飲んで酔い，へどを<吐>いて倒れよ.
　48:26　モアブは，へどを<吐>き散らし，彼
Ⅱペテ　2:18　むなしい大言壮語を<吐>いており，
　22　犬は自分の<吐>いた物に戻る」とか

▼ パグイエル〔人名〕

アシェル族の長．オクランの子．民数1:13，2:27，7:72，77，10:26.

▼ はくがい（迫害），迫害する者

申命 30: 7　あなたを<迫害>したあなたの敵や，
Ⅰサム 12: 3　私は…だれかを<迫害>しただろうか.
エス　7: 6　<迫害する者>…は，この悪いハマン
　8: 1　ユダヤ人を<迫害する者>ハマンの家
詩篇 55: 3　敵の叫びと，悪者の<迫害>のためで
　69:26　彼らはあなたが打った者を<迫害>し，
　119:84　私を<迫害する者>どもをさばかれる
　86　偽りごとをもって私を<迫害>してい
　157　私を<迫害する者>と私の敵は多い.
　161　君主らは，ゆえもなく私を<迫害>し
イザ　8:21　彼は，<迫害>され，飢えて，国を歩
アモ　4: 1　彼女らは…貧しい者たちを<迫害>し，
マタ　5:10　義のために<迫害>されている者は幸
　11　ののしり，<迫害>し，ありもしない
　12　預言者たちを…<迫害>したのです.
　44　<迫害する者>のために祈りなさい.
　10:23　この町で…<迫害>するなら，次の町
　13:21　困難や<迫害>が起こると．マコ4:17.
　23:34　町から町へと<迫害>して行くのです.
マコ 10:30　母，子，畑を<迫害>の中で受け，後
ルカ 11:49　ある者を殺し，ある者を<迫害>する.
　21:12　あなたがたを捕らえて<迫害>し，会
ヨハ　5:16　ユダヤ人たちは，イエスを<迫害>し
　15:20　もし人々がわたしを<迫害>したなら，
　あなたがたをも<迫害>します．もし
使徒　7:52　父祖たちが<迫害>しなかった預言者
　8: 1　教会に対する激しい<迫害>が起こり，
　9: 4　サウロ，サウロ．なぜわたしを<迫
　害>するのか．22:7，26:14.
使徒　9: 5　わたしは，あなたが<迫害>している
　イエスである．26:15.
　11:19　<迫害>によって散らされた人々は，
　13:50　パウロとバルナバを<迫害>させ，ふ
　22: 4　私はこの道を<迫害>し，男も女も縛
ロマ　8:35　<迫害>ですか，飢えですか，裸です
　12:14　<迫害する者>を祝福しなさい．祝福
Ⅰコリ　4:12　<迫害>されるときにも耐え忍び，

15: 9 私は神の教会を<迫害>したからです.
IIコリ 4: 9 <迫害>されていますが, 見捨てられ
12:10 侮辱, 苦痛, <迫害>, 困難に甘んじ
ガラ 1:13 私は激しく神の教会を<迫害>し, こ
23 以前私たちを<迫害>した者が, その
4:29 御霊によって生まれた者を<迫害>し
6:12 <迫害>を受けたくないだけなのです.
ピリ 3: 6 その熱心は教会を<迫害>したほどで,
IIテサ 1: 4 すべての<迫害>と患難とに耐えなが
Iテモ 1:13 私は以前は…<迫害する者>, 暴力を
IIテモ 3:11 <迫害>や苦難にも, よくついて来て
12 願う者はみな, <迫害>を受けます.

▼ はくがく (博学)
使徒 26:24 パウロ. <博学>があなたの気を狂わ

▼ バクバカル〔人名〕
ネヘミヤ時代のレビ人の一人. I 歴9:15.

▼ はくはつ (白髪)
申命 32:25 乳飲み子…<白髪>の老人もともども
ヨブ 15:10 私たちの中には<白髪>の者も, 老い
41:32 深い淵は<白髪>のように思われる.

▼ ハクファぞく (〜族)
捕囚帰還氏族の一つ. エズ2:51, ネヘ7:53.

▼ バクブクぞく (〜族)
捕囚帰還氏族の一つ. エズ2:51, ネヘ7:53.

▼ バクブクヤ〔人名〕
(1)レビ人. 聖歌隊の副指揮者. ネヘ11:17, 12:9.
(2)レビ人. 門衛. 倉庫の監視人. ネヘ12:25.

▼ ハクモニ〔人名〕
(1)ヤショブアムの父. IIサム23:8, I 歴11:11.
(2)ダビデの子らの補佐エヒエルの父. I 歴27:32.

▼ ハグリ〔人名〕
ダビデの勇士ミブハルの父. I 歴11:38.

▼ はげ, はげる
レビ 13:40 それは<はげ>であって, 彼はきよい. 41, 42, 43.
II列 2:23 上って来い, <はげ>頭. 上って来い,
イザ 13: 2 <はげ>山の上に旗を掲げ, 彼らに向
エゼ 13:11 それは, すぐ<はげ>落ちる.』大雨

▼ はげしい (激しい), 激しさ
創世 12:10 この地のききんは<激し>かったから
47: 4 カナンの地はききんが<激し>く. 13.
49: 7 彼らの<激しい>怒りと…憤りとは.
出エ 6: 9 落胆と<激しい>労役のためモーセに
9: 3 非常に<激しい>疫病が起こる.
18 きわめて<激しい>雹をわたしは降ら
民数 11:10 主の怒りは<激し>く燃え上がり, モ
33 主は非常に<激しい>疫病で民を打っ
16:15 モーセは<激し>く怒った. そして主
18: 5 再び<激しい>怒りが下ることはない.
士師 8: 1 彼らはギデオンを<激し>く責めた.
Iサム 10: 6 主の霊があなたの上に<激し>く下る
14:52 ペリシテ人との<激しい>戦いがあっ
IIサム 2:17 戦いは<激しさ>をきわめ, アブネル
19:43 ユダの人々のことば…<激し>かった.
I列 2: 8 非常に<激し>く私をのろった. しか
19:11 <激しい>大風が山々を裂き, 岩々を
II列 14:26 イスラエルの悩みが…<激しい>のを
23:26 <激しい>怒りを静めようとはされな
II歴 25:10 ユダに向かって怒りを<激し>く燃や
ヨブ 6: 3 だから, 私のことばが<激し>かった
21:30 <激しい>怒りの日から連れ出される
詩篇 6: 1 <激しい>憤りで私を懲らしめないで
50: 3 その回りには<激しい>あらしがある.
89:38 あなたは<激し>く怒っておられます.
119:53 <激しい>怒りが私を捕らえます.
箴言 6:34 嫉妬が, その夫を<激し>く憤らせて,
15: 1 <激しい>ことばは怒りを引き起こす.
19:19 <激し>く憤る者は罰を受ける. たと
21:14 わいろは<激しい>憤りをなだめる.
雅歌 8: 6 ねたみはよみのように<激しい>から
イザ 21:15 <激しい>戦いからのがれて来たのだ
22: 4 私は<激しく>泣きたいのだ. 私の民
27: 8 <激しい>風で彼らを追放された.
30:30 <激しい>怒りと, 焼き尽くす火の炎
42:25 主は…<激しい>戦いをこれに向けた.
66:15 怒りを<激し>く燃やし, 火の炎をも
エレ 4:12 もっと<激しい>風が, わたしのため
哀歌 2: 6 <激しい>憤りで, 王と祭司を退けら
エゼ 1: 4 <激しい>風とともに, 大きな雲と火
27:30 おまえのために…<激し>く泣き, 頭
ダニ 8: 6 雄やぎは…勢い<激し>く…走り寄っ
ヨナ 1: 4 海に<激しい>暴風が起こり, 船は難
ハバ 1: 6 カルデヤ人…強暴で<激しい>国民だ.
ゼカ 1:14 ねたむほど<激し>く愛した.
マタ 11:12 天の御国は<激し>く攻められています…<激し>く攻める者たちがそれを
26:75 彼は…<激し>く泣いた. ルカ22:62.
ルカ 11:53 イエスに対する<激しい>敵対と, い

23:10 イエスを<激し>く訴えていた．
使徒 2: 2 突然，天から，<激しい>風が吹いて
27:20 <激しい>暴風が吹きまくるので，私
Ⅱコリ 1: 8 私たちは，非常に<激しい>…圧迫を
Ⅱテモ 4:15 私たちのことばに<激し>く逆らった
ヘブ 10:27 さばきと…焼き尽くす<激しい>火と
黙示 12:12 悪魔が…<激し>く怒って，そこに下
14: 8 <激しい>御怒りを引き起こすその不
19 神の<激しい>怒りの大きな酒ぶねに
15: 1 神の<激しい>怒りはここに窮まるの
16: 1 神の<激しい>怒りの七つの鉢を，地
21 その災害が非常に<激し>かったから
18:21 バビロンは…<激し>く打ち倒されて，
19: 6 <激しい>雷鳴のようなものが，こう

▼ はげたか
マタ 24:28 死体のある所には，<はげたか>が集まります．ルカ17:37.

▼ ハゲドリム〔人名〕
勇士らの監督者ザブディエルの父．ネヘ11:14.

▼ はげまし（励まし），励ます
申命 3:28 彼を力づけ，彼を<励ま>せ．彼はこ
Ⅱ歴 32: 6 彼らに<励まし>のことばを与えて言
イザ 50: 4 疲れた者をことばで<励ます>ことを
使徒 9:31 聖霊に<励ま>されて前進し続けたの
11:23 主にとどまっているよう…<励ま>し
15:31 人々は，その<励まし>によって喜ん
32 ことばをもって兄弟たちを<励ま>し，
18:27 兄弟たちは彼を<励ま>し…弟子たち
20: 2 兄弟たちを<励ま>してから，ギリシ
ロマ 1:12 ともに<励まし>を受けたいのです．
15: 4 聖書の与える忍耐と<励まし>によっ
5 忍耐と<励まし>の神が，あなたがた
エペ 6:22 彼によって心に<励まし>を受けるた
ピリ 2: 1 キリストにあって<励まし>があり，
19 <励まし>を受けたいので…テモテを
コロ 2: 2 この人たちが心に<励まし>を受け，
Ⅰテサ 5:11 互いに<励ま>し合い，互いに徳を高
14 小心な者を<励ま>し，弱い者を助け，
テト 1: 9 健全な教えをもって<励ま>したり，
ヘブ 3:13 日々互いに<励ま>し合って，だれも
6:18 力強い<励まし>を受けるためです．
10:25 かえって<励ま>し合い，かの日が近

▼ はげむ（励む）
Ⅰコリ 15:58 いつも主のわざに<励>みなさい．あ
Ⅰコリ 16:10 彼も…主のみわざに<励>んでいるか
コロ 4:12 彼はいつも…祈りに<励>んでいます．
テト 3: 8 良いわざに<励む>ことを心がけるよ
14 正しい仕事に<励む>ように教えられ
Ⅱペテ 3:14 御前に出られるように，<励>みなさ

▼ はげわし（～鷲）
レビ 11:13 食べてはならない．すなわち，<はげわし>，はげたか．申命14:12.
ミカ 1:16 <はげ鷲>のように大きくせよ．彼ら

▼ はけん（派遣）
イザ 20: 1 サルゴンに…<派遣>されたタルタン
使徒 11:22 バルナバをアンテオケに<派遣>した．

▼ はこ（箱）【別項】あかしの箱，神の箱，契約の箱，主の箱
出エ 25:10 アカシヤ材の<箱>を作らなければな
21 『贖いのふた』を<箱>の上に載せる．<箱>の中には…さとしを納めなけれ
35:12 <箱>と，その棒，『贖いのふた』と
37: 1 アカシヤ材で一つの<箱>を作った．
40:20 さとしを取って<箱>に納め，棒を<箱>につけ，「贖いのふた」を<箱>
21 <箱>を幕屋の中に入れ，仕切りのた
申命 10: 1 登れ．また木の<箱>を一つ作れ．
2 あなたはそれを<箱>の中に納めよ．」
ヨシ 3:15 <箱>をかつぐ者がヨルダン川まで来て，<箱>をかつぐ祭司たちの足が水
4: 7 <箱>がヨルダン川を渡るとき，ヨル
10 <箱>をかつぐ祭司たちは…川の真ん
6: 4 7人の祭司たちが…<箱>の前を行き，
9 しんがりは<箱>のうしろを進んだ．
8:33 <箱>のこちら側と向こう側とに分か
Ⅰサム 6: 9 <箱>がその国への道を…上って行けば…わざわいを起こしたのは，あの<箱>だと思わなければならない．も
7: 2 その<箱>が…にとどまった日から長
Ⅱサム 6: 4 アフヨは<箱>の前を歩いていた．
Ⅰ列 8: 3 祭司たちは<箱>をにない，
9 <箱>の中には，2枚の石の板のほか
Ⅱ列 12:10 <箱>の中に金が多くなるのを見て，
Ⅰ歴 13: 9 ウザは手を伸ばして，<箱>を押さえ
13 <箱>を…ダビデの町には移さず，ガ
15:23 エルカナは，<箱>を守る門衛であっ
Ⅱ歴 5: 4 レビ人たちは<箱>をにない，
6 全会衆は，<箱>の前に行き，羊や牛
8 ケルビムは<箱>の所の上に翼を広げ

6:11 契約が納められている<箱>をそこに
41 御力の<箱>も立ち上がって，休み所
24: 8 彼らは一つの<箱>を作り，それを主
II歴 24:10 民が喜んで…<箱>に投げ入れ，つい
11 レビ人たちが<箱>を王の役所に運ん
で…管理人が来て，<箱>をからにし，
35: 3 聖なる<箱>を…宮に据えなさい．も
詩 132: 8 あなたと，あなたの御力の<箱>も．
マタ 2:11 宝の<箱>をあけて，黄金，乳香，没
ヘブ 9: 5 <箱>の上には，贖罪蓋を翼でおおっ

▼はこびかえる（運び帰る）

I列 14:28 近衛兵の控え室に<運び帰っ>た．II
歴12:11.

▼はこぶ（運ぶ）【別項】運び帰る

創世 44: 1 袋を…<運>べるだけの食糧で満たし，
47:30 私をエジプトから<運>び出して，先
50:13 その子らは彼をカナンの地に<運>び，
出エ 10:13 東風がいなごの大群を<運>んで来た．
レビ 4:12 灰捨て場に<運>び出し…火で焼くこ
10: 4 身内の者たちを…<運>び出しなさい．
11:25 死体を<運ぶ>者もみな，その衣服を
14:45 町の外の汚れた場所に<運>び出す．
15:10 それらの物を<運ぶ>者も，自分の衣
民数 4:15 これらを<運>ばなければならない．
11:31 うずらを<運>んで来て，宿営の上に
ヨシ 4: 8 12の石を…宿営地に<運>び，そこに
IIサム 6: 3 神の箱を…家から<運>び出した．ア
I列 10:11 宝石とをオフィルから<運>んで来た．
22 船団が…くじゃくを<運>んで来たか
17: 6 烏が…パンと肉とを<運>んで来た．
II列 20:17 バビロンへ<運>び去られる日が来て
I歴 9:28 務めの器具を…数を合わせて…<運>
び入れ，数を合わせて…<運>び出し
エズ 1: 7 主の宮の用具を<運>び出した．
3: 7 ヤフォに杉材を<運ぶ>ためであった．
5:14 バビロンの神殿に<運>んで来た…金
ヨブ 10:19 母の胎から墓に<運>び去られていた
27:20 夜にはつむじ風が彼を<運>び去る．
箴言 31:14 遠い所から食糧を<運>んで来る．
エレ 10: 5 いちいち<運>んでやらなければなら
9 金はウファズから<運>ばれる．偶像
17:21 安息日に荷物を<運ぶ>な…それをエ
20: 5 かすめ奪い…バビロンへ<運ぶ>．
27:22 それらはバビロンに<運>ばれて，わ
エゼ 17: 4 若枝の先を摘み…商業の地へ<運>び，
27:25 船がおまえの品物を<運>んだ．おま
ダニ 6:17 一つの石が<運>ばれて来て，その穴
11: 8 尊い器を…エジプトに<運>び去る．
ヨエ 3: 5 わたしのすばらしい宝としている物
をおまえたちの宮へ<運>んで行き，
ハガ 2:12 肉を自分の着物のすそで<運ぶ>とき，
ゼカ 4: 7 叫びながら，かしら石を<運>び出そ
マタ 9: 2 中風の人を…みもとに<運>んで来た．
14:11 その首は盆に載せて<運>ばれ，少女
マコ 6:55 病人を床に載せて<運>んで来た．
ルカ 5:18 床のままで<運>んで来た…何とかし
て家の中に<運>び込み，イエスの前
19 病人を<運>び込む方法が見つからな
使徒 5: 6 彼を包み，<運>び出して葬った．
9 戸口に来て…あなたをも<運>び出し
15 人々は病人を大通りへ<運>び出し，
7:16 シケムに<運>ばれ…墓に葬られまし
9:15 わたしの名を…<運ぶ>…選びの器で

▼はこぶね（箱舟）

創世 6:14 ゴフェルの木の<箱舟>を造りなさい．
8: 4 <箱舟>は…アララテの山の上にとど
マタ 24:38 ノアが<箱舟>に入るその日まで，人
ヘブ 11: 7 ノアは…<箱舟>を造り，その<箱舟>
によって…信仰による義を相続する
Iペテ 3:20 <箱舟>が造られていた間…従わなか
った霊たちのことです．わずか8人
の人々が…<箱舟>の中で…救われた

▼ハザエル〔人名〕

アラムの王．I列19:15，II列8:8，9:14，10:32，12:17，13:3，II歴22:5，アモ1:4.

▼パサク〔人名〕

アシェルの子孫ヤフレテの長男．I歴7:33.

▼ハサデヤ〔人名〕

ダビデの子孫ゼルバベルの子．I歴3:20.

▼ハザヤ〔人名〕

ユダ族マアセヤの先祖．ネヘ11:5.

▼はじ（恥），恥知らず

民数 12:14 彼女は7日間，<恥>をかかせられた
申命 27:20 父の妻と寝る者は…父の<恥>をさら
IIサム 19: 5 家来たち全部に…<恥>をかかせまし
エズ 9: 6 私は<恥>を受け，私の神であるあな
7 <恥>を見せられて，今日あるとおり
ヨブ 8:22 あなたを憎む者は<恥>を見，悪者ど
10:15 自分の<恥>に飽き飽きし，私の悩み
19: 3 <恥知らず>にも私をいじめる．

詩篇 6:10 私の敵は，みな<恥>を見，ただ，恐
22: 5 彼らは<恥>を見ませんでした．
25: 2 どうか私が<恥>を見ないようにして
3 あなたを待ち望む者はだれも<恥>を
見ません…裏切る者は<恥>を見ます．
31: 1 私が決して<恥>を見ないように．17.
35: 4 私のいのちを求める者どもが<恥>を
26 みな<恥>を見，はずかしめを受けま
37:19 わざわいのときにも<恥>を見ず，き
40:15 おのれの<恥>のために，色を失いま
44:15 私の顔の<恥>が私をおおってしまい
69: 6 私のために<恥>を見ないようにして
19 私の<恥>と私への侮辱とをご存じで
71:13 私をなじる者どもが<恥>を見，消え
83:16 彼らの顔を<恥>で満たしてください．
17 彼らが<恥>を見，いつまでも恐れお
86:17 私を憎む者らは…<恥>を受けるでし
89:45 <恥>で彼をおおわれました．セラ
109:28 彼らは立ち上がると，<恥>を見ます．
29 おのれの<恥>を上着として着ますよ
119:78 高ぶる者どもが，<恥>を見ますよう
80 私が<恥>を見ることのないためです．
127: 5 敵と語る時…<恥>を見ることがない．
129: 5 シオンを憎む者はみな，<恥>を受け
132:18 わたしは彼の敵に<恥>を着せる．し
箴言 3:35 愚かな者は<恥>を得る．
9: 7 あざける者を戒める者は…<恥>を受
10: 5 眠る者は<恥知らず>の子である．
11: 2 高ぶりが来れば，<恥>もまた来る．
12: 4 <恥>をもたらす妻は，夫の骨の中の
13:18 貧乏と<恥>とは訓戒を無視する者に
14:35 <恥知らず>の者は王の激しい怒りに
17: 2 しもべは，<恥知らず>の子を治め，
18: 3 <恥>とともに，そしりも来る．
19:26 母を追い出す者は，<恥>を見，はず
29:15 わがままにさせた子は，母に<恥>を
イザ 1:29 あなたがたの慕った樫の木で<恥>を
19: 9 労務者や，白布を織る者は<恥>を見，
23: 4 シドンよ，<恥>を見よ，と海が言う．
24:23 月ははずかしめを受け，日も<恥>を
29:22 ヤコブは<恥>を見ることがない．今
30: 3 パロの保護にたよることは…<恥>を
5 その民は…かえって，<恥>となり，
41:11 いきりたつ者はみな，<恥>を見，は
44: 9 彼らはただ<恥>を見るだけだ．
11 その信徒たちはみな，<恥>を見る…
彼らはおののいて共に<恥>を見る．
45:16 偶像を細工する者どもはみな，<恥>
を見…<恥>の中に去る．
17 あなたがたは<恥>を見ることがなく，
47: 3 あなたの<恥>もあらわになる．わた
49:23 待ち望む者は<恥>を見ることがない．
50: 7 <恥>を見てはならないと知った．
54: 4 恐れるな．あなたは<恥>を見ない…
若かったころの<恥>を忘れ，やもめ
61: 7 <恥>に代えて，2倍のものを受ける．
エレ 3:25 私たちは<恥>の中に伏し，侮辱が私
6:15 彼らは…<恥>を見ただろうか．8:12.
7:19 自分たちの赤<恥>をさらすためでは
8: 9 知恵ある者たちは<恥>を見，驚きあ
10:14 金細工人は，偶像のために<恥>を見
12:13 自分たちの収穫で<恥>を見よう．主
14: 3 彼らは<恥>を見，侮られて，頭をお
4 農夫たちも<恥>を見，頭をおおう．
15: 9 彼女は<恥>を見，はずかしめを受け
17:13 あなたを捨てる者は，みな<恥>を見
18 私に追い迫る者たちが<恥>を見，私
が<恥>を見ないようにしてください．
20:11 彼らは成功しないので，大いに<恥>
をかき…忘れられない永久の<恥>と
18 私の一生は<恥>のうちに終わるのか．
22:22 あなたは…<恥>を見，はずかしめを
31:19 私は<恥>を見，はずかしめを受けま
46:12 国々は，あなたの<恥>を聞いた．あ
48:13 モアブは…<恥>を見る…ベテルのた
めに<恥>を見たように．」
39 どうして，モアブは<恥>を見，背を
50:12 あなたがたの母はいたく<恥>を見，
51:47 この国全土は<恥>を見，その刺し殺
エゼ 16:52 姉妹たちをかばった<恥>を負え…姉
妹たちを正しいとした…<恥>を負え．
54 あなたが，あなた自身の<恥>を負い，
63 自分の<恥>のためにもう口出ししな
32:24 ともに自分たちの<恥>を負っている．
39:26 自分たちの<恥>と…責めを．44:13.
ホセ 2: 5 母は…彼らをはらんで<恥>をさらし，
10 わたしは彼女の<恥>を…あばく．だ
4: 7 わたしは彼らの栄光を<恥>に変える．
18 みだらなふるまいで<恥>を愛した．
19 自分たちの祭壇のために<恥>を見る．

10: 6 エフライムは<恥>を受け取り，イスラエルは…はかりごとで<恥>を見る．
ヨエ 2:26 民は永遠に<恥>を見ることはない．
オバ 10 <恥>があなたをおおい…永遠に絶や
ミカ 2: 6 <恥>を避けることはできない．
3: 7 先見者たちは<恥>を見，占い師たち
7:10 私の敵は，これを見て<恥>に包まれ
ハバ 2:16 栄光よりも<恥>で満ち足りている…<恥>があなたの栄光をおおう．
ゼパ 2: 1 <恥知らず>の国民よ．こぞって集ま
3: 5 不正をする者は<恥>を知らない．
ゼカ 13: 4 預言するときに見る…幻で<恥>を見
マタ 22: 6 しもべたちをつかまえて<恥>をかか
ルカ 1:25 私の<恥>を取り除こうと心にかけら
9:26 わたしのことばとを<恥>と思うなら，
14: 9 あなたは<恥>をかいて，末席に着か
ロマ 1:16 私は福音を<恥>とは思いません．福
IIコリ 7:14 そのことで<恥>をかかずに済みまし
9: 4 <恥>をかくことになるでしょう．
10: 8 <恥>とはならないでしょう．
ピリ 3:19 彼らの栄光は彼ら自身の<恥>なので
IIテモ 1:12 私はそれを<恥>とは思っていません．
16 鎖につながれていることを<恥>とも
ヘブ 2:11 兄弟と呼ぶことを<恥>としないで，
11:16 神と呼ばれることを<恥>となさいま
ユダ 13 自分の<恥>のあわをわき立たせる海
黙示 3:18 裸の<恥>を現さないために着る白い
16:15 裸で歩く<恥>を人に見られないよう

▼ハシェム〔人名〕
ダビデ30勇士の一人．ギゾ人．I歴11:34.

▼ハジエル〔人名〕
レビ人．ゲルション族シムイの子．I歴23:9.

▼はしご
創世 28:12 一つの<はしご>が地に向けて立てら

▼はしため
創世 21:10 この<はしため>を…追い出してください…<はしため>の子は…跡取りに
30: 3 私の<はしため>のビルハがいます．
ルツ 2:13 私はあなたの<はしため>のひとりでもありませんのに…この<はしため>
3: 9 私はあなたの<はしため>ルツです．
Iサム 1:11 あなたが，<はしため>の悩みを顧み
18 <はしため>が，あなたのご好意にあ
25:24 <はしため>が…じかに申し上げることをお許し…<はしため>のことばを
28:21 あなたの<はしため>は…聞き従いま
IIサム 6:20 家来の<はしため>の目の前で裸にお
22 <はしため>たちに，敬われたいのだ．
14:16 この<はしため>をきっと助け出して
I列 1:13 この<はしため>に…誓われたではあ
3:20 <はしため>が眠っている間に，私の
II列 4: 2 <はしため>の家には何もありません．
16 この<はしため>に偽りを言わないで
ヨブ 19:15 <はしため>たちも，私を他国人のよ
31:13 しもべや，<はしため>が，私と争っ
詩篇 86:16 あなたの<はしため>の子をお救いく
116:16 私は…あなたの<はしため>の子です．
ヨエ 2:29 わたしは，しもべにも，<はしため>にも，わたしの霊を注ぐ．使徒2:18.
ルカ 1:38 ほんとうに，私は主の<はしため>で

▼はじまり（始まり）
出エ 12: 2 あなたがたの月の<始まり>とし，こ
箴言 8:23 大地の<始まり>から，わたしは立て
伝道 10:13 彼が口にすることばの<始まり>は，
エゼ 21:19 町に向かう道の<始まり>に一つの道

▼はじまる（始まる）
ルツ 1:22 大麦の刈り入れの<始ま>ったころ，
Iサム 22:15 きょうに<始ま>ったことでしょうか．
IIサム 21: 9 大麦の刈り入れの<始ま>ったころ，
ヨハ 7:22 モーセから<始ま>ったのではなく，
17:24 わたしを世の<始まる>前から愛して
ガラ 3: 3 御霊で<始ま>ったあなたがたが，い
Iペテ 4:17 さばきが神の家から<始まる>時が来

▼はじめ（初め）【別項】週の初めの日，初めの雨
創世 1: 1 <初め>に，神が天と地を創造した．
8:21 心の思い計ることは，<初め>から悪
41:21 姿は<初め>と同じように醜かった．
49: 3 ルベンよ…わが力の<初め>の実．す
出エ 4: 8 <初め>のしるしの声に聞き従わなく
申命 11:12 年の<初め>から年の終わりまで，あ
21:17 その人の力の<初め>であるから，長
25: 6 彼女が産む<初め>の男の子に，死ん
Iサム 3:12 <初め>から終わりまでエリに果たそ
I列 20: 9 <初め>に，あなたが，このしもべに
エズ 4: 6 その治世の<初め>に…告訴状を書い
ヨブ 8: 7 あなたの<始め>は小さくても，その
詩篇 78:51 ハムの天幕の…<初め>の子らを打ち
105:36 彼らのすべての力の<初め>を．
111:10 主を恐れることは，知恵の<初め>．

箴言 1: 7 主を恐れることは知識の<初め>であ
4: 7 知恵の<初め>に，知恵を得よ．あな
8:23 大昔から，<初め>から…わたしは立
17:14 争いの<初め>は水が吹き出すような
20:21 <初め>に急に得た相続財産は，終わ
伝道 3:11 <初め>から終わりまで見きわめるこ
7: 8 事の終わりは，その<初め>にまさり，
イザ 1:26 さばきつかさたちを<初め>のように，
40:21 <初め>から，告げられなかったのか．
41: 4 <初め>から代々の人々に呼びかけた
者…わたし，主こそ<初め>であり，
26 だれか，<初め>から告げて，われわ
44: 6 わたしは<初め>であり，わたしは終
46:10 終わりの事を<初め>から告げ，まだ
48:16 <初め>から，隠れた所で語らなかっ
エレ 17:12 <初め>から高くあげられた栄光の王
26: 1 エホヤキムの治世の<初め>に，主か
28: 1 ユダの王ゼデキヤの治世の<初め>，
33:11 わたしが…<初め>のようにするから
エゼ 40: 1 捕囚となって25年目の年の<初め>，
48:14 <初め>の土地を手放してはならない．
ダニ 9:21 私が<初め>に幻の中で見たあの人，
11:13 <初め>より大きなおびただしい大軍
ホセ 2: 7 『私は行って，<初め>の夫に戻ろう．
ミカ 1:13 シオンの娘にとって罪の<初め>であ
マタ 12:45 その人の後の状態は，<初め>よりも
さらに悪くなります．ルカ11:26．
13:35 世の<初め>から隠されていることど
19: 4 創造者は，<初め>から人を男と女に
造って．マコ10:6．
8 <初め>からそうだったのではありま
24: 8 産みの苦しみの<初め>なのです．
21 世の<初め>から，今に至るまで，い
25:34 世の<初め>から…備えられた御国を
マコ 1: 1 イエス・キリストの福音の<はじめ>．
13:19 神が天地を創造された<初め>から，
ルカ 1: 1 <初め>からの目撃者で，みことばに
3 <初め>から綿密に調べておりますか
11:50-51 世の<初め>から流された…血の責任
21: 9 それは，<初め>に必ず起こることで
ヨハ 1: 1 <初め>に，ことばがあった．ことば
2 この方は，<初め>に神とともにおら
6:64 <初め>から，信じない者がだれであ
8:25 <初め>からわたしが…話そうとして
15:27 <初め>からわたしといっしょにいた
16: 4 <初め>から…話さなかったのは，わ
使徒 15: 7 神は<初め>のころ，あなたがたの間
コロ 1:18 御子は<初め>であり，死者の中から
Ⅰテサ 4:16 死者が，まず<初め>によみがえり，
Ⅱテサ 2:13 <初め>から救いにお選びになったか
Ⅰテモ 2:13 アダムが<初め>に造られ，次にエバ
5:12 <初め>の誓いを捨てたという非難を
ヘブ 1:10 <初め>に地の基を据えられました．
4: 3 みわざは創世の<初め>から，もう終
7: 3 父もなく…その生涯の<初め>もなく，
8: 7 <初め>の契約が欠けのないものであ
13 <初め>のものを古いとされたのです．
9: 1 <初め>の契約にも礼拝の規定と地上
15 <初め>の契約のときの違反を贖うた
18 <初め>の契約も血なしに成立したの
26 世の<初め>から幾度も苦難を受けな
10: 8 すなわち，<初め>には…と言い，
32 戦いに耐えた<初め>のころを，思い
Ⅱペテ 2:20 <初め>の状態よりももっと悪いもの
3: 4 創造の<初め>からのままではないか．
Ⅰヨハ 1: 1 <初め>からあったもの，私たちが聞
2: 7 <初め>から持っていた古い命令です．
13 <初め>からおられる方を，知ったか
24 <初め>から聞いたことを…とどまら
3: 8 悪魔は<初め>から罪を犯しているか
11 <初め>から聞いている教えです．
Ⅱヨハ 5 <初め>から私たちが持っていたもの
6 <初め>から聞いているとおり，愛の
黙示 2: 4 <初め>の愛から離れてしまった．
5 悔い改めて，<初め>の行いをしなさ
黙示 2:19 <初め>の行いにまさっていることも
13: 8 世の<初め>からその名の書きしるさ
れていない者は．17:8．

▼ はじめて（初めて）

使徒 11:26 アンテオケで<初めて>，キリスト者

▼ はじめのあめ（初めの雨）

ヨエ 2:23 <初めの雨>を賜り，大雨を降らせ…
<初めの雨>と後の雨とを降らせてく

▼ はじめる（始める）

士師 10:18 アモン人と戦いを<始める>者はだれ
エズ 3: 8 レビ人を立てて工事を<始め>た．
箴言 8:22 主は，その働きを<始める>前から，
エゼ 9: 6 まずわたしの聖所から<始め>よ…神
殿の前にいた老人たちから<始め>た．
ダニ 9:23 あなたが願いの祈りを<始め>たとき，

ルカ　3:23　教えを<始め>られたとき，イエスは
24:27　モーセおよび…預言者から<始め>て，
ヨハ　8: 9　年長者たちから<始め>て，ひとりひ
IIコリ　8: 6　テトスが…恵みのわざを…<始め>て
ピリ　1: 6　良い働きを<始め>られた方は，キリ

▼バシャ〔人名〕
イスラエル第２王朝の初代王．Ｉ列15:16, 16:1, 21:22, II列9:9, II歴16:1, エレ41:9.

▼ばしゃ（馬車）
使徒　8:28　彼は<馬車>に乗って…イザヤの書を
38　<馬車>を止めさせ，ピリポも宦官も

▼ハシャブナ〔人名〕
盟約に調印した民のかしらの一人．ネヘ10:25.

▼ハシャブネヤ〔人名〕
(1)城壁再建に協力したハトシュの父．ネヘ3:10.
(2)レビ人．賛美の奉仕をした人．ネヘ9:5.

▼ハシャブヤ〔人名〕
(1)神殿聖歌隊員エタンの祖先．Ｉ歴6:45.
(2)レビ人．メラリ族出身．Ｉ歴9:14, ネヘ11:15.
(3)神殿聖歌隊員．エドトンの子．Ｉ歴25:3, 19.
(4)ダビデの官吏．Ｉ歴26:30.
(5)ダビデ治世のレビ部族の長．Ｉ歴27:17.
(6)ヨシヤ治世のレビ人のつかさ．II歴35:9.
(7)レビ人メラリ族出身．祭司長．エズ8:19, 24.
(8)ネヘミヤの城壁修築の協力者．ネヘ3:17.
(9)アサフ1.(2)の子孫．レビ人．ネヘ11:22.
(10)大祭司エホヤキム時代の祭司．ネヘ12:21.

▼バシャン〔地名〕
エモリ人の王オグの国土．民数21:33, 32:33, 申命1:4, 3:1, 4:43, 29:7, 32:14, 33:22, ヨシ9:10, 12:4, 13:11, 30, 17:1, 20:8, 21:6, 27, 22:7, Ｉ列4:13, II列10:33, Ｉ歴5:11, 6:62, ネヘ9:22, 詩篇22:12, 68:15, 135:11, 136:20, イザ2:13, 33:9, エレ22:20, 50:19, エゼ27:6, 39:18, アモ4:1, ミカ7:14, ナホ1:4, ゼカ11:2.

▼ハシュバ〔人名〕
ダビデの子孫ゼルバベルの子．Ｉ歴3:20.

▼ハシュバダナ〔人名〕
エズラの補佐役の一人．ネヘ8:4.

▼ハシュブ〔人名〕
(1)レビ人．メラリ族出身．Ｉ歴9:14, ネヘ11:15.
(2)エルサレム城壁修築の協力者．ネヘ3:11.
(3)城壁修築の協力者の一人．ネヘ3:23.
(4)盟約に調印した民のかしら．ネヘ10:23.

▼パシュフル
1. 人名．
(1)イメルの子．祭司．エレ20:1, 2, 3, 6.
(2)エレミヤの迫害者ゲダルヤの父．エレ38:1ａ.
(3)マルキヤの子．Ｉ歴9:12, ネヘ11:12, エレ21:1, 38:1ｂ.
(4)ネヘミヤ時代の祭司．ネヘ10:3.
2. パシュフル族．エズ2:38, 10:22, ネヘ7:41.

▼ハシュム
1. 人名．
(1)エズラの補佐役の一人．ネヘ8:4.
(2)盟約に調印した民のかしら．ネヘ10:18.
2. ハシュム族．エズ2:19, 10:33, ネヘ7:22.

▼ハシュモナ〔地名〕
荒野の宿営地の一つ．民数33:29, 30.

▼ばしょ（場所）
創世 22: 4　その<場所>がはるかかなたに見えた．
9　ふたりは…告げられた<場所>に着き，
14　その<場所>を，アドナイ・イルエと
24:23　泊めていただく<場所>があるでしょ
31　らくだのための<場所>を用意してお
28:17　この<場所>は，なんとおそれおおい
19　その<場所>の名をベテルと呼んだ．
出エ　3: 5　あなたの立っている<場所>は，聖な
29:31　聖なる<場所>で，その肉を煮なけれ
レビ 14:40　町の外の汚れた<場所>に投げ捨てる
申命　1:33　あなたがたが宿営する<場所>を捜す
12:11　御名を住まわせるために選ぶ<場所>．21, 14:23, 16:2, 6, 11.
13　かって気ままな<場所>でささげない
18　主が選ぶ<場所>．26, 14:25, 16:7, 15, 16, 17:8, 10, 18:6, 31:11.
23:16　彼の好むままに選んだ<場所>に，あ
ヨシ　8:19　伏兵はすぐにその<場所>から立ち上
9:27　主が選ばれた<場所>で，たきぎを割
IIサム　6:17　天幕の真ん中の<場所>に安置した．
Ｉ列　7:36　それぞれの<場所>に，ケルビムと，
8: 6　定めの<場所>…に運び．II歴5:7.
詩　103:16　その<場所>すら，それを，知らない．
イザ　4: 5　シオンの山のすべての<場所>とその
54: 2　あなたの天幕の<場所>を広げ，あな
ヨハ　4:20　礼拝すべき<場所>はエルサレムだと
14: 2　わたしは<場所>を備えに行くのです．
3　あなたがたに<場所>を備えたら，ま
使徒 21:28　この<場所>に逆らうことを…教え…

この神聖な<場所>をけがしています.

▼はしら（柱），柱の広間【別項】石の柱，雲の柱，火の柱

創世 19:26 彼の妻は…塩の<柱>になってしまっ
出エ 21: 6 戸口の<柱>のところに連れて行き，
26:32 <柱>. 37, 27:10, 11, 12, 14, 15, 16, 17, 35:11, 17, 36:36, 38, 38:10, 11, 12, 14, 15, 17, 19, 28, 39:33, 40, 40:18, 民数3:36, 37, 4:31, 32.
士師 16:25 サムソンを<柱>の間に立たせたとき，
26 <柱>にさわらせ…寄りかからせてく
Ⅰサム 1: 9 エリは，主の宮の<柱>のそばの席に
2: 8 まことに，地の<柱>は主のもの，そ
Ⅱサム 18:18 自分のために１本の<柱>を立ててい
Ⅰ列 7: 2 <柱>. 3, 5, 15, 16, 17, 18, 19, 20, 22, 41, 42.
6 彼はまた，<柱の広間>を造った．そ
21 右側に立てた<柱>にヤキン…左側に立てた<柱>にボアズ. Ⅱ歴3:17.
Ⅱ列 11:14 王が…<柱>のそばに立っていた．王
25:13 主の宮の青銅の<柱>. 16, 17, Ⅰ歴18:8, Ⅱ歴3:15, 4:12, 13.
エス 1: 6 大理石の<柱>の銀の輪に結びつけら
5:14 高さ50キュビトの<柱>を立てさせ，
ヨブ 9: 6 震わすと，その<柱>は揺れ動く.
26:11 神がしかると，天の<柱>は震い，恐
詩篇 75: 3 わたしは地の<柱>を堅く立てる．セ
箴言 8:34 わたしの戸口の<柱>のわきで見守っ
9: 1 自分の家を建て，七つの<柱>を据え，
雅歌 3: 6 煙の<柱>のように荒野から上って来
5:15 台座に据えられた大理石の<柱>．そ
イザ 57: 8 とびらと<柱>のうしろに…像を置い
エレ 1:18 鉄の<柱>，青銅の城壁とした.
27:19 宮の<柱>や，海や，車輪つきの台や，
50:15 その<柱>は倒れ…城壁はこわれた.
エゼ 26:11 おまえの力強い<柱>を地に倒す.
42: 6 庭の<柱>のような<柱>がないためで
46: 2 門の戸口の<柱>のそばに立っていな
ヨエ 2:30 血と火と煙の<柱>である.
ガラ 2: 9 <柱>として重んじられているヤコブ
Ⅰテモ 3:15 教会は，真理の<柱>また土台です.
黙示 3:12 わたしの神の聖所の<柱>としよう.

▼はしる（走る）

創世 18: 2 <走>って行き，地にひれ伏して礼を
7 牛のところに<走>って行き，柔らか
24:20 井戸のところまで<走>って行き，そ
29:12 彼女は<走>って行って，父にそのこ
民数 11:27 ひとりの若者が<走>って来て，モー
16:47 アロンは…集会の真ん中に<走>って
ヨシ 7:22 彼らは天幕に<走>って行った．そし
8:19 伏兵は…すぐに<走>って町に入り，
士師 7:21 陣営の者はみな<走>り出し，大声を
13:10 女は急いで<走>って行き，夫に告げ
Ⅰサム 3: 5 エリのところに<走>って行き…言っ
8:11 自分の戦車の前を<走>らせる.
17:22 ダビデは…陣地に<走>って行き，兄
20:36 子どもが<走>って行くと，ヨナタン
Ⅱサム 18:19 私は王のところへ<走>って行って，
22 クシュ人のあとを追って<走>って行きたい…なぜ…<走>って行きたいの
26 ひとりの男が<走>って来るのを見た.
27 先に<走>っているのは…ツァドクの
Ⅰ列 18:46 入口までアハブの前を<走>って行っ
Ⅱ列 4:26 さあ，<走>って行き，彼女を迎え，
詩篇 16: 4 ほかの神へ<走>った者の痛みは増し
59: 4 彼らは<走>り回り，身を構えている
119:32 私はあなたの仰せの道を<走>ります.
147:15 そのことばはすみやかに<走る>.
箴言 1:16 彼らの足は悪に<走>り，血を流そう
4:12 <走る>ときにも，つまずくことはな
18:10 その中に<走>って行って安全である.
イザ 40:31 <走>ってもたゆまず，歩いても疲れ
55: 5 知らなかった国民が…<走>って来る.
59: 7 彼らの足は悪に<走>り，罪のない者
エレ 12: 5 徒歩の人たちと<走>っても疲れるの
23:21 遣わさなかったのに…<走>り続け，
49: 3 嘆いて囲い場の中を<走>り回れ．彼
51:31 飛脚はほかの飛脚に<走>り次ぎ，使
ヨエ 2: 7 それは勇士のように<走>り，戦士の
9 町を襲い，城壁の上を<走>り，家々
アモ 6:12 馬は岩の上を<走る>だろうか．人は
ナホ 2: 4 戦車は…いなずまのように<走>り回
ハバ 2: 2 これを読む者が急使として<走る>た
ゼカ 2: 4 <走>って行って，あの若者にこう告
マタ 27:48 <走>って行って，海綿を取り，それ
28: 8 弟子たちに知らせに<走>って行った.
マコ 10:17 ひとりの人が<走>り寄って，御前に
ルカ 15:20 <走>り寄って彼を抱き，口づけした.
24:12 ペテロは…<走>って墓へ行き，かが

ヨハ 20: 2 <走>って，シモン・ペテロと，イエ
4 ふたりはいっしょに<走>ったが，も
使徒 20:24 <走る>べき行程を<走>り尽くし，主
Ⅰコリ 9:24 競技場で<走る>人たちは，みな<走>っても，賞を受けるのはただひとり…賞を受けられるように<走>りなさ
26 わからないような<走>り方はしてい
ガラ 2: 2 私が力を尽くしていま<走>っていること，またすでに<走>ったことが，
5: 7 あなたがたはよく<走>っていたのに，
ピリ 3:14 目標を目ざして一心に<走>っている
Ⅰテモ 1: 6 わき道にそれて無益な議論に<走>り，
Ⅱテモ 4: 7 <走る>べき道のりを<走>り終え，信
ヘブ 12: 1 忍耐をもって<走>り続けようではあ

▼ はじる（恥じる），恥じ入る

Ⅱサム 10: 5 この人たちが非常に<恥じ>ていたか
19: 3 戦場から逃げて<恥じ>ている民がこ
Ⅱ列 8:11 彼が<恥じる>ほど，じっと彼を見つ
Ⅱ歴 30:15 祭司とレビ人は<恥じ>て身を聖別し，
32:21 彼は<恥じ>て国へ帰り，彼の神の宮
エズ 8:22 王に求めるのを<恥じ>たからである．
ヨブ 11: 3 あなたを<恥じ>させる者がない．
詩 119: 6 見ても<恥じる>ことがないでしょう．
イザ 26:11 熱心を認めて<恥じ>ますように．ま
54: 4 <恥じる>な．あなたははずかしめを
エレ 3: 3 遊女の額を…<恥じ>ようともしない．
6:15 彼らは少しも<恥じ>ず，<恥じる>ことも知らない．8:12.
エゼ 7:18 彼らはみな<恥じ>て顔を赤くし，彼
36:32 イスラエルの家よ…<恥じ>よ．あな
43:10 自分たちの不義を<恥じる>ために，
ミカ 7:16 自分たちのすべての力を<恥じ>，手
マコ 8:38 わたしとわたしのことばを<恥じる>ような者なら，人の子も…そのような人のことを<恥じ>ます．」
ルカ 13:17 反対していた者たちは…<恥じ入>り，
ピリ 1:20 どんな場合にも<恥じる>ことなく，
Ⅱテサ 3:14 彼が<恥じ入る>ようになるためです．
Ⅱテモ 1: 8 囚人であることを<恥じ>てはいけま
2:15 <恥じる>ことのない働き人として，
テト 2: 8 敵対する者も…<恥じ入る>ことにな
Ⅰペテ 3:16 そしったことで<恥じ入る>でしょう．
4:16 苦しみを…<恥じる>ことはありませ
Ⅰヨハ 2:28 御前で<恥じ入る>ということのない

▼ はす

ヨブ 40:21 彼は<はす>の下，あるいは，葦の茂
22 <はす>はその陰で，これをおおい，

▼ はずかしい（恥ずかしい）

創世 2:25 互いに<恥ずかしい>と思わなかった．
ルツ 2:15 あの女に<恥ずかしい>思いをさせて
エズ 9: 6 顔を上げるのも<恥ずかし>く思いま
ヨブ 19: 3 私に<恥ずかしい>思いをさせ，恥知
箴言 25: 8 隣人があなたに<恥ずかしい>思いを
28: 7 その父に<恥ずかしい>思いをさせる．
エゼ 16:36 自分の<恥ずかしい>所を見せ，自分
ルカ 16: 3 物ごいをするのは<恥ずかしい>し．
Ⅰコリ 11: 6 頭をそる…女として<恥ずかしい>こ
Ⅱコリ 11:21 言うのも<恥ずかしい>ことですが，
エペ 5:12 口にするのも<恥ずかしい>ことだか

▼ はずかしめ

エズ 4:14 王の<はずかしめ>を見るのに耐えら
詩篇 35: 4 <はずかしめ>を受けますように．
26 みな恥を見，<はずかしめ>を受けますように．40:14，83:17.
44:15 私の前には…<はずかしめ>があって，
箴言 12:16 利口な者は<はずかしめ>を受けても
19:26 母を追い出す者は…<はずかしめ>を
イザ 1:29 園によって<はずかしめ>を受けよう．
9: 1 ナフタリの地は，<はずかしめ>を受
24:23 月は<はずかしめ>を受け，日も恥を
33: 9 レバノンは<はずかしめ>を受けて，
41:11 恥を見，<はずかしめ>を受け，あな
45:16 みな共に，<はずかしめ>を受け，恥
54: 4 あなたは<はずかしめ>を受けないか
エレ 22:22 悪のゆえに…<はずかしめ>を受ける．
31:19 私は…<はずかしめ>を受けました．
51:51 そしりを聞いて，<はずかしめ>を受
エゼ 16:27 <はずかしめ>を受けたペリシテ人の
52 あなたも<はずかしめ>を受けよ．あ
36:32 恥じよ…<はずかしめ>を受けよ．
Ⅰテサ 2: 2 ピリピで…<はずかしめ>を受けたの
ヘブ 12: 2 <はずかしめ>をものともせずに十字
13:13 キリストの<はずかしめ>を身に負っ

▼ はずかしめる（辱める）

創世 34: 2 捕らえ，これと寝て<はずかしめ>た．
レビ 18: 7 父を<はずかしめる>こと…母を犯す
20:11 父を<はずかしめ>たのである．ふた
20 おじを<はずかしめる>ことになる．
21 彼はその兄弟を<はずかしめ>た．彼

申命22:24 隣人の妻を<はずかしめ>たから．29.
士師19:24 彼らを<はずかしめ>て…好きなよう
Ⅱサム13:14 彼女を<はずかしめ>て，これと寝た．
22 妹タマルを<はずかしめ>たことで，
詩篇 4: 2 わたしの栄光を<はずかしめ>，むな
14: 6 悩む者のはかりごとを<はずかしめ>
31:17 悪者を<はずかしめ>てください．彼
34: 5 彼らの顔を<はずかしめ>ないでくだ
44: 7 憎む者らを<はずかしめ>なさいまし
119:31 私を<はずかしめ>ないでください．
箴言14:34 罪は国民を<はずかしめる>．
イザ30: 5 民のため，<はずかしめ>られる．そ
エレ 2:26 盗人が…<はずかしめ>られるように，イスラエルの家も<はずかしめ>られ
36 アッシリヤによって<はずかしめ>られたと同様に，エジプトによっても<はずかしめ>られる．
14:21 御座を<はずかしめ>ないでください．
46:24 娘エジプトは，<はずかしめ>られ，
48: 1 そのとりでは，<はずかしめ>られて
50: 2 ベルは<はずかしめ>られ…その像は<はずかしめ>られ，その偶像は砕か
哀歌 5:11 ユダの町々で，<はずかしめ>られま
エゼ22:11 自分の姉妹を<はずかしめ>た．
ナホ 3: 6 あなたを<はずかしめ>…見せものと
ゼカ 9: 5 <はずかしめ>られたのだから．ガザ
マコ12: 4 頭をなぐり，<はずかしめ>た．
ルカ 6:22 あなたがたを除名し，<辱め>，あな
18:32 人の子は…<はずかしめ>られ，つば
使徒 5:41 御名のために<はずかしめ>られるに値する者とされたことを喜びながら，
14: 5 使徒たちを<はずかしめ>て，石打ち
ロマ 1:24 からだを<はずかしめる>ようになり
Ⅰコリ 1:27 知恵ある者を<はずかしめる>ために…強い者を<はずかしめる>ために，
4:12 <はずかしめ>られるときにも祝福し，
14 あなたがたを<はずかしめる>ためで
6: 5 <はずかしめる>ためにこう言ってい
11: 4 自分の頭を<はずかしめる>ことにな
22 貧しい人たちを<はずかしめ>たいの
Ⅱコリ12:21 私を<はずかしめる>ことはないでし

▼はずす
出エ32: 2 金の耳輪を<はずし>て，私のところ
3 金の耳輪を<はずし>て，アロンのと

▼パス・ダミム〔地名〕
ユダ領ソコとアゼカの間にある地．Ⅰ歴11:13.

▼ハスファぞく（〜族）
捕囚帰還氏族の一つ．エズ2:43，ネヘ7:46.

▼はずべき（恥ずべき）
創世34: 7 イスラエルの中で<恥ずべき>ことを
レビ20:17 裸を見る…これは<恥ずべき>ことで
申命24: 1 妻に何か<恥ずべき>事を発見したた
士師19:23 そんな<恥ずべき>ことはしないでく
20: 6 みだらな<恥ずべき>ことを行ったか
箴言13: 5 悪者は…<恥ずべき>ふるまいをする．
イザ 9:17 すべての口が<恥ずべき>ことを語っ
32: 6 しれ者は<恥ずべき>ことを語り，そ
エレ11:13 <恥ずべき>もののための祭壇…設け
ロマ 1:26 神は彼らを<恥ずべき>情欲に引き渡
27 男が男と<恥ずべき>ことを行うよう
Ⅱコリ 4: 2 <恥ずべき>隠された事を捨て，悪巧
コロ 3: 8 <恥ずべき>ことばを，捨ててしまい

▼ハスラ〔人名〕
フルダの夫シャルムの祖父．Ⅱ歴34:22.

▼はずれる
創世32:25 ヤコブのもものつがいが<はずれ>た．
出エ32: 8 彼らに命じた道から<はずれ>，自分
Ⅱ歴34:33 主に従う道から<はずれ>なかった．
詩篇22:14 私の骨々はみな，<はずれ>ました．
マラ 2: 8 あなたがたは道から<はずれ>，多く
コロ 1:23 福音の望みから<はずれる>ことなく，
Ⅱテモ 2:18 彼らは真理から<はずれ>てしまい，

▼パセアハ
1.人名．
(1)ユダの子孫エシュトンの子．Ⅰ歴4:12.
(2)エホヤダの父．ネヘ3:6.
2.パセアハ族．捕囚帰還氏族．宮に仕えるしもべたちの一氏族．エズ2:49，ネヘ7:51.

▼バセマテ〔人名〕
(1)エサウの妻．アダ(2)と同人．創世26:34.
(2)エサウの妻．マハラテ(1)と同人．創世36:3.
(3)ソロモンの娘．Ⅰ列4:15.

▼はせん（破船）
Ⅰテモ 1:19 良心を捨てて，信仰の<破船>に会い

▼ハゾ〔人名〕
アブラハムの兄弟ナホルの子．創世22:22.

▼はそん（破損）
Ⅱ列12: 5 宮のどこかが<破損>していれば，そ

の<破損>の修理にそれを当て．22:5.

▼ はた（旗）

民数 1:52 軍団ごとに…自分の<旗>のもとに天
幕を張る．2:3, 10, 18, 25, 34.
2:17 <旗>に従って進まなければならない．
10:14 初めにユダ族の宿営の<旗>が…出発
詩篇 20: 5 御名により<旗>を高く掲げましょう．
60: 4 恐れる者のために<旗>を授けられま
雅歌 6: 4 <旗>を掲げた軍勢のように恐ろしい．
イザ 5:26 主が遠く離れた国に<旗>を揚げ，地
11:10 根は，国々の民の<旗>として立ち，
13: 2 はげ山の上に<旗>を掲げ，彼らに向
18: 3 山々に<旗>の揚がるときは見よ．角
31: 9 首長たちも<旗>を捨てておののき逃
49:22 わたしの<旗>を国々の民に向かって
62:10 国々の民の上に<旗>を揚げよ．
エレ 4: 6 シオンのほうに<旗>を掲げよ．のが
21 いつまで私は，<旗>を見，角笛の音
50: 2 諸国の民…<旗>を掲げて知らせよ．
51:12 バビロンの城壁に…<旗>を揚げよ．

▼ はた（機）

士師 16:13 <機>の縦糸といっしょに私の髪の毛
ヨブ 7: 6 私の日々は<機>の杼よりも速く，望
イザ 38:12 主は私を，<機>から断ち切る．あな

▼ バタ

詩篇 55:21 彼の口は，<バタ>よりもなめらかだ

▼ はたおり（機織り）

出エ 35:35 <機織り>する者の仕事を成し遂げる
Ｉサム 17: 7 槍の柄は<機織り>の巻き棒のようで
イザ 38:12 私のいのちを<機織り>のように巻い

▼ はだか（裸），まる裸【別項】裸の丘

創世 2:25 人とその妻は，ふたりとも<裸>であ
3: 7 自分たちが<裸>であることを知った．
9:21 ノアは…天幕の中で<裸>になってい
22 ハムは，父の<裸>を見て…兄弟に告
23 セムとヤペテは…父の<裸>をおおっ
た．彼らは…父の<裸>を見なかった．
出エ 20:26 あなたの<裸>が…あらわれてはなら
28:42 <裸>をおおう亜麻布のももひきを作
申命 28:48 飢えて渇き，<裸>となって，あらゆ
Ｉサム 19:24 一昼夜の間，<裸>のまま倒れていた．
IIサム 6:20 ごろつきが…<裸>になるように…は
しためのの目の前で<裸>におなりにな
II歴 28:15 <裸>の者にはみな…衣服を着せた．
ヨブ 1:21 私は<裸>で母の胎から出て来た．ま
た，<裸>で私はかしこに帰ろう．主
22: 6 <裸>の者から着物をはぎ取り，
24: 7 着る物もなく，<裸>で夜を明かし，
10 <裸>で歩き，飢えながら麦束をにな
ヨブ 26: 6 よみも神の前では<裸>であり，滅び
詩篇 29: 9 主の声は…大森林を<裸>にする．そ
伝道 5:15 母の胎…また<裸>でもとの所に帰る．
イザ 20: 2 彼は…<裸>になり，はだしで歩いた．
32:11 <裸>になり，腰に荒布をまとえ．
47: 3 あなたの<裸>は現れ，あなたの恥も
58: 7 <裸>の人を見て，これに着せ，あな
エレ 49:10 わたしがエサウを<裸>にし，その隠
哀歌 1: 8 その<裸>を見て，これを卑しめる．
4:21 娘よ…あなたも酔って<裸>になる．
エゼ 16: 7 あなたは<まる裸>であった．
8 衣のすそを…あなたの<裸>をおおい，
36 自分の<裸>をあらわにし…自分の子
39 あなたを<まる裸>にしておこう．
18: 7 食物を与え，<裸>の者に着物を着せ，
22:10 おまえの中では父が<裸>をあらわさ
23:10 彼らは彼女の<裸>をさらけ出し，そ
24: 8 その血を<裸>岩の上に流させて，こ
26: 4 わたしは…そこを<裸>岩にする．
ホセ 2: 3 彼女の着物をはいで<裸>にし，生ま
9 彼女の<裸>をおおうためのわたしの
ヨエ 1: 7 <まる裸>に引きむいて投げ倒し，そ
アモ 2:16 強い者も，その日には<裸>で逃げる．
ミカ 1: 8 わたしは嘆き…<裸>で歩こう．わた
11 <裸>で恥じながら過ぎて行け．ツァ
ナホ 3: 5 あなたの<裸>を諸国の民に見せ，あ
ハバ 2:15 友に飲ませ…その<裸>を見ようとす
3:13 足もとから首まで<裸>にされます．
マタ 25:36 わたしが<裸>のとき…着る物を与え，
マコ 14:52 亜麻布を脱ぎ…<はだか>で逃げた．
ヨハ 21: 7 ペテロは…<裸>だったので，上着を
使徒 19:16 彼らは<裸>にされ，傷を負ってその
ロマ 8:35 飢えですか，<裸>ですか，危険です
IIコリ 11:27 寒さに凍え，<裸>でいたこともあり
ヘブ 4:13 神の目には，すべてが<裸>であり，
黙示 3:17 <裸>の者であることを知らない．
18 あなたの<裸>の恥を現さないために
16:15 <裸>で歩く恥を人に見られないよう
17:16 彼女を荒廃させ，<裸>にし，その肉

▼ はだかのおか（裸の丘）

民数 23: 3 バラムは…<裸の丘>に行った．

イザ41:18 わたしは，<裸の丘>に川を開き，平
49: 9 <裸の丘>の至る所が，彼らの牧場と
エレ 3: 2 目を上げて<裸の丘>を見よ．どこに，
21 一つの声が<裸の丘>の上で聞こえる．
4:11 荒野にある<裸の丘>の熱風が，わた
7:29 <裸の丘>の上で哀歌を唱えよ．主は，
12:12 <裸の丘>の上に，荒らす者が来た．
14: 6 野ろばは<裸の丘>の上に立ち，ジャ

▼ はだかむぎ（裸麦）

エゼ 4: 9 <裸麦>を取り，それらを一つの器に

▼ ハタク〔人名〕

ペルシヤの宦官．エス4:5，6，8，9，10．

▼ はたけ（畑），畑地【別項】陶器師の畑

創世23: 9 彼の<畑地>の端にある…ほら穴を…
その<畑地>に十分な価をつけて，私
17 エフロンの<畑地>，すなわちその
<畑地>とその<畑地>にあるほら穴…
<畑地>の回りの境界線の中にあるど
19 サラを…マクペラの<畑地>のほら穴
に葬った．25:9，10，49:29，30．
37: 7 私たちは<畑>で束をたばねていまし
出エ 8:13 かえるは家と庭と<畑>から死に絶え
22: 5 家畜…他人の<畑>の物を食い荒らし
た場合…自分の<畑>の最良の物と，
23:16 <畑>に種を蒔いて得た…初穂の刈り
入れの祭りと…<畑>から取り入れる
レビ19: 9 <畑>の隅々まで刈ってはならない．
25: 3 ６年間あなたの<畑>に種を蒔き，６
26: 4 地は産物を…<畑>の木々はその実を
27:16 自分の所有の<畑>の一部を主に聖別
20 その<畑>を買い戻さず…<畑>が他の
21 その<畑>がヨベルの年に渡されると
き，それは聖絶された<畑>として主
28 人であっても…<畑>であっても，人
民数20:17 私たちは，<畑>もぶどう畑も通りま
申命 5:21 隣人の家，<畑>，男奴隷…を，欲し
14:22 <畑>から得るすべての収穫の10分の
24:19 <畑>で穀物の刈り入れをして，束の
一つを<畑>に置き忘れたときは，そ
ヨシ15:18 <畑>を父に求めることにした．彼女
21:12 町の<畑>とその村々は…カレブに，
士師 9:27 <畑>に出て行って，ぶどうを収穫し
13: 9 彼女は，<畑>にすわっており，夫マ
ルツ 2: 2 <畑>に行かせてください…落ち穂を
3 それは…ボアズの<畑>のうちであっ
8 ほかの<畑>に…行ったりしてはいけ
4: 5 ナオミの手からその<畑>を買うとき
Ⅰサム 8:14 あなたがたの<畑>…家来たちに与え
11: 5 サウルが…<畑>から帰って来た．サ
14:14 牛が１日で耕す<畑>のおおよそ半分
Ⅱサム14:30 ヨアブの<畑>は私の<畑>のそばにあ
り…家来たちは<畑>に火をつけた．
Ⅱ列 8: 3 家と<畑>を得ようと王に訴え出た．
9:25 ナボテの所有地であった<畑>に投げ
ヨブ24: 6 飼葉を<畑>で刈り取り，悪者のぶど
詩 107:37 <畑>に種を蒔き，ぶどう畑を作り，
箴言23:10 みなしごの<畑>に入り込んではなら
24:27 あなたの<畑>を整え，そのあとで，
30 なまけ者の<畑>と，思慮に欠けてい
箴言28:19 自分の<畑>を耕す者は食糧に飽き足
31:16 彼女は<畑>をよく調べて，それを手
イザ16: 8 ヘシュボンの<畑>も，シブマのぶど
32:12 麗しい<畑>，実りの多いぶどうの木
エレ 4:17 彼らは<畑>の番人のように，ユダを
6:12 <畑>や妻もろともに，他人のものと
25 <畑>に出るな．道を歩くな．敵の剣
12: 4 すべての<畑>の青草は枯れているの
26:18 シオンは<畑>のように耕され，エル
29: 5 <畑>を作って，その実を食べよ．
31:40 馬の門の隅までの<畑>は…主に聖別
32: 7 アナトテにある私の<畑>を買ってく
35: 9 家も…<畑>も，種も持ちません．
41: 8 油，蜜を<畑>に隠していますから．」
哀歌 2: 6 <畑>の仮小屋のように，ご自分の幕
ホセ10: 4 <畑>のうねの毒草のように生いでる．
12:11 <畑>のうねの石くれの山のようにな
ヨエ 1:10 <畑>は荒らされ，地も喪に服する．
アモ 4: 7 一つの<畑>には雨が降り…他の<畑>
マラ 3:11 <畑>のぶどうの木が不作とならない
マタ13:24 ある人が自分の<畑>に良い種を蒔い
31 それを取って，<畑>に蒔くと，
38 <畑>はこの世界のことで，良い種と
44 <畑>に隠された宝のようなもの…持
ち物を…売り払ってその<畑>を買い
19:29 母，子，あるいは<畑>を捨てた者は
22: 5 ある者は<畑>に，別の者は商売に出
24:18 <畑>にいる者は着物を取りに戻って
はいけません．マコ13:16．
40 <畑>にふたりいると，ひとりは取ら
27: 8 その<畑>は…血の<畑>と呼ばれてい

マコ 10:30 母，子，<畑>を迫害の中で受け，後
ルカ 12:16 ある金持ちの<畑>が豊作であった．
14:18 <畑>を買ったので…見に出かけなけ
15:15 彼を<畑>にやって，豚の世話をさせ
25 兄息子は<畑>にいたが，帰って来て
17:31 <畑>にいる者も家に帰ってはいけま
ヨハ 4:35 目を上げて<畑>を見なさい．色づい
使徒 4:37 <畑>を持っていたので，それを売り，
Iコリ 3: 9 あなたがたは神の<畑>，神の建物で
ヤコ 5: 4 <畑>の刈り入れをした労働者への未

▼ハダサ〔人名〕
エステルのヘブル名，またはバビロニヤ名．エス2:7.

▼はたざお（旗ざお）
民数 21: 8 蛇を作り…<旗ざお>の上につけよ．
イザ 30:17 山の頂の<旗ざお>，丘の上の旗ぐら

▼はだし
IIサム 15:30 その頭をおおい，<はだし>で登った．
ヨブ 12:17 神は議官たちを<はだし>で連れて行
19 祭司たちを<はだし>で連れて行き，
イザ 20: 3 裸になり，<はだし>で歩いたように，
エレ 2:25 <はだし>にならないよう，のどが渇
ミカ 1: 8 嘆き…<はだし>で，裸で歩こう．わ

▼ハダシャ〔地名〕
ユダの低地の町．ヨシ15:37.

▼はたじるし（旗じるし）
民数 2: 2 父祖の家の<旗じるし>のもとに宿営
雅歌 2: 4 あの方の<旗じるし>は愛でした．
エゼ 27: 7 亜麻布が…おまえの<旗じるし>であ

▼はたす（果たす）
創世 26: 3 アブラハムに誓った誓いを<果たす>
民数 1:53 幕屋の任務を<果た>さなければなら
3: 7 全会衆の任務を<果た>して，幕屋の
28 彼らが聖所の任務を<果たす>者であ
32 聖所の任務を<果たす>者たちの監督
38 聖所の任務を<果たす>者たちであっ
8:26 同族の者が任務を<果たす>のを助け
18: 3 天幕全体の任務を<果たす>のである．
4 会見の天幕の任務を<果たす>．ほか
5 聖所…と祭壇の任務を<果たす>なら，
31:30 主の幕屋の任務を<果たす>レビ人に
与えなければならない．47.
申命 9: 5 ヤコブになさった誓いを<果たす>た
23:21 遅れずに<果た>さなければならない．
Iサム 3:12 初めから終わりまでエリに<果た>そ
IIサム 15: 7 主に立てた誓願を<果たす>ために，
I列 2: 4 主は…約束を<果た>してくださろう．
I歴 23:32 アロンの子らの任務を<果た>さなけ
II歴 6:10 お告げになった約束を<果た>された
31:21 心を尽くして…目的を<果た>した．
ネヘ 12:45 きよめの任務を<果た>した．
ヨブ 22:27 あなたは自分の誓願を<果た>せよう．
詩篇 22:25 人々の前で私の誓いを<果た>します．
50:14 誓いをいと高き方に<果た>せ．
61: 8 私の誓いを日ごとに<果た>しましょ
65: 1 あなたに誓いが<果た>されますよう
66:13 家に行き，私の誓いを<果た>します．
76:11 主に，誓いを立て，それを<果た>せ．
116:14 私は，自分の誓いを主に<果た>そう．
119:106 私は誓い，そして<果た>してきまし
箴言 7:14 きょう，私の誓願を<果た>しました．
伝道 5: 4 それを<果たす>のを遅らせてはなら
ない…誓ったことは<果た>せ．
5 誓って<果た>さないよりは，誓わな
イザ 19:21 主に誓願を立ててこれを<果たす>．
エレ 29:10 幸いな約束を<果た>して…帰らせる．
44:25 口で約束したことを…手で<果た>せ．
哀歌 4:22 あなたの刑罰は<果た>された．主は
エゼ 40:45 宮の任務を<果たす>祭司たちのため
46 祭壇の任務を<果たす>祭司たちのた
44: 8 わたしの聖所での任務も<果た>さず
…任務を<果たす>者たちを置いた．
14 すべての宮の任務を<果た>させる．
15 聖所の任務を<果た>した…祭司たち
16 わたしへの任務を<果たす>ことがで
48:11 わたしへの任務を<果た>している．
ヨナ 2: 9 私の誓いを<果た>しましょう．救い
ナホ 1:15 ユダよ…あなたの誓願を<果た>せ．
マタ 5:33 あなたの誓ったことを主に<果た>せ
23:16 その誓いを<果た>さなければならな
使徒 12:25 任務を<果た>したバルナバとサウロ
13:33 子孫にその約束を<果た>されました．
Iコリ 7: 3 夫は…妻に対して義務を<果た>し…
妻も…義務を<果た>しなさい．
コロ 4:17 務めを，注意してよく<果たす>よう

▼ハタテ〔人名〕
さばきつかさオテニエルの子．I歴4:13.

▼ハダデ〔人名〕
(1)イシュマエルの第8子．創世25:15，I歴1:30.

(2)エドムの王の名．創世36:35，36，Ⅰ歴1:46，47．

(3)エドムの王の名．ハダルと同人．Ⅰ歴1:50．

(4)エドムの王の子孫．Ⅰ列11:14，17，19，25．

▼ハダデエゼル〔人名〕

アラム人．ツォバの王．Ⅱサム8:3，5，7，8，9，10，12，10:16，Ⅰ列11:23，Ⅰ歴18:3，19:16．

▼ハダデ・リモン

メギドの平地の地名と地方神の名．ゼカ12:11．

▼パタラ〔地名〕

小アジヤの南西部の重要な港町．使徒21:1．

▼はたらき（働き）

創世 30:26 あなたに仕えた私の<働き>は…ご存
申命 15:10 あなたのすべての<働き>と手のわざ
Ⅱ歴 15: 7 あなたがたの<働き>には報いが伴っ
ヨブ 39:11 あなたの<働き>をこれに任せるだろ
詩 104:23 夕暮れまでその<働き>につきます．
108:13 神によって…力ある<働き>をします．
127: 1 家を…建てる者の<働き>はむなしい．
箴言 12:14 人の手の<働き>はその人に報いを与
伝道 9: 1 彼らの<働き>も，神の御手の中にあ
伝道 9:10 <働き>も企ても知識も知恵もないか
使徒 14:26 彼らがいま成し遂げた<働き>のため
ロマ 4: 5 何の<働き>もない者が，不敬虔な者
12: 4 すべての器官が同じ<働き>はしない
Ⅰコリ 3: 8 自分自身の<働き>に従って…報酬を
13 各人の<働き>は明瞭になります…この火が…各人の<働き>の真価をため
9: 1 あなたがたは…私の<働き>の実では
12: 6 <働き>にはいろいろの種類がありま
16: 9 <働き>のための広い門が私のために
Ⅱコリ 3:18 これは…御霊なる主の<働き>による
10:15 ほかの人の<働き>を誇ることはしません…私たちの<働き>が広げられる
エペ 4:12 聖徒たちを整えて奉仕の<働き>をさ
ピリ 1: 6 良い<働き>を始められた方は，キリ
Ⅰテサ 1: 3 あなたがたの信仰の<働き>，愛の労
Ⅱテサ 1:11 信仰の<働き>とを全うしてください
2: 9 到来は，サタンの<働き>によるので
Ⅱテモ 3:17 すべての良い<働き>のためにふさわ

▼はたらきて（働き手）

マタ 9:37 収穫は多いが，<働き手>が少ない．
38 <働き手>を送ってくださるように祈
Ⅰテモ 5:18 <働き手>が報酬を受けることは当然

▼はたらきびと（働き人）

エゼ 48:18 収穫した物は…<働き人>の食物とな
19 その町の<働き人>は…これを耕す．
Ⅱコリ 11:13 人を欺く<働き人>であって，キリス
ピリ 3: 2 悪い<働き人>に気をつけてください．
Ⅱテモ 2:15 恥じることのない<働き人>として，

▼はたらく（働く）【別項】働く者

創世 5:29 私たちは<働>き，この手で苦労して
出エ 5:18 さあ，すぐに行って<働>け．わらは
20: 9 6日間，<働>いて，あなたのすべての仕事を．34:21，申命5:13．
Ⅰ列 11:28 ソロモンはこの若者の<働>きぶりを
ネヘ 4: 6 民に<働く>気があったからである．
13:17 なぜ…悪事を<働>いて安息日を汚し
箴言 13:11 <働>いて集める者は，それを増す．
21:25 その手が<働く>ことを拒むからだ．
エゼ 29:18 自分の軍隊を大いに<働>かせた．そ
20 彼が<働>いた報酬として…彼らがわたしのために<働>いたからだ．――
ハガ 2: 5 あなたがたの間で<働>いている．恐
マタ 6:28 <働>きもせず，紡ぎもしません．
14: 2 力が彼のうちに<働>いているのだ．」
20:12 1時間しか<働>かなかったのに，あ
21:28 ぶどう園に行って<働>いてくれ」と
マコ 16:20 主は彼らとともに<働>き，みことば
ルカ 5: 5 夜通し<働>きましたが，何一つとれ
13:14 <働>いてよい日は6日です．その間
ヨハ 5:17 父は今に至るまで<働>いておられます．ですからわたしも<働>いている
6:27 食物のために<働>きなさい．それこ
9: 4 だれも<働く>ことのできない夜が来
使徒 20:34 この両手は…<働>いて来ました．
ロマ 7: 5 欲情が…からだの中に<働>いていて，
8:28 神がすべてのことを<働>かせて益と
Ⅰコリ 4:12 苦労して自分の手で<働>いています．
15:10 使徒たちよりも多く<働>きました．
16:16 ともに<働>き，労しているすべての
Ⅱコリ 1:24 あなたがたの喜びのために<働く>協
4:12 死は私たちのうちに<働>き，いのちはあなたがたのうちに<働く>のです．
17 患難は，私たちのうちに<働>いて，
ガラ 5: 6 愛によって<働く>信仰だけが大事な
エペ 1:19 信じる者に<働く>神のすぐれた力が
20 全能の力をキリストのうちに<働>か

2: 2　不従順の子らの中に<働>いている霊
3:20　私たちのうちに<働く>力によって，
4:16　力量にふさわしく<働く>力により，
28　仕事をし，ほねおって<働>きなさい．
ピリ 2:13　あなたがたのうちに<働>いて志を立
22　テモテのりっぱな<働>きぶりは，あ
コロ 1:29　自分のうちに力強く<働く>キリスト
Ⅰテサ 2: 9　昼も夜も<働>きながら，神の福音を
13　あなたがたのうちに<働>いているの
4:11　身を入れ，自分の手で<働>きなさい．
Ⅱテサ 2: 7　不法の秘密はすでに<働>いています．
3: 8　昼も夜も労苦しながら<働>き続けま
10　<働>きたくない者は食べるなと命じ
Ⅱテモ 4: 5　伝道者として<働>き，自分の務めを
ヤコ 2:22　信仰は…行いとともに<働>いたので

▼ はたらくもの（働く者）
箴言 16:26　<働く者>は食欲のために働く．その
伝道 5:12　<働く者>は，少し食べても多く食べ
イザ 19:10　雇われて<働く者>はみな，心を痛め
マタ 10:10　<働く者>が食べ物を与えられるのは
ルカ 10: 7　<働く者>が報酬を受けるのは，当然
ロマ 4: 4　<働く者>の場合に，その報酬は恵み
Ⅱコリ 6: 1　私たちは神とともに<働く者>として，
黙示 18:17　海で<働く者>たちも，遠く離れて立

▼ ハダル〔人名〕
エドムの王．ハダデ(3)と同人．創世36:39.

▼ パダン〔地名〕
パダン・アラムと同地．創世48:7.

▼ パダン・アラム〔地名〕
メソポタミヤ北部の地域．パダンと同地．創世25:20，28:2，5，31:18，33:18，35:9，46:15.

▼ はち（蜂）
申命 1:44　<蜂>が追うようにあなたがたを追い
詩 118:12　彼らは<蜂>のように，私を取り囲ん
箴言 24:13　<蜂>の巣の蜜はあなたの口に甘い．
27: 7　飽き足りている者は<蜂>の巣の蜜も
イザ 7:18　アッシリヤの…<蜂>に合図される．

▼ はち（鉢）【別項】小鉢
出エ 12:22　ヒソプ…<鉢>の中の血に浸し，その
24: 6　血の半分を取って，<鉢>に入れ，残
27: 3　十能，<鉢>．38:3，民数4:14.
民数 7:13　銀の<鉢>一つ．19，25，31，37，43，49，55，61，67，73，79，84.
士師 5:25　ヤエルは…高価な<鉢>で凝乳を勧め
6:38　<鉢>いっぱいになるほど水が出た．
Ⅱサム 17:28　寝台，<鉢>，土器，小麦，大麦，小
Ⅰ列 7:40　灰つぼと十能と<鉢>．45，Ⅱ歴4:11.
Ⅱ列 25:15　火皿，<鉢>…を奪った．エレ52:19.
Ⅰ歴 28:17　純金の，肉刺し，<鉢>，びん，金の
Ⅱ歴 4: 8　机を10個…金の<鉢>を100個作った．
エズ 1:10　金の<鉢>30…銀の<鉢>410．その他
イザ 22:24　<鉢>の類から…つぼの類に至るまで．
エレ 52:18　灰つぼ，十能…<鉢>，平皿…を奪っ
アモ 6: 6　彼らは<鉢>から酒を飲み，最上の香
ゼカ 9:15　<鉢>のように…角のように，満たさ
14:20　なべは，祭壇の前の<鉢>のようにな
マタ 26:23　わたしといっしょに<鉢>に手を浸した者が…裏切るのです．マコ14:20.
黙示 5: 8　香のいっぱい入った金の<鉢>とを持
15: 7　七つの金の<鉢>．16:1，17:1，21:9.
16: 2　御使いが…<鉢>を…ぶちまけた．3，4，8，10，12，17.

▼ 8げんのたてごと（8弦の立琴）
Ⅰ歴 15:21　<8弦の立琴>に合わせて指揮した．
詩篇6題目　<8弦の立琴>に合わせて．12題目.

▼ 8にん（8人）
Ⅰサム 17:12　エッサイには<8人>の息子がいた．
エレ 41:15　<8人>の者とともに…アモン人のと
ミカ 5: 5　牧者と<8人>の指導者を立てる．
Ⅰペテ 3:20　わずか<8人>の人々が…救われたの
Ⅱペテ 2: 5　ノアたち<8人>の者を保護し，不敬

▼ はちみつ（蜂蜜）
箴言 16:24　親切なことばは<蜂蜜>，たましいに
雅歌 4:11　くちびるは<蜂蜜>をしたたらせ，あ
雅歌 5: 1　蜂の巣と<蜂蜜>を食べ，ぶどう酒と
イザ 7:15　この子は…凝乳と<蜂蜜>を食べる．

▼ ばつ（罰）
創世 42:21　弟のことで<罰>を受けているのだな
レビ 24:15　神をのろう者は…<罰>を受ける．
民数 12:11　罪の<罰>を…私たちに負わせないで
Ⅱ列 7: 9　私たちは<罰>を受けるだろう．さあ
箴言 6:29　女に触れた者は…<罰>を免れない．
11:21　確かに悪人は<罰>を免れない．しか
12: 2　悪をたくらむ者は<罰>を受ける．
19:19　激しく憤る者は<罰>を受ける．たと
21:11　あざける者が<罰>を受けるとき，わ
22: 3　わきまえのない者は…<罰>を受ける．
28:20　富を得ようとあせる者は<罰>を免れ
エレ 25:29　どんなに<罰>を免れようとしても，
49:12　あなただけが<罰>を免れることがで

きようか．<罰>を受けずには済まな
51: 9　バビロンへの<罰>は，天に達し，大
エゼ 16:38　殺人をした女に下す<罰>であなたを
23:45　姦通した女に下す<罰>と殺人をした
女に下す<罰>で彼らをさばく．彼女
マラ 3:15　神を試みても<罰>を免れる」と．
マタ 10:15　その町よりはまだ<罰>が軽いのです．
ルカ 10:14　まだおまえたちより<罰>が軽いのだ．

▼ハツァツォン・タマル〔地名〕
死海西岸のオアシス．エン・ゲディと同地．創世14:7，Ⅱ歴20:2.

▼ハツァル・アダル〔地名〕
ユダの町．アダルと同地．民数34:4.

▼ハツァル・エナン〔地名〕
イスラエルがカナンを相続した時，北と東の境となった町．民数34:9，10，エゼ47:17，48:1.

▼ハツァル・ガダ〔地名〕
ユダの最南端の町の一つ．ヨシ15:27.

▼ハツァル・シュアル〔地名〕
ユダの最南端の町の一つ．ヨシ15:28，19:3，Ⅰ歴4:28，ネヘ11:27.

▼ハツァル・スサ〔地名〕
ユダ南部のシメオンの町．ヨシ19:5.

▼ハツァル・スシム〔地名〕
ハツァル・スサと同地．Ⅰ歴4:31.

▼ハツァルマベテ〔人名〕
セムの子孫．ヨクタンの子．創世10:26.

▼ハツェル・ハティコン〔地名〕
エゼキエルの幻の中に出てくる地．エゼ47:16.

▼ハツェレルポニ〔人名〕
ユダ族エタムの娘．Ⅰ歴4:3.

▼ハツェロテ〔地名〕
荒野の宿営地の一つ．民数11:35，12:16，33:17，18，申命1:1.

▼ハツォル
1. 地名．
(1)ナフタリの主要な町．ヨシ11:1，12:19，19:36，士師4:2，Ⅰサム12:9，Ⅰ列9:15，Ⅱ列15:29.
(2)ユダ南部の町の一つ．ヨシ15:23.
(3)ユダ南部の町の一つ．ヨシ15:25.
(4)捕囚帰還後のベニヤミンの町．ネヘ11:33.
2. パレスチナ東方の諸国．エレ49:28，30，33.

▼ハツォル・ハダタ〔地名〕
ユダの最南端の町の一つ．ヨシ15:25.

▼はつおん（発音）
士師 12: 6　正しく<発音>できないと…殺した．

▼はっか
マタ 23:23　<はっか>，いのんど，クミンなどの
ルカ 11:42　<はっか>，うん香，あらゆる野菜な

▼はっきり
ネヘ 8: 8　律法の書を<はっきり>と読んで説明
ダニ 2: 8　「私には，<はっきり>わかっている．
マコ 7:35　<はっきり>と話せるようになった．
8:25　<はっきり>見えるようになった．
32　<はっきり>とこの事がらを話された．
ヨハ 10:24　<はっきり>とそう言ってください．」
11:14　イエスは…<はっきり>と…言われた．
使徒 2:36　<はっきり>と知らなければなりませ
13:46　バルナバは，<はっきり>とこう宣言
20:23　聖霊が…<はっきり>とあかしされて，
Ⅰコリ 14: 8　ラッパが…<はっきり>しない音を出
エペ 1:18　心の目が<はっきり>見えるようにな
Ⅰペテ 1:12　御使いたちも<はっきり>見たいと願

▼ばっきん（罰金）
出エ 21:22　<罰金>を必ず払わなければならない．
申命 22:19　銀100シェケルの<罰金>を科し，こ
アモ 2: 8　<罰金>で取り立てたぶどう酒を彼ら

▼はっけん（発見）
創世 36:24　荒野で温泉を<発見>したアナである．
申命 24: 1　妻に何か恥ずべき事を<発見>したた
Ⅱ列 23: 2　主の宮で<発見>された契約の書のことばをみな…読み聞か．Ⅱ歴34:30.
Ⅰ歴 4:40　豊かな良い牧場を<発見>した．その
Ⅱ歴 34:14　ヒルキヤは…律法の書を<発見>した．
エズ 6: 2　一つの巻き物が<発見>された．その
ネヘ 7: 5　上って来た人々の系図を<発見>し，

▼はっこう（発酵）
伝道 10: 1　香油を臭くし，<発酵>させる．少し

▼8さい（8歳）
Ⅱ列 22: 1　ヨシヤは<8歳>で王となり，エルサ

▼ばっする（罰する），罰す
出エ 20: 7　主は，御名をみだりに唱える者を，<罰>せずにはおかない．申命5:11.
34: 7　<罰す>べき者は必ず<罰>して報いる
レビ 18:25　わたしはその地の咎を<罰する>ので，
民数 14:18　<罰す>べき者は必ず<罰>して，父の
Ⅰサム 3:17　神がおまえを幾重にも<罰>せられる

15: 2 イスラエルにしたことを<罰する>．
ヨブ35:15 神は怒って<罰>しないだろうか．ひ
詩篇59: 5 すべての国々を<罰>してください．
89:32 わたしは…彼らの咎を<罰>しよう．
箴言30:10 あなたをのろい，あなたは<罰>せら
イザ10:12 その誇らしげな高ぶりを<罰する>．
13:11 わたしは，その悪のために世を<罰>
し，その罪のために悪者を<罰する>．
24:21 地では地上の王たちを<罰>せられる．
22 何年かたって後，<罰>せられる．
26:14 あなたは彼らを<罰>して滅ぼし，彼
21 地に住む者の罪を<罰>せられるから
27: 1 曲がりくねる蛇レビヤタンを<罰>し，
53: 4 彼は<罰>せられ，神に打たれ，苦し
エレ 5: 9 これらに対して，わたしが<罰>しな
いだろうか．29，9:9．
9:25 割礼を受けている者を<罰する>．
14:10 咎を覚えて，その罪を<罰する>．」
15: 3 四つの種類のもので彼らを<罰する>．
21:14 行いの実にしたがって<罰する>．—
23:34 その者とその家とを…<罰する>．」
25:12 地を，彼らの咎のゆえに<罰>し，こ
27: 8 民を剣と，ききんと，疫病で<罰>し，
30:11 あなたを<罰>せずにおくことは決し
てないが．46:28，ナホ1:3．
20 これを圧迫する者をみな<罰する>．
36:31 その家来たちを…咎のゆえに<罰>し，
44:13 エルサレムを<罰>したと同じように
…剣とききんと疫病で<罰する>．
エレ50:18 アッシリヤの王を<罰>したように，
バビロンの王とその国を<罰する>．
31 あなたを<罰する>時が来たからだ．
51:47 バビロンの刻んだ像を<罰する>．52．
エゼ 9: 1 この町を<罰する>者たちよ．おのお
ダニ 1:10 王さまはきっと私を<罰する>だろう．
ホセ 4:14 娘が姦淫をしても<罰>しない．また
…嫁が姦通をしても<罰>しない．そ
8:13 不義を覚え，その罪を<罰>せられる．
11: 9 わたしは燃える怒りで<罰>しない．
12: 2 ヤコブを<罰する>ためにユダと言い
ヨエ 3:21 わたしは…<罰>しないではおかない．
アモ 3:14 そむきの罪を，わたしが<罰する>日
に…ベテルの祭壇を<罰する>．その
ゼパ 1: 8 外国の服をまとった…者を<罰する>．
9 家を…欺きで満たす者…を<罰する>．
使徒 4:21 ふたりを<罰する>すべがなかったか
26:11 彼らを<罰>しては，強いて御名をけ
IIコリ 6: 9 <罰>せられているようであっても，
10: 6 不従順を<罰する>用意ができている
Iペテ 2:14 悪を行う者を<罰>し，善を行う者を

▼ ばった

レビ11:22 こおろぎの類，<ばった>の類である．
エレ51:14 <ばった>のような大群の人を…満た
ヨエ 1: 4 いなごが残した物は，<ばった>が食
い，<ばった>が残した物は，食い荒
ナホ 3:15 火は<ばった>のように…あなたは，
<ばった>のように数を増し，いなご

▼ はつなり（初なり）

民数18:13 <初なり>で…主に携えて来る物は，
ネヘ10:35 土地の<初なり>と…木の<初なり>の
イザ28: 4 夏前の<初なり>のいちじくの実のよ
エレ24: 2 <初なり>のいちじくの実のようであ
ホセ 9:10 いちじくの木の<初なり>の実のよう
ミカ 7: 1 私の好きな<初なり>のいちじくの実
ナホ 3:12 <初なり>のいちじくを持ついちじく

▼ はつほ（初穂）

出エ23:16 勤労の<初穂>の刈り入れの祭りと，
34:26 <初穂>の最上のものを…主の家に持
レビ 2:14 <初穂>の穀物のささげ物を主にささ
23:10 収穫の<初穂>の束を祭司のところに
民数28:26 <初穂>の日，すなわち７週の祭りに
II列 4:42 神の人に<初穂>のパンである大麦の
エレ 2: 3 イスラエルは…収穫の<初穂>であっ
ロマ 8:23 御霊の<初穂>をいただいている私た
Iコリ15:20 眠った者の<初穂>として死者の中か
23 まず<初穂>であるキリスト，次にキ
16:15 ステパナの家族は，アカヤの<初穂>
ヤコ 1:18 私たちを…被造物の<初穂>にするた
黙示14: 4 小羊にささげられる<初穂>として，

▼ はつもの（初物）

民数15:21 <初物>の麦粉のうちから…主に奉納
18:12 主に供える<初物>全部をあなたに与
申命18: 4 油などの<初物>，羊の毛の<初物>も
26: 2 その地のすべての産物の<初物>をい
II歴31: 5 野の収穫の<初物>をたくさん持って
ネヘ12:44 <初物>や10分の１を納める部屋を管
13:31 <初物>についての規程も定めた．私
箴言 3: 9 すべての収穫の<初物>で，主をあが
エゼ44:30 あらゆる種類の<初物>…麦粉の<初
物>も祭司に与えなければならない．

ロマ 11:16 <初物>が聖ければ，粉の全部が聖い

▼バツリテぞく（～族）

捕囚帰還氏族．バツルテ族と同一．ネヘ7:54.

▼バツルテぞく（～族）

捕囚帰還氏族．バツリテ族と同一．エズ2:52.

▼はて（果て），果て果て【別項】地の果て・地の果て果て

申命 30: 4 天の<果て>に追いやられていても，
IIサム 2:26 その<果て>は，ひどいことになるの
II列 19:23 その<果て>の宿り場，木の茂った園
ネヘ 1: 9 散らされた者が天の<果て>にいても，
詩篇 2: 8 地をその<果て果て>まで，あなたの
19: 6 その上るのは，天の<果て>から，行き巡るのは，天の<果て果て>まで．
65: 5 地のすべての<果て果て>，遠い大海
139: 9 翼をかって，海の<果て>に住んでも，
イザ 7:18 エジプトの川々の<果て>にいるあの
13: 5 遠い国，天の<果て>からやって来る．
14:13 北の<果て>にある会合の山にすわろ
37:24 その<果て>の高地，木の茂った園に
エゼ 38: 6 北の<果て>のベテ・トガルマと，そ
マタ 24:31 天の<果て>から<果て>まで，四方からその選びの民を集め．マコ13:27.

は

▼バテ〔度量衡〕

液体を量る単位．I列7:26，38，II歴2:10，イザ5:10，エゼ45:10，14.

▼ハティタぞく（～族）

帰還氏族．神殿の門衛．エズ2:42，ネヘ7:45.

▼ハディデ〔地名〕

ベニヤミンの子孫が住んだ町．エズ2:33，ネヘ7:37，11:34.

▼ハティファぞく（～族）

宮に仕えるしもべたち．エズ2:54，ネヘ7:56.

▼ハティルぞく（～族）

ソロモンのしもべたちの子孫．エズ2:57，ネヘ7:59.

▼バテ・シェバ〔人名〕

ソロモンの母．IIサム11:3，12:24，I列1:11，15，16，28，31，2:13，詩篇51題目.

▼バテ・シュア〔人名〕

ソロモンの母．バテ・シェバと同人．I歴3:5.

▼ハデス

マタ 11:23 <ハデス>に落とされるのだ．おまえ
16:18 <ハデス>の門もそれには打ち勝てま
ルカ 16:23 <ハデス>で苦しみながら目を上げる
使徒 2:27 私のたましいを<ハデス>に捨てて置
31 彼は<ハデス>に捨てて置かれず，そ
黙示 1:18 死と<ハデス>とのかぎを持っている．
6: 8 名は死といい…<ハデス>がつき従っ
20:13 死も<ハデス>も…死者を出した．そ
14 死と<ハデス>とは，火の池に投げ込

▼ハデライ〔人名〕

エフライム族出身．アマサ(2)の父．II歴28:12.

▼ハデラク〔地名〕

レバノン北西のハマテにあった町．ゼカ9:1.

▼バテ・ラビムのもん（～門）

ヘシュボンの城門の一つの名前．雅歌7:4.

▼パテロス

1. 地名．上エジプトの古代名．イザ11:11，エレ44:1，15，エゼ29:14，30:14.
2. パテロス人．創世10:14，I歴1:12.

▼はと（鳩）【別項】鳩の糞

創世 8: 8 <鳩>を彼のもとから放った．10，11.
12 <鳩>はもう…戻って来なかった．
詩篇 55: 6 私に<鳩>のように翼があったなら．
56題目 遠くの人の，もの言わぬ<鳩>」の調
68:13 銀でおおわれた，<鳩>の翼．その羽
雅歌 1:15 愛する者…あなたの目は<鳩>のよう
2:14 がけの隠れ場にいる私の<鳩>よ．私
4: 1 顔おおいのうしろで<鳩>のようだ．
5: 2 私の<鳩>よ．汚れのないものよ．私
12 水の流れのほとりにいる<鳩>のよう
イザ 38:14 <鳩>のように，うめき．59:11.
60: 8 <鳩>のように飛んでくる者は，だれ
エゼ 7:16 彼らは谷間の<鳩>のようになって，
ホセ 7:11 愚かで思慮のない<鳩>のようになっ
11:11 <鳩>のようにアッシリヤの地から，
ナホ 2: 7 はしためは<鳩>のような声で嘆き，
マタ 3:16 御霊が<鳩>のように．マコ1:10.
10:16 <鳩>のようにすなおでありなさい．
21:12 <鳩>を売る者たちの腰掛けを倒され
ルカ 3:22 聖霊が，<鳩>のような形をして，自
ヨハ 1:32 御霊が<鳩>のように天から下って，
2:14 宮の中に，牛や羊や<鳩>を売る者た

▼ハトシュ〔人名〕

(1)ダビデの子孫．I歴3:22，エズ8:2，3.
(2)城壁修理をしたハシャブネヤの子．ネヘ3:10.
(3)盟約に調印した祭司の一人．ネヘ10:4，12:2.

▼ はとのふん（鳩の糞）
II列　6:25　<鳩の糞>1カブの4分の1が銀5シ
▼ パトモス〔地名〕
使徒ヨハネが啓示を与えられた島．黙示1:9.
▼ ハドラム〔人名〕
(1)ヨクタンの子孫．創世10:27，I歴1:21.
(2)ハマテの王トウの子．I歴18:10.
(3)役務長官．アドラム2.と同人．II歴10:18.
▼ パトロバ〔人名〕
ローマにいたキリスト者．ロマ16:14.
▼ パドンぞく（～族）
捕囚帰還氏族の一つ．エズ2:44，ネヘ7:47.
▼ はな（花）
民数17:　8　<花>をつけ，アーモンドの実を結ん
ヨブ14:　2　<花>のように咲き出ては切り取られ，
15:33　木のように，その<花>は落とされる．
詩篇90:　6　朝は，<花>を咲かせているが，また
103:15　人の日は…野の<花>のように咲く．
雅歌　2:12　地には<花>が咲き乱れ，歌の季節が
6:11　ざくろの<花>が咲いたかを見るため
イザ　5:24　その<花>も，ちりのように舞い上が
28:　1　その美しい飾りのしぼんでゆく<花>．
35:　1　サフランのように<花>を咲かせる．
40:　6　その栄光は，みな野の<花>のようだ．
8　草は枯れ，<花>はしぼむ．だが，私
ナホ　1:　4　レバノンの<花>はしおれる．
マタ　6:29　ソロモンでさえ，このような<花>の
一つほどにも着飾って．ルカ12:27.
ヤコ　1:11　その<花>は落ち，美しい姿は滅びま
Iペテ　1:24　その栄えは，みな草の<花>のようだ．
草はしおれ，<花>は散る．
▼ はな（鼻）
創世　2:　7　その<鼻>にいのちの息を吹き込まれ
24:47　彼女の<鼻>に飾り輪をつけ，彼女の
出エ15:　8　あなたの<鼻>の息で，水は積み上げ
IIサム22:　9　煙は<鼻>から立ち上り．詩篇18:8.
16　その<鼻>の荒いいぶき．詩篇18:15.
ヨブ27:　3　神の霊が私の<鼻>にあるかぎり，
40:24　その<鼻>を突き通すことができよう
41:　2　葦をその<鼻>に通すことができるか．
20　その<鼻>からは煙が出て，煮え立つ
詩　115:　6　聞こえず，<鼻>があってもかげない．
箴言11:22　金の輪が豚の<鼻>にあるようだ．
30:33　<鼻>をねじると血が出る．怒りをか
雅歌　7:　4　あなたの<鼻>は，ダマスコのほうを
イザ　2:22　<鼻>で息をする人間をたよりにする
哀歌　4:20　私たちの<鼻>の息である者，主に油
エゼ　8:17　ぶどうのつるを…<鼻>にさしている．
16:12　<鼻>には鼻輪，両耳には耳輪をつけ，
アモ　4:10　悪臭を上らせ…<鼻>をつかせた．そ
▼ はなし（話）
ヨブ18:　2　いつ…その<話>にけりをつけるのか．
29:22　私の<話>は彼らの上に降り注いだ．
詩篇19:　2　昼は昼へ，<話>を伝え，夜は夜へ，
3　<話>もなく，ことばもなく，その声
伝道　3:　7　<話>をするのに時がある．
マタ28:15　この<話>が広くユダヤ人の間に広ま
ルカ　5:　4　<話>が終わると，シモンに，「深み
7:17　この<話>がユダヤ全土と回りの地方
24:11　この<話>はたわごとと思われたので，
17　その<話>は，何のことですか．」す
ヨハ　7:12　イエスについて…ひそひそ<話>がさ
21:23　その弟子は死なないという<話>が兄
使徒10:22　あなたからお<話>を聞くように，聖
21:39　この人々に<話>をさせてください．」
▼ はなしあう（話し合う）
士師14:　7　サムソンは…その女と<話し合>った．
マタ17:　3　モーセとエリヤが現れてイエスと
<話し合>っている．ルカ9:30.
ルカ　4:36　人々はみな驚いて…<話し合>った．
6:11　どうしてやろうかと<話し合>った．
24:14　ふたりでこのいっさいの出来事につ
いて<話し合>っていた．15，17.
使徒13:43　ふたりは彼らと<話し合>って，いつ
20:11　明け方まで長く<話し合>って，それ
24:26　幾度もパウロを呼び出して<話し合>
26:31　退場してから，互いに<話し合>って
IIIヨハ　14　顔を合わせて<話し合>いましょう．
▼ はなす（放す），放つ【別項】光を放つ
出エ　4:26　そこで，主はモーセを<放>された．
レビ14:53　小鳥を町の外の野に<放つ>．こうし
16:22　彼はそのやぎを荒野に<放つ>．
雅歌　3:　4　この方を…つかまえて，<放>さず，
▼ はなす（話す），話しぶり【別項】話し合う
創世24:33　私の用向きを<話す>までは食事をい
ただきません．」「お<話>しください．
29:13　事の次第のすべてを<話>した．
40:　8　さあ，それを私に<話>してください．
9　ヨセフに自分の夢を<話>して言った．

14 私のことをパロに<話>してください.
41: 8 パロは彼らに夢のことを<話>したが,
出エ 6:29 わたしがあなたに<話す>ことを…王
20:19 どうか，私たちに<話>してください
…しかし，神が私たちにお<話>しに
民数 12: 2 主はただモーセとだけ<話>されたの
でしょうか．私たちとも<話>された
士師 6:13 私たちに<話>したあの驚くべきみわ
17 私と<話>しておられるのがあなたで
13:11 この女にお<話>しになった方はあな
20: 3 どうして起こったのか，<話>してく
ルツ 2:13 このはしためにねんごろに<話>しか
Iサム 3: 9 主よ．お<話>しください．しもべは
18 すべてのことを<話>して，何も隠さ
8:10 主のことばを残らず<話>した.
10:15 何と言ったか，私に<話>してくれ.」
16 王位のこと…おじに<話>さなかった.
11: 5 ヤベシュの人々のことを彼に<話>し
19: 3 あなたのこと…父に<話>しましょう.
25:17 だれも<話>したがらないのです.」
36 アビガイルは…彼に<話>さなかった.
IIサム 1: 4 状況はどうか，<話>してくれ.」す
13: 4 そのわけを<話>してくれませんか.」
13 今，王に<話>してください．きっと
I列 1:14 あなたが…王と<話>しているうちに,
13:11 神の人がしたことを…彼に<話>した
…王に告げたことばも父に<話>した.
25 町に行って，このことを<話>した.
II列 8: 6 彼女は王にそのことを<話>した．そ
18:26 アラム語で<話>してください…ユダ
のことばで<話>さないでください.」
ネヘ 13:24 アシュドデのことばを<話>し，ある
いは，それぞれ他の国語を<話>して,
エス 6:13 妻…とすべての友人たちに<話>した.
14 彼らが…ハマンと<話>しているうち
ヨブ 2:13 だれも一言も彼に<話>しかけなかっ
ヨブ 12: 8 あるいは地に<話>しかけよ．それが
箴言 6:22 目ざめるとき，あなたに<話>しかけ
23: 9 愚かな者に<話>しかけるな．彼はあ
イザ 36:11 アラム語で<話>してください…ユダ
エレ 38:25 私があなたと<話>したことを聞いて
…『さあ，何を王と<話>したのか…
王はあなたに何を<話>したのだ』と
エゼ 3:26 あなたは<話>せなくなり，彼らを責
ダニ 2: 4 夢をしもべたちにお<話>しください.

10:17 どうしてわが主と<話>せましょう.
19 わが主よ．お<話>しください．あな
ゼカ 1: 9 私と<話>していた御使い．13，14,
19，2:3，4:1，6:4.
マタ 8: 4 だれにも<話>さないようにしなさい.
9:18 これらのことを<話>しておられると,
10:19 何を<話>そうかと心配するには及び
ません．<話す>べきことは…示され
20 <話す>のはあなたがたではなく，あ
27 暗やみで…<話す>ことを明るみで言
12:34 心に満ちていることを口が<話す>の
46 イエスが…<話>しておられるときに
…兄弟たちが…何か<話>そうとして,
17: 5 彼がまだ<話>している間に，見よ,
18:31 その一部始終を主人に<話>した.
24: 3 お<話>しください．いつ．マコ13:4.
26:47 イエスがまだ<話>しておられるうち
に．マコ14:43，ルカ22:47.
マコ 5:16 つぶさに彼らに<話>して聞かせた.
7:35 はっきりと<話>せるようになった.
9: 9 だれにも<話>してはならない，と特
13:11 そのとき自分に示されることを,
<話>しなさい．<話す>のは…聖霊で
14:71 あなたがたの<話>しているその人を
ルカ 1:22 人々に<話>すことができなかった.
2:18 羊飼いの<話>したことに驚いた.
5:14 だれにも<話>してはいけない…祭司
8:56 だれにも<話>さないように命じられ
9:31 ご最期について…<話>していたので
11:37 イエスが<話>し終えられると，ひと
24: 6 お<話>しになったことを思い出しな
35 イエスだとわかった次第を<話>した.
36 <話>している間に，イエスご自身が
44 あなたがたに<話>したことばはこう
ヨハ 3:11 知っていることを<話>し，見たこと
12 地上のことを<話>したとき，信じな
いくらいなら，天上のことを<話>し
31 地に属し，地のことばを<話す>．天
34 神のことばを<話>される．神が御霊
4:26 あなたと<話>しているこのわたしが
27 イエスが女の人と<話>しておられる
42 あなたが<話>したことによって信じ
ヨハ 6:63 わたしが…<話>したことばは，霊で
7:46 あの人が<話す>ように<話>した人は,
8:28 教えられたとおりに…<話>している

38　わたしは父のもとで見たことを<話>
45　わたしは真理を<話>しているために,
9:21　自分のことは自分で<話す>でしょう.
29　神がモーセにお<話>しになったこと
10: 6　たとえを…お<話>しになったが, 彼
らは…<話>されたことが何のことか
25　わたしは<話>しました. しかし, あ
12:29　御使いがあの方に<話>したのだ」と
36　お<話>しになると, 立ち去って, 彼
48　わたしが<話>したことばが, 終わり
49　わたしは, 自分から<話>したのでは
ありません…何を<話す>べきかをお
50　わたしが<話>していることは, 父が
わたしに言われたとおりを…<話>し
14:10　自分から<話>しているのではありま
26　わたしが…<話>したすべてのことを
29　そのことの起こる前に…<話>しまし
30　あなたがたに多くは<話す>まい. こ
15:22　わたしが来て彼らに<話>さなかった
16: 1　これらのことを…<話>したのは, あ
13　御霊は…聞くままを<話>し, また,
25　あなたがたにたとえで<話>しました.
もはやたとえでは<話>さないで, 父
18:20　世に向かって公然と<話>しました…
隠れて<話>したことは何もありませ
20:18　主が彼女にこれらのことを<話>され
使徒 2: 4　御霊が<話>させてくださるとおりに,
6　弟子たちが<話す>のを聞いて, 驚き
7　いま<話>しているこの人たちは, み
4:20　また聞いたことを, <話>さないわけ
7: 6　神は次のようなことを<話>されまし
8:33　だれが<話す>ことができようか. 彼
13:42　人々は…<話>してくれるように頼ん
14:12　パウロがおもに<話す>人であったの
16:13　川岸に…集まった女たちに<話>した.
17:21　何か耳新しいことを<話>したり, 聞
21:37　一言お<話>ししてもよいでしょうか
23:18　あなたにお<話>しすることがあるの
24:10　パウロに, <話す>ようにと合図した
26:25　私は, まじめな真理のことばを<話>
28:20　あなたがたに会ってお<話>ししよう
Ⅰコリ 3: 1　御霊に属する人に対するようには
<話す>ことができないで, 肉に属す
る…幼子に対するように<話>しまし
Ⅰコリ 13:11　子どもとして<話>し…考え…論じま
14: 2　異言を<話す>者は, 人に<話す>ので
はなく, 神に<話す>のです…自分の
霊で奥義を<話す>からです.
19　異言で1万語<話す>よりは…知性を
用いて五つのことばを<話>したいの
28　自分だけで, 神に向かって<話>しな
29　預言する者も, ふたりか3人が<話>
Ⅱコリ 10:10　その<話>しぶりは, なっていない.」
テト 2:15　十分な権威をもって<話>し, 勧め,
ヘブ 4: 8　神は…別の日のことを<話>されるこ

▼はなす（離す）【別項】遠く離す, 目を離す

ヨシ 1: 8　あなたの口から<離>さず, 昼も夜も
Ⅰサム 18:13　ダビデを自分のもとから<離>し, 彼
Ⅱ列 4:30　私は決してあなたを<離>しません.」
ヨブ 41:17　互いに…堅くついて<離>せない.
詩篇 81: 6　彼の手を荷かごから<離>してやった
箴言 4:21　それをあなたの目から<離>さず, あ
イザ 28: 9　だれに啓示を悟らせようとしている
のか…乳房を<離>された子にか.
ピレ 15　彼が…あなたから<離>されたのは,

▼ハナトン〔地名〕

ゼブルンの町. ヨシ19:14.

▼ハナニ〔人名〕

(1)預言者エフーの父. Ⅰ列16:1, 7, Ⅱ歴16:7, 19:2, 20:34.
(2)先見者ヘマンの子. 楽人. Ⅰ歴25:4, 25.
(3)異邦人の女をめとった祭司の一人. エズ10:20.
(4)ネヘミヤの兄弟. ネヘ1:2, 7:2.
(5)城壁の落成式に奉仕した楽人. ネヘ12:36.

▼ハナヌエルのやぐら

エルサレム神殿の羊の門と魚の門の間にあるやぐら. ネヘ3:1, 12:39, エレ31:38, ゼカ14:10.

▼ハナヌヤ〔人名〕

(1)ゼルバベルの子. Ⅰ歴3:19, 21.
(2)ベニヤミン族シャシャクの子. Ⅰ歴8:24.
(3)ヘマンの子. 楽人. Ⅰ歴25:4, 23.
(4)ウジヤ王の戦闘部隊の隊長の一人. Ⅱ歴26:11.
(5)異邦人の女をめとった人. エズ10:28.
(6)城壁再建を助けた香料作りの人. ネへ3:8, 30.
(7)エルサレムを守るための城のつかさ. ネへ7:

2.

(8)盟約に調印した者の一人．ネヘ10:23.

(9)エレミヤ族のかしら．祭司．ネヘ12:12，41.

(10)首長ゼデキヤの父．エレ36:12.

(11)番兵イルイヤの祖父．エレ37:13.

(12)偽預言者．エレ28:1，5，10，12，13，15，17.

(13)ダニエルの仲間の一人．ダニ1:6，7，11，19.

▼ハナムエル〔人名〕

エレミヤのいとこ．エレ32:7，8，9，12.

▼はなむこ（花婿）

出エ 4:26 割礼のゆえに「血の<花婿>」と言っ

詩篇 19: 5 太陽は，部屋から出て来る<花婿>の

イザ 61:10 <花婿>のように栄冠をかぶらせ，花

62: 5 <花婿>が花嫁を喜ぶように，あなた

エレ 7:34 <花婿>の声と花嫁の声を絶やす．こ

ヨエ 2:16 <花婿>を寝室から，花嫁を自分の部

マタ 9:15 <花婿>につき添う友だちは，<花婿>がいっしょにいる間は…しかし，<花婿>が取り去られる時が来ます．マコ2:19，20，ルカ5:34，35.

25: 1 <花婿>を出迎える10人の娘のようで

6 そら，<花婿>だ．迎えに出よ』と叫

ヨハ 2: 9 宴会の世話役は…<花婿>を呼んで，

3:29 花嫁を迎える者は<花婿>です…<花婿>のことばに耳を傾けているその友人は，<花婿>の声を聞いて大いに

黙示 18:23 <花婿>，花嫁の声も…聞かれなくな

▼はなよめ（花嫁）

雅歌 4: 8 <花嫁>よ．私といっしょにレバノン

9 私の妹，<花嫁>よ．10，12，5:1.

イザ 49:18 <花嫁>のように彼らを帯に結ぶ．

61:10 <花嫁>のように宝玉で飾ってくださ

エレ 2:32 <花嫁>が自分の飾り帯を忘れるだろ

33:11 花婿の声と<花嫁>の声，『万軍の主

ヨエ 2:16 <花嫁>を自分の部屋から呼び出せ．

IIコリ 11: 2 ひとりの人の<花嫁>に定め，キリス

黙示 19: 7 <花嫁>はその用意ができたのだから．

8 <花嫁>は，光り輝く，きよい麻布の

21: 2 夫のために飾られた<花嫁>のように

9 小羊の妻である<花嫁>を見せましょ

22:17 御霊も<花嫁>も言う．「来てくださ

▼はなよめりょう（花嫁料）

創世 34:12 どんなに高い<花嫁料>と贈り物を私

出エ 22:16 <花嫁料>を払って…自分の妻としな

17 <花嫁料>に相当する銀を支払わなけ

Iサム 18:25 王は<花嫁料>を望んではいない．た

▼はなれる（離れる），離れ離れ【別項】遠く離れる

創世 2:24 男はその父母を<離れ>，妻と結び合

21:16 矢の届くほど<離れ>た向こうに行って…<離れ>てすわったのである．そ

42:24 ヨセフは彼らから<離れ>て，泣いた．

44:22 その子は父親と<離れる>ことはできません．父親と<離れ>たら，父親は

創世 49:10 王権はユダを<離れ>ず，統治者の杖はその足の間を<離れる>ことはない．

出エ 8:11 かえるは…あなたの民から<離れ>て，

29 あぶが…その民から<離れ>ます．た

13:22 火の柱が民の前から<離れ>なかった．

33: 7 天幕を…宿営から<離れ>た所に張り，

11 若者が幕屋を<離れ>ないでいた．

レビ 15:31 その汚れから<離れ>させなさい．彼

民数 12:10 雲が天幕の上から<離れ>去ると，見

16:21 あなたがたはこの会衆から<離れ>よ．

26 この悪者どもの天幕から<離れ>，彼

23: 9 見よ．この民はひとり<離れ>て住み，

25: 4 イスラエルから<離れ>去ろう．」

申命 4: 9 心から<離れる>ことのないようにし

11:28 あなたがたに命じる道から<離れ>，

23:14 あなたから<離れ>去ることのないよ

士師 4:11 ヘベルは…カインから<離れ>て，ケ

18:22 ミカの家からかなり<離れる>と，ミ

ルツ 1:17 あなたから<離れる>ようなことがあ

2:11 父母や生まれた国を<離れ>て，これ

Iサム 15: 6 アマレク人の中から<離れ>て下って

16:14 主の霊はサウルを<離れ>，主からの

IIサム 1:23 死ぬときにも<離れる>ことなく，鷲

12:10 剣は…あなたの家から<離れ>ない．

I列 11: 2 彼女たちを愛して，<離れ>なかった．

22:24 主の霊が私を<離れ>て行き，おまえ

II列 2: 2 私は決してあなたから<離れ>ません．

10:31 罪から<離れ>なかった．13:6，11，15:9，18，24，28.

18: 6 主に堅くすがって<離れる>ことなく，

I歴 28: 9 もし，あなたが神を<離れる>なら，

II歴 12:12 主の怒りは彼の身を<離れ>，彼を徹

18:23 主の霊が私を<離れ>て行き，おまえ

31 彼から<離れる>ように仕向けられた．

20:10 イスラエルは彼らから<離れ>去り，

29:10 怒りが私たちから<離れる>でしょう.
30: 8 怒りがあなたがたから<離れる>でし
35:15 その奉仕を<離れる>必要がなかった.
エズ 10:11 民と，外国の女から<離れ>なさい.」
エス 3: 8 <離れ離れ>になっている一つの民族
4:13 ユダヤ人から<離れ>て王宮にいるか
ヨブ 21:14 私たちから<離れ>よ．22:17.
23:12 神のくちびるの命令から<離れ>ず，
28:28 悪から<離れる>ことは悟りである.」
33:17 人間から高ぶりを<離れ>させる.
詩篇 6: 8 みな私から<離れ>て行け．主は私の
14: 3 彼らはみな，<離れ>て行き，だれも
34:14 悪を<離れ>，善を行え．平和を求め，
55:11 虐待と詐欺…市場から<離れ>ません.
78:30 彼らがその欲望から<離れ>ず，まだ，
101: 4 曲がった心は私から<離れ>て行きま
119:102 あなたの定めから<離れ>ませんでし
115 悪を行う者…私から<離れ>て行け.
157 あなたのさとしから<離れ>ません.
139:19 血を流す者…私から<離れ>て行け.
箴言 3: 7 主を恐れて，悪から<離れ>よ.
5: 7 私の言うことばから<離れる>な.
14:14 善良な人は彼から<離れる>.
15:24 下にあるよみを<離れる>ためだ.
16: 6 主を恐れる…人は悪を<離れる>.
17 直ぐな者の大路は悪から<離れ>てい
28 親しい友を<離れ>させる.
17:13 その家から悪が<離れ>ない.
22: 6 年老いても，それから<離れ>ない.
伝道 2:25 神から<離れ>て，だれが食べ，だれ
10: 4 あなたはその場を<離れ>てはならな
イザ 1: 4 侮り，背を向けて<離れ>去った.
59:15 悪から<離れる>者も，そのとりこに
21 今よりとこしえに<離れ>ない」と主
エレ 3:19 わたしに従って，もう<離れ>まい，
6: 8 わたしの心はおまえから<離れ>，お
9: 2 彼らから<離れる>ことができようも
17: 5 心が主から<離れる>者はのろわれよ.
32:40 わたしが彼らから<離れ>ず，彼らを
エゼ 6: 9 わたしから<離れる>彼らの姦淫の心
14: 7 だれでもわたしから<離れ>，心の中
23:17 彼女の心は彼らから<離れ>去った.
22 あなたの心が…<離れ>去った…恋人
33: 8 その道から<離れる>ように…警告し
ダニ 9: 5 あなたの命令と定めとを<離れ>まし
11 あなたの律法を犯して<離れ>去り，
ホセ 4:14 男たちが遊女とともに<離れ>去り，
5: 6 主は彼らを<離れ>去ったのだ.
9:12 わたしが彼らを<離れる>とき，まこ
11: 7 背信からどうしても<離れ>ない．人
14: 4 わたしの怒りは…<離れ>去ったから
ゼカ 10:11 低くされ，エジプトの杖は<離れる>.
マラ 3: 7 わたしのおきてを<離れ>，それを守
マタ 4:11 悪魔はイエスを<離れ>て行き，見よ，
7:23 わたしから<離れ>て行け.』
14:24 舟は，陸から…<離れ>ていたが，風
19: 5 人は父と母を<離れ>…一体となる.
マコ10:7，エペ5:31.
25:41 わたしから<離れ>て，悪魔とその使
マタ 26:38 ここを<離れ>ないで．マコ14:34.
マコ 8:13 イエスは彼らを<離れ>て，また舟に
ルカ 2:37 宮を<離れ>ず，夜も昼も，断食と祈
4:13 悪魔はしばらく…イエスから<離れ>
5: 8 主よ．私のような者から<離れ>てく
8:37 イエスに…<離れ>ていただきたいと
9:39 霊が…なかなか<離れ>ようとしませ
22:54 ペテロは，遠く<離れ>てついて行っ
24:13 11キロメートル余り<離れ>たエマオ
51 彼らから<離れ>て行かれた.
ヨハ 6:66 弟子たちの…多くの者が<離れ>去っ
67 あなたがたも<離れ>たいと思うので
15: 5 わたしを<離れ>ては…何もすること
使徒 1: 4 エルサレムを<離れ>ないで，わたし
12:10 御使いは，たちまち彼を<離れ>た.
13:13 ヨハネは一行から<離れ>て，エルサ
15:38 一行から<離れ>てしまい…同行しな
Ⅰコリ 7: 5 合意の上でしばらく<離れ>ていて，
15 信者でないほうの者が<離れ>て行く
のであれば，<離れ>て行かせなさい.
Ⅱコリ 5: 6 肉体にいる間…主から<離れ>ている
8 肉体を<離れ>て，主のみもとにいる
10: 1 <離れ>ているあなたがたに対しては
11 <離れ>ているときに書く手紙のこと
12: 2 肉体を<離れ>てであったか，それも
13: 2 <離れ>ている今も…言っておきます.
10 <離れ>ていてこれらのことを書いて
ガラ 2:12 異邦人から…<離れ>て行ったからで
5: 4 キリストから<離れ>，恵みから落ち
ピリ 1:27 <離れ>ているにしても，私はあなた
コロ 1:21 かつては神を<離れ>，心において敵

2: 5 肉体においては<離れ>ていても，霊
IIテサ 3: 6 すべての兄弟たちから<離れ>ていな
Iテモ 4: 1 信仰から<離れる>ようになります．
IIテモ 1:15 みな，私を<離れ>て行きました．そ
2:19 御名を呼ぶ者は…不義を<離れ>よ．」
テト 1:14 真理から<離れ>た人々の戒めには心
ヘブ 3:12 生ける神から<離れる>者がないよう
7:26 罪人から<離れ>…高くされた大祭司
13: 5 わたしは決してあなたを<離れ>ず，
ヤコ 2:26 たましいを<離れ>たからだが，死ん
Iペテ 2:24 私たちが罪を<離れ>，義のために生
黙示 2: 4 あなたは初めの愛から<離れ>てしま
18: 4 わが民よ．この女から<離れ>なさい．

▼はなわ（鼻輪）
イザ 3:21 指輪，<鼻輪>，
エゼ 16:12 鼻には<鼻輪>，両耳には耳輪をつけ，

▼ハナン
1．人名．
(1)ベニヤミンの子孫の一人．Ｉ歴8:23．
(2)サウルの子孫アツェルの子．Ｉ歴8:38，9:44．
(3)ダビデの勇士の一人．マアカの子．Ｉ歴11:43．
(4)民に律法を解き明かした者の一人．ネヘ8:7．
(5)盟約に調印したレビ人．ネヘ10:10．
(6)盟約に調印した民のかしらの一人．ネヘ10:22．
(7)盟約に調印した民のかしらの一人．ネヘ10:26．
(8)倉のつかさの助手．ザクルの子．ネヘ13:13．
(9)イグダルヤの子．神の人．エレ35:4．
2．ハナン族．エズ2:46，ネヘ7:49．

▼バニ
1．人名．
(1)ダビデの勇士の一人．ガド人．IIサム23:36．
(2)レビ人．メラリ族出身．Ｉ歴6:46．
(3)ユダ族ペレツの子孫．イムリの父．Ｉ歴9:4．
(4)城壁の修理をした人．レフムの父．ネヘ3:17．
(5)律法の解き明かしをしたレビ人．ネヘ8:7．
(6)エズラ時代に指導的役割をした．ネヘ9:4，5．
(7)城壁修理の監督の一人ウジの父．ネヘ11:22．
2．バニ族．
(1)捕囚帰還氏族．ビヌイ族(2)と同族．エズ2:10．
(2)捕囚帰還氏族．エズ8:10．
(3)異邦人妻をめとった者の一族．エズ10:29，34．

▼ハニエル〔人名〕
(1)マナセ族の長．民数34:23．
(2)アシェル族ウラの子．Ｉ歴7:39．

▼パヌエル〔人名〕
女預言者アンナの父．ルカ2:36．

▼ハヌン〔人名〕
(1)アモン人の王．IIサム10:1，2，3，4，Ｉ歴19:2．
(2)城壁修理をしたツァラフの子．ネヘ3:13，30．

▼はね（羽）
レビ 11:20 <羽>があって群生し四つ足で歩き回
申命 32:11 ひなを…<羽>に載せて行くように．
ヨブ 39:13 こうのとりの<羽>と羽毛であろうか．
詩篇 68:13 その<羽>はきらめく黄金でおおわれ
91: 4 主は，ご自分の<羽>で，あなたをお
エゼ 17: 3 大きな翼，長い<羽>，色とりどりの

▼ハネス〔地名〕
ナイル川中流にある町．イザ30:4．

▼はねる
詩篇 29: 6 主は…子牛のように，<はね>させる．
114: 4 丘は子羊のように，<はね>た．
使徒 3: 8 <はね>たりしながら，神を賛美しつ

▼はは（母）【別項】王母・王の母
創世 3:20 彼女がすべて生きているものの<母>
17:16 彼女は国々の<母>となり，国々の民
21:21 彼の<母>はエジプトの国から彼のた
24:28 自分の<母>の家の者に…告げた．
67 イサクは，<母>のなきあと，慰めを
32:11 私をはじめ<母>や子どもたちまでも
43:29 同じ<母>の子である弟のベニヤミン
出エ 2: 8 おとめは…その子の<母>を呼んで来
20:12 あなたの父と<母>を敬え．申命5:16．
21:15 自分の父または<母>を打つ者は，必
17 自分の父または<母>をのろう者は，
レビ 18: 7 <母>を犯すことをしてはならない．彼女はあなたの<母>であるから，彼
13 <母>の姉妹を犯してはならない．彼女はあなたの<母>の肉親であるから．
19: 3 自分の<母>と父とを恐れなければな
民数 12:12 <母>の胎から出て来る死人のように
申命 27:16 父や<母>を侮辱する者はのろわれる．
士師 5: 7 イスラエルに<母>として立つまでは．
9: 1 <母>の身内の者たちのところに行き，彼らと<母>の一族の氏族全員に告げ
Iサム 2:19 サムエルの<母>は，彼のために小さ

15:33 あなたの<母>は，子を奪われる.」
IIサム 20:19 イスラエルの<母>である町を滅ぼそ
I列 1:11 ナタンはソロモンの<母>…にこう言
II列 9:22 あなたの<母>イゼベルの姦淫と呪術
II歴 15:16 アサ王の<母>マアカがアシェラのた
22: 3 彼の<母>が彼の助言者で，悪を行わ
エス 2: 7 彼女には父も<母>もいなかったから
ヨブ 1:21 私は裸で<母>の胎から出て来た．ま
17:14 うじに向かって，「私の<母>，私の
31:18 私は，<母>の胎にいたときから，彼
詩篇 22: 9 私を<母>の胎から取り出した方.
<母>の乳房に拠り頼ませた方.
35:14 <母>の喪に服するように，私はうな
50:20 座して…おのれの<母>の子をそしる.
51: 5 罪ある者として<母>は私をみごもり
69: 8 私の<母>の子らにはよそ者となりま
109:14 <母>の罪が消し去られませんように.
箴言 1: 8 あなたの<母>の教えを捨ててはなら
4: 3 私の<母>にとっては，おとなしいひ
10: 1 愚かな子は<母>の悲しみである.
15:20 愚かな者はその<母>をさげすむ.
19:26 <母>を追い出す者は，恥を見，はず
23:22 年老いた<母>をさげすんではならな
29:15 わがままにさせた子は，<母>に恥を
30:11 自分の<母>を祝福しない世代.
31: 1 <母>から受けた戒めのことば.
伝道 5:15 <母>の胎から出て来たときのように，
雅歌 1: 6 私の<母>の子らが私に向かっていき
3: 4 私の<母>の家に…お連れしました.
雅歌 6: 9 彼女は，その<母>のひとり子，彼女
8: 1 私の<母>の乳房を吸った…兄弟のよ
イザ 45:10 <母>に「なぜ，産みの苦しみをする
49: 1 <母>の胎内にいる時から私の名を呼
66:13 <母>に慰められる者のように，わた
エレ 15:10 私の<母>が私を産んだので，私は国
20:14 <母>が私を産んだその日は，祝福さ
22:26 あなたと，あなたの産みの<母>を，
50:12 あなたがたの<母>はいたく恥を見，
哀歌 2:12 <母>のふところで息も絶えようとし
5: 3 私たちの<母>はやもめになりました.
エゼ 16: 3 あなたの<母>はヘテ人であった.
44:25 父，<母>，息子，娘，兄弟，未婚の
ホセ 2: 2 あなたがたの<母>をとがめよ．とが
4: 5 わたしはあなたの<母>を滅ぼす.
マタ 2:13 幼子とその<母>を連れ，エジプトへ
10:35 人をその父に，娘をその<母>に，嫁
37 わたしよりも父や<母>を愛する者は，
12:46 イエスの<母>と兄弟たちが…外に立
48 わたしの<母>とはだれですか．また，
50 わたしの兄弟…また<母>なのです.」
15: 4 神は『あなたの父と<母>を敬え』ま
た『父や<母>をののしる者は，死刑
に処せられる』と言われ．マコ7:10.
5 父や<母>に向かって…差し上げられ
る物は，供え物になり．マコ7:11.
6 その物をもって父や<母>を尊んでは
19: 5 人は父と<母>を離れ，その妻と結ば
12 <母>の胎内から，そのように生まれ
19 父と<母>を敬え．エペ6:2.
29 父，<母>，子，あるいは畑を捨てた
20:20 ゼベダイの子たちの<母>が，子ども
27:56 ヤコブとヨセフとの<母>マリヤ，ゼ
ルカ 1:15 <母>の胎内にあるときから聖霊に満
43 私の主の<母>が私のところに来られ
2:33 父と<母>は，幼子についていろいろ
51 <母>はこれらのことをみな，心に留
12:53 <母>は娘に，娘は<母>に対抗し，し
ヨハ 2: 1 婚礼があって…イエスの<母>がいた.
4 イエスは<母>に言われた.「…女の
12 イエスは<母>や…弟子たちといっし
3: 4 もう一度，<母>の胎に入って生まれ
19:25 イエスの<母>と<母>の姉妹と，クロ
27 そこに，あなたの<母>がいます」と
使徒 1:14 婦人たちやイエスの<母>マリヤ，お
12:12 ヨハネの<母>マリヤの家へ行った.
ロマ 16:13 また彼と私との<母>によろしく.
ガラ 4:26 エルサレムは…私たちの<母>です.
Iテサ 2: 7 <母>がその子どもたちを養い育てる
Iテモ 1: 9 汚らわしい俗物，父や<母>を殺す者，
IIテモ 1: 5 あなたの<母>ユニケのうちに宿った
ヘブ 7: 3 父もなく，<母>もなく，系図もなく，
黙示 17: 5 憎むべきものとの<母>，大バビロン

▼ ははおや（母親）

出エ 23:19 子やぎを，その<母親>の乳で煮ては
レビ 22:27 7日間，その<母親>といっしょにし
I列 3:27 彼女がその子の<母親>なのだ.」
17:23 エリヤはその子を…<母親>に渡した.
II列 4:19 この子を<母親>のところに抱いて行
詩 131: 2 乳離れした子が<母親>の前にいるよ
イザ 50: 1 <母親>の離婚状は，どこにあるか.

エレ 15: 8 わたしは若い男の<母親>に対し，真
ホセ 10:14 <母親>が…子どもたちの上で八つ裂
ミカ 7: 6 娘は<母親>に，嫁はしゅうとめに逆
マタ 13:55 彼の<母親>はマリヤで，彼の兄弟は，
マコ 6:24 <母親>は，「バプテスマのヨハネの
ルカ 7:12 <母親>のひとり息子が，死んで…町
の人たちが…その<母親>につき添っ
13 主はその<母親>を見てかわいそうに
Ⅰテモ 5: 2 婦人たちには<母親>に対するように，

▼ハバクク〔人名〕
預言者．ハバ1:1，3:1.

▼ハバツィヌヤ〔人名〕
レカブ人．ヤアザヌヤの祖父．エレ35:3.

▼パハテ・モアブ
捕囚帰還氏族とその父祖．エズ2:6，8:4，10:30，ネヘ3:11，7:11，10:14.

▼ははどり（母鳥）
申命 22: 6 <母鳥>が…卵を抱いているなら，そ
の<母鳥>を子といっしょに取っては
7 必ず<母鳥>を去らせて，子を取らな

▼はばむ
ロマ 1:18 真理を<はば>んでいる人々のあらゆ
Ⅱペテ 2:16 預言者の狂った振舞いを<はば>んだ

▼バハルムじん（～人）
ユダの町バフリム出身の人々．Ⅰ歴11:33.

▼はびこる
詩篇 58: 2 地上では…暴虐を，<はびこ>らせて
80: 9 ぶどうの木は…地に<はびこ>りまし
エレ 9: 3 偽りをもって，地に<はびこる>．ま
エゼ 17: 6 よく<はびこる>ぶどうの木となった．
マタ 24:12 不法が<はびこる>ので，多くの人た

▼ハビラ
1. 地名.
(1)ピション川の流域．金の産地．創世2:11.
(2)イシュマエル人の居住地．創世25:18.
2. 人名.
(1)クシュの子孫．創世10:7，Ⅰ歴1:9.
(2)ヨクタンの子孫．創世10:29，Ⅰ歴1:23.

▼パピルス
出エ 2: 3 <パピルス>製のかごを…ナイルの岸
ヨブ8:11，イザ18:2，35:7.

▼バビロン
①歴史：栄華をきわめた町，イザ13:19，14:4；ユダの捕囚，Ⅱ列25:1-21.
②預言：70年間の捕囚，エレ25:12；一番目の大帝国，ダニ2章；滅亡，イザ13章，エレ50章；永遠の廃墟となる，イザ13:19-22；滅亡の予告，黙示14:8；神の怒りが下る，黙示16:19；「大淫婦」と呼ばれる，黙示17章；滅亡の描写，黙示18章.
Ⅱ列 17:24 <バビロン>…から…サマリヤの町々
25: 7 ゼデキヤ…を…<バビロン>へ連れて
エズ 7: 6 エズラは<バビロン>から上って来た
詩 137: 1 <バビロン>の川のほとり，そこで，
イザ 13:19 <バビロン>は，神がソドム，ゴモラ
21: 9 倒れた．<バビロン>は倒れた．その
エレ 50:18 <バビロン>の王とその国を罰する．
ダニ 1: 1 <バビロン>の王ネブカデネザルがエ
マタ 1:11 <バビロン>移住のころエコニヤとそ
使徒 7:43 あなたがたを<バビロン>のかなたへ
Ⅰペテ 5:13 <バビロン>にいる…選ばれた婦人が
黙示 14: 8 大<バビロン>は倒れた．倒れた．激
16:19 大<バビロン>は…神の激しい怒りの
17: 5 すべての淫婦…の母，大<バビロン>.
18:21 大きな都<バビロン>は…消えうせて

▼ハープ
ダニ 3: 5 <ハープ>…を聞くとき…金の像を拝

▼ハファライム〔地名〕
イッサカルの町．ヨシ19:19.

▼はぶく（省く）
エレ 26: 2 残らず語れ．一言も<省く>な．

▼バプテスマ
マタ 3: 1 <バプテスマ>のヨハネが現れ，ユダ
6 ヨルダン川で…<バプテスマ>を受け
7 サドカイ人が大ぜい<バプテスマ>を
11 私は…水の<バプテスマ>を授けてい
ますが…その方は…聖霊と火との
<バプテスマ>を．マコ1:8，ルカ3:16，ヨハ1:26，31，33，使徒11:16.
13 イエスは…<バプテスマ>を受けるた
3:14 私こそ，あなたから<バプテスマ>を
16 イエスは<バプテスマ>を受けて，す
11:11 <バプテスマ>のヨハネよりすぐれた
12 <バプテスマ>のヨハネの日以来今日
14: 2 あれは<バプテスマ>のヨハネだ．ヨ
8 <バプテスマ>のヨハネの首を盆に載
16:14 <バプテスマ>のヨハネだと言う人も
あり，エリヤ．マコ8:28，ルカ9:19.
17:13 <バプテスマ>のヨハネのことを言わ
21:25 ヨハネの<バプテスマ>は，どこから

28:19 御名によって<バプテスマ>を授け,
マコ 1: 4 <バプテスマ>のヨハネが荒野に現れ…悔い改めの<バプテスマ>を宣べ伝
9 ヨハネから<バプテスマ>をお受けに
6:14 <バプテスマ>のヨハネが死人の中か
10:38 受けようとする<バプテスマ>を受け
11:30 ヨハネの<バプテスマ>は,天から来たのですか,人から出た.ルカ20:4.
16:16 信じて<バプテスマ>を受ける者は,
ルカ 3: 3 悔い改めに基づく<バプテスマ>を説
7 <バプテスマ>を受けようとして出て
12 取税人たちも,<バプテスマ>を受け
21 民衆がみな<バプテスマ>を受けていたころ,イエスも<バプテスマ>をお
7:20 <バプテスマ>のヨハネから遣わされ
29 ヨハネの<バプテスマ>を受けて,神
30 彼から<バプテスマ>を受けないで,
33 <バプテスマ>のヨハネが来て,パン
12:50 わたしには受ける<バプテスマ>があ
ヨハ 1:25 なぜ,あなたは<バプテスマ>を授け
28 ヨハネはそこで<バプテスマ>を授け
3:22 イエスは…<バプテスマ>を授けてお
23 ヨハネも…アイノンで<バプテスマ>を授け…人々は…<バプテスマ>を受
26 あの方が,<バプテスマ>を授けてお
4: 1 イエスが…<バプテスマ>を授けてい
10:40 ヨハネが初めに<バプテスマ>を授け
使徒 1: 5 聖霊の<バプテスマ>を受けるからで
22 ヨハネの<バプテスマ>から始まって,
2:38 名によって<バプテスマ>を受けなさ
41 受け入れた者は,<バプテスマ>を受
8:12 男も女も<バプテスマ>を受けた.
13 シモン自身も…<バプテスマ>を受け,
16 <バプテスマ>を受けていただけで,
36 私が<バプテスマ>を受けるのに,何
38 ピリポは宦官に<バプテスマ>を授け
9:18 立ち上がって,<バプテスマ>を受け,
10:47 <バプテスマ>を受けさせないように
48 <バプテスマ>を受けるように…命じ
16:15 家族も<バプテスマ>を受けたとき,
33 家の者全部が<バプテスマ>を受けた.
18:25 ヨハネの<バプテスマ>しか知らなか
19: 3 どんな<バプテスマ>を受けたのですか」…「ヨハネの<バプテスマ>です」
4 悔い改めの<バプテスマ>を授けたの
5 御名によって<バプテスマ>を受けた.
22:16 御名を呼んで<バプテスマ>を受け,
ロマ 6: 3 イエスにつく<バプテスマ>を受けた私たちは…その死にあずかる<バプテスマ>を受けたのではありません
Iコリ 1:13 <バプテスマ>を受けたのはパウロの
14 だれにも<バプテスマ>を授けたこと
15 私の名によって<バプテスマ>を受け
16 ステパナの家族にも<バプテスマ>を
17 <バプテスマ>を授けさせるためでは
10: 2 モーセにつく<バプテスマ>を受け,
12:13 御霊によって<バプテスマ>を受け,
15:29 死者のゆえに<バプテスマ>を受ける
ガラ 3:27 <バプテスマ>を受けてキリストにつ
エペ 4: 5 信仰は一つ,<バプテスマ>は一つで
コロ 2:12 <バプテスマ>によって…ともに葬ら
Iペテ 3:21 あなたがたを救う<バプテスマ>を…示した型…<バプテスマ>は肉体の汚

▼**バフリム〔地名〕**
オリーブ山付近の村.IIサム3:16,16:5,17:18,19:16,I列2:8.

▼**バベル〔地名〕**
ニムロデが建てた町.創世10:10,11:9.

▼**パポス〔地名〕**
キプロス島南西岸の港町.使徒13:6,13.

▼**ハボテ・ヤイル〔地名〕**
ギルアデとバシャンの境界あたりの町々.民数32:41,申命3:14,士師10:4,I歴2:23.

▼**ハボル**
メソポタミヤ北部ゴザンの地域を流れる川.II列17:6,18:11,I歴5:26.

▼**バマ**
エゼ 20:29 高き所は…<バマ>と呼ばれているが.

▼**ハマテ**
1. 地名.ナフタリの町.ヨシ19:35.
2. オロンテス川沿いにあった都市国家.II列14:28,17:24,18:34,19:13,23:33,25:21,イザ11:11,36:19,37:13,エレ39:5,49:23,52:9,エゼ47:16,48:1,アモ6:2,ゼカ9:2.
3. 人名.ケニ人の先祖か.I歴2:55.
4. ハマテ人.2.の住人.創世10:18,I歴1:16.

▼**ハマテ・ツォバ〔地名〕**
ソロモン王が攻略した町.II歴8:3.

▼**ハマン〔人名〕**
エステル記に出てくるユダヤ人の敵.エス3:

1, 6, 8, 4:7, 5:4, 6:4, 7:1, 6, 10, 8:1, 9:10.

▼ハム
1. 地名.
(1)エラムの王がズジム人を破った所. 創世14:5.
(2)エジプトの詩的呼称. 詩篇78:51, 105:23, 27, 106:22.
2. 人名. ノアの子. 創世5:32, 6:10, 7:13, 9:18, 22, 10:1, 6, 20, Ⅰ歴1:4, 8, 4:40.

▼ハムエル〔人名〕
シメオン族ミシュマの子. Ⅰ歴4:26.

▼ハムタル〔人名〕
ユダの王ヨシヤの妻. Ⅱ列23:31, エレ52:1.

▼ハムラン〔人名〕
ディションの子. ヘムダンと同人. Ⅰ歴1:41.

▼ハムル〔人名〕
ユダの孫とその子孫. 創世46:12, 民数26:21, Ⅰ歴2:5.

▼ハメダタ〔人名〕
ハマンの父. エス3:1, 10, 8:5, 9:10, 24.

▼はめつ (破滅)
申命 29:23 ソドム, ゴモラ…の<破滅>のようで
詩篇 5: 9 その心には<破滅>があるのです. 彼
箴言 15: 4 偽りの舌はたましいの<破滅>.
16:18 高ぶりは<破滅>に先立ち, 心の高慢
17:19 門を高くする者は<破滅>を求める.
イザ 1:28 そむく者は罪人とともに<破滅>し,
15: 5 道で, <破滅>の叫びをあげる.
30:28 <破滅>のふるいで国々をふるい, 迷
47:11 <破滅>はあなたの知らないうちに,
エレ 4: 6 大いなる<破滅>をもたらすから.
6: 1 わざわいと大いなる<破滅>が, 北か
48: 3 悲鳴. 「破壊だ. 大<破滅>だ」と.
哀歌 1: 7 仇はその<破滅>を見てあざ笑う.
4:10 私の民の娘の<破滅>のとき, あわれ
エゼ 32: 9 あなたの<破滅>をもたらすとき, わ
アモ 6: 6 ヨセフの<破滅>のことで悩まない.
Ⅰテモ 6: 9 人を滅びと<破滅>に投げ入れる, 愚
Ⅱペテ 2: 6 ゴモラの町を<破滅>に定めて灰にし,

▼はめる
ヨブ 38: 6 その台座は何の上に<はめ>込まれた
詩篇 39: 1 私の口に口輪を<はめ>ておこう.

▼バモテ〔地名〕
荒野の旅程で通過した場所. 民数21:19, 20.

▼ハモテ・ドル〔地名〕
ナフタリ所領内のレビ人の町. ヨシ21:32.

▼バモテ・バアル〔地名〕
モアブの王がバラムにイスラエルの陣営を望見させた場所. 民数22:41, ヨシ13:17.

▼ハモナ〔地名〕
ハモン・ゴグの谷にある町. エゼ39:16.

▼はもの (刃物)
詩篇 52: 2 さながら鋭い<刃物>のようだ.

▼ハモル〔人名〕
シェケムの父. ヒビ人の族長. 創世33:19, 34:2, 8, 24, 26, ヨシ24:32, 士師9:28, 使徒7:16.

▼ハモン〔地名〕
(1)アシェルの町. ヨシ19:28.
(2)ハモテ・ドルと同地. Ⅰ歴6:76.

▼ハモン・ゴグ〔地名〕
ゴグの大軍が埋められる場所. エゼ39:11, 15.

▼はやい (早い, 速い) 【別項】朝早く・翌朝早く
創世 27:20 どうして, こんなに<早>く見つける
出エ 2:18 どうして…こんなに<早>く帰って来
32: 8 彼らは<早>くも, わたしが彼らに命じた道からはずれ. 申命9:12, 16.
ヨシ 6:12 翌朝, ヨシュアは<早>く起き, 祭司
10: 6 <早>く, 私たちのところに上って来
Ⅰサム 20:38 <早>く. 急げ. 止まってはいけない.
29:10 あしたの朝, <早>く起きなさい. 朝
Ⅱサム 1:23 鷲よりも<速>く, 雄獅子よりも強か
Ⅰ歴 12: 8 <早>く走ることは…かもしかのよう
Ⅱ歴 35:21 神は, <早>く行けと命じておられま
ヨブ 7: 6 私の日々は機の杼よりも<速>く, 望
9:25 私の日々は飛脚よりも<速い>. それ
詩篇 31: 2 <早>く私を救い出してください. 私
69:17 苦しんでいます. <早>く私に答えて
詩篇 90:10 それは<早>く過ぎ去り, 私たちも飛
127: 2 あなたがたが<早>く起きるのも, お
箴言 6:18 細工する心, 悪へ走るに<速い>足,
伝道 9:11 競走は足の<早い>人のものではなく,
イザ 19: 1 主は<速い>雲に乗ってエジプトに来
30:16 あなたがたの追っ手はなお<速い>.
59: 7 罪のない者の血を流すのに<速い>.
エレ 4:13 その馬は鷲よりも<速い>. ああ. 私
哀歌 4:19 追う者は, 大空の鷲よりも<速>く,

アモ 2:14 足の<速い>者も逃げ場を失い，強い
ハバ 1: 8 その馬は，ひょうよりも<速>く，日
ゼパ 1:14 それは近く，非常に<早>く来る．聞
ヨハ 20: 4 ペテロよりも<速>かったので，先に
使徒 17:15 テモテに一刻も<早>く来るように，
22:18 <早>くエルサレムを離れなさい．人
ロマ 3:15 「彼らの足は血を流すのに<速>く，
Ⅱテモ 4: 9 <早>く私のところに来てください．
ヘブ 13:19 あなたがたのところに<早>く帰れる
23 もし彼が<早>く来れば，私は彼とい
ヤコ 1:19 聞くには<早>く，語るにはおそく，

▼ はやうま（早馬）

Ⅰ列 4:28 引き馬や<早馬>のために，それぞれ
エス 8:10 <早馬>に乗る急使に託して送った．
ミカ 1:13 戦車に<早馬>をつなげ．それはシオ

▼ はやし（林）

詩篇 80:13 <林>のいのししはこれを食い荒らし，
83:14 <林>を燃やす火のように，山々を焼
雅歌 2: 3 <林>の木の中のりんごの木のようで
イザ 7: 2 <林>の木々が風で揺らぐように動揺
9:18 <林>の茂みに燃えついて，煙となっ
10:18 主はその美しい<林>も，果樹園も，
21:13 隊商よ．アラビヤの<林>に宿れ．
44:14 <林>の木の中で自分のために育てる．
56: 9 <林>の中のすべての獣よ．食べに来
エレ 10: 3 それは，<林>から切り出された木，
12: 8 私にとって，<林>の中の獅子のよう
21:14 わたしは，その<林>に火をつける．
ホセ 2:12 これを<林>にして，野の獣にこれを

▼ はやて

詩篇 55: 8 あらしと<はやて>を避けて，私のの
83:15 あなたの<はやて>で，彼らを追い，

▼ はやぶさ

レビ 11:14 とび，<はやぶさ>の類．申命14:13.
ヨブ 28: 7 <はやぶさ>の目もこれをねらったこ

▼ ハラ〔地名〕

アッシリヤの王がイスラエルの民を捕らえ移した地の一つ．Ⅰ歴5:26.

▼ はら（腹），腹を立てる

創世 3:14 おまえは，一生，<腹>ばいで歩き，
25:22 子どもたちが彼女の<腹>の中でぶつ
41:21 彼らを<腹>に入れても，<腹>に入っ
民数 5:21 あなたの<腹>をふくれさせ，あなた
25: 8 ふたりとも，<腹>を刺し通して殺し
士師 3:21 エフデは…王の<腹>を刺した．
Ⅰサム 29: 4 首長たちはアキシュに…<腹を立て>
Ⅱサム 2:23 槍の石突きで彼の下<腹>を突き刺し
3:27 下<腹>を突いて死なせ，自分の兄弟
ヨブ 15: 2 東風によってその<腹>を満たすだろ
20:14 食べた物は，彼の<腹>の中で変わり，
23 彼が<腹>を満たそうとすると，神は
25 きらめく矢じりが<腹>から出て，恐
40:16 見よ…その強さは<腹>の筋にある．
詩篇 17:14 彼らの<腹>は，あなたの宝で満たさ
37: 1 悪を行う者に対して<腹を立てる>な．7，箴言24:19.
8 <腹を立てる>な．それはただ悪への
箴言 13:25 悪者は<腹>をすかせる．
18: 8 ことばは…<腹>の奥に下っていく．
雅歌 7: 2 あなたの<腹>は，ゆりの花で囲まれ
エレ 1: 5 あなたが<腹>から出る前から…聖別
51:34 私のおいしい物で<腹>を満たし，私
エゼ 3: 3 …この巻き物で<腹>ごしらえをし，あなたの<腹>を満たせ．」…私はそ
7:19 彼らの<腹>を満たすこともできない．
ダニ 2:32 頭は純金…<腹>ともももとは青銅，
ヨナ 1:17 ヨナは３日３晩，魚の<腹>の中にい
2: 2 私がよみの<腹>の中から叫ぶと，あ
ミカ 6:14 満ち足りず，あなたの<腹>は飢える．
マタ 5:22 兄弟に向かって<腹を立てる>者は，
12:40 ヨナは…大魚の<腹>の中にいました
15:12 パリサイ人が…<腹を立て>たのをご
マコ 10:41 ヤコブとヨハネのことで<腹を立て>
ルカ 11:27 あなたを産んだ<腹>，あなたが吸っ
15:16 いなご豆で<腹>を満たしたいほどで
ヨハ 7:23 何でわたしに<腹を立てる>のですか．
Ⅰコリ 6:13 食物は<腹>のためにあり，<腹>は食
黙示 10: 9 それはあなたの<腹>には苦いが，あ

▼ バラ〔地名〕

シメオンの町．バアラ1.(2)と同地．ヨシ19:3.

▼ パラ〔地名〕

ベニヤミンの町．ヨシ18:23.

▼ はらいおとす（払い落とす）

マタ 10:14 あなたがたの足のちりを<払い落と>しなさい．マコ6:11，ルカ9:5.
使徒 13:51 ふたりは…足のちりを<払い落と>し

▼ はらいもどす（払い戻す）

レビ 25:51 自分の買い戻し金を<払い戻さ>なければならない．52.

▼はらう（払う）【別項】払い落とす，払い戻す

創世 23:13 私は畑地の代価をお<払>いします．
民数 20:19 水を飲む…その代価を<払>います．
Ⅰ列 20:39 銀１タラントを<払>わせるぞ．』
Ⅱ列 4: 7 油を売り，あなたの負債を<払>いな
詩篇 49: 7 身代金を神に<払う>ことはできない．
ヨナ 1: 3 船賃を<払>ってそれに乗り，主の御
ゼカ 11:12 よいと思うなら，私に賃金を<払>い
マタ 20: 8 順に…賃金を<払>ってやりなさい．』
ルカ 10:35 私が帰りに<払>います．』

▼バラキヤ〔人名〕

ザカリヤ(2)の父．マタ23:35.

▼バラク〔人名〕

(1)ツィポルの子．モアブの王．民数22:2, 24:10, ヨシ24:9, 士師11:25, ミカ6:5, 黙示2:14.
(2)イスラエルの指導者．女預言者デボラと共に活躍．士師4:6, 10, 16, 22, 5:1, ヘブ11:32.

▼バラクエル〔人名〕

ヨブ記に登場するエリフの父．ヨブ32:2, 6.

▼ハラクさん（～山）

パレスチナ南部の山．ヨシ11:17, 12:7.

▼はらす（晴らす）

創世 27:42 殺してうっぷんを<晴ら>そうとして
イザ 1:24 わたしの仇に思いを<晴ら>し，わた

▼ハラダ〔地名〕

荒野の宿営地の一つ．民数33:24, 25.

▼パラダイス

ルカ 23:43 わたしとともに<パラダイス>にいま
Ⅱコリ 12: 4 <パラダイス>に引き上げられて，人
黙示 2: 7 神の<パラダイス>にあるいのちの木

▼バラバ〔人名〕

イエスの代りに釈放された囚人．マタ27:16, 20, 26, マコ15:7, ルカ23:18, 19, ヨハ18:40.

▼ハラフ〔地名〕

アッシリヤの町．Ⅱ列17:6, 18:11, Ⅰ歴5:26.

▼ばらまく

箴言 11:24 <ばらま>いても，なお富む人があり，

▼はらむ

民数 11:12 私が…民を<はら>んだのでしょうか．
ヨブ 3: 7 その夜は，<はらむ>ことのないよう
15:35 彼らは害毒を<はら>み，悪意を生み，
21:10 その牛は，<はら>ませて，失敗する
詩篇 7:14 害毒を<はら>み，偽りを生む．
イザ 33:11 枯れ草を<はら>み，わらを産む．あ
59: 4 害毒を<はら>み，悪意を産む．
ホセ 2: 5 母は…彼らを<はら>んで恥をさらし，
9:11 産むことも…<はらむ>こともない．
ヤコ 1:15 欲が<はらむ>と罪を生み，罪が熟す

▼バラム

1.地名．マナセの町．Ⅰ歴6:70.
2.人名．ベオルの子．占い師．民数22:5, 23:1, 24:1, 申命23:4, ヨシ13:22, ネヘ13:2, ミカ6:5, Ⅱペテ2:15, ユダ11, 黙示2:14.

▼パラル〔人名〕

城壁の修理をした人．ウザイの子．ネヘ3:25.

▼ハラルじん（～人）

エフライムかユダの山地住民の名．Ⅱサム23:11, 33, Ⅰ歴11:34, 35.

▼はらわた

Ⅱサム 20:10 <はらわた>が地面に流れ出た．この
ヨブ 30:27 私の<はらわた>は，休みなく煮えた
イザ 16:11 わたしの<はらわた>はモアブのため
エレ 4:19 私の<はらわた>，私の<はらわた>．
哀歌 1:20 私の<はらわた>は煮え返り，私の心
ハバ 3:16 私の<はらわた>はわななき，私のく
ゼパ 1:17 彼らの<はらわた>は糞のようにまき
使徒 1:18 <はらわた>が全部飛び出してしまっ
7:54 <はらわた>が煮え返る思いで，ステ

▼ハラン〔人名〕

(1)アブラハムの兄弟．創世11:26, 28, 29, 31.
(2)カレブ(2)のそばめエファの子．Ⅰ歴2:46.
(3)レビ人．シムイの子．Ⅰ歴23:9.

▼パラン〔地名〕

(1)パランの荒野．創世21:21, 民数10:12.
(2)パランの山．申命33:2, ハバ3:3.
(3)ミデヤンとエジプトの間の地．Ⅰ列11:18.

▼ハリ〔地名〕

アシェルの町．ヨシ19:25.

▼はり（針）

ホセ 13:14 よみよ．おまえの<針>はどこにある
マタ 19:24 らくだが<針>の穴を通るほうがもっとやさしい．マコ10:25, ルカ18:25.
黙示 9:10 さそりのような尾と<針>とを持って

▼はり（梁）

Ⅰ列 7: 2 その柱の上には杉材の<梁>があった．
Ⅱ歴 3: 7 この神殿の<梁>にも，敷居にも，壁
エズ 6:11 その家から<梁>を引き抜き，その者
ネヘ 3: 3 彼らは<梁>を置き，とびら，かんぬ
雅歌 1:17 私たちの家の<梁>は杉の木，そのた

ハバ　2:11　<梁>は家からこれに答える.
ゼカ　5: 4　その家を<梁>と石とともに絶ち滅ぼ
マタ　7: 3　自分の目の中の<梁>には気がつかないのですか. 4, ルカ6:41, 42.
　5　自分の目から<梁>を取りのけなさい.

▼ バリアハ〔人名〕

ダビデの子孫シェマヤの子. Ⅰ歴3:22.

▼ パリサイは（～派），パリサイ人

ユダヤ教の一派, 使徒15:5；伝承を重んじる, マコ7:3-8；モーセの律法に厳格, 使徒26:5, ピリ3:5；霊的無知, ヨハ3:1-10.

マタ 23:13　偽善の律法学者, <パリサイ人>. お
ルカ 11:39　<パリサイ人>は…外側はきよめるが,
　12: 1　<パリサイ人>のパン種に気をつけな
　18:10　<パリサイ人>で, もうひとりは取税
ヨハ　3: 1　<パリサイ人>の中にニコデモという
使徒 15: 5　<パリサイ派>の者で信者になった人
　26: 5　最も厳格な派…<パリサイ人>として

▼ はりさける（張り裂ける），張り裂く

創世　7:11　水の源が, ことごとく<張り裂け>,
ヨブ 32:19　皮袋のように…<張り裂け>ようとし
箴言　3:20　深淵はその知識によって<張り裂け>,
マコ　2:22　ぶどう酒は皮袋を<張り裂>き…だめになってしまいます. ルカ5:37.

▼ はりつけ

エズ　6:11　その者を…<はりつけ>にしなければ

▼ はりねずみ（針ねずみ）

イザ 14:23　わたしはこれを<針ねずみ>の領地,
　34:11　ペリカンと<針ねずみ>がそこをわが

▼ ハリフ

1. 人名. 帰還氏族とその長. ネヘ7:24, 10:19.
2. ハリフ人. Ⅰ歴12:5.

▼ ハリム

1. 人名.

(1)アロンの子孫. 第３組の祭司. Ⅰ歴24:8.
(2)城壁修築者マルキヤの父. ネヘ3:11.
(3)ネヘミヤ時代の祭司. ネヘ10:5.
(4)盟約に調印した民のかしら. ネヘ10:27.

2. ハリム族.

(1)1.(2)の子孫. エズ2:32, 10:31, ネヘ7:35.
(2)祭司家系の氏族. エズ2:39, 10:21, ネヘ7:42.

▼ はる（張る）【別項】張り裂ける・張り裂く

創世 12: 8　天幕を<張>った. 26:25, 31:25, 33:19, 35:21, 士師4:11.
出エ 33: 7　天幕を…宿営から離れた所に<張>り,
Ⅱサム　6:17　ダビデがそのために<張>った天幕の
Ⅱ列 18:16　金を<張>りつけた主の本堂のとびら
Ⅱ歴　1: 4　天幕をエルサレムに<張>っておいた
ヨブ　9: 8　神はただひとりで天を<張>り延ばし,
　37:18　神とともに<張>り延ばすことができ
　38: 5　だれが測りなわを…<張>ったかを.
詩篇 11: 2　見よ. 悪者どもが弓を<張>り, 弦に
　21:12　弓弦を<張>って彼らの顔をねらわれ
　37:14　悪者どもは剣を抜き, 弓を<張>った.
箴言　1:17　網を<張>っても, むだなことだ.
　29: 5　自分の足もとに網を<張る>.
イザ　5:28　弓はみな<張>ってあり, 馬のひづめ
　21:15　<張>られた弓や激しい戦いからのが
　33:23　帆は, <張る>こともできない. その
　34:11　主はその上に…測りなわを<張>り,
　54: 2　住まいの幕を…<張>り伸ばし, 綱を
エレ　6: 3　羊飼いは…その回りに天幕を<張>り,
　10:20　再び私の天幕を<張る>者はなく, 私
　43:10　彼はその石の上に本営を<張>ろう.
　50:14　すべて弓を<張る>者よ. バビロンの
　51: 3　射手には弓を<張>らせ, よろいを着
哀歌　1:13　私の足もとに網を<張>り, 私をうし
　2: 4　主は敵のように, 弓を<張>り, 右の
ホセ　5: 1　タボルの上に<張>られた網となった
　7:12　わたしは彼らの上に網を<張>り, 空
　14: 5　彼は…ポプラのように根を<張る>.
ゼカ　1:16　測りなわはエルサレム…に<張>られ

▼ パル〔人名〕

ヤコブの長子ルベンの子とその氏族. 創世46:9, 出エ6:14, 民数26:5, 8, Ⅰ歴5:3.

▼ バルアダン〔人名〕

バビロンの王メロダク・バルアダンの父. Ⅱ列20:12, イザ39:1.

▼ パルアハ〔人名〕

ソロモンの守護ヨシャパテの父. Ⅰ列4:17.

▼ バルイエス〔人名〕

偽預言者. 魔術師. 別名エルマ. 使徒13:6.

▼ パルオシュ〔人名〕

(1)帰還氏族とその長. エズ2:3, 8:3, ネヘ3:25.
(2)盟約に調印した民のかしらの一人. ネヘ10:14.

▼ バルク〔人名〕

(1)エレミヤと行動を共にした人. エレ32:12,

16, 36:4, 8, 10, 14, 18, 26, 32, 43:3, 45:1.
(2)ザカイの子．盟約の調印者．ネヘ3:20, 10:6.
(3)コル・ホゼの子．ペレツの子孫．ネヘ11:5.

▼バルコスぞく（～族）
宮に仕えるしもべたち．エズ2:53, ネヘ7:55.

▼バルサバ〔人名〕
(1)12使徒補充のための候補者．使徒1:23.
(2)エルサレム会議の決議をアンテオケに届けるためにシラスと共に選ばれた人．使徒15:22.

▼バルサム
IIサム 5:24 <バルサム>樹の林の上から行進の音
出エ35:28, IIサム5:23, I列10:2, 10, I歴14:14, 15, II歴9:1, 9.

▼ハルシャぞく（～族）
宮に仕えるしもべたちの一氏族．エズ2:52, ネヘ7:54.

▼パルシャヌダタ〔人名〕
アガグ人ハマンの子の一人．エス9:7.

▼バルジライ
1. 人名．
(1)ギルアデ人．IIサム17:27, 19:31, I列2:7.
(2)サウルの娘メラブの義父．IIサム21:8.
(3)(1)の娘婿．祭司．エズ2:61, ネヘ7:63.
2. バルジライ族．1.(3)の子孫．エズ2:61.

▼ハルツ〔人名〕
ユダの王アモンの祖父．II列21:19.

▼パルティ〔人名〕
(1)カナン偵察の斥候の一人．民数13:9.
(2)ダビデの妻ミカルをめとった人．Iサム25:44.

▼パルティエル〔人名〕
(1)イッサカル族の長．民数34:26.
(2)パルティ(2)と同人．IIサム3:15.

▼バルテマイ〔人名〕
イエスにいやされた盲人．マコ10:46.

▼パルテヤじん（～人）
聖霊降臨の際に居合せた人々．使徒2:9.

▼バルトロマイ〔人名〕
12使徒の一人．マタ10:3, マコ3:18, ルカ6:14, 使徒1:13.

▼パルナク〔人名〕
ゼブルン族エリツァファンの父．民数34:25.

▼バルナバ〔人名〕
キプロス生れのレビ人でヨハネ・マルコのいとこ．初代教会の伝道者．使徒4:36, 9:27, 11:22, 12:25, 13:1, 14:12, 15:2, Iコリ9:6, ガラ2:1, コロ4:10.

▼ハルネフェル〔人名〕
アシェル族の勇士．一氏族の長．I歴7:36.

▼はるのあめ（春の雨）
ヤコ 5: 7 秋の雨や<春の雨>が降るまで，耐え

▼ハルハス〔人名〕
女預言者フルダの夫の先祖．II列22:14.

▼ハルハヤ〔人名〕
城壁修理に加わったウジエルの父．ネヘ3:8.

▼パルパル
ナアマン将軍の故国の川の名．II列5:12.

▼バルフムじん（～人）
IIサム 23:31 <バルフム人>アズマベテ.

▼ハルフル
1. 地名．ユダの山地の町の一つ．ヨシ15:58.
2. ハルフル族．エズ2:51, ネヘ7:53.

▼ハル・ヘレス〔地名〕
アヤロン地方の高地．士師1:35.

▼ハルボナ〔人名〕
アハシュエロス王の宦官の一人．エス1:10.

▼ハルマゲドン
黙示 16:16 <ハルマゲドン>と呼ばれる所に王た

▼パルマシュタ〔人名〕
アガグ人ハマンの息子の一人．エス9:9.

▼ハルマフ〔人名〕
城壁修理に協力したエダヤの父．ネヘ3:10.

▼ハルム〔人名〕
ユダ族アハルヘルの父．I歴4:8.

▼パルメナ〔人名〕
配給の奉仕に選出された7人の一人．使徒6:5.

▼ハルモン
アモ 4: 3 <ハルモン>は投げ出される…主の御

▼バルヨナ・シモン〔人名〕
イエスの弟子ペテロの異名．マタ16:17.

▼パルワイム〔地名〕
神殿造営に用いられた金の産地．II歴3:6.

▼はれぎ（晴れ着）
創世 27:15 エサウの<晴れ着>を取って来て，そ
45:22 銀300枚と<晴れ着>5枚とを与えた．
士師 14:12 <晴れ着>30着をあげましょう．
ルツ 3: 3 <晴れ着>をまとい，打ち場に下って
II列 5: 5 <晴れ着>10着とを持って出かけた．

▼ パレス〔人名〕
ユダとタマルの子．イエス・キリストの先祖．旧約ではペレツ．マタ1:3，ルカ3:33．

▼ ハレテのもり（～森）
ユダの森．ダビデが身を隠した所．Ⅰサム22:5．

▼ ハレフ〔人名〕
ユダ族出身．カレブの子孫．Ⅰ歴2:51．

▼ はれもの
申命 28:27 エジプトの腫物と，<はれもの>と，
エレ 30:13 <はれもの>に薬をつけて，あなたを
ホセ 5:13 彼は…<はれもの>を直せない．
黙示 16: 2 ひどい悪性の<はれもの>ができた．
11 苦しみと，<はれもの>とのゆえに，

▼ はれる
申命 8: 4 あなたの足は，<はれ>なかった．
ネヘ 9:21 彼らの…足も<はれ>ませんでした．

▼ はれる（晴れる）
ヨブ 26:13 その息によって天は<晴れ>渡り，御
マタ 16: 2 『夕焼けだから<晴れる>』と言うし，

▼ ハレルヤ
詩 104:35 主をほめたたえよ．<ハレルヤ>．
105:45 みおしえを守るため…<ハレルヤ>．
106: 1 <ハレルヤ>．主に感謝せよ．主はま
48 「アーメン」と言え．<ハレルヤ>．
詩 111: 1 <ハレルヤ>．私は心を尽くして主に
112: 1 <ハレルヤ>．幸いなことよ．主を恐
113: 1 <ハレルヤ>．主のしもべたちよ．ほ
9 母として家に住まわせ…<ハレルヤ>．
115:18 主をほめたたえよう．<ハレルヤ>．
116:19 あなたの真ん中で．<ハレルヤ>．
117: 2 主のまことはとこしえ…<ハレルヤ>．
135: 1 <ハレルヤ>．主の御名をほめたたえ
3 <ハレルヤ>．主はまことにいつくし
146: 1 <ハレルヤ>．私のたましいよ．主を
10 神は代々にいます．<ハレルヤ>．
147: 1 <ハレルヤ>．まことに，われらの神
20 彼らは知っていない．<ハレルヤ>．
148: 1 <ハレルヤ>．天において主をほめた
14 イスラエルの…賛美を．<ハレルヤ>．
149: 1 <ハレルヤ>．主に新しい歌を歌え．
9 聖徒の誉れである．<ハレルヤ>．
150: 1 <ハレルヤ>．神の聖所で，神を．6．
黙示 19: 1 <ハレルヤ>．救い，栄光，力は，わ
3 <ハレルヤ>．彼女の煙は永遠に立ち
4 「アーメン．<ハレルヤ>」と言った．
6 <ハレルヤ>．万物の支配者である，

▼ パロ
聖書におけるエジプトの王の一般称号．
①名前の記されていないパロ：アブラハムの時代，創世12:15-20；ヨセフの時代，創世37:36；モーセの時代，出エ1:8-11，5-14章；ダビデの時代，Ⅰ列11:17-20；ソロモンの時代，Ⅰ列3:1，7:8，9:16，24，11:1；ヒゼキヤの時代，Ⅱ列18:21．
②名前の記されたパロ：シシャク，Ⅰ列14:25-26；ソ，Ⅱ列17:4；ティルハカ，Ⅱ列19:9；ネコ，Ⅱ列23:29；ホフラ，エレ44:30．
創世 12:17 アブラムの妻…のことで，<パロ>と，
41: 1 <パロ>は夢を見た…ナイルのほとり
出エ 1:11 <パロ>のために倉庫の町ピトムとラ
2: 5 <パロ>の娘が水浴びをしようとナイ
5: 6 <パロ>は…監督と人夫がしらに命じ
7:10 モーセとアロンは<パロ>のところに
14: 8 <パロ>はイスラエル人を追跡した．
Ⅰ列 3: 1 ソロモンは…<パロ>と互いに縁を結
詩 136:15 <パロ>とその軍勢を葦の海に投げ込
ロマ 9:17 聖書は<パロ>に…わたしがあなたを

▼ ハロエ〔人名〕
カレブの子孫ショバルの子．Ⅰ歴2:52．

▼ ハロシェテ・ハゴイム〔地名〕
カナンの町．将軍シセラの居住地．士師4:2．

▼ ハロデじん（～人）
ハロデの住民，出身者．Ⅱサム23:25．

▼ ハロデのいずみ（～泉）
ギデオンが勇士を選ぶ際，水の飲み方を試した泉．士師7:1．

▼ パロ・ネコ〔人名〕
エジプト第26王朝の王．Ⅱ列23:29，エレ46:2．

▼ パロ・ホフラ〔人名〕
エジプト第26王朝４番目の王．エレ44:30．

▼ バワイ〔人名〕
城壁修理に携わった人．ネヘ3:18．

▼ ばん（晩）
使徒 28:23 彼は朝から<晩>まで語り続けた．神

▼ ばん（番）【別項】寝ずの番
出エ 22:10 <番>をしてもらうために隣人に預け，
Ⅰサム 16:11 末の子が…羊の<番>をしています．」
エゼ 44:11 彼らは宮の門で<番>をし，宮で奉仕

ホセ 12:12 妻をめとるために羊の〈番〉をした.
マタ 27:64 3日目まで墓の〈番〉をするように命

▼ **パン【別項】神のパン，供えのパン，種を入れないパン・種を入れないパンの祭り，パン菓子，パンくず**

創世 14:18 メルキゼデクは〈パン〉とぶどう酒を
21:14 〈パン〉と水の皮袋を取ってハガルに
25:34 エサウに〈パン〉とレンズ豆の煮物を
27:17 〈パン〉を息子ヤコブの手に渡した.
28:20 食べる〈パン〉と着る着物を賜り，
出エ 16: 3 〈パン〉を満ち足りるまで食べていた
4 〈パン〉が天から降るようにする．民
22 6日目には，彼らは2倍の〈パン〉，
23:25 主はあなたの〈パン〉と水を祝福して
29:23 丸型の〈パン〉1個と…輪型の〈パン〉
34:28 40日40夜…〈パン〉も食べず，水も飲
40:23 その上に〈パン〉を1列に並べて，主
レビ 8:31 任職のかごにある〈パン〉といっしょ
32 肉や〈パン〉の残りは火で焼かなけれ
24: 7 これを〈パン〉の記念の部分とする.
26: 5 満ち足りるまで〈パン〉を食べ，安ら
26 〈パン〉のための棒を折るとき，10人の女が…〈パン〉を焼き，はかりにかけて，あなたがたの〈パン〉を返す.
民数 21: 5 荒野で…〈パン〉もなく，水もない.
申命 8: 3 人は〈パン〉だけで生きるのではない，
16: 3 悩みの〈パン〉を食べなければならな
23: 4 〈パン〉と水とをもって…迎えず，あ
29: 6 あなたがたは〈パン〉も食べず，また，
ヨシ 9: 5 彼らの食料の〈パン〉は，みなかわいて，ぼろぼろになっていた．12.
士師 7:13 大麦の〈パン〉のかたまりが一つ，ミ
8: 5 民に〈パン〉を下さい．彼らは疲れて
6 あなたの軍団に〈パン〉を与えなけれ
ルツ 2:14 この〈パン〉を食べ…〈パン〉切れを酢
Iサム 2: 5 食べ飽いた者が〈パン〉のために雇わ
36 賃金と〈パン〉1個を求めて…『…一切れの〈パン〉を食べさせてください.
8:13 料理女とし，〈パン〉焼き女とする.
9: 7 袋には，〈パン〉もなくなったし，そ
10: 3 ひとりは丸型の〈パン〉三つを持ち，
4 あなたに〈パン〉を二つくれます．あ
16:20 ろば1頭分の〈パン〉と，ぶどう酒の
21: 3 五つの〈パン〉でも…ある物を私に下
4 普通の〈パン〉は手もとにありません…聖別された〈パン〉があります.」
6 祭司は彼に聖別された〈パン〉を与えた…あたたかい〈パン〉と置きかえら
22:13 おまえは彼に〈パン〉と剣を与え，彼
25:11 私の〈パン〉と私の水，それに羊の毛
18 アビガイルは急いで〈パン〉200個，
28:22 〈パン〉を少し差し上げますから，そ
30:11 彼に〈パン〉をやって，食べさせ，水
12 3日3晩，〈パン〉も食べず，水も飲
IIサム 3:35 日の沈む前に〈パン〉でも，ほかの何
6:19 輪型の〈パン〉1個，なつめやしの菓
13: 6 妹…をよこし…〈パン〉を作らせてく
16: 1 ろばに，〈パン〉200個，干しぶどう
2 〈パン〉と夏のくだものは若い者たち
I列 13: 8 〈パン〉を食べず，水も飲みません.
9 〈パン〉を食べてはならない．水も飲
18 家に連れ帰り，〈パン〉を食べさせ，
19 彼の家で〈パン〉を食べ，水を飲んだ.
14: 3 〈パン〉10個と菓子数個，それに，蜜
17: 6 烏が…〈パン〉と肉とを運んで来た.
11 一口の〈パン〉も持って来てください.
12 私は焼いた〈パン〉を持っておりませ
22:27 『…わずかな〈パン〉と，わずかな水をあてがっておけ』と．II歴18:26.
II列 4:42 初穂の〈パン〉である大麦の〈パン〉20
6:22 彼らに〈パン〉と水をあてがい，飲み
18:32 〈パン〉とぶどう畑の地，オリーブの
I歴 16: 3 丸型の〈パン〉，なつめやしの菓子，
エズ 10: 6 〈パン〉も食べず，水も飲まずにそこ
ネヘ 5:15 〈パン〉とぶどう酒のために取り立て，
9:15 天から〈パン〉を彼らに与え…岩から
詩篇 41: 9 私の〈パン〉を食べた親しい友までが，
78:20 神は，〈パン〉をも与えることができ
25 人々は御使いの〈パン〉を食べた．神
80: 5 彼らに涙の〈パン〉を食べさせ，あふ
102: 4 〈パン〉を食べることさえ忘れました.
詩 102: 9 〈パン〉を食べるように灰を食べ，私
105:16 〈パン〉のための棒をことごとく折ら
40 天からの〈パン〉で彼らを満ち足らわ
146: 7 飢えた者に〈パン〉を与える方．主は
箴言 4:17 彼らは不義の〈パン〉を食べ，暴虐の
6:26 遊女はひとかたまりの〈パン〉で買え
17: 1 一切れのかわいた〈パン〉があって，
20:13 目を開け…〈パン〉に飽き足りる.
17 だまし取った〈パン〉はうまい．しか

22: 9 自分の<パン>を寄るべのない者に与
25:21 飢えているなら，<パン>を食べさせ，
28:21 人は一切れの<パン>で，そむく．
31:27 彼女は…怠惰の<パン>を食べない．
伝道 9: 7 喜んであなたの<パン>を食べ，愉快
11 <パン>は知恵ある人のものではなく，
11: 1 あなたの<パン>を水の上に投げよ．
イザ 3: 1 すべて頼みの<パン>…頼みの水，
7 私の家には<パン>もなく，着る物も
4: 1 私たちは自分たちの<パン>を食べ，
21:14 のがれて来た者に<パン>を与えてや
28:28 <パン>のための麦は砕かれない．打
30:20 乏しい<パン>とわずかな水とを賜っ
33:16 彼の<パン>は与えられ，その水は確
36:17 <パン>とぶどう畑の地である．
44:15 これを燃やして<パン>を焼く．また，
55:10 食べる者には<パン>を与える．
58: 7 飢えた者にはあなたの<パン>を分け
エレ 37:21 毎日<パン>1個を彼に与えさせた．
哀歌 4: 4 幼子たちが<パン>を求めても，それ
エゼ 4: 9 それで<パン>を作り…390日間それ
13 汚れた<パン>を食べなければならな
15 牛の糞で…自分の<パン>を焼け．」
16 <パン>のたくわえをなくしてしまお
う…彼らは…<パン>を量って食べ，
17 <パン>と水が乏しくなるからだ．彼
12:18 震えながらあなたの<パン>を食べ，
13:19 少しばかりの<パン>のために，まや
16:19 わたしが与えたわたしの<パン>や，
24:17 人々からの<パン>を食べてはならな
44: 3 主の前で<パン>を食べるためにそこ
ホセ 2: 5 彼らは私に<パン>と水，羊毛と麻，
7: 4 彼らは<パン>焼きであって，練り粉
9: 4 彼らの<パン>は喪中の<パン>のよう
…彼らの<パン>は彼ら自身のためだ
アモ 4: 6 すべての場所で，<パン>に欠乏させ
7:12 その地で<パン>を食べ，その地で預
8:11 <パン>のききんではない．水に渇く
オバ 7 あなたの<パン>を食べていた者が，
ハガ 2:12 そのすそが<パン>や煮物，ぶどう酒
マタ 4: 3 この石が<パン>になるように，命じ
4 人は<パン>だけで生きるのではなく，
7: 9 自分の子が<パン>を下さいと言うと
マタ 14:17 <パン>が五つと魚が2匹よりほかあ
りません．」ルカ9:13，ヨハ6:9．
20 <パン>切れの余り…12のかごにいっ
ぱいあった．マコ6:43，ヨハ6:13．
15:26 子どもたちの<パン>を取り上げて，
小犬に投げてやるのは．マコ7:27．
34 「どれぐらい<パン>がありますか．」
マコ6:38，8:5．
16: 5 弟子たちは…<パン>を持って来るの
を忘れた．マコ8:14．
9 五つの<パン>を5千人に．マコ8:19．
10 七つの<パン>を4千人に．マコ8:20．
26:26 イエスは<パン>を取り，祝福して後，
これを裂き，弟子たち．マコ14:22．
マコ 6: 8 <パン>も，袋も…金も．ルカ9:3．
37 200デナリもの<パン>を．ヨハ6:7．
44 <パン>を食べたのは，男が5千人で
52 <パン>のことから悟るところがなく，
7: 2 洗わない手で<パン>を食べている者
8: 4 どこから<パン>を手に入．ヨハ6:5．
ルカ 4: 3 この石に，<パン>になれと言いつけ
7:33 ヨハネが来て，<パン>も食べず，ぶ
11: 5 『君．<パン>を三つ貸してくれ．
15:17 <パン>のあり余っている雇い人が大
24:35 <パン>を裂かれたときにイエスだと
ヨハ 6:11 イエスは<パン>を取り，感謝をささ
26 <パン>を食べて満腹したからです．
32 天からまことの<パン>をお与えにな
34 主よ．いつもその<パン>を私たちに
35 わたしがいのちの<パン>です．わた
41 わたしは天から下って来た<パン>で
13:18 わたしの<パン>を食べている者が，
26 イエスは，<パン>切れを浸し…ユダ
21: 9 魚と，<パン>があるのを見た．
13 <パン>を取り…魚も同じようにされ
使徒 2:42 交わりをし，<パン>を裂き，祈りを
46 家で<パン>を裂き，喜びと真心をも
20: 7 私たちは<パン>を裂くために集まっ
11 <パン>を裂いて食べてから，明け方
27:35 彼は<パン>を取り，一同の前で神に
Ⅰコリ 5: 8 純粋で真実な<パン>で，祭りをしよ
10:16 私たちの裂く<パン>は，キリストの
17 <パン>は一つですから…一つのから
だです…ともに一つの<パン>を食べ
11:23 イエスは，渡される夜，<パン>を取
26 この<パン>を食べ，この杯を飲むた
27 ふさわしくないままで<パン>を食べ，

28 自分を吟味し…そのうえで<パン>を
IIコリ 9:10 種と…<パン>を備えてくださる方は,
IIテサ 3: 8 人の<パン>をただで食べることもし
12 自分で得た<パン>を食べなさい.

▼はんえい（反映）

IIコリ 3:18 鏡のように主の栄光を<反映>させな

▼はんえい（繁栄）

創世 41:16 神がパロの<繁栄>を知らせてくださ
申命 28:29 <繁栄>することがなく…しいたげら
30: 3 あなたの<繁栄>を元どおりにし, あ
ヨシ 1: 8 あなたのすることで<繁栄>し, また
I列 10: 7 あなたの知恵と<繁栄>は, 私が聞い
ヨブ 20:21 だから, 彼の<繁栄>は続かない.
30:15 私の<繁栄>は雨雲のように過ぎ去っ
詩篇 14: 7 御民の<繁栄>を元どおりにされると
35:27 しもべの<繁栄>を喜ばれる主は, 大
37:11 豊かな<繁栄>をおのれの喜びとしよ
53: 6 御民の<繁栄>を元どおりにされると
85: 1 ヤコブの<繁栄>を元どおりにされま
112: 3 <繁栄>と富とはその家にあり, 彼の
122: 7 宮殿のうちには, <繁栄>があるよう
9 私は, おまえの<繁栄>を求めよう.
126: 1 シオンの<繁栄>を元どおりにされた
126: 4 私たちの<繁栄>を元どおりにしてく
128: 5 エルサレムの<繁栄>を見よ.
イザ 66:12 川のように<繁栄>を彼女に与え, あ
エレ 22:21 あなたが<繁栄>していたときに, わ
29: 7 その町の<繁栄>を求め…祈れ. そこの<繁栄>は, あなたがたの<繁栄>に
14 あなたがたの<繁栄>を元どおりにし
30: 3 ユダの<繁栄>を元どおりにすると,
18 天幕の<繁栄>を元どおりにし, その
31:23 彼らの<繁栄>を元どおりに. 32:44.
33: 7 イスラエルの<繁栄>を元どおりにし,
11 <繁栄>を元どおりにし, 初め. 26.
48:47 <繁栄>を元どおりにする. 49:6, 39.
哀歌 2:14 あなたの<繁栄>を元どおりにするた
エゼ 16:53 彼女たちの<繁栄>を元どおりにする.
29:14 エジプトの<繁栄>を元どおりにする.
39:25 ヤコブの<繁栄>を元どおりにし, イ
ダニ 4:27 あなたの<繁栄>は長く続くでしょう.
ホセ 6:11 民の<繁栄>を元どおりにするとき,
ヨエ 3: 1 エルサレムの<繁栄>を元どおりにす
アモ 9:14 イスラエルの<繁栄>を元どおりにす
ゼパ 2: 7 彼らの<繁栄>を元どおりにするから
3:20 あなたがたの<繁栄>を元どおりにす

▼パンがし（～菓子）

創世 18: 6 早く…<パン菓子>を作っておくれ.」
出エ 12:39 パン種の入れてない<パン菓子>を作
I列 17:13 私のために…小さな<パン菓子>を作
19: 6 焼け石で焼いた<パン菓子>一つと,
エゼ 4:12 大麦の<パン菓子>のようにして食べ
ホセ 7: 8 エフライムは生焼けの<パン菓子>と

▼はんぎゃく（反逆）, 反逆者

申命 13: 5 あなたがたを<反逆>させようとそそ
ヨシ 22:16 きょう, 主に<反逆>している.
18 きょう, 主に<反逆>しようとしてい
19 主に<反逆>してはならない. また私たちに<反逆>してはならない.
22 もしこれが主への<反逆>や, 不信の
29 主に<反逆>し, 主に従うことをやめ
I列 11:26 ところが彼も王に<反逆>した.
II列 18: 7 彼はアッシリヤの王に<反逆>し, 彼
20 だれに拠り頼んで私に<反逆>するの
24: 1 エホヤキムは…再び彼に<反逆>した.
20 ゼデキヤは…王に<反逆>した.
II歴 13: 6 ヤロブアムが…主君に<反逆>したが,
36:13 彼はまた…この王に<反逆>した. こ
エズ 4:15 昔からこの町で<反逆>が行われたこ
ネヘ 2:19 王に<反逆>しようとしているのか.
6: 6 ユダヤ人たちは<反逆>をたくらんで
ネヘ 9:26 反抗的で, あなたに<反逆>し, あな
ヨブ 24:13 これらの者は光に<反逆>する者で,
イザ 1: 5 <反逆>に<反逆>を重ねて. 頭は残
23 おまえのつかさたちは<反逆者>, 盗
30: 1 ああ. <反逆>の子ら…彼らははかり
9 彼らは<反逆>の民, うそつきの子ら
31: 6 <反逆>を深めているその方のもとに
36: 5 だれに拠り頼んで私に<反逆>するの
59:13 しいたげと<反逆>を語り, 心に偽り
65: 2 <反逆>の民…に…手を差し伸べた.
エレ 6:28 彼らはみな, かたくなな<反逆者>,
28:16 主への<反逆>をそそのかしたからだ.
29:32 彼が主に対する<反逆>をそそのかし
52: 3 ゼデキヤは…王に<反逆>した.
エゼ 2: 3 わたしにそむいた<反逆>の国民に遣
5 <反逆>の家だ. 6, 7, 8, 3:9, 26, 27, 12:2, 3, 9, 25, 17:12, 24:3, 44:6.
17:15 彼はバビロンの王に<反逆>し, 使者

20:38 わたしにそむく<反逆者>を，えり分
ゼパ 3: 1 <反逆>と汚れに満ちた暴力の町．

▼ はんキリスト（反キリスト）
Ⅰヨハ 2:18 <反キリスト>の来ることを聞いていたとおり…多くの<反キリスト>が現
22 否認する者，それが<反キリスト>で
4: 3 それは<反キリスト>の霊です．あな
Ⅱヨハ 7 惑わす者であり，<反キリスト>です．

▼ パンくず
詩 147:17 主は氷を<パンくず>のように投げつ
マタ 15:27 小犬でも主人の食卓から落ちる<パンくず>はいただきます．マコ7:28.

▼ ばんぐんのかみ（万軍の神）
Ⅱサム 5:10 <万軍の神>，主が彼とともにおられ
Ⅰ列 19:10 私は<万軍の神>，主に，熱心に仕え
詩篇 59: 5 あなたは<万軍の神>，主．イスラエ
69: 6 <万軍の神>，主よ．80:4，19，84:8，89:8，エレ15:16.
80: 7 <万軍の神>よ．私たちをもとに返し，
イザ 3:15 <万軍の神>，主の御告げ．エレ2:19，49:5，アモ3:13，6:8，14.
22: 5 混乱の日は，<万軍の神>，主から来
15 <万軍の神>，主は，こう仰せられる．エレ5:14，35:17，38:17，44:7，アモ5:16，27.
28:22 私は<万軍の神>，主から…聞いてい
エレ 46:10 その日は，<万軍の神>，主の日…<万軍の神>，主に，いけにえがささ
50:25 <万軍の神>，主の，される仕事があ
ホセ 12: 5 主は<万軍の神>．その呼び名は主．
アモ 4:13 その名は<万軍の神>，主．
5:14 <万軍の神>，主が，あなたがたとと
15 <万軍の神>，主は…あわれまれるか
9: 5 <万軍の神>，主が，地に触れると，

▼ ばんぐんのしゅ（万軍の主）
Ⅱサム 7:26 <万軍の主>はイスラエルの神』と言
Ⅰ列 18:15 私が仕えている<万軍の主>は生きて
Ⅰ歴 11: 9 <万軍の主>が彼とともにおられた．
詩篇 24:10 <万軍の主>．これぞ，栄光の王．
84: 1 <万軍の主>．あなたのお住まいはな
イザ 2:12 <万軍の主>の日は，すべておごり高
6: 3 聖なる，聖なる，<万軍の主>．その
5 <万軍の主>である王を，この目で見
9: 7 <万軍の主>の熱心がこれを成し遂げ
18: 7 <万軍の主>の名のある所，シオンの
25: 6 <万軍の主>はこの山の上で万民のた
47: 4 贖う方，その名は<万軍の主>，イス
エレ 11:20 思いと心をためされる<万軍の主>よ．
51: 5 <万軍の主>から…見捨てられない．
14 <万軍の主>はご自分をさして誓って
ハバ 2:13 <万軍の主>によるのではないか．国
ゼパ 2:10 彼らが<万軍の主>の民をそしり，こ
ゼカ 2: 9 <万軍の主>が私を遣わされたことを
9:15 <万軍の主>が彼らをかばうので，彼
12: 5 住民の力は…<万軍の主>にある，と．

▼ はんけつ（判決）
申命 17: 9 彼らは，あなたに<判決>のことばを告げよう．10，11.
イザ 2: 4 多くの国々の民に，<判決>を下す．
10: 1 わざわいを引き起こす<判決>を書い
11: 4 国の貧しい者のために<判決>を下し，
ダニ 2: 9 あなたがたへの<判決>はただ一つ．
ミカ 4: 3 遠く離れた強い国々に，<判決>を下
ヨハ 7:51 …でなければ，<判決>を下さないの
使徒 25:21 皇帝の<判決>を受けるまで保護して
Ⅰコリ 4: 3 人間による<判決>を受けることは，

▼ はんこう（反抗），反抗的
レビ 26:21 わたしに<反抗>して歩み，わたしに
民数 14:34 わたしへの<反抗>が何かを思い知ろ
エズ 4:12 あの<反抗的>で危険な町を再建して
15 この町が<反抗的>な町で，王たちと
ネヘ 9:26 彼らは<反抗的>で，あなたに反逆し，
箴言 18:19 <反抗>する兄弟は堅固な城よりも近
使徒 18: 6 彼らが<反抗>して暴言を吐いたので，
ロマ 8: 7 肉の思いは神に対して<反抗>するも
10:21 不従順で<反抗>する民に対して，わ
Ⅱテサ 2: 4 礼拝されるものに<反抗>し，その上
ヘブ 12: 3 このような<反抗>を忍ばれた方のこ

▼ ばんごや（番小屋）
イザ 1: 8 きゅうり畑の<番小屋>のように，包

▼ はんざい（犯罪）
使徒 18:14 悪質な<犯罪>のことであれば，私は
25:18 <犯罪>についての訴えは何一つ申し

▼ ばんざい
Ⅰサム 10:24 民はみな…「王さま．<ばんざい>」
Ⅱサム 16:16 <ばんざい>．王さま．<ばんざい>．」
Ⅰ列 1:25 アドニヤ王．<ばんざい>』と叫びま
34 『ソロモン王．<ばんざい>』と叫39.
Ⅱ列 11:12 『王さま．<ばんざい>」と叫んだ．Ⅱ歴23:11.

マタ 27:29　「ユダヤ人の王さま．<ばんざい>.」
マコ15:18，ヨハ19:3.

▼ばんさん（晩餐）

ヨハ 12: 2　イエスのために…<晩餐>を用意した.
21:20　この弟子はあの<晩餐>のとき，イエ
Iコリ 11:20　それは主の<晩餐>を食べるためでは

▼はんしゅう（半週）

ダニ 9:27　<半週>の間，いけにえとささげ物と

▼ばんしょう（万象）【別項】天の万象

創世 2: 1　天と地とそのすべての<万象>が完成
ネヘ 9: 6　天の天と，その<万象>，地とその上
イザ 34: 4　その<万象>は，枯れ落ちる．ぶどう
40:26　この方は，その<万象>を数えて呼び
45:12　わたしは…その<万象>に命じた.

▼はんすう（反芻）

レビ 11: 3　<反芻>するものはすべて，食べても
よい．申命14:6.
4　<反芻>するが…汚れたもの．5，6.
申命 14: 8　<反芻>しないから…食べてはならな

▼はんする（反する）

ガラ 1: 8　福音に<反する>ことを…宣べ伝える

▼はんせい（反省）

I列 8:47　彼らが捕らわれていった地で，みず
から<反省>して悔い．II歴6:37.
伝道 7:14　逆境の日には<反省>せよ．これもあ

▼はんたい（反対），反対者

マコ 9:40　わたしたちに<反対>しない者は，わ
ルカ 2:34　この子は…<反対>を受けるしるしと
9:50　あなたがたに<反対>しない者は，あ
10:31　祭司が…<反対>側を通り過ぎて行っ
13:17　<反対>していた者たちはみな，恥じ
21:15　どんな<反対者>も，反論もできず，
使徒 13: 8　エルマ…は，ふたりに<反対>して，
45　パウロの話に<反対>して，口ぎたな
28:19　ユダヤ人たちが<反対>したため，私
Iコリ 4: 6　他方に<反対>して高慢にならないた
Iテモ 5:14　<反対者>にそしる機会を与えないこ
IIテモ 2:25　<反対>する人たちを柔和な心で訓戒
テト 1: 9　<反対>する人たちを正したりするこ

▼パンだね（～種）

創世 19: 3　<パン種>を入れないパンを焼いた.
出エ 12:15　家から…<パン種>を取り除かなけれ
19　家に<パン種>があってはならない…
<パン種>の入ったものを食べる者は，
34　練り粉を…<パン種>を入れないまま
レビ 2:11　ささげ物は…<パン種>を入れて作っ
てはならない．<パン種>や蜜は，少
10:12　<パン種>を入れずに祭壇のそばで，
申命 16: 3　<パン種>を入れたものを食べてはな
4　<パン種>があなたの領土のどこにも
マタ 13:33　天の御国は，<パン種>のようなもの
…女が，<パン種>を取．ルカ13:21.
16: 6　パリサイ人やサドカイ人たちの<パ
ン種>には注意して気をつけな．11.
マコ 8:15　パリサイ人の<パン種>とヘロデの<
パン種>とに十分気をつけなさい.」
ルカ 12: 1　パリサイ人の<パン種>に気をつけな
Iコリ 5: 6　ほんのわずかの<パン種>が，粉のか
7　古い<パン種>を取り除きなさい．あ
なたがたは<パン種>のないものだか
8　古い<パン種>を用いたり，悪意と不
正の<パン種>を用いたりしないで，
<パン種>の入らない…パンで，祭り
ガラ 5: 9　わずかの<パン種>が，こねた粉の全

▼はんだん（判断），判断力

Iサム 25:33　あなたの<判断>が，ほめたたえられ
I列 3: 9　善悪を<判断>してあなたの民をさば
11　訴えを聞き分ける<判断力>を求めた
12　知恵の心と<判断>する心とを与える.
ルカ 7:43　「あなたの<判断>は当たっています」
12:57　何が正しいかを<判断>しないのです
使徒 4:19　正しいかどうか，<判断>してくださ
Iコリ 1:10　同じ心，同じ<判断>を完全に保って
10:15　私の言うことを<判断>してください.
11:13　自分自身で<判断>しなさい．女が頭

▼はんてい（判定）

Iコリ 4: 3　あなたがたによる<判定>，あるいは，

▼はんてん（斑点）

エレ 13:23　ひょうがその<斑点>を，変えること

▼はんとき（半時）

ダニ 7:25　聖徒たちは…<半時>の間，彼の手に
12: 7　それは，ひと時とふた時と<半時>で
黙示 12:14　<半時>の間，蛇の前をのがれて養わ

▼ハンナ〔人名〕

サムエルの母．Iサム1:2，5，20，26，2:1，
21.

▼ばんにん（番人）

創世 4: 9　私は…弟の<番人>なのでしょうか.
Iサム 17:20　ダビデは…羊を<番人>に預け，エッ
ネヘ 2: 8　御園の<番人>アサフへの手紙も賜り，

ヨブ 27:18 それは<番人>が作る仮小屋のようだ.
箴言 27:18 いちじくの木の<番人>はその実を食
エレ 4:17 彼らは畑の<番人>のように，ユダを
48:12 わたしは，彼に酒蔵の<番人>を送る.
使徒 5:23 <番人>たちが戸口に立っていました

▼ はんぶぞく（半部族）

民数 32:33 マナセの<半部族>．申命3:13，ヨシ1:12，12:6，13:7，29，18:7，21:5，6，25，27，22:13，15，21，Ⅰ歴5:18，23，6:61，70，12:31，37，26:32，27:20.
34:13 9部族と<半部族>に与えよと命じて
15 この2部族と<半部族>は，ヨルダン
Ⅰ歴 5:26 マナセの<半部族>を捕らえ移し，彼

▼ ばんぶつ（万物）

エレ 10:16 主は<万物>を造る方．51:19.
ヨハ 3:35 <万物>を御子の手にお渡しになった.
13: 3 父が<万物>を自分の手に渡されたこ
使徒 3:21 <万物>の改まる時まで，天にとどま
17:25 いのちと息と<万物>とをお与えにな
ロマ 9: 5 キリストは<万物>の上にあり，とこ
Ⅰコリ 15:27 彼は<万物>をその足の下に…<万物>が従わせられた…<万物>を従わせた
28 <万物>が御子に従うとき，御子自身も…<万物>を従わせた方に従われま
エペ 3: 9 <万物>を創造した神のうちに世々隠
ピリ 3:21 <万物>をご自身に従わせることので
コロ 1:16 <万物>は御子にあって造られたから
17 御子は，<万物>よりも先に存在し，<万物>は御子にあって成り立ってい
20 御子によって<万物>を…和解させて
ヘブ 1: 2 神は，御子を<万物>の相続者とし，
3 みことばによって<万物>を保ってお
2: 8 <万物>をその足の下に従わせられま
10 <万物>の存在の目的であり…原因で
Ⅰペテ 4: 7 <万物>の終わりが近づきました．で
黙示 4:11 あなたは<万物>を創造し…みこころゆえに，<万物>は存在し，また創造

▼ パンフリヤ〔地名〕

小アジヤ中央の南岸にある地方．使徒2:10，13:13，14:24，15:38，27:5.

▼ はんぶん（半分）

民数 31:36 この<半分>がいくさに出た人々への
42 イスラエル人のものである<半分>，
43 会衆のものである<半分>は，羊33万
Ⅰサム 14:14 1日で耕す畑の…<半分>の場所で行
Ⅰ列 3:25 子どもを二つに…<半分>をこちらに，<半分>をそちらに与えなさい.」
10: 7 <半分>も知らされていなかったので
ネヘ 13:24 子どもの<半分>はアシュドデのこと
エゼ 16:51 あなたの罪の<半分>ほども罪を犯さ
マコ 6:23 私の国の<半分>でも，与えよう」と
ルカ 19: 8 財産の<半分>を貧しい人たちに施し

▼ ばんぺい（番兵）

士師 7:19 <番兵>の交替をしたばかりであった.
エレ 51:12 見張りを強くし，<番兵>を立てよ.
マタ 27:66 石に封印をし，<番兵>が墓の番をし
28: 4 <番兵>たちは…死人のようになった.
11 数人の<番兵>が都に来て…報告した.
使徒 12: 6 戸口には<番兵>たちが牢を監視して
19 <番兵>たちを取り調べ，彼らを処刑
28:16 パウロは<番兵>付きで自分だけの家

▼ はんべつ（判別）

ヘブ 4:12 心の…考えやはかりごとを<判別>す

▼ はんもく（反目）

使徒 15:39 激しい<反目>となり…互いに別行動

▼ はんらん（反乱）

使徒 5:37 民衆をそそのかして<反乱>を起こし

▼ はんりょ（伴侶）

マラ 2:14 彼女はあなたの<伴侶>であり，あな

ひ

▼ ひ（日）【別項】日の出る，日の光

創世 15:17 <日>は沈み，暗やみになったとき，
創世 18: 1 彼は<日>の暑いころ，天幕の入口に
出エ 16:21 <日>が熱くなると，それは溶けた.
レビ 22: 7 <日>が沈めば，彼はきよくなり，そ
申命 4:19 <日>，月，星の天の万象を見るとき，
ヨシ 1:15 <日>の上る方にある…所有地に帰っ
10:12 <日>よ．ギブオンの上で動くな．月
士師 5:31 力強く<日>がさし出るようにしてく
詩篇 50: 1 <日>の上る所から沈む所まで.
58: 8 <日>の目を見ない，死産の子のよう

113: 3 <日>の上る所から沈む所まで，主の
121: 6 昼も，<日>が，あなたを打つことが
148: 3 主をほめたたえよ．<日>よ．月よ．
伝道 1: 3 <日>の下で，どんなに労苦しても，
9 <日>の下には新しいものは一つもな
イザ 24:23 月は…<日>も恥を見る．万軍の主が
45: 6 <日>の上る方からも，西からも，わ
エレ 8: 2 拝んだ<日>や月や天の万象の前にさ
ゼカ 8: 7 わたしの民を日の出る地と<日>の入
マタ 13: 6 <日>が上ると，焼けて，根がないた
マコ 16: 2 <日>が上ったとき，墓に着いた．
ルカ 21:25 <日>と月と星には，前兆が現れ，地
エペ 4:26 <日>が暮れるまで憤ったままでいて

▼ひ（日）【別項】贖いの日，大いなる日，終わりの日，週の初めの日，主の日，準備の日，贖罪の日，備えの日，種なしパンの日，日ごと，日々，わざわいの日

創世 1:14 <日>のため，年のためにあれ．
出エ 9:18 エジプトにおいて建国の<日>以来，
12:14 この<日>は…記念すべき<日>となる．
17 代々にわたって，この<日>を守りな
13: 3 エジプトから出て来たこの<日>を覚
20: 8 安息日を覚えて，これを聖なる<日>
40:37 雲が…上る<日>まで，旅立たなかっ
レビ 7:15 それがささげられるその<日>に食べ，
22:30 その同じ<日>にこれを食べ，朝まで
23:28 その<日>のうちは，いっさいの仕事
をしてはならない．その<日>は贖罪
民数 7: 1 モーセは幕屋を建て終わった<日>に，
申命 9:24 私があなたがたを知った<日>から，
16: 3 エジプトの国から出た<日>を，あな
24:15 彼の賃金は，その<日>のうちに，日
ヨシ 6:15 この<日>だけは７度町を回った．
10:12 エモリ人を…渡したその<日>，ヨシ
14 このような<日>は，先にもあとにも
Ⅰサム 14:23 その<日>，主はイスラエルを救い，
Ⅱサム 22: 1 彼を救い出された<日>に，ダビデは
Ⅰ列 3:14 歩むなら，あなたの<日>を長くしよ
14:14 彼は，その<日>，そしてただちに，
Ⅰ列 17:14 主が地の上に雨を降らせる<日>まで
Ⅱ列 7: 9 きょうは，良い知らせの<日>なのに，
15: 5 彼は死ぬ<日>までツァラアトに冒さ
19: 3 懲らしめと，侮辱の<日>です．子ど
20:17 バビロンへ運び去られる<日>が来て
Ⅰ歴 16:23 <日>から<日>へと，御救いの良い知
ヨブ 3: 1 自分の生まれた<日>をのろった．
15:23 やみの<日>がすぐそこに用意されて
17: 1 私の霊は乱れ，私の<日>は尽き，私
29:18 不死鳥のように，私は<日>をふやそ
詩篇 90:12 自分の<日>を正しく数えることを教
96: 2 <日>から<日>へと，御救いの良い知
102:11 私の<日>は，伸びていく夕影のよう
118:24 設けられた<日>である．この<日>を
119:164 私は<日>に７度，あなたをほめたた
箴言 9:11 あなたの<日>は多くなり，あなたの
10:27 主を恐れることは<日>をふやし，悪
伝道 2:16 <日>がたつと，いっさいは忘れられ
7: 1 死の<日>は生まれる<日>にまさる．
14 順境の<日>には喜び，逆境の<日>に
8: 8 死の<日>も支配することはできない．
12: 1 あなたの若い<日>に，あなたの創造
イザ 4: 2 その<日>，主の若枝は，麗しく，栄
7:17 ユダから離れた<日>以来，まだ来た
こともない<日>を来させる．それは，
11:10 その<日>，エッサイの根は，国々の
13:22 その<日>はもう延ばされない．
49: 8 救いの<日>にあなたを助けた．わた
60:20 嘆き悲しむ<日>が終わるからである．
エレ 27:22 わたしがそれを顧みる<日>まで，そ
30: 7 その<日>は大いなる日，比べるもの
もない<日>だ．それはヤコブにも苦
31:31 見よ．その<日>が来る…その<日>，
33:15 その<日>，その時，わたしはダビデ
16 その<日>，ユダは救われ，エルサレ
エゼ 28:13 あなたが造られた<日>に整えられて
30: 3 その<日>は近い．主の日は近い．そ
の<日>は曇った<日>，諸国の民の終
ダニ 6:10 <日>に３度，ひざまずき，彼の神の
10:12 その初めの<日>から，あなたのこと
ホセ 1:11 イズレエルの<日>は大いなるものと
ヨエ 2:31 主の大いなる恐るべき<日>が来る前
アモ 9:11 その<日>，わたしはダビデの倒れて
ゼパ 1:15 その<日>は激しい怒りの<日>，苦難
ゼカ 4:10 だれが，その<日>を小さな事として
ゼカ 14: 6 その<日>には，光も，寒さも，霜も
8 その<日>には，エルサレムから湧き
マラ 3: 2 この方の来られる<日>に耐えられよ
4: 5 主の大いなる恐ろしい<日>が来る前
マタ 6:34 労苦はその<日>その<日>に，十分あ

11:12 ヨハネの<日>以来今日まで，天の御
24:29 これらの<日>の苦難に続いてすぐに，
36 その<日>，その時がいつであるかは，
37 人の子が来るのは…ノアの<日>のよ
50 思いがけない<日>の思わぬ時間に帰
25:13 その<日>，その時を知らないからで
マコ 2:20 その<日>には断食します．
13:19 その<日>は，神が天地を創造された
32 その<日>，その時がいつであるかは，
ルカ 1:20 これらのことが起こる<日>までは，
9:51 天に上げられる<日>が近づいて来た
13:14 働いてよい<日>は6日です．その間
17:22 人の子の<日>を一日でも見たいと願
30 人の子の現れる<日>にも，全くその
31 その<日>には，屋上にいる者は家に
19:44 残されない<日>が，やって来る．そ
ヨハ 8:56 わたしの<日>を見ることを思って大
12: 7 マリヤはわたしの葬りの<日>のため
使徒 1:22 天に上げられた<日>までの間，いつ
2: 1 五旬節の<日>になって，みなが一つ
20 主の大いなる輝かしい<日>が来る前
20:18 アジヤに足を踏み入れた最初の<日>
ロマ 2:16 人々の隠れたことをさばかれる<日>
14: 5 ある<日>を，他の<日>に比べて，大
事だと考える人…どの<日>も同じだ
6 <日>を守る人は，主のために守って
Ⅰコリ 1: 8 キリストの<日>に責められるところ
3:13 その<日>がそれを明らかにするので
す…その<日>は火とともに現れ，こ
Ⅱコリ 1:14 私たちの主イエスの<日>には，あな
6: 2 救いの<日>にあなたを助けた．」…
今は恵みの時，今は救いの<日>です．
ガラ 4:10 各種の<日>と月と季節と年とを守っ
エペ 6:13 邪悪な<日>に際して対抗できるよう
ピリ 1: 6 キリスト・イエスの<日>が来るまで
10 キリストの<日>には純真で非難され
2:16 キリストの<日>に誇ることができま
Ⅰテサ 5: 4 その<日>が，盗人のようにあなたが
Ⅱテモ 1:12 かの<日>のために守ってくださるこ
ヘブ 4: 7 神は再びある<日>を「きょう」と定
8: 8 見よ．<日>が来る…新しい契約を結
ぶ<日>が．
10:25 かの<日>が近づいているのを見て，
Ⅰペテ 2:12 おとずれの<日>に神をほめたたえる
Ⅱペテ 3: 7 さばきと滅びとの<日>まで，保たれ
12 神の<日>の来るのを待ち望み，その
<日>の来るのを早めなければなりま
18 栄光が，今も永遠の<日>に至るまで
Ⅰヨハ 4:17 さばきの<日>にも大胆さを持つこと

▼ひ（火）【別項】異なった火，火によるささげ物，火の池，火の馬，火の戦車，火の柱

創世 19:24 ソドムとゴモラの上に，硫黄の<火>
22: 6 <火>と刀とを自分の手に取り，ふた
出エ 3: 2 柴の中の<火>の炎の中であった．よ
14:24 主は<火>と雲の柱のうちからエジプ
19:18 主が<火>の中にあって，山の上に降
24:17 主の栄光は…燃え上がる<火>のよう
32:20 子牛を…<火>で焼き，さらにそれを
35: 3 安息の日には…<火>をたいてはなら
レビ 6: 9 祭壇の<火>はそこで燃え続けさせな
9:24 主の前から<火>が出て来て，祭壇の
10: 2 主の前から<火>が出て，彼らを焼き
民数 9:15 幕屋の上にあって<火>のようなもの
16:37 <火>を遠くにまき散らさせよ．それ
26:10 <火>が250人の男を食い尽くした．
31:23 すべて<火>に耐えるものは，<火>の
中を通し…<火>に耐えないものはみ
申命 4:12 主は<火>の中から…語られた．あな
24 主は焼き尽くす<火>，ねたむ神だか
5: 4 主はあの山で，<火>の中からあなた
5 あなたがたが<火>を恐れて，山に登
7: 5 彼らの彫像を<火>で焼かなければな
12:31 息子，娘を…<火>で焼くことさえし
18:16 この大きな<火>をもう見たくありま
ヨシ 8:19 伏兵は…急いで町に<火>をつけた．
士師 1: 8 ユダ族は…町に<火>をつけた．
6:21 <火>が岩から燃え上がって，肉と種
Ⅱサム 22: 9 その口から出る<火>はむさぼり食い，
Ⅰ列 18:24 そのとき，<火>をもって答える神，
19:12 <火>の中にも主はおられなかった．
<火>のあとに，かすかな細い声があ
Ⅱ列 16: 3 自分の子どもに<火>の中をくぐらせ
19:18 彼らはその神々を<火>に投げ込みま
Ⅰ歴 21:26 祭壇の上に天から<火>を下して，彼
Ⅱ歴 7: 1 <火>が天から下って来て，全焼のい
ネヘ 1: 3 その門は<火>で焼き払われたままで
ヨブ 1:16 神の<火>が天から下り，羊と若い者
詩篇 18:12 それは雹と<火>の炭．
66:12 私たちは，<火>の中を通り，水の中

74: 7 あなたの聖所に<火>を放ち，あなた
78:21 <火>はヤコブに向かって燃え上がり，
79: 5 あなたのねたみは<火>のように燃え
83:14 林を燃やす<火>のように，山々を焼
148: 8 <火>よ．雹よ．雪よ．煙よ．みこと
箴言 6:27 人は<火>をふところにかき込んで，
28 人が，熱い<火>を踏んで，その足が
16:27 その言うことは焼き尽くす<火>のよ
26:20 たきぎがなければ<火>が消えるよう
30:16 「もう十分だ」と言わない<火>．
イザ 4: 5 夜は煙と燃える<火>の輝きを創造さ
10:17 イスラエルの光は<火>となり，その
37:19 彼らはその神々を<火>に投げ込みま
43: 2 <火>の中を歩いても，あなたは焼か
66:15 主は<火>の中を進んで来られる．そ
24 そのうじは死なず，その<火>も消え
エレ 5:14 あなたの口にあるわたしのことばを
<火>とし…<火>は彼らを焼き尽くす．
20: 9 燃えさかる<火>のようになり，私は
23:29 わたしのことばは<火>のようではな
哀歌 1:13 主は高い所から<火>を送り，私の骨
エゼ 10: 6 ケルビムの間から<火>を取れ」と仰
28:14 あなたは<火>の石の間を歩いていた．
38:19 ねたみと激しい怒りの<火>を吹きつ
22 豪雨や雹や<火>や硫黄を降り注がせ
ダニ 3: 6 ただちに<火>の燃える炉の中に投げ
25 <火>の中をなわを解かれて歩いてい
27 <火>は彼らのからだにはききめがな
ホセ 7: 6 朝になると，燃える<火>のように燃
ヨエ 2:30 血と<火>と煙の柱である．
アモ 7: 4 主は燃える<火>を呼んでおられた．
オバ 18 ヤコブの家は<火>となり，ヨセフの
ゼパ 1:18 そのねたみの<火>で，全土は焼き払
ゼカ 2: 5 わたしが…取り巻く<火>の城壁とな
3: 2 <火>から取り出した燃えさしではな
13: 9 その３分の１を<火>の中に入れ，銀
マラ 3: 2 この方は，精錬する者の<火>，布を
マタ 3:10 みな切り倒されて，<火>に投げ込ま
11 聖霊と<火>とのバプテスマをお授け
12 殻を消えない<火>で焼き尽くされま
17:15 何度も<火>の中に落ちたり，水の中
18: 8 永遠の<火>に投げ入れられるよりは，
25:41 用意された永遠の<火>に入れ．
マコ 9:43 ゲヘナの消えぬ<火>の中に落ち込む
49 すべては，<火>によって，塩けをつ
14:54 役人たちといっしょに…<火>にあた
ルカ 3:16 聖霊と<火>とのバプテスマをお授け
9:54 天から<火>を呼び下して，彼らを焼
12:49 地に<火>を投げ込むためです．だか
ら，その<火>が燃えていたらと，ど
17:29 <火>と硫黄が天から降って，すべて
22:55 中庭の真ん中に<火>をたいて，みな
使徒 28: 5 その生き物を<火>の中に振り落とし
Ｉコリ 3:13 その日は<火>とともに現れ，この
<火>がその力で各人の働きの真価を
15 自分自身は，<火>の中をくぐるよう
ヘブ 12:29 私たちの神は焼き尽くす<火>です．
ヤコ 3: 5 小さい<火>があのような大きい森を
6 舌は<火>であり，不義の世界です．
Ｉペテ 1: 7 信仰の試練は，<火>で精錬されつつ
4:12 燃えさかる<火>の試練を，何か思い
IIペテ 3: 7 <火>に焼かれるためにとっておかれ，
ユダ 7 永遠の<火>の刑罰を受けて，みせし
23 <火>の中からつかみ出して救い，ま
黙示 3:18 <火>で精錬された金をわたしから買
9:17 口からは<火>と煙と硫黄とが出てい
14:18 <火>を支配する権威を持ったもうひ
21: 8 <火>と硫黄との燃える池の中にある．

▼ひ（杼）

ヨブ 7: 6 私の日々は機の<杼>よりも速く，望

▼ひ（非）

IIサム 14:25 彼には<非>の打ちどころがなかった．

▼ひ（緋），緋色，緋布

出エ 25: 4 青色，紫色，<緋色>の撚り糸，亜麻
民数 4: 8 <緋色>の撚り糸の布を延べ，じゅご
イザ 1:18 罪が<緋>のように赤くても，雪のよ
エレ 4:30 あなたが<緋>の衣をまとい，金の飾
ナホ 2: 3 兵士は<緋色>の服をまとい，戦車は
マタ 27:28 <緋色>の上着を着せた．
黙示 17: 3 ひとりの女が<緋色>の獣に乗ってい
4 この女は紫と<緋>の衣を着ていて，
18:12 商品とは…<緋布>，香木，さまざま

▼び（美）

出エ 28: 2 栄光と<美>を表す聖なる装束を作れ．
詩篇 45:11 王は，あなたの<美>を慕おう．彼は
哀歌 2:15 これが，<美>のきわみと言われた町，
エゼ 28:12 知恵に満ち，<美>の極みであった．

▼ひあがる（干上がる）

ヨブ 14:11 川は<干上が>り，かれる．
イザ 11:15 エジプトの海の入江を<干上が>らせ，

44:27 淵に向かっては，『<干上が>れ．わ
50: 2 しかって海を<干上が>らせ，多くの
エゼ 30:12 ナイル川を<干上が>った地とし，そ
ホセ 13:15 水源はかれ，その泉は<干上がる>．
ヨエ 1:10 新しいぶどう酒も<干上が>り，油も
ナホ 1: 4 すべての川を<干上が>らせる．バシ

▼ひうちいし（火打石）

出エ 4:25 チッポラは<火打石>を取って，自分
ヨシ 5: 2 <火打石>の小刀を作り，もう一度イ
イザ 5:28 馬のひづめは<火打石>のように，そ
50: 7 私は顔を<火打石>のようにし，恥を
エゼ 3: 9 あなたの額を，<火打石>よりも堅い

▼ヒエラポリス〔地名〕

小アジヤ西部フルギヤ地方の町．コロ4:13．

▼ヒエル〔人名〕

エリコを再建したベテル人．Ｉ列16:34．

▼ひかえる（控える）

箴言 13:24 むちを<控える>者はその子を憎む者
17:27 自分のことばを<控える>者は知識に

▼ひかく（比較）

IIコリ 10:12 自分を同列に置いたり，<比較>した

▼ひがし（東）【別項】東の海，東の人々

創世 2: 8 <東>の方エデンに園を設け，そこに
3:24 エデンの園の<東>に，ケルビムと輪
申命 3:17 <東>のほうのピスガの傾斜地のふも
4:41 町を取り分けた．<東>のほうである．
49 <東>の，アラバの全部，ピスガの傾
ヨシ 16: 1 <東>，エリコのあたりのヨルダン川，
Ｉ列 4:30 ソロモンの知恵は，<東>のすべての
7:25 ３頭は<東>を向いていた．この海は，
17: 3 ヨルダン川の<東>にあるケリテ川の
詩 103:12 <東>が西から遠く離れているように
イザ 24:15 <東>の国々で主をあがめ，西の島々
41: 2 だれが，ひとりの者を<東>から起こ
43: 5 わたしは<東>から，あなたの子孫を
46:11 わたしは，<東>から猛禽を，遠い地
エゼ 8:16 顔を<東>のほうに向けて，<東>のほ
43: 2 神の栄光が<東>のほうから現れた．
ゼカ 14: 4 主の足は，エルサレムの<東>に面す
マタ 2: 2 <東>のほうでその方の星を見たので，
8:11 たくさんの人が<東>からも西からも
24:27 いなずまが<東>から出て，西にひら
ルカ 13:29 人々は，<東>からも西からも，また

▼ひがしかぜ（東風）

創世 41: 6 <東風>に焼けた，しなびた七つの穂
出エ 10:13 朝になると<東風>がいなごの大群を
ヨブ 15: 2 <東風>によってその腹を満たすだろ
詩篇 48: 7 あなたは<東風>でタルシシュの船を
78:26 神は，<東風>を天に起こし，御力を
ホセ 12: 1 いつも<東風>を追い，まやかしと暴
13:15 だが，<東風>が吹いて来，主の息が
ヨナ 4: 8 神は焼けつくような<東風>を備えら

▼ひがしがわ（東側）

レビ 16:14 指で『贖いのふた』の<東側>に振り
民数 2: 3 <東側>に宿営する者は，軍団ごとに
35: 5 町を真ん中として<東側>に２千キュ
II列 13:17 <東側>の窓をあけなさい」と言った
エゼ 47:18 <東側>は，ハウランとダマスコの間

▼ひがしのうみ（東の海）

エゼ 47:18 <東の海>を経てタマルに至るまでの
ヨエ 2:20 その前衛を<東の海>に，その後衛を
ゼカ 14: 8 その半分は<東の海>に，他の半分は

▼ひがしのひとびと（東の人々）

創世 29: 1 ヤコブは…<東の人々>の国へ行った．
士師 6: 3 <東の人々>が上って来て，イスラエ
33 <東の人々>がみな連合して，ヨルダ
7:12 <東の人々>がみな…谷に伏していた．
ヨブ 1: 3 この人は<東の人々>の中で一番の富

▼ひかず（日数）

出エ 23:26 わたしはあなたの<日数>を満たそう．
民数 14:34 かの地を探った<日数>は40日であっ
Ｉサム 27: 7 ペリシテ人の地に住んだ<日数>は１
ヨブ 38:21 あなたの<日数>が多い，といって．
詩 102:23 私の<日数>を短くされました．

▼ヒガヨン

音楽用語．詩篇9:16．

▼ひからびる（干からびる）

民数 11: 6 私たちののどは<干からび>てしまっ
イザ 5:13 その群衆は，渇きで<干からびる>．
37:27 育つ前に<干からびる>屋根の草のよ
41:17 その舌は渇きで<干からびる>が，わ
エレ 51:30 彼らの力も<干からび>て，女のよう
哀歌 4: 8 彼らの皮膚は<干からび>て骨につき，
エゼ 37: 4 <干からび>た骨よ．主のことばを聞
11 骨は<干からび>，望みは消えうせ，
ヨエ 1:17 穀物の種は土くれの下に<干からび>，

▼ひかり（光）【別項】光を放つ，日の光，世の光

創世 1: 3 <光>があれ．」すると<光>があった．
4 神は<光>とやみとを区別された．

5 神は<光>を昼と名づけ，やみを夜と
出エ 10:23 イスラエル人の住む所には<光>があ
Ⅱサム 23: 4 太陽の上る朝の<光>，雲一つない朝
エス 8:16 それは<光>と，喜びと，楽しみと，
ヨブ 10: 3 悪者のはかりごとに<光>を添えるこ
22 <光>も暗やみのようです．」
18: 5 悪者どもの<光>は消え，その火の炎
ヨブ 22:28 あなたの道の上には<光>が輝く．
24:16 昼間は閉じこもって<光>を知らない．
25: 3 その<光>に照らされないものがだれ
29:24 私の顔の<光>はかげらなかった．
30:26 <光>を待ち望んだのに，暗やみが来
38:19 <光>の住む所に至る道はどこか．や
詩篇 4: 6 あなたの御顔の<光>を，私たちの上
27: 1 主は，私の<光>，私の救い．だれを
36: 9 あなたの<光>のうちに<光>を見るか
37: 6 主は，あなたの義を<光>のように，
38:10 目の<光>さえも，私にはなくなりま
43: 3 あなたの<光>とまことを送り，私を
49:19 彼らは決して<光>を見ないであろう．
78:14 夜は，夜通し炎の<光>で彼らを導い
89:15 あなたの御顔の<光>の中を歩みます．
90: 8 私たちの秘めごとを御顔の<光>の中
97:11 <光>は，正しい者のために，種のよ
104: 2 あなたは<光>を衣のように着，天を，
118:27 主は…私たちに<光>を与えられた．
119:105 私の足のともしび，私の道の<光>で
130 みことばの戸が開くと，<光>が差し
136: 7 大いなる<光>を造られた方に．その
139:12 暗やみも<光>も同じことです．
箴言 4:18 義人の道は，あけぼのの<光>のよう
6:23 おしえは<光>であり，訓戒のための
13: 9 正しい者の<光>は輝き，悪者のとも
15:30 目の<光>は心を喜ばせ，良い知らせ
16:15 王の顔の<光>にはいのちがある．彼
伝道 2:13 <光>がやみにまさっているように，
11: 7 <光>は快い．太陽を見ることは目の
12: 2 太陽と<光>，月と星が暗くなり，雨
イザ 2: 5 私たちも主の<光>に歩もう．
5:20 彼らはやみを<光>，<光>をやみとし，
9: 2 民は，大きな<光>を見た．死の陰の
地に住んでいた者たちの上に<光>が
10:17 イスラエルの<光>は火となり，その
26:19 あなたの露は<光>の露．地は死者の
42: 6 民の契約とし，国々の<光>とする．
45: 7 わたしは<光>を造り出し，やみを創
49: 6 あなたを諸国の民の<光>とし，地の
51: 4 国々の民の<光>とする．
58: 8 暁のようにあなたの<光>がさしいで，
59: 9 <光>を待ち望んだが，見よ，やみ．
60: 1 起きよ．光を放て…<光>が来て，主
3 国々はあなたの<光>のうちに歩み，
19 太陽がもうあなたの昼の<光>とはな
らず…主があなたの永遠の<光>とな
ヨエ 2:10 星もその<光>を失う．
アモ 5:18 それはやみであって，<光>ではない．
ミカ 7: 8 主が私の<光>であるからだ．
マタ 4:16 暗やみの中にすわっていた民は偉大
な<光>を見…人々に，<光>が上った．
5:14 あなたがたは，世界の<光>です．山
16 あなたがたの<光>を人々の前で輝か
6:23 もしあなたのうちの<光>が暗ければ，
17: 2 御衣は<光>のように白くなった．
ルカ 2:32 異邦人を照らす啓示の<光>，御民イ
16: 8 <光>の子らよりも抜けめがないもの
23:45 太陽は<光>を失っていた．また，神
ヨハ 1: 4 このいのちは人の<光>であった．
5 <光>はやみの中に輝いている．やみ
7 <光>についてあかしするためであり，
9 すべての人を照らす…まことの<光>
3:19 <光>が世に来ているのに，人々は
<光>よりもやみを愛した．その行い
20 悪いことをする者は<光>を憎み…
<光>のほうに来ない．
21 真理を行う者は，<光>のほうに来る．
5:35 その<光>の中で楽しむことを願った
8:12 従う者は…いのちの<光>を持つので
11:10 <光>がその人のうちにないからです．
12:35 <光>がある間に歩きなさい．やみの
36 <光>がある間に，<光>の子どもとな
るために，<光>を信じなさい．」
使徒 9: 3 天からの<光>が彼を巡り照らした．
22:6，26:13．
12: 7 <光>が牢を照らした．御使いはペテ
13:47 あなたを立てて，異邦人の<光>とし
22:11 その<光>の輝きのために，私の目は
26:18 暗やみから<光>に，サタンの支配か
ロマ 13:12 <光>の武具を着けようではありませ
Ⅱコリ 4: 4 福音の<光>を輝かせないようにして
6 <光>が，やみの中から輝き出よ」と

6:14 <光>と暗やみとに，どんな交わりが
11:14 サタンさえ<光>の御使いに変装する
エペ 5: 8 主にあって，<光>となりました．
<光>の子どもらしく歩みなさい．
9 <光>の結ぶ実は，あらゆる善意と正
13 みな，<光>によって明らかにされま
コロ 1:12 <光>の中にある，聖徒の相続分にあ
Ⅰテサ 5: 5 <光>の子ども，昼の子どもだからで
Ⅰテモ 6:16 近づくこともできない<光>の中に住
ヘブ 6: 4 一度<光>を受けて天からの賜物の味
10:32 <光>に照らされて後，苦難に会いな
ヤコ 1:17 <光>を造られた父から下るのです．
Ⅰペテ 2: 9 ご自分の驚くべき<光>の中に招いて
Ⅰヨハ 1: 5 神は<光>であって，神のうちには暗
7 もし神が<光>の中におられるように，
私たちも<光>の中を歩んでいるなら，
2: 8 まことの<光>がすでに輝いているか
9 <光>の中にいると言いながら，兄弟
黙示 8:12 昼の3分の1は<光>を失い，また夜
22: 5 ともしびの<光>も太陽の<光>もいら

▼ひかりかがやく（光り輝く）

詩 132:18 彼の冠が<光り輝く>であろう．」
マタ 17: 5 見よ，<光り輝く>雲がその人々を包
ルカ 9:29 御衣は白く<光り輝>いた．
黙示 1:15 その足は…<光り輝く>しんちゅうの
15: 6 きよい<光り輝く>亜麻布を着て，胸

▼ひかりをはなつ（光を放つ）

出エ 34:29 自分の…はだが<光を放>ったのを知
詩篇 50: 2 シオンから，神は<光を放>たれた．
80: 1 <光を放>ってください．ケルビムの
イザ 13:10 天のオリオン座は<光を放>たず…月
も<光を放>たない．
60: 1 起きよ．<光を放>て．あなたの光が
エゼ 32: 7 月に<光を放>たせない．
マタ 24:29 月は<光を放>たず，星は天から落ち，

▼ひかる（光る），光る物【別項】光り輝く

創世 1:14 <光る物>が天の大空にあって，昼と
15 天の大空で<光る物>となり，地上を
レビ 13: 2 <光る>斑点ができ，からだの皮膚に
マコ 9: 3 御衣は，非常に白く<光>り，世のさ

▼ひきあげる（引き上げる）

創世 37:28 ヨセフを穴から<引き上げ>，ヨセフ
Ⅰサム 2: 8 貧しい人を，あくたから<引き上げ>，
Ⅰ列 16: 2 あなたをちりから<引き上げ>，わた
ヨブ 5:11 悲しむ者を<引き上げ>て救う．
36:27 神は水のしずくを<引き上げ>，それ
詩篇 9:13 主は死の門から私を<引き上げ>てく
30: 1 あなたが私を<引き上げ>，私の敵を
40: 2 泥沼から，<引き上げ>てくださった．
71:20 地の深みから，再び私を<引き上げ>
113: 7 貧しい人をあくたから<引き上げ>，
エレ 38:13 エレミヤを綱で穴から<引き上げ>た．
エゼ 37:12 あなたがたをその墓から<引き上げ>
ヨナ 2: 6 私のいのちを穴から<引き上げ>てく
マタ 13:48 いっぱいになると岸に<引き上げ>，
ルカ 1:52 低い者を高く<引き上げ>，
14: 5 すぐに<引き上げ>てやらない者があ
ヨハ 21:11 網を陸地に<引き上げ>た…153匹の
使徒 10:16 その入れ物はすぐ天に<引き上げ>ら
ロマ 10: 7 死者の中から<引き上げる>ことです．
Ⅱコリ 12: 2 第3の天にまで<引き上げ>られまし
4 パラダイスに<引き上げ>られて，人
Ⅰテサ 4:17 雲の中に一挙に<引き上げ>られ，空
黙示 12: 5 その子は…御座に<引き上げ>られた．

▼ひきあげる（引き揚げる）

ヨシ 10:15 ギルガルの陣営に<引き揚げ>た．
21 ヨシュアのもとに<引き揚げ>たが，
43 ギルガルの陣営に<引き揚げ>た．
Ⅱ列 18:14 私のところから<引き揚げ>てくださ
19: 7 自分の国に<引き揚げる>．わたしは，
イザ 37: 7 自分の国に<引き揚げる>．わたしは
ダニ 9:25 <引き揚げ>てエルサレムを再建せよ

▼ひきあみ（引き網）

ハバ 1:15 網で引きずり上げ，<引き網>で集め

▼ひきあわせる（引き合わせる）

創世 47: 2 5人を連れて，パロに<引き合わせ>
使徒 23:33 総督に…パウロを<引き合わせ>た．

▼ひきいる（率いる）

Ⅱサム 10:16 将軍ショバクが彼らを<率い>ていた．
Ⅱ歴 25:11 アマツヤは…その民を<率い>て塩の

▼ひきいれる（引き入れる）

使徒 22:24 パウロを兵営の中に<引き入れる>よ

▼ひきうける（引き受ける）

マタ 8:17 わずらいを身に<引き受け>，私たち

▼ひきうす（～臼）

出エ 11: 5 <ひき臼>のうしろにいる女奴隷の初
民数 11: 8 <ひき臼>でひくか，臼でついて，こ
申命 24: 6 <ひき臼>…その上石を質に取っては
士師 9:53 頭に<ひき臼>の上石を投げつけて，

ひ

イザ 47: 2 <ひき臼>を取って粉をひけ．顔おお
エレ 25:10 <ひき臼>の音と，ともしびの光を消
哀歌 5:13 若い男たちは<ひき臼>をひかされ，
黙示 18:21 <ひき臼>のような石を取り上げ，海
22 <ひき臼>の音も，もうおまえのうち

▼ひきおろす（引き降ろす）

詩 147: 6 主は…悪者を地面に<引き降ろす>．
イザ 22:19 あなたの地位から<引き降ろす>．
エレ 49:16 わたしは，そこから<引き降ろす>．
オバ 4 わたしはそこから<引き降ろす>．
ルカ 1:52 権力ある者を王位から<引き降ろ>さ
ロマ 10: 6 それはキリストを<引き降ろす>こと

▼ひきかえす（引き返す）

創世 14: 7 彼らは<引き返し>て，エン・ミシュ
44:13 ろばに荷を負わせて…<引き返し>た
出エ 13:17 エジプトに<引き返す>といけない．
14: 2 イスラエル人に，<引き返す>ように
民数 22:34 お気に召さなければ…<引き返し>ま
ヨシ 2:16 追っ手が<引き返す>まで3日間…身
を隠していてください．それ22.
8:21 <引き返し>て来て，アイの者どもを
24 アイに<引き返し>，その町を剣の刃
10:38 デビルに<引き返し>，これと戦った．
11:10 ヨシュアは<引き返し>て，ハツォル
士師 14: 8 彼女をめとろうと<引き返し>て来た．
20:48 <引き返し>，無傷のままだった町を
21:14 ベニヤミンは<引き返し>て来たので，
Ｉサム 17:53 ペリシテ人追撃から<引き返し>て，
IIサム 22:38 滅ぼすまでは，<引き返し>ませんで
23:10 <引き返し>て来たのは…はぎ取るた
Ｉ列 13:16 いっしょに<引き返し>，あなたとい
22 命じられた場所に<引き返し>て，そ
19:21 エリシャは<引き返し>て来て，一く
22:33 追うことをやめ，<引き返し>た．
II列 2:13 <引き返し>てヨルダン川の岸辺に立
4:31 <引き返し>て，エリシャに会い，「
5:15 神の人のところに<引き返し>，彼の
15:20 王は<引き返し>て行き，この国にと
19:33 彼はもと来た道から<引き返し>，こ
20: 5 <引き返し>て，わたしの民の君主ヒ
II歴 11: 4 進む行軍を中止して，<引き返し>た．
18:32 彼を追うことをやめ，<引き返し>た．
ネヘ 2:15 そしてまた<引き返し>，谷の門を通
詩篇 18:37 滅ぼすまでは<引き返し>ませんでし
イザ 37:34 彼はもと来た道から<引き返し>，こ
エレ 34:22 彼らをこの町に<引き返さ>せる．彼
37: 8 カルデヤ人が<引き返し>て来て，こ
ダニ 11:19 とりでに<引き返し>て行くが，つま
30 彼は落胆して<引き返し>，聖なる契

▼ひきこむ（引き込む）

エゼ 18:30 不義に<引き込>まれることがないよ

▼ひきこもる（引きこもる）

IIサム 14:24 あれは自分の家に<引きこも>ってい
ルカ 1:24 5か月の間<引きこも>って，こう言

▼ひきさがる（引き下がる）

マタ 4:10 <引き下が>れ，サタン．『あなたの

▼ひきさく（引き裂く）

創世 37:29 彼は自分の着物を<引き裂>き，
士師 11:35 エフタは…自分の着物を<引き裂>い
Ｉサム 15:28 イスラエル王国を<引き裂>いて，こ
Ｉ列 11:30 外套を…12切れに<引き裂>き，
31 ソロモンの手から王国を<引き裂>き，
II列 2:12 着物をつかみ…二つに<引き裂>いた．
エス 4: 1 モルデカイは着物を<引き裂>き，荒
ヨブ 2:12 上着を<引き裂>き，ちりを天に向か
詩篇 22:16 私の手足を<引き裂>きました．
29: 5 主の声は，杉の木を<引き裂く>．ま
60: 2 地をゆるがせ，それを<引き裂>かれ
伝道 3: 7 <引き裂く>のに時があり，縫い合わ
ヨエ 1: 7 わたしのいちじくの木を<引き裂>き，
2:13 あなたがたの心を<引き裂>け．あな
ミカ 5: 8 <引き裂>いては，一つも，のがさな
ナホ 2:12 その巣を，<引き裂>いた物で満たし
マタ 26:65 自分の衣を<引き裂>いて言った．
マコ 14:63 大祭司は，自分の衣を<引き裂>いて
ルカ 5:36 新しい着物から布切れを<引き裂>い
て…新しいのを<引き裂>いた継ぎ切
使徒 23:10 パウロが彼らに<引き裂>かれてしま

▼ひきずる（引きずる）

箴言 21: 7 悪者は自分の暴虐に<引きず>られる．
使徒 8: 3 男も女も<引きず>り出し，次々に牢
21:30 宮の外へ<引きず>り出した．そして，

▼ひきだす（引き出す）

創世 38:25 彼女が<引き出>されたとき，彼女は
出エ 2:10 私がこの子を<引き出>したのです」
Ｉ列 21:10 彼を外に<引き出>し，石打ちにして
ヨブ 38:32 12宮を…<引き出す>ことができるか．
使徒 12: 4 民の前に<引き出す>考えであったか
Ｉコリ 4: 9 行列のしんがりとして<引き出>され

▼ひきちぎる（引きちぎる）

マコ 5: 4 鎖を<引きちぎ>り，足かせも砕いて

▼ひきつける

マコ 1:26 汚れた霊はその人を<ひきつけ>させ，

9:20 霊はすぐに彼を<ひきつけ>させたの

ルカ9:39，42.

▼ひきつづく（引き続く）

Ｉ列 13:33 <引き続い>て，一般の民の中から高

▼ひきとめる（引き止める）

士師 19: 4 しゅうとが<引き止め>たので，彼は，

Ⅱ列 4: 8 彼を食事に<引き止め>た．それから

ヨブ 9:12 だれがそれを<引き止める>ことがで

11:10 だれがそれを<引き止め>えようか．

37: 4 いなずまを<引き止め>ない．

▼ひきとる（引き取る）

Ｉ列 17:17 その子の…ついに息を<引き取>った．

エス 2: 7 彼女を<引き取>って自分の娘とした

ホセ 1: 2 姦淫の子らを<引き取>れ．この国は

マタ 14:12 死体を<引き取>って葬った．そして，

27:50 大声で叫んで，息を<引き取>られた．

ヨハ 19:27 彼女を自分の家に<引き取>った．

20:15 そうすれば私が<引き取>ります．」

使徒 16:33 ふたりを<引き取>り，その打ち傷を

23:31 パウロを<引き取>り，夜中にアンテ

▼ひきぬく（引き抜く）

申命 28:63 地から<引き抜>かれる．

士師 16: 3 かんぬきごと<引き抜>き，それを肩

14 機の縦糸を<引き抜>いた．

Ｉ列 14:15 良い地からイスラエルを<引き抜>き，

エズ 6:11 その家から梁を<引き抜>き，その者

9: 3 髪の毛とひげを<引き抜>き，色を失

ネヘ 13:25 その毛を<引き抜>き，彼らを神にか

詩篇 52: 5 おまえを幕屋から<引き抜>かれる．

伝道 3: 2 植えた物を<引き抜く>のに時がある．

イザ 38:12 牧者の天幕のように<引き抜>かれ，

エレ 12:14 彼らをその土地から<引き抜>き，ユ

18: 7 一つの王国について，<引き抜>き，

24: 6 植えて，もう<引き抜>かない．

31:28 かつてわたしが，<引き抜>き，引き

45: 4 植えた物を自分で<引き抜く>．この

エゼ 17: 9 それを根こそぎ<引き抜く>のに，大

19:12 それは憤りのうちに<引き抜>かれ，

アモ 9:15 もう，<引き抜>かれることはない」

▼ひきのばす（引き延ばす），引き延べる

詩篇 85: 5 御怒りを<引き延ば>されるのですか．

イザ 42: 5 天を造り出し，これを<引き延べ>，

48:13 わたしの右の手が天を<引き延ば>し

▼ひきはなす（引き離す）

マタ 19: 6 結び合わせたものを<引き離>しては

ロマ 8:35 キリストの愛から<引き離す>のはだ

39 神の愛から，私たちを<引き離す>こ

9: 3 この私がキリストから<引き離>され

Ｉテサ 2:17 しばらくの間…<引き離>されたので，

▼ひきまわす（引き回す）

箴言 20:26 彼らの上で車輪を<引き回す>．

エゼ 38: 4 わたしはあなたを<引き回し>，あな

39: 2 わたしはあなたを<引き回し>，あな

Ⅱテモ 3: 6 さまざまの情欲に<引き回さ>れて罪

ヤコ 3: 3 馬のからだ全体を<引き回す>ことが

▼ひきもどす（引き戻す）

士師 19: 3 彼女を<引き戻す>ために，若い者と

Ⅱ列 19:28 もと来た道に<引き戻そ>う．

ヨブ 33:30 よみの穴から<引き戻し>，いのちの

イザ 37:29 もと来た道に<引き戻そ>う．

哀歌 2: 3 敵の前で，右の手を<引き戻し>，あ

ヤコ 5:20 罪人を迷いの道から<引き戻す>者は，

▼ひきゃく（飛脚）

ヨブ 9:25 私の日々は<飛脚>よりも速い．それ

▼ひきよせる（引き寄せる）

士師 4: 7 あなたのところに<引き寄せ>，彼を

雅歌 1: 4 私を<引き寄せ>てください．私たち

マタ 16:22 ペテロは，イエスを<引き寄せ>て，

ヨハ 6:44 父が<引き寄せ>られないかぎり，だ

12:32 自分のところに<引き寄せ>ます．」

▼ひきわたす（引き渡す）

申命 23:15 その主人に<引き渡>してはならない．

Ⅱサム 14: 7 兄弟を打った者を<引き渡>せ．あれ

20:21 この男だけを<引き渡>してくれたら，

21: 6 子ども７人を，私たちに<引き渡>し

詩篇 74:19 山鳩のいのちを獣に<引き渡>さない

イザ 19: 4 きびしい主人の手に<引き渡す>．力

ホセ 11: 8 どうしてあなたを<引き渡す>ことが

アモ 1: 6 エドムに<引き渡>したからだ．

オバ 14 生き残った者を<引き渡す>な．

マタ 5:25 裁判官は下役に<引き渡>して，あな

10:17 議会に<引き渡>し，会堂でむち打ち

18:34 彼を獄吏に<引き渡>した．

20:18 律法学者たちに<引き渡>されるので

19 異邦人に<引き渡>します．しかし，

26: 2 人の子は…<引き渡>されます．」

ひ

16 イエスを<引き渡す>機会をねらって
27: 2 総督ピラトに<引き渡>した.
26 十字架につけるために<引き渡>した.
マコ 10:33 人の子を…異邦人に<引き渡>します.
13: 9 あなたがたを議会に<引き渡>し，ま
14:11 イエスを<引き渡>せるかと，ねらっ
15: 1 イエスを…ピラトに<引き渡>した.
ルカ 12:58 裁判官は執行人に<引き渡>し，執行
18:32 人の子は異邦人に<引き渡>され，そ
20:20 総督の…権威にイエスを<引き渡>そ
22: 4 イエスを…<引き渡>そうかと相談し
24: 7 必ず罪人らの手に<引き渡>され，十
ヨハ 19:16 イエスを…彼らに<引き渡>した.
使徒 2:23 神の予知とによって<引き渡>された
3:13 この方を<引き渡>し，ピラトが釈放
ロマ 1:24 心の欲望のままに汚れに<引き渡>さ
26 恥ずべき情欲に<引き渡>されました.
28 彼らを良くない思いに<引き渡>され，
Iコリ 5: 5 サタンに<引き渡>したのです．それ
Iテモ 1:20 彼らをサタンに<引き渡>しました.

▼ ひく

民数 11: 8 ひき臼で<ひく>か，臼でついて，こ
イザ 47: 2 ひき臼を取って粉を<ひ>け．顔おお
マタ 24:41 ふたりの女が臼を<ひ>いていると，ルカ17:35.

▼ ひく

Iサム 16:23 立琴を手に取って，<ひ>き，サウル
Iコリ 14: 7 何を<ひ>いているのか，どうしてわ
黙示 14: 2 立琴を<ひく>人々が立琴をかき鳴ら

▼ ひく（引く）【別項】複合動詞

創世 8: 1 水は<引>き始めた.
3 水は，しだいに地から<引>いていっ
8 水が地の面から<引>いたかどうかを
31:26 とりこのように<引>いて行くとは.
ヨシ 18: 8 ここでくじを<引>こう.」
IIサム 22:35 青銅の弓でも<引>けるようにされる.
II列 17:23 アッシリヤへ<引>いて行かれた．今
I歴 5:18 弓を<引>き，戦いの訓練を受けた勇
II歴 33:11 マナセを…バビロンへ<引>いて行っ
エズ 2: 1 バビロンに<引>いて行った捕囚の民
4:10 その他の地に<引>いて行って住まわ
箴言 7:22 彼はほふり場に<引>かれる牛のよう
イザ 53: 7 ほふり場に<引>かれて行く小羊のよ
エレ 1:10 あなたを…引き抜き…<引>き倒し，
22:12 彼は<引>いて行かれた所で死に，二
31:28 わたしが，引き抜き，<引>き倒し，
40: 1 エレミヤは，バビロンへ<引>いて行
46: 9 弓を<引>き張るルデ人よ.
哀歌 2: 8 滅ぼして手を<引>かれなかった．塁
エゼ 12:11 彼らはとりことなって<引>いて行か
18: 8 不正から手を<引>き，人と人との間
17 卑しいことから手を<引>き，利息や
20:22 わたしは手を<引>いて，わたしの名
26: 5 ツロは海の中の網を<引く>場所とな
39:28 彼らを国々に<引>いて行ったが，ま
47:10 エグライムまで網を<引く>場所とな
ホセ 11: 4 愛のきずなで彼らを<引>いた．わた
アモ 4: 2 もりにかけて<引>いて行く.
マタ 8:15 熱が<ひ>き，彼女は起きてイエスを
27:35 彼らはくじを<引>いて，イエスの着
マコ 1:31 すると熱が<ひ>き，彼女は…もてな
11: 7 ろばの子を…<引>いて行って，自分
ルカ 4:39 熱をしかりつけ…ると，熱が<ひ>き，
15:23 肥えた子牛を<引>いて来てほふりな
ヨハ 4:52 きのう，第7時に熱が<ひ>きました
21: 8 魚の満ちたその網を<引>いて，小舟
Iコリ 12: 2 <引>かれて行った所は，ものを言わ
ヤコ 1:14 自分の欲に<引>かれ，おびき寄せら
Iペテ 1:13 心を<引>き締め，身を慎み，イエス

▼ ひくい（低い）

創世 16: 9 彼女のもとで身を<低>くしなさい.」
出エ 10: 3 わたしの前に身を<低>くすることを
レビ 13:20 それが皮膚よりも<低>く見え，そこ
14:37 その壁よりも<低>く見えるならば，
申命 28:43 あなたはますます<低>く下って行く.
Iサム 2: 7 主は…<低>くし，また高くするので
II歴 28:19 アハズのゆえにユダを<低>くされた
ネヘ 4:13 城壁のうしろの<低い>所の，空地に，
ヨブ 5:11 神は<低い>者を高く上げ，悲しむ者
詩篇 18:27 高ぶる目は<低>くされます.
49: 2 <低い>者も，尊い者も，富む者も，
62: 9 身分の<低い>人々は，むなしく，高
107:12 苦役をもって彼らの心を<低>くされ
138: 6 <低い>者を顧みてくださいます．し
箴言 29:23 人の高ぶりはその人を<低>くし，心の<低い>人は誉れをつかむ.
伝道 10: 6 富む者が<低い>席に着けられている.
12: 4 臼をひく音も<低>くなり，人は鳥の
イザ 2: 9 人はかがめられ，人間は<低>くされ
40: 4 すべての山や丘は<低>くなる．盛り

エレ 13:18　<低い>座に着け．あなたがたの頭か
エゼ 17:24　<低い>木を高くし，緑の木を枯らし，
　21:26　<低い>者は高くされ，高い者は<低>
ダニ　5:22　知っていながら，心を<低>くしませ
ハバ　3: 6　永遠の丘は<低>くされる．しかし，
ゼカ 10:11　アッシリヤの誇りは<低>くされ，エ
マタ 18: 4　自分を<低>くする者が，天の御国で
　23:12　自分を高くする者は<低>くされ，自
ルカ　1:52　<低い>者を高く引き上げ，
　18:14　自分を<低>くする者は高くされるか
　19: 3　背が<低>かったので，群衆のために
ロマ 12:16　身分の<低い>者に順応しなさい．自
Ⅱコリ 11: 7　自分を<低>くして報酬を受けずに神
エペ　4: 9　地の<低い>所に下られた，というこ
ヘブ　2: 7　御使いよりも…<低い>ものとし，彼
　9　御使いよりも…<低>くされた方であ
ヤコ　1:10　富んでいる人は，自分が<低>くされ

▼ ビグタ〔人名〕
ペルシヤの７人の宦官の一人．エス1:10.

▼ ビグタナ〔人名〕
ペルシヤの王殺害を企てた宦官．エス6:2.

▼ ビグタン〔人名〕
ビグタナと同人．王の宦官．エス2:21.

▼ びくともしない
ルカ　6:48　<びくともし>ませんでした．

▼ ビクリ〔人名〕
ベニヤミン族シェバの父．Ⅰサム20:1，22.

▼ ビグワイ〔人名〕
(1)捕囚帰還の指導者の一人とその一族．エズ2:2，14，8:14，ネヘ7:7，19.
(2)ネヘミヤ時代の民のかしらの一人．ネヘ10:16.

▼ ひげ
レビ 13:29　頭か，<ひげ>に疾患があるときは，
　19:27　<ひげ>の両端をそこなってはならな
Ⅰサム 17:35　その<ひげ>をつかんで打ち殺してい
　21:13　<ひげ>によだれを流したりした．
Ⅱサム 10: 4　彼らの<ひげ>を半分そり落とし，そ
　5　<ひげ>が伸びるまで，エリコにとど
　19:24　<ひげ>もそらず，着物も洗っていな
　20: 9　右手でアマサの<ひげ>をつかんだ．
エズ　9: 3　髪の毛と<ひげ>を引き抜き，色を失
詩 133: 2　それは<ひげ>に，アロンの<ひげ>に
イザ　7:20　<ひげ>までもそり落とす．
エレ 41: 5　<ひげ>をそり，衣を裂き，身に傷を
エゼ　5: 1　頭と，<ひげ>をそり，その毛をはか

▼ ひけつ（秘訣）
ピリ　4:12　あらゆる境遇に対処する<秘訣>を心

▼ ひごと（日ごと）
出エ 16: 5　<日ごと>に集める分の２倍とする.」
詩篇 61: 8　私の誓いを<日ごと>に果たしましょ
　88: 9　私は<日ごと>にあなたを呼び求めて
　145: 2　<日ごと>にあなたをほめたたえ，あ
イザ 58: 2　彼らは<日ごと>にわたしを求め，わ
マタ　6:11　<日ごと>の糧をきょうもお与えくだ
ルカ 11: 3　<日ごと>の糧を毎日お与えください．

▼ ピコル〔人名〕
アビメレクの将軍．創世21:22，32，26:26.

▼ ひざ
創世 30: 3　彼女が私の<ひざ>の上に子を産むよ
　48:12　ヨセフはヤコブの<ひざ>から彼らを
士師　7: 5　<ひざ>をついて飲む者も残らずそう
Ⅰ列 18:42　自分の顔を<ひざ>の間にうずめた．
　19:18　バアルに<ひざ>をかがめず…口づけ
エス　3: 2　ハマンに対して<ひざ>をかがめてひ
ヨブ　3:12　なぜ，<ひざ>が私を受けたのか．な
詩篇 20: 8　彼らは，<ひざ>をつき…倒れた．し
　72: 9　荒野の民は彼の前に<ひざ>をつき，
　109:24　私の<ひざ>は，断食のためによろけ，
箴言 16:33　くじは，<ひざ>に投げられるが，そ
イザ 10: 4　捕らわれ人の足もとに<ひざ>をつき，
　35: 3　よろめく<ひざ>をしっかりさせよ．
　45:23　すべての<ひざ>はわたしに向かって
　66:12　わきに抱かれ，<ひざ>の上でかわい
エゼ 21: 7　だれの<ひざ>も震える．今，それが
ダニ　5: 6　王の…<ひざ>はがたがた震えた．
　10:10　一つの手が…私の<ひざ>…をゆさぶ
ロマ 11: 4　バアルに<ひざ>をかがめていない男
　14:11　すべての<ひざ>は，わたしの前にひ
エペ　3:14　こういうわけで，私は<ひざ>をかが
ピリ　2:10　すべてが，<ひざ>をかがめ，
ヘブ 12:12　弱った手と衰えた<ひざ>とを，まっ

▼ ひさし
Ⅰ列　7: 6　その前に柱と<ひさし>とがあった．

▼ ひざまずく
創世 24:26　その人は，<ひざまず>き，主を礼拝
　41:43　人々は彼の前で「<ひざまず>け」と
　43:28　彼らは<ひざまず>いて伏し拝んだ．
出エ　4:31　民は…<ひざまず>いて礼拝した．
　34: 8　モーセは急いで地に<ひざまず>き，

民数 22:31 彼は<ひざまず>き，伏し拝んだ．
Ⅰ列 8:54 <ひざまず>いて，両手を天に差し伸
18:42 地に<ひざまず>いて…顔をひざの間
Ⅰ歴 29:20 <ひざまず>いて，主と王とを礼拝し
Ⅱ歴 6:13 全集団の前で<ひざまず>き，両手を
29:30 一同は<ひざまず>き，伏し拝んだ．
エズ 9:5 <ひざまず>き，私の神，主に向かっ
ネヘ 8:6 アーメン」と答えて<ひざまず>き，
詩篇 95:6 造られた方…に，<ひざまず>こう．
イザ 46:1 ベルは<ひざまず>き，ネボはかがむ．
ダニ 6:10 日に3度，<ひざまず>き，彼の神の
マタ 17:14 御前に<ひざまず>いて言った．
マコ 10:17 ひとりの人が…御前に<ひざまず>い
15:19 <ひざまず>いて拝んだりしていた．
ルカ 22:41 <ひざまず>いて，こう祈られた．
使徒 7:60 <ひざまず>いて，大声でこう叫んだ．
21:5 ともに海岸に<ひざまず>いて祈って
ロマ 14:11 ひざは，わたしの前に<ひざまず>き，

▼ひざら（火皿）

出エ 27:3 肉刺し，<火皿>を作る．祭壇の用具
レビ 10:1 自分の<火皿>を取り…異なった火を
Ⅰ列 7:50 平皿，<火皿>を純金で作った．また，

▼ひさん（悲惨）

ロマ 3:16 彼らの道には破壊と<悲惨>がある．
ヤコ 5:1 金持ちたち…迫って来る<悲惨>を思

▼ピシデヤ〔地名〕

小アジヤの一地方．使徒13:14，14:24．

▼ひしめく

ルカ 8:45 大ぜいの人が，<ひしめ>き合って押

▼ひじゅつ（秘術）

出エ 7:11 彼らの<秘術>を使って，同じことを

▼ビシュラム〔人名〕

サマリヤ在住のペルシヤの役人．エズ4:7．

▼ひじょう（非常）

創世 1:31 それは<非常>に良かった．夕があり，
18:20 ソドムとゴモラの叫びは<非常>に大
47:13 ききんが<非常>に激しかったので，
50:10 彼らは<非常>に荘厳な，りっぱな哀
出エ 1:20 イスラエルの民はふえ，<非常>に強
19:16 角笛の音が<非常>に高く鳴り響いた
民数 13:28 その町々は城壁を持ち，<非常>に大
士師 10:9 イスラエルは<非常>な苦境に立った．
Ⅰサム 16:21 サウルは彼を<非常>に愛し，ダビデ
19:1 ヨナタンはダビデを<非常>に愛して
Ⅱサム 13:3 ヨナダブは<非常>に悪賢い男であっ
Ⅰ列 4:29 ソロモンに<非常>に豊かな知恵と英
18:3 オバデヤは<非常>に主を恐れていた．
Ⅱ列 14:26 イスラエルの悩みが<非常>に激しい
Ⅱ歴 9:1 <非常>に大ぜいの有力者たちを率い，
ネヘ 4:1 サヌバラテは…<非常>に憤慨して，
5:6 私は…を聞いて，<非常>に怒った．
8:17 それは<非常>に大きな喜びであった．
伝道 2:21 これもまた…<非常>に悪いことだ．
イザ 52:13 彼は高められ…<非常>に高くなる．
エゼ 9:9 ユダの家の咎は<非常>に大きく，こ
40:2 <非常>に高い山の上に降ろされた．
ダニ 6:14 王は<非常>に憂え，ダニエルを救お
ヨナ 1:16 人々は<非常>に主を恐れ，主にいけ
3:3 ニネベは…<非常>に大きな町であっ
4:1 このことはヨナを<非常>に不愉快に
ゼカ 9:2 <非常>に知恵のあるツロやシドンに
マタ 2:16 ヘロデは…<非常>におこって，人を
4:8 イエスを<非常>に高い山に連れて行
17:6 ひれ伏して<非常>にこわがった．
23 すると，彼らは<非常>に悲しんだ．
26:22 弟子たちは<非常>に悲しんで，「主
マコ 6:51 彼らの心中の驚きは<非常>なもので
ルカ 18:23 これを聞いて，<非常>に悲しんだ．
使徒 6:7 弟子の数が<非常>にふえて行った．
8:2 彼のために<非常>に悲しんだ．
Ⅱコリ 6:4 <非常>な忍耐と，悩みと，苦しみと，
ピリ 4:10 私は主にあって<非常>に喜びました．
Ⅱヨハ 4 私は<非常>に喜んでいます．

▼ピション

エデンの園からの四つの川の一つ．創世2:11．

▼びじん（美人）

Ⅰサム 25:3 この女は聡明で<美人>であったが，

▼ピスガ

モアブのアバリム山脈の北の山．民数21:20，23:14，申命3:17，27，34:1，ヨシ12:3，13:20．

▼ヒズキ〔人名〕

ベニヤミン族エルパアルの子孫．Ⅰ歴8:17．

▼ピスパ〔人名〕

アシェル族の氏族長の一人．Ⅰ歴7:38．

▼ビズヨテヤ〔地名〕

ユダの最南端の町の一つ．ヨシ15:28．

▼ヒゼキヤ

1．人名．
(1)ユダの王．Ⅱ列16:20，18:1，9，13，14，15，16，17，19，22，29，30，31，32，37，19:1，

3, 5, 9, 10, 14, 15, 20, 20:1, 2, 3, 5, 8, 10, 12, 13, 14, 15, 16, 19, 20, 21, 21:3, Ⅰ歴3:13, Ⅱ歴29:1, 箴言25:1, イザ1:1, 36:1, 39:8, エレ15:4, 26:18, 19, ホセ1:1, ミカ1:1, マタ1:9, 10.
(2)ユダの王族の親族．ネアルヤの子．Ⅰ歴3:23.
(3)エフライム族のかしらの一人．Ⅱ歴28:12.
(4)預言者ゼパニヤの先祖．ゼパ1:1.
2. ヒゼキヤ族．帰還氏族．エズ2:16, ネヘ7:21.

▼ビゼタ〔人名〕
ペルシヤ王の７人の宦官の一人．エス1:10.

▼ひぞうぶつ（被造物）
ロマ 1:20 時からこのかた，<被造物>によって
8:19 <被造物>も，切実な思いで神の子ど
20 <被造物>が虚無に服したのが自分の
21 <被造物>自体も，滅びの束縛から解
22 <被造物>全体が今に至るまで，とも
ロマ 8:39 そのほかのどんな<被造物>も，私た
ヤコ 1:18 いわば<被造物>の初穂にするためな

▼ひそか
申命 13: 6 無二の親友が，<ひそか>にあなたを
28:57 <ひそか>に，それを食べるであろう．
ヨシ 2: 1 <ひそか>にふたりの者を斥候として
詩篇 27: 5 その幕屋の<ひそか>な所に私をかく
31: 4 私をねらって<ひそか>に張られた網
20 あなたのおられる<ひそか>な所にか
64: 5 語り合って<ひそか>にわなをかけ，
139:15 私が<ひそか>に造られ，地の深い所
箴言 21:14 <ひそか>な贈り物は怒りをなだめ，
27: 5 <ひそか>に愛するのにまさる．
イザ 45: 3 <ひそか>な所の隠された宝をあなた
マタ 2: 7 ヘロデは<ひそか>に博士たちを呼ん
マコ 13: 3 アンデレが，<ひそか>にイエスに質
ルカ 9:10 ベツサイダという町へ<ひそか>に退
使徒 16:37 今になって，<ひそか>に私たちを送
エペ 5:12 彼らが<ひそか>に行っていることは，
Ⅱペテ 2: 1 異端を<ひそか>に持ち込み，自分た

▼ヒソプ
出エ 12:22 <ヒソプ>の１束を取って，鉢の中の
レビ 14: 4 緋色の撚り糸と<ヒソプ>を取り寄せ
Ⅰ列 4:33 石垣に生える<ヒソプ>に至るまでの
詩篇 51: 7 <ヒソプ>をもって私の罪を除いてき
ヨハ 19:29 海綿を<ヒソプ>の枝につけて，それ
ヘブ 9:19 羊の毛と<ヒソプ>とのほかに，子牛

▼ひそむ（潜む）
ヨブ 14:13 怒りが過ぎ去るまで私を<潜>ませ，

▼ひそめる（潜める）
詩 105: 2 奇しいみわざに思いを<潜め>よ．

▼ひたい（額）
出エ 13: 9 あなたの<額>の上の記念としなさい．
28:38 絶えずアロンの<額>の上になければ
レビ 13:41 それは<額>のはげであって…きよい．
申命 6: 8 記章として<額>の上に置きなさい．
Ⅱ歴 26:19 突然，彼の<額>にツァラアトが現れ
イザ 3:17 主はその<額>をむき出しにされる．
エレ 3: 3 あなたは遊女の<額>をしていて，恥
エゼ 3: 8 あなたの<額>を，彼らの<額>と同じ
9 あなたの<額>を，火打石よりも堅い
エゼ 9: 4 悲しんでいる人々の<額>にしるしを
黙示 7: 3 神のしもべたちの<額>に印を押して
9: 4 <額>に神の印を押されていない人間
13:16 その右の手かその<額>かに，刻印を
17: 5 その<額>には，意味の秘められた名
22: 4 彼らの<額>には神の名がついている．

▼ヒダイ〔人名〕
ダビデの30勇士の一人．Ⅱサム23:30.

▼ひたす（浸す）
出エ 12:22 ヒソプの１束を…血に<浸>し，その
レビ 4: 6 祭司は指を血の中に<浸>し，主の前，
申命 33:24 その足を，油の中に<浸す>ようにな
ルツ 2:14 あなたのパン切れを酢に<浸>しなさ
Ⅱ列 5:14 ヨルダン川に七たび身を<浸>した．
8:15 毛布を取って，それを水に<浸>し，
エゼ 32: 6 あなたから流れ出る血で地を<浸>し，
マコ 14:20 鉢に<浸>している者です．マタ26:23, ヨハ13:26.
ルカ 16:24 ラザロが指先を水に<浸>して私の舌

▼ひたすら
ヨナ 3: 8 <ひたすら>神にお願いし…立ち返れ．
Ⅰコリ 7:35 <ひたすら>主に奉仕できるためなの
Ⅰペテ 1:13 恵みを，<ひたすら>待ち望みなさい．

▼ひだり（左），左手
創世 13: 9 もしあなたが<左>に行けば，私は右
48:14 <左手>をマナセの頭の上に置いた．
出エ 14:22 水は彼らのために右と<左>で壁とな
レビ 14:15 自分の<左>の手のひらにそそぐ．
民数 20:17 右にも<左>にも曲がりません．」
申命 2:27 大路だけを通って，右にも<左>にも
士師 3:21 エフデは<左手>を伸ばして，右もも

7:20 <左手>にたいまつを堅く握り，右手
Ⅱサム14:19 だれも右にも<左>にもそれることは
ヨブ23: 9 <左>に向かって行っても，私は神を
箴言 3:16 その<左>の手には富と誉れがある．
4:27 右にも<左>にもそれてはならない．
伝道10: 2 愚かな者の心は<左>に向く．
イザ30:21 あなたが右に行くにも<左>に行くに
54: 3 あなたは右と<左>にふえ広がり，あ
エゼ 1:10 四つとも，<左>側に牛の顔があり，
21:16 右に…<左>に向けて切りまくれ．
ダニ12: 7 その右手と<左手>を天に向けて上げ，
マタ 5:39 <左>の頬も向けなさい．
6: 3 <左>の手に知られないようにしなさ
20:21 ひとりは<左>にすわれるようにおことばを下さい．マコ10:37.
マタ20:23 わたしの右と<左>にすわることは，
25:33 羊を…右に，山羊を<左>に置きます．
27:38 ひとりは<左>に，十字架につけられた．マコ15:27，ルカ23:33.

▼ひだりきき（左きき）

士師 3:15 <左きき>のエフデを起こされた．イ
20:16 <左きき>の精鋭が700人いた．彼ら

▼ひたる（浸る）

ヨシ 3:15 祭司たちの足が水ぎわに<浸>ったと

▼ピツェツ〔人名〕

アロンの子孫．祭司．Ⅰ歴24:15.

▼ひっかかる（引っ掛かる）

Ⅱサム18: 9 頭が樫の木に<引っ掛か>り…宙づり
10 アブシャロムが樫の木に<引っ掛か>

▼ひっき（筆記）

ロマ16:22 この手紙を<筆記>した私，テルテオ

▼ひっくりかえす（～返す），ひっくり返る

士師 7:13 <ひっくり返>って，天幕は倒れてし
Ⅱサム 6: 6 牛がそれを<ひっくり返>しそうにな

▼ひっこめる（引っ込める）

創世38:29 その子が手を<引っ込め>たとき，も
民数25:11 憤りを彼らから<引っ込め>させた．
ヨシ 8:26 差し伸べた手を<引っ込め>なかった．
詩篇74:11 右の御手を，<引っ込め>ておられる

▼ひつじ（羊）【別項】羊の毛・羊の初子の毛，羊の群れ，羊の門

創世 4: 2 アベルは<羊>を飼う者となり，カイ
4 彼の<羊>の初子の中から…最上のも
22: 7 全焼のいけにえのための<羊>は，ど
29: 3 <羊>に水を飲ませ，そうしてまた，
30:32 <羊>の中では黒毛のもの全部，やぎ
出エ 3: 1 モーセは…イテロの<羊>を飼ってい
12: 5 <羊>は傷のない1歳の雄でなければ
13:13 ろばの初子はみな，<羊>で贖わなけ
22: 1 牛とか<羊>を盗み，これを殺したり，
34:20 ろばの初子は<羊>で贖わなければな
レビ 5: 7 彼に<羊>を買う余裕がなければ，自
22:28 <羊>でも，それをその子と同じ日に
民数14:33 この荒野で40年の間<羊>を飼う者と
27:17 主の会衆を，飼う者のいない<羊>の
32:16 家畜のために<羊>の囲い場を作り，
申命14: 4 食べることのできる獣は…<羊>，や
32:14 牛の凝乳と，<羊>の乳とを，最良の
Ⅰサム15:15 民は<羊>と牛の最も良いものを惜し
16:19 <羊>の番をしているあなたの子ダビ
25: 2 彼は<羊>3千頭，やぎ1千頭を持っ
詩篇44:11 私たちを食用の<羊>のようにし，国
22 ほふられる<羊>とみなされています．
49:14 彼らは<羊>のようによみに定められ，
74: 1 あなたの牧場の<羊>に御怒りを燃や
79:13 あなたの牧場の<羊>である私たちは，
95: 7 その牧場の民，その御手の<羊>であ
100: 3 主の民，その牧場の<羊>である．
119:176 私は，滅びる<羊>のように，迷い出
箴言27:23 あなたの<羊>の様子をよく知り，群
雅歌 1: 7 どこで<羊>を飼い，昼の間は，どこ
イザ 7:25 <羊>の踏みつける所となる．
43:23 全焼のいけにえの<羊>を携えて来ず，
53: 6 私たちはみな，<羊>のようにさまよ
66: 3 <羊>をいけにえにする者は，犬をく
エレ12: 3 ほふられる<羊>のように引きずり出
31:12 <羊>の子，牛の子とに対する主の恵
50:17 雄獅子に散らされた<羊>．先にはア
エゼ24: 5 えり抜きの<羊>を取れ．なべの下に
34: 2 牧者は<羊>を養わなければならない
3 <羊>をほふるが，<羊>を養わない．
4 弱った<羊>を強めず，病気のものを
6 わたしの<羊>は地の全面に散らされ
11 わたしは自分でわたしの<羊>を捜し
12 牧者が昼間，散らされていた自分の<羊>の中にいて…わたしの<羊>を，
17 <羊>と<羊>…との間をさばく．22.
31 わたしの<羊>，わたしの牧場の<羊>
ヨナ 3: 7 <羊>もみな，何も味わってはならな

ミカ 2:12 おりの中の<羊>のように，牧場の中
ハバ 3:17 <羊>は囲いから絶え，牛は牛舎にい
ゼカ 11: 7 私は<羊>の商人たちのために，ほふ
13: 7 そうすれば，<羊>は散って行き，わ
マタ 7:15 彼らは<羊>のなりをしてやって来る
9:36 羊飼いのない<羊>のように弱り果て
10: 6 イスラエルの家の失われた<羊>のと
16 狼の中に<羊>を送り出すようなもの
12:11 １匹の<羊>を持っていて，もしその
<羊>が安息日に穴に落ちたら，それ
12 人間は<羊>より，はるかに値うちの
18:12 だれかが100匹の<羊>を持っていて，
そのうちの１匹が．ルカ15:4.
13 99匹の<羊>以上にこの１匹を喜ぶの
25:32 羊飼いが<羊>と山羊とを分けるよう
33 <羊>を自分の右に，山羊を左に置き
マコ 14:27 <羊>は散り散りになる』と書いてあ
ルカ 15: 6 いなくなった<羊>を見つけましたか
ヨハ 2:14 牛や<羊>や鳩を売る者たちと両替人
10: 1 <羊>の囲いに門から入らないで，ほ
2 門から入る者は，その<羊>の牧者で
3 <羊>はその声を聞き分けます．彼は
自分の<羊>をその名で呼んで連れ出
10 わたしが来たのは，<羊>がいのちを
11 良い牧者は<羊>のためにいのちを捨
12 <羊>を置き去りにして，逃げて行き
13 雇い人であって，<羊>のことを心に
15 わたしは<羊>のために…いのちを捨
16 この囲いに属さないほかの<羊>があ
26 わたしの<羊>に属していないからで
21:16 わたしの<羊>を牧しなさい．
17 わたしの<羊>を飼いなさい．
使徒 8:32 ほふり場に連れて行かれる<羊>のよ
ロマ 8:36 私たちは，ほふられる<羊>とみなさ
ヘブ 11:37 <羊>ややぎの皮を着て歩き回り，乏
13:20 永遠の契約の血による<羊>の大牧者，
Ｉペテ 2:25 <羊>のようにさまよっていましたが，

▼ ひつじかい（羊飼い）

創世 48:15 ずっと私の<羊飼い>であられた神．
Ｉサム 17:40 それを<羊飼い>の使う袋，投石袋に
詩篇 23: 1 主は私の<羊飼い>．私は，乏しいこ
28: 9 どうか彼らの<羊飼い>となって，い
49:14 死が彼らの<羊飼い>となる．朝は，
伝道 12:11 これらはひとりの<羊飼い>によって
雅歌 1: 8 <羊飼い>の住まいのかたわらで，あ
イザ 40:11 主は<羊飼い>のように，その群れを
アモ 1: 2 <羊飼い>の牧場はかわき，カルメル
3:12 <羊飼い>が，雄獅子の口から，２本
ゼカ 10: 2 <羊飼い>がいないので悩む．
3 わたしの怒りは<羊飼い>たちに向か
マタ 9:36 <羊飼い>のない羊のように弱り果て
25:32 <羊飼い>が羊と山羊とを分けるよう
26:31 わたしが<羊飼い>を打つ．すると，
マコ 6:34 彼らが<羊飼い>のいない羊のようで
14:27 わたしが<羊飼い>を打つ…羊は散り
ルカ 2: 8 <羊飼い>たちが，野宿で夜番をしな
15 <羊飼い>たちは互いに話し合った．
20 <羊飼い>たちは，見聞きしたことが，

▼ ひつじのけ（羊の毛），羊の初子の毛

創世 31:19 ラバンは自分の<羊の毛>を刈るため
申命 15:19 <羊の初子の毛>を刈ってはならない．
18: 4 <羊の毛>の初物も彼に与えなければ
士師 6:38 その<羊の毛>を押しつけて，その
<羊の毛>から露を絞ると，鉢いっぱ
Ｉサム 25: 2 彼はカルメルで<羊の毛>の刈り取り
ヨブ 31:20 私の子<羊の毛>でそれが暖められな
イザ 1:18 紅のように赤くても，<羊の毛>のよ
ダニ 7: 9 頭の毛は混じりけのない<羊の毛>の
ヘブ 9:19 <羊の毛>とヒソプとのほかに，子牛

▼ ひつじのむれ（羊の群れ）

創世 26:14 彼が<羊の群れ>や，牛の群れ，それ
29: 2 三つの<羊の群れ>が伏していた．そ
30:31 あなたの<羊の群れ>を飼って，守り
37:14 <羊の群れ>が無事であるかを見て，
レビ 1:10 <羊の群れ>，すなわち子羊またはや
申命 15:14 <羊の群れ>と打ち場と酒ぶねのうち
士師 5:16 <羊の群れ>に笛吹くのを聞いている
Ｉサム 17:34 しもべは…<羊の群れ>を飼っていま
IIサム 7: 8 あなたを，<羊の群れ>を追う牧場か
24:17 この<羊の群れ>がいったい何をした
Ｉ列 22:17 飼い主のいない<羊の群れ>のように．
ヨブ 21:11 <羊の群れ>のように自由にさせ，彼
詩篇 65:13 牧草地は<羊の群れ>を着，もろもろ
77:20 <羊の群れ>のように導かれました．
78:52 ご自分の民を，<羊の群れ>のように
107:41 その一族を<羊の群れ>のようにされ
144:13 私たちの<羊の群れ>は…幾千幾万と
雅歌 1: 8 <羊の群れ>の足跡について行き，羊
イザ 13:14 集める者のいない<羊の群れ>のよう
32:14 野ろばの喜ぶ所，<羊の群れ>の牧場

60: 7 ケダルの<羊の群れ>もみな，あなた
61: 5 他国人は…<羊の群れ>を飼うように
63:11 <羊の群れ>の牧者たちとともに，彼
65:10 シャロンは<羊の群れ>の牧場，アコ
エレ 13:20 あなたの美しい<羊の群れ>はどこに
50: 6 わたしの民は，迷った<羊の群れ>で
エゼ 36:37 <羊の群れ>のように人をふやそう．
38 聖別された<羊の群れ>のように，例
45:15 <羊の群れ>から200頭ごとに1頭の
ヨエ 1:18 <羊の群れ>も滅びる．
ミカ 4: 8 <羊の群れ>のやぐら，シオンの娘の
5: 8 <羊の群れ>の中の若い獅子のようだ．
ゼカ 11: 4 ほふるための<羊の群れ>を養え．
7 ほふられる<羊の群れ>を飼った．私
マタ 26:31 <羊の群れ>は散り散りになる』と書
ルカ 2: 8 羊飼いたちが…<羊の群れ>を見守っ
Ⅰコリ 9: 7 <羊の群れ>を飼いながら，その乳を
Ⅰペテ 5: 2 神の<羊の群れ>を，牧しなさい．強

▼ひつじのもん（羊の門）
ネヘ 12:39 メアのやぐらを過ぎて，<羊の門>に
ヨハ 5: 2 エルサレムには，<羊の門>の近くに，
10: 7 わたしは<羊の門>です．9．

▼ピッチ
瀝青，樹脂等の蒸留後の残留物．イザ34:9．

▼ひづめ
レビ 11: 3 <ひづめ>が分かれ，その<ひづめ>が
申命 14: 6 <ひづめ>が分かれ，完全に二つに割
詩篇 69:31 角と割れた<ひずめ>のある若い雄牛
ミカ 4:13 あなたの<ひづめ>を青銅とする．あ
ゼカ 11:16 獣の肉を食らい，その<ひづめ>を裂

▼ひつよう（必要）
申命 15: 8 その<必要>としているものを十分に
エズ 7:20 神の宮のために<必要>なもので，ど
ダニ 3:16 あなたにお答えする<必要>はありま
マタ 6: 8 あなたがたに<必要>なものを知って
32 天の父は…<必要>であることを知っ
14:16 出かけて行く<必要>はありません．
26:65 これでもまだ，証人が<必要>でしょ
ルカ 10:42 どうしても<必要>なことはわずかで
11: 8 起き上がって，<必要>な物を与える
15: 7 悔い改める<必要>のない99人の正し
ヨハ 13:10 足以外は洗う<必要>がありません．
使徒 2:45 それぞれの<必要>に応じて，みなに
4:35 その金は<必要>に従っておのおのに
15:28 次のぜひ<必要>な事のほかは，あな
20:34 この両手は，私の<必要>のためにも，
Ⅰコリ 12:24 かっこうの良い器官にはその<必要>
Ⅱコリ 3: 1 推薦状とかが，私たちに<必要>なの
9:12 聖徒たちの<必要>を十分に満たすば
エペ 4:29 <必要>なとき，人の徳を養うのに役
ピリ 1:24 …のためには，もっと<必要>です．
4:19 あなたがたの<必要>をすべて満たし
Ⅰテサ 4: 9 何も書き送る<必要>がありません．
ヘブ 5:12 だれかに教えてもらう<必要>がある
7:26 大祭司こそ…まさに<必要>な方です．
27 毎日いけにえをささげる<必要>はあ
9:16 遺言には…死亡証明が<必要>です．
23 きよめられる<必要>がありました．
10:36 手に入れるために<必要>なのは忍耐
ヤコ 2:16 からだに<必要>な物を与えないなら，
Ⅰヨハ 2:27 だれからも教えを受ける<必要>があ

▼ひてい（否定）
ヨハ 18:25 ペテロは<否定>して，「そんな者で
27 ペテロはもう一度<否定>した．する
使徒 4:16 われわれはそれを<否定>できない．
19:36 これは<否定>できない事実ですから，
テト 1:16 行いでは<否定>しています．実に忌
Ⅱペテ 2: 1 主を<否定>するようなことさえして，
Ⅰヨハ 2:22 キリストであることを<否定>する者
ユダ 4 イエス・キリストを<否定>する人た

▼ビデカル〔人名〕
イスラエルの王エフーの侍従．Ⅱ列9:25．

▼ヒデケル
⑴エデンの園から出た四つの川の一つ．創世2:14．
⑵ティグリス川のこと．ダニ10:4．

▼ビテニヤ〔地名〕
小アジヤの一地方．使徒16:7，Ⅰペテ1:1．

▼ビテヤ〔人名〕
メレデと結婚したパロの娘．Ⅰ歴4:18．

▼ひでり（日照り）
ヨブ 24:19 <ひでり>と暑さは雪の水を奪い，よ
詩篇 32: 4 私の骨髄は，夏の<ひでり>でかわき
エレ 14: 1 <日照り>のことについて，エレミヤ
17: 8 <日照り>の年にも心配なく，いつま
50:38 その水の上には，<ひでり>が下り，
ハガ 1:11 勤労の実にも，<ひでり>を呼び寄せ

▼ひと（人），人々【別項】内なる人，神の人，ただの人，他人・他の人，東の人々，人さらい・人をさらう，人の子，

御霊の人

創世 1:26 <人>を造ろう．われわれのかたちと
27 <人>をご自身のかたちとして創造さ
2: 5 土地を耕す<人>もいなかったからで
7 土地のちりで<人>を形造り，その鼻
にいのちの息を…<人>は，生きもの
8 そこに主の形造った<人>を置かれた．
15 <人>を取り，エデンの園に置き，そ
18 <人>が，ひとりでいるのは良くない．
19 <人>が，生き物につける名は，みな，
20 <人>にはふさわしい助け手が見つか
21 深い眠りをその<人>に下されたので
25 <人>とその妻は，ふたりとも裸であ
3:20 <人>は，その妻の名をエバと呼んだ．
22 <人>はわれわれのひとりのようにな
24 神は<人>を追放して，いのちの木へ
4: 1 <人>は，その妻エバを知った．彼女
6: 1 <人>が地上にふえ始め，彼らに娘た
2 神の子らは，<人>の娘たちが，いか
3 わたしの霊は，永久には<人>のうち
にとどまらない…<人>が肉にすぎな
5 地上に<人>の悪が増大し，その心に
9 ノアは，正しい<人>であって，その
時代にあっても，全き<人>であった．
8:21 決して再び<人>のゆえに，この地を
のろうことはすまい．<人>の心の思
創世 16:12 彼は野生のろばのような<人>となり，
その手は，すべての<人>に逆らい，
18: 2 ３人の<人>が彼に向かって立ってい
24:65 私たちを迎えに来るあの<人>はだれ
32:24 ある<人>が夜明けまで彼と格闘した．
28 あなたは神と戦い，<人>と戦って，
出エ 4:11 だれが<人>に口をつけたのか．だれ
13: 2 <人>であれ家畜であれ，わたしのた
18:21 神を恐れる，力のある<人々>，不正
33:11 主は，<人>が自分の友と語るように，
20 <人>はわたしを見て，なお生きてい
レビ 5: 3 <人>が，触れれば汚れる…<人>の
4 <人>口で軽々しく，害になることで
13: 9 ツァラアトの患部が<人>にあるとき
15:16 <人>が精を漏らしたときは…水を浴
18: 5 それを行う<人>は，それによって生
24:17 <人>を打ち殺す者は，必ず殺される．
民数 9: 6 <人>の死体によって身を汚し，その
12: 3 モーセという<人>は，地上のだれに
16: 7 主がお選びになるその<人>が聖なる
17: 5 わたしが選ぶ<人>の杖は芽を出す．
19:11 どのような<人>の死体にでも触れる
14 <人>が天幕の中で死んだ場合のおし
27:16 ひとりの<人>を会衆の上に定め，
申命 1:13 経験のある<人々>を出しなさい．彼
17 さばきをするとき，<人>をかたよっ
て見てはならない…<人>を恐れては
31 <人>がその子を抱くように…主が，
5:24 神が<人>に語られても，<人>が生き
8: 3 <人>はパンだけで生きるのではない，
<人>は主の口から出るすべてのもの
ヨシ 5:13 ひとりの<人>が抜き身の剣を手に持
士師 16:13 弱くなり，並みの<人>のようになろ
Ⅰサム 2:25 <人>がもし，ほかの<人>に対して罪
26 成長し，主にも，<人>にも愛された．
10: 6 あなたは新しい<人>に変えられます．
11:13 きょうは<人>を殺してはならない．
13:14 主はご自分の心にかなう<人>を求め，
16: 7 <人>はうわべを見るが，主は心を見
18 体格も良い<人>です．主がこの<人>
Ⅱサム 24:14 <人>の手には陥りたくありません．」
Ⅰ列 13: 2 <人>の骨がおまえの上で焼かれる．』
18:44 <人>の手のひらほどの小さな雲が海
Ⅱ列 1: 8 毛衣を着て，腰に皮帯を締めた<人>
5: 1 この<人>は勇士で，ツァラアトに冒
13:21 その<人>がエリシャの骨に触れるや，
その<人>は生き返り，自分の足で立
Ⅱ列 23:14 その場所を<人>の骨で満たした．
Ⅰ歴 22: 9 彼は穏やかな<人>になり，わたしは，
Ⅱ歴 19: 6 さばくのは，<人>のためではなく，
エズ 6:16 捕囚から帰って来た<人々>は，この
ネヘ 9:29 もし<人>がこれを行うなら，これに
ヨブ 1: 3 この<人>は東の人々の中で一番の富
2: 4 <人>は自分のいのちの代わりには，
4:17 <人>は神の前に正しくありえようか．
<人>はその造り主の前にきよくあり
5: 7 <人>は生まれると苦しみに会う．火
17 神に責められるその<人>は．だから
7: 1 地上の<人>には苦役があるではない
17 <人>とは何者なのでしょう．あなた
10: 5 あなたの年は<人>の年と同じですか．
11:12 野ろばの子も，<人>として生まれる．
14:10 <人>は，息絶えると，どこにいるか．
12 <人>は伏して起き上がらず，天がな

15: 7 あなたは最初に生まれた<人>か．あ
14 <人>がどうして，きよくありえよう
16:21 <人>のために神にとりなしをしてく
21: 4 私の不平は<人>に向かってであろう
22: 2 <人>は神の役に立つことができよう
か．賢い<人>さえ，ただ自分自身の
28:13 <人>はその評価ができない．それは
32: 8 <人>の中には確かに霊がある．全能
者の息が<人>に悟りを与える．
33:12 神は<人>よりも偉大だからである．
17 <人>にその悪いわざを取り除かせ，
26 神はその<人>に彼の義を報いてくだ
34: 7 ヨブのような<人>がほかにあろうか．
15 <人>はちりに帰る．
21 神の御目が<人>の道の上にあり，そ
36:25 すべての<人>がこれを見，<人>が遠
37: 7 神はすべての<人>の手を封じ込める．
詩篇 8: 4 <人>とは，何者なのでしょう．あな
22: 6 <人>のそしり，民のさげすみです．
32: 2 主が，咎をお認めにならない<人>，
36: 6 あなたは<人>や獣を栄えさせてくだ
37:23 <人>の歩みは主によって確かにされ
る．主はその<人>の道を喜ばれる．
39: 5 <人>はみな，盛んなときでも，全く
11 不義を責めて<人>を懲らしめ，その
<人>の望むものを，しみが食うよう
に…<人>はみな，むなしいものです．
40: 4 …のほうに向かなかった，その<人>
49:12 <人>は滅びうせる獣に等しい．
56:11 <人>が，私に何をなしえましょう．
60:11 <人>の救いはむなしいものです．
64: 6 <人>の内側のものと心とは，深いも
73: 5 <人々>が苦労するとき，彼らはそう
ではなく，ほかの<人>のようには打
76:10 <人>の憤りまでもが，あなたをほめ
78:25 <人々>は御使いのパンを食べた．神
60 <人々>の中にお建てになったその幕
84: 5 心の中にシオンへの大路のある<人>
12 あなたに信頼するその<人>は．
90: 3 あなたは<人>をちりに帰らせて言わ
94:11 主は，<人>の思い計ることがいかに
12 みおしえを教えられる，その<人>は．
103:15 <人>の日は，草のよう．野の花のよ
104:15 <人>の心を喜ばせるぶどう酒をも…
<人>の心をささえる食物をも．
23 <人>はおのれの仕事に出て行き，夕
115: 4 彼らの偶像は銀や金で，<人>の手の
116:11 すべての<人>は偽りを言う者だ」と
118: 8 <人>に信頼するよりもよい．
127: 5 矢筒をその矢で満たしている<人>は．
144: 3 主よ．<人>とは何者なのでしょう．
4 <人>はただ息に似て，その日々は過
箴言 3: 4 神と<人>との前に好意と聡明を得よ．
13 幸いなことよ．知恵を見いだす<人>，
英知をいただく<人>は．
8:34 わたしの言うことを聞く<人>は．
12:14 <人>はその口の実によって良いもの
に満ち足りる．<人>の手の働きはそ
15:30 良い知らせは<人>を健やかにする．
16: 1 <人>は心に計画を持つ．主はその舌
9 <人>は心に自分の道を思い巡らす．
19: 3 <人>は自分の愚かさによってその生
22 <人>の望むものは，<人>の変わらぬ
愛である．貧しい<人>は，まやかし
20: 6 多くの<人>は自分の親切を吹聴する．
しかし，だれが忠実な<人>を見つけ
24 <人>の歩みは主によって定められる．
25:25 疲れた<人>への冷たい水のようだ．
27:19 <人>の心は，その<人>に映る．
20 <人>の目も飽くことがない．
28:14 いつも主を恐れている<人>は．しか
し心をかたくなにする<人>はわざわ
21 <人>をかたより見るのは良くない．
<人>は一切れのパンで，そむく．
28 悪者が起こると，<人>は身を隠し，
彼らが滅びると，正しい<人>がふえ
29:23 <人>の高ぶりはその<人>を低くし，
心の低い<人>は誉れをつかむ．
25 <人>を恐れるとわなにかかる．しか
伝道 1: 3 それが<人>に何の益になろう．
3:11 <人>の心に永遠を与えられた．しか
4:10 ひとりぼっちの<人>はかわいそうだ．
6: 7 <人>の労苦はみな，自分の口のため
8 <人々>の前での生き方を知っている
貧しい<人>も，何がまさっていよう．
11 それは，<人>にとって何の益になる
12 何が<人>のために善であるかを．だ
れが<人>に告げることができようか．
7: 2 すべての<人>の終わりがあり，生き
20 罪を犯さない正しい<人>はひとりも

29 神は<人>を正しい者に造られたが，
<人>は多くの理屈を捜し求めたのだ.
8: 8 風を止めることのできる<人>はいな
9: 1 憎しみであるか，<人>にはわからな
12 しかも，<人>は自分の時を知らない.
10:14 <人>はこれから起こることを知らな
イザ 2: 9 <人>はかがめられ，人間は低くされ
6:12 主が<人>を遠くに移し，国の中に捨
7:13 <人々>を煩わすのは小さなこととし，
13:12 <人>をオフィルの金よりも少なくす
33: 8 町々は捨てられ，<人>は顧みられな
38:11 再び<人>を見ることがない.
40: 6 すべての<人>は草，その栄光は，み
44:13 <人>の形に造り…神殿に安置する.
51: 7 <人>のそしりを恐れるな．彼らのの
53: 3 <人々>からのけ者にされ，悲しみの
<人>で病を知っていた．<人>が顔を
12 彼は多くの<人>の罪を負い，そむい
た<人>たちのためにとりなしをする.
58: 5 <人>が身を戒める日は，このような
エレ 2: 6 <人>も通らず，だれも住まない地を
3: 1 もし，<人>が自分の妻を去らせ，彼
5:26 わなをしかけて<人々>を捕らえる.
10:23 人間の道は，その<人>によるのでな
13:11 帯が<人>の腰に結びつくように，わ
22:30 この<人>を『子を残さず，一生栄え
31:30 <人>はそれぞれ自分の咎のために死
51:14 ばったのような大群の<人>をあなた
哀歌 3:36 <人>がそのさばきをゆがめることを，
エゼ 4:12 彼らの目の前で，<人>の糞で焼け.」
28: 2 あなたは<人>であって，神ではない.
ダニ 9:21 幻の中で見たあの<人>，ガブリエル
10: 7 <人々>は，その幻を見なかったが，
ホセ 9: 7 預言者は愚か者，霊の<人>は狂った
11: 9 わたしは神であって，<人>ではなく，
アモ 4:13 <人>にその思いが何であるかを告げ，
5:19 <人>が獅子の前を逃げても，熊が彼
ミカ 6: 8 <人>よ．何が良いことなのか．主は
7: 2 <人>の間に，正しい者はひとりもい
ハバ 1:14 あなたは<人>を海の魚のように，治
ゼカ 2: 4 その中の多くの<人>と家畜のため，
6:12 見よ．ひとりの<人>がいる．その名
12: 1 地の基を定め，<人>の霊をその中に
マラ 3: 8 <人>は神のものを盗むことができよ
17 <人>が自分に仕える子をあわれむよ

マタ 4: 4 <人>はパンだけで生きるのではなく，
5: 3 天の御国はその<人>たちのものだか
16 <人々>があなたがたの良い行いを見
45 悪い<人>にも良い<人>にも太陽を上
6: 1 <人>に見せるために人前で善行をし
2 <人>にほめられたくて会堂や通りで
5 <人>に見られたくて会堂や通りの四
16 断食していることが<人>に見えるよ
7:24 岩の上に自分の家を建てた賢い<人>
26 砂の上に…家を建てた愚かな<人>に
9: 8 こんな権威を<人>にお与えになった
10:32 わたしを<人>の前で認める者はみな，
わたしも…父の前でその<人>を認め
12:31 <人>はどんな罪も冒瀆も赦していた
15:11 口に入る物は<人>を汚しません．し
16:23 神のことを思わないで，<人>のこと
26 <人>は，たとい全世界を手に入れて
19: 6 <人>は，神が結び合わせたものを引
26 それは<人>にはできないことです.
21:25 天からですか．それとも<人>からで
22:16 あなたは，<人>の顔色を見られない
23: 7 <人>から先生と呼ばれたりすること
28 外側は<人>に正しく見えても，内側
26:24 そういう<人>は生まれなかったほう
72 「そんな<人>は知らない」と言った.
マコ 3:28 <人>はその犯すどんな罪も赦してい
6:20 ヨハネを正しい聖なる<人>と知って，
7:15 <人>から出て来るものが，<人>を汚
8:24 <人>が見えます．木のようですが，
27 <人々>はわたしをだれだと言ってい
37 <人>はいったい何を差し出すことが
ルカ 1:21 <人々>はザカリヤを待っていたが，
25 主は，<人>中で私の恥を取り除こう
2:14 御心にかなう<人々>にあるように.」
52 イエスは…神と<人>とに愛された.
6:22 <人々>があなたがたを憎むとき，あ
8:38 悪霊を追い出された<人>が，お供を
9:30 ふたりの<人>がイエスと話し合って
11:31 この時代の<人々>とともに立って，
16:15 <人>の前で自分を正しいとする者で
18: 2 <人>を<人>とも思わない裁判官がい
27 <人>にはできないことが，神にはで
23:47 ほんとうに，この<人>は正しい方で
ヨハ 1: 4 このいのちは<人>の光であった.
9 すべての<人>を照らすそのまことの

1:14 ことばは<人>となって，私たちの間
2:25 <人>についてだれの証言も必要とさ
3:19 <人々>は光よりもやみを愛した．そ
27 <人>は，天から与えられるのでなけ
5:41 わたしは<人>からの栄誉は受けませ
7:23 もし，<人>がモーセの律法が破られ
11:50 ひとりの<人>が民の代わりに死んで，
16:21 ひとりの<人>が世に生まれた喜びの
17: 6 わたしに下さった<人々>に，あなた
18:29 この<人>に対して，何を告発するの
19: 5 ピラトは彼らに「さあ，この<人>で
使徒 1:10 白い衣を着た<人>がふたり，彼らの
2:17 わたしの霊をすべての<人>に注ぐ．
5: 4 あなたは<人>を欺いたのではなく，
26 <人々>に石で打ち殺されるのを恐れ
29 <人>に従うより，神に従うべきです．
38 あの<人>たちから手を引き，放って
10:22 コルネリオという正しい<人>で，神
28 どんな<人>のことでも，きよくない
30 輝いた衣を着た<人>が，私の前に立
11: 3 あなたは割礼のない<人々>のところ
24 こうして，大ぜいの<人>が主に導か
15:22 彼らの中から<人>を選んで，パウロ
17: 5 ふたりを<人々>の前に引き出そうと
25 神は，すべての<人>に，いのちと息
26 ひとりの<人>からすべての国の<人
人>を造り出して，地の全面に住ま
ロマ 2: 1 すべて他人をさばく<人>よ．あなた
16 <人々>の隠れたことをさばかれる日
21 どうして，<人>を教えながら，自分
29 その誉れは，<人>からではなく，神
3: 4 すべての<人>を偽り者としても，神
12 善を行う<人>はいない．ひとりもい
28 <人>が義と認められるのは，律法の
4: 8 主が罪を認めない<人>は幸いである．
5:12 ひとりの<人>によって罪が世界に入
15 ひとりの<人>イエス・キリストの恵
みによる賜物とは，多くの<人々>に
19 ひとりの<人>の不従順によって多く
の<人>が罪人とされたのと同様に，
6: 6 私たちの古い<人>がキリストととも
9: 5 キリストも，<人>としては彼らから
20 <人>よ．神に言い逆らうあなたは，
12:18 すべての<人>と平和を保ちなさい．
Iコリ 1:25 神の愚かさは<人>よりも賢く，神の
2:11 <人>の心のことは，その<人>のうち
13 <人>の知恵に教えられたことばを用
4: 9 御使いにも<人々>にも，この世の見
5:13 外部の<人>たちは，神がおさばきに
14: 2 異言を話す者は，<人>に話すのでは
3 預言する者は…<人>に向かって話し
15:21 死がひとりの<人>を通して来たよう
45 最初の<人>アダムは生きた者となっ
47 第1の<人>は地から出て，土で造ら
IIコリ 2:15 救われる<人々>の中でも，滅びる
<人々>の中でも…キリストのかおり
3: 3 <人>の心の板に書かれたものである
4:16 私たちの外なる<人>は衰えても，内
11: 2 ひとりの<人>の花嫁に定め，キリス
12: 2 私はキリストにあるひとりの<人>を
ガラ 1:10 私は<人>に取り入ろうとしているの
でしょうか…<人>の歓心を買おうと
16 私はすぐに，<人>には相談せず，
2: 6 そのおもだった<人>たちは，私に対
エペ 2:15 新しいひとりの<人>に造り上げて，
4:22 <人>を欺く情欲によって滅びて行く
古い<人>を脱ぎ捨てるべきこと，
24 新しい<人>を身に着るべきことでし
6: 7 <人>にではなく，主に仕えるように，
ピリ 2: 7 <人>としての性質をもって現れ，
コロ 2: 8 <人>の言い伝えによるもの，この世
3: 9 古い<人>をその行いといっしょに脱
10 新しい<人>を着た…新しい<人>は，
造り主のかたちに似せられてますま
23 何をするにも，<人>に対してではな
Iテサ 2: 4 <人>を喜ばせようとしてではなく，
6 ほかの<人々>からも，<人>からの名
誉を受けようとはしませんでした．
Iテモ 2: 4 神は，すべての<人>が救われて，真
5 神と<人>との間の仲介者も唯一であ
4:10 信じる<人々>の救い主である，生け
テト 2:11 すべての<人>を救う神の恵みが現れ，
ヘブ 5: 1 大祭司はみな，<人々>の中から選ば
れ…<人々>に代わる者として，任命
7 キリストは，<人>としてこの世にお
ヤコ 1:12 試練に耐える<人>は幸いです．耐え
20 <人>の怒りは，神の義を実現するも
23 その<人>は自分の生まれつきの顔を
2: 2 りっぱな服装をした<人>が入って来，
20 ああ愚かな<人>よ．あなたは行いの

24 <人>は行いによって義と認められる
3: 2 ことばで失敗をしない<人>がいたら,
9 神にかたどって造られた<人>をのろ
5:17 エリヤは, 私たちと同じような<人>
Iペテ 1:24 <人>はみな草のようで, その栄えは,
2: 4 主は, <人>には捨てられたが, 神の
13 <人>の立てたすべての制度に, 主の
Iヨハ 4: 2 <人>となって来たイエス・キリスト
IIヨハ 7 <人>を惑わす者, すなわち, イエス・キリストが<人>として来られた
ユダ 16 利益のためにへつらって<人>をほめ
黙示 21: 3 見よ. 神の幕屋が<人>とともにある.

▼ひどい, ひどいめ

創世 4: 5 カインは<ひど>く怒り, 顔を伏せた.
15:12 <ひどい>暗黒の恐怖が彼を襲った.
31:50 私の娘たちを<ひどいめ>に会わせた
43: 6 私を<ひどいめ>に会わせるのか.」
Iサム 5: 7 ダゴンを, <ひどいめ>に会わせるか
6: 6 神が彼らを<ひどいめ>に会わせたと
IIサム 2:26 その果ては, <ひどい>ことになるの
13:15 アムノンは, <ひどい>憎しみにから
I列 18: 2 サマリヤではききんが<ひど>かった.
ネヘ 9:18 <ひどい>侮辱を加えたときでさえ,
ヨブ 2:13 彼の痛みがあまりにも<ひどい>のを
35:15 <ひどい>罪を知らないだろうか.
エレ 21: 6 彼らは<ひどい>疫病で死ぬ.
エゼ 20:13 わたしの安息日を<ひど>く汚した.
25:17 わたしは…<ひどい>復讐をする. 彼
ダニ 5: 9 ベルシャツァル王は<ひど>くおびえ
ホセ 9: 7 これはあなたの<ひどい>不義のため, <ひどい>憎しみのためである.
ヨエ 3:13 彼らの悪が<ひどい>からだ.
ハバ 1: 7 これは, <ひど>く恐ろしい. 自分自
ゼカ 8: 2 シオンを…<ひどい>憤りで…ねたむ.
マタ 8: 6 しもべが中風で…<ひど>く苦しんで
9:16 破れがもっと<ひど>くなるからです.
25:24 散らさない所から集める<ひどい>方
マコ 5:26 この女は多くの医者から<ひどいめ>
14:40 <ひど>く眠けがさしていたのである.
ヨハ 6:60 これは<ひどい>ことばだ. そんなこ
使徒 20: 9 <ひど>く眠けがさし, パウロの話が

▼ひといき (～息)

IIサム 16:14 疲れたので, そこで<ひと息>ついた.
ネヘ 9:28 <ひと息>つくと…また…悪事を行い
詩篇 78:33 彼らの日を<ひと息>のうちに…終わ
90: 9 自分の齢を<ひと息>のように終わら

▼ひとかかえ

使徒 28: 3 パウロが<ひとかかえ>の柴をたばね

▼ひとかご (一かご)

アモ 8: 2 <一かご>の夏のくだものです」と言

▼ひとかたならず

使徒 20:12 連れて行き, <ひとかたならず>慰め

▼ひとがら (人がら)

Iペテ 3: 4 心の中の隠れた<人がら>を飾りにし

▼ひとくち (一口)

I列 17:11 <一口>のパンも持って来てください.

▼ひどけい (日時計)

II列 20:11 アハズの<日時計>におりた<日時計>
イザ 38: 8 すると, <日時計>におりた日が10度

▼ひとこと (一言)

IIサム 3:11 もはや<一言>も返すことができなか
ヨブ 2:13 だれも<一言>も彼に話しかけなかっ
マタ 15:23 イエスは彼女に<一言>もお答えにな
21:24 わたしも<一言>…尋ねましょう. も
22:46 だれもイエスに<一言>も答えること
27:14 どんな訴えに対しても<一言>もお答
ルカ 20: 3 わたしも<一言>尋ねますから, それ

▼ひとごろし (人殺し)

I列 21:19 あなたはよくも<人殺し>をして, 取
イザ 1:21 忠信な都が…今は<人殺し>ばかりだ.
ホセ 4: 2 ただ, のろいと, 欺きと, <人殺し>
マコ 15: 7 <人殺し>をした暴徒た. ルカ23:19.
ヨハ 8:44 悪魔は初めから<人殺し>であり, 真
使徒 3:14 <人殺し>の男を赦免するように要求
28: 4 この人はきっと<人殺し>だ. 海から
ヤコ 2:11 姦淫しなくても<人殺し>をすれば,
4: 2 自分のものにならないと, <人殺し>
Iペテ 4:15 だれも, <人殺し>, 盗人, 悪を行う
Iヨハ 3:15 兄弟を憎む者はみな, <人殺し>です.
黙示 22:15 <人殺し>, 偶像を拝む者, 好んで偽

▼ひとさらい (人さらい), 人をさらう

出エ 21:16 <人をさら>った者は, その人を売っ
申命 24: 7 その<人さらい>は死ななければなら

▼ひとしい (等しい) 【別項】無に等しい

詩篇 49:12 人は滅びうせる獣に<等しい>.
50:21 わたしがおまえと<等しい>者だとお
イザ 51:12 草にも<等しい>人の子を恐れるとは.
ヨハ 5:18 ご自身を神と<等し>くして, 神を自
ヘブ 5: 6 メルキゼデクの位に<等しい>祭司で

▼ひとしずく（一しずく）

イザ 40:15 国々は，手おけの<一しずく>，はか

▼ひとじち（人質）

Ⅱ列 14:14 それに<人質>を取って，サマリヤに

▼ひとそろい

士師 17:10 衣服<ひとそろい>と…生活費をあげ

▼ひとたび

ユダ 3 聖徒に<ひとたび>伝えられた信仰の

▼ひとつ（一つ）【別項】一つ食卓

創世 2:21 彼のあばら骨の<一つ>を取り，その
11: 1 全地は<一つ>のことば，<一つ>の話
6 <一つ>の民，<一つ>のことばで，こ
34:16 私たちは<一つ>の民となりましょう.
41:25 パロの夢は<一つ>です．神がなさろ
出エ 12:46 これは<一つ>の家の中で食べなけれ
22:27 彼のただ<一つ>のおおい，彼の身に
レビ 26:26 10人の女が<一つ>のかまで…パンを
申命 23:12 陣営の外に<一つ>の場所を設け，そ
ヨシ 23:14 すべての良いことが<一つ>もたがわ
士師 7:13 大麦のパンのかたまりが<一つ>，ミ
Ⅱサム 3:13 しかし，それには<一つ>の条件があ
24:12 そのうち<一つ>を選べ．わたしはあ
Ⅰ列 2:16 あなたに<一つ>のお願いがあります.
8:56 良い約束はみな，<一つ>もたがわな
11: 4 主と全く<一つ>にはなっていなかっ
Ⅰ歴 12:17 私の心はあなたがたと<一つ>だ．も
Ⅱ歴 32:12 ただ<一つ>の祭壇の前で拝み，その
エズ 6: 2 アフメタで，<一つ>の巻き物が発見
ヨブ 9: 3 千に<一つ>も答えられまい.
詩篇 27: 4 私は<一つ>のことを主に願った．私
34:20 その<一つ>さえ，砕かれることはな
86:11 私の心を<一つ>にしてください．御
箴言 1:14 われわれみなで<一つ>の財布を持と
エレ 32:39 彼らに<一つ>の心と<一つ>の道を与
ダニ 2:31 あなたは<一つ>の大きな像をご覧に
6:17 <一つ>の石が運ばれて来て，その穴
ホセ 1:11 イスラエルの人々は，<一つ>に集め
アモ 9: 9 <一つ>の石ころも地に落とさない.
ハバ 1: 5 わたしは<一つ>の事をあなたがたの
ゼパ 3: 9 <一つ>になって主に仕える.
ゼカ 3: 9 その<一つ>の石の上に七つの目があ
14: 9 主はただひとり，御名もただ<一つ>
マタ 5:19 戒めのうち最も小さいものの<一つ>
6:29 このような花の<一つ>ほどにも着飾
21:33 もう<一つ>のたとえを聞きなさい.
マコ 6: 5 そこでは何<一つ>力あるわざを行う
10:21 あなたには，欠けたことが<一つ>あ
ルカ 10:42 いや，<一つ>だけです．マリヤはそ
ヨハ 1: 3 …によらずにできたものは<一つ>も
9:25 ただ<一つ>のことだけ知っています.
10:16 <一つ>の群れ，ひとりの牧者となる
30 わたしと父とは<一つ>です.」
11:52 神の子たちを<一つ>に集めるために
17:11 彼らが<一つ>となるためです.
使徒 2: 1 五旬節の日…みなが<一つ>所に集ま
46 毎日，心を<一つ>にして宮に集まり，
4:32 心と思いを<一つ>にして，だれひと
5:12 みなは<一つ>心になってソロモンの
ロマ 12: 4 <一つ>のからだには多くの器官があ
5 キリストにあって<一つ>のからだで
Ⅰコリ 3: 8 植える者と水を注ぐ者は，<一つ>で
6:17 主と交われば，<一つ>霊となるので
9:15 私はこれらの権利を<一つ>も用いま
10:17 パンは<一つ>ですから，私たちは，
多数であっても，<一つ>のからだで
12:12 からだが<一つ>でも，それに多くの
13 <一つ>の御霊を飲む者とされたから
14:10 意味のないことばなど<一つ>もあり
ガラ 3:28 キリスト・イエスにあって，<一つ>
エペ 2:14 二つのものを<一つ>にし，隔ての壁
4: 4 からだは<一つ>，御霊は<一つ>です
…召しのもたらした望みが<一つ>で
5 主は<一つ>，信仰は<一つ>，バプテ
スマは<一つ>です.
6 すべてのものの父なる神は<一つ>で
ピリ 1:27 霊を<一つ>にしてしっかりと立ち，
心を<一つ>にして福音の信仰のため
テト 1:15 不信仰な人々には，何<一つ>きよい
ヘブ 2:11 すべて元は<一つ>です．それで，主
10:14 <一つ>のささげ物によって，永遠に
ヤコ 2:10 律法全体を守っても，<一つ>の点で
Ⅰペテ 3: 8 心を<一つ>にし，同情し合い，兄弟
黙示 21:21 どの門もそれぞれ<一つ>の真珠から

▼ひとつがい（一つがい）

創世 7: 2 動物の中から雄と雌，<一つがい>ず
ルカ 2:24 山ばと<一つがい>，または，家ばと

▼ひとつしょくたく（一つ食卓）

ダニ 11:27 <一つ食卓>につき，まやかしを言う

▼ひとつぶ（一粒）

ヨハ 12:24 <一粒>の麦がもし地に落ちて死なな

▼ひとで（人手）

ダニ 2:34 一つの石が<人手>によらずに切り出

8:25 しかし，<人手>によらずに，彼は砕

マコ 4:28 地は<人手>によらず実をならせるも

▼ひととき（～時，一時）

詩篇 90: 4 夜回りの<ひととき>のようです．

ダニ 12: 7 それは，<ひと時>とふた時と半時である．黙示12:14.

ガラ 2: 5 彼らに<一時>も譲歩しませんでした．

▼ひとにぎり（一握り）

I列 17:12 かめの中に<一握り>の粉と，つぼに

▼ひとのこ（人の子）

民数 23:19 <人の子>ではなく，悔いることがな

申命 32: 8 <人の子>らを，振り当てられたとき，

I列 8:39 すべての<人の子>の心を知っておら

ヨブ 25: 6 虫けらの<人の子>はなおさらである．

詩篇 8: 4 <人の子>とは，何者なのでしょう．

11: 4 そのまぶたは，<人の子>らを調べる．

14: 2 主は天から<人の子>らを見おろして，

21:10 <人の子>らの中から，彼らの子孫を

36: 7 <人の子>らは御翼の陰に身を避けま

45: 2 あなたは<人の子>らにまさって麗し

57: 4 <人の子>らをむさぼり食う者の中で

89:47 すべての<人の子>らをいかにむなし

90: 3 「<人の子>らよ，帰れ．」

144: 3 <人の子>とは何者なのでしょう．あ

箴言 8:31 この世界で楽しみ，<人の子>らを喜

15:11 <人の子>らの心はなおさらのこと．

伝道 2: 3 <人の子>が短い一生の間，天の下で

3:19 <人の子>の結末と獣の結末とは同じ

8:11 <人の子>らの心は悪を行う思いで満

イザ 51:12 草にも等しい<人の子>を恐れるとは．

52:14 その姿も<人の子>らとは違っていた．

エゼ 2: 1 <人の子>よ．立ち上がれ．わたしが

3:17 <人の子>よ．わたしはあなたをイス

14:13 <人の子>よ．国が，不信に不信を重

30:21 <人の子>よ．わたしはエジプトの王

ダニ 7:13 <人の子>のような方が天の雲に乗っ

8:17 悟れ．<人の子>よ．その幻は，終わ

マタ 8:20 <人の子>には枕する所もありません．ルカ9:58.

9: 6 <人の子>が地上で罪を赦す権威を持っていることを．マコ2:10.

10:23 <人の子>が来るときまでに，あなたがたは決してイスラエルの町々を巡

11:19 <人の子>が来て食べたり飲んだりし

12: 8 <人の子>は安息日の主．ルカ6:5.

32 <人の子>に逆らうことばを口にする

40 <人の子>も3日3晩，地の中にいる

13:37 良い種を蒔く者は<人の子>です．

16:13 人々は<人の子>をだれだと言ってい

27 <人の子>は父の栄光を帯びて，御使

28 <人の子>が御国とともに来るのを見

17: 9 <人の子>が死人の中からよみがえる

12 <人の子>もまた…同じように苦しめ

22 <人の子>は，いまに人々の手に渡さ

18:11 <人の子>は，失われている者を救う

20:18 <人の子>は，祭司長，律法学者たち

28 <人の子>が来たのが，仕えられるた

24:27 <人の子>の来るのは，いなずまが東

30 <人の子>のしるしが天に現れます．

37 <人の子>が来るのは…ノアの日のよ

44 <人の子>は，思いがけない時に来る

25:31 <人の子>が，その栄光を帯びて，す

26: 2 <人の子>は十字架につけられるため

24 <人の子>は…去って行きます．しかし，<人の子>を裏切るような人間は

45 <人の子>は罪人たちの手に渡される

64 <人の子>が，力ある方の右の座に着

マコ 8:31 <人の子>は必ず多くの苦しみを受け…捨てられ，殺され．ルカ9:22.

9:31 <人の子>は人々の手に引き渡され…3日の後に，<人の子>はよみがえる

14:21 <人の子>は，自分について書いてあ

ルカ 9:44 <人の子>は，いまに人々の手に渡さ

11:30 <人の子>がこの時代のために，しる

17:22 <人の子>の日を一日でも見たいと願

18: 8 <人の子>が来たとき，はたして地上

31 <人の子>について預言者たちが書い

19:10 <人の子>は，失われた人を捜して救

21:36 <人の子>の前に立つことができるよ

22:48 口づけで，<人の子>を裏切ろうとす

69 <人の子>は，神の大能の右の座に着

ヨハ 1:51 御使いたちが<人の子>の上を上り下

3:13 天から下った者…すなわち<人の子>

14 <人の子>もまた上げられなければな

5:27 子は<人の子>だからです．

6:53 <人の子>の肉を食べ，またその血を

62 <人の子>がもといた所に上るのを見

9:35 「あなたは<人の子>を信じますか．」

12:23 <人の子>が栄光を受けるその時が来
34 <人の子>は上げられなければならな
13:31 今こそ<人の子>は栄光を受けました．
使徒 7:56 天が開けて，<人の子>が神の右に立
ヘブ 2: 6 <人の子>が何者だというので，これ
黙示 1:13 <人の子>のような方が見えた．
14:14 その雲に<人の子>のような方が乗っ

▼ひとばんじゅう（一晩中）

出エ 14:21 主は<一晩中>強い東風で海を退かせ，
士師 16: 2 町の門で<一晩中>，彼を待ち伏せた．
IIサム 12:16 ダビデは…<一晩中>，地に伏してい
ダニ 6:18 王は宮殿に帰り，<一晩中>断食をし

▼ひとみ

申命 32:10 ご自分の<ひとみ>のように，これを
詩篇 17: 8 私を，<ひとみ>のように見守り，御
箴言 7: 2 私のおしえを，あなたの<ひとみ>の
ゼカ 2: 8 わたしの<ひとみ>に触れる者だ．

▼ピトム〔地名〕

エジプトの倉庫の町の一つ．出エ1:11.

▼ひとめ（一目）

民数 4:20 <一目>でも聖なるものを見て死なな

▼ひとめ（人目）

ルカ 11:44 <人目>につかぬ墓のようで，その上

▼ひとゆすり

士師 16:20 からだを<ひとゆすり>してやろう」

▼ひとり，ひとりぼっち【別項】ただひとり，ひとり子・ひとりの子，ひとりひとり

創世 2:18 人が，<ひとり>でいるのは良くない．
3:22 人はわれわれの<ひとり>のようにな
42:11 同じ<ひとり>の人の子で…正直者で
出エ 16:22 <ひとり>当たり２オメルずつ集めた．
民数 16:22 <ひとり>の者が罪を犯せば，全会衆
申命 32:30 <ひとり>が千人を追い，ふたりが万
33:28 新しいぶどう酒の地を<ひとり>で占
ヨシ 23:10 <ひとり>だけで千人を追うことがで
ヨブ 33:23 千人に<ひとり>の代言者がおり，そ
34:29 一つの国民にも，<ひとり>の人にも
詩篇 14: 3 善を行う者はいない．<ひとり>もい
伝道 4: 9 ふたりは<ひとり>よりもまさってい
10 倒れるとき，<ひとり>がその仲間を起こす…<ひとりぼっち>の人はかわ
12 <ひとり>なら，打ち負かされても，
9:15 貧しい<ひとり>の知恵ある者がいて，
イザ 4: 1 ７人の女が<ひとり>の男にすがりつ
9: 6 <ひとり>のみどりごが，私たちのために生まれる．<ひとり>の男の子が，
51: 2 わたしが彼<ひとり>を呼び出し，わ
63: 3 わたしは<ひとり>で酒ぶねを踏んだ．
エレ 50:42 <ひとり>のように陣ぞなえをして，
哀歌 3:28 <ひとり>黙ってすわっているがよい．
エゼ 34:23 彼らを牧する<ひとり>の牧者，わた
37:22 <ひとり>の王が彼ら全体の王となる．
ダニ 8:13 もう<ひとり>の聖なる者が，その語
10: 5 <ひとり>の人がいて，亜麻布の衣を
ホセ 8: 9 彼らは，<ひとりぼっち>の野ろばで，
ゼカ 5: 7 エパ枡の中に<ひとり>の女がすわっ
マタ 9:18 <ひとり>の会堂管理者が来て，ひれ
10:42 この小さい者たちの<ひとり>に，水
14:23 祈るために，<ひとり>で山に登られ
16:14 また預言者の<ひとり>だとも言って
18: 5 このような子どもの<ひとり>を，わ
6 この小さい者たちの<ひとり>にでも
19:17 良い方は，<ひとり>だけです．もし，
20:21 <ひとり>はあなたの右に，<ひとり>は左にすわれるようにおことばを下
22:11 礼服を着ていない者が<ひとり>いた．
23:15 改宗者を<ひとり>つくるのに，海と
24:22 <ひとり>として救われる者はないで
40 <ひとり>は取られ，<ひとり>は残さ
26:21 あなたがたのうち<ひとり>が，わたしを裏切ります．ヨハ13:21.
51 イエスといっしょにいた者の<ひとり>が…剣を抜き．マコ14:47.
マコ 2: 7 神お<ひとり>のほか，だれが罪を赦
12:42 <ひとり>の貧しいやもめが来て，レ
ルカ 9: 8 昔の預言者の<ひとり>がよみがえっ
18 イエスが<ひとり>で祈っておられた
15: 7 <ひとり>の罪人が悔い改めるなら，
19 雇い人の<ひとり>にしてください．」
ヨハ 4:37 <ひとり>が種を蒔き，ほかの者が刈
6:39 わたしが<ひとり>も失うことなく，
70 しかしそのうちの<ひとり>は悪魔で
8:16 わたし<ひとり>ではなく，わたしと
41 私たちには<ひとり>の父，神があり
10:16 一つの群れ，<ひとり>の牧者となる
11:50 <ひとり>の人が民の代わりに死んで，
12: 4 弟子の<ひとり>で，イエスを裏切ろ
16:32 わたしを<ひとり>残す時が来ます…しかし，わたしは<ひとり>ではあり

18:14 <ひとり>の人が民に代わって死ぬこ
26 大祭司のしもべの<ひとり>で，ペテ
39 <ひとり>の者を釈放するのがならわ
19:34 兵士のうちの<ひとり>がイエスのわ
20:12 <ひとり>は頭のところに，<ひとり>は足のところに，白い衣をまとって
使徒 4:34 彼らの中には，<ひとり>も乏しい者
17:26 神は，<ひとり>の人からすべての国
27:22 いのちを失う者は<ひとり>もありま
ロマ 3:10 義人はいない．<ひとり>もいない．
12 善を行う人はいない．<ひとり>もい
20 だれ<ひとり>神の前に義と認められ
5:12 <ひとり>の人によって罪が世界に入
15 <ひとり>の違反によって多くの人が死んだとすれば…<ひとり>の人イエ
16 賜物には，罪を犯した<ひとり>によ
17 <ひとり>によって死が支配するよう
18 <ひとり>の違反によってすべての人が罪に定められた…<ひとり>の義の
19 <ひとり>の人の不従順によって多く
IIコリ 5:14 <ひとり>の人がすべての人のために死んだ以上，すべての人が死んだの
11: 2 <ひとり>の人の花嫁に定め，キリス
ガラ 2:16 義と認められる者は，<ひとり>もい
3:16 アブラハムとその<ひとり>の子孫に…<ひとり>をさして，「あなたの子
4:22 <ひとり>は女奴隷から，<ひとり>は自由の女から生まれた，と書かれて
エペ 2:15 新しい<ひとり>の人に造り上げて，
Iテモ 3: 2 <ひとり>の妻の夫であり，自分を制
12 執事は，<ひとり>の妻の夫であって，
ヤコ 2:19 あなたは，神はお<ひとり>だと信じ
IIペテ 3: 9 <ひとり>でも滅びることを望まず，

▼ひとりご（～子），ひとりの子

創世 22: 2 <ひとり子>イサクを連れて，モリヤ
士師 11:34 彼女は<ひとり子>であって，エフタ
箴言 4: 3 おとなしい<ひとり子>であったとき，
エレ 6:26 <ひとり子>のために苦しみ嘆いて，
アモ 8:10 その日を，<ひとり子>を失ったとき
ゼカ 12:10 <ひとり子>を失って嘆くように，そ
ヨハ 1:14 <ひとり子>としての栄光である．こ
18 <ひとり子>の神が，神を説き明かさ
3:16 神は，実に，その<ひとり子>をお与
18 神の<ひとり子>の御名を信じなかっ
ヘブ 11:17 自分のただ<ひとりの子>をささげた
Iヨハ 4: 9 神はその<ひとり子>を世に遣わし，

▼ひとりでに

使徒 12:10 門が<ひとりでに>開いた．そこで，

▼ひとりひとり

民数 1: 2 男子の名を<ひとりひとり>数えて人
ルカ 4:40 <ひとりひとり>に手を置いて，いや
ヨハ 6:39 <ひとりひとり>を終わりの日によみ
8: 9 <ひとりひとり>出て行き，イエスが
使徒 20:31 <ひとりひとり>を訓戒し続けて来た
ロマ 12: 5 <ひとりひとり>互いに器官なのです．
15: 2 <ひとりひとり>，隣人を喜ばせ，そ
Iコリ 7: 7 <ひとりひとり>神から与えられたそ
12:27 <ひとりひとり>は各器官なのです．
エペ 4: 7 <ひとりひとり>，キリストの賜物の．
コロ 4: 6 <ひとりひとり>に対する答え方がわ
IIテサ 1: 3 <ひとりひとり>に相互の愛が増し加
黙示 2:23 行いに応じて<ひとりひとり>に報い

▼ひとりむすこ（～息子）

ルカ 7:12 <ひとり息子>が，死んでかつぎ出さ

▼ひとりむすめ（～娘）

ルカ 8:42 12歳ぐらいの<ひとり娘>がいて，死

▼ピトン〔人名〕

サウル王の子孫．I歴8:35，9:41．

▼ひな

創世 15: 9 山鳩とその<ひな>を持って来なさい．
申命 22: 6 母鳥が<ひな>…を抱いているなら，
32:11 鷲が…<ひな>の上を舞いかけり，翼
ヨブ 39:30 その<ひな>は血を吸い，殺されたも
詩篇 84: 3 つばめも，<ひな>を入れる巣，あな
マタ 23:37 めんどりが<ひな>を翼の下に集める
ルカ 2:24 家ばとの<ひな>２羽」と定められた
13:34 めんどりが<ひな>を翼の下にかばう

▼ひながた（～型）

I歴 28:18 ケルビムの車の<ひな型>の金のこと
ロマ 5:14 アダムはきたるべき方の<ひな型>で

▼ひなん（非難）

創世 34:14 私たちにとっては<非難>の的ですか
民数 12: 1 クシュ人の女のことで彼を<非難>し
21: 7 主とあなたを<非難>して罪を犯しま
ネヘ 5: 7 代表者たちを<非難>して言った．
ヨブ 40: 2 <非難>する者が全能者と争おうとす
詩篇 31:11 敵対するすべての者から，<非難>さ
使徒 11: 2 割礼を受けた者たちは，彼を<非難>
28:22 至る所で<非難>があることを私たち
IIコリ 8:20 だれからも<非難>されることがない

ガラ 2:11 彼に<非難>すべきことがあったので,
ピリ 1:10 キリストの日には純真で<非難>され
2:15 <非難>されるところのない純真な者
3: 6 <非難>されるところのない者です.
Ⅰテモ 3: 2 <非難>されるところがなく，ひとり
5:12 初めの誓いを捨てたという<非難>を
テト 2: 8 <非難>すべきところのない，健全な

▼ひなん（避難）
Ⅰサム 22: 1 アドラムのほら穴に<避難し>た．彼

▼びなんし（美男子）
創世 39: 6 ヨセフは体格も良く，<美男子>であ

▼ピニクス〔地名〕
クレテ島南西岸の港町．使徒27:12.

▼ひによるささげもの（火によるささげ物）
出エ 29:18 主への<火によるささげ物>である．レビ1:9，民数15:3，申命18:1.
ヨシ 13:14 <火によるささげ物>…彼らの相続地
Ⅰサム 2:28 <火によるささげ物>を…父の家に与

▼ひにん（否認）
Ⅰヨハ 2:22 御父と御子を<否認>する者，それが反キリストです．23.

▼ビヌア〔人名〕
サウル王の子孫．Ⅰ歴8:37，9:43.

▼ビヌイ
1. 人名.
(1)捕囚期後のレビ人ノアデヤの父．エズ8:33.
(2)城壁を修理した人．ネヘ3:24，10:9.
(3)異邦人の女をめとった者の一人．エズ10:30.
(4)捕囚帰還のレビ人．ネヘ12:8.
2. ビヌイ族.
(1)異邦人の女をめとった者の一族．エズ10:38.
(2)捕囚帰還氏族．バニ族(1)と同じ．ネヘ7:15.

▼ピネハス〔人名〕
(1)アロンの孫とその一族．出エ6:25，民数25:7，11，31:6，ヨシ22:13，31，24:33，士師20:28，Ⅰ歴6:4，50，9:20，エズ8:2，詩篇106:30.
(2)祭司エリの子．Ⅰサム1:3，2:34，4:4，11，19，14:3.
(3)祭司エルアザルの父．エズ8:33.

▼ひねる
レビ 1:15 その頭を<ひね>り裂き．5:8.

▼ひのいけ（火の池）
黙示 19:20 硫黄の燃えている<火の池>に，生き
20:14 死とハデスとは，<火の池>に投げ込

▼ひのうま（火の馬）
Ⅱ列 2:11 火の戦車と<火の馬>とが現れ，この
6:17 <火の馬>と戦車がエリシャを取り巻

▼ひのき（檜）
イザ 41:19 すずかけ，<檜>も共に植える.
エゼ 27: 6 キティムの島々の<檜>に象牙をはめ

▼ひのせんしゃ（火の戦車）
Ⅱ列 2:11 <火の戦車>と火の馬とが現れ，この

▼ひので（日の出）
ルカ 1:78 <日の出>がいと高き所からわれらを

▼ひのでる（日の出る）
ゼカ 8: 7 <日の出る>地と日の入る地から救い,
マラ 1:11 <日の出る>所から，その沈む所まで,
黙示 7: 2 御使いが…<日の出る>ほうから上っ

▼ひのはしら（火の柱）
出エ 13:21 <火の柱>の中にいて，彼らの前を進
22 夜はこの<火の柱>が民の前から離れ
民数 14:14 夜は<火の柱>のうちにあって，彼ら
ネヘ 9:12 夜は<火の柱>によって彼らにその行
19 夜には<火の柱>が彼らの行くべき道
黙示 10: 1 その足は<火の柱>のようであった.

▼ひのひかり（日の光）
イザ 30:26 月の光は<日の光>のようになり，<日の光>は7倍になって，七つの<日の光>のようになる.
使徒 13:11 しばらくの間，<日の光>を見ること

▼ヒノムのたに（～谷）
エルサレムの南側にある谷．ヨシ15:8，18:16，ネヘ11:30.

▼ピノン〔人名〕
エドム人の首長．創世36:41，Ⅰ歴1:52.

▼ひばち（火鉢）
ゼカ 12: 6 たきぎの中にある<火鉢>のようにし,

▼ひばな（火花）
ヨブ 5: 7 <火花>が上に飛ぶように.
41:19 たいまつが燃え出し，<火花>を散ら
イザ 1:31 そのわざは<火花>になり，その二つ

▼ピ・ハヒロテ〔地名〕
イスラエルの宿営地．出エ14:2，9，民数33:7.

▼ひび（日々）
Ⅱ列 25:30 <日々>の分をいつも王から支給され
Ⅰ歴 29:15 地上での私たちの<日々>は影のよう
ヨブ 7: 6 私の<日々>は機の杼よりも速く，望
9:25 私の<日々>は飛脚よりも速い．それ

詩篇 68:19 <日々>，私たちのために，重荷をに
エレ 52:34 <日々>の分をいつもバビロンの王か
ルカ 9:23 自分を捨て，<日々>自分の十字架を
IIコリ 4:16 内なる人は<日々>新たにされていま
IIコリ 11:28 <日々>私に押しかかるすべての教会
ヘブ 3:13 <日々>互いに励まし合って，だれも
Iペテ 3:10 幸いな<日々>を過ごしたいと思う者

▼ひびき（響き），響く

詩篇 18:13 主は天に雷鳴を<響>かせ，いと高き
19: 4 その呼び声は全地に<響>き渡り，そ
イザ 48:20 地の果てにまで<響>き渡らせよ．
エゼ 26:10 戦車の<響き>に，おまえの城壁は震
ゼパ 1:10 丘からは大いなる破滅の<響き>が起
マタ 24:31 人の子は大きなラッパの<響き>とと
使徒 2: 2 激しい風が吹いて来るような<響き>
が起こり…家全体に<響>き渡った．
Iテサ 1: 8 アカヤに<響>き渡っただけでなく，
4:16 神のラッパの<響き>のうちに，ご自
ヘブ 12:19 ラッパの<響き>，ことばのとどろき

▼ヒビじん（〜人）

カナンの先住民族．創世10:17，34:2，36:2，出エ3:8，17，13:5，23:23，28，33:2，34:11，ヨシ9:1，7，11:19，24:11，士師3:3，IIサム24:7，I列9:20，I歴1:15，II歴8:7．

▼ひひょう（批評）

コロ 2:16 あなたがたを<批評>させてはなりま

▼ひふ（皮膚）

レビ 13: 2 <皮膚>に…<皮膚>にツァラアトの
3 祭司は…<皮膚>の患部を調べる…か
らだの<皮膚>よりも深く見えている
ヨブ 30:30 私の<皮膚>は黒ずんではげ落ち，骨
エレ 13:23 クシュ人がその<皮膚>を，ひょうが
哀歌 4: 8 彼らの<皮膚>は干からびて骨につき，
エゼ 37: 6 わたしが…筋をつけ…<皮膚>でおお

▼ピ・ベセテ〔地名〕

エジプト第22王朝の首都．エゼ30:17．

▼ひまどる（暇取る）

ルカ 1:21 神殿であまり<暇取る>ので不思議に

▼ひみつ（秘密）

士師 5:16 ルベンの支族の間では，心の<秘密>
詩篇 44:21 神は心の<秘密>を知っておられるか
箴言 11:13 歩き回って人を中傷する者は<秘密>
を漏らす．しかし真実な心．20:19．
25: 9 隣人と争っても，他人の<秘密>を漏
エゼ 28: 3 どんな<秘密>もあなたに隠されてい
ダニ 2:18 この<秘密>について，天の神のあわ
28 天に<秘密>をあらわすひとりの神が
ダニ 2:47 あなたがこの<秘密>をあらわすこと
Iコリ 14:25 心の<秘密>があらわにされます．そ
IIテサ 2: 7 不法の<秘密>はすでに働いています．

▼ピム〔度量衡〕

重量の単位．Iサム13:21．

▼ビムハル〔人名〕

アシェル族ヤフレテの子．I歴7:33．

▼ひめごと（秘めごと，秘め事）

詩篇 90: 8 私たちの<秘めごと>を御顔の光の中
イザ 48: 6 あなたの知らない<秘め事>をあなた

▼ヒメナオ〔人名〕

信仰を捨てた人．Iテモ1:20，IIテモ2:17．

▼ひめる（秘める）

ヨブ 10:13 これらのことを御心に<秘め>ておら
箴言 11:13 真実な心の人は事を<秘める>．
ダニ 8:26 あなたはこの幻を<秘め>ておけ．こ
黙示 1:20 その<秘め>られた意味を言えば，七
17: 5 その額には，意味の<秘め>られた名

▼ひめん（罷免）

I列 2:27 主の祭司の職から<罷免>した．シロ

▼ひも【別項】くつ（の）ひも

創世 38:18 あなたの印形と<ひも>と，あなたが
ヨシ 2:18 窓に，この赤い<ひも>を結びつけて
I列 7:15 <ひも>で測って12キュビトであった．
伝道 12: 6 銀の<ひも>は切れ，金の器は打ち砕
エゼ 40: 3 その手に麻の<ひも>と測りざおとを

▼ひもじい

マコ 2:25 食物がなくて<ひもじ>かったとき，
ダビデが何を．マタ12:3，ルカ6:3．

▼ひや（火矢）

詩篇 76: 3 神は弓につがえる<火矢>，盾と剣，
エペ 6:16 悪い者が放つ<火矢>を，みな消すこ

▼100さい（100歳）

創世 17:17 <100歳>の者に子どもが生まれよう
イザ 65:20 <100歳>で死ぬ者は若かったとされ，
<100歳>にならないで死ぬ者は，の
ロマ 4:19 アブラハムは，およそ<100歳>にな

▼110さい（110歳）

創世 50:26 ヨセフは<110歳>で死んだ．彼らは
ヨシ 24:29 ヌンの子ヨシュアは<110歳>で死ん

▼びゃくだん

I列 10:12 王はこの<びゃくだん>の木材で，主
II歴 2: 8 <びゃくだん>の木材をレバノンから

▼120さい（120歳）
申命 34: 7　モーセが死んだときは<120歳>であ

▼ひゃくにんたいちょう（百人隊長）
マタ　8: 5　<百人隊長>がみもとに来て，懇願して．ルカ7:2.
27:54　<百人隊長>および彼といっしょにイ
マコ 15:39　<百人隊長>は，イエスがこのように
45　<百人隊長>からそうと確かめてから，
ルカ 23:47　この出来事を見た<百人隊長>は，神
使徒 10: 1　イタリヤ隊という部隊の<百人隊長>
22　<百人隊長>コルネリオという正しい
21:32　<百人隊長>たちとを率いて，彼らの
27: 1　ユリアスという親衛隊の<百人隊長>
43　<百人隊長>は，パウロをあくまでも

▼100ばい（100倍）
創世 26:12　イサクは…その年に<100倍>の収穫
マタ 13: 8　種は良い地に落ちて，あるものは<100倍>．マコ4:8，ルカ8:8.
マコ 10:30　その<100倍>を受けない者はありま

▼ヒヤシンスせき（～石）
出エ 28:19　第3列は<ヒヤシンス石>．39:12.

▼ひやす（冷やす）
ルカ 16:24　私の舌を<冷やす>ように，ラザロを

▼100ぴき（100匹）
マタ 18:12　もし，だれかが<100匹>の羊を持っていて，そのうちの1匹．ルカ15:4.

▼ひやといにん（日雇い人）
レビ 19:13　<日雇い人>の賃金を朝まで，あなた

▼ひゆ（比喩）
箴言　1: 6　これは箴言と，<比喩>と，知恵のあ
ガラ　4:24　このことには<比喩>があります．こ
ヘブ　9: 9　この幕屋はその当時のための<比喩>

▼ひよう（費用）
Ⅱサム 24:24　<費用>もかけずに，私の神，主に，
Ⅰ歴 21:24　<費用>もかけずに全焼のいけにえを
エズ　6: 4　その<費用>は王家から支払う．
ルカ 10:35　もっと<費用>がかかったら，私が帰
14:28　その<費用>を計算しない者が，あな
Ⅰコリ　9: 7　いったい自分の<費用>で兵士になる

▼ひょう
イザ 11: 6　<ひょう>は子やぎとともに伏し，子
エレ 13:23　<ひょう>がその斑点を，変えること
ダニ　7: 6　<ひょう>のようなほかの獣が現れた．
ホセ 13: 7　道ばたで待ち伏せする<ひょう>のよ
ハバ　1: 8　その馬は，<ひょう>よりも速く，日
黙示 13: 2　私の見たその獣は，<ひょう>に似て

▼ひょう（雹）
出エ　9:18　激しい<雹>をわたしは降らせる．
ヨシ 10:11　<雹>の石で死んだ者のほうが多かっ
ヨブ 38:22　<雹>の倉を見たことがあるか．
詩 148: 8　火よ．<雹>よ．雪よ．煙よ．みこと
イザ 28:17　<雹>は，まやかしの避け所を一掃し，
ハガ　2:17　手がけた物をことごとく<雹>で打っ
黙示　8: 7　血の混じった<雹>と火とが現れ，地
16:21　1タラントほどの大きな<雹>が，人

▼ひょうか（評価）
レビ　5:15　あなたが<評価>したものを取って，
27: 2　人身<評価>にしたがって主に特別な
8　祭司が彼の<評価>をする．祭司は誓
12　祭司があなたのために<評価>したと
民数 18:16　聖所のシェケルの<評価>によって銀
ヨブ 28:13　人はその<評価>ができない．それは
箴言 24:12　人の心を<評価>する方は，それを見
Ⅱコリ 12: 6　人が私を過大に<評価>するといけな

▼びょうき（病気）
出エ 15:26　エジプトに下したような<病気>を何
申命　7:15　すべての<病気>をあなたから取り除
29:22　外国人は…<病気>を見て，言うであ
Ⅱサム 12:15　打たれたので，その子は<病気>にな
Ⅰ列 15:23　彼は年をとったとき，足の<病気>に
17:17　この家の主婦の息子が<病気>になっ
Ⅱ列　8: 8　私のこの<病気>が直るかどうか，あ
20: 1　ヒゼキヤは<病気>になって死にかか
12　ヒゼキヤが<病気>だったことを聞い
Ⅱ歴 21:15　内臓の<病気>で大病をわずらい，日
ネヘ　2: 2　あなたは<病気>でもなさそうなのに，
伝道　5:17　多くの苦痛，<病気>，そして怒り．
イザ 33:24　だれも「私は<病気>だ」とは言わず，
38: 9　ヒゼキヤが，<病気>になって，その<病気>から回復したときにしるした
エゼ 34: 4　<病気>のものをいやさず，傷ついた
ダニ　8:27　ダニエルは，幾日かの間，<病気>に
マラ　1: 8　足のなえたものや<病気>のものをさ
マタ　4:23　民の中のあらゆる<病気>…を直され
マタ　4:24　<病気>や痛みに苦しむ病人，悪霊に
25:43　<病気>のときや牢にいたときにもた
マコ　3:10　<病気>に悩む人たちがみな，イエス
ルカ　4:40　いろいろな<病気>で弱っている者を
6:18　<病気>を直していただくために来た
7: 2　ひとりのしもべが，<病気>で死にか

9: 1 <病気>を直すための，力と権威とを
13:12 「あなたの<病気>はいやされました．
ヨハ 4:46 カペナウムに<病気>の息子がいる王
5: 5 38年もの間，<病気>にかかっている
11: 3 あなたが愛しておられる者が<病気>
4 この<病気>は死で終わるだけのもの
使徒 19:12 その<病気>は去り，悪霊は出て行っ
ピリ 2:26 自分の<病気>のことがあなたがたに
Iテモ 5:23 たびたび起こる<病気>のためにも，
6: 4 ことばの争いをしたりする<病気>に
IIテモ 4:20 トロピモは<病気>のためにミレトに
ヤコ 5:14 あなたがたのうちに<病気>の人がい

▼びょうく（病苦）
箴言 18:14 人の心は<病苦>をも忍ぶ．しかし，

▼ひょうちゅう（標柱）
エレ 31:21 あなたは自分のために<標柱>を立て，

▼びょうどう（平等）
IIコリ 8:13 私は…<平等>を図っているのです．

▼びょうにん（病人）
マタ 4:24 病気や痛みに苦しむ<病人>，悪霊に
9:12 丈夫な者ではなく，<病人>です．
マコ 6:13 大ぜいの<病人>に油を塗っていやし
56 人々は<病人>たちを広場に寝かせ，
16:18 <病人>に手を置けば<病人>はいやさ
ルカ 5:31 医者を必要とするのは…<病人>です．
ヨハ 5: 3 大ぜいの<病人>，盲人，足のなえた
6: 2 イエスが<病人>たちになさっていた
使徒 4: 9 <病人>に行った良いわざについてで
5:15 人々は<病人>を大通りへ運び出し，
19:12 前掛けをはずして<病人>に当てると，
Iコリ 11:30 弱い者や<病人>が多くなり，死んだ

▼ひょうばん（評判）
マコ 1:28 イエスの<評判>は，すぐに，ガリラ
ルカ 4:14 その<評判>が回り一帯に，くまなく
使徒 6: 3 <評判>の良い人たち７人を選びなさ
22:12 ユダヤ人全体の間で<評判>の良いア
Iテモ 3: 7 教会外の人々にも<評判>の良い人で

▼ヒラ〔人名〕
族長ユダの友人．アドラム人．創世38:1，12．

▼ひらく（開く），開ける
創世 3: 5 それを食べるその時…目が<開>け，
7 ふたりの目は<開>かれ…裸であるこ
4:11 その土地は口を<開>いてあなたの手
8: 6 自分の造った箱舟の窓を<開>き，
21:19 神がハガルの目を<開>かれたので，
44:11 おのおのその袋を<開>いた．
民数 16:30 地がその口を<開>き…のみこみ，彼
22:28 主はろばの口を<開>かれたので，ろ
24: 3 目の<ひら>けた者の告げたことば．
申命 28:12 その恵みの倉，天を<開>き，時にか
士師 11:35 主に向かって口を<開>いたのだから
36 主に対して口を<開>かれたのです．
Iサム 9:15 サムエルの耳を<開>いて仰せられた．
I列 8:52 御目を<開>き，彼らがあなたに叫び
II列 4:35 ７回くしゃみをして目を<開>いた．
6:17 彼の目を<開>いて，見えるようにし
19:16 御目を<開>いてご覧ください．生け
ネヘ 1: 6 あなたの目を<開>いて…祈りを聞い
ヨブ 33:16 神はその人たちの耳を<開>き，この
35:16 ヨブはいたずらに口を大きく<開>き，
詩篇 5: 9 彼らののどは，<開>いた墓で，彼ら
22:13 彼らは…その口を<開>きました．引
35:21 彼らは…大きく口を<開>き，「あは
40: 6 あなたは私の耳を<開>いてください
51:15 私のくちびるを<開>いてください．
105:41 主が岩を<開>かれると，水がほとば
118:19 義の門よ．私のために<開>け．私は
119:18 私の目を<開>いてください．私が，
130 みことばの戸が<開く>と，光が差し
145:16 あなたは御手を<開>き，すべての生
箴言 13: 3 くちびるを大きく<開く>者には滅び
20:13 目を<開>け．そうすればパンに飽き
24: 7 門のところで，口を<開く>ことがで
31: 8 不幸な人の訴えのために，口を<開>
イザ 10:14 くちばしを大きく<開く>者も，さえ
22:22 彼が<開く>と，閉じる者はなく，彼
24:18 天の窓が<開>かれ，地の基が震える
35: 5 目の見えない者の目は<開>き，耳の
42: 7 見えない目を<開>き，囚人を牢獄か
45: 8 地よ．<開>いて救いを実らせよ．正
48: 8 あなたの耳は<開>かれていなかった．
50: 5 私の耳を<開>かれた．私は逆らわず，
53: 7 雌羊のように，彼は口を<開>かない．
57: 4 口を大きく<開>いて，舌を出すのか．
60:11 あなたの門はいつも<開>かれ，昼も
エレ 5:16 その矢筒は<開>いた墓のようだ．彼
哀歌 2:16 敵は…大きく口を<開>いて，あざけ
3:46 私たちに向かって口を大きく<開>き，
エゼ 1: 1 天が<開>け，私は神々しい幻を見た．
エゼ 2: 8 あなたの口を大きく<開>いて，わた

24:27　のがれて来た者に口を<開>いて言え.
37:12　わたしはあなたがたの墓を<開>き,
ゼカ 12: 4　ユダの家の上に目を<開>き, 国々の
13: 1　汚れをきよめる一つの泉が<開>かれ
マラ 3:10　天の窓を<開>き, あふれるばかりの
マタ 3:16　天が<開>け, 神の御霊が鳩のように
7: 7　たたきなさい. そうすれば<開>かれ
13:35　たとえ話をもって口を<開>き, 世の
27:52　墓が<開>いて, 眠っていた多くの聖
マコ 7:34　エパタ」すなわち,「<開>け」と言
ルカ 1:64　彼の口が<開>け, 舌は解け, ものが
2:23　母の胎を<開く>男子の初子は, すべ
4:17　その書を<開>いて, こう書いてある
24:31　彼らの目が<開>かれ, イエスだとわ
45　聖書を悟らせるために…心を<開>い
ヨハ 1:51　天が<開>けて, 神の御使いたちが人
10: 3　門番は彼のために<開>き, 羊はその
使徒 5:19　主の使いが牢の戸を<開>き, 彼らを
7:56　天が<開>けて, 人の子が神の右に立
8:32　小羊のように, 彼は口を<開>かなか
10:11　天が<開>けており, 大きな敷布のよ
12:10　門がひとりでに<開>いた. そこで,
14:27　異邦人に信仰の門を<開>いてくださ
16:14　主は彼女の心を<開>いて, パウロの
26:18　彼らの目を<開>いて, 暗やみから光
ロマ 3:13　彼らののどは, <開>いた墓であり,
Iコリ 16: 9　働きのための広い門が…<開>かれて
IIコリ 2:12　主は私のために門を<開>いてくださ
7: 2　私たちに対して心を<開>いてくださ
エペ 6:19　私が口を<開く>とき, 語るべきこと
コロ 4: 3　神がみことばのために門を<開>いて
Iテサ 3:11　私たちの道を<開>いて, あなたがた
黙示 3: 7　彼が<開く>とだれも閉じる者がなく,
8　門を, あなたの前に<開>いておいた.
4: 1　見よ. 天に一つの<開>いた門があっ
9: 2　その星が, 底知れぬ穴を<開く>と,
10: 2　その手には<開>かれた小さな巻き物
13: 6　彼はその口を<開>いて, 神に対する
15: 5　あかしの幕屋の聖所が<開>いた.
20:12　数々の書物が<開>かれた. また, 別

▼ひらざら (平皿)

I列 7:50　鉢, <平皿>, 火皿を純金で作った.

▼ひらて (平手)

マタ 26:67　イエスを<平手>で打って,
マコ 14:65　イエスを受け取って, <平手>で打っ
ヨハ 18:22　役人のひとりが…<平手>でイエスを
19: 3　イエスの顔を<平手>で打った.

▼ピラト〔人名〕

ローマ総督. ポンテオ・ピラトと同人. マタ27:2, 13, 17, 18, 19, 22, 23, 24, 26, 58, 62, 65, マコ15:1, ルカ13:1, 23:1, 12, ヨハ18:29, 30, 31, 33, 35, 37, 38, 19:1, 4, 5, 6, 10, 12, 13, 14, 15, 16, 19, 21, 22, 31, 38, 使徒3:13, 13:28.

▼ひらなべ (平なべ)

レビ 2: 5　<平なべ>の上で焼いた穀物のささげ
IIサム 13: 9　彼女は<平なべ>を取り, 彼の前に甘

▼ヒラム〔人名〕

(1)ツロの王. フラム(2)と同人. IIサム5:11, I列5:1, 2, 7, 8, 10, 11, 12, 18, 9:11, 12, 14, 27, 10:11, 22, I歴14:1.
(2)ツロの熟練工. フラム(3)と同人. I列7:13, 40, 45.

▼ひらめき, ひらめく

詩篇 29: 7　主の声は, 火の炎を, <ひらめ>かせ
ナホ 3: 3　剣のきらめき. 槍の<ひらめき>. お
マタ 24:27　いなずまが…西に<ひらめく>ように,
ルカ 17:24　いなずまが, <ひらめ>いて, 天の端

▼ピリピ〔地名〕

マケドニヤの主要都市. 使徒16:12, 20:6, ピリ1:1, 4:15, Iテサ2:2.

▼ピリポ〔人名〕

(1)12使徒の一人. マタ10:3, マコ3:18, ルカ6:14, ヨハ1:43, 44, 46, 48, 6:5, 6, 7, 12:21, 22, 14:8, 9, 使徒1:13.
(2)伝道者. 使徒6:5, 8:5, 12, 26, 40, 21:8.
(3)ヘロデ・ピリポ. マタ14:3, マコ6:17.
(4)イツリヤとテラコニテ地方の国主. ルカ3:1.

▼ピリポ・カイザリヤ〔地名〕

ヘルモン山南麓の町. マタ16:13, マコ8:27.

▼ひる (昼), 昼間【別項】真昼

創世 1: 5　神は光を<昼>と名づけ, やみを夜と
14　光る物が…<昼>と夜とを区別せよ.
8:22　<昼>と夜とは, やむことはない.」
出エ 13:21　<昼>は, 途上の彼らを導くため, 雲
22　<昼>はこの雲の柱, 夜はこの火の柱
民数 9:21　<昼>でも, 夜でも, 雲が上れば, 彼
申命 1:33　夜は火のうち, <昼>は雲のうちにあ
ヨシ 1: 8　<昼>も夜もそれを口ずさまなければ
Iサム 25:16　<昼>も夜も…私たちのために城壁と

Ⅱ歴 6:20 <昼>も夜も御目を開いていてくださ
ネヘ 1:6 <昼>も夜も御前に祈り，私たちがあ
9:3 <昼>の４分の１は…律法の書を朗読
ヨブ 5:14 <昼間>にやみに会い，真昼に，夜の
24:16 <昼間>は閉じこもって光を知らない．
詩篇 1:2 <昼>も夜もそのおしえを口ずさむ．
19:2 <昼>は<昼>へ，話を伝え，夜は夜へ，
32:4 御手が<昼>も夜も私の上に重くのし
42:3 私の涙は，<昼>も夜も，私の食べ物
8 <昼>には，主が恵みを施し，夜には，
74:16 <昼>はあなたのもの，夜もまたあな
121:6 <昼>も，日が，あなたを打つことが
136:8 <昼>を治める太陽を造られた方に．
139:12 夜は<昼>のように明るいのです．暗
伝道 8:16 <昼>も夜も眠らずに，地上で行われ
イザ 4:5 <昼>は雲，夜は煙と燃える火の輝き
27:3 夜も<昼>もこれを見守っている．
60:11 門は…<昼>も夜も閉じられない．国
19 太陽がもうあなたの<昼>の光とはな
62:6 <昼>の間も，夜の間も，彼らは決し
エレ 14:17 私の目は夜も<昼>も涙を流して，や
15:9 彼女の太陽は，まだ<昼>のうちに没
33:20 <昼>と結んだわたしの契約と…<昼>
と夜とが定まった時に来ないように
25 もしわたしが<昼>と夜とに契約を結
哀歌 2:18 <昼>も夜も，川のように涙を流せ．
ホセ 4:5 あなたは<昼>つまずき，預言者もま
アモ 5:8 暗黒を朝に変え，<昼>を暗い夜にし，
ミカ 3:6 <昼>も彼らの上で暗くなる．
ゼカ 14:7 <昼>も夜もない．夕暮れ時に，光が
ルカ 2:37 夜も<昼>も，断食と祈りをもって神
21:37 <昼>は宮で教え，夜はいつも外に出
ヨハ 9:4 わたしは…わざを，<昼>の間に行わ
11:9 <昼間>は12時間あるでしょう．だれ
でも，<昼間>歩けば，つまずくこと
使徒 20:31 私が３年の間，夜も<昼>も，涙とと
ロマ 13:12 夜はふけて，<昼>が近づきました．
13 <昼間>らしい，正しい生き方をしよ
Ⅰテサ 5:5 光の子ども，<昼>の子どもだからで
8 私たちは<昼>の者なので，信仰と愛
Ⅱペテ 2:13 彼らは<昼>のうちから飲み騒ぐこと
黙示 4:8 彼らは，<昼>も夜も絶え間なく叫び
7:15 聖所で<昼>も夜も，神に仕えている

▼ひる（蛭）
箴言 30:15 <蛭>にはふたりの娘がいて，「くれ

▼ピルアトン
1. 地名．エフライムの町．士師12:15.
2. ピルアトン人．1.の出身者．士師12:13, 15, Ⅱサム23:30, Ⅰ歴11:31, 27:14.

▼ピルアム〔人名〕
ヤルムテの王．エモリ人．ヨシ10:3.

▼ビルガ
1. 人名．
(1)ダビデ時代の祭司．第15組の長．Ⅰ歴24:14.
(2)捕囚から帰還した祭司．ネヘ12:5.
2. ビルガ族．シャムア(4)の出身氏族．ネヘ12:18.

▼ビルガイ〔人名〕
ネヘミヤ時代の祭司．盟約調印者．ネヘ10:8.

ひ

▼ひるがえす（翻す）
Ⅰ列 18:37 あなたが彼らの心を<翻>してくださ
ヨブ 9:13 神は怒りを<翻>さない．ラハブを助
23:13 だれがそれを<翻す>ことができよう
エレ 34:11 彼らは，そのあとで心を<翻>した．
16 あなたがたは心を<翻>して，わたし

▼ヒルキヤ〔人名〕
(1)レビ人．メラリ族アムツィの子．Ⅰ歴6:45.
(2)ダビデ時代のレビ人．ホサの子．Ⅰ歴26:11.
(3)ヒゼキヤの宮内長官エルヤキムの父．Ⅱ列18:18, 26, 37, イザ22:20, 36:3, 22.
(4)預言者エレミヤの父．エレ1:1.
(5)ゲマルヤの父．エレミヤと同時代．エレ29:3.
(6)ヨシヤ王時代の大祭司．Ⅱ列23:4, Ⅱ歴34:14.
(7)捕囚帰還祭司と彼の子孫．ネヘ12:7, 21.
(8)律法朗読時，エズラの右に立った者．ネヘ8:4.

▼ビルザイテ〔人名〕
アシェル族マルキエルの子．Ⅰ歴7:31.

▼ビルシャ〔人名〕
族長時代のゴモラの王．創世14:2.

▼ビルシャン〔人名〕
捕囚帰還の指導者の一人．エズ2:2, ネヘ7:7.

▼ピルタイ〔人名〕
祭司．モアデヤ族のかしら．ネヘ12:17.

▼ピルダシュ〔人名〕
アブラハムのおい．リベカのおじ．創世22:22.

▼ビルダデ〔人名〕
ヨブの３人の友人の一人．シュアハ人．ヨブ2:11, 8:1, 18:1, 25:1, 42:9.

▼ひるね（昼寝）

IIサム 4: 5 イシュ・ボシェテは<昼寝>をしてい

▼ビルハ

1.地名．シメオンの町．バアラ1.(2)，バラと同地．I歴4:29．

2.人名．ヤコブのそばめ．創世29:29，30:3，4，5，7，35:22，25，46:25，I歴7:13．

▼ピルハ〔人名〕

律法遵守の盟約に調印した人．ネヘ10:24．

▼ビルハン〔人名〕

(1)ホリ人セイルの子孫．創世36:27，I歴1:42．

(2)ベニヤミン族エディアエルの子．I歴7:10．

▼ひれ

レビ 11: 9 <ひれ>とうろこを持つものはすべて，食べてもよい．10，12，申命14:9．

▼ヒレズ〔地名〕

レビ人の町．ホロン(1)と同地．I歴6:58．

▼ピレト〔人名〕

教会から除名された人．IIテモ2:17．

▼ひれふす（～伏す）

創世 17: 3 アブラムは，<ひれ伏>した．神は彼
18: 2 3人の人…地に<ひれ伏>して礼をし
50:18 兄弟たちも…彼の前に<ひれ伏>して
民数 14: 5 全集会の集まっている前で<ひれ伏>
16: 4 モーセはこれを聞いて<ひれ伏>した．
22 ふたりは<ひれ伏>して言った．45．
24: 4 <ひれ伏>して，目のおおいを除かれ
申命 9:18 40日40夜，主の前に<ひれ伏>して，
ヨシ 7: 6 夕方まで地に<ひれ伏>し，自分たち
士師 13:20 マノアとその妻…は地に<ひれ伏>し
ルツ 2:10 彼女は顔を伏せ，地面に<ひれ伏>し
Iサム 20:41 ダビデは…地に<ひれ伏>し，3度礼
25:24 彼女はダビデの足もとに<ひれ伏>し
28:14 サウルは…地に<ひれ伏>して，おじ
IIサム 9: 6 ダビデのところに来て，<ひれ伏>し
22:40 私に立ち向かう者を…<ひれ伏>させ
I列 1:23 王の前に出て，地に<ひれ伏>して，
18: 7 エリヤだとわかったので，<ひれ伏>
II列 4:37 彼女は…彼の足もとに<ひれ伏>し，
I歴 16:29 飾り物を着けて，主に<ひれ伏>せ．
21:16 荒布で身をおおい，<ひれ伏>した．
II歴 20:18 主の前に<ひれ伏>して主を礼拝し，
エス 3: 2 モルデカイは…<ひれ伏>そうともし
7: 8 長いすの上にハマンが<ひれ伏>して
ヨブ 1:20 ヨブは…地に<ひれ伏>して礼拝し，
詩篇 5: 7 聖なる宮に向かって<ひれ伏>します．
18:39 私に立ち向かう者を…<ひれ伏>させ
29: 2 飾り物を着けて主に<ひれ伏>せ．
詩篇 45:11 夫であるから，彼の前に<ひれ伏>せ．
72:11 すべての王が彼に<ひれ伏>し，すべ
95: 6 私たちは伏し拝み，<ひれ伏>そう．
97: 7 すべての神々よ．主に<ひれ伏>せ．
132: 7 主の足台のもとに<ひれ伏>そう．
イザ 44:15 偶像に仕立てて，これに<ひれ伏す>．
51:23 <ひれ伏>せ．われわれは乗り越えて
60:14 あなたの足もとに<ひれ伏>し，あな
エゼ 1:28 私はこれを見て，<ひれ伏>した．そ
3:23 主の栄光が…現れ…私は<ひれ伏>し
11:13 私は<ひれ伏>し，大声で叫んで言っ
43: 3 幻のようでもあった…私は<ひれ伏>
ダニ 2:46 ネブカデネザル王は<ひれ伏>してダ
8:17 私は恐れて，<ひれ伏>した．すると
ミカ 6: 6 いと高き神の前に<ひれ伏>そうか．
マタ 2:11 幼子を見，<ひれ伏>して拝んだ．そ
4: 9 もし<ひれ伏>して私を拝むなら，こ
8: 2 みもとに来て，<ひれ伏>して言った．
17: 6 この声を聞くと，<ひれ伏>して非常
18:26 このしもべは，主人の前に<ひれ伏>
マコ 5:22 ヤイロという者が…<ひれ伏>し，
ルカ 5:12 ツァラアトの人が…<ひれ伏>してお
ヨハ 11:32 マリヤは…その足もとに<ひれ伏>し
使徒 16:29 看守は…震えながら<ひれ伏>した．
Iコリ 14:25 <ひれ伏>して神を拝むでしょう．
黙示 3: 9 あなたの足もとに来て<ひれ伏>させ，
5: 8 小羊の前に<ひれ伏>した．この香は
11:16 24人の長老たちも，地に<ひれ伏>し，
15: 4 国々の民は来て…御前に<ひれ伏>し
22: 8 御使いの足もとに，<ひれ伏>して拝

▼ピレモン〔人名〕

ピレモンへの手紙の受取人．ピレ1．

▼ヒレル〔人名〕

士師アブドンの父．士師12:13，15．

▼ひろい（広い），広々【別項】広やか

創世 34:21 この地は彼らが来ても十分<広い>か
出エ 3: 8 その地から，<広い>良い地，乳と蜜
申命 12:20 あなたの領土を<広>くされるなら，
IIサム 22:20 主は，私を<広い>所に連れ出し，私
I列 4:29 海辺の砂浜のように<広い>心とを与
I歴 4:40 その土地は<広々>としていて，静か
ネヘ 7: 4 この町は<広々>としていて大きかっ

ひ

ヨブ 11: 9 地よりも長く，海よりも<広い>.
詩篇 18:19 主は私を<広い>所に連れ出し，私を
31: 8 私の足を<広い>所に立たせてくださ
119:32 あなたが，私の心を<広>くしてくだ
96 あなたの仰せは，すばらしく<広い>
イザ 30:23 家畜の群れは，<広々>とした牧場で
エレ 22:14 私は自分のために，<広い>家，ゆっ
ホセ 4:16 彼らを<広い>所にいる子羊のように
ハバ 1: 6 占領しようと，地を<広>く行き巡る.
マタ 7:13 その道は<広い>からです．そして，
IIコリ 6:11 私たちの心は<広>く開かれています.

▼ ひろう（拾う）

ルツ 2: 2 落ち穂を<拾>い集めたいのです.」
7 落ち穂を<拾>い集めさせてください
Iサム 20:38 その子どもは矢を<拾>って，主人ヨ
I列 17:10 たきぎを<拾>い集めているひとりの
II列 2:13 エリヤの…外套を<拾>い上げ，引き
使徒 7:21 パロの娘が<拾>い上げ，自分の子と

▼ ひろうえん（披露宴）

マタ 22: 2 王子のために結婚の<披露宴>を設け
ルカ 14: 8 婚礼の<披露宴>に招かれたときには，

▼ ひろがる（広がる）

レビ 13: 5 患部が皮膚に<広が>っていないなら，
I列 6:27 ケルビムの翼は<広が>って，一つの
詩 104:25 そこには大きく，広く<広がる>海が
使徒 4:17 これ以上民の間に<広が>らないため

▼ ひろげる（広げる）

創世 9:27 神がヤペテを<広げ>，セムの天幕に
出エ 34:24 あなたの国境を<広げる>ので，あな
40:19 幕屋の上に天幕を<広げ>，その上に
申命 19: 8 あなたの領土を<広げ>，先祖たちに
32:11 翼を<広げ>てこれを取り，羽を載せ
IIサム 17:19 井戸の口の上に<広げ>，その上に麦
II列 19:14 手紙を…主の前に<広げ>た.
I歴 4:10 私の地境を<広げ>てくださいますよ
II歴 3:13 ケルビムの翼は，<広げ>られており，
ヨブ 12:23 国々を<広げ>，また，これを連れ去
詩 104: 2 天を，幕のように<広げ>ておられま
105:39 主は，雲を<広げ>て仕切りの幕とし，
イザ 8: 8 インマヌエル．その<広げ>た翼はあ
26:15 この国のすべての境を<広げ>られま
40:22 これを天幕のように<広げ>て住まわ
54: 2 あなたの天幕の場所を<広げ>，あな
エレ 49:22 ボツラの上に翼を<広げる>．その日，
エゼ 1:11 彼らの翼は上方に<広げ>られ，それ
16: 8 衣のすそをあなたの上に<広げ>，あ
アモ 1:13 自分たちの領土を<広げる>ために，
ミカ 7:11 その日，国境が<広げ>られる.
ハバ 2: 5 彼はよみのようにのどを<広げ>，死
IIコリ 10:15 私たちの働きが<広げ>られることを

▼ ひろさ（広さ）

ヨブ 38:18 あなたは地の<広さ>を見きわめたこ
エペ 3:18 その<広さ>，長さ，高さ，深さがど

▼ ひろば（広場）

創世 19: 2 わたしたちは<広場>に泊まろう.」
申命 13:16 すべての略奪物を<広場>の中央に集
士師 19:20 ただ<広場>では夜を過ごさないでく
ネヘ 8: 1 水の門の前の<広場>に集まって来た.
ヨブ 29: 7 私のすわる所を<広場>に設けた.
箴言 1:20 知恵は…<広場>でその声をあげ，
雅歌 3: 2 通りや<広場>で，私の愛している人
イザ 59:14 真理は<広場>でつまずき，正直は中
エレ 5: 1 その<広場>で捜して，だれか公義を
哀歌 2:11 幼子や…が都の<広場>で衰え果てて
エゼ 16:24 どこの<広場>にも高台を造り，
ダニ 9:25 再び<広場>とほりが建て直される.
アモ 5:16 すべての<広場>に嘆きが起こり，す
ナホ 2: 4 戦車は…<広場>を駆け巡る．その有
ゼカ 8: 4 エルサレムの<広場>には…年寄りに
マタ 23: 7 <広場>であいさつされたり，人から
マコ 6:56 人々は病人たちを<広場>に寝かせ，
ルカ 20:46 <広場>であいさつされたりすること
使徒 17:17 <広場>では毎日そこに居合わせた人

▼ ひろま（広間）【別項】柱の広間

Iサム 9:22 サウルとその若い者を<広間>に連れ
ルカ 22:12 席が整っている2階の大<広間>を見

▼ ひろまる（広まる），広める

箴言 15: 7 知恵のある者…は知識を<広める>.
イザ 42:21 みおしえを<広め>，これを輝かすこ
ルカ 5:15 イエスのうわさは…<広ま>り，多く
使徒 5:28 あなたがたの教えを<広め>てしまい，
6: 7 神のことばは，ますます<広ま>って
19:20 主のことばは驚くほど<広ま>り，ま
ピリ 1: 5 福音を<広める>ことにあずかって来
4: 3 福音を<広める>ことで私に協力して

▼ ひろやか（広やか）

詩 119:45 私は<広やか>に歩いて行くでしょう.

▼ ヒン〔度量衡〕

出エ 29:40 上質のオリーブ油4分の1<ヒン>を
レビ 19:36 正しい<ヒン>を使わなければならな

▼びん

レビ 19:27 頭の<びん>の毛をそり落としてはな

▼びん

エレ 19: 1 土の焼き物の<びん>を買い，民の長

▼ひんせい（品性）

ロマ 5: 4 忍耐が練られた<品性>を生み出し，

▼びんぼう（貧乏），貧乏

箴言 10: 4 無精者の手は人を<貧乏>にし，勤勉

13:18 <貧乏>と恥とは訓戒を無視する者に

ふ

▼プア〔人名〕

(1)エジプト在住のヘブル人助産婦．出エ1:15．

(2)イッサカルの第２子．プワ族の祖．Ⅰ歴7:1．

▼ふあん（不安）

詩篇 38:18 私の罪で私は<不安>になっています．

箴言 12:25 心に<不安>のある人は沈み，親切な

使徒 17: 8 群衆と町の役人たちとを<不安>に陥

▼ふい（不意）

ダニ 8:25 <不意>に多くの人を滅ぼし，君の君

11:21 <不意>にやって来て，巧言を使って

▼ふいご

エレ 6:29 <ふいご>で激しく吹いて，鉛を火で

▼ふいちょう（吹聴）

箴言 14: 5 偽りの証人はまやかしを<吹聴>する．

20: 6 多くの人は自分の親切を<吹聴>する．

▼フィベ〔人名〕

ケンクレヤ教会の執事だった女性．ロマ16:1．

▼フィラデルフィヤ〔地名〕

小アジヤ西部の町．黙示1:11，3:7．

▼フィロロゴ〔人名〕

パウロがあいさつしたキリスト者．ロマ16:15．

▼ふういん（封印）

雅歌 8: 6 私を<封印>のようにあなたの心臓の上に，<封印>のようにあなたの腕に

エレ 32:11 <封印>された購入証書と．14．

ダニ 6:17 穴の口に…王は…<封印>し，ダニエ

マタ 27:66 石に<封印>をし，番兵が墓の番をし

黙示 5: 1 巻き物が…七つの<封印>で封じられ

6: 1 小羊が七つの<封印>の一つを解いた

8: 1 小羊が第７の<封印>を解いたとき，

20: 3 底知れぬ所…に<封印>して，千年の

▼ふうしゅう（風習）

出エ 23:24 彼らの<風習>にならってはならない．

レビ 18: 3 彼らの<風習>に従って歩んではなら

レビ 18:30 忌みきらうべき<風習>を決して行わ

20:23 追い出そうとしている国民の<風習>

Ⅱ列 17: 8 異邦人の<風習>…に従って歩んだか

使徒 16:21 実行もしてはならない<風習>を宣伝

▼ふうじる（封じる），封ずる

ヨブ 9: 7 星もまた<封じ>込められる．

14:17 そむきの罪を袋の中に<封じ>込め，

37: 7 神はすべての人の手を<封じ>込める．

詩篇 35: 3 私に追い迫る者を<封じ>てください．

63:11 偽りを言う者の口は<封じ>られるか

雅歌 4:12 私の妹，花嫁は…<封じ>られた泉．

イザ 8:16 弟子たちの心のうちに<封>ぜよ.」

29:11 すべての幻が，<封じ>られた書物の

ダニ 12: 4 終わりの時まで…この書を<封じ>て

Ⅱコリ 11:10 この誇りが<封じ>られることは決し

テト 1:11 彼らの口を<封じ>なければいけませ

Ⅰペテ 2:15 愚かな人々の無知の口を<封じる>こ

黙示 5: 1 巻き物が…七つの封印で<封じ>られ

10: 4 七つの雷が言ったことは<封じ>て，

22:10 この書の預言のことばを<封じ>ては

▼ふえ（笛）

創世 4:21 <笛>を巧みに奏する…者の先祖とな

士師 5:16 なぜ…羊…に<笛>吹くのを聞いてい

Ⅰ列 1:40 民が<笛>を吹き鳴らしながら，大い

ヨブ 21:12 歌い，<笛>の音で楽しむ．

30:31 私の<笛>は泣き悲しむ声となった．

詩 150: 4 緒琴と<笛>とで，神をほめたたえよ．

イザ 5:12 酒宴には…<笛>とぶどう酒がある．

30:29 主の山…に行くために，<笛>に合わ

エレ 48:36 私の心はモアブのために<笛>のよう

マタ 9:23 <笛>吹く者たちや騒いでいる群衆を

11:17 <笛>を吹いてやっても，君たちは踊らなかった．ルカ7:32．

Ⅰコリ 14: 7 <笛>や琴などいのちのない楽器でも，

黙示 18:22 <笛>を吹く者…の声は…聞かれなく

▼フェスト〔人名〕

ユダヤ州の総督．使徒25:1，12，22，26:24，

32.

▼ フェニキヤ〔地名〕

レバノン海岸地帯. 使徒11:19, 15:3, 21:2.

▼ ふえる

創世 1:22 生めよ. <ふえ>よ. 28, 9:1, 7.
6: 1 人が地上に<ふえ>始め, 彼らに娘た
26:22 私たちがこの地で<ふえる>ようにし
28: 3 おまえを<ふえ>させてくださるよう
30:30 わずかだったのが, <ふえ>て多くな
35:11 生めよ. <ふえ>よ. 一つの国民, 諸
47:27 彼らは…非常に<ふえ>た.
創世 48:16 地のまなかで, 豊かに<ふえ>ますよ
出エ 1: 7 イスラエル人は…おびただしく<ふえ>, すこぶる強くなり. 12, 20.
23:30 <ふえ>広がって, この地を相続地と
申命 6: 3 乳と蜜の流れる国で大いに<ふえ>よ
8: 1 そうすれば…生き, その数は<ふえ>,
13 あなたの牛や羊の群れが<ふえ>, 金
ヨブ 1:10 彼の家畜は地に<ふえ>広がっていま
27:14 子どもたちが<ふえ>ても, 剣にかか
詩篇 62:10 富が<ふえ>ても, それに心を留める
107:38 祝福されると, 彼らは大いに<ふえ>,
箴言 28:28 滅びると, 正しい人が<ふえる>.
29: 2 正しい人が<ふえる>と, 民は喜び,
16 悪者が<ふえる>と, そむきの罪も増
伝道 5:11 財産が<ふえる>と, 寄食者も<ふえる>. 持ち主にとって何の益になろ
イザ 54: 3 あなたは右と左に<ふえ>広がり, あ
エゼ 36:11 彼らは<ふえ>, 多くの子を生む. わ
ナホ 3:15 あなたは…いなごのように<ふえ>よ.
使徒 6: 1 弟子たちが<ふえる>につれて, ギリ
7 弟子の数が非常に<ふえ>て行った.
7:17 民はエジプトの中に<ふえ>広がり,
9:31 信者の数が<ふえ>て行った.

▼ ぶか (部下)

Ⅰサム 23: 3 ダビデの<部下>. 24:4, Ⅱサム19:41.
5 ダビデとその<部下>. Ⅱサム5:21.
31: 6 サウルの<部下>たちはみな…死んだ.
使徒 10: 7 側近の<部下>の中の敬虔な兵士ひと

▼ ふかい (深い)

レビ 13: 3 患部が…皮膚よりも<深>く見えてい
Ⅱサム 24:14 主のあわれみは<深い>からです. 人
ヨブ 11: 8 よみよりも<深い>. あなたが何を知
詩篇 7:15 穴を掘って, それを<深>くし, おの
36: 6 あなたのさばきは<深い>海のようで
63: 9 滅んでしまい, 地の<深い>所に行く
64: 6 人の内側のものと心とは, <深い>も
69:16 あなたの恵みはまことに<深い>ので
88: 6 あなたは私を最も<深い>穴に置いて
92: 5 あなたの御計らいは, いとも<深い>
130: 1 <深い>淵から, 私はあなたを呼び求
139:15 私が…地の<深い>所で仕組まれたと
箴言 18: 4 人の口のことばは<深い>水のようだ.
20: 5 人の心にあるはかりごとは<深い>水,
22:14 他国の女の口車は<深い>穴のようだ.
25: 3 天が高く, 地が<深い>ように, 王の
伝道 7:24 今あることは, 遠くて非常に<深い>.
イザ 30:33 トフェテ…は<深>く, 広くされてあ
哀歌 3:55 私は<深い>穴から御名を呼びました.
ダニ 2:22 神は, <深>くて測り知れないことも,
マタ 13: 5 土が<深>くなかったので, すぐに芽
ルカ 6:48 地面を<深>く掘り下げ, 岩の上に土
ヨハ 4:11 井戸は<深い>のです. その生ける水
ロマ 11:33 何と底知れず<深い>ことでしょう.
黙示 2:24 サタンの<深い>ところをまだ知って

▼ ふかさ (深さ)

ヨブ 11: 7 神の<深さ>を見抜くことができよう
ロマ 8:39 <深さ>も…神の愛から…引き離すこ
エペ 3:18 <深さ>がどれほどであるかを理解す

▼ ふかのう (不可能)

創世 18:14 主に<不可能>なことがあろうか. わ
ルカ 1:37 神にとって<不可能>なことは一つも

▼ ふかみ (深み)

出エ 15: 5 彼らは石のように<深み>に下った.
詩篇 71:20 地の<深み>から, 再び私を引き上げ
86:13 よみの<深み>から救い出してくださ
95: 4 地の<深み>は主の御手のうちにあり,
106: 9 主は, 彼らを行かせた. <深み>の底
107:26 彼らは天に上り, <深み>に下り, そ
イザ 7:11 しるしを求めよ. よみの<深み>, あ
63:13 彼らに<深み>の底を歩ませた方は,
エゼ 27:34 おまえとともに海の<深み>に沈んで
ヨナ 2: 3 私を海の真ん中の<深み>に投げ込ま
ミカ 7:19 すべての罪を海の<深み>に投げ入れ
マタ 18: 6 湖の<深み>でおぼれ死んだほうがま
ルカ 5: 4 <深み>に漕ぎ出して, 網をおろして
Ⅰコリ 2:10 すべて…を探り, 神の<深み>にまで

▼ ふかんぜん (不完全)

Ⅰコリ 13:10 完全なものが現れたら, <不完全>な

ふ

▼ ふぎ（不義）
ヨシ 22:17 ペオルで犯した<不義>は，私たちに
20 彼の<不義>によって死んだ者は彼ひ
ヨブ 7:21 どうして…私の<不義>を除かれない
13:23 私の<不義>と罪とはどれほどでしょ
22: 5 あなたの<不義>が果てしないからで
詩篇 39:11 <不義>を責めて人を懲らしめ，その
66:18 心にいだく<不義>があるなら，主は
90: 8 あなたは私たちの<不義>を御前に，
94:23 主は彼らの<不義>をその身に返し，
106: 6 先祖と同じように…<不義>をなし，
43 自分たちの<不義>の中におぼれた．
130: 3 <不義>に目を留められるなら，主よ
8 主は，すべての<不義>から…贖い出
箴言 4:17 <不義>のパンを食べ，暴虐の酒を飲
10: 2 <不義>によって得た財宝は役に立た
イザ 1:13 <不義>…これにわたしは耐えられな
6: 7 あなたの<不義>は取り去られ，あな
10: 1 <不義>のおきてを制定する者，わざ
27: 9 ヤコブの<不義>は赦される．祭壇の
30:13 あなたがたの<不義>は，そそり立つ
43:24 あなたの<不義>で，わたしを煩わせ
59: 6 彼らのわざは<不義>のわざ．7.
エレ 22:13 <不義>によって自分の家を建て，不
哀歌 4:22 主はあなたの<不義>をあばく．
エゼ 3:18 悪者は自分の<不義>のために死ぬ．
19 自分の<不義>のために死ななければ
7:13 自分の<不義>のうちにいながら，奮
16 自分の<不義>のために泣き悲しむ．
19 銀も金も…彼らを<不義>に引き込ん
14: 3 自分たちを<不義>に引き込むものを
4 <不義>に引き込むものを自分の顔の
7 <不義>に引き込むものを顔の前に置
16:49 妹ソドムの<不義>はこうだった．彼
18:30 <不義>に引き込まれることがないよ
21:23 彼らの<不義>を思い出させる．
24 あなたがたの<不義>を思い出させて
28:18 あなたは不正な商いで<不義>を重ね
36:31 自分たちの<不義>と忌みきらうべき
33 すべての<不義>からきよめる日に，
43:10 自分たちの<不義>を恥じるために，
44:12 イスラエルの家を<不義>に引き込ん
ダニ 9:13 私たちは，<不義>から立ち返り，あ
ホセ 5: 5 おのれの<不義>につまずき，ユダも
7: 1 エフライムの<不義>…は，あらわに
8:13 彼らの<不義>を覚え，そ．9:9.
9: 7 ひどい<不義>のため，ひどい憎しみ
10:10 彼らが二つの<不義>のために捕らえ
12: 8 罪となるような<不義>を私にもたら
13:12 エフライムの<不義>はしまい込まれ
14: 1 あなたの<不義>がつまずきのもとで
2 すべての<不義>を赦して，良いもの
ゼカ 3: 4 わたしは，あなたの<不義>を除いた
9 国の<不義>を１日のうちに取り除く
使徒 8:23 苦い胆汁と<不義>のきずなの中にい
ロマ 1:18 <不義>をもって真理をはばんでいる
29 あらゆる<不義>と悪…に満ちた者，
2: 8 真理に従わないで<不義>に従う者に
3: 5 私たちの<不義>が神の義を明らかに
6:13 手足を<不義>の器として罪にささげ
Ⅱテモ 2:19 御名を呼ぶ者は…<不義>を離れよ．」
ヘブ 8:12 彼らの<不義>にあわれみをかけ，も
ヤコ 3: 6 舌は火であり，<不義>の世界です．
Ⅱペテ 2: 9 <不義>な者どもを，さばきの日まで，
13 <不義>の報いとして損害を受けるの
15 <不義>の報酬を愛した…バラムの道

▼ ブキ〔人名〕
(1)ダン族の長．民数34:22.
(2)レビ族アロンの子孫．Ⅰ歴6:5，51，エズ7:4.

▼ ぶき（武器）
Ⅰサム 21: 8 剣も<武器>も持って来なかったので
Ⅱ列 10: 2 <武器>もあなたがたのところにある
Ⅱ歴 23: 7 レビ人は，おのおの<武器>を手にし，
ヨブ 20:24 鉄の<武器>を免れても，青銅の弓が
詩篇 7:13 死の<武器>を構え，矢を燃える矢と
伝道 9:18 知恵は<武器>にまさり，ひとりの罪
イザ 22: 8 おまえは森の宮殿の<武器>に目を向
54:16 <武器>を作り出す職人を創造したの
17 <武器>は，どれも役に立たなくなる．
エレ 50:25 主は…憤りの<武器>を持ち出された．
エゼ 9: 1 破壊する<武器>を手に持って近づい
39: 9 <武器>…を燃やして焼き，７年間，
ダニ 11:13 北の王が…大軍勢と多くの<武器>を
ヨハ 18: 3 ユダは…<武器>を持って，そこに来
Ⅱコリ 6: 7 左右の手に持っている義の<武器>に
10: 4 <武器>は，肉の物ではなく…要塞を

▼ ふきいれる（吹き入れる）
イザ 19:14 よろめく霊を<吹き入れ>られたので，

▼ ふきおこす（吹きおこす）
ヨブ 20:26 人が<吹きおこ>したのではない火が

イザ 54:16 炭火を<吹きおこ>し武器を作り出す

▼ ふきげん（不きげん）

ヨナ 4: 6 ヨナの<不きげん>を直そうとされた.

▼ ふきこむ（吹き込む）

創世 2: 7 鼻にいのちの息を<吹き込>まれた.

▼ ふきさる（吹き去る）

ヨブ 21:18 つむじ風に<吹き去>られるもみがら

37:21 風が<吹き去>るとこれをきよめる.

▼ ふきちらす（吹き散らす）

ヨブ 13:25 <吹き散ら>された木の葉をおどし,

ホセ 13: 3 <吹き散ら>されるもみがらのように,

ゼパ 2: 2 <吹き散ら>されるもみがらのように

▼ ふきつ（不吉）

箴言 15:15 悩む者には毎日が<不吉>の日である

▼ ふきつける（吹きつける）

イザ 40:24 主はそれに風を<吹きつけ>, 彼らは

エゼ 22:20 火を<吹きつけ>て溶かす. 21.

37: 9 殺された者たちに<吹きつけ>て, 彼

黙示 7: 1 風を堅く押さえ…<吹きつけ>ないよ

▼ ふきとばす（吹き飛ばす）

詩篇 1: 4 風が<吹き飛ばす>もみがらのようだ.

イザ 19: 7 みな枯れ, <吹き飛ば>されて何もな

エレ 13:24 荒野の風に<吹き飛ば>されるわらの

ホセ 4:19 風はその翼で彼らを<吹き飛ばす>.

ハガ 1: 9 わたしはそれを<吹き飛ば>した. そ

ユダ 12 風に<吹き飛ば>される, 水のない雲,

▼ ふきとぶ（吹き飛ぶ）

イザ 29: 5 <吹き飛ぶ>もみがらのようになる.

▼ ふきながす（吹き流す）

使徒 27:15 船は…<吹き流>されるままにした.

▼ ふきならす（吹き鳴らす）

レビ 23:24 ラッパを<吹き鳴ら>して記念する聖

民数 10: 5 短く<吹き鳴らす>と…宿営が出発す

7 召集するとき…長く<吹き鳴ら>さな

9 戦いに出る場合…短く<吹き鳴らす>.

ヨシ 6: 4 7度町を回り…角笛を<吹き鳴ら>さ

9 角笛を<吹き鳴らす>祭司たちの先を

士師 7:19 角笛を<吹き鳴ら>し…つぼを打ちこ

詩篇 81: 3 新月と満月に, 角笛を<吹き鳴ら>せ.

イザ 18: 3 角笛が<吹き鳴ら>されるときは聞け.

黙示 8: 7 第1の御使いがラッパを<吹き鳴ら>

▼ ふきはらう（吹き払う）

ヨブ 27:21 彼をそのいる所から<吹き払う>.

詩篇 58: 9 つむじ風で<吹き払>われる.

箴言 21: 6 <吹き払>われる息のようで, 死を求

イザ 41: 2 弓でわらのように<吹き払う>.

ダニ 2:35 風がそれを<吹き払>って, あとかた

IIペテ 2:17 突風に<吹き払>われる霧です. 彼ら

▼ ふきまくる（吹きまくる）

イザ 21: 1 ネゲブに<吹きまくる>つむじ風のよ

使徒 27:20 激しい暴風が<吹きまくる>ので, 私

▼ ふきまわす（吹き回す）

エペ 4:14 教えの風に<吹き回>されたり, 波に

▼ ブキヤ〔人名〕

王の先見者ヘマンの子. 楽人. I歴25:4, 13.

▼ ふきん（付近）

マタ 14:35 <付近>の地域にくまなく知らせ, 病

使徒 5:16 <付近>の町々から, 大ぜいの人が,

14: 6 デルベ…<付近>の地方に難を避け,

▼ ふく

ヨハ 13: 5 弟子たちの足を洗って…<ふ>き始め

▼ ふく（吹く）**【別項】複合動詞**

創世 8: 1 風を<吹>き過ぎさせると, 水は引き

出エ 10:13 終日終夜…東風を<吹>かせた. 朝に

15:10 風を<吹>かせられると, 海は彼らを

民数 10: 8 祭司…がラッパを<吹>かなければな

11:31 主のほうから風が<吹>き, 海の向こ

ヨシ 6:16 7度目に祭司たちが角笛を<吹>いた

箴言 17:14 争いの初めは水が<吹>き出すような

雅歌 4:16 北風よ, 起きよ. 南風よ, <吹>け.

イザ 40: 7 主のいぶきがその上に<吹く>と, 草

59:19 その中で主の息が<吹>きまくってい

マタ 11:17 笛を<吹>いてやっても, 君たちは踊

ヨハ 3: 8 風はその思いのままに<吹>き, あな

使徒 2: 2 天から, 激しい風が<吹>いて来るよ

Iコリ 14: 7 何を<吹>いているのか, 何をひいて

黙示 8: 6 7人の御使いはラッパを<吹く>用意

▼ ふく（服）

創世 38:14 タマルは, やもめの<服>を脱ぎ, べ

II列 6:30 王は…自分の<服>を引き裂いた. 彼

エレ 52:33 彼は囚人の<服>を着替え, その一生

エゼ 44:17 亜麻布の<服>を着なければならない.

ゼパ 1: 8 外国の<服>をまとったすべての者を

ゼカ 3: 3 ヨシュアは, よごれた<服>を着て,

4 彼のよごれた<服>を脱がせよ.」そ

▼ ぶぐ（武具）

申命 1:41 おのおの<武具>を身に帯びて, 向こ

Iサム 8:12 自分のために…<武具>…を作らせる.

17:54 ペリシテ人の…<武具>は彼の天幕に

エレ 21: 4 <武具>を取り返して…町の中に集め,

22: 7 ‹武具›を持つ破壊者たちを準備する.
エゼ 32:27 勇士たちは‹武具›を持ってよみに下
ルカ 11:22 頼みにしていた‹武具›を奪い，分捕
ロマ 13:12 光の‹武具›を着けようではありませ
エペ 6:11 神のすべての‹武具›を身に着け．13.

▼ ふくいん（福音）

マタ 4:23 イエスは…御国の‹福音›を宣べ伝え，
24:14 ‹福音›は全世界に宣べ伝えられて，
26:13 ‹福音›が宣べ伝えられる所なら，この人のした事も語られて．マコ14:9.
マコ 1: 1 イエス・キリストの‹福音›のはじめ.
14 ガリラヤに行き，神の‹福音›を宣べ
15 悔い改めて‹福音›を信じなさい.」
38 そこにも‹福音›を知らせよう．わた
3:14 12弟子…を遣わして‹福音›を宣べさ
8:35 わたしと‹福音›とのためにいのちを
10:29 ‹福音›のために，家…を捨てた者で，
13:10 ‹福音›がまずあらゆる民族に宣べ伝
16:15 すべての造られた者に，‹福音›を宣
ルカ 3:18 ヨハネは…民衆に‹福音›を知らせた.
4:18 貧しい人々に‹福音›を伝えるように
43 ほかの町々にも…‹福音›を宣べ伝え
44 ユダヤの諸会堂で，‹福音›を告げ知
7:22 貧しい者たちに‹福音›が宣べ伝えら
8: 1 ‹福音›を宣べ伝えながら，町や村を
9: 6 12人は…至る所で‹福音›を宣べ伝え，
16:16 神の国の‹福音›は宣べ伝えられ，だ
20: 1 宮で…‹福音›を宣べ伝えておられた
使徒 8:25 サマリヤ人…の村でも‹福音›を．40.
14: 7 そこで‹福音›の宣教を続けた.
15 立ち返るように，‹福音›を宣べ伝え
21 その町で‹福音›を宣べ，多くの人を
15: 7 異邦人が私の口から‹福音›のことば
16:10 神が…招いて…‹福音›を宣べさせる
20:24 神の恵みの‹福音›をあかしする任務
ロマ 1: 1 神の‹福音›のために選び分けられ，
2 この‹福音›は，神がその預言者たち
9 御子の‹福音›を宣べ伝えつつ霊をも
15 ローマに…も，ぜひ‹福音›を伝えた
16 私は‹福音›を恥とは思いません．‹福音›は，ユダヤ人をはじめギリ
2:16 私の‹福音›によれば，神のさばきは，
10:16 すべての人が‹福音›に従ったのでは
11:28 ‹福音›によれば，あなたがたのゆえ
15:16 神の‹福音›をもって，祭司の務めを
19 キリストの‹福音›をくまなく伝えま
20 まだ語られていない所に‹福音›を宣
16:25-26 私の‹福音›とイエス・キリストの宣
Iコリ 1:17 バプテスマ…ではなく，‹福音›を宣
4:15 私が‹福音›によって…生んだのです.
9:12 ‹福音›に少しの妨げも与えまいとし
14 ‹福音›を宣べ伝える者が，‹福音›の働きから生活のささえを得るように
16 ‹福音›を宣べ伝えても…誇りにはなりません…‹福音›を宣べ伝えなかっ
18 ‹福音›を…報酬を求めないで与え，‹福音›の働きによって持つ自分の権
23 すべてのことを，‹福音›のためにしています…私も‹福音›の恵みをとも
15: 1 今…‹福音›を知らせましょう…それによって立っている‹福音›です.
IIコリ 2:12 キリストの‹福音›のためにトロアス
IIコリ 4: 3 私たちの‹福音›におおいが掛かって
4 ‹福音›の光を輝かせないようにして
8:18 ‹福音›の働きによって…称賛されて
9:13 キリストの‹福音›の告白に…従順で
10:14 キリストの‹福音›を携えて…行った
16 向こうの地域にまで‹福音›を宣べ伝
11: 4 異なった‹福音›を受けたりするとき
7 報酬を受けずに神の‹福音›を…宣べ
ガラ 1: 6 ほかの‹福音›に移って行くのに驚い
7 別に‹福音›があるのではありません…‹福音›を変えてしまおうとしてい
9 受けた‹福音›に反することを…宣べ
11 私が宣べ伝えた‹福音›は，人間によ
2: 2 異邦人の間で私の宣べている‹福音›
5 ‹福音›の真理が…常に保たれるため
7 割礼を受けない者への‹福音›をゆだ
14 ‹福音›の真理についてまっすぐに歩
4:13 ‹福音›を伝えたのは，私の肉体が弱
エペ 1:13 真理のことば…救いの‹福音›を聞き，
3: 6 ‹福音›により…異邦人も…相続者と
6:15 足には平和の‹福音›の備えをはきな
19 ‹福音›の奥義を大胆に知らせること
20 ‹福音›のために大使の役を果たして
ピリ 1: 5 ‹福音›を広めることにあずかって来
7 ‹福音›を弁明し立証しているときも，
12 かえって‹福音›を前進させることに
16 私が‹福音›を弁証するために立てら
27 キリストの‹福音›にふさわしく生活

2:22 彼は私といっしょに<福音>に奉仕し
4: 3 <福音>を広めることで私に協力して
15 私が<福音>を宣べ伝え始めたころ，
コロ 1: 5 望み…を，<福音>の真理のことばの
6 この<福音>は…実を結び広がり続け
ています．<福音>はそのようにして
23 <福音>の望みからはずれることなく
…<福音>は，天の下のすべての造ら
Ⅰテサ 1: 5 <福音>が…伝えられたのは…力と聖
2: 2 苦闘の中でも大胆に神の<福音>をあ
4 神に認められて<福音>をゆだねられ
8 <福音>だけではなく…いのちまでも，
9 働きながら…<福音>を…宣べ伝えま
3: 2 キリストの<福音>において神の同労
Ⅱテサ 1: 8 <福音>に従わない人々に報復されま
2:14 <福音>によって…召し…栄光を得さ
Ⅰテモ 1:11 祝福に満ちた神の，栄光の<福音>…
私はその<福音>をゆだねられたので
Ⅱテモ 1: 8 <福音>のために私と苦しみをともに
10 <福音>によって，いのちと不滅を明
11 <福音>のために，宣教者，使徒，ま
2: 8 私の<福音>に言うとおり，ダビデの
9 <福音>のために，苦しみを受け，犯
ピレ 13 <福音>のために獄中にいる間，あな
ヘブ 4: 2 <福音>を説き聞かされていることは，
6 前に<福音>を説き聞かされた人々は，
Ⅰペテ 1:12 聖霊によって…<福音>を語った人々
4: 6 死んだ人々にも<福音>が宣べ伝えら
17 <福音>に従わない人たちの終わりは，
黙示 14: 6 永遠の<福音>を携えていた．

▼ふくしゅう（復讐）

創世 4:15 カインを殺す者は，7倍の<復讐>を
出エ 21:20 その者は必ず<復讐>されなければな
レビ 19:18 <復讐>してはならない．あなたの国
26:25 剣を臨ませ，契約の<復讐>を果たさ
民数 31: 3 ミデヤン人に主の<復讐>をするため
35:12 <復讐>する者から，のがれる所で，
19 血の<復讐>をする者は…殺人者を殺
してもよい．21.
24 その血の<復讐>をする者との間を，
25 血の<復讐>をする者の手から救い出
27 血の<復讐>をする者が…のがれの町
申命 19: 6 血の<復讐>をする者が，憤りの心に
12 血の<復讐>をする者の手に渡さなけ
32:35 <復讐>と報いとは，わたしのもの，
41 わたしは仇に<復讐>をし…報いよう
43 ご自分の仇に<復讐>をなし，ご自分
ヨシ 10:13 敵に<復讐>するまで，日は動かず，
20: 3 血の<復讐>をする者からのがれる場
5 血の<復讐>をする者が…追って来て
9 血の<復讐>をする者の手によって死
士師 11:36 敵アモン人に<復讐>なさったのです
15: 7 私は必ずあなたがたに<復讐>する．
16:28 もう一度ペリシテ人に<復讐>したい
Ⅰサム 14:24 私が敵に<復讐>するまで，食物を食
18:25 ただ王の敵に<復讐>するため，ペリ
25:26 <復讐>なさることをとどめられた主
31 ご主人さま自身で<復讐>されたりし
33 私自身の手で<復讐>しようとしたの
Ⅱサム 4: 8 サウルとその子孫に<復讐>されたの
14:11 血の<復讐>をする者が殺すことをく
22:48 この神は私のために，<復讐>する方．
Ⅱ列 9: 7 主の…しもべたちの血の<復讐>をす
エス 8:13 ユダヤ人が…敵に<復讐>するこの日
詩篇 8: 2 敵と<復讐>する者とをしずめるため
18:47 この神は私のために，<復讐>する方．
58:10 正しい者は，<復讐>を見て喜び，そ
79:10 しもべたちの，流された血の<復讐>
94: 1 <復讐>の神，主よ．<復讐>の神よ．
149: 7 国々に<復讐>し，国民を懲らすため，
箴言 6:34 夫が<復讐>するとき，彼を容赦しな
イザ 1:24 わたしの敵に<復讐>しよう．
34: 8 主の<復讐>の日であり，シオンの訴
47: 3 わたしは<復讐>をする．だれひとり
イザ 61: 2 われわれの神の<復讐>の日を告げ，
63: 4 わたしの心のうちに<復讐>の日があ
エレ 5: 9 このような国に…<復讐>しないだろ
11:20 あなたが彼らに<復讐>するのを私は
15:15 私を追う者たちに<復讐>してくださ
20:10 彼に勝って，<復讐>してやろう」と．
12 あなたが彼らに<復讐>されるのを私
46:10 仇に<復讐>する<復讐>の日．剣は食
50:15 主の<復讐>だ．彼女に<復讐>せよ．
28 主の，<復讐>のこと，その宮の<復
讐>のことを告げ知らせている．
51: 6 主の<復讐>の時，報いを主が返され
11 主の<復讐>，その宮のための<復讐>
エゼ 24: 8 <復讐>するため，その血を裸岩の上
25:12 エドムはユダの家に<復讐>を企て，
14 わたしは…エドムに<復讐>する．わ

15 ペリシテ人は，<復讐>を企て，心の
17 彼らに<復讐>するとき，わたしが主
ヨエ 3:21 わたしは彼らの血の<復讐>をし，罰
ミカ 5:15 聞き従わなかった国々に<復讐>する．
ナホ 1: 2 主は…<復讐>する神．主は<復讐>し，憤る方．主はその仇に<復讐>復讐す
ロマ 12:19 自分で<復讐>してはいけません…<復讐>はわたしのすることである．
ヘブ 10:30 <復讐>はわたしのすることである．
黙示 6:10 血の<復讐>をなさらないのですか．」

▼ ふくじゅう（服従）

士師 4:23 神は…王ヤビンを<服従>させた．
Ⅱ歴 30: 8 主に<服従>しなさい．主がとこしえ
ダニ 7:27 すべての主権は彼らに仕え，<服従>
ルカ 10:17 悪霊どもでさえ，私たちに<服従>し
20 <服従>するからといって，喜んでは
ロマ 6:16 奴隷として<服従>すれば，その<服従>する相手の奴隷であって，ある
17 教えの規準に心から<服従>し，
8: 7 肉の思いは…神の律法に<服従>しません．いや，<服従>できないのです．
20 <服従>させた方によるのであって，
Ⅰコリ 14:32 霊は預言者たちに<服従>するものな
34 妻たちは…<服従>しなさい．
16:16 労しているすべての人たちに<服従>
Ⅱコリ 10: 5 とりこにしてキリストに<服従>させ，
テト 3: 1 支配者たちと権威者たちに<服従>し，
ヘブ 12: 9 霊の父に<服従>して生きるべきでは
13:17 また<服従>しなさい．この人々は神
Ⅰペテ 2:18 尊敬の心を込めて主人に<服従>しな
3: 1 自分の夫に<服従>しなさい．たとい，

▼ ふくそう（服装）

Ⅰ列 10: 5 <服装>…を見て，息も止まるばかり
ヤコ 2: 2 みすぼらしい<服装>をした貧しい人
3 りっぱな<服装>をした人に目を留め

▼ ふくへい（伏兵）

ヨシ 8: 2 町のうしろに<伏兵>を置け．14，21．
士師 20:29 ギブアの回りに<伏兵>を置いた．
Ⅱ歴 13:13 ヤロブアムは<伏兵>を回して，この
20:22 主は<伏兵>を設けて…襲わせたので，
エレ 51:12 番兵を立てよ．<伏兵>を備えよ．主

▼ ふくむ（含む）

ヨハ 19:29 酸いぶどう酒を<含>んだ海綿をヒソ

▼ ふくらむ

マタ 13:33 パン種…全体が<ふくら>んで来ます．
Ⅰコリ 5: 6 パン種が…全体を<ふくら>ませるこ

▼ ふくれる

民数 5:21 あなたの腹を<ふくれ>させ．22，27．
ホセ 7: 4 <ふくれる>まで，火をおこすのをや

▼ ふくろ（袋）

創世 42:25 彼らの銀をめいめいの<袋>に返し，
43:23 神が…<袋>の中に宝を入れてくださ
44: 2 杯を一番年下の者の<袋>の口に．12．
レビ 11:32 <袋>…はみな，水の中に入れなけれ
申命 25:13 <袋>に大小異なる重り石を持ってい
ヨシ 9: 4 古びた<袋>と古びて破れたのに継ぎ
Ⅰサム 9: 7 <袋>には，パンもなくなったし，そ
17:40 石を…羊飼いの使う<袋>，投石袋に
25:29 いのちの<袋>にしまわれており，主
Ⅱ列 12:10 <袋>に入れ…金を計算した．
ヨブ 14:17 そむきの罪を<袋>の中に封じ込め，
雅歌 1:13 乳房の間に宿る没薬の<袋>のようで
ハガ 1: 6 かせいでも，穴のあいた<袋>に入れ
マタ 10:10 旅行用の<袋>も…持たずに行きなさ
ルカ 22:36 しかし，今は…<袋>を持ち，剣のな

▼ ふくろう

レビ 11:17 <ふくろう>，う，みみずく，
詩 102: 6 私は…廃墟の<ふくろう>のようにな

▼ ふくろだたき（袋だたき）

ルカ 20:10 農夫たちは，そのしもべを<袋だたき>にし．マタ21:35，マコ12:3，5．

▼ ふけい（不敬）

Ⅱサム 6: 7 <不敬>の罪のために，彼をその場で

▼ ふけいけん（不敬虔）

ロマ 1:18 <不敬虔>と不正に対して，神の怒り
4: 5 <不敬虔>な者を義と認めてくださる
5: 6 <不敬虔>な者のために死んでくださ
11:26 ヤコブから<不敬虔>を取り払う．
Ⅰテモ 1: 9 律法は…<不敬虔>な罪人，汚らわし
Ⅱテモ 2:16 ますます<不敬虔>に深入りし，
テト 2:12 <不敬虔>とこの世の欲とを捨て，こ
Ⅱペテ 2: 6 <不敬虔>な者へのみせしめとされま
3: 7 <不敬虔>な者どものさばきと滅びと
ユダ 4 <不敬虔>な者であり，私たちの神の
15 <不敬虔>な者たちの，神を恐れずに
18 自分の<不敬虔>な欲望のままにふる

▼ ふけつ（不潔）

イザ 64: 6 私たちの義はみな，<不潔>な着物の
エペ 4:19 あらゆる<不潔>な行いをむさぼるよ

▼ふける
Ⅰペテ 4: 3　忌むべき偶像礼拝などに‹ふけ›った

▼フゲロ〔人名〕
小アジヤのキリスト者．Ⅱテモ1:15．

▼ふこう（不幸）
ヨブ 4: 8　‹不幸›を耕し，害毒を蒔く者が，そ
詩篇10: 8　彼の目は‹不幸›な人をねらっている．
10　‹不幸›な人は，強い者によって砕か
14　‹不幸›な人は，あなたに身をゆだね
伝道 5:14　その富は‹不幸›な出来事で失われ，
イザ24:16　なんと私は‹不幸›なことか．裏切る

▼ふごう（富豪）
ヨブ 1: 3　東の人々の中で一番の‹富豪›であっ

▼フコク〔地名〕
(1)ナフタリの西のタボルの近くの町．ヨシ19:34．
(2)アシェル所領内のレビ人の町．Ⅰ歴6:75．

▼ふこく（布告）
Ⅰ列15:22　アサ王はユダ全土にもれなく‹布告›
21: 9　断食を‹布告›．エズ8:21．
Ⅱ列10:20　バアルのために…集会を…‹布告›し
Ⅱ歴20: 3　ユダ全国に断食を‹布告›した．
エス 9:14　法令がシュシャンで‹布告›され，ハ
エレ36: 9　主の前での断食が‹布告›された．
ダニ 5:29　国の第３の権力者であると‹布告›し
ヨエ 1:14　断食の‹布告›をし，きよめの集会の
アモ 4: 5　進んでささげるささげ物を‹布告›し，
ヨナ 3: 7　次のような‹布告›がニネベに出され

▼ふさ【別項】７ふさ
申命22:12　着物の四隅に，‹ふさ›．民数15:38．
雅歌 7: 7　乳房はぶどうの‹ふさ›のよう．8．
イザ16: 8　支配者たちがその‹ふさ›を打ったか
マタ 9:20　着物の‹ふさ›にさわった．14:36．
23: 5　人に見せるため…衣の‹ふさ›を長く
黙示14:18　地のぶどうの‹ふさ›を刈り集めよ．

▼ふさい（負債）
Ⅰサム22: 2　‹負債›のある者，不満のある者たち
Ⅱ列 4: 7　油を売り，あなたの‹負債›を払いな
ネヘ 5:10　その‹負債›を帳消しにしよう．
10:31　すべての‹負債›を取り立てない．
箴言22:26　他人の‹負債›の保証人となってはな
ロマ 1:14　返さなければならない‹負債›を負っ
ピレ 18　‹負債›を負っているのでしたら，そ

▼ふさぐ
箴言15:13　心に憂いがあれば気は‹ふさぐ›．

▼ふさぐ
創世 2:21　そのところの肉を‹ふさ›がれた．
26:15　すべての井戸…を‹ふさ›いだ．
士師 3:22　脂肪が刃を‹ふさ›いでしまった．エ
Ⅰ列11:27　父ダビデの町の破れ口を‹ふさ›いで
Ⅱ列 3:19　すべての水の源を‹ふさ›ぎ．25．
Ⅱ歴32:30　ギホンの上流の水の源を‹ふさ›いで，
イザ44:18　目は固く‹ふさ›がって見ることもできず，彼らの心も‹ふさ›がって悟る
哀歌 3: 9　切り石で…私の通り道を‹ふさ›いだ．
ダニ 6:22　獅子の口を‹ふさ›いでくださったの
ゼカ 7:11　耳を‹ふさ›いで聞き入れなかった．
マコ 4: 7　いばらが伸びて，それを‹ふさ›いで
19　欲望が…みことばを‹ふさぐ›ので，
ルカ 8:14　快楽によって‹ふさ›がれて，実が熟
13: 7　何のために土地を‹ふさ›いでいるの
ロマ 3:19　すべての口が‹ふさ›がれて，全世界
ヘブ11:33　獅子の口を‹ふさ›ぎ，

▼ふさわしい
詩篇33: 1　心の直ぐな人たちに‹ふさわしい›．
93: 5　聖…があなたの家には‹ふさわしい›
箴言19:10　ぜいたくな暮らしは‹ふさわし›くな
26: 1　誉れが愚かな者に‹ふさわし›くない
ダニ 1: 4　王の宮廷に仕えるに‹ふさわしい›者
マタ 3: 8　悔い改めに‹ふさわしい›実を結びな
15　わたしたちに‹ふさわしい›のです．」
10:13　‹ふさわしい›家なら，その平安はき
37　わたしに‹ふさわしい›者ではありま
22: 8　それに‹ふさわし›くなかった．
ルカ 9:62　…見る者は，神の国に‹ふさわし›く
20:35　復活するのに‹ふさわしい›，と認め
使徒13:46　永遠のいのちに‹ふさわし›くない者
26:20　悔い改めに‹ふさわしい›行いをする
ロマ16: 2　聖徒に‹ふさわしい›しかたで…歓迎
Ⅰコリ11:13　神に祈るのは，‹ふさわしい›ことで
27　‹ふさわし›くないままでパンを食べ，
14:35　妻にとっては‹ふさわし›くないこと
Ⅱコリ11:15　最後はそのしわざに‹ふさわしい›も
エペ 4: 1　その召しに‹ふさわし›く歩みなさい．
16　その力量に‹ふさわし›く働く力によ
5: 3　聖徒に‹ふさわし›く，不品行も，ど
ピリ 1:27　福音に‹ふさわし›く生活しなさい．
コロ 3:18　主にある者に‹ふさわし›く，夫に従
Ⅰテサ 2:12　神に‹ふさわし›く歩むように勧めを
Ⅱテサ 1: 5　神の国に‹ふさわしい›者とするため，

11 お召しに<ふさわしい>者にし，また
Ⅰテモ 5:17 二重に尊敬を受けるに<ふさわしい>
テト 2: 1 健全な教えに<ふさわしい>ことを話
ヘブ 2:10 …方として，<ふさわしい>ことであ
3: 3 栄光を受けるのに<ふさわしい>とさ
11:38 この世は彼らに<ふさわしい>所では
Ⅲヨハ 6 神に<ふさわしい>しかたで彼らを次
黙示 3: 4 彼らはそれに<ふさわしい>者だから
4:11 力とを受けるに<ふさわしい>方です．
5: 2 封印を解くのに<ふさわしい>者．9．
12 賛美を受けるに<ふさわしい>方です．

▼ふし（不死）
Ⅰコリ 15:53 死ぬものは，必ず<不死>を着．54．

▼ブジ〔人名〕
預言者エゼキエルの父．エゼ1:3．

▼ぶじ（無事），ご無事
創世 28:21 <無事>に父の家に帰らせてくださり，
37:14 兄さんたち…が<無事>であるかを見
ヨシ 10:21 民はみな<無事>にマケダの陣営のヨ
士師 8: 9 <無事>に帰って来たら，このやぐら
Ⅰサム 20:13 あなたを<無事>に逃がしてあげなか
24:19 <無事>にその敵を去らせるであろう
Ⅱサム 18:29 若者アブシャロムは<無事>か」と聞
19:24 王が…<無事>に帰って来た日まで，
Ⅰ列 22:17 家に<無事>に帰さなければならない．
Ⅱ列 4:26 お子さんは<無事>ですか』と言いな
エズ 8:21 道中の<無事>を神に願い求めるため
エレ 43:12 エジプトの国をつぶし…<無事>に去
ルカ 15:27 <無事>な姿をお迎えしたというので，
使徒 16:36 ここを出て，<ご無事>に行ってくだ
23:24 パウロを乗せて<無事>に総督ペリク
27:44 彼らはみな，<無事に>陸に上がった．

▼ふしおがむ（伏し拝む）
創世 19: 1 ロトは…顔を地につけて<伏し拝>ん
27:29 国民はおまえを<伏し拝>み，おまえ
42: 6 兄弟たちは…彼を<伏し拝>んだ．
48:12 ヨセフは…<伏し拝>んだ．
49: 8 父の子らはあなたを<伏し拝む>．
出エ 24: 1 遠く離れて<伏し拝>め．
32: 8 鋳物の子牛を造り，それを<伏し拝>
34: 8 モーセは急いで…<伏し拝>んで，
ヨシ 5:14 ヨシュアは…<伏し拝>み，彼に言っ
Ⅱ歴 24:17 つかさたちが…王を<伏し拝>んだ．
25:14 神々を持ち帰り…<伏し拝>み…香を
ネヘ 9: 6 天の軍勢はあなたを<伏し拝>んでお
詩篇 22:27 国々の民もみな…御前で<伏し拝>み
29 地の裕福な者もみな…<伏し拝>み，
66: 4 全地はあなたを<伏し拝>み，あなた
86: 9 すべての国々は…<伏し拝>み，あな
95: 6 来たれ．私たちは<伏し拝>み，ひれ
イザ 49:23 顔を地につけて，あなたを<伏し拝>

▼ふしぎ（不思議）
出エ 3:20 あらゆる<不思議>で，エジプトを打
4:21 あなたの手に授けた<不思議>を，こ
7: 9 パロが…<不思議>を行え』と言うと
申命 13: 1 あなたに何かのしるしや<不思議>を
34:11 しるしと<不思議>を行わせるためで
ヨシ 3: 5 あす，主が…<不思議>を行われるか
士師 13:18 わたしの名は<不思議>という．19．
ヨブ 37:16 知識を持つ方の<不思議>なみわざを．
42: 3 自分でも知りえない<不思議>を．
詩 118:23 私たちの目には<不思議>なことであ
136: 4 大いなる<不思議>を行われる方に．
139: 6 あまりにも<不思議>，あまりにも高
箴言 30:18 私にとって<不思議>なことが三つあ
イザ 8:18 しるしとなり，<不思議>となってい
9: 6 その名は「<不思議>な助言者，力あ
25: 1 遠い昔からの<不思議>なご計画を，
29:14 民に再び<不思議>なこと，驚き怪し
エレ 32:20 今日まで…しるしと<不思議>を行わ
ヨエ 2:26 <不思議>なことをしてくださったあ
30 天と地に，<不思議>なしるしを現す．
ゼカ 8: 6 残りの者の目に<不思議>に見えても，
わたしの目に…<不思議>に見えるだ
マタ 21:42 私たちの目には，<不思議>なことで
24:24 大きなしるしや<不思議>なことをし
マコ 13:22 惑わそうと…<不思議>なことをして
ルカ 1:21 あまり暇取るので<不思議>に思った．
24:41 まだ信じられず，<不思議>がってい
ヨハ 3: 7 <不思議>に思ってはなりません．
4:27 話しておられるのを<不思議>に思っ
48 <不思議>を見ないかぎり…信じない．
使徒 2:19 上は天に<不思議>なわざを示し，下
22 力あるわざと<不思議>としるしを行
4:30 しるしと<不思議>なわざを行わせて
5:12 多くのしるしと<不思議>なわざが人
6: 8 すばらしい<不思議>なわざとしるし
7:36 40年間荒野で，<不思議>なわざとし
14: 3 彼らの手にしるしと<不思議>なわざ
15:12 <不思議>なわざについて話すのに，

ロマ 15:19 <不思議>をなす力により…成し遂げ
IIテサ 2: 9 偽りの力，しるし，<不思議>がそれ
ヘブ 2: 4 しるしと<不思議>…によってあかし
Iペテ 4: 4 放蕩に走らないので<不思議>に思い，

▼ ふしぜん（不自然）
ロマ 1:26 女は自然の用を<不自然>なものに代

▼ ふしちょう（不死鳥）
ヨブ 29:18 <不死鳥>のように，私は日をふやそ

▼ ふじつ（不実）
レビ 5:15 人が<不実>なことを行い，あやまっ
6: 2 <不実>なことを行うなら，すなわち
26:40 わたしに<不実>なことを行い，わた

▼ ふしど
II歴 16:14 香油や香料に満ちた<ふしど>に彼を
ヨブ 7:13 私の<ふしど>が私を慰め，私の寝床
詩篇 6: 6 私の涙で…私の<ふしど>を押し流し

▼ フシム〔人名〕
(1)ダンの子．シュハム族の祖．創世46:23．
(2)ベニヤミン族アヘルの子．I歴7:12．
(3)ベニヤミン族シャハライムの妻．I歴8:8，11．

▼ フシャ
1. 人名．ユダ族エタムの子孫．I歴4:4．
2. フシャ人．1. の子孫かユダの町フシャの出身者．IIサム21:18，23:27，I歴11:29，20:4．

▼ フシャイ〔人名〕
(1)アルキ人の高官．王の友．IIサム15:32，37，16:16，18，17:5，6，7，8，14，15，I歴27:33．
(2)ソロモンの守護バアナの父．I列4:16．

▼ フシャム〔人名〕
テマン人．エドムの王．創世36:34，I歴1:45．

▼ ふじゆう（不自由）
IIサム 4: 4 ヨナタンに，足の<不自由>な子がひ
テト 3:13 <不自由>しないように世話をしてあ

▼ ふじゅうじゅん（不従順）
ロマ 5:19 ひとりの人の<不従順>によって多く
10:21 <不従順>で反抗する民に対して，わ
11:30 彼らの<不従順>のゆえに，あわれみ
32 すべての人を<不従順>のうちに閉じ
IIコリ 10: 6 あらゆる<不従順>を罰する用意がで
エペ 2: 2 <不従順>の子らの中に働いている霊
5: 6 神の怒りは<不従順>な子らに下るの
テト 1:16 <不従順>で，どんな良いわざにも不
3: 3 以前は，愚かな者であり，<不従順>
ヘブ 2: 2 すべての違反と<不従順>が当然の処
4:11 <不従順>の例にならって落後する者
11:31 <不従順>な人たちといっしょに滅び

▼ ふじゅん（不純）
Iテサ 2: 3 迷いや<不純>な心から出ているもの

▼ ぶしょう（無精）
箴言 10: 4 <無精>者の手は人を貧乏にし，勤勉
12:24 <無精>者は苦役に服する．27．

▼ ぶじょく（侮辱）
申命 27:16 父や母を<侮辱>する者はのろわれる．
Iサム 20:34 父がダビデを<侮辱>したので，ダビ
II列 19: 3 きょうは…<侮辱>の日．イザ37:3．
ネヘ 4: 5 彼らは建て直す者たちを<侮辱>した
9:18 子牛を造り…ひどい<侮辱>を加えた
26 預言者たちを殺し，ひどい<侮辱>を
ヨブ 20: 3 私の<侮辱>となる訓戒を聞いて，私
詩篇 69: 7 <侮辱>が私の顔をおおっていますか
19 私の恥と私への<侮辱>とをご存じで
71:13 そしりと<侮辱>で，おおわれますよ
109:29 私をなじる者が<侮辱>をこうむり，
箴言 18:13 愚かであって，<侮辱>を受ける．
イザ 50: 6 <侮辱>されても，つばきをかけられ
61: 7 人々は<侮辱>に代えて，その分け前
エレ 3:25 <侮辱>が私たちのおおいとなってい
23:40 永遠の<侮辱>をあなたがたに与える．
エゼ 34:29 二度と諸国の民の<侮辱>を受けるこ
35:12 <侮辱>したが，主…がこれをみな聞
36:15 諸国の民の<侮辱>を…聞こえさせな
ルカ 6:28 <侮辱>する者のために祈りなさい．
11:45 私たちをも<侮辱>することです．」
23:11 イエスを<侮辱>したり嘲弄したりし
IIコリ 12:10 キリストのために…<侮辱>…に甘ん

▼ ふしん（不信）
民数 5: 6 主に対して<不信>の罪を犯し，他人
12 夫に対して<不信>の罪を犯し．27．
申命 32:51 <不信>の罪を犯し，わたしの神聖さ
ヨシ 22:16 この<不信>の罪は何か．あなたがたは…神に<不信>の罪を犯し，自分の
I歴 5:25 神に対して<不信>の罪を犯し，神が
9: 1 <不信>の罪のために，バビロンに捕
10:13 サウルは…<不信>の罪のために死ん
II歴 12: 2 主に対して<不信>の罪を犯したからである．26:16，28:19．
26:18 あなたは<不信>の罪を犯したのです．

28:22 アハズ王は…<不信>の罪を犯した.
29: 6 父たちが<不信>の罪を犯し，私たち
30: 7 主に対して<不信>の罪を犯したあな
36:14 <不信>に<不信>を重ね，主がエルサ
エズ 9: 2 代表者たちがこの<不信>の罪の張本
4 <不信>の罪のことで，イスラエルの
10: 2 神に対して<不信>の罪を犯し，この
10 <不信>の罪を犯した．外国の女をめ
ネヘ 1: 8 あなたがたが<不信>の罪を犯すなら
13:27 <不信>の罪を犯し…大きな悪を行っ
エゼ 14:13 国が，<不信>に<不信>を重ねてわた
15: 8 わたしに<不信>に<不信>を重ねたの
で．20:27.
18:24 彼の<不信>の逆らいと，犯した罪の
39:23 <不信>の罪を犯したために咎を得て

▼ ふじん（夫人）
エス 1:18 王妃のことを聞いた…<夫人>たちは，
IIヨハ 1 選ばれた<夫人>と…子どもたち．5.

▼ ふじん（婦人），婦女
エス 1: 9 <婦人>たちのために宴会を催した.
2: 3 シュシャンの城の<婦人>部屋に集め
ゼカ 14: 2 家々は略奪され，<婦女>は犯される.
使徒 1:14 <婦人>たちやイエスの母マリヤ，お
Iペテ 3: 5 神に望みを置いた敬虔な<婦人>たち

▼ ふしんこう（不信仰）
マタ 13:58 彼らの<不信仰>のゆえに，そこでは
17:17 ああ，<不信仰>な，曲がった今の世
だ．マコ9:19，ルカ9:41.
マコ 6: 6 イエスは彼らの<不信仰>に驚かれた.
9:24 <不信仰>な私をお助けください.」
16:14 <不信仰>とかたくなな心をお責めに
ロマ 4:20 <不信仰>によって神の約束を疑うよ
11:20 彼らは<不信仰>によって折られ，あ
23 <不信仰>を続けなければ，つぎ合わ
15:31 ユダヤにいる<不信仰>な人々から救
テト 1:15 <不信仰>な人々には，何一つきよい
ヘブ 3:12 <不信仰>の心になって生ける神から
19 <不信仰>のためであったことがわか
黙示 21: 8 <不信仰>の者…の受ける分は，火と

▼ ふしんじつ（不信実，不真実）
ヨブ 21:34 答えることは，ただ<不信実>だ.
詩篇 26: 4 <不信実>な人とともにすわらず，偽
箴言 30: 8 <不信実>と偽りとを私から遠ざけて
ロマ 3: 3 <不真実>によって，神の真実が無に

▼ ふしんじゃ（不信者）
Iコリ 6: 6 兄弟を告訴し…それを<不信者>の前
14:22 異言は…<不信者>のためのしるし…
預言は<不信者>でなく，信者のため
IIコリ 4: 4 この世の神が<不信者>の思いをくら
6:14 <不信者>と，つり合わぬくびきをい
15 信者と<不信者>とに，何のかかわり
Iテモ 5: 8 家族を顧みない…<不信者>よりも悪

▼ ふす（伏す）【別項】伏し拝む
創世 24:11 井戸のところに，らくだを<伏>させ
申命 25: 2 彼を<伏>させ…むち打ちにしなけれ
IIサム 8: 2 地面に<伏>させて，なわで彼らを測
12:16 ダビデは…一晩中，地に<伏>してい
13:31 王は…着物を裂き，地に<伏>した.
I列 3:19 女が自分の子の上に<伏>したからで
21:27 アハブは…荒布を着て<伏>し，また，
II列 2:15 迎えに行って，地に<伏>して彼に礼
4:37 足もとにひれ伏し，地に<伏>してお
ヨブ 14:12 人は<伏>して起き上がらず，天がな
詩篇 23: 2 主は私を緑の牧場に<伏>させ，いこ
44:25 私たちのたましいはちりに<伏>し，
139: 3 私の歩みと私の<伏す>のを見守り，
イザ 11: 6 ひょうは子やぎとともに<伏>し，子
13:20 牧者たちも…群れを<伏>させない.
14:30 貧しい者は安らかに<伏す>．しかし，
17: 2 群れはそこに<伏す>が，それを脅か
50:11 苦しみのうちに<伏>し倒れる.
エレ 33:12 群れを<伏>させる牧者たちの住まい
ゼパ 3:13 彼らは草を食べて<伏す>．彼らを脅

▼ ブズ
1. 人名.
(1)アブラハムのおい．創世22:21.
(2)ガドの子孫でヤフドの父．I歴5:14.
2. ブズ（人）．ヨブ32:2，6，エレ25:23.

▼ ふせい（不正）
出エ 18:21 <不正>の利を憎む誠実な人々を見つ
レビ 19:15 <不正>な裁判をしてはならない．弱
35 分量においても，<不正>をしてはな
申命 19:16 <不正>な証言をするために悪意のあ
25:16 <不正>をする者を…主は忌みきらわ
II歴 19: 7 主には，<不正>も，えこひいきも，
ヨブ 6:29 <不正>があってはならない…思い返
30 私の舌に<不正>があるだろうか．私
13: 7 神の代わりに…<不正>を言うのか.
15:16 <不正>を水のように飲む人間は，な

18:21 <不正>をする者の住みかは，まこと
22:23 自分の天幕から<不正>を遠ざけ，
24:20 <不正>な者は木のように折られてし
27: 4 私のくちびるは<不正>を言わず，私
31: 3 <不正>をする者にはわざわいが，不
34:10 全能者が<不正>をするなど，絶対に
32 私が<不正>をしたのでしたら，もう
詩篇 7: 3 もし私の手に<不正>があるのなら，
37: 1 <不正>を行う者に対してねたみを起
53: 1 腐っており，忌まわしい<不正>を行
58: 2 いや，心では<不正>を働き，地上で
71: 4 <不正>をする者や残虐な者の手から
82: 2 <不正>なさばきを行い，悪者どもの
92:15 わが岩．主には<不正>がありません．
107:42 <不正>な者はすべてその口を閉じる．
119: 3 <不正>を行わず，主の道を歩む．あ
36 <不正>な利得に傾かないようにして
125: 3 正しい者が<不正>なことに，手を伸
箴言 16: 8 <不正>によって得た多くの収穫にま
22: 8 <不正>を蒔く者はわざわいを刈り取
28:16 <不正>な利得を憎む者は，長生きを
29:27 <不正>な人は正しい人に忌みきらわ
伝道 3:16 日の下で，さばきの場に<不正>があ
り，正義の場に<不正>があるのを見
イザ 26:10 正直の地で<不正>をし，主のご威光
エレ 22:13 <不正>によって自分の高殿を建てる
エゼ 3:20 正しい行いをやめて，<不正>を行う
22:13 <不正>な利得と…流された血のため
28:15 <不正>が見いだされるまでは，完全
18 あなたは<不正>な商いで不義を重ね，
33:13 正しさに拠り頼み，<不正>をするな
ホセ 10:13 悪を耕し，<不正>を刈り取り，偽り
ミカ 3:10 <不正>を行ってエルサレムを建てて
6:10 悪者の家には，<不正>の財宝と，の
11 <不正>なはかりと，欺きの重り石の
ハバ 2: 9 <不正>な利得をむさぼり，わざわい
12 <不正>で都を築き上げる者．
ゼパ 3: 5 主は…正しく，<不正>を行わない…
<不正>をする者は恥を知らない．
13 残りの者は<不正>を行わず，偽りを
マラ 2: 6 彼のくちびるには<不正>がなかった．
ルカ 13:27 <不正>を行う者たち．みな出て行き
16: 8 <不正>な管理人がこうも抜けめなく
9 <不正>の富で，自分のために友をつ
11 <不正>の富に忠実でなかったら，だ
18: 6 <不正>な裁判官の言っていることを
11 <不正>な者…取税人のようではない
ヨハ 7:18 その人には<不正>がありません．
使徒 1:18 <不正>なことをして得た報酬で地所
18:14 <不正>事件や悪質な犯罪のことであ
24:20 私にどんな<不正>を見つけたかを言
ロマ 1:18 <不正>に対して，神の怒りが天から
3: 5 怒りを下す神は<不正>なのでしょう
9:14 神に<不正>があるのですか．絶対に
Ⅰコリ 5: 8 <不正>のパン種を用いたりしないで，
6: 7 むしろ<不正>をも甘んじて受けない
13: 6 <不正>を喜ばずに真理を喜びます．
Ⅱコリ 7: 2 だれにも<不正>をしたことがなく，
12:13 この<不正>については，どうか，赦
コロ 3:25 自分が行った<不正>の報いを受けま
Ⅰテモ 3: 8 執事も…<不正>な利をむさぼらず，
テト 1: 7 監督は…<不正>な利を求めず，
11 <不正>な利を得るために，教えては
ヘブ 1: 9 義を愛し，<不正>を憎まれます．そ
Ⅰヨハ 5:17 <不正>はみな罪ですが，死に至らな
黙示 18: 5 神は彼女の<不正>を覚えておられる
22:11 <不正>を行う者はますます<不正>を

▼ ふせいじつ（不誠実）
詩篇 73:27 あなたに<不誠実>な者を…滅ぼされ

▼ ふせぐ（防ぐ）
Ⅱ列 9:14 アラムの王ハザエルを<防い>だが，

▼ ふせる（伏せる）
創世 4: 5 カインはひどく怒り，顔を<伏せ>た．
49: 9 ユダは…うずくまり，身を<伏せる>．
ルツ 2:10 彼女は顔を<伏せ>，地面にひれ伏し
Ⅰ列 17:21 3度，その子の上に身を<伏せ>て，
Ⅱ列 4:34 その子の上に身を<伏せ>，自分の口
21:13 皿を…ぬぐって<伏せる>ように，わ
ルカ 24: 5 恐ろしくなって，地面に顔を<伏せ>
ヨハ 5: 3 やせ衰えた者が<伏せ>っていた．
6 イエスは彼が<伏せ>っているのを見，

▼ ふそ（父祖）【別項】父祖の家
出エ 3:13 <父祖>の神が，私を…遣わされまし
民数 1:16 <父祖>の部族の長たちである．彼ら
47 レビ人は…<父祖>の部族ごとには，
13: 2 <父祖>の部族ごとにひとりずつ，み
33:54 <父祖>の部族ごとに相続地を受けな
36: 3 彼女たちの相続地は…<父祖>の相続
Ⅰ歴 5:25 <父祖>の神に対して不信の罪を犯し，
詩篇 45:16 息子らがあなたの<父祖>に代わろう．

マタ 23:30 <父祖>たちの時代に生きていたら,
32 <父祖>たちの罪の目盛りの不足分を
ルカ 1:72 主はわれらの<父祖>たちにあわれみ
55 <父祖>たち,アブラハムとその子孫
6:23 彼らの<父祖>たちも,預言者たちに
26 <父祖>たちも,にせ預言者たちに同
11:48 <父祖>たちがしたことの証人となり,
ヨハ 4:20 私たちの<父祖>たちはこの山で礼拝
6:31 私たちの<父祖>たちは荒野でマナを
使徒 2:29 <父祖>ダビデについては…確信をも
3:25 <父祖>たちと結ばれたあの契約の子
7:11 <父祖>たちには,食物がなくなりま
19 <父祖>たちを苦しめて,幼子を捨て
39 <父祖>たちは彼に従うことを好まず,
52 <父祖>たちが迫害しなかった預言者
13:17 神は,私たちの<父祖>たちを選び,
ロマ 4: 1 <父祖>アブラハムの場合は,どう
9: 5 <父祖>たちも彼らのものです.また
11:28 <父祖>たちのゆえに,愛されている
15: 8 <父祖>たちに与えられた約束を保証
Ⅰコリ 10: 1 <父祖>たちはみな,雲の下におり,
ヘブ 1: 1 むかし<父祖>たちに,預言者たちを
Ⅰペテ 1:18 <父祖>伝来のむなしい生き方から贖
Ⅱペテ 3: 4 <父祖>たちが眠った時からこのかた,

▼ぶそう(武装)

民数 31: 3 いくさのために<武装>しなさい.ミ
5 いくさのために<武装>された.
32:17 <武装>して彼らの先頭に立って急
20 主の前に戦いのため<武装>をし,
21 <武装>した者がみな,主の前でヨル
27 いくさのために<武装>した者はみな
29 戦いのために<武装>した者がみな,
30 もし彼らが<武装>し…渡って行かな
32 私たちは<武装>して主の前にカナン
申命 3:18 勇士たちはみな<武装>して,同族,
ヨシ 4:13 <武装>した約4万人が,エリコの草
6: 7 <武装>した者たちは,主の箱の前を
9 <武装>した者たちは,角笛を吹き鳴
13 <武装>した者たちは彼らの先頭に立
Ⅰ列 20:11 <武装>しようとする者は,<武装>を
Ⅰ歴 12:23 <武装>した者のかしらの数は次のと
24 槍を手にし<武装>した者6800人.
Ⅱ歴 17:18 配下には18万人の<武装>した者.
20:21 <武装>した者の前に出て行って,こ
28:14 <武装>した者はつかさたちと全集団
イザ 15: 4 モアブの<武装>した者たちはわめく.
ルカ 11:21 強い人が十分に<武装>して自分の家
コロ 2:15 すべての支配と権威の<武装>を解除
Ⅰペテ 4: 1 同じ心構えで自分自身を<武装>しな

▼ぶぞく(部族),諸部族,全部族【別項】12部族,半部族

創世 49:28 イスラエルの<部族>で,12であった.
民数 1: 4 <部族>ごとにひとりずつ…かしらで
ある者が,あなたがたとともに.16.
47 レビ人は…<部族>ごとには,登録さ
4:18 ケハテ人諸氏族の<部族>をレビ人の
7: 2 <部族>の長たち…がささげ物をした.
13: 2 探らせよ…<部族>ごとにひとりずつ,
24: 2 イスラエルがその<部族>ごとに宿っ
31: 6 <部族>ごとに千人ずつをいくさに送
33:54 その<部族>のもの…<部族>ごとに相
続地を受けなければならない.
34:15 この2<部族>と半部族は…相続地を
18 相続地とするため…<部族>から族長
36: 7 父祖の<部族>の相続地を堅く守らな
8 父の<部族>に属する氏族…にとつが
9 相続地は…他の<部族>に移してはな
申命 1:13 <部族>ごとに,知恵があり,悟りが
23 各<部族>からひとりずつ,12人をあ
16:18 <部族>ごとに,さばきつかさと,つ
18: 5 主が…<全部族>の中から,彼を選ば
29:21 <全部族>からより分けて,わざわい
31:28 <部族>の長老…をみな,私のもとに
ヨシ 3:12 <部族>ごとにひとりずつ…12人を選
4: 5 <部族>の数に合うように,各自,石
7:14 主がくじで取り分ける<部族>は,氏
ヨシ 11:23 <部族>の割り当てにしたがって,相
13: 7 九つの<部族>…に,相続地として割
14: 1 <部族>の一族のかしら…が…割り当
4 ヨセフの子孫が…2<部族>になって
18: 2 割り当てられていない七つの<部族>
24: 1 イスラエルの<全部族>をシェケムに
士師 18:19 <部族>…の祭司になるのと,どちら
20: 2 <全部族>…が神の民の集まりに出た.
21: 6 一つの<部族>が切り捨てられた.
8 <部族>のうちで…上って来なかった
Ⅰサム 2:28 <全部族>から,その家を選び…祭司
9:21 <部族>のうちの最も小さいベニヤミ
10:19 <部族>ごとに,分団ごとに,主の前
15:17 イスラエルの<諸部族>のかしらでは

Ⅱサム 5: 1 <全部族>は，ヘブロンのダビデのも
15:10 <全部族>に，ひそかに使いを送って
19: 9 民は…<全部族>の間で…争っていた．
24: 2 <全部族>の間を行き巡り…登録し，
Ⅰ列 8: 1 ソロモンは…<部族>のかしら…召集
11:13 一つの<部族>だけをあなたの子に与
18:31 <部族>の数にしたがって12の石を取
Ⅱ列 17:18 ただユダの<部族>だけしか残されな
21: 7 <全部族>の中から選んだエルサレム
Ⅰ歴 27:16 イスラエルの各<部族>の長は，ルベ
Ⅱ歴 11:16 <全部族>の中から…エルサレムに出
エズ 6:17 <部族>の数にしたがって…雄やぎ12
詩篇 74: 2 ご自分のものである<部族>として贖
122: 4 多くの<部族>，主の<部族>が，上っ
エレ 10:16 イスラエルは主ご自身の<部族>．そ
31: 1 すべての<部族>の神となり，彼らは
エゼ 37:19 <諸部族>とを取り…ユダの杖に合わ
45: 8 この地は<部族>ごとに，イスラエル
48:19 <全部族>から出て，これを耕す．
31 町の門にはイスラエルの<部族>の名
ミカ 6: 9 聞け．<部族>，町を治める者．
ナホ 3: 4 その魅力によって<諸部族>を売った．
ヘブ 7:13 その方は…別の<部族>に属しておら
14 モーセは，この<部族>については，
黙示 5: 9 あらゆる<部族>…から…人々を贖い，
7: 4 あらゆる<部族>の者が印を押されて
13: 7 あらゆる<部族>…を支配する権威を
14: 6 あらゆる国民，<部族>…に宣べ伝え

▼ ふそのいえ（父祖の家）

出エ 12: 3 <父祖の家>ごとに，羊１頭を…用意
民数 1: 2 <父祖の家>ごとに調べ…人口調査を
4 <父祖の家>のかしら…ともにいなけ
2: 2 <父祖の家>の旗じるしのもとに宿営
3:15 レビ族を…<父祖の家>ごとに…登録
7: 2 <父祖の家>のかしらたち…がささげ
民数 17: 2 <父祖の家>のすべての族長から…杖
ヨシ 22:14 みな…<父祖の家>のかしらであった．
Ⅱ歴 35: 5 <父祖の家>の区分に従って，聖所に

▼ ふそん（不遜）

出エ 18:11 この民に対して<不遜>であったとい
申命 17:12 <不遜>なふるまいをするなら，その
18:20 <不遜>にもわたしの名によって告げ
22 その預言者が<不遜>にもそれを語っ
Ⅱテモ 3: 2 <不遜>な者，神をけがす者，両親に

▼ ふだ（札）

出エ 28:36 純金の<札>を作り，その上に印を彫
ルカ 23:38 これはユダヤ人の王」と書いた<札>

▼ ぶた（豚）

レビ 11: 7 <豚>…反芻しないので…汚れたもの
箴言 11:22 金の輪が<豚>の鼻にあるようだ．
イザ 66: 3 <豚>の血をささげる者．乳香をささ
17 <豚>…を食らう者…絶ち滅ぼされる．
マタ 7: 6 <豚>の前に，真珠を投げてはなりま
8:31 悪霊ども…<豚>の群れの中にやって
マコ 5:13 ２千匹ほどの<豚>の群れ…おぼれて
14 <豚>を飼っていた者たちは逃げ出し
ルカ 15:15 彼を畑にやって，<豚>の世話をさせ
16 <豚>の食べるいなご豆で腹を満たし
Ⅱペテ 2:22 <豚>は身を洗って，またどろの中に

▼ ふたご

創世 25:24 出産の時…<ふたご>が胎内にいた．
38:27 なんと，<ふたご>がその胎内にいた．
雅歌 4: 2 <ふたご>を産まないものは１頭もい
5 二つの乳房は…<ふたご>のかもしか，

▼ ふたごころ（二心）

詩篇 12: 2 へつらいのくちびると，<二心>で話
119:113 私は<二心>の者どもを憎みます．し
ホセ 10: 2 彼らの心は<二心>…刑罰を受けなけ
ヤコ 1: 8 <二心>のある人で…安定を欠いた人
4: 8 <二心>の人たち．心を清くしなさい．

▼ ふたたび（再び）

創世 8:10 ７日待って，<再び>鳩を箱舟から放
21 <再び>人のゆえに，この地をのろう
ことはすまい…<再び>…打ち滅ぼす
26:18 イサクは…井戸を，<再び>掘った．
30:31 私は<再び>あなたの羊の群れを飼っ
38:26 彼は<再び>彼女を知ろうとはしなか
出エ 4: 7 それは<再び>彼の肉のようになって
レビ 13:16 もしその生肉が<再び>白く変われば
14:43 <再び>その患部が家にできたなら，
申命 19:20 聞いて恐れ…<再び>行わないであろ
24: 4 <再び>自分の妻としてめとることは
30: 3 民の中から，あなたを<再び>，集め
8 <再び>，主の御声に聞き従い，私が
9 <再び>，あなたを栄えさせて喜ばれ
士師 8:33 イスラエル人は<再び>バアルを慕っ
20:23 <再び>…ベニヤミン族に近づいて戦
Ⅰサム 3:21 主は<再び>シロで現れ…サムエルに
Ⅰ列 9: 2 主は…ソロモンに<再び>現れた．

Ⅱ列 19: 9 <再び>使者たちをヒゼキヤに送って
24: 1 エホヤキムは…<再び>彼に反逆した
エズ 9:14 <再び>，あなたの命令を破って，忌
ネヘ 13: 9 といっしょに，<再び>そこに納めた．
ヨブ 7: 7 私の目は<再び>幸いを見ないでしょ
10:16 <再び>私に驚くべき力をふるわれる
詩篇 71:20 私を<再び>生き返らせ，地の深みから，<再び>私を引き上げてください
85: 6 私たちを<再び>生かされないのです
104: 9 水が<再び>地をおおうことのないよ
伝道 4: 1 私は<再び>，日の下で行われるいっ
7 <再び>，日の下にむなしさのあるの
9:11 私は<再び>，日の下を見たが，競走
イザ 1:25 おまえの上に<再び>わが手を伸ばし，
11:11 その日，主は<再び>御手を伸ばし，
23:17 彼女は<再び>遊女の報酬を得，地
エレ 12:15 わたしは<再び>彼らをあわれみ，彼
18: 4 <再び>それを陶器師自身の気に入っ
33: 1 <再び>エレミヤに…主のことばがあ
36:28 <再び>もう一つの巻き物を取り，ユ
ダニ 9:25 <再び>広場とほりが建て直される．
11:29 彼は<再び>南へ攻めて行くが，この
ホセ 11: 9 <再び>エフライムを滅ぼさない．
ヨエ 2: 2 後の代々の時代にも<再び>起こらな
ヨナ 3: 1 <再び>ヨナに次のような主のことば
ゼカ 5: 1 <再び>目を上げて見ると…巻き物が
6: 1 <再び>目を上げて見ると…戦車が二
マラ 3:18 <再び>…違いを見るようになる．
ヨハ 10:17 いのちを<再び>得るために…捨てる
ロマ 8:15 人を<再び>恐怖に陥れるような，奴
Ⅰテサ 2:19 イエスが<再び>来られるとき…冠と
ヘブ 4: 7 神は<再び>ある日を「きょう」と定
6: 2 基礎的なことを<再び>やり直したり

▼ ふたとき（～時，二時）

ダニ 7:25 ひと時と<ふた時>と半時の間，彼の
12: 7 それは，ひと時と<ふた時>と半時で
黙示 12:14 一時と<二時>と半時の間，蛇の前を

▼ ふたり

創世 2:24 妻と結び合い，<ふたり>は一体とな
25 <ふたり>とも裸であったが，互いに
3: 7 <ふたり>の目は開かれ…裸であるこ
19: 1 <ふたり>の御使いは夕暮れにソドム
22: 6 イサクに負わせ…<ふたり>はいっし
29:16 ラバンには<ふたり>の娘があった．
41:50 ヨセフに<ふたり>の子どもが生まれ
出エ 2:13 <ふたり>のヘブル人が争っているで
民数 11:26 <ふたり>の者が宿営に残って…預言
13:23 ぶどう…<ふたり>が棒でかついだ．
申命 17: 6 <ふたり>…または3人…の証言によって，死刑に．Ⅰ列21:10.
32:30 <ふたり>が万人を敗走させたろうか．
ヨシ 2: 1 <ふたり>の者を斥候として．6:22.
Ⅰサム 1: 2 エルカナには，<ふたり>の妻があっ
2:34 <ふたり>の息子…1日のうちに死ぬ．
10: 2 <ふたり>の人に会いましょう．その
Ⅱサム 12: 1 「ある町に<ふたり>の人がいました．
Ⅰ列 2:32 自分よりも正しく善良な<ふたり>の
3:16 <ふたり>の遊女が王のところに来て，
Ⅱ列 2:11 火の馬とが…<ふたり>の間を分け隔
伝道 4: 9 <ふたり>はひとりよりもまさっている．11，12.
エレ 3:14 氏族から<ふたり>選び取り，シオン
エゼ 23: 2 同じ母の娘である，<ふたり>の女が
ダニ 11:27 <ふたり>の王は，心では悪事を計り
12: 5 <ふたり>の人が立っていて，ひとり
アモ 3: 3 <ふたり>の者は，仲がよくないのに，
ゼカ 4:14 <ふたり>の油そそがれた者だ．」
5: 9 <ふたり>の女…エパ枡を地と天との
6:13 <ふたり>の間には平和の一致がある．
マタ 6:24 <ふたり>の主人に仕えることはでき
15:14 盲人が…手引き…<ふたり>とも穴に
18:15 <ふたり>だけのところで責めなさい．
16 <ふたり>か3人の証人の口によって，
19 <ふたり>が…心を一つにして祈るな
20 <ふたり>でも3人でも，わたしの名
19: 6 もはや<ふたり>ではなく，ひとりな
20:21 <ふたり>の息子が…右…左にすわれ
21:28 ある人に<ふたり>の息子がいた．そ
31 <ふたり>のうちどちらが，父の願っ
24:40 畑に<ふたり>いると，ひとりは取ら
26:60 偽証者…最後に<ふたり>の者が進み
27:21 <ふたり>のうちどちらを釈放してほ
マコ 6: 7 12弟子を呼び，<ふたり>ずつ遣わし
15:27 イエスとともに<ふたり>の強盗を，
16:12 <ふたり>がいなかのほうへ歩いてい
ルカ 1: 7 <ふたり>とももう年をとって．6.
7:19 ヨハネは，弟子の中から<ふたり>を
42 <ふたり>のうちどちらがよけいに金貸しを愛するようになる．41.
ルカ 9:30 <ふたり>の人がイエスと話し合って

10: 1 すべての町や村へ，<ふたり>ずつ先
12:52 一家5人は…<ふたり>が3人に対抗
15:11 「ある人に息子が<ふたり>あった．
18:10 <ふたり>の人が，祈るために宮に上
23:32 <ふたり>の犯罪人が，イエスととも
24:13 <ふたり>の弟子が…エマオという村
ヨハ 1:37 <ふたり>の弟子…イエスについて行
8:17 律法にも，<ふたり>の証言は真実で
19:18 <ふたり>の者を…両側に，イエスを
20:12 <ふたり>の御使いが…ひとりは頭の
使徒 1:10 白い衣を着た人が<ふたり>，彼らの
25 使徒職…<ふたり>のうちのどちらを
12: 6 ペテロ…<ふたり>の兵士の間で寝て
Ⅰコリ14:27 異言…<ふたり>か，多くても3人で
Ⅱコリ13: 1 事実は，<ふたり>か3人の証人の口
ガラ 4:22 アブラハムに<ふたり>の子があって，
エペ 5:31 妻と結ばれ，<ふたり>は一体となる．
Ⅰテモ 5:19 長老に対する訴えは，<ふたり>か3
黙示11: 3 <ふたり>の証人に許すと…預言する．

▼ふたん（負担）
ネヘ 5:15 総督たちは民の<負担>を重くし，民
Ⅱコリ12:13 あなたがたには<負担>をかけなかっ
Ⅱテサ 3: 8 <負担>をかけまいとして…働き続け
Ⅰテモ 5:16 やもめを助け，教会には<負担>をか

▼ふち（淵）【別項】大淵
申命 8: 7 山を流れ出た深い<淵>のある地，
ヨブ28:14 深い<淵>は言う．「私の中にはそれ
38:16 <淵>の奥底を歩き回ったことがある
詩篇42: 7 大滝のとどろきに，<淵>が<淵>を呼
69:15 深い<淵>は私をのみこまず，穴がそ
88: 6 そこは暗い所，深い<淵>です．
130: 1 深い<淵>から，私はあなたを呼び求
135: 6 主は…行われる…すべての<淵>で．
148: 7 主をほめたたえよ…すべての<淵>よ．
イザ44:27 <淵>に向かっては，『干上がれ．わ
51:10 <淵>の水を干上がらせ…通らせたの
ハバ 3:10 深い<淵>はその声を出し，その手を
ゼカ10:11 ナイル川のすべての<淵>をからす．
ルカ16:26 間には，大きな<淵>があり…渡れな

▼ぶちまける
ヨブ10: 1 私は自分の不平を<ぶちまけ>，私の
エレ 6:11 憤り…子どもの上に…<ぶちまけ>よ．
黙示16: 1 怒りの七つの鉢を…<ぶちまけ>よ．」
17 第7の御使いが鉢を…<ぶちまけ>た．

▼ふちゅうじつ（不忠実）
ルカ12:46 主人…<不忠実>な者どもと同じめに
ルカ16:10 小さい事に<不忠実>な人は，大きい

▼ふつう（普通）
イザ 8: 1 <普通>の文字で，『マヘル・シャラ
使徒 4:13 無学な，<普通>の人であるのを知っ

▼ふっかつ（復活）
マタ22:30 <復活>の時には，人はめとることも，
31 <復活>については…読んだことがな
27:53 イエスの<復活>の後に墓から出て来
マコ12:23 <復活>の際…だれの妻なのでしょう
ルカ14:14 義人の<復活>のときお返しを受ける
20:27 <復活>…を否定するサドカイ人のあ
36 <復活>の子として神の子どもだから
使徒 1:22 イエスの<復活>の証人とならなけれ
2:31 予見し…キリストの<復活>について，
4: 2 <復活>を宣べ伝えているのに，困り
33 主イエスの<復活>を…力強くあかし
17:18 イエスと<復活>とを宣べ伝えたから
32 死者の<復活>…を聞くと…あざ笑い，
23: 6 死者の<復活>という望みのことで，
8 サドカイ人は，<復活>はなく，御使
24:15 義人も悪人も必ず<復活>するという，
26:23 <復活>によって…最初に光を宣べ伝
ロマ 1: 4 <復活>により…御子として示された
6: 5 キリストの<復活>とも同じようにな
Ⅰコリ15:12 どうして…<復活>はない，と言って
13 死者の<復活>がないのなら，キリス
トも<復活>されなかったでしょう．
21 死者の<復活>もひとりの人を通して
42 <復活>も…朽ちるもので蒔かれ，朽
ピリ 3:10 キリストとその<復活>の力を知り，
11 どうにかして…<復活>に達したいの
Ⅰテサ 4:14 イエスが…<復活>されたことを信じ
Ⅱテモ 2:18 <復活>がすでに起こったと言って，
ヘブ 6: 2 <復活>…など基礎的なことを再びや
Ⅰペテ 3:21 イエス・キリストの<復活>によるも
黙示20: 6 第1の<復活>にあずかる者は幸いな

▼ふっき（復帰）
Ⅱ列14:22 エラテを再建し，それをユダに<復
帰>させた．Ⅱ歴26:2.

▼ふで（筆）
ヨブ19:24 鉄の<筆>と鉛とによって，いつまで
詩篇45: 1 私の舌は巧みな書記の<筆>．
エレ 8: 8 書記たちの偽りの<筆>が，これを偽

17: 1　ユダの罪は鉄の<筆>と金剛石のとが
IIIヨハ 13　<筆>と墨でしたくはありません．

▼ プテ

1．ハムの子孫とその居住地．創世10:6，I歴1:8，エレ46:9，エゼ27:10，30:5，ナホ3:9．

2．プテ人．ユダの子孫カレブの子孫．I歴2:53．

▼ ふてい（不貞）

I歴 5:25　神々を慕って<不貞>を犯した．
マタ 5:32　<不貞>以外の理由で妻を離別する者は，妻に姦淫を犯させる．19:9．

▼ プティエル〔人名〕

アロンの子エルアザルの妻の父．出エ6:25．

▼ ふでいれ（筆入れ）

エゼ 9: 3　腰に書記の<筆入れ>をつけ，亜麻布

▼ ふてきかく（不適格）

テト 1:16　どんな良いわざにも<不適格>です．

▼ プデス〔人名〕

ローマにいたキリスト者．IIテモ4:21．

▼ ふとい（太い）

I列 12:10　『私の小指は父の腰よりも<太い>．

▼ ふとう（不当）

マタ 20:13　私はあなたに何も<不当>なことはし
Iペテ 2:19　<不当>な苦しみを受け…こらえるな

▼ ふどう（不動）

IIテモ 2:19　神の<不動>の礎は堅く置かれていて，
Iペテ 5:10　苦しみのあとで…<不動>の者として

▼ ぶどう【別項】雑種のぶどう，酸いぶどう

創世 40: 9　夢の中で…1本の<ぶどう>の木があ
49:11　雌ろばの子を，良い<ぶどう>の木につなぐ…衣を<ぶどう>の血で洗う．
レビ 26: 5　麦打ちは，<ぶどう>の取り入れ時ま
民数 6: 4　ナジル人…<ぶどう>…から生じるもの…食べてはならない．士師13:14．
13:20　季節は初<ぶどう>の熟すころであっ
23　<ぶどう>が1ふさついた枝を切り取
20: 5　<ぶどう>も…育つような所ではない．
申命 8: 8　<ぶどう>…オリーブ油と蜜の地．
23:24　満ち足りるまで<ぶどう>を食べても
32:14　あわ立つ<ぶどう>の血をあなたは飲
32　彼らの<ぶどう>の木は，ソドムの<ぶどう>の木から，ゴモラのぶどう
士師 8: 2　アビエゼルの<ぶどう>の収穫よりも，
9:12　<ぶどう>の木に…私たちの王となっ
Iサム 8:15　穀物と<ぶどう>の10分の1を取り，
I列 4:25　自分の<ぶどう>の木の下…で安心し
II列 18:31　降参せよ…自分の<ぶどう>…を食べ，
II列 25:12　貧民の一部を残し，<ぶどう>作りと
II歴 26:10　<ぶどう>作りがいた．彼が農業を好
ヨブ 15:33　<ぶどう>の木のよう…未熟の実は振
詩篇 78:47　雹で…<ぶどう>の木を…滅ぼされた．
80: 8　エジプトから，<ぶどう>の木を携え
14　この<ぶどう>の木を育ててください．
128: 3　妻は…豊かに実を結ぶ<ぶどう>の木
雅歌 2:13　<ぶどう>の木は，花をつけてかおり
7: 8　あなたの乳房は<ぶどう>のふさのよ
12　<ぶどう>の木が芽を出したか…見て，
イザ 5: 2　甘い<ぶどう>のなるのを待ち望んで
7:23　<ぶどう>千株のある…地所もみな，
16: 8　シブマの<ぶどう>の木も，しおれて
24: 7　<ぶどう>の木はしおれ，心楽しむ者
32:10　<ぶどう>の収穫がなくなり．12．
34: 4　万象…<ぶどう>の木から葉が枯れ落
61: 5　外国人が…<ぶどう>作りとなる．
65: 8　<ぶどう>のふさの中に甘い汁がある
エレ 2:21　良い<ぶどう>として植えたのに，ど
5:17　あなたの<ぶどう>と，いちじくを食
6: 9　<ぶどう>の残りを摘むように…残りの者をすっかり摘み取れ．オバ5．
8:13　<ぶどう>の木には，<ぶどう>がなく，
48:32　シブマの<ぶどう>の木…のために泣
33　<ぶどう>を踏む者もなく，<ぶどう>踏みの…声は…喜びの声ではない．」
エゼ 15: 2　<ぶどう>の木…どれだけすぐれてい
6　<ぶどう>の木のように，火に投げ入
17: 6　よくはびこる<ぶどう>の木となった．
7　<ぶどう>の木…根を，その鷲のほう
8　みごとな<ぶどう>の木となるために，
19:10　水のほとりに植えられた<ぶどう>の
ホセ 9:10　イスラエルを，荒野の<ぶどう>のよ
10: 1　多くの実を結ぶよく茂った<ぶどう>
14: 7　<ぶどう>の木のように芽をふき，そ
ヨエ 1: 7　<ぶどう>の木を荒れすたれさせ，わ
11　<ぶどう>作りたちよ．泣きわめけ．
2:22　<ぶどう>の木とは豊かにみのる．
アモ 9:13　<ぶどう>を踏む者が種蒔く者に近寄
ミカ 4: 4　自分の<ぶどう>の木の下…にすわり，
7: 1　<ぶどう>の取り残しの実を取り入れ
ナホ 2: 2　<ぶどう>のつるをそこなったからだ．

ハバ 3:17 <ぶどう>の木は実をみのらせず，オ
ハガ 2:19 <ぶどう>の木…は，まだ実を結ばな
ゼカ 3:10 友を，<ぶどう>の木の下…に招き合
8:12 平安の種が蒔かれ，<ぶどう>の木は
マラ 3:11 <ぶどう>の木が不作とならないよう
マタ 7:16 <ぶどう>は，いばらからは取れない
26:29 もはや，<ぶどう>の実で造った物を
飲むことはありません．マコ14:25.
ルカ 6:44 野ばらから<ぶどう>を集めることは
ヨハ15: 1 わたしはまことの<ぶどう>の木であ
4 枝が<ぶどう>の木についていなけれ
ヤコ 3:12 <ぶどう>の木がいちじくの実をなら
黙示14:18 <ぶどう>はすでに熟しているのだか
19 御使いは…地の<ぶどう>を刈り集め

▼ ぶどうえん（～園）

マタ20: 1 自分の<ぶどう園>で働く労務者を雇
4 <ぶどう園>に行きなさい．相当のも
21:28 ふたりの息子…<ぶどう園>に行って
33 <ぶどう園>を…農夫たちに貸し…旅
39 <ぶどう園>の外に追い出して殺して
41 <ぶどう園>を…別の農夫たちに貸す
マコ12: 2 <ぶどう園>の収穫…を受け取りに，
ルカ13: 6 <ぶどう園>にいちじくの木を植えて
20:13 <ぶどう園>の主人は…愛する息子を
Ⅰコリ 9: 7 <ぶどう園>を造りながら…実を食べ

▼ ぶどうしゅ（～酒），新しいぶどう酒

【別項】酸いぶどう酒，注ぎのぶどう酒

創世 9:21 ノアは<ぶどう酒>を飲んで酔い，天
14:18 メルキゼデクはパンと<ぶどう酒>を
27:28 豊かな穀物と<新しいぶどう酒>をお
49:11 着物を，<ぶどう酒>で洗い，その衣
12 目は<ぶどう酒>によって曇り…歯は
レビ10: 9 <ぶどう酒>や強い酒を飲んではなら
民数 6: 3 <ぶどう酒>や強い酒を断たなければ
ならない．<ぶどう酒>の酢や．20.
15: 5 いけにえに添えて…<ぶどう酒>をさ
18:12 最良の<新しいぶどう酒>と穀物，こ
27 <ぶどう酒>と同じ…奉納物とみなさ
申命11:14 <新しいぶどう酒>と油を集めよう．
14:23 <新しいぶどう酒>や油の10分の１と，
26 金を…羊，<ぶどう酒>…に換えなさ
28:39 <ぶどう酒>を飲むことも…できない．
29: 6 <ぶどう酒>も強い酒も飲まなかった．
32:33 その<ぶどう酒>は蛇の毒，コブラの
33:28 <新しいぶどう酒>の地をひとりで占
ヨシ 9: 4 継ぎを当てた<ぶどう酒>の皮袋とを，
士師 9:13 私の<新しいぶどう酒>を捨て置いて，
13: 4 <ぶどう酒>や強い酒を飲んではなら
Ⅰサム 1:15 <ぶどう酒>も，お酒も飲んではおり
25:18 アビガイルは急いで…<ぶどう酒>の
Ⅱサム16: 2 <ぶどう酒>は荒野で疲れた者が飲む
Ⅱ列18:32 連れて行こう…<ぶどう酒>の地，パ
Ⅰ歴 9:29 <ぶどう酒>…の管理を割り当てられ
12:40 <ぶどう酒>…羊などがたくさん運ば
Ⅱ歴 2:10 <ぶどう酒>２万バテ…を提供します．
11:11 防備を固め…<ぶどう酒>をたくわえ
エズ 7:22 <ぶどう酒>は100バテまで，油も100
ネヘ 5:11 <新しいぶどう酒>，油などの利子を
15 民から…<ぶどう酒>のために取り立
18 あらゆる種類の<ぶどう酒>をたくさ
8:10 甘い<ぶどう酒>を飲みなさい．何も
10:37 <新しいぶどう酒>と油を，祭司たち
13: 5 <新しいぶどう酒>と油の10分の１，
15 <ぶどう酒>…を積んで，安息日にエ
ヨブ32:19 腹は抜け口のない<ぶどう酒>のよう
詩篇 4: 7 <新しいぶどう酒>が豊かにあるとき
104:15 人の心を喜ばせる<ぶどう酒>をも．
箴言 3:10 酒ぶねは<新しいぶどう酒>であふれ
20: 1 <ぶどう酒>は，あざける者．強い酒
21:17 <ぶどう酒>や油を愛する者は富むこ
23:30 <ぶどう酒>を飲みふける者，混ぜ合
31 <ぶどう酒>…それを見てはならない．
伝道 2: 3 からだは<ぶどう酒>で元気づけよう
10:19 <ぶどう酒>は人生を楽しませる．金
雅歌 1: 2 あなたの愛は<ぶどう酒>よりも快く，
5: 1 庭に入り…<ぶどう酒>と乳を飲む．
16 そのことばは甘い<ぶどう酒>．7:9.
7: 2 ほぞは，混ぜ合わせた<ぶどう酒>の
8: 2 <ぶどう酒>…飲ませてあげましょう．
イザ 5:11 夜をふかして，<ぶどう酒>をあおっ
12 彼らの酒宴には…<ぶどう酒>がある．
24: 7 <新しいぶどう酒>は嘆き悲しみ，ぶ
11 ちまたには，<ぶどう酒>はなく，悲
25: 6 主は…良い<ぶどう酒>の宴会…を催
55: 1 代価を払わないで，<ぶどう酒>と乳
62: 8 <新しいぶどう酒>を，外国人に決し
エレ35: 6 「私たちは<ぶどう酒>を飲みません．
40:10 <ぶどう酒>，夏のくだもの，油を集
哀歌 2:12 母親に，穀物と<ぶどう酒>はどこに
エゼ27:18 ヘルボンの<ぶどう酒>と，ツァハル

44:21 内庭に入るとき…<ぶどう酒>を飲ん
ダニ 5: 4 <ぶどう酒>を飲み…神々を賛美した.
10: 3 3週間…肉も<ぶどう酒>も口にせず,
ホセ 2: 9 <新しいぶどう酒>を取り戻し，また,
4:11 <ぶどう酒>…は思慮を失わせる.
9: 4 彼らは主に<ぶどう酒>を注がず，彼
14: 7 名声はレバノンの<ぶどう酒>のよう
ヨエ 1: 5 <ぶどう酒>を飲む者よ．泣きわめけ.
甘い<ぶどう酒>が…断たれたからだ.
ミカ 2:11 <ぶどう酒>…について一言しよう」
6:15 <新しいぶどう酒>を造っても，<ぶ
どう酒>を飲むことができない.
ハバ 2: 5 実に<ぶどう酒>は欺くものだ．高ぶ
ゼパ 1:13 作っても，その<ぶどう酒>を飲めな
ゼカ 9:15 血を<ぶどう酒>のように飲み，鉢の
17 <新しいぶどう酒>は若い女たちを栄
マタ 9:17 <新しいぶどう酒>を古い皮袋に入れ
る…<ぶどう酒>が流れ出てしまい…
<新しいぶどう酒>を新しい皮袋に入
27:34 イエスに，苦みを混ぜた<ぶどう酒>
マコ 2:22 <ぶどう酒>は皮袋を張り裂き，<ぶ
どう酒>も皮袋もだめになってしま
15:23 没薬を混ぜた<ぶどう酒>をイエスに
ルカ 1:15 彼は，<ぶどう酒>も強い酒も飲まず,
5:37 <新しいぶどう酒>を古い皮袋に入れ
38 <新しいぶどう酒>は新しい皮袋に入
39 古い<ぶどう酒>を飲んでから，新し
7:33 ヨハネが…<ぶどう酒>も飲まずにい
10:34 傷にオリーブ油と<ぶどう酒>を注い
ヨハ 2: 3 <ぶどう酒>がありません」と言った.
9 <ぶどう酒>になったその水を味わっ
10 初めに良い<ぶどう酒>を出し，人々
使徒 2:13 彼らは甘い<ぶどう酒>に酔っている
Ⅰテモ 5:23 病気のためにも，少量の<ぶどう酒>
黙示 6: 6 <ぶどう酒>に害を与えてはいけない.
14: 8 不品行の<ぶどう酒>を，すべての国
10 神の怒りの<ぶどう酒>を飲む．18:3.
17: 2 女の不品行の<ぶどう酒>に酔ったの
18:13 <ぶどう酒>…奴隷，また人のいのち

▼ぶどうばたけ（～畑）

創世 9:20 ノアは，<ぶどう畑>を作り始めた農
出エ 22: 5 <ぶどう畑>の最良の物とをもって,
23:11 7年目…休ませ…<ぶどう畑>も，オ
レビ 19:10 <ぶどう畑>の実を取り尽くしてはな
らない…<ぶどう畑>の落ちた実を集
25: 4 <ぶどう畑>の枝をおろしたりしては
民数 16:14 <ぶどう畑>を…私たちに与えてもい
20:17 私たちは…<ぶどう畑>も通りません.
22:24 主の使い…<ぶどう畑>の間の狭い道
申命 6:11 植えなかった<ぶどう畑>とオリーブ
20: 6 <ぶどう畑>を…収穫していない者は
22: 9 <ぶどう畑>に2種類の種を蒔いては
23:24 隣人の<ぶどう畑>に入ったとき，あ
24:21 <ぶどう畑>…を収穫するときは，後
28:30 <ぶどう畑>を作って…収穫…できな
32:32 ゴモラの<ぶどう畑>からのもの．彼
士師 14: 5 サムソン…ティムナの<ぶどう畑>に
Ⅰサム 8:14 <ぶどう畑>…の良い所を取り上げて,
22: 7 エッサイの子が…<ぶどう畑>をくれ,
Ⅰ列 21: 1 ナボテはイズレエルに<ぶどう畑>を
18 ナボテの<ぶどう畑>を取り上げよう
Ⅱ列 5:26 <ぶどう畑>…を受ける時だろうか.
19:29 <ぶどう畑>を作ってその実を食べる.
ネヘ 5: 3 <ぶどう畑>も，家も抵当に．5.
11 <ぶどう畑>…を彼らに返してやりな
ヨブ 24: 6 悪者の<ぶどう畑>をかすめる.
18 <ぶどう畑>の道のほうに向かわない.
詩 107:37 <ぶどう畑>を作り，豊かな実りを得
箴言 24:30 思慮に欠けている者の<ぶどう畑>の
31:16 自分がかせいで，<ぶどう畑>を作り,
伝道 2: 4 私は事業を拡張し…<ぶどう畑>を設
雅歌 1: 6 私を<ぶどう畑>の見張りに立てた…
私は自分の<ぶどう畑>は見張りませ
2:15 <ぶどう畑>を荒らす狐…を捕らえて
おくれ.』私たちの<ぶどう畑>は花
8:11 ソロモンには…<ぶどう畑>があった.
彼は<ぶどう畑>を，守る者に任せ,
イザ 1: 8 残された…<ぶどう畑>の小屋のよう
3:14 あなたがたは，<ぶどう畑>を荒れす
5: 1 <ぶどう畑>についてのわが愛の歌を.
3 わたしと…<ぶどう畑>との間をさば
4 <ぶどう畑>に…しなかったことがあ
7 主の<ぶどう畑>はイスラエルの家.
10 10ツェメドの<ぶどう畑>が1バテを
16:10 <ぶどう畑>の中…喜び歌うこともな
27: 2 麗しい<ぶどう畑>…について歌え.
36:17 連れて行こう…<ぶどう畑>の地であ
エレ 5:10 <ぶどう畑>の石垣に上って滅ぼせ.
12:10 牧者が，私の<ぶどう畑>を荒らし,
31: 5 サマリヤの山々に<ぶどう畑>を作り,

32:15 再びこの国で…<ぶどう畑>が買われ
35: 7 <ぶどう畑>を作ったり…してはなら
39:10 彼らに<ぶどう畑>と畑を与えた.
エゼ 28:26 安らかに住み…<ぶどう畑>を作る.
ホセ 2:15 彼女のために<ぶどう畑>にし, アコ
アモ 4: 9 <ぶどう畑>…がふえても…いなごが
5:11 美しい<ぶどう畑>を作っても, その
17 すべての<ぶどう畑>に嘆きが起こる.
9:14 <ぶどう畑>を作って…ぶどう酒を飲
ゼパ 1:13 <ぶどう畑>を作っても…飲めない.

▼ ふところ

創世 16: 5 私の女奴隷をあなたの<ふところ>に
出エ 4: 6 手を<ふところ>に入れよ.」彼は手
Ⅱサム 12: 3 子羊は…彼の<ふところ>でやすみ,
Ⅰ列 1: 2 処女を…<ふところ>に寝させ, 王さ
3:20 死んだ子を私の<ふところ>に寝かせ
詩篇 74:11 手を<ふところ>から出して…滅ぼし
箴言 6:27 火を<ふところ>にかき込んで…着物
イザ 40:11 主は…子羊を…<ふところ>に抱き,
49:22 息子たちを<ふところ>に抱いて来,
哀歌 2:12 母の<ふところ>で息も絶えようとし
ミカ 7: 5 <ふところ>に寝る者にも…口の戸を
ルカ 6:38 <ふところ>に入れてくれるでしょう.
16:22 貧しい人…アブラハムの<ふところ>
ヨハ 1:18 父の<ふところ>におられるひとり子

▼ ふとる（太る）

士師 3:17 エグロンは非常に<太>っていた.
マタ 22: 4 雄牛も<太>った家畜もほふって, 何

▼ ブナ〔人名〕

ユダ族エラフメエルの子. Ⅰ歴2:25.

▼ ふなちん（船賃）

ヨナ 1: 3 ヨナ…<船賃>を払ってそれに乗り,

▼ ブニ〔人名〕

(1)律法朗読と告白の日に祈ったレビ人. ネヘ9:4.
(2)盟約に調印した, 民のかしら. ネヘ10:15.
(3)エルサレム居住のレビ人の先祖. ネヘ11:15.

▼ ふにん（不妊）

創世 11:30 サライは<不妊>の女で, 子どもがな
29:31 しかしラケルは<不妊>の女であった.
出エ 23:26 流産する者も, <不妊>の者もいなく
士師 13: 2 マノア…の妻は<不妊>の女で, 子ど
Ⅰサム 2: 5 <不妊>の女が7人の子を産み, 多く
ヨブ 24:21 <不妊>の女を食いものにし, やもめ
箴言 30:16 よみと, <不妊>の胎, 水に飽くこと
イザ 54: 1 <不妊>の女よ. 喜び歌え. ガラ4:27.
ルカ 1:36 <不妊>の女…なのに, 今はもう6か
23:29 <不妊>の女…は, 幸いだ』と言う日

▼ ふね（舟, 船）【別項】葦・葦の舟

創世 49:13 ゼブルンは海辺…<船>の着く岸辺.
民数 24:24 <船>がキティム…から来て…悩まし,
申命 28:68 <舟>で, 再びエジプトに帰らせる.
士師 5:17 なぜダンは<舟>にとどまったのか.
Ⅱ歴 9:21 タルシシュへ行く<船>…<船>が金,
20:37 <船>は難破し, タルシシュへそのま
詩篇 48: 7 東風でタルシシュの<船>を打ち砕か
107:23 <船>に乗って海に出る者, 大海であ
箴言 30:19 海の真ん中にある<舟>の道, おとめ
31:14 彼女は商人の<舟>のように…食糧を
イザ 2:16 タルシシュのすべての<船>, すべての慕わしい<船>に襲いかかる.
18: 2 パピルスの<船>を水に浮かべ…使い
23: 1 タルシシュの<船>よ. 泣きわめけ.
33:21 川…櫓をこぐ<船>もそこを通わず,
60: 9 タルシシュの<船>は真っ先に…子ら
エゼ 27: 9 すべての<船>とその水夫たちが…商
25 タルシシュの<船>がおまえの品物を
29 船員はみな, <船>から降りて陸に立
30: 9 使者たちが<船>で送り出され…クシ
ダニ 11:30 キティムの<船>が彼に立ち向かって
ヨナ 1: 3 タルシシュ行きの<船>を見つけ…乗
5 <船>を軽くしようと<船>の積荷を海
マタ 4:22 すぐに<舟>も父も残してイエスに従
8:24 大暴風が起こって, <舟>は大波をか
13: 2 大ぜいの群衆…イエスは<舟>に移っ
14:13 <舟>でそこを去り…寂しい所に行か
22 弟子たちを強いて<舟>に乗り込ませ
29 ペテロは<舟>から出て, 水の上を歩
マコ 5: 2 <舟>から上がられると, すぐに, 汚
6:47 <舟>は湖の真ん中に出ており, イエ
51 <舟>に乗り込まれると, 風がやんだ.
8:14 <舟>の中には, パンがただ一つしか
ルカ 5: 3 イエスは…<舟>から群衆を教えられ
7 魚を両方の<舟>いっぱいに上げたと
11 <舟>を陸に着けると, 何もかも捨て
8:22 弟子たちといっしょに<舟>に乗り,
ヨハ 6:19 イエスが湖の上を歩いて<舟>に近づ
21 イエスを喜んで<舟>に迎えた. <舟>はほどなく目的の地に着いた.
21: 6 <舟>の右側に網をおろしなさい. そ

使徒 13: 4 ふたりは…<船>でキプロスに渡った.
20:13 アソスでパウロを<船>に乗せること
38 彼らはパウロを<船>まで見送った.
21: 6 私たちは<船>に乗り込み，彼らは家
27: 1 <船>でイタリヤへ行くことが決まっ
7 幾日かの間，<船>の進みはおそく，
15 <船>はそれに巻き込まれ，風に逆ら
22 失われるのは<船>だけです.
30 水夫たちは<船>から逃げ出そうとし
31 あの人たちが<船>にとどまっていな
38 麦を海に投げ捨てて，<船>を軽くし
41 浅瀬に乗り上げて，<船>を座礁させ
ヤコ 3: 4 <船>を見なさい…小さなかじによっ
黙示 8: 9 <舟>の3分の1も打ちこわされた.
18:19 <舟>を持つ者はみな，この都のおご

▼ プノン〔地名〕
荒野の宿営地．エドムの町．民数33:42，43.

▼ フバ〔人名〕
アシェル族ショメルの子の一人．I 歴7:34.

▼ フパ〔人名〕
アロンの子孫．祭司を務めた氏族長．I 歴24:13.

▼ フピム〔人名〕
ベニヤミンの子孫．創世46:21，I 歴7:12，15.

▼ ふひんこう（不品行）
マコ 7:21 心から出て来るもの…<不品行>，盗
ヨハ 8:41 私たちは<不品行>によって生まれた
使徒 15:20 <不品行>…を避けるように書き送る
Iコリ 5: 1 あなたがたの間に<不品行>がある…異邦人の中にもないほどの<不品行>
9 <不品行>な者たちと交際しないよう
10 世の中の<不品行>な者…と全然交際
11 兄弟と呼ばれる者で…<不品行>な者，
6: 9 <不品行>な者，偶像を礼拝する者，
13 からだは<不品行>のためにあるので
18 <不品行>を避けなさい…<不品行>を行う者は，自分のからだに対して
7: 2 <不品行>を避けるため…妻を持ち，
IIコリ 12:21 <不品行>…を悔い改めない多くの人
ガラ 5:19 肉の行いは明白…<不品行>，汚れ，
エペ 5: 3 <不品行>も…口にすることさえいけ
コロ 3: 5 <不品行>…を殺してしまいなさい.
Iテサ 4: 3 神のみこころは…<不品行>を避け，
Iテモ 1:10 <不品行>な者…のためにあるのです.
テト 1: 6 子どもは<不品行>を責められたり，
ヘブ 12:16 <不品行>の者や…俗悪な者がないよ
13: 4 <不品行>な者…をさばかれるからで
黙示 2:14 <不品行>を行わせた．20.
21 女は<不品行>を悔い改めようとしな
9:21 <不品行>や，盗みを悔い改めなかっ
14: 8 <不品行>のぶどう酒を…飲ませた者.
17: 2 この女と<不品行>を行い，地に住む
18: 3 彼女の<不品行>に対する激しい御怒
19: 2 神は<不品行>によって地を汚した大
21: 8 <不品行>の者，魔術を行う者，偶像

▼ フファム〔人名〕
ベニヤミンの子孫とその一族．民数26:39.

▼ ぶぶん（部分）
ルカ 11:36 何の暗い<部分>もないなら，その全
Iコリ 12:25 各<部分>が互いにいたわり合うため
26 もし一つの<部分>が苦しめば，すべ
エペ 5:30 私たちはキリストのからだの<部分>

▼ ふへい（不平）
民数 16:11 アロンが何だから…<不平>を言うの
17:10 わたしに対する<不平>を全くなくし
申命 1:34 主は…<不平>を…聞いて怒り，誓っ
ヨシ 9:18 族長たちに向かって<不平>を鳴らし
ヨブ 9:27 <不平>を忘れ…明るくなりたい」と
10: 1 私は自分の<不平>をぶちまけ，私の
21: 4 私の<不平>は人に向かってであろう
ユダ 16 <不平>を鳴らす者で，自分の欲望の

▼ ふほう（不法）
詩篇 36: 3 彼の口のことばは，<不法>と欺きだ.
4 寝床で，<不法>を図り，よくない道
56: 7 彼らの<不法>のゆえに，彼らを投げ
92: 7 <不法>を行う者どもがみな栄えよう
9 <不法>を行う者どもがみな，散らさ
94: 4 <不法>を行う者はみな自慢します.
16 <不法>を行う者に向かって堅く立つ
101: 8 都から，<不法>を行う者を…断ち切
141: 4 <不法>を行う者どもとともに，悪い
箴言 6:12 よこしまな者や<不法>の者は，曲が
10:29 <不法>を行う者には滅びである.
イザ 31: 2 <不法>を行う者を助ける者とを攻め
32: 6 <不法>をたくらんで，神を敬わず，
58: 4 <不法>にこぶしを打ちつけるためだ.
エゼ 22:29 <不法>にも在留異国人をしいたげた.
ホセ 6: 8 ギルアデは<不法>を行う者の町，血
12:11 ギルアデは<不法>そのもの…むなし
マタ 7:23 <不法>をなす者ども．わたしから離

13:41 <不法>を行う者たちをみな，御国か
23:28 内側は偽善と<不法>でいっぱいです．
24:12 <不法>がはびこるので，多くの人た
マコ 6:18 <不法>です」と言い張ったからであ
使徒 2:23 <不法>な者の手によって十字架につ
ロマ 4: 7 <不法>を赦され，罪をおおわれた人
6:19 自分の手足を汚れと<不法>の奴隷と
してささげて，<不法>に進みました
IIコリ 6:14 正義と<不法>とに，どんなつながり
IIテサ 2: 3 まず背教が起こり，<不法>の人，す
7 <不法>の秘密はすでに働いています．
8 その時になると，<不法>の人が現れ
9 <不法>の人の到来は，サタンの働き
テト 2:14 すべての<不法>から贖い出し，良い
ヘブ 10:17 罪と<不法>とを思い出すことはしな
IIペテ 2: 8 <不法>…を見聞きして…心を痛めて
Iヨハ 3: 4 罪を犯している者は…<不法>を行っ

▼ ふまん（不満）
Iサム 22: 2 <不満>のある者たちもみな…集まっ

▼ ふみあらす（踏み荒らす）
ルカ 21:24 エルサレムは異邦人に<踏み荒ら>さ

▼ ふみいれる（踏み入れる）
申命 11:25 足を<踏み入れる>地の全面に…恐れ
箴言 1:15 彼らの通り道に<踏み入れ>てはなら
使徒 20:18 アジヤに足を<踏み入れ>た最初の日

▼ ふみおこなう（踏み行う）
ルカ 1: 6 定めを落度なく<踏み行>っていた．

▼ ふみくだく（踏み砕く）
創世 3:15 彼は，おまえの頭を<踏み砕>き，お
ロマ 16:20 足でサタンを<踏み砕>いてください

▼ ふみつける（踏みつける）
レビ 26:17 憎む者があなたがたを<踏みつける>．
申命 33:29 敵…の背を<踏みつける>．」
士師 8: 7 ギデオンは言った…<踏みつけ>てや
IIサム 22:43 彼らを…粉々に砕いて<踏みつけ>た．
II列 7:17 侍従…民が門で彼を<踏みつけ>たの
9:33 エフーは彼女を<踏みつけ>た．
ヨブ 39:15 野の獣がこれを<踏みつける>ことも
詩篇 44: 5 立ち向かう者どもを<踏みつけ>まし
56: 1 人が私を<踏みつけ>，一日中．2．
57: 3 神は私を<踏みつける>者どもを，責
60:12 神こそ…敵を<踏みつけ>られる方で
91:13 獅子とコブラとを<踏みつけ>，若獅
箴言 10: 8 むだ口をたたく…者は<踏みつけ>ら
27: 7 蜂の巣の蜜も<踏みつける>．しかし
イザ 1:12 だれが，わたしの庭を<踏みつけ>よ，
5: 5 石垣をくずして，<踏みつける>まま
7:25 牛の放牧地，羊の<踏みつける>所と
14:19 <踏みつけ>られるしかばねのようだ．
16: 4 <踏みつける>者が地から消えうせる
25:10 モアブはその所で<踏みつけ>られる．
26: 6 弱い者の歩みが…<踏みつける>．
41:15 山々を<踏みつけ>て粉々に砕く．丘
25 陶器師が粘土を<踏みつける>ように．
63:18 あなたの聖所を<踏みつけ>ました．
エレ 12:10 牧者が…私の地所を<踏みつけ>，私
エゼ 34:19 あなたがたの足が<踏みつけ>た草を
ダニ 7: 7 第4の獣が…残りを足で<踏みつけ>
23 第4の国…全土を…<踏みつけ>，か
ホセ 4:14 悟りのない民は<踏みつけ>られる．
アモ 2: 7 弱い者の頭を地のちりに<踏みつけ>，
5:11 貧しい者を<踏みつけ>…小作料を取
ミカ 7:19 私たちの咎を<踏みつけ>て…海の深
ナホ 3:14 粘土を<踏みつけ>，れんがの型を取
ハバ 3:12 怒って，国々を<踏みつけ>られます．
15 あなたの馬で海を<踏みつけ>，大水
ゼカ 9:15 石投げを使う者を…<踏みつけ>，彼
10: 5 道ばたの泥を<踏みつける>勇士のよ
マラ 4: 3 悪者どもを<踏みつける>．彼らは，
マタ 5:13 塩けをなくしたら…<踏みつけ>られ
ルカ 8: 5 道ばたに落ちた種…<踏みつけ>られ，
10:19 蛇やさそりを<踏みつけ>…権威を授
Iテサ 4: 6 兄弟を<踏みつけ>たり，欺いたりし
ヘブ 10:29 神の御子を<踏みつけ>…御霊を侮る

▼ ふみとどまる（踏みとどまる）
コロ 1:23 信仰に<踏みとどま>らなければなり

▼ ふみならす（踏み鳴らす）
士師 5:22 馬のひづめは地を<踏み鳴ら>し，そ
エゼ 6:11 足を<踏み鳴ら>し…悪に対して，
25: 6 手を打ち，足を<踏み鳴ら>し，イス

▼ ふみにじる（踏みにじる）
申命 28:33 いつまでも…<踏みにじ>られるだけ
士師 20:43 ギブアの向こう側まで<踏みにじ>っ
II列 14: 9 そのあざみを<踏みにじ>った．
ヨブ 20:19 寄るべのない者を<踏みにじ>って見
40:12 悪者どもを，その場で<踏みにじ>れ．
詩篇 7: 5 私のいのちを地に<踏みにじ>らせて
12: 5 悩む人が<踏みにじ>られ，貧しい人
91:13 若獅子と蛇とを<踏みにじ>ろう．
イザ 10: 6 ちまたの泥のように…<踏みにじ>ら

21:10 <踏みにじ>られた私の民，打ち場の
28: 3 酔いどれの…冠は…<踏みにじ>られ，
41: 2 王たちを<踏みにじ>らせ，その剣で
63: 3 憤って彼らを<踏みにじ>った…血の
哀歌 3:34 すべての捕らわれ人…<踏みにじ>り，
エゼ 26:11 ちまたをすべて<踏みにじ>り，剣で
32:12 エジプトの誇りを<踏みにじ>り，そ
34:18 牧場の残った分を足で<踏みにじ>り，
ダニ 8: 7 雄やぎは雄羊を…<踏みにじ>った．
10 星の軍勢…を<踏みにじ>り，
13 聖所と軍勢が<踏みにじ>られる…幻
ホセ 10:14 ベテ・アレベルを<踏みにじ>ったよ
アモ 1: 3 鉄の打穀機でギルアデを<踏みにじ>
ミカ 5: 5 アッシリヤが…宮殿を<踏みにじる>
8 通り過ぎては<踏みにじ>り，引き裂
7:10 敵は道の泥のように<踏みにじ>られ
マタ 7: 6 それを足で<踏みにじ>り，向き直っ
Ⅰコリ 8:12 兄弟…の弱い良心を<踏みにじる>と
黙示 11: 2 聖なる都を42か月の間<踏みにじる>．

▼ ふむ（踏む）【別項】複合動詞

申命 1:36 カレブ…が<踏>んだ地を…子孫に与
2: 5 足の裏で<踏む>ほども…与えない．
11:24 足の裏で<踏む>所は，ことごとくあ
ネヘ 13:15 安息日に酒ぶねを<踏>んでいる者や，
ヨブ 9: 8 神はただひとりで…海の大波を<踏>
24:11 酒ぶねを<踏>みながら，なお渇く．
28: 8 誇り高い獣もこれを<踏>まず，たけ
詩篇 58: 3 母の胎を出たときから，<踏>み迷い，
68:30 銀の品々を<踏>み汚す戦いを喜ぶ，
箴言 6:28 熱い火を<踏>んで，その足が焼けな
イザ 16:10 酒を<踏む>者も，もう<踏>まない．
41:25 長官たちをしっくいのように<踏む>．
63: 2 衣は酒ぶねを<踏む>者のようなのか．
3 わたしはひとりで酒ぶねを<踏>んだ
…わたしは怒って彼らを<踏>み，憤
エレ 25:30 酒ぶねを<踏む>者のように…叫び声
48:33 喜びの声をあげてぶどうを<踏む>者
51:33 バビロン…<踏>まれるときの打ち場
哀歌 1:15 主は，酒ぶねを<踏む>ように…ユダ
ホセ 10:11 麦打ち場で<踏む>ことを好んでいた．
ヨエ 3:13 かまを入れよ…来て，<踏>め．酒ぶ
アモ 9:13 ぶどうを<踏む>者が種蒔く者に近寄
ミカ 1: 3 主は…地の高い所を<踏>まれる．
黙示 14:20 酒ぶねは都の外で<踏>まれたが，血
19:15 神の激しい怒りの酒ぶねを<踏>まれ

▼ フムタ〔地名〕

ユダの山地の町．ヨシ15:54．

▼ ふめつ（不滅）

ロマ 1:23 <不滅>の神の御栄えを，滅ぶべき人
2: 7 <不滅>のものとを求める者には，永
Ⅱテモ 1:10 福音によって，いのちと<不滅>を明

▼ ふもう（不毛）

詩 107:34 肥沃な地を<不毛>の地に変えられる．

▼ ふもと

出エ 19:17 彼らは山の<ふもと>に立った．
申命 3:17 ピスガ…の<ふもと>にある塩の海ま
ルカ 19:37 オリーブ山の<ふもと>に近づかれた

▼ ふやす

創世 17: 2 あなたをおびただしく<ふや>そう．」
48: 4 あなたを<ふや>し…多くの民のつど
出エ 32:13 子孫を空の星のように<ふや>し，わ
申命 7:13 祝福し，あなたを<ふや>し，主があ
士師 9:29 軍勢を<ふや>して，出て来い．」
Ⅰ歴 27:23 星のように<ふや>そうと言われたか
ネヘ 9:23 彼らの子孫を空の星のように<ふや>
詩 105:24 民を大いに<ふや>し…敵よりも強く
115:14 主が…<ふや>してくださるように．
イザ 9: 3 あなたはその国民を<ふや>し…喜び
51: 2 祝福し，彼の子孫を<ふや>したこと
エレ 30:19 わたしは人を<ふや>して減らさず，
33:22 わたしに仕えるレビ人とを<ふやす>．
哀歌 2: 5 ユダ…にうめきと嘆きを<ふや>され
エゼ 11: 6 この町に刺し殺された者を<ふや>し，
22:25 その町にやもめの数を<ふや>した．
28: 5 多くの知恵を使って財宝を<ふや>し，
36:10 イスラエルの全家に人を<ふやす>．
29 穀物を呼び寄せてそれを<ふや>し，
37 羊の群れのように人を<ふや>そう．
37:26 彼らをかばい…<ふや>し…聖所を彼
ホセ 10: 1 祭壇を<ふや>し，その地が豊かにな
Ⅱコリ 9:10 蒔く種を備え，それを<ふや>し，あ
ヘブ 6:14 祝福し，あなたを大いに<ふやす>．」

▼ ふゆ（冬）

創世 8:22 夏と<冬>…は，やむことはない．」
詩篇 74:17 境を定め，夏と<冬>とを造られまし
箴言 20: 4 なまけ者は<冬>には耕さない．それ
雅歌 2:11 <冬>は過ぎ去り，大雨も通り過ぎて
イザ 18: 6 野獣はみな，その上で<冬>を過ごす．
エレ 36:22 王は<冬>の家の座に着いていた．彼
アモ 3:15 わたしは<冬>の家と夏の家とを打つ．

ゼカ 14: 8　夏にも<冬>にも，それは流れる．
マタ 24:20　逃げるのが，<冬>や安息日にならぬ
ヨハ 10:23　時は<冬>であった．イエスは，宮の
使徒 27:12　港が<冬>を過ごすのに適していなか
Ⅰコリ 16: 6　<冬>を越すことになるかもしれませ
Ⅱテモ 4:21　何とかして，<冬>になる前に来てく
テト 3:12　そこで<冬>を過ごすことに決めてい

▼ ふゆかい（不愉快）
ヨナ 4: 1　ヨナを非常に<不愉快>にさせた．ヨ

▼ ぶよ
出エ 8:16　エジプトの全土で，<ぶよ>となろう．
18　<ぶよ>を出そうと…したが，できなかった．<ぶよ>は人や獣についた．
イザ 51: 6　住む者は，<ぶよ>のように死ぬ．し
マタ 23:24　<ぶよ>は，こして除くが，らくだは

▼ プラ〔人名〕
ギデオンに仕えた若者．士師7:10，11．

▼ フライ〔人名〕
ダビデの30勇士の一人．Ⅰ歴11:32．

▼ ふらす（降らす），降らせる
創世 19:24　ソドム…に，硫黄の火を…<降らせ>，
出エ 9:23　主はエジプトの国に雹を<降らせ>た．
ヨシ 10:11　主は天から…大きな石を<降ら>し，
詩篇 68: 8　地は揺れ動き，天も…雨を<降らせ>，
78:27　鳥をも海辺の砂のように<降らせ>た．
イザ 5: 6　雲に命じて…雨を<降らせ>ない．」
30:23　畑に蒔く種に雨を<降らせ>，その土
45: 8　雲よ．正義を<降らせ>よ．地よ．開
エゼ 34:26　季節にかなって雨を<降らせる>．そ
ゼカ 8:12　地は産物を出し，天は露を<降らす>
黙示 13:13　火を天から地に<降らせる>ような大

▼ ブラスト〔人名〕
ヘロデ・アグリッパ1世の侍従．使徒12:20．

▼ フラム〔人名〕
(1)ベニヤミンの子孫．ベラの子．Ⅰ歴8:5．
(2)ツロの王．ヒラム(1)と同人．Ⅱ歴2:3，11，12，8:2，18，9:10，21．
(3)ツロの熟練工．ヒラム(2)と同人．Ⅱ歴2:13，4:11．

▼ フリ〔人名〕
ガド族アビハイルの父．氏族長．Ⅰ歴5:14．

▼ ふり（不利）
マタ 26:62　あなたに<不利>な証言をし．27:13．
コロ 2:14　<不利>な…債務証書を無効にされた

▼ ふりあげる（振り上げる）
ヨブ 31:21　みなしごに…私の手を<振り上げ>た
イザ 10:32　こぶしを<振り上げる>．ゼカ2:9．
19:16　主が…<振り上げる>御手を見て，恐

▼ ふりおとす（振り落とす）
ヨブ 15:33　未熟の実は<振り落と>され，オリー
38:13　悪者を…<振り落と>させた…か．
使徒 28: 5　火の中に<振り落と>して，何の害も

▼ ふりかえる（振り返る）
創世 19:17　うしろを<振り返>ってはいけない．
26　妻は，<振り返>ったので，塩の柱に
ヨシ 8:20　アイ…<振り返>ったとき…町の煙が
Ⅱサム 1: 7　サウルが<振り返>って，私を見て呼
Ⅰ歴 21:20　<振り返る>と御使いが見えた．彼と
ナホ 2: 8　止まれ…と言っても…<振り返>りも

▼ ふりかかる（降りかかる）
創世 42: 4　わざわいが彼に<ふりかかる>といけ
レビ 10:19　私の身に<ふりかか>ったのです．も
申命 31:29　わざわいが…<降りかかる>ことを私
Ⅱサム 3:29　ヨアブ…の父の全家に<ふりかかる>
ヨブ 4:14　おののきが私に<ふりかか>り…骨々
13:13　何が私に<ふりかか>ってもかまわな
30:15　恐怖が私に<ふりかか>り，私の威厳
詩篇 91:10　わざわいは…<ふりかか>らず，えや
イザ 63: 3　血のしたたりが…衣に<ふりかか>り，
エレ 1:14　「わざわいが…<降りかかる>．
ダニ 9:11　のろいと誓いが…<ふりかか>りまし
27　絶滅が，荒らす者…に<ふりかかる>．
使徒 20:19　わが身に<ふりかかる>数々の試練の
ロマ 15: 3　そしりは，わたしの上に<ふりかか>

▼ ふりかける（振りかける）
レビ 4: 6　その血を七たび<振りかけ>なさい．
5: 9　血を祭壇の側面に<振りかけ>，血の
8:30　血を取り…装束の上に<振りかけ>て，
14:16　油を七たび主の前に<振りかける>．
51　その家に七たび<振りかける>．
民数 8: 7　罪のきよめの水を…<振りかける>．
19:13　汚れをきよめる水が<振りかけ>られ
エゼ 36:25　きよい水を…<振りかける>そのとき，

▼ プリスカ〔人名〕
アクラの妻．プリスキラと同人．ロマ16:3，Ⅰコリ16:19，Ⅱテモ4:19．

▼ プリスキラ〔人名〕
アクラの妻．プリスカと同人．使徒18:2，18．

▼ ふりすてる（振り捨てる）
エゼ 18:30　そむきの罪を<振り捨てよ>．不義に
▼ プリム
エス　9:26　プルの名を取って…<プリム>と呼ん
28，29，31，32．
▼ ふりむく（振り向く）
出エ 16:10　彼らは荒野のほうに<振り向>いた．
民数 12:10　ミリヤムのほうを<振り向く>と，見
16:42　会見の天幕のほうを<振り向く>と，
Ⅰサム 24: 8　サウルが…<振り向く>と，ダビデは
Ⅱサム　2:20　アブネルは<振り向>いて言った．
Ⅱ列　2:24　<振り向>いて，彼らをにらみ…のろ
Ⅱ歴　6: 3　王は<振り向>いて…全集団を祝福し
詩篇 71:21　<ふり向>いて私を慰めてくださいま
エレ 46: 5　勇士たちは…<振り向>かずに逃げ去
マタ　9:22　<振り向>いて彼女を見て言われた．
16:23　イエスは<振り向>いて，ペテロに言
マコ　5:30　<振り向>いて，「だれが…着物にさ
8:33　<振り向>いて…ペテロをしかって言
ルカ　9:55　イエスは<振り向>いて，彼らを戒め
22:61　主が<振り向>いてペテロを見つめら
ヨハ　1:38　イエスは<振り向>いて，彼らがつい
20:14　彼女は…<振り向>いた．すると，イ
16　彼女は<振り向>いて…「ラボニ（す
21:20　ペテロは<振り向>いて…愛された弟
黙示　1:12　<振り向く>と，七つの金の燭台が見
▼ ふりん（不倫）
申命 23: 2　<不倫>の子は主の集会に加わっては
▼ フル〔人名〕
(1)モーセの協力者．出エ17:10，12，24:14．
(2)ユダの子孫．出エ31:1，35:30，38:22，Ⅰ歴2:19，20，50，4:1，4，Ⅱ歴1:5．
(3)ミデヤンの君主．民数31:8，ヨシ13:21．
(4)ソロモンの12人の守護の一人の父．Ⅰ列4:8．
(5)城壁を修理した半区長レファヤの父．ネヘ3:9．
(6)セムの子孫アラムの子孫．創世10:23，Ⅰ歴1:17．
▼ ふる（振る）【別項】複合動詞
Ⅱ列 19:21　エルサレムの娘は…頭を<振る>．
ヨブ 16: 4　私は…頭を<振>ったことだろう．
詩 109:23　いなごのように<振>り払われます．
25　私を見て，その頭を<振>ります．
イザ 11:15　御手を川に向かって<振>り動かし，
13: 2　手を<振>って，彼らを貴族の門に，
33:15　手を<振>ってわいろを取らない者，
エレ 18:16　みな色を失い，頭を<振る>．
哀歌　2:15　エルサレム…をあざけって頭を<振>
エゼ 21:21　矢を<振>り混ぜて，テラフィムに伺
ゼパ　1:17　血はちりのように<振>りまかれ，彼
2:15　通り過ぎる者はみな…手を<振>ろう．
マタ 27:39　道を行く人々は，頭を<振>りながら
使徒 13:16　パウロが…手を<振>りながら言った．
19:33　手を<振>って，会衆に弁明しようと
21:40　パウロは…民衆に…手を<振>った．
▼ ふる（降る）【別項】降りかかる
出エ　9:33　雨はもう地に<降>らなくなった．
16: 4　パンが天から<降る>ようにする．民
Ⅰ列 18:38　主の火が<降>って来て，全焼のいけ
伝道 11: 3　雨で満ちると…地上に<降>り注ぐ．
イザ 55:10　雨や雪が天から<降>ってもとに戻ら
ルカ 17:29　ソドム…火と硫黄が天から<降>って，
黙示 11: 6　雨が<降>らないように天を閉じる力
▼ プル
1. リビヤとその住民．プテと同一．イザ66:19．
2. 人名．アッシリヤ王ティグラテ・ピレセル3世のバビロニヤ名．Ⅱ列15:19，Ⅰ歴5:26．
3. くじのペルシヤ語．エス3:7，9:24，26．
▼ ふるい
箴言 20:26　王は悪者どもを<ふるい>にかけ，彼
イザ 30:28　破滅の<ふるい>で国々をふるい，迷
アモ　9: 9　<ふるい>にかけるように…イスラエ
ルカ 22:31　麦のように<ふるい>にかけることを
▼ ふるい（古い）【別項】古い池，古い蛇
レビ 25:22　8年目…<古い>収穫をなお食べてい
26:10　たくわえられた<古い>ものを食べ，
新しいものを前に…<古い>ものを運
Ⅰ歴　4:22　この記録は<古い>．
雅歌　7:13　新しいのも，<古い>のも…最上の物
エレ　5:15　<古>くからある国，昔からある国，
マタ　9:16　真新しい布切れで<古い>着物の継ぎ
13:52　倉から新しい物でも<古い>物でも取
マコ　2:21　新しい継ぎ切れは<古い>着物を引き
ルカ　1:70　<古>くから…預言者たちの口を通し
5:37　新しいぶどう酒を<古い>皮袋に入れ
39　<古い>ぶどう酒を飲んでから，新し
い物を望みはしません．『<古い>物
使徒 21:16　<古>くからの弟子であるキプロス人

ロマ 6: 6 <古い>人がキリストとともに十字架
7: 6 <古い>文字にはよらず，新しい御霊
Ⅰコリ 5: 7 <古い>パン種を取り除きなさい．8.
Ⅱコリ 3:14 <古い>契約が朗読される…おおいが
5:17 <古い>ものは過ぎ去って，見よ，す
エペ 4:22 滅びて行く<古い>人を脱ぎ捨てるべ
コロ 3: 9 <古い>人をその行いといっしょに脱
ヘブ 8:13 初めのものを<古い>とされたのです．
Ⅰヨハ 2: 7 初めから持っていた<古い>命令です
…<古い>命令とは…みことばのこと

▼ ふるいいけ（古い池）
イザ 22:11 貯水池を造って，<古い池>の水を引

▼ ふるいうごく（震い動く）
使徒 4:31 集まっていた場所が<震い動>き，一

▼ ふるいおこす（奮い起こす）
詩篇 68:28 御力を<奮い起こ>してください．私

▼ ふるいたつ（奮い立つ）
士師 20:22 イスラエル人は<奮い立>って，初め
Ⅰサム 4: 9 さあ，ペリシテ人よ．<奮い立>て．
30: 6 ダビデは…主によって<奮い立>った．
Ⅰ歴 5:26 アッシリヤの王…の霊を<奮い立>た
Ⅱ歴 15: 8 アサは…<奮い立>って…忌むべき物
23: 1 エホヤダは<奮い立>って…契約を結
25:11 アマツヤは<奮い立>って…セイルの
32: 5 <奮い立>って，くずれていた城壁を
8 ヒゼキヤ…によって<奮い立>った．
36:22 王クロスの霊を<奮い立>たせたので，
エズ 1: 5 神にその霊を<奮い立>たされた者は
7:28 私は<奮い立>って…かしらたちを集
詩篇 35:23 <奮い立>ってください．目をさまし
イザ 28:21 ギブオンの谷でのように<奮い立>ち，
42:13 主は…戦士のように激しく<奮い立>
エレ 50:41 王が地の果て果てから<奮い立つ>．
51: 1 破壊する者の霊を<奮い立>たせ，
ダニ 11:25 南の王も…<奮い立>ってこれと戦う．
ヨエ 3: 9 聖戦…勇士たちを<奮い立>たせよ．
ナホ 2: 1 大いに力を<奮い立>たせよ．
ハガ 1:14 残りの者の心とを<奮い立>たせたの
Ⅱペテ 1:13 あなたがたを<奮い立>たせることを，
3: 1 純真な心を<奮い立>たせるためなの

▼ ふるいへび（古い蛇）
黙示 12: 9 悪魔とか，サタンとか呼ばれて，全
世界を惑わす，あの<古い蛇>．20:2.

▼ ふるいわける（～分ける）
箴言 20: 8 王は…すべての悪を<ふるい分ける>．
イザ 30:24 <ふるい分け>られた味の良いまぐさ

▼ ふるう 【別項】 ふるい分ける
イザ 30:28 破滅のふるいで国々を<ふる>い，迷
エゼ 38:12 あなたの腕力を<ふる>おうとする．
アモ 9: 9 イスラエルの家を<ふる>い，一つの

▼ ふるえあがる（震え上がる）
出エ 15:15 モアブの有力者らは，<震え上が>り，
19:16 宿営の中の民はみな<震え上が>った．
エス 7: 6 ハマンは王と王妃の前で<震え上が>
詩篇 77:16 わたつみもまた，<震え上が>りまし
イザ 14:16 地を震わせ，王国を<震え上が>らせ，
エゼ 38:20 わたしの前で<震え上が>り，山々は
ダニ 10: 7 彼らは<震え上が>って逃げ隠れた．
ハバ 3: 6 神は…諸国の民を<震え上が>らせる．
マタ 28: 4 番兵たち…<震え上が>り，死人のよ
マコ 16: 8 女たちは…<震え上が>って，気も転
使徒 7:32 モーセは<震え上が>り，見定める勇

▼ ふるえおののく（震えおののく）
出エ 15:15 カナンの住民は…<震えおののく>．
Ⅰサム 14:16 群集は<震えおのの>いて右往左往し

▼ ふるえる（震える），震う 【別項】 震え上がる，震えおののく
出エ 15:14 国々の民は聞いて<震え>，もだえが
19:18 シナイ山は…全山が激しく<震え>た．
申命 2:25 あなたのうわさを聞いて<震え>，あ
Ⅰサム 13: 7 民はみな，<震え>ながら彼に従って
14:15 地は<震え>，非常な恐れとなった．
Ⅱサム 22: 8 天の基も<震え>，揺れた．主がお怒
46 外国人らは…<震え>て出て来ます．
ヨブ 26: 5 死者の霊は…の下にあって<震える>．
11 神がしかると，天の柱は<震>い，恐
34:20 真夜中に死に，民は<震え>て過ぎ去
詩篇 68: 8 シナイも…神の御前で<震え>ました．
77:18 地は<震え>，揺れ動きました．
99: 1 主は王である…地よ，<震え>よ．
104:32 地に目を注がれると，地は<震え>，
119:120 あなたへの恐れで，<震え>ています．
箴言 30:21 地は三つのことによって<震える>．
伝道 12: 3 その日には，家を守る者は<震え>，
イザ 5:25 山々は<震え>，彼らのしかばねは，
24:18 天の窓が開かれ，地の基が<震える>
41: 5 地の果ては<震え>ながら近づいて来
イザ 64: 2 国々は御前で<震える>でしょう．
エレ 4:24 揺れ動き，すべての丘は<震え>てい
8:16 いななきの声に，全地は<震える>．

10:10 怒りに地は<震え>，その憤りに国々
23: 9 心は…砕かれ，私の骨は…<震える>.
49:21 彼らの倒れる音で地は<震え>，その
50:46 捕らえられる音で地は<震え>，その
51:29 地は<震え>，もだえる．主はご計画
エゼ 7:17 気力を失い…ひざもみな<震える>.
12:18 <震え>ながらあなたのパンを食べ，
31:16 諸国の民をその落ちる音で<震え>さ
ダニ 10:11 私は<震え>ながら立ち上がった.
ホセ 11:10 子らは西から<震え>ながらやって来
13: 1 エフライムが<震え>ながら語ったと
ヨエ 2:10 面前で地は<震>い，天は揺れる．太
3:16 天も地も<震える>．だが，主は，そ
アモ 8: 8 このために地は<震え>ないだろうか.
9: 1 敷居が<震える>ようにせよ．そのす
ミカ 7:17 <震え>ながら…主のみもとに出て来
ナホ 2:10 心はしなえ，ひざは<震え>，すべて
ハバ 3:10 山々はあなたを見て<震え>，豪雨は
16 くちびるはその音のために<震える>.
ルカ 8:47 女は…<震え>ながら進み出て，御前
使徒 16:29 看守は…<震え>ながらひれ伏した.
ヘブ 12:21 モーセは，「私は恐れて，<震える>」

▼ フルギヤ〔地名〕

小アジヤ中央部の山岳地域．使徒2:10，18:23.

▼ フルギヤ・ガラテヤ〔地名〕

ガラテヤとフルギヤの境界あたり．使徒16:6.

▼ フルダ〔人名〕

ヨシヤ王の女預言者．Ⅱ列22:14，Ⅱ歴34:22.

▼ フルート

詩篇5題目 <フルート>に合わせて．ダビデの賛

▼ ブルのつき（〜月）

捕囚後のヘブル暦の第８月．Ⅰ列6:38.

▼ ふるびる（古びる）

ヨシ 9: 4 <古び>た袋と<古び>て破れたのに継
13 長い旅のために，<古び>てしまいま
イザ 50: 9 彼らはみな，衣のように<古び>，し
51: 6 地も衣のように<古び>て，その上に
ヘブ 1:11 すべてのものは着物のように<古び>
8:13 年を経て<古び>たものは，すぐに消

▼ ふるまう，ふるまい，大ぶるまい

Ⅰサム 21:13 気が違ったかのように<ふるまい>，
詩 34題目 気が違ったかのように<ふるま>い，
ルカ 5:29 イエスのために<大ぶるまい>をした
Ⅱコリ 3:12 私たちは…大胆に<ふるま>います.
Ⅰテサ 4:12 りっぱに<ふるまう>ことができ，ま
Ⅱペテ 2: 7 好色な<ふるまい>によって悩まされ
ユダ 18 不敬虔な欲望のままに<ふるまう>，

▼ ふるわす（震わす），震わせる

創世 42:28 心配し，身を<震わせ>て互いに言っ
ヨブ 9: 6 神が地をその基から<震わす>と，そ
イザ 13:13 わたしは天を<震わせる>．万軍の主
14:16 この者が，地を<震わせ>，王国を震

▼ フレゴン〔人名〕

ローマにいたキリスト者．ロマ16:14.

▼ ふれまわる（〜回る），ふれる

出エ 36: 6 モーセは…宿営中に<ふれ>させて言
マコ 1:45 この出来事を<ふれ回>り，言い広め

▼ ふれる（触れる）

創世 3: 3 木の実に…<触れ>てもいけない．あ
20: 6 彼女に<触れる>ことを許さなかった
26:11 この人の妻に<触れる>者は，必ず殺
出エ 19:12 山に<触れる>者は，だれでも必ず殺
29:37 祭壇に<触れる>ものもすべて聖なる
レビ 5: 2 汚れたものに<触れ>，汚れる．3.
6:18 それに<触れる>ものはみな，聖なる
27 肉に<触れる>ものはみな，聖なるも
7:19 汚れた物に<触れ>たなら…肉は，食
11: 8 死体に<触れ>てもいけない…汚れた
12: 4 聖なるものにいっさい<触れ>てはな
15: 5 …に<触れる>者は…汚れる．19，22.
22: 4 死体に…汚されたものに<触れる>者,
民数 4:15 聖なるものに<触れ>て死なないため
19:11 死体にでも<触れる>者は…汚れる.
13 遺体に<触れ>，罪の身をきよめない
16 墓に<触れる>者は…汚れる．18.
22 汚れた者が<触れる>ものは…汚れる.
31:19 刺し殺された者に<触れ>た者はだれ
申命 14: 8 豚…の死体にも<触れ>てはならない.
ヨシ 9:19 彼らに<触れる>ことはできない.
士師 6:21 主の使いは…パンに<触れ>た．する
Ⅱサム 23: 7 <触れる>者は…槍の柄でこれを集め,
Ⅰ列 6:27 ケルビムは…翼と翼が<触れ>合って
Ⅱ列 13:21 エリシャの骨に<触れる>や…生き返
ヨブ 2: 6 ただ彼のいのちには<触れる>な.」
5:19 七つ目のわざわいはあなたに<触れ>
6: 7 私はそんなものに<触れる>まい．そ
詩篇 88: 3 私のいのちは，よみに<触れ>ていま
104:32 山々に<触れ>られると…煙を上げま
105:15 油そそがれた者たちに<触れる>な.
箴言 6:29 その女に<触れ>た者は…罰を免れな

イザ 6: 7 彼は，私の口に<触れ>て言った.
エレ 1: 9 御手を伸ばして，私の口に<触れ>,
4:10 剣が私ののどに<触れ>ています.」
ダニ 8: 5 雄やぎが，地には<触れ>ずに，全土
10:10 手が私に<触れ>…ひざと手をゆさぶ
16 私のくちびるに<触れ>た．それで，
アモ 9: 5 主が，地に<触れる>と，それは溶け，
ハガ 2:12 どんな食物にでも<触れ>たなら，そ
ゼカ 2: 8 『あなたがたに<触れる>者は，わた
しのひとみに<触れる>者だ.
マタ 17: 7 イエスが…彼らに手を<触れ>，「起
Ⅰコリ 7: 1 男が女に<触れ>ないのは良いことで
Ⅱコリ 6:17 汚れたものに<触れ>ないようにせよ.
ヘブ 12:20 山に<触れる>ものは石で打ち殺され
Ⅰヨハ 5:18 悪い者は彼に<触れる>ことができな

▼ プロ〔人名〕
パウロに同行したソパテロの父．使徒20:4.

▼ ふろうしゃ（浮浪者）
箴言 6:11 あなたの貧しさは<浮浪者>のように，

▼ プロコロ〔人名〕
エルサレム教会の配給係．使徒6:5.

▼ ふろしき
ルカ 19:20 1ミナ…<ふろしき>に包んでしまっ

▼ プワ〔人名〕
(1)イッサカルの第2子プア(2)と同人，及びその子孫．創世46:13，民数26:23.
(2)イッサカル人．士師トラの父．士師10:1.

▼ ふん（糞）【別項】鳩の糞，糞の門
ヨブ 20: 7 <糞>のようにとこしえに滅びる．彼
エゼ 4:12 目の前で，人の<糞>で焼け．15.
ゼパ 1:17 はらわたは<糞>のようにまき散らさ
マラ 2: 3 あなたがたの顔に<糞>をまき散らす.
あなたがたの祭りの<糞>を．あなた

▼ ぶん（分）【別項】受ける分
レビ 8:29 いけにえ…のうちからモーセの<分>
Ⅱ列 25:30 日々の<分>をいつも王から支給され
Ⅱ歴 31: 3 王の<分>は王の財産から出した.
4 祭司とレビ人の<分>を与えるように
35: 5 レビ人に…一族の<分>があるように
ネヘ 12:44 律法で定められた<分>を…集めた.
詩 142: 5 生ける者の地で，私の<分>の土地で
エレ 13:25 わたしがあなたに量り与える<分>で
エゼ 48: 7 東側から西側までがユダの<分>であ
ダニ 1: 5 王は…毎日の<分>を彼らに割り当て，
マタ 21:34 収穫…主人は自分の<分>を受け取ろ
Ⅰコリ 7:17 主からいただいた<分>に応じ，また

▼ ふんがい（憤慨）
ネヘ 4: 1 <憤慨>して，ユダヤ人たちをあざけ
マコ 14: 4 <憤慨>して…言った．「何のために，
香油をこんなにむだに．マタ26:8.

▼ ぶんかつ（分割）
ヨシ 18: 5 七つの割り当て地に<分割>しなさい.
詩篇 60: 6 シェケムを<分割>し，スコテの谷を
ダニ 5:28 『パルシン』とは…国が<分割>され，
11: 4 天の四方に向けて<分割>される．そ
アモ 7:17 土地は測りなわで<分割>される．あ
Ⅰコリ 1:13 キリストが<分割>されたのですか.

▼ ふんき（奮起）
Ⅱコリ 9: 2 熱心は，多くの人を<奮起>させまし

▼ ふんさい（粉砕）
民数 33:52 彼らの石像をすべて<粉砕>し，彼ら
申命 12: 3 彼らの神々の彫像を<粉砕>して，そ
イザ 7: 8 エフライムは<粉砕>されて，もう民

▼ ぶんしょ（文書）
Ⅱ歴 2:11 王フラムは<文書>を送ってソロモン
36:22 おふれを出し，<文書>にして言った.
エズ 1: 1 王は…おふれを出し，<文書>にして
エス 4: 8 ユダヤ人を滅ぼすために…発布され
た法令の<文書>の写し．3:14.
ダニ 6: 8 王よ…<文書>に署名し，取り消しの
7:10 座に着き，幾つかの<文書>が開かれ
9: 2 70年…を，<文書>によって悟った.

▼ ふんとう（奮闘）
ピリ 1:27 信仰のために，ともに<奮闘>してお
コロ 1:29 労苦しながら<奮闘>しています.

▼ ぶんどる（分捕る），分捕り品，分捕り物
民数 31:26 捕虜として<分捕>ったものの数を調
32 奪った戦利品以外の<分捕りもの>は，
申命 2:35 <分捕>った家畜…略奪した物とは別
ヨシ 7:21 <分捕り物>の中に，シヌアルの美し
8: 2 <分捕り物>と家畜だけは…戦利品と
22: 8 <分捕り物>は…同胞と分け合いなさ
士師 5:19 銀の<分捕り品>を得なかった.
30 <分捕り物>を…分けているのではあ
8:24 <分捕り物>の耳輪を私に下さい．25.
Ⅰサム 14:30 <分捕り物>を十分食べていたなら，
32 民は<分捕り物>に飛びかかり，羊，
Ⅰサム 30:16 多くの<分捕り物>を奪ったからであ
19 <分捕り物>も…何一つ失わなかった.

20　これはダビデの<分捕り物>です」と
22　<分捕り物>を…分けてやるわけには
26　長老たちに<分捕り物>…を送って言
Ⅱサム 3:22　ヨアブが…たくさんの<分捕り物>を
8:12　ハダデエゼルからの<分捕り物>であ
12:30　多くの<分捕り物>. Ⅱ歴14:13.
Ⅰ列 20:21　馬と戦車を<分捕>り，アラムを打っ
Ⅱ列 3:23　今，モアブよ，<分捕>りに行こう.」
Ⅰ歴 26:27　<分捕り物>を，主の宮を修理するた
Ⅱ歴 15:11　<分捕り物>の中から…いけにえとし
24:23　<分捕り物>を全部，ダマスコ…に送
28: 8　<分捕り物>をサマリヤに持って行っ
15　<分捕り物>を用いて衣服を着せた.

箴言 1:13　<分捕り物>で，われわれの家を満た
16:19　<分捕り物>を分けるのにまさる.
イザ 8: 4　サマリヤの<分捕り物>が，アッシリ
9: 3　<分捕り物>を分けるときに楽しむよ
33: 4　<分捕り物>は，油虫が物を集めるよ
23　<分捕り物>や獲物は分け取られ，足
53:12　彼は強者たちを<分捕り物>としてわ
エレ 38: 2　いのちは彼の<分捕り物>として彼の
ものになり…生きる. 39:18, 45:5.
49:32　家畜の群れは<分捕り物>になる. わ
ゼカ 14: 1　あなたから<分捕>った物が…分けら
ルカ 11:22　武具を奪い，<分捕り品>を分けます.

▼ ふんのもん（糞の門）

エルサレム城壁南東部の門. ネヘ2:13, 3:14, 12:31.

▼ ぶんぱ（分派）

Ⅰコリ 11:19　<分派>が起こるのもやむをえないか
ガラ 5:20　憤り，党派心，分裂，<分派>,
テト 3:10　<分派>を起こす者は，1，2度戒め

▼ ぶんぱい（分配）

ネヘ 13:13　任務は，兄弟たちに分け前を<分配>
使徒 13:19　地を相続財産として<分配>されまし
Ⅰコリ 9:10　脱穀する者が<分配>を受ける望みを

▼ ふんべつ（分別）

Ⅰ歴 22:12　主があなたに思慮と<分別>を与えて,
ヨブ 12:20　神は…長老たちの<分別>を取り去り,
詩 107:27　よろめき，ふらついて<分別>が乱れ
119:66　よい<分別>と知識を私に教えてくだ
箴言 1: 4　わきまえのない者に<分別>を与え,
5: 2　<分別>を守り…くちびるが知識を保
8: 5　<分別>をわきまえよ. 愚かな者よ.
12　知恵であるわたしは<分別>を住みか
28: 7　おしえを守る者は<分別>のある子,
エレ 49: 7　賢い者から<分別>が消えうせ，彼ら
ルカ 6:11　彼らはすっかり<分別>を失ってしま

▼ ぶんべん（分娩）

出エ 1:16　「ヘブル人の女に<分娩>させるとき,

▼ ぶんり（分離）

Ⅱコリ 6:17　彼らと<分離>せよ，と主は言われる.

▼ ぶんれつ（分裂）

詩篇 55: 9　ことばを混乱させ，<分裂>させてく
ダニ 2:41　それは<分裂>した国のことです. そ
マコ 3:24　国が内部で<分裂>したら，その国は
26　サタンも…<分裂>していれば，立ち
ルカ 12:51　平和を与えるため…むしろ，<分裂>
ヨハ 7:43　イエスのことで<分裂>が起こった.
9:16, 10:19.
ロマ 16:17　<分裂>…を引き起こす人たちを警戒
Ⅰコリ 11:18　<分裂>があると聞いています. ある
12:25　からだの中に<分裂>がなく，各部分
ガラ 5:20　憤り，党派心，<分裂>，分派,
ユダ 19　<分裂>を起こし，生まれつきのまま

▼ ベアルヤ〔人名〕

ダビデの身辺護衛をした勇士. Ⅰ歴12:5.

▼ ベアロテ〔地名〕

(1)ユダの最南端の町の一つ. ヨシ15:24.
(2)ソロモンの第9行政区の町. Ⅰ列4:16.

▼ へいあん（平安）

創世 15:15　<平安>のうちに…先祖のもとに行き,
出エ 18:23　民もみな，<平安>のうちに自分のと
民数 6:26　あなたに<平安>を与えられますよう
申命 23: 6　<平安>も，しあわせも求めてはなら
Ⅰサム 25: 6　『あなたに<平安>がありますように.
Ⅰ列 2:33　王座には…主から<平安>が下されよ
Ⅰ歴 12:18　ダビデよ…あなたに<平安>があるよ
うに. あなたを助ける者に<平安>が
Ⅱ歴 14: 1　この地は10年の間，<平安>を保った.
5　王国は彼の前に<平安>を保った.

15: 5 この時期には…<平安>がありません
エズ 5: 7 ダリヨス王に全き<平安>があります
9:12 彼らの<平安>も…求めてはならない．
詩篇 4: 8 <平安>のうちに私は身を横たえ，す
29:11 <平安>をもって，ご自身の民を祝福
94:13 わざわいの日に…<平安>を賜るから
箴言 3: 2 いのちの年と<平安>が増し加えられ
17 その通り道はみな<平安>である．
雅歌 8:10 あの方の目には<平安>をもたらす者
イザ 26: 3 あなたは全き<平安>のうちに守られ
38:17 私の苦しんだ苦しみは<平安>のため
48:22 悪者どもには<平安>がない」と主は
53: 5 彼への懲らしめが私たちに<平安>を
54:13 子どもたちには，豊かな<平安>があ
57: 2 <平安>に入り，まっすぐに歩む人は，
19 遠くの者…近くの者にも<平安>あれ．
エレ 6:14 <平安>がないのに，『<平安>だ，<平安>だ』と言っている．8:11.
12:12 すべての者には<平安>がない．
14:13 <平安>を…与える』と人々に言って
19 <平安>を待ち望んでも，幸いはなく，
16: 5 わたしの<平安>…を取り去った．
23:17 <平安>があると告げられた』としき
28: 9 <平安>を預言する預言者については，
29:11 <平安>を与える計画で…将来と希望
30: 5 恐怖があって<平安>はない．
33: 6 彼らに<平安>と真実を豊かに示す．
38: 4 この民のために<平安>を求めず，か
哀歌 3:17 私のたましいは<平安>から遠のき，
エゼ 13:16 <平安>がないのに<平安>の幻を見て
ダニ 4: 1 あなたがたに<平安>が豊かにあるよ
ゼカ 8:12 <平安>の種が蒔かれ，ぶどうの木は
マタ 10:13 <平安>はきっとその家に来る…ふさわしい家でないなら，その<平安>は
ルカ 10: 5 まず，『この家に<平安>があるよう
6 <平安>の子がいたら…<平安>は，そ
ヨハ 14:27 <平安>を残します…わたしの<平安>を与えます…世が与えるのとは違い
16:33 わたしにあって<平安>を持つためで
20:19 イエスが…「<平安>があなたがたにあるように.」21，26.
使徒 9:31 教会は…築き上げられて<平安>を保
15:33 兄弟たちの<平安>のあいさつに送ら
ロマ 8: 6 御霊による思いは，いのちと<平安>
Ⅰコリ 16:11 彼を<平安>のうちに送り出して，私
Ⅱコリ 1: 2 恵みと<平安>があなたがたの上にあ
ガラ 5:22 御霊の実は，愛，喜び，<平安>，寛
6:16 神のイスラエルの上に，<平安>とあ
エペ 6:23 <平安>と信仰に伴う愛とが兄弟たち
ピリ 4: 7 すべての考えにまさる神の<平安>が，
コロ 1: 2 神から，恵みと<平安>があなたがた
Ⅰテモ 2: 2 <平安>で静かな一生を過ごすためで
ヘブ 12:11 訓練された人々に<平安>な義の実を
Ⅰペテ 5:14 すべての者に，<平安>がありますよ
Ⅱペテ 1: 2 イエスを知る…<平安>が…ますます
3:14 <平安>をもって御前に出られるよう
Ⅲヨハ 3 <平安>は，私たちとともにあります．
ユダ 2 どうか，あわれみと<平安>と愛が，

▼へいえい（兵営）

使徒 21:34 パウロを<兵営>に連れて行くように

▼へいえき（兵役）

Ⅱテモ 2: 4 <兵役>についていながら，日常生活

▼へいおん（平穏）

士師 18: 7 <平穏>で安心しきっていた．この地
Ⅱ列 11:20 この町は<平穏>であった．彼らはア
Ⅱ歴 20:30 ヨシャパテの治世は<平穏>であった．
ヨブ 21:23 全く<平穏>のうちに死ぬだろう．
詩篇 35:20 地の<平穏>な人々に，欺きごとをた
イザ 32:17 義はとこしえの<平穏>と信頼をもた
エレ 30:10 ヤコブは…<平穏>に安らかに生き，

▼へいし（兵士）

マタ 8: 9 私自身の下にも<兵士>たちがいまし
27:27 総督の<兵士>たちは，イエスを官邸
28:12 <兵士>たちに多額の金を与えて，
マコ 15:16 <兵士>たちはイエスを，邸宅，すな
ルカ 3:14 <兵士>たちも，彼に尋ねて言った．
7: 8 私の下にも<兵士>たちがいまして，
23:11 ヘロデは，自分の<兵士>たちといっ
36 <兵士>たちもイエスをあざけり，そ
ヨハ 18: 3 ユダは一隊の<兵士>と，祭司長，パ
19: 2 <兵士>たちは，いばらで冠を編んで，
34 <兵士>のうちのひとりがイエスのわ
使徒 10: 7 敬虔な<兵士>ひとりとを呼び寄せ，
12: 4 ４人１組の<兵士>４組に引き渡して
21:32 <兵士>たちと百人隊長たちとを率い
23:31 <兵士>たちは…パウロを引き取り，
27:32 <兵士>たちは，小舟の綱を断ち切っ
42 <兵士>たちは，囚人たちがだれも泳
Ⅰコリ 9: 7 自分の費用で<兵士>になる者がいる
Ⅱテモ 2: 3 キリスト・イエスの…<兵士>として，

▼ へいたい（兵隊）

マタ 22: 7　王は怒って，<兵隊>を出して…人殺
使徒 23:10　<兵隊>に，下に降りて行って，パウ
　27　私は<兵隊>を率いて行って，彼を助

▼ へいち（平地）

創世 11: 2　シヌアルの地に<平地>を見つけ，そ
Ⅰ列 20:23　私たちが<平地>で彼らと戦うなら，
Ⅱ歴 35:22　メギドの<平地>で戦うために行った．
イザ 40: 4　すべての谷は埋め…地は<平地>に，
　41:18　わたしは…<平地>に泉をわかせる．
エレ 48: 8　谷は滅びうせ，<平地>は根絶やしに
ゼカ 4: 7　ゼルバベルの前で<平地>となれ．彼

▼ へいわ（平和）

創世 26:29　<平和>のうちにあなたを送り出した
レビ 26: 6　わたしはまたその地に<平和>を与え
民数 25:12　彼にわたしの<平和>の契約を与える．
申命 29:19　私には<平和>がある」と心の中で自
ルツ 1: 9　夫の家で<平和>な暮らしができるよ
Ⅰサム 7:14　エモリ人の間には<平和>があった．
　16: 4　<平和>なことでおいでになったので
Ⅱサム 20:19　私は…<平和>な，忠実な者のひとり
Ⅰ列 4:24　周辺のすべての地方に<平和>があっ
　5:12　ヒラムとソロモンとの間には<平和>
Ⅰ歴 22: 9　彼の世に…<平和>と平穏を与えよう．
エス 9:30　この手紙は，<平和>と誠実のことば
　10: 3　自分の全民族に<平和>を語ったから
ヨブ 15:21　<平和>なときにも荒らす者が彼を襲
　21: 9　彼らの家は<平和>で恐れがなく，神
　22:21　神と和らぎ，<平和>を得よ．そうす
　25: 2　神はその高き所で<平和>をつくる．
詩篇 34:14　<平和>を求め，それを追い求めよ．
　35:20　彼らは<平和>を語らず，地の平穏な
　37:37　<平和>の人には子孫ができる．
　55:18　敵の挑戦から，<平和>のうちに贖い
　72: 3　義によって，民に<平和>をもたらし
　7　月のなくなるときまで…<平和>があ
　85: 8　御民と聖徒たちとに<平和>を告げ，
　10　義と<平和>とは，互いに口づけして
　119:165　みおしえを愛する者…<平和>があり，
　120: 6　<平和>を憎む者とともに住んでいた．
　7　私は<平和>を…彼らは戦いを望むの
　122: 6　エルサレムの<平和>のために祈れ．
　8　おまえのうちに<平和>があるように．
　125: 5　イスラエルの上に<平和>があるよう
　147:14　主は，あなたの地境に<平和>を置き，
箴言 12:20　<平和>を図る人には喜びがある．
　17: 1　<平和>であるのは，ごちそうと争い
イザ 9: 6　永遠の父，<平和>の君」と呼ばれる．
　7　その<平和>は限りなく，ダビデの王
　26:12　私たちのために<平和>を備えておら
　32:17　義は<平和>をつくり出し，義はとこ
　18　わたしの民は，<平和>な住まい，安
　33: 7　<平和>の使者たちは激しく泣く．
　39: 8　自分が生きている間は，<平和>で安
　45: 7　<平和>をつくり，わざわいを創造す
　52: 7　<平和>を告げ知らせ，幸いな良い知
　54:10　わたしの<平和>の契約は動かない」
　59: 8　彼らは<平和>の道を知らず…歩む者
　はだれも，<平和>を知らない．
　60:17　<平和>をあなたの管理者とし，義を
エレ 4:10　欺かれ…<平和>が来る』と仰せられ
　9: 8　口先では友人に<平和>を語るが，腹
　25:37　<平和>な牧場も，主の燃える怒りに
エゼ 7:25　<平和>を求めるが，それはない．
　34:25　彼らと<平和>の契約を結び．37:26．
エゼ 38:11　私は…<平和>な国に侵入しよう．彼
ミカ 3: 5　<平和>があるように」と叫ぶが，彼
　5: 5　<平和>は次のようにして来る．アッ
ナホ 1:15　<平和>を告げ知らせる者の足が山々
ハガ 2: 9　わたしはまた，この所に<平和>を与
ゼカ 6:13　ふたりの間には<平和>の一致がある．
　7: 7　人が住み，<平和>であったとき，ま
　8:16　真実と<平和>のさばきを行え．
　19　だから，真実と<平和>を愛せよ．」
　9:10　この方は諸国の民に<平和>を告げ，
マラ 2: 5　彼との契約は，いのちと<平和>であ
　6　<平和>と公正のうちに，彼はわたし
マタ 5: 9　<平和>をつくる者は幸いです．その
　10:34　<平和>をもたらすために来たのでは
ルカ 1:79　われらの足を<平和>の道に導く．」
　2:14　地の上に，<平和>が，御心にかなう
　12:51　地に<平和>を与えるためにわたしが
　19:38　天には<平和>．栄光は，いと高き所
　42　<平和>のことを知っていたのなら．
使徒 10:36　キリストによって，<平和>を宣べ伝
　24: 2　閣下のおかげで…すばらしい<平和>
ロマ 2:10　<平和>は，ユダヤ人をはじめギリシ
　3:17　また，彼らは<平和>の道を知らない．
　5: 1　キリストによって，神との<平和>を
　12:18　すべての人と<平和>を保ちなさい．

14:17　神の国…義と<平和>と聖霊による喜
19　<平和>に役立つこと…を追い求めま
15:13　すべての喜びと<平和>をもって満た
33　<平和>の神が…ともにいてください
16:20　<平和>の神は…サタンを踏み砕いて
Ⅰコリ 7:15　<平和>を得させようと…召されたの
14:33　神が混乱の神ではなく，<平和>の神
Ⅱコリ 13:11　<平和>を保ちなさい．そうすれば，愛と<平和>の神はあなたがたととも
エペ 2:14　キリストこそ私たちの<平和>であり，
15　人に造り上げて，<平和>を実現する
17　遠くにいたあなたがたに<平和>を宣
4: 3　<平和>のきずなで結ばれて御霊の一
6:15　足には<平和>の福音の備えをはきな
ピリ 4: 9　そうすれば，<平和>の神が…ともに
コロ 1:20　十字架の血によって<平和>をつくり，
3:15　キリストの<平和>が…心を支配する
Ⅰテサ 5: 3　<平和>だ．安全だ」…突如として滅
13　お互いの間に<平和>を保ちなさい．
23　<平和>の神ご自身が…聖なるものと
Ⅱテサ 3:16　<平和>の主ご自身が…いつも，あなたがたに<平和>を与えてくださいま
Ⅱテモ 2:22　義と信仰と愛と<平和>を追い求めな
ヘブ 7: 2　サレムの王，すなわち<平和>の王で
13:20　イエスを…導き出された<平和>の神
ヤコ 3:17　上からの知恵は…<平和>，寛容，温
18　義の実を結ばせる種は，<平和>をつくる人によって<平和>のうちに蒔か
Ⅰペテ 3:11　<平和>を求めてこれを追い求めよ．
黙示 6: 4　地上から<平和>を奪い取ることが許

▼ ペウルタイ〔人名〕
オベデ・エドムの子．神殿の門衛．Ⅰ歴26:5.

▼ ベエシュテラ〔地名〕
逃れの町の一つ．ヨシ21:27.

▼ ベエラ〔人名〕
(1)ルベン族の長．アッシリヤに捕囚．Ⅰ歴5:6.
(2)アシェル族の勇士．かしら．Ⅰ歴7:37.

▼ ベエリ〔人名〕
(1)ヘテ人．エフディテの父．創世26:34.
(2)預言者ホセアの父．ホセ1:1.

▼ ベエル〔地名〕
(1)モアブの地．イスラエルの宿営地．民数21:16.
(2)ゲリジム山近辺．士師9:21.

▼ ベエル・エリム
モアブの町．ベエルと同地か．イザ15:8.

▼ ベエル・シェバ〔地名〕
ユダの最南端の町の一つ．創世21:14, 31, 32, 33, 22:19, 26:33, 28:10, 46:1, 5, ヨシ15:28, 19:2, 士師20:1, Ⅰサム3:20, 8:2, Ⅱサム3:10, 24:2, Ⅰ列4:25, 19:3, Ⅱ列23:8, Ⅰ歴4:28, 21:2, Ⅱ歴19:4, 24:1, 30:5, ネヘ11:27, アモ5:5.

▼ ベエルヤダ〔人名〕
ダビデの子．エルヤダと同人．Ⅰ歴14:7.

▼ ベエル・ラハイ・ロイ
カデシュとベレデの間にある井戸．創世16:14, 24:62, 25:11.

▼ ベエロテ
1. 地名．ベニヤミンの町．ヨシ9:17, 18:25.
2. ベエロテ人．1. の出身者．Ⅱサム4:2, 3, 9.

▼ ベエロテ・ベネ・ヤアカン〔地名〕
宿営地．ベネ・ヤアカンと同地．申命10:6.

▼ ベオル〔人名〕
(1)エドムの最初の王ベラの父．創世36:32.
(2)占い師バラムの父．民数22:5, Ⅱペテ2:15.

▼ ペオル
1. 地名．ネボ山近くのモアブの山．バアル・ペオルと同じ．民数23:28, ヨシ22:17.
2. 偶像．モアブの神．民数25:18, 31:16.

▼ ベオン〔地名〕
モアブの町．民数32:3.

▼ ベカ〔度量衡〕
貴金属の計量単位．創世24:22, 出エ38:26.

▼ ペカ〔人名〕
イスラエルの王．Ⅱ列15:25, 27, 29, 30, 31, 32, 37, 16:1, 5, Ⅱ歴28:6, イザ7:1.

▼ ヘガイ〔人名〕
ペルシヤ王の侍従．エス2:3, 8, 15.

▼ ペカフヤ〔人名〕
イスラエルの王．Ⅱ列15:22, 23, 26.

▼ へきぎょく（碧玉）
出エ 28:20　第４列は緑柱石…<碧玉>．これらを
エゼ 28:13　緑柱石，しまめのう，<碧玉>，サフ
黙示 4: 3　その方は，<碧玉>や赤めのうのよう
21:11　透き通った<碧玉>のようであった．

▼ ペーキュス〔度量衡〕
黙示 21:17　城壁を測ると…144<ペーキュス>あ

▼ベケル〔人名〕
(1)ベニヤミンの子．創世46:21，Ⅰ歴7:6，8.
(2)エフライムの子孫とその一族．民数26:35.
▼ベコデ
南バビロニヤのアラム人部族．エレ50:21.
▼ベコラテ〔人名〕
サウル王の先祖の一人．Ⅰサム9:1.
▼ベサイぞく（～族）
宮に仕えるしもべたちの一氏族．エズ2:49.
▼ヘシュボン〔地名〕
エモリ人の王シホンの町．民数21:25，26，27，28，30，34，32:3，37，申命1:4，ヨシ9:10，士師11:19，ネヘ9:22，雅歌7:4，イザ15:4.
▼ヘシュモン〔地名〕
ユダの最南端の町の一つ．ヨシ15:27.
▼ヘジル〔人名〕
(1)ダビデ時代の祭司．Ⅰ歴24:15.
(2)律法遵守の盟約に調印した人．ネヘ10:20.
▼ペスト
使徒 24: 5 まるで<ペスト>のような存在で，世
▼ヘズヨン〔人名〕
アラムの王．レゾンと同人．Ⅰ列15:18.
▼ベゼク〔地名〕
(1)ユダとシメオンの地．士師1:4.
(2)ヤベシュ・ギルアデの近く．Ⅰサム11:8.
▼ベソデヤ〔人名〕
城壁修理者メシュラムの父．ネヘ3:6.
▼へそのお（～緒）
エゼ 16: 4 <へその緒>を切る者もなく，水で洗
▼ベソルがわ（～川）
ツィケラグ西南の最大の川．Ⅰサム30:9，21.
▼ペダツル〔人名〕
マナセ族の長ガムリエルの父．民数1:10，2:20.
▼へだて（隔て）
エペ 2:14 キリストこそ…<隔て>の壁を打ちこ
▼ベダデ〔人名〕
エドムの王ハダデの父．創世36:35，Ⅰ歴1:46.
▼ベタニヤ〔地名〕
(1)オリーブ山東麓の村．マタ21:17，26:6，マコ11:1，11，12，14:3，ルカ19:29，24:50，ヨハ11:1，18，12:1.
(2)ヨルダンの東側の村．ヨハ1:28.
▼ベタフ〔地名〕
ツォバの王ハダデエゼルの町の一つ．Ⅱサム8:8.
▼ペタフヤ〔人名〕
ダビデ時代の第19組の祭司．Ⅰ歴24:16.
▼ペタヘヤ〔人名〕
(1)異邦人の女をめとったレビ人．エズ10:23.
(2)ユダ族出身．ペルシヤの役人．ネヘ11:24.
▼ペダヤ〔人名〕
(1)エホヤキム王の母ゼブダの父．Ⅱ列23:36.
(2)エコヌヤ王の子．ゼルバベルの父．Ⅰ歴3:18.
(3)エルサレムの城壁を修理した人．ネヘ3:25.
(4)帰還後エルサレム在住のサルの先祖．ネヘ11:7.
(5)マナセの半部族の長ヨエルの父．Ⅰ歴27:20.
▼ベダン〔人名〕
(1)マナセ族ウラムの子．Ⅰ歴7:17.
(2)士師の一人．Ⅰサム12:11.
▼べつ（別）
エス 4:14 <別>の所から，助けと救いがユダヤ
使徒 26:29 この鎖は<別>として，私のようにな
ロマ 3:21 今は，律法とは<別>に，しかも律法
4: 6 行いとは<別>の道で神によって義と
▼ベツァイ
1. 人名．捕囚帰還の民のかしら．ネヘ10:18.
2. ベツァイ族．捕囚帰還氏族の一つ．エズ2:17.
▼ベツァルエル〔人名〕
(1)ユダ族出身．名工匠．出エ31:2，35:30，38:22.
(2)異邦人の女をめとった者の一人．エズ10:30.
▼ベツェル
1. 地名．レビ人の町．ヨシ21:36，Ⅰ歴6:78.
2. 人名．アシェル族の氏族の長．Ⅰ歴7:37.
▼ベツサイダ〔地名〕
ガリラヤの町．マタ11:21，マコ6:45，8:22，ルカ9:10，10:13，ヨハ1:44，12:21.
▼べつめい（別名）
使徒 13: 9 サウロ，<別名>でパウロは，聖霊に
▼ヘツライ〔人名〕
ダビデの30勇士の一人．Ⅱサム23:35.
▼へつらい，へつらう
申命 33:29 あなたの敵はあなたに<へつら>い，
ヨブ 32:21 私は…どんな人にも<へつら>わない.
22 <へつらう>ことを知らないから．そ
詩篇 5: 9 彼らはその舌で<へつらい>を言うの
12: 2 <へつらい>のくちびると，二心で話

36: 2 彼は…自分に<へつら>っている．お
66: 3 敵は，御前に<へつら>い服します．
81:15 主に<へつら>っているが，彼らの刑
箴言 7:21 <へつらい>のくちびるで彼をいざな
26:28 <へつらう>口は滅びを招く．
28:23 <へつらい>を言う者より後に，恵み
29: 5 自分の友人に<へつらう>者は，自分
Iテサ 2: 5 <へつらい>のことばを用いたり，む
ユダ 16 <へつら>って人をほめるのです．

▼ベツレヘム
1.地名．
(1)ユダの町．創世35:19，士師17:7，ルツ1:1，Ⅰサム17:12，Ⅱサム23:14，Ⅰ歴11:16，エズ2:21，ネヘ7:26，エレ41:17，ミカ5:2，マタ2:1，5，6，8，16，ルカ2:4，15，ヨハ7:42．
(2)ナザレの北西の小村．ヨシ19:15．
2.ベツレヘム人．Ⅰサム16:1，18，17:58．

▼ヘツロ〔人名〕
ダビデの30勇士の一人．Ⅰ歴11:37．

▼ヘツロン
1.地名．ユダ南の境界線上の町．ヨシ15:3．
2.人名．
(1)ルベンの子．創世46:9，出エ6:14，Ⅰ歴5:3．
(2)ユダ族ペレツの子．ヘツロン族の祖先．創世46:12，民数26:21，ルツ4:18，Ⅰ歴2:5，9．
3.ヘツロン族．民数26:6，21．

▼ヘテ
1.人名．カナンの子．創世10:15，Ⅰ歴1:13．
2.ヘテ人．
(1)1.の子孫．創世23:3，10，25:10，26:34．
(2)シリヤの民．ヨシ1:4，Ⅱサム11:3，Ⅰ列10:29，11:1，Ⅱ列7:6，Ⅱ歴1:17，エゼ16:3，45．

▼ベテ・アズマベテ〔地名〕
エルサレム付近の町．ネヘ7:28．

▼ベテ・アナテ〔地名〕
ナフタリの要塞都市．ヨシ19:38，士師1:33．

▼ベテ・アノテ〔地名〕
ユダの町．ヨシ15:59．

▼ベテ・アベン〔地名〕
ベテルの東のベニヤミンの町か．ヨシ7:2，18:12，Ⅰサム13:5，14:23，ホセ4:15，5:8，10:5．

▼ベテ・アレベル〔地名〕
ギルアデの町か．ホセ10:14．

▼ベテ・エツェル〔地名〕
ユダ南部の町．ミカ1:11．

▼ベテ・エデン〔地名〕
シリヤ（アラム）の小国の首都．アモ1:5．

▼ベテ・ガデル〔地名〕
ユダの町．城壁を巡らした町．Ⅰ歴2:51．

▼ベテ・ガムル〔地名〕
モアブの平地の町．エレ48:23．

▼ベテ・カル〔地名〕
ベニヤミンの町．Ⅰサム7:11．

▼ベテ・ギルガル〔地名〕
エリコ平原の町．ギルガル(1)と同地．ネへ12:29．

▼ベテ・シェアン〔地名〕
カナン人の要害都市．ベテ・シャンと同地．ヨシ17:11，16，士師1:27，Ⅰ列4:12，Ⅰ歴7:29．

▼ベテ・シェメシュ
1.地名．
(1)ユダの北の境界線上の町．ヨシ15:10，21:16，Ⅰサム6:9，12，19，Ⅰ列4:9，Ⅱ列14:11．
(2)イッサカルの町．ヨシ19:22．
(3)ナフタリの町．士師1:33．
2.ベテ・シェメシュ人．1.(1)の住民．Ⅰサム6:14．

▼ベテ・シャン〔地名〕
ベテ・シェアンと同地．Ⅰサム31:10，12，Ⅱサム21:12．

▼ベテスダ
エルサレムの羊の門近くの池．ヨハ5:2．

▼ベテ・ダゴン〔地名〕
(1)ユダの低地の町．ヨシ15:41．
(2)カルメル山東方の町．ヨシ19:27．

▼ベテ・タプアハ〔地名〕
ユダの山地の町．ヨシ15:53．

▼ベテ・ツル〔地名〕
ユダの山地の町．ヨシ15:58，Ⅰ歴2:45．

▼ベテ・ディブラタイム〔地名〕
モアブの代表的な町．エレ48:22．

▼ベテ・トガルマ〔地名〕
ツロと交易をした町．エゼ27:14，38:6．

▼ベテ・ニムラ〔地名〕
ヨルダン川の東にあるガドの町．ニムラと同地民数32:36，ヨシ13:27．

▼ベテ・ハアラバ〔地名〕
ユダの荒野の町．ヨシ15:6，61，18:22．

▼ベテ・バアル・メオン〔地名〕
ルベンの町．ヨシ13:17.

▼ベテ・ハエシモテ〔地名〕
イスラエル最後の宿営地．民数33:49.

▼ベテ・ハエメク〔地名〕
アクレ平原の町．ヨシ19:27.

▼ベテ・ハガン〔地名〕
エスドラエロン平原南端の町．Ⅱ列9:27.

▼ベテパゲ〔地名〕
エルサレムの東の町．マタ21:1，マコ11:1，ルカ19:29.

▼ベテ・ハケレム〔地名〕
エルサレム付近の町．ネヘ3:14，エレ6:1.

▼ベテ・ハシタ〔地名〕
ヨルダン川流域，アダム付近の町．士師7:22.

▼ベテ・パツェツ〔地名〕
イッサカルの町．ヨシ19:21.

▼ベテ・バラ
ヨルダン川の渡し場か．士師7:24.

▼ベテ・ハラム〔地名〕
ガドの町．ヨシ13:27.

▼ベテ・ハラン〔地名〕
ベテ・ハラムと同地．民数32:36.

▼ベテ・ビルイ〔地名〕
シメオンの町．Ⅰ歴4:31.

▼ベテ・ペオル〔地名〕
ルベンの町．申命3:29，4:46，34:6.

▼ベテ・ペレテ〔地名〕
ユダの最南端の町の一つ．ヨシ15:27，ネヘ11:26.

▼ベテ・ホグラ〔地名〕
ベニヤミンの町．ヨシ15:6，18:19，21.

▼ベテ・ホロン〔地名〕【別項】上ベテ・ホロン，下ベテ・ホロン
エフライムの町．上下二つの町の名称．ヨシ10:10，11，18:14，21:22，Ⅱ歴25:13.

▼ベテ・マルカボテ〔地名〕
シメオンの町．ヨシ19:5，Ⅰ歴4:31.

▼ベテ・ミロ
シェケムの町の要塞の名称．士師9:6，20.

▼ベテ・メオン〔地名〕
モアブの町．エレ48:23.

▼ベデヤ〔人名〕
異邦人の女をめとった人．エズ10:35.

▼ベテ・ラファ〔人名〕
ユダ族エシュトンの子．Ⅰ歴4:12.

▼ベテル
1. 地名．エルサレムの北，アイの西の町．創世12:8，13:3，28:19，31:13，35:1，3，6，8，15，16，ヨシ7:2，8:9，12，17，12:9，16，16:1，2，18:13，22，士師1:22，23，4:5，20:18，26，31，21:2，19，Ⅰサム7:16，10:3，13:2，30:27，Ⅰ列12:29，32，33，13:1，4，10，11，32，Ⅱ列2:2，3，23，10:29，17:28，23:4，15，17，19，エズ2:28，エレ48:13，ホセ12:4，アモ3:14，4:4，5:5，6，7:10，13.
2. ベテル人．Ⅰ列16:34.

▼ベテ・レアフラ〔地名〕
ペリシテの町か．ミカ1:10.

▼ベテ・レバオテ〔地名〕
シメオンの町．ヨシ19:6.

▼ベテ・レホブ〔地名〕
パレスチナ北方の町．士師18:28，Ⅱサム10:6.

▼ペテロ〔人名〕
12弟子の一人．シモン，シメオン，ケパとも呼ばれる：召命，ヨハ1:40-42；漁師，マタ4:18；使徒として召される，マタ10:2-4；水の上を歩く，マタ14:28-33；キリストの神性を告白する，マタ16:13-20；イエスに叱責される，マタ16:21-23；変貌山の目撃者，マタ17:1-8；キリストを3回否認する，マタ26:69-75；五旬節での説教，使徒2:1-41；アナニヤとサッピラをさばく，使徒5:1-11；ドルカスを生き返らせる，使徒9:36-43；コルネリオの回心，使徒10章；投獄と救出，使徒12:3-19；エルサレム会議に参加，使徒15:7-14；パウロに叱責される，ガラ2:14.

▼ヘテロン〔地名〕
イスラエルの北境の地．エゼ47:15，48:1.

▼ベテン〔地名〕
アシェルの町．ヨシ19:25.

▼ベトエル
1. 地名．シメオンの町．Ⅰ歴4:30.
2. 人名．リベカとラバンの父．創世22:22，23，24:15，24，47，50，25:20，28:2，5.

▼ペトエル〔人名〕
預言者ヨエルの父．ヨエ1:1.

▼ベトニム〔地名〕
ガドの町．ヨシ13:26.

▼ベドラハ
創世 2:12 そこには，<ベドラハ>としまめのう
民数 11: 7 マナは…その色は<ベドラハ>のよう

▼ベトル〔地名〕
シメオンの町．ベトエルと同地．ヨシ19:4.

▼ペトル〔地名〕
メソポタミヤ北部の町．民数22:5，申命23:4.

▼ヘナ〔地名〕
ユーフラテス河畔の町．II列18:34，19:13.

▼ヘナダデ〔人名〕
城壁再建工事に参加．エズ3:9，ネヘ3:18，24.

▼ベナヤ〔人名〕
(1)ダビデの30勇士の一人．IIサム8:18，23:20，22，I列1:8，10，26，32，36，38，44，2:25，29，30，34，35，46，4:4，I歴11:22，24.
(2)エフライム族ピルアトン人．勇士．IIサム23:30.
(3)ヒゼキヤ時代のシメオン族の氏族長．I歴4:36.
(4)レビ人．10弦の琴を奏した．I歴15:18，20.
(5)ラッパを吹く祭司．I歴15:24，16:6.
(6)エホヤダの父．I歴27:34.
(7)ヨシャパテ時代のレビ人．II歴20:14.
(8)ヒゼキヤ時代のレビ人．II歴31:13.
(9)異邦人の女をめとった者の一人．エズ10:25.
(10)異邦人の女をめとった者の一人．エズ10:30.
(11)異邦人の女をめとった者の一人．エズ10:35.
(12)異邦人の女をめとった者の一人．エズ10:43.
(13)悪しき指導者ペラテヤの父．エゼ11:1，13.

▼べにしんじゅ（紅真珠）
哀歌 4: 7 そのからだは，<紅真珠>より赤く，

▼ベニヌ〔人名〕
律法遵守の盟約に調印したレビ人．ネヘ10:13.

▼ベニヤミン【別項】ベニヤミンの門
1. 人名．
(1)ヤコブの12人の子の末子．創世35:18，24，42:4，36，43:14，16，29，34，44:12，45:12，14，46:21，49:27，出エ1:3，I歴2:2，8:1.
(2)ビルハンの子．勇士．I歴7:10.
(3)異邦人の女をめとった者の一人．エズ10:32.
2. ベニヤミン人（族）．1.(1)の子孫．
士師 3:15 <ベニヤミン人>…左ききのエフデを
20:18 「…だれが最初に…<ベニヤミン族>と戦うのでしょうか.」21，23，24，21:13，20，23.
Iサム 9: 1 <ベニヤミン人>で，その名をキシュ
21 最も小さい<ベニヤミン人>ではあり
エス 2: 5 モルデカイ…<ベニヤミン人>キシュ
詩篇 7題目 <ベニヤミン人>クシュのことについ
ロマ 11: 1 この私も…<ベニヤミン族>の出身で

▼ベニヤミンのもん（～門）
神殿の北東の門．エレ20:2，ゼカ14:10.

▼ペニンナ〔人名〕
エルカナの妻の一人．Iサム1:2，4.

▼ペヌエル
1. 地名．ヤコブが神と格闘した所．創世32:30，31，士師8:8，9，17，I列12:25.
2. 人名．
(1)ユダ族フルの子．ゲドルの父．I歴4:4.
(2)ベニヤミン族シャシャクの子．I歴8:25.

▼ベネ・ベラク〔地名〕
ヨッパの東方の地．ヨシ19:45.

▼ベネ・ヤアカン〔地名〕
イスラエルの宿営地．民数33:31，32.

▼ベバイ〔人名〕
捕囚帰還の氏族長の一人とその一族．エズ2:11，8:11，10:28，ネヘ7:16，10:15.

▼へび（蛇），蛇使い【別項】青銅の蛇，古い蛇，燃える蛇
創世 3: 1 <蛇>が一番狡猾であった．<蛇>は女
13 <蛇>が私を惑わしたのです．それで
14 神である主は<蛇>に仰せられた．
49:17 ダンは，道のかたわらの<蛇>，小道
出エ 4: 3 杖は<蛇>になった．モーセはそれか
7:10 投げたとき，それは<蛇>になった．
15 <蛇>に変わったあの杖を手に取って，
民数 21: 6 <蛇>は民にかみつき，イスラエルの
7 <蛇>を私たちから取り去ってくださ
9 もし<蛇>が人をかんでも，その者が
申命 32:33 ぶどう酒は<蛇>の毒，コブラの恐ろ
ヨブ 26:13 御手は逃げる<蛇>を刺し通す．
詩篇 58: 5 これは，<蛇使い>の声も，巧みに呪
91:13 若獅子と<蛇>とを踏みにじろう．
140: 3 <蛇>のように，その舌を鋭くし，そ
箴言 23:32 これが<蛇>のようにかみつき，まむ
30:19 岩の上にある<蛇>の道，海の真ん中
伝道 10: 8 石垣をくずす者は<蛇>にかまれる．

11 <蛇>がまじないにかからずにかみつ
イザ 14:29 <蛇>の子孫からまむしが出，その子
27: 1 逃げ惑う<蛇>レビヤタン，曲がりくねる<蛇>レビヤタンを罰し，海にい
30: 6 飛びかける燃える<蛇>のいる所を通
34:15 <蛇>もそこに巣を作って卵を産み，
65:25 <蛇>は，ちりをその食べ物とし，わ
エレ 46:22 彼女の声は<蛇>のように消え去る．
アモ 5:19 <蛇>が彼にかみつくようなものであ
9: 3 わたしは<蛇>に命じて，そこで彼ら
ミカ 7:17 彼らは，<蛇>のように，地をはうも
マタ 7:10 子が魚を…だれが<蛇>を与えるでし
10:16 <蛇>のようにさとく，鳩のようにす
23:33 おまえたち<蛇>ども，まむしのすえ
マコ 16:18 <蛇>をもつかみ，たとい毒を飲んで
ルカ 10:19 <蛇>やさそりを踏みつけ，敵のあら
11:11 魚の代わりに<蛇>を与えるような父
ヨハ 3:14 モーセが荒野で<蛇>を上げたように，
Ⅱコリ 11: 3 <蛇>が悪巧みによってエバを欺いた
黙示 9:19 その尾は<蛇>のようであり，それに
12:14 <蛇>の前をのがれて養われるためで
15 <蛇>はその口から水を川のように女

▼ ヘフェル

1. 地名．シャロンの平野にある町．Ⅰ列4:10.

2. 人名．

(1)マナセの子孫．彼からヘフェル族が出た．民数26:32，33，27:1，ヨシ17:2，3.

(2)ユダの子孫．アシュフルの子．Ⅰ歴4:6.

(3)メケラ人．ダビデの30勇士の一人．Ⅰ歴11:36.

▼ ヘフツィ・バハ〔人名〕

ヒゼキヤ王の妻．マナセ王の母．Ⅱ列21:1.

▼ ヘブルご（～語）

使徒 6: 1 <ヘブル語>を使うユダヤ人たちに対
ヨハ5:2，19:13，17，20，20:16，使徒21:40，22:2，26:14，黙示9:11，16:16.

▼ ヘブルじん（～人）

創世 14:13 <ヘブル人>アブラムのところに来て，
39:14，17，40:15，41:12，43:32，出エ1:15，16，19，2:6，7，11，13，3:18，5:3，7:16，9:1，13，10:3，21:2，申命15:12，Ⅰサム4:6，9，13:3，7，19，14:11，21，29:3，エレ34:9，14，ヨナ1:9，Ⅱコリ11:22，ピリ3:5.

▼ ヘブロン

1. 地名．ユダの山地の重要な町．創世13:18，23:2，19，35:27，37:14，民数13:22，ヨシ10:3，36，14:14，15:13，54，Ⅰサム30:31，Ⅱサム2:3，3:2，32，Ⅱ歴11:10.

2. 人名．

(1)レビ人．ケハテの子．出エ6:18，民数3:19，Ⅰ歴6:2，18，23:12，19.

(2)カレブの子孫．マレシャの子．Ⅰ歴2:42，43.

3. ヘブロン族．2.(1)の子孫．民数3:27，26:58.

▼ ヘベル

1. 人名．

(1)アシェルの孫．創世46:17，Ⅰ歴7:31，32.

(2)ケニ人．ヤエルの夫．士師4:11，21，5:24.

(3)ユダ族エズラの子孫．Ⅰ歴4:18.

(4)ベニヤミン族エルパアルの子．Ⅰ歴8:17.

2. ヘベル族．1.(1)の子孫．民数26:45.

▼ ヘマム〔人名〕

ホリ人ロタンの子．創世36:22.

▼ ヘマン〔人名〕

(1)サムエルの孫．神殿音楽指揮者．Ⅰ歴6:33，15:17，19，16:41，42，Ⅰ歴25:5，Ⅱ歴5:12.

(2)ソロモン時代の賢者．Ⅰ列4:31，詩篇88題目.

▼ ヘムダン〔人名〕

ホリ人．ハムランと同人．創世36:26.

▼ へや（部屋）

創世 6:14 箱舟に<部屋>を作り，内と外とを木
43:30 ヨセフは…奥の<部屋>に入って行っ
士師 3:24 屋上の<部屋>にかんぬきがかけられて…「王はきっと涼み<部屋>で用を
15: 1 「私の妻の<部屋>に入りたい」と言
16: 9 彼女は，奥の<部屋>に待ち伏せして
Ⅰ列 17:19 その子を…屋上の<部屋>にかかえて
Ⅱ列 4:10 屋上に壁のある小さな<部屋>を作り，
23:11 宦官…の<部屋>のそばの主の宮の入
Ⅰ歴 23:28 彼らの役目は…脇<部屋>のこと，き
エズ 8:29 エルサレムの主の宮の<部屋>で，祭
10: 6 エズラは…ヨハナンの<部屋>に行き，
ネヘ 3:31 2階の<部屋>のところまで修理した．
10:37 神の宮の<部屋>に携えて来ることに
12:44 初物や10分の1を納める<部屋>を管
13: 4 神の宮の<部屋>を任されていた祭司
ネヘ 13: 7 神の宮の庭にある一つの<部屋>を彼
詩篇 19: 5 太陽は，<部屋>から出て来る花婿の
箴言 7:27 彼女の家は…死の<部屋>に下って行

24: 4　<部屋>は知識によってすべて尊い，
イザ 26:20　あなたの<部屋>に入り，うしろの戸
エレ 36:10　その<部屋>は主の宮の新しい門の入
ダニ 6:10　屋上の<部屋>の窓はエルサレムに向
ヨエ 2:16　花嫁を自分の<部屋>から呼び出せ．
マタ 6: 6　祈るときには自分の奥まった<部屋>

▼ ベラ
1. 地名．死海南東の町．創世14:2，8．
2. 人名．
(1)エドムの最初の王．創世36:32，I歴1:43，44．
(2)ソドムの王．創世14:2．
(3)ベニヤミンの第1子．創世46:21，I歴7:6．
(4)ルベンの子孫．アザズの子．I歴5:8．
3. ベラ族．2.(3)の子孫．民数26:38．

▼ベラカ〔人名〕【別項】ベラカの谷
ダビデの勇士の一人．I歴12:3．

▼ ベラカのたに（～谷）
テコア近辺の谷．II歴20:26．

▼ へらす（減らす）
出エ 5:11　おまえたちの労役は…<減ら>さない
21:10　夫婦の務めを<減ら>してはならない．
レビ 25:16　買い値を<減ら>さなければならない．
申命 4: 2　また，<減ら>してはならない．私が
詩 107:38　主はその家畜を<減ら>されない．
エゼ 16:27　あなたの食糧を<減ら>した．そして，

▼ ペラツィムのやま（～山）
エルサレム近辺の山か．イザ28:21．

▼ ペラテヤ〔人名〕
(1)ゼルバベルの孫．I歴3:21．
(2)シメオン族の氏族の長の一人．I歴4:42．
(3)エゼキエル時代の民の長．エゼ11:1，13．
(4)盟約に調印した民のかしら．ネヘ10:22．

▼ ヘラム〔地名〕
ガリラヤ湖東方の地．IIサム10:16，17．

▼ ベラヤ〔人名〕
ベニヤミン族の子孫．I歴8:21．

▼ ペラヤ〔人名〕
(1)ユダ族ダビデの子孫．I歴3:24．
(2)律法を解き明かしたレビ人．ネヘ8:7，10:10．

▼ ペラルヤ〔人名〕
捕囚帰還の祭司．アムツィの子．ネヘ11:12．

▼ ヘリ〔人名〕
マリヤの夫ヨセフの父．ルカ3:23．

▼ ベリ
1. 人名．アシェルの子孫．I歴7:36．
2. ベリ人．IIサム20:14．

▼ ベリア
1. 人名．
(1)アシェルの子．創世46:17，民数26:44．
(2)エフライムの子．I歴7:23．
(3)ベニヤミン族エルパアルの子．I歴8:13，16．
(4)レビ人．神殿奉仕者．I歴23:10，11．
2. ベリア族．1.(1)の子孫．民数26:44．

▼ ベリアル
サタンを指す呼び名．IIコリ6:15．

▼ ペリカン
レビ 11:18　白ふくろう，<ペリカン>，野がん，
申命14:17，詩篇102:6，イザ34:11，
ゼパ2:14．

▼ ペリクス〔人名〕
ユダヤの総督．使徒23:24，26，24:2，22，24，25，27，25:14．

▼ へりくだる
レビ 26:41　無割礼の心は<へりくだ>り，彼らの
I列 21:29　アハブがわたしの前に<へりくだ>っ
II列 22:19　主の前に<へりくだ>り，自分の衣を
II歴 7:14　民がみずから<へりくだ>り，祈りを
12: 6　つかさたちと王とは<へりくだ>り，
7　<へりくだ>った様子をご覧になると
…<へりくだ>ったので…滅ぼさない．
12　彼が<へりくだ>ったとき，主の怒り
30:11　ある人々は<へりくだ>って，エルサ
32:26　ヒゼキヤが…<へりくだ>り，彼およ
33:12　神の前に大いに<へりくだ>って，
34:27　心を痛め，神の前に<へりくだ>り，
エズ 8:21　神の前で<へりくだ>り…道中の無事
ヨブ 22:29　神は<へりくだる>者を救われるから
箴言 3:34　<へりくだる>者には恵みを授ける．
11: 2　知恵は<へりくだる>者とともにある．
16:19　<へりくだ>って貧しい者とともにい
イザ 29:19　<へりくだる>者は主によって…喜び，
57:15　わたしは…<へりくだ>った人ととも
に住む．<へりくだ>った人の霊を生
66: 2　目を留める者は，<へりくだ>って心
ダニ 4:17　最も<へりくだ>った者をその上に立
37　高ぶって歩む者を<へりくだ>った者
10:12　<へりくだ>ろうと決めたその初めの
ミカ 6: 8　<へりくだ>って…神とともに歩むこ
ゼパ 2: 3　この国のすべての<へりくだる>者よ．
3:12　<へりくだ>った…民を残す．彼らは

マタ 11:29　わたしは心優しく，<へりくだ>って
ピリ　2: 3　<へりくだ>って，互いに人を自分よ
ヤコ　4: 6　高ぶる者を退け，<へりくだる>者に恵みをお授けになる．Ⅰペテ5:5.
　　　　10　主の御前で<へりくだ>りなさい．そ
Ⅰペテ　5: 6　神の力強い御手の下に<へりくだ>り

▼ぺリジじん（〜人）
カナンの先住民の一つ．創世13:7，15:20，34:30，出エ3:8，17，23:23，33:2，34:11，申命7:1，20:17，ヨシ3:10，9:1，11:3，17:15，24:11，士師1:4，5，3:5，Ⅰ列9:20，エズ9:1，ネヘ9:8.

▼ぺリシテ，ぺリシテ人
ヤフォからガザに至る海岸平野及びそこに住んだ海洋民族：ミツライムの子孫，創世10:13-14；元カフトル島の住民か，エレ47:4；イスラエルを試すため残される，士師3:1-6；サムソンとの戦い，士師13-16章；主の箱をダゴンの宮に運ぶ，Ⅰサム4-5章；ゴリヤテ破れる，Ⅰサム17:1-54；ダビデが逃れ住む，Ⅰサム27:1-7；サウルと息子たちを殺す，Ⅰサム31章；ダビデにしばしば破れる，Ⅱサム5:17-25；ウジヤに破れる，Ⅱ歴26:6-7；ヒゼキヤに破れる，Ⅱ列18:8；イスラエルへの敵意ゆえに復讐される．エゼ25:15-17；完全な滅亡，ゼパ2:4-6.
創世 26:15　<ぺリシテ人>は…アブラハムの時代
Ⅰサム　5: 1　<ぺリシテ人>は神の箱を奪って，そ
エレ 47: 1　<ぺリシテ人>について…主のことば.
エゼ 25:16　主は…<ぺリシテ人>に手を伸ばし，
ゼパ　2: 5　<ぺリシテ人>…おまえを消し去って，
ゼカ　9: 6　<ぺリシテ人>の誇りを絶やし，

▼ぺリダぞく（〜族）
ソロモンのしもべたちの子孫．ネヘ7:57.

▼へる（減る）
創世　8: 3　水は150日の終わりに<減>り始め，
箴言 13:11　急に得た財産は<減る>が，働いて集
イザ 19: 6　エジプトの川…水かさが<減>って，
エレ 29: 6　そこでふえよ．<減>ってはならない.

▼ベル〔偶像〕
バビロンの主神マルドゥクの呼称．イザ46:1，エレ50:2，51:44.

▼ベール
創世 24:65　リベカは<ベール>を取って身をおお
　　38:14　タマルは…<ベール>をかぶり，着替
イザ　3:19　耳輪，腕輪，<ベール>，
エゼ 13:18　<ベール>を作って，人々をわなにか
　　　　21　あなたがたの<ベール>をはがし，わ

▼ヘルア〔人名〕
ユダ族アシュフルの妻の一人．Ⅰ歴4:5，7.

▼ぺルガ〔地名〕
パンフリヤ地方の首都．使徒13:13，14:25.

▼ヘルカイ〔人名〕
祭司氏族メラヨテ族のかしら．ネヘ12:15.

▼ヘルカテ〔地名〕
アシェル所領内のレビ人の町．ヨシ19:25，21:31.

▼ヘルカテ・ハツリム〔地名〕
ギブオンの町の池の近辺．Ⅱサム2:16.

▼ぺルガモ〔地名〕
ムシヤ地方の主要都市．黙示1:11，2:12.

▼ぺルシス〔人名〕
ローマの教会の婦人会員．ロマ16:12.

▼ぺルシヤ〔地名〕
エズ　1: 1　<ぺルシヤ>の王クロスの第１年に，Ⅱ歴36:20，22，23，エズ1:2，8，3:7，4:3，7:1，エス1:3，14，18，19，10:2，エゼ27:10，ダニ8:20，10:1，13，20，11:2.

▼ベルシャツァル〔人名〕
新バビロニヤ帝国最後の王．ダニ5:1，2，9，22，29，30，7:1，8:1.

▼ベルゼブル
悪霊のかしら．マタ10:25，12:24，27，マコ3:22，ルカ11:15，18，19.

▼ヘルダイ〔人名〕
⑴ダビデの30勇士の一人．Ⅰ歴27:15.
⑵捕囚帰還民．金銀をささげた．ゼカ6:10，14.

▼ぺルダぞく（〜族）
ソロモンのしもべたちの子孫．エズ2:55.

▼ベルテシャツァル〔人名〕
ダニエルのバビロニヤ名．ダニ1:7，2:26，4:8，9，18，19，5:12，10:1.

▼ベルニケ〔人名〕
ヘロデ・アグリッパ１世の子．使徒25:13，23.

▼ヘルバ〔地名〕
アシェルの町．士師1:31.

▼ヘルベナこう（〜香）
出エ 30:34　<ヘルベナ香>，これらの香料と純粋

▼ヘルボン〔地名〕
ダマスコ北方の地．ぶどうの産地．エゼ27:

18.
▼ヘルマス〔人名〕
ローマの教会のキリスト者．ロマ16:14.
▼ヘルメス
1.人名．ローマのキリスト者．ロマ16:14.
2.偶像．ゼウスの末子．使徒14:12.
▼ヘルモゲネ〔人名〕
パウロから離れて行った人．IIテモ1:15.
▼ヘルモン，ヘルモン山
パレスチナ北部の最高峰．申命3:8，9，4:48，ヨシ11:3，17，12:1，5，13:5，11，I歴5:23，詩篇42:6，89:12，133:3，雅歌4:8.
▼ヘレク
1.地名．キリキヤの一地方．エゼ27:11.
2.人名．ギルアデ族の人．民数26:30.
3.ヘレク族．2.から出た一氏族．ヨシ17:2.
▼ペレグ〔人名〕
アブラハムの祖先．創世10:25，ルカ3:35.
▼ベレクヤ〔人名〕
(1)エコヌヤの子孫．I歴3:20.
(2)ダビデ時代の楽長アサフの父．I歴6:39.
(3)捕囚帰還民の一人．アサの子．I歴9:16.
(4)ダビデ時代のレビ人．門衛．I歴15:23.
(5)エフライム族のかしらの一人．II歴28:12.
(6)アモン人のトビヤと姻戚関係．ネへ3:4，6:18.
(7)預言者ゼカリヤの父．イドの子．ゼカ1:1，7.
▼ヘレシュ〔人名〕
捕囚帰還民．レビ人指導者の一人．I歴9:15.
▼ペレシュ〔人名〕
マナセ族マキルの子．I歴7:16.
▼ヘレスのさかみち（～坂道）
ヨルダン川の東，スコテ付近．士師8:13.
▼ヘレツ〔人名〕
(1)ダビデの30勇士の一人．IIサム23:26.
(2)ユダの子孫．アザルヤの子．I歴2:39.
▼ペレツ
1.人名．ユダとタマルの子．創世38:29，46:12，民数26:20，ルツ4:12，18，ネヘ11:4.
2.ペレツ族．1.から出た氏族．民数26:20，21.
▼ペレツ・ウザ〔地名〕
キルヤテ・エアリムの南東．IIサム6:8.
▼ヘレデ〔人名〕
ダビデの30勇士の一人．I歴11:30.
▼ベレデ
1.地名．カデシュ付近．創世16:14.
2.人名．ベケル(2)と同人．I歴7:20.
▼ペレテ
1.人名．
(1)モーセに反抗したオンの父．民数16:1.
(2)ユダ族ヨナタンの子．I歴2:33.
(3)ユダ族ヤフダイの子．I歴2:47.
(4)ダビデの勇士の一人．I歴12:3.
2.ペレテ人．ダビデの近衛兵．ペリシテ人の一族か．IIサム8:18，15:18，20:7，23.
▼ヘレフ〔地名〕
ナフタリの町．ヨシ19:33.
▼ヘレブ〔人名〕
ダビデの30勇士の一人．IIサム23:29.
▼ヘレム〔人名〕
アシェル族の氏族長の一人．I歴7:35.
▼ベレヤ
1.地名．マケドニヤの古い町．使徒17:10，13.
2.ベレヤ人．1.の住民．使徒20:4.
▼ベロタ〔地名〕
ベロタイと同地．エゼ47:16.
▼ベロタイ〔地名〕
ハマテとダマスコの間の町．IIサム8:8.
▼ヘロデ〔人名〕
(1)ユダヤの大王．マタ2:1，3，7，12，13，15，16，19，22，ルカ1:5.
(2)ヘロデ・アンテパス．(1)の子．マタ14:1，マコ6:14，ルカ3:19，9:7，13:31，23:7，8，12.
(3)ヘロデ・アグリッパ1世．(1)の孫．使徒12:1.
▼ヘロデオン〔人名〕
ローマのキリスト者．ロマ16:11.
▼ベロテじん（～人）
ベエロテの町の先住民．I歴11:39.
▼ヘロデとう（～党）
ヘロデ王朝を支持する団体．マタ22:16，マコ3:6，12:13.
▼ヘロデヤ
ヘロデ・アンテパスの妻．マタ14:3，マコ6:17，19，22，ルカ3:19.
▼ペロニじん（～人）
I歴11:27 ‹ペロニ人›ヘレツ．36，27:10.
▼ヘロン〔人名〕
ゼブルン族エリアブの父．民数1:9，2:7.

▼ベン〔人名〕
ダビデ時代の神殿楽隊の一人．Ｉ歴15:18.

▼ベン・アミ〔人名〕
ロトの子．アモン人の先祖．創世19:38.

▼ベン・オニ〔人名〕
ラケルの付けたベニヤミンの名．創世35:18.

▼べんかい（弁解）
創世 44:16　何と言って<弁解>することができま
ヨハ 15:22　罪について<弁解>の余地はありませ
ロマ 1:20　彼らに<弁解>の余地はないのです．

▼へんけん（偏見）
Ｉテモ 5:21　これらのことを<偏見>なしに守り，

▼べんご（弁護），弁護士
詩篇 35:24　義にしたがって，私を<弁護>してく
箴言 22:23　主が彼らの訴えを<弁護>し，彼らを
イザ 1:17　やもめのために<弁護>せよ．」
51:22　ご自分の民を<弁護>するあなたの神，
59: 4　真実をもって<弁護>する者もなく，
エレ 5:28　貧しい者たちの権利を<弁護>しない．
30:13　あなたの訴えを<弁護>する者もなく，
哀歌 3:58　私のたましいの訴えを<弁護>して，
使徒 24: 1　テルトロという<弁護士>といっしょ
Ｉヨハ 2: 1　御父の前で<弁護>する方がいます．

▼へんこう（変更）
エス 1:19　勅令を…<変更>することのないよう

▼へんさい（返済）
マタ 18:25　彼は<返済>することができなかったので…持ち物全部も売って<返済>す

▼へんじ（返事）
Ｉサム 17:30　民は，先ほどと同じ<返事>をした．
エズ 4:17　彼らの同僚に<返事>を送った．「平
エス 4:13　エステルに<返事>を送って言った．
15　モルデカイに<返事>を送って言った．
ヨブ 33: 5　あなたにできれば，私に<返事>をし，
箴言 18:13　よく聞かないうちに<返事>をする者
イザ 41:28　尋ねても<返事>のできる助言者もい
ヨハ 1:22　私たちを遣わした人々に<返事>をし

▼べんしょう（弁償）
出エ 21:19　ただ彼が休んだ分を<弁償>し，彼が
民数 5: 7　罪過のために総額を<弁償>する．ま
8　その<弁償>された罪過のためのもの

▼へんそう（変装）
Ｉサム 28: 8　サウルは，<変装>して身なりを変え，
Ｉ列 14: 2　<変装>して，ヤロブアムの妻だと悟
Ⅱ歴 35:22　彼と戦おうとして<変装>し，神の御
Ⅱコリ 11:13　キリストの使徒に<変装>しているの
14　サタンさえ光の御使いに<変装>する
15　義のしもべに<変装>したとしても，

▼ベン・ゾヘテ〔人名〕
ユダ族イシュイの子．Ｉ歴4:20.

▼へんとう（返答）
Ｉ列 12: 9　民に何と<返答>したらよいと思うか…くびきを軽くしてく．Ⅱ歴10:9.

▼ヘンナじゅ（〜樹）
雅歌 1:14　<ヘンナ樹>の花ぶさのようです．
4:13　ざくろの園，<ヘンナ樹>にナルド，

▼ベン・ハイル〔人名〕
ヨシャパテ時代の律法教育者．Ⅱ歴17:7.

▼ベン・ハダデ〔人名〕
(1)アラムの王．ベン・ハダデ１世．Ｉ列15:18, 20.
(2)ベン・ハダデ２世．Ｉ列20:1, 20, 33, 34.
(3)ベン・ハダデ３世．ハザエルの子．Ⅱ列13:24.

▼ベン・ハナン〔人名〕
ユダ族シモンの子の一人．Ｉ歴4:20.

▼ベン・ヒノムのたに（〜谷）
ヒノムの谷と同地．ヨシ15:8, 18:16, Ⅱ列23:10, Ⅱ歴28:3, 33:6, エレ7:31, 19:6, 32:35.

▼べんめい（弁明）
ルカ 12:11　何をどう<弁明>しようか，何を言お
21:14　どう<弁明>するかは，あらかじめ考
使徒 19:33　手を振って，会衆に<弁明>しようと
22: 1　兄弟たち…<弁明>を聞いてください．
24:10　私は喜んで<弁明>いたします．
25:16　訴えに対して<弁明>する機会を与え
26: 1　パウロは，手を差し伸べて<弁明>し
24　パウロがこのように<弁明>している
ロマ 2:15　責め合ったり…<弁明>し合ったりし
Ｉコリ 9: 3　私は次のように<弁明>します．
Ⅱコリ 7:11　<弁明>，憤り，恐れ，慕う心，熱意
ピリ 1: 7　福音を<弁明>し立証しているときも，
Ⅱテモ 4:16　私の最初の<弁明>の際には，私を支
ヘブ 4:13　私たちはこの神に対して<弁明>をす
13:17　この人々は神に<弁明>する者であっ
Ｉペテ 3:15　いつでも<弁明>できる用意をしてい
16　正しい良心をもって<弁明>しなさい．

ほ

▼ほ（穂）
創世41: 5 肥えた良い七つの<穂>が，１本の茎
申命23:25 <穂>を手で摘んでもよい．しかし，
ルツ 2:15 あの女には束の間でも<穂>を拾い集
イザ17: 5 その腕が<穂>を刈り入れるときのよ
ホセ 8: 7 麦には<穂>が出ない．麦粉も作れな
マタ12: 1 弟子たちは…<穂>を摘んで食べ始めた．マコ2:23，ルカ6:1．
マコ 4:28 次に<穂>，次に<穂>の中に実が入り

▼ボアズ
1. 人名．ベツレヘムの富裕な土地所有者．ルツ2:1，3，8，11，14，19，23，3:2，7，4:1，5，8，13，21，Ⅰ歴2:11，マタ1:5，ルカ3:32．
2. ソロモン神殿の柱の名．Ⅰ列7:21，Ⅱ歴3:17．

▼ボアネルゲ〔人名〕
使徒ヤコブとヨハネの呼称．マコ3:17．

▼ぼう（棒）
出エ25:13 アカシヤ材で<棒>を作り，それを金
27 机をかつぐ<棒>を入れる所としなけ
レビ26:26 パンのための<棒>を折るとき，10人
民数 4:11 おおいでおおい，かつぎ<棒>を通す．
13:23 それをふたりが<棒>でかついだ．ま
Ⅰ列 8: 7 ケルビムは…かつぎ<棒>とを上から
Ⅰ歴15:15 神の箱をになう<棒>で肩にかついだ．
詩 105:16 パンのための<棒>をことごとく折ら
イザ28:27 クミンは<棒>で打たれるからである．
マタ26:47 剣や<棒>を手にした大ぜいの群衆も

▼ほうい（包囲）
申命20:12 戦おうとするなら，これを<包囲>し
19 長い間，町を<包囲>して，これを攻
28:52 あなたを<包囲>し…国中のすべての町囲みの中にあなたを<包囲>すると
53 あなたは，<包囲>と…窮乏とのため
Ⅱサム11: 1 アモン人を滅ぼし，ラバを<包囲>し
Ⅰ列20: 1 サマリヤ…を<包囲>して攻め，
Ⅱ列 6:14 夜のうちに来て…町を<包囲>した．
24 サマリヤに…来て…<包囲>した．
16: 5 アハズを<包囲>したが，戦いに勝つ
24:10 エルサレム…は<包囲>された．
詩篇31:21 主は<包囲>された町の中で私に奇し
伝道 9:14 大王が攻めて来て，これを<包囲>し，
イザ 1: 8 <包囲>された町のように．
エレ 4:16 <包囲>する者たちが遠くの地から来
32: 2 エルサレムを<包囲>中で…エレミヤ
52: 5 町はゼデキヤ王の…まで<包囲>され
エゼ 4: 2 それを<包囲>し…塁を築き，塹壕を
3 この町を<包囲>し，これを攻め囲め．
7 あなたは顔を，<包囲>されているエ
ゼカ12: 2 エルサレムの<包囲>されるときに．

▼ぼうきゃく（忘却）
詩篇88:12 あなたの義が<忘却>の地で．

▼ぼうぎゃく（暴虐）
創世 6:11 地は，<暴虐>で満ちていた．
49: 5 彼らの剣は<暴虐>の道具．
士師 9:24 70人の息子たちへの<暴虐>が再現し，
Ⅱサム22: 3 私を<暴虐>から救う私の救い主，私
49 <暴虐>の者から私を救い出されます．
ヨブ16:17 私の手には<暴虐>がなく，私の祈り
19: 7 これは<暴虐>だ」と叫んでも答えは
24:22 <暴虐>な者たちを生きのびるように
詩篇 7:16 その<暴虐>は，おのれの脳天に下る．
18:48 <暴虐>の者から私を救い出されます．
35:11 <暴虐>な証人どもが立ち私の知らな
72:14 彼はしいたげと<暴虐>とから，彼ら
73: 6 <暴虐>の着物が彼らをおおっている．
74:20 地の暗い所には<暴虐>が横行してい
箴言 3:31 <暴虐>の者をうらやむな．そのすべ
4:17 <暴虐>の酒を飲むからだ．
10: 6 悪者の口は<暴虐>を隠す．
13: 2 裏切り者は<暴虐>を食べる．
16:29 <暴虐>の者は自分の隣人を惑わし，
21: 7 悪者は自分の<暴虐>に引きずられる．
24: 2 彼らの心は<暴虐>を図り，彼らのく
イザ53: 9 彼は<暴虐>を行わず，その口に欺き
60:18 あなたの国の中の<暴虐>，あなたの
エレ 6: 7 <暴虐>と暴行が，その中で聞こえる．
20: 8 <暴虐>だ．暴行だ」と叫ばなければ
22:17 しいたげと<暴虐>を行うだけだ．
51:35 私と私の肉親になされた<暴虐>は，

エゼ 7:11 <暴虐>はつのって悪の杖となり，彼
28:16 あなたのうちに<暴虐>が満ち，あな
アモ 6: 3 <暴虐>の時代を近づけている．
オバ 10 ヤコブへの<暴虐>のために，恥があ
ヨナ 3: 8 悪の道と，<暴虐>な行いから立ち返
ハバ 1: 3 暴行と<暴虐>は私の前にあり，闘争
ゼパ 1: 9 自分の主人の家を<暴虐>と欺きで満

▼ほうけん（奉献），奉献式，奉献物

出エ 29:24 これらを<奉献物>として主に向かっ
レビ 10:14 <奉献物>の胸と，奉納物のももとは，
民数 7:84 族長たちからの祭壇<奉献>のささげ
Ⅰ列 8:63 イスラエル人は主の宮を<奉献>した．
Ⅱ歴 7: 5 王とすべての民は，神の宮を<奉献>
エズ 6:16 神の宮の<奉献式>を喜んで祝った．
17 この神の宮の<奉献式>のために，牛
ネヘ 12:27 城壁の<奉献式>のときに，レビ人を，
ダニ 3: 2 像の<奉献式>に出席させることにし

▼ぼうげん（暴言）

詩篇 27:12 <暴言>を吐いているのです．

▼ぼうこう（暴行）

申命 21: 5 どんな<暴行>事件も，彼らの判決に
士師 19:25 夜通し，朝まで<暴行>を加え，夜が
20: 5 私のそばめに<暴行>を加えました．
エレ 6: 7 暴虐と<暴行>が，その中で聞こえる．
20: 8 暴虐だ．<暴行>だ」と叫ばなければ
エゼ 45: 9 暴虐と<暴行>を取り除き，公義と正
使徒 21:35 群衆の<暴行>を避けるために，兵士

▼ほうこがかり（宝庫係）

エズ 1: 8 クロスは<宝庫係>ミテレダテに命じ
7:21 川向こうの<宝庫係>全員に命令を下

▼ほうこく（報告）【別項】会計の報告

民数 13:26 全会衆に<報告>をして…くだものを
ヨシ 14: 7 心の中にあるとおりを彼に<報告>し
22:32 …帰り，このことを<報告>した．
Ⅱサム 10:17 このことがダビデに<報告>された．
Ⅰ列 2:30 ベナヤは王に…<報告>して言った．
20: 9 使者たちは帰って…<報告>した．
Ⅱ列 22: 9 王のもとに行って…<報告>して言っ
20 彼らはそれを王に<報告>した．
Ⅱ歴 34:16 シャファンは…王に<報告>して言っ
28 彼らはそれを王に<報告>した．
エズ 5: 7 王に送った<報告>には次のように書
エス 6: 2 モルデカイが<報告>した，と書かれ
エゼ 9:11 その人が<報告>してこう言った．「
マタ 11: 4 ヨハネに<報告>しなさい．
ルカ 9:10 使徒たちは帰って来て…<報告>した．
使徒 21:31 混乱状態に陥っているという<報告>

▼ほうさく（豊作），大豊作

創世 41:29 エジプト全土に7年間の<大豊作>が
30 エジプトの地の<豊作>はみな忘れら
ルカ 12:16 ある金持ちの畑が<豊作>であった．

▼ほうし（奉仕），奉仕者

出エ 35:24 <奉仕>のすべての仕事のため，それ
36: 1 聖所の<奉仕>のすべての仕事をする
5 仕事のために，あり余る<奉仕>です．
39:32 幕屋の，すべての<奉仕>が終わった．
42 そのすべての<奉仕>を行った．
民数 3: 7 幕屋の<奉仕>をしなければならない．
31 それに関するすべての<奉仕>である．
4: 4 ケハテ族の会見の天幕での<奉仕>は，
19 おのおのの<奉仕>と，そのになうも
24 ゲルション人諸氏族の…<奉仕>とそ
8:11 これは彼らが主の<奉仕>をするため
24 25歳以上の者は…天幕の<奉仕>の務
25 50歳からは<奉仕>の務めから退き，
もう<奉仕>してはならない．
18: 4 天幕の<奉仕>のすべてにかかわる会
申命 18: 7 主の御名によって<奉仕>することが
ヨシ 22:27 主の前で，主の<奉仕>をするためで
Ⅱ列 25:14 <奉仕>に用いるすべての青銅の器具
Ⅰ歴 6:32 定めに従って，<奉仕>を担当した．
48 レビ人は…幕屋のあらゆる<奉仕>に
23:28 主の宮の<奉仕>をし，神の宮で<奉
仕>をすることである．
24:19 彼らの<奉仕>のために登録された者
Ⅱ歴 8:14 祭司たちの前で賛美と<奉仕>をさせ
29:35 主の宮の<奉仕>の用意ができた．
31:16 組ごとに任務につき<奉仕>に当たる
35: 2 力づけて，主の宮の<奉仕>に当たら
15 その<奉仕>を離れる必要がなかった．
エレ 52:18 <奉仕>に用いるすべての青銅の器具
エゼ 42:14 彼らが<奉仕>に用いる服は神聖だか
44:14 宮のあらゆる<奉仕>とそこで行われ
ヨハ 16: 2 自分は神に<奉仕>しているのだと思
使徒 6: 4 もっぱら祈りとみことばの<奉仕>に
21:19 彼の<奉仕>を通して神が異邦人の間
26:16 あなたを<奉仕者>，また証人に任命
ロマ 12: 7 <奉仕>であれば<奉仕>し，教える人
15:25 聖徒たちに<奉仕>するためにエルサ
Ⅰコリ 7:35 ひたすら主に<奉仕>できるためなの

9:13 宮に<奉仕>している者が宮の物を食
12: 5 <奉仕>にはいろいろの種類がありま
16:15 聖徒たちのために熱心に<奉仕>して
IIコリ 3: 3 私たちの<奉仕>によるキリストの手
9: 1 聖徒たちのためのこの<奉仕>につい
12 この<奉仕>のわざは，聖徒たちの必
エペ 4:12 聖徒たちを整えて<奉仕>の働きをさ
6:21 忠実な<奉仕者>であるテキコが，一
ピリ 2:22 私といっしょに福音に<奉仕>して来
コロ 4: 7 忠実な<奉仕者>，同労のしもべであ
Iテモ 4: 6 イエスのりっぱな<奉仕者>になりま
ヘブ 12:28 神に喜ばれるように<奉仕>をするこ
Iペテ 4:11 <奉仕>する人があれば…それにふさ
わしく<奉仕>しなさい．それは，す
黙示 2:19 あなたの愛と信仰と<奉仕>と忍耐を

▼ほうしゅう（報酬）

創世 30:18 神は私に<報酬>を下さった」と言っ
28 あなたの望む<報酬>を申し出てくれ．
31: 7 私を欺き，私の<報酬>を幾度も変え
8 ぶち毛のものはあなたの<報酬>にな
る…しま毛のものはあなたの<報酬>
民数 18:31 あなたがたの奉仕に対する<報酬>だ
IIサム 19:36 王はどうして，そのような<報酬>を，
詩 127: 3 胎の実は<報酬>である．
箴言 10:16 正しい者の<報酬>はいのち．悪者の
11:18 悪者は偽りの<報酬>を得るが，義を
イザ 1:23 わいろを愛し，<報酬>を追い求める．
23:17 彼女は再び遊女の<報酬>を得，地の
18 遊女の<報酬>は，主にささげられ，
40:10 その<報酬>は主の前にある．
49: 4 私の<報酬>は，私の神とともにある．
62:11 その<報酬>は主の前にある』と．
エレ 22:13 隣人をただで働かせて<報酬>も払わ
エゼ 16:34 あなたが<報酬>を支払い，だれもあ
なたに<報酬>を支払わなかった．だ
41 あなたはもう，<報酬>を支払わなく
29:20 彼が働いた<報酬>として，わたしは
ダニ 2: 6 贈り物と<報酬>と大きな光栄とを私
5:17 あなたの<報酬>は他の人にお与えく
ホセ 2:12 私の恋人たちが払ってくれた<報酬>
9: 1 姦淫の<報酬>を愛したからだ．
ミカ 7: 3 さばきつかさは<報酬>に応じてさば
ゼカ 8:10 人がかせいでも<報酬>がなく，家畜
ルカ 10: 7 働く者が<報酬>を受けるのは，当然
ヨハ 4:36 すでに，刈る者は<報酬>を受け，永
使徒 1:18 不正なことをして得た<報酬>で地所
ロマ 4: 4 その<報酬>は恵みでなくて，当然支
6:23 罪から来る<報酬>は死です．しかし，
Iコリ 3: 8 働きに従って自分自身の<報酬>を受
9:18 福音を宣べ伝えるときに<報酬>を求
IIコリ 11: 7 自分を低くして<報酬>を受けずに神
Iテモ 5:18 働き手が<報酬>を受けることは当然
IIペテ 2:15 不義の<報酬>を愛したベオルの子バ

▼ほうじゅう（放縦）

マタ 23:25 その中は強奪と<放縦>でいっぱいで
ユダ 4 神の恵みを<放縦>に変えて，私たち

▼ほうじる（奉じる）

黙示 2:14 バラムの教えを<奉じ>ている人々が
15 ニコライ派の教えを<奉じ>ている人

▼ほうせき（宝石）

出エ 25: 7 エポデや胸当てにはめ込む…<宝石>．
28:11 印を彫る<宝石>細工師の細工で，イ
17 <宝石>をはめ込み，<宝石>を4列に
21 この<宝石>はイスラエルの子らの名
I歴 29: 8 <宝石>を持っている者は，これを主
II歴 3: 6 <宝石>の装飾でこの神殿をおおった．
雅歌 4: 9 あなたの首飾りのただ一つの<宝石>
5:14 その腕は，タルシシュの<宝石>をは
イザ 54:12 あなたの境をすべて<宝石>にする．
ゼカ 9:16 その地で，きらめく王冠の<宝石>と
Iコリ 3:12 この土台の上に，金，銀，<宝石>，
黙示 21:11 その輝きは高価な<宝石>に似ており，
19 都の城壁の土台石はあらゆる<宝石>

▼ほうそく（法則）

ヨブ 38:33 地にその<法則>を立てることができ
エレ 33:25 天と地との諸<法則>をわたしが定め

▼ほうたい

I列 20:38 彼は目の上に<ほうたい>をして，だ
エゼ 30:21 <ほうたい>を当てて包まれず，元気
ルカ 10:34 ぶどう酒を注いで，<ほうたい>をし，

▼ほうてい（法廷）

使徒 18:12 パウロに反抗し，彼を<法廷>に引い
16 彼らを<法廷>から追い出した．
17 ソステネを捕らえ，<法廷>の前で打
25:10 私はカイザルの<法廷>に立っている

▼ほうとう（放蕩），放蕩者

箴言 28: 7 <放蕩者>と交わる者は，その父に恥
ルカ 15:13 そこで<放蕩>して湯水のように財産
ルカ 21:34 心が，<放蕩>や深酒やこの世の煩い
エペ 5:18 そこには<放蕩>があるからです．御

ほ

Ⅰペテ 4: 4 度を過ごした<放蕩>に走らないので
▼ぼうどう（暴動）
エズ 4:19 その町で<暴動>と反逆が行われたこ
マタ 27:24 かえって<暴動>になりそうなのを見
マコ 15: 7 <暴動>のとき人殺しをした暴徒たち
ルカ 23:19 バラバとは…<暴動>と人殺しのかど
使徒 17: 5 <暴動>を起こして町を騒がせ，また
21:38 以前<暴動>を起こして，4千人の刺
▼ぼうとく（冒瀆）
レビ 24:11 御名を<冒瀆>してのろったので，人
16 御名を<冒瀆>するなら，殺される．
民数 15:30 故意に罪を犯す者は，主を<冒瀆>す
エゼ 20:27 不信に不信を重ね，わたしを<冒瀆>
マラ 1:12 …と言って，祭壇を<冒瀆>している．
マタ 12:31 人はどんな罪も<冒瀆>も赦していた
だけます…聖霊に逆らう<冒瀆>は赦
26:65 神への<冒瀆>だ．これでもまだ，証
ヨハ 10:33 <冒瀆>のためです．あなたは人間で
36 神を<冒瀆>している』と言うのです
▼ほうのうち（奉納地）
エゼ 45: 1 その地の聖なる区域を<奉納地>とし
48: 8 あなたがたのささげる<奉納地>とな
9 主にささげる<奉納地>は，長さ2万
10 祭司たちへの聖なる<奉納地>は次の
12 <奉納地>のうちでも最も聖なる地で
▼ほうのうぶつ（奉納物）
出エ 35: 5 主への<奉納物>を受け取りなさい．
レビ 7:32 <奉納物>として祭司に与えなければ
34 <奉納物>のももをイスラエル人から，
22:12 彼女は聖なる<奉納物>を食べてはな
民数 15:20 輪型のパンを<奉納物>として供え，
Ⅱ歴 31:10 人々が<奉納物>を主の宮に携えて来
14 主の<奉納物>と最も聖なるささげ物
エズ 8:25 神の宮への<奉納物>の銀，金，器類
エゼ 20:40 <奉納物>と最上のささげ物を求める．
44:30 あらゆる<奉納物>のうちの最上の
<奉納物>は，すべて祭司たちのもの
マラ 3: 8 それは，10分の1と<奉納物>によっ
ルカ 21: 5 宮が…石や<奉納物>で飾ってあると
▼ぼうばく（茫漠）
創世 1: 2 地は<茫漠>として何もなかった．や
イザ 45:18 これを<茫漠>としたものに創造せず，
エレ 4:23 地を見ると…<茫漠>として何もなく，
▼ほうひ（包皮）
創世 17:11 あなたがたの<包皮>の肉を切り捨て
出エ 4:25 自分の息子の<包皮>を切り，それを
レビ 12: 3 その子の<包皮>の肉に割礼をしなけ
申命 10:16 心の<包皮>を切り捨てなさい．もう
エレ 4: 4 心の<包皮>を取り除け．さもないと，
▼ぼうび（防備），防備の町々
Ⅱ歴 11: 5 ユダの中に<防備の町々>を建てた．
10 これらは…<防備の町々>であった．
11 彼は<防備>を固めて，その中に隊長
12: 4 ユダに属する<防備の町々>を攻め取
詩篇 60: 9 だれが私を<防備>の町に連れて行く
▼ぼうふう（暴風），大暴風
イザ 29: 6 つむじ風と<暴風>と焼き尽くす火の
40:24 <暴風>がそれを，わらのように散ら
エレ 23:19 見よ．主の<暴風>，──憤り．──
25:32 <大暴風>が地の果てから起こる．
30:23 主の<暴風>…吹きつける<暴風>が起
アモ 1:14 つむじ風の日の<暴風>のうちに起こ
ヨナ 1: 4 海に激しい<暴風>が起こり，船は難
12 この激しい<暴風>は，私のためにあ
ゼカ 9:14 主は…南の<暴風>の中を進まれる．
マタ 8:24 湖に<大暴風>が起こって，舟は大波
使徒 27:14 ユーラクロンという<暴風>が陸から
18 <暴風>に激しく翻弄されていたので，
▼ほうふく（報復）
Ⅰサム 25:39 ナバルの…そしりに<報復>し，この
Ⅱ列 9:26 この地所であなたに<報復>する．
ヨブ 34:33 あなたの願うとおりに<報復>なさる
詩篇 28: 4 その仕打ちに<報復>してください．
94: 2 高ぶる者に<報復>してください．
イザ 59:18 その敵には<報復>をし，島々にも
<報復>をする．
65: 6 必ず<報復>する．わたしは彼らのふ
ところに<報復>する．──
66: 6 敵に<報復>しておられる主の御声を．
エレ 16:18 彼らの咎と罪に対し2倍の<報復>を
51:24 あなたがたの目の前で<報復>する．
36 あなたのために<報復>する．わたし
56 主は<報復>の神で，必ず<報復>され
哀歌 3:64 手のわざに応じて…<報復>し，
ホセ 9: 7 <報復>の日が来た．イスラエルは知
ヨエ 3: 4 わたしに<報復>しようとするのか．
もしおまえたちがわたしに<報復>す
ルカ 21:22 成就する<報復>の日だからです．
Ⅱテサ 1: 8 福音に従わない人々に<報復>されま
黙示 19: 2 しもべたちの血の<報復>を彼女にさ

▼ ほうほう（方法）
ヘブ 1: 1 いろいろな<方法>で語られましたが，
▼ ほうぼく（放牧），放牧地
レビ 25:34 <放牧>用の畑は売ってはならない．
民数 35: 2 <放牧地>をレビ人に与えなければな
ヨシ 14: 4 家畜のための<放牧地>を除いては，
21: 2 家畜のための<放牧地>とを与えるよ
Ⅰ歴 5:16 シャロンの<放牧地>全域にわたって，
6:55 その回りの<放牧地>を与えた．
13: 2 <放牧地>のある町々の祭司やレビ人
イザ 7:25 そこは牛の<放牧地>，羊の踏みつけ
▼ ほうむり（葬り）
ヨハ 12: 7 マリヤはわたしの<葬り>の日のため
▼ ほうむる（葬る）
創世 15:15 長寿を全うして<葬>られよう．
23: 4 死んだ者を<葬る>ことができるので
19 マクペラの畑地のほら穴に<葬>った．
25:10 アブラハムと妻サラとが<葬>られた
35:29 エサウとヤコブが彼を<葬>った．
47:29 エジプトの地に<葬>らないでくれ．
30 先祖たちの墓に<葬>ってくれ．」す
民数 20: 1 ミリヤムはそこで死んで<葬>られた．
申命 10: 6 アロンは…そこに<葬>られた．それ
34: 6 モアブの地の谷に<葬>られたが，今
ヨシ 24:30 ティムナテ・セラフに<葬>った．
ルツ 1:17 そこに<葬>られたいのです．もし死
Ⅰサム 25: 1 ラマにある彼の屋敷に<葬>った．ダ
31:13 ヤベシュにある柳の木の下に<葬>り，
Ⅱサム 2: 4 サウルを<葬>った，ということがダ
17:23 アヒトフェルは…父の墓に<葬>られ
Ⅰ列 2:10 ダビデは…ダビデの町に<葬>られた．
31 彼を打ち取って，<葬>りなさい．こ
Ⅱ列 9:10 だれも彼女を<葬る>者がいない．』」
Ⅰ歴 10:12 ヤベシュにある樫の木の下に<葬>り，
Ⅱ歴 9:31 その父ダビデの町に<葬>った．彼の
詩篇 79: 3 彼らを<葬る>者もいません．
伝道 6: 3 墓にも<葬>られなかったなら，私は
8:10 悪者どもが<葬>られて，行くのを．
エレ 7:32 余地がないほどに<葬る>．
8: 2 <葬>られることもなく，地面の肥や
14:16 彼らを<葬る>者もいなくなる．彼ら
20: 6 バビロンに行き…そこで<葬>られる．
エゼ 29: 5 集められず，<葬>られることもない．
ホセ 9: 6 モフが彼らを<葬る>．彼らの宝とし
マタ 8:21 私の父を<葬る>ことを許してくださ
い．」ルカ9:59．
22 死人たちに彼らの中の死人たちを
<葬>らせなさい．」ルカ9:60．
14:12 死体を引き取って<葬>った．そして，
ルカ 16:22 金持ちも死んで<葬>られた．
23:53 まだだれをも<葬>ったことのない，
使徒 2:29 彼は死んで<葬>られ，その墓は今日
5: 6 彼を包み，運び出して<葬>った．
9 あなたの夫を<葬>った者たちが，戸
8: 2 敬虔な人たちはステパノを<葬>り，
ロマ 6: 4 キリストとともに<葬>られたのです．
Ⅰコリ 15: 4 <葬>られたこと，また，聖書の示す
エペ 2:16 敵意は十字架によって<葬>り去られ
コロ 2:12 キリストとともに<葬>られ，また，
▼ ほうめん（放免）
伝道 8: 8 この戦いから<放免>される者はいな
▼ ほうもつ（宝物）
イザ 30: 6 <宝物>をらくだのこぶに載せて，役
エレ 15:13 あなたの<宝物>を獲物として，ただ
17: 3 <宝物>を，獲物として引き渡す．あ
ハガ 2: 7 すべての国々の<宝物>がもたらされ，
▼ ほうもつぐら（宝物倉）
ヨシ 6:19 主の<宝物倉>に持ち込まなければな
Ⅰ列 7:51 主の宮の<宝物倉>に納めた．
Ⅱ列 12:18 主の宮と王宮との<宝物倉>にあるす
14:14 主の宮と王宮の<宝物倉>にあったす
20:13 彼の<宝物倉>にあるすべての物を彼
Ⅰ歴 9:26 神の宮の<宝物倉>をつかさどった．
26:20 聖なるささげ物の<宝物倉>をつかさ
27:25 王の<宝物倉>をつかさどったのは，
Ⅱ歴 5: 1 神の宮の<宝物倉>に納めた．
16: 2 アサは…<宝物倉>から銀と金を取り
32:27 すべての尊い器を納める<宝物倉>，
エズ 5:17 バビロンにある王の<宝物倉>を捜さ
7:20 王の<宝物倉>からそれを調達してよ
ネヘ 10:38 神の宮へ携え上り，<宝物倉>の部屋
イザ 39: 2 彼の<宝物倉>にあるすべての物を彼
4 私の<宝物倉>の中で彼らに見せなか
ホセ 13:15 すべての尊い器の<宝物倉>を略奪す
マラ 3:10 10分の１をことごとく，<宝物倉>に
▼ ほうもつしつ（宝物室）
Ⅰ歴 28:11 その神殿，<宝物室>，屋上の間，内
▼ ほうもん（訪問）
使徒 21:18 ヤコブを<訪問>した．そこには長老
Ⅱコリ 2: 1 悲しませる…<訪問>は二度とくり返

▼ほうらつ（放らつ）
詩篇 26:10　彼らの両手には<放らつ>があり，彼
▼ほうりだす（放り出す）
詩 141: 8　私を<放り出>さないでください.
エゼ 18:31　そむきの罪を…<放り出>せ. こうし
マタ 8:12　外の暗やみに<放り出>され，そこで
22:13　外の暗やみに<放り出>せ. そこで泣
▼ほうりつ（法律）
ダニ 6: 8　メディヤとペルシヤの<法律>のよう
にしてください.」12，15.
▼ぼうりょく（暴力）
エゼ 34: 4　力ずくと<暴力>で彼らを支配した.
ゼパ 3: 1　反逆と汚れに満ちた<暴力>の町.
マラ 2:16　<暴力>でその着物をおおう」と万軍
Ⅰテモ 1:13　私は以前は…<暴力>をふるう者でし
▼ほうれい（法令）
エス 1:13　<法令>と裁判に詳しいすべての者に
15　<法令>により，彼女をどう処分すべ
19　ペルシヤとメディヤの<法令>の中に
3: 8　彼らは王の<法令>を守っていません.
4:11　一つの<法令>があることを知ってお
ヨブ 38:33　あなたは天の<法令>を知っているか.
ダニ 6: 7　王が一つの<法令>を制定し，禁令と
15　どんな禁令も<法令>も，決して変更
▼ほえる，ほえたける
士師 14: 5　１頭の若い獅子が<ほえたけ>りなが
詩篇 74: 4　集会のただ中で<ほえたけ>り，おの
104:21　えじきのために<ほえたけ>り，神に
イザ 5:29　獅子のように<ほえる>. 若獅子のよ
うに<ほえ>，うなり，獲物を捕らえ
31: 4　獲物に向かって<ほえる>とき，牧者
56:10　口のきけない犬で，<ほえる>ことも
59:11　熊のように<ほえ>，鳩のようにうめ
エレ 2:15　若獅子は…<ほえたけ>り，叫び声を
エゼ 22:25　獲物を引き裂きながら<ほえたける>
ホセ 11:10　主は獅子のように<ほえる>. まこと
に，主が<ほえる>と，子らは西から
アモ 3: 4　獅子は…森の中で<ほえる>だろうか.
ゼパ 3: 3　町の中にあって<ほえたける>雄獅子.
ゼカ 11: 3　若い獅子の<ほえる>声を. ヨルダン
Ⅰペテ 5: 8　悪魔が，<ほえたける>獅子のように，
黙示 10: 3　獅子が<ほえる>ときのように大声で
▼ほお（頬）
申命 18: 3　肩と両方の<頬>と胃とを祭司に与え
Ⅰ列 22:24　ミカヤの<頬>をなぐりつけて言った.
詩篇 3: 7　私のすべての敵の<頬>を打ち，悪者
雅歌 1:10　あなたの<頬>には飾り輪がつき，首
4: 3　あなたの<頬>は，顔おおいのうしろ
イザ 50: 6　ひげを抜く者に私の<頬>をまかせ，
哀歌 3:30　自分を打つ者に<頬>を与え，十分そ
ミカ 5: 1　さばきつかさの<頬>を杖で打つ.
マタ 5:39　右の<頬>を打つような者には，左の
<頬>も向けなさい. ルカ6:29.
▼ほか【別項】ほかの神・ほかの神々
出エ 20: 3　わたしの<ほか>に，ほかの神々があ
民数 16:40　アロンの子孫でない<ほか>の者が，
申命 24: 2　彼女が…<ほか>の人の妻となり，
29:28　彼らをこの地から…<ほか>の地に投
ヨシ 22:19　主の祭壇の<ほか>に，自分たちのた
ルツ 2: 8　<ほか>の畑に落ち穂を拾いに行った
Ⅱサム 7:22　あなたの<ほか>に神はありません.
18:20　<ほか>の日に知らせなさい. きょう
22:32　主の<ほか>にだれが神であろうか.
私たちの神の<ほか>にだれが岩であ
Ⅰ列 13:10　<ほか>の道を通って帰った.
ヨブ 8:19　<ほか>のものがその地から芽を出そ
33:14　神は…<ほか>の方法で語られるが，
詩篇 18:31　主の<ほか>にだれが神であろうか.
箴言 27: 2　<ほか>の者にあなたをほめさせよ.
イザ 43:11　わたしの<ほか>に救い主はいない.
44: 6　わたしの<ほか>に神はない.
8　わたしの<ほか>に神があろうか.
<ほか>に岩はない. わたしは知らな
45: 5　わたしが主である. <ほか>にはいな
い. わたしの<ほか>に神はいない.
65:15　<ほか>の名で呼ばれるようにされる.
エゼ 44:19　<ほか>の服を着なければならない.
ダニ 3:29　神は，<ほか>にないからだ.」
ホセ 13: 4　あなたはわたしの<ほか>に神を知ら
ない. わたしの<ほか>に救う者はい
マタ 17:25　それとも<ほか>の人たちからですか.
26　ペテロが「<ほか>の人たちからです
27:61　マグダラのマリヤと<ほか>のマリヤ
マコ 4:11　<ほか>の人たちには，すべてがたと
12:31　この二つより…<ほか>にありません.
ルカ 5:21　神の<ほか>に，だれが罪を赦すこと
6:29　<ほか>の頬をも向けなさい. 上着を
7:19　私たちは<ほか>の方を待つべきでし
8:10　<ほか>の者には，たとえで話します.
12:26　なぜ<ほか>のことまで心配するので

18:11 私は<ほか>の人々のようにゆする者，
ヨハ 4:38 <ほか>の人々が労苦して，あなたが
5:32 証言する方が<ほか>にあるのです．
10: 5 <ほか>の人には決してついて行きま
使徒 5:13 <ほか>の人々は，ひとりもこの交わ
Iコリ 9:27 私が<ほか>の人に宣べ伝えておきな
ガラ 1: 6 <ほか>の福音に移って行くのに驚い
6: 4 <ほか>の人に対して誇れることでは
エペ 2: 3 <ほか>の人たちと同じように，生ま
ピリ 4:15 あなたがたの<ほか>には一つもあり
Iテサ 5: 6 <ほか>の人々のように眠っていない
黙示 3: 2 死にかけている<ほか>の人たちを力

▼ほかのかみ（～神），ほかの神々

出エ20: 3 わたしのほかに，<ほかの神々>があ
22:20 <ほかの神々>にいけにえをささげる
34:14 <ほかの神>を拝んではならないから
申命 7: 4 <ほかの神々>に仕えるなら，主の怒
28:36 木や石の<ほかの神々>に仕えよう．
ヨシ24: 2 テラは，昔…<ほかの神々>に仕えて
士師10:13 わたしを捨てて，<ほかの神々>に仕
詩篇16: 4 <ほかの神>へ走った者の痛みは増し
44:20 <ほかの神>に私たちの手を差し伸ば
エレ11:10 <ほかの神々>に従って，これに仕え
19:13 <ほかの神々>に注ぎのぶどう酒を注
44: 3 <ほかの神々>のところに行き，香を

▼ほかん（保管）

創世41:35 穀物を…<保管>させるためです．
出エ22: 7 物品を，<保管>のために隣人に預け，
ネヘ13: 5 祭司のための奉納物が<保管>されて

▼ボキム〔地名〕

イスラエルが泣いた場所．士師2:1，5．

▼ぼくし（牧師）

エペ 4:11 ある人を<牧師>また教師として，お

▼ぼくしゃ（卜者）【別項】女卜者

申命18:10 <卜者>，まじない師，呪術者，
14 <卜者>や占い師に聞き従ってきたの
イザ 2: 6 東方からの者，<卜者>で満ち，外国
エレ27: 9 夢見る者，<卜者>，呪術者に聞くな．

▼ぼくしゃ（牧者）【別項】大牧者

創世49:24 イスラエルの岩なる<牧者>による．
詩篇80: 1 イスラエルの<牧者>よ．聞いてくだ
イザ38:12 私の住みかは<牧者>の天幕のように
44:28 わたしの<牧者>，わたしの望む事を
56:11 悟ることも知らない<牧者>で，みな，
63:11 羊の群れの<牧者>たちとともに，彼
エレ 2: 8 <牧者>たちもわたしにそむき，預言
3:15 わたしの心にかなった<牧者>たちを
10:21 <牧者>たちは愚かで，主を求めなか
12:10 多くの<牧者>が，私のぶどう畑を荒
17:16 あなたに従う<牧者>となることを，
23: 1 牧場の群れを滅ぼし散らす<牧者>た
2 民を牧する<牧者>たちについて…仰
25:34 <牧者>たちよ．泣きわめけ．群れの
31:10 <牧者>が群れを飼うように，これを
51:23 あなたを使って<牧者>も群れも砕き，
エゼ34: 2 イスラエルの<牧者>たちに向かって
預言せよ…イスラエルの<牧者>たち．
<牧者>は羊を養わなければならない
5 彼らは<牧者>がいないので，散らさ
7 <牧者>たちよ．主のことばを聞け．
23 彼らを牧するひとりの<牧者>…を起
こす…彼らの<牧者>となる．
37:24 彼ら全体のただひとりの<牧者>とな
アモ 1: 1 テコアの<牧者>のひとりであったア
7:14 私は<牧者>であり，いちじく桑の木
ミカ 5: 5 7人の<牧者>と8人の指導者を立て
ナホ 3:18 あなたの<牧者>たちは眠り，あなた
ゼカ11: 3 聞け．<牧者>たちの嘆きを．彼らの
5 その<牧者>たちは，これを惜しまな
13: 7 目をさましてわたしの<牧者>を攻め，
ヨハ10: 2 門から入る者は，その羊の<牧者>で
11 わたしは，良い<牧者>です．良い
<牧者>は羊のためにいのちを捨てま
16 ひとりの<牧者>となるのです．
Iペテ 2:25 自分のたましいの<牧者>であり監督
黙示 7:17 小羊が，彼らの<牧者>となり，いの

▼ぼくする（牧する），牧す

IIサム 5: 2 イスラエルを<牧>し，あなたがイス
I歴11: 2 わたしの民イスラエルを<牧>し，あ
詩篇78:71 イスラエルを<牧する>ようにされた．
72 彼は，正しい心で彼らを<牧>し，英
エレ23: 4 牧者たちを立て，彼らを<牧>させる．
ヨハ21:16 「わたしの羊を<牧>しなさい．」
使徒20:28 神の教会を<牧>させるために，あな
Iペテ 5: 2 神の羊の群れを，<牧>しなさい．強
黙示12: 5 すべての国々の民を<牧する>はずで
19:15 鉄の杖をもって彼らを<牧>される．

▼ぼくせん（卜占）

レビ19:26 <卜占>をしてはならない．

▼ぼくそう（牧草），牧草地

創世 47: 4 羊のための<牧草>がございませんの
詩篇 72: 6 彼は<牧草地>に降る雨のように，地
ゼパ 2: 6 牧者たちの<牧草地>となり，羊の囲
ヨハ 10: 9 <牧草>を見つけます．

▼ホグラ〔人名〕

マナセ族の娘．民数26:33，36:11，ヨシ17:3．

▼ボクル〔人名〕

ベニヤミン族サウルの子孫．Ⅰ歴8:38．

▼ポケレテ・ハツェバイムぞく（～族）

捕囚帰還氏族．エズ2:57，ネヘ7:59．

▼ほご（保護）

イザ 30: 2 パロの<保護>のもとに身を避け，エ
マコ 6:20 彼を恐れ，<保護>を加えていたから
Ⅱペテ 2: 5 ノアたち８人の者を<保護>し，不敬

▼ほこり

出エ 9: 9 細かい<ほこり>となると，エジプト

▼ほこり（誇り）

Ⅰ歴 16:10 主の聖なる名を<誇り>とせよ．主を
詩篇 90:10 その<誇り>とするところは労苦とわ
97: 7 むなしいものを<誇り>とする者は，
105: 3 主の聖なる名を<誇り>とせよ．主を
イザ 13:11 不遜な者の<誇り>をやめさせ，横暴
14:11 あなたの<誇り>…はよみに落とされ，
16: 6 その<誇り>と高ぶりとおごり，その
23: 9 すべての麗しい<誇り>を汚し，すべ
28: 1 酔いどれの<誇り>とする冠，その美
60:15 わたしはあなたを永遠の<誇り>，代
エレ 13: 9 ユダ…の大きな<誇り>を腐らせる．
エゼ 24:21 あなたがたの力の<誇り>であり，あ
30: 6 その力強い<誇り>は見下げられ，ミ
32:12 彼らはエジプトの<誇り>を踏みにじ
アモ 6: 8 わたしはヤコブの<誇り>を忌みきら
8: 7 主はヤコブの<誇り>にかけて誓われ
ゼカ 10:11 アッシリヤの<誇り>は低くされ，エ
ロマ 2:23 律法を<誇り>としているあなたが，
3:27 私たちの<誇り>はどこにあるのでし
15:17 私は…イエスにあって<誇り>を持っ
Ⅰコリ 9:15 私は自分の<誇り>をだれかに奪われ
16 それは私の<誇り>にはなりません．
Ⅱコリ 1:12 これこそ私たちの<誇り>です．
14 私たちの<誇り>であるように，私たちもあなたがたの<誇り>であるとい
7: 4 あなたがたを大いに<誇り>としてい
8:24 あなたがたを<誇り>としている証拠
11:10 アカヤ地方で私のこの<誇り>が封じ
ガラ 6:14 十字架以外に<誇り>とするものが決
ピリ 1:26 あなたがたの<誇り>は…増し加わる
Ⅰテサ 2:19 <誇り>の冠となるのはだれでしょう．
Ⅱテサ 1: 4 保っていることを，<誇り>としてい
ヘブ 3: 6 希望による<誇り>とを，終わりまで
ヤコ 1: 9 自分の高い身分を<誇り>としなさい．
4:16 むなしい<誇り>をもって高ぶってい

▼ほこる（誇る）

士師 7: 2 わたしに向かって<誇る>といけない
Ⅰサム 2: 1 私の心は主を<誇>り，私の角は主に
Ⅰ列 20:11 武装を解く者のように<誇>ってはな
Ⅰ歴 16:35 あなたの誉れを<誇る>ために．」
Ⅱ歴 25:19 あなたの心は高ぶり，<誇>っている．
ヨブ 41:34 すべての<誇>り高い獣の王である．
詩篇 5: 5 <誇>り高ぶる者たちは御目の前に立
9: 2 私は，あなたを喜び，<誇>ります．
10: 3 悪者はおのれの心の欲望を<誇>り，
20: 7 いくさ車を<誇>り，ある者は馬を<誇る>…主の御名を<誇>ろう．
34: 2 私のたましいは主を<誇る>．貧しい
44: 8 いつも神によって<誇>りました．ま
52: 1 なぜ，おまえは悪を<誇る>のか．勇
75: 4 <誇る>者には，『<誇る>な』と言い，
101: 5 高ぶる目と<誇る>心の者に，私は耐
131: 1 主よ．私の心は<誇>らず，私の目は
箴言 27: 1 あすのことを<誇る>な．１日のうち
イザ 2:12 すべて<誇る>者に襲いかかり，これ
41:16 聖なる者によって<誇る>．
45:25 主によって義とされ，<誇る>．」
エレ 4: 2 国々は…主によって<誇>り合う．」
9:23 知恵ある者は自分の知恵を<誇る>な…強さを<誇る>な…富を<誇る>な．
24 <誇る>者は，ただ，これを<誇>れ．
49: 4 なぜ，その多くの谷を<誇る>のか．
エゼ 7:20 美しい飾り物として<誇>り，これで
ロマ 2:17 持つことに安んじ，神を<誇>り，
4: 2 彼は<誇る>ことができます．しかし，
11:18 あなたはその枝に対して<誇>ってはいけません．<誇>ったとしても，あ
Ⅰコリ 1:29 神の御前でだれをも<誇>らせないた
31 「<誇る>者は主を<誇>れ」と書いて
3:21 だれも人間を<誇>ってはいけません．
4: 7 もらっていないかのように<誇る>の
5: 2 あなたがたは<誇>り高ぶっています．

IIコリ 5:12 私たちのことを<誇る>機会を…与え
て…うわべのことで<誇る>人たちに
7:14 少しばかり<誇>りましたが…テトス
に対して<誇>ったことも真実となっ
9: 2 マケドニヤの人々に<誇>って，アカ
3 あなたがたについて<誇>ったことが
10: 8 たとい私が多少<誇>りすぎることが
13 限度を越えて<誇>りはしません．私
15 ほかの人の働きを<誇る>ことはしま
17 <誇る>者は，主を<誇>りなさい．
11:12 <誇る>ところがあるとみなされる機
16 私も少し<誇>ってみせます．
18 多くの人が肉によって<誇>っている
ので，私も<誇る>ことにします．
21 人があえて<誇>ろうとすることなら
…私もあえて<誇>りましょう．
30 もしどうしても<誇る>必要があるな
ら，私は自分の弱さを<誇>ります．
12: 1 <誇る>のもやむをえないことです．
5 このような人について私は<誇る>の
です…自分の弱さ以外には<誇>りま
9 喜んで私の弱さを<誇>りましょう．
ガラ 6: 4 <誇>れると思ったことも…ほかの人
に対して<誇>れることではないでし
13 あなたがたの肉を<誇>りたいためな
エペ 2: 9 だれも<誇る>ことのないためです．
ピリ 2:16 キリストの日に<誇る>ことができま
3: 3 キリスト・イエスを<誇>り，人間的
コロ 2:18 肉の思いによっていたずらに<誇>り，
ヤコ 3:14 敵対心があるならば，<誇>ってはい
黙示 18: 7 彼女が自分を<誇>り，好色にふけっ

▼ ホサ

1. 地名．アシェルの町．ヨシ19:29．
2. 人名．聖所の門衛．I歴16:38，26:10，16．

▼ ホザイのげんこうろく（～言行録）

II歴 33:19 <ホザイの言行録>に…しるされてい

▼ ホサナ

マタ 21: 9 「ダビデの子に<ホサナ>．祝福あれ．
15，マコ11:9，10，ヨハ12:13．

▼ ほし（星），星々【別項】明けの星々

創世 1:16 また<星>を造られた．
15: 5 <星>を数えることができるなら，そ
22:17 空の<星>，海辺の砂のように数多く
37: 9 11の<星>が私を伏し拝んでいるので
出エ 32:13 子孫を空の<星>のようにふやし，わ
レビ 21:20 目に<星>のある者，湿疹のある者，
民数 24:17 ヤコブから一つの<星>が上り，イス
申命 1:10 きょう，空の<星>のように多い．
4:19 <星>の天の万象を見るとき，魅せら
10:22 あなたを空の<星>のように多くされ
28:62 あなたがたは空の<星>のように多か
士師 5:20 天からは，<星>が下って戦った．そ
I歴 27:23 イスラエルを天の<星>のようにふや
ネヘ 4:21 夜明けから<星>の現れる時まで，槍
9:23 彼らの子孫を空の<星>のようにふや
ヨブ 9: 7 <星>もまた封じ込められる．
22:12 見よ，<星>の頂を．それはなんと高
25: 5 神の目には…<星>もきよくない．
詩篇 8: 3 あなたが整えられた月や<星>を見ま
136: 9 月と<星>を造られた方に．その恵み
147: 4 主は<星>の数を数え，そのすべてに
148: 3 主をほめたたえよ…輝く<星>よ．
伝道 12: 2 月と<星>が暗くなり，雨の後にまた
イザ 13:10 天の<星>，天のオリオン座は光を放
14:13 神の<星々>のはるか上に私の王座を
エレ 31:35 月と<星>を定めて夜の光とし，海を
エゼ 32: 7 <星>を暗くし，太陽を雲で隠し，月
ダニ 8:10 <星>の軍勢のうちの幾つかを地に落
12: 3 世々限りなく，<星>のようになる．
ヨエ 2:10 <星>もその光を失う．
アモ 5:26 <星>の神，キウンの像をかついでい
オバ 4 <星>の間に巣を作っても，わたしは
ナホ 3:16 商人を天の<星>より多くしても，ば
マタ 2: 2 その方の<星>を見たので，拝みにま
7 <星>の出現の時間を突き止めた．
9 <星>が彼らを先導し，ついに幼子の
10 その<星>を見て，彼らはこの上もな
24:29 <星>は天から落ち，天の万象は揺り
ルカ 21:25 <星>には，前兆が現れ，地上では，
使徒 7:42 彼らが天の<星>に仕えるままにされ
43 ロンパの神の<星>をかついでいた．
27:20 太陽も<星>も見えない日が幾日も続
Iコリ 15:41 <星>の栄光もあります．個々の<星>
によって栄光が違います．
ヘブ 11:12 天の<星>のように，また海べの数え
ユダ 13 海の荒波，さまよう<星>です．まっ
黙示 1:16 右手に七つの<星>を持ち，口からは
20 七つの<星>と…七つの<星>は七つの
教会の御使いたち，七つの燭台は七
8:10 大きな<星>が天から落ちて来て，川

11 この<星>の名は苦よもぎと呼ばれ，
12 <星>の３分の１とが打たれたので，
9: 1 一つの<星>が天から地上に落ちるの
12: 1 頭には12の<星>の冠をかぶっていた.
4 天の<星>の３分の１を引き寄せると，

▼ほしい（欲しい）
ヨシ 7:21 <欲し>くなり，それらを取りました.
エス 5: 3 王妃エステル．何が<ほしい>のか.
ヨハ 15: 7 何でも…<ほしい>ものを求めなさい.
ピリ 4:17 私の<ほしい>のは…霊的祝福なので

▼ほしいちじく（干しいちじく）
Ⅰサム 25:18 <干しいちじく>200個を取って，こ
Ⅱ列 20: 7 <干しいちじく>をひとかたまり，持って来なさい．イザ38:21.
Ⅰ歴 12:40 <干しいちじく>，干しぶどう，ぶど

▼ほしいまま
箴言 29:18 幻がなければ，民は<ほしいまま>に
コロ 2:23 肉の<ほしいまま>な欲望に対しては，

▼ほしがる（欲しがる）
出エ 20:17 あなたの隣人の家を<欲しが>ってはならない…隣人のものを，<欲しが>
申命 5:21 隣人の妻を<欲しが>ってはならない…隣人のものを，<欲しが>ってはな
7:25 かぶせた銀や金を<欲しが>ってはな
箴言 23: 3 そのごちそうを<ほしが>ってはなら
ミカ 2: 2 畑を<欲しが>って，これをかすめ，
使徒 13:21 彼らが王を<ほしが>ったので，神は
ヤコ 4: 2 <ほしが>っても自分のものにならな

▼ほしぶどう（干しぶどう）
Ⅰサム 25:18 <干しぶどう>100ふさ，干しいちじ
Ⅱサム 6:19 <干しぶどう>の菓子１個を分け与え
雅歌 2: 5 <干しぶどう>の菓子で私を力づけ，
イザ 16: 7 キル・ハレセテの<干しぶどう>の菓
ホセ 3: 1 <干しぶどう>の菓子を愛しているイ

▼ホシャマ〔人名〕
ダビデの子孫エコヌヤ王の子．Ⅰ歴3:18.

▼ホシャヤ〔人名〕
(1)城壁奉献式で行進した聖歌隊員．ネヘ12:32.
(2)エレミヤに反抗した人の父．エレ42:1，43:2.

▼ほしゅう（捕囚）
士師 18:30 国の<捕囚>の日まで，ダン部族の祭
Ⅱ列 24:15 この国のおもだった人々を，<捕囚>
Ⅰ歴 5:22 <捕囚>の時まで，そこに住んだ.
エズ 2: 1 <捕囚>の民で，その<捕囚>の身から解かれて上り，エルサレムとユダに
4: 1 <捕囚>から帰って来た人々が，イス
6:16 <捕囚>から帰って来た人々は…祝っ
10: 8 <捕囚>から帰って来た…集団から切
ネへ 1: 2 <捕囚>から残ってのがれたユダヤ人
7: 6 ネブカデネザルが引いて行った<捕囚>の民で，その<捕囚>の身から解
イザ 20: 4 クシュの<捕囚>の民を，若い者も年
45:13 わたしの<捕囚>の民を解放する．代
52: 2 <捕囚>のシオンの娘よ.
エレ 1: 3 エルサレムの民の<捕囚>の時まであ
24: 5 ユダの<捕囚>の民を良いものにしよ
30:10 子孫を<捕囚>の地から，救うからだ.
エゼ 1: 1 <捕囚>の民とともにいたとき，天が
12: 4 <捕囚>のための荷物のようにして持ち出し，<捕囚>に行く人々のように，
25: 3 ユダの家が<捕囚>となって行ったと
40: 1 <捕囚>となって25年目の年の初め，
ゼカ 6:10 <捕囚>の民であったヘルダイ，トビ
14: 2 町の半分は<捕囚>となって出て行く.

▼ほしょう（保証），保証金，保証人
創世 44:32 あの子の<保証>をしているのです.
Ⅰ列 1:14 ことばの確かなことを<保証>しまし
ヨブ 16:19 私を<保証>してくださる方は高い所
詩 119:122 あなたのしもべの幸いの<保証人>と
箴言 6: 1 隣人のために<保証人>となり，他国
11:15 他国人の<保証人>となる者は苦しみを受け，<保証>をきらう者は安全だ.
17:18 隣人の前で<保証人>となる.
20:16 他国人の<保証人>となるときは，そ
22:26 他人の負債の<保証人>となってはな
イザ 38:14 私の<保証人>となってください.
使徒 17: 9 <保証金>を取ったうえで釈放した.
ロマ 4:16 信仰にならう人々にも<保証>される
15: 8 約束を<保証>するためであり，
Ⅱコリ 1:22 <保証>として，御霊を私たちの心に
5: 5 その<保証>として御霊を下さいまし
エペ 1:14 聖霊は…<保証>であられます．これ
ヘブ 6:17 誓いをもって<保証>されたのです.
7:22 さらにすぐれた契約の<保証>となら

▼ほす（干す）
民数 6: 3 生のものも<干>したものも食べては
イザ 19: 5 海から水が<干>され，川は干上がり，

▼ホセア〔人名〕
(1)ヌンの子ヨシュアの元の名．民数13:8，16.
(2)エフライム族のかしら．Ⅰ歴27:20.

(3)イスラエルの最後の王．Ⅱ列15:30，17:1，3，4，6，18:1，9，10．
(4)盟約に調印した民のかしら．ネヘ10:23．
(5)預言者ホセア．ホセ1:1，2，ロマ9:25．

▼ほぞ
雅歌 7:2 あなたの<ほぞ>は，混ぜ合わせたぶ

▼ほぞん（保存）
出エ16:23 すべて朝まで<保存>するため，取っ
34 アロンはそれを<保存>するために，
民数19:9 それを<保存>しておく．これは罪の
エレ32:14 土の器の中に入れ…<保存>せよ．

▼ホダブヤ
1. 人名．
(1)ダビデの子孫エルヨエナイの子．Ⅰ歴3:24．
(2)マナセ半部族の一族のかしらの一人．Ⅰ歴5:24．
(3)ベニヤミン族セヌアの子．Ⅰ歴9:7．
2. ホダブヤ族．捕囚帰還氏族．エズ2:40．

▼ホタム〔人名〕
(1)アシェル族ショメルの兄弟．Ⅰ歴7:32．
(2)アロエル人．ダビデの勇士の父．Ⅰ歴11:44．

▼ぼち（墓地）
創世23:4 私有の<墓地>を私に譲っていただき
Ⅱ歴26:23 <墓地>の野に先祖たちとともに葬っ
32:33 ダビデの子らの<墓地>の上り坂に葬
イザ65:4 <墓地>にすわり，見張り小屋に宿り，
マタ27:7 畑を買い，旅人たちの<墓地>にした．

▼ほちょう（歩調）
Ⅱコリ12:18 同じ<歩調>で歩いたのではありませ

▼ボツェツ〔地名〕
ヨナタンが登った断崖．Ⅰサム14:4．

▼ボツカテ〔地名〕
ユダの低地の町．ヨシ15:39，Ⅱ列22:1．

▼ほっする（欲する）
ヨブ23:13 神はこころの<欲する>ところを行わ

▼ボツラ〔地名〕
(1)エドムの重要都市．創世36:33，Ⅰ歴1:44，イザ34:6，63:1，エレ49:13，22，アモ1:12．
(2)モアブの町．エレ48:24．

▼ホデ〔人名〕
アシェル族のかしらの一人．Ⅰ歴7:37．

▼ポティファル〔人名〕
エジプトの高官．創世37:36，39:1．

▼ポティ・フェラ〔人名〕
ヨセフの妻の父．創世41:45，50，46:20．

▼ホディヤ〔人名〕
(1)ナハムの姉妹と結婚した人．Ⅰ歴4:19．
(2)律法を解明したレビ人．ネヘ8:7，9:5，10:10か13．
(3)盟約に調印したレビ人．ネヘ10:10か13．
(4)盟約に調印した民のかしら．ネヘ10:18．

▼ホティル〔人名〕
神殿楽人．先見者ヘマンの子．Ⅰ歴25:4，28．

▼ポテオリ〔地名〕
イタリヤ半島ナポリ湾北岸の町．使徒28:13．

▼ホデシュ〔人名〕
ベニヤミン族シャハライムの後妻．Ⅰ歴8:9．

▼ホデヤぞく（～族）
捕囚帰還のレビ人の一氏族．ネヘ7:43．

▼ホド
ペルシヤの東の境界に当る州．エス1:1，8:9．

▼ほどく
イザ58:6 くびきのなわめを<ほど>き，しいた
ルカ19:30 それを<ほど>いて連れて来なさい．
ヨハ11:44 <ほど>いてやって，帰らせなさい．」

▼ほどこし（施し）
箴言19:17 寄るべのない者に<施し>をするのは，
マタ6:2 <施し>をするときには…<施し>をする偽善者たちのように，自分の前で
マタ6:3 <施し>をするとき，右の手のしてい
4 あなたの<施し>が隠れているためで
ルカ11:41 うちのものを<施し>に用いなさい．
使徒3:2 宮に入る人たちから<施し>を求める
9:36 多くの良いわざと<施し>をしていた．
10:2 ユダヤの人々に多くの<施し>をなし，
4 あなたの祈りと<施し>は神の前に立
31 あなたの<施し>は神の前に覚えられ
24:17 同胞に対して<施し>をし，また供え
エペ4:28 困っている人に<施し>をするため，

▼ほどこす（施す）
出エ20:6 恵みを千代にまで<施す>からである．
申命13:17 あなたにあわれみを<施>し，あなた
Ⅰサム20:14 主の恵みを私に<施>してください．
Ⅱサム22:51 とこしえに恵みを<施>されます．」
エズ9:9 私たちに恵みを<施>し，私たちを生
詩篇37:21 正しい者は，情け深くて人に<施す>．
箴言28:27 貧しい者に<施す>者は不足すること
エレ32:18 恵みを千代にまで<施>し，先祖の咎
Ⅱコリ8:2 その惜しみなく<施す>富となったの
エペ3:20 すべてを越えて豊かに<施す>ことの

Ⅰテモ 6:18 惜しまずに<施>し，喜んで分け与え

▼ほとんど

使徒 19:26 <ほとんど>アジヤ全体にわたって，
ロマ 5: 7 死ぬ人は<ほとんど>ありません．情

▼ほね（骨），骨々，骨折る

創世 2:23 私の<骨>からの<骨>，私の肉からの
出エ 12:46 またその<骨>を折ってはならない．
民数 9:12 またその<骨>を１本でも折ってはな
19:16 人の<骨>や，墓に触れる者はみな，
ヨシ 24:32 ヨセフの<骨>は，シェケムの地に，
Ⅰサム 31:13 その<骨>を取って，ヤベシュにある
Ⅱサム 21:12 サウルの<骨>とその子ヨナタンの
<骨>を，ヤベシュ・ギルアデの者た
Ⅰ列 13: 2 人の<骨>がおまえの上で焼かれる．』
Ⅱ列 4:13 いっしょうけんめい<ほねお>ってく
13:21 エリシャの<骨>に触れるや，その人
23:14 その場所を人の<骨>で満たした．
Ⅱ歴 34: 5 祭司たちの<骨>を彼らの祭壇の上で
ヨブ 2: 5 彼の<骨>と肉とを打ってください．
4:14 私の<骨々>は，わなないた．
10:11 <骨>と筋とで私を編まれたではあり
21:24 その<骨>の髄は潤っている．
30:17 夜は私の<骨>を私からえぐりとり，
詩篇 6: 2 私の<骨>は恐れおののいています．
22:14 私の<骨々>はみな，はずれました．
17 私は，私の<骨>を，みな数えること
34:20 主は，彼の<骨>をことごとく守り，
35:10 私のすべての<骨>は言いましょう．
51: 8 あなたがお砕きになった<骨>が，喜
139:15 私の<骨>組みはあなたに隠れてはい
141: 7 私たちの<骨>はよみの入口にまき散
箴言 3: 8 あなたの<骨>に元気をつける．
12: 4 夫の<骨>の中の腐れのようだ．
16:24 親切なことばは…<骨>を健やかにす
17:22 陰気な心は<骨>を枯らす．
25:15 柔らかな舌は<骨>を砕く．
伝道 11: 5 妊婦の胎内の<骨々>のことと同様，
イザ 38:13 私のすべての<骨>を砕かれます．あ
66:14 あなたがたの<骨>は若草のように生
エレ 8: 1 ユダの王たちの<骨>，首長たちの
<骨>…を，彼らの墓からあばき，
20: 9 主のみことばは…<骨>の中に閉じ込
50:17 ネブカデレザルがその<骨>まで食ら
哀歌 1:13 私の<骨>の中にまで送り込まれた．
エゼ 6: 5 あなたがたの<骨>を…祭壇の回りに
24: 4 えり抜きの<骨>でこれを満たせ．
37: 1 そこには<骨>が満ちていた．
3 これらの<骨>は生き返ることができ
4 これらの<骨>に預言して言え．干か
らびた<骨>よ．主のことばを聞け．
7 <骨>と<骨>とが互いにつながった．
ダニ 6:24 その<骨>をことごとくかみ砕いてし
アモ 2: 1 エドムの王の<骨>を焼いて灰にした
ヨナ 4:10 自分で<骨折>らず，育てもせず，一
ミカ 3: 2 その<骨>から肉をそぎ取り，
ハバ 3:16 腐れは私の<骨>のうちに入り，私の
マタ 23:27 内側は，死人の<骨>や，あらゆる汚
ルカ 24:39 霊ならこんな肉や<骨>はありません．
ヨハ 19:36 彼の<骨>は一つも砕かれない」とい
Ⅰテモ 5:17 教えのために<ほねお>っている長老
ヘブ 11:22 自分の<骨>について指図しました．

▼ほのお（炎）【別項】燃える炎

創世 3:24 輪を描いて回る<炎>の剣を置かれた．
出エ 3: 2 柴の中の火の<炎>の中であった．よ
民数 21:28 シホンの町から<炎>が出て，モアブ
ヨブ 41:21 その口から<炎>が出る．
詩篇 29: 7 主の声は，火の<炎>を，ひらめかせ
106:18 <炎>が悪者どもを焼き尽くした．
雅歌 8: 6 その<炎>は火の<炎>，すさまじい
<炎>です．
イザ 10:17 その聖なる方は<炎>となる．燃え上
43: 2 <炎>はあなたに燃えつかない．
47:14 <炎>の手から救い出すこともできな
ダニ 7: 9 御座は火の<炎>，その車輪は燃える
ヨエ 2: 5 刈り株を焼き尽くす火の<炎>の音の
アモ 4:11 <炎>の中から取り出された燃えさし
オバ 18 火と<炎>はわらに燃えつき，これを
ルカ 16:24 私はこの<炎>の中で，苦しくてたま
使徒 2: 3 <炎>のような分かれた舌が現れて，
Ⅱテサ 1: 7 主イエスが，<炎>の中に，力ある御
ヘブ 1: 7 仕える者たちを<炎>とされる」と言

▼ホバ〔地名〕

ダマスコ北方の町．創世14:15．

▼ほばく（捕縛）

使徒 9:14 御名を呼ぶ者たちをみな<捕縛>する

▼ほばしら（帆柱）

箴言 23:34 <帆柱>のてっぺんで寝ている人のよ
イザ 33:23 <帆柱>の基は，結びつけることがで
エゼ 27: 5 レバノンの杉を使って…<帆柱>を作

▼ ホバブ〔人名〕
モーセのしゅうとか義兄弟．民数10:29，士師4:11．

▼ ホハム〔人名〕
ヘブロンの王．ヨシ10:3．

▼ ホバヤぞく（～族）
祭司の一族．エズ2:61，ネヘ7:63．

▼ ボハンのいし（～石）
ユダ北東の境界を示す石．ヨシ15:6，18:17．

▼ ボフシ〔人名〕
カナン偵察者ナフビの父．民数13:14．

▼ ホフニ〔人名〕
エリの子．Ⅰサム1:3，2:34，4:4，11，17．

▼ ポプラ〔植物〕
創世 30:37　ヤコブは，<ポプラ>…の木の若枝を
ホセ4:13，14:5．

▼ ポプリオ〔人名〕
マルタ島の首長．使徒28:7，8．

▼ ほふりば（～場）
箴言 7:22　彼は<ほふり場>に引かれる牛のよう
イザ 14:21　彼の子らのために，<ほふり場>を備
53: 7　<ほふり場>に引かれて行く羊のよう
エレ 11:19　私は，<ほふり場>に引かれて行くお
50:27　その雄牛を…<ほふり場>に下らせよ．
使徒 8:32　<ほふり場>に連れて行かれる羊のよ

▼ ほふる
創世 43:16　獣を<ほふ>り，料理をしなさい．こ
出エ 12: 6　全集会は…夕暮れにそれを<ほふ>り，
21　過越のいけにえとして<ほふ>りなさ
レビ 1: 5　その若い牛は，主の前で<ほふ>り，
22:28　その子と同じ日に<ほふ>ってはなら
民数 19: 3　外に引き出し，彼の前で<ほふ>れ．
申命 12:21　主が与えられた牛と羊を<ほふ>り，
28:31　あなたの牛が目の前で<ほふ>られて
Ⅰサム 28:24　子牛がいたので，急いで…<ほふ>り，
Ⅱ列 23:20　祭司たちを…祭壇の上で<ほふ>り，
Ⅱ歴 18: 2　羊や牛の群れを<ほふ>ったうえ，彼
30:17　過越のいけにえを<ほふる>役目につ
詩篇 44:22　私たちは，<ほふ>られる羊とみなさ
箴言 9: 2　いけにえを<ほふ>り，ぶどう酒に混
イザ 22:13　牛を殺し，羊を<ほふ>り，肉を食ら
66: 3　牛を<ほふる>者は，人を打ち殺す者．
エレ 25:34　牧者たちよ…あなたがたが<ほふ>ら
哀歌 2:21　彼らを容赦なく<ほふ>りました．
エゼ 34: 3　肥えた羊を<ほふる>が，羊を養わな
ゼカ 11: 4　<ほふる>ための羊の群れを養え．
5　これを買った者が…<ほふ>っても，
マタ 22: 4　家畜も<ほふ>って，何もかも整いま
マコ 14:12　過越の小羊を<ほふる>日に，弟子た
ルカ 15:23　子牛を引いて来て<ほふ>りなさい．
22: 7　過越の小羊の<ほふ>られる，種なし
使徒 7:42　<ほふ>られた獣と供え物とを，わた
10:13　「ペテロ．さあ，<ほふ>って食べな
さい」という声が聞こえた．11:7．
ロマ 8:36　<ほふ>られる羊とみなされた」と書
Ⅰコリ 5: 7　キリストが，すでに<ほふ>られたか
黙示 5: 6　<ほふ>られたと見える小羊が立って
12　<ほふ>られた小羊は，力と，富と，
13: 8　<ほふ>られた小羊のいのちの書に，

▼ ほへい（歩兵）
士師 20: 2　40万の剣を使う<歩兵>が神の民の集
Ⅰサム 4:10　イスラエルの<歩兵>３万人が倒れた．
Ⅱサム 8: 4　ダビデは…<歩兵>２万を取った．ダ
Ⅰ列 20:29　アラムの<歩兵>10万人を打ち殺した．
Ⅰ歴 19:18　アラムの…<歩兵>４万をほふり，将
使徒 23:23　<歩兵>200人，騎兵70人，槍兵200人

▼ ほほえむ
ヨブ 29:24　私が彼らに<ほほえ>みかけても，彼
箴言 31:25　彼女は…<ほほえ>みながら後の日を

▼ ホマム〔人名〕
ホリ人．ロタンの子．Ⅰ歴1:39．

▼ ほまれ（誉れ）
創世 14:20　いと高き神に，<誉れ>あれ.」アブ
Ⅱサム 1:19　イスラエルの<誉れ>は…殺された．
Ⅱサム 23:19　彼は３人の中で最も<誉れ>が高かっ
Ⅰ列 3:13　富と<誉れ>とをあなたに与える．あ
Ⅰ歴 29:12　富と<誉れ>は御前から出ます．あな
Ⅱ歴 1:11　<誉れ>をも，あなたを憎む者たちの
26:18　あなたには…主の<誉れ>は与えられ
32:27　ヒゼキヤは，富と<誉れ>に非常に恵
ヨブ 40:10　さあ，<誉れ>，気高さで身を装い，
詩篇 8: 5　これに栄光と<誉れ>の冠をかぶらせ
9:14　すべての<誉れ>を語り告げるために，
35:28　私の舌は…あなたの<誉れ>を日夜，
47: 4　主の愛するヤコブの<誉れ>を．セラ
48:10　あなたの<誉れ>はあなたの御名と同
51:15　私の口は，あなたの<誉れ>を告げる
91:15　彼を救い彼に<誉れ>を与えよう．
106: 2　そのすべての<誉れ>をふれ知らせる
111:10　主の<誉れ>は永遠に堅く立つ．

145:21 私の口が主の<誉れ>を語り，すべて
149: 9 それは，すべての聖徒の<誉れ>であ
箴言 3:16 その左の手には富と<誉れ>がある．
11:16 優しい女は<誉れ>をつかみ，横暴な
20: 3 争いを避けることは人の<誉れ>，愚
25: 2 事を隠すのは神の<誉れ>．事を探る
26: 1 <誉れ>が愚かな者にふさわしくない
27:18 主人の身を守る者は<誉れ>を得る．
29:23 心の低い人は<誉れ>をつかむ．
伝道 6: 2 神が富と財宝と<誉れ>とを与え，彼
イザ 13:19 王国の<誉れ>，カルデヤ人の誇らか
24:16 「正しい者に<誉れ>あれ」という地
哀歌 3:18 私の<誉れ>と，主から受けた望みは
エゼ 25: 9 その国の<誉れ>であるベテ・ハエシ
ミカ 2: 9 幼子たちから…<誉れ>を…取り去る．
ロマ 2: 7 栄光と<誉れ>と不滅のものとを求め
10 栄光と<誉れ>と平和は，ユダヤ人を
29 その<誉れ>は，人からではなく，神
ピリ 1:11 神の御栄えと<誉れ>が現されますよ
4: 8 すべての<誉れ>あること，すべての
Ｉテサ 2:20 あなたがたこそ私たちの<誉れ>であ
Ｉテモ 1:17 唯一の神に，<誉れ>と栄えとが世々
6:16 <誉れ>と，とこしえの主権は神のも
ヘブ 2: 7 彼に栄光と<誉れ>の冠を与え，
Ｉペテ 2:20 何の<誉れ>になるでしょう．けれど
IIペテ 1:17 キリストが父なる神から<誉れ>と栄
黙示 4: 9 栄光，<誉れ>，感謝をささげるとき，
11 栄光と<誉れ>と力とを受けるにふさ
5:13 賛美と<誉れ>と…が永遠にあるよう
21:26 諸国の民の栄光と<誉れ>とを，そこ

▼ほむべき

Ｉ列 5: 7 きょう，主は<ほむべき>かな．この
8:56 お与えになった主は<ほむべき>かな．
Ｉ歴 16:36 <ほむべき>かな．イスラエルの神，
ヨブ 1:21 主の御名は<ほむべき>かな．」
詩篇 18:46 <ほむべき>かな．わが岩．あがむべ
135:21 <ほむべき>かな．主．シオンにて．
ダニ 2:20 とこしえまで<ほむべき>かな．知恵
3:28 <ほむべき>かな，シャデラク，メシ
ゼカ 11: 5 主は<ほむべき>かな．私も富みます
マコ 14:61 あなたは，<ほむべき>方の子，キリ

▼ほめうた（〜歌）

出エ 15: 2 主は，私の力であり，<ほめ歌>であ
Ｉ歴 16: 9 主に歌え．主に<ほめ歌>を歌え．そ
ヨブ 35:10 夜には，<ほめ歌>を与え，
詩篇 47: 6 神に<ほめ歌>を歌え．<ほめ歌>を歌
81: 2 声高らかに<ほめ歌>を歌え．タンバ
118:14 主は，私の力であり，<ほめ歌>であ
イザ 12: 2 ヤハ，主は，私の力，私の<ほめ歌>．

▼ほめうたう（〜歌う）

IIサム 22:50 あなたの御名を，<ほめ歌>います．
詩篇 7:17 いと高き方，主の御名を<ほめ歌>お
61: 8 御名を，とこしえまでも<ほめ歌>い，
75: 9 ヤコブの神を，<ほめ歌>おう．
138: 1 天使たちの前で…<ほめ歌>います．
145: 4 あなたのみわざを<ほめ歌>い，あな
147:12 エルサレムよ．主を<ほめ歌>え．シ
イザ 12: 5 主を<ほめ歌>え．主はすばらしいこ
ロマ 15: 9 あなたの御名を<ほめ歌>おう．」

▼ほめたたえる

創世 9:26 <ほめたたえ>よ．セムの神，主を．
24:27 主が<ほめたたえ>られますように．
29:35 今度は主を<ほめたたえ>よう」と言
申命 8:10 良い地について…主を<ほめたたえ>
ヨシ 22:33 イスラエル人は，神を<ほめたたえ>，
士師 5: 2 ささげるとき，主を<ほめたたえ>よ．
13:17 あなたを<ほめたたえ>たいのです．」
16:24 自分たちの神を<ほめたたえ>て言っ
IIサム 22: 4 <ほめたたえ>られる方，この主を呼
50 国々の中であなたを<ほめたたえ>，
Ｉ列 8:33 立ち返り，御名を<ほめたたえ>，こ
35 祈り，御名を<ほめたたえ>，あなた
Ｉ歴 16: 4 主を覚えて感謝し，<ほめたたえる>
7 …を用いて，主を<ほめたたえ>た．
23:30 立って朝ごとに主を<ほめたたえ>，
29:10 全集団の目の前で…<ほめたたえ>た．
13 栄えに満ちた御名を<ほめたたえ>ま
II歴 7: 3 その恵みは…と主を<ほめたたえ>た．
20:26 ベラカの谷…で主を<ほめたたえ>た．
II歴 23:12 アタルヤは，王を<ほめたたえ>てい
ネヘ 8: 6 エズラが…主を<ほめたたえる>と，
9: 5 立ち上がって…主を<ほめたたえ>よ．
詩篇 7:17 主を，私は<ほめたたえ>よう．いと
16: 7 助言を下さった主を<ほめたたえる>．
18:49 国々の中であなたを<ほめたたえ>，
26:12 集まりの中で，主を<ほめたたえ>ま
34: 1 あらゆる時に主を<ほめたたえる>．
49:18 人々があなたを<ほめたたえ>ても．
56: 4 私はみことばを，<ほめたたえ>ます．
63: 4 あなたを<ほめたたえ>，あなたの御

66: 8 国々の民よ…神を<ほめたたえ>よ．
68:26 相つどうて，神を<ほめたたえ>よ．
69:30 御名を歌をもって<ほめたたえ>，神
71:22 6弦の立琴をもって…<ほめたたえ>
72:17 国々は彼を<ほめたたえ>ますように．
76:10 人の憤りまでもが…<ほめたたえ>，
89: 5 奇しいわざを<ほめたたえ>ます．ま
96: 2 御名を<ほめたたえ>よ．日から日へ
99: 3 おそれおおい御名を<ほめたたえ>よ．
100: 4 主に感謝し，御名を<ほめたたえ>よ．
103: 1 わがたましいよ．主を<ほめたたえ>
よ…聖なる御名を<ほめたたえ>よ．
113: 1 主のしもべたちよ．<ほめたたえ>よ．
主の御名を<ほめたたえ>よ．
115:17 死人は主を<ほめたたえる>ことがな
117: 1 すべての国々よ．主を<ほめたたえ>
135:19 イスラエルの家よ…<ほめたたえ>よ．
147:12 シオンよ…神を<ほめたたえ>よ．
148: 1 天において主を<ほめたたえ>よ．い
と高き所で主を<ほめたたえ>よ．2，
3，4，5，7，13．
150: 1 神の聖所で，神を<ほめたたえ>よ．
御力の大空で，神を<ほめたたえ>よ．
6 息のあるものはみな，主を<ほめた
たえ>よ．ハレルヤ．2，3，4，5．
箴言 10: 7 正しい者の呼び名は<ほめたたえ>ら
31:28 夫も彼女を<ほめたたえ>て言う．
30 主を恐れる女は<ほめたたえ>られる．
31 町囲みのうちで<ほめたたえ>よ．
雅歌 1: 4 あなたの愛を…<ほめたたえ>，真心
イザ 25: 3 力強い民も，あなたを<ほめたたえ>，
38:18 よみはあなたを<ほめたたえ>ず，死
66: 3 偶像を<ほめたたえる>者．実に彼ら
ダニ 2:19 ダニエルは天の神を<ほめたたえ>た．
4:34 私はいと高き方を<ほめたたえ>，永
遠に生きる方を…<ほめたたえ>た．
37 天の王を賛美し…<ほめたたえる>．
5:23 握っておられる神を<ほめたたえ>ま
マタ 11:25 父よ．あなたを<ほめたたえ>ます．
ルカ 1:64 …ようになって神を<ほめたたえ>た．
68 <ほめたたえ>よ．イスラエルの神で
2:28 シメオンは…神を<ほめたたえ>て言
10:21 あなたを<ほめたたえ>ます．これら
17:15 大声で神を<ほめたたえ>ながら引き
23:47 百人隊長は，神を<ほめたたえ>，
24:53 いつも宮にいて神を<ほめたたえ>て
使徒 11:18 …と言って，神を<ほめたたえ>た．
21:20 それを聞いて神を<ほめたたえ>，パ
ロマ 1:25 造り主こそ…<ほめたたえ>られる方
9: 5 とこしえに<ほめたたえ>られる神で
14:11 すべての舌は，神を<ほめたたえる>．
15: 6 父なる神を<ほめたたえる>ためです．
9 私は異邦人の中で…<ほめたたえ>，
Ⅱコリ 1: 3 慰めの神が<ほめたたえ>られますよ
11:31 永遠に<ほめたたえ>られる方は，私
エペ 1: 6 恵みの栄光が，<ほめたたえ>られる
12 神の栄光を<ほめたたえる>ためです．
ピリ 2:11 父なる神が<ほめたたえ>られるため
Ⅰペテ 2:12 おとずれの日に神を<ほめたたえる>
黙示 15: 4 御名を<ほめたたえ>ない者があるで
19: 7 喜び楽しみ，神を<ほめたたえ>よう．

▼ホメル〔度量衡〕

容量の単位．1ホメルは220リットル．レビ27:16，民数11:32，イザ5:10，エゼ45:11，13，14，ホセ3:2．

▼ほめる【別項】ほめ歌う，ほめたたえる

Ⅱサム 14:25 その美しさを<ほめ>はやされた者は
詩篇 34: 3 私とともに主を<ほめ>よ．共に，御
箴言 12: 8 その思慮深さによって<ほめ>られ，
13:18 叱責を大事にする者は<ほめ>られる．
27: 2 ほかの者にあなたを<ほめ>させよ．
マタ 6: 2 人に<ほめ>られたくて会堂や通りで
ルカ 4:22 みなイエスを<ほめ>，その口から出
6:26 みなの人が<ほめ>るとき，あなたが
16: 8 主人は，不正な管理人…を<ほめ>た．
ロマ 13: 3 支配者から<ほめ>られます．
15:11 すべての異邦人よ．主を<ほめ>よ．
Ⅰコリ 11: 2 あなたがたを<ほめ>たいと思います．
17 私はあなたがたを<ほめ>ません．あ
Ⅱコリ 6: 8 <ほめ>られたり，そしられたり，悪
Ⅰペテ 2:14 善を行う者を<ほめる>ように王から

▼ほらあな（～穴）

創世 19:30 ふたりの娘といっしょに<ほら穴>の
23: 9 マクペラの<ほら穴>を私に譲ってく
19 マクペラの畑地の<ほら穴>に葬った．
25: 9 彼をマクペラの<ほら穴>に葬った．
創世 50:13 マクペラの畑地の<ほら穴>に彼を葬
ヨシ 10:16 マケダの<ほら穴>に隠れた．
士師 6: 2 <ほら穴>や，要害を自分たちのもの

Ⅰサム 13: 6 <ほら穴>や，奥まった所，岩間，地
22: 1 アドラムの<ほら穴>に避難した．彼
24: 3 <ほら穴>があったので，サウルは用
Ⅱサム 17: 9 <ほら穴>か，どこか…に隠れておら
23:20 <ほら穴>の中に降りて…雄獅子を打
Ⅰ列 18: 4 50人ずつ<ほら穴>の中にかくまい，
19: 9 <ほら穴>に入り，そこで一夜を過ご
ヨブ 38:40 <ほら穴>に伏し，茂みの中で待ち伏
雅歌 4: 8 獅子の<ほら穴>，ひょうの山から降
イザ 2:19 岩の<ほら穴>や，土の穴に入る．
エゼ 33:27 要害と<ほら穴>にいる者は疫病で死
ヨハ 11:38 墓は<ほら穴>であって，石がそこに
ヘブ 11:38 <ほら穴>と地の穴とをさまよいまし
黙示 6:15 <ほら穴>と山の岩間に隠れ，

▼ポラタ〔人名〕

ユダヤ人絶滅を企てたハマンの子．エス9:8.

▼ホラム〔人名〕

ゲゼルの王．ヨシ10:33.

▼ホリ

1. 人名．

(1)ホリ人ロタンの子．創世36:22，Ⅰ歴1:39.
(2)カナン偵察者の父．シメオン族出身．民数13:52.

2. ホリ人．セイルの先住民．創世14:6，36:20，21，29，30，申命2:12，22.

▼ほりもの（彫り物）

詩篇 74: 6 聖所の<彫り物>をことごとく打ち砕
箴言 25:11 銀の<彫り物>にはめられた金のりん
ゼカ 3: 9 七つの目があり…それに<彫り物>を

▼ほりょ（捕虜）

出エ 12:29 地下牢にいる<捕虜>の初子に至るま
申命 21:11 <捕虜>の中に，姿の美しい女性を見，
13 <捕虜>の着物を脱ぎ，あなたの家に
エレ 46:19 娘よ．<捕虜>になる身支度をせよ．
ダニ 5:13 <捕虜>のひとり，あのダニエルか．
ルカ 21:24 <捕虜>となってあらゆる国に連れて
エペ 4: 8 彼は多くの<捕虜>を引き連れ，人々

▼ほる（彫る）

出エ 28:11 その二つの石に<彫>り，それぞれを
39: 6 これに印を<彫る>ようにして，イス
Ⅰ列 6:29 神殿の…壁に…彫り物を<彫>った．

▼ほる（掘る）

創世 21:30 井戸を<掘>ったという証拠となるた
26:22 イサクは…ほかの井戸を<掘>った．
出エ 21:33 井戸を<掘>って，それにふたをしな
申命 6:11 あなたが<掘>らなかった掘り井戸，
Ⅱ列 19:24 井戸を<掘>って，他国の水を飲み，
Ⅱ歴 16:14 ダビデの町に<掘>っておいた墓に彼
ヨブ 3:21 それを<掘>り求めても，隠された宝を<掘>り求めるのにすぎないとは．
詩篇 35: 7 たましいを陥れようと，穴を<掘>り
94:13 悪者のためには穴が<掘>られます．
119:85 高ぶる者は私のために穴を<掘>りま
箴言 26:27 穴を<掘る>者は，自分がその穴に陥
伝道 10: 8 穴を<掘る>者はそれに落ち込み，石
イザ 5: 2 彼はそこを<掘>り起こし，石を取り
22:16 自分のために，ここに墓を<掘>ったが…高い所に自分の墓を<掘>り，岩
51: 1 <掘>り出された穴を見よ．
エレ 2:13 こわれた水ためを…<掘>ったのだ．
18:20 いのちを取ろうとして…<掘>ったの
エゼ 17:17 彼が塁を築き塹壕を<掘>っても，パ
マタ 25:18 地を<掘>って，その主人の金を隠し
27:60 岩を<掘>って造った自分の新しい墓
ルカ 6:48 地面を深く<掘>り下げ，岩の上に土

▼ボル・アシャン〔地名〕

ダビデが分捕り物を送った町．Ⅰサム30:30.

▼ポルキオ・フェスト〔人名〕

ユダヤの総督．フェストと同人．使徒24:27.

▼ホルさん（〜山）

(1)イスラエルの宿営地．民数20:22，23，25，27，21:4，33:37，38，39，41，申命32:50.
(2)レバノン山脈の一高峰．民数34:7，8.

▼ポルトナト〔人名〕

コリントからの使者．Ⅰコリ16:17.

▼ホル・ハギデガデ〔地名〕

イスラエルの宿営地．民数33:32，33.

▼ホルマ〔地名〕

イスラエルの一部が反抗して惨敗した地．民数14:45，21:3，申命1:44，ヨシ12:14，15:30，19:4，士師1:17，Ⅰサム30:30，Ⅰ歴4:30.

▼ホレシュ〔地名〕

ダビデが隠れた場所．Ⅰサム23:15，16，18，19.

▼ホレブ〔地名〕

モーセやエリヤが啓示を受けた神の山．出エ3:1，17:6，33:6，申命1:2，6，19，4:10，15，5:2，9:8，18:16，29:1，Ⅰ列8:9，19:8，Ⅱ歴5:10，詩篇106:19，マラ4:4.

▼ホレム〔地名〕
ナフタリの町．ヨシ19:38.

▼ホロナイム〔地名〕
モアブ人の町．イザ15:5，エレ48:3，5.

▼ほろび（滅び）【別項】滅びの穴，滅びの子
出エ 12:13 ‹滅び›のわざわいは起こらない．
民数 24:20 その終わりは‹滅び›に至る．」
Ⅱ歴 22: 4 彼を‹滅び›に至らせたのである．
26:16 心は高ぶり，ついに身に‹滅び›を招
ヨブ 21:17 神が怒って彼らに‹滅び›を分け与え
20 彼の目が自分の‹滅び›を見，彼が全
26: 6 ‹滅び›の淵もおおわれない．
28:22 ‹滅び›の淵も，死も言う．「私たち
詩篇 35: 8 思わぬときに，‹滅び›が彼を襲いますように…‹滅び›の中に彼が落ち込
57: 1 まことに，‹滅び›が過ぎ去るまで，
88:11 あなたの真実が‹滅び›の中で．
箴言 10:14 愚か者の口は‹滅び›に近い．
15 貧民の‹滅び›は彼らの貧困．
13: 3 くちびるを大きく開く者には‹滅び›
15:11 よみと‹滅び›の淵とは主の前にある．
18: 7 愚かな者の口は自分の‹滅び›となり，
9 自分の仕事をなまける者は，‹滅び›をもたらす者の兄弟である．24.
24:22 このふたりから来る‹滅び›をだれが
26:28 へつらう口は‹滅び›を招く．
27:20 よみと‹滅び›の淵は飽くことがなく，
29:16 正しい者は彼らの‹滅び›を見る．
イザ 14:23 ‹滅び›のほうきで一掃する．——万
エレ 46:21 彼らの‹滅び›の日，刑罰の時が，彼
オバ 12 ユダの子らの‹滅び›の日に，彼らの
ミカ 2:10 それはひどい‹滅び›だ．
マタ 7:13 ‹滅び›に至る門は大きく，その道は
ロマ 8:21 被造物自体も，‹滅び›の束縛から解
Ⅰコリ 1:18 十字架のことばは，‹滅び›に至る人
ガラ 6: 8 肉から‹滅び›を刈り取り，御霊のた
ピリ 1:28 彼らにとっては‹滅び›のしるしであ
3:19 彼らの最後は‹滅び›です．彼らの神
Ⅰテサ 5: 3 突如として‹滅び›が彼らに襲いかか
Ⅱテサ 1: 9 永遠の‹滅び›の刑罰を受けるのです．
Ⅰテモ 6: 9 人を‹滅び›と破滅に投げ入れる，愚
Ⅱペテ 1: 4 世にある欲のもたらす‹滅び›を免れ，
2: 1 彼らは，‹滅び›をもたらす異端をひそかに持ち込み…‹滅び›を招いてい
19 自分自身が‹滅び›の奴隷なのです．
3: 7 さばきと‹滅び›との日まで，保たれ
Ⅱペテ 3:16 手紙を曲解し，自分自身に‹滅び›を

▼ほろびうせる（滅びうせる）
申命 4:26 たちまちにして‹滅びうせる›．そこ
ヨシ 23:13 この良い地から，‹滅びうせる›．
Ⅰサム 2: 9 悪者…は，やみの中に‹滅びうせ›ま
Ⅱ列 9: 8 アハブの家は…‹滅びうせる›．わた
ヨブ 3: 3 私の生まれた日は‹滅びうせ›よ．
詩篇 1: 6 しかし，悪者の道は‹滅びうせる›．
49:12 人は‹滅びうせる›獣に等しい．
イザ 15: 1 モアブは‹滅びうせ›た…キル・モアブは荒らされ，‹滅びうせ›た．
エレ 18:18 預言者からことばが‹滅びうせる›こ
48: 8 谷は‹滅びうせ›，平地は根絶やしに
哀歌 3:22 私たちが‹滅びうせ›なかったのは，
ミカ 4: 9 あなたの議官は‹滅びうせ›たのか．
ゼパ 1:11 商人はみな‹滅びうせ›，銀を量る者
マタ 5:18 天地が‹滅びうせ›ない限り，律法の

▼ほろびさる（滅び去る）
民数 16:33 彼らは集会の中から‹滅び去›った．
申命 11:17 良い地から，すぐに‹滅び去›ってし
マタ 24:35 この天地は‹滅び去›ります．しかし，
Ⅰヨハ 2:17 世と世の欲は‹滅び去›ります．しか

▼ほろびのあな（滅びの穴）
詩篇 40: 2 私を‹滅びの穴›から，泥沼から，引
55:23 ‹滅びの穴›に落とされましょう．血
107:20 その‹滅びの穴›から彼らを助け出さ
イザ 38:17 ‹滅びの穴›から，私のたましいを引

▼ほろびのこ（滅びの子）
ヨハ 17:12 ただ‹滅びの子›が滅びました．それ
Ⅱテサ 2: 3 ‹滅びの子›が現れなければ，主の日

▼ほろびる（滅びる）【別項】滅びうせる，滅び去る
創世 41:36 この地がききんで‹滅び›ないためで
出エ 10: 7 エジプトが‹滅びる›のが，まだおわ
レビ 26:38 あなたがたは国々の間で‹滅び›，あ
民数 17:12 私たちは‹滅びる›．みな‹滅びる›．
申命 8:19 あなたがたは必ず‹滅びる›．
士師 5:31 主よ．あなたの敵はみな‹滅び›，主
エス 4:14 あなたの父の家も‹滅び›よう．あな
8: 6 私の同族の‹滅びる›のを見てがまん
ヨブ 4: 7 だれか罪がないのに‹滅び›た者があ
9 彼らは神のいぶきによって‹滅び›，
20: 7 糞のようにとこしえに‹滅びる›．彼

ほ

33:18 いのちが槍で<滅び>ないようにされ
36:12 彼らは槍によって<滅び>，知識を持
詩篇 2:12 おまえたちが道で<滅び>ないために．
37:20 しかし悪者は<滅びる>．主の敵は牧
41: 5 その名は<滅びる>のだろうか．」
49:10 愚か者もまぬけ者もひとしく<滅び>，
73:27 遠く離れている者は<滅び>ます．あ
102:26 これらのものは<滅びる>でしょう．
119:176 私は，<滅びる>羊のように，迷い出
143: 7 私の霊は<滅び>てしまいます．どう
箴言 5:11 あなたの肉とからだが<滅びる>とき，
14:28 民がなくなれば君主は<滅びる>．
19: 9 まやかしを吹聴する者は<滅びる>．
21:28 まやかしの証人は<滅びる>．しかし，
28:28 彼らが<滅びる>と，正しい人がふえ
31: 6 強い酒は<滅び>ようとしている者に
伝道 7:15 正しい人が正しいのに<滅び>，悪者
イザ 5: 6 わたしは，これを<滅びる>ままにし
29:14 民の知恵ある者の知恵は<滅び>，悟
41:11 無いもののようになって<滅びる>．
57: 1 義人が<滅び>ても心に留める者はな
エレ 10:11 これらの天の下からも<滅びる>」と．
27:15 預言者たちも<滅びる>ようにする．」
40:15 ユダの残りの者が<滅び>てよいでし
44:27 剣とききんによって…<滅び>絶える．
エゼ 5:12 ききんで<滅び>，３分の１はあなた
ダニ 7:14 その国は<滅びる>ことがない．
ヨエ 1:18 羊の群れも<滅びる>．
アモ 3:15 象牙の家々は<滅び>，多くの家々は
ヨナ 1: 6 私たちは<滅び>ないですむかもしれ
ない．3:9.
4:10 一夜で<滅び>たこのとうごまを惜し
ミカ 2:10 ここは汚れているために<滅びる>．
マタ 18:14 小さい者たちのひとりが<滅びる>こ
24:35 わたしのことばは決して<滅びる>こ
26:52 剣を取る者はみな剣で<滅び>ます．
マコ 3:26 立ち行くことができないで<滅び>ま
ルカ 13: 3 悔い改めないなら…<滅び>ます．
16:17 天地の<滅びる>ほうがやさしいので
21:33 この天地は<滅び>ます．しかし，わ
たしのことばは決して<滅びる>こと
ヨハ 3:16 ひとりとして<滅びる>ことなく，永
10:28 彼らは決して<滅びる>ことがなく，
11:50 国民全体が<滅び>ないほうが，あな
17:12 彼らのうちだれも<滅び>た者はなく，
ただ滅びの子が<滅び>ました．それ
使徒 5:37 反乱を起こし…自分は<滅び>，従っ
8:20 あなたとともに<滅びる>がよい．あ
13:41 驚け．そして<滅び>よ．わたしはお
ロマ 2:12 律法なしに<滅び>，律法の下にあっ
6: 6 罪のからだが<滅び>て，私たちがも
Ⅰコリ 8:11 あなたの知識によって，<滅びる>こ
Ⅱコリ 2:15 <滅びる>人々の中でも，神の前にか
4: 3 <滅びる>人々の場合に，おおいが掛
9 倒されますが，<滅び>ません．
エペ 4:22 <滅び>て行く古い人を脱ぎ捨てるべ
コロ 2:22 用いれば<滅びる>ものについてであ
Ⅱテサ 2:10 <滅びる>人たちに対するあらゆる悪
ヘブ 1:11 これらのものは<滅び>ます．しかし，
10:39 恐れ退いて<滅びる>者ではなく，信
11:31 いっしょに<滅びる>ことを免れまし
Ⅱペテ 3: 6 洪水におおわれて<滅び>ました．
9 ひとりでも<滅びる>ことを望まず，
ユダ 10 動物のように…<滅びる>のです．
11 コラのようにそむいて<滅び>ました．
黙示 17: 8 そして彼は，ついには<滅び>ます．

▼ ほろぶ（滅ぶ）

詩篇 63: 9 私のいのちを求める者らは<滅>んで
ロマ 1:23 神の御栄えを，<滅ぶ>べき人間や，
Ⅰコリ 15:18 眠った者たちは，<滅>んでしまった

▼ ほろぼす（滅ぼす）

創世 6:13 彼らを地とともに<滅ぼ>そうとして
17 天の下から<滅ぼす>ために，地上の
9:11 大洪水が地を<滅ぼす>ようなことは
13:10 ソドムとゴモラを<滅ぼ>される以前
18:23 悪い者といっしょに<滅ぼ>し尽くさ
28 ５人のために…<滅ぼ>されるでしょ
うか…<滅ぼす>まい．もしそこにわ
19:15 この町の咎のために<滅ぼ>し尽くさ
17 さもないと<滅ぼ>されてしまう．」
21 あなたの言うその町を<滅ぼす>まい．
出エ 12:23 <滅ぼす>者があなたがたの家に入っ
レビ 23:30 その者を，彼の民の間から<滅ぼす>．
民数 14:12 疫病で彼らを打って<滅ぼ>してしま
16:26 あなたがたが<滅ぼ>し尽くされると
24:22 しかし，カインは<滅ぼ>し尽くされ，
申命 7:10 主はたちどころに…<滅ぼ>される．
20 あなたの前から<滅ぼ>される．
9:26 あなたの所有の民を<滅ぼ>さないで
11: 4 主はこれを<滅ぼ>して，今日に至っ

28:63 主は，あなたがたを<滅ぼ>し…根絶
Ⅱサム 2:26 剣が人を<滅ぼ>してよいものか．そ
11:25 剣は…あちらの者も<滅ぼす>ものだ．
20:19 母である町を<滅ぼ>そうとしておら
24:16 これを<滅ぼ>そうとしたとき，主は
…思い直し，民を<滅ぼ>している御
Ⅱ列 7:13 すでに<滅ぼ>されたイスラエルの全
8:19 ユダを<滅ぼす>ことを望まれなかっ
Ⅱ列 13:23 彼らを<滅ぼ>し尽くすことは望まず，
19:18 …にすぎなかったので，<滅ぼす>こ
Ⅰ歴 21:15 これを<滅ぼ>そうとされた…<滅ぼ>
しているのをご覧になって…思い直
し，<滅ぼ>している御使いに仰せら
Ⅱ歴 21: 7 ダビデの家を<滅ぼす>ことを望まれ
25:16 あなたを<滅ぼ>そうと計画しておら
エス 4: 7 ハマンがユダヤ人を<滅ぼす>ために，
9: 5 ユダヤ人は…虐殺して<滅ぼ>し，自
ヨブ 2: 3 何の理由もないのに彼を<滅ぼ>そう
37:20 人が尋ねるなら，必ず…<滅ぼ>され
詩篇 21:10 彼らのすえを<滅ぼ>されましょう．
40:14 私のいのちを求め，<滅ぼ>そうとす
57題目 <滅ぼす>な」の調べに合わせて．ダ
59:13 激しい憤りをもって<滅ぼ>し尽くし
てください．<滅ぼ>し尽くして，彼
73:27 不誠実な者をみな<滅ぼ>されます．
74:11 彼らを<滅ぼ>し尽くしてください．
78:38 彼らの咎を赦して，<滅ぼ>さず，幾
47 いちじく桑の木を<滅ぼ>された．
92: 7 それは彼らが永遠に<滅ぼ>されるた
101: 8 朝ごとに…悪者を…<滅ぼ>します．
119:139 私の熱心は私を<滅ぼ>し尽くしてし
143:12 恵みによって，私の敵を<滅ぼ>し，
145:20 しかし，悪者はすべて<滅ぼ>される．
箴言 1:32 愚かな者の安心は自分を<滅ぼす>．
6:32 これを行う者は…自身を<滅ぼす>．
11: 9 その口によって隣人を<滅ぼ>そうと
11 悪者の口によって，<滅ぼ>される．
13: 6 悪は罪人を<滅ぼす>．
13 みことばをさげすむ者は身を<滅ぼ>
14:11 悪者の家は<滅ぼ>され，正しい者の
19: 3 愚かさによってその生活を<滅ぼす>．
29: 3 遊女と交わる者は，財産を<滅ぼす>．
伝道 5: 6 あなたの手のわざを<滅ぼ>してもよ
7:16 なぜあなたは自分を<滅ぼ>そうとす
10:12 愚かな者のくちびるは…<滅ぼす>．
イザ 10: 7 彼の心にあるのは，<滅ぼす>こと，
18 たましいも，からだも<滅ぼ>し尽く
25 わたしの怒りが彼らを<滅ぼ>してし
14:20 あなたは自分の国を<滅ぼ>し，自分
25: 8 永久に死を<滅ぼ>される．神である
エレ 1:10 あるいは<滅ぼ>し，あるいはこわし，
4:27 わたしはことごとくは<滅ぼ>さない．
6: 5 夜の間に…宮殿を<滅ぼ>そう．」
11:19 木を実とともに<滅ぼ>そう．彼を生
13:14 彼らを<滅ぼ>してしまおう．』」
16: 4 剣とききんで<滅ぼ>され，しかばね
18: 7 <滅ぼす>と語ったその時，
エレ 23: 1 牧場の群れを<滅ぼ>し散らす牧者た
24:10 与えた地から彼らを<滅ぼ>し尽くす．
36:29 バビロンの王は必ず来て…<滅ぼ>し，
50:40 その近隣を<滅ぼ>されたように，
51: 2 吹き散らし，その国を<滅ぼす>．彼
哀歌 1:15 私の若い男たちを<滅ぼ>された．主
2: 2 ヤコブの…住まいを…<滅ぼ>し，ユ
エゼ 7:15 ききんと疫病に<滅ぼ>し尽くされる．
9: 8 残りの者たちを…<滅ぼ>されるので
しょうか．」11:13.
21:31 <滅ぼす>ことに巧みな残忍な者たち
27:32 海の真ん中で<滅ぼ>されたものがあ
30:11 その地を<滅ぼす>ために遣わされる．
ダニ 2: 5 あなたがたの家を<滅ぼ>してごみの
12 バビロンの知者をすべて<滅ぼ>せと
44 その国は永遠に<滅ぼ>されることが
4:23 この木を切り倒して<滅ぼ>せ．ただ
7:25 聖徒たちを<滅ぼ>し尽くそうとする．
26 彼は永久に絶やされ，<滅ぼ>される．
8:24 有力者たちと聖徒の民を<滅ぼす>．
25 不意に多くの人を<滅ぼ>し，君の君
ホセ 4: 6 民は知識がないので<滅ぼ>される．
10: 8 アベンの高き所も<滅ぼ>され，いば
11: 9 再びエフライムを<滅ぼ>さない．わ
ヨナ 1:14 この男の…ために…<滅ぼ>さないで
3: 4 40日すると，ニネベは<滅ぼ>される
ナホ 1: 8 その場所を<滅ぼ>し尽くし，その敵
ゼパ 1:18 たちまち<滅ぼ>し尽くす．
マラ 3: 6 あなたがたは，<滅ぼ>し尽くされな
マタ 10:28 ともにゲヘナで<滅ぼす>ことのでき
22: 7 その人殺しどもを<滅ぼ>し，彼らの
マコ 1:24 あなたは私たちを<滅ぼ>しに来たの
ルカ 17:27 洪水が来て…<滅ぼ>してしまいまし

ほ

ヨハ 10:10 盗人が来るのは…<滅ぼ>したりする
使徒 3:23 民の中から<滅ぼ>し絶やされる.』
5:39 彼らを<滅ぼす>ことはできないでし
9:21 御名を呼ぶ者たちを<滅ぼ>した者で
13:19 カナンの地で，七つの民を<滅ぼ>し，
ロマ 9:22 その<滅ぼ>されるべき怒りの器を，
14:15 あなたの食べ物のことで，<滅ぼ>さ
Ⅰコリ 1:19 知恵ある者の知恵を<滅ぼ>し，賢い
3:17 神がその人を<滅ぼ>されます．神の
5: 5 彼の肉が<滅ぼ>されるためですが，
6:13 神は，そのどちらをも<滅ぼ>されま
10: 5 彼らの大部分は…荒野で<滅ぼ>され
10 彼らは<滅ぼす>者に<滅ぼ>されまし
15:24 あらゆる権威，権力を<滅ぼ>し，国
26 最後の敵である死も<滅ぼ>されます．
ガラ 1:23 <滅ぼ>そうとした信仰を今は宣べ伝
5:15 お互いの間で<滅ぼ>されてしまいま
Ⅱテサ 2: 8 来臨の輝きをもって<滅ぼ>してしま
Ⅱテモ 1:10 キリストは死を<滅ぼ>し，福音によ
Ⅱテモ 2:14 聞いている人々を<滅ぼす>ことにな
ヘブ 2:14 死の力を持つ者を<滅ぼ>し，
11:28 初子を<滅ぼす>者が彼らに触れるこ
ヤコ 4:12 その方は救うことも<滅ぼす>ことも
Ⅱペテ 2:12 動物が<滅ぼ>されるように，彼らも
ユダ 5 信じない人々を<滅ぼ>されたという
黙示 11: 5 火が…口から出て，敵を<滅ぼ>し尽
18 地を<滅ぼす>者どもの<滅ぼ>される

▼ ぼろぼろ
ヨシ 9: 5 食料のパンは…<ぼろぼろ>になって
12 パンは…かわいて，<ぼろぼろ>にな

▼ ホロン
1. 地名．
(1)ユダの山地の町．ヨシ15:51，21:15．
(2)モアブの平地の町．エレ48:21．
2. ホロン人．ネヘ2:10，19，13:28．

▼ ほん（本）
伝道 12:12 多くの<本>を作ることには，限りが

▼ ぼん（盆）
マタ 14: 8 バプテスマのヨハネの首を<盆>に載
マコ 6:28 その首を<盆>に載せて持って来て，

▼ ほんしつ（本質）
コロ 1:19 神の<本質>を御子のうちに宿らせ，
ヘブ 1: 3 神の<本質>の完全な現れであり，そ

▼ ほんたい（本体）
コロ 2:17 影であって，<本体>はキリストにあ

▼ ポンテオ・ピラト〔人名〕
ユダヤの総督．ルカ3:1，使徒4:27，Ⅰテモ6:13．

▼ ポント〔地名〕
小アジヤ北東の地域．使徒2:9，18:2，Ⅰペテ1:1．

▼ ほんとう
創世 3: 1 神は，<ほんとう>に言われたのです
42:20 あなたがたのことばが<ほんとう>だ
ヨシ 7:20 <ほんとう>に，私はイスラエルの神，
Ⅱサム 24:10 私は<ほんとう>に愚かなことをしま
Ⅰ列 10: 6 聞き及んでおりましたことは<ほんとう>でした．Ⅱ歴9:5．
ヨブ 19: 4 私が<ほんとう>にあやまって罪を犯
詩篇 58: 1 <ほんとう>に，おまえたちは義を語
イザ 43: 9 聞く者に『<ほんとう>だ』と言わせ
エレ 26:15 <ほんとう>に主が，私をあなたがた
28: 9 <ほんとう>に主が遣わされた預言者
ダニ 3:14 拝みもしないというが，<ほんとう>
ルカ 23:47 <ほんとう>に，この人は正しい方で
24:34 <ほんとう>に主はよみがえって，シ
ヨハ 1:47 これこそ，<ほんとう>のイスラエル
4:37 …ということわざは，<ほんとう>な
42 この方が<ほんとう>に世の救い主だ
8:31 <ほんとう>にわたしの弟子です．
36 あなたがたは<ほんとう>に自由なの
Ⅰコリ 11:19 <ほんとう>の信者が明らかにされる
Ⅰテモ 5: 3 <ほんとう>のやもめを敬いなさい．
16 教会は<ほんとう>のやもめを助ける
テト 1:13 この証言は<ほんとう>なのです．で

▼ ほんどう（本堂）
Ⅰ列 6: 3 神殿の<本堂>の前につく玄関は，長
5 <本堂>と内堂の回りの神殿の壁に脇
7:21 この柱を<本堂>の玄関広間の前に立
Ⅱ列 18:16 主の<本堂>のとびらと柱から金をは
23: 4 器物をことごとく主の<本堂>から運
24:13 主の<本堂>の中のすべての金の用具
Ⅱ歴 3:17 これらの柱を<本堂>の前に，一つを
4: 8 机を10個作り，<本堂>の中に置き，
29:16 主の<本堂>にあった汚れたものをみ
ネヘ 6:10 <本堂>の中で会い，<本堂>の戸を閉
11 だれが<本堂>に入って生きながらえ
エゼ 42: 8 <本堂>に面する側は100キュビトで

▼ ほんのう（本能）
ユダ 10 <本能>によって知るような事がらの

▼ **ほんもの（本物）**
ヘブ　9:24　キリストは，<本物>の模型にすぎな
▼ **ぼんやり**
Iコリ13:12　私たちは鏡に<ぼんやり>映るものを
▼ **ほんらい（本来）**
ガラ　4:8　<本来>は神でない神々の奴隷でした.

ま

▼ **マアイ〔人名〕**
祭司ゼカリヤの兄弟．ネへ12:36.
▼ **マアカ**
1. 地名．アラムの小国．IIサム10:6.
2. 人名.
(1)アブラハムの兄弟ナホルの子．創世22:24.
(2)ダビデの妻．IIサム3:3，I歴3:2.
(3)ガテの王アキシュの父．I列2:39.
(4)アビヤ王の母．I列15:2，II歴11:21，22.
(5)カレブのそばめ．I歴2:48.
(6)マキルの妹．I歴7:15.
(7)マキルの妻でペレシュの母．I歴7:16.
(8)サウルの祖先エイエルの妻．I歴8:29，9:35.
(9)ダビデの勇士の一人ハナンの父．I歴11:43.
(10)シメオン族の長シェファテヤの父．I歴27:16.
3. マアカ人．申命3:14，ヨシ12:5，13:11，13.
▼ **マアズヤ〔人名〕**
(1)アロンの子孫の一人．I歴24:18.
(2)盟約に調印した祭司の一人．ネへ10:8.
▼ **マアセヤ〔人名〕**
(1)レビ人．10弦の琴を用いた人．I歴15:20.
(2)エホヤダが契約を結んだ百人隊長．II歴23:1.
(3)ウジヤ王治世のつかさ．II歴26:11.
(4)王の子．ジクリに殺害された．II歴28:7.
(5)主の宮の修理に遣わされた人．II歴34:8.
(6)異邦人の女をめとった祭司の一人．エズ10:18.
(7)異邦人の女をめとった祭司の一人．エズ10:21.
(8)異邦人の女をめとった祭司の一人．エズ10:22.
(9)異邦人の女をめとった者の一人．エズ10:30.
(10)城壁を修理したアザルヤの父．ネへ3:23.
(11)律法朗読時，エズラの右にいた一人．ネへ8:4.
(12)律法を解説したレビ人の一人．ネへ8:7.
(13)盟約に調印した民のかしらの一人．ネへ10:25.
(14)エルサレムに居住．バルクの子．ネへ11:5.
(15)ベニヤミン族サウルの先祖．ネへ11:7.
(16)城壁奉献式に奉仕した祭司の一人．ネへ12:41.
(17)城壁奉献式に奉仕した祭司の一人．ネへ12:42.
(18)祭司ゼパニヤの父．エレ21:1，29:25，37:3.
(19)偽りの預言をしたゼデキヤの父．エレ29:21.
(20)主の宮の入口を守った人．エレ35:4.
▼ **マアダイ〔人名〕**
異邦人の女をめとった者の一人．エズ10:34.
▼ **まあたらしい（真新しい）**
マタ　9:16　<真新しい>布切れで古い着物の継ぎをするようなことは．マコ2:21.
▼ **マアツ〔人名〕**
ヘツロンの子エラフメエルの子孫．I歴2:27.
▼ **マアデヤ〔人名〕**
帰還氏族のかしらの一人．祭司．ネへ12:5.
▼ **マアラテ〔地名〕**
ユダの山地の町の一つ．マロテと同地．ヨシ15:59.
▼ **マアレ・ゲバ〔地名〕**
エルサレム北方ゲバ付近の草原．士師20:33.
▼ **まいかける（舞いかける）**
申命32:11　鷲が…ひなの上を<舞いかけ>り，翼
▼ **まいそう（埋葬）**
民数33:4　打ち殺されたすべての初子を<埋葬>
申命21:23　その日のうちに必ず<埋葬>しなけれ
マタ26:12　この女が…わたしの<埋葬>の用意をしてくれたのです．マコ14:8.
ヨハ19:40　ユダヤ人の<埋葬>の習慣に従って，
▼ **まいない**
箴言15:27　<まいない>を憎む者は生きながらえ
伝道　7:7　<まいない>は心を滅ぼす.
アモ　5:12　<まいない>を取り，門で貧しい者を

▼ まいにち（毎日）

創世 39:10　彼女は<毎日>，ヨセフに言い寄った
出エ 16: 4　<毎日>，１日分を集めなければなら
29:36　<毎日>…雄牛１頭をささげなければ
民数 28: 3　全焼のいけにえとして，<毎日>２頭．
24　７日間，<毎日>主へのなだめのかお
士師 16:16　<毎日>彼女が同じことを言って，し
Ⅰ歴 26:17　北方には<毎日>４人…倉にはふたり
Ⅱ歴 8:13　<毎日>の日課により，これをささげ，
エズ 3: 4　<毎日>の分として定められた数にし
ネヘ 8:18　神の律法の書は…<毎日>朗読された．
エレ 37:21　<毎日>パン１個を彼に与えさせた．
マタ 26:55　わたしは<毎日>，宮ですわって教えていたのに．マコ14:49，ルカ22:53．
ルカ 16:19　<毎日>ぜいたくに遊び暮らしていた．
19:47　イエスは<毎日>，宮で教えておられ
使徒 2:46　<毎日>，心を一つにして宮に集まり，
47　主も<毎日>救われる人々を仲間に加
3: 2　<毎日>「美しの門」という名の宮の
5:42　<毎日>，宮や家々で教え，イエスが
6: 1　<毎日>の配給でなおざりにされてい
17:11　そのとおりかどうかと<毎日>聖書を
19: 9　パウロは…<毎日>ツラノの講堂で論
Ⅰコリ 15:31　私にとって，<毎日>が死の連続です．
ヘブ 10:11　祭司は<毎日>立って礼拝の務めをな
ヤコ 2:15　<毎日>の食べ物にもこと欠いている

▼ まいねん（毎年）

申命 14:22　10分の１を必ず<毎年>ささげなけれ
15:20　<毎年>…主の前で，それを食べなけ
Ⅰサム 1: 3　<毎年>シロに上って…主を礼拝し，
7　<毎年>…彼女が主の宮に上って行く
Ⅱサム 14:26　<毎年>，年の終わりには…重いので刈っていた…その髪の毛を量ると，
ルカ 2:41　過越の祭りには<毎年>エルサレムに

▼ まえ（前）【別項】御前，目の前

創世 24: 7　御使いをあなたの<前>に遣わされる．
出エ 16: 9　主の<前>に近づきなさい．主があな
レビ 19:14　目の見えない者の<前>につまずく物
32　あなたは白髪の老人の<前>では起立
民数 20:12　イスラエルの人々の<前>に聖なる者
Ⅱサム 6: 5　主の<前>で，力の限り喜び踊った．
Ⅰ列 2: 4　誠実をもってわたしの<前>を歩むな
22:21　ひとりの霊が…主の<前>に立ち，
Ⅱ列 23:27　ユダもまた，わたしの<前>から移す．
24: 3　ユダを主の<前>から除くということ
25:29　いつも王の<前>で食事をした．
ネヘ 1:11　この人の<前>に，あわれみを受けさ
詩篇 42: 4　私の<前>で心を注ぎ出しています．
5　私の<前>で思い乱れてい．11，43:5．
6　たましいは私の<前>でうなだれてい
イザ 1:16　わたしの<前>で…悪を取り除け．悪
エゼ 3: 1　あなたの<前>にあるものを食べよ．
マタ 10:33　人の<前>でわたしを知らないと言うような者なら…わたしの父の<前>で，
26:70　ペテロはみなの<前>でそれを打ち消
ルカ 15:18　私は…あなたの<前>に罪を犯しまし
ロマ 3:20　だれひとり神の<前>に義と認められ
ヘブ 4:13　神の<前>で隠れおおせるものは何一
12: 2　イエスは，ご自分の<前>に置かれた

▼ まえかけ（前掛け）

使徒 19:12　<前掛け>をはずして病人に当てると，

▼ まえぶれ（前ぶれ）

ルカ 1:17　エリヤの霊と力で主の<前ぶれ>をし，

▼ マオク〔人名〕

ガテの王アキシュの父．Ⅰサム27:2．

▼ マオン

1. 地名．
⑴ユダの山地の町の一つ．ヨシ15:55，Ⅰサム25:2．
⑵マオンの荒野．Ⅰサム23:24，25．
2. マオン人．カナン先住民の一つ．士師10:12．

▼ まかせる（任せる），任す

創世 42:37　彼を私の手に<任せ>てください．私
ヨブ 2: 6　彼をおまえの手に<任せる>．ただ彼
39:11　働きをこれに<任せる>だろうか．
詩篇 22: 8　主に身を<任せ>よ．彼が助け出した
イザ 50: 6　打つ者に私の背中を<まかせ>，ひげを抜く者に私の頬を<まかせ>，侮辱
エゼ 16:25　通りかかるすべての人に身を<任せ>，
ホセ 4:17　エフライム…そのなすに<まかせ>よ．
マタ 24:47　主人は…全財産を<任せる>ようにな
25:21　あなたにたくさんの物を<任せ>よう．
ルカ 4: 6　それは私に<任>されているので，私
12:48　多く<任>された者は多く要求されま
16:11　だれが…まことの富を<任せる>でし
ヨハ 2:24　ご自身を彼らにお<任せ>にならなか
Ⅱテモ 1:12　その方は私のお<任せ>したものを，
Ⅰペテ 2:23　正しくさばかれる方にお<任せ>にな
4:19　自分のたましいをお<任せ>しなさい．

▼ マガダン〔地名〕

ゲネサレ湖北西岸の地方名．マタ15:39.

▼ マカツ〔地名〕

ソロモンの12行政区分の中の町．Ⅰ列4:9.

▼ まがる（曲がる）

民数 20:17　私たちは…右にも左にも<曲が>りません．21:22，申命2:27.

申命 32: 5　よこしまで<曲が>った世代．

Ⅱサム 22:27　<曲が>った者には，ねじ曲げる方．

ヨブ 9:20　神は私を<曲が>った者とされる．

詩 101: 3　私は<曲が>ったわざを憎みます．そ

4　<曲が>った心は私から離れて行きま

125: 5　主は，<曲が>った道にそれる者ども

箴言 2:15　彼らの道は<曲が>り，その道筋は<曲が>りくねっている．

4:24　<曲が>ったことを言うくちびるをあ

11:20　心の<曲が>った者は主に忌みきらわ

14: 2　<曲が>って歩む者は，主をさげすむ．

17:20　心の<曲が>った者は幸いを見つけな

19: 1　<曲が>ったことを言う愚かな者にま

28: 6　<曲が>った道を歩む者にまさる．

18　<曲が>った生活をする者は墓穴に陥

伝道 1:15　<曲が>っているものを，まっすぐに

マタ 17:17　ああ，不信仰な，<曲が>った今の世

ルカ 3: 5　<曲が>った所はまっすぐになり，で

使徒 2:40　<曲が>った時代から救われなさい」

20:30　<曲が>ったことを語って，弟子たち

ピリ 2:15　<曲が>った邪悪な世代の中にあって

▼ マキ〔人名〕

ガド族の斥候ゲウエルの父．民数13:15.

▼ まきちらす（～散らす）

出エ 9: 8　それを天に向けて<まき散ら>せ．

32:20　水の上に<まき散ら>し…飲ませた．

民数 16:37　火を遠くに<まき散ら>させよ．それ

Ⅱ歴 34: 4　…者たちの墓の上に<まき散ら>した．

ヨブ 2:12　自分の頭の上に<まき散ら>した．

36:30　神はご自分の光を…<まき散ら>し，

詩篇 53: 5　陣を張る者の骨を<まき散ら>された

141: 7　骨はよみの入口に<まき散ら>されま

エゼ 6: 5　骨を…祭壇の回りに<まき散らす>．

10: 2　炭火を…町の上に<まき散ら>せ．」

ホセ 2:23　彼をわたしのために地に<まき散ら>

ゼパ 1:17　はらわたは糞のように<まき散ら>さ

ゼカ 10: 9　彼らを国々の民の間に<まき散らす>

マラ 2: 3　あなたがたの顔に糞を<まき散らす>．

▼ まきば（牧場）

Ⅱサム 7: 8　わたしはあなたを…<牧場>からとり，

Ⅰ歴 4:39　<牧場>を捜し求めて，ゲドルの入口

ヨブ 5:24　<牧場>を見回っても何も失っていな

詩篇 23: 2　主は私を緑の<牧場>に伏させ，いこ

37:20　主の敵は<牧場>の青草のようだ．彼

74: 1　あなたの<牧場>の羊に御怒りを燃や

83:12　神の<牧場>をわれわれのものとしよ

95: 7　私たちは，その<牧場>の民，その御

100: 3　私たちは主のもの…その<牧場>の羊

イザ 5:17　子羊は自分の<牧場>にいるように草

7:19　彼らは…すべての<牧場>に巣くう．

30:23　家畜の群れは，広々とした<牧場>で

32:14　羊の群れの<牧場>となるからだ．

49: 9　裸の丘…が，彼らの<牧場>となる．

65:10　シャロンは羊の群れの<牧場>，アコ

エレ 23: 1　わたしの<牧場>の群れを滅ぼし散ら

3　残りの者を…もとの<牧場>に帰らせ

25:36　主が彼らの<牧場>を荒らしておられ

49:19　獅子が…<牧場>に上って来るように，

20　彼らの<牧場>はそのことでおびえる．

50:19　イスラエルをその<牧場>に帰らせる．

エゼ 34:14　わたしは良い<牧場>で彼らを養い…イスラエルの山々の肥えた<牧場>で

31　あなたがたは…わたしの<牧場>の羊

ヨエ 1:18　それに<牧場>がないからだ．羊の群

ミカ 2:12　<牧場>の中の群れのように一つに集

ゼパ 2: 6　海辺よ．おまえは<牧場>となり，牧

▼ まきぼう（巻き棒）

Ⅰサム 17: 7　槍の柄は機織りの<巻き棒>のようで

Ⅰ歴 11:23　機織りの<巻き棒>に似た槍を持って

▼ まきもの（巻き物）

詩篇 40: 7　<巻き物>の書に私のことが書いてあ

イザ 34: 4　天は<巻き物>のように巻かれる．そ

エレ 36: 2　あなたは<巻き物>を取り…書きしるせ．4，6，14，18，20，21.

8　バルクは…<巻き物>を読んだ．13.

23　火で<巻き物>全部を焼き尽くした．

28　あなたは再びもう一つの<巻き物>を取り…先の<巻き物>にあった．32.

51:60　わざわいのすべてを…<巻き物>にし

エゼ 2: 9　その中に一つの<巻き物>があった．

3: 1　この<巻き物>を食べ，行って．2，3.

ゼカ 5: 1　見ると…<巻き物>が飛んでいた．

黙示 1:11　あなたの見ることを<巻き物>にしる

5: 1 右の手に<巻き物>があるのを見た.
2, 3, 4, 5, 7, 8, 9.
6:14 天は, <巻き物>が巻かれるように消
10: 2 手には…小さな<巻き物>を. 8, 9.
10 その小さな<巻き物>を取って食べた.

▼ マキル

1. 人名.

(1)ヨセフの子マナセの長子. 創世50:23, 民数27:1, 申命3:15, ヨシ17:1, 士師5:14, Ⅰ歴2:21.

(2)ロ・デバルのアミエルの子. Ⅱサム9:4, 17:27.

2. マキル族. 1.(1)の子孫. 民数26:29, ヨシ13:31.

▼ まく

士師 9:45 町を破壊して, そこに塩を<ま>いた.
詩 147:16 主は…灰のように霜を<ま>かれる.
エゼ43:24 祭司たちがそれらの上に塩を<ま>き,

▼ まく (巻く)

レビ 8:13 彼らにターバンを<巻>きつけさせた.
Ⅰ列20:32 彼らは腰に荒布を<巻>き, 首になわ
ヨブ12:18 その腰に腰布を<巻>きつけ,
イザ34: 4 天は巻き物のように<巻>かれる. そ
38:12 いのちを機織りのように<巻>いた.
ルカ 4:20 イエスは書を<巻>き, 係りの者に渡
ヨハ11:44 手と足を長い布で<巻>かれたままで
19:40 イエスのからだを…亜麻布で<巻>い
ヘブ 1:12 これらを, 外套のように<巻>かれま
黙示 6:14 天は, 巻き物が<巻>かれるように消

▼ まく (蒔く) 【別項】 種蒔き・種 (を) 蒔く人 (者)

創世26:12 イサクはその地に種を<蒔>き, その
47:23 これを地に<蒔>かなければならない.
出エ23:10 6年間は, 地に種を<蒔>き, 収穫をしなければならない. レビ25:3.
16 畑に種を<蒔>いて得た勤労の初穂の
レビ11:37 死体が, <蒔>こうとしている種の上
19:19 畑に2種類の種を<蒔>いてはならな
26:16 種を<蒔>いてもむだになる. あなた
申命11:10 自分で種を<蒔>き, 自分の力で水を
14:22 種を<蒔>いて, 畑から得るすべての
22: 9 ぶどう畑に2種類の種を<蒔>いてはならない…<蒔>いた種…が, みな汚
29:23 種も<蒔>けず, 芽も出さず, 草一本
士師 6: 3 イスラエル人が種を<蒔く>と, いつ
Ⅱ列19:29 3年目は, 種を<蒔>いて刈り入れ,
ヨブ 4: 8 害毒を<蒔く>者が, それを刈り取る
31: 8 私が種を<蒔>いて他の人が食べるが
詩 107:37 畑に種を<蒔>き, ぶどう畑を作り,
箴言11:18 義を<蒔く>者は確かな賃金を得る.
22: 8 不正を<蒔く>者はわざわいを刈り取
伝道11: 4 風を警戒している人は種を<蒔>かな
6 朝のうちにあなたの種を<蒔>け. 夕
イザ28:24 農夫は, 種を<蒔く>ために, いつも
25 ういきょうを<蒔>き, クミンの種を
30:23 畑に<蒔く>種に雨を降らせ, その土
32:20 すべての水のほとりに種を<蒔>き,
37:30 3年目は, 種を<蒔>いて刈り入れ,
40:24 やっと植えられ, やっと<蒔>かれ,
61:11 園が<蒔>かれた種を芽ばえさせるよ
エレ 4: 3 いばらの中に種を<蒔く>な.
12:13 小麦を<蒔>いても, いばらを刈り取
31:27 人間の種と家畜の種を<蒔く>.
35: 7 家を建てたり, 種を<蒔>いたり, ぶ
エゼ36: 9 おまえたちは耕され, 種が<蒔>かれ
ホセ 8: 7 彼らは風を<蒔>いて, つむじ風を刈
10:12 正義の種を<蒔>き, 誠実の実を刈り
ミカ 6:15 種を<蒔>いても, 刈ることがなく,
マタ13: 4 <蒔>いているとき, 道ばたに落ちた種があった. マコ4:4.
19 その人の心に<蒔>かれたものを奪…道ばたに<蒔>かれるとは. マコ4:15.
20 岩地に<蒔>かれるとは. マコ4:16.
22 いばらの中に<蒔>かれる. マコ4:18.
23 良い地に<蒔>かれるとは. マコ4:20.
24 ある人が…畑に良い種を<蒔>いた.
25 敵が来て…毒麦を<蒔>いて行った.
27 畑には良い麦を<蒔>かれたのではあ
31 からし種…それを取って, 畑に<蒔く>と. マコ4:31, 32.
37 良い種を<蒔く>者は人の子です.
39 毒麦を<蒔>いた敵は悪魔であり, 収
25:24 <蒔>かない所から刈り取り. 26.
ルカ12:24 <蒔>きもせず, 刈り入れもせず, 納
19:21 お<蒔>きにならなかったものをも刈
ヨハ 4:36 <蒔く>者と刈る者がともに喜ぶため
37 ひとりが種を<蒔>き, ほかの者が刈
Ⅰコリ15:36 あなたの<蒔く>物は, 死ななければ,
37 あなたが<蒔く>物は…穀物の種粒で
42 朽ちるもので<蒔>かれ, 朽ちないも

44 血肉のからだで<蒔>かれ，御霊に属
Ⅱコリ 9: 6 少しだけ<蒔く>者は，少しだけ刈り
取り，豊かに<蒔く>者は，豊かに刈
10 <蒔く>人に種と食べるパンを備えて
くださる方は…<蒔く>種を備え，そ
ガラ 6: 7 人は種を<蒔>けば，その刈り取りも
8 肉のために<蒔く>者は，肉から滅び
を…御霊のために<蒔く>者は，御霊
ヤコ 3:18 平和のうちに<蒔>かれます．

▼まく（幕）
出エ 26: 1 幕屋を10枚の<幕>で造らなければな
らない．9，10，12，13，36:8，10．
36:14 やぎの毛の<幕>を…11枚．15，16．
民数 4:25 幕屋の<幕>，会見の天幕とそのおお
詩 104: 2 天を，<幕>のように広げておられま
105:39 主は，雲を広げて仕切りの<幕>とし，
イザ 54: 2 住まいの<幕>を惜しみなく張り伸ば
マタ 27:51 神殿の<幕>が上から下まで真っ二つ
に裂けた．マコ15:38，ルカ23:45．
ヘブ 6:19 この望みは<幕>の内側に入るのです．

▼マグダラ〔地名〕
マリヤ(2)の出身地．マタ27:56，28:1，マコ15:40，16:1，ルカ8:2，24:10，ヨハ19:25，20:1．

▼マグディエル〔人名〕
エドム人の首長の一人．創世36:43，Ⅰ歴1:54．

▼マクテシュく（～区）
エルサレム北側の町のある地域か．ゼパ1:11．

▼マクナデバイ〔人名〕
異邦人の女をめとった者の一人．エズ10:40．

▼マクバナイ〔人名〕
ガド族出身の勇士の一人．Ⅰ歴12:13．

▼マグピアシュ〔人名〕
盟約に調印した民のかしらの一人．ネヘ10:20．

▼マグビシュぞく（～族）
捕囚から帰還したユダの一族．エズ2:30．

▼マクベナ〔地名〕
ユダの平地にあった村．Ⅰ歴2:49．

▼マクペラ〔地名〕
アブラハムがエフロンから買った土地．創世23:9，17，19，25:9，49:30，50:13．

▼マクヘロテ〔地名〕
荒野の宿営地の一つ．民数33:25，26．

▼まくや（幕屋）【別項】あかしの幕屋
出エ 25: 9 <幕屋>の型と<幕屋>のすべての用具
26: 1 <幕屋>を10枚の幕で．6，7，12，13，
15，17，18，20，22，23，26，27，
30，35，27:9，19，35:11，15，18，
36:8，13，14，20，22，23，25，27，
31，38:20，31，39:32．
33:11 ヨシュアという若者が<幕屋>を離れ
39:40 <幕屋>に用いるすべての用具，
40: 2 会見の天幕である<幕屋>を建てなけ
ればならない．5，9，17，19，24．
34 主の栄光が<幕屋>に満ちた．35．
36 雲が<幕屋>から上ったときに旅立っ
レビ 8:10 <幕屋>とその中にあるすべてのもの
17: 4 主の<幕屋>の前に主へのささげ物と
民数 1:50 彼らは<幕屋>と…用具を…管理し，
<幕屋>の回りに宿営しなければなら
51 <幕屋>が進むときはレビ人がそれを
…<幕屋>が張られるときはレビ人が
3: 7 <幕屋>の奉仕．8，23，25，26，29，
35，36，38，4:16，25，26，31．
5:17 祭司は…<幕屋>の床にあるちりを取
7: 1 モーセは<幕屋>を建て終わった日に，
9:15 <幕屋>を建てた日，雲が…<幕屋>を
おおった…夕方には<幕屋>の上にあ
18 雲が<幕屋>の上にとどまっている間，
彼らは宿営していた．19，20，22．
16: 9 主の<幕屋>の奉仕をするために，ま
ヨシ 22:19 主の<幕屋>の立つ主の所有地に渡っ
Ⅱサム 7: 6 わたしは…<幕屋>にいて，歩んでき
Ⅰ歴 6:48 レビ人は…<幕屋>のあらゆる奉仕に
17: 5 天幕に，<幕屋>から<幕屋>にいた．
23:26 <幕屋>を運んだり…する必要はない．
Ⅱ歴 1: 5 青銅の祭壇を主の<幕屋>の前に置き，
ヨブ 4:21 彼らの<幕屋>の綱も彼らのうちから
詩篇 15: 1 主よ．だれが，あなたの<幕屋>に宿
19: 4 太陽のために，<幕屋>を設けられた．
27: 5 <幕屋>のひそかな所に私をかくまい，
6 その<幕屋>で，喜びのいけにえをさ
52: 5 おまえを<幕屋>から引き抜かれる．
61: 4 あなたの<幕屋>に，いつまでも住み，
78:60 お建てになったその<幕屋>を見放し，
エレ 49:29 その<幕屋>もそのすべての器も，ら
哀歌 2: 6 主は…ご自分の<幕屋>を投げ捨てて，
ハバ 3: 7 ミデヤンの地の<幕屋>はわなないて
マタ 17: 4 私が，ここに三つの<幕屋>を造りま
す．マコ9:5，ルカ9:33．

使徒 7:43 モロクの<幕屋>とロンパの神の星を
15:16 倒れたダビデの<幕屋>を建て直す…
廃墟と化した<幕屋>を建て直し，そ
Ⅱコリ 5: 1 私たちの住まいである地上の<幕屋>
2 私たちはこの<幕屋>にあってうめき，
4 この<幕屋>の中にいる間は…うめい
ています…この<幕屋>を脱ぎたいと
ヘブ 8: 2 真実の<幕屋>である聖所で仕えてお
5 モーセが<幕屋>を建てようとしたと
9: 2 <幕屋>が設けられ，その前部の所に
6 前の<幕屋>には，祭司たちがいつも
7 第２の<幕屋>には，大祭司だけが年
9 この<幕屋>はその当時のための比喩
11 キリストは…完全な<幕屋>を通り，
21 <幕屋>と礼拝のすべての器具にも同
13:10 <幕屋>で仕える者たちには，この祭
Ⅱペテ 1:13 私が地上の<幕屋>にいる間は，これ
14 私がこの<幕屋>を脱ぎ捨てるのが間
黙示 13: 6 <幕屋>，すなわち，天に住む者たち
21: 3 見よ．神の<幕屋>が人とともにある．

▼まくら（枕），枕もと

創世 28:11 石の一つを取り，それを<枕>にして，
Ⅰサム 19:13 編んだものを<枕>のところに置き，
26: 7 槍が，その<枕もと>の地面に突き刺
12 サウルの<枕もと>の槍と水差しとを
マタ 8:20 人の子には<枕>する所も．ルカ9:58．
マコ 4:38 イエスだけは…<枕>をして眠ってお

▼マケダ〔地名〕

ユダの町．ヨシ10:10，12:16，15:41．

▼マケドニヤ

1．地名．使徒16:9，18:5，19:21，20:1，ロマ15:26，Ⅰコリ16:5，Ⅱコリ1:16，2:13，7:5，8:1，9:2，11:9，ピリ4:15，Ⅰテサ1:7，4:10，Ⅰテモ1:3．

2．マケドニヤ人．使徒16:9，19:29，27:2．

▼まける（負ける）

エス 6:13 あなたはモルデカイに<負>けかけて
おいでですが…彼に<負ける>でしょ
エレ 23: 9 ぶどう酒に<負>けた男のようになっ
ロマ 12:21 悪に<負>けてはいけません．かえっ

▼まげる（曲げる）

申命 16:19 あなたはさばきを<曲げ>てはならな
Ⅰサム 8: 3 息子たちは…さばきを<曲げ>ていた．
ヨブ 8: 3 神は公義を<曲げる>だろうか．全能
者は義を<曲げる>だろうか．
33:27 私は罪を犯し，正しい事を<曲げ>た．
34:12 全能者は公義を<曲げ>ない．
詩 119:78 彼らは偽りごとをもって私を<曲げ>
146: 9 主は悪者の道を<曲げ>られる．
箴言 10: 9 自分の道を<曲げる>者は思い知らさ
17:23 悪者は…さばきの道を<曲げる>．
31: 5 悩む者のさばきを<曲げる>といけな
伝道 7:13 神が<曲げ>たものをだれがまっすぐ
エレ 3:21 彼らは自分たちの道を<曲げ>，自分
9: 3 彼らは舌を弓のように<曲げ>，真実
23:36 私たちの神のことばを<曲げる>から
アモ 2: 7 彼らは…貧しい者の道を<曲げ>，父
ミカ 3: 9 あらゆる正しいことを<曲げ>ている．
7: 3 こうして事を<曲げ>ている．
ハバ 1: 4 さばきが<曲げ>て行われています．
ゼカ 9:13 わたしはユダを<曲げ>て…弓とし，
使徒 13:10 主のまっすぐな道を<曲げる>ことを
Ⅱコリ 4: 2 神のことばを<曲げ>ず，真理を明ら

▼まご（孫）

申命 4:25 あなたが子を生み，<孫>を得，あな
6: 2 あなたの子も<孫>も，あなたの神，
士師 8:22 あなたの<孫>も，私たちを治めてく
12:14 40人の息子と30人の<孫>がいて，70
箴言 17: 6 <孫>たちは老人の冠，子らの光栄は
イザ 22:24 子も<孫>も，すべての小さい器も，
Ⅰテモ 5: 4 やもめに子どもか<孫>かがいるなら，

▼マゴグ〔地名〕

ヤペテの子とその子孫が住んだ地．創世10:2，Ⅰ歴1:5，エゼ38:2，39:6，黙示20:8．

▼まごころ（真心）

士師 9:19 <真心>をもって行動したのなら，あ
なたがたはアビメレクを喜び．16．
Ⅰ列 3: 6 <真心>とをもって…御前を歩んだか
雅歌 1: 4 <真心>からあなたを愛しています．
使徒 2:46 喜びと<真心>をもって食事をともに
Ⅱコリ 2:17 <真心>から…キリストにあって語る
エペ 6: 5 <真心>から地上の主人に従いなさい．
コロ 3:22 恐れかしこみつつ，<真心>から従い
ヘブ 10:22 <真心>から神に近づこうではありま

▼まこと

創世 24:27 主人に対する恵みと<まこと>とをお
49 私の主人に，恵みと<まこと>とを施
32:10 恵みと<まこと>を受けるに足りない
出エ 34: 6 主は…恵みと<まこと>に富み，
士師 1:24 あなたに<まこと>を尽くすから．」

9:15 <まこと>をもって私に油をそそぎ,
16 <まこと>と真心をもって行動して,
19 <まこと>と真心をもって行動したの
Ⅱサム 2: 6 恵みと<まこと>を施してくださるよ
7:28 あなたのおことばは<まこと>です.
15:20 恵みと<まこと>が, あなたとともに
Ⅱ列 20: 3 私が, <まこと>を尽くし, 全き心を
Ⅱ歴 15: 3 イスラエルには<まこと>の神なく,
24:22 自分に尽くしてくれた<まこと>を心
ネヘ 9:13 正しい定めと, <まこと>の律法, 良
詩篇 19: 9 主のさばきは<まこと>であり, こと
25:10 主の小道はみな恵みと, <まこと>で
30: 9 あなたの<まこと>を, 告げるでしょ
40:10 あなたの<まこと>を…隠しませんで
11 あなたの<まこと>が, 絶えず私を見
43: 3 あなたの光と<まこと>を送り, 私を
57: 3 神は恵みと<まこと>を送られるので
10 あなたの<まこと>は雲にまで及ぶか
61: 7 恵みと<まこと>とを彼に授け, 彼を
69:13 御救いの<まこと>をもって…答えて
71:22 わが神よ. あなたの<まこと>を. イ
85:10 恵みと<まこと>とは, 互いに出会い
11 <まこと>は地から生えいで, 義は天
86:15 恵みと<まこと>に富んでおられます.
89:14 恵みと<まこと>は, 御前に先立ちま
108: 4 あなたの<まこと>は雲にまで及ぶか
111: 8 <まこと>と正しさをもって行われる.
115: 1 あなたの恵みと<まこと>のために,
117: 2 主の<まこと>はとこしえに. ハレル
119:142 あなたのみおしえは, <まこと>です.
151 あなたの仰せは…<まこと>です.
160 みことばのすべては<まこと>です.
138: 2 恵みと<まこと>を…御名に感謝しま
145:18 <まこと>をもって主を呼び求める者
箴言 3: 3 恵みと<まこと>を捨ててはならない.
14:22 善を計る者には恵みと<まこと>があ
16: 6 恵みと<まこと>によって, 咎は贖わ
20:28 恵みと<まこと>とは王を守る. 彼は
イザ 10:20 主に, <まこと>をもって, たよる.
38: 3 <まこと>を尽くし, 全き心をもって
18 あなたの<まこと>を待ち望みません.
19 父は子らにあなたの<まこと>につい
42: 3 <まこと>をもって公義をもたらす.
エレ 10:10 主は<まこと>の神, 生ける神, とこ
14:13 <まこと>の平安をあなたがたに与え
エゼ 18: 9 <まこと>をもってわたしの定めを守
ルカ 16:11 だれがあなたがたに, <まこと>の富
ヨハ 1: 9 <まこと>の光が世に来ようとしてい
14 この方は恵みと<まこと>に満ちてお
17 恵みと<まこと>はイエス・キリスト
4:23 霊と<まこと>によって父を礼拝する
24 神を礼拝する者は, 霊と<まこと>に
6:32 天から<まこと>のパンをお与えにな
55 わたしの肉は<まこと>の食物, わた
しの血は<まこと>の飲み物だからで
15: 1 わたしは<まこと>のぶどうの木であ
17: 3 唯一の<まこと>の神であるあなたと,
Ⅰテサ 1: 9 生ける<まこと>の神に仕えるように
Ⅰテモ 1:15 <まこと>であり, そのまま受け入れ
6:19 <まこと>のいのちを得るために, 未
Ⅰヨハ 2: 8 <まこと>の光がすでに輝いているか

▼ まことに

創世 28:16 <まことに>主がこの所におられるの
ヨブ 9: 2 <まことに>, そのとおりであること
イザ 25: 1 <まこと>に, 忠実に成し遂げられま
45:15 <まことに>, あなたはご自身を隠す
53: 4 <まことに>, 彼は私たちの病を負い,
エレ 4:10 <まことに>, あなたはこの民とエル
ダニ 2:47 <まことに>あなたの神は, 神々の神,
マタ 17:20 <まことに>, あなたがたに告げます.
27:54 この方は<まことに>神の子であった
ヨハ 6:14 <まことに>, この方こそ…預言者だ

▼ まことに, まことに

ヨハ 1:51 <まことに, まことに>, あなたがたに告げます. 3:3, 5, 11, 5:19, 24, 25, 6:26, 32, 47, 53, 8:34, 51, 58, 10:1, 7, 12:24, 13:16, 20, 21, 38, 14:12, 16:20, 21:18.

▼ マサ

1. 地名. メリバ(1)と同地. 出エ17:7, 申命6:16, 9:22, 33:8, 詩篇95:8.
2. 人名. イシュマエルの子. 創世25:14.

▼ マサイ〔人名〕

帰還した祭司の一人. Ⅰ歴9:12.

▼ まさる

創世 41:40 <まさ>っているのは王位だけだ.」
49:26 私の親たちの祝福に<まさ>り, 永遠
士師 11:25 バラクよりも<まさ>っているのか.
ルツ 4:15 7人の息子にも<まさる>あなたの嫁
Ⅰサム 15:22 従うことは, いけにえに<まさ>り,

Ⅰ列 4:30 ソロモンの知恵は…<まさ>っていた．
10: 7 うわさよりはるかに<まさ>っていま
23 地上のどの王よりも<まさ>っていた．
19: 4 私は先祖たちに<まさ>っていません
Ⅱ列 5:12 すべての川に<まさ>っているではな
Ⅰ歴 5: 2 ユダは彼の兄弟たちに<まさる>者と
詩篇63: 3 恵みは，いのちにも<まさる>ゆえ，
84:10 大庭にいる一日は千日に<まさ>りま
119:72 おしえは…幾千の金銀に<まさる>も
箴言 8:11 知恵は真珠に<まさ>り，どんな喜び
19 生み出すものは…銀に<まさる>．
15:16 持っていて恐慌があるのに<まさる>．
17 牛を食べて憎み合うのに<まさる>．
16: 8 不正によって得た…収穫に<まさる>．
32 怒りをおそくする者は勇士に<まさ>
り…町を攻め取る者に<まさる>．
27:10 隣人は，遠くにいる兄弟に<まさる>．
伝道 2:13 光がやみに<まさ>っているように，
知恵は愚かさに<まさ>っていること
3:19 人は何も獣に<まさ>っていない．す
4: 9 ふたりはひとりよりも<まさ>ってい
7: 3 悲しみは笑いに<まさる>．顔の曇り
5 愚かな者の歌を聞くのに<まさる>．
8 事の終わりは，その初めに<まさ>り，
忍耐は，うぬぼれに<まさる>．
9:16 知恵は力に<まさる>．18.
イザ56: 5 娘たちにも<まさる>分け前と名を与
ハガ 2: 9 栄光は，先のものより<まさ>ろう．
マタ 5:20 パリサイ人の義に<まさる>ものでな
10:24 弟子はその師に<まさ>らず，しもべ
はその主人に<まさ>りません．
12:41 ここにヨナよりも<まさ>った者がい
42 ソロモンよりも<まさ>った者がいる
ヨハ 1:15 あとから来る方は，私に<まさる>方
10:29 父は，すべてに<まさ>って偉大です．
13:16 しもべはその主人に<まさ>らず…遣
わした者に<まさる>ものではありま
ロマ 3: 9 私たちは他の者に<まさ>っているの
12:10 人を自分より<まさ>っていると思い
Ⅰコリ14: 5 預言する者のほうが<まさ>っていま
ピリ 1:23 そのほうが，はるかに<まさ>ってい
ヘブ 1: 4 御使いよりも<まさる>ものとなられ
11:26 エジプトの宝に<まさる>大きな富と
Ⅱペテ 2:11 勢いにも力にも<まさ>っているにも
Ⅰヨハ 5: 9 神のあかしはそれに<まさる>もので
黙示 2:19 初めの行いに<まさ>っていることも

▼まし

ヨナ 4: 3 死んだほうが<まし>ですから．」
マタ19:10 結婚しないほうが<まし>です．」
ルカ17: 2 そんな者は…海に投げ込まれたほう
が<まし>です．マタ18:6.
Ⅰコリ 9:15 死んだほうが<まし>だからです．

▼ましくわえる（増し加える）

Ⅱサム12: 8 多くのものを<増し加え>たであろう．
エズ10:10 イスラエルの罪過を<増し加え>た．
ヨブ17: 9 手のきよい人は力を<増し加える>．
箴言 3: 2 いのちの年と平安が<増し加え>られ
16:21 快いことばは理解を<増し加える>．
19: 4 財産は多くの友を<増し加え>，寄る
イザ 9: 3 あなたは…喜びを<増し加え>られた．
26:15 国民を<増し加え>，<増し加え>て，
エゼ23:14 彼女は淫行を<増し加え>，壁に彫ら
ホセ12: 1 まやかしと暴虐とを<増し加え>てい
ハバ 2: 6 …ものでないものを<増し加える>者
マコ 4:24 さらにその上に<増し加え>られます．
Ⅱコリ 9:10 義の実を<増し加え>てくださいます．
コロ 1:10 神を知る知識を<増し加え>られます

▼ましくわわる（増し加わる）

創世 7:19 水は…地の上に<増し加わ>り，天の
申命 8:13 あなたの所有物がみな<増し加わ>り，
エズ 9: 6 私たちの咎は…高く<増し加わ>り，
詩篇16: 4 ほかの神へ…痛みは<増し加わ>りま
49:16 人の家の栄誉が<増し加わ>っても．
イザ 9: 7 その主権は<増し加わ>り，その平和
ロマ 5:20 違反が<増し加わる>ため…罪の<増
し加わる>ところには，恵みも満ち
6: 1 恵みが<増し加わる>ために…罪の中
Ⅱテサ 1: 3 相互の愛が<増し加わ>っているから

▼まじない

創世30:27 私は…<まじない>で知っている．」
44: 5 これでいつも<まじない>をしておら
レビ19:26 <まじない>をしてはならない．卜占
民数23:23 ヤコブのうちに<まじない>はなく，
24: 1 <まじない>を求めに行くことをせず，
Ⅱ列21: 6 自分の子どもに火の中をくぐらせ，
卜占をし，<まじない>を．Ⅱ歴33:6.
伝道10:11 蛇が<まじない>にかからずにかみつ
イザ 3: 3 巧みに<まじない>をかける者．
エレ 8:17 <まじない>のきかないコブラや，ま

▼ **まじないし**（～師）
申命 18:10 卜者，<まじない師>，呪術者，
▼ **マシャル**〔地名〕
アシェル所領内のレビ人の町．Ⅰ歴6:74.
▼ **マシュ**〔人名〕
アラムの子孫の一人．創世10:23.
▼ **まじゅつ**（魔術）
使徒 8: 9 彼は以前からこの町で<魔術>を行っ
11 長い間，その<魔術>に驚かされてい
19:19 <魔術>を行っていた多くの者が，そ
黙示 9:21 殺人や，<魔術>や，不品行や，盗み
18:23 民がおまえの<魔術>にだまされてい
22:15 犬ども，<魔術>を行う者，不品行の
▼ **まじゅつし**（魔術師）
使徒 13: 6 バルイエスという…<魔術師>に出会
8 <魔術師>エルマ…は，ふたりに反対
▼ **まじりけ**（混じりけ）
詩篇 12: 6 主のみことばは<混じりけ>のないこ
Ⅰテモ 5: 2 若い女たちには真に<混じりけ>のな
▼ **まじる**（混じる）
エズ 9: 2 国々の民と<混じ>り合ってしまいま
ダニ 2:41 その鉄はどろどろの粘土と<混じ>り
合っているのです．43.
黙示 8: 7 血の<混じ>った雹と火とが現れ，地
15: 2 火の<混じ>った，ガラスの海のよう
▼ **まじわり**（交わり）
エゼ 13: 9 わたしの民の<交わり>に加えられず，
使徒 2:42 <交わり>をし，パンを裂き，祈りを
5:13 <交わり>に加わろうとしなかったが，
Ⅰコリ 1: 9 キリストとの<交わり>に入れられま
Ⅱコリ 6:14 光と暗やみとに，どんな<交わり>が
8: 4 聖徒たちをささえる<交わり>の恵み
13:13 神の愛，聖霊の<交わり>が，あなた
ガラ 2: 9 <交わり>のしるしとして右手を差し
ピリ 2: 1 御霊の<交わり>があり，愛情とあわ
ピレ 6 信仰の<交わり>が生きて働くものと
Ⅰヨハ 1: 3 私たちと<交わり>を持つようになる
ためです．私たちの<交わり>とは…
イエス・キリストとの<交わり>です．
6 神と<交わり>があると言っていなが
▼ **まじわる**（交わる）
レビ 18:20 隣人の妻と寝て<交わ>り，彼女によ
19:19 異なった家畜と<交わ>らせてはなら
ヨブ 34: 8 不法を行う者どもとよく<交わ>り，
詩 106:35 異邦の民と<交わ>り，そのならわし
箴言 20:19 くちびるを開く者とは<交わる>な．
22:24 おこりっぽい者と<交わる>な．激し
24:21 そむく者たちと<交わ>ってはならな
28: 7 放蕩者と<交わる>者は，その父に恥
29: 3 遊女と<交わる>者は，財産を滅ぼす．
Ⅰコリ 6:16 遊女と<交わ>れば，一つからだにな
17 主と<交わ>れば，一つ霊となるので
10:20 悪霊と<交わる>者になってもらいた
▼ **ます**（増す）【別項】増し加える，増し加わる
創世 3:16 うめきと苦しみを大いに<増す>．あ
7:17 水かさが<増>していき，箱舟を押し
出エ 23:29 野の獣が<増>して，あなたを害する
ことのないためである．申命7:22.
申命 8:13 牛や羊の群れがふえ，金銀が<増>し，
ヨシ 24: 3 彼の子孫を<増>し，彼にイサクを与
Ⅱサム 24: 3 主が，この民を今より100倍も<増>
してくださいますように．Ⅰ歴21:3.
エズ 4:22 損害を<増>して王を傷つけるといけ
ヨブ 10:17 私に向かってあなたの怒りを<増>し，
42:10 所有物もすべて２倍に<増>された．
詩篇 71:21 あなたが私の偉大さを<増>し，ふり
73:12 彼らは…安らかで，富を<増>してい
箴言 9:11 あなたのいのちの年は<増す>からだ．
29:16 悪者がふえると…罪も<増す>．しか
伝道 1:18 知識を<増す>者は悲しみを<増す>．
エゼ 47: 5 水かさは<増>し，泳げるほどの水と
ダニ 12: 4 多くの者は知識を<増>そうと探り回
ナホ 3:15 ばったのように数を<増>し，いなご
ルカ 17: 5 私たちの信仰を<増>してください．」
使徒 16: 5 日ごとに人数を<増>して行った．
Ⅰテサ 3:12 すべての人に対する愛を<増>させ，
▼ **ます**（枡）
申命 25:14 大小異なる<枡>を持っていてはなら
15 完全に正しい<枡>を持っていなけれ
箴言 20:10 異なる２種類の<枡>，そのどちらも
イザ 40:12 地のちりを<枡>に盛り，山をてんび
ミカ 6:10 のろわれた枡目不足の<枡>があるで
マタ 5:15 あかりをつけて，それを<枡>の下に
置く者は．マコ4:21，ルカ11:33.
▼ **まず**
申命 13: 9 <まず>，あなたが彼に手を下し，そ
17: 7 死刑に処するには，<まず>証人たち
Ⅰ列 17:13 <まず>，私のために…パン菓子を作
ヨナ 3: 4 ヨナは…<まず>一日目の道のりを歩

マタ 5:24 <まず>あなたの兄弟と仲直りをしな
6:33 神の国とその義とを<まず>第一に求
7: 5 <まず>自分の目から梁を取りのけな
17:10 <まず>エリヤが来るはずだと言って
マコ 13:10 福音が<まず>あらゆる民族に宣べ伝
ルカ 17:25 人の子は<まず>，多くの苦しみを受
ロマ 11:35 だれが，<まず>主に与えて報いを受
Ⅱコリ 1:15 <まず>初めにあなたがたのところへ
Ⅰテサ 4:16 死者が，<まず>初めによみがえり，
Ⅱテサ 2: 3 <まず>背教が起こり，不法の人，す
Ⅰテモ 1:16 <まず>私に対してこの上ない寛容を
ヘブ 7:27 <まず>自分の罪のために，その次に，
Ⅰヨハ 4:19 神が<まず>私たちを愛してくださっ

▼マスキール

詩 32題目 ダビデの<マスキール>. 42, 44, 45, 52, 53, 54, 55, 74, 78, 88, 89, 142題目.

▼まずしい（貧しい）

出エ 22:25 <貧しい>者に金を貸すのなら，彼に
23: 3 <貧しい>人を特に重んじてもいけな
6 <貧しい>兄弟が訴えられた場合，裁
11 民の<貧しい>人々に，食べさせ，そ
30:15 <貧しい>者もそれより少なく払って
レビ 14:21 その人が<貧し>くて，それを手に入
19:10 <貧しい>者と在留異国人のために…残しておかなければならな. 23:22.
25:25 あなたの兄弟が<貧し>くなり，その
27: 8 その者が<貧し>くて…評価に達しな
申命 15: 4 そうすれば…<貧しい>者がなくなる
7 兄弟のひとりが，もし<貧し>かったなら，その<貧しい>兄弟に対して，
11 <貧しい>者が国のうちから絶えることはない…<貧しい>者に…手を開か
24:12 その人が<貧しい>人である場合は，
14 <貧し>く困窮している雇い人は，あ
Ⅰサム 2: 7 主は，<貧し>くし，また富ませ，低
8 <貧しい>人を，あくたから引き上げ，
18:23 私は<貧し>く，身分の低い者だ.」
Ⅱサム 12: 1 ひとりは<貧しい>人でした.
3 <貧しい>人は…雌の子羊のほかは，
Ⅱ列 24:14 <貧しい>民衆のほかは残されなかっ
エス 9:22 <貧しい>者に贈り物をする日と定め
ヨブ 5:15 神は<貧しい>者を剣から，彼らの口
24: 4 <貧しい>者を道から押しのける. そ
9 <貧しい>者の持ち物を質に取る.
14 哀れな者や<貧しい>者を殺し，夜に
29:12 助けを叫び求める<貧しい>者を助け
16 私は<貧しい>者の父であり，見知ら
30:25 私のたましいは<貧しい>者のために
31:19 もし，私が…<貧しい>者を見たとき，
詩篇 9:12 <貧しい>者の叫びをお忘れにならな
18 <貧しい>者は決して忘れられない.
10:17 主よ．あなたは<貧しい>者の願いを
25: 9 主は<貧しい>者を公義に導き，<貧しい>者にご自身の道を教えられる.
34: 2 <貧しい>者はそれを聞いて喜ぶ.
35:10 悩む者，<貧しい>者を，奪い取る者
37:11 <貧しい>人は地を受け継ごう．また，
14 悩む者，<貧しい>者を打ち倒し，行
40:17 私は悩む者，<貧しい>者です．主よ.
49: 2 富む者も，<貧しい>者も，ともども
69:32 心の<貧しい>人たちは，見て，喜べ.
72: 4 <貧しい>者の子らを救い，しいたげ
13 彼は…<貧しい>者をあわれみ，<貧しい>者たちのいのちを救います.
76: 9 地上の<貧しい>者たちをみな，救う
82: 4 弱い者と<貧しい>者とを助け出し，
107:41 <貧しい>者を悩みから高く上げ，そ
109:16 <貧しい>人，心ひしがれた者を追い
31 主は<貧しい>者の右に立ち，死刑を
112: 9 <貧しい>人々に惜しみなく分け与え
113: 7 <貧しい>人をあくたから引き上げ，
132:15 <貧しい>者をパンで満ち足らせよう.
140:12 <貧しい>者に，さばきを行われるこ
147: 6 主は心の<貧しい>者をささえ，悪者
149: 4 救いをもって<貧しい>者を飾られる.
箴言 13: 7 <貧しい>ように見せかけ，多くの財
8 <貧しい>者は叱責を聞かない.
23 <貧しい>者の開拓地に，多くの食糧
14:20 <貧しい>者はその隣人にさえ憎まれ
21 <貧しい>者をあわれむ人は幸いだ.
31 <貧しい>者をあわれむ者は造り主を
16:19 へりくだって<貧しい>者とともにい
17: 5 <貧しい>者をあざける者は自分の造
18:23 <貧しい>者は哀願するが，富む者は
19: 1 <貧し>くても，誠実に歩む者は，曲
7 <貧しい>者は…兄弟たちみなから憎
22 <貧しい>人は，まやかしを言う者に
20:13 さもないと<貧し>くなる．目を開け.
21:17 快楽を愛する者は<貧しい>人となり，

22: 2 富む者と<貧しい>者とは互いに出会
7 富む者は<貧しい>者を支配する．借
23:21 むさぼり食う者とは<貧し>くなり，
28: 3 しいたげる<貧しい>者は…食物を残
11 分別のある<貧しい>者は，自分を調
27 <貧しい>者に施す者は不足すること
29:13 <貧しい>者としいたげる者とは互い
30: 9 私が<貧し>くて，盗みをし，私の神
14 人のうちの<貧しい>者を食い尽くす．
31: 9 <貧しい>者の権利を守れ．
20 彼女は…<貧しい>者に手を差し伸べ
伝道 4:13 <貧し>くても知恵のある若者は，も
14 彼が王国で<貧し>く生まれた者であ
5: 8 ある州で，<貧しい>者がしいたげら
9:15 その町に，<貧しい>ひとりの知恵あ
る者がいて…だれもこの<貧しい>人
16 <貧しい>者の知恵はさげすまれ，彼
イザ 3:14 <貧しい>者からかすめた物を，あな
15 なぜ…<貧しい>者の顔をすりつぶす
11: 4 国の<貧しい>者のために判決を下し，
14:30 <貧しい>者は安らかに伏す．しかし，
25: 4 <貧しい>者の悩みのときのとりで，
26: 6 <貧しい>者の足，弱い者の歩みが，
29:19 <貧しい>人は…聖なる方によって楽
32: 7 <貧しい>者が正しいことを申し立て
40:20 <貧しい>者は，奉納物として，朽ち
41:17 <貧しい>者が水を求めても水はなく，
58: 7 家のない<貧しい>人々を家に入れ，
61: 1 <貧しい>者に良い知らせを伝え，心
エレ 2:34 罪のない<貧しい>人たちの，いのち
5:28 <貧しい>者たちの権利を弁護しない．
20:13 主が<貧しい>者のいのちを，悪を行
22:16 <貧しい>人の訴えをさばき，そのと
エゼ 16:49 <貧しい>者の世話をしなかった．
18:12 乏しい者や<貧しい>者をしいたげ，
ダニ 4:27 <貧しい>者をあわれんであなたの咎
アモ 2: 6 1足のくつのために<貧しい>者を売
ったからだ．8:6.
7 <貧しい>者の道を曲げ，父と子が同
4: 1 彼女らは…<貧しい>者たちを迫害し，
5:11 あなたがたは<貧しい>者を踏みつけ，
12 門で<貧しい>者を押しのける．
ハバ 3:14 隠れている<貧しい>者を食い尽くす
ゼカ 7:10 やもめ…<貧しい>者をしいたげるな．
マタ 5: 3 心の<貧しい>者は幸い．ルカ6:20.
11: 5 <貧しい>者たちに福音．ルカ7:22.
19:21 持ち物を売り払って<貧しい>人たち
に与え．マコ10:21，ルカ18:22.
26:11 <貧しい>人たちは，いつもあなたが
たといっしょにいます．ヨハ12:8.
マコ 14: 5 <貧しい人たち>に施しができたのに．
ルカ 4:18 <貧しい>人々に福音を伝えるように
14:13 <貧しい>者…盲人たちを招きなさい．
16:20 全身おできの<貧しい>人が寝ていて，
19: 8 財産の半分を<貧しい>人たちに施し
ヨハ 12: 5 なぜ…<貧しい>人々に施さなかった
6 <貧しい>人々のことを心にかけてい
13:29 <貧しい>人々に何か施しをするよう
ロマ 15:26 <貧しい>人たちのために醵金するこ
IIコリ 6:10 <貧しい>ようでも，多くの人を富ま
8: 9 あなたがたのために<貧し>くなられ
9: 9 この人は…<貧しい>人々に与えた．
ガラ 2:10 <貧しい>人たちをいつも顧みるよう
ヤコ 1: 9 <貧しい>境遇にある兄弟は，自分の
2: 2 会堂に…<貧しい>人も入って来たと
3 <貧しい>人には…立っていなさい．
5 神は…<貧しい>人たちを選んで信仰
6 あなたがたは<貧しい>人を軽蔑した
黙示 3:17 <貧し>くて，盲目で，裸の者である
13:16 <貧しい>者にも，自由人にも…刻印

▼ まずしさ（貧しさ）

箴言 24:34 あなたの<貧しさ>は浮浪者のように，
28:19 追い求める者は<貧しさ>に飽きる．
30: 8 <貧しさ>も富も私に与えず，ただ，
31: 7 それを飲んで自分の<貧しさ>を忘れ，
IIコリ 8: 2 その極度の<貧しさ>にもかかわらず，
9 キリストの<貧しさ>によって富む者
黙示 2: 9 あなたの苦しみと<貧しさ>とを知っ

▼ ますます

創世 37: 5 <ますます>彼を憎むようになった．
Iサム 18:29 サウルは，<ますます>ダビデを恐れ
II歴 28:22 <ますます>主に対して不信の罪を犯
マコ 10:26 弟子たちは，<ますます>驚いて互い
ルカ 5:15 イエスのうわさは，<ますます>広ま
ヨハ 5:18 <ますます>イエスを殺そうとするよ
19: 8 ピラトは…<ますます>恐れた．
使徒 5:14 主を信じる者は…<ますます>ふえて
6: 7 神のことばは，<ますます>広まって
19:20 主のことばは…<ますます>力強くな
IIコリ 7:15 彼は…愛情を<ますます>深めていま

ピリ 1:14 <ますます>大胆に神のことばを語る
Ⅰテサ 4: 1 <ますます>そのように歩んでくださ
Ⅰテモ 6: 2 むしろ，<ますます>よく仕えなさい.
ヘブ 10:25 <ますます>そうしようではありませ

▼ マスレカ〔地名〕
エドムの王サムラの出身地．創世36:36.

▼ まぜあわせる（混ぜ合わせる），混ぜ合わす
詩篇 75: 8 よく<混ぜ合わ>された…ぶどう酒が
102: 9 私の飲み物に涙を<混ぜ合わせ>たか
箴言 23:30 <混ぜ合わせ>た酒の味見をしに行く
雅歌 7: 2 ほぞは，<混ぜ合わせ>たぶどう酒の
イザ 5:22 強い酒を<混ぜ合わせる>ことにかけ
65:11 <混ぜ合わせ>た酒を盛る者たちよ.
ヨハ 19:39 没薬とアロエを<混ぜ合わせ>たもの
黙示 18: 6 彼女が<混ぜ合わせ>た杯の中には…2倍の量を<混ぜ合わせ>なさい.

▼ まぜもの（混ぜ物）
Ⅱコリ 2:17 神のことばに<混ぜ物>をして売るよ
黙示 14:10 <混ぜ物>なしに注がれた神の怒りの

▼ まぜる（混ぜる）【別項】混ぜ合わせる・混ぜ合わす
出エ 29: 2 油を<混ぜ>た種を入れない輪型のパ
レビ 2: 4 油を<混ぜ>た小麦粉．5，7，7:10，12，9:4，14:10，21，23:13.
民数 7:13 穀物のささげ物として，油を<混ぜ>た小麦粉．6:15，7:19，25，31，37，43，49，55，61，67，73，79，8:8，28:5，12，13，20，28，29:3，14.
申命 22:11 羊毛と亜麻糸とを<混ぜ>て織った着
マタ 27:34 イエスに，苦みを<混ぜ>たぶどう酒
マコ 15:23 没薬を<混ぜ>たぶどう酒をイエスに
ルカ 13: 1 血を…いけにえに<混ぜ>たというの
21 パン種を…3サトンの粉に<混ぜ>た

▼ また
創世 43: 2 「<また>行って…食糧を買って来ておくれ.」44:25.
レビ 14:39 7日目に祭司が<また>来て，調べ，
士師 19: 7 彼は<また>そこに泊まって一夜を明
Ⅰ列 19: 6 それを食べ…<また>横になった.
Ⅱ列 1:11 王は<また>…50人隊の長を…遣わし
13 王は<また>…その部下50人を遣わし
ネヘ 9:28 彼らは<また>，あなたの前に悪事を
箴言 3:28 去って，<また>来なさい．あす，あ
伝道 1: 7 川は流れ込む所に，<また>流れる.
12: 2 雨の後に<また>雨雲がおおう前に.
イザ 6:13 それも<また>，焼き払われる．テレ
エゼ 8: 6 あなたはなお<また>，大きな忌みきらうべきことを見るだろう．13，15.
ダニ 11:10 そうして<また>敵のとりでに戦いを
13 北の王が<また>，初めより大きなお

▼ マタイ〔人名〕
主イエスの12弟子の一人．マタ9:9，10:3，マコ3:18，ルカ6:15.

▼ マダイ〔人名〕
ヤペテの子孫．創世10:2，Ⅰ歴1:5.

▼ マタタ〔人名〕
(1)異邦人の女をめとった者の一人．エズ10:33.
(2)主イエスの先祖の一人．ルカ3:31.

▼ マタテ〔人名〕
(1)主イエスの先祖の一人．ルカ3:24.
(2)より前の，主イエスの先祖の一人．ルカ3:29.

▼ マタテヤ〔人名〕
(1)主イエスの先祖の一人．ルカ3:25.
(2)(1)より前の，主イエスの先祖の一人．ルカ3:26.

▼ マタナ〔地名〕
荒野の宿営地の一つ．民数21:18，19.

▼ マタヌヤ〔人名〕
(1)ユダの王ゼデキヤの旧名．Ⅱ列24:17.
(2)ミカの子．Ⅰ歴9:15，ネへ11:17，22，12:8.
(3)アサフ族のレビ人．Ⅱ歴20:14.
(4)異邦人の女をめとった者の一人．エズ10:26.
(5)異邦人の女をめとった者の一人．エズ10:27.
(6)異邦人の女をめとった者の一人．エズ10:30.
(7)異邦人の女をめとった者の一人．エズ10:37.
(8)エズラの時代の門衛の一人．ネへ12:25.
(9)祭司ゼカリヤの父祖．ネへ12:35.
(10)レビ人．ハナンの祖父．ネへ13:13.
(11)ヘマンの子．主の宮の歌い手．Ⅰ歴25:4，16.
(12)ヒゼキヤの宗教改革に協力した人．Ⅱ歴29:13.

▼ まだらげ（～毛）
創世 30:32 ぶち毛と<まだら毛>のもの全部，羊
31:10 雄やぎは，しま毛…<まだら毛>のも
ゼカ 6: 3 <まだら毛>の強い馬．6.

▼ マタン〔人名〕
(1)バアルの祭司．Ⅱ列11:18.
(2)エレミヤを捕らえた人の父．エレ38:1.
(3)主イエスの先祖の一人．マタ1:15.

▼ **まち（町），町々【別項】塩の町，倉庫の町・倉庫の町々，ダビデの町，なつめやしの町，のがれの町，防備の町々，水の町**

創世 4:17 カインは<町>を建てていたので…その<町>にエノクという名をつけた．
11: 4 さあ，われわれは<町>を建て，頂が
9 その<町>の名はバベルと呼ばれた．
18:24 その<町>の中に50人の正しい者がいるかもしれません．26，28．
19: 4 <町>の者たち，ソドムの人々が…<町>の隅々から来て．12，14，15，16，20，21，22，25，29．
36:39 その<町>の名はパウであった．彼の
レビ 25:32 レビ人の<町々>，すなわち，彼らが所有している<町々>の家は…買い戻
民数 13:28 その<町々>は城壁を持ち，非常に大きく．申命1:28，9:1．
21: 3 カナン人と彼らの<町々>を聖絶した．
25 イスラエルは…<町々>をすべて取っ
26 ヘシュボンは…シホンの<町>であっ
28 シホンの<町>から炎が出て，モアブ
35: 2 レビ人に住むための<町々>として与
申命 3: 4 私たちが取らなかった<町>は一つもなかった．取った<町>は60，アルゴ
6:10 あなたが建てなかった…<町々>，
20:20 <町>が陥落するまでその<町>に対し
22:21 その女の<町>の人々は石で彼女を打
ヨシ 6: 3 <町>のまわりを回れ．<町>の周囲を１度回り，６日，そのようにせよ．
13:30 彼らの地域は…その60の<町>．
ルツ 3:11 この<町>の人々はみな…知っている
Ⅰサム 20: 6 ダビデは自分の<町>ベツレヘムへ急
Ⅱサム 10:12 神の<町々>のために全力を尽くそう．
12:28 私がこの<町>を取り，この<町>に私の名がつけられるといけませんから．
Ⅰ列 8:44 あなたの選ばれた<町>，私が御名の
9:11 ソロモン王は…20の<町>をヒラムに
13:29 預言者の<町>に持ち帰り，いたみ悲
22:36 めいめい自分の<町>，自分の国へ帰
Ⅱ列 19:32 彼はこの<町>に侵入しない．また，
34 わたしはこの<町>を守って，これを救おう．イザ37:35．
20: 6 あなたとこの<町>を救い出し…しもべダビデのためにこの<町>を守る．』
25: 4 <町>が破られ，戦士たちは…<町>を出た．カルデヤ人が<町>を包囲して
エズ 4:12 <町>を再建しています．13，16，21．
エス 9:19 城壁のない<町々>に住む…ユダヤ人
詩篇 9: 6 あなたが根こぎにされた<町々>，そ
69:35 神が…ユダの<町々>を建てられる．
107: 4 住むべき<町>へ行く道を見つけなか
127: 1 主が<町>を守るのでなければ，守る
箴言 1:21 騒がしい<町>かどで叫び，<町>の門の入口で語りかけて言う．
11:10 <町>は，正しい者が栄えると，こお
16:32 自分の心を治める者は<町>を攻め取
21:22 勇士たちの<町>に攻め上って…倒す．
25:28 打ちこわされた<町>のようだ．
29: 8 あざける者たちは<町>を騒がし，知
伝道 9:14 わずかな人々が住む小さな<町>があ
雅歌 3: 2 起きて<町>を行き巡り，通りや広場
イザ 1: 7 あなたがたの<町々>は火で焼かれ，
26 おまえは正義の<町>，忠信な都と呼
6:11 <町々>は荒れ果てて，住む者がなく，
14:17 <町々>を絶滅し，捕虜たちを家に帰
31 門よ，泣きわめけ．<町>よ，叫べ．
19: 2 <町>は<町>と，王国は王国と，相逆
22: 2 騒がしい<町>，おごった都よ．おま
25: 2 あなたは<町>を石くれの山とし，城
26: 1 私たちには強い<町>がある．神はそ
27:10 城壁のある<町>は，ひとり寂しく，
40: 9 恐れるな．ユダの<町々>に言え．
44:26 ユダの<町々>に向かっては，『<町町>は再建され，その廃墟はわたし
60:14 あなたを，主の<町>…シオン，と呼
エレ 1:18 あなたを…城壁のある<町>…とした．
2:15 その<町々>は焼かれて住む者もいなくなる．4:7．
4:26 <町々>は主の御前で…取りこわされ
9:11 ユダの<町々>を荒れ果てさせ，住む者もなくする．10:22．
17:25 この<町>は…人の住む所となる．
19: 8 この<町>を恐怖とし，あざけりとす
11 わたしはこの民と，この<町>を砕く．
21: 9 この<町>にとどまる者は…死ぬが，
22: 8 なぜ，主はこの大きな<町>をこのよ
26: 6 この<町>を地の万国ののろいとする．
29: 7 その<町>の繁栄を求め…主に祈れ．
30:18 <町>は…建て直され．31:38．

32:28 わたしはこの<町>を，カルデヤ人の
44 ユダの<町々>でも，山地の<町々>でも，低地の<町々>でも，ネゲブの<町々>でも，銀で畑が買われ，証書
37:21 <町>からすべてのパンが絶えるまで，
39: 2 ゼデキヤの第11年…<町>は破られた．
哀歌 1: 1 人の群がっていたこの<町>は，ひと
2:15 これが，美のきわみと言われた<町>，全地の喜びの<町>であったのか」と
エゼ 4: 1 エルサレムの<町>を彫りつけよ．
11:23 主の栄光はその<町>の真ん中から上って，<町>の東にある山の上にとど
22: 3 自分の<町>に偶像を造って自分を汚す<町>よ．
29:12 その<町々>も40年の間，廃墟となった<町々>の間で荒れ果てる．わたし
48:35 この<町>の名は，『主はここにおら
ダニ 9:18 御名がつけられている<町>をご覧く
ホセ 8:14 ユダは城壁のある<町々>を増し加えた．しかし，わたしは…<町々>に火
アモ 3: 6 <町>で角笛が…<町>にわざわいが起
4: 7 一つの<町>には雨を…他の<町>には
8 2，3の<町>は水を飲むために一つの<町>によろめいて行ったが，満ち
5: 3 千人を出征させていた<町>には100人が残り，100人を…<町>には10人
9:14 彼らは荒れた<町々>を建て直して住
オバ 20 捕囚の民は南の<町々>を占領する．
ヨナ 1: 2 大きな<町>ニネベ．3:2，4:5，11．
ミカ 5:11 あなたの国の<町々>を断ち滅ぼし，
ナホ 2: 6 <町々>の門は開かれ，宮殿は消え去
3: 1 ああ．流血の<町>．虚偽に満ち，略
ハバ 2:12 血で<町>を建て，不正で都を築き上
ゼパ 3: 1 反逆と汚れに満ちた暴力の<町>．
ゼカ 8: 3 エルサレムは真実の<町>と呼ばれ，
マタ 2:23 ナザレという<町>に行って住んだ．
5:14 山の上にある<町>は隠れる事ができ
8:34 <町>中の者がイエスに会いに出て来
9: 1 イエスは…自分の<町>に帰られた．
35 イエスは，すべての<町>や村を巡っ
10: 5 サマリヤ人の<町>に入ってはいけま
15 その<町>よりはまだ罰が軽いのです．
23 この<町>で…迫害するなら，次の<町>にのがれなさい…イスラエルの<町々>を巡り尽くせないからです．
11:20 <町々>が悔い改めなかったので，責
22: 7 王は怒って…彼らの<町>を焼き払っ
マコ 1:33 <町>中の者が戸口に集まって来た．
45 そのためイエスは…<町>の中に入ることができず，<町>はずれの寂しい
ルカ 1:39 マリヤは…ユダの<町>に急いだ．
4:29 イエスを<町>の外に追い出し，<町>
7:11 イエスはナインという<町>に行かれ
9:52 サマリヤ人の<町>に入り…準備した．
10: 1 <町>や村へ，ふたりずつ先にお遣わ
12 その<町>よりもソドムのほうがまだ
19:17 10の<町>を支配する者になりなさい．
19 あなたも五つの<町>を治めなさい．』
22:10 <町>に入ると，水がめを運んでいる
ヨハ 1:44 ピリポは…ペテロと同じ<町>の出身
使徒 8: 8 その<町>に大きな喜びが起こった．
9: 6 立ち上がって，<町>に入りなさい．
13:50 <町>の有力者たちを扇動して，パウ
14: 4 <町>の人々は二派に分かれ，ある者
19 パウロを石打ちにし…<町>の外に引
16: 4 彼らは<町々>を巡回して…規定を守
12 マケドニヤのこの地方第一の<町>で…私たちはこの<町>に…滞在した．
39 <町>から立ち去ってくれるように頼
17: 5 <町>のならず者をかり集め，暴動を起こして<町>を騒がせ，またヤソン
16 <町>が偶像でいっぱいなのを見て，
18:10 この<町>には，わたしの民がたくさ
20:23 聖霊がどの<町>でも私にはっきりと
21:30 <町>中が大騒ぎになり，人々は殺到
22: 3 私は…この<町>で育てられ，ガマリ
26:11 国外の<町々>にまで彼らを追跡して
テト 1: 5 <町>ごとに長老たちを任命するため
ヤコ 4:13 きょうか，あす，これこれの<町>に
IIペテ 2: 6 ソドムとゴモラの<町>を破滅に定め
ユダ 7 ソドム，ゴモラおよび周囲の<町々>

▼ まちあわせる（待ち合わせる）

Iコリ 11:33 食事に集まるときは…<待ち合わせ>

▼ まちがい，まちがう

創世 43:12 それは<まちがい>だったのだろう．
申命 27:18 盲人に<まちが>った道を教える者は
Iサム 26:21 たいへんな<まちがい>を犯した．」
Iテモ 6:20 <まちが>って「霊知」と呼ばれる反

▼ まちがこみ（町囲み）

出エ 20:10 <町囲み>の中にいる在留異国人も—

申命 12:12 <町囲み>のうちにいるレビ人とも，
21 <町囲み>のうちで，食べたいだけ食
ゼカ 8:16 <町囲み>のうちで，真実と平和のさ

▼ まちのぞむ（待ち望む）

創世 49:18 私はあなたの救いを<待ち望む>.
ヨブ 3: 9 光を<待ち望>んでも，それはなく，
21 死を<待ち望>んでも，死は来ない.
7: 2 賃金を<待ち望む>日雇い人のように，
13:15 神が私を殺しても…神を<待ち望>み，
30:26 悪が来，光を<待ち望>んだのに，暗
詩篇 25: 3 あなたを<待ち望む>者は…恥を見ま
5 あなたを一日中<待ち望>んでいるの
27:14 <待ち望>め．主を…<待ち望>め.
31:24 心を強くせよ…主を<待ち望む>者よ.
33:18 主の目は…恵みを<待ち望む>者に.
20 私たちのたましいは主を<待ち望む>.
37: 9 主を<待ち望む>者，彼らは地を受け
34 主を<待ち望>め．その道を守れ．そ
39: 7 今，私は何を<待ち望>みましょう.
40: 1 私は切なる思いで主を<待ち望>んだ.
42: 5 神を<待ち望>め．11，43:5.
52: 9 あなたの御名を<待ち望>みます.
69: 6 あなたを<待ち望む>者たちが…恥を
20 私は同情者を<待ち望>みましたが…
慰める者を<待ち望>みましたが，見
71:14 私自身は絶えずあなたを<待ち望>み，
104:27 彼らはみな，あなたを<待ち望>んで
106:13 そのさとしを<待ち望>まなかった.
119:43 あなたのさばきを<待ち望>んでいま
49 あなたは私がそれを<待ち望む>よう
74 あなたのことばを<待ち望>んでいる
81 私は…みことばを<待ち望>んでいま
166 あなたの救いを<待ち望>んでいます.
130: 5 私は主を<待ち望>みます．私のたま
しいは，<待ち望>みます．私は主の
145:15 すべての目は，あなたを<待ち望>ん
147:11 御恵みを<待ち望む>者とを主は好ま
箴言 20:22 主を<待ち望>め．主があなたを救わ
イザ 5: 2 甘いぶどうのなるのを<待ち望>んで
7 主は公正を<待ち望>まれたのに，見
25: 9 この方こそ…救いを<待ち望>んだ私
たちの神…私たちが<待ち望>んだ主.
26: 8 さばきの道で…あなたを<待ち望>み，
30:18 幸いなことよ．主を<待ち望む>すべ
38:18 あなたのまことを<待ち望>みません.
40:31 主を<待ち望む>者は新しく力を得，
42: 4 島々も，そのおしえを<待ち望む>.
49:23 わたしを<待ち望む>者は恥を見るこ
51: 5 島々はわたしを<待ち望>み．60:9.
59: 9 光を<待ち望>んだが，見よ，やみ.
輝きを<待ち望>んだが，暗やみの中
11 公義を<待ち望む>が，それはなく，
救いを<待ち望む>が…遠く離れてい
64: 4 神を<待ち望む>者のために，このよ
エレ 8:15 平安を<待ち望>んでも，幸いはなく，
いやしの時を<待ち望>んでも…恐怖
14:22 私たちはあなたを<待ち望>みます.
哀歌 2:16 これこそ…<待ち望>んでいた日．わ
3:21 それゆえ，私は<待ち望む>.
エゼ 13: 6 彼らは…成就するのを<待ち望>んで
ホセ 12: 6 絶えずあなたの神を<待ち望>め.
アモ 5:18 ああ．主の日を<待ち望む>者．主の
ミカ 1:12 どうして，しあわせを<待ち望>めよ
7: 7 私の救いの神を<待ち望む>．私の神
マコ 15:43 みずからも神の国を<待ち望>んでい
ルカ 2:25 慰められることを<待ち望>んでいた.
3:15 民衆は救い主を<待ち望>んでおり，
23:51 彼は…神の国を<待ち望>んでいた.
使徒 26: 6 約束されたものを<待ち望>んでいる
ロマ 8:19 被造物も…<待ち望>んでいるのです.
23 贖われることを<待ち望>んでいます.
Ⅰコリ 16:11 兄弟たちと…来るのを<待ち望>んで
ピリ 3:20 おいでになるのを…<待ち望>んでい
Ⅰテサ 1:10 イエスが…来られるのを<待ち望む>
テト 2:13 栄光ある現れを<待ち望む>ようにと
ヘブ 9:28 彼を<待ち望>んでいる人々の救いの
11:10 都を<待ち望>んでいたからです．そ
Ⅰペテ 1:13 恵みを，ひたすら<待ち望>みなさい.
Ⅱペテ 3:12 神の日の来るのを<待ち望>み，その
13 新しい天と新しい地を<待ち望>んで
ユダ 21 キリストのあわれみを<待ち望>みな

▼ まちぶせ（待ち伏せ），待ち伏せる

創世 4: 7 罪は戸口で<待ち伏せ>して，あなた
ヨシ 8: 9 彼らは<待ち伏せ>の場所へ行き，ア
士師 9:25 山々の頂上に彼を<待ち伏せる>者た
32 野で<待ち伏せ>なさい．34，35，43.
16: 2 一晩中，彼を<待ち伏せ>た．そして，
9 奥の部屋に<待ち伏せ>している者を
エズ 8:31 <待ち伏せ>する者の手から…救い出
詩篇 5: 8 私を<待ち伏せ>ている者がおります

37:32 悪者は正しい者を<待ち伏せ>, 彼を
54: 5 私を<待ち伏せ>ている者どもにわざ
92:11 私の目は私を<待ち伏せ>ている者ど
119:95 悪者どもは…私を<待ち伏せ>ていま
箴言 7:12 町かどに立って<待ち伏せる>.
エレ 9: 8 腹の中では<待ち伏せ>を計る.
ホセ 13: 7 道ばたで<待ち伏せ>するひょうのよ
ミカ 7: 2 みな血を流そうと<待ち伏せ>し, 互
使徒 23:16 <待ち伏せ>のことを耳にし…パウロ
21 40人以上の者が…彼を<待ち伏せ>し
25: 3 殺害するために<待ち伏せ>をさせて

▼ まちわびる (待ちわびる)

詩篇 69: 3 私の目は, わが神を<待ちわび>て,
ルカ 8:40 みなイエスを<待ちわび>ていたから

▼ まつ (待つ) 【別項】 待ち合わせる, 待ち望む, 待ち伏せる, 待ちわびる

士師 3:25 しもべたちは…<待>っていたが, 王
ルツ 1:13 息子たちの成人するまで<待>とうと
Iサム 10: 8 7日間…<待>たなければ. 13:8.
II列 7: 9 明け方まで<待>っていたら…罰を受
ヨブ 6:11 私は<待>たなければならないのか.
10:14 あなたは私を<待>ちもうけておられ
24:15 夕暮れを<待>ちもうけ, 「私に気づ
29:23 彼らは雨を<待つ>ように私を<待>ち
…口を大きくあけて<待>った.
35:14 あなたは神を<待>て.
36: 2 しばらく<待>て. あなたに示そう.
詩篇 37: 7 主の前に…耐え忍んで主を<待>て.
130: 5 私は主のみことばを<待>ちます.
6 私のたましいは, 夜回りが夜明けを
<待つ>のにまさり…主を<待>ちます.
131: 3 今よりとこしえまで主を<待>て.
箴言 31:25 ほほえみながら後の日を<待つ>.
イザ 8:17 私は主を<待つ>. ヤコブの家から御
30:18 主は…恵もうと<待>っておられ, あ
エレ 20:10 つまずくのを<待>ちもうけています
哀歌 3:26 主の救いを黙って<待つ>のは良い.
ダニ 12:12 幸いなことよ. 忍んで<待>ち, 1335
ハバ 2: 3 もしおそくなっても, それを<待>て.
3:16 悩みの日を, 私は静かに<待>とう.
ゼパ 3: 8 わたしが証人として立つ日を<待>て.
マタ 11: 3 別の方を<待つ>べきでしょうか.」
18:29 もう少し<待>ってくれ…返すから』
ルカ 1:21 人々はザカリヤを<待>っていたが,
12:36 その帰りを<待>ち受けている人たち
13: 7 実のなるのを<待>っているのに, な
使徒 1: 4 父の約束を<待>ちなさい.
10:24 コルネリオは…彼らを<待>っていた.
17:16 アテネでふたりを<待>っていたパウ
20: 5 トロアスで私たちを<待>っていた.
23:21 あなたの承諾を<待>っています.」
27:33 <待>ちに<待>って…何も食べずに過
28: 6 急死するだろうと<待>っていた. し
ロマ 8:25 忍耐をもって熱心に<待>ちます.
Iコリ 1: 7 キリストの現れを<待>っています.
ヘブ 10:13 敵が…足台となるのを<待>っておら
27 恐れながら<待つ>よりほかはないの
Iペテ 3:20 神が忍耐して<待>っておられたとき

▼ まっくら (な) やみ (真っ暗やみ)

出エ 10:22 エジプト全土は3日間<真っ暗やみ>
ユダ 13 <まっ暗なやみ>が…永遠に用意され

▼ まっさかさま

詩篇 37:24 <まっさかさま>に倒されはしない.
使徒 1:18 <まっさかさま>に落ち, からだは真

▼ まっすぐ

レビ 26:13 あなたがたを<まっすぐ>に立たせて
申命 9: 5 あなたの心が<まっすぐ>だからでも
Iサム 6:12 一筋の大路を<まっすぐ>に進み, 鳴
ヨブ 6:25 <まっすぐ>なことばはなんと痛いこ
詩篇 5: 8 あなたの道を<まっすぐ>にしてくだ
20: 8 私たちは…<まっすぐ>に立った.
107: 7 彼らを<まっすぐ>な道に導き, 住む
箴言 2:13 彼らは<まっすぐ>な道を捨て, やみ
3: 6 主はあなたの道を<まっすぐ>にされ
4:25 あなたの前を<まっすぐ>に見よ.
10: 9 <まっすぐ>に歩む者の歩みは安全で
11:20 <まっすぐ>に道を歩む者は主に喜ば
14: 2 <まっすぐ>に歩む者は, 主を恐れ,
12 人の目には<まっすぐ>に見える道が
21: 8 きよい人の行いは<まっすぐ>だ.
伝道 1:15 曲がっているものを, <まっすぐ>に
7:13 神が曲げたものをだれが<まっすぐ>
イザ 33:15 <まっすぐ>に語る者, 強奪による利
57: 2 <まっすぐ>に歩む人は, 自分の寝床
エゼ 1: 7 その足は<まっすぐ>で, 足の裏は子
23 <まっすぐ>に伸ばし合った彼らの翼
マタ 3: 3 主の通られる道を<まっすぐ>にせよ.
マコ1:3, ルカ3:4, ヨハ1:23.
ルカ 3: 5 曲がった所は<まっすぐ>になり, で
9:51 イエスは…御顔を<まっすぐ>向けら

21:28 からだを<まっすぐ>にし，頭を上に
使徒 9:11 立って，『<まっすぐ>』という街路
13:10 主の<まっすぐ>な道を曲げることを
14:10 自分の足で，<まっすぐ>に立ちなさ
ガラ 2:14 <まっすぐ>に歩んでいないのを見て，
IIテモ 2:15 真理のみことばを<まっすぐ>に説き
ヘブ 12:12 手と…ひざとを，<まっすぐ>にしな
13 足のためには，<まっすぐ>な道を作

▼まっせき（末席）

ルカ 14:10 <末席>に着きなさい．9．

▼まったき（全き），全く

創世 6: 9 ノアは…<全き>人であった．ノアは
17: 1 わたしの前を歩み，<全き>者であれ．
レビ 23:24 あなたがたの<全き>休みの日，ラッ
申命 18:13 主に対して<全き>者でなければなら
IIサム 22:24 私は主の前に<全く>，私の罪から身
26 <全き>者には，<全く>あられ，
I列 9: 4 ダビデが歩んだように，<全き>心と
II列 20: 3 <全き>心をもって，あなたの御前に
I歴 28: 9 <全き>心と喜ばしい心持ちをもって
29: 9 <全き>心を持ち…進んで主にささげ
19 ソロモンに，<全き>心を与えて，あ
II歴 19: 9 <全き>心をもって，このように行わ
25: 2 <全き>心をもってではなかった．
エズ 5: 7 ダリヨス王に<全き>平安がありますヨブ
ヨブ 21:23 <全く>平穏のうちに死ぬだろう．
詩篇 18:23 私は主の前に<全く>，私の罪から身
25 <全き>者には，<全く>あられ，
19:13 そうすれば，私は<全き>者となり，
37:18 主は<全き>人の日々を知っておられ，
37 <全き>人に目を留め，直ぐな人を見
101: 2 私は，<全き>道に心を留めます．い
6 <全き>道を歩む者は，私に仕えます．
116: 7 たましいよ…<全き>いこいに戻れ．
119: 1 幸いなことよ．<全き>道を行く人々，
80 私の心が…<全き>ものとなりますよ
96 すべての<全き>ものにも，終わりの
イザ 26: 3 あなたは<全き>平安のうちに守られ
エゼ 27:11 おまえを<全く>美しくした．
Iテサ 5:23 あなたがたを<全く>聖なるものとし
Iヨハ 4:18 <全き>愛は恐れを締め出し…恐れる者の愛は，<全き>ものとなっていな

▼マッテヤ〔人名〕

11人の使徒に加えられた人．使徒1:23，26．

▼まっとうする（全うする）

エゼ 5:13 わたしの怒りが<全う>され…彼らに対する憤りを<全うする>とき，彼ら
6:12 彼らへのわたしの憤りは<全う>され
20: 8 わたしの怒りを<全う>しようと思っ
ルカ 13:32 病人をいやし，3日目に<全う>され
ヨハ 17:23 彼らが<全う>されて一つとなるため
ロマ 8: 4 律法の要求が<全う>されるためなの
13:10 それゆえ，愛は律法を<全う>します．
IIコリ 7: 1 聖きを<全う>しようではありません
ガラ 5:14 全体は…一語をもって<全う>される
6: 2 キリストの律法を<全う>しなさい．
ヘブ 2:10 多くの苦しみを通して<全う>された
7:19 律法は何事も<全う>しなかったので
28 永遠に<全う>された御子を立てるの
10:14 人々を…永遠に<全う>されたのです．
11:40 私たちと別に<全う>されるというこ
12:23 <全う>された義人たちの霊，
ヤコ 2:22 信仰は行いによって<全う>され，
Iヨハ 2: 5 神の愛が<全う>されているのです．
4:12 神の愛が私たちのうちに<全う>され
黙示 3: 2 神の御前に<全う>されたとは見てい

▼まっぷたつ（真っ二つ）

マタ 27:51 神殿の幕が上から下まで<真っ二つ>に裂けた．マコ15:38．
使徒 1:18 からだは<真っ二つ>に裂け，はらわ

▼まつり（祭り）【別項】仮庵の祭り，刈り入れの祭り，7週の祭り，新月の祭り，過越の祭り，種を入れないパンの祭り，宮きよめの祭り

出エ 5: 1 荒野でわたしのために<祭り>をさせ
10: 9 私たちは主の<祭り>をするのですか
13: 6 7日目は主への<祭り>である．
23:14 年に3度，わたしのために<祭り>を
32: 5 「あすは主への<祭り>である．」
申命 16:15 7日間，<祭り>をしなければならな
士師 9:27 ぶどうを収穫して…<祭り>をし，自
21:19 毎年，シロで主の<祭り>がある．」
I列 8:65 ソロモンは…主の前で<祭り>を行っ
12:32 ヤロブアムはユダでの<祭り>にならって，<祭り>の日を第8の月の15日
II歴 7: 8 ソロモンは…7日間の<祭り>を行っ
ネヘ 8:18 <祭り>は7日間，祝われ，8日目に
詩篇 42: 4 <祭り>を祝う群集とともに神の家へ
81: 3 <祭り>の日の，新月と満月に，角笛

118:27 枝をもって，<祭り>の行列を組め．
イザ29: 1 年を加え，<祭り>を巡って来させよ．
30:29 <祭り>を祝う夜のように歌い，主の
ホセ 2:11 <祭り>…すべての例祭を，やめさせ
9: 5 主の<祭り>の日には何をしようとす
アモ 5:21 あなたがたの<祭り>を憎み，退ける．
8:10 あなたがたの<祭り>を喪に変え，あ
ナホ 1:15 ユダよ．あなたの<祭り>を祝い，あ
マタ26: 5 <祭り>の間はいけない．マコ14:2.
27:15 その<祭り>には…囚人をひとりだけ
赦免してやっていた．マコ15:6.
ルカ 2:42 両親は<祭り>の慣習に従って都へ上
ヨハ 4:45 彼らも<祭り>に行っていたので，イ
エスが<祭り>の間にエルサレムでな
5: 1 その後，ユダヤ人の<祭り>があって，
7: 8 あなたがたは<祭り>に上って行きな
さい．わたしはこの<祭り>には行き
14 <祭り>もすでに中ごろになったとき，
37 <祭り>の終わりの大いなる日に，イ
11:56 あの方は<祭り>に来られることはな
12:12 <祭り>に来ていた大ぜいの人の群れ
20 <祭り>のとき礼拝のために上って来
13:29 <祭り>のために入用の物を買え」と
Ⅰコリ 5: 8 真実なパンで，<祭り>をしようでは
コロ 2:16 <祭り>や新月や安息日のことについ

▼まつわりつく
ヘブ12: 1 重荷と<まつわりつく>罪とを捨てて，

▼マティテヤ〔人名〕
(1)コラ人シャルムの長男．Ⅰ歴9:31，ネヘ8:4.
(2)主の宮の楽人．Ⅰ歴15:18，25:3，21.
(3)異邦人の女をめとった者の一人．エズ10:43.

▼マテナイ〔人名〕
(1)異邦人の女をめとった者の一人．エズ10:33.
(2)異邦人の女をめとった者の一人．エズ10:37.
(3)祭司．エホヤリブ族のかしら．ネヘ12:19.

▼マデマナ〔地名〕
ユダの町．ヨシ15:31，Ⅰ歴2:49.

▼マデメナ〔地名〕
エルサレム北方の町か．イザ10:31.

▼マデメン〔地名〕
モアブの破滅に悲しみを表す町．エレ48:2.

▼マテリ
サウルが属していた氏族名．Ⅰサム10:21.

▼マテレデ〔人名〕
エドム王ハダデの義母．創世36:39，Ⅰ歴1:50.

▼まど（窓），天の窓
創世 8: 6 ノアは…箱舟の<窓>を開き，
26: 8 <窓>から見おろしていると…イサク
ヨシ 2:15 ラハブは…彼らを<窓>からつり降ろ
士師 5:28 シセラの母は<窓>越しに…見おろし
Ⅰサム19:12 ミカルはダビデを<窓>から降ろした
Ⅱサム 6:16 ミカルは<窓>から見おろし，ダビデ
Ⅰ列 6: 4 神殿には格子を取りつけた<窓>を作
Ⅱ列 7: 2 たとい，主が天に<窓>を作られるに
9:30 イゼベルは…<窓>から見おろしてい
13:17 東側の<窓>をあけなさい」と言った
箴言 7: 6 私が私の家の<窓>の格子窓から見お
伝道12: 3 <窓>からながめている女の目は暗く
雅歌 2: 9 あの方は…<窓>からのぞき，格子越
イザ24:18 <天の窓>が開かれ，地の基が震える
エレ 9:21 死が，私たちの<窓>によじのぼり，
22:14 高殿を建て，それに<窓>を取りつけ，
エゼ40:16 回りには<窓>があり．22，25，29，
33，36，41:16.
ダニ 6:10 部屋の<窓>はエルサレムに向かって
ホセ13: 3 <窓>から出て行く煙のようになる．
ヨエ 2: 9 盗人のように<窓>から入り込む．
ゼパ 2:14 ふくろうはその<窓>で鳴き，烏は敷
マラ 3:10 <天の窓>を開き，あふれるばかりの
使徒20: 9 青年が<窓>のところに腰を掛けてい
Ⅱコリ11:33 城壁の<窓>からかごでつり降ろされ，

▼まといつく
申命28:21 疫病をあなたの身に<まといつ>かせ，
Ⅱ列 5:27 ツァラアトは…<まといつく>.」彼

▼まとう
申命22:12 身に<まとう>着物の四隅に，ふさを
Ⅰサム 2:18 サムエルは…エポデを身に<まと>い，
Ⅱサム 3:31 荒布を<まと>い，アブネルの前でい
6:14 ダビデは亜麻布のエポデを<まと>っ
Ⅱ列19: 1 ヒゼキヤ王は…荒布を身に<まと>っ
て，主の宮に入った．イザ37:1.
2 祭司たちに，荒布を<まと>わせて…
イザヤのところに遣わし．イザ37:2.
Ⅰ歴15:27 ダビデは白亜麻布の衣を…<まと>っ
Ⅱ歴 5:12 白亜麻布を身に<まと>い…立琴を手
6:41 祭司たちの身に救いを<まと>わせて
エス 4: 1 モルデカイは…荒布を<まと>い，灰
ヨブ 7: 5 私の肉はうじと土くれを<まと>い，
詩篇65:12 もろもろの丘も喜びを<まと>ってい
104: 1 尊厳と威光を身に<まと>っておられ

109:18 衣のようにのろいを身に<まと>いま
132: 9 祭司たちは，義を身に<まと>い，あ
箴言 23:21 ぼろを<まとう>ようになるからだ．
イザ 15: 3 ちまたでは，荒布を腰に<まと>い，
32:11 裸になり，腰に荒布を<まと>え．
51: 9 さめよ．さめよ．力を<まと>え．主
59:17 復讐の衣を身に<まと>い，ねたみを
61:10 主が…正義の外套を<まと>わせ，花
エレ 4: 8 荒布を<まと>い，悲しみ嘆け．主の
30 あなたが緋の衣を<まと>い，金の飾
6:26 荒布を身に<まと>い，灰の中をころ
49: 3 ラバの娘たちよ…荒布を<まと>え．
哀歌 2:10 長老たちは…荒布を<まと>った．エ
3:44 あなたは雲を身に<まと>い，私たち
エゼ 7:18 彼らは荒布を身に<まと>い，恐怖に
26:16 君主たちは…恐れを身に<まと>い，
27:31 荒布を<まと>い，おまえのために心
34: 3 羊の毛を身に<まと>い，肥えた羊を
ヨエ 1: 8 荒布を<まと>ったおとめのように，
13 荒布を<まと>っていたみ悲しめ．祭
ヨナ 3: 6 王服を脱ぎ，荒布を<まと>い，灰の
8 人も，家畜も，荒布を身に<まと>い，
ゼパ 1: 8 外国の服を<まと>った…者を罰する．
マコ 14:51 青年が…亜麻布を…<まと>ったまま
16: 5 真っ白な長い衣を<まと>った青年が
ヨハ 13: 4 手ぬぐいを取って腰に<まと>われた．
21: 7 上着を<まと>って，湖に飛び込んだ．
ヘブ 5: 2 自分自身も弱さを身に<まと>ってい

▼ まとめる

伝道 12: 9 伝道者は…多くの箴言を<まとめ>た．

▼ まどろむ

ヨブ 33:15 あるいは寝床の上で<まどろむ>とき，
詩 121: 3 あなたを守る方は，<まどろむ>こと
4 <まどろむ>こともなく，眠ることも
箴言 6:10 しばらく眠り，しばらく<まどろ>み，
イザ 5:27 <まどろ>まず，眠らず，その腰の帯

▼ まどわし（惑わし），惑わす，惑わせる

創世 3:13 蛇が私を<惑わ>したのです．それで
Ｉ列 22:20 アハブを<惑わ>して，攻め上らせ，
Ⅱ歴 18:21 あなたはきっと<惑わす>ことができ
ヨブ 31: 9 もしも，私の心が女に<惑わ>され，
27 私の心がひそかに<惑わ>され，手を
箴言 1:10 罪人たちがあなたを<惑わ>しても，
7:21 女はくどき続けて彼を<惑わ>し，へ
16:29 暴虐の者は自分の隣人を<惑わ>し，
20: 1 これに<惑わ>される者は，みな知恵
エレ 20: 7 主よ．あなたが私を<惑わ>したので，
私はあなたに<惑わ>されました．あ
23:13 わたしの民イスラエルを<惑わ>した．
哀歌 2:14 人を<惑わす>ことばを預言した．
エゼ 13:10 彼らは…わたしの民を<惑わ>し，壁
アモ 2: 4 まやかしものが彼らを<惑わ>したか
ミカ 3: 5 彼らはわたしの民を<惑わ>せ，歯で
マタ 13:22 この世の心づかいと富の<惑わし>と
がみことばをふさぐ．マコ4:19．
24: 4 人に<惑わ>されないように気をつけ
なさい．マコ13:5，ルカ21:8．
5 『私こそキリストだ』と言って，多
くの人を<惑わす>でしょ．マコ13:6．
24 選民をも<惑わ>そうと．マコ13:22．
ルカ 23: 2 この人はわが国民を<惑わ>し，カイ
14 この人を，民衆を<惑わす>者として，
ヨハ 7:12 違う．群衆を<惑わ>しているのだ」
47 おまえたちも<惑わ>されているのか．
Ｉテモ 2:14 アダムは<惑わ>されなかったが，女
は<惑わ>されてしまい，あやまちを
4: 1 ある人たちは<惑わす>霊と悪霊の教
テト 1:10 人を<惑わす>者が多くいます．特に，
ヘブ 3:13 だれも罪に<惑わ>されてかたくなに
Ｉヨハ 2:26 あなたがたを<惑わ>そうとする人た
Ⅱヨハ 7 人を<惑わす>者…が大ぜい世に出て
行った…こういう者は<惑わす>者で
黙示 12: 9 全世界を<惑わす>，あの古い蛇は投
13:14 地上に住む人々を<惑わ>し，剣の傷
19:20 人々とを<惑わ>したあのにせ預言者
20: 3 諸国の民を<惑わす>ことのないよう
10 彼らを<惑わ>した悪魔は火と硫黄と

▼ マドン〔地名〕

カナン北方の町．ヨシ11:1，12:19．

▼ マナ

出エ 16:31 <マナ>…その味は蜜を入れたせんべ
い．33，35，民数11:6，7，9，申命
8:3，16，ヨシ5:12，ネヘ9:20，詩篇
78:24，ヘブ9:4．
ヨハ 6:31 父祖たちは，荒野で<マナ>を．49．
黙示 2:17 勝利を得る者に隠れた<マナ>を与え

▼ マナエン〔人名〕

アンテオケ教会の指導者の一人．使徒13:1．

▼ まなか

詩篇 46: 2 山々が海の<まなか>に移ろうとも．

▼ まなざし
雅歌 4:9 あなたのただ一度の<まなざし>と，

▼ マナセ
1. 人名.
(1)ヨセフの長子. 創世41:51，46:20，48:1，5，14，17，20，50:23.
(2)ユダの王，II列21:1；ヒゼキヤの子，II列20:21；悪政，偶像礼拝再開，II列21:2-16；バビロンへ連行される，II歴33:10-11；悔い改め，国へ帰される，II歴33:12-13；偶像と祭壇を取り除く，II歴33:14-20.
(3)異邦人の女をめとった者の一人. エズ10:30.
(4)異邦人の女をめとった者の一人. エズ10:33.
2. マナセ部族（族），マナセの半部族. 1.(1)の子孫. ヨシ4:12，17:1，I歴5:18，23，26，6:61，7:29，9:3，12:31，37，27:20.

▼ マナソン〔人名〕
パウロの弟子の一人. 使徒21:16.

▼ マナハテ
1. 地名. ベニヤミン人が捕らえ移された町. I歴8:6.
2. 人名. ショバルの子. 創世36:23，I歴1:40.
3. マナハテ人. I歴2:54.

▼ まなぶ（学ぶ）
申命 4:10 わたしを恐れることを<学>び，また
5:1 これを<学>び，守り行いなさい.
17:19 守り行うことを<学ぶ>ためである.
31:12 彼らがこれを聞いて<学>び，あなた
詩 119:7 あなたの義のさばきを<学ぶ>とき，
71 私は…あなたのおきてを<学>びまし
箴言 21:11 知恵のある者が<学ぶ>とき，その人
30:3 私はまだ知恵も<学>ばず，聖なる方
イザ 26:9 世界の住民は義を<学>んだからです.
29:24 つぶやく者もおしえを<学ぶ>.」
エレ 12:16 彼らがわたしの民の道をよく<学>び，
マタ 9:13 どういう意味か，行って<学>んで来
11:29 わたしから<学>びなさい. そうすれ
24:32 いちじくの木から，たとえを<学>び
ヨハ 6:45 父から聞いて<学>んだ者はみな，わ
ロマ 16:17 <学>んだ教えにそむいて，分裂とつ
Iコリ 4:6 越えない」ことを<学ぶ>ため，そし
14:31 すべての人が<学ぶ>ことができ，す
35 もし何かを<学>びたければ，家で自
エペ 4:20 このようには<学>びませんでした.
ピリ 4:9 私から<学>び，受け，聞き…見たこ
11 満ち足りることを<学>びました.
コロ 1:7 エパフラスから<学>んだとおりのも
Iテサ 4:1 私たちから<学>んだように，また，
Iテモ 1:20 …ことを，彼らに<学>ばせるためで
IIテモ 3:7 いつも<学>んではいるが，いつにな
14 <学>んで確信したところに…どの人たちからそれを<学>んだかを知って
ヘブ 5:8 多くの苦しみによって従順を<学>び，
黙示 14:3 だれもこの歌を<学ぶ>ことができな

▼ まにあう（間に合う）
IIサム 20:5 指定された期限に<間に合>わなかっ
IIテモ 2:21 良いわざに<間に合う>ものとなるの

▼ まぬかれる（免れる）
出エ 10:5 雹の害を<免れ>て，あなたがたに残
ヨブ 20:24 彼は鉄の武器を<免れ>ても，青銅の
21:30 悪人はわざわいの日を<免れ>，激し
23:7 とこしえにさばきを<免れる>.
詩篇 19:13 大きな罪を，<免れ>て，きよくなる
78:50 彼らのたましいに死を<免れ>させず，
箴言 6:29 その女に触れた者…罰を<免れ>ない.
11:21 確かに悪人は罰を<免れ>ない. しか
28:20 得ようとあせる者は罰を<免れ>ない.
エレ 25:29 どんなに罰を<免れ>ようとしても，<免れる>ことはできない. わたしが，
49:12 あなただけが罰を<免れる>ことがで
エゼ 17:15 契約を破って罰を<免れる>だろうか.
18 彼は…決して罰を<免れ>ない.
マラ 3:15 神を試みても罰を<免れる>」と.
ロマ 2:3 自分は神のさばきを<免れる>のだと
ヘブ 12:25 彼らが処罰を<免れる>ことができなかったとすれば…私たちが，処罰を<免れる>ことができないのは当然で
IIペテ 1:4 世にある欲のもたらす滅びを<免れ>，

▼ まぬけもの（～者）
詩篇 49:10 愚か者も<まぬけ者>もひとしく滅び，
92:6 <まぬけ者>は知らず，愚か者にはこ
94:8 気づけ. 民のうちの<まぬけ者>ども.
箴言 12:1 叱責を憎む者は<まぬけ者>だ.
エレ 10:8 みな<まぬけ者>で愚かなことをする.

▼ まね
マタ 6:8 彼らの<まね>をしてはいけません.

▼ まねく（招く），招き
創世 31:54 ヤコブは…一族を<招>いて食事を共
出エ 34:15 あなたを<招く>と，あなたはそのい

民数 22: 5 バラムを<招>こうとして使者たちを
24:10 のろうためにあなたを<招>いたのに,
25: 2 娘たちは…民を<招>いたので, 民は
申命 33:19 彼らは民を山に<招>き, そこで義の
Ⅰサム 16: 5 いけにえをささげるために<招>いた.
Ⅱサム 11:13 ダビデは彼を<招>いて, 自分の前で
Ⅰ列 1: 9 ユダのすべての人々とを<招>いた.
19 将軍ヨアブを<招>いたのに…ソロモンは<招>きませんでした. 10, 26.
12:20 彼を…<招>き…イスラエルの王とし
ヨブ 1: 4 祝宴を開き… 3 人の姉妹も<招>き,
詩 105:16 主はききんを地の上に<招>き, パン
箴言 9:15 往来の人を<招>いて言う.
ゼパ 1: 7 主に<招>かれた者を聖別されたから
ゼカ 3:10 自分の友を…<招>き合うであろう.」
マタ 9:13 わたしは正しい人を<招く>ためではなく, 罪人を<招く>ために来たのです. マコ2:17, ルカ5:32.
22: 4 お客に<招>いておいた人たちにこう
9 出会った者をみな宴会に<招>きなさ
ルカ 7:39 イエスを<招>いたパリサイ人は, こ
14: 8 披露宴に<招>かれたときには, 上座
12 今度は彼らがあなたを<招>いて, お
13 むしろ…盲人たちを<招>きなさい.
16 宴会を催し, 大ぜいの人を<招>いた.
ヨハ 2: 2 弟子たちも, その婚礼に<招>かれた.
使徒 10: 5 シモンという人を<招>きなさい. 32.
29 どういうわけで私をお<招>きになっ
13: 7 総督は…サウロを<招>いて, 神のこ
16:10 神が私たちを<招>いて, 彼らに福音
18:26 彼を<招>き入れて, 神の道をもっと
28:20 お話ししようと思い, お<招>きしま
ロマ 4:15 律法は怒りを<招く>ものであり, 律
13: 2 自分の身にさばきを<招>きます.
Ⅱテモ 1: 9 神は…聖なる<招き>をもって召して
ヤコ 5:14 教会の長老たちを<招>き…オリーブ
Ⅰペテ 2: 9 光の中に<招>いてくださった方のす
5:10 栄光の中に<招>き入れてくださった
Ⅱペテ 2: 1 自分たちの身に…滅びを<招>いてい
黙示 19: 9 小羊の婚宴に<招>かれた者は幸いだ.

▼ まねる

申命 18: 9 忌みきらうべきならわしを<まね>て
マタ 23: 3 彼らの行いを<まね>てはいけません.

▼ マノア〔人名〕

サムソンの父. 士師13:2, 9, 19, 16:31.

▼ マハジオテ〔人名〕

ヘマン(1)の子. 主の宮の楽人. Ⅰ歴25:4, 30.

▼ まばたき

箴言 12:19 偽りの舌は<まばたき>の間だけ.

▼ マハテ〔人名〕

(1)レビ人. アマサイの子. Ⅰ歴6:35.
(2)ヒゼキヤの改革の協力者. Ⅱ歴29:12, 31:13.
(3)主イエスの先祖の一人. ルカ3:26.

▼ マハナイム〔地名〕

ヤコブが御使いの軍勢に出会った場所. 創世32:2, ヨシ13:26, 21:38, Ⅱサム2:8, 17:24, 19:32, Ⅰ列2:8, 4:14, Ⅰ歴6:80.

▼ マハネ・ダン〔地名〕

ダン族の兵士の宿営地. 士師13:25, 18:12.

▼ マハビムじん（～人）

ダビデの勇士エリエルの出身. Ⅰ歴11:46.

▼ マハラテ

1. 人名.
(1)エサウの妻. バセマテ(2)と同人. 創世28:9.
(2)レハブアム王の妻の一人. Ⅱ歴11:18.
2. 詩篇題目にある調べの名. 詩篇53題目.

▼ マハラテ・レアノテ

詩 88題目 <マハラテ・レアノテ>の調べに合わ

▼ マハラルエル〔人名〕

(1)セツの子孫. ケナンの子. 創世5:12, Ⅰ歴1:2.
(2)ペレツの子孫の一人. ネヘ11:4.

▼ マハラレル〔人名〕

主イエスの先祖の一人. マハラルエル(1)と同人ルカ3:37.

▼ マハレブ〔地名〕

アシェルの町. ヨシ19:29, 士師1:31.

▼ まひ（麻痺）

Ⅰテモ 4: 2 彼らは良心が<麻痺>しており,

▼ まひる（真昼）

申命 28:29 <真昼>に手さぐりするようになる.
Ⅰサム 11: 9 あすの<真昼>ごろ…救いがある.」
Ⅰ列 18:26 朝から<真昼>までバアルの名を呼ん
ヨブ 5:14 <真昼>に, 夜のように手さぐりする.
11:17 あなたの一生は<真昼>よりも輝き,
詩篇 37: 6 あなたのさばきを<真昼>のように輝
55:17 夕, 朝, <真昼>, 私は嘆き, うめく.
91: 6 疫病も, <真昼>に荒らす滅びをも.
箴言 4:18 いよいよ輝きを増して<真昼>となる.
イザ 58:10 あなたの暗やみは, <真昼>のように

59:10 <真昼>でも，たそがれ時のようにつ
エレ 6: 4 立て．われわれは<真昼>に上ろう．」
15: 8 <真昼>に荒らす者を送り，にわかに，
アモ 8: 9 わたしは<真昼>に太陽を沈ませ，日
ゼパ 2: 4 アシュドデは<真昼>に追い払われ，
使徒 22: 6 <真昼>ごろダマスコに近づいたとき，

▼マフセヤ〔人名〕
書記バルクの祖父．エレ32:12，51:59.

▼まぶた
ヨブ 3: 9 暁の<まぶた>のあくのを．41:18.
16:16 私の<まぶた>には死の陰がある．
詩篇 11: 4 その<まぶた>は，人の子らを調べる．
77: 4 あなたは，私の<まぶた>を閉じさせ
箴言 4:25 あなたの<まぶた>はあなたの前をま
6:25 その<まぶた>に捕らえられるな．
30:13 <まぶた>が上がっている世代．
エレ 9:18 私たちの<まぶた>に水をあふれさせ
ゼカ 14:12 彼らの目は<まぶた>の中で腐り，彼

▼マフラ〔人名〕
(1)マナセの子孫ツェロフハデの長女．民数26:33，27:1，36:11，ヨシ17:3.
(2)マナセの子孫モレケテの子．Ⅰ歴7:18.

▼マフライ〔人名〕
ダビデの勇士．Ⅱサム23:28，Ⅰ歴11:30，27:13.

▼マフリ
1. 人名．
(1)メラリの子．出エ6:19，Ⅰ歴6:19，エズ8:18.
(2)メラリの孫．Ⅰ歴6:47，23:23，24:30.
2. マフリ族．1.(1)の子孫．民数3:33，26:58.

▼マフロン〔人名〕
ルツの最初の夫．ルツ1:2，4:10.

▼マヘル・シャラル・ハシュ・バズ〔人名〕
イザヤと女預言者との子．イザ8:1，3.

▼マホル〔人名〕
賢者ダルダの父．Ⅰ列4:31.

▼まぼろし（幻）【別項】幻の谷
創世 15: 1 主のことばが<幻>のうちにアブラム
46: 2 神は，夜の<幻>の中でイスラエルに，
民数 12: 6 <幻>の中でその者にわたしを知らせ，
24: 4 全能者の<幻>を見る者，ひれ伏して，
Ⅰサム 3: 1 まれにしかなく，<幻>も示されなか
Ⅱサム 7:17 ナタンは…すべての<幻>とを，そのままダビデに告げた．Ⅰ歴17:15.
ヨブ 4:13 夜の<幻>で思い乱れ，深い眠りが人
7:14 <幻>によって私をおびえさせます．
20: 8 彼は夜の<幻>のように追い払われ，
詩篇 39: 6 人は<幻>のように歩き回り，まこと
89:19 あなたは，かつて，<幻>のうちに，
箴言 29:18 <幻>がなければ，民はほしいままに
イザ 1: 1 アモツの子イザヤの<幻>．これは彼
21: 2 きびしい<幻>が，私に示された．裏
28: 7 祭司も…<幻>を見ながらよろめき，
29: 7 夢のようになり，夜の<幻>のように
11 すべての<幻>が，封じられた書物の
エレ 14:14 偽りの<幻>と…偽りごとを…預言し
23:16 彼らは…自分の心の<幻>を語ってい
哀歌 2: 9 預言者にも，主からの<幻>がない．
エゼ 1: 1 神々しい<幻>を見た．8:3，40:2.
7:13 <幻>がそのすべての群集にあっても，
26 彼らは預言者に<幻>を求めるように
11:24 神の霊によって<幻>のうちに私を…私が見たその<幻>は，私から去って
12:22 日は延ばされ，すべての<幻>は消え
23 日は近づき，すべての<幻>は実現す
27 彼が見ている<幻>はずっと後のこと
13: 7 むなしい<幻>を見．9，23.
16 平安がないのに平安の<幻>を見てい
43: 3 私が見た<幻>の様子は…滅ぼすために来たときに見た<幻>のようであり，
ダニ 1:17 ダニエルは…<幻>…を解くことがで
2:19 夜の<幻>のうちに．7:2，7，13.
28 寝床で…頭に浮かんだ<幻>．4:5，10，13，7:1，15.
8: 1 ダニエルにまた，一つの<幻>が現れ
13 軍勢が踏みにじられるという<幻>は，
16 この人に，その<幻>を悟らせよ」と．9:23，10:1.
17 その<幻>は，終わりの時のことであ
26 先に告げられた夕と朝の<幻>…あなたはこの<幻>を秘めておけ．これは
10: 7 この<幻>は…ダニエルひとりだけが見て…人々は，その<幻>を見なかっ
16 この<幻>によって，私は苦痛に襲わ
11:14 高ぶってその<幻>を実現させようと
ホセ 12:10 多くの<幻>を示し，預言者たちによ
ヨエ 2:28 年寄りは夢を…若い男は<幻>を見る．
オバ 1 オバデヤの<幻>．神である主は，エ
ミカ 3: 6 あなたがたには<幻>がなく，暗やみ

ナホ 1: 1 エルコシュ人ナホムの<幻>の書.
ハバ 2: 2 <幻>を板の上に書いて確認せよ. こ
ゼカ 13: 4 預言するときに見るその<幻>で恥を
ルカ 1:22 彼は神殿で<幻>を見たのだとわかっ
24:23 御使いたちの<幻>を見たが, 御使い
使徒 2:17 青年は<幻>を見, 老人は夢を見る.
9:10 主が彼に<幻>の中で, 「アナニヤよ」
10: 3 午後3時ごろ, <幻>の中で…御使い
11: 5 <幻>を見ました. 四隅をつり下げら
12: 9 <幻>を見ているのだと思われた.
16: 9 パウロは<幻>を見た…マケドニヤ人
18: 9 主は<幻>によってパウロに, 「恐れ
IIコリ 12: 1 私は主の<幻>と啓示のことを話しま
コロ 2:18 彼らは<幻>を見たことに安住して,
黙示 9:17 私が<幻>の中で見た馬とそれに乗る

▼まぼろしのたに（幻の谷）

イザ 22: 1 <幻の谷>に対する宣告. これはいっ
5 <幻の谷>では, 城壁の崩壊, 山への

▼まむし

ヨブ 20:16 <まむし>の舌が彼を殺す.
詩 140: 3 くちびるの下には, <まむし>の毒があります. ロマ3:13.
箴言 23:32 これが…<まむし>のように刺す.
イザ 11: 8 乳離れした子は<まむし>の子に手を
14:29 蛇の子孫から<まむし>が出, その子
30: 6 <まむし>や飛びかける蛇のいる所を
59: 5 <まむし>の卵をかえし, くもの巣を
エレ 8:17 <まむし>を, あなたがたの中に送り,
マタ 3: 7 <まむし>のすえたち. だれが必ず来る御怒りをのがれるよう. ルカ3:7.
12:34 <まむし>のすえたち. おまえたち悪
23:33 <まむし>のすえども…ゲヘナの刑罰
使徒 28: 3 1匹の<まむし>がはい出して来て,

▼マムレ

1. 地名. ヘブロン北方の町. 創世13:18, 18:1, 23:17, 35:27, 49:30, 50:13.
2. 人名. 1.に住んでいたエモリ人. 創世14:13.

▼まもる（守る）, 守り

創世 2:15 そこを耕させ, またそこを<守>らせ
3:24 いのちの木への道を<守る>ために,
17: 9 わたしの契約を<守>らなければなら
10 あなたがたが<守る>べき…契約であ
18:19 主の道を<守>らせ, 正義と公正とを
20:16 銀千枚…これは…あなたを<守る>も
26: 5 おしえを<守>ったからである.」
28:15 わたしは…あなたを<守>り, あなた
20 この旅路を<守>り, 食べるパンと着
30:31 羊の群れを飼って, <守>りましょう.
出エ 12:17 種を入れないパンの祭りを<守>りなさい…この日を<守>りなさい.
24 このことを…永遠に<守>りなさい.
25 あなたがたはこの儀式を<守>りなさ
13: 5 次の儀式をこの月に<守>りなさい.
10 おきてを…定められた時に<守>りな
15:26 おきてをことごとく<守る>なら, わ
16:28 いつまで…<守>ろうとしないのか.
19: 5 わたしの契約を<守る>なら, あなた
20: 6 わたしの命令を<守る>者には, 恵み
23:15 祭りを<守>らなければならない. わ
20 わたしは…あなたを道で<守>らせ,
31:13 安息を<守>らなければならない. こ
14 この安息を<守>らなければならない
16 イスラエル人はこの安息を<守>り,
34:11 あなたに命じることを, <守>れ. 見
18 祭りを<守>らなければならない. わ
レビ 8:35 主の戒めを<守>らなければならない
18: 4 わたしのおきてを<守>り, それに従
5 わたしの定めを<守>りなさい. それ
26 わたしの定めを<守>らなければなら
30 わたしの戒めを<守>り, あなたがた
19: 3 安息日を<守>らなければならない.
19 おきてを<守>らなければならない.
30 わたしの安息日を<守>り, わたしの
37 すべての定めを<守>り, これらを行
20: 8 わたしのおきてを<守る>なら, それ
22 おきてと…定めとを<守>り, これを
22: 9 彼らがわたしの戒めを<守る>なら,
31 わたしの命令を<守>り, これを行え.
25: 2 地は主の安息を<守>らなければなら
18 わたしの定めを<守>らなければなら
26: 2 わたしの安息日を<守>り, わたしの
3 わたしの命令を<守>り, それらを行
民数 3: 8 会見の天幕の…用具を<守>り…イスラエル人の務めを<守>って, 幕屋の
10 祭司の職を<守>らせなければならな
6:24 主があなたを祝福し, あなたを<守>
9:19 主の戒めを<守>って, 旅立たなかっ
23 彼らは…主の戒めを<守>った.
14: 9 彼らの<守>りは, 彼らから取り去ら

18: 7 祭司職を<守>り，奉仕しなければな
36: 7 相続地を堅く<守>らなければならな
申命 4: 2 主の命令を，<守>らなければならな
6 これを<守>り行いなさい．そうすれ
40 主のおきてと命令とを<守>りなさい．
5: 1 これを学び，<守>り行いなさい．
10 わたしの命令を<守る>者には，恵み
12 安息日を<守>って，これを聖なる日
15 主は，安息日を<守る>よう…命じら
29 わたしのすべての命令を<守る>よう
32 主が命じられたとおりに<守>り行い
6: 2 主のおきてと命令を<守る>ため，ま
3 聞いて，<守>り行いなさい．そうす
17 おきてを忠実に<守>らなければなら
25 命令を<守>り行うことは…義となる
7: 8 主が…誓いを<守>られたから，主は
9 主の命令を<守>る者には恵みの契約
を千代までも<守>られるが，
11 命令…を<守>り行わなければならな
12 これを<守>り行うならば…主は…契
約をあなたのために<守>り，
8: 1 命令を…<守>り行わなければならな
2 あなたがその命令を<守る>かどうか
6 主の命令を<守>って，その道に歩み，
11 主の定めと…おきてとを<守>らず，
10:13 主のおきてとを<守る>ことである．
11: 1 定めと，命令とを<守>りなさい．
8 すべての命令を<守>りなさい．そう
22 もし…命令を忠実に<守>り行い，あ
32 おきてと定めを<守>り行わなければ
12: 1 <守>り行わなければならないおきて
32 すべてのことを，<守>り行わなけれ
13: 4 主の命令を<守>り，御声に聞き従い
18 命令を<守>り…主が正しいと見られ
15: 5 すべての命令を<守>り行わなければ
16: 1 アビブの月を<守>り…主に過越のい
12 これらのおきてを<守>り行いなさい．
17:10 教えることを<守>り行いなさい．
19 おきてとを<守>り行うことを学ぶた
19: 9 命令をあなたが<守>り行い，あなた
23: 9 汚れたことから身を<守>らなければ
23 くちびるから出たことを<守>り，あ
24: 8 祭司が教えるとおりによく<守>り行
わなければ…<守>り行わなければな
26:16 あなたは…<守>り行おうとしている．
17 命令と，定めとを<守>り，御声に聞
18 主のすべての命令を<守る>なら，
27: 1 すべての命令を<守>りなさい．
26 <守>ろうとせず…実行しない者はの
28: 1 すべての命令を<守>り行うなら，あ
9 主の命令を<守>り，主の道を歩むな
13 <守>り行うなら，主はあなたをかし
15 <守>り行わないなら…のろいがあな
45 おきてとを<守>らないからである．
58 ことばを<守>り行わないなら，
29: 9 契約のことばを<守>り，行いなさい．
30:10 おきてとを<守>り…主に立ち返るか
16 定めとを<守る>ように命じるからで
31:12 すべてのことばを<守>り行うためで
32:10 ご自分のひとみのように…<守>られ
46 子どもたちに…<守>り行わせなさい．
33: 9 彼は…あなたの契約を<守>りました．
ヨシ 1: 7 すべての律法を<守>り行え．これを
8 すべてのことを<守>り行うためであ
22: 2 命じたことを，ことごとく<守>り，
3 主の戒め，命令を<守>ってきた．
5 命令と律法をよく<守>り行い…その
命令を<守>って，主にすがり，心を
23: 6 ことごとく断固として<守>り行い，
24:17 主は…私たちを<守>られた方だから
士師 2:22 先祖たちが主の道を<守>って歩んだ
ように，彼らも…<守>って歩むかど
13:14 命令したことはみな，<守>らなけれ
Iサム 2: 9 主は聖徒たちの足を<守>られます．
7: 1 聖別して，主の箱を<守>らせた．
13:13 あなたは…命令を<守>らなかった．
14 あなたが…<守>らなかったからだ．
15:11 わたしのことばを<守>らなかったか
13 私は主のことばを<守>りました．」
17:22 その品物を武器を<守る>者に預け，
25:21 男が持っていた物を…<守>ってやっ
30:23 主が私たちを<守>り，私たちを襲っ
IIサム 22:22 私は主の道を<守>り，私の神に対し
24 私は…私の罪から身を<守る>．
23: 5 すべては備えられ…<守>られる．
I列 2: 3 主の戒めを<守>り…さとしとを<守>
って主の道を歩まなければならな
4 息子たちが彼らの道を<守>り，心を
43 なぜ…命令を<守>らなかったのか．
3:14 命令を<守>って，わたしの道を歩む

6:12 わたしのすべての命令を<守>り，こ
8:23 契約と愛とを<守>られる方です．
24 あなたは，約束されたことを…私の
父ダビデのために<守>られました．
25 子孫がその道を<守>り…歩みさえす
るなら…』と仰せられたことを，ダ
ビデのために<守>ってください．
58 定めとを<守る>ようにさせてくださ
61 主の命令を<守>らなければならない
9: 4 おきてと定めとを<守る>なら，
6 おきてとを<守>らず…ほかの神々に
11:10 彼は主の命令を<守>らなかったから
11 契約とおきてとを<守>らなかったの
34 おきてとを<守>った…ダビデに免じ
38 命令とを<守>って…行うなら，わた
13:21 主が命じられた命令を<守>らず，
14: 8 ダビデは，わたしの命令を<守>り，
27 王宮の門を<守る>近衛兵の隊長の手
II列 12: 9 入口を<守る>祭司たちは，主の宮に
17:13 わたしの命令とおきてとを<守>れ．
19 ユダもまた…主の命令を<守>らず，
37 律法と，命令をいつも<守>り行わな
18: 6 主が…命じられた命令を<守>った．
19:34 わたしはこの町を<守>って…救おう．
20: 6 ダビデのためにこの町を<守る>.』」
21: 8 律法を，<守>り行いさえするなら，
22: 4 入口を<守る>者たちが民から集めた
23: 3 あかしと，おきてを<守>り…実行す
4 入口を<守る>者たちに命じて，バア
25:18 3人の入口を<守る>者を捕らえ，
I歴 9:19 天幕の入口を<守る>者となった…一
族は…その門口を<守る>者であった
10:13 主のことばを<守>らず…霊媒によっ
22:12 主の律法を<守>らせてくださるよう
13 <守>り行うなら，あなたは栄える．
28: 8 主の命令をことごとく<守>り，求め
29:18 思いをとこしえにお<守>りください．
19 ソロモンに…定めを<守>らせ，すべ
II歴 6:14 契約と愛とを<守>られる方です．
15 約束されたことを…<守>られました．
16 子孫がその道を<守>り…歩みさえす
るなら…』と仰せられたことを，ダ
ビデのために<守>ってください．
7:17 おきてと定めとを<守る>なら，
12:10 王宮の門を<守る>近衛兵の隊長の手
13:11 私たちは…主の戒めを<守>っている．
23: 6 民は主の戒めを<守>らなければなら
32:22 主は…四方から彼らを<守>り導かれ
33: 8 もし…<守>り行いさえするなら，わ
34: 9 これは入口を<守る>レビ人が，マナ
21 先祖が，主のことばを<守>らず，す
31 あかしと，おきてを<守>り…行うこ
エズ 7:26 律法を<守>らない者には…死刑でも，
8:29 寝ずの番をして<守>りなさい.」
ネヘ 1: 5 主の命令を<守る>者に対しては，契
約を<守>り，いつくしみを賜る方．
7 おきても，定めも<守>りませんでし
9 わたしの命令を<守>り行うなら，た
3:29 東の門を<守る>者シェマヤが修理し
9:32 契約と恵みを<守>られる…神よ．ア
34 先祖たちは，あなたの律法を<守>ら
10:29 おきてを<守>り行うための，のろい
13:22 レビ人に命じ…門の<守>りにつかせ
エス 2:21 入口を<守>っていた王のふたりの宦
3: 8 彼らは王の法令を<守>っていません．
6: 2 入口を<守>っていた…ふたりの宦官
ヨブ 10:12 私を顧みて私の霊を<守>られました．
11:18 あなたは<守>られて，安らかに休む．
22:15 昔からの道を<守>っていこうとする
23:11 神の道を<守>って，それなかった．
29: 2 神が私を<守>ってくださった日々の
詩篇 12: 7 あなたが…彼らをお<守>りになりま
16: 1 神よ．私をお<守>りください．私は
18:21 私は主の道を<守>り，私の神に対し
23 全く，私の罪から身を<守る>．
19:11 それを<守>れば，報いは大きい．
25:10 その契約とそのさとしを<守る>者に
20 私のたましいを<守>り，私を救い出
32: 7 あなたは苦しみから私を<守>り，救
34:20 主は，彼の骨をことごとく<守>り，
37:34 主を待ち望め．その道を<守>れ．そ
64: 1 敵から，私のいのちを<守>ってくだ
78: 7 その仰せを<守る>ためである．
10 彼らは，神の契約を<守>らず，神の
56 逆らって，神のさとしを<守>らず，
86: 2 私のたましいを<守>ってください．
89:31 わたしの命令を<守>らないならば，
91:11 すべての道で，あなたを<守る>よう
97:10 主は聖徒たちのいのちを<守>り，悪
99: 7 さとしと…おきてとを<守>った．

103:18 主の契約を<守る>者，その戒めを心
105:45 これは，彼らが主のおきてを<守>り
…みおしえを<守る>ためである．ハ
106: 3 幸いなことよ．さばきを<守>り，正
116: 6 主はわきまえのない者を<守>られる
119: 2 幸いなことよ．主のさとしを<守>り，
4 堅く<守る>べき戒めを仰せつけられ
5 あなたのおきてを<守る>ように．
8 私は，あなたのおきてを<守>ります．
9 ことばに従ってそれを<守る>ことで
17 私があなたのことばを<守る>ように
22 さとしを<守>っているから．100．
31 あなたのさとしを堅く<守>ります．
33 私は…終わりまで<守>りましょう．
34 私はあなたのみおしえを<守>り，心
を尽くしてそれを<守>ります．
44 とこしえまでも，<守>りましょう．
55 あなたのみおしえを<守>っています．
56 私があなたの戒めを<守>っているか
57 あなたのことばを<守る>と申しまし
60 私は…あなたの仰せを<守>りました．
63 戒めを<守る>者とのともがらです．
67 今は，あなたのことばを<守>ります．
69 心を尽くして，あなたの戒めを<守>
88 御口のさとしを<守>ります．
101 あなたのことばを<守る>ためです．
106 あなたの義のさばきを<守る>ことを
115 私は，わが神の仰せを<守る>．
129 私のたましいはそれを<守>ります．
134 戒めを<守>れるようにしてください
136 彼らがあなたのみおしえを<守>らな
145 私はあなたのおきてを<守>ります．
146 あなたのさとしを<守>ります．
158 あなたのみことばを<守>らないから
167 私のたましいはあなたのさとしを
<守>っています．しかも，限．168．
121: 3 あなたを<守る>方は，まどろむこと
4 イスラエルを<守る>方は，まどろむ
5 主は，あなたを<守る>方．主は，あ
7 すべてのわざわいから，あなたを
<守>り，あなたのいのちを<守>られ
8 今よりとこしえまでも<守>られる．
127: 1 主が町を<守る>のでなければ，<守
る>者の見張りはむなしい．
132:12 わたしの契約と…さとしを<守る>な
140: 4 主よ．私を悪者の手から<守>り，暴
虐の者から，私を<守>ってください．
141: 3 私のくちびるの戸を<守>ってくださ
9 落とし穴から，私を<守>ってくださ
145:20 主を愛する者は主が<守>られる．し
146: 6 とこしえまでも真実を<守>り，
9 主は在留異国人を<守>り，みなしご
箴言 2: 8 その聖徒たちの道を<守る>．
11 思慮があなたを<守>り，英知があな
20 正しい人々の道を<守る>がよい．
3:26 わなにかからないように，<守>って
4: 4 私の命令を<守>って，生きよ．
6 知恵…それがあなたを<守る>．これ
5: 2 これは，分別を<守>り，あなたのく
6:20 あなたの父の命令を<守>れ．あなた
24 あなたを悪い女から<守>り，見知ら
ぬ女のなめらかな舌から<守る>．
7: 1 わが子よ．私のことばを<守>り，私
2 私の命令を<守>って，生きよ…おし
えを…ひとみのように<守>れ．
5 あなたを他人の妻から<守>り…見知
らぬ女から<守る>ためだ．
8:32 幸いなことよ．わたしの道を<守る>
13: 3 自分のいのちを<守>り，くちびるを
14: 3 …のある者のくちびるは身を<守る>．
16:17 いのちを<守る>者は自分の道を監視
19:16 命令を<守る>者は…いのちを保ち，
20:28 恵みとまこととは王を<守る>．彼は
21:23 自分の口と舌とを<守る>者は，自分
自身を<守>って苦しみに会わない．
22: 5 たましいを<守る>者は…遠ざかる．
27:18 主人の身を<守る>者は誉れを得る．
28: 4 おしえを<守る>者は彼らと争う．
7 おしえを<守る>者は分別のある子，
29:18 律法を<守る>者は幸いである．
25 しかし主に信頼する者は<守>られる．
31: 9 貧しい者の権利を<守>れ．
伝道 5:13 所有者に<守>られている富が，その
8: 2 私は言う．王の命令を<守>れ．神の
5 命令を<守る>者はわざわいを知らな
12: 3 その日には，家を<守る>者は震え，
13 神の命令を<守>れ．これが人間にと
雅歌 5: 7 城壁を<守る>者たちも，私のかぶり
8:11 彼はぶどう畑を，<守る>者に任せ，
12 その実を<守る>者には銀200枚．

イザ 26: 2 誠実を<守る>正しい民を入らせよ．
3 全き平安のうちに<守>られます．そ
31: 5 エルサレムを<守>り…<守>って救
37:35 この町を<守>って，これを救おう．
38: 6 救い出し，この町を<守る>.』
41:10 義の右の手で，あなたを<守る>.
56: 1 公正を<守>り，正義を行え．わたし
2 安息日を<守>ってこれを汚さず，ど
4 わたしの安息日を<守>り，わたしの
6 外国人がみな，安息日を<守>ってこ
エレ 5:24 数週を私たちのために<守>ってくだ
8: 7 つるも，自分の帰る時を<守る>のに，
16:11 わたしの律法を<守>らなかったため
31:10 群れを飼うように，これを<守る>」
35: 4 入口を<守る>者シャルムの子マアセ
14 子らに命じた命令は<守>られた．彼
18 すべての命令を<守>り…行った．』
52:24 3人の入口を<守る>者を捕らえ，
エゼ 11:20 わたしの定めを<守>り行うためであ
17:14 契約を<守>らせて，仕えさせるため
18: 9 わたしの定めを<守>り行おう．こう
19 <守>り行ったので，必ず生きる．
21 おきてを<守>り…行うなら，彼は必
20:18 彼らのならわしを<守る>な．彼らの
19 わたしの定めを<守>り行え．
21 定めを<守>り行わず…安息日を汚し
36:27 わたしの定めを<守>り行わせる．
37:24 わたしのおきてを<守>り行う．
43:11 構造と定めとを<守>って…造るため
44:24 おきてとを<守>り…安息日を聖別し
ダニ 9: 4 あなたの命令を<守る>者には，契約
を<守>り，恵みを下さる方．
ホセ 12: 6 誠実と公義とを<守>り，絶えずあな
13 預言者によって，これを<守>られた．
アモ 2: 4 おしえを捨て…おきてを<守>らず，
ミカ 6:16 アハブの家の…ならわしを<守>り，
7: 5 あなたの口の戸を<守>れ．
ナホ 2: 1 塁を<守>り，道を見張り，腰をから
ゼカ 3: 7 わたしの戒めを<守る>なら…わたし
の庭を<守る>ようになる．わたしは
マラ 2: 7 祭司のくちびるは知識を<守>り，人
9 わたしの道を<守>らず，えこひいき
3: 7 おきてを離れ，それを<守>らなかっ
14 神の戒めを<守>っても…何の益にな
マタ 19:17 入りたいと思うなら，戒めを<守>り
20 そのようなことはみな，<守>ってお
23: 3 彼らが…言うことはみな…<守>りな
28:20 命じておいたすべてのことを<守る>
マコ 7: 3 昔の人たちの言い伝えを堅く<守>っ
4 堅く<守る>ように伝えられた，しき
8 人間の言い伝えを堅く<守>っている．
9 言い伝えを<守る>ため…神の戒めを
10:20 小さい時から<守>っております．」
ルカ 4:10 御使いたちに…あなたを<守>らせる
8:15 しっかりと<守>り…実を結ばせるの
11:21 武装して自分の家を<守>っていると
28 幸いなのは…聞いてそれを<守る>人
ヨハ 8:51 わたしのことばを<守る>なら…死を
55 知っており，そのみことばを<守>っ
9:16 安息日を<守>らないからだ」と言っ
12:47 それを<守>らなくても，わたしはそ
14:15 わたしを愛するなら…戒めを<守る>
21 戒め…を<守る>人は，わたしを愛す
23 わたしを愛する人は，わたしのこと
ばを<守>ります．24.
15:10 わたしの戒めを<守る>なら…わたし
の愛にとどまる…わたしがわたしの
父の戒めを<守>って…父の愛の中に
20 わたしのことばを<守>ったなら，あ
なたがたのことばをも<守>ります．
17: 6 彼らはあなたのみことばを<守>りま
12 御名の中に彼らを保ち，また<守>り
15 悪い者から<守>ってくださるように
使徒 7:53 律法を受けたが…<守>ったことはあ
15: 5 律法を<守る>ことを命じるべきであ
16: 4 使徒…が決めた規定を<守>らせよう
21:24 あなたも律法を<守>って正しく歩ん
23:35 ヘロデの官邸に彼を<守>っておくよ
ロマ 2:26 律法の規定を<守る>なら，割礼を受
27 割礼を受けていないで律法を<守る>
13: 8 律法を完全に<守>っているのです．
16: 4 私のいのちを<守>ってくれたのです．
Iコリ 7:19 重要なのは神の命令を<守る>ことで
11: 2 伝えられたとおりに堅く<守>ってい
ガラ 3:10 堅く<守>って実行しなければ…のろ
4:10 日と月と季節と年とを<守>っていま
6:13 自分自身が律法を<守>っていません．
ピリ 4: 7 イエスにあって<守>ってくれます．
Iテサ 5:21 ほんとうに良いものを堅く<守>りな
23 霊…からだが完全に<守>られますよ

Ⅱテサ 2:15 教えられた言い伝えを<守>りなさい.
3: 3 悪い者から<守>ってくださいます.
Ⅰテモ 5:21 偏見なしに<守>り，何事もかたよら
6:14 現れの時まで…命令を<守>り，傷の
20 ゆだねられたものを<守>りなさい.
Ⅱテモ 1:12 かの日のために<守>ってくださるこ
14 良いものを…聖霊によって，<守>り
4: 7 走り終え，信仰を<守>り通しました.
テト 1: 9 みことばを，しっかりと<守>ってい
ヤコ 1:27 この世から自分をきよく<守る>こと
2: 8 最高の律法を<守る>なら，あなたが
10 律法全体を<守>っても，一つの点で
4:11 律法を<守る>者ではなくて，さばく
Ⅰペテ 1: 5 神の御力によって<守>られており，
Ⅰヨハ 2: 3 神の命令を<守る>なら…神を知って
4 命令を<守>らない者は，偽り者であ
5 みことばを<守>っている者なら，そ
3:22 神の命令を<守>り，神に喜ばれるこ
24 神の命令を<守る>者は神のうちにお
5: 2 神を愛してその命令を<守る>なら，
3 神を愛するとは，神の命令を<守る>
18 神から生まれた方が彼を<守>ってい
ユダ 1 キリストのために<守>られている，
6 自分の領域を<守>らず…おるべき所
24 つまずかないように<守る>ことがで
黙示 2:26 最後までわたしのわざを<守る>者に
3: 3 それを堅く<守>り，また悔い改めな
8 わたしのことばを<守>り…名を否ま
10 忍耐について言ったことばを<守>っ
たから…試練の時…あなたを<守>ろ
12:17 神の戒めを<守>り，イエスのあかし
14:12 神の戒めを<守>り…信仰を持ち続け
22: 7 預言のことばを堅く<守る>者は，幸
9 この書のことばを堅く<守る>人々と

▼ まやかし

ヨブ 34: 6 正義に反して，<まやかし>を言えよ
詩篇 4: 2 <まやかし>ものを慕い求めるのか.
箴言 14: 5 真実な証人は<まやかし>を言わない.
21:28 <まやかし>の証人は滅びる. しかし，
イザ 28:15 <まやかし>を避け所とし，偽りに身
17 雹は，<まやかし>の避け所を一掃し，
エゼ 13: 6 <まやかし>の占い. 21:29，22:28.
ダニ 11:27 <まやかし>を言うが，成功しない.
ホセ 7:13 彼らはわたしに<まやかし>を言う.
12: 1 <まやかし>と暴虐とを増し加えてい
アモ 2: 4 先祖たちが従った<まやかし>ものが

▼ まよい（迷い），迷う，迷わす

出エ 14: 3 彼らはあの地で<迷>っている. 荒野
23: 4 敵の牛とか，ろばで，<迷>っている
申命 11:16 あなたがたの心が<迷>い，横道にそ
13: 5 あなたを<迷>い出させようとするか
22: 1 同族の者の牛または羊が<迷>ってい
Ⅱ列 21: 8 イスラエルの足を<迷>い出させない.
9 マナセは彼らを<迷>わせ. Ⅱ歴33:9.
Ⅱ歴 21:11 高き所を造り…ユダを<迷>わせた.
ヨブ 12:16 <迷>わす者も，神のものだ.
19: 6 神が私を<迷>わせ，神の網で私を取
詩篇 95:10 彼らは，心の<迷>っている民だ. 彼
119:10 あなたの仰せから<迷>い出ないよう
21 仰せから<迷>い出る高ぶる者，のろ
110 あなたの戒めから<迷>い出ませんで
118 おきてから<迷>い出る者をみな卑し
176 滅びる羊のように，<迷>い出ました.
箴言 7:25 彼女の道に<迷>い込んではならない.
12:26 悪者の道は彼らを<迷>わせる.
14:22 悪をたくらむ者は<迷>い出るではな
19:27 知識のことばから<迷>い出る.
21:16 悟りの道から<迷>い出る者は，死者
28:10 正直な人を悪い道に<迷>わす者は，
イザ 3:12 あなたの指導者は<迷>わす者，あな
たの歩む道をかき乱す. 9:16.
21: 4 私の心は<迷>い，恐怖が私を震え上
30:28 <迷>い出させる手綱を，国々の民の
35: 8 愚か者も…<迷>い込むことはない.
47:10 知識，これがあなたを<迷>わせた.
63:17 私たちをあなたの道から<迷>い出さ
エレ 4: 1 あなたは<迷う>ことはない.
32:35 高き所を築き，ユダを<迷>わせた.
42:20 あなたがたは<迷>い出てしまってい
50: 6 わたしの民は，<迷>った羊の群れで
エゼ 14:11 二度とわたしから<迷>い出ず，重ね
34: 4 <迷>い出たものを連れ戻さず，失わ
16 <迷>い出たものを連れ戻し，傷つい
44:10 <迷>って自分たちの偶像を慕って，
わたしから<迷>い出たとき. 15.
ホセ 4:12 姦淫の霊が彼らを<迷>わせ，彼らが
ゼカ 11:16 彼は<迷>い出たものを尋ねず，散ら
マタ 18:12 99匹を山に残して，<迷>った1匹を
ロマ 3:12 すべての人が<迷>い出て…無益な者
ガラ 3: 1 だれがあなたがたを<迷>わせたので

ま

Ⅰテサ 2: 3 私たちの勧めは，<迷い>や不純な心
Ⅰテモ 6:10 ある人たちは…信仰から<迷>い出て，
テト 3: 3 私たちも以前は…<迷>った者であり，
ヘブ 3:10 彼らは常に心が<迷>い，わたしの道
5: 2 無知な<迷>っている人々を思いやる
13: 9 異なった教えに…<迷>わされてはな
ヤコ 5:19 真理から<迷>い出た者がいて，だれ
20 罪人を<迷い>の道から引き戻す者は，
Ⅱペテ 3:17 <迷い>に誘い込まれて自分自身の堅
ユダ 11 利益のためにバラムの<迷い>に陥り，

▼ まよけきとうし（魔よけ祈禱師）
使徒 19:13 ユダヤ人の<魔よけ祈禱師>の中のあ

▼ まよなか（真夜中）
出エ 11: 4 <真夜中>ごろ，わたしはエジプトの
12:29 <真夜中>になって，主はエジプトの
士師 16: 3 サムソンは<真夜中>まで寝て，<真夜中>に起き上がり，町の門のとび
詩 119:62 <真夜中>に，私は起きて，あなたの
ルカ 11: 5 <真夜中>にその人のところに行き，
使徒 16:25 <真夜中>ごろ，パウロとシラスが神
27:27 <真夜中>ごろ，水夫たちは，どこか

▼ マラ
1. 地名．荒野の宿営地．出エ15:23，民数33:8.
2. ナオミが自分を呼んだ名．ルツ1:20.

▼ マラキ〔人名〕
マラキ書の著者で預言者．マラ1:1.

▼ まり
イザ 22:18 あなたを<まり>のように，くるくる

▼ マリヤ〔人名〕
(1)主イエスの母．マタ1:16，18，2:11，13:55，マコ6:3，ルカ1:27，46，2:5，19，使徒1:14.
(2)マグダラのマリヤ．マタ27:56，28:1，マコ15:40，16:1，ルカ8:2，24:10，ヨハ19:25，20:1.
(3)ベタニヤのマリヤ．ルカ10:39，42，ヨハ11:1，19，31，45，12:3，7.
(4)マルコと呼ばれるヨハネの母．使徒12:12.
(5)ヤコブとヨセフの母．マタ27:56，28:1，マコ15:40，47，16:1，ルカ24:10，ヨハ19:25.
(6)パウロの友のマリヤ．ロマ16:6.

▼ マルアラ〔地名〕
ゼブルンの町．ヨシ19:11.

▼ マルカム〔人名〕
ベニヤミン族シャハライムの子．Ⅰ歴8:9.

▼ マルキエル
1. 人名．ベリアの子．創世46:17，Ⅰ歴7:31.
2. マルキエル族．1. の子孫．民数26:45.

▼ マルキ・シュア〔人名〕
サウル王の第3子．Ⅰサム14:49，Ⅰ歴10:2.

▼ マルキヤ〔人名〕
(1)レビ人．ゲルショムの子孫．Ⅰ歴6:40.
(2)祭司．パシュフルの父．Ⅰ歴9:12.
(3)主の宮の奉仕に登録された祭司．Ⅰ歴24:9.
(4)異邦人の女をめとった者の一人．エズ10:25a.
(5)異邦人の女をめとった者の一人．エズ10:25b.
(6)異邦人の女をめとった者の一人．エズ10:31.
(7)レカブの子．糞の門を修理した人．ネヘ3:14.
(8)金細工人の一人．ネヘ3:31.
(9)律法朗読時，エズラの左にいた一人．ネヘ8:4.
(10)城壁奉献式を行った祭司の一人．ネヘ12:42.
(11)エレミヤが投げ込まれた穴の持主．エレ38:6.

▼ マルキラム〔人名〕
ユダの王エコヌヤの子の一人．Ⅰ歴3:18.

▼ マルク〔人名〕
(1)メラリ族エタンの先祖．Ⅰ歴6:44.
(2)異邦人の女をめとった者の一人．エズ10:29.
(3)異邦人の女をめとった者の一人．エズ10:32.
(4)盟約に調印した祭司の一人．ネヘ10:4.
(5)盟約に調印した民のかしらの一人．ネヘ10:27.
(6)ゼルバベルと共に帰還した祭司．ネヘ12:2.

▼ マルコ〔人名〕
ペテロやパウロの同労者．ヘブル名はヨハネ．使徒12:12，25，15:37，39，コロ4:10，Ⅱテモ4:11，ピレ24，Ⅰペテ5:13.

▼ マルコス〔人名〕
ペテロに右耳を切り落された人．ヨハ18:10.

▼ マルセナ〔人名〕
アハシュエロス王の側近の一人．エス1:14.

▼ マルタ
1. 地名．地中海の小島．使徒28:1.
2. 人名．マリヤ(3)の姉．ルカ10:38，ヨハ11:1.

▼ まるめる（丸める）
Ⅱ列 2: 8 外套を…<丸め>て水を打った．する

▼ まれ
Ⅰサム 3: 1 主のことばは<まれ>にしかなく，幻
イザ 13:12 人間を純金よりも<まれ>にし，人を

マタ 7:14 それを見いだす者は<まれ>です.

▼ マレシャ

1. 地名. ユダの町. ヨシ15:44, II歴11:8, 14:9, 10, 20:37, ミカ1:15.

2. 人名. ヘブロンの父. I歴2:42.

▼ マロテ〔地名〕

マアラテと同地. ミカ1:12.

▼ マロティ〔人名〕

先見者ヘマンの息子の一人. I歴25:4, 26.

▼ まわり (回り)

創世 35: 5 神からの恐怖が<回り>の町々に下っ
37: 7 あなたがたの束が<回り>に来て, 私
出エ 16:13 宿営の<回り>に露が一面に降りた.
25:11 その<回り>には金の飾り縁を作る. 24, 30:3, 37:2, 11, 12, 26.
28:34 青服のすその<回り>に金の鈴, ざく
38:20 幕屋と, その<回り>の庭の釘は. 31.
40:33 幕屋と祭壇の<回り>に庭を設け, 庭
レビ 1: 5 祭壇の<回り>に, その血を. 11, 3:2, 8, 13, 7:2, 8:19, 24, 9:12.
14:41 その家の内側の<回り>を削り落とさ
民数 1:50 幕屋の<回り>に宿営しなければなら
3:37 庭の<回り>の柱とその台座, その釘
11:24 彼らを天幕の<回り>に立たせた.
16:34 彼らの<回り>にいたイスラエル人は
22: 4 私たちの<回り>のすべてのものをな
申命 6:14 あなたがたの<回り>にいる国々の民の神に従っては. 13:7, 士師2:12.
12:10 主があなたがたの<回り>の敵をこと
17:14 <回り>のすべての国々と同じく, 私
21: 2 刺し殺された者の<回り>の町々への
士師 2:14 主は<回り>の敵の手に彼らを売り渡
20:29 ギブアの<回り>に伏兵を置いた.
Iサム 26: 5 兵士たちは, その<回り>に宿営して
IIサム 5: 9 ダビデは…<回り>に城壁を建てた.
22:12 主は, やみを<回り>に置かれた. 仮
I列 3: 1 エルサレムの<回り>の城壁. II列25:10, エレ52:14.
5: 3 ダビデは…<回り>からいつも戦いを
7:24 ひょうたん模様が<回り>を取り巻い
18:32 祭壇の<回り>に…みぞを掘った.
35 水は祭壇の<回り>に流れ出した. 彼
II列 11: 8 武器を手にし, 王の<回り>を取り囲
25:17 柱頭の<回り>に網細工. エレ52:22.
I歴 9:27 彼らは神の宮の<回り>で夜を過ごし
22: 9 <回り>のすべての敵に煩わされない
II歴 17:10 ユダの<回り>の地のすべての王国に
23: 7 レビ人は…王の<回り>を取り囲みな
エズ 1: 6 彼らの<回り>の人々はみな, 銀の器
ネヘ 5:17 <回り>の国々から来る者が, 私の食
ヨブ 1:10 持ち物との<回り>に, 垣を巡らした
19:12 私の天幕の<回り>に陣を敷く.
22:14 神は天の<回り>を歩き回るだけだ」
29: 5 私の子どもたちは, 私の<回り>にい
41:14 その歯の<回り>は恐ろしい.
詩篇 26: 6 あなたの祭壇の<回り>を歩きましょ
34: 7 主の使いは主を恐れる者の<回り>に
48:12 シオンを巡り, その<回り>を歩け.
50: 3 その<回り>には激しいあらしがある.
76:11 主の<回り>にいる者はみな, 恐るべ
79: 3 血を, エルサレムの<回り>に, 水の
4 <回り>の者のあざけりとなり, 笑い
142: 7 正しい者たちが私の<回り>に集まる
雅歌 3: 7 その<回り>には, イスラエルの勇士,
イザ 29: 3 わたしは, あなたの<回り>に陣を敷
エレ 6: 3 その<回り>に天幕を張り, その群れ
25 恐れが<回り>にあるからだ.
20: 3 『恐れが<回り>にある』と呼ばれる.
25: 9 <回り>のすべての国々とを攻めさせ,
46:14 剣があなたの<回り>を食い尽くした
48:17 その<回り>の者, その名を知る者は
39 モアブは…<回り>の…物笑いとなり,
50:14 バビロンの<回り>に陣ぞなえをし,
エゼ 1: 4 その<回り>には輝きがあり, 火の中
18 四つの輪のわくの<回り>には目がい
27 中と<回り>とが青銅のように輝き,
28 その方の<回り>にある輝きのさまは,
4: 2 その<回り>に城壁くずしを配置せよ.
5: 2 町の<回り>でそれを剣で打ち, 残り
11:12 <回り>にいる諸国の民のならわしに
12:14 彼の<回り>にいて彼を助ける者たち
16:57 アラムの娘たちや, その<回り>のす
28:24 その<回り>から彼らに痛みを与え,
32:23 その集団はその墓の<回り>にいる.
36: 4 <回り>のほかの国々にかすめ奪われ,
ヨエ 3:11 <回り>のすべての国々よ. 急いで来
ゼカ 7: 7 エルサレムとその<回り>の町々に人
黙示 4: 3 御座の<回り>には, 緑玉のように見
6 御座の<回り>に, 前もうしろも目で
5:11 長老たちとの<回り>に, 多くの御使

▼ まわる（回る），回す
創世 3:24 ケルビムと輪を描いて<回る>炎の剣
出エ 13:18 神はこの民を…荒野の道に<回>らせ
ヨシ 6: 3 戦士は…町のまわりを<回>れ．町の
15 この日だけは７度町を<回>った．
Ⅱサム 5:23 彼らのうしろに<回>って行き，バル
Ⅰ歴 10:14 主は…王位を…ダビデに<回>された．
Ⅱ歴 13:13 ヤロブアムは伏兵を<回>して，この
使徒 28:13 そこから<回>って，レギオンに着い
ヘブ 11:30 ７日の間エリコの城の周囲を<回る>

▼ まん（万）
Ⅰサム 18: 7 サウルは千…ダビデは<万>を打った．
8 ダビデには<万>を当て，私には千を

▼ まんげつ（満月）
詩篇 81: 3 新月と<満月>に，角笛を吹き鳴らせ．
箴言 7:20 <満月>になるまでは帰って来ません

▼ まんぞく（満足）
ヨシ 22:30 かしらたちは…聞いて…<満足>した．
Ⅱサム 3:36 王のしたことは…民を<満足>させた．
エス 3: 6 手を下すことだけで<満足>しなかっ
伝道 2:24 労苦に<満足>を見いだすよりほかに，
イザ 53:11 苦しみのあとを見て，<満足>する．
58:10 悩む者の願いを<満足>させるなら，
エゼ 5:13 わたしの憤りを静めて<満足>する．
ルカ 3:14 自分の給料で<満足>しなさい.」
ヨハ 14: 8 父を見せ…そうすれば<満足>します．
ガラ 5:16 肉の欲望を<満足>させるようなこと
Ⅰテモ 6: 8 衣食があれば，それで<満足>すべき
ヘブ 10: 6 いけにえとで<満足>されませんでし

▼ まんなか（真ん中）
申命 3:16 国境にあたる川の<真ん中>まで，ま
ヨナ 2: 3 あなたは私を海の<真ん中>の深みに
マタ 18: 2 イエスは小さい子どもを…彼らの
<真ん中>に立たせて．マコ9:36．
マコ 6:47 舟は湖の<真ん中>に出ており，イエ
14:60 大祭司が…<真ん中>に進み出てイエ
ルカ 2:46 イエスが宮で教師たちの<真ん中>に
4:30 イエスは，彼らの<真ん中>を通り抜
5:19 彼の寝床を…人々の<真ん中>のイエ
6: 8 立って，<真ん中>に出なさい」と言
22:55 彼らは中庭の<真ん中>に火をたいて，
ヨハ 19:18 十字架につけ…イエスを<真ん中>に
使徒 4: 7 彼らは使徒たちを<真ん中>に立たせ
17:22 アレオパゴスの<真ん中>に立って言

▼ まんぷく（満腹）
ネヘ 9:25 彼らは食べて，<満腹>し，肥え太っ
マタ 14:20 人々はみな，食べて<満腹>した．15
:37，マコ6:42，8:8，ルカ9:17．
マコ 7:27 まず子どもたちに<満腹>させなけれ
ヨハ 6:26 パンを食べて<満腹>したからです．

み

▼ み（身）
レビ 11:44 自分の<身>を聖別し，聖なる者とな
17:16 <身>に水を浴びないなら…咎を負わ
23:27 贖罪の日…あなたがたは<身>を戒め
29 <身>を戒めない者は…民から断ち切
民数 30: 6 <身>にかかっているうちにとつぐ場
13 <身>を戒めるための物断ちの誓いも
申命 7:13 あなたの<身>から生まれる者…祝福
28:18 あなたの<身>から生まれる者…のろ
53 あなたの<身>から生まれた者…を食
68 敵に<身>売りしようとしても，だれ
30: 9 <身>から生まれる者…を豊かに与え
士師 9:15 いばら…私の陰に<身>を避けよ．そ
Ⅱサム 7:12 あなたの<身>から出る世継ぎの子を，
16:11 ダビデ…私の<身>から出た私の子さ
Ⅱ歴 15: 9 <身>を寄せている人々を集めた．彼
ネヘ 4:16 若い者…よろいで<身>を固めていた．
ヨブ 4:15 霊が…通り…私の<身>の毛がよだっ
詩篇 2:12 すべて主に<身>を避ける人は．
11: 1 主に私は<身>を避ける．どうして，
16: 9 私の<身>もまた安らかに住まおう．
73:26 この<身>とこの心とは尽き果てまし
84: 2 心も，<身>も，生ける神に喜びの歌
91: 4 あなたは，その翼の下に<身>を避け
118: 8 主に<身>を避けることは，人に信頼
132:11 あなたの<身>から出る子を…位に着
箴言 11:17 残忍な者は自分の<身>に煩いをもた
14:19 悪者は正しい人の門…で<身>をかが
イザ 30: 2 パロの保護のもとに<身>を避け，エ
57:13 わたしに<身>を寄せる者は，地を受

エゼ 16:15 だれにでも<身>を任せて姦淫をした.
使徒 19: 9 パウロは彼らから<身>を引き，弟子
12 パウロの<身>に着けている手ぬぐい
22:29 すぐにパウロから<身>を引いた．ま
Ⅰコリ 7:28 結婚…その<身>に苦難を招くでしょ
34 処女は，<身>もたましいも聖くなる
Ⅱコリ 4:10 死をこの<身>に帯び…イエスのいの
ちが私たちの<身>において明らかに
7: 5 私たちの<身>には少しの安らぎもな
ガラ 2:12 異邦人から<身>を引き，離れて行っ
6:17 この<身>に，イエスの焼き印を帯び
ピリ 1:20 私の<身>によって，キリストがあが
コロ 1:24 私の<身>をもって…欠け…を満たし
Ⅰテサ 4:11 自分の仕事に<身>を入れ，自分の手
Ⅰペテ 2:24 私たちの罪をその<身>に負われまし

み

▼み（実）【別項】勤労の実，実を結ぶ

創世 3: 2 園にある木の<実>．3，6.
出エ 10:15 木の<実>も，ことごとく食い尽くし
レビ 19:10 ぶどう畑の<実>を取り尽くしてはな
らない…落ちた<実>を集めてはなら
23 その<実>はまだ割礼のないものとみ
24 ４年目にはその<実>は…聖となり，
23:40 美しい木の<実>，なつめやしの葉と
27:30 木の<実>であっても，みな主のもの
Ⅱ列 19:29 ぶどう畑を作ってその<実>を食べる.
イザ37:30，65:21.
詩篇 1: 3 時が来ると<実>がなり，その葉は枯
92:14 年老いてもなお，<実>を実らせ，み
104:13 地はあなたのみわざの<実>によって
127: 3 胎の<実>は報酬である.
箴言 1:31 彼らは自分の行いの<実>を食らい，
8:19 わたしの<実>は黄金よりも，純金よ
11:30 正しい者の結ぶ<実>はいのちの木で
12:14 人はその口の<実>によって良いもの
18:20 口の結ぶ<実>によって腹を満たし，
21 どちらかを愛して，人はその<実>を
27:18 いちじくの木の番人はその<実>を食
31:31 彼女の手でかせいだ<実>を…与え，
雅歌 2: 3 その<実>は私の口に甘いのです.
4:13 最上の<実>をみのらすざくろの園，
イザ 3:10 義人は…その行いの<実>を食べる.
17: 6 取り残された<実>がその中に残され
27: 6 イスラエルは…世界の面に<実>を満
57:19 わたしはくちびるの<実>を創造した
エレ 2: 7 その良い<実>を食べさせた．ところ
6:19 これは彼らのたくらみの<実>．彼ら
11:16 良い<実>をみのらせる美しい緑のオ
19 木を<実>とともに滅ぼそう．彼を生
21:14 その行いの<実>にしたがって罰する.
49: 9 彼らは取り残しの<実>を残さない.
エゼ 17: 9 主は…その<実>を摘み取り，芽のつ
19:12 東風はその<実>を枯らし，その強い
36:30 わたしは木の<実>と畑の産物をふや
47:12 その両岸には…<実>も絶えることが
なく，毎月，新しい<実>をつける…
その<実>は食物となり，その葉は薬
ダニ 4:12 葉は美しく，<実>も豊かで，それに
ホセ 10:13 あなたがたは…偽りの<実>を食べて
14: 8 あなたはわたしから<実>を得るのだ.
アモ 2: 9 その上の<実>と下の根とを滅ぼした.
6:12 正義の<実>を苦よもぎに変えた.
9:14 果樹園を作って，その<実>を食べる.
オバ 5 彼らは取り残しの<実>を残さないだ
ミカ 7:13 これが彼らの行いの結んだ<実>であ
ハバ 3:17 ぶどうの木は<実>をみのらせず，オ
マタ 7:16 <実>によって彼らを見分けることが
18 良い木が悪い<実>を…また，悪い木
が良い<実>をならせることもできま
12:33 木が良ければ，その<実>も良いとし，
木が悪ければその<実>も悪い…木の
よしあしはその<実>によって知られ
21:19 おまえの<実>は…ならないように.」
26:29 ぶどうの<実>で造った物を飲むこと
は．マコ14:25，ルカ22:18.
マコ 4:28 地は人手によらず<実>をならせるも
ので…穂の中に<実>が入ります.
29 <実>が熟すると，人はすぐにかまを
11:14 だれもおまえの<実>を食べることの
ルカ 1:42 あなたの胎の<実>も祝福されていま
13: 6 <実>を取りに来たが，何も見つから
7 このいちじくの<実>のなるのを待っ
ヨハ 4:36 永遠のいのちに入れられる<実>を集
ロマ 1:13 いくらかの<実>を得ようと思って，
6:21 何か良い<実>を得たでしょうか．そ
22 聖潔に至る<実>を得たのです．その
15:28 彼らにこの<実>を確かに渡してから，
Ⅰコリ 9: 1 あなたがたは…私の働きの<実>では
7 ぶどう園を造りながら，その<実>を
Ⅱコリ 9:10 あなたがたの義の<実>を増し加えて
ガラ 5:22 御霊の<実>は，愛，喜び，平安，寛

エペ　5: 9　光の結ぶ<実>は，あらゆる善意と正
ピリ　1:11　義の<実>に満たされている者となり，
ヤコ　3:17　あわれみと良い<実>とに満ち，えこ
　　　5:18　天は雨を降らせ，地はその<実>を実
黙示22: 2　12種の<実>がなり，毎月，<実>がで

▼み（箕）
マタ　3:12　手に<箕>を持っておられ，ご自分の
ルカ　3:17　手に<箕>を持って脱穀場をことごと

▼みあげる（見上げる）
創世15: 5　天を<見上げ>なさい．星を数えるこ
マタ14:19　天を<見上げ>て，それらを祝福し，
　　　　　　パンを裂いて．マコ6:41，ルカ9:16．
マコ　7:34　天を<見上げ>，深く嘆息して，その
ルカ19: 5　イエスは…上を<見上げ>て…ザアカ
使徒　1:11　なぜ天を<見上げ>て立っているので

▼みあし（御足）
出エ24:10　<御足>の下にはサファイヤを敷いた
マタ28: 9　彼女たちは近寄って<御足>を抱いて
ルカ　7:38　イエスのうしろで<御足>のそばに立
　　　　　　ち…<御足>に口づけして，香油を塗

▼みあたる（見当たる）
創世　8: 9　足を休める場所が<見あた>らなかっ
ルカ24:24　イエスさまは<見当た>らなかった，

▼みいだす（見いだす）
Ｉサム12: 5　私の手に何も<見いだ>さなかったこ
Ｉ歴26:31　ヤゼルで勇士が<見いだ>された．
ヨブ17:10　ひとりの知恵のある者も<見いだす>
　　　32:13　私たちは知恵を<見いだ>した．人で
詩篇89:20　わたしのしもべダビデを<見いだ>し，
　　132: 5　御住まいを<見いだす>までは.」
　　　　　6　ヤアルの野で，それを<見いだ>した．
箴言　4:22　<見いだす>者には，それはいのちと
　　　8: 9　知識を<見いだす>者には，正しい．
　　　　35　わたしを<見いだす>者は，いのちを
　　　　　　<見いだ>し，主から恵みをいただく
伝道　7:27　私は道理を<見いだ>そうとして，一
　　　11: 1　ずっと後の日になって…<見いだ>そ
　　　12:10　適切なことばを<見いだ>そうとし，
イザ30:14　かけらさえ<見いだ>されない.」
エレ　6:16　あなたがたのいこいを<見いだ>せ．
　　　23:11　わたしの家の中にも…悪を<見いだ>
エゼ28:15　あなたに不正が<見いだ>されるまで
ホセ　2: 6　彼女が通い路を<見いだ>さないよう
アモ　8:12　主のことばを…<見いだ>せない．
マタ　7:14　それを<見いだす>者はまれです．
　　　16:25　いのちを失う者は…<見いだす>ので
使徒13:28　何の理由も<見いだ>せなかったのに，
　　　17:27　神を<見いだす>こともあるのです．
ロマ　7:23　とりこにしているのを<見いだす>の
　　　10:20　わたしを求めない者に<見いだ>され，

▼みいつ
詩篇68:34　<みいつ>はイスラエルの上に，御力
詩篇93: 1　主は…<みいつ>をまとっておられま

▼ミイラ
創世50: 2　ヨセフは…父を<ミイラ>にするよう
　　　　　　に命じ…イスラエルを<ミイラ>にし
　　　　　3　<ミイラ>にするにはこれだけの日数
　　　　　26　彼らはヨセフを…<ミイラ>にし，棺

▼みうしなう（見失う）
箴言　3:21　わが子よ…これらを<見失う>な．
　　　8:36　わたしを<見失う>者は自分自身をそ

▼みうち（身内）
レビ19:17　<身内>の者を憎んではならない．あ
士師　9: 1　アビメレクは…母の<身内>の者たち
　　　16:31　彼の<身内>の者や父の家族の者たち
ルツ　4: 3　<身内>のエリメレクの畑を売ること
　　　　　10　<身内>の者たちの間から…絶えさせ
IIサム19:42　王は，われわれの<身内>だからだ．
箴言　7: 4　悟りを「<身内>の者」と呼べ．
マコ　3:21　イエスの<身内>の者たちが聞いて，
Ｉテモ　5:16　信者である婦人の<身内>にやもめが

▼みえ（見え）
マタ23:14　<見え>のために長い祈りをしていま
　　　　　　す．マコ12:40，ルカ20:47．

▼みえる（見える）
出エ24:17　主の栄光は…火のように<見え>た．
レビ13: 3　からだの皮膚よりも深く<見え>てい
　　　　　　るなら．20，25，30，31，32，34．
民数　9:16　雲が…夜は火のように<見え>た．
ヨシ22:10　それは…遠くから<見える>祭壇であ
Ｉサム　6:13　目を上げたとき，神の箱が<見え>た．
　　　28:13　何が<見える>のか…こうごうしい方
IIサム11: 2　ひとりの女が…屋上から<見え>た．
Ｉ列　6:18　杉の板で，石は<見え>なかった．
　　　8: 8　棒の先が…聖所から<見え>ていたが，
II列23:17　あそこに<見える>石碑は何か.」す
ヨブ33:21　その肉は衰え果てて<見え>なくなり，
詩 115: 5　語れず，目があっても<見え>ない．
イザ42: 7　<見え>ない目を開き，囚人を牢獄か
エレ　5:21　彼らは，目があっても<見え>ず，耳

エゼ 10: 9 輪は緑柱石の輝きのように<見え>た.
19:11 強い枝は…きわだって<見え>た.
ダニ 4:11 その木は…どこからも…<見え>た.
8:15 人間のように<見える>者が私の前に
マタ 7: 5 はっきり<見え>て, 兄弟の目からも,
12:22 目も<見え>ず, 口もきけない人が連
20:34 すぐさま彼らは<見える>ようになり,
23:27 外側は美しく<見え>ても, 内側は,
28 外側は人に正しいと<見え>ても, 内
マコ 8:18 目がありながら<見え>ないのですか.
23 イエスは…「何か<見える>か」と聞
24 人が<見え>ます. 木のようですが,
25 すべてのものがはっきり<見える>よ
9: 8 そこにはもはやだれも<見え>なかっ
10:51 目が<見える>ようになることです.」
ルカ 6:42 自分の目にある梁が<見え>ずに, ど
7:21 多くの盲人を<見える>ようにされた.
22 目の<見え>ない者が見, 足のなえた
8:10 見ていても<見え>ず, 聞いていても
16 入って来る人々に…光が<見える>
11:33 人々に, その光が<見える>ためです.
16:23 そのふところにラザロが<見え>た.
18:41 主よ. 目が<見える>ようになること
42 <見える>ようになれ. あなたの信仰
24:31 イエスは, 彼らには<見え>なくなっ
ヨハ 9: 7 <見える>ようになって, 帰って行った. 11, 15, 18, 19, 21, 25.
39 目の<見え>ない者が<見える>ように
41 私たちは目が<見える>』と言ってい
使徒 1: 9 イエスは…雲に包まれて, <見え>な
7:56 人の子が神の右に…<見え>ます.」
9: 7 声は聞こえても, だれも<見え>ない
8 サウロは…何も<見え>なかった. そ
9 彼は3日の間, 目が<見え>ず, また
12 目が再び<見える>ようになるのを,
17 あなたが再び<見える>ようになり,
18 うろこのような物が落ち…<見える>
21: 3 やがてキプロスが<見え>て来たが,
22:11 私の目は何も<見え>なかったので,
13 兄弟サウロ. <見える>ようになりな
27:20 太陽も星も<見え>ない日が幾日も続
ロマ 1:20 神の, 目に<見え>ない本性, すなわ
8:24 目に<見える>望みは, 望みではあり
11: 8 <見え>ない目と聞こえない耳を与え
10 その目はくらんで<見え>なくなり,
IIコリ 4:18 <見える>ものは一時的であり, <見え>ないものはいつまでも続くから
コロ 1:15 御子は, <見え>ない神のかたちであ
16 <見える>もの, また<見え>ないもの,
Iテモ 1:17 目に<見え>ない唯一の神に, 誉れと
IIテモ 3: 5 <見える>ところは敬虔であっても,
ヘブ 11: 1 信仰は…目に<見え>ないものを確信
3 <見える>ものが目に<見える>ものか
5 エノクは…神に移されて, <見え>な
27 目に<見え>ない方を見るようにして,
Iヨハ 2:11 やみが彼の目を<見え>なくしたから
4:20 目に<見える>兄弟を愛していない者に, 目に<見え>ない神を愛すること
黙示 3:18 目が<見える>ようになるため, 目に
4: 3 その方は…赤めのうのように<見え>…緑玉のように<見える>虹があった.
11:19 神殿の中に, 契約の箱が<見え>た.
16:20 島は…逃げ去り, 山々は<見え>なく

▼ みおくる (見送る)

創世 18:16 アブラハムも彼らを<見送る>ために,
IIサム 19:31 ヨルダン川で王を<見送る>ために,
使徒 15: 3 彼らは教会の人々に<見送>られ, フ
20:38 彼らはパウロを船まで<見送>った.

▼ みおしえ

申命 1: 5 モーセは, この<みおしえ>を説明し
17:18 この<みおしえ>を書き写して,
31: 9 モーセはこの<みおしえ>を書きしる
11 この<みおしえ>を読んで聞かせなけ
26 この<みおしえ>の書を取り, あなた
詩篇 19: 7 主の<みおしえ>は完全で, たましい
37:31 心に神の<みおしえ>があり, 彼の歩
78: 5 <みおしえ>をイスラエルのうちに定
94:12 <みおしえ>を教えられる, その人は.
119: 1 主の<みおしえ>によって歩む人々.
18 <みおしえ>のうちにある奇しいこと
29 <みおしえ>のとおりに…あわれんで
34 私はあなたの<みおしえ>を守り, 心
53 <みおしえ>を捨てる悪者どものため
70 私は, あなたの<みおしえ>を喜んで
85 彼らはあなたの<みおしえ>に従わな
142 あなたの<みおしえ>は, まことです.
150 <みおしえ>から遠く離れています.
165 <みおしえ>を愛する者には豊かな平
イザ 1:10 耳を傾けよ…神の<みおしえ>に.
42:21 <みおしえ>を広め, これを輝かすこ

ミカ 4: 2 シオンから<みおしえ>が出，エルサ

▼みおも（身重）

マタ 1:18 聖霊によって<身重>になったことが

24:19 哀れなのは<身重>の女と乳飲み子を持つ女です．マコ13:17，ルカ21:23.

ルカ 2: 5 <身重>になっているいいなずけの妻

▼みおろす（見おろす）

創世 19:28 低地の全地方を<見おろす>と…煙が

出エ 14:24 主は…エジプトの陣営を<見おろ>し，

民数 21:20 荒地を<見おろす>ピスガの頂に着い

申命 26:15 聖なる住まいの天から<見おろ>して，

Ⅰサム 13:18 ツェボイムの谷を<見おろす>国境へ

Ⅱサム 6:16 ミカルは窓から<見おろ>し，ダビデ

24:20 アラウナが<見おろす>と，王とその

Ⅱ列 9:30 イゼベルは…窓から<見おろ>してい

詩篇 14: 2 主は天から人の子らを<見おろ>して，

85:11 義は天から<見おろ>しています．

102:19 主は…いと高き所から<見おろ>し，

雅歌 6:10 暁の光のように<見おろ>している，

イザ 63:15 天から<見おろ>し，聖なる輝かしい

哀歌 3:50 主が天から<見おろ>して，顧みてく

▼ミカ〔人名〕

(1)ヨナタン(2)の孫．Ⅱサム9:12，Ⅰ歴8:34，9:41.

(2)盟約に調印した者の一人．ネヘ10:11.

(3)レビ人の監督者ウジの先祖．ネヘ11:22.

(4)ケハテ族ウジエルの子．Ⅰ歴23:20，24:25.

(5)ルベンの子孫．Ⅰ歴5:5.

(6)指揮者マタヌヤの父．ネヘ11:17.

(7)モレシェテ人の預言者．エレ26:18，ミカ1:1.

(8)ヨシヤ王に仕えたアブドンの父．Ⅱ歴34:20.

(9)エフライム山地の出身者．士師17:1.

▼みかいじん（未開人）

ロマ 1:14 ギリシヤ人にも<未開人>にも，知識

▼ミカエル

1. 人名.

(1)カナンを偵察したセトルの父．民数13:13.

(2)ガド族アビハイルの子．Ⅰ歴5:13.

(3)ガド族エシシャイの子．Ⅰ歴5:14.

(4)レビ人．歌い手アサフの先祖．Ⅰ歴6:40.

(5)イッサカル族のかしらの一人．Ⅰ歴7:3.

(6)ベニヤミン族ベリアの子．Ⅰ歴8:16.

(7)ダビデに仕えた千人隊のかしら．Ⅰ歴12:20.

(8)イッサカル族の長オムリの父．Ⅰ歴27:18.

(9)ユダの王ヨシャパテの子．Ⅱ歴21:2.

(10)帰還の一氏族のかしらゼバデヤの父．エズ8:8.

2. 御使いの長の一人．ダニ10:13，21，12:1，ユダ9，黙示12:7.

▼みかお（御顔）

民数 6:25 主が<御顔>をあなたに照らし，あな

26 主が<御顔>をあなたに向け，あなた

Ⅰ列 8:28 しもべの祈りと願いに<御顔>を向け

Ⅰ歴 16:11 絶えず<御顔>を慕い求めよ．

Ⅱ歴 30: 9 <御顔>をそむけるようなことは決し

ヨブ 13:24 なぜ，あなたは<御顔>を隠し，私を

34:29 神が<御顔>を隠されるとき，だれが

詩篇 4: 6 <御顔>の光を…照らしてください．31:16，67:1，80:3，119:135.

11: 7 直ぐな人は，<御顔>を仰ぎ見る．

13: 1 いつまで<御顔>を…お隠しになるのですか．22:24，30:7，88:14，102:2，104:29，143:7.

17:15 私は…<御顔>を仰ぎ見，目ざめると

24: 6 <御顔>を慕い求める人々，ヤコブで

25:16 <御顔>を向け，私をあわれんでくだ

27: 8 あなたの<御顔>を私は慕い求めます．

31:16 <御顔>を…しもべの上に照り輝かせ

34:16 主の<御顔>は悪をなす者からそむけ

42: 5 神をほめたたえる．<御顔>の救いを．

44: 3 あなたの<御顔>の光が，そうしたの

51: 9 <御顔>を私の罪から隠し，私の咎を

67: 1 <御顔>を私たちの上に照り輝かして

80:16 <御顔>のとがめによって，滅びるの

89:15 彼らは…<御顔>の光の中を歩みます．

90: 8 秘めごとを<御顔>の光の中に置かれ

119:135 <御顔>を…しもべの上に照り輝かし，

イザ 8:17 ヤコブの家から<御顔>を隠しておら

59: 2 罪が<御顔>を隠させ，聞いてくださ

64: 7 あなたは私たちから<御顔>を隠し，

ダニ 9:17 <御顔>の光を…聖所に輝かせてくだ

ヨナ 1: 3 ヨナは，主の<御顔>を避けて．10.

マタ 17: 2 <御顔>は太陽のように輝き，御衣は

18:10 父の<御顔>をいつも見ているからで

ルカ 9:29 <御顔>の様子が変わり，御衣は白く

51 エルサレムに行こうとして<御顔>を

53 イエスは<御顔>をエルサレムに向け

Ⅱコリ 4: 6 キリストの<御顔>にある神の栄光を

黙示 22: 4 神の<御顔>を仰ぎ見る．また，彼ら

▼ みかた（味方）

IIサム20:11 ダビデに<味方>する者は，ヨアブに
I列20:16 <味方>の32人の王たちと仮小屋で酒
詩篇56: 9 神が私の<味方>であることを私は知
124: 1 もしも主が私たちの<味方>でなかっ
マコ 9:40 わたしたちに反対しない者は，わたしたちの<味方>です．ルカ9:50.
ヨハ19:12 あなたはカイザルの<味方>ではあり
ロマ 8:31 神が私たちの<味方>であるなら，だ

▼ ミカヤ〔人名〕

(1)ヨシヤ王に仕えたアクボルの父．II列22:12.
(2)アサフの子孫．ネヘ12:35.
(3)城壁奉献式にラッパを持った祭司．ネヘ12:41.
(4)レハブアム王の妻．アビヤ王の母．II歴13:2.
(5)ユダのヨシャパテ王のつかさ．II歴17:7.
(6)アハブ王時代の預言者．I列22:8，II歴18:27.
(7)エレミヤのことばを伝えた人．エレ36:11，13.

▼ ミカル〔人名〕

サウル王の娘．ダビデの妻．Iサム14:49，18:20，19:11，25:44，IIサム3:13，6:23，I歴15:29.

▼ みぎ（右），右側【別項】神の右，右の手・右の御手，右左・右も左も

創世13: 9 あなたが左に行けば，私は<右>に行
24:49 私は<右>か左に向かうことになるで
出エ14:22 水は…<右>と左で壁となった．
29:20 アロンの<右>の耳たぶと，その子ら
22 <右>のもも．レビ7:32，8:25，9:21，民数18:18.
民数20:17 領土を通過するまでは<右>にも左にも曲がりません．申命2:27.
22:26 主の使いは…<右>にも左にもよける
申命 5:32 <右>にも左にもそれてはならない．17:11，ヨシ1:7，23:6，箴言4:27.
28:14 <右>や左にそれ，ほかの神々に従い，
士師 3:16 剣を…<右>ももの上の帯にはさんだ．
Iサム 6:12 雌牛は…<右>にも左にもそれなかっ
11: 2 みなの者の<右>の目をえぐり取るこ
IIサム 2:19 <右>にも左にもそれずに，アブネル
21 <右>か左にそれて，若者のひとりを
14:19 だれも<右>にも左にもそれることは
I列 2:19 彼女は彼の<右>にすわった．
6: 8 入口は神殿の<右側>にあり，らせん
7:21 <右側>に立てた柱にヤキンという名
II列11:11 神殿の<右側>から神殿の左側まで，
12: 9 主の宮の入口の<右側>に置いた．入
22: 2 <右>にも左にもそれなかった．II歴34:2.
I歴 6:39 アサフは，彼の<右>に立って仕えた．
II歴 3:17 柱を本堂の前に，一つを<右側>に，
4: 6 洗盤を10個作り，5個を<右側>に，
ネヘ12:31 一組は城壁の上を<右>のほうに糞の
ヨブ23: 9 <右>に向きを変えても，私は会うこ
詩篇16: 8 主が私の<右>におられるので，私は
45: 9 金を身に着けて，あなたの<右>に立
109: 6 なじる者が彼の<右>に立つようにし
31 主は貧しい者の<右>に立ち，死刑を
110: 1 わたしの<右>の座に着いていよ.」
142: 4 私の<右>のほうに目を注いで，見て
伝道10: 2 知恵ある者の心は<右>に向き，愚か
イザ 9:20 <右>にかぶりついても，飢え，左に
30:21 <右>に行くにも左に行くにも，あな
54: 3 あなたは<右>と左にふえ広がり，あ
63:12 輝かしい御腕をモーセの<右>に進ま
エゼ 1:10 <右側>に獅子の顔があり，四つとも，
4: 6 あなたの<右>わきを下にして横たわ
10: 3 ケルビムは神殿の<右側>に立ってい
16:46 妹は…<右>に住んでいるソドムであ
21:16 <右>に向け，左に向けて切りまくれ．
ゼカ 4: 3 1本はこの鉢の<右>に，他の1本は
11:17 剣がその腕とその<右>の目を打ち…その<右>の目は視力が衰える.」
マタ 5:29 もし，<右>の目が，あなたをつまず
39 <右>の頬を打つような者には，左の
20:21 御国で，ひとりはあなたの<右>に，
23 わたしの<右>と左にすわることは，
22:44 わたしの<右>の座に着いていなさい．
25:33 羊を自分の<右>に，山羊を左に置き
34 王は，その<右>にいる者たちに言い
26:64 人の子が，力ある方の<右>の座に着
27:38 ふたりの強盗が，ひとりは<右>に，マコ15:27，ルカ23:33.
マコ16: 5 長い衣をまとった青年が<右側>にす
ルカ 1:11 主の使いが…香壇の<右>に立った．
22:50 ある者が…その<右>の耳を切り落と
69 人の子は，神の大能の<右>の座に着
ヨハ13:23 イエスの<右側>で席に着いていた．
25 その弟子は，イエスの<右側>で席に

21: 6 舟の<右側>に網をおろしなさい．そ
20 晩餐のとき，イエスの<右側>にいて，
使徒 2:25 主は…私の<右>におられるからであ
35 わたしの<右>の座に着いていなさい．
5:31 イエスを…ご自分の<右>に上げられ
エペ 1:20 天上においてご自分の<右>の座に着
ヘブ 1: 3 大能者の<右>の座に着かれました．
13 わたしの<右>の座に着いていなさい．
8: 1 大能者の御座の<右>に着座された方
12: 2 神の御座の<右>に着座されました．

▼みぎあし（右足）

出エ 29:20 <右足>の親指につけ，その血を祭壇
レビ 8:23 アロンの…<右足>の親指に塗った．
14:14 右手の親指と，<右足>の親指に塗り
黙示 10: 2 <右足>は海の上に，左足は地の上に

▼みぎて（右手），右の手，右の御手

創世 48:13 エフライムは自分の<右手>に取って
17 父が<右手>をエフライムの頭の上に
出エ 15: 6 主よ．あなたの<右の手>は力に輝く．
12 あなたが<右の手>を伸ばされると，
29:20 <右手>の親指と，右足の親指につけ，
レビ 8:23 アロンの右の耳たぶと，<右手>の親
申命 33: 2 <右の手>からは…いなずまがきらめ
士師 5:26 ヤエルは…<右手>に職人の槌をかざ
7:20 <右手>に吹き鳴らす角笛を堅く握っ
16:29 １本は<右の手>に，１本は左の手に
Ⅱサム 20: 9 <右手>でアマサのひげをつかんだ．
ネヘ 8: 4 彼のそばには，<右手>にマティテヤ，
ヨブ 30:12 この悪童どもは，私の<右手>に立ち，
40:14 あなたの<右の手>があなたを救える
詩篇 17: 7 身を避けて<右の手>に来る者を救う
18:35 あなたの<右の手>は私をささえ，あ
20: 6 主は，<右の手>の救いの力をもって
21: 8 <右の手>は，あなたを憎む者どもを
26:10 彼らの<右の手>はわいろで満ちてい
44: 3 <右の手>，あなたの腕…御顔の光が
45: 4 <右の手>は，恐ろしいことを…教え
48:10 あなたの<右の手>は義に満ちていま
60: 5 あなたの<右の手>で救ってください．
63: 8 <右の手>は，私をささえてください
73:23 私の<右の手>をしっかりつかまえら
77:10 いと高き方の<右の手>が変わったこ
78:54 <右の御手>で造られたこの山に，彼
80:15 あなたの<右の手>が植えた苗と，ご
89:13 <右の手>は高く上げられています．
91: 7 万人が，あなたの<右手>に倒れても，
98: 1 <右の御手>と，その聖なる御腕とが，
108: 6 <右の手>で救ってください．そして
118:15 主の<右の手>は力ある働きをする．
121: 5 主は，あなたの<右の手>をおおう陰．
137: 5 私の<右手>がその巧みさを忘れるよ
138: 7 <右の手>が私を救ってくださいます．
139:10 あなたの<右の手>が私を捕らえます．
144: 8 その<右の手>は偽りの<右の手>です．
箴言 3:16 その<右の手>には長寿があり，その
27:16 <右手>に油をつかむことができる．
雅歌 2: 6 <右の手>が私を抱いてくださるとよ
イザ 41:10 わたしの義の<右の手>で，あなたを
44:20 私の<右の手>には偽りがないのだろ
45: 1 わたしは彼の<右手>を握り，彼の前
48:13 わたしの<右の手>が天を引き延ばし
エレ 22:24 わたしの<右手>の指輪の印であって
哀歌 2: 3 敵の前で，<右の手>を引き戻し，あ
エゼ 21:22 <右の手>にエルサレムへの占いが当
39: 3 あなたの…<右手>から矢を落とす．
ダニ 12: 7 その<右手>と左手を天に向けて上げ，
ハバ 2:16 主の<右の手>の杯は，あなたの上に
ゼカ 3: 1 その<右手>に立っているサタンとを
マタ 5:30 <右の手>があなたをつまずかせるな
6: 3 <右の手>のしていることを左の手に
27:29 冠を…頭にかぶらせ，<右手>に葦を
ルカ 6: 6 そこに，<右手>のなえた人がいた．
使徒 3: 7 彼の<右手>を取って立たせた．する
ガラ 2: 9 交わりのしるしとして<右手>を差し
黙示 1:16 <右手>に七つの星を持ち．2:1.
17 彼は<右手>を私の上に置いてこう言
20 <右の手>の中に見えた七つの星と，
5: 1 <右の手>に巻き物があるのを見た．
10: 5 御使いは，<右手>を天に上げて，
13:16 <右の手>かその額かに，刻印を受け

▼みぎひだり（右左），右も左も

Ⅰ列 22:19 天の万軍がその<右左>に立っている
のを見ました．Ⅱ歴18:18.
ヨナ 4:11 <右も左も>わきまえない12万以上の
ゼカ 4:11 燭台の<右左>にある…オリーブの木

▼みきわめる（見きわめる）

ヨブ 38:18 あなたは地の広さを<見きわめ>たこ
伝道 3:11 初めから終わりまで<見きわめる>こ
7:24 だれがそれを<見きわめる>ことがで
ヨナ 4: 5 何が起こるかを<見きわめ>ようと，

▼みくだす（見下す）
ルカ 18: 9　他の人々を<見下>している者たちに
Ⅰコリ 1:28　<見下>されている者を，神は選ばれ

▼ミクタム
詩 16題目　ダビデの<ミクタム>．56，60題目．

▼ミグダル・エデル〔地名〕
ベツレヘム付近．創世35:21．

▼ミグダル・エル〔地名〕
ナフタリの町．ヨシ19:38．

▼ミグダル・ガド〔地名〕
ユダの町．ヨシ15:37．

▼みくち（御口）
Ⅰ歴 16:12　その奇蹟と<御口>のさばきとを．
Ⅱ歴 35:22　神の<御口>から出たネコのことばを
詩篇 33: 6　天の万象もすべて，<御口>のいぶき
119:72　<御口>のおしえは…金銀にまさるも
箴言 2: 6　<御口>を通して知識と英知を与えら
哀歌 3:38　わざわいも幸いも…<御口>から出る
ミカ 4: 4　万軍の主の<御口>が告げられる．
Ⅱテサ 2: 8　主は<御口>の息をもって彼を殺し，

▼ミグドル〔地名〕
葦の海渡渉前の宿営地．出エ14:2，民数33:7，エレ44:1，46:14，エゼ29:10，30:6．

▼みくに（御国）【別項】天の御国
詩篇 85: 1　あなたは，<御国>に恵みを施し，ヤ
マタ 4:23　イエスは…<御国>の福音を宣べ伝え，
6:10　<御国>が来ますように．みこころが
8:12　<御国>の子らは外の暗やみに放り出
13:19　<御国>のことばを聞いても悟らない
38　良い種とは<御国>の子どもたち，毒
41　<御国>から取り集めて，
43　彼らの父の<御国>で太陽のように輝
16:28　人の子が<御国>とともに来るのを見
20:21　あなたの<御国>で，ひとりは…右に
24:14　この<御国>の福音は全世界に宣べ伝
25:34　備えられた<御国>を継ぎなさい．
26:29　父の<御国>で…新しく飲むその日ま
ルカ 23:42　<御国>の位にお着きになるときには，
使徒 20:25　<御国>を宣べ伝えて…巡回した私の
26:18　<御国>を受け継がせるためである．』
エペ 1:11　この方にあって私たちは<御国>を受
14　<御国>を受け継ぐことの保証です．
5: 5　<御国>を相続することができません．
コロ 3:24　報いとして，<御国>を相続させてい
ヘブ 12:28　揺り動かされない<御国>を受けてい
ヤコ 2: 5　約束されている<御国>を相続する者
Ⅱペテ 1:11　永遠の<御国>に入る恵みを豊かに加
黙示 1: 9　イエスにある苦難と<御国>と忍耐と

▼ミクネヤ〔人名〕
ダビデ時代の楽人．レビ人．Ⅰ歴15:18，21．

▼ミクマス〔地名〕
ベニヤミンの町．Ⅰサム13:2，11，16，23，14:5，31，エズ2:27，ネヘ7:31，11:31，イザ10:28．

▼ミクメタテ〔地名〕
エフライムとマナセの境界にある町．ヨシ16:6，17:7．

▼ミクリ〔人名〕
捕囚帰還氏族のかしらエラの父祖．Ⅰ歴9:8．

▼ミクロテ〔人名〕
(1)ベニヤミン族エイエルの子孫．Ⅰ歴8:32，9:38．
(2)ダビデ軍の第2分団に属した人．Ⅰ歴27:4．

▼ミグロン〔地名〕
ミクマス付近の町．Ⅰサム14:2，イザ10:28．

▼みこ（御子）
詩篇 2:12　<御子>に口づけせよ．主が怒り，お
マタ 16:16　あなたは，生ける神の<御子>キリス
ヨハ 3:16　<御子>を信じる者が，ひとりとして
17　神が<御子>を世に遣わされたのは…
<御子>によって世が救われるためで
35　父は<御子>を愛しておられ，万物を
36　<御子>を信じる者は永遠のいのちを
ロマ 1: 3　<御子>は，肉によればダビデの子孫
4　公に神の<御子>として示された方，
9　<御子>の福音を宣べ伝えつつ霊をも
5:10　<御子>の死によって神と和解させら
8: 3　神はご自分の<御子>を，罪のために，
29　<御子>のかたちと同じ姿にあらかじ
32　ご自分の<御子>をさえ惜しまずに死
Ⅰコリ 1: 9　神の<御子>…キリストとの交わりに
15:28　万物が<御子>に従うとき，<御子>自
ガラ 1:16　異邦人の間に<御子>を宣べ伝えさせ
2:20　神の<御子>を信じる信仰によってい
4: 4　神はご自分の<御子>を遣わし，この
6　<御子>の御霊を，私たちの心に遣わ
エペ 4:13　神の<御子>に関する知識の一致とに
コロ 1:13　愛する<御子>のご支配の中に移して
14　<御子>のうちにあって…罪の赦しを
15　<御子>は，見えない神のかたちであ

16 万物は<御子>にあって造られたから
19 神の本質を<御子>のうちに宿らせ，
22 <御子>の肉のからだにおいて…和解
Ⅰテサ 1:10 よみがえらせなさった<御子>，すな
ヘブ 1: 2 終わりの時には，<御子>によって，
3 <御子>は神の栄光の輝き，また神の
4 <御子>は，御使いたちよりもさらに
8 <御子>については，こう言われます．
3: 6 <御子>として神の家を忠実に治めら
5: 8 キリストは<御子>であられるのに，
7:28 永遠に全うされた<御子>を立てるの
10:29 神の<御子>を踏みつけ，自分を聖な
Ⅰヨハ 1: 3 御父および<御子>イエス・キリスト
7 <御子>イエスの血はすべての罪から
2:22 御父と<御子>を否認する者，それが
23 <御子>を告白する者は，御父をも持
24 <御子>および御父のうちにとどまる
4:10 なだめの供え物としての<御子>を遣
14 御父が<御子>を世の救い主として遣
5: 5 イエスを神の<御子>と信じる者では
9 <御子>についてあかしされたことが
10 神の<御子>を信じる者は…あかしを
11 このいのちが<御子>のうちにあると
12 <御子>を持つ者はいのちを持ってお
13 神の<御子>の名を信じているあなた
20 神の<御子>が来て，真実な方を知る
Ⅱヨハ 3 <御子>イエス・キリストから来る恵
9 御父をも<御子>をも持っています．

▼ みこえ（御声）

民数 7:89 ケルビムの間から…<御声>を聞いた．
申命 4:12 <御声>だけであった．
30 <御声>に聞き従うのである．26:14.
36 天から<御声>を聞かせ，地の上では，
5:23 暗黒の中からのその<御声>を聞き，
8:20 主の<御声>に聞き従わないからであ
Ⅰサム 15:19 なぜ，主の<御声>に聞き従わず，分
22 主は主の<御声>に聞き従うことほど
Ⅱサム 22:14 いと高き方は<御声>を発せられた．
ヨブ 37: 2 その<御声>の荒れ狂うのを．その御
5 神は，<御声>で驚くほどに雷鳴をと
詩篇 46: 6 神が<御声>を発せられると，地は溶
68:33 神は<御声>を発せられる．力強い声
イザ 30:30 主は威厳のある<御声>を聞かせ，激
31 主の<御声>を聞いてアッシリヤはお
66: 6 敵に報復しておられる主の<御声>を．
エレ 3:25 主の<御声>に聞き従わなかったから
26:13 主の<御声>に聞き従いなさい．そう
42: 6 主の<御声>に聞き従ってしあわせを
ゼカ 6:15 主の<御声>に，ほんとうに聞き従う
ヨハ 5:37 まだ一度もその<御声>を聞いたこと
使徒 7:31 近寄ったとき，主の<御声>が聞こえ
Ⅱペテ 1:18 天からかかったこの<御声>を，自分

▼ みこころ（御心）

創世 25:22 そして主の<みこころ>を求めに行っ
出エ 2:25 神は<みこころ>を留められた．
18:15 民は，神の<みこころ>を求めて，私
レビ 10:19 主の<みこころ>にかなったのでしょ
民数 14: 8 私たちが主の<御心>にかなえば，私
士師 16:28 どうぞ，私を<御心>に留めてくださ
Ⅱサム 11:27 主の<みこころ>をそこなった．
Ⅰ列 3:10 この願い事は主の<御心>にかなった．
14:13 主の<御心>にかなっていたからです．
Ⅱ列 22:13 主の<みこころ>を求めなさい．私た
Ⅰ歴 19:13 主は<みこころ>にかなうことをされ
21: 7 王は神の<みこころ>をそこなった．
Ⅱ歴 34:21 主の<みこころ>を求めなさい．私た
エズ 7:18 神の<御心>に従って行うがよい．
ヨブ 7:17 あなたがこれを尊び…<御心>を留め
10:13 これらのことを<御心>に秘めておら
詩篇 11: 5 その<みこころ>は，暴虐を好む者を
33:11 主の…<御心>の計画は代々に至る．
40: 8 私は<みこころ>を行うことを喜びと
13 どうか<みこころ>によって私を救い
55: 2 私に<御心>を留め，私に答えてくだ
69:13 神よ．<みこころ>の時に…答えてく
103:21 <みこころ>を行い，主に仕える者た
110: 4 主は誓い…<みこころ>を変えない．
115:12 主はわれらを<御心>に留められた．
136:23 主は…私たちを<御心>に留められた．
143:10 <みこころ>を行うことを教えてくだ
箴言 21: 1 <みこころ>のままに向きを変えられ
イザ 53:10 彼を…痛めることは…<みこころ>で
エレ 23:20 主の怒りは，<御心>の思うところを
ヨナ 1:14 主よ．あなたは<みこころ>にかなっ
マタ 6:10 <みこころ>が天で行われるように地
7:21 父の<みこころ>を行う者が入るので
12:50 父の<みこころ>を行う者は…兄弟，
18:14 父の<みこころ>ではありません．
26:39 あなたの<みこころ>のように，なさ
42 <みこころ>のとおりをなさってくだ

マコ 3:35 神の<みこころ>を行う人はだれでも,
14:36 <みこころ>のままを，なさってくだ
ルカ 7:30 神の…<みこころ>を拒みました．
22:42 <みこころ>ならば，この杯をわたし
ヨハ 4:34 遣わした方の<みこころ>を行い，そ
5:30 遣わした方の<みこころ>を求めるか
6:38 <みこころ>を行うためです．
40 父の<みこころ>は，子を見て信じる
65 父の<みこころ>によるのでないかぎ
7:17 神の<みこころ>を行おうと願うなら,
8:29 <みこころ>にかなうことを行うから
9:31 <みこころ>を行うなら，神はその人
使徒 4:28 <みこころ>によって，あらかじめお
13:36 ダビデは…神の<みこころ>に仕えて
18:21 神の<みこころ>なら…帰って来ます
21:14 主の<みこころ>のままに」と言って,
22:14 あなたに<みこころ>を知らせ，義な
ロマ 1:10 神の<みこころ>によって，何とかし
2:18 <みこころ>を知り，なすべきことが
9:18 神は，人を<みこころ>のままにあわ
れみ…<みこころ>のままにかたくな
11:34 だれが主の<みこころ>を知ったので
12: 2 神の<みこころ>は何か，すなわち,
Ⅰコリ 2:11 神の<みこころ>のことは，神の御霊
16 だれが主の<みこころ>を知り，主を
4:19 主の<みこころ>であれば，すぐにも
10: 5 大部分は神の<みこころ>にかなわず,
12:11 <みこころ>のままに…賜物を分け与
18 神は<みこころ>に従って，からだの
15:38 神は，<みこころ>に従って，それに
Ⅱコリ 8: 5 神の<みこころ>に従って，まず自分
ガラ 1: 4 父である方の<みこころ>によったの
エペ 1: 9 <みこころ>の奥義を私たちに知らせ
5:17 主の<みこころ>は何であるかを，よ
6: 6 心から神の<みこころ>を行い,
ピリ 2:13 神は，<みこころ>のままに…働いて
コロ 1: 9 神の<みこころ>に関する真の知識に
19 神は<みこころ>によって，満ち満ち
4:12 神のすべての<みこころ>を十分に確
Ⅰテサ 4: 3 神の<みこころ>は…聖くなることで
ヘブ 2: 4 <みこころ>に従って聖霊が分け与え
6 これを<みこころ>に留められるので
7:21 <みこころ>を変えられることはない．
10: 7 あなたの<みこころ>を行うために．
10 <みこころ>に従って，イエス・キリ
36 神の<みこころ>を行って，約束のも
13:21 御前で<みこころ>にかなうことを私
たちのうちに行い…<みこころ>を行
ヤコ 4:15 主の<みこころ>なら，私たちは生き
Ⅰペテ 2:15 口を封じることは，神の<みこころ>
3:17 神の<みこころ>なら，善を行って苦
4: 2 神の<みこころ>のために過ごすよう
19 神の<みこころ>に従ってなお苦しみ
Ⅰヨハ 2:17 神の<みこころ>を行う者は，いつま
5:14 神の<みこころ>にかなう願いをする
黙示 4:11 <みこころ>ゆえに，万物は存在し,
17:17 <みこころ>を行う思いを…起こさせ,

▼みことば【別項】神の（み）ことば，主の（み）ことば

申命 30:14 <みことば>は，あなたのごく身近に
Ⅰ列 8:26 父ダビデに約束された<みことば>が
Ⅱ列 1:16 イスラエルに<みことば>を伺う神が
Ⅱ歴 6:17 ダビデに約束された<みことば>が堅
ヨブ 22:22 その<みことば>を心にとどめよ．
詩篇 56:10 私は<みことば>をほめたたえます．
68:11 主は<みことば>を賜る．良いおとず
103:20 <みことば>の声に聞き従い，<みこ
とば>を行う力ある勇士たちよ．
105: 8 お命じになった<みことば>は千代に
106:12 彼らは<みことば>を信じ，主への賛
107:20 主は<みことば>を送って彼らをいや
119:25 <みことば>のとおりに私を生かして
28 <みことば>のとおりに…堅くささえ
49 しもべへの<みことば>を思い出して
65 <みことば>のとおりに…良くしてく
81 あなたの<みことば>を待ち望んでい
82 <みことば>を慕って絶え入るばかり
103 <みことば>は…上あごに，なんと甘
105 <みことば>は，私の足のともしび,
107 <みことば>のとおりに私を生かして
114 私は，あなたの<みことば>を待ち望
130 <みことば>の戸が開くと，光が差し
133 <みことば>によって…歩みを確かに
148 <みことば>に思いを潜めます．
154 <みことば>にしたがって…生かして
158 あなたの<みことば>を守らないから
160 <みことば>のすべてはまことです．
162 あなたの<みことば>を喜びます．
169 <みことば>のとおりに…悟りを与え
170 <みことば>のとおりに私を救い出し

172 <みことば>を歌うようにしてくださ
138: 4 あなたの口の<みことば>を聞いたか
147:18 <みことば>を送って，これらを溶か
19 主はヤコブには，<みことば>を，イ
148: 8 <みことば>を行うあらしよ．
箴言 13:13 <みことば>をさげすむ者は身を滅ぼ
イザ 5:24 聖なる方の<みことば>を侮ったから
エレ 5:13 <みことば>は彼らのうちにない．彼
15:16 <みことば>を見つけ出し，それを食
べました…<みことば>は…楽しみと
マタ 8:16 イエスは<みことば>をもって霊ども
13:20 <みことば>を聞くと…喜んで受け入
れる人．マコ4:16，ルカ8:13．
21 <みことば>のために困難や迫害が起
22 富の惑わしとが<みことば>をふさぐ
23 <みことば>を聞いてそれを悟る人の
15:12 <みことば>を聞いて，腹を立てたの
マコ 2: 2 イエスは<みことば>を話しておられ
4:14 種蒔く人は，<みことば>を蒔くので
15 <みことば>が道ばたに蒔かれるとは，
20 <みことば>を聞いて受け入れ，30倍，
33 聞く力に応じて，<みことば>を話さ
16:20 <みことば>に伴うしるしをもって，
ルカ 1:1-2 <みことば>に仕える者となった人々
2:29 <みことば>どおり，安らかに去らせ
8:12 <みことば>を聞いたが…悪魔が来て，
15 正しい，良い心で<みことば>を聞く
10:39 主の足もとにすわって，<みことば>
24: 8 女たちはイエスの<みことば>を思い
ヨハ 5:38 <みことば>をあなたがたのうちにと
8:55 わたしは…その<みことば>を守って
17: 6 彼らはあなたの<みことば>を守りま
14 彼らにあなたの<みことば>を与えま
17 あなたの<みことば>は真理です．
使徒 4: 4 <みことば>を聞いた人々が大ぜい信
29 <みことば>を大胆に語らせてくださ
6: 4 祈りと<みことば>の奉仕に励むこと
7:38 生ける<みことば>を授かり，あなた
8: 4 <みことば>を宣べながら，巡り歩い
10:36 子孫に<みことば>をお送りになりま
44 <みことば>に耳を傾けていたすべて
11:19 ユダヤ人以外の者に…<みことば>を
14:25 ペルガで<みことば>を語ってから，
16: 6 アジヤで<みことば>を語ることを聖
17:11 非常に熱心に<みことば>を聞き，は
18: 5 パウロは<みことば>を教えることに
20:32 神とその恵みの<みことば>とにゆだ
ロマ 9:28 主は，<みことば>を完全に，しかも
10: 8 <みことば>はあなたの近くにある．
17 キリストについての<みことば>によ
ガラ 6: 6 <みことば>を教えられる人は，教え
エペ 5:26 <みことば>により，水の洗いをもっ
コロ 4: 3 神が<みことば>のために門を開いて
Iテサ 1: 6 喜びをもって<みことば>を受け入れ，
Iテモ 5:17 <みことば>と教えのためにほねおっ
IIテモ 2:15 真理の<みことば>をまっすぐに説き
4: 2 <みことば>を宣べ伝えなさい．時が
17 すべての国の人々が<みことば>を聞
テト 1: 3 この<みことば>を宣教によって明ら
9 信頼すべき<みことば>を，しっかり
ヘブ 1: 3 力ある<みことば>によって万物を保
2: 2 <みことば>でさえ，堅く立てられて
4: 2 <みことば>も，彼らには益になりま
6: 5 神のすばらしい<みことば>と，後に
7:28 誓いの<みことば>は，永遠に全うさ
ヤコ 1:21 心に植えつけられた<みことば>を，
22 <みことば>を実行する人になりなさ
23 <みことば>を聞いても行わない人が
Iペテ 2: 2 純粋な，<みことば>の乳を慕い求め
8 つまずくのは，<みことば>に従わな
3: 1 <みことば>に従わない夫であっても，
IIペテ 1:19 さらに確かな預言の<みことば>を持
3: 7 <みことば>によって，火に焼かれる
Iヨハ 2: 5 <みことば>を守っている者なら，そ
7 すでに聞いている，<みことば>のこ
黙示 17:17 <みことば>の成就するときまで，神

▼みごもる（身ごもる），みごもり

創世 4: 1 彼女は<みごも>ってカインを産み，
16: 4 彼女は自分が<みごも>ったのを知っ
19:36 娘は，父によって<みごも>った．
21: 2 サラは<みごも>り，そして神がアブ
25:21 それで彼の妻リベカは<みごも>った．
29:32 レアは<みごも>って，男の子を産み，
30: 5 ビルハは<みごも>り，ヤコブに男の
38:24 売春によって<みごも>っているので
出エ 2: 2 女は<みごも>って，男の子を産んだ
21:22 <みごも>った女に突き当たり，流産
士師 13: 3 あなたは<みごも>り，男の子を産む．
ルツ 4:13 主は彼女を<みごも>らせたので，彼
Iサム 1:20 ハンナは<みごも>り，男の子を産ん

み

4:19 ピネハスの妻は<身ごも>っていて,
Ⅱサム11: 5 女は<みごも>ったので，ダビデに人
Ⅰ歴 7:23 彼女は<みごも>って男の子を産んだ.
詩篇51: 5 罪ある者として母は私を<みごも>り
イザ 7:14 見よ．処女が<みごも>っている．そ
8: 3 女預言者…彼女は<みごも>った．そ
26:18 私たちも<みごも>り，産みの苦しみ
エレ20:17 彼女の胎を，永久に<みごも>ったま
ホセ 9:11 <みごもる>ことも，はらむこともな
マタ 1:23 見よ，処女が<みごも>っている．そ
ルカ 1:24 妻エリサベツは<みごも>り，５か月
31 <みごも>って，男の子を産みます.
ロマ 9:10 イサクひとりによって<みごも>った
黙示12: 2 この女は，<みごも>っていたが，産

▼ みころも（御衣）

マタ17: 2 <御衣>は光のように白くなった.
マコ 9: 3 <御衣>は，非常に白く光り，世のさ
ルカ 9:29 御顔の様子が変わり，<御衣>は白く

▼ みこん（未婚）

エゼ44:25 <未婚>の姉妹のためには汚れてもよ
使徒21: 9 預言する４人の<未婚>の娘がいた.

▼ ミザ〔人名〕

エサウの孫．首長．創世36:13，17，Ⅰ歴1:37.

▼ みざ（御座）【別項】神の御座

Ⅰ列22:19 私は主が<御座>にすわり，天の万軍
ヨブ23: 3 できれば…その<御座>にまで行きた
詩篇 9: 7 主はとこしえに<御座>に着き，さば
80: 1 ケルビムの上の<御座>に着いておら
93: 2 <御座>は，いにしえから堅く立ち,
123: 1 天の<御座>に着いておられる方よ.
哀歌 5:19 あなたはとこしえに<御座>に着き,
あなたの<御座>は代々に続きます.
ダニ 7: 9 幾つかの<御座>が備えられ，年を経
ヘブ 1: 8 あなたの<御座>は世々限りなく，あ
4:16 大胆に恵みの<御座>に近づこうでは
8: 1 大能者の<御座>の右に着座された方
黙示 1: 4 <御座>の前におられる七つの御霊か
3:21 わたしの父とともに父の<御座>に着
4: 2 <御座>．3，4，5，6，9，10，5:1,
7，13，6:16，7:10，15，19:4，21:5.
5: 6 <御座>…と，長老たちとの間に，ほ
7: 9 大ぜいの群衆が…<御座>と小羊との
11 御使いたちは…<御座>と長老たちと
17 <御座>の正面におられる小羊が，彼
8: 3 <御座>の前にある金の祭壇の上にさ
12: 5 その子は神のみもと，その<御座>に
14: 3 <御座>の前と，四つの生き物および
16:17 大きな声が<御座>を出て，聖所の中
20:11 大きな白い<御座>と，そこに着座し
12 死んだ人々が…<御座>の前に立って
22: 1 それは神と小羊との<御座>から出て,

▼ みさげる（見下げる）

創世16: 4 自分の女主人を<見下げる>ようにな
5 彼女は…私を<見下げる>ようになり
マタ18:10 ひとりでも<見下げ>たりしないよう

▼ みじかい（短い）【別項】気の短い

民数11:23 主の手は<短い>のだろうか．わたし
ヨブ14: 1 女から生まれた人間は，日が<短>く,
20: 5 悪者の喜びは<短>く，神を敬わない
詩 102:23 主は…私の日数を<短>くされました.
イザ50: 2 わたしの手が<短>くて贖うことがで
59: 1 主の御手が<短>くて救えないのでは
ヘブ12:10 肉の父親は，<短い>期間…懲らしめ
黙示12:12 悪魔が自分の時の<短い>ことを知り,

▼ みじめ

ロマ 7:24 私は，ほんとうに<みじめ>な人間で
黙示 3:17 実は自分が<みじめ>で，哀れで，貧

▼ ミシャエル〔人名〕

⑴アロンのいとこ．出エ6:22，レビ10:4.
⑵律法朗読時，エズラの左にいた一人．ネヘ8:4.
⑶ダニエルの同僚．ダニ1:6，7，11，19，2:17.

▼ ミシュアム〔人名〕

ベニヤミン族エルパアルの子．Ⅰ歴8:12.

▼ ミシュアル〔地名〕

レビ人の町の一つ．ヨシ19:26，21:30.

▼ ミシュマ〔人名〕

⑴イシュマエルの第５子．創世25:14，Ⅰ歴1:30.
⑵シメオンの子孫．Ⅰ歴4:25.

▼ ミシュマナ〔人名〕

ダビデに加勢したガド族の軍の長．Ⅰ歴12:10.

▼ ミシュラじん（～人）

キルヤテ・エアリムの一氏族．Ⅰ歴2:53.

▼ みしらぬおんな（見知らぬ女），見知らぬ者

詩 109:11 <見知らぬ者>が，その勤労の実をか
箴言 2:16 ことばのなめらかな，<見知らぬ女>
5:10 労苦の実は<見知らぬ者>の家に渡る

20 どうして…<見知らぬ女>の胸を抱く
6:24 <見知らぬ女>のなめらかな舌から守
23:27 <見知らぬ女>は狭い井戸だから．

▼ みず（水）【別項】大水，水のほとり，水の町，水の門

創世 1: 2 神の霊が<水>の上を動いていた．
6 <水>と<水>との間に区別があれ．」
2: 6 <水>が地から湧き出て，土地の全面
7:11 巨大な大いなる<水>の源が…張り裂
18 <水>はみなぎり…箱舟は水面を漂っ
21:14 パンと<水>の皮袋を取ってハガルに
24:11 女たちが<水>を汲みに出て来るころ，
49: 4 <水>のように奔放なので…他をしの
25 大いなる<水>の祝福，乳房と胎の祝
出エ 2:10 <水>の中から，私がこの子を引き出
4: 9 ナイルから<水>を汲んで…土に注が
14:22 <水>は彼らのために右と左で壁とな
15: 5 大いなる<水>は彼らを包んでしまい，
10 <水>の中に鉛のように沈んだ．
22 彼らには<水>が見つからなかった．
25 <水>に投げ入れた…<水>は甘くなっ
27 12の<水>の泉と70本のなつめやしの
17: 1 そこには民の飲む<水>がなかった．
6 岩を打つと，岩から<水>が出る．民
20: 4 地の下の<水>の中にあるものでも，
23:25 パンと<水>を祝福してくださる．わ
29: 4 <水>で彼らを洗わなければならない．
32:20 粉々に砕き，それを<水>の上にまき
34:28 彼はパンも食べず，<水>も飲まなか
レビ 1: 9 内臓と足は，<水>で洗わなければな
11: 9 <水>の中にいるすべてのもののうち
民数 5:17 祭司はきよい<水>を土の器に取り，
8: 7 罪のきよめの<水>を彼らに振りかけ
19: 7 祭司は…からだに<水>を浴びよ．そ
9 汚れをきよめる<水>を作るために，
20: 2 会衆のためには<水>がなかったので，
11 杖で岩を２度…たくさんの<水>がわ
17 井戸の<水>も飲みません．私たちは
24: 7 手おけからは<水>があふれ，その種
申命 2: 6 <水>もまた，彼らから金で買って飲
8: 7 <水>の流れと泉があり，谷間と山を
15 <水>のない，かわききった地を通ら
9: 9 パンも食べず，<水>も飲まなかった．
11: 4 葦の海の<水>を彼らの上にあふれさ
10 自分の力で<水>をやらなければなら
23: 4 彼らがパンと<水>とをもってあなた
11 <水>を浴び，日没後，陣営の中に戻
29:11 たきぎを割る者から<水>を汲む者に
ヨシ 2:10 葦の海の<水>をからされたこと，ま
4: 7 ヨルダン川の<水>は，主の契約の箱
7: 5 民の心がしなえ，<水>のようになっ
士師 4:19 どうか，<水>を少し飲ませてくださ
5: 4 大地は揺れ…雲は<水>をしたたらせ
25 シセラが<水>を求めると，ヤエルは
6:38 羊の毛から露を絞ると…<水>が出た．
7: 5 舌で<水>をなめる者は残らず別にし
15:19 サムソンは<水>を飲んで元気を回復
Ⅰサム 7: 6 <水>を汲んで主の前に注ぎ，その日
30:11 彼らは彼にパンをやって…<水>も飲
Ⅱサム 5:20 主は，<水>が破れ出るように，私の
14:14 集めることのできない<水>のような
23:15 ベツレヘムの門にある井戸の<水>を
Ⅰ列 13: 8 この所ではパンを食べず，<水>も飲
14:15 <水>に揺らぐ葦のようにし，彼らの
17:10 水差しにほんの少しの<水>を持って
18: 4 ほら穴の中にかくまい，パンと<水>
34 四つのかめに<水>を満たし，この全
38 みぞの<水>もなめ尽くしてしまった．
19: 6 パン菓子…と，<水>の入ったつぼ
22:27 わずかな<水>をあてがっておけ』と
Ⅱ列 2:14 彼も<水>を打つと，<水>が両側に分
19 <水>が悪く，この土地は流産が多い
21 エリシャは<水>の源のところに行っ
3: 9 家畜のための<水>がなくなった．
11 エリヤの手に<水>を注いだ者です．」
19 すべての<水>の源をふさぎ，すべて
6: 5 斧の頭を<水>の中に落としてしまっ
8:15 ハザエルは毛布を取って…<水>に浸
18:31 自分の井戸の<水>を飲めるのだ．
19:24 私は井戸を掘って，他国の<水>を飲
20:20 町に<水>を引いたこと，それはユダ
エズ 10: 6 エズラは…<水>も飲まずにそこで夜
ネヘ 9:15 岩から<水>を出し，こうして，彼ら
13: 2 パンと<水>をもってイスラエル人を
ヨブ 3:24 私のうめき声は<水>のようにあふれ
12:15 神が<水>を引き止めると，それはか
22: 7 疲れている者に<水>も飲ませず，飢
11 みなぎる<水>があなたをおおう．
26: 5 死者の霊は，<水>とそこに住むもの
10 <水>の面に円を描いて，光とやみと

28:25 神は風を重くし，<水>をはかりで量
36:27 神は<水>のしずくを引き上げ，それ
38:30 <水>は姿を変えて石のようになり，
詩篇 22:14 私は，<水>のように注ぎ出され，私
29: 3 主の声は，<水>の上にあり，栄光の
33: 7 主は海の<水>をせきのように集め，
65: 9 神の川は<水>で満ちています．あな
66:12 火の中を通り，<水>の中を通りまし
69: 1 <水>が，私ののどにまで，入って来
77:16 神よ．<水>はあなたを見たのです．
17 雲は<水>を注ぎ出し，雷雲は雷をと
78:13 神は…せきのように<水>を立てられ
104: 3 <水>の中にご自分の高殿の梁を置き，
6 深い<水>を衣のようにして，地をお
105:29 主は人々の<水>を血に変わらせ，彼
41 主が岩を開かれると，<水>がほとば
箴言 5:15 あなたの水ためから，<水>を飲め．
9:17 盗んだ<水>は甘く，こっそり食べる
17:14 争いの初めは<水>が吹き出すような
18: 4 人の口のことばは深い<水>のようだ．
25:25 疲れた人への冷たい<水>のようだ．
30:16 よみと，不妊の胎，<水>に飽くこと
伝道 11: 1 あなたのパンを<水>の上に投げよ．
イザ 1:22 おまえの良い酒も，<水>で割ってあ
8: 6 シロアハの<水>をないがしろにして，
11: 9 海をおおう<水>のように，地を満た
12: 3 喜びながら救いの泉から<水>を汲む．
21:14 渇いている者に会って，<水>をやれ．
30:20 乏しいパンとわずかな<水>とを賜っ
33:16 パンは与えられ，その<水>は確保さ
41:17 <水>を求めても<水>はなく，その舌
43: 2 あなたが<水>の中を過ぎるときも，
20 わたしが荒野に<水>をわき出させ，
44: 3 わたしは潤いのない地に<水>を注ぎ，
48:21 岩から<水>を流れ出させ，岩を裂い
55: 1 渇いている者はみな，<水>を求めて
58:11 あなたは…<水>のかれない源のよう
63:12 彼らの前で<水>を分け，永遠の名を
エレ 8:14 主が私たちに毒の<水>を飲ませられ
9: 1 ああ，私の頭が<水>であったなら，
14: 3 <水>は見つからず，からの器のまま
哀歌 2:19 心を<水>のように，主の前に注ぎ出
エゼ 16: 4 <水>で洗ってきよめる者もなく，塩
17: 5 豊かな<水>のそばに，柳のように植
32: 2 足で<水>をかき混ぜ，その川々を濁
14 そのとき，わたしはこの<水>を静め
36:25 きよい<水>をあなたがたの上に振り
47: 1 <水>が神殿の敷居の下から東のほう
9 この<水>が入ると，そこの<水>が
48:28 メリバテ・カデシュの<水>，さらに
ダニ 1:12 野菜を…食べさせ，<水>を与えて飲
12: 6 川の<水>の上にいる，あの亜麻布の
ホセ 5:10 わたしは…激しい怒りを<水>のよう
10: 7 その王は<水>の面の木切れのようだ．
ヨエ 1:20 <水>の流れがかれ，火が荒野の牧草
3:18 ユダのすべての谷川には<水>が流れ，
アモ 4: 8 二，三の町は<水>を飲むために一つ
5:24 公義を<水>のように，正義をいつも
8:11 <水>に渇くのでもない．実に，主の
ヨナ 2: 5 <水>は，私ののどを絞めつけ，深淵
ミカ 1: 4 ちょうど…坂に注がれた<水>のよう
ナホ 2: 8 ニネベは<水>の流れ出る池のようだ．
3: 8 その塁は海，その城壁は<水>．
14 包囲の日のための<水>を汲み，要塞
ハバ 2:14 まことに，<水>が海をおおうように，
マタ 3:11 <水>のバプテスマを授けていますが，
マコ1:8，ルカ3:16，ヨハ1:26．
16 イエスは…すぐに<水>から上がられ
8:32 その群れ全体が…<水>におぼれて死
10:42 <水>一杯でも飲ませるなら…報いに
12:43 汚れた霊が…<水>のない地をさまよ
14:28 <水>の上を歩いてここまで来い，と
17:15 火の中に落ちたり，<水>の中に落ち
27:24 群衆の目の前で<水>を取り寄せ，手
マコ 9:22 何度も火の中や<水>の中に投げ込み
41 <水>一杯でも飲ませてくれる人は，
ルカ 7:44 あなたは足を洗う<水>をくれなかっ
8:23 弟子たちは<水>をかぶって危険にな
25 風も<水>も，お命じになれば従うと
11:24 <水>のない所をさまよいながら，休
16:24 ラザロが指先を<水>に浸して私の舌
ヨハ 2: 7 水がめに<水>を満たしなさい.」彼
9 ぶどう酒になったその<水>を味わっ
3: 5 人は，<水>と御霊によって生まれな
23 そこには<水>が多かったからである．
4: 7 サマリヤの女が<水>をくみに来た．
10 その人は…生ける<水>を与えたこと
14 わたしが与える<水>を飲む者はだれ
15 先生…その<水>を私に下さい.」
5: 7 私には，<水>がかき回されたとき，

み

7:38 生ける<水>の川が流れ出るようにな
13: 5 たらいに<水>を入れ，弟子たちの足
19:34 すると，ただちに血と<水>が出て来
使徒 1: 5 ヨハネは<水>でバプテスマを授けた
8:36 ご覧なさい．<水>があります．私が
38 ピリポも宦官も<水>の中へ降りて行
10:47 いったいだれが，<水>をさし止めて，
Ⅰコリ 3: 6 私が植えて，アポロが<水>を注ぎま
エペ 5:26 <水>の洗いをもって，教会をきよめ
Ⅰテモ 5:23 これからは<水>ばかり飲まないで，
ヘブ 9:19 <水>と赤い色の羊の毛とヒソプとの
10:22 からだをきよい<水>で洗われたので
ヤコ 3:12 塩水が甘い<水>を出すこともできな
Ⅰペテ 3:20 ８人の人々が…<水>を通って救われ
Ⅱペテ 2:17 この人たちは，<水>のない泉，突風
3: 5 地は神のことばによって<水>から出
6 当時の世界は，その<水>により，洪
Ⅰヨハ 5: 6 キリストは，<水>と血とによって来
8 御霊と<水>と血です．この三つが一
ユダ 12 <水>のない雲，実を結ばない，枯れ
黙示 7:17 いのちの<水>の泉に導いてくださる
8:11 川の<水>の３分の１は苦よもぎのよ
11: 6 <水>を血に変え，そのうえ，思うま
12:15 蛇はその口から<水>を川のように女
14: 7 天と地と海と<水>の源を創造した方
16: 5 <水>をつかさどる御使いがこう言う
12 <水>は，日の出るほうから来る王た
22:17 いのちの<水>がほしい者は，それを

▼みずうみ（湖）

マタ 4:15 <湖>に向かう道，ヨルダンの向こう
18 彼らは<湖>で網を打っていた．漁師
8:24 <湖>に大暴風が起こって，舟は大波
26 風と<湖>をしかりつけられると，大
32 がけから<湖>へ駆け降りて行って，
14:25 イエスは<湖>の上を歩いて，彼らの
18: 6 <湖>の深みでおぼれ死んだほうがま
マコ 6:48 夜中の３時ごろ，<湖>の上を歩いて，
ルカ 8:33 豚の群れは…<湖>に入り，おぼれ死
ヨハ 6: 1 イエスはガリラヤの<湖>，すなわち，
19 イエスが<湖>の上を歩いて舟に近づ
21: 7 ペテロは…<湖>に飛び込んだ．

▼みずがめ（水がめ）

創世 24:14 <水がめ>を傾けて私に飲ませてくだ
20 <水がめ>の水を水ぶねにあけ，水を
ルツ 2: 9 <水がめ>のところへ行って，若者た
伝道 12: 6 <水がめ>は泉のかたわらで砕かれ，
マコ 14:13 <水がめ>を運んでいる男に会うから，
その人について．ルカ22:10.
ヨハ 2: 6 石の<水がめ>が六つ置いてあった．
7 <水がめ>に水を満たしなさい.」彼
4:28 女は，自分の<水がめ>を置いて町へ

▼みずがれ（水枯れ）

申命 28:22 <水枯れ>と，立ち枯れと，黒穂病と

▼みすごす（見過ごす）

Ⅱサム 12:13 主も…あなたの罪を<見過ご>してく
イザ 40:27 訴えは…神に<見過ご>しにされてい
アモ 7: 8 二度と彼らを<見過ご>さない．8:2.
ミカ 7:18 そむきの罪を<見過ご>され，怒りを
使徒 17:30 無知の時代を<見過ご>しておられま

▼みずさし（水差し）

出エ 25:29 びんや<水差し>を作る…純金で作ら
Ⅰサム 26:11 枕もとにある槍と<水差し>とを取っ
Ⅰ列 17:10 <水差し>にほんの少しの水を持って
マコ 7: 4 杯，<水差し>，銅器を洗うことなど

▼みずため（水ため）

創世 30:38 群れが水を飲みに来る<水ため>，す
Ⅱ列 10:14 ベテ・エケデの<水ため>のところで，
Ⅱ歴 26:10 やぐらを建て，多くの<水ため>を掘
箴言 5:15 あなたの<水ため>から，水を飲め．
エレ 2:13 こわれた<水ため>を…掘ったのだ．

▼みすてる（見捨てる）

申命 31: 8 主は…あなたを<見捨て>ない．恐れ
ヨシ 1: 5 わたしは…あなたを<見捨て>ない．
Ⅰ歴 28:20 あなたを<見捨て>ず，主の宮の奉仕
ヨブ 18: 4 あなたのために地が<見捨て>られよ
20:19 寄るべのない者を…<見捨て>，自分
詩篇 9:10 尋ね求める者をお<見捨て>になりま
22: 1 どうして，私をお<見捨て>になった
27: 9 私を…<見捨て>ないでください．私
10 私の父，私の母が，私を<見捨てる>
37:25 正しい者が<見捨て>られたり，その
28 ご自身の聖徒を<見捨て>られない．
71:11 神は彼を<見捨て>たのだ．追いかけ
94:14 ご自分の民を…お<見捨て>になりま
119: 8 どうか私を，<見捨て>ないでくださ
イザ 27:10 荒野のように<見捨て>られる．子牛
54: 7 ほんのしばらくの間…<見捨て>たが，
62: 4 「<見捨て>られている」と言われず，
エレ 49:11 あなたのみなしごたちを<見捨て>よ．
51: 5 万軍の主から，決して<見捨て>られ

エゼ 8:12 主はこの国を<見捨て>られた』と言っている．9:9.
24:21 <見捨て>た息子や娘たちは剣で倒さ
ホセ 11: 8 どうしてあなたを<見捨てる>ことが
ゼカ 11:17 羊の群れを<見捨てる>，能なしの牧
マタ 21:42 家を建てる者たちの<見捨て>た石．ルカ20:17.
26:56 弟子たちはみな，イエスを<見捨て>て，逃げてしまった．マコ14:50.
27:46 どうしてわたしをお<見捨て>になったのですか．マコ15:34.
IIコリ 4: 9 迫害されていますが，<見捨て>られ
ガラ 1: 6 そんなにも急に<見捨て>て，ほかの

▼ みずのほとり（水のほとり）
詩篇 23: 2 いこいの<水のほとり>に伴われます．

▼ みずのまち（水の町）
IIサム 12:27 私はラバと戦って，<水の町>を攻め

▼ みずのもん（水の門）
ネヘ 3:26 東のほうの<水の門>．12:37.
8: 1 <水の門>の前の広場．3，16.

▼ ミスパル〔人名〕
捕囚帰還者．ミスペレテと同人．エズ2:2.

▼ みずぶね（水ぶね）
創世 24:20 彼女は急いで…水を<水ぶね>にあけ，
30:38 皮をはいだ枝を…<水ぶね>の中に，
出エ 2:16 彼女たちが…水を汲み，<水ぶね>に

▼ ミスペレテ〔人名〕
捕囚帰還者の一人．ミスパルと同人．ネヘ7:7.

▼ ミスレフォテ・マイム〔地名〕
シドンの南方国境にある町．ヨシ11:8，13:6.

▼ みせ（店）
マタ 25: 9 <店>に行って，自分のをお買いなさ

▼ みせかけ（見せかけ），見せかける
使徒 23:20 調べようとしているかに<見せかけ>
27:30 錨を降ろすように<見せかけ>て，小
ピリ 1:18 <見せかけ>であろうとも，真実であ
ヤコ 3:17 上からの知恵は…<見せかけ>のない

▼ みせしめ
IIペテ 2: 6 不敬虔な者への<みせしめ>とされま
ユダ 7 火の刑罰を受けて，<みせしめ>にさ

▼ みせもの（見せもの，見せ物）
士師 16:25 私たちのために<見せもの>にしよう
ナホ 3: 6 わたしは…あなたを<見せもの>とす
Iコリ 4: 9 この世の<見せ物>になったのです．

▼ みせる（見せる）
レビ 13: 7 再び祭司にその身を<見せる>．49.
民数 13:26 彼らにその地のくだものを<見せ>た．
申命 34: 1 主は，彼に次の全地方を<見せ>られ
4 わたしはこれをあなたの目に<見せ>
ヨシ 7: 8 敵の前に背を<見せ>た今となっては，
士師 4:22 あなたの捜している人をお<見せ>し
6:17 しるしを，私に<見せ>てください．
II列 11: 4 エホヤダは…彼らに王の子を<見せ>
20:13 宝物倉にあるすべての物を…<見せ>
エス 1:11 美しさを民と首長たちに<見せる>た
4: 8 文書の写しを…エステルに<見せ>て，
詩篇 50:23 わたしは神の救いを<見せ>よう．」
78:11 神が<見せ>てくださった多くの奇し
90:16 威光を彼らの子らに<見せ>てくださ
91:16 わたしの救いを彼に<見せ>よう．
雅歌 2:14 私の鳩よ．私に，顔を<見せ>ておく
イザ 39: 2 彼らに<見せ>なかった物は一つもな
エゼ 40: 4 あなたに<見せる>すべての事を心に
ミカ 7:15 わたしは奇しいわざを彼に<見せ>よ
ナホ 3: 5 民に<見せ>…恥を諸王国に<見せる>．
ゼカ 1:20 主は４人の職人を私に<見せ>てくだ
3: 1 ヨシュアと…サタンとを<見せ>られ
マタ 4: 8 すべての国々とその栄華を<見せ>て，
6: 1 人に<見せる>ために人前で善行をし
8: 4 行って，自分を祭司に<見せ>なさい．
12:38 あなたからしるしを<見せ>ていただ
16: 1 天からのしるしを<見せ>てください
22:19 納め金にするお金を…<見せ>なさい．
23: 5 人に<見せる>ためです．経札の幅を
マコ 14:15 主人が…２階の広間を<見せ>てくれ
ルカ 4: 5 悪魔は…世界の国々を全部<見せ>て，
17:14 そして自分を祭司に<見せ>なさい．」
20:24 デナリ銀貨をわたしに<見せ>なさい．
ヨハ 2:18 どんなしるしを…<見せ>てくれるの
14: 8 主よ．私たちに父を<見せ>てくださ
使徒 9:39 下着や上着の数々を<見せる>のであ
41 生きている彼女を<見せ>た．
Iコリ 4:19 ことばではなく，力を<見せ>てもら
IIコリ 3:13 イスラエルの人々に<見せ>ないよう
ヤコ 2:18 あなたの信仰を，私に<見せ>てくだ
黙示 17: 1 大淫婦へのさばきを<見せ>ましょう．
21: 9 小羊の妻である花嫁を<見せ>ましょ
10 天から下って来るのを<見せ>た．
22: 1 光るいのちの水の川を<見せ>た．そ

▼ みたけ（身たけ）
エペ 4:13 キリストの…<身たけ>にまで達する
▼ みたす（満たす）
創世 1:28 生めよ．ふえよ．地を<満た>せ．地
21:19 皮袋に水を<満た>し，少年に飲ませ
42:25 ヨセフは，彼らの袋に穀物を<満た>
出エ 23:26 わたしはあなたの日数を<満た>そう．
28: 3 わたしが知恵の霊を<満た>した，心
31: 3 彼に知恵と…神の霊を<満た>した．
申命 6:11 あなたが<満た>さなかった，すべて
33:23 ナフタリは…主の祝福に<満た>され
34: 9 ヨシュアは，知恵の霊に<満た>され
ヨシ 9:13 ぶどう酒を<満た>したこれらの皮袋
Ｉサム 16: 1 角に油を<満た>して行け．あなたを
Ｉ列 18:34 四つのかめに水を<満た>し，この全
35 彼はみぞにも水を<満た>した．
Ⅱ列 23:14 その場所を人の骨で<満た>した．
24: 4 マナセは…罪のない者の血で<満た>
エス 3: 5 ハマンは…憤りに<満た>された．
ヨブ 3:15 自分の家を銀で<満た>した首長たち
9:18 私を苦しみで<満た>しておられる．
22:18 神は彼らの家を良い物で<満た>され
詩篇 81:10 口を大きくあけよ…それを<満た>そ
107: 9 飢えたたましいを良いもので<満た>
110: 6 それらをしかばねで<満た>し，広い
126: 2 舌は喜びの叫びで<満た>された．そ
箴言 5:10 他国人があなたの富で<満た>され，
8:21 彼らの財宝を<満たす>．
12:21 悪者はわざわいで<満た>される．
13:25 正しい者は食べて…食欲を<満た>し，
18:20 口の結ぶ実によって腹を<満た>し…
くちびるによる収穫に<満た>される．
24: 4 尊い，好ましい宝物で<満た>される．
伝道 4: 6 片手に安楽を<満たす>ことは，両手
6: 7 その食欲は決して<満た>されない．
イザ 11: 9 水のように，地を<満たす>からであ
27: 6 世界の面に実を<満たす>．
33: 5 シオンを公正と正義で<満た>される．
55: 2 腹を<満た>さない物のために労する
58:11 あなたの思いを<満た>し…骨を強く
エレ 15:17 あなたが憤りで私を<満た>されたか
19: 4 この所を罪のない者の血で<満た>し，
33: 5 しかばねをその家々に<満たす>．そ
35: 5 ぶどう酒を<満た>したつぼと杯とを
50:19 ギルアデで，その願いは<満た>され
51:14 大群の人をあなたに<満たす>．彼ら
34 おいしい物で腹を<満た>し，私を洗
エゼ 3: 3 巻き物で…あなたの腹を<満た>せ．」
7:19 彼らの腹を<満たす>こともできない．
8:17 彼らはこの地を暴虐で<満た>し，わ
9: 7 宮を汚し，死体で庭を<満た>せ．さ
10: 2 炭火をあなたの両手に<満た>し，そ
3 雲がその内庭を<満た>していた．
4 庭は主の栄光の輝きで<満た>された．
11: 6 死体でその道ばたを<満た>した．
23:33 あなたは酔いと悲しみに<満た>され
24: 4 えり抜きの骨でこれを<満た>せ．
32: 5 あなたのしかばねで谷を<満た>し，
35: 8 わたしはその山々を死体で<満た>し，
ホセ 4:10 彼らは食べても，<満た>されず，姦
ナホ 2:12 その巣を，引き裂いた物で<満た>し
ハバ 2:14 主の栄光を知ることで<満た>される．
ゼパ 1: 9 暴虐と欺きで<満たす>者どもを罰す
ハガ 2: 7 わたしはこの宮を栄光で<満たす>．
マタ 23:32 罪の目盛りの不足分を<満た>しなさ
ルカ 1:15 強い酒も飲まず…聖霊に<満た>され，
41 エリサベツは聖霊に<満た>された．
67 父ザカリヤは，聖霊に<満た>されて，
5:26 人々はみな…恐れに<満た>されて，
15:16 いなご豆で腹を<満た>したいほどで
ヨハ 2: 7 水がめに水を<満た>しなさい．」彼
3:29 私もその喜びで<満た>されているの
15:11 あなたがたの喜びが<満た>されるた
使徒 2: 4 みなが聖霊に<満た>され，御霊が話
28 御顔を示して，私を喜びで<満た>し
4: 8 ペテロは聖霊に<満た>されて，彼ら
7:55 聖霊に<満た>されていたステパノは，
9:17 聖霊に<満た>されるためです．」
13: 9 パウロは，聖霊に<満た>され，彼を
52 弟子たちは喜びと聖霊に<満た>され
14:17 食物と喜びとで…心を<満た>してく
ロマ 15:13 喜びと平和をもって<満た>し，聖霊
14 すべての知恵に<満た>され，また互
24 心を<満た>されてから，あなたがた
Ⅱコリ 9:12 聖徒たちの必要を十分に<満たす>ば
エペ 1:23 いっさいのものによって<満たす>方
3:19 満ち満ちたさまにまで…<満た>され
5:18 御霊に<満た>されなさい．
ピリ 1:11 義の実に<満た>されている者となり，
2: 2 私の喜びが<満た>されるように，あ

み

4:19 あなたがたの必要をすべて<満た>し
コロ 1:24 苦しみの欠けたところを<満た>して
Ⅰテサ 2:16 いつも自分の罪を<満た>しています.
黙示 8: 5 祭壇の火でそれを<満た>してから,
15: 8 聖所は神の栄光と…煙で<満た>され,

▼みだす（乱す）

創世 6:12 地上でその道を<乱>していたからで
レビ 21:10 その髪の毛を<乱>したり，その装束
使徒 15:24 あなたがたの心を<乱>したことを聞

▼みたま（御霊）【別項】神の御霊，御霊の賜物，御霊の人

詩 139: 7 あなたの<御霊>から離れて，どこへ
ゼカ 7:12 万軍の主がその<御霊>により，先の
マタ 4: 1 イエスは…<御霊>に導かれて荒野に
10:20 話すのは…父の<御霊>だからです.
12:31 <御霊>に逆らう冒瀆は赦されません.
22:43 ダビデは，<御霊>によって，彼を主
マコ 1:10 天が裂けて<御霊>が鳩のように自分
12 <御霊>はイエスを荒野に追いやられ
ルカ 2:27 彼が<御霊>に感じて宮に入ると，幼
4: 1 そして<御霊>に導かれて荒野におり,
14 イエスは<御霊>の力を帯びてガリラ
18 わたしの上に主の<御霊>がおられる.
ヨハ 1:32 <御霊>が鳩のように天から下って,
33 <御霊>がある方の上に下って，その
3: 6 <御霊>によって生まれた者は霊です.
34 神が<御霊>を無限に与えられるから
6:63 いのちを与えるのは<御霊>です．肉
7:39 <御霊>はまだ注がれていなかったか
14:17 その方は，真理の<御霊>です．世は
15:26 真理の<御霊>が来るとき…<御霊>が
16:13 <御霊>は自分から語るのではなく,
使徒 2: 4 <御霊>が話させてくださるとおりに,
5: 9 どうして…主の<御霊>を試みたので
6: 3 <御霊>と知恵とに満ちた，評判の良
10 彼が知恵と<御霊>によって語ってい
8:29 <御霊>がピリポに「近寄って，あの
10:19 <御霊>が彼にこう言われた．「見な
11:12 <御霊>は私に…いっしょに行くよう
28 大ききんが起こると<御霊>によって
16: 7 イエスの<御霊>がそれをお許しにな
19:21 パウロは<御霊>の示しにより，マケ
21: 4 彼らは，<御霊>に示されて，エルサ
ロマ 1: 4 聖い<御霊>によれば，死者の中から
2:29 <御霊>による，心の割礼こそ割礼で
7: 6 新しい<御霊>によって仕えているの
8: 2 いのちの<御霊>の原理が，罪と死の
4 <御霊>に従って歩む私たちの中に,
5 <御霊>に従う者は<御霊>に属するこ
6 <御霊>による思いは，いのちと平安
9 <御霊>の中にいるのです．キリスト
の<御霊>を持たない人は，キリスト
11 <御霊>が，あなたがたのうちに住ん
16 <御霊>ご自身が，私たちの霊ととも
23 <御霊>の初穂をいただいている私た
26 <御霊>ご自身が…深いうめきによっ
27 <御霊>は，神のみこころに従って,
15:19 <御霊>の力によって，それを成し遂
30 <御霊>の愛によって切にお願いしま
Ⅰコリ 2: 4 私の宣教とは…<御霊>と御力の現れ
10 <御霊>によって私たちに啓示された
のです．<御霊>はすべてのことを探
13 <御霊>に教えられたことばを用いま
す…<御霊>のことばをもって<御霊>
14 <御霊>のことは<御霊>によってわき
15 <御霊>を受けている人は，すべての
3: 1 <御霊>に属する人に対するようには
9:11 <御霊>のものを蒔いたのであれば,
10: 3 みな同じ<御霊>の食べ物を食べ,
4 みな同じ<御霊>の飲み物を飲みまし
た…<御霊>の岩から飲んだからです.
12: 4 <御霊>は同じ<御霊>です.
7 おのおのに<御霊>の現れが与えられ
8 <御霊>によって知恵のことば…ほか
の人には同じ<御霊>にかなう知識の
9 <御霊>による信仰が与えられ，ある
人には…<御霊>によって，いやしの
11 同一の<御霊>がこれらすべてのこと
13 <御霊>によってバプテスマを受け…
すべての者が一つの<御霊>を飲む者
15:44 <御霊>に属するからだによみがえら
45 最後のアダムは，生かす<御霊>とな
46 <御霊>のものはあとに来るのです.
Ⅱコリ 1:22 <御霊>を私たちの心に与えてくださ
3: 6 文字は殺し，<御霊>は生かすからで
8 <御霊>の務めには，どれほどの栄光
17 主は<御霊>です…主の<御霊>のある
ガラ 3: 2 <御霊>を受けたのは，律法を行った
3 <御霊>で始まったあなたがたが，い
5 <御霊>を与え…奇蹟を行われた方は,

14 信仰によって約束の<御霊>を受ける
4: 6 御子の<御霊>を，私たちの心に遣わ
5: 5 <御霊>によって，義をいただく望み
16 <御霊>によって歩みなさい．そうす
17 <御霊>に逆らい，<御霊>は肉に逆ら
18 <御霊>によって導かれるなら，あな
22 <御霊>の実は，愛，喜び，平安，寛
25 私たちが<御霊>によって生きるのな
6: 8 <御霊>のために蒔く者は，<御霊>か
エペ 2:18 <御霊>において，父のみもとに近づ
3: 5 <御霊>によって，キリストの聖なる
16 <御霊>により…内なる人を強くして
4: 3 <御霊>の一致を熱心に保ちなさい．
4 からだは一つ，<御霊>は一つです．
5:18 <御霊>に満たされなさい．
6:17 <御霊>の与える剣である，神のこと
18 どんなときにも<御霊>によって祈り
ピリ 1:19 イエス・キリストの<御霊>の助けに
2: 1 <御霊>の交わりがあり，愛情とあわ
コロ 1: 8 <御霊>によるあなたがたの愛を知ら
Ⅰテサ 5:19 <御霊>を消してはなりません．
Ⅱテサ 2:13 神は，<御霊>による聖めと，真理に
Ⅰテモ 4: 1 <御霊>が明らかに言われるように，
ヘブ 9:14 とこしえの<御霊>によって神におさ
10:29 恵みの<御霊>を侮る者は，どんなに
ヤコ 4: 5 神は…<御霊>を，ねたむほどに慕っ
Ⅰペテ 1: 2 神の予知に従い，<御霊>の聖めによ
Ⅰヨハ 3:24 与えてくださった<御霊>によって知
4:13 神は私たちに<御霊>を与えてくださ
5: 6 あかしをする方は<御霊>です．<御霊>は真理だからです．
8 <御霊>と水と血です．この三つが一
ユダ 19 この人たちは，<御霊>を持たず，分
黙示 1: 4 御座の前におられる七つの<御霊>か
10 私は，主の日に<御霊>に感じ，私の
2: 7 耳のある者は<御霊>が諸教会に言わ
3: 1 神の七つの<御霊>，および七つの星
4: 2 たちまち私は<御霊>に感じた．する
5 神の七つの<御霊>である．
14:13 <御霊>も言われる．「しかり．彼ら
17: 3 御使いは，<御霊>に感じた私を荒野
22:17 <御霊>も花嫁も言う．「来てくださ

▼ みたまのたまもの（御霊の賜物）

ロマ 1:11 <御霊の賜物>をいくらかでも…分け
Ⅰコリ 12: 1 <御霊の賜物>についてですが，私は
14: 1 <御霊の賜物>，特に預言することを
12 <御霊の賜物>を熱心に求めているの

▼ みたまのひと（御霊の人）

Ⅰコリ 14:37 <御霊の人>と思う者は，私があなた
ガラ 6: 1 <御霊の人>であるあなたがたは，柔

▼ みたみ（御民）

申命 26:15 <御民>イスラエルとこの地を祝福し
32:36 主は<御民>をかばい，主のしもべら
ルカ 2:32 <御民>イスラエルの光栄です．」

▼ みだら

出エ 34:15 神々を慕って，<みだら>なことをし，
レビ 19:29 <みだら>なことをさせてはならない．
民数 15:39 <みだら>なことをしてきた自分の心
25: 1 民はモアブの娘たちと，<みだら>な
士師 20: 6 彼らが…<みだら>な恥ずべきことを
エゼ 16:27 あなたの<みだら>な行いによっては
23:27 <みだら>な行いと，エジプトの地以
48 この地から<みだら>な行いをやめさ
24:13 <みだら>な汚れを見て…きよめよう
エペ 5: 4 <みだら>なことや，愚かな話や，下

▼ みだりに

出エ 20: 7 主の御名を，<みだりに>唱えてはならない．主は，御名を<みだりに>唱える者を，罰せずには．申命5:11．

▼ みだれる（乱れる）

出エ 32:25 モーセは，民が<乱れ>ており，アロ
民数 5:18 その女の髪の毛を<乱れ>させ，その
ヨブ 17: 1 私の霊は<乱れ>，私の日は尽き，私
詩篇 88:15 私は…心が<乱れ>ています．
イザ 3: 6 この<乱れ>た世を，あなたの手で治

▼ みち（道），小道【別項】葦の海の道，王の道，主の道，道々

創世 3:24 いのちの木への<道>を守るために，
6:12 地上でその<道>を乱していたからで
16: 7 シュルへの<道>にある泉のほとりで，
24:48 私を正しい<道>に導いてくださった
49:17 ダンは，<道>のかたわらの蛇，<小道>のほとりのまむしとなって，馬
出エ 13:17 ペリシテ人の国の<道>には導かれな
18 葦の海に沿う荒野の<道>に回らせた．
18:20 彼らの歩むべき<道>と，なすべきわ
23:20 あなたを<道>で守らせ，わたしが備
32: 8 わたしが彼らに命じた<道>からはず
33:13 あなたの<道>を教えてください．そ
レビ 18:23 これは<道>ならぬことである．

民数 21: 1 アタリムの<道>を進んで来ると聞い
33 バシャンへの<道>を上って行ったが，
22:22 主の使いが…<道>に立ちふさがった．
24 ぶどう畑の間の狭い<道>に立ってい
32 あなたの<道>が…反対に向いていた
申命 1:19 エモリ人の山地への<道>をとって進
33 あなたがたの進んで行く<道>を示さ
5:33 主が命じられたすべての<道>を歩ま
6: 7 <道>を歩くときも，寝るときも，起
9:12 命じておいた<道>から早くもそれて，
17:16 二度とこの<道>を帰ってはならない
22: 4 牛が<道>で倒れているのを見て，知
6 <道>で，木の上，または地面に鳥の
27:18 盲人にまちがった<道>を教える者は
28: 7 彼らは…七つの<道>に逃げ去ろう．
ヨシ 2: 7 ヨルダン川の<道>を渡し場へ向かっ
3: 4 行くべき<道>を知るためである．あ
22: 5 主を愛し，そのすべての<道>に歩み，
23:14 私は世のすべての人の行く<道>を行
士師 2:17 <道>から，またたくまにそれて，先
5:10 さばきの座に座する者，<道>を歩く
8:11 天幕に住む人々の<道>に沿って上っ
9:25 彼らは<道>でそばを過ぎるすべての
Ⅰサム 4:13 エリは<道>のそばに設けた席にすわ
8: 3 この息子たちは父の<道>に歩まず，
9: 8 私たちの行く<道>を教えてもらいま
12:23 私は…よい正しい<道>を教えよう．
Ⅱサム 4: 7 一晩中，アラバへの<道>を歩いた．
16:13 ダビデと彼の部下たちは<道>を進ん
22:31 神，その<道>は完全．主のみことば
33 私の<道>を完全に探り出される．
Ⅰ列 3:14 わたしの<道>を歩むなら，あなたの
8:25 あなたの子孫がその<道>を守り，わ
36 彼らの歩むべき良い<道>を彼らに教
11:29 預言者であるアヒヤが<道>で彼に会
13:33 ヤロブアムは悪い<道>から立ち返る
16:26 ヤロブアムのすべての<道>に歩み，
22:43 父アサのすべての<道>に歩み，その
Ⅱ列 3: 8 私たちはどの<道>を上って行きまし
6:19 こちらの<道>でもない．あちらの町
8:18 イスラエルの王たちの<道>に歩んだ．
17:13 あなたがたは悪の<道>から立ち返れ．
19:28 あなたを，もと来た<道>に引き戻そ
22: 2 先祖ダビデのすべての<道>に歩み，
Ⅱ歴 6:16 子孫がその<道>を守り，わたしの律
27 彼らの歩むべき良い<道>を彼らに教
34 遣わされる<道>に出て戦いに臨むと
7:14 その悪い<道>から立ち返るなら，わ
11:17 ダビデとソロモンの<道>に歩んだか
18:23 どの<道>を通って，主の霊が私を離
20:32 彼はその父アサの<道>に歩み，その
28: 2 イスラエルの王たちの<道>に歩み，
ネヘ 9:12 その行くべき<道>を照らされました．
ヨブ 3:23 自分の<道>が隠されている人に，な
6:18 隊商はその<道>を変え，荒地に行っ
8:13 神を忘れる者の<道>はこのようだ．
19 見よ．これが彼の<道>の喜びである．
12:24 彼らを<道>のない荒地にさまよわせ
13:15 なおも，私の<道>を神の前に主張し
27 私の歩く<小道>をことごとく見張り，
17: 9 義人は自分の<道>を保ち，手のきよ
19: 8 神が私の<道>をふさがれたので，私
21:14 私たちは，あなたの<道>を知りたく
22: 3 あなたの<道>が潔白であっても，そ
15 昔からの<道>を守っていこうとする
28 あなたの<道>の上には光が輝く．
23:10 神は，私の行く<道>を知っておられ
11 神の<道>を守って，それなかった．
24: 4 貧しい者を<道>から押しのける．そ
13 これらの者は…光の<道>を認めず，
18 ぶどう畑の<道>のほうに向かわない．
23 神の目は彼らの<道>の上に注がれる．
26:14 これらはただ神の<道>の外側にすぎ
28:23 神はその<道>をわきまえておられ，
26 いなびかりのために<道>を決められ
29:25 私は彼らの<道>を選んでやり，首長
30:12 私に向かって滅びの<道>を築いた．
31: 4 神は私の<道>を見られないのだろう
7 もし，私の歩みが<道>からそれ，私
34:11 それぞれ自分の<道>を見つけるよう
27 神のすべての<道>に心を留めなかっ
36:23 だれが，神にその<道>を指図したの
38:19 光の住む所に至る<道>はどこか．や
詩篇 1: 1 罪人の<道>に立たず，あざける者の
6 主は，正しい者の<道>を知っておら
2:12 おまえたちが<道>で滅びないために．
5: 8 あなたの<道>をまっすぐにしてくだ
16:11 あなたは私に，いのちの<道>を知ら
17: 4 私は無法な者の<道>を避けました．
5 私の歩みは，あなたの<道>を堅く守

18:30 神，その<道>は完全．主のみことば
42 <道>のどろのように除き去った．
23: 3 主は…私を義の<道>に導かれます．
25: 4 主よ．あなたの<道>を私に知らせ，
あなたの<小道>を私に教えてくださ
9 貧しい者にご自身の<道>を教えられ
27:11 あなたの<道>を私に教えてください．
32: 8 わたしは…行くべき<道>を教えよう．
35: 6 彼らの<道>をやみとし，また，すべ
36: 4 彼は…よくない<道>に堅く立ってい
37: 5 あなたの<道>を主にゆだねよ．主に
7 おのれの<道>の栄える者に対して，
23 主はその人の<道>を喜ばれる．
34 主を待ち望め．その<道>を守れ．そ
44:18 歩みはあなたの<道>からそれません
50:23 <道>を正しくする人に…神の救いを
67: 2 あなたの<道>が地の上に…知られる
68: 4 雲に乗って来られる方のために<道>
77:13 神よ．あなたの<道>は聖です．神の
19 あなたの<道>は海の中にあり，あな
たの<小道>は大水の中にありました．
78:50 神は御怒りのために<道>をならし，
81:13 イスラエルが，わたしの<道>を歩い
85:13 義は…主の足跡を<道>とします．
91:11 すべての<道>で，あなたを守るよう
95:10 彼らは，わたしの<道>を知ってはい
101: 6 全き<道>を歩む者は，私に仕えます．
103: 7 主は，ご自身の<道>をモーセに，そ
107: 4 住むべき町へ行く<道>を見つけなか
110: 7 主は<道>のほとりの流れから水を飲
119: 1 幸いなことよ．全き<道>を行く人々，
9 若い人は自分の<道>をきよく保てる
27 戒めの<道>を私に悟らせてください．
35 あなたの仰せの<道>を踏み行かせて
104 私は偽りの<道>をことごとく憎みま
105 みことばは…私の<道>の光です．
139:24 私のうちに傷のついた<道>があるか，
ないかを見て，私をとこしえの<道>
142: 3 あなたこそ，私の<道>を知っておら
143: 8 私に行くべき<道>を知らせてくださ
箴言 1:15 彼らと…<道>を歩いてはならない．
19 利得をむさぼる者の<道>はすべてこ
2: 8 公義の<小道>を保ち，その聖徒たち
の<道>を守る．
12 悪の<道>からあなたを救い出し，ね
13 まっすぐな<道>を捨て，やみの<道>
20 良い人々の<道>に歩み，正しい人々
3: 6 主はあなたの<道>をまっすぐにされ
17 その<道>は楽しい<道>であり，その
4:11 私は知恵の<道>をあなたに教え，正
14 悪者どもの<道>に入るな．悪人たち
18 義人の<道>は，あけぼのの光のよう
5: 6 その女はいのちの<道>に心を配らず，
8 あなたの<道>を彼女から遠ざけ，そ
21 人の<道>は主の目の前にあり，主は
6:23 叱責はいのちの<道>であるからだ．
7:27 彼女の家はよみへの<道>，死の部屋
8: 2 これは丘の頂，<道>のかたわら，通
20 わたしは正義の<道>，公正の通り道
32 幸いなことよ．わたしの<道>を守る
10: 9 自分の<道>を曲げる者は思い知らさ
17 大事にする者はいのちへの<道>にあ
11: 5 潔白な人の<道>は，その正しさによ
12:15 愚か者は自分の<道>を正しいと思う．
28 正義の<道>にはいのちがある．その
14: 8 自分の知恵で自分の<道>をわきまえ，
12 人の目にはまっすぐに見える<道>が
ある．その<道>の終わりは死の<道>
15:10 正しい<道>を捨てる者にはきびしい
19 なまけ者の<道>はいばらの生け垣の
よう．実直な者の<小道>は平らな大
24 悟りのある者はいのちの<道>を上っ
16: 9 人は心に自分の<道>を思い巡らす．
25 人の目にはまっすぐに見える<道>が
29 暴虐の者は…良くない<道>へ導く．
17:23 悪者は…さばきの<道>を曲げる．
18:16 人の贈り物は…<道>を開き，高貴な
19:16 自分の<道>をさげすむ者は死ぬ．
20:24 人間はどうして自分の<道>を理解で
21: 8 罪人の<道>はねじれている．しかし，
16 悟りの<道>から迷い出る者は，死者
22: 6 若者をその行く<道>にふさわしく教
23:19 あなたの心に，まっすぐ<道>を歩ま
26:13 なまけ者は「<道>に獅子がいる．ち
28: 6 誠実に歩む者は…曲がった<道>を歩
10 正直な人を悪い<道>に迷わす者は，
30:19 天にある鷲の<道>，岩の上にある蛇
の<道>…舟の<道>…男の<道>．
20 姦通する女の<道>もそのとおり．彼
伝道 10: 3 愚か者が<道>を行くとき，思慮に欠

み

12: 5 高い所を恐れ，<道>でおびえる．ア
イザ 2: 3 主はご自分の<道>を，私たちに教え
8:11 この民の<道>に歩まないよう，私を
9: 1 後には海沿いの<道>，ヨルダン川の
26: 7 義人の<道>は平らです．あなたは義
8 まことにあなたのさばきの<道>で，
30:21 これが<道>だ．これに歩め」と言う
35: 8 その<道>は聖なる<道>と呼ばれる．
37:29 あなたを，もと来た<道>に引き戻そ
40:14 だれが…英知の<道>を知らせたのか．
27 私の<道>は主に隠れ，私の正しい訴
41: 3 行ったことのない<道>を安全に通っ
42:16 彼らの知らない<道>を歩ませ，彼ら
43:16 海の中に<道>を，激しく流れる水の
19 わたしは荒野に<道>を，荒地に川を
45:13 わたしは…彼の<道>をみな，平らに
49:11 わたしの山々をすべて<道>とし，わ
51:10 海の底に<道>を設けて，贖われた人
53: 6 おのおの，自分かってな<道>に向か
55: 7 悪者はおのれの<道>を捨て，不法者
9 わたしの<道>は，あなたがたの<道>
57:14 土を盛り上げて，<道>を整えよ．わ
58: 2 わたしの<道>を知ることを望んでい
59: 8 彼らは平和の<道>を知らず，その道
62:10 この民の<道>を整え，盛り上げ，土
63:17 私たちをあなたの<道>から迷い出さ
64: 5 あなたの<道>を歩み，あなたを忘れ
65: 2 良くない<道>を歩む者たちに，一日
エレ 2:17 主が，あなたを<道>に進ませたとき，
23 谷の中でのあなたの<道>を省み，何
36 なんと，簡単に自分の<道>を変える
3:21 彼らは自分たちの<道>を曲げ，自分
6:16 幸いの<道>はどこにあるかを尋ね，
7:23 わたしが命じるすべての<道>を歩め．
10: 2 異邦人の<道>を見習うな．天のしる
23 人間の<道>は，その人によるのでな
12:16 彼らがわたしの民の<道>をよく学び，
18:15 彼らをその<道>，いにしえの<道>で
21: 8 いのちの<道>と死の<道>を置く．
23:10 彼らの走る<道>は悪で，正しくない
31: 9 彼らは平らな<道>を歩いて，つまず
21 あなたの歩んだ<道>の大路に心を留
32:19 御目は人の子のすべての<道>に開い
39: 4 町を出，アラバへの<道>に出た．
42: 3 私たちの歩むべき<道>と，なすべき
48:19 <道>のかたわらに立って見張れ．逃
50: 5 彼らはシオンを求め，その<道>に顔
哀歌 1: 4 シオンへの<道>は喪に服し，だれも
3: 9 私の<道>を切り石で囲み，私の通り
11 主は，私の<道>をかき乱し，私を耕
40 私たちの<道>を尋ね調べて，主のみ
エゼ 3:18 悪者に悪の<道>から離れて生きのび
16:47 すべての<道>において，彼らよりも
21:19 二つの<道>にしるしをつけ，二つと
23:31 あなたが姉の<道>を歩んだので，わ
47:15 大海からヘテロンの<道>を経て，ツ
ダニ 4:37 真実であり，その<道>は正義である．
5:23 すべての<道>をその手に握っておら
ホセ 2: 6 いばらで彼女の<道>に垣を立て，彼
6: 9 シェケムへの<道>で人を殺し，彼ら
9: 8 預言者は，すべての<道>にしかける
ヨエ 2: 7 それぞれ自分の<道>を進み，進路を
アモ 2: 7 貧しい者の<道>を曲げ，父と子が同
8:14 ベエル・シェバの<道>は生きている
ヨナ 3: 8 おのおの悪の<道>と，暴虐な行いか
ミカ 4: 2 主はご自分の<道>を…教えてくださ
る．私たちはその<小道>を歩もう．」
ナホ 2: 1 塁を守り，<道>を見張り，腰をから
ゼカ 3: 7 わたしの<道>に歩み…戒めを守るな
マラ 2: 8 あなたがたは<道>からはずれ，多く
3: 1 彼はわたしの前に<道>を整える．あ
マタ 2:12 別の<道>から自分の国へ帰って行っ
3: 3 主の通られる<道>をまっすぐにせよ．
7:13 滅びに至る門…その<道>は広いから
14 いのちに至る門…その<道>は狭く，
10: 5 異邦人の<道>に行ってはいけません．
11:10 あなたの<道>を，あなたの前に備え
させよう．マコ1:2，ルカ7:27．
21:32 ヨハネが義の<道>を持って来たのに，
22:16 真理に基づいて神の<道>を教え，だ
れをも．マコ12:14，ルカ20:21．
マコ 1: 3 主の通られる<道>をまっすぐにせよ．
ルカ 1:76 主の御前に先立って…その<道>を備
79 われらの足を平和の<道>に導く．」
3: 4 主の通られる<道>をまっすぐにせよ．
5 でこぼこ<道>は平らになる．
10: 4 <道>であいさつしてはいけません．
ヨハ 14: 4 わたしの行く<道>はあなたがたも知
5 どうして，その<道>が…わかりまし
6 わたしが<道>であり，真理であり，

使徒 2:28 あなたは，私にいのちの<道>を知ら
9: 2 この<道>の者であれば男でも女でも，
13:10 主のまっすぐな<道>を曲げることを
14:16 自分の<道>を歩むことを許しておら
16:17 救いの<道>をあなたがたに宣べ伝え
18:26 神の<道>をもっと正確に彼に説明し
19: 9 会衆の前で，この<道>をののしった
23 この<道>のことから…騒動が持ち上
22: 4 私はこの<道>を迫害し，男も女も縛
24:14 異端と呼んでいるこの<道>に従って，
22 ペリクスは，この<道>について相当
ロマ 1:10 今度はついに<道>が開かれて，あな
3:16 彼らの<道>には破壊と悲惨がある．
17 また，彼らは平和の<道>を知らない．
11:33 その<道>は，何と測り知りがたいこ
Ⅰコリ 12:31 さらにまさる<道>を示してあげまし
Ⅰテサ 3:11 私たちの<道>を開いて…行かせてく
ヘブ 3:10 彼らは…わたしの<道>を悟らなかっ
9: 8 まことの聖所への<道>は，まだ明ら
10:20 この新しい生ける<道>を設けてくだ
12:13 足のためには，まっすぐな<道>を作
ヤコ 5:20 罪人を迷いの<道>から引き戻す者は，
Ⅱペテ 2: 2 そのために真理の<道>がそしりを受
15 彼らは正しい<道>を捨てて…ベオル
の子バラムの<道>に従ったのです．
21 義の<道>を知っていながら，自分に
ユダ 11 彼らは，カインの<道>を行き，利益
黙示 15: 3 あなたの<道>は正しく，真実です．
16:12 王たちに<道>を備えるために，かれ

▼ みちあふれる（満ちあふれる）

ロマ 5:15 多くの人々に<満ちあふれる>のです．
20 恵みも<満ちあふれ>ました．
15:29 キリストの<満ちあふれる>祝福をも
Ⅱコリ 4:15 感謝が<満ちあふれ>，神の栄光が現
7: 4 喜びに<満ちあふれ>ています．
8: 2 彼らの<満ちあふれる>喜びは，その
9:12 <満ちあふれる>ようになるからです．
ピリ 4:18 すべての物を受けて，<満ちあふれ>
Ⅰテサ 3:12 愛を増させ，<満ちあふれ>させてく
Ⅰテモ 1:14 恵みは…ますます<満ちあふれる>よ

▼ みぢか（身近）

申命 30:14 みことばは，あなたのごく<身近>に

▼ みちから（御力）

出エ 15:13 <御力>をもって，聖なる御住まいに
Ⅰ歴 16:11 主とその<御力>を尋ね求めよ．絶え
Ⅱ歴 6:41 あなたの<御力>の箱も立ち上がって，
ヨブ 26:12 神は<御力>によって海をかき立て，
詩篇 21: 1 王はあなたの<御力>を，喜びましょ
65: 6 あなたは，<御力>によって山々を堅
66: 3 偉大な<御力>のために，あなたの敵
68:28 神よ．<御力>を奮い起こしてくださ
い…<御力>を示してください．
77:14 国々の民の中に<御力>を現される方
105: 4 主とその<御力>を尋ね求めよ．絶え
150: 1 <御力>の大空で，神をほめたたえよ．
エレ 10:12 主は，<御力>をもって地を造り，知
ルカ 5:17 イエスは，主の<御力>をもって，病
Ⅰコリ 2: 4 御霊と<御力>の現れでした．
ピリ 3:21 <御力>によって…同じ姿に変えてく
Ⅰペテ 1: 5 神の<御力>によって守られており，
Ⅱペテ 1: 3 神としての<御力>は，いのちと敬虔

▼ みちしるべ（道しるべ）

エレ 31:21 あなたは…<道しるべ>を置き，あな
エゼ 21:19 道の始まりに一つの<道しるべ>を刻

▼ みちすじ（道筋）

箴言 5:21 主はその<道筋>のすべてに心を配っ
イザ 40:14 だれが公正の<道筋>を主に教えて，

▼ みちたりる（満ち足りる），満ち足る

出エ 16: 3 パンを<満ち足りる>まで食べていた
8 朝には<満ち足りる>ほどパンを与え
12 朝にはパンで<満ち足りる>であろう．
レビ 25:19 <満ち足りる>まで食べ，安らかにそ
26: 5 <満ち足りる>までパンを食べ，安ら
26 あなたがたは食べても，<満ち足り>
申命 8:10 食べて<満ち足り>たとき，主が賜っ
11:15 あなたは食べて<満ち足り>よう．」
14:29 やもめは来て，食べ，<満ち足りる>
23:24 <満ち足りる>までぶどうを食べても
ルツ 1:21 私は<満ち足り>て出て行きましたが，
Ⅱ歴 31:10 食べて，<満ち足り>，たくさん残り
ヨブ 38:27 荒れ果てた廃墟の地を<満ち足>らせ，
詩篇 17:14 彼らは，子どもらに<満ち足り>，そ
15 あなたの御姿に<満ち足りる>でしょ
22:26 悩む者は，食べて，<満ち足り>，主
37:19 ききんのときにも<満ち足り>よう．
59:15 <満ち足り>なければ，うなる．
63: 5 たましいが脂肪と髄に<満ち足りる>
65: 4 良いもので<満ち足りる>でしょう．
78:29 彼らは食べ，十分に<満ち足り>た．
81:16 岩の上にできる蜜で…<満ち足>らせ

90:14 私たちを<満ち足>らせ…すべての日
91:16 彼を長いいのちで<満ち足>らせ，わ
104:13 みわざの実によって<満ち足り>てい
16 主の木々は<満ち足り>ています．主
28 彼らは良いもので<満ち足り>ます．
105:40 天からのパンで…<満ち足>らわせた．
107: 9 主は渇いたたましいを<満ち足>らせ，
132:15 貧しい者をパンで<満ち足>らせよう．
箴言 12:14 口の実によって…<満ち足りる>．人
19:23 <満ち足り>て住み，わざわいに会わ
伝道 1: 8 耳は聞いて<満ち足りる>こともない．
イザ 9:20 左に食いついても，<満ち足り>ず，
エレ 5: 7 わたしが彼らを<満ち足>らせたとき
31:14 民は，わたしの恵みに<満ち足りる>．
50:10 略奪する者はみな<満ち足りる>．
アモ 4: 8 <満ち足りる>ことはなかった．それ
ミカ 6:14 あなたは食べても<満ち足り>ず，あ
ハバ 2:16 栄光よりも恥で<満ち足り>ている．
マタ 5: 6 その人たちは<満ち足りる>から．
ルカ 1:53 飢えた者を良いもので<満ち足>らせ，
Ⅰコリ 4: 8 あなたがたは，もう<満ち足り>てい
Ⅱコリ 9: 8 すべてのことに<満ち足り>て，すべ
ピリ 4:11 どんな境遇にあっても<満ち足りる>
18 贈り物を受けたので，<満ち足り>て
Ⅰテモ 6: 6 <満ち足りる>心を伴う敬虔こそ，大

▼みちのり（道のり）【別項】安息日の道のり，1日の道のり

出エ 3:18 私たちに荒野へ3日の<道のり>の旅
民数 10:33 主の山を出て，3日の<道のり>を進
んだ…契約の箱は3日の<道のり>の
申命 14:24 <道のり>があまりに遠すぎ，持って
Ⅱテモ 4: 7 走るべき<道のり>を走り終え，信仰

▼みちばた（道ばた）

詩 140: 5 <道ばた>に網を広げ，私に落とし穴
エレ 3: 2 <道ばた>で相手を待ってすわり込み，
エゼ 7:19 彼らは銀を<道ばた>に投げ捨て，彼
ホセ 13: 7 <道ばた>で待ち伏せするひょうのよ
ゼカ 9: 3 黄金を<道ばた>の泥のように積み上
10: 5 <道ばた>の泥を踏みつける勇士のよ
マタ 13: 4 <道ばた>に落ちた種があった．
19 <道ばた>に蒔かれるとは，このよう
マコ 4: 4 種が<道ばた>に落ちた．すると，鳥
15 みことばが<道ばた>に蒔かれるとは，
ルカ 8: 5 <道ばた>に落ちた種があった．する
12 <道ばた>に落ちるとは，こういう人
マコ 10:46 盲人の物ごいが，<道ばた>にすわっ

▼みちびきだす（導き出す）

レビ 11:45 エジプトの地から<導き出>した主で
使徒 7:36 この人が，彼らを<導き出>し，エジ
13:17 彼らをその地から<導き出>してくだ
ヘブ 8: 9 彼らをエジプトの地から<導き出>し

▼みちびきて（導き手）

ロマ 2:19-20 愚かな者の<導き手>，幼子の教師だ

▼みちびく（導く）【別項】導き出す

創世 24:27 私の主人の兄弟の家に<導>かれた.」
48 私を正しい道に<導>いてくださった
46: 4 必ずあなたを再び<導>き上る．ヨセ
出エ 13:11 あなたをカナン人の地に<導>き，そ
17 ペリシテ人の国の道には<導>かれな
21 昼は，途上の彼らを<導く>ため，雲
15:13 あなたは恵みをもって<導>き，御力
民数 14: 3 この地に<導>いて来て，剣で倒そう
申命 8: 7 あなたを良い地に<導>き入れようと
9:28 約束した地に彼らを<導>き入れるこ
20: 1 エジプトの地から<導>き上られたあ
32:12 ただ主だけでこれを<導>き，主とと
ヨシ 24: 8 エモリ人の地に…<導>き入れた．彼
17 奴隷の家から<導>き上られた方，私
Ⅱサム 7:18 あなたはここまで私を<導>いてくだ
Ⅱ歴 32:22 四方から彼らを守り<導>かれた．
ヨブ 31:18 母の胎にいたときから…<導>いた．
38:32 牡牛座を…<導く>ことができるか．
詩篇 5: 8 あなたの義によって私を<導>いてく
23: 3 主は…私を義の道に<導>かれます．
25: 5 あなたの真理のうちに私を<導>き，
43: 3 光とまことを送り，私を<導>いてく
45:14 彼女は…王の前に<導>かれ，彼女に
48:14 神は私たちをとこしえに<導>かれる．
61: 2 高い岩の上に，私を<導>いてくださ
67: 4 地の国民を<導>かれるからです．
68:27 彼らを<導く>末子のベニヤミンがお
73:24 あなたは，私をさとして<導>き，後
77:20 羊の群れのように<導>かれました．
78:14 神は，昼は雲をもって…<導>き，夜
80: 1 ヨセフを羊の群れのように<導>かれ
107: 7 また彼らをまっすぐな道に<導>き，
30 主は，彼らをその望む港に<導>かれ
136:16 荒野で御民を<導>かれた方に．その
139:24 私をとこしえの道に<導>いてくださ
143:10 平らな地に私を<導>いてくださるよ

箴言 4:11 正しい道筋にあなたを<導>いた．
16:29 隣人を惑わし，良くない道へ<導く>．
18:16 高貴な人の前にも彼を<導く>．
イザ 9:16 彼らに<導>かれる者は惑わされる．
40:11 乳を飲ませる羊を優しく<導く>．
48:17 歩むべき道にあなたを<導く>．
49:10 彼らをあわれむ者が彼らを<導>き，
55:12 安らかに<導>かれて行く．山と丘は，
58:11 主は絶えず，あなたを<導>いて，焼
63:14 あなたの民を<導>き，あなたの輝か
エレ 31: 9 わたしは…水の流れのほとりに<導>
ダニ 7:13 年を経た方のもとに進み…<導>かれ
アモ 2:10 荒野の中で40年間…<導>き，エモリ
マタ 4: 1 イエスは…御霊に<導>かれて荒野に上って行かれた．ルカ4:1．
12:20 公義を勝利に<導く>までは．
17: 1 イエスは，ペテロと…ヨハネだけを…高い山に<導>いて．マコ9:2．
ルカ 1:79 われらの足を平和の道に<導く>．」
ヨハ 10:16 わたしはそれをも<導>かなければな
16:13 すべての真理に<導>き入れます．御
使徒 8:31 <導く>人がなければ，どうしてわか
ロマ 2: 4 あなたを悔い改めに<導く>ことも知
5: 2 信仰によって<導>き入れられた私た
8:14 神の御霊に<導>かれる人は，だれで
Ⅰコリ 2:16 だれが…主を<導く>ことができたか．
ガラ 5:18 御霊によって<導>かれるなら，あな
25 御霊に<導>かれて，進もうではあり
Ⅱテサ 3: 5 主があなたがたの心を<導>いて，神
ヘブ 2:10 多くの子たちを栄光に<導く>のに，
7:19 さらにすぐれた希望が<導>き入れら
黙示 7:17 いのちの水の泉に<導>いてくださる

▼ みちみち（道々）

ルカ 24:32 <道々>お話しになっている間も，聖

▼ みちみちる（満ち満ちる）

Ⅰ歴 29:28 齢も富も誉れも<満ち満ち>て死んだ．
ヨハ 1:16 この方の<満ち満ち>た豊かさの中か
16:24 あなたがたの喜びが<満ち満ち>たも
エペ 3:19 神ご自身の<満ち満ち>たさまにまで，
4:13 キリストの<満ち満ち>た身たけにま
コロ 1:19 <満ち満ち>た神の本質を御子のうち
2: 9 神の<満ち満ち>たご性質が形をとっ
10 キリストにあって，<満ち満ち>てい

▼ みちる（満ちる），満つ【別項】満ちあふれる，満ち足りる・満ち足る，満ち

満ちる

創世 1:22 生めよ．ふえよ．海の水に<満ち>よ．
6:11 堕落し，地は，暴虐で<満ち>ていた．
15:16 エモリ人の咎が…<満ちる>ことはな
出エ 1: 7 強くなり，その地は彼らで<満ち>た．
8:21 土地も，あぶの群れで<満ちる>．
10: 6 および全エジプトの家に<満ちる>．
40:35 主の栄光が幕屋に<満ち>ていたから
レビ 12: 4 きよめの期間が<満ちる>までは，聖
19:29 地が破廉恥な行為で<満ちる>ことの
民数 6: 5 身を聖別している期間が<満ちる>ま
14:21 主の栄光が全地に<満ち>ている以上，
22:18 銀や金の<満ち>た彼の家をくれても，
Ⅱサム 7:12 あなたの日数が<満ち>，あなたがあ
Ⅰ列 7:14 ヒラムは…英知と，知識とに<満ち>
8:11 主の栄光が主の宮に<満ち>たからで
Ⅱ列 6:17 エリシャを取り巻いて山に<満ち>て
Ⅰ歴 16:32 海とそれに<満ち>ているものは鳴り
17:11 あなたの日数が<満ち>，あなたがあ
Ⅱ歴 5:14 主の栄光が神の宮に<満ち>たからで
7: 1 主の栄光がこの宮に<満ち>た．
36:21 この地は70年が<満ちる>まで安息を
ヨブ 20:11 彼の骨が若さに<満ち>ても，それも
21:24 彼のからだは脂肪で<満ち>，その骨
詩篇 10: 7 のろいと欺きとしいたげに<満ち>，
16:11 あなたの御前には喜びが<満ち>，あ
24: 1 地とそれに<満ち>ているもの，世界
26:10 右の手はわいろで<満ち>ています．
33: 5 地は主の恵みに<満ち>ている．
65: 9 神の川は水で<満ち>ています．あな
88: 3 私のたましいは，悩みに<満ち>，私
104:24 地はあなたの造られたもので<満ち>
119:64 地はあなたの恵みに<満ち>ています．
伝道 1: 7 海は<満ちる>ことがない．川は流れ
8:11 心は悪を行う思いで<満ち>ている．
9: 3 人の子らの心は悪に<満ち>，生きて
11: 3 雲が雨で<満ちる>と，それは地上に
イザ 2: 6 東方からの者，卜者で<満ち>，外国
8 その国は偽りの神々で<満ち>，彼ら
6: 3 その栄光は全地に<満つ>．」
21: 3 私の腰は苦痛で<満ち>た．女の産み
30:27 くちびるは憤りで<満ち>，舌は焼き
34: 6 主の剣は血で<満ち>，脂肪で肥えて
エレ 6:11 私の身には主の憤りが<満ち>，これ
23:10 国は姦通する者で<満ち>ているから

24 天にも地にも，わたしは<満ち>てい
29:10 バビロンに70年の<満ちる>ころ，わ
51: 5 聖なる方にそむいた罪に<満ち>てい
哀歌 4:18 私たちの日は<満ち>た…終わりが来
エゼ 7:23 この国は虐殺に<満ち>，この町は暴
9: 9 この国は虐殺の血で<満ち>，町も罪
28:12 知恵に<満ち>，美の極みであった．
37: 1 そこには骨が<満ち>ていた．
44: 4 主の栄光が主の神殿に<満ち>ていた．
ダニ 2:35 石は大きな山となって全土に<満ち>
3:19 ネブカデネザルは怒りに<満ち>，シ
ヨエ 2:24 打ち場は穀物で<満ち>，石がめは新
ミカ 1: 2 地と，それに<満ちる>ものよ．耳を
3: 8 私は…公義と，勇気とに<満ち>，ヤ
ハバ 3: 3 その賛美は地に<満ち>ている．
マタ 12:34 心に<満ち>ていることを口が話すの
マコ 1:15 時が<満ち>，神の国は近くなった．
ルカ 1:57 さて月が<満ち>て，エリサベツは男
2: 6 マリヤは月が<満ち>て，
40 幼子は成長し…知恵に<満ち>て行っ
4: 1 聖霊に<満ち>たイエスは，ヨルダン
ヨハ 1:14 この方は恵みとまことに<満ち>てお
7: 8 わたしの時がまだ<満ち>ていないか
使徒 6: 3 御霊と知恵とに<満ち>た，評判の良
5 信仰と聖霊とに<満ち>た人ステパノ，
8 ステパノは恵みと力とに<満ち>，人
11:24 彼は…聖霊と信仰に<満ち>ている人
ロマ 1:29 悪とむさぼりと悪意とに<満ち>た者，
3:14 口は，のろいと苦さで<満ち>ている．
Ⅰコリ 10:26 地とそれに<満ち>ているものは，主
エペ 1:10 時がついに<満ち>て，実現します．
ヤコ 3: 8 それは…死の毒に<満ち>ています．
17 あわれみと良い実とに<満ち>，えこ
Ⅱペテ 2:14 その目は淫行に<満ち>ており，罪に
黙示 4: 8 六つの翼があり…内側も目で<満ち>
6:11 殺されるはずの人々の数が<満ちる>
15: 7 神の御怒りの<満ち>た七つの金の鉢
17: 3 その獣は神をけがす名で<満ち>てお
21: 9 七つの災害の<満ち>ているあの七つ

▼ みつ（蜜）
創世 43:11 乳香と<蜜>を少々，樹膠と没薬，く
出エ 3: 8 乳と<蜜>の流れる地．13:5，民数13
:27，14:8，16:14，申命26:9，27:3，
ヨシ5:6，エレ11:5，エゼ20:6．
16:31 マナ…味は<蜜>を入れたせんべいの
民数 16:13 乳と<蜜>の流れる地から上らせて，
申命 32:13 主は岩からの<蜜>と，堅い岩からの
士師 14: 8 獅子のからだの中に…<蜜>があった．
Ⅰサム 14:29 この<蜜>を少し味見しただけで．43.
Ⅰ列 14: 3 <蜜>のびんを持って彼のところへ行
ヨブ 20:17 <蜜>と凝乳の流れる川を見ることが
詩篇 19:10 <蜜>よりも，蜜蜂の巣のしたたりよ
81:16 わたしは岩の上にできる<蜜>で，あ
119:103 みことばは…<蜜>よりも私の口に甘
箴言 5: 3 くちびるは蜂の巣の<蜜>をしたたら
24:13 わが子よ．<蜜>を食べよ．それはお
雅歌 4:11 あなたの舌の裏には<蜜>と乳がある．
エレ 41: 8 油，<蜜>を畑に隠していますから．」
エゼ 3: 3 私の口の中で<蜜>のように甘かった．
16:13 上等の小麦粉や<蜜>や油を食べた．
黙示 10: 9 口には<蜜>のように甘い．10.

▼ ミツァル〔地名〕
レバノン山脈かガリラヤにある山．詩篇42:6.

▼ ３か（３日）【別項】 ３日３晩
創世 22: 4 <３日>目に，アブラハムが目を上げ
30:36 ヤコブとの間に<３日>の道のりの距
40:12 ３本のつるは<３日>のことです．
出エ 10:22 エジプト全土は<３日>間真っ暗やみ
民数 10:33 主の山を出て，<３日>の道のりを進
ヨシ 2:16 <３日>間，そこで身を隠していてく
Ⅰサム 9:20 <３日>前にいなくなった…雌ろばに
Ⅱサム 20: 4 ユダの人々を<３日>のうちに召集し，
24:13 <３日>間…疫病があるのがよいか．
Ⅰ列 12: 5 もう<３日>したら…戻って来なさい
Ⅱ列 2:17 <３日>間，捜したが，彼を見つける
Ⅰ歴 12:39 ダビデとともに<３日>間とどまり，
Ⅱ歴 10: 5 <３日>したら，私のところに戻って
エズ 8:15 私たちはそこに<３日>間，宿営した．
ネヘ 2:11 エルサレムに…<３日>間とどまった．
エス 5: 1 <３日>目にエステルは王妃の衣装を
アモ 4: 4 <３日>ごとに10分の１のささげ物を
ヨナ 3: 3 ニネベは，行き巡るのに<３日>かか
マタ 16:21 <３日>目によみがえらなければなら
27:40 神殿を打ちこわして<３日>で建てる
63 自分は<３日>の後によみがえる』と
64 <３日>目まで墓の番をするように命
マコ 14:58 <３日>のうちに…神殿を造ってみせ
ルカ 2:46 <３日>の後に，イエスが宮で教師た
24:21 その事があってから<３日>目になり
ヨハ 2: 1 <３日>目に，ガリラヤのカナで婚礼

19 わたしは，<3日>でそれを建てよう．
使徒 9: 9 彼は<3日>の間，目が見えず，また
28: 7 <3日>間手厚くもてなしてくれた．

▼ みつかい（御使い）【別項】天の御使い，御使い礼拝

創世 19: 1 ふたりの<御使い>は夕暮れにソドム
48:16 わざわいから私を贖われた<御使い>．
民数 20:16 ひとりの<御使い>を遣わし，私たち
IIサム 24:16 <御使い>が，エルサレムに手を伸べ
I列 13:18 <御使い>が主の命令を受けて，私に
19: 5 ひとりの<御使い>が彼にさわって，
I歴 21:15 神はエルサレムに<御使い>を遣わし
II歴 32:21 主はひとりの<御使い>を遣わし，ア
ヨブ 4:18 <御使い>たちにさえ誤りを認められ
33:23 ひとりの<御使い>，すなわち千人に
詩篇 78:25 人々は<御使い>のパンを食べた．神
49 わざわいの<御使い>の群れを送られ
91:11 <御使い>たちに命じて…守るように
148: 2 すべての<御使い>よ．主をほめたた
ダニ 3:28 神は<御使い>を送って，王の命令に
ホセ 12: 4 彼は<御使い>と格闘して勝ったが，
ゼカ 1: 9 私と話していた<御使い>が，「これ
2: 3 私と話していた<御使い>が出て行く
3: 3 ヨシュアは…<御使い>の前に立って
マタ 4: 6 神は<御使い>たちに命じて，その手
11 <御使い>たちが近づいて来て仕えた．
13:39 刈り手とは<御使い>たちのことです．
41 人の子はその<御使い>たちを遣わし
49 <御使い>たちが来て，正しい者の中
16:27 人の子は…<御使い>たちとともに，
24:31 人の子は…<御使い>たちを遣わしま
25:31 人の子が…<御使い>たちを伴って来
26:53 12軍団よりも多くの<御使い>を，今
28: 5 <御使い>は女たちに言った．「恐れ
マコ 1:13 <御使い>たちがイエスに仕えていた．
8:38 聖なる<御使い>たちとともに来ると
13:27 人の子は，<御使い>たちを送り，地
ルカ 1:13 <御使い>．18，19，28，30，34，35，38．
26 <御使い>ガブリエルが，神から遣わ
2:13 <御使い>といっしょに…天の軍勢が
15 <御使い>たちが…天に帰ったとき，
21 胎内に宿る前に<御使い>がつけた名
4:10 神は，<御使い>たちに命じてあなた
9:26 聖なる<御使い>との栄光を帯びて来
12: 8 その人を神の<御使い>たちの前で認
9 <御使い>たちの前で知らないと言わ
15:10 神の<御使い>たちに喜びがわき起こ
16:22 <御使い>たちによってアブラハムの
20:36 彼らは<御使い>のようであり，また，
22:43 <御使い>が…イエスを力づけた．
24:23 そして<御使い>たちの幻を見たが，
ヨハ 1:51 神の<御使い>たちが人の子の上を上
12:29 <御使い>があの方に話したのだ」と
20:12 ふたりの<御使い>が…すわっている
使徒 6:15 彼の顔は<御使い>の顔のように見え
7:30 <御使い>が，モーセに…現れました．
35 柴の中で彼に現れた<御使い>の手に
38 シナイ山で彼に語った<御使い>や私
53 <御使い>たちによって定められた律
10: 3 幻の中で，はっきりと神の<御使い>を見た．<御使い>は彼のところに来
4 <御使い>を見つめていると，恐ろし
7 <御使い>が彼にこう語って立ち去る
22 聖なる<御使い>によって示されまし
11:13 <御使い>は彼の家の中に立って，
12: 7 すると突然，主の<御使い>が現れ，
8 <御使い>が，「帯を締めて，くつを
9 外に出て，<御使い>について行った．
10 <御使い>は，たちまち彼を離れた．
11 主は<御使い>を遣わして，ヘロデの
15 それは彼の<御使い>だ」と言ってい
23: 8 サドカイ人は…<御使い>も霊もない
9 霊か<御使い>かが，彼に語りかけた
27:23 私の仕えている神の<御使い>が，私
ロマ 8:38 <御使い>も，権威ある者も，今ある
Iコリ 4: 9 <御使い>にも人々にも，この世の見
6: 3 私たちは<御使い>をもさばくべき者
11:10 それも<御使い>たちのためにです．
13: 1 <御使い>の異言で話しても，愛がな
IIコリ 11:14 サタンさえ光の<御使い>に変装する
ガラ 3:19 <御使い>たちを通して仲介者の手で
4:14 神の<御使い>のように…私を迎えて
Iテサ 4:16 <御使い>のかしらの声と，神のラッ
IIテサ 1: 7 力ある<御使い>たちを従えて天から
Iテモ 3:16 <御使い>たちに見られ，諸国民の間
5:21 イエスと選ばれた<御使い>たちとの
ヘブ 1: 4 御子は，<御使い>たちよりもさらに
5 神は，かつてどの<御使い>に向かっ
6 「神の<御使い>はみな，彼を拝め．」

7 神は，<御使い>たちを風とし，仕え
14 <御使い>はみな，仕える霊であって，
2: 2 <御使い>たちを通して語られたみこ
5 後の世を，<御使い>たちに従わせる
7 <御使い>よりも…低いものとし，彼
16 主は<御使い>たちを助けるのではな
12:22 無数の<御使い>たちの大祝会に近づ
13: 2 ある人々は<御使い>たちを…もてな
Ⅰペテ 1:12 それは<御使い>たちもはっきり見た
3:22 <御使い>たち，および，もろもろの
Ⅱペテ 2: 4 神は，罪を犯した<御使い>たちを，
11 <御使い>たちは，勢いにも力にもま
ユダ 6 自分のおるべき所を捨てた<御使い>
9 <御使い>のかしらミカエルは，モー
黙示 1: 1 <御使い>を遣わして…ヨハネにお告
20 七つの星は七つの教会の<御使い>た
2: 1 教会の<御使い>に書き送れ．8，12，18，3:1，7，14．
5: 2 <御使い>．7:1，2，11，8:2，3，4，5，6，7，8，10，12，13，9:1，13，14，15，10:1，5，7，8，9，11:15，14:8，9，15，17，18，19，15:1，6，7，8，16:1，2，3，4，5，8，10，12，17，17:1，7，15，18:1，21，19:9，21:9，12，22:1，6．
10:10 <御使い>の手から…巻き物を取って
14: 6 もうひとりの<御使い>が中天を飛ぶ
10 聖なる<御使い>たちと小羊との前で，
17: 3 <御使い>は，御霊に感じた私を荒野
19:17 太陽の中にひとりの<御使い>が立っ
20: 1 <御使い>が底知れぬ所のかぎと大き
21:10 <御使い>は御霊によって…高い山に
17 これが<御使い>の尺度でもあった．
22: 8 <御使い>の足もとに，ひれ伏して拝

▼ みつかいれいはい（御使い礼拝）

コロ 2:18 <御使い礼拝>をしようとする者に，

▼ 3か3ばん（3日3晩）

Ⅰサム 30:12 <3日3晩>，パンも食べず，水も飲
エス 4:16 <3日3晩>，食べたり飲んだりしな
ヨナ 1:17 ヨナは<3日3晩>，魚の腹の中にい
マタ 12:40 人の子も<3日3晩>，地の中にいる

▼ みつかる（見つかる）

創世 2:20 ふさわしい助け手が<見つか>らなっ
44: 9 それが<見つか>った者は殺してくだ
出エ 15:22 彼らには水が<見つか>らなかった．
申命 22:22 夫のある女と寝ている男が<見つか>
ヨシ 10:17 5人の王たちが<見つか>ったという
士師 20:48 <見つか>ったすべての町々に火を放
Ⅰサム 9: 4 巡り歩いたが，<見つか>らなかった．
Ⅱ列 22:13 <見つか>った書物のことばについて，
エズ 2:62 系図書きを捜してみたが，<見つか>
エス 6: 2 書かれてあるのが<見つか>った．
詩篇 37:36 彼を捜し求めたが<見つか>らなかっ
マタ 7: 7 捜しなさい．そうすれば<見つか>り
12:43 休み場を捜しますが，<見つか>りま
マコ 14:55 訴える証拠…何も<見つか>らなかっ
ルカ 13: 6 実を取りに来たが…<見つか>らなか
15:24 いなくなっていたのが<見つか>った
23: 4 この人には何の罪も<見つか>らない．14，22．
ヨハ 7:34 わたしを捜すが，<見つか>らないで
黙示 5: 4 ふさわしい者がだれも<見つか>らな

▼ みつぎ（貢），みつぎもの

民数 31:28 主のために<みつぎ>として徴収せよ．
士師 3:15 王エグロンに<みつぎもの>を送った．
Ⅱサム 8: 2 モアブは…<みつぎもの>を納める者
Ⅰ列 4:21 ソロモンの一生の間<みつぎもの>を
Ⅱ列 17: 3 ホセアは彼に…<みつぎもの>を納め
Ⅱ歴 17:11 ヨシャパテに…<みつぎ>の銀を携え
26: 8 アモン人は…<みつぎもの>を納めた．
エズ 4:13 <みつぎ>，関税，税金を納めなくな
6: 8 川向こうの地の<みつぎ>の中から，
7:24 <みつぎ>…税金を課してはならない．
詩篇 68:18 人々から，<みつぎ>を受けられまし
72:10 シェバとセバの王たちは，<みつぎ>
エゼ 27:15 象牙と黒檀とを…<みつぎ>として持
マタ 17:25 だれから税や<貢>を取り立てますか．
ロマ 13: 6 同じ理由で…<みつぎ>を納めるので
7 <みつぎ>を納めなければならない人

▼ みつげ（御告げ）【別項】お告げ

Ⅰサム 2:30 イスラエルの神，主の<御告げ>だ―
イザ 1:24 万軍の主，イスラエルの全能者，主の<御告げ>．3:15，14:22，17:3，19:4，22:25，30:1，31:9，37:34，41:14，43:12，49:18，54:17，55:8，56:8，59:20，66:2．
エレ 1: 8 主の<御告げ>．2:3，3:1，4:1，5:9，15，6:12，7:11，8:1，9:3，12:17，15:3，16:5，18:6，19:6，21:7，22:5，23:1，25:7，27:8，28:4，29:9，30:3，

31:1, 32:5, 33:14, 34:5, 39:17, 42:11, 44:29, 45:5, 46:5, 48:12, 49:2, 50:4, 51:24, 48.
エゼ 5:11 神である主の<御告げ>. 11:8, 12:25, 13:6, 14:11, 15:8, 16:8, 17:16, 18:3, 20:3, 21:7, 22:12, 23:34, 24:14, 25:14, 26:5, 28:10, 29:20, 30:6, 31:18, 32:8, 33:11, 34:8, 35:6, 36:14, 37:14, 38:18, 39:5, 43:19, 44:12, 45:9, 47:23, 48:29, ホセ2:13, 11:11, ヨエ2:12, アモ2:16, 3:10, 4:3, 6:8, 8:3, 9:7, オバ4, ミカ4:6, ナホ2:13, 3:5, ゼパ1:2, 2:9, 3:8, ハガ1:9, 2:4, ゼカ1:3, 2:5, 3:9, 5:4, 8:6, 10:12, 11:6, 12:1, 13:2, マラ1:2.
ヘブ 8: 5 神から<御告げ>を受けたとおりのも

▼ みつける（見つける）

創世 16: 7 泉のほとりで, 彼女を<見つけ>,
19:11 彼らは戸口を<見つける>のに疲れ果
30:14 ルベンは…恋なすびを<見つけ>, そ
31:32 あなたの神々を…<見つけ>たなら,
38:20 彼はその女を<見つける>ことができ
41:38 ほかに<見つける>ことができようか.
出エ 18:21 誠実な人々を<見つけ>出し, 千人の
22: 2 押し入るところを<見つけ>られ, 打
民数 35:27 血の復讐をする者が…彼を<見つけ>
申命 22: 6 地面に鳥の巣を<見つけ>, それにひ
32:10 獣のほえる荒地で彼を<見つけ>, こ
33:21 自分のために最良の地を<見つけ>た.
士師 15:15 サムソンは…あご骨を<見つけ>, 手
17: 9 私は滞在する所を<見つけ>ようとし
Ⅰサム 16: 1 わたしのために, 王を<見つけ>たか
20:36 「私が射る矢を<見つけ>ておいで.」
24:19 人が自分の敵を<見つけ>たとき, 無
30:11 エジプト人を野原で<見つけ>, ダビ
Ⅱサム 17:20 彼らは, 捜したが<見つける>ことが
Ⅰ列 1: 3 アビシャグを<見つけ>て, 王のもと
Ⅱ列 2:17 3日間, 捜したが, 彼を<見つける>
4:39 野生のつる草を<見つけ>たので, そ
22: 8 主の宮で律法の書を<見つけ>ました.
Ⅰ歴 10: 8 山で倒れているのを<見つけ>た.
Ⅱ歴 32: 4 豊富な水を<見つけ>させてたまるも
34:15 主の宮で律法の書を<見つけ>ました.
ネヘ 8:14 書かれているのを<見つけ>出した.
13:15 …に運び込んでいる者を<見つけ>た.
ヨブ 3:22 彼らは墓を<見つける>と, なぜ, 歓
19:28 事の原因を私のうちに<見つけ>て,
28:12 知恵はどこから<見つけ>出されるの
37:23 私たちが<見つける>ことのできない
詩篇 17: 3 何も<見つけ>出されません. 私は,
21: 8 あなたのすべての敵を<見つけ>出し,
107: 4 住むべき町へ行く道を<見つけ>なか
119:162 大きな獲物を<見つけ>た者のように,
箴言 1:13 あらゆる宝物を<見つけ>出し, 分捕
28 彼らはわたしを<見つける>ことがで
8:17 捜す者は, わたしを<見つける>.
17:20 心の曲がった者は幸いを<見つけ>な
18:22 良い妻を<見つける>者はしあわせを
20: 6 だれが忠実な人を<見つけ>えよう.
25:16 蜜を<見つけ>たら, 十分, 食べよ.
31:10 しっかりした妻をだれが<見つける>
雅歌 3: 4 愛している人を私は<見つけ>ました.
イザ 13:15 <見つけ>られた者はみな, 刺され,
41:12 あなたは<見つける>ことはできず,
65: 1 捜さなかった者たちに, <見つけ>ら
エレ 2: 5 わたしにどんな不正を<見つけ>て,
24 発情期に, これを<見つける>ことが
15:16 私はあなたのみことばを<見つけ>出
29:13 求めるなら, わたしを<見つける>だ
14 わたしはあなたがたに<見つけ>られ
41:12 大池のほとりで彼を<見つけ>た.
50: 7 彼らを<見つける>者はみな彼らを食
20 ユダの罪も<見つける>ことはできな
24 おまえは<見つけ>られてつかまえら
エゼ 26:21 永久におまえを<見つける>ことはな
ダニ 2:25 解き明かしのできる…男を<見つけ>
6: 4 ダニエルを訴える口実を<見つけ>ようと努めたが…<見つける>ことがで
ホセ 2: 7 しかし, <見つけ>出すことはない.
5: 6 主を尋ね求めるが, <見つける>こと
マタ 7: 8 捜す者は<見つけ>出し, たたく者に
13:44 人はその宝を<見つける>と, それを
46 真珠を一つ<見つけ>た者は, 行って
ルカ 2:12 寝ておられるみどりごを<見つけ>ま
46 質問…しておられるのを<見つけ>た.
6: 7 彼を訴える口実を<見つける>ために
15: 4 いなくなった1匹を<見つける>まで
9 <見つけ>たら, 友だちや近所の女た
20 父親は彼を<見つけ>, かわいそうに

ヨハ 1:41 自分の兄弟シモンを<見つけ>て，
5:14 イエスは宮の中で彼を<見つけ>て言
9:35 イエスは…彼を<見つけ>出して言わ
使徒 21: 4 私たちは弟子たちを<見つけ>出して，

▼ ミツパ〔地名〕

(1)ヤコブとラバンが契約を結んだ所．創世31:49.
(2)イスラエル人とアモン人との戦場．士師10:17，11:11，29，34，ホセ5:1.
(3)ヘルモン山のふもとの地．ヨシ11:3，8.
(4)ユダの低地の町の一つ．ヨシ15:38.
(5)ダビデの親が避難したモアブの町．Ｉサム22:3.
(6)ベニヤミンの町．ヨシ18:26，士師20:1，21:1，5，8，Ｉサム7:5，7，12，16，10:17，Ｉ列15:22，Ⅱ列25:23，25，ネヘ3:7，15，19，エレ40:6，8，15，41:3，10，14，16.

▼ みつばち（蜜蜂）

Ｉサム 14:27 <蜜蜂>の巣に浸し，それを手につけ
詩篇 19:10 <蜜蜂>の巣のしたたりよりも甘い．

▼ みつまた（三又）

Ｉサム 2:13 祭司の子が<三又>の肉刺しを手にし

▼ みつめる（見つめる）

創世 24:21 この人は…黙って彼女を<見つめ>て
民数 24:17 私は<見つめる>．しかし間近ではな
詩篇 34: 8 主のすばらしさを味わい…<見つめ>
箴言 4:25 あなたの目は前方を<見つめ>，あな
マコ 8:25 <見つめ>ていると，すっかり直り，
10:21 イエスは彼を<見つめ>，その人をい
ルカ 14: 1 みんながじっとイエスを<見つめ>て
20:17 イエスは，彼らを<見つめ>て言われ
22:61 主が振り向いてペテロを<見つめ>ら
使徒 1:10 弟子たちは天を<見つめ>ていた．す
10: 4 御使いを<見つめ>ていると，恐ろし
23: 1 パウロは議会を<見つめ>て，こう言
Ⅱコリ 3: 7 モーセの顔を<見つめる>ことができ
ヤコ 1:25 律法を一心に<見つめ>て離れない人

▼ みつより（三つ撚り）

伝道 4:12 <三つ撚り>の糸は簡単には切れない．

▼ ミツライム〔人名〕

ハムの第２子．創世10:6，13，Ｉ歴1:8，11.

▼ みつりん（密林）

Ⅱサム 18: 8 <密林>で行き倒れになった者のほう
エレ 12: 5 どうしてヨルダンの<密林>で過ごせ
49:19 獅子がヨルダンの<密林>から水の絶

▼ みて（御手）【別項】手のわざ・御手のわざ，右手・右の御手

出エ 15:17 あなたの<御手>が堅く建てた聖所に．
申命 2:15 主の<御手>が彼らに下り，彼らをか
4:34 力強い<御手>と，伸べられた腕と，5:15，26:8.
ヨシ 4:24 主の<御手>の強いことを知り，あな
Ⅱサム 24:17 あなたの<御手>を，私と私の一家に
Ｉ列 8:15 <御手>をもってこれを成し遂げて言
Ｉ歴 4:10 <御手>が私とともにあり，わざわい
29:12 <御手>には勢いと力があり，あなた
16 すべての…ものは…<御手>から出た
Ⅱ歴 30:12 ユダには，神の<御手>が臨み，人々
エズ 7: 6 主の<御手>が彼の上にあったので，
8:18 神の恵みの<御手>が私たちの上にあったので．ネヘ2:8.
ヨブ 10: 8 あなたの<御手>は私を形造り，造ら
12: 9 主の<御手>がこれをなさったことを，
10 人間の息とは…<御手>のうちにある．
27:22 彼は<御手>からなんとかしてのがれ
詩篇 31:15 私の時は，<御手>の中にあります．
32: 4 <御手>が昼も夜も私の上に重くのし
74:11 なぜ，あなたは<御手>を…引っ込め
89:13 あなたの<御手>は強く，あなたの右
104:28 <御手>を開かれると…満ち足ります．
伝道 2:24 これもまた，神の<御手>によること
9: 1 神の<御手>の中にあることを確かめ
イザ 5:25 なおも，<御手>は伸ばされている．
8:11 主は強い<御手>をもって私を捕らえ，
9:12 それでも，御怒りは去らず，なおも，<御手>は伸ばされている．17.
11:15 <御手>を川に向かって振り動かし，
14:26 万国に対して伸ばされた<御手>．27.
59: 1 主の<御手>が短くて救えないのでは
66:14 主の<御手>は，そのしもべたちに知
エレ 1: 9 主は<御手>を伸ばして，私の口に触
エゼ 3:14 主の<御手>が強く私の上にのしかか
22 主の<御手>が私の上にあった．主は
8: 1 神である主の<御手>が私の上に下っ
33:22 主の<御手>が私の上にあり，朝になって．37:1.
ダニ 4:35 <御手>を差し押さえて，「あなたは
マコ 5:23 娘の上に<御手>を置いてやってくだ
ルカ 1:66 主の<御手>が彼とともにあったから
23:46 父よ．わが霊を<御手>にゆだねます．

ヨハ 10:29 父の<御手>から彼らを奪い去ること
使徒 4:28 あなたの<御手>とみこころによって，
30 <御手>を伸ばしていやしを行わせ，
11:21 主の<御手>が彼らとともにあったの
13:11 主の<御手>が今，おまえの上にある．
Iペテ 5: 6 神の力強い<御手>の下にへりくだり

▼ミデアン〔地名〕
ミデヤン1.と同地．使徒7:29.

▼ミディン〔地名〕
ユダの荒野の町．ヨシ15:61.

▼ミテカ〔地名〕
荒野の宿営地の一つ．民数33:28，29.

▼ミテニ
勇士ヨシャパテの出身地か氏族名．I歴11:43.

▼ミデヤン
1.地名．モーセがエジプトから逃れて居住した地．出エ2:15，4:19，民数22:4，7，ヨシ13:21，I列11:18，イザ9:4，10:26，60:6，ハバ3:7.
2.人名．アブラハムの子．創世25:2，4.
3.ミデヤン人．創世36:35，37:28，民数10:29，25:15，31:2，3，7，士師6:33，7:25.

▼ミテレダテ〔人名〕
(1)ペルシヤ王クロスの宝庫係．エズ1:8.
(2)城壁再建に抗議した者の一人．エズ4:7.

▼ミテレネ〔地名〕
エーゲ海のレスボス島の首都．使徒20:14.

▼みとおす（見通す）
ヨブ 39:29 その目は遠くまで<見通す>.
詩篇 11: 4 その目は<見通>し，そのまぶたは，

▼みとめる（認める）
創世 15: 6 主はそれを彼の義と<認め>られた．
申命 21:17 妻の子を長子として<認め>，自分の
32:31 敵もこれを<認め>ている．
33: 9 彼は自分の兄弟をも<認め>ず，その
II歴 26: 5 彼は神を<認める>ことを教えたゼカ
エズ 8:15 民と祭司たちとを<認め>たが，レビ
ネヘ 13:13 彼らは忠実な者と<認め>られていた
ヨブ 7:10 彼の家も，もう彼を<認め>ないでし
9:11 神が進んで行っても，私は<認める>ことができない．23:8.
32:12 ヨブに罪を<認め>させる者はなく，
詩篇 32: 2 主が，咎をお<認め>にならない人，
106:31 代々永遠に，彼の義と<認め>られた．
箴言 3: 6 行く所どこにおいても，主を<認め>
イザ 61: 9 子孫であることを<認める>.
63:16 イスラエルが私たちを<認め>なくて
ダニ 6:22 私に罪のないことが…<認め>られた
11:39 彼が<認める>者には，栄誉を増し加
ホセ 5:15 彼らが自分の罪を<認め>，わたしの
マタ 10:32 わたしを人の前で<認める>者はみな，わたしも…父の前でその人を<認め>
14: 5 彼らはヨハネを預言者と<認め>てい
17:12 彼らはエリヤを<認め>ようとせず，
21:26 ヨハネを預言者と<認め>ているのだ
46 群衆はイエスを預言者と<認め>てい
ルカ 7:29 神の正しいことを<認め>たのです．
12: 8 神の御使いたちの前で<認め>ます．
17:20 神の国は，人の目で<認め>られるよ
ヨハ 13:35 弟子であることを…<認める>のです．
16: 8 世にその誤りを<認め>させます．
18:38 私は，あの人には罪を<認め>ません．
使徒 13:27 指導者たちは…イエスを<認め>ず，
ロマ 1:20 被造物によって…<認め>られるので
4: 6 神によって義と<認め>られる人の幸
8 主が罪を<認め>ない人は幸いである．
19 胎の死んでいることとを<認め>ても，
5:13 罪は…律法がなければ，<認め>られ
7:16 律法は良いものであることを<認め>
14:18 キリストに仕える人は…<認め>られ
22 自分が，良いと<認め>ていることに
Iコリ 14:37 主の命令であることを<認め>なさい．
38 もしそれを<認め>ないなら，その人は<認め>られません．
IIコリ 8:22 熱心であることを…<認める>ことが
ピリ 3: 9 キリストの中にある者と<認め>られ，
Iテサ 2: 4 私たちは神に<認め>られて福音をゆ
5:12 訓戒している人々を<認め>なさい．
Iテモ 1:12 私を忠実な者と<認め>てくださった
5:10 良い行いによって<認め>られている

▼みどり（緑）
レビ 13:49 患部が<緑>がかっていたり，赤みを
詩篇 23: 2 主は私を<緑>の牧場に伏させ，いこ
イザ 15: 6 若草も尽き果て，<緑>もなくなった．
エレ 11:16 美しい<緑>のオリーブの木』と呼ば
エゼ 17:24 <緑>の木を枯らし，枯れ木に芽を出
ホセ 14: 8 わたしは<緑>のもみの木のようだ．

▼みどりご
イザ 9: 6 ひとりの<みどりご>が，私たちのた

ルカ 2:12 飼葉おけに寝ておられる<みどりご>を見つけます．16.

▼ ミナ

Ｉ列 10:17 その盾１個に３<ミナ>の金を使った．
エズ 2:69 銀５千<ミナ>，祭司の長服100着を
ネヘ 7:70 金２万ダリク，銀2200<ミナ>をささ
71 銀２千<ミナ>，祭司の長服67着であ
ルカ 19:13 10人のしもべを呼んで，10<ミナ>を与え．16，18，20，24，25.

▼ みな（御名）【別項】神の御名，主の御名

出エ 15: 3 主はいくさびと．その<御名>は主．
20: 7 主は，<御名>をみだりに唱える者を，
レビ 24:11 <御名>を冒瀆してのろったので，人
申命 5:11 <御名>をみだりに唱える者を，罰せ
6:13 <御名>によって誓わなければならな
12: 5 ご自分の住まいとして<御名>を置く
28:58 この光栄ある恐るべき<御名>，あな
ヨシ 7: 9 大いなる<御名>のために何をなさろ
Ｉサム 12:22 主は，ご自分の偉大な<御名>のため
Ⅱサム 22:50 あなたの<御名>を，ほめ歌います．
Ｉ列 8:43 この地のすべての民が<御名>を知り，
Ｉ歴 16: 8 主に感謝して，<御名>を呼び求めよ．
17:24 <御名>がとこしえまでも真実なもの
29:13 栄えに満ちた<御名>をほめたたえま
Ⅱ歴 6:24 立ち返って<御名>をほめたたえ，こ
32 大いなる<御名>と，力強い御手と，
20: 9 あなたの<御名>はこの宮にあるから
エズ 6:12 エルサレムに<御名>を住まわせられ
詩篇 5:11 <御名>を愛する者たちがあなたを誇
8: 9 あなたの<御名>は全地にわたり，な
9:10 <御名>を知る者はあなたに拠り頼み
22:22 <御名>を私の兄弟たちに語り告げ，
23: 3 <御名>のために，私を義の道に導か
25:11 <御名>のために，私の咎をお赦しく
29: 2 <御名>の栄光を，主に帰せよ．聖な
30: 4 その聖なる<御名>に感謝せよ．
31: 3 <御名>のゆえに，私を導き，私を伴
33:21 私たちは，聖なる<御名>に信頼して
34: 3 共に，<御名>をあがめよう．
44: 5 <御名>によって…踏みつけましょう．
48:10 <御名>と同じく，地の果てにまで及
52: 9 いつくしみ深いあなたの<御名>を待
54: 1 <御名>によって，私をお救いくださ
6 あなたの<御名>に，感謝します．
61: 5 <御名>を恐れる者の受け継ぐ地を私
63: 4 <御名>により，両手を上げて祈りま
68: 4 神に向かって歌い，<御名>をほめ歌
69:36 <御名>を愛する者たちはそこに住み
72:19 ほむべきかな．その栄光の<御名>．
74:21 貧しい者が<御名>をほめたたえます
75: 1 <御名>は，近くにあり，人々は，あ
76: 1 <御名>はイスラエルにおいて大きい．
79: 9 <御名>の栄光のために，私たちを助
86:11 <御名>を恐れるように．
89:12 あなたの<御名>を高らかに歌います．
16 <御名>をいつも喜び，あなたの義に
92: 1 あなたの<御名>にほめ歌を歌うこと
96: 2 主に歌え．<御名>をほめたたえよ．
8 <御名>の栄光を主にささげよ．ささ
99: 6 サムエルは<御名>を呼ぶ者の中にい
100: 4 主に感謝し，<御名>をほめたたえよ．
102:12 あなたの<御名>は代々に及びます．
103: 1 聖なる<御名>をほめたたえよ．
106: 8 主は，<御名>のために彼らを救われ
109:21 <御名>のために私に優しくしてくだ
115: 1 栄光を…<御名>にのみ帰してくださ
119:55 夜には，あなたの<御名>を思い出し，
135: 3 その<御名>はいかにも麗しい．
13 あなたの<御名>はとこしえまで，主
138: 2 ご自分のすべての<御名>のゆえに，
140:13 正しい者はあなたの<御名>に感謝し，
143:11 <御名>のゆえに，私を生かし，あな
145: 1 <御名>を世々限りなく，ほめたたえ
21 すべて肉なる者が聖なる<御名>を世
イザ 12: 4 その<御名>を呼び求めよ．そのみわ
25: 1 あなたの<御名>をほめたたえます．
26:13 あなたによってのみ，<御名>を唱え
63:14 輝かしい<御名>をあげられたのです．
16 <御名>は，とこしえから…贖い主で
エレ 10: 6 <御名>は，力ある大いなるものです．
14: 7 <御名>のために事をなしてください．
9 <御名>をもって，呼ばれているので
21 <御名>のために，私たちを退けない
哀歌 3:55 私は深い穴から<御名>を呼びました．
ダニ 9:18 あなたの<御名>がつけられている町
ミカ 6: 9 <御名>を恐れることがすぐれた知性
ゼカ 14: 9 主はただひとり，<御名>もただ一つ
マタ 6: 9 <御名>があがめられますように．ルカ11:2.

28:19 父，子，聖霊の<御名>によってバプ
ルカ 1:49 その<御名>は聖く，
10:17 あなたの<御名>を使うと，悪霊ども
ヨハ 2:23 しるしを見て，<御名>を信じた．
3:18 神のひとり子の<御名>を信じなかっ
10:25 父の<御名>によって行うわざが，わ
12:28 <御名>の栄光を現してください．」
17: 6 あなたの<御名>を明らかにしました．
11 <御名>の中に，彼らを保ってくださ
い．12．
26 彼らにあなたの<御名>を知らせまし
20:31 イエスの<御名>によっていのちを得
使徒 3:16 イエスの<御名>が，その<御名>を信
4:10 イエス・キリストの<御名>によるの
12 天の下でこの<御名>のほかに，私た
30 聖なるしもべイエスの<御名>によっ
5:41 使徒たちは，<御名>のためにはずか
8:12 イエス・キリストの<御名>について
16 主イエスの<御名>によってバプテス
9:21 この<御名>を呼ぶ者たちを滅ぼした
27 イエスの<御名>を大胆に宣べた様子
15:14 <御名>をもって呼ばれる民をお召し
26 主イエス・キリストの<御名>のため
16:18 キリストの<御名>によって命じる．
19: 5 主イエスの<御名>によってバプテス
13 主イエスの<御名>をとなえ，「パウ
17 主イエスの<御名>をあがめるように
21:13 主イエスの<御名>のためなら，エル
22:16 その<御名>を呼んでバプテスマを受
ロマ 1: 5 <御名>のためにあらゆる国の人々の
15: 9 あなたの<御名>をほめ歌おう．」
20 キリストの<御名>がまだ語られてい
Ⅰコリ 1: 2 キリストの<御名>を，至る所で呼び
10 キリストの<御名>によって…お願い
5: 3 主イエスの<御名>によって…さばき
6:11 キリストの<御名>と…神の御霊によ
ピリ 2:10 イエスの<御名>によって，天にある
Ⅱテサ 1:12 主イエスの<御名>があなたがたの間
3: 6 キリストの<御名>によって命じます．
ヘブ 1: 4 さらにすぐれた<御名>を相続された
2:12 わたしは<御名>を…兄弟たちに告げ
13:15 <御名>をたたえるくちびるの果実を，
ヤコ 2: 7 尊い<御名>をけがすのも彼らではあ
Ⅰヨハ 3:23 <御名>を信じ，キリストが命じられ
Ⅲヨハ 7 彼らは<御名>のために出て行きまし
黙示 11:18 あなたの<御名>を恐れかしこむ者た
15: 4 <御名>をほめたたえない者があるで

▼みなしご

申命 10:18 <みなしご>や，やもめのためにさば
14:29 <みなしご>や，やもめは来て，食べ，
ヨブ 6:27 <みなしご>をくじ引きにし，自分の
22: 9 あなたは…<みなしご>の腕を折った．
24: 9 <みなしご>を乳房からもぎ取り，貧
29:12 身寄りのない<みなしご>を助け出し
詩篇 10:14 あなたは<みなしご>を助ける方でし
82: 3 弱い者と<みなしご>とのためにさば
146: 9 <みなしご>とやもめをささえられる．
箴言 23:10 <みなしご>の畑に入り込んではなら
イザ 1:17 <みなしご>のために正しいさばきを
9:17 <みなしご>をも…あわれまない．み
エレ 49:11 あなたの<みなしご>たちを見捨てよ．
哀歌 5: 3 父親のない<みなしご>となり，私た
エゼ 22: 7 <みなしご>や，やもめはしいたげら
ホセ 14: 3 <みなしご>が愛されるのはあなたに
ゼカ 7:10 <みなしご>…貧しい者をしいたげる
マラ 3: 5 やもめや<みなしご>を苦しめる者，

▼みなす

創世 31:15 私たちは父に，よそ者と<みな>され
ヨブ 18: 3 なぜ，私たちは獣のように<みな>さ
19:11 私をご自分の敵のように<みな>され
15 私を他国人のように<みな>し，私は
詩篇 44:22 ほふられる羊と<みな>されています．
イザ 29:16 陶器師を粘土と同じに<みな>してよ
17 果樹園は森と<みな>されるようにな
40:15 はかりの上のごみのように<みな>さ
哀歌 4: 2 土のつぼのように<みな>されている．
エゼ 28: 2 自分の心を神の心のように<みな>し
ダニ 4:35 無きものと<みな>される．彼は，天
ホセ 8:12 他国人のもののように<みなす>．
ロマ 2:26 割礼を受けている者と<みな>されな
4: 3 それが彼の義と<みな>された」とあ
5 その信仰が義と<みな>されるのです．
8:36 私たちは，ほふられる羊と<みな>さ
9: 8 約束の子どもが子孫と<みな>される
Ⅱテサ 3:15 その人を敵とは<みな>さず，兄弟と

▼みなと（港），良い港

詩 107:30 主は，彼らをその望む<港>に導かれ
使徒 27: 8 <良い港>と呼ばれる所に着いた．そ
12 この<港>が冬を過ごすのに適してい

▼ みなみ（南），南の王【別項】南の天の室

創世 13:14 北と<南>，東と西を見渡しなさい．
28:14 あなたは，西，東，北，<南>へと広
申命 3:27 ピスガの頂に登って…<南>，東を見
33:23 西と<南>を所有せよ．」
ヨシ 12: 3 <南>はピスガの傾斜地のふもとまで
15: 1 <南>のほうのツィンの荒野であった．
17: 7 その境界線は，さらに<南>に行って，
士師 21:19 この町は…レボナの<南>にある——
Ⅰサム 23:19 エシモンの<南>，ハキラの丘のホレ
Ⅱ列 23:13 破壊の山の<南>に築いた高き所を汚
ヨブ 39:26 たかが舞い上がり，<南>にその翼を
詩篇 89:12 北と<南>，これらをあなたが造られ
107: 3 彼らを…北から，<南>から，集めら
伝道 1: 6 風は<南>に吹き，巡って北に吹く．
イザ 43: 6 <南>に向かって『引き止めるな』と
エゼ 20:46 <南>に向かって語りかけ，ネゲブの
40:24 彼は私を<南>のほうへ連れて行った．
47: 1 その水は祭壇の<南>，宮の右側の下
ダニ 8: 4 私はその雄羊が…<南>のほうへ突き
11: 5 <南の王>が強くなる．しかし，その
6 <南の王>の娘が北の王にとつぐが，
25 <南の王>もまた，非常に強い大軍勢
29 彼は再び<南>へ攻めて行くが，この
ゼカ 6: 6 まだら毛の馬は<南>の地へ出て行く．
9:14 主は…<南>の暴風の中を進まれる．
14: 4 山の半分は北へ…他の半分は<南>へ
10 エルサレムの<南>リモンまで，アラ
マタ 12:42 <南>の女王が，さばきのときに，今
ルカ 13:29 <南>からも北からも来て，神の国で
黙示 21:13 <南>に三つの門，西に三つの門があ

▼ みなみかぜ（南風）

ヨブ 37:17 <南風>で地がもだすとき，あなたの
詩篇 78:26 神は…御力をもって，<南風>を吹か
伝道 11: 3 木が<南風>や北風で倒されると，そ
雅歌 4:16 北風よ，起きよ．<南風>よ，吹け．
ルカ 12:55 <南風>が吹きだすと，『暑い日にな
使徒 27:13 穏やかな<南風>が吹いて来ると，人
28:13 1日たつと，<南風>が吹き始めたの

▼ みなみがわ（南側）

出エ 26:18 幕屋のために…<南側>に板20枚．
35 その机は幕屋の<南側>にある燭台と
40:24 机の反対側の幕屋の<南側>に，燭台
民数 2:10 <南側>にはルベンの宿営の旗の者が，
35: 5 <南側>に2千キュビト，西側に2千
エゼ 42:18 <南側>を測ると，測りざおで500さ

▼ みなみのてんのむろ（南の天の室）

ヨブ 9: 9 神は…<南の天の室>を造られた．

▼ みなもと（源）

創世 2:10 分かれて，四つの<源>となっていた．
7:11 大いなる水の<源>が，ことごとく張
Ⅱ列 2:21 エリシャは水の<源>のところに行っ
Ⅱ歴 32:30 ギホンの上流の水の<源>をふさいで，
ヨブ 38:16 あなたは海の<源>まで行ったことが
箴言 8:24 水のみなぎる<源>もなかったとき，
28 大空を固め，深淵の<源>を堅く定め，
イザ 41:18 砂漠の地を水の<源>とする．
58:11 水のかれない<源>のようになる．
マコ 5:29 血の<源>がかれて，ひどい痛みが直
黙示 14: 7 天と地と海と水の<源>を創造した方
16: 4 第3の御使いが鉢を川と水の<源>と

▼ みならう（見ならう，見習う）

エレ 10: 2 異邦人の道を<見習う>な．天のしる
Ⅰコリ 11: 1 私がキリストを<見なら>っているように，あなたがたも私を<見なら>っ
ピリ 3:17 私を<見ならう>者になってください．
Ⅱテサ 3: 7 どのように私たちを<見ならう>べき
9 ただ私たちを<見ならう>ようにと，
Ⅲヨハ 11 悪を<見なら>わないで，善を<見なら>いなさい．善を行う者は神から

▼ みなり（身なり）

Ⅰサム 28: 8 サウルは，変装して<身なり>を変え，
Ⅰテモ 2: 9 女も，つつましい<身なり>で，控え

▼ ミニ

エレ 51:27 <ミニ>…の王国を召集してこれを攻

▼ みにくい（醜い）

創世 41: 3 ほかの<醜い>やせ細った7頭の雌牛 4，19，20，21，27．
申命 23:14 あなたの中で，<醜い>ものを見て，

▼ ミニテ〔地名〕

アモン人の最北の町．士師11:33，エゼ27:17．

▼ みぬく（見抜く）

ヨブ 11: 7 あなたは神の深さを<見抜く>ことが
詩 138: 6 高ぶる者を遠くから<見抜>かれます．
マコ 2: 8 イエスは…ご自分の霊で<見抜>いて，
12:15 イエスは彼らの擬装を<見抜>いて言
ルカ 5:22 理屈を<見抜>いておられたイエスは，
11:17 イエスは，彼らの心を<見抜>いて言
黙示 2: 2 その偽りを<見抜>いたことも知って

▼ミヌヤミン
1. 人名.
(1)ヒゼキヤ王の時代の忠実な祭司. II歴31:15.
(2)城壁奉献の際ラッパを吹いた祭司. ネへ12:41.
2. ミヌヤミン族. エホヤキム時代の祭司一族. ネへ12:17.

▼みねみね（峰々）
詩篇68:15 <峰々>の連なる山はバシャンの山.
16 <峰々>の連なる山々. なぜ, おまえ
イザ 2:14 すべてのそびえる<峰々>,

▼みのがす（見のがす）
IIサム24:10 あなたのしもべの咎を<見のが>してください. 私はほんとう. I歴21:8.
ヨブ10:14 私の咎を<見のが>されません.
ロマ 3:25 罪を神の忍耐をもって<見のが>して

▼みのしろきん（身代金）
レビ25:50 彼の<身代金>をその年数に応じて決
ヨブ33:24 わたしは<身代金>を得た.」
36:18 <身代金>が多いからといって, あな
詩篇49: 7 自分の<身代金>を神に払うことはで
箴言13: 8 富はその人のいのちの<身代金>であ
21:18 悪者が正しい人のための<身代金>と
イザ43: 3 エジプトをあなたの<身代金>とし,

▼みのる（実る）, 実り, 実り多い
創世41:52 苦しみの地で私を<実り多い>者とさ
ネへ 9:36 その<実り>と, その良い物を食べる
詩篇72:16 その<実り>はレバノンのように豊か
107:37 ぶどう畑を作り, 豊かな<実り>を得
イザ17: 6 四つ五つが<実り>のある枝に残され
32:12 麗しい畑, <実り>の多いぶどうの木
45: 8 地よ, 開いて救いを<実>らせよ. 正
エゼ19:10 水が豊かなために<実り>が良く, 枝
ヨエ 2:22 木はその実を<みの>らせ, いちじく
ハバ 3:17 オリーブの木も<実り>がなく, 畑は
使徒14:17 <実り>の季節を与え, 食物と喜びと
ヤコ 5: 7 農夫は, 大地の貴重な<実り>を, 秋
18 地はその実を<実>らせました.
黙示14:15 地の穀物は<実>ったので, 取り入れ

▼みばえ（見ばえ）
イザ53: 2 私たちが慕うような<見ばえ>もない.
Iコリ12:23 私たちの<見ばえ>のしない器官は,

▼みはなす（見放す）
申命31: 6 主はあなたを<見放>さず, あなたを
ヨシ 1: 5 わたしはあなたを<見放>さず, あな
I列 8:57 私たちを<見放>さず, 私たちを見捨
I歴28:20 主は, あなたを<見放>さず, あなた
詩篇27: 9 私を<見放>さないでください. 見捨
71: 9 年老いた時も, 私を<見放>さないで
78:60 お建てになったその幕屋を<見放>し,
哀歌 3:31 主は, いつまでも<見放>してはおら

▼みはり（見張り）, 見張る
創世31:49 主が私とあなたとの間の<見張り>を
ヨシ10:18 人を置いて, 彼らを<見張>りなさい.
士師 1:24 <見張り>の者は, ひとりの人がその
Iサム19:11 サウルは…彼を<見張>らせ, 朝にな
26:15 主君である王を<見張>っていなかっ
16 油そそがれた方を<見張>っていなか
IIサム11:16 ヨアブは町を<見張>っていたので,
13:34 <見張り>の若者が目を上げて見ると,
18:25 <見張り>が王に大声で告げると, 王
I列20:39 この者を<見張>れ. もし, この者を
II列 9:17 ひとりの<見張り>が立っていたが,
17: 9 <見張り>のやぐらから城壁のある町
I歴26:16 <見張り>の組と組とは並び合ってい
ネへ 4: 9 彼らに備えて日夜<見張り>を置いた.
22 夜にも<見張り>がおり, 昼には働く
23 私を守る<見張り>の人々も, 私たち
7: 3 自分の家の前に<見張り>を立てなさ
11:19 門の<見張り>をする門衛では, アク
12:25 アクブは…門の倉を<見張>っていた.
ヨブ 7:12 あなたが私の上に<見張り>を置かれ
20 人を<見張る>あなたに, 私は何がで
13:27 歩く小道をことごとく<見張>り, 私
21:32 その塚の上には<見張り>が立つ.
33:11 私の歩みをことごとく<見張る>.」
詩 59題目 その家の<見張り>をしたときに
119:148 私の目は夜明けの<見張り>よりも先
127: 1 守る者の<見張り>はむなしい.
141: 3 私の口に<見張り>を置き, 私のくち
箴言 3:21 知性と思慮とをよく<見張>り, これ
4:23 力の限り, <見張>って, あなたの心
8:34 わたしの戸口のかたわらで<見張>り,
13: 3 自分の口を<見張る>者は自分のいの
15: 3 悪人と善人とを<見張>っている.
31:27 彼女は家族の様子をよく<見張>り,
伝道 5: 8 それを<見張る>もうひとりの上役が
雅歌 1: 6 私をぶどう畑の<見張り>に立てたのです. しかし, 私は…<見張>りませ
エレ 1:12 わたしは<見張>っているからだ.」

31: 6 エフライムの山では<見張る>者たち
44:27 わたしは彼らを<見張>っている．わ
48:19 道のかたわらに立って<見張>れ．逃
51:12 <見張り>を強くし，番兵を立てよ．
ナホ 2: 1 塁を守り，道を<見張>り，腰をから
ハバ 2: 1 とりでにしかと立って<見張>り，主
ゼカ 9: 8 行き来する者を<見張る>衛所に立つ．
マタ 24:43 目を<見張>っていたでしょうし，ま
27:36 すわって，イエスの<見張り>をした．
使徒 9:24 昼も夜も町の門を全部<見張>ってい
ヘブ 13:17 たましいのために<見張り>をしてい

▼ みはりじょ（見張り所）

ネヘ 7: 3 <見張り所>と自分の家の前に見張り
イザ 21: 8 夜はいつも私の<見張り所>について
ハバ 2: 1 私は，<見張り所>に立ち，とりでに

▼ みはりにん（見張り人）

イザ 52: 8 あなたの<見張り人>たちが，声を張
56:10 <見張り人>はみな目が見えず，知る
62: 6 城壁の上に<見張り人>を置いた．昼
エレ 6:17 あなたがたの上に<見張り人>を立て，
エゼ 3:17 イスラエルの家の<見張り人>とした．
33: 6 <見張り人>が，剣の来るのを見なが
ホセ 9: 8 エフライムの<見張り人>は，私の神

▼ ミブサム〔人名〕

(1)イシュマエルの第４子．創世25:13，Ｉ歴1:29．

(2)シメオン族シャルムの子．Ｉ歴4:25．

▼ ミブツァル〔人名〕

エドム人の氏族の首長．創世36:42，Ｉ歴1:53．

▼ ミブハル〔人名〕

ダビデの勇士．バニ1.(1)と同人．Ｉ歴11:38．

▼ みぶん（身分）

申命 1:17 <身分>の低い人にも高い人にもみな，
Ｉサム 18:23 私は貧しく，<身分>の低い者だ．」
箴言 12: 9 <身分>の低い人で職を持っている者
イザ 3: 5 <身分>の低い者は高貴な者に向かっ
32: 7 偽りを語って<身分>の低い者を滅ぼ
エレ 6:13 <身分>の低い者から高い者まで．31:34，42:1，8，44:12．
ヨナ 3: 5 ニネベの人々は…<身分>の高い者か
ルカ 14: 8 あなたより<身分>の高い人が，招か
19:12 ある<身分>の高い人が，遠い国に行
Ｉコリ 1:26 <身分>の高い者も多くはありません．
ガラ 4: 5 子としての<身分>を受けるようにな
ヤコ 1: 9 自分の高い<身分>を誇りとしなさい．

▼ みほん（見本）

Ｉテモ 1:16 人々の<見本>にしようと，まず私に

▼ みまう（見舞う）

ＩＩ列 9:16 ヨラムを<見舞>いに下っていたから
イザ 47: 9 これらは突然，あなたを<見舞う>．
51:19 二つの事が，あなたを<見舞う>．だ
マタ 25:36 病気をしたとき，わたしを<見舞>い，

▼ みまえ（御前）

ＩＩ列 17:18 彼らを<御前>から取り除いた．ただ
Ｉ歴 16:27 尊厳と威光は<御前>にあり，力と歓
30 全地よ．主の<御前>に，おののけ．
ネヘ 1: 6 昼も夜も<御前>に祈り，私たちがあ
詩篇 42: 2 いつ…神の<御前>に出ましょうか．
51:11 あなたの<御前>から，投げ捨てず，
62: 8 心を神の<御前>に注ぎ出せ．神は，
68: 4 その<御前>で，こおどりして喜べ．
85:13 義は，主の<御前>に先立って行き，
88: 2 私の祈りが…<御前>に届きますよう
97: 3 火は<御前>に先立って行き主を取り
106:23 <御前>の破れに立たなかったなら，
114: 7 地よ．主の<御前>におののけ．
119:169 私の叫びが<御前>に近づきますよう
170 切なる願いが<御前>に届きますよう
140:13 直ぐな人はあなたの<御前>に住むで
141: 2 私の祈りが，<御前>への香として，
イザ 38: 3 全き心をもって，あなたの<御前>に
ホセ 6: 2 私たちは，<御前>に生きるのだ．
ミカ 6: 6 １歳の子牛をもって<御前>に進み行
ハバ 2:20 全地よ．その<御前>に静まれ．
ルカ 1: 6 ふたりとも，神の<御前>に正しく，
8 神の<御前>に祭司の務めをしていた
15 彼は主の<御前>にすぐれた者となる
19 私は神の<御前>に立つガブリエルで
74-75 主の<御前>に仕えることを許される．
76 主の<御前>に先立って行き，その道
8:47 女は…<御前>にひれ伏し…イエスに
12: 6 雀の１羽でも，神の<御前>には忘れ
使徒 3:20 主の<御前>から回復の時が来て，あ
10:33 みな神の<御前>に出ております．」
ロマ 14:22 神の<御前>で…自分の信仰として保
Ｉコリ 1:29 神の<御前>でだれをも誇らせないた
ＩＩコリ 2:10 私の赦したことは…<御前>で赦した
17 神の<御前>でキリストにあって語る
4: 2 神の<御前>で自分自身をすべての人
8:21 主の<御前>ばかりでなく，人の前で

ガラ 1:20 神の<御前>で申しますが，偽りはあ
エペ 1: 4 <御前>で聖く，傷のない者にしよう
コロ 1:22 <御前>に立たせてくださるためでし
Ⅰテサ 1: 3 私たちの父なる神の<御前>に，あな
3:13 神の<御前>で，聖く，責められると
Ⅰテモ 2: 3 救い主である神の<御前>において良
6:13 キリスト・イエスとの<御前>で，あ
Ⅱテモ 2:14 神の<御前>できびしく命じなさい．
4: 1 イエスの<御前>で，その現れとその
ヘブ 9:24 神の<御前>に現れてくださるのです．
ヤコ 4:10 主の<御前>でへりくだりなさい．そ
Ⅰペテ 3: 4 これこそ，神の<御前>に価値あるも
Ⅰヨハ 3:19 神の<御前>に心を安らかにされるの
ユダ 24 栄光の<御前>に立たせることのでき
黙示 3: 2 神の<御前>に全うされたとは見てい
4:10 御座に着いている方の<御前>にひれ
8: 2 神の<御前>に立つ７人の御使いを見
4 香の煙は…神の<御前>に立ち上った．
9:13 神の<御前>にある金の祭壇の四隅か
11: 4 主の<御前>にある２本のオリーブの
12:10 神の<御前>で訴えている者が投げ落

▼みまもる（見守る）

出エ 12: 6 月の14日までそれをよく<見守る>．
33: 8 天幕に入るまで，彼を<見守>った．
申命 2: 7 荒野の旅を<見守>ってくださったの
Ⅰサム 1:12 エリはその口もとを<見守>っていた．
ヨブ 39: 1 雌鹿が子を産むのを<見守>ったこと
詩篇 17: 8 私を，ひとみのように<見守>り，御
40:11 絶えず私を<見守る>ようにしてくだ
41: 2 主は彼を<見守>り，彼を生きながら
59: 9 私の力，あなたを私は，<見守>りま
139: 3 私の歩みと私の伏すのを<見守>り，
箴言 4:13 訓戒…を<見守>れ．それはあなたの
23 あなたの心を<見守>れ．いのちの泉
6:22 寝るとき，あなたを<見守>り，あな
8:34 戸口の柱のわきで<見守>って，わた
22:12 主の目は知識を<見守>り，裏切り者
23:26 目は，わたしの道を<見守>れ．
24:12 あなたのたましいを<見守る>方は，
イザ 27: 3 わたし，主は，それを<見守る>者．
42: 6 あなたを<見守>り…民の契約とし，
49: 8 わたしはあなたを<見守>り，あなた
ゼカ 11:11 私を<見守っ>ていた羊の商人たちは，

▼みまわる（見回る）

創世 30:32 あなたの群れをみな<見回り>ましょ

▼みみ（耳）

創世 4:23 妻たちよ．私の言うことに<耳>を傾
35: 4 <耳>につけていた耳輪とをヤコブに
出エ 15:26 その命令に<耳>を傾け，そのおきて
21: 6 彼の<耳>をきりで刺し通さなければ
32: 2 <耳>にある金の耳輪をはずして，私
レビ 19:14 <耳>の聞こえない者を侮ってはなら
民数 14:28 <耳>に告げたそのとおりをしよう．
申命 1:45 あなたがたに<耳>を傾けられなかっ
32: 1 天よ．<耳>を傾けよ．私は語ろう．
Ⅰサム 3:11 聞く者はみな，二つの<耳>が鳴るで
8:21 サムエルは…それを主の<耳>に入れ
9:15 サムエルの<耳>を開いて仰せられた．
15:22 <耳>を傾けることは，雄羊の脂肪に
18:23 このことばをダビデの<耳>に入れた．
Ⅱサム 7:22 私たちの<耳>に入るすべてについて，
Ⅱ列 19:28 高ぶりが，わたしの<耳>に届いたの
21:12 それを聞く者は，二つの<耳>が鳴る
Ⅱ歴 6:40 祈りに目を開き，<耳>を傾けてくだ
24:19 戒めたが，彼らは<耳>を貸さなかっ
ネヘ 8: 3 民はみな，律法の書に<耳>を傾けた．
ヨブ 12:11 <耳>はことばを聞き分けないだろう
13: 1 私の<耳>はこれを聞いて悟った．
17 私の述べることを…<耳>に入れよ．
32:11 あなたがたの意見に<耳>を傾けてい
33: 1 私のすべてのことばに<耳>を傾けて
31 <耳>を貸せ．ヨブ．私に聞け．黙れ．
34: 2 知識のある人々よ．私に<耳>を傾け
3 <耳>はことばを聞き分ける．
36:10 神は彼らの<耳>を開いて戒め，悪か
15 しいたげの中で彼らの<耳>を開かれ
37:14 これに<耳>を傾けよ．ヨブ．神の奇
42: 5 あなたのうわさを<耳>で聞いていま
詩篇 5: 1 私の言うことを<耳>に入れてくださ
17: 1 <耳>に入れてください…私の祈りを．
34:15 その<耳>は彼らの叫びに傾けられる．
38:14 <耳>が聞こえず，口で言い争わない
39:12 私の叫びを<耳>に入れてください．
40: 6 あなたは私の<耳>を開いてください
42:19 使者のような<耳>の聞こえない者が，
54: 2 私の口のことばに，<耳>を傾けてく
58: 4 その<耳>をふさぐ，<耳>の聞こえな
69:33 主は，貧しい者に<耳>を傾け，その
78: 1 私の口のことばに<耳>を傾けよ．
84: 8 ヤコブの神よ．<耳>を傾けてくださ

94: 9 <耳>を植えつけられた方が，お聞き
130: 2 私の願いの声に<耳>を傾けてくださ
135:17 <耳>があっても聞こえず…口には息
箴言 2: 2 あなたの<耳>を知恵に傾け，あなた
4:20 私の言うことに<耳>を傾けよ．
5:13 私を教える者に<耳>を傾けなかった．
15:31 叱責を聞く<耳>のある者は，知恵の
18:15 知恵のある者の<耳>は知識を求める．
20:12 聞く<耳>と，見る目とは…主が造ら
23:12 知識のことばに<耳>を傾けよ．
28: 9 <耳>をそむけておしえを聞かない者
伝道 1: 8 <耳>は聞いて満ち足りることもない．
雅歌 8:13 あなたの声に<耳>を傾けている．私
イザ 6:10 その<耳>を遠くし，その目を堅く閉
22:14 万軍の主は，私の<耳>を開かれた．
35: 5 耳の聞こえない者の<耳>はあく．
42:23 だれが，これに<耳>を傾け，だれが，
48: 8 あなたの<耳>は開かれていなかった．
50: 5 神である主は，私の<耳>を開かれた．
51: 4 国民よ．わたしに<耳>を傾けよ．お
59: 1 その<耳>が遠くて，聞こえないので
エレ 5:21 彼らは…<耳>があっても聞こえない．
6:10 彼らの<耳>は閉じたままで，聞くこ
7:24 彼らは聞かず，<耳>を傾けず，悪い
18:18 彼のことばにはどれにも<耳>を傾け
19 私に<耳>を傾け，私と争う者の声を
23:18 だれが，<耳>を傾けて主のことばを
哀歌 3:56 私の叫びに<耳>を閉じないでくださ
エゼ 3:10 すべてのことばを…<耳>で聞け．
12: 2 聞く<耳>があるのに聞こうとしない．
23:25 あなたの鼻と<耳>とを切り取り，残
40: 4 あなたの目で見，<耳>で聞き，わた
ダニ 9:18 私の神よ．<耳>を傾けて聞いてくだ
ホセ 5: 1 王の家よ．<耳>を傾けよ．あなたが
ヨナ 3: 6 ニネベの王の<耳>に入ると，彼は王
ミカ 1: 2 <耳>を傾けよ．神である主は，あな
7:16 彼らの<耳>は聞こえなくなりましょ
ゼカ 7:11 <耳>をふさいで聞き入れなかった．
マラ 3:16 主は<耳>を傾けて，これを聞かれた．
マタ 13: 9 <耳>のある者は聞きなさい．
15 彼らがその目で見，その<耳>で聞き，
26:51 大祭司のしもべ…の<耳>を切り落と
マコ14:47，ルカ22:50．
28:14 このことが総督の<耳>に入っても，
マコ 4: 9 聞く<耳>のある者は聞きなさい．23．
7:32 人々は，<耳>が聞こえず，口のきけ
35 すると彼の<耳>が開き，舌のもつれ
ルカ 1:44 あいさつの声が私の<耳>に入ったと
9:44 このことばを，しっかりと<耳>に入
10:16 あなたがたに<耳>を傾ける者は，わ
14:35 聞く<耳>のある人は聞きなさい.」
16:31 モーセと預言者との教えに<耳>を傾
19:48 民衆が…熱心にイエスの話に<耳>を
22:51 <耳>にさわって彼をいやされた．
ヨハ 18:10 大祭司のしもべを撃ち，右の<耳>を
26 ペテロに<耳>を切り落とされた人の
使徒 2:14 私のことばに<耳>を貸してください．
7:51 心と<耳>とに割礼を受けていない人
57 <耳>をおおい，いっせいにステパノ
8: 6 彼の語ることに<耳>を傾けた．
28:27 その<耳>で聞き，その心で悟って，
ロマ 11: 8 見えない目と聞こえない<耳>を与え
Ⅰコリ 2: 9 <耳>が聞いたことのないもの，そし
12:16 たとい，<耳>が，「私は目ではない
Ⅱテモ 4: 3 人々が健全な教えに<耳>を貸そうと
4 真理から<耳>をそむけ，空想話にそ
ヘブ 5:11 あなたがたの<耳>が鈍くなっている
ヤコ 5: 4 叫び声は，万軍の主の<耳>に届いて
Ⅰペテ 3:12 主の<耳>は彼らの祈りに傾けられる．
Ⅰヨハ 4: 6 私たちの言うことに<耳>を傾け，神
黙示 2:29 <耳>のある者は御霊が諸教会に言わ

▼みみあたらしい（耳新しい）
使徒 17:21 何か<耳新しい>ことを話したり，聞

▼みみずく
レビ 11:17 ふくろう，う，<みみずく>，
申命 14:16 ふくろう，<みみずく>，白ふくろう，
イザ 34:11 <みみずく>と烏がそこに住む．主は

▼みみなり（耳鳴り）
エレ 19: 3 そのことを聞く者は，<耳鳴り>がす

▼みみわ（耳輪）
創世 35: 4 異国の神々と…<耳輪>とを…渡した．
出エ 32: 2 金の<耳輪>をはずして…持って来な
民数 31:50 <耳輪>，首飾りなどを主へのささげ
士師 8:26 ギデオンが願った金の<耳輪>の目方
箴言 25:12 金の<耳輪>，黄金の飾りのようだ．
イザ 3:19 <耳輪>，腕輪，ベール，
ホセ 2:13 <耳輪>や飾りを身につけて，恋人た

▼みむね（御旨）
エズ 10:11 その<御旨>にかなったことをしなさ
エペ 1: 5 神は，<みむね>とみこころのままに，

9 あらかじめお立てになった‹みむね›

▼ みもと

Ⅰ歴 16:27 力と歓喜は‹みもと›にある．
哀歌 3:40 主の‹みもと›に立ち返ろう．
マタ 5: 1 弟子たちが‹みもと›に来た．
8: 5 ひとりの百人隊長が‹みもと›に来て，
13: 2 大ぜいの群衆が‹みもと›に集まった
15:30 多くの人を‹みもと›に連れて来た．
21:14 足のなえた人たちが‹みもと›に来た
ルカ 4:42 イエスを捜し回って，‹みもと›に来
ヨハ 13: 1 この世を去って父の‹みもと›に行く
17:11 わたしはあなたの‹みもと›にまいり
エペ 2:18 父の‹みもと›に近づくことができる
Ⅱテサ 2: 1 私たちが主の‹みもと›に集められる
ヘブ 13:13 ‹みもと›に行こうではありませんか．
黙示 12: 5 その子は神の‹みもと›，その御座に
21:10 エルサレムが神の‹みもと›を出て，

▼ みや（宮）【別項】神の宮，主の宮，太陽の宮，宮に仕えるしもべたち，宮の守衛長

士師 16:26 この‹宮›をささえている柱にさわら
Ⅰサム 5: 2 それをダゴンの‹宮›に運び，ダゴン
Ⅱサム 5: 8 足のなえた者は‹宮›に入ってはなら
22: 7 主はその‹宮›で私の声を聞かれ，私
Ⅰ列 5: 5 主の名のために‹宮›を建てようと思
8:13 あなたのお治めになる‹宮›を…建て
16 わたしの名を置く‹宮›を建てるため
9: 3 わたしは…この‹宮›を聖別した．わ
12:31 彼は高き所の‹宮›を建て，レビの子
Ⅱ列 10:21 彼らがバアルの‹宮›に入ると，バア
19:37 彼がその神ニスロクの‹宮›で拝んで
21: 7 アシェラの彫像を‹宮›に安置した．
Ⅰ歴 6:10 ソロモンがエルサレムに建てた‹宮›
10:10 サウルの武具を…神々の‹宮›に奉納し，彼の首をダゴンの‹宮›にさらし
22: 5 主のために建てる‹宮›は，全地の名
Ⅱ歴 6: 8 わたしの名のために‹宮›を建てるこ
9 あなたがその‹宮›を建ててはならな
22 この‹宮›の中にあるあなたの祭壇の
24 この‹宮›で，御前に祈り願うなら，
29 この‹宮›に向かって両手を差し伸べ
7: 1 主の栄光がこの‹宮›に満ちた．
20: 9 あなたの御名はこの‹宮›にあるから
エズ 5: 3 この‹宮›を建て，この城壁を修復さ
6:15 ‹宮›はダリヨス王の治世…に完成し
ネヘ 2: 8 ‹宮›の城門の梁を置くため，また，
11:12 ‹宮›の務めをする彼らの同族で，
詩篇 5: 7 聖なる‹宮›に向かってひれ伏します．
11: 4 主は，その聖座が‹宮›にあり，主は，
18: 6 主はその‹宮›で私の声を聞かれ，御
27: 4 その‹宮›で，思いにふける，そのた
29: 9 その‹宮›で，すべてのものが，「栄
48: 9 あなたの‹宮›の中で，あなたの恵み
65: 4 聖なる‹宮›の良いもので満ち足りる
68:29 エルサレムにあるあなたの‹宮›のた
79: 1 あなたの聖なる‹宮›をけがし，エル
イザ 6: 4 基はゆるぎ，‹宮›は煙で満たされた．
37:38 神ニスロクの‹宮›で拝んでいたとき，
64:11 聖なる美しい‹宮›は，火で焼かれ，
66: 6 町からの騒ぎ，‹宮›からの声，敵に
エレ 26: 9 この‹宮›がシロのようになり，この
43:12 エジプトの神々の‹宮›に火をつけて，
50:28 その‹宮›の復讐のことを告げ知らせ
51:11 それは…その‹宮›のための復讐であ
ダニ 5: 2 エルサレムの‹宮›から取って来た金，
ホセ 9:15 彼らをわたしの‹宮›から追い出し，
ヨエ 3: 5 おまえたちの‹宮›へ運んで行き，
ヨナ 2: 4 あなたの聖なる‹宮›を仰ぎ見たいの
ミカ 1: 2 聖なる‹宮›から来て証人となる．
ナホ 1:14 神々の‹宮›から…彫像や鋳像を断ち
ハバ 2:20 主は，その聖なる‹宮›におられる．
ハガ 1: 4 この‹宮›が廃墟となっているのに，
8 木を運んで来て，‹宮›を建てよ．そ
9 廃墟となったわたしの‹宮›のためだ．
2: 3 以前の栄光に輝くこの‹宮›を見たこ
7 わたしはこの‹宮›を栄光で満たす．
9 この‹宮›のこれから後の栄光は，先
ゼカ 1:16 そこにわたしの‹宮›が建て直される．
4: 9 ゼルバベルの手が，この‹宮›の礎を
マタ 12: 5 安息日に‹宮›にいる祭司たちは安息
6 ここに‹宮›より大きな者がいるので
21:12 イエスは‹宮›に入って，‹宮›の中
14 ‹宮›の中で，盲人や足のなえた人た
15 ‹宮›の中で子どもたちが「ダビデの
24: 1 イエスに‹宮›の建物をさし示した．
26:55 わたしは毎日，‹宮›ですわって教え
マコ 11:15 イエスは‹宮›に入り，‹宮›の中で
16 ‹宮›を通り抜けて器具を運ぶことを
27 イエスが‹宮›の中を歩いておられる
12:35 イエスが‹宮›で教えておられたとき，

13: 3 イエスがオリーブ山で<宮>に向かっ
ルカ 2:27 彼が御霊に感じて<宮>に入ると，幼
37 <宮>を離れず，夜も昼も，断食と祈
46 イエスが<宮>で教師たちの真ん中に
18:10 ふたりの人が，祈るために<宮>に上
19:45 <宮>に入られたイエスは，商売人た
47 イエスは毎日，<宮>で教えておられ
21: 5 <宮>がすばらしい石や奉納物で飾っ
37 イエスは，昼は<宮>で教え，夜はい
38 <宮>におられるイエスのもとに集ま
24:53 いつも<宮>にいて神をほめたたえて
ヨハ 2:14 <宮>の中に，牛や羊や鳩を売る者た
15 羊も牛もみな，<宮>から追い出し，
5:14 イエスは<宮>の中で彼を見つけて言
7:14 イエスは<宮>に上って教え始められ
28 イエスは，<宮>で教えておられると
8: 2 イエスはもう一度<宮>に入られた．
20 イエスは<宮>で教えられたとき，献
59 イエスは身を隠して，<宮>から出て
10:23 <宮>の中で，ソロモンの廊を歩いて
11:56 彼らはイエスを捜し，<宮>の中に立
18:20 わたしは…会堂や<宮>で，いつも教
使徒 2:46 毎日，心を一つにして<宮>に集まり，
3: 1 午後３時の祈りの時間に<宮>に上っ
2 この男は，<宮>に入る人たちから施
3 彼は，ペテロとヨハネが<宮>に入ろ
8 ふたりといっしょに<宮>に入って行
10 施しを求めるために<宮>の「美しの
5:20 行って<宮>の中に立ち，人々にこの
21 夜明けごろ<宮>に入って教え始めた．
25 <宮>の中に立って，人々を教えてい
42 毎日，<宮>や家々で教え，イエスが
17:24 手でこしらえた<宮>などにはお住み
19:37 <宮>を汚した者でもなく，私たちの
21:26 パウロは…身を清めて<宮>に入り，
27 パウロが<宮>にいるのを見ると，全
28 ギリシヤ人を<宮>の中に連れ込んで，
29 パウロが彼を<宮>に連れ込んだのだ
30 パウロを捕らえ，<宮>の外へ引きず
22:17 <宮>で祈っていますと，夢ごこちに
24: 6 この男は<宮>さえもけがそうとしま
12 <宮>でも会堂でも，また市内でも，
18 私は清めを受けて<宮>の中にいたの
25: 8 私は…律法に対しても，<宮>に対し
26:21 ユダヤ人たちは私を<宮>の中で捕ら
Iコリ 6:19 神から受けた聖霊の<宮>であり，あ
9:13 <宮>に奉仕している者が<宮>の物を
エペ 2:21 主にある聖なる<宮>となるのであり，

▼ みやきよめのまつり（宮きよめの祭り）

ヨハ 10:22 エルサレムで，<宮きよめの祭り>が

▼ みやこ（都）【別項】神の都

ヨシ 10: 2 王国の<都>の一つのようであり，ま
詩篇 48: 8 神は<都>を，とこしえに堅く建てら
イザ 1:26 正義の町，忠信な<都>と呼ばれよう．
29: 1 ダビデが陣を敷いた<都>よ．年に年
52: 1 聖なる<都>エルサレム．無割礼の汚
マタ 4: 5 悪魔はイエスを聖なる<都>に連れて
5:35 そこは偉大な王の<都>だからです．
21:17 <都>を出てベタニヤに行き，そこに
26:18 <都>に入って，これこれの人のとこ
28:11 数人の番兵が<都>に来て，起こった
マコ 11:19 夕方になると…いつも<都>から外に
14:13 <都>に入りなさい．そうすれば，水
16 <都>に入ると，まさしくイエスの言
ルカ 2:42 祭りの慣習に従って<都>へ上り，
19:41 <都>を見られたイエスは，その<都>
21:21 <都>の中にいる人々は…立ちのきな
さい．いなかにいる者たちは，<都>
23:19 バラバとは，<都>に起こった暴動と
24:49 <都>にとどまっていなさい．」
ヨハ 19:20 十字架につけられた場所は<都>に近
使徒 4:27 イエスに逆らってこの<都>に集まり，
ヘブ 11:10 その<都>を設計し建設されたのは神
16 神は彼らのために<都>を用意してお
13:14 この地上に永遠の<都>を持っている
黙示 11: 2 聖なる<都>を42か月の間踏みにじる．
13 大地震が起こって，<都>の10分の１
14:20 その酒ぶねは<都>の外で踏まれたが，
16:19 あの大きな<都>は三つに裂かれ，諸
18:16 真珠を飾りにしていた大きな<都>よ．
20: 9 陣営と愛された<都>とを取り囲んだ．
21: 2 聖なる<都>，新しいエルサレムが，
16 <都>は四角で…さおで<都>を測ると，
22:14 門を通って<都>に入れるようになる
19 いのちの木と聖なる<都>から，その

▼ みやこのぼりのうた（都上りの歌）

詩120題目 <都上りの歌>．121，122，123，124，125，126，127，128，129，130，131，132，133，134題目．

▼ みやにつかえるしもべたち（宮に仕え

るしもべたち）
Ⅰ歴 9: 2 <宮に仕えるしもべたち>．エズ2:43, 58, 70, 7:7, 24, 8:17, 20, ネヘ3:26, 31, 7:46, 60, 72, 10:28, 11:3.

▼みやのしゅえいちょう（宮の守衛長）

ルカ22: 4 祭司長たちや<宮の守衛長>たちと，
52 <宮の守衛長>，長老たちに言われた．
使徒 4: 1 <宮の守衛長>，またサドカイ人たち
5:26 <宮の守衛長>は役人たちといっしょ

▼ミヤミン〔人名〕

⑴アロンの子孫．Ⅰ歴24:9.
⑵異邦人の女をめとった者の一人．エズ10:25.
⑶盟約に調印した祭司の一人．ネヘ10:7.
⑷ゼルバベルと共に帰還した祭司．ネヘ12:5.

▼みよ（見よ）

創世 3:22 <見よ>．人はわれわれのひとりのよ
出エ 5: 5 <見よ>．今や彼らはこの地の人々よ
7: 1 <見よ>．わたしはあなたをパロに対
8: 2 <見よ>，わたしは…かえるをもって，
19: 9 <見よ>．わたしは濃い雲の中で，あ
申命32:39 <見よ>．わたしこそ，それなのだ．
ヨシ23:14 <見よ>．きょう，私は世のすべての
24:27 <見よ>．この石は，私たちに証拠と
Ⅰサム 2:31 <見よ>．わたしがあなたの腕と，あ
12: 1 <見よ>…私は…ひとりの王を立てた．
15:22 <見よ>．聞き従うことは，いけにえ
Ⅱ列21:12 <見よ>．わたしは…わざわいをもた
Ⅱ歴13:12 <見よ>．神は私たちとともにいて，
ヨブ13:15 <見よ>．神が私を殺しても，私は神
詩篇33:18 <見よ>．主の目は主を恐れる者に注
52: 7 <見よ>．彼こそは，神を力とせず，
121: 4 <見よ>．イスラエルを守る方は，ま
127: 3 <見よ>．子どもたちは主の賜物，胎
128: 4 <見よ>．主を恐れる人は，確かに，
133: 1 <見よ>．兄弟たちが一つになって共
伝道 4: 1 <見よ>，しいたげられている者の涙
イザ 6: 7 <見よ>．これがあなたのくちびるに
7:14 <見よ>．処女がみごもっている．そ
12: 2 <見よ>．神は私の救い．私は信頼し
13: 9 <見よ>．主の日が来る．残酷な日だ．
28:16 <見よ>．わたしはシオンに一つの石
39: 6 <見よ>．あなたの家にある物，あな
40: 9 「<見よ>．あなたがたの神を．」
10 <見よ>．神である主は力をもって来られ…<見よ>．その報いは主ととも
42: 9 先の事は，<見よ>，すでに起こった．
50: 9 <見よ>．神である主が，私を助ける．
55: 4 <見よ>．わたしは彼を諸国の民への
5 <見よ>．あなたの知らない国民をあ
59: 1 <見よ>．主の御手が短くて救えない
60: 2 <見よ>．やみが地をおおい，暗やみ
62:11 <見よ>．あなたの救いが来る．<見よ>．その報いは主とともにあり，
エレ23: 5 <見よ>．その日が来る…若枝を起こ
30:18 <見よ>．わたしはヤコブの天幕の繁
31:31 <見よ>…わたしは…新しい契約を結
44:27 <見よ>．わたしは彼らを見張ってい
エゼ37:21 <見よ>．わたしは，イスラエル人を，
ダニ 2:31 <見よ>．その像は巨大で，その輝き
7:13 <見よ>，人の子のような方が天の雲
アモ 4: 2 <見よ>．その日があなたがたの上に
13 <見よ>．山々を造り，風を造り出し，
6:11 まことに，<見よ>，主は命じる．大
7: 1 <見よ>．王が刈り取ったあとの２番
4 <見よ>．神である主は燃える火を呼
7 <見よ>．主は手に重りなわを持ち，
8:11 <見よ>…ことばを聞くことのききん
9: 8 <見よ>．神である主の目が，罪を犯
13 <見よ>…その日には，耕す者が刈る
ナホ 1:15 <見よ>．良い知らせを伝える者，平
ハバ 2: 4 <見よ>．彼の心はうぬぼれていて，
ゼパ 3:19 <見よ>…わたしは…すべての者を罰
ゼカ 6:12 <見よ>．ひとりの人がいる．その名
9: 9 <見よ>．あなたの王があなたのとこ
マラ 3: 1 <見よ>．わたしは…使者を遣わす．
4: 1 <見よ>．その日が来る．かまどのよ
5 <見よ>．わたしは…預言者エリヤを
マタ 1:23 <見よ>，処女がみごもっている．そ
2: 1 <見よ>，東方の博士たちがエルサレ
13 <見よ>，主の使いが夢でヨセフに現
21: 5 <見よ>．あなたの王が，あなたのと
27:51 <見よ>．神殿の幕が上から下まで真
28:20 <見よ>．わたしは，世の終わりまで，
ルカ24: 4 <見よ>，まばゆいばかりの衣を着た
ヨハ 1:29 <見よ>，世の罪を取り除く神の小羊．
12:15 <見よ>．あなたの王が来られる．ろ
使徒 1:10 <見よ>，白い衣を着た人がふたり，
13:11 <見よ>．主の御手が今，おまえの上
ロマ 9:33 <見よ>．わたしは，シオンに，つま
Ⅱコリ 5:17 <見よ>，すべてが新しくなりました．

み

6: 9 死にそうでも，<見よ>，生きており，
ヘブ 2:13 <見よ>，わたしと，神がわたしに賜
Ⅰペテ 2: 6 <見よ>．わたしはシオンに，選ばれ
ユダ 14 <見よ>．主は千万の聖徒を引き連れ
黙示 1: 7 <見よ>，彼が，雲に乗って来られる．
18 <見よ>，いつまでも生きている．ま
2:10 <見よ>．悪魔はあなたがたをためす
22 <見よ>．わたしは，この女を病の床
3: 9 <見よ>．サタンの会衆に属する者，
20 <見よ>．わたしは，戸の外に立って
4: 2 すると<見よ>．天に一つの御座があ
6: 2 <見よ>．白い馬であった．それに乗
11:14 <見よ>．第3のわざわいがすぐに来
12: 3 <見よ>．大きな赤い竜である．七つ
14:14 <見よ>．白い雲が起こり，その雲に
16:15 <見よ>．わたしは盗人のように来る．
21: 3 <見よ>．神の幕屋が人とともにある．
5 <見よ>．わたしは，すべてを新しく
22: 7 <見よ>．わたしはすぐに来る．この

▼ミラ〔地名〕

小アジヤ南西部ルキヤ地方の港町．使徒27:5.

▼みらい（未来）

Ⅰコリ 3:22 現在のものであれ，<未来>のもので
Ⅰテモ 4: 8 <未来>のいのちが約束されている敬
6:19 <未来>に備えて良い基礎を自分自身

▼ミラライ〔人名〕

城壁奉献式で奉仕した楽人．ネヘ12:36.

▼ミリオン〔度量衡〕

新約時代の距離の単位．マタ5:41.

▼ミリヤム〔人名〕

(1)アロンとモーセの姉．預言者．出エ15:20，民数12:1，20:1，申命24:9，Ⅰ歴6:3，ミカ6:4.
(2)ユダ族出身．エズラ(1)の子孫の一人．Ⅰ歴4:17.

▼みる（見る）【別項】見よ，複合動詞

創世 1:10 神はそれを<見>て良しとされた．
2: 9 <見る>からに好ましく食べるのに良
3: 6 女が<見る>と，その木は…食べるの
6: 2 人の娘たちが…美しいのを<見>て，
7: 1 正しいのを，わたしが<見>たからで
8: 8 水が…引いたかどうかを<見る>ため
9:22 ハムは，父の裸を<見>て，外にいる
13:14 北と南，東と西を<見>渡しなさい．
16:13 ご覧になる方のうしろを私が<見>て，
18: 2 <見る>と，3人の人が…立っていた．
22:13 <見る>と…角をやぶにひっかけてい
32:30 顔と顔とを合わせて神を<見>たのに，
33: 1 ヤコブが目を上げて<見る>と…エサ
10 神の御顔を<見る>ように<見>ていま
37: 6 私の<見>たこの夢を聞いてください．
20 あれの夢がどうなるかを<見>ようで
42: 7 ヨセフは兄弟たちを<見>て，それと
43: 3 私の顔を<見>てはならない』と告げ
45:27 ヨセフが…送ってくれた車を<見>た．
46:30 あなたが生きているのを<見>たから
49:15 その地が，いかにも麗しいのを<見>
出エ 1:16 産み台の上を<見>て，もしも男の子
2: 2 そのかわいいのを<見>て，3か月の
11 エジプト人が打っているのを<見>た．
3: 2 よく<見る>と，火で燃えていたのに
3 この大いなる光景を<見る>ことにし
7 わたしの民の悩みを確かに<見>，追
10: 6 かつて<見>たことのないものであろ
29 二度とあなたの顔を<見>ません．」
12:13 わたしはその血を<見>て…通り越そ
14:13 主の救いを<見>なさい．あなたがた
15:26 主が正しいと<見>られることを行い
16: 7 朝には，主の栄光を<見る>．主に対
24:11 彼らは神を<見>，しかも飲み食いを
32: 9 わたしはこの民を<見>た．これは，
33:10 入口に雲の柱が立つのを<見>た．民
23 あなたはわたしのうしろを<見る>で
あろうが，わたしの顔は決して<見>
34:10 この民はみな，主のわざを<見る>で
レビ 9:24 民はみな，これを<見>て，叫び，ひ
20:17 その姉妹の裸を<見>，また女が彼の
27:33 その良い悪いを<見>てはならない．
民数 4:20 一目でも聖なるものを<見>て死なな
14:22 わたしの行ったしるしを<見>ながら，
23:21 イスラエルの中にわざわいを<見>な
24: 4 全能者の幻を<見る>者，ひれ伏して，
17 私は<見る>．しかし今ではない．私
33: 3 全エジプトが<見>ている前を臆する
申命 1:31 主が…抱かれたのを<見>ているのだ．
3:21 王になさったすべてのことを…<見>
4: 9 自分の目で<見>たことを忘れず，一
12 声を聞いたが，御姿は<見>なかった．
10:21 自分の目で<見>たこれらの大きい，
22:14 処女のしるしを<見>なかった」と言
23:14 あなたの中で，醜いものを<見>て，

28:32 息子と娘があなたの<見>ているうち
34 目に<見る>ことで気を狂わされる.
68 もう二度とこれを<見>ないだろう」
ヨシ 3: 3 主の契約の箱を<見>, レビ人の祭司
5:13 目を上げて<見る>と…抜き身の剣を
8:21 町の煙が立ち上るのを<見>て, 引き
23: 3 行ったことをことごとく<見>た. あ
士師 2: 7 すべての大きなわざを<見>た長老た
11:35 エフタは彼女を<見る>や, 自分の着
13:22 私たちは神を<見>たので, 必ず死ぬ
19:30 こんなことは…<見>たこともない.
ルツ 1:18 ルツが…決心しているのを<見る>と,
Ⅰサム 6:19 主の箱の中を<見>たからである. そ
12:16 この大きなみわざを<見>なさい.
15:35 サムエルは…二度とサウルを<見>な
16: 7 彼の容貌や, 背の高さを<見>てはな
らない…人はうわべを<見る>が, 主
は心を<見る>.」
28:12 この女がサムエルを<見>たとき, 大
Ⅱサム 6:16 踊ったりしているのを<見>て, 心の
12:19 ひそひそ話し合っているのを<見>て,
18:10 引っ掛かっているのを<見>て来まし
21 あなたの<見>たことを王に告げなさ
24:17 ダビデは…御使いを<見>たとき, 主
Ⅰ列 10: 7 自分の目で<見る>までは, そのこと
12 だれもこのようなものを<見>たこと
19: 6 彼は<見>た. すると…パン菓子一つ
21:29 へりくだっているのを<見>たか. 彼
22:19 天の万軍が…立っているのを<見>ま
Ⅱ列 3:17 風も<見>ず, 大雨も<見>ないのに,
22 水が血のように赤いのを<見>て,
6:17 彼が<見る>と…火の馬と戦車がエリ
10:16 私の主に対する熱心さを<見>なさい
12:10 箱の中に金が多くなるのを<見>て,
20: 5 祈りを聞いた. あなたの涙も<見>た.
22:20 すべてのわざわいを<見る>ことがな
23:24 <見>られるすべての忌むべき物も除
Ⅰ歴 15:29 喜び踊っているのを<見>て, 心の中
21:16 主の使いが…立っているのを<見>た.
Ⅱ歴 9:11 ユダの地でだれも<見>たことがなか
15: 9 主が彼とともにおられるのを<見>て,
16: 9 主は…あまねく全地を<見>渡し, そ
エズ 3:12 最初の宮を<見>たことのある多くの
4:15 記録文書の中に<見>て, おわかりに
ネヘ 9: 8 彼の心が御前に真実であるのを<見>
エス 2:15 彼女を<見る>すべての者から好意を
8: 6 わざわいを<見>てがまんしておられ
ヨブ 3: 9 暁のまぶたのあくのを<見る>ことが
16 光を<見>なかった嬰児のようでなか
7: 7 私の目は再び幸いを<見>ないでしょ
10: 4 人間が<見る>ように, あなたも<見>
11:11 神はその悪意を<見>て, これに気が
19:26 私は, 私の肉から神を<見る>.
20: 9 <見>慣れていた目は再び彼を<見>ず,
22:19 正しい者は<見>て喜び, 罪のない者
23: 9 私は神を<見>ず, 右に向きを変えて
28:24 神は地の隅々まで<見>渡し, 天の下
33:28 私のいのちは光を<見る>」と.
34:21 その歩みをすべて<見>ているからだ.
35:14 あなたは神を<見る>ことができない
36:25 すべての人がこれを<見>, 人が遠く
37:21 雨雲の中に輝いている光を<見る>こ
42:16 その子の子たちを4代目まで<見>た.
詩篇 9:13 憎む者から来る私の悩みを<見>てく
22: 7 私を<見る>者はみな, 私をあざけり
25:18 私の悩みと労苦を<見>て, 私のすべ
27:13 主のいつくしみを<見る>ことが信じ
34:12 しあわせを<見>ようと, 日数の多い
36: 9 あなたの光のうちに光を<見る>から
37:25 子孫が食べ物を請うのを<見>たこと
49:19 彼らは決して光を<見>ないであろう.
63: 2 あなたの力と栄光を<見る>ために,
73: 3 悪者の栄えるのを<見>たからである.
77:16 神よ. 水はあなたを<見>たのです.
89:48 生きていて死を<見>ない者はだれで
98: 3 われらの神の救いを<見>ている.
119: 6 すべての仰せを<見>ても恥じること
96 終わりのあることを<見>ました. し
139:24 傷のついた道があるか…を<見>て,
箴言 1:17 鳥がみな<見>ているところで, 網を
6: 6 蟻のところへ行き…やり方を<見>て,
24:32 私はこれを<見>て, 心に留め, これ
伝道 1: 8 目は<見>て飽きることもなく, 耳は
6: 9 目が<見る>ところは, 心があこがれ
イザ 1: 1 ヒゼキヤの時代に<見>たものである.
5:12 主のみわざを<見>向きもせず, 御手
6: 1 王座に座しておられる主を<見>た.
5 主である王を, この目で<見>たのだ
9: 2 民は, 大きな光を<見>た. 死の陰の
11: 3 目の<見る>ところによってさばかず,

29:15 だれが，私たちを<見>ていよう．だ
33:17 あなたの目は，麗しい王を<見>，遠
20 天幕，エルサレムを<見る>．その鉄
35: 2 彼らは主の栄光…神の威光を<見る>．
38:11 私は主を<見>ない．生ける者の地で
44: 9 彼らはただ恥を<見る>だけだ．
18 彼らの目は…<見る>こともできず，
52: 8 主がシオンに帰られるのを…<見る>
10 みな，私たちの神の救いを<見る>．
53:10 彼は末長く，子孫を<見る>ことがで
57: 8 寝床を愛し，その象徴物を<見>た．
62: 2 国々はあなたの義を<見>，すべての
王があなたの栄光を<見る>．あなた
63: 5 <見>回したが，だれも助ける者はな
65: 8 ふさの中に甘い汁があるのを<見>れ
66: 8 だれが，これらの事を<見>たか．地
18 彼らは来て，わたしの栄光を<見る>．
24 そむいた者たちのしかばねを<見る>．
エレ 1:11 エレミヤ．あなたは何を<見>ている
のか…アーモンドの枝を<見>ていま
5:12 剣もききんも…<見>はしない．
34: 3 目はバビロンの王の目を<見>，彼の
エゼ 1:27 私は火のようなものを<見>た．その
28 私はこれを<見>て，ひれ伏した．そ
12: 2 <見る>目があるのに<見>ず，聞く耳
13: 7 あなたがたはむなしい幻を<見>，ま
16 平安の幻を<見>ていたイスラエルの
40: 4 人の子よ．あなたの目で<見>，耳で
ダニ 2:26 私が<見>た夢と，その解き明かしを
4:10 <見る>と，地の中央に木があった．
5: 5 王が物を書くその手の先を<見>たと
6:11 祈願し，哀願しているのを<見>た．
7: 1 頭に浮かんだ幻を<見>て，その夢を
8: 2 私は一つの幻を<見>たが，<見>てい
10: 7 この幻は…ダニエル…だけが<見>て，
ホセ 6:10 わたしは恐るべきことを<見>た．エ
ヨエ 2:28 年寄りは夢を…若い男は幻を<見る>．
アモ 7: 8 アモス．何を<見>ているのか…重り
9: 1 祭壇…に立っておられる主を<見>た．
ミカ 4:11 シオンが犯されるのを…<見>よう」
ハバ 1:13 目はあまりきよくて，悪を<見>ず，
2:15 酔わせ，その裸を<見>ようとする者．
3:10 山々はあなたを<見>て震え，豪雨は
ハガ 2: 3 今，これをどう<見>ているのか．あ
ゼカ 1: 8 <見る>と…ひとりの人が赤い馬に乗
10: 2 占い師は偽りを<見>，夢見る者はむ
7 彼らの子らは<見>て喜び，その心は
マラ 1: 5 あなたがたの目はこれを<見>て言お
マタ 2: 2 東のほうでその方の星を<見>たので，
5: 1 この群衆を<見>て，イエスは山に登
8 その人たちは神を<見る>から．
28 情欲をいだいて女を<見る>者は，す
6: 4 隠れた所で<見>ておられるあなたの
5 彼らは，人に<見>られたくて会堂や
18 隠れた所で<見>ておられる…父が報
26 空の鳥を<見>なさい．種蒔きもせず，
8:10 このような信仰を<見>たことがあり
9: 2 イエスは彼らの信仰を<見>て，中風
33 イスラエルで…かつて<見>たことが
11: 4 <見>たりしていることをヨハネに報
8 何を<見>に行ったのですか．柔らか
13:14 確かに<見>てはいるが，決してわか
16 目は<見>ているから幸いです．また，
14:26 湖の上を歩いておられるのを<見>て，
30 風を<見>て，こわくなり，沈みかけ
16:28 御国とともに来るのを<見る>までは，
17: 9 いま<見>た幻をだれにも話してはな
18:10 父の御顔をいつも<見>ているからで
22:11 王が客を<見>ようとして入って来る
23:39 今後決してわたしを<見る>ことはあ
24:15 聖なる所に立つのを<見>たならば，
30 天の雲に乗って来るのを<見る>ので
33 これらのことのすべてを<見>たら，
27:49 エリヤが助けに来るかどうか<見る>
28: 1 ほかのマリヤが墓を<見>に来た．
マコ 2:12 みなの<見>ている前を出て行った．
4:12 <見る>には<見る>がわからず，聞く
6:50 みなイエスを<見>ておびえてしまっ
9: 9 いま<見>たことをだれにも話しては
20 その子がイエスを<見る>と，霊はす
38 悪霊を追い出している者を<見>まし
12:34 彼が賢い返事をしたのを<見>て，言
41 金を投げ入れる様子を<見>ておられ
13:29 これらのことが起こるのを<見>たら，
36 眠っているのを<見>られないように
14:62 天の雲に乗って来るのを…<見る>は
69 すると女中は，ペテロを<見>て，そ
15:32 われわれは，それを<見>たら信じる
16: 4 目を上げて<見る>と，あれほど大き
ルカ 1:22 彼は神殿で幻を<見>たのだとわかっ

2:15 この出来事を<見>て来よう.」
26 キリストを<見る>までは，決して死
30 私の目があなたの御救いを<見>たか
3: 6 あらゆる人が，神の救いを<見る>よ
5:26 私たちは…驚くべきことを<見>た」
7:22 自分たちの<見>たり聞いたりしたこ
と…目の見えない者が<見>，足のな
9:27 神の国を<見る>までは，決して死を
32 立っているふたりの人を<見>た.
38 息子を<見>てやってください．ひと
62 うしろを<見る>者は，神の国にふさ
10:18 わたしが<見>ていると，サタンが，
24 <見>たいと願ったのに，<見>られな
31 祭司が…彼を<見る>と，反対側を通
33 サマリヤ人が…彼を<見>てかわいそ
13:35 <見>なさい．あなたがたの家は荒れ
17:22 人の子の日を一日でも<見>たいと願
18: 8 地上に信仰が<見>られるでしょうか.
19: 3 彼は，イエスがどんな方か<見>よう
4 イエスを<見る>ために…いちじく桑
37 自分たちの<見>たすべての力あるわ
21:20 軍隊に囲まれるのを<見>たら，その
29 いちじくの木や，すべての木を<見>
23: 8 ヘロデはイエスを<見る>と非常に喜
んだ…何かの奇蹟を<見>たいと考え
47 この出来事を<見>た百人隊長は，神
48 この光景を<見>に集まっていた群衆
49 女たちとは…遠く離れて…<見>てい
24:37 彼らは…霊を<見>ているのだと思っ
39 わたしの手や…足を<見>なさい．ま
ヨハ 1:14 私たちはこの方の栄光を<見>た．父
18 いまだかつて神を<見>た者はいない.
48 いちじくの木の下にいるのを<見>た
50 さらに大きなことを<見る>ことにな
3: 3 神の国を<見る>ことはできません.」
11 <見>たことをあかししているのに，
32 この方は<見>たこと，また聞いたこ
36 いのちを<見る>ことがなく，神の怒
4:35 目を上げて畑を<見>なさい．色づい
45 なさったすべてのことを<見>ていた
48 しるしと不思議を<見>ないかぎり，
5:37 御姿を<見>たこともありません.
6:14 イエスのなさったしるしを<見>て，
36 わたしを<見>ながら信じようとしな
40 子を<見>て信じる者がみな永遠のい
46 だれも父を<見>た者はありません.
7: 3 あなたがしているわざを<見る>こと
8:38 わたしは父のもとで<見>たことを話
51 その人は決して死を<見る>ことがあ
56 アブラハムは，わたしの日を<見る>
57 アブラハムを<見>たのですか.」
9:37 あなたはその方を<見>たのです．あ
10:12 狼が来るのを<見る>と，羊を置き去
11: 9 この世の光を<見>ているからです.
40 信じるなら…神の栄光を<見る>，と
45 イエスがなさったことを<見>た多く
12:45 わたしを<見る>者は…遣わした方を
14: 9 わたしを<見>た者は，父を<見>たの
17 世はその方を<見>もせず，知りもし
19 世はもうわたしを<見>なくなります.
16:16 もはやわたしを<見>なくなります.
17:24 わたしの栄光を，彼らが<見る>よう
19:37 自分たちが突き刺した方を<見る>」
20: 5 亜麻布が置いてあるのを<見>たが，
8 もうひとりの弟子も…<見>て，信じ
14 イエスが立っておられるのを<見>た.
25 私は，その手に釘の跡を<見>，私の
29 わたしを<見>たから信じたのですか.
<見>ずに信じる者は幸いです.」
使徒 1: 9 イエスは彼らが<見>ている間に上げ
2:17 青年は幻を<見>，老人は夢を<見る>.
25 私はいつも…目の前に主を<見>てい
4:13 ペテロとヨハネとの大胆さを<見>，
20 自分の<見>たこと，また聞いたこと
7:31 その光景を<見>たモーセは驚いて，
44 <見>たとおりの形に造れとモーセに
8:13 奇蹟が行われるのを<見>て，驚いて
9:27 途中で主を<見>た様子や，主が彼に
10:11 <見る>と…敷布のような入れ物が，
13:11 しばらくの間，日の光を<見る>こと
14: 9 いやされる信仰があるのを<見>て，
16: 9 ある夜，パウロは幻を<見>た．ひと
17:16 町が偶像でいっぱいなのを<見>て，
22 あらゆる点から<見>て，私はあなた
20:38 もう二度と私の顔を<見る>ことがな
22: 9 その光は<見>たのですが，私に語っ
23: 6 一部がパリサイ人であるのを<見>て
ロマ 11:22 <見>てごらんなさい．神のいつくし
Ⅰコリ 9: 1 私は…主イエスを<見>たのではない
13:12 鏡にぼんやり映るものを<見>ていま

16: 7　あなたがたの顔を<見>たいと思って
IIコリ 5: 7　私たちは<見る>ところによってでは
10: 7　うわべのことだけを<見>ています．
ピリ 4: 9　聞き，また<見>たことを実行しなさ
コロ 2: 1　直接私の顔を<見>たことのない人た
Iテサ 2:17　顔を<見>たいと切に願っていました．
3:10　顔を<見>たい，信仰の不足を補いた
Iテモ 3:16　御使いたちに<見>られ，諸国民の間
6:16　人間がだれひとり<見>たことのない，
また<見る>ことのできない方です．
ヘブ 11: 5　エノクは死を<見る>ことのないよう
7　ノアは，まだ<見>ていない事がらに
27　目に見えない方を<見る>ようにして，
12:14　聖くなければ，だれも主を<見る>こ
13: 7　生活の結末をよく<見>て，その信仰
ヤコ 5:11　主が彼になさったことの結末を<見>
Iペテ 1: 8　イエス・キリストを<見>たことはな
2:12　りっぱな行いを<見>て，おとずれの
3: 2　清い生き方を彼らが<見る>からです．
Iヨハ 1: 1　目で<見>たもの，じっと<見>，また
3: 2　キリストのありのままの姿を<見る>
6　キリストを<見>てもいないし，知っ
17　兄弟が困っているのを<見>ても，あ
4:12　かつて，だれも神を<見>た者はあり
IIIヨハ 11　悪を行う者は神を<見>たことのない
黙示 1: 7　突き刺した者たちが，彼を<見る>．
11　<見る>ことを巻き物にしるして，七
3: 2　御前に全うされたとは<見>ていない．
9:20　<見る>ことも…できない偶像を拝み
11:11　それを<見>ていた人々は非常な恐怖
17: 8　あなたの<見>た獣は，昔いたが，今
18: 9　彼女が火で焼かれる煙を<見る>と，

▼ ミルカ〔人名〕

(1)アブラハムの兄弟ナホルの妻．創世11:29，22:20，23，24:15，24，47．
(2)ツェロフハデの娘．民数26:33，ヨシ17:3．

▼ ミルコム〔偶像〕

アモン人の神．モレクと同じ．I列11:5，33，II列23:13，ゼパ1:5．

▼ ミルトス〔植物〕

ネヘ 8:15　<ミルトス>，なつめやし，また，枝
イザ 41:19　<ミルトス>，オリーブの木を植え，
55:13　おどろの代わりに<ミルトス>が生え
ゼカ 1: 8　その人は…<ミルトス>の木の間に立

▼ ミルマ〔人名〕

ベニヤミン族シャハライムの子．I歴8:10．

▼ ミレト〔地名〕

エペソ南部の町．使徒20:15，17，IIテモ4:20．

▼ ミロ

エルサレムに構築された防御施設．IIサム5:9，I列9:15，24，11:27，I歴11:8，II歴32:5．

▼ みわける（見分ける），見分け

創世 27:23　イサクには<見分け>がつかなかった．
ルツ 3:14　<見分け>がつかないうちに起き上が
Iサム 12:24　あなたがたになさったかを<見分け>
ヨブ 2:12　ヨブであることが<見分け>られない
4:16　顔だちを<見分ける>ことができなか
34: 4　何が良いことであるかを<見分け>よ
エレ 19: 4　この所を<見分け>がつかないほどに
マタ 7:16　実によって彼らを<見分ける>ことが
16: 3　なぜ時のしるしを<見分ける>ことが
ルカ 12:56　今のこの時代を<見分ける>ことがで
Iコリ 12:10　ある人には霊を<見分ける>力，ある
エペ 5:10　主に喜ばれること…を<見分け>なさ
ピリ 1:10　真にすぐれたものを<見分ける>こと
Iテサ 5:21　すべてのことを<見分け>て，ほんと
ヘブ 5:14　良い物と悪い物とを<見分ける>感覚
Iヨハ 4: 6　真理の霊と偽りの霊とを<見分け>ま

▼ みわざ

申命 11: 2　そのしるしと<みわざ>を経験も，目
32: 4　主は岩．主の<みわざ>は完全．まこ
士師 5:11　そこで彼らは主の正しい<みわざ>と，
Iサム 2: 3　主…その<みわざ>は確かです．
I歴 16: 8　その<みわざ>を国々の民の中に知ら
9　奇しい<みわざ>に思いを潜めよ．
ヨブ 36:24　神の<みわざ>を覚えて賛美せよ．
37:14　神の奇しい<みわざ>を，じっと考え
詩篇 9:11　国々の民に<みわざ>を告げ知らせよ．
44: 1　彼らの時代になさった<みわざ>を．
46: 8　来て，主の<みわざ>を見よ．主は地
64: 9　神の<みわざ>を告げ知らせ，そのな
66: 3　<みわざ>．86:8，92:5，104:13，24，31，107:22，24，111:2，6，118:17，145:4，17．
73:28　すべての<みわざ>を語り告げましょ
77:11　私は，主の<みわざ>を思い起こそう．
12　あなたの<みわざ>を，静かに考えよ
78: 7　神に信頼し，神の<みわざ>を忘れず，
11　神の数々の<みわざ>と，神が見せて

90:16 あなたの<みわざ>を…見せてくださ
106:13 彼らはすぐに，<みわざ>を忘れ，そ
111: 3 その<みわざ>は尊厳と威光．その義
箴言 8:22 その<みわざ>の初めから，わたしを
伝道 3:11 神が行われる<みわざ>を，初めから
7:13 神の<みわざ>に目を留めよ．神が曲
8:17 すべては神の<みわざ>であることが
わかった…<みわざ>を見きわめるこ
11: 5 行われる神の<みわざ>を知らない．
イザ 5:12 彼らは，主の<みわざ>を見向きもせ
28:21 主は…その<みわざ>を行われる．そ
60: 6 主の奇しい<みわざ>を宣べ伝える．
63: 7 主の奇しい<みわざ>をほめ歌おう．
エレ 48:10 主の<みわざ>をおろそかにする者は，
51:10 私たちの神，主の<みわざ>を語ろう．
ダニ 4:37 <みわざ>はことごとく真実であり，
ミカ 2: 7 これは主の<みわざ>だろうか．私の
ハバ 3: 2 主よ，あなたの<みわざ>を恐れまし
マタ 11: 2 獄中でキリストの<みわざ>について
ヨハ 4:34 その<みわざ>を成し遂げることが，
10:37 父の<みわざ>を行っていないのなら，
ロマ 14:20 神の<みわざ>を破壊してはいけませ
ヘブ 4: 3 <みわざ>は創世の初めから，もう終
4 すべての<みわざ>を終えて７日目に
黙示 15: 3 あなたの<みわざ>は偉大であり，驚

▼みをむすぶ（実を結ぶ）

創世 1:11 種がある<実を結ぶ>果樹を，種類に
29 <実を結ぶ>すべての木をあなたがた
49:22 ヨセフは<実を結ぶ>若枝，泉のほと
レビ 25:19 その地が<実を結ぶ>なら，あなたが
26: 4 畑の木々はその<実を結>び，
民数 17: 8 アーモンドの<実を結>んでいた．
申命 20:20 <実を結>ばないとわかっている木だ
Ⅱ列 19:30 下に根を張り，上に<実を結ぶ>．
詩 128: 3 豊かに<実を結ぶ>ぶどうの木のよう
イザ 11: 1 その根から若枝が出て<実を結ぶ>．
エレ 12: 2 根を張り，伸びて，<実を結>びまし
エゼ 17: 8 <実を結>び，みごとなぶどうの木と
23 <実を結>び，みごとな杉の木となり，
36: 8 イスラエルのために<実を結ぶ>．彼
ホセ 9:16 その根は枯れて，<実を結>ばない．
10: 1 多くの<実を結ぶ>よく茂ったぶどう
ゼカ 8:12 ぶどうの木は<実を結>び，地は産物
マタ 3: 8 悔い改めにふさわしい<実を結>びな
10 良い<実を結>ばない木は，みな切り
7:17 良い木はみな良い<実を結ぶ>が，悪
い木は悪い<実を結>びます．
13: 8 あるものは30倍の<実を結>んだ．23，
マコ4:8，20，ルカ8:8．
22 みことばをふさぐため，<実を結>ば
ない人のことです．マコ4:19．
21:43 神の国の<実を結ぶ>国民に与えられ
マコ 4: 7 ふさいでしまったので，<実を結>ば
ルカ 6:43 悪い<実を結ぶ>良い木はないし，良
い<実を結ぶ>悪い木もありません．
8:15 よく耐えて，<実を結>ばせるのです．
13: 9 来年，<実を結>べばよし，それでも
ヨハ 12:24 もし死ねば，豊かな<実を結>びます．
15: 2 <実を結>ばないものは…取り除き，
4 枝だけでは<実を結ぶ>ことができま
5 そういう人は多くの<実を結>びます．
8 多くの<実を結>び，わたしの弟子と
16 あなたがたが行って<実を結>び，そ
ロマ 7: 4 神のために<実を結ぶ>ようになるた
5 死のために<実を結>びました．
Ⅰコリ 14:14 私の知性は<実を結>ばないのです．
エペ 5:11 <実を結>ばない暗やみのわざに仲間
ピリ 1:22 私の働きが豊かな<実を結ぶ>ことに
コロ 1: 6 世界中で，<実を結>び広がり続けて
10 あらゆる善行のうちに<実を結>び，
テト 3:14 <実を結>ばない者にならないためで
ヘブ 12:11 人々に平安な義の<実を結>ばせます．
ヤコ 3:18 義の<実を結>ばせる種は，平和をつ
Ⅱペテ 1: 8 <実を結>ばない者になることはあり
ユダ 12 <実を結>ばない，枯れに枯れて，根

▼みんしゅう（民衆）

マタ 26: 5 <民衆>の騒ぎが起こるといけないか
ら」と話していた．マコ14:2．
ルカ 3:15 <民衆>は救い主を待ち望んでおり，
18 ヨハネは…<民衆>に福音を知らせた．
21 <民衆>がみなバプテスマを受けてい
6:17 海べから来た大ぜいの<民衆>がそこ
8:37 ゲラサ地方の<民衆>はみな…おびえ
19:48 <民衆>がみな，熱心にイエスの話に
20: 1 イエスは宮で<民衆>を教え，福音を
6 <民衆>が…石で打ち殺すだろう．ヨ
9 イエスは，<民衆>に…たとえを話さ
19 捕らえようとしたが…<民衆>を恐れ
26 <民衆>の前でイエスのことばじりを
21:38 <民衆>はみな朝早く起きて，教えを

22: 2 彼らは<民衆>を恐れていたからであ
23:14 この人を，<民衆>を惑わす者として，
27 大ぜいの<民衆>やイエスのことを嘆
35 <民衆>はそばに立ってながめていた.
使徒 6:12 <民衆>と長老たちと律法学者たちを

▼ みんぞく（民族），諸民族，全民族

創世 12: 3 地上のすべての<民族>は，あなたによって祝福される．28:14.
エス 10: 3 自分の<全民族>に平和を語ったから
マタ 24: 7 <民族>は<民族>に，国は国に敵対し
マコ 13:10 福音がまずあらゆる<民族>に宣べ伝
使徒 3:25 地の<諸民族>はみな祝福を受ける』
黙示 5: 9 あらゆる部族，国語，<民族>，国民の中から．7:9，10:11，11:9，13:7，14:6，17:15.

む

▼ む（無）【別項】無に等しい

詩篇 44:17 あなたの契約を<無>にしませんでし
アモ 5: 5 ベテルは<無>に帰するからだ.」
マタ 15: 6 神のことばを<無>にしてしまいまし
ロマ 3: 3 神の真実が<無>に帰することになる
ガラ 2:21 私は神の恵みを<無>にはしません.
ピリ 2: 7 ご自分を<無>にして，仕える者の姿

▼ 6か（6日），6日間

出エ 16:26 <6日>の間はそれを集めることがで
20: 9 <6日間>，働いて…仕事をしなけれ
24:16 雲は<6日間>，山をおおっていた.
申命 16: 8 <6日間>，種を入れないパンを食べ
ヨシ 6: 3 町の周囲を1度回り，<6日>，その
エゼ 46: 1 労働をする<6日間>は閉じておき，
マタ 17: 1 <6日>たって，イエスは，ペテロと
ルカ 13:14 働いてよい日は<6日>です．その間
ヨハ 12: 1 イエスは過越の祭りの<6日>前にベ

▼ むいみ（無意味）

ガラ 2:21 それこそキリストの死は<無意味>で
ヤコ 4: 5 …という聖書のことばが，<無意味>だと思うのですか.

▼ むえき（無益）

ヨブ 15: 3 彼は<無益>なことばを使って論じ，
エレ 2: 8 預言者たちは…<無益>なものに従っ
ロマ 3:12 迷い出て…ともに<無益>な者となっ
Iコリ 3:20 知者の論議を<無益>だと知っておら
IIコリ 12: 1 <無益>なことですが，誇るのもやむ
Iテモ 1: 6 わき道にそれて<無益>な議論に走り，
テト 3: 9 それらは<無益>で，むだなものです.
ヘブ 7:18 前の戒めは，弱く<無益>なために，

▼ むかいかぜ（向かい風）

マタ 14:24 風が<向かい風>なので，波に悩まさ
マコ 6:48 <向かい風>のために漕ぎあぐねてい
使徒 27: 4 <向かい風>なので，キプロスの島陰

▼ むかう（向かう）【別項】面と向かう

創世 15:10 半分を互いに<向か>い合わせにした.
ヨシ 8: 5 私たちに<向か>って出て来るなら，
士師 14: 5 若い獅子が…彼に<向か>って来た.
Iサム 9:14 サムエルは…彼らに<向か>って出て
エズ 6:22 王の心を彼らに<向か>わせて，イス
ヨブ 5: 1 だれにあなたは<向か>って行こうと
23: 9 左に<向か>って行っても，私は神を
箴言 17: 8 その<向かう>所，どこにおいても，
イザ 53: 6 自分かってな道に<向か>って行った.
56:11 自分かってな道に<向か>い，ひとり残らず自分の利得に<向か>って行く.
エゼ 1: 9 正面に<向か>ってまっすぐ進んだ.
マコ 12:41 イエスは献金箱に<向か>ってすわり，
13: 3 イエスがオリーブ山で宮に<向か>っ

▼ むかえ（迎え），迎える，出迎える

創世 14:17 ソドムの王は…彼を<迎え>に出て来
24:65 私たちを<迎え>に来るあの人はだれ
46:29 ヨセフは…父イスラエルを<迎える>
出エ 19:17 民を，神を<迎える>ために…連れ出
民数 22:36 バラクはバラム…を<迎え>に，国境
申命 1:44 エモリ人が…あなたがたを<迎え>撃
29: 7 オグが…私たちを<迎え>て戦ったが，
士師 4:18 ヤエルはシセラを<迎え>に出て来て，
11:34 踊りながら<迎え>に出て来ているで
19:15 だれも彼らを<迎え>て家に泊めてく
Iサム 4: 2 ペリシテ人はイスラエルを<迎え>撃
13:10 サウルは彼を<迎え>に出てあいさつ
18: 6 喜び踊りながら，サウル王を<迎え>
IIサム 18: 6 民はイスラエルを<迎え>撃つために
I列 2:19 王は…彼女を<迎え>，彼女におじぎ
20:27 イスラエル人も…彼らを<迎え>た.

ネヘ 13: 2 パンと水をもって…<迎え>ず，かえ
詩篇 21: 3 彼を<迎え>てすばらしい祝福を与え，
59:10 恵みの神は，私を<迎え>に来てくだ
箴言 7:10 心にたくらみのある女が…<迎え>た．
イザ 14: 9 よみは，あなたの来るのを<迎え>よ
エレ 41: 6 イシュマエルは，彼らを<迎え>にミ
マタ 1:20 あなたの妻マリヤを<迎え>なさい．
25: 6 そら，花婿だ．<迎え>に出よ．1．
マコ 5: 2 墓場から出て来て，イエスを<迎え>
ルカ 8:40 群衆は喜んで<迎え>た…イエスを待
9:11 イエスは喜んで彼らを<迎え>，神の
37 大ぜいの人…がイエスを<迎え>た．
10:38 マルタ…が喜んで家にお<迎え>した．
14:31 1万人で<迎え>撃つことができるか
15:27 無事な姿をお<迎え>したというので，
16: 4 人がその家に私を<迎え>てくれるだ
9 永遠の住まいに<迎える>のです．
19: 6 ザアカイは…イエスを<迎え>た．
ヨハ 6:21 イエスを喜んで舟に<迎え>た．舟は
11:20 マルタは…と聞いて<迎え>に行った．
30 イエスは…マルタが<出迎え>た場所
12:18 群衆もイエスを<出迎え>た．イエス
14: 3 あなたがたをわたしのもとに<迎え>
使徒 15: 4 使徒たちと長老たちに<迎え>られ，
17: 7 ヤソンが家に<迎え>入れたのです．
21:17 兄弟たちは喜んで私たちを<迎え>て
28:30 パウロは…来る人たちをみな<迎え>
Ⅱコリ 7:15 自分を<迎え>てくれたことを思い出
ガラ 4:14 御使いのように…私を<迎え>てくれ
ピリ 2:29 主にあって，彼を<迎え>てください．
ピレ 17 私を<迎える>ように彼を<迎え>てや
ヘブ 7: 1 メルキゼデクは…<出迎え>て祝福し
10 アブラハムを<出迎え>たときには，

▼ むがく（無学）

使徒 4:13 ふたりが<無学>な，普通の人である

▼ むかし（昔），大昔

創世 6: 4 <昔>の勇士であり，名のある者たち
申命 32: 7 <昔>の日々を思い出し，代々の年を
33:27 <昔>よりの神は，住む家．永遠の腕
ヨシ 24: 2 テラは，<昔>，ユーフラテス川の向
ルツ 4: 7 <昔>，イスラエルでは，買い戻しや
Ⅰサム 9: 9 <昔>イスラエルでは，神のみこころ
24:13 <昔>のことわざに，『悪は悪者から
27: 8 彼らは<昔>から，シュルのほうエジ
Ⅱ列 19:25 <昔>から，それをわたしがなし，
<大昔>から，それをわたしが計画し，
エズ 5:11 ずっと<昔>から建てられていた宮を
ネヘ 12:46 <昔>から，ダビデとアサフの時代か
ヨブ 20: 4 <昔>から，地の上に人が置かれてか
29: 2 <昔>の月日のようであったらよいの
詩篇 55:19 <昔>から王座に着いている者をも．
74: 2 <昔>あなたが買い取られた，あなた
12 神は，<昔>から私の王，地上のただ
77: 5 私は，<昔>の日々，遠い<昔>の年々
78: 2 私は…<昔>からのなぞを物語ろう．
143: 5 私は<昔>の日々を思い出し，あなた
箴言 8:23 <大昔>から，初めから，大地の始ま
22:28 先祖が立てた<昔>からの地境を移し
伝道 7:10 <昔>のほうが今より良かったのか」
イザ 22:11 <昔>からこれを計画された方を目に
37:26 <昔>から，それをわたしがなし，
<大昔>から…計画し，今，それを果
45:21 だれが，これを<昔>から聞かせ，以
46:10 なされていない事を<昔>から告げ，
51: 9 さめよ．<昔>の日，いにしえの代の
エレ 5:15 <昔>からある国，そのことばをあな
28: 8 <昔>から…わざわいと疫病とを預言
46:26 エジプトは，<昔>の日のように人が
哀歌 1: 7 <昔>から持っていた…宝を思い出す．
5:21 私たちの日を<昔>のように新しくし
エゼ 26:20 <昔>の民のもとに下らせるとき，わ
たしはおまえを…<昔>から廃墟であ
36: 2 <昔>からの高き所がわれわれの所有
11 <昔>のように人を住まわせる．いや，
38:17 <昔>…預言者たちを通して語った当
アモ 9:11 <昔>の日のようにこれを建て直す．
ミカ 5: 2 <昔>から，永遠の<昔>からの定めで
7:20 <昔>，私たちの先祖に誓われたよう
ハバ 1:12 あなたは<昔>から，私の神，私の聖
マラ 3: 4 <昔>の日のように…主を喜ばせる．
マタ 5:21 <昔>の人々に，『人を殺してはなら
33 <昔>の人々に，『偽りの誓いを立て
11:21 彼らはとうの<昔>に荒布をまとい，
マコ 7: 3 <昔>の人たちの言い伝えを堅く守っ
5 <昔>の人たちの言い伝えに従って歩
ルカ 9: 8 <昔>の預言者のひとりがよみがえっ
ヨハ 9:32 <昔>から聞いたこともありません．
使徒 3:21 神が<昔>から，聖なる預言者たちの
15:18 <大昔>からこれらのことを知らせて
21 <昔>から，町ごとに…律法を宣べる

IIテモ 1: 9 この恵みは…永遠の<昔>に与えられ
テト 1: 2 神が，永遠の<昔>から約束してくだ
12 クレテ人は<昔>からのうそつき，悪
ヘブ 1: 1 神は，<むかし>父祖たちに，預言者
11: 2 <昔>の人々はこの信仰によって称賛
IIペテ 2: 3 さばきは，<昔>から怠りなく行われ
5 <昔>の世界を赦さず，義を宣べ伝え
3: 5 天は古い<昔>からあり，地は神のこ
ユダ 4 <昔>から前もってしるされている人
黙示 1: 4 <昔>いまし，後に来られる方から，
4: 8 <昔>いまし，今いまし，後に来られ
11:17 今いまし，<昔>います神である主．
16: 5 <昔>います聖なる方．あなたは正し

▼ むかつれい（無割礼）

創世 17:14 <無割礼>の男，そのような者は，そ
出エ 12:48 <無割礼>の者は…食べてはならない．
レビ 26:41 彼らの<無割礼>の心はへりくだり，
ヨシ 5: 7 彼らが<無割礼>の者で，途中で割礼
イザ 52: 1 <無割礼>の汚れた者が，もう，あな
エレ 9:26 すべての国々は<無割礼>であり，イ
ロマ 2:25 あなたの割礼は，<無割礼>になった
4:12 アブラハムが<無割礼>のときに持っ
エペ 2:11 <無割礼>の人々と呼ばれる者であっ

▼ むき（向き）

民数 33: 7 ピ・ハヒロテのほうに<向き>を変え，

▼ むぎ（麦），麦粉

創世 30:14 ルベンは<麦>刈りのころ，野に出て
レビ 2:14 新穀のひき割り<麦>をあなたの初穂
ルツ 3: 7 ボアズは…積み重ねてある<麦>の端
IIサム 17:19 その人の妻は…その上に<麦>をまき
箴言 27:22 <麦>といっしょについても，その愚
エレ 23:28 <麦>はわらと何のかかわりがあろう．
マタ 13:25 彼の敵が来て<麦>の中に毒麦を蒔い
27 畑には良い<麦>を蒔かれたのではあ
29 <麦>もいっしょに抜き取るかもしれ
ルカ 3:17 <麦>を倉に納め，殻を消えない火で
22:31 サタンが…<麦>のようにふるいにか
ヨハ 12:24 一粒の<麦>がもし地に落ちて死なな
使徒 27:38 <麦>を海に投げ捨てて，船を軽くし
Iコリ 15:37 <麦>やそのほかの穀物の種粒です．
黙示 18:13 <麦粉>，<麦>，牛，羊，それに馬，

▼ むぎばたけ（麦畑）

申命 23:25 隣人の<麦畑>でかまを使ってはなら
マタ 12: 1 イエスは，安息日に<麦畑>を通られた．マコ2:23，ルカ6:1．

▼ むくい（報い）

創世 15: 1 あなたの受ける<報い>は非常に大き
42:22 彼の血の<報い>を受けるのだ．」
申命 32:35 復讐と<報い>とは，わたしのもの，
ルツ 2:12 主から，豊かな<報い>があるように．
Iサム 24:19 私にしてくれた事の<報い>として，
II歴 6:23 悪者には…<報い>をその頭上に返し，
15: 7 あなたがたの働きには<報い>が伴っ
ヨブ 15:31 信頼するな．その<報い>はむなしい．
21:19 彼自身が<報い>を受けて思い知らな
詩篇 19:11 それを守れば，<報い>は大きい．
31:23 高ぶる者には，きびしく<報い>をさ
58:11 正しい者には<報い>がある．まこと
91: 8 悪者への<報い>を見るだけである．
箴言 11:31 正しい者がこの世で<報い>を受けるなら…罪人は，なおさら…<報い>を
12:14 人の手の働きは…<報い>を与える．
13:13 命令を敬う者は<報い>を受ける．
伝道 4: 9 労苦すれば，良い<報い>があるから
9: 5 彼らにはもはや何の<報い>もなく，
イザ 3: 9 彼らは悪の<報い>を受けるからだ．
35: 4 復讐が，神の<報い>が来る．神は来
40:10 その<報い>は主とともにあり，その
62:11 見よ．その<報い>は主とともにあり，
エレ 31:16 あなたの労苦には<報い>があるから
エゼ 7: 3 忌みきらうべきわざに<報い>をする．
23:49 みだらな行いの<報い>はあなたがた
29:18 ツロ攻撃に働いた<報い>は何もなか
オバ 15 あなたの<報い>は，あなたの頭上に
マタ 5:12 天ではあなたがたの<報い>は大きい
46 何の<報い>が受けられるでしょう．
6: 1 あなたがたの父から，<報い>が受け
2 すでに自分の<報い>を受け取ってい
10:41 預言者の受ける<報い>を受けます．また…義人の受ける<報い>を受けま
42 その人は決して<報い>に漏れること
16:27 その行いに応じて<報い>をします．
マコ 9:41 決して<報い>を失うことはありませ
ルカ 6:35 あなたがたの受ける<報い>はすばら
23:41 自分のしたことの<報い>を受けてい
ロマ 1:27 当然の<報い>を自分の身に受けてい
2: 6 その人の行いに従って<報い>をお与
11: 9 食卓は…つまずきとなり，<報い>と
35 だれが，まず主に与えて<報い>を受
12:19 わたしが<報い>をする，と主は言わ

Ⅰコリ 9:17 自発的にしているのなら，<報い>が
18 私にどんな<報い>があるのでしょう.
コロ 3:24 主から<報い>として，御国を相続さ
Ⅱテサ 1: 6 <報い>として苦しみを与え，
7 <報い>として安息を与えてくださる
ヘブ 10:35 それは大きな<報い>をもたらすもの
11:26 彼は<報い>として与えられるものか
Ⅱペテ 2:13 彼らは不義の<報い>として損害を受
Ⅱヨハ 8 豊かな<報い>を受けるようになりな
黙示 11:18 御名を恐れかしこむ者たちに<報い>
22:12 わたしの<報い>を携えて来る.

▼むくいる（報いる）

創世 44: 4 なぜ…悪をもって善に<報いる>のか.
出エ 20: 5 父の咎を子に<報い>，3代，4代に
34: 7 必ず罰して<報いる>者．父の咎は子
民数 18:21 その奉仕に<報い>て，イスラエルの
31: 2 イスラエル人の仇を<報い>よ．その
申命 7:10 主を憎む者には，これに<報い>て…
たちどころに<報い>られる．32:41.
士師 1: 7 したとおりのことを…<報い>られた.
9:16 エルバアル…のてがらに<報い>たの
56 父に行った悪を，彼に<報い>られた.
57 神は…彼らの頭上に<報い>られた.
ルツ 2:12 あなたのしたことに<報い>てくださ
Ⅰサム 24:12 主が私の仇を，あなたに<報い>られ
26:23 正しさと真実に<報い>てくださいま
Ⅱサム 3:39 悪にしたがって<報い>てくださるよ
16: 8 すべての血をおまえに<報い>たのだ.
12 私にしあわせを<報い>てくださるだ
22:21 私の義にしたがって私に<報い>，私
Ⅰ列 8:39 すべての生き方にしたがって<報い>
Ⅱ歴 6:23 正しさにしたがって義を<報い>てく
32:25 恵みにしたがって<報い>ようとせず，
ヨブ 21:31 だれが…彼に<報い>えようか.
33:26 神は…彼の義を<報い>てくださる.
34:11 神は，人の行いをその身に<報い>，
41:11 わたしが<報い>なければならないほ
詩篇 18:20 主は私の義にしたがって私に<報い>，
28: 4 行う悪にしたがって…<報い>…手の
しわざにしたがって彼らに<報い>，
35:12 彼らは善にかえて悪を<報い>，私の
54: 5 神は…わざわいを<報い>られます.
62:12 しわざに応じて，人に<報い>られま
99: 8 しわざに対してはそれに<報いる>方
103:10 咎にしたがって私たちに<報いる>こ
箴言 13:21 幸いは正しい者に<報いる>.
19:17 主がその善行に<報い>てくださる.
20:22 悪に<報い>てやろう」と言ってはな
24:12 人の行いに応じて<報い>ないだろう
25:22 主があなたに<報い>てくださる.
イザ 57:18 悲しむ者たちとに，慰めを<報い>よ
59:18 主は彼らのしうちに応じて<報い>，
その仇には憤りを<報い>，その敵に
61: 8 誠実を尽くして彼らに<報い>，とこ
63: 7 主が私たちに<報い>てくださった…
<報い>てくださったイスラエルの家
エレ 17:10 行いの結ぶ実によって<報いる>.
18:20 善に悪を<報い>てよいでしょうか.
25:14 その手のわざに応じて<報い>よう.」
32:18 先祖の咎を…後の子ら…に<報いる>
50:29 そのしわざに応じてこれに<報い>，
ホセ 2:13 バアルに仕えた日々に<報いる>.
4: 9 わたしはその行いに<報い>，そのわ
12: 2 なすことに応じ…主は…<報いる>.
アモ 3: 2 すべての咎をあなたがたに<報いる>.
ヨナ 1:14 罪のない者の血を私たちに<報い>な
マタ 6: 4 あなたの父が，あなたに<報い>てく
ださいます．6，18，ヨハ12:26.
ロマ 12:17 悪に悪を<報いる>ことをせず，すべ
13: 4 彼は…怒りをもって<報い>ます.
Ⅱコリ 6:13 それに<報い>て…心を広くしてくだ
Ⅰテサ 5:15 悪をもって悪に<報い>ないように気
Ⅰテモ 5: 4 親の恩に<報いる>習慣をつけさせな
Ⅱテモ 4:14 しわざに応じて主が彼に<報い>られ
ヘブ 11: 6 神を求める者には<報い>てくださる
黙示 22:12 それぞれのしわざに応じて<報いる>

▼むける（向ける）

民数 6:26 主が御顔をあなたに<向け>，あなた
24: 1 バラムは…その顔を荒野に<向け>た.
Ⅰサム 7: 3 心を主に<向け>，主にのみ仕えるな
Ⅱ列 20: 2 ヒゼキヤは顔を壁に<向け>て，主に
Ⅰ歴 29:18 彼らの心を…あなたに<向け>させて
詩篇 81:14 彼らの仇に，わたしの手を<向け>た
119:59 さとしのほうへ私の足を<向け>まし
141: 4 私の心を悪いことに<向け>させず，
箴言 2: 2 あなたの心を英知に<向ける>なら，
22:17 あなたの心を私の知識に<向け>よ.
23:26 あなたの心をわたしに<向け>よ．あ
イザ 38: 2 ヒゼキヤは顔を壁に<向け>て，主に
42:25 激しい戦いをこれに<向け>た．それ

エレ 2:27 わたしに背を<向け>て，顔を<向け>なかった．32:33．
エゼ 4: 3 あなたの顔を…この町に<向け>よ．
アモ 1: 8 エクロンにわたしの手を<向け>，ぺ
ゼカ 13: 7 この手を子どもたちに<向ける>．
マラ 4: 6 父の心を子に<向け>させ，子の心をその父に<向け>させる．それは，わ
マタ 5:39 右の頬を打つような者には，左の頬も<向け>なさい．ルカ6:29．
ルカ 1:17 父たちの心を子どもたちに<向け>さ
9:51 イエスは，エルサレムに行こうとして御顔をまっすぐ<向け>られ．53．
18:13 取税人は…目を天に<向け>ようとも

▼むこ（婿）

創世 19:12 あなたの<婿>や…身内の者を…連れ
14 ロトは…<婿>たちに告げて言った…<婿>たちには…冗談のように思われ
士師 15: 6 あのティムナ人の<婿>サムソンだ．
Ⅰサム 18:18 私が王の<婿>になるなどとは．」21，22，23，26，27．
Ⅱ列 8:27 彼自身アハブ家の<婿>になっていた
ネヘ 6:18 トビヤが…シェカヌヤの<婿>であり，

▼むこう（向こう）【別項】ヨルダンの向こう・ヨルダン川の向こう

民数 21:13 アルノン川の<向こう>側に宿営した．
ヨシ 24: 2 ユーフラテス川の<向こう>に住んで
士師 11:18 アルノン川の<向こう>側に宿営した．
Ⅰサム 14: 1 <向こう>側のペリシテ人の先陣のと
20:22 矢はおまえの<向こう>側だ』と言っ
36 その子の<向こうに>矢を放った．
31: 7 谷の<向こう>側とヨルダン川の向こ
Ⅰ列 4:12 ヨクモアムの<向こう>までの地には，
イザ 7:20 ユーフラテス川の<向こう>で雇った
ゼパ 3:10 クシュの川の<向こう>から，わたし
マタ 8:18 <向こう>岸に行くための用意をお命
28 <向こう>岸のガダラ人の地にお着き
14:22 自分より先に<向こう>岸へ行かせ，
16: 5 弟子たちは<向こう>岸に行ったが，
21: 2 <向こう>の村へ行きなさい…ろばが
マコ 4:35 さあ，<向こう>岸へ渡ろう」と言わ
5: 1 彼らは湖の<向こう>岸，ゲラサ人の
21 イエスが舟でまた<向こう>岸へ渡ら
6:45 先に<向こう>岸のベツサイダに行か
8:13 舟に乗って<向こう>岸へ行かれた．
ヨハ 6: 1 テベリヤの湖の<向こう>岸へ行かれ
22 湖の<向こう>岸にいた群衆は，そこ
25 湖の<向こう>側でイエスを見つけた
18: 1 ケデロンの川筋の<向こう>側に出て

▼むこう（無効）

詩篇 33:10 主は国々のはかりごとを<無効>にし，
ロマ 3:31 信仰によって律法を<無効>にするこ
4:14 約束は<無効>になってしまいます．
9: 6 神のみことばが<無効>になったわけ
ガラ 3:15 いったん結ばれたら…<無効>にした
17 その約束が<無効>とされたりするこ
コロ 2:14 債務証書を<無効>にされたからです．

▼むごん（無言）

Ⅰペテ 3: 1 妻の<無言>のふるまいによって，神

▼むざい（無罪）

創世 44:10 奴隷となり，他の者は<無罪>としよ
出エ 21:28 その牛の持ち主は<無罪>である．
Ⅰサム 26: 9 手を下して，だれが<無罪>でおられ
Ⅰコリ 4: 4 それで<無罪>とされるのではありま

▼むさぼり，むさぼる

詩篇 57: 4 人の子らを<むさぼ>り食う者の中で
箴言 1:19 利得を<むさぼる>者の道はすべてこ
15:27 利得を<むさぼる>者は自分の家族を
23:20 肉を<むさぼ>り食う者と交わるな．
21 大酒飲みと<むさぼ>り食う者とは貧しくなり，惰眠を<むさぼる>者は，
イザ 56:10 横になり，眠りを<むさぼる>．
57:17 彼の<むさぼり>の罪のために，わた
エレ 6:13 みな利得を<むさぼ>り，預言者から
8:10 高い者まで，みな利得を<むさぼ>り，
使徒 20:33 人の金銀や衣服を<むさぼ>ったこと
ロマ 1:29 あらゆる不義と悪と<むさぼり>と悪
7: 7 <むさぼ>ってはならない」と言わなかったら，私は<むさぼり>を知らな
8 私のうちにあらゆる<むさぼり>を引
13: 9 殺すな，盗むな，<むさぼる>な」と
Ⅰコリ 10: 6 彼らが<むさぼ>ったように私たちが悪を<むさぼる>ことのないためです．
Ⅱコリ 7: 2 だれからも利を<むさぼ>ったことが
エペ 5: 3 <むさぼり>も，口にすることさえい
5 <むさぼる>者――これが偶像礼拝者
コロ 3: 5 <むさぼり>を殺してしまいなさい．この<むさぼり>が，そのまま偶像礼
Ⅰテサ 2: 5 <むさぼり>の口実を設けたりしたこ
Ⅰテモ 3: 8 謹厳で…不正な利を<むさぼ>らず，

▼ムシ

1. 人名．レビ族メラリの子．出エ6:19，民数3:20，Ⅰ歴6:19，47，23:21，23，24:26，30．
2. ムシ族．民数3:33，26:58．

▼むし（無視）

箴言 4:15 それを<無視>せよ．そこを通るな．
8:33 これを<無視>してはならない．
ダニ 3:12 王よ…あなたを<無視>して…神々に
Ⅰコリ 6:4 <無視>される人たちを裁判官に選ぶ
Ⅰテモ 1:9 律法を<無視>する不従順な者，不敬
ヘブ 10:28 律法を<無視>する者は，2，3の証

▼むし（虫），虫けら

出エ 16:20 それに<虫>がわき，悪臭を放った．
申命 28:39 <虫>がそれを食べるからである．
ヨブ 25:6 <虫けら>の人の子はなおさらである．
詩篇 22:6 私は<虫けら>です．人間ではありま
イザ 14:11 <虫けら>が，あなたのおおいとなる．
41:14 恐れるな．<虫けら>のヤコブ，イス
51:8 <虫>が彼らを羊毛のように食い尽く
ヨナ 4:7 <虫>を備えられた．<虫>がそのとう
マタ 6:19 そこでは<虫>とさびで，きず物にな
20 <虫>もさびもつかず，盗人が穴をあ
使徒 12:23 彼は<虫>にかまれて息が絶えた．
ヤコ 5:2 あなたがたの着物は<虫>に食われて

▼むじひ（無慈悲）

哀歌 4:3 だちょうのように<無慈悲>になった．
エペ 4:31 <無慈悲>，憤り，怒り，叫び，そし

▼ムシヤ〔地名〕

小アジヤ北西端の地方．使徒16:7，8．

▼むしょう（無償）

出エ 21:2 7年目には…<無償>で去ることがで
11 彼女は金を払わないで<無償>で去る

▼むずかしい

出エ 18:26 <むずかしい>事件はモーセのところ
申命 1:17 <むずかし>すぎる事は，私のところ
30:11 この命令は…<むずかし>すぎるもの
Ⅱ列 2:10 あなたは<むずかしい>注文をする．
詩 139:17 御思いを知るのは…<むずかしい>こ
エゼ 3:5 <むずかしい>外国語を話す民に遣わ
ダニ 2:11 お尋ねになることは，<むずかしい>
4:9 どんな秘密も…<むずかし>くないこ
マタ 19:23 金持ちが天の御国に入るのは<むずかしい>．マコ10:23，ルカ18:24．

▼むすこ（息子）【別項】ひとり息子

創世 5:4 アダムは…800年生き，<息子>，娘
出エ 10:9 <息子>や娘も，羊の群れも…連れて
レビ 12:6 それが<息子>の場合であっても，娘
申命 7:3 娘を彼の<息子>に与えてはならない．
18:10 自分の<息子>，娘に火の中を通らせ
ヨシ 7:24 アカンと…彼の<息子>，娘，牛，ろ
17:3 ツェロフハデには…<息子>がなかっ
士師 6:30 <息子>を引っ張り出して殺しなさい．
12:14 彼には40人の<息子>と30人の孫がい
ルツ 1:1 妻とふたりの<息子>を連れてモアブ
4:15 7人の<息子>にもまさるあなたの嫁
Ⅰサム 1:4 エルカナは…<息子>，娘たちに，そ
8 私は10人の<息子>以上の者ではない
8:3 この<息子>たちは父の道に歩まず，
11 王はあなたがたの<息子>をとり，彼
16:10 エッサイは7人の<息子>をサムエル
Ⅱサム 5:13 ダビデにはさらに，<息子>，娘たち
18:18 私の名を覚えてくれる<息子>が私に
Ⅰ列 17:17 この家の主婦の<息子>が病気になっ
20 彼女の<息子>を死なせるのですか．」
Ⅱ列 23:10 自分の<息子>や娘に火の中をくぐら
ネヘ 5:2 私たちには<息子>や娘が大ぜいいる．
ヨブ 1:2 彼には7人の<息子>と3人の娘が生
4 彼の<息子>たちは互いに行き来し，
42:13 また，<息子>7人，娘3人を持った．
詩 106:37 <息子>，娘を悪霊のいけにえとして
144:12 <息子>らが，若いときに，よく育っ
イザ 56:5 <息子>，娘たちにもまさる分け前と
エレ 3:19 あなたを<息子>たちの中に入れ，あ
5:17 あなたの<息子>，娘を食らい，あな
7:31 自分の<息子>，娘を火で焼くために，
11:22 彼らの<息子>，娘は飢えて死に，
19:9 自分の<息子>の肉，娘の肉を食べさ
32:35 モレクのために自分の<息子>，娘を
エゼ 14:16 <息子>も娘も救い出すことができな
ヨエ 2:28 <息子>や娘は預言し，年寄りは夢を
アモ 7:17 あなたの<息子>，娘たちは剣に倒れ，
ミカ 7:6 <息子>は父親を侮り，娘は母親に，
マタ 10:37 わたしよりも<息子>や娘を愛する者
13:55 この人は大工の<息子>ではありませ
17:15 主よ．私の<息子>をあわれんでくだ
20:21 ふたりの<息子>が，あなたの御国で，
21:28 ある人にふたりの<息子>がいた．そ
37 私の<息子>なら，敬ってくれるだろ

マコ 9:17 おしの霊につかれた私の<息子>を，
18 その霊が<息子>に取りつきますと，
12: 6 それは愛する<息子>であった…私の
<息子>なら，敬ってくれるだろう．
ルカ 9:38 <息子>を見てやってください．ひと
12:53 父は<息子>に，<息子>は父に対抗し，
14: 5 自分の<息子>や牛が井戸に落ちたの
15:11 ある人に<息子>がふたりあった．
24 この<息子>は，死んでいたのが生き
30 このあなたの<息子>のためには，肥
ヨハ 4:46 病気の<息子>がいる王室の役人がい
47 <息子>をいやしてくださるように願
50 あなたの<息子>は直っています．」
9:20 私たちの<息子>で，生まれつき盲目
19:26 そこに，あなたの<息子>がいます．」
使徒 2:17 <息子>や娘は預言し，青年は幻を見，
19:14 スケワという人の７人の<息子>たち
IIコリ 6:18 わたしの<息子>，娘となる，と全能

▼ むすびあう（結び合う）

創世 2:24 その父母を離れ，妻と<結び合>い，
マタ 19: 6 神が<結び合>わせたものを引き離し
てはなりません．マコ10:9．
エペ 4:16 <結び合>わされ，成長して，愛のう
コロ 2: 2 愛によって<結び合>わされ，理解を
19 <結び合>わされて，神によって成長

▼ むすびつく（結びつく），結びつける

創世 29:34 今度こそ，夫は私に<結びつく>だろ
38:28 その手に真赤な糸を<結びつけ>て言
出エ 28:28 青ひもで…エポデの環に<結びつけ>，
申命 6: 8 しるしとして…手に<結びつけ>，記
14:25 その金を手に<結びつけ>…神，主の
ヨシ 2:18 この赤いひもを<結びつけ>ておかな
Iサム 18: 1 ダビデの心に<結びつ>いた．ヨナタ
ヨブ 31:36 冠のように…この身に<結びつけ>，
38:31 すばる座の鎖を<結びつける>ことが
箴言 6:21 心に結び…首の回りに<結びつけ>よ．
イザ 33:23 帆柱の基は，<結びつける>ことがで
エレ 13:11 帯が人の腰に<結びつく>ように，わ
51:63 この書物…に石を<結びつけ>て，ユ
ヘブ 4: 2 信仰によって，<結びつけ>られなか

▼ むすぶ（結ぶ）【別項】実を結ぶ，結び合う，結びつく・結びつける

創世 9:12 永遠にわたって<結ぶ>契約のしるし
ヨシ 2:21 彼女は窓に赤いひもを<結>んだ．
I列 5:12 平和が保たれ…契約を<結>んだ．
8:21 連れ出されたときに…<結>ばれたも
II列 11:17 主の民となるという契約を<結>び，
王と民との間でも契約を<結>んだ．
23: 3 主の前に契約を<結>び，主に従って
箴言 3: 3 あなたの首に<結>び…心の板に書き
6:21 あなたの心に<結>び，あなたの首の
7: 3 指に<結>び，あなたの心の板に書き
イザ 30: 1 同盟を<結ぶ>が，わたしの霊によら
49:18 花嫁のように彼らを帯に<結ぶ>．
マタ 19: 5 その妻と<結>ばれ，ふたりは一体と
ロマ 7: 2 律法によって夫に<結>ばれています．
4 死者の中からよみがえった方と<結>
Iコリ 7:27 あなたが妻に<結>ばれているなら，
エペ 5:31 妻と<結>ばれ，ふたりは一体となる．
ヘブ 8:10 イスラエルの家と<結ぶ>契約は，こ
10:16 彼らと<結>ぼうとしている契約は，

▼ むすめ（娘），小娘【別項】ひとり娘

創世 6: 2 神の子らは，人の<娘>たちが…美し
11:29 ミルカといって，ハランの<娘>であ
19: 8 男を知らないふたりの<娘>がありま
20:12 私の父の<娘>ですが…母の<娘>では
24: 3 カナン人の<娘>の中から…めとって
13 この町の人々の<娘>たちが，水を汲
23 あなたは，どなたの<娘>さんですか．
24 ミルカの子ベトエルの<娘>です．」
27:46 私はヘテ人の<娘>たちのことで，生
29: 6 あの人の<娘>ラケルが羊を連れて来
26 長女より先に下の<娘>をとつがせる
31:26 私の<娘>たちを剣で捕らえたとりこ
34: 1 <娘>ディナがその土地の<娘>たちを
3 ヤコブの<娘>ディナに心をひかれ，
21 彼らの<娘>たちをめとり，私たちの
46:20 オンの祭司…の<娘>アセナテが彼に
出エ 2: 1 ひとりの人がレビ人の<娘>をめとっ
5 パロの<娘>が水浴びをしようとナイ
16 ミデヤンの祭司に７人の<娘>がいた．
10: 9 息子や<娘>も，羊の群れも…連れて
34:16 <娘>たちが自分たちの神々を慕って
レビ 18: 9 父の<娘>でも，母の<娘>でも，ある
19:29 <娘>を汚して，みだらなことをさせ
21: 9 祭司の<娘>が淫行で身を汚すなら，
22:13 <娘>のときのように…父の家に戻っ
26:29 自分たちの<娘>の肉を食べる．
民数 25: 1 民はモアブの<娘>たちと，みだらな
26:33 ツェロフハデの<娘>の名は，マフラ，

31:18 若い<娘>たちはみな…生かしておけ．
申命 12:12 息子，<娘>…とともに…喜び楽しみ
22:17 これが私の<娘>の処女のしるしです．
士師 11:34 自分の<娘>が，タンバリンを鳴らし，
19: 3 <娘>の父は彼を見て，喜んで迎えた．
24 処女の私の<娘>と，あの人のそばめ
ルツ 1:11 帰りなさい．<娘>たち．なぜ私とい
2: 5 若者に言った．「これはだれの<娘>
6 帰って来たモアブの<娘>です．
Iサム 9:11 水を汲みに出て来た<娘>たちに出会
18:20 サウルの<娘>ミカルはダビデを愛し
IIサム 1:24 イスラエルの<娘>らよ．サウルのた
6:16 サウルの<娘>ミカルは窓から見おろ
12: 3 子羊は…まるで彼の<娘>のようでし
I列 1: 3 イスラエルの国中に美しい<娘>を捜
3: 1 ソロモンは…パロの<娘>をめとって，
16:31 エテバアルの<娘>イゼベルを妻にめ
II列 5: 2 ひとりの若い<娘>を捕らえて来てい
8:18 アハブの<娘>が彼の妻であったから
17:17 息子や<娘>たちに火の中をくぐらせ，
エズ 9: 2 これらの国々の<娘>をめとり，聖な
エス 2: 2 容姿の美しい未婚の<娘>たちを捜し
7 モルデカイはおじの<娘>…エステル
を養育し…自分の<娘>としたのであ
9:29 アビハイルの<娘>である王妃エステ
ヨブ 1: 2 彼には7人の息子と3人の<娘>が生
13 息子，<娘>たちが…兄の家で食事を
41: 5 あなたの<娘>たちのために…つなぐ
42:15 ヨブの<娘>たちほど美しい女はこの
詩篇 9:14 シオンの<娘>の門で，あなたの救い
45:12 ツロの<娘>は贈り物を携えて来，民
106:37 息子，<娘>を悪霊のいけにえとして
137: 8 バビロンの<娘>よ．荒れ果てた者よ．
144:12 <娘>らが，宮殿の建物にふさわしく
箴言 9: 3 <小娘>にことづけて，町の高い所で
30:15 蛭にはふたりの<娘>がいて，「くれ
伝道 12: 4 歌を歌う<娘>たちはみなうなだれる．
雅歌 1: 5 エルサレムの<娘>たち．私はケダル
2: 2 わが愛する者が<娘>たちの間にいる
6: 9 <娘>たちは彼女を見て，幸いだと言
イザ 3:17 主はシオンの<娘>たちの頭の頂をか
56: 5 息子，<娘>たちにもまさる分け前と
エレ 3:24 息子，<娘>たちを食い尽くしました．
7:31 <娘>を火で焼くために…高き所を築
19: 9 息子の肉，<娘>の肉を食べさせる．
31:22 裏切り<娘>よ．いつまで迷い歩くの
46:19 エジプトに住む<娘>よ．捕虜になる
49: 2 その<娘>たちは火で焼かれる．イス
哀歌 1: 6 シオンの<娘>からは，すべての輝き
2:11 私の肝は，私の民の<娘>の傷を見て，
エゼ 16:20 <娘>たちを取り，その像にいけにえ
45 夫と子どもをきらった母の<娘>．自
22:11 父の<娘>である自分の姉妹をはずか
ダニ 11: 6 南の王の<娘>が北の王にとつぐが，
17 <娘>のひとりを与えて，その国を滅
ホセ 1: 3 ディブライムの<娘>ゴメルをめとっ
4:13 あなたがたの<娘>は姦淫をし，あな
ヨエ 2:28 息子や<娘>は預言し，年寄りは夢を
アモ 7:17 息子，<娘>たちは剣に倒れ，あなた
ミカ 7: 6 <娘>は母親に，嫁はしゅうとめに逆
ゼパ 3:14 シオンの<娘>よ．喜び歌え．イスラ
ゼカ 2: 7 バビロンの<娘>とともに住む者よ．
9: 9 シオンの<娘>よ．大いに喜べ．エル
サレムの<娘>よ．喜び叫べ．見よ．
マラ 2:11 ユダは…外国の神の<娘>をめとった．
マタ 9:18 私の<娘>がいま死にました…<娘>の
上に御手を…そうすれば<娘>は生き
22 <娘>よ…あなたの信仰があなたを直
10:35 <娘>をその母に，嫁をそのしゅうと
37 わたしよりも息子や<娘>を愛する者
14: 6 ヘロデヤの<娘>がみなの前で踊りを
15:22 <娘>が，ひどく悪霊に取りつかれて
28 彼女の<娘>はその時から直った．
21: 5 シオンの<娘>に伝えなさい．『見よ．
25: 1 花婿を出迎える10人の<娘>のようで
7 <娘>たちは，みな起きて…ともしび
マコ 5:23 私の小さい<娘>が死にかけています．
7:26 <娘>から悪霊を追い出してくださる
29 悪霊はあなたの<娘>から出て行きま
ルカ 2:36 パヌエルの<娘>で女預言者のアンナ
8:50 信じなさい．そうすれば，<娘>は直
54 イエスは，<娘>の手を取って，叫ん
12:53 母は<娘>に，<娘>は母に対抗し，し
13:16 この女はアブラハムの<娘>なのです．
23:28 エルサレムの<娘>たち．わたしのこ
ヨハ 12:15 恐れるな．シオンの<娘>．見よ．あ
使徒 2:17 息子や<娘>は預言し，青年は幻を見，
7:21 パロの<娘>が拾い上げ，自分の子と
21: 9 預言する4人の未婚の<娘>がいた．
Iコリ 7:36 <娘>の婚期も過ぎようとしていて，

そのままでは，<娘>に対しての扱い
37 <娘>をそのままにしておくのなら，
38 <娘>を結婚させる人は良いことをし
IIコリ 6:18 わたしの息子，<娘>となる，と全能
ヘブ 11:24 モーセは…パロの<娘>の子と呼ばれ

▼むだ，むだ口，むだ話

レビ 26:16 種を蒔いても<むだ>になる．あなた
Iサム 25:21 それは全く<むだ>だった．あの男は
ヨブ 39:16 産みの苦しみが<むだ>になることも
箴言 1:17 網を張っても，<むだ>なことだ．
10: 8 <むだ口>をたたく愚か者は踏みつけ
23: 8 あなたの快いことばを<むだ>にする．
イザ 65:23 彼らは<むだ>に労することもなく，
エレ 2:30 子らを打ったが，<むだ>だった．そ
エゼ 24:12 その骨折りは<むだ>だった．そのひ
マタ 12:36 口にするあらゆる<むだ>なことばに
26: 8 何のために，こんな<むだ>なことを
マコ 14: 4 香油をこんなに<むだ>にしたのか．
ヨハ 6:12 パン切れを，一つも<むだ>に捨てな
Iコリ 15:10 神の恵みは，<むだ>にはならず，私
58 労苦が，主にあって<むだ>でないこ
IIコリ 6: 1 神の恵みを<むだ>に受けないように
9: 3 誇ったことが<むだ>にならず，私が
ガラ 2: 2 走ったことが，<むだ>にならないた
3: 4 経験したのは，<むだ>だったのでし
4:11 労したことは，<むだ>だったのでは
ピリ 2:16 努力したことが<むだ>ではなく，苦
労したことも<むだ>でなかったこと
Iテサ 2: 1 行ったことは，<むだ>ではありませ
3: 5 私たちの労苦が<むだ>になるような
Iテモ 6:20 俗悪な<むだ話>，また…反対論を避
IIテモ 2:16 俗悪な<むだ話>を避けなさい．人々
テト 3: 9 それらは無益で，<むだ>なものです．

▼むち，むち打ち，むち打つ

申命 22:18 この男を捕らえて，<むち打ち>にし，
25: 3 40までは彼を<むち打>ってよいが，
ヨシ 23:13 あなたがたのわき腹に<むち>となり，
IIサム 7:14 人の子の<むち>をもって彼を懲らし
I列 12:11 <むち>で懲らしめたが，私はさそり
ヨブ 5:21 舌で<むち打>たれるときも，あなた
詩篇 23: 4 あなたの<むち>とあなたの杖，それ
89:32 <むち>をもって，彼らの咎を罰しよ
箴言 13:24 <むち>を控える者はその子を憎む者
18: 6 その口は<むち打つ>者を呼び寄せる．
19:29 <むち打ち>は愚かな者の背のために
23:13 <むち>で打っても，彼は死ぬことは
14 <むち>で彼を打つなら…よみから救
26: 3 馬には，<むち>．ろばには，くつわ．
愚かな者の背には，<むち>．
29:15 <むち>と叱責とは知恵を与える．わ
イザ 9: 4 彼の重荷のくびきと，肩の<むち>，
10: 5 手にあるわたしの憤りの<むち>．
26 主がアッシリヤに<むち>を振り上げ
11: 4 口の<むち>で国を打ち，くちびるの
30:32 懲らしめの<むち>のしなうごとに，
哀歌 3: 1 私は主の激しい怒りの<むち>を受け
エゼ 20:37 あなたがたに<むち>の下を通らせ，
ナホ 3: 2 <むち>の音．車輪の響き．駆ける馬．
マタ 10:17 議会に引き渡し，会堂で<むち打>ち
20:19 <むち打>ち，十字架につけるため，
23:34 会堂で<むち打>ち，町から町へと迫
27:26 イエスを<むち打>ってから，十字架
マコ 10:34 つばきをかけ，<むち打>ち，ついに
13: 9 あなたがたは会堂で<むち打>たれ，
ルカ 12:47 しもべは，ひどく<むち打>たれます．
48 <むち打>たれるようなことをしたし
18:33 彼らは人の子を<むち>で打ってから
ヨハ 2:15 細なわで<むち>を作って，羊も牛も
19: 1 ピラトはイエスを…<むち打ち>にし
使徒 5:40 彼らを<むち>で打ち，イエスの名に
16:22 着物をはいで<むち>で打つように命
23 何度も<むち>で打たせてから，ふた
37 公衆の前で<むち打>ち，牢に入れて
22:19 信者を牢に入れたり，<むち打>った
24 彼を<むち打>って取り調べるように
25 <むち>を当てるためにパウロを縛っ
Iコリ 4:21 <むち>を持って行きましょうか．そ
IIコリ 6: 5 <むち打>たれるときにも，入獄にも，
11:23 <むち打>たれたことは数えきれず，
24 39の<むち>を受けたことが5度，
25 <むち>で打たれたことが3度，石で
ヘブ 11:36 あざけられ，<むち>で打たれ，さら
12: 6 受け入れるすべての子に，<むち>を

▼むち（無知）

ヨブ 11:12 <無知>な人間も賢くなり，野ろばの
イザ 5:13 わが民は<無知>のために捕らえ移さ
エレ 10:14 すべての人間は愚かで<無知>だ．す
使徒 3:17 <無知>のためにあのような行いをし
17:30 神は…<無知>の時代を見過ごしてお
ロマ 1:21 その<無知>な心は暗くなりました．

10:19 <無知>な国民のことで，あなたがた
エペ 4:18 <無知>と，かたくなな心とのゆえに，
IIテモ 2:23 愚かで，<無知>な思弁を避けなさい.
ヘブ 5: 2 <無知>な迷っている人々を思いやる
Iペテ 1:14 <無知>であったときのさまざまな欲
2:15 愚かな人々の<無知>の口を封じるこ
IIペテ 3:16 <無知>な，心の定まらない人たちは，

▼ むちゅう（夢中）

箴言 5:19 いつも彼女の愛に<夢中>になれ.
20 どうして他国の女に<夢中>になり，

▼ むつき

ヨブ 38: 9 黒雲をその<むつき>とした.

▼ むっつ（六つ）

出エ 25:32 <六つ>の枝をそのわきから，すなわ
28:10 その<六つ>の名を一つの石に，残り
民数 35: 6 <六つ>の，のがれの町と…42の町を
I列 10:19 その王座には<六つ>の段があり，王
ヨブ 5:19 神は<六つ>の苦しみから…救い出し，
箴言 6:16 主の憎むものが<六つ>ある．いや，
イザ 6: 2 セラフィム…は…<六つ>の翼があり，
ヨハ 2: 6 石の水がめが<六つ>置いてあった.
黙示 4: 8 この四つの生き物には…<六つ>の翼

▼ ムテ・ラベン

詩篇 9題目 <ムテ・ラベン>」の調べに合わせて.

▼ むなしい，むなしさ

申命 32:21 彼らの<むなしい>もので…怒りを燃
47 これは…<むなしい>ことばではなく，
Iサム 12:21 <むなしい>ものに従って，わきへそ
れてはならない．それは<むなしい>
IIサム 1:22 サウルの剣は，<むなし>く帰ったこ
II列 17:15 <むなしい>ものに従って歩んだので，
自分たちも<むなしい>ものとなり，
I歴 16:26 国々の民の神々はみな，<むなしい>.
ネヘ 5:13 振り落とされて，<むなしい>ものと
ヨブ 7: 3 私には<むなしい>月々が割り当てら
16 私の日々は<むなしい>ものです.
15: 2 知恵のある者は<むなしい>知識をも
31 迷わされて，<むなしい>ことに信頼
16: 3 <むなしい>ことばに終わりがあろう
27:12 なぜ…<むなしい>ことを言うのか.
35:13 神は決して<むなしい>叫びを聞き入
詩篇 2: 1 国民は<むなし>くつぶやくのか.
4: 2 <むなしい>ものを愛し，まやかしも
24: 4 たましいを<むなしい>ことに向けず，
31: 6 <むなしい>偶像につく者を憎み，主
33:10 国々の民の計画を<むなし>くされる.
39: 6 彼らは<むなし>く立ち騒ぎます．人
11 まことに，人はみな，<むなしい>も
60:11 まことに，人の救いは<むなしい>も
62: 9 身分の低い人々は，<むなし>く，高
10 略奪に<むなしい>望みをかけるな.
73:13 私は，<むなし>く心をきよめ，手を
94:11 いかに<むなしい>かを，知っておら
119:37 <むなしい>ものを見ないように私の
127: 1 建てる者の働きは<むなしい>．主が
2 辛苦の糧を食べるのも…<むなしい>.
箴言 12:11 <むなしい>ものを追い求める者は思
伝道 1:14 すべてが<むなしい>ことよ．風を追
2: 1 快楽…これもまた…<むなしい>こと
21 これもまた，<むなし>く，非常に悪
4: 7 日の下に<むなしさ>のあるのを見た.
5: 7 夢が多くなると，<むなしい>ことば
6: 4 その子は<むなし>く生まれて来て，
7:15 私はこの<むなしい>人生において，
イザ 1:13 <むなしい>ささげ物を携えて来るな.
29:21 正しい人を，<むなしい>理由でくつ
30: 7 エジプトの助けは<むなし>く，うつ
40:17 主にとっては<むなし>く形もないも
23 地のさばきつかさを<むなしい>もの
41:24 あなたがたのわざは<むなしい>．あ
29 彼らのなす事は<むなしい>．彼らの
44: 9 偶像を造る者はみな，<むなしい>.
49: 4 <むなし>く，私の力を使い果たした.
55:11 <むなし>く，わたしのところに帰っ
59: 4 <むなしい>ことにたより，うそを言
エレ 2: 5 <むなしい>ものに従って行って，
<むなしい>ものとなったのか.
10: 8 <むなしい>神々の戒め…木にすぎな
15 それは，<むなしい>もの，物笑いの
16:19 何の役にも立たない<むなしい>もの
18:15 民は…<むなしい>ものに香をたく.
23:16 あなたがたを<むなしい>ものにしよ
46:11 多くの薬を使っても<むなしい>．あ
50: 9 彼らの矢は…<むなし>くは帰らない.
51:18 <むなしい>もの，物笑いの種だ．刑
58 国々の民は<むなし>く労し，諸国の
哀歌 2:14 <むなしい>，ごまかしばかりを預言
4:17 助けを求めたが，<むなし>かった.
エゼ 12:24 <むなしい>幻も，へつらいの占いも
13: 6 <むなしい>幻を見，まやかしの占い

8 <むなしい>ことを語り，まやかしの
ホセ 5:11 彼はあえて<むなしい>ものを慕って
12:11 ただ，<むなしい>者にすぎなかった.
ヨナ 2: 8 <むなしい>偶像に心を留める者は，
ハバ 2:13 諸国の民は，<むなし>く疲れ果てる.
ゼカ 10: 2 夢見る者は<むなしい>ことを語り，
<むなしい>慰めを与えた．それゆえ，
マラ 3:14 神に仕えるのは<むなしい>ことだ.
使徒 4:25 もろもろの民は<むなしい>ことを計
14:15 <むなしい>ことを捨てて，天と地と
ロマ 1:21 かえってその思いは<むなし>くなり，
4:14 信仰は<むなし>くなり，約束は無効
Ⅰコリ 1:19 賢い者の賢さを<むなし>くする.」
15:17 あなたがたの信仰は<むなし>く，あ
エペ 4:17 異邦人が<むなしい>心で歩んでいる
5: 6 <むなしい>ことばに，だまされては
コロ 2: 8 あの<むなしい>，だましごとの哲学
ヤコ 1:26 そのような人の宗教は<むなしい>も
2:20 行いのない信仰が<むなしい>ことを
Ⅰペテ 1:18 父祖伝来の<むなしい>生き方から贖
Ⅱペテ 2:18 <むなしい>大言壮語を吐いており，

▼ むにひとしい（無に等しい）

イザ 41:24 見よ．あなたがたは<無に等しい>.
Ⅰコリ 1:28 <無に等しい>ものを選ばれたのです.

▼ むね（胸）

出エ 28:30 それがアロンの<胸>の上にあるよう
にする…さばきを，その<胸>の上に
29:26 雄羊の<胸>を取り，これを奉献物と
レビ 7:30 その<胸>を奉献物として主に向かっ
て揺り動かしなさい．8:29，10:14，
民数6:20，18:18.
民数 11:12 彼らをあなたの<胸>に抱き，わたし
ルツ 4:16 ナオミはその子を…<胸>に抱いて，
ヨブ 31:33 自分の咎を<胸>の中に秘めたことが
詩篇 35:13 私の祈りは私の<胸>を行き来してい
89:50 民のすべてをこの<胸>にこらえてい
箴言 5:20 見知らぬ女の<胸>を抱くのか.
伝道 7: 9 いらだちは愚かな者の<胸>にとどま
イザ 32:12 <胸>を打って嘆け．麗しい畑，実り
エゼ 23: 3 その地で彼女たちの<胸>は抱きしめ
21 あなたの若い<胸>を抱きしめ，あな
ダニ 2:32 その像は，頭は純金，<胸>と両腕と
ホセ 13: 8 その<胸>をかき裂き，その所で，雌
ナホ 2: 7 はしためは…<胸>を打って悲しむ.
ルカ 18:13 取税人は…自分の<胸>をたたいて言
23:48 群衆もみな…<胸>をたたいて悲しみ
エペ 6:14 <胸>には正義の胸当てを着け，
黙示 1:13 <胸>に金の帯を締めた，人の子のよ
15: 6 亜麻布を着て，<胸>には金の帯を締

▼ むねあて（胸当て）

出エ 25: 7 エポデや<胸当て>にはめ込むしまめ
のうや宝石．28:15，29:5，35:9，39
:8，9，15，19，21，レビ8:8.
Ⅰ列 22:34 イスラエルの王の<胸当て>と草摺の
エペ 6:14 帯を締め，胸には正義の<胸当て>を
Ⅰテサ 5: 8 信仰と愛を<胸当て>として着け，救
黙示 9: 9 鉄の<胸当て>のような<胸当て>を着
17 燃える硫黄の色の<胸当て>を着けて

▼ ムピム〔人名〕

ベニヤミンの子．創世46:21.

▼ むほう（無法）

詩篇 17: 4 私は<無法>な者の道を避けました.

▼ むほん（謀反）

Ⅱサム 15:12 この<謀反>は根強く，アブシャロム
Ⅰ列 15:27 バシャは，彼に<謀反>を企てた．バ
16: 9 ジムリが彼に<謀反>を企てた.
16 ジムリが<謀反>を起こして王を打ち
Ⅱ列 9:14 エフーは，ヨラムに対して<謀反>を
11:14 「<謀反>だ．<謀反>だ」と叫んだ.
17: 4 王はホセアの<謀反>に気がついた.
Ⅱ歴 23:13 「<謀反>だ．<謀反>だ」と言った.
エズ 4:19 王たちに対して<謀反>を企て，その
イザ 8:12 この民が<謀反>と呼ぶことをみな，
<謀反>と呼ぶな．この民の恐れるも
エレ 11: 9 エルサレムの住民の間に，<謀反>が
アモ 7:10 アモスはあなたに<謀反>を企ててい

▼ むよう（無用）

ヘブ 6: 8 <無用>なものであって，やがてのろ

▼ むら（村），村々【別項】ヤイルの村々

民数 32:41 ヤイルは行って，彼らの<村々>を攻
ヨシ 13:23 ルベン族の…町々と<村々>であった.
15:32，16:9，18:24，19:6，21:12.
Ⅰ歴 4:33 バアルにまで及ぶ…すべての<村々>
6:56 この町の畑とその<村々>は，エフネ
27:25 野と町々と<村々>とおのおののやぐ
ネヘ 6: 2 オノの平地にある<村>の一つで会見
11:25 自分の畑に近い<村々>に住んだ．す
30 ザノアハ，アドラムとその<村々>，
マタ 9:35 イエスは，すべての町や<村>を巡っ
10:11 どんな町や<村>に入っても，そこ

14:15　<村>に行ってめいめいで食物を買う
21: 2　向こうの<村>へ行きなさい．そうす
マコ 5:14　町や<村々>でこの事を告げ知らせた．
6: 6　イエスは，近くの<村々>を教えて回
36　近くの部落や<村>に行って何か食べ
56　<村>でも町でも部落でも，人々は病
8:23　盲人の手を取って<村>の外に連れて
26　「<村>に入って行かないように」と
27　ピリポ・カイザリヤの<村々>へ出か
ルカ 5:17　ユダヤとのすべての<村々>や，エル
8: 1　町や<村>を次から次に旅をしておら
9: 6　12人は…<村>から<村>へと回りなが
12　回りの<村>や部落にやって，宿をと
56　そして一行は別の<村>に行った．
10:38　<村>に入られると，マルタという女
13:22　イエスは，町々<村々>を次々に教え
17:12　ある<村>に入ると，10人のツァラア
24:13　エマオという<村>に行く途中であっ
28　彼らは目的の<村>に近づいたが，イ
ヨハ 7:42　キリストは…ベツレヘムの<村>から
11: 1　マリヤとその姉妹マルタとの<村>の
30　イエスは，まだ<村>に入らないで，
使徒 8:25　サマリヤ人の多くの<村>でも福音を

▼むらがる（群がる）

創世 1:20　水には生き物が<群が>れ．鳥が地の
8:17　それらが地に<群が>り，地の上で生
出エ 8: 3　かえるがナイルに<群が>り，上って
詩篇 50:11　野に<群がる>ものもわたしのものだ．
105:30　彼らの地に，かえるが<群が>った．
エレ 51:27　<群がる>ばったのように，馬を上ら

▼むらさき（紫），紫色

出エ 26: 1　撚り糸で織った亜麻布…<紫色>，緋
民数 4:13　灰を除き，<紫色>の布をその上に延
Ⅱ歴 2: 7　<紫>，紅，青などの製造に熟練した
エス 1: 6　白や<紫色>の細ひもで大理石の柱の
8:15　白亜麻布と<紫色>のマントをまとっ
箴言 31:22　着物は亜麻布と<紫色>の撚り糸でで
雅歌 3:10　その座席は<紫色>の布で作った．そ
7: 5　あなたの乱れた髪は<紫色>．王はそ
エレ 10: 9　その衣は青色と<紫色>，これらはみ
エゼ 27: 7　青色と<紫色>の布が，おまえのおお
16　トルコ玉，<紫色>の布，あや織り物，
ダニ 5: 7　<紫>の衣を着せ，首に金の鎖をかけ，
マコ 15:17　イエスに<紫>の衣を着せ，いばらの
20　<紫>の衣を脱がせて，もとの着物を
ルカ 16:19　<紫>の衣や細布を着て，毎日ぜいた
ヨハ 19: 2　イエスの頭にかぶらせ，<紫色>の着
5　いばらの冠と<紫色>の着物を着けて，
黙示 17: 4　この女は<紫>と緋の衣を着ていて，

▼むらさきずいしょう（紫水晶）

出エ 28:19　ヒヤシンス石，めのう，<紫水晶>，
黙示 21:20　第11は青玉，第12は<紫水晶>であっ

▼むらさきぬの（紫布）

使徒 16:14　テアテラ市の<紫布>の商人で，神を
黙示 18:12　<紫布>，絹，緋布，香木，さまざま
16　<紫布>，緋布を着て，金，宝石，真

▼むり（無理），むりやり

イザ 22: 4　<無理>に私を慰めてくれるな．」
マタ 27:32　イエスの十字架を，<むりやり>に背
ルカ 14:23　<無理>にでも人々を連れて来なさい．
24:29　<無理>に願ったので，イエスは彼ら
ヨハ 6:15　<むりやり>に連れて行こうとしてい
Ⅰコリ 3: 2　実は，今でもまだ<無理>なのです．
Ⅱコリ 10:14　<無理>に手を伸ばしているのではあ
12:11　あなたがたが<無理>に私をそうした

▼むれ（群れ）【別項】羊の群れ

創世 27: 9　<群れ>のところに行って，そこから
29: 2　井戸から<群れ>に水を飲ませること
7　<群れ>を集める時間でもありません．
30:41　強いものの<群れ>がさかりがついたときには，いつもヤコブは<群れ>の目の前に向けて…つがわせた．32, 36, 38, 39, 40, 42, 43, 31:4, 8, 10, 12, 38, 41, 43, 33:13, 38:17.
出エ 3: 1　彼はその<群れ>を荒野の西側に追っ
民数 23:10　イスラエルのちりの<群れ>を数ええ
35: 3　放牧地は…家畜や<群れ>や，すべて
士師 14: 8　獅子のからだの中に，蜜蜂の<群れ>
Ⅰ列 20:27　彼らは二つの<群れ>のやぎのようで
Ⅰ歴 4:39　<群れ>のために牧場を捜し求めて，
ヨブ 24: 2　<群れ>を奪い取ってこれを飼い，
30: 1　私の<群れ>の番犬とともにいさせた
詩篇 22:16　悪者どもの<群れ>が，私を取り巻き，
42: 4　私があの<群れ>といっしょに行き巡
68:10　あなたの<群れ>はその地に住みまし
27　その<群れ>の中にはユダの君主たち，
30　雄牛の<群れ>を，叱ってください．
78:48　家畜の<群れ>を，疫病に渡された．
86:14　横暴な者の<群れ>は私のいのちを求
箴言 27:23　羊の様子をよく知り，<群れ>に心を

雅歌 1: 7 あなたの仲間の<群れ>のかたわらで，
4:1，2，6:5，6.
イザ 17: 2 家畜の<群れ>のものとなり，<群れ>
29: 5 横暴な者の<群れ>は，吹き飛ぶもみ
40:11 主は羊飼いのように，その<群れ>を
エレ 6: 3 羊飼いは自分の<群れ>を連れて，そ
13:17 主の<群れ>が，とりこになるからだ.
20 あなたに賜った<群れ>，あなたの美
23: 2 わたしの<群れ>を散らし，これを追
3 わたしの<群れ>の残りの者を，わた
25:34 <群れ>のあるじたちよ．灰の中にこ
31:10 牧者が<群れ>を飼うように，これを
33:12 <群れ>を伏させる牧者たちの住まい
49:20 <群れ>の小さい者まで引きずって行
32 その家畜の<群れ>は分捕り物になる.
50: 8 <群れ>の先頭に立つやぎのようにな
51:23 あなたを使って牧者も<群れ>も砕き，
エゼ 34:22 わたしの<群れ>を救い，彼らが二度
43:23 <群れ>のうちの傷のない雄羊とをさ
ヨエ 1:18 牛の<群れ>はさまよう…牧場がない
アモ 6: 4 <群れ>のうちから子羊を，牛舎の中
7:15 主は<群れ>を追っていた私をとり，
ミカ 2:12 牧場の中の<群れ>のように一つに集
ゼパ 2:14 獣の<群れ>，あらゆる地の獣が伏し，
ゼカ 10: 3 主はご自分の<群れ>であるユダの家
マラ 1:14 <群れ>のうちに雄の獣がいて，これ
マタ 8:30 たくさんの豚の<群れ>が飼ってあっ
た．ルカ8:32.
31 豚の<群れ>の中にやってください.」
32 その<群れ>全体がどっとがけから湖
へ駆け降りて．マコ5:13，ルカ8:33.
ルカ 12:32 小さな<群れ>よ．恐れることはない.
ヨハ 10:16 一つの<群れ>，ひとりの牧者となる
使徒 4:32 信じた者の<群れ>は，心と思いを一
20:28 自分自身と<群れ>の全体とに気を配
りなさい…<群れ>の監督にお立てに
29 狂暴な狼が…<群れ>を荒らし回るこ
Ⅰペテ 5: 3 むしろ<群れ>の模範となりなさい.

▼ むろのき（～木）
エレ 17: 6 荒地の<むろの木>のように，しあわ

め

▼ め（目）【別項】御目，目の前，目を上げる，目をさます，目を留める，目を離す
創世 3: 5 あなたがたの<目>が開け，あなたが
7 ふたりの<目>は開かれ，それで彼ら
29:17 レアの<目>は弱々しかったが，ラケ
46: 4 ヨセフの手はあなたの<目>を閉じて
48:10 イスラエルの<目>は老齢のためにか
出エ 21:24 <目>には<目>．歯には歯．手には手.
レビ 4:13 あることが集団の<目>から隠れ，主
5: 2 そのことが彼の<目>から隠れ，後で
19:14 <目>の見えない者の前につまずく物
21:20 <目>に星のある者，湿疹のある者，
24:20 骨折には骨折．<目>には<目>．歯に
26:16 肺病と熱病で<目>を衰えさせ，心を
民数 10:31 あなたは…私たちにとって<目>なの
15:39 自分の心と<目>に従って歩まないよ
22:31 主がバラムの<目>のおおいを除かれ
33:55 あなたがたの<目>のとげとなり，わ
申命 19:21 いのちにはいのち，<目>には<目>，
29: 4 見る<目>と，聞く耳を，下さらなか
34: 7 モーセ…の<目>はかすまず，気力も
士師 17: 6 めいめいが自分の<目>に正しいと見
えることを行っていた．21:25.
Ⅰサム 3: 2 エリ…の<目>はかすんできて，見え
11: 2 みなの者の右の<目>をえぐり取るこ
12: 3 わいろを取って自分の<目>をくらま
Ⅰ列 15:11 アサは…主の<目>にかなうことを行
Ⅱ列 3:18 これは主の<目>には小さなことだ.
6:17 若い者の<目>を開かれたので，彼が
9:30 イゼベルは…<目>の縁を塗り，髪を
25: 7 王はゼデキヤの<目>をつぶし，彼を
Ⅱ歴 20:12 あなたに私たちの<目>を注ぐのみで
24: 2 ヨアシュは…主の<目>にかなうこと
ネヘ 1: 6 あなたの<目>を開いて，このしもべ
ヨブ 3:10 私の<目>から苦しみが隠されなかっ

11:20 しかし悪者どもの<目>は衰え果て，
15:15 天も神の<目>にはきよくない．
28:10 その<目>はすべての宝を見る．
31: 1 私は自分の<目>と契約を結んだ．ど
42: 5 今，この<目>であなたを見ました．
詩篇 6: 7 私の<目>は，いらだちで衰え，私の
11: 4 その<目>は見通し，そのまぶたは，
18:27 高ぶる<目>は低くされます．
33:13 主は天から<目>を注ぎ，人の子らを
18 主の<目>は主を恐れる者に注がれる．
84: 9 油そそがれた者の顔に<目>を注いで
88: 9 私の<目>は悩みによって衰えていま
90: 4 あなたの<目>には，千年も，きのう
94: 9 <目>を造られた方が，ご覧にならな
102:19 天から地の上に<目>を注がれました．
115: 5 <目>があっても見えない．
116:15 主の聖徒たちの死は主の<目>に尊い．
119:18 私の<目>を開いてください．私が，
136 私の<目>から涙が川のように流れま
135:16 <目>があっても見えません．
139:16 あなたの<目>は胎児の私を見られ，
145:15 すべての<目>は，あなたを待ち望ん
箴言 20:13 <目>を開け．そうすればパンに飽き
22:12 主の<目>は知識を見守り，裏切り者
23:26 あなたの<目>は，わたしの道を見守
30:17 母への従順をさげすむ<目>は，谷の
伝道 6: 9 <目>が見るところは，心があこがれ
雅歌 1:15 あなたの<目>は鳩のようだ．
イザ 1:15 わたしはあなたがたから<目>をそら
6: 5 主である王を，この<目>で見たのだ
10 その<目>を…閉ざせ．自分の<目>
17: 7 人は自分を造られた方に<目>を向け，
その<目>はイスラエルの聖なる方を
22:11 これをなさった方に<目>もくれず，
29:10 あなたがたの<目>，預言者たちを閉
18 目の見えない者の<目>が暗黒とやみ
31: 1 聖なる方に<目>を向けず，主を求め
32: 3 見る者は<目>を堅く閉ざさず，聞く
33:17 あなたの<目>は，麗しい王を見，遠
35: 5 目の見えない者の<目>は開かれ，耳
42: 7 見えない<目>を開き，囚人を牢獄か
44:18 彼らの<目>は固くふさがって見るこ
64: 4 <目>で見たこともありません．
エレ 5: 3 主よ．あなたの<目>は，真実に向け
21 彼らは，<目>があっても見えず，耳
9: 1 私の<目>が涙の泉であったなら，私
14:17 私の<目>は夜も昼も涙を流して，や
31:16 <目>の涙をとどめよ．あなたの労苦
哀歌 1:16 私の<目>，この<目>から涙があふれ
エゼ 6: 9 偶像を慕う彼らの姦淫の<目>をわた
10:12 その回りに<目>がいっぱいついてい
20: 7 おのおのその<目>の慕う忌まわしい
ダニ 8: 5 <目>と<目>の間に，著しく目だつ一
9:18 <目>を開いて私たちの荒れすさんだ
10: 6 その<目>は燃えるたいまつのようで
アモ 9: 8 神である主の<目>が，罪を犯した王
ミカ 4:11 シオンが犯されるのをこの<目>で見
ハバ 1:13 あなたの<目>はあまりきよくて，悪
ハガ 2: 3 <目>には，まるで無いに等しいので
ゼカ 3: 9 その一つの石の上に七つの<目>があ
4:10 全地を行き巡る主の<目>である.」
8: 6 この民の残りの者の<目>に不思議に
見えても，わたしの<目>に，これが
マタ 5:29 もし，右の<目>が，あなたをつまず
かせるなら．18:9，マコ9:47．
38 <目>には<目>で…』と言われたのを，
6:22 からだのあかりは<目>です…あなた
の<目>が健全なら．ルカ11:34．
7: 3 兄弟の<目>の中のちりに<目>をつけ
るが，自分の<目>の中の梁には気が
9:29 イエスは彼らの<目>にさわって，
13:16 あなたがたの<目>は見ているから幸
23:16 <目>の見えぬ手引きども．24，26．
26:43 <目>をあけていることができなかっ
ルカ 9:32 <目>がさめると…ふたりの人を見た．
10:23 見ていることを見る<目>は幸いです．
24:16 しかしふたりの<目>はさえぎられて
31 彼らの<目>が開かれ，イエスだとわ
ヨハ 9:39 <目>の見えない者が見えるようにな
12:40 主は彼らの<目>を盲目にされた．ま
使徒 6:15 ステパノに<目>を注いだ．すると彼
9:18 サウロの<目>からうろこのような物
27:39 入江が<目>に留まったので…船を乗
28:27 その<目>はつぶっているからである．
それは，彼らがその<目>で見，その
ロマ 11: 8 見えない<目>と聞こえない耳を与え
10 その<目>はくらんで見えなくなり，
Iコリ 2: 9 <目>が見たことのないもの，耳が聞
12:16 私は<目>ではないから，からだに属
21 <目>が手に向かって…必要としない．

ガラ 4:15 できれば自分の<目>をえぐり出して
エペ 1:18 心の<目>がはっきり見えるようにな
ヘブ 4:13 神の<目>には，すべてが裸であり，
Ⅰペテ 3:12 主の<目>は義人の上に注がれ，主の
Ⅱペテ 2:14 その<目>は淫行に満ちており，罪に
Ⅰヨハ 1: 1 <目>で見たもの，じっと見，また手
2:16 肉の欲，<目>の欲，暮らし向きの自
黙示 1: 7 すべての<目>，ことに彼を突き刺し
14 その<目>は，燃える炎のようであっ
3:18 <目>が見えるようになるため，<目>
に塗る目薬を買いなさい．
4: 6 前もうしろも<目>で満ちた四つの生
5: 6 小羊…七つの角と七つの<目>があっ
た．その<目>は，全世界に遣わされ
7:17 神は彼らの<目>の涙をすっかりぬぐ
い取ってくださるのです．」21:4.

▼め（芽）

創世 40:10 それが<芽>を出すと，すぐ花が咲き，
民数 17: 5 わたしが選ぶ人の杖は<芽>を出す．
8 アロンの杖が<芽>をふき，つぼみを
ヨブ 5: 6 苦しみは土から<芽>を出さないから
8:19 ほかのものがその地から<芽>を出そ
箴言 11:28 正しい者は若葉のように<芽>を出す．
イザ 27: 6 イスラエルは<芽>を出し，花を咲か
エゼ 17:10 <芽>を出した苗床で，それは枯れて
24 枯れ木に<芽>を出させることを知る
ダニ 11: 7 この女の根から一つの<芽>が起こっ
マタ 13: 5 土が深くなかったので，すぐに<芽>
ルカ 21:30 木の<芽>が出ると，それを見て夏の
ヘブ 9: 4 <芽>を出したアロンの杖，契約の二
12:15 苦い根が<芽>を出して悩ましたり，

▼メアのやぐら

エルサレム神殿の北方にあったやぐら．ネヘ3:1，12:39.

▼メアラ〔地名〕

シドン人の領地．ヨシ13:4.

▼めい（命）

出エ 17: 1 主の<命>により，シンの荒野から旅
民数 3:16 モーセは主の<命>により，命じられ

▼めい（銘）

マタ 22:20 だれの肖像ですか．だれの<銘>ですか．マコ12:16，ルカ20:24.
Ⅱテモ 2:19 それに次のような<銘>が刻まれてい

▼めいさい（明細）

Ⅰ列 6:38 神殿…<明細>どおりに完成した．こ

▼めいしょう（名称）

使徒 18:15 ことばや<名称>や律法に関する問題

▼めいじる（命じる），命ずる

創世 2:16 神である主は，人に<命じ>て仰せら
3:11 食べてはならない，と<命じ>ておい
6:22 ノアは，すべて神が<命じ>られたと
18:19 家族とに<命じ>て主の道を守らせ，
28: 1 イサクは…彼に<命じ>て言った．
出エ 1:22 パロは自分のすべての民に<命じ>て
7: 2 わたしの<命じる>ことを，みな，告
34:32 ことごとく彼らに<命じ>た．
39:32 イスラエル人は…モーセに<命じ>ら
レビ 8:36 アロンとその子らは…<命じ>られた
13:54 祭司は<命じ>て，その患部のある物
24:23 主がモーセに<命じ>られたとおりに
民数 3:16 モーセは…<命じ>られたとおりに彼
9: 8 主が…どのように<命じ>られるかを
20: 8 岩に<命じ>れば，岩は水を出す．あ
申命 3:28 ヨシュアに<命じ>，彼を力づけ，彼
4: 2 <命じる>ことばに，つけ加えてはな
13 契約を…行うように<命じ>られた．
17: 3 <命じ>もしなかったものを拝む者が
32:46 あなたがたの子どもたちに<命じ>て，
33: 4 みおしえを私たちに<命じ>，ヤコブ
ヨシ 1: 9 わたしはあなたに<命じ>たではない
6:10 ヨシュアは民に<命じ>て言った．
11: 9 主が<命じ>たとおりに…馬の足の筋
15 主が…モーセに<命じ>られたとおりに，モーセはヨシュアに<命じ>たが，
士師 2:20 先祖たちに<命じ>たわたしの契約を
4: 6 主はこう<命じ>られたではありませ
Ⅰサム 2:29 わたしが<命じ>たわたしへのいけに
13:13 主が<命じ>た命令を守らなかった．
Ⅰ列 8:58 先祖にお<命じ>になった命令と，お
17: 4 烏に…あなたを養うように<命じ>た．
9 そこのひとりのやもめに<命じ>て，
Ⅰ歴 21:27 主が御使いに<命じ>られたので，御
22: 6 宮を建てるように彼に<命じ>た．
17 ソロモンを助けるように<命じ>た．
Ⅱ歴 7:13 いなごに<命じ>てこの地を食い尽く
14: 4 ユダに<命じ>て…主を求めさせ，そ
31: 4 レビ人の分を与えるように<命じ>た．
エズ 4: 3 クロス王が私たちに<命じ>たとおり，
7:23 天の神によって<命じ>られているこ
ネヘ 13: 9 <命じ>て，その部屋をきよめさせた．

エス 2:10 モルデカイが…彼女に<命じ>ておい
6: 1 年代記を持って来るように<命じ>，
9:31 エステルがユダヤ人に<命じ>たとお
ヨブ 9: 7 神が太陽に<命じる>と，それは上ら
詩篇 33: 9 主が<命じ>られると，それは堅く立
107:25 主が<命じ>てあらしを起こすと，風
133: 3 とこしえのいのちの祝福を<命じ>ら
148: 5 主が<命じ>て，彼らが造られた．
イザ 5: 6 わたしは雲に<命じ>て，この上に雨
13: 3 聖別された者たちに<命じ>，またわ
45:11 …について，わたしに<命じる>のか．
48: 5 彫像や鋳た像がこれを<命じ>た』と
エレ 1: 7 わたしが…<命じる>すべての事を語
11: 4 わたしが…<命ずる>ように，それを
26: 2 あなたに語れと<命じ>たことばを残
32:13 彼らの前で，バルクに<命じ>て言っ
50:21 あなたに<命じ>たとおりに，行え．
哀歌 1:10 あなたがかつて<命じ>られたものが．
3:37 主が<命じ>たのでなければ，だれが
エゼ 10: 6 主が亜麻布の衣を着た者に<命じ>て，
24:18 翌朝，私は<命じ>られたとおりにし
37:10 私が<命じ>られたとおりに預言する
ダニ 2:12 知者をすべて滅ぼせと<命じ>た．
3:19 炉を…7倍熱くせよと<命じ>た．
4:26 木の根株は残しておけと<命じ>られ
アモ 2:12 預言者には，<命じ>て，預言するな
マラ 4: 4 彼に<命じ>たおきてと定めである．
マタ 1:24 ヨセフは…主の使いに<命じ>られた
4: 3 この石がパンになるように，<命じ>
6 神は御使いたちに<命じ>て，その手
10: 5 イエスは…12人を遣わし，<命じ>ら
18:25 売って返済するように<命じ>た．
27:10 お<命じ>になったように…陶器師の
28:20 わたしが…<命じ>ておいたすべての
マコ 5:43 イエスは…きびしくお<命じ>になり，
9: 9 話してはならない，と特に<命じ>ら
25 聞こえなくする霊…に<命じる>．こ
ルカ 4:10 御使いたちに<命じ>て…守らせる』
5:14 イエスは，彼にこう<命じ>られた…
モーセが<命じ>たように…きよめの
8:25 風も水も，お<命じ>になれば従うと
56 イエスは…話さないように<命じ>ら
ヨハ 14:31 父の<命じ>られたとおりに行ってい
15:14 わたしが…<命じる>ことを…行うな
使徒 1: 2 使徒たちに聖霊によって<命じ>てか
5:28 教えてはならないと…<命じ>ておい
34 しばらく外に出させるように<命じ>
10:33 主があなたにお<命じ>になったすべ
12:19 番兵たちを…処刑するように<命じ>，
16:18 御名によって<命じる>．この女から
23 看守には…番をするように<命じ>た．
19:13 おまえたちに<命じる>」と言ってみ
23: 2 彼の口を打てと<命じ>た．
3 私を打てと<命じる>のですか．」
ロマ 2:15 律法の<命じる>行いが彼らの心に書
Iコリ 7:10 結婚した人々に<命じ>ます．<命じる>のは，私ではなく主です．妻は
16: 1 献金については，ガラテヤの諸教会に<命じ>たように…こう<命じ>ます．
Iテサ 4:11 <命じ>たように，落ち着いた生活を
5:27 読まれるように，主によって<命じ>
Iテモ 5:21 あなたにおごそかに<命じ>ます．こ
6:17 この世で富んでいる人たちに<命じ>
IIテモ 2:14 論争などしないように…<命じ>なさ

▼めいせい（名声）

申命 26:19 賛美と<名声>と栄光とを与えて，あ
I列 10: 1 ソロモンの<名声>を伝え聞き，難問
I歴 14:17 ダビデの<名声>はあまねく全地に及
エズ 4:10 <名声>高い大王オスナパルがサマリ
箴言 22: 1 <名声>は多くの富よりも望ましい．
伝道 7: 1 良い<名声>は良い香油にまさり，死
エゼ 16:15 自分の<名声>を利用して姦淫を行い，

▼めいはく（明白）

ガラ 5:19 肉の行いは<明白>であって，次のよ

▼めいやく（盟約）

ヨシ 9: 6 私たちと<盟約>を結んでください．」
16 <盟約>を結んで後3日たったとき，
ネヘ 9:38 私たちは堅い<盟約>を結び…書きし

▼めいよ（名誉）

ゼパ 3:20 あなたがたに，<名誉>と栄誉を与え
Iテサ 2: 6 人からの<名誉>を受けようとはしま
ヘブ 5: 4 この<名誉>は自分で得るのではなく，

▼めいりょう（明瞭）

Iコリ 3:13 各人の働きは<明瞭>になります．そ
14: 9 舌で<明瞭>なことばを語るのでなけ

▼めいれい（命令）

創世 26: 5 <命令>と…おしえを守ったからであ
出エ 6:13 パロについて彼らに<命令>された．
16:28 いつまでわたしの<命令>とおしえを
20: 6 わたしの<命令>を守る者には，恵み

24:12 おしえと<命令>の石の板をあなたに
レビ 24:12 主の<命令>をまって…この者を監禁
民数 9:18 主の<命令>によって，イスラエル人
は旅立ち，主の<命令>によって宿営
15:39 主のすべての<命令>を思い起こし，
20:24 メリバの水のことで…<命令>に逆ら
申命 1:26 登って行こうとせず…主の<命令>に
4: 2 主の<命令>を，守らなければならな
5:10 わたしの<命令>を守る者には，恵み
31 彼らに教えるすべての<命令>…を，
8: 2 あなたがその<命令>を守るかどうか，
11 主の<命令>と，主の定めと，主のお
11:27 主の<命令>に聞き従うなら，祝福を，
26:13 私はあなたの<命令>にそむかず，ま
30:11 この<命令>は，あなたにとってむず
34: 5 主の<命令>によって…モーセは…死
ヨシ 22: 3 主の戒め，<命令>を守ってきた．
士師 3: 4 主が…先祖たちに命じた<命令>に，
Ⅰサム 21: 8 王の<命令>があまり急だったので．」
Ⅰ列 2: 3 主のおきてと，<命令>と，定めと，
11:34 わたしの<命令>とおきてとを守った
14: 8 ダビデは，わたしの<命令>を守り，
18:18 主の<命令>を捨て，あなたはバアル
Ⅱ列 24: 3 実に主の<命令>によることであって，
Ⅱ歴 8:14 神の人ダビデの<命令>がこうだった
24:21 王の<命令>により…石で打ち殺した．
29:25 ナタンの<命令>のとおりに，レビ人
31: 5 この<命令>が広まるとともに，イス
エズ 4:21 私が再び<命令>を下すまで，この町
5: 3 だれが…<命令>を下して，この宮を
6: 1 ダリヨス王は<命令>を下し，宝物を
8 長老たちにどうすべきか，<命令>を
9:10 私たちはあなたの<命令>を捨てたか
14 <命令>を破って，忌みきらうべき行
ネヘ 9:34 あなたの<命令>と…警告を心に留め
エス 1:12 王の<命令>を拒んで来ようとしなか
3: 3 あなたはなぜ，王の<命令>にそむく
9:32 エステルの<命令>は，このプリムの
ヨブ 23:12 私は神のくちびるの<命令>から離れ
38:12 朝に対して<命令>を下し，暁に対し
39:27 あなたの<命令>によってか．鷲が高
詩 147:15 主は地に<命令>を送られる．そのこ
箴言 4: 4 私の<命令>を守って，生きよ．
6:20 あなたの父の<命令>を守れ．あなた
23 <命令>はともしびであり，おしえは
10: 8 知恵のある者は<命令>を受け入れる．
19:16 <命令>を守る者は自分のいのちを保
伝道 8: 2 王の<命令>を守れ．神の誓約がある
5 <命令>を守る者はわざわいを知らな
12:13 神の<命令>を守れ．これが人間にと
イザ 29:13 人間の<命令>を教え込まれてのこと
哀歌 1:18 しかし，私は主の<命令>に逆らった．
ダニ 2:13 この<命令>が発せられたので，知者
3:22 王の<命令>がきびしく，炉がはなは
6:26 私は<命令>する…神の前に震え，お
9: 5 あなたの<命令>と定めとを離れまし
25 再建せよ，との<命令>が出てから，
ヨエ 2:11 主の<命令>を行う者は力強い．主の
マラ 2: 1 今，この<命令>があなたがたに下さ
マコ 6:27 首を持って来るように<命令>した．
12:28 <命令>の中で，どれが一番たいせつ
31 この二つより大事な<命令>は，ほか
ヨハ 10:18 わたしはこの<命令>を…父から受け
11:57 届け出なければ…という<命令>を出
12:50 父の<命令>が永遠のいのちであるこ
使徒 7:44 モーセに言われた方の<命令>どおり
25:23 フェストの<命令>によってパウロが
ロマ 16:25=26 永遠の神の<命令>に従い，預言者た
Ⅰコリ 7: 6 容認であって，<命令>ではありませ
19 重要なのは神の<命令>を守ることで
25 私は主の<命令>を受けてはいません
14:37 私が…書くことが主の<命令>である
Ⅱコリ 8: 8 私は<命令>するのではありません．
Ⅰテサ 4: 2 どんな<命令>をあなたがたに授けた
Ⅰテモ 1: 1 キリスト・イエスとの<命令>による，
5 この<命令>は，きよい心と正しい良
18 私はあなたにこの<命令>をゆだねま
テト 1: 3 救い主なる神の<命令>によって，
ヘブ 11:23 彼らは王の<命令>をも恐れませんで
12:20 …というその<命令>に耐えることが
Ⅰヨハ 2: 7 新しい<命令>を書いているのでは…
初めから持っていた古い<命令>です．
その古い<命令>とは…みことばのこ
5: 3 神を愛するとは，神の<命令>を守る
ことです．その<命令>は重荷とはな
Ⅱヨハ 5 私が新しい<命令>を書くのではなく，

▼めうし（雌牛）

創世 15: 9 わたしのところに，3歳の<雌牛>と，
41: 2 ナイルから…7頭の<雌牛>が上がっ
民数 19: 2 完全な赤い<雌牛>を…引いて来させ

Iサム 6: 7 乳を飲ませている2頭の<雌牛>を取
り，その<雌牛>を車につなぎ，子牛
12 すると<雌牛>は，ベテ・シェメシュ
イザ 11: 7 <雌牛>と熊とは共に草をはみ，その
ホセ 4:16 イスラエルはかたくなな<雌牛>のよ
アモ 4: 1 バシャンの<雌牛>ども．彼女らは弱
ヘブ 9:13 また<雌牛>の灰を汚れた人々に注ぎ

▼メウニム

ウジヤ王時代にユダの敵となった人々．Ｉ歴4:41，Ⅱ歴26:7，エズ2:50，ネヘ7:52.

▼メオヌニムのかしのき（～樫の木）

士師 9:37 <メオヌニムの樫の木>のほうから来

▼メオノタイ〔人名〕

ユダ族．オテニエルの息子の一人．Ｉ歴4:13.

▼めかくし（目隠し）

ルカ 22:64 そして<目隠し>をして，「言い当て

▼めがみ（女神）【別項】大女神，正義の女神

使徒 19:37 私たちの<女神>をそしった者でもな

▼メギド〔地名〕

イズレエル平原南西の町．ヨシ12:21，17:11，士師1:27，5:19，Ｉ列4:12，9:15，Ⅱ列9:27，23:29，Ｉ歴7:29，Ⅱ歴35:22，ゼカ12:11.

▼めぐすり（目薬）

黙示 3:18 目に塗る<目薬>を買いなさい．

▼めくばせ（目くばせ）

詩篇 35:19 私を憎む人々が<目くばせ>しないよ
箴言 6:13 <目くばせ>をし，足で合図し，指で
10:10 <目くばせ>する者は人を痛め，むだ
16:30 <目くばせ>する者はねじれごとをた

▼めぐま（雌熊）

Ⅱ列 2:24 森の中から2頭の<雌熊>が出て来て，
箴言 17:12 子を奪われた<雌熊>に会うほうがま
ホセ 13: 8 子を奪われた<雌熊>のように彼らに

▼めぐみ（恵み），御恵み，恵み深い

創世 19:19 あなたは…大きな<恵み>を与えてく
24:12 アブラハムに<恵み>を施してくださ
14 あなたが私の主人に<恵み>を施され
27 私の主人に対する<恵み>とまことと
49 主人に，<恵み>とまこととを施して
32:10 <恵み>とまことを受けるに足りない
39:21 彼に<恵み>を施し，監獄の長の心に
40:14 私に<恵み>を施してください．私の
出エ 15:13 あなたは<恵み>をもって導き，御力
20: 6 <恵み>を千代にまで施すからである．
34: 6 主，主は…<恵み>とまことに富み，
7 <恵み>を千代も保ち，咎とそむきと
民数 14:18 主は怒るのにおそく，<恵み>豊かで
19 大きな<恵み>によって赦してくださ
申命 5:10 <恵み>を千代にまで施すからである．
7: 9 <恵み>の契約を千代までも守られる
12 <恵み>の契約をあなたのために守り，
28:12 主は，その<恵み>の倉，天を開き，
33:11 その手のわざに<恵み>を施してくだ
ルツ 1: 8 主があなたがたに<恵み>を賜り，
2:20 御<恵み>を惜しまれない主が，その
Iサム 20:14 主の<恵み>を私に施してください．
15 あなたの<恵み>をとこしえに私の家
Ⅱサム 2: 6 主があなたがたに<恵み>とまことを
7:15 わたしの<恵み>をサウルから取り去
ったが，わたしの<恵み>をそのよう
9: 1 私は…その者に<恵み>を施したい．
3 その者に神の<恵み>を施したい．」
7 私は…あなたに<恵み>を施したい．
15:20 <恵み>とまことが，あなたとともに
25 主の<恵み>をいただくことができれ
22:26 <恵み深い>者には，<恵み深>く，全
51 主は…とこしえに<恵み>を施されま
I列 2: 7 バルジライの子らには<恵み>を施し
3: 6 あなたは…父ダビデに大いなる<恵
み>を施されました…この大いなる
<恵み>を彼のために取っておき，き
I歴 16:34 その<恵み>はとこしえまで．41，Ⅱ
歴5:13，7:3，6，20:21，エズ3:11.
17:13 <恵み>をあなたの先にいた者から取
り去ったが，わたしの<恵み>をその
Ⅱ歴 1: 8 父ダビデに大いなる<恵み>を施され
エズ 7: 9 神の<恵み>の御手が確かに彼の上に
9: 9 神は…私たちに<恵み>を施し，私た
ネヘ 9:17 怒るのにおそく，<恵み>豊かであら
32 契約と<恵み>を守られる…神よ．ア
エス 2:17 彼女は…王の好意と<恵み>を受けた．
ヨブ 10:12 あなたはいのちと<恵み>とを私に与
37:13 あるいは，<恵み>を施すためである．
詩篇 5: 7 <恵み>によって，あなたの家に行き，
6: 4 <恵み>のゆえに，私をお救いくださ
13: 5 私はあなたの<恵み>に拠り頼みまし
17: 7 あなたの奇しい<恵み>をお示しくだ
18:50 とこしえに<恵み>を施されます．
21: 7 いと高き方の<恵み>によってゆるが

23: 6 いつくしみと<恵み>とが，私を追っ
25: 6 あわれみと<恵み>を覚えていてくだ
7 <恵み>によって，私を覚えていてく
10 主の小道はみな<恵み>と，まことで
26: 3 あなたの<恵み>が私の目の前にあり
31: 7 あなたの<恵み>を私は楽しみ，喜び
16 <恵み>によって私をお救いください.
21 私に奇しい<恵み>を施されました.
32:10 <恵み>が，その人を取り囲む.
33: 5 地は主の<恵み>に満ちている.
18 その<恵み>を待ち望む者に.
22 あなたの<恵み>が私たちの上にあり
36: 5 主よ．あなたの<恵み>は天にあり，
7 あなたの<恵み>は，なんと尊いこと
10 <恵み>を，あなたを知る者に．あな
40:10 あなたの<恵み>…を…隠しませんで
11 <恵み>と…まことが…私を見守るよ
42: 8 昼には，主が<恵み>を施し，夜には
44:26 あなたの<恵み>のために…贖い出し
48: 9 あなたの<恵み>を思い巡らしました.
51: 1 御<恵み>によって，私に情けをかけ，
52: 1 神の<恵み>は，いつも，あるのだ.
8 私は…神の<恵み>に拠り頼む.
57: 3 神は<恵み>とまことを送られるので
10 あなたの<恵み>は大きく，天にまで
59:10 私の<恵み>の神は，私を迎えに来て
16 朝明けには，あなたの<恵み>を喜び
17 私の<恵み>の神であられます.
61: 7 <恵み>とまことを彼に授け，彼を
62:12 主よ．<恵み>も，あなたのものです.
63: 3 <恵み>は，いのちにもまさるゆえ，
66:20 御<恵み>を私から取り去られなかっ
69:13 豊かな<恵み>により…私に答えてく
16 あなたの<恵み>はまことに深いので
77: 8 主の<恵み>は，永久に絶たれたのだ
85: 1 御国に<恵み>を施し，ヤコブの繁栄
7 私たちに，あなたの<恵み>を示し，
10 <恵み>とまこととは，互いに出会い，
86: 5 あなたは…<恵み>豊かであられます.
13 あなたの<恵み>が私に対して大きく，
15 <恵み>とまことに富んでおられます.
88:11 あなたの<恵み>が墓の中で宣べられ
89: 1 主の<恵み>を，とこしえに歌います.
2 御<恵み>は，とこしえに建てられ，
14 <恵み>とまことは，御前に先立ちま
24 わたしの<恵み>とは彼とともにあり，
28 <恵み>を彼のために永遠に保とう.
33 わたしは<恵み>を彼からもぎ取らず，
49 あなたのさきの<恵み>はどこにある
90:14 朝には，あなたの<恵み>で…満ち足
92: 2 朝に，あなたの<恵み>を，夜ごとに
94:18 あなたの<恵み>が私をささえてくだ
98: 3 <恵み>と真実を覚えておられる．地
100: 5 その<恵み>はとこしえまで，その真
101: 1 私は，<恵み>とさばきを歌いましょ
103: 4 <恵み>とあわれみとの冠をかぶらせ，
8 怒るのにおそく，<恵み>豊かである.
11 御<恵み>は，主を恐れる者の上に大
17 主の<恵み>は，とこしえから，とこ
106: 1 その<恵み>はとこしえまで.
7 あなたの豊かな<恵み>を思い出さず，
45 豊かな<恵み>ゆえに，彼らをあわれ
107: 1 その<恵み>はとこしえまで.」
8 主の<恵み>と…奇しいわざを主に感謝せよ．15，21，31.
43 心を留め，主の<恵み>を悟れ.
108: 4 あなたの<恵み>は大きく，天の上に
109:12 彼には<恵み>を注ぐ者もなく，その
21 あなたの<恵み>は，まことに深いの
26 <恵み>によって，私を救ってくださ
115: 1 あなたの<恵み>とまことのために，
117: 2 その<恵み>は，私たちに大きく，主
118: 1 その<恵み>はとこしえまで．2，3，4，29.
119:41 あなたの<恵み>と…救いとが，みこ
64 地はあなたの<恵み>に満ちています.
76 あなたの<恵み>が私の慰めとなりま
88 <恵み>によって，私を生かしてくだ
124 <恵み>によって…しもべをあしらっ
149 <恵み>によって私の声を聞いてくだ
159 <恵み>によって，私を生かしてくだ
130: 7 主には<恵み>があり，豊かな贖いが
136: 1 その<恵み>はとこしえまで．2，3，4，5，6，7，8，9，10，11，12，13，14，15，16，17，18，19，20，21，22，23，24，25，26.
138: 2 あなたの<恵み>とまことをあなたの
8 あなたの<恵み>はとこしえにありま
143: 8 朝にあなたの<恵み>を聞かせてくだ
12 <恵み>によって，私の敵を滅ぼし，

144: 2 主は私の<恵み>, 私のとりで. 私の
145: 8 主は…<恵み>に富んでおられます.
17 すべてのみわざにおいて<恵み深い>.
147:11 御<恵み>を待ち望む者とを主は好ま
箴言 3: 3 <恵み>とまことを捨ててはならない.
34 へりくだる者には<恵み>を授ける.
8:35 主から<恵み>をいただくからだ.
11:27 善を捜し求める者は<恵み>を見つけ
14:22 善を計る者には<恵み>とまことがあ
16: 6 <恵み>とまことによって, 咎は贖わ
18:22 主からの<恵み>をいただく.
20:28 <恵み>とまこととは王を守る. 彼は
<恵み>によって王位をささえる.
31:26 その舌には<恵み>のおしえがある.
イザ 16: 5 王座が<恵み>によって堅く立てられ,
27:11 これに<恵みを与え>ない.
61: 2 主の<恵み>の年と…神の復讐の日を
63: 7 主の<恵み>…をほめ歌おう…豊かな
<恵み>によって報いてくださったイ
エレ 9:24 地に<恵み>と公義と正義を行う者で
31: 2 生き残った民は荒野で<恵み>を得た.
32:18 <恵み>を千代にまで施し, 先祖の咎
33:11 その<恵み>はとこしえまで』と言っ
哀歌 3:22 主の<恵み>による. 主のあわれみは
32 <恵み>によって, あわれんでくださ
ダニ 9: 4 契約を守り, <恵み>を下さる方.
ホセ 2:19 <恵み>とあわれみをもって, 契りを
ヨエ 2:13 <恵み>豊かで, わざわいを思い直し
ヨナ 2: 8 自分への<恵み>を捨てます.
4: 2 怒るのにおそく, <恵み>豊かであり,
ゼカ 4: 7 <恵み>あれ. これに<恵み>あれ』と
8:22 主の<恵み>を請うために来よう.」
12:10 わたしは…<恵み>と哀願の霊を注ぐ.
マラ 1: 9 <恵みを受け>るために神に願ってみ
ルカ 1:30 あなたは神から<恵み>を受けたので
2:40 神の<恵み>がその上にあった.
4:19 主の<恵み>の年を告げ知らせるため
22 その口から出て来る<恵み>のことば
ヨハ 1:14 この方は<恵み>とまことに満ちてお
16 <恵み>の上にさらに<恵み>を受けた
使徒 4:33 大きな<恵み>がそのすべての者の上
7:46 ダビデは神の前に<恵み>をいただき,
13:43 神の<恵み>にとどまっているように
14: 3 <御恵み>のことばの証明をされた.
26 神の<恵み>にゆだねられて送り出さ
15:40 主の<恵み>にゆだねられて出発した.
20:32 神とその<恵み>のみことばとにゆだ
ロマ 1: 5 <恵み>と使徒の務めを受けました.
3:24 神の<恵み>により…価なしに義と認
4: 4 その報酬は<恵み>でなくて, 当然支
16 それは, <恵み>によるためであり,
5: 2 この<恵み>に信仰によって導き入れ
15 <恵み>には違反の場合とは違う点が
あります…神の<恵み>と…キリスト
の<恵み>による賜物とは, 多くの人
16 <恵み>の場合は, 多くの違反が義と
20 …ところには, <恵み>も満ちあふれ
6: 1 <恵み>が増し加わるために…罪の中
15 <恵み>の下にあるのだから罪を犯そ
10:12 すべての人に対して<恵み深>くあら
11: 6 もし<恵み>によるのであれば…そう
でなかったら, <恵み>が<恵み>でな
12: 6 与えられた<恵み>に従って, 異なっ
15:16 神から<恵み>をいただいているから
Iコリ 2:12 <恵み>によって神から私たちに賜っ
15:10 神の<恵み>によって…今の私になり
ました…この神の<恵み>は, むだに
はならず…私にある神の<恵み>です.
IIコリ 1:12 神の<恵み>によって行動しているこ
15 <恵み>を2度受けられるようにしよ
4:15 <恵み>がますます多くの人々に及ん
6: 1 神の<恵み>をむだに受けないように
2 わたしは, <恵み>の時にあなたに答
え…確かに, 今は<恵み>の時, 今は
8: 7 この<恵み>のわざにも富むようにな
9 キリストの<恵み>を知っています.
12: 9 わたしの<恵み>は, あなたに十分で
13:13 イエス・キリストの<恵み>, 神の愛,
ガラ 1: 6 キリストの<恵み>をもって…召して
2:21 私は神の<恵み>を無にはしません.
5: 4 <恵み>から落ちてしまったのです.
エペ 1: 7 これは神の豊かな<恵み>によること
8 この<恵み>を, 神は私たちの上にあ
2: 5 救われたのは, ただ<恵み>によるの
7 このすぐれて豊かな<御恵み>を, キ
8 <恵み>のゆえに, 信仰によって救わ
3: 8 一番小さな私に, この<恵み>が与え
4: 7 賜物の量りに従って<恵み>を与えら
ピリ 1: 7 私とともに<恵み>にあずかった人々
コロ 1: 6 あなたがたが神の<恵み>を聞き, そ

Ⅱテサ 2:16 <恵み>によって永遠の慰めとすばら
Ⅰテモ 1:14 主の，この<恵み>は…満ちあふれる
Ⅱテモ 1: 9 ご自身の計画と<恵み>とによるので
す．この<恵み>は…永遠の昔に与え
テト 2:11 すべての人を救う神の<恵み>が現れ，
3: 7 キリストの<恵み>によって義と認め
ヘブ 4:16 大胆に<恵み>の御座に近づこうでは
12:15 神の<恵み>から落ちる者がないよう
13: 9 <恵み>によって心を強めるのは良い
ヤコ 4: 6 神は，さらに豊かな<恵み>を与え…
へりくだる者に<恵み>をお授けにな
Ⅰペテ 1:13 あなたがたにもたらされる<恵み>を
3: 7 いのちの<恵み>をともに受け継ぐ者
4:10 さまざまな<恵み>の良い管理者とし
5:10 あらゆる<恵み>に満ちた神，すなわ
12 これが神の真の<恵み>である…この
<恵み>の中に，しっかりと立ってい
Ⅱペテ 3:18 <恵み>と知識において成長しなさい．
ユダ 4 私たちの神の<恵み>を放縦に変えて，

▼めぐむ（恵む）

創世 33: 5 しもべに<恵>んでくださった子ども
11 神が私を<恵>んでくださったので，
43:29 神があなたを<恵>まれるように．」
出エ 33:19 <恵>もうと思う者を<恵>み，あわ
民数 6:25 主が…あなたを<恵>まれますように．
Ⅱ列 13:23 主は…彼らを<恵>み，あわれみ，顧
箴言 28: 8 寄るべのない者たちに<恵む>者のた
イザ 30:18 主は…<恵>もうと待っておられ，あ
19 主は必ずあなたに<恵>み，それを聞
ルカ 1:28 おめでとう，<恵>まれた方．主があ
ロマ 8:32 すべてのものを…<恵>んでくださら

▼めぐりあるく（巡り歩く）

創世 41:46 エジプト全土を<巡り歩い>た．
民数 14: 7 私たちが<巡り歩い>て探った地は，
Ⅰサム 9: 4 シャリシャの地を<巡り歩い>たが…
シャアリムの地を<巡り歩い>たが…
ベニヤミン人の地を<巡り歩い>たが，
Ⅰ列 18: 6 国を二分して<巡り歩く>ことにし，
エゼ 39:14 常時，国を<巡り歩く>者たちを選び
15 <巡り歩く>者たちは国中を<巡り歩
き>，人間の骨を見ると…標識を立
使徒 8: 4 みことばを宣べながら，<巡り歩い>
10:38 イエスは…<巡り歩い>て良いわざを

▼めぐりてらす（巡り照らす）

使徒 9: 3 天からの光が彼を<巡り照ら>した．

▼めぐる（巡る），巡らす【別項】巡り歩く，巡り照らす

出エ 12:12 わたしはエジプトの地を<巡>り，人
民数 22:33 ろばは…わたしから身を<巡>らした
ヨシ 1:11 宿営の中を<巡>って，民に命じて，
3: 2 つかさたちは宿営の中を<巡>り，
18: 9 その者たちは…その地を<巡>り，そ
Ⅰサム 9: 4 彼らはエフライムの山地を<巡>り，
伝道 1: 6 しかし，その<巡る>道に風は帰る．
イザ 29: 1 祭りを<巡>って来させよ．
哀歌 4:21 あなたにも杯は<巡>って来る．あな
ハバ 2:16 杯は，あなたの上に<巡>って来て，
マタ 9:35 すべての町や村を<巡>って，会堂で
10:23 イスラエルの町々を<巡>り尽くせな

▼メケラじん（～人）

Ⅰ歴 11:36 <メケラ人>ヘフェル．ペロニ人アヒ

▼メコナ〔地名〕

帰還後ユダの子孫が住んだ町．ネヘ11:28．

▼メ・ザハブ〔人名〕

ハダルの妻メヘタブエルの祖父．創世36:39．

▼めざめ（目ざめ），目ざめる

士師 5:12 <目ざめ>よ，<目ざめ>よ．デボラ．
<目ざめ>よ，<目ざめ>よ．歌声をあ
詩篇 17:15 御顔を仰ぎ見，<目ざめる>とき，あ
73:20 <目ざめ>の夢のように，主よ，あな
139:18 私が<目ざめる>とき，私はなおも，
箴言 6:22 あなたが<目ざめる>とき…話しかけ
エレ 51:57 彼らは…<目ざめる>ことはない…そ
Ⅰテサ 5:10 <目ざめ>ていても，眠っていても，
Ⅱテモ 2:26 <目ざめ>てそのわなをのがれること

▼めし（召し）

Ⅰコリ 1: 9 その方のお<召し>によって，あなた
26 あなたがたの<召し>のことを考えて
エペ 1:18 神の<召し>によって与えられる望み
4: 1 その<召し>にふさわしく歩みなさい．
4 <召し>のもたらした望みが一つであ
Ⅱテサ 1:11 あなたがたをお<召し>にふさわしい
ヘブ 3: 1 天の<召し>にあずかっている聖なる
11: 8 アブラハムは…<召し>を受けたとき，

▼めしあがる（召し上がる）

ルカ 24:43 イエスは…取って<召し上が>った．
ヨハ 4:31 先生．<召し上が>ってください」と

▼メシェク〔人名〕

(1)ヤペテの子孫．創世10:2，Ⅰ歴1:5，エゼ27:
13，32:26，38:2，3，39:1．

(2)セムの子孫．アラム人の一氏族．Ⅰ歴1:17.

▼ メシェザブエル〔人名〕

(1)魚の門を修理したメシュラムの祖父．ネヘ3:4.

(2)盟約に調印した民のかしらの一人．ネヘ10:21.

(3)ゼラフの子孫ペタヘヤの父．ネヘ11:24.

▼ メシェレムヤ〔人名〕

神の宮の門衛．シャルム(8)，シェレムヤ(1)と同人．Ⅰ歴9:21，26:1，9.

▼ めじか（雌鹿）

創世 49:21 ナフタリは放たれた<雌鹿>で，美し
ヨブ 39: 1 <雌鹿>が子を産むのを見守ったこと
詩篇 18:33 彼は私の足を<雌鹿>のようにし，私
22題目 暁の<雌鹿>」の調べに合わせて．ダ
雅歌 2: 7 私は，かもしかや野の<雌鹿>をさし
エレ 14: 5 野の<雌鹿>さえ，子を産んでも捨て

▼ めじし（雌獅子）

創世 49: 9 また<雌獅子>のように，彼はうずく
民数 23:24 この民は<雌獅子>のように起き，雄
申命 33:20 ガドは<雌獅子>のように伏し，腕や
ヨブ 38:39 あなたは<雌獅子>のために獲物を狩
イザ 30: 6 <雌獅子>や雄獅子，まむしや飛びか
エゼ 19: 2 あなたの母である<雌獅子>は何なの
ホセ 13: 8 <雌獅子>のようにこれを食い尽くす.

▼ めしだす（召し出す）

民数 1:16 会衆から<召し出>された者で，その

▼ めしつかい（召使い）

Ⅱサム 9:10 <召使い>たちも，彼のために地を耕し…ツィバには…20人の<召使い>が
19:17 20人の<召使い>を連れて，王が渡る
13:18 <召使い>は彼女を外に追い出して，
Ⅱ列 6:15 神の人の<召使い>が，朝早く起きて，
詩 104: 4 焼き尽くす火をご自分の<召使い>と
エレ 14: 3 <召使い>を，水を汲みにやるが，彼

▼ メシヤ

ヨハ 1:41 <メシヤ>（訳して言えば，キリスト）
4:25 キリストと呼ばれる<メシヤ>の来ら

▼ メシャ

1. 地名．ヨクタンの子孫の定住地．創世10:30.

2. 人名．

(1)ベニヤミン族シャハライムの子．Ⅰ歴8:9.

(2)カレブの長子．Ⅰ歴2:42.

(3)モアブの王．Ⅱ列3:4.

▼ メシャク〔人名〕

ダニエル(3)の仲間ミシャエルの別名．ダニ1:7，2:49，3:12，14，16，19，29，30.

▼ メジヤじん（～人）

メディヤの住人．使徒2:9.

▼ メシュラム〔人名〕

(1)書記シャファンの祖父．Ⅱ列22:3.

(2)ダビデの子孫ゼルバベルの子．Ⅰ歴3:19.

(3)ユダ王ヨタム時代のガド人指導者．Ⅰ歴5:13.

(4)ベニヤミン族エルパアルの子．Ⅰ歴8:17.

(5)ベニヤミン族サルの父．Ⅰ歴9:7，ネヘ11:7.

(6)ヒルキヤ(6)の父．祭司．シャルム(6)と同人．Ⅰ歴9:11，ネヘ11:11.

(7)メシレミテの子．祭司．Ⅰ歴9:12.

(8)ケハテ族出身．主の宮の修理監督者．Ⅱ歴34:12.

(9)エズラと共に帰還した人．エズ8:16.

(10)異邦人妻との離縁に反対した人．エズ10:15.

(11)異邦人の女をめとった者の一人．エズ10:29.

(12)城壁を修理した人．ネヘ3:4，30，6:18.

(13)城壁のエシャナの門を修理した人．ネヘ3:6.

(14)律法朗読時，エズラの左にいた一人．ネヘ8:4.

(15)盟約に調印した祭司の一人．ネヘ10:7.

(16)盟約に調印した民のかしらの一人．ネヘ10:20.

(17)エズラ族のかしら．祭司．ネヘ12:13.

(18)ギネトン族のかしら．祭司．ネヘ12:16.

(19)総督ネヘミヤ時代の門衛．ネヘ12:25.

(20)聖歌隊に続いたユダのつかさ．ネヘ12:33.

▼ メシュレメテ〔人名〕

ユダの王マナセの妻．アモンの母．Ⅱ列21:19.

▼ メショバブ〔人名〕

シメオン族の一氏族の長．Ⅰ歴4:34.

▼ メシレミテ〔人名〕

帰還後エルサレムに住んだ祭司マサイの先祖．メシレモテ(2)と同人．Ⅰ歴9:12.

▼ メシレモテ〔人名〕

(1)エフライム族のかしらの一人の父．Ⅱ歴28:12.

(2)メシレミテと同人．ネヘ11:13.

▼ めす（召す）【別項】召し出す

エス 4:11 王のところへ行くようにと<召>され
イザ 42: 6 主は，義をもってあなたを<召>し，

49: 1 主は，生まれる前から私を<召>し，
ダニ 5:12 今，ダニエルを<召>してください．
使徒 2:39 主がお<召>しになる人々に与えられ
15:14 御名をもって呼ばれる民をお<召>し
ロマ 1: 1 使徒として<召>された…パウロ，
6 キリストによって<召>された人々で
8:28 神のご計画に従って<召>された人々
30 神はあらかじめ定めた人々をさらに<召>し，<召>した人々をさらに義と
9:11 <召>してくださる方によるようにと，
24 異邦人の中からも<召>してくださっ
Ⅰコリ 1: 1 使徒として<召>されたパウロと，兄
2 聖徒として<召>され…聖なるものと
24 <召>された者にとっては，キリスト
7:15 あなたがたを<召>されたのです．
17 おのおのをお<召>しになったときの
20 自分が<召>されたときの状態にとど
22 主にあって<召>された者は，主に属
ガラ 1: 6 <召>してくださったその方を，あな
5: 8 <召>してくださった方から出たもの
13 自由を与えられるために<召>された
エペ 4: 1 <召>されたあなたがたは，その召し
ピリ 3:14 上に<召>してくださる神の栄冠を得
コロ 3:15 そのためにこそ…<召>されて一体と
Ⅰテサ 2:12 御国と栄光とに<召>してくださる神
4: 7 神が私たちを<召>されたのは，汚れ
5:24 <召>された方は真実ですから，きっ
Ⅰテモ 6:12 あなたはこのために<召>され，また，
Ⅱテモ 1: 9 聖なる招きをもって<召>してくださ
ヘブ 5: 4 この名誉は…神に<召>されて受ける
9:15 <召>された者たちが永遠の資産の約
Ⅰペテ 1:15 <召>してくださった聖なる方になら
2:21 あなたがたが<召>されたのは，実に
3: 9 祝福を受け継ぐために<召>されたの
Ⅱペテ 1:10 <召>されたことと選ばれたこととを
ユダ 1 ユダから…<召>された方々へ．
黙示 17:14 <召>された者，選ばれた者，忠実な

▼めす（雌）

創世 7: 2 きよい動物の中から雄と<雌>，七つがいずつ，きよくない動物の中から雄と<雌>，一つがいずつ．3.
レビ 3: 1 雄でも<雌>でも傷のないものを主の
申命 21: 3 群れのうちの<雌>の子牛を取り，
エレ 46:20 エジプトはかわいい<雌>の子牛．北
ホセ 10:11 エフライムは…<雌>の子牛であって，

▼めずらしい（珍しい）

使徒 17:20 私たちにとっては<珍しい>ことを聞

▼メソポタミヤ〔地名〕

アブラハムの出身地．使徒2:9，7:2.

▼メダデ〔人名〕

恍惚状態で預言した長老の一人．民数11:26.

▼メダン〔人名〕

ケトラによるアブラハムの子．創世25:2.

▼メツォバヤじん（～人）

ダビデの勇士ヤアシエルの出身．Ⅰ歴11:47.

▼めつぶし（目つぶし）

創世 19:11 <目つぶし>をくらったので，彼らは

▼めつぼう（滅亡）

ゼパ 1:15 荒廃と<滅亡>の日，やみと暗黒の日，
ルカ 21:20 <滅亡>が近づいたことを悟りなさい．

▼メディヤ

1. 北西イラン地方の古代名称．Ⅱ列17:6，18:11，エズ6:2，エス1:3，10:2，イザ21:2，エレ25:25，ダニ5:28，6:8，8:20.
2. メディヤ人（族）．イザ13:17，エレ51:11，28，ダニ5:31，9:1，11:1.

▼メテグ・ハアマ〔地名〕

ダビデがペリシテ人から略奪した町．Ⅱサム8:1.

▼メデバ〔地名〕

トランス・ヨルダンの古代モアブの町．民数21:30，ヨシ13:9，16，Ⅰ歴19:7，イザ15:2.

▼メトシェラ〔人名〕

エノクの子．創世5:21，25，27，Ⅰ歴1:3.

▼メトシャエル〔人名〕

カインの子孫．レメク(1)の父．創世4:18.

▼メトセラ〔人名〕

メトシェラと同人．ルカ3:37.

▼めとる

創世 4:19 レメクはふたりの妻を<めと>った．
民数 12: 1 モーセが<めと>っていたクシュ人の
ルツ 4:13 ボアズはルツを<めと>り，彼女は彼
Ⅰ列 16:31 イゼベルを妻に<めと>り，行ってバ
エズ 10: 2 外国の女を<めと>り．10，17，44.
ネヘ 13:23 モアブ人の女を<めと>っているユダ
エゼ 44:22 処女を<めと>らなければならない…祭司のやもめであれば，<めと>って
ホセ 1: 3 ゴメルを<めと>った．彼女はみごも
マラ 2:11 ユダは…外国の神の娘を<めと>った．
マタ 14: 4 あなたが彼女を<めとる>のは不法で

22:30 復活の時には，人は<めとる>ことも，
24:38 洪水前の日々は…<めと>ったり，と
ルカ 20:34 この世の子らは，<めと>ったり，と
35 <めとる>ことも，とつぐこともあり

▼メナ〔人名〕
主イエスの先祖の一人．ルカ3:31．

▼メナヘム〔人名〕
イスラエルの王．II列15:14，17，22，23．

▼メニ
運命の神のことか．イザ65:11．

▼メヌホテ〔人名〕
ユダ族カレブの子孫．I歴2:52．

▼メ・ネフトアハのいずみ（～泉）
ユダとベニヤミンの境界線上の泉．ヨシ15:9．

▼メネ，メネ，テケル，ウ・パルシン
ダニエル(3)が解読した壁の文字．ダニ5:25．

▼めのう
出エ 28:19 第３列は…<めのう>，紫水晶，

▼めのまえ（目の前）
創世 30:41 ヤコブは群れの<目の前>に向けて，
出エ 4:30 民の<目の前>でしるしを行ったので，
19:11 民全体の<目の前>で，シナイ山に降
レビ 20:17 同族の<目の前>で彼らは断ち切られ
民数 20: 8 彼らの<目の前>で岩に命じれば，岩
申命 4:25 主の<目の前>に悪を行い，御怒りを
6:22 主は私たちの<目の前>で，エジプト
31: 7 モーセは…人々の<目の前>で，彼に
ヨシ 24:17 私たちの<目の前>で，あの数々の大
Iサム 15:19 主の<目の前>に悪を行ったのですか．
IIサム 12: 9 わたしの<目の前>に悪を行ったのか．
13: 5 この<目の前>で病人食を作らせてく
II列 25: 7 彼の<目の前>で虐殺した．王はゼデ
詩 101: 3 私の<目の前>に卑しいことを置きま
箴言 5:21 人の道は主の<目の前>にあり，主は
イザ 13:16 幼子たちは<目の前>で八つ裂きにさ
エゼ 4:12 彼らの<目の前>で，人の糞で焼け．」
38:16 諸国の民の<目の前>にわたしの聖な
ゼパ 3:20 あなたがたの<目の前>で，あなたが
マタ 17: 2 彼らの<目の前>で，御姿が変わり，
27:24 群衆の<目の前>で水を取り寄せ，手
使徒 2:25 自分の<目の前>に主を見ていた．主
ロマ 3:18 彼らの<目の前>には，神に対する恐
ガラ 3: 1 <目の前>に，あんなにはっきり示さ

▼めばえる（芽ばえる，芽生える）
イザ 45: 8 正義も共に<芽生え>させよ．わたし
53: 2 彼は主の前に若枝のように<芽ばえ>，
エレ 33:15 正義の若枝を<芽ばえ>させる．彼は
マタ 13:26 麦が<芽ばえ>，やがて実ったとき，

▼メ・ハヤルコン〔地名〕
ダンの町．ヨシ19:46．

▼メヒダぞく（～族）
宮に仕えるしもべたちの一氏族．エズ2:52，ネヘ7:54．

▼めひつじ（雌羊）
レビ 4:32 傷のない<雌羊>を連れて来なければ
申命 7:13 群れのうちの<雌羊>をも祝福される．
雅歌 6: 6 あなたの歯は…<雌羊>の群れのよう
イザ 53: 7 黙っている<雌羊>のように，彼は口

▼メヒル〔人名〕
ユダ族ケルブの子．I歴4:11．

▼メファアテ〔地名〕
ルベン所領内のレビ人の町．ヨシ13:18，21:37，I歴6:79，エレ48:21．

▼メフィボシェテ〔人名〕
(1)サウル王とリツパとの子．IIサム21:8．
(2)サウル王の孫．ヨナタンの子．メリブ・バアルと同人．IIサム4:4，9:6，12，16:1，4，19:24，25，30，21:7．

▼メブナイ〔人名〕
ダビデの勇士．シベカイと同人．IIサム23:27．

▼メフマン〔人名〕
アハシュエロス王の宦官の一人．エス1:10．

▼メフヤエル〔人名〕
カインの子孫．レメク(1)の祖父．創世4:18．

▼メヘタブエル〔人名〕
(1)エドム王ハダルの妻．創世36:39，I歴1:50．
(2)偽預言者シェマヤの先祖．ネヘ6:10．

▼メホラじん（～人）
イッサカルの町メホラの住民．Iサム18:19，IIサム21:8．

▼メムカン〔人名〕
アハシュエロス王の側近の一人．エス1:14．

▼めやぎ（雌やぎ）
創世 15: 9 わたしのところに…３歳の<雌やぎ>
民数 15:27 １歳の<雌やぎ>１頭を罪のためのい

▼メラタイム
バビロンの象徴的名称．エレ50:21．

▼メラテヤ〔人名〕
城壁を修理したギブオン人．ネヘ3:7．

▼ **メラブ〔人名〕**
サウル王の長女．Ⅰサム14:49，18:17，19，Ⅱサム21:8.

▼ **メラヤ〔人名〕**
祭司．セラヤ族のかしら．ネヘ12:12.

▼ **メラヨテ**
1.人名．
⑴大祭司アロンの子孫．Ⅰ歴6:6，52，エズ7:3.
⑵ヒルキヤ⑹の先祖．Ⅰ歴9:11，ネヘ11:11.
2.メラヨテ族．祭司で一族のかしらヘルカイの出身氏族名．ネヘ12:15.

▼ **メラリ**
1.人名．レビ⑴の末の息子．創世46:11.
2.メラリ（族）．1.の子孫．民数3:20，4:29，7:8，10:17，26:57，ヨシ21:7，Ⅰ歴9:14，15:6，23:6，26:19，Ⅱ歴29:12，34:12.

▼ **メリクぞく（〜族）**
祭司ヨナタン⒀の出身氏族名．ネヘ12:14.

▼ **メリバ〔地名〕**
⑴イスラエル人が水を求めて主を試みた場所．マサと同地．出エ17:7.
⑵水を求めて再びモーセと争った地．民数20:13.

▼ **メリバテ・カデシュ〔地名〕**
メリバ⑵の別名．申命32:51，エゼ48:28.

▼ **メリブ・バアル〔人名〕**
メフィボシェテ⑵の元の名．Ⅰ歴8:34，9:40.

▼ **メルキ〔人名〕**
⑴主イエスの先祖の一人．ルカ3:24.
⑵⑴とは別の主イエスの先祖．ルカ3:28.

▼ **メルキゼデク〔人名〕**
創世 14:18　シャレムの王<メルキゼデク>はパン
ヘブ 5: 6　<メルキゼデク>の位に等しい祭司で
詩篇110:4，ヘブ5:10，7:1，11.

▼ **メレク〔人名〕**
ベニヤミン族ミカの子．Ⅰ歴8:35，9:41.

▼ **メレス〔人名〕**
アハシュエロス王の側近の一人．エス1:14.

▼ **メレデ〔人名〕**
ユダ族エズラの子．Ⅰ歴4:17，18.

▼ **メレモテ〔人名〕**
⑴ウリヤの子．祭司．エズ8:33.
⑵城壁修理に従事．⑴と同人か．ネヘ3:4，21.
⑶盟約に調印した祭司．⑴と同人か．ネヘ10:5.
⑷ゼルバベルと共に帰還した祭司．ネヘ12:3.
⑸異邦人の女をめとった者の一人．エズ10:36.

▼ **メレヤ〔人名〕**
主イエスの先祖の一人．ルカ3:31.

▼ **メロズ〔地名〕**
主の使いによってのろわれた町．士師5:23.

▼ **メロダク〔偶像〕**
バビロンの主神マルドゥクのこと．エレ50:2.

▼ **メロダク・バルアダン〔人名〕**
バビロンの王．Ⅱ列20:12，イザ39:1.

▼ **メロノテじん（〜人）**
メロノテの住人．Ⅰ歴27:30，ネヘ3:7.

▼ **めろば（雌ろば）**
創世 49:11　その<雌ろば>の子を，良いぶどうの
Ⅰサム 9: 3　<雌ろば>を捜しに行ってくれ．10:2.
Ⅱ列 4:22　<雌ろば>1頭を私によこしてくださ
ヨブ 42:12　<雌ろば>1千頭を持つことになった．
ゼカ 9: 9　それも，<雌ろば>の子の子ろばに．

▼ **メロムのみず（〜水）**
ヨシュアがカナン連合軍を撃破した所．ヨシ11:5，7.

▼ **めをあげる（目を上げる）**
創世 13:10　ロトが<目を上げ>てヨルダンの低地
14　<目を上げ>て…東と西を見渡しなさ
18: 2　彼が<目を上げ>て見ると，3人の人
22:13　アブラハムが<目を上げ>て見ると，
31:12　<目を上げ>て見よ．群れにかかって
33: 1　ヤコブが<目を上げ>て見ると，見よ，
詩 121: 1　私は山に向かって<目を上げる>．私
123: 1　あなたに向かって…<目を上げ>ます．
イザ 37:23　だれに向かって…高慢な<目を上げ>
49:18　<目を上げ>て，あたりを見回せ．彼
エレ 3: 2　<目を上げ>て裸の丘を見よ．どこに，
エゼ 8: 5　私が<目を上げ>て北のほうを見ると，
ダニ 4:34　<目を上げ>て天を見た…理性が戻っ
8: 3　<目を上げ>て見ると，なんと1頭の
ゼカ 1:18　私が<目を上げ>て見ると…四つの角があった．2:1，5:1，9，6:1.
マタ 17: 8　彼らが<目を上げ>て見ると，だれも
マコ 16: 4　<目を上げ>て見ると…石がすでにこ
ルカ 6:20　イエスは<目を上げ>て弟子たちを見
16:23　ハデスで苦しみながら<目を上げる>
ヨハ 4:35　<目を上げ>て畑を見なさい．色づい
6: 5　イエスは<目を上げ>て，大ぜいの人
11:41　イエスは<目を上げ>て…父よ．わた

▼めをさます（目をさます）
Ⅰ列 3:15 ソロモンが<目をさます>と，なんと，
Ⅱ列 4:31 子どもは<目をさま>しませんでした．
詩篇 3: 5 私はまた<目をさます>．主がささえ
57: 8 私のたましいよ．<目をさま>せ．十
59: 4 どうか<目をさま>して，私を助けて
78:65 主は眠りから<目をさま>された．ぶ
箴言 6: 9 なまけ者よ…いつ<目をさま>して起
ダニ 12: 2 多くの者が<目をさます>．ある者は
ヨエ 1: 5 酔っぱらいよ．<目をさま>して，泣
ハバ 2:19 木に向かって<目をさま>せと言い，
ゼカ 13: 7 <目をさま>してわたしの牧者を攻め，
マタ 24:42 だから，<目をさま>していなさい．
26:40 わたしといっしょに<目をさま>して
マコ 13:33 気をつけなさい．<目をさま>し，注
35 だから，<目をさま>していなさい．
ルカ 12:37 主人に，<目をさま>しているところ
使徒 16:27 <目をさま>した看守は，見ると，牢
Ⅰコリ 15:34 <目をさま>して，正しい生活を送り，
エペ 6:18 絶えず<目をさま>していて，すべて
コロ 4: 2 <目をさま>して，感謝をもって，た
Ⅰテサ 5: 6 <目をさま>して，慎み深くしていま
黙示 3: 3 もし，<目をさま>さなければ，わた
16:15 <目をさま>して，身に着物を着け，

▼めをとめる（目を留める）
創世 4: 4 そのささげ物とに<目を留め>られた．
申命 9:27 その罪とに<目を留め>ないでくださ
11:12 主が…<目を留め>ておられる地であ
ヨブ 14:16 私の罪に<目を留め>ず，
30:20 私に<目を留め>てくださいません．
詩篇 37:37 全き人に<目を留め>，直ぐな人を見
74:20 どうか，契約に<目を留め>てくださ
119:15 あなたの道に私の<目を留め>ます．
130: 3 不義に<目を留め>られるなら，主よ
伝道 7:13 神のみわざに<目を留め>よ．神が曲
イザ 64: 9 あなたの民であることに<目を留め>
66: 2 わたしが<目を留める>者は，へりく
ハバ 1: 5 異邦の民を見，<目を留め>よ．驚き，
13 労苦に<目を留める>ことができない
Ⅱコリ 4:18 見えないものにこそ<目を留め>ます．
ピリ 3:17 歩んでいる人たちに，<目を留め>て
Ⅱペテ 1:19 …に<目を留め>ているとよいのです．

▼めをはなす（目を離す）
ヨブ 36: 7 神は，正しい者から<目を離>さず，
ヘブ 11:26 報い…から<目を離>さなかったので
12: 2 イエスから<目を離>さないでいなさ

▼めんじょ（免除）
申命 15: 2 その<免除>のしかたは次のとおりである…その隣人に貸したものを<免除>する…主が<免除>を布告してお
31:10 <免除>の年の定めの時，仮庵の祭り
マタ 18:27 彼を赦し，借金を<免除>してやった．

▼めんぜん（面前）
使徒 3:13 その<面前>でこの方を拒みました．
ガラ 2:14 私はみなの<面前>でケパにこう言い

▼めんどう
ルカ 11: 7 <めんどう>をかけないでくれ．もう

▼めんとむかう（面と向かう）
士師 6:22 私は<面と向か>って主の使いを見て
Ⅱコリ 10: 1 <面と向か>っているときはおとなし
ガラ 2:11 私は<面と向か>って抗議しました．

▼めんどり
マタ 23:37 <めんどり>がひなを翼の下に集めるように，あなたの子ら．ルカ13:34．

▼めんもく（面目）
Ⅰサム 15:30 私の<面目>を立ててください．どう
ネヘ 6:16 みな恐れ，大いに<面目>を失った．
ルカ 14:10 満座の中で<面目>を施すことになり

▼も（喪），喪中
創世 27:41 父の<喪>の日も近づいている．その
38:12 その<喪>が明けたとき，ユダは，羊
50: 4 <喪>の期間が明けたとき，ヨセフは
Ⅰサム 6:19 主が…打たれたので，民は<喪>に服
Ⅱサム 11:27 <喪>が明けると，ダビデは人をやり，
14: 2 あなたは<喪>に服している者を装い，
Ⅰ歴 7:22 エフライムは…<喪>に服したので，
Ⅱ歴 35:24 ヨシヤのために<喪>に服した．
ネヘ 1: 4 <喪>に服し，断食して天の神の前に
伝道 7: 2 <喪中>の家に行くほうがよい．そこ
イザ 33: 9 国は<喪>に服し，しおれ，レバノン
エレ 12: 4 いつまで，この地は<喪>に服し，す

哀歌 5:15 喜びは消え，踊りは<喪>に変わり，
エゼ 7:27 王は<喪>に服し，君主は恐れにつつ
24:17 死んだ者のために<喪>に服するな．
31:15 これをおおって深淵を<喪>に服させ，
ダニ 10: 2 ダニエルは，3週間の<喪>に服して
ホセ 4: 3 この地は<喪>に服し，ここに住む者
10: 5 民はこのために<喪>に服し，偶像に
仕える祭司たちも…<喪>に服する．
ヨエ 1: 9 主に仕える祭司たちは<喪>に服する．
10 畑は荒らされ，地も<喪>に服する．
アモ 8:10 ひとり子を失ったときの<喪>のよう

▼ モアデヤぞく（〜族）

エホヤキム時代の祭司の一族．ネヘ12:17.

▼ モアブ

ロトの子，その子孫，彼らが住んだ死海東方の国土を指す：ロトの子，創世19:37；大国となり，王に統治される，民数23:7，ヨシ24:9；イスラエル人の通過を拒否する，士師11:17-18；ミデヤン人と共にイスラエルをのろうためにバラムを雇う，民数22-24章；イスラエル人の間から追われる，申命23:3-6；モアブの女ルツ，ルツ1:4，22，4:10；ダビデの両親をかくまう，Ⅰサム22:3-4；ダビデに敗れる，Ⅱサム8:2，12；ソロモンの妻の一人を出す，Ⅰ列11:1；イスラエルに貢を納める，Ⅱ列3:4；イスラエルとユダ同盟軍と戦い，敗れる，Ⅱ列3:5-27；ユダヤ人と結婚する，エズ9:1-2，ネヘ13:23.

詩篇 60: 8 <モアブ>はわたしの足を洗うたらい．
イザ 15: 1 一夜のうちに…<モアブ>は滅びうせ
エゼ 25:11 <モアブ>にさばきを下すとき，彼ら
アモ 2: 1 <モアブ>の犯した三つのそむきの罪，
ゼパ 2: 9 <モアブ>は必ずソドムのようになり，

▼ もういちど（〜一度）

出エ 4: 7 手を<もう一度>ふところに入れよ．」
そこで彼は<もう一度>手をふところ
10:17 <もう一度>だけ，私の罪を赦してく
ヨシ 5: 2 <もう一度>イスラエル人に割礼をせ
23:12 <もう一度>堕落して，これらの国民
24:20 <もう一度>…わざわいを下し，あな
Ⅰ列 19: 7 主の使いが<もう一度>戻って来て，
Ⅱ歴 19: 4 <もう一度>ベエル・シェバからエフ
イザ 21:12 <もう一度>，来るがよい．」
エレ 6: 9 あなたの手を<もう一度>，その枝に
ヨナ 2: 4 <もう一度>…聖なる宮を仰ぎ見たい
ミカ 7:19 <もう一度>，私たちをあわれみ，私
マタ 27:50 イエスは<もう一度>大声で叫んで，
ヨハ 3: 4 <もう一度>，母の胎に入って生まれ
16:22 <もう一度>あなたがたに会います．
Ⅱコリ 12:21 私が<もう一度>行くとき，またも私
ヘブ 12:26 <もう一度>…天も揺り動かす．」
27 この「<もう一度>」ということばは，

▼ もうきん（猛禽）

ヨブ 28: 7 その通り道は<猛禽>も知らず，はや
イザ 46:11 わたしは，東から<猛禽>を，遠い地
エレ 12: 9 まだらの<猛禽>なのか．<猛禽>がそ
エゼ 39: 4 あらゆる種類の<猛禽>や野獣のえじ

▼ もうけ（儲け），もうける

申命 23:18 遊女の<もうけ>や犬のかせぎをあな
箴言 3:14 それの<儲け>は銀の<儲け>にまさり，
ミカ 1: 7 その<儲け>はみな，火で焼かれる．
マタ 25:16 5タラント預かった者は…さらに5
タラント<もうけ>た．17，20，22.
ルカ 19:16 1ミナで，10ミナを<もうけ>ました．

▼ もうける

Ⅰ歴 8: 8 モアブの野で子を<もうけ>た．
Ⅱ歴 11:21 28人の息子，60人の娘を<もうけ>た．
マタ 22:24 兄のための子を<もうけ>ねばならな
使徒 7:29 モーセは…男の子ふたりを<もうけ>

▼ もうしたて（申し立て），申し立てる

Ⅱサム 15: 4 訴えや<申し立て>のある人がみな，
使徒 25: 7 多くの重い罪状を<申し立て>たが，
18 訴えは何一つ<申し立て>ませんでし

▼ もうしひらき（申し開き）

創世 44:16 何の<申し開き>ができましょう．ま
ロマ 14:12 神の御前に<申し開き>することにな
Ⅰペテ 4: 5 彼らは…<申し開き>をしなければな

▼ もうじゅう（猛獣）

イザ 35: 9 <猛獣>もそこに上って来ず，そこで

▼ もうじん（盲人）

申命 28:29 <盲人>が暗やみで手さぐりするよう
詩 146: 8 主は<盲人>の目をあけ，主はかがん
イザ 59:10 <盲人>のように壁を手さぐりし，目
哀歌 4:14 <盲人>のようにちまたをさまよい，
ゼパ 1:17 人々は<盲人>のように歩く．彼らは
マタ 9:27 ふたりの<盲人>が大声で，「ダビデ
15:14 彼らは<盲人>を手引きする<盲人>で
30 <盲人>…をみもとに連れて来た．そ
20:30 すわっていたふたりの<盲人>が，イ
マコ 8:22 人々が，<盲人>を連れて来て，彼に
10:46 バルテマイという<盲人>の物ごいが，

51 <盲人>は言った．「先生．目が見え
ルカ 4:18 <盲人>には目の開かれることを告げ
7:21 多くの<盲人>を見えるようにされた．
14:13 足のなえた者，<盲人>たちを招きな
ヨハ 9: 1 イエスは…生まれつきの<盲人>を見
6 その泥を<盲人>の目に塗って言われ
10:21 悪霊がどうして<盲人>の目をあける
ロマ 2:19-20 <盲人>の案内人，やみの中にいる者

▼もうふ（毛布）

士師 4:18 ヤエルは彼に<毛布>を掛けた．
Ⅱ列 8:15 ハザエルは<毛布>を取って，それを
イザ 28:20 <毛布>も，身をくるむには狭すぎる

▼もうもく（盲目）

申命 16:19 わいろは知恵のある人を<盲目>にし，
28:28 主はあなたを打って…<盲目>にし，
Ⅱ列 6:18 民を打って，<盲目>にしてください．
イザ 42:19 主のしもべのような<盲目>の者が，
43: 8 目があっても<盲目>の民，耳があっ
マラ 1: 8 <盲目>の獣をいけにえにささげるが
ヨハ 9:20 生まれつき<盲目>だったことを知っ
25 私は<盲目>であったのに，今は見え
32 <盲目>に生まれついた者の目をあけ
39 見える者が<盲目>となるためです．」
12:40 主は彼らの目を<盲目>にされた．ま
Ⅱペテ 1: 9 近視眼であり，<盲目>であって，自
黙示 3:17 貧しくて，<盲目>で，裸の者である

▼もえさし（燃えさし）

イザ 7: 4 二つの木切れの煙る<燃えさし>，レ
アモ 4:11 炎の中から取り出された<燃えさし>
ゼカ 3: 2 火から取り出した<燃えさし>ではな

▼もえ（い）でる（～出る）

詩篇 92: 7 青草のように<もえいで>ようと，不
ヨエ 2:22 荒野の牧草は<もえ出る>．木はその

▼もえる（燃える）

創世 15:17 <燃え>ているたいまつが，あの切り裂かれたものの間を通り過ぎた．
出エ 3: 2 火で<燃え>ていたのに柴は焼け尽き
3 なぜ柴が<燃え>ていかないのか，あ
22:24 わたしの怒りは<燃え>上がり，わた 32:10，19，士師2:14，Ⅰサム11:6，ヨブ42:7，詩篇106:40，124:3，ゼカ10:3．
レビ 6: 9 祭壇の火はそこで<燃え>続けさせな
民数 11: 1 主の火が彼らに向かって<燃え>上が
申命 4:11 山は激しく<燃え>立ち，火は中天に
5:23 山が火で<燃え>ていたときに．9:15．
32:22 わたしの怒りで火は<燃え>上がり，よみの底にまで<燃え>て行く．地と
士師 2:20 主の怒りが…<燃え>上がった．主は
6:21 火が岩から<燃え>上がって，肉と種
Ⅰサム 20:34 ヨナタンは怒りに<燃え>て食卓から
Ⅱサム 22: 9 炭火は主から<燃え>上がった．13．
エス 1:12 その憤りが彼のうちで<燃え>立った．
詩篇 2:12 怒りは，いまにも<燃え>ようとして
11: 6 <燃える>風が彼らの杯への分け前と
18: 8 炭火は主から<燃え>上がった．
21: 9 彼らを，<燃える>炉のようにされま
39: 3 私がうめく間に，火は<燃え>上がっ
58: 9 神は，生のものも，<燃え>ているも
78:21 火はヤコブに向かって<燃え>上がり，
79: 5 ねたみは火のように<燃える>のでし
89:46 あなたの憤りが火のように<燃える>
102: 3 私の骨は炉のように<燃え>ています
106:18 その仲間の間で火が<燃え>上がり，
140:10 <燃え>ている炭火が彼らの上にふり
箴言 26:18 気が狂った者は，<燃え>木を死の矢
23 <燃える>くちびるも，心が悪いと，
イザ 1:31 その二つとも<燃え>立って，これを
4: 5 昼は雲，夜は煙と<燃える>火の輝き
9:18 悪は火のように<燃え>さかり，いば
10:16 火が<燃える>ように，それを燃やし
13: 8 彼らは驚き，<燃える>顔で互いを見
30:27 怒りは<燃え>，その<燃え>上がるこ
34: 9 その地は<燃える>ピッチになる．
42:25 自分に<燃え>ついても，心に留めな
43: 2 炎はあなたに<燃え>つかない．
62: 1 救いが，たいまつのように<燃える>
64: 2 火が柴に<燃え>つき，火が水を沸き
65: 5 一日中<燃え>続ける火である．
エレ 4: 4 憤りが火のように出て<燃え>上がり，
7:20 それは<燃え>て，消えることがない．
15:14 あなたがたに向かって<燃える>から
20: 9 <燃え>さかる火のようになり，私は
21:12 憤りが火のように<燃え>て焼き尽く
36:22 彼の前には暖炉の火が<燃え>ていた．
哀歌 2: 3 あたりを焼き尽くす<燃える>火で，
エゼ 1:13 <燃える>炭のように見え，たいまつ
36: 5 わたしは<燃える>ねたみをもって，
ダニ 3: 6 火の<燃える>炉の中に投げ込まれる．
7: 9 御座は火の炎…車輪は<燃える>火で，

11 その獣は殺され…<燃える>火に投げ
10: 6 その目は<燃える>たいまつのようで
ホセ 7: 4 彼らは<燃える>かまどのようだ．彼
6 その怒りは夜通しくすぶり，朝になると，<燃える>火のように<燃える>．
オバ 18 火と炎はわらに<燃え>つき，これを
マラ 4: 1 かまどのように<燃え>ながら．その
マタ 5:22 <燃える>ゲヘナに投げ込まれます．
18: 9 <燃える>ゲヘナに投げ入れられるよ
26:41 心は<燃え>ていても，肉体は弱いのです．」マコ14:38．
ルカ 12:49 その火が<燃え>ていたらと，どんな
24:32 私たちの心はうちに<燃え>ていたで
ヨハ 5:35 彼は<燃え>て輝くともしびであり，
使徒 5:17 みな，ねたみに<燃え>て立ち上がり，
9: 1 サウロは…殺害の意に<燃え>て，大
18:25 霊に<燃え>て，イエスのことを正確
ロマ 1:27 男も…男どうしで情欲に<燃え>，男
12:11 勤勉で怠らず，霊に<燃え>，主に仕
20 彼の頭に<燃える>炭火を積むことに
Iコリ 7: 9 情の<燃える>よりは，結婚するほう
IIテモ 1: 6 神の賜物を，再び<燃え>立たせてく
ヘブ 12:18 <燃える>火，黒雲，暗やみ，あらし，
IIペテ 3:12 天は<燃え>てくずれ，天の万象は焼
黙示 4: 5 七つのともしびが…<燃え>ていた．
8: 8 火の<燃え>ている大きな山のような
10 <燃え>ている大きな星が天から落ち
19:20 硫黄の<燃え>ている火の池に，生き

▼ もえるいかり（燃える怒り）

出エ 15: 7 あなたが<燃える怒り>を発せられる
32:12 あなたの<燃える怒り>をおさめ，あ
民数 25: 4 主の<燃える怒り>はイスラエルから
32:14 <燃える怒り>をさらに増し加えよう
申命 13:17 主が<燃える怒り>をおさめ，あなた
29:24 この激しい<燃える怒り>は，なぜな
ヨシ 7:26 主は<燃える怒り>をやめられた．そ
Iサム 28:18 <燃える御怒り>をもってアマレクを
II歴 28:11 主の<燃える怒り>が…臨むからです．
29:10 <燃える怒り>が私たちから離れるで
30: 8 主の<燃える怒り>が…離れるでしょ
エズ 10:14 神の<燃える怒り>は…遠ざかるでし
ヨブ 20:23 神はその<燃える怒り>を彼の上に送
詩篇 2: 5 <燃える怒り>で彼らを恐れおののか
69:24 あなたの<燃える怒り>が…追いつく
78:49 <燃える怒り>と激しい怒り…を送ら
85: 3 <燃える御怒り>を，押しとどめられ
88:16 あなたの<燃える怒り>が私の上を越
イザ 7: 4 <燃える怒り>に，心を弱らせてはな
13: 9 憤りと<燃える怒り>をもって，地を
13 その<燃える怒り>の日に，大地はそ
42:25 主は，<燃える怒り>をこれに注ぎ，
エレ 4: 8 主の<燃える怒り>が…去らないから
26 その<燃える怒り>によって，取りこ
12:13 主の<燃える怒り>によって．
25:38 主の燃える剣…<燃える怒り>によっ
30:24 <燃える怒り>は，御心の思うところ
49:37 わたしの<燃える怒り>をその上に下
51:45 <燃える怒り>を免れて，おのおの自
哀歌 1:12 主が<燃える怒り>の日に私を悩まし，
4:11 主は…<燃える怒り>を注ぎ出し，シ
エゼ 7:12 <燃える怒り>が…群集にふりかかる
ホセ 11: 9 わたしは<燃える怒り>で罰しない．
ヨナ 3: 9 神が思い直して…<燃える怒り>をお
ナホ 1: 6 だれがその<燃える怒り>に耐えられ
ゼパ 2: 2 主の<燃える怒り>が，まだあなたが

▼ もえるへび（燃える蛇）

民数 21: 6 主は民の中に<燃える蛇>を送られた
8 あなたは<燃える蛇>を作り，それを
申命 8:15 <燃える蛇>やさそりのいるあの大き
イザ 14:29 その子は…<燃える蛇>となるからだ．
30: 6 飛びかける<燃える蛇>のいる所を通

▼ もえるほのお（燃える炎）

エゼ 20:47 <燃える炎>は消されず，ネゲブから
使徒 7:30 御使いが…柴の<燃える炎>の中に現
黙示 1:14 その目は，<燃える炎>のようであっ

▼ もくげきしゃ（目撃者）

ルカ 1: 1 初めからの<目撃者>で，みことばに
IIペテ 1:16 キリストの威光の<目撃者>なのです．

▼ もくし（黙示）

Iサム 3:15 サムエルは，この<黙示>についてエ
Iコリ 14: 6 <黙示>や知識や預言や教えなどによ
30 別の人に<黙示>が与えられたら，先
黙示 1: 1 イエス・キリストの<黙示>．これは，

▼ もくする（黙する）

詩篇 39: 9 私は<黙>し，口を開きません．あな

▼ もくてき（目的）

II歴 31:21 心を尽くして行い…<目的>を果たし
エペ 1:11 みな行う方の<目的>に従って，私た

▼ もくひょう（目標）

ピリ 3:14 <目標>を目ざして一心に走っている

Ⅰテモ 1: 5 信仰とから出て来る愛を，<目標>と

▼もくもく（黙々）
使徒 8:32 <黙々>として毛を刈る者の前に立つ

▼もぐら
レビ 11:29 <もぐら>，とびねずみ，大とかげの
イザ 2:20 <もぐら>や，こうもりに投げやる．

▼もけい（模型）
Ⅱ列 16:10 祭壇の図面とその<模型>を，祭司ウ
ヘブ 9:24 キリストは，本物の<模型>にすぎな

▼もじ（文字）
出エ 39:30 主の聖なるもの」という<文字>を書
エズ 4: 7 その手紙はアラム語の<文字>で書か
エス 1:22 各州にはその<文字>で，各民族には そのことばで書簡を．3:12，8:9．
イザ 8: 1 大きな板を取り…普通の<文字>で，
ダニ 5: 7 この<文字>を読み，その解き明かし
ロマ 2:27 律法の<文字>と割礼がありながら律
29 <文字>ではなく，御霊による，心の
7: 6 古い<文字>にはよらず，新しい御霊
Ⅱコリ 3: 6 <文字>に仕える者ではなく，御霊に 仕える者です．<文字>は殺し，御霊
7 石に刻まれた<文字>による，死の務

▼モーセ〔人名〕【別項】モーセの書
イスラエルの指導者，預言者，律法授与者：レビの子孫，出エ2:1-10；アロンとミリヤムの兄弟出エ4:14，15:20；エジプトの教育を受ける，使徒7:22；ミデヤンへ逃げる，出エ2:15；チッポラと結婚，出エ2:16-21；2人の子（ゲルショムとエリエゼル）をもうける，出エ2:22，18:4；神の声を聞く，出エ3:2-6；召命を受ける，出エ3:7-10；10の災害を送ってパロと争う，出エ7-12章；過越の制定，出エ12:1-28，39-49；エジプト脱出を導く，出エ12:30-38；苦い水を甘くする，出エ15:22-25；うずらの肉とマナが与えられる，出エ16章，ヨハ6:31；シナイ山で律法を受ける，出エ20-23章；シナイ山に40日とどまる，出エ24:12-18；幕屋の型を示す，出エ25-31章；金の子牛の罪をとりなす，出エ32章；アロンを聖別する，レビ8章；人口調査，民数1章；民の不平と70人の長老の任命，民数11章；ミリヤムとアロンに非難される，民数12:1-2；カナンに12人の斥候を送る，民数13章；怒って罪を犯す（メリバの水），民数20:1-13；青銅の蛇を作る，民数21:4-9，ヨハ3:14；ヨシュアを後継者に任命する，民数27:18-23；約束の地を見る，申命34:1-4；120歳の生涯を閉じる，申命34:5-8．
民数 12: 3 <モーセ>…は，地上のだれにもまさ
7 <モーセ>…はわたしの全家を通じて
詩 90題目 神の人<モーセ>の祈り
103: 7 主は，ご自身の道を<モーセ>に，そ
エレ 15: 1 <モーセ>…がわたしの前に立っても，
マタ 17: 3 <モーセ>…が…イエスと話し合って
19: 8 <モーセ>は…その妻を離別すること
ルカ 16:29 彼らには，<モーセ>と預言者があり
ヨハ 1:17 律法は<モーセ>によって与えられ，
5:46 もし…<モーセ>を信じているのなら，
使徒 3:22 <モーセ>は…私のようなひとりの預
6:11 <モーセ>と神とをけがすことばを語
ロマ 10: 5 <モーセ>は，律法による義を行う人
Ⅰコリ 10: 2 <モーセ>につくバプテスマを受け，
Ⅱコリ 3: 7 <モーセ>の顔の，やがて消え去る栄
Ⅱテモ 3: 8 ヤンネ…が<モーセ>に逆らったよう
ユダ 9 ミカエルは，<モーセ>のからだにつ
黙示 15: 3 神のしもべ<モーセ>の歌と小羊の歌

▼モーセのしょ（〜書）
Ⅱ歴 35:12 <モーセの書>にしるされているとお
ネヘ 13: 1 <モーセの書>が朗読されたが，その
マコ 12:26 <モーセの書>にある柴の個所で，神

▼モセラ〔地名〕
イスラエルの宿営地．申命10:6．

▼モセロテ〔地名〕
イスラエルの宿営地．モセラと同地．民数33:30．

▼もだえる
ヨブ 15:20 悪者は…一生の間，<もだえ>苦しむ．
詩篇 55: 4 私の心は，うちに<もだえ>，死の恐
エレ 51:29 地は震え，<もだえる>．主はご計画
ヨエ 2: 6 その前で国々の民は<もだえ>苦しみ，
マコ 14:33 イエスは深く恐れ<もだえ>始められた．マタ26:37．

▼もたせる（持たせる）
Ⅱサム 11:14 手紙を書き，ウリヤに<持たせ>た．
マタ 27:29 右手に葦を<持たせ>た．そして，彼
マコ 3:15 悪霊を追い出す権威を<持たせる>た
13:34 仕事を割り当てて責任を<持たせ>，
ルカ 16:12 あなたがたのものを<持たせる>でし
22:35 財布も旅行袋もくつも<持たせ>ずに
Ⅰコリ 16: 3 承認を得た人々に手紙を<持たせ>て

▼ **もたらす**
申命 1:25 報告を<もたら>し…良い地です」と
28:60 病気をあなたに<もたら>される．そ
雅歌 8:10 平安を<もたらす>者のようになりま
エレ 49: 5 四方からあなたに恐怖を<もたらす>．
8 エサウの災難を<もたらす>からだ．
エゼ 6: 3 わたしは剣を…<もたら>し…高き所
マタ 10:34 平和を<もたらす>ために来たのではなく，剣を<もたらす>ために来たの
18: 7 つまずきを<もたらす>者はわざわい
Ⅰペテ 1:13 <もたら>される恵みを…待ち望みな

▼ **もちいる（用いる）**
出エ 39:40 会見の天幕…の幕屋に<用いる>すべ
民数 3:26 そのすべてに<用いる>ひもについて
4: 9 それに<用いる>すべての油のための
ロマ 13:14 肉の欲のために心を<用い>てはいけ
Ⅰコリ 7:31 世の富を<用いる>者は<用い>すぎないようにしなさい．この世の有様は
9:12 その権利を<用い>てよいはず…それなのに…この権利を<用い>ませんでした．15，18．
エペ 5:16 機会を十分に生かして<用い>なさい．
コロ 2:22 <用い>れば滅びるものについてであ
Ⅰテモ 1: 8 律法は…正しく<用いる>ならば，良
5:23 少量のぶどう酒を<用い>なさい．

▼ **もちかえる（持ち帰る），持って帰る**
出エ 19: 8 民のことばを主に<持って帰>った．
申命 1:22 報告を<持ち帰>らせよう」と言った．
Ⅱサム 15:29 神の箱をエルサレムに<持ち帰>り，
Ⅰ列 13:29 預言者の町に<持ち帰>り，いたみ悲
ヨブ 39:12 あなたの穀物を<持ち帰>り，あなた
箴言 22:21 真理のことばを<持ち帰>らせるため
エレ 27:16 バビロンから<持ち帰>られる』と言

▼ **もちこたえる**
出エ 18:23 あなたは<もちこたえる>ことができ，
ヨブ 8:15 それは<もちこたえ>ない．

▼ **もちこむ（持ち込む）**
ネヘ 13:19 安息日に荷物が<持ち込>まれないよ
Ⅱペテ 2: 1 異端をひそかに<持ち込>み，自分た

▼ **もちさる（持ち去る）**
Ⅱ歴 36: 7 宮の器具をバビロンに<持ち去>り，
ホセ 10: 6 子牛はアッシリヤに<持ち去>られ，
マコ 4:15 彼らに蒔かれたみことばを<持ち去>ってしまうのです．ルカ8:12．
ルカ 11:52 知識のかぎを<持ち去>り，自分も入

▼ **もちつづける（持ち続ける）**
ミカ 7:18 怒りをいつまでも<持ち続け>ず，い
ヘブ 3: 6 終わりまでしっかりと<持ち続ける>

▼ **もちぬし（持ち主）**
出エ 21:28 その牛の<持ち主>は無罪である．29，32，34，36，22:11，12，14，15．
Ⅰ列 16:24 その山の<持ち主>であったシェメル
ヨブ 31:39 その<持ち主>のいのちを失わせたこ
箴言 1:19 こうして，<持ち主>のいのちを取り
伝道 5:11 <持ち主>にとって何の益になろう．
7:12 知恵がその<持ち主>を生かすことに
ルカ 19:33 その<持ち主>が，「なぜ，このろば
使徒 21:11 この帯の<持ち主>は，エルサレムで
ガラ 4: 1 全財産の<持ち主>なのに，子どもの

▼ **もちもの（持ち物）**
創世 13: 6 彼らの<持ち物>が多すぎたので，彼
民数 16:32 地は…口をあけ…<持ち物>とをのみ
ヨブ 6:22 <持ち物>の中から…贈り物をせよ．」
マタ 13:44 <持ち物>を全部売り払ってその畑を
18:25 <持ち物>全部も売って返済するよう
19:21 <持ち物>を売り払って貧しい人たち
マコ 5:26 この女は…<持ち物>をみな使い果た
ルカ 11:21 その<持ち物>は安全です．
12:33 <持ち物>を売って，施しをしなさい．
使徒 2:45 資産や<持ち物>を売っては…分配し
4:32 その<持ち物>を自分のものと言わず，
5: 1 アナニヤという人は…<持ち物>を売

▼ **もつ（持つ）【別項】複合動詞**
創世 44:16 杯を<持>っているのを見つかった者
出エ 35:23 じゅごんの皮を<持>っている者はみ
レビ 6:21 ささげ物として<持>って入らなけれ
申命 28:38 畑に多くの種を<持>って出ても，あ
ヨシ 6: 4 七つの雄羊の角笛を<持>って，箱の
ルツ 1:13 夫を<持>たないままでいるというの
Ⅰ歴 29: 8 宝石を<持>っている者は，これを主
Ⅱ歴 17:17 配下に…弓と盾を<持>った者が20万
箴言 16:22 思慮を<持つ>者にはいのちが泉とな
伝道 6: 3 もし人が100人の子どもを<持>ち，
エゼ 8: 3 霊が私を地と天との間に<持>ち上げ，
46:20 これらの物を外庭に<持>ち出して民
ゼカ 5: 7 鉛のふたが<持>ち上げられ，エパ枡
マタ 13:12 <持>っている者はさらに与えられ…<持>たない者は<持>っているものま25:29，マコ4:25，ルカ8:18．
19:22 この人は多くの財産を<持>っていた

ルカ 3:11 下着を2枚<持>っている者は…<持>たない者に分けなさい．食べ物を<持>っている者も，そうしなさい.」
21: 4 <持>っていた生活費の全部を投げ入
22:36 財布を<持>ち，同じく袋を<持>ち，
24: 1 香料を<持>って墓に着いた.
ヨハ 6:68 永遠のいのちのことばを<持>ってお
8:12 従う者は…いのちの光を<持つ>ので
16:15 父が<持>っておられるものはみな，
17: 5 <持>っていましたあの栄光で輝かせ
19:39 没薬とアロエを…<持>って，やって
使徒 4:34 地所や家を<持>っている者は，それ
25:14 パウロの一件を王に<持>ち出してこ
ロマ 8: 9 キリストの御霊を<持>たない人は，
15: 5 互いに同じ思いを<持つ>ようにして
Ⅰコリ 13: 3 私が<持>っている物の全部を貧しい
15:49 造られた者のかたちを<持>っていたように，天上のかたちをも<持つ>の
Ⅱコリ 4:13 それと同じ信仰の霊を<持>っている
6:10 何も<持>たないようでも，すべてのものを<持>っています.
8:11 <持>っている物で，それをし遂げる
12 <持>たない物によってではなく，<持>っている程度に応じて…受納さ
Ⅰテモ 3:13 信仰について強い確信を<持つ>こと
6: 7 私たちは…何一つ<持>って出ること
ヘブ 10:34 いつまでも残る財産を<持>っている
13: 1 兄弟愛をいつも<持>っていなさい.
5 いま<持>っているもので満足しなさ
Ⅱペテ 1:12 現に<持>っている真理に堅く立って
Ⅰヨハ 2:23 御子を否認する者は，御父を<持>たず…告白する者は…<持>っているの
28 信頼を<持>ち，その来臨のときに，
4:17 さばきの日にも大胆さを<持つ>こと
5:10 このあかしを自分の心の中に<持>っ
12 御子を<持つ>者はいのちを<持>っており…<持>たない者は…<持>ってい
13 永遠のいのちを<持>っていることを，
Ⅱヨハ 9 とどまらない者は，神を<持>ってい
ユダ 19 御霊を<持>たず，分裂を起こし，生
黙示 1:18 死とハデスとのかぎを<持>っている.
2: 1 右手に七つの星を<持つ>方，七つの
12 鋭い，両刃の剣を<持つ>方がこう言
25 あなたがたの<持>っているものを…しっかりと<持>っていなさい.
3: 1 神の七つの御霊…七つの星を<持つ>
7 ダビデのかぎを<持>っている方，彼
11 あなたの<持>っているものをしっかりと<持>っていなさい.
20: 1 かぎと大きな鎖とを手に<持>って，

▼モツァ

1.地名．ベニヤミンの町．ヨシ18:26.
2.人名．
(1)ユダの子孫．カレブとエファの子．Ⅰ歴2:46.
(2)サウルの子ヨナタンの子孫．Ⅰ歴8:36，9:42.

▼もっていく（持っていく，持って行く）

レビ 1: 5 その血を<持って行>って，会見の天
6:30 天幕に<持って行>かれた罪のための
申命 14:24 遠すぎ，<持って行く>ことができな
23:18 犬のかせぎを…主の家に<持って行>
Ⅰサム 20:40 これを町に<持って行>っておくれ」
Ⅱサム 13:13 このそしりをどこに<持って行>けま
エズ 8:30 神の宮に<持って行く>ために，量っ
箴言 19:24 それを口に<持ってい>こうとしな
26:15 口に<持っていく>ことをいとう.
ゼカ 5:10 エパ枡をどこへ<持って行く>のです
マタ 14:11 首は盆に載せ…<持って行>った.
マコ 6: 8 胴巻に金も<持って行>ってはいけま
ルカ 9: 3 旅のために何も<持って行>かないよ
ヘブ 13:11 聖所の中まで<持って行>かれますが，

▼もってくる（持って来る）

創世 4: 3 カインは，地の作物…を<持って来>
4 アベルは…<持って来>た．主は，ア
14:18 パンとぶどう酒を<持って来>た．彼
15: 9 山鳩とそのひなを<持って来>なさい.
出エ 18:26 むずかしい事件はモーセのところに<持って来>たが，小さい事件は．22.
35:21 主への奉納物を<持って来>た.
36: 5 民は幾たびも，<持って来>ています.
レビ 9: 5 モーセが命じたものを…<持って来>
民数 5: 9 祭司のところに<持って来る>すべて
16:17 自分の火皿を…<持って来>なさい.
31:50 主へのささげ物として<持って来>て，
ヨシ 4: 3 12の石を…<持って来>て，あなたが
7:23 全イスラエル人…に<持って来>た.
Ⅰサム 4: 3 シロから…契約の箱を…<持って来>
14:18 神の箱を<持って来>なさい.」23:9.
Ⅰ列 3:24 剣をここに<持って来>なさい」と命
4:21 みつぎものを<持って来>て，彼に仕
17:13 小さなパン菓子を…<持って来>なさ

II列 4: 5 子どもたちが…<持って来る>器に油
41 麦粉を<持って来>なさい.」彼はそ
ネヘ 8: 1 モーセの律法の書を<持って来る>よ
2 集団の前に律法を<持って来>て,
エゼ 27:15 みつぎとして<持って来>た.
ダニ 5: 2 金,銀の器を<持って来る>ように命
マタ 22:19 1枚イエスのもとに<持って来>た.
マコ 6:27 ヨハネの首を<持って来る>ように命
28 首を盆に載せて<持って来>て,少女
12:15 デナリ銀貨を<持って来>て見せなさ
ルカ 1:63 書き板を<持って来>させて,「彼の
7:37 香油の入った…つぼを<持って来>て,
15:22 一番良い着物を<持って来>て,この
ヨハ 21:10 魚を幾匹か<持って来>なさい.」
使徒 4:37 その代金を<持って来>て,使徒たち
5: 2 代金の…ある部分を<持って来>て,
Iテモ 6: 7 何一つこの世に<持って来>なかった
IIテモ 4:13 上着を<持って来>てください.また,
書物を…羊皮紙の物を<持って来>て
IIヨハ 10 この教えを<持って来>ない者は,家

▼ もっともせいなる(最も聖なる)
出エ 30:10 主に対して<最も聖なる>ものである.
レビ 21:22 神のパンは,<最も聖なる>ものでも,
II歴 31:14 <最も聖なる>ささげ物を分配した.
エゼ 44:13 <最も聖なる>物に触れてはならない.

▼ もっともちいさい(最も小さい)
Iサム 9:21 私は…<最も小さい>ベニヤミン人で
II列 18:24 主君の<最も小さい>家来のひとりの
I歴 12:14 <最も小さい>者もひとりが100人に
イザ 60:22 <最も小さい>者も氏族となり,最も
ミカ 5: 2 ユダの氏族の中で<最も小さい>もの
マタ 5:19 戒めのうち<最も小さい>ものの一つ
25:40 <最も小さい>者…にしたのは,わた
Iコリ 15: 9 私は使徒の中では<最も小さい>者で

▼ もっともよい(最も良い)
創世 45:18 地の<最も良い>物を食べさせる.』
47: 6 <最も良い>地にあなたの父と兄弟た
ちとを住ませなさい.11.
申命 32:14 小麦の<最も良い>ものとともに,食
Iサム 15: 9 肥えた羊や牛の<最も良い>もの,子
羊とすべての<最も良い>もの.15.

▼ もっぱら
使徒 6: 4 <もっぱら>祈りとみことばの奉仕に
Iコリ 9:10 <もっぱら>私たちのために,こう言

▼ もつやく(没薬)
創世 37:25 らくだには樹膠と乳香と<没薬>を背
エス 2:12 6か月は<没薬>の油で,次の6か月
詩篇 45: 8 <没薬>,アロエ,肉桂のかおりを放
雅歌 5: 5 私の手から<没薬>が,私の指から
<没薬>の液が,かんぬきの取っ手の
13 くちびるは<没薬>の液をしたたらせ
マタ 2:11 黄金,乳香,<没薬>を贈り物として
マコ 15:23 <没薬>を混ぜたぶどう酒をイエスに
ヨハ 19:39 ニコデモも,<没薬>とアロエを混ぜ

▼ もつれ
マコ 7:35 舌の<もつれ>もすぐに解け,はっき

▼ もてあそぶ
創世 39:14 主人は私たちを<もてあそぶ>ために
エペ 4:14 波に<もてあそ>ばれたりすることが

▼ もてなし,もてなす
民数 22:17 私はあなたを手厚く<もてな>します.
II列 6:23 王は…盛大な<もてなし>をして,彼
箴言 27: 6 憎む者が口づけして<もてなす>より
マタ 8:15 彼女は起きてイエスを<もてな>した.
マコ1:31,ルカ4:39.
ルカ 10:40 マルタは…<もてなし>のために気が
使徒 16:34 食事の<もてなし>をし,全家族そろ
28: 7 3日間手厚く<もてな>してくれた.
ロマ 12:13 旅人を<もてな>しなさい.Iテモ5:
10,テト1:8,ヘブ13:2.
Iテモ 3: 2 よく<もてな>し,教える能力があり,
ヘブ 13: 2 御使いたちを…知らずに<もてな>し
Iペテ 4: 9 互いに親切に<もてな>し合いなさい.
IIIヨハ 8 このような人々を<もてなす>べきで

▼ もと
ヨハ 7:33 わたしを遣わした方の<もと>に行き
15:26 わたしが父の<もと>から遣わす助け
16:10 わたしが父の<もと>に行き,あなた
20:17 わたしは…神の<もと>に上る』と告
Iペテ 2: 4 主の<もと>に来なさい.主は,人に
黙示 3:12 神の<もと>を出て天から下って来る

▼ もと(元)
創世 29: 3 石を井戸の口の<もと>の所に戻すこ
ヨシ 4:18 ヨルダン川の水は<もと>の所に返っ
Iサム 5: 3 彼らはダゴン…を<もと>の所に戻し
11 神の箱を送って,<もと>の所に戻っ
詩篇 78:57 <もと>に戻って…裏切りをし,たる
80: 3 私たちを<もと>に返し,御顔を照り
輝かせてください.そうす.7,19.

エゼ 16:55　ソドム…は，<もと>の所に帰り，サ
エペ 3:15　すべてのものの名の<元>である父の

▼もとい（基）

申命 32:22　山々の<基>まで焼き払おう．
IIサム 22: 8　天の<基>も震え，揺れた．主がお怒
エズ 3:12　この宮の<基>が据えられたとき，大
ヨブ 9: 6　神が地をその<基>から震わすと，そ
28: 9　山々をその<基>からくつがえす．
38: 4　わたしが地の<基>を定めたとき，あ
詩篇 18: 7　山々の<基>も震え，揺れた．主がお
15　地の<基>があらわにされた．主よ．
24: 2　まことに主は，海に地の<基>を据え，
78:69　ご自分が永遠に<基>を据えた堅い地
82: 5　地の<基>は，ことごとく揺らいでい
87: 1　主は聖なる山に<基>を置かれる．
89:14　義と公正は，あなたの王座の<基>．
102:25　はるか以前に地の<基>を据えられま
104: 5　地をその<基>の上に据えられました．
137: 7　破壊せよ，その<基>までも」と言っ
箴言 3:19　主は知恵をもって地の<基>を定め，
8:29　地の<基>を定められたとき，
イザ 6: 4　敷居の<基>はゆるぎ，宮は煙で満た
13:13　大地はその<基>から揺れ動く．
24:18　天の窓が開かれ，地の<基>が震える
40:21　地の<基>がどうして置かれたかを悟
44:28　神殿は，その<基>が据えられる』と
48:13　わたしの手が地の<基>を定め，わた
51:13　天を引き延べ，地の<基>を定め，あ
54:11　サファイヤであなたの<基>を定め，
エレ 31:37　下の地の<基>が探り出されるなら，
エゼ 30: 4　その<基>がくつがえされるとき，ク
ミカ 1: 6　石を谷に投げ入れ，その<基>をあば
6: 2　地の変わることのない<基>よ．主は
ゼカ 12: 1　天を張り，地の<基>を定め，人の霊
エペ 1: 4　神は私たちを世界の<基>の置かれる
ヘブ 1:10　あなたは，初めに地の<基>を据えら

▼もどす（戻す）

創世 29: 3　石を井戸の口のもとの所に<戻す>こ
40:13　あなたをもとの地位に<戻す>でしょ
21　その献酌の役に<戻>したので，彼は
41:13　パロは私をもとの地位に<戻>され，
民数 17:10　杖をあかしの箱の前に<戻>して，逆
Iサム 5: 3　ダゴンを取り…もとの所に<戻>した．
6: 7　子牛は…牛小屋に<戻>しなさい．
IIサム 14:13　王は追放された者を<戻>しておられ
15:25　神の箱を町に<戻>しなさい．もし，
I列 13: 4　手はしなび，<戻す>ことができなく
II列 20:11　日時計の影を10度あとに<戻>された．
II歴 33:13　彼を…彼の王国に<戻>された．こう
詩篇 85: 8　彼らを再び愚かさには<戻>されない．
イザ 14:27　だれがそれを<戻>しえよう．」
38: 8　時計の影を，10度あとに<戻す>．」
43:13　行えば，だれがそれを<戻>しえよう．
ヨナ 1:13　船を陸に<戻>そうとこいだがだめだ

▼もとどおり（元どおり）

申命 30: 3　あなたの繁栄を<元どおり>にし，あ
II列 5:10　からだが<元どおり>になってきよく
14　<元どおり>になって，幼子のからだ
ヨブ 42:10　主はヨブの繁栄を<元どおり>にされ
詩篇 14: 7　御民の繁栄を<元どおり>にされると
53: 6　御民の繁栄を<元どおり>にされると
85: 1　ヤコブの繁栄を<元どおり>にされま
126: 1　シオンの繁栄を<元どおり>にされた
126: 4　私たちの繁栄を<元どおり>にしてく
エレ 29:14　あなたがたの繁栄を<元どおり>にし
30: 3　ユダの繁栄を<元どおり>にすると，
18　天幕の繁栄を<元どおり>にし，その
31:23　彼らの繁栄を<元どおり>に．32:44.
33: 7　イスラエルの繁栄を<元どおり>にし，
11　繁栄を<元どおり>にし，初め．26.
48:47　繁栄を<元どおり>にする．49:6，39.
哀歌 2:14　あなたの繁栄を<元どおり>にするた
エゼ 16:53　彼女たちの繁栄を<元どおり>にする．
29:14　エジプトの繁栄を<元どおり>にする．
39:25　ヤコブの繁栄を<元どおり>にし，イ
ホセ 6:11　民の繁栄を<元どおり>にするとき，
ヨエ 3: 1　エルサレムの繁栄を<元どおり>にす
アモ 9:14　イスラエルの繁栄を<元どおり>にす
ゼパ 2: 7　彼らの繁栄を<元どおり>にするから
3:20　あなたがたの繁栄を<元どおり>にす
マコ 3: 5　するとその手が<元どおり>になった．
使徒 15:16　幕屋を建て直し…<元どおり>にする．

▼もとめる（求める），求め

創世 25:22　主のみこころを<求め>に行った．
出エ 4:19　あなたのいのちを<求め>ていた者は，
10:11　それがおまえたちの<求め>ているこ
11: 2　銀の飾りや金の飾りを<求める>よう
12:35　金の飾り，それに着物を<求め>た．
18:15　民は，神のみこころを<求め>て，私
レビ 19:31　彼らを<求め>て…汚されてはならな

民数 27:21 ウリムによるさばきを<求め>なけれ
申命 4:29 精神を尽くして切に<求める>ように
10:12 主が…<求め>ておられることは何か.
11:12 主が<求め>られる地で，年の初めか
12:30 彼らの神々を<求め>て，「これらの
23: 6 平安も，しあわせも<求め>てはなら
士師 5:25 シセラが水を<求める>と，ヤエルは
14: 4 事を起こす機会を<求め>ておられた
18: 1 自分たちの住む相続地を<求め>てい
Iサム 2:36 賃金とパン1個を<求め>て…おじぎ
8:10 サムエルは，彼に王を<求める>この
9: 9 神のみこころを<求め>に行く人は，
13:14 主はご自分の心にかなう人を<求め>，
26: 2 ダビデを<求め>てジフの荒野へ下っ
I列 2:22 アビシャグを<求める>のですか．彼
3:11 このことを<求め>…長寿を<求め>ず
…富を<求め>ず…判断力を<求め>た
10:24 ソロモンに謁見を<求め>た.
11:22 自分の国へ帰ることを<求める>とは.
22: 7 みこころを<求める>ことのできる主
II列 2: 9 取り去られる前に，<求め>なさい.」
8: 8 主のみこころを<求め>てくれ.」
22:13 主のみこころを<求め>なさい．私た
I歴 15:13 この方を定めのとおりに<求め>なか
21:30 ダビデは神を<求め>て，その前に出
22:19 主に<求め>なさい．立ち上がって，
28: 9 もし，あなたが神を<求める>なら，
II歴 1: 5 ソロモンと会衆は主に<求め>た.
9:12 シェバの女王に…<求め>た物は何で
23 ソロモンに謁見を<求め>た.
12:14 常に主を<求める>ことをしなかった.
14: 4 父祖の神，主を<求め>させ，その律
15: 2 この方を<求める>なら…ご自身を示
16:12 主を<求める>ことをしないで…医者
19: 3 心を定めて常に神を<求め>て来られ
20: 4 ユダの人々は…主の助けを<求め>た.
25:15 なぜ，あなたは…神々を<求め>たの
26: 5 ゼカリヤの存命中は，神を<求め>た.
30:19 主を<求め>たのですが，聖なるもの
31:21 神に<求め>，心を尽くして行い，そ
32:31 しるしについて説明を<求め>たとき，
33:13 その切なる<求め>を聞いて，彼をエ
34: 3 ダビデの神に<求め>始め，第12年に，
21 主のみこころを<求め>なさい．私た
エズ 6: 9 祭司たちの<求め>に応じて，毎日怠
7:21 エズラが…<求める>ことは何でも，
8:22 部隊と騎兵たちを王に<求める>のを
9:12 平安も，しあわせも<求め>てはなら
エス 2:15 勧めたもののほかは，何一つ<求め>
4: 8 王にあわれみを<求める>ように彼女
10: 3 自分の民の幸福を<求め>，自分の全
ヨブ 8: 5 あなたが，熱心に神に<求め>，全能
11:19 多くの者があなたの好意を<求める>.
31:30 彼のいのちを<求め>ようともしなか
詩篇 2: 8 わたしに<求め>よ．わたしは国々を
35: 4 私のいのちを<求める>者どもが恥を
63: 1 私はあなたを切に<求め>ます．水の
78:18 食べ物を<求め>，心のうちで神を試
104:21 神におのれの食物を<求め>ます.
119:45 あなたの戒めを<求め>ているからで
122: 9 私は，おまえの繁栄を<求め>よう.
137: 3 私たちに歌を<求め>，私たちを苦し
箴言 11:27 悪を<求める>者には悪が来る.
15:14 悟りのある者の心は知識を<求める>
17:11 逆らうことだけを<求める>悪人には，
18: 1 自分の欲望のままに<求め>，すべて
15 知恵のある者の耳は知識を<求める>.
イザ 1:12 だれが…あなたがたに<求め>たのか.
17 公正を<求め>，しいたげる者を正し，
7:11 主から，しるしを<求め>よ．よみの
9:13 この民は…万軍の主を<求め>なかっ
11:10 国々は彼を<求め>，彼のいこう所は
26: 9 私の内なる霊はあなたを切に<求め>
31: 1 助けを<求め>てエジプトに下る者た
41:17 水を<求め>ても水はなく，その舌は
55: 6 主を<求め>よ．お会いできる間に.
58: 2 正しいさばきをわたしに<求め>，神
13 自分の好むことを<求め>ず，むだ口
エレ 2:33 あなたが愛を<求める>方法は，なん
5: 1 真実を<求める>者を見つけたら，わ
10:21 牧者たちは愚かで，主を<求め>なか
29: 7 その町の繁栄を<求め>，そのために
38: 4 平安を<求め>ず…わざわいを<求め>
45: 5 大きなことを<求める>のか…見よ.
50: 5 彼らはシオンを<求め>，その道に顔
哀歌 3:25 主を待ち望む者，主を<求める>たま
4: 4 幼子たちがパンを<求め>ても，それ
エゼ 7:25 彼らは平和を<求める>が，それはな
26 預言者に幻を<求める>ようになる.
20:40 奉納物と最上のささげ物を<求める>.

ダニ 2:27 王が<求め>られる秘密は，知者，呪
ホセ 10:12 今が，主を<求める>時だ．ついに，
アモ 5: 4 わたしを<求め>て生きよ．6．
14 善を<求め>よ．悪を<求める>な．そ
ミカ 6: 8 主は何をあなたに<求め>ておられる
7: 3 役人は物を<求め>，さばきつかさは
ゼパ 2: 3 義を<求め>よ．柔和を<求め>よ．そ
ゼカ 10: 1 主に雨を<求め>よ．主はいなびかり
マラ 2: 7 人々は彼の口から教えを<求める>．
15 その一体の人は何を<求める>のか．
マタ 5:42 <求める>者には与え，借りようとす
6:32 異邦人が切に<求め>ているものなの
33 神の国とその義とを…<求め>なさい．
7: 7 <求め>なさい．そうすれば与えられ
8 <求める>者は受け，捜す者は見つけ
11 <求める>者たちに良いものを下さら
12:39 姦淫の時代はしるしを<求め>ていま
20:22 自分が何を<求め>ているのか，わか
26:59 イエスを訴える偽証を<求め>ていた．
マコ 8:11 天からのしるしを<求め>た．イエス
12 なぜ，今の時代はしるしを<求める>
ルカ 11: 9 <求め>なさい．そうすれば与えられ
13 <求める>人たちに，どうして聖霊を
29 しるしを<求め>ているが，ヨナのし
12:31 神の国を<求め>なさい．そうすれば，
48 多く与えられた者は多く<求め>られ，
14:32 使者を送って講和を<求める>でしょ
ヨハ 4:10 あなたのほうでその人に<求め>たこ
23 礼拝者として<求め>ておられるから
5:30 わたし自身の望むことを<求め>ず…
遣わした方のみこころを<求める>か
44 神からの栄誉を<求め>ないあなたが
7:18 自分の栄光を<求め>ます．しかし…
遣わした方の栄光を<求める>者は真
8:50 わたしの栄誉を<求め>ません．それ
をお<求め>になり，さばきをなさる
11:22 神にお<求め>になることは何でも，
14:13 わたしの名によって<求める>ことは
何でも…しましょう．16:24，26．
15: 7 何でも…ほしいものを<求め>なさい．
16 父に<求める>ものは何でも．16:23．
使徒 3: 3 彼は…施しを<求め>た．
15:17 主を<求める>ようになるためである．
17:27 神を<求め>させるためであって，も
ロマ 2: 7 栄光と…不滅のものとを<求める>者
3:11 神を<求める>人はいない．
10:20 わたしを<求め>ない者に見いだされ，
15:20 宣べ伝えることを切に<求め>たので
Ⅰコリ 10:24 自分の利益を<求め>ないで，他人の
33 多くの人の利益を<求め>，どんなこ
12:31 よりすぐれた賜物を熱心に<求め>な
13: 5 自分の利益を<求め>ず，怒らず，人
14: 1 預言することを熱心に<求め>なさい．
12 御霊の賜物を熱心に<求め>ているの
39 預言することを熱心に<求め>なさい．
Ⅱコリ 12:14 私が<求め>ているのは，あなたがた
13: 3 証拠を<求め>ているからです．キリ
ガラ 2:17 義と認められることを<求め>ながら，
ピリ 2:21 自分自身のことを<求める>だけで，
キリスト…のことを<求め>てはいま
4:17 私は贈り物を<求め>ているのではあ
コロ 3: 1 上にあるものを<求め>なさい．そこ
Ⅰテモ 3: 1 それはすばらしい仕事を<求める>こ
6:11 忍耐，柔和を熱心に<求め>なさい．
ヘブ 11: 6 神を<求める>者には報いてくださる
14 自分の故郷を<求め>ていることを示
12:17 涙を流して<求め>ても，彼には心を
13:14 後に来ようとしている都を<求め>て
Ⅰペテ 3:11 平和を<求め>てこれを追い求めよ．
15 説明を<求める>人には，だれにでも
Ⅰヨハ 3:22 <求める>ものは何でも神からいただ
5:16 神に<求め>なさい．そうすれば神は
黙示 9: 6 人々は死を<求める>が，どうしても

▼もどる（戻る），戻れる

創世 8: 7 烏を…出たり，<戻>ったりしていた．
12 もう彼のところに<戻>って来なかっ
15:16 4代目…が，ここに<戻>って来る．
18:10 あなたのところに<戻>って来ます．
14 定めた時に…<戻>って来る．そのと
22: 5 礼拝をして…<戻>って来る」と言っ
19 若者たちのところに<戻>った．彼ら
37:30 兄弟たちのところに<戻>って，言っ
出エ 5:22 モーセは主のもとに<戻>り，そして
14:27 海がもとの状態に<戻>った．エジプ
28 水はもとに<戻>り，あとを追って海
32:31 モーセは主のところに<戻>って，申
34:31 彼のところに<戻>って来た．それで
レビ 22:13 再びその父の家に<戻>っていれば，
申命 24:19 それを取りに<戻>ってはならない．
ヨシ 19:12 東のほう日の上る方に<戻>り，キス

27 ベテ・ダゴンに<戻>り，ゼブルンに
29 ラマのほうに<戻>り…ホサのほうに<戻>り，その終わりは海であった．
34 アズノテ・タボルに<戻>り，そこか
士師 3:19 石切り場から<戻>って来て言った．
6:18 あなたが<戻>って来るまで待とう」
7:15 イスラエルの陣営に<戻>って言った．
11: 8 あなたのところに<戻>って来たので
ルツ 1: 7 ユダの地へ<戻る>ため帰途についた．
Ⅰサム 5:11 神の箱を…もとの所に<戻>っていた
7:14 町々は…イスラエルに<戻>った．イ
23:23 知らせを持って…<戻>って来てくれ．
25:12 <戻>って来て…一部始終をダビデに
Ⅱサム 3:27 ヘブロンに<戻>ったとき，ヨアブは
6:20 家族を祝福するために<戻る>と，サ
12:23 あの子は…<戻>っては来ない．」
15:19 <戻>って，あの王のところにとどま
20 あなたの同胞を連れて<戻>りなさい．
34 あなたが町に<戻>って，アブシャロ
20:22 ヨアブは…王のところに<戻>った．
Ⅰ列 12: 5 3日したら…<戻>って来なさい」と
12 私のところに<戻>って来なさい」と
20 ヤロブアムが<戻>って来たことを聞
26 王国はダビデの家に<戻る>だろう．
13: 6 私の手はもとに<戻る>でしょう…王の手はもとに<戻>り，前と同じよう
19: 7 主の使いがもう一度<戻>って来て，
20: 5 使者たちは再び<戻>って来て言った．
22:28 あなたが無事に<戻>って来られるこ
Ⅱ列 1: 5 アハズヤのもとに<戻>って来ると，
4:22 行って，すぐ<戻>って来ますから．
7: 8 また，<戻>って来ては，ほかの天幕
8: 3 ペリシテ人の地から<戻>って来て，
20: 9 10度進むか，10度<戻る>かです．」
10 10度あとに<戻る>ようにしてくださ
Ⅱ歴 10: 2 エジプトから<戻>って来た．
5 私のところに<戻>って来なさい」と
12 私のところに<戻>って来なさい」と
18:26 私が無事に<戻>って来るまで，わず
27 あなたが無事に<戻>って来られるこ
19: 1 無事に…エルサレムに<戻>った．
エズ 2: 1 ユダに<戻>り，めいめい自分の町に<戻>ったこの州の人々は次のとおり
6:21 捕囚から<戻>って来たイスラエル人
ネヘ 2: 6 いつ<戻>って来るのか．」私が王に
15 谷の門を通って<戻>って来た．
4:12 私たちのところに<戻>って来てほし
15 それぞれ自分の工事に<戻>った．
7: 6 ユダに<戻>り，めいめい自分の町に<戻>ったこの州の人々は次のとおり
9:17 奴隷の身に<戻>ろうとしました．そ
エス 6:12 王の門に<戻>ったが，ハマンは嘆い
7: 8 酒宴の広間に<戻>って来ると，エス
詩篇 7:16 害毒は，おのれのかしらに<戻>り，
94:15 さばきは再び義に<戻>り，心の直ぐ
116: 7 たましいよ…全きいこいに<戻>れ．
イザ 38: 8 日時計におりた日が10度<戻>った．
55:10 天から降ってもとに<戻>らず，必ず
エレ 3: 1 再び先の妻のもとに<戻>れるだろう
23:14 その悪からだれをも<戻>らせない．
ダニ 4:34 すると私に理性が<戻>って来た．そ
ホセ 2: 7 私は行って，初めの夫に<戻>ろう．
5:15 わたしの所に<戻>っていよう．彼ら
ゼカ 4: 1 御使いが<戻>って来て，私を呼びさ
マタ 24:18 着物を取りに<戻>ってはいけません．
ルカ 8:55 娘の霊が<戻>って，娘はただちに起
17:18 神をあがめるために<戻>って来た者
ヨハ 14:18 わたしは…<戻>って来るのです．

▼ もの（を）いう（物言う），ものが言える

詩篇 77: 4 心は乱れて，<もの言う>こともでき
ハバ 2:18 <物言>わぬ偽りの神々を造って，こ
マタ 9:33 その人は<ものを言>った．群衆は驚
12:22 その人は<ものを言>い，目も見える
15:31 口のきけない者が<ものを言>い，手
マコ 1:34 悪霊どもが<ものを言う>のをお許し
ルカ 1:20 <ものが言え>ず，話せなくなります．
7:15 死人が…<ものを言>い始めたので，
Ⅰコリ 12: 2 <ものを言>わない偶像の所でした．
Ⅱペテ 2:16 <ものを言う>ことのないろばが，人間の声で<ものを言>い，この預言者
黙示 13:11 竜のように<ものを言>った．
15 獣の像が<もの言う>ことさえもでき

▼ ものうい

伝道 1: 8 すべての事は<ものうい>．人は語る

▼ ものおと（物音）

使徒 2: 6 この<物音>が起こると，大ぜいの人

▼ ものごい（物ごい）

詩 109:10 さまよい歩いて，<物ごい>をします
マコ 10:46 盲人の<物ごい>が，道ばたにすわっ

ルカ 16: 3 <物ごい>をするのは恥ずかしいし.
18:35 道ばたにすわり，<物ごい>をしてい
ヨハ 9: 8 これはすわって<物ごい>をしていた

▼ ものさし
レビ 19:35 <ものさし>においても，はかりにお

▼ ものたち（物断ち）
民数 30: 2 <物断ち>をしようと誓いをするなら，
3, 4, 5, 6, 7, 8, 9, 10, 11, 12,
13, 14.

▼ ものみのとう（物見の塔）
Ⅱ歴 20:24 <物見の塔>に上ってその大軍のほう
イザ 21: 8 昼間はずっと<物見の塔>の上に立ち，

▼ ものわらい（物笑い）
申命 28:37 <物笑い>の種となり，なぶりものと
Ⅰ列 9: 7 国々の民の間で，<物笑い>となり，
Ⅱ歴 30:10 人々は彼らを<物笑い>にし，あざけ
ヨブ 17: 6 神は私を民の<物笑い>とされた．私
詩篇 44:14 国々の中で<物笑い>の種とし，民の
69:11 私は彼らの<物笑い>の種となりまし
イザ 28:14 民を<物笑い>の種にする者たちよ．
エレ 20: 7 私は一日中，<物笑い>となり，みな
48:27 イスラエルは，あなたの<物笑い>で
哀歌 3:14 民全体の<物笑い>となり，一日中，
エゼ 23:32 <物笑い>となり，あざけりとなる．
ヨエ 2:17 <物笑い>の種としたりしないでくだ

▼ もはん（模範）
ヨハ 13:15 わたしはあなたがたに<模範>を示し
Ⅰテサ 1: 7 すべての信者の<模範>になったので
Ⅱテサ 3: 9 身をもって…<模範>を示すためでし
Ⅰテモ 4:12 純潔にも信者の<模範>になりなさい．
テト 2: 7 良いわざの<模範>となり，教えにお
ヤコ 5:10 預言者たちを<模範>にしなさい．
Ⅰペテ 2:21 あなたがたに<模範>を残されました．
5: 3 むしろ群れの<模範>となりなさい．

▼ モフ〔地名〕
エジプトの地メンフィスのヘブル名．ホセ9:6.

▼ もふく（喪服）
Ⅱサム 14: 2 <喪服>を着て，身に油も塗らず，死

▼ もみ
Ⅰ列 5: 8 杉の木材と<もみ>の木材なら，何な
6:15 神殿の床は<もみ>の木の板で張った．
Ⅱ歴 3: 5 この大きな家は<もみ>の木材でおお
詩 104:17 こうのとりは，<もみ>の木をその宿
イザ 14: 8 <もみ>の木も，レバノンの杉も，あ
41:19 荒地に<もみ>の木，すずかけ，檜も
55:13 いばらの代わりに<もみ>の木が生え，
エゼ 27: 5 セニルの<もみ>の木で…船板を作り，
31: 8 <もみ>の木も，この小枝とさえ比べ
ホセ 14: 8 わたしは緑の<もみ>の木のようだ．
ゼカ 11: 2 <もみ>の木よ．泣きわめけ．杉の木

▼ もみがら
ヨブ 21:18 つむじ風に吹き去られる<もみがら>
詩篇 1: 4 風が吹き飛ばす<もみがら>のようだ．
35:5, イザ17:13, 29:5.
イザ 41:15 丘を<もみがら>のようにする．
ダニ 2:35 夏の麦打ち場の<もみがら>のように
ホセ 13: 3 吹き散らされる<もみがら>．
ゼパ 2: 2 吹き散らされる<もみがら>のように，

▼ もみだす（～出す）
ルカ 6: 1 麦の穂を…手で<もみ出>しては食べ

▼ もも
創世 24: 2 あなたの手を私の<もも>の下に入れ
32:25 ヤコブの<もも>のつがいを打ったの
31 <もも>のために足を引きずっていた．
32 <もも>のつがいの上の腰の筋肉を食
出エ 28:42 腰から<もも>にまで届くようにしな
29:22 脂肪，および，右の<もも>を取る．
民数 5:21 あなたの<もも>をやせ衰えさせ，あ
6:20 奉納物の<もも>とともに祭司のもの
士師 3:16 もろ刃の剣を…右<もも>の上の帯に
Ⅰサム 9:24 料理人は，<もも>とその上の部分と
ヨブ 40:17 <もも>の筋はからみ合っている．
エレ 31:19 悟って後，<もも>を打ちました．私
エゼ 24: 4 これに肉の切れ，<もも>と肩の良い
ダニ 2:32 胸と両腕とは銀，腹と<もも>とは青
黙示 19:16 その着物にも，<もも>にも，「王の

▼ もやす（燃やす）
出エ 32:22 どうか怒りを<燃や>さないでくださ
民数 11: 1 怒りを<燃や>し，主の火が彼らに向
士師 14:19 彼は怒りを<燃や>して，父の家へ帰
ヨブ 19:11 神は私に向かって怒りを<燃や>し，
詩篇 74: 1 羊に御怒りを<燃や>されるのですか．
83:14 林を<燃やす>火のように，山々を焼
イザ 10:16 火が燃えるように，それを<燃や>し
27:11 女たちが来てこれを<燃やす>．これ
30:33 硫黄の流れのように…<燃やす>．
44:15 これを<燃や>してパンを焼く．また，
16 半分は火に<燃や>し，その半分で肉
66:15 その怒りを激しく<燃や>し，火の炎

エゼ 24:10 よく煮，味をつけ，骨も<燃や>せ．
39: 9 手槍と槍を<燃や>して焼き，7 年間，
ナホ 2:13 あなたの戦車を<燃や>して煙とする．
ヤコ 3: 5 小さい火が…大きい森を<燃や>しま

▼もよう（模様）

Ⅰ列 6:18 ひょうたん<模様>と花<模様>が浮き
29，32，35，7:30，31，49．
マタ 16: 3 きょうは荒れ<模様>だ…そんなによく，空<模様>の見分け方を知ってい

▼もらいもの

ロマ 15:27 その人々から<もらいもの>をしたの

▼もらう

マタ 20: 9 それぞれ 1 デナリずつ<もら>った．
10 最初の者たちが<もら>いに来て，もっと多く<もら>えるだろうと思った
Ⅰコリ 4: 7 何か，<もら>ったものでないものがあるのですか…<もら>ったのなら，なぜ，<もら>っていないかのように

▼もらす（漏らす）

箴言 11:13 人を中傷する者は秘密を<漏らす>．
20:19．
25: 9 他人の秘密を<漏ら>してはならない．

▼モラダ〔地名〕

ユダの最南端の町の一つ．ヨシ15:26，19:2，Ⅰ歴4:28，ネヘ11:26．

▼もり（森）

申命 19: 5 隣人といっしょに<森>に入り，木を
ヨシ 17:15 …人の地の<森>に上って行って，そ
Ⅰサム 14:25 <森>に入って行くと，地面に蜜があ
Ⅱ列 2:24 <森>の中から 2 頭の雌熊が出て来て，
詩篇 50:10 <森>のすべての獣は，わたしのもの，
74: 5 <森>の中で斧を振り上げるかのよう
96:12 <森>の木々もみな，主の御前で，喜
104:20 夜には，あらゆる<森>の獣が動きま
イザ 22: 8 おまえは<森>の宮殿の武器に目を向
29:17 果樹園は<森>とみなされるようにな
エレ 5: 6 <森>の獅子が彼らを殺し，荒れた地
26:18 この宮の山は<森>の丘となる.』
46:23 彼らはその<森>を切り倒す…いなご
エゼ 15: 2 ぶどうの木は，<森>の木立ちの間に
20:46 ネゲブの野の<森>に向かって預言し，
34:25 安心して荒野に住み，<森>の中で眠
アモ 3: 4 獲物がないのに，<森>の中でほえる
ミカ 5: 8 <森>の獣の中の獅子，羊の群れの中
ゼカ 11: 2 泣きわめけ．深い<森>が倒れたから
ヤコ 3: 5 小さい火が…大きい<森>を燃やしま

▼モリデ〔人名〕

ユダ族出身．Ⅰ歴2:29．

▼モリヤ〔地名〕

アブラハムがイサクをささげようとした地．創世22:2，Ⅱ歴3:1．

▼モルタル

Ⅰ歴 29: 2 色とりどりの<モルタル>の石の象眼

▼モルデカイ〔人名〕

(1)捕囚帰還民．エズ2:2，ネヘ7:7．
(2)ベニヤミン族出身．エステルの養父．エス2:5，10，15，19，22，3:2，4:1，4，9，5:9，13，6:2，10，7:9，8:1，7，15，9:3，29，10:2．

▼モレ〔地名〕

(1)シェケムの場．創世12:6，申命11:30．
(2)モレの山．ギルボア山の北東の丘．士師7:1．

▼モレク〔偶像〕

偶像の総称．特にアモン人の神を指す．レビ18:21，20:2，3，4，5，Ⅰ列11:7，Ⅱ列23:10，イザ57:9，エレ32:35．

▼モレケテ〔人名〕

マナセ族アビエゼルの母．Ⅰ歴7:18．

▼モレシェテ・ガテ〔地名〕

預言者ミカの出身地．ミカ1:14．

▼モレシェテじん（～人）

モレシェテ・ガテの住民．エレ26:18，ミカ1:1．

▼もれる（漏れる）

マタ 10:42 決して報いに<漏れる>ことはありま

▼モロク〔偶像〕

アモン人の神の名．モレクと同じ．使徒7:43．

▼もろはのつるぎ（～刃の剣）

士師 3:16 エフデは…一振りの<もろ刃の剣>を
詩 149: 6 彼らの手には，<もろ刃の剣>がある
箴言 5: 4 <もろ刃の剣>のように鋭い．

▼もろもろのてん（～天）

申命 10:14 天と<もろもろの天>の天，地とそこ
エペ 4:10 <もろもろの天>よりも高く上られた
ヘブ 4:14 <もろもろの天>を通られた偉大な大

▼もろもろのもん（～門）

詩篇 87: 2 シオンの<もろもろの門>を愛される．
ナホ 3:13 あなたの国のもろもろの<門>は，敵

▼もん（門）【別項】礎の門，泉の門，魚の門，美しの門，馬の門，上の門，監

視の門，召集の門，隅の門，瀬戸のかけらの門，鉄の門，羊の門，糞の門，水の門，もろもろの門

創世 19: 1 ロトはソドムの<門>のところにすわ
22:17 その敵の<門>を勝ち取るであろう．
28:17 神の家にほかならない…天の<門>だ．
出エ 27:16 庭の<門>には，青色，紫色，緋色の
申命 3: 5 高い城壁と<門>とかんぬきのある要
6: 9 家の門柱と<門>に書きしるしなさい．
ヨシ 2: 5 <門>が閉じられるころ，出て行きま
6:26 その<門>を建てる者は末の子を失う．
7: 5 彼らを<門>の前からシェバリムまで
ルツ 4:10 その町の<門>から絶えさせないため
Ⅰサム 4:18 エリは…<門>のそばにあおむけに落
17:52 エクロンの<門>まで追った．それで
21:13 <門>のとびらに傷をつけたり，ひげ
Ⅱサム 18:24 ダビデは二つの<門>の間にすわって
23:15 ベツレヘムの<門>にある井戸の水を
Ⅰ列 14:27 王宮の<門>を守る近衛兵の隊長の手
16:34 <門>を建てるとき，末の子セグブを
17:10 その町の<門>に着くと…やもめがい
22:10 サマリヤの<門>の入口にある打ち場
Ⅱ列 7: 1 サマリヤの<門>で，上等の小麦粉１
9:31 エフーが<門>に入って来たので，彼
11: 6 スルの<門>におり，他の３分の１は
Ⅰ歴 9:18 東方にある王の<門>にいる．この人
Ⅱ歴 12:10 王宮の<門>を守る近衛兵の隊長の手
14: 7 やぐらと<門>とかんぬきを設けよう．
23:19 主の宮の<門>に，門衛たちを立て，
ネヘ 1: 3 その<門>は火で焼き払われたままで
3:20 エルヤシブの家の<門>のところまで
7: 3 エルサレムの<門>をあけてはならな
12:30 また民と<門>と城壁をきよめた．
ヨブ 31: 9 隣人の<門>で待ち伏せしたことがあ
21 <門>のところにいるのを見ながら，
34 <門>を出なかったことがあろうか．
38:17 死の<門>が…死の陰の<門>を見た
詩篇 9:14 シオンの娘の<門>で，あなたの救い
24: 7 <門>よ．おまえたちのかしらを上げ
69:12 <門>にすわる者たちは私のうわさ話
100: 4 感謝しつつ，主の<門>に，賛美しつ
118:19 義の<門>よ．私のために開け．私は
20 これこそ主の<門>．正しい者たちは
147:13 主は，あなたの<門>のかんぬきを強
箴言 5: 8 彼女から遠ざけ，その家の<門>に近
8: 3 <門>のかたわら，町の入口，正門の
14:19 悪者は正しい人の<門>のところで身
17:19 自分の<門>を高くする者は破滅を求
24: 7 彼は<門>のところで，口を開くこと
イザ 3:26 その<門>はみな，悲しみ嘆き，シオ
13: 2 彼らを貴族の<門>に，入らせよ．
38:10 生涯の半ばで，よみの<門>に入る．
54:12 あなたの<門>を紅玉にし，あなたの
60:11 あなたの<門>はいつも開かれ，昼も
エレ 1:15 エルサレムの<門>の入口と，周囲の
7: 2 主の家の<門>に立ち，そこでこのこ
エゼ 26: 2 国々の民の<門>はこわされ，私に明
ホセ 2:15 アコルの谷を望みの<門>としよう．
アモ 5:15 <門>で正しいさばきをせよ．万軍の
オバ 11 外国人がその<門>に押し入り，エル
ミカ 1:12 エルサレムの<門>に，主からわざわ
ナホ 2: 6 町々の<門>は開かれ，宮殿は消え去
ゼカ 11: 1 レバノンよ．おまえの<門>をあけよ．
14:10 ベニヤミンの<門>から第１の<門>ま
マタ 7:13 狭い<門>から入りなさい．滅びに至
14 いのちに至る<門>は小さく，その道
16:18 ハデスの<門>もそれには打ち勝てま
ルカ 7:12 イエスが町の<門>に近づかれると，
13:24 努力して狭い<門>から入りなさい．
16:20 その<門>前にラザロという全身おで
ヨハ 10: 1 羊の囲いに<門>から入らないで，ほ
2 <門>から入る者は，その羊の牧者で
18:16 ペテロは外で<門>のところに立って
使徒 3: 2 美しの門」という名の宮の<門>に置
9:24 昼も夜も町の<門>を全部見張ってい
12.14 <門>をあけもしないで，奥へ駆け込
16 彼らが<門>をあけると，そこにペテ
14:27 異邦人に信仰の<門>を開いてくださ
16:13 町の<門>を出て，祈り場があると思
21:30 ただちに宮の<門>が閉じられた．
Ⅰコリ 16: 9 広い<門>が私のために開かれており，
コロ 4: 3 みことばのために<門>を開いてくだ
ヘブ 13:12 <門>の外で苦しみを受けられました．
黙示 3: 8 だれも閉じることのできない<門>を，
4: 1 天に一つの開いた<門>があった．ま
21:12 12の<門>があって，それらの<門>に
13 東に三つの<門>，北に三つの<門>，
南に三つの<門>，西に三つの<門>が
15 都とその<門>とその城壁とを測る金
21 12の<門>は12の真珠で…どの<門>も

25 都の<門>は一日中決して閉じること
22:14 <門>を通って都に入れるようになる

▼ もんえい（門衛）

II列 7:10 彼らは町に行って，<門衛>を呼び，
I歴 9:17 <門衛>はシャルム，アクブ，タルモ
24 四方…に<門衛>がいた．
15:24 エヒヤは箱を守る<門衛>であった．
26: 1 <門衛>の組分け．コラ人ではアサフ
II歴 8:14 <門衛>たちも，その組分けに従って，
23: 4 祭司…は…入口にいる<門衛>となる．
19 主の宮の門に，<門衛>たちを立て，
エズ 7:24 歌うたい，<門衛>，宮に仕えるしも
ネヘ 10:28 このほかの民…レビ人，<門衛>，歌
12:45 歌うたいや<門衛>たちは，ダビデと

▼ もんく（文句）

マタ 20:11 彼らは…主人に<文句>をつけて，

▼ もんじ（文字）→もじ

▼ もんだい（問題）

使徒 15: 2 この<問題>について使徒たちや長老
18:15 ことばや名称や律法に関する<問題>
23:29 ユダヤ人の律法に関する<問題>のた
25:20 このような<問題>をどう取り調べた
26: 3 ユダヤ人の慣習や<問題>に精通して
IIコリ 7:11 あの<問題>について…潔白であるこ
ガラ 2: 6 私には<問題>ではありません．神は

▼ もんちゅう（門柱）

出エ 12: 7 2本の<門柱>と，かもいに，それをつける．22，23．
申命 6: 9 これをあなたの家の<門柱>と門に書
11:20 家の<門柱>と門に書きしるしなさい．
士師 16: 3 2本の<門柱>をつかんで，かんぬき

▼ もんばん（門番）

マコ 13:34 <門番>には目をさましているように
ヨハ 10: 3 <門番>は彼のために開き，羊はその
18:16 <門番>の女に話して，ペテロを連れ
17 <門番>のはしためがペテロに，「あ

▼ や（矢）

民数 24: 8 骨を砕き，彼らの<矢>を粉々にする．
申命 32:23 わたしの<矢>を彼らに向けて使い尽
42 わたしの<矢>を血に酔わせ，わたし
Iサム 20:20 3本の<矢>をそのあたりに放ちます．
36 私が射る<矢>を見つけておいで…ヨナタンは，その子の向こうに<矢>を放った．37，38．
IIサム 22:15 主は，<矢>を放って彼らを散らし，
II列 9:24 ヨラムの両肩の…<矢>は彼の心臓を
13:15 彼は弓と<矢>をエリシャのところに
17 彼が<矢>を射ると，エリシャは言った…主の勝利の<矢>．アラムに対す
19:32 ここに<矢>を放たず．イザ37:33．
II歴 26:15 兵器を作り，<矢>や大石を打ち出す
ヨブ 6: 4 全能者の<矢>が私に刺さり，私のた
詩篇 7:13 <矢>を燃える<矢>とされる．
18:14 主は，<矢>を放って彼らを散らし，
38: 2 あなたの<矢>が私の中に突き刺さり，
45: 5 あなたの<矢>は鋭い．国々の民はあ
127: 4 子らは…勇士の手にある<矢>のよう
箴言 25:18 偽りの証言をする人は…鋭い<矢>の
26:18 燃え木を死の<矢>として投げるが，
イザ 5:28 その<矢>はとぎすまされ，弓はみな
49: 2 私をとぎすました<矢>として，矢筒
エレ 9: 8 彼らの舌はとがった<矢>で，欺きを
50: 9 彼らの<矢>は，練達の勇士の<矢>の
51:11 <矢>をとぎ，丸い小盾を取れ．主は
哀歌 3:12 主は弓を張り，私を<矢>の的のよう
13 矢筒の<矢>を，私の腎臓に射込んだ．
エゼ 5:16 ききんの<矢>をあなたがたに放つと
21:21 彼は<矢>を振り混ぜて，テラフィム
39: 3 左手から弓を…右手から<矢>を落と
ハバ 3:11 太陽と月は…あなたの<矢>の光によ
14 戦士たちの頭に<矢>を刺し通されま
ゼカ 9:14 その<矢>はいなずまのように放たれ

▼ や（輻）

Ⅰ列 7:33 <輻>も，こしきもみな，鋳物であっ

▼ ヤアカン〔人名〕

セイルの子孫．アカン⑴と同人．Ⅰ歴1:42.

▼ ヤアコバ〔人名〕

シメオンの子孫．首長．Ⅰ歴4:36.

▼ ヤアサイ〔人名〕

異邦人の女をめとった者の一人．エズ10:37.

▼ ヤアザヌヤ〔人名〕

⑴総督ゲダルヤに仕えた将校．Ⅱ列25:23.
⑵レカブ人エレミヤの子．エレ35:3.
⑶エゼキエル時代の長老の一人．エゼ8:11.
⑷アズルの子．民の長．エゼ11:1.

▼ ヤアシエル〔人名〕

⑴ダビデの30勇士の一人．Ⅰ歴11:47.
⑵ダビデ時代のベニヤミン族の長．Ⅰ歴27:21.

▼ ヤアジエル〔人名〕

レビ人．神殿楽人．Ⅰ歴15:18.

▼ ヤアジヤ〔人名〕

レビ人．メラリの子孫．Ⅰ歴24:26，27.

▼ ヤアラぞく（～族）

ソロモンのしもべたちの子孫．ネヘ7:58.

▼ ヤアル〔地名〕

キルヤテ・エアリムと同地か．詩篇132:6.

▼ ヤアレシュヤ〔人名〕

ベニヤミン人エロハムの子．Ⅰ歴8:27.

▼ ヤイル〔人名〕【別項】ヤイルの村々

⑴ユダ族ヘツロンの子孫．ヤイル人の先祖．民数32:41，申命3:14，Ⅱサム20:26，Ⅰ歴2:22.
⑵ギルアデ人．士師の一人．士師10:3，5.
⑶ラフミを殺したエルハナンの父．Ⅱサム21:19，Ⅰ歴20:5.
⑷モルデカイの父祖．ベニヤミン族．エス2:5.

▼ ヤイルのむらむら（～村々）

ヨルダン川東部の地域．Ⅰ列4:13.

▼ ヤイロ〔人名〕

会堂管理者．マコ5:22，ルカ8:41.

▼ ヤエル〔人名〕

ケニ人ヘベルの妻．士師4:17，18，19，21，22，5:6，24，25，26，27.

▼ やがい（野外）

レビ 17: 5 <野外>でささげていたそのいけにえ
民数 19:16 <野外>で，剣で刺し殺された者や死

▼ やかた

詩篇 45: 8 象牙の<やかた>から聞こえる緒琴は

▼ やかましい

Ⅰコリ 13: 1 愛がないなら，<やかましい>どらや，

▼ ヤカン〔人名〕

ガド族出身．バシャンに定住．Ⅰ歴5:13.

▼ やぎ（山羊）

創世 30:32 <やぎ>の中ではまだら毛とぶち毛の
出エ 25: 4 緋色の撚り糸，亜麻布，<やぎ>の毛，
35:26 女たちはみな，<やぎ>の毛を紡いだ．
レビ 1:10 <やぎ>の中からなら，傷のない雄で
3:12 ささげ物が<やぎ>であるなら，それ
4:24 <やぎ>の頭の上に手を置き，全焼の
7:23 <やぎ>の脂肪をいっさい食べてはな
9:15 いけにえとして<やぎ>を取り，ほふ
10:16 いけにえの<やぎ>をけんめいに捜し
16: 8 アロンは２頭の<やぎ>のためにくじを引き．9，10，15，18，20，21.
22 その<やぎ>は…すべての咎をその上
26 アザゼルの<やぎ>を放った者は，そ
17: 7 淫行をしていた<やぎ>の偶像に，彼
22:27 <やぎ>が生まれたときは，７日間，
民数 18:17 <やぎ>の初子は贖ってはならない．
申命 14: 4 食べることのできる獣は…<やぎ>，
士師 6:19 ギデオンは…<やぎ>の子を料理し，
Ⅰサム 25: 2 彼は羊３千頭，<やぎ>１千頭を持っ
Ⅰ列 20:27 彼らは二つの群れの<やぎ>のようで
箴言 27:26 <やぎ>は畑の代価となる．
27 <やぎ>の乳は十分あって…食物とな
雅歌 4: 1 あなたの髪は…<やぎ>の群れのよう，
イザ 34: 6 子羊や<やぎ>の血と，雄羊の腎臓の
エレ 50: 8 群れの先頭に立つ<やぎ>のようにな
エゼ 27:21 子羊，雄羊，<やぎ>の商いをした．
マタ 25:32 羊飼いが羊と<山羊>とを分けるよう
33 羊を…右に，<山羊>を左に置きます．
ヘブ 9:12 <やぎ>と子牛との血によってではなく，ご自分の血に．13，19，10:4.
11:37 羊や<やぎ>の皮を着て歩き回り，乏

▼ やきいん（焼き印）

ガラ 6:17 私は…イエスの<焼き印>を帯びてい

▼ やきすてる（焼き捨てる）

使徒 19:19 書物を…みなの前で<焼き捨て>た．

▼ やきつくす（焼き尽くす）

出エ 22: 6 あるいは畑を<焼き尽く>した場合，
レビ 10: 2 彼らを<焼き尽く>し…主の前で死ん
申命 13:16 主への<焼き尽くす>いけにえとして，
士師 9:15 レバノンの杉の木を<焼き尽く>そう．

ネヘ 2:3 門が火で<焼き尽く>されているとい
ヨブ 1:16 羊と若い者たちを<焼き尽く>しまし
詩篇 83:14 山々を<焼き尽くす>炎のように，
97:3 主を取り囲む敵を<焼き尽くす>．
104:4 <焼き尽くす>火をご自分の召使いと
106:18 炎が悪者どもを<焼き尽く>した．
イザ 4:4 さばきの霊と<焼き尽くす>霊によっ
42:25 あたりを<焼き尽く>しても，彼は悟
47:14 見よ…火が彼らを<焼き尽くす>．彼
エレ 36:23 巻き物全部を<焼き尽く>した．
エゼ 15:4 火がその両端を<焼き尽くす>．その
7 火は彼らを<焼き尽く>してしまう．
20:47 緑の木と…枯れ木を<焼き尽くす>．
23:25 残りの者は火で<焼き尽く>される．
ホセ 7:7 さばきつかさを<焼き尽くす>．その
ヨエ 1:20 火が荒野の牧草地を<焼き尽く>した
アモ 1:4 ベン・ハダデの宮殿を<焼き尽くす>．7，12，14，2:2，5．
7:4 火は大淵を<焼き尽く>し，割り当て地を<焼き尽く>そうとしていた．
オバ 18 わらに燃えつき，これを<焼き尽く>
ナホ 1:10 刈り株のように…<焼き尽く>される．
3:13 あなたのかんぬきを<焼き尽くす>．
15 火はあなたを<焼き尽く>し…ばったのようにあなたを<焼き尽くす>．あ
ゼパ 3:8 ねたみの火によって，<焼き尽く>さ
ゼカ 9:4 ツロは火で<焼き尽く>される．
11:1 おまえの杉の木を<焼き尽く>そう．
12:6 すべての国々の民を<焼き尽くす>．
マラ 4:1 その日は，彼らを<焼き尽く>し，根
マタ 3:12 殻を…火で<焼き尽く>されます．」
ヘブ 10:27 逆らう人たちを<焼き尽くす>激しい
12:29 私たちの神は<焼き尽くす>火です．
IIペテ 3:10 地の…わざは<焼き尽く>されます．
黙示 17:16 彼女を…<焼き尽くす>ようになりま
20:9 天から火が…彼らを<焼き尽く>した．

▼やきはらう（焼き払う）

申命 32:22 山々の基まで<焼き払>おう．
Iサム 30:1 ツィケラグを…火で<焼き払>い．14．
ネヘ 1:3 門は火で<焼き払>われたままです．」
詩篇 74:8 神の集会所をみな，<焼き払>いまし
イザ 6:13 10分の1が残るが…<焼き払>われる．
27:4 いばらとおどろ…をみな<焼き払う>．
マタ 22:7 王は…彼らの町を<焼き払>った．

▼やきほろぼす（焼き滅ぼす）

ルカ 9:54 彼らを<焼き滅ぼ>しましょうか．」

▼ヤキム〔人名〕

(1)ベニヤミン族出身．一族のかしら．I歴8:19．
(2)レビ人．祭司．12組のかしら．I歴24:12．

▼やきもの（焼き物）

詩篇 2:9 <焼き物>の器のように粉々にする．』
エレ 19:1 土の<焼き物>のびんを買い，民の長

▼やぎゅう（野牛）

民数 23:22 彼らにとっては<野牛>の角のようだ．
申命 33:17 威厳があり，その角は<野牛>の角．
ヨブ 39:9 <野牛>は喜んであなたに仕え，あな
詩篇 22:21 救ってください…<野牛>の角から．
29:6 シルヨンを若い<野牛>のように．
92:10 私の角を<野牛>の角のように高く上
イザ 34:7 <野牛>は彼らとともに，雄牛は荒馬

▼ヤキン

1. 人名．
(1)シメオンの第4子．創世46:10，出エ6:15．
(2)ネヘミヤ時代の祭司．I歴9:10，ネヘ11:10．
(3)ダビデ時代の祭司．I歴24:17．
2. ヤキン族．1.(1)の子孫．民数26:12．
3. ソロモンの神殿の柱の名．2本の柱のうちの右側の柱．I列7:21，II歴3:17．

▼やく（焼く）【別項】複合動詞

創世 11:3 さあ，れんがを作ってよく<焼>こう．
19:3 ロトは彼らのため…パンを<焼>いた．
38:24 「あの女を引き出して，<焼>き殺せ．」
出エ 12:8 火に<焼>いて，種を入れないパンと
16:23 <焼>きたいものは<焼>き，煮たいも
29:13 祭壇の上で<焼>いて煙にする．18．
14 皮と汚物とは…<焼>かなければなら
34 朝まで残ったなら…火で<焼く>．食
32:20 造った子牛を取り…火で<焼>き，さ
レビ 1:9 祭壇の上で…<焼>いて煙にする．13，15，17，2:2，9，16，3:5，11，16，4:10，19，26，31，35，5:12，6:12，7:5，31，8:16，21，28，9:10，13，17，16:25，17:6．
2:4 かまどで<焼>いた穀物のささげ物を
4:21 雄牛を<焼>いたように…<焼>きなさ
6:30 火で<焼>かれなければならない．
10:16 いけにえのやぎ…<焼>かれてしまっ
13:52 患部のある物は<焼く>…ツァラアトであるから，火で<焼>かなければな

16:28 これを<焼く>者は，その衣服を洗わ
20:14 彼も彼女らも共に火で<焼>かれなけ
21: 9 彼女は火で<焼>かれなければならな
24: 5 小麦粉を…輪型のパン12個を<焼く>.
26:26 10人の女が…パンを<焼>き，はかり
民数 5:26 祭壇で<焼>いて煙とする．18:17.
19: 5 雌牛は彼の目の前で<焼>け．その皮，
17 罪のきよめのために<焼>いた灰を取
31:10 町々や陣営を全部火で<焼>いた．
申命 7: 5 彼らの彫像を火で<焼>かなければな
9:21 その子牛を取って，火で<焼>き，打
12:31 息子，娘を…火で<焼く>ことさえし
ヨシ 6:24 町とその中のすべて…火で<焼>いた．
7:25 彼らのものを火で<焼>き…石を投げ
8:28 ヨシュアはアイを<焼>いて，永久に
11: 6 戦車を火で<焼>かなければならない．
11 彼はハツォルを火で<焼>いた．
士師 9:52 やぐらの戸…を火で<焼>こうとした．
15: 6 彼女とその父を火で<焼>いた．
18:27 ライシュに行き…その町を<焼>いた．
Ⅰサム 30: 3 町は火で<焼>かれており，彼らの妻
31:12 サウルの死体…そこで<焼>いた．
Ⅱサム 23: 7 ことごとく火で<焼>かれてしまう．」
Ⅰ列 9:16 ゲゼルを攻め取り…火で<焼>き，こ
13: 2 人の骨がおまえの上で<焼>かれる．』
14:10 糞を残らず<焼>き去るように，ヤロ
15:13 アサはその憎むべき像を…<焼>いた．
Ⅱ列 10:26 バアルの宮の石の柱を…<焼>き，
17:31 子どもを火で<焼>いてささげた．
23: 4 バアルやアシェラや…キデロンの野で…<焼>き，その灰をベテルへ．6.
11 太陽の車を火で<焼>いた．
16 墓から骨を…祭壇の上で<焼>き，祭
25: 9 エルサレムのすべての家を<焼>き…建物をことごとく火で<焼>いた．
Ⅰ歴 14:12 神々を…ダビデは命じて…<焼>いた．
詩篇 46: 9 主は…戦車を火で<焼>かれた．
80:16 それは火で<焼>かれ，切り倒されま
イザ 1: 7 あなたがたの町々は火で<焼>かれ，
9: 5 くつ…着物は，<焼>かれて，火のえ
19 主の激しい怒りによって地は<焼>か
64:11 聖なる美しい宮は，火で<焼>かれ，
エレ 2:15 町々は<焼>かれて住む者もいなくな
7:31 息子，娘を火で<焼く>ために，ベン
29:22 バビロンの王が火で<焼>いたゼデキ
32:29 カルデヤ人は…この町に火をつけて<焼く>…家々にも火をつけて<焼く>.
34: 2 この町をバビロンの王の手に渡す．彼はこれを火で<焼>こう．
36:25 巻き物を<焼>かないように，王に願った．27，28，29，32.
38:17 降伏するなら…この町も火で<焼>かれず．18.
43:12 エジプトの神々の宮…を<焼>き．13.
48:45 騒がしい子らの頭の頂を<焼>いた．
51:30 住まいは<焼>かれ，かんぬきは砕か
32 葦の舟も火で<焼>かれ，戦士たちは
52:13 エルサレムのすべての家を<焼>き，
哀歌 2: 3 燃える火で，ヤコブを<焼>かれた．
エゼ 4:12 彼らの目の前で，人の糞で<焼>け．」
16:21 子どもたちを殺し，これを<焼>いて，
41 あなたの家々を火で<焼>き，多くの
20:47 すべての地面は<焼>かれてしまう．
39: 9 手槍と槍を燃やして<焼>き，7年間，
43:21 一定の所で<焼>かなければならない．
アモ 2: 1 エドムの王の骨を<焼>いて灰にした
6:10 親戚の者でこれを<焼く>者が家から
ミカ 1: 7 その儲けはみな，火で<焼>かれる．
マタ 13:30 毒麦を集め，<焼く>ために束にしなさい．40.
ルカ 24:42 <焼>いた魚を一切れ差し上げると，
Ⅰコリ 13: 3 からだを<焼>かれるために渡しても，
ヘブ 6: 8 のろいを受け，ついには<焼>かれて
13:11 からだは宿営の外で<焼>かれるから
ヤコ 3: 6 舌は…人生の車輪を<焼>き…ゲヘナの火によって<焼>かれます．
黙示 16: 8 太陽は火で人々を<焼く>ことを許さ
9 人々は激しい炎熱によって<焼>かれ
18:18 彼女が<焼>かれる煙を見て，叫んで

▼ やくす（訳す）

マタ 1:23 インマヌエル…<訳す>と，神は私た
マコ 15:22 ゴルゴタの場所（<訳す>と，「どく
ヨハ 1:38 ラビ（<訳>して言えば，先生）．今
41 メシヤ（<訳>して言えば，キリスト）
42 ケパ（<訳す>とペテロ）と呼ぶこと
使徒 9:36 タビタ（…<訳>せば，ドルカス）と
ヘブ 7: 2 その名を<訳す>と義の王であり，次

▼ やくそく（約束）

創世 28:15 <約束>したことを成し遂げるまで，
出エ 12:25 主が<約束>どおりに．申命1:11，15

:6, 18:2, 26:18, 27:3, 29:13, ヨシ 23:10, 15, Ⅰ列2:24, 5:12.
民数 10:29 イスラエルにしあわせを<約束>して
23:19 <約束>されたことを成し遂げられな
申命 9:28 主は，<約束>した地に彼らを導き入
ヨシ 1: 3 わたしがモーセに<約束>したとおり，
21:45 イスラエルの家に<約束>されたすべ
Ⅱサム 7:28 この良いことを<約束>してください
Ⅰ列 2: 4 私について語られた<約束>を果たし
6:12 <約束>したことを成就しよう．
8:56 <約束>は…一つもたがわなかった．
Ⅱ列 8:19 主はダビデとその子孫に…ともしびを…<約束>された．Ⅱ歴21:7．
Ⅰ歴 17:23 あなたの<約束>どおりに行ってくだ
ネヘ 5:13 この<約束>を果たさない者を，ひとり残らず…民はこの<約束>を実行し
詩篇 77: 8 <約束>は…果たされないのだろうか．
イザ 38: 7 主は<約束>されたこのことを成就さ
エレ 29:10 <約束>を果たして…帰らせる．
ハガ 2: 5 <約束>により，わたしの霊があなた
ルカ 24:49 父の<約束>してくださったものをあ
使徒 1: 4 離れないで…父の<約束>を待ちなさ
2:33 御父から<約束>された聖霊を受けて，
39 この<約束>は，あなたがたと，その
7:17 <約束>の時が近づくにしたがって，
13:23 <約束>に従って…救い主イエスをお
33 子孫にその<約束>を果たされました．
26: 7 <約束>のものを得たいと望んでおり
ロマ 1: 2 聖書において前から<約束>されたも
4:14 <約束>は無効になってしまいます．
16 こうして<約束>がすべての子孫に，
20 神の<約束>を疑うようなことをせず，
21 神には<約束>されたことを成就する
9: 4 礼拝も，<約束>も彼らのものです．
8 <約束>の子どもが子孫とみなされる
9 <約束>のみことばはこうです．「私
15: 8 <約束>を保証するためであり，
Ⅱコリ 1:20 神の<約束>はことごとく，この方に
7: 1 <約束>を与えられているのですから，
9: 5 前に<約束>したあなたがたの贈り物
ガラ 3:14 <約束>の御霊を受けるためなのです．
17 <約束>が無効とされたりすることが
18 もはや<約束>によるのではないから
20 <約束>を賜る神は唯一者です．
22 それは<約束>が…信じる人々に与え
29 <約束>による相続人なのです．
4:23 自由の女の子は<約束>によって生ま
28 あなたがたは…<約束>の子どもです．
エペ 3: 6 ともに<約束>にあずかる者となると
6: 2 これは…<約束>を伴ったものです．
Ⅰテモ 4: 8 未来のいのちが<約束>されている敬
Ⅱテモ 1: 1 いのちの<約束>によって…使徒とな
ヘブ 4: 1 安息に入るための<約束>はまだ残っ
6:13 アブラハムに<約束>されるとき，ご
15 忍耐の末に，<約束>のものを得まし
7: 6 <約束>を受けた人を祝福したのです．
9:15 永遠の資産の<約束>を受けることが
10:23 <約束>された方は真実な方ですから，
36 <約束>のものを手に入れるために必
11: 9 <約束>された地に他国人のようにし
11 <約束>してくださった方を真実な方
13 <約束>のものを手に入れることはあ
33 <約束>のものを得，獅子の口をふさ
12:26 このたびは<約束>をもって，こう言
ヤコ 1:12 神を愛する者に<約束>された，いの
Ⅱペテ 1: 4 すばらしい<約束>が私たちに与えられました…その<約束>のゆえに，世
2:19 その人たちに自由を<約束>しながら，
3: 4 キリストの来臨の<約束>はどこにあ
9 <約束>のことを遅らせておられるの
13 神の<約束>に従って，正義の住む新
Ⅰヨハ 2:25 それが…<約束>であって，永遠のい

▼ やくだつ（役立つ）

詩 104:14 人に<役立つ>植物を生えさせられま
ルカ 14:35 土地にも肥やしにも<役立>たず，外
エペ 4:29 人の徳を養うのに<役立つ>ことばを

▼ やくにたつ（役に立つ）

ヨブ 15: 3 <役に立>たない論法で論じるだろう
34: 9 神と親しんでも…<役に立>たない．」
35: 3 何があなたの<役に立つ>のでしょう
イザ 44:10 何の<役にも立>たない神を造り，偶
エレ 2:30 その懲らしめは<役に立>たなかった．
7: 8 <役にも立>たない偽りのことばにた
13: 7 帯は腐って，何の<役にも立>たなく
16:19 <役にも立>たないむなしいものばか
23:32 この民にとって，何の<役にも立>ち
エゼ 15: 4 焦げて…何の<役に立つ>だろうか．
ハバ 2:18 彫像や鋳像，偽りを教える者が，何の<役に立>とう…それにたよったところで，何の<役に立>とう．

マタ 5:13 もし塩が…何の<役にも立>たず，外
25:30 <役に立>たぬしもべは，外の暗やみ
ルカ 17:10 私たちは<役に立>たないしもべです．
Ｉコリ 13: 3 愛がなければ，何の<役にも立>ちま
IIテモ 4:11 彼は私の務めのために<役に立つ>か
ピレ 11 彼は，前には…<役に立>たない者でしたが，今は…<役に立つ>者となっ
ヤコ 2:14 行いがないなら，何の<役に立>ちま
IIペテ 1: 8 <役に立>たない者とか，実を結ばな

▼ やくにん（役人）

士師 9:28 ゼブルはアビメレクの<役人>ではな
エズ 4: 9 裁判官，使節，<役人>，官吏，エレ
エス 2: 3 王国のすべての州に<役人>を任命し，
9: 3 王の<役人>もみな，ユダヤ人を助け
ミカ 7: 3 <役人>は物を求め，さばきつかさは
マタ 26:58 <役人>たちといっしょにすわった．
マコ 14:54 ペテロは…<役人>たちといっしょに
65 <役人>たちは，イエスを…平手で打
ルカ 12:11 <役人>や権力者などのところに連れ
58 告訴する者と…<役人>の前に行くと
18:18 ある<役人>が，イエスに質問して言
ヨハ 4:46 病気の息子がいる王室の<役人>がい
7:32 イエスを捕らえようとして，<役人>たちを遣わした．45．
18: 3 ユダは…<役人>たちを引き連れて，
19: 6 <役人>たちはイエスを見ると，激し
使徒 5:22 <役人>たちが行ってみると，牢の中
16:19 パウロとシラスを捕らえ，<役人>た
17: 6 ヤソンと兄弟たちの幾人かを，町の<役人>たちのところへ．8．

▼ やぐら

士師 8: 9 この<やぐら>をたたきこわしてやる．
II列 9:17 イズレエルの<やぐら>の上に，ひと
II歴 14: 7 城壁と<やぐら>と…かんぬきを設け
26: 9 ウジヤは…<やぐら>を建て，これを
詩篇 18: 2 主はわが巌…わが盾…わが<やぐら>．
48:12 シオンを巡り…その<やぐら>を数え
61: 3 あなたは…敵に対して強い<やぐら>
箴言 18:10 主の名は堅固な<やぐら>．正しい者
雅歌 4: 4 あなたの首は…ダビデの<やぐら>の
イザ 23:13 彼らは，<やぐら>を立てて，その宮
30:25 虐殺の日，<やぐら>の倒れる日に，
33:18 <やぐら>を数えた者はどこへ行った
エゼ 26: 4 ツロの城壁…その<やぐら>をくつが
ミカ 4: 8 羊の群れの<やぐら>，シオンの娘の
マタ 21:33 酒ぶねを掘り，<やぐら>を建て，それを農夫たちに貸して．マコ12:1．

▼ ヤグル〔地名〕

ユダの最南端の町の一つ．ヨシ15:21．

▼ ヤケ〔人名〕

アグルの父，または先祖．箴言30:1．

▼ やけいし（焼け石）

Ｉ列 19: 6 <焼け石>で焼いたパン菓子一つと，

▼ やけつち（焼け土）

申命 29:23 硫黄と塩によって<焼け土>となり，

▼ やけど

レビ 13:24 人のからだの皮膚に<やけど>があって，その<やけど>の．25，28．
詩篇 38: 7 私の腰は<やけど>でおおい尽くされ，

▼ やける（焼ける）

創世 41: 6 東風に<焼け>た，しなびた七つの穂が出て来た．23，27．
出エ 3: 2 燃えていたのに柴は<焼け>尽きなか
民数 19: 6 それを雌牛の<焼け>ている中に投げ
ネヘ 4: 2 <焼け>てしまった石をちりあくたの
ヨブ 30:30 私の…骨は熱で<焼け>ている．
箴言 6:27 その着物が<焼け>ないだろうか．
28 その足が<焼け>ないだろうか．
雅歌 1: 6 私は日に<焼け>て，黒いのです．私
イザ 11:15 <焼け>つく風の中に御手を川に向か
35: 7 <焼け>た地は沢となり潤いのない地
ヨナ 4: 8 神は<焼け>つくような東風を備えら
マタ 13: 6 <焼け>て，根がないために枯れてし
Ｉコリ 3:15 だれかの建てた建物が<焼け>れば，
IIペテ 3:10 天の万象は<焼け>てくずれ去り．12．
黙示 8: 7 地上の３分の１が<焼け>，木の３分の１も<焼け>，青草が全部<焼け>て

▼ヤコブ〔人名〕【別項】ヤコブの井戸

(1)族長：イサクとリベカの子，創世25:20-26；エサウの長子の権利を奪う，創世25:29-34；天のはしごの夢と約束，創世28:10-22；結婚，創世29:21-30:4；子供たち，創世29:31-30:24，35:18；ヤボクの渡しでの神との格闘，創世32:22-32；イスラエルと改名，創世32:28；ヨセフを溺愛，創世37:1-35；家族と共にエジプトに行く，創世46:1-7；息子たちへの祝福，創世48:1-49:28；エジプトで死ぬ，創世49:29-33；カナンでの葬儀，創世50:1-14．

民数 24:17 <ヤコブ>から一つの星が上り，イス
イザ 41:14 恐れるな．虫けらの<ヤコブ>，イス

マタ 8:11 ‹ヤコブ›といっしょに食卓に着きま
ロマ 9:13 わたしは‹ヤコブ›を愛し，エサウを
ヘブ 11:21 信仰によって，‹ヤコブ›は死ぬとき，
(2)主イエスの母マリヤの夫ヨセフの父．マタ1:16.
(3)12使徒の一人．ゼベダイの子．マタ4:21，10:2，17:1，マコ14:33，ルカ9:54，使徒1:13，12:2.
(4)12使徒の一人．アルパヨの子．マタ10:3，27:56，ルカ6:15，使徒1:13.
(5)主イエスの兄弟：ヨセフとマリヤの子，マタ13:55；復活の主に会う，Ⅰコリ15:7；エルサレム会議の調停者，使徒15:13-21；柱として重んじられる，ガラ2:9；手紙を記す，ヤコ1:1.
(6)使徒ユダの父，あるいは兄．ルカ6:16，使徒1:13.

や

▼ヤコブのいど（～井戸）
サマリヤの町スカルの井戸．ヨハ4:6.

▼やさい（野菜）
箴言 15:17 ‹野菜›を食べて愛し合うのは，肥え
ダニ 1:12 私たちに‹野菜›を与えて食べさせ，
マタ 13:32 生長すると，どの‹野菜›よりも大き
ルカ 11:42 あらゆる‹野菜›などの10分の１を納
ロマ 14: 2 弱い人は‹野菜›よりほかには食べま

▼やさしい
マタ 19:24 らくだが針の穴を通るほうがもっと‹やさしい›．マコ10:25，ルカ18:25.

▼やさしい（優しい），優しさ
申命 28:56 ‹優し›く，上品な女で，あまりにも上品で‹優しい›ために足の裏を地面
ヨブ 15:11 ‹優し›く話しかけられたことばとは，
41: 3 ‹優しい›ことばで，あなたに語りか
詩篇 45: 2 くちびるからは‹優しさ›が流れ出る．
箴言 11:16 ‹優しい›女は誉れをつかみ，横暴な
22:11 心のきよさを愛し，‹優し›く話をす
伝道 10:12 口にすることばは‹優し›く，愚かな
イザ 40: 2 エルサレムに‹優し›く語りかけよ．
11 乳を飲ませる羊を‹優し›く導く．
47: 1 ‹優しい›上品な女と呼ばれないから
ホセ 2:14 彼女をくどいて…‹優し›く彼女に語
マタ 11:29 わたしは心‹優し›く，へりくだって
Ⅰコリ 4:21 それとも，愛と‹優しい›心で行きま
エペ 4:32 心の‹優しい›人となり，神がキリス
Ⅰテサ 2: 7 母が…育てるように，‹優し›くふる
Ⅱテモ 2:24 すべての人に‹優し›くし，よく教え，
Ⅰペテ 2:18 ‹優しい›主人に対してだけでなく，
3:16 ‹優し›く，慎み恐れて…弁明しなさ

▼ヤシェン〔人名〕
ダビデの30勇士の一人．Ⅱサム23:32.

▼ヤジズ〔人名〕
ハガル人．ダビデの羊の管理人．Ⅰ歴27:31.

▼やしなう（養う）
創世 45:11 私はあなたをそこで‹養›いましょう．
47:12 ヨセフは…食物を与えて‹養›った．
ルツ 4:16 ナオミはその子をとり…‹養›い育て
Ⅱサム 19:32 バルジライは…王を‹養›っていた．
33 私のもとであなたを‹養›いたいので
20: 3 10人のそばめを…‹養›ったが，王は
Ⅰ列 17: 4 烏に…あなたを‹養う›ように命じた．
9 やもめに命じて，あなたを‹養う›よ
18: 4 オバデヤは…水で彼らを‹養›った．
ネヘ 9:21 40年の間…荒野で‹養›われたので，
箴言 10:21 正しい者のくちびるは…人を‹養›い，
27:27 あなたの召使いの女たちを‹養う›．
30: 8 食物で私を‹養›ってください．
イザ 14:30 初子は‹養›われ，貧しい者は安らか
23: 4 若い女を‹養›ったこともない．」
58:14 ヤコブの…地であなたを‹養う›」と
哀歌 2:20 女が…‹養›い育てた幼子を食べてよ
22 私が‹養›い育てた者を，私の敵は絶
エゼ 19: 2 若い獅子の間で子獅子を‹養›った．
34: 2 牧者は羊を‹養›わなければならない
3 羊をほふるが，羊を‹養›わない．
8 牧者たちは自分自身を‹養›い，わたしの羊を‹養›わない．
14 わたしは良い牧場で彼らを‹養›い，
16 正しいさばきをもって彼らを‹養う›．
23 ダビデを起こす．彼は彼らを‹養›い，
ダニ 4:12 肉なるものはそれによって‹養›われ
ホセ 4:16 広い所にいる子羊のように‹養う›．
9: 2 麦打ち場も酒ぶねも彼らを‹養›わな
マタ 6:26 天の父がこれを‹養›っていてくださ
ルカ 12:24 神が彼らを‹養›っていてくださいま
エペ 5:29 かえって，これを‹養›い育てます．
コロ 2:19 からだ全体は…筋によって‹養›われ，
Ⅰテサ 2: 7 母がその子どもたちを‹養›い育てる
Ⅰテモ 4: 6 ことばとによって‹養›われているか
黙示 12: 6 1260日の間彼女を‹養う›ために，神

▼ヤシャルのしょ（～書）
古代の詩的文書か．ヨシ10:13，Ⅱサム1:18．
▼やじゅう（野獣）
レビ 17:15 <野獣>に裂き殺されたものを食べる
申命 32:24 <野獣>のきば…を…彼らに送ろう．
イザ 18: 6 <野獣>のために投げ捨てられ，猛禽
使徒 11: 6 地の四つ足の獣，<野獣>，はうもの，
▼ヤシュビ・ラヘム〔人名〕
ダビデの系図に登場する人物．Ⅰ歴4:22．
▼ヤシュブ
1. 人名．
⑴イッサカルの子孫．民数26:24，Ⅰ歴7:1．
⑵異邦人の女をめとった者の一人．エズ10:29．
2. ヤシュブ族．1.⑴から出た氏族．民数26:24．
▼ヤショブアム〔人名〕
⑴ダビデの３勇士の筆頭．Ⅱサム23:8，Ⅰ歴11:11．
⑵コラ人の勇士．Ⅰ歴12:6．
▼やしん（野心）
Ⅰ列 1: 5 アドニヤは…<野心>をいだき，戦車，
▼やすまる（休まる）
伝道 2:23 悩みがあり…心は夜も<休ま>らない．
▼やすみ（休み），休み所，休み場
出エ 16:23 あすは全き<休み>の日，主の聖なる
31:15 ７日目は，主の聖なる全き<休み>の安息日である．35:2．
レビ 23:24 第７月の第１日は…全き<休み>の日，
39 最初の日は全き<休み>の日であり，８日目も全き<休み>の日である．
25: 4 ７年目は，地の全き<休み>の安息，
5 地の全き<休み>の年である．
Ⅱ歴 6:41 主よ…<休み所>にお入りください．
エス 9:22 敵を除いて<休み>を得た日，悲しみ
イザ 28:12 いこわせよ．ここに<休み>がある」
34:14 こうもりも…自分の<休み場>を見つ
エレ 31: 2 イスラエルよ…<休み>を得よ．」
50: 6 民は…<休み場>も忘れてしまった．
ダニ 12:13 終わりまで歩み，<休み>に入れ．あ
マタ 12:43 汚れた霊が…<休み場>を捜しますが，見つかりません．ルカ11:24．
ヘブ 4: 9 安息日の<休み>は，神の民のために
▼やすむ（休む）
創世 2: 2 神は…すべてのわざを<休>まれた．
18: 4 この木の下でお<休>みください．
出エ 5: 5 彼らの苦役を<休>ませようとしてい
16:30 それで，民は７日目に<休>んだ．
20:11 主が…７日目に<休>まれた．31:17．
23:11 ７年目に…土地を…<休>ませなけれ
12 ７日目は<休>まなければならない．
33:14 わたし自身が…あなたを<休>ませよ
レビ 26:34 その地は<休>み，その安息の年を取
35 安息の年に<休>まなかったその休み
民数 23:24 血を飲むまでは<休>まない．」
申命 5:14 男奴隷も，女奴隷も…<休む>ことが
12:10 主が…あなたがたを<休>ませ，あな
ルツ 3:13 とにかく，朝までお<やす>みなさい．
Ⅰサム 3: 5 私は呼ばない．帰って，お<やす>み
Ⅱサム 12: 3 子羊は…彼のふところで<やす>み，
エス 9:17 その14日には彼らは<休>んで，その
ヨブ 3:13 安らかに横になり，眠って<休>み，
18 捕らわれ人も共に<休>み，追い使う
11:18 あなたは守られて，安らかに<休む>．
30:17 私をむしばむものは，<休>まない．
詩篇 55: 6 飛び去って，<休む>ものを．
127: 2 早く起きるのも，おそく<休む>のも，
箴言 3:24 <休む>とき，眠りは，ここちよい．
6:10 手をこまねいて，また<休む>．
29: 9 愚か者は怒り…<休む>ことがない．
雅歌 1: 7 羊を飼い…どこでそれを<休>ませる
イザ 57: 2 自分の寝床で<休む>ことができる．
エレ 47: 6 主の剣よ．いつまで，おまえは<休>まないのか．さやに…静かに<休>め．
哀歌 5: 5 疲れ果てても，<休む>ことができま
マタ 11:28 わたしがあなたがたを<休>ませてあ
26:45 まだ眠って<休>んでいるのですか．
マコ 6:31 寂しい所へ行って…<休>みなさい」
使徒 7:49 わたしの<休む>所とは，どこか．
ヘブ 4: 4 神は…みわざを終えて…<休>まれた
10 神が…<休>まれたように，自分のわざを終えて<休>んだはずです．
黙示 6:11 もうしばらくの間，<休>んでいなさ
14:13 労苦から解き放されて<休む>ことが
▼やすめる（休める）
申命 28:65 足の裏を<休める>こともできない．
エゼ 16:42 わたしは心を<休め>，二度と怒るま
▼やすらう（安らう）
使徒 2:26 私の肉体も望みの中に<安らう>．
▼やすらか（安らか）
レビ 25:18 <安らか>にその地に住みなさい．

申命 33:12　彼は<安らか>に，主のそばに住まい，
士師 18: 7　彼らは<安らか>に住んでおり，シド
Ⅰ列 2: 6　彼のしらが頭を<安らか>によみに下
Ⅱ列 22:20　あなたは<安らか>に自分の墓に集め
Ⅰ歴 4:40　その土地は…静かで<安らか>だった．
ヨブ 3:13　私は<安らか>に横になり，眠って休
11:18　あなたは守られて，<安らか>に休む．
12: 5　<安らか>だと思っている者は衰えて
6　神を怒らせる者は<安らか>である．
16:12　私は<安らか>な身であったが，神は
詩篇 4: 8　私を<安らか>に住まわせてください
16: 9　私の身もまた<安らか>に住まおう．
73:12　彼らはいつまでも<安らか>で，富を
78:53　彼らを<安らか>に導かれたので，彼
箴言 1:33　わたしに聞き従う者は…<安らか>で
3:23　あなたは<安らか>に自分の道を歩み，
29:17　彼はあなたを<安らか>にし，あなた
伝道 6: 5　この子のほうが彼よりは<安らか>で
イザ 14:30　貧しい者は<安らか>に伏す．しかし，
32:18　<安らか>ないこいの場に住む．
33:20　あなたの目は，<安らか>な住まい，
55:12　あなたがたは…<安らか>に導かれて
エレ 23: 6　イスラエルは<安らか>に住む．その
30:10　ヤコブは…平穏に<安らか>に生き，
32:37　彼らを集め…<安らか>に住まわせる．
33:16　エルサレムは<安らか>に住み，こう
34: 5　あなたは<安らか>に死んで，人々は，
48:11　モアブは若い時から<安らか>であっ
ホセ 2:18　彼らを<安らか>に休ませる．
アモ 6: 1　シオンで<安らか>に住んでいる者，
ミカ 2: 8　戦いをやめて<安らか>に過ごしてい
ゼパ 2:15　<安らか>に過ごし…「私だけは特別
ゼカ 1:11　全地は<安らか>で，穏やかでした．」
14:11　エルサレムは<安らか>に住む．
ルカ 2:29　今こそ…<安らか>に去らせてくださ

▼やすらぎ（安らぎ），安らぐ

ヨブ 3:26　私には<安らぎ>もなく，休みもなく，
11:18　望みがあるので，あなたは<安ら>ぎ，
ゼパ 3:17　その愛によって<安らぎ>を与える．
マタ 11:29　そうすればたましいに<安らぎ>が来
Ⅱコリ 2:13　心に<安らぎ>がなく…マケドニヤへ
7: 5　私たちの身には少しの<安らぎ>もな
13　テトスの心が…<安らぎ>を与えられ

▼やすんじる（安んじる）

ロマ 2:17　律法を持つことに<安んじ>，神を誇

▼やせい（野生），野生種

創世 16:12　彼は<野生>のろばのような人となり，
Ⅱ列 4:39　<野生>のつる草を見つけたので，そ
のつるから<野生>のうりを前掛けに
ネヘ 8:15　<野生>のオリーブの木，ミルトス，
ヨブ 39: 5　だれが<野生>のろばの綱をほどいた
詩篇 37:35　彼は，おい茂る<野生>の木のように
ロマ 11:17　<野生種>のオリーブであるあなたが
その枝に混じってつがれ．24.

▼やせおとろえる（～衰える）

民数 5:22　ももを<やせ衰え>させるように．』
ヨブ 16: 8　私の<やせ衰え>た姿が，証人となり，
詩 106:15　彼らに病を送って<やせ衰え>させた．
109:24　私の肉は脂肪がなく，<やせ衰え>て
イザ 10:18　それは病人が<やせ衰える>ようにな
哀歌 4: 9　彼らは…<やせ衰え>て死んで行く．
エゼ 4:17　咎のために，みな<やせ衰え>，朽ち
ヨハ 5: 3　足のなえた者，<やせ衰え>た者が伏

▼やせる【別項】やせ衰える

創世 41:20　この<やせ>た醜い雌牛が，先の肥え
民数 13:20　土地はどうか…<やせ>ているか．そ
イザ 17: 4　ヤコブの…肉の脂肪は<やせ>細る．
エゼ 34:20　肥えた羊と<やせ>た羊との間をさば

▼ヤゼル〔地名〕

ガドの町．ぶどうの産地．民数21:32，32:1，3，35，ヨシ21:39，Ⅱサム24:5，イザ16:8，9.

▼ヤソン〔人名〕

テサロニケのキリスト者．使徒17:5，6，7，9，ロマ16:21.

▼ヤダ〔人名〕

ユダ族エテルとヨナタンの父．Ⅰ歴2:28.

▼ヤダイ〔人名〕

異邦人の女をめとった者の一人．エズ10:43.

▼やつがしら

レビ 11:19　<やつがしら>，こうもりなどである．

▼やつざき（八つ裂き）

Ⅱ列 8:12　幼子たちを<八つ裂き>にし，妊婦た
ホセ 10:14　子どもたちの上で<八つ裂き>にされ
ナホ 3:10　あらゆる町かどで<八つ裂き>にされ，

▼やづつ（矢筒）

ヨブ 39:23　<矢筒>はその上でうなり，槍と投げ
詩 127: 5　<矢筒>をその矢で満たしている人は．
イザ 22: 6　エラムは<矢筒>を負い，戦車と兵士

▼ヤティル〔地名〕

ユダの山地の町の一つ．ヨシ15:48，21:14.

▼ヤテニエル〔人名〕
コラ人．門衛．Ⅰ歴26:2.

▼やど（宿）
エレ 9: 2 荒野に旅人の<宿>を持っていたなら，
マタ 25:35 旅人であったとき，わたしに<宿>を
ルカ 9:12 <宿>をとらせ，何か食べることがで
使徒 28:23 大ぜいでパウロの<宿>にやって来た．
ピレ 22 私の<宿>の用意もしておいてくださ

▼ヤドア〔人名〕
(1)盟約に調印した民のかしらの一人．ネヘ10:21.
(2)大祭司．ヨナタンの子．ネヘ12:11.

▼やといにん（雇い人）
出エ 12:45 居留者と<雇い人>は…食べてはなら
レビ 22:10 <雇い人>は，聖なるものを食べては
25: 6 <雇い人>と…在留している居留者の
申命 15:18 <雇い人>の賃金の２倍分あなたに仕
24:14 <雇い人>は…しいたげてはならない．
イザ 16:14 <雇い人>の年期のように．21:16.
マラ 3: 5 不正な賃金で<雇い人>をしいたげ，
マコ 1:20 父ゼベダイを<雇い人>たちと…舟に
ルカ 15:17 パンのあり余っている<雇い人>が大
19 <雇い人>のひとりにしてください．」
ヨハ 10:12 羊の所有者でない<雇い人>は．13.

▼やとう（雇う）
レビ 25:53 彼は年ごとに<雇>われる者のように
申命 23: 4 のろうために…バラムを<雇>ったか
士師 9: 4 ずうずうしい者たちを<雇>った．彼
18: 4 ミカが…私を<雇>い，私は彼の祭司
Ⅰサム 2: 5 飽いた者がパンのために<雇>われ，
Ⅱサム 10: 6 トブの兵士１万２千を<雇>った．
Ⅱ列 7: 6 エジプトの王たちを<雇>って，われ
Ⅰ歴 19: 6 アモン人は…戦車と騎兵を<雇>った．
Ⅱ歴 24:12 鉄と青銅の細工師を<雇>った．
25: 6 彼は…10万人の勇士を<雇>った．
ネヘ 13: 2 のろうためにバラムを<雇>ったから
イザ 7:20 向こうで<雇>ったかみそり，すなわ
19:10 <雇>われて働く者はみな，心を痛め
46: 6 金細工人を<雇>って，それで神を造
マタ 20: 1 ぶどう園で働く労務者を<雇>いに朝早く出かけた主人のよう．7，9.

▼やどす（宿す）
民数 5:28 きよければ…子を<宿す>ようになる．
詩篇 7:14 彼は悪意を<宿>し，害毒をはらみ，
ダニ 2:22 神は…ご自身に光を<宿す>．
マコ 5:15 レギオンを<宿>していた人が，着物
ルカ 1:36 エリサベツも…男の子を<宿>してい
ヘブ 11:11 サラも…子を<宿す>力を与えられま

▼やどや（宿屋）
ルカ 2: 7 <宿屋>には彼らのいる場所がなかっ
10:34 <宿屋>に連れて行き，介抱し．35.

▼やどる（宿る）
創世 30: 2 子を<宿>らせないのは神なのだ．」
出エ 3:22 自分の家に<宿>っている女に銀の飾
ヨブ 3: 3 男の子が胎に<宿>った」と言ったそ
41:22 その首には力が<宿>り，その前には
詩篇 15: 1 だれが，あなたの幕屋に<宿る>ので
55: 7 ああ，私は…荒野の中に<宿>りたい．
91: 1 …に住む者は，全能者の陰に<宿る>．
箴言 15:31 知恵のある者の間に<宿る>．
イザ 1:21 正義がそこに<宿>っていたのに．今
11: 6 狼は子羊とともに<宿>り，ひょうは
16: 4 モアブの散らされた者を<宿>らせ，
21:13 隊商よ．アラビヤの林に<宿>れ．
65: 4 見張り小屋に<宿>り，豚の肉を食べ，
エレ 49:18 そこに人の子は<宿>らない．
ダニ 4:21 その枝に空の鳥が<宿>った木，
ミカ 4:10 野に<宿>り，バビロンまで行く．そ
マタ 1:20 胎に<宿>っているものは聖霊による
Ⅰコリ 3:16 神の御霊があなたがたに<宿>ってお
コロ 1:19 神の本質を御子のうちに<宿>らせ，
Ⅱテモ 1: 5 母ユニケのうちに<宿>ったものです
14 私たちのうちに<宿る>聖霊によって，
Ⅱヨハ 2 私たちのうちに<宿る>真理によるこ

▼ヤドン〔人名〕
エルサレム城壁を再建した一人．ネヘ3:7.

▼ヤナイ〔人名〕
ガド族の首長の一人．Ⅰ歴5:12.

▼やなぎ（柳）
創世 21:33 アブラハムは…１本の<柳>の木を植
レビ 23:40 川縁の<柳>を取り，７日間…主の前
Ⅰサム 22: 6 サウルは…高台の<柳>の木の下で，
31:13 ヤベシュにある<柳>の木の下に葬り，
ヨブ 40:22 はすは…川の<柳>はこれを囲む．
詩 137: 2 その<柳>の木々に…立琴を掛けた．
イザ 44: 4 流れのほとりの<柳>の木のように，
エゼ 17: 5 豊かな水のそばに，<柳>のように植

▼やに
創世 6:14 内と外とを木の<やに>で塗りなさい．

▼ ヤニム〔地名〕
ユダの山地の町．ヨシ15:53.

▼ やぬし（家主）
ロマ 16:23　私と全教会との<家主>であるガイオ

▼ やね（屋根）
創世 19: 8　あの人たちは私の<屋根>の下に身を
士師　9:51　そこへ逃げて…やぐらの<屋根>に上
Ⅱサム 18:24　見張りが城壁の門の<屋根>に上り，
Ⅱ列 19:26　育つ前に干からびる<屋根>の草のよ
ネヘ　8:16　<屋根>の上や，庭の中…仮庵を作っ
詩　102: 7　<屋根>の上のひとりぼっちの鳥のよ
　129: 6　伸びないうちに枯れる<屋根>の草の
箴言 21: 9　<屋根>の片隅に住むほうが．25:24.
イザ 22: 1　おまえたちみな，<屋根>に上って．
エレ 48:38　モアブのすべての<屋根>の上や，広
マタ　8: 8　私の<屋根>の下にお入れする資格は，
マコ　2: 4　<屋根>をはがし…中風の人を寝かせ
たまま…床をつり降ろし．ルカ5:19.

▼ ヤノアハ〔地名〕
(1)ツロ東方の町．Ⅱ列15:29.
(2)シェケム南東の町．ヨシ16:6，7.

▼ ヤハジエル〔人名〕
(1)レビ人ヘブロンの子．Ⅰ歴23:19.
(2)ダビデの勇士の一人．Ⅰ歴12:4.
(3)ダビデ時代の祭司．ラッパを吹く．Ⅰ歴16:6.
(4)賛美をもって預言するレビ人．Ⅱ歴20:14.
(5)捕囚帰還民の一人シェカヌヤの父．エズ8:5.

▼ ヤハツ〔地名〕
エモリ人の王シホンの町．民数21:23，申命2:32，ヨシ13:18，Ⅰ歴6:78，イザ15:4，エレ48:21.

▼ ヤハツィエル〔人名〕
ナフタリの子．Ⅰ歴7:13.

▼ ヤハテ〔人名〕
(1)ユダ族ショバルの孫．Ⅰ歴4:2.
(2)レビ人．リブニの子．Ⅰ歴6:20，43.
(3)レビ人．シムイの子のかしら．Ⅰ歴23:10，11.
(4)レビ人．シェロミテの子．Ⅰ歴24:22.
(5)レビ人．神殿修理の工事監督者．Ⅱ歴34:12.

▼ ヤバル〔人名〕
カインの子孫．古代文明の創始者．創世4:20.

▼ ヤビン〔人名〕
(1)カナンのハツォルの王．ヨシ11:1.
(2)ハツォルの王．(1)の直系の子孫か．士師4:2.

▼ やぶ
創世 22:13　角を<やぶ>にひっかけている…雄羊

▼ ヤフィア
1.地名．ゼブルンの町．ヨシ19:12.
2.人名．
(1)ラキシュの王．ヨシ10:3.
(2)ダビデの子．Ⅱサム5:15，Ⅰ歴3:7，14:6.

▼ ヤフォ〔地名〕
パレスチナの海港．新約ではヨッパ．ヨシ19:46，Ⅱ歴2:16，エズ3:7.

▼ ヤフゼヤ〔人名〕
エズラの改革に反対した人．エズ10:15.

▼ ヤフゼラ〔人名〕
祭司．イメルの子孫．Ⅰ歴9:12.

▼ ヤフダイ〔人名〕
ユダ族出身．Ⅰ歴2:47.

▼ ヤフツェエル〔人名〕
ナフタリの子．ヤフツェエル族の祖．ヤハツィエルと同人．創世46:24，民数26:48.

▼ ヤフディエル〔人名〕
マナセ半部族出身．一族のかしら．Ⅰ歴5:24.

▼ ヤフド〔人名〕
ガド族ブズの子．Ⅰ歴5:14.

▼ ヤブネ〔地名〕
ペリシテの沿岸平原の町．Ⅱ歴26:6.

▼ ヤブネエル〔地名〕
(1)ヤブネと同地．ヨシ15:11.
(2)ナフタリ南端の町．ヨシ19:33.

▼ ヤフマイ〔人名〕
イッサカル族出身．氏族のかしら．Ⅰ歴7:2.

▼ やぶる（破る）
創世 17:14　無割礼の男…契約を<破>ったのであ
　19: 9　彼らは…戸を<破>ろうと近づいて来
レビ 26:15　おきてを拒み…契約を<破る>なら，
　44　わたしの契約を<破る>ことはない．
民数 15:31　主のことばを侮り…命令を<破>った
　30: 2　そのことばを<破>ってはならない．
申命 17: 2　悪を行い，主の契約を<破>り，
ヨシ　7:11　わたしの契約を<破>り，聖絶のもの
　15　彼が主の契約を<破>り，イスラエル
　23:16　主の契約を，あなたがたが<破>り，
士師　2:20　この民は…わたしの契約を<破>り，
Ⅱサム　5:20　主は…私の前で私の敵を<破>られた．
Ⅱ列 18:12　契約を<破>り…モーセが命じたすべ
　25: 4　町が<破>られ，戦士たちはみな夜の

エズ 9:14 命令を<破>って…縁を結んでよいの
詩篇55:20 彼は…自分の誓約を<破>った.
89:31 もし彼らがわたしのおきてを<破>り,
34 わたしは,わたしの契約を<破>らな
119:126 彼らはあなたのおしえを<破>りまし
124: 7 わなは<破>られ,私たちは助け出さ
イザ14:27 だれが<破>りえよう.御手が伸ばさ
24: 5 とこしえの契約を<破>ったからであ
33: 8 契約は<破>られ,町々は捨てられ,
44:25 自慢する者らのしるしを<破>り,占
エレ11:10 先祖たちと結んだ…契約を<破>った.
14:21 契約を覚えて,それを<破>らないで
31:32 彼らはわたしの契約を<破>ってしま
33:21 ダビデと結んだ…契約も<破>られ…
祭司たちとの…契約も<破>られよう.
34:18 契約を<破>った者たちを,二つに断
39: 2 ゼデキヤの第11年…町は<破>られた.
エゼ16:59 誓いをさげすんで,契約を<破>った.
17:16 契約を<破>ったその相手の王の住む
19 彼が<破>ったわたしの契約,これを
44: 7 あなたがたは…契約を<破>った.
ホセ 6: 7 アダムのように契約を<破>り,その
8: 1 契約を<破>り…おしえにそむいたか
ゼカ11:10 民と結んだ私の契約を<破る>ためで
11 その日,それは<破>られた.そのと
マタ 5:19 戒めのうち…これを<破>ったり,ま
た<破る>ように人に教えたりする者
ルカ15:29 戒めを<破>ったことは一度もありま
ヨハ 7:23 モーセの律法が<破>られないように
IIコリ10: 4 要塞をも<破る>ほどに力のあるもの

▼やぶれ(破れ)【別項】破れ口

ヨブ16:14 <破れ>に<破れ>を加え,勇士のよう
詩 106:23 モーセが…御前の<破れ>に立たなか
イザ22: 9 ダビデの町の<破れ>の多いのを見て,
58:12 <破れ>を繕う者,市街を住めるよう
エレ17:18 <破れ>を倍にして,彼らを打ち破っ
マタ 9:16 そんな継ぎ切れは着物を引き破って,
<破れ>がもっとひどく.マコ2:21.

▼ヤフレエル〔人名〕

ゼブルンの子.ヤフレエル族の祖.創世46:14,民数26:26.

▼やぶれぐち(破れ口)

I列11:27 ダビデの町の<破れ口>をふさいでい
ネヘ 6: 1 城壁を建て直し,<破れ口>は残され
ヨブ30:14 広い<破れ口>から入って来るように,
エゼ13: 5 <破れ口>を修理もせず,イスラエル
22:30 <破れ口>を修理する者を彼らの間に
アモ 4: 3 城壁の<破れ口>からまっすぐ出て行

▼ヤフレテ〔人名〕

アシェル族ヘベルの子.I歴7:32,33.

▼やぶれる(破れる)

ヨシ 9: 4 古びて<破れ>た…ぶどう酒の皮袋と
13 皮袋も…<破れ>てしまいました.私
IIサム 5:20 主は,水が<破れ>出るように,私の
ヨブ17:11 私の心に抱いたことも<破れ>去った.
箴言15:22 計画は<破れ>,多くの助言者によっ
ダニ11: 4 彼が起こったとき,その国は<破れ>,
ルカ 5: 6 たくさんの魚が入り,網は<破れ>そ
ヨハ21:11 多かったけれども,網は<破れ>なか

▼ヤベシュ

1.地名.ギルアデの重要な町.Iサム11:1,3,5,9,10,31:12,13,I歴10:12.
2.人名.イスラエルの王シャルムの父.II列15:10,13,14.

▼ヤベシュ・ギルアデ〔地名〕

ヤベシュと同地.士師21:8,9,10,12,14,Iサム11:1,9,31:11,IIサム2:4,5,I歴10:11.

▼ヤベツ

1.地名.ユダの町.I歴2:55.
2.人名.ユダ族出身.I歴4:9,10.

▼ヤペテ〔人名〕

ノアの第3子.一つの人種の祖となる.創世5:32,6:10,7:13,9:18,23,27,10:1,2,21,I歴1:4,5.

▼ヤボク,ヤボク川,ヤボクの渡し

ヨルダン川に注ぐ支流.創世32:22,民数21:24,申命2:37,3:16,ヨシ12:2,士師11:13,22.

▼やま(山),山々【別項】石くれの山,神の山,破壊の山

創世 7:19 どの高い<山々>も,すべておおわれ
8: 4 箱舟は…アララテの<山>の上にとど
5 水は…減り続け…<山々>の頂が現れ
12: 8 ベテルの東にある<山>のほうに移動
19:17 <山>に逃げなさい.さもないと滅ぼ
22: 2 <山>の上で…イサクをわたしにささ
14 主の<山>の上には備えがある」と言
出エ 3:12 この<山>で,神に仕えなければなら
15:17 あなたご自身の<山>に植えられる.
19: 2 イスラエルは…<山>のすぐ前に宿営

3 主は<山>から彼を呼んで仰せられた．
20:18 民はみな…煙る<山>を目撃した．民
24: 4 モーセは…<山>のふもとに祭壇を築
12 <山>へ行き，わたしのところに上り，
17 主の栄光は…<山>の頂で燃え上がる
27: 8 祭壇は…<山>であなたに示されたと
32:15 あかしの板を手にして<山>から降り
34: 3 だれも，<山>のどこにも姿を見せて
はならない…<山>のふもとで草を食
民数 20:28 アロンはその<山>の頂で死んだ．モ
23: 7 モアブの王は，東の<山々>から，私
申命 1: 6 あなたがたはこの<山>に長くとどま
2: 3 長らくこの<山>のまわりを回ってい
4:11 <山>は激しく燃え立ち，火は中天に
5:23 その<山>が火で燃えていたときに，
8: 7 谷間と<山>を流れ出た深い淵のある
9 <山々>からは青銅を掘り出すことの
9: 9 <山>に登ったとき，私は40日40夜，
<山>にとどまり，パンも食べず，水
12: 2 神々に仕えた場所は，高い<山>の上
32:22 怒りで…<山々>の基まで焼き払おう．
50 あなたもこれから登るその<山>で死
33: 2 主は…パランの<山>から光を放ち，
15 昔の<山々>からの最上のもの，太古
士師 5: 5 <山々>は主の前に揺れ動いた．シナ
15:16 ろばのあご骨で，<山>と積み上げた．
Ⅰサム 17: 3 ペリシテ人は向こう側の<山>の上に，
イスラエル人はこちら側の<山>の上
26:20 イスラエルの王が，<山>で，しゃこ
Ⅱサム 21: 9 この者たちを<山>の上で…さらし者
Ⅰ列 5:15 <山>で石を切り出す者が８万人あっ
16:24 サマリヤの<山>を買い，その<山>に
町を建て…その<山>の持ち主であっ
20:23 彼らの神々は<山>の神です．だから，
Ⅱ列 6:17 戦車がエリシャを取り巻いて<山>に
Ⅰ歴 12: 8 走ることは，<山>のかもしかのよう
Ⅱ歴 21:11 彼はユダの<山々>に高き所を造り，
33:15 主の宮のある<山>とエルサレムに築
ネヘ 8:15 <山>へ出て行き，オリーブ，野生の
ヨブ 9: 5 神が<山々>を移されるが，だれもこ
28: 9 <山々>をその基からくつがえす．
40:20 <山々>は，これのために産物をもた
詩篇 2: 6 王を…わたしの聖なる<山>，シオン
3: 4 聖なる<山>から私に答えてくださる．
15: 1 だれが，あなたの聖なる<山>に住む
18: 7 <山々>の基も震え，揺れた．主がお
24: 3 だれが，主の<山>に登りえようか．
30: 7 私の<山>を強く立たせてくださいま
36: 6 あなたの義は高くそびえる<山>のよ
43: 3 あなたの聖なる<山>，あなたのお住
46: 2 <山々>が海のまなかに移ろうとも．
48: 1 聖なる<山>，われらの神の都におい
65: 6 御力によって<山々>を堅く建て，力
68:15 峰々の連なる<山>はバシャンの<山>．
72:16 <山々>の頂に穀物が豊かにあり，そ
76: 4 えじきの<山々>にまさって威厳があ
78:54 右の御手で造られたこの<山>に，彼
80:10 <山々>もその影におおわれ，神の杉
87: 1 主は聖なる<山>に基を置かれる．
90: 2 <山々>が生まれる前から，あなたが
95: 4 <山々>の頂も主のものである．
97: 5 <山々>は…ろうのように溶けた．全
99: 9 聖なる<山>に向かって，ひれ伏せ．
104: 8 <山>は上がり，谷は沈みました．あ
114: 4 <山々>は雄羊のように，丘は子羊の
121: 1 私は<山>に向かって目を上げる．私
125: 1 主に信頼する人々はシオンの<山>の
2 <山々>がエルサレムを取り囲むよう
144: 5 <山々>に触れて，煙を出させてくだ
箴言 8:25 <山>が立てられる前に，丘より先に，
雅歌 2:17 険しい<山々>の上のかもしかや，若
4: 8 ひょうの<山>から降りて来なさい．
イザ 2: 3 主の<山>，ヤコブの神の家に上ろう．
14 すべての高い<山々>と，すべてのそ
10:32 シオンの娘の<山>，エルサレムの丘
11: 9 聖なる<山>のどこにおいても，これ
14:13 北の果てにある会合の<山>にすわろ
25 アッシリヤを…わたしの<山>で踏み
16: 1 子羊を…シオンの娘の<山>に．
18: 6 <山々>の猛禽や野獣のために投げ捨
25: 6 万軍の主はこの<山>の上で万民のた
30:29 主の<山>，イスラエルの岩に行くた
40: 4 すべての<山>や丘は低くなる．盛り
9 高い<山>に登れ．エルサレムに良い
41:15 <山々>を踏みつけて粉々に砕く．丘
52: 7 <山々>の上にあって，なんと美しい
54:10 たとい<山々>が移り，丘が動いても，
56: 7 彼らを…聖なる<山>に連れて行き，
57: 7 そびえる高い<山>の上に…寝床を設
64: 1 <山々>は御前で揺れ動くでしょう．

65:11 わたしの聖なる<山>を忘れる者，ガ
66:20 同胞をみな…聖なる<山>…に連れて
エレ 4:24 <山々>を見ると，見よ，揺れ動き，
13:16 あなたがたの足が，暗い<山>でつま
26:18 この宮の<山>は森の丘となる.』
31:23 義の住みか，聖なる<山>よ．主があ
46:18 彼は<山々>の中のタボルのように，
50: 6 牧者が彼らを迷わせ，<山々>へ連れ
去った．彼らは<山>から丘へと行き
エゼ 6: 2 顔をイスラエルの<山々>に向け…預
3 イスラエルの<山々>よ．36:1，4.
17:22 それを，高くてりっぱな<山>に植え
19: 9 イスラエルの<山々>に聞こえないよ
20:40 聖なる<山>，イスラエルの高い<山>
28:14 あなたを…神の聖なる<山>に置いた.
35: 2 顔をセイルの<山>に向け．3，7.
8 <山々>を死体で満たし，剣で刺し殺
40: 2 私は…高い<山>の上に降ろされた.
ダニ 2:35 像を打った石は大きな<山>となって
9:16 憤りを…聖なる<山>からおさめてく
ホセ 4:13 <山々>の頂でいけにえをささげ，丘
ヨエ 2: 1 聖なる<山>でときの声をあげよ．こ
3:17 聖なる<山>，シオンに住むことを知
アモ 3: 9 サマリヤの<山々>の上に集まり，そ
9:13 <山々>は甘いぶどう酒をしたたらせ,
オバ 16 わたしの聖なる<山>で飲んだように,
ミカ 1: 4 <山々>は主の足もとに溶け去り，谷
4: 1 主の家の<山>は，<山々>の頂に堅く
7:12 <山>から<山>まで，人々はあなたの
ナホ 1:15 告げ知らせる者の足が<山々>の上に
3: 3 戦死者．<山>なすしかばね．数えき
ハバ 3: 3 聖なる方はパランの<山>から来られ
6 とこしえの<山>は打ち砕かれ，永遠
10 <山々>はあなたを見て震え，豪雨は
ゼパ 3:11 聖なる<山>で…高ぶることはない.
ハガ 1: 8 <山>に登り，木を運んで来て，宮を
ゼカ 4: 7 大いなる<山>よ．おまえは何者だ.
6: 1 4台の戦車が二つの<山>の間から出
8: 3 主の<山>は聖なる<山>と呼ばれよう.
14: 4 <山>の半分は北へ移り，他の半分は
5 わたしの<山々>の谷に逃げよう．ユ
マタ 4: 8 イエスを非常に高い<山>に連れて行
5: 1 イエスは<山>に登り，おすわりにな
14 <山>の上にある町は隠れる事ができ
8: 1 イエスが<山>から降りて来られると,
14:23 祈るために，ひとりで<山>に登られ
15:29 イエスは…<山>に登って，そこにす
17: 1 イエスは，ペテロとヤコブと…ヨハ
ネだけを連れて，高い<山>に導いて
行かれた．マコ9:2，ルカ9:28.
18:12 99匹を<山>に残して，迷った1匹を
21:21 この<山>に向かって，『動いて，海
に入れ』と言っても．マコ11:23.
24:16 ユダヤにいる人々は<山>へ逃げなさ
い．マコ13:14，ルカ21:21.
28:16 弟子たちは…指示された<山>に登っ
マコ 3:13 イエスは<山>に登り，ご自身のお望
5: 5 墓場や<山>で叫び続け，石で自分の
ルカ 3: 5 すべての<山>と丘とは低くされ，曲
6:12 イエスは祈るために<山>に行き，神
19:29 オリーブという<山>のふもとのベテ
21:37 夜はいつも…オリーブという<山>で
23:30 そのとき，人々は<山>に向かって，
ヨハ 4:20 父祖たちはこの<山>で礼拝しました
21 礼拝するのは，この<山>でもなく，
6: 3 イエスは<山>に登り，弟子たちとと
使徒 1:12 オリーブという<山>から…帰った.
Ⅰコリ 13: 2 <山>を動かすほどの完全な信仰を持
ヘブ 8: 5 <山>であなたに示された型に従って,
11:38 荒野と<山>と…地の穴とをさまよい
12:18 手でさわれる<山>，燃える火，黒雲,
20 獣でも，<山>に触れるものは石で打
Ⅱペテ 1:18 私たちは聖なる<山>で主イエスとと
黙示 6:14 すべての<山>や島がその場所から移
15 奴隷と自由人が…<山>の岩間に隠れ,
8: 8 <山>のようなものが，海に投げ込ま
14: 1 小羊がシオンの<山>の上に立ってい
16:20 島は…<山々>は見えなくなった.
17: 9 七つの頭とは…七つの<山>で，7人
21:10 御使いは…私を大きな高い<山>に連

▼やまい（病）

Ⅱ列 13:14 エリシャが死の<病>をわずらってい
Ⅱ歴 16:12 彼の<病>は重かった…その<病>の中
でさえ…主を求めることをしないで,
詩篇 35:13 彼らの<病>のとき，私の着物は荒布
41: 3 主は<病>の床で彼をささえられる.
106:15 彼らに<病>を送ってやせ衰えさせた.
伝道 6: 2 むなしいことで，それは悪い<病>だ.
イザ 1: 5 頭は残すところなく<病>にかかり,
53: 3 悲しみの人で<病>を知っていた．人

4 彼は私たちの<病>を負い．マタ8:17.
エレ 6: 7 わたしの前には…<病>と打ち傷があ
ホセ 5:13 エフライムがおのれの<病>を見，ユ
ルカ 13:11 18年も<病>の霊につかれ，腰が曲が

▼やまいぬ（山犬）
イザ 13:22 <山犬>は，そこのとりでで，ジャッ
34:14 荒野の獣は<山犬>に会い，野やぎは
エレ 50:39 荒野の獣が<山犬>とともに住み，だ

▼やましい
Ⅰコリ 4: 4 私には<やましい>ことは少しもあり

▼やまばと（山ばと，山鳩）
創世 15: 9 <山鳩>とそのひなを持って来なさい．
レビ 1:14 <山鳩>または家鳩のひなの中から，
5: 7 <山鳩>２羽あるいは家鳩のひな２羽を．11，12:6，8，14:22，30，15:14，29，民数6:10.
雅歌 2:12 <山鳩>の声が，私たちの国に聞こえ
エレ 8: 7 <山鳩>…つるも，自分の帰る時を守
ルカ 2:24 <山ばと>一つがい，または，家ばと

▼やみ【別項】真暗なやみ
創世 1: 2 <やみ>が大水の上にあり，神の霊が
5 <やみ>を夜と名づけられた．夕があ
出エ 10:21 <やみ>がエジプトの地の上に来て，<やみ>にさわれるほどにせよ．」
Ⅱサム 22:12 主は，<やみ>を回りに置かれた．仮
ヨブ 3: 4 その日は<やみ>になれ．神もその日
5:14 彼らは昼間に<やみ>に会い，真昼に，
10:21 <やみ>と死の陰の地に行く前に．
12:22 <やみ>の中から秘密をあらわし，暗
17:12 <やみ>から光が近づく」と言うが，
18:18 彼は光から<やみ>に追いやられ，世
19: 8 私の通り道に<やみ>を置いておられ
20:26 すべての<やみ>が彼の宝として隠さ
26:10 円を描いて，光と<やみ>との境とさ
37:19 <やみ>のために，私たちはことばを
詩篇 18:11 主は<やみ>を隠れ家として，回りに
35: 6 彼らの道を<やみ>とし…すべるよう
105:28 主は<やみ>を送って，暗くされた．
107:10 <やみ>と死の陰に座す者，悩みと鉄
112: 4 主は…光を<やみ>の中に輝かす．主
139:11 おお，<やみ>よ．私をおおえ．私の
12 <やみ>も暗くなく夜は昼のように明
箴言 2:13 まっすぐな道を捨て，<やみ>の道に
18 その道筋は<やみ>につながる．
伝道 2:13 光が<やみ>にまさっているように，
14 愚かな者は<やみ>の中を歩く．しか
5:17 人は一生，<やみ>の中で食事をする．
11: 8 <やみ>の日も数多くあることを忘れ
イザ 5:20 彼らは<やみ>を光，光を<やみ>とし，
30 見よ，<やみ>と苦しみ．光さえ雨雲
9: 1 苦しみのあった所に，<やみ>がなく
2 <やみ>の中を歩んでいた民は，大き
29:15 彼らは<やみ>の中で事を行い，そし
18 暗黒と<やみ>から物を見る．
42: 7 <やみ>の中に住む者を獄屋から連れ
45: 7 光を造り出し，<やみ>を創造し，平
19 <やみ>の地の場所で語らなかった．
58:10 あなたの光は，<やみ>の中に輝き上
59: 9 光を待ち望んだが，見よ，<やみ>．
10 <やみ>の中にいる死人のようだ．
60: 2 見よ．<やみ>が地をおおい，暗やみ
エレ 13:16 まだ主が<やみ>を送らないうちに，
エゼ 32: 8 あなたの地を<やみ>でおおう…神で
ヨエ 2: 2 <やみ>と，暗黒の日．ゼパ1:15.
アモ 5:18 それは<やみ>であって，光ではない．
ミカ 7: 8 <やみ>の中にすわっていても，主が
ヨハ 1: 5 光は<やみ>の中に輝いている．<やみ>はこれに打ち勝たなかった．
3:19 人々は光よりも<やみ>を愛した．そ
8:12 決して<やみ>の中を歩むことがなく，
12:35 <やみ>があなたがたを襲うことのないように…<やみ>の中を歩く者は，
46 だれも<やみ>の中にとどまることの
使徒 2:20 太陽は<やみ>となり，月は血に変わ
ロマ 13:12 <やみ>のわざを打ち捨てて，光の武
Ⅰコリ 4: 5 主は，<やみ>の中に隠れた事も明る
Ⅱコリ 4: 6 光が，<やみ>の中から輝き出よ」と
Ⅰペテ 2: 9 <やみ>の中から，ご自分の驚くべき
Ⅰヨハ 1: 6 しかも<やみ>の中を歩んでいるなら，
2: 8 <やみ>が消え去り，まことの光がす
9 今もなお，<やみ>の中にいるのです．
11 兄弟を憎む者は，<やみ>の中におり，<やみ>の中を歩んでいるのであって…<やみ>が彼の目を見えなくしたか

▼ヤミン
1. 人名．
(1)シメオン(1)の子．創世46:10，出エ6:15，民数26:12，Ⅰ歴4:24.
(2)ユダ族ラムの子．Ⅰ歴2:27.
(3)エズラの時に律法を解説した．ネヘ8:7.

2.ヤミン族．1.⑴から出た氏族．民数26:12.

▼ やむ

出エ 9:29 雷は<や>み，雹はもう降らなくなり
民数 16:48 間に立ったとき，神罰は<や>んだ．
25: 8 イスラエル人への神罰が<や>んだ．
ヨシ 5:12 翌日から，マナの降ることは<や>み，
11:23 その地に戦争は<や>んだ．
箴言 26:20 …たたく者がなければ争いは<やむ>．
イザ 24: 8 はしゃぐ者の騒ぎも<や>み，陽気な
哀歌 3:49 絶えず涙を流して，<やむ>ことなく，
マタ 14:32 舟に乗り移ると，風が<や>んだ．
マコ 4:39 すると風は<や>み，大なぎになった．
6:51 舟に乗り込まれると，風が<や>んだ．
Ⅰコリ 13: 8 異言ならば<や>みます．知識ならば

▼ やむ（病む）

詩篇 41: 3 <病む>ときにどうか彼を全くいやし
箴言 13:12 期待が長びくと心は<病む>．望みが
雅歌 2: 5 私は愛に<病>んでいるのです．5:8.
エレ 14:18 町に入ると…飢えて<病む>者たち．
哀歌 1:13 終日，<病>んでいる女とされた．
5:17 私たちの心が<病>んでいるのはこの
ホセ 7: 5 首長たちは酒の熱に<病>み，王はあ
ヤコ 5:15 信仰による祈りは，<病む>人を回復

▼ ヤムレク〔人名〕

シメオン人の一氏族の長．Ⅰ歴4:34.

▼ やむをえない

Ⅰコリ 7:36 <やむをえない>ことがあるならば，

▼ やめる

創世 11: 8 彼らはその町を建てるのを<やめ>た．
41:49 ヨセフは穀物を…量ることを<やめ>
出エ 5: 4 なぜ民に仕事を<やめ>させようとす
36: 6 民は持って来ることを<やめ>た．
ヨシ 7:26 主は燃える怒りを<やめ>られた．そ
22:16 主に従うことを<やめ>て，イスラエ
18 主に従うことを<やめ>ようとしてい
23 主に従うことを<やめる>ことであり
25 主を恐れることを<やめ>させるかも
29 主に従うことを<やめる>など，絶対
士師 20:28 戦うべきでしょうか…<やめる>べき
Ⅰサム 7: 8 主に叫ぶのを<やめ>ないでください．
12:23 祈るのを<やめ>て主に罪を犯すこと
15:16 <やめ>なさい．昨夜，主が私に仰せ
23:13 サウルは討伐を<やめ>た．
Ⅱサム 10:14 アモン人を打つのを<やめ>て，エル
13:39 会いに出ることは<やめ>た．アムノ
18:16 民はイスラエルを追うのを<やめ>て
Ⅰ列 15:21 バシャは…ラマを築くのを<やめ>て，
Ⅱ列 3: 3 罪を…<やめ>ようとはしなかった．
10:29 金の子牛に仕えることを<やめ>よう
13:18 彼は3回打ったが，それで<やめ>た．
Ⅱ歴 25:16 身のためを思って<やめ>なさい…そこで，預言者は<やめ>て言った．
エズ 4:23 彼らの働きを<やめ>させた．
ヨブ 3:17 悪者どもはいきりたつのを<やめ>，
15: 4 信仰を捨て，神に祈ることを<やめ>
32: 1 3人の者はヨブに答えるのを<やめ>
詩篇 36: 3 善を行うことも<やめ>てしまってい
37: 8 怒ることを<やめ>，憤りを捨てよ．
46: 9 主は…戦いを<やめ>させ，弓をへし
10 <やめ>よ．わたしこそ神であること
85: 4 神よ…御怒りを<やめ>てください．
箴言 17:14 争いを<やめ>よ．
19:27 訓戒を聞くのを<やめ>てみよ．そう
24:18 彼への怒りを<やめ>られるといけな
伝道 3: 5 抱擁を<やめる>のに時がある．
イザ 1:16 悪事を働くのを<やめ>よ．
33: 1 あなたが裏切りを<やめる>とき，あ
58:13 安息日に出歩くことを<やめ>，わた
エレ 4:28 わたしは悔いず，取り<やめ>もしな
18:20 あなたの憤りを<やめ>ていただき，
44:18 ぶどう酒を注ぐのを<やめ>た時から，
51:30 バビロンの勇士たちは戦いを<やめ>
エゼ 3:20 その正しい行いを<やめ>て，不正を
18:27 自分がしている悪事を<やめ>，公義
アモ 7: 5 お<やめ>ください．ヤコブはどうし
ミカ 2: 8 戦いを<やめ>て安らかに過ごしてい
ナホ 3: 1 略奪を事とし，強奪を<やめ>ない．
ゼカ 11:12 そうでないなら，<やめ>なさい．」
ルカ 7:45 この女は…口づけして<やめ>ません
9:49 悪霊を追い出している者を…<やめ>させました．マコ9:38.
50 <やめ>させることはありません．あ
16: 4 管理の仕事を<やめ>させられても，
22:51 イエスは…<やめ>なさい…と言われ
使徒 13:10 道を曲げることを<やめ>ないのか．
21:32 人々は…パウロを打つのを<やめ>た．
Ⅰコリ 13:11 子どものことを<やめ>ました．
ヘブ 6:16 人間のすべての反論を<やめ>させま

▼ やもめ

創世 38:11 父の家で<やもめ>のままでいなさい

14 タマルは，<やもめ>の服を脱ぎ，ベ
19 彼女は…また<やもめ>の服を着た．
出エ 22:22 <やもめ>…みなしごを悩ませてはな
申命 10:18 みなしご…<やもめ>のためにさばき
14:29 みなしごや，<やもめ>は来て，食べ，
24:17 <やもめ>の着物を質に取ってはなら
IIサム 20: 3 彼女たちは，一生，<やもめ>となっ
I列 17: 9 ひとりの<やもめ>に命じて，あなた
20 私を世話してくれたこの<やもめ>に
ヨブ 22: 9 あなたは<やもめ>を素手で去らせ，
24: 3 <やもめ>の牛を質に取り，
27:15 その<やもめ>らは泣きもしない．
29:13 <やもめ>の心を私は喜ばせた．
31:16 <やもめ>の目を衰え果てさせ，
詩篇 68: 5 みなしごの父，<やもめ>のさばき人
94: 6 <やもめ>や在留異国人を殺し，みな
109: 9 彼の妻は<やもめ>となりますように．
146: 9 みなしごと<やもめ>をささえられる．
箴言 15:25 主は…<やもめ>の地境を決められる．
イザ 1:17 <やもめ>のために弁護せよ．」
10: 2 <やもめ>を自分のとりこにし，みな
47: 8 私は<やもめ>にはならないし，子を
9 子を失うことと，<やもめ>になるこ
54: 4 <やもめ>時代のそしりを，もう思い
エレ 15: 8 <やもめ>の数を海の砂よりも多くし
22: 3 みなしご，<やもめ>を苦しめたり，
49:11 あなたの<やもめ>たちは，わたしに
哀歌 1: 1 この町は…<やもめ>のようになった．
5: 3 私たちの母は<やもめ>になりました．
エゼ 44:22 <やもめ>…を妻にしてはならない…<やもめ>でも，それが祭司の<やもめ>であれば，めとってもよい．
マラ 3: 5 <やもめ>やみなしごを苦しめる者，
マタ 23:14 <やもめ>の家を食いつぶし，見えの
マコ 12:42 貧しい<やもめ>が来て，レプタ銅貨を二つ投げ入れた．ルカ21:2，3．
ルカ 2:37 その後<やもめ>になり，84歳になっ
4:25 イスラエルにも<やもめ>は多くいた
26 エリヤは…シドンの…<やもめ>女に
7:12 <やもめ>となった母親のひとり息子
18: 3 ひとりの<やもめ>が…彼のところに
5 この<やもめ>は，うるさくてしかた
使徒 6: 1 <やもめ>たちが，毎日の配給でなお
9:39 <やもめ>たちは…ドルカスがいっし
Iコリ 7: 8 結婚していない男と<やもめ>の女に
Iテモ 5: 3 ほんとうの<やもめ>を敬いなさい．
4 <やもめ>に子どもか孫かがいるなら，
6 自堕落な生活をしている<やもめ>は，
9 <やもめ>として名簿に載せるのは，
11 若い<やもめ>は断りなさい…彼女た
16 信者である婦人の身内に<やもめ>が
ヤコ 1:27 <やもめ>たちが困っているときに世
黙示 18: 7 <やもめ>ではないから，悲しみを知

▼ やもり

レビ 11:30 <やもり>，わに，とかげ，すなとか
箴言 30:28 <やもり>は手でつかまえることがで

▼ ヤラ

1. 人名．サウルの子孫．I歴9:42．
2. ヤラ族．ソロモンのしもべたちの子孫．捕囚帰還の民．エズ2:56．

▼ ヤラム〔人名〕

エドムの一氏族の首長．創世36:5，I歴1:35．

▼ やり（槍），投げ槍

民数 25: 7 ピネハスは…手に<槍>を取り，
Iサム 13:19 ヘブル人が剣や<槍>を作るといけな
17: 7 <槍>の柄は…<槍>の穂先は，鉄で
18:10 サウルの手には<槍>があった．
20:33 サウルは<槍>をヨナタンに投げつけ
IIサム 2:23 アブネルは，<槍>の石突きで彼の下腹を…<槍>はアサエルを突き抜けた．
21:16 彼の<槍>の重さは青銅で300シェケ
19 ラフミの<槍>の柄は，機織りの巻き
23:18 彼は<槍>をふるって300人を刺し殺
21 エジプト人は，手に<槍>を持っていた…<槍>をもぎ取って…彼を殺した．
I列 18:28 剣や<槍>で…自分たちの身を傷つけ
II列 11:10 ダビデ王の<槍>と丸い小盾を与えた．
I歴 12: 8 勇士で…大盾と<槍>の備えのある者
II歴 11:12 町ごとに大盾と<槍>を置き…強固に
14: 8 アサには…<槍>を帯びる軍勢が30万，
23:10 ひとりひとり手に<投げ槍>を持たせ
32: 5 彼は大量の<投げ槍>と盾を作った．
ネヘ 4:13 空地に…<槍>や弓を持たせて配置し
23 それぞれ<投げ槍>を手にしていた．
ヨブ 33:18 いのちが<槍>で滅びないようにされ
36:12 彼らは<槍>によって滅び，知識を持
詩篇 35: 3 <槍>を抜き，私に追い迫る者を封じ
イザ 2: 4 剣を鋤に…<槍>をかまに打ち直し，
エレ 6:23 弓と<投げ槍>を堅く握り，残忍で，
エゼ 39: 9 手槍と<槍>を燃やして焼き，7年間，

ヨエ 2: 8 <投げ槍>がふりかかっても，止まら
3:10 鋤を剣に…かまを<槍>に，打ち直せ.
ハバ 3:11 あなたのきらめく<槍>の輝きによっ
ヨハ 19:34 イエスのわき腹を<槍>で突き刺した.

▼ やりかた（～方）

Ⅰサム 27:11 いつも，このような<やり方>をして
エゼ 7:27 彼らの<やり方>にしたがって彼らを

▼ やりなおす（～直す）

ヘブ 6: 2 基礎的なことを…<やり直>したりし

▼ ヤリブ〔人名〕

(1)シメオンの子．Ⅰ歴4:24.
(2)捕囚帰還の指導者の一人．エズ8:16.
(3)異邦人の女をめとった祭司の一人．エズ10:18.

▼ ヤルハ〔人名〕

エジプト人アタイの父．Ⅰ歴2:34，35.

▼ ヤルムテ〔地名〕

(1)エルサレム南西の要害．ヨシ10:3，5，23，12:11，15:35，ネヘ11:29.
(2)イッサカル所領内のレビ人の町．ヨシ21:29.

▼ ヤレデ〔人名〕

エノクの父．旧約ではエレデ．ルカ3:37.

▼ ヤロアハ〔人名〕

ガド族ブズの子孫．Ⅰ歴5:14.

▼ ヤロブアム〔人名〕

(1)ヤロブアム１世．イスラエル10部族の王国を樹立したエフライム人．Ⅰ列11:26，28，29，31，40，12:2，3，12，15，20，25，26，32，13:1，4，33，34，14:1，2，4，5，6，7，10，11，13，14，16，17，19，20，30，15:1，6，7，9，25，29，30，34，16:2，3，7，19，26，31，21:22，22:52，Ⅱ列3:3，9:9，10:29，31，13:2，6，11，14:24，15:9，18，24，28，17:21，22，23:15，Ⅱ歴9:29，10:2，3，12，15，13:1，3，4，6，8，13，15，19，20.
(2)ヤロブアム２世．イスラエルの第13代の王．Ⅱ列13:13，14:16，23，27，28，29，15:1，8，Ⅰ歴5:17，ホセ1:1，アモ1:1，7:9，10，11.

▼ ヤロン〔人名〕

ユダ族エズラの子．Ⅰ歴4:17.

▼ やわらかい（柔らかい）

創世 18: 7 <柔らか>くて，おいしそうな小牛を
詩篇 55:21 彼のことばは，油よりも<柔らかい>
65:10 夕立で地を<柔らか>にし，その生長
箴言 15: 1 <柔らか>な答えは憤りを静める．し
25:15 <柔らか>な舌は骨を砕く.
エゼ 17:22 <柔らかい>若枝の先を摘み取り，わ
マタ 11: 8 <柔らかい>着物を着た人．ルカ7:25.
24:32 枝が<柔らか>になって，葉が出て来

▼ やわらぐ（和らぐ）

ヨブ 5:23 野の獣はあなたと<和らぐ>からだ.
22:21 あなたは神と<和ら>ぎ，平和を得よ.
箴言 16: 7 敵をも，その人と<和ら>がせる.

▼ やわらげる（和らげる）

詩 131: 2 私は，自分のたましいを<和らげ>，
箴言 26:25 声を<和らげ>て語りかけても，そ
伝道 8: 1 知恵は…その顔の固さを<和らげる>.
イザ 1: 6 油で<和らげ>てももらえない.

▼ ヤワン〔人名〕

ノアの子ヤペテの子孫．創世10:2，4，Ⅰ歴1:5，7，イザ66:19.

▼ ヤンナイ〔人名〕

主イエスの先祖の一人．ルカ3:24.

▼ ヤンネ〔人名〕

モーセに逆らったエジプトの魔術師．Ⅱテモ3:8.

▼ ヤンブレ〔人名〕

モーセに逆らったエジプトの魔術師．Ⅱテモ3:8.

▼ ゆいいつ（唯一）

マコ 12:29 神である主は，<唯一>の主である.
32 主は<唯一>であって，そのほかに，
ヨハ 5:44 <唯一>の神からの栄誉を求めないあ
17: 3 <唯一>のまことの神であるあなたと，
ロマ 3:30 神が<唯一>ならばそうです．この神
16:27 知恵に富む<唯一>の神に…御栄えが
Ⅰコリ 8: 4 <唯一>の神以外には神は存在しない
6 父なる<唯一>の神がおられるだけで
…<唯一>の主なるイエス・キリスト
ガラ 3:20 しかし約束を賜る神は<唯一>者です.
Ⅰテモ 1:17 目に見えない<唯一>の神に，誉れと

2:5 神は<唯一>です．また，神と人との間の仲介者も<唯一>であって，それ
6:15 神は祝福に満ちた<唯一>の主権者，
ユダ 4 <唯一>の支配者であり主であるイエ
25 救い主である<唯一>の神に，栄光，

▼ゆいごん（遺言），遺言者
ヘブ 9:16 <遺言>には，<遺言者>の死亡証明が
17 <遺言>は…<遺言者>が生きている間

▼ゆう（夕）
創世 1:5 <夕>があり，朝があった．第1日．8，13，19，23，31．
詩篇 55:17 <夕>，朝，真昼，私は嘆き，うめく．
ダニ 8:14 2300の<夕>と朝が過ぎるまで．その

▼ゆううつ（憂うつ）
ヨブ 9:27 <憂うつ>な顔を捨てて，明るくなり

▼ゆうえき（有益）
Ⅰコリ 10:23 すべてのことが<有益>とはかぎりま
Ⅰテモ 4:8 肉体の鍛練もいくらかは<有益>ですが…敬虔は，すべてに<有益>です．
Ⅱテモ 2:21 主人にとって<有益>なもの，あらゆ
3:16 聖書は…義の訓練とのために<有益>
テト 3:8 これらのことは…人々に<有益>なこ

▼ユウオデヤ〔人名〕
ピリピの教会の女性信者．ピリ4:2．

▼ゆうかげ（夕影）
詩 102:11 私の日は，伸びていく<夕影>のよう

▼ゆうがた（夕方）
創世 30:16 <夕方>になってヤコブが野から帰っ
出エ 16:13 <夕方>になるとうずらが飛んで来て，
27:21 <夕方>から朝まで…ともしびを整え
レビ 11:24 死体に触れる者は…<夕方>まで汚れる．14:46，15:5，17:15，22:6．
民数 9:15 雲が…<夕方>には幕屋の上にあって
19:7 その祭司は<夕方>まで汚れる．
申命 28:67 朝には…<夕方>であればよいのに」
ヨシ 7:6 主の箱の前で，<夕方>まで地にひれ
10:26 <夕方>まで木にかけておいた．
士師 20:23 主の前で<夕方>まで泣き，主に伺っ
ルツ 2:17 <夕方>まで畑で落ち穂を拾い集めた．
Ⅱサム 1:12 サウルのため…<夕方>まで断食した．
Ⅰ列 17:6 烏が…<夕方>になるとパンと肉とを
Ⅱ列 16:15 <夕方>の穀物のささげ物，また，王
エズ 9:4 私は<夕方>のささげ物の時刻まで，
エス 2:14 おとめは<夕方>入って行き，朝にな
ヨブ 4:20 彼らは朝から<夕方>までに打ち砕か
伝道 11:6 種を蒔け．<夕方>も手を放してはい
エゼ 12:4 見ている前で，<夕方>，出て行け．
24:18 <夕方>，私の妻が死んだ．翌朝，私
マタ 8:16 <夕方>になると，人々は悪霊につか
14:23 <夕方>になったが，まだ…ひとりで
20:8 <夕方>になったので，ぶどう園の主
27:57 <夕方>になって，アリマタヤの金持
マコ 1:32 <夕方>になった…人々は病人や悪霊
6:47 <夕方>になったころ，舟は湖の真ん
13:35 <夕方>か，夜中か，鶏の鳴くころか，
14:17 <夕方>になって，イエスは12弟子と
ヨハ 20:19 週の初めの日の<夕方>のことであっ

▼ゆうかん（勇敢）
Ⅱ列 24:16 <勇敢>な戦士を，すべて，捕囚とし
エゼ 32:21 <勇敢>な勇士たちは，その国を助け
ヨハ 16:33 <勇敢>でありなさい．わたしはすで
Ⅱコリ 10:2 <勇敢>にふるまおうと思っているそ
Ⅰテモ 1:18 <勇敢>に戦い抜くためです．
6:12 信仰の戦いを<勇敢>に戦い，永遠の
Ⅱテモ 4:7 私は<勇敢>に戦い，走るべき道のり

▼ゆうき（勇気）
ヨシ 2:11 だれにも，<勇気>がなくなってしま
5:1 もはや<勇気>がなくなってしまった．
士師 7:11 <勇気>を出して，陣営に攻め下らな
8:21 人の<勇気>はそれぞれ違うのですか
Ⅰサム 14:52 サウルは<勇気>のある者や，力のあ
Ⅱサム 2:7 強くあれ．<勇気>のある者となれ．
7:27 この祈りをあなたに祈る<勇気>を得
16:21 くみする者はみな，<勇気>を出すで
Ⅱ歴 19:11 <勇気>を出して実行しなさい．主が
エズ 10:4 <勇気>を出して，実行してください．
エス 10:2 彼の権威と<勇気>によるすべての功
ダニ 11:25 彼は勢力と<勇気>を駆り立て，大軍
ミカ 3:8 主の霊と，公義と，<勇気>とに満ち，
ゼカ 8:9 <勇気>を出せ…神殿を建てるための
使徒 7:32 モーセは…見定める<勇気>もなくな
23:11 <勇気>を出しなさい．あなたは，エ
28:15 パウロは彼らに会って…<勇気>づけ
Ⅱコリ 4:1 私たちは…<勇気>を失うことなく，

▼ゆうきょう（遊興）
ロマ 13:13 <遊興>，酩酊，淫乱，好色，争い，
ガラ 5:21 ねたみ，酩酊，<遊興>，そういった
Ⅰペテ 4:3 好色，情欲，酔酒，<遊興>，宴会騒

▼ゆうぐれ（夕暮れ）
創世 19:1 ふたりの御使いは<夕暮れ>にソドム

24:11 <夕暮れ>時，女たちが水を汲みに出
63 イサクは<夕暮れ>近く，野に散歩に
出エ 12: 6 全集会は…<夕暮れ>にそれをほふり，
レビ 23: 5 第1月の14日には，<夕暮れ>に過越
Ⅰサム 30:17 ダビデは，その<夕暮れ>から次の夕
詩 104:23 <夕暮れ>までその働きにつきます．
イザ 17:14 <夕暮れ>には，見よ，突然の恐怖．
エゼ 46: 2 門は<夕暮れ>まで閉じてはならない．
ゼカ 14: 7 <夕暮れ>時に，光がある．

▼ゆうこう（有効）

民数 30:13 夫がそれを<有効>にすることができ，
14 すべての物断ちを<有効>にする．彼
ルツ 4: 7 すべての取り引きを<有効>にするた

▼ゆうざい（有罪）

申命 15: 9 主に訴えるなら，あなたは<有罪>と

▼ゆうし（勇士）【別項】３勇士

創世 6: 4 ネフィリム…これらは，昔の<勇士>
申命 3:18 <勇士>たちはみな武装して，同族，
ヨシ 1:14 <勇士>は，みな編隊を組んで，あな
10: 2 そこの人々はみな<勇士>たちであっ
士師 5:13 主の民は…<勇士>のようにおりて来
11: 1 エフタは<勇士>であったが…遊女の
18: 2 <勇士>たちを派遣して，土地を偵察
Ⅰサム 2: 4 <勇士>の弓が砕かれ，弱い者が力を
16:18 琴がじょうずで<勇士>であり，戦士
17:51 彼らの<勇士>が死んだのを見て逃げ
31:12 <勇士>たちは…サウルの死体と，そ
Ⅱサム 1:25 <勇士>たちは戦いのさなかに倒れた．
16: 6 民と<勇士>たちはみな，王の右左に
23: 8 ダビデの<勇士>たちの名は次のとお
Ⅰ歴 10:12 <勇士>たちはみな，立ち上がり，サ
27: 6 彼は，あの30人の<勇士>のひとり，
28: 1 ダビデは…すべての<勇士>をエルサ
Ⅱ歴 28: 7 エフライムの<勇士>ジクリは，王の
ネヘ 3:16 <勇士>たちの家のところまで修理し
ヨブ 16:14 神は…<勇士>のように私に向かって
38: 3 あなたは<勇士>のように腰に帯を締
詩篇 19: 5 <勇士>のように，その走路を喜び走
76: 5 <勇士>たちはだれも，手の施しよう
78:65 ぶどう酒に酔った<勇士>がさめたよ
89:19 わたしは，ひとりの<勇士>に助けを
127: 4 まさに<勇士>の手にある矢のようだ．
箴言 16:32 怒りをおそくする者は<勇士>にまさ
21:22 知恵のある者は<勇士>たちの町に攻
伝道 9:11 戦いは<勇士>のものではなく，また
雅歌 3: 7 その回りには…60人の<勇士>がいる．
イザ 3: 2 <勇士>と戦士，さばきつかさと預言
25 あなたの<勇士>たちは戦いに倒れ，
5:22 酒を飲むことでの<勇士>，強い酒を
33: 7 彼らの<勇士>はちまたで叫び，平和
エレ 14: 9 人を救うこともできない<勇士>のよ
20:11 主は…横暴な<勇士>のようです．で
49:22 エドムの<勇士>の心も，産みの苦し
エゼ 39:18 <勇士>たちの肉を食べ，国の君主た
ホセ 10:13 多くの<勇士>に拠り頼んだからだ．
ヨエ 2: 7 それは<勇士>のように走り，戦士の
アモ 2:14 <勇士>もいのちを救うことができな
オバ 9 テマンよ．あなたの<勇士>たちはお
ナホ 2: 3 その<勇士>の盾は赤く，兵士は緋色
ゼパ 1:14 聞け．主の日を．<勇士>も激しく叫
3:17 主は…救いの<勇士>だ．主は喜びを
ゼカ 9:13 あなたを<勇士>の剣のようにする．
ヘブ 11:34 戦いの<勇士>となり，他国の陣営を

▼ゆうじょ（遊女）

創世 34:31 妹が<遊女>のように取り扱われても
38:15 顔をおおっていたので<遊女>だと思
申命 23:18 <遊女>のもうけや犬のかせぎをあな
ヨシ 2: 1 ラハブという名の<遊女>の家に入り
6:17 <遊女>ラハブと…生かしておかなけ
士師 11: 1 エフタは勇士で…<遊女>の子であっ
16: 1 サムソンは…<遊女>を見つけ，彼女
Ⅰ列 3:16 ふたりの<遊女>が王のところに来て，
22:38 <遊女>たちがそこで身を洗った．主
箴言 7:10 <遊女>の装いをした心にたくらみの
23:27 <遊女>は深い穴，見知らぬ女は狭い
29: 3 <遊女>と交わる者は，財産を滅ぼす．
イザ 1:21 どうして，<遊女>になったのか，忠
エレ 5: 7 姦通をし，<遊女>の家で身を傷つけ
エゼ 16:31 あなたは…<遊女>のようではなかっ
23:44 彼らは<遊女>のもとに行くように，
ホセ 4:14 男たちが<遊女>とともに離れ去り，
ヨエ 3: 3 子どもを<遊女>のために与え，酒の
アモ 7:17 あなたの妻は町で<遊女>となり，あ
ミカ 1: 7 <遊女>の儲けで集められたのだから，
ナホ 3: 4 すぐれて麗しい<遊女>，呪術を行う
マタ 21:31 <遊女>たちのほうが…先に神の国に
32 <遊女>たちは彼を信じたからです．
ルカ 15:30 <遊女>におぼれてあなたの身代を食
Ⅰコリ 6:15 キリストのからだを…<遊女>のから
16 <遊女>と交われば，一つからだにな

ヘブ 11:31 信仰によって，<遊女>ラハブは，偵
ヤコ 2:25 <遊女>ラハブも，使者たちを招き入

▼ゆうじょう（友情）
Ⅰ列 5: 1 ヒラムはダビデと…<友情>を保って
ヨブ 6:14 その友から<友情>を．さもないと，

▼ゆうしょく（夕食）
ヨハ 13: 2 <夕食>の間のこと…悪魔は…ユダの
4 <夕食>の席から立ち上がって，上着

▼ゆうじん（友人）
Ⅰサム 30:26 ダビデは…<友人>であるユダの長老
Ⅱサム 3: 8 兄弟と<友人>たちとに真実を尽くし
13: 3 ヨナダブという名の<友人>がいた．
エス 5:10 ハマンは…<友人>たちと妻ゼレシュ
14 すべての<友人>たちは…言った．
6:13 すべての<友人>たちに話した．する
ヨブ 42:10 ヨブがその<友人>たちのために祈っ
詩篇 15: 3 <友人>に悪を行わず，隣人への非難
箴言 18:24 滅びに至らせる<友人>たちもあれば，
29: 5 自分の<友人>にへつらう者は，自分
イザ 19: 2 <友人>は<友人>と…相逆らって争う．
エレ 9: 8 口先では<友人>に平和を語るが，腹
ルカ 14:12 <友人>…などを呼んではいけません．
21:16 両親，兄弟…<友人>たちにまで裏切
ヨハ 3:29 その<友人>は，花婿の声を聞いて大
使徒 10:24 親族や親しい<友人>たちを呼び集め，
19:31 アジヤ州の高官で，パウロの<友人>
Ⅲヨハ 15 <友人>たちが，あなたによろしくと

▼ゆうせん（優先）
Ⅰテサ 4:15 死んでいる人々に<優先>するような

▼ゆうだち（夕立）
ヨブ 37: 6 <夕立>に，激しい大雨に命じる．
詩篇 65:10 <夕立>で地を柔らかにし，その生長
エレ 3: 3 <夕立>はとどめられ，後の雨はなか
ミカ 5: 7 青草に降り注ぐ<夕立>のようだ．彼

▼ゆうひ（夕日）
詩 109:23 <夕日>の影のように去り行き，いな

▼ゆうふく（裕福）
創世 26:13 この人は富み…非常に<裕福>になっ
Ⅰサム 9: 1 アフィアハは<裕福>なベニヤミン人
25: 2 彼は…事業をしており…<裕福>であ
Ⅱ列 4: 8 そこにひとりの<裕福>な女がいて，
詩篇 22:29 地の<裕福>な者もみな，食べて，伏
マコ 10:23 <裕福>な者が神の国に入ることは，
何とむずかしいこと．ルカ18:24．

▼ゆうべ（夕べ）
Ⅰ歴 23:30 賛美し，<夕べ>にも同じようにする
詩篇 65: 8 朝と<夕べ>の起こる所を，高らかに
90: 6 <夕べ>には，しおれて枯れます．
エレ 6: 4 日が傾いた．<夕べ>の影も伸びる．」

▼ゆうへい（幽閉）
Ⅱ列 23:33 ハマテの地リブラに<幽閉>し，この

▼ゆうべん（雄弁）
使徒 18:24 <雄弁>なアポロというユダヤ人がエ

▼ゆうやけ（夕焼け）
マタ 16: 2 夕方には，『<夕焼け>だから晴れる』

▼ゆうりょく（有力），有力者
出エ 15:15 モアブの<有力者>らは，震え上がり，
ルツ 2: 1 ひとりの<有力者>…名はボアズであ
Ⅰ列 10: 2 彼女は…大ぜいの<有力者>たちを率
ネヘ 4: 2 同胞と，サマリヤの<有力者>たちの
エス 1: 3 ペルシヤとメディヤの<有力者>，貴
ヨブ 22: 8 土地を持っている<有力者>のように，
エゼ 7:24 <有力者>たちの高ぶりをくじき，彼
ダニ 8:24 <有力者>たちと聖徒の民を滅ぼす．
ミカ 7: 3 <有力者>は自分の欲するままを語り，
マコ 15:43 ヨセフは<有力>な議員であり，みず
使徒 13:50 町の<有力者>たちを扇動して，パウ

▼ゆうれい（幽霊）
マタ 14:26 あれは<幽霊>だ」と言って，おびえ
マコ 6:49 イエス…を見て，<幽霊>だと思い，

▼ゆうわく（誘惑）
申命 30:17 <誘惑>されて，ほかの神々を拝み，
マタ 26:41 <誘惑>に陥らないように，目をさま
して．マコ14:38，ルカ22:40，46．
マコ 1:13 イエスは…サタンの<誘惑>を受けら
Ⅰコリ 7: 5 サタンの<誘惑>にかからないためで
ガラ 6: 1 自分自身も<誘惑>に陥らないように
Ⅰテサ 3: 5 <誘惑>者があなたがたを<誘惑>して，
Ⅰテモ 6: 9 金持ちになりたがる人…は，<誘惑>
ヤコ 1:13 神によって<誘惑>された，と言って
はいけません．神は悪に<誘惑>され
14 人は…自分の欲に引かれ…<誘惑>さ
Ⅱペテ 2: 9 敬虔な者たちを<誘惑>から救い出し，
14 心の定まらない者たちを<誘惑>し，
18 肉欲と好色によって<誘惑>し，

▼ゆえ（も）なく
詩篇 35: 7 <ゆえもなく>，私にひそかに網を張
り，<ゆえもなく>，私のたましいを
69: 4 <ゆえなく>私を憎む者は私の髪の毛

109: 3 <ゆえもなく>私と戦いました.
119:161 君主らは，<ゆえもなく>私を迫害し
エゼ 14:23 <ゆえもなく>したのではないことを

▼ゆがめる

出エ 23: 8 正しい人の言い分を<ゆがめる>から
哀歌 3:36 人がそのさばきを<ゆがめる>ことを，

▼ユカル〔人名〕

ゼデキヤ王からエレミヤへのつかい．エレ38:1.

▼ゆき（雪）

出エ 4: 6 ツァラアトに冒され，<雪>のようになった．民数12:10，Ⅱ列5:27.
Ⅱサム 23:20 ある<雪>の日に，ほら穴の中に降り
ヨブ 9:30 たとい私が<雪>の水で身を洗っても，
38:22 あなたは<雪>の倉に入ったことがあ
詩篇 51: 7 私は<雪>よりも白くなりましょう.
147:16 主は羊毛のように<雪>を降らせ，灰
箴言 25:13 夏の暑い日の冷たい<雪>のようだ.
26: 1 夏の<雪>，刈り入れ時の雨のようだ.
31:21 彼女は家の者のために<雪>を恐れな
イザ 1:18 罪が緋のように赤くても，<雪>のよ
エレ 18:14 レバノンの<雪>は，野の岩から消え
哀歌 4: 7 そのナジル人は<雪>よりもきよく，
ダニ 7: 9 その衣は<雪>のように白く，頭の毛
マタ 28: 3 その衣は<雪>のように白かった.
黙示 1:14 頭と髪の毛は…<雪>のように白く，

▼ゆきき（行き来）

詩篇 35:13 祈りは私の胸を<行き来>していた.
イザ 47:15 若い時から仕え，<行き来>してきた
エゼ 1:14 生きものは…走って<行き来>してい
35: 7 そこを<行き来する>者を断ち滅ぼす
ゼカ 7:14 <行き来>する者もいなくなる．こう
9: 8 <行き来>する者を見張る衛所に立つ.

▼ゆきめぐる（行き巡る），行き巡らす

出エ 12:23 エジプトを打つために<行き巡>られ，
32:27 入口から入口へ<行き巡>って，おの
民数 13:32 <行き巡>って探った地は，その住民
ヨシ 18: 4 その地を<行き巡る>ように，私は彼
Ⅱサム 24: 2 全部族の間を<行き巡>り，その民を
Ⅰ歴 21: 4 イスラエルをあまねく<行き巡>り，
Ⅱ歴 30: 6 ユダの全土を<行き巡>り，王の命令
10 町から町へと<行き巡>ったが，人々
ヨブ 1: 7 地を<行き巡>り，そこを歩き回って
詩篇 19: 6 <行き巡る>のは，天の果て果てまで.
42: 4 群れといっしょに<行き巡>り，喜び
73: 9 その舌は地を<行き巡る>.
雅歌 3: 2 起きて町を<行き巡>り…捜して来よ
3 町を<行き巡る>夜回りたちが私を見
エレ 5: 1 エルサレムのちまたを<行き巡>り，
50: 6 山から丘へと<行き巡>って，休み場
エゼ 9: 4 エルサレムの中を<行き巡>り，この
5 町の中を<行き巡>って，打ち殺せ.
14:15 わたしが悪い獣を<行き巡>らせ，そ
17 『剣よ．この地を<行き巡>れ』と言
37: 2 あちらこちらと<行き巡>らせた．な
ダニ 11:20 税を取り立てる者を<行き巡>らすが，
ヨナ 3: 3 ニネベは，<行き巡る>のに３日かか
ゼカ 1:10 地を<行き巡る>ために主が遣わされ

▼ユシャブ・ヘセデ〔人名〕

捕囚帰還後の指導者ゼルバベルの子．Ⅰ歴3:20.

▼ユスト〔人名〕

⑴使徒ユダ補充候補者．本名ヨセフ．使徒1:23.
⑵パウロの同労者．本名イエス．コロ4:11.

▼ゆすぶる，ゆさぶる

詩篇 29: 8 カデシュの荒野を，<ゆすぶ>られる.
ダニ 10:10 私のひざと手を<ゆさぶ>った.

▼ゆずり，ゆずりの地

Ⅱサム 14:16 神の<ゆずりの地>から根絶やしにし
20: 1 われわれのための<ゆずりの地>がな
19 主の<ゆずりの地>を，のみ尽くそう
21: 3 主の<ゆずりの地>を祝福できるのか.
Ⅰ列 21: 3 私の先祖の<ゆずりの地>をあなたに
Ⅰ歴 28: 8 子たちに<ゆずり>として与えるため
ネヘ 11:20 それぞれ自分の<ゆずりの地>にいた.
詩篇 2: 8 国々をあなたへの<ゆずり>として与
16: 5 主は，私への<ゆずり>の地所，また
6 私への，すばらしい<ゆずりの地>だ.
37:18 彼らの<ゆずり>は永遠に残る.
68: 9 <ゆずりの地>をしっかりと立てられ
111: 6 異邦の民の<ゆずりの地>を，ご自分
119:111 さとしを永遠の<ゆずり>として受け
箴言 13:22 善良な人は子孫に<ゆずりの地>を残
イザ 49: 8 荒れ果てた<ゆずりの地>を継がせよ
58:14 ヤコブの<ゆずりの地>であなたを養
63:17 <ゆずりの地>の部族のために…お帰
エレ 2: 7 わたしの<ゆずりの地>を忌みきらう
3:19 麗しい<ゆずりの地>を授けようかと
エゼ 22:16 おまえに<ゆずりの地>を与える．こ
ヨエ 2:17 <ゆずりの地>を，諸国の民のそしり

3: 2 わたしの<ゆずりの地>イスラエルに

▼ゆする

ミカ 2: 2 人とその相続地を<ゆす>り取る．
ルカ 3:14 力ずくで金を<ゆす>ったり，無実の

▼ゆずる（譲る）

創世 24:36 この子に自分の全財産を<譲>ってお
申命 21:16 息子たちに財産を<譲る>日に，長子
Ⅰ列 21: 2 ぶどう畑を私に<譲>ってもらいたい．
ルカ 14: 9 この人に席を<譲>ってください』と

▼ユタ〔地名〕

ユダ所領内のレビ人の町．ヨシ15:55，21:16．

▼ユダ【別項】ユダの荒野，ユダのことば

1．人名．

⑴族長ヤコブの第４子．母はレア，創世29:35；ヨセフの助命をとりなす，創世37:27；カナン人と結婚する，創世38:1-5；タマルによるペレツとゼラフの父，創世38:6-30；ダビデの先祖，ルツ4:18-22；キリストの先祖，マタ1:3-16；弟の身代りを申し出る，創世44:18-34；ヤコブをゴシェンに導く，創世46:28；ヤコブが祝福を与える，創世49:8-10；メシヤの約束，創世49:10．

創世 49:10 王権は<ユダ>を離れず，統治者の

⑵捕囚帰還のレビ人．ネヘ12:8．
⑶異邦人をめとったレビ人の一人．エズ10:23．
⑷ネヘミヤ時代のベニヤミン人．ネヘ11:9．
⑸城壁奉献式の時に楽器を持った人．ネヘ12:36．
⑹主イエスの先祖の一人．捕囚以前．ルカ3:30．
⑺主イエスの兄弟．マタ13:55，マコ6:3．
⑻12弟子の一人．ヤコブの子．ルカ6:16，ヨハ14:22，使徒1:13．
⑼ガリラヤ人ユダ．使徒5:37．
⑽パウロが回心後，ダマスコで宿泊した家の主人．使徒9:11．
⑾バルサバの別名．使徒15:22，27，32．
⑿イスカリオテのユダ：12使徒の一人，マコ3:19；裏切り者，ルカ6:16；マリヤを非難する，ヨハ12:4-6；会計係，ヨハ13:29；キリストを売る，マタ26:14-16；口づけでキリストを裏切る，マコ14:43-45；裏切りの金を返し，自殺する，マタ27:3-10；生れないほうがよかった，マタ26:24．

2．1．⑴の子孫である部族，南王国ユダの住民とその領土．出エ31:2，35:30，38:22．

詩篇 60: 7 <ユダ>はわたしの杖．
69:35 シオンを救い，<ユダ>の町々を建て
76: 1 神は<ユダ>において知られ，御名は
78:68 <ユダ族>を選び，主が愛されたシオ
114: 2 <ユダ>は神の聖所となり，イスラエ
ミカ 5: 2 あなたは<ユダ>の氏族の中で最も小
ヘブ 7:14 主が，<ユダ族>から出られたことは
8: 8 <ユダ>の家と新しい契約を結ぶ日が．
黙示 5: 5 <ユダ族>から出た獅子，ダビデの根

3．バビロン，ペルシヤ等の属州としてのユダ．エズ5:1，7:14，ダニ2:25，5:13，6:13．

▼ゆたか（豊か），豊かさ

創世 41:47 豊作の７年間に地は<豊か>に生産し
出エ 22:29 あなたの<豊か>な産物と，あふれる
申命 28:11 地の産物を，<豊か>に恵んでくださ
47 すべてのものに<豊か>になっても，
Ⅰ列 4:29 ソロモンに非常に<豊か>な知恵と英
10:13 ソロモン王は，その<豊かさ>に相応
Ⅰ歴 4:40 <豊か>な良い牧場を発見した．その
Ⅱ歴 17: 5 富と誉れが<豊か>に与えられた．
ヨブ 36:28 これを降らせ，人の上に<豊か>に注
詩篇 13: 6 主が私を<豊か>にあしらわれたゆえ．
36: 8 あなたの家の<豊かさ>を心ゆくまで
37:16 多くの悪者の<豊かさ>にまさる．
51: 1 あなたの<豊か>なあわれみによって，
72: 7 <豊か>な平和がありますように．
107:37 ぶどう畑を作り，<豊か>な実りを得
119:165 みおしえを愛する者には<豊か>な平
箴言 28:25 しかし主に拠り頼む人は<豊か>にな
イザ 54:13 子どもたちには，<豊か>な平安があ
55: 7 神に帰れ．<豊か>に赦してくださる
66:11 その<豊か>な乳房から吸って喜んだ
エレ 2: 7 実り<豊か>な地に連れて入り，その
33: 6 彼らに平安と真実を<豊か>に示す．
哀歌 3:32 主は，その<豊か>な恵みによって，
ダニ 4: 1 あなたがたに平安が<豊か>にあるよ
12 葉は美しく，実も<豊か>で，それに
ホセ 10: 1 その地が<豊か>になるにしたがって，
ヨエ 2:13 怒るのにおそく，恵み<豊か>で，わ
22 ぶどうの木とは<豊か>にみのる．
ハバ 1:16 彼の分け前が<豊か>になり，その食
マタ 13:12 持っている者はさらに…<豊か>にな
ルカ 12:15 いくら<豊か>な人でも，その人のい
ヨハ 1:16 この方の満ち満ちた<豊かさ>の中か

10:10 羊がいのちを得…それを<豊か>に持
ロマ 2: 4 <豊か>な慈愛と忍耐と寛容とを軽ん
9:23 その<豊か>な栄光を知らせてくださ
Ⅰコリ 1: 5 キリストにあって<豊か>な者とされ
4: 8 もう<豊か>になっています．私たち
14:12 御霊の賜物…が<豊か>に与えられる
Ⅱコリ 9: 6 <豊か>に蒔く者は，<豊か>に刈り取
11 あらゆる点で<豊か>になって，惜し
エペ 1: 7 これは神の<豊か>な恵みによること
2: 7 すぐれて<豊か>な御恵みを，キリス
3:16 栄光の<豊かさ>に従い，御霊により，
ピリ 1: 9 あなたがたの愛が…<豊か>になり，
4:12 <豊かさ>の中にいる道も知っていま
コロ 2: 2 理解をもって<豊か>な全き確信に達
3:16 キリストのことばを…<豊か>に住ま
Ⅰテモ 6:17 すべての物を<豊か>に与えて楽しま
テト 3: 6 聖霊を…私たちに<豊か>に注いでく
Ⅱペテ 1: 8 これらが…備わり…<豊か>になるな
Ⅱヨハ 8 <豊か>な報いを受けるようになりな
黙示 3:17 自分は富んでいる，<豊か>になった，
18 <豊か>な者となるために，火で精錬

▼ ゆだねる

創世 39: 6 彼はヨセフの手に全財産を<ゆだね>，
8 全財産を私の手に<ゆだね>られまし
22 囚人をヨセフの手に<ゆだね>た．ヨ
Ⅱ歴 34:16 しもべに<ゆだね>られたことは，す
エズ 1: 2 宮を建てることを私に<ゆだね>られ
ヨブ 34:13 だれが，この地を神に<ゆだね>たの
詩篇 10:14 不幸な人は，あなたに身を<ゆだね>
22:10 私はあなたに，<ゆだね>られました．
31: 5 私の霊を御手に<ゆだね>ます．真実
37: 5 あなたの道を主に<ゆだね>よ．主に
55:22 あなたの重荷を主に<ゆだね>よ．主
119:121 私を<ゆだね>ないでください．
箴言 16: 3 主に<ゆだね>よ．そうすれば，あな
イザ 22:21 あなたの権威を彼の手に<ゆだねる>．
エレ 40: 5 ユダの町々を<ゆだね>たシャファン
7 国の貧民たちを<ゆだね>たことを聞
ホセ 9:10 恥ずべきものに身を<ゆだね>，彼ら
ルカ 23:46 父よ．わが霊を御手に<ゆだね>ます．
ヨハ 5:22 すべてのさばきを子に<ゆだね>られ
使徒 14:23 彼らを…信じていた主に<ゆだね>た．
15:40 主の恵みに<ゆだね>られて出発した．
20:32 神と…みことばとに<ゆだね>ます．
ロマ 3: 2 神の…おことばを<ゆだね>られてい
6:12 からだを罪の支配に<ゆだね>て，そ
Ⅰコリ 9:17 私には務めが<ゆだね>られているの
Ⅱコリ 5:19 和解のことばを…<ゆだね>られたの
ガラ 2: 7 福音を<ゆだね>られているように，
エペ 4:19 好色に身を<ゆだね>て，あらゆる不
Ⅰテサ 2: 4 福音を<ゆだね>られた者ですから，
Ⅰテモ 1:11 私はその福音を<ゆだね>られたので
18 私はあなたにこの命令を<ゆだね>ま
6:20 <ゆだね>られたものを守りなさい．
Ⅱテモ 1:14 あなたに<ゆだね>られた良いものを，
2: 2 忠実な人たちに<ゆだね>なさい．
テト 1: 3 私は，この宣教を…<ゆだね>られた
Ⅰペテ 5: 7 思い煩いを…神に<ゆだね>なさい．

▼ ユダのあらの（～荒野）

死海の西の中央山地にさえぎられて雨が降らない不毛の地．士師1:16，詩篇63題目．

▼ ユダのことば，ユダヤのことば

Ⅱ列 18:26 われわれに<ユダのことば>で話さな
Ⅱ歴 32:18 <ユダのことば>で大声に呼ばわり，
ネヘ 13:24 <ユダヤのことば>がわからなかった．

▼ ユダヤ【別項】ユダのことば・ユダヤのことば，ユダヤの荒野

1. 地名．ユダヤの国土．
マタ 2: 1 イエスが…<ユダヤ>のベツレヘムで
24:16 そのときは，<ユダヤ>にいる人々は
使徒 1: 8 <ユダヤ>とサマリヤの全土，および
8: 1 <ユダヤ>とサマリヤ…に散らされた．
11:29 <ユダヤ>に住んでいる兄弟たちに救

2. ユダヤ人．
エス 9:19 <ユダヤ人>は，アダルの月の14日を
マタ 2: 2 <ユダヤ人>の王としてお生まれにな
27:11 <ユダヤ人>の王ですか」と尋ねた．
37 <ユダヤ人>の王イエスである」と書
28:15 この話が…<ユダヤ人>の間に広まっ
マコ 7: 3 <ユダヤ人>は…言い伝えを堅く守っ
ヨハ 2: 6 <ユダヤ人>のきよめのしきたりによ
4: 9 <ユダヤ人>はサマリヤ人とつきあい
22 救いは<ユダヤ人>から出るのですか
10:31 <ユダヤ人>…は，イエスを石打ちに
18:36 わたしを<ユダヤ人>に渡さないよう
19:40 イエス…を…<ユダヤ人>の埋葬の習
20:19 <ユダヤ人>を恐れて戸がしめてあっ
使徒 9:23 <ユダヤ人>…はサウロを殺す相談を
11:19 <ユダヤ人>以外の者には…語らなか
12: 3 <ユダヤ人>の気に入ったのを見て，

13: 5 <ユダヤ人>の諸会堂で神のことばを
45 <ユダヤ人>たちは，ねたみに燃え，
16: 3 <ユダヤ人>の手前，彼に割礼を受け
18: 2 <ユダヤ人>をローマから退去させる
24 雄弁なアポロという<ユダヤ人>がエ
23:12 <ユダヤ人>…は徒党を組み，パウロ
26: 7 この希望のために<ユダヤ人>から訴
ロマ 1:16 福音は，<ユダヤ人>をはじめギリシ
3: 1 <ユダヤ人>のすぐれたところは，い
10:12 <ユダヤ人>とギリシヤ人との区別は
Ｉコリ 1:22 <ユダヤ人>はしるしを要求し，ギリ
24 <ユダヤ人>であってもギリシヤ人で
9:20 <ユダヤ人>には<ユダヤ人>のように
12:13 <ユダヤ人>も…一つの御霊を飲む者
ガラ 2:15 生まれながらの<ユダヤ人>であって，
黙示 2: 9 <ユダヤ人>だと自称しているが，実

▼ ユダヤきょう（～教），ユダヤ教徒
ガラ 1:13 <ユダヤ教徒>であったころの私の行
14 <ユダヤ教>に進んでおり，先祖から

▼ ユダヤのあらの（～荒野）
マタ 3: 1 <ユダヤの荒野>で教えを宣べて，言

▼ ゆだん（油断）
士師 8:11 陣営は<油断>していた．
ルカ 21:36 いつも<油断>せずに祈っていなさい．

▼ ユテコ〔人名〕
生き返ったトロアスの若者．使徒20:9．

▼ ゆとり
詩篇 4: 1 苦しみのときに<ゆとり>を与えてく

▼ ユニアス〔人名〕
パウロからあいさつを受けた人．ロマ16:7．

▼ ユニケ〔人名〕
テモテの母．ユダヤ人．IIテモ1:5．

▼ ゆにゅう（輸入）
Ｉ列 10:29 <輸入>された戦車は銀600…王たちも，彼らの仲買で<輸入>した．
II歴 1:17 馬を銀150で買い上げ，<輸入>して

▼ ユバル〔人名〕
レメクの子．音楽家の先祖．創世4:21．

▼ ゆび（指）
出エ 8:19 これは神の<指>です」と言った．し
31:18 神の<指>で書かれた石の板をモーセ
レビ 4: 6 祭司は<指>を血の中に浸し，主の前，
申命 9:10 主は神の<指>で書きしるされた石の
IIサム 21:20 手の<指>，足の<指>が６本ずつで，合計24本<指>の闘士がいた．彼もま
詩篇 8: 3 あなたの<指>のわざである天を見，
箴言 7: 3 あなたの<指>に結び…心の板に書き
雅歌 5: 5 私の<指>から没薬の液が…したたり
イザ 2: 8 <指>で造った物を拝んでいる．
エレ 52:21 その厚さは<指>４本分で，中は空洞
ダニ 2:41 足の<指>は…一部が陶器師の粘土，
5: 5 突然，人間の手の<指>が現れ，王の
マタ 23: 4 自分はそれに<指>一本さわろうとは
マコ 7:33 イエスは…その両耳に<指>を差し入
ルカ 11:20 神の<指>によって悪霊どもを追い出
46 その荷物に<指>一本さわろうとはし
ヨハ 8: 6 イエスは…<指>で地面に書いておら
20:25 私の<指>を釘のところに差し入れ，
27 あなたの<指>をここにつけて，わた

▼ ゆびさき（指先）
ルカ 16:24 ラザロが<指先>を水に浸して私の舌

▼ ゆびわ（指輪）
創世 41:42 パロは自分の<指輪>を…ヨセフの手
出エ 35:22 耳輪，<指輪>…金の飾り物を持って
エス 3:10 王は自分の手から<指輪>をはずして，
8: 8 王の<指輪>でそれに印を押しなさい．
エレ 22:24 わたしの右手の<指輪>の印であって
ルカ 15:22 手に<指輪>をはめさせ，足にくつを
ヤコ 2: 2 金の<指輪>をはめ，りっぱな服装を

▼ ユーフラテス，ユーフラテス川
(1)メソポタミヤの大河．
創世 2:14 第４の川，それは<ユーフラテス>で
15:18 あの大川，<ユーフラテス川>まで．
出エ 23:31 荒野から<ユーフラテス川>に至るま
ヨシ 24: 2 昔，<ユーフラテス川>の向こうに住
イザ 27:12 <ユーフラテス川>からエジプト川ま
(2)パレスチナのアナトテ付近のワディか．
エレ 13: 4 <ユーフラテス川>へ行き，それをそこの岩の割れ目に隠せ．」5，6．
(3)黙示録に登場する大河．黙示9:14，16:12．

▼ ユブロ〔人名〕
ローマにいたキリスト者．IIテモ4:21．

▼ ゆみ（弓），弓矢【別項】弓の歌
創世 21:20 彼は…荒野に住んで，<弓>を射る者
48:22 私が剣と<弓>とをもってエモリ人の
49:23 <弓>を射る者は彼を激しく攻め，彼
ヨシ 24:12 剣にもよらず…<弓>にもよらなかっ
士師 16: 7 <弓>の弦で私を縛るなら，私は弱く
Ｉサム 2: 4 勇士の<弓>が砕かれ，弱い者が力を
18: 4 ダビデに…<弓>，帯までも彼に与え

20:40 ヨナタンは自分の<弓矢>を子どもに
IIサム 1:22 ヨナタンの<弓>は，退いたことがな
I列 22:34 何げなく<弓>を放つと，イスラエル
II列 9:24 エフーは<弓>を力いっぱい引き絞り，
I歴 5:18 <弓>を引き，戦いの訓練を受けた勇
ネヘ 4:13 剣や槍や<弓>を持たせて配置した．
ヨブ 29:20 私の<弓>は私の手で次々に矢を放つ．
詩篇 11: 2 悪者どもが<弓>を張り，弦に矢をつ
37:15 心臓を貫き，彼らの<弓>は折られよ
44: 6 私は私の<弓>にたよりません．私の
46: 9 <弓>をへし折り，槍を断ち切り，戦
76: 3 神は<弓>につがえる火矢，盾と剣，
イザ 41: 2 その<弓>でわらのように吹き払う．
エレ 49:35 エラムの力の源であるその<弓>を砕
哀歌 2: 4 主は敵のように，<弓>を張り，右の
エゼ 39: 3 左手から<弓>をたたき落とし，右手
ホセ 1: 5 わたしは…イスラエルの<弓>を折る．
アモ 2:15 <弓>を取る者も立っていることがで
ハバ 3: 9 あなたの<弓>はおおいを取り払われ，
ゼカ 9:13 ユダを曲げてわたしの<弓>とし，こ
黙示 6: 2 それに乗っている者は<弓>を持って

▼ ゆみのうた（弓の歌）

IIサム 1:18 この<弓の歌>をユダの子らに教える

▼ ゆめ（夢）

創世 20: 3 神は，夜，<夢>の中で，アビメレク
28:12 彼は<夢>を見た…一つのはしごが地
31:10 私が<夢>の中で目を上げて見ると，
37: 5 ヨセフは<夢>を見て，それを兄たち
40: 5 献酌官と調理官とは…<夢>を見た．
9 ヨセフに自分の<夢>を話して言った．
41: 1 2年の後，パロは<夢>を見た．見る
8 パロは彼らに<夢>のことを話したが，
42: 9 ヨセフはかつて…見た<夢>を思い出
民数 12: 6 わたしは…<夢>の中でその者に語る．
士師 7:13 ひとりの者が仲間に<夢>の話をして
…私は…<夢>を見た…大麦のパンの
Iサム 28: 6 主が<夢>によっても，ウリムによっ
I列 3: 5 主は<夢>のうちにソロモンに現れた．
ヨブ 7:14 <夢>で私をおののかせ，幻によって
20: 8 彼は<夢>のように飛び去り，だれに
33:15 夜の幻と，<夢>の中で，または深い
詩篇 73:20 目ざめの<夢>のように，主よ，あな
126: 1 私たちは<夢>を見ている者のようで
伝道 5: 3 仕事が多いと<夢>を見る．ことばが
イザ 29: 8 飢えた者が，<夢>の中で食べ，目が
エレ 23:28 <夢>を見る預言者は<夢>を述べるが
32 偽りの<夢>を預言する者たちの敵と
ダニ 1:17 ダニエルは…幻と<夢>とを解くこと
2: 1 ネブカデネザルは，幾つかの<夢>を
4 <夢>をしもべたちにお話しください．
4: 9 私の見た<夢>の幻はこうだ．その解
5:12 すぐれた霊と，知識と，<夢>を解き
7: 1 ダニエルは寝床で，一つの<夢>…を
見て，その<夢>を書きしるし，その
ヨエ 2:28 年寄りは<夢>を見，若い男は幻を見
マタ 1:20 主の使いが<夢>に現れて言った．
2:12 <夢>でヘロデのところへ戻るなとい
13 主の使いが<夢>でヨセフに現れて言
19 <夢>でエジプトにいるヨセフに現れ
22 <夢>で戒めを受けたので，ガリラヤ
27:19 私は<夢>で，あの人のことで苦しい
使徒 2:17 青年は幻を見，老人は<夢>を見る．

▼ ゆめごこち（夢ごこち）

使徒 10:10 彼はうっとりと<夢ごこち>になった．
11: 5 祈っていると…<夢ごこち>になり，
22:17 宮で祈っていますと，<夢ごこち>に

▼ ゆめみるもの（夢見る者）

創世 37:19 見ろ．あの<夢見る者>がやって来る．
申命 13: 1 預言者または<夢見る者>が現れ，あ
エレ 27: 9 預言者，占い師，<夢見る者>，卜者，
29: 8 <夢見る者>の言うことを聞くな．
ゼカ 10: 2 <夢見る者>はむなしいことを語り，
ユダ 8 この人たちも…<夢見る者>であり，

▼ ゆらぐ（揺らぐ）

I列 14:15 水に<揺らぐ>葦のようにし，彼らの
I歴 16:30 世界は堅く建てられ，<揺らぐ>こと
詩篇 82: 5 地の基は，ことごとく<揺ら>いでい
イザ 7: 2 林の木々が風で<揺らぐ>ように動揺

▼ ユーラクロン

使徒 27:14 <ユーラクロン>という暴風が陸から

▼ ゆり【別項】野のゆり

I列 7:19 柱頭は，<ゆり>の花の細工であって，
II歴 4: 5 その縁は…<ゆり>の花の形をしてい
詩 45題目 指揮者のために．「<ゆり>の花」の
調べに合わせて．69題目．
60題目 「さとしは，<ゆり>の花」の調べに
合わせて．80題目．
雅歌 2: 1 私はシャロンの…谷の<ゆり>の花．
16 あの方は<ゆり>の花の間で群れを飼
6: 2 群れを飼い，<ゆり>の花を集めるた

ホセ 14: 5 彼は<ゆり>のように花咲き，ポプラ
ルカ 12:27 <ゆり>の花のことを考えてみなさい．

▼ ユリアス〔人名〕

パウロ護送の親衛隊百人隊長．使徒27:1，3．

▼ ゆりうごかす（揺り動かす）

出エ 29:24 主に向かって<揺り動かす>．26．
士師 13:25 主の霊は…彼を<揺り動か>し始めた．
ハガ 2: 6 わたしは…海と陸とを<揺り動かす>．
マタ 24:29 天の万象は<揺り動か>されます．マコ13:25，ルカ21:26．
ヘブ 12:26 地だけではなく，天も<揺り動かす>．
27 <揺り動か>されることのないものが残るために…<揺り動か>されるもの
28 <揺り動か>されない御国を受けてい

▼ ユリヤ〔人名〕

パウロからあいさつを受けた人．ロマ16:15．

▼ ゆるぐ，ゆるがす

IIサム 22: 8 すると，地は<ゆる>ぎ，動いた．ま
詩篇 10: 6 私は<ゆるぐ>ことがなく，代々にわ
16: 8 おられるので，私は<ゆるぐ>ことが
21: 7 王は主に信頼し…<ゆる>がないでし
46: 5 その都は<ゆる>がない．神は夜明け
51:10 <ゆる>がない霊を私のうちに新しく
55:22 正しい者が<ゆるが>されるようには
57: 7 神よ．私の心は<ゆる>ぎません．私の心は<ゆる>ぎません．108:1．
104: 5 地は…とこしえに<ゆる>ぎません．
112: 7 主に信頼して，その心は<ゆる>がな
箴言 12: 3 正しい人の根は<ゆる>がない．
イザ 6: 4 敷居の基は<ゆる>ぎ，宮は煙で満た
24:19 地は<ゆる>ぎに<ゆる>ぎ，地はよろ

▼ ゆるし（赦し），赦す

創世 50:17 彼らの罪を<赦>してやりなさい，と．
出エ 10:17 もう一度だけ，私の罪を<赦>してく
32:32 罪をお<赦>しくだされるものなら
レビ 4:26 その人は<赦>される．31，35，5:10，13，16，18，6:7，19:22，民数15:25．
民数 14:18 咎とそむきを<赦す>が．出エ34:7．
30: 5 主は彼女を<赦>される．8，12．
申命 21: 8 御民イスラエルをお<赦>しください…彼らは血の罪を<赦>される．
29:20 主はその者を決して<赦>そうとはされない．むしろ，主の怒りとねたみ
ヨシ 24:19 そむきも，罪も<赦>さないからであ
Iサム 25:28 はしための…罪をお<赦>しください．
I列 8:30 聞いて，お<赦>しください．
34 あなたの民イスラエルの罪を<赦>し，
II列 24: 4 主はその罪を<赦>そうとはされなか
II歴 7:14 彼らの罪を<赦>し，彼らの地をいや
ネヘ 9:17 あなたは<赦し>の神であり，情け深
詩篇 19:12 隠れている私の罪をお<赦>しくださ
25:11 私の咎をお<赦>しください．大きな
18 私のすべての罪を<赦>してください．
32: 5 私の罪のとがめを<赦>されました．
78:38 彼らの咎を<赦>して，滅ぼさず，幾
85: 2 あなたは，御民の咎を<赦>し，彼ら
99: 8 彼らにとって<赦し>の神であられた．
103: 3 主は，あなたのすべての咎を<赦>し，
130: 4 あなたが<赦>してくださるからこそ
箴言 19:11 光栄は，そむきを<赦す>ことである．
イザ 2: 9 彼らをお<赦>しにならないように．
22:14 死ぬまでは決して<赦>されない」と，
27: 9 ヤコブの不義は<赦>される．祭壇の
55: 7 神に帰れ．豊かに<赦>してくださる
エレ 5: 1 わたしはエルサレムを<赦>そう．
7 どうして…あなたを<赦>せよう．あ
33: 8 そむいたすべての咎を<赦す>．
36: 3 咎と罪とを<赦す>ことができる．」
哀歌 3:42 私たちを<赦>してくださいませんで
ダニ 9: 9 あわれみと<赦し>とは…主のもので
19 主よ．お<赦>しください．主よ．心
ホセ 1: 6 決して彼らを<赦>さないからだ．
アモ 7: 2 神，主よ．どうぞお<赦>しください．
マタ 6:12 私たちの負いめをお<赦>しください．
14 もし人の罪を<赦す>なら…天の父もあなたがたを<赦>してくださいます．
15 人を<赦>さないなら…父もあなたがたの罪をお<赦>しになりません．
9: 2 子よ…あなたの罪は<赦>された」と
5 あなたの罪は<赦>された』と言うの
6 人の子が地上で罪を<赦す>権威を持
12:31 人はどんな罪も冒瀆も<赦>していただけます．しかし，聖霊に逆らう冒瀆は<赦>されません．
32 次に来る世であろうと，<赦>されま
18:27 彼を<赦>し，借金を免除してやった．
35 心から兄弟を<赦>さないなら，天の
26:28 罪を<赦す>ために多くの人のために
マコ 1: 4 罪の<赦し>のための悔い改めのバプ
2: 7 だれが罪を<赦す>ことができよう．」

4:12 悔い改めて<赦>されることのないた
11:25 <赦>してやりなさい．そうすれば…
父も，あなたがたの罪を<赦>してく
ルカ 1:77 罪の<赦し>による救いの知識を与え
6:37 <赦>しなさい…自分も<赦>されます．
7:43 よけいに<赦>してもらったほうだと
47 少ししか<赦>されない者は，少しし
49 罪を<赦>したりするこの人は，いっ
17: 3 悔い改めれば，<赦>しなさい．
23:34 父よ．彼らをお<赦>しください．彼
ヨハ 20:23 あなたがたがだれかの罪を<赦す>な
ら，その人の罪は<赦>され，あなた
使徒 8:22 心に抱いた思いが<赦>されるかもし
10:43 その名によって罪の<赦し>が受けら
26:18 彼らに罪の<赦し>を得させ，聖なる
ロマ 4: 7 不法を<赦>され，罪をおおわれた人
Ⅱコリ 2: 7 その人を<赦>し，慰めてあげなさい．
10 あなたがたが人を<赦す>なら，私も
その人を<赦>します．私が何かを
<赦>したのなら，私の<赦>したこと
は…キリストの御前で<赦>したので
12:13 不正については…<赦>してください．
エペ 1: 7 罪の<赦し>を受けて．コロ1:14．
4:32 神が…<赦>してくださったように，
互いに<赦>し合いなさい．コロ3:13．
ヘブ 9:22 …がなければ，罪の<赦し>はないの
Ⅰヨハ 1: 9 その罪を<赦>し，すべての悪から私

▼ゆるし（許し），許す

民数 21:23 自分の領土を通ることを<許>さなか
申命 18:14 主は，そうすることを<許>されない．
士師 1:34 谷に降りて来ることを<許>さなかっ
Ⅱ列 5:18 主がこのことをしもべにお<許>しく
エス 5: 8 もしも王さまのお<許し>が得られ，
伝道 6: 2 それを楽しむことを<許>さず，外国
マタ 10:29 父のお<許し>なしには地に落ちるこ
13:11 天の御国の奥義を知ることが<許>さ
れているが，彼らには<許>されてい
19:14 子どもたちを<許>してやりなさい．
ルカ 4:41 ものを言うのをお<許>しにならなか
使徒 16: 7 御霊がそれをお<許>しにならなかっ
Ⅰコリ 6:12 私にはすべてのことが<許>されてい
14:34 語ることを<許>されていません．律
16: 7 主がお<許>しになるなら…滞在した
Ⅰテモ 2:12 支配したりすることを<許>しません．
ヘブ 6: 3 神がお<許>しになるならば，私たち

▼ゆれる（揺れる），揺れ動く

士師 5: 4 大地は<揺れ>，天もまた，したたり，
5 山々は主の前に<揺れ動>いた．シナ
ヨブ 9: 6 基から震わすと…柱は<揺れ動く>．
詩篇 46: 3 水かさが増して山々が<揺れ動>いて
77:18 地は震え，<揺れ動>きました．
イザ 13:13 大地はその基から<揺れ動く>．
64: 1 山々は御前で<揺れ動く>でしょう．
エレ 4:24 山々を見ると…<揺れ動>き…丘は震
ナホ 1: 5 山々は主の前に<揺れ動>き，丘々は
マタ 11: 7 何を見に…風に<揺れる>葦ですか．
27:51 地が<揺れ動>き，岩が裂けた．
使徒 16:26 獄舎の土台が<揺れ動>き，たちまち
ヤコ 1: 6 風に吹かれて<揺れ動く>，海の大波

よ

▼よ（世）【別項】世の光，世を去る

創世 19:31 この<世>のならわしのように，私た
Ⅰ列 2: 2 私は<世>のすべての人の行く道を行
Ⅰ歴 22: 9 彼の<世>に，わたしはイスラエルに
詩篇 17:14 相続分がこの<世>のいのちであるこ
の<世>の人々から．彼らの腹は，あ
箴言 11:31 正しい者がこの<世>で報いを受ける
イザ 13:11 わたしは，その悪のために<世>を罰
65:16 この<世>にあって誓う者は，まこと
哀歌 4:12 王たちも，<世>に住むすべての者も，
マタ 4: 8 この<世>のすべての国々とその栄華
12:32 この<世>であろうと次に来る<世>で
あろうと，赦されません．
13:22 この<世>の心づかいと富の惑わしと
がみことばを．マコ4:19，ルカ8:14．
39 収穫とはこの<世>の終わりのことで
40 この<世>の終わりにもそのようにな
ります．49．
17:17 ああ，不信仰な，曲がった今の<世>
だ．マコ9:19，ルカ9:41．
18: 7 つまずきを与えるこの<世>はわざわ
24: 3 <世>の終わりには，どんな前兆があ

21 <世>の初めから，今に至るまで，い
25:34 <世>の初めから…備えられた御国を
28:20 わたしは，<世>の終わりまで，いつ
マコ 10:30 後の<世>では永遠のいのちを受けま
ルカ 11:50-51 <世>の初めから流されたすべての預
12:30 この<世>の異邦人たちが切に求めて
16: 8 この<世>の子らは…<世>のことにつ
20:34 この<世>の子らは，めとったり，と
35 次の<世>に入るのにふさわしく，死
21:34 この<世>の煩いのために沈み込んで
ヨハ 1: 9 まことの光が<世>に来ようとしてい
10 この方はもとから<世>におられ，
<世>はこの方によって造られたのに，
<世>はこの方を知らなかった．
29 見よ，<世>の罪を取り除く神の小羊．
3:16 …ほどに，<世>を愛された．それは
17 神が御子を<世>に遣わされたのは，
<世>をさばくためではなく，御子に
よって<世>が救われるためである．
19 光が<世>に来ているのに，人々は光
4:42 この方がほんとうに<世>の救い主だ
6:14 この方こそ，<世>に来られるはずの
33 神のパンは…<世>にいのちを与える
51 <世>のいのちのための，わたしの肉
7: 4 自分を<世>に現しなさい．」
7 <世>はあなたがたを憎むことはでき
ません…<世>について，その行いが
8:23 あなたがたはこの<世>の者であり，
わたしはこの<世>の者ではありませ
26 聞いたことをそのまま<世>に告げる
9:39 わたしはさばきのために…<世>に来
10:36 父が…<世>に遣わした者について，
11:27 あなたが<世>に来られる神の子キリ
12:19 <世>はあげてあの人のあとについて
25 この<世>でそのいのちを憎む者はそ
31 今，この<世>を支配する者は追い出
46 わたしは光として<世>に来ました．
14:17 <世>はその方を受け入れることがで
きません．<世>はその方を見もせず，
19 <世>はもうわたしを見なくなります．
22 <世>には現そうとなさらないのは，
27 <世>が与えるのとは違います．あな
30 この<世>を支配する者が来るからで
31 行っていることを<世>が知るためで
15:18 もし<世>があなたがたを憎むなら，
<世>はあなたがたよりもわたしを先
19 あなたがたがこの<世>のものであっ
たなら，<世>は自分のものを愛した
でしょう．しかし，あなたがたは
<世>のものではなく…わたしが<世>
からあなたがたを選び出したのです．
それで<世>はあなたがたを憎むので
16: 8 <世>にその誤りを認めさせます．
11 <世>を支配する者がさばかれたから
20 あなたがたは泣き…<世>は喜ぶので
21 ひとりの人が<世>に生まれた喜びの
28 わたしは父から出て，<世>に来まし
33 <世>にあっては患難があります…わ
たしはすでに<世>に勝ったのです．」
17: 6 <世>から取り出して…下さった人々
9 <世>のためにではなく，あなたがわ
11 わたしはもう<世>にいなくなります．
14 <世>は彼らを憎みました．わたしが
15 彼らをこの<世>から取り去ってくだ
16 わたしがこの<世>のものでないよう
に，彼らもこの<世>のものではあり
18 あなたがわたしを<世>に遣わされた
ように，わたしも彼らを<世>に遣わ
21 <世>が信じるためなのです．
23 愛されたこととを，この<世>が知る
24 わたしを<世>の始まる前から愛して
25 この<世>はあなたを知りません．し
18:20 わたしは<世>に向かって公然と話し
36 わたしの国はこの<世>のものではあ
りません．もしこの<世>のものであ
37 このことのために<世>に来たのです．
ロマ 3: 6 神は…どのように<世>をさばかれる
5:13 罪は<世>にあったからです．しかし
12: 2 この<世>と調子を合わせてはいけま
Ⅰコリ 1:20 この<世>の議論家はどこにいるので
すか．神は，この<世>の知恵を愚か
21 この<世>が自分の知恵によって神を
26 この<世>の知者は多くはなく，権力
27 神は…この<世>の愚かな者を選び…
この<世>の弱い者を選ばれたのです．
28 この<世>の取るに足りない者や見下
2: 6 この<世>の知恵でもなく，この<世>
の過ぎ去って行く支配者たちの知恵
8 この<世>の支配者たちは，だれひと
12 私たちは，この<世>の霊を受けたの

3:18 自分は今の<世>の知者だと思う者が
19 この<世>の知恵は，神の御前では愚
4: 9 この<世>の見せ物になったのです．
13 私たちはこの<世>のちり，あらゆる
5:10 <世>の中の不品行な者，貪欲な者，
6: 3 この<世>のことは，言うまでもない
7:31 この<世>の有様は過ぎ去るからです．
33 結婚した男は…<世>のことに心を配
8: 4 <世>の偶像の神は実際にはないもの
10:11 <世>の終わりに臨んでいる私たちへ
11:32 この<世>とともに罪に定められるこ
15:19 この<世>にあってキリストに単なる
IIコリ 1:12 私たちがこの<世>の中で，特にあな
4: 4 この<世>の神が不信者の思いをくら
5:19 神は…この<世>をご自分と和解させ，
7:10 <世>の悲しみは死をもたらします．
ガラ 4: 3 この<世>の幼稚な教えの下に奴隷と
エペ 1:21 次に来る<世>においてもとなえられ
2: 2 この<世>の流れに従い，空中の権威
コロ 2: 8 この<世>の幼稚な教えによるもので
Iテモ 1:15 罪人を救うためにこの<世>に来られ
6: 7 何一つこの<世>に持って来なかった
17 この<世>で富んでいる人たちに命じ
IIテモ 4:10 デマスは今の<世>を愛し，私を捨て
テト 2:12 不敬虔とこの<世>の欲とを捨て，こ
ヘブ 2: 5 後の<世>を，御使いたちに従わせる
5: 7 人としてこの<世>におられたとき，
6: 5 やがて来る<世>の力とを味わったう
9:26 <世>の初めから幾度も苦難を受けな
11:38 この<世>は彼らにふさわしい所では
ヤコ 1:27 この<世>から自分をきよく守ること
2: 5 この<世>の貧しい人たちを選んで信
4: 4 <世>を愛することは神に敵すること
…<世>の友となりたいと思ったら，
Iペテ 1:20 キリストは，<世>の始まる前から知
5: 9 <世>にあるあなたがたの兄弟である
IIペテ 1: 4 <世>にある欲のもたらす滅びを免れ，
2:20 <世>の汚れからのがれ，その後再び
Iヨハ 2: 2 私たちの罪だけでなく，<世>全体の
15 <世>をも，<世>にあるものをも，愛
してはなりません．もしだれでも
<世>を愛しているなら，その人のう
16 すべての<世>にあるもの…暮らし向
きの自慢などは…<世>から出たもの
17 <世>と<世>の欲は滅び去ります．し
3: 1 <世>が私たちを知らないのは，御父
17 <世>の富を持ちながら，兄弟が困っ
4: 3 今それが<世>に来ているのです．
4 この<世>のうちにいる，あの者より
5 彼らはこの<世>の者です…この<世>
のことばを語り，この<世>もまた彼
9 神はそのひとり子を<世>に遣わし，
14 御父が御子を<世>の救い主として遣
17 <世>にあってキリストと同じような
5: 4 神によって生まれた者は…<世>に勝
つ…これこそ，<世>に打ち勝った勝
5 <世>に勝つ者とはだれでしょう．イ
19 <世>全体は悪い者の支配下にあるこ
IIヨハ 7 告白しない者が…<世>に出て行った
黙示 11:15 この<世>の国は…キリストのものと
13: 8 <世>の初めからその名の書きしるさ
17: 8 <世>の初めからいのちの書に名を書

▼よ（夜），夜ごと，夜通し【別項】夜明け・夜が明ける，よる

創世 19:33 その<夜>，彼女たちは父親に酒を飲
26:24 主はその<夜>，彼に現れて仰せられ
30:16 その<夜>，ヤコブはレアと寝た．
32:13 その<夜>をそこで過ごしてから，彼
出エ 12: 8 その<夜>，その肉を食べる．すなわ
30 その<夜>…全エジプトが起き上がっ
42 この<夜>，主は…寝ずの番をされた．
この<夜>こそ，イスラエル人はすべ
民数 14: 1 民はその<夜>，泣き明かした．
ヨシ 8: 9 ヨシュアは…民の中で<夜>を過ごし
士師 6:25 その<夜>，主はギデオンに仰せられ
19: 4 食べたり飲んだりして，<夜>を過ご
20 広場では<夜>を過ごさないでくださ
Iサム 14:34 その<夜>，それぞれ自分の牛を連れ
15:11 サムエルは…<夜通し>主に向かって
IIサム 7: 4 その<夜>のこと…主のことばがナタ
17: 8 民といっしょには<夜>を過ごさない
I列 3: 5 その<夜>，ギブオンで主は夢のうち
II列 19:35 その<夜>，主の使いが出て行って，
I歴 9:27 神の宮の回りで<夜>を過ごした．彼
17: 3 その<夜>のこと…神のことばがナタ
II歴 1: 7 その<夜>，神がソロモンに現れて，
ネヘ 4:22 エルサレムのうちで<夜>を明かすよ
うにしなさい．13:20.
エス 6: 1 その<夜>，王は眠れなかったので，
ヨブ 24: 7 着る物もなく，裸で<夜>を明かし，

31:32 異国人は外で<夜>を過ごさず，私は
詩篇 6: 6 涙で，<夜ごと>に私の寝床を漂わせ，
イザ 5:11 <夜>をふかして，ぶどう酒をあおっ
ダニ 5:30 その<夜>，カルデヤ人の王…は殺さ
ホセ 7: 6 その怒りは<夜通し>くすぶり，朝に
ヨエ 1:13 荒布をまとって<夜>を過ごせ．穀物
ルカ 5: 5 <夜通し>働きましたが，何一つとれ
6:12 イエスは…祈りながら<夜>を明かさ
17:34 その<夜>，同じ寝台でふたりの人が
ヨハ 21: 3 その<夜>は何もとれなかった．
使徒 16: 9 ある<夜>，パウロは幻を見た．ひと
18: 9 ある<夜>，主は幻によってパウロに，
23:11 その<夜>，主がパウロのそばに立っ
27:29 錨を…おろし，<夜>の明けるのを待
33 <夜>の明けかけたころ，パウロは，
ロマ 13:12 <夜>はふけて，昼が近づきました．
Ⅰコリ 11:23 主イエスは，渡される<夜>，パンを
Ⅱコリ 11:27 たびたび眠られぬ<夜>を過ごし，飢

▼ よあけ（夜明け），夜が明ける

創世 19:15 <夜が明ける>ころ，御使いたちはロ
32:24 ある人が<夜明け>まで彼と格闘した．
26 わたしを去らせよ．<夜が明ける>か
出エ 14:27 <夜明け>前に，海がもとの状態に戻
ヨシ 6:15 <夜が明け>かかるころ…町を７度回
士師 19:26 <夜明け>前に，その女は自分の主人
Ⅰサム 9:26 <夜が明け>かかると，サムエルは屋
11:11 <夜明け>の見張りの時，陣営に突入
Ⅱサム 2:32 <夜明け>ごろ，ヘブロンに着いた．
17:22 <夜明け>までにヨルダン川を渡りき
ネヘ 4:21 <夜明け>から星の現れる時まで，槍
8: 3 <夜明け>から真昼まで…朗読した．
ヨブ 3: 9 <夜明け>の星は暗くなれ．光を待ち
詩篇 46: 5 神は<夜明け>前にこれを助けられる．
119:147 私は<夜明け>前に起きて叫び求めま
148 <夜明け>の見張りよりも先に目覚め，
130: 6 夜回りが<夜明け>を待つのにまさり，
箴言 31:15 彼女は<夜明け>前に起き，家の者に
イザ 8:20 その人には<夜明け>がない．
17:14 <夜明け>の前に，彼らはいなくなる．
ヨナ 4: 7 <夜明け>に，１匹の虫を備えられた．
マタ 27: 1 <夜が明ける>と，祭司長，民の長老
たち全員は．マコ15:1，ルカ22:66．
ルカ 6:13 <夜明け>になって，弟子たちを呼び
12:38 主人が…<夜明け>に帰っても，いつ
ヨハ 21: 4 <夜が明け>そめたとき，イエスは岸
使徒 5:21 <夜明け>ごろ宮に入って教え始めた．
16:35 <夜が明ける>と，長官たちは警吏た
23:12 <夜が明ける>と，ユダヤ人たちは徒
27:39 <夜が明ける>と…砂浜のある入江が
Ⅱペテ 1:19 <夜明け>となって，明けの明星があ

▼ ヨアシュ〔人名〕

⑴マナセ族の士師ギデオンの父．士師6:11，29，31．
⑵アハブ王の子．Ⅰ列22:26，Ⅱ歴18:25．
⑶ユダの王．第９代．Ⅱ列11:2，21，12:1，2，4，6，7，18，19，20，13:1，10，14:1，3，13，Ⅰ歴3:11，Ⅱ歴22:11，24:1，2，22，24，25:23，25．
⑷イスラエルの王．エフー王朝第３代．Ⅱ列13:9，10，12，13，14，25，14:1，8，9，11，13，15，16，17，23，27，Ⅱ歴25:17，18，21，23，25，ホセ1:1，アモ1:1．
⑸ユダの子シェラの子孫．Ⅰ歴4:22．
⑹ダビデの勇士の一人．Ⅰ歴12:3．
⑺ベニヤミン族ベケルの子．Ⅰ歴7:8．
⑻ダビデ時代，油の倉を管理した．Ⅰ歴27:28．

▼ ヨアフ〔人名〕

⑴ヒゼキヤ王の参議．Ⅱ列18:18，イザ36:11．
⑵レビ人ゲルショムの子孫．Ⅰ歴6:21．
⑶レビ人．門衛．Ⅰ歴26:4．
⑷エホアハズの子．参議．Ⅱ歴34:8．

▼ ヨアブ

1. 人名．
⑴ダビデのおい．軍団の長．Ⅰサム26:6，Ⅱサム2:13，18，32，3:22，30，11:14，17，14:1，33，18:2，11，14，15，19:1，5，13，20:10，16，22，23，24:3，9，Ⅰ列1:7，2:5，28，32，33，詩篇60題目．
⑵ユダ族セラヤの子．Ⅰ歴4:14．
2. ヨアブ族．エズ2:6，8:9，ネヘ7:11．

▼ よい（良い），よし（良し）【別項】港・良い港，最も良い，良いおとずれ，良い知らせ，良いわざ

創世 1: 4 神は光を見て<良し>とされた．神は
31 見よ．それは非常に<良>かった．夕
2: 9 食べるのに<良い>すべての木を生え
18 人が，ひとりでいるのは<良>くない．
12:13 あなたのおかげで私にも<良>くして
39: 6 ヨセフは体格も<良>く，美男子であ
40:16 解き明かしが<良>かったのを見て，

50:20 <良い>ことのための計らいとなさい
出エ 1:20 神は…助産婦たちに<よ>くしてくだ
3: 8 広い<良い>地，乳と蜜の流れる地，
14:12 荒野で死ぬよりも…<良>かったので
18: 9 すべての<良い>こと，エジプトの手
17 あなたのしていることは<良>くあり
レビ 10:20 モーセは…それで<よい>とした．
27:10 <良い>ものを悪いものに…取り替え
12 祭司は…<良い>か悪いか評価する．
民数 11:18 ああ…エジプトでは<良>かった』と，
13:19 土地はどうか…<良い>か悪いか．彼
14: 3 私たちにとって<良>くはないか．」
7 探った地は，すばらしく<良い>地だ
申命 1:14 しようと言われることは<良い>」と
23 私にとってこのことは<良い>と思わ
25 主が，私たちに与えようとしておら
れる地は<良い>地です．35，4:21，
8:7，10，9:6，11:17．
6:18 主が正しい，また<良い>と見られる
ことをしなさい．12:28．
ヨシ 21:45 主が…約束されたすべての<良い>こ
とは…実現した．23:14，Ⅰ列8:56．
23:13 この<良い>地から，滅びうせる．15．
Ⅰサム 8:14 オリーブ畑の<良い>所を取り上げて，
12:23 私は…<よい>正しい道を教えよう．
19: 4 サウルにダビデの<良い>ことを話し，
Ⅱサム 7:28 このしもべに…<良い>ことを約束し
Ⅰ列 8:36 歩むべき<良い>道を彼らに教え，あ
14:15 この<良い>地からイスラエルを引き
22: 8 <良い>ことは預言せず，悪いことば
13 王に対し<良い>ことを述べています
…あなたも…<良い>ことを述べてく
Ⅱ列 2:19 この町は住むのには<良い>のですが，
3:19 すべての<良い>木を切り倒し…すべ
ての<良い>畑を石ころでだいなしに
Ⅱ歴 14: 2 主が<よい>と見られること…を行い，
19: 3 あなたには，<良い>ことも幾つか見
エズ 7:18 兄弟たちが<よい>と思うことは何で
9:12 その地の<良い>物を食べ，これを永
ネヘ 2:18 彼らは…この<良い>仕事に着手した．
ヨブ 34: 4 何が<良い>ことであるかを見分けよ
詩篇 4: 6 だれかわれわれに<良い>目を見せて
65: 4 聖なる宮の<良い>もので満ち足りる
81: 2 <良い>音の立琴をかき鳴らせ．
92: 1 主に感謝するのは，<良い>ことです．
103: 2 主の<良>くしてくださったことを何
5 あなたの一生を<良い>もので満たさ
116:12 主が…<良>くしてくださったことに
119:66 <よい>分別と知識を私に教えてくだ
147: 1 神にほめ歌を歌うのは<良い>．まこ
箴言 11:23 正しい者の願い，ただ<良い>こと．
14:19 悪人は<よい>人の前で，悪者は正し
17:22 陽気な心は健康を<良>くし，陰気な
18:22 <良い>妻を見つける者はしあわせを
25:25 遠い国からの<良い>消息は，疲れた
31:12 夫に<良い>ことをし，悪いことをし
伝道 5:18 私が<よい>と見たこと，好ましいこ
7: 1 <良い>名声は<良い>香油にまさり，
9:18 罪人は多くの<良い>ことを打ちこわ
イザ 1:19 この国の<良い>物を食べることがで
22 おまえの<良い>酒も，水で割ってあ
5: 2 そこに<良い>ぶどうを植え，その中
25: 6 肉の宴会，<良い>ぶどう酒の宴会，
38: 3 あなたが<よい>と見られることを行
41: 7 はんだづけについて「それで<良い>
23 <良い>ことでも，悪いことでもして
65: 2 <良>くない道を歩む者たちに，一日
エレ 2: 7 その<良い>実を食べさせた．ところ
21 <良い>ぶどうとして植えたのに，ど
11:16 <良い>実をみのらせる美しい緑のオ
24: 3 <良い>いちじくは非常に<良>く，悪
29:32 <良い>ことを見る者はいない．――
42: 6 <良>くても悪くても…主の御声に聞
哀歌 3:26 主の救いを黙って待つのは<良い>．
エゼ 17: 8 水の豊かな<良い>地に植えつけられ
20:25 <良>くないおきて…を，彼らに与え
34:14 わたしは<良い>牧場で彼らを養い…
彼らはその<良い>おりに伏し，イス
ホセ 14: 2 <良い>ものを受け入れてください．
ミカ 6: 8 人よ．何が<良い>ことなのか．主は
ゼパ 1:12 主は<良い>ことも，悪いこともしな
マタ 3:10 <良い>実を結ばない木は，みな切り
倒されて，火に投．7:19，ルカ3:9．
5:16 あなたがたの<良い>行いを見て，天
29 からだ全体ゲヘナに投げ込まれるよ
りは，<よい>からです．30，18:8，
9，マコ9:43，45，47．
45 悪い人にも<良い>人にも太陽を上ら
7:11 自分の子どもには<良い>物を与える
ことを知っている．ルカ11:13．

よ

17 <良い>木はみな<良い>実を結ぶが,
悪い木は. 18, 12:33, ルカ6:43.
12:12 安息日に<良い>ことをすることは,
34 どうして<良い>ことが言えましょう.
35 <良い>人は, <良い>倉から<良い>物
を取り出し, 悪い人は. ルカ6:45.
13: 8 別の種は<良い>地に落ちて, あるも
のは100倍. マコ4:8, ルカ8:8.
23 <良い>地に蒔かれるとは, みことば
を聞いて. マコ4:20.
24 ある人が…畑に<良い>種を蒔いた.
37 <良い>種を蒔く者は人の子です.
45 天の御国は, <良い>真珠を捜してい
48 <良い>ものは器に入れ, 悪いものは
19:16 先生…どんな<良い>ことをしたらよ
17 なぜ, <良い>ことについて…尋ねる
のですか. <良い>方は, ひとりだけ
22:10 <良い>人でも悪い人でも出会った者
25:21 <良い>忠実なしもべだ. あなたは,
26:24 生まれなかったほうが<よ>かったの
マコ 14: 7 いつでも…<良い>ことをしてやれま
ルカ 1:53 飢えた者を<良い>もので満ち足らせ,
5:39 飲んでから…『古い物は<良い>』と
6:33 自分に<良い>ことをしてくれる者に
<良い>ことをしたからといって, あ
なたがたに何の<良い>ところがある
8:15 <良い>地に落ちるとは, こういう人
たちのこと…<良い>心でみことばを
10:42 マリヤはその<良い>ほうを選んだの
14:34 塩は<良い>ものですが, もしその塩
16:25 おまえは…<良い>物を受け, ラザロ
19:17 <よ>くやった. <良い>しもべだ. あ
ヨハ 1:46 ナザレから何の<良い>ものが出るだ
2:10 だれでも初めに<良い>ぶどう酒を出
7:12 イエスについて…「<良い>人だ」と
10:11 わたしは, <良い>牧者です. <良い>
牧者は羊のためにいのちを捨てます.
13:13 あなたがたがそう言うのは<よい>.
使徒 17:11 ここのユダヤ人は…<良い>人たちで,
ロマ 1:28 神は彼らを<良>くない思いに引き渡
7:16 律法は<良い>ものであることを認め
10:15 <良い>ことの知らせを伝える人々の
14:16 <良い>としている事がらによって,
22 <良い>と認めていることによって,
Iコリ 7:38 結婚させる人は<良い>ことをしてい
る…させない人は, もっと<良い>こ
15:33 友だちが悪ければ, <良い>習慣がそ
ガラ 4:18 <良い>ことで熱心に慕われるのは,
いつであっても<良い>ものです. そ
6: 6 すべての<良い>ものを分け合いなさ
エペ 2:10 <良い>行いをするために…造られた
のです…<良い>行いに歩むように,
その<良い>行いをも…備えてくださ
6: 8 <良い>ことを行えば, 奴隷であって
ピリ 1: 6 <良い>働きを始められた方は, キリ
Iテサ 5:21 ほんとうに<良い>ものを堅く守りな
Iテモ 1: 8 正しく用いるなら…<良い>ものです.
2: 3 神の御前において<良い>ことであり,
10 <良い>行いを自分の飾りとしなさい.
3: 7 教会外の人々にも評判の<良い>人で
13 <良い>地歩を占め…信仰について強
4: 6 <良い>教えのことばとによって養わ
5:10 <良い>行いによって認められている
6:18 <良い>行いに富み, 惜しまずに施し,
19 <良い>基礎を自分自身のために築き
IIテモ 1:14 あなたにゆだねられた<良い>ものを,
3:17 すべての<良い>働きのためにふさわ
4: 2 時が<良>くても悪くてもしっかりや
テト 2: 3 <良い>ことを教える者であるように.
ピレ 6 すべての<良い>行いをよく知ること
ヘブ 5:14 <良い>物と悪い物とを見分ける感覚
6: 9 もっと<良い>ことを確信しています.
7: 4 一番<良い>戦利品の10分の1を与え
13:21 すべての<良い>ことについて, あな
ヤコ 1:17 すべての<良い>贈り物…は上から来
2: 3 こちらの<良い>席におすわりなさい.
3:13 <良い>生き方によって示しなさい.
17 あわれみと<良い>実とに満ち, えこ
Iペテ 4:10 さまざまな恵みの<良い>管理者とし

▼よい (酔い)

創世 9:24 ノアが<酔い>からさめ, 末の息子が
Iサム 1:14 「…<酔い>をさましなさい.」
25:37 ナバルの<酔い>がさめたとき, 妻が

▼よいおとずれ (良いおとずれ)

詩篇 68:11 <良いおとずれ>を告げる女たちは大

▼よいしらせ (良い知らせ)

IIサム 4:10 <良い知らせ>をもたらしたつもりで
いた者を…殺した. それが, その
<良い知らせ>の報いであった.
18:27 あれは良い男だ. <良い知らせ>を持

Ⅰ列 1:42 <良い知らせ>を持って来たのだろう.
Ⅱ列 7: 9 きょうは，<良い知らせ>の日なのに，
詩篇40: 9 義の<良い知らせ>を告げました．ご
箴言15:30 <良い知らせ>は人を健やかにする．
イザ40: 9 シオンに<良い知らせ>を伝える者よ
…エルサレムに<良い知らせ>を伝え
41:27 <良い知らせ>を伝える者を与えよう．
52: 7 <良い知らせ>を伝える者の足は…な
んと美しいことよ．平和を告げ知ら
せ，幸いな<良い知らせ>を伝え，救
61: 1 貧しい者に<良い知らせ>を伝え，心
ナホ 1:15 <良い知らせ>を伝える者，平和を告
Ⅰテサ 3: 6 テモテが…<良い知らせ>をもたらし

▼ よいどれ（酔いどれ）

ヨブ12:25 神は彼らを<酔いどれ>のように，よ
詩篇69:12 私は<酔いどれ>の歌になりました．
イザ19:14 <酔いどれ>がへどを吐き吐きよろめ
24:20 地は<酔いどれ>のように，ふらふら，
28: 1 エフライムの<酔いどれ>の誇り．2.
エレ23: 9 私は<酔いどれ>のようだ．ぶどう酒

▼ よいわざ（良いわざ）

ヨハ10:32 父から出た多くの<良いわざ>を，あ
33 <良いわざ>のためにあなたを石打ち
使徒 4: 9 病人に行った<良いわざ>についてで
9:36 この女は，多くの<良いわざ>と施し
10:38 イエスは…巡り歩いて<良いわざ>を
Ⅱコリ 9: 8 すべての<良いわざ>にあふれる者と
Ⅱテサ 2:17 あらゆる<良いわざ>とことばとに進
Ⅰテモ 5:10 すべての<良いわざ>に務め励んだ人
Ⅱテモ 2:21 あらゆる<良いわざ>に間に合うもの
テト 1:16 どんな<良いわざ>にも不適格です
2: 7 自分自身が<良いわざ>の模範となり，
14 <良いわざ>に熱心なご自分の民を，
3: 1 <良いわざ>を進んでする者とならせ
8 <良いわざ>に励むことを心がけるよ

▼ よう（酔う）

創世 9:21 ノアはぶどう酒を飲んで<酔>い，天
43:34 ヨセフとともに…<酔>いごこちにな
申命32:42 わたしの矢を血に<酔>わせ，わたし
Ⅰサム 1:13 エリは彼女が<酔>っているのではな
14 いつまで<酔>っているのか．酔いを
25:36 ナバルは…ひどく<酔>っていたので，
Ⅱサム11:13 ダビデは…彼を<酔>わせた…ウリヤ
13:28 アムノンが<酔>って上きげんになっ
Ⅰ列16: 9 <酔>っていたとき…ジムリが彼に謀
20:16 ベン・ハダデは…<酔>っていた．
詩 107:27 彼らは<酔>った人のようによろめき，
箴言 7:18 朝になるまで，愛に<酔>いつぶれ，
26: 9 <酔>った人が手にして振り上げるい
伝道10:17 <酔う>ためではなく，力をつけるた
イザ28: 1 <酔>いつぶれた者たちの肥えた谷の
29: 9 彼らは<酔う>が，ぶどう酒によるの
49:26 彼らは甘いぶどう酒に<酔う>ように，
自分自身の血に<酔う>．すべての者
51:21 <酔>ってはいても，酒のせいではな
エレ13:13 エルサレムの全住民を…<酔>わせ，
25:27 飲んで<酔>い，へどを吐いて倒れよ．
46:10 剣は食らって…彼らの血に<酔う>．
48:26 彼を<酔>わせよ．主に対して高ぶっ
51: 7 すべての国々はこれに<酔>い…ぶど
う酒を飲んで，<酔>いしれた．
39 彼らを<酔>わせて踊らせ，永遠の眠
57 総督や長官，勇士たちを<酔>わせる．
哀歌 4:21 エドムの娘よ…あなたも<酔>って裸
エゼ39:19 その血を<酔う>ほど飲むがよい．
ナホ 3:11 あなたも<酔>いしれて身を隠し，敵
ハバ 2:15 毒を混ぜて<酔>わせ，その裸を見よ
ルカ12:45 しもべが…酒に<酔>ったりし始める
使徒 2:13 彼らは甘いぶどう酒に<酔>っている
15 この人たちは<酔>っているのではあ
Ⅰコリ 5:11 酒に<酔う>者，略奪する者が．6:10.
11:21 <酔>っている者もいるというしまつ
エペ 5:18 酒に<酔>ってはいけません．そこに
Ⅰテサ 5: 7 <酔う>者は夜<酔う>からです．
黙示17: 2 不品行のぶどう酒に<酔>ったのです．
6 イエスの証人たちの血に<酔>ってい

▼ よう（用）

申命23:13 穴を掘り，<用>をたしてから，排泄

▼ ようい（用意）

出エ19:11 彼らは3日目のために<用意>をせよ．
ヨシ 8: 4 みな<用意>をしていなさい．
Ⅰ歴22: 3 ダビデは…鉄をたくさん<用意>し，
青銅も…おびただしく<用意>した．
4 杉の木も数えきれないほど<用意>し
5 ダビデは…死ぬ前に多くの<用意>を
14 銀百万タラントを<用意>した．また，
29: 2 神の宮のために<用意>をし…宝石，
大理石をおびただしく<用意>した．
Ⅱ歴26:14 弓および石投げの石を<用意>した．
35: 4 組分けに従って，<用意>をしなさい．

ネヘ 5:18 あらゆる種類のぶどう酒を…<用意>
8:10 何も<用意>できなかった者にはごち
ヨブ 15:23 やみの日がすぐそこに<用意>されて
ホセ 14: 2 ことばを<用意>して，主に立ち返り，
マタ 3: 3 『主の道を<用意>し，主の通られる
道をまっすぐに．マコ1:3，ルカ3:4.
21:16 乳飲み子たちの口に賛美を<用意>さ
22: 4 食事の<用意>ができました．雄牛も
25:10 <用意>のできていた娘たちは，彼と
26:17 過越の食事をなさるのに…どこで
<用意>をしましょうか．マコ14:12.
19 弟子たちは…過越の食事の<用意>を
した．マコ14:16，ルカ22:13.
マコ 3: 9 小舟を<用意>しておくように弟子た
14: 8 この女は…埋葬の<用意>にと…油を
15 <用意>のできた2階の広間を見せて
ルカ 12:20 おまえが<用意>した物は，いったい
47 主人の…思いどおりに<用意>もせず，
14:17 おいでください…<用意>ができまし
17: 8 私の食事の<用意>をし，帯を締めて
23:56 香料と香油を<用意>した．安息日に
使徒 10:10 食事の<用意>がされている間に，彼
23:24 送り届けるように，馬の<用意>もさ
ロマ 9:23 <用意>しておられたあわれみの器に
IIコリ 9: 5 贈り物を前もって<用意>していただ
くことが必要…献金を…<用意>して
10: 6 不従順を罰する<用意>ができている
12:14 3度目の<用意>ができています．し
ピレ 22 私の宿の<用意>もしておいてくださ
ヘブ 11:16 神は彼らのために都を<用意>してお
40 さらにすぐれたものを…<用意>して
Iペテ 3:15 いつでも弁明できる<用意>をしてい
IIペテ 2:17 <用意>されているものは，まっ暗な
ユダ 13 まっ暗なやみが…永遠に<用意>され
黙示 8: 6 御使いはラッパを吹く<用意>をした．
9: 7 出陣の<用意>の整った馬に似ていた．
15 年のために<用意>されていた4人の
19: 7 花嫁はその<用意>ができたのだから．

▼ようい く（養育），養育係

II列 10: 1 アハブの子の<養育係>たちにこう伝
5 <養育係>たちは，エフーに人を送っ
6 彼らを<養育>していた町のおもだっ
エス 2: 7 モルデカイは…エステルを<養育>し
ダニ 1: 5 3年間，彼らを<養育>することにし，
Iコリ 4:15 キリストにある<養育係>が1万人あ
ガラ 3:24 導くための私たちの<養育係>となり
25 もはや<養育係>の下にはいません．

▼ようがい（要害）

士師 6: 2 <要害>を自分たちのものにした．
Iサム 22: 4 両親は，ダビデが<要害>にいる間，
23:14 ダビデは荒野や<要害>に宿ったり，
24:22 ダビデとその部下は<要害>へ上って
IIサム 5: 7 ダビデはシオンの<要害>を攻め取っ
た．これが，ダビデの町．I歴11:5.
23:14 ダビデは<要害>におり，ペリシテ人
エレ 48:41 町々は攻め取られ，<要害>は取られ
エゼ 33:27 <要害>とほら穴にいる者は疫病で死

▼8かめ（8日目）

創世 17:12 生まれて<8日目>に，割礼を受けな
21: 4 <8日目>になった…イサクに割礼を
出エ 22:30 <8日目>にわたしに，ささげなけれ
レビ 9: 1 <8日目>になって，モーセはアロン
12: 3 <8日目>には，その子の包皮の肉に
15:14 <8日目>には，自分のために，山鳩
23:36 <8日目>も…聖なる会合を開かなけ
I列 8:66 <8日目>に，彼は民を去らせた．民
II歴 7: 9 <8日目>にきよめの集会を開いた．
ネヘ 8:18 <8日目>には…きよめの集会が行わ
エゼ 43:27 <8日目>と，その後は，祭司たちが
ルカ 1:59 <8日目>に，人々は幼子に割礼する
使徒 7: 8 <8日目>にイサクに割礼を施しまし
ピリ 3: 5 私は<8日目>の割礼を受け，イスラ

▼ようき（陽気）

箴言 17:22 <陽気>な心は健康を良くし，陰気な

▼ようきゅう（要求）

創世 9: 5 あなたがたの血の価を<要求>する…
獣にでも，それを<要求>する…人に
も…人のいのちを<要求>する．
民数 16:10 祭司の職まで<要求>するのか．
I列 20: 7 こんなにひどいことを<要求>してい
ネヘ 5:12 彼らから何も<要求>しません．私た
18 総督としての手当を<要求>しなかっ
マコ 15: 8 群衆は…ピラトに<要求>し始めた．
ルカ 12:48 多く任された者は多く<要求>されま
23:23 十字架につけるよう大声で<要求>し
24 彼らの<要求>どおりにすることを宣
使徒 3:14 人殺しの男を赦免するように<要求>
19:39 これ以上何か<要求>することがある
25:15 罪に定めるように<要求>しました．
ロマ 8: 4 律法の<要求>が全うされるためなの

Ⅰコリ 1:22 ユダヤ人はしるしを<要求>し，ギリ
4: 2 忠実であることが<要求>されます．

▼ようぐ（用具）

出エ 25: 9 幕屋のすべての<用具>の型とを…作
27: 3 祭壇の<用具>はみな，青銅で作らなければならない．19，38:3.
35:13 机と…すべての<用具>と供えのパン，
39:33 すべての<用具>をモーセのところに
40: 9 そのすべての<用具>とを聖別する．
10 そのすべての<用具>に油をそそぎ，
レビ 8:11 祭壇とその<用具>全部…を聖別した．
民数 1:50 レビ人に…<用具>…を管理させよ．彼らは幕屋と…<用具>を運び，これ
3: 8 会見の天幕のすべての<用具>を守り，
31 聖なる<用具>と垂れ幕と，それに関
4:12 聖所で務めに用いる<用具>をみな取
14 これら祭壇のすべての<用具>を載せ，
16 その<用具>についての責任である．」
32 彼らがになう任務のある<用具>を名
7: 1 祭壇およびそのすべての<用具>もそ

▼ようさい（要塞）

Ⅱサム 24: 7 ツロの<要塞>に行き，ヒビ人やカナ
Ⅱ列 8:12 彼らの<要塞>に火を放ち，その若い
詩 108:10 だれが私を<要塞>の町に連れて行く
イザ 25:12 あなたの城壁のそそり立つ<要塞>を
34:13 <要塞>にはいらくさやあざみが生え，
エレ 48:18 あなたの<要塞>を滅ぼしたからだ．
哀歌 2: 2 ユダの娘の<要塞>を，憤って打ちこ
ダニ 11:24 <要塞>を攻めるが，それは，時が来
ホセ 10:14 あなたの<要塞>はみな打ち滅ぼされ
ミカ 5:11 <要塞>をみなくつがえす．
ナホ 3:12 すべての<要塞>は…いちじくの木．
ハバ 1:10 すべての<要塞>をあざ笑い…攻め取
Ⅱコリ 10: 4 <要塞>をも破るほどに力のあるもの

▼ようしゃ（容赦）

申命 7: 2 <容赦>してはならない．25:12.
ヨシ 11:20 彼らを<容赦>なく聖絶するためであ
Ⅰサム 15: 3 聖絶せよ．<容赦>してはならない．
Ⅱ歴 36:17 老衰の者も<容赦>しなかった．主は
ヨブ 6:10 <容赦>ない苦痛の中でも，こおどり
16:13 神は私の内臓を<容赦>なく射抜き，
27:22 神は<容赦>なくそれを彼に投げつけ
箴言 6:34 夫が復讐するとき…<容赦>しないか
イザ 30:14 <容赦>なく打ち砕かれるときのよう
エレ 13:14 わたしは<容赦>せず，惜しまず，あ
21: 7 彼らを惜しまず，<容赦>せず，あわ
哀歌 2: 2 住まいを，<容赦>なく滅ぼし，ユダ
17 滅ぼして，<容赦>せず，あなたのこ
21 彼らを<容赦>なくほふりました．
3:43 私たちを追い，<容赦>なく殺されま
ハバ 1:17 <容赦>なく，諸国の民を殺すのだろ
Ⅱコリ 13: 2 行ったときには，<容赦>はしません．
Ⅱペテ 2: 4 御使いたちを，<容赦>せず，地獄に

▼ようじん（用心），用心深い

申命 4: 9 慎み，<用心深>くありなさい．あな
箴言 14:16 知恵のある者は<用心深>くて悪を避
マタ 10:17 人々には<用心>しなさい．彼らはあ
24:44 <用心>していなさい…人の子は，思いがけない時に来る．ルカ12:40.

▼ようす（様子）

Ⅰサム 28:14 「どんな<様子>をしておられるか．」
Ⅱ列 1: 7 「…どんな<様子>をしていたか．」
箴言 27:23 あなたの羊の<様子>をよく知り，群
ルカ 9:29 御顔の<様子>が変わり，御衣は白く
24:28 イエスは…先へ行きそうなご<様子>
使徒 28: 6 少しも変わった<様子>が見えないの

▼ようちなおしえ（幼稚な教え）

ガラ 4: 3 この世の<幼稚な教え>の下に奴隷と
9 無価値の<幼稚な教え>に逆戻りして，
コロ 2: 8 この世の<幼稚な教え>によるもので
20 この世の<幼稚な教え>から離れたの

▼ようにん（容認）

Ⅰコリ 7: 6 <容認>であって，命令ではありませ

▼ようのかわ（陽の皮）

Ⅰサム 18:25 ペリシテ人の<陽の皮>100だけを望
Ⅱサム 3:14 <陽の皮>100をもってめとった私の

▼ようひし（羊皮紙）

Ⅱテモ 4:13 特に<羊皮紙>の物を持って来てくだ

▼ようぶん（養分）

ロマ 11:17 オリーブの根の豊かな<養分>をとも

▼ようぼう（容貌）

Ⅰサム 16: 7 彼の<容貌>や，背の高さを見てはな

▼ようもう（羊毛）

レビ 13:47 <羊毛>の衣服でも，亜麻布の衣服で
申命 22:11 <羊毛>と亜麻糸とを混ぜて織った着
Ⅱ列 3: 4 雄羊10万頭分の<羊毛>とを…みつぎ
詩 147:16 主は<羊毛>のように雪を降らせ，灰
箴言 31:13 彼女は<羊毛>や亜麻を手に入れ，喜
イザ 51: 8 虫が彼らを<羊毛>のように食い尽く
エゼ 27:18 ツァハルの<羊毛>でおまえと商いを

黙示 1:14 頭と髪の毛は，白い<羊毛>のように，

▼ようやく
使徒 27: 7 <ようやく>のことでクニドの沖に着
IIペテ 2:18 <ようやく>それをのがれようとして

▼ようやく（要約）
ロマ 13: 9 …ということばの中に<要約>されて

▼ヨエゼル〔人名〕
コラ人の勇士の一人．I歴12:6.

▼ヨエデ〔人名〕
ベニヤミン族エシャヤの子孫．ネヘ11:7.

▼ヨエラ〔人名〕
ゲドル出身．ダビデに加勢した．I歴12:7.

▼ヨエル〔人名〕
(1)預言者サムエルの長子．Iサム8:2，I歴6:33.
(2)シメオン族の氏族長の一人．I歴4:35.
(3)ルベン族シェマヤの父．I歴5:4，8.
(4)ガド族のかしら．I歴5:12.
(5)サムエルの父エルカナの先祖．I歴6:36.
(6)イッサカルの子孫．氏族のかしら．I歴7:3.
(7)ダビデの勇士の一人．I歴11:38.
(8)ゲルショムの子孫．I歴15:7，11，23:8.
(9)マナセ半部族のつかさ．I歴27:20.
(10)レビ人．アザルヤの子．II歴29:12.
(11)ヨエル書の著者．ヨエ1:1，使徒2:16.
(12)異邦人の女をめとった者の一人．エズ10:43.
(13)ネヘミヤ時代のエルサレムの監督．ネヘ11:9.

▼よぎ（夜着）
I列 1: 1 <夜着>をいくら着せても暖まらなか

▼ヨキム〔人名〕
ユダの子シェラの子孫．I歴4:22.

▼よく（欲）
箴言 11: 6 自分の<欲>によって捕らえられる．
13: 4 なまけ者は<欲>を起こしても心に何
28:25 <欲>の深い人は争いを引き起こす．
ロマ 13:14 肉の<欲>のために心を用いてはいけ
16:18 自分の<欲>に仕えているのです．彼
エペ 2: 3 肉の<欲>の中に生き，肉と心の望む
ヤコ 1:14 人はそれぞれ自分の<欲>に引かれ，
15 <欲>がはらむと罪を生み，罪が熟す
Iペテ 2:11 肉の<欲>を遠ざけなさい．
IIペテ 1: 4 世にある<欲>のもたらす滅びを免れ，
2:14 その心は<欲>に目がありません．彼
Iヨハ 2:16 肉の<欲>，目の<欲>，暮らし向きの
17 世と世の<欲>は滅び去ります．しか

▼ヨクシャン〔人名〕
アブラハムとケトラの子．創世25:2，3.

▼ヨクタン〔人名〕
セムの子孫．ペレグの兄弟．創世10:25，29.

▼ヨクデアム〔地名〕
ユダの山地の町の一つ．ヨシ15:56.

▼ヨクテエル〔地名〕
(1)ユダの町．ヨシ15:38.
(2)エドム人の町セラにつけられた名．II列14:7.

▼よくなる（良くなる）
エゼ 47: 8 海に注ぎ込むと…水は<良くなる>.
ルカ 7:10 しもべは<よくな>っていた．
ヨハ 5: 6 彼に言われた．「<よくな>りたいか．」

▼ヨクネアム〔地名〕
ゼブルンの町．ヨシ12:22，19:11，21:34.

▼よくぼう（欲望）
詩篇 10: 3 悪者はおのれの心の<欲望>を誇り，
78:30 彼らがその<欲望>から離れず，まだ，
106:14 荒野で激しい<欲望>にかられ，荒れ
箴言 21:26 一日中，自分の<欲望>に明け暮れて
マコ 4:19 いろいろな<欲望>が入り込んで，み
ヨハ 8:44 あなたがたの父の<欲望>を成し遂げ
ガラ 5:16 肉の<欲望>を満足させるようなこと
24 情欲や<欲望>とともに，十字架につ
ピリ 3:19 彼らの神は彼らの<欲望>であり，彼
ヤコ 4: 1 からだの中で戦う<欲望>が原因では
ユダ 16 自分の<欲望>のままに歩んでいます．
18 不敬虔な<欲望>のままにふるまう，

▼ヨグボハ〔地名〕
ガドの町．民数32:35，士師8:11.

▼ヨクメアム〔地名〕
レビ人ケハテ族の町．I歴6:68.

▼ヨクモアム〔地名〕
ソロモン王の第5行政区の町．I列4:12.

▼ヨグリ〔人名〕
ダン族の族長ブキの父．民数34:22.

▼ヨケベデ〔人名〕
モーセの母．出エ6:20，民数26:59.

▼よげん（預言）
民数 11:25 彼らは<預言>した．26.
Iサム 10: 6 あなたも彼らといっしょに<預言>し
19:20 サウルの使者たち…<預言>した．21.
23 彼は<預言>しながら歩いて，ラマの
I列 22: 8 彼は私について良いことは<預言>せず，悪いことばかりを<預言>するか

Ⅰ歴 25: 1 エドトンの子らを…<預言>する者と
Ⅱ歴 9:29 シロ人アヒヤの<預言>…先見者イド
20:37 ヨシャパテに向かって<預言>し，こ
24:27 <預言>のこと，神の宮の再建のこと
エズ 6:14 ゼカリヤの<預言>によって…建てて
イザ 30:10 私たちに正しいことを<預言>するな…偽りの<預言>をせよ．
エレ 2: 8 バアルによって<預言>し．23:13.
11:21 主の名によって<預言>するな．われ
14:14 あの預言者たちは…偽りを<預言>している．5:31，14:15，16，20:6，23:16，21，25，26，32，27:10，14，15，16，29:9，21.
20: 1 エレミヤが…<預言>するのを聞いた．
25:30 このすべてのことばを<預言>して，
26:18 ミカも…ヒゼキヤの時代に<預言>し
20 ほかにも主の名によって<預言>している人が…同じような<預言>をして
28: 6 あなたが<預言>したことばを主が成
8 わざわいと疫病とを<預言>した．
9 平安を<預言>する預言者については，
29:26 すべて狂って<預言>をする者に備え，
27 <預言>している…エレミヤを責めな
31 シェマヤがあなたがたに<預言>し，
32: 3 「なぜ，あなたは<預言>をするのか」
37:19 …と言って<預言>した…預言者たち
哀歌 2:14 ごまかしばかりを<預言>して…人を惑わすことばを<預言>した．
エゼ 4: 7 エルサレム…に向かって<預言>せよ．
11: 4 彼らに向かって<預言>せよ．人の子よ．<預言>せよ．21:9，28，30.2.
12:27 遠い将来について<預言>しているの
13: 2 <預言>をしている…預言者どもに対して<預言>せよ．自分の心のままに<預言>する者どもに向かって，主の
16 エルサレムについて<預言>し，平安
17 心のままに<預言>する…民の娘たち
20:46 ネゲブの野の森に向かって<預言>し，
21:14 人の子よ．<預言>して手を打ち鳴ら
25: 2 アモン人に向け，彼らに<預言>せよ．
28:21 顔をシドンに向け，それに<預言>し
29: 2 パロ…およびエジプト全体に<預言>
34: 2 牧者たちに向かって<預言>せよ．<預言>して，彼ら，牧者たちに言え．
35: 2 顔をセイルの山に向け…<預言>して，
36: 1 イスラエルの山々に<預言>して言え．
37: 4 これらの骨に<預言>して言え．干か
7 私は，命じられたように<預言>した．私が<預言>していると，音がした．
39: 1 ゴグに向かって<預言>して言え．38:2，14.
ヨエ 2:28 あなたがたの息子や娘は<預言>し，
アモ 2:12 預言者には…<預言>するなと言った．
3: 8 だれが<預言>しないでいられよう．
7:12 その地でパンを食べ…<預言>せよ．
16 イサクの家に向かって<預言>するな
ゼカ 13: 3 彼の<預言>しているときに…刺し殺
マタ 7:22 あなたの名によって<預言>をし，あ
11:13 預言者たちと律法とが<預言>をした
13:14 イザヤの告げた<預言>が彼らの上に
マコ 7: 6 イザヤは…偽善者について<預言>を
ルカ 1:67 父ザカリヤは…<預言>して言った．
使徒 1:16 ダビデの口を通して<預言>された聖
2:17 あなたがたの息子や娘は<預言>し，
18 霊を注ぐ．すると，彼らは<預言>す
11:28 御霊によって<預言>したが，はたし
19: 6 異言を語ったり，<預言>をしたりし
21: 9 <預言>する４人の未婚の娘がいた．
ロマ 9:29 イザヤがこう<預言>したとおりです．
12: 6 もしそれが<預言>であれば，その信仰に応じて<預言>しなさい．
Ⅰコリ 11: 4 男が，祈りや<預言>をするとき，頭
5 女が，祈りや<預言>をするとき，頭
12:10 ある人には<預言>，ある人には霊を
13: 2 たとい私が<預言>の賜物を持ってお
8 <預言>の賜物ならばすたれます．異
9 <預言>することも一部分だからです．
14: 1 <預言>することを熱心に求めなさい．
4 <預言>する者は教会の徳を高めます．
5 あなたがたが<預言>することを望みます…<預言>する者のほうがまさっ
6 黙示や知識や<預言>や教えなどによ
22 <預言>は…信者のためのしるしです．
24 みなが<預言>をするなら，信者でな
29 <預言>する者も，ふたりか３人が話
31 みながかわるがわる<預言>できるの
39 <預言>することを熱心に求めなさい．
Ⅰテサ 5:20 <預言>をないがしろにしてはいけま
Ⅰテモ 1:18 あなたについてなされた<預言>に従
4:14 <預言>によって与えられた…賜物を

Iペテ 1:10 恵みについて<預言>した預言者たち
IIペテ 1:19 さらに確かな<預言>のみことばを持
20 聖書の<預言>はみな，人の私的解釈
21 <預言>は決して人間の意志によって
ユダ 14 エノクも，彼らについて<預言>して
黙示 1: 3 この<預言>のことばを朗読する者と，
10:11 民族…王たちについて<預言>しなけ
11: 3 荒布を着て1260日の間<預言>する．」
6 <預言>をしている期間は雨が降らな
19:10 イエスのあかしは<預言>の霊です．」
22: 7 この書の<預言>のことばを堅く守る
19 この<預言>の書のことばを…取り除

▼よけんしゃ（予見者）

Iサム 9: 9 さあ，<予見者>のところへ行こう…
今の預言者は，昔は<予見者>と呼ば
I歴 9:22 <予見者>サムエルが彼らの職責を定
29:29 <予見者>サムエルの言行録，預言者
イザ 30:10 彼らは<予見者>に「見るな」と言い，

▼よげんしゃ（預言者）【別項】女預言者，大預言者

創世 20: 7 あの人は<預言者>であって，あなた
出エ 7: 1 アロンはあなたの<預言者>となる．
民数 11:29 主の民がみな，<預言者>となればよ
12: 6 あなたがたのひとりが<預言者>であ
申命 13: 1 あなたがたのうちに<預言者>または
夢見る者が現れ．3，5．
18:15 ひとりの<預言者>を…起こされる．
34:10 モーセのような<預言者>は，もう再
士師 6: 8 主は…ひとりの<預言者>を遣わした．
Iサム 3:20 サムエルが主の<預言者>に任じられ
10: 5 <預言者>の一団に出会い．19:20．
11 サウルもまた，<預言者>のひとりな
のか．19:24．
22: 5 <預言者>ガドはダビデに言った．
28: 6 <預言者>によっても答えてくださら
IIサム 7: 2 王は<預言者>ナタンに言った．「ご
12:25 <預言者>ナタンを遣わして，主のた
24:11 主のことばが…<預言者>ガドにあっ
I列 13:11 年寄りの<預言者>がベテルに住んで
18 私もあなたと同じく<預言者>です．
29 <預言者>は，神の人の死体を取り上
げ…年寄りの<預言者>の町に持ち帰
14: 2 そこには…<預言者>アヒヤがいる．
16: 7 主のことばは…<預言者>エフーを通
18: 4 イゼベルが主の<預言者>たちを殺し
…オバデヤは100人の<預言者>を救
19 450人のバアルの<預言者>と，400人
のアシェラの<預言者>とを集めなさ
20 <預言者>たちをカルメル山に集めた．
22 私ひとりが主の<預言者>として残っ
ている…バアルの<預言者>は450人
19: 1 <預言者>たちを剣で皆殺しにしたこ
16 あなたに代わる<預言者>とせよ．
20:13 ひとりの<預言者>が…アハブに近づ
35 <預言者>のともがらのひとりが，主
38 その<預言者>は…道ばたで王を待っ
22: 6 400人の<預言者>を召し集めて，彼
7 ここには…みこころを求めることの
できる主の<預言者>がほかにいない
のですか．II列3:11，II歴18:6．
10 <預言者>はみな，ふたりの前で預言
13 <預言者>たちは口をそろえて，王に
23 <預言者>の口に偽りを言う霊を授け
II列 2: 3 ベテルの<預言者>のともがらがエリ
5 エリコの<預言者>のともがらがエリ
シャに近づいて来て．7，15．
3:13 父上の<預言者>たちと…母上の<預
言者>たちのところにおいでくださ
4: 1 <預言者>のともがらの妻のひとりが
38 <預言者>のともがらのために，煮物
5: 3 サマリヤにいる<預言者>のところに
行かれたら，きっと…直してくださ
8 イスラエルに<預言者>がいることを
9: 1 <預言者>エリシャは<預言者>のとも
がらのひとりを呼んで言った．「腰
7 <預言者>たちの血…の復讐をする．
14:25 <預言者>アミタイの子ヨナを通して
17:13 主はすべての<預言者>と…先見者を
19: 2 <預言者>イザヤのところに遣わした．
23:18 あの<預言者>の骨といっしょにその
24: 2 <預言者>たちによって告げられたこ
I歴 16:22 わたしの<預言者>たちに危害を加え
るな．詩篇105:15．
II歴 20:20 その<預言者>を信じ，勝利を得なさ
21:12 <預言者>エリヤのもとから…書状が
28: 9 主の<預言者>で，その名をオデデと
35:18 <預言者>サムエルの時代からこのか
36:12 <預言者>エレミヤの前にへりくだら
エズ 5: 1 ふたりの<預言者>は…神の名によっ
2 神の<預言者>たちも…彼らを助けた．

9:11 <預言者>たちによって，こう命じて
ネヘ 6: 7 <預言者>たちを任命して，『ユダに
9:30 <預言者>たちを通して…彼らを戒め
詩篇 74: 9 もはや<預言者>もいません．いつま
イザ 3: 2 さばきつかさと<預言者>，占い師と
9:15 その尾とは，偽りを教える<預言者>.
28: 7 <預言者>も，強い酒のためによろめ
29:10 あなたがたの目，<預言者>たちを閉
エレ 1: 5 国々への<預言者>と定めていた.」
2: 8 <預言者>たちはバアルによって預言
30 剣は…<預言者>たちを食い尽くした.
4: 9 祭司はおののき，<預言者>は驚く.」
5:13 <預言者>たちは風になり，みことば
6:13 <預言者>から祭司に至るまで…偽りを行っているからだ．8:10.
7:25 <預言者>たちを…たびたび送ったが，25:4, 29:19, 35:15, 44:4.
8: 1 <預言者>たちの骨…墓からあばき，
14:14 あの<預言者>たちは…偽りを預言している．5:31, 23:25.
15 わたしが遣わしたのではない<預言者>たち…その<預言者>たちは滅び
18 <預言者>も祭司も，地にさまよって，
18:18 <預言者>からことばが滅びうせるこ
23:11 <預言者>も祭司も汚れている．わた
13 サマリヤの<預言者>たちの中に，み
14 エルサレムの<預言者>たちの中にも，
15 汚れがエルサレムの<預言者>たちか
16 <預言者>たちのことばを聞くな．27:14, 16.
21 このような<預言者>たちを遣わさな
28 夢を見る<預言者>は夢を述べるがよ
30 わたしのことばを盗む<預言者>たち
34 <預言者>でも，祭司でも…罰する.」
37 あの<預言者>たちにこう言え．主は
26: 8 祭司と<預言者>とすべての民は彼を
27: 9 <預言者>，占い師…呪術者に聞くな.
28: 1 <預言者>…ハナヌヤが，主の宮で，
29: 8 <預言者>たち…にごまかされるな.
15 バビロンでも<預言者>を起こされた.
37:19 <預言者>たちは，どこにいますか.
哀歌 2: 9 <預言者>にも，主からの幻がない.
14 <預言者>たちは…ごまかしばかりを
20 <預言者>が虐殺されてよいでしょう
4:13 これはその<預言者>たちの罪，祭司
エゼ 2: 5 彼らのうちに<預言者>がいることを知らなければならない．33:33.
7:26 <預言者>に幻を求めるようになる.
13: 2 <預言者>どもに対して預言せよ．自
3 自分の霊に従う愚かな<預言者>ども
9 占いをしている<預言者>どもに手を
14: 7 <預言者>のところに来る者には．4.
9 わたしがその<預言者>を惑わしたの
10 この<預言者>の咎は，尋ね求めた者
22:28 その町の<預言者>たちは…幻を見，
ダニ 9: 6 <預言者>たちが…語ったことばに，聞き従いませんでした．10.
ホセ 4: 5 <預言者>もまた…夜つまずく．わた
6: 5 <預言者>たちによって，彼らを切り
9: 7 <預言者>は愚か者，霊の人は狂った
8 <預言者>は…道にしかけるわなだ.
12:10 わたしは<預言者>たちに語り…<預言者>たちによってたとえを示そう.
13 ひとりの<預言者>によって…エジプトから連れ上り，ひとりの<預言者>
アモ 2:11 <預言者>を起こし…ナジル人を起こ
12 <預言者>には…預言するなと言った.
3: 7 <預言者>たちに示さないでは，何事
7:14 私は<預言者>ではなかった．<預言者>の仲間でもなかった．私は牧者
ミカ 3: 5 <預言者>たちについて，主はこう仰
11 <預言者>たちは金を取って占いをす
ゼパ 3: 4 <預言者>たちは，ずうずうしく，裏
ハガ 1: 1 <預言者>ハガイを通して…主のこと
ゼカ 1: 1 <預言者>ゼカリヤに…主のことばが
4 先の<預言者>たちが．7:7, 12.
5 <預言者>たちは永遠に生きているだ
7: 3 祭司たちと，<預言者>たちに尋ねさ
13: 2 <預言者>たちと汚れの霊を…除く.
5 私は<預言者>ではない．私は土地を
マラ 4: 5 <預言者>エリヤをあなたがたに遣わ
マタ 1:22 <預言者>を通して言われた事が成就するためであった．2:15, 23.
2:17 <預言者>エレミヤを通して言われた
3: 3 <預言者>イザヤによって…と言われ
4:14 <預言者>イザヤを通して言われた事が，成就するため．8:17, 12:17.
5:12 <預言者>たちを，人々はそのように
17 律法や<預言者>を廃棄するためだと
7:12 これが律法であり<預言者>です.

10:41 <預言者>を<預言者>だというので受
け入れる者は，<預言者>の受ける報
11: 9 <預言者>を見るためですか…<預言
者>よりもすぐれた者を．ルカ7:26.
13 <預言者>たちと律法とが預言をした
12:39 <預言者>ヨナのしるしのほかには，
13:17 <預言者>や義人たちが…見たいと，
35 <預言者>を通して言われた事が成就
57 <預言者>が尊敬されないのは，自分
の郷里，家族．マコ6:4，ルカ4:24.
14: 5 彼らはヨハネを<預言者>と認めてい
た．21:26，マコ11:32，ルカ20:6.
16:14 <預言者>のひとりだとも言っていま
21:11 この方は…<預言者>イエスだ」と言
46 群衆はイエスを<預言者>と認めてい
22:40 律法全体と<預言者>とが…二つの戒
23:29 <預言者>の墓を建て，義人の記念碑
31 <預言者>を殺した者たちの子孫だと，
34 わたしが<預言者>…たちを遣わすと，
37 <預言者>たちを殺し．ルカ13:34.
24:15 <預言者>ダニエルによって語られた
26:56 <預言者>たちの書が実現するためで
マコ 1: 2 <預言者>イザヤの書にこう書いてあ
6:15 昔の<預言者>の中のひとりのような
<預言者>だ」と言っていた．
8:28 <預言者>のひとりだと言う人もいま
ルカ 1:70 古くから…<預言者>たちの口を通し
76 いと高き方の<預言者>と呼ばれよう．
3: 4 <預言者>イザヤのことばの書に書い
4:17 <預言者>イザヤの書が手渡されたの
27 <預言者>エリシャのときに，イスラ
6:23 <預言者>たちに同じことをしたので
7:39 この方がもし<預言者>なら，自分に
9: 8 昔の<預言者>のひとりがよみがえっ
たのだ」と言っていた．19.
11:47 おまえたちは<預言者>たちの墓を建
49 <預言者>たちや使徒たちを…遣わす
50-51 <預言者>の血の責任を…問われるた
13:28 すべての<預言者>たちが入っている
33 <預言者>がエルサレム以外の所で死
16:16 律法と<預言者>はヨハネまでです．
29 彼らには，モーセと<預言者>があり
31 <預言者>との教えに耳を傾けないの
18:31 人の子について<預言者>たちが書い
24:19 ことばにも力のある<預言者>でした．
25 <預言者>たちの言ったすべてを信じ
27 モーセおよび…<預言者>から始めて，
44 律法と<預言者>と詩篇とに書いてあ
ヨハ 1:21 あなたはあの<預言者>ですか…違い
25 <預言者>でもないなら，なぜ，あな
45 <預言者>たちも書いている方に会い
4:19 先生．あなたは<預言者>だと思いま
6:14 世に来られるはずの<預言者>だ」と
45 <預言者>の書に…と書かれています
7:40 あの方は，確かにあの<預言者>なの
52 ガリラヤから<預言者>は起こらない．
8:52 <預言者>たちも死にました．しかし，
9:17 「あの方は<預言者>です．」
使徒 2:16 これは，<預言者>ヨエルによって語
30 彼は<預言者>でしたから，神が彼の
3:18 神は…<預言者>たちの口を通して，
22 私のようなひとりの<預言者>を，あ
23 その<預言者>に聞き従わない者はだ
25 あなたがたは<預言者>たちの子孫で
7:42 <預言者>たちの書に書いてあるとお
48 <預言者>が語っているとおりです．
52 父祖たちが迫害しなかった<預言者>
8:28 <預言者>イザヤの書を読んでいた．
10:43 <預言者>たちもみな…あかししてい
11:27 <預言者>たちが…アンテオケに下っ
13: 1 教会に…<預言者>や教師がいた．
15 律法と<預言者>の朗読があって後，
20 <預言者>サムエルの時代までは，さ
27 <預言者>のことばを理解せず，イエ
15:32 ユダもシラスも<預言者>であったの
21:10 アガボという<預言者>がユダヤから
26:22 <預言者>たちやモーセが，後に起こ
27 あなたは<預言者>を信じておられま
28:25 <預言者>イザヤを通して…父祖たち
ロマ 1: 2 福音は，神が…<預言者>たちを通し
3:21 律法と<預言者>によってあかしされ
11: 3 彼らはあなたの<預言者>たちを殺し，
16:25-26 <預言者>たちの書によって，信仰の
Iコリ 12:28 第一に使徒，次に<預言者>，次に教
29 みなが<預言者>でしょうか．みなが
14:32 <預言者>たちの霊は<預言者>たちに
服従するものなのです．
37 自分を<預言者>，あるいは，御霊の
エペ 2:20 <預言者>という土台の上に建てられ
3: 5 この奥義は…<預言者>たちに啓示さ

4:11 ある人を使徒，ある人を<預言者>，
Ⅰテサ 2:15 イエスをも，<預言者>たちをも殺し，
テト 1:12 同国人であるひとりの<預言者>がこ
ヘブ 1: 1 <預言者>たちを通して，多くの部分
11:32 <預言者>たちについても話すならば，
ヤコ 5:10 <預言者>たちを模範にしなさい．
Ⅰペテ 1:10 <預言者>たちも，熱心に尋ね，細か
Ⅱペテ 2:16 この<預言者>の狂った振舞いをはば
3: 2 <預言者>たちによって前もって語ら
黙示 2:20 この女は，<預言者>だと自称してい
10: 7 <預言者>たちに告げられたとおりに
11:10 ふたりの<預言者>が…人々を苦しめ
18 <預言者>たち，聖徒たち，また小さ
16: 6 <預言者>たちの血を流しましたが，
18:20 <預言者>たちよ．この都のことで喜
24 <預言者>や聖徒たちの血，および地
22: 6 <預言者>たちのたましいの神である
9 あなたの兄弟である<預言者>たちや，

▼ よこしま

創世 13:13 ソドムの人々は<よこしま>な者で，
申命 13:13 <よこしま>な者たちが，あなたがた
32: 5 <よこしま>で曲がった世代．
士師 19:22 <よこしま>な者たちが，その家を取
20:13 あの<よこしま>な者たちを渡せ．彼
Ⅰサム 1:16 <よこしま>な女と思わないでくださ
2:12 エリの息子たちは，<よこしま>な者
10:27 <よこしま>な者たちは…軽蔑し，彼
25:17 ご主人は<よこしま>な者ですから，
25 <よこしま>な者，ナバルのことなど
30:22 <よこしま>な者たちがみな，口々に
Ⅱサム 16: 7 血まみれの男，<よこしま>な者．
20: 1 <よこしま>な者で，名をシェバとい
23: 6 <よこしま>な者はいばらのように，
Ⅰ列 21:10 ふたりの<よこしま>な者をすわらせ，
ヨブ 27: 7 <よこしま>な者のようになれ．
33: 9 純潔で，<よこしま>なことがない．
34:18 王に向かって，「<よこしま>な者」
詩 140: 1 私を<よこしま>な人から助け出し，
箴言 3:32 主は，<よこしま>な者を忌みきらい，
6:12 <よこしま>な者や不法の者は，曲が
8: 8 曲がったことや<よこしま>はない．
11: 3 裏切り者の<よこしま>は，その人を
16:27 <よこしま>な者は悪をたくらむ．そ
19:28 <よこしま>な証人は，さばきをあざ

▼ よこす

Ⅰサム 26:22 若者のひとりを<よこ>してください．
使徒 16:36 釈放するようにと，使いを<よこ>し

▼ よこたえる（横たえる）

Ⅱ歴 16:14 葬り…ふしどに彼を<横たえ>た．そ
詩篇 3: 5 私は身を<横たえ>て，眠る．私はま
4: 8 平安のうちに私は身を<横たえ>，す

▼ よこたわる（横たわる）

創世 28:13 あなたが<横たわ>っているこの地を，
49:25 下に<横たわる>大いなる水の祝福，
申命 33:13 下に<横たわる>大いなる水の賜物，
Ⅱ列 4:32 その子は死んで…<横たわ>っていた．
ヨブ 7:21 今，私はちりの中に<横たわ>ります．
11:19 あなたが<横たわ>っても，だれもあ
20:11 それも彼とともにちりに<横たわる>．
40:21 葦の茂みや沼に<横たわる>．
詩篇 88: 5 墓の中に<横たわる>殺された者のよ
箴言 3:24 あなたが<横たわる>とき…恐れはな
哀歌 2:21 年寄りも道ばたで地に<横たわ>り，
エゼ 32:19 …者たちとともに<横たわ>れ．』
28 殺された者たちとともに<横たわる>．
アモ 6: 4 象牙の寝台に<横たわ>り，長いすに

▼ よこどり（横取り）

創世 27:35 おまえの祝福を<横取り>してしまっ

▼ よこになる（横になる）

創世 28:11 それを枕にして…<横にな>った．
Ⅰサム 26: 7 サウルは幕営の中で<横にな>って寝
Ⅰ列 19: 5 彼がえにしだの木の下で<横にな>っ
21: 4 彼は寝台に<横にな>り，顔をそむけ
Ⅱ列 4:11 エリシャは…そこで<横にな>った．
ヨブ 3:13 私は安らかに<横にな>り，眠って休
詩篇 57: 4 むさぼり食う者の中で<横にな>って
イザ 56:10 あえいで，<横にな>り，眠りをむさ
ゼパ 2: 7 アシュケロンの家々で<横になる>．

▼ よごれる

ゼカ 3: 3 ヨシュアは，<よごれ>た服を着て，
4 彼の<よごれ>た服を脱がせよ．」そ

▼ ヨサパテ〔人名〕

主イエスの先祖の一人．旧約はヨシャパテ．マタ1:8．

▼ ヨザバデ〔人名〕

ユダのヨアシュ王の家来．Ⅱ列12:21．

▼ よし（蘆）

イザ 19: 6 葦や<蘆>も枯れ果てる．

▼ よしあし
創世 24:50 <よしあし>を言うことはできません.

▼ よじのぼる
エレ 9:21 死が，私たちの窓に<よじのぼ>り，
ヨエ 2: 7 戦士のように城壁を<よじのぼる>.

▼ ヨシフヤ〔人名〕
捕囚帰還民の一人シェロミテの父．エズ8:10.

▼ ヨシブヤ〔人名〕
シメオンの子孫．エフーの父．Ｉ歴4:35.

▼ ヨシヤ〔人名〕
⑴ユダの王．宗教改革者．Ⅱ列21:24，26，22:1，3，23:16，23，24，25，28，29，30，34，Ｉ歴3:14，15，Ⅱ歴34:1，35:1，36:1，エレ1:2，3，3:6，22:11，18，25:1，26:1，ゼパ1:1.
⑵ゼパニヤの子．ゼカリヤ時代の人．ゼカ6:10.

▼ ヨシャ〔人名〕
シメオンの子孫．アマツヤの子．Ｉ歴4:34.

▼ヨシャパテ〔人名〕【別項】ヨシャパテの谷
⑴ユダの王．４代目．Ｉ列15:24，22:2，4，5，7，8，10，18，29，30，32，41，42，44，45，48，49，50，51，Ⅱ列1:17，3:1，7，11，12，14，8:16，12:18，Ｉ歴3:10，Ⅱ歴17:1，3，5，10，11，12，18:1，3，4，6，7，9，17，28，29，31，19:1，2，4，8，20:1，2，3，5，15，18，20，25，27，30，31，34，35，37，22:9.
⑵ダビデとソロモンの参議．Ⅱサム8:16，Ｉ列4:3.
⑶ソロモンの12守護の一人．Ｉ列4:17.
⑷イスラエルの王エフーの父．Ⅱ列9:2，14.
⑸ダビデの勇士の一人．Ｉ歴11:43.
⑹箱の前でラッパを吹いた祭司．Ｉ歴15:24.

▼ ヨシャパテのたに（～谷）
終末に全国民が集められる場所．ヨエ3:2，12.

▼ ヨシャブヤ〔人名〕
ダビデの30勇士の一人．Ｉ歴11:46.

▼ ヨシュア
1. 地名．捕囚帰還ユダ族居住の町．ネヘ11:26.
2. 人名．
⑴モーセの後継者．ヌンの子．出エ17:9，10，13，14，24:13，32:17，33:11，民数11:28，13:16，14:6，30，38，26:65，27:18，22，32:12，28，34:17，申命1:38，3:21，28，31:3，7，14，23，34:9，ヨシ1:1，16，2:1，23，24，3:1，7，9，4:1，4，5，8，10，14，15，17，20，5:2，3，4，7，9，13，14，15，6:2，6，8，10，12，16，22，25，26，27，7:2，3，6，7，10，16，19，20，22，23，24，25，8:1，9，18，23，26，28，29，30，34，35，9:2，15，22，27，10:1，6，12，27，28，11:6，9，23，13:1，14:1，15:13，17:4，15，19:49，20:1，23:2，24:1，19，22，25，29，31，士師1:1，2:6，8，23，Ｉ列16:34，ネヘ8:17，使徒7:45，ヘブ4:8.
⑵ベテ・シェメシュ人．Ｉサム6:14.
⑶エルサレムの町のつかさ．Ⅱ列23:8.
⑷ダビデ時代の祭司．Ｉ歴24:11，エズ2:36.
⑸ヒゼキヤ時代のレビ人．Ⅱ歴31:15.
⑹ゼルバベル時代の大祭司．エホツァダクの子．エズ2:2，5:2，ネヘ12:26，ハガ1:1，12，14，2:2，4，ゼカ3:1，3，6，8，9，6:11.
⑺捕囚帰還のエホザバデの父．エズ2:40，8:33.
⑻レビ人．神殿再建の指揮者．エズ3:9.
⑼レビ人．律法を解き明かした．ネヘ8:7.
⑽主イエスの先祖の一人．ルカ3:29.

▼ ヨシュベカシャ〔人名〕
ヘマンの子孫．聖歌隊の指導者．Ｉ歴25:4.

▼ よすみ（四隅）
出エ 27: 2 その<四隅>の上に角を作る．38:2.
申命 22:12 着物の<四隅>に，ふさを作らなければ
Ｉ列 7:30 台の<四隅>には洗盤のささえがあり，
ヨブ 1:19 大風が吹いて…家の<四隅>を打ち，
イザ 11:12 主は…地の<四隅>から集められる．
エゼ 7: 2 この国の<四隅>にまで終わりが来た．
46:21 庭の<四隅>を通らせた．22.
使徒 10:11 敷布のような入れ物が，<四隅>をつるされて地上に降りて来た．11:5.
黙示 7: 1 ４人の御使いが地の<四隅>に立って，
9:13 祭壇の<四隅>から出る声を聞いた．

▼ ヨセ〔人名〕
⑴主イエスの弟の一人．マコ6:3.
⑵小ヤコブの兄弟．マコ15:40.

▼ ヨセク〔人名〕
主イエスの先祖の一人．ルカ3:26.

▼ ヨセフ
1. 人名．
⑴ヤコブの子：誕生，創世30:22-24；ヨセフの見た夢，創世37:5-11；エジプトへ売られる，

創世37:12-28；ポティファルの妻の誘惑，創世39:1-18；投獄される，創世39:19-23；囚人たちの夢を解き明かす，創世40章；パロの夢を解き明かす，創世41:1-36；エジプトの支配者となる，創世41:37-57；兄弟たちに会う，創世42-44章；身の上を明かす，創世45章；父ヤコブとの再会，創世46:28-34；死，創世50:26.

創世 37: 3 <ヨセフ>が彼の年寄り子であった
49:22 <ヨセフ>は実を結ぶ若枝，泉のほ
出エ 1: 8 <ヨセフ>のことを知らない…王が
ヨシ 24:32 <ヨセフ>の骨は，シェケムの地に
ヨハ 4: 5 <ヨセフ>に与えた…スカルという
ヘブ 11:22 信仰によって，<ヨセフ>は臨終の

創世33:2，35:24，47:1，48:1，50:1，出エ13:19，民数27:1，32:33，ヨシ17:1，Ⅰ歴2:2，5:1，詩篇105:17，使徒7:9，ヘブ11:21.

⑵主イエスの母マリヤの夫：マリヤのいいなずけ，マタ1:18，ルカ1:27；御使いのお告げ，マタ1:19-21；ベツレヘムへ行く，ルカ2:4；エジプトへ逃れる，マタ2:13-15；ナザレへ戻る，マタ2:19-23.

ルカ 2:16 マリヤと<ヨセフ>と…みどりごと
ヨハ 1:45 ナザレの人で，<ヨセフ>の子イエスです.」ルカ4:22，ヨハ6:42.

⑶カナンを偵察した斥候の一人の父．民数13:7.
⑷アサフの子．楽人．Ⅰ歴25:2，9.
⑸異邦人の女をめとった者の一人．エズ10:42.
⑹エホヤキム時代の祭司．ネヘ12:14.
⑺主イエスの弟の一人．マタ13:55.
⑻小ヤコブの兄弟．マタ27:56.
⑼アリマタヤ出身の議員．マタ27:57，59，マコ15:43，45，46，ルカ23:50，55，ヨハ19:38.
⑽主イエスの先祖の一人．ルカ3:24.
⑾主イエスの先祖の一人．ルカ3:30.
⑿使徒補充の候補の一人．使徒1:23.
⒀バルナバの別名．使徒4:36.

2. ヨセフ族．ヨシ16:1.

▼よそおい（装い），装う

Ⅱサム 1:24 おまえたちの<装い>に金の飾りをつ
14: 2 喪に服している者を<装>い，喪服を
ヨブ 40:10 気高さで身を<装>い，尊厳と威光を
箴言 7:10 遊女の<装い>をした心にたくらみの
26:24 憎む者は，くちびるで身を<装>い，
マタ 6:30 野の草さえ，神はこれほどに<装>ってくださるのだから．ルカ12:28.
ルカ 20:20 義人を<装>った間者を送り，イエス

▼よそもの（～者）

創世 19: 9 こいつは<よそ者>として来たくせに，
31:15 私たちは父に，<よそ者>とみなされ
申命 25: 5 <よそ者>にとついではならない．そ

▼ヨダ〔人名〕

主イエスの先祖の一人．ルカ3:26.

▼よたか

レビ 11:16 だちょう，<よたか>．申命14:15.

▼ヨタム〔人名〕

⑴ギデオンの子．70人兄弟の末子．士師9:5，57.
⑵ユダの王．ウジヤの子．Ⅱ列15:5，7，32，36，38，Ⅰ歴3:12，Ⅱ歴27:1，6，7，9，イザ1:1，7:1，ホセ1:1，ミカ1:1，マタ1:9.
⑶カレブの子孫．ヤフダイの子．Ⅰ歴2:47.

▼よだれ

Ⅰサム 21:13 ダビデは…ひげに<よだれ>を流した

▼よち（予知）

使徒 2:23 神の…計画と神の<予知>とによって
Ⅰペテ 1: 2 父なる神の<予知>に従い，御霊の聖

▼よち（余地）

エレ 19:11 葬る<余地>がないほどに葬る．
ロマ 1:20 彼らに弁解の<余地>はない．2:1.
ヘブ 8: 7 後のものが必要になる<余地>はなか
12:17 心を変えてもらう<余地>がありませ

▼よつあし（四つ足）

レビ 11:20 <四つ足>で歩き回るもの．21，23.
使徒 10:12 その中には，地上のあらゆる種類の<四つ足>の動物や，はうもの．11:6.

▼4か（4日）

士師 11:40 年に<4日>間…エフタの娘のために
14:15 <4日>目になって…サムソンの妻に
Ⅱ歴 20:26 <4日>目に…ベラカの谷に集まり，
エズ 8:33 <4日>目に銀と金と器類が，私たち
ヨハ 11:17 ラザロは墓の中に…<4日>も．39.
使徒 10:30 <4日>前のこの時刻に，私が家で午

▼よつぎ（世継ぎ）

Ⅱサム 14: 7 この家の<世継ぎ>をも根絶やしにし
エレ 49: 1 イスラエルには…<世継ぎ>がないの

▼よっつ（四つ）

創世 2:10 一つの川が…<四つ>の源となってい
出エ 25:12 <四つ>の金の環を鋳造．37:3，38:5.
34 花弁のある<四つ>のがくをつける．

26:32　<四つ>の銀の台座の上に据えられ,
ヨシ 19: 7　<四つ>の町と, それらに属する村々,
21:18　放牧地, この<四つ>の町を与えた.
I列 7:30　台には青銅の車輪<四つ>と, 青銅の
18:34　<四つ>のかめに水を満たし…全焼の
箴言 30:15　<四つ>あって…十分だ…と言わない.
エレ 15: 3　<四つ>の種類のもので彼らを罰する.
エゼ 1: 5　<四つ>の生きもののようなものが現
6　<四つ>の顔を持ち, <四つ>の翼を持
10　<四つ>とも…獅子の顔…<四つ>とも…牛の顔…<四つ>とも…鷲の顔があ
10: 9　ケルビムのそばに<四つ>の輪があり,
14:21　<四つ>のひどい刑罰をエルサレムに
40:41　門の片側に<四つ>の台があり, 他の側に<四つ>の台があり, この八つの
ダニ 7: 6　背には<四つ>の鳥の翼があり, その獣には<四つ>の頭があった. そして
アモ 1: 3　<四つ>のそむきの罪のために, わた
ゼカ 1:18　見ると, なんと, <四つ>の角があっ
使徒 27:29　<四つ>の錨を投げおろし, 夜の明け
黙示 4: 6　<四つ>の生き物. 5:6, 8, 14, 6:1, 6, 7:11, 14:3, 15:7, 19:4.

▼ヨッパ〔地名〕
パレスチナの海港. 旧約のヤフォと同地. ヨナ1:3, 使徒9:36, 38, 42, 43, 10:5, 8, 23, 32, 11:5, 13.

▼よっぱらい（酔っぱらい）
ヨエ 1: 5　<酔っぱらい>よ. 目をさまして, 泣

▼ヨテバ〔地名〕
ナザレの北方の町. II列21:19.

▼ヨテバタ〔地名〕
イスラエル人の宿営地. 民数33:33, 申命10:7.

▼ヨナ〔人名〕
イスラエルの預言者. II列14:25, ヨナ1:1, 3, 5, 7, 8, 9, 10, 11, 12, 15, 17, 2:1, 10, 3:1, 3, 4, 4:1, 5, 6, 8, 9, マタ12:39, 40, 41, 16:4, ルカ11:29, 30, 32.

▼よなか（夜中）【別項】真夜中
II列 7:12　王は<夜中>に起きて家来たちに言っ
使徒 20: 7　人々と…<夜中>まで語り続けた.

▼ヨナダブ〔人名〕
(1)ダビデのおい. IIサム13:3, 32.
(2)バアルの預言者を皆殺しにした人. II列10:15, 23, エレ35:6, 8, 10, 14, 16, 18, 19.

▼ヨナタン〔人名〕
(1)モーセの子ゲルショムの子. 士師18:30.
(2)サウル王の長子. ダビデの親友. Iサム13:2, 3, 16, 22, 14:1, 3, 4, 6, 8, 12, 13, 14, 17, 21, 27, 29, 39, 40, 41, 42, 43, 44, 45, 49, 18:1, 3, 4, 19:1, 2, 4, 6, 7, 20:1, 2, 3, 4, 5, 9, 10, 11, 12, 13, 16, 17, 18, 25, 27, 28, 30, 32, 33, 34, 35, 36, 37, 38, 39, 40, 42, 23:16, 18, 31:2, IIサム1:4, 5, 12, 17, 22, 23, 25, 26, I歴10:2.
(3)祭司エブヤタルの子. IIサム15:27, 36, 17:17, 20, I列1:42, 43.
(4)ダビデの兄弟シムアの子. IIサム21:21.
(5)ダビデの30勇士の一人. IIサム23:32.
(6)ユダ族出身. ペレテとザザの父. I歴2:32, 33.
(7)ダビデの宝物倉の管理者. I歴27:25.
(8)ダビデの相談役. 議官, 書記. I歴27:32.
(9)律法を教えたレビ人. II歴17:8.
(10)捕囚帰還民. エズラの一行に加わる. エズ8:6.
(11)エズラの離婚の勧めに反対した人. エズ10:15.
(12)祭司. エホヤダの子. ネヘ12:11.
(13)祭司. メリク族のかしら. ネヘ12:14.
(14)祭司. シェマヤ族のかしら. ネヘ12:18.
(15)祭司. ゼカリヤの父. ネヘ12:35.
(16)書記. 彼の家には牢屋があった. エレ37:15.
(17)カレアハの子. ヨハナンの兄弟. エレ40:8.

▼ヨナム〔人名〕
主イエスの先祖の一人. ルカ3:30.

▼4にん（4人）
創世 14: 9　この<4人>の王と, 先の5人の王と
IIサム 21:22　<4人>はガテのラファの子孫で, ダ
II列 7: 3　<4人>のツァラアトに冒された人が,
I歴 3: 5　<4人>は…バテ・シュアによる子で
9:26　門衛の勇士たちの<4人>で, レビ人
21:20　<4人>の子は身を隠し, オルナンは
26:17　北方には…<4人>, 南方…<4人>,
ダニ 1:17　神はこの<4人>の少年に, 知識と,
3:25　火の中…<4人>の者が見える. しか
7:17　地から起こる<4人>の王である.
ゼカ 1:20　主は<4人>の職人を私に見せてくだ
マコ 2: 3　中風の人が<4人>の人にかつがれて,

使徒21: 9 預言する<4人>の未婚の娘がいた.
23 誓願を立てている者が<4人>います.
黙示 7: 1 <4人>の御使いが地の四隅に立って,

▼ よのひかり（世の光）

ヨハ 8:12 わたしは,<世の光>です. わたしに
9: 5 世にいる間, わたしは<世の光>です.
ピリ 2:16 彼らの間で<世の光>として輝くため

▼ ヨハ〔人名〕

(1)ダビデの30勇士の一人. I歴11:45.
(2)ベニヤミン族ベリアの子. I歴8:16.

▼ ヨハナン〔人名〕

(1)エルサレム陥落後のユダヤ人の将校. II列25:23, エレ40:8, 13, 15, 16, 41:11, 42:1, 43:2.
(2)ユダの王ヨシヤの長子. I歴3:15.
(3)ダビデの子孫. エルヨエナイの子. I歴3:24.
(4)ソロモンの宮の祭司アザルヤの父. I歴6:10.
(5)ベニヤミン人の勇士. I歴12:4.
(6)ガド人の勇士. 軍の第8のかしら. I歴12:12.
(7)コラ人. 神殿の門衛. I歴26:3.
(8)ユダのヨシャパテ王の隊長. II歴17:15.
(9)百人隊長イシュマエルの父. II歴23:1.
(10)エフライム族アザルヤの父. II歴28:12.
(11)エズラと共に捕囚から帰還した人. エズ8:12.
(12)エルヤシブの子. エズ10:6.
(13)異邦人の女をめとった者の一人. エズ10:28.
(14)アモン人トビヤの子. ネヘ6:18.
(15)祭司. アマルヤ族のかしら. ネヘ12:13.
(16)大祭司エルヤシブの子. ネヘ12:22, 23.
(17)祭司. 城壁奉献式に奉仕. ネヘ12:42.
(18)主イエスの先祖の一人. ルカ3:27.

▼ ヨハネ〔人名〕

(1)ペテロの父. ヨハ1:42, 21:15, 16, 17.
(2)ユダヤ人議会の議員. 使徒4:6.
(3)使徒ヨハネ. ゼベダイの子. マタ4:21, 10:2, 17:1, マコ1:19, 29, 3:17, 5:37, 9:2, 38, 10:35, 41, 13:3, 14:33, ルカ5:10, 6:14, 8:51, 9:28, 49, 54, 22:8, 使徒1:13, 3:1, 3, 4, 11, 4:13, 19, 8:14, 12:2, ガラ2:9, 黙示1:1, 2, 4, 9, 22:8.
(4)バプテスマのヨハネ. マタ3:1, 4, 13, 14, 15, 4:12, 9:14, 11:2, 4, 7, 11, 12, 13, 18, 14:2, 3, 4, 5, 8, 10, 12, 16:14, 17:13, 21:25, 26, 32, マコ1:4, 6, 9, 14, 2:18, 6:14, 16, 17, 18, 19, 20, 24, 25, 27, 29, 8:28, 11:30, 32, ルカ1:13, 60, 63, 3:2, 7, 15, 16, 18, 19, 5:33, 7:18, 20, 22, 24, 28, 29, 33, 9:7, 9, 19, 11:1, 16:16, 20:4, 6, ヨハ1:6, 15, 19, 26, 28, 29, 32, 35, 3:23, 24, 25, 27, 4:1, 5:33, 36, 10:41, 使徒1:5, 22, 13:24, 25, 18:25, 19:3, 4.
(5)マルコと呼ばれるヨハネ. 使徒13:5, 13.

▼ ヨバブ〔人名〕

(1)セム族ヨクタンの子孫. アラビヤの一部族. 創世10:29, I歴1:23.
(2)エドムの王. 創世36:33, 34, I歴1:44, 45.
(3)北パレスチナのマドンの王. ヨシ11:1.
(4)ベニヤミンの子孫. I歴8:9.
(5)ベニヤミンの子孫. I歴8:18.

▼ よばれる（呼ばれる）

IIサム 6: 2 神の箱は…万軍の主の名で<呼ばれ>
18:18 アブシャロムの記念碑と<呼ばれ>た.
イザ 1:26 正義の町, 忠信な都と<呼ばれ>よう.
4: 1 私たちをあなたの名で<呼ばれる>よ
3 聖と<呼ばれる>ようになる. みなエ
9: 6 力ある神…平和の君」と<呼ばれる>.
32: 5 しれ者が高貴な人と<呼ばれる>こと
35: 8 その道は聖なる道と<呼ばれる>. 汚
43: 7 わたしの名で<呼ばれる>すべての者
47: 1 優しい上品な女と<呼ばれ>ないから
48: 1 あなたはイスラエルの名で<呼ばれ>,
54: 5 贖い主は…全地の神と<呼ばれ>てい
56: 7 すべての民の祈りの家と<呼ばれる>
61: 3 栄光を現す主の植木と<呼ばれ>よう.
6 神に仕える者と<呼ばれる>. あなた
62: 2 あなたは…新しい名で<呼ばれ>よう.
4 夫のある国と<呼ばれ>よう. 主の喜
12 主に贖われた者と<呼ばれ>…見捨てられない町と<呼ばれる>.」
63:19 御名で<呼ばれ>たこともない者のよ
65:15 ご自分のしもべたちを, ほかの名で<呼ばれる>ようにされる.
エレ 3:17 『主の御座』と<呼ばれ>, 万国の民
6:30 彼らは廃物の銀と<呼ばれ>ている.
14: 9 あなたの御名をもって, <呼ばれ>て
エゼ20:29 その名をバマと<呼ばれ>ているが.
ゼカ 8: 3 エルサレムは真実の町と<呼ばれ>…主の山は聖なる山と<呼ばれ>よう.」

マラ 1: 4 とこしえにのろう民と<呼ばれる>.」
マタ 5: 9 神の子どもと<呼ばれる>から.
19 最も小さい者と<呼ばれ>…守るように教える者は…偉大な者と<呼ばれ>
21:13 わたしの家は祈りの家と<呼ばれる>
23: 8 先生と<呼ばれ>てはいけません. あ
10 また, 師と<呼ばれ>てはいけません.
ルカ 1:32 いと高き方の子と<呼ばれ>ます. ま
35 聖なる者, 神の子と<呼ばれ>ます.
2:21 幼子はイエスという名で<呼ばれる>
23 聖別された者, と<呼ばれ>なければ
15:19 あなたの子と<呼ばれる>資格はあり
ヨハ 4:25 キリストと<呼ばれる>メシヤの来ら
使徒 8:10 この人こそ, 大能と<呼ばれる>, 神
11:26 初めて, キリスト者と<呼ばれる>よ
15:17 わたしの名で<呼ばれる>異邦人がみ
ロマ 7: 3 姦淫の女と<呼ばれる>のですが, 夫
9:26 生ける神の子どもと<呼ばれる>.」
Ⅰコリ 5:11 兄弟と<呼ばれる>者で, しかも不品
15: 9 使徒と<呼ばれる>価値のない者です.
エペ 3:15 天上と地上で家族と<呼ばれる>すべ
ヘブ 11:16 神は彼らの神と<呼ばれる>ことを恥
ヤコ 2: 7 その名で<呼ばれ>ている尊い御名を
23 彼は神の友と<呼ばれ>たのです.
Ⅰヨハ 3: 1 私たちが神の子どもと<呼ばれる>た
黙示 11: 8 ソドムやエジプトと<呼ばれる>大き
19:13 その名は「神のことば」と<呼ばれ>

▼ よばわる（呼ばわる）

Ⅰ列 13: 2 祭壇に向かい, これに<呼ばわ>って
Ⅱ列 18:28 ユダのことばで大声に<呼ばわ>って,
23:16 預言して<呼ばわ>った主のことばの
Ⅰ歴 5:20 戦いのとき…神に<呼ばわ>ったから
21:26 ダビデは…主に<呼ばわ>った. する
Ⅱ歴 20: 9 苦難の中から, あなたに<呼ばわ>り
詩篇 3: 4 私は声をあげて, 主に<呼ばわる>.
28: 1 主よ. 私はあなたに<呼ばわ>ります.
34: 6 悩む者が<呼ばわ>ったとき, 主は聞
55:16 私が, 神に<呼ばわる>と, 主は私を
57: 2 私はいと高き方, 神に<呼ばわ>りま
61: 2 地の果てから, あなたに<呼ばわ>り
66:17 この口で神に<呼ばわ>り, この舌で
86: 3 一日中あなたに<呼ばわ>っています
120: 1 苦しみのうちに…主に<呼ばわる>と,
箴言 8: 1 知恵は<呼ばわ>らないだろうか. 英
3 正門の入口で大声で<呼ばわ>って言
4 わたしはあなたがたに<呼ばわ>り,
イザ 40: 3 荒野に<呼ばわる>者の声がする…主
6 <呼ばわ>れ」と言う者の声がする…「何と<呼ばわ>りましょう」と答え
哀歌 3:57 私があなたに<呼ばわる>とき, あな

▼ よばん（夜番）

ルカ 2: 8 羊飼いたちが, 野宿で<夜番>をしな

▼ ヨハンナ〔人名〕

執事クーザの妻. ルカ8:3, 24:10.

▼ よびあつめる（呼び集める）

士師 7:23 イスラエル人は…<呼び集め>られ,
10:17 アモン人が<呼び集め>られ, ギルア
Ⅰサム 10:17 民を主のもとに<呼び集め>,
15: 4 サウルは民を<呼び集め>た. テライ
Ⅱ列 3:21 <呼び集め>られ, 国境の守備につい
イザ 13: 3 勝利を誇る者たちを<呼び集め>た.
エレ 50:29 射手を<呼び集め>てバビロンを攻め,
哀歌 1:15 一つの群れを<呼び集め>て, 私を攻
2:22 恐れる者たちを…<呼び集め>ました.
マコ 15:16 兵士たちは…全部隊を<呼び集め>た.
ルカ 9: 1 イエスは, 12人を<呼び集め>て, 彼
15: 6 友だちや近所の人たちを<呼び集め>,
9 近所の女たちを<呼び集め>て, 『な
23:13 指導者たちと民衆とを<呼び集め>,
使徒 6: 2 弟子たち全員を<呼び集め>てこう言
10:24 親族や親しい友人たちを<呼び集め>,
20: 1 パウロは弟子たちを<呼び集め>て励
28:17 おもだった人たちを<呼び集め>, 彼

▼ よびだす（呼び出す）

士師 16:25 サムソンを牢から<呼び出>した. 彼
ヨブ 9:19 だれが私を<呼び出す>ことができる
イザ 40:26 その万象を数えて<呼び出>し, 一つ
41: 9 あなたを<呼び出>して言った. 「あ
ホセ 11: 1 わたしの子をエジプトから<呼び出>した. マタ2:15.
ナホ 2: 5 貴人たちは<呼び出>され, 途上でつ
使徒 24: 2 パウロが<呼び出>されると, テルト
26 幾度もパウロを<呼び出>して話し合

▼ よびな（呼び名）

出エ 3:15 これが…わたしの<呼び名>である.
詩 135:13 主よ. あなたの<呼び名>は代々に及
箴言 10: 7 正しい者の<呼び名>はほめたたえら
イザ 26: 8 御名, あなたの<呼び名>を慕います.
ホセ 12: 5 主は万軍の神. その<呼び名>は主.

▼よびもどす（呼び戻す）
IIサム12:23　あの子をもう一度，<呼び戻>せるで

▼よびもとめる（呼び求める）
Iサム12:17　私が主に<呼び求める>と，主は雷と
IIサム22: 4　主を<呼び求める>と…敵から救われ
　7　私は苦しみの中に主を<呼び求め>,
I歴16: 8　主に感謝して，御名を<呼び求め>よ.
II歴 6:33　御名が<呼び求め>られなくてはなら
詩篇14: 4　主を<呼び求め>ようとはしない.
　17: 6　神よ．私はあなたを<呼び求め>まし
　18: 3　主を<呼び求める>と…敵から救われ
　30: 8　主よ．私はあなたを<呼び求め>ます. 31:17, 141:1.
　50:15　苦難の日にはわたしを<呼び求め>よ.
　53: 4　神を<呼び求め>ようとはしない.
　79: 6　御名を<呼び求め>ない王国の上に,
　80:18　私たちは御名を<呼び求め>ます.
　81: 7　あなたは苦しみのとき…<呼び求め>,
　86: 5　あなたを<呼び求める>すべての者に,
　7　苦難の日にあなたを<呼び求め>ます.
　91:15　彼が，わたしを<呼び求め>れば，わ
　105: 1　主に感謝して，御名を<呼び求め>よ.
　116: 2　私は生きるかぎり主を<呼び求め>よ
　4　私は主の御名を<呼び求め>た．「主
　118: 5　苦しみのうちから…主を<呼び求め>
　130: 1　深い淵から…あなたを<呼び求め>ま
　145:18　主を<呼び求める>者すべてに主は近
箴言 2: 3　もしあなたが悟りを<呼び求め>，英
イザ12: 4　主に感謝せよ…御名を<呼び求め>よ.
　43:22　あなたはわたしを<呼び求め>なかっ
　48: 1　イスラエルの神を<呼び求める>が,
　55: 6　近くにおられるうち…<呼び求め>よ.
　65: 1　わたしの名を<呼び求め>なかった国
ヨエ 1:19　主よ．私はあなたに<呼び求め>ます.
ルカ18: 7　夜昼神を<呼び求め>ている選民のた
ロマ10:12　主を<呼び求める>すべての人に対し
　13　主の御名を<呼び求める>者は，だれ
　14　どうして<呼び求める>ことができる
Iコリ 1: 2　御名を…<呼び求め>ているすべての
IIテモ 2:22　きよい心で主を<呼び求める>人たち

▼よびよせる（呼び寄せる）
創世31: 4　ラケルとレアを…野に<呼び寄せ>,
出エ12:21　モーセは…長老たちをみな<呼び寄せ>て言った．レビ9:1.
　19:20　主がモーセを山の頂に<呼び寄せ>ら
レビ 1: 1　主はモーセを<呼び寄せ>，会見の天
申命25: 8　町の長老たちは彼を<呼び寄せ>，彼
　29: 2　イスラエルのすべてを<呼び寄せ>て
ヨシ 6: 6　ヨシュアは祭司たちを<呼び寄せ>,
Iサム 6: 2　祭司たちと占い師たちを<呼び寄せ>
I列12: 3　人々は使いをやって，彼を<呼び寄せ>た．II歴10:3.
詩篇50: 1　主は語り，地を<呼び寄せ>られた.
　4　天と，地とを<呼び寄せ>られる.
箴言18: 6　その口はむち打つ者を<呼び寄せる>.
イザ55: 5　あなたが<呼び寄せる>と，あなたを
エレ42: 8　身分の低い者や高い者…<呼び寄せ>
エゼ36:29　穀物を<呼び寄せ>てそれをふやし,
　38:21　剣を<呼び寄せ>て…ゴグを攻めさせ
ハガ 1:11　わたしは…ひでりを<呼び寄せ>た.」
マタ10: 1　イエスは12弟子を<呼び寄せ>て．15:32，マコ12:43.
　15:10　イエスは群衆を<呼び寄せ>て言われた．マコ7:14, 8:34.
　18: 2　イエスは小さい子どもを<呼び寄せ>，彼らの真ん中に立たせ．ルカ18:16.
　20:25　イエスは彼らを<呼び寄せ>て，言われた…偉い人たちは．マコ10:42.
マコ 3:13　イエスは山に登り，ご自身のお望みになる者たちを<呼び寄せ>られたの
ルカ 6:13　弟子たちを<呼び寄せ>…12人を選び,
　13:12　イエスは，その女を…<呼び寄せ>,
使徒 7:14　父ヤコブと…全親族を<呼び寄せ>ま

▼ヨブ〔人名〕
(1)イッサカルの子．創世46:13.
(2)ヨブ記の主人公．ヨブ1:1, 5, 8, 9, 14, 20, 22, 2:3, 7, 10, 11, 12, 3:1, 2, 6:1, 9:1, 12:1, 16:1, 19:1, 21:1, 23:1, 26:1, 27:1, 29:1, 31:40, 32:1, 2, 3, 4, 12, 33:1, 31, 34:5, 7, 35, 36, 35:16, 37:14, 38:1, 40:1, 3, 6, 42:1, 7, 8, 9, 10, 12, 15, 16, 17, エゼ14:14, 20, ヤコ5:11.

▼よぶ（呼ぶ）【別項】複合動詞
創世17: 5　アブラムと<呼>んではならない．あ
　15　サライと<呼>んではならない．その
　35:10　もう，ヤコブと<呼>んではならない.
出エ 3: 4　神は柴の中から彼を<呼>び，「モー
　19: 3　主は山から彼を<呼>んで仰せられた.
民数12: 5　アロンとミリヤムを<呼>ばれた．ふ
士師 8: 1　私たちに<呼>びかけなかったとは.」

ルツ 1:20 私をナオミと<呼>ばないで，マラと
<呼>んでください．全能者が私をひ
Ⅰサム 3: 4 主はサムエルを<呼>ばれた．6，8.
5 私をお<呼>びになったので」…「私
は<呼>ばない．帰って，おやすみ」
Ⅱサム 1: 7 サウルが…私を見て<呼>びました．
Ⅰ列 18:24 あなたがたは自分たちの神の名を
<呼>べ．私は主の名を<呼>ぼう．そ
26 真昼までバアルの名を<呼>んで言っ
27 もっと大きな声で<呼>んでみよ．彼
Ⅱ列 4:36 彼はゲハジを<呼>んで，「あのシュ
ネムの女を<呼>んで来なさい」と言
ヨブ 5: 1 さあ，<呼>んでみよ．だれかあなた
12: 4 私は，神を<呼>び，神が答えてくだ
13:22 <呼>んでください．私は答えます．
27:10 どんな時にも神を<呼ぶ>だろうか．
詩篇 4: 1 私が<呼ぶ>とき，答えてください．
3，20:9，102:2.
19: 4 その<呼>び声は全地に響き渡り，そ
22: 2 わが神．昼，私は<呼>びます．しか
99: 6 サムエルは御名を<呼ぶ>者の中にい
119:145 私は心を尽くして<呼>びました．主
箴言 1:24 わたしが<呼>んだのに…拒んだ．わ
7: 4 悟りを「身内の者」と<呼>べ．
雅歌 5: 6 私が<呼>んでも，答えはありません
イザ 40:26 一つ一つ，その名をもって，<呼>ば
45: 4 あなたをあなたの名で<呼ぶ>．あな
46:11 はかりごとを行う者を<呼ぶ>．わた
48:13 わたしがそれらに<呼>びかけると，
49: 1 胎内にいる時から私の名を<呼>ばれ
50: 2 わたしが<呼>んだのに…答えなかっ
4 朝ごとに，私を<呼>びさまし，私の
58: 9 あなたが<呼ぶ>と，主は答え，あな
13 安息日を「喜びの日」と<呼>び，主
の聖日を「はえある日」と<呼>び，
60:14 あなたを…シオン，と<呼ぶ>．
18 あなたの城壁を救いと<呼>び，あな
たの門を賛美と<呼>ぼう．
64: 7 あなたの御名を<呼ぶ>者もなく，奮
65:12 わたしが<呼>んでも答えず．66:4.
24 彼らが<呼>ばないうちに，わたしは
エレ 1:15 北の…王国の民に<呼>びかけている
3:19 あなたがわたしを父と<呼>び，わた
10:25 御名を<呼>ばない諸氏族の上に，あ
11:14 わたしを<呼ぶ>ときにも，わたしは
33: 3 わたしを<呼>べ．そうすれば，わた
35:17 わたしが彼らに<呼>びかけたのに，
哀歌 1:19 私は愛する者たちを<呼>んだのに，
3:55 私は深い穴から御名を<呼>びました．
ホセ 2:16 あなたはわたしを『私の夫』と<呼>
び…『私のバアル』とは<呼ぶ>まい．
ヨエ 2:32 主の名を<呼ぶ>者はみな救われる．
使徒2:21.
アモ 5: 8 海の水を<呼>んで，それを地の面に
16 泣き方を知っている者…を<呼>んで
7: 4 主は燃える火を<呼>んでおられた．
ゼカ 7:13 <呼>ばれたときも，彼らは聞かなか
った…彼らが<呼>んでも，わたしは
13: 9 彼らはわたしの名を<呼>び，わたし
マタ 4:21 ヤコブとその兄弟ヨハネ…ふたりを
お<呼>びになった．マコ1:20.
23: 9 だれかを，われらの父と<呼>んでは
マコ 3:31 母と兄弟たちが…イエスを<呼>ばせ
6: 7 12弟子を<呼>び，ふたりずつ遣わし
10:49 あの人を<呼>んで来なさい…彼らは
その盲人を<呼>び…さあ，立ちなさ
12:37 ダビデ自身がキリストを主と<呼>ん
でいるのに，どういう．ルカ20:44.
ルカ 6:46 主よ．主よ』と<呼>びながら，わた
9:54 私たちが天から火を<呼>び下して，
ヨハ 5:18 神を自分の父と<呼>んでおられたか
10: 3 彼は自分の羊をその名で<呼>んで連
15:15 もはや，あなたがたをしもべとは
<呼>びません…友と<呼>びました．
使徒 5:40 使徒たちを<呼>んで…むちで打ち，
7:59 ステパノは主を<呼>んで，こう言っ
9:14 御名を<呼ぶ>者たちをみな捕縛する
23:17 パウロは，百人隊長…を<呼>んで，
18 囚人のパウロが私を<呼>んで，この
ロマ 4:17 有るもののようにお<呼>びになる方
8:15 「アバ，父」と<呼>びます．
9:25 わが民でない者をわが民と<呼>び，
愛さなかった者を愛する者と<呼ぶ>．
Ⅱテモ 2:19 御名を<呼ぶ>者は…不義を離れよ．」
ヘブ 2:11 主は彼らを兄弟と<呼ぶ>ことを恥と
Ⅰペテ 1:17 さばかれる方を父と<呼>んでいるの

▼ヨベルのとし（～年）

7年ごとに土地を休ませる安息年が七たび巡った翌年の第50年目の年．レビ25:10，民数36:4.

▼ よまわり（夜回り）

詩篇 90: 4　<夜回り>のひとときのようです.
130: 6　<夜回り>が夜明けを待つのにまさり，まことに，<夜回り>が夜明けを待
雅歌 3: 3　<夜回り>たちが私を見つけま．5:7.
イザ 21:11　<夜回り>よ．今は夜の何時か．<夜回り>よ．今は夜の何時か.」
12　<夜回り>は言った．「朝が来，また

▼ よみ

創世 37:35　<よみ>にいるわが子のところに下っ
42:38　しらが頭の私を…<よみ>に下らせる
民数 16:30　生きながら<よみ>に下るなら，あな
申命 32:22　<よみ>の底にまで燃えて行く．地と
Ⅰサム 2: 6　主は殺し…<よみ>に下し，また上げ
Ⅱサム 22: 6　<よみ>の綱は私を取り囲．詩篇18:5.
Ⅰ列 2: 6　安らかに<よみ>に下らせてはならな
ヨブ 7: 9　<よみ>に下る者は，もう上って来な
11: 8　それは<よみ>よりも深い．あなたが
26: 6　<よみ>も神の前では裸であり，滅び
33:18　人のたましいが，<よみ>の穴に，入
22　そのたましいは<よみ>の穴に近づき，
30　人のたましいを<よみ>の穴から引き
詩篇 6: 5　<よみ>にあっては，だれが，あなた
9:17　悪者どもは，<よみ>に帰って行く.
16:10　私のたましいを<よみ>に捨ておかず，
30: 3　私のたましいを<よみ>から引き上げ，
31:17　彼らを<よみ>で静まらせてください.
49:14　彼らは羊のように<よみ>に定められ…<よみ>がその住む所となる.
15　たましいを<よみ>の手から買い戻さ
55:15　生きたまま，<よみ>に下るがよい.
86:13　私のたましいを，<よみ>の深みから
88: 3　私のいのちは，<よみ>に触れていま
89:48　おのれ自身を，<よみ>の力から救い
116: 3　<よみ>の恐怖が私を襲い，私は苦し
139: 8　私が<よみ>に床を設けても，そこに
141: 7　骨は<よみ>の入口にまき散らされま
箴言 1:12　<よみ>のように，彼らを生きたまま
5: 5　その歩みは<よみ>に通じている.
7:27　彼女の家は<よみ>への道，死の部屋
9:18　彼女の客が<よみ>の深みにいること
15:11　<よみ>と滅びの淵とは主の前にある.
24　これは下にある<よみ>を離れるため
23:14　彼のいのちを<よみ>から救うことが
27:20　<よみ>と滅びの淵は飽くことがなく，
30:16　<よみ>と，不妊の胎，水に飽くこと
伝道 9:10　あなたが行こうとしている<よみ>に
雅歌 8: 6　ねたみは<よみ>のように激しいから
イザ 5:14　<よみ>は，のどを広げ，口を限りな
14: 9　下界の<よみ>は，あなたの来るのを
11　あなたの琴の音は<よみ>に落とされ，
15　あなたは<よみ>に落とされ，穴の底
28:15　死と契約を…<よみ>と同盟を結んで
38:10　生涯の半ばで，<よみ>の門に入る.
18　<よみ>はあなたをほめたたえず，死
57: 9　使者たちを…<よみ>にまでも下らせ
エゼ 31:15　それが<よみ>に下る日に…深淵を喪
32:21　勇士たちは…<よみ>の中から語りか
ホセ 13:14　<よみ>の力から，彼らを解き放ち…<よみ>よ．おまえの針はどこにある
アモ 9: 2　彼らが，<よみ>に入り込んでも，わ
ヨナ 2: 2　私が<よみ>の腹の中から叫ぶと，あ
ハバ 2: 5　彼は<よみ>のようにのどを広げ，死

▼ よみがえり

ヨハ 11:24　終わりの日の<よみがえり>の時に，
25　わたしは，<よみがえり>です．いの
ヘブ 11:35　さらにすぐれた<よみがえり>を得る

▼ よみがえる，よみがえらす

イザ 26:19　私のなきがらは<よみがえ>ります.
マタ 14: 2　ヨハネが死人の中から<よみがえ>ったのだ．マコ6:14，ルカ9:7.
16:21　3日目に<よみがえ>らなければならない．27:63，マコ9:31，ルカ9:22，24:7，ヨハ20:9，使徒17:3.
20:19　人の子は3日目に<よみがえ>ります．ルカ18:33.
26:32　わたしは，<よみがえ>ってから…先に，ガリラヤへ行きま．マコ14:28.
28: 6　ここにはおられません…<よみがえ>られたから．マコ16:6，ルカ24:6.
マコ 9: 9　人の子が…<よみがえる>ときまでは
12:23　彼らが<よみがえる>とき，その女は
25　<よみがえる>ときには，めとること
26　死人が<よみがえる>ことについては，モーセの書にある柴の．ルカ20:37.
16: 9　朝早くに<よみがえ>ったイエスは，
14　<よみがえ>られたイエスを見た人た
ルカ 24:34　ほんとうに主は<よみがえ>って，シ
46　3日目に死人の中から<よみがえ>り，
ヨハ 2:22　イエスが…<よみがえ>られたとき，

5:29 善を行った者は，<よみがえ>っていのちを受け，悪を行った者は，<よみがえ>ってさばきを受けるのです．

6:39 ひとりひとりを終わりの日に<よみがえ>らせることです．40.

11:23 あなたの兄弟は<よみがえ>ります.」

24 彼が<よみがえる>ことを知っており

12: 1 イエスが死人の中から<よみがえ>らせたラザロがいた．9，17.

21:14 死人の中から<よみがえ>ってから，

使徒 2:24 神は，この方を…<よみがえ>らせました．32，3:15，5:30，10:40，13:30，33，34，26:8.

13:37 神が<よみがえ>らせた方は，朽ちる

17:31 死者の中から<よみがえ>らせること

ロマ 4:24 <よみがえ>らせた方を信じる私たち

25 義と認められるために，<よみがえ>

6: 4 死者の中から<よみがえ>られたよう

7: 4 <よみがえ>った方と結ばれて…実を

8:11 イエスを…<よみがえ>らせた方の御霊が…住んでおられるなら…死者の中から<よみがえ>らせた方は，あな

10: 9 神はイエスを…<よみがえ>らせてく

Ⅰコリ 6:14 神は主を<よみがえ>らせましたが…私たちをも<よみがえ>らせてくださ

15: 4 3日目に<よみがえ>られたこと，

15 神は…<よみがえ>らせなかったはず

16 死者が<よみがえ>らないのなら，キリストも<よみがえ>らなかったでし

17 キリストが<よみがえ>らなかったの

20 死者の中から<よみがえ>られました．

29 死者は決して<よみがえ>らないのな

35 どのようにして<よみがえる>のか．

42 朽ちないものに<よみがえら>され，

43 栄光あるものに<よみがえら>され…強いものに<よみがえら>され，

52 死者は朽ちないものに<よみがえ>り，

Ⅱコリ 1: 9 死者を<よみがえ>らせてくださる神

4:14 主イエスを<よみがえ>らせた方が，私たちをも…<よみがえ>らせ，あな

5:15 死んで<よみがえ>った方のために生

ガラ 1: 1 死者の中から<よみがえ>らせた父な

エペ 1:20 キリストを…<よみがえ>らせ，天上

2: 6 ともに<よみがえ>らせ，ともに天の

ピリ 4:10 ついに<よみがえ>って来たことを，

コロ 2:12 キリストを…<よみがえ>らせた神の力を信じる信仰によって…ともに<よみがえら>されたのです．3:1.

Ⅰテサ 1:10 神が…<よみがえ>らせなさった御子，

4:16 死者が，まず初めに<よみがえ>り，

Ⅱテモ 2: 8 死者の中から<よみがえ>ったイエス

ヘブ 11:19 死者の中から<よみがえ>らせること

35 死んだ者を<よみがえ>らせていただ

Ⅰペテ 1: 3 キリストが…<よみがえ>られたこと

21 キリストを<よみがえ>らせて彼に栄

▼よむ（読む）

出エ 24: 7 契約の書を…民に<読>んで聞かせた．

申命 17:19 一生の間，これを<読>まなければな

31:11 みおしえを<読>んで聞かせなければ

ヨシ 8:34 律法のことばを…<読>み上げた．

Ⅱ列 5: 7 王はこの手紙を<読む>と，自分の服

19:14 ヒゼキヤは…その手紙を受け取り，それを<読>み．イザ37:14.

22:10 シャファンは王の前でそれを<読>み

エズ 4:18 書状は，私の前で…<読>まれた．

ネヘ 8: 8 律法の書をはっきりと<読>んで説明したので，民は<読>まれたことを理

エス 6: 1 その夜…王の前でそれを<読>ませた．

詩篇 33:15 彼らのわざのすべてを<読>み取る方．

139: 2 私の思いを遠くから<読>み取られま

イザ 29:11 これを<読>んでください」と言っても…封じられているから<読>めない

34:16 主の書物を調べて<読>め．これらの

エレ 36: 6 主のことばを…<読>み聞かせ…ユダ全体の耳にも…<読>み聞かせよ．

10 バルクは…その書物からエレミヤのことばを<読>んだ．13.

23 エフディが3，4段を<読む>ごとに，

51:61 すべてのことばをよく注意して<読>

63 この書物を<読>み終わったなら，そ

ダニ 5: 7 この文字を<読>み，その解き明かし

ハバ 2: 2 これを<読む>者が急使として走るた

マタ 12: 3 ダビデが何をしたか，<読>まなかったのですか．マコ2:25，ルカ6:3.

5 律法で<読>んだことはないのですか．

19: 5 あなたがたは<読>んだことがないのですか．21:42，22:31，マコ12:10.

21:16 <読>まなかったのですか.」

24:15 （読者はよく<読>み取るように.）

ルカ 10:26 あなたはどう<読>んでいますか.」

よ

ヨハ 19:20 ユダヤ人がこの罪状書きを<読>んだ.
使徒 8:28 預言者イザヤの書を<読>んでいた.
13:27 安息日ごとに<読>まれる預言者のことばを理解せず，イエスを. 15:21.
15:31 それを<読>んだ人々は，その励まし
23:34 総督は手紙を<読>んでから，パウロ
Ⅱコリ 1:13 <読>んで理解できること以外は何も
3: 2 すべての人に知られ…<読>まれてい
エペ 3: 4 それを<読>めば，私がキリストの奥
コロ 4:16 この手紙があなたがたのところで<読>まれたなら…教会でも<読>まれ

▼よめ（嫁）

創世 11:31 アブラムの妻である<嫁>のサライと
38:24 あなたの<嫁>のタマルが売春をし，
レビ 18:15 あなたの<嫁>を犯してはならない.
ルツ 1: 6 彼女は<嫁>たちと連れ立って，モア
Ⅰサム 4:19 彼の<嫁>，ピネハスの妻は身ごもっ
Ⅰ歴 2: 4 彼の<嫁>タマルは彼にペレツとゼラ
エゼ 22:11 ある者は<嫁>とみだらなことをして
ホセ 4:13 あなたがたの<嫁>は姦通をする. 14.
ミカ 7: 6 娘は母親に，<嫁>はしゅうとめに逆らい. マタ10:35，ルカ12:53.

▼よゆう（余裕）

レビ 5: 7 羊を買う<余裕>がなければ，自分が
Ⅱコリ 8:14 あなたがたの<余裕>が彼らの欠乏を補うなら，彼らの<余裕>もまた，あ

▼よよ（世々，代々）【別項】世々（代々）限りなく

創世 9:12 <代々>永遠にわたって結ぶ契約のし
17: 7 <代々>にわたる永遠の契約として立
12 <代々>にわたり，生まれて8日目に，
出エ 3:15 <代々>にわたってわたしの呼び名で
12:14 <代々>守るべき永遠のおきて. 27:21，30:21.
17:16 主は<代々>にわたってアマレクと戦
29:42 <代々>にわたって，絶やすことのな
30:10 <代々>，年に1度このために，贖い
31:16 <代々>にわたり，この安息を守らな
40:15 <代々>にわたる永遠の祭司職のため
レビ 3:17 <代々>守るべき永遠のおきてはこう
10: 9 これは…<代々>守るべき永遠のおきてである. 23:14，21，31，41.
21:17 <代々>の子孫のうち…身に欠陥のあ
22: 3 <代々>にわたり，あなたがたの子孫
25:30 <代々>にわたり…買い取った人のも
民数 10: 8 これは…<代々>にわたる永遠の定め
15:14 あなたがたのうちに<代々>住んでい
21 <代々>にわたり，主に奉納物を供え
23 <代々>にわたって主がモーセを通し
35:29 <代々>にわたり…さばきのおきてと
申命 32: 7 昔の日々を思い出し，<代々>の年を
エス 9:28 この両日は，<代々>にわたり…記念
詩篇 10: 6 <代々>にわたって，わざわいに会わ
33:11 御心の計画は<代々>に至る.
45:17 あなたの名を<代々>にわたって覚え
49:11 その住まいは<代々>にまで及ぶと思
72: 5 <代々>にわたって，あなたを恐れま
77: 8 約束は，<代々>に至るまで，果たさ
90: 1 あなたは<代々>にわたって私たちの
イザ 13:20 <代々>にわたり，住みつく者もなく，
34:10 <代々>にわたって，廃墟となり，だ
41: 4 初めから<代々>の人々に呼びかけた
60:15 <代々>の喜びの町に変える.
61: 4 <代々>の荒れ跡を一新する.
エレ 50:39 <代々>にわたって，住む人はない.
哀歌 5:19 あなたの御座は<代々>に続きます.
ヨエ 2: 2 <代々>の時代にも再び起こらない.
3:20 <代々>にわたって人の住む所となる.
ルカ 1:50 あわれみは…<代々>にわたって及び
ロマ 16:25-26 <世々>にわたって長い間隠されてい
エペ 2: 7 あとに来る<世々>において…すぐれ
3: 9 神のうちに<世々>隠されていた奥義
21 栄光が，<世々>にわたって，とこし
Ⅰテモ 1:17 <世々>の王…目に見えない唯一の神

▼よよかぎりなく（世々限りなく，代々限りなく）

詩篇 10:16 主は<世々限りなく>王である. 国々
45: 6 あなたの王座は<世々限りなく>，あ
17 国々の民は<世々限りなく>，あなた
48:14 <世々限りなく>われらの神であられ
52: 8 <世々限りなく>，神の恵みに拠り頼
79:13 <代々限りなく>あなたの誉れを語り
111: 8 それらは<世々限りなく>保たれ，ま
145: 1 御名を<世々限りなく>，ほめたたえ
イザ 30: 8 …日のためとせよ. <世々限りなく>.
ダニ 4: 3 その主権は<代々限りなく>続く.
34 その国は<代々限りなく>続く.
7:18 その国を保って<世々限りなく>続く.
12: 3 <世々限りなく>，星のようになる.
Ⅰテモ 1:17 誉れと栄えとが<世々限りなく>あり

ヘブ 1: 8 あなたの御座は<世々限りなく>，あ
Ⅰペテ 4:11 栄光と支配が<世々限りなく>キリス
5:11 神のご支配が<世々限りなく>ありま
ユダ 25 今も，また<世々限りなく>あります

▼ヨライ〔人名〕
ガドの子孫．バシャンに居住．Ⅰ歴5:13.

▼ヨラぞく（～族）
ゼルバベルと共に帰還した一族．エズ2:18.

▼ヨラム〔人名〕
⑴ハマテの王トイの子．Ⅱサム8:10.
⑵イスラエルの王．アハブの第２子．Ⅱ列1:17a，3:1，6，8:16，25，28，29，9:14，15，16，17，21，23，24，29，Ⅱ歴22:5，6，7.
⑶ユダの王．ヨシャパテの子．Ⅰ列22:50，Ⅱ列1:17b，8:16，20，21，23，24，25，29，11:2，12:18，Ⅰ歴3:11，Ⅱ歴21:1，3，4，5，8，9，16，22:1，6，11，マタ1:8.
⑷民に律法を教えた祭司．Ⅱ歴17:8.
⑸モーセの子エリエゼルに属する者．Ⅰ歴26:25.

▼よりいと（撚り糸）
出エ 25: 4 緋色の<撚り糸>，亜麻布，やぎの毛，
39: 1 緋色の<撚り糸>．3，5，8，24，29.
22 青服を青色の<撚り糸>だけで織って
28 <撚り糸>で織った亜麻布．2，5，29.
レビ 14: 4 小鳥と，杉の木と緋色の<撚り糸>とヒソプ．6，49，51，52.

▼よりかかる（寄りかかる）
士師 16:26 柱に…<寄りかか>らせてくれ．」
Ⅱ列 5:18 拝む場合，私の腕に<寄りかか>りま
7: 2 王がその腕に<寄りかか>っていた者
18:21 それに<寄りかかる>者の手を刺し通
ヨブ 8:15 彼が自分の家に<寄りかかる>と，家
雅歌 8: 5 自分の愛する者に<寄りかか>って，
イザ 48: 2 彼らは…神…に<寄りかか>っている．
エゼ 29: 7 彼らがあなたに<寄りかかる>と，あ

▼よりたのむ（～頼む，拠り頼む）
Ⅱ列 18:19 ヒゼキヤに伝えよ…おまえは何に<拠り頼>んでいるのか．イザ36:4.
20 だれに<拠り頼>んで私に反逆するの
21 エジプトに<拠り頼>んでいるが…パロは，すべて彼に<拠り頼む>者にそうするのだ．イザ36:6.
22 『われわれは…神，主に<拠り頼む>．』
Ⅰ歴 5:20 彼らが神に<拠り頼>んだので，神は
Ⅱ歴 13:18 彼らが…主に<拠り頼>んだからであ
14:11 私たちはあなたに<拠り頼>み，御名
16: 7 アラムの王に<拠り頼>み，あなたの神，主に<拠り頼>みませんでした．
32:10 何に<拠り頼>んで…じっとしている
ヨブ 18:14 彼はその<拠り頼む>天幕から引き抜
31:24 黄金に…私の<拠り頼む>もの，と言
39:11 あなたはそれに<拠り頼む>だろうか．
詩篇 4: 5 いけにえをささげ，主に<拠り頼>め．
9:10 御名を知る者はあなたに<拠り頼>み
13: 5 私はあなたの恵みに<拠り頼>みまし
28: 7 私の心は主に<拠り頼>み，私は助け
55:23 私は，あなたに<拠り頼>みます．
箴言 3: 5 心を尽くして主に<拠り頼>め．自分
11:28 自分の富に<拠り頼む>者は倒れる．
16:20 主に<拠り頼む>者は幸いである．
22:19 主に<拠り頼む>ことができるように，
25:19 裏切り者に<拠り頼む>のは，悪い歯
28:25 主に<拠り頼む>人は豊かになる．
30: 5 神は<拠り頼む>者の盾．
イザ 30:12 しいたげと悪巧みに<拠り頼>み，こ
31: 1 戦車と…強い騎兵隊とに<拠り頼>み，
42:17 彫像に<拠り頼>み，鋳像に，「あな
47:10 あなたは自分の悪に<拠り頼>み，
50:10 自分の神に<拠り頼>め．
エレ 2:37 主があなたの<拠り頼む>者を退ける
5:17 あなたの<拠り頼む>城壁のある町々
13:25 わたしを忘れ，偽りに<拠り頼>んだ
29:31 あなたがたを偽りに<拠り頼>ませた．
46:25 パロと彼に<拠り頼む>者たちとを罰
48: 7 財宝に<拠り頼>んだので．49:4.
エゼ 16:15 自分の美しさに<拠り頼>み，自分の
33:13 もし彼が自分の正しさに<拠り頼>み，
ホセ 10:13 多くの勇士に<拠り頼>んだからだ．
マタ 27:43 彼は神に<より頼>んでいる．もし神
Ⅱコリ 1: 9 神に<より頼む>者となるためでした．
Ⅰペテ 2: 7 <より頼>んでいるあなたがたには尊いものですが，<より頼>んでいない

▼よりどころ（拠り所）
詩篇 11: 3 <拠り所>がこわされたら正しい者に

▼ヨリム〔人名〕
主イエスの先祖の一人．ルカ3:29.

▼よりわける（～分ける）
申命 29:21 その者を…全部族から<より分け>て，
マタ 25:32 分けるように，彼らを<より分け>，

▼ よる（夜）【別項】よ

創世 1:5　やみを<夜>と名づけられた．夕があ
16　小さいほうの光る物には<夜>をつか
8:22　昼と<夜>とは，やむことはない.」
14:15　<夜>になって，彼と奴隷たちは，彼
31:39　昼盗まれたものにも，<夜>盗まれた
出エ 13:21　<夜>は，彼らを照らすため…彼らが
昼も<夜>も進んで行くためであった．
22　<夜>はこの火の柱が民の前から離れ
なかった．40:38，民数9:16，14:14，
申命1:33，ネヘ9:12，19．
申命 16:1　主が，<夜>のうちに，エジプトから
23:10　<夜>，精を漏らして，身を汚した者
ヨシ 1:8　昼も<夜>もそれを口ずさまなければ
8:3　３万人を選び…<夜>のうちに派遣し
Ｉサム 25:16　昼も<夜>も…私たちのために城壁と
IIサム 21:10　<夜>には野の獣が死体に近寄らない
Ｉ列 3:19　<夜>の間に，この女の産んだ子が死
II歴 6:20　昼も<夜>も御目を開いていてくださ
7:12　主が<夜>ソロモンに現れ，彼に仰せ
ネヘ 1:6　昼も<夜>も御前に祈り，私たちがあ
4:22　<夜>にも見張りがおり，昼には働く
ヨブ 3:3　胎に宿った」と言ったその<夜>も．
5:14　真昼に，<夜>のように手さぐりする．
7:3　苦しみの<夜>が定められている．
4　<夜>は長く，私は暁まで寝返りをう
17:12　<夜>は昼に変えられ，やみから光が
24:14　<夜>には盗人のようになる．
27:20　<夜>にはつむじ風が彼を運び去る．
30:17　<夜>は私の骨を私からえぐりとり，
36:20　国々の民が取り去られる<夜>をあえ
詩篇 1:2　昼も<夜>もそのおしえを口ずさむ．
16:7　<夜>になると，私の心が私に教える．
17:3　<夜>，私を問いただされました．あ
19:2　<夜>は<夜>へ，知識を示す．
22:2　<夜>も，私は黙っていられません．
32:4　御手が昼も<夜>も私の上に重くのし
42:3　私の涙は，昼も<夜>も，私の食べ物
8　<夜>には，その歌が私とともにあり
55:10　昼も<夜>も，町の城壁の上を歩き回
74:16　<夜>もまたあなたのもの．あなたは
77:2　<夜>には，たゆむことなく手を差し
6　<夜>には私の歌を思い起こし，自分
78:14　<夜>は，夜通し炎の光で彼らを導い
88:1　<夜>は，あなたの御前にいます．
91:5　あなたは<夜>の恐怖も恐れず，昼に
104:20　<夜>には，あらゆる森の獣が動きま
105:39　<夜>には火を与えて照らされた．
119:55　<夜>には，あなたの御名を思い出し，
139:11　私の回りの光よ．<夜>となれ」と言
箴言 31:18　ともしびは<夜>になっても消えない．
伝道 8:16　昼も<夜>も眠らずに，地上で行われ
雅歌 3:1　私は，<夜>，床についても，私の愛
イザ 4:5　<夜>は煙と燃える火の輝きを創造さ
16:3　あなたの影を<夜>のようにせよ．散
21:11　夜回りよ．今は<夜>の何時か．夜回
26:9　私のたましいは，<夜>あなたを慕い
27:3　<夜>も昼もこれを見守っている．
30:29　祭りを祝う<夜>のように歌い，主の
34:10　それは<夜>も昼も消えず…その煙は
60:11　門は…昼も<夜>も閉じられない．国
62:6　<夜>の間も…黙っていてはならない．
エレ 6:5　<夜>の間に上って，その宮殿を滅ぼ
14:17　私の目は<夜>も昼も涙を流して，や
31:35　月と星を定めて<夜>の光とし，海を
33:20　<夜>と結んだわたしの契約とを破る
ことができ，昼と<夜>とが定まった
36:30　昼は暑さに，<夜>は寒さにさらされ
52:7　戦士たちは…<夜>のうちに…町を出
哀歌 2:18　昼も<夜>も，川のように涙を流せ．
19　<夜>の間，<夜>の見張りが立つころ
ダニ 2:19　<夜>の幻のうちに．7:2，7，13．
ホセ 4:5　あなたとともに<夜>つまずく．わた
アモ 5:8　暗黒を朝に…昼を暗い<夜>にし，海
オバ 5　<夜>，荒らす者が来れば，あなたは
ミカ 3:6　<夜>になっても…幻がなく，暗やみ
ゼカ 1:8　<夜>，私が見ると，なんと，ひとり
14:7　ただ一つの日…昼も<夜>もない．夕
ルカ 21:37　<夜>はいつも外に出てオリーブとい
ヨハ 3:2　この人が，<夜>，イエスのもとに来
9:4　だれも働くことのできない<夜>が来
11:10　<夜>歩けばつまずきます．光がその
使徒 5:19　<夜>，主の使いが牢の戸を開き，彼
Ｉテサ 5:5　<夜>や暗やみの者ではありません．
7　眠る者は<夜>眠り，酔う者は<夜>酔
黙示 14:11　昼も<夜>も休みを得ない．
21:25　そこには<夜>がないからである．
22:5　もはや<夜>がない．神である主が彼

▼ ヨルコアム〔人名〕

カレブの子孫．ラハムの子．Ｉ歴2:44．

▼ヨルダン，ヨルダン川【別項】ヨルダンの向こう・ヨルダン川の向こう

パレスチナ最大の川およびその周辺一帯：ロトが近くに住む，創世13:8-13；モーセが渡ることを禁じられる，申命3:27；イスラエルが奇蹟的に渡る，ヨシ3章；渡河記念の石，ヨシ4章；エリヤが水を分ける，Ⅱ列2:5-8；エリシャが水を分ける，Ⅱ列2:13-14；ナアマンのいやし，Ⅱ列5:10-14；ヨハネがバプテスマを授ける，マタ3:6；キリストがバプテスマを受ける，マタ3:13-17.

ヨシ 3:17 主の契約の箱を…<ヨルダン川>の真
創世32:10，申命4:22，26，ヨシ1:2，Ⅱサム19:15，Ⅱ列6:4，ヨブ40:23，詩篇114:3，エレ12:5，49:19，ゼカ11:3，マコ1:5，9.

▼ヨルダンのむこう（～向こう），ヨルダン川の向こう

①旧約：ヨルダン川東岸，創世50:10-11，申命1:1，5，4:41，46-49；ヨルダン川西岸，申命3:20，25，11:30.

創世 50:10 <ヨルダンの向こう>の地．申命3:8，4:41.
ヨシ 2:10 <ヨルダン川の向こう>側．7:7，9:10，12:1，13:8，14:3，17:5，18:7，20:8，22:4，士師7:25，10:8，Ⅰサム31:7.

②新約：ヨルダン川の東側のペレヤを指す，マタ4:15，19:1，マコ10:1，ヨハ3:26.

マタ 4:15 <ヨルダンの向こう>岸，異邦人の
25 <ヨルダンの向こう>岸から大ぜい
19: 1 <ヨルダンの向こう>にあるユダヤ
マコ 10: 1 イエスは…<ヨルダンの向こう>に
ヨハ 1:28 <ヨルダンの向こう>岸のベタニヤ
3:26 <ヨルダンの向こう>岸であなたと

▼よるべのない（寄るべのない）

ヨブ 5:16 <寄るべのない>者は望みを持ち，不
31:16 私が<寄るべのない>者の望みを退け，
箴言 14:31 <寄るべのない>者をしいたげる者は
19: 4 <寄るべのない>者は，その友からも
21:13 <寄るべのない>者の叫びに耳を閉じ
22: 9 自分のパンを<寄るべのない>者に与
28:15 <寄るべのない>民を治める悪い支配
29: 7 <寄るべのない>者を正しくさばくこ
イザ 11: 4 正義をもって<寄るべのない>者をさ
14:30 <寄るべのない>者たちの初子は養わ
ゼパ 3:12 わたしは…<寄るべのない>民を残す.

▼よろい【別項】うろことじのよろい

出エ 28:32 <よろい>のえりのよう．39:23.
Ⅰサム 17: 5 <よろい>の重さは青銅で5千シェケ
38 身には<よろい>を着けさせた.
39 ダビデは…<よろい>の上に…剣を帯
Ⅱ列 3:21 <よろい>を着ることのできるほどの
Ⅱ歴 26:14 <よろい>…および石投げの石を用意
ネヘ 4:16 盾，弓，<よろい>で身を固めていた.
イザ 59:17 主は義を<よろい>のように着，救い
エレ 46: 4 槍をみがき，<よろい>を着よ.
51: 3 <よろい>を着けてこれを襲わせよ.

▼よろける

ヨブ 12:25 酔いどれのように，<よろけ>させる.
詩篇 17: 5 私の足は<よろけ>ませんでした.
18:36 私のくるぶしは<よろけ>ませんでし
37:31 彼の歩みは<よろけ>ない.
38:16 私の足が<よろける>とき，彼らが私
66: 9 神は…私たちの足を<よろけ>させな
105:37 <よろける>者はひとりもなかった.
107:12 彼らは<よろけ>たが，だれも助けな
121: 3 主はあなたの足を<よろけ>させず，
イザ 28: 7 さばきを下すとき<よろける>.

▼よろこばしい（喜ばしい）

ヘブ 12:11 そのときは<喜ばしい>ものではなく，

▼よろこばせる（喜ばせる）

申命 24: 5 妻を<喜ばせ>なければならない.
士師 9:13 神と人とを<喜ばせる>私の新しいぶ
Ⅱサム 1:20 ペリシテ人の娘らを<喜ばせ>ないた
26 あなたは私を大いに<喜ばせ>，あな
Ⅰ歴 16:10 主を慕い求める者の心を<喜ばせ>よ.
Ⅱ歴 6:41 いつくしみを<喜ばせ>てください.
エズ 6:22 主が彼らを<喜ばせ>…彼らを力づけ
ネヘ 12:43 神が彼らを大いに<喜ばせ>てくださ
ヨブ 29:13 やもめの心を私は<喜ばせ>た.
詩篇 19: 8 主の戒めは…人の心を<喜ばせ>，主
30: 1 私の敵を<喜ばせる>ことはされなか
35:24 彼らを私のことで<喜ばせ>ないでく
45: 8 緒琴はあなたを<喜ばせ>た.
46: 4 聖なる住まい，神の都を<喜ばせる>.
86: 4 しもべのたましいを<喜ばせ>てくだ
89:42 彼の敵をみな<喜ばせ>ておられます.
92: 4 私を<喜ばせ>てくださいましたから，
104:15 人の心を<喜ばせる>ぶどう酒をも.
105: 3 主を慕い求める者の心を<喜ばせ>よ.

箴言 10: 1 知恵のある子は父を<喜ばせ>，愚か
15:30 目の光は心を<喜ばせ>，良い知らせ
23:25 あなたの父と母を<喜ばせ>，あなた
27: 9 香油と香料は心を<喜ばせ>，友の慰
11 知恵を得よ．私の心を<喜ばせ>よ．
29: 3 知恵を愛する人は…父を<喜ばせ>，
伝道 11: 9 若い日にあなたの心を<喜ばせ>よ．
エレ 20:15 彼を大いに<喜ばせ>た人は，のろわ
哀歌 2:17 あなたのことで敵を<喜ばせ>，あな
エゼ 35:14 荒れ果てさせて，全土を<喜ばせ>よ
ホセ 7: 3 悪を行って王を<喜ばせ>，偽りごと
を言って首長たちを<喜ばせる>．
9: 4 彼らのいけにえで主を<喜ばせ>ない．
マラ 3: 4 昔の日のように…主を<喜ばせる>．
マタ 14: 6 踊りを踊ってヘロデを<喜ばせ>た．
ロマ 8: 8 肉にある者は神を<喜ばせる>ことが
15: 1 自分を<喜ばせる>べきではありませ
2 隣人を<喜ばせ>，その徳を高め，そ
3 ご自身を<喜ばせる>ことはなさらな
Ｉコリ 10:33 みなの人を<喜ばせ>ているのですか
IIコリ 2: 2 だれが私を<喜ばせ>てくれるでしょ
Ｉテサ 2: 4 人を<喜ばせ>ようとしてではなく…
神を<喜ばせ>ようとして語るのです．
IIテモ 2: 4 徴募した者を<喜ばせる>ためです．

▼ よろこび（喜び）【別項】大喜び

民数 10:10 あなたがたの<喜び>の日…例祭と新
Ｉサム 18: 6 女たちは…タンバリン，<喜び>の歌，
IIサム 6:12 ダビデは…<喜び>をもって神の箱を
22:20 主が私を<喜び>とされたから．
Ｉ歴 12:40 イスラエルに<喜び>があったからで
15:16 <喜び>の声をあげて歌わせるよう命
29:17 ささげるのを…<喜び>のうちに見ま
II歴 20:27 <喜び>のうちにエルサレムに凱旋し
た…敵のことについて<喜び>を与え
23:18 <喜び>と歌とをもって主の全焼のい
30:26 エルサレムには大きな<喜び>があっ
エズ 3:12 <喜び>にあふれて声を張り上げた．
13 <喜び>の叫び声と民の泣き声とを区
ネヘ 8:17 それは非常に大きな<喜び>であった．
12:43 <喜び>の声ははるか遠くまで聞こえ
エス 8:15 シュシャンの町は<喜び>の声にあふ
16 光と，<喜び>と，楽しみと，栄誉で
9:17 その日を祝宴と<喜び>の日とした．
18，19，22．
ヨブ 3: 7 その夜には<喜び>の声も起こらない
8:19 見よ．これが彼の道の<喜び>である．
20: 5 悪者の<喜び>は短く，神を敬わない
22: 3 それが全能者に何の<喜び>であろう
27:10 彼は全能者を彼の<喜び>とするだろ
33:26 彼は<喜び>をもって御顔を見，神は
詩篇 1: 2 その人は主のおしえを<喜び>とし，
4: 7 あなたは私の心に<喜び>を下さいま
16: 3 私の<喜び>は…彼らの中にあります．
11 あなたの御前には<喜び>が満ち，あ
18:19 主が私を<喜び>とされたから．
21: 6 御前の<喜び>で彼を楽しませてくだ
27: 6 その幕屋で，<喜び>のいけにえをさ
30: 5 朝明けには<喜び>の叫びがある．
11 <喜び>を私に着せてくださいました．
33: 3 <喜び>の叫びとともに，巧みに弦を
35:27 私の義を<喜び>とする者は，<喜び>
の声をあげ，楽しむようにしてくだ
37: 4 主をおのれの<喜び>とせよ．主はあ
11 豊かな繁栄をおのれの<喜び>としよ
40: 8 みこころを行うことを<喜び>としま
42: 4 <喜び>と感謝の声をあげて，祭りを
43: 4 私の最も<喜び>とする神のみもとに
45: 7 あなたの神は<喜び>の油をあなたの
15 <喜び>と楽しみをもって彼らは導か
47: 1 <喜び>の声をあげて神に叫べ．
5 神は<喜び>の叫びの中を…上って行
48: 2 高嶺の麗しさは，全地の<喜び>．北
51: 8 楽しみと<喜び>を，聞かせてくださ
12 あなたの救いの<喜び>を，私に返し，
63: 5 私のくちびるは<喜び>にあふれて賛
65:12 もろもろの丘も<喜び>をまとってい
84: 2 生ける神に<喜び>の歌を歌います．
89:15 幸いなことよ，<喜び>の叫びを知る
97:11 <喜び>は，心の直ぐな人のために．
100: 1 主に向かって<喜び>の声をあげよ．
2 <喜び>をもって主に仕えよ．喜び歌
106: 5 あなたの国民の<喜び>を<喜び>とし，
118:15 <喜び>と救いの声は，正しい者の幕
119:16 私は，あなたのおきてを<喜び>とし，
24 あなたのさとしは私の<喜び>，私の
47 あなたの仰せを<喜び>とし．143．
77 みおしえが私の<喜び>．174．
111 これこそ，私の心の<喜び>です．
126: 2 舌は<喜び>の叫びで満たされた．そ
137: 6 最上の<喜び>にもまさってたたえな

箴言 8:11 どんな<喜び>も，これには比べられ
10:28 正しい者の望みは<喜び>であり，悪
11:10 悪者が滅びると，<喜び>の声をあげ
12:20 平和を図る人には<喜び>がある.
14:10 その<喜び>にもほかの者はあずから
13 終わりには<喜び>が悲しみとなる.
15:13 心に<喜び>があれば顔色を良くする.
23 良い返事をする人には<喜び>があり,
16:13 正しいことばは王たちの<喜び>. ま
17:21 しれ者の父には<喜び>がない.
29: 6 正しい人は<喜び>の声をあげ，楽し
17 彼は…あなたの心に<喜び>を与える.
伝道 2:26 知恵と知識と<喜び>を与え，罪人に
5:20 神が彼の心を<喜び>で満たされるか
12: 1 何の<喜び>もない」という年月が近
雅歌 3:11 心の<喜び>の日のために，母上から
イザ 9: 3 国民をふやし…<喜び>を増し加えら
14: 7 全地は…<喜び>の歌声をあげている.
16:10 <喜び>と楽しみは果樹園から取り去
られ…わたしが<喜び>の声をやめさ
24:11 すべての<喜び>は薄れ，地の楽しみ
35:10 頭にはとこしえの<喜び>をいただく.
楽しみと<喜び>がついて来. 51:11.
48:20 <喜び>の歌声をあげて，これを告げ
51: 3 楽しみと<喜び>，感謝と歌声とがあ
55:12 あなたがたは<喜び>をもって出て行
き…山と丘は…<喜び>の歌声をあげ,
58:13 安息日を「<喜び>の日」と呼び，主
14 あなたは主をあなたの<喜び>としよ
60:15 あなたを…代々の<喜び>の町に変え
61: 3 悲しみの代わりに<喜び>の油を，憂
7 とこしえの<喜び>が彼らのものとな
62: 4 わたしの<喜び>は，彼女にある…主
の<喜び>があなたにあり，あなたの
65:18 エルサレムを創造して<喜び>とし,
エレ 7:34 楽しみの声と<喜び>の声…を絶やす.
16:9, 25:10, 33:11.
31:13 彼らの悲しみを<喜び>に変え，彼ら
20 それとも，<喜び>の子なのだろうか.
32:41 彼らをわたしの<喜び>とし，真実を
33: 9 わたしにとって<喜び>の名となり,
48:33 <喜び>と楽しみは取り去られ…ぶど
う踏みの<喜び>の声は，もう<喜び>
の声ではない.」
49:25 どうして…わたしの<喜び>の都は捨
哀歌 2:15 全地の<喜び>の町であったのか」と
5:15 私たちの心から，<喜び>は消え，踊
エゼ 24:25 栄えに満ちた<喜び>，愛するもの,
ホセ 2:11 彼女のすべての<喜び>，祭り，新月
ヨエ 1:12 人の子らから<喜び>が消えうせた.
16 <喜び>も楽しみも消えうせたではな
ミカ 1:16 あなたの<喜び>とする子らのために,
ゼパ 3:17 主は<喜び>をもってあなたのことを
マラ 3:12 あなたがたが<喜び>の地となるから
ルカ 1:14 その子はあなたにとって<喜び>とな
2:10 すばらしい<喜び>を知らせに来たの
10:21 聖霊によって<喜び>にあふれて言わ
15: 7 99人の正しい人にまさる<喜び>が天
10 御使いたちに<喜び>がわき起こるの
24:52 非常な<喜び>を抱いてエルサレムに
ヨハ 3:29 私もその<喜び>で満たされているの
15:11 わたしの<喜び>があなたがたのうち
にあり，あなたがたの<喜び>が満た
16:20 あなたがたの悲しみは<喜び>に変わ
21 生まれた<喜び>のために…苦痛を忘
22 あなたがたの心は<喜び>に満たされ
…その<喜び>を…奪い去る者はあり
24 あなたがたの<喜び>が満ち満ちたも
17:13 わたしの<喜び>が全うされるために,
使徒 2:28 私を<喜び>で満たしてくださる.』
46 <喜び>と真心をもって食事をともに
8: 8 その町に大きな<喜び>が起こった.
12:14 <喜び>のあまり門をあけもしないで,
13:52 弟子たちは<喜び>と聖霊に満たされ
14:17 食物と<喜び>とで…心を満たしてく
15: 3 兄弟たちに大きな<喜び>をもたらし
ロマ 14:17 義と平和と聖霊による<喜び>だから
15:13 信仰によるすべての<喜び>と平和を
32 <喜び>をもってあなたがたのところ
IIコリ 1:24 あなたがたの<喜び>のために働く協
2: 3 私に<喜び>を与えてくれるはずの人
たちから…私の<喜び>があなたがた
すべての<喜び>であることを…確信
7: 4 苦しみの中にあっても<喜び>に満ち
7 私はますます<喜び>にあふれました.
13 この慰めの上にテトスの<喜び>が加
8: 2 彼らの満ちあふれる<喜び>は…あふ
ガラ 4:15 あの<喜び>は，今どこにあるのです
5:22 御霊の実は，愛，<喜び>，平安，寛
ピリ 1: 4 いつも<喜び>をもって祈り,

25　信仰の進歩と<喜び>とのために，私
2: 2　私の<喜び>が満たされるように，あ
4: 1　私の<喜び>，冠よ…主にあってしっ
コロ 1:24　私は…苦しみを<喜び>としています.
Ⅰテサ 1: 6　聖霊による<喜び>をもってみことば
2:19　<喜び>，誇りの冠となるのはだれで
20　あなたがたこそ…<喜び>なのです.
3: 9　このすべての<喜び>のために，神に
Ⅱテモ 1: 4　あなたに会って，<喜び>に満たされ
ピレ 7　あなたの愛から多くの<喜び>と慰め
ヘブ 1: 9　あふれるばかりの<喜び>の油を，あ
12: 2　ご自分の前に置かれた<喜び>のゆえ
ヤコ 1: 2　この上もない<喜び>と思いなさい.
4: 9　<喜び>を憂いに変えなさい.
Ⅰペテ 1: 8　栄えに満ちた<喜び>におどっていま
Ⅰヨハ 1: 4　私たちの<喜び>が全きものとなるためです．Ⅱヨハ12.
Ⅲヨハ 4　私にとって大きな<喜び>はありませ
ユダ 24　大きな<喜び>をもって栄光の御前に

▼ よろこびうたう（喜び歌う）

創世 31:27　<喜び歌>って，あなたを送り出した
申命 32:43　御民のために<喜び歌>え．主が，ご
Ⅰ歴 16:33　森の木々も，主の御前で，<喜び歌>おう．詩篇96:12.
ネヘ 12:43　いけにえをささげて<喜び歌>った…女も子どもも<喜び歌>ったので，エ
ヨブ 38: 7　明けの星々が共に<喜び歌>い，神の
詩篇 5:11　とこしえまでも<喜び歌>いますよう
20: 5　あなたの勝利を<喜び歌>いましょう.
33: 1　主にあって，<喜び歌>え．賛美は心
63: 7　御翼の陰で，私は<喜び歌>います.
67: 4　国民が…<喜び歌>いますように．そ
81: 1　力であられる神に<喜び歌>え．ヤコ
90:14　すべての日に，<喜び歌>い，楽しむ
92: 4　御手のわざを，<喜び歌>います.
95: 1　主に向かって，<喜び歌>おう．われ
98: 8　山々も…主の御前で<喜び歌>え.
100: 2　<喜び歌>いつつ御前に来たれ.
イザ 12: 6　シオンに住む者…<喜び歌>え．イス
26:19　さめよ，<喜び歌>え．ちりに住む者
35: 6　口のきけない者の舌は<喜び歌う>.
10　<喜び歌>いながらシオンに．51:11.
42:11　セラに住む者は<喜び歌>え．山々の
43:14　<喜び歌>っている船から突き落とす.
44:23　天よ．<喜び歌>え．主がこれを成し
49:13　天よ．<喜び歌>え．地よ．楽しめ.
52: 8　見張り人たちが…<喜び歌>っている.
54: 1　不妊の女よ．<喜び歌>え．産みの苦
65:14　心の楽しみによって<喜び歌う>．し
エレ 31: 7　ヤコブのために<喜び歌>え．国々の
12　彼らは…シオンの丘で<喜び歌>い，
51:48　バビロンのことで<喜び歌う>．北か
ゼパ 3:14　シオンの娘よ．<喜び歌>え．イスラ
ゼカ 2:10　シオンの娘よ．<喜び歌>え．楽しめ.

▼ よろこびさけぶ（喜び叫ぶ）

エズ 3:11　主を賛美して大声で<喜び叫>んだ.
13　民が大声をあげて<喜び叫>んだので，
ヨブ 38: 7　神の子たちはみな<喜び叫>んだ.
詩篇 65:13　まことに<喜び叫>び，歌っています.
66: 1　全地よ．神に向かって<喜び叫>べ.
81: 1　ヤコブの神に<喜び叫>べ.
95: 1　救いの岩に向かって，<喜び叫>ぼう.
126: 5　<喜び叫>びながら刈り取ろう.
6　<喜び叫>びながら帰って来る.
イザ 44:23　地のどん底よ．<喜び叫>べ．山々よ.
ゼパ 3:14　イスラエルよ．<喜び叫>べ．エルサ

▼ よろこびたのしむ（喜び楽しむ）

申命 12: 7　手のわざを<喜び楽し>みなさい．18.
12　主の前で<喜び楽し>みなさい．また，
28:47　<喜び楽し>んで仕えようとしないの
箴言 5:18　あなたの若い時の妻と<喜び楽し>め.
伝道 3:12　生きている間に<喜び楽しむ>ほか何
ホセ 9: 1　国々の民のように<喜び楽しむ>な.
ハバ 1:15　こうして，彼は<喜び楽しむ>.
黙示 19: 7　私たちは<喜び楽し>み，神をほめた

▼ よろこぶ（喜ぶ）【別項】喜び歌う，喜び叫ぶ，喜び楽しむ

創世 45:16　パロもその家臣たちも<喜>んだ.
出エ 4:14　あなたに会えば，心から<喜>ぼう.
18: 9　すべての良いこと…を<喜>んだ.
レビ 23:40　柳を取り，7日間…主の前で<喜ぶ>.
申命 14:26　あなたの家族とともに<喜>びなさい.
16:14　在留異国人，みなしご，やもめも共に<喜>びなさい．11，26:11.
15　あなたは大いに<喜>びなさい.
27: 7　あなたの神，主の前で<喜>びなさい.
28:63　あなたがたをふやすことを<喜>ばれたように，主は…あなたがたを根絶やしにすることを<喜>ばれよう．あ
30: 9　先祖たちを<喜>ばれたように…あな

たを栄えさせて<喜>ばれる．
33:18 ゼブルンよ．<喜>べ．あなたは外に
士師 9:19 あなたがたはアビメレクを<喜>び，
彼もまた，あなたがたを<喜ぶ>がよ
19: 3 娘の父は彼を見て，<喜>んで迎えた．
Ⅰサム 2: 1 私はあなたの救いを<喜ぶ>からです．
6:13 彼らはそれを見て<喜>んだ．
15:22 いけにえを<喜>ばれるだろうか．見
18: 5 サウルの家来たちにも<喜>ばれた．
6 <喜>び踊りながら，サウル王を迎え
19: 5 あなたはそれを見て，<喜>ばれまし
Ⅱサム 6: 5 主の前で，力の限り<喜>び踊った．
21 私はその主の前で<喜>び踊るのだ．
Ⅰ列 1:40 大いに<喜>んで歌ったので，地がそ
5: 7 ヒラムは…非常に<喜>んで言った．
8:66 イスラエルとに下さったすべての恵
みを<喜>び，心楽しく．Ⅱ歴7:10.
10: 9 あなたを<喜>ばれ…王座にあなたを
着かせられたあなたの神．Ⅱ歴9:8.
Ⅱ列 11:20 一般の人々はみな<喜>び…町は平穏
Ⅰ歴 13: 8 神の前で力の限り<喜>び踊った．
16:31 天は<喜>び，地は，こおどりせよ．
29: 3 私の神の宮を<喜ぶ>あまり，聖なる
9 民は…ささげた物について<喜>んだ
…ダビデ王もまた，大いに<喜>んだ．
22 彼らはその日，大いに<喜>んで，主
Ⅱ歴 15:15 ユダの人々はみなその誓いを<喜>ん
23:13 人々がみな<喜>んでラッパを吹き鳴
24:10 すべての民が<喜>んで…箱に投げ入
29:30 彼らは<喜>びつつほめたたえた．そ
36 整えてくださったことを<喜>んだ．
30:25 ユダに在住している者…<喜>んだ．
エズ 6:16 神の宮の奉献式を<喜>んで祝った．
ネヘ 1:11 あなたの名を<喜>んで敬う…しもべ
8:10 あなたがたの力を主が<喜>ばれるか
12 民はみな…大いに<喜>んだ．これは，
12:44 祭司とレビ人をユダ人が…<喜>んだ
エス 5: 9 ハマンはその日，<喜>び，上きげん
14 <喜>んでその宴会においでなさい．」
8:17 どの町でも，ユダヤ人は<喜>び，楽
ヨブ 3:22 なぜ，歓声をあげて<喜>び，楽しむ
6:10 苦痛の中でも，こおどりして<喜>ぼ
22:19 正しい者は見て<喜>び，罪のない者
31:25 私の富が多いので<喜>び，私の手が
29 私が見て<喜>び，彼にわざわいが下

ったとき，<喜>び勇んだことがあろ
詩篇 5: 4 あなたは悪を<喜ぶ>神ではなく，わ
9: 2 私は，あなたを<喜>び，誇ります．
13: 4 私の仇が<喜>ばないように．
5 私の心はあなたの救いを<喜>びます．
19: 5 勇士のように…走路を<喜>び走る．
21: 1 王はあなたの御力を，<喜>びましょ
28: 7 私の心はこおどりして<喜>び，私は
31: 7 あなたの恵みを私は…<喜>びます．
32:11 正しい者たち．主にあって，<喜>び，
33:21 まことに私たちの心は主を<喜ぶ>．
34: 2 貧しい者はそれを聞いて<喜ぶ>．
35: 9 私のたましいは，主にあって<喜>び，
15 彼らは私がつまずくと<喜>び，相つ
37:23 主はその人の道を<喜>ばれる．
38:16 彼らが私のことで<喜>ばず，私に対
40: 6 穀物のささげ物をお<喜>びにはなり
14 私のわざわいを<喜ぶ>者どもが退き，
16 あなたにあって…<喜>びますように．
41:11 私を<喜>んでおられるのが，わかり
51: 6 あなたは心のうちの真実を<喜>ばれ
12 <喜>んで仕える霊が，私をささえま
16 あなたはいけにえを<喜>ばれません．
19 義のいけにえを<喜>ばれるでしょう．
53: 6 イスラエルは<喜>べ．
58:10 正しい者は，復讐を見て<喜>び，そ
63:11 王は，神にあって<喜>び，神にかけ
64:10 正しい者は主にあって<喜>び，主に
66: 6 私たちは，神にあって<喜>ぼう．
67: 4 国民が<喜>び，また，喜び歌います
68: 3 正しい者たちは<喜>び，神の御前で，
30 戦いを<喜ぶ>，国々の民を散らして
69:31 雄牛にまさって主に<喜>ばれるでし
32 心の貧しい人たちは，見て，<喜>べ．
85: 6 民があなたによって<喜ぶ>ために．
89:16 あなたの御名をいつも<喜>び，あな
96:11 天は<喜>び，地は，こおどりし，海
12 野とその中にあるものは…<喜>び勇
97: 1 主は，王だ…多くの島々は<喜>べ．
8 シオンは聞いて，<喜>び，ユダの娘
104:31 主がそのみわざを<喜>ばれますよう
34 私自身は，主を<喜>びましょう．
105:38 エジプトは彼らが出たときに<喜>ん
107:30 波がないだので彼らは<喜>んだ．そ
42 直ぐな人はそれを見て<喜>び，不正

109:17 祝福することを<喜>ばなかったので，
110: 3 夜明け前から<喜>んで仕える．あな
111: 2 みわざを<喜ぶ>すべての人々に尋ね
112: 1 その仰せを大いに<喜ぶ>人は．
119:35 私はその道を<喜>んでいますから．
70 あなたのみおしえを<喜>んでいます．
74 恐れる人々は，私を見て<喜ぶ>でし
162 あなたのみことばを<喜>びます．
122: 1 …と言ったとき，私は<喜>んだ．
126: 3 …ことをなされ，私たちは<喜>んだ．
147:10 神は馬の力を<喜>ばず，歩兵を好ま
箴言 2:14 悪を行うことを<喜>び，悪いねじれ
8:30 わたしは毎日<喜>び，いつも御前で
11: 1 正しいおもりは主に<喜>ばれる．
20 まっすぐに道を歩む者は…<喜>ばれ
12:22 真実を行う者は主に<喜>ばれる．
15: 8 正しい者の祈りは主に<喜>ばれる．
21 思慮に欠けている者は愚かさを<喜>
16: 7 主は，人の行いを<喜ぶ>とき，その
17: 5 人の災害を<喜ぶ>者は罰を免れない．
18: 2 愚かな者は英知を<喜>ばない．ただ
21: 3 いけにえにまさって主に<喜>ばれる．
23:15 心に知恵があれば，私の心も<喜>び，
24 生んだ者はその子を<喜ぶ>．
24:17 敵が倒れるとき，<喜>んではならな
25 悪者を責める者は<喜>ばれ，彼らに
28:12 正しい者が<喜ぶ>ときには，大いな
29: 2 正しい人がふえると，民は<喜>び，
伝道 2:10 私の心はどんな労苦をも<喜>んだ．
4:16 後の者たちは，彼を<喜>ばないであ
5: 4 神は愚かな者を<喜>ばないからだ．
7:26 神に<喜>ばれる者は女からのがれる
イザ 1:11 子羊，雄やぎの血も<喜>ばない．
5: 7 ユダの人は，主が<喜>んで植えつけ
9: 3 彼らは刈り入れ時に<喜ぶ>ように…
あなたの御前で<喜>んだ．
17 主はその若い男たちを<喜>ばず，そ
11: 3 この方は主を恐れることを<喜>び，
12: 3 <喜>びながら救いの泉から水を汲む．
13:17 銀をものともせず，金をも<喜>ばず，
14: 8 あなたのことを<喜>んで，言う．
29 <喜ぶ>な，ペリシテの全土よ．おま
23:12 もう二度とこおどりして<喜ぶ>な．
32:14 野ろばの<喜ぶ>所，羊の群れの牧場
35: 1 荒地は<喜>び，サフランのように花
2 花を咲かせ，<喜>び<喜>んで歌う．
41:16 あなたは主によって<喜>び，イスラ
42: 1 わたしの心の<喜ぶ>わたしが選んだ
56: 4 わたしの<喜ぶ>事を選び，わたしの
60: 5 晴れやかになり，心は震え…<喜ぶ>．
61:10 たましいも…神によって<喜ぶ>．主
62: 5 花婿が花嫁を<喜ぶ>ように，あなた
の神はあなたを<喜ぶ>．
64: 5 <喜>んで正義を行う者，あなたの道
65:12 わたしの<喜>ばない事を選んだから
13 見よ．わたしのしもべたちは<喜ぶ>．
19 わたしはエルサレムを<喜>び，わた
66: 3 その心は忌むべき物を<喜ぶ>．
4 わたしの<喜>ばない事を彼らが選ん
10 エルサレムとともに<喜>べ…これと
ともに<喜>び<喜>べ．
11 豊かな乳房から吸って<喜>んだから
エレ 6:10 主のことば…彼らはそれを<喜>ばな
9:24 わたしがこれらのことを<喜ぶ>から
11:15 こおどりして<喜ぶ>がよい．
14:10 主は彼らを<喜>ばず…彼らの咎を覚
15:17 こおどりして<喜>んだこともありま
22:28 だれにも<喜>ばれない器なのか．な
31:12 主の恵みに<喜>び輝く．彼らのたま
41:13 すべての将校を見て<喜>んだ．
哀歌 1:21 私のわざわいを聞いて，<喜>びまし
エゼ 7:12 買う者も<喜ぶ>な．売る者も嘆くな．
18:23 わたしは悪者の死を<喜ぶ>だろうか
…生きることを<喜>ばないだろうか．
32 だれが死ぬのも<喜>ばないからだ．
20:40 わたしは彼らを<喜>んで受け入れ，
21:10 われわれはそれを<喜>ぼうか．わた
25: 6 地を心の底からあざけって<喜>んだ．
33:11 わたしは…悪者の死を<喜>ばない…
悔い改めて，生きることを<喜ぶ>．
35:15 相続地が荒れ果てたのを<喜>んだが，
ダニ 6:23 王は非常に<喜>び，ダニエルをその
ホセ 6: 6 わたしは誠実を<喜ぶ>が，いけにえ
は<喜>ばない．全焼のいけにえより，
むしろ神を知ることを<喜ぶ>．
8: 8 だれにも<喜>ばれない器のようだ．
13 肉を食べても，主は…<喜>ばない．
14: 4 背信をいやし，<喜>んでこれを愛す
アモ 5:22 ささげても，わたしは…<喜>ばない．
6:13 あなたがたは，ロ・ダバルを<喜>び，

オバ 12 彼らのことで<喜ぶ>な．その苦難の
ヨナ 4: 6 ヨナは…とうごまを非常に<喜>んだ．
ミカ 6: 7 幾万の油を<喜>ばれるだろうか．私
7: 8 私の敵．私のことで<喜ぶ>な．私は
18 いつくしみを<喜>ばれるからです．
ハバ 3:18 私は主にあって<喜>び勇み，私の救
いの神にあって<喜>ぼう．
ゼパ 3:17 主は…あなたのことを<喜>ばれる．
ハガ 1: 8 宮を建てよ…わたしはそれを<喜>び，
ゼカ 4:10 下げ振りを見て<喜>ぼう．これらの
9: 9 シオンの娘よ．大いに<喜>べ．エル
10: 7 その心はぶどう酒に酔ったように
<喜ぶ>．彼らの子らは見て<喜>び，
マラ 1:10 わたしは，あなたがたを<喜>ばない．
2:13 それを<喜>んで受け取らないからだ．
17 主は彼らを<喜>ばれる．さばきの神
マタ 2:10 その星を見て，彼らは…<喜>んだ．
3:17 「これは，わたしの愛する子，わた
しはこれを<喜ぶ>．」17:5，マコ1:11，
ルカ3:22.
5:12 <喜>びなさい．<喜>びおどりなさい．
天では…報いは．ルカ6:23.
13:20 みことばを聞くと，すぐに<喜>んで
受け入れる．マコ4:16，ルカ8:13.
18:13 99匹の羊以上にこの１匹を<喜ぶ>の
25:21 主人の喜びをともに<喜>んでくれ．』
マコ 6:20 ヘロデは…<喜>んで耳を傾けていた．
12:37 群衆は…<喜>んで聞いていた．
ルカ 1:14 多くの人もその誕生を<喜>びます．
44 胎内で子どもが<喜>んでおどりまし
47 救い主なる神を<喜>びたたえます．
58 親族は…彼女とともに<喜>んだ．
8:40 イエスが帰られると，群衆は<喜>ん
10:17 70人が<喜>んで帰って来て，こう言
20 悪霊どもが…服従するからといって，
<喜>んではなりません…名が天に…
しるされていることを<喜>びなさい．
12:32 父は，<喜>んで…御国をお与えにな
13:17 群衆は…輝かしいみわざを<喜>んだ．
15: 6 いっしょに<喜>んでください』と言
32 楽しんで<喜ぶ>のは当然ではないか．
19:37 <喜>んで大声に神を賛美し始め，
23: 8 ヘロデはイエスを見ると…<喜>んだ．
ヨハ 3:29 花婿の声を聞いて大いに<喜>びます．
4:36 蒔く者と刈る者がともに<喜ぶ>ため
6:21 イエスを<喜>んで舟に迎えた．舟は
8:56 見ることを思って大いに<喜>びまし
た．彼はそれを見て，<喜>んだので
11:15 居合わせなかったことを<喜>んでい
14:28 父のもとに行くことを<喜ぶ>はずで
16:20 あなたがたは泣き…世は<喜ぶ>ので
使徒 5:41 値する者とされたことを<喜>びなが
8:39 宦官は…<喜>びながら帰って行った．
11:23 神の恵みを見て<喜>び，みなが心を
13:48 異邦人たちは，それを聞いて<喜>び，
15:31 人々は，その励ましによって<喜>ん
16:34 神を信じたことを心から<喜>んだ．
21:17 兄弟たちは<喜>んで私たちを迎えて
24:10 私は<喜>んで弁明いたします．
ロマ 5: 2 神の栄光を望んで…<喜>んでいます．
3 患難さえも<喜>んでいます．それは，
11 私たちは神を大いに<喜>んでいるの
7:22 内なる人としては…律法を<喜>んで
12: 8 慈善を行う人は<喜>んでそれをしな
12 望みを抱いて<喜>び，患難に耐え，
15 <喜ぶ>者といっしょに<喜>び，泣く
14:18 キリストに仕える人は，神に<喜>ば
15:10 「異邦人よ．主の民とともに<喜>べ．」
27 彼らは確かに<喜>んでそれをしたの
16:19 私はあなたがたのことを<喜>んでい
Ⅰコリ 7:30 <喜ぶ>者は<喜>ばない者のように，
32 独身の男は，どうしたら主に<喜>ば
れるかと，主のことに心を配り．33.
12:26 すべての部分がともに<喜ぶ>のです．
13: 6 不正を<喜>ばずに真理を<喜>びます．
16:17 アカイコが来たので，私は<喜>んで
Ⅱコリ 5: 9 念願…は，主に<喜>ばれることです．
6:10 悲しんでいるようでも…<喜>んでお
7: 9 今は<喜>んでいます．あなたがたが
13 私たちはなおいっそう<喜>びました．
16 寄せることができるのを<喜>んでい
8:11 <喜>んでしようと思ったのですから，
9: 7 神は<喜>んで与える人を愛してくだ
11:19 よくも<喜>んで愚か者たちをこらえ
12: 9 <喜>んで私の弱さを誇りましょう．
15 <喜>んで財を費やし…私自身をさえ
13: 9 あなたがたが強ければ，<喜ぶ>ので
ガラ 4:27 <喜>べ．子を産まない不妊の女よ．
エペ 5:10 主に<喜>ばれることが何であるかを
ピリ 1:18 このことを私は<喜>んでいます…今

からも<喜ぶ>ことでしょう．
2:17 供え物となっても，私は<喜>びます．
あなたがたすべてとともに<喜>びま
18 同じように<喜>んでください．私と
いっしょに<喜>んでください．
28 あなたがたが彼に再び会って<喜>び，
3: 1 兄弟たち．主にあって<喜>びなさい．
4: 4 いつも主にあって<喜>びなさい．も
10 私は主にあって非常に<喜>びました．
18 神が<喜>んで受けてくださる供え物
コロ 1:10 あらゆる点で主に<喜>ばれ，あらゆ
2: 5 秩序と…信仰とを見て<喜>んでいま
3:20 それは主に<喜>ばれることだからで
Ⅰテサ 2:15 神に<喜>ばれず，すべての人の敵と
3: 9 あなたがたのことで<喜>んでいる私
5:16 いつも<喜>んでいなさい．
Ⅱテサ 2:12 悪を<喜>んでいたすべての者が，さ
Ⅰテモ 6:18 惜しまずに施し，<喜>んで分け与え
ヘブ 10:34 財産が奪われても，<喜>んで忍びま
38 わたしのこころは彼を<喜>ばない．」
11: 5 エノクは…神に<喜>ばれていること
6 信仰がなくては，神に<喜>ばれるこ
13 はるかにそれを見て<喜>び迎え，地
12:28 神に<喜>ばれるように奉仕をするこ
13:16 神はこのようないけにえを<喜>ばれ
17 この人たちが<喜>んでそのことをし，
ヤコ 5:13 <喜>んでいる人がいますか．その人
Ⅰペテ 1: 6 あなたがたは大いに<喜>んでいます．
2: 5 神に<喜>ばれる霊のいけにえをささ
19 悲しみをこらえるなら，それは<喜>
ばれることです．20．
4:13 <喜>んでいなさい…<喜>びおどる者
Ⅰヨハ 3:22 神に<喜>ばれることを行っているか
Ⅱヨハ 4 私は非常に<喜>んでいま．Ⅲヨハ3．
黙示 11:10 彼らのことで<喜>び祝って，互いに
12:12 天とその中に住む者たち．<喜>びな
18:20 この都のことで<喜>びなさい．神は，

▼ よろしく

ロマ 16: 3 プリスカとアクラに<よろしく>．5，
6，7，8，9，10，11，12，13，14，
15，16，21，23，Ⅰコリ16:19，20，
Ⅱコリ13:12，ピリ4:21，22，コロ4:
10，12，14，15，Ⅱテモ4:19，21，
テト3:15，ピレ23，24，ヘブ13:24，
Ⅰペテ5:13，Ⅱヨハ13，Ⅲヨハ15．

▼ よろめく，よろめかす

申命 32:35 彼らの足が<よろめく>ときのため．
Ⅰ列 18:21 どっちつかずに<よろめ>いているの
詩篇 26: 1 <よろめく>ことなく，主に信頼した
60: 3 <よろめかす>酒を，私たちに飲ませ
107:27 酔った人のように<よろめ>き，ふら
イザ 19:14 <よろめく>霊を吹き入れられたので，
24:19 地は<よろめ>きに<よろめく>．
28: 7 ぶどう酒のために<よろめき>…祭司
も預言者も，強い酒のために<よろ
めき>…幻を見ながら<よろめき>，
35: 3 <よろめく>ひざをしっかりさせよ．
51:17 <よろめかす>大杯を飲み干した．22．
哀歌 5:13 たきぎを背負って<よろめ>き，
アモ 4: 8 一つの町に<よろめ>いて行ったが，
ゼカ 12: 2 国々の民を<よろめかす>杯とする．
8 <よろめ>き倒れた者もダビデのよう

▼ よわい（弱い）

創世 30:42 群れが<弱い>ときにはそれを置かな
かった…<弱い>のはラバンのものと
民数 13:18 住んでいる民が強いか<弱い>か，あ
士師 6: 6 イスラエルは…非常に<弱>くなって
15 マナセのうちで最も<弱>く，私は父
16: 7 私は<弱>くなり，並みの人のように
Ⅰサム 2: 4 弓が砕かれ，<弱い>者が力を帯び，
8 主は，<弱い>者をちりから起こし，
Ⅱサム 3: 1 サウルの家はますます<弱>くなった．
Ⅱ歴 28:15 足の<弱い>者はみな，ろばに乗せて
ヨブ 23:16 神は私の心を<弱>くし，全能者は私
詩篇 77:10 私の<弱い>のはいと高き方の右の手
82: 3 <弱い>者とみなしごとのためにさば
4 <弱い>者と貧しい者とを助け出し，
102:23 主は私の力を道の途中で<弱>くされ，
箴言 24:10 気落ちしたら，あなたの力は<弱い>．
イザ 14:10 あなたもまた…<弱>くされ，私たち
60:22 最も<弱い>者も強国となる．時が来
エゼ 34:21 角ですべての<弱い>ものを突き倒し，
ヨエ 3:10 <弱い>者に「私は勇士だ」と言わせ
アモ 2: 7 <弱い>者の頭を地のちりに踏みつけ，
4: 1 彼女らは<弱い>者たちをしいたげ，
8: 6 <弱い>者を金で買い，貧しい者を一
マタ 26:41 心は燃えていても，肉体は<弱い>の
です．」マコ14:38．
使徒 20:35 労苦して<弱い>者を助けなければな
ロマ 5: 6 私たちがまだ<弱>かったとき，キリ

8:26 御霊も…<弱い>私たちを助けてくだ
14: 1 信仰の<弱い>人を受け入れなさい．
2 <弱い>人は野菜よりほかには食べま
Ⅰコリ 1:27 この世の<弱い>者を選ばれたのです．
2: 3 いっしょにいたときの私は，<弱>く，
4:10 私たちは<弱い>が，あなたがたは強
8: 7 そのように<弱い>良心が汚れるので
9 <弱い>人たちのつまずきとならない
10 その人の良心は<弱い>のに，偶像の
11 その<弱い>人は，あなたの知識によ
12 彼らの<弱い>良心を踏みにじるとき，
9:22 <弱い>人々には，<弱い>者になりま
した．<弱い>人々を獲得するためで
11:30 <弱い>者や病人が多くなり，死んだ
12:22 比較的に<弱い>と見られる器官が，
15:43 <弱い>もので蒔かれ，強いものによ
Ⅱコリ 11:21 私たちは<弱>かったのです．しかし，
29 だれかが<弱>くて，私が<弱>くない，
12:10 <弱い>ときにこそ，私は強いからで
13: 3 あなたがたに対して<弱>くはなく，
4 私たちもキリストにあって<弱い>者
9 自分は<弱>くてもあなたがたが強け
ガラ 4:13 私の肉体が<弱>かったためでした．
Ⅰテサ 5:14 小心な者を励まし，<弱い>者を助け，
ヘブ 7:18 前の戒めは，<弱>く無益なために，
11:34 <弱い>者なのに強くされ，戦いの勇
Ⅰペテ 3: 7 自分よりも<弱い>器だということを

▼ よわい（齢）

創世 47: 9 私の<齢>の年月はわずかで…先祖の
たどった<齢>の年月には及びません．
Ⅰ歴 29:28 <齢>も富も誉れも満ち満ちて死んだ．
詩篇 39: 4 私の<齢>が，どれだけなのか．私が，
61: 6 その<齢>を代々に至らせてください．
90: 9 自分の<齢>をひと息のように終わら
10 私たちの<齢>は70年．健やかであっ
エレ 6:11 <齢>の満ちた者も共に捕らえられ，

▼ よわさ（弱さ）

ロマ 6:19 肉の<弱さ>のために，私は人間的な
15: 1 力のない人たちの<弱さ>をになうべ
Ⅰコリ 1:25 神の<弱さ>は人よりも強いからです．
Ⅱコリ 11:30 私は自分の<弱さ>を誇ります．
12: 5 自分の<弱さ>以外には誇りません．
9 わたしの力は，<弱さ>のうちに完全
10 <弱さ>，侮辱，苦痛…困難に甘んじ
13: 4 <弱さ>のゆえに十字架につけられま
ヘブ 4:15 私たちの<弱さ>に同情できない方で
5: 2 自分自身も<弱さ>を身にまとってい
3 その<弱さ>のゆえに，民のためだけ
7:28 律法は<弱さ>を持つ人間を大祭司に

▼ よわよわしい（弱々しい）

創世 29:17 レアの目は<弱々し>かったが，ラケ
41:19 <弱々しい>… 7 頭の雌牛が上がって
Ⅱコリ 10:10 実際に会った場合の彼は<弱々し>く，

▼ よわる（弱る）

申命 25:18 あなたが疲れて<弱>っているときに，
ヨブ 4: 3 人を訓戒し，<弱>った手を力づけた．
詩篇 41: 1 <弱>っている者に心を配る人は．主
72:13 <弱>っている者や貧しい者をあわれ
イザ 1: 5 心臓もすっかり<弱>り果てている．
25: 4 あなたは<弱>っている者のとりで，
35: 3 <弱>った手を強め，よろめくひざを
57:10 元気を回復し，<弱>らなかった．
エレ 8:18 私の心は<弱>り果てている．
49:24 ダマスコは<弱>り，恐怖に捕らわれ，
哀歌 2:19 飢えのために<弱>り果てている．
エゼ 34: 4 <弱>った羊を強めず，病気のものを
マタ 9:36 羊飼いのない羊のように<弱>り果て
ルカ 4:40 病気で<弱>っている者をかかえた人
ロマ 4:19 その信仰は<弱>りませんでした．
ヘブ 12: 5 主に責められて<弱>り果ててはなら
12 <弱>った手と衰えたひざとを，まっ

▼ よをさる（世を去る）

ヨハ 13: 1 <世を去>って父のみもとに行くべき
16:28 <世を去>って父のみもとに行きます．
ピリ 1:23 私の願いは，<世を去>ってキリスト
Ⅱテモ 4: 6 私が<世を去る>時はすでに来ました．

▼ 40さい（40歳）

創世 25:20 リベカを…めとったときは，<40歳>
26:34 エサウは<40歳>になって…めとった．
ヨシ 14: 7 遣わしたとき，私は<40歳>でした．
Ⅱサム 2:10 イシュ・ボシェテは…<40歳>で…王
使徒 4:22 いやされた男は<40歳>余りであった．
7:23 <40歳>になったころ，モーセはその

▼ 40

創世 32:15 雌牛<40>頭，雄牛10頭，雌ろば20頭，
出エ 26:19 銀の台座<40>個を作らなければなら
申命 25: 3 <40>までは彼をむち打ってよいが，
士師 12:14 彼には<40>人の息子と30人の孫がい
使徒 23:13 陰謀に加わった者は，<40>人以上で

▼ **42かげつ（42か月）**

黙示 11: 2 聖なる都を<42か月>の間踏みにじる.

▼ **40ねん（40年）**

出エ 16:35 <40年>間，マナを食べた．彼らはカ
民数 14:33 荒野で<40年>の間羊を飼う者となり，
34 <40年>の間…自分の咎を負わなけれ
32:13 彼らを<40年>の間，荒野にさまよわ
申命 2: 7 主は，この<40年>の間あなたととも
8: 4 <40年>の間…着物はすり切れず，あ
ヨシ 5: 6 <40年>間，荒野を旅していて，エジ
士師 3:11 この国は<40年>の間，穏やかであっ
た．5:31，8:28.
13: 1 主は<40年>間，彼らをペリシテ人の
Ｉサム 4:18 彼は<40年>間，イスラエルをさばい
IIサム 5: 4 ダビデは…<40年>間，王であった.
Ｉ列2:11，Ｉ歴29:27.
Ｉ列 11:42 ソロモンが…王であった期間は<40
年>であった．II歴9:30.
II列 12: 1 ヨアシュは…<40年>間，王であった.
詩篇 95:10 わたしは<40年>の間，その世代の者
エゼ 29:11 <40年>の間だれも住まなくなる.
12 その町々も<40年>の間，廃墟となっ
13 <40年>の終わりになって，わたしは
アモ 2:10 荒野の中で<40年>間あなたがたを導
5:25 荒野にいた<40年>の間に，ほふられ
使徒 7:30 <40年>たったとき，御使いが，モー
36 <40年>間荒野で，不思議なわざとし
13:18 約<40年>間，荒野で彼らを耐え忍ば
21 サウロを<40年>間お与えになりまし
ヘブ 3: 9 <40年>の間，わたしのわざを見た.
17 神は<40年>の間だれを怒っておられ

▼ **46ねん（46年）**

ヨハ 2:20 この神殿は建てるのに<46年>かかり

▼ **400ねん（400年）**

創世 15:13 <400年>の間，苦しめられよう.
使徒 7: 6 <400年>間，奴隷にされ，虐待され

▼ **480ねん（480年）**

Ｉ列 6: 1 エジプトの地を出てから<480年>目，

ら

▼ **ラアムヤ〔人名〕**

ゼルバベルと共に帰還した者の一人．ネヘ7:7.

▼ **ライシュ**

1. 地名．ダンの旧名．士師18:7，14，27，29.
2. 人名．パルティの父．Ｉサム25:44，IIサム3:15.

▼ **らいねん（来年）**

創世 17:21 <来年>の今ごろサラがあなたに産む
18:10 <来年>の今ごろ，必ずあなたのとこ
II列 4:16 <来年>…男の子を抱くようになろう.
ロマ 9: 9 私は<来年>の今ごろ来ます…サラは

▼ **らいめい（雷鳴）**

Ｉサム 7:10 主はその日…大きな<雷鳴>をとどろ
ヨブ 36:33 その<雷鳴>は，神について告げ，家
黙示 4: 5 御座から…<雷鳴>が起こった．七つ
8:5，11:19，14:2，16:18，19:6.

▼ **らいりん（来臨）**

Ｉテサ 5:23 キリストの<来臨>のとき，責められ
IIテサ 2: 8 <来臨>の輝きをもって滅ぼしてしま
IIペテ 1:16 キリストの力と<来臨>とを知らせま
3: 4 キリストの<来臨>の約束はどこにあ
Ｉヨハ 2:28 <来臨>のときに，御前で恥じ入ると

▼ **ラエル〔人名〕**

ゲルション族の長エルヤサフの父．民数3:24.

▼ **ラオデキヤ**

1. フルギヤ地方の主要都市の一つ．コロ2:1，4:13，15，16，黙示1:11，3:14.
2. ラオデキヤ人．1.の住民．コロ4:16.

▼ **ラカテ〔地名〕**

ナフタリの町．ガリラヤ湖付近．ヨシ19:35.

▼ **ラカル〔地名〕**

ユダ南部の町．Ｉサム30:29.

▼ **ラキシュ〔地名〕**

ユダの低地の防備の町．ヨシ10:3，5，23，31，12:11，15:39，II列14:19，18:14，17，19:8，

Ⅱ歴11:9, 25:27, 32:9, ネヘ11:30, イザ36:2, 37:8, エレ34:7, ミカ1:13.

▼ らくだ

創世 12:16 アブラムは…<らくだ>を所有するよ
24:10 しもべは…10頭の<らくだ>を取り,
レビ 11: 4 <らくだ>. これは反芻するが, その
ヨブ 1: 3 彼は羊7千頭, <らくだ>3千頭, 牛
イザ 60: 6 <らくだ>の大群, ミデヤンとエファの若い<らくだ>が, あなたのところ
66:20 <らくだ>に乗せて, わたしの聖なる
エレ 2:23 あなたは…すばやい雌の<らくだ>,
ゼカ 14:15 <らくだ>, ろば, 彼らの宿営にいる
マタ 3: 4 ヨハネは, <らくだ>の毛の着物を着,
19:24 <らくだ>が針の穴を通るほうがもっとやさしい. マコ10:25, ルカ18:25.
23:24 ぶよは…除くが, <らくだ>は飲み込

▼ らくたん（落胆）

ヨブ 6:14 <落胆>している者には, その友から
ダニ 11:30 彼は<落胆>して引き返し, 聖なる契
エペ 3:13 苦難のゆえに<落胆>することのない

▼ ラクム〔地名〕

ナフタリの町. ヨシ19:33.

▼ ラケル〔人名〕

ヤコブの妻. 創世29:6, 9, 16, 28, 30:1, 22, 35:16, 19, 46:19, 48:7, ルツ4:11, Ⅰサム10:2, エレ31:15, マタ2:18.

▼ ラコン〔地名〕

ダンの町. ヨシ19:46.

▼ ラサヤ〔地名〕

クレテ島の南海岸の町. 使徒27:8.

▼ ラザロ〔人名〕

⑴主イエスのたとえ話に登場する人. ルカ16:20.
⑵ベタニヤのラザロ. ヨハ11:1, 12:1, 9, 17.

▼ らせんかいだん（～階段）

Ⅰ列 6: 8 <らせん階段>で, 2階に上り, 2階

▼ ラダ〔人名〕

ユダの子シェラの子孫. Ⅰ歴4:21.

▼ ラダイ〔人名〕

エッサイの5男. ダビデの兄. Ⅰ歴2:14.

▼ ラダン〔人名〕

⑴ヌンの子ヨシュアの先祖. Ⅰ歴7:26.
⑵レビ族出身のゲルションの子. Ⅰ歴23:7, 9.

▼ ラッパ

レビ 23:24 <ラッパ>を吹き鳴らして記念する聖
民数 10: 2 銀の<ラッパ>を2本作らせよ. それ
Ⅰ歴 15:24 神の箱の前で<ラッパ>を吹き鳴らす
Ⅱ歴 20:28 <ラッパ>を携えてエルサレムに入り,
エズ 3:10 祭服を着た祭司たちは<ラッパ>を持
詩篇 98: 6 <ラッパ>と角笛の音に合わせて, 主
ホセ 5: 8 ラマで<ラッパ>を鳴らし, ベテ・ア
マタ 6: 2 自分の前で<ラッパ>を吹いてはいけ
24:31 人の子は大きな<ラッパ>の響きとと
Ⅰコリ 14: 8 <ラッパ>がもし, はっきりしない音
15:52 終わりの<ラッパ>とともに, たちま
Ⅰテサ 4:16 神の<ラッパ>の響きのうちに, ご自
黙示 1:10 主の日に…私のうしろに<ラッパ>の
8: 2 彼らに七つの<ラッパ>が与えられた.

▼ ラッパしゅ（～手）

Ⅱ列 11:14 隊長たちや<ラッパ手>たちがいた.

▼ ラテンご（～語）

ヨハ 19:20 ヘブル語, <ラテン語>, ギリシヤ語

▼ ラバ〔地名〕

⑴アモン人の町. 申命3:11, ヨシ13:25, Ⅱサム11:1, 12:26, 27, 29, 17:27, Ⅰ歴20:1, エレ49:2, エゼ21:20.
⑵ユダの町の一つ. ヨシ15:60.

▼ らば（騾馬）, 雌騾馬

Ⅱサム 13:29 おのおの自分の<騾馬>に乗って逃げ
Ⅰ列 1:33 私の子ソロモンを私の<雌騾馬>に乗
18: 5 馬と<騾馬>とを生かしておく草を見
Ⅱ列 5:17 2頭の<騾馬>に載せるだけの土をし
詩篇 32: 9 悟りのない馬や<騾馬>のようであっ
エゼ 27:14 ベテ・トガルマは…軍馬, <騾馬>を,

▼ ラハデ〔人名〕

ユダ族ヤハテの第2子. Ⅰ歴4:2.

▼ ラハブ

1. 人名. エリコの遊女. ヨシ2:1, 3, 6:17, 25, マタ1:5, ヘブ11:31, ヤコ2:25.
2. 海の怪獣. エジプトの象徴的総称. ヨブ9:13, 26:12, 詩篇87:4, 89:10, イザ30:7.

▼ ラハム〔人名〕

ユダ族カレブの子孫. Ⅰ歴2:44.

▼ ラバン

1. 地名. モアブかシナイ地方の町. 申命1:1.
2. 人名. リベカの兄弟. 創世24:29, 50, 25:20, 27:43, 28:2, 29:10, 30:25, 31:1, 19, 25, 33, 34, 55, 32:4, 46:18, 25.

▼ ラビ

ヨハ 1:38 <ラビ>（訳して言えば, 先生）. 今

▼ラビテ〔地名〕
イッサカルの町．ヨシ19:20.
▼ラピドテ〔人名〕
女預言者デボラの夫．士師4:4.
▼ラフ〔人名〕
ベニヤミン族の斥候パルティの父．民数13:9.
▼ラファ〔人名〕
⑴ベニヤミンの第5子．Ⅰ歴8:2.
⑵サウル王の子ヨナタンの子孫．Ⅰ歴8:37.
⑶ペリシテの巨人の祖．Ⅱサム21:16，Ⅰ歴20:4.
▼ラブ・サリス
アッシリヤ高官の称号．Ⅱ列18:17，エレ39:3.
▼ラブ・シャケ
アッシリヤ高官の称号．Ⅱ列18:17，イザ36:2.
▼ラブ・マグ
バビロンの高官の称号．エレ39:3，13.
▼ラフマス〔地名〕
ユダの町の一つ．ヨシ15:40.
▼ラフミ〔人名〕
ゴリヤテの兄弟．Ⅰ歴20:5.
▼ラボニ
ヨハ 20:16 <ラボニ>（すなわち，先生）」とイ
▼ラマ
1.地名．
⑴アシェルの町．ヨシ19:29.
⑵ナフタリの町．ヨシ19:36.
⑶ベニヤミンの町．ヨシ18:25，士師4:5，19:13，Ⅰ列15:17，イザ10:29，エレ40:1.
マタ 2:18 「<ラマ>で声がする．泣き，そして嘆き叫ぶ声．ラケルが．エレ31:15.
⑷預言者サムエルの故郷．Ⅰサム1:19，2:11，7:17，8:4，15:34，16:13，19:18，25:1，28:3.
⑸ユダ所領内のシメオンの町．ヨシ19:8.
⑹ギルアデの町．Ⅱ列8:29，Ⅱ歴22:6.
⑺ラマ（人）．クシュの子及びその子孫．創世10:7，Ⅰ歴1:9，エゼ27:22.
▼ラマタイム・ツォフィム〔地名〕
サムエル⑵の故郷．ラマ1.⑷と同地．Ⅰサム1:1.
▼ラマテ・ハミツパ〔地名〕
ガドの町．ヨシ13:26.
▼ラマテ・レヒ〔地名〕
サムソンが名づけた場所．士師15:17.
▼ラム
1.人名．
⑴ダビデの先祖．ルツ4:19，Ⅰ歴2:9.
⑵ユダ族ヘツロンの孫．Ⅰ歴2:25，27.
2.ラム族．エリフ⑸の出身氏族．ヨブ32:2.
▼ラムヤ〔人名〕
異邦人の女をめとった者の一人．エズ10:25.
▼ラメク〔人名〕
ノアの父．旧約ではレメク．ルカ3:36.
▼ラメセス〔地名〕
ヨセフの家族が住んだエジプト北東部の町．創世47:11，出エ1:11，12:37，民数33:3，5.
▼ラモテ
1.地名．
⑴逃れの町の一つ．ラモテ・ギルアデと同地．申命4:43，ヨシ20:8，21:38，Ⅰ歴6:80.
⑵イッサカル所領内のレビ人の町．Ⅰ歴6:73.
⑶ラマ1.⑸と同地．Ⅰサム30:27.
2.人名．異邦人の女をめとった者．エズ10:29.
▼ラモテ・ギルアデ〔地名〕
エフーが油を注がれた地．Ⅰ列4:13，22:29，Ⅱ列8:28，9:4，Ⅱ歴18:28，22:5.
▼ラユシャ〔地名〕
エルサレム付近の町．イザ10:30.
▼らんかん（欄干）
Ⅱ列 1:2 屋上の部屋の<欄干>から落ちて病気
▼らんぴ（乱費）
ルカ 16:1 主人の財産を<乱費>している，とい

り

▼り（利）
Ⅰテモ 3:8 執事も…不正な<利>をむさぼらず，
テト 1:7 監督は…不正な<利>を求めず，
11 彼らは，不正な<利>を得るために，

▼りえき（利益）
ネヘ 2:10 イスラエル人の<利益>を求める人が
ヨブ35: 3 罪を犯さないと，どんな<利益>があ
箴言14:23 すべての勤労には<利益>がある．お
21: 5 勤勉な人の計画は<利益>をもたらし，
伝道 5: 9 国の<利益>は農地を耕させる王であ
Ｉコリ10:33 人々が救われるために，自分の<利益>を求めず，多くの人の<利益>を
13: 5 自分の<利益>を求めず，怒らず，人
Ｉテモ 6: 6 敬虔こそ，大きな<利益>を受ける道
ユダ 11 <利益>のためにバラムの迷いに陥り，

▼りかい（理解），理解力
ネヘ 8: 8 民は読まれたことを<理解>した．
箴言 1: 5 知恵のある者は…<理解>を深め，悟
20:24 人間はどうして自分の道を<理解>で
エレ33: 3 <理解>を越えた大いなる事を，あな
ダニ10: 1 彼はそのことばを<理解>し，その幻
マコ 9:32 弟子たちは…<理解>できなかった．
ルカ18:34 話された事が<理解>できなかった．
ヨハ12:40 彼らが目で見ず，心で<理解>せず，
20: 9 彼らは…聖書を，まだ<理解>してい
ⅡコリI 1:13 読んで<理解>できること以外は何も
14 ある程度は，私たちを<理解>しているのですから…さらに…<理解>して
エペ 3: 4 私がキリストの奥義をどう<理解>し
18 その広さ，長さ…を<理解>する力を
コロ 1: 6 それをほんとうに<理解>したとき以
9 あらゆる霊的な知恵と<理解力>によ
2: 2 <理解>をもって豊かな全き確信に達
Ｉテモ 1: 7 …についても<理解>していません．
Ⅱテモ 2: 7 <理解>する力をあなたに必ず与えて
Ⅱペテ 3:16 その手紙の中には<理解>しにくいと

▼りく（陸），陸地
出エ14:21 強い東風で…海を<陸地>とされた．
詩篇95: 5 <陸地>も主の御手が造られた．
ヨナ 1: 9 海と<陸>を造られた天の神，主を恐
2:10 魚に命じ，ヨナを<陸地>に吐き出さ
ハガ 2: 6 天と地と，海と<陸>とを揺り動かす．
マタ23:15 海と<陸>とを飛び回り，改宗者がで
ルカ 5: 3 <陸>から少し漕ぎ出すように頼まれ
11 舟を<陸>に着けると，何もかも捨て
ヨハ21: 8 <陸地>から遠くなく，100メートル
使徒27:27 水夫たちは，どこかの<陸地>に近づ
39 どこの<陸地>かわからないが，砂浜
ヘブ11:29 かわいた<陸地>を行くのと同様に紅

▼りくつ（理屈）
伝道 7:29 人は多くの<理屈>を捜し求めたのだ．
マコ 2: 6 律法学者が…心の中で<理屈>を言っ
8 彼らが心の中で…<理屈>を言っているのを…見抜いて…なぜ…<理屈>を

▼リクヒ〔人名〕
マナセ族シェミダの子．Ｉ歴7:19．

▼りくろ（陸路）
使徒20:13 パウロが，自分は<陸路>をとるつも

▼りこう（利口）
箴言12:16 <利口>な者ははずかしめを受けても
23 <利口>な者は知識を隠し，愚かな者
15: 5 叱責を大事にする者は<利口>になる．
22: 3 <利口>な者はわざわいを見て，これ

▼りこん（離婚），離縁
レビ21: 7 <離婚>された女をめとってはならな
14 やもめ，<離婚>された女，あるいは
22:13 祭司の娘が…<離婚>された者となり，
民数30: 9 やもめや<離婚>された女の誓願で，
申命22:19 その女を<離縁>することはできない．
マラ 2:16 わたしは，<離婚>を憎む」とイスラ
Ｉコリ 7:12 …場合は，<離婚>してはいけません．

▼りこんじょう（離婚状）
申命24: 1 <離婚状>を書いてその女の手に渡し，
エレ 3: 8 <離婚状>を渡してこれを追い出した
マタ19: 7 <離婚状>を渡して妻を離別せよ，と
マコ10: 4 モーセは，<離婚状>を書いて妻を離

▼リサ〔地名〕
荒野の宿営地の一つ．民数33:21，22．

▼りさん（離散）
ヨハ 7:35 ギリシヤ人の中に<離散>している人

▼りせい（理性）
ダニ 4:34 すると私に<理性>が戻って来た．そ

▼りそく（利息）
出エ22:25 彼から<利息>を取ってはならない．
レビ25:36 彼から<利息>も利得も取らないよう
37 彼に金を貸して<利息>を取ってはな
申命23:19 金銭の<利息>であれ，食物の<利息>であれ，すべて<利息>をつけて貸す
20 外国人から<利息>を取ってもよいが…同胞からは<利息>を取ってはなら
詩篇15: 5 金を貸しても<利息>を取らず，罪を
箴言28: 8 <利息>や高利によって財産をふやす
エゼ18: 8 <利息>をつけて貸さず，高利を取ら
22:12 おまえは<利息>と高利を取り，隣人

マタ 25:27 <利息>がついて返してもらえたのだ.
ルカ 19:23 <利息>といっしょに受け取れたはず

▼りっしょう（立証）
ピリ 1:7 福音を弁明し<立証>しているときも,

▼リツパ〔人名〕
サウルのそばめ. IIサム3:7, 21:8, 10, 11.

▼りっぱ
申命 8:12 <りっぱ>な家を建てて住み,
I列 1:52 彼が<りっぱ>な人物であれば…髪の
I歴 22:11 主の宮を<りっぱ>に建て上げること
箴言 25:27 <りっぱ>なことばは尊重しなければ
マタ 15:28 あなたの信仰は<りっぱ>です. その
マコ 14:6 わたしのために, <りっぱ>なことを
使徒 11:24 彼は<りっぱ>な人物で, 聖霊と信仰
ロマ 10:15 人々の足は, なんと<りっぱ>でしょ
ガラ 6:3 だれでも, <りっぱ>でもない自分を
何か<りっぱ>でもあるかのように思
ピリ 2:22 テモテの<りっぱ>な働きぶりは, あ
Iテモ 6:12 証人たちの前で<りっぱ>な告白をし
IIテモ 2:3 イエスの<りっぱ>な兵士として, 私
ヤコ 2:2 会堂に…<りっぱ>な服装をした人が
Iペテ 2:12 異邦人の中にあって, <りっぱ>にふ
るまいなさい…その<りっぱ>な行い

▼りっぽう（律法）【別項】律法の書
ヨシ 1:7 すべての<律法>を守り行え. これを
8:32 <律法>の写しを…石の上に書いた.
22:5 命令と<律法>をよく守り行い, あな
I列 2:3 モーセの<律法>に書かれているとお
II列 10:31 主の<律法>に歩もうと心がけず, イ
17:13 <律法>全体に従って…おきてとを守
II歴 6:16 わたしの<律法>に歩みさえするなら,
12:1 彼は主の<律法>を捨て去った. そし
15:3 祭司も…<律法>もありませんでした.
23:18 <律法>にしるされているとおり, ダ
31:4 主の<律法>に専念するためであった.
エズ 7:10 主の<律法>を調べ, これを実行し,
12 天の神の<律法>の学者である祭司エ
10:3 <律法>に従ってこれを行いましょう.
ネヘ 8:7 レビ人たちは, 民に<律法>を解き明
9:13 正しい定めと, まことの<律法>, 良
箴言 29:18 <律法>を守る者は幸いである.
イザ 24:5 彼らが<律法>を犯し, 定めを変え,
エレ 2:8 <律法>を取り扱う者たちも, わたし
6:19 わたしの<律法>を退けたからだ.
8:8 私たちには主の<律法>がある』と言
9:13 彼らは…わたしの<律法>を捨て, わ
16:11 わたしの<律法>を守らなかったため
18:18 祭司から<律法>が, 知恵ある者から
31:33 わたしの<律法>を彼らの中に置き,
32:23 あなたの<律法>に歩まず, あなたが
44:10 わたしの<律法>と定めに歩まなかっ
哀歌 2:9 もう<律法>はない. 預言者にも, 主
エゼ 7:26 祭司は<律法>を失い, 長老はさとし
22:26 祭司たちは, わたしの<律法>を犯し,
43:12 これが宮に関する<律法>である.
ダニ 6:5 <律法>について口実を見つけるので
9:10 <律法>に従って歩みませんでした.
11 <律法>を犯して離れ去り, 御声に聞
ハバ 1:4 <律法>は眠り, さばきはいつまでも
ゼパ 3:4 その祭司たちは…<律法>を犯す.
ハガ 2:11 次の<律法>について, 祭司たちに尋
マラ 4:4 しもべモーセの<律法>を記憶せよ.
マタ 5:17 <律法>や預言者を廃棄するためだと
18 <律法>の中の一点一画でも決してす
7:12 これが<律法>であり預言者です.
11:13 預言者たちと<律法>とが預言をした
12:5 <律法>で読んだことはないのですか.
22:36 <律法>の中で, たいせつな戒めはど
40 <律法>全体と預言者とが, この二つ
ルカ 2:27 <律法>の慣習を守るために, 入って
5:17 <律法>の教師たちも, そこにすわっ
7:30 <律法>の専門家たちは, 彼からバプ
10:25 ある<律法>の専門家が立ち上がり,
11:46 わざわいだ. <律法>の専門家たち.
16:16 <律法>と預言者はヨハネまでです.
24:44 <律法>と預言者と詩篇とに書いてあ
ヨハ 1:17 <律法>はモーセによって与えられ,
7:49 <律法>を知らないこの群衆は, のろ
51 <律法>では, まずその人から直接聞
ヨハ 12:34 <律法>で, キリストはいつまでも生
18:31 自分たちの<律法>に従ってさばきな
19:7 私たちには<律法>があります…<律
法>によれば, 死に当たります.」
使徒 6:13 聖なる所と<律法>とに逆らうことば
10:28 <律法>にかなわないことです. とこ
13:15 <律法>と預言者の朗読があって後,
18:13 <律法>にそむいて神を拝むことを,
15 <律法>に関する問題であるなら, 自
21:20 みな<律法>に熱心な人たちです.
28 <律法>と, この場所に逆らうことを,

り

22: 3 先祖の<律法>について厳格な教育を
12 <律法>を重んじる敬虔な人で，そこ
23: 3 <律法>に従って私をさばく座に着き
ながら，<律法>にそむいて，私を打
29 ユダヤ人の<律法>に関する問題のた
ロマ 2:12 <律法>なしに罪を犯した者は…<律
法>なしに滅び，<律法>の下にあっ
て罪を犯した者はすべて，<律法>に
13 <律法>を聞く者が…正しいのではな
14 <律法>を持たない異邦人が…自分自
身が自分に対する<律法>なのです．
17 <律法>を持つことに安んじ，神を誇
18 <律法>に教えられてわきまえ，
23 <律法>を誇りとしているあなたが，
どうして<律法>に違反して，神を侮
3:19 <律法>の言うことはみな，<律法>の
下にある人々に対して言われている
20 <律法>によっては，かえって罪の意
31 <律法>を確立することになるのです．
4:15 <律法>は怒りを招くものであり，
<律法>のないところには違反もあり
16 <律法>を持っている人々にだけでな
5:13 罪は，何かの<律法>がなければ，認
20 <律法>が入って来たのは，違反が増
6:14 <律法>の下にはなく，恵みの下にあ
7: 1 <律法>が人に対して権限を持つのは
…私は<律法>を知っている人々に言
4 <律法>に対しては死んでいるのです．
7 <律法>は罪なのでしょうか…<律法>
によらないでは…罪を知ることがな
8 <律法>がなければ，罪は死んだもの
9 <律法>なしに生きていましたが，戒
12 <律法>は聖なるものであり，戒めも
14 <律法>が霊的なものであることを知
23 からだの中には異なった<律法>があ
って，それが私の心の<律法>に対し
25 心では神の<律法>に仕え，肉では罪
の<律法>に仕えているのです．
ロマ 8: 3 <律法>にはできなくなっていること
4 <律法>の要求が全うされるためなの
7 それは神の<律法>に服従しません．
9:31 義の<律法>を追い求めながら，その
10: 4 キリストが<律法>を終わらせられた
13: 8 <律法>を完全に守っているのです．
10 愛は<律法>を全うします．

Iコリ 9: 8 <律法>も同じことを言っているでは
20 <律法>の下にある人々には，私自身
は<律法>の下にはいませんが，<律
法>の下にある者のようになりまし
た…<律法>の下にある人々を獲得す
21 <律法>を持たない人々に対しては，
15:56 死のとげは罪…罪の力は<律法>です．
ガラ 2:16 <律法>の行いによっては義と認めら
れず…<律法>の行いによってではな
19 <律法>によって<律法>に死にました．
21 義が<律法>によって得られるとした
3: 2 <律法>を行ったからですか．それと
12 <律法>を行う者はこの<律法>によっ
13 <律法>ののろいから贖い出してくだ
18 相続がもし<律法>によるのなら，も
19 <律法>とは何でしょうか．それは約
21 <律法>は神の約束に反するのでしょ
23 私たちは<律法>の監督の下に置かれ，
24 <律法>は…キリストへ導く…養育係
4: 5 <律法>の下にある者を贖い出すため
21 <律法>の下にいたいと思う人たちは，
5: 3 <律法>の全体を行う義務があります．
4 <律法>によって義と認められようと
14 <律法>の全体は，「あなたの隣人を
23 このようなものを禁ずる<律法>はあ
6: 2 キリストの<律法>を全うしなさい．
13 自分自身が<律法>を守っていません．
ピリ 3: 5 <律法>についてはパリサイ人，
6 <律法>による義についてならば非難
9 <律法>による自分の義ではなくて，
Iテモ 1: 7 <律法>の教師でありたいと望みなが
8 <律法>は…正しく用いるならば，良
9 <律法>は，正しい人のためにあるの
ではなく，<律法>を無視する不従順
テト 3: 9 <律法>についての論争などを避けな
ヘブ 7:12 <律法>も必ず変わらなければなりま
19 <律法>は何事も全うしなかったので
28 <律法>は弱さを持つ人間を大祭司に
8:10 わたしの<律法>を彼らの思いの中に
10: 1 <律法>には，後に来るすばらしいも
ヤコ 1:25 完全な<律法>…自由の<律法>を一心
2: 8 …という最高の<律法>を守るなら，
10 <律法>全体を守っても，一つの点で
12 自由の<律法>によってさばかれる者
4:11 <律法>の悪口を言い，<律法>をさば

12 <律法>を定め，さばきを行う方は，
Ⅰヨハ 3: 4 罪とは<律法に逆らうこと>なのです．
▼りっぽうがくしゃ（律法学者）
マタ 5:20 <律法学者>やパリサイ人の義にまさ
7:29 <律法学者>たちのようにではなく，
8:19 ひとりの<律法学者>が来てこう言っ
15: 1 パリサイ人や<律法学者>たち．マコ7:5，ルカ5:21，6:7，11:53，15:2.
16:21 祭司長，<律法学者>たち．20:18，21:15，マコ8:31，10:33，ルカ9:22，19:47，20:1，19，22:2，23:10.
23: 2 <律法学者>，パリサイ人たちは，モ
13 わざわいだ．偽善の<律法学者>，パリサイ人．15，23，25，27，29.
マコ 2: 6 その場に<律法学者>が数人すわって
16 <律法学者>たちは，イエスが罪人や
3:22 エルサレムから下って来た<律法学者>たちも．7:1.
9:14 <律法学者>たちが弟子たちと論じ合
12:28 <律法学者>がひとり来て，その議論
38 <律法学者>たちには気をつけなさい．
使徒 5:34 <律法学者>で，ガマリエルというパ
▼りっぽうしゃ（立法者）
イザ 33:22 主は私たちの<立法者>，主は私たち
▼りっぽうのしょ（律法の書）
ヨシ 1: 8 この<律法の書>を，あなたの口から
8:31 モーセの<律法の書>にしるされているとおりに．34，23:6，24:26.
Ⅱ列 14: 6 モーセの<律法の書>にしるされてい
22: 8 私は主の宮で<律法の書>を見つけま
Ⅱ歴 17: 9 主の<律法の書>を携えて行き，ユダ
ネヘ 8: 1 モーセの<律法の書>を持って来るよ
ガラ 3:10 <律法の書>に書いてある，すべての
▼リツヤ〔人名〕
アシェル族出身．勇士．Ⅰ歴7:39.
▼リテマ〔地名〕
荒野の宿営地の一つ．民数33:18，19.
▼りとく（利得）
Ⅰサム 8: 3 息子たちは…<利得>を追い求め，わ
詩 119:36 不正な<利得>に傾かないようにして
箴言 1:19 <利得>をむさぼる者の道はすべてこ
15:27 <利得>をむさぼる者は自分の家族を
28:16 不正な<利得>を憎む者は，長生きを
イザ 33:15 強奪による<利得>を退ける者，手を
56:11 ひとり残らず自分の<利得>に向かっ
エレ 6:13 みな<利得>をむさぼり，預言者から
22:17 目と心とは，自分の<利得>だけに向
エゼ 22:12 隣人を虐待して<利得>をむさぼった．
33:31 彼らの心は<利得>を追っている．
ミカ 4:13 彼らの<利得>を主にささげ，彼らの
ハバ 2: 9 家のために不正な<利得>をむさぼり，
Ⅰテモ 6: 5 敬虔を<利得>の手段と考えている人
▼リナ〔人名〕
ユダ族シモンの第2子．Ⅰ歴4:20.
▼リノス〔人名〕
ローマのキリスト者の一人．Ⅱテモ4:21.
▼リバイ〔人名〕
勇士イタイの父．Ⅱサム23:29，Ⅰ歴11:31.
▼リビヤ〔地名〕
使徒 2:10 クレネに近い<リビヤ>地方などに住
▼リファテ〔人名〕
ゴメルの子孫．ディファテと同一．創世10:3.
▼リブナ〔地名〕
(1)荒野の宿営地の一つ．民数33:20，21.
(2)アロンの子孫に与えられた地．ヨシ10:29，12:15，15:42，21:13，Ⅱ列8:22，19:8，23:31，Ⅰ歴6:57，Ⅱ歴21:10，イザ37:8，エレ52:1.
▼リブニ
1. 人名．
(1)レビ族ゲルショムの長子．Ⅰ歴6:20.
(2)レビ族メラリの孫．Ⅰ歴6:29.
2. リブニ（族）．出エ6:17，民数3:18，21，26:58，Ⅰ歴6:17.
▼リブラ〔地名〕
(1)イスラエル相続地の境をなした地．民数34:11.
(2)ゼデキヤが盲目にされた地．Ⅱ列23:33，25:6，20，エレ39:5，52:9，10，26，27，エゼ6:14.
▼リベカ〔人名〕
イサクの妻．創世22:23，24:15，29，51，64，67，25:20，28，26:7，27:5，42，46，28:5，29:12，35:8，49:31，ロマ9:10.
▼りべつ（離別）
マタ 5:31 だれでも，妻を<離別>する者は，妻
32 不貞以外の理由で妻を<離別>する者
19: 3 妻を<離別>することは律法にかなっ
8 その妻を<離別>することを…許した
9 妻を<離別>し，別の女を妻にする者は姦淫を犯．マコ10:11，ルカ16:18.

り

マコ 10: 2 妻を<離別>することは許されるかど
12 夫を<離別>して別の男にとつぐなら,

▼リベルテンのかいどう（～会堂）

使徒 6: 9 <リベルテンの会堂>に属する人々で,

▼リモン【別項】リモンの岩

1. 地名.
(1)ゼブルンの町. ヨシ19:13.
(2)ユダの最南端の町の一つ. ヨシ15:32, Ⅰ歴4:32.
2. 人名. ベニヤミン族出身. ベエロテ人. Ⅱサム4:2.
3. 偶像. 嵐と雷の神ハダデの副名. Ⅱ列5:18.

▼リモンのいわ（～岩）

ベニヤミン族が逃れた岩. 士師20:45, 21:13.

▼リモン・ペレツ〔地名〕

荒野の宿営地の一つ. 民数33:19, 20.

▼りゃくだつ（略奪）, 略奪者, 略奪隊

創世 34:27 ヤコブの子らは…その町を<略奪>し
49:27 夕には<略奪>したものを分ける.」
出エ 15: 9 追いついて, <略奪>した物を分けよ
申命 1:39 <略奪>されるだろうと言った…幼子
3: 7 <略奪>した物とは私たちのものとし
13:16 すべての<略奪>物を広場の中央に集め…<略奪>物のすべてを…火で焼か
20:14 すべての<略奪>物を, 戦利品として
28:29 しいたげられ, <略奪>されるだけで
31 ろばが目の前から<略奪>されても,
士師 2:14 主は彼らを<略奪者>の手に渡して, 彼らを<略奪>させた. 主は回りの敵
9:25 道で…すべての者を<略奪>した. や
Ⅰサム 13:17 ペリシテ人の陣営から…<略奪隊>が
14:15 <略奪隊>さえ恐れおののいた. 地は
48 イスラエル人を<略奪者>の手から救
17:53 ペリシテ人の陣営を<略奪>した.
23: 1 ペリシテ人が…打ち場を<略奪>して
Ⅱサム 3:22 ダビデの家来たち…が<略奪>から帰
4: 2 ふたりの<略奪隊>の隊長がいた. ひ
Ⅰ列 11:24 彼は…<略奪隊>の隊長となった. 彼
Ⅱ列 5: 2 アラムはかつて<略奪>に出たとき,
13:20 モアブの<略奪隊>は, 年が改まるた
17:20 彼らを苦しめ, <略奪者>たちの手に
24: 2 主は, カルデヤ人の<略奪隊>, アラムの<略奪隊>…を遣わしてエホヤキ
Ⅰ歴 12:21 ダビデを助けて…<略奪隊>に当たっ
詩篇 62:10 <略奪>にむなしい望みをかけるな.
イザ 13:16 彼らの家は<略奪>され…妻は犯され
61: 8 わたしは不法な<略奪>を憎む. わた
エレ 18:22 <略奪隊>に彼らを襲わせるとき, 彼
30:16 <略奪>した者は, <略奪>され, あな
50:10 カルデヤは<略奪>され, これを<略奪>する者はみな満ち足りる. ——
11 わたしの相続地を<略奪>する者たち.
ナホ 3: 1 <略奪>を事とし, 強奪をやめない.
ハバ 2: 8 あなたが多くの国々を<略奪>したので…国々の民が, あなたを<略奪>す
ゼパ 1:13 彼らの財産は<略奪>され…家は荒れ
ゼカ 14: 2 町は取られ, 家々は<略奪>され, 婦
マタ 12:29 その家を<略奪>することもできるの
Ⅰコリ 5:10 貪欲な者, <略奪>する者, 偶像を礼
11 酒に酔う者, <略奪>する者がいたな
6:10 <略奪>する者はみな, 神の国を相続

▼りゆう（理由）

Ⅰサム 19: 5 なぜ何の<理由>もなくダビデを殺し,
Ⅰ列 2:31 ヨアブが<理由>もなく流した血を,
ヨブ 2: 3 <理由>もないのに彼を滅ぼそうとし
9:17 <理由>もないのに, 私の傷を増し加
22: 6 <理由>もないのに…兄弟から質を取
箴言 1:11 罪のない者を, <理由>もなく, こっ
3:30 <理由>もなく, 人と争うな.
24:28 <理由>もないのに, あなたの隣人を
マタ 5:32 不貞以外の<理由>で妻を離別する者
19: 3 何か<理由>があれば, 妻を離別する
ヨハ 15:25 彼らは<理由>なしにわたしを憎んだ
使徒 13:28 死罪に当たる何の<理由>も見いだせ
19:40 正当な<理由>がないのですから, 騒
23:28 どんな<理由>で彼が訴えられたかを
ロマ 13: 6 同じ<理由>で…みつぎを納めるので

▼りゅう（竜）【別項】竜の泉

イザ 27: 1 主は…海にいる<竜>を殺される.
51: 9 <竜>を刺し殺したのは, あなたでは
エレ 51:34 <竜>のように私をのみこみ, 私のお
黙示 12: 3 大きな赤い<竜>で…七つの頭と10本

▼りゅうけつ（流血）

申命 17: 8 <流血>事件, 権利の訴訟, 暴力事件
Ⅱ歴 19:10 互いの<流血>事件について…訴訟が
箴言 28:17 <流血>の罪に苦しむ者は, 墓まで逃
イザ 5: 7 見よ, <流血>. 正義を待ち望まれた
エゼ 24: 6 ああ. <流血>の町, さびついている
38:22 わたしは疫病と<流血>で彼に罰を下
ナホ 3: 1 ああ. <流血>の町. 虚偽に満ち, 略

▼りゅうざん（流産）
出エ 21:22 女に突き当たり，<流産>させるが，
23:26 国のうちには<流産>する者も，不妊
Ⅱ列 2:19 水が悪く，この土地は<流産>が多い
ヨブ 3:16 ひそかにおろされた<流産>の子のよ
▼りゅうのいずみ（竜の泉）
ネヘ 2:13 <竜の泉>のほう，糞の門のところに
▼りょう（猟），猟師
創世 10: 9 力ある<猟師>ニムロデのようだ」と
25:27 エサウは巧みな<猟師>，野の人とな
27:30 兄のエサウが<猟>から帰って来た．
▼りょう（漁），漁師
ヨブ 41: 6 <漁師>仲間はこれを売りに出し，商
マタ 4:19 人間をとる<漁師>にしてあげよう．」
マコ 1:16 彼らは<漁師>であった．
ルカ 5: 2 <漁師>たちは…網を洗っていた．
ヨハ 21: 3 ペテロが…言った．「私は<漁>に行
▼りょうあし（両足）
出エ 4:25 息子の包皮を…モーセの<両足>につ
Ⅱサム 9:13 メフィボシェテは…<両足>が…なえ
Ⅱ列 9:35 彼女の…<両足>と両方の手首しか残
Ⅱ歴 16:12 アサは…<両足>とも病気にかかった．
イザ 6: 2 二つで<両足>をおおい，二つで飛ん
マコ 9:45 <両足>そろっていてゲヘナに投げ入
▼りょういき（領域）
Ⅱコリ 10:15 私たちの<領域>内で…働きが広げら
16 他の人の<領域>でなされた働きを誇
ユダ 6 自分の<領域>を守らず，自分のおる
▼りょううで（両腕）
Ⅰサム 5: 4 ダゴンの頭と<両腕>は切り離されて
▼りょうがえにん（両替人）
マタ 21:12 <両替人>の台や，鳩を売る者たちの腰掛けを倒された．マコ11:15，ヨハ2:14，15．
▼りょうかた（両肩）
出エ 28:12 彼らの名を<両肩>に負い，記念とす
Ⅱ列 9:24 ヨラムの<両肩>の間を射た．矢は彼
▼りょうしゅ（領主）
ヨシ 13: 3 ペリシテ人の５人の<領主>，ガザ人，
士師 16: 5 ペリシテ人の<領主>たちが彼女のと
▼りょうしん（両親）
マタ 10:21 子どもたちは<両親>に立ち逆らって，
マコ 13:12 子は<両親>に逆らって立ち，彼らを
ルカ 2:34 シメオンは<両親>を祝福し，母マリ
41 イエスの<両親>は，過越の祭りには
50 <両親>には…意味がわからなかった．
51 イエスは…<両親>に仕えられた．母
8:56 <両親>がひどく驚いていると，イエ
18:29 家，妻，兄弟，<両親>…を捨てた者
ヨハ 9: 2 この人ですか．その<両親>ですか．」
18 ついにその<両親>を呼び出して，
エペ 6: 1 主にあって<両親>に従いなさい．こ
コロ 3:20 すべてのことについて，<両親>に従
Ⅱテモ 3: 2 <両親>に従わない者，感謝すること
▼りょうしん（良心）
Ⅱサム 24:10 ダビデは…<良心>のとがめを感じた．
使徒 23: 1 全くきよい<良心>をもって，神の前
24:16 責められることのない<良心>を保つ
ロマ 2:15 彼らの<良心>も…あかしし，また，
9: 1 私の<良心>も，聖霊によってあかし
13: 5 <良心>のためにも，従うべきです．
Ⅰコリ 8:10 その人の<良心>は弱いのに，偶像の
10:25 <良心>の問題として調べ上げること
Ⅱコリ 4: 2 自分…をすべての人の<良心>に推薦
Ⅰテモ 1: 5 正しい<良心>と偽りのない信仰とか
19 正しい<良心>を捨てて，信仰の破船
Ⅱテモ 1: 3 先祖以来きよい<良心>をもって仕え
ヘブ 9: 9 礼拝する者の<良心>を完全にするこ
Ⅰペテ 2:19 <良心>のゆえに，悲しみをこらえる
3:16 正しい<良心>をもって弁明しなさい．
21 正しい<良心>の神への誓いであり，
▼りょうち（領地）
Ⅰ列 9:19 レバノンや，すべての<領地>に建てたいと切に願っていたも．Ⅱ歴8:6．
ネヘ 9:22 それらを<領地>として割り当てられ
詩 114: 2 イスラエルはその<領地>となった．
オバ 17 ヤコブの家はその<領地>を所有する．
▼りょうて（両手）
出エ 9: 8 かまどのすすを<両手>いっぱいに取
レビ 16:12 <両手>いっぱいの…かおりの高い香
申命 9:15 契約の板は，私の<両手>にあった．
Ⅰ列 8:22 ソロモンは…<両手>を天に差し伸べ
Ⅱ列 4:34 <両手>を子どもの<両手>の上に重ね
詩篇 88: 9 私の<両手>を差し伸ばしています．
伝道 4: 6 <両手>に労苦を満たして風を追うの
マタ 18: 8 <両手>両足そろっていて永遠の火に
マコ 8:23 イエスは…<両手>を彼に当てて「何
9:43 <両手>そろっていてゲヘナの消えぬ
使徒 20:34 この<両手>は，私の必要のためにも，

▼りょうど（領土）
出エ 10: 4 いなごをあなたの<領土>に送る.
23:31 あなたの<領土>を，葦の海からペリ
民数 20:21 イスラエルにその<領土>を通らせよ
21:22 あなたの<領土>を通過するまで，私
申命 2:18 モアブの<領土>，アルを通ろうとし
11:24 あなたがたの<領土>は荒野からレバ
Ⅱサム 21: 5 イスラエルの<領土>のどこにも，お
エズ 4:16 川向こうの<領土>を失ってしまわれ
アモ 1:13 自分たちの<領土>を広げるために，
ミカ 5: 6 アッシリヤが…私たちの<領土>に踏
ゼパ 2: 8 その<領土>に向かって高ぶった.
使徒 7:45 その<領土>を取らせてくださったと

▼りょうばのつるぎ（両刃の剣）
ヘブ 4:12 神のことばは…<両刃の剣>よりも鋭
黙示 1:16 口からは鋭い<両刃の剣>が出ており，
2:12 鋭い，<両刃の剣>を持つ方がこう言

▼りょうみみ（両耳）
エゼ 16:12 <両耳>には耳輪をつけ，頭には…冠
マコ 7:33 イエスは…その<両耳>に指を差し入

▼りょうめ（両目）
マタ 18: 9 <両目>そろっていて燃えるゲヘナに

▼りょうり（料理）
創世 27: 4 私の好きなおいしい<料理>を作り，
士師 13:15 あなたのために子やぎを<料理>した
ネヘ 5:18 私のためには鶏が<料理>された．そ

▼りょくぎょく（緑玉）
黙示 4: 3 御座の回りには，<緑玉>のように見
21:19 都の城壁の土台石…第４は<緑玉>，

▼りょくぎょくずい（緑玉髄）
黙示 21:20 第10は<緑玉髄>，第11は青玉，第12

▼りょくしょくせき（緑色石）
エス 1: 6 <緑色石>，白大理石，真珠貝や黒大

▼りょくちゅうせき（緑柱石）
出エ 28:20 第４列は<緑柱石>．39:13.
エゼ 1:16 輪の形と作りは，<緑柱石>の輝きの
ようで，四つともよく似て．10:9.
28:13 ダイヤモンド，<緑柱石>，しまめの
ダニ 10: 6 そのからだは<緑柱石>のようであり，
黙示 21:20 第８は<緑柱石>，第９は黄玉，第10

▼りょこう（旅行）
マタ 10:10 <旅行>用の袋も，２枚目の下着も，

▼りょこうぶくろ（旅行袋）
ルカ 10: 4 財布も<旅行袋>も持たず，くつもは
22:35 <旅行袋>も…持たせずに旅に出した

▼りょてい（旅程）
民数 33: 1 イスラエル人の<旅程>は次のとおり
2 モーセは…彼らの<旅程>の出発地点
を書きしるした．その<旅程>は，出

▼りんご
箴言 25:11 彫り物にはめられた金の<りんご>の
雅歌 2: 3 林の木の中の<りんご>の木のようで
5 <りんご>で私を元気づけてください.
7: 8 あなたの息は<りんご>のかおりのよ
8: 5 私は<りんご>の木の下であなたの目
ヨエ 1:12 ざくろ，なつめやし，<りんご>，あ

▼りんじゅう（臨終）
ヘブ 11:22 ヨセフは<臨終>のとき，イスラエル

る

▼るい（塁）
イザ 26: 1 城壁と<塁>で私たちを救ってくださ
エレ 6: 6 エルサレムに対して<塁>を築け．こ
52: 4 ネブカデレザルは…<塁>を築いた.
ダニ 11:15 北の王が来て<塁>を築き，城壁のあ
ナホ 2: 1 <塁>を守り，道を見張り，腰をから
3: 8 その<塁>は海，その城壁は水.
ゼカ 9: 4 その<塁>を打ち倒して海に入れる.
ルカ 19:43 おまえの敵が…<塁>を築き，回りを

▼ルカ〔人名〕
パウロの同労者で医者．第３福音書及び使徒の働きの著者．コロ4:14，Ⅱテモ4:11，ピレ24.

▼ルカオニヤ
1. 地名．小アジヤ内陸部の一地方．使徒14:6.
2. ルカオニヤ語．1.の方言．使徒14:11.

▼ルキオ〔人名〕
⑴アンテオケ教会の指導者の一人．使徒13:1.
⑵コリントでのパウロの仲間の一人．ロマ16:21.

▼ルキヤ〔地名〕
小アジヤ南西部の地中海沿岸の州．使徒27:5.

▼ルサニヤ〔人名〕
アビレネの小領地を管理した国主．ルカ3:1.

▼ルシヤ〔人名〕
パウロを護送させた千人隊長．使徒24:22.

▼ルズ〔地名〕
⑴エフライム山地の町．ベテルの旧名．創世28:19，35:6，48:3，ヨシ16:2，18:13，士師1:23.
⑵ヘテ人の町．士師1:26.

▼ルステラ〔地名〕
テモテの出身地．使徒14:6，16:1，Ⅱテモ3:11.

▼るすばん（留守番）
Ⅱサム 15:16　王宮の<留守番>に10人のそばめを残した．16:21，20:3.

▼ルダ〔地名〕
ヨッパの南東にある町．使徒9:32.

▼ルツ〔人名〕
ルツ記の主人公．ルツ1:4，4:10，マタ1:5.

▼るつぼ
箴言 17: 3　銀には<るつぼ>，金には炉，人の心をためすのは主．27:21.

▼ルデ
1. 地名．リビヤ地方または小アジヤのルデヤ地方．イザ66:19，エゼ27:10，30:5.
2. ルデ（人）．創世10:13，22，Ⅰ歴1:11，17.

▼ルデヤ〔人名〕
テアテラ市出身の婦人信者．使徒16:14，40.

▼ルビー
イザ 54:12　あなたの塔を<ルビー>にし，あなた
エゼ 27:16　さんご，<ルビー>を，おまえの品物

▼ルヒテのさか（～坂）
イザ 15: 5　彼らは<ルヒテの坂>を泣きながら上
エレ 48: 5　<ルヒテの坂>を泣きながら嘆きが上

▼ルブじん（～人）
エジプトの西側に住んだ人々．Ⅱ歴12:3，16:8，ダニ11:43，ナホ3:9.

▼ルベン
1. 人名．ヤコブの長子．創世29:32，35:22，37:21，42:37，46:8，49:3，出エ6:14，民数16:1，Ⅰ歴2:1，5:1，3.
2. ルベン族（人）．出エ6:14，民数1:5，21，2:10，16，7:30，10:18，13:4，26:7，32:1，29，33，申命33:6，ヨシ4:12，18:7，22:21，30，33，34，Ⅰ歴5:6，18，エゼ48:6，31，黙示7:5.

▼ルポス〔人名〕
⑴クレネ人シモンの息子．マコ15:21.
⑵パウロがあいさつを送った人物．ロマ16:13.

▼ルマ〔地名〕
エホヤキム王の母の父の出身地．Ⅱ列23:36.

れ

▼レア〔人名〕
ヤコブの妻．創世29:16，17，32，30:9，31:4，33:1，34:1，35:23，46:15，49:31，ルツ4:11.

▼レアヤ
1. 人名．
⑴ユダ族ショバルの子．Ⅰ歴4:2.
⑵ルベン族ヨエルの子孫．Ⅰ歴5:5.
2. レアヤ族．エズ2:47，ネヘ7:50.

▼レイ〔人名〕
ダビデの勇士の一人．Ⅰ列1:8.

▼れい（礼）
Ⅰサム 24: 8　ダビデは地にひれ伏して，<礼>をし
Ⅱサム 1: 2　地にひれ伏して，<礼>をした．
9: 6　メフィボシェテは…<礼>をした．ダ
14: 4　テコアの女は…<礼>をして言った．
ダニ 2:46　ひれ伏してダニエルに<礼>をし，彼

▼れい（霊）【別項】占いの霊，神の霊，汚れた霊，死者の霊，主の霊，捕らわれの霊
創世 6: 3　わたしの<霊>は，永久には人のうち
出エ 28: 3　わたしが知恵の<霊>を満たした，心
民数 11:17　あなたの上にある<霊>のいくらかを
申命 34: 9　ヨシュアは，知恵の<霊>に満たされ
士師 9:23　わざわいの<霊>を送ったので，シェ
Ⅰサム 16:14　主からの，わざわいの<霊>が彼をお
Ⅰ列 22:21　ひとりの<霊>が進み出て，主の前に
23　預言者の口に偽りを言う<霊>を授け
Ⅱ列 2: 9　あなたの<霊>の，二つの分け前が私
15　エリヤの<霊>がエリシャの上にとど
19: 7　彼のうちに一つの<霊>を入れる．彼
Ⅱ歴 36:22　クロスの<霊>を奮い立たせたので，
ネヘ 9:30　あなたの<霊>によって彼らを戒めら
ヨブ 4:15　一つの<霊>が私の顔の上を通り過ぎ，

7:11 私の<霊>の苦しみの中から語り，私
10:12 私を顧みて私の<霊>を守られました．
17: 1 私の<霊>は乱れ，私の日は尽き，私
20: 3 私の悟りの<霊>が私に答えさせる．
32: 8 人の中には確かに<霊>がある．全能
18 一つの<霊>が私を圧迫している．私
34:14 その<霊>と息をご自分に集められた
詩篇 31: 5 私の<霊>を御手にゆだねます．真実
34:18 <霊>の砕かれた者を救われる．正し
51:10 ゆるがない<霊>を私のうちに新しく
12 喜んで仕える<霊>が，私をささえま
17 神へのいけにえは，砕かれた<霊>．
77: 3 思いを潜めて，私の<霊>は衰え果て
6 心と語り合い，私の<霊>は探り求め
78: 8 その<霊>が神に忠実でない世代の者
142: 3 私の<霊>が私のうちで衰え果てたと
143: 7 私の<霊>は滅びてしまいます．どう
10 あなたのいつくしみ深い<霊>が，平
146: 4 <霊>が出て行くと，人はおのれの土
箴言 1:23 あなたがたにわたしの<霊>を注ぎ，
伝道 3:21 人の子らの<霊>は上に上り，獣の
<霊>は地の下に降りて行くのを．
12: 7 <霊>はこれを下さった神に帰る．
イザ 4: 4 さばきの<霊>と焼き尽くす<霊>によ
11: 2 知恵と悟りの<霊>，はかりごとと能
力の<霊>…主を恐れる<霊>である．
19: 3 エジプトの<霊>はその中で衰える．
26: 9 私の内なる<霊>はあなたを切に求め
29:10 主が…深い眠りの<霊>を注ぎ，あな
32:15 上から<霊>が私たちに注がれ，荒野
37: 7 わたしは彼のうちに一つの<霊>を入
42: 1 彼の上にわたしの<霊>を授け，彼は
57:15 へりくだった人の<霊>を生かし，砕
16 わたしから出る<霊>と，わたしが造
59:21 あなたの上にあるわたしの<霊>，わ
エゼ 1:12 <霊>が行かせる所に彼らは行き，行
20 生きものの<霊>が輪の中にあったか
2: 2 すぐ<霊>が私のうちに入り，私を立
3:12 <霊>が私を引き上げた．14, 8:3,
11:1, 24.
11:19 わたしは…新しい<霊>を与える．わ
18:31 新しい心と新しい<霊>を得よ．イス
36:27 わたしの<霊>をあなたがたのうちに
39:29 わたしの<霊>をイスラエルの家の上
43: 5 <霊>は私を引き上げ，私を内庭に連
ダニ 5:12 ダニエルのうちに，すぐれた<霊>と，
ホセ 4:12 姦淫の<霊>が彼らを迷わせ，彼らが
ヨエ 2:28 わたしの<霊>をすべての人に注ぐ．
ハガ 2: 5 わたしの<霊>が…働いている．恐れ
ゼカ 4: 6 能力によらず，わたしの<霊>によっ
12: 1 人の<霊>をその中に造られた方，主
10 住民の上に，恵みと哀願の<霊>を注
マラ 2:15 彼には，<霊>の残りがある…あなた
がたの<霊>に注意せよ．あなたの若
マタ 8:16 イエスは…<霊>どもを追い出し，ま
12:18 わたしは彼の上にわたしの<霊>を置
45 自分よりも悪いほかの<霊>を七つ連
マコ 9:17 口をきけなくする<霊>につかれた私
18 その<霊>が息子に取りつきますと…
<霊>を追い出すよう願ったのですが，
25 聞こえなくする<霊>…おまえに命じ
26 <霊>は，叫び声をあげ…出て行った．
ルカ 1:17 エリヤの<霊>と力で主の前ぶれをし，
47 わが<霊>は，わが救い主なる神を喜
80 幼子は成長し，その<霊>は強くなり，
8:55 娘の<霊>が戻って，娘はただちに起
13:11 18年も病の<霊>につかれ，腰が曲が
23:46 父よ．わが<霊>を御手にゆだねます．
24:37 <霊>を見ているのだと思った．
39 <霊>ならこんな肉や骨はありません．
ヨハ 3: 6 御霊によって生まれた者は<霊>です．
4:24 神は<霊>ですから，神を礼拝する者
は，<霊>とまことによって礼拝しな
6:63 ことばは，<霊>であり，またいのち
13:21 イエスは…<霊>の激動を感じ，あか
19:30 頭をたれて，<霊>をお渡しになった．
使徒 7:59 イエスよ．私の<霊>をお受けくださ
8: 7 その<霊>が大声で叫んで出て行くし，
16:18 すると即座に，<霊>は出て行った．
18:25 <霊>に燃えて，イエスのことを正確
23: 8 御使いも<霊>もないと言い，パリサ
ロマ 1: 9 <霊>をもって仕えている神があかし
8:10 <霊>が，義のゆえに生きています．
15 奴隷の<霊>を受けたのではなく，子
16 私たちの<霊>とともに，あかしして
12:11 <霊>に燃え，主に仕えなさい．
Ⅰコリ 2:11 その人のうちにある<霊>のほかに，
12 この世の<霊>を受けたのではなく，
5: 4 <霊>においてともにおり．コロ2:5.
5 彼の<霊>が主の日に救われるためで

6:17 主と交われば，一つ<霊>となるので
12:10 ある人には<霊>を見分ける力，ある
14: 2 自分の<霊>で奥義を話すからです.
14 私の<霊>は祈るが，私の知性は実を
15 私は<霊>において祈り…<霊>においで賛美し，また知性においても賛美
IIコリ 4:13 同じ信仰の<霊>を持っている私たち
ガラ 6:18 キリストの恵みが…あなたがたの<霊>とともに. ピリ4:23，ピレ25.
エペ 2: 2 子らの中に働いている<霊>に従って，
4:23 心の<霊>において新しくされ，
5:19 詩と賛美と<霊>の歌. コロ3:16.
ピリ 1:27 <霊>を一つにしてしっかりと立ち，
Iテサ 5:23 <霊>，たましい，からだが完全に守
Iテモ 3:16 <霊>において義と宣言され，御使い
4: 1 惑わす<霊>と悪霊の教えとに心を奪
IIテモ 1: 7 おくびょうの<霊>ではなく，力と愛と慎みとの<霊>です.
ヘブ 1:14 御使いはみな，仕える<霊>であって，
4:12 たましいと<霊>，関節と骨髄の分か
12:10 <霊>の父は，私たちの益のため，私
23 全うされた義人たちの<霊>，
Iペテ 2: 5 <霊>の家に築き上げられなさい…神に喜ばれる<霊>のいけにえをささげ
3: 4 柔和で穏やかな<霊>という朽ちるこ
18 <霊>においては生かされて，私たち
20 従わなかった<霊>たちのことです.
Iヨハ 4: 1 <霊>だからといって，みな信じては…それらの<霊>が神からのものかど
2 キリストを告白する<霊>はみな…それによって神からの<霊>を知りなさ
3 イエスを告白しない<霊>はどれ一つ…それは反キリストの<霊>です，あ
6 真理の<霊>と偽りの<霊>とを見分け
黙示 19:10 イエスのあかしは預言の<霊>です.」

▼ れいかん（霊感）
IIテモ 3:16 聖書はすべて，神の<霊感>によるも

▼ れいぎ（礼儀）
Iコリ 13: 5 <礼儀>に反することをせず，自分の

▼ れいさい（例祭）
レビ 23: 2 主の<例祭>…は次のとおりである.
民数 10:10 <例祭>と新月の日に…ラッパを鳴り
イザ 1:14 新月の祭りや<例祭>を，わたしの心
哀歌 1: 4 だれも<例祭>に行かない. 2:6，22.
エゼ 44:24 <例祭>には…律法とおきてとを守り，
45:17 イスラエルの家のあらゆる<例祭>に，
46:11 祭りと<例祭>には，穀物のささげ物
ホセ 2:11 すべての<例祭>を，やめさせる.
ゼカ 8:19 断食は…うれしい<例祭>となる. だ

▼ れいせい（冷静）
箴言 17:27 心の<冷静>な人は英知のある者.
伝道 10: 4 <冷静>は大きな罪を犯さないように

▼ れいてき（霊的）
ロマ 7:14 律法が<霊的>なものであることを知
12: 1 あなたがたの<霊的>な礼拝です.
14:19 お互いの<霊的>成長に役立つことと
エペ 1: 3 天にあるすべての<霊的>祝福をもっ
ピリ 4:17 収支を償わせて余りある<霊的>祝福
コロ 1: 9 <霊的>な知恵と理解力によって，神

▼ れいにく（霊肉）
IIコリ 7: 1 いっさいの<霊肉>の汚れから自分を

▼ れいはい（礼拝）【別項】御使い礼拝
創世 22: 5 私と子どもとは…<礼拝>をして，あ
24:26 その人は，ひざまずき，主を<礼拝>
48 私はひざまずき，主を<礼拝>し，私
出エ 4:31 聞いて，ひざまずいて<礼拝>した.
12:27 民はひざまずいて，<礼拝>した.
申命 26:10 主の前に<礼拝>しなければならない.
士師 7:15 解釈を聞いたとき，主を<礼拝>した.
Iサム 1: 3 この人は…万軍の主を<礼拝>し，い
19 彼らは主の前で<礼拝>をし，ラマに
15:25 私は主を<礼拝>いたします.」
IIサム 12:20 ダビデは…主の宮に入り，<礼拝>を
15:32 ダビデが，神を<礼拝>する…山の頂
I列 1:47 王は寝台の上で<礼拝>をしました.
II列 17:33 主を<礼拝>しながら…自分たちの神
36 主を<礼拝>し，主にいけにえをささ
I歴 29:20 全集団は…主と王とを<礼拝>した.
II歴 20:18 エルサレムの住民も…主を<礼拝>し，
エズ 7:19 <礼拝>のために…与えられた器具は，
ネヘ 8: 6 民は…地にひれ伏して主を<礼拝>し
ヨブ 1:20 ヨブは…地にひれ伏して<礼拝>し，
イザ 27:13 聖なる山で，主を<礼拝>する.
66:23 すべての人が，わたしの前に<礼拝>
エレ 7: 2 主を<礼拝>するために，この門に入
ゼパ 1: 5 主に誓いを立てて<礼拝>しながら，
2:11 人々はみな，自分のいる所で主を<礼拝>し…島々も主を<礼拝>する.
ゼカ 14:16 万軍の主である王を<礼拝>し，仮庵
17 <礼拝>しにエルサレムへ上って来な

マタ 28:17 イエスにお会いしたとき…<礼拝>し
ヨハ 4:21 父を<礼拝>するのは，この山でもな
22 わたしたちは知って<礼拝>していま
23 真の<礼拝>者たちが霊とまことによって父を<礼拝>する時が…父はこのような人々を<礼拝>者として求めて
24 神は霊ですから，神を<礼拝>する者は，霊とまことによって<礼拝>しな
12:20 祭りのとき<礼拝>のために上って来
使徒 7: 7 彼らはのがれ出て…わたしを<礼拝>
13: 2 主を<礼拝>し，断食をしていると，
ロマ 12: 1 あなたがたの霊的な<礼拝>です．
Ⅰコリ 6: 9 偶像を<礼拝>する者，姦淫をする者，
ピリ 2:17 信仰の供え物と<礼拝>とともに，注
3: 3 神の御霊によって<礼拝>をし，キリ
コロ 2:23 人間の好き勝手な<礼拝>とか，謙遜
Ⅱテサ 2: 4 彼は…<礼拝>されるものに反抗し，
ヘブ 9: 1 初めの契約にも<礼拝>の規定と地上
9 <礼拝>する者の良心を完全にするこ
10:11 祭司は毎日立って<礼拝>の務めをな
11:21 杖のかしらに寄りかかって<礼拝>し
黙示 11: 1 そこで<礼拝>している人を測れ．

▼れいばい（霊媒）

レビ 19:31 <霊媒>や口寄せに心を移してはなら
20:27 <霊媒>や口寄せ…は必ず殺されなけ
Ⅰサム 28: 3 サウルは…<霊媒>や口寄せを追い出
7 エン・ドルに<霊媒>をする女がいま
8 <霊媒>によって，私のために占い，
Ⅱ列 21: 6 <霊媒>や口寄せをして…主の怒りを
Ⅰ歴 10:13 サウルは…<霊媒>によって伺いを立
イザ 8:19 <霊媒>や，さえずり，ささやく口寄
19: 3 彼らは…<霊媒>や口寄せに伺いを立

▼れいふく（礼服）

イザ 3:22 <礼服>，羽織，外套，財布，
ゼカ 3: 4 わたしは…あなたに<礼服>を着せよ
マタ 22:11 そこに婚礼の<礼服>を着ていない者
12 あなたは，どうして<礼服>を着ない

▼レウ〔人名〕

アブラハムの先祖．創世11:18，ルカ3:35．

▼レウエル〔人名〕

⑴エドム人．エサウの子．創世36:4，10．
⑵モーセの義父．イテロと同人．出エ2:18．
⑶ベニヤミン族イブニヤの子．Ⅰ歴9:8．

▼レウマ〔人名〕

アブラハムの兄弟ナホルのそばめ．創世22:24．

▼レウミムじん（～人）

デダンの子孫．創世25:3．

▼レエラヤ〔人名〕

ゼルバベルと共に帰還した一人．エズ2:2．

▼レカ

1．地名．ユダの町．Ⅰ歴4:12．
2．人名．ユダの子シェラの子孫．Ⅰ歴4:21．

▼レカブ

1．人名．略奪隊の長．Ⅱサム4:2，5，9．
2．レカブ（人）．Ⅱ列10:15，23，Ⅰ歴2:55，エレ35:2，3，5，6，8，14，16，18，19．

▼レギオン

1．地名．イタリヤ南西部の町．使徒28:13．
2．悪霊．マコ5:9，15，ルカ8:30．

▼れきし（歴史）

創世 5: 1 これは，アダムの<歴史>の記録であ
6: 9 これはノアの<歴史>である．ノアは，
10: 1 セム，ハム，ヤペテの<歴史>である．
11:10 これはセムの<歴史>である．セムは
27 これはテラの<歴史>である．テラは
25:12 これは…イシュマエルの<歴史>であ
19 アブラハムの子イサクの<歴史>であ
36: 1 エサウ，すなわちエドムの<歴史>で

▼れきせい（瀝青）

創世 11: 3 粘土の代わりに<瀝青>を用いた．
14:10 シディムの谷には多くの<瀝青>の穴
出エ 2: 3 パピルス製のかご…に<瀝青>と樹脂

▼レケム

1．地名．ベニヤミンの町．ヨシ18:27．
2．人名．
⑴ミデヤンの王の一人．民数31:8，ヨシ13:21．
⑵カレブの子孫．ヘブロンの子．Ⅰ歴2:43，44．
⑶マナセ族マキルの孫．Ⅰ歴7:16．

▼レゲム〔人名〕

ユダ族ヤフダイの長子．Ⅰ歴2:47．

▼レゲム・メレク〔人名〕

ベテルの使者の一人．ゼカ7:2．

▼レサ〔人名〕

主イエスの先祖の一人．ルカ3:27．

▼レシェフ〔人名〕

エフライム族出身．Ⅰ歴7:25．

▼レシェム〔地名〕

ダンの旧名．ライシュと同地．ヨシ19:47．

▼ **レシャ〔地名〕**
死海東岸の町．創世10:19.

▼ **レセン〔地名〕**
ハムの子孫ニムロデが建てた町．創世10:12.

▼ **レゾン〔人名〕**
ソロモンの敵．Ⅰ列11:23.

▼ **レツィン**
1. 人名．アラムの王．Ⅱ列15:37，16:5，6，9，イザ7:1，4，8，8:6.
2. レツィン族．エズ2:48，ネヘ7:50.

▼ **レツェフ〔地名〕**
パルミラとユーフラテス川の間にある町．Ⅱ列19:12，イザ37:12.

▼ **レトシムじん（～人）**
デダンの子孫．創世25:3.

▼ **レバ〔人名〕**
ミデヤンの王の一人．民数31:8，ヨシ13:21.

▼ **レバオテ〔地名〕**
ユダの最南端の町の一つ．ヨシ15:32.

▼ **レバナぞく（～族）**
捕囚帰還氏族．エズ2:45，ネヘ7:48.

▼ **レバノン〔地名〕【別項】レバノンの杉，レバノンの森の宮殿**
①特筆事項：イスラエル領地の北端，申命1:7；ヨシュアによる占領，ヨシ11:16-17；イスラエル人への割り当て地，ヨシ13:5-7；アッシリヤによる占領，イザ37:24.
②比喩：大帝国，イザ10:34；霊的な変化，イザ29:17；エルサレムと神殿，エゼ17:3；霊的な成長，ホセ14:5-7；メシヤの栄光，イザ35:2.
申命 3:25　あの良い山地…**<レバノン>**を見させ
イザ 35: 2　**<レバノン>**の栄光と，カルメルやシ
ホセ 14: 7　名声は**<レバノン>**のぶどう酒のよう

▼ **レバノンのすぎ（～杉）**
イスラエルにおける最高の建築材．士師9:15，Ⅰ列4:33，Ⅱ列14:9，詩篇92:12，エゼ27:5.

▼ **レバノンのもりのきゅうでん（～森の宮殿）**
ソロモンが建設した武器庫の名称．Ⅰ列7:2，10:17，21，Ⅱ歴9:16，20.

▼ **レハビムじん（～人）**
ミツライムから出た一氏族．創世10:13，Ⅰ歴1:11.

▼ **レハブアム〔人名〕**
ソロモンの子．ユダの王．Ⅰ列11:43，12:1，6，21，14:21，31，15:6，Ⅰ歴3:10，Ⅱ歴9:31，10:1，11:1，12:1，13，13:7.

▼ **レハブヤ〔人名〕**
エリエゼルの子．モーセの孫．Ⅰ歴23:17，24:21，26:25.

▼ **レハベアム〔人名〕**
ユダの王．旧約ではレハブアム．マタ1:7.

▼ **レヒ〔地名〕**
サムソンが戦った場所．士師15:9，14，19.

▼ **レビ**
1. 人名．
(1)ヤコブとレアの３男，創世29:34；ヤコブを困らせる，34:25-31；ゲルション，ケハテ，メラリの父，46:11；子孫は散らされる，49:5-7；137歳でエジプトで死ぬ，出エ6:16.
創世 29:34　その子は**<レビ>**と呼ばれた．
34:25　シメオンと**<レビ>**とが…町を襲い，
49: 5　シメオンと**<レビ>**とは兄弟，彼ら．
出エ2:1，民数16:1，26:59，Ⅰ歴2:1，6:1，エズ8:18，ヘブ7:5，9，10.
(2)主イエスの系図中，ヨセフの先祖として出てくる人物．ルカ3:24.
(3)主イエスの先祖の一人．ルカ3:29.
(4)12弟子の一人マタイのこと．マコ2:14，ルカ5:27，28，29.
マコ 2:14　アルパヨの子**<レビ>**が収税所にすわ
ルカ 5:28　**<レビ>**は，何もかも捨て，立ち上が
2. レビ人（族）.
①歴史：1.(1)の子孫，出エ6:16-19；ヤコブの預言，創世49:5-7；３氏族に分化，出エ6:16-24；アロンが祭司に選ばれる，28:1；レビ族の献身に対する祝福，32:26-29；聖なる奉仕への選び，申命10:8；人口調査のとき登録しない，民数1:47-49；イスラエルの初子の代理となる，3:12-45；アロンとその子らにあてがわれる，8:6-21；コラの反逆に加わる，16章；特別な部族と確認される，17章；契約の箱をかついでヨルダン川を渡る，ヨシ3:2-17；律法の書の朗読を聞く，8:31-35；48の町が与えられる，民数35:2-8，ヨシ14:3-4；レビ人の一人がミカの偶像の祭司となる，士師17:5-13，18:18-31；祭司の務めをする，Ⅰサム6:15；賛美の奉仕に任じられる，Ⅰ歴6:

31-48；一族のかしらの奉仕，9:26-34；ヤロブアムにより職を解かれる，Ⅱ歴11:13-17；主の宮の仕事を指揮する，Ⅰ歴23:2-4；バビロンに移される，Ⅱ歴36:19-20；捕囚から戻る，エズ2:40-63；10分の1税の分配が一時滞る，ネヘ13:10-13；外国人の女と結婚，エズ10:2-24；盟約に印を押す，ネヘ10:1，9-13；きよめられる，マラ3:1-4．

②任務：主に仕える，申命10:8；祭司を助ける，民数3:5-9；聖所と天幕の務めに加わる，18:2-6；10分の1税を受け取る，Ⅱ歴31:11-19；祭司のためいけにえを用意する，35:10-14；民に律法を教える，17:8-11；裁判の判決を下す，申命17:9-11；王を守る，Ⅱ歴23:2-10；賛美の奉仕に当る，Ⅰ歴25:1-7；軍隊を先導する，Ⅱ歴20:19-21，28．

③霊的真理の例証として：イスラエルの代表，民数3:6-9；初子の代理，3:12-13，41-45；奉献物としてささげられる，8:9-14；洗いによるきよめ，8:6-7，21；神の特別の選び，17:1-13；神ご自身が割り当て地，18:20-24．

▼レビヤタン

ヨブ 41: 1　‹レビヤタン›を釣り上げることがで

詩篇 74:14　‹レビヤタン›の頭を打ち砕き，荒野

104:26　あなたが造られた‹レビヤタン›も，

イザ 27: 1　逃げ惑う蛇‹レビヤタン›，曲がりく

▼レファイム【別項】レファイムの谷

パレスチナの先住民の名．創世14:5，15:20，申命2:11，20，3:11，13，ヨシ12:4，13:12．

▼レファイムのたに（～谷）

エルサレム南西の高地平原．ヨシ15:8，18:16，Ⅱサム5:18，22，23:13，Ⅰ歴11:15，14:9，イザ17:5．

▼レファエル〔人名〕

レビ人．シェマヤの第2子．Ⅰ歴26:7．

▼レファフ〔人名〕

エフライム族ベリアの長子．Ⅰ歴7:25．

▼レファヤ〔人名〕

⑴ダビデの子孫．Ⅰ歴3:21．

⑵シメオン族のかしらの一人．Ⅰ歴4:42．

⑶イッサカル族トラの子．Ⅰ歴7:2．

⑷サウルの子孫ビヌアの子．Ⅰ歴9:43．

⑸城壁の修理をした人．ネヘ3:9．

▼レフィディム〔地名〕

荒野の宿営地．出エ17:1，19:2，民数33:14．

▼レプタ〔貨幣〕

新約中，最小の銅貨．マコ12:42，ルカ21:2．

▼レフム〔人名〕

⑴帰還した指導者の一人．エズ2:2．

⑵レビ人．バニの子．ネヘ3:17．

⑶盟約に調印した民のかしらの一人．ネヘ10:25．

⑷ペルシヤの参事官．エズ4:8，9，17，23．

⑸帰還した祭司の一人．ネヘ12:3．

▼レボナ〔地名〕

ベテルの北にある町．士師21:19．

▼レボ・ハマテ〔地名〕

パレスチナ北端の呼称．民数13:21，34:8，ヨシ13:5，士師3:3，Ⅰ列8:65，Ⅱ列14:25，Ⅰ歴13:5，Ⅱ歴7:8，エゼ47:20，48:1，アモ6:14．

▼レホブ

1．地名．

⑴ベテ・レホブと同地．民数13:21．

⑵アシェルの町．ヨシ19:30，士師1:31．

⑶アシェルの町．ヨシ19:28．

2．人名．

⑴ツォバの王ハダデエゼルの父．Ⅱサム8:3，12．

⑵盟約に調印したレビ人の一人．ネヘ10:11．

▼レホボテ

イサクが掘った井戸の名．創世26:22．

▼レホボテ・イル〔地名〕

ハムの子孫ニムロデが建てた町．創世10:11．

▼レホボテ・ハナハル〔地名〕

エドムの王サウルの出身地．創世36:37，Ⅰ歴1:48．

▼レマルヤ〔人名〕

イスラエルの王ペカの父．Ⅱ列15:25，27，16:5，Ⅱ歴28:6，イザ8:6．

▼レムエル〔人名〕

マサの王．箴言31:1，4．

▼レメク〔人名〕

⑴カインの子孫メトシャエルの子．創世4:18．

⑵セツの子孫．創世5:25，Ⅰ歴1:3．

▼レメテ〔地名〕

イッサカルの町．ラモテ⑵と同地．ヨシ19:21．

▼れんが

創世 11: 3　‹れんが›を作ってよく焼こう.」彼

出エ　5: 7　‹れんが›を作るわらを…与えてはな

IIサム 12:31 その町の人々を…<れんが>作りの仕
イザ 9:10 <れんが>が落ちたから，切り石で建
65: 3 この民は…<れんが>の上で香をたき，

▼れんごう（連合）
創世 14: 3 このすべての王たちは<連合>して，
士師 6:33 東の人々がみな<連合>して…陣を敷

▼レンズまめ（〜豆）
創世 25:34 ヤコブはエサウにパンと<レンズ豆>
IIサム 17:28 炒り麦，そら豆，<レンズ豆>，炒り
23:11 そこには<レンズ豆>の密生した一つ
エゼ 4: 9 <レンズ豆>，あわ，裸麦を取り，そ

▼れんたつ（練達）
ロマ 16:10 キリストにあって<練達>したアペレ

ろ

▼ろ（炉）【別項】祭壇の炉
申命 4:20 鉄の<炉>エジプトから連れ出し，今
詩篇 12: 6 土の<炉>で７回もためされて，純化
21: 9 彼らを，燃える<炉>のようにされま
箴言 27:21 るつぼは銀のため，<炉>は金のため
イザ 48:10 わたしは悩みの<炉>であなたを試み
ダニ 3: 6 火の燃える<炉>の中に投げ込まれる.
19 <炉>を普通より７倍熱くせよと命じ
マタ 6:30 あすは<炉>に投げ込まれる野の草さえ，神はこれほどに装．ルカ12:28.
13:42 火の燃える<炉>に投げ込みます．彼
黙示 1:15 その足は，<炉>で精錬されて光り輝

▼ロ・アミ〔人名〕
預言者ホセアと妻ゴメルの次男の名．ホセ1:9.

▼ロイス〔人名〕
テモテの祖母．IIテモ1:5.

▼ろう
詩篇 22:14 私の心は，<ろう>のようになり，私
68: 2 悪者どもは火の前で溶け去る<ろう>
ミカ 1: 4 ちょうど，火の前の，<ろう>のよう

▼ろう（牢），牢屋
士師 16:21 サムソンは<牢>の中で臼をひいてい
エレ 37:15 ヨナタンの家にある<牢屋>に入れた.
マタ 5:25 あなたはついに<牢>に入れられるこ
14: 3 ヨハネを…<牢>に入れたのであった．マコ6:17，ルカ3:20.
18:30 借金を返すまで<牢>に投げ入れた.
25:36 わたしが<牢>にいたとき…たずねて
使徒 5:19 主の使いが<牢>の戸を開き，彼らを
12: 5 ペテロは<牢>に閉じ込められていた.
16:24 ふたりを奥の<牢>に入れ，足に足か
22: 4 男も女も…<牢>に投じ，死にまでも
24:27 パウロを<牢>につないだままにして
IIコリ 11:23 <牢>に入れられたことも多く，また，
コロ 4:18 私が<牢>につながれていることを覚
ヘブ 11:36 鎖につながれ，<牢>に入れられるめ
黙示 2:10 ある人たちを<牢>に投げ入れようと

▼ろうえき（労役）
出エ 2:23 イスラエル人は<労役>にうめき，わ
5:11 おまえたちの<労役>は少しも減らさ
6: 6 あなたがたを…<労役>から救い出す.
9 彼らは落胆と激しい<労役>のためモ
ネヘ 5:18 この民に重い<労役>がかかっていた
イザ 14: 3 過酷な<労役>を解いてあなたをいこ
哀歌 1: 3 ユダは悩みと多くの<労役>のうちに

▼ろうく（労苦）
創世 41:51 マナセ…神が私のすべての<労苦>と
申命 26: 7 窮状と<労苦>と圧迫をご覧になりま
詩篇 90:10 誇りとするところは<労苦>とわざわ
105:44 民の<労苦>の実を自分の所有とする
箴言 5:10 あなたの<労苦>の実は見知らぬ者の
伝道 1: 3 日の下で，どんなに<労苦>しても，
13 人の子らが<労苦>するようにと神が
2:21 どんなに人が…<労苦>しても，何の<労苦>もしなかった者に…分け前を
22 <労苦>と思い煩いは，人に何になろ
24 自分の<労苦>に満足を見いだすより
3:13 <労苦>の中にしあわせを見いだすこ
4: 4 あらゆる<労苦>と…仕事の成功を見
6 両手に<労苦>を満たして風を追うの
8 いっさいの<労苦>には終わりがなく，
5:15 自分の<労苦>によって得たものを，
16 風のために<労苦>して何の益がある
19 自分の<労苦>を喜ぶようにされた.
6: 7 人の<労苦>はみな，自分の口のため
8:15 これは…神が…その<労苦>に添えて
17 <労苦>して捜し求めても，見いだす

10:15 愚かな者の<労苦>は，おのれを疲れ
イザ 40: 2 その<労苦>は終わり，その咎は償わ
43:22 あなたはわたしのために<労苦>しな
エレ 12:13 <労苦>してもむだになる．あなたが
20:18 なぜ，私は<労苦>と苦悩に会うため
31:16 あなたの<労苦>には報いがあるから
ハバ 1:13 <労苦>に目を留めることができない
マタ 6:34 <労苦>はその日その日に，十分あり
20:12 一日中，<労苦>と焼けるような暑さ
ヨハ 4:38 あなたがたに自分で<労苦>しなかったものを刈り取らせるために…ほかの人々が<労苦>して，あなたがたはその<労苦>の実を得ているのです．」
使徒 20:35 <労苦>して弱い者を助けなければな
ロマ 16: 6 非常に<労苦>したマリヤによろしく．
12 非常に<労苦>した愛するペルシスに
Ⅰコリ 15:58 自分たちの<労苦>が，主にあってむ
Ⅱコリ 11:23 私の<労苦>は彼らよりも多く，牢に
コロ 1:29 <労苦>しながら奮闘しています．
Ⅰテサ 1: 3 信仰の働き，愛の<労苦>，主イエス
2: 9 私たちの<労苦>と苦闘を覚えている
3: 5 私たちの<労苦>がむだになるような
5:12 あなたがたの間で<労苦>し，主にあ
Ⅱテモ 2: 6 <労苦>した農夫こそ，まず第一に収
Ⅱヨハ 8 私たちの<労苦>の実をだいなしにす
黙示 2: 2 あなたの行いと…<労苦>と忍耐を知

▼ろうごく（牢獄）

Ⅱ列 17: 4 王は彼を逮捕して<牢獄>につないだ．
25:27 エホヤキンを<牢獄>から釈放し，
イザ 24:22 <牢獄>に閉じ込められ，それから何
42: 7 囚人を<牢獄>から，やみの中に住む

▼ろうしゅつ（漏出）

レビ 15: 2 隠しどころに<漏出>がある場合，その<漏出>物は汚れている．3，4，6，7，8，9，11，12，13，15，19．
民数 5: 2 ツァラアトの者，<漏出>を病む者，
Ⅱサム 3:29 ヨアブの家に，<漏出>を病む者，ツ

▼ろうじん（老人）

創世 18:11 アブラハムとサラは…<老人>になっ
レビ 19:32 あなたは白髪の<老人>の前では起立し，<老人>を敬い，またあなたの神
ヨシ 13: 1 ヨシュアは年を重ねて<老人>になった…「あなたは年を重ね，<老人>に
23: 2 「私は年を重ねて，<老人>になった．
Ⅰ列 1: 1 ダビデ王は年を重ねて<老人>になっ
エズ 3:12 最初の宮を見た…多くの<老人>たち
詩 119:100 私は<老人>よりもわきまえがありま
箴言 17: 6 孫たちは<老人>の冠，子らの光栄は
イザ 47: 6 <老人>にも，ひどく重いくびきを負
65:20 寿命の満ちない<老人>もない．100
ヨエ 2:16 <老人>たちを集め，幼子，乳飲み子
使徒 2:17 青年は幻を見，<老人>は夢を見る．
テト 2: 2 <老人>たちには，自制し，謹厳で，

▼ろうする（労する）

ヨシ 24:13 <労>しなかった地と…建てなかった
イザ 55: 2 腹を満たさない物のために<労する>
62: 8 あなたの<労>して作った新しいぶど
ハバ 2:13 ただ火で焼かれるために<労>し，諸
Ⅱコリ 11:27 <労>し苦しみ，たびたび眠られぬ夜
ガラ 4:11 私の<労>したことは，むだだったの
Ⅰテモ 4:10 私たちはそのために<労>し，また苦

▼ろうどう（労働），労働者

出エ 1:13 イスラエル人に過酷な<労働>を課し，
14 粘土やれんがの激しい<労働>や，畑
レビ 23: 7 最初の日は…どんな<労働>の仕事も
Ⅱ歴 2:18 3600人を民の<労働>を指揮する者に
イザ 58: 3 <労働者>をみな，圧迫する．
エゼ 46: 1 <労働>をする6日間は閉じておき，
ヤコ 5: 4 <労働者>への未払い賃金が，叫び声

▼ろうどく（朗読）

ネヘ 8: 3 水の門の前の広場で…これを<朗読>
18 律法の書は…毎日<朗読>された．祭
9: 3 昼の4分の1は…<朗読>し，次の4
13: 1 モーセの書が<朗読>されたが，その
ルカ 4:16 イエスは…会堂に入り，<朗読>しよ
使徒 13:15 律法と預言者の<朗読>があって後，
Ⅰテモ 4:13 聖書の<朗読>と勧めと教えとに専念
黙示 1: 3 この預言のことばを<朗読>する者と，

▼ろうむしゃ（労務者）

マタ 20: 1 自分のぶどう園で働く<労務者>を雇

▼ろうれい（老齢）

創世 48:10 イスラエルの目は<老齢>のためにか

▼ログ〔度量衡〕

液体量を表す．レビ14:10，12，15，21，24．

▼6げんのこと（6弦の琴）

詩篇 81: 2 <6弦の琴>に合わせて，良い音の立
92: 3 10弦の琴や<6弦の琴>，それに立琴

▼62しゅう（62週）

ダニ 9:25 <62週>の間，その苦しみの時代．26．

▼ログリム〔地名〕
バルジライの故郷．IIサム17:27．19:31．

▼ろくろ
エレ 18: 3　彼は<ろくろ>で仕事をしているとこ

▼ロシュ〔人名〕
ベニヤミンの子．創世46:21．

▼ロダ〔人名〕
マルコの母の家で働いていた女性．使徒12:13．

▼ロダニムじん（～人）
ヤペテの子孫ヤワンの子孫．I歴1:7．

▼ロ・ダバル〔地名〕
マキルの出身地ロ・デバルと同地．アモ6:13．

▼ロタン〔人名〕
ホリ人セイルの子．創世36:20，29，I歴1:38．

▼666
I列 10:14　金の目方で<666>タラントであった．
黙示 13:18　その数字は<666>である．

▼6ぽん（6本）
IIサム 21:20　手の指，足の指が<6本>ずつで，合
I歴 20: 6　指が<6本>ずつ…ラファの子孫であ

▼ロデ〔地名〕
ヨッパの南東にある町．新約ではルダ．I歴8:12，エズ2:33，ネヘ7:37，11:35．

▼ロ・デバル〔地名〕
ロ・ダバルと同地．IIサム9:4，17:27．

▼ロト〔人名〕
アブラハムのおい．創世11:27，12:4，13:11，19:1，申命2:9，詩篇83:8，ルカ17:28，IIペテ2:7．

▼ロドス〔地名〕
小アジヤ南西岸沖合の島．使徒21:1．

▼ろば
創世 22: 3　翌朝早く，アブラハムは<ろば>に鞍
49:14　イッサカルはたくましい<ろば>で，
出エ 13:13　<ろば>の初子はみな，羊で贖わなけ
20:17　牛，<ろば>…隣人のものを，欲しが
民数 16:15　彼らから，<ろば>1頭も取ったこと
22:23　<ろば>は主の使いが抜き身の剣を手
28　主は<ろば>の口を開かれたので，<ろば>がバラムに言った．「私があ
申命 22:10　牛と<ろば>とを組にして耕してはな
士師 15:15　サムソンは，生新しい<ろば>のあご
IIサム 19:26　私の<ろば>に鞍をつけ，それに乗っ
II列 6:25　<ろば>の頭一つが銀80シェケルで売
ヨブ 24: 3　みなしごの<ろば>を連れ去り，やも
箴言 26: 3　馬には，むち．<ろば>には，くつわ．
イザ 1: 3　<ろば>は持ち主の飼葉おけを知って
エゼ 23:20　<ろば>のからだのようなからだを持
ゼカ 9: 9　柔和で，<ろば>に乗られる．それも，
マタ 21: 2　<ろば>がつながれていて，いっしょに<ろば>の子がいるのに気がつくで
5　柔和で，<ろば>の背に乗って，それ
7　<ろば>と，<ろば>の子とを連れて来
マコ 11: 2　<ろば>の子が，つないであるのに気
ルカ 13:15　安息日に，牛や<ろば>を小屋からほ
19:30　<ろば>の子がつないであるのに気が
ヨハ 12:14　イエスは，<ろば>の子を見つけて，
15　王が来られる．<ろば>の子に乗って．
IIペテ 2:16　<ろば>が，人間の声でものを言い，

▼ロフガ〔人名〕
アシェル族ショメルの子．I歴7:34．

▼ロヘシュ〔人名〕
城壁修理をした人の父．ネヘ3:12，10:24．

▼ローマ
1. 地名．使徒18:2，19:21，23:11，25:16，28:14，ロマ1:7，15，IIテモ1:17．
2. ローマ軍．使徒21:31．

▼ローマしみん（～市民）
ローマ市民権の所有者．使徒22:25，23:27．

▼ローマじん（～人）
使徒 28:17　囚人として<ローマ人>の手に渡され
ヨハ11:48，使徒2:10，16:21，37，38，28:18．

▼ロマムティ・エゼル〔人名〕
ヘマンの子．神殿楽人の一人．I歴25:4，31．

▼ロ・ルハマ〔人名〕
預言者ホセアと妻ゴメルの娘．ホセ1:6，8．

▼ろんぎ（論議）
ルカ 22:24　だれが一番偉い…かという<論議>も
ヨハ 3:25　ユダヤ人ときよめについて<論議>し
Iコリ 3:20　主は，知者の<論議>を無益だと知っ
Iテモ 1: 4　そのようなものは，<論議>を引き起

▼ろんしょう（論証）
使徒 17: 3　説明し，また<論証>して，「私があ

▼ろんじる（論じる），論じ合う
ヨブ 13: 3　神と<論じ合>ってみたい．
23: 7　そこでは正しい人が神と<論じ合>お
イザ 1:18　さあ，来たれ．<論じ合>おう」と主
43:26　共に<論じ合>おう．身の潔白を明か

エレ 12: 1 主よ．私があなたと<論じ>ても，あ
マタ 16: 8 なぜ<論じ合>っているのですか．
21:25 互いに<論じ合>った．「もし，天から，と言えば．マコ11:31．
マコ 1:27 互いに<論じ合>って言った．「これ
ルカ 24:15 <論じ合>ったりしているうちに，イ
使徒 17: 2 聖書に基づいて彼らと<論じ>た．
17 会堂では…神を敬う人たちと<論じ>，広場では毎日そこに…<論じ>た．
18 パウロと<論じ合>っていたが，その
18: 4 パウロは安息日ごとに会堂で<論じ>，
19: 9 毎日ツラノの講堂で<論じ>た．
24:25 やがて来る審判とを<論じ>たので，
ユダ 9 ミカエルは…悪魔と<論じ>，言い争

▼ろんそう（論争）

ヨブ 13:19 私と<論争>する者はいったいだれだ．
イザ 3:13 主は<論争>するために立ち上がり，
使徒 15: 2 激しい対立と<論争>が生じたので，
7 激しい<論争>があって後，ペテロが
23:10 <論争>がますます激しくなったので，
IIテモ 2:14 ことばについての<論争>などしない
テト 3: 9 律法についての<論争>などを避けな

▼ロンパ〔偶像〕

使徒 7:43 <ロンパ>の神の星をかついでいた．

▼ろんぱ（論破）

使徒 18:28 公然とユダヤ人たちを<論破>したか

▼ろんぽう（論法）

ヨブ 15: 3 役に立たない<論法>で論じるだろう

▼わ（和）

ヨシ 9:15 ヨシュアが彼らと<和>を講じ，彼ら
II列 18:31 私と<和>を結び，私に降参せよ．そ
I歴 19:19 ダビデと<和>を講じ，彼のしもべと
イザ 27: 5 わたしと<和>を結ぶがよい．<和>を
36:16 私と<和>を結び，私に降参せよ．そ

▼わ（輪）

ヨブ 42:11 1ケシタと金の<輪>一つずつを彼に
箴言 11:22 金の<輪>が豚の鼻にあるようだ．
エゼ 1:16 それらの<輪>の形と作りは…一つの<輪>が他の<輪>の中にあるようであ
10:13 それらの<輪>が「車輪」と呼ばれて
16 ケルビムが行くと，<輪>も…行き，
17 生きものの霊が<輪>の中にあったか

▼ワイザタ〔人名〕

ハマンの子の一人．エス9:9．

▼わいろ

出エ 23: 8 <わいろ>を取ってはならない．<わいろ>は聡明な人を，盲目にし，正
申命 10:17 主は…<わいろ>を取らず，
16:19 <わいろ>は知恵のある人を盲目にし，
27:25 <わいろ>を受け取り，人を打ち殺し
Iサム 8: 3 息子たちは…<わいろ>を取り，さば
12: 3 だれかの手から<わいろ>を取って自
II歴 19: 7 主には，不正も…<わいろ>を取るこ
ヨブ 15:34 <わいろ>を使う者の天幕は火で焼き
詩篇 15: 5 <わいろ>を取らない．このように行
26:10 彼らの右の手は<わいろ>で満ちてい
箴言 17: 8 <わいろ>は，その贈り主の目には宝
イザ 1:23 みな，<わいろ>を愛し，報酬を追い
5:23 <わいろ>のために，悪者を正しいと
エゼ 22:12 血を流すために<わいろ>が使われ，
ミカ 3:11 かしらたちは<わいろ>を取ってさば

▼わかい（和解）【別項】和解のいけにえ

士師 21:13 彼らに<和解>を呼びかけたが，
ルカ 12:58 熱心に彼と<和解>するよう努めなさ
使徒 7:26 <和解>させようとして，『あなたが
12:20 ブラストに取り入って<和解>を求め
ロマ 5:10 御子の死によって神と<和解>させられたのなら，<和解>させられた私た
11 <和解>を成り立たせてくださった私
11:15 世界の<和解>であるとしたら，彼ら
Iコリ 7:11 夫と<和解>するか，どちらかにしな
IIコリ 5:18 私たちをご自分と<和解>させ，また<和解>の務めを私たちに与えてくだ
19 この世をご自分と<和解>させ…<和解>のことばを私たちにゆだねられ
20 神の<和解>を受け入れなさい．
エペ 2:16 十字架によって神と<和解>させるた
コロ 1:20 万物を，御子のために<和解>させてくださった…御子によって<和解>さ
IIテモ 3: 3 情け知らずの者，<和解>しない者，

▼わかい（若い），若さ【別項】若い男，

若い女，若い者，若獅子・若い獅子

創世 46:34 <若い>時から今まで…家畜を飼う者
民数 11:28 <若い>ときからモーセの従者であっ
士師 6:15 私は父の家で一番<若い>のです.」
8:20 彼はまだ<若>かったので，恐ろしか
21:12 男を知らない<若い>処女400人を見
Ⅰサム 12: 2 私は<若い>時から今日まで，あなた
17:33 あなたはまだ<若い>し，あれは<若い>時から戦士だったのだから.」
42 ダビデが<若>くて，紅顔の美少年だ
Ⅰ列 1: 2 王さまのために…<若い>処女を捜し
Ⅰ歴 22: 5 わが子ソロモンは，まだ<若>く力もない．29:1.
Ⅱ歴 13: 7 レハブアムは<若>くて，おくびょう
34: 3 彼はまだ<若>かったが，その先祖ダ
ヨブ 1:19 それがお<若い>方々の上に倒れたの
13:26 私の<若い>時の咎を私に受け継がせ
31:18 私の<若い>ときから，彼は私を父の
詩篇 25: 7 私の<若い>時の罪やそむきを覚えて
29: 6 レバノンとシルヨンを<若い>野牛の
71: 5 私の<若い>ころからの私の望み，私
88:15 私は<若い>ころから悩み，そして死
89:45 彼の<若い>日を短くし，恥で彼をお
119: 9 どのようにして<若い>人は自分の道
127: 4 <若い>時の子らは…勇士の手にある
144:12 私たちの息子らが，<若い>ときに，
箴言 2:17 彼女は<若い>ころの連れ合いを捨て，
5:18 あなたの<若い>時の妻と喜び楽しめ.
伝道 11: 9 <若い>うちに楽しめ．<若い>日にあ
10 <若さ>も，青春も，むなしいからだ.
12: 1 <若い>日に，あなたの創造者を覚え
雅歌 2: 9 私の愛する方は…<若い>鹿のようで
イザ 47:12 <若い>時からの使い古しの呪文や，
15 あなたが<若い>時から仕え，行き来
54: 4 自分の<若>かったころの恥を忘れ，
6 <若い>時の妻をどうして見捨てられ
エレ 1: 6 私はまだ<若>くて，どう語っていい
7 まだ<若い>，と言うな．わたしがあ
2: 2 あなたの<若>かったころの誠実，婚
3: 4 あなたは私の<若い>ころの連れ合い
22:21 これが，<若い>ころからのあなたの
31:19 私の<若い>ころのそしりを負ってい
32:30 ユダの子らは，<若い>ころから，わ
48:11 モアブは<若い>時から安らかであっ
哀歌 3:27 <若い>時に，くびきを負うのは良い.
エゼ 16:22 血の中でもがいていた<若>かった時
23: 3 <若い>ときから淫行をし，その地で
ホセ 2:15 彼女が<若>かった日のように，彼女
ヨエ 1: 8 <若い>時の夫のために，荒布をまと
ゼカ 13: 5 <若い>時から土地を持っている」と
マラ 2:14 あなたの<若い>時の妻との証人であ
ヨハ 21:18 <若>かった時には，自分で帯を締め
使徒 26: 4 <若い>時からの生活ぶりは，すべて
Ⅰテモ 4:12 年が<若い>からといって，だれにも
5: 1 <若い>人たちには兄弟に対するよう
11 <若い>やもめは断りなさい．という
14 <若い>やもめは結婚し，子どもを産
Ⅱテモ 2:22 <若い>時の情欲を避け，きよい心で
テト 2: 4 <若い>婦人たちに向かって，夫を愛
6 <若い>人々には，思慮深くあるよう
Ⅰペテ 5: 5 <若い>人たちよ．長老たちに従いな

▼ わかいおとこ（若い男）

申命 32:25 <若い男>も若い女も乳飲み子も，白
士師 14:10 <若い男>たちはそのようにするのが
ルツ 3:10 <若い男>たちのあとを追わなかった
Ⅰサム 9: 2 サウル…彼は美しい<若い男>で，イ
Ⅱ列 8:12 <若い男>たちを剣で切り殺し，幼子
Ⅱ歴 36:17 <若い男>たちを…聖所の家の中で殺
詩篇 78:63 火はその<若い男>たちを食い尽くし，
148:12 <若い男>よ．若い女よ．年老いた者
箴言 20:29 <若い男>の光栄は彼らの力．年寄り
伝道 11: 9 <若い男>よ．若いうちに楽しめ．若
イザ 9:17 主はその<若い男>たちを喜ばず，そ
23: 4 <若い男>を育てず，若い女を養った
31: 8 <若い男>たちは苦役につく.
40:30 <若い男>もつまずき倒れる.
62: 5 <若い男>が若い女をめとるように，
エレ 6:11 <若い男>の集まりの上にも，ぶちま
9:21 広場で<若い男>を断ち滅ぼすからだ.
11:22 <若い男>は剣で殺され，彼らの息子
18:21 <若い男>たちは戦いで剣に殺されま
31:13 <若い男>も年寄りも共に楽しむ.
49:26 その<若い男>たちは町の広場に倒れ，
51: 3 <若い男>を惜しむことなく…聖絶せ
22 あなたを使って<若い男>も…砕き，
哀歌 1:15 私の<若い男>たちを滅ぼされた．主
18 <若い男>たちも，とりことなって行
2:21 <若い男>たちも剣に倒れました．あ
5:13 <若い男>たちはひき臼をひかされ，
エゼ 23: 6 すべて麗しい<若い男>たちであり，

30:17 ピ・ベセテの<若い男>たちは剣に倒
ヨエ 2:28 年寄りは夢を見，<若い男>は幻を見
アモ 8:13 <若い男>も，渇きのために衰え果て
ゼカ 9:17 穀物は<若い男>たちを栄えさせ，新

▼ わかいおんな（若い女）

申命 32:25 <若い女>も乳飲み子も，白髪の老人
ルツ 2:22 <若い女>たちといっしょに出かける
4:12 主がこの<若い女>を通してあなたに
詩篇 78:63 <若い女>たちは婚姻の歌を歌わなか
148:12 <若い女>よ．年老いた者と幼い者よ．
イザ 23: 4 私は…<若い女>を養ったこともない．
62: 5 若い男が<若い女>をめとるように，
エレ 31:13 そのとき，<若い女>は踊って楽しみ，
51:22 あなたを使って…<若い女>も砕き，
哀歌 1:18 <若い女>たちも…とりことなって行
アモ 8:13 美しい<若い女>も…渇きのために衰
ゼカ 9:17 新しいぶどう酒は<若い女>たちを栄
Ⅰテモ 5: 2 <若い女>たちには…姉妹に対するよ

▼ わかいのいけにえ（和解のいけにえ）

出エ 20:24 <和解のいけにえ>．29:28，32:6，
レビ3:1，6:12，9:4，17:5，19:5，22
:21，23:19，民数6:14，7:17，ヨシ8:
31，22:23，士師20:26，Ⅰサム10:8，
Ⅱサム6:17，Ⅰ列3:15，Ⅰ歴16:1，
Ⅱ歴7:7，29:35，エゼ43:27，46:12．
レビ 7:11 <和解のいけにえ>のおしえは次のと
民数 10:10 <和解のいけにえ>の上に，ラッパを
申命 27: 7 <和解のいけにえ>をささげて，それ
Ⅰサム 13: 9 <和解のいけにえ>を私のところに持
Ⅱ列 16:13 <和解のいけにえ>の血をこの祭壇の
アモ 5:22 <和解のいけにえ>にも，目もくれな

▼ わかいもの（若い者）

創世 18: 7 小牛を取り，<若い者>に渡した．
<若い者>は手早くそれを料理した．
19: 4 <若い者>から年寄りまで，すべての
22: 3 <若い者>と…イサクとを…連れて行
出エ 10: 9 <若い者>や年寄りも連れて行きます．
ヨシ 6:21 男も女も，<若い者>も年寄りも，ま
士師 7:10 あなたに仕える<若い者>プラといっ
11 ギデオンと<若い者>プラとは，陣営
19: 3 <若い者>と一くびきのろばを連れ，
9 自分のそばめと，<若い者>を連れて，
11 それで，<若い者>は主人に言った．
19 <若い者>とのためにはパンも酒もあ
Ⅰサム 9: 3 <若い者>をひとり連れて，雌ろばを
7 サウルは<若い者>に言った．「もし
22 サウルとその<若い者>を広間に連れ
27 この<若い者>に，私たちより先に行
10:14 サウルのおじは…その<若い者>に言
Ⅱサム 13:29 アブシャロムの<若い者>たちが，ア
16: 2 くだものは<若い者>たちが食べるた
20:11 ヨアブに仕える<若い者>のひとりが
Ⅰ列 18:43 <若い者>は上って，見て来て…言っ
19: 3 ベエル・シェバに…<若い者>を…残
20:14 首長に属する<若い者>たちによって．
Ⅱ列 4:12 <若い者>ゲハジ．25，5:20，8:4．
38 彼は<若い者>に命じた．「大きなか
5:23 ナアマンは…ふたりの<若い者>に渡
19: 6 <若い者>たちがわたしを冒瀆したあ
ネヘ 4:16 <若い者>の半分は工事を続け，他の
22 <若い者>といっしょにエルサレムの
23 私に仕える<若い者>たちも．5:10．
5:15 <若い者>たちは民にいばりちらした．
16 <若い者>たちはみな，工事に集まっ
6: 5 <若い者>を私のところによこした．
13:19 私の<若い者>の幾人かを門の見張り
エス 2: 2 王に仕える<若い者>たちは言った．
3:13 <若い者>も年寄りも…根絶やしにし，
ヨブ 1:15 シェバ人が…<若い者>たちを剣の刃
16 神の火が…羊と<若い者>たちを焼き
30: 1 私よりも<若い者>たちが，私をあざ
箴言 1: 4 <若い者>に知識と思慮を得させるた
7: 7 思慮に欠けたひとりの<若い者>のい
イザ 3: 4 <若い者>たちを彼らのつかさとし，
20: 4 <若い者>も年寄りも裸にし，はだし
37: 6 アッシリヤの王の<若い者>たちがわ
ルカ 22:26 一番年の<若い者>のようになりなさ
Ⅰヨハ 2:13 <若い者>たちよ．私があなたがたに

▼ わかえだ（若枝）

創世 30:37 ヤコブは…<若枝>を取り…その<若
枝>の白いところをむき出しにし，
49:22 ヨセフは実を結ぶ<若枝>，泉のほと
りの実を結ぶ<若枝>，その枝は垣を
ヨブ 8:16 その<若枝>は庭に生えいで，
詩篇 80:11 <若枝>をあの川にまで伸ばしました．
イザ 4: 2 主の<若枝>は，麗しく，栄光に輝き，
11: 1 その根から<若枝>が出て実を結ぶ．
14:19 忌みきらわれる<若枝>のように墓の
53: 2 彼は主の前に<若枝>のように芽ばえ，
エレ 23: 5 ダビデに一つの正しい<若枝>を起こ

33:15 ダビデのために正義の<若枝>を芽ば
エゼ 17: 4 <若枝>の先を摘み取り，それを商業
6 ぶどうの木となって…<若枝>を出し
9 芽のついた<若枝>をことごとく枯ら
22 柔らかい<若枝>の先を摘み取り，わ
19:14 火が…<若枝>と実を焼き尽くした.
ホセ 14: 6 その<若枝>は伸び，その美しさはオ
ゼカ 3: 8 わたしのしもべ，一つの<若枝>を来
6:12 ひとりの人がいる．その名は<若枝>.

▼ わかぎ（若木）
詩 128: 3 オリーブの木を囲む<若木>のようだ.
144:12 息子らが…よく育った<若木>のよう

▼ わかくさ（若草）
申命 32: 2 <若草>の上の小雨のように．青草の
Ⅱサム 23: 4 雨の後に，地の<若草>を照らすよう
ヨブ 6: 5 野ろばは<若草>の上で鳴くだろうか.
38:27 廃墟の地…それに<若草>を生やすの
イザ 15: 6 <若草>も尽き果て，緑もなくなった.
66:14 骨は<若草>のように生き返る．主の
ダニ 4:15 鎖をかけて，野の<若草>の中に置き，

▼ わかじし（若獅子），若い獅子
士師 14: 5 <若い獅子>がほえたけりながら彼に
ヨブ 4:10 <若い獅子>のきばも砕かれる.
詩篇 34:10 <若い獅子>も乏しくなって飢える.
35:17 <若い獅子>から，奪い返してくださ
58: 6 <若獅子>のきばを，打ち砕いてくだ
91:13 <若獅子>と蛇とを踏みにじろう.
104:21 <若い獅子>はおのれのえじきのため
箴言 19:12 王の…怒りは<若い獅子>がうなるよ
28: 1 正しい人は<若獅子>のように頼もし
イザ 11: 6 <若獅子>，肥えた家畜が共にいて，
エレ 2:15 <若獅子>は，これに向かってほえた
25:38 主は，<若獅子>のように，仮庵を捨
51:38 彼らは共に，<若獅子>のようにほえ，
エゼ 19: 2 <若い獅子>の間で子獅子を養った.
6 <若い獅子>となって，獲物を引き裂
32: 2 諸国の民の<若い獅子>よ．あなたは
38:13 <若い獅子>たちは，あなたに聞こう.
41:19 <若い獅子>の顔は他方のなつめやし
ホセ 5:14 ユダの家には，<若い獅子>のように
アモ 3: 4 <若い獅子>は，何も捕らえないのに，
ナホ 2:13 剣はあなたの<若い獅子>を食い尽く
ゼカ 11: 3 聞け．<若い獅子>のほえる声を．ヨ

▼ わかば（若葉）
創世 8:11 オリーブの<若葉>がそのくちばしに

▼ わがまま
箴言 29:15 <わがまま>にさせた子は，母に恥を
テト 1: 7 監督は…<わがまま>でなく，短気で

▼ わかもの（若者）
創世 4:23 ひとりの<若者>を殺した.
14:24 <若者>たちが食べてしまった物と，
出エ 24: 5 イスラエル人の<若者>たちを遣わし
33:11 ヨシュアという<若者>が幕屋を離れ
民数 11:27 <若者>が走って来て，モーセに知ら
22:22 ふたりの<若者>がそばにいた.
士師 8:14 スコテの人々の中から…<若者>を捕
20 <若者>は自分の剣を抜かなかった.
9:54 <若者>が彼を刺し通したので，彼は
16:26 サムソンは…<若者>に言った．「私
17: 7 ひとりの<若者>がいた．彼はレビ人
12 <若者>は彼の祭司となり，ミカの家
18: 3 あのレビ人の<若者>の声に気づいた.
ルツ 2: 5 ボアズは…世話をしている<若者>に
21 私の<若者>たちのそばを離れてはい
Ⅰサム 8:16 最もすぐれた<若者>や，ろばを取り，
14: 1 ヨナタンは，道具持ちの<若者>に言
17:55 アブネル．あの<若者>はだれの子だ.
25: 5 ダビデは10人の<若者>を遣わし，そ
26:22 王の槍…これを取りに，<若者>のひ
Ⅱサム 4:12 <若者>たちは彼らを殺し，手，足を
13:32 王の子である<若者>たちを全部殺し
14:21 <若者>アブシャロムを連れ戻しなさ
Ⅰ列 11:28 ソロモンはこの<若者>の働きぶりを
12: 8 彼に仕えている<若者>たちに相談し
10 彼とともに育った<若者>たちは答え
Ⅱ列 4:19 父親は<若者>に…命じた.
20 <若者>はその子を抱いて，母親のと
22 <若者>のひとりと，雌ろば1頭を私
詩 110: 3 あなたの<若者>は…朝露のようだ.
箴言 7: 7 <若者>のうちに，思慮に欠けたひと
22: 6 <若者>をその行く道にふさわしく教
伝道 4:13 貧しくても知恵のある<若者>は，も
雅歌 2: 3 私の愛する方が<若者>たちの間にお
イザ 40:30 <若者>も疲れ，たゆみ，若い男もつ
エレ 48:15 えり抜きの<若者>たちも，ほふり場
アモ 2:11 あなたがたの<若者>から，ナジル人
4:10 剣であなたがたの<若者>たちを殺し，

▼ わからずや
イザ 29:16 彼は<わからずや>だ」と言えようか.

▼ わかる

創世 22:12 神を恐れることがよく<わか>った.
48:19 <わか>っている. わが子よ. 私には
<わか>っている. 彼もまた一つの民
出エ 32: 1 私たちには<わか>らないから.」
申命 8: 3 あなたに<わか>らせるためであった.
20:20 実を結ばないと<わか>っている木だ
21: 1 だれが殺したのか<わか>らないとき
士師 6:22 主の使いであったことが<わか>った.
Ⅰ列 18: 7 彼にはそれがエリヤだと<わか>った
Ⅱ列 18:26 われわれはアラム語が<わか>ります
ヨブ 9:21 私には自分自身が<わか>らない. 私
詩篇 94: 8 いつになったら, <わかる>のか.
伝道 7:14 後の事を人に<わか>らせないためで
イザ 33:19 この民のことばは<わか>りにくく…
舌はどもって, わけが<わか>らない.
ヨナ 1:12 <わか>っています. この激しい暴風
マタ 13:14 見てはいるが, 決して<わか>らない.
51 これらのことが…<わか>りましたか.
15:16 まだ<わか>らないのですか.
16: 9 まだ<わか>らないのですか, 覚えて
20:22 何を求めているのか, <わか>ってい
21:27 彼らは…「<わか>りません」と言っ
24:32 夏の近いことが<わか>ります.
39 …まで, 彼らは<わか>らなかったの
25:24 ひどい方だと<わか>っていました.
26:70 ペテロは…私には<わか>らない」と
73 ことばのなまりではっきり<わかる>
マコ 4:12 見るには見るが<わか>らず, 聞くに
13 このたとえが<わか>らないのですか.
7:18 そんなに<わか>らないのですか. 外
8:17 まだ<わか>らないのですか, 悟らな
10:38 何を求めているのか, <わか>ってい
ルカ 9:45 <わか>らないように, 彼らから隠さ
16: 4 ああ, <わか>った. こうしよう. こ
18:34 弟子たちには…<わか>らなかった.
19:48 どうしてよいか<わか>らなかった.
21:30 それを見て夏の近いことが<わか>り
22:60 あなたの言うことは…<わか>りませ
23:34 何をしているのか自分で<わか>らな
24:16 イエスだとは<わか>らなかった.
31 目が開かれ, イエスだと<わか>った.
35 イエスだと<わか>った次第を話した.
ヨハ 3:10 こういうことが<わか>らないのです
7:17 自分から語っているのかが<わか>り
8:43 話していることが<わか>らないので
52 今こそ<わか>りました. アブラハム
10: 6 何のことかよく<わか>らなかった.
11:49 全然何も<わか>っていない.
13: 7 わたしがしていることは, 今は…
<わか>らないが, あとで<わかる>よ
12 あなたがたに何をしたか, <わか>り
14:20 あなたがたにおることが…<わか>り
16:30 …必要がないことが<わか>りました.
使徒 8:30 読んでいることが, <わか>りますか
10:34 私は, はっきり<わか>りました. 神
12:12 こうと<わか>ったので, ペテロは,
17: 4 幾人かはよく<わか>って, パウロと
21:24 歩んでいることが, みなに<わかる>
34 確かなことが<わか>らなかった. そ
28:26 見てはいるが, 決して<わか>らない.
ロマ 7:10 導くものであることが, <わか>りま
15 自分のしていることが<わか>りませ
Ⅰコリ 9:26 決勝点がどこか<わか>らないような
エペ 3: 4 どう理解しているかが…<わかる>は
ピリ 1:22 選んだらよいのか, 私には<わか>り
2:23 どうなるかが<わか>りしだい, 彼を
ヤコ 2:24 …によるのではないことが<わかる>
4:14 あすのことは<わか>らないのです.
Ⅰヨハ 2:18 終わりの時であることが<わか>りま
3:16 それによって私たちに愛が<わか>っ
4: 8 愛のない者に, 神は<わか>りません.
5:13 よく<わか>らせるためです.
黙示 3: 3 ところに来るか, 決して<わか>らな

▼ わかれめ（分かれ目）

エゼ 21:21 道の<分かれ目>, 二つの道の辻に立
ヘブ 4:12 関節と骨髄の<分かれ目>さえも刺し

▼ わかれる（分かれる, 別れる), 別れ

創世 2:10 一つの川が…<分かれ>て, 四つの源
9:19 彼らから全世界の民は<分かれ>出た.
10: 5 海沿いの国々が<分かれ>出て, その
18 カナン人の諸氏族が<分かれ>出た.
13: 9 私から<別れ>てくれないか…私は右
11 こうして彼らは互いに<別れ>た.
25:23 二つの国民があなたから<分かれ>出
出エ 14:21 差し伸ばすと…水は<分かれ>た.
レビ 11: 3 動物のうちで, ひづめが<分かれ>,
申命 14: 6 ひづめが<分かれ>, 完全に二つに割
Ⅱ列 2: 8 水は両側に<分かれ>た. それでふた
エゼ 37:22 決して二つの王国に<分かれ>ない.

わ

オバ 14 <別れ>道に立ちふさがるな．その苦
マタ 13:36 イエスは群衆と<別れ>て家に入られ
マコ 6:46 群衆に<別れ>，祈るために…山のほ
使徒 2:3 炎のような<分かれ>た舌が現れて，
14:4 町の人々は二派に<分かれ>，ある者
18:18 パウロは…兄弟たちに<別れ>を告げ
21:1 私たちは彼らと<別れ>て出帆し，コ
5 私たちは互いに<別れ>を告げた．
Ⅰコリ 7:10 妻は夫と<別れ>てはいけません．
Ⅱコリ 2:13 人々に<別れ>を告げて，マケドニヤ

▼わき

エレ 38:12 ぼろ切れを…<わき>の下にはさんで，
ヨハ 20:27 手を…わたしの<わき>に差し入れな

▼わき

出エ 25:32 六つの枝をその<わき>から，すなわち…三つの枝を一方の<わき>から…他の三つの枝を他の<わき>から出す．
士師 5:6 隊商は絶え，旅人は<わき>道を通っ
Ⅱサム 18:30 <わき>へ退いて，そこに立っていな
箴言 3:26 主があなたの<わき>におられ，あな
エゼ 40:18 石だたみは門の<わき>にあり，ちょ
マタ 28:2 主の使いが…石を<わき>へころがし

▼わきあがる（～上がる）

エレ 46:7 ナイル川のように<わき上が>り，川
ヤコ 3:11 同じ穴から<わき上が>らせるという

▼わきだす（～出す），わき出る

創世 2:6 水が地から<湧き出>て，土地の全面
イザ 35:6 荒野に水が<わき出>し，荒地に川が
エレ 6:7 井戸が水を<わき出>させるように，エルサレムは自分の悪を<わき出>さ
ヨハ 4:14 永遠のいのちへの水が<わき出>ます．

▼わきばら（～腹）

民数 33:55 目のとげ…<わき腹>のいばらとなり，
ヨシ 23:13 あなたがたの<わき腹>にむちとなり，
Ⅱサム 2:16 相手の<わき腹>に剣を刺し…倒れた．
エゼ 34:21 <わき腹>と肩で押しのけ，その角で
ヨハ 19:34 イエスの<わき腹>を槍で突き刺した．
20:20 イエスは…手と<わき腹>を彼らに示

▼わきま（脇間）

Ⅰ列 6:5 階段式の<脇間>を造りめぐらした．
エゼ 41:5 階段式の<脇間>．6，7，9，11，26．

▼わきまえ，わきまえる

申命 1:39 善悪の<わきまえ>のない…子どもた
32:29 自分の終わりも<わきまえ>たろうに．
Ⅰサム 25:17 よく<わきまえ>てください．わざわ
Ⅰ列 20:22 なすべきことを<わきまえ>知りなさ
詩篇 19:7 <わきまえ>のない者を賢くする．
50:22 さあ，このことをよく<わきまえ>よ．
73:22 私は，愚かで，<わきまえ>もなく，
116:6 主は<わきまえ>のない者を守られる．
119:100 私は老人よりも<わきまえ>がありま
130 <わきまえ>のない者に悟りを与えま
箴言 1:22 <わきまえ>のない者たち．あなたが
8:5 <わきまえ>のない者よ．分別を<わきまえ>よ…思慮を<わきまえ>よ．
9:4 <わきまえ>のない者はだれでも，こ
14:15 <わきまえ>のない者は何でも言われたことを信じ，利口な者は自分の歩みを<わきまえる>．
19:25 <わきまえ>のない者は利口になる．
21:29 正しい者は自分の道を<わきまえる>．
22:3 <わきまえ>のない者は進んで行って，
エゼ 45:20 <わきまえ>のない者のためにこのよ
ダニ 10:11 私が…語ることばを…<わきまえ>よ．
ヨナ 4:11 右も左も<わきまえ>ない12万以上の
マタ 6:28 よく<わきまえ>なさい．働きもせず，
ロマ 1:31 <わきまえ>のない者，約束を破る者，
2:18 律法に教えられて<わきまえ>，
12:2 何が…完全であるのかを<わきまえ>
Ⅰコリ 2:14 御霊によって<わきまえる>ものだか
15 御霊を受けている人は，すべてのことを<わきまえ>ますが，自分はだれによっても<わきまえ>られません．
11:29 みからだを<わきまえ>ないで，飲み

▼わきみず（湧き水）

雅歌 4:15 庭の泉，<湧き水>の井戸，レバノン
エレ 2:13 <湧き水>の泉であるわたしを捨てて，
ゼカ 14:8 エルサレムから<湧き水>が流れ出て，

▼わきや（脇屋）

Ⅰ列 6:5 神殿の壁に<脇屋>を建て増しし，こ
10 神殿の側面に<脇屋>を建てめぐらし，

▼わけへだて（分け隔て），分け隔てる

Ⅱ列 2:11 ふたりの間を<分け隔て>，エリヤは，
ルカ 20:21 あなたは<分け隔て>などせず，真理
ガラ 2:6 神は人を<分け隔て>なさいません．

▼わけまえ（分けまえ，分け前）

創世 14:24 私といっしょに行った人々の<分け前>とは別だ…彼らの<分け前>を取
43:34 ヨセフの食卓から，彼らに<分け前>が分けられたが，ベニヤミンの<分

わ

け前>はほかのだれの<分け前>より
レビ 6:18 代々受け取る永遠の<分け前>である．
10:14 あなたの受け取る<分け前>，またあなたの子らの受け取る<分け前>とし
民数 18: 8 これを…永遠の<分け前>とする．11.
31:36 いくさに出た人々への<分け前>で，
申命 18: 8 彼の<分け前>は…彼らが食べる<分け前>と同じである．
21:17 2倍の<分け前>を彼に与えなければ
ヨシ 22:25 あなたがたは主の中に<分け前>を持
Ⅰサム 30:24 戦いに下って行った者への<分け前>も，荷物のそばにとどまっていた者への<分け前>も同じだ．共に同じく
Ⅱサム 19:43 われわれは，王に10の<分け前>を持
Ⅱ列 2: 9 あなたの霊の，二つの<分け前>が私
ネヘ 2:20 エルサレムの中に何の<分け前>も，
13:13 任務は…<分け前>を分配することで
ヨブ 17: 5 <分け前>を得るために友の告げ口を
20:29 これが悪者の，神からの<分け前>，
31: 2 神が…分けてくださる<分け前>は何
詩篇 11: 6 燃える風が彼らの杯への<分け前>と
箴言 17: 2 資産の<分け前>を受け継ぐ．
イザ 56: 5 娘たちにもまさる<分け前>と名を与
57: 6 なめらかな石がおまえの<分け前>，
61: 7 人々は…その<分け前>に喜び歌う．
エレ 10:16 ヤコブの<分け前>はこんなものでは
ハバ 1:16 彼の<分け前>が豊かになり…食物も
マコ 12: 2 ぶどう園の収穫の<分けまえ>を受け
ルカ 15:12 私に財産の<分け前>を下さい』と言
Ⅱテモ 2: 6 労苦した農夫こそ…収穫の<分け前>

▼わける（分ける），分け与える【別項】分け隔てる

創世 32: 7 牛やらくだを二つの宿営に<分け>て，
33: 1 レアとラケルと…女奴隷とに<分け>，
創世 49: 7 私は彼らをヤコブの中で<分け>，イ
27 夕には略奪したものを<分ける>.」
出エ 14:16 あなたの杖を上げ…海を<分け>て，
15: 9 略奪した物を<分け>よう．おのれの
21:35 死んだ牛も<分け>なければならない．
民数 8:14 イスラエル人のうちから<分ける>な
16: 9 イスラエルの会衆から<分け>て，主
申命 4:19 主が…民に<分け与え>られたもので
ヨシ 13: 6 相続地としてくじで<分け>よ．
22: 8 分捕り物は…同胞と<分け>合いなさ
士師 5:30 分捕り物を…<分け>ているのではあ
7:16 300人を3隊に<分け>，全員の手に
Ⅱサム 6:19 干しぶどうの菓子…を<分け与え>た．
19:29 地所を<分け>なければならない.」
Ⅰ歴 23: 6 ダビデは彼らを組に<分け>た．レビ
24: 4 父祖の家ごとに8組に<分け>られた．
ネヘ 9:11 あなたが彼らの前で海を<分け>たの
ヨブ 21:17 神が怒って…滅びを<分け与える>こ
27:17 銀は，罪のない者が<分け>取る．
41: 6 商人たちの間でこれを<分ける>だろ
詩篇 22:18 彼らは私の着物を互いに<分け>合い，
68:12 居残っている女が獲物を<分ける>．
74:13 あなたは，御力をもって海を<分け>，
78:13 神は海を<分け>て彼らを通らせ，せ
55 相続地として彼らに<分け与え>，イ
112: 9 貧しい人々に惜しみなく<分け与え>
136:13 葦の海を二つに<分け>られた方に．
箴言 16:19 分捕り物を<分ける>のにまさる．
イザ 9: 3 分捕り物を<分ける>ときに楽しむよ
33:23 分捕り物や獲物は<分け>取られ，足
34:17 測りなわで測って…<分け与え>たの
53:12 多くの人々を彼に<分け与え>，彼は
58: 7 飢えた者には…パンを<分け与え>，
63:12 彼らの前で水を<分け>，永遠の名を
エゼ 45: 1 相続地として，くじで<分ける>とき，
ダニ 4:15 地の草を獣と<分け>合うようにせよ．
11:39 代価として国土を<分け与える>．
ヨエ 3: 2 わたしの地を…<分け>取ったからだ．
ミカ 2: 4 畑は裏切る者に<分け与え>られるの
ゼカ 2:12 ユダに割り当て地を<分け与え>，エ
14: 1 分捕った物が，あなたの中で<分け>
マタ 25: 8 油を少し私たちに<分け>てください．
32 羊飼いが羊と山羊とを<分ける>よう
27:35 くじを引い…イエスの着物を<分け>．
マコ 6:41 2匹の魚もみなに<分け>られた．
15:24 くじ引き…イエスの着物を<分け>た．
ルカ 3:11 下着を…持たない者に<分け>なさい．
11:22 武具を奪い，分捕り品を<分け>ます．
12:13 私と遺産を<分ける>ように…兄弟に
23:34 くじを引…イエスの着物を<分け>た．
ルカ 18:22 貧しい人々に<分け>てやりなさい．
22:17 これを取って，互いに<分け>て飲み
ヨハ 6:11 パンを…人々に<分け>てやられた…魚も…ほしいだけ<分け>られた．
19:24 わたしの着物を<分け>合い…下着の
ロマ 1:11 御霊の賜物を…あなたがたに<分け>

12: 3 神がおのおのに<分け与え>てくださ
8 <分け与える>人は惜しまずに<分け与え>，指導する人は熱心に指導し，
Ⅰコリ 13: 3 全部を貧しい人たちに<分け与え>，
ガラ 6: 6 教える人と…良いものを<分け>合い
エペ 4: 8 人々に賜物を<分け与え>られた.」
Ⅰテモ 6:18 施し，喜んで<分け与える>ように.
ヘブ 7: 2 戦利品の10分の１を<分け>ました.
13:16 持ち物を人に<分ける>こととを怠っ

▼ わごう（和合）

マコ 9:50 互いに<和合>して暮らしなさい.」

▼ わざ【別項】力あるわざ，手のわざ・御手のわざ，みわざ，良いわざ

創世 2: 2 神は，第７日目に…<わざ>の完成を
出エ 28: 6 巧みな<わざ>でエポデを作らせる.
34:10 民はみな，主の<わざ>を見るであろ
申命 3:24 あなたの<わざ>，あなたの力あるわ
16:15 主が…すべての<わざ>を祝福される
士師 2: 7 大きな<わざ>を見た長老たちの生き
10 <わざ>も知らないほかの世代が起こ
5:11 主の農民の正しい<わざ>を唱えてい
Ⅱ歴 31:21 彼が始めたすべての<わざ>において，
ネヘ 13:14 私の愛の<わざ>を，ぬぐい去らない
ヨブ 33:17 その悪い<わざ>を取り除かせ，人間
詩篇 8: 3 あなたの指の<わざ>である天を見，
6 御手の多くの<わざ>を人に治めさせ，
9: 1 あなたの奇しい<わざ>を…語り告げ
33: 4 その<わざ>はことごとく真実である.
15 彼らの<わざ>のすべてを読み取る方.
71:16 あなたの大能の<わざ>を携えて行き，
72:18 主ひとり，奇しい<わざ>を行う.
86:10 奇しい<わざ>を行われる方です．あ
95: 9 わたしの<わざ>を見ておりながら，
101: 3 私は曲がった<わざ>を憎みます．そ
106: 7 あなたの奇しい<わざ>を悟らず，あ
伝道 1:14 日の下で行われたすべての<わざ>を
3:17 すべての<わざ>には，時があるから
4: 3 日の下で行われる悪い<わざ>を見な
12:14 神は…すべての<わざ>をさばかれる
イザ 1:31 その<わざ>は火花になり，その二つ
26:12 私たちのなすすべての<わざ>も，あ
41:24 あなたがたの<わざ>はむなしい．あ
59: 6 彼らの<わざ>は不義の<わざ>，彼ら
66:18 彼らの<わざ>と，思い計りとを知っ
エレ 7: 3 行いと，<わざ>とを改めよ．そうす
11:18 彼らの<わざ>を，私に見せてくださ
エゼ 6: 6 あなたがたのした<わざ>は消し去ら
14:22 彼らの行いと<わざ>とを見るとき，
20:43 すべての<わざ>とを思い起こし，自
21:24 すべての<わざ>に罪が表れるように
24:14 <わざ>にしたがって，あなたをさば
36:17 行いと<わざ>とによって…地を汚し
31 悪い行いと…<わざ>とを思い出し…忌みきらうべき<わざ>をいとうよう
ホセ 4: 9 わたしは…その<わざ>の仕返しをす
5: 4 自分の<わざ>を捨てて神に帰ろうと
7: 2 彼らの<わざ>は彼らを取り巻いて，
ゼカ 1: 4 悪い<わざ>を悔い改めよ」と言った
ヨハ 5:20 さらに大きな<わざ>を子に示されま
36 父が…お与えになった<わざ>，すなわちわたしが行っている<わざ>その
6:28 神の<わざ>を行うために，何をすべ
29 信じること，それが神の<わざ>です.
7: 3 弟子たちも…<わざ>を見ることがで
8:39 アブラハムの<わざ>を行いなさい.
41 あなたがたの父の<わざ>を行ってい
9: 3 神の<わざ>がこの人に現れるためで
4 わたしを遣わした方の<わざ>を，昼
10:25 父の御名によって行う<わざ>が，わ
38 <わざ>を信用しなさい．それは，父
14:10 父が，ご自分の<わざ>をしておられ
12 信じる者は，わたしの行う<わざ>を行い…さらに大きな<わざ>を行いま
15:24 だれも行ったことのない<わざ>を，
17: 4 あなたが…お与えになった<わざ>を，
使徒 7:22 ことばにも<わざ>にも力がありまし
ロマ 13:12 やみの<わざ>を打ち捨てて，光の武
Ⅰコリ 15:58 いつも主の<わざ>に励みなさい．あ
Ⅱコリ 8: 6 テトスがすでにこの恵みの<わざ>を
9:13 この<わざ>を証拠として，彼らは，
エペ 5:11 暗やみの<わざ>に仲間入りしないで，
Ⅱテモ 4:18 すべての悪の<わざ>から助け出し，
テト 3: 5 義の<わざ>によってではなく，ご自
ヘブ 3: 9 40年の間，わたしの<わざ>を見た.
4:10 神がご自分の<わざ>を終えて休まれたように，自分の<わざ>を終えて休
Ⅰペテ 1:17 それぞれの<わざ>に従って公平にさ
黙示 2:26 最後までわたしの<わざ>を守る者に

▼ わざわい【別項】わざわいの日

創世 42: 4 <わざわい>が彼にふりかかるといけ

わ

44:34 父に起こる<わざわい>を見たくあり
出エ 11: 1 エジプトの上に…<わざわい>を下す.
12:13 滅びの<わざわい>は起こらない.
30:12 彼らに<わざわい>が起こらないため
32:12 <わざわい>を思い直してください.
民数 21:29 モアブよ. おまえは<わざわい>だ.
23:21 イスラエルの中に<わざわい>を見な
申命 30:15 あなたの前に…死と<わざわい>を置
31:17 多くの<わざわい>と苦難が…『これ
らの<わざわい>が…降りかかるのは,
32:23 <わざわい>を彼らの上に積み重ね,
ヨシ 6:18 <わざわい>をもたらさないためであ
7:25 なぜ…<わざわい>をもたらしたのか.
主は…あなたに<わざわい>をもたら
24:20 主はもう一度…<わざわい>を下し,
士師 2:15 主の手が彼らに<わざわい>をもたら
Iサム 6: 4 領主への<わざわい>は同じであった.
9 この大きな<わざわい>を起こしたの
10:19 <わざわい>と苦しみから…救ってく
25:17 <わざわい>が私たちの主人と, その
28 <わざわい>はあなたに起こりません.
IIサム 12:11 あなたの上に<わざわい>を引き起こ
16: 8 今, おまえは<わざわい>に会うのだ.
19: 7 その<わざわい>は…どんな<わざわ
い>よりもひどいでしょう.」
20: 6 もっとひどい<わざわい>を…しかけ
I列 5: 4 <わざわい>を起こす者もありません.
8:37 どんな<わざわい>, どんな病気の場
9: 9 主はこのすべての<わざわい>を…下
17:20 やもめにさえも<わざわい>を下して,
21:21 今…あなたに<わざわい>をもたらす.
22:23 あなたに下る<わざわい>を告げられ
II列 6:33 見よ. これは, 主からの<わざわい>
22:16 住民の上に<わざわい>をもたらす.
I歴 21:15 <わざわい>を下すことを思い直し,
II歴 7:22 すべての<わざわい>をこの人たちに
25:19 争いをしかけて<わざわい>を求め,
エス 7: 7 王が彼に<わざわい>を下す決心をし
8: 6 私の民族に降りかかる<わざわい>を
ヨブ 2:10 <わざわい>をも受けなければならな
5:19 七つ目の<わざわい>はあなたに触れ
6:30 私の口は<わざわい>をわきまえない
18:12 <わざわい>が彼をつまずかせようと
31: 3 不正をする者には<わざわい>が, 不
42:11 すべての<わざわい>について…慰め
詩篇 5: 4 <わざわい>は, あなたとともに住ま
10: 6 代々にわたって, <わざわい>に会わ
23: 4 私は<わざわい>を恐れません. あな
35: 4 私の<わざわい>を図る者が退き, は
37:19 <わざわい>のときにも恥を見ず, き
40:12 数えきれないほどの<わざわい>が私
54: 5 神は…<わざわい>を報いられます.
55: 3 彼らは私に<わざわい>を投げかけ,
78:49 <わざわい>の御使いの群れを送られ
90:10 しかも…労苦と<わざわい>です. そ
15 <わざわい>に会った年々に応じて,
91:10 <わざわい>は, あなたにふりかから
106:32 モーセは…<わざわい>をこうむった.
107:39 しいたげと<わざわい>と悲しみによ
121: 7 主は…<わざわい>から, あなたを守
140:11 <わざわい>が暴虐の者を急いで捕ら
箴言 1:33 <わざわい>を恐れることもなく, 安
12:21 悪者は<わざわい>で満たされる.
17:20 偽りを口にする者は<わざわい>に陥
19:13 愚かな息子は父の<わざわい>. 妻の
22: 3 利口な者は<わざわい>を見て, これ
8 不正を蒔く者は<わざわい>を刈り取
23:29 <わざわい>のある者はだれか. 嘆く
28:14 心をかたくなにする人は<わざわい>
伝道 8: 5 命令を守る者は<わざわい>を知らな
9 <わざわい>を与える時について, 私
9:12 <わざわい>の時が突然彼らを襲うと,
11: 2 地上でどんな<わざわい>が起こるか
イザ 3: 9 彼らに<わざわい>あれ. 彼らは悪の
10: 1 <わざわい>を引き起こす判決を書い
31: 2 主は…<わざわい>をもたらし, みこ
45: 7 わたしは…<わざわい>を創造する.
エレ 1:14 <わざわい>が, 北からこの地の全住
4:18 これがあなたへの<わざわい>で, 実
5:12 <わざわい>は私たちを襲わない. 剣
10: 5 <わざわい>も幸いも下せないからだ.
15:11 <わざわい>の時, 苦難の時に, 敵が
16:10 なぜ, 主は…<わざわい>を語られた
18: 8 <わざわい>を予告したその民が, 悔
い改めるなら…<わざわい>を思い直
19: 3 この所に<わざわい>をもたらす. だ
21:10 <わざわい>のためにこの町から顔を
23:17 あなたがたには<わざわい>が来ない
25: 7 あなたがたは…身に<わざわい>を招
29 <わざわい>を与え始めているからだ.

32 <わざわい>が国から国へと移り行き,
26:13 <わざわい>を思い直されるでしょう.
29:11 <わざわい>ではなくて, 平安を与え
32:42 わたしがこの大きな<わざわい>をみ
36:31 あのすべての<わざわい>をもたらす.
38: 4 かえって<わざわい>を求めているか
42:10 あの<わざわい>を思い直したからだ.
44:11 <わざわい>を下し…民を断ち滅ぼそ
27 <わざわい>のためであって, 幸いの
51:60 <わざわい>のすべてを一つの巻き物
哀歌 1:21 私の<わざわい>を聞いて, 喜びまし
3:38 <わざわい>も幸いも, いと高き方の
5:16 ああ, 私たちに<わざわい>あれ. 私
エゼ 6:10 ゆえもなくこの<わざわい>を彼らに
7: 5 <わざわい>が, ただ<わざわい>が来
14:22 エルサレムにもたらした<わざわい>
16:23 ああ. <わざわい>があなたに来る.
ダニ 9:12 <わざわい>は, 今まで天下になかっ
14 主はその<わざわい>の見張りをして
ヨエ 2:13 <わざわい>を思い直してくださるか
アモ 3: 6 町に<わざわい>が起これば, それは
ヨナ 1: 7 だれのせいで, この<わざわい>が私
ミカ 1:12 主から<わざわい>が下ったのに.
2: 3 <わざわい>を下そうと考えている…
それは<わざわい>の時だからだ.」
3:11 <わざわい>は私たちの上にかかって
ハバ 1: 3 なぜ…私に, <わざわい>を見させ,
2: 9 <わざわい>の手からのがれるために,
ゼパ 3:15 あなたはもう, <わざわい>を恐れな
ゼカ 8:14 <わざわい>を下そうと考えた. ——
マコ 14:21 裏切るような人間は<わざわい>です.
ルカ 11:42 <わざわい>だ. パリサイ人. おまえ
46 <わざわい>だ. 律法の専門家たち.
17: 1 つまずきを起こ…者は<わざわい>だ.
Ⅰコリ 9:16 …なかったなら, 私は<わざわい>だ.
黙示 8:13 <わざわい>が来る…地に住む人々に.
9:12 第1の<わざわい>は過ぎ去った…こ
の後なお二つの<わざわい>が来る.
12:12 地と海とには, <わざわい>が来る.
18:10 <わざわい>が来た. <わざわい>が来

▼ わざわいのひ (〜日)

申命 32:35 彼らの<わざわいの日>は近く, 来る
Ⅱサム 22:19 彼らは私の<わざわいの日>に私に立
ヨブ 21:30 悪人は<わざわいの日>を免れ, 激し
詩篇 41: 1 主は<わざわいの日>にその人を助け
49: 5 <わざわいの日>に, 恐れなければな
箴言 16: 4 悪者さえも<わざわいの日>のために
伝道 12: 1 <わざわいの日>が来ないうちに, ま
エレ 17:17 <わざわいの日>の, 私の身の避け所
18 彼らの上に<わざわいの日>を来たら
アモ 6: 3 <わざわいの日>を押しのけている,
オバ 13 <わざわいの日>に, 彼らの財宝に手

▼ わし (鷲) 【別項】 大鷲

出エ 19: 4 あなたがたを<鷲>の翼に載せ, わた
申命 28:49 <鷲>が飛びかかるように…襲わせる.
32:11 <鷲>が巣のひなを呼びさまし, その
ヨブ 39:27 <鷲>が高く上がり, その巣を高い所
詩 103: 5 あなたの若さは, <鷲>のように, 新
箴言 30:17 さげすむ目は…<鷲>の子に食われる.
19 天にある<鷲>の道, 岩の上にある蛇
イザ 40:31 <鷲>のように翼をかって上ることが
エレ 49:16 <鷲>のように巣を高くしても…引き
哀歌 4:19 追う者は, 大空の<鷲>よりも速く,
エゼ 10:14 第4の顔は<鷲>の顔であった.
ダニ 4:33 彼の髪の毛は<鷲>の羽のようになり,
ホセ 8: 1 <鷲>のように敵は主の宮を襲う. 彼
オバ 4 あなたが<鷲>のように高く上っても,
ハバ 1: 8 <鷲>のように獲物を食おうと飛びか
黙示 8:13 1羽の<鷲>が中天を飛びながら, 大

▼ ワシュティ 〔人名〕

ペルシヤの王妃. エス1:9, 11, 15, 2:1, 17.

▼ わずか

創世 30:30 私が来る前には, <わずか>だったの
47: 9 私の齢の年月は<わずか>で, ふしあ
Ⅰサム 17:28 荒野にいるあの<わずか>な羊を, だ
Ⅰ列 22:27 <わずか>なパンと, <わずか>な水を
あてがっておけ. Ⅱ歴18:26.
詩篇 37:16 正しい者の持つ<わずか>なものは,
109: 8 彼の日は<わずか>となり, 彼の仕事
箴言 15:16 <わずか>な物を持っていて主を恐れ
16: 8 正義によって得た<わずか>なものは,
イザ 24: 6 地の住民は減り, <わずか>な者が残
30:20 乏しいパンと<わずか>な水とを賜っ
エゼ 12:16 彼らのうちの<わずか>な者を, 剣や
マタ 25:21 <わずか>な物に忠実だったから, 私
ルカ 10:42 どうしても必要なことは<わずか>で
使徒 26:28 あなたは, <わずか>なことばで, 私
Ⅰコリ 5: 6 ほんの<わずか>のパン種が, 粉のか
Ⅰペテ 3:20 <わずか>8人の人々が, この箱舟の

▼ わずらい
マタ 4:23 あらゆる‹わずらい›を直された.
8:17 私たちの‹わずらい›を身に引き受け,
10: 1 あらゆる‹わずらい›をいやすためで
▼ わずらい（煩い）
箴言 15: 6 悪者の収穫は‹煩い›をもたらす.
ルカ 21:34 この世の‹煩い›のために沈み込んで
▼ わずらう
Ⅱサム 13: 2 アムノンは…‹わずらう›ようになっ
マコ 5:25 12年の間長血を‹わずら›っている女
ルカ 5:18 中風を‹わずら›っている人を，床の
14: 2 水腫を‹わずら›っている人がいた.
▼ わずらわしい（煩わしい）
ヨブ 16: 2 あなたがたは…‹煩わしい›慰め手だ.
ピリ 3: 1 私には‹煩わしい›ことではなく，あ
▼ わずらわす（煩わす），煩わせる
Ⅰサム 28:15 なぜ，私を呼び出し…‹煩わす›のか.
Ⅱサム 14:10 二度とあなたを‹煩わす›ことはなく
Ⅰ列 18:17 イスラエルを‹煩わす›もの.」
18 私はイスラエルを‹煩わ›しません.
箴言 11:29 家族を‹煩わせる›者は風を相続し，
イザ 7:13 人々を‹煩わす›のは小さなこととし，
私の神までも‹煩わす›のか.
43:24 不義で，わたしを‹煩わせ›ただけだ.
ミカ 6: 3 どのように…あなたを‹煩わせ›たか.
マラ 2:17 あなたがたのことばで主を‹煩わ›し
ルカ 8:49 先生を‹煩わす›ことはありません.」
ガラ 6:17 だれも私を‹煩わ›さないようにして
▼ わすれる（忘れる）
創世 27:45 兄さんが‹忘れる›ようになったとき，
40:23 献酌官長は…‹忘れ›てしまった.
41:30 地の豊作はみな‹忘れ›られます．き
51 神が…父の全家とを‹忘れ›させた」
申命 4: 9 自分の目で見たことを‹忘れ›ず，一
23 契約を‹忘れる›ことのないようにし
31 先祖たちに誓った契約を‹忘れ›ない.
6:12 主を‹忘れ›ないようにしなさい.
8:11 主を‹忘れる›ことがないように.
14 主を‹忘れる›，そういうことがない
19 万一…主を‹忘れ›，ほかの神々に従
31:21 それが‹忘れ›られることはないから
32:18 産みの苦しみをした神を‹忘れ›てし
士師 3: 7 主を‹忘れ›て，バアルやアシェラに
Ⅰサム 1:11 このはしためを‹忘れ›ず…男の子を
12: 9 主を‹忘れ›たので，主は彼らを…売
Ⅱ列 17:38 結んだ契約を‹忘れ›てはならない.
ネヘ 6:14 預言者たちのしわざを‹忘れ›ないで
ヨブ 8:13 神を‹忘れる›者の道はこのようだ.
9:27 不平を‹忘れ›，憂うつな顔を捨てて，
11: 6 あなたの罪を‹忘れ›てくださること
16 こうしてあなたは労苦を‹忘れ›，流
19:14 私の親しい友は私を‹忘れ›た.
24:20 母の胎は彼を‹忘れ›，うじは彼を好
28: 4 彼は…行きかう人に‹忘れ›られ，人
39:15 獣が…踏みつけることも‹忘れ›てい
詩篇 9:12 貧しい者の叫びをお‹忘れ›にならな
17 神を‹忘れ›たあらゆる国々も.
18 貧しい者は決して‹忘れ›られない.
10:11 神は‹忘れ›ている．顔を隠している.
12 貧しい者を，‹忘れ›ないでください.
13: 1 私を永久にお‹忘れ›になるのですか.
31:12 人の心から‹忘れ›られ，こわれた器
42: 9 なぜ…私をお‹忘れ›になったのです
44:17 私たちはあなたを‹忘れ›ませんでし
24 しいたげをお‹忘れ›になるのですか.
50:22 神を‹忘れる›者よ…よくわきまえよ.
77: 9 いつくしみを‹忘れ›たのだろうか.
78: 7 神のみわざを‹忘れ›ず，その仰せを
102: 4 パンを食べることさえ‹忘れ›ました.
106:13 彼らはすぐに，みわざを‹忘れ›，そ
21 彼らは…救い主である神を‹忘れ›た.
119:16 あなたのことばを‹忘れ›ません.
61 みおしえを‹忘れ›ませんでした.
83 あなたのおきてを‹忘れ›ません.
93 戒めを決して‹忘れ›ません．それに
176 私はあなたの仰せを‹忘れ›ません.
137: 5 私がおまえを‹忘れ›たら，私の右手
がその巧みさを‹忘れる›ように.
箴言 3: 1 わが子よ．私のおしえを‹忘れる›な.
31: 7 彼は…飲んで自分の貧しさを‹忘れ›，
伝道 2:16 日がたつと…‹忘れ›られてしまう.
8:10 そうして，町で‹忘れ›られるのを.
9: 5 彼らの呼び名も‹忘れ›られる.
11: 8 数多くあることを‹忘れ›てはならな
イザ 17:10 あなたが救いの神を‹忘れ›て…力の
23:15 ツロは…70年の間‹忘れ›られる．70.
16 ‹忘れ›られた遊女よ．うまくひけ，
49:15 女が自分の乳飲み子を‹忘れ›ようか
…たとい，女たちが‹忘れ›ても，こ
のわたしはあなたを‹忘れ›ない.

51:13 あなたを造った主を…<忘れ>，一日
65:11 わたしの聖なる山を<忘れる>者，ガ
16 先の苦難は<忘れ>られ，わたしの目
エレ 2:32 花嫁が…飾り帯を<忘れる>だろうか
…わたしを<忘れ>た日数は数えきれ
3:21 自分たちの神，主を<忘れ>たからだ.
20:11 <忘れ>られない永久の恥となりまし
23:27 わたしの名を<忘れ>させようと，た
40 <忘れ>られることのない，永遠の侮
30:14 恋人はみな，あなたを<忘れ>，あな
44: 9 妻たちの悪を<忘れ>たのか.
50: 6 彼らは…休み場も<忘れ>てしまった.
哀歌 2: 6 主は…例祭と安息日とを<忘れ>させ，
3:17 私はしあわせを<忘れ>てしまった.
5:20 なぜ…私たちを<忘れ>ておられるの
エゼ 23:35 あなたはわたしを<忘れ>…みだらな
ホセ 2:13 わたしを<忘れ>てバアルに仕えた日
4: 6 あなたは神のおしえを<忘れ>たので，
わたしも…あなたの子らを<忘れ>よ
8:14 イスラエルは…造り主を<忘れ>て，
13: 6 食べ飽きたとき…わたしを<忘れ>た.
ハバ 3: 2 あわれみを<忘れ>ないでください.
マタ 16: 5 パンを持って来るのを<忘れ>た.
ルカ 1:54 あわれみをいつまでも<忘れ>ないで，
12: 6 神の御前には<忘れ>られてはいませ
ヨハ 16:21 もはやその激しい苦痛を<忘れ>てし
ピリ 3:13 うしろのものを<忘れ>，ひたむきに
ヘブ 6:10 あなたがたの行いを<忘れ>ず…あの
愛をお<忘れ>にならないのです.
12: 5 この勧めを<忘れ>ています.「わが
ヤコ 1:24 それがどのようであったかを<忘れ>
25 すぐに<忘れる>聞き手にはならない
IIペテ 1: 9 きよめられたことを<忘れ>てしまっ

▼ わたし（渡し），渡し場【別項】アルノンの渡し場，ヤボクの渡し

ヨシ 2: 7 ヨルダン川の道を<渡し場>へ向かっ
士師 3:28 ヨルダン川の<渡し場>を攻め取って，
IIサム 19:18 <渡し>を渡って行き，王が喜ぶこと
イザ 10:29 彼らは<渡し場>を過ぎ，ゲバで野営
エレ 51:32 <渡し場>も取られ，葦の舟も火で焼

▼ わたす（渡す），手に渡す

創世 14:20 あなたの敵を<渡>されたいと高き神
32:16 一群れずつ…しもべたちの手に<渡>
出エ 23:31 わたしがあなたの手に<渡>し，あな
レビ 9:18 アロンの子らがその血を<渡す>と，
民数 21: 2 この民を<渡>してくださるなら，私
27: 7 彼女たちに…父の相続地を<渡>せ.
8 その相続地を娘に<渡>しなさい.
申命 2:24 シホンとその国とを，あなたの手に
<渡す>. 占領し始めよ. 30.
33 主は，彼を私たちの手に<渡>された.
3: 2 わたしは…すべての民と，その地と
を，あなたの手に<渡>している. あ
19:12 復讐をする者の手に<渡>さなければ
ヨシ 6: 2 勇士たちを，あなたの手に<渡>した.
10: 8 彼らをあなたの手に<渡>したからだ.
21:44 すべての敵を彼らの手に<渡>された.
士師 1: 2 わたしは，その地を彼の手に<渡>し
2:14 主は彼らを略奪者の手に<渡>して，
11: 9 主が彼らを…<渡>してくださったら，
13: 1 彼らをペリシテ人の手に<渡>された.
16:23 サムソンを，私たちの手に<渡>して
20:13 あのよこしまな者たちを<渡>せ. 彼
Iサム 1:28 この子を主にお<渡>しいたします.
この子は一生涯，主に<渡>されたも
23:14 ダビデをサウルの手に<渡>さなかっ
28:19 陣営をペリシテ人の手に<渡>される.
IIサム 3: 8 ダビデの手に<渡>さないでいるのに，
16: 8 アブシャロムの手に王位を<渡>した.
I列 6:21 内堂の前に金の鎖を<渡>し，これを
13:26 主が彼を獅子に<渡>し，獅子が彼を
15:18 銀と金を…家来たちの手に<渡>した.
17:23 エリヤはその子を…母親に<渡>した.
18: 9 しもべをアハブの手に<渡>し…殺そ
II列 5:23 晴れ着2着を…若い者に<渡>した.
12:11 金は…監督者たちの手に<渡>された.
17:20 彼らを…略奪者たちの手に<渡>し，
18:30 アッシリヤの王の手に<渡>されるこ
22: 8 書物をシャファンに<渡>したので，
II歴 13:16 神は…人々を彼らの手に<渡>された.
28: 5 アラムの王の手に<渡>されたので，
エズ 5:12 ネブカデネザルの手に<渡>されまし
8:36 命令書を…総督たちに<渡>した. こ
9: 7 よその国々の王たちの手に<渡>され，
ネヘ 9:27 あなたは彼らを敵の手に<渡>され，
エス 6: 9 王服と馬を…首長の…手に<渡>し，
ヨブ 16:11 神は私を小僧っ子に<渡>し，悪者の
詩篇 63:10 彼らは，剣の力に<渡>され，きつね
箴言 31:24 彼女は…帯を作って，商人に<渡す>.
イザ 29:12 読み書きのできない人に<渡>して，

65:12 わたしはあなたがたを剣に<渡す>.
エレ 15: 9 残りの者を…敵の前で剣に<渡す>.
18:21 彼らの子らをききんに<渡>し…剣で
20: 4 バビロンの王の手に<渡す>. 彼は彼
21:10 町は，バビロンの王の手に<渡>され,
39:17 恐れている者たちの手に<渡>される
哀歌 2: 7 宮殿の城壁を敵の手に<渡>された.
エゼ 7:21 それを他国人の手に獲物として<渡>
し…悪者どもに分捕り物として<渡>
11: 9 あなたがたを…他国人の手に<渡>し,
31:14 これらはみな…死に<渡>された.
35: 5 刑罰の時，彼らを剣に<渡>した.
ダニ 2:44 その国は他の民に<渡>されず，かえ
ゼカ 11: 6 隣人の手に<渡>し，王の手に<渡す>.
マタ 10:21 兄弟は兄弟を死に<渡>し，父は子を
死に<渡>し，子どもたちは両親に立
11:27 父から，わたしに<渡>されています.
17:22 人の子は…人々の手に<渡>されます.
21: 3 すぐに<渡>してくれます.」
25:15 もうひとりには１タラントを<渡>し,
26:45 人の子は罪人たちの手に<渡>される
27:58 ピラトは，<渡す>ように命じた.
マコ 6:28 首を盆に載せて…少女に<渡>した.
少女は，それを母親に<渡>した.
ルカ 9:42 その子をいやし，父親に<渡>された.
24:30 パンを…裂いて彼らに<渡>された.
ヨハ 3:35 万物を御子の手にお<渡>しになった.
18:36 わたしをユダヤ人に<渡>さないよう
19:30 頭をたれて，霊をお<渡>しになった.
使徒 21:11 縛られ，異邦人の手に<渡>される』
28:17 囚人としてローマ人の手に<渡>され
ロマ 4:25 私たちの罪のために死に<渡>され,
8:32 御子をさえ…死に<渡>された方が,
15:28 彼らにこの実を確かに<渡>してから,
Ⅰコリ 11:23 主イエスは，<渡>される夜，パンを
13: 3 からだを焼かれるために<渡>しても,
15:24 国を父なる神にお<渡>しになります.
Ⅱコリ 4:11 絶えず死に<渡>されていますが，そ
黙示 15: 7 金の鉢を，７人の御使いに<渡>した.

▼わたる（渡る）

創世 31:21 ユーフラテス川を<渡>り，ギルアデ
32:10 このヨルダンを<渡>りましたが，今
22 彼は…ヤボクの渡しを<渡>った.
23 彼らを連れて流れを<渡>らせ，自分
の持ち物も<渡>らせた.
民数 32: 5 ヨルダンを<渡>らせないでください.
7 主が彼らに与えた地へ<渡>らせない
21 武装した者が…ヨルダンを<渡>り,
27 <渡>って行って，主の前に戦います.
29 ヨルダンを<渡>り，主の前に戦い,
30 彼らが…<渡>って行かなければ，彼
32 カナンの地に<渡>って行きます．そ
33:51 ヨルダンを<渡>ってカナンの地に入
るときに．35:10.
申命 2:13 今，立ってゼレデ川を<渡>れ.」…
私たちはゼレデ川を<渡>った.
14 ゼレデ川を<渡る>までの期間は38年
24 出発せよ．アルノン川を<渡>れ．見
29 私はヨルダンを<渡>って，私たちの
3:18 先に立って<渡>って行かなければな
21 これから<渡>って行くすべての国々
25 <渡>って行って…レバノンを見させ
27 このヨルダンを<渡る>ことができな
28 彼は…先に立って<渡>って行き，あ
4:14 <渡>って行って，所有しようとして
21 私はヨルダンを<渡>れず，またあな
22 私はヨルダンを<渡る>ことができな
い…あなたがたは<渡>って，あの良
26 ヨルダンを<渡>って，所有しようと
6: 1 <渡>って行って，所有しようとして
9: 1 ヨルダンを<渡>って…占領しようと
11: 8 <渡>って行って，所有しようと．11.
11:31 ヨルダンを<渡>り．12:10.
27: 2 ヨルダンを<渡る>日には，大きな石
3 あなたが<渡>ってから，それらの上
4 ヨルダンを<渡>ったなら，私が，き
12 ヨルダンを<渡>ったとき，次の者た
30:13 だれが…海のかなたに<渡>り，それ
18 ヨルダンを<渡>り，入って行って,
31: 2 ヨルダンを<渡る>ことができない.
3 あなたの先に<渡>って行かれ…ヨシ
ュアが，あなたの先に立って<渡る>
13 ヨルダンを<渡>って．32:47.
34: 4 そこへ<渡>って行くことはできない.
ヨシ 1: 2 民は立って…ヨルダン川を<渡>り,
11 このヨルダン川を<渡>って，あなた
14 同族よりも先に<渡>って，彼らを助
2:23 川を<渡>り…ヨシュアのところに来
3: 1 <渡る>前に，そこに泊まった.
6 民の先頭に立って<渡>りなさい.」

11 ヨルダン川を<渡>ろうとしている.
14 ヨルダン川を<渡る>ために，天幕を
16 エリコに面するところを<渡>った.
17 ヨルダン川を<渡>り終わった.
4: 1 ヨルダン川を<渡>り終わったとき，
5 主の箱の前に<渡>って行って，イス
7 箱がヨルダン川を<渡る>とき，ヨル
10 その間に民は急いで<渡>った.
11 民がすべて<渡>り終わったとき，主
の箱が<渡>った. 祭司たちは民の先
22 かわいた土の上を<渡>ったのだ.』
23 あなたがたが<渡>ってしまうまで…
私たちが<渡>り終わってしまうまで
5: 1 彼らが<渡>って来たことを聞いて，
7: 7 ヨルダン川をあくまでも<渡>らせて，
22:19 主の所有地に<渡>って来て，私たち
24:11 ヨルダン川を<渡>ってエリコに来た.
士師 3:28 ひとりも<渡>らせなかった.
6:33 東の人々が…ヨルダン川を<渡>り，
8: 4 ギデオンは…ヨルダン川を<渡>った.
10: 9 アモン人がヨルダン川を<渡>って，
12: 5 逃亡者が，「<渡>らせてくれ」と言
Ⅰサム 13: 7 ヘブル人はヨルダン川を<渡>って，
14: 1 先陣のところへ<渡>って行こう.」
4 <渡>って行こうとする渡し場の両側
6 先陣のところへ<渡>って行こう. た
8 <渡>って行って，彼らの前に身を現
26:13 ダビデは向こう側へ<渡>って行き，
27: 2 アキシュのところへ<渡>って行った.
30:10 ベソル川を<渡る>ことのできなかっ
Ⅱサム 2:29 ヨルダン川を<渡>り，午前中，歩き
10:17 ヨルダン川を<渡>って，ヘラムへ行
15:23 王はキデロン川を<渡>り…民もみな，
荒野のほうへ<渡>って行った.
17:16 あちらへ<渡>って行かなければなり
21 さあ，急いで川を<渡>ってください.
22 川を<渡>った…<渡>りきれなかった
者はひとりもいなかった.
24 人々とヨルダン川を<渡>った.
19:15 ヨルダン川を<渡>らせるためにギル
17 王が<渡る>前にヨルダン川に駆けつ
18 王の家族を<渡>らせるために渡しを
<渡>って行き…シムイも，ヨルダン
川を<渡>って行って，王の前に倒れ
33 「私といっしょに<渡>って行ってく
36 ヨルダン川を<渡>って，ほんの少し
37 いっしょに<渡>ってまいります. ど
38 <渡>って来てよいのです. 私は，あ
39 こうして，みなはヨルダン川を<渡>
った. 王も<渡>った. それから，
41 なぜ…ヨルダン川を<渡>らせたので
24: 5 ヨルダン川を<渡>って，ガドの谷の
Ⅰ列 2:37 キデロン川を<渡>ったら…殺される
Ⅱ列 2: 8 ふたりはかわいた土の上を<渡>った.
9 <渡>り終わると，エリヤは…言った.
14 エリシャは<渡>った.
8:21 ツァイルへ<渡>って行き，夜襲を試
Ⅰ歴 12:15 この人々は…<渡>った者たちである.
16:20 王国から他の民へと<渡>り歩いた.
19:17 ヨルダン川を<渡>って，彼らのほう
Ⅱ歴 21: 9 戦車を率いて<渡>って行き，夜襲を
詩篇 66: 6 人々は川の中を歩いて<渡る>. さあ，
イザ 23: 2 海を<渡る>シドンの商人はあなたを
6 タルシシュへ<渡>り，泣きわめけ.
12 立ってキティムに<渡>れ. そこでも
47: 2 すねを出し，川を<渡>れ.
エレ 2:10 キティムの島々に<渡>ってよく見よ.
41:10 アモン人のところに<渡>ろうとして
エゼ 47: 3 私にその水を<渡>らせると，それは
4 私にその水を<渡>らせると，水はひ
ざに達した. 彼がさらに…私を<渡>
らせると，水は腰に達した.
5 <渡る>ことのできない川となった.
水かさは増し…<渡る>ことのできな
アモ 6: 2 カルネに<渡>って行って見よ. そこ
ゼカ 10:11 彼らは苦難の海を<渡>り，海では波
マタ 9: 1 イエスは舟に乗って湖を<渡>り，自
14:34 湖を<渡>ってゲネサレの地に着いた.
マコ 4:35 さあ，向こう岸へ<渡>ろう」と言わ
5:21 舟でまた向こう岸へ<渡>られると，
ルカ 8:23 舟で<渡>っている間にイエスはぐっ
16:26 ここからそちらへ<渡>ろうとしても，
<渡>れないし，そこからこちらへ越
ヨハ 6:17 カペナウムのほうへ湖を<渡>ってい
使徒 13:13 パウロの一行は…ペルガに<渡>った.
15:39 バルナバは…キプロスに<渡>って行
16: 9 マケドニヤに<渡>って来て，私たち
18:27 アポロがアカヤへ<渡>りたいと思っ
ヘブ 11:29 陸地を行くのと同様に紅海を<渡>り

▼ わな

出エ 23:33 あなたにとって<わな>となるので,
申命 7:16 それがあなたへの<わな>となるから
25 あなたが<わな>にかけられないため
12:30 <わな>にかけられないようにしなさ
ヨシ 23:13 <わな>となり, 落とし穴となり, あ
士師 2: 3 彼らの神々は…<わな>となる.』」
Ⅰサム 28: 9 なぜ, 私のいのちに<わな>をかけて,
Ⅱサム 22: 6 死の<わな>は私に立ち向かった.
ヨブ 18: 9 <わな>は彼のかかとを捕らえ, しか
10 通り道には…<わな>が隠されている.
22:10 <わな>があなたを取り巻き, 恐れが,
34:30 民を<わな>にかける者がいなくなる
40:24 だれが<わな>にかけて, その鼻を突
詩篇 9:16 悪者はおのれの手で作った<わな>に
18: 5 死の<わな>は私に立ち向かった.
38:12 いのちを求める者は<わな>を仕掛け,
64: 5 語り合ってひそかに<わな>をかけ,
69:22 彼らの前の食卓は<わな>となれ. 彼
106:36 偶像…それが彼らに, <わな>であっ
124: 7 私たちは仕掛けられた<わな>から鳥
140: 5 高ぶる者は, 私に<わな>と綱を仕掛
141: 9 彼らが私に仕掛けた<わな>から, 不
箴言 6: 2 あなた自身が<わな>にかかり, あな
7:23 鳥が<わな>に飛び込むように, 自分
12:13 悪人はくちびるで…<わな>にかかる.
13:14 死の<わな>をのがれることができる.
18: 7 くちびるは自分のたましいの<わな>
22: 5 曲がった者の道にはいばらと<わな>
伝道 7:26 女は<わな>であり, その心は網, そ
イザ 8:14 住民には<わな>となり, 落とし穴と
42:22 若い男たちはみな, <わな>にかかり,
エレ 5:26 <わな>をしかけて人々を捕らえる.
18:22 私の足もとに, <わな>を隠したから
50:24 わたしがおまえに<わな>をかけ, お
エゼ 12:13 彼はわたしの<わな>にかかる. わた
13:18 人々を<わな>にかける女たちにわざ
20 鳥を取るように<わな>にかけた人々
ホセ 5: 1 あなたがたはミツパで<わな>となり,
9: 8 預言者は…道にしかける<わな>だ.
アモ 3: 5 鳥は, <わな>がかけられないのに,
オバ 7 あなたの足の下に<わな>をしかける.
マタ 22:15 イエスをことばの<わな>にかけよう
マコ 12:13 <わな>に陥れようとして, パリサイ
ルカ 21:34 その日が<わな>のように, 突然あな
Ⅰテモ 3: 7 悪魔の<わな>に陥らないためです.
6: 9 誘惑と<わな>と…多くの欲とに陥り

▼ わななく

申命 2:25 彼らは…あなたのことで<わなな>こ
Ⅰサム 28: 5 サウル…の心はひどく<わなな>いた.
ヨブ 4:14 私の骨々は, <わなな>いた.
詩篇 38:10 私の心は<わなな>きに<わなな>き,
77:16 水はあなたを見て, <わなな>きまし
イザ 8: 9 打ち破られて, <わなな>け…国々よ
…腰に帯をして, <わなな>け. 腰に
16:11 モアブのために…<わななく>.
エゼ 7:27 王は喪に服し…民の手は<わななく>.
ヨエ 2: 1 地に住むすべての者は, <わなな>け.
ナホ 2:10 すべての腰は<わなな>き, だれの顔
ハバ 3: 7 ミデヤンの地の幕屋は<わなな>いて
16 私のはらわたは<わなな>き, 私のく

▼ わなわ (輪縄)

ヨブ 18:10 地には彼のための<輪縄>が, その通
41: 1 <輪縄>でその舌を押さえつけること

▼ わに

レビ 11:30 やもり, <わに>, とかげ, すなとか
エゼ 29: 3 川の中に横たわる大きな<わに>で,
32: 2 あなたは海の中の<わに>のようだ.

▼ ワヌヤ〔人名〕

異邦人の女をめとった者の一人. エズ10:36.

▼ ワヘブ〔地名〕

アルノン川付近の地. 民数21:14.

▼ わぼく (和睦)

伝道 3: 8 <和睦>するのに時がある.
ダニ 11:17 まず相手と<和睦>をし, 娘のひとり

▼ わら

創世 24:25 <わら>も, 飼料もたくさんあります.
出エ 5: 7 れんがを作る<わら>を…与えてはな
らない. 自分で<わら>を集めに行か
Ⅰ列 4:28 馬のいる所に大麦と<わら>を持って
ヨブ 21:18 彼らは, 風の前の<わら>のようでは
イザ 33:11 枯れ草をはらみ, <わら>を産む. あ
40:24 暴風がそれを, <わら>のように散ら
エレ 23:28 麦は<わら>と何のかかわりがあろう
マラ 4: 1 悪を行う者は, <わら>となる. 来よ
Ⅰコリ 3:12 金, 銀…草, <わら>などで建てるな

▼ わらい (笑い)

ヨブ 8:21 神は<笑い>をあなたの口に満たし,
詩 126: 2 私たちの口は<笑い>で満たされ, 私
伝道 2: 2 <笑い>か. ばからしいことだ. 快楽

7: 3 悲しみは<笑い>にまさる．顔の曇り
ヤコ 4: 9 <笑い>を悲しみに…変えなさい．

▼ わらいぐさ（笑いぐさ）

ヨブ 30: 9 私は…その<笑いぐさ>となっている．

▼ わらいもの（笑いもの，笑い者）

Ⅱ歴 36:16 彼らは神の使者たちを<笑いもの>に
詩篇 44:14 民の中で<笑い者>とされるのです．

▼ わらう（笑う）

創世 17:17 アブラハムはひれ伏し…<笑>ったが，
18:12 サラは心の中で<笑>ってこう言った．
21: 6 神は私を<笑>われました．聞く者は
みな，私に向かって<笑う>でしょう．
Ⅰサム 18: 7 女たちは，<笑>いながら，くり返し
詩篇 2: 4 御座に着いている方は<笑>い，主は
37:13 主は彼を<笑>われる．彼の日が迫っ
59: 8 あなたは，彼らを<笑>い，すべての
箴言 1:26 あなたがたが災難に会うときに<笑>
14:13 <笑う>ときにも心は痛み，終わりに
ルカ 6:21 やがてあなたがたは<笑う>から．
25 いま<笑>うあなたがたは哀れです．

▼ わりあて（割り当て），割り当て地，割り当てる

民数 18:20 わたしがあなたの<割り当て>の地で
26:55 その地はくじで<割り当て>，彼らの
申命 14:27 彼には…相続地の<割り当て>がない
18: 1 レビ部族全部は…相続地の<割り当
て>を受けてはならない．彼らは…
ささげ物を…<割り当て>分として，
32: 9 主の<割り当て>分はご自分の民であ
33:21 指導者の分が<割り当て>られていた
ヨシ 11:23 <割り当て>にしたがって…分け与え
13:32 モーセが<割り当て>た相続地である．
14: 1 相続地の<割り当て>をした地は次の
2 9部族と半部族とに…<割り当て>た．
4 その地で<割り当て地>を与えなかっ
15:13 ヘブロンを<割り当て地>として与え
17:14 ただ一つの<割り当て地>しか分けて
18: 2 相続地が<割り当て>られていない七
7 あなたがたの中で<割り当て>がない．
19: 9 シメオン族の相続地は，ユダ族の
<割り当て地>から取られた．それは，
ユダ族の<割り当て地>が彼らには広
51 これらは…くじによって<割り当て>
た相続地であった．こうして彼らは，
この地の<割り当て>を終わった．
Ⅱサム 20: 1 われわれのための<割り当て地>がな
Ⅰ列 4:28 <割り当て>に従って…大麦とわらを
エレ 13:25 これがあなたの受ける<割り当て>，
37:12 <割り当て>の地を決めるためにエル
エゼ 45: 7 一つの部族の<割り当て地>と同じで，
47:14 等分に<割り当て>なければならない．
21 部族ごとに<割り当て>なければなら
48:21 これは部族の<割り当て地>にも接し
29 以上が彼らの<割り当て地>である．
ダニ 1: 5 王は…毎日の分を彼らに<割り当て>，
12:13 あなたの<割り当て>の地に立つ．」
ミカ 2: 4 <割り当て地>は取り替えられてしま
ゼカ 2:12 聖なる地で，ユダに<割り当て地>を
マコ 13:34 しもべたちに…仕事を<割り当て>て
Ⅱコリ 10:13 神が…<割り当て>てくださった限度
Ⅰペテ 5: 3 <割り当て>られている人たちを支配

▼ わりこむ（割りこむ），割りこみ

創世 38:29 何であなたのために<割りこむ>ので
Ⅱサム 6: 8 ウザによる<割りこみ>に主が怒りを
発せられたからである．Ⅰ歴13:11．

▼ わる（割る）【別項】割り当てる，割りこむ

ヨシ 9:21 たきぎを<割る>者，水を汲む者とな
詩篇 78:15 荒野では岩を<割>り，深い水からの
マコ 14: 3 そのつぼを<割>り，イエスの頭に注

▼ わるい（悪い）【別項】悪者・悪い者

創世 6: 5 みな，いつも<悪い>ことだけに傾く
19: 7 どうか<悪い>ことはしないでくださ
37: 2 ヨセフは彼らの<悪い>うわさを父に
33 わが子の長服だ．<悪い>獣にやられ
出エ 32:22 民の<悪い>のを知っているでしょう．
33: 4 民はこの<悪い>知らせを聞いて悲し
レビ 26: 6 <悪い>獣をその国から除く．剣があ
27:10 <悪い>ものを良いものに取り替えて
民数 13:19 土地はどうか…良いか<悪い>か．彼
14:35 この<悪い>会衆のすべてに対して，
20: 5 なぜ…この<悪い>所に引き入れたの
申命 1:35 この<悪い>世代のこれらの者のうち
25: 1 <悪い>ほうを<悪い>とする判決が下
士師 20: 3 こんな<悪い>事がどうして起こった
Ⅰサム 2:23 おまえたちのした<悪い>ことについ
Ⅱサム 13:22 良いとも<悪い>とも何も言わなかっ
Ⅰ列 13:33 ヤロブアムは<悪い>道から立ち返る
Ⅱ列 2:19 この町は…水が<悪>く…流産が多い
エズ 9:13 私たちの<悪い>行いと，大きな罪過

エス 7: 6 その敵は，この<悪い>ハマンです.」
9:25 <悪い>計略をハマンの頭上に返し，
詩 112: 7 その人は<悪い>知らせを恐れず，主
141: 4 私の心を<悪い>ことに向けさせず，
箴言 6:24 これはあなたを<悪い>女から守り，
17:15 正しい者を<悪い>とする，この二つ
20:14 買う者は「<悪い>，<悪い>」と言う
25:19 <悪い>歯やよろける足を頼みとする
26:23 燃えるくちびるも，心が<悪い>と，
28:10 正直な人を<悪い>道に迷わす者は，
31:12 良いことをし，<悪い>ことをしない.
伝道 2:21 これもまた…非常に<悪い>ことだ.
4: 3 <悪い>わざを見なかった者だ.
6: 2 それは<悪い>病だ.
7:17 <悪>すぎてもいけない．愚かすぎて
9: 3 すべての事のうちで最も<悪い>.
イザ 32: 7 ならず者，そのやり方は<悪い>．彼
エレ 2:19 <悪>く，苦々しいことかを．——万
21 質の<悪い>雑種のぶどうに変わった
3:17 <悪い>かたくなな心のままに歩むこ
6:29 <悪い>ものは除かれなかった.
7:26 彼らは…先祖たちよりも<悪>くなっ
8: 3 この<悪い>一族の中から残された残
13:10 この<悪い>民は，何の役にも立たな
23: 2 あなたがたの<悪い>行いを罰する.
22 <悪い>行いから立ち返らせたであろ
24: 2 非常に<悪い>いちじくで，<悪>くて
8 <悪>くて食べられないあの<悪い>い
29:17 <悪>くて食べられない割れたいちじ
26: 3 彼らの<悪い>行いのために…下そう
44:22 主は…<悪い>行い…に，もう耐えら
49:23 <悪い>知らせを聞いたからだ．彼ら
エゼ 11: 2 <悪い>はかりごとをめぐらし，
ホセ 9:15 彼らの<悪い>行いのために，彼らを
アモ 5:13 それは時代が<悪い>からだ.
ゼパ 1:12 主は良いことも，<悪い>こともしな
マラ 1: 8 それは<悪い>ことではないか．足の
マタ 5:45 <悪い>人にも良い人にも太陽を上ら
7:17 <悪い>木は<悪い>実を結びます.
9: 4 なぜ，心の中で<悪い>ことを考えて
12:33 木が<悪>ければその実も<悪い>とし
35 <悪い>人は，<悪い>倉から<悪い>物を取り出すものです.
39 <悪い>，姦淫の時代はしるしを求め
45 自分よりも<悪い>ほかの霊を七つ連
15:19 <悪い>考え，殺人，姦淫，不品行，
18:32 <悪い>やつだ．おまえがあんなに頼
22:10 良い人でも<悪い>人でも出会った者
25:26 <悪い>なまけ者のしもべだ．私が蒔
27:23 あの人がどんな<悪い>事をしたとい
マコ 5:26 かえって<悪>くなる一方であった.
9:39 すぐあとで，わたしを<悪>く言える
ルカ 11:29 この時代は<悪い>時代です．しるし
16:25 ラザロは…<悪い>物を受けていまし
23:41 この方は，<悪い>ことは何もしなか
ヨハ 2:10 十分飲んだころ…<悪い>のを出すも
3:19 その行いが<悪>かったからである.
20 <悪い>ことをする者は光を憎み，そ
5:14 もっと<悪い>事があなたの身に起こ
7: 7 その行いが<悪い>ことをあかしする
18:23 もしわたしの言ったことが<悪い>なら，その<悪い>証拠を示しなさい.
使徒 23: 5 民の指導者を<悪>く言ってはいけな
9 この人に何の<悪い>点も見いださな
25:10 私はユダヤ人にどんな<悪い>ことも
28:21 あなたについて<悪い>ことを告げた
Ⅰコリ 5:13 その<悪い>人を…除きなさい.
15:33 友だちが<悪>ければ，良い習慣がそ
エペ 4:29 <悪い>ことばを，いっさい口から出
5:16 <悪い>時代だからです.
ピリ 3: 2 <悪い>働き人に気をつけてください.
コロ 1:21 かつては…<悪い>行いの中にあった
Ⅰテモ 5: 8 不信者よりも<悪い>のです.
テト 2: 8 何も<悪い>ことが言えなくなって，
3:11 自分で<悪い>と知りながら罪を犯し
ヘブ 3:12 だれも<悪い>不信仰の心になって生
ヤコ 4: 3 <悪い>動機で願うからです.
Ⅰペテ 3:18 正しい方が<悪い>人々の身代わりと
Ⅱペテ 2:20 初めの状態よりももっと<悪い>もの
Ⅱヨハ 11 <悪い>行いをともにすることになり

▼ わるがしこい（悪賢い），悪賢さ

Ⅰサム 23:22 彼は非常に<悪賢い>との評判だから.
Ⅱサム 13: 3 ヨナダブは非常に<悪賢い>男であっ
ヨブ 5:12 神は<悪賢い>者のたくらみを打ちこ
15: 5 <悪賢い>人の舌を選び取るからだ.
詩篇 83: 3 彼らは…<悪賢い>はかりごとを巡ら
Ⅰコリ 3:19 知者どもを彼らの<悪賢さ>の中で捕
Ⅱコリ 12:16 <悪賢>くて…だまし取ったのだと言
エペ 4:14 人を欺く<悪賢い>策略により，教え

▼ わるくち（悪口）

詩篇 41: 5 私の敵は，私の<悪口>を言います．
139:20 彼らはあなたに<悪口>を言い，あな

▼ わるだくみ（悪だくみ，悪巧み）

II列 9:23 「アハズヤ．<悪巧み>だ」と叫んだ．
詩篇 83: 3 かくまわれる者たちに<悪だくみ>を
エゼ 38:10 あなたは<悪巧み>を設け，
ダニ 8:25 <悪巧み>によって欺きを…成功させ，
ミカ 2: 1 <悪巧み>を計り，寝床の上で悪を行
ナホ 1:11 主に対して<悪巧み>をし，よこしま
IIコリ 4: 2 <悪巧み>に歩まず，神のことばを曲
11: 3 蛇が<悪巧み>によってエバを欺いた
エペ 4:14 人の<悪巧み>や，人を欺く悪賢い策

▼ わるぢえ（悪知恵）

ヨブ 5:13 彼ら自身の<悪知恵>を使って捕らえ

▼ わるもの（悪者），悪い者

出エ 23: 1 <悪者>と組んで，悪意ある証人とな
7 <悪者>を正しいと宣告することはし
Iサム 24:13 悪は<悪者>から出る』と言っている
I列 8:32 <悪者>にはその生き方への報いとし
II歴 19: 2 <悪者>を助けるべきでしょうか．あ
ヨブ 8:22 <悪者>どもの天幕は，なくなってし
9:22 潔白な者をも<悪者>をも共に絶ち滅
24 地は<悪者>の手にゆだねられ，神は
10: 3 <悪者>のはかりごとに光を添えるこ
11:20 <悪者>どもの目は衰え果て，彼らは
15:20 <悪者>はその一生の間，もだえ苦し
18: 5 <悪者>どもの光は消え，その火の炎
20:29 これが<悪者>の，神からの分け前，
21: 7 なぜ<悪者>どもが生きながらえ，年
27:13 <悪者>の神からの分け前，横暴な者
36: 6 神は<悪者>を生かしてはおかず，し
38:13 <悪者>をそこから振り落とさせたこ
15 <悪者>からはその光が退けられ，振
詩篇 1: 1 <悪者>のはかりごとに歩まず，罪人
4 <悪者>は，それとは違い，まさしく，
5 <悪者>は，さばきの中に立ちおおせ
6 しかし，<悪者>の道は滅びうせる．
7: 9 どうか，<悪者>の悪があとを絶ち，
9:16 <悪者>はおのれの手で作ったわなに
17 <悪者>どもは，よみに帰って行く．
10: 2 <悪者>は高ぶって，悩む人に追い迫
13 なぜ，<悪者>は，神を侮るのでしょ
15 <悪者>と，よこしまな者の腕を折り，
11: 5 主は正しい者と<悪者>を調べる．そ
6 主は，<悪者>の上に網を張る．火と
12: 8 <悪者>が，至る所で横行します．
17:13 <悪者>から私のたましいを助け出し
22:16 <悪者>どもの群れが，私を取り巻き，
26: 5 私は…<悪者>とともにすわりません．
31:17 <悪者>をはずかしめてください．彼
37:12 <悪者>は正しい者に敵対して事を図
14 <悪者>どもは剣を抜き，弓を張った．
16 多くの<悪者>の豊かさにまさる．
17 <悪者>の腕は折られるが，主は正し
20 しかし<悪者>は滅びる．主の敵は牧
21 <悪者>は，借りるが返さない．正し
28 <悪者>どもの子孫は断ち切られる．
詩篇 37:32 <悪者>は正しい者を待ち伏せ，彼を
34 <悪者>が断ち切られるのを見よう．
35 私は<悪者>の横暴を見た．彼は，お
40 主は，<悪者>どもから彼らを解き放
39: 1 <悪者>が私の前にいる間は．
58: 3 <悪者>どもは，母の胎を出たときか
10 その足を，<悪者>の血で洗おう．
71: 4 私を<悪者>の手から助け出してくだ
73:12 見よ．<悪者>とは，このようなもの
91: 8 <悪者>への報いを見るだけである．
92: 7 <悪者>どもが青草のようにもえいで
94: 3 主よ．<悪者>どもはいつまで，いつ
まで，<悪者>どもは，勝ち誇るので
97:10 <悪者>どもの手から，彼らを救い出
104:35 <悪者>どもが，もはやいなくなりま
109: 6 どうか，<悪者>を彼に遣わしてくだ
112:10 <悪者>はそれを見ていらだち…<悪
者>の願いは滅びうせる．
119:53 みおしえを捨てる<悪者>どものため
155 救いは<悪者>から遠くかけ離れてい
139:19 神よ．どうか<悪者>を殺してくださ
140: 8 <悪者>の願いをかなえさせないでく
箴言 2:22 <悪者>どもは地から絶やされ，裏切
3:25 <悪者>どもが襲いかかってもおびえ
33 <悪者>の家には，主ののろいがある．
4:14 <悪者>どもの道に入るな．悪人たち
9: 7 <悪者>を責める者は，自分が傷を受
10: 3 主は…<悪者>の願いを突き放す．
6 <悪者>の口は暴虐を隠す．
11: 5 <悪者>は，その悪事によって倒れる．
23 <悪者>の望み，激しい怒り．
12: 5 <悪者>の指導には欺きがある．

10 <悪者>のあわれみは，残忍である．
12 <悪者>は，悪の網を張るのを好み，
16: 4 <悪者>さえもわざわいの日のために
17:15 <悪者>を正しいと認め，正しい者を
19:28 <悪者>の口は，わざわいをのみこむ．
21: 4 <悪者>のともしびは罪である．
7 <悪者>は自分の暴虐に引きずられる．
10 <悪者>のたましいは悪事にあこがれ，
12 正しい人は<悪者>の家を見抜く．
<悪者>どもは自分の悪事のために滅
18 <悪者>が正しい人のための身代金と
27 <悪者>のいけにえは忌みきらわれる．
29 <悪者>はあつかましく，正しい者は
24:24 <悪者>に向かって，「あなたは正し
25 <悪者>を責める者は喜ばれ，彼らに
25: 5 王の前から<悪者>を除け．そうすれ
28: 1 <悪者>は追う者もないのに逃げる．
4 おしえを捨てる者は<悪者>をほめる．
28 <悪者>が起こると，人は身を隠し，
29: 2 <悪者>が治めると，民は嘆く．
29:16 <悪者>がふえると，そむきの罪も増
27 正しい人は<悪者>に忌みきらわれる．
伝道 7:15 <悪者>が悪いのに長生きすることが
8:10 <悪者>どもが葬られて，行くのを．
13 <悪者>にはしあわせがない．その生
14 <悪者>の行いに対する報いを正しい
人がその身に受け，正しい人の行い
に対する報いを<悪者>が…受けるこ
イザ 5:23 わいろのために，<悪者>を正しいと
26:10 <悪者>はあわれみを示されても，義
53: 9 彼の墓は<悪者>どもとともに設けら
55: 7 <悪者>はおのれの道を捨て，不法者
57:20 <悪者>どもは，荒れ狂う海のようだ．
21 <悪者>どもには平安がない」と私の
エレ 12: 1 なぜ，<悪者>の道は栄え，裏切りを
23:19 暴風が…<悪者>の頭上にうずを巻く．
エゼ 3:18 <悪者>に…警告しないなら，その
<悪者>は自分の不義のために死ぬ．
13:22 <悪者>を力づけ，彼が悪の道から立
18:20 <悪者>の悪はその者に帰する．
21 <悪者>でも…正義を行うなら，彼は
23 わたしは<悪者>の死を喜ぶだろうか．
27 <悪者>でも，自分がしている悪事を
21: 3 正しい者も<悪者>も断ち滅ぼす．
33:15 <悪者>が質物を返し，かすめた物を
19 <悪者>でも，自分の悪から遠ざかり，
ダニ 12:10 <悪者>どもは悪を行い，ひとりも悟
ミカ 6:10 <悪者>の家には，不正の財宝と，の
ハバ 1: 4 <悪者>が正しい人を取り囲み，さば
3:13 <悪者>の家の頭を粉々に砕き，足も
ゼパ 1: 3 <悪者>どもをつまずかせ，人を地の
マラ 3:18 正しい人と<悪者>，神に仕える者と
4: 3 あなたがたは…<悪者>どもを踏みつ
マタ 5:39 <悪い者>に手向かってはいけません．
7:11 <悪い者>ではあっても，自分の子ど
13:19 <悪い者>が来て…心に蒔かれたもの
38 毒麦とは<悪い者>の子どもたちのこ
49 正しい者の中から<悪い者>をえり分
ヨハ 17:15 <悪い者>から守ってくださるように
エペ 6:16 <悪い者>が放つ火矢を，みな消すこ
Iヨハ 2:13 あなたがたが<悪い者>に打ち勝った
3:12 彼は<悪い者>から出た者で，兄弟を
5:18 <悪い者>は彼に触れることができな
19 世全体は<悪い者>の支配下にあるこ
黙示 2: 2 <悪い者>たちをがまんすることがで

▼ われめ（割れ目）

イザ 2:21 岩の<割れ目>，巌の裂け目に入る．
エレ 13: 4 その帯を取り…岩の<割れ目>に隠せ．

▼ われる（割れる）

レビ 11: 3 ひづめが完全に<割れ>ているもの，
民数 16:31 彼らの下の地面が<割れ>た．
申命 14: 6 ひづめが…二つに<割れ>ているもの
エレ 29:17 彼らを…<割れ>たいちじくのように

新エッセンシャル聖書コンコーダンス

2006年2月20日発行
2007年8月1日再刷

編　集　いのちのことば社

装　丁　長尾　優

印刷製本　開成印刷株式会社

発　行　いのちのことば社

〒160-0016 東京都新宿区信濃町6
電話 03-3353-9347（編集）
03-3353-9346（販売）
FAX 03-3357-7943
e-mail:support@wlpm.or.jp
http://www.wlpm.or.jp

ISBN 978-4-264-02426-2